兴庆年鉴

（2001~2010）

银川市兴庆区地方志编审委员会办公室　编

线装书局

图书在版编目(CIP)数据

兴庆年鉴. 2001～2010 / 银川市兴庆区地方志编审委员会办公室编纂. -- 北京：线装书局，2016.6

ISBN 978-7-5120-2305-5

Ⅰ. ①兴… Ⅱ. ①银… Ⅲ. ①区（城市）—银川市—2001-2010—年鉴 Ⅳ. ①Z524.31

中国版本图书馆 CIP 数据核字(2016)第 151705 号

兴庆年鉴(2001~2010)

编　　者：银川市兴庆区地方志编审委员会办公室
责任编辑：李　旻　高晓彬
装帧设计：杨祎霞
出版发行：线装书局
　　地　址：北京市西城区鼓楼西大街 41 号（100009）
　　电　话：010-64045283（发行部）64045583（总编室）
　　网　址：www. zgxzhsj. com
经　　销：新华书店
印　　制：宁夏润丰源印业有限公司
开　　本：880mm×1230mm　1/16
印　　张：50.375
字　　数：1700 千字
版　　次：2016 年 6 月第 1 版第 1 次印刷
印　　数：0001—3000 册

定　　价：420.00 元

《兴庆年鉴(2001-2010)》编委会

《兴庆年鉴(2001-2010)》编辑部

编辑说明

一、《兴庆年鉴》系列丛书，是由中共银川市兴庆区委领导、兴庆区人民政府主管、兴庆区地方志编审委员会主办、兴庆区地方志办公室负责编纂的综合性地方年鉴，面向国内外逐年出版发行的资料性工具书。

二、《兴庆年鉴2001~2010》集10年资料为一鉴，实乃权宜。虽说超越一年一鉴的国际做法，但在全国各地的几年一鉴的实践中却也取得应有效果。本鉴在时序上以2000年为上限，契合银川市城区到银川市兴庆区的变化，力达无缝衔接，故此。此前已出版《兴庆年鉴》2012卷、2013卷和2014卷，作为总第4卷只是按出版前后算，内容应在前3卷的前面。

三、《兴庆年鉴2001~2010》遵从全面、客观、翔实的原则，记录了2001年1月1日至2010年12月31日发生在兴庆区行政区域内的政治、经济、社会等活动以及人文自然等情况，主要反映兴庆区2001年~2010年各项事业的发展状况、重大事件和取得的新业绩。

四、《兴庆年鉴2001~2010》仍采用通行的分类编辑法，以类目、分目、条目3个层次编排。不同层次的标题，以字体、字号和版式设计加以区别。为了使分类更清晰，个别分目增加次分目，次分目实际上等同于分目。条目是年鉴最基本的表述形式，反映年鉴最基本的内容，条目标题统一用黑体字加【】表示。

五、本年鉴设特载、兴庆区综览、大事记、中共银川市兴庆区委员会、银川市兴庆区人民代表大会、银川市兴庆区人民政府、政协银川市兴庆区委员会、中共银川市兴庆区纪律检查委员会、群团组织·民主党派、法制、军事、综合经济管理、城乡建设和交通、城市管理和服务、工业、农林牧渔业、水利水务·环境保护、商贸物流市场、邮电·金融·商务、科技·教育、文化·体育·旅游、卫生·计划生育、就业·民生·社会服务、乡·镇·街道、人物·荣誉、重要文献·文件目录共26个部类(目)，176个分目，1767个条目。

六、本年鉴对分目、条目之间的交叉信息内容，采取分清主次、详细互见和互补等记述方法，力求不遗漏。在逻辑关系上以事为主录入，尽显统一。但有时也以单位录入，如税务、工商等，真实第一，若前两种情况同时出现时，用“附”加在单位前面，以示区别。领导名录中至2010年12月的，只是服从于此鉴的下限要求。

七、本年鉴记载内容，由兴庆区各个部门及属地各有关部门提供，并经各主管部门审核；统计数据以兴庆区统计局提供的《银川市兴庆区国民经济和社会发展统计公报(2001年~2010年)》为准。主审、主笔等各有关单位供稿人员流动性较大，故未能罗列供稿人员名单，在今后的编纂工作中将补正完善。

八、本年鉴表述形式有条目、图片、表格等，其中条目为最稳定的表述方法，承载着最大的信息量。行文中严格执行文字、数字、计量单位、标点符号的标准化、规范化；全书一律使用第三人称论述。

九、本年鉴仍采用四色印刷，符合精装书要求。其中彩页内容基本遵循时限要求，但个别彩页由于资料的整体性而有所突破，即2010以后的内容略有反映，整体看来，并不影响本年鉴的严谨统一性。

十、本年鉴的编纂工作，得到区委、区政府各部门和有关单位的大力支持，形成众手编鉴成鉴的良好局面。但因跨年度较长等原因，疏漏和差错在所难免，敬请广大读者批评指正。

《兴庆年鉴》编辑部

2015年12月

银川市兴庆区行政区划图

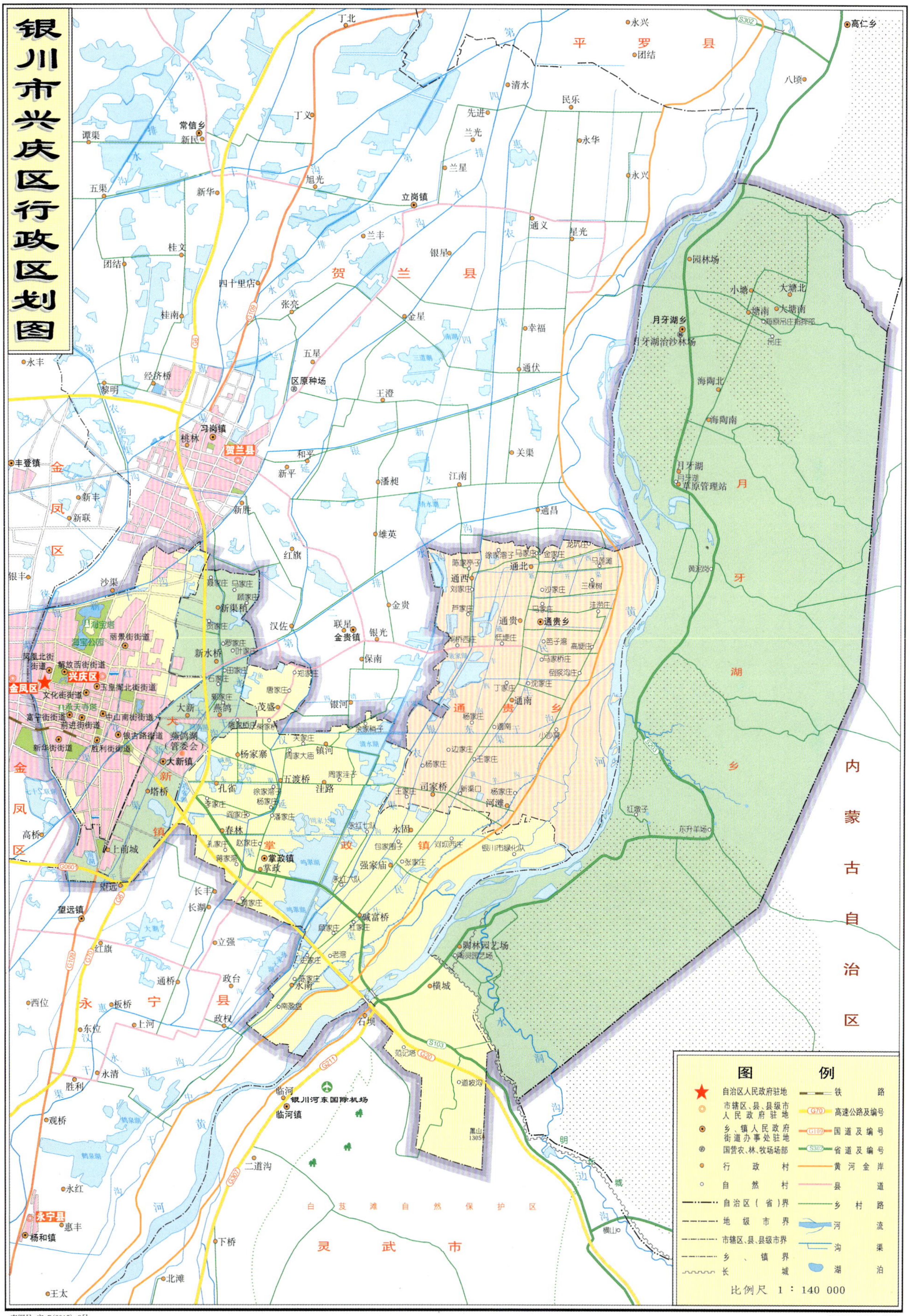

审图号：宁 S(2015) 2号

宁夏国土测绘院 编制

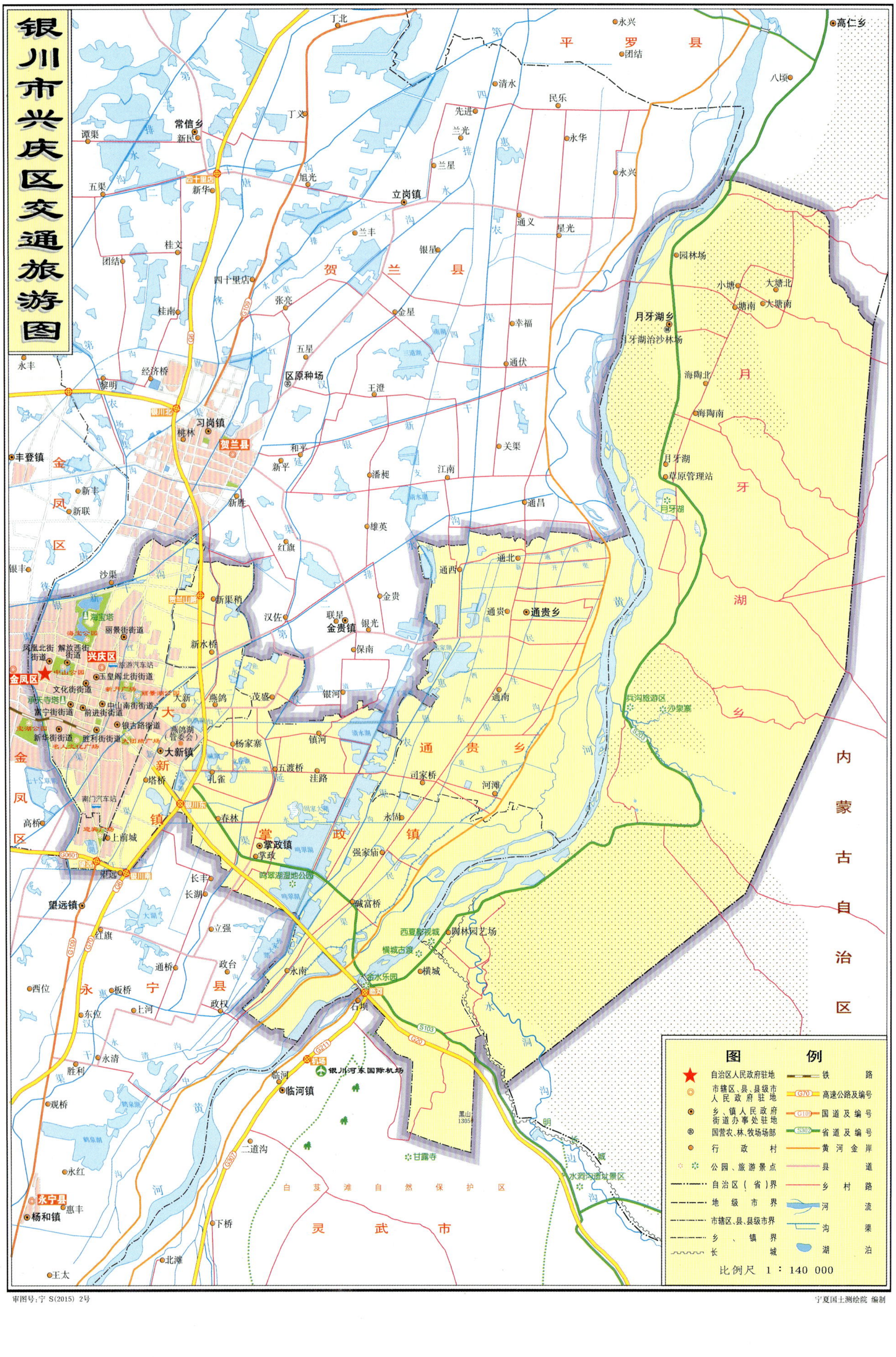

审图号：宁 S(2015) 2号

宁夏国土测绘院 编制

银川市城区图(2001年前)

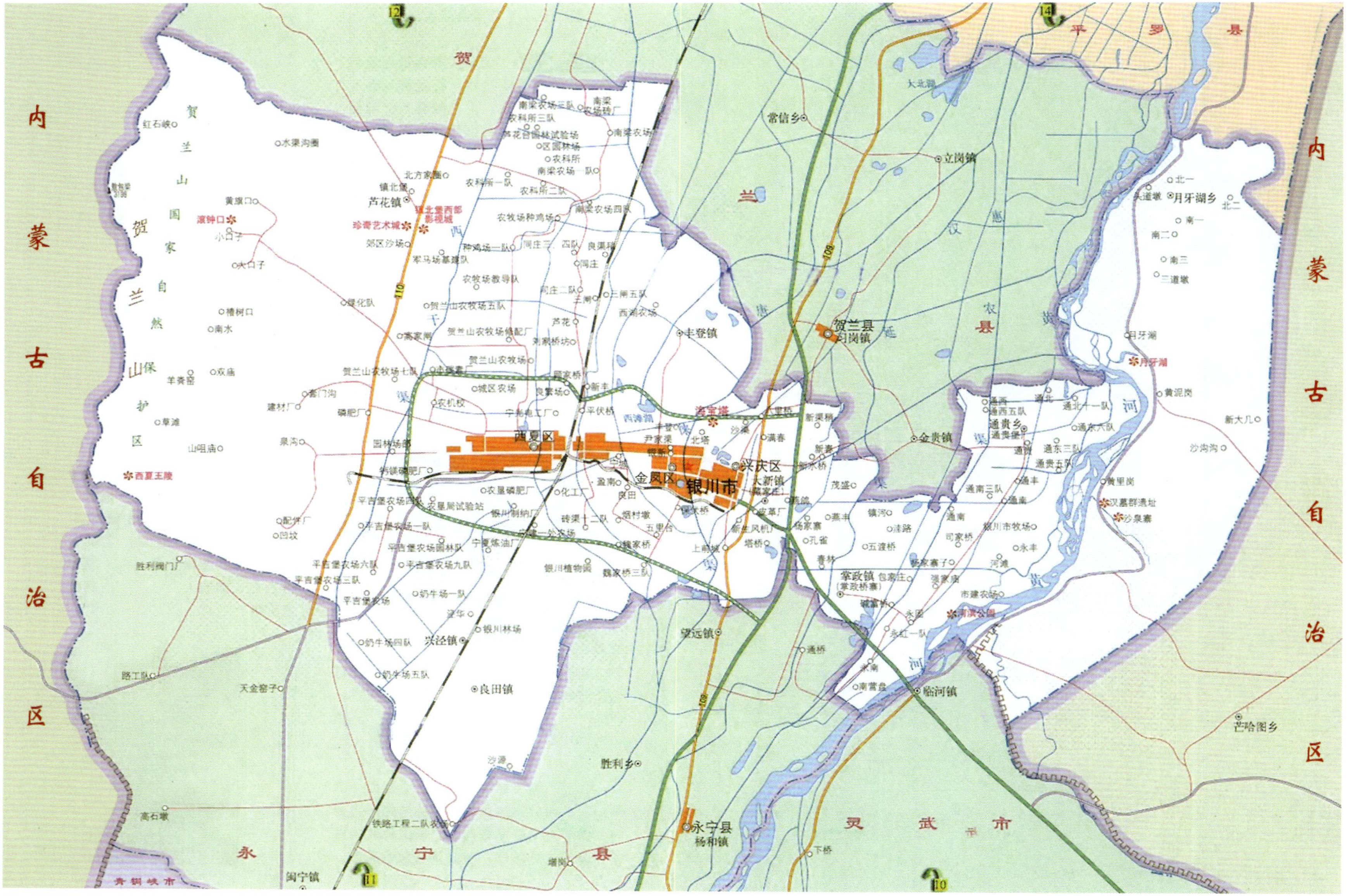

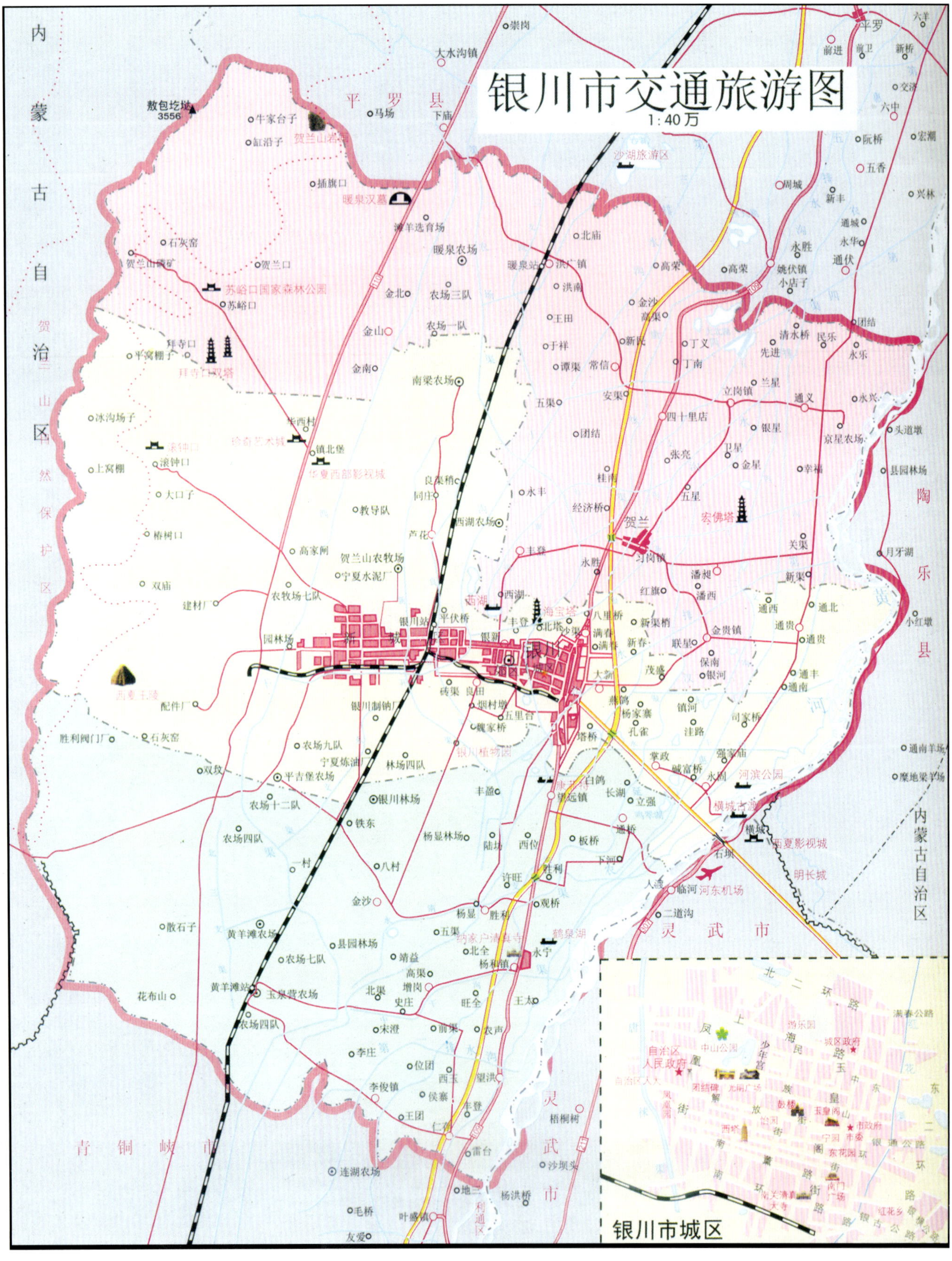
银川市交通旅游图
1:40万
内蒙古自治区
贺兰山自然保护区
平罗县
敖包圪垯
3556
牛家台子
贺兰山岩画
缸沿子
插旗口
暖泉汉墓
滩羊选育场
暖泉农场
暖泉站
洪广镇
石灰窑
贺兰山磷矿
贺兰口
苏峪口国家森林公园
苏峪口
金北
农场三队
洪南
金山
农场一队
王田
拜寺口
平窝棚子
拜寺口双塔
金南
南梁农场
于祥
谭渠
常信
冰沟场子
华西村
镇北堡
镇北堡西部影视城
滚钟口
上窝棚
大口子
良渠稍
同庄
教导队
永丰
西湖农场
椿树口
高家闸
贺兰山农牧场
宁夏水泥厂
芦花
双庙
建材厂
农牧场七队
园林场
银川站
新城
平伏桥
丰登
海宝塔
北塔
银新
银川
西夏王陵
配件厂
砖渠
良田
银川制钠厂
烟村墩
五里台
魏家桥
银川植物园
胜利闸门厂
石灰窑
农场九队
宁夏炼油厂
林场四队
双玫
平吉堡农场
银川林场
农场十二队
铁东
农场四队
杨显林场
一村
八村
金沙
散石子
黄羊滩农场
县园林场
农场七队
黄羊滩站
玉泉营农场
花布山
农场四队
宋澄
李庄
李俊镇
位团
王团
连湖农场
毛桥
叶盛镇
友爱
青铜峡市
灵武市
崇岗
大水沟镇
马场
下庙
沙湖旅游区
北庙
高荣
金沙
新民
丁义
丁南
安渠
五渠
团结
四十里店
立岗镇
兰星
通义
银星
张亮
卫星
金星
桂南
五星
经济桥
贺兰
宏佛塔
习岗镇
主登
永胜
关渠
潘昶
潘西
新渠
红旗
八里桥
新渠稍
满春
通西
通北
通贵
金贵镇
联星
保南
银河
茂盛
大新
燕鸽
杨家寨
镇河
司家桥
孔雀
洼路
塔桥
掌政
强家庙
碱富桥
永固
河滨公园
横城古渡
望远镇
长湖
立强
丰盈
通桥
板桥
陆坊
西位
下河
横城
西夏影视城
明长城
许旺
胜利
观桥
人渡
临河
河东机场
二道沟
杨显
五渠
纳家户清真寺
鹤泉湖
北全
永宁
杨和镇
靖益
高渠
北渠
增岗
史庄
旺全
王太
前渠
农声
西玉
望洪
侯寨
丰登
仁存
梧桐树
雷台
沙坝头
地三
杨洪桥
利通区
平罗
六羊
前进
前卫
新桥
交济
六中
阮桥
宏潮
五香
周城
新丰
兴林
通城
永华
永胜
通伏
姚伏镇
小店子
高荣
清水桥
先进
民乐
团结
永乐
永兴
头道墩
京星农场
幸福
县园林场
陶乐县
月牙湖
小红墩
通丰
通南
黄河
通南羊场
麋地梁羊场
内蒙古自治区
银川市城区
北二环路
满春公路
凤凰街
中山公园
自治区人民政府
少年宫
城区政府
市政府
玉皇阁
鼓楼
西塔
南关清真大寺
南门广场
东花园
银古公路
红花乡
（2001 年前）

2003 年 5 月 23 日，自治区党委书记陈建国（左二）视察兴庆区市场物流带

2003 年 6 月 12 日，自治区党委副书记韩茂华（右三）视察兴庆区房地产开发工作

2004 年 7 月 10 日，兴庆区人大领导调研河东乡村旅游及绿化工作

2004 年 11 月 11 日，自治区主席马启智（右二）视察兴庆区社区建设情况

2005 年 9 月 14 日，自治区党政主要领导调研兴庆区现代农业

2005 年 9 月 18 日，自治区政法委领导调研兴庆区社区治安工作

2006年6月12日，自治区党委常委、银川市委书记崔波（中）调研兴庆区商贸物流带建设工作

2006年6月14日，银川市委书记陪同自治区司法厅领导调研兴庆区社区法律服务工作

2007 年 3 月 5 日，银川市委常委、兴庆区委书记贺满明（左二）调研花卉产业

2007 年 5 月 18 日，自治区党委副书记韩茂华（左一）到兴庆区花卉产业基地视察

2007 年 9 月 26 日，自治区党委书记陈建国（中）调研兴庆区花卉产业

2007 年 10 月 10 日，自治区副主席刘慧（左三）到兴庆区福利院慰问

2008 年 2 月 20 日，银川市市长王儒贵（中）调研兴庆区农业工作

2008 年 3 月 25 日，银川市委常委、组织部长郑震（左二）调研兴庆区党建工作

2008 年 5 月 14 日，自治区党委副书记于革胜（中）调研兴庆区就业工作

2008 年 6 月 6 日，兴庆区代区长陈淑慧(中)调研工程在建项目

2009 年 4 月 11 日，银川市政协主席洪梅香(右二)调研塔桥穆斯林新居工作

2009 年 6 月 12 日，自治区副主席刘慧(中)调研兴庆区花卉产业

2009 年 10 月 2 日，自治区党委书记陈建国(右三)调研兴庆区花卉产业

2009 年 12 月 25 日，兴庆区区长马爱平(中)进行消防安全检查

2010 年 4 月 28 日，自治党委常委、宣传部部长杨春光(左二)视察银川三中

2010 年 8 月 2 日，自治区党委书记张毅（中）到兴庆区调研花卉产业

2010 年 11 月 15 日，银川市委副书记、兴庆区委书记彭友东（右二）在幸福社区调研

2010 年 11 月 27 日，自治区副主席赵小平（右二）调研食品安全工作

花卉　　瓜果

小城镇建设

黄河金岸

西北农资城

长城装饰市场

银川清真美食文化城

承天寺塔周边

南关清真寺周边

建发现代城周边

西门鸟瞰

海宝公园

高档住宅小区

序 XU

《兴庆年鉴(2001—2010)》原计划为首卷，因资料征集等原因而滞后。编纂工作从2011年着手，经过5个年头，终得以付梓与大家见面。其间，在继续编辑整理此鉴的同时，《兴庆年鉴》2012卷(首卷)、2013卷、2014卷尽力做到按时出版。《兴庆年鉴》2015卷和本卷几乎同时出版，2016卷的编纂工作正在进行中。可以说，从2001年开始，《兴庆年鉴》基本达到逐年连续出版的要求，和全国年鉴编纂工作总算是站在了新的起跑线上。《兴庆年鉴(2001—2010)》在时序上完成必要的衔接，实现了兴庆区年鉴编纂工作向规范化、法制化和常态化迈进的里程。

在党委、政府的关心和支持下，在各级组织、各个部门以及驻区单位的共同努力下，《兴庆年鉴》编辑部的同仁们，通过追录、实地采风等，集录10年的残散资料，编而成鉴，实属不易。兴庆区地方志工作部门，对年鉴编纂提出"全""真""活"的工作思路，值得肯定。全面、真实是基础，生动有立体感的"活"，就需要常编常新，年年有创意，这是判断一本年鉴质量好否、考验编辑能力高低的基本要素之一。希望年鉴编纂克服资料堆积、内容呆板单一的弊端，存史资政，更好地为兴庆区的各项事业作出新贡献。作为首府核心区，既要保持经贸大区的地位，又要彰显文化大区的风范。这是我们的历史责任，更是我们的现实追求。

还需要说明的是，十年集一鉴，虽然超越一年一鉴的国际惯例，更似半部志书。但在全国各地却也有数年一鉴的多种探索并取得了较好效果，且年鉴作为志书的资料集成来源和独特的存在形式，已视为中国特色的文化形态之一而愈来愈受到重视。依法编鉴修志，也已上升到国家行为。党中央、国务院高度重视地方志工作，尤其是《全国地方志事业发展纲要(2015—2020)》的发布，更是为地方志工作指明了方向和奋斗目标。年鉴编纂覆盖到国家的各级政府，使年鉴编纂工作也进入到新常态的中国文化大背景中。年鉴逐渐自成一家，形势确实令人鼓舞。

古人云：治郡国(县)者以志为鉴(察)。盛世修志，不溢美，不掩恶，这是地方志工作者的本分。希望兴庆区地方志工作在取得现有成绩的同时，推陈出新，力逮纯粹，百尺竿头，更进一步！

中共银川市兴庆区区委书记　朱韶峰

银川市兴庆区人民政府区长　周福琦

2016年5月

CONTENTS

目 录

特 载

兴庆区综览

大事记

中共银川市兴庆区委员会

银川市兴庆区人民代表大会

银川市兴庆区人民政府

政协银川市兴庆区委员会

中共银川市兴庆区纪律检查委员会

军　事

综合经济管理

城乡建设和交通

城市管理与服务

工业

农林牧渔业

·农牧业·

·林业·

·移民开发·

水利水务·环境保护

商贸物流市场

·商贸物流·

·烟盐专卖·

邮电·金融·商务

科技·教育

文化·体育·旅游

卫生·计划生育

就业·民生·社会服务

乡·镇·街道

人物·荣誉

重要文献·文件目录

索　引

英文目录

特　载

TE　ZAI

认真实践“三个代表”重要思想
全面开创城区“两个文明”建设新局面

——在中国共产党银川市城区第九次代表大会上的报告

银川市城区党委书记　马云海

（2001 年 12 月 8 日）

同志们：

现在，我代表中共银川市城区第八届委员会向大会作报告，请予审议。

中国共产党银川市城区第九次代表大会是在胜利完成“九五”计划，认真实践“三个代表”重要思想，贯彻落实党的十五届六中全会和银川市第十一次党代会议精神，以西部大开发为契机，全面实施新世纪第一个五年计划和银川市实施跨越式发展战略的新形势下召开的，是新世纪初城区各项事业承前启后，继往开来，实现跨越式发展的一次具有深远意义的重要会议。会议的主要任务是：以邓小平理论和江泽民“三个代表”重要思想为指导，全面回顾和总结第八次党代会以来的工作，确立新世纪初实现城区跨越式发展的奋斗目标和主要任务，选举产生城区新一届党委班子，动员城区全体党员和各族干部群众，进一步解放思想、振奋精神、抢抓机遇、加快发展，为全面开创城区“两个文明”建设的新局面而努力奋斗。

五年工作的回顾

银川市城区第八次党代会以来，在区、市党委的正确领导下，城区党委坚持“发展经济、管理城市、稳定社会、服务群众”的工作思路，按照“思路就是出路，目标就是台阶，创新才有发展，关键在于落实”的工作要求，团结带领广大干部群众，解放思想，更新观念，深化改革，开拓进取，思进创新，加快发展，大力实施“富民、兴街、强区”发展战略，实现了经济和各项社会事业的全面发展，“两个文明”建设取得了丰硕成果，全面完成了第八次党代会确定的各项任务。这五年，是城区干部群众高举邓小平理论伟大旗帜，沿着建设有中国特色社会主义道路奋勇前进的五年；是改革开放、经济建设和各项社会事业蓬勃发展的五年；是城区面貌焕然一新，人民生活水平显著提高的五年；是党的建设和精神文明建设取得显著成就的五年；也是城区各级领导班子和广大干部群众团结协作、务实苦干、开拓创新、争创一流的五年。

——国民经济持续发展，综合实力显著增强。按照“三个有利于”的标准，先后对城区 26 家直属集体企业和国有企业实行了全面改组改制，盘活了存量资产，妥善安置了企业职工，放开搞活了原城区企业，使企业出现了生机和活力。及时调整了经济工作重心，由政府直接办企业转向扶持、服务企业；由抓产值、利润转向抓税收、税源；由抓改制企业转向抓非公有制企业和第三产业。确立了税源经济的工作思路，经济运行的整体效益有了较大幅度的提高。加大了对外开放力度，招商引资工作有了新进展。2001 年，预计完成国内生产总值 35400 万元，为年计划的 103.1%，比上年同期增长 13.5%，地方财政收入预计完成 8060 万元，为年度预算 7025 万元的 114.7%，比上年同期增长 26.2%，是 1996 年财政收入 2578.4 万元的 3.12 倍。非公有制经济和第三产业的发展作为城区“十五”计划经济发展的重心地位得到加强，是城区经济最具活力的增

长点。目前非公有制经济总量已占城区国内生产总值的75%以上,上缴税金占城区地方财政收入的86%。较好地实现了经济工作思路、工作机制、服务对象、服务方式和经济增长方式的转变。

——**城市管理步入规范化轨道,市容市貌焕然一新**。五年来,以迎接全国第四次城市卫生综合检查、自治区成立40周年、建国50周年、建党80周年、城区建区30周年,创建国家级卫生、园林城市为契机,以为西部大开发、实现银川市跨越式发展创造良好的投资环境为目标,把城市管理和市容环境卫生工作的长效运行作为工作的永恒主题,通过改革城管市容环境卫生管理体制,实施城管综合整治,加大城管市容卫生和绿化工作的力度,创新工作机制和管理措施,市容市貌明显改观。1999年城区被自治区命名为"卫生先进区",管理规范、秩序良好、干净整洁,绿化、美化、亮化的街巷、小区、庭院不断涌现,为银川市进入"全国卫生先进城市"和"国家园林城市"奠定了基础。

——**精神文明建设硕果累累,社会事业全面进步**。五年来,城区党委不断在深化和提高精神文明建设内涵上下功夫,取得了显著成绩,被中央文明委授予"全国创建文明城市工作先进城区"和"全国精神文明创建示范点"等荣誉称号。近年来,城区把精神文明建设的重点放在社区,以社区活动为重点,以提高市民素质、提高城市文明程度为目标,在不断巩固和提高创建成果的基础上,突出文明街道创建工作,把解放大街、鼓楼南街、新华东街等6条街道确定为示范街,在净化、美化、绿化、亮化等方面狠下功夫,使文明街道建设成为城区精神文明建设的新靓点,解放街被中央文明委命名为"精神文明示范街"。大力开展文明社区创建活动,通过整治环境,完善社区服务,整顿社区治安秩序,活跃社区文化,广泛开展文明社区各类竞赛活动,促进了文明社区建设与辖区精神文明建设的协调发展。截止目前,辖区内各级文明单位已达350个。教育事业蓬勃发展,城区两所幼儿园和21所小学基本实现了办学条件标准化,在校学生已达2万人,学生入学率、升学率已连续多年保持100%。"两基"教育已顺利通过了自治区政府的复查验收。"科教兴区"战略全面实施。创建"全国科技进步先进城区"工作取得实效。群众性文化体育活动广泛开展。计划生育工作成效显著,被中宣部、国家计生委评为"全国婚育新风进万家活动先进单位"。"双拥共建"活动不断发展,军政军民团结进一步增强。五年来城区精神文明建设整体上了一个新台阶。

——**民主法制建设不断加强,社会政治稳定,治安秩序良好**。进一步加强了党对人大、政协工作的领导,积极支持人大代表、政协委员参政议政,依法行使法律监督、民主监督职权,充分发挥了人大、政协的职能作用。认真组织实施"依法治区"和"三五"普法规划,干部群众的法制观念、法律意识普遍增强,行政部门和执法机关的依法行政、依法办案水平进一步提高。坚持"打防并举,标本兼治,重在治本"的综治工作方针,动员和组织社会力量,运用政治、法律、经济、行政、文化等多种手段,减少、预防和打击了犯罪。广泛开展了群众性社会治安综合治理工作,进一步提高了创建治安模范小区、模范单位、模范校园活动水平,基层基础工作得到了加强。目前,创建三级治安模范单位594个,治安模范小区103个,治安模范校园39个。创建"无毒社区"、"联片共建"安全小区、"十店联警"、"楼单元联防"等群防群治活动得到广泛开展。严厉打击"法轮功"邪教组织活动,有效遏制了"法轮功"的反弹苗头。加大了安全生产工作的力度,预防了重特大安全事故的发生。健全了各类帮教组织,开通了148法律服务专线,第四个五年普法宣传教育活动全面启动。加强了民族宗教工作,妥善处理了民族宗教事务。成立了城区暂住外来人口管理局,通过专门机关的"严打"整治和群众性的社会治安综合治理,促进了城区社会治安形势的稳步好转,维护了辖区政治稳定和社会安定。城区先后被自治区党委、政府评为"社会治安综合治理先进区"、被中央综治委评为"全国社会治安综合治理先进区"。

——**社区建设全面启动,服务领域进一步拓宽**。近年来,城区党委以群众的根本利益为出发点和落脚点,从老百姓最关心、最需要解决的事做起,制定了社区建设五年规划,建立了与市场经济相适应的新型社区管理体制。按照"合并机构、减少人员,降低年龄、提高素质,增加待遇、公开招聘"的原则,将127个居委会合并为75个社区居委会,面向社会公开招聘了228名社区居委会基干,实现了居委会干部的年轻化、知识化、职业化,建立起了一支高素质的社区工作者队伍。按照"思想共育、资源共享、设施共建、事务共管、实事共办"的原则,大力开展了社区服务、社区治安、社区教育、社区文化、社区卫生等活动,初步形成了社会化、产业化、全方位、多层次的社区服务网络,推动了城区"两个文明"建设的发展。

——**党的建设全面加强,党组织的凝聚力和战斗力进一步提高**。坚持"党要管党、从严治党"的方针,注重从思想上、组织上、作风上全面加强党的建设,努力探索新形势下加强和改进城市党建工作的有效途径,不断拓宽工作领域。围绕创建"六个好"基层党委、"五个好"居民区党支部、"七强"机关党支部和基层党组织建设先进区活动,扎扎实实地开展了"三级联创"活动并取得了实效。在具备条件的23个新经济组织中建立了党支部,增强了党在新经济组织中的凝聚力和渗透力,扩大了党组织工作的覆盖面。切实加强了领导班子和干部队伍建设,制定出台了城区党政干部七项管理制度,加大了公开选拔的范围和力度,率先实行了领导干部任前公示制,推行了领导干部竞争上岗,一般

干部双向选择，加强了干部队伍的政治理论教育，提高了干部队伍的整体素质。通过开展“三讲”教育，坚持对党员领导干部进行以邓小平理论、“三个代表”重要思想为主要内容的党的理想、信念等教育，使领导班子成员的政治意识、大局意识、责任意识有了明显增强，广大党员干部在各行各业中的先锋模范作用得到进一步发挥。通过开展基层党组织“创先争优”达标活动，基层党建初步形成了制度健全、管理规范、活动经常、监督有力、核心明显的工作格局，荣获“全区创建基层党组织先进区”荣誉称号。进一步加大反腐败斗争力度，层层签订党风廉政建设责任书，全面落实领导干部廉洁自律“八项规定”，加强了对干部的廉政监督，实行政务公开，建立政府公开采购制度，严格执行收支两条线规定，增加了工作的透明度。开展纠正行业不正之风工作，加大案件查处力度，查处了一批违纪违法案件。加大了领导干部离任审计工作力度，突出对重点部门重点资金的监督，从源头上防止了腐败，党风廉政建设和反腐败斗争取得新成效。建立健全了民主党派、工商联参政议政机构，加大对党外干部的培养力度，党的统一战线工作有了新突破，工、青、妇等群众团体组织作用得到充分发挥。

在肯定成绩的同时，我们还必须清醒地认识到城区在当前和今后的发展中还面临着不少困难和问题，主要表现在：一些领导干部思想观念跟不上当代重大变革的新形势，与时俱进的意识还不够强；一些部门和少数干部思想观念保守，工作主动性、开拓性不够，服务意识不强，工作作风不够扎实，形式主义比较严重；基层基础建设、社区建设、精神文明建设、基层党组织建设和社会治安还存在薄弱环节；对干部的教育、监督和管理有待于进一步加强等。对这些问题和不足，我们将在今后工作中采取切实措施加以解决。

各位代表、们，过去的五年是不平凡的五年，五年的改革与发展为城区的现代化建设打下了良好的基础，丰富和完善了我们建设和发展城区的基本思路，增强了建设宁夏首善之区的信心和决心。回顾五年的工作，我们深深感到推进城区的“两个文明”建设，必须坚持解放思想，实事求是的思想路线；必须坚持“两手抓、两手都要硬”的方针；必须正确处理好改革、发展和稳定的关系；必须始终保持团结协作，共建城区的良好政治局面；必须始终坚持“党要管党、从严治党”的方针；必须坚持“发展经济、管理城市、稳定社会、服务群众”的工作思路。

同志们，城区过去的五年，是团结务实的五年，是开拓创新的五年，是取得巨大成就的五年。五年来，城区各族人民用汗水和智慧铸就了一个又一个辉煌。城区先后被评为全国创建文明城市工作先进城区、全国精神文明建设示范点、全国婚育新风进万家先进单位、全国第五次人口普查先进集体、全国科普示范城区、全国特殊教育和学前教育先进区、全国残疾人工作先进区、全国残疾人按比例就业工作先进区、全国社会治安综合治理先进区、自治区创建基层党组织建设先进区、自治区卫生先进区、自治区双拥模范区、自治区德育教育先进区、全区党管武装先进单位等。这些成绩的取得归功于自治区党委、银川市委的正确领导；归功于城区全体共产党员和广大干部群众的共同努力；归功于历届城区党委打下的良好基础；归功于城区各民主党派、各人民团体、各有关方面齐心协力的奋斗。在此，我代表中共银川市城区第八届委员会向城区各族人民、各级干部、政法干警、广大离退休老，向所有关心、支持、参与城区“两个文明”建设的们表示衷心的感谢！

实现跨越式发展的总体思路、指导思想和奋斗目标

进入新世纪，时代赋予了我们新的伟大而艰巨的历史使命，我们迎来了实现跨越式发展的大好机遇。今后五年，是我们向现代化建设第三步战略目标开拓前进的五年；是推进首府中心区区域经济跨越式发展的五年；是全面实施西部大开发战略重点突破的五年；也是建设宁夏首善之区，提升城市品位，增强首府中心区辐射功能，承前启后，与时俱进，开拓创新的五年。我们要肩负起这一重大的历史使命，勇于走在时代发展的前列，正确分析形势，科学把握未来，精心谋划发展，抢抓机遇，迎接挑战，思进创新，务实苦干，以只争朝夕、敢为人先的精神开创城区各项事业的新局面。

今后五年，我们面临着历史性的发展机遇。我国加入WTO，经济国际化进程明显加快，西部大开发战略的实施，对中心城市的投资力度进一步加大。城区作为首府的中心区域，面临着难得的发展机遇和广阔的发展前景。我们必须进一步解放思想，树立加快发展的紧迫感和历史责任感，提高认识，统一思想，振奋精神，增强信心，在工作中牢固树立审时度势，乘势而上的机遇意识；树立敢于拼搏、争创一流的竞争意识；树立开拓创新、永无止境的发展意识，勇敢地承担起动员和带领辖区人民实现新跨越的历史重担，迎接新的挑战，经受新的考验，争创新的优势，赢得新的发展，真正把城区建设成为宁夏的“首善之区”，体现出“富在城区、美在城区、强在城区”的建设成果。

今后五年，我们工作的总体思路是：以邓小平理论和江泽民总书记“三个代表”重要思想为指导，以富民、兴街、强区为目标，以加快发展为主题，以改革开放和科技创新为动力，以提高人民生活水平为根本出发点，发展经济，管理城市，稳定社会，服务群众，把扩大税收来源、大力发展非公有制经济和壮大第三产业，作为经济工作的主线，把实现城管及市容环境卫生工作的长效管理作为城区工作的永恒主题，大力加强党的建设、社会主义精神文明建设和民主法制建设，为把城区建设成为繁

荣、富裕、文明、靓丽的首善之区而努力奋斗。

今后五年的奋斗目标是：努力实现经济运行质量和效益的明显提高，力争经济增长速度达到12%以上，圆满完成“十五”计划。到2006年，国内生产总值达到6.24亿元。地方财政收入年均递增15%，2006年力争达到1.5亿元。居民人均可支配收入年均递增6.3%以上，2006年达到8000元以上，城镇登记失业率控制在5%以内。以思想道德修养、科学教育水平、法律素质教育、公民道德规范为主要内容的全民素质明显提高。以社会风气、社会治安、公共秩序、先进文化、生活环境、社区建设为主要标志的城市文明程度明显提高。全面落实各项社会保障制度，努力实现社会保障管理和服务的社会化，加速城市基础设施改造步伐，提高管理城市、经营城市的水平，使城区的区位优势更加明显。到2010年，国内生产总值突破10亿元大关，城市居民可支配收入达到10000元以上。

实现上述奋斗目标，我们必须坚持和遵循以下指导思想：必须坚持以江泽民总书记“三个代表”重要思想指导全局。进一步提高贯彻党的基本路线的自觉性，提高学习运用“三个代表”重要思想的创造性。要深刻领会“三个代表”重要思想和十五届六中全会的精神实质，准确把握其博大精深的思想内涵和科学体系。以“三个代表”的思想总揽全局，指导城区的经济建设、精神文明建设、民主法制建设和党的建设。必须坚持以税源经济为主线，形成城区上下抓经济建设的合力。要科学分析和敏锐把握城区经济发展的脉搏，培育新的经济增长点，增强经济发展后劲，通过制定和实施正确的方针政策，采取切实有效的工作措施，保持城区经济始终处于健康、快速发展的态势，打好经济建设攻坚战，形成城区上下抓经济建设的合力。必须坚持正确处理改革、发展和稳定的关系。从实际出发，以代表和实现人民群众的根本利益为出发点和落脚点，坚持把提高人民群众的生活水平、改善生活环境作为经济发展的重要目标，把完善社会保障、建立健全社会服务体系，加强社区规划与建设作为社会发展的重要任务，坚持“两手抓、两手都要硬”的方针，积极慎重地处理好改革与发展中出现的各种矛盾和问题，始终保持改革、发展和稳定的大好局面。必须坚持树立“大城区”的观念，发挥区位优势，增强城区的辐射和带动功能。树立“大城区”的观念就是要淡化隶属关系，强化区位优势和区域意识，充分利用区域内的各种资源、技术进步和人才聚集优势，发挥集聚功能，以城区带辖区，增强城市中心区的辐射带动作用，形成全社会、多层次、宽领域的发展格局，全面提升首府中心区的发展速度，最大限度地发挥首府中心区服务完善、功能完善的优势。必须坚持不断创新，进一步增强发展的动力和活力。要进一步发挥人民群众的创造力，努力增强创新意识，为加快发展提供不竭的动力源泉。要把推进体制创新、制度创新和科技创新作为深化改革的重要内容放在突出位置，解放思想、更新观念、敢试敢闯。要运用高新技术，树立超常发展理念，实现超常规、跨越式发展。要进一步发扬艰苦奋斗、真抓实干的创业精神，自强不息、永不满足的拼搏精神，敢为人先、创新求变的改革精神，以对党对人民高度负责的态度，加倍努力，加快发展，不断开创城区经济社会发展的新局面。

实现跨越式发展的主要任务

实现跨越式发展目标，必须突出城市中心区的区位优势，充分发挥城区党委的核心领导作用，总揽全局，协调各方，统筹兼顾，突出重点，着力抓好事关全局的六个方面的工作。

一、以税源经济为核心，大力发展非公有制经济，努力增强城区经济实力

择优扶强，提升第二产业，不断壮大非公有制经济。积极鼓励和引导辖区企业大力发展工业经济，扩大生产规模，引进先进的管理模式，建立规范的管理制度，提高现代化管理水平，使其逐步向宽领域、大规模、高层次和高新技术发展。要按照“放心、放胆、放手、放宽、放活”的方针，为非公有制经济创造良好的发展空间。坚持总量和质量并举，支持企业打优势牌，走特色路，培育一批规模较大、科技含量较高、市场竞争力较强、经济效益较好、有发展潜力的骨干企业，通过典型带动实现城区经济的跨越式发展。

拓展思路，壮大第三产业。要进一步调整第三产业内部结构，积极引导企业进行传统服务业的改组改造，发展现代服务业，以特色商业街区的繁荣、大市场的培育、重点商贸区域的建设、新兴产业门类的发展为重点，进一步增强城区作为城市商贸中心的聚集效应和辐射功能。加快开发文化旅游、科技信息等新兴门类的第三产业，及早形成新的经济增长点。特别是借西部大开发的契机，大力发展具有民族特色、地域特色的项目和产品，体现“塞上江南、西夏古都、回族风情”的城市经济文化特点。鼓励一些非公有制企业参与社区服务、物业管理方面的投资和经营，加快社区服务产业化进程，促进社区经济网络的尽快形成。

要树立“投资环境也是生产力”和“人人都是投资环境”的新观念，在城区大力开展人人塑造新形象，人人创造新环境的活动。贯彻落实优化投资环境的政策、措施，强化服务功能，加强工作协调，规范执法行为，切实为投资者营造良好的政治环境、政策环境、服务环境、城市环境、社会环境、文化环境、法制环境和舆论环境。抓住西部大开发、加入WTO和实施“十五”计划等有利时机，在引进、支持培育大项目上下功夫，寻求新的投资发展机遇，扩大招商引资领域。

加快科技成果转化，着力培育新的

经济增长点。始终坚持把科技放在经济和社会发展的先导地位，使经济增长和社会进步真正转移到依靠科技进步和提高劳动者素质上来。要采取积极有效的措施，重点发展具有一定基础和优势的高新技术产业，培育一批有市场竞争力的高新技术企业。要充分利用首府优势和中心区优势，活化机制，优化服务，不断提高科技竞争势力。用信息化带动工业化，用信息化和高新技术改造提升传统工业，促进工业现代化。要巩固扩大“全国科技进步先进区”创建活动成果，不断提高科技成果转化对经济增长的贡献率，引导企业与高校和科研单位实施产、学、研结合，提高企业的技术创新能力，着力培育新的经济增长点。

二、以提升城市形象为主题，强力营造良好的城市环境

把城市管理和市容环境卫生工作的长效运行作为城区工作的永恒主题，以建设现代化区域城市中心区为目标，以营造环境、搞好服务、吸引投资为突破口，以银川市争创“国家卫生城市”为契机，进一步提升城市的品位和综合管理水平，为西部大开发提供良好的投资环境。

完善城市功能，提高城市综合管理水平。要树立“大城区”的意识，狠抓城管及市容卫生整治工作，对重点地段、难点部位实行长效管理，集中整治，使群众关心的难点问题得到彻底解决。要树立“以人为本、环境至上”的思想，使“银川是我家、清洁卫生靠大家”的全民卫生意识成为广大市民的自觉行动。提高市民的卫生意识，改善市民的生活环境和生活质量。坚持“以块为主，简政放权”的原则，建立责任明确、条块结合的管理机制，尽快形成“统一领导、强化基层、各司其职、规范管理”的城市管理工作格局。

强化管理措施，不断深化城管体制改革。积极探索城管体制改革新路子，提高道路清扫保洁机械化程度，加大对卫生工作的监督、检查、考核力度。进一步优化管理体制，把经营城市作为管理城市的重要手段，积极探索城市建设资金的运营模式，运用市场机制筹集城市建设资金，积极推进公用基础设施市场化运作，盘活基础设施存量，实现所有权与经营权的分离。同时，严格队伍管理，推进城管队伍用人制度改革，规范执法行为，努力实现城市管理的规范化、法制化。

突出精品意识，讲求文化内涵，加快绿化改造步伐。围绕银川市创建国家园林城市的目标，进一步完善以公共绿地、主干道绿化、庭院绿化、居民区绿化为主体，合理布局，搭配得当的城市绿化体系，提高城市的内在素质和文化底蕴，增加城市亮点。使绿化工作增绿量、出精品、上水平，努力实现银川市“城在园中，园在城中，城在林中，林在城中”的构想，把城区建成具有时代气息和地方民族特色的园林式现代化城区。

三、进一步强化社区功能，扎实推进社区建设

社区建设要从长远着眼，从近期着手，远近结合，循序渐进，建立较为合理的社区管理体制，安全安定的社区治安秩序，便民利民的社区服务网络，健康向上的社区文化氛围，整洁优美的生活环境。要逐步建立适应现代化城市发展需要的社区管理新体制，促进社区居民委员会的民主选举，民主决策、民主管理、民主监督的规范化、制度化，实现社区居民自我管理、自我教育、自我服务、自我监督，使社区的文明程度和社区居民的生活质量普遍得到提高。力争建成一批经济文化繁荣、环境舒适优美、管理规范有序、服务设施配套完善、治安良好、人际关系和谐的新型文明社区。要进一步拓展社区服务，发展社区卫生，繁荣社区文化，美化社区环境，加强社区治安。各级职能部门要实现工作方式和工作作风的转变，树立公仆意识，服务意识，走出机关，服务基层，努力营造全社会重视、关心、支持社区建设的良好氛围，形成党委和政府领导、民政部门牵头，有关部门配合，社区居委会主办，社会力量支持，群众广泛参与的整体合力，推动城区社区建设工作再上新台阶。

四、以为人民群众办实事为宗旨，加速发展社会各项事业

把维护群众的利益作为工作的出发点和落脚点。全心全意为人民办实事，加速推进社会各项事业全面发展。

以创建“教育强区”为重点，实现科教兴区新突破。认真贯彻《基础教育改革发展的决定》，不断加大教育投入，改善办学条件，巩固提高“两基”实施水平。继续深化教育教学体制改革，调整和优化教育结构，合理配置教育资源，不断提高教育质量和效益。要以推进素质教育为核心，积极发展学前教育、义务教育和特殊教育，切实抓好各类继续教育。要采取措施，鼓励社会办学，形成多元化投资，多形式和多渠道办学的新格局。

全面推行配套改革，完善社会保障体系。根据《中共中央、国务院关于政府机构改革的意见》，坚持“精简、统一、效能”的原则，积极稳妥地做好城区的机构改革。逐步推进事业单位工作面向社会化、企业化、市场化方向发展。要完善社会保障体系，积极做好劳动就业工作。要全面落实社会保障制度改革，实现城市最低生活保障、养老、失业、医疗、女工生育等保障由单位到社会的平稳过渡，逐步建立资金来源多元化、保障制度规范化、管理服务社会化的社会保障体系。关心城市贫困家庭及弱势群体、离退休人员和失业人员的生活，规范劳动中介组织和劳动力市场，完善就业服务体系，加强职业培训，形成市场导向的就业机制。同时，认真做好扶贫解困工作，确保城区扶贫任务的全面完成。

继续推进可持续发展战略，努力促进经济、社会、人口、资源、环境协调发展。切实强化安全生产工作的力度，为经济发展提供良好的社会环境。大力宣

传贯彻中共中央《关于加强计划生育工作的决定》,继续坚持“三不变”原则,落实“三为主”方针,实现计划生育工作思路与方法的转变。重视文化体育事业,充分挖掘体现城区特色的文化载体,促进文化体育工作的繁荣。加强“双拥”工作,保持“双拥模范区”荣誉称号。关心和加强残疾人事业,重视发展老龄事业,加强党对群团工作的领导,支持工、青、妇等群团组织开展工作,推进城区经济、社会、环境协调发展。

五、加强社会主义精神文明建设,不断提高市民文明素质和城区文明程度,促进两个文明建设协调发展

始终坚持“两手抓,两手都要硬”的方针,把精神文明建设摆在更加突出的位置,以“三个代表”重要思想为指导,以提高市民素质,提高城区的文明程度为目标,发扬“团结协作、务实苦干、开拓创新、争创一流”的城区精神,大力繁荣社区文化事业,不断丰富群众的精神文化生活。在巩固全国创建文明城市工作先进区成果基础上,开展“六大文明”工程,为实现跨越式发展提供坚实的思想保证、精神动力和智力支持,形成物质文明和精神文明协调发展的良好局面。

实施“道德建设”工程。要认真贯彻“以德治国”方略,全面实施《以德治国纲要》和《公民道德建设实施纲要》,突出思想道德教育,坚持用邓小平理论和江泽民“三个代表”重要思想武装全体党员和广大干部群众。要围绕树立正确的理想信念,以为人民服务为核心,以集体主义为原则,着力加强爱国主义、集体主义、社会主义教育,全面开展以社会公德、职业道德和家庭美德为主要内容的社会主义道德教育,使广大干部群众真正树立爱国守法、明礼诚信、团结友善、勤俭自强、敬业奉献的道德规范意识。实施“市民素质”工程。按照在“教育中培养,参与中塑造,环境中熏陶,管理中强化”的原则,抓好市民素质教育。广泛宣传《银川市民文明守则》、《市民公德行为规范》,利用市民文明学校、业余党校等教育阵地,继续开展“万名市民进课堂”活动,组织市民开展社会公德实践活动,形成良好的社会新风尚。实施“群众温暖”工程。把为群众扎扎实实办实事作为精神文明建设新的切入点,要从群众的需要出发,从群众最关心的问题入手,把教育群众同服务群众结合起来,多做得人心、暖人心、稳人心的工作。要围绕群众反映强烈、迫切要求解决的问题,每年办几件作用大、影响大、群众满意的实事,使精神文明建设真正得到广大群众的欢迎和支持。实施“文明创建”工程。认真组织开展文明社区、文明机关、文明单位、文明行业、文明街道、文明小区、文明校园的创建活动,进一步提高城市的文明程度和市民的文明素质,优化生活环境和育人环境,不断巩固和提高文明创建的成果,推动群众性精神文明创建活动再上新台阶。实施“文化建设”工程。牢牢把握先进文化的前进方向,坚持为人民服务、为社会主义服务的方向,认真组织开展丰富多彩的群众文化活动,建设社区文化、广场文化、校园文化,发展家庭文化、楼道文化、公园文化、假日文化,努力营造欢乐、喜庆、健康、向上的氛围。各类文化、体育设施不断建设完善。五年内,要新建4个示范性、标志性的社区宣传文化中心。实施“形象宣传”工程。新闻宣传要始终围绕城区党委、政府的中心工作,确定新闻宣传主题,组织新闻宣传战役,强化大宣传意识,形成大宣传合力,进一步提高和扩大城区在区内外的知名度和美誉度,积极营造和树立城区良好的环境形象、窗口形象、市民形象、政府形象和全国文明城区的形象。

六、加强民主法制建设,努力营造政治稳定、社会安定的良好环境

大力发展社会主义民主政治。加强和改善党对人大工作的领导,支持人大及其常委会依法行使职权,充分发挥人大代表作用,切实加强法律监督,密切人大代表同人民群众的联系,推进决策的民主化和科学化,不断提高人大工作水平,促进人大工作制度化、程序化、规范化。

充分发挥人民政协在城区政治生活中的作用,巩固和发展爱国统一战线工作。进一步加大政治协商、民主监督力度,拓宽参政议政领域,推进政治协商、民主监督、参政议政的规范化、制度化,为城区的改革开放、经济发展献计献策。加强党对统战工作的领导,加强与各民主党派、工商联、各人民团体和各界人士的合作,推进城区经济与社会各项事业的全面发展。

加强党对政法工作的领导,切实维护辖区社会稳定。坚持“依法治区“,全面实施“四五”普法规划,实现公民法律素质的进一步提高,不断提高城区各项事业法制化管理水平,依法保障审判机关和检察机关独立行使审判权和检察权。全面落实社会治安综合治理各项措施,进一步完善和落实维护稳定的领导责任制。深入持久地开展“严打”整治斗争,坚持同“法轮功”等邪教组织作斗争,严厉打击顽固分子和骨干分子非法活动,做好练习者的帮教转化工作。建立健全治安防范体系,加强“社区警务”建设,推动“安全社区”建设,利用高科技手段,构筑警民联手打击、控制犯罪的快速反应网络。加大城郊结合部整治工作力度,加强流动人口管理,提高为流动人口服务水平,维护其合法权益。进一步健全和完善矛盾纠纷排查调处机制,减少矛盾纠纷隐患。坚持“从严治警、从优待警、科技强警”,努力建设一支公正执法、清正廉洁的政法队伍。进一步做好民族宗教工作,依法管理民族宗教事务,推进民族团结进步事业健康发展。加强民兵、预备役部队建设,强化国防教育,巩固和扩大双拥成果。

贯彻“三个代表”重要思想,全面加强和改进党的建设

以“三个代表”重要思想为指导,把

“三个代表”的要求贯彻和体现到党的思想、组织、作风和廉政建设等各项工作中去，使成区各级党组织始终保持党的先进性和纯洁性，充满凝聚力、战斗力和创造力，成为城区两个文明建设的坚强领导核心。

一、落实“三个代表”，切实加强党的思想建设

各级党组织要毫不动摇地坚持马克思主义的指导地位，坚持不懈地用马列主义、毛泽东思想、邓小平理论和“三个代表”重要思想武装全体党员干部特别是党员领导干部。各级党组织要高度重视，精心组织，把学习邓小平理论和江泽民“三个代表”重要思想作为加强党的思想建设的根本任务，切实抓紧抓好，准确把握“三个代表”重要思想的科学内涵、精神实质和党在新世纪的历史任务和奋斗目标。要在党员和干部中进一步改进学风，坚持中心组学习、干部职工集体学习和个人自学相结合，坚持理论和实际相结合，在党员干部中迅速掀起学习、研究、贯彻“三个代表”重要思想的热潮，努力营造认真学习的风气，民主讨论的风气，积极探索的风气，求真务实的风气。要大力加强理想信念教育、宗旨教育、艰苦奋斗传统教育和思想道德教育，进一步提高党员干部的思想政治素质，使广大党员干部始终保持忠诚的心、敏捷的脑、勤快的脚、干净的手。各级党组织要教育广党员干部始终不渝地坚持解放思想、实事求是的思想路线，大力发扬求真务实、勇于创新的精神，紧紧围绕城区改革和发展的具体实践，不断研究新情况，探索新路子，解决新问题，创造新经验，增强工作的科学性、主动性和预见性，增强驾驭复杂局面、解决实际问题的能力，不断提高理论水平、思想水平和执政水平。

二、落实“三个代表”，大力加强党的组织建设

要全面贯彻干部队伍“四化”方针和德才兼备原则，努力建设一支高素质的干部队伍。切实加强对年轻干部、妇女干部、少数民族干部和非党干部的培养选拔，真正把那些群众公认、政治坚定、政绩突出、开拓创新、清正廉洁、能够担当重任的干部选拔到领导岗位，努力把各级领导班子建成团结的班子、务实的班子、廉洁的班子、创新的班子。要全面实施《深化干部人事制度改革纲要》，加快干部人事制度改革步伐。要认真执行《党政领导干部选拔任用暂行条例》，通过公开选拔、竞争上岗、任前公示、考察预告、干部试用等形式，创造一个公开、平等、竞争、择优的选人用人环境，使优秀人才脱颖而出。要坚持群众路线，进一步扩大民主，提高选拔干部的公开度、透明度，落实群众对干部选拔任用的知情权、参与权、选择权和监督权。要严格推行考察、推荐、选拔、任用责任制，严把入口关，要以实绩选人，真正把那些干净、干事、干成事的人选拔到领导岗位上。要认真贯彻落实党的老干部政策，坚持和完善干部离退休制度，从政治上、生活上关心老干部，发挥他们在两个文明建设中的作用。

要进一步贯彻执行民主集中制原则。充分发扬党内民主，拓宽发扬民主渠道，保障党员民主权利。要按照集体领导、民主集中、个别酝酿、会议决定的原则，进一步完善党委内部领导和决策机制，更好地发挥各级党委的核心领导作用和党的委员会全体会议的作用。要处理好集体领导和个人负责的关系，要提倡领导干部敢于负责的精神，各级党委的一把手在领导班子中负有重要领导责任，要发挥好政治上的导向作用，民主上的表率作用，团结上的协调作用和遵纪上的带头作用。

要用“三个代表”重要思想丰富基层组织“三级联创”的内涵，巩固和提高“三级联创”成果，以加强基层党组织建设为重点，实现基层党建向社区延伸，向非公有制经济组织延伸，确保“三个代表”重要思想在基层组织建设中深入持久地贯彻落实。要以街道社区党建为重点，提高基层党组织的凝聚力和战斗力。要不断拓展社区党建工作新内容，探索活动新载体，建立社会各类基层党组织参与社区建设的新机制，形成社区党建的整本合力，推动社区党建向纵深发展。要加快在新的经济组织、新的社会组织中建立党组织的工作步伐，根据新的经济组织、社会组织的特点，开展党的工作，充分发挥党组织的作用，努力做到有群众的地方就有党的工作，有党员的地方就有健全的党组织，有党组织的地方就有正常的组织生活，使党的领导、党的工作、党的组织作用更加有效地覆盖社会的各个领域。机关、学校等基层党组织要从各自的特点和实际出发，不断加强自身建设，广泛开展结对帮扶活动，不断充实工作内容和活动方式，增强工作的活力和战斗力。要继续按照坚持标准、保证质量、改善机构、慎重发展的方针和江总书记“七一”讲话精神，积极稳妥地做好在新的社会阶层中发展党员工作。

三、落实“三个代表”，全面加强和改进党的作风建设

各级党组织和广大党员务必充分认识加强和改进党的作风建设的极端重要性和紧迫性，居安思危，增强忧患意识，以良好的作风来学习贯彻落实十五届六中全会精神。要对照“八个坚持、八个反对”，认真查找本单位、本部门及领导干部自身存在的突出问题，切实加以整改，着力解决好在思想作风、学风、工作作风、领导作风和干部生活作风上存在的教条主义、本本主义、形式主义、官僚主义、弄虚作假、虚报浮夸、独断专行、软弱涣散、以权谋私、贪图享乐等方面的突出问题。明令禁止的，要立即停止；能够做到的，要马上去办；需要统筹兼顾逐步解决的，要创造条件积极推进。各级领导干部都要坚持全心全意为人民服务的根本宗旨，发扬党的优良传统和作风，坚持从群众中来、到群众中去的群众路线，深入基层，掌握情况，解决问题，切实做到情况在一线掌握，领导在一线指导，工作在一线落实，问题在一线解决。深入实际、深入群众，面对面同群众交流、交心、交朋友，听真话听实话，及时掌握群众生产、生活的真实情况，从人民群众最重要的事情做起，从人民群众反映强烈的事情抓起，切实办一些群众看得见、摸得着的实事、好事，真正把转变工作作风落到实处。我们要按照十五届六中全会的要求，建立健全调查研究、联第基层、责任追究、工作规范等制度，减少领导干部事务性活动，用制度规范党员领导的思想作风、学风、工作作风、领导作风和生活作风，以实际行动和党的作风建设的明显好转取信于民。

四、落实“三个代表”，切实加强党风廉政建设

反腐败是关系党和国家生死存亡的大事，我们要进一步认识到坚持从严治党的极端重要性，深刻认识到各级党组织对党员干部严格要求、严格教育、严格管理、严格监督和坚决克服党内消极腐败的重要性。各级党组织要充分把握和认清新形势下反腐败斗争的特点和规律，加强工作的针对性，按照“整体推进、突出重点、标本兼治”的方针，从严治党，把党风廉政建设和反腐败斗争不断推向前进。

各级党组织和领导干部要旗帜鲜明地反对腐败，进一步落实《廉政准则》，做好领导干部廉洁自律工作。要进一步加大查办案件力度，在继续查办贪污、贿赂、挪用公款等案件的同时，注意查办领导干部严重违反政治纪律、组织人事纪律、严重渎职，司法干警贪赃枉法、徇私舞弊等案件。要坚持不懈地抓好纠正部门行业不正之风工作，按照谁主管、谁负责的原则，狠抓学校收费、城管队伍建设等群众反映强烈的突出问题，进行专项治理，以党风廉政建设的实际成果取信于民。

要加大从源头上预防和治理腐败的工作力度。要在广大党员干部，特别是领导干部中深入开展警示教育和党性党风教育，使各级领导干部能够按照“三讲”要求严格自律，做到自重、自省、自警、自励，从思想上筑牢拒腐的防线。要通过加强党内监督、法律监督、群众监督和舆论监督，建立健全制约机制和监管机制。要加强对领导干部特别是一把手的监督，保证他们正确使用手中的权力。要在继续抓好政务公开、厂务公开、校务公开的同时，不断推进财政制度改革，强化资金管理，进一步完善政府采购制度和会计集中核算制度，从改革监督管理机制上，进一步铲除滋生腐败的土壤，推动党风廉政建设和反腐败斗争向纵深发展。

同志们，历史已跨入新世纪，未来五年充满希望，建设繁荣、富裕、文明、靓丽的首善之区是我们神圣而光荣的历史使命。让我们高举邓小平理论的伟大旗帜，认真实践江泽民“三个代表”的重要思想，在区、市党委的领导下，按照建一流班子，带一流队伍，干一流工作，创一流业绩的目标，振奋精神，团结协作，务实苦干，与时俱进，开拓创新，全面开创城区“两个文明”建设的新局面。

2003年7月11日，兴庆区在职干部学习“三个代表”重要思想培训班

政府工作报告

——在银川市兴庆区第一届人民代表大会第一次会议上

银川市兴庆区人民政府区长　毛宏业

（2003 年 1 月 4 日）

各位代表：

我代表兴庆区人民政府向大会作政府工作报告，请予审议，并请兴庆区政协各位委员和其他列席人员提出意见。

过去五年工作回顾

1998 年以来，政府坚持以邓小平理论为指导，认真实践“三个代表”重要思想，按照“发展经济、管理城市、稳定社会、服务群众”的工作思路，团结和带领广大干部群众，解放思想、深化改革、开拓创新、与时俱进，政府的职能得到较好地发挥，促进了经济和社会各项事业的全面发展，圆满完成了五年的发展目标和各项任务。

——**区域经济快速增长，综合实力显著增强。**五年来，政府紧紧抓住经济建设这个中心，按照“三个有利于”的标准，调整了经济工作重心，先后对 26 家直属企业进行了全面的改组改制，实现了由政府直接办企业转向扶持、服务企业，由抓产值、利润转向抓税源、税收，由抓改制企业转向抓非公有制经济和第三产业。2002 年，预计完成国内生产总值 46.5 亿元，其中，第一产业增加值完成 1.9 亿元，第二产业增加值完成 12.1 亿元，第三产业增加值完成 32.5 亿元；工业总产值预计完成 10.5 亿元，社会消费品零售总额预计完成 36.8 亿元，地方财政收入完成 1.06 亿元，为调整预算的 100%，剔除不可比因素，比上年同期增长 20%；城市居民人均可支配收入达到 7050 元，农民人均纯收入达到 3450 元。加大了对外开放工作力度，招商引资工作有了新的进展，共落实投资项目 22 项，到位资金 20260 万元。

——**农村改革全面推进，产业结构调整不断深化。**积极推进农村各项改革，顺利完成二轮土地承包，农村税费、土地流转机制、水利产权制度等方面的改革稳步推进。经济结构调整逐步深化，优质高效经济作物的种植面积大幅度提高，设施蔬菜、无公害蔬菜形成规模化生产；畜牧业保持强劲发展势头，农业规模效益和整体效益得到进一步提高。目前，已建成养殖小区 30 个，奶牛存栏 1.1 万头，饲养肉牛 0.8 万头，育肥羊 12 万只；建成二代节能温棚 4.6 万间，带动了农业产业化的快速发展。一批龙头企业初具规模，形成了“龙头带基地、基地连农户”的产业链，巩固了农业生产基础，增加了农民收入。

——**强化服务意识，经济发展环境进一步优化。**始终把改善投资环境作为实现经济跨越式发展的重要前提，开展了打造“信用城区”活动，成立了个人创业金融服务中心，缓解了个体私营企业融资难的问题。对 60 家个体私营企业进行了挂牌保护，企业的合法权益得到保障。广泛推行“四个一”服务、“首问”责任制、服务承诺制和行政公示制，推行了政务公开，成立了政务大厅、优化投资环境投诉中心、为民解忧督办中心（二级）和会计集中核算中心，经济发展环境进一步优化。按照“宁可少一个税源、决不留一个隐患”的工作要求，在全区率先建立安全生产年终考核与奖罚挂钩的工作机制，切实做到了“宣传教育在前、责任明确在前、检查落实在前、隐患整改在前”，有效地预防了重大、特大安全事故的发生。

——**城市管理步入规范化轨道，市容市貌明显改观。**五年来，政府始终把城市管理和市容环境卫生的长效管理作为工作的永恒主题，通过广泛开展爱国卫生运动、改革城管市容环境卫生体制、实施以“六大战役”、“六大工程”为主要内容的城管市容卫生综合整治，辖区“六纵十横”和重点路段的管理力度不断加强，“门前三包”落实到位，乱搭、乱建、乱占现象得到有效遏制。建立了城管和市容环境卫生社会监督机制，设立了群众投诉电话（96123），监督检查考核力度进一步加大。庭院绿化、居住区绿化、拆建还绿、拆墙透绿、见缝插绿等工作成效显著，辖区绿化覆盖率已达 19.8%。2001 年，被评为“全国环卫工作先进集体”。

——**社区建设全面推进，基层政权建设得到巩固和加强。**按照“合并机构、减少人员、降低年龄、提高素质、增加待遇、公开招聘”的原则，将 121 个居委会合并为 75 个社区居委会。面向社会公开招聘了 228 名社区基干和 157 名社区助理，社区工作队伍综合素质明显提高。结合“星光计划”的实施，采取“政府

投入、社区共建”等方式，多方筹措资金1200多万元，解决了社区居委会办公用房问题，办公条件得到有效改善。面积在100平方米以上的社区居委会已达45个，符合社区建设要求的69个；建立社区老年福利服务设施和各类活动、服务场所142个，设立各类服务网点1050个。深入开展法律、教育、文体、卫生、信访、交通安全进社区活动，有效地提高了社区居民的生活质量和城市文明程度。按照“一区一警”模式，建立了72个社区警务室，维护了社区治安秩序。2002年，被评为“全国民政工作先进区”和“全国社区建设示范城区”。

——努力实践“三个代表”，社会各项事业全面发展。教育事业蓬勃发展。大力推进素质教育，全面推行了新课程改革实验，加强对教师队伍的继续教育，公开招聘了90名素质高、年纪轻、教学经验丰富的教师，教师整体素质进一步提高。加大校务公开力度，规范学校收费管理，小学生“减负”工作落到实处。五年来，累计投入8000多万元，新建了北苑小学，迁建了第四小学，扩建了部分学校教学楼，改建了学校卫生设施，启动了“校校通”工程，为各小学新建了语音室和多功能电子琴音乐室，办学条件极大改善，学校布局逐步合理。“两基”教育2000年率先通过自治区政府的复查验收。科技创先成绩斐然。围绕“科教兴区”战略，加大对科技、科普工作的投入力度，五年来，共投入科技、科普经费472万元，共有20项新产品被区、市科委列入开发项目。成立了专家咨询委员会，建立了科技培训中心，积极促进企业科技创新与科技成果转化，科技进步对经济增长的贡献率大幅提高，被评为“全国科普示范区”和“全国科技进步先进区”。社会保障和再就业体系逐步完善。认真落实城市最低生活保障制度，扩大低保层面。五年来共保障15万人（次），发放保障金988万元。通过72个部门对193户城市贫困户的结对帮扶，收到了良好社会效果。建立了人才劳动力市场，大力实施再就业工程。五年来，共安置就业11804人，安置率为76.4%，其中下岗职工3247人，再就业率为57.7%。建成了720平方米设施较为完善的残疾人康复中心，残疾人就业率达到85%，2001年，被评为“全国残疾人工作先进区”、“全国残疾人按比例就业先进单位”。计划生育成效显著。全面落实计划生育一票否决制，各项人口指标均控制在目标之内。深入开展了“婚育新风进万家”活动，加强了外来流动人口计划生育管理，推行计划生育优质服务。2001年，被评为“全国婚育新风进万家先进单位”。文化体育连创佳绩。深入开展社区文化、广场文化和校园文化活动，极大地丰富了居民群众的精神文化生活。在自治区第十一届运动会上，获得了金牌、奖牌和团体总分第一名的好成绩，实现了历史性突破。其他各项工作稳步推进。充分发挥监察、审计监督职能，开展了财政预算执行审计、专项资金审计和领导干部任期经济责任审计，突出对重点部门、重点资金的监督，促进了廉政建设。全面完成了全国第五次人口普查工作，2001年，被评为“全国第五次人口普查工作先进集体”。认真贯彻落实党的民族宗教政策，民族团结事业扎实推进。深入开展国防教育和双拥工作，连续四次评为自治区“双拥模范区”。基础设施建设步伐进一步加快，新建了机关综合办公楼和福利院老年公寓暨银川老年大学，整体搬迁了教育局和玉皇阁北街办事处，各部门、各单位的办公条件得到极大改善。物价、老龄、档案、信访、人民武装等工作均取得了新的成绩。

——加强社会治安综合治理，社会稳定局面进一步巩固。深入开展“严打”整治斗争，严厉打击各类刑事、经济犯罪活动，扫除“黄、赌、毒”等社会丑恶现象。加大对“法轮功”练习者的教育转化和监控打击力度，遏制了“法轮功”的反弹势头。强化社会治安综合治理创建活动，基层基础工作得到加强。目前，共创建三级治安模范单位611个，治安模范小区105个，治安模范校园39个。加大人民内部矛盾纠纷排查调处力度，加强外来人口管理，社会治安形势稳步好转。2001年，被评为“全国社会治安综合治理先进单位”。

——精神文明和民主法制建设取得丰硕成果，政府自身建设全面推进。深入开展爱国主义、集体主义和社会主义教育，大力推进文明社区、文明单位、文明学校、文明街巷创建活动。全面贯彻《公民道德建设实施纲要》，不断加强对广大干部群众的社会公德、职业道德、家庭美德教育，城市文明程度和市民文明意识明显提高。目前，辖区内各级文明单位已达405个，被评为“全国创建文明城市工作先进城区”、“全国精神文明建设示范点”。自觉接受人大及其常委会的法律监督和政协的民主监督，认真执行人大及其常委会的各项决议、决定，人大议案和代表建议、意见及政协委员提案的办复质量有了明显提高。认真组织实施“依法治区”和“三五”普法规划，“四五”普法工作扎实推进，依法行政、依法管理水平进一步提高。健全了各类帮教组织，开通了“148”法律服务热线，广大干部群众的法制观念普遍增强。牢固树立公仆意识和宗旨观念，察民情、办民事、帮民困、解民忧，实践了“三个代表”重要思想。纠正行业不正之风、领导干部廉洁自律和查处违纪案件等工作取得了新的成效，树立了良好的政府形象。2001年，被中纪委确定为“政务公开联系点”。

在肯定成绩的同时，我们也清醒地认识到，工作中还存在一些不容忽视的矛盾和问题，主要是：经济发展水平还处在一个较低层次；经济发展环境还有待于进一步优化；城市管理的水平有待于进一步提高；部分农民和城镇居民的收入增长缓慢，有些群众的生活水平还较低；对困难群体的社会保障体系需要进一步完善，保障力度有待于进一步加强；流动人口管理和治安防范工作还存

在薄弱环节等。我们必须高度重视存在的问题，采取切实有效的措施，在今后的工作中，认真加以解决。

各位代表，过去的五年，五年来，辖区各族人民用心血和汗水铸就了一个又一个辉煌。自1999年到2002年，先后获得了13项全国性荣誉和多次自治区、银川市先进。这些成绩的取得，是市委、市政府和区委正确领导的结果，是人大、政协有效监督和支持的结果，是广大干部群众团结协作、努力拼搏的结果，也是各辖区单位、广大城乡居民和社会方方面面密切配合、鼎力相助的结果。在此，我代表兴庆区人民政府，向工作在各条战线上的广大干部群众、向关心支持政府工作的人大代表、政协委员、各民主党派和人民团体，向关注兴庆区建设与发展的社会各界人士，致以崇高的敬意和衷心的感谢！

五年来，我们之所以能够克服前进中的各种困难，胜利完成政府既定的各项目标任务，实现兴庆区经济和各项社会事业的快速发展，总结起来主要有以下几个方面的经验和体会：

（一）与时俱进，开拓创新，是实现社会各项事业全面发展的强大动力。创新是一个民族的灵魂。只有用与时俱进的精神状态和超常规的工作思路，敢于突破传统思维方式，克服“等、靠、要”的思想观念，牢固树立创新意识，不断增强创新能力，大胆作为、敢为人先、争创特色、赶超一流，运用市场经济的思维方式，探寻跨越式发展的新思路、新办法，创造不同于过去的工作方式和发展模式，才能走出一条超常规、跨越式的发展之路。

（二）围绕中心，把握全局，是实现综合竞争力快速提高的有效途径。要站在全局的高度，紧紧抓住经济建设这个中心，立足区情，发展壮大非公有制经济和第三产业，大力提升第二产业，使其成为区域经济发展的强大支撑。只有科学分析和敏锐把握经济发展的趋势和要求，制定出符合区情、区位实际的发展思路，找准做好经济工作的切入点，抓住加快经济发展的着力点，培植新的经济增长点，才能保持经济建设始终处于健康快速发展的态势。

（三）知难而进，坚持发展，是实现可持续发展战略的根本保证。坚定不移地贯彻“发展才是硬道理”的思想，用发展的眼光、发展的思路、发展的办法去解决前进中出现的各种困难和问题。要有发现问题的能力、化解矛盾的手段、解决问题的措施，牢固树立发展的信心和勇气，充分调动广大干部群众的积极性和主观能动性，变压力为动力，变不利为有利，变挑战为机遇，真正形成想发展、谋发展、干事业的局面，才能实现速度与效益相统一、发展与环境相协调，才能使经济总量、发展规模、城乡面貌、社区建设、城乡人民生活迈上一个新台阶。

（四）抢抓机遇，务实苦干，是实现各项工作重大突破的关键所在。在新的形势下，思想认识要跟上时代前进的步伐，跟上西部大开发实践的发展变化，跟上自治区、银川市加快现代化区域中心城市建设的步伐。只有这样，才能真正掌握工作的主动权。要树立抢抓机遇的意识，坚决克服坐而论道、哗众取宠的不良作风和小富即满、小成即安的思想倾向，大力发扬负重拼搏、真抓实干的精神，讲实话、办实事、求实效，把延安精神真正体现到各项工作之中。

（五）转变职能，廉洁高效，是实现执政为民宗旨的集中体现。在建立社会主义市场经济体制过程中，要及时转变政府职能，建立起职能清晰、结构合理、办事高效、运转协调、行为规范的政府管理体制和运行机制，建立开放、公平、廉洁的“阳光行政”，实现从管理型政府向服务型政府的转变。全心全意为人民服务，切实做到亲民、置身于群众，忧民、解困于群众，富民、造福于群众，安民、乐业于群众，真正体现立党为公、执政为民的根本宗旨。

今后五年的奋斗目标和总体要求

各位代表，今后五年是深入贯彻党的十六大精神，全面推进兴庆区小康社会建设的五年，是大力推进城市化进程、建设现代化城市中心区、实现兴庆区各项事业跨越式发展的五年。兴庆区有着得天独厚的优势，面临着前所未有的发展机遇：一是十六大的胜利召开以及自治区、银川市重点建设“大银川”的发展战略，为兴庆区提供了良好的发展环境；二是行政区划调整后，兴庆区城市、农村强强联合，综合实力显著增强，发展空间进一步扩大；三是人才、市场、土地、农业和生态等资源丰富，科教水平较高，发展潜力巨大；四是广大干部群众谋发展、求发展的意识强烈，具有一种奋发有为、敢为人先、争创一流的精神。在充分认识区情、准确定格区位、把握发展方向的基础上，今后五年政府工作的指导思想是：以邓小平理论和“三个代表”重要思想为指导，深入贯彻党的十六大精神，以富民强区、全面建设小康社会为目标，以加快发展为主题，以结构调整为主线，以改革创新为动力，围绕推进城市化发展战略，努力推进园区科技化、物流规模化、农村城镇化、农业产业化、农民市民化，突出发展商贸和现代服务业，重点发展高科技工业和现代农业，大力发展非公有制经济，建设城市、管理城市、经营城市，进一步加强精神文明建设、民主政治和法制建设，努力打造西部历史文化名城、商贸物流城、金融信息城、文明卫生城品牌，把兴庆区建设成为经济实力最强、发展环境最优、生活质量最好、人居环境最美的现代化城市中心区。

按照这一指导思想，今后五年，兴庆区经济和社会发展的预期目标是：实现国内生产总值78亿元，年均递增11%，其中：第一产业完成3亿元；第二产业完成18亿元；第三产业完成57亿元；地方财政收入完成2亿元，年均增

长11%；城市居民人均收入达到10350元，年均增长8%；农民人均纯收入达到4800元，年均增长6.8%；人口自然增长率控制在8‰以内；城镇登记失业率控制在4%以内。经济、社会与人口、资源、环境协调发展，城市化进程稳步推进，基层政权建设不断巩固和加强，各项社会事业取得全面进展。

一、大力发展现代农业，推进农业产业化进程

加快农业结构调整步伐，提高现代农业发展质量和效益。要充分发挥兴庆区农业的比较优势，围绕“调整优化农业产业结构，改善农业生产条件，实现农业增效、农民增收”的主题，按照“适应市场、因地制宜、突出特色、发挥优势”的原则，大力发展设施农业、生态农业和节水农业，全面推进农业产业化进程，构建具有民族特色和市场活力的现代化大农业，把兴庆区建设成自治区种植、养殖的良种繁育、生产示范区。在产业结构上，实现粮、经、饲三元结构的合理搭配，促进粮食、林果、畜牧、水产、饲草等行业的发展上规模、上档次；在产品质量上，以优质、高效为目标，淘汰劣质、低效产品，加大农业新技术、新品种的引进推广，发展特色、绿色、名优产品，提高品质效益；在组织结构上，通过专业协会、专业合作社及公司化生产，将农民分散的生产导向参与有序的市场竞争，提高农民组织化程度，建立起适应社会主义市场经济要求的农村经济新体制；在经营形式上，加大政策引导、扶持力度，加快生产基地建设，积极推进产加销一体化进程，引进有一定规模、技术含量高、市场潜力大、能够带动农民发展商品生产、与农民有稳定购销关系的龙头企业，将生产、加工、销售紧密结合起来，使之向区域化布局、专业化生产、系列化加工、一体化经营、企业化管理方向发展。要培育发展一批“龙头”企业，建设一批生产基地，争创一批名牌产品，努力形成市场带龙头、龙头带基地、基地连农户的农业产业化格局。在种植业的发展上，实施“88311”计划，即：8万亩优质麦、稻、玉米，8万间二代节能日光温棚，3万亩退耕还林还草，1万亩无公害蔬菜，建设一个现代化农业科技示范园；养殖业实施“43431”计划，即：4万头奶牛，3万头肉牛，40万只羊，300万只家禽（特禽），1万亩“两高一优”渔业基地。

深化农村各项改革，增加农民收入。要在稳定家庭承包经营的基础上，按照“依法、自愿、有偿”的原则，建立土地流转机制，最大限度地发挥土地资源效益。大力发展各种形式的农村合作经济组织，加快水利产权制度改革，进一步完善农村税费及财税改革，切实减轻农民负担，充分调动各乡聚财理财的积极性。通过改革，理顺农村发展的各种关系，确保农业增效、农民增收、农村稳定。

二、建设科技园区，实现第二产业新突破

积极推进“兴工强区”发展战略，按照“创新立区、科技强区、环境塑区、开发壮区”的思路，高起点规划、高标准建设科技园区。要树立“抓项目就是抓机遇、抓项目就是抓经济、抓项目就是抓发展”的理念，利用优惠的政策、优越的资源“引”大户；利用优良的环境、优质的服务“扶”大户；利用城市形象、区位优势“联”大户，重点发展电子信息、生物制药、新型材料、节能环保等领域的科技主导产业。以新华百货夏进乳业集团、宁夏香山酒业集团为龙头，吸引一批科技含量附加值高的企业到园区落户，形成拉动效应。到2005年，力争把科技园区打造成对外开放的新窗口、产业升级的新高地、城市发展的新组团，实现以园拓业、以园兴城、以城促园、相互促进、共同发展的目标。

三、全面打造“四大城市品牌”，提升壮大非公有制经济和第三产业

按照“营造大市场、带动大流通”的工作思路，以规划为先导，用现代化服务技术和经营理念，改造提升商贸流通、交通运输等传统产业，带动旅游业、金融业等第三产业的发展，促进非公有制经济上规模、上档次、上水平。

（一）打造历史文化名城品牌，大力发展旅游业。展现“西夏古都、塞上江南、回族风情”三大历史特色，挖掘西夏文化、黄河文化、伊斯兰文化内涵，依托承天寺塔、南熏门、玉皇阁以及中山公园、西塔博物馆、南关清真寺等旅游资源和自治区展览馆、光明广场等文化活动场所，着力提升城市品位，展现城市深厚的历史文化底蕴，增强城市吸引力；以黄河为依托，开发建设黄河西岸假日旅游区和护岸林绿色长廊，使之成为集会议、度假、休闲、娱乐为一体的旅游文化区；依托鸣翠湖生态旅游区，开发观光农业、“农家乐园”等特色旅游产业；以南关清真寺、新华寺为主，把玉皇阁南街建成集回族风情、清真食品、伊斯兰风格建筑为主的伊斯兰文化一条街。开发通贵回乡特色资源，建设历史文化民居、回族风情家园、回族特色小康住宅区，展示纯朴的伊斯兰文化。

（二）打造商贸物流城品牌，大力发展非公有制经济。立足大市场，大流通，对丽景街两侧的20多个市场进行整合，统一规划，分门别类，规范管理，综合利用。按“一市一品”的要求，建成拥有“一城、五个中心、十类市场”的大型物流市场带。即：打造商贸物流城，建立电子商务、期货交易、仓储配送、货运服务和生产加工五个中心，建成上规模、上档次的机动车辆、建材、五金化工、电子、药材、花卉、水果蔬菜、服装鞋帽、家具、旧货交易十大类综合批发市场，形成规范有序、服务完善、方便快捷、辐射功能强的物流市场带。以新华东街、步行街为中心，突出美化购物环境，形成百货、服饰、鲜花、摄影及精品专卖为主的繁华商业市场；以银川商城、东方商城及温州商城为中心，突出物美价廉，形成小百货、小商品批发、零售为主的综合市场；以南门广场、光明广场、西塔博物馆周边为中心，突出旅游产品的开发，形成有地方特色的旅游产品市场。

依托人口密集的优势,促进餐饮、娱乐业发展。以东二环路、银古路改造为依托,建成西北最大、最具有民族特色的清真牛羊肉综合批发市场和兴庆汽车商贸城。

(三)打造金融信息城品牌,发展现代服务业。充分发挥区域金融中心优势,支持金融保险业发展,聚集人气和商气,增强城市吸引力。以国家信息化试点城市为机遇,推进电子政务、电子商务、企业信息化、教育信息化,加快中国西部电子商务平台和中国西部安全认证中心、电子便利站等项目建设。充分发挥"个人创业金融服务中心"的作用,引导金融机构支持非公有制经济发展,解决好企业"融资难"的问题。依托兴庆区交通便利、商贸繁荣、信息迅捷、人才集中、科技发达等区位优势,积极发展信息、咨询、技术、中介等现代服务业。

(四)打造文明卫生城市品牌,营造良好的投资环境。巩固全国"创建文明城市工作先进城区"成果,坚持"以人为本",大力实施思想道德建设工程、市民素质工程、送温暖工程、创建卫生城市工程、文化建设工程和城市形象宣传工程,提高城市文明水平和市民文明素质。以全国城市市容环境卫生先进集体"时传祥奖"荣誉为新的起点,围绕提高城市品位,在绿化、美化、亮化、净化上作文章,展示干净、整洁的市容市貌。要牢固树立"人人都是投资环境"、"人人都是形象名片"的思想,努力营造一个宽松、和谐、文明的城市人文环境,为实施西部大开发战略营造良好的投资环境。

四、建管并举,多元经营,全面提高中心区城市化水平

以建设现代化城市中心区为目标,遵循"建设城市、管理城市、经营城市"的工作思路,在经营城市上大作文章,在民族风情上展现特色,在文化品位上挖掘内涵,在城市形象上打造靓点,坚持高起点规划,高质量建设,高水平管理,高效益经营,努力塑造现代化城市新形象。

高起点规划,建设好城市。要加大对城乡结合部和农村乱搭、乱建、乱占的综合整治力度,坚决拆除各类违章建筑。依据银川市城市总体规划,做好兴庆区建设发展总体规划的编制和兴庆区土地利用总体规划的修编工作,科学、合理、有效使用土地。抓好兴庆区丽景街现代物流业的整合,使各类专业市场布局趋于合理;立足实际,因地制宜,做好科技园区、各类种植、养殖园区的规划建设;加快特色城镇、精品农宅建设,做到一次性整体规划,多渠道筹集资金,分阶段逐步实施,形成具有鲜明地方特色和较高文化品位的城乡建筑格局。

深化体制改革,管理好城市。要以长效管理为主,集中整治为辅,加强对主要大街及背街小巷的管理,积极探索长效动态管理新机制。实施城管市容环境卫生"八大工程",即:户外广告综合整治、自行车规范管理、治理占道经营和流动摊点、街面无垃圾箱、整治城乡结合部、规范废品收购、治理泔水、园林绿化精品工程。提高城管市容环境卫生水平,改善城乡居民的生活环境和生活质量。引入市场机制,继续加大对道路清扫、公厕管理等招标拍卖力度,把城市公用设施的管理全面推向社会化,继续提高道路清扫保洁机械化程度。要严格执法队伍管理,推进城管队伍用人制度改革,提高城管人员的执法水平。通过各种行之有效的措施,使城市管理工作切实实现从突击性管理向经常性管理转变,从行政管理向依法管理转变,从制约管理向服务管理转变,管理重心从上向下转变。

盘活城市资源,经营好城市。利用市场机制配置和盘活城市资源,使其潜在价值得到提升。在原有城管市容环境卫生管理体制改革的基础上,积极推进公用基础设施市场化运作,逐步实现所有权与经营权的分离,形成"投资多元化、运营市场化、服务社会化、发展产业化"的工作新机制。按照"谁投资、谁经营、谁受益"的原则,采取合资、合作、独资等形式,鼓励和吸引私人资本、社会资本参与城市建设和管理。同时,通过经营权转让、特许经营等多种方式,实现城市资产的增值变现,使之成为城市建设发展的重要资金来源。

加快小城镇建设步伐,推进城乡一体化进程。高起点、高标准规划,加快对城乡结合部的改造和开发利用,加大乡村农贸市场、乡村公路、小康村住宅区、"农家乐园"旅游项目的建设力度。增强集镇聚集功能,引导个体工商户、企业向集镇适度集中,扩大集镇规模,促进集镇发展,实现集镇城市化。立足人口、旅游、回族居住区等优势,切实做好大新、掌政、通贵三个乡的撤乡建镇、设立红花等街道办事处及有关行政村的撤村建居工作,逐步完善城镇体系布局。要立足大网络,建设大交通,积极参与城市道路建设,强化乡村道路的改造、管护,提高乡村公路等级。

五、强化社区功能,拓宽就业渠道,推进社区建设

服务社区居民,全面加强社区建设。要进一步加强社区服务网点建设,拓宽社区服务领域,为社区居民提供便利快捷的服务。加强社区管理,搞好社区环境的绿化、美化、净化,重视社区文化、教育、体育等设施建设,不断建立健全社区文、教、体工作队伍。大力开展创建文明单位、文明乡村、文明街道、文明社区活动。深入实施"星光计划",全面完成"星光计划"项目。继续深入开展科教、文体、法律、卫生、信访、交通安全等进社区活动。加强社区活动室的管理,倡导文明健康的娱乐方式,进一步丰富社区居民的精神文化生活,满足居民增长知识、崇尚文明、健身强体、娱乐身心等方面的需求。大力推行社区警务建设,加强社区治安队伍,建立情报信息网络,健全警务运行机制,推进警务工作社会化、网络化体系。要扩大社区建设层面,进一步增强社区凝聚力和吸引力。

完善就业体系,增加城乡居民收入。以落实再就业政策、强化再就业服务、帮助下岗失业人员再就业作为工作重点,

鼓励发展劳动密集型产业，大力开发信息、中介、电子等新领域的就业岗位，积极拓展社区服务业，扩大吸纳就业的能力。建立区、街、居三级再就业服务网络和社区就业平台。鼓励有一定劳动技能和经济基础的失业人员自主创业、兴办经济实体。加强就业培训，引导劳动者转变就业观念，形成市场引导就业、劳动者自主择业、政府促进就业的新体系。通过建立科技园区、大力发展现代物流业和各类专业加工村等途径，转移农村剩余劳动力，进一步拓宽农民就业空间和就业渠道，增加农民收入。

完善社会保障体系，做好扶贫帮困工作。按照“应保尽保”的要求，全面落实“两个确保”和城乡最低生活保障制度，大力推进最低生活保障的信息化和网络化进程。加大失业保险金和残疾人就业保障金的收缴力度，进一步完善工伤保险、医疗保险和养老保险等制度。加强社区残疾人康复工作，基本形成社区康复网络。落实“双结对”扶贫帮困制度，逐步完善对城乡贫困人群、残障人群、老龄人群等弱势群体的保障体系。积极推进社会救济、社会福利、优抚安置、社会互助等保障事业的发展。

六、实施科教兴区战略，提高城乡居民素质

要优化教育资源配置，建设一批高标准的示范学校，全面推进素质教育。对部分城乡中、小学进行整合，保证中、小学生就近入学。继续加大教育投入，实施“校校通”工程，推进网络教育和现代远程教育，进一步改善办学条件。全面推进学校内部管理体制改革，实行校长公开竞聘制和教师聘任制，积极探索社会力量办学的新路子，促进素质教育的进一步发展。保障辖区适龄儿童、少年接受九年义务教育的权利，确保适龄儿童、少年受教育率达到100%，入园率达到60%以上。

改革科技推广机制，鼓励农业技术人员领办、创办各类示范基地或实体。以“种子工程”为依托，优化粮、经、饲作物品种，达到结构、产量、质量、效益相统一。大力推广二代温棚种植、暗管排水、水稻节水控灌、规范化旱育稀植等先进适用技术。加大科技投入，加快农业科技示范园区建设和新技术、新品种的引进及推广。依托科技园区建设，充分发挥高新技术在经济发展中的突出作用，努力探索科技开发与合作的新途径、新方法。加强引导、扶持和服务，鼓励中、小企业与区内外高等院校、科研院所搭建科技创新平台，提高企业创新能力。指导乡镇、科协健全农村专业技术协会，调整农村经济结构，增加种植业、养殖业的科技含量。加强对领导干部、企业经营者及农民的科技培训，提高科技决策、技术创新和应用先进实用技术的能力。

要以稳定低生育水平、提高出生人口素质为目标，依托各乡、村及社区居委会、辖区单位和计生协会，完善计划生育服务网络和综合信息网络。强化宣传教育和优质服务，提高农村优生优育水平，使计划生育率达到99%以上，人口出生率控制在12‰以内。深入开展“婚育新风进万家”活动，夯实计划生育基层基础工作。加强对流动人口的计划生育管理，建立调控有力、管理有效的保障体系和工作机制。

以社区文化建设为突破口，以各种活动为载体，探索社区文化建设的新途径。深入开展丰富多彩的群众文化体育活动和全民健身活动，进一步提高竞技体育水平。加强农村文化阵地建设，丰富农民精神文化生活。以预防保健、加强农村卫生工作为重点，深化城乡医疗卫生体制改革，改善农村医疗条件，强化疾病预防和卫生监督执法职能，建立较为完善的城乡医疗保健体系。

七、加强精神文明和法制建设，推动社会全面进步

坚持不懈地抓好精神文明建设。全面落实《公民道德建设实施纲要》，大力倡导“爱国守法，明礼诚信，团结友善，勤俭自强，敬业奉献”的基本道德规范，逐步形成并进一步发展与社会主义市场经济相适应的道德体系。以“讲文明、树新风”为主要内容，以“四下乡”和“四进社区”活动为载体，深入持久地开展群众性精神文明创建活动，积极倡导科学、文明、健康的生活方式，大力培育符合时代要求的新风尚。继续开展社会公德、职业道德和家庭美德教育，促进依法治区和以德治区的紧密结合。大力普及科学知识，破除封建迷信，用先进的思想教育人、用健康的文化引导人、用高尚的情操陶冶人，不断提高城乡居民的整体素质和文明程度。

加强民主法制建设。认真执行兴庆区人大及其常委会的各项决议、决定，自觉接受人大及其常委会的法律监督和政协的民主监督，切实做好人民代表大会议案、代表建议、意见和政协委员提案的办理工作。虚心听取民主党派、工商联、无党派民主人士和各人民团体的建议和意见，推进决策的民主化和科学化，不断改进政府工作。全面落实行政执法责任制，逐步完善各项规章制度，提高依法行政水平。全面实施“四五”普法，深化帮教工作，把法律服务拓展到社区、乡村，全面提高城乡居民的法制观念，加快推进依法治区进程。

全力维护社会稳定。进一步强化社会治安综合治理领导责任制，完善治安防范网络，健全群防群治机制。深入开展创建“安全文明村”和“安全社区”活动，不断提高创建质量。依法打击各类刑事犯罪，坚决扫除“黄、赌、毒”等社会丑恶现象。依法取缔和严厉打击“法轮功”邪教组织，认真做好练习者的教育转化工作。加强暂住人口和流动人口的动态管理，促进城乡结合部社会治安状况的明显好转。全面落实安全生产责任制，及时消除事故隐患，确保人民群众生命财产安全。深化“村务公开、民主管理”，认真做好人民调解和信访工作，妥善处理群体性上访事件，积极化解各种矛盾，把各种不稳定因素化解在基层，消除在萌芽状态。

八、切实转变政府职能,创新经济发展环境

政府工作人员特别是领导干部,要深入学习党的各项方针政策,系统学习专业知识,增强驾驭全局的能力。要不断改进工作作风,深入基层、深入群众,知民情、重民意、惜民力、解民忧,进一步密切与群众的血肉联系。广大干部群众要强化法制观念、服务观念、协作观念和效益观念,规范自己的行政行为,自觉主动地为基层、为群众办实事、办好事。牢固树立正确的权力观,以人民群众高兴不高兴、赞成不赞成、满意不满意,作为政府一切工作的出发点和落脚点。开展专项整治,纠正部门和行业不正之风,及时解决群众反映强烈的热点、难点问题。加大反腐败工作力度,认真落实廉政建设责任制,从源头上预防和治理腐败,以反腐倡廉的实际成果取信于民。

要牢固树立"抓环境就是抓机遇、抓环境就是抓竞争、抓环境就是抓发展"的意识,大力整顿和规范市场经济秩序,建立规范有序的市场环境,加快政府审批制度改革步伐,实现政府工作的全面提速。全面推行政务公开,进一步办好政务大厅、会计集中核算中心、为民解忧督办中心(二级)、优化投资环境投诉中心、个人创业金融服务中心和社区服务中心,坚持不懈地抓好"阳光行政"工程,以优惠的政策、优质的服务、优良的环境,吸引项目、资金、技术和人才。大力推进电子政务建设,逐步开展网上办公、网上采购、网上招商等,减少办事环节,提高工作效率,进一步创新和优化经济发展环境。

2003年,是兴庆区第一届政府的开局之年。开好局、起好步,对于加快现代化城市中心区建设步伐、推进城市化进程、顺利实现本届政府任期目标,具有非常重要的意义。今年,兴庆区国民经济和社会发展的预期目标是:实现国内生产总值51.6亿元,增长11%;其中,第一产业完成2亿元,第二产业完成13.1亿元,第三产业完成36.5亿元。工业总产值实现11.5亿元,社会消费品零售总额实现41.5亿元;地方财政收入完成1.3亿元,按可比口径,增长11%;城市居民人均可支配收入达到7550元,增长7.1%;农民人均纯收入达到3650元,增长5.8%;城镇登记失业率控制在4%以内。

完成上述目标任务,要突出抓好以下几个重点:一是抓好农业产业结构调整和农民增收减负,推动农村经济再上新台阶。完成1万亩优质饲草、饲料、0.3万亩无公害蔬菜和1.5万亩"放心菜"种植,改造旧式温棚、新建二代温棚1万间;奶牛养殖量达到1.5万头,饲养肉牛1.6万头、羊26万只、猪9万头;力争培育1-2个市级以上龙头企业、6个乡镇级龙头企业,3个优势产品。规划建设掌政洼路优质蔬菜种植园区。二是把工业园区和科技园区建设放在更加突出的地位。力争完成银川经济技术开发区德胜工业园南区和兴庆科技园区的规划、审批、征地、拆迁、道路等基础设施建设。引进新华百货夏进乳业等高科技龙头骨干企业入园落户,带动农业等产业发展并取得初步成效。三是做好丽景街物流市场带整合、规划及实施前期准备工作。制定兴庆区现代物流业建设管理的实施意见及整合规划实施方案,整合、提升、扩大现有各类批发市场。并从物流业的管理体制、综合服务等方面予以规范,使其尽快成为兴庆区发展的新的经济增长点。做好兴庆区汽车商贸城和清真牛羊肉综合批发市场建设的前期准备工作,力争年内开工建设。四是大力推进城市化进程。加快建设、管理、经营城市步伐,加大城乡结合部整治力度,搞好绿化、美化、净化、亮化等工作,以优美整洁、文明卫生的市容环境迎接第七届全国少数民族传统体育运动会的胜利召开。制定兴庆区建设发展总体规划和乡村农宅建设规划,在城乡结合部新建5座垃圾中转站。铺修富宁街、利民街等市区小巷,积极配合银川市完成丽景街、凤凰街、海泽路、北二环路和银横一级公路的征地、拆迁和建设。做好撤乡建镇、撤村设居的调研论证和方案报批等相关工作。五是进一步加强基础设施和重点项目建设。重点抓好三北(四期)防护林工程、黄河沿岸绿色长廊建设。积极配合银川市完成丽景街、109国道、南环高速公路、银古高速公路两侧宽幅林带、唐徕公园二期工程建设及银古广场、兴庆广场、文化广场等标志性工程建设。抓好搬迁十九小学、新建兴庆区政法综合大楼等项目的立项与开工建设。六是深入实施"科教兴区"战略,加快各项社会事业发展步伐。加快科技进步,大力推广先进适用技术。全面落实"教育优先发展"战略,争创"教育强区"。认真落实"两个确保",加强就业和再就业工作,完善社会保障体系,全年安置就业2600人,其中下岗职工600人。完成35个"星光计划"项目建设,认真做好社区居委会换届选举工作,争创全国计划生育优质服务先进区。七是转变政府职能和工作作风。积极稳妥地推进事业单位人事制度改革,深入开展"下评上、民评官、群众评机关"万人评议政府活动,提高服务水平和工作效率。坚决纠正办事不公、政令不畅、效率不高、落实不力等问题,确保各项政策和全年目标任务的落实。

各位代表,机遇来自挑战,发展源于创新。兴庆区的历史在2003年翻开了崭新的第一页,我们已经踏上了新的伟大征程,未来的兴庆区充满希望!面对光荣而艰巨的任务,让我们在市委、市政府和兴庆区党委的正确领导下,高举邓小平理论伟大旗帜,认真实践"三个代表"重要思想,全面贯彻党的十六大精神,以奋发有为的精神状态,与时俱进的思想观念,敢为人先的创新精神,争创一流的工作作风,加快兴庆区经济和各项社会事业的发展,为把兴庆区建设成为经济实力最强、发展环境最优、生活质量最好、人居环境最美的现代化城市中心区而努力奋斗!

凝心聚力 开拓创新
为打造沿黄城市群最具活力城区而努力奋斗

——在中国共产党银川市兴庆区第一次代表大会上的报告

银川市兴庆区党委书记 贺满明

(2006年10月25日)

同志们:

现在,我代表中共银川市兴庆区上届委员会向大会作报告,请予审议。

一、过去五年工作回顾

过去五年特别是区划调整以来,兴庆区党委认真贯彻落实党的十六大及十六届三中、四中、五中全会精神,团结带领各级组织和广大党员干部群众,围绕全面建设小康社会宏伟目标,解放思想,抢抓机遇,务实苦干,锐意进取,全力推进工业化、城市化、农业产业化进程,全面抓好三个文明建设,不断加强和改进党的领导,经济和社会各项事业取得了新的成绩。

地区经济持续健康发展。五年来,我们紧紧围绕第一要务,总揽全局,协调各方,综合实力明显增强。预计2006年,地区生产总值达125亿元,年均增长13%;社会消费品零售总额完成63.3亿元,年均增长14.1%;地方财政收入完成2.2亿元,年均增长18.4%,五年翻了一番;城镇居民人均可支配收入突破1万元,年均增长7.5%;农民人均纯收入达4230元,年均增长5.5%。五年累计完成全社会固定资产投资233亿元。农业产业结构调整成效显著,设施农业快速发展,设施蔬菜面积达3万亩,奶牛存栏3.3万头,为都市农业发展打下了基础。工业经济稳步发展,开发建设了兴庆科技园,先后引进卧龙变压器、夏进乳业等18家企业,完成投资2.36亿元,增强了发展后劲。规划了占地7.2平方公里的物流市场带,建设了国际汽车城、西北农资城等11个市场项目,完成投资17.9亿元,初步形成了门类较全、档次较高、辐射较强的物流市场格局。实施了黄沙古渡、黄河生态运动公园等项目建设,沿黄旅游带规划建设全面启动。优化投资环境,招商引资实际到位资金13.5亿元。安全生产工作常抓不懈,五年来未发生重特大安全生产事故。

城乡环境显著改善。通过三次行政区划调整,辖区面积由15.8平方公里扩大到790平方公里,成为一个城乡并存、三次产业完善的市辖区。加快城市建设步伐,协助银川市完成了北京路、新华街等一批街巷改造工程,建设了兴庆文化广场和丽景湖公园,建成农民康居新村9处共82万平方米,安置失地农民1万余户,城市建成区面积成倍扩大。围绕建设“两个最适宜”城市,全面推进“五创”工作,大力实施“八大工程”、“三项整治”和村容村貌综合治理,城市形象得到提升,人居环境明显改善。小城镇建设步伐加快,基本完成了集镇规划和村庄布局规划,掌政镇、通贵乡集镇基础设施建设有序推进。加快实施人畜饮水工程,农村自来水入户率达82%。着力改善农村交通状况,行政村通柏油路、村村通公路的目标提前实现。组织实施了三北四期防护林及银古、南环高速、109国道宽幅景观林带等绿化工程,完成农村造林面积1.7万亩,城市新增绿地面积775万平方米,城市绿化覆盖率达28.4%,生态环境明显改善。

社会事业全面进步。大力推进教育改革,加快实施素质教育,着力改善办学条件,迁建新建学校25所,高标准完成了月牙湖乡“两基”攻坚任务,实施了农村现代远程教育,5所学校被列入自治区“百标”工程,教育资源进一步优化,促进了城乡教育均衡发展。巩固全国科技进步先进区创建成果,深入开展科技特派员创业行动和科技下乡活动,完善了三级科普网络,实施各类科技项目30余项,科技对经济增长的带动作用进一步增强。建立健全城乡最低生活保障、养老保险和社会救济救助制度,五年来共投入救济救助资金5000多万元,困难群众基本生活得到保障。高度重视就业再就业工作,建立完善了三级就业服务网络,强化就业指导、培训、服务,城镇登记失业率控制在3.5%以内。残疾人事业健康发展,安置残疾人就业2000人次。成立了兴庆区卫生监督所和疾病预防控制中心,实施了乡村卫生院改制,建立了社区卫生服务网络,公共

卫生体系趋于完善。严格落实计划生育目标管理责任制,巩固全国计划生育优质服务先进区创建成果,人口自然增长率控制在6‰以内,连续五年在银川市考核中位列第一。大力推进社区建设,着力改善社区办公条件,加强社区活动场所建设,社区服务功能不断完善。农村改革不断深化,各项惠农政策得到全面落实,农民群众的生产积极性明显提高。

精神文明建设成果丰硕。加强《公民道德建设实施纲要》和社会主义荣辱观的宣传教育,深入推进精神文明创建工作,积极开展“三下乡”、“四进社区”活动,创新“和谐社区大家谈”、城乡文化结对等载体,建成通北回族文化大院等文明生态工程,极大地丰富了广大群众的精神文化生活。涌现了12家全国精神文明创建先进单位,各级文明单位、文明社区、文明村镇达到441家。对外宣传力度不断加大,创建了机关报《今日兴庆》,开展了由中央驻宁媒体及区市各主流媒体参加的“记者走进兴庆”等系列宣传活动,扩大了兴庆区的知名度和影响力。人民武装和“双拥”工作深入开展,连续5次被命名为自治区“双拥”模范区。

民主法制建设深入推进。积极支持人大、政协履行职责、开展活动,人民代表大会制度不断加强,政治协商、民主监督、参政议政职能得到充分体现。民主党派、工商联等社会各界积极主动参与地方经济社会建设,统一战线进一步巩固。共青团和工会、妇联充分发挥桥梁纽带作用,在各自领域内做了大量卓有成效的工作。依法治区工作深入推进,圆满完成“四五”普法。深化政务、村务、校务公开,开展了农村民主议政日等活动,实行了社区居委会换届直选制,基层民主政治建设不断加强。认真落实党的民族宗教政策,保持了宗教领域稳定,促进了民族团结进步。强化社会治安综合治理,严厉打击各类刑事犯罪,完善治安防控网络,狠抓巡防、保安、民防、民警、武警五位一体的治安巡防队伍建设,改善了社会治安状况,被自治区命名为首批“平安县区”。认真贯彻《信访条例》,建立了各类信访及社会矛盾纠纷排查调处机制,维护了社会稳定。

党的建设不断加强。狠抓理论学习,培训各级党员干部5万人次,广大党员干部理论素质有了新的提高。扎实开展“三个代表”重要思想和先进性教育活动,建立了“212”结对帮扶、连心桥等机制,解决了群众关心的热点、难点问题,密切了党群干群关系。认真贯彻《党政领导干部选拔任用工作条例》,进一步规范了干部任免程序,培养选拔了一批妇女干部、少数民族干部和党外干部,公开招考了21名副科级领导干部,优化了各级班子结构。强化基层组织建设,不断创新各种组织载体和活动载体,深入开展“三级联创”和“竞标树旗”活动。在农村积极推行“支部+协会”模式,开展后进村整顿;在街道建立了“党建联席会”等制度,开展“五民工程”等活动;建立了领导干部联系企业制度,“两新”组织党建工作不断加强。五年来,共有274个基层党组织被命名为“五个好”党组织,占总数的84.3%,发展新党员1319名,先后两次被评为全区基层党组织建设先进区。深入开展机关效能建设,干部纪律意识明显增强。认真落实党风廉政建设责任制,狠抓源头治理,建立完善建设工程、财务管理、离任审计等方面的制度规定,加大对重点领域违纪违法案件的查处力度,有效预防了腐败现象发生。启动了廉政文化“六进活动”,进一步提高了党员干部的廉洁自律意识。

同志们,回顾五年来的工作,我们经受了非典、禽流感疫情的严峻考验,克服了区划调整、资金短缺等带来的各种困难,化解了影响发展和稳定的诸多矛盾,连续两年在全市综合目标责任考核中名列前茅。五年来所取得的成绩,得益于区、市党委、政府的正确领导,得益于兴庆区全体党员干部和广大群众的共同努力,得益于社会各界和离退休老干部的关心支持,得益于历届班子打下的良好基础。在此,我代表兴庆区党委,向各级组织和广大党员干部表示衷心的感谢!向所有关心支持兴庆区建设与发展的社会各界人士表示诚挚的敬意!

在肯定成绩的同时,必须清醒地看到,我们工作中还存在不少困难和问题。主要是:经济增长水平不高,财政收支矛盾突出;农民收入增长较慢;城乡就业压力仍然没有得到根本缓解;城管市容卫生工作还不能适应城市发展的需要;社会治安形势不容乐观,打防管控体系还需完善;城乡教育发展不够均衡;精神文明和民主法制建设还需进一步加强等等。对此,我们必须高度重视,采取切实措施,认真加以解决。

五年来的不断探索,使我们深深体会到,要加快发展,必须坚持以下几点:一是坚持特色立区。坚持一切从实际出发,准确把握区情,正确判断形势,扩大优势,突出城市功能,集中力量发展商贸物流业、都市农业、园区工业、生态旅游业等特色产业,才能发挥竞争优势,增强经济实力。二是坚持统筹发展。高度重视“三农”工作,把城市和农村作为一个整体,统筹城乡规划建设、产业发展、劳动就业和社会保障,才能实现兴庆区政治、经济、文化、社会健康协调发展。三是坚持开拓创新。积极应对区划调整带来的机遇和挑战,充分发挥主观能动性,大胆冲破不合时宜的观念、做法和体制,用发展的办法破解前进中的问题,千方百计谋发展、求突破,才能在各项工作上争创一流。四是坚持真抓实干。大力发扬求真务实、立说立行的工作作风,提高解决复杂问题、做好群众工作的能力,把有限的财力、物力、人力投入到事关兴庆区经济社会发展的全局性、关键性工作上,集中力量,持之以恒,一抓到底,才能实现又快又好地发展。五是坚持团结一致。发扬团结协作的优良传统，树立团结出成绩、出干部、出战斗力的意识，组织动员方方面面的力量，心往一处想，劲往一处使，才能推进各项工作开创新局面。

二、今后五年的形势和任务

今后五年，是我们必须紧紧抓住并可以大有作为的重要战略机遇期，也是我们完成“十一五”规划、实现经济和社会事业快速发展的关键时期。银川市提出建设“两个最适宜”城市战略，为兴庆区发展指明了方向，提出了目标。经过近五年的发展，我们积累了许多宝贵的实践经验，奠定了一定的产业基础和物质基础，在中央建设社会主义新农村和建设和谐社会的指导下，干部群众思想统一、人心思进。但是，也要清醒地看到，我们正面临着不进则退的严峻形势。一是竞争加剧，优势减弱。当前，周边各县区发展势头迅猛，在同一产业上竞争更加激烈，我们在园区工业、旅游业等方面发展相对滞后，社区建设、城市管理、设施农业等优势正在被其它县区赶超。二是发展趋缓，后劲不足。我们的地区生产总值和财政收入虽然基数大，但增速低于其它一些县区，招商引资实际到位资金少，大项目、好项目不多。因此，我们一定要认清形势，切实增强忧患意识和责任感、紧迫感，牢牢把握主攻方向，在做出特色、做大规模的同时，重点解决好增强经济活力、增加财政收入、引进项目资金、促进社会和谐、提升城市形象等问题，谋求更快更好地发展，开创兴庆区经济社会发展新局面！

今后五年的指导思想是：以邓小平理论和“三个代表”重要思想为指导，认真贯彻十六届六中全会精神，全面落实科学发展观，牢固树立“争先进位”意识，坚持特色立区和三次产业联动发展，着力打造商贸大区，努力提升工业经济，倾力发展都市农业，强力推进旅游兴区，大力提高城市管理水平，全面抓好经济建设、政治建设、文化建设、社会建设，进一步加强和改进党的领导，切实增强整体竞争力和可持续发展能力，努力把兴庆区建设成为生活条件舒适、教育环境优越、创业氛围浓厚、城乡经济活跃、居民收入殷实、社会关系和谐的沿黄城市群最具活力的城区。

主要奋斗目标是：到2011年，地区生产总值年均增长13.5%；工业总产值年均增长12.5%；社会消费品零售总额年均增长14%；地方财政收入年均增长13%；城镇居民可支配收入年均增长8%，农民人均纯收入年均增长6%；城镇失业登记率控制在4%以内；人口自然增长率控制在9‰以内；科技进步贡献率达52%；城市绿化覆盖率达35 %；宜居小区达80%，宜居社区达70%，宜居村庄达50%；城市化率达85%。经过五年的建设，全面完成“十一五”规划，力争财政收入实现翻一番；对外开放水平进一步提高，城市服务功能显著增强，投资环境、创业环境明显改善；提前达到国家节水城市、卫生城市、环保城市、园林城市、宜居城市创建标准；社会保障机制更加完善，城乡就业较为充分，人民群众安居乐业，社会关系更加和谐；社会各项事业全面进步，社会文明程度和科学文化素质明显提高；党的建设全面加强，执政水平进一步提高。

三、坚持特色立区和三次产业联动发展

今后五年，我们要依托区位优势，大力发展特色产业，增强都市农业、现代服务业、工业各产业之间的互补性，形成一二三产业联动发展的格局。

(一)着力打造商贸大区，做大做强现代商贸服务业。突出商贸物流业主导地位，打造“购物在兴庆”品牌。要全面完成物流市场带建设，形成区域性的商品集散基地。突出市场带特色，建设专业市场，认真做好药材药品、医疗器械、汽车及配件、五金电子、穆斯林用品、花卉等专业市场的规划、论证、引资及建设工作，搞好东环果品批发市场的整合改造。完善市场带基础设施配套建设，加强对外宣传、交流与合作，进一步扩大市场交易规模，千方百计聚集市场带人气、商气。要完善不同层次的商业零售网，做大零售业。着力引进国内外知名商业集团进驻新华商业圈，提升经营档次，扩大经营范围，弥补银川市高档商品消费市场的不足。抓好次商业中心、社区商业网布局与建设，更好地满足群众基本生活需要。努力开拓农村消费品市场，引导流通企业销售网络向乡镇和中心村延伸，促进农村消费增长。搞好规划设计和环境营造，引导发展清真餐饮、休闲、购物等为主的特色商业街区。要加快发展生产性服务业。建立市场带物流配送基地和河东机场空港物流基地，大力发展货物终端配送等形式的现代物流业，建立区域性物流配送中心，为全区工商企业提供全方位的物流服务。大力发展电子商务，加快培育金融、律师、会计、审计、评估、咨询、交通运输等为经济发展配套服务的各类机构，争取建立相对集中、档次较高的金融街、商务中心、货运市场等专业服务场所。

(二)强化服务意识，努力提升工业经济。理顺兴庆科技园管理体制，完善园区基础设施及配套建设，切实提高服务效率，简化入园项目规划、报批等各环节手续，确保入园企业快立项、快建设、早投产、早见效。抓好科技园商住地开发建设，盘活土地资源，解决园区资金问题。加快项目引进和项目建设进度，重点完成夏进乳业十万吨液态奶等投资上亿元的工业项目。加强对引进企业的审查把关，注重投资强度和项目质量，确保科技含量高、资金实力强、环境污染小、带动能力强的工业企业落户科技园，实现社会效益与经济效益的“双赢”。引导企业加快技术改造，增强自主创新能力，推动企业扩规模、上档次、增效益。

(三)倾力发展都市农业，完善服务城市功能。要围绕服务城市和农民增收，把都市农业纳入城市经济发展框架，构建生产、生活、生态为一体的新型

产业，实现精品瓜果菜、温棚花卉、液态奶产品产销量均占银川市第一，建成全区都市农业示范区。做强做精设施农业。推进园区化生产，不断扩大二代温棚规模，大力发展无公害精品瓜果菜，设施蔬菜面积达到6万亩。加快优质奶源基地建设，完成奶牛存栏6万头。积极发展设施化、工厂化苗木花卉生产，建立花卉种苗繁育基地，建设全区最大的苗木花卉市场和集散交易中心。加快发展以“农家乐”为主的休闲观光农业。研究制定有关扶持政策，协调解决好规划论证、土地调配、项目建设等问题，放手发动农民群众和社会各界发展“农家乐”项目。深入挖掘乡土文化和乡村民俗，丰富“农家乐”内涵，整合餐饮、住宿、采摘、观光、娱乐、农村生活体验等内容，培育一批具有特色和品牌效应的农家庄园，提高“农家乐”发展水平，打造银川市东部休闲观光农业带。

(四)立足资源优势，强力推进旅游兴区。依托沿黄旅游资源，大力发展特色旅游，努力打造沿黄旅游带，力争三年打基础，五年见成效，2011年实现年接待旅游人数100万人次。抓好旅游研究与开发，高质量完成河东旅游总体规划。深入挖掘黄河文化和边塞文化，做好黄河大漠文章，实现自然风光与文化的有机结合，丰富河东旅游内涵。开发横城古渡口和通贵渡口，开辟水上旅游，建立航运码头和浮桥，解决旅游交通线路问题。整合各类旅游资源，构建城乡旅游联动发展格局，建立水陆相联的旅游观光线路，精心培育沿黄一日游、两日游品牌。抓好“食住行游购娱”各要素衔接配套，积极开发回族餐饮文化和特色旅游产品，增强旅游对相关产业的带动能力。加大招商和宣传力度，完善水、电、路等基础设施建设，通过市场化运作方式，吸引国内外企业参与沿黄旅游资源综合开发。加强与区内外旅游市场的交流联系，扩大兴庆区旅游知名度。

(五)全力抓好招商引资，营造良好的投资环境。认真落实招商引资工作责任制，按照科学、务实、理性、有序的招商理念，针对项目组建招商小组，加大以商招商、全民招商力度，注重招商实效，提高引进资金实际到位率，对争取外资的有功单位和个人给予重奖。强化亲商意识和服务意识，进一步转变工作作风，建立项目服务中心，实行一站式办公和服务承诺制，积极提供政策咨询、委托代理等配套服务，防止重引进、轻服务的问题。加强与辖区企业的联系沟通，妥善解决外来投资企业员工的户籍、子女入学等问题，为投资者提供全方位服务。

四、扎实推进社会主义新农村建设

今后五年，要按照建设社会主义新农村的“二十字”方针，以城带乡，以工促农，科学规划，分类指导，加大投入，扎实推进新农村建设。

(一)加快推进农业产业化进程。加强农产品基地建设，提升农业生产规模化、集约化程度，到2011年，各类农产品中规模化生产的比重占到80%以上。掌政及大新镇部分村队重点发展蔬菜、花卉、奶牛基地，通贵乡重点发展优质水稻基地及清真牛羊肉加工业，月牙湖乡重点发展畜牧养殖和经济作物。大力发展名特优品种，培育打造一批特色农产品品牌。搞活农产品流通，积极培育龙头企业，加强与大型商业连锁集团的合作，加快培育并规范各类农民专业合作经济组织，发展“超市+协会+农户”的新型经营模式，提高农产品商品率。加快科技兴农步伐，实施科技特派员创业行动，深入开展科技进村、科技入户工作，普及推广先进农业技术。到2011年，科技对农业贡献率达55%以上，农产品基本实现无公害生产，创建银川国家级农业科技示范园区核心区。大力发展非农产业，依托小城镇，发展农村二三产业，加快转移农村剩余劳动力。加大农民培训力度，切实提高农民文化素质和劳动技能。

(二)努力改善农村生产生活环境。因地制宜，突出特色，完成村庄详细性规划，扎实推进村庄整治改造。完成掌政和通贵两个镇区基础设施建设，抓好项目引进及产业发展，形成以“水乡”、“回乡”为特色的中心镇。结合“塞上农民新居”工程，在有一定产业基础的地方撤并自然村，发展中心村，完成碱富桥村等一批示范性村庄建设，带动新农村建设。全面开展村容村貌综合整治，加强日常清扫保洁和垃圾集中收集处理，加大农村乱搭乱建、乱堆乱放等行为的整治力度，推进宜居村庄建设。不断改善农村生产生活条件，重点抓好上下水、道路、村庄绿化、改水改厕、清洁能源等基础设施建设，加大农田水利基本建设力度，增强农业发展后劲。坚持建养并举，进一步完善辖区乡村公路网建设和管理，实现全部行政村通等级路的目标。加大农村文化设施建设力度，实现乡镇有文化活动中心、中心村有文化娱乐场所，八套以上电视节目覆盖面达到95%以上。

(三)不断深化农村改革。认真开展土地、户籍、税收等方面的政策研究，建立城乡互动的一体化格局，促进城乡之间人力、物力、财力的有序流动。在稳定现行土地承包政策的前提下，按照农民自愿原则，加快建立土地流转机制，推进土地适度规模经营。加快推进乡镇职能转变，促进农村经济和社会事业加速发展。以民主议事和村务公开为重点，完善村务管理各项制度，推进依法治村进程。积极化解乡村债务，改善村队干部待遇，完善养老保险等制度。加快“村改居”步伐并取得实质性进展。

五、努力构建和谐社会

今后五年，要以科学发展观为指导，坚持以人为本，围绕建设和谐兴庆，加大保障力度，建立完善相关指标体系，努力解决好群众最关心、最直接、最现实的问题，着力发展社会各项事业。

(一)大力提升城市管理水平。围绕“五创”工作，加大工作力度，努力完成国家节水型城市、国家卫生城市、国家环保模范城市、国家园林城市和中国人居环境奖创建目标任务。加大城市可经营资源的研究开发，吸引社会资金参与，为城市可持续发展注入资金。加快城管体制改革，理顺城管部门与乡镇街道职责关系，实行工作目标责任制和检查考评奖惩机制，实现城市管理的经常化、规范化、制度化。注重以人为本，妥善处理好方便群众生活与维护城市环境的关系，在服务中实施管理，在管理中体现服务，做到摊点、车辆、商贩等各归其位。规范执法行为和执法权限，加强社会监督，做到文明执法。强化城乡环境卫生工作，加快推进城乡市容环境一体化管理，不断完善城乡环卫设施，建立城乡卫生保洁长效机制。加快环卫作业市场化，积极培育环卫主体，实现干管分离。广泛动员群众参与环境综合整治，增强群众公德意识和环保意识，基本杜绝破坏公物等不文明行为。抓好背街小巷和居民小区的绿化美化工作，提高辖区绿化覆盖率。

（二）全面提升社区建设水平。按照“硬件不断完善，服务不断提升”的思路，完善社区建设指标体系，开展星级社区建设活动，建设一批管理有序、服务完善、环境优美、治安良好、生活便利、邻里友爱的和谐社区。采取购买、置换等方式，逐步解决社区办公和活动用房紧张问题。加强居委会与业主委员会、物业公司、驻社区单位的联系，更好地实现资源共享。解决好资金投入、工资待遇等问题，保障社区组织有效运转。大力培育群众性服务组织和团体，协助做好社区服务、治安、卫生等方面的工作，提升社区组织动员群众的能力。以居民需求为出发点，建立健全社区救助制度，完善社区服务网络建设，拓宽社区解难帮困途径，抓好民事调解和法律服务工作，营造和谐的社区环境。

（三）切实做到关注民生。坚持统筹城乡就业，实施积极的就业政策，全面开展创建“充分就业社区”活动，大力实施“最适宜创业”和“城乡特困家庭培训就业援助”计划，加强就业培训基地和就业信息网络建设，千方百计增加就业岗位，切实做好城镇新增劳动力和农村富余劳动力转移就业工作。进一步完善社会保障体系，依法推进养老保险、医疗保险等为主体的社会保险体系建设，构建以最低生活保障为基础，教育救助等专项救助救济和社会帮扶为补充的新型城乡社会救助网络，切实提高社会保障覆盖面和保障水平。大力加强公共卫生建设，重点改善农村医疗卫生条件，推行新型农村合作医疗制度，建立覆盖城乡的医疗救治网络，切实解决群众看病难、看病贵问题。加强疾病预防控制工作，建立预警监测机制，增强公共卫生突发事件的应急反应和处置能力。关注农民工的工作生活，建设外来人口公寓，解决好劳动保障、居住、子女入学等方面的实际问题。加大计划生育综合改革力度，重点抓好农村和流动人口计划生育工作，重视出生人口性别比例平衡问题，努力完成创“三无”目标。

（四）大力发展和谐文化。要抓好以社会主义荣辱观为主题的宣传教育和实践活动，引导广大干部群众牢固树立社会公德、职业道德、家庭美德和诚信意识，切实提高全民道德素质。着力提升社会文明程度，不断创新活动载体与形式，积极动员社会各界参与精神文明创建活动，切实把群众性精神文明活动引向深入。统筹城乡文化事业发展，建立完善各级文化机构、设施、场所，促进社区文化、农村文化、企业文化、校园文化深入开展。抓好青少年思想道德建设，完善学校、家庭、社会三位一体的教育网络，规划建设校外活动场所和社会实践活动基地，为青少年成长创造健康环境。坚持团结、稳定、鼓劲和正面宣传为主的方针，紧紧围绕党委中心工作，进一步增强宣传意识，不断提高《今日兴庆》办报水平，为兴庆区加快发展、和谐发展营造浓厚的舆论氛围。

（五）加快科教强区步伐。坚持教育优先发展，不断加大教育投入，深化教育改革，促进城乡教育均衡发展，全面打造“受教育在兴庆”品牌。调整优化教育布局，完成二小、十九小、三中等学校迁扩建项目，努力改善城乡办学条件。加强教师队伍建设，搞好师德师风建设，进一步提高教育教学水平。加强学校之间资源共享，通过以强带弱，全面提高各学校的办学水平。鼓励发展职业教育、民办教育、社区教育，满足社会对不同层次教育的需求。认真落实义务教育经费保障机制，坚决杜绝教育乱收费。加快科技进步，切实增强自主创新能力。抓好科技中介服务机构和新型农业科技推广服务体系建设，引导项目、人才、资金和技术向兴庆科技园、农业示范园区集中，争取建成全区示范性的产学研开发基地和科技成果转化基地。加强科普活动中心建设，基本形成覆盖辖区的社会化科普教育和宣传网络。

（六）抓好民主政治建设。坚持和完善人民代表大会制度，保证人大及常委会充分行使职权。进一步加强与各民主党派、工商联、无党派人士的沟通交流，充分调动他们政治协商、民主监督、参政议政的积极性。加强对工青妇等群众团体的领导，支持他们依照各自章程独立开展工作，更好地发挥桥梁纽带作用。认真组织实施“五五”普法，培育一批学法带头人、普法示范村和社区，提高全民法律素质和法制意识，顺利通过法制县区创建验收。贯彻落实好《公务员法》，建设精干高效的公务员队伍。做好民族宗教工作，保持宗教领域稳定，促进民族团结进步。保障审判、检察机关独立行使职权。加强党管武装和双拥工作，不断加强军政军民团结。

（七）切实维护社会稳定。坚持“打防结合、以防为主”的方针，巩固“平安兴庆”创建成果，努力建设全区治安示范区。加大“严打”工作力度，深入开展禁毒人民战争，增强严厉打击刑事犯罪活动的主动性、针对性和实效性。整合基层各种力量，强化治安防控，有效减

少侵财性案件发生。抓好出租房管理和流动人口服务，完善打防管控体系建设，切实落实好社会治安综合治理各项措施。加快科技强警步伐，狠抓政法队伍建设，提高维护司法公平正义的能力。全面落实信访工作责任制，不断完善矛盾纠纷排查调处机制，增强针对性和主动性，切实在“事要解决”上下功夫，努力把各种社会矛盾消除在萌芽、化解在基层。完善社会突发事件应急机制，确保公共安全。加强安全生产监督管理，坚决防止重特大事故发生。

六、进一步加强和改进党的建设

今后五年，按照党的先进性建设要求，全面抓好各级党组织和党员干部思想、作风、能力建设，为实现兴庆区经济社会全面发展提供坚强有力的政治保障。

（一）加强思想政治建设，不断提高党员干部自身素质。 认真贯彻《干部教育培训工作条例》，抓好干部教育培训规划的组织实施，充分利用各种培训阵地，组织全体党员干部认真学习党的方针政策，切实提高各级党员干部的思想政治素质。抓好理论中心组学习，领导干部要做勤于学习思考的模范。完善学习考核与激励制度，推进学习型机关建设。党员干部特别是领导干部要进一步解放思想，树立敢为人先的精神，用足、用活、用好中央及区、市各项政策，做引领经济社会发展的带头人。

（二）抓好班子和干部队伍建设，努力增强推进发展的能力。 切实加强领导班子建设，特别要选好配强党政正职领导干部，努力形成政治坚定、团结务实、朝气蓬勃、奋发有为的坚强领导集体。加大后备干部队伍建设力度，坚持把干部教育培训放在更加重要的战略地位，加强以提高创新能力为重点、以胜任本职工作为目标的知识更新培训和相关能力培养，在职党员干部培训面实现百分之百。认真贯彻《党政领导干部选拔任用工作条例》和《深化干部人事制度改革纲要》，完善党委常委会和全委会票决制，进一步落实群众对干部选拔任用的知情权、参与权、选择权和监督权。建立科学的干部政绩考核体系，坚持正确的用人导向和用人制度，大胆启用靠得住、有本事、能干事、会干事、肯干事、干成事的干部。做好妇女干部、党外干部和少数民族干部的培养选拔。重视人才队伍建设，紧紧抓好培养、吸引、用好人才三个环节，为兴庆区经济社会全面发展提供坚强的人才保证和智力支持。

（三）加强基层组织建设，巩固党的执政基础。 要积极探索新形势下加强基层党组织建设的新途径，更好地发挥基层党组织的战斗堡垒作用。围绕农村全面建设小康社会、加快发展经济、增加农民收入，深化农村“三级联创”，深入开展“双培双带双促”工作，全面推进以村党组织为核心的村级组织建设，不断增强农村各级党组织做群众工作和处理复杂问题的能力，努力把农村党建工作提高到新水平。根据城市化快速推进的新形势，以服务群众为重点，进一步探索有利于提高社区管理和服务水平的党建工作方法，构建社区党建工作新格局。高度重视社团、中介组织、民办非企业单位等新领域党建工作，健全组织体系和工作网络，不断扩大党的工作覆盖面。抓好机关、学校和事业单位党建工作，创新工作机制和方法，全面增强基层党组织活力。加强党员队伍和党务工作者队伍建设，推进党员管理信息化，完善党员服务网络，拓展发挥党员作用的载体和途径，充分发挥共产党员的先锋模范作用。认真做好党员发展工作，增强党的阶级基础和扩大党的群众基础。

（四）坚持执政为民，切实抓好作风建设。 推进服务型机关建设，改进领导方式和方法，切实精简各类会议和文件，加大调查研究力度，努力解决好影响兴庆区及本部门发展的突出问题和矛盾。加强干部作风整顿，落实机关效能建设各项制度，强化日常督查，做到有责必问，有错必纠，令行禁止。加强基层基础工作，千方百计为群众办实事、办好事、解难事，营造和谐的党群干群关系。完善县级领导联系乡镇街道、机关部门包村队社区、干部结对帮扶制度，切实做到联系基层和群众经常化、制度化。实行工作目标责任制，明确责任分工，坚决纠正说而不行、抓而不紧、议而不决、无所作为的问题。加强同各县区的横向比较，争先进位，争创一流。改革部门及个人考核制度，拉开奖罚等次，建立竞争机制，推动部门之间、岗位之间、个人之间形成比工作、比干劲、比实绩的干事氛围。

（五）深入开展党风廉政建设和反腐败斗争。 要坚持党要管党、从严治党，严格落实党风廉政建设责任制，健全教育、制度、监督并重的惩治和预防腐败体系，重点抓好党政领导干部的监督，深入推进反腐败斗争。抓好源头治理，建立完善财权、事权、人权方面的监督管理制度，规范农村经济合同签订等经济行为，真正做到以制度管事、用制度管人。加大违纪违法案件查办力度，着力解决好损害群众利益的突出问题。深入推进廉政文化建设。加强党章和法纪学习教育，加强党员干部党性锻炼和思想道德修养，特别是各级领导干部要牢固树立社会主义荣辱观，正确对待名利得失，遵章守纪，努力做到自重、自省、自警、自励，用模范实践“三个代表”重要思想的实际行动，维护党的形象。

同志们，新的使命鼓舞着我们，43万辖区各族群众寄予我们殷切的期望。让我们高举邓小平理论和“三个代表”重要思想伟大旗帜，团结和带领广大党员和人民群众，坚定信心，扎实工作，与时俱进，开拓创新，为开创兴庆区的美好未来而努力奋斗！

政府工作报告

——在银川市兴庆区第二届人民代表大会第一次会议上

银川市兴庆区代区长　王杨宝

(2007年11月20日)

各位代表：

我代表兴庆区人民政府向大会作政府工作报告，请予审议，并请政协各位委员和其他列席人员提出意见。

过去五年工作回顾

兴庆区一届人大一次会议以来的五年，是不平凡的五年。本届政府任职期间，先后经历了四次区划调整，区情发生了深刻变化；大银川建设加快推进，征地拆迁任务异常繁重；项目建设紧锣密鼓，资金矛盾十分尖锐；非典、禽流感突如其来，政府应急能力经受空前考验。面对前所未有的严峻挑战，兴庆区人民政府在市委、市政府和区委的正确领导下，在兴庆区人大、政协的监督和支持下，以"三个代表"重要思想为指导，认真贯彻落实科学发展观，团结和带领辖区各族人民，迎难而上，锐意进取，抢抓机遇，加快发展，圆满完成了一届人大历次会议确定的各项目标任务，"十五"计划顺利实现，"十一五"规划开局良好，经济社会发展取得了令人鼓舞的成绩。

一、经济实力在结构调整中显著提升

五年来，我们坚持以经济建设为中心，紧紧依托区位优势，加快经济结构调整，加大招商引资力度，积极实施项目带动战略，努力培植特色支柱产业，区域经济保持了又好又快的发展态势。预计2007年，地区生产总值达到135亿元，是2003年的2.5倍。地方财政收入完成2.7亿元，是2003年的2.1倍。社会消费品零售总额实现90亿元，是2003年的2.3倍。着力发展商贸物流业，高标准规划了长12.3公里的丽景街物流市场带，新建了宁夏日用百货副食品批发市场、龙盘国际家私城、西北农资城、恒诺装饰家居城等13个项目，累计投资19.7亿元，年交易额达70亿元，上缴税金2.5亿元，商贸中心区的集聚辐射能力显著增强。努力培育生态旅游业，编制了兴庆区黄河旅游开发总体规划，新建了黄沙古渡旅游区、黄河湿地生态运动公园等旅游项目，完善了鸣翠湖、兵沟汉墓等景点的基础设施，组建了银川东线旅游集团，成功举办了一系列旅游推介活动，东线沿河旅游的吸引力明显增强。积极发展园区工业，高起点建设了兴庆科技园，引进卧龙变压器、夏进乳业、汇泉管道、恒兴机械等项目20个，完成投资2.9亿元，累计实现工业总产值2.1亿元，园区工业经济效益初步显现。积极扶持和引导非公有制经济向高层次、宽领域方向发展，非公经济发展步伐明显加快。目前，辖区个体、私营企业已发展到4万户，从业人员达16.2万人，非公经济占兴庆区经济总量达70%以上。

二、新农村建设在城乡统筹中扎实推进

五年来，我们坚持把解决"三农"问题放在突出位置，大力发展现代都市农业，着力改善农村生产生活条件，努力增加农民收入，新农村建设取得了可喜成绩。不断扩大设施农业规模，建成洼路、茂盛、官湖等6个蔬菜科技示范园区，新建蔬菜温棚20万间，总量达40万间；强力推进花卉产业，开工建设了兴庆区花卉市场，建成花卉基地4个，推广种植花卉2万余间。稳步发展奶牛养殖业，奶牛存栏3.85万头，建成高标准奶牛养殖园区44个，机械挤奶台67座，奶牛入园率达80%，机械挤奶率达90%。积极培育休闲观光农业，建成宏坤、五渡桥农庄、明卉花家乐等农家乐31户。扶持夏进、金河、三保酱醋等龙头企业加快发展，组建各类农民专业合作组织28个，形成了龙头带基地、基地连农户的产业化发展格局。积极搭建融资平台，化解乡镇债务3600万元。加强农村基础设施建设，科学规划乡(镇)村发展布局，编制了掌政镇、通贵乡、月牙湖乡集镇规划和22个村庄的建设规划。新建了碱富桥、通贵村等4个"塞上农民新居"，实施了掌政镇、通贵乡、大新镇人畜饮水工程，完成"一池三改"国债项目717座。先后投入资金2000余万元，修建了孔司路、鸣银路等乡村道路22条、60公里，修建桥梁12座。实施了爱民渠、月牙湖泵站等一批水利工程，完成了司家桥村农业综合开发和掌政

镇土地整理等农田建设项目。大力实施平原绿化、治沙造林、绿色通道工程，完成农村人工造林2.3万亩，植树462万株，农村森林覆盖率达7.9%。深入开展村容村貌整治活动，农村环境卫生状况明显改善。农村教育、科技、文化、卫生等事业健康发展，公共服务能力不断增强。

三、城市建设在克难攻坚中展现新貌

五年来，我们坚持以建设“两宜”城市为主题，着力改善城市人居环境，加速推进城市化进程，建成区面积由2003年的16平方公里扩大到32平方公里，城市人口由28万增加到43万，城市化率达89%。深入开展“五创”活动，创建国家节水型城市、卫生城市顺利获得国家命名，创建国家园林城市、环保模范城市、争创中国人居环境奖工作取得了实质性进展。积极参与大银川建设，完成征地拆迁160万平方米，确保了全市重点项目顺利推进。协助市政府完成了新华街、北京路、丽景街打通工程，改造城市小街巷65条。建设了丽景、双庄等9个康居新村，安置失地农民1.5万人。建成丽景湖公园、名人文化广场等一批公园、广场，为市民提供了良好的休闲健身场所。实施美化、亮化工程，开展环境综合整治战役，拆除有碍观瞻建筑物62万平方米并全部进行了整治，人居环境明显改善，城市形象显著提升。着力加强城市管理，基本实现了停车归道、商品归店、农贸归市、广告归位、摊位归点的有序格局。突出抓好市容环境卫生工作，5年累计投入资金近1亿元，完成了环卫生产基地建设，新建了一大批环卫设施，提高了环卫作业质量。大力开展环境综合整治活动，全面落实“门前三包”制度，道路清扫保洁率、垃圾日产日清率达100%。实施了银古高速、109国道、南环高速公路两侧和小区绿化等一批精品绿化工程，城市新增绿地320万平方米。

四、人民生活在和谐发展中日益改善

五年来，我们始终坚持以人为本，认真贯彻惠民政策，积极完善保障体系，着力解决民生问题，努力促进社会公平，人民生活质量进一步改善。预计2007年，城镇居民人均可支配收入达到11630元，比2003年增加4030元；农民人均纯收入达到4790元，比2003年增加1109元，城镇居民人均可支配收入和农民人均纯收入位居自治区首位。积极贯彻落实就业再就业优惠政策，累计为15208名城镇失业人员办理了再就业优惠证。健全城乡公共就业服务体系，开展了创建“充分就业社区”和“零就业家庭”就业帮扶等活动，完成城乡各类职业技能培训3万人(次)，实现城镇新增就业3.4万人(次)，输出和转移农村富余劳动力3.2万人(次)，城镇登记失业率控制在3.4%以内。贯彻落实《失业保险条例》，107个单位5500余人参加了失业保险，征缴失业保险基金600万元。征地农转非人员生活保障取得新进展，为4574名征地农转非人员办理了基本养老保险。认真落实低保扩面提标政策，全面实施城乡低保，累计发放城乡低保金4000余万元，5万人(次)享受到最低生活保障，实现了应保尽保。积极推进社会救助工作，发放各类救灾救助资金700余万元，解决了407户农村特困户和贫困残疾人住房问题，对2090户困难群众进行了生活救助、医疗救助，为400名困难家庭学生提供了助学补助。新型农村合作医疗制度全面实施，农民参合率达90%，城镇居民基本医疗保险正式启动。全面落实农业“五补一免”政策，减轻了农民负担。认真贯彻义务教育“三免一补”政策，农民工子女基本实现平等就学。严厉查处拖欠农民工工资行为，维护了农民工的合法权益。

五、社会事业在统筹协调中蓬勃发展

五年来，我们在大力发展经济的同时，更加注重社会建设，积极扩大公共服务，推进了社会各项事业的和谐进步。坚持教育优先发展战略，推进教育均衡发展，着力打造“受教育在兴庆”品牌。调整优化学校布局，累计投资1.5亿元，新建、迁建了十二中、北塔小学、十八小等10所学校，对十一小、月牙湖回民中学等7所学校进行了扩建改造，对8所学校进行了实质性合并，通南回民小学等5所学校顺利通过自治区“百标工程”验收。加强教师队伍建设，公开选聘优秀教师350余名，培养各级骨干教师400余名。深入开展“教育质量年”、“师德建设年”等活动，实施优质教育资源共享行动计划，素质教育质量不断提升。兴庆区首批荣获自治区“教育强区”称号，并首家荣获自治区人民政府教育工作督导评估优秀等次。科技工作再上台阶，实施国家级科技支撑、星火计划、富民强区等科技项目60余项，建设了生产力促进中心，洼路、塔桥蔬菜园区和效礼养殖园区分别被列为自治区、银川市科技示范园区，兴庆区连续3次通过“国家级科技进步先进区”考核验收。公共卫生事业开创新局面，成立了兴庆区卫生监督所和疾病预防控制中心，深化医疗卫生体制改革，乡镇卫生院全部实现公立举办，建成了38家规范化村卫生室和24个社区医疗服务中心，药品全部实行“三统一”，有效解决了群众看病难、看病贵问题。卫生防疫卓有成效，全面开展了食品安全检查，加强“六小”行业专项整治，强化免疫接种工作，夺取了非典、鼠间鼠疫和禽流感防控的重大胜利，确保了辖区群众的身体健康和生命安全。人口和计划生育工作扎实推进，巩固“全国计划生育优质服务先进区”创建成果，人口自然增长率和计划生育率始终控制在银川市下达的指标之内，计生工作连续五年在银川市考核中名列第一。全面推进和谐社区建设，解决了73个社区居委会办公用房，改善了90个社区的办公、活动条件，28个社区达到了自治区三星级以上和谐社区标准。精神文明建设蓬勃开展，建成了通北、镇河等8个文明生态村和崇安、正丰等10个文明生态社区，兴庆区机关、大新镇塔桥村等12家单位受到

中央文明委的表彰。“三下乡”、“四进社区”等群众文化活动异彩纷呈，丰富了群众精神文化生活。全民健身活动广泛开展，竞技体育成绩显著。深入开展双拥共建活动，兴庆区连续6次被命名为自治区双拥模范区。工会、妇联、共青团、老龄、编制、档案、关心下一代、人民武装等工作均取得了优异成绩。

六、民主法制在依法行政中深入推进

五年来，我们坚持依法治区方略，完善基层民主制度，保障公民合法权益，深入创建“平安兴庆”，切实转变政府职能，民主法制和政府自身建设进一步加强。加强民主法治建设，自觉接受人大和政协的监督，认真执行人大及其常委会的决定、决议，广泛听取各民主党派、工商联和无党派人士、各人民团体的意见建议，办理人大代表议案12件，建议意见136件，政协提案210件。积极推进基层自治组织和民主政治建设，顺利完成了乡镇、村(居)换届选举。抓好全民普法教育和法律援助工作，全社会的法制意识不断增强，兴庆区顺利通过了“四五”普法验收。强化社会治安综合治理，健全社会治安防控体系，加强城乡社区警务工作，依法防范和打击违法犯罪活动，刑事案件逐年下降，社会治安状况明显好转，群众满意度和安全感明显提高，兴庆区被自治区命名为首批“平安县区”。认真贯彻落实党的民族宗教政策，深入开展民族团结月活动，推进了民族团结进步事业。加强信访、人民调解工作，及时、稳妥地处置了一批突发性、群体性事件，有效化解了社会矛盾。切实抓好安全生产、食品药品安全工作，完善政府应急管理体系，制定突发公共事件应急预案，有效保障了人民群众生命财产安全。加快法治政府建设，认真实施行政许可法，严格做好行政许可清理工作，行政执法监督和行政复议工作进一步加强。深化干部人事制度改革，积极推行党政机关定岗定员，大力推进事业单位全员聘用，全面实施了事业单位人员编制实名制，增强了机关事业单位活力。加强机关效能建设，机关工作作风进一步好转。加大政务公开工作力度，兴庆区政府获得了“全国政务公开工作先进集体”称号。强化行政监察和审计监督，严格执行会计集中核算、建设工程招投标、政府集中采购等制度，深入开展商业贿赂专项治理，严肃查处各类违纪违法案件，政府廉政建设得到进一步加强。

各位代表，过去五年，是我们坚持科学发展观，抢抓机遇、加快发展，综合经济实力显著增强的五年；是城乡面貌日新月异，城市服务功能日益增强，城市化水平不断提高的五年；是坚持以人为本，完善社会保障体系，着力解决民生问题，人民群众享受改革发展成果最多的五年；是各项社会事业全面发展，社会主义精神文明和民主法制建设不断进步的五年。回首五年历程，困难超乎寻常，探索充满艰辛，成绩来之不易。我们之所以能在应对各种挑战中取得令人鼓舞的成绩，归功于市委、市政府和区委的坚强领导，归功于人大、政协的有效监督和大力支持，归功于历届政府打下的良好基础和社会各方的支持配合，其中更凝聚着辖区干部群众的智慧和汗水。在这里，我代表兴庆区人民政府，向积极投身于“三个文明”建设的广大干部群众，向给予我们支持的人大代表、政协委员、各民主党派、工商联、人民团体和社会各族各界人士，向关心帮助我们工作的驻区机关、驻地部队和企事业单位，表示崇高的敬意和衷心的感谢！

各位代表，五年来的成就，为今后发展打下了坚实基础；五年来的实践，为继续前进积累了宝贵经验。在正视成绩的同时，我们也清醒地看到，当前兴庆区经济社会发展中还存在着一些问题和不足。一是特色产业尚未形成规模效应，聚集辐射带动能力不强；二是财政收支矛盾加剧，债务负担沉重，建设资金严重不足；三是农民增收难度加大，就业和社会保障压力较大；四是城市管理体制亟待完善，人居环境需要进一步改善；五是因拆迁、安置等因素引发的矛盾比较突出，群体性上访时有发生；六是部分干部工作作风不够扎实，行政效能和服务水平有待于进一步提高，等等。对此，我们要切实增强忧患意识和责任意识，高度重视，认真研究，积极加以解决。真诚希望各位人大代表、政协委员，各民主党派以及广大人民群众给予批评、监督，帮助我们把各项工作做得更好。

今后五年的主要任务

各位代表，今后五年是我区科学发展、加快发展、和谐发展的关键时期，也是全面建设小康社会的重要时期。我们面临的制约不少，但优势更多；挑战严峻，但机遇难得，必须进一步增强危机感、紧迫感和责任感，抓住机遇，创新思路，聚精会神搞建设，一心一意谋发展。

围绕兴庆区一次党代会的战略部署，今后五年政府工作的总体要求是：高举中国特色社会主义伟大旗帜，以邓小平理论和“三个代表”重要思想为指导，全面落实科学发展观，深入贯彻党的十七大精神，坚持特色立区、产业兴区，着力打造商贸大区、现代都市农业示范区、新型工业区、生态旅游区、教育强区和最佳人居环境区，努力把兴庆区建设成为生活条件舒适、教育环境优越、创业氛围浓厚、城乡经济活跃、居民收入殷实、社会关系和谐的沿黄城市群最具活力的城区。

经过五年的奋斗，努力实现“五个显著提升”，全面完成“十一五”规划，实现“十二五”规划良好开局。

——经济发展水平显著提升。产业结构调整取得成效，农村经济繁荣活跃，工业经济跨越式增长，现代服务业快速发展，传统服务业优化升级，服务业增加值占地区生产总值的比重达到70%以上。到2012年，国内生产总值达到250亿元，年均增长13.1%，地方财政

收入达到5.5亿元，年均增长14.8%，力争两项指标均比2007年翻一番以上，经济整体竞争力和可持续发展能力显著增强，区域经济实现又好又快发展。

——新农村建设水平显著提升。按照新农村建设“20字”方针，积极探索新农村建设多元化投入机制，切实加强农村基础设施建设，加快产业结构调整步伐。继续推进农村基层民主和精神文明建设，进一步健全村民自治机制，规范民主管理。农村各项社会事业全面发展，农村社会和谐稳定，兴庆区成为自治区新农村建设示范区。

——城市建设水平显著提升。城市基础设施进一步改善，城市管理更加科学规范，城市服务功能日趋完善，中心优势得以全面发挥。到2012年，建成区面积达40平方公里、城市人口达60万，城区集聚效应进一步提高。巩固国家节水型城市、国家卫生城市创建成果，实现国家园林城市、国家环保模范城市和中国最佳人居环境奖目标，兴庆区成为最适宜创业、最适宜居住的优美城区。

——社会建设水平显著提升。统筹发展社会各项事业，推动和谐社会建设。城乡教育均衡发展，科技贡献率进一步提升，公共卫生体系建设日趋完善，人口质量不断提高，文化体育事业全面繁荣，辖区人民更多地享受到经济社会发展的成果，实现学有所教、劳有所得、病有所医、老有所养、住有所居。

——人民生活水平显著提升。公共财政更多投向民生，城乡居民收入不断提高，社会保障体系日益健全，公共安全体系得到完善，群众幸福感和安全感进一步增强。到2012年，城镇居民人均可支配收入达到17000元，年均增长8%；农民人均纯收入达到7050元，年均增长8%；城镇登记失业率控制在3.4%以内。

根据上述目标和总体要求，今后五年要突出抓好以下五个方面的重点工作。

一、以发展商贸物流业为重点，做大做强现代服务业

坚持把现代服务业放在优先发展的战略位置，以丽景街物流市场带、新华商业圈、东部休闲旅游观光带为重点发展区域，大力发展商贸物流业、休闲旅游业，促进现代服务业快速、高效、优质发展，提升兴庆区城市生活品质和综合竞争力，逐步建立特色鲜明、功能完善、结构合理的现代服务业体系。高标准规划建设银川物流港，完成园区基础设施建设，积极引进一批大企业、大集团、大项目落户园区，全力把兴庆区打造成为区域性物流中心。加快丽景街市场带建设，力争到2012年，市场带年交易额达到120亿元，提供就业岗位6万个，成为西北地区最具影响力的专业批发市场带。加大总部经济、楼宇经济培育力度，加快促进传统服务业转型升级，大力发展社区便民商业，努力形成现代服务业与传统服务业共同发展、相互支撑、良性互动的格局。加快东部休闲旅游观光带建设，增强旅游产业的带动和辐射功能，努力把兴庆区东部打造成西部地区独具特色的旅游观光休闲度假地。

二、以发展现代都市农业为重点，扎实推进新农村建设

贯彻工业反哺农业、城市支持农村的方针，全面统筹城乡发展，稳步推进新农村建设。加快发展现代都市农业，以建设国家级现代农业示范园区为目标，建成一个6万亩设施农业示范园区，一个6万头奶牛养殖园区和一个10万亩优质稻基地。着力打造西北花都，建成5个花卉专业村，发展花卉种植20万间，实现产值4亿元以上。加快发展农村二三产业，着力抓好劳务产业，拓宽农民增收渠道。加快以塞上农民新居和小城镇为主的农村基础设施建设，加大民族地区的扶贫开发力度，争取红墩子地区开发取得实质性进展。加快农村教育、科技、文化、卫生等社会事业发展。进一步深化以乡镇机构和财政管理体制、土地流转为主要内容的农村综合改革，增强农村公共服务能力和发展活力。

三、以提升规模效益为重点，推进工业经济上台阶

建立园区科学的管理服务体系，为入园企业提供优质服务。促进入园企业加快生产、提质增效，力争到2012年，园区实现年工业总产值10亿元以上。巩固壮大骨干企业，培育规模优势，积极引导和鼓励辖区重点企业通过联合、兼并、参股、控股等形式，实施资产重组，加速生产要素向优势企业、优质资产集聚，促使骨干企业的规模效应不断扩大。全面做好工业企业的服务工作，完善中小企业贷款担保机制，全力促进中小企业的快速健康发展。通过努力，2012年工业总产值达到200亿元，年均增长11.7%，力争实现翻一番目标。

四、以建设管理城市为重点，营造良好的人居环境

巩固国家节水型城市、国家卫生城市创建成果；不断优化人居环境、投资环境和生态环境，实现创建国家园林城市、环保模范城市、中国最佳人居环境奖目标。全力支持、配合、服务区市重点工程，积极做好征地拆迁工作，确保区市重大项目顺利推进。加大城市基础设施建设、改造力度，提升城市基础设施的服务功能和品位。加强城市管理，加大综合执法力度，积极推行“数字城管”和城市网格化管理，完善“两级政府、三级管理”的城市管理体制，强化街道和社区在城市管理中的主体作用，不断提升城市管理水平。推进城乡环卫一体化进程，着力提高环卫作业机械化水平。实行环卫特许经营制度，实现环卫作业和服务的社会化。

五、以改善民生为重点，努力构建和谐兴庆

加大公共财政对民生的投入，加快构建和谐社会步伐。继续推进教育布局调整，优化资源配置，进一步缩小城乡之间、学校之间教育差距，加强教师队伍建设，提升教育教学质量，规范教育收费，努力办好人民满意的教育。实施扩大就业的发展战略，完善面向所有困难群众的就业援助制度，建立低保与就业的联动机制，及时帮助零就业家庭等困难群体解决就业困难。加快建立覆盖城乡居民的社会保障体系，探索建立农村养老保险制度，全面推进城镇居民基本医疗保险、新型农村合作医疗工作。完善城乡居民最低生活保障制度，逐步提高保障水平。积极开展全民健康教育，建立健全城乡基本医疗卫生制度，加强农村和城市社区卫生服务体系建设，努力为群众提供优质的医疗卫生服务。全面推进“平安兴庆”建设，切实增强人民群众的安全感和满意度。认真开展“五五”普法活动，积极推进依法治区进程，妥善处理新形势下的人民内部矛盾。建立健全社会公共预警机制和应急管理体系，努力提高公共安全保障能力。高度重视安全生产工作，严防重特大安全事故发生。

2008年的主要工作

2008年是新一届政府的开局之年，是实现五年宏伟目标的起步之年。国家要举办奥运会，自治区将举办50大庆，做好明年的政府工作，意义十分重大。我们要按照区委一届四次会议提出的“务实、创新、求突破”的总体要求，深入开展“迎大庆、树形象、做贡献、促发展”活动，大力发展现代服务业和现代都市农业，扎实推进社会主义新农村建设，努力改善城乡环境面貌，加快发展社会事业，切实解决好民生问题，全力构建和谐兴庆，奋力开创沿黄城市群最具活力城区建设新局面。

2008年兴庆区经济社会发展的主要目标是：地区生产总值达到152亿元，同比增长13%；工业总产值127亿元，增长10.5%；地方财政总收入3.1亿元，增长15.3%；城镇居民人均可支配收入12560元，农民人均纯收入5170元，分别增长8%；社会消费品零售总额增长达到103亿元，增长14.4%，万元生产总值综合能耗下降5%。为实现上述目标，我们要全力抓好以下七个方面30项工作。

一、加快产业结构优化升级

1. **着力发展现代商贸业。**突出现代商贸业的主导地位，以实施“现代服务业规模突破年”为契机，全面打造“购物在兴庆”品牌。继续抓好市场带建设，完成日用百货副食品批发市场二期、西北农资城二期、医药市场一期建设。力争兴俊油品市场、化工市场、图书文化城及昆仑市场扩建、西部机电二期、兴庆装饰材料市场改造项目及早开工建设。争取实施中药材土特产品批发市场、棉麻日杂市场、北环批发市场扩建、东环市场改造项目。完善不同层次的商业零售网，力争引进国内外知名商业集团进驻新华商业圈，提升商业中心功能。抓好特色街区改造工作，搞好环境营造，精心建设一批具有浓郁民族特色、地域特色、文化特色的商业街区。积极推进社区商业网点建设，加快农贸市场规范化改造，更好地满足群众基本生活需要。

2. **大力培育现代物流业。**将银川物流港作为兴庆区“一号工程”来抓，做好项目论证、定位、审批工作，年内完成拆迁工作并启动道路等基础设施建设，促成众一货运市场搬迁入驻物流港；积极引进国内外知名物流企业，力争2家投资在1亿元以上的项目落户物流港，实现开发面积2000亩。出台扶持物流业发展的政策措施，在现有专业市场推行现代物流经营模式，争取整合提升一批物流企业。加强对现有的货运市场管理，进一步完善物流设施和信息网络。

3. **积极培育生态旅游业。**继续完善黄河湿地生态公园、黄沙古渡生态旅游区景点的基础设施，抓好黄河渔村、西夏皇城等旅游项目的建设，争取引进西部国际沙雕文化园等一批新的旅游项目，提升黄河旅游带的产业集聚力。围绕银横路、孔司路、鸣银路两纵一横三条公路线，大力发展农家乐，年内新增农家乐项目5家以上。重点开发东方水城、花卉基地等项目，完善宏坤度假村、昆仑蔬菜基地、广勤垂钓中心设施建设，提升孔雀湖乡村俱乐部、苹果庄园、五渡桥特色餐饮等乡村旅游项目的经营档次，开展农家乐“星级评比”活动，促进农家乐健康发展。加强旅游营销宣传力度，积极举办旅游节会活动，壮大东线旅游集团，努力打造银川东线两条一日游线路和一条二日游线路，力争年内接待游客35万人次，实现旅游

2008年9月20日，康居首期工程落成仪式

收入3500万元以上。

4. **努力提升工业经济效益。**规范科技园区管委会管理模式，更好发挥管委会职能。进一步完善园区基础设施建设，完成污水处理系统、天然气管网等配套设施，为入园企业提供良好的发展环境。加大服务、协调力度，协助入园企业办理土地、规划等手续，解决企业的后顾之忧。全力抓好工业项目开工建设率和竣工投产率，确保园区年工业总产值达到3亿元。加大园区招商引资力度，积极引进资金实力雄厚的企业开发园区商住地。加大对辖区工业企业的扶持力度，引导企业加快技术改造，增强自主创新能力，推动企业扩规模、上档次、增效益。

5. **扎实做好招商引资工作。**创新招商模式，加大现代服务业、高新产业、都市农业、基础设施和社会事业项目的招商力度。积极落实招商引资项目，抓好市场带、黄河旅游开发区意向性项目和已签约项目的落实工作，争取项目早签约，资金早到位，工程早开工。加强与上海绿地集团等国际国内知名企业的联系，争取一批大项目落户兴庆区。组织参加各类重大经贸活动，对引进的项目实行项目全程跟踪服务制和项目手续全程代理制，切实兑现各项招商引资优惠政策，提高招商项目的成功率、落地率，力争全面完成银川市下达的招商引资任务。

二、加快新农村建设

6. **精心培育现代都市农业。**编制兴庆区现代都市农业发展规划，切实落实扶持政策，不断壮大优势特色产业。强力推进花卉产业发展。扩大花卉种植规模，建成塔桥、白鸽、官湖等6个示范园区，年内落实花卉种植面积5万间，鲜切花产量突破3000万枝；完成花卉市场建设，努力将其建成西北地区最大的花卉集散地和交易中心；加大产业扶持力度，推进种植标准化生产，建立健全营销网络体系，确保花卉的质量和销售收入；举办首届花卉节，提升兴庆区花卉的知名度和影响力。推进奶牛养殖标准化生产，抓好奶牛补栏和出户入园，年内新增奶牛5000头以上。加大龙头企业扶持力度，抓好金河乳业扩建项目，增强农业龙头企业的竞争力和带动力。加强农业技术推广应用、农产品质量安全管理和动植物疫病防控，推进农业标准化生产，大力发展订单农业。积极发展劳务经济，加快农村劳动力向城市和二三产业转移。

7. **加大农村基础设施建设力度。**抓好乡村道路建设，完成村庄巷道硬化12公里，修建司家桥村等乡村道路15公里。实施通贵乡中德土地整理项目，完成月牙湖村泵站维修、通贵二三干渠合并等一批农水工程，大力开展农田水利建设，提高农业综合生产能力。全面完成大新镇人畜饮水工程建设，兴庆区率先在自治区实现人畜安全饮水目标。大力推广农村新能源应用，完成农村"一池三改"1600户，安装太阳能1000户。

8. **加快小城镇建设和村庄整治。**完成通贵、月牙湖乡小城镇建设规划的评审，争取集镇基础设施建设列入国家民族地区项目补助计划；在乡（镇）域村庄布局规划的基础上，完成80%村庄建设规划工作。加快掌政集镇建设，新建集镇项目5个以上，完成民族敬老院主体工程建设。加快"塞上农民新居"建设，完成新建任务200户，力争碱富桥新村建成西北地区最具江南水乡特色的示范村。完成新水、司家桥等6个旧村改造示范点建设任务。积极探索农村环境卫生管理长效机制，推进城乡环卫一体化进程。以打造塞上江南新风貌为目标，继续抓好农村绿化及村容村貌整治工作，加强乡镇政府所在地环境治理，使农村面貌有较大改观。

9. **深化农村综合改革。**推进乡镇机构改革和职能转变，努力提高调控能力和服务水平。完善"乡财县管"制度，加强财政综合预算管理，不断增强乡镇的生财、聚财和理财能力。积极化解乡村两级债务，支持强村壮大村级集体经济实力，增强农村自我发展能力。坚持开发式扶贫方针，加大扶贫开发力度，着力改善少数民族乡群众生产生活条件。加快建立土地流转机制，推进土地适度规模经营。完善土地征收、拆迁安置和村级留用地政策。尝试建立农民专业合作、供销合作、信用合作"三位一体"的农村合作协会，提高社会协作水平和农民组织化程度。积极探索建立农业政策性保险体系和农业贷款担保新机制，鼓励金融机构增加对新农村建设的投入，完善工商企业参与新农村建设的机制和政策，积极推进村企结对、城乡结对，形成全社会支持新农村建设的合力。

三、加快城市建设步伐

10. **改善城市基础设施。**抓好康居新村建设，争取按期交付使用。加快城中村改造步伐，启动南薰东路城中村改造工程。实施长庆生活基地二期工程建设，完成玉皇阁南街、永安巷等特色街区的改造，做好红花渠滨水带休闲长廊规划设计工作。协助银川市做好重点项目征地拆迁和小街巷改造等工作，完成自治区五十大庆指定街巷的"穿衣带帽"和"亮化"工程。优化交通组织管理，着力抓好重要路段、重要路口的交通排堵保畅工作，完善红绿灯、隔离带等配套设施，进一步缓解交通拥堵、停车难等问题。加强环卫设施和环卫基地建设，新建2座垃圾中转站、2座城市公厕，不断提升城市基础设施的服务功能和品位。

11. **加强城市管理。**积极探索建立城市市容环境卫生管理长效机制，巩固国家卫生城市创建成果。完善城管综合执法机制，深化乱搭乱建、乱贴乱画、门头牌匾、占道经营等专项整治，努力创建一批样板示范街道。进一步理顺部门与街道之间的城市管理职能与权限，整合优化城管资源，稳步推进城市管理网格化。深化环卫改革，积极探索环卫保洁市场化运作机制。加强环卫队伍建设，提高环卫职工工资待遇。建立政府、行业、社会“三督并举”督查机制，健全城管卫生义务监督员和志愿者队伍。着力解决好城市卫生工作的难点、市民投诉的焦点、群众关心的热点，集中攻克环卫管理的顽症，确保环境整洁优美，提高市民的满意度。

12. **努力抓好社区建设。**加大社区建设投入力度，不断改善社区基础条件。年内完成8个社区居委会办公用房达标改造任务，星级服务社区达到50%以上。加强社区居委会建设，提高社区工作者的工资待遇，积极探索新形势下的居委会管理模式。强化社区职能，规范社区管理，深入推行社区政务、居务公开，建立开放式、参与式的社区管理框架。大力发展社区服务业，创办社区就业实体1000个，拓宽社区服务领域，完善社区服务设施，提高社区服务水平，推进社区服务由补缺型向普惠型转变。倡导先进社区文化，组织开展健康有益、丰富多彩的社区文化活动，形成健康向上、文明和谐的社区文化氛围。推广小区物业自治管理，解决旧小区物业管理缺位的问题，努力营造舒适宜居的社区环境。加强政策研究，妥善解决撤村建居历史遗留问题。

四、加快建设资源节约型和环境友好型社会

13. **加大生态建设力度。**以创建“国家园林城市”为契机，加强城市公共绿地建设，做好城市小区、空地、单位庭院的绿化工作，重点抓好大团结广场和城市专用铁路、贺兰山路、北京东路沿伸段两侧等重点绿化工程，城市新增绿化面积30万平方米。继续实施农田林网、治沙造林等农村绿化工程，重点做好银横路、永通路、203省道两侧绿化工作。年内完成农田林网和绿色通道300亩，绿化庄点10个、100亩，治沙造林1万亩。严格落实禁牧封育政策，加强对辖区内湖泊湿地的保护，切实抓好排水、排污沟和渠道的治理等工作。

14. **加强环境污染整治。**认真开展“国家环保模范城市”创建活动，严格执行环保准入制度和排污许可证制度，健全环境检测网络，加大环保执法力度，落实排污总量削减指标。深入开展环境污染综合治理，抓好污染小企业的整治、改造。加大供暖、食品加工等企业污染整治力度，推进农村生活污染和畜禽养殖场污染治理。集中整治建设项目环境违法行为，着力解决扰民严重的噪音、废气和餐饮业油烟等污染问题。依托全国小康环保行动试点区优势，实施好农村环保优美乡镇、农村水源地保护等项目。

15. **抓好节能降耗工作。**加强资源集约利用，强化产业导向，严格控制和治理高能耗项目。大力实施节能技术改造，引导企业加快淘汰落后生产工艺和耗能设备。加强重点单位的能耗管理，推进建筑节能。积极推进工业行业废水的循环利用，提高水资源利用率。以农业节水灌溉、城市节水为重点，广泛推广节水技术，巩固“国家节水型”城市创建成果。在消费领域，积极倡导合理消费、适度消费的消费观念和消费行为，大力倡导节约风尚。积极在农村推广使用沼气、太阳能、风能等清洁、可再生能源。创建节约型机关，努力降低办公能耗。广泛开展绿色企业、社区、学校、医院等创建活动，大力倡导绿色生产和绿色消费。

五、加快推进社会建设

16. **优先发展教育事业。**全面贯彻落实《义务教育法》，推进教育均衡发展和公平实施。继续实施“优质教育资源共享行动计划”，进一步缩小城乡之间、学校之间的差距。加快学校布局调整，协助银川市做好十五中、回中迁建和三中扩建工作，完成二小和掌政中心小学、春林小学的迁扩建工程，做好二十三小的建设规划工作，抓好农村初中学校改造和城市中小学校操场改造。继续实施“百标”工程，进一步改善民族学校的办学条件。加强学校管理队伍建设，完善公开选拔、竞争上岗、择优聘用机制。加快骨干教师队伍建设步伐，不断提升教师队伍的整体素质。巩固教育强区创建成果，确保圆满完成“两基”迎国检任务。

17. **大力发展科技事业。**认真实施科技富民强县专项行动计划项目，积极争取“全国新农村科技示范镇试点”项目，大力开展科技特派员创业行动，进一步完善科技园生产力促进中心的服务功能。完善信息基础设施，加大网络资源整合力度。加快农村信息化建设步伐，争取在所有村、居、养殖、种植大户和各类协会、合作组织及部分农户家中建立信息站点，使信息化更好地服务于新农村建设。加大投入，启动社区信息化建设工作，提升社区服务上水平、上档次，力争使兴庆区成为自治区乃至西部地区社区信息化建设的示范区。

18. **着力发展医疗卫生事业。**加快社区卫生服务体系建设，进一步完善社区卫生服务站服务功能。加强乡镇卫生院、村卫生室建设，着力提升农村公共卫生服务职能。健全疾病预防控制、卫生监督执法和医疗救治体系，抓好艾滋病、结核病等重大传染病的预防控制，强化流动人口免疫管理。健全由农村居民、城镇居民共同享受的新型医疗制度，确保农村居民参合率稳定在90%，城镇居民参保率达到70%。抓好药品“三统一”工作，进一步规范药品价格和医疗收费行为。落实对公共卫生的投入和监管责任，深入开展“食品放心工程”，确保食品卫生公共安全。

19. **积极发展文化体育事业。**加快推进农村文化信息共享工程建设，建立大新镇、通贵乡、月牙湖乡文化信息资源共享试点，完成掌政镇、通贵乡综合文化站建设工作。巩固、扩大社区、乡镇群众文化活动队伍及民间艺术团体，继续组织开展群众文化活动、广场文化活动和“文化结队帮扶”活动，扶持农民文化大院、村级文化活动室建设，深入开展电影下乡进村活动，巩固提高农村广播电视覆盖率。做好非物质文化遗产保

护工作。广泛开展全民健身运动,积极发展社区体育,精心组织好"体育下乡、篮球进村"等群众体育活动。加快完善公共体育设施,新建一批健身点,完成掌政镇13个行政村体育健身工程。

20. 深入开展文明城区创建活动。深入宣传贯彻党的十七大精神,广泛开展创建和谐社区、和谐村镇、文明单位等群众性精神文明创建活动。继续深化"三下乡"、"四进社区"和宣传文化结对活动,努力培育一批文明生态村(社区)、文明生态户,进一步扩大精神文明创建成果。深化公民道德教育,加强理想信念教育特别是青少年的思想道德教育,切实抓好法制教育和科普教育,推进学习型城区建设,提升市民文明素质和科学素养。积极推进社会信用建设,大力弘扬社会主义荣辱观,不断提高社会文明程度和城乡居民素质。深入开展"双拥"活动,切实做好全民国防教育、国防动员和民兵预备役工作。积极发展老龄事业,切实保障妇女和未成年人权益,不断加强统计、审计、人事、外事、民族、档案等工作。

21. 抓好人口和计划生育工作。继续推进"三无"乡镇(街道)创建活动。加大计生政策和知识的宣传力度,政策法规、优生优育、生殖健康宣传品入户率达到90%以上。深入开展计生优质服务,巩固全国计生优质服务先进区的创建成果,使优质服务村(居)达标率达到80%以上。加大规范化计生站所建设力度,力争所有服务站所达到国家要求。突出抓好月牙湖乡、高档小区、流动人口计划生育管理工作,稳定低生育水平,计划生育率继续保持在95%以上,出生率控制在8.9‰以内,人口自然增长率控制在8‰以内。

六、加快构建和谐兴庆

22. 强化社会保障工作。扩大城镇职工基本养老保险覆盖面,完善企业退休人员社会化管理制度。下大力气抓好失地农转非人员基本养老保险,努力扩大覆盖面。认真落实老年人养老保障制度及残疾人等群体生活保障和补助政策,健全城乡居民最低生活保障制度,切实解决贫困家庭住房难问题,全面落实廉租房政策,完成100户特困家庭的危房改造。落实自然灾害、医疗、法律等救助政策、义务教育免收学杂费政策和贫困生助学制度。支持发展慈善事业,广泛开展扶贫帮困活动,逐步提高救助和保障水平。规范劳动用工行为,积极推行工资集体协商制度和企业劳动保障诚信制度,强化对企业拖欠工资行为的监察,完善劳动争议预防和调解机制。

23. 切实做好就业工作。努力改进和完善各级公共就业服务工作,加强街道(乡镇)、社区三级公共就业服务机构建设,建立三级联通的劳动保障信息网络,提高劳动就业综合服务功能。重点做好城镇大龄失业人员、"零就业家庭"等就业困难群众的就业援助工作,建立低保与就业联动机制,"零就业家庭"至少实现一人就业,创建"充分就业社区"33个。实施劳动预备制度,对未能升学的应届初高中毕业生实行职业技能和职业资格培训,努力提高劳动者就业和创业能力。组织劳务输出和转移就业1.2万人,城乡各类职业技能培训2000人,城镇新增就业岗位5000个,城镇居民登记失业率控制在3.6%以内。

24. 全力维护社会稳定。深化"平安兴庆"创建活动,争创全国社会治安综合治理先进县区。强化社会治安综合治理和打防控一体化网络建设,完善暂住人口管理机制,认真落实科技强警措施,依法打击各类犯罪活动,力争刑事案件发案率稳中有降。加大查禁黄赌毒等社会丑恶现象力度,抓好流动人口、未成年人预防犯罪和社区矫正工作。加强基层基础工作,建成一批平安社区、平安村镇、平安单位,努力增强人民群众安全感。切实落实信访工作责任制,探索建立多部门联动接访机制和上访预警机制,坚持合理合法对待上访。认真解决农村历史遗留问题和信访突出问题,引导群众依法表达利益诉求,切实化解不稳定因素,积极预防和妥善处理群体性事件。做好新形势下的宗教工作,充分发挥宗教在促进社会和谐中的积极作用。

25. 高度重视公共安全。以遏制重特大事故和控制各类伤亡事故为重点,以建立和完善安全生产监督管理长效工作机制为保障,进一步加大安全生产监管力度,严格落实安全生产责任制,切实抓好教育培训、隐患排查、分类管理和执法监督工作,开展出租房、无证无照经营、特行企业、危险化学品、道路交通安全等专项整治,努力实现安全生产事故次数、死亡人数和直接经济损失三项指标"零增长"。严格落实防汛抗震等措施,健全应急管理机构和信息网络,加强实战演练,提高突发公共事件应对能力。

26. 健全公共财政体系。优化财政收支结构,完善财政转移支付制度,加大对"三农"、社会事业、社会治安、生态建设等方面的投入,不断增强公共产品和公共服务供给能力。切实抓好国库集中支付和政府收支科目改革,健全财政专项资金监督管理和追踪问效制度,进一步提高财政资金使用效益。扩大政府采购范围和规模,严格控制招待费、燃修费、考察费等非生产性支出。积极化解遗留债务问题,制定科学合理的债务偿还方案,从根本上解决因债务问题引发的群众上访问题。

七、加快推进政府自身建设

27. 建设职责明确的责任政府。深化行政管理规范化和标准化建设,强化责任意识和约束机制,解决职能交叉、责任不清、责权分离问题,实现政府职责科学化、规范化、法定化,形成层次分明的责任体系,进一步提高行政执行力。加强政府效能建设,优化办事流程,推行审批许可超时默许制度;加快发展电子政务,逐步推广网上审批和协同办公系统的应用,提高政务运行效率和服务质量,方便群众办事。坚持真抓实干,务求实效，力求说一事，做一事，干一件，成一件。大力发扬恪尽职守、敢于负责精神，做到矛盾不上交，困难不回避，责任不推诿。

28. **建设依法行政的法治政府**。牢固树立法制观念，把依法行政贯穿于行政管理和社会服务全过程。严格按照法定权限和程序行使权力，自觉做到依法决策、依法办事。加大法制建设力度，提高依法行政水平，营造最佳法制环境。进一步建立健全行政执法责任制，做到有权必有责、用权受监督、违法要追究、侵权要赔偿。依法接受人大及其常委会监督，积极支持政协履行政治协商、民主监督、参政议政职能。加强“阳光政府”建设，进一步深化政务公开工作，全面落实廉政建设责任制，进一步抓好商业贿赂治理，切实纠正部门和行业不正之风。

29. **建设恪守信用的诚信政府**。做到诚实守信，言必行，行必果，承诺践诺，政策一经出台，就严格执行，措施一旦制定，就坚决落实。建立政府信用责任体系，把诚信建设列为行政效能监察和纠正部门、行业不正之风的重要内容，对不守信用的行为严肃惩戒。加强督促检查，严肃查处不守承诺、不守合同、不守规则和乱检查、乱收费、乱罚款、乱摊派行为，以实际行动建设诚信政府。

30. **建设以人为本的亲民政府**。坚持以人为本，关注民生民意，政府工作人员要经常深入群众，深入基层，特别是深入到困难多、问题多、矛盾多的地方，倾听群众呼声，关心群众疾苦，梳理和解决好一批群众反映强烈的突出问题。进一步完善重大决策征求群众意见制度，主动听取各民主党派、工商联、无党派人士、各人民团体和社会各界的意见建议，不断提高政府工作的透明度和公众参与度。

各位代表！推进兴庆区跨越式发展和奋力崛起，是兴庆区人民的根本利益所在，也是新一届政府义不容辞的责任和使命。让我们在市委、市政府和兴庆区委的坚强领导下，高举中国特色社会主义伟大旗帜，团结和带领全区人民，抢抓机遇，开拓创新，同心同德，扎实工作，为全力打造沿黄城市群最具活力的城区而努力奋斗！

2007 年 11 月 20 日，兴庆区第二届人民代表大会第一次会议

2003 年 12 月 9 日，兴庆区委一届四次全体(扩大)会议

政府工作报告

——在银川市兴庆区第二届人民代表大会第四次会议上

银川市兴庆区区长　马爱平

（2011 年 1 月 5 日）

各位代表：

我代表兴庆区人民政府向大会作政府工作报告，请予审议，并请政协各位委员和其他列席人员提出意见。

“十一五”期间和 2010 年工作回顾

“十一五”期间，是兴庆区发展最快的五年。五年来，兴庆区人民政府在市委、市政府和兴庆区委的正确领导下，在兴庆区人大、政协的监督和支持下，深入实践科学发展观，紧紧围绕“两宜”城市建设目标，团结和依靠辖区各族人民，解放思想，振奋精神，抢抓机遇，务实苦干，全面完成了“十一五”确定的各项任务，经济社会呈现又好又快发展局面。

区域经济快速增长。充分发挥区位优势，大力实施项目带动战略，着力发展壮大优势特色产业。产业结构逐年优化，三次产业比例达到 1.5:30.8:67.7。地区生产总值从 2005 年的 111 亿元增加到 260 亿元，年均增长 18.6%；地方财政一般预算收入从 2.06 亿元增加到 4.82 亿元，年均增长 18.5%，发展速度明显加快，经济实力显著增强。

城乡建设成效显著。围绕“两宜”城市和新农村建设，着力改善城乡面貌。实施了“三大战役”、黄河金岸、东南部水系连通、农村环境综合整治和城乡绿化等重点工程，“五创”顺利通过验收，先后进入国家卫生城市、园林城市、节水型城市、环保模范城市行列，人居环境显著提升。启动了特色小城镇建设，改造城中村 200 余万平方米，修建城市街巷 80 余条、乡村道路 54 公里，实施了农田水利建设、安全饮水、清洁能源和广播电视村村通等工程，城乡基础设施进一步完善。

民生保障更加有力。坚持以人为本，促发展、惠民生。城镇居民人均可支配收入从 2005 年的 9989 元增加到 18700 元，年均增长 13.4%；农民人均纯收入从 4017 元增加到 6765 元，年均增长 11%。全部免除义务教育阶段学杂费，深入推进全民创业，努力促进就业，覆盖城乡的基本社会保障体系初步建立；大力实施康居、塞上农民新居和危房改造工程，严格落实保障性住房政策，基本实现了少有所教、壮有所为、老有所养、病有所医、弱有所助、住有所居。

社会事业全面进步。加大社会事业投入，积极推进基本公共服务均等化。新建、改造了一批中小学、幼儿园，办学条件极大改善，兴庆区首批荣获自治区“教育强区”称号，“两基”国检顺利通过验收。科技富民强区行动计划深入推进，公共卫生服务体系日趋完善，社区建设力度不断加大，文化体育事业繁荣活跃，精神文明建设取得丰硕成果。

2009 年 10 月 12 日，自治区党委副书记崔波调研北门旅游汽车站

和谐兴庆扎实推进。坚持把促进社会和谐放在突出位置，大力实施依法治区方略，民主法制建设进一步加强。“五五”普法顺利通过自治区验收。不断健全信访矛盾排查调解机制，解决了一批征地拆迁、补偿安置、涉法涉诉等遗留问题，有效化解了社会矛盾。认真落实安全生产责任制，有效杜绝了重特大事故发生。深入开展“平安兴庆”创建活动，治安状况明显好转，兴庆区被自治区命名为首批“平安县区”。

各位代表，“十一五”期间，我们经受了冰冻灾害、鼠间鼠疫、甲流等自然灾害和疫情的考验，克服了金融危机、经济下滑等带来的诸多困难，经历了奥运火炬传递、自治区五十大庆、中阿论坛等重大活动的检验，把握了发展机遇，赢得了发展先机，取得了令人瞩目的成绩。过去的五年，是经济实力大幅提升，人民群众得到实惠最多的五年；是城乡面貌日新月异，城市化水平不断提升的五年；也是社会事业全面发展，社会主义精神文明和民主法制建设不断取得新成绩的五年。“十一五”取得的成绩昭示我们，只要全区上下同心同德，开拓创新，锐意进取，扎实苦干，就一定能够实现经济社会跨越式发展，城乡一体化目标就一定会早日实现。

2010年，是实施“十一五”规划的最后一年，也是站在更高起点上谋划“十二五”和新一轮西部大开发的重要一年。一年来，兴庆区人民政府紧紧围绕打造城乡一体化示范区目标，乘势而上，奋力突破，圆满完成了二届人大三次会议确定的各项目标任务。预计完成地区生产总值260亿元，同比增长13.8%；地方财政一般预算收入4.82亿元，同比增长25%；社会消费品零售总额116.9亿元，同比增长11.4%；城镇居民可支配收入18700元，农民人均纯收入6765元，分别增长8%和12%。

一、坚持大项目带动，优势特色产业快速发展

服务业规模不断壮大。物流港建设取得实质性突破，基础设施进一步完善，总投资达80亿元的星月天地国际商贸城、众一物流园、新世纪冷链物流中心、绿地21城项目已完成主体工程。市场带建设步伐加快，上陵丰田4S店等3个项目投入运营，医药批发市场二期等5个项目主体已完工，立达水暖汽配城、北环批发市场二期项目加紧建设，市场带年交易额达135亿元，利税6.7亿元，提供就业岗位5.5万个。新华商业圈活力增强，华润万家宝湖店、国美电器国芳店、建发现代城相继开业。生态旅游稳步发展，黄沙古渡被评为国家4A景区，鸣翠湖、西夏城被评为3A景区，东线旅游项目日益丰富，全年接待游客52万人次，旅游收入4110万元。2010年，预计完成第三产业增加值176亿元，同比增长10.5%。

现代都市农业加快发展。着力打造西北花都，通过政策引导、资金支持、典型引路、示范带动，新建二代温棚1400亩，推广种植花卉4480亩，建成了新渠稍、洼路、官湖花卉园区，兴庆花卉知名度不断提高。蔬菜产业提质增效明显，种植面积6.6万亩，产值达2.4亿元。创新奶产业发展思路，突破奶牛养殖传统区域，在月牙湖高标准规划并开工建设了存栏达3.4万头的万亩奶牛生态养殖园区，极大地拓宽了奶产业发展空间，不仅破解了奶牛养殖与水源地保护之间的矛盾，也有效解决了移民地区产业结构调整和农民增收的难题。粮食生产保持稳定，落实播种面积16万亩。预计完成第一产业增加值4亿元，同比增长6%。

工业经济快速增长。科技园众一门窗、巨力神等项目主体完工，卧龙变压器二期、雯翔商贸续建项目启动，正泰电器等5个项目加紧建设；青龙管业股票在深交所挂牌上市，科技园区实现工业增加值5.2亿元。辖区工业企业整体运营良好，卧龙变压器、金河乳业等四家“小巨人”企业市场竞争力增强，宁夏电力集团、哈纳斯天然气公司等规模以上企业提质增效明显。预计全年完成工业增加值60亿元，同比增长22.3%。

项目攻坚年成果丰硕。千方百计争资金、攻坚克难上项目，始终把固定资产投资作为拉动经济增长的主要抓手，摆在政府工作的突出位置，建立了严谨的月调度、季通报、年考核制度，组织开展了“项目建设百日大会战”，全年上争项目资金9.4亿元，实施各类项目200个，总投资162亿元，完成投资72亿元。预计完成全社会固定资产投资96.5亿元，同比增长132.6%，位居全市首位。积极组织参加宁洽会暨中阿论坛等重大商贸活动，狠抓项目对接和跟踪服务，全年招商落地项目40个，实际到位资金23亿元，完成目标任务的153%。科学编制“十二五”规划，储备“十二五”项目144个，总投资350亿元。

二、坚持建管并重，城乡一体化加速推进

小城镇建设取得突破。积极争取并充分利用土地增减挂钩项目，创新投资机制，引进各方资金，采取企业代建方式，启动了掌政镇特色小城镇建设。高起点、高标准编制了《掌政镇镇区总体规划》，拆除各类建筑2.4万平方米，完成了特色街区改造工程，安置区一期三层封顶，典农公园道路及护栏建设完工，经三路、纬三路两条城镇道路和幼儿园、污水处理厂、创业园区等项目有序推进。

城乡住行条件明显改善。完成重点项目征地14.2万亩，拆迁60万平方米。实施了80万平方米的满春、光华门二期等7个康居安置区建设，启动了总面积3万平方米的5平方米营业房和20平方米出租公寓建设，妥善解决了丽景街以东拆迁安置遗留问题。完成兴庆区中心敬老院改造工程；建设塞上农民新居100户，轻钢结构抗震房30户；改造危房200户、农宅坡屋顶441户。完成塔桥村和通北村、通西村安全饮水工程，解决了6000余人的安全饮水问题。实施了黄河大桥亮化工程。硬化村庄巷道32公里，修建乡村公路、园区道路46公里。配合改造城市小街巷20条，银横路、银通路改造拓宽项目顺利实施，争取自治区对203省道兴庆区段40公里拓宽改造工程立项。

城乡管理水平不断提升。加大城市管理综合执法力度，拆除违章建筑13万平方米，清理违法占地6万平方米，查处违章占道经营2万余起。严格落实“门前五包”责任制，道路清扫保洁率、垃圾清运率、厕所清掏率达100%。加大环卫设施投入，购置执法监督车12辆，新增保洁车150辆，新建垃圾站（池）

600余座，配备密闭垃圾清运车13辆、挂钩式垃圾桶200个。深入开展农村环境综合整治，发动群众广泛参与，争取环保项目资金3800万元，项目一期硬化乡村巷道4万平方米，埋设排水集污管道7.6公里，粉刷围墙14万平方米，改造门头944户、卫生厕所5800座，回填道路两侧、农宅门口大坑土方10万立方米，增加绿化面积16万平方米，农村人居环境显著改善。

生态建设节能减排力度加大。创新机制，凝心聚力，全员上阵，举全区之力，高标准、高质量、高效率实施了黄河金岸生态景观建设，新增生态水系5000亩、绿化面积3200亩，栽植乔灌木970万株，有效增强了黄河金岸两侧农田排灌能力。大力开展农田水利基本建设，推进农业综合开发和土地治理项目，建设高标准农田6.8万亩，土地利用率和附加值进一步提高。加强城乡园林绿化，完成三北四期防护林、天然林保护、封山育林1.5万亩，城乡森林覆盖率达到7.2%，城市绿地率达到37.8%。积极开展“两型”社会创建工作，强化节能减排和环境污染综合治理，实施清洁能源应用示范项目，推进二排沟、永二干沟、银新干沟治理，拆除了一批燃煤小锅炉，各项约束性指标均在控制之内。加快环境优美乡镇、生态村（社区）建设，掌政镇荣获“国家环境优美乡镇”称号，燕鸽湖社区、阳澄社区被自治区确定为“绿色生态示范社区”。

三、坚持统筹兼顾，社会各项事业全面发展

办好人民满意的教育。优化资源配置，投资1.8亿元，完成了二十四小、十五中等9所学校的标准化建设，大班额和农民工子女就学问题得到较好解决，有力地促进了教育公平；投资600余万元配备教学设备，办学条件得到有效改善。加强师资队伍建设，招聘特岗教师223人，建立了500多名三级骨干教师梯队。大力发展学前教育，建设乡镇幼儿园3所，实现了每个乡镇有一所幼儿园的目标。深入开展优质教育资源共享计划和学校联合发展试点工作，促进了教育均衡发展。强化校园安全工作，对7所学校校舍进行了安全加固改造；投入300万元，率先在全市为辖区64所学校配备专职保安和视频监控等设备，营造了社会满意、家长放心、学生安心的校园环境。

科技文体事业蓬勃发展。实施各类科技项目76个，引进新品种70个、新技术11项，科技对经济增长贡献率进一步提高。完成了大新、掌政文化站和兴庆区综合体育健身馆项目，投资400万元为基层配备文化体育设施。举办文艺演出60场，放映数字电影1300余场，群众精神文化生活日益丰富。认真开展非物质文化遗产普查工作，贺兰砚制作技艺列入国家“非遗”名录。组织参加自治区第13届全运会，奖牌数、团体总分均位居全区第二名。加大文化市场和网吧监管力度，未成年人成长环境得到净化。深化文明城市创建，市民素质和城市文明水平得到有效提升。

公共卫生工作卓有成效。深化医药卫生体制改革，全面落实人人享有基本医疗卫生服务、“四免一救助”等惠民政策，提高了村医待遇，公共卫生服务均等化取得较好进展。建成疾控实验室和艾滋病初筛实验室，启动了“健康兴庆全民行动”，兴庆区被确定为国家重点艾滋病防治示范区。强化免疫接种和传染病监测、卫生应急工作，传染病防控成效显著。深入开展食品安全先进城市创建工作，强化对经营单位的执法监督，创建食品安全示范街8条，保障了人民群众生命安全和身体健康。

人口计生工作全面加强。全面开展第六次全国人口普查工作。投资400万元购置了1200平方米的兴庆区计生服务中心。深入开展“四级联创”和婚育新风进万家活动，新型婚育文化观深入人心。全面落实计生优惠政策，发放“少生快富”等扶持资金120万元。积极推行计划生育农村养老保险试点工作，参保率达90%以上。提高出生人口素质，切实稳定低生育水平，人口出生率为7.8‰，人口自然增长率为5.6‰。

四、坚持和谐稳定，民生得到显著改善

创业就业工作成绩斐然。强力推进全民创业促就业工作，全面创建国家创业型城市，新增工商企业1292户、个体工商户8848户，塔桥花卉园区等9家企业荣获自治区优秀创业基地称号。积极创建“充分就业社区”，帮扶困难人员实现就业，零就业家庭动态销零率达到100%。为6282名城镇4050灵活就业人员落实再就业优惠政策，发放补贴1206万元。城镇新增就业11764人，城镇登记失业率控制在3.14%。农民转移就业10149人，劳务总收入6281万元。

城乡社保体系日趋完善。全面落实城乡居民最低生活保障、医疗救助、困难优抚对象救助等制度，发放救助补贴资金3000余万元，保障了困难群众的基本生活。加强社会保障体系建设，办理企业职工养老保险9403人，新型农村社会养老保险2.6万人，城镇居民基本医疗保险12.6万人，新型农村合作医疗参合4.6万人。设立了特困申请执行人和刑事案件受害人困难救助基金。筹资995万元提高非在编人员待遇，每月为环卫一线作业人员增发岗位津贴28万元。

和谐社区建设不断加强。实施社区办公用房和村级活动场所升级改造工程，新建、扩建社区办公用房11个，为16个社区解决了水、暖、电问题，社区办公条件进一步改善。深入开展星级和谐社区创建工作，80%社区达到星级标准。加快发展社区服务业，社区公共服务体系进一步完善。建设未成年人室外活动场所57个，新建居家养老服务站10个，兴庆区荣获“全国居家养老服务示范单位”和“全国敬老模范单位”称号。

防震减灾工作扎实有效。修订完善了各类应急预案，健全三级应急体系，成立了民兵应急分队。加大应急物资储

备力度，与辖区商贸企业签订了1000万元的物资无偿提供协议，为重点单位发放了一批救灾应急包。加强防汛防凌工作，投入400余万元，清理黄河两侧、城市排水口、行洪区附着物2万余平方米。深入开展防震减灾宣传教育和应急演练，全社会防震减灾意识和避险自救技能进一步提高。

平安兴庆创建不断深入。切实做好信访维稳工作，开通区长专线，集中受理和协调解决了一批群众关心的热点、难点问题。完善“三调联动”机制，健全基层信访工作站，加大矛盾纠纷排查调处和化解力度，积极预防和妥善处置各类群体性事件。加快城市监控报警联网系统建设，严厉打击各种刑事犯罪和黄赌毒等违法行为，集中整治社会治安突出问题，确保了社会稳定。深入开展“和谐寺观教堂”和民族团结进步创建活动，民族宗教领域和谐稳定。大力开展安全生产执法行动，重点进行道路交通事故隐患治理和火灾隐患排查，有效杜绝了重特大安全事故发生。人民武装、老龄、残疾人、档案等工作均取得新成绩。

五、坚持务实高效，政府自身建设不断加强

围绕提高科学决策能力和执行力，大力推进政府管理创新，强化制度建设，不断提升政府行政效能和管理水平。自觉接受人大法律监督和政协民主监督，定期向人大及其常委会报告工作，向政协通报情况，主动听取人大代表、政协委员和社会各界的建议意见，加强与工、青、妇等人民团体联系，全年办理代表议案、建议和政协委员提案111件，办复率100%。围绕“法治兴庆”创建，进一步健全机制，强化制度，落实措施，提高了依法治区水平和群众满意度。成立了规划建设领导小组、工程咨询中心，基本建设程序和资金使用管理进一步规范。认真落实党风廉政建设责任制，强化行政监察和审计监督，廉政建设进一步加强。在市政府支持下，解决了部分单位办公用房，为乡镇、街道配备了工作用车，有效改善了便民服务环境。顺利完成村“两委”换届，基层政权得到巩固。

各位代表，过去一年，在推进兴庆区科学发展、率先发展的征程中，我们解放思想、振奋精神、迎难而上，有效抵御了国际金融危机冲击，全面实现了预期工作目标，科学谋划了未来发展蓝图，兴庆区呈现出前所未有的良好发展态势。更加重要的是，在面对危机、困难和严峻挑战的重大考验中，我们增强了在复杂环境下引领经济社会发展的能力，积累了在解放思想中破解发展难题的成功经验，为实现经济社会跨越式发展打下了坚实基础。我们深切地体会到，市委、市政府和区委的坚强领导、人大的依法监督、政协的民主监督，是我们做好一切工作的重要保证；广大干部群众同心同德，是我们战胜困难、抵御风险、跨越式发展的力量源泉！在此，我谨代表兴庆区人民政府，向辖区广大干部群众，向驻区机关、驻地部队、武警官兵和社会各界，表示崇高的敬意和衷心的感谢！

立足现实，着眼未来，我们也清醒地认识到，兴庆区加快发展还面临着诸多困难和问题，主要是：优势特色产业规模不够大，辐射带动力还不强；城乡一体化推进不快，农民增收致富渠道不宽；城市管理、环境卫生、社会治安、财政收支矛盾等压力较大；保障民生、促进和谐的任务依然繁重，群众关心的热点难点问题还需加大力度解决；个别部门和工作人员行政效能有待进一步提高，等等。这些问题，我们将在今年的工作中认真加以解决。真诚地希望各位人大代表、政协委员，各民主党派以及广大人民群众给予支持和监督，切实帮助政府把各项工作做得更好。

“十二五”发展目标和2011年工作任务

“十二五”时期是全面建设小康社会的关键时期，也是兴庆区全面推进城乡一体化进程，实现经济社会跨越式发展的重要战略机遇期。《兴庆区国民经济和社会发展第十二个五年规划纲要》描绘了今后五年兴庆区发展的宏伟蓝图，提出了五年奋斗目标和重大任务。我们将紧紧抓住国家实施第二轮西部大开发战略机遇，沉着应对各种挑战，扎实推进“十二五”规划的实施，率先在自治区实现基本建成全面小康社会目标，努力打造西北地区宜居宜业宜游、实力活力魅力兼备的幸福城区。

“十二五”时期经济社会发展的主要目标是：

综合实力。地区生产总值年均增长13%，2015年达到479亿元，继续保持自治区首位；地方财政一般预算收入年均增长17%以上，达到10亿元；全社会固定资产投资年均增长30%，达到358亿元。

发展方式。加快“两型”社会建设，大力发展循环经济，万元生产总值能耗降低8%，主要排放总量得到有效控制；现代服务业和现代都市农业优势更加明显，第三产业在经济总量中的比重达到70%以上，产业结构更加优化。

城乡建设。建成区面积力争达到100平方公里，城市化水平达到95%。基础设施日益完善，城市功能更加完备，城乡面貌明显变化，城乡一体化建设取得实质性进展。

人居环境。森林覆盖率达到10%，城市绿地率达到40%；农村生活垃圾无害化处理率达到95%、生活污水处理率达到35%以上。争创全国文明城市、国家生态园林城市、联合国人居环境奖，初步建成宜居宜业宜游的人居环境。

社会事业。创建国家创新型城市、国家健康城市，科技创新能力增强，科技进步对经济增长贡献率达到60%以上。基本普及学前教育，基本实现城乡教育均衡发展。城乡居民人人享有基本医疗卫生服务。人口自然增长率控制在6.2‰以内。

生活水平。城镇居民可支配收入、农民人均纯收入年均增长10%以上;创建国家创业型城市,覆盖城乡居民的就业服务与社会保障体系日益完善;基本公共服务均等化程度不断提高,人民群众幸福感和满意度进一步提升。

各位代表,2011年是实施“十二五”规划的第一年,开好局、起好步,对于顺利完成“十二五”规划至关重要。面对新形势、新挑战,我们要进一步树立抢抓机遇的意识,增强加快发展的信心,紧紧围绕区市党委、政府中心工作和区委一届十次全会提出的目标任务,进一步转变观念,锐意进取,扎实工作,努力推动兴庆区经济社会又好又快发展。

2011年政府工作的总体要求是:认真贯彻党的十七大、十七届五中全会和中央、区市工作部署,围绕“两宜”城市建设,以科学发展为主题,以加快转变经济发展方式为主线,着力发展现代服务业和现代都市农业,惠民生、促和谐、快发展,大力开展“新六创”工作,加快推进自治区城乡一体化示范区建设步伐,努力打造西北地区宜居宜业宜游、实力活力魅力兼备的幸福城区。

2011年经济社会发展的主要预期目标是:地区生产总值增长12%;地方财政一般预算收入增长15%;社会消费品零售总额增长19%;全社会固定资产投资增长30%;城镇居民人均可支配收入和农民人均纯收入分别增长10%。城镇登记失业率控制在4%以内;人口自然增长率控制在6.2‰以内。

实现上述发展目标,我们要统筹兼顾,突出重点,着力做好以下六方面工作:

一、突出项目建设,加快发展优势特色产业

牢固树立抓项目就是抓发展,抓投资就是促增长的争先意识,坚持以大项目带动大投资,以大投资推进大发展,通过狠抓项目建设,促进优势特色产业提档升级,提升“一圈两线”综合竞争力。

以新华商业圈为中心,努力提升服务业发展水平。大力实施品牌战略,推动新华商业圈提档升级,敦促华润万家解放街店、盛世春天购物中心投入运营;争取苏宁广场、物美连锁等知名企业的商贸项目落地,努力把新华商业圈打造成为特色鲜明、功能互补、结构合理、名店云集的商贸、消费圈。积极培育医疗康体、文体休闲和教育产业等特色商业街区;强化政府监管职能,增强行业诚信和自律意识,提高服务质量,提升传统服务业整体发展水平。抓好“万村千乡”市场工程,扎实做好家电、汽车、摩托车下乡和家电、汽车“以旧换新”工作,发挥消费带动经济增长的积极作用。

以丽景街市场带为轴线,强力推进商贸物流产业。紧紧抓住银川市被国家确定为区域性物流节点城市的契机,扎实推进区域性商贸物流中心区建设。依托“物流航母”,成立银川国际商贸物流(港)服务中心,合理规划布局各类项目,完善基础设施,加快物流信息、电子结算平台建设,积极发展第三方物流和电子商务,全面提升商贸物流产业化水平,增强区域辐射带动力和科技人才支撑作用。加大项目建设力度,完成昆仑二期等4个项目的建设并投入运营;抓好星月天地国际商贸城等6个续建、扩建项目;加快烟草物流配送中心等22个项目前期工作,争取早日开工建设。力争市场带全年交易额突破150亿元,实现利税7.5亿元。

以黄河为轴线,加快发展现代都市农业和生态旅游业。积极推进农村土地流转,加大政策、资金扶持,大力实施现代农业产业化工程,加速现代都市农业上规模、增效益、促增收、树品牌。规划建设花卉核心产业园,新增花卉3000亩,其中鲜切花2000亩,着力打造“兴庆康乃馨”品牌,促进花卉产业在质和量上实现突破。加快设施蔬菜新品种、新技术引进推广步伐,力促优质高效、绿色环保品种扩量增长。完成月牙湖万亩奶牛生态养殖园区基础设施建设,建成标准化奶牛养殖场28个,奶牛存栏6000头以上。开展水产养殖示范点建设,推广名特优新水产养殖6500亩。在河东规划建设4万亩甘草种植加工基地,年内完成种植1万亩。高标准规划建设黄河金岸5万亩优质水稻基地,打造塞上江南田园风光。完成掌政镇农副产品加工区建设并投入使用。大力发展东线沿河旅游,包装推介黄沙古渡、西夏城、鸣翠湖等旅游资源,加快黄河小镇等项目建设,争取万亩马兰花生态旅游基地项目落地。加大黄河金岸绿化、水系及综合服务区建设力度,全力打造黄河金岸生态旅游观光带。依托辖区湿地资源和产业优势,积极开发农家乐观光休闲旅游项目,力争全年旅游收入达到4600万元。加快河东地区产业发展规划论证等前期工作,促成集清真肉食品养殖、加工、物流配送等大型贸易市场年内开工建设。

以提质增效为抓手,稳步发展工业经济。进一步完善科技园基础设施,解决园区道路及供排水、供电、供暖问题。加快入园企业建设进度,抓好卧龙变压器和正泰电器扩建工程,争取高速铁路牵引变压器、高低压成套电器生产线投产;完成阳光塑钢门窗二期、三瑞机械二期等5个续建项目。抓好规模以上工业企业的服务,鼓励引导企业进行技术改造和新产品研发,提升效益,力争全年实现工业增加值72亿元。

以项目建设为核心,拉动固定资产投资较快增长。科学论证,精心谋划,群策群力完成好“十二五”规划编制。抢抓西部大开发的历史性机遇,自觉增强紧迫感和危机感,深入研究中央和区、市投资政策导向,主动对接,力争更多项目落户兴庆区。在总结借鉴“项目攻坚年”成功经验的基础上,完善项目调度和督查考核机制,多措并举实施好已确定的171个项目,按照签约项目抓落实,开工项目抓进度,在建项目抓投产,投产项目见效益的要求,全力推进项目

建设进程。围绕重点产业，瞄准重点区域，紧盯重点企业，加大招商引资力度，引进一批成长性好、产业链长、科技含量高、投资强度和财税贡献大的项目，促进产业集聚。力争全年招商引资到位资金18亿元。

二、突出统筹协调，着力推进城乡一体化进程

坚持以城带乡、以乡促城、城乡互动、协调发展，以改善基础设施、集聚人口要素、延伸公共服务为重点，积极促进城乡融合，逐步形成以城市为中心、重点集镇为支撑、新农村建设为基础的城乡一体化格局。

加快掌政特色小城镇建设。编制镇区详规，启动商业街、商住区项目；完成安置区一期、二期工程，妥善安置拆迁农户；完成典农公园及孔富路、经三路、纬三路等镇区主干道路建设，抓好供排水、供电、供气、电信等配套设施建设；创业园、幼儿园、污水处理厂投入使用，小城镇建设初具规模、特色鲜明。

改善农村住行条件。加快城乡结合部庄点的拆迁改造，完成满春二期、三期和光华门二期建设任务，新建康居房23万平方米；完成危房改造200户，建设塞上农民新居600户；实施黄河金岸西侧庄点集中改造。加快道路交通建设，修建乡村公路、园区道路及村庄巷道50公里，积极促成109国道改线，协助完成银通路、银横路、友爱中心路和17条城市街巷的改造，配合自治区交通厅、银川市实施203省道改造拓宽工程和兵沟黄河大桥及连接线建设项目。大力实施农村环境连片整治，完成通贵乡、大新镇城乡生活垃圾收集系统工程，建设农村垃圾处理站1个、中转站2个、收集池620个，切实解决农村面源污染问题，创建环境优美、村容整洁的新农村。

加强水利设施建设。科学编制、上报争取农田水利基本建设和土地整理等项目，立项建设月牙湖移民吊庄扬黄灌区水利设施改造、畜草产业项目，争取尽快改造月牙湖一、二级泵站，改善月牙湖地区农田灌溉条件。完成碱富桥村、强家庙村1.3万亩农业综合开发土地治理和通贵乡通北村中央财政小农水项目。大力开展农田水利基本建设，进一步提高农业生产能力。

2009年12月24日，区长马爱平（右二）在黄河金岸调研

加快移民地区发展。坚持“产业支撑、强化基础、综合配套、整村推进”的工作思路，加快月牙湖地区发展。做好1.68万生态移民的安置规划和一期建设，组织实施村级发展互助资金项目，扎实开展整村推进、产业化扶贫，确保“搬得出、稳得住、能致富”目标的实现。以奶牛养殖园区和宁东C区建设为契机，强化创业就业培训，鼓励围绕园区发展服务业和劳务产业，促进月牙湖地区农民人均收入较快增长，加快缩小与兴庆区农民人均收入差距。

三、突出城市建管，努力营造宜居环境

抓好城市建设和管理工作事关全局，是优化发展环境的重中之重，必须强化措施，全面推进，不断提升城市形象和品位，增强竞争力和可持续发展能力，筑牢创建联合国人居环境奖和全国文明城市基础。

强化市容卫生管理。积极推进城管环卫体制改革，完善城市管理综合执法职能，健全城管工作网络。深入开展市容环境综合整治，加强对露天农贸市场及马路市场规范管理，强化占道经营、乱搭乱建、乱停乱放的治理。抓好长效机制建设，加大辖区街道特别是背街小巷、城乡结合部的清扫保洁力度，进一步提升环卫工作质量。加强环卫基础设施建设，改造公厕105座，配备垃圾收运车21辆。配合银川市做好老旧住宅小区综合整治和特色街区改造工程。

提升社区服务水平。将2011年确定为社区服务提升年。加大社区投入力度，建设10个社区老年活动中心、10个社区居家养老服务站、10个社区卫生服务站。积极发展社区服务，鼓励家政服务、信息中介、连锁超市等便民服务项目的同时，重点发展养老、育儿、保健、代购、小饭桌等低偿服务项目。建立健全就业创业、社会保障、教育、计生、文化等公共服务体系，加快城乡便民服务中心建设，新建4个市民服务中心、4个乡镇民生服务中心。

加快“两型”社会建设。围绕创建国家生态园林城市和打造黄河金岸绿色长城目标，坚持生态优先，绿色发展。实施三北防护林五期和天然林保护工程，完成黄河金岸、城市街巷、银横路两侧绿化补植，实施掌政小城镇绿化、203省道两侧1000亩景观林工程，启动8万亩世行贷款沙漠治理项目。扎实开展环境优美乡镇、生态村、绿色生态社区创建活动。完成二排沟、永二干沟的治理，建设农村小型污水处理厂2个。推广使用清洁能源，新建沼气工程15处，推广太阳灶3000台。切实抓好节能减排，推动全社会节水、节电、节材，引导城乡居民形成绿色、文明的消费理念。强化重点行业和企业节能监管，推广节能技术、节能产品，全面完成年度节能减排任务。

深化全国文明城市创建。广泛开展群众性精神文明创建活动，加强从政道德教育和公民道德教育，强化未成年人思想道德教育和外来人员社会公德教育。深入开展文明社区、文明单位、文明窗口、文明家庭等创建活动，丰富“六进社区”活动载体，积极倡导和推动城市文明志愿服务活动，进一步提升城乡群众文明素质。突出宣传教育的先导作用，着力发挥行政各项执法职能，加大执法力度，不断巩固扩大创建成果，切实提高群众满意度。

四、突出争先进位，繁荣发展社会各项事业

以科学发展观统领发展全局，以解决人民群众最关心、最直接、最现实的利益问题为重点，注重统筹兼顾，突出发展社会事业，努力促进社会进步，让人民群众共享改革发展成果。

坚持优先发展教育。进一步优化教育资源配置，加快教育工程建设进度，完成燕鸽学校、回民二小北校区等续建工程，新建北塔中学，迁建、扩建回民三小等4所学校，翻建回民二小本部，加固十二小等5所小学校舍。加快发展学前教育，确保掌政中心幼儿园等3所幼儿园投入使用，新建幼儿园5所，解决入园难问题。加强教师培训和管理，全面提高教师队伍整体素质。努力推动特色学校建设，深入推进“学校联合发展试点”工作，加强教师交流，促进教育均衡发展，打造具有示范和引领作用的基础教育强区。

强化科技人才工作。全面开展国家创新型城市创建活动，深入实施科技特派员创业行动，广泛开展农村实用技术培训，加快科技推广应用步伐。积极组织申报国家、区市科技项目，促进科技成果转化，进一步提高科技进步对经济社会的贡献率。畅通人才引进“绿色通道”，以引进培养创新创业领军人才、壮大农村实用人才为重点，不断扩大人才队伍规模，优化人才队伍结构。认真做好国家知识产权示范城市创建工作，实施中小企业知识产权试点示范工程。

提高人口计生水平。加大月牙湖地区人口和计划生育综合整治，严格控制人口数量，提高人口素质。开展流动人口计生工作示范样点建设，努力提升流动人口计划生育管理服务水平。以“婚育新风进万家”活动为载体，全面推进“星级乡镇”和“四级联创”活动。完成兴庆区计生服务中心建设，完善乡镇计生服务体系，进一步优化辖区育龄妇女免费服务环境。出生政策符合率控制在95%以上，人口出生率控制在9.5‰以内。

繁荣文化体育等各项事业。完善公共文化服务体系，实现工作重点、文化资源和文化服务下移。增强乡镇文化站、农家书屋服务功能，为村级活动场所配置体育器材，完善兴庆区综合体育健身馆设施并对外开放。组织开展“踏歌起舞”、“湖城之夏·广场文化季”等群众文化活动；继续做好“三下乡”活动和农村数字电影放映工作，进一步丰富群众精神文化生活。扎实做好双拥工作，力争实现“自治区双拥模范区”七连冠目标。积极推进人事、统计、档案、关心下一代等工作。

五、突出以人为本，着力推进民生保障工程

民生问题涉及人民群众切身利益，事关发展全局，要坚持以人为本，执政为民，在加快发展的同时，千方百计改善群众生活质量，不断提高人民群众的幸福感和满意度。

实施创业就业富民工程。深化国家创业型城市创建活动，坚持推进产业结构调整升级与扶持创业就业相协调，提升三次产业容纳就业的能力。深化“充分就业社区（村）”和“创业型示范社区（村）”创建活动，争取创建率分别达到80%、20%。全面落实农民进城稳定就业并安家落户相关政策。加大对高校毕业生和失地农民的创业就业帮扶力度。深入开展就业援助工作，帮助“零就业家庭”和就业困难群体实现稳定就业。大力开展“春风行动”系列活动，增强农村富余劳动力转移就业的竞争力。年内城镇新增就业1万人，农村劳动力转移就业1万人。

实施社会保障利民工程。规范和完善城乡最低生活保障工作，做好城乡低保对象各类补贴发放和最低生活保障调标工作。全面落实城乡医疗救助政策，提高救助标准，扩大救助范围，简化救助程序。继续抓好新型农村社会养老保险、合作医疗及城镇居民养老、医疗保险工作，力争“新农保”参保率达到90%以上，城镇居民养老、医疗保险实现人员全覆盖。健全残疾人服务体系，切实加强残疾人保障和服务工作。加大居民生活必需品价格监测预警和调控监管，严厉打击价格违法行为，努力保持物价基本稳定。落实临时价格补贴发放政策，确保城乡低收入家庭生活水平不因物价上涨而降低。

实施医改便民惠民工程。继续深化医药卫生体制改革，深入实施人人享有基本医疗卫生服务、“四免一救助”等惠民政策，启动“健康城市”创建工作。在市第三人民医院增挂兴庆区人民医院牌子，推进双向转诊制度，改变兴庆区

没有县级医院的局面。开展个体医疗机构规范化建设。抓好卫生监督大楼、月牙湖乡卫生院扩建工程;重新开办永固卫生院并将其建成宁夏唯一的中医特色乡镇卫生院。巩固全国食品安全城市创建成果,重点抓好“五小行业”和城乡结合部的餐饮卫生整治。认真做好卫生应急和重大传染病的防控,努力实现“惠民卫生、健康兴庆”的目标。

实施平安法治护民工程。巩固平安兴庆创建成果,全面推进社会矛盾化解、社会管理创新、公正廉洁执法三项重点工作,推广信访、司法、民事调解、综合治理相结合的工作模式,化解矛盾纠纷,维护社会稳定。深入排查影响社会稳定的突出问题和群众反映强烈的治安问题,严厉打击和预防各类刑事犯罪活动。不断完善应急管理体制,进一步提高各类突发公共事件的处置能力。强化安全生产工作,扎实开展安全生产“三项行动”,杜绝重特大事故发生,不断增强人民群众安全感。认真做好“五五”普法的总结工作,研究制定“六五”普法规划。全面贯彻党的民族宗教工作基本方针,维护宗教领域稳定,争创自治区民族团结模范区。

各位代表,今年,我们将在做好各项工作的同时,着力办好8件实事:

1、新建、迁建、翻扩建5所中小学、5所幼儿园,进一步改善办学条件,缓解大班额和入园难问题。

2、修建乡村道路30公里,改善农村出行条件。

3、建设2个小型污水处理厂、1个垃圾中转站,解决农村污水排放及垃圾收集问题。

4、在掌政镇建设3万平方米创业孵化园,提升创业和再就业服务水平。

5、实施黄河金岸西侧农村环境集中连片整治项目3个,改善农村居住环境。

6、建设10个社区老年活动中心、10个社区居家养老服务站、4个市民服务中心、4个乡镇民生服务中心。

7、扶持100名残疾人自主创业;资助100名残疾学生就学。

8、实施城乡医疗救助,对因病无钱医治和因重大疾病导致家庭困难的城乡居民给予专项补贴。

六、突出行政效能,提高政府公共服务水平

服务是政府的职责,责任是干部的基本要求,效率是成事的首要因素。要以强烈发展的意识、求真务实的精神、攻坚克难的魄力、服务大局的合力、立说立行的效率推进经济社会跨越式发展。

坚持开拓创新、高效理政。坚持不懈地抓好学习,汲取新理念、新思路、新举措,提高科学判断形势的能力、应对复杂局面的能力和破解难题的能力,始终保持工作主动性、预见性、和针对性。持之以恒地促进效能建设,通过分解目标、细化任务,推动每一个项目的高效落实、每一项任务的高效完成、每一项措施的高效实施,确保政府工作预期目标的实现。抓好工作落实,建立健全抓落实的长效机制,明确岗位责任和目标要求,凡是确定的事情,特别是事关发展大局的重点工程、重大项目、重要事项,做到第一时间布置、第一时间跟踪、第一时间督查,推动目标落实、责任落实、工作落实。全面推行首问责任制、限时办结制、服务承诺制,加强电子政务建设,不断提高办事效率,优化创业宜居环境。

坚持改进作风、依法行政。进一步强化大局意识,自觉在推进发展中找准位置、发挥作用,展示水平、体现价值。进一步强化责任意识,严格落实工作责任制和责任追究制。健全完善重大事项集体决策、专家咨询等制度,提高决策科学化和民主化水平。认真贯彻人大及其常委会决议,支持政协开展工作,主动接受人大法律监督和政协民主监督,认真办理人大议案、建议意见和政协提案。主动听取各民主党派、工商联、无党派人士和人民团体的意见,支持工会、共青团和妇联等群团组织开展工作。严格按照法定权限和程序行使权力、履行职责,切实做到依法行政。坚持求真务实,克服官僚主义、形式主义,倡导简政、高效、务实的作风。

坚持从严治政、廉洁从政。认真落实党风廉政建设责任制,完善教育、制度、监督并重的惩治和预防腐败体系。突出行政监察和审计监督,建立完善重大事项报告制度、质询制度和民主评议制度,重点抓好对建设工程招投标、国有资产处置和政府采购工作的监督。进一步完善行政公开和政府信息公开制度,增强政府工作的透明度。继续深入开展专项治理,纠正部门和行业不正之风。严厉查处违法违纪案件,从源头上预防和遏制腐败。加强教育、管理和监督,努力建设一支政治上靠得住、工作上有本事、作风上过得硬的干部队伍和公务员队伍。

各位代表,今年是“十二五”开局之年,站在新起点,谋求新发展,实现新突破,是兴庆区人民的共同期待,也是我们的光荣使命和神圣职责。让我们在区市党委、政府和兴庆区委的坚强领导下,深入实践科学发展观,坚定信心、凝心聚力、乘势而上、奋力突破,继续发扬“贺兰岿然、长河不息”的银川精神,为把兴庆区打造成为西北地区宜居宜业宜游、实力活力魅力兼备的幸福城区而努力奋斗!

兴庆区综览

XINGQINGQU ZONGLAN

兴庆区概貌

【地理位置】 兴庆区是宁夏回族自治区首府银川市的政治、经济、科技、文化、教育、金融和商贸中心，是宁夏改革开放的重要窗口和城市形象集中体现的区域，堪称“宁夏第一区”（现代化区域中心城市核心区）。兴庆区的前身是宁夏回族自治区首府银川市老城区，位于银川平原中北部，北纬38° 53′、东经106° 16′，面积828平方公里；西以唐徕渠为界与金凤区相连，东跨黄河与灵武市和内蒙古自治区鄂托克前旗接壤，南北分别与永宁县、贺兰县、平罗县相邻；党政机关办公地址位于兴庆区北京东路471号。

【历史沿革】 兴庆区在历史上是南北交通要冲和东西交通的门户。隋、唐、五代著名的灵州西域道，是当时中西交通的主线，其北线经怀远县城（今银川兴庆区），西越贺兰山，穿过内蒙古阿拉善左旗，西至河西走廊的肃州，与古丝绸之路相连。西夏建都立国，以兴庆府为中心的交通网覆盖西北广大地区，甚至到达宋、辽、金的都城。宋、元、明、清期间，中央政府一直在兴庆区设立行政机构，作为筹集军需、组织各路兵马的大本营。

兴庆区早在四五千年以前的新石器时代就有人类活动。汉成帝阳朔年间（公元前24年前后），在掌政洼路村一带建北典农城，这是银川建城之始，距今约2000多年历史。公元526年，北魏在今掌政镇洼路村一带置怀远县，并设怀远郡治此，隶属灵州管辖。唐高宗仪凤二年（677年），怀远县城遭遇黄河水患，城毁。从唐高宗仪凤三年（678年）在兴庆区址建怀远新城算起，已有1300多年的历史。宋初仍袭唐制，怀远县仍为灵州所辖。开宝年间，怀远县改置为镇，系当时灵州河外六镇之一。

宋咸平四年，党项族首领李继迁攻占怀远镇，第二年占据灵州。宋天禧四年，李继迁之子李德明在怀远镇修建城池，大起宫室，改名兴州以居之。1033年，李德明之子李元昊定兴庆为府。1038年，李元昊在兴庆府建国称帝，兴庆府成为西夏国都，后改兴庆府为中兴府。西夏立国历10主，凡189年，统治今宁夏、甘肃、陕西北部和内蒙古南部广大地区。西夏灭亡后，中兴府一度成为废城，后为宁夏府路、中兴州治所，隶甘肃行中书省。

明洪武三年，设宁夏府，改属陕西行中书省。洪武五年，废宁夏府城，“徒其民于陕西”。洪武九年，又“徒五万之人实之”，立宁夏卫，隶陕西都司；后又置宁夏前屯卫、后屯卫、左屯卫、右屯卫、中屯卫，五卫俱治宁夏城。永乐年间，又于此设宁夏镇，为明代“九边”重镇之一。建文三年（1401年），明宗室庆王朱□自韦州徒宁夏，在镇城置庆王府。

清初沿袭明代卫、所制度，宁夏五卫仍隶陕西都司。雍正二年（1724年），废卫、所，改置府、州、县（厅），设宁夏府，后又设宁夏道，道、府及宁夏、宁朔两县治所均设在宁夏城内。民国时期，1929年元月，宁夏省政府成立，省会设在宁夏城。1944年1月，国民政府将宁夏省城改建制市，定名银川，仍为宁夏省会，银川设置于今兴庆区境内。

1949年9月，银川和平解放。9月29日，银川市人民政府成立；1949年12月23日，宁夏省人民政府成立，省市治所均置于今兴庆区。1954年9月，宁夏省建制撤销，隶甘肃省，设立银川专员公署，治所设在今兴庆区，银川划归银川专员公署管辖。1958年10月，宁夏回族自治区人民政府成立，银川专署撤销，银川市为自治区首府，自治区政府机关、银川市政府机关均设置在今兴庆区。1961年1月，中共银川市委决定，银川市东街、西街人民公社合并为银川市城区人民公社，采取政社合一体制，人民公社亦是城区人民委员会。1968年9月，城区人民委员会更名为城区革命委员会。1971年7月，城区升格为县级市辖区，仍称城区革委会。1980年8月，选举产生城区人民政府。2002年11月，银川市行政区划调整，银川市城区更名为银川市兴庆区。后经过大小四次行政区域调整，到2004年，成为一个跨河而治、城乡兼备的市辖区。

【地形】 兴庆区位于银川平原中北部，地貌由西南向东北逐渐倾斜，西南高，东北低，地面无切割，坡度为0.2‰，海拔1112.5~1107.5米。银川平原是在新生代断陷盆地的基础上发育形成的堆积平原，由古黄河多次摆动性改道和由此而生成的湖沼共同堆积而成；因受断陷盆地周边断裂构造的控制，第四纪以来一直处于沉降状态；到全新世时，在以下降为主的同时伴有某种振荡式的抬升，因此，在近代冲积、湖积平原上，地形开阔、平缓。

【气候特点】 兴庆区属中温带干旱气候区，得益于中纬度地带的优势，日照和太阳辐射量充足，全年大部分时间受高空西风环流影响，天气系统也多来自西边；同时，又是季风气候区，夏季东南风带来水气，冬季西北风带来干冷的空气。由于地处内陆，西有贺兰山呈北偏东走向，对防止西北寒流、风沙人侵和水气受阻抬升等都有明显影响，由此形成兴庆区的气候基本特征：干旱少雨，蒸发强烈，日照时间长，太阳辐射强，昼夜温差大；冬寒无奇冷，夏热少酷暑，春季多风沙，秋季雨集中，春迟、夏短、秋早、冬长；无霜期短而多变。

兴庆区光能资源丰富，属中国光能资源高值区，年太阳辐射总量为140~146千卡/平方厘米，分布较均匀。年太阳辐射量的时间分配，依季节而论，夏季最多，冬季最少；就月而言，最大值出现在6月，最小值出现在12月，前后相差一倍多。

兴庆区年日照时数为2897~3039小时，日照百分率为65%~69%。日照的年变化，依季节而论，高值时段出现在夏季，月有288~302小时；低值时段出现在冬季，月有209~228小时。以日照的月分配而言，最大值出现在6月，占年日照时数的10%左右；最小值出现在12月，占年日照时数的7.2%~7.3%，日照时数的年变化幅度为80~90小时。

兴庆区年平均总云量在4~5成之间，低云量0.9成左右。云量的年变化可分为：1~3月为上升阶段，4~9月为高值阶段，10~12月为下降阶段；5月云量最多，12月份云量最少。

兴庆区年平均气温为8.5℃。12月至翌年2月是冬季：1月是冬季的代表月份，气温最低，市区为-9℃，月平均气温在-4℃以下；3~5月为春季：3月气温回升很快，达到2℃以上，4月是兴庆区春季的代表月份，平均气温在10.5℃以上；6~8月是夏季：7月是兴庆区夏季的代表月份，也是全年气温最高的月份，平均气温在23.2℃左右，6月和8月的气温则基本相同，平均气温都在21.5℃左右；9~11月为秋季：从9月开始，气温迅速下降，10月平均气温降至9℃左右，11月接近0℃。秋季气温分布与春季十分相似，秋温比春温稍低。日较差大是兴庆区气温的重要特点之一。平均气温年较差在32℃左右。全年平均气温日较差为13.1~14.4℃。各月气温平均日较差变化不大，幅度为11~16℃。月气温平均日较差最大值出现在4月，月气温平均日较差最小值出现在11月。最大日较差多出现在春季，一般为22~30℃。

兴庆区无霜期较短，霜冻初日在10月5日左右，终日在4月18日左右，平均无霜期约170.1天，最长无霜期231天，最短无霜期123天左右；降水时间变化较大，平均年降水量为202.7毫米左右，夏季最多，占年降水总量的58%~63%，其他季节干旱少雨。

【行政区划】 银川市兴庆区，是银川市1970年设定的县级市辖区，原称为银川市城区。始建于唐仪凤三年（公元678年），时为怀远县城。宋宝元元年（公元1038年），党项族首领李元昊建立西夏国，此为西夏国都兴庆府。明代于此设置宁夏镇，是全国“九边重镇”之一。清代设宁夏府治仍于此，为“西陲一大都会”。2002年11月，经国务院批准，区划重新调整，更名为兴庆区，新的兴庆区成立后，其职能从一个单纯城市区变成了城乡并存，一、二、三产业完善的行政区。2003年12月31日，国务院批准(国函[2003]139号)：撤销石嘴山市陶乐县。将原陶乐县的红崖子乡、高仁乡、马太沟镇划归平罗县管辖，月牙湖乡划归银川市兴庆区管辖。2004年9月，原灵武市临河镇横城村已正式划归兴庆区掌政镇管辖。2005年后，兴庆区辖11街道（凤凰北街、前进街、胜利街、玉皇阁北街、富宁街、文化街、解放西街、丽景街、新华街、中山南街、银古路)，2个镇(大新、掌政)，2个乡(月牙湖、通贵)，1个管委会(燕鸽湖管委会)。区人民政府驻北京东路。区域分布：凤凰北街街道——辖8个社区（居委会)：安秀社区、崇安社区、兴隆社区、兴荣社区、北安社区、西寺社区、兴胜社区、阳澄社区；解放西街街道——辖8个社区(居委会)：文艺社区、湖滨社区、北苑社区、健康社区、光明社区、银湖社区、临湖社区、海宝社区、华新社区；文化街街道——辖7个社区(居委会)：山河湾社区、崇信社区、文湖社区、丰收社区、和平社区、幸福社区、游乐社区；富宁街街道——辖10个社区(居委会)：中寺社区、兴华社区、利群社区、大庙社区、康乐社区、自强社区、铁北社区、西关社区、南苑社区、铁南社区；新华街街道——辖6个社区（居委会)：鼓楼社区、思宁社区、长城社区、正丰社区、富华社区、永安社区；玉皇阁北街街道——辖10个社区(居委会)：信义社区、北寺社区、天成社区、北关社区、北门社区、益民社区、永康社区、青山社区、东方社区、东关社区；前进街街道——辖7个社区（居委会)：西塔社区、明德社区、陶瓷社区、三林社区、华林社区、银华社区、星光华社区；中山南街街道——辖6个社区(居委会)：富强社区、新宁社区、东桥社区、康华社区、康怡社区、安和社区；银古路街道——辖9个社区(居委会)：八一社区、春园社区、丽景社区、丽水社区、友爱社区、迎宾社区、民乐社区、金南社区、高台寺

社区；胜利街街道——辖8个社区(居委会)：双城门社区、南关社区、宝庆社区、清和社区、陈家寨社区、祥和社区、康馨社区、南华社区；苗木试验场；丽景街街道——辖6个社区(居委会)：银虹社区、八里桥、双庄、满春、北塔、景墨社区；掌政镇——辖13个村(村委会)：掌政村、春林村、洼路村、五渡桥村、镇河村、孔雀村、永南村、碱富桥村、强家庙村、永固村、杨家寨村、茂盛村、横城村；大新镇——辖6个村(村委会)：上前城村、塔桥村、燕鸽村、新渠桥村、新水桥村、大新村、石油城；通贵乡——辖6个村(村委会)：通南村、通贵村、通北村、通西村、司家桥村、河滩村；月牙湖乡——辖6个村(村委会)：小塘村、大塘南村、大塘北村、海陶南村、海陶北村、塘南村、月牙湖村。月牙湖治沙林场、草原管理站、陶林园艺场在月牙湖乡地界上，直属兴庆区。燕鸽湖管委会，成立于2009年，辖区面积4平方公里，东起石中高速公路，西至燕庆街，南起银古公路，北至银通公路。设社区居委会(物业服务站)9个，居民15743户，约5万余人。燕鸽湖基地是长庆油田最大的生活基地，现居住着长庆油田、川庆钻探、东方物探等70多个二级单位的职工家属。

【人口与民族】 1.常住人口。根据第六次全国人口普查数据：2010年底兴庆区常住人口为678306人，10年平均增长率为4.27%，自然增长率为7.1‰。常住人口中共有家庭户236548户，平均每个家庭户的人口为2.7人。常住人口中，男性人口为341595人，占50.36%；女性人口为336711人，占49.64%。常住人口中，0～14岁人口为103713人，占15.29%；15～64岁人口为528400人，占77.9%；65岁及以上人口为46193人，占6.81%。常住人口中，汉族人口为557278人，占82.16%；各少数民族人口为121028人，占17.84%(其中回族人口为108801人，占16.04%)。兴庆区是外来流动人口集中区，每年高峰期达数十万人次。2.受教育程度。兴庆区常住人口中，具有大学(指大专以上)程度的人口为152084人；具有高中(含中专)程度的人口为141853人；具有初中程度的人口为215286人；具有小学程度的人口为107647人(以上各种受教育程度的人包括各类学校的毕业生、肄业生和在校生)。3.宗教状况。兴庆区共有少数民族42个12万余人，其中回族人口108801人，占总人口的16.04%。辖区现有伊斯兰教、佛教、道教、天主教、基督教场所80座，其中两乡两镇分布63座，其余街道和管委会分布17座，大多数宗教场所建于20世纪80年代末90年代初，近几年来翻扩建量大，呈现出农村多、建筑规模小、设施老化，信教群众集中；城市少、规模大、档次高，信教群众不集中的对比差。伊斯兰教清真寺58座，信教群众9万余人；佛教寺庙13座，信教群众2000余人；道教宫观5座，信教群众1000余人；天主教堂3座，信教群众5000余人。

资源状况

【土地资源】 兴庆区总面积828平方公里，近一半位于鄂尔多斯台地边缘。耕地面积18.86万亩(水浇地占14.3%)，农民人均耕地2.85亩，且分布不均，通贵乡人均拥有土地面积最多，约3.3亩；大新镇人均拥有土地面积最少，约0.44亩。以黄河为界，河西各乡镇以自流灌区为主，河东地区占地333平方公里，地势起伏，以沙漠、草原为主，土地贫瘠，灌溉困难，是兴庆区生态建设重点区域。

【湿地资源】 辖区东部的黄河是兴庆区唯一的河流，流程29.3公里(银川市过境长度78.4公里)，水域面积12.5万亩，是兴庆区境内的主要水资源。自秦汉以来，当地群众就开渠引水，发展灌溉农业，形成了古老的引黄灌区，现有唐徕渠、红花渠、大新渠、汉延渠、惠农渠、民生渠6条干支渠。湖泊湿地众多，占地100亩以上的湖泊有11处(银湖110亩，清水湖2000亩，北塔湖1448.25亩，燕鸽湖242亩，章子湖595亩，孔雀湖400亩，小园湖404亩，碱湖557亩，锅底湖200亩，丽景湖200亩；鸣翠湖占地12200亩，是兴庆区最大的湖泊，也是国家湿地公园。)

【植物资源】 林业用地面积19405.1公顷，占兴庆区土地总面积的29.9%；非林地面积45402.9公顷，占兴庆区土地总面积的70.1%。林业用地中，有林地面积1944.5公顷、灌木林面积1437.1公顷、未成林造林地面积1448公顷、宜林地面积14575.5公顷。兴庆区森林面积为3381.6公顷，其中有林地面积1944.5公顷，灌木林面积1437.1公顷。植被除农耕部分外，主要是天然林、人工林和水生植被三种。天然林是由耐寒、耐盐碱的灌木树种柽柳形成黄河护岸林，面积384.8公顷；人工林主要由杨树、柳树、国槐、白蜡、臭椿、沙枣、松柏、苹果等乔木及紫穗槐、花棒、柠条等灌木组成，面积4283.8公顷，形成了防护林、特种用途林、经济林等林种；水生植物以芦苇、蒲草、慈菇等为主组成湖泊湿地植被，约180余种。

【野生动物】 有国家重点保护的野生动物资源数十种、鸟类数百种。野生动物主要分布在黄河以东荒漠草原区，鸟类主要分布在永久性的湖泊、湿地，特别是辖区内的鸣翠湖、章子湖、孔雀湖等是内陆候鸟迁徙通道上的重要驿站和栖息地，湿地野生动物约120余种，其中国家Ⅰ级重点保护的鸟类有黑鹳、中华秋沙鸭、白尾海雕等，Ⅱ级重点保护的有大天鹅、小天鹅、鸳鸯等。

【矿产资源】 兴庆区拥有较为丰富的煤炭资源，主要集中在月牙湖地区的红墩子煤田。煤田总面积300平方公里。根据勘察，该煤田煤炭资源达14～16亿吨，煤种属干煤，工业用途为炼焦配煤及动力用煤和化工用煤。煤质主要以低灰、低硫、低磷和高发热为主。煤炭埋深270～700米左右，共含煤14层，煤层总厚15米，可采煤层总厚12.79米，是一个地质条件构造相对较好，煤炭资源富集度高、易于开发的煤田。煤田规划建设6个井，其中红一矿、红二矿已经开始建设。

【旅游资源】 兴庆区是一座文化古城，也是宁夏旅游的主要地区。悠久的历史给兴庆区留下了丰富的文化遗产和风景名胜。辖区内有承天寺塔、海宝塔、玉皇阁等多处庙宇楼阁，每年吸引大批国内外游客前来观光旅游。市内中山公园、唐徕公园、丽景湖公园、光明广场、南门广场、宁园、怡园等也是游客和市民休闲的良好场所。塞上江南的自然风光、黄河东岸的大漠草原和具有浓郁民族特色的穆斯林文化以及古老的西夏文化构成了以“西夏古都、塞上江南、大漠黄河、回族风情”为特色的旅游业。近年来，兴庆区按照“突出重点、强化特色、培育精品、打造品牌”的方针，充分利用“黄河、沙漠、草原、湖泊湿地、田园风光、遗迹遗址”等资源，加快沿黄旅游带、东线休闲度假旅游带和都市休闲旅游区“两带一区”建设，使兴庆区旅游业得到了快速发展。现有各类旅游景点48家，其中2A景区2家（金水园、兵沟汉墓）；3A景区2家（鸣翠湖、西夏城）；4A景区1家（黄沙古渡）；利用鱼塘、园林、设施农业、田园风光等资源，发展农家乐43家，其中二、三星级农家乐8家。辖区有旅行社62家，星级宾馆27家（四星级6家），旅游定点单位25家。

经济发展

【对外开放】 随着“三宜三力”城市建设的提出，兴庆区的区位优势进一步得到显现。为借助良好的产业基础、市政基础、生活生产配套基础，全力打造幸福兴庆，兴庆区不断加大对外交流开放力度，广交朋友、广做宣传、广泛招商，取得明显实效。

依托新华商圈和兴庆区丽景街一线的物流市场带，先后引进华润万家、苏宁电器、国芳百盛等10余家著名商业零售企业，建成中国穆斯林国际商贸城、红星美凯龙家居广场等一批投资过亿元、10亿元的重点商贸项目，进一步奠定了兴庆区商贸大区的地位。

兴庆区与全国33个县区缔结为友好县区，它们是：江苏省南京市白下区、鼓楼区；广西省南宁市新城区；福建省福州市晋安区；厦门市思明区；青海省西宁市城中区；新疆维吾尔自治区乌鲁木齐市天山区；西藏自治区拉萨市城关区；内蒙古包头市昆都仑区、东河区、青山区，乌海市乌达区，呼市回民区；天津市河西区；浙江省杭州市西湖区，宁波市海曙区，绍兴市越城区；陕西省西安市碑林区；河南省郑州市管城回族区，开封市顺河回族区；甘肃省兰州市城关区、安宁区；上海市普陀区长寿路办事处；辽宁省沈阳市沈河区，大连市西岗区；黑龙江省哈尔滨市道里区；山东省青岛市四方区；枣庄市峰城区；北京市宣武区市椿树街办事处；湖南长沙市天心区；广东省汕头市龙湖区，海口市龙华区；云南省昆明市龙盘区。

【服务业】 服务业是兴庆区的支柱产业。兴庆区的服务业以商品批发、零售、餐饮、娱乐、休闲旅游为主。空间上表现为“一圈两线多点”的分布。“一圈”是指以新华街为中心辐射周围若干街区的商业核心地带，也是兴庆区最早的商业发源地，截至2011年底，新华商圈共引进国内知名商业零售和餐饮企业7家；“两线”是指丽街一线的物流批发市场和黄河一线的生态休闲旅游；“多点”是指分布在大街小巷和居民小区的商业网点。

丽景街商贸物流市场带位于清河街以西、丽景街以东、仙来广场以南和迎宾广场以北，占地7.2平方公里，南北长约12公里。本着总体规划、分步实施的原则，强化招商引资，全面推进项目建设，截至2011年底，丽景街商贸物流市场带共有各类专业批发市场及建设项目28个，其中建成项目11个，新建、续建项目10个，原有项目7个。市场带内各类批发市场商品交易总额预计达到153亿元，实现利税7.6亿元，提供就业岗位近6万个。

银川物流港位于丽景街以东、京藏高速以西，北塔东路以北，北三环路和贺兰山路以南，总占地9350亩，具备综合服务、物流运作、仓储配送、包装加工、商贸交易五大功能。已经建成和在建的项目有投资36亿元的中国穆斯林国际商贸城、宁夏新世纪冷链交易中心、宁夏众一物流园等5个项目。

兴庆区作为首府的核心区，清真餐饮网点密布，特色鲜明，发展势头十分强劲，是名副其实的宁夏清真餐饮集中区。辖区登记在册的清真餐饮实体约有700多家，其中年营业收入超过1亿元的餐饮企业有2家，超过1000万元的有15家。辖区清真餐饮企业实现营业收入8亿多元，占银川市餐饮业营业总收入的一半以上，直接吸纳从业人员4万多人。宁夏最大的清真餐饮企业东港集团共有员工1460人，其中30%左右的员工是回族。共有6家餐饮企业被授予“中华餐饮名店”、23家被评为“自治区名店”、32家被评为“银川餐饮名店”。拥有清真风味小吃多达300余种，已有56种清真小吃被评为“中华名小吃”。

【农业】 农作物主要有水稻、小麦、玉米；水产资源主要有黄河鲤鱼、鸽子鱼。

现有耕地面积18.86万亩。近年来，兴庆区把“稳粮、调菜、兴花”作为种植业结构调整方向，围绕蔬菜、花卉、渔业、粮食、畜牧“五大产业”，保持政策支持的连续性，大力改善农业生产基础条件，初步形成了以设施农业为特色的现代农业体系，为发展都市型现代农业奠定了坚实基础。

设施农业面积达到5.5万亩（二代节能日光温室4.78万亩），其中花卉面积4479.7亩（绿化苗木2632亩、鲜切花1847.7亩），蔬菜面积6.6万亩（设施瓜菜播种面积5.35万亩）。奶牛存栏3万

头，建有占地1.2万亩的自治区最大的万亩生态奶牛养殖基地；肉牛饲养量1.26万头，羊只饲养量17.9万只，生猪饲养量6.78万头，禽类饲养量95.4万只。适水产业面积2.53万亩，其中精养1.02万亩，成鱼养殖0.79万亩，完成名特优新水产品主套养2.31万亩，稻田养蟹850亩，河蚌育珠120亩。

农业产业化进程不断推进。大力发展专业合作经济组织和农民经纪人队伍，努力提高农民组织化程度，为产业发展提供产前、产中、产后服务。用工业理念经营农业，重点扶持金河、维维北塔等知名企业，培育天地缘、昆仑农业、九曲香米业等农产品生产加工龙头企业，形成"龙头带基地、基地连农户"的产业化发展格局。同时，积极支持企业技术改造，企业生产加工能力得到进一步增强。兴庆区拥有市级以上农业产业化龙头企业23个，其中自治区级龙头企业7个，农产品加工总产值达3.72亿元，上缴税金2429万元，带动农户1.13万户。积极培育"金河""碧佳""鸣翠""天地缘"等知名品牌，努力提高农产品附加值。共创建自治区级农产品品牌4个、国家级2个。

严格执行国家、自治区制定的各类农产品质量标准和生产技术标准，指导农民进行标准化生产。自治区认定无公害农产品基地3个，产地认定规模7.01万亩，其中瓜菜基地1个、粮食基地2个、水产品基地2个；农业部认证无公害农产品55个，其中蔬菜42个、畜禽产品11个、水产品2个，绿色食品2个、有机食品1个。大力开展农业新品种、新技术的引进、示范和推广工作。示范推广有机生态型栽培、旱育稀植、河蚌育珠等新技术，农业新品种覆盖率达100%，新技术覆盖率达95%，科技贡献率达到78.5%。落实农机购置补贴政策，积极引导农民购置先进适用农业机械，辖区各类农业机械达到4389台（辆），农机总动力12.56万千瓦，农业综合机械化水平达到86%，农机化水平进一步提高。积极推进农村土地承包经营权合法流转，累计流转土地16111亩，其中转让7248亩、出租8243亩。

【工业】 截至2010年底，兴庆区共有全部工业企业178家，总产值实现209.1亿元，增加值实现60.9亿元。其中：兴庆区规模以上企业17家，从业人数共计1.5万人左右，2010年实现总产值205.2亿元，同比增长42.9%；增加值实现60.44亿元，同比增长24.4%。规模以下企业161家，总产值为42397万元，从业人数共计2535人，销售收入为45904万元，总资产规模为68316万元，纳税总额1270万元。

区划调整以来，规划建设了占地4845亩的科技园。多年来，秉承"亲商、稳商、扶商、留商"的发展理念，按照园区发展规划及功能定位，入园企业项目用地分为工业用地，面积999.67亩；商贸物流用地，面积1790.5亩；109国道西侧商住地，面积667亩。截至2010年底，共引入卧龙变压器、青龙管业等区内外工业企业21家，协议投资总额约28亿元。其中，已建成投产及续建企业11家，在建企业3家，计划新建企业2家，已建成未投产企业5家。园区工业总产值达5.5亿元，利税达8000万元。

社会事业

【教育】 兴庆区是银川市的教育大区和强区，辖区共有各级、各类学校127所（含民办学校）。其中，义务教育阶段学校69所（含民办学校）。兴庆区直属公办中小学60所，其中：高中1所，初中11所（城市7所，农村4所，含2所九年一贯制学校），小学47所（城市28所，农村19所），特殊教育学校1所。公办幼儿园4所。民办小学2所。

2010年底，兴庆区所属中小学（含民办）、公办幼儿园在校学生、幼儿62511人，在职教职工2931人。小学教师大专以上学历达到80%，中学教师大学以上学历达到99.6%；现有特级教师3人，国家级骨干教师5名，自治区级骨干教师培养对象64名，市级骨干教师培养对象307名，兴庆区级骨干教师培养对象300名，初步形成了一支教育教学理念新、学历达标、梯队结构合理、富有创新精神的教师队伍。2008年6月完成基本实施九年义务教育和基本扫除青壮年文盲（"两基"）验收，2006年完成"教育强区"创建工作。

【文化】 兴庆区现有文化活动中心1个，乡镇、街道文化站15个，社区和村级文化活动室121个，农家书屋60个（其中农村32个，涉农社区19个，城市社区9个），农村宣传文化大院6座。公益性活动场地30处（其中大型广场5处），民间文艺团队45支（含剧社），文艺骨干1947人，城乡文化健身队伍108个，经常活动总人数约4万多人。每年举办广场文艺演出30场，城乡数字电影放映1600余场。广播电视覆盖率100%。确认非物质文化遗产调查40项，其中贺兰砚制作技艺于2010年4月被正式列入国家第三批非遗名录。

【体育】 体育场馆390处，室外健身场地48处，安装健身器材92套。人均体育场地面积超过1.08平方米。近年来，先后举办大漠体育运动会、职工运动会、垂钓大赛、信鸽比赛、门球比赛等系列群众体育活动，全民健身活动形式多样、丰富多彩，形成浓郁的全民健身氛围。2006年以来先后获得国家级全民健身周活动先进集体、自治区青少年田径比赛团体总分第一名等10项国家和自治区级荣誉。

【科技】 辖区各企事业单位实施国家科技项目5项、自治区科技项目53项、银川市科技项目15项；获得自治区科技进步奖11项，银川市科技创新奖6项；科技进步对农业的贡献率达到78%，对经济社会发展的贡献率达到50%。高新技术产业增加值占工业增加值的比例达到9.5%。全年专利申请量达到138件，发明专利申请量达到56件，发明专利申请占专利申请总量的比例达到40.6%；发明专利申请量同比增长27%，授权量同比增长16%；实用新型专利申请量同比增长17%。注册商标数量年均增长16.5%。

【科普】 不断加强基层科普服务能力建设，已成立乡镇(街道)科协15个、辖区单位和社区(村)科普活动站123个，形成了区、乡镇(街道)、社区(村)三级科普网络体系；辖区现有科普志愿者3100名、专兼职科普工作者300余名。科普基础设施不断完善，现已建成科普画廊、宣传栏506处，街道、社区及辖区单位科普活动室160个，科普阅览室120个，图书50万册。大力实施信息化建设与现代远程教育"村村通"工程，每个村(社区)均配置了多媒体设备，基层科普能力显著提升。

【卫生】 兴庆区是自治区人人享有基本医疗卫生服务信息化试点区，也是宁夏优质医疗资源最集中的区域。辖区有二级以上医院23所；社区卫生服务中心(站)26所(其中社区卫生服务中心2家，社区卫生服务站24家)，工作人员514名(其中医生145名，护士202名)；乡镇卫生院4所，医护人员48名；村卫生室30所，村医52名。基本药物制度实现辖区全覆盖，乡镇卫生院平均有基本药物265个品种，卫生室有基本药物128个品种。农村居民健康档案规范化建档率为81.5%，儿童保健系统管理率达到83.81%，孕产妇保健系统管理率达到98.71%，65岁以上老人健康体检率达到10%，高血压规范管理率达到92.1%，糖尿病规范化管理率达到87.8%，重性精神疾病规范化管理率达到100%，慢性非传染性疾病管理居民健康档案建档率覆盖人口为52.76%，五种疫苗接种率达到97%，碘盐覆盖率99.3%，建设了兴庆区疾控中心实验室和艾滋病初筛实验室。

【交通】 兴庆区是银川市重要的对外门户，交通便捷，3座黄河大桥将兴庆区与内蒙、陕西两省紧密连接起来。公路交通为主要运输方式。市区向东距离河东机场13公里，向西距离银川火车站6公里，市区南有银川汽车站，形成半小时立体交通圈。辖区市政以外的道路在连接周边市、县、区的基础上，已经形成了以京藏、银青两条高速公路为骨架，109国道、203省道、滨河大道、银通公路、永通公路、银横公路为干线，农村公路为支线的五纵六横的对外公路交通网络体系。现有各类乡村道路106条，共计309公里，行政村柏油路和自然村道路通达率实现100%，其中乡道14条87公里，村道39条102公里，砂砾路4条20余公里，土路48条100余公里。公路中有桥梁22座，圆涵、方涵540道。

【社会保障】 参加新农保2.7万余人，参保率79%。认真做好离退休人员社会化管理工作，累计接管企业退管人员4.5万人，接收率达100%。认真做好辖区残疾人工作（截至2010年底共有8363名残疾人)，积极开展康复、救助、扶贫帮困等工作，促进了残疾人事业全面进步。强化创业就业工作，2010年，兴庆区工商注册登记企业数1612家，工商注册登记个体工商户8831户，培育小企业280家，培养小老板262人，创造新岗位2460个，城镇新增就业10295人，城镇登记失业率为3.06%。农村劳动力转移输出10700人，总收入7851万元。

【党的建设】 兴庆区现有各级各类基层党组织407个，管理党员14099人。基层党组织有党(工)委21个、党总支16个、党支部370个。其中，党支部有机关支部115个、社区支部97个、村支部37个、社会组织支部2个、非公企业支部59个、事业单位支部60个。近年来，以创建服务型基层党组织为主线，以深入开展学习实践科学发展观活动为动力，以创先争优活动为抓手，围绕中心、服务大局，强化功能、增强活力，党的建设各项工作取得了显著成绩。先后建成海陶北村、通北村、新渠稍村等14个村级活动场所，极大地改善了兴庆区农村基层党组织的阵地条件。建立和完善街道党建工作联席会和社区党组织党员代表会议制度，构建区域化党建新格局，11个街道全部成立了党建联席会，发展会员单位325家，31家自治区级机关单位与社区党支部结对共建。在各街道、社区全面推行驻区单位共驻共建、协商议事、听证问政、在职党员定岗定责、党员代办便民利民的"四项服务机制"，力促社区服务型党建长效化。加强地企共建，成立了自治区第一家社区党委，即长庆燕鸽湖社区党委，扩大了党组织的服务面。在12个村进行了农村社区建设试点，城乡社区服务水平不断提高。全面推广"功能党小组"经验，分别在农村、城市、学校设置党组织260个。采取多种方式，提高非公有制经济组织组建率。在乡镇成立民生服务中心、街道成立市民服务中心，村(社区)成立便民综合服务(代办)站、村民组(居民小区)成立便民服务(代办)点，构建党组织和党员服务群众的三级服务平台。开展了大规模的"党员奉献日"活动，启动了"文明交通"党员志愿服务活动，为创建全国文明城市做出了有益尝试。

【社区建设】 兴庆区94个社区居委会中，规模最大的社区5500余户，最小的1400余户，有社区工作者528名。截至2010年底，有27个社区居委会办公用房面积达到300平方米以上，其中面积最大的社区已超过1000平方米，有41个社区办公用房面积达到100~300平方米，占全部社区的43%；共创建三星级(及以上)和谐社区63个，占社区总数的67%，其中四星级和谐社区22个，五星级和谐社区15个。但是由于兴庆区是老城区，人口多、密度大、基础设施残缺老化严重，特别是一些社区的办公条件，仍然滞后于社区工作发展和人民群众的需要。2010年为止，还有22个社区办公用房面积不足100平方米，活动场地狭小，不能拓展服务。

【治安】 有专业巡防队员362人，协警

员150余人，辖区各单位、居民小区有保安人员3000余人，“4050”人员、老党员、低保户等治安协理员、义务治安巡逻员1600名，有效维护了辖区的安全与稳定。广泛深入开展“平安兴庆”创建活动，截至2010年底，通过复核确认和新考核验收的平安单位、社区712个。

【市容】 年内，城管南北局共有职工1808人(其中在编426人、临时工1382人)。以低薪招聘的民工，大都文化偏低，只适合做一些简单的体力劳动，区、市每年都千方百计地安排资金，有计划的新建和改造一批环卫基础设施，同时，政府对乡镇及环卫基础设施投入也日趋完善，先后投入使用保洁车196辆，垃圾桶(箱)、垃圾站(池)6000余个(座)，同时还配备了挂钩式垃圾桶200个，采购了75辆密闭垃圾清运车，切实解决城乡结合部及农村生活垃圾收集难、清运难的问题。使用的机械设备为扫路车8台，洒水车6台，垃圾清运车53台，三轮垃圾车160余辆，吸尘车3辆，洗扫车4辆，检查车8台、融雪车3台、抛扫机1台。两乡两镇建设卫生厕所9700座。与辖区单位、个体工商户“门前五包”责任书签订率基本达到100%。对主要街道和车流量较大的路段加大机械化清扫作业，机械化清扫率达到30%以上，主要道路清扫率达到100%。保证了53条大街756万平方米清扫保洁工作的连续有效实施。清扫保洁率达100%；垃圾清运率达100%；公厕粪便清掏率达100%。

生态环境

【节能减排】 大力推广有机肥使用，着力推进工业清洁生产，资源利用效率得到明显提高。农村安全饮水人口比重达到92%。掌政镇被评为国家级环境优美乡镇。城市污水处理率达到95%，工业废水排放达标率达到95%，万元GDP综合能耗达到0.43吨·标煤/万元，“十一五”期间下降25%的节能减排目标任务全面完成。

【绿化】 “十一五”期间，兴庆区实施的重点工程主要有三北四期防护林工程、退耕还林工程、天然林保护工程及城市重点绿化工程，累计完成三北四期防护林建设5.32万亩，植树1520.3万株，其中累计实施天然林保护工程2万亩，完成农田林网建设3412.2亩，栽植各类树木66.8万株；完成绿色通道建设5481亩，植树775.6万株；村庄绿化48个927.7亩；治沙造林3.35万亩。累计新增城市绿地10098亩，城市建成区绿地率达37.8%、绿化覆盖率达36.5%、人均公共绿地达8.28平方米，“绿化达标单位”373个，绿化达标单位比“十五”末提高44%，城乡生态水平得到明显改善。城市“三绿”(人均公共绿地，绿化覆盖率，绿地率)指标已分别接近或超过国家及自治区园林城市标准。

回族习俗

【定义】 中华民国及以前，回族只称“回回”人或回教徒。新中国成立后，始称“回族”，1958年宁夏回族自治区成立，回族才真正成为民族大家庭中的一员。回族为泛称，其自称为穆斯林。

【服饰】 虔诚的男性穆斯林，平时戴黑色或白色圆帽，其式样因教派不同而各异。老格迪目为六角夹顶，哲赫忍耶和伊赫瓦尼为黑色或白色平顶；宗教界人士和穆斯林群众在作礼拜或参加其他宗教活动时则穿长衫。妇女按教规平素也要戴盖头，一般中老年妇女多戴白色或黑色盖头，青年妇女多戴绿色盖头。虽然盖头颜色不同，但样式是统一的，都是从头上套下，披在肩上，遮住头发和双耳，领下有扣，只露面部在外。衣服款式与汉族相同，只是男女青年喜欢在白褂子上套黑色坎肩。随着经济的发展和人民生活水平的提高，衣着用料、服装款式也有很大改进。回族青年着装也越来越现代化，讲究时髦、新潮。

【饮食】 回族在肉食方面有着严格讲究。只食用由阿訇、满拉或有经学知识的人宰杀的牛、羊、驼、鹿等反刍、食草动物和鸡、鸭、鹅等禽类肉食。严禁食用猪、狗、马、驴和凶猛禽兽的肉及一切动物的血。日常主食以米、面为主，在面食的做法上与汉族略有不同，喜食馄馍、油香和馓子。回族一般不抽烟、不喝酒，每逢喜庆节日或家中来客时，必有长辈亲自迎接，待客人入座后，首先献上“盖碗茶”。一般上了年纪的都饮茶成瘾，在当地有“宁可一日无油盐，不可一日无茶饭”之说。盖碗茶种类繁多，有普通的红糖砖茶盖碗、白糖青茶盖碗和冰糖窝窝茶盖碗等，比较考究的有“八宝茶”盖

清真寺

碗。"八宝茶"以茶叶为主,配放适量的芝麻、核桃仁、柿饼、果脯、桂圆肉、冰糖等,沸水冲泡,茶味浓酽、甘甜,香气四溢。回族还爱吃富有地方民族风味的传统小吃,如味美汁浓的清汤羊肉、羊羔肉、羊肉夹馍、羊杂碎、酿皮儿、切糕等。

【卫生】 回族有讲卫生的良好习惯,不但讲究饮食卫生,而且讲究个人卫生,经常淋浴和洗涤身体。穆斯林在礼拜之前必须淋浴。淋浴分"小净"和"大净"。"小净"就是洗下身,也叫净下。"大净"是洗全身,但须按照一定程序洗,先净下身、洗手、漱口、洗脸、洗臂,接着洗头发和耳朵,最后洗脚,并用吊罐冲洗全身。按《古兰经》教义要求,成年穆斯林每7天要大净一次,以保持身体洁净。洗手、脸惯用"汤瓶",很少用盆,认为盆里的水是"死水"不干净。

【婚嫁】 按伊斯兰教规定,男女婚嫁有4个条件:一是男女双方同意,二是双方父母同意,三是证婚人到场,四是有一定的聘金。婚仪中要写"依扎布"(婚书),念"尼卡哈"。民国及以前,回族结婚年龄较小,十三四岁就有结婚的,男女年龄相差很大,近亲结婚非常多。新中国成立后,国家颁布了《婚姻法》,废除早婚和包办婚姻,实行婚姻登记制度。男婚女嫁一般仍要通过媒人提亲,双方同意后定婚。定婚后,男家要到女家"道喜"。道喜时,除要给女方已说定的聘礼(麦海勒)、衣物外,还要送上几十个"封子",即用彩纸包的订品,每封大约半斤到一斤,还要送上1~2只羯羊。结婚时,男女两家都要设宴待客,亲友送礼表示祝贺。迎娶活动则与汉族无异,只是在闹洞房时,只要公婆而不要新婚夫妇,以黑绿颜料加油涂抹公婆脸部,亲朋好友也相互涂抹,以图吉利。

【丧葬】 回族称人亡为"无常""归真"或"殁了",忌说"死"。称死者尸体为"埋体",称送葬为"送埋体"。主张速葬,最长不超过3天,一般不过夜。回族不信风水地脉,只要是平坦干燥的地方都可做墓地,实行土葬。人咽气后,尸体头北面西放置在床上,供亲友吊唁,并送以钱物,以助葬费,但禁止送花圈、挽幛。葬前要在清真寺用水净身(俗称"艾苏里"),然后穿"可凡"(尸衣)。葬主家在葬期不动烟火,由邻居将亡者的家属及亲属请去吃饭。送葬途中,要为亡人散也帖(施金),数额不等,可根据家庭条件而定,并将亡人衣物散给生活相当困难的人。以后逢三日、四日、头七、二七、三七、四十天、百日、周年、三年、十年,都要举行游坟念经等悼纪活动,以寄托对死者的哀思。

【节日】 古尔邦节,又称"宰牲节"或"小尔德"。为伊斯兰教三大节日之一。每年在伊斯兰教历12月10日举行。据古代阿拉伯宗教传说,先知伊卜拉欣夜梦安拉,命他宰杀儿子伊斯玛仪献祭,以考验他对安拉的忠诚。但当伊卜拉欣遵命执行时,安拉受到感动,派天仙吉卜热依背来一只黑头羊代替伊斯玛仪。古阿拉伯人依此传说每年宰牲献祭,以示对安拉的忠诚,故又称"忠孝节"。伊斯兰教继承了这一习俗,经长期历史发展演变成民族传统节日。每年古尔邦节时,有经济能力的人家就宰杀牛、羊、骆驼,家家户户准备节日食品待客或馈赠,信教群众沐浴礼拜。

开斋节,又称"大尔德"。为伊斯兰教三大节日之一。每年在伊斯兰教历10月1日举行。伊斯兰教规定,在教历9月内斋戒,斋月最后一天寻看新月(月牙),见月次日即行开斋,为开斋节,并举行会礼和庆祝活动。

圣纪节,伊斯兰教三大节日之一。每年在伊斯兰教历3月12日举行。相传这一天是伊斯兰教创始人穆罕默德的诞辰日,也是逝世日,故又称"圣忌"日。穆斯林群众在这一天到清真寺集会,集体诵经、赞圣,讲述穆罕默德的生平事迹,以示纪念。

光明广场

大事记

DA SHI JI

2001 年

1 月

1 日　银川市数千名干部群众汇集在世纪广场，参加“世纪鸣钟”仪式。市长郝林海向全市人民致新年献词。

△　银川人民广播电台交通音乐台实行 24 小时播出。自办节目由 17 档增加到 33 档。

△　城区正式推行会计集中核算制度。

11 日　自治区政府对城区、新城区、郊区行政区域界线进行调整勘定，下达批复，标志着银川市三区有了法定行政区域界线。

13 日　银川至成都 L365/L366/7/6 临时旅客列车开通。

17 日　“新世纪情怀书画展”在市群艺馆举行，展出书画作品 74 幅，城区上万人观看展览。

△　城区公安分局在南门广场召开打暴除恶公开处理大会，依法逮捕 6 案 28 名涉案犯罪嫌疑人。

18 日　由中国反邪教协会发起的“反对邪教，保障人权”百万民众签名活动在银川全面展开。

26 日　“西夏啤酒杯”社火大赛在光明广场举行。

2 月

7 日　中共银川市纪委第七次全体会议决定在城区实行纪检监察机构派驻制。

△　城区会计集中核算中心实行电算化网络管理。

3 月

10 日　银川市委书记陈育宁到城区世纪广场，在书有“全民参与综合治理，维护治安人人有责”的条幅上签名，掀起纪念《关于加强社会治安综合治理的决定》颁布 10 周年宣传活动及万人签名活动高潮。

13 日　凡银川地区新建的各类民用建筑，给水项目施工要求要按分户计量设计，启用 IC 卡预付系统，城市用水实行智能化管理。

20 日　城区人武部协调驻军与辖区 9 所小学结对共建少年军校。

28 日　银川市政府召开全市计划生育会议。通报银川市人口出生率连续 11 年没有超标，连续 11 年获得自治区人口和计划生育管理目标一等奖。

29 日　最高人民法院副院长李国光一行到城区人民法院调研。

4 月

8 日　城区党委宣传部、文明办在北安小区举办以德治国宣传教育系列活动。

15 日　城区人民政府印发《城区民政局财政局关于开展优抚安置对象普查工作的安排意见》。

22 日　城区解放西街办事处社区“市民教育学校”正式开学，150 名市民参加学习。

27 日　银川市市长郝林海到城区现场办公，解决十九小学学生交通隐患问题，责令银川电焊条厂、纱布厂限期搬迁。

5 月

1日　银川市公有住房租金标准上调，由每平方米使用面积 1 元提高到 1.5 元。

13 日　城区被评为“全国残疾人工作先进县区”。

15 日　银川市人大代表视察红花渠城区段整治工作。

26 日　银川市首届“夕阳红”中老年健身舞比赛在光明广场举行，城区解放西街光明广场健身站表演的中老年健身舞“红太阳颂”获得最佳表演奖。

28 日　城区工商分局市场检查组

注：“△”表示同日。

端掉一销售杆秤窝点，当场查获各种规格杆秤58杆。

6月

5日 中共中央政治局常委、中央书记书处书记、中央纪委书记、中华全国总工会主席尉健行视察城区湖滨小区，观看益安社巷的文化长廊时称好。

18日 22时55分26.4秒，银川市发生震级为NIL4.2级的地震，震中在城区。

23日 23路公交车开通，起始北门金三角五宝大厦，终止宁夏林业学校。该线路的开通解决了城区北部与南部居民出行难的问题。

27日 22路公交车开通，往返高台寺和高新技术开发区。

29日 城区首家私营企业民兵连在元亨大酒店成立。

7月

2日 城区党委、政府为在严打整治斗争中取得突出成绩的城区公安分局和城区暂住人口管理局赠送价值40万元的11辆警用车。

6日 城区人民检察院被最高人民检察院授予“五好基层检查院”。

13日 城区在自治区展览馆举办“庆祝建区30周年美术书法作品展”活动。

18日 城区召开建区30周年庆祝大会。

26日 银川地震观测基地确定。该基地选址在贺兰山东麓两大断裂带边缘的永宁县金沙乡征沙渠烽火村，西南方向距城区20公里。

是月 城区政府决定将每年7月份定为拥政爱民月，开展“百日拥军优属”活动。

8月

1日 位于城区新华东街东方红影剧院及其以北区域整体改造项目工程正式启动，这是银川市加快城市建设步伐而启动的7个新项目之一。

8日 银川城市一卡通工程（一期）正式通过验收。用水单位和个人凭IC卡可在建设银行各储备网点交费充值。

12日 第21届世界大学生运动会火炬传至银川。2800名大学生在宁夏火炬手的领跑下，沿城区公园街、解放街、民族北街、文化街环跑。

16日 工商银行宁夏分行首家24小时自动银行在银川西城支行民族南街储蓄所正式挂牌营业。

24日 城区被国家人事部、中央社会治安综合治理委员会授予“全国社会治安综合治理先进单位”称号。

26日 宁夏最大的室外全彩色LED电子屏幕（20平方米）在城区落成。

28日 国家民政部部长多吉才让一行视察城区高台寺社区。

29日 来自城区各行各业的49人成为城区公安分局首批特邀监督员。

是月 银川市房产管理局召开调整供热价格听证会，供热价格在1996年的基础上上调18.9%。

9月

1日 城区开展《民族区域自治法》宣传咨询活动。9个街道办事处和辖区单位3000余人参加，发放宣传材料8万余份。

8日 2001年全国“质量万里行”银川地区活动在城区鼓楼步行街拉开帷幕。

15~17日 地藏寺举行地藏菩萨法会，银川海宝塔方丈清净法师主持。来自全区20多名僧人和6000名佛教信徒进行佛事活动。

18~20日 银川市清真食品检查组对城区清真食品管理工作进行检查。检查结果表明：城区的清真食品市场正在逐步走入正轨。

20日 城区交警大队大队长马文祥获第五届“全国人民满意的公务员”荣誉称号。

△ 位于城区解放西街的“银川书屋”举行开业典礼。

26日 城区政府办印发《城区人民政府公文格式规定》。

△ “树婚育新风，做世纪新人”大型集体婚礼在光明广场隆重举行，新郎新娘们在银川市民林种下代表天长地久、永结同心的“同心树”。

28日 银川南门广场人防地下室暨广场建设改造工程竣工。该工程于2000年6月开工，改造范围达3.8万平方米，新增绿地6000平方米。

10月

1日 银川万余名干部、群众汇集南门广场，举行隆重的升旗仪式。2000多名18岁的中学生面对国旗庄严宣誓，告别少年时代，加入到共和国公民行列。

△ 城区公安分局凤凰北街派出所破获以初某为首的4人盗车团伙。

18日 城区党委办公室印发《关于进一步加强社区关心下一代工作的意见》。

25日 城区党委办公室印发《关于进一步加强和改进妇女工作的意见》。

28日 自治区首家带电梯小高层智能化住宅区北苑小区牡丹园一期工程开盘销售。该小区被列为银川市智能化住宅建设示范小区。

11月

1日 位于城区北二环与东二环交界处的北环蔬菜果品综合批发市场建成正式投入运营。该市场属于银川市“8810”工程重点建设项目之一，占地200亩，建筑面积9万平方米。

14日 城区结合综合治理，开展创建无毒社区。

28日 城区政府印发《关于优化投资环境的实施意见》。

29日 城区迪斯科厅全部查封，这一娱乐项目今后不再审批。

12月

7日 城区南薰西路中油银川加油

中心正式开业，是目前银川地区规模最大、设备最先进的加油站。

8日 中共城区第九次代表大会召开。会议选举产生中共城区第九届委员会和城区纪律检查委员会。

18日 城区安委会对辖区人群密集的商业网点、宾馆等16家重点安全防范单位进行安全检查。

23日 城区政府召开区长办公会议，决定撤销城区城管局南门广场综合管理办公室，由市容局、胜利街办事处和中山南街办事处接管南门广场卫生区域。

28日 位于城区南薰路与红花渠交界处的银川市外来劳动力市场开业，是西北地区首家室内服务“一条龙”外来劳动力市场。

△ 陕甘宁气田至银川输气管道工程正式通过国家验收并投入运营。

是年 银川市公共交通有限公司先后在1路、11路、19路、3路、23路、22路、12路、20路实行无人售票。

△ 城区被评为全国环卫工作先进集体。

△ 城区被评为全国第五次人口普查工作先进集体。

△ 城区被中纪委确定为政务公开联系点。

△ 城区荣获“全国婚育新风进万家活动先进县区”。

2002年

1月

1日 城区保安公司组建的第一支保安巡逻分队正式上岗巡逻。

7日 位于城区上海路的银川玻璃制瓶厂二楼38吨玻璃熔炉炉壁破裂，造成炉内摄氏1000多度高温液态玻璃泄漏，引发火灾，直接经济损失1万余元。

14日 银川商城举行开业10周年庆典日活动。10年来，银川商城销售额达18亿元，上缴国家税金15000万元。

△ 自治区公安厅、经贸委、宁夏鞭炮专营公司联合在城区东郊满春村北侧空地上销毁200余箱价值6万多元的伪劣烟花爆竹。

17日 唐徕公园整治扩建工程可行性研究报告通过论证。

18日 《银川晚报》报道，仙鹤楼总店获中华餐饮名店称号。

20日 城区检察院首推接待公示制。

26日 全区第一家股份制综合性医院——银川凤城医院正式开业。

2月

2日 城区启动科普迎春活动。

5日 城区公安分局与西吉县开展对口扶贫活动。

6日 城区人民政府印发《关于进一步加强社区警务工作的意见》。

19日 城区人民政府印发《关于加强基础教育改革和发展的实施意见》。

20日 城区被国家科技部授予“科技进步先进县区”。

△ 城区开展公民道德建设实践活动。

是月 城区被授予全国“先进县区”称号。

3月

1日 城区公安分局新华派出所抓获犯罪嫌疑人李宏伟。自2000年以来，李宏伟在步行街撬盗个体商店20余家，案值50余万元。

12日 城区启动“小公民道德建设行动计划”。

31日 中国电脑体育彩票首发式在银川光明广场隆重举行。

4月

15日 城区成立优化投资环境投诉中心。

26日 自治区文明办、妇联等8个委办厅局与银川市在城区海宝社区举行科教、文体、法律、卫生“四进社区”活动启动仪式。

5月

10日 中共城区委员会印发《关于争创全国社区建设示范城区实施方案》。

17日 银川市市长郝林海检查鸣翠湖生态旅游区建设情况，强调要突出生态特色，加快景区建设。

19日 台湾曹氏基金会为城区29名肢体残疾患者捐赠轮椅。

25日 北京华联商厦股份有限公司银川分公司南门广场大型地下超市开业。该超市建筑面积1万多平方米，经营品种近3万种，是银川市经营项目最全、规模最大的综合性会员制超市。

27日 银川市市长郝林海查看玉皇阁城市文化遗产，并与有关部门就加强和保护文化遗产进行商讨。

28日 城区人民政府印发《银川市城区保障残疾人权益若干规定》。

30日 城区盲人按摩学会成立。

是月 银川市被列为国家信息化试点城市。

6月

1日 银川市从即日起对城区市政建设进行全面综合整治。

8日 银川普降大到暴雨。贺兰山银西段各山口不同程度爆发山洪，银西各拦洪库有效拦蓄900万立方米洪水，确保城区安全。

9日 南门广场举办纪念毛泽东“发展体育运动，增强人民体质”题词50周年暨大型群众体育项目展示活动。来自全市数千名中老年市民和中小学生表演了木兰篇、健身操、韵律操；银川市武术协会表演了千人太极拳。参加表演的人数约7000人，观众人数超过万人。

12日 中共中央综合办公督导室主任张鸣起带领中央综治委检查组到城区解放西街办事处、海宝小区居委会和警务室检查综合治理情况。

16日 城区取缔一批非法诊所。

21日 城区老干部局成立老干部

艺术团。

23日 城区胜利街办事处在南门广场举行迎接党的十六大,庆祝建党81周年社区文艺晚会。

27日 银川市召开科学技术奖励大会,对获得全国科技进步奖的城区给予表彰奖励。

△ 城区被国家民政部评为全国民政工作先进县区。

30日 庆祝建党81周年广场文艺晚会在南门广场举行。区市领导和城区数千名观众观看了歌舞、曲艺、杂技表演。

7月

1日 中共银川市城区委员会印发《银川市城区机构改革和人员编制精简方案》。

10日 城区胜利街道办事处医学院居委会组织宁夏医学院的20多名大学生,深入社区为居民诊治疾病。

19日 城区四小开展"红领巾进社区 争做合格小公民"活动。

22日 "中国佛协反邪万里行"宣传团在步行街开展宣传活动。

23日 总装备部驻宁某部官兵同城区解放西街办事处共同举办"援军优属、拥政爱民"联欢会。

25日 城区前进街道办事处组织辖区内20家军民共建单位举行庆"八一"军民运动会。

30日 中共银川市城区委员会印发《关于公开选拔领导干部工作暂行规定》。

是月 城区市容管理局荣获建设部"全国城市市容环境卫生先进单位——时传祥奖"。

8月

11日 银川市城市建设重点项目之一的丽景街(原二环路)道路拓宽工程动工。

15日 自治区"两运会"青少年射击比赛结束,城区以11枚金牌、160分的总成绩夺得团体冠军。

16~22日 中国·国际奇石展销节在银川中山公园举行。

16日 在"宁鲁经贸洽谈会"上,城区与山东企业共签约8个项目,签约资金1.641亿元。

21日 城区实行审计公示制度。

9月

8日 城区党委、政府在南门广场举行独生子女家庭表彰联谊会,表彰奖励18户模范执行计划生育政策独生子女光荣户。

9日 城区被国家民政部、中组部、国家教委、公安部等联合授予"全国社区建设示范区"称号。

20日 自治区副主席马俊廷调研星光华经济适用住房建设情况,对其规划占地580亩的规模给予称赞。

24日 "外来企业子女入学定点学校"在银川唐徕回中挂牌。

26日 城区计划生育局荣获"全国计划生育先进集体"称号,受到国家人事部、计生委的联合表彰。

27日 城区印发《城区推进"两基"工作实施素质教育三年规划》。

28日 城区政务大厅正式挂牌运行。

△ 城区成立会计核算中心。

是月 在西安举行的全国第三届特奥会上,城区残疾运动员取得5枚金牌、4枚银牌、5枚铜牌的好成绩。

10月

1~2日 首届青少年航海模型表演及竞赛活动在银川中山公园举行。

8日 第七届少数民族运动会邮资附捐明信片首发式在银川举行。

25日 自治区政府下发《关于调整银川市市辖区行政区划的通知》,撤销银川市城区,设立银川市兴庆区。兴庆区辖原城区的行政区域和原郊区红花、大新、掌政、满春、永固、通贵6乡。同时将永宁县望远镇的白鸽村、望远村划归兴庆区管辖。

11月

1日 兴庆区鸣翠湖生态旅游区退耕还湖、退鱼还湖、扩大水域面积工程正式开工。

5日 银川市委办公厅印发《关于银川市市辖区行政区划调整后有关问题的通知》,决定撤销中共银川市城区委员会,成立中共银川市兴庆区委员会。

△ 兴庆区机构改革,设置区委工作机构8个,部门管理机构1个;人大、政协机关内设机构维持现状;政府工作部门14个,承担行政职能的政府直属事业单位2个;群团机构6个;6个乡,9个街道。

6日 中山公园正式对公众免费开放。

9日 兴庆区在光明广场举行"喜迎十六大"大型群众社火表演,有近万名群众观看表演。

18日 唐徕公园整治扩建一期工程完工,正式向公众免费开放。

△ 兴庆区举行传达十六大精神报告会。十六大代表马文祥为政法、城管系统工作人员传达十六大精神。

23日 银川开始实施"塞上湖城"规划,开发建设西湖湿地公园,并与北塔湖等主要湖泊连通。

26日 银川一中暨宁夏回民高级中学迁建落成典礼隆重举行。该工程于2001年8月29日动工,总投资1.2亿元,占地80公顷,建筑面积5.2万平方米。

27日 兴庆区召开城乡市容环境卫生综合整治动员大会,拉开了为期3个月的整治城乡结合部违法占地、乱搭乱建的序幕。

12月

8日 银川南方商城开业。

12日 兴庆区委、兴庆区人民政府印发《关于推进城市化进程建设现代化

城市中心区的实施意见》。

25 日 兴庆区启动科教、文体、法律、卫生“四下乡”活动。

△ 兴庆区人民政府印发《银川市兴庆区妇女发展规划（2001-2010 年）》和《银川市兴庆区儿童发展规划（2001-2010 年）》。

是年 银川市文物管理处对正丰花园明代墓葬进行考古发掘。

△ 兴庆区大新乡塔桥村建成全区第一个千亩万间无公害蔬菜园区。

2003 年

1月

4 日 《宁夏日报》报道，银川市兴庆区洼路村农民谬坤投资 30 万元建成净菜配送中心。

3～6 日 兴庆区政协第一届委员会第一次会议召开。出席会议委员 117 人。会议选举产生第一届委员会领导班子。朱根利当选为兴庆区政协主席，吴红霞、王丹华、辛秀英、保少宁当选为副主席，常务委员 23 名。大会听取并审议通过有关决议。

3～7 日 银川市兴庆区第一届人民代表大会第一次会议召开。会议选举杨绍君为兴庆区第一届人民代表大会常务委员会主任，王永录等为副主任，毛宏业为兴庆区人民政府区长，黄国兴为兴庆区人民法院院长，魏顺明为兴庆区人民检察院检察长。会议听取和审议有关工作报告；通过各项决议、决定。

2月

12 日 兴庆区众多回族群众汇聚在银川南关清真大寺，庆祝穆斯林传统节日——古尔邦节。

16 日 兴庆区公安分局刑警大队破获以王洪飞为首的盗窃轿车 39 辆特大系列盗窃机动车犯罪团伙。

14 日 据《宁夏日报》报道，银川市兴庆区大新乡茂盛村村民沈海投资 14 万元建成蔬菜科技服务中心。

△ 兴庆区城乡结对推进农村城镇化工作正式启动。

18 日 据《宁夏日报》报道，兴庆区大新乡被中央精神文明建设委员会授予全国创建文明村镇先进乡。

23 日 兴庆区志愿者开展科教、文体、法律、卫生“四进社区”活动在北安社区启动。

是月 银川市三中、四中、五中、十中、十二中、十五中、回中、二十中、二幼、五幼移交兴庆区管理。

△ 银川市环保局兴庆区分局正式成立。

3月

4 日 银川市委常委、兴庆区委书记李泽峰、政府区长毛宏业带领有关部门负责人，到兴庆区公安分局调研工作，慰问兴庆区公安干警。

5 日 唐徕公园二期工程渠体清理和土方填换工程开始实施。

6 日 兴庆区凤凰北街唐徕渠社区组织 30 多名下岗女工成立“爱心大嫂家政服务队”，为居民提供系列化家政服务。

20 日 兴庆区环卫处组织 10 多辆垃圾清运车，对高台寺村 5000 多吨垃圾集中清运，标志着兴庆区整治市容环境 10 大工程全面启动。

21 日 中英（银川）城市社区卫生服务与贫困救助项目在银川市正式启动实施。

△ 兴庆区委、兴庆区人民政府印发《关于加强基层文化建设的意见》。

22 日 兴庆区举行下岗和失业人员求职春季劳动力供需洽谈会，100 多个用工单位为下岗失业人员提供 1500 个就业岗位。

24 日 银川市委常委、兴庆区委书记李泽峰带领有关领导到兴庆区环卫处调研，研究环卫处体制改革等问题。

29 日 投资总概算 2.5 亿元，规划用地面积 5040 亩的兴庆区科技园区开工建设。

△ 宁夏新华百货夏进乳业股份有限公司同兴庆区人民政府正式签约，成为兴庆科技园首家入园企业。

是月 兴庆区人民检察院被最高人民检察院确定为“基层检察院业务建设示范院”。

△ 兴庆区荣获全国计划生育优质服务先进县区。

4月

4 日 兴庆区 3500 余名干部群众投身景观林带建设。

7 日 内蒙古自治区磴口县赵玉善因发热、咳嗽等症状到宁夏医学院附属医院就诊，16 日确诊为“非典”，成为银川第一例输入性传染性非典型性肺炎病例，22 日因抢救无效死亡。

12 日 兴庆区成立预防非典型肺炎领导小组，防治非典型肺炎工作全面展开。

17 日 银川市非典型肺炎防治领导小组第一号令：全市的网吧、歌厅等公共场所暂时停业。

18 日 兴庆区举办防治非典知识讲座。

20 日 投资 1300 万元建成的兴庆区福利院新老年公寓楼正式投入使用。

△ 兴庆区组织辖区单位、居民群众开展防治非典型肺炎宣传咨询和整治环境卫生活动。

22 日 兴庆区党委、政府成立教育、街道社区、流动人口、农村等 7 个督察组，深入到中小学、社区和人口密集地，对非典型肺炎防治工作进行督察。

24 日 兴庆区政府出台《兴庆区非典型肺炎应急处理预案》。

25 日 中央非典督查组对兴庆区非典防治工作进行全面督查。

27 日 兴庆区防治非典领导小组更名为兴庆区防治非典型肺炎指挥部。

28 日 自治区主席马启智检查兴庆区通贵乡非典防治工作。

△ 兴庆区小沙湖康居新村正式

开工建设。2003年,兴庆区开工建设康居工程为丽景湖、小沙湖、双庄、满春八里桥、满春家园、银帝丽水家园、上前城南小区和友爱小区8个康居新村,总建筑面积154.94万平方米。

30日 兴庆区牡丹园建筑工地发生食物中毒事件。26名民工经过积极救治,脱离生命危险。

5月

1日 银川市委常委、兴庆区委书记李泽峰,区长毛宏业及防治非典指挥部主要领导成员参加阻击非典献爱心慰问活动,向区附属医院一线的医务工作者捐款10000元,并慰问了双庄二队、新世纪花园隔离点的人员、值勤的公安干警。

△ 兴庆区政府出台《兴庆区街道社区、建设工地、乡村防治非典型肺炎隔离处置预案》,组建防治非典应急组。

3日 兴庆区对辖区所有工地、出租房屋进行拉网式排查,登记造册,严密监控,防治非典型肺炎。

6日 兴庆区委、政府印发《关于进一步加快社区经济发展的若干意见》。

△ 兴庆区委、政府印发《关于大力发展农村新型合作经济组织的意见》。

8日 兴庆科技园举行奠基开工仪式。科技园位于满春乡八里桥村,占地7845亩,基础设施投资4.31亿元。

9日 兴庆区委印发《关于认真贯彻"三个代表"要求 进一步加强和改进党的基层组织建设的实施意见》。

10日 兴庆区人民政府印发《争创自治区卫生先进区工作实施方案》。

16日 银川市整治市容市貌工程全面启动。

20日 防治非典指挥办公室印发《兴庆区非典型肺炎期间群众大规模集体上访应急处置预案的通知》。

△ 自治区主席马启智视察兴庆区丽景湖康居新村、鸣翠湖生态旅游区及昆仑建材市场。

21日 银川市最后一名非典型疑似病例被排除,隔离点所有隔离留观人员全部解除隔离。至此,银川市已无非典或非典疑似病例。银川市中小学和幼儿园复课;娱乐场所营业。

22日 兴庆区委机关报《今日兴庆》创刊。

23日 参加全区发展县域经济观摩交流会的各市、县(区)党政领导及自治区有关厅(局)负责人150余人,在自治区领导陈建国、马启智的带领下,观摩兴庆区区域经济发展情况。

26日 兴庆区人民法院对银川市首例编造虚假恐怖信息案及诈骗案件做出一审判决,3名被告分别被判处8年、7年、7年有期徒刑。

27日 兴庆区人民检察院在常州市抓获潜逃8年,挪用公款41万元的犯罪嫌疑人李强。

30日 兴庆区在辖区主要街道建筑物开展"穿新衣、戴新帽"工程。

6月

4日 兴庆区委、政府印发《关于加快区域经济发展的意见》。

6日 兴庆区委、政府在步行街举行"迎盛会、爱兴庆、打造文明卫生城"百日综合整治暨警民共建文明步行街活动启动仪式。

8日 兴庆区政府与宁夏国际投资控股有限公司、宁夏银基房地产开发公司开发建设银川兴庆科技园暨宁夏香山酒业集团入园项目签约仪式在国控大厦举行。兴庆区政府区长毛宏业代表兴庆区政府分别与3家企业签订协议书。

9日 兴庆区人民政府发布《关于在步行街等繁华地段严禁随地吐痰 乱扔垃圾的通告》。

10日 兴庆区委、兴庆区人民政府印发《关于进一步加强体育工作的实施意见》。

12日 自治区党委副书记韩茂华到兴庆区调研工作,强调兴庆区要按照建设现代化区域中心城市的要求,围绕建设"大银川",推进城市中心区大发展。

△ 兴庆区辖区200多家文明单位的2000多名职工走上街头,参加"文明单位做贡献,打造文明卫生城"活动。

△ 兴庆区全民健身周暨体育下乡活动在掌政乡文化广场启动。

13日 中共中央政治局常委、国家副主席曾庆红到凤凰北街北安社区视察基层社区党建工作。

15日 兴庆区公安分局破获市公安局挂牌督侦的"3·15"、"4·24"散发"法轮功"非法宣传品案件。

16~17日 兴庆区组织四套班子主要领导及有关部门负责人,对各乡镇上半年农业产业结构调整、节水抗旱及重点建设项目进行观摩检查。

23日 凤凰北街派出所在夏季破案会战中打掉一专门抢劫出租车司机的抢劫犯罪团伙。破获6月以来发生在银川市抢劫出租车司机现金、手机等财物案件12起。

25日 兴庆区委、兴庆区人民政府印发《关于进一步做好就业和再就业工作的实施意见》。

△ 兴庆区发布《银川市兴庆区公开选拔部分示范性中小学 幼儿园校(园)长公告》。

26日 银川市市长刘学军、市委副书记曹服业到兴庆区调研经济、财税、土地管理等方面情况。

27日 中国农工民主党兴庆区总支成立。

28日 兴庆区丽景湖公园正式开工建设。

30日 兴庆区委召开庆祝建党82周年暨表彰大会,对解放西街街道党工委等26个先进基层党组织、刘星等29名优秀党务工作者和冯德旺等92名优秀共产党员予以表彰。

是月 兴庆区洼路村蔬菜基地种植的13.33公顷西瓜600吨、13.33公顷西红柿1000吨,通过农业部国家认证认可监督管理委员会无公害农产品认证，被列入全国统一标志的无公害农产品目录。

△ 民盟兴庆区总支成立。

7月

1日 兴庆区民办幼儿园教师培训工作正式启动。

△ 自治区政府副主席崔波到兴庆区调研民营企业和非公有制经济企业发展情况。

△ 兴庆区纪检、监察部门对在拆除违章建筑中违纪的36名党员、干部作出处理决定：党内严重警告5人，党内警告20人，撤职1人，组织处理10人。

△ 民进银川市兴庆区总支部委员会成立。

3日 自治区政府副主席赵廷杰带领有关部门负责人到兴庆区调研农业结构调整及养殖园区建设工作。

4日 银川市市长刘学军、副市长洪梅香、市政协副主席田兵一行到满春乡、掌政乡、永固乡视察乡村卫生环境整治工作。

7日 首届新银川杯全区钓鱼大赛在银川市东郊鸣翠湖广勤养殖基地隆重举行。

△ 兴庆区委理论中心学习组成员到灵武白芨滩国家级自然保护区参观考察，并聆听"治沙英雄"王有德先进事迹报告。

14日 兴庆区劳动技能培训基地在银川市第一职业高级中学揭牌，市委常委、区委书记李泽峰和银川市副市长姚爱兴参加揭牌仪式。

16日 兴庆区县级领导干部宣讲团下基层宣讲活动正式开始。银川市委常委、兴庆区委书记李泽峰在大新乡塔桥村宣讲"三个代表"重要思想。

22日 自治区政协主席任启新视察兴庆区昆仑钢材市场、丽景湖康居新村。

△ 兴庆区委、政府印发《关于大力发展非公有制经济的意见》《关于印发银川市兴庆区乡镇行政区划调整工作实施方案的通知》。

2003年7月23日，兴庆区乡镇行政区划调整动员大会

△ 兴庆区凤凰北街崇安社区举办"树文明新风，讲社会公德，做文明银川人'大家谈、大家乐'活动"，吸引近千名社区居民参加。

23日 兴庆区召开乡镇行政区划调整动员大会。将原有的6个乡镇调整为1乡两镇，撤销永固乡、掌政乡、大新乡、满春乡、红花乡，保留通贵乡，设立大新镇、掌政镇，成立丽景街办事处、银古路办事处，重新划分11个街道办事处的区域界线。

△ 兴庆区城市道路清扫保洁招标活动拉开序幕。

24日 自治区副主席郑小明到兴庆区劳动技能培训基地和富宁街视察社区就业工作。

30日 自治区城市卫生检查团对兴庆区创建卫生城市、灭蚊达标及"讲卫生、抗非典、改陋习、树新风"活动开展情况进行检查考核。

△ 兴庆区委负责同志到解放街大楼等路口，慰问正在执勤的兴庆区交警一大队干警。

△ 银川三中与兴庆区十七小合并，组建兴庆区第一所九年制学校。

31日 银川市妇联和兴庆区妇联联合组织的"美德在农家"活动在大新镇塔桥村示范点启动。

是月 兴庆区人民检察院被中央政法委、综治委授予"全国'严打'先进集体"。

8月

2日 银川市委常委、兴庆区委书记李泽峰、政府区长毛宏业到原永固乡政府驻地，就兴庆区干部培训中心建设事宜进行专题调研。

4日 兴庆区大新乡撤乡设镇。

6日 兴庆区健身秧歌代表队在全国健身秧歌比赛中荣获B组二等奖。

9日 北塔生态公园破土动工。

12日 第七届全国少数民族运动会火炬到达光明广场主会场。

15日 银川体育馆在湖滨街落成。该体育馆是自治区规模最大、设施最先进的综合体育馆，总占地面积4.58万平方米，总建筑面积44860平方米，能容纳观众5026人。

16日 西北最大的机电批发市场开业。该市场地处兴庆区丽景街与宝庆路交汇处，占地面积4.4公顷，总建筑面积44860平方米。

△ 自治区团委和兴庆区团委联合举办宁夏第一届"建设美好家园，喜迎民族盛会"社区青年文化节。

△ 兴庆区公安分局刑警大队破获一起私藏枪支、弹药案件，缴获私藏的小口径步枪1支、子弹648发及64

式手枪子弹2发。

18日 横贯兴庆区的北京路等5条八车道城市主干道基本建成通车。

△ 自治区迎接全国第七届少数民族传统体育运动会阅兵暨军事技能汇报表演在南门广场举行。

19日 银川市兴庆区法院计算机网及监控工程通过专家验收，标志着宁夏规模最大的“智能”审判系统正式启动。

22日 兴庆区解放西街劳动保障事务所挂牌成立。

△ 兴庆区文化街派出所在宁夏北人新华印刷有限公司查缴16瓶剧毒品氰化钠。

△ 中组部检查组对兴庆区委贯彻执行《党政领导干部选拔任用工作暂行条例》情况进行检查。

25日 兴庆区召开“严打”整治斗争总结表彰暨维护稳定工作会议，安排部署第七届全国少数民族运动会期间的维护社会稳定工作。

26日 新药特药等8家药店药品经营企业成为银川地区首批“放心药店”。

△ 自治区党委常委、银川市委书记王正伟在市委副书记曹服业的陪同下，在兴庆区专题调研拆迁失地农民安置问题。

29日 兴庆区政府区长毛宏业带领有关领导到通贵乡、掌政镇、大新镇调研农业产业结构调整情况，解决1乡两镇在发展养殖业、推进二代温棚建设方面存在的困难和问题。

是月 兴庆区成立城市居民最低生活保障中心。

△ 兴庆区大新乡塔桥村白鸽蔬菜温棚园区协会成立。

9月

2日 兴庆区政府与顺丰国际发展（中国）有限公司举行黄河生态园暨高尔夫球场建设项目签约仪式。

4日 兴庆区在光明广场举办庆祝第七届全国少数民族传统体育运动会百家文明单位签名暨书法家赠字活动。

6日 兴庆区四大广场——大团结、新月、迎宾、仙来广场举行竣工典礼。

△ 兴庆区丽景湖公园一期工程竣工开园。

8日 “兴庆名人文化广场”举行开工奠基仪式。

15日 兴庆区丽景街生态景观绿色长廊举行揭牌仪式。

18日 中央电视台采访团到兴庆区通贵乡通北村采访“三个代表”重要思想在基层取得的成果。22日中央电视台新闻联播进行了报道。

26日 宁夏最大的粮食专业批发市场银川粮油批发交易市场开业。

29日 唐徕公园整治扩建二期工程竣工。银川市领导王正伟、冯少康等参加竣工仪式。

是月 国家司法部部长张福森视察大新镇政府司法工作。

△ 兴庆区运动员徐宁在第六届全国残疾人运动上取得3枚金牌的好成绩。

10月

6日 兴庆区在南门广场举办“摩旅节时尚浪漫银川夜文化”活动，万余名群众观看演出。

7日 兴庆区在全自治区率先启动社区居委会直选试点——兴庆区第一届社区居委会直接选举工作在新华街办事处鼓楼社区拉开帷幕。

10日 兴庆区承办第三届“中华杯”全国中学语文教师素质教育课堂教学大赛在宁夏人民会堂举行开赛仪式。大赛历时3天，共有9个省区、15名选手参赛。

△ 兴庆区2000余名机关干部在通贵乡通北村农业综合开发项目区开沟挖渠，掀起兴庆区2003年秋季农田水利基本建设高潮。

21日 兴庆区召开学习贯彻十六届三中全会精神干部大会。市委常委、兴庆区委书记李泽峰做了题为《深入贯彻十六届三中全会精神 实现兴庆区经济和社会发展的新突破》讲话。

25日 宁夏新华百货夏进乳品公司投资3亿元建设夏进乳业科研中心暨20万吨乳品加工项目在兴庆科技园举行开工奠基仪式。

28日 俄罗斯科学院四位院士来银，对兴庆区奶牛养殖及奶产业发展进行考察。

29日 兴庆区侨辉小学正式命名开工建设。

△ 兴庆区西关社区居委会退休干部姜丽娟荣膺首届全国十大社会公益之星称号。

31日~11月9日 市委常委、兴庆区委书记李泽峰率团前往东部地区招商引资，与蓝星集团北京麒麟瑞华医药科技有限公司签订投资2.6亿元强赛可生产项目协议；与维维集团就引进国外奶牛合作事宜达成了共识；与北京康尔森集团就投资项目进行了磋商。

11月

4日 兴庆区八里桥康居新村竣工交付使用。

14日 丽景湖公园120米激光高空喷泉正式落成开喷，市领导王正伟、刘学军、曹服业、李泽峰参加首喷典礼。

15日 自治区发展县域经济交流会观摩团到兴庆区县域经济观摩点进行观摩。

19日 兴庆区委、政府在通贵乡召开专题会议，对加快通贵乡经济和社会发展进行安排部署。

30日 兴庆区委书记李泽峰、区长毛宏业带领有关人员到康居工程施工现场，督促解决拖欠农民工工资问题。300多名农民工拿到总计165万元工资。

12月

3日 兴庆区科技园配套基础设施

建设竣工，四家企业与兴庆区签定入园协议，区、市领导马启智、王正伟、马骏廷、马瑞文、冯少康、刘学军、曹服业、李泽峰参加竣工及签约仪式。

△ 兴庆区委、政府印发《兴庆区农村特困人员救助办法》《兴庆区农村特困户生活救助实施办法》。

△ 兴庆区冬季“三下乡”活动启动仪式在通贵乡举行，银川市及兴庆区领导齐岳、马世伟、洪梅香、姚爱兴、梅昌林、朱根利参加活动。

3～5 日 兴庆区在辖区内全面开展集中整治流动人口和出租房屋统一行动，对银古路、胜利街等治安重点区域的流动人口和出租房屋进行专项整治。

10 日 兴庆区委员会印发《关于完善社会主义市场经济体制的实施意见》。

11 日 银川市首家乡镇商会在兴庆区大新镇成立。

16 日 通贵乡人畜饮水工程正式开工。该工程投资 300 万元，预计两年内网管全部入户。

18 日 兴庆区党员干部教育培训中心正式挂牌成立。

21 日 兴庆区冬季百万农民培训工程活动正式拉开序幕。此次冬季农民培训将组织百名科技人员进村入户，对兴庆区 5 万农民开展有针对性的技术培训。

22 日 兴庆区开展扶贫济困送温暖活动，筹资近 100 万元，慰问 1520 户困难群众。

24 日 在全国计划生育优质服务县(市、区)表彰会上，兴庆区获得全国计划生育优质服务先进县(市、区)荣誉称号。

△ 自治区党委宁党干字【2003】136 号文件通知：免去李泽峰兴庆区委书记、常委、委员职务。

是年 兴庆区司法局被司法部授予全国司法行政系统先进县区司法局称号。

△ 银川市投入资金 33 亿元，组织实施 50 多个标志性工程，建设城市主干道 22 条，市区主要街道新安装各类造型精美的路灯 3.7 万盏。

△ 银川市各县市区所属 54 户未改制企业中，通过各种形式，完成 11 户企业改制目标。其中，国有资产全部退出企业 5 户，占完成改制企业的 45.5%；国有控股企业 6 户，占完成改制企业的 54.5%。

△ 兴庆区解放西街获得自治区婚育新风进万家先进单位称号。

2003 年至 2010 年 兴庆区先后建设塔桥南北路、孔司路、镇茂路、通贵至滨河路、渡口路等 18 条长达 99.44 公里的乡村公路。

是年 兴庆区全年实现生产总值 77.62 亿元，其中第一产业完成增加值 2.03 亿元，第二产业完成增加值 17.39 亿元，第三产业完成增加值 58.20 亿元。全年实现社会消费品零售总额 52.73 亿元。全年城市居民人均可支配收入 7735 元。全年农民人均纯收入 3681 元。

2004 年

1 月

9 日 自治区党委常委、银川市委书记崔波带领有关人员到兴庆区大兴镇塔桥村看望慰问老党员和离任的村干部。

△ 银川唐徕回民中学荣获“全国双拥模范单位”称号。

12 日 “湖城杯”银川市首届中学生龙橇比赛在丽景湖公园拉开帷幕。

17 日 陈建国、崔波等区、市领导到兴庆区看望慰问政法干警、下岗职工、城市低保和失地农民。

19 日 兴庆区举办“金猴闹新春”春节团拜会。

31 日 兴庆区凤凰北街办事处召开紧急会议安排部署防治禽流感。

2 月

3 日 兴庆区成立高致病性禽流感防治工作督查组。

3～4 日 兴庆区从澳洲进口 567 头奶牛。

5 日 自治区党委宁党干字【2004】17 号文件通知：毛宏业任银川市兴庆区委书记。

8 日 陶乐县撤县。隶属该县的月牙湖乡划归兴庆区管辖。月牙湖乡面积 333 平方公里，6 个行政村，7458 人。2 月 8 日，兴庆区月牙湖乡挂牌成立。兴庆区面积由原来的 357 平方公里，扩大到 760 平方公里。

9 日 兴庆区成立防治高致病性禽流感处置应急预备队，预备队共 35 人，分 6 个小组，主要负责疫情现场处置工作。

10 日 自治区人大常委会做出调整银川市兴庆区人大代表名额的决定，兴庆区人大代表的名额由 204 名调整为 208 名。

12 日 兴庆区从机关各部门和各乡镇、街道抽调 256 名干部组成工作组，赴农村开展宣传 2004 年中央一号文件工作。

19 日 兴庆区委书记、区长毛宏业带领区委、政府有关负责人到月牙湖乡进行调研。

△ 兴庆区委宣传部、文明办、妇联等单位在大新镇塔桥村举办“学习贯彻中央一号文件，农家女话增收”活动。

24 日 兴庆区干部在掌政镇五渡桥二队蔬菜种植户陈明远家中讨论学习中央一号文件。

28 日 兴庆区前进街道流动人口管理办公室协助前进街派出所破获一起贩卖摇头丸案件，当场抓获犯罪嫌疑人，收缴 100 克摇头丸粉、56 粒摇头丸和 16 支大麻烟。

3 月

4 日 兴庆区召开政法工作暨创建

"平安兴庆"动员大会。用3年的时间，使兴庆区成为西部地区生活、生产、投资等最具安全的城市之一。

△ 兴庆区妇联召开纪念"三八"妇女节暨表彰大会，会议表彰兴庆区先进妇女组织和优秀妇女干部。

5日 兴庆区召开经济工作会议。会议表彰兴庆区2003年度经济工作先进集体，并与各乡镇、街道签订2004年综合目标责任书、计划生育目标责任书。

5~12日 兴庆区开展"三八"妇女维权周活动。

9日 兴庆区召开人才、组织、宣传、统战工作会议。会议表彰兴庆区2003年度党建、宣传等先进集体和先进个人。

10日 兴庆区在月牙湖乡兵沟旅游区召开兴庆区旅游工作座谈会，座谈研究开发兴庆区旅游资源，打造东部旅游黄金线路。

11日 兴庆区人民政府发布《关于冻结月牙湖乡辖区内各类建设项目的通告》。

17日 自治区党委常委、市委书记崔波到兴庆区月牙湖乡听取工作汇报。

18日 兴庆区大新镇劳动就业服务中心正式挂牌成立。这是银川市首家乡镇就业服务机构。

19日 中共中央政治局常委、中央纪委书记吴官正到兴庆区凤凰北街北安社区调研和考察基层党风廉政建设情况。

△ 银川市粮食价格补贴方式改革方案出台。从4月1日起，全面放开粮食价格，放开粮食购销市场，调整粮食补贴方式，将原来间接给农民的价格补贴，调整为对农民的直接补贴。

20日 兴庆区千余名干部在分会场参加银川市"兴工强市"动员大会。会后，各乡镇、街道分别在23个分会场进行讨论。

23日 兴庆区召开兴工强市、优化经济发展环境座谈会。兴庆区四套班子主要领导以及有关部门负责人和来自非公有制企业的60余名代表就优化发展环境问题进行座谈。

30日 全区首家农田灌溉合作社——兴庆区汉延渠灌溉合作社成立。这标志着银川水利管理体制改革开始。

是月 银川金马畜禽养殖专业合作社挂牌成立。带动周边2000多户农民饲养基础母牛4000多头，年总收入1200万，户均增收3000元。

4月

1日 兴庆区胜利街办事处在一居民楼相连的出租办公楼查处一起非法制造摔炮窝点，将查获的53箱摔炮当日销毁。

2日 兴庆区委、政府印发《关于招商引资奖励暂行办法》，明确完成或超额完成招商引资工作奖励标准。

6~8日 兴庆区千余名干部到月牙湖乡义务植树基地参加春季植树劳动，兴庆区黄河东岸50公里绿色屏障工程正式拉开序幕。

7日 兴庆区公安分局前进街派出所在永康巷一茶楼捣毁聚众赌博窝点，当场抓获30名参赌人员，收缴赌资8万余元，罚没款约计16万元。

8日 自治区党委常委、银川市委书记崔波到兴庆区科技园、市场带和大新镇、掌政镇两个千亩万间蔬菜园区进行调研。

12日 兴庆区民生城市花园和建发城市花园获得首届银川市人居环境奖。

15日 兴庆区公安分局文化街派出所打掉一个特大盗窃团伙，该团伙与录像厅老板相互勾结，在银川市城乡接合部作案50余起，涉案赃物价值数万元。

16日 中国·银川兴庆首届黄河生态旅游文化周新闻发布会在银川太阳神酒店举行。

17日 "兴庆之夏"周末文化广场活动在大团结广场拉开帷幕。

19日 兴庆区"供水服务进社区"活动全面启动。

△ 兴庆区法院审判大楼正式开工建设。

22日 兴庆区首家集接收、仓储、发放等功能为一体的"友爱爱心超市"在银古路街道办事处友爱社区成立。

23日 兴庆区防治非典型肺炎指挥部启动《兴庆区传染性非典型肺炎防治预案》。

29日 兴庆区综治委举办创建"平安兴庆"知识竞赛，辖区19个参赛队、57名参赛队员参加竞赛，胜利街代表队获得一等奖。

30日 由兴庆区委、兴庆区政府主办的以"走进自然、拥抱春天"为主题的"中国·银川兴庆首届黄河生态旅游文化周"活动，在兴庆区马兰花大草原开幕。

△ 银川黄河大桥合拢。

△ "树婚育新风，做世纪新人"大型集体婚礼在马兰花草原隆重举行，新郎新娘们在马兰花草原撒下马兰花草籽，播撒婚育新风。

5月

1日 兴庆区在大团结广场举行"与进城务工人员同唱一首歌"周末广场文化活动。兴庆区连续5个月每周六都举行不同主题的广场文化活动，得到区市领导的关注和高度评价。

3日 兴庆区5万亩农作物受到不同程度的霜冻。区委、政府及时采取补救措施，核拨30万元救灾。

5~7日 兴庆区机关干部开展义务植树活动，绿化面积311亩，植树7.9万株(墩)。

12日 兴庆区党委、人大、政府、政协领导对辖区110户贫困残疾人走访慰问，送去价值2万余元的慰问款物。

13日 兴庆区召开事业单位人事制度改革动员大会，出台《兴庆区事业单位人事制度改革实施方案》。

14日 兴庆区人大常委会审议通

过《兴庆区关于对被任命干部进行述职评议的方案》。

15 日 位于兴庆区解放东街的宁夏日用百货副食品市场正式开工建设。

20 日 银川市人大常委会主任曹服业一行到兴庆区调研农业、农村经济发展和农民增收情况。

22 日 兴庆区政府在大团结广场举办“打造文明卫生城市，打造文明生态社区”周末广场文化活动。

24 日 兴庆区第一个未成年人思想道德建设教育基地在银川三中正式挂牌成立。

△ 兴庆区首家社区残疾人康复中心在富宁街康乐社区正式挂牌成立。

△ 兴庆区人民政府发布《关于对月牙湖乡辖区内国有土地进行清理登记的通知》。

26 日 全长 20.11 公里的银川景观水道基本全线贯通。

28 日 兴庆区委、政府印发《关于实施以城带乡战略促进月牙湖乡经济和社会发展的意见》。

△ 月牙湖乡成立农民劳动和社会保障服务站。

29 日 兴庆区召开月牙湖地区工作会议，提出以城带乡的发展思路，兴庆区经济发展统计局等 13 个部门负责人就加快月牙湖乡经济和社会发展提出具体意见，区委书记、区长毛宏业在会议上作重要讲话。

6月

1 日 兴庆区委、政府印发《兴庆区文明生态工程实施意见》。

8 日 兴庆区回民二小组织 30 余名校“天文研究所”学生及部分家长到自治区气象局天文台观测百年一遇的“金星凌日”奇观。

11 日 兴庆区解放西街党工委“农民工党员服务站”正式挂牌成立。

12 日 全民健身周活动启动仪式暨银川地区万人健步行活动在人民广场正式拉开序幕，9200 多名健身爱好者参加本次健步行活动。

14～18 日 兴庆区委书记、区长毛宏业带领区委政府有关负责人对辖区 9 所中学进行调研，并对各学校工作提出具体要求。

15 日 兴庆区公安分局通贵派出所在原苗木场废弃的厂房内捣毁一起 30 多人聚众赌博的窝点，当场缴获汽车 12 辆，赌资 1 万余元，抓获赌徒 5 人。

19 日 兴庆区召开集中整治城乡违章建筑工作会议，决定在 7 月 10 日完成对城乡违章建筑的集中整治。

△ 兴庆区政府聘请 10 名律师组成政府法律顾问团。

26 日 兴庆区政府在大团结广场举办建党 83 周年“我为党旗添光彩”专场文艺演出，近万名群众观看演出。

28 日 共青团中央书记处第一书记周强视察并指导大新镇青年文化中心工作，接见 9 名在大新镇的志愿者。

30 日 兴庆区召开学习传达全区纪念中国共产党建党 83 周年暨村党支部书记电视广播会议，表彰一批先进基层党组织、党务工作者和优秀党员。

是月 一批农业信息专用设备在红花乡正式安装并成功运行，标志着银川市农业信息工程建设全面启动。

7月

1 日 银川市自来水价格调整。从 7 月 1 日起执行的自来水价格标准为：居民生活用水、公用事业用水每立方米 1.15 元，行政事业单位用水每立方米 1.25 元，工业用水和经营服务（原商业）用水每立方米 1.40 元，特殊行业用水每立方米 4.50 元。

5 日 兴庆区加强和改进未成年人思想道德建设领导小组成立。

△ 兴庆区在文化街湖滨花园住宅小区举行高档住宅小区计划生育管理试点启动仪式。

9 日 自治区党委常委、银川市委书记崔波带领市委有关部门领导到兴庆区调研。

△ 兴庆区奶牛养殖协会成立。

13 日 兴庆区未成年人思想道德建设现场会在银川十中举行。

15 日 兴庆区公安分局对辖区内各大宾馆、游戏厅、网吧及各种娱乐场所进行突击检查，发现许多场所都存在不同程度的问题。

16 日 参加全区广场文化工作座谈会的自治区有关领导及各市县宣传文化工作者在大团结广场观看“军民共建美好家园”广场文化活动。

20～21 日 富宁街办事处在银川市湖滨体育馆举办“节水杯”第十一届社区军民共建运动会。27 个单位 370 余名运动员参加比赛。

26 日 兴庆区召开实施文明生态工程座谈会。

27 日 银川市委常委会议研究在兴庆区设立街道人大工作机构。

△ 兴庆区委、政府印发《兴庆区委各常委、政府各区长 8 项廉政承诺》。

△ 兴庆区委员会印发《关于进一步加强和改进农村党的基层组织建设的实施意见》。

29 日 银川市出租汽车司机连续 4 天停运并集体上访。30 日兴庆区成立处置出租车司机群体性事件工作领导小组，8 月 3 日大部分出租车恢复正常运行。

30 日 兴庆区委、政府印发《兴庆区工作绩效问责暂行办法》。

8月

6 日 兴庆区艾滋病综合防治领导小组正式成立。

12 日 兴庆区委印发《关于健全和完善村务公开和民主管理制度实施方案》。

12～13 日 兴庆区首届“塞上江南双排竞渡”活动在丽景湖举行，辖区 70 多家文明单位参加。

19 日 兴庆区签约 1.8 亿元引资项目，恒兴机械整体迁入兴庆科技园。

21 日 兴庆区政府在大团结广场

举办“纪念邓小平诞辰100周年”广场文艺演出活动，数千名群众观看演出。

9月

1日 全区县域经济观摩团参观兴庆科技园和兴庆物流市场带。自治区领导陈建国、马启智对兴庆区经济发展成绩给予充分肯定。

2日 27路公交线路开通，往返于昆仑建材市场和银新康居苑之间。

4日 兴庆区委统战部组织各乡镇、街道等16家单位在宁园开展民族团结月宣传活动。

7日 兴庆区全面开展清理党政领导干部拖欠公款工作。

15日 兴庆区黄河旅游开发区管理委员会正式揭牌成立。

18日 兴庆区掌政镇横城村揭牌成立。

19日 自治区党委常委、银川市委书记崔波，市长刘学军带领有关领导调研兴庆区黄河旅游开发区工作。崔波提出要把兴庆区黄河两岸打造成为黄河旅游金岸。

△ 兴庆区公安分局民警在兴庆区新华街一歌舞厅抓获8名吸食K粉人员。

20日 兴庆区举办公民道德宣传日活动暨庆祝建国55周年精神文明建设成就展活动。

22日 兴庆区委印发《关于健全和完善村务公开和民主管理制度的实施意见》。

23日 兴庆区委印发《关于兴庆区政府机构改革的实施方案》。

23～25日 全国12城区人大工作研讨会第二十六次会议在兴庆区隆重召开，来自北京市东城区、天津市和平区、沈阳市和平区、南京市秦淮区、杭州市下城区、西安市莲湖区、乌鲁木齐市新市区、郑州市中原区、贵阳市花溪区、深圳市南山区、桂林市秀峰区和银川市兴庆区人大常委会12个城区共60多名代表汇聚兴庆区，交流经验，研讨城区人大工作。

24日 中共中央政治局常委、国务院副总理黄菊在陈建国、马启智等区、市领导陪同下，考察兴庆区大新镇农村信用社。

28日 兴庆区检察院举行人民监督员制度试点工作颁证仪式，从人大代表、政协委员中推荐出的7名人民监督员开始履行人民监督员职责。

30日 兴庆区政府在大团结广场举办庆祝建国55周年群众大联欢广场文艺活动。

△ 兴庆名人文化广场举行一期工程竣工典礼。曹服业、刘学军、白雪山等市、区领导出席剪彩仪式。

是月 兴庆区解放西街办事处被中组部、中宣部、中央文明办、人事部联合授予“人民满意公务员先进集体”。

10月

5日 兴庆区通贵乡张桂英希望小学10多名贫困学生收到宁夏昊顺出租汽车公司捐赠的价值3000多元的学习用品和2000元学费。

9日 兴庆区第十八小学举行落成典礼仪式。

13日 宁夏首例人工受精婴儿在银川市妇幼保健院生殖中心诞生。

△ 兴庆区月牙湖乡“普初”工作通过银川市人民政府考核验收。

△ 兴庆区中山南街派出所与兴庆区公安分局治安大队联合对辖区内洗头房、按摩院等营业场所进行专项检查。

△ 银川市第三届航海模型暨兴庆区首届航海模型锦标赛在兴庆区举行。

△ 兴庆区10个路口改造工程通过银川市交警支队、银川市政府采购中心和银川市财政局联合验收。

14～16日 兴庆区组织全体机关干部在通贵乡项目区开展秋季农田水利基本建设。

18日 《宁夏日报》报道，兴庆区囊括全区少儿英语风采大赛一二三等奖。

20日 银川市农村关心下一代工作现场会在兴庆区大新镇召开。

21日 兴庆区委印发《关于贯彻<中共中央关于加强党的执政能力建设的决定>》。

22日 兴庆区召开全区中小学幼儿园安全工作暨开展专项整治部署大会。

29日 兴庆区掌政镇碱富桥小学举行落成典礼仪式。

△ 《宁夏日报》报道，木瓜在银川市兴庆区大新镇农民马国庆的温棚试种成功。

11月

4日 兴庆区召开文明生态工程创建工作观摩会，与会者观摩掌政镇通北村和镇河村生态文化宣传长廊和通贵乡自然人文风貌大型壁画。

5日 兴庆区1000多名干部到贺兰山路宽幅林带开展秋季义务植树劳动。

9日 兴庆区大新镇塔桥顺民合作社、掌政镇镇河农产品服务合作社正式挂牌成立。

12日 自治区党委常委、市委书记崔波到兴庆区调研。崔波强调，作为首府银川的中心区，兴庆区的发展对于加快本市现代化区域中心城市建设步伐起着至关重要的作用，要充分发挥区域优势特点，大力实施“旅游兴区、商贸富市、教育强区”发展战略，建设充满活力的现代化城市中心区。

14日 兴庆区委书记、区长毛宏业到月牙湖乡慰问开斋节期间的穆斯林群众。

16日 《人民日报》总编辑张研农到兴庆区掌政镇千亩万间无公害蔬菜示范园区和凤凰北街崇安社区进行调研。

△ 兴庆区人大常委会在解放西街办事处举办6个街道人大联络办公室揭牌暨授牌仪式。

18日 自治区党建现场会在兴庆区召开，与会人员参观凤凰北街崇安社区和北安社区。

△ 银川市委常委、政法委书记王

玉明一行7人到兴庆区调研冬季治安防范工作。

22日　兴庆区委印发《关于进一步加强和改进青年工作的意见》。

23日　据《宁夏日报》报道，兴庆区被列入国家艾滋病防治综合示范区。

12月

2日　银川市人民政府对兴庆区推进“两基”、实施素质教育工作进行评估。

10日　兴庆区32个行政村第一届村民委员会换届选举工作结束。

14日　兴庆区委、政府印发《关于开展机关效能建设的决定》。

16日　28路公交线路开通，起始北环批发市场，终至保伏桥新村。

28日　兴庆区政协召开各族各界群众迎春联谊会。

29日　兴庆区在通贵乡开展宣传文化结队共建文明生态家园“三下乡”活动。

是年　兴庆区荣获全国计划生育优质服务先进区。

△　兴庆区全年实现生产总值60.19亿元，比上年增长13%。其中第一产业完成增加值2.41亿元，增长4.1%；第二产业完成增加值13.5亿元，增长12.2%；第三产业完成增加值44.28亿元，增长13.7%。全年规模以上工业总产值17.62亿元，比上年增长10.8%，规模以上工业增加值13.33亿元，比上年增长0.3%。全年实现社会消费品零售总额45.94亿元，比上年增长15.6%。全年城市居民人均可支配收入8326元，比上年增长7.6%。全年农民人均纯收入3873元，比上年增长5.2%。

2005年

1月

7日　兴庆区第一届人民代表大会第三次会议选举张勇为兴庆区人民政府区长。

18日　兴庆区召开保持共产党员先进性教育活动动员大会。第一批保持党员先进性教育活动的单位共有46个，1318名党员，活动从2005年1月开始到2005年6月基本结束。

20日　兴庆区机关效能建设动员大会召开。会议安排部署兴庆区开展机关效能建设活动的有关事宜，出台《银川市兴庆区关于加强机关效能建设制度的若干规定》《银川市兴庆区机关效能建设投诉工作暂行规定》《银川市兴庆区机关工作人员诫勉教育、效能告诫暂行规定》《银川市兴庆区行政效能检查暂行办法》《银川市兴庆区工作绩效问责暂行办法》。

2月

3日　兴庆区委书记毛宏业慰问解放军63726部队，向部队官兵致以新春的祝福。

7日　兴庆区委印发《关于在兴庆区城市区域内实行治安防范巡防责任制的意见》。

24日　兴庆区检察院在最高人民检察院表彰大会上被授予全国先进检察院荣誉称号，并获“十佳”检察院提名。

3月

3日　银川十中“师生书信情感互动”案例荣获中央文明办未成年人思想道德建设工作创新二等奖。

△　兴庆区公安分局刑警大队破获一起拐卖妇女案，抓获嫌犯7人，解救妇女6人。

13日　银川市在南门广场举行招聘洽谈会，来自宁夏及周边地区的数万名城镇下岗失业人员、困难群体和进城务工人员参加招聘会。

14日　兴庆区胜利街办事处被自治区确定为全区社区矫正试点社区。自治区党委常委、公安厅厅长李顺桃参加胜利街办事处“社区矫正服务中心”揭牌仪式。

27日　银川市市长刘学军调研兴庆区街道改造情况。

28～4月12日　兴庆区月牙湖治沙林场百名林业工人在林场栽植沙柳2400亩60万株，使林场沙柳达到139.65万株，为黄河东岸建起一道生态屏障。

31日　兴庆区获2004年度银川市目标责任管理一等奖。

4月

8日　银川市第五次房屋普查工作在兴庆区凤凰北街唐徕小区正式启动。

5日　兴庆区委印发《关于进一步加强和改进街道社区党的建设工作的意见》。

12日　兴庆区湖滨东街挖出79枚炸弹。

22日　兴庆区在大团结广场举办“建发杯”银川市第二届“湖城之夏、活力兴庆、广场文化”活动启动仪式。

25～5月13日　兴庆区各街道开展“外来务工青年关爱行动”活动。

29日　中国宁夏兴庆·大漠黄河旅游健身周暨第二届大漠体育运动会开幕。

5月

10日　兴庆区文化街丰收社区荣获“全国百家学习型社区”荣誉称号。

△　兴庆区启动为期两个月的校园周边环境整治行动。

24日　银川金三角现代物流专业市场暨西北农资城正式开工建设。该项目占地100亩，总投资1.5亿元，建筑面积76000平方米。

6月

3日　银川市人民政府批准《兴庆区掌镇镇区建设规划》。

4日　自治区环保局召开新闻发布会，根据对2004年全区声环境状况分析，银川属于全国最安静的省会城市之一，声环境仅次于拉萨和西宁。

6日　美国公共广播公司晚间商务

报道记者,到兴庆区掌政镇五渡桥村和大新镇的塔桥村,拍摄当地养殖、蔬菜园区及农户生活。

10日 兴庆区社会矛盾暨信访调处工作现场经验交流会在大新镇召开。

24日 兴庆区宣传部、前进街党工委等单位,在大团结广场联合举办"颂歌献给党 永葆先进性"庆祝建党84周年广场文艺演出。

30日 银川市在兴庆区第八小学挂牌建立"预防青少年违法犯罪教育基地"和"银川市青少年法制教育基地"。

7月

1日 兴庆区委召开保持共产党员先进性教育活动第一批总结暨第二批动员大会。会议对第一批保持共产党员先进性教育活动进行全面总结,对第二批先进性教育活动做了安排部署。

△ 兴庆区农林牧业局和科技局在掌政镇五渡桥洼路蔬菜科技示范园区举办阳畦地移动温室蔬菜种植现场观摩会,来自掌政镇、大新镇、月牙湖乡、通贵乡的300多位村民进行现场观摩。

12日 宁夏首家失地农民就业培训中心——银川市兴庆区丽景街就业培训中心成立。

14日 兴庆区万名群众在南门广场参加"创建全国文明城市,共建塞上和谐银川"万人签名活动。

15日 兴庆区政府印发《银川市兴庆区人民政府工作规则》。

22日 兴庆区新华东街正丰社区居委会"青苹果之家"举办青春期心理和生理知识解答活动。"青苹果之家"是宁夏第一家以青少年生殖健康暨艾滋病预防为主要内容的教育基地。

23日 中国初级卫生保健基金会和美国爱心基金会向兴庆区月牙湖卫生院捐赠价值25万元的药品和医疗用品。

8月

1日 在自治区青少年暨传统项目学校田径比赛中,兴庆区业余体校运动员贺斌以11秒01的成绩打破宁夏沉寂16年之久的成年男子组100米记录。

5日 31路公交线路开通,起始南门广场,终至西夏建材城。

△ 宁夏第一家股份合作制农村金融机构银川市农村信用合作社正式挂牌开业。

9日 光彩事业示范点——龙盘光彩国际家居广场正式建成。中央统战部副部长、全国工商联党组书记、中国光彩事业促进会副会长胡德平,全国政协副秘书长、全国工商联党组副书记、中国光彩事业促进会副会长张龙之及自治区党委常委、银川市委书记崔波,兴庆区委书记毛宏业等领导出席龙盘国际家居光彩事业示范点授牌仪式。

12日 兴庆区先进性教育活动领导小组办公室举办广场文艺演出——"先进性之歌",吸引2000多名群众观看。

16日 位于兴庆区市场物流带北塔东路以北,清河街、丽景街之间的宁夏国际汽车城举行奠基仪式。

17日 兴庆区政府办公自动化进社区启动仪式在唐徕公园举行。

23日 29路公交线路开通,起始景墨家园,终至昆仑建材市场。

26日 自治区"美德在农家"现场会在大新镇召开。

26~27日 联合国儿童基金会执行主席安·维尼曼女士一行在兴庆区视察宁夏艾滋病综合防治和儿童基金会教育项目开展情况。

是月 兴庆区通贵乡通北村与众一集团结对,建成通北村回族文化大院。

△ 银川市文物管理处在对玉皇阁维修时在墙基外侧发掘出土6件西夏瓷器及60多枚宋代钱币。

9月

3日 凌晨6时30分,位于兴庆区新华东街184号世纪主流餐饮娱乐有限公司装修现场发生火灾。3个消防中队11辆消防车和90余名消防官兵赶赴火场进行施救。8时26分大火扑灭。

16日 "争做文明交通使者,为创建全国文明城市添光彩"活动启动仪式在南门广场举行。数百名公交、客运出租汽车驾驶员和群众参加。

26日 自治区党委常委、市委书记崔波到兴庆区调研失地农民就业工作。崔波指出,要认真落实银川市已经出台的有关政策,争取在年内使失地农民就业有一个突破性的进展。

29日 兴庆区民政局和老龄办联合举办第一届中老年健身操比赛活动,玉凰阁北街获得一等奖。

10月

3日 银川市民卢学鹏在驾车追赶犯罪嫌疑人并与之搏斗中,被捅伤颈部失血过多不幸牺牲。自治区人民政府追认卢学鹏为烈士。2007年3月20日,中国个协追认卢雪鹏为全国先进个体劳动者。

12日 银川市代市长白雪山到兴庆区视察农田水利基本建设情况。

19日 银川市委、政府在兴庆区利群东街举行小街巷改造竣工典礼。该工程投资5000万元,历时8个月,改造28条小街道的上下水、电力、电信、路灯等基础设施。

20日 中共中央先进性教育活动巡回检查组组长杨崇汇一行到兴庆区大新镇塔桥村、兴庆区华林和富华检查先进性教育活动情况。

22日 兴庆区警方破获一起绑架案,被绑架者被成功救出,3名犯罪嫌疑人全部落网。

28日 兴庆区红墩子现代农业示范区供水工程正式开工。该示范区总投资5036万元,是集科技农业、示范农业、生态农业、休闲旅游农业为一体的综合示范园。

△ 民革兴庆区总支成立,下设3个支部。

是月 兴庆区市容环境卫生处荣获全国精神文明建设工作先进单位。

△ 兴庆区成立巡防指挥部,启动

"百车巡防"行动。

11月

1日　兴庆区全国1%人口抽样调查工作正式启动。

△　兴庆区警方破获一起贩毒案，缴获高纯度海洛因74.8克。

4日　兴庆区在通贵乡通北村举行文明生态工程揭牌仪式，并命名兴庆区首批文明生态示范社区、示范村和示范户。

9～11日　兴庆区教育局、兴庆区团委共同承办"宁夏e代希望之星中小学生才艺展示大赛"兴庆区选拔赛。

17日　兴庆区大新镇上前村五队发生高致病性禽流感疫情，230只家禽死亡，疫点周围3公里范围内6.68万只家禽被扑杀。经过21天检测、检查验收，12月9日禽流感疫区解除封锁。

18日　兴庆区人民政府发出紧急通知，要求各街道办事处、居委会对辖区居民饲养的鸡、鸽及特禽进行高致病性禽流感预防。

20日　来自辽宁沈阳，内蒙古呼和浩特、临河及我区银川、吴忠等地的爱心志愿者在银川市兴庆区礼堂举办"生命手拉手"公益活动。

12月

3日　农业部副部长牛盾为组长的国家防控禽流感督查组到大新镇卫生院、畜牧防疫站、上前城五队疫情区检查工作。

6日　中央电视台3套《神州大舞台》播出银川市第一人民医院方虹一家3口的精彩表演。方虹家庭是我区继文化厅张弛家庭、宁夏歌舞团严青霞家庭之后，在央视《神州大舞台》出现的第三个家庭。

△　兴庆区十六小获全区"少儿古诗文诵读大赛"第二名。

8日　鸣翠湖湿地恢复技术研究课题通过验收。

28日　重建后的银川商城开业，总建筑面积10万多平方米，设有4000多个商铺。

是年　兴庆区工商联举行非公有制经济人士回报社会感恩行动启动仪式。

△　自治区国土资源管理体制改革，兴庆区国土资源水务局改为国土资源管理分局，为银川市国土资源局的派出机构。兴庆区随之组建了水务局，为政府工作部门。

△　兴庆区全年实现生产总值111.75亿元，比上年增长10.5%。其中第一产业完成增加值2.45亿元，增长4.5%；第二产业完成增加值35.08亿元，增长7%；第三产业完成增加值74.22亿元，增长12.3%。全年规模以上工业总产值88.49亿元，比上年增长10%，规模以上工业增加值26.31亿元，比上年增长8.7%。全年实现社会消费品零售总额69.44亿元，比上年增长14.4%。全年全社会固定资产投资完成45.72亿元，与上年持平。全年城市居民人均可支配收入9989元，比上年增长20%。全年农民人均纯收入4017元，比上年增长4.3%。

2006年

1月

6日　兴庆区掌政镇"农民文艺团"在兴庆区党员干部培训中心挂牌成立。

10日　兴庆区财政投资1000万元，用于辖区道路配套建设，改水、改厕，园区及农田水利、林业建设，文体广播事业发展。

11日　兴庆区被自治区综合治理委员会授予平安县(市、区)荣誉称号。

13日　兴庆区百万农民培训工作全面开展。自治区蔬菜产业专家姜黛珠等一行5人深入兴庆区，培训科技和蔬菜种植人员200余人。

19日　兴庆区260余名党员干部组成农村工作队，分别到4个乡镇、32个行政村、286个村民小组，宣传2006年中央一号文件。

24日　兴庆区通贵乡通北村迎新春第三届农民运动会在通北村文化大院举行。

2月

8日　兴庆区召开学习贯彻党章暨颁发党章单行本大会。

20日　自治区党委常委、市委书记崔波到兴庆区科技园银川卧龙变压器有限公司等企业调研。崔波强调，要坚定不移地推动企业改革，以改革促发展，在发展中做强做大企业。

27日　银川建设西北地区最适宜居住最适宜创业的现代化区域中心城市动员大会在宁夏人民会堂隆重召开。兴庆区400多名干部职工在兴庆区礼堂收看大会现场直播。

3月

1日　兴庆区委、政府印发《关于创建和谐社区的实施意见》。

8日　兴庆区召开落实银川市建设"两个最适宜"城市会议精神暨开展"三大战役"动员会。

△　世界肾脏日，宁夏医学会肾脏病专科学会、宁夏医学院附属医院组织医务人员在宁园开展咨询活动。

10日　银川市政府专题会议研究兴庆区道路交通问题解决方案，寻找"三大战役"之一道路交通治理战役中的突破口。

△　银川市创建和谐社区、和谐村镇活动启动仪式在兴庆区举行。

△　全国首家计划生育爱心救助站在兴庆区成立。

△　兴庆区月牙湖乡蔬菜育苗中心正式投入生产。

23日　兴庆区"德育示范校"创建启动仪式在兴庆区第四小学举行。

△　兴庆区举办首届放风筝比赛。

29日　兴庆区举行"八荣八耻"进社区、进学校启动仪式。

30日　银川市市长白雪山到兴庆区调研，召开现场办公会，重点解决市场带建设和发展中存在的问题。

是月 灵武市横城村移交兴庆区管理。

4月

1～2日 兴庆区机关干部2000余人义务植树8.95万株，完成绿化面积450亩。

6日 2005年中国人居环境奖获奖城市（项目）名单在京揭晓。国家建设部授予唐徕渠整治工程“中国人居环境范例奖”。

7日 兴庆区农民工预防艾滋病宣传教育中心在银川外来劳动力市场挂牌。

12日 自治区副主席刘慧到兴庆区银湖小区，检查兴庆区残疾人抽样调查进展情况。

13日 蒙恬大将军雕像落成典礼在兴庆区兵沟旅游区举行。

18日 101路公交线路开通，始发迎宾广场，终至宁夏军区。

20日 兴庆区委中心组集中学习社会主义荣辱观。区委书记毛宏业主持学习会并要求广大党员干部要带头学习、深刻领会、自觉实践，大力弘扬社会主义荣辱观，加快推进现代化城市中心区建设。

21日 兴庆区宣传部、文体局及富宁街办事处联合在大团结广场举办主题为“知荣耻 树新风 促和谐”文艺演出。

28日 黄沙古渡生态旅游开发区正式开业。

△ 中国·宁夏·兴庆第二届大漠黄河旅游健身周暨大漠体育运动会在黄沙古渡生态旅游区拉开帷幕，数千名游客参加活动。

29日 兴庆区文化街举办第三届“湖城之夏·活力兴庆·广场文化季”广场文艺演出。

5月

7日 中共中央政治局常委、国务院总理温家宝来到银川市兴庆区凤凰北街北安社区进行视察。

18日 宁夏最大的农资物流专业市场西北农资城正式开业，宁夏农业生产资料展示交易会在该市场开幕。

19日 位于兴庆区鼓楼西南侧的银川市成立较早的大型国有餐饮企业——五一餐厅开始拆除，五一餐厅原址将建大型商业广场。

20日 兴庆区商业区试行单向交通模式，首次在主要街道上实行“右进右出”。

22日 中德专家经过4天考察，将中德合作土地整理及农村发展项目的实施基地确定在兴庆区通贵乡通西村。中德合作项目考察组由国土资源部土地整理中心党委副书记徐雪林、德国巴伐利亚州农林部农村发展司司长阿腾贝格及德国赛德尔基金会项目经理努贝格组成。

22～25日 国家湿地公园考察组对鸣翠湖进行考察、咨询和评审。认为该湿地自然生态保护的非常好，很有开发和利用价值。

29日 兴庆区在迎宾广场举办庆“六一”专场文艺汇演。

6月

2日 兴庆区对解放街与中山街交叉路口、长城路与胜利街交叉路口、北京路与凤凰街交叉路口、新华街与玉皇阁街交叉路口4个拥堵路口实施拓宽改造。

4日 自治区农民增收形势分析会与会人员到兴庆区茂盛蔬菜科技园、金河乳品公司观摩。

△ 承天寺塔被国务院确定为第六批全国重点文物保护单位。

6日 兴庆区富宁街街道办事处婚育新风进军营活动启动仪式在武警宁夏部队银川支队五队拉开序幕。

9日 据《宁夏日报》报道，北京顺风集团在兴庆区设立敬老助学基金。掌政镇碱富桥村的104位老人、10名贫困学生、2名优秀教师领到第一批敬老助学基金。

14日 参加全市经济观摩分析会的市县（区）领导观摩凤凰北街兴盛社区、前进街三林社区。对拆迁整治过程中小区统一规划、统一设计、统一整治，实行大物业管理的尝试给予肯定。

16日 兴庆区委印发《关于进一步加强人大工作的意见》。

21日 兴庆区委印发《兴庆区关于进一步加强农村卫生工作的实施意见》。

23日 中共中央政治局委员、书记处书记、中宣部部长刘云山到兴庆区通贵乡通北村回族文化大院视察社会主义新农村文化阵地建设情况。

△ 银川市委决定命名兴庆区中山南街街道党工委为“五个好”党（工）委，命名兴庆区凤凰北街街道党工委为“标兵”党（工）委；命名兴庆区通贵乡通北村党支部为“红旗”党支部。

7月

4日 兴庆区召开“塞上农民新居”规划方案征求意见会。确定将“塞上农民新居”示范点建在掌政镇，示范点规划居住用地面积3.7公顷，户均居住面积0.4亩，农家乐用地6.35公顷。

5日 《宁夏日报》报道，兴庆区检察院率先在全区实行困难群体下访接待制。

8日 民盟兴庆区总支与对口联系单位新华街办事处，在新华街长城社区嘉园小区举行营造和谐社区法律咨询宣传活动启动仪式。

14日 兴庆区月牙湖乡设施蔬菜园正式开园。

14日～15日 银川市普降暴雨，降雨量达到104.8毫米。兴庆区15万间温棚受损，203间房屋倒塌，9464亩小麦受灾，1294间房屋变成危房，49头牲畜因雨中棚圈坍塌死亡，上百处故障点停电，直接经济损失达2354万元以上。

15日 银川市公安局在兴庆区通贵乡清真大寺举行禁毒教育基地揭牌仪式。

18日 兴庆区中山南街街道工会在安和社区居委会挂牌成立街道、社区"进城务工人员维权服务站"。

22日 兴庆区和谐社区创建工作领导小组同银川市金河乳业有限公司主办的"同创健康家庭 共建和谐社区"欢乐家庭趣味运动会在中山南街安和园社区举行，来自兴庆区32个社区的300多个家庭近千人参加开幕式。

26日 兴庆区首批176名征地农转非人员领到每月300元养老金。

8月

4日 兴庆区人事局建立机关事业单位人员与工资管理系统数据库，纳入自治区《宁夏机关事业单位人员与工资管理系统》管理。

5日 兴庆区科技园银川卧龙变压器公司新厂区竣工投产。该新厂区占地100亩，建筑面积3万平方米，总投资1.2亿元。

△ 兴庆区掌政镇茂盛村被全国妇女联合会命名为全国"美德在农家"活动示范点。

15日 自治区第十二届运动会胜利闭幕。兴庆区共夺得43枚金牌、18枚银牌、15枚铜牌，以总成绩552分位居团体第二名。

17日 自治区能源站依托国债项目，在兴庆区农村推广建设沼气池，项目示范点选在掌政镇8个村，参与农户1250户。

18日 自治区党委常委、银川市委书记崔波调研兴庆区月牙湖乡扶贫和计划生育工作。崔波指出，月牙湖乡要抓紧农业产业结构调整和计划生育工作不放松，进一步推动经济社会发展。

25日 "刮刮乐"即开型社会福利彩票正式在兴庆区开始发行。

27日 自治区党委常委、银川市委书记崔波调研兴庆区"塞上农民新居工程"建设进展情况。

△ 兴庆区首届建元房地产杯垂钓大赛在兴庆区宏坤度假村竞技场开竿。

9月

3日 《宁夏日报》报道，兴庆区设施蔬菜年产量已达9.8万吨，产值近1.05亿，农民蔬菜人均收入达到1258元。

4日 银川市委银党干发【2006】56号文件通知：贺满明任银川市委常委、银川市兴庆区党委委员、常委、书记；免去毛宏业银川市兴庆区党委委员、常委、书记职务。

7日 国家农业部副部长牛盾到兴庆区无公害蔬菜园区进行考察。

11日 浙江企业家王良宏先生为兴庆区景岳小学捐款10万元，支持改善学校办学条件，建设爱国主义教育基地。

13日 民革兴庆区总支组织党员到兴庆区社会福利院，看望慰问老年公寓的老人。

17日 兴庆区掌政镇春林小学的学生们喝上了学生奶，标志着"蒙牛爱在西部送奶"公益活动全面启动。

18日 "科普立传栏"揭碑仪式在掌政镇茂盛村举行，揭开了自治区"千村科普站"栏建设工程的序幕。

22日 兴庆区委、政府组织召开干部作风整顿大会，决定从9月23日起，利用1周时间，开展机关作风整顿活动。

25日 邮政大厦楼宇工会联合分会宣告成立，是兴庆区成立的首家自愿联合的企业工会。

10月

3日 兴庆区周边地区发生高致病性禽流感疫情，兴庆区召开紧急防控工作会议，落实各项防控措施。

9日 自治区党委常委、银川市委书记崔波到兴庆区检查农田水利基本建设工作。

12日 自治区党委常委、银川市委书记崔波到兴庆区调研乡村公路建设工作。

16日 银川市颐安建设集团有限公司向月牙湖大塘中心小学捐赠价值8万元的电脑。

24日 兴庆区人民检察院被最高人民检察院授予"规范化建设示范院"。

25日 中国共产党银川市兴庆区第一次代表大会召开。

27～29日 由华兴时报社、宁夏武术散打竞技俱乐部、银川商城联合主办的"银川商城杯"宁夏首届民间功夫武术散打擂台赛在银川商城中心休闲区举行。

31日 自治区党委组织部、区人才办组织专家服务团兴庆区团到兴庆区开展工作。

是月 兴庆区教育系统诚信教育活动正式启动。

△ 兴庆区83个社区相继召开第二届居民委员会换届选举大会。竞选人员平均年龄35岁，大中专学历人员比例比上届提高8个百分点。

△ 兴庆区掌政镇碱富桥村成为国家"十一五"科技支撑项目村镇小康住宅关键技术研究与示范——西北生态民居型村镇小康住宅技术集成与示范工程点选址。

11月

18日 自治区数字电影下农村广播电视公共服务启动仪式在兴庆区大新镇举行，城乡电影放映进入数字化时代。

19日 兴庆区开展出租车交通违法专项治理。

28日 银川市城市管理综合执法局与中山南街办事处在新宁巷社区居委会建立首个"城管爱心援助点"。

12月

4日 兴庆区中山南街辖区安和园保安汪建军勇擒劫匪身负重伤。社会各界纷纷向这位见义勇为的英雄伸出援助之手。

21日 在银的全国人大代表到兴庆区掌政镇通北村视察文化大院。

是月 兴庆区教育强区创建工作顺利通过自治区人民政府核查验收，兴

庆区成为自治区首批荣获教育强区称号的县区之一，获得自治区政府教育督导评估优秀等次。

是年 鸣翠湖被确定为国家级湿地公园。

△ 兴庆区残联荣获全国残联专门协会工作先进单位。

△ 原银川市第四中学和银川市第十五中学整合为银川市第十五中学。

△ 兴庆区工会被劳动和社会保障部办公厅、建设部办公厅、全国总工会办公厅联合评为农民工工资支付情况专项检查先进单位。

△ 九三学社兴庆区基层委员会荣获中央社会服务先进集体光荣称号。

△ 兴庆区凤凰北街荣获全国志愿者先进单位、第一次全国经济普查先进集体。

△ 全年实现生产总值126.75亿元，比上年增长11.8%。其中第一产业完成增加值2.46亿元，增长3.4%；第二产业完成增加值39.36亿元，增长9.4%；第三产业完成增加值84.93亿元，增长13.2%。全年规模以上工业总产值102.72亿元，比上年增长16.1%，规模以上工业增加值31.39亿元，比上年增长14.8%。全年实现社会消费品零售总额78.84亿元，比上年增长13.5%。全年城市居民人均可支配收入10772元，比上年增长7.8%。全年农民人均纯收入4439元，比上年增长10.5%。

2007年

1月

14日 国家工商总局局长周伯华到兴庆区北环蔬菜批发市场视察市场建设。

16日 兴庆区实施"阳光工程"。利用3个月冬季时间培训农民1500人，并对1000人进行技能鉴定。

18日 自治区党委常委、银川市委书记崔波到兴庆区四小、友爱中心小学调研。崔波强调，要科学规划，合理布局，优化配置教育资源，逐步解决大班问题。

△ 兴庆区委印发《扶持发展"农家乐"项目的实施意见》。

20日 自治区农牧厅种植业处与兴庆区蔬菜花卉技术推广中心在兴庆区大新镇联合举办日光温室热风炉使用暨冬季生产管理培训班。近百名菜农参加培训。

2月

1日 在国家民政部召开的全国婚姻登记规范化建设窗口单位评选活动中，兴庆区民政局婚姻登记处被命名为"全国婚姻登记规范化建设窗口单位"。

4日 兴庆区公安分局在新华街一酒店现场抓获吸毒人员9人，查获新型毒品冰毒39.5克，K粉8克。

8日 "感动宁夏2006年度人物"颁奖盛典在宁夏人民会堂举行，兴庆区姜丽娟等10位年度人物获此殊荣。

12日 银川市委常委、兴庆区委书记贺满明，兴庆区人大副主任陈玉霞，政府副区长曹生林等一行到甘肃省临洮县考察花卉产业发展情况。

△ 《宁夏日报》报道，兴庆区阴阳棚热风炉项目试验成功，土地利用率从43.8%提高到68.8%，产值增加20%以上。

△ 兴庆区黄河旅游项目推介洽谈会在北京宁夏大厦召开。现场3个项目举行签约仪式，协议投资额达2.82亿元。

22日 据《宁夏日报》报道，兴庆区农民人均纯收入居全区之首，人均4439元，增幅10.5%。

3月

15日 兴庆区举行农村中小学远程教育应用年启动仪式。

16日 兴庆区委、政府印发《关于加快兴庆区旅游业发展的意见》。

24日 兴庆区连续六次被评为自治区双拥模范区。

28日 兴庆区才艺创业协会和玉皇阁北街办事处才艺协会分会正式揭牌成立。

4月

2日 兴庆区1500多名干部在月牙湖黄沙古渡旅游区，开展春季全民义务植树活动，共植树3万余株，植树面积100公顷。

6日 鸣翠湖公园发现1只翅膀和脚都受了伤的国家二级保护动物白琵鹭。

7日 全国风筝锦标赛在银川体育馆广场举行。

9日 自治区党委常委、银川市委书记崔波等市、区领导参加步行街卫生整治活动。

17日 兴庆区在景岳小学举行"继承先烈遗志，爱国立志成才"纪念崔景岳、马文良、孟长有三烈士英勇就义66周年活动。

18日 兴庆区推行农村计划生育家庭奖励扶助，实施"少生快富"扶贫工程。

20日 兴庆区印发《关于切实做好失地农民再生育审批工作的通知》，对失地农民计划生育政策进行重新界定。

25日 银川市市长白雪山到兴庆区掌政卫生院、唐徕社区服务站进行专题调研。

26日 玉皇阁非物质文化遗产项目向市民开放。公众可以观看民间原汁原味的皮影戏、陕北说道和宁夏坐唱等节目。

28日 兴庆区大新镇新水桥、新渠稍村人畜饮水工程交付使用，该工程总投资20多万元，是国家人饮安全工程建设项目。

5月

5日 兴庆区公安分局启动"网格化布警""千人巡防"行动。

9~11日 兴庆区举行首届中小学生运动会。

12 日　兴庆区对辖区 21 条需要改造的小街巷进行调查摸底，集中整治一批卫生脏点。

23 日　澳洲黎氏兄弟(集团)有限公司董事长、总经理黎守谦一行，对兴庆区市场物流带、黄河旅游带等地进行实地考察。

31 日　兴庆区领导贺满明、杨绍君、朱根利带队检查城乡 20 个整治点的整治情况，了解近期创卫工作进展情况和存在的问题。

6 月

2 日　兴庆区筹集近 40 万元资金建立农村党员党内扶助金制度。

8 日　兴庆区十小与高台寺逸夫小学、通北小学 3 所“手拉手”学校开展“喜迎十七大 重温誓词 爱心奉献”活动。

16～23 日　兴庆区连续降雨。房屋、水稻、小麦、瓜菜等受灾。贺满明，王杨宝等区领导到各乡镇看望受灾群众，了解受灾情况。

24 日　自治区党委常委、银川市委书记崔波，人大主任曹服业，市长白雪山带领全市县域经济观摩团观摩兴庆区的一批重点建设项目，全面了解兴庆区工业、市场物流带、设施农业发展情况。

7 月

1 日　兴庆区开展党员奉献日活动，1800 余名党员对文化街两侧的乱贴乱画、乱堆乱放等进行集中清理整治。

△　银川市新型农村合作医疗工作在兴庆区农村正式启动。兴庆区参加新型农村合作医疗医保的农民共计 45000 多人，失地农民 21000 多人，筹集到 2007 年度农民参合资金 536000 多元，参保率达到 90%。

7 日　兴庆区第一批鲜切花出口到新加坡。

9 日　自治区总工会授予兴庆区解放西街银湖社区、玉皇阁北街东方社区为职工(农民工)维权进社区工作示范社区。

12 日　兴庆区被全国妇联、卫生部授予“全国艾滋病综合防治对妇女‘面对面’宣传教育优秀示范区”荣誉称号。

△　正义牛肉拉面馆新华街店火灾事故造成直接财产损失 88.92 万元。

15 日　兴庆区民族北街奥运特许商品零售店来了真“福娃”。这是北京奥组委授权宁夏唯一的奥运特许商品零售商。

16 日　银川市妇幼保健院产科大楼竣工。该工程于 2004 年 9 月开工，建筑面积 1.9 万平方米。

17 日　民进兴庆区总支组织各支部主任、副主任前往灵武与民进灵武支部召开联谊座谈会，参观灵武恐龙化石遗址、宁东基地、宝塔石化及圣雪绒基地等大型企业。

19 日　兴庆区大新镇人民调解委员会被司法部授予全国模范人民调解委员会称号。

20 日　银川至香港定期航班正式开通。

24 日　全国总工会常务副主席、书记处第一书记孙春兰一行到兴庆区解放西街银湖社区，就社区落实《企业工会条例》、维权进社区等工会工作进行检查调研。

25 日　兴庆区富宁街街道第十三届双拥共建运动会开幕式在银川市湖滨体育馆举行。

26 日　兴庆区科技富民强县（区）专项行动计划项目获国家科技部、财政部批准。

28 日　兴庆区在名人广场举办军民共庆建军 80 周年联欢晚会。

8 月

1 日　自治区卫生厅发布关于对银川市兴庆区全国中医药特色社区卫生服务候选示范区的公示。

6 日　自治区党委常委、银川市委书记崔波到兴庆区高台寺村调研村“两委”班子换届情况。

△　据《宁夏日报》报道，“围剿”首府空气污染第一“杀手”，兴庆区强拆小锅炉百余台。

15～18 日　在第二届中国(宁夏)国际清真食品穆斯林用品暨宁夏投资贸易洽谈会期间，兴庆区科技园管委会与福建泉州粤港装饰有限公司签订玻璃幕墙研发、生产制作、安装项目协议，总投资 4000 万元；宁夏来裕食品有限公司与福建厦门新宏辉进出口公司合作开发马铃薯淀粉项目，投资总额 3000 万元。

20 日　自治区第七次双拥工作命名表彰大会在宁夏人民会堂召开，兴庆区第六次荣获自治区 “双拥模范区”称号。

22 日　兴庆区交警二大队与辖区银川市第十二小学在兴庆区月牙湖河东训练基地开展“学做小交警 快乐暑假学交规”为主题的“少年交警队”暑假体验活动。

23 日　兴庆区召开教育 “两基”迎“国检”动员大会。

24 日　兴庆区在光华安置区举行康居工程开工奠基仪式。2007 年，兴庆区政府将建设光华、友爱、八里桥 3 个康居安置区，建筑总面积约 38 万平方米。

25～26 日　全国自然水域钓鱼邀请赛在银川市艾依河景观水道成功举办，来自全国各地的 300 余名钓鱼爱好者参赛。

28 日　国家建设部专家组对银川市国家园林城市创建工作进行技术评估。

30 日　自治区解决 “零就业家庭”就业和创建充分就业社区工作现场会在银川市召开。与会者观摩了兴庆区银古路丽景社区、凤凰北街崇安社区。兴庆区 11 个社区荣获充分就业社区称号。

31 日　兴庆区组织“宁夏艺术家走近兴庆”活动，来自全区 10 余名作家、书画家到掌政镇及鸣翠湖等地采风。

△　兴庆区公安分局摩托车巡防

大队成立。

是月 银川回中荣获全国文明礼仪教育示范基地称号,成为宁夏唯一获得此殊荣的中学。

9月

3日 兴庆区39个村圆满完成“两委”换届工作。

4日 兴庆区荣获“全国政务公开工作先进单位称号”。

5日 银川市被正式命名为国家卫生城市。

9日 兴庆区人口计生局在湖滨体育馆举办“生育传承希望·关怀相伴和谐”孕妈妈健康大赛。

12日 中国交通银行股份有限公司银川分行挂牌成立,并正式开业。

14日 兴庆区掌政镇选送的主题为《关注新农村 展望未来》《关注女孩就是关注民族未来》《控制人口增长 建设和谐社会》3幅作品,在联合国人口基金驻华代表处、国家人口计生委宣传教育司、中国人口宣传教育中心、中国群众文化学会联合举办的中国宣传画竞赛中,分别荣获单项评选优秀奖。

15日 兴庆区第一家围绕花卉展开的产业实体——明卉“花家乐”在掌政镇挂牌。明卉“花家乐”以花卉为特色,向游客提供花卉观赏和餐饮服务,依托花卉生产基地提供种苗繁育和花卉人才培训服务。

16日 “银川市首届城市公共交通周及无车日”活动启动。

23~25日 在“宁夏(上海)活动周”期间兴庆区人民政府与香港大田物流公司签订银川国际物流港项目协议,总投资20亿元;宁夏银川金河乳业有限公司与美国MSC公司签订奶酪生活加工项目,投资总额1.5亿元。

24日 兴庆区在宏坤绿色生态度假村举办“喜乐农家”厨艺大比拼活动。

27日 银川市湖泊湿地的恢复与保护项目荣获2006年度“中国人居环境范例奖”。

29日 银川市被全国爱卫会正式命名为“国家卫生城市”。

10月

1日 《银川市养犬管理条例》实施。

2日 首届中国宁夏国际汽车西部行在兴庆区宁夏国际汽车城开幕。

29日 兴庆区城镇居民医疗保险试点工作正式启动。

30日 兴庆区解放西街“邻里节”启动。

11月

1日 银川市最大的花卉交易市场——兴庆区花卉交易市场破土动工。

5日 兴庆区委、政府印发《关于进一步加强和改进信访工作的决定》。

13日 自治区党委常委、银川市委书记崔波对兴庆区农村“塞上江南新风貌”综合整治工程进展情况进行实地调研。

△ 兴庆区举行“迎着困难问题上、围着人民群众转”主题实践教育活动启动仪式暨现场办公会。现场为特困群众办理上浮救助标准手续;民政局发放各类救助金近10万元。

18日 兴庆区丽景街八里桥村农民社火队正式成立。

19~22日 召开政协兴庆区第二届委员会第一次会议。出席会议委员125人。会议选举产生了第二届委员会领导班子。王玉红当选为兴庆区政协主席,曹生林、保少宁当选为副主席。大会听取并审议通过有关和决议。

19~23日 兴庆区第二届人民代表大会第一次会议召开,会议选举杨绍君为兴庆区第二届人民代表大会常务委员会主任,雍根业、陈玉霞、吴金华、朱学礼、丁万福、杨久红、张艳芬为副主任,王杨宝为兴庆区人民政府区长。会议听取和审议有关报告。

20日 兴庆区掌政镇五渡桥村洼路边渠发生决口事件,造成6户8栋蔬菜大棚被淹,直接经济损失10万余元。12月12日灾民救助发放仪式在五渡桥村部举行,灾民现场领取救助金2.3万元。

23日 兴庆区被国家民政部、卫生部及中国残疾人联合会命名为“全国残疾人社区康复示范区”。

26日 兴庆区开展机关“送温暖献爱心一日捐”活动。党政机关干部现场捐款资金12050元。

28日 兴庆区举行2007年鲜切花种植补贴兑现大会,23户种植鲜切花的农户领到种植补贴和种苗补贴34万元。

12月

3日 兴庆区供电局主办的“和谐电力 六进服务”专题文艺演出在掌政文化广场举行。

12日 自治区党委书记陈建国视察兴庆区唐徕渠跨北塔湖渡槽工程。

△ 国际劳工组织中国首例ILO产业价值链发展试点项目启动会在兴庆区举行。兴庆区花卉产业成为中国首例产业价值链发展试点项目。

17日 《宁夏日报》报道,银川市兴庆区主桥长60.8米、高6.3米、宽5米的南薰路步行过街天桥正在抓紧建设。

是年 兴庆区1月至11月招商引资新建项目14个。

△ 兴庆区启动农村社区建设试点工作。

△ 兴庆区荣获全国家庭教育工作先进县(市、区)。

△ 兴庆区建成洼路、茂盛、官湖等6个蔬菜科技示范园区,总量达40万间。

△ 兴庆区成立全区首家县级花卉协会。

△ 兴庆区凤凰北街荣获全区人口与计划生育“三无”街道称号。

△ 全年实现生产总值166.96亿元,比上年增长11.6%。其中第一产业完成增加值3.00亿元,增长5.7%;第二产业完成增加值55.35亿元,增长11.3%;第三产业完成增加值108.61亿元,增长12%。全年规模以上工业总产值123.1

亿元，比上年增长 15.2%，规模以上工业增加值 47.54 亿元，比上年增长 18.8%。全年实现社会消费品零售总额 92.66 亿元，比上年增长 17.5%。全年全社会固定资产投资完成 35.75 亿元，比上年下降 16.1%。全年地方财政一般预算收入 2.77 亿元，比上年增长 23.03%。全年城市居民人均可支配收入 13666.3 元，比上年增长 26.9%。全年农民人均纯收入 4994 元，比上年增长 12.5%。

2008 年

1 月

8 日 兴庆区在掌政镇开展文化、科技、卫生“三下乡”活动。

15 日 周景世荣玫瑰种苗繁育中心暨荷兰莫尔海姆公司西北实验站正式挂牌。成为荷兰莫尔海姆公司中国西北地区实验站；西北地区切花月季新品种试验站。双方签订年产 300 万支染色玫瑰生产加工、技术转让协议。

23 日 银川市市长王儒贵对兴庆区设施农业防冻害情况进行调研。

2 月

14 日 建设部近日发出通报，决定命名银川等 34 个城市为 2007 年“国家园林城市”。

19 日 自治区党委常委、银川市委书记崔波到大新镇塔桥花卉园区视察建设情况，详细了解前段时间降雪和冰冻天气对花卉生长的影响。

20 日 兴庆区解放思想大讨论活动正式拉开序幕。活动共分宣传学习讨论、分析整改提高、总结表彰三个阶段进行。

28 日 山东莱州市“三德工程”建设经验报告团来到兴庆区，为兴庆区干部群众作道德建设报告。

3 月

4 日 兴庆区委开展实施“四德”工程评选千名道德之星活动。

10 日 兴庆区委、政府印发《关于进一步推进教育改革发展创新的意见》。

12 日 自治区党委常委、银川市委书记崔波深入兴庆区解放西街等社区卫生服务中心（站）、劳动保障事务所调研城镇居民医疗保险试点工作进展情况，并就试点工作中存在的问题和下一步的工作进行了座谈。

15 日 兴庆区民族街、进宁街实行机动车辆单行。

15 日 建设“诚信银川”大型宣传咨询活动在兴庆区宁园举行。

18 日 自治区党委常委、银川市委书记崔波对兴庆区农村现代流通网络建设进行专题调研。

△ 兴庆区凤凰北街阳澄社区启动“社区大讲堂”活动。

21 日 建发东方红广场荣获中国建设行业综合大奖“广厦奖”。

26 日 全区解放思想与促进旅游文化产业发展研讨会在兴庆区召开。区内旅游文化界知名专家学者就如何促进银川东线旅游发展，打造兴庆区旅游文化品牌提出建议和意见。

28 日 自治区政协副主席陈守信一行 7 人到兴庆区政协调研工作。

是月 兴庆区“花儿进校园”活动在回民一小正式启动。

是月 兴庆区解放街改造正式动工。同时，鼓楼东侧地下通道工程也将同步施工，该通道长 50 米，宽 6 米，高 3.5 米，通道内有排水和照明设施。整个工程在五一前竣工。

是月 由银川市城市客运管理处和兴庆区文明委共同开展的“争创模范的士星”动员大会在石油城中巴 2 路停车场召开，19 家出租车公司的 500 多名出租车司机代表参加动员大会。

4 月

1 日 兴庆区 2000 多名机关干部工作人员到通贵乡通南村农田基本建设项目区参加义务劳动，植树近万棵。

△ 银川商城过街天桥正式投入使用，南薰街商城路段的马路中央也安装上了隔离栏杆，保障市民通行安全。

△ 宁夏科协考核组代表中国科协对兴庆区全国科协示范城区创建情况进行考核。兴庆区以优异成绩通过复查考核。

13 日 兴庆区文化服务进农家活动在月牙湖举行。

14 日 兴庆区召开“我为兴庆发展献一策”解放思想大讨论座谈会。

16 日 凤凰碑——唐徕渠桥一段的 58 株树龄在 25 年左右，规格为 25cm～40cm 不等的大国槐已全部被移植到仙来广场和迎宾广场。

17 日 自治区党委书记陈建国、自治区主席王正伟到大新镇塔桥花卉园区视察园区规划及建设情况。

21 日 兴庆区与原州区开展“设施农业科技指导结对帮扶活动”，将 12 万株蔬菜优质种苗送往固原市原州区，帮助该区解决设施蔬菜种苗短缺的难题。

22 日 青海省委书记强卫在自治区党委书记陈建国的陪同下，来到大新镇塔桥村实地察看塔桥花卉科技园区建设和发展情况。

24 日 兴庆区人民政府与大连锦华集团签订银川国际物流港项目合同。

25 日 银川清真食品穆斯林用品展销大厅正式开业。自治区、银川市有关领导和部门负责人应邀参加开业典礼。

28 日 在全国迎奥运、讲文明、树新风礼仪知识竞赛宁夏选拔赛中，兴庆区选送的张艳、宋凤梅、刘丽媛代表银川市获得第一名。

5 月

6 日 兴庆区委书记、区长王杨宝带领招商部门有关人员参加银川（深圳）机械装备制造业项目推介会，与深

圳铜锣湾集团董事长陈智、宁夏银古石油有限公司总经理陈云霞共同签订铜锣湾(银川)商业广场项目合作意向书。

7日 《经济日报》国际部主任汪朗率《又好又快》采访团到大新镇塔桥村科技示范园区参观采访。

10日 兴庆区大新镇塔桥天地缘花卉种苗繁育基地试种的配鲜切花"情人草"等草本植物试种成功。

12日 四川汶川特大地震发生后，兴庆区党委、政府发出倡议，号召社会各界向灾区群众伸出援助之手，帮助灾区重建家园。截至20日兴庆区社会各界为四川地震灾区捐款217.3万元。

13日 兴庆区科技园入园企业宁夏永刚实业有限公司为灾区捐款10万元，成为兴庆区民政部门收到的第一笔社会捐款。

16日 银川市市长王儒贵带领有关部门负责人对兴庆区康居工程、解放街改造工程、凤凰北街绿化工程等重点城建项目进行调研。

19日 自治区"民主议政日"活动现场会在兴庆区大新镇燕鸽村召开，银川市委常委、组织部部长郑震，兴庆区委书记、政府区长王杨宝，全区各市县(区)组织部门负责人80余人，通过现场直播观看了燕鸽村5月份"民主议政日"活动。

21日 兴庆区掌政镇向映秀镇定向援助18万元救灾资金。6月17日兴庆区掌政镇又采购5吨宁夏大米、200箱无公害蔬菜、100箱金河牛奶送往地震灾区汶川映秀镇。

28日 自治区党委书记陈建国带领自治区五十大庆重点建设项目视察团，到兴庆区大新镇塔桥花卉园区视察建设情况。

29日 银川市兴庆区大新镇卫生院被农工党银川市委会选定为农工党帮扶联系点。当日在这里举行的签字仪式，标志着农工党市委会乡村医生帮扶"千百十"工程的正式启动。农工党市委会计划用5年的时间，采取多种方式培训1000名乡村医生；组织城市医院有关专家与100名乡村医生帮学结对；在10个乡村医疗机构建立农工党帮扶联系点。

30日 崔波、孙荣山、王儒贵、洪梅香、马建民等市领导到兴庆区高台逸夫小学、兴庆区二小与学校师生共庆"六·一"儿童节。

是月 自治区党委常委、银川市委书记崔波来到兴庆区高台逸夫小学，看望、慰问来自四川地震灾区的张绿叶同学。

是月 兴庆区开展摩的整治和取缔工作，并将65名摩的营运人员全部纳入城镇和农村低保。

6月

2日 兴庆区71处91栋楼106158平方米主要街道沿街建筑物粉刷、修补工程完工。

3日 四川汶川地震后，兴庆区党员缴纳"特殊党费"支援灾区抗震救灾。截至6月3日，区委组织部已经收到11155名党员交纳"特殊党费"104.7万余元。

5日 兴庆区2008年粮食及综合补贴全部发放完毕，补贴资金通过"一卡通"打入农民专户，涉及直补农户16604户。

8日 兴庆区武装部组织召开重要目标警戒分队成立大会暨军事日活动启动警戒仪式。

17日 全国首届"十佳大学生村官"评选活动候选人出炉。兴庆区掌政村官赵吉刚名列其中。

是月 兴庆区荣获银川市"两基"迎"国检"工作特等奖。教育部副部长陈小娅等国家"两基"检查组领导视察兴庆区"两基"工作，给予高度评价。

7月

1日 银川市在新月广场举行奥运火炬在银川传递盛大启动仪式，崔波致开幕辞，中国奥委会副主席蒋效愚，区、市领导陈建国、王正伟、项宗西、于革胜、崔波、孙荣山、王儒贵、洪梅香等出席。

2日 自治区党委常委、银川市委书记崔波到兴庆区天地缘花卉生产基地、燕鸽湖二队农业科技承包示范点等处进行调研，并与设施园艺经营户探讨设施园艺发展思路。

8日 兴庆区发放大病医疗救助金，26名低保对象领到8万余元救助金。

22日 崔波、王久彬、马凯等区市领导，到大新镇燕鸽村信息建设服务站进行调研。

24日 兴庆区万余小商户享受平安盗抢险，这是全国综合治理以及保险服务领域的一大创新。

28日 全国妇联副主席、书记处书记赵少华到大新镇塔桥村调研农村妇联工作。

30日 月牙湖乡突降大雨，全乡100多户房屋受大雨冲刷成为危房。政府代区长陈淑惠带领各部门负责人到月牙湖乡了解危房户防雨防灾和受灾情况。

是月 兴庆区10条道路配网改造工程完工。

8月

2日 由宁夏西夏城文化旅游开发公司改造、修建，占地300亩的西夏皇城举行隆重的开业庆典。

△ 全长78.8公里的银川绕城高速公路全线贯通。

5日 自治区党委常委、银川市委书记崔波率市四套班子领导和各县(市)区、有关部门负责人对中山街特色街区改造重点项目建设情况进行检查观摩。

12日 兴庆区举办"农民健康与健康促进行动"现场观摩会，来自自治区、银川市卫生系统相关负责人和兴庆区卫生院防保人员、村医约100多人，观摩兴庆区开展农民健康与健康促进行动。

15日 中共中央政治局常委、国务院总理温家宝到兴庆区前进街星光华社区视察社区工作。

△ 兴庆区委、政府印发《兴庆区创建全国文明城市工作实施方案》。

16 日 中宣部组织 60 家中央媒体采访团在兴庆区委书记王杨宝陪同下，到大新镇塔桥花卉园区采访花卉产业发展情况。

20～9 月 10 日 在中国 500 强发布会和首届回商大会期间，兴庆区先后组织“兴庆区与中国 500 强企业、中国穆斯林企业家经济合作恳谈会”“中国 500 强、中国穆斯林企业家兴庆区实地考察”“中国 500 强企业、中国穆斯林企业家兴庆区联谊会”等招商推介活动，参加的客商近 150 名。

20 日 兴庆区中山街特色街区改造竣工。

21 日 兴庆区委、政府邀请自治区林业局有关领导及花卉专家对命名兴庆区为自治区（花卉）产业示范县区和《兴庆区设施花卉科技示范园区建设项目》可行性进行论证。

△ 兴庆区玉皇阁北街办事处专门制作 2000 个印有创建文明城市宣传标语及国家有关政策的购物袋，发放到居民手中。

27 日 兴庆区文化街等 7 个社区居民和辖区单位的代表 400 余人，在湖滨小区“从自我做起，革除陋习，倡导文明，遵守社会公德，告别不文明行为”倡议书上签名。

31 日 兴庆区人民政府与陕西三森实业集团签订三森国际家居博览中心项目，占地 85 亩，建设面积 15 万平方米，总投资 6 亿元。

9 月

3 日 国家民政部基层政权和社区建设司曹国英副巡视员到大新镇燕鸽村调研。

6 日 宁夏首家农民生态公园在大新镇塔桥村落成揭牌。

11 日 广东知名企业家代表团一行 13 人到兴庆区考察。

12 日 自治区煤田地质局勘查院勘测出红墩子矿区的煤炭储量约 20 亿吨，煤质优良。为我区近年来勘查发现的大型整装煤田。银川市红墩子矿区位于宁夏东部，隶属银川市兴庆区管辖，面积约为 200 平方公里。

16 日 兴庆区人民政府与宁夏长城发展集团、上海红星美凯龙集团签订银川红星美凯龙全球家居生活广场项目，总营业面积 12 万平方米，总投资 10 亿元。

17 日 中国城市国际协会正式授予银川市“宜居城市”称号。

19 日 兴庆区召开“加强思想道德建设，实施‘四德’工程，评选千名道德之星活动”工程观摩交流会暨千名道德之星表彰大会。

△ 兴庆区康居安置工程竣工，举行交钥匙仪式，3800 多拆迁户搬进新房。

△ 由上海绿地集团投资 20 亿元建设的银川绿地 21 城项目在兴庆科技园正式开工建设。

△ 兴庆区秋季农田基本建设动员大会召开。截止 10 月 7 日，兴庆区 4 个乡镇累计出工 10722 人次，清挖各种支斗农沟 81 条，长 49.15 公里；清挖农渠 68 条，长 113.1 公里；整修农路 152 条，长 105 公里。

20 日 银川市 2008 年康居工程首期——兴庆区光华门安置区项目工程建成，1670 户拆迁户入住新房。

21 日 兴庆区穆斯林民俗村一期工程在大新镇塔桥村正式破土动工。11 月 15 日，第二期工程破土动工。共建设 49 户具有伊斯兰建筑风格的农民新居。

25 日 参加自治区成立 50 周年大庆活动的中央代表团在中共中央政治局委员、统战部部长杜青林的带领下，到兴庆区前进街星光华社区慰问社区工作者和广大居民群众。

△ 国家计生委政策法规司于学军司长到大新镇塔桥村就国家“十一五”人口发展规划进行中期评估。

△ 宁夏恒诺房地产公司与上海月星集团隆重举行月星国际家居建材广场开业庆典仪式，项目投资 4 亿元，建设面积 15 万平方米，已有 500 多个商家入驻。

26～28 日 陕甘宁蒙四省（区）毗邻县（市、区、旗）政协第二十二次联谊会议在兴庆区举行。来自 29 个成员县（市、区、旗）的政协领导和特邀兄弟县、区政协领导参加会议。

28 日 重装开业的新华百货总店开业。改造工程从 2008 年 3 月底开始，历时近 6 个月，耗资 2800 多万元。

10 月

12 日 自治区党委常委、银川市委书记崔波，对兴庆区秋季农田水利基本建设进行调研。

15 日 崔波、王儒贵、梁积裕等区市领导到兴庆区东南部水系工程进行调研。

17 日 司法部副部长郝赤勇、基层司司长王珏等领导到大新镇检查司法所规范化建设情况。

△ 苏丹全国大会党干部考察团一行 15 人，在团长、苏丹对外关系书记处协调局局长阿卜杜勒·艾哈迈德·穆罕默德的带领下，到大新镇考察基层党建工作和新农村建设情况，参观塔桥花卉园区。

22 日 银川市居民住宅采暖费由 2.8 元 / 月平方米调整到 4.0 元 / 月平方米，办公楼由 3.1 元 / 月平方米调整到 5.3 元 / 月平方米，商业用房由 3.5 元 / 月平方米调整到 6.0 元 / 月平方米。

28 日 银川市被国家住房和城乡建设部授予“国家园林城市”。

29 日 全区思想道德建设经验交流观摩会 140 多人，到兴庆区景太社区和唐徕回民小学进行观摩学习。

30 日 自治区党委常委、副主席刘慧一行到大新镇塔桥花卉园区调研全民创业工作情况。

11 月

4 日 兴庆区召开农村土地经营权流转观摩会议,实地观摩掌政镇茂盛村和大新镇塔桥村土地流转情况。

△ 黄河银川段标准化堤防工程正式启动,该工程全长 72 公里,是一项集"防洪保障,抢险交通,经济命脉,生态景观"为一体的综合性水利工程。

6 日 银川市人民政府、宁夏邮政公司城市"一卡通"建设运营协议签字仪式举行,这标志着银川市城市"一卡通"工程正式启动。

10 日 在"纪念改革开放 30 周年全国首届农民文艺会演"活动中,掌政镇农民文化艺术团参演的舞蹈《耍公婆》获得金穗奖,宁夏歌曲《唱唱咱们的宁夏川》和舞蹈《丰收舞》荣获银穗奖。

24 日 位于兴庆区大新镇大新三队的兴庆区食品小作坊集中加工区建成投入使用,加工区占地 40 公顷,房屋 650 余间。

12 月

5 日 宁夏军区副司令员高磊、副政委王志宏带领宁夏军区及银川警备区机关干部 180 余人到兴庆区大新镇调研。

12 日 兴庆区召开冬季百日城乡环境卫生整治工作动员大会。

14 日 国家环保局生态司司长庄国泰到塔桥村视察全国文明生态示范村创建工作。

18 日 《宁夏日报》报道,兴庆区近 9 万件便民电子婚姻档案,每年帮 1500 对伴侣找"记忆"。

21 日 市委副书记李泽峰带领有关部门负责人,深入兴庆区实地察看温棚防风防冷冻工作。

26 日 宁夏首座数字化变电站银川海宝 110 千伏变电站正式启运。

27 日 兴庆区政府与上海种都种业科技有限公司签订合作共建 20 万亩国际种子产业化基地示范培训园的项目协议,联合打造"银川种都"。

29 日 银川市兴庆区第二届人民代表大会第二次会议召开。出席会议的人大代表 198 名,陈淑惠当选为兴庆区人民政府区长。

是年 兴庆区全年招商引资 11 亿元。

△ 兴庆区推行政务公开,初步建立党务政务公开信息资源数据库。

△ 解放西街银湖社区工会被中华全国总工会评为全国模范职工小家。

△ 兴庆区妇女联合会荣获全国妇女"双学双比"活动先进集体。

△ 兴庆区解放西街银湖社区党支部被评为全国模范职工之家,全国总工会女工部部长肖东来社区调研。

△ 兴庆区胜利街清和社区党支部被自治区党委组织部授予全区党建示范社区称号。

△ 全年实现生产总值 189.62 亿元,比上年增长 11.9%。其中第一产业完成增加值 3.68 亿元,增长 7.5%;第二产业完成增加值 61.02 亿元,增长 11.9%;第三产业完成增加值 124.92 亿元,增长 12%。全年规模以上工业总产值 139.05 亿元,比上年增长 15.6%,规模以上工业增加值 52.44 亿元,比上年增长 15.5%。全年实现社会消费品零售总额 102.79 亿元,比上年增长 10.93%。全年全社会固定资产投资完成 41.57 亿元,比上年增长 16.3%。全年地方财政一般预算收入 3.39 亿元,比上年增长 22.5%。全年城市居民人均可支配收入 15951 元,比上年增长 16.7%。全年农民人均纯收入 5618 元,比上年增长 12.5%。

△ 兴庆区月牙湖乡的海陶村、通贵乡的通贵村等 6 个农村饮用水源地被银川市划定为农村小康环保行动试点地区。

2009 年

1 月

16 日 兴庆区政府印发《兴庆区深化政务公开工作实施方案》。

17 日 兴庆区团委、掌政镇党委联合举行"兴庆区 2009 年乡村青年文化节"启动仪式暨掌政镇农民运动会。

20 日 全国精神文明建设工作表彰大会在北京召开。兴庆区大新镇塔桥村荣获"全国创建文明村镇工作先进镇"称号。

2 月

8 日 兴庆区推行民警当村官试点工作,选派 15 名优秀民警驻村挂职担任党支部副书记。

10 日 自治区党委书记陈建国到兴庆区孔雀湖、鸽地湖等施工点,视察兴庆区东部水系整治工程。这项工程包括城市治污、沟道整治、城市景观和生态建设等内容,共开挖水道 6.24 公里,配套建筑物 52 座,动用土方 730 万立方米,投资 3.35 亿元,整治后将形成湖面 6000 多亩。

12 日 兴庆区教师马恒燕参加温家宝总理主持召开的《政府工作报告》基层群众工作座谈会。

16 日 自治区党委常委、银川市委书记崔波带领有关领导深入兴庆区大新镇调研返乡农民工职业技能培训工作,并到塔桥村返乡农民工、富余劳动力插花与盆景艺术培训班现场了解情况。

△ 兴庆区政府印发《兴庆区开展人人享有基本医疗卫生服务试点实施方案》。

3 月

3 日 兴庆区扫黄打非收缴盗版光碟千余张。

9日 自治区党委常委、银川市委书记崔波，到兴庆区掌政镇茂盛村官湖现代农业示范园区、昆仑园区，察看花卉温棚建设，以及花卉企业科技、信息及产销服务体系建设等情况，对兴庆区设施花卉产业进行调研。

12日 中国2009世界邮展60城市巡邮银川站活动暨庆祝银川市建城2121年集邮展览在银川市文化艺术中心隆重举行。

△ 兴庆区解放西街办事处在街区内的486人特行经营场所、25个居民小区的485栋楼内全面开展春季灭鼠工作，投放鼠药62公斤。

18日 以广西壮族自治区政协主席马铁山为组长的中央学习实践活动第八巡回检查组一行来银检查指导银川市首批学习实践试点工作及第二批学习实践活动准备工作情况并召开座谈会。

19日 鸣翠湖国家湿地公园承办首届“关注湿地 关爱鸟类”科普知识竞赛。

20日 教育部投资近4亿元的银川城市10所中小学新建改造项目正式启动。其中，兴庆区新建第二十三小学、二十四小学、二十五小学；迁建第十九小学和银川市第十五中学。

△ 兴庆区聘请110位五老监督员开展网吧义务监督工作。

是月 兴庆区阳澄社区接受国家级创模工作检查验收，被评为自治区级绿色社区。

4月

2日 区长陈淑惠、副区长郝春明带领有关部门负责人，赴西安参加第十三届中国东西部合作与投资贸易洽谈会，与陕西三森实业集团成功签订投资总额为6亿元的三森国际家居博览中心项目建设协议。

10日 银川市第十三届人大常委会第十次会议作出《关于银川建城时间的决定》，决定将公元前112年(西汉元鼎5年)确定为银川市建城时间。

△ 银川河东旅游公交专线正式开通。

12日 银川市市长王儒贵带领有关负责人，到黄河银川段标准化堤防工程兴庆区黄河大桥段现场办公。

13日 自治区党委常委、银川市委书记崔波深入兴庆区高台逸夫小学、满春中学等中小学校调研中小学生营养早餐试点工作情况。

△ 兴庆区委印发《兴庆区建设全国食品安全先进城市实施方案》。

15日 兴庆区百场法制文艺“六进”巡回演出活动正式启动。

20日 兴庆区召开创建全国食品安全先进城市启动大会。

21日 兴庆区正式启动危房改造工程。截止10月底危房改造建设全部竣工，实际完成新建房屋420户，下拨建房补助资金180万元。

△ 兴庆区首届职工运动会在湖滨体育馆开幕。

22日 市委副书记李泽峰带领有关部门负责人，深入民族南街部分餐厅、东方红超市、西北农资城、兴庆区豆制品集中区等商业网点，实地督察全市建设全国食品安全先进城市第一阶段工作。

△ 市委副书记李泽峰带领相关人员深入银川三中、兴庆区掌政镇等单位，对兴庆区学习实践科学发展观活动进行调研。

25日 兴庆区启动首府万名市民“亲近自然，相约农家，感受生态文明”乡村游活动。

29日 银川河东旅游公交专线正式开通。

30日 兴庆区召开防控甲型H1N1流感工作紧急会议，要求按照农业部和自治区防治重大动物疫病指挥部办公室的要求，做好应急准备，加强兴庆区集中监测，重点排查。

是月 兴庆区将10座公厕对外招标承包，实行社会化运作。

5月

4日 银川汽车站新站正式投入运营。该站位于清和街以西，胜利街以东，六盘山路以南。2007年5月1日开工建设，2008年底竣工，设计日均发送旅客4万人次。

是日 兴庆区团委在银川高级中学隆重举办兴庆区纪念五四运动90周年暨成人宣誓仪式。

9日 兴庆区孝德新风进万家暨丽景街敬老爱老帮扶活动正式启动。丽景街街道办事处景太社区的20名志愿者与20户老年人家庭互换了结对帮扶卡。

11日 宁夏医科大学团委、兴庆区司法局、兴庆区胜利街道办事处联合主办的法律进校园和普法宣传月活动在宁夏医科大学举行。

12～13日 华润万家有限公司首席运营官洪杰、副总裁王维勇、西北区总经理徐健等一行8人，对兴庆区进行实地考察。

13日 7天连锁酒店集团投资发展部总监、西北公司总经理曾珂考察兴庆区投资环境。

△ 陈建国、崔波、蔡国英等区、市领导，深入兴庆区二十三小、二十四小等中小学校施工现场调研。强调学校建设要严把质量关，一次规划，一次建设到位，提高抗震水平，切实把学校建成最安全的场所。

18日 宁夏最大的家居生活广场——银川红星美凯龙家居全球生活广场一期正式开业，二期工程奠基。

26日 银川五中国家级非物质文化遗产传承保护基地揭牌仪式暨庆“六一”花儿演唱会在金凤凰电影院举行。

27日 在香港国际会议展览中心5G展厅，陈淑惠代表兴庆区政府分别与香港希纳投资控股有限公司和深圳铜锣湾集团签订投资项目合作书，其中新华东街地下人防工程——世界穆斯林风情商业街项目意向投资8亿元，银川铜锣湾广场项目意向投资1.5亿元。

△ 少先队银川市兴庆区第一次代表大会隆重召开。大会通过兴庆区少先队工作报告,选举产生第一届少工委。

6月

12日 自治区党委常委、政府副主席刘慧调研兴庆区利用各项特色产业优势开展的全民创业工作情况。

△ 兴庆区在掌政镇召开城乡一体化——促进农民进城稳定就业并安家落户启动大会。

15日 国务院副总理王岐山到兴庆区调研,了解兴庆区涉农贷款工作开展情况。

19日 自治区党委常委、银川市委书记崔波到兴庆区解放西街文艺社区、第三小学、三中等单位,对兴庆区第三个"党建月"和第二批学习实践科学发展观活动进行调研。

25日 兴庆区召开创建全国文明城市迎检动员大会。区委书记、创建全国文明城市指挥部总指挥王杨宝要求各级干部深刻理解文明城市的内涵,正确理解物质文明、精神文明、政治文明、生态文明建设与推动整个城市文明素质提高的关系。

28日 兴庆区举行庆祝建党88周年大会暨颂歌献给党演唱会。大会命名表彰大新镇塔桥村等30个基层党建工作示范点。

30日 自治区纤检局对兴庆区88家幼儿园床上用品质量抽检结果进行通报,抽检合格率82%。

△ 银川市委副书记李泽峰和市政府分管市长及相关部门负责人到兴庆区十一小、十二小、满春小学等中小学校调研督导营养早餐进校园工作。

是月 银川市被国家药品不良反应监测中心确定为全国药品安全性监测培训百万公众培训工程5个试点城市之一。

△ 兴庆区燕鸽湖管理委员会成立。

7月

1日 兴庆区成立宁夏首个高校毕业生党支部。

3日 兴庆区政协举行"社情民意征集箱"启动仪式,分别在凤凰北街北安社区、解放西街湖滨社区、文化街幸福社区三个人口密集的社区进行试点。

4日 兴庆区首支创建全国文明城市"双百"文明督导劝导队在新华街办事处成立,兴庆区创建全国文明城市文明行为引导"百千万"活动全面启动,开展以文明行为"双百"劝导、"双千"督导和"双万"引导。

10日 兴庆区各社区分别召开选举大会,公选新一届社区居委会班子。

11日 兴庆区3000多名中小学生代表在银川十中接受"文明劝导"绶带,兴庆区"万名学生与文明同行——争当文明劝导员活动" 正式启动,1万名小"文明督导员"正式上岗。

12日 兴庆区国庆60周年安保工作誓师动员暨女子摩巡队授旗仪式在新华街举行。

15日 兴庆区农村失地妇女家政职业技能服务免费培训项目在丽景街就业培训中心开班,110名学员参加近1个月的培训。

26日 银川市政协主席洪梅香、科威特天课局国际项目部经理阿布哈利德先生、兴庆区人大常委会主任杨绍君、政府副区长郝希奋为大新镇塔桥村穆斯林民俗村剪彩,观摩项目建设情况。

△ 银川市机构改革动员大会召开,标志着银川市新一轮政府机构改革工作全面启动。

29日 银川市委副书记李泽峰到兴庆区特色小城镇和试点中心村规划建设情况进行调研。

是月 公交IC卡电子收费系统顺利实现试运行。

8月

3日 兴庆区大新镇塔桥村荣获自治区级生态村荣誉称号。

7日 据《宁夏日报》报道,兴庆区新登文物41处,发现清朝名将府井。

△ 兴庆区首届 "全民创业月"活动正式启动。

8日 "黄河小镇·横城"建设项目在兴庆区横城(村)举行奠基仪式。该项目规划建筑面积12万平方米,总投资约3亿元,计划3到5年内建成。

10日 银川市市长王儒贵、副市长代荣民及有关部门负责人到兴庆区掌政镇调研小城镇建设工作。

△ 在全区"巾帼示范村"创建工作推进会上,塔桥村授领全国"巾帼示范村"牌匾。

12日 据《宁夏日报》报道,国家一级野生保护植物红豆杉在兴庆区大新镇塔桥村花卉基地培育成功。

20日 兴庆区凤凰北街办事处立诚社区成立银川市第一个专门为流动人口提供综合性服务的窗口——"新市民之家"。

21日 兴庆区委印发《关于进一步加强依法治区工作的意见》。

24日 银川市委副书记李泽峰带领有关部门负责人,对兴庆区促进农民进城稳定就业并安家落户试点工作进行督察调研。

28日 银川市兴庆科技园环保、房地产开发、物流配送、电子科技9大项目开工建设或投产,投资总额达20.25亿元。其中宁夏正泰成套电器制造有限公司今年投资1.5元,该项目建成后将是宁夏最大的输配电设备生产基地。

△ 宁夏慈善总会扶老助残慈善项目启动仪式在兴庆区崇安社区举行。受资助的老人每人每月可领取50元代金券,支付养老服务费用。

△ 陕西千阳县南寨镇银川市劳务产业党支部授予陕籍在兴庆区务工党员李永超等同志流动党员先锋岗光荣称号。兴庆区现有千阳籍务工人员4100人,其中党员22人。

30日 全区青少年体育比赛结束。

兴庆区获得18枚金牌、16枚银牌、13枚铜牌，总分位居全区前列。

9月

3日 自治区主席王正伟率全区县域经济观摩团到塔桥花卉园区和穆斯林民俗村进行实地观摩。

5日 银川市确诊首例甲流病例。

10日 兴庆区农村社区建设领导小组召开农村社区建设工作现场观摩会，观摩兴庆区4乡镇4个农村社区试点村。

11日 《宁夏日报》报道，兴庆区解放西街文艺社区下岗职工创业基地生产的景泰兰金丝沙画工艺品竞标成功，被确定为即将在银川召开的全国婚育新风进万家经验交流会纪念品，开创了社区接下国家级会议纪念品加工生产的先例。

22日 由国家民委、中国科协、科技部、农业部、自治区政府等联合举办的“百名科技专家和致富能手进回乡”科技服务活动，来自全国8名专家先后到大新镇和月牙湖乡进行科技咨询培训活动，培训种养殖人数100余人(次)。

23日 银川隆重举行“银川建城2121年庆祝大会”。长8米、高4.1米、重65吨的银川建城2121年纪念碑坐落海宝公园。

24日 兴庆区统战部、宗教局召开兴庆区经济社会发展现场观摩会，来自辖区100多位宗教界人士到兴庆区回民中学、穆斯林民俗村、昆仑现代设施农业示范园区、黄河标准化堤防建设工程实地观摩。

△ 银川市兴庆区燕鸽湖管理委员会正式挂牌开展工作。燕鸽湖管委会作为兴庆区委、政府的派出过渡性机构，履行街道办事处的工作职责。

29日 兴庆区政协庆祝新中国和人民政协成立60周年暨对口单位联谊活动在兴庆区西夏城举行。

是月 银川市举办首届残疾人运动会，兴庆区残联代表队夺得9枚金牌，名列运动会奖牌团体第一、总分第二的好成绩。

10月

18日 宁夏宝丰能源集团有限公司投资建设的中国穆斯林国际商品交易中心暨中国宁夏国际小商品交易中心在兴庆区正式开工建设。该项目是银川市政府确立的万人创业园基地。

△ 银川市兴庆区交警二大队在银川市满春小学成立交通安全体验教育基地。

22日 通贵乡中坤幼儿园正式交付使用。中坤幼儿园总建筑面积为1100平方米，由北京中坤集团出资200万元捐建。

29日 银川市历史文化遗迹标识点揭幕仪式在兴庆区北京东路街角公园举行。

30日 全国蔬菜标准园创建活动在兴庆区掌政镇洼路蔬菜科技示范园启动。

△ 兴庆区委印发《关于全面深入推进“平安兴庆”建设的实施意见》。

11月

4日 自治区妇联副主席陈红缨带领五市妇联及各县(区)妇联主席近50人，到全国巾帼示范村大新镇塔桥村观摩调研。

5日 银川市创业示范基地揭牌暨兴庆区清真产业发展创业园启动仪式在兴庆区清真美食城举行。宁夏塞丽麦穆斯林用品贸易有限公司被命名为银川市创业示范基地暨兴庆区清真产业发展创业园。

6～8日 “2009(中国)国际休闲发展论坛”在杭州举行。8月银川市荣获“2009国民休闲特别贡献城市”奖。该奖项是银川市继2008年荣获“2008年中国十大特色休闲城市”称号的又一荣誉。

11日 银川地区遭遇50年一遇的大雪，238.5亩的温棚受灾。

16日 兴庆区营养午餐进校园试点启动。

22日 全市第一家标准化清真农贸市场在兴庆区大新镇新水桥村建成并投入使用。该市场由大新新水桥市场经营服务有限公司投资近1500万元，占地面积30亩。

12月

26日 在“2009年中国最具幸福感城市”颁奖典礼上，银川市获评“2009年中国最具幸福感城市”。

是年 兴庆区顺利实现基本普及高中阶段教育。

△ 银川市第五中学撤并分流到银川市第三中学和银川市回民中学。

△ 银川市将80岁以上农村老人和城市低保收入家庭中无固定收入的老年人全部纳入低保范围，给予全额保障。

△ 凤凰北街启动社区工作站试点工作，将原9个社区居委会承担的行政性工作由3个社区工作站承担，社区工作站人员实行聘用制。

△ 兴庆区在创建全国平安畅通县区工作中，被自治区评为优秀平安畅通县区，通过国家五部委平安畅通县区考核验收。

△ 经农业部审定，兴庆区大新镇燕鸽村等5个单位被列为第二批全国农村集体财务管理规范化示范单位。

△ 全年实现生产总值210.02亿元，比上年增长10.4%。其中第一产业完成增加值3.95亿元，增长7.1%；第二产业完成增加值66.66亿元，增长8%；第三产业完成增加值139.41亿元，增长11.45%。全年规模以上工业总产值143.83亿元，比上年增长3.7%，规模以上工业增加值57.58亿元，比上年增长8.6%。全年实现社会消费品零售总额114.96亿元，比上年增长11.84%。全年全社会固定资产投资完成41.51亿元，与上年持平。全年地方财政一般预算收入3.81亿元，比上年增长12.2%。全年城市居民人均可支配收入17305元，比

上年增长 8.5%。全年农民人均纯收入 6040 元,比上年增长 7.5%。

2010 年

1 月

1 日 银川市首届“华西龙杯”元旦冰上龙舟赛在银川市北塔湖开赛。来自银川市各县区的 23 支代表队近 300 名运动员参加比赛。

4 日 兴庆区政协第二届十二次常委会议召开，会议听取了兴庆区委常委、组织部长冯伟斌关于人事任免的说明；通过了王玉红同志辞去政协主席、政协委员的申请,张玉明同志辞去政协常务委员的申请,马建军辞去政协委员的申请。

6 日 兴庆区第二届人民代表大会第三次会议召开,马爱平当选为兴庆区人民政府区长。

16 日 兴庆区黄河标准化堤防建设指挥部对堤防工程建设进行全面初验。

29 日 西塔宾馆用品市场发生大火,28 家商铺受损。

2 月

3 日 兴庆区承办银川市关爱空巢老人志愿服务行动启动仪式。

4 日 举行西门桥改造工程竣工通车仪式。改造后的西门桥为钢筋混凝土板式结构,总长 40.66 米,宽 18 米。

9 日 自治区党委常委、银川市委书记崔波对兴庆区民德巷外来创业者公寓进行视察。

25 ~ 27 日 中共中央政治局常委、国务院副总理李克强到兴庆区科技园进行考察。

3 月

5 日 兴庆区提升市民素质志愿服务月活动在兴庆区启动。103 支志愿者服务队 6 万多人走上街头,开展文明劝导、创城宣传、义诊、义务理发、清扫街巷、清洁公共设施、安全巡查工作。

8 日 兴庆区妇联被中华全国妇女联合会授予全国维护妇女儿童合法权益先进集体。

12 日 自治区、银川市春季植树造林及景观水道开挖启动仪式在通贵乡举行。

18 日 银川市 2010 年全民义务植树活动在“黄河金岸”兴庆区段正式启动。区市领导、机关干部、驻银部队官兵、中小学生和社会各界群众 4000 多人参加义务植树劳动。

19 日 银川地区出现沙尘大风天气,最高风力达到 9 级。

22 日 宁夏老年书画协会书画爱好者作品展在富宁街兴华社区开展,共展出书画作品 60 余幅。

24 日 银川市 2010 年市政基础设施建设及小街巷改造工程正式开工建设。

△ 兴庆区胜利南街劳务移民公寓动工建设。该项目总用地面积 42.15 亩,总建筑面积 58999 平方米。

30 日 黄河金岸生态景观水域湿地综合开发新闻发布会召开。黄河金岸兴庆区段长 26.48 公里。

4 月

1 日 兴庆区政府与美国胡商国际集团有限公司就银川黄河金岸生态旅游综合服务区项目签订协议,项目占地 3000 亩,总投资达到 5 亿元人民币。

2 日 兴庆区教育局面向社会公开聘请义务监督员。

△ 自治区党委常委、银川市委书记崔波对月牙湖乡产业发展进行专题调研。

6 日 国家人力资源和社会保障部张小建副部长一行 7 人,对兴庆区全民创业促进就业工作进行调研。

19 日 国家统计局宁夏调查总队总队长曾玉平到兴庆区调研城镇住户调查工作。

同日 在银川市小学语文教师美文诵读比赛活动中,兴庆区海宝逸夫小学《西湖四韵》、唐徕回民小学《约定》和第十八小学《悠悠中华情》分别荣获一等奖;高台逸夫小学和掌政教办的作品荣获二等奖。

20 日 银川市委副书记李泽峰,市委常委、常务副市长梁积裕到兴庆区昆仑科技示范园区、掌政镇洼路村设施花卉基地、大新镇燕鸽村农业科技人员花卉生产科技承包示范点调研花卉产业发展情况。

21 日 在国家工商总局 2010 年度全国创建诚信市场工作会议上,辖区龙盘装饰材料市场被表彰为“全国创建诚信市场先进单位”，成为宁夏回族自治区唯一获此荣誉的市场。

22 日 兴庆区通过“一卡通”形式,将粮食农资补贴资金足额发放到农民手中。

24 日 兴庆区第七届“湖城之夏·广场文化季”广场文艺演出活动在光明广场正式启动。截止 11 月底,广场演出共 40 场。

27 日 在全国劳动模范和先进工作者表彰大会上,兴庆区环卫处环卫工人马国兵被授予全国劳动模范光荣称号。

30 日 兴庆区召开人民武装工作会议。会议表彰奖励掌政镇党委等 3 个党管武装先进党委、掌政镇基层武装部等 7 个先进基层单位、叶成等 5 名党管武装先进个人。

是月 兴庆区掌政镇、碱富桥村被国家环境保护部授予“全国环境优美乡村”荣誉称号。

△ 兴庆区政府上报的“非遗”项目——贺兰砚制作技艺被正式列入国家第三批非遗名录。

5 月

6 日 兴庆区关爱农民工子女志愿服务行动在高台逸夫小学启动。

13 日 兴庆区胜利街天胜社区居家养老服务站挂牌成立。

14 日　兴庆区政协组织政协委员、企业家为月牙湖乡的农民赠送万只草原鸡。

15 日　银川市召开第二批非物质文化遗产申报名录专家论证会。确定兴庆区 12 个项目为银川市第二批“非遗”名录。

19 日　全市首个心理门诊——阳光家庭教育学校中山南街分校在康华社区妇代会挂牌成立。

△　兴庆区政协组织政协委员、扶贫办为月牙湖乡的农民赠送化肥 100 袋,并开展了“送科技、送法律、送知识”三下乡活动。

20 日　国务院副总理张德江到兴庆区科技园卧龙变压器有限公司进行考察。

25 日　银川城市通卡暨邮虹一卡通工程正式启动。

26 日　自治区工商局在龙盘装饰材料市场召开“全国创建诚信市场先进单位”揭牌仪式暨星级信用市场创建活动现场观摩会。

6 月

5 日　在南门广场集中开展“人人参与保护环境,共建生态文明家园”宣传活动暨“保护环境,节约资源,从我做起,共建和谐”为主题的万人签名活动。

20 日　兴庆区掌政镇特色小城镇建设正式开工奠基。规划面积 3.97 平方公里。11 月,银川市人民政府批准《银川市兴庆区掌镇镇区总体规划》,自治区人民政府批复《银川市兴庆区城乡建设用地增减挂钩试点掌镇项目区实施规划(2010–2012 年)》。

23 日　国家司法部检查组到兴庆区检查指导法律援助工作。

28 日　兴庆区举办庆祝建党 89 周年表彰暨创先争优展风采先进事迹报告会。

30 日　兴庆区志愿者协会成立。

7 月

1 日　自治区党委常委、银川市委书记崔波以一名普通党员的身份,来到兴庆区玉皇阁北街北关社区,看望慰问部分困难老党员,与社区老党员座谈。

16～24 日　2010 年“城市之间”国际总决赛在法国巴黎举行。银川队以“保送生”的身份直接晋级国际总决赛获得冠军。

23 日　兴庆区市级党代表和专家服务团到月牙湖乡调研,就推进月牙湖乡经济快速发展提出建议和意见。

8 月

5 日　兴庆区政府在宁夏·北京经贸合作推介会暨项目签约仪式上,与云南省豪宸房地产开发有限公司董事长王金水签订投资总额 30 亿元的银川东盟(国际)文化酒店用品商城建设项目。

△　召开兴庆区(山西·太原)经济技术合作洽谈会,会议签订 4 项合作协议书。

6 日　自治区第十三届运动会在银川举行,银川市代表团获团体总分、金牌数、奖牌数 3 个第一,兴庆区获县区第二,代表兴庆区出赛的田家炳篮球队夺得金牌。

△　兴庆区举办首届青年创业大赛。

15 日　全国农村社区建设全覆盖实验评估指导组观摩塔桥村穆斯林民俗村、农民公园及社区服务阵地建设。

16 日　银川海宝公园正式开园。

21 日　首届(2010)中国城市科学发展论坛在北京举行。银川市被评为“2010 中国城市科学发展转变经济发展方式示范城市”。

23 日　中华爱国工程联合会和宁夏回族自治区关心下一代工作委员会,分别在银川回民中学和兴庆区景岳小学举行爱国主义教育示范学校和未成年人思想道德建设示范基地授牌仪式。

26 日　华润万家银川宝湖东路店开张营业,标志着华润集团零售连锁企业在银川正式登陆。

28 日　中国银川“绿地 21 城”国际赛马大会在水洞沟旅游风景区举行。近万名市民前往观看。

29 日　招商银行银川分行正式成立。

30 日　自治区党委常委、银川市委书记崔波深入兴庆区玉皇阁北街街道办事处等处,对市人大代表联系基层单位试点工作进行调研。

是月　自治区第七届少数民族体育运动会在银川市举行,银川市代表团获团体总分、金牌数、奖牌数 3 个第一。

9 月

8 日　银川市委副书记李泽峰带领有关部门负责人,对月牙湖乡产业发展情况进行调研。

9 日　自治区党委书记张毅、自治区主席王正伟一行到兴庆区清真中寺,看望慰问广大穆斯林群众,向大家致以节日的问候和美好的祝愿。

10 日　兴庆区领导分 4 个组到辖区清真寺和宗教人士、穆斯林家庭进行贺节慰问。

14 日　国家工商总局副局长甘霖莅临长城装饰材料市场实地调研星级信用市场创建工作。

△　国家人力资源与社会保障部政策研究室领导观摩塔桥村花卉园区。

△　国家劳动保障科学研究院副院长张学民一行 9 人,调研兴庆区农村劳动力转移就业工作。

21 日　兴庆区对红花渠沿线城中村高台寺村 74 亩土地进行整治和改造。

25 日　兴庆区政府在 2010 宁洽会暨首届中国·阿拉伯国家经贸论坛和第三届中国穆斯林企业家(银川)峰会上,协议引进资金共 32 亿元。

10 月

11 日　解放西街文艺社区进宁北街杨大卫自掏 2 万元为小区修路。

12 日　汉延渠、唐徕渠、银川城墙

遗址、横城汉墓群甘沟烽火台被银川市确定为第三批市级文物保护单位。

13日 自治区人民政府召开2010宁洽会暨首届中国·阿拉伯国家经贸论坛总结表彰会,兴庆区被自治区人民政府评为投资贸易项目洽谈签约先进单位。

15日 国家民政部副部长姜力带领全国农村社区建设实验推进会成员观摩塔桥村穆斯林民俗村、农民公园、社区服务阵地建设。

16日 在南京举行的2010中国(国际)休闲发展论坛颁奖典礼上,银川市荣获“2010第二届中国十大休闲城市”称号。

18日 新华街“工字号”家政服务中心隆重举行揭牌仪式。

20日 银川市市长王儒贵、常务副市长梁积裕到月牙湖乡,调研全区最大的奶牛生态养殖园区开工建设情况。

△ 银川市首个专门为农民工子女新建的学校兴庆区二十四小暨新公民学校正式揭牌。银川市新公民学校为政府支持、民间举办的农民工子女学校的一种新模式。

26日 以世界银行自然资源与经济管理师施密特为团长的世行贷款防沙治沙示范项目考察团一行9人,考察兴庆区世行贷款防沙治沙项目区。

27日 自治区党委副书记于革胜视察兴庆区花卉产业基地发展情况。

28日 自治区党委书记、人大常委会主任张毅到兴庆区丽景街街道办事处景墨社区、大新镇塔桥村等处,调研创先争优和深化干部人事制度改革工作。

是月 兴庆区法院被最高人民法院确定为全国100家司法公开示范法院。

11月

2日 中国穆斯林国际商贸城万人创业活动在银川启动。

5日 兴庆区下发《关于加快推进教育改革和发展的实施意见》。“十二五”期间,兴庆区将投资5亿元解决好城区学校“大班额”问题。

12日 中国人民解放军92919部队对月牙湖乡海军希望小学进行实地考察,给予10万元的资助。

21日 自治区党委第一巡视组组长郁纪鸣、副组长丁红霞到兴庆区中国穆斯林国际商贸城、丽景街办事处景墨社区、阳光那波里餐饮加工配送中心、友爱康居工程等处进行调研。

△ 自治区总工会授予兴庆区新华街富华社区工会“自治区模范职工之家”称号。

25日 由兴庆区工商联组织发起的回报社会感恩行动暨非公有制经济人士与老党员、老革命、老模范结对帮扶活动正式启动。10家企业与20位老党员、老革命、老模范签订结对帮扶协议书。

27日 自治区政府副主席赵小平到北环蔬菜批发市场、东方红地下超市检查稳定物价工作。

△ 中央文明办、教育部、文化部实施2010年向西部地区送电脑活动,兴庆区获赠55台。

△ 全国人大常委会副委员长、全国妇联主席陈至立视察兴庆区法院工作,对维护妇女儿童权益合议庭的工作给予肯定。

△ 原由兴庆区管理的银川高级中学和育智学校移交由银川市教育局管理。

12月

7日 兴庆区文化街和平社区居家养老服务点正式挂牌成立。

12日 塞浦路斯劳动人民进步党考察团对兴庆区社区妇联之家观摩调研。

24日 自治区党委常委、宣传部长杨春光一行对兴庆区学习型党组织建设工作情况进行调研。

26日 由全国老龄办、民政部、教育部、国家广电总局、共青团中央、全国妇联、中国关工委7个部门举办的第四届全国敬老爱老助老主题教育活动表彰大会在人民大会堂举行,兴庆区老龄委办公室被评为全国敬老模范单位。

是月 兴庆区人口和计划生育局获全国计划生育协会先进单位。

是年 兴庆区启动城市社区卫生服务站基本医疗服务包,优先对持卡就医的居民提供“1元钱”服务。

△ 兴庆区在月牙湖乡开工建设占地1.2万亩的生态奶牛养殖示范区。

△ 兴庆区在黄沙古渡景区建设黄河民俗文化博物馆,博物馆投资500多万元,占地6000平方米。

△ 兴庆区残联荣获中国残疾人联合会全国白内障无障碍县(区)称号。

△ 兴庆区争创人居奖工作通过国家验收组验收。

△ 兴庆区科学技术局荣获国家技术市场协会三农科技服务金桥奖先进集体。

△ 兴庆区统计局荣获全国第二次经济普查先进集体。

△ 兴庆区司法局荣获全国人民调解宣传工作先进单位荣誉称号。

△ 兴庆南区个协会被中个协表彰为全国基层协会服务工作先进单位。

△ 全年实现生产总值267.53亿元,比上年增长13.91%。其中第一产业完成增加值5.08亿元,增长6.1%;第二产业完成增加值82.94亿元,增长22.1%;第三产业完成增加值179.51亿元,增长10.5%。全年规模以上工业总产值204.44亿元,比上年增长42.5%,规模以上工业增加值60.44亿元,比上年增长24.41%。全年实现社会消费品零售总额119.23亿元,比上年增长3.71%。全年全社会固定资产投资完成91.07亿元,比上年增长119.4%。全年地方财政一般预算收入4.82亿元,比上年增长26.6%。全年城市居民人均可支配收入18498元,比上年增长8.1%。全年农民人均纯收入6820元,比上年增长12.9%。

中共银川市兴庆区委员会

ZHONGGONG YINGCHUANSHI XINGQINGQU WEIYUANHUI

综　述

2002年11月1日，自治区党委、政府调整银川市行政区划，城区更名为兴庆区，中共银川市城区委员会更名为中共银川市兴庆区委员会；原郊区红花乡、大新乡、掌政乡、满春乡、永固乡、通贵乡划归兴庆区管辖，兴庆区共有9个街道党工委，6个乡镇党委。2004年2月，区划再次调整，原陶乐县月牙湖乡划归兴庆区管辖，经花乡改为银古路街道、满春乡改为丽景街街道，永固乡合并到通贵乡，大新乡、掌政乡改为镇。至此，兴庆区下辖通贵乡、月牙湖乡、大新镇、掌政镇4个乡镇党委，中山南街等11个街道党工委。兴庆区现有各级各类基层党组织407个，管理党员14099人。基层党组织有党（工）委21个、党总支16个、党支部370个，其中党支部有机关支部115个、社区支部97个、村支部37个、社会组织支部2个、非公企业支部59个、事业单位支部60个。

近年来，以创建服务型基层党组织为主线，以深入开展学习实践科学发展观活动为动力，以创先争优活动为抓手，围绕中心、服务大局，强化功能、增强活力，党的建设各项工作取得了显著成绩；先后建成海陶北村、通北村、新渠稍村等14个村级活动场所，极大地改善了农村基层党组织的阵地条件；建立和完善街道党建工作联席会和社区党组织党员代表会议制度，构建区域化党建新格局，11个街道全部成立了党建联席会，发展会员单位325家，31家自治区级机关单位与社区党支部结对共建。在各街道、社区全面推行驻区单位共驻共建、协商议事、听证问政、在职党员定岗定责、党员代办便民利民的服务机制，力促社区服务型党建长效化。加强地企共建，成立了自治区第一家社区党委，即长庆燕鸽湖社区党委，扩大了党组织的服务面。在12个村进行了农村社区建设试点，城乡社区服务水平不断提高。全面推广功能党小组经验，分别在农村、城市、学校设置党组织260个。采取多种方式，提高非公有制经济组织组建率。在乡镇成立民生服务中心，街道成立市民服务中心，村（社区）成立便民综合服务（代办）站，村民组（居民小区）成立便民服务（代办）点，构建党组织和党员服务群众的三级服务平台。开展大规模的党员奉献日活动，启动文明交通党员志愿服务活动，为创建全国文明城市做出有益尝试。深入开展服务型基层党组织创建工作，不断深化创先争优活动，思想建设和学习型党组织建设不断深化，党的建设迈上新台阶。

区委班子建设进一步加强。坚持民主集中制，建立健全重大决策调查研究制度、重大问题集体决策制度，进一步完善常委会议事制度和决策程序。班子成员积极参加各类主题实践调研和下乡住村等活动，协调解决群众在生产生活中遇到的实际困难，思想作风、工作作风进一步转变。创先争优活动进一步深化。深入开展履职践诺办实事活动，开展党员三级代办活动。组织开展“我身边的好党员”公推海选活动，选树50名行业先进典型，通过“创先争优展风采”事迹报告会进行广泛深入地宣传。开展“三亮三比三创三评”、出机关、到基层、访民意、解民忧和农村党员家庭示范户等活动，创新载体、培树品牌、增强实效，形成党群共建创先争优的生动局面。干部管理科学化水平进一步提高。认真执行《党政领导干部选拔任用工作条列》和四项监督制度规定，重品行、看实绩，提高选任干部的科学化水平。依托宁夏干部教育培训网络学院学习平台，强化干部学习培训。完善干部“两管三评一推优”管理考核机制，加强基层一线干部队伍建设。党风廉政建设进一步强化。认真落实党风廉政建设责任制，加强重点领域违纪违法案件的查处。

代表大会

【城区第九次党代会】 2001年12月8日,中国共产党银川市城区第九次代表大会召开,会议听取和审查了中共银川市城区第八届委员会的工作报告和中共银川市城区纪律检查委员会的工作报告,会议选举中共银川市城区第九届委员会和城区纪律检查委员会。

【领导机构名录】

中共银川市城区第九届委员会

(2001年12月-2002年11月)

书记:马云海

副书记:毛宏业　杨绍君　保建新　王广智

常　委:马云海(回)　毛宏业　杨绍君　保建新(回)　王广智　黄　杰　喇宏敏(回)　王玉红(女)　杨萍(女、回)　陈志文　肖建东

委　员:马云海(回)　毛宏业　杨绍君　保建新(回)　王广智　黄　杰　喇宏敏(回)　王玉红(女)　杨萍(女、回)　夏　斌　陈志文　肖建东　刘治全　张同海　黄　俊　张学义　杨学林　邓　华(女)　李艳茹(女、回)　叶　成　张　华　刘　星　谢继忠(回)　牛　红(女)　丁吉礼(回)　王杰民(满)　保少宁(回)

候补委员:袁　科　关　琪(女、满)　马建军(回)　王自云　代丰年

【兴庆区委第一次党代会】* 2006年10月25日,中国共产党银川市兴庆区第一次代表大会召开,会议听取和审查中共银川市兴庆区第一届委员会的工作报告和中共银川市兴庆区纪律检查委员会的工作报告。会议选举中共银川市兴庆区第一届委员会和中共银川市兴庆区纪律检查委员会,并选举兴庆区出席银川市第十二次党代表会代表。

【领导机构名录】

中共银川市兴庆区委员会

(2002年11月-2006年10月)

书　记:李泽峰(2003年12月止)
　　　毛宏业(2006年9月止)
　　　贺满民

副书记:毛宏业
　　　张　勇(2004年12月起)
　　　保建新(2003.02-2006.09)
　　　杨绍君(2003年1月止)
　　　王广智(2006年9月止)
　　　王玉红(2003.04-2006.10)
　　　陈志文(2006年9月起)
　　　吴万俊(2006年9月起)

常　委:黄　杰　陈志文　肖建东　安　平　高万金　袁　科

中共银川市兴庆区第一届委员会

(2006年10月-2010年12月)

书　记:贺满民(2007年6月止)
　　　王杨宝(2010年10月止)
　　　彭友东

副书记:张　勇(2007年6月止)
　　　王杨宝(2007年6月起)
　　　陈淑慧(2008年6月起)
　　　马爱平(2009年11月起)
　　　吴万俊(2007年6月止)
　　　陈志文(2007年9月止)
　　　杜　迁(2007年9月起)

全委(扩大)会议

【兴庆区委一届二次全体(扩大)会议】 2002年12月11日,兴庆区委召开一届二次全体(扩大)会议,确定构建"两个新格局"、打造"四大城市品牌"、推进"五大战略"的总体工作思路,提出把兴庆区建设成为宁夏经济实力最强、发展环境最优、生活质量最好、人居环境最美的现代化城市中心区的宏伟目标。

【兴庆区委一届三次全体(扩大)会议】 2003年7月8日 兴庆区委召开一届三次全体(扩大)会议,讨论通过《中共银川市兴庆区委关于兴起学习贯彻"三个代表"重要思想新高潮的实施意见》,市委常委、区委书记李泽峰作了题为《以"三个代表"重要思想为指针 努力开创建设现代化城市中心区新局面》的重要讲话。

【兴庆区委一届四次全体(扩大)会议】 2003年12月9日,兴庆区委召开一届四次全体(扩大)会议。会议听取和讨论银川市委常委、兴庆区委书记李泽峰受常委会委托所作的《抢抓机遇,争创一流,为实现富民强区快速崛起而努力奋斗》的工作报告;听取区委副书记、区长毛宏业就《中共银川市兴庆区委关于完善社会主义市场经济体制的实施意见》及2004年兴庆区委工作要点。

【兴庆区委一届五次全体(扩大)会议】 2004年10月8日,兴庆区委召开一届五次全体(扩大)会议,传达学习中共中央十六届四中全会的精神,讨论并通过兴庆区委《关于贯彻 < 中共中央关于加强党的执政能力建设的决定 > 的实施意见》。

【兴庆区委一届六次全体(扩大)会议】 2004年12月12日,兴庆区委召开一届六次全体(扩大)会议,听取毛宏业作的《自加压力 乘势而上 争先发展 开创现代化城市中心区建设新局面》的工作报告;讨论通过《兴庆区统筹城乡发展的报告》,以无记名投票的方式通过20名乡镇、街道、政府部门领导班子党政正

*本次党代会,应是兴庆区委第一届。但2002年11月后,党委召开的扩大会议即称兴庆区委第一届二、三、四……等次会议,实是延续着原城区党委第九届的格局,也算届次清楚。区委常委会议却前后出现了届次重复和混乱,原始记载如此。为补正在原文后加括号说明,以示区别。

职人选。

【兴庆区委一届八次全体(扩大)会议】2008年7月16日，中共兴庆区委一届五次全体扩大会议召开。会议审议通过区委书记王杨宝作的工作报告，提出通过加快推进城乡一体化，实现兴庆区经济社会全面和谐发展的奋斗目标。

【兴庆区委一届九次全体(扩大)会议】2009年12月23日，兴庆区委一届九次全体(扩大)会议召开。会议提出通过全力实施项目带动、产业升级、统筹城乡、和谐发展四大战略，着力打造“五个中心、五个服务区”，巩固提升优势特色产业，不断提升区域经济总量，打造宁蒙陕甘毗邻地区商贸物流核心区，推动兴庆区经济社会和谐发展。

常委会议

【概况】2001年~2002年，中共银川市城区常委会会议共召开35次，其中2001年召开18次，2002年召开27次。2002年~2010年，中共银川市兴庆区常委会会议共召开177次，其中2002年召开7次，2003年召开26次，2004年召开22次，2005年召开18次，2006年召开22次，2007年召开20次，2008年召开21次，2009年召开22次，2010年召开19次。

【2001年~2010年常委会议摘录】

时间	届次	主要议题
2001年2月13日	城区党委八届第93次	研究2000年责任书考核兑现中存在的问题和其他事项；同意推荐上报自治区级的统计系统揭批“法轮功”先进个人；研究城区建设工作领导小组成员事宜。
2001年3月2日	城区党委八届第94次	研究并原则通过《银川市城区关于党政机关推行竞争上岗实施办法》《城区关于调整不胜任现职领导干部的规定(试行)》《城区关于领导干部诫勉制度(试行)》《城区关于干部考察失误责任追究制度（试行)》《城区关于基层领导班子一把手季度汇报制度》(试行)、《城区关于2001年党风廉政建设和反腐败工作组织领导及责任分工》的意见、《城区关于2001-2005年干部教育培训规划》;研究成立城区非公有制经济组织党建领导小组；研究各经济责任部门和街道办事处2001年经济目标责任及城区新建北苑小学、干部问题等事宜。
2001年3月22日	城区党委八届第95次	研究并原则通过城区《关于在基层深入开展“三个代表”教育活动的意见》《关于庆祝中国共产党成立80周年活动的安排意见》《城区基本建设项目报建审批验收管理办法》《银川市城区2001-2005年社区建设发展规划》;研究有关机构设置、人员编制等事宜。
2001年3月29日	城区党委八届第96次	研究并原则同意在城区建立私营企业、个体工商户关心支持国防建设活动制度；在城区部分小学建立“少年军校”、在元亨大酒店组建私营企业女子民兵连、在银河厂建设民兵炮库；同意编辑出版城区军事志；研究城区人武部干部家属就业及解决城区人武部办公楼和家属楼的暖气入网等议题。
2001年4月5日	城区党委八届第97次	听取第一季度城区党风廉政建设和反腐败工作情况的汇报；研究并原则通过《银川市固定资产投资项目审计监督暂行办法》、城区建区30周年庆祝活动所需经费的意见，原则通过城区2000年计划生育目标管理责任书兑现及2001年目标责任书的有关事宜；同意表彰城区“三五”普法、依法治理工作先进集体、先进个人意见；研究成立银川市城区"科普文明社区"创建工作组委会；同意推荐上报自治区级的优秀团干部；研究干部和其他问题。
2001年4月12日	城区党委八届第98次	听取城区综办、公安分局、法院、检察院、司法局工作情况汇报；研究并原则通过《城区“严打”整治斗争实施方案》;同意城区民营企业宁创实业集团有限公司成立基层党的委员会

续表

时间	届次	主要议题
2001 年 5 月 8 日	城区党委八届第 99 次	研究成立城区领导干部经济责任审计领导小组；调整城区刑释解教人员帮教安置工作领导小组；同意推荐上报全国、自治区、银川市级表彰的军转干、教育、司法行政系统先进集体、先进个人和其他议题。
2001 年 6 月 6 日	城区党委八届第 100 次	听取政府考察团参加海口振东区建区 10 周年庆祝活动及赴福州、大连等地考察学习城管、市容、卫生等方面工作情况的汇报；听取城区“严打”工作、区庆筹备工作、区委、社情舆情调查情况的汇报；研究评选表彰民族团结进步先进集体、先进个人；筹备建设政府办公自动化网络，干部问题和其他事宜；同意推荐上报自治区表彰的先进集体、先进个人。
2001 年 6 月 21 日	城区党委八届第 101 次	研究并原则同意城区党委《关于进一步加强统一战线工作实施意见》《银川市城区 2001-2005 年干部教育培训规划》《关于 2001 年调资工作及有关问题的意见》，城区 75 个居委会基干参加失业保障以及表彰先进基层组织、优秀党务工作者和优秀共产党员，推荐上报全国优秀少年军校、优秀少年军校工作者、群众体育工作先进集体、先进个人等事宜。
2001 年 7 月 13 日	城区党委八届第 102 次	讨论建区 30 周年区庆大会讲话材料；原则同意《城区关于创建全区教育强县(区)的实施意见》《关于加强社区党的支部委员会管理的规定》《关于社区居委会工作人员管理规定》《基本建设项目报建审批验收管理办法》；决定在城区建区 30 周年之际，表彰城区民族团结进步事业先进集体、先进个人；推荐上报国家、自治区级的先进集体、先进个人。
2001 年 7 月 26 日	城区党委八届第 103 次	研究并原则同意《天津大桥焊条有限公司等三家企业异地搬迁实施方案》《关于加强新时期老干部工作的意见》《关于提高在社区居委会工作的退伍志愿兵生活补贴的意见》；成立城区矛盾纠风排查调处工作协调小组；同意上报富宁街办事处为全国表彰的人民满意公务员集体；研究其他问题。
2001 年 8 月 16 日	城区党委八届第 104 次	听取并原则通过《关于开展集中督查上半年工作情况的汇报》《关于城区建区 30 周年区庆总结》；推荐上报自治区级的幼儿教育先、法律援助先进集体、先进个人；研究干部问题和其他事项
2001 年 9 月 21 日	城区党委八届第 106 次	听取赴云南、广东等地考察组考察情况汇报；审议城区党委宣传部、城区司法局《关于在公民中开展法制宣传教育的第四个五年规划(草案)》；推荐第 13 批市级文明单位有关事宜；推荐上报银川市容局为全国城市市容环境卫生工作先进集体；研究其他问题。
2001 年 10 月 19 日	城区党委八届第 108 次	听取城区 2001 年以来党风廉政建设责任制落实情况的汇报，城区 1～9 月经济运营情况的汇报，城区公安分局“严打”整治斗争工作情况的汇报；原则通过城区《关于进一步加强社区关心下一代工作的意见》《关于进一步加强和改进妇女工作的意见》、关于调整城区 2001 年度财政预算的报告；推荐上报自治区、银川市表彰的先进集体先进个人；研究干部和其他问题。
2001 年 10 月 30 日	城区党委八届第 109 次	听取城区政协对城区作风建设和社区文化活动室活动情况的调研汇报；研究并原则通过《银川市城区 2001-2003 年街道社区党的建设工作规划》《银川市城区 2001-2003 年党的基层组织建设工作规划》；同意城区团委提出的关于街道团支部更名的意见；推荐上报银川市级的文明单位；研究干部问题。

续表

时间	届次	主要议题
2001 年 11 月 18 日	城区党委八届第 112 次	研究通过中共银川市城区第九届委员会，纪律检查委员会书记、副书记、常委候选人的提名名单。
2001 年 11 月 23 日	城区党委八届第 113 次	审议并原则通过城区《关于加强和改进各级领导班子落实干部作风建设的意见》《关于城区事业单位补充工作人员管理暂行办法》；听取审计局关于城区建区 30 周年区庆专项经费审计情况的汇报，城区公安分局"严打"整治斗争第四战役安排部署情况的汇报；研究城区关于对 30 家非公有制企业实行挂牌保护并召开非公有制经济恳谈会的有关事宜；同意推荐上报银川市级表彰的文明社区、文明小区，文明街道、工作先进集体、先进个人。
2001 年 12 月 25 日	城区党委九届第 1 次	研究确定城区党委第九届委员会书记、副书记、常委的分工；研究批复城区新一届纪委班子的选举结果；原则通过《银川市城区关于社区居委会工作人员管理实施意见》《中共银川市城区委员会工作规则》《中共银川市城区委员会关于加强调查研究工作的若干规定》《中共银川市城区委员会关于各级党组（委）向城区党委请示报告工作的规定》《城区 2001 年人大工作报告》《城区政府工作报告》《城区 2001 年国民经济和社会发展计划执行情况及 2002 年国民经济和社会发展计划的报告》《城区 2001 年财政预算执行情况和 2002 年财政预算（草案）的报告》；同意城区政府关于 2001 年调整年度预算的报告、关于 2002 年城区财政预算的草案；研究召开城区九届人大五次会议和政（协）四届五次全体会议的有关事宜；研究干部问题和以及推荐上报自治区银川市拟表彰的先进集体、先进个人等事宜。
2002 年 1 月 9 日	城区党委九届第 2 次	研究并原则通过城区检察院工作报告和城区法院工作报告；听取 3 个考核组对 2001 年党风廉政建设目标责任书、党建目标责任书、精神文明建设目标责任书、社会治安综合治理目标责任书等目标责任书进行考核情况的汇报；听取城区基层党组织建设第二批"达标"单位考核验收情况的汇报；城区人大九届五次会议和政协银川市城区四届五次会议有关建议名单、研究干部问题和其他事项。
2002 年 1 月 16 日	城区党委九届第 3 次	研究并同意城区政府关于 2001 年度经济工作、精神文明建设、党风廉政建设、社会治安综合治理、计划生育 5 项目标责任书兑现奖励的意见；原则同意城区《关于表彰奖励同"法轮功"邪教整治斗争先进集体、先进个人的决定》《关于表彰奖励 2001 年度社会治安综合治理工作先进集体、先进个人的决定》《关于表彰奖励"严打"整治斗争先进集体、先进个人的决定》《城区基层党组织建设目标管理责任书》的兑现决定；同意推荐上报自治区、银川市级表彰的先进集体、先进个人；研究干部问题和其他事项。
2002 年 1 月 29 日	城区党委九届第 5 次	原则通过城区人民政府《关于加强基础教育改革与发展的实施意见》《关于进一步加强社区警务建设工作的意见》；同意推荐上报银川市级的司法行政集体、个人三等功称号；研究干部问题。
2002 年 2 月 24 日	城区九届第 6 次	研究决定成立城区老干部艺术团；研究城区 2002 年度党建、党风廉政建设、创卫工作、安全生产和计划生育目标责任书，干部问题和其他事项；同意城区政府关于兑现 2001 年度创卫目标责任书的决定和关于表彰冬季卫生综合整治活动优胜杯的奖励决定、关于对 2001 年度创卫工作 25 个先进集体和 105 个先进个人进行表彰的决定；推荐上报国家、自治区级的先进集体、先进个人。

续表

时间	届次	主要议题
2002年3月15日	城区党委九届第7次	原则同意城区人民法院职能配置、内设机构和人员编制方案，关于解决光华、三林、北塔3个社区居委会办公用房的意见；研究干部问题和其他问题。
2002年3月21日	城区党委九届第8次	研究同意城区文明委关于对2001年度城区级9个文明社区、17个文明单位、3个文明小区进行挂牌命名的决定，推荐自治区团委表彰的优秀共青团员；原则通过2002年度城区精神文明建设目标责任书；研究干部问题。
2002年4月4日	城区党委九届第9次	审议并原则通过城区《关于加强和改进各级领导班子落实干部作风建设的意见》《关于城区事业单位补充工作人员管理暂行办法》；听取审计局关于城区建区30周年区庆专项经费审计情况的汇报，城区公安分局"严打"整治斗争第四战役安排部署情况的汇报；研究城区关于对30家非公有制企业实行挂牌保护并召开非公有制经济恳谈会的有关事宜；同意推荐上报银川市级表彰的文明社区、文明小区，文明街道、工作先进集体、先进个人。
2002年5月10日	城区党委九届第12次	研究并同意城区政府关于城区砂布厂改制的意见，原则通过城区人民政府《关于落实银川市人民政府[关于进一步加强流动人口管理工作实施方案]的意见》《关于争创全国社区建设示范城区实施方案》；研究推荐上报自治区、银川市级表彰的先进单位先进个人；研究关于固定资产划拨、城区机关党委更名和干部问题。
2002年1月16日	城区党委九届第13次	研究并原则通过《关于银川市城区党委、城区人民政府机关设置方案》《银川市城区机关改革的人员编制精简实施方案》《银川市城区党政机关"三定"工作意见》《银川市城区关于实施银川市争创国家卫生城市工作实施方案》《银川市城区保障残疾人权益若干规定》；同意购买隆湖房地产开发公司原北门6层办公楼，用于解决玉皇阁北街办事处、城区教育局、城区政务大厅（社区服务中心）、城区会计集中核算中心办公大厅的办公用房问题；研究干部问题和其他问题。
2002年6月13日	城区党委九届第15次	研究并原则通过《银川市城区人民调解员等级制度实施办法》《银川市城区2002-2005年双拥工作规划》；同意城区政府为临湖社区居委会、文艺巷社区居委会、德胜社区居委会分别购买办公用房，成立社区服务中心，推荐上报全国残联系统先进个人、自强模范和银川市表彰的优秀校长，优秀教师、防震救灾宣传工作先进集体、先进个人；研究成立城区定岗定员和人员分流工作领导小组。
2002年7月12日	城区党委九届第17次	研究同意城区政府面向社会公开招聘小学教师36名的意见；城区政府从2002年7月1日起为市容局临时聘用人员271人每人每月增加工资50元的意见；调整城区机构编制委员会组成人员；同意上报自治区和银川市表彰的先进集体和先进个人；富宁街街道办事处为自治区命名的文化工作先进街道；研究干部问题和其他问题。
		研究并原则通过《城区党委关于公开选拔领导干部工作暂行规定》《城区党委关于公开选拔副科级领导干部工作实施方案》《城区人民法院职能配置、内设机构和人员编制方案》《城区人民检察院职能配置、内设机构和人员编制方案》《关于街道办事处财务纳入会计集中核算的实施意见》；同意召开城区模范纳税人表彰大会；研究干部问题。

续表

时间	届次	主要议题
2002年8月8日	城区党委九届第20次	研究通过《城区公证处改革方案》《银川市城区实行目标责任管理考核制度的试行意见》《关于进一步加强城区科级以上领导干部八小时以外活动的监督管理办法(试行)》《城区党政机关人员分流安排实施办法》《城区人民法院定岗定员实施方案》《银川市城安排部署城区工作；听取城区关于公开选拔副科级领导干部工作进展情况的汇报；研究城区法院中层干部(正职)竞争上岗事宜；城区政务大厅启动购置设备及经费事宜；申报自治区“双拥模范区”及推荐上报自治区“双拥”、民政工作先进集体、先进个人事宜和干部问题。
2002年8月26日	城区党委九届第21次	研究同意城区文明委关于对2001年度城区级9个文明社区、17个文明单位、3个文明小区进行挂牌命名的决定，推荐自治区团委表彰的优秀共青团员；原则通过2002年度城区精神文明建设目标责任书；研究干部问题。
2002年9月27日	城区党委九届第24次	原则通过《银川市城区国家安全人民防线建设工作试点实施方案》《银川市城区关于加强教师师德建设的实施意见》《银川市城区创建教育强区的实施方案》《银川市城区推进“两基”工作实施素质教育三年规划》《银川市城区小学信息化工程建设实施方案》；研究城区县级领导联系学校，新建玉皇阁北街天成社区居委会、胜利街陈家寨社区居委会、凤凰北街唐徕渠社区居委会办公用房事宜、城区政府关于对玉皇阁北街办事处原办公楼的处理意见；研究城区与厦门市思明区建立友好区；同意上报自治区、银川市表彰的第二次全国基本单位普查先进集体和先进个人；决定成立城区信访领导小组；研究干部问题。
2002年10月25日	城区党委九届第27次	原则通过《银川市城区人大常委会关于换届选举工作的方案(草案)》《银川市城区人大常委会关于成立城区选举委员会的决定（草案)》《银川市城区人大常委会关于换届选举工作的决定（草案)》《银川市城区人大常委会关于换届选举工作中选区划分和代表名额分配的意见(草案)》《城区机关驾驶员聘用人员管理暂行办法》；研究2002年城区新产品开发计划项目和街道办事处科普经费投入事宜；同意推荐上报全国、自治区表彰的科普工作、人民调解工作先进集体、先进个人；同意银川市、城区绿化达标单位、绿化先进单位、市级园林式单位；听取城区机构改革人员分流落实情况。
2002年11月8日	兴庆区委一届第1次（见*）	研究并原则通过《银川市兴庆区人大常委会研究关于换届选举工作的方案(草案)》《银川市兴庆区人大常委会关于成立兴庆区选举委员会的决定（草案)》《银川市兴庆区人大常委会关于换届选举工作的决定（草案)》《银川市兴庆区人大常委会关于换届选举工作中选区划分和代表名额分配的意见(草案)》；同意推荐上报银川市爱国卫生先进工作者；研究行政区划调整交接事宜和干部问题。
2002年11月18日	兴庆区委一届第2次	研究推荐上报兴庆区人大、政府、政协班子成员候选人及兴庆区人民法院院长、人民检察院检察长候选人事宜。
2002年11月28日	兴庆区委一届第4次	听取政协兴庆区第一届委员会筹备情况；研究成立银川市兴庆区国土资源规划建设领导小组、银川市兴庆区项目开发领导小组、银川市兴庆区科技园区建设领导小组；研究兴庆区委书记、副书记、常委工作临时分工事宜。
2002年12月6日	兴庆区委一届第5次	听取兴庆区考察组赴临忻市考察情况汇报；研究决定成立兴庆区市场建设领导小组；原则通过《银川市兴庆区2003年–2005年国民经济和社会发展纲要》《中共银川市兴庆区委关于推进城市化进程建设现代化城市中心区的实施意见》《中共银川市兴庆区

续表

时间	届次	主要议题
2002年12月6日	兴庆区委一届第5次	委2003年工作要点》《李泽峰书记在银川市兴庆区委一届二次全委会议上的讲话》《兴庆区人民政府关于调整2002年度财政预算的报告》;同意推荐上报全国、自治区、银川市级表彰的先进集体、先进个人;研究干部问题等事宜。
2002年12月19日	兴庆区委一届第6次	审议并原则通过《兴庆区人民政府工作报告》《兴庆区2002年国民经济和社会发展计划执行情况及2003年国民经济和社会发展计划(草案)的报告》《兴庆区人民政府关于2002年财政预算执行情况及2003年财政预算(草案)的报告》《兴庆区人大常委会工作报告》《政协兴庆区常委会工作报告》《兴庆区人民法院工作报告》《兴庆区人民检察院工作报告》《银川市兴庆区妇女发展规划(2001-2010年)》及《银川市兴庆区儿童发展规划(2001-2010年)》;研究召开兴庆区第一届人民代表大会和政协兴庆区第一届委员会事宜;研究2003年兴庆区基本建设项目,原则通过2003年兴庆区农业项目投资计划;研究并确定2002年兴庆区区级文明单位、文明社区、文明小区和文明村;研究成立兴庆区农村工作领导小组、机构改革人员分流事宜和机构编制问题。
2002年12月26日	兴庆区委一届第7次	研究《中共银川市兴庆区委办公室关于认真学习贯彻胡锦涛同志在西柏坡考察时讲话的通知》和召开兴庆区人大一届一次会议有关事宜;原则通过《中共银川市兴庆区委常委会议规则》。
2003年2月10日	兴庆区委2003年第2次	研究成立兴庆区市场建设管理委员、兴庆区科技园党工委和管委会;同意推荐上报自治区、银川市表彰的宣传、妇女工作、机要系统先进集体、先进个人,文明示范岗、巾帼建功岗位能手、巾帼建功先进工作者;研究建设经济适用住房事宜和干部问题
2003年2月17日	兴庆区委2003年第3次	研究成立银川市兴庆区科技园投资开发建设公司事宜和干部问题。
2003年2月26日	兴庆区委2003年第4次	研究兑现2002年目标责任书,研究2003年目标责任书;原则通过《银川市兴庆区委领导和政府党员领导干部参加科级领导班子民主生活会制度》《银川市兴庆区科级干部谈话制度》;命名"七强"机关党支部、"五好"社区党支部;同意颁发2002年度"宣传兴庆区奖",表彰奖励对兴庆区宣传部等通讯报道先进集体、优秀通讯员;推荐上报银川市市民文明标兵、文明市民;公开选拔6名副科级领导干部及调整有关领导小组事宜。
2003年3月12日	兴庆区委2003年第5次	研究并原则通过《银川市兴庆区重大事项请示报告的规定》《银川市兴庆区文明单位动态管理试行办法》《银川市兴庆区农民养殖业临时用地管理暂行办法》《银川市兴庆区农民宅基地管理暂行办法》《银川市兴庆区党委、兴庆区人民政府关于加强基层文化建设的意见》《银川市兴庆区党政机关领导干部及特岗人员移动电话补贴费管理规定》;研究并同意在红花乡等6个乡成立乡村环境卫生管理办公室,在新华街等9个街道办事处成立街道劳动保障事务所(站);推荐上报银川市级劳动模范;研究干部人事等事宜。
2003年3月19日	兴庆区委2003年第6次	原则通过《银川市兴庆区委关于进一步加强关心下一代工作的意见》《银川市兴庆区农民康居新村工程征地拆迁补偿方案》,研究兴庆区科技园征地拆迁、贷款事宜;同意推荐上报自治区、银川市"严打"整治斗争先进集体、先进个人;研究干部问题。
2003年4月3日	兴庆区委2003年第7次	原则通过《银川市兴庆区在新的社会阶层中发展党员扩大试点工作实施方案》《银川市兴庆区区委、兴庆区人民政府关于加快建设银川市兴庆科技园的实施意见》《银川市兴庆区区委、兴庆区人民政府关于加强田家炳高级中学管理的意见》,兴庆区信访工作制度;原则同意上前城小学、十八小迁建、兴庆区政府关于文化街、解放西街、富宁街办事处办公用房调整、城管、环卫综合大楼进行装修、八里桥环卫基地建设、政府关于机关办公大楼内墙粉刷、玉皇阁北街、解放西街、婚姻登记中心办公用房处置、兴庆区法院审判大楼建设的意见;研究成立有关领导小组等事宜。

续表

时间	届次	主要议题
2003 年 4 月 17 日	兴庆区委 2003 年第 8 次	研究并同意推荐全国“亿万妇女健身活动”巾帼文明健身队、第六届“宁夏十大杰出青年”、银川市级劳动模范候选单位(人);表彰奖励兴庆区信息工作先进集体、先进个人;研究干部问题及成立兴庆区维护稳定工作领导小组等事宜。
2003 年 4 月 25 日	兴庆区委 2003 年第 9 次	研究并原则通过《中共银川市兴庆区委、兴庆区人民政府关于进一步加快社区经济发展的若干意见》《中共银川市兴庆区委、兴庆区人民政府关于大力发展农村新型合作经济组织的意见》《中共银川市兴庆区委、兴庆区人民政府关于中小学、幼儿园干部人事管理工作的暂行规定》;研究成立兴庆科技园项目专家评审委员会;研究并同意向满春乡八里桥村五、六队第一批农户发放土地补偿及安置补助费;推荐上报兴庆区大新乡为全国农村档案建设试点单位;调整兴庆区社会主义精神文明建设工作委员会等 25 个议事机构;研究干部问题。
2003 年 4 月 29 日	兴庆区委 2003 年第 10 次	研究成立兴庆区国防动员委员会,兴庆区人民武装部关于加强战略设施建设意见,兴庆区党管武装工作,研究并原则通过《关于兴庆区乡(街道)武委会主任述职的规定》。
2003 年 5 月 9 日	兴庆区委 2003 年第 11 次	《中共银川市兴庆区委员会关于兴起学习“三个代表”重要思想新高潮的通知》《关于认真贯彻“三个代表”要求 进一步加强和改进党的基层组织建设的实施意见》《银川市兴庆区工作人员违纪违规责任追究暂行规定》《银川市兴庆区项目报建审批办法》《关于加快兴庆区教育改革与发展的意见》;原则同意兴庆区人民政府关于兴庆区第十二中学迁建的意见;研究兴庆区人民检察院建设“全国基层检察院业务建设示范院”;同意创办兴庆区委机关报《兴庆区报》;开展医疗救护分队训练改革试点工作;研究干部人事等事宜。
2003 年 5 月 29 日	兴庆区委 2003 年第 12 次	研究并原则通过《银川市兴庆区人民政府“万人评议政府”活动实施方案》《银川市兴庆区人民政府关于争创自治区卫生先进区工作实施方案》《中共银川市兴庆区委、兴庆区人民政府关于进一步加强体育工作的实施意见》;同意上报兴庆区司法局为全国司法行政工作先进集体;研究北塔小学迁建立项;研究干部人事等事宜。
2003 年 6 月 5 日	兴庆区委 2003 年第 13 次	研究兴庆区人民政府与宁夏国际投资控股有限公司联合投资开发建设银川兴庆科技园事宜;同意推荐上报自治区、银川市防治非典工作先进基层党组织、优秀共产党员;研究并决定组织开展"迎民运、防非典百日卫生综合整治活动"。
2003 年 6 月 19 日	兴庆区委 2003 年第 14 次	研究并原则通过《中共银川市兴庆区委兴庆区人民政府关于进一步做好就业和再就业工作的实施意见》《兴庆区流动人口计划生育管理暂行规定》《兴庆区干部职工购置经济实用住房、商品房分配实施方案》;研究兴庆区人民政府与宁夏国际投资控股有限公司、银基房地产开发公司联合开发建设银川兴庆科技园、银川市旧货市场搬迁、原解放西街办公楼和玉皇阁北街办公楼拍卖与兴庆区各民主党派换届事宜;研究并成立兴庆区国有资产管理委员会和兴庆区国有资产投资控股有限公司;研究并同意开发建设丽景湖公园和兴庆区广场;推荐上报自治区工商联先进会员,银川市党建、保密工作先进单位、先进个人;表彰奖励兴庆区先进基层党组织、优秀党务工作者、优秀共产党员。
2003 年 7 月 3 日	兴庆区委 2003 年第 15 次	研究并原则通过《中共银川市兴庆区委关于兴起学习贯彻“三个代表”重要思想新高潮的实施意见》《中共银川市兴庆区委 兴庆区人民政府关于大力发展非公制经济的意见》、《兴庆区人民政府关于进一步加快农业产业结构调整的实施意见》《银川市兴庆区精神文明建设委员会关于贯彻落实建设千里文明长廊工作的实施意见》;研究满春乡八里桥四队、蔬菜园艺场征地拆迁补偿事宜;同意上报全国计生、法制建设先进单位,先进工作者,研究干部问题及成立协调领导小组等事宜。

续表

时间	届次	主要议题
2003 年 7 月 11 日	兴庆区委 2003 年第 16 次	研究并原则通过《银川市兴庆区人民政府关于银川兴庆科技园征用蔬菜园艺场国有土地拆迁补偿安置方案》；兴庆区工商联副会长提名人选，同意推荐上报全国农村优秀人才和自治区人事部门表彰的抗击非典先进集体、先进个人；研究干部问题。
2003 年 7 月 22 日	兴庆区委 2003 年第 17 次	研究并原则通过《中共银川市兴庆区委 2003-2010 年人才建设规划》；研究并原则同意银川三中与兴庆区十七小合并为九年一贯制学校；研究兴庆区工商联副会长候选人；在原永固乡政府机关所在地建设兴庆区党校（党员培训中心、干部培训中心）；研究兴庆区乡镇行政区划调整事宜和干部问题。
2003 年 7 月 29 日	兴庆区委 2003 年第 18 次	研究并原则通过《关于切实维护党政机关正常工作秩序正确处理信访问题的规定》《银川市兴庆科技园详细规划》；推荐上报全国社区志愿者先进单位、先进个人，自治区优秀教师、优秀校长、优秀教育工作者；研究干部问题。
2003 年 8 月 7 日	兴庆区委 2003 年第 19 次	研究并原则通过《兴庆区人民政府关于对街道办事处管辖范围和社区居委会进行调整的通知》《兴庆区农村最低生活保障暂行办法》《银川市兴庆区人民检察院中层领导干部竞争上岗一般干部双向选择实施方案》《兴庆区蔬菜园艺场职工人员安置办法》；研究兴庆区二三产业联合普查、十二中迁建、北环批发市场进行扩建；表彰严打整治斗争先进集体，先进个人；同意推荐上报自治区表彰的防治非典工作先进单位、先进集体、先进个人，“五好文明家庭”、“学习型家庭”、“文明楼栋”；研究成立兴庆区老龄工作委员会和干部事宜。
2003 年 9 月 11 日	兴庆区委 2003 年第 21 次	研究并同意表彰优秀教师、优秀教育工作者；同意兴庆区 2004 年基建项目计划、2004 年兴庆区科技项目计划；原则同意重新确认兴庆区级文明单位；同意推荐上报全国、自治区、银川市级先进集体和先进个人；研究干部、机构等事宜。
2003 年 10 月 16 日	兴庆区委 2003 年第 22 次	研究并原则通过《中共银川市兴庆区委 2003-2010 年人才建设规划》《中共银川市兴庆区委员会关于任免科级干部票决制的实施办法》；研究兴庆科技园前期投资有关事宜；研究推荐上报全国、自治区级先进集体、先进个人，文明非公有制企业、文明单位、文明工商户、十星级文明户；研究成立、调整工作领导小组；研究干部问题。
2003 年 11 月 11 日	兴庆区委 2003 年第 24 次	研究召开通贵工作会议、防治非典暨百日卫生综合整治工作表彰大会；原则同意兴庆区第五小学规划建设的意见；研究干部问题。
2003 年 11 月 27 日	兴庆区委 2003 年第 25 次	研究并原则通过《兴庆区农村特困人员救助办法》《兴庆区农村特困户生活救助实施办法》《兴庆区目标责任管理考核暂行办法》《关于 2003 年综合目标管理责任书考核的安排意见》《兴庆区中小学校长工作考核评估暂行办法》；原则同意关于召开兴庆区人大一届二次会议、政协兴庆区一届二次会议的请示；研究兴庆区武装部生产生活达标建设经费问题，调整兴庆区机关党委委员。
2003 年 12 月 19 日	兴庆区委 2003 年第 26 次	研究兴庆区人大、政协会议工作报告，兴庆科技园基础设施建设投资，减少隆湖房地产开发公司返还兴庆区政府康居新村住房面积、购置街道社区居委会办公用房、召开兴庆区侨联第一次代表大会、干部问题等相关事宜；原则通过《关于做好失地农民就业工作的实施意见》；推荐上报自治区、银川市就业和再就业、精神文明建设工作先进集体、先进个人；同意命名兴庆区级文明单位；推荐政协银川市第十届委员会委员候选人。

续表

时间	届次	主要议题
2004年2月5日	兴庆区委2004年第1次	研究月牙湖乡交接有关事宜;听取《兴庆区预防禽流感情况的汇报》;推荐上报全国、自治区“三八”红旗集体、先进集体和先进个人。
2004年2月13日	兴庆区委一届第36次（此处混记见*）	研究并原则通过兴庆区2004年农业产业结构调整实施意见;推荐上报兴庆区团委为第五届中国百个优秀青年志愿服务集体;研究并同意推荐上报银川市“五好文明家庭”;研究干部问题。
2004年2月27日	兴庆区委一届第37次	研究并原则同意召开兴庆区经济、政法、组织(人才)、宣传、统战、纪检等工作会议。推荐上报自治区、银川市妇女就业再就业工作和维护妇女儿童合法权益先进个人;研究并同意表彰兴庆区综治、政法、宣传、武装等工作先进集体、工作先进个人;命名市容局直属党总支等87个党支部为“五好党支部”;调整兴庆区国防动员委员会组成人员;研究干部问题。
2004年3月17日	兴庆区委一届第38次	研究并原则通过《兴庆区事业单位人事制度改革方案》《关于开展创建“平安兴庆”活动的实施意见》《关于招商引资奖励暂行办法》《兴庆区科技特派员创业行动实施方案》;推荐上报银川市表彰的劳动争议调解处理工作先进集体;变更兴庆区绿化队隶属关系,宁夏黄河房地产开发公司、宁药饭店、宁夏计算机服务总公司、金河乳品饮料公司、光耀房地产开发公司党组织关系转交兴庆区经济发展统计局党委管理;研究干部问题事宜。
2004年4月7日	兴庆区委一届第39次	研究并原则通过《中国·银川兴庆首届黄河生态旅游文化周活动实施方案》《兴庆区月牙湖乡普初实施方案》《兴庆区扫盲工作实施方案》;研究兴庆区春季义务植树、选派干部赴天津河西区挂职锻炼和干部问题;同意推荐上报全国、自治、银川市表彰的先进集体、先进个人。
2004年5月10日	兴庆区委一届第40次	研究兴庆区掌政镇规划建设、干部问题等有关事宜;研究并原则通过《关于实施以城带乡战略促进月牙湖乡经济和社会发展的意见》《兴庆区农村贫困人员医疗救助暂行办法》《兴庆区依法治区规划》《兴庆区领导干部推荐干部责任制度》《兴庆区党政领导干部辞职暂行规定》《中共兴庆区委员会全体会议对兴庆区乡镇、街道、政府职能部门党政正职拟任人选和推荐人选表决办法》《兴庆区人民代表大会常务委员会关于对被任命干部进行述职评议的方案(草案)》;研究并同意召开兴庆区乡镇、街道工作观摩交流会;研究成立兴庆区通贵乡集镇项目建设领导小组;同意推荐上报自治区、银川市表彰的宁夏青年科技奖候选人,综合治理工作先进集体、先进个人,“五四”红旗团委、团支部、优秀团员。
2004年5月10日	兴庆区委议军工作会	研究并同意兴庆区人民武装部关于“八一”建军节军事日活动、民兵基层建设、民兵三项军事竞赛及特色观摩活动的意见,由财政核拨兴庆区人民武装部50万元资金工作经费以及随军家属到社区工作等事宜。
2004年6月1日	兴庆区委一届第42次	研究并原则通过《兴庆区文明生态工程实施意见》《兴庆区加强未成年人思想道德建设实施意见》《兴庆区乡村公路养护、管理办法》;推荐上报全国“老年星光之家”先进社区和自治区老龄工作先进单位;研究月牙湖治沙林场与原陶乐县牧场、兴庆区区划调整后机构设置和人员编制等有关事宜。
2004年6月16日	兴庆区委一届第43次	研究并原则通过《兴庆区“村改居”工作实施方案》《兴庆区集体经济组织财务管理制度》《兴庆区村级财务公开和民主理财制度》;推荐上报全国表彰的人民满意公务员、优秀教师候选人;推荐上报自治区、银川市表彰的先进村党支部、优秀村党支部书记,农村党员双带双富标兵;表彰奖励兴庆区级先进党组织,优秀党务工作者、优秀党员;研究成立兴庆区黄河生态旅游开发领导小组;研究拆除违章建筑事宜。

续表

时间	届次	主要议题
2004年7月5日	兴庆区委一届第44次	研究并原则通过《兴庆区法院中层领导干部缺额岗位竞争上岗实施方案》;研究成立兴庆区加强和改进未成年人思想道德建设领导小组和干部问题。
2004年7月15日	兴庆区委一届第45次	研究并原则通过兴庆区委各常委、政府各区长八项廉政承诺;原则通过《兴庆区工作绩效问责暂行办法》《关于进一步加强流动人口和吊庄人口计划生育综合管理的实施意见》;研究并原则通过兴庆区"村改居"相关政策的意见;原则同意兴庆区人大党组关于召开全国十二城区人大工作研讨会第二十六次会议的意见;研究干部问题。
2004年7月27日	兴庆区委一届第46次	研究并原则通过《中共银川市兴庆区委员会关于进一步加强和改进农村党的基层组织建设的实施意见》《关于接交原灵武市临河镇横城村地区工作方案》;研究兴庆区第十一小学、通西小学、通北小学危房改造和干部事宜。
2004年8月12日	兴庆区一届第48次	研究并原则通过《兴庆区处理重大民族宗教问题的实施意见》《兴庆区农业供水管理体制及水价形成机制改革实施方案》《关于做好科级后备干部民主推荐工作的意见》;研究成立兴庆区黄河旅游开发区管理委员会;同意推荐上报自治区、银川级的街道社区党建示范区、"西部开发助学工程"资助学生和"宏志班"资助学生、村务公开民主管理先进单位、先进个人。
2004年8月27日	兴庆区委一届第49次	听取并研究兴庆区城市管理综合执法局工作;研究调整兴庆区人才工作领导小组成员、兴庆区社会主义精神文明建设工作委员会成员和干部问题。
2004年9月15日	兴庆区委一届第50次	听取全区县域经济现场观摩会情况;研究并原则通过《兴庆区委组织部关于村级党组织换届工作的安排意见》《兴庆区第一届村民委员会选举工作实施方案》《关于健全和完善村务公开和民主管理制度的实施意见》《兴庆区政府采购管理实施暂行办法》《银川市兴庆区人大常委会关于设立街道人大联络办公室的暂行办法(草案)》《关于兴庆区政府机构改革的实施方案》《关于解决乡镇人员超编问题的工作安排》;研究并同意推荐上报全国、自治区、银川市级的先进集体,先进个人等。
2004年9月28日	兴庆区委一届第51次	研究并同意于10月8日召开中共银川市兴庆区委一届五次全体(扩大)会议,专题研究贯彻落实中共中央关于加强党的执政能力建设的实施意见;原则通过兴庆区委组织部关于建立区委、政府县级领导干部基层党建工作联系点的意见,兴庆区公安分局党委关于召开中国共产党兴庆区公安分局第一次代表大会的请示;研究兴庆区黄河旅游开发区管理委员会内设机构、招聘人员及相关职能事宜;研究同意成立兴庆区劳务输出工作领导小组。
2004年11月2日	兴庆区委一届第52次	研究并原则通过《关于进一步加强和改进青年工作的意见》;研究兴庆区人大常委会关于在部分街道设立人大联络办公室的请示;研究并同意将银古路街道上前城十队划归大新镇管辖,兴庆区申报全国团建先进县(区);召开兴庆区二三产业联合普查表彰暨全国经济普查兴庆区动员大会,对在兴庆区二三产业联合普查工作中涌现出的18个先进集体和80名先进个人予以表彰奖励;推荐上报自治区、银川市级区的先进集体和先进个人;研究干部问题。
2004年11月20日	兴庆区一届第53次	研究并原则通过《中共银川市兴庆区委员会关于进一步加强和改进街道社区党的建设工作的意见》《兴庆区2004年度综合目标责任书考核方案》《关于发展农村专业合作经济组织的指导意见》;研究兴庆区2005年重点建设项目和干部人事问题;研究并同意推荐上报自治区级的宣传思想工作先进集体和先进个人。

续表

时间	届次	主要议题
2004年12月1日	兴庆区委一届第54次	研究并原则同意兴庆区人民政府关于调整2004年度兴庆区本级财政预算的报告；同意购买裕丰巷广和一区1-1-101室作为丽景街办事处银虹社区办公用房；同意补选9名缺额人大代表，增补3名政协委员；原则通过兴庆区委书记、副书记、常委工作分工；研究干部问题。
2004年12月9日	兴庆区委一届第55次	研究并决定于12月12日召开兴庆区委一届六次全体（扩大）会议；研究并同意兴庆区人大党组关于召开一届人大三次会议有关事项的请示，政协兴庆区党组关于召开政协一届三次会议有关事项的请示；同意推荐上报全国和自治区级的巾帼文明岗、三八红旗手、第五次体育场地普查工作先进集体、先进个人；研究干部问题。
2004年12月24日	兴庆区委一届第57次	研究并原则通过《银川市兴庆区人民政府工作报告》《银川市兴庆区2004年国民经济和社会发展计划执行情况及2005年国民经济和社会发展计划草案的报告》《银川市兴庆区人民政府关于2004年财政预算执行情况和2005年财政预算草案的报告》《银川市兴庆区人大常委会工作报告》《银川市兴庆区政协常委会工作报告》《银川市兴庆区人民法院工作报告》《银川市兴庆区人民检察院工作报告》及出席银川市人大、政协候选人；同意推荐上报全国、银川市级的先进市（县）、专业技术拔尖人才；同意命名掌政镇掌政村党支部等60个基层党组织为“五好党支部”。
2004年12月31日	兴庆区委一届第58次	研究并原则通过2005年各部门财政预算安排、《关于开展机关效能建设的决定》《关于在兴庆区城市区域内实行治安防范巡防责任制的意见》；研究党政机关工作人员公务移动通讯费发放事宜；同意推荐上报全国、自治区、银川市级的先进集体、先进个人。
2005年1月17日	兴庆区委一届第60次	研究兴庆区保持共产党员先进性教育活动的有关事宜。
2005年1月27日	兴庆区委一届党62次	研究2004年综合目标责任书考核有关事宜；原则通过横城滨河公园拆迁补偿方案、兴庆区国防动员委员会组成人员调整名单；同意表彰兴庆区的文明单位、文明社区、先进集体、优秀通讯员等事宜
2005年2月2日	兴庆区委一届第63次	研究推荐上报自治区级的模范集体、劳动模范；研究干部问题。
2005年2月23日	兴庆区委一届第64次	研究并原则通过《中共银川市兴庆区委员会关于加强和改进中心组学习的意见》《中共银川市兴庆区委员会关于开展先进性教育活动结对帮扶“212”实践活动实施方案》和干部问题。
2005年3月5日	兴庆区委一届第65次	原则通过推荐上报银川市的兴庆区2005年工作目标任务、兴庆区2005年农业产业结构调整扶持政策；研究区委常委保持共产党员先进性的具体要求和干部问题；研究并同意推荐上报银川市级的先进集体、先进个人。
2005年3月29日	兴庆区委一届第67次	研究县级党员领导干部先进性教育第二阶段工作安排意见；原则通过兴庆区关于加快示范性学校发展的实施意见、兴庆区2005-2007年教师队伍培养实施意见、兴庆区关于加快农村教育发展的意见；同意推荐上报银川市级的先进个人、先进集体；研究并同意成立兴庆区河东经济旅游开发领导小组、兴庆区“五创”指挥部及相关工作机构和调整兴庆区编委会组成人员和干部事宜。
2005年4月12日	兴庆区委一届第68次	研究第一季度治安形势；原则通过兴庆区先进性教育第二阶段边议边改意见、兴庆区计划生育领导小组组成人员调整名单。

续表

时间	届次	主要议题
2005 年 4 月 19 日	兴庆区委一届第 69 次	听取市委先进性教育督导组向区委常委会班子反馈的意见;同意表彰十佳环卫班组和环卫标兵;研究干部问题。
2005 年 5 月 18 日	兴庆区委一届第 70 次	研究 2005 年综合目标责任制考核、恒业公司股权转让、召开区委一届七次全体(扩大)会议事宜;原则通过兴庆区科学技术进步奖励办法;原则同意成立兴庆区反邪教协会、兴庆区委保密委员会组成人员调整名单;表彰兴庆区 2004 年度爱国卫生工作先进集体和进个人;同意推荐上报全国精神文明创建工作先进单位、文明村、绿色社区。
2005 年 6 月 10 日	兴庆区委一届第 71 次	研究并原则同意成立兴庆科技园项目评审领导小组;研究有关议事协调机构组成人员调整事宜和干部问题。
2005 年 6 月 22 日	兴庆区委一届第 72 次	听取鼠防工作的汇报;原则同意《关于建立兴庆区街道治安行政调解与人民调解联动工作机制的实施意见》《关于建立兴庆区乡镇信访及社会矛盾纠纷综合调处工作机制的实施意见》《2005 年兴庆区扶贫开发工作的意见》《兴庆区农村广播影视公共服务体系建设方案》;同意成立兴庆区失地农民保障工作领导小组、兴庆区扶贫开发领导小组。
2005 年 6 月 29 日	兴庆区委一届第 73 次	原则通过兴庆区第一批先进性教育活动总结和第二批先进性教育活动安排意见,第二批先进性教育活动工作联系点名单和抽调人员名单;研究召开兴庆区第一批先进性教育活动总结暨第二批先进性教育活动动员会事宜和新移交的 10 家非公有制企业党组织隶属关系问题。
2005 年 7 月 21 日	兴庆区委一届第 74 次	原则同意推荐上报自治区级十星级文明户、文明个体工商户;同意成立民革兴庆区总支委员会,研究教育工作、"八一"建军节期间开展双拥工作的有关事宜;原则通过 2005 年兴庆区实施自治区级现代农业示范园区及银川市农业科技园区的工作安排;研究命名 2004 年度依法治理示范单位事宜。
2005 年 8 月 31 日	兴庆区委一届第 75 次	同意推荐上报全国、自治区级的五好文明家庭;研究关于建立区委统战部负责协调的统战工作机制的意见、玉皇阁北街原办公楼的处理;研究干部事宜。
2005 年 10 月 26 日	兴庆区委一届第 76 次	同意推荐上报全国、自治区级的先进文化社区、文明单位;研究兴庆区关于进一步加强民族工作的意见,干部问题;原则通过兴庆区纪检委、组织部关于在行政村、社区、教育系统基层党组织设立纪检委员的意见。
2005 年 11 月 16 日	兴庆区委一届第 77 次	研究表彰兴庆区民族团结进步先进集体和先进个人;研究并原则通过兴庆区贯彻《自治区党委、自治区人民政府关于进一步加强人口和计划生育工作的决定》的实施意见,兴庆区开展第三批先进性教育活动,召开兴庆区委一届八次全体(扩大)会议有关事宜;听取兴庆区强化麻疹及鼠疫防治工作情况汇报,兴庆区禽流感防控工作情况汇报,《兴庆区国民经济和社会发展第十一个五年规划纲要(草案)》编制情况汇报;研究并原则通过兴庆区禁毒领导小组成员调整名单;原则同意推荐上报银川市 2005 年度拔尖人才。
2005 年 12 月 6 日	兴庆区委一届第 81 次	研究并原则同意为兴庆区草原站职工缴纳社会养老保险金;研究村干部参加养老保险金,第三批先进性教育活动;原则通过组建兴庆区流动人口计生管理大队事宜;同意推荐全国、自治区级的三八红旗手、先进妇联组织、优秀妇联干部;同意兴庆区人大党组关于召开一届人大四次会议有关事项的请求,政协兴庆区党组关于召开政协一届四次会议有关事项的请示;审议并原则通过兴庆区一届人大四次会议《政府工作报告》《兴庆区 2005 年国民经济和社会发展计划执行情况及 2006 年国民经济和社会发展计划(草案)的报告》《兴庆区 2005 年财政预算执行情况及 2006 年财政预算(草案)的报告》《兴庆区人大常委会工作报告》《兴庆区人民法院工作报告》《兴庆区人民检察院工作报告》以及兴庆区一届人大常委会委员候选人,兴庆区出席银川市第十二次人民代表大会代表候选人,增补政协兴庆区一届委员会委员等事宜;研究干部问题。

续表

时间	届次	主要议题
2006 年 2 月 15 日	兴庆区委一届第 83 次	听取兴庆区人武部党委关于贯彻银川警备区党委会议精神的汇报，兴庆区事业单位机构编制清理情况及挂牌成立兴庆区疫控中心、食品卫生监督所和招商局事宜；研究并原则通过《中共兴庆区委、兴庆区人民政府关于创建和谐社区的实施意见》《中共兴庆区委、兴庆区人民政府关于推进社会主义新农村建设，做好 2006 年农业及农村工作的意见》；同意表彰兴庆区级的先进集体、先进个人、农村合作经济组织示范点；命名 2005 年度兴庆区级文明社区、文明村、文明单位、“五个好”党支部。
2006 年 3 月 15 日	兴庆区委一届第 84 次	研究审议并原则通过《兴庆区关于创建计划生育“三无”乡镇街道活动实施方案》《兴庆区落实外来流动人口治安管理责任制的实施意见》《兴庆区基层组织建设协调发展年的实施意见》《兴庆区开展“连心桥”活动的实施意见》《兴庆区农村党员干部现代远程教育的实施意见》；研究并同意表彰兴庆区级的先进集体，先进个人；同意推荐上报银川市级的先进集体、先进个人；研究成立兴庆区基本建设领导小组、干部问题。
2006 年 4 月 5 日	兴庆区委一届第 85 次	研究兴庆区科技园体制转换事宜；补议并同意推荐上报自治区、银川市级的“四五”普法先进集体、先进个人。
2006 年 4 月 28 日	兴庆区委一届第 86 次	审议并原则通过《兴庆区委、兴庆区政府 2006 年农业产业结构调整扶持政策的意见》《兴庆区关于进一步加强农村卫生工作的实施意见》《兴庆区关于加强创建教育强区攻坚阶段工作的实施意见》；研究并同意上报全国、银川市级的先进集体、先进个人、好家长、优秀小公民等；研究下派干部挂职问题。
2006 年 6 月 1 日	兴庆区委一届第 87 次	审议并原则通过《兴庆区 2006 年新农村建设重点工作实施方案》《兴庆区开展治理商业贿赂专项工作的实施方案》《中共兴庆区委关于进一步加强人大工作的意见》《中共兴庆区委关于进一步加强政协工作的意见》；研究成立兴庆区社会主义新农村建设领导小组，兴庆区关工委组成人员调整，召开兴庆区委人大、政协工作会议，“七一”有关表彰，兴庆区公证处管理权移交有关事宜。
2006 年 6 月 7 日	兴庆区委一届第 88 次	研究兴庆区黄河旅游开发区管理委员会机构及人员问题，干部问题
2006 年 6 月 21 日	兴庆区委议军会	听取武装部 2006 年以来人武工作开展情况以及下一步工作安排；研究 2006 年人武工作及创建“双拥模范区”工作。
2006 年 7 月 21 日	兴庆区委一届第 90 次	听取 2006 年第二季度重点工作目标责任制督查情况汇报；补议上报全国计划生育奖励扶助工作先进个人事宜
2006 年 8 月 17 日	兴庆区委一届第 91 次	研究同意上报自治区、银川市级的先进集体、先进个人；研究审议并原则通过《兴庆区社区居委会换届选举方案》《兴庆区社区党组织换届选举方案》《兴庆区乡镇党委换届选举工作实施意见》《乡镇党委换届考察工作实施方案》《兴庆区乡镇领导班子和领导干部实绩分析评价方案》《乡镇领导班子和领导干部综合考核评价试行办法》《兴庆区“城乡互动之光”人才培养实施方案》；研究讨论《中共兴庆区第二次党代会决议（草案）》。
2006 年 9 月 29 日	兴庆区委一届第 99 次	听取市委考察组对兴庆区党委班子的反馈意见；研究招商引资工作。

续表

时间	届次	主要议题
2006年10月8日	兴庆区委一届第101次	研究并原则通过兴庆区党委班子临时分工,兴庆区新一届党委班子成员,兴庆区新一届党委委员、候补委员提名名单,兴庆区新一届纪委委员、候补委员提名名单,兴庆区新一届党委班子、纪委班子提名候选人名单,兴庆区县级领导党代表下派方案,兴庆区第一次党代会秘书处机构设置及职责。
2006年10月16日	兴庆区委一届第102次	听取并原则通过兴庆区第一次党代会报告、议程等,决定10月24日举行中国共产党银川市兴庆区第一次代表大会。
2006年11月13日	兴庆区委一届第103次	研究并同意表彰兴庆区"四五"普法先进集体和先进个人;审议通过兴庆区"五五"普法规划(草案);原则同意成立兴庆区志、党史大事记、组织史编撰委员会,在兴庆区档案局增挂编委会牌子,成立兴庆区老年人体育协会,成立兴庆区非公有制企业党建研究会;原则通过中共银川市兴庆区全委会、常委会制度;研究干部问题。
2006年12月4日	兴庆区委一届第104次	研究兴庆区"星级社区"评选方案,兴庆区工商联换届,出席中国共产党第十七次代表大会候选人初步推荐人选;通过兴庆区一届人大代表补选人选,政协兴庆区一届委员会补选人选;同意申报银川市级的文明单位、文明市民;同意对文艺社区、绿秀苑小区等17个文明单位、文明社区、文明小区予以命名表彰。
2007年1月8日	兴庆区委一届第74次(届次重复前面)	传达中央和自治区农村工作会议精神;研究审议并原则通过兴庆区2007年农业农村工作实施意见、兴庆区2007年农业发展扶持政策意见、兴庆区"农家乐"发展实施意见和兴庆区乡镇卫生院人事制度改革方案;同意推荐兴庆区福利院为全国巾帼文明岗;研究召开兴庆区人大一届五次会议和召开兴庆区政协一届五次会议事宜。
2007年1月25日	兴庆区一届党委第2次(试图理清*)	同意推荐上报银川市级宣传思想工作先进集体、先进个人;研究审议并原则通过《兴庆区农业科技推广体系改革实施方案》《关于增强自主创新能力建设创新型兴庆的意见》;研究召开兴庆区农业农村工作会议事宜和干部问题。
2007年3月13日	兴庆区一届党委第6次	研究兴庆区优化发展环境暨经济工作会议表彰事宜;2006年度武装工作先进单位和个人表彰、增加民主党派工作经费、兴庆区检察院中层干部竞争上岗事宜;原则通过2006年招商引资奖励方案、2007年招商引资办法、兴庆区旅游工作领导小组成立事宜;同意推荐上报银川市级的招商引资工作先进集体、先进个人;研究审议《兴庆区党委、政府关于加快旅游业发展的意见》《兴庆区党委、政府关于优化政务环境的意见》。
2007年3月22日	兴庆区委一届第90次(又显混乱)	研究审议《兴庆区党委、政府关于加快花卉产业发展的意见》,研究成立兴庆区花卉协会事宜;听取掌政镇赵府滩渔池开发建设有关问题的汇报;原则同意调整兴庆区县级领导联系乡镇街道、部门联系(村)社区名单和宁夏上陵实业有限公司成立党委事宜;研究对违纪干部处理问题。
2007年3月28日	兴庆区一届党委第8次	研究召开兴庆区环境综合整治暨"五创"工作总结表彰会事宜和干部问题;审议《兴庆区党委关于进一步优化司法环境的意见》;听取2006年度综合目标责任考核情况汇报。
2007年6月27日	兴庆区一届党委第9次	研究庆祝建党86周年表彰大会及有关活动事宜和干部问题;原则通过《兴庆区村"两委"班子换届方案》;同意推荐上报自治区级的文明单位、文明个体工商户。

*出现"兴庆区一届党委",以区别前文"兴庆区委一届"(即城区党委九届的延续)

续表

时间	届次	主要议题
2007年8月9日	兴庆区一届党委第11次	听取兴庆区村“两委”班子换届工作进展情况汇报、兴庆区区乡两级人大换届工作筹备情况汇报；同意组建兴庆区拆迁领导小组办公室，同意推荐大新镇人民调解委员会为全国模范人民调解委员会及西部助学工程资助对象。
2007年9月8日	兴庆区一届党委第13次	同意上报自治区级的区人民调解工作先进集体、先进个人；研究兴庆区司法所规范化建设、兴庆区设施花卉科技示范园区建设项目贷款抵押有关事宜；原则通过《兴庆区领导干部离任经济事项交接规定》《2007年兴庆区各单位工作考核实施方案》《兴庆区各乡镇街道及区直部门2007年主要目标任务》、兴庆区人大代表下派分配方案；通报市委、市政府关于兴庆区5·2名人文化广场事故有关责任人的处理决定；听取兴庆区第二届人大代表正式候选人、村"两委"班子换届选举、乡镇领导班子及领导干部考察情况汇报；研究干部问题。
2007年9月21日	兴庆区一届党委第16次	研究干部问题。
2007年10月9日	兴庆区一届党委第17次	研究兴庆区委、兴庆区政府关于强力推进花卉产业的有关事宜，兴庆区乡镇人大、政府换届有关事宜；原则通过银川国际物流港总体规划方案；听取兴庆区政协第二届委员会筹备情况汇报。
2007年11月6日	兴庆区一届党委第18次	研究召开兴庆区残疾人联合会第二次代表大会事宜和干部问题；听取政协兴庆区第二届委员会委员安排情况说明；讨论并原则通过党委一届四次全体（扩大）会议所作的报告（讨论稿）、2008年区委工作要点（讨论稿）及2008年重大项目责任分工安排意见。
2007年11月12日	兴庆区一届党委第19次	研究团委换届人选问题；听取兴庆区出席银川市第十三届人民代表大会代表候选人建议人选的说明；研究并原则通过召开兴庆区第二届人民代表大会第一次会议、乡镇街道人大换届选举表彰、召开政协兴庆区第二届委员会第一次会议有关事宜和干部问题。
2007年12月5日	兴庆区一届党委第20次	同意推荐上报全国、自治区级的“双学双比”先进集体、致富女能手、先进个人、“三八”红旗手；听取乡镇、街道及部门单位班子及成员考核情况汇报；原则通过兴庆区机构编制委员会和兴庆区巡视工作组组成人员名单、兴庆区干部人事调配议事规则。
2008年1月31日	兴庆区一届党委第23次	研究大新镇花卉示范园区建设，兴庆区花卉项目第二批出借资金方案及提供抵押物情况汇报，增加公安分局治安巡防经费事宜；研究同意上报银川市级的宣传、“五创”工作先进集体、先进个人；研究并同意命名兴庆区级文明单位、文明社区、文明小区。
2008年3月3日	兴庆区一届党委第24次	听取兴庆区2007年度目标管理责任书考核情况；研究召开纪委一届三次全体扩大会议、经济和农业农村工作、安全生产工作、宣传统战工作、政法工作和迎接自治区成立50周年大庆暨2007年“五创”工作表彰等会议和干部任免事宜；原则通过《兴庆区关于进一步推进教育改革发展创新的意见》《兴庆区关于进一步加强思想道德建设，开展"四德"工程建设实施方案》。
2008年3月24日	兴庆区一届党委第25次	研究并同意上报银川市级的劳动模范、先进工作者。
2008年5月5日	兴庆区一届党委第26次	研究并同意上报银川市级的先进基层党组织、优秀党务工作者、优秀共产党员；研究全区“民主议政日”活动现场筹备事宜；原则通过《兴庆区机关事业单位工作人员带薪休假实施细则（试行）》《兴庆区机关事业单位工作人员考勤管理办法（试行）》《兴庆区领导干部请销假管理制度（试行）》《中共兴庆区委关于进一步加强老干部工作的意见》《关于加强兴庆区教育系统党建工作的实施意见》。

续表

时间	届次	主要议题
2008年5月26日	兴庆区一届党委第27次	研究并原则通过《关于在兴庆区党员干部中开展干干净净干事主题教育活动的意见》;研究人事问题。
2008年6月13日	兴庆区一届党委第29次	听取兴庆区“两基”迎“国检”准备工作情况汇报;研究召开兴庆区庆祝建党87周年暨“七一”表彰大会事宜;同意推荐上报全国、自治区级的文明单位、文明村镇;研究人事问题。
2008年6月30日	兴庆区一届党委第30次	听取关于奥运火炬传递及自治区五十大庆期间维稳工作情况汇报,当前信访工作情况汇报。
2008年7月15日	兴庆区一届党委第31次	研究关于召开区委一届五次全体(扩大)会议事宜。
2008年7月21日	兴庆区一届党委第32次	研究兴庆区信息化建设有关事宜;听取兴庆区综合治理平安保险缴纳情况的汇报;研究干部问题。
2008年7月29日	兴庆区一届党委第33次	研究并同意上报自治区级的民族团结进步先进集体、先进个人;听取相关部门关于发展现代服务业情况的汇报;研究并原则通过《银川国际物流港建设实施方案》《关于兴庆区科技园建设项目债务清理第二批资金支付计划的报告》《关于化解宁夏国际投资控股有限公司股权转让金的情况报告》。
2008年8月13日	兴庆区一届党委第34次	调整兴庆区精神文明建设指导委员会等41个议事机构;原则通过《兴庆区创建全国文明城市工作实施方案》;听取教育系统考核情况汇报;研究干部问题。
2008年8月19日	兴庆区一届党委第35次	原则通过兴庆区《关于大力推进全民创业加快富民强区的实施意见》《兴庆区党代表大会代表任期制实施办法》《乡镇(街道)党(工)委、区委直属党组织书记抓党建工作双向述职制度》《关于加强党建带团建工作的实施意见》;研究召开兴庆区农村工作领导小组(扩大)会议事宜。
2008年9月1日	兴庆区一届党委第36次	研究《关于建立科级领导干部交流机制的意见》,兴庆区党代表工作,穆斯林民俗村项目建设,偿还建设银行贷款,兴庆区党政正职后备干部推荐人选事宜和干部问题。
2008年9月22日	兴庆区一届党委第37次	研究兴庆区《关于加强新形势下密码工作的实施意见》,第四批花卉贷款发放,偿还自治区国控公司股本金,合作开发建设三森国际家具汇展中心,兴庆区鲜奶滞销有关事宜;听取关于选聘大学生村干部工作情况的汇报,关于赴陕西省岐山县等地考察农家乐项目的情况汇报;同意上报自治区级的文明村镇、文明户;通报关于接待国家领导人工作中存在的问题,同意授予兴庆区市民“孝敬父母星”、“少年先锋星”、“优秀公仆星”、“自主创业星”等荣誉称号。
2008年10月21日	兴庆区一届党委第38次	研究并原则通过《兴庆区干部建功业的实施意见》《兴庆区党员创业帮带活动的实施意见》《兴庆区开展巾帼创业活动的实施意见》《兴庆区青年创业的实施意见》《兴庆区企业创新业的实施意见》《兴庆区帮扶大中专毕业生自主创业的实施意见》《兴庆区帮扶复退(复转)军人创业的实施意见》《兴庆区推进招商投资创业工作的实施意见》《黄河宁夏段兴庆区标准化堤防工程实施方案》;研究干部问题。
2008年11月10日	兴庆区一届党委第39次	传达学习中发[2008]18号文件精神,研究兴庆区贯彻意见;研究农村信用联社贷款展期事宜。
2008年11月18日	兴庆区一届党委第40次	研究并原则通过《兴庆区中小学幼儿园党总支(支部)工作细则》;研究并同意推荐上报银川市级的“迎接自治区成立五十周年大庆”先进集体、先进个人;研究在新华街等5个街道设立街道人大联络办公室,补选银川市、兴庆区人大代表事宜和干部问题。

续表

时间	届次	主要议题
2008年11月26日	兴庆区一届党委第41次	听取拆迁办、市场办、流管办、招标办、爱卫办工作汇报；研究清水湖湿地保护利用及赵府滩"适水"产业项目建设，补选民建兴庆区总支主委，政府党组织关于干部处理的意见，选派民警兼任村支部副书记职务事宜和干部问题。
2008年12月6日	兴庆区一届党委第42次	研究召开区委一届六次全体（扩大）会议，研究《关于开展"法治兴庆"创建活动的实施方案》《关于深入开展"城乡一体化发展推进年"活动的实施意见》以及全民创业6个工作项目的实施意见。
2008年12月16日	兴庆区一届党委第43次	研究召开兴庆区第二届人民代表大会第二次会议、政协兴庆区第二届委员会第二次会议事宜；研究并原则通过《关于开展城镇化试点的指导意见》《银川市兴庆区河西乡镇2009－2010年发展要点》；缴纳银川国际物流港项目一期工程用地审批各项费用的报告；研究干部问题。
2009年1月19日	兴庆区一届党委第46次	研究区委中心组学习、兴庆区科技园工程欠款付款和干部问题。
2009年2月12日	兴庆区一届党委第47次	研究区委书记、副书记和各常委工作分工、成立兴庆区学习实践科学发展观活动领导小组、召开区委重要工作会议、职工公休假补贴方案及2008年度综合目标管理责任书考核兑现方案、解决银川三幼校舍、部分区委直属党（工）委、总支、支部委员会、纪（工）委组成人员名单；研究并同意上报全国、银川市级的宣传思想工作、创建文明城市等先进集体、先进个人；同意命名2008年度兴庆区级文明单位、文明小区。
2009年3月4日	兴庆区一届党委第48次	传达胡锦涛总书记等中央领导关于信访工作的重要批示精神，全区提高舆论引导能力培训班精神和全区净化社会文化环境工作会议精神；研究兴庆区贯彻自治区关于"两提三保"有关政策的意见。
2009年3月18日	兴庆区一届党委第49次	研究兴庆区开展第二批深入学习实践科学发展观活动有关事宜。
2009年3月23日	兴庆区一届党委第50次	研究兴庆区2009年县域经济观摩点，成立兴庆区国防教育委员会，调整兴庆区草原管理站、治沙林场党组织隶属关系事宜；审议兴庆区《关于贯彻落实党的十七届三中全会精神 加快农业农村发展 促进农民增收 加快推进城乡一体化的意见》；开展深入学习实践科学发展观活动专题学习。
2009年4月22日	兴庆区一届党委第52次	研究国际物流港一期项目用地挂牌、干部问题和《兴庆区公务员和事业单位人员交流轮岗意见（试行）》。
2009年4月30日	兴庆区一届党委第53次	开展深入学习实践科学发展观活动专题学习；研究《兴庆区公务员和事业单位人员交流轮岗意见（试行）》、公开选聘事业单位领导干部相关事宜和干部问题。
2009年5月25日	兴庆区一届党委第54次	研究《兴庆区第三届社区"两委"换届选举实施方案》《兴庆区关于规范农村土地承包经营权流转管理意见（试行）》《兴庆区聘请招商引资顾问暂行办法》《兴庆区关于开展第三个党建月活动安排意见》；研究解决兴庆区政府和恒业公司在农信社贷款、兴庆区招商引资考核办法及任务分配方案；成立燕鸽湖管委会、兴庆区迎接全国科技进步考核领导小组和召开中国少年先锋队兴庆区第一次代表大会事宜；听取红墩子工业开发区土地利用现状的调查报告和兴庆区公安分局刑警大队干警张晓虎同志的先进事迹；研究并同意推荐上报全国、自治区级的巾帼示范村、基层党建工作先进单位、妇联系统先进妇女工作者。

续表

时间	届次	主要议题
2009年6月23日	兴庆区一届党委第55次	研究偿还自治区国控公司债务、大新镇文化宣传活动中心出让、召开建党88周年庆祝大会、选派燕鸽湖管委会工作人员、成立兴庆区城乡建设用地增减挂钩试点项目实施领导小组和兴庆区预防职务犯罪领导小组、调整兴庆区维护稳定工作领导小组和兴庆区反腐败协调领导小组事宜;研究召开兴庆区创建全国文明城市动员大会事宜。
2009年7月16日	兴庆区一届党委第56次	研究并原则通过《兴庆区2009年银横路两侧集镇村庄环境综合整治实施方案》《兴庆区关于进一步加强财政工作的实施意见》;听取兴庆区"创城"工作进展情况汇报;成立兴庆区见义勇为协会、调整兴庆区国家安全工作领导小组;研究干部问题。
2009年8月20日	兴庆区一届党委第58次	研究兴庆区《关于进一步加强依法治区工作的意见》《建设宁夏国际小商品交易中心暨银川"万人创业园"基地实施意见》;建立领导干部"三必谈"、"三必做"制度;解决绿地21城土地问题;听取对教育系统违纪干部的处理意见。
2009年9月8日	兴庆区一届党委第60次	研究兴庆区人才工作、兴庆区第三批学习实践科学发展观活动和化解宁夏国际投资控股有限公司股权转让金的有关事宜。
2009年9月17日	兴庆区一届党委第61次	传达学习中央、自治区有关文件精神;研究成立兴庆区工程建设领域突出问题专项治理工作领导小组,推荐自治区、银川市级文明单位、文明社区、文明村镇、文明个体工商户、十星级文明户及市级道德模范、美德好少年,兴庆区组建民兵应急救援分队等事宜。
2009年10月12日	兴庆区一届党委第62次	研究推荐国家和自治区第二次全国经济普查先进集体和先进个人,推进"平安兴庆"建设实施意见及动员会议有关事宜。
2009年11月3日	兴庆区一届党委第63次	研究兴庆区"十二五"重点项目规划,兴庆区工程建设领域突出问题专项治理工作实施方案,申报自治区第一批文化建设先进县和推荐宁夏历史文化名乡(镇)、名村事宜和干部问题。
2009年11月24日	兴庆区一届党委第64次	研究组建银川国际物流港(园)党工委、管委会的实施方案、2007年选聘大学生村官聘期结束安排、调整补充科级后备干部名单和干部问题。
2009年12月8日	兴庆区一届党委第65次	研究《区委一届九次全体(扩大)会议工作报告》《兴庆区2010年政府工作报告》,召开区委一届九次全体(扩大)会议筹备方案,兴庆区近期重大新闻宣传主题,增补区委一届全体委员会委员事宜;听取拆迁办、康居办2009年工作汇报。
2009年12月16日	兴庆区一届党委第66次	研究召开兴庆区人大二届三次会议和政协二届三次会议相关事宜。
2009年12月22日	兴庆区一届党委第67次	研究审议《兴庆区2009年度干部选拔任用专题报告》《兴庆区开展廉政风险防范管理工作的实施方案》《兴庆区2010年生态型现代都市农业发展意见》《中共兴庆区委关于进一步加强和改进中小学党的建设与思想政治工作的实施意见》;乡镇、街道学习实践科学发展观活动分析检查报告;研究干部问题。
2009年12月29日	兴庆区一届党委第68次	研究审议兴庆区二届人大三次会议各项工作报告、政协兴庆区二届三次会议相关工作报告,《关于开展"机关党建年"活动的实施方案》。
2010年1月12日	兴庆区一届党委第69次	研究审议兴庆区党政群机关及乡镇机构改革方案;研究推荐自治区、银川市级的宣传文化工作先进集体、先进个人,拟命名的兴庆区级文明单位、文明小区、文明村镇和干部问题。

续表

时间	届次	主要议题
2010 年 2 月 10 日	兴庆区一届党委第 70 次	研究审议《中共兴庆区委关于贯彻落实 < 中共银川市委关于认真贯彻落实党的十七届四中全会精神加强和改进新形势下党的建设的若干意见 > 的实施意见》《关于进一步加强和改进新闻宣传工作的实施意见》及配套考核办法、《兴庆区“十二五”规划编制实施方案》《兴庆区争取项目和资金实施方案》《兴庆区城管体制改革实施意见》《兴庆区制止查处违法用地和违法建设暂行规定》《兴庆区 2010 年农业发展扶持政策的意见》及先关配套文件；研究关于宁夏银行 2500 万元贷款到期转贷，经济、农业农村暨安全生产工作会议；推荐上报全国、自治区、银川市级表彰的先进集体、先进个人；研究第二轮地方志修志基础工作和干部问题。
2010 年 2 月 26 日	兴庆区一届党委第 71 次	研究召开区委、政府有关工作会议；研究成立中国共产党银川市兴庆区非公有制经济组织和社会组织工作委员会事宜。
2010 年 3 月 25 日	兴庆区一届党委第 72 次	传达学习胡锦涛总书记在宁夏考察工作时的重要讲话精神。
2010 年 4 月 6 日	兴庆区一届党委第 73 次	听取农民进城稳定就业并安家落户工作就业培训进展情况汇报；推荐上报全国、银川市级的职工职业道德 " 十佳 " 和 " 全国模范职工之家 " 先进集体、先进个人；研究干部问题。
2010 年 4 月 26 日	兴庆区一届党委第 74 次	研究审议《兴庆区 2010 年招商引资目标责任考核办法》《兴庆区关于在全区基层组织和党员中进一步开展创先争优活动的实施意见》《兴庆区关于建立 " 两管三评一推优 " 管理考核机制的实施意见》；听取 2009 年度综合目标责任考核工作汇报；研究为非在编人员增加工资和 2010 年车辆购置及调配计划有关事宜；补议推荐自治区 2009 年科普工作先进集体、先进个人，推荐银川市优秀基层工会组织；研究并同意兴庆区纪委有关违纪案件的处理意见
2010 年 5 月 5 日	兴庆区一届党委第 75 次	研究审议《兴庆区关于开展第四个党建月活动的安排意见》《兴庆区刑事被害人救助实施办法》《兴庆区特困申请执行人救助暂行办法》；研究落实崔波同志在月牙湖调研专题会议精神及责任分工、兴庆区非在编人员增资有关事宜；研究并同意推荐自治区级的未成年人思想道德建设工作先进集体、先进工作者；研究人事问题。
2010 年 5 月 21 日	兴庆区一届党委第 76 次	研究审议《掌政镇特色小城镇建设实施方案》；研究成立兴庆区志愿者协会有关事宜和干部问题。
2010 年 6 月 18 日	兴庆区一届党委第 77 次	研究庆祝建党 89 周年纪念大会和命名表彰优秀共产党员、优秀党务工作者和党建示范点，2010 年村级阵地建设有关事宜。
2010 年 7 月 13 日	兴庆区一届党委第 78 次	研究讨论《兴庆区关于深入推进城乡教育一体化加速教育均衡发展实施方案》《兴庆区小城镇建设专项资金管理暂行办法》。
2010 年 7 月 20 日	兴庆区一届党委第 79 次	研究审议《兴庆区关于贯彻银川市建设食品安全先进城市实施方案的意见》《兴庆区碱富桥塞上农民新居建设实施方案》《兴庆区义务教育阶段教师人才引进机制方案》《兴庆区教研员交流选拔实施意见》。
2010 年 8 月 14 日	兴庆区一届党委第 80 次	研究审议《关于“西部大开发、兴庆要争先”主题学习实践活动的安排意见》《关于对科技干部年龄、学历、入党时间等进行审查的请示》；研究掌政镇特色小城镇建设有关问题、中国穆斯林国际小商品交易中心项目返还资金事宜。

续表

时间	届次	主要议题
2010年9月12日	兴庆区一届党委第81次	研究掌政特色小城镇建设、月牙湖奶牛生态养殖基地建设、兴庆区部分单位办公用房搬迁、环卫处清扫员调资、购买银川市计生服务中心办公用房、兴庆公安分局侦缉中心建设经费；补议上报银川市尊师重教先进个人和表彰2010年师德标兵、优秀教师和优秀教育工作者；审议《兴庆区党内关爱资金筹集使用管理办法》《兴庆区村“两委”班子换届选举方案》；通报《自治区党委组织部关于对王杨宝同志任职期间干部工作的反馈意见》。
2010年9月14日	兴庆区一届党委第82次	研究掌政特色小城镇安置区建设代建工程结算有关事宜，关于对宁洽会、中阿论坛期间环境卫生整治督查情况处理意见的请示。
2010年9月26日	兴庆区一届党委第83次	研究审议《兴庆区2010年秋季农田水利基本建设方案》《兴庆区2010年农村环境综合整治工作实施方案》《兴庆区加快推进教育改革的实施意见》《兴庆区“十二五”规划》及2011年重点项目申报工作；研究召开兴庆区防范和处理邪教问题工作表彰会、上报银川市甲流感防控工作先进、表彰兴庆区民族团结进步先进、解决宁夏银基房地产开发有限责任公司债务有关事宜。
2010年11月24日	兴庆区一届党委第84次	研究审议《关于兴庆区农村建立村民监督管理委员会的实施意见》《关于对杨家寨等11个勤廉为民“五好村”进行命名的报告》；研究返还宁夏国际小商品交易中心暨银川“万人创业园”资金、拟命名的2010年兴庆区级文明单位和推荐上报的2010年银川市级文明单位名单、补选兴庆区二届人大代表、干部问题，同意调整兴庆区国有资产管理委员会组成人员。
2010年12月23日	兴庆区一届党委第86次	研究召开区委一届十次全体（扩大）会议，掌政镇特色小城镇前期项目征地拆迁测算，丽景湖公园债务，推荐银川市社区服务工作先进集体、先进个人事宜，推荐自治区妇女岗位建功先进集体和个人，干部问题。
2010年12月24日	兴庆区一届党委第87次	研究兴庆区人大二届四次会议、政协兴庆区二届四次会议筹备情况及相关会议材料，市第三人民医院加挂兴庆区人民医院牌子，创建全国科普示范县区实施方案及调整兴庆区全民科学素质工作领导小组，研究审议《兴庆区城乡医疗救助暂行办法》；推荐上报自治区级的信访、农田水利、疾控工作先进个人；研究干部问题。

2003年8月18日，市委常委、区委书记李泽峰，区长毛宏业慰问建筑工人

【党委办公室领导名录】

主　任：雍根业（2001.10 免）
　　　　夏　斌（2001.10-2002.01）
　　　　戴　亮（2002.03-2003.02）
　　　　袁　科（2003.02-2004.12）
　　　　周庆国（2005.01-2007.12）
　　　　赵景宝（2007.12-2008.11）
　　　　党　成（2008.12-2009.04）
　　　　丁万福（2009.09-2010.12）

副主任：
　　　　丁万福（2001.01-2002.03）
　　　　尉　岚（2003 年 2 月止）
　　　　锁成龙（2002.03-2005.01）
　　　　赵惠芳（2003.02-2003.08）
　　　　郝亚伟（2003.05-2010.12）
　　　　尹淑华（2005.03-2005.12）
　　　　杨国军（2007.12-2010.12）
　　　　白剑峰（2009.01-2010.12）
　　　　马　巍（2009.09-2010.12）

组织工作

【概况】　十年来，区委组织工作以科学发展观为指导，以创建全区组织建设先进区为目标，加强组织领导，完善工作机制，不断创新活动载体，在基层组织建设等方面，取得明显的成效，为兴庆区各项事业的发展提供坚强的组织保证。

【部领导名录】

部　长：王玉红 (2001.01 ~ 2004.12)
　　　　金永灵 (2004.12 ~ 2008.06)
　　　　冯伟斌 (2008.06 ~ 2010.12)

副部长：黄　俊 (2001.12 ~ 2003.02)
　　　　戴　亮 (2003.02 ~ 2003.03)
　　　　马力兵 (2003.03 ~ 2009.01)
　　　　王全存 (2003.07 ~ 2004.12)
　　　　杨迎珍 (2005.07 ~ 2007.09)
　　　　吴学清 (2007.10 ~ 2010.04)
　　　　马咏晖 (2009.01 ~ 2010.04)
　　　　刘春玲 (2009.01 ~ 2011.03)
　　　　王彦忠 (2010.05 ~ 2010.12)

【党建工作机制】　制定《兴庆区委进一步加强基层党建工作的意见》，党建工作实行目标管理，从区委到各个基层支部，上下联动，形成党委统一领导，组织部门牵头抓总，有关部门各司其职，齐抓共管的局面。常委会听取基层党建工作汇报并制定研究方案，要求县处级领导每年深入基层不得少于 60 天。各级党组织均成立由“一把手”任组长的基层党建工作领导小组或党建工作领导机构，党（工）委、支部书记作为“第一责任人”，每季度至少召开一次党建例会，不定期召开基层党建工作协调会，分类制定农村、街道、机关、学校基层党建目标任务考核细则，每年进行两次督查，年底进行综合考评。制定《区委常委会议议事规则》，建立重大决策民意咨询制，进一步强化民主集中制建设。2008 年，正式启动党代表任期制，制定《中共银川市兴庆区委员会代表大会代表任期制实施办法》，组织党代表对兴庆区教育基础设施建设、康居工程和特色街区改造等涉及兴庆区民生等重大工程进行视察。

【基层组织建设】　兴庆区现有各级各类基层党组织 407 个，管理党员 14099 人。有党（工）委 21 个、党总支 16 个、党支部 370 个，其中机关支部 115 个、社区支部 97 个、村支部 37 个、社会组织支部 2 个、非公企业支部 59 个、事业单位支部 60 个。2001 年 12 月 10 日，完成 32 个行政村第一届村民委员会换届选举工作。2006 年 10 月，83 个社区相继召开第二届居民委员会换届选举大会。2007 年 9 月 3 日，39 个行政村第二届村民委员会换届选举。推行“支部 + 协会”的党建模式，在产业协会、文艺团体和两新组织中建立党的研究会，在兴庆区 35 个农村专业合作经济组织中，以党支部领办协会的有 16 个，会员总数达到 3000 多人，其中党员占 18%以上，受益农户 4500 多人。成立掌政镇农民文化艺术团党支部，在塔桥女子乐队、茂盛村、通北村、月牙湖村的文艺团体以及 11 个街道办事处的业余文艺宣传队中成立党小组；在“两新”组织建立研究会，研究和探索“两新”组织党建的新路子。2008 年推行“支部 + 协会 + 党员示范户”、“支部 + 公司 + 基地”、“支部 + 项目 + 培训”和“支部 + 党员 + 农户”四种模式，在种植、养殖及第三产业中成立各类模式党组织 29 个，培育党员农业科技示范户 60 户。2009 年 7 月 10 日，90 个社区分别召开第三届居民委员会换届选举大会，公选新一届社区居委会班子，并全部实现社区党支部书记、主任“一肩挑”。采取倒排除方式确定 4 个相对较后进的村进行集中整顿，转化较为明显。开展城乡党建一体化活动，建立县级领导、机关部门、企事业单位、城市社区与村结对的“4+1”共建制度，选派 32 名机关干部到行政村担任党组织书记，12 名村、社区支部成员相互交叉挂职。成立兴庆区宁夏首个高校毕业生党支部，变过去社区分散管理服务为集中统一管理。玉皇阁北街党工委利用网络 QQ 群、开博建家等形式强化对流动党员管理。2010 年，兴庆区直属机关党组织、中小学校全部采取公推直选完成换届工作，区委和 11 个直属党组织书记就抓党建工作做双向述职，136 个基层党组织向党员大会（党员代表会议）报告工作，并进行评议。顺利完成各乡镇、银古路、丽景街换届工作，37 个村全部产生新一届村“两委”班子。各乡镇按照上年考核情况，对各村排队，确定 2 个后进村为重点整治对象，采取下派干部任职、跨村交流、外出学习观摩等多种方式治难转后，年底通过银川市考核验收，后进村转化取得明显成效。全面推广“功能党小组”经验，分别在农村、城市、学校设置党组织 260 个。加大村企联建力度，当年有 8 个村和 9 个企业结对，签订共建协议书，实现互动共建。3 个村和企业建立联合党支部，实现产业共谋，资源共享，发展共赢。

【创建两新组织】　2009 年制定《兴庆区加强新经济和新社会组织党建工作的意见》《关于向“两新”组织派驻党建工

作的指导员的通知》，将41家两新组织按照属地管理的原则，理顺到各街道党工委管理。组织23家规模以上两新组织党组织负责人参加市委组织部第一期新经济组织党务干部培训班，同时，以街道为单位，对规模以下党务工作者进行培训，为两新组织的规范开展奠定基础。在10个街道成立非公有制企业联合党支部，覆盖辖区所有中小企业。

【创新区域化党建工作】 一是建立街道社区党建联席会和党组织代表会议制度。2007年有8个街道党工委和48个社区建立街道社区党组织党员代表会议制度，共有408个辖区单位869名党员代表参加会议，打破社区与辖区单位党组织条块分割的状况，形成社区党建共商、事务共管、资源共享、文明共创、难题共解、活动共办的社区党建共建新格局。2010年，兴庆区11个街道全部建成党建联席会，发展会员单位325家，31家自治区直属机关单位与社区党支部结对共建。各党建联席会为区域内党员、群众办实事136件，筹集共建经费60余万元，结对帮扶208户。胜利街将康馨社区等四个社区五家医疗单位、党员自愿者组织起来，成立胜利街“爱心服务团”，开展爱心陪护，健康咨询、义诊等活动。二是建立全面区域化党代表联心共建制度。2010年，党代表联心共建制度全面铺开，集中开展了各级党代表与群众面对面、倾听社情民意的走访座谈活动。三是创建在职党员到社区发挥作用机制。2010年共有2332名在职党员主动到社区报道，组建各类志愿者队伍115支，开展“党员意识常在心，事业家庭双创优”、“和谐楼道一家亲”、“爱心筑巢”、“认亲、认岗、任难题”等活动，使党员“八小时外”管理工作落实到为民服务的实际行动上。

【基层组织阵地建设】 将党建经费列入财政预算，每年划拨经费20万元，用于基层党建工作。各级基层党组织还采取租、借、购、资源共享、“星光计划”等方式，每年投入数百万资金改善基层党组织办公条件。2006年，新建村部2个，改扩建村部2个，解决社区办公用房12个，为79个社区配备办公设备，电教设备配备率达100%，有72%的村（社区）站点被命名为标准化站点，投资127万元，建立远程教育站点38个。2008年，对30个社区党支部和10个农村党支部党员活动室进行规范化建设，整合阵地的办公、学习、活动和服务功能，规范了村文化体育大院，制作文化墙、设立“党员服务站”、“图书阅览室”、“青年活动中心”等，基本体现“一村一品、一居一特”工作目标。分别在景岳小学和月牙湖乡海陶北村设立兴庆区党员流动性教育基地和延安精神教育基地。共培育党建示范点74个。其中，市委组织部命名党建工作示范点14个，兴庆区命名党建工作示范点20个，党员服务示范中心、站（点）40个，高标准建立掌政镇、燕鸽村、大新镇白鸽园区、掌政镇茂盛园区等9个乡镇、村和园区党员远程教育三类示范站点，投入10万元在顺民蔬菜园区建成农民科技网吧。同时，以大学生村官为依托，为每个村培育1-2名站点管理人员，制作课件128部，丰富现代远程教育的内容，提高远程教育功效。2009年制定《兴庆区关于加强村级组织活动场所规范化建设的意见》，命名表彰30个基层党建工作示范点。2010年新建标准化农村社区4个，改造维修2个，累计建成标准化村级组织活动场所26个；新建、改建华新街等16个社区办公用房，星级社区占社区总数的65%。

【党员教育管理】 一是严把入党关口，严格落实党员预审制、票决制、公示制、责任追究制等各项制度。2007年在农村摸排出810名走在群众前列的致富能人，从中筛选420名“双富双带党员、150名小康带头人、118名村级后备干部、160名热心社区工作基干，进行重点培养。全年共发展党员260人。2009年发展党员200名。2010年积极推行大新镇预备党员转正答辩制度、掌政镇党员奉献积分制、新华街入党考试制等创新做法，提高入党门槛，切实提高党员质量。二是深入开展主题教育活动。2001年，开展“三个代表”重要思想学习教育活动；2005年，开展保持共产党员先进性教育活动；2009年开展深入学习实践科学发展观活动。在活动中坚持做到机构职责人员经费四落实，报告会64场，发表宣传文章和图片100余篇（幅）。并将活动落实在行动上，先后为148名外来务工子女和困难家庭子女免费提供早餐，为月牙湖乡1239名中小学生免费接种麻风疫苗，在一些社区设立“4点半爱心服务站”，新建两个6万平方公里的安置区，29个农村招呼站，解决月牙湖乡6700人的饮水等问题。三是分类制定农村、社区、机关、学校、“两新”组织及流动党员管理教育办法。对辖区农民工党员和流动党员进行普查，建立党员登记台账，办理流动党员活动证，为党员参加活动和管理提供方便。陕西省千阳县在兴庆区的务工人员达500余人，其中，党员22人，2008年，兴庆区委组织部与千阳县委组织部联合成立陕西省千阳县劳务产业银川党支部，设立专门办公室和党员活动室；丽景街从事废品收购的外来党员有6名，丽景街街道党工委在满春乡成立了废旧物资收购外来党员党支部。四是强化学习培训。扎实开展农村党员冬季轮训，采取集中培训与外出观摩等方式，定期举办村、社区支部书记培训班，每年除区委统一组织两次支部书记培训班外，各职能部门、各乡镇还分类举办培训班，系统学习党建知识和业务知识，利用现代远程教育资源，对农村党员进行党课教育和实用技术培训。2007年共举办各类培训班、辅导讲座120场次，轮训党员2520人，培训基层干部234人，有4800名农民接受农村实用技术培训，农村90%以上的年轻党员掌握1-2门实用技术，新建科技示范点19个，培养党员示范户500户，科技示范户218个。2008年站点接入28个星级社区，39个行政

村，5 个园区。2009 年制定《兴庆区党员电化教育（现代远程教育）工作定期检查通报制度》《工作例会制度》《工作月报制度》，坚持工作例会，定期不定期进行检查。在 68 个社区、旧货市场党支部开通了远程教育网络，为 33 个站点增设投影设备。全年各站点共组织学习 960 次，参加人员 4.1 万人次，播放周末影院 597 余场（次），采集信息 1311 余（条），发布信息 637 余条，产生经济效益 3.9 万余元。2007 年启动一村一名大学生计划，截止 2010 年，兴庆区村（居）干部中取得函授大学学历 39 人，大专学历 67 人。

【党员服务中心、站（点）】 构建党组织和党员服务群众的三级服务网络平台。在乡镇成立民生服务中心，街道成立市民服务中心，辖区单位及写字楼建立党员服务中心，村（社区）成立便民综合服务（代办）站，村民组（居民小区）成立便民服务（代办）点。截止 2008 年已建立党员服务中心 15 个，服务站 132 个，服务点 260 个，当年，各服务点共向党员发放各类宣传资料 6000 份，接待来访党员群众 2 万人次，解答、解决问题 610 余件（次），提供致富信息 200 条，提供就业岗位 25 个。组建社区“巡访团”、“宣讲团”和“智囊团”，建立巡访制度，每月一次巡访团成员会议，集中寻访意见，反馈给党支部，协调解决巡防中发现的问题。开展党员创业帮带活动。月牙湖乡海陶南村党员邵红霞对 500 亩黄沙地进行农业园区开发，带动本村 50 名妇女群众就业；塔桥顺民蔬菜花卉合作社党支部副书记王林带动村民建成二代节能日光温棚 3.5 万间，合作社固定资产 18 万元，被评为“全国农村青年创业致富带头人”、“宁夏第二届优秀青年农民”、“宁夏优秀农村实用人才”。2009 年进一步加强乡镇、街道、社区党员服务中心、站建设，共发放各类宣传资料 1 万余份，接待来访人员 1500 人次，调解纠纷 190 余件，提供致富信息 300 余条，解决就业 235 人，为群众解决问题 320 件。发挥“社区议事园”“居民说事板”、“三情园”、“社区大讲堂”、“社区 QQ 群”民主议事主渠道，解决难点问题 220 余件。

【党内关怀】 建立兴庆区困难党员信息库，用好党内关爱资金，及时对生活困难党员实施救助。截止 2007 年党员与贫困户结对 1200 对，有 220 户贫困党员、380 户贫困群众通过结对帮扶走上脱贫致富路子。2009 年筹集 27.5 万元，对辖区 619 名生活困难党员、老党员、流动党员进行慰问。2010 年筹集 10 万余元，对各乡镇、街道 30 名困难党员进行慰问。2001-2010 年，共慰问困难党员 3320 人，慰问金达 142.99 万元。

【党员主题实践活动】 十年来，兴庆区各级党组织充分发挥党员先锋模范作用，开展了丰富多彩的主题实践活动：一是在农村和社区开展“无职党员设岗定责”活动。根据党员年龄、产业、文化及特长情况进行合理设岗，健全岗位职责、工作交流、星级评定、目标考核等制度。围绕新农村建设和社区建设的中心工作和群众需求，在农村设立 14 个岗位，社区设立 6 类岗位，制定具体岗位职责。2007 年，农村和社区共有 2670 名无职党员认领了 20 个不同岗位，33 个村级党组织的党员干部公开承诺为民办实事 700 条。2008 年，有 6200 余名党员认领岗位，参与服务承诺的党员达 60%。2009 年，以功能党小组为单位，建立推行组团式承诺，将个人优势转化为集体优势。二是“民主议政日”活动。将每月 25 日定为“民主议政日”，在农村开展以党员活动、村务公开、村民代表活动、党员电教播放为主要内容的“民主议政日活动”。2007 年，参加活动活动的党员群众达 1.1 万人次，组织党员群众观看各类电教片和远程教育片 370 余部，提出问题 350 余条，大多数问题得到解决。2008 年 5 月，自治区党委组织部在兴庆区召开全区“民主议政日”活动现场会，将兴庆区“民主议政日”活动向全区 2000 多个村党支部推广。2006 年～2010 年，通过民主议政日活动，解决村民各类问题 2000 余件。三是城乡基层组织“结对共建”和党员“手拉手”活动。2007 年，共有 8 个街道与 4 个乡镇结对，33 个社区与 33 个村结对，6 个村改居的社区与 6 个村结对，13 个银川市直部门与 13 个村结对，3800 余名党员与 1900 余名农村党员结对，还与海原县开展“山川结对”活动，组织党组织及群众文化活动互动交流。2008 年，辖区四个乡镇 11 个村先后得到结对单位各类扶持资金 92.6 万元，为 40 名失业农民解决就业。汶川地震后，兴庆区 11155 名党员交纳“特殊党费”104.7 万余元，支援灾区抗震救灾。掌政镇与映秀镇结成对子，帮扶资金达 23 万元。四是“双创一满意”活动。2007 年以来，先后在政府机关、公共服务部门开展“优质服务年”活动，全面推行首问责任制、公开公示制、责任追究制、绩效问责制等 10 项工作制度；在窗口服务行业开展“窗口服务月”活动，进一步提高服务质量；在各街道市民服务中心开展党员挂牌上岗、制作党员形象台、设立党员先锋岗和党员示范窗口等活动，提高党员党性意识和服务意识；在各社区实行党建工作“一本通”，切实解决社区党建工作台账名目繁多、分类不一、实用性不强等问题，提高社区服务水平。在兴庆区 79 家“两新”组织、660 名党员中开展“我为党旗添光彩”、“我为企业献一策”、创建“五个好”党支部，党员示范岗等系列活动。五是“双培双推”活动。在非公有制企业党组织中开展“把党员培养成生产经营管理能手，把生产经营管理能手培养成党员，把经营管理层中的优秀党员推选为党务工作者，把优秀党务工作者推荐到经营管理层”的“双培双推”主题活动，有效地提高党员队伍的整体素质，改善非公有制经济发展环境。六是“党建月”活动。从 2006 年开始，每年“七一”前都开展“党建月”活动，先后开展“在职党员讲党课”、“解放思想、建设和谐兴庆”讲演比赛、“我为

党旗添光彩、我为大庆做贡献、奋战百日立新功”、党员奉献日、结对帮扶、“校园先锋”、文艺演出、专题组织生活会、知识竞赛、“唱红歌、颂和谐”广场文艺演出、“大银川建设一日游”、“城市党员看设施农业”等活动。2010年,在“党员奉献日”活动中,有100多支党员志愿者服务队、8000多名党员和入党积极分子走上街头,开展环境卫生整治、扶贫帮困助残、文明礼仪劝导、植绿护绿活动。七是“争先创优”活动。2008年,评选出35个先进基层党组织,128名优秀党务工作者、优秀党员、双带双富标兵、设岗定责标兵、流动党员标兵及党员师德标兵。2009年,表彰30个基层党建工作示范点,3个基层党组织被自治区评为先进基层党组织,一名村支书被评为优秀党支部书记。2010年,评选表彰81名优秀党员和32个党建示范点。还开展了“我身边的好党员”公推海选活动,涌现出谢玉梅、于林英、王燕等50名行业先进典型。八是开展“两承诺三评议”活动。在乡镇村、街道社区开展“进百家门干部问事,认百家人群众说事,知百家情集体议事,解百家难及时办事,落实成效定期评事”的“四百五事”活动;在社区,利用宣传栏、橱窗等设施开展“三情园”、“说事板”、“议事栏” 等意见箱,方便居民群众建言献策、反映问题;在部分社区推行党员佩党徽、亮身份、树形像活动。2010年,兴庆区385个党组织全部完成公开承诺工作,并通过各种渠道面向群众公示,接受监督。九是特色活动。按照一个街道一个主题、一个社区一个特色的思路,各街道社区涌现出丰富多彩的主题实践活动。如胜利街“社区议事园”、解放西街 “邻里节”、凤凰北街崇安社区“爱心卡”、文化街丰收社区 “学习型”社区活动等等,有效提升基层党组织在群众心中的影响力和吸引力。

【干部队伍建设】 加强干部教育培训交流工作。制定干部教育工作计划,依托宁夏干部教育培训网络学院学习平台,将兴庆区机关、乡镇、街道、事业单位的干部全部列入受训范围,每年3-4月为兴庆区干部教育培训月,在科级干部中实施军事化全员封闭式论训和教育培训学分制。制定《兴庆区科级干部交流办法》,实行科级干部轮岗制度。2008年首次实行一般干部交流,2009年制定《兴庆区科级以下公务员和事业单位工作人员交流轮岗工作意见》,全年共调整交流科级干部147人。

加强干部培养选拔工作。认真执行《党政领导干部选拔任用工作条例》,出台《兴庆区关于公开选拔领导干部工作暂行规定》等文件,进一步规范选人用人程序,注重把好民主推荐、组织考察、酝酿讨论、决定任用四关。实行对拟提拔干部票决、公示和试用期制度,推行公开竞争选拔方式,对部分空缺职位进行公开竞争选拔。开展组织工作开放日活动,向社会和媒体公布兴庆区干部选拔任用工作情况,在乡镇、街道推行“两管三评一推优”管理考核机制,树立凭工作实绩选人、靠日常工作推优的用人导向。将每年9~10月份定为集中谈心谈话月,由组织部长与区管领导班子主要负责人开展谈心谈话活动,做到提拔交流任前谈、一般问题及时谈、苗头问题重点谈。把科级后备干部的提名推荐视野由本单位的“小圈子”扩大到兴庆区的“大范围”,2010年年初,在补充后备干部工作推荐中,有2454人(次)一般干部群众参与推荐,从提名推荐到综合考察,实现了全过程的亮化评分。规范各单位内部机构、所属单位无级别负责人选拔任用工作,2010年小学校长、乡镇卫生院领导公开选拔、城管局中层干部的竞争上岗,都向区委组织部和纪委备案,首次从制度层面上对各单位无级别干部的选拔任用工作进行规范。

强化干部监督。制定《兴庆区干部工作监督员制度》,从社会各界选聘10名干部工作监督员,全程监督干部选拔任用工作。制定《科级领导班子一把手季度汇报制度》《兴庆区新提拔科级干部财产申报办法》《兴庆区领导干部离任经济事项交接规定(试行)》《兴庆区领导干部请销假管理制度》,建立领导干部廉政风险点,推行干部监督管理“四进”社区,将干部考察、任用公示、奉献服务、考核评议进社区。坚持在全方位了解掌握干部日常工作、学习、遵守廉洁自律规定和八小时以外生活等情况的基础上,重点强化对党政“一把手”的监督。

【人才队伍建设】 坚持党管人才的原则,把人才工作列入重要议事日程,完善《关于进一步加强人才工作的意见》《兴庆区专家服务团工作制度》《兴庆区党政领导干部实绩考核办法》等制度,以实施“引凤”、“育英”、“聚才”工程为重点,坚持引进与培养相结合,统筹推进党政人才、专业技术人才、技能人才、企业经营管理人才、农村实用人才、社会工作人才6类人才队伍建设;围绕兴庆区主导产业和经济社会发展重点领域,启动名师名校长培养、设施农业产业领军人才培养、物流及商贸产业紧缺人才培养与引进等7项“优才计划”;拓展教育培训模式,促进城乡人才均衡发展;采取选派挂职、选调研修、结对帮富等措施,大力加强兴庆区教育教学管理人才、医疗卫生专业人才和农村实用技术人才队伍建设,促进城乡协调发展。2007年,实施“城乡互动之光”计划,在塔桥村白鸽蔬菜园区成立兴庆区农村实用技术人才培养基地,专家服务团被评为自治区优秀服务团。建立区委领导干部联系拔尖人才跟踪服务制度,对高层次紧缺人才采取送出去培养的方式,有11名高技能人才通过“基层之光”计划到自治区科研单位进行研修。2008年启动“学校联合发展”试点工作,建立兴庆区中级职称以上专业技术人员和国家、区、市、兴庆区四级骨干教师的基本信息库,将城乡人才培养工作由个别教师参与的“点”扩展到城乡所有学校的“面”,采取下派任职、多岗交流、压担锻炼、挂职锻炼、竞争上岗和公开招聘等

形式培养人才。2009年制定兴庆区人才工作目标考核细则，加大对重点单位的考核力度，对农村实用人才进行摸底调查，初步建立了农村实用人才库。积极开展各类培训和科研活动，对参加城乡交流的各类人才，每人每年发放补贴500–1000元，对200多名人才进行慰问，为400名兴庆区优秀人才赠阅《华新时报》。完成《兴庆区2011—2015年人才发展规划》编制工作，根据各部门单位职能对落实规划任务进行分工。紧密结合兴庆区的发展定位，依托设施农业和商贸服务业两大主导产业，坚持用产业聚集人才、用项目吸引人才、努力构建人才展示才华的平台。2010年，与区内外大专院校和科研院所开展设施农业方面的技术项目合作，初步形成了集农科教、产学研一体化的新型农机推广体系，采取客座讲学、技术承包、邀请挂职锻炼等柔性引进方式，先后邀请20余名国内外、区内知名专家参与重大项目建设、咨询与论证。率先在全区开展“专家大院”式花卉人才培训项目，每年为兴庆区培养800名农村实用人才，该项目被确定为自治区10大人才工作创新项目之一，塔桥花卉蔬菜园区被自治区党委组织部命名为全区农村高级实用人才培训基地，承担为全区培养农村高级实用人才的任务。安排7所城市中小学与对应的农村学校互派14名优秀教师，进行挂职锻炼。

【组工队伍建设】 十年来，组织部门加强自身建设，以打造学习型党组织为目标，着眼建设高素质组工干部队伍，不断提高组织工作满意度；深入开展讲党性、重品行、做表率教育活动，强化作风建设、制度建设、服务意识和教育培训，提升精干高效、公道正派、群众公信、素质优良的良好形象。2009年，开展组织组工干部下基层活动，采取部长联系一个乡镇、一个街道一个村和一个社区，其他成员每人联系一个村（社区）及一名党员，养成组工干部在一线工作、情况在一线了解、措施在一线落实、问题在一线解决、感情在一线融合的良好风气。结合西部大开发大讨论、大学习、大调研活动，引导组工干部在本职岗位上争做标兵，在服务群众中争创一流。2010年继续开展组织干部“讲党性、重品行、做表率”教育活动，号召组工干部向沈浩、王彦生、李林森等先进典型学习；开展创建学习型组织部门活动，推行“三维”管理法全方位塑造组工干部讲党性、讲信念、讲传统、比学习、比工作、比奉献的新形象。

【党建信息网】 2010年创建党建信息网，以网络技术优势推进兴庆区党建工作信息畅通、资源共享，为自治区“大组工网”组建做好技术性准备工作。

【档案管理】 2008年对350名科级干部档案进行审核认定。2010年，对960名干部档案进行规范化管理，补充完善1800份缺失档案材料，建立科级干部“三龄一历”信息库。

宣传工作

【概况】 2003年，银川市行政区划调整，银川市城区宣传部变更为银川市兴庆区委宣传部。十年来，兴庆区委宣传部作为兴庆区主管意识形态方面工作的综合职能部门，在自治区党委宣传部、银川市委宣传部的指导下，在兴庆区委的正确领导下，高举邓小平理论和“三个代表”重要思想的伟大旗帜，以十六大和十七大精神为指导，深入贯彻落实科学发展观，紧紧围绕区委、政府的中心工作，唱响加快发展的主旋律，打好思想道德建设主动仗，强力推进理论武装、舆论引导、文明创建、思想道德建设、文化发展等工作，为兴庆区经济社会又好又快发展提供强大的思想保证、舆论支持、精神动力和文化支撑。先后获得全国创建文明城市工作先进城区、全国精神文明创建活动示范点，创建全国文明城市工作先进集体、创建全国未成年人思想道德建设工作先进城市工作先进集体，自治区新闻宣传、舆情信息、党报党刊发行、精神文明建设先进集体等多项荣誉。

【部领导名录】

部　长：杨　萍（2001.01～2002.05）
　　　　安　平（2002.05～2009.09）
　　　　赵　波（2009.09～2010.12）

副部长：
（文明办主任）　李晓红
　　　　（2002.03～2003.02）
　　　　张美蓉（2003.02～2007.12）
　　　　杜毓英（2007.12～2010.12）

副部长：杨迎珍（2002.03～2003.02）
　　　　冯德旺（2003.02～2005.01）
　　　　马　巍（2005.01～2009.09）
　　　　陈德卫（2009.09～2010.12）

【理论学习】 坚持把理论武装工作作为宣传思想工作的首要任务，组织干部群众学习《公民道德建设实施纲要》、西部大开发战略、“三个代表”重要思想、十六大精神，科学发展观、建设社会主义和谐社会、十七大精神等，不断增强理论工作的说服力和战斗力。

2001年，制定城区《2001年干部理论学习安排》，以江泽民“七一”讲话、“三个代表”重要思想、“三讲”教育、党的十五届六中全会精神等作为干部学习的主要内容。坚持中心组成员集中学习，举办科级干部理论学习培训班、理论学习研讨会、理论试题答卷等方式，强化干部理论武装。积极开展理论下基层活动，举办“以德治国”理论报告会等讲座，对300名社区干部党务工作者进行党务、精神文明、社区建设等知识培训。

2002年，制定《2002年干部理论学习安排》，把《公民道德建设实施纲要》、党的十六大报告、江泽民“5·31”讲话和自治区第九次党代会精神《关于我国加入世贸组织的基本情况》《以德治国学习读本》《WTO与宁夏发展》《江泽民论有中国特色社会主义学习导读》等作为干部理论学习的必备教材，通过举办科级干部理论学习培训班、城区理论学习研讨会、理论试题答卷等方式，强化干部理论武装。中心组成员集中学习12次，并结合城区实际，写出40余篇调研文章，在《宁夏日报》等报刊发表10多篇。开展“理论进社区”活动，在城区机关及75个社区开展11场《公民道德建设实施纲要》宣讲。

2003年，把学习贯彻十六大精神，兴起“三个代表”重要思想学习高潮作为干部理论教育的重要内容。一是抓好区委中心组学习，全年区委中心组共集中学习12次，参加理论实践活动2次，举办专题报告会2次，中心组成员共撰写心得体会62篇，有近20篇分别在区、市各刊物及《今日兴庆》刊登或转载。二是开展理论下基层活动，成立兴庆区学习贯彻“十六大”精神和“三个代表”重要思想宣讲团，先后到各乡、街道办事处及各部门宣讲29次。举办兴庆区科级干部学习“三个代表”重要思想培训班和“隆湖杯”学习贯彻“三个代表”重要思想知识竞赛，共有120多个单位2866人参加笔试比赛，有23个单位参加现场知识竞赛，受教育干部群众达12000多人次。

2004年，继续把学习十六大和十六届三中、四中全会精神、“三个代表”重要思想作为干部理论教育的重要内容。区委中心组全年共组织学习14次，举办科级干部理论学习班2次，《行政许可法》及两个《条例》专题讲座各1次，《今日兴庆》刊登干部理论文章83篇。坚持理论联系实际，丽景街街道办事处解决失地农民就业、通贵乡开展的农田水利综合整治项目、玉皇阁北街街道办事处开展“五情教育”、中山南街街道办事处成立保姆公司等，不仅是理论学习成果的充分体现，更是工作实现创新的例证。

2005年，以保持共产党员先进性教育和党的十六届五中全会精神为主要学习内容。制定《关于进一步加强和改进区委中心组学习的意见》，上半年，先后6次邀请专家，就一些重大理论和实践问题，为党员领导干部进行专题讲座

2006年1月23日，兴庆区庆祝建党86周年“党在我心中”诗歌朗诵比赛

和理论辅导。区委中心组进行4次封闭式集中学习，学时累计近60个小时。各级党组织以支部为单位，采取集中学习与分散学习相结合、党员自学与结对帮学相结合、上好党课与专题研讨相结合、学习书本与学习先进相结合、直接面授与电化教育相结合的方法开展集中学习。各支部在先进性教育活动学习中，做到学习有计划、有资料、有记录、有园地、有讨论、有载体，有领导联系点、有总结。抓好学习载体和活动，开展“十个一”活动，即：印发“致兴庆区全体共产党员的一封信”；研读好一系列保持共产党员先进性教育活动学习教材；开展一系列“党员走进直播间”活动；上好一次党课；组织一系列专题报告会；开展一系列先进性教育实践活动；举办一次演讲和征文比赛；组织一次学习效果测试；组织一次读书笔记和心得体会展评；组织开展好一次共产党员先进性具体要求大讨论。

2006年，深入学习贯彻党的十六届五中、六中全会精神。一是强化中心组学习，采取集中学习、理论辅导、专家授课等方法，重点学习社会主义新农村建设、《党章》、社会主义荣辱观、胡锦涛总书记“七一”重要讲话、《江泽民文选》、十六届六中全会精神等内容。二是抓普及，举办先进性教育和六中全会精神等宣讲活动5场，参加人数1000多人。抽调260余名机关干部，深入4个乡镇的开展中央一号文件精神宣讲活动。三是抓成果，坚持理论联系实际，撰写了一批具有较高理论深度和实际指导意义的调研文章，其中有4篇文章获得区、市一、二、三等奖，十余篇心得体会在《宁夏日报》《银川晚报》学习论坛刊载。2007年，把学习宣传贯彻十七大精神作为各项工作中的头等大事，印发《关于深入开展学习宣传贯彻十七大精神的通知》，深入学习十七大精神、“全国两会精神”、“八个方面良好风气”、胡锦涛总书记视察宁夏讲话，自治区第十二次党代会精神和银川市第十二次党代会精神。采取集中学习讨论、撰写心得体会、邀请代表专家宣讲等多种形式，组织广大党员干部学习十七大精神。一年来，区委中心组织15次集体学习，举办5期干部理论培训班，共培训干部1000多人，宣讲团分赴各乡镇、各学校、社区作巡回宣讲十七大报告会20多场次，人数达到4000多人次，举行学习宣传贯彻党的十七大城乡互动百场文艺演出。抽调干部赴4乡镇30个村开展中央一号文件精神、科学发展观和科技知识宣讲活动。

2008年，加强理论武装工作。一是以中心组带动党员干部理学习，带动基层党组织和广大党员干部的理论学习，先后学习党的十七大精神、“全国两会

精神"、"习近平同志视察宁夏讲话"、"温家宝同志视察宁夏讲话"、"十七届三中全会"、"中央18号文件"等，中心组集中学习11次。二是抓理论普及，先后在兴庆区会堂、凤凰北街、中山南街和前进街举办十七大精神、科学发展观、中央18号精神等宣讲活动。抽调260余名机关干部，深入4个乡镇的开展中央一号文件精神宣讲活动。三是坚持理论实践结合。区委中心组在学习中围绕中央、自治区、银川市的重大决策和部署，把研究解决本地区突出矛盾和问题，作为中心组学习经常化的任务和要求，加大调研力度，撰写了一批具有较高理论深度和实际指导意义的调研文章，在全市党建设征文评选中有6篇文章分别荣获三等奖，区委宣传部荣获优秀组织奖。

2009年，理论学习坚持以领导干部为重点，以党委中心组为龙头，着眼于提高理论素养和领导能力，促进领导干部做学习的模范和表率。区委中心共组组织9次集体学习；举办科级干部培训班4期，共培训科级干部300多人。在各街道社区推广"社区大讲堂"活动，不定期邀请区内外权威理论专家、学者围绕兴庆区的发展进行专题研究、专题辅导。组织开展科学发展观"百场千人"理论政策形势宣讲面对面活动，2000名党员参与理论辅导和交流学习。开展"党建月"理论研讨活动，选送70多篇文章参加银川市党建月征文活动。今日兴庆》共编辑理论专版20期，刊登兴庆区各级干部理论文章60余篇。

2010年，印发《兴庆区推进学习型党组织实施意见》《兴庆区学习型党组织建设考核评价办法》，建立调查研究制度，"述学、评学、督学、考学"制度，要求县级领导、机关部门和乡镇街道领导至少联系1个基层单位。开展学习型机关、学习型村、学习型社区、学习型家庭、学习型党员等活动。创办《学习与思考》信息专刊，在《今日兴庆》开辟专栏，定期刊载党员干部理论文章，为各级组织和广大党员丰富学习载体。全年共开展理论辅导280余场次，理论宣讲160余场次，各类培训学习200余场次，培训各类人员2万余人。

【新闻宣传】 2001年，城区宣传舆论工作紧紧围绕城区党委、政府的中心工作，围绕"发展经济，管理城市，稳定社会，服务群众"的工作思路，对城区政治经济生活中的大事、社区建设、反对邪教"法轮功"、纪念建党八十周年等活动进行了专题报道。开展评选城区建区30周年十件大事，编辑出版《光辉的历程》《前进中的城区》等书籍、画册，全年在各新闻媒体发稿380篇。

2002年，对城区优化投资环境，招商引资、城区科教、文体、法律、卫生"四进"社区活动，建党81周年、扶贫帮困、解决职工再就业，关心群众热点、难点等问题进行重点宣传。先后在区、市电视台播发电视片16部，电视新闻415条，在《宁夏日报》《新消息报》《银川晚报》刊发新闻通讯稿件980篇。《人民日报》采访了城区信访工作。制作"'三个代表'在社区"系列报道书(光盘)400套，深受街道社区干部群众的欢迎。

2003年，注重宣传策划，为兴庆区经济社会全面发展营造了良好的舆论氛围。一是建立宣传计划报送制度，形成辖区宣传步调一致的大宣传氛围。二是加强新闻宣传策划工作，先后制定各种宣传工作方案6个，开展宣传策划36次，对兴庆区学习贯彻"三个代表"重要思想、发展思路、科技园建设、康居工程、防治"非典"、城乡文化结对、打造四大城市品牌、迎接民族运动会、失地农民就业及生活等主要活动等进行策划专项报道。先后在宁夏电视台、银川电视台共制作专题节目18个。三是突出重点，集中展示兴庆区社会经济成果。在区、市新闻媒体对兴庆区防治非典措施、社区及乡村防治非典工作进行专题报道。四是在全区率先创办区域宣传网页，在《今日兴庆》开辟学习园地。五是注重日常宣传报道工作，通过宣传展板、墙报、宣传单进行宣传，在抗击"非典"战役中，共印制各类宣传单近10万份，制作《预防非典五字歌》40块，各乡、街道办事处上街宣传10多次，悬挂条幅613条，出黑板报或墙报360多块，举办各类培训班20多个，参加人员2600多人。在民族运动会开幕前，组织辖区单位在主要体育场馆及周边主要街道、火车站、飞机场道路两旁、南门广场、鼓楼、玉皇阁和民族运动员村周围，升挂国旗，悬挂民族运动会会微、吉祥物、彩旗、横幅、徽标吉祥物五色串旗、徽标宫灯，张贴宣传画，布置大型花坛，摆放花篮，升空气球，悬挂标语，充气拱门等。1～10月份，在《宁夏日报》《宁夏电视台》《新消息报》《银川晚报》《银川电视台》等区、市主要新闻媒体宣传报道1586篇(条)，编发《宣传工作》58期，《今日兴庆》编发稿件368篇(条)。

2004年，成功举办"中国·银川兴庆首届黄河生态旅游文化周" 新闻发布会，共播放《城市的名片—聚焦兴庆首届黄河生态旅游文化周》《兵沟怀古》《银川黄河东线旅游—黄金周新亮点》等专题片4个，制作巨幅广告宣传牌6个，发稿件或消息近60多条(次)。为了学习贯彻中央一号文件精神，策划制作《一号文件给农民带来什么》和《农家女话增收》两个专题进行宣传报道。《人民日报》《光明日报》、人民网等中央媒体对银川十中未成年人思想道德建设工作、"与务工人员同唱一首歌"广场文化活动、"公民道德宣传日"活动等精神文明创建工作进行报道。组织"走进兴庆"记者采访活动，播发专题片2个，通讯及消息6条，月牙湖乡划归兴庆区管辖后，先后在区、市主流媒体刊登专版3个，播放专题片2个，在《今日兴庆》刊登专版3个，刊登、播发通讯及消息20多条。据统计，1～10月份，共在区内外各级媒体刊播各类新闻稿件1026篇(条)，其中报纸头版二版头条17个，电视台头版新闻17条，中央电视台新闻3条。配合《今我宁夏》制作专题片《商贸

云集的兴庆》。

2005年，抓好宣传贯彻科学发展观、先进性教育活动、经济工作等重点宣传。围绕富民增收、农业产业结构调整等重点选题跟踪采访报道。6月初，美国公共广播公司记者对掌政镇和大新镇的农民生产生活情况进行了采访。1~6月份，兴庆区在《宁夏日报》《宁夏电视台》《新消息报》《银川晚报》银川电视台、宁夏新闻网等新闻媒体共宣传报道589篇（条），制作《赴河北石家庄考察文明生态工作纪行》《倾心浇灌文明花》等专题片2部，编发《兴庆区先进性教育活动简报》82期，办黑板报96期，悬挂各种条幅216条。

2006年，加强引导、拓宽渠道，新闻舆论宣传进一步加强。一是围绕中心，突出宣传兴庆区取得的新成就，组织区内主流媒体采取动态报道、系列报道、专题报道等形式，对三大战役、村容村貌整治、农田水利建设、创建卫生城市、和谐社区创建等工作进行了报道。二是依托活动，增强外宣效果。《宁夏日报》以《兴庆区‘三下乡’成为城乡融合加速器》为题对三下乡活动进行专题报道；《新消息报》以《宁夏基层认真学习社会主义荣辱观》对兴庆区学习活动进行了报道。围绕先进性教育活动，《宁夏日报》刊载了《发展思路变了，致富路子宽了》《三步棋创造了两大奇迹》等报道；围绕和谐社区大家谈活动，《银川晚报》以《一张张欢欣鼓舞的笑脸》为题进行报道。三是创新外宣传机制。与《银川晚报》联合举办“兴庆杯构建和谐社区新闻大赛”；与《现代生活报》共同创办两周一期的《相约兴庆》专版，共编辑22版，使对外宣传有了新的阵地和平台。全年兴庆区在《人民日报》、中央电视台等中央及区市主要新闻媒体共刊载播出新闻稿件1128篇（条），制作《和谐社区大家谈》《党旗飘扬》等电视专题片3部。

2007年，新闻外宣工作紧紧围绕第一要务，先后对花卉产业、招商引资、农业产业结构调整、教育、劳动就业、创卫工作、回族街区改造、街道部门亮点等工作进行宣传。在中央电视台、《人民日报》《光明日报》《宁夏日报》《银川晚报》、宁夏电视台、银川电视台等区内主流媒体刊登播发稿件1180篇，制作《和谐社区大家谈》《创建卫生城市》等电视专题片5部。开展学习贯彻银川市第十二次党代会精神等理论研讨活动，有4篇理论文章获奖。《今日兴庆》共编辑理论专版20期，刊登文章80多篇。

2008年，以“四大宣传平台”推动新闻宣传工作。一是借助中央媒体开展宣传。先后在《人民日报》《光明日报》《经济日报》、中央电视台等中央媒体刊载播出《兴庆区“道德之星”进村入户》《大学生村官杨建军：村里就需要这样的人》《文明之花在这里绽放 —宁夏银川兴庆区“生态文明”创建活动纪实》等消息近20条。二是抓区内主流媒体主阵地。结合区委、政府中心工作，对“迎大庆”、基层组织建设、解放思想大讨论、思想道德建设、抗震救灾、春季绿化、两基迎国检、秋季农田水利基本建设等重点工作进行了报道。在《宁夏日报》刊登《兴庆区与杨月季公司联姻发展花卉产业》《兴庆区七成失地农民搭乘就业快车》《兴庆区打造宁夏首个城乡一体化示范区》《银川市兴庆区千名道德之星为百姓导航》《师生家长网上交流 银川市三中博客群得宠》，在《银川晚报》刊登《兴庆区“优质教育资源共享”强势推进》《兴庆区广开“道德花”、市民打开家门互说心里话》等消息。三是与区内媒体联办专版。与《现代生活报》创办一月一期《相约兴庆》专版，出报11期。四是办好区委机关报《今日兴庆》。全年编辑出版《今日兴庆》40多期，在各类媒体刊载播出新闻稿件1026篇。

2009年，紧紧围绕第一要务，积极宣传区委、政府招商引资、发展措施、建设成就，以及学习实践科学发展观等工作亮点。成立学习实践活动领导小组办公室宣传组，制定《兴庆区深入学习实践科学发展观活动宣传工作方案》，完善联席会议制度，召开新闻发布会，组织“科学发展看兴庆”采访活动。全年制作《塞上花都》《金色足迹》等专题片6部，报送舆情信息132条，编辑出版《今日兴庆》50期，刊发稿件1600多篇，图片150多幅。在《今日兴庆》刊发学习实践活动专题新闻180篇，刊登学习心得体会和理论文章36篇，编发学习实践活动简报180期。

2010年，采取多种措施，构建上下联动机制，加强新闻宣传工作。一是构建“大宣传”格局。制定《加强和改进新闻宣传工作意见》《新闻宣传工作考核办法》《新闻发布会和新闻发言人制度》等文件，实施新闻线索报送、新闻通气会、新闻发布会、新闻通报和奖励等制度，促进了大宣传格局的形成。组织新闻发布会2次，召开新闻通气会3次。二是抓好重点报道。围绕区委、政府中心、社会关注的热点问题、党组织建设、创先争优活动、文明城市创建、黄河金岸建设、农田水利建设、农村环境整治、西部大开发等方面进行深度报道，在内外各级新闻媒体共刊播新闻稿件2050篇，在《宁夏日报》《银川晚报》制作专版7期，电视专题片6部，《银川晚报》头版头条报道8篇，各级媒体同比同期增长21%；头条报道增长25%。编辑《今日兴庆》40期，刊发稿件1300多篇，图片100多幅。新华网、人民网、宁夏新闻网网群采用500多篇，与现代生活报编辑《相约兴庆》11期，刊发稿件70多篇。

【今日兴庆】 2003年5月22日创刊，周刊4开4版，2004年5月22日，在《今日兴庆》创刊一周年之际，从四开四版扩大到四开二十八个版。截至2010年12月共编发375期。《今日兴庆》为区委机关报，密切配合区委、政府中心工作，贴近实际、贴近生活，贴近群众，编采工作向一线和基层靠近，注重深入新闻第一现场，对重大事件进行挖掘采写，对区委、政府的一些重要工作和群众反映的热点问题进行报道。开辟了《百姓看科学》《消防安全》《计生小常识》《信访条例

知识问答》等专栏，实行编前统稿制度和编委会成员审校等制度。

【解放思想大讨论活动】 2007年，开展进一步解放思想大讨论活动。成立领导小组，制定实施意见。确定"三个阶段、八个步骤、十项活动、十大讨论参考题目"的思路。一是启动以"提升城市品位，打造文化兴庆"为主题的"社区大讲堂"活动，采取"四让"即：一让党政领导走进社区，解说党的方针政策；二让理论界知名人士、经济学者走进社区解说百姓的疑虑；三让道德模范走进社区成为社区居民学习的榜样；四让文学艺术家走进社区体验生活，创作出反映市民生活的好作品的方法，共举办社区大讲堂10讲，受教育群众达2000余人。二是召开转变观念座谈会，23个部门先后召开"党组织和党员在进一步解放思想中如何发挥作用"、"如何更新观念，做大做强商贸物流和现代服务业"、"各级团组织和团员如何做解放思想的先锋"、"如何转变观念，发挥妇女在构建和谐兴庆中作用"等八个主题座谈会。三是举办以"解放思想，建设和谐兴庆"为主题的演讲比赛。来自各基层党委、总支、支部的32名选手参加预赛，12名选手进入决赛。四是召开对照分析讨论会，各单位各部门通过召开本单位的对照检查和分析讨论会，在全面自查的基础上，找准本单位本部门存在的突出问题，制定整改方案，明确整改责任，狠抓措施落实，采取有效措施加以整改。

【阵地和队伍建设】 2002年，对辖区文明市民学校情况进行摸底调查，共有77所文明市民学校，其中使用面积100~200平方米18所，50平方米以上29所，50平方米以下30所。城区在进一步抓好街道业余党校的基础上，各社区均建立党员教育活动室和文明市民学校，形成纵成线、横成网的干部教育网络。

加强队伍建设，十年来，先后制定《城区关于加强通讯报道工作管理办法》《兴庆区宣传部干部行为准则》《兴庆区宣传部工作考勤制度》《兴庆区宣传部干部理论学习制度》以及例会通报制度，实行周例会、月小计，每周星期一例会等制度，开展举办通讯员培训班、聘请特约通讯员、表彰奖励新闻通讯先进集体、个人等活动，促进兴庆区新闻宣传队伍整体素质不断提高。

精神文明

【文明单位创建】 2001年，积极开展创建文明社区活动，按照城区《关于开展创建文明社区工作的实施意见》，在巩固和提高已命名的10个文明社区的基础上，继续推进文明社区创建工作，并开展推荐参评全国和全区文明社区示范点工作，北苑、海宝、崇安、北安、自强社区被列入推荐名单。

2002年，充分发挥文明委各成员单位的职能作用和积极性，在城区开展"建首善之区，做文明城区人"、"千里文明长廊"、"西部开发助学工程"、"讲文明、送温暖、献爱心"、希望工程、青年志愿者、青年文明号、爱心助残、扶贫帮困、文化卫生科普进社区、婚育新风进万家、不让黄赌毒进我家、安全小区建设等活动。8月份对城区辖区33个市级文明单位进行复查，对文明单位实行动态管理。截止年底城区共有三级文明单位395个。

2003年，创建解放大街、丽景街、北京东路三条"文明示范街"。制定《兴庆区文明单位动态管理办法》，分两个检查组对1998年以前创建的103家文明单位进行重新复查验收，对6家精神文明工作退步的单位给予了黄牌警告，对5家精神文明工作严重滑坡的单位取消文明单位荣誉称号。10月底对18家新申报单位进行检查验收；推荐6家文明单位申报银川市级文明单位、3家单位申报自治区级文明单位。

2004年，全面实施文明生态工程。出台《兴庆区文明生态工程实施意见》创建文明生态社区11个、示范点11个，文明示范村4个，文明生态示范户10个，并进行验收。制定《兴庆区文明机关创建管理办法》，开展文明机关创建活动，推行文明单位推荐申报"公示制"，使文明单位的创建工作更进一步公开、透明和科学规范化。

2005年，建立精神文明工作例会制度，进一步完善创建工作机制。验收申报兴庆区级文明单位、文明社（小）区、文明村39家。推荐34家文明单位重新申报自治区级文明单位；推荐2家市级文明单位申报自治区级文明单位；推荐10家文明单位申报银川市级文明单位；推荐10户自治区级"文明个体工商户"和5户"十星级文明户"。在11月26日召开的全国精神文明建设表彰大会上，兴庆区党委政府机关、兴庆区市容环卫处和银川四幼以及辖区8家文明单位分别荣获"全国精神文明建设工作先进单位"和"全国文明单位"称号；大新镇塔桥村荣获"全国文明村"称号；凤凰北街崇安社区荣获"全国绿色社区"称号。

2006年3月29日社区学习八荣八耻

2006年，检查验收申报兴庆区级文明单位、文明社区、文明小区10家单位。推荐11家单位申报银川市级文明单位。开展文明市民评选活动，推荐上报市级文明市民标兵21个，文明市民标兵4个。

2007年，验收兴庆区级文明单位12家、5个社区、2个小区。培养推荐自治区级文明单位3个，银川市级文明单位8个。共创建自治区级十星级文明户20户，银川市级五好文明家庭177户，兴庆区级五好文明家庭7871户。组织辖区文明单位100多人到通北农民文化大院、掌政镇农民大舞台、碱富桥农民文化艺术团、塔桥茂胜等特色农业基地进行观摩学习，调动和激发辖区文明单位参与城乡宣传文化共建活动的积极性。通过"十星级文明户"、"五好文明家庭"、"文明生态示范户"、"好媳妇"、"好公婆"、"好邻居"等评选活动，宣传弘扬中华民族尊老爱幼、家庭和睦、邻里团结、助人为乐、善待亲友的优良传统和美德。

2008年，新创建全国级文明单位5个，自治区级文明单位5个，银川市级文明单位6个，兴庆区级文明单位8个。至年底兴庆区有各级文明单位357个，其中国家级文明单位15个，自治区级文明单位47个，银川市级文明单位105个，兴庆区级文明单位190个，文明社(小)区122个，文明村镇25个。

2009年，在辖区开展"青年文明号"、"雷锋号"、"巾帼文明岗"、"文明交通使者"、"的士之星"等创评活动，在文明行业开展"五比五看"①，建立各级文明单位例会制度，共申报自治区文明单位3家、文明社区1个，申报银川市文明单位10个、文明村3个，申报兴庆区文明单位14个、文明社区27个、文明村5个、文明小区2个。

2010年，做好到届自治区级、银川市级文明单位的检查验收和重新复核工作，推荐33家单位重新申报自治区级文明单位，17家单位重新申报银川市级文明单位。培养新申报银川市级文明单位8家，验收兴庆区级文明单位11家。至年底共创建自治区级"十星级文明户"30余户，自治区级"文明个体工商户"20余户，银川市级"五好文明家庭"177户、兴庆区级"五好文明家庭"7871户。

【文明生态工程创建】 2005年，5月14日召开文明生态工程创建工作动员暨培训会议，银川众一集团和宁夏送变电公司，分别与通贵乡通北村和掌政镇镇河村签定《共建文明生态家园协议》。银川众一集团出资13万元为通北村整修村庄巷道，组建通北安塞腰鼓队，建设文明生态回族文化大院；宁夏送变电工程公司出资10万元为镇河村维修村办公楼，建成镇河生态文化大院，组建农民健身队和文艺演出队，捐赠电脑6台，各种书架、档案柜数套。11月4日，举行文明生态工程创建工作现场观摩会，各乡镇、街道及辖区文明单位100多人参观解放西街湖滨社区、掌政镇镇河村和通贵乡通北村4个观摩点，观看"城乡互动 共建文明生态家园"文艺演出，大会命名首批文明生态示范社区、示范村和示范户。到年底兴庆区共建成文明生态社区12个，文明生态示范村3个，文明生态示范户12户，新增农村多路微波用户1345户，新建文化大院3个，文化广场4个。

2006年，以建设社会主义新农村为契机，开展"和谐村镇"、"星级文明户"、"文明生态示范户"、"富在农家、美在农家、乐在农家"等创建评选活动。继续组织协调城市各级文明单位、街道办事处与农村乡镇、村支部结对，协调银川市第一污水处理厂、区公路局银川分局、宁东供电局、自治区交通厅运管理局、银川市物业办和银川园林局等单位投入资金，建设掌政镇碱富桥村、茂盛村、通贵乡通南村和大新镇上前城等四个文明生态村。

2007年，开展文明生态村创建工作。坚持从与农民群众生产生活密切相关的事入手，搞好街院净化、村庄绿化，解决房前屋后"三边""五堆"等脏、乱、差问题，新创建文明生态户12户，文明生态村7个。落实文明单位与文明村的结对共建机制，协调自治区公路局银川分局、银川市污水处理厂、银川市质量技术监督局、唐徕渠管理处、银川市物业办、银川五幼、银川市房屋管理中心分别与通贵乡通南村、掌政镇茂盛村、大新镇新水桥村、掌政镇碱富桥村、掌镇政五渡桥村、大新镇塔桥村结队共建。文明单位在资金、物质、技术等多方面给予帮扶和支持，形成优势资源共享、思想道德共教、经济发展共促、文明新风共倡、文化生活共办、文明创建共抓的"六共"局面。协调辖区6家文明单位分别与通贵乡通南村、掌政镇茂盛村、月牙湖乡月牙湖村签订共建文明生态家园协议，协调帮扶资金8万元。

【和谐社区(村镇)创建】 2006年，5月27日在解放西街湖滨小区举办以整治优美环境、共建和谐社区为内容的首场活动；9月20日，在凤凰北街崇安社区举办以讲文明、树新风、促和谐为主要内容的和谐社区大家谈活动。

2007年，制定《关于创建和谐社区的实施意见》，精选11个社区作为和谐社区首批试点，围绕"八大工程"②展开星级社区达标创建活动。3月10日承办银川市构建和谐社区、和谐村镇启动仪式。制定《关于推进社会主义新农村建设的意见》。结合兴庆区农村实际情况，首选10个村作为新农村建设的示范点进行培育，把任务分解到各责任单位，调动各单位积极参与，共同创建。3月29日在玉皇阁北街东方社区举办兴庆

①"五比五看"：比服务意识，看服务态度；比服务技能，看服务效率；比服务规范，看服务质量；比服务环境，看服务文化。

②"八大工程"：即固本强基、阳光济困、平安创建、信息网络、绿色清洁、公共服务、文明诚信、互助连心。

区才艺创业协会成立仪式,11 个街道办事处的居民展示自己制作的手工编织、剪纸、刺绣、丝网花等作品近千件。8 月 8 日与银川电视台和银川晚报组织开展全民创卫、共创和谐活动,市长和市民一起交流创建卫生城市的意义,促进创卫工作的深入开展。

【文明城市创建】 2008 年,围绕创建全国文明城市工作,采取四项措施,提升文明创建水平。一是抓机制体制。成立创建全国文明城市指挥部,建立联络员制度、联席工作制度、信息报送制度和情况通报制度,把喜迎 50 大庆、北京奥运会、创建全国文明城市等工作有机统一起来,共同促进。二是抓宣传发动。召开“迎五十大庆,创文明城市”动员大会。在区委机关报《今日兴庆》设立创建全国文明城市专栏,印发《全国文明城市测评调查问卷》2000 余份,印发《创建全国文明城市市民应知应会手册》5 万余份、《创建全国文明城市工作简报》8 期。编辑出版《精神文明创建知与行》和《记者见证兴庆》两本书。三是抓协调动员。协调辖区文明单位银川市客运管理在城市窗口行业率先开展“迎五十大庆,创全国文明城市”启动仪式。协同天地缘花卉公司制作“携手共建美好兴庆,同心争创文明城市,喜迎 50 周年大庆”及时贴宣传品 5000 余份,张贴在出租车醒目位置,积极宣传创建全国文明城市知识。四是抓特色活动。丽景街以“向道德模范学习、争做文明兴庆区人”为主题,组织辖区内的道德模范开展巡回宣讲活动;玉皇阁北街制作创建全国文明城市宣传光碟和购物袋,发放到各社区;文化街举办“向不文明行为告别”签名活动;大新镇举办“庆奥运、迎大庆、讲文明、树新风”知识竞赛。

2009 年,抓好“文明城区创建”活动,推进群众性文明创建工作扎实开展。6 月 25 日召开银川市创建全国文明城市兴庆区迎检动员大会,成立创建全国文明城市兴庆区指挥部、印发《创建全国文明城市兴庆区工作手册》,针对中央文明办对银川市公共环境测评指数,兴庆区各职能部门上下联动,齐抓共管,全面治理文明城市创建的“短板”,集中整顿街巷 44 条,“卫生脏点”30 多个,治理 145 座公厕和 41 座社会自管公厕,整合自行车停放点 81 个,安装便民自行车架,督查 110 家餐饮企业及 30 处公共场所,清查娱乐性经营场所 2200 余家,打击处理违法犯罪嫌疑人 114 人,推进文明城市创建工作深入发展。

2010 年,挖掘、整合宣传资源,采取万名党员进社区、新闻热线曝光等宣传方式,深入宣传文明城市创建工作。先后开展“创建全国文明城市”主题月、文明单位“联建共创”、创建“三优”、“文明督导员”、“联点包片”、“文明迎论坛、和谐庆双节,做文明有礼的兴庆人”等活动。在全市率先成立兴庆区志愿者协会,发放宣传资料近 50 余万份,组织协调各职能部门做好中央文明办公共文明指数年度测评和银川市的季度测评迎接工作。

【诚信社区建设】 2010 年,按照“社区教育体现诚区文化融入诚信,社区服务突出诚信,社区管理落实诚信,社区交往奉守诚信”的标准,开展诚信社区建设试点工作,指导、鼓励各社区积极开展创建工作,培养 4 个诚信社区创建试点社区,向银川市诚信办推荐 2 个试点社区。3 月 15 日,在南门广场主会场开展大型宣传咨询活动,受理消费者咨询投诉,向消费者宣传真假商品鉴别知识,进行真假商品对比鉴别活动,发放《消费者权益保护法宣传手册》、《送知识、送技能、送服务三下乡实用手册》、《食品安全法宣传手册》、《解读 2010 年消费与服务年主题》等各类宣传资料 3000 余份,现场解答消费者咨询 385 人次,受理消费者投诉 13 起,全部办结,办结率 100%,受到广大消费者的赞誉。

【思想道德建设】 2001 年,加强思想道德教育。先后开展纪念建党 80 周年知识竞赛、“以德治国”、消防安全知识竞赛,开展“红领巾科普之光”、校园拒绝邪教、“千人向不文明行为告别”签字仪式等系列教育活动。修改《街道精神文明建设责任书》,与 9 个街道办事处及 18 个业务部门签订责任书,做到精神文明建设周周有活动,全年不间断。制定《银川市城区街道(机关)思想政治工作评估考核细则》,建立城区社情舆情分析制度,召开社情舆情座谈会,对社会治安综合治理、学生减负、社区建设等群众关心的热点难点问题进行广泛的座谈,并将群众反映的问题上报城区常委会予以落实解决。

2002 年,制定《城区贯彻公民道德建设实施纲要》实施意见,在南门广场举行城区贯彻《纲要》启动仪式,送发《纲要》《公民道德千句文》等辅导书籍 1000 余册,举办专题讲座 15 场次。4 月份组织城区万余人参加《纲要》书面竞答活动和市民道德承诺签名活动。5 月份组织 9 个街道党工委、部分辖区文明单位及 75 个社区举办“公民道德建设”演讲比赛。组织贯彻《纲要》巡回演讲团,深入社区、部队、学校演讲。6 月份组队参加银川市“道德与法制”宣讲比赛,城区队荣获第一名。制作 3000 块 20 字基本道德规范标牌发到各社区和公共场所。围绕“中山公园免费,如何提高市民素质”主题,在社区召开社情舆情座谈讨论会 15 场在(次),有 1000 余人对如何做一个文明市民提出建议。以“社会公德、职业道德、家庭美德”为着力点,在城区开展“建首善之区,做文明城区人”活动;在学校广泛开展“我做合格小公民”宣传教育、实践创新和评选展示活动;在解放西街市民学校开办剪纸、花卉、手工制作、按摩等各类培训班;在富宁街市民学校开办“以德经营,依法经商”培训班;在全国第十四个爱国卫生月开展“倡导社会公德、整治环境卫生、净化美化家园”社区志愿者活动,参加人数近 4000 人。

2003 年,按照“社会道德抓社区,职业道德抓行业,伦理道德抓家庭”的工作思路，坚持以弘扬民族精神和诚实守信为重点，大力开展公民道德建设实践活动，推荐评选文明市民21人，文明市民标兵4人，开展“展示青春风采、爱我家园、保护母亲河”青年志愿者活动，9月20日第一个“公民道德宣传日”在宁园举办“公民道德大家谈”活动。

2004年，开展精神文明建设的理论探索，在区委机关报《今日兴庆》上开辟《精神文明创建工作新方法》专栏，共总结刊载了10个精神文明创建工作的好经验、好做法。编印《银川市兴庆区精神文明创建工作知与行》。制定《兴庆区委、政府关于进一步加强和改进未成年人思想道德建设的实施意见》，组织召开加强和改进未成年人思想道德建设座谈会，建立兴庆区首个未成年人思想道德教育基地，以“四讲四创新”为主题，在中小学开展一系列思想道德建设活动。同时围绕学习贯彻《公民道德实施纲要》，通过各街道文明市民学校、乡村文化活动中心等阵地在城乡居民中开展“农家女话增收”、“美德进社区”及“五情教育”等思想道德教育活动。9月20日第二个“公民道德宣传日”，举办了以“文明、关爱、表率”为主题的“‘公民道德宣传日’暨庆祝建国55周年精神文明建设成就展”活动，共有11个街道办事处和80多家文明单位参加活动。

2005年，思想道德教育形式多样。一是建成银川十中未成年人思想道德教育基地。银川十中的“师生互通书信情感互动”荣获全国未成年人思想道德建设创新案例二等奖。二是开展实践教育。充分利用市民学校、职工学校、科普学校、家长学校等教育阵地，对群众实施集中教育培训，各级市民学校均按要求开课办班6次以上，家长学校开设公民道德教育课2次以上。三是扎扎实实开展“公民道德宣传日”系列活动。9月份举办“文明迎论坛、和谐庆双节、做文明有礼兴庆人”启动仪式，倡导辖区市民积极学习礼仪，牵手文明，践行道德规范，从自己做起，从细节做起，向不文明行为说“不”，讲文明话，做文明事，当文明兴庆人。辖区机关单位、文明单位、窗口行业、学校等单位以情景剧、小品、行业文明形象展示、礼仪知识问答等形式，展示社交礼仪、职业礼仪、生活礼仪、校园礼仪、涉外礼仪等文明礼仪，展示行业特点、服务承诺和精神风貌。

2006年，以社会主义荣辱观的学习贯彻为契机，扎实开展思想道德教育活动。一是开展“社会主义荣辱观进社区、进农村、进机关、进学校”活动、“虎学仓先进事迹报告会”、“践行社会主义荣辱观”报告会、“知荣辱、树新风、和谐家庭事迹报告会”；编发《兴庆区中小学生社会主义荣辱观教育宣传手册》和“八荣八耻”和创建和谐社区及五创知识的精美连心卡片。二是继续贯彻落实《关于加强和改进未成年人思想道德建设实施意见》，进一步完善学校、家庭、社会三位一体的未成年人思想道德教育网络。利用辖区景岳小学爱国主义教育基地，银川高级中学、兴庆五小、银川三中等科普示范学校以及银川四小等德育示范学校，开展“弘扬培育民族精神、爱我中华”为主题的的爱国主义、革命传统主义和社会主义荣辱观教育，“小手拉大手，共建和谐文明家庭”、“以德育儿、为国教子”等道德实践活动；与妇联组织开展“和谐家庭”创建评选活动，在《今日兴庆》开辟专栏，将部分层层推选出来的“和谐家庭”感人事迹刊载宣传。

2007年，以城乡协调发展为基点，实施创建联动，有力推进思想道德建设。一是充分利用各种阵地，开展实践教育。对群众实施集中教育培训，深入宣传《公民道德建设实施纲要》，宣传文明市民守则和创建文明卫生城市等知识。二是开展未成年人思想道德教育活动。4月17日组织举办“继承先烈遗志，爱国立志成才”纪念三烈士就义66周年活动，千余名干部群众和学生参加祭拜活动。编辑印刷《三烈士的故事》一书5000册，作为兴庆区中小学生的校本教材。三是继续开展读书月活动。同团委、教育局继续在各中小学联合开展“知荣明耻树新风，书香飘校园”系列活动。四是以精神文明创建促经济社会发展。3月29日，在玉皇阁北街东方社区举办“兴庆区才艺创业协会”成立仪式，11个街道办事处的居民展示自己制作的手工编织、剪纸、刺绣、丝网花等作品近千件。

2008年，一是开展道德竞赛。大新镇、掌政镇干部结合思想道德建设年活动，自创道德红黄榜，引导广大村民开展道德竞赛，把群众熟悉的孝敬父母、勤俭持家、团结邻里、崇尚科学、热心公益事业等先进典型挖掘出来广泛宣传，道德红黄榜成为4个乡镇32个村5万多村民开展道德风尚竞赛的有效平台。二是开展比制度管理、看业务发展文明诚信竞赛活动，在大新镇小食品加工区开展百家食品企业践行道德承诺签字仪式，在非公企业中抓好诚信企业、诚信个体工商户、诚信加油站、诚信药店和诚信一条街、百城万店无假货等创评活动。三是倾力打造千名道德之星、社区道德大讲堂、道德引导站、道德宣传长廊4大道德活动实践载体。3月4日启动“加强思想道德建设，实施‘四德’工程，评选千名道德之星”活动，现场发放道德之星宣传品10000余个，以“文明花开在兴庆，争当模范我先行”为主题，广泛开展“八看八创八评”①活动，先后在出租汽车行业、政府机关、企事业单位、中小学校等评选出道德之星1000名。9月19日召开“加强思想道德建设，

---

①“八看八创八评”：即看机关作风创文明机关，评优秀公仆星；看平安行车创文明行业，评模范的士星；看诚实守信创文明经营，评文明商户星；看回报社会创文明企业，评自主创业星；看尊老爱幼创文明家庭，评孝敬父母星；看家和邻睦创文明新风，评文明市民星；看知荣明耻创文明校园，评少年先锋星；看民风民俗创文明村镇，评新型农民星。

实施‘四德’工程，评选千名道德之星活动”表彰大会。四是突出典型引导，推出“身边道德典型”组建思想道德教育宣讲团巡回宣讲。深入农村、社区宣讲12场次，受教育群众达1万余人。五是创建思想道德教育宣传长廊。在富宁街自强巷创建总长度约150米，宣传面积近100平方米，由22个宣传栏组成的思想道德教育宣传长廊。六是扎实推进未成年人思想道德建设，在辖区各学校全面实施大课间活动、校园文化建设”、“奖章背后的故事，让楷模伴我成长”宣讲活动。5月29日在兴庆区第四小学开展“做一个有道德的人”网上签名活动；在银川三中建立班级博客；在胜利街南华社区，在暑期开办“四德”漫画培训班；启动“未成年人道德引导站”和“少儿活动中心”。8月27在山东淄博召开的全国农村未成年人活动场所建设座谈会上，兴庆区选报的案例“红领巾进社区”荣获全国第三届未成年人思想道德建设工作创新案例三等奖。

2009年，以“四德”建设成果转化为重点，以“孝”为切入点，下大力气狠抓城乡“孝德”建设。制定下发《关于在兴庆区广泛开展“孝德新风进万家”活动实施方案》《关于加强兴庆区城乡融合提升乡风文明建设实施意见》《关于深入开展群众性爱国主义教育活动的实施意见》。5月9日在丽景街启动“孝德新风进万家”活动，通过创建孝贤文化墙、办孝德文化节、组织孝德模范宣讲团巡回宣讲、送温暖献爱心活动、践行八个一活动、评孝模范和孝贤村等形式，评出“孝老爱亲模范”300名，“幸福家庭”100个，“孝贤村(社区)”10个。5月26日在掌政镇杨家寨村举行“乡风文明村村行”启动仪式，开展“文明育农家”、“文化乐农家”、“生态美农家”、“典型亮农家”四大工程。深化“我推荐、我评议身边好人”活动，引导“好人有好报”价值导向的广泛形成。制定《关于净化社会文化环境促进未成年人健康成长实施意见》，开展“做一个有道德的人”主题活动。3月19日“净化社会文化环境，促进未成年人健康成长，做一个有道德观的人”活动在兴庆区第十八小学全面启动。3月26日组成联合检查组，对兴庆区学校周边环境、文化市场开展联合执法检查。兴庆区净化社会文化环境工作，以净化网络、网吧、出版物市场、校园周边环境为重心，着力抓好“五老联动”、“文明上网”、“校园净化”、“道德实践”四大工程，为未成年人创造一个良好的社会文化环境。4月17日，兴庆区景岳小学组织全体师生开展“传承烈士精神，做美德好少年”暨纪念三烈士活动，评选出银川市级美德少年250名，自治区级美德少年3名。全年共涌现出自治区级各类道德模范35名，银川市级各类道德模范150名，兴庆区级各类道德模范300名，乡镇街道级各类道德模范500名，自治区十星级文明户4户，自治区文明个体工商户4户。

2010年，围绕深化“四德”建设、未成年人思想道德建设等重点工作，组建“道德模范宣讲团”，开展宣讲40余次，受教育群众达到万余人。街道、社区建成60面道德模范宣传墙和宣传长廊，《今日兴庆》开辟“思想道德建设宣传”专栏，集中展示和宣传道德模范1000余名。《道德红黄榜》创新案例推荐上报中央文明办。建立和完善县级领导包干联点、点评会、联席会、联创共建、台账销号、督查追究等制度，积极指导学校、社区开展“做一个有道德的人”主题实践活动。依托农村中小学校，建设“乡村少年宫”10个，在部分社区建立“社区青少年绿色网吧”、“社区青少年学习心理辅导站”、“社区青少年心理咨询室”。对辖区130余家网吧进行拉网式检查，为成年人营造良好的绿色空间。11月8日，联合银川市交警支队、宁夏西京妇产医院在胜利街南桥路口设置一条爱心斑马线，这是银川市启用的第一条爱心斑马线。

【文化活动】 2001年，开展以社区为依托的群众文化活动，制定文化站工作考核细则和先进文化物业小区评比办法，进一步规范内部管理，完善考核机制。将文化阵地，广场文化、楼道文化、校园文化、家庭文化、企业文化有机结合起来，唱响社区文化“四季歌”。先后举办春节大型社火表演、“以德治国”宣传教育活动、军民共建共创文明社区专场文艺演出、、知识竞赛、广场文艺演出、讲演比赛、歌咏比赛书法绘画等文化活动20余场参与人数达万人以上。

2002年，把广场文化、楼道文化、校园文化、家庭文化、企业文化、夏日周末文化有机结合起来，唱响社区文化“四季歌”。春节期间举办大型社火游行表演；4月份结合“四进社区”活动启动举办专场文艺演出；5月24日在宁夏科技馆举办“快乐周末在社区”科普文艺晚会；5月份举办以宣传贯彻《纲要》为主要内容的楼院文化活动；6月份组织社区晨练观摩比赛，“周末社区之夜”露天电影在社区巡回放映18场次；9月份举办城区前进街社区宣传文化广场落成典礼大型焰火晚会。各街道办事处也相继开展了军民共建、共创文明社区专场文艺演出等活动。胜利街友爱社区、富宁街康乐社区创办《文化简报》《科技小报》每季度一期。全年共开展知识竞赛、演讲比赛、巡回演讲、广场文艺演出、书法绘画展等文化活动70余场次，大型社区演出60场次，参与人数达3万人以上。

2003年，大力推进“四下乡”和“四进社区”向纵深发展。在乡村开展以“传播科技文化，建设小康社会”为主题的宣传文化活动；在社区开展“讲文明、树新风、改陋习、迎盛会”为主题的群众文化活动。同时，以城乡文化结对为载体，加强城乡之间的沟通和交流。6月20日在南门广场举办“迎盛会、展风采、市民周末大舞台”活动；8月20日举办“塑形象，展风采，迎盛会”文明单位健身操比赛；9月4日举办庆祝民族运动会召开，百家文明单位签名暨书法家赠字活动。利用星光服务计划项目千方百计筹措资金在各社区建设文化活动室、图书阅览室、体育健身房、文化活动广场、科普文化长廊等文化活动场所。据统计,“四下乡”活动为农民送去各种宣传画3000余张、宣传单和宣传册6万余份、各类书籍3000本、春联1000余幅,摆放宣传展板500余块,文艺演出30余场次。

2004年,整合各乡镇、街道和部门的文化资源,突出兴庆区特色,精心策划“兴庆四季歌”精神文明系列活动。1月19日举办“金猴闹春”春节团拜会;1月20日由各乡镇、街道及各行业的2000多名干部群众组成19支社火方队,开展春节社火巡游;4月17日“兴庆之夏”周末广场文化活动在大团结广场拉开帷幕,演出26场(次),参加人数达10余万人(次);5月1日举办“与进城务工人员同唱一首歌”周末广场文化活动;8月13日~15日组织开展银川市兴庆区首届双排竞渡活动,来自机关、乡镇、街道和文明单位的70多支队伍参加了比赛。9月30日举办“庆祝建国55周年群众大联欢活动”,由兴庆区群众组建的“千人功夫扇队”、“500人腰鼓队”、“500人健身秧歌队”同台进行表演,开展了“三下乡”、“四进社区”和纪念邓小平诞辰100周年活动。全年共开展群众文化活动近百次,参加人数达30多万人次。

2005年,以宣传文化结对活动为载体,以“唱响兴庆四季歌”为主线,开展“春节团拜会”、“活力兴庆·广场文化季”、“三下乡”、“四进社区”、“文明生态文艺演出”、“先进性之歌”、“城乡共建文明生态家园”等群众文化活动。据统计,去冬今春的“三下乡”活动共发放宣传材料10余万份,接待咨询1800余人次,义务书写春联1000多幅,义诊病人近千人次,捐赠物品价值10多万元,演出文艺节目4场,演出话剧1场。中宣部编辑出版的《把学习贯彻“三个代表”重要思想不断引向深入》介绍了兴庆区“城乡宣传文化结对”活动。全年共组织开展广场文化活动25场,观众人数达10余万人,演职人员超过6000人;放映电影316场,观众超过5万人。

2006年,以“读书月”活动为主要内容,广泛开展群众性文化活动。一是开展读书月活动,在各中小学联合开展“知荣明耻树新风,书香飘校园”系列活动。推荐精选一批少年读物书目,音像电子出版物,开展“读书与成长”征文大赛和“文明生活、健康成长”未成年人漫画大赛、少儿藏书交流等活动;在机关干部中开展月读一本好书,周读一篇好文章,每天读半小时报纸活动;在街道,以创建和谐社区为契机,开展学习型社区、学习型家庭评选和“家庭读书竞赛”等活动;在《今日兴庆》开设“书友畅谈读书乐”专栏。同金河乳业有限公司开展“‘金河杯’青少年荣辱观,构建和谐社会”有奖征文活动,共收到参选文章22篇。二是创新机制,继续开展广场社区文化体育活动。4月22日启动广场文艺演出,共演出22场;6月23日启动“外来务工人员周末电影周”放映活动,共放映17场电影。7月22日~8月19日,与银川市金河乳业有限公司联合举办“金河乳业杯”和谐社区欢乐家庭趣味运动会,共有32个社区8000个家庭共2万多居民参加比赛。三是积极参与区市宣传文化部门主办的群众文化活动。组织参与银川市文明单位文艺汇演;选送一批书画美术作品,参加银川市纪念中国共产党成立85周年和红军长征胜利70周年书法绘画展;组织23个基层单位500余名干部职工参与自治区纪念红军长征胜利70周年知识竞赛并荣获组织奖;组织千余名机关干部参与银川市“向不文明行为告别”活动。

2006年12月27日,兴庆区开展“三下乡”活动

2007年,群众性文化活动异彩纷呈。一是以宣传文化结对活动为载体,分别在通贵、掌政、大新集中开展“城乡、山川互动促和谐”“三下乡”活动,邀请海原花儿艺术团和各街道办事处及辖区文明单位为农村送去文艺节目、图书、文体器材和办公设施;科技局、卫生局、农牧局、计生局等机关部门分别开展宣传咨询和义诊活动;1月26日兴庆区文明办率掌政农民艺术团到海原县为山区农民进行演出。据不完全统计,去冬今春“三下乡”活动共发放宣传材料10余万份,接待咨询1800余人次,义务书写春联1000多幅,义诊病人近千人次,捐赠物品价值10多万元,演出文艺节目4场,演出话剧1场。二是组织开展“艺术家走进兴庆”和“宏坤”杯喜乐农家厨艺大比拼活动。组织区内外文化名人深入农村观摩、采风,通过书

法家、文学艺术家清新的笔触和敏锐的职业眼光观察，创作了一批文学艺术作品，宣传兴庆区新农村建设中的亮点。三是围绕节假日开展文体活动，从4月份在大团结广场启动“活力兴庆·广场文化季”活动，至10月结束，全年演出23场，观众累计近10多万人次。

2008年，开展四项主题活动。一是以“欢庆党的十七大、迎接自治区成立五十周年大庆‘城乡互动’为载体，广泛开展百场群众文化‘进社区、进军营、进工地、进乡村’演出”活动，截止7月中旬，演出320余场，观众人数达10万余人。掌政镇农民艺术团以“礼德、孝德、爱德、诚德”为主要内容，编排《家和万事兴》、《夸兴庆》等节目，深受群众欢迎。在11月10日闭幕的“纪念改革开放30周年全国首届农民文艺会演”活动中，兴庆区掌政镇农民文化艺术团参演的舞蹈《耍公婆》获得金穗奖，宁夏数花《唱唱咱们的宁夏川》和舞蹈《丰收舞》荣获银穗奖。二是组织开展第五届广场文艺演出、“周末社区广场大舞台”、专业文艺团体下乡演出等活动70余场次，顺利完成五十大庆中山公园游园等系列活动。三是开展“迎奥运、庆大庆、讲文明、树新风”知识答题竞赛，共完成答题卡8260余份，兴庆区两名队员代表自治区参加全国“迎奥运、讲文明、树新风”电视知识竞赛荣获小组第四名。四是开展“花儿进校园”活动。辖区各校在教学中结合民族民间音乐、民歌等艺术形式，在“原生态花儿”的基础上，重新填词创作贴近现实或校园生活内容的“校园花儿”，将银川市回民第一小学和掌政中学确定为兴庆区校园花儿推广基地。

2009年，坚持以“先进的文化教育人、鼓舞人”，积极开展“文化惠民”行动。1月份在掌政镇启动“三下乡”活动，赠送科技、文学等内容的图书13000册，提供价值10万元的书架、近30家单位的专家现场为农民们提供各类咨询服务，5支服务小分队分现场为农民进行技术指导，为村民检查身体；春节期间组织开展“社火大赛”、“团拜会”；4月份启动“湖城之夏·广场文化季”活动，开展“文明歌曲大家唱、爱国主义歌曲大家唱”活动；清明节动员组织广大人民群众广泛开展“文明祭祀”活动；4月20日在唐徕回民小学启动“我爱我的祖国—书架见证成长，阅读照亮人生”读书活动；5月份举办首届职工运动会。围绕庆祝建国60周年这一主题，广大人民群众以文艺演出、传唱百首爱国歌曲、知识竞赛、法律法规政策咨询、演讲比赛、诗词诵读、中秋诗文朗诵会、诗词赏析讲座、诗歌创作征集活动。全年广场文化季活动演出70余场。举办各类专题文艺演出30余场，数字电影下乡进社区放映1000余场，其中农村放映600余场。围绕“我们的节日”，各基层单位积极举办特色文体活动、社区居民书画展、手工艺品制作展、市民艺术节、健身秧歌大赛等群众性文化活动。截止年底，兴庆区共有业余文艺宣传队34个(含剧社)，文艺骨干1947人，城乡文化健身队伍108个，经常活动总人数约4万多人。掌政镇农民艺术团、大新镇农民威风锣鼓队、掌政镇舞龙舞狮队、大新镇军乐队、通贵乡腰鼓队等在区内外多次获奖。“文化育民”已成为兴庆区城乡一体化进程中一道亮丽的风景线。

2010年，以万名宣传文化思想系统干部下基层为契机，广大党员干部听民情、集民智、办好事、做实事，形成城乡互动、结对共建的良好局面；围绕“我们的节日”、非遗普查、文化信息资源共享等工作重点，充分发挥15个乡镇（街道）文化站，116个社区、村文化活动室及29个公益性活动场地和34个业余文艺宣传队作用，举办文艺演出50余场，参与群众10余万人，数字电影下乡进社区放映600余场，组建以秧歌、腰鼓、舞龙、舞狮为主要活动形式的队伍15支，建设农村广播电视公共服务中心1个、分中心4个、多路微波示范点2个，广播电视入户率100%。结合农村环境综合整治工作，组织相关单位绘制文化墙近2000平米，以生动形象的绘画形式表现文明新风、廉政建设、民主法治、婚育新风等内容，使文化墙成为群众的政策明白墙、传统美德教育墙。6月11日宁夏·兴庆三森家居杯鸣翠湖端午休闲体育运动会在银川鸣翠湖国家湿地公园隆重举办，来自兴庆区各部门和各乡镇、街道办事处以及80家辖区单位6000余名体育爱好者，分别参加划船接力赛、溪流摸鱼比赛、勇攀珠峰接

2008年5月30日，兴庆区参与电视进万家赠送活动

力赛、运水接力赛4个集体项目，环鸣翠湖健步行、钓鱼、水上云梯、曲桥、勇创连环岛、旱地保龄球6个个人项目的比赛。

【社会关爱】 2005年，确定10名大学生为与西安顶津公司联合举办的资助贫困大学生康师傅绿茶义卖活动资助对象；推荐2名考入大学的贫困生为西部开发助学受助对象。

2006年，推荐8名同学为银川一中宏志班学生。

2007年，推荐2名考入宁夏大学和华北电力大学的贫困生为西部开发助学受助对象。

2008年，推荐2名考入大学的贫困生为西部开发助学受助对象，推荐5名同学为银川一中宏志班学生。

2009年，推荐西部助学受助大学生3名，宏志班学生5名。协调辖区单位安利宁夏分公司、东风悦达起亚天利专营店、银川晚报社向兴庆区400名道德之星、61名自治区道德之星免费赠送2009年《银川晚报》；协调自治区文明办争取到安有花季绿坝软件的方正电脑190台，发放到部分学校和15个基层文化站，建起一批社区绿色网吧。

2010年，推荐“西部助学”工程受助大学生2名，“宏志班”学生5名。2月3日承办银川市关爱空巢老人志愿服务行动启动仪式，银川市红十字会、市老年大学为空巢老人捐献棉被、粮油、书画作品等物品，向三区两县21位困难老党员每人发放慰问金600元，市慈善总会为银川市爱心敬老院资助20000元的采暖费，青年志愿者、党员志愿者与老人们达成扶助关爱协议；3月4日，兴庆区第七小学的100余名学生走进银川市兴庆区社会福利院，开展“爱心浓浓情意切 尊老爱幼献爱心”活动；5月13日，胜利街天胜社区居家养老服务站挂牌成立，成立后的服务站将招募志愿者为社区老人提供生活照料、文化娱乐、精神抚慰、医疗康复、家政服务、法律援助等多方面的服务；启动“青春宁医社区行活动”，来自宁夏医科大学、社区等地的120多名志愿者为老人提供医疗服务；5月6日，兴庆区关爱农民工子女志愿服务行动在高台逸夫小学启动，为300多名进城务工人员子女发放17万元的电子图书卡，关工委等单位为孩子们捐赠1.3万余元现金及学习用具。

【未成年人道德引导站】 2008年，兴庆区农村未成年人道德引导站和少儿活动中心在掌政乡镇河村正式成立。未成年人道德引导站和少儿活动中心是以服务未成年人为宗旨，以“蓝天下共享温暖阳光”为主题，以农村文化大院、青年中心为载体，坚持公益性和道德教育相结合，为农村孩子共同创建精神家园。未成年人道德引导站解决长期以来农村孩子单调枯燥的业余生活和监管上的“真空”现象，让孩子们健康、快乐、文明成长。少儿活动中心从青少年的需求和愿望出发，开展各类参与性、实践性、体验性强的教育，让新农村的孩子们在心灵的乐园、学园、家园中感受温暖、分享阳光。

2009年，密切关注特殊群体，加大对留守儿童、流浪儿童等帮扶助困工作，继续完善和推广掌政镇未成年人道德引导站和少儿活动中心工作机制和经验做法，形成全社会共同关注、关心、关爱未成年人健康成长的良好社会环境。

【兴庆区志愿者协会】 2010年6月30日，兴庆区志愿者协会正式成立，围绕关爱空巢老人、“3·5”学雷锋日、7月1日党员奉献日等主题活动，组织群众、青年、党员、社区干部、文明单位职工等各行各业20余万志愿者，走上街头、深入居民家中积极开展文明督导、清洁卫生、慰问老人、文艺演出等志愿服务。

统战工作

【概况】 中共兴庆区党委统战部是兴庆区委的工作部门，其前身是城区党委统战部。2002年行政区划调整，城区党委统战部更名为兴庆区党委统战部，与民族宗教事务局合署办公。十年来，中共兴庆区党委统战部认真履行主管统一战线的职能，认真宣传、贯彻、执行党的统一战线理论、方针、政策，协调统一战线各方面的关系，联系各民主党派和无党派代表人士，通报情况，反映意见，调查研究，开展活动，充分发挥监督作用。做好民族和宗教工作重大方针、政策的贯彻落实，协调配合有关部门处理涉及民族、宗教方面的重大问题，加强党外后备干部、党外知识分子和新社会阶层人士以及统战干部队伍建设等方面做了大量的工作，为兴庆区政治经济社会发展做出显著贡献。

【部领导名录】

部　长：杨学林（2001.01～2003.03）
　　　　保少宁（2003.03～2010.12）
副部长：杨万军（1999.10～2002.07）
　　　　马保林（2003.02～2004.12）
　　　　马桂林（2003.02～2005.05）
　　　　喇建雄（2004.12～2006.09）
　　　　马元元（2006.09～2007.09）
　　　　刘利锋（2006.11～2010.12）
　　　　杨迎珍（2007.09～2010.12）

【民主党派建设】 2001年，城区党委下发《关于贯彻＜中共中央关于加强统一战线工作的决定＞实施意见》后，城区基本健全了各民主党派机构。积极协助各民主党派、工商联与政府部门的“对口联系”工作和“特约四员”工作，为他们知情出力，民主监督拓宽渠道。

2002年，各民主党派机构参政议政制度逐步提高，继续开展协商会、通报会、座谈会制度，“对口联系”和“特约四员”工作，拓宽民主党派参政议政、民主监督渠道。

2003年，兴庆区五个民主党派均已到期，按照民主推荐、组织考察等工作程序，于7月初完成各民主党派换届和成立工作，顺利实现新老交替，制定工作制度，规范党派工作。

2005年，加强参政党的组织建设，

推进多党合作规范化、制度化，建立健全各项规章制度，完善表卡册等资料，规范组织发展工作，严格财务审批制度，坚持民主党派双月例会制度，理论学习、工作交流、座谈讨论进一步加强。

2006 年，支持民主党派加强自身建设，在活动经费、会议场地等方面给予保证，加强民主党派组织建设，规范组织发展工作，严格财务审批制度。通过以会代训的形式，对统战干部和街道商会秘书长、工商联专干进行集中培训，协助组织部门做好党外干部的培养、选拔使用工作。

2007 年，制定《兴庆区委统战部关于协商各民主党派兴庆区总支换届工作的意见》，完成兴庆区 6 个民主党派的换届选举工作。选举产生 42 名新一届领导班子。举办民主党派班子成员、社区统战知识、科级干部统战理论政策培训班 10 余期，建立民主党派和无党派后备干部人才资料库。抓好统战系统三支队伍建设，全年共举办各种培训班 12 期。

2008 年，认真做好民建兴庆区总支主委人事调整后的民主推选工作。支持民主党派不断加强组织建设、制度建设和自身建设。在无党派人士中开展了政治交接学习教育活动。

【参政议政与民主监督】 10 年来，兴庆区委统战部积极协助区委、区政府召开民主党派、无党派人士情况通报会 10 次，向各民主党派、工商联、无党派人士通报兴庆区经济和社会发展、政府主要工作及党风廉政和反腐败等有关情况。先后召开征求意见座谈会 12 次，就区委、区政府的主要工作、重大事项征求党外人士的意见和建议；提出议案、提案 150 余条。每年召开各民主党派协商会议 3 次，推动党外人大代表、政协委员积极撰写议案、提案；组织民主党派、无党派人士开展社会调研，共撰写调研报告 90 余篇，报送信息 1200 余篇，对城市化进程中出现的一些重点、难点问题提出对策性意见建议。区监察局、检察院、审计局、教育局等单位聘任两批 33 名民主党派人员担任特邀监察员、特邀审计员、特邀检察员。

2002 年，做好政协换届工作，调查推荐党外代表人士进入人大代表和政协委员工作，培养选拔党外干部，对他们进行政治安排和实职安排，建设高素质的党外代表队伍。

2003 年，兴庆区直管的民主党派干部 82 名，安排党外干部 9 名；在政协 117 名委员中，安排党外人士 70 名，占 59.8%，少数民族 33 人，占 28.2%；妇女 44 人，占 37.6；在 23 名政协常委中安排党外干部 15 人，占 65.2%。监察局、检察院、审计局、教育局聘任 13 名民主党派成为"特约四员"，参政议政，反映社情民意效果明显。建立了区委党政领导与党外人士开展交流制度，确定 18 名交友对象为政府的决策知情出力，充分发挥招商引资和参政议政作用。协助各民主党派做好调研工作，全年共完成经济社会调研报告 8 篇，统战理论调研 2 篇。其中民建总支《关于区划调整后兴庆区经济发展的几点建议》被兴庆区政府采纳。

2004 年，一是把政治协商纳入党委和政府的决策机制，促进决策的民主化和科学化，于 7 月召开了党外人士情况通报会，向各民主党派、工商联通报了兴庆区经济和社会发展情况。二是认真落实对口联系制度，做好政府部门同各民主党派、工商联对口联系的协调工作。民革、民盟、民进、农工党等主动与对口单位联系，开展形式多样的活动，效果明显。三是支持和帮助各民主党派、工商联围绕兴庆区"三个文明"建设开展调查研究，并将调研报告及时转送区委、政府有关部门进行落实。其中九三学社《关于对兴庆区农民增收情况的调研》，民建《关于对兴庆区经济社会发展和区域经济布局现状、存在的问题及其措施建议》等调研报告被区委以《实践与思考》发表。四是建立"特约四员"档案。五是进一步落实兴庆区领导班子、干部同各民主党派、工商联人士交友制度，39 名党外人士被领导干部以不同形式进行沟通，共事合作不断加强。有 9 名党外干部得到实职安排；建立培养选拔 10 名党外后备干部名单。

2005 年，出台培养选拔党外人士干部实施意见，协助组织部门大力做好党外干部培养、选拔使用工作，有 9 名干部得到实职安排，健全党外知识分子提案，确定 10 名优秀党外后备干部名单。加强"特约四员"队伍建设，规范推荐聘任程序，健全完善档案；落实区委党政领导同各民主党派、工商联人士联系交友制度，39 党外干部以不同形式同区委政府领导进行沟通，合作共事不断加强。积极协助区市统战部门到少数民族聚居乡镇开展调研工作，全年共完成统战理论调研报告 11 篇，经济社会发展调研课题 10 篇，并对优秀调研报告进行评选表彰，召开调研成果转化会，为区委、政府和有关部门掌握新情况、研究新问题提供参考。

2006 年，深入贯彻落实中央 5 号文件和《中共兴庆区委关于 < 中共中央关于进一步加强中国共产党领导的多党合作和政治协商制度建设的意见 >》《兴庆区委 < 关于加强人民政治协商工作的意见》，支持民主党派在参政议政、履行职能方面有新发展。六月、九月份分别召开党外人士情况通报会。全年共召开协商会 3 次，征求意见会 2 次，座谈会 2 次。认真落实兴庆区政府有关部门同各民主党派、工商联对口联系制度。支持帮助各民主党派、工商联开展调查研究，全年共撰写调研报告 20 篇。加强"特约四员"队伍建设，规范推荐程序，20 名特约四员在各自聘人工作中积极参政议政，建言献策，民主监督效果明显。进一步落实兴庆区领导干部同各民主党派、工商联人士联系交友制度，39 名党外干部被领导干部以不同形式进行沟通联系，合作共事不断加强。

2007 年，制定年度政治协商计划，建立党委重大问题、政府主要工作的通报、征求意见制度。全年召开政治协商会议3次，征求意见会3次，座谈会2次。着眼人大、政府、政协换届，做好党外人士代表人士安排工作，安排兴庆区二届政协16个界别，委员133名。其中党外人士81名，占60.9%。25名常务委员会组成人员中，党外14名，占56%。认真落实《兴庆区培养选拔党外干部的意见》，有23名党外干部得到提拔使用，确定20名党外后备干部，建立党外知识分子和新的社会阶层人士档案。制定“联席会议”制度，坚持每双月召开一次联席会议，协商通报有关工作。支持帮助党派成员中人大代表、政协委员做好参政议政工作，全年共提出议案、提案、意见建议150条，6个民主党派撰写调研报告8篇。41名党外干部、100余名非公有制经济人士同领导干部以不同形式进行沟通联系。民革、民进有11人被聘为特约监察员、民盟有7人被聘为特约审计员、九三学社有2人被聘为特邀检察员。全年共完成经济社会发展调研课题10篇，理论调研文章11篇。

2008年，多党合作和政治协商制度化、规范化和程序化建设进一步加强。向民主党派、工商联、无党派人士通报政府主要工作及党风廉政和反腐败情况，广泛听取和吸纳党外人士的意见和建议。全年共召开协商会2次，通报会3次，征求意见会2次。各民主党派、工商联、人民团体深入开展课题考查调研活动，撰写调研报告23篇，及时转送区委、政府有关部门进行落实。

2009年，全年共召开协商会2次，通报会3次，征求意见会2次。继续与15个乡镇街道签订目标管理责任书，协调组织部门大力做好党外干部培养、选拔、使用工作，有23名党外人士得到提拔使用，调整充实20名党外后备干部和44名少数民族干部。邀请各民主党派、工商联、人民团体围绕“城乡一体化”“和谐兴庆”重大问题深入开展调研，积极建言献策。全年完成统战理论调研报告10篇，经济社会发展调研报告10篇，其中有10篇调研成果被区委、政府采用落实。

2010年，组织民主党派、工商联开展统战理论和经济发展调查研究，召开工作联系会，为进一步加强民主党派基层组织建设和队伍建设寻求对策。全年共撰写22篇课题调研报告，为区委政府科学决策提供参考。

【社区统战】 2006年，开展社区统战试点工作，以“统战之家、新的社会阶层联合会”命名的社区统战工作在玉皇阁北街北方社区、解放西街文艺社区、凤凰北街北安社区开展，试点街道成立组织机构，制订试点方案，通过调查摸底建立健全党外干部、党外知识分子、宗教界人士、非公经济人士档案和社区统战工作制度。玉皇阁北街东方社区新的社会阶层联合会全面启动，解放西街文艺社区联合统战之家成员为月牙湖乡月牙湖村160余名小学生购买了学习用品，凤凰北街北安社区将社区统战工作与党建工作紧密结合起来，并与统战成员开展活动。各社区结合实际积极探索社区统战工作的有效途径和方法，充分挖掘和发挥社区统战成员构建和谐兴庆的积极性。

2007年，在辖区11个街道90个社区全面开展社区统战工作，制定下发《关于全面开展社区统战工作的实施意见》，明确开展社区统战工作的范围、措施、步骤，为开展社区统战提供指导。投资4500余元为11个街道统一制作社区统战制度公示栏，将社区统战纳入统战和街道党建综合目标责任书，明确职责任务和要求。通过社区开展形式多样的活动推进社区统战工作向基层拓展，向纵深发展。玉皇阁北街成立全区首家新的社会阶层人士联谊会。

【对口联系服务社会】 2003年，落实各民主党派与政府对口联系工作，明确对口联系的内容、形式和要求，民革、民盟、民进等主动与对口单位联系，开展形式多样活动，促进对口联系工作的实效性；积极组织各民主党派参加“三个一活动”。

2005年，认真落实兴庆区政府有关部门同各民主党派、工商联对口联系制度，五月份召开对口联系工作会议，协助计生局在月牙湖乡聘请宗教人士担任义务计划生育协会理事；协助通贵乡在11个清真寺成立人民调解委员会，聘请宗教人士担任义务司法调解员；配合卫生局在各宗教活动场所举办艾滋病防治培训班；印度洋海啸发生后，伊斯兰教、佛教、天主教、基督教人士纷纷伸出援手，向灾区捐款19.6万元。

2006年，认真落实兴庆区政府有关部门同民主党派、工商联对口联系制度。九三学社、农工党到通贵乡、月牙湖乡对口联系单位开展捐资助学、送医送药活动；民进与对口单位大新镇组织开展对口联系单位体育运动会，民进满春中学支部对大新镇文化活动中心建设及腰鼓队的排练给予指导；民盟组织盟员30余人到对口联系单位掌政镇围绕产业结构调整和社会主义新农村建设进行调研，提出“镇东稳粮增济扩饲兴牧，镇西扩大种养殖业园区规模，提升产业档次，依托一湖一河一线，发展繁荣一镇”的总体思路，并就科技发展提出意见建议；民建与对口联系单位文化街、解放西街等举办科普讲座2次，扶贫帮困6户13人，帮扶资金1300元。统战部为包扶单位月牙湖大塘南村拨付15000元，支持新农村建设。广泛开展“三个一”活动，农工党在庆“三八”“母亲节”“六一”节看望慰问兴庆区老年公寓的老人和月牙湖中心小学的学生，并开展医疗义诊活动；民建举办科普讲座、扶贫帮困6户13人，帮扶资金1300余元。

2007年，民革与城管局共同参观玉泉营葡萄基地，并就环卫工作开展座谈；农工党到掌政镇开展“关注农民工，送医保健”义诊活动；九三学社到通贵乡、月牙湖乡开展送医送药活动；民盟组织盟员看望宁夏的“张海迪”陆梦蝶女士，为其捐赠图书100多册，送去300

元慰问金。

2008年，各民主党派广泛开展“三个一活动”。民革兴庆区总支部发动党员捐助书籍，购买4000余元的学习用品和体育器材捐赠月牙湖乡困难学校，农工党兴庆区总支部在市医院举办“关注残疾、重视健康、奉献爱心、温暖人间”为主体的爱心助残活动。民进兴庆区总支和兴庆区侨联共同开展“共谋事、促发展，构建和谐统战”联谊会；九三学社组织社员调研兴庆区花卉产业。

2009年，9月召开兴庆区政府与各民主党派对口联系会议，总结工作交流经验，部署今后工作。民革组织月牙湖乡海军希望小学50名教师和学生代表参观宁夏科技馆、宁夏博物馆，学习科技知识，了解宁夏历史；组织党员参观兴庆区花卉示范基地。民盟在胜利街祥和社区举办社区法律大讲演，组织盟员到盐池调研生态保护和环境治理。民建组织会员为月牙湖海陶南村二组精神分裂病人罗永花捐款1000元，组织20余名会员到艾依河畔参加义务植树。民进协调众一集团为横城小学捐赠办公桌椅12套，价值近万元，组织会员开展“暑期看兴庆”活动，观摩兴庆区经济建设重点项目。九三学社举办医疗卫生改革讲座，组织社员参观兴庆区鸽笛湖水道、章子湖园林工程、昆仑园区建设，民族团结月到掌政镇开展义诊就医、科技下乡宣传咨询。统战部及各民主党派奉献爱心，看望慰问身患重病的农工党兴庆区主委华秀丽，捐款13270元。

2010年，协助各民主党派开展思想建设与素质提高年活动，举办1期培训班，就民主党派开展好主题教育活动的指导思想、主要任务、方法步骤及所要达到的效果等进行培训。各民主党派陆续召开动员大会，并开展形式多样的活动，如民盟与金凤区支部联合到丰登镇考察调研新农村建设；民建开展扶贫帮困，设立“民建创业就业基地”，为兴庆区培训安置失地农民63人，培训就业人员300人，会员企业共为社会解决就业人员1500多名，总支会员在捐资助学、扶贫济困等公益事业方面资助80000多元；农工党举办法律讲座，开展义诊和义务法律咨询等，会员朱福强被银川市政府聘为创业导师；农工党结合主题教育活动，举办法律知识讲座，对《侵权责任法》进行了全面的解读，5月19日到月牙湖乡开展义诊和义务法律咨询，发放各种预防传染病宣传资料200余份；九三学社组织社员观摩黄河金岸建设工程，组织座谈，献计献策。

【侨联工作】 坚持“一国两制”的方针，充分发挥侨联作用，顺利完成归侨、侨眷调查摸底工作，开展侨联换届工作。加强与侨联的联系与沟通，组织学习《反分裂国家法》支持和协助开展工作，为促进祖国和平统一和振兴兴庆区经济建设服务。

【民族宣传月】 2002年，在城区范围内继续开展民族理论、民族政策、民族知识的宣传活动，举办各街道分管民族工作领导、民族团结兼职人员学习班和居委会基层干部学习班个一期。

2003年，以第七届少数民族传统运动会召开为契机，开展形式多样，内容丰富的“民族团结月”宣传活动，印发宣传材料17000份，录制录音带17盘，制作横幅17条，展板17块，发放民族知识一百题100余册，在少数民族地区资助105名贫困学生，捐助金额10500元，各乡镇、街道以文化下乡、文艺进社区、捐资助学、助残、扶贫帮困等形式掀起了民族团结月活动的新高潮。同时，协助区委、政府召开各民主党派、工商联、宗教界人士“迎中秋、庆盛会”茶话会，加强与各族各界人士的交流与联系，促进各民族共同繁荣。

2004年，开展了内容丰富的民族团结月宣传活动，制作展板17块，横幅17条，散发宣传材料30000余份，举办“广场之秋”少数民族节目汇演，以及以少数民族为主要内容的知识竞赛。

2005年，开展“加强民族团结、促进共同繁荣、构建和谐兴庆”为主题的民族团结月宣传活动。9月7日在宁园举行集中宣传，共制作横幅17条，展板17块，录音带17盘，散发宣传资料30000余份；动员伊斯兰教清真寺对贫困少数民族聚居的通贵乡、月牙湖乡修建清真寺资助费用达8000余元；组织基督教堂到通贵乡回中开展“心连心”捐资助学活动，捐助金额7000元；举办兴庆区第二届《古兰经》诵读和“吾尔兹”演讲活动；开展以宣传民族知识为主要内容的民族知识问答活动，印发试卷1000余份；举办各乡镇、街道、民族宗教、工商、辖区清真寺等部门参加的清真食品管理执法培训班；召开民族团结模范集

2008年3月6日，宣传统战工作会议现场

体和模范个人表彰大会,16个模范集体和36名模范个人受到表彰。

2006年,深入开展民族团结月活动,录制录音带,印发民族知识、清真食品等宣传资料、宣传标语20000份;在区政府、各乡镇、街道、回民中小学等门前悬挂以“共同团结进步 共同繁荣发展”为主题的横幅近百条;9月2日,组织各乡镇、街道等17个单位集中在宁园进行民族团结月宣传,制作横幅17条,展板40块,散发宣传资料10000份,各村(居)委会设置宣传点60多个;组织辖区单位与清真寺开展双共建慰问活动。

2007年,9月1日组织各乡镇、街道等23个单位集中在光明广场开展民族月宣传活动,悬挂横幅23条,展板40块,录制录音带20盘。印发《民族知识100题》《清真食品知识问答》10000份,开展科技法律知识下乡宣传活动,发放药品价值2000余元,义诊300余人。工商联协调宁夏四公司为月牙湖乡困难教师捐资10000元;民宗局协调自治区红十字会为通贵乡回族困难群众发放毯子240条。还举办培训班、座谈会、专题讲座、文艺演出等形式多样的活动,大力宣传党的民族政策。

2008年,深入开展民族团结季活动,围绕自治区成立50周年,制定活动方案,召开动员会。7月5日组织各有关单位、各乡镇街道上街开展集中宣传,录制录音带20盘,印发宣传材料、标语40000余份,摆放展板40余块,悬挂横幅60余条;举办兴庆区科级以上干部马克思主义民族观和党的民族理论政策专题讲座。还开展民族工作进社区(村)活动。

2009年,组织各部门单位、乡镇街道23家单位在光明广场集中设点宣传,发放资料、播放磁带、悬挂条幅、摆放展板、举办文艺演出等,大力宣传民族政策和民族知识;组织辖区80座宗教场所的150余名宗教界人士开展观摩活动,参观大银川建设和兴庆区经济社会发展重点项目;在通贵乡举办民族宗教知识竞赛;科技局、卫生局和计生局联合到少数民族聚居区开展科普宣传、义诊、送医送药及人口计划生育政策宣传活动。

2010年,深入开展民族团结宣传教育和民族团结月活动。组织辖区五大宗教80座宗教场所150余名宗教界人士开展观摩活动,开展宣传科普、计生、送医送药等活动。在15个乡镇街道各确定1个民族团结进步示范村和示范社区开展创建工作,组织各乡镇、街道分管领导、专干开展民族进社区观摩活动。

【民族宗教工作】 2001年,加强党对民族宗教观众的领导,维护民族团结和社会稳定的大局。开展“民族团结、居、楼(群)院(落)创建活动”,对群众反映强烈的清真食品“不清真”、“假冒”清真等问题进行突击检查,严厉打击。开展清真食品 实行“三级”管理示点工作,开展“五好清真寺”创建,模范宗教职业人员和“三定”学习组的评选工作。

2002年,注意对民族宗教方面存在的“难点”、“热点”问题进行调查研究,通过现场办公、召开会议、宣传党的民族宗教政策和法规、认真排查,开展专项治理,及时清除影响社会稳定的各类隐患,及时做好宗教上层人士和信教群众的思想工作,对四所回民小学进行调查了解,对落实党的民族教育政策差的学校提出整改意见。

2003年,认真研究民族宗教领域出现的新情况、新问题,健全宗教目标管理责任制,建立三级宗教管理网络和两级宗教工作责任制,形成领导分工负责,组织机构健全,目标任务明确,工作常抓不懈的工作机制。认真排查辖区民族宗教领域出现的各类问题,并妥善解决。依法加强对宗教事务的管理力度,对66座宗教场所进行年检,建立健全各宗教场所民主管理制度,教民管理制度,财务管理制度和学习等规章制度,使宗教活动场所的管理走上规范化轨道。

2004年,认真落实三级宗教会议精神,对兴庆区划调整以来宗教工作进行研究部署。针对兴庆区民族宗教场所和宗教教职人员的现状,乱建寺庙、宗教渗透等情况进行调研,摸清了存在的问题,依法加强宗教事务管理,积极稳妥地处理和解决宗教领域出现的一系列新情况,严格宗教活动场所的翻扩(新)建审批程序,减轻信教群众经济负担。在月牙湖乡、通贵乡和区社会主义学院、经学院对宗教教职人员和宗教干部进行培训,对兴庆区宗教活动场所进行普查,建立兴庆区宗教活动场所档案,对兴庆区两个阿语学校进行调查,为通贵乡拨付5000元少数民族发展资金用于项目支出,北塔回小、月牙湖大唐小学被评定为“百标学校”。

2005年,认真学习贯彻《宗教事务条例》,依法加强对宗教事务的管理力度。一是举办6期宗教人士、宗教活动场所民主管理人员、宗教干部培训班,对《宗教事务条例》进行全面系统学习。二是进一步完善区、乡镇(街)、村(居)三级宗教管理网络和两级宗教工作责任制和责任追究制,把宗教工作目标管理列入各乡镇、街道年度工作考核内容。三是继续推行伊斯兰阿訇考核,教长选聘,满拉定员,重大活动请示汇报等管理体制,使宗教活动在法律和政策允许的范围内正常有序进行。四是重新划分12个三定学习小组,健全和完善“三定”学习制度。开展“五好宗教活动场所”和“五好宗教人员”活动,四大宗教有10座宗教活动场所、12位教职人员参与评选活动,有力推进宗教界的精神文明和民主法治建设。五是全面掌握宗教动态,妥善处理影响民族团结的问题,解决宗教领域的重点难点问题。六是坚持不懈地做好境外利用宗教进行渗透活动,确保宗教领域的稳定。整顿治理非法宗教活动,制止非法宣教和乱(滥)建寺庙、盲目修建寺庙分坊建寺等现象。

2006年,举办5期宗教教职人员贯

彻《宗教事务条例》培训班，积极稳妥处理和解决宗教领域出现的新情况新问题，协助做好宗教活动场所的消防安全工作，对辖区各宗教活动场所进行登记，重新换发《宗教场所登记证》。依法加强对宗教事务的管理，会同公安等部门对基督教私设聚会点进行调查摸底，制定整治方案，依法拆除地藏寺违章建筑物。

2007年，做好伊协、佛协、天主教会的换届工作。举办9期宗教活动场所人员培训班，及时处理和解决宗教领域出现的矛盾和问题，安全输送79名哈吉前往麦加朝觐。按照“一档、二卡、三表、四册、五有、六制”的管理模式，在乡镇（街道）、村（社区）建立职责制度，完善档案资料。在南通清真寺等4个宗教场所建立图书阅览室；在80座宗教场所开展平安创建活动和“双五好”创建活动。全年共有6座宗教活动场所、5位教职人员获银川“双五好”表彰；1个先进集体和3名先进个人获自治区表彰。

2008年，紧紧抓住管人、管场所、管活动、管教派传人、管宗教封建特权和境外渗透六个关键环节，维护好宗教稳定。举办培训班4期，同时还选派10人参加全区培训；深化宗教事务管理，坚持场所翻建和重大活动事前审批制度。圆满完成兴庆区基督教堂堂管会换届等工作。加强平安寺院创建工作，联合兴庆区消防大队对80座宗教场所开展消防大检查，开展艾滋病防治宣传。组织宗教场所为冰冻灾区和四川地震灾区捐款7万余元。

2009年，推进民族工作进社区活动，建立走访慰问制度，在少数民族上学、就业、低保、采暖等方面给予帮助。围绕国庆60周年，切实维护好辖区宗教领域稳定，依法严厉打击非法聚会活动。举办4期培训班，选派18人到经学院参加学历教育。争取1.5万元维修费翻建通贵老大寺水房，评选市级“五好宗教活动场所”和“五好宗教人员”各10个，统送115名人员赴麦加朝觐。

2010年，切实维护宗教稳定工作。4月22日召开主题教育活动动员大会，在宗教界开展“提升素质、促进和谐、为城乡一体化发展做贡献”活动，6月中旬开展互查互学和观摩。对申报的17座宗教场所开展创建“和谐寺观教堂”进行检查验收。处理和解决宗教领域出现的新情况、新问题和突发事件，依法严厉取缔非法聚会活动，动员14人参加学历教育，组织宗教界为青海玉树灾区捐款47130元。

【清真食品管理】 2003年，及时果断处置清真食品不清真、假冒清真食品问题，全力做好维护社会稳定。在做好经常性监督检查外，先后两次组织工商、公安、城管、卫生、各乡镇、街道等70余人的清真食品检查组，对清真餐饮业比较集中的街道、重点乡镇进行检查。全年共办证968家，换证376家，清理整顿236家，纠正各类违规行为380次，取缔违规经营45家，销毁清真门头标志36家。

2004年，成立清真食品管理领导小组，建立联系会议制度，制定《清真食品专项整治工作方案》，聘请14名清真寺阿訇、民族专干为清真食品义务监督员。一年来先后组织清真食品联合执法大检查5次，对160余家清真餐饮业、个体工商户、超市、牛羊肉批发市场、夜市和烧烤店进行了清理整顿，处理70余家，取缔217家，办理清真食品准营证750家。

2005年，印发清真食品知识问答3000册，抽调工商、卫生、城管、公安等部门组成清真食品清理检查整顿工作领导小组，自5月11日至5月30日对辖区主要街道、路段、市场541家清真食品生产、加工、经营、销售及个体餐饮进行检查，其中取缔181家，催办148件，整改71家，捣毁假清真门头广告牌174家，没收无效证件牌100余家，收缴经字画226幅。

2006年，在做好常规检查的同时，重点抓了开展家禽屠宰、城乡结合部、农村、早市、夜市等地清真食品专项检查和整治工作；对新华街、解放街等16条街道以及大新镇的清真餐饮业进行监督检查，

2007年，3月10日上街集中设点宣传《宁夏回族自治区清真食品管理条例》和《银川市清真食品管理条例》，共散发宣传材料400份，发放法规300余册。全年共开展清真食品专项检查5次，检查各类清真食品企业1373家，存在问题210家，取缔48家，处罚32家，催办600家，年检1260余家，新办证380余家。

2008年，上半年共检查各类清真食品1677家，催办365家，整改67家，取缔173家，处罚26家，新办证279家，年检450家，有效促进了清真食品市场秩序健康发展。

2009年，举办14期清真食品从业人员、中小学校、幼儿园负责人清真食品政策法规培训班，培训12000余人。开展行业集中整治，全年累计检查各类餐饮业2520家，其中，合格1824家，整改116家，处罚78家，取缔220家，移交工商处理282家。

2010年，4至6月开展清真食品政策法规进餐厅、进商场、进加工厂、进学校、进商场等宣传活动，联合工商开展集中拉网式检查，并举办培训班强化政策宣传，同时强化外地清真食品进入宁夏市场备案、管理力度。全年累计检查各类清真业1575家，其中，新办证,310家，年检323家，整改385家，移交工商处理499家。

【经济统战】 2003年，发挥工商联政治优势，积极引导非公企业为大银川建设服务。年初，协助工商联召开一届二次执委会会议，选配一批政治素质好、企业效益高、纳税意识强的人员进入工商联领导班子，在广大非公有制企业中，开展以“学十六大我为兴庆区做贡献”为主题的“隆湖杯”知识竞赛等活动；开展以“四学、四比、四看”为主要内容的争当优秀社会主义建设者活动。

2004年，充分发挥经济领域统战工作的优势，把各方面的力量凝聚到实施“兴工强市”战略上来，在“光彩事业银川行”配合政府签订2份科技园、商贸物流带投资协议，资金达2.8亿元，吸引2.06亿元浙江温州商人投资兴建五星级国花大酒店。

2005年，召开工商联一届三次执委会，健全班子，强化责任。对街道商会进行摸底调查，召开街道商会工作交流会。争取回民中学翻建和唐徕小学、回民一小的设施配套项目资金51万元；争取月牙湖乡人畜饮水、北塔民族风情园、新华夜市建设项目资金50万元。加大招商引资力度，动员会员企业龙盘房地产开发有限公司为物流带引进资金8000万元。

2006年，争取月牙湖乡人畜饮水项目资金13000元。加大招商引资力度，进一步落实福建泉州商会在兴庆科技园的投资意向，在区委书记的带领下考察天津家世界总部，与北京圣火集团签订2亿元的投资意向；争取宁夏亿能贸易有限公司在月牙湖乡投资开发5000亩生态建设项目。

2007年，积极上报月牙湖乡草原鸡养殖、唐徕回民小学多媒体建设、大新镇新水桥村道路硬化3个少数民族发展项目，争取扶持资金51.5万元。召开企业家联谊会，推介招商引资重点项目，组织参观兴庆区沿黄河旅游招商项目区，向会员代表介绍兴庆区打造沿黄城市群最具活力城区的建设远景。组织、指导丽景街、掌政镇成立商会，指导10个街道商会完成换届选举工作。

2008年，着眼于服务经济建设，不断拓展新的社会阶层领域统战工作。4月11日，召开兴庆区工商联二届二次全体执委会暨招商引资工作会议，加强非公经济代表人士与区委和政府的联系沟通。落实宁夏永刚实业投资2000万元生产XPS挤塑板项目、众一集团引进日本百乾公司1000万元的瓜果种苗项目、光耀实业公司拟投资3000万元建设2万平方米的四星级酒店项目和安徽商会投资37万元建设景岳小学爱国主义教育基地基础设施项目。深入开展以“四学、四比、四看”为主要内容的争当优秀社会主义建设者活动，推荐5名企业家为优秀社会主义建设者；推荐25名会员参加宁夏回商联谊会。

2009年，落实通贵北河米业基础设施建设等6个自治区少数民族发展项目，到位资金155万元；全面完成科威特、阿联酋援助的大新镇塔桥村穆斯林民俗村项目，建设占地72亩的穆斯林民居70套。工商联执委宁夏浩华房地产综合开发有限公司拟投资3亿元在大新镇开发建设农民新居项目；光耀实业公司招进香港华润超市入驻光耀大世界，投资2000万元；银川金河乳业公司投资酸奶技改项目1000万元，投资奶酪生产项目及设备600万元；参与并协调基层分会完成招商引资1.9亿元，其中协助丽景街分会完成浙江虹安工矿公司经营花卉产业，投资4100万元，协助掌政镇分会完成黄河渔村二期投资3000万元，黄河运动公园一期投资1000万元，协助玉皇阁北街分会完成如家酒店投资1000万元，协助胜利街分会完成国凯酒店投资800万元，协助文化街分会完成锦江饭店投资750万元，协助新华街完成新奇特公寓酒店投资400万元。推荐一批优秀社会主义建设者，副会长阮世忠被评为第三届全国非公有制经济人士优秀中国特色社会主义事业建设者候选人。

2010年，积极上报通贵乡集镇饮水等13个区、市少数民族发展项目，争取项目和资金扶持。大力宣传兴庆区发展环境和优惠政策，吸引各方商贾投资置业，会员企业宁夏盛世花园大酒店总经理阮世忠投资2.2亿元用于商业大厦改造。

【光彩事业】 2001年，协助工商联和各街道办事处成立街道工商联分会组织，帮助非公有制经济人士排忧解难，开展“致富思源、富而思进”的教育和光彩事业。促进非公有制经济健康发展。

2003年，开展光彩事业，抗击非典，捐资助学达29万余元；关爱下岗职工，解决就业岗位280多个，吸纳下岗就业1000余人。

2004年，广大会员企业致富思源汇报社会，宁夏青春集团、耀吉兴房地产、国花大酒店、盛世花园、宁夏昊顺出租汽车公司为兴庆区回民小学、贫困户、残疾人捐款折合人名币达30万元；市委统战部、宁夏浩海房地产公司向兴庆区回民小学捐书3万册，资金达15万

2008年5月14日，抗震救灾捐款现场

元；9 名会员企业招聘录用人员 150 名。

2005 年，积极开展光彩事业活动，组织会员企业兴俊集团、光耀房地产、昊顺出租汽车公司向贫困学校、失学儿童捐款捐物 29 万余元，定期资助两名贫困大学生；积极参与市工商联组织的下岗失业人员招聘会，5 家会员企业签订意向录用人员 150 名。

2006 年，动员非公有制经济人士开展军民实践活动；采取多种方式，配合各街道召开雇主洽谈会，推荐用工人员，新华街雷光新先后解决 35 名下岗职工再就业，为贫困山区儿童捐款 5 万多元，定期慰问辖区派出所、消防部队及贫困户；前进街马少勇为见义勇为基金会捐款 1 万元，为老年事业捐款 1 万元，为华林社区提供 5000 元办公家具，安排下岗职工、军烈属及残疾人 100 多人就业；组织会员企业青春集团、恒源商贸和城管局等单位捐款捐物 4000 余元；与兴庆区十九小结对帮扶，会员阮世忠为贫困学生捐款 6000 元，为爱心超市捐款 3000 元；组织慰问军民共建单位，发放慰问金 2 万元，资助通贵乡 4 名特困大学生，资助金额 2000 元；龙盘国际家私城为兴庆区回民中学捐款 5 万元。

2007 年，启动"民企系三家、共建新农村"活动，在宏昆度假村举行"一企帮一村、多企帮一村"光彩工程启动仪式，组织银川昊顺出租汽车有限公司等 12 家非公有制经济企业和掌政镇茂盛村、强家庙等 11 个村分别签订《共建新农村对口协议书》。2 月 15 日，联系会员企业宁夏海利达房地产开发公司，看望慰问兴庆区福利院的老人和孩子，送去价值 3 万多元的米面油等慰问品。4 月份在景岳小学举办"三烈士"就义 66 周年纪念活动，光耀美居为景岳小学捐赠电视机 12 台，宁夏海利达房地产开发公司、银川艺源工贸有限公司分别向学校捐款 3 万元和 5000 元。市文联副主席郭文斌给月牙湖乡家庭困难教师捐款 1 万元。在兴庆区景墨小学挂牌之际，宁夏海利达房地产开发公司捐款 2 万元，宁夏正丰集团捐款 1 万元。8 月 25 日，宁夏隆湖集团组织人员在 24 所小学门口为小学生讲解安全知识并赠送《小学生安全手册》。11 月 12 日，掌镇分会在五渡桥小学举行爱心助学启动仪式，宏坤度假村为 10 名家庭困难学生每人捐助 100 元，并确定每年今后至少筹措资金 1000 元用于奖励资助品学兼优和家庭困难学生。全年会员企业共安排 1221 名下岗职工再就业。

2008 年，深入推进"一企帮一村、多企帮一村"活动，宁夏周景世荣设施花卉园为掌政镇茂盛村免费提供花卉种苗，帮对口村引进新技术、新品种，忙时解决 100 名农民工就业；银川市明卉花木公司为掌政镇春林村扶贫帮困 2000 元，解决 40 名农民工就业；宁夏宏坤实业有限公司为掌政镇洼路村送去 550 张刘老根大舞台演出票，将价值 3750 元的慰问品送到 13 户贫困户和 11 位老党员手中；银川市天地缘锦绣园林花卉有限公司帮大新镇上前城村解决百名农民工就业，给村里订阅 100 份《银川晚报》并慰问 10 户困难户，送去 4000 元慰问金；宁夏正丰集团为丽景街八里桥村成立文艺宣传队赞助 3000 元；宁夏海利达房地产开发公司慰问双庄村社区贫困户粮油 2 万元，解决 40 名农民工就业，为村委会捐款 5000 元。

2009 年，工商联联系非公有制企业开展"我为少数民族兄弟办实事"活动，不断丰富光彩事业。25 家非公有制企业与 13 个行政村签订结对帮扶协议，提供就业岗位，捐资助学，扶贫济困。玉皇阁北街分会在北门旅游汽车站开展情系农民工送政策、送健康、送关爱活动；丽景街分会举办非公有制经济人士、人大代表与 4 个结对村城乡一体化发展建言献策座谈会；胜利街分会在南门桥举办服务促就业劳动用工洽谈会；光耀美居中心、西京女子医院、银泉大酒店等 10 家企业提供保安、护士、导医、服务员等就业岗位 186 人。六一儿童节期间，组织会员企业宁夏海利达发展集团公司、宁夏金河乳业公司为育智小学各捐赠 5000 元。宁夏光耀实业有限公司、宁夏正丰集团、宁夏金利装饰公司、宏昌房地产开发公司、长相忆宾馆和海利达发展集团 6 家企业为 12 名高考上线困难家庭学生捐助 2.4 万元助学金。

2010 年，工商联联系非公有制企业开展"我为少数民族兄弟办实事"活动，工会、共青团共同开展金秋助学、大学生圆梦爱心捐助活动，帮助高考上线的贫困少数民族学生完成学业；六一儿童节，工商联协调会员企业宁夏宏坤实业有限公司为掌政镇春林小学捐资助学，提供价值 5 万元的桌椅等办公用品；协调会员企业宁夏金利装饰有限公司、宁夏红子鸽餐饮有限公司对兴庆区育智小学各捐现金 5000 元。组织会员企业宁夏金河乳业、昊顺出租汽车有限公司、银川龙盘市场有限公司慰问黄河金岸建设指挥现场一线员工，送去 4 只羊、160 件饮料和 50 件牛奶等慰问品。6 月份争取到泉州商会 15 万元专项扶贫资金，用于月牙湖乡扶贫工程。在进城务工人员相对集中的北门汽车站设立服务台，开展"为进城务工人员送政策、送法律、送健康、送关爱"的春风暖人心、关爱献真情活动，得到了进城务工人员的好评。

老干部工作

【概况】 兴庆区老干部局原为城区老干部局，成立于 1997 年 1 月，前身是 1999 年 6 月城区党委、政府成立的由党委副书记为组长的城区老干部工作领导小组。2002 年 12 月，银川市区划调整，城区老干部局变更为兴庆区老干部局，统管兴庆区离退休干部工作。老干部局内设办公室、财务室，先后成立了离退休干部党总支、离退休干部党委、关心下一代工作委员会并设置办公室、老干部艺术团。2010年直接管理服务离退休干部、遗孀218人。其中:离休干部39人(年龄最大的92岁,最小的76岁),退休干部164,遗孀15人;70岁-79岁51人,80岁以上46人。离退休干部党委辖4个党支部85名党员,即:离休干部党支部、退休干部第一党支部、退休干部第二党支部和机关党支部。

十年来,兴庆区老干部局在兴庆区党委的领导下,加强老干部工作,不断完善离退休干部制度,认真落实老干部政治待遇,生活待遇,做好离退休老干部的政治学习、文件传阅、听重要报告、参加有关会议、疗养、文体、家访和组织慰问活动,了解离休干部的身体、学习和生活状况,反映他们的意见和要求,合理解决他们的实际问题,鼓励老有所为,配合有关部门组织离退休干部为现代化建设承担力所能及的任务,开创关心下一代工作新局面等方面做了大量的工作,积累了丰富的经验。

【局领导名录】

局　长:师尹军(2001.01~2009.01)

张铁岭(2009.01~2010.12)

副局长:郝　峰(2000.02~2002.03)

杨卫红(2002.03~2005.11)

金爱琴(2003.03~2010.12)

关工委办公室主任:

金爱琴(2003.10~2006.03)

卢　娜(2006.03~2009.01)

杜　方(2009.01~2010.12)

【加强老干部工作】 2004年3月,兴庆区党委召开兴庆区老干部工作暨关工委工作会议,要求老干部工作领导小组和关工委成员相关单位全力配合老干部工作和关工委工作,推动兴庆区老干部和关工委工作。

2005年3月,兴庆区委召开党群有关部门工作汇报会,听取老干部局的工作汇报。将关工委工作纳入2005年兴庆区精神文明考核内容,同精神文明建设同部署、同检查、同考核。

2008年,兴庆区委下发《关于进一步加强老干部工作的意见》(银兴党发[2008]22号),进一步理顺离退休干部管理体制,建立在职县级干部联系离休干部和退休处级干部工作制度,要求各单位领导联系本单位离退休干部。

【落实政治待遇】 十年来,认真落实老干部政治待遇。一是加强离退休干部党委建设,完善离退休干部党员管理。加强离退休干部党支部建设,按照基层党组织建设创建工作的要求和“六好”、“七强”标准,制定《关于开展创建“五个好”离退休干部党支部活动的方案》,完善离退休干部党委学习和工作制度,各支部每月定期过一次组织生活,党委每周学习一次,每季度上一次党课。每年组织离退休党员开展重温入党誓词,按时交纳党费。二是加强老干部思想政治工作,每半月组织享受副处级以上待遇的老干部集中阅文一次,对于行动不便的老干部送文件上门阅读。及时向老干部优先传达中央、国务院、区、市和兴庆区有关文件。每年给离休和离岗退养处级干部每人订1份《宁夏日报》,为每个支部征订《共产党人》《党风建设》《党建文汇》《党课》等杂志,为老年活动室订阅《中国火炬》《金秋》《中国老年报》《老同志之友》《老年文摘报》《老年学习生活》《中华老年医学杂志》《中国妇女》《读者》《婚姻与家庭》《宁夏日报》《新消息报》《银川晚报》等10余种报刊杂志,为51位离休干部发放报刊费,让他们征订自己喜欢的刊物。2008,《华兴时报》报业集团给每个离休干部和部分退休干部赠阅100份《华兴时报》。三是落实老干部参加重要会议制度。做到主要会议必邀请。市、区委的人代会、政协会议、区委出台重大政策、党风廉政建设报告、县级干部述职报告会、民主推荐县级干部会均邀请部分老干部参加,听取老干部的意见和建议。四是落实老干部情况通报制度。坚持向老干部通报工作情况已成为制度长期坚持。每年春节都召开老干部迎春茶话会,每年重阳节都组织老干部召开“庆重阳老干部座谈会”,向老干部通报兴庆区主要工作和经济发展情况。五是落实老干部走访慰问制度。每年春节、中秋节等重大节日,兴庆区党委、人大、政府、政协等机关领导,都组织看望慰问离休干部和部分退休干部,为离退休干部发放慰问金和实物。

【落实生活待遇】 认真落实“三个机制”保障离休干部生活待遇。在“生活待遇略为从优”和“改革成果共享”两个方面下工夫,围绕“养”与“医”等问题,提高服务质量,做老干部的“贴心人”。一是建立健全离退休干部“两费”保障机制和财政支持机制,每月7日前保证把工资发到老干部手中,同时将公用经费、交通费、特需费、护理费等待遇按政策规定随工资及时发给老干部。每年7月给老干部发放防暑糖茶。二是医药费报销多年形成制度,在医疗制度改革之前,离休干部半月报一次(实报实销)、退休干部每季度报一次(其中门诊费报80%,住院费按规定最高报90%)。2001年10月1日起,城区进入医疗制度改革,退休干部持卡就医,离休干部仍然按以前政策执行。2003年,离休干部医药费由银川市统一管理报销。每年组织老干部到医院进行身体检查,为离退休干部举办老年保健知识讲座。关心异地生活的老干部,看望住院病人,帮助料理后事。重点帮助年老多病的老干部及遗孀,对老干部生活不能自理的及时增加护理费,对家庭困难的给予生活补助。“非典”期间,兴庆区老干部局印刷1000份防治“非典”的宣传材料,并出资2万余元为272名离退休人员每位打转移因子针剂2支,发放中药3副以及洗手液、消毒水等预防药品。10年来,看望住院老干部病人500余人次,帮助料理后事40人。三是建立联系老干部制度,根据老干部的居住地分片包干,每人定期联系38名离退休干部,做到责任到人、明确职责,每季度走访看望(至少电话联系一次)老干部。四是认真落实老干部双休日轮流值班制度和接待制度,及时处理老干部来信来访。对老干部提出的工龄、工资、房改等生活实际问题，尽快予以解决。还采取“二访”制度，对家庭困难的、子女不在身边且无人照顾的老干部进行回访，帮其解决困难和后顾之忧。2007年，看望老干部100余人次。为局管五位遗孀遗属及时发放生活费。还积极协调人事局、财政局为去逝的4位离退休干部补发工资。全年接待老干部来访300余人次。2008年，看望老干部100余人次，积极协调人事局、财政局为病故4位离退休干部补发了工资，为其遗属发放抚恤金和补助。全年接待老干部来访100余人次。2009年，对51名离休干部、25名退休县级干部和16名遗孀开展走访慰问活动，发放慰问金4.62万元。为离休干部发放8600元防暑品。国庆节前夕，对95名70岁以上离退休干部发放慰问金10.5万元。九九重阳节举办重阳节老干部联欢会，给208名离退休干部发慰问金2.1万元。探望老干部200余人次。为9名离退休干部发放抚恤金和丧葬费44万余元。协调银川市医保中心报销51名离休干部2008年的医疗费78万余元。全年共接待来电、来访300余人次。2010年，协调市社保局报销离休干部的2009年医疗费，组织190名离退休干部检查身体，慰问、探望老干部60余人次。全年接待老干部来访(电)100余人次。

【发挥老干部作用】 离退休干部党员退休不褪色，积极发挥作用。刘油清、王思恭、焦淑华、付冬梅、孙刚等14人分别担任兴庆区离退休干部党委委员、支部书记和支部委员等职务。离休干部蔡致中主编《银川城区志》，为城区武装部编辑《武装志》，还为自治区课题项目《银川城区社区建设和管理研究》撰稿。退休县级干部蔡国胜积极为兴庆区撰写史志资料。高万金多次参加党史、党课宣讲，撰写的党课—《中国共产党就是一部党史》，被区委组织部推荐为银川市优秀党课教育课题，并在兴庆区人大、政协、宗教局等部门上党课。退休干部吴孟常在社区服务表现优异，被银川市老龄委表彰。退休干部贺凤仙为社区创收1万余元，被银川市评为老有所为奉献奖先进典型。离休干部邹积维做为银川市老年门球队的教练，带领银川市老年门球队在全国大赛上取得好成绩。高级农艺师冯国栋被宁夏农科院资环所聘为农业科学技术顾问，多次到北京等各大城市讲座蔬菜培育、种植和病虫害防止技术。王永山被银川市科协聘为科技特派员，为农民种植业和养殖业参谋决策和病虫害防止进行技术指导等。宋粉荣、马庆胜等10人被兴庆区人大聘为人民法院陪审员，每年参加300余次陪审工作。焦淑华等97人被聘为“五老”网吧义务监督员。十年来，离退休干部党委先后组织离退休干部参加“纪念中国共产党成立80周年党的知识竞赛”、“三大战役老干部动员宣传团”、“党员奉献日”、“万名党员文明引导员”、“我为党旗添光彩”、“全国文明城市的创建”、“四德”工程、包扶残疾人，捐赠图书、书写对联、参加居住地社区义务劳动、献爱心、治安巡逻、卫生整治、讲座等多项活动。2008年，四川汶川地震发生后，兴庆区共有80名离退休干部、党员向灾区捐款18297元（其中在社区捐款15人1900元，9名离退休干部党员交纳“特殊党费”1847元）。2010年，青海玉树地区地震后，有17名离退休干部向玉树灾区人民捐款3000元。

【组织活动】 2001年1月20日，城区党委、政府召开春节老干部座谈会，听取老同志对“十五”计划方案的建议和意见；7月城区党委、政府召开城区建区30周年老干部座谈会；中国共产党建党80周年之际，离退休干部党委组织党委委员、支部书记和党员代表一行12人到革命圣地延安参观，还组织65名党员参加“纪念中国共产党成立80周年党的知识竞赛”，组织70名离退休干部参加“自治区行风测评问卷调查”。

2002年，春节前夕城区党委、政府召开春节老干部座谈会，4月24日，组织70名离退休干部参观西夏王陵、镇北堡影视城；在建党81周年前夕，兴庆区离退休干部党委组织70余名离退休党员，开展“重温入党誓词，以实际行动为党旗增添光彩”的党课教育活动。

2003年1月22日，兴庆区党委、政府在兴庆区政府礼堂举行老干部迎春联欢会；“七一”前夕组织近50名离休干部和副处级以上退休干部到苏峪口国家公园参观游览；8月20日，组织60余名离退休干部参观大团结广场、人民广场、新月广场、西夏广场、丽子园广

2006年5月27日，社区开展老干部业余文化生活活动

场、丽景湖公园、鸣翠湖公园、北京路、丽景南北街、金波南北街、市体育馆、民族运动员村等城市建设工程；9月11日，组织近二百余名老干部在兴庆区礼堂听形势通报会；9月29日，举办“重阳节老干部游艺活动”，组织广大老干部参加棋类、麻将、猜谜语等多项活动。

2004年1月9日，兴庆区党委、政府在兴庆政府礼堂举行老干部迎春联欢会；4月中旬组织40名退休干部到上海、苏州、杭州、南京、无锡、乌镇等地参观；5月13日，兴庆区老干部局组织60名离退休干部参观金水园、兵沟、皇城。6月18日，兴庆区离退休干部党委、老干部局为60名离退休干部党员举办培训班。9月28日，兴庆区老干部局在兴庆区会堂组织83名老同志，集体学习中共中央颁布的《公开选拔党政领导干部工作暂行规定》等六个文件。

2005年2月2日，举行老干部迎春联欢会；6月6日到6月8日，兴庆区离退休干部党委书记和各支部书记参加第五期全区离退休干部党支部书记培训班；6月17日，组织老同志参观亲水大街、人民广场等市政建设；9月19日~9月27日，组织30名退休干部到桂林、阳朔、漓江、北海、南宁参观；7月1日，离退休干部党委组织三个离退休支部党员到西夏王陵、森林公园等地参观。

2006年1月13日，举行老干部迎春联欢会，6月23日，近六十名离休干部、退休处级干部在兴庆区礼堂参加兴庆区上半年工作通报暨老干部座谈会，会后，还组织老同志参观解放西街神林巷、新华街水务小区、前进街三林小区、凤凰北街兴盛社区的拆迁整治工作和南环高速绿化工程；9月13日组织60多名退休干部到金水园、鸣翠湖、宏坤旅游渡假村参观；10月30日召开离退休干部重阳节游艺活动。

2006年7月1日，组织机关支部全体党员到文化街参加“党员奉献日”活动；离退休干部党委还组织三个离退休支部党员到西夏王陵、森林公园等地参观。

2008年3月，离退休干部党委组织三个离退休支部参观大新镇花卉基地和掌政镇塞上新居建设；6月13日，组织50名离退休干部参观永宁民族风情园、董洋瓜果基地和小仁瓜果基地。还按离休人员、退休人员、党外人士等分类组织五批离退休干部参观银川市三馆两中心、览山剧场等城市建设。

2009年3月下旬，退休第一、第二党支部联合组织40余名党员参观宁夏俞家“天人和”豆业有限公司，4月下旬，组织80余名退休干部、党员到览山剧场、宁夏博物馆、宁夏图书馆、苗木花卉市场、新迁的兴庆区回民中学、月星家俱广场、塔桥穆斯林民俗村、昆仑现代农业示范园及泓洋农庄等地参观。邀请心脑血管疾病保健医师为老干部们进行健康知识讲座；9月下旬，37名离退休干部参加首届银川市离退休干部健身运动会，2个团体项目——健身秧歌和腰鼓分别获得第三名和第二名的成绩。还组织51名身体好、有书写能力的离退休干部参加《中国共产党建党88周年、建国60周年知识竞赛》活动，获得优秀组织奖。

2010年5月份，组织退休支部30余名退休党员干部游览中宁至贺兰宁夏滨河大道段，沿途观看枸杞馆、五层宝塔、世界水车园等各县区标志性建设及贺兰农博园进行参观；9月份，组织20余名老干部到上海参观世博会。还开展“创先争优”暨“西部大开发、兴庆要争先”主题实践活动知识答题活动。

【组织思想建设】 2001年，城区离退休干部党委，在原有四个支部的基础上，增设一个离休支部。共有离休支部二个、退休支部两个、在职支部一个。6月，城区离退休干部党委离休党支部被银川市委组织部、老干部局评为“先进基层党组织”、退休二支部被城区党委评为“建党80周年先进党支部”。12月城区离退休干部党委被城区党委评为“基层党组织建设六好党委”。

2002年，兴庆区离退休干部党委被兴庆区党委评为先进党委，有两个支部和四名老党员分别被自治区党委组织部、银川市组织部、兴庆区党委评为先进党支部、优秀党员。离休二支部书记、离休干部张琳同志被自治区评为儿童工作先进个人。兴庆区关工委被自治区关工委评为先进集体，兴庆区关工委委员姜丽娟、付冬梅被评为先进个人。年底，兴庆区关工委在全国基层工作会议上做了经验交流。

2003年9月11日，兴庆区离退休干部党委成立离岗退养党支部。

2004年3月，兴庆区离退休干部党委离休一支部、退休二支部获得兴庆区委“五好党支部”。6月18日，兴庆区离退休干部党委、老干部局对离休一支部等四个先进党支部和刘油清等十位优秀共产党员进行表彰。兴庆区老干部局被自治区组织部、自治区老干部局授予“全区老干部工作先进集体”称号，被银川市评为“长寿文化活动先进集体”，离休干部张净云、韩志芳被市老干部局评为“银川市健康老寿星”。

2005年1月，兴庆区离退休干部党委启动“保持共产党员先进性教育活动”，制订《兴庆区离退休干部党委、老干部局保持共产党员先进性教育活动实施方案》，针对不同情况、采取不同方式、方法进行分类指导，对42名不能正常参见学习的老党员，采取送书上门、邮寄材料等多种方式，与老党员建立联系制度，保证每一个党员都能参加学习。在建党86周年之际，离退休干部党委四个支部，被兴庆区党委评为“五好党支部”。

2006年6月，离退休干部党委被兴庆区党委评为“先进基层党组织”。

2007年，加强离退休干部党委建设，完善离退休干部党员管理，定期召开党委会议，研究问题，制定离退休干部党委工作计划、安排。离退休干部党委四个支部在建党86周年，被兴庆区党委评为“五好党支部”，王思恭、孙刚被评为优秀党员。

2008年，离退休干部党委被兴庆区委评为先进基层党组织，金爱琴被评为优秀党务工作者，王思恭被评为优秀党员。

2009年，一是深入开展学习实践科学发展观活动，制定《兴庆区老干部局深入学习实践科学发展观活动实施方案》，成立领导小组，围绕“构建和谐部门，全面做好老干部工作，服务科学发展”这一主题，加强领导，精心组织党员干部及离退休党员积极参与。建立联系点，由在职干部党员2–3人各确定1个离退休干部党支部作为学习实践科学发展观活动联系点，指导、督查各支部学习实践活动开展情况。同时，对不能正常参加集中学习的党员，采取在职干部党员、支部党员三定（定人、定时间、定目标）联系督导方法，采取电话联系和上门指导的方式，督查学习情况，因人而宜确定学习目标。紧紧围绕“解决影响老干部工作和制约科学发展的突出问题”，确定2个重点调研课题。局领导带队，深入社区，进行调研。形成《利用社区资源优势，推进老干部“四就近”服务工作》《贯彻落实中办、国办6号文件，加强“五老”网吧义务监督工作》的调研报告。二是4月顺利完成3个离退休干部党支部的换届选举工作，“七一”前夕，召开“双先”表彰大会，表彰离休支部等4个先进党支部、王思恭等4名离退休优秀党务工作者和刘油清等15名离退休优秀共产党员。退休干部付冬梅还被评为全区离退休干部先进个人。三是开展创建“五个好”离退休党支部系列活动。在自查的基础上，向银川市老干部局申报2个退休党支部作为首批创建“五个好”离退休干部党支部，并于2009年11月18日通过考核验收。兴庆区离退休干部党委退休第一、第二党支部被银川市委组织部、老干部局评为离退休干部“五个好”党支部。

2010年，兴庆区离退休干部党委退休第一、第二党支部被银川市委组织部、老干部局评为离退休干部“五个好”党支部。

【兴庆区老干部活动站室】 2008年4月10日，在银川市老干部局和活动中心领导的大力支持下，兴庆区在市老干部活动中心成立兴庆区老干部活动站并挂牌，为兴庆区离退休干部、党支部和老干部艺术团活动提供学习、活动场地及活动器材。同时，还发挥兴庆区辖区内星级社区老年活动室的作用，利用社区资源延伸对离退休干部的服务，让老同志就近学习、就近活动，参与关心教育下一代和社区建设，进一步丰富老同志的学习与活动内容，把老有所养、老有所学、老有所为、老有所乐结合起来，让老干部在构建和谐社会中发挥更大的作用。

2009年，在政府院内成立兴庆区老干部阅览室，就近解决老干部、党支部学习、阅文的场地。针对兴庆区老干部长久以来没有活动阵地这一现状，在玉皇阁北街办事处青山社区成立第一个兴庆区老干部活动站。

【老干部艺术团】 2001年，城区老干部局组织120名离退休干部合唱团，参加城区庆祝建党80周年群众文艺演出，获“最佳节目奖”；参加自治区宣传部、老干部局举办的“全区离退休干部庆祝建党80周年演唱会”，获“优秀奖”、“组织奖”；参加全区老年人广场舞比赛，获“优秀奖”。

2002年6月21日，兴庆区老干部局成立老干部艺术团。艺术团参加兴庆区委举办的“让党旗红遍社区”群众文艺演出，还在自治区老年人文艺调演中获得铜奖。

2003年6月25日，艺术团参加由兴庆区玉皇阁街道党工委、红花乡党委和Fm95都市经济电台联合主办的“庆七一迎盛会消夏广场文艺演出”。“七一”和中秋节，老干部艺术团到兴庆区福利院进行演出；8月22日，老干部艺术团参加“高歌一曲迎盛会——银川市激情歌曲广场群众演唱会”。

2004年，艺术团参加兴庆区春节团拜会表演，获得优秀奖；5月1日，参加由银川市宣传部、群艺馆主办的“激情广场演唱会”，获得优秀组织奖。

2005年，艺术团参加银川市老干部局举办的纪念红军长征胜利70周年暨抗日战争胜利60周年文艺汇演。

2006年，艺术团参加“功达杯”银川市第三届“湖城之夏·广场文化季”首届全市老年文艺汇演，3个节目获优秀奖。

2007年，艺术团演出的节目从档次和质量上有大的提高，艺术团购买了录音机、歌谱、曲谱、条幅、演出服装，坚持每周一排练，女子6人组合参加自治区老干部局、兴庆区迎新春联欢会和银川市第四届湖城之夏广场文艺演出3次；在九九重阳节联欢会上，为离退休干部演出了精彩的节目。

2008年，艺术团新聘请音乐指导，加强专业知识的学习，投入2000元进行录音刻盘，参加演出活动5场；参加银川市老年人文艺汇演，由银川市推荐参加全区老年人文艺汇演。

2009年，为艺术团投入5000多元聘请声乐老师，购买音响设备、刻制光盘等。艺术团参加银川市湖城之夏.广场文艺演出、兴庆区春节茶话会、兴庆区老干部重阳节联欢等文艺演出18场次。受到社会各界和老干部的赞赏，大大丰富了离退休干部的精神文化生活。

2010年，艺术团排练新歌曲6首，参加兴庆区、银川市踏歌起舞工程——广场文化活动及银川市百姓之星PK大赛共10场次，出资8000元添置了演出服、CD伴奏光盘、话筒等设备。

【关心下一代】 2001年，城区党委制定《中共银川市城区委员会关于进一步加强社区关心下一代工作的意见》。3月22日至4月5日，城区关工委在回民一校、回民三小、唐徕回小、五小等十一个小学进行“缅怀先烈、勇往直前”的革命传统教育；“六一”前夕，开展离退休干部向山区孩子“献爱心、送温暖”活动，老同志共捐衣160件、书包4个；城区关工委还出资1500元，资助盐池县“春蕾班”的5个女童，并捐助300余元的学习用品，这次活动还得到城区党办、民政局、妇联、团委、富宁街办事处等单位的支持，共为盐池县两所小学捐资3500余元，盐池县关工委给城区关工委送来了“关心盐池教育，情系老区人民”的牌匾。

2002年，兴庆区关工委为基层关工委征订《中国火炬》110份；春节期间兴庆区老干部局、关工委组织富宁街办事处老战士艺术团到自治区少年劳动教养所进行关爱慰问演出活动；5月兴庆区关工委购置150套学生用品，捐赠给辖区150名特困生。

2003年，兴庆区关工委共建立基层关工委组织156个。3月，兴庆区委出台《中共银川市兴庆区委员会关于进一步加强关心下一代工作的意见》。兴庆区关工委委员姜丽娟动员135个单位898人，捐资近70万元，衣物20000余件，在固原、同心、彭阳、陶乐、盐池开办33个春蕾班，资助1646名失学女童；北寺社区关工委主任付冬梅积极动员辖区居民，建立3个春蕾班，资助123名宁南山区贫困女童。兴庆区关工委在参加银川市老干部局、银川市关工委、银川市离休干部党委组织的“调查研究征文活动”中，获“组织奖”。

2004年，兴庆区关工委为基层关工委征订200份《中国火炬》；3月份为教育局、2乡2镇11个街道及自然村、居委会122个基层关工委组织进行挂牌；大新镇、掌政镇、丽景街关工委还将关工委工作纳入精神文明考核范围，与各村关工委签订目标责任书，与经济工作同安排、同检查、同考核；5月26日兴庆区关工委、兴庆区教育局等8个部门联合在银川市体育场举办“加强未成年人思想道德建设，培育‘四有’新人”主题教育活动启动仪式；10月12日，兴庆区关工委和教育局组织中、小学生两个代表队，选拔4名中小学生参加“银川市‘三个了不起’演讲比赛”，小学组参赛的2名同学获得三等奖，中学组分别获1个一等奖和1个二等奖。兴庆区关工委被中关工委评为2004年《中国火炬》杂志的宣传报道和征订发行先进集体。

2005年3月21日，兴庆区关工委召开兴庆区关心下一代“双先”表彰会，对兴庆区教育局等21个先进集体和姜丽娟等33名先进个人进行表彰奖励。兴庆区关工委被银川市关工委评为先进集体。一年来先后组织银川市高级中学和银川四中参加银川市中学生思想道德建设知识竞赛，分别获高中组、初中组“三等奖”。选拔6名中小学生参加宁夏青少年书法大赛，获小学组毛笔书法“一等奖”、“二等奖”各一名。

2006年，兴庆区热心关心教育下一代工作的“五老”队伍达万余人，其中热心从事关心下一代工作的老同志2041人，参与关心下一代工作的老同志8200人，“五老”志愿者664人。兴庆区老干部局联系浙江籍的一位私企老总王良宏先生，为兴庆区景岳小学捐款10万元，并资助银川高级中学2名贫困学生三年学杂费1.8万元。

2007年，兴庆区关工委按照区委、政府和上级关工委的工作要求，社区建设到哪里，关工委组织就延伸到哪里，关心下一代工作也就开展到哪里，形成了遍布乡村、社区的关心下一代工作“四级网络”，基层关工委组织达211个，关心下一代工作者队伍达1084人，直接参与关心下一代工作的五老人员有2845人。兴庆区委下发《关于进一步加强关心下一代工作的意见》，把关工委工作内容量化为16项百分考核指标，纳入兴庆区精神文明工作考核内容，与精神文明建设工作同安排、同检查、同落实、同考核、同奖励。精心组织，积极引导辖区青少年参与，成功举办传承民族文化、构建和谐社会、迎接十七大诗词书画比赛活动，78幅优秀作品被选送参赛，15幅作品获奖，其中一等奖1名、二等奖2名、三等奖3名、优秀奖5名、入选奖4名，优秀集体组织奖1名，指导奖2名。全年共开展特色活动23场次，参加人数达10000余人次。开展法律宣传进校园、进社区活动每年不少于3次，受教育的青少年3000余人次，在9所小学和高级中学聘请法律副校长。法制宣传讲解19场次，为青少年解答法律咨询65人，上街、进社区宣传121次，制作展板9块，受教育的青少年群众达21890人次。聘请老技术员、老科技工作者为农村青年举办农业种植、畜牧养殖、计算机、电焊、司炉、电工、美容美发、花卉种植栽培等培训班20场次，参与人数达10000人次。举办旨在培养青少年技能知识的培训班31期，制作科普、科技宣传展板15块，发放宣传资料2000余份，开展健康教育咨询40人次，推广种植水稻新品种333公顷，受益人数达11491人。春节前夕，关工委联合宁夏铁通公司等单位到宁夏女子劳教少年管理所与被教养人员共同联欢，为他们送去慰问品。经兴庆区关工委牵线搭桥，上海外资企业家布希女士为通贵中学8名学生每人每学期捐助460元学费，为大新等中学5名学生每人每学期捐助800元学费。兴庆区法院张克勤院长积极带头捐款，带领6个支部以个人名义为月牙湖乡6名特困优秀女生每人每学期捐资1180元，共计7080元。各界人士为108名贫困生捐款236440元。基层关工委为7所小学捐款257800元，捐物3000件。与辖区单位签订帮扶协议14份，资助贫困生695人，捐资助学384747元。

2008年，加强调整基层组织建设。3月份，各级关工委班子以换届为契机，调整基层关工委领导班子，保证关工委工作的持续和稳定。加强青少年爱国主义教育。街道关工委利用“爱国主义”教育基地和重大节假日，在各中小学校开展回族少年喜迎大庆、书香校园展风采、阳光少年与奥运同行、校园文化浸润心灵等15余场爱国主义革命传统教育，96%的中小学生接受到了爱国主义教育。积极组织辖区各中小学参加银川市以热爱祖国、赞美家乡、喜迎五十大庆为主题的作文大赛，有88篇作品获奖，其

2004 年 10 月 20 日关心下一代工作现场会

中特等奖 1 名、一等奖 3 名、二等奖 11 名、三等奖 13 名、优秀奖 57 名，优秀组织奖 3 个。建立青少年法律服务咨询站 63 个，开展活动 137 场次，参加活动的青少年达 16209 名。建立学校、家庭、社区三结合家长学校 91 所，开展活动 148 场，发放问卷 9818 份，参加活动的家长达 33496 人次。联系宁夏中华爱国工程联合会、温州商会、双星专卖店、东风悦达起亚宁夏天利专营店等企业慰问宁夏女子劳教少年管理所，送去价值 5 千多元的慰问品。在银古路街道办事处举行关爱女孩基金会暨志愿者行动启动仪式，宁夏众一物流、宁夏三森国际家具会展中心等 9 家单位捐助资金 16000 余元。加强"学科技"培训工作。乡镇关工委聘请老科协、科技咨询服务中心等多个单位的专家服务队利用三下乡活动抓科普培训，帮助指导提高种(养)殖技能培训 10 余次，受益青年农民达千余人次，培养致富示范户百余户。

2009 年，在兴庆区第十八小学召开"兴庆区净化社会文化环境 促进未成年人健康成长 做一个有道德的人"主题实践活动启动仪式，成立兴庆区"五老"网吧义务员队伍，聘请 97 名"五老"担任网吧义务监督员，继续推广唐徕回民小学校园文化建设做法和兴庆区五小"道德银行"教育经验，加强对未成年人心里教育和疏导。全年建立青少年法律服务咨询站 63 个，开展活动 137 场次，参加活动的青少年达 16209 人次。完善学校、家庭、社区三位一体的教育网络，家长学校 91 所，开展活动 148 场、发放问卷 9818 份、33496 人参加活动。动员社会各界，慰问宁夏女子劳教少年管理所，并送去价值 5000 多元生活必用品，联合兴庆区妇联给送去 2000 余元的学习用品，宁夏众一物流、宁夏三森国际家具会展中心等 9 家单位捐助资金 16000 余元。

2010 年，调整充实兴庆区关工委工作班子，增聘 3 名社会热心人士同志担任关工委委员工作。以全民素质提升年和雷锋学习日活动为契机，组织千名中小学生、"五老"人员和志愿者开展学雷锋、促文明、抓素质主题实践活动，以开展中华魂－民族团结教育活动为抓手，组织"五老"深入学校、社区宣讲党的民族团结政策，在中学引导学生开展"我骄傲，我是中国人"为主要内容的系列活动，举办宣讲会、社会实践、交通安全知识 111 场次，参加人数达 21167 人次。在第五小学举行首届公益书画进校园献爱心活动，近 1500 师生参加，为兴庆区二十五小学捐赠学习用书 120 套 500 多册。在兴庆区高台逸夫小学举行关爱农民工子女志愿者服务活动，对农民工子女提供学业辅导、亲情陪伴、感受城市、自护教育、爱心捐赠等志愿服务。与辖区 5 所农民工子女小学的 50 名贫困农民工子女进行结对帮扶，对两名孤儿进行现场结对帮扶，给两名孤儿送去 1000 元助学款。兴庆区关工委、教育局联合宁夏建筑工程职业技术学院开展心系月牙湖地区、为贫困学生送温暖活动，捐赠衣物 6000 余件。深化网吧监督，大力促进社会文化环境持续好转。兴庆区关工委积极组织"五老"义务网吧监督员坚持不懈做对未成年人上网环境进行监督，共有"五老"254 人次参加，监督检查网吧 392 户次，发现未成年人上网 126 人次，明显提高了监督效果。

信访工作

【概况】 城区信访工作领导小组于 1984 年 9 月成立。1987 年 6 月信访工作从政府办公室中分出，设立党委、政府信访办公室，隶属党委领导。2002 年 11 月 8 日，设置信访局(为民解忧督办中心)，为承担行政职能的政府直属事业单位。2010 年 1 月 14 日，信访督办局(督办中心）从承担行政职能的政府直属事业单位，调整为兴庆区党委办公室部门管理机构，统一承担兴庆区委、政府信访督办工作。

十年来，兴庆区信访督办局认真处理人民群众给兴庆区党委、政府的来信，接待群众来访，协调处理跨地区、跨部门的重要信访事项，处理群众集体上访及异常、突发信访事件，受理人民群众通过专线电话反映在生活、工作中需要政府解决的困难和问题，及时向兴庆区党委、政府反映重要的社情民意，督促各乡、镇、街道办事处和区直各部门解决群众生活中的实际困难和问题，维护社会稳定，促进兴庆区政治、经济、社会各项事业协调发展等方面做了大量工作，取得一定的成绩。

【局领导名录】

局　长:马庆胜(2001.01~2002.04)
马晶波(2002.04~2007.12)
杨　玲(2007.12~2010.05)
张　敏(2010.05~2010.12)

副局长:李志刚(2003.11~2007.12)
李　明(2007.12~2010.05)
张　勇(2010.05~2010.12)

【组织建设】 2002年11月1日，兴庆区政府成立之际，兴庆区信访督办局应运而生，为承担行政职能的政府直属事业单位，选调补充2名工作人员，建立了信访接待室。

2003年，以会代培，培训干部，指导2乡、2镇、11个街道办事处均建立了二级信访接待站，人员、场地、制度、电话全部落实，登记本、统计报表及有关资料，统一齐全，指导85个社区居委会、35个村委会建立三级信访接待室，充分利用现有的场地、人员、组织机构，建立了综治、信访、司法、警务四位一体联合办公的工作机构，做到人员、场地、制度、电话全落实。

2004年9月10日，成立兴庆区信访处置工作联系协调领导小组。

2010年，兴庆区制定《< 关于进一步发挥基层信访督办工作站作用的指导意见 > 的通知》，要求基层加大信访督办工作站的建设，切实发挥基层信访工作的职能，在15个乡镇(街道)建立了规范的信访接待室，方便群众反映问题、咨询政策，设立15个基层信访工作站(点)，实现乡镇、街道有信访信息网点和信访调解组织。

【制度建设】 2001年，城区信访办印发《全区信访工作会议的汇报》《关于传达、贯彻和落实全区信访工作会议情况的报告》《关于转发中央党政机关信访工作联席会纪要》。

2002年，城区信访办印发《关于影响稳定隐患排查情况的报告》《关于对各街道办事处信访工作进行考核的通知》。并且运用“督办动态”，每月及时将群众投诉的问题汇总分析。

2003年，兴庆区进一步加大信访工作制度的健全完善工作，区委、政府先后印发《区委、政府专题研究信访工作制度》《区委、政府信访分析会制度》《县级领导信访工作调研制度》《县级领导信访接待日值班制度》《信访工作县级领导包乡(街)制度》《信访工作社情民意座谈会制度》《信访工作例会制度》《信访工作矛盾纠纷、治安、安全隐患排查制度》《重大信访问题报告制度》；建立信访工作目标考核责任制，将信访工作纳入年度目标责任进行考核，建立信访工作例会制度。5月20日治非典指挥办公室印发《兴庆区非典型肺炎期间群众大规模集体上访应急处置预案的通知》。

2004年，区委、政府印发《兴庆区信访问题调查终结制度》《兴庆区信访问题终结答复制度》《兴庆区突出信访问题挂号制度》《兴庆区突出信访问题公示制度》《兴庆区信访问题处置责任追究制度》及《关于兴庆区集中解决突出信访问题和群体性事件工作实施方案的通知》。

2005年，兴庆区区委、政府印发《关于建立乡镇信访及社会矛盾纠纷综合调处工作机制的实施意见》；《关于近期信访问题排查及落实解决突出信访问题责任分工的通知》《关于进一步加强和改进信访工作的意见》、信访督办局制定《党员学习制度》《信访局政治理论学习制度》《信访局保密制度》《社会治安综合治理工作制度》《普法工作制度》《党风廉政建设工作制度》《信访工作责任追究制度》《工会工作制度》《正副局长工作职责》《为民解忧督办中心工作职责》《督办员工作岗位职责》《办信人员职责》《统计人员职责》《文档人员职责》。加强军队复员干部稳定工作，成立兴庆区维持军队复员干部稳定工作领导小组。5月为了加大督办工作力度，改进督办工作方法，制定《兴庆区群众投诉问题督办通知单》，一个问题一个通知单，由领导签批后，要求办理单位限期办理，并及时上报处理结果。6月改进办信方法，在原有办信工作经验基础上，办完群众来信后，与写信人见面，及时把处理情况反馈给写信人。

2007年，抓好领导接待制度的落实，坚持主管领导和分管领导接待群众制度，切实加强对信访工作的领导，主管领导和分管领导每月接待来访群众1次，全年共接待群众12批次。

2008年，进一步健全完善《关于进一步加强和改进信访工作的决定》《关于成立兴庆区信访突出问题处置工作领导小组》《关于兴庆区实行领导包案制度》《关于兴庆区实行领导信访接待日制度》《关于兴庆区实行信访工作领导责任追究制》等制度和规定，使信访工作在各单位、各部门中的职责进一步明确。

2009年，制定《关于兴庆区实行县级领导信访接待日制度》《兴庆区部门领导干部定期接访的方案》，大力推行领导干部接待群众来访制度，要求每周一、周三各部门一把手到信访接待室接访，促进领导干部接访工作的有效落实；进一步健全完善《县级领导包案制度》《落实县级领导包案解决重大疑难信访问题的通知》和《县级领导包案解决重大疑难信访问题的方案》。

2010年，制定《关于妥善处置群众到自治区、银川市、兴庆区上访联动工作方案》，建立健全预警防范机制，强化集体越级上访的处置。

【轮岗锻炼】 2003年，3月24日兴庆区委、政府印发《关于选派优秀干部职工到兴庆区二级为民解忧督办中心轮岗锻炼的通知》，进一步加强督办中心工作力量，运用《督办动态》每月及时将群众投诉的问题汇总分析。

【党支部成立】 2006年，信访督办局党支部成立。

【信访条例宣传】 2006年5月开展《信访条例》颁布实施一周年宣传活动。

【信访维稳】 2002年10月，全区信访进社区工作现场观摩经验交流会在城区召开，学习城区信访工作先进经验。

2005年，开展集中处理突出信访问题及群体性事件的有关工作。在大新镇召开兴庆区社会矛盾暨信访调处工作现场经验交流会，认真实施化整为零、化冷为热、化权为责、化堵为疏、化人治为法治、化上访为下访“六化法”信访工作经验。

2006年，重点开展矛盾纠纷集中排查调处活动，印发《在今冬明春开展矛盾纠纷集中排查调处活动的实施方案》，全面落实。

2007年，多方筹措资金6700万元，群众四处上访要债的问题得到根本解决，稳定了群众情绪，有效降低了群众上访。

2008年，重点抓了“重信重访”的整治工作，对2007年以来的重信重访进行梳理，划分排列，对能够解决而没有解决的55件信访问题，信访联席办下发了限期办理文件，办结42件，对不能办结的要求做好稳控工作。7月份按照6.28电视电话会议精神，从方案制定到活动落实，认真履行接访步骤，公示、接访、现场接访、带案下访、重点约访、包案处访等环节，重点抓了三级信访大接访活动。8月份按照预防为主、教育疏导、依法处理、防止激化的原则，重点抓了奥运会和自治区50大庆期间的信访维稳工作，实行夜间值班制度和信访动态“零报告”制度，确保奥运会和自治区50大庆期间的社会稳定。

2009年，重点开展矛盾纠纷、信访积案的排查化解工作，制定《关于开展矛盾纠纷大排查大化解及“信访积案化解年”活动实施意见》，筹措资金6800万元，解决了部分拖欠款问题；加大康居安置区的建设步伐，解决3572户群众的住房问题；对多年涉法涉诉上访人，积极协调司法部门召开听证会，解惑释义；开展爱心帮扶，进行重点慰问，从生活上给以关爱；摸排的信访积案总计47件，成功化解36件。

2010年，重点抓好信访积案的排查化解工作，采取集中交办、领导包案、联合接待、集中会诊、爱心帮扶、资金救助化解矛盾，对一些遗留的信访积案进行了化解，大大缓解了信访矛盾的堆积。以矛盾纠纷排查为重点，下大力气抓了元旦、春节、“两会”、“十一”、“重大节日”、“敏感节点”期间的信访维稳工作。

【区长热线】 2010年6月份，开通兴庆区区长热线电话，要求县级领导每月25号到信访督办局接听热线电话，全年共受理群众来电2275件，来信41件，占信访总量95.3%，有效控制和减少了群众上访。

【来信来访】 2001年，受理群众来信来访45件。

2002年，受理群众来信来访48件。

2003年，受理信访总量7567件，其中来信147件，来电2220件，个人访182件/182人，集体访72批/1536人，集体越级访17批/3358人。

2004年，受理信访总量8502件，其中来信73件，来电2176件，个人访192件/192人，集体访153批/3513人，集体越级访51批/2273人。

2005年，受理信访总量7317件，其中来信63件，来电2361件，个人访183件/183人，集体访69批/1831人，集体越级访37批/2608人。

2006年，受理信访总量7526件，其中来信156件，来电3337件，个人访227件/227人，集体访114批/2972人，集体越级访24批/511人，重复上访1238件。

2007年，受理信访总量785件，其中来信80件，来电1948件，个体访103件/103人，集体访110批/2191人，集体越级访52批/3290人，重复访52批/3290人，进京上访16批/48人。

2008年，受理信访总量2682件次/5804人次，办结率91%，其中来信81件，来电2190件，个体访282件/365人次，集体访104批/1781人次，重复上访122件/516人次，进京上访15件/18人次。

2009年，受理信访总量1949件/3800人次，办结率92.3%，其中来信55件，来电1700件，个体访93件/128人，集体上访101件/1917人，重复上访103件/1609人，进京非正常上访28件/61人次。

2010年，受理信访总量3386件/4764人次，办结率98.2%，其中来信59件，来电3213件，个体访47件/71人，同比件次下降52.5%，集体访67件/1421人，重复上访53件/949人，进京非正常上访12件/12人次。

党校教育

【概况】 2003年10月，由兴庆区委常委、组织部部长王玉红牵头组建兴庆区干部培训中心。中心坐落于掌政镇碱富桥村，是将原银川市郊区永固乡政府行政办公楼进行改造，2004年9月建成并投入使用，占地14.5亩，建筑面积4500平方米。中心同时挂兴庆区党校、兴庆区党员教育培训中心牌子。自2004年至2009年10月，共举办党员干部培训50期，培训2500人次。兴庆区干部培训中心编制4人，第一任主任为景秀，然后依次为赵云、万立洪。由于设施老化、水质较差、运行成本较高等原因，兴庆区干部培训中心于2010年停止使用。

档案工作

【概况】 兴庆区档案局（馆）前身为城区档案局（馆），最早成立于1983年，负责收集和整理城区档案；1987年7月28日，城区档案科在原城区档案室的基础上正式成立，隶属城区党委领导；1990年，城区档案科（馆）改称城区档案局（馆），局馆合署办公，仍隶属城区党委领导；2000年12月，机构改革确定城区档案局（馆）为城区党委直属事业单位，定事业编4名，设局长1名，副局长1名；2002年11月，区划调整时原城区档案局（馆）更名为兴庆区档案局（馆）；

2006 年 8 月，经区委、区政府批准成立兴庆区史志办，与兴庆区档案局合署办公，档案局局长兼任史志办主任；2007 年 5 月，经自治区党委组织部批准，兴庆区档案局（馆）为参照《公务员法》管理单位；2010 年，兴庆区档案局与兴庆区志办分设，不再合署办公。

兴庆区档案局（馆）有工作人员 3 名，大专学历 2 人，中专学历 1 人，中级职称 1 人，女性占 100%。2003 年，荣获全区档案工作先进集体称号；2004 年，荣获市县（区）档案局（馆）目标管理先进单位；2007 年，荣获全区档案工作先进集体称号；2008 年，荣获全区市县（区）档案事业发展综合评估先进单位和全区地方志工作（单项）先进集体称号；2010 年，荣获银川市“五五”普法先进集体称号。

【局领导名录】

局　长：张凤霞（1998.4–2002.3）

　　　　贾桂秋（2002.3–2013.9）

副局长：韩向兵（1998.4–2003.4）

　　　　钦丽红（2003.4–2005.6）

　　　　崔海霞（2005.11–2007.12）

　　　　张辉清（2007.12–2009.1）

　　　　柴丽云（2009.1–2010.12）

　　　　郝　峰（2009.5–2010.12）

【档案来源与统计】 兴庆区档案馆的档案主要来源于原城区街道办事处、机关单位各类档案，兴庆区（乡镇、街道、办事处）机关事业单位各类档案，原城区、兴庆区撤消合并机构档案，征集辖区内各单位有关的档案资料和图书资料，原城区、兴庆区其他具有保存价值的档案。多年来，档案馆十分重视档案的统计工作，利用档案的收进、移交、整理、保管数量和状况的登记，档案利用情况的基本统计，以表册、数字的形式揭示档案和档案工作的有关情况。10 年来，区档案馆接受辖区单位移交的档案卷，万件，类型包括文书、基建、会计、婚姻登记等档案。

【档案整理与利用】 兴庆区档案馆自成立以来，档案的利用主要是工作查考。随着经济社会各项事业的不断发展，社会各方面利用档案资料的需求量不断增大，落实政策、工作查考、编史修志等查考工作客观上为档案利用工作提供了新要求。2003 年以前，档案整理采用传统的整理方法：年度－组织机构－问题分类法进行整理立卷、排列，以全宗为单位，分保管期限编号，永久、长期、短期各一个流水号，每个卷宗内档案的排列、编辑和存放一般都保持各自的历史联系。2003 年后，按照文书立卷改革的要求，档案整理工作按照国家档案局 8 号令，采用年度—保管期限分类法进行整理，归档文件以件为单位，保管期限为永久、30 年、10 年，盒号按照永久、30 年、10 年分别编总的流水号，按保管期整理保存。

档案馆按照《档案著录规则》对馆藏永久、长期、30 年期限的档案进行标准化著录。截止 2010 年底，将馆藏查阅频繁档案目录进行著录，形成一个拥有 110766 条机检目录的管理系统。为提高查询效率，档案馆先后编制了多种检索工具，以便利用：馆级检索工具——档案馆指南、档案馆简介；全宗级检索工具——全宗介绍、全宗名册、全宗卷；案卷级检索工具——馆藏档案案卷目录、馆藏档案案卷目录计算机数据库；文件级检索工具——馆藏档案文件目录、馆藏档案文件目录计算机数据库。10 年来，档案馆共接待查档者 45000 余人，提供档案资料 12000 卷（册），为兴庆区及社会上的编史修志、落实政策、经济建设、宣传教育、工作查考等提供了大量翔实的参考资料，有效发挥了档案服务社会的功能。

【档案馆建设】 原城区档案局（馆）（时间？）搬迁到银川市北京东路 471 号新建办公大楼内，局（馆）办公条件和档案设施得到了极大的改观，办公用房及库房总面积达 220 平方米，其中库房面积 120 平方米，安装档案密集架、防火、防盗自动监控报警器、防火门窗等安全设施，专门档案用档案柜存放，密集架和铁皮柜的容量饱和度达到 85%左右。档案馆设有办公室、查阅室、整理室等功能用房。

【史料编研】 档案馆先后协助编纂《中共银川市城区组织史资料》、《中共银川市城区党史大事记》、《银川市城区公安史资料汇编》和银川市城区（兴庆区）人代会、党代会、政协会简介以及档案馆组织沿革、大事记、《档案馆指南》等，对馆藏文书、婚姻、会计、印章、重要会议纪要档案及图书等档案进行清点，整理形成基础数据汇编。

根据《银川市委办公厅、银川市政府办公厅关于开展银川市第二轮地方史编写工作的通知》精神，按照“一纳入，五到位”的要求，兴庆区政府于 2006 年 7 月 20 日召开第 66 次政府常务会议，讨论第二轮地方志编修工作，决定成立《兴庆区志》编委会，确立主编人选，11 月 13 日，党委常委会议讨论通过第二轮修志、党史大事记、组织史编委会领导机构，将史志办设在档案局；2007 年编写《兴庆区组织史》30 多万字，2008 年向银川市地方志办公室提供《银川市志＜兴庆区篇＞》。

银川市兴庆区人民代表大会

YINGCHUANSHI XINGQINGQU RENMING DAIBIAODAHUI

【概况】 2002年11月区划调整后，兴庆区第一届人大常委会于2003年1月依法选举产生。其前身是银川市城区人大常委会。城区人民代表大会历经九届。兴庆区人民代表大会至2010年历经三届。

兴庆区人大常委会机关下设办公室、教科文卫委、财经委、代表联络委、法制工作委员会共5个工作机构。2004年在6个街道设立人大联络办公室。兴庆区人大常委会是本级人大的常设机关，在本级人大闭会期间依法行使地方国家权力机关的职权。它对本级人大负责并报告工作；通过召开兴庆区人大常委会会议和主任会议的形式，依法集体行使宪法和法律赋予的职权；讨论决定本行政区域内各方面工作的重大事项；依法监督本级人民政府、人民法院、人民检察院的工作，撤销本级人民政府不适当的决定和命令，撤销乡镇级人大不适当的决议、决定；依照法定权限决定本级国家机关工作人员的任免；在本级人大闭会期间，罢免和补选上一级人大的个别代表；讨论决定是否许可司法机关拟对兴庆区人大代表实施逮捕、刑事审判或者采取法律规定的有关限制人身自由的措施。

【人大班子名录】

主　任：高万金（2001.01～2002.12）
　　　　杨绍君（2002.11～2010.12）
副主任：宋粉荣（2001.01～2001.11）
　　　　丁　莹（2001.01～2001.11）
　　　　王永录（2001.01～2007.11）
　　　　蔡国胜（2001.01～2002.11）
　　　　雍根业（2001.01～2010.12）
　　　　吴金花（2001.11–2010.01）
　　　　陈玉霞（2002.11～2010.01）
　　　　芮志新（2002.11～2010.01）
　　　　朱学礼（2007.11～2009.05）
　　　　丁万福（2010.01～2010.12）
　　　　杨久红（2010.01～2010.12）
　　　　张艳芬（2010.01～2010.12）

【人民代表大会全体会议】 2001年1月8日～1月12日，城区九届人大四次会议召开。大会听取和审议《城区人民政府工作报告》《城区国民经济和社会发展“十五”计划纲要及说明》《城区2000年国民经济和社会发展计划执行情况和2001年国民经济和社会发展计划的报告》《城区2000年财政预算执行情况和2001年财政预算草案的报告》《城区人大常委会工作报告》《城区人民法院工作报告》《城区人民检察院工作报告》《城区第九届人民代表大会第三次会议代表建议和意见办理情况的报告》；审查和批准《城区国民经济和社会发展“十五”计划纲要》《城区2000年国民经济和社会发展计划执行情况和2001年国民经济和社会发展计划》《城区2000年财政预算执行情况和2001年财政预算》；补选城区第九届人民代表大会常务委员会副主任，城区第九届人民代表大会常务委员会委员；通过各项决议、决定。

2002年1月15日～1月18日，城区九届人大五次会议召开。大会听取和审议《城区人民政府工作报告》《城区，2001年国民经济和社会发展计划执行情况和2002年国民经济和社会发展计划的报告》《城区2001年财政预算执行情况和2002年财政预算草案的报告》《城区人大常委会工作报告》《城区人民法院工作报告》《城区人民检察院工作报告》《城区第九届人民代表大会第四次会议以来代表建议和意见办理情况的报告》；审查和批准《城区2001年国民经济和社会发展计划执行情况和2002年国民经济和社会发展计划》《城区2001年财政预算执行情况和2002年财政预算》；选举城区人民政府区长；通过各项决议、决定。

2003年1月3日～1月7日，兴庆区一届人大一次会议召开。大会听取和审议《银川市兴庆区人民政府工作报告》《银川市兴庆区2002年国民经济和社会发展计划执行情况及2003年国民经济和社会发展计划草案的报告》《银川市兴庆区2002年财政预算执行情况和2003年财政预算草案的报告》《银川市兴庆区人民代表大会常务委员会工作报告》《银川市兴庆区人民法院工作报告》《银川市兴庆区人民检察院工作报告》《银川市兴庆区人民政府关于代表建议、意见办理情况的报告》;审查批准《银川市兴庆区2002年国民经济和社会发展计划执行情况及2003年国民经济和社会发展计划》《银川市兴庆区2002年财政预算执行情况和2003年财政预算》;通过银川市兴庆区第一届人民代表大会第一次会议选举办法,选举兴庆区第一届人民代表大会常务委员会主任、副主任、委员,兴庆区人民政府区长、副区长,兴庆区人民法院院长、兴庆区人民检察院检察长;通过各项决议、决定。

2004年1月2日~1月5日,兴庆区一届人大二次会议召开。大会议听取和审议《银川市兴庆区人民政府工作报告》《银川市兴庆区2003年国民经济和社会发展计划执行情况及2004年国民经济和社会发展计划草案的报告》《银川市兴庆区2003年财政预算执行情况及2004年财政预算草案的报告》《银川市兴庆区人大常委会工作报告》《银川市兴庆区人民法院工作报告》《银川市兴庆区人民检察院工作报告》《银川市兴庆区人民政府关于代表议案、建议、意见办理情况的报告》;审查和批准《银川市兴庆区2003年国民经济和社会发展计划执行情况及2004年国民经济和社会发展计划》《兴庆区2003年财政预算执行情况的报告及2004年财政预算》;选举兴庆区出席银川市第十二届人民代表大会代表,补选兴庆区第一届人民代表大会常务委员会委员;通过各项决议、决定。

2005年1月4日~1月7日,兴庆区一届人大三次会议召开,大会听取和审议《银川市兴庆区人民政府工作报告》《银川市兴庆区2004年国民经济和社会发展计划执行情况及2005年国民经济和社会发展计划草案的报告》《银川市兴庆区2004年财政预算执行情况及2005年财政预算草案的报告》《银川市兴庆区人大常委会工作报告》《银川市兴庆区人民法院工作报告》《银川市兴庆区人民检察院工作报告》《审议了银川市兴庆区人民政府关于兴庆区第一届人民代表大会第二次会议代表议案、建议、意见办理情况的报告》;审查和批准《银川市兴庆区2004年国民经济和社会发展计划执行情况及2005年国民经济和社会发展计划》《银川市兴庆区2004年财政预算执行情况的报告及2005年财政预算》;选举兴庆区人民政府区长,补选银川市第十二届人民代表大会代表;通过了各项决议、决定。

2006年1月7日~1月10日,兴庆区一届人大四次会议召开,大会议听取和审议《银川市兴庆区人民政府工作报告》《关于制定银川市兴庆区国民经济和社会发展第十一个五年规划纲要草案的说明》《银川市兴庆区2005年国民经济和社会发展计划执行情况及2006年国民经济和社会发展计划草案的报告》《银川市兴庆区2005年财政预算执行情况及2006年财政预算草案的报告》《银川市兴庆区人大常委会工作报告》《银川市兴庆区人民法院工作报告》《银川市兴庆区人民检察院工作报告》《银川市兴庆区人民政府关于兴庆区第一届人民代表大会第二次会议代表议案、建议、意见办理情况的报告》;审查和批准《银川市兴庆区2005年国民经济和社会发展计划执行情况及2006年国民经济和社会发展计划》《银川市兴庆区2005年财政预算执行情况的报告及2006年财政预算》;选举兴庆区人民法院院长、兴庆区人民检察院检察长,补选兴庆区第一届人民代表大会常务委员会委员;通过了各项决议、决定。

2007年1月10日~1月12日,兴庆区一届人大五次会议召开,大会听取和审议《银川市兴庆区人民政府工作报告》《银川市兴庆区2006年国民经济和社会发展计划执行情况及2007年国民经济和社会发展计划草案的报告》《银川市兴庆区2006年财政预算执行情况及2007年财政预算草案的报告》《银川市兴庆区人大常委会工作报告》《银川市兴庆区人民法院工作报告》《银川市兴庆区人民检察院工作报告》《银川市兴庆区人民政府关于兴庆区第一届人民代表大会第四次会议代表议案、建议、意见办理情况的报告》;审查和批准《银川市兴庆区2006年国民经济和社会发展计划执行情况及2007年国民经济和社会发展计划》《银川市兴庆区2006年财政预算执行情况的报告及2007年财政预算》;通过各项决议、决定。

2007年11月19日~11月23日,兴庆区二届人大一次会议召开,大会听取和审议《银川市兴庆区人民政府工作报告》《银川市兴庆区2007年国民经济和社会发展计划执行情况及2008年国民经济和社会发展计划草案的报告,听取和审议了银川市兴庆区2007年财政预算执行情况和2008年财政预算草案的报告》《银川市兴庆区人民代表大会常务委员会工作报告》《银川市兴庆区人民法院工作报告》《银川市兴庆区人民检察院工作报告》《银川市兴庆区人民政府关于代表议案、建议、意见办理情况的报告》;审查批准《银川市兴庆区2007年国民经济和社会发展计划执行情况及2008年国民经济和社会发展计划》《银川市兴庆区2007年财政预算执行情况的报告及2008年财政预算》;选举兴庆区第二届人民代表大会常务委员会主任、副主任、常务委员会委员,兴庆区人民政府区长、副区长,兴庆区人民法院院长、兴庆区人民检察院检察长,兴庆区出席银川市第十三届人民代表大会代表;通过各项决议、决定。

2008年12月29日,兴庆区二届人大二次会议召开,出席会议代表198人。会议议听取和审议《银川市兴庆区人民政府工作报告》《银川市兴庆区2008年国民经济和社会发展计划执行情况及2009年国民经济和社会发展计划(草案)的报告》《银川市兴庆区2008年财政预算执行情况及2009年财政预算(草案)的报告》《银川市兴庆区人大

常委会工作报告》《银川市兴庆区人民法院工作报告》《银川市兴庆区人民检察院工作报告》《兴庆区人民政府关于兴庆区二届人大一次会议代表议案及建议、意见办理情况的报告》;审查和批准《银川市兴庆区2008年国民经济和社会发展计划执行情况及2009年国民经济和社会发展计划》《兴庆区2008年财政预算执行情况的报告及2009年财政预算》;选举兴庆区人民政府区长,补选兴庆区第二届人民代表大会常务委员会委员;通过各项决议、决定。

2010年1月6日,兴庆区二届人大三次会议召开。会议听取和审议《兴庆区人民政府工作报告》《兴庆区2009年国民经济和社会发展计划执行情况及2010年国民经济和社会发展计划草案的报告》《兴庆区2009年财政预算执行情况及2010年财政预算草案的报告》《兴庆区人大常委会工作报告》《兴庆区人民法院工作报告》《兴庆区人民检察院工作报告》《兴庆区人民政府关于兴庆区二届人大二次会议代表议案及建议、意见办理情况的报告》;审查和批准《兴庆区2009年国民经济和社会发展计划执行情况及2010年国民经济和社会发展计划草案的报告》《2010年兴庆区国民经济和社会发展计划》《2009年兴庆区财政预算执行情况及2010年兴庆区财政预算草案的报告》《2010年兴庆区财政预算》;选举兴庆区人民政府区长,兴庆区人民法院院长;通过各项决议、决定。

【常委会议】 2001年~2010年,共召开兴庆区人民代表大会常委会议71次。其中:2001年7次、2002年7次、2003年6次、2004年7次、2005年7次、2006年6次、2007年10次、2008年6次、2009年7次、2010年8次。

【2001年~2010年人大常委会摘录】

时间	届次	主要议题
2001年3月	城区九届第十九次	审议通过关于表彰干部的决定,通报被任命干部集中述职评议的情况,审议有关人事任免事项。
2001年4月	九届第二十次	审议城区人民政府关于贯彻实施《中华人民共和国教师法》《中华人民共和国会计法》和城区人民法院关于贯彻实施《中华人民共和国刑事诉讼法》情况的汇报;评议城区人民法院、检察院2名同志的述职报告。
2001年6月	九届第二十一次	审议城区人民政府关于文化体育工作情况和城区人民检察院关于反贪污贿赂、渎职检察工作情况的汇报;评议城区人民政府和城区人民法院、检察院3名同志的述职报告。
2001年8月	九届第二十二次	审议城区人民政府关于2001年上半年国民经济和社会发展计划执行情况、2001年上半年财政预算执行情况、关于对2000年城区本级财政预算执行和其它财政收支审计情况的汇报;审议城区人民法院、检察院上半年工作情况的汇报;评议城区人民法院、检察院2名同志的述职报告。
2001年9月	九届第二十三次	审议城区人民政府关于在公民中开展法制宣传教育第四个五年规划的汇报;作出城区人大常委会关于继续开展法制宣传教育的决议。
2001年10月	九届第二十四次	审议城区人民政府关于依法治区、非公有制经济发展、城市管理和市容卫生工作情况的汇报;审议城区公安分局关于开展“严打”整治斗争工作情况的汇报;评议城区人民政府、城区人民检察院2名同志的述职报告。
2001年12月	九届第二十六次	审议城区人大常委会工作报告,城区人民政府关于城区九届人民代表大会第四次会议代表议案、建议、意见办理情况的报告;审议通过人大常委会2002年度工作安排;听取和审议城区人民政府关于调整2001年度城区本级财政预算的报告,作出城区人大常委会关于调整2001年度城区本级财政预算的决议;审议通过关于召开城区第九届人民代表大会第五次会议的决定,城区第九届人民代表大会第五次会议各种建议名单(草案)和有关材料。

续表

时间	届次	主要议题
2002 年 6 月	九届三十次	审议城区人民政府关于下岗职工再就业工作情况的汇报；听取和审议法院办理人大批转的申诉、控告、检举案件，检察院加强干警队伍建设情况的汇报；听取和评议检察院 1 位检察人员的述职报告。
2002 年 7 月	九届第三十一次	审议兴庆区人民政府关于 2002 年上半年国民经济和社会发展计划执行情况、2002 年上半年财政预算执行情况、2001 年兴庆区本级财政预算执行和其他财政收支审计情况、兴庆区人民法院、兴庆区人民检察院上半年工作情况的汇报，依法作出关于批准 2002 年兴庆区本级财政决算的决议。
2002 年 9 月	九届第三十二次	九届第三十二次审议兴庆区人民政府关于改善和优化投资环境实施情况、城市管理和市容卫生工作情况、科技工作、机构改革工作情况的汇报。
2002 年 12 月	九届第三十三次	审议兴庆区人民政府关于调整财政预算的报告，通过关于调整财政预算的决议；听取和审议兴庆区人大常委会工作报告，兴庆区代表资格审查报告，兴庆区人民政府关于代表议案、建议、意见办理情况的汇报；通过关于召开兴庆区一届人民代表大会第一次会议的决定，兴庆区一届人民代表大会第一次会议议程(草案)和有关材料。
2003 年 2 月	兴庆区一届第一次	审议人大常委会 2003 年工作安排，人大常委会议事规则等十一项工作办法；审议有关人事任免事项。
2003 年 5 月	一届第二次	审议兴庆区人民政府关于开展“四五”普法工作情况、非公有制经济发展情况、民政工作情况、计划生育工作情况和兴庆区公安分局关于开展“严打”整治斗争工作情况的汇报。
2003 年 7 月	一届第三次	审议兴庆区人民政府关于 2003 年上半年国民经济和社会发展计划执行情况、2003 年上半年财政预算执行情况、2002 年兴庆区本级财政预算执行和其他财政收支审计情况、农业产业结构调整工作情况和防治非典型肺炎工作情况的汇报，依法作出关于批准 2002 年兴庆区本级财政决算的决议；审议兴庆区人民法院、兴庆区人民检察院上半年工作情况的汇报。
2003 年 9 月	一届第四次	审议兴庆区人民政府关于爱国卫生、城市管理、市容环境卫生工作情况，区划调整后教育工作情况的汇报，兴庆区人民法院关于执行工作情况的汇报。
2003 年 10 月	一届第五次	审议兴庆区人民政府关于科技工作、国土资源、水务工作情况的汇报和兴庆区人民检察院关于开展执法监督工作情况的汇报。
2003 年 12 月	一届第六次	审议兴庆区人大常委会工作报告、兴庆区代表资格审查报告，兴庆区人民政府关于兴庆区一届人大一次会议代表议案、建议、意见办理情况的汇报；审议兴庆区人大常委会 2004 年度工作安排、关于召开兴庆区一届人民代表大会第二次会议的决定、兴庆区一届人民代表大会第二次会议议程(草案)、兴庆区一届人大二次会议各种名单(草案)和有关材料。

续表

时间	届次	主要议题
2004 年 3 月	一届第七次	审议兴庆区人民政府关于农村医疗卫生改革、人事制度改革、最低生活保障和高致病性禽流感防治工作情况的汇报；审议兴庆区公安分局关于开展专项整治工作情况的汇报；审议《银川市兴庆区人大常委会关于加强城市居民最低生活保障工作的决定》和《银川市兴庆区人大常委会关于人大代表执行职务的暂行办法和关于评选先进代表活动小组和优秀人大代表的暂行办法》。
2004 年 5 月	一届第八次	审议兴庆区人民政府关于全面推行基础教育课程改革、建设交通、信访督办、最低生活保障普查和贯彻实施《民族区域自治法》工作情况的汇报；审议《银川市兴庆区人大常委会关于学习宣传宪法修正案的决定》和《银川市兴庆区人大常委会关于对被任命干部进行述职评议的方案》；审议有关人事任免事项。
2004 年 7 月	一届第九次	审议兴庆区人民政府关于 2004 年上半年国民经济和社会发展计划执行情况、2003 年财政决算和 2004 年上半年财政预算执行情况、2003 年度兴庆区本级财政预算执行和其他财政收支审计情况的汇报；听取和审议兴庆区人民法院、人民检察院上半年工作情况的汇报；根据兴庆区人大财政经济工作委员会关于兴庆区 2003 年本级财政决算的审查报告，依法作出关于批准兴庆区 2003 年本级财政决算的决议；评议法院两位审判员的述职报告。
2004 年 9 月	一届第十次	审议兴庆区人民政府关于爱国卫生、城市管理、市容卫生，康居工程与小城镇建设，失地农民就业和下岗职工再就业以及农业生产工作的情况汇报。
2004 年 11 月	一届第十一次	审议兴庆区人民政府关于非公有制经济发展、科技园建设、2003 年兴庆区本级财政预算执行和其他财政收支审计处理结果落实情况的汇报；听取和审议兴庆区人民法院关于贯彻实施《未成年人保护法》和《预防未成年人犯罪法》情况的汇报。
2004 年 12 月	一届第十二次	审议兴庆区人民政府关于调整 2004 年度兴庆区本级财政预算的报告，审议通过兴庆区人大常委会关于调整 2004 年度兴庆区本级财政预算的决议；补选 1 名银川市第十二届人民代表大会代表。
2004 年 12 月	一届第十三次	审议兴庆区人大常委会工作报告，兴庆区人民政府关于兴庆区第一届人民代表大会第二次会议代表议案、建议、意见办理情况的报告；审议通过关于召开兴庆区第一届人民代表大会第三次会议的决定，兴庆区第一届人民代表大会第三次会议议程(草案)，兴庆区人大常委会 2005 年度工作要点，兴庆区第一届人民代表大会第三次会议各种建议名单(草案)和有关材料。
2005 年 3 月	一届第十四次	审议兴庆区人民政府关于依法治区、安全生产、贯彻实施《科学技术普及法》情况的汇报；听取和审议兴庆区人民法院关于民事审判工作情况的汇报。
2005 年 4 月	一届第十五次	审议兴庆区人民政府关于城市困难群体就业和再就业工作情况、救灾资金使用情况、创建卫生城市工作情况和贯彻实施《宁夏回族自治区清真食品管理条例》情况的汇报；听取和审议兴庆区人民检察院开展刑事检察和打击贪污贿赂犯罪工作情况的汇报。

续表

时间	届次	主要议题
2005年7月	一届第十六次	审议兴庆区人民政府关于2005年上半年国民经济和社会发展计划执行情况、2004年财政决算和2005年上半年财政预算执行情况、2004年度兴庆区本级财政预算执行和其他财政收支审计情况的汇报；听取和审议兴庆区人民法院、人民检察院上半年工作情况的汇报；根据兴庆区人大财政经济工作委员会关于兴庆区2004年本级财政决算的审查报告，依法作出关于批准兴庆区2004年本级财政决算的决议。
2005年8月	一届第十七次	审议兴庆区人民政府关于人口与计划生育工作情况、文体旅游工作情况、农业产业结构调整工作情况、非公有制经济发展情况的汇报；评议民政局、国土资源水务局两位局长的述职报告。
2005年11月	一届第十八次	审议兴庆区人民政府关于二期“课堂教学质量工程”实施情况、农村公路建设管护工作情况、兴庆区公安分局关于队伍建设工作情况的汇报；评议兴庆区科技局、人事劳动局两位局长的述职报告。
2005年12月	一届第二十次	审议兴庆区人大常委会工作报告、兴庆区代表资格审查报告，兴庆区人民政府关于兴庆区一届人民代表大会第三次会议代表议案、建议、意见办理情况的报告；审议关于召开兴庆区第一届人民代表大会第四次会议的决定，兴庆区第一届人民代表大会
2005年12月	一届第二十次	第四次会议议程（草案），兴庆区人大常委会2006年度工作要点，兴庆区第一届人民代表大会第四次会议各种建议名单（草案）和有关材料；补选银川市第十二届人民代表大会代表。
2006年3月	一届第二十一次	审议兴庆区公安分局关于开展专项整治工作、兴庆区人民政府关于农村疾病预防控制及医疗机构建设和民族宗教工作情况的汇报。
2006年6月	一届第二十二次	审议兴庆区人民政府关于计划生育、“五创”、失地农民社会保障工作情况的汇报。
2006年7月	一届第二十三次	审议兴庆区人民政府关于2006年上半年国民经济和社会发展计划执行情况、2005年财政决算和2006年上半年财政预算执行情况、2005年度兴庆区本级财政预算执行和其他财政收支审计情况的报告；审议人大财经委关于兴庆区2005年本级财政决算的审查报告，作出关于批准兴庆区2005年本级财政决算的决议；审议兴庆区人民法院、人民检察院上半年工作情况的汇报。
2006年11月	一届第二十六次	审议兴庆区政府关于建设社会主义新农村工作情况、政府性债务情况和“五五”普法规划的报告；审议兴庆区检察院关于开展法律监督工作情况的报告；审议有关人事任免事项。
2007年1月	一届第二十七次	审议兴庆区人大常委会工作报告，兴庆区人民政府关于兴庆区第一届人民代表大会第四次会议代表议案、建议、意见办理情况的报告，兴庆区代表资格审查报告；审议召开兴庆区第一届人民代表大会第五次会议的决定，兴庆区第一届人民代表大会第五次会议议程（草案），兴庆区人大常委会2007年度工作要点，兴庆区第一届人民代表大会第五次会议各种建议名单（草案）和有关材料；补选银川市第十二届人民代表大会代表；依法对市中级人民法院提请拘留人大代表张明武的申请进行表决。

续表

时间	届次	主要议题
2007 年 3 月	一届第二十九次	审议兴庆区政府关于清真食品管理情况的报告；审议《兴庆区人大常委会关于贯彻实施〈监督法〉工作方案》等 13 项工作办法；作出关于《银川市兴庆区人民代表大会常务委员会关于对被任命干部进行述职评议的办法》的决定。
2007 年 6 月	一届第三十次	审议兴庆区人民政府关于贯彻落实《义务教育法》《中小企业促进法》情况和困难群众最低生活保障工作的报告；审议有关人事任免事项。
2007 年 7 月	一届第三十一次	审议兴庆区人民政府关于兴庆区 2007 年上半年国民经济和社会发展计划执行情况的报告；审议兴庆区 2006 年财政决算和 2007 年上半年财政预算执行情况的报告；审议 2006 年兴庆区本级财政预算执行和其他财政收支审计情况的报告；审议兴庆区人民法院 2007 年上半年工作情况的报告；审议兴庆区人民检察院 2007 年上半年工作情况的报告；审议兴庆区人大常委会关于开展人大换届选举工作的方案（草案）；审议成立兴庆区选举委员会的决定（草案）；审议开展人大换届选举工作的决定（草案）；审议兴庆区乡镇新一届人民代表大会代表和主席团成员名额的决定（草案）；审议有关人事任免事项。
2007 年 11 月	一届第三十五次	审议兴庆区人大常委会工作报告；审议召开兴庆区第二届人民代表大会第一次会议的决定，兴庆区第二届人民代表大会第一次会议议程（草案），兴庆区第二届人民代表大会第一次会议各种建议名单（草案）和有关材料，关于代表资格的审查报告。
2007 年 12 月	二届第一次	审议兴庆区人大常委会关于调整 2007 年兴庆区本级预算的决议；依据《地方组织法》和《兴庆区人大常委会人事任免办法》的规定，对兴庆区部分干部进行交流调整。
2008 年 3 月	兴庆区二届第二次	审议兴庆区人大常委会 2008 年度工作要点和《兴庆区人大常委会关于列席常务委员会会议的规定》等 14 项工作办法；审议兴庆区人民政府关于“两基”迎“国检”工作落实情况的报告。
2008 年 6 月	二届第三次	审议兴庆区政府司法所规范化建设、开展科技富民强区行动计划、计划生育工作情况的报告。
2008 年 7 月	二届第四次	审议兴庆区人民政府关于兴庆区 2008 年上半年国民经济和社会发展计划执行情况的报告；兴庆区人民政府关于兴庆区 2007 年财政决算和 2008 年上半年财政预算执行情况的报告；兴庆区人民政府关于 2007 年兴庆区本级财政预算执行和其他财政收支审计情况的报告；兴庆区人民政府关于兴庆区第二届人大第一次会议代表议案、建议、意见办理情况的报告；兴庆区人民法院 2008 年上半年工作情况的报告；兴庆区人民检察院 2008 年上半年工作情况的报告；审议兴庆区人大常委会关于批准兴庆区 2007 年本级财政决算的决议（草案）。
2008 年 9 月	二届第五次	审议兴庆区政府依法治区、都市农业及“两强多优”产业发展、城乡市容环境卫生工作情况的报告。

续表

时间	届次	主要议题
2008年11月	二届第六次	审议兴庆区政府开展新型农村合作医疗和城镇居民基本医疗保险工作、城乡困难群体生活保障工作、国际物流港和市场带建设情况的报告。
2008年12月	二届第七次	审议兴庆区人大常委会工作报告;审议召开兴庆区第二届人民代表大会第二次会议的有关材料,兴庆区代表变动情况及补选代表资格的审查报告,人大常委会2009年度工作要点,调整2008年本级财政预算的决议。
2009年1月	二届第八次	审议兴庆区政府关于清真食品管理情况的报告;审议《兴庆区人大常委会关于贯彻实施〈监督法〉工作方案》等13项工作办法;作出关于《银川市兴庆区人民代表大会常务委员会关于对被任命干部进行述职评议的办法》的决定。
2009年3月	二届第九次	审议兴庆区人民政府关于黄河标准化堤防工程及东部水系开挖建设情况的报告;审议兴庆区人民政府关于提请变更兴庆区二届人大二次会议代表议案的报告;审议兴庆区人大常委会关于变更兴庆区二届人大二次会议代表议案的决定。
2009年4月	二届第十次	审议兴庆区人民政府关于化解债务情况的报告;审议兴庆区人民政府关于优化义务教育阶段资源配置情况的报告; 审议兴庆区人民法院关于执行工作情况的报告;审议兴庆区人大常委会关于检查兴庆区人民政府贯彻落实《招标投标法》情况的报告;审议有关人事任免事项。
2009年7月	二届第十一次	审议兴庆区人民政府关于兴庆区2009年上半年国民经济和社会发展计划执行情况的报告;审议兴庆区人民政府关于兴庆区2008年财政决算和2009年上半年财政预算执行情况的报告; 审议兴庆区人民政府关于2008年兴庆区本级财政预算执行和其他财政收支审计情况的报告;审议兴庆区人民法院2009年上半年工作情况的报
2009年7月	二届第十一次	告;审议兴庆区人民检察院2009年上半年工作情况的报告;听取兴庆区人大常委会关于视察兴庆区消费维权"进校园"工作情况的报告;审议兴庆区人大常委会关于批准兴庆区2008年本级财政决算的决议(草案);审议有关人事任免事项。
2009年9月	二届第十二次	审议兴庆区人民政府关于创建"法治兴庆"工作情况的报告;审议兴庆区人民政府关于全民创业工作开展情况的报告;审议兴庆区人民政府关于重点项目建设资金使用情况的报告;审议兴庆区人民政府关于城乡环境卫生管理一体化工作实施情况的报告;审议有关人事任免事项。
2009年11月25日	二届第十三次	审议兴庆区人民政府关于乡村公路及塞上农民新居建设情况的报告;听取和审议兴庆区人民政府关于解决社区办公用房和农村特困群众危房改造情况的报告;审议兴庆区人民政府关于农业综合开发及中德合作土地整理项目实施情况的报告;审议有关人事任免事项。

续表

时间	届次	主要议题
2009年12月24日	二届第十四次	审议兴庆区人民政府关于兴庆区第二届人民代表大会第二次会议代表议案及建议、意见办理情况的报告；审议兴庆区人民政府关于调整2009年度兴庆区本级财政预算的报告；审议兴庆区人大常委会关于调整2009年度兴庆区本级财政预算的决议（草案）；审议兴庆区人大常委会2009年工作报告（草案）、兴庆区人大常委会2010年工作要点（草案）；审议《银川市兴庆区第二届人民代表大会常务委员会代表资格审查委员会关于银川市兴庆区第二届人民代表大会第三次会议代表的代表资格审查报告》；审议兴庆区第二届人民代表大会第三次会议议程、日程、主席团和秘书长等名单（草案），通过列席人员名单（草案）；审议兴庆区第二届人民代表大会第三次会议关于议案及代表建议、意见的规定（草案）、提交议案截止日期的决定（草案）、质询案的规定（草案）、选举办法（草案）；表决通过《银川市兴庆区人大常委会关于召开兴庆区第二届人民代表大会第三次会议的决定（草案）》；补选银川市第十三届人民代表大会代表；审议有关人事任免事项。
2010年4月13日	二届第十五次	审议兴庆区税务部门支持地方经济发展情况的报告；审议兴庆区人民政府关于贯彻实施《中小学教师职业道德规范》及托幼机构管理情况的报告；审议有关人事任免事项。
2010年6月2日	二届第十六次	审议兴庆区人民政府关于创建食品安全城市工作情况的报告；审议兴庆区人民政府关于全民创业工作开展情况的报告；审议兴庆区人民检察院关于贯彻实施《银川市检察机关法律监督工作条例》情况的报告；听取兴庆区人大常委会主任会议同意关于确认自治区公安厅对刘万义采取强制措施和银川市人民检察院拘留朱学礼的决定（草案）的说明；审议通过兴庆区人大常委会主任会议同意关于确认自治区公安厅对刘万义采取强制措施和银川市人民检察院拘留朱学礼的决定（草案）；审议通过关于暂停刘万义执行人大代表职务和终止朱学礼、袁金平人大代表资格及朱学礼第二届人民代表大会常务委员会委员职务的决定（草案）；审议有关人事任免事项。
2010年7月27日	二届第十七次	审议兴庆区人民政府关于兴庆区2010年上半年国民经济和社会发展计划执行情况的报告；审议兴庆区人民政府关于兴庆区2009年财政决算和2010年上半年财政预算执行情况的报告；审议兴庆区人民政府关于2009年兴庆区本级财政预算执行和其他财政收支审计情况的报告；审议兴庆区人民法院2010年上半年工作情况的报告；审议兴庆区人民检察院2010年上半年工作情况的报告；审议通过兴庆区人大常委会关于批准兴庆区2009年本级财政决算的决议（草案）。
2010年9月21日	二届第十八次	审议兴庆区人民政府关于在建项目进展情况的报告；审议兴庆区人民政府关于黄河金岸水系工程建设和造林绿化情况的报告；审议兴庆区人民法院关于刑事审判及未成年人法庭工作情况的报告。
2010年10月26日	二届第十九次	审议兴庆区人民政府关于征地拆迁补偿安置资金使用情况的报告；审议兴庆区人民政府关于星级和谐社区创建情况的报告；审议兴庆区人民政府关于城乡市容环境卫生工作开展情况的报告；审议兴庆区人民政府关于开展“五五”普法工作情况的报告。

续表

时间	届次	主要议题
2010年11月29日	二届第二十次	审议兴庆区人民政府关于兴庆区第二届人民代表大会第三次会议代表议案及建议、意见办理情况的报告；审议兴庆区人民政府关于2009年本级财政预算执行和其他财政收支情况审计报告审议意见落实情况的报告；审议通过兴庆区人大常委会关于接受王玉红等同志辞去兴庆区第二届人民代表大会代表职务的决定(草案)。
2010年12月17日	二届第二十一次	补选兴庆区出席银川市第十三届人民代表大会代表。
2010年12月28日	二届第二十二次	审议兴庆区人民政府关于调整2010年度兴庆区本级财政预算的报告；审议通过兴庆区人大常委会关于调整2010年度兴庆区本级财政预算的决议(草案)；审议兴庆区人大常委会2010年工作报告(草案)；审议通过兴庆区人大常委会2011年工作要点(草案)；审议《银川市兴庆区第二届人民代表大会常务委员会代表资格审查委员会关于银川市兴庆区第二届人民代表大会第四次会议补选代表的代表资格审查报告》；审议通过兴庆区第二届人民代表大会第四次会议议程(草案)；表决通过《银川市兴庆区人大常委会关于召开兴庆区第二届人民代表大会第四次会议的决定（草案)》；审议兴庆区第二届人民代表大会第四次会议关于日程、主席团和秘书长、列席人员、特邀人员等名单，审议议案及代表建议、意见的规定(草案)、提交议案截止日期的决定(草案)、质询案的规定(草案)、选举办法(草案)。

【法律监督】 2001年，常委会对城区人民政府贯彻实施《中华人民共和国教师法》《中华人民共和国会计法》《中华人民共和国残疾人保障法》《银川市清真食品管理规定》，城区人民法院关于贯彻实施《中华人民共和国刑事诉讼法》，城区人民检察院关于反贪污贿赂、渎职检察工作贯彻实施情况进行检查。

2002年，常委会对城区人民政府关于贯彻实施《统计法》《义务教育法》，城区法院办理人大批转的申诉、控告、检举案件，城区检察院加强干警队伍建设进行检查。对依法选举程序进行监督检查。

2003年，兴庆区一届人大常委会把开展执法检查放在重要位置，先后对《农业法》《义务教育法》《科学技术普及法》《传染病防治法》《预防未成年人犯罪法》《妇女权益保障法》《城市居民最低生活保障条例》《银川市执法监督条例》《银川市市容和环境卫生工作条例》《土地管理法》《宁夏回族自治区土地管理条例》《银川市城市房屋拆迁管理条例》《宁夏回族自治区流动人口计划生育管理条例》等法律、法规的实施情况进行监督检查。

2004年，银川市兴庆区一届人大常委会围绕区委的中心工作，结合区情民意，先后对《人口与计划生育法》《未成年人保护法》《民族区域自治法》《工会法》《行政许可法》《传染病防治法》《银川市城市客运出租车管理条例》《银川市人民代表大会常务委员会司法案件监督条例》等法律法规，开展执法检查。针对月牙湖乡及流动人口、高档住宅区居民计生工作中存在的突出问题，建议政府进一步落实目标管理责任制，对积极实行计划生育，主动采取永久性节育措施的家庭全部落实奖励政策，对超生家庭依法给予处罚。政府高度重视，出台了《关于进一步加强流动人口和月牙湖乡人口与计划生育综合治理工作实施方案》，加大了人员和资金的投入，率先在月牙湖乡试行对计划生育户现场兑现奖励，有效地解决了月牙湖乡的计生难点问题。

2005年，兴庆区一届人大常委会加强对“四五”普法工作的监督，推进依法治区进程，使“四五”普法工作顺利通过了自治区、银川市考核验收。加强对执法情况的检查，先后对《科学技术普及法》《食品卫生法》《人口与计划生育法》等12部法律、法规的实施情况进行检查和调研，提出许多意见和建议。常委会组织部分回族代表，对兴庆区贯彻实施《自治区清真食品管理条例》情况进行执法检查，监督宗教局积极开展清真食品清理整顿工作，共整顿493家，其中登记发证117家、取缔181家、没收无效证件21家、拆除门头广告牌174块。为了促进政府依法开展计划生育工作，常委会对政府贯彻实施《人口与计划生育法》和《自治区流动人口计划生育管理条例》情况进行了检查。要求政府尽快理顺流动人口计生工作管理体制，认真解决存在的问题。加强对《银川市人民代表大会常务委员会司法案件监督条例》《银川市检察机关法律监督工作条例》实施情况的监督，要求“法、检”两院凡是立案后又撤销的案件、不批准逮捕的案件、不起诉的案件、抗诉的案件和判决无罪的案件，必须报人大常委会备案。

2006年，常委会先后对《民族区域自治法》、《安全生产法》、《人口与计划生育法》和《宗教事务条例》等13部法律、法规的实施情况进行重点监督检查。为促进政府深入贯彻《义务教育法》，常委会领导深入各中小学调研，加大对个别学校乱收费现象的督办，使问题得到正确处理和纠正。为切实加强对普法和依法治区工作的监督，听取和审议政府关于“五五”普法规划的报告，依法作出《关于加强法制宣传教育的决议》。

2007年，常委会对兴庆区人民政府贯彻落实《义务教育法》《中小企业促进法》、困难群众最低生活保障工作进行重点监督检查。为了认真学习，全面、深刻领会《监督法》的精神实质，真正把思想统一到这方面上来，邀请自治区人大常委会姚文明副秘书长就“一府两院”如何贯彻《监督法》，自觉接受人大常委会监督等方面进行专题讲座。

2008年，常委会先后对《人口与计划生育法》《宗教事务条例》《食品卫生法》等法律法规的贯彻实施情况进行了检查。政府针对大常委会审议意见不断强化食品卫生监管，开展集中专项整治，建立食品小作坊集中加工区，进一步完善了食品安全监管网络。强化司法工作监督，重点对“完善监督机制、促进公正司法”进行了检查，要求法院、检察院既要发挥内部监督作用，又要自觉接受外部的制约，建立健全有权必有责、有权受监督、违法要追究的监督机制。

2009年，常委会先后对《人口与计划生育法》、《食品安全法》和《安全生产法》等7部法律法规实施情况进行检查，并及时将执法检查的建议意见反馈给政府及其职能部门，督促其整改落实。常委会在对《招标投标法》贯彻实施情况进行检查时，针对一些在建工程未按照招标项目建设，随意变更项目内容及超预算建设等问题，形成《检查“招标投标法”情况的报告》。针对政府创建“法治兴庆”，提出加强领导、突出重点、明确职责、狠抓落实，逐步构建依法治区新机制，推动创建法治区工作深入开展，依法治区工作顺利通过了考核检查。

2010年，常委会先后对《食品安全法》《银川市检察机关法律监督工作条例》《工会法》《银川市劳动保障监察条例》《中小学教师职业道德规范》等法律法规的贯彻执行情况进行执法检查。针对司法工作中存在的案件多，干警工作压力大，司法机关之间沟通和配合不足等问题，建议法检两院要继续加强队伍建设，正确处理好办案质量和工作效率的关系，正确处理好司法独立和共同维护社会稳定的关系，继续加强公、检、法的协调与沟通，不断提高工作的质量和水平。针对部分教师缺乏敬业奉献精神，体罚、歧视学生，组织学生有偿补课和在外兼职等问题，要求政府和有关部门坚决纠正部分教师的违规行为，强化教师职业道德教育。同时，聘任了一批中小学办学行为监督员对办学行为进行社会监督，并对在职中小学教师从事有偿家教问题进行了集中整治。

【立法调研】 2003年，组织部分人大代表和有关方面的负责同志对《宁夏回族自治区爱国卫生工作条例》、《银川市司法案件监督条例》等6项地方性法规（草案）进行了讨论，共修改、补充、整理、上报意见28条。

2005年，组织代表和有关方面的负责同志对《银川市城市供热条例草案》等6部法规草案进行座谈讨论，上报修改意见25条。

2006年，组织代表和有关方面的负责同志对《宁夏回族自治区道路交通安全条例》、《银川市城市市容和环境卫生管理条例》等12部法律草案和修正草案进行立法调研，提出36条修改意见。

2008年，组织代表和有关方面的专家对《宁夏回族自治区预防未成年人犯罪条例》《银川市流动人口服务管理条例》等6部法律草案和修正草案进行立法调研，提出18条修改意见。

2009年，组织代表和有关方面的专家对《宁夏回族自治区奶产业发展条例》《银川市预防和制止家庭暴力条例》等4部法律草案和修正草案进行立法调研，提出12条修改意见。

2010年，组织代表和有关方面的专家对《实施<新修订的选举法>细则》《银川市供热条例》《银川市牌匾管理条例》等法律草案和修正草案进行立法调

2009年5月5日，兴庆区领导视察清真食品市场

研，提出20余条修改意见。

【视察调研】 2001年至2010年，围绕常委会会议议题、区委的中心工作、“一府两院”的重点工作和人民群众普遍关心、反映强烈的热点、难点问题，经常深入基层、深入实际，先后组织开展25次视察检查和调查研究，撰写视察、检查报告12篇，调研报告6篇。为区委、政府决策和人大常委会审议决定重大事项提供了宝贵依据。如区委以《实践与思考》转发的《政务大厅运行中存在的问题和对策》调研报告，引起了政府的高度重视，并被采纳。

2001年，常委会对城区人民政府关于依法治区、非公有制经济发展、城市管理、市容卫生工作、城区公安分局关于开展“严打”整治斗争工作进行检查调研。

2002年，常委会针对城区人民政府改善和优化投资环境实施情况、城市管理和市容卫生工作、科技工作、机构改革工作、非公有制经济发展情况、民政工作、计划生育工作、农业产业结构调整工作、防治非典型肺炎工作、爱国卫生、城市管理、市容环境卫生、区划调整后教育工作情况、科技工作、国土资源、水务工作情况检查。6月，组织部分常委会组成人员、人大代表对下岗职工再就业工作情况进行了检查，提出了要多方位、多渠道开辟新的就业岗位，加强下岗职工就业技能培训等6条建议和意见。政府对此十分重视，专门召开下岗职工再就业工作会议，对这项工作进行了全面安排部署，为做好兴庆区下岗职工再就业工作打下了一个良好的基础。

2003年，常委会组织代表先后视察和调研辖区农业、乡镇兽医站、公共场所、建筑工地、劳务市场、学校、科技部门、法院、检察院、公安分局，信访办等部门，通过对社会难点热点工作的有效监督，有力地推动了各项工作的开展，起到了监督与促进的作用。

2004年，常委会组织人大代表对农业生产、科技园建设和非公有制经济发展情况、教育课程改革、城乡建设、计划生育等社会热点难点进行视察调研。常委会组织部分委员、人大代表深入到6个乡镇、街道的40多个低保户家中，对城市低保工作进行摸底调研。针对存在的低保申请程序不规范、管理不严格，有错保、漏保等问题，作出《关于加强城市居民最低生活保障工作的决定》。政府对此高度重视，开展了拉网式的全面检查。对自查出的个别乡镇、街道违规办理低保，利用重报、虚报、瞒报等方法冒领低保金，低保证（金）发放不及时或截留等问题，进行认真地研究、解决和处理，严肃查处了有关责任人。常委会还针对拖欠农民工工资问题加强监督，积极协调，帮助农民工要回20多万元拖欠3年之久的工资。针对拆迁和安置工作存在的问题，组织常委会组成人员和人大代表深入拆迁一线，走访拆迁户50余家。要求政府严格依法办事，妥善解决房屋拆迁中存在的突出问题，政府对此高度重视，成立工作组，召开协调会议，加大资金投入，指定专人现场监督，保证了拆迁和安置工作的顺利进行。

2005年，常委会组织人大代表先后对非公有制企业、农业和农村、乡村道路建设、城乡环卫、教育、失地农民生活等情况进行视察调研。人大分管领导积极参与失地农民生活保障情况的调查并给劳务输出人员讲课。针对非公有制经济发展中存在的不足，建议政府加大扶持力度，健全服务体系，进一步拓展非公有制经济发展空间。为促进城乡统筹发展，推进农业产业化，增加农民收入，常委会组织代表深入农村和农户家中，对贯彻落实中央1号文件和农业产业结构调整情况进行视察和调研。针对城乡教育发展不平衡，整体教育质量不高的现状，常委会对全面实施素质教育进行专题视察，要求政府逐步调整教育布局，注重利用示范性学校的资源优势，进一步改善乡村教学条件，全面提高兴庆区的教育教学水平。针对兴庆区2004年新修的9条乡村道路建设成本增高，影响正常施工的问题，建议政府争取区、市有关部门的支持，增加资金投入，确保公路建设的质量和按期完工。政府高度重视，及时追加预算，高质量完成了公路建设任务。针对创卫氛围不浓、城乡环卫基础设施薄弱以及个别地段脏乱差等突出问题，建议政府加强综合治理，切实改善城乡环境卫生面貌。政府积极采纳人大常委会的建议，通过开展“爱国卫生周”等活动，加大创卫宣传力度，集中清理了城市“三乱”，重点对违章占道经营、城乡结合部、建筑工地进行整治，收到了良好的效果。

2006年，常委会组织部分人大代表分别对兴庆区社会主义新农村建设、失地农民社会保障、农村疾病预防控制及医疗机构建设情况进行视察和专题调研。区人大常委会主任杨绍君、副主任王永录、雍根业、陈玉霞及部分常委会委员、人大代表组成的视察组，采取听汇报、实地查看和座谈的方法对兴庆区失地农民社会保障工作情况进行视察。深入到解放西街、中山南街、银古路、丽景街办事处劳动保障所及龙盘家私城等实地查看失地农民培训、就业及办理社保等情况，并进行了座谈。为配合开展“三大战役”，按照区委的要求，常委会领导深入各乡镇、街道，对拆迁整治和园林绿化工作给予指导协调，在常委会领导的协调和有关单位的支持下，人大机关包建的邮政家属院绿化整治工程顺利通过验收。

2008年，常委会组织部分人大代表先后专题视察科技富民强区行动计划、城镇居民基本医疗保险、新型农村合作医疗、特色街区改造、“洗脸修面”和“穿衣戴帽”工程、农田水利、设施农业、农村沼气、奶牛养殖、花卉培育、农家乐等涉农项目等。为推动都市农业及“两强多优”产业健康快速发展，常委会于8月份对农业产业结构调整情况进行调研，针对工作中的薄弱环节提出建设性的意见。为了深入了解困难群体生活保

障落实情况，常委会组织代表视察城乡低保工作，针对存在的错保、漏保等问题，要求政府开展集中普查，完善工作程序，切实加强低保管理。政府对此高度重视，开展了拉网式的全面检查，及时纠正了低保工作中的不足，有效维护了群众的利益。

2009年，常委会组织人大代表先后对东南部水系、城乡环境卫生管理一体化改革、环境卫生、污水排放、人畜安全饮水工程、土地整理项目、乡村公路、塞上农民新居、消费维权“进校园”等情况进行专题调研。形成《兴庆区消费维权“进校园”工作情况》视察报告。对食品生产加工、甲型H1N1流感防控、教育资源配置、征地拆迁、社区办公用房建设、农村低保户危房改造等工作进行视察，提出建议和意见。政府高度重视审议意见并认真落实，有效促进了民生问题的解决，形成监督与被监督之间的良性互动。

2010年，常委会组织部分人大代表对在建重点项目、消防和安全生产、城市无障碍设施建设和管理等工作进行视察和检查。建议政府充分把握项目攻坚年和“项目百日大会战”的良好契机，明确分工，落实责任，积极协调项目开工，推进建设进度，落实项目资金，保证建设质量。

【人事任免】 2001年10月，第九届人大常委会第二十四次会议依法免去了袁科同志人大常委会办公室主任职务，作出关于接受袁科同志辞去城区第九届人大常委会委员职务的决定。11月，第九届人大常委会第二十五次会议依法任命毛宏业同志为城区人民政府副区长，作出关于接受马云海同志辞去城区人民政府区长职务的决定，关于毛宏业同志代理城区人民政府区长的决定。12月，第九届人大常委会第二十六次审议通过了关于接受李泽峰同志辞去城区第九届人大代表的决定。

2002年2月，银川市城区九届人大常委会第二十八次会议通报了被任命干部集中述职评议的情况，依法作出关于接受朱根利同志辞去城区人民政府副区长职务，顾守先同志辞去城区法院审判员、审判委员会委员、院长职务的决定。任命夏斌、关琪为城区人民政府副区长，任命黄国兴同志为城区人民法院审判员、审判委员会委员、副院长、决定黄国兴同志代理城区人民法院院长，任命鲍铁力等同志为城区政府部门负责人，任命张建刚同志为城区人大常委会办公室副主任。3月，银川市城区九届人大常委会依法作出关于接受喇宏敏同志辞去城区人民政府副区长职务的决定，任命了5名政府组成人员、1名法院审判员、1名检察院检察员，作出关于接受邓华同志辞去城区九届人大常委会委员职务的决定。6月，银川市城区九届人大常委会依法任命赵向阳同志为城区人民政府副区长，魏顺明同志为城区检察院检察员、检察委员会委员、副检察长、代理城区检察院检察长，依法作出接受代丰年同志辞去城区检察院检察员、检察委员会委员、检察长职务的决定，免去了蒋作霖同志城区人民检察院检察员、检察委员会委员、副检察长职务。7月，银川市城区九届人大常委会第三十一次会议，任命刘伟同志为城区人民检察院副检察长，免去杨万军同志民族宗教局局长职务。9月，银川市城区九届人大常委会第三十二次会议根据法院院长黄国兴同志的人事提请，任命李建民等同志为法院各庭庭长、副庭长，免去了部分同志的庭长、副庭长职务。11月，银川市兴庆区人大常委会会议任命高万金、曹生林同志为兴庆区人民政府副区长，任命郑玉林等3位同志为兴庆区法院审判员，免去王心舒同志兴庆区人大常委会教科文卫委主任职务，李建国兴庆区检察院检察员职务。

2003年5月，银川市兴庆区一届人大常委会第二次会议审议通过了兴庆区人民法院人民陪审员名单，经兴庆区人民法院院长和兴庆区人民检察院检察长的提请，依法任免了5名法、检两院干部。7月，银川市兴庆区一届人大常委会第三次会议根据常洪斌同志、曾玉强同志的辞职报告，分别作出了关于接受常洪斌同志辞去兴庆区一届人大常委会委员职务的决定和关于接受曾玉强同志辞去兴庆区人民政府副区长职务的决定；根据兴庆区人民政府区长毛宏业和人民法院院长黄国兴的提请，依法任免了9名干部。9月，银川市兴庆区一届人大常委会第四次会议根据兴庆区人民检察院检察长魏顺明的提请，经审议表决，依法任免了检察院11名干部。10月，银川市兴庆区一届人大常委会第五次会议根据戴亮、王少彬同志的辞职报告，作出了关于接受戴亮、王少彬同志辞去兴庆区一届人大常委会委员职务的决定；根据兴庆区人大常委会主任杨绍君的提请，经审议表决，依法任免了2名干部。

2004年3月，银川市兴庆区一届人大常委会第七次会议会议根据高万金同志的辞职报告，作出了关于接受高万金同志辞去兴庆区人民政府副区长职务的决定；根据兴庆区人民政府区长毛宏业的提请，任命刘江天同志为兴庆区人民政府副区长。5月，银川市兴庆区一届人大常委会第八次会议根据兴庆区人民政府区长毛宏业同志的提请和赵向阳同志的辞职报告，免去了赵向阳同志兴庆区人民政府副区长职务，任命陈志文同志为兴庆区人民政府副区长；根据兴庆区人民法院院长黄国兴的提请，任免了2名法院干部。7月，银川市兴庆区一届人大常委会第九次会议根据兴庆区人民法院院长黄国兴的提请，依法任免了18名法院干部。11月，银川市兴庆区一届人大常委会第十一次会议根据兴庆区人大常委会主任杨绍君的提请，依法任命了6名同志担任人大街道联络办公室主任职务。12月，银川市兴庆区一届人大常委会第十二次会议作出关于接受毛宏业同志辞去兴庆区人民政府区长职务的决定，任命张勇同志为兴庆区人民政府副区长，决定张勇同志代理兴庆区人民政府区长，免去了谢继忠同志城乡市容环境管理局局长职务。同月，银川市兴庆区一届人大常委会第十三会议审议通过了人大常委会主任杨绍君、张勇代区长、魏顺明检察长提请的人事任免议案，会议依法免去了冯志祥同志兴庆区人民检察院副检察长、检察委员会委员职务；任命罗维林同志为兴庆区人大常委会法制工作委员会主任，李银生同志为兴庆区人大常委会胜利街街道联络办公室副主任；会议任命了7名同志为政府部分职能局局长，免去了7名同志的政府部分职能局局长职务。

2005年3月，银川市兴庆区一届人大常委会第十四次会议根据兴庆区人大常委会主任杨绍君的提请，任命了5名同志担任人大街道联络办公室副主任职务；根据兴庆区人民政府区长张勇、检察院检察长魏顺明、法院副院长唐玉萍的提请，任命了1名同志为卫生局局长，1名同志为副检察长，30名同志为兴庆区人民法院陪审员。4月，银川市兴庆区一届人大常委会第十五次会议根据兴庆区人民法院院长黄国兴、检察院检察长魏顺明的提请，任命曹玮等10名同志为兴庆区人民法院审判员，免去了范启海同志的审判员职务；任命张志春为兴庆区人民检察院检察员、检察委员会委员。7月，银川市兴庆区一届人大常委会第十六次会议根据兴庆区人大常委会主任杨绍君、法院院长黄国兴的提请，免去了张淑霞同志兴庆区人大代表联络工作委员会主任的职务，任命周勇等5名同志为兴庆区人民法院审判员。11月，银川市兴庆区一届人大常委会第十八次会议依法任命孙汉银、郝希奋为兴庆区人民政府副区长。同月，银川市兴庆区一届人大常委会第十九次会议依法作出关于接受黄国兴同志辞去兴庆区人民法院审判员、审判委员会委员、院长职务，关于接受魏顺明同志辞去银川市兴庆区检察院检察员、检察委员会委员、检察长职务的决定；依法任命张克勤同志为兴庆区人民法院审判员、审判委员会委员、副院长，戴向晖同志为兴庆区人民检察院检察员、检察委员会委员、副检察长；作出关于张克勤同志代理兴庆区法院院长、戴向晖同志代理兴庆区检察院检察长的决定。12月，银川市兴庆区一届人大常委会第二十次会议依法免去王彦龙同志的兴庆区教育局局长职务，单玉俊同志兴庆区人民法院审判员、审判委员会委员、副院长的职务；依法任命武俊华同志为兴庆区教育局局长，孟宪来、李建民、毛晓红3位同志为兴庆区人民法院审判委员会委员。

2006年3月，兴庆区一届人大常委会第二十一次会议依法任命张建国同志为兴庆区人民法院副院长，依法免去了刘江天同志的兴庆区人民政府副区长职务，孙培军同志兴庆区人民法院审判员的职务。6月，兴庆区一届人大常委会第二十二次会议依法任命了赵卫国同志为兴庆区民政局局长，张志春等7名同志为检察院和法院的副检察长和各庭庭长。10月，兴庆区一届人大常委会第二十五次会议依法任命张国彦同志为兴庆区人民政府副区长，马元元同志为兴庆区民族宗教事务局局长，徐鹏、王学青同志为兴庆区人民法院审判员；依法作出接受陈志文同志辞去兴庆区人民政府副区长职务的决定。11月，兴庆区一届人大常委会第二十六次会议依法任命郝春明同志为兴庆区人民政府副区长，曹建春同志为兴庆区财政局局长。

2007年2月，兴庆区一届人大常委会第二十八次会议通过了兴庆区人民法院提请的人事任免议案，依法任免了一批庭长、副庭长和审判员。6月，兴庆区一届人大常委会第三十次会议任命王杨宝同志为兴庆区人民政府副区长，并决定其为政府代理区长。7月，兴庆区一届人大常委会第三十一次会议依法任命王玉林同志为兴庆区人民政府副区长，杨锋同志为兴庆区水务局局长，柳丽君、李燕萍两名同志为兴庆区检察院检察员。9月，兴庆区一届人大常委会第三十三次会议依法任命陈邢妍、叶建国两位同志为兴庆区人民政府副区长，赵立志同志为兴庆区检察院检察员、检察委员会委员、副检察长，杨迎珍同志为兴庆区民族宗教事务局局长；依法作出接受邓华、丁吉礼、常洪斌三位同志辞去兴庆区人民政府副区长职务的决定，戴向晖同志辞去兴庆区检察院检察员、检察委员会委员、检察长职务的决定；作出赵立志同志代理兴庆区检察院检察长的决定。

2008年3月，银川市兴庆区二届人大常委会第二次会议任命王铧同志为兴庆区人大常委会办公室副主任。6月，银川市兴庆区二届人大常委会第三次会议作出接受王杨宝同志辞去兴庆区政府区长职务、张国彦同志辞去兴庆区政府副区长职务的决定；依法任命陈淑惠、金永灵、常虹3位同志为兴庆区政府副区长，并决定陈淑惠同志为政府代理区长。7月，银川市兴庆区二届人大常委会第四次会议任命张美蓉同志为兴庆区人大常委会代表联络工作委员会主任，冯建敏同志为兴庆区人大常委会财政经济工作委员会主任。9月，银川市兴庆区二届人大常委会第五次会议依法免去张和新同志兴庆区人民法院副院长、审判委员会委员、审判员职务，免去高峰同志兴庆区人民法院审判监督庭副庭长职务，免去胡兵同志兴庆区人民检察院副检察长、检察委员会委员、检察员职务；任命刘安民同志为兴庆区人民法院审判员、审判委员会委员、副院长，张铁轮同志为兴庆区人民检察院检察员、检察委员会委员、副检察长，马迪同志为兴庆区人民检察院检察委员会委员，王大江同志为兴庆区人民检察院检察委员会委员，张青同志为兴庆区人民检察院检察委员会委员，丁秀琴同志为兴庆区人民法院审判员。11月，银川市兴庆区二届人大常委会第六次会议依法任命蒋卫杰同志为兴庆区人民

政府副区长，赵景宝同志为卫生局局长。12月，银川市兴庆区二届人大常委会第七次会议会议依法任命何建勃同志为兴庆区人民政府副区长，作出接受周庆国同志辞去兴庆区人民政府副区长职务的决定。

2009年1月，银川市兴庆区第二届人大常委会第八次会议依法任命马力兵同志为兴庆区监察局局长；黄自权同志为兴庆区审计局局长；刘胜林同志为兴庆区教育局局长；冯德旺同志为兴庆区民政局局长；杨锋同志为兴庆区农林牧业局局长；马成忠同志为兴庆区水务局局长；周泽云同志为兴庆区司法局局长；杨金林同志为兴庆区人大常委会银古路街道联络办公室副主任；马桂林同志为兴庆区人大常委会文化街街道联络办公室副主任。免去黄自权同志兴庆区监察局局长职务；免去杨锋同志兴庆区水务局局长职务；免去武俊华同志兴庆区教育局局长职务；免去马学仁同志兴庆区民政局局长职务；免去赵卫国同志兴庆区审计局局长职务；免去冯泽同志兴庆区农林牧业局局长职务；免去牟玲同志兴庆区司法局局长职务；免去罗维林同志兴庆区人大常委会法制工作委员会主任职务；免去马桂林同志兴庆区人大常委会玉皇阁北街街道联络办公室副主任职务；免去李响同志兴庆区人大常委会文化街街道联络办公室副主任职务。

2010年6月，银川市兴庆区第二届人大常委会第十六次会议决定同意张建刚同志辞去兴庆区第二届人大常委会委员职务；11月，银川市兴庆区第二届人大常委会第二十次会议决定同意王玉红、金国荣、张克勤、叶成、王永录、鲍铁力6位同志辞去兴庆区第二届人大代表职务。12月，银川市兴庆区第二届人大常委会第二十二次会议决定同意马春杨同志辞去兴庆区人民政府副区长职务；接受胡明同志辞去银川市兴庆区第二届人大常委会委员职务；免去朱学礼同志银川市兴庆区第二届人大常委会副主任职务；接受陈玉霞、吴金华辞去银川市兴庆区第二届人大常委会副主任职务。

【代表工作】 2001年，城区人大常委会提出在各代表小组和代表中围绕西部大开发和本区经济及各项社会事业的发展，开展以提一条合理化建议、办一项社会公益事业等为主要内容的“九个一”活动；为了进一步增强代表履行职责的使命感和责任感，人大常委会在9个代表活动小组中开展了代表向选区选民述职的活动，先后有15个选区23名代表向选区选民述职，让选民直接听取代表履行职责情况的汇报，受到了选民的好评。

2002年7月，城区九届人大常委会作出表彰先进代表活动小组和先进代表的决定；8月召开表彰大会，对代表工作中涌现出来的解放西街、玉皇阁北街等4个先进代表活动小组和贺凤先等20名先进代表进行了表彰奖励；同月，召开九届人大代表工作总结暨表彰大会，会议对城区九届人大4年多来的代表工作作了全面认真总结，对代表工作中涌现出的先进代表活动小组和优秀代表进行了表彰。

2003年，人大常委会采取多种形式开展代表工作，密切同代表的联系。一是为开展好代表活动，将兴庆区级的201名代表、自治区级34名代表、银川市级89名代表混合编为15个代表活动小组，各组推选组长1名，并为每个小组聘任1名代表联络员，协助组长开展工作。二是邀请部分代表列席人大常委会会议，参与重大事项的审议。三是通过组织代表开展视察、检查和调查研究活动，使代表及时了解“一府两院”工作情况。四是常委会组成人员经常参加并指导代表小组活动，听取代表和群众的意见和要求。五是为代表小组和代表订阅《人民代表报》、《中国人大》、《宁夏人大》、《银川人大》等报刊，为代表加强学习、知情议政、履行职责提供方便，提高代表参政议政的积极性和主动性。六是组织代表中的兴庆区县级领导干部，对代表进行普遍走访，广泛听取代表的建议和意见。七是开展代表向选民述职活动，先后有15个选区、18名代表向选区选民述职，受到选民的普遍赞赏。八是注重代表素质的提高，适时举办以《代表法》为主要内容的代表培训班，增强代表依法履行职责的自觉性和责任感。

2004年，率先在解放西街等6个街道试点设立人大联络办公室。制定《评选优秀代表活动小组和优秀人大代表的办法》和《代表执行职务的暂行办法》。组织代表开展视察、检查、调研活动，印发《会刊》，订阅报刊，积极为代表知情议政、执行职务提供服务。常委会组成人员经常深入各代表小组指导活动，加强沟通和交流。重视代表议案、意见和建议。将兴庆区一届人大二次会议通过的2件议案和25条代表意见、建议编印成册，转交“一府两院”和有关部门办理，办结率达到100%。

2005年，常委会注重加强对代表工作的指导，采取各种行之有效的措施，拓宽与代表的联系渠道，努力为代表履行职责创造条件。自6个人大联络办公室成立以后，常委会把指导人大联络办公室工作，发挥其作用作为一项基础性工作来抓，积极指导和帮助各人大联络办制定了《联系代表工作制度》等10项工作制度，规范工作程序并及时听取工作汇报。各人大联络办公室积极探索工作的新途径和新方法，组织代表认真开展活动，充分发挥代表作用。解放西街人大联络办结合辖区代表中企业人士多的特点，组织代表参观兴庆科技园、二代温棚蔬菜园区等，让代表及时了解兴庆区工业、农业发展状况，并对经济发展提出意见和建议；富宁街人大联络办结合代表中领导干部多的特点，建立了人大代表接待日制度；凤凰北街人大联络办结合辖区低保户多的特点，组织代表深入社区，积极开展结对帮扶活动。许多人大代表非常关心兴庆区经济建设,为兴庆区的发展建言献策,支持街道社区工作。如:人大代表袁福多年为海宝逸夫小学减免水电费、采暖费,去年又捐款13万元支持通北村生态文明建设;王新生代表为北安和富华两个社区提供办公用房,并逐年投入8万元办公设备。

2006年,常委会认真贯彻落实《代表法》,着力在拓展工作思路、破解发展难题、创新工作机制等方面,不断完善代表工作方式,增强工作实效,努力为代表履行职责营造良好的氛围。一是搭建活动平台,提高代表履行职责能力。邀请代表列席常委会会议;组织人大代表参加区、市人大举办的贯彻实施《监督法》学习培训班;开展视察、检查、明察暗访、行风评议和旁听法院案件审理等活动。二是坚持代表向选民述职、代表接待日等制度。三是通过召开人大工作会议和经验交流会,组织联合视察、工作检查,以及邀请乡镇人大主席团主席、人大街道联络办主任、副主任列席常委会会议,外出考察学习等方式,加强与乡镇、街道人大机构的联系,强化对乡镇、街道人大工作的监督和指导。

2007年,兴庆区第二届人大代表选举产生后,常委会及时举办培训班,就代表的地位、职权和履职方法进行了培训。同时,定期向代表印发《兴庆人大》、《会刊》等机关刊物,通报人大常委会和“一府两院”的工作情况。为代表订阅《中国人大》和《宁夏人大》,寄送《人民代表报》和《今日兴庆》,拓宽代表知情知政的视野。

2008年,常委会针对新代表多的实际,采取多种形式,加大学习培训,不断强化代表主体意识。一是开展代表集中培训。二是建立代表小组学习制度,坚持每个季度开展代表小组活动。三是建立健全代表网络,按代表分布的行业和区域,及时将代表编组,并建立人大代表履职档案。三是拓宽代表知情知政渠道,组织代表听取政府专题工作报告,为各乡镇人大主席团、人大街道联络办、代表活动小组、人大代表订阅了《宁夏人大》、《银川人大》、《人民代表报》、《今日兴庆》等杂志报刊,寄送《会刊》等材料。四是丰富代表活动内容。组织代表开展视察,邀请代表参加执法检查和列席常委会会议,注重把代表的建设性意见纳入常委会的审议意见。五是制定《关于贯彻银川市人大代表工作会议精神的实施意见》,强化对基层人大工作的监督和指导。

2009年,常委会积极探索代表工作新途径、新形式,不断增强代表履职意识,提高代表履职能力,拓宽代表知情知政渠道,加大代表议案和建议、意见的督办,促进代表作用的发挥。一是重视代表的学习培训,邀请市人大领导就代表如何执行职务开展专题培训,先后组织代表学习《监督法》、《义务教育法》等法律法规。二是继续向各乡镇、街道人大机构和人大代表提供学习资料,订阅《中国人大》和《宁夏人大》刊物,寄送《人民代表报》、《今日兴庆》和《会刊》等文件,为代表依法履职提供保障。三是组织代表深入一线,围绕区域发展开展多种形式的调研活动,邀请列席常委会会议,通报“一府两院”重要工作。四是完善人大代表履职档案制度,指导各乡镇人大主席团、人大街道联络办为辖区代表建立履职档案,五是指导各乡镇人大主席团、人大街道联络办、代表活动小组开展代表活动,帮助解决工作中的困难和问题。六是整合代表资源,成立人大代表司法专业组,并在丽景街景墨社区设立联络站,开展人大代表进社区试点工作。

2010年,常委会高度重视代表工作,多渠道为代表履职搭建有效平台。建立常委会、相关委室、人大街道联络办、代表活动小组定期联系、走访人大代表制度。全年共邀请代表60余人次参与各项活动和列席常委会会议,组织80多人次参加自治区、银川市人大常委会组织的业务培训学习。积极探索建立市级和兴庆区级人大代表联系基层街道、社区、乡镇、农村、企业、学校等基层单位制度。把兴庆区分团的102名市级代表与兴庆区级代表每3人一组,分成85个小组,联系152个基层单位。一年来共收集到代表联系基层意见建议37件(88条),其中归属兴庆区解决的9件19条,归属银川市以及上级部门解决的28件69条。2010年11月兴庆区代表联系基层单位试点工作在自治区人大代表工作会议上做了交流,得到了上级人大的充分肯定。

【议案与建议办理】 2003年,兴庆区第一届人大第一次会议收到议案19件,经大会主席团研究决定,列入3件,当年交付区政府及有关部门办理完毕。

2004年,兴庆区第一届人大第二次会议收到议案23件,经大会主席团研究决定列入2件,当年交付区政府及有关部门办理完毕。

2005年,兴庆区第一届人大第三次会议收到议案23件,经大会主席团研究决定列入3件,当年交付区政府及有关部门办理完毕。

2006年,兴庆区第一届人大第四次会议收到议案14件,经大会主席团研究决定列入2件,代表提出建议、意见18件。当年交付区政府及有关部门办理完毕。

2007年1月,兴庆区第一届人大第五次会议收到议案5件,经大会主席团研究决定列入2件,收到代表提出建议、意见11件。当年交付区政府及有关部门办理完毕。

2007年11月,兴庆区第二届人大第一次会议收到议案16件,经大会主席团研究决定列入3件,收到代表提出建议、意见19件。当年交付区政府及有关部门办理完毕。

2008年,兴庆区第二届人大二次会议共收到十人以上代表联名提出的议案8件,提出建议和意见28件,列入本次代表大会议案3件。当年交付区政府及有关部门,2009年办理完毕。“永南村和碱富桥村建设提水泵站”和“通贵乡

二三干渠合并改造工程”两件议案的及时办结，减轻了农民负担，有效促进了农业经济的发展。通贵乡人民群众为表示感谢，向常委会送来了锦旗。

2010年，兴庆区第二届人民代表大会第三次大会收到代表10人以上联名提出的议案23件，建议和意见43件。经审查决定，将关于“解决兴庆区社区办公经费和取暖费不足”的议案；“关于投资改建塔桥十至十三队农村道路2公里及村民安全饮水问题”的议案等三件议案作为大会议案，当年交付区政府及有关部门办理完毕。

【换届选举】 2002年10月，银川市城区九届人大常委会会议审议通过换届选举工作方案、换届选举工作的决定，成立城区选举委员会，任命选举委员会成员，讨论换届选举工作的选区划分和代表名额分配等事项。11月，区划调整后，城区更名为兴庆区，兴庆区人大常委会会议根据变动情况，审议通过了兴庆区换届选举工作方案、换届选举工作决定，讨论了换届选举工作的选区划分和代表名额分配等事项。成立了选举委员会，任命了39名选委会成员。按照以块为主、条块结合的原则，将辖区单位划分为141个选区。并在各乡设立选举委员会，在各办事处设立选举办公室，各选区设立选举领导小组。并与18日至20日，举办选举500名工作人员培训班，对地方组织法、代表法、选举法、自治区实施选举法细则和兴庆区代表选举工作方案，进行学习和讨论。12月，各选区组织选举大会，共选出兴庆区第一届人民代表大会代表201名。

2007年7月兴庆区一届人大常委会会议审议通过了兴庆区人大常委会关于开展人大换届选举工作的方案（草案）；兴庆区人大常委会关于成立兴庆区选举委员会的决定（草案）；兴庆区人大常委会关于开展人大换届选举工作的决定（草案）；兴庆区人大常委会关于兴庆区乡、镇新一届人民代表大会代表和主席团成员名额的决定（草案）。8月10日，兴庆区选举委员会召开人大换届选举工作动员暨工作人员培训会议。全面部署兴庆区、乡镇两级人大同步换届选举工作。来自各乡镇、各街道及辖区单位308名工作人员学习地方组织法、代表法、选举法、自治区实施《选举法》细则等法律法规和换届选举工作必须遵循的法律程序、选举内容、步骤。9月召开兴庆区选举委员会会议，安排部署正式代表张榜公示和人大代表选举工作。从9月16日到21日，152个选区相继组织选民召开了选举大会，共选出兴庆区人大代表212名，新一届乡镇人大代表216名。10月，兴庆区人大常委会在兴庆区会堂召开了换届选举总结表彰大会，会议对换届选举工作进行了全面总结，并对这次换届选举工作中涌现出的先进集体和先进个人予以表彰奖励。

【信访工作】 2003年，受理来信38件，接待来访260多人（次）；受理率100%，办结率96%。对群众来信来访，常委会按照分级负责、归口办理的原则，及时转交有关部门处理；加强跟踪检查，督促有关部门认真办理，对化解矛盾、稳定社会起到了积极作用。

2004年，受理来信98件，其中涉及土地纠纷19件、房屋产权纠纷12件、农民工工资纠纷16件、干部违纪问题3件、涉及司法机关工作作风和审判作风与执行难等其他问题48件，接待群众来访260人次；受理率100%，办结率93%。

2005年，共受理来信86件，接待来访246人次。做到事事有着落，件件有答复。如在法院执行玻璃厂家属楼拆迁中，大批群众到人大上访，常委会领导十分重视，亲自接待并宣传法律，使群众从无序上访转为依法按程序进行行政复议。

2006年，共受理来信51件，接待来访210人次。受理率100%，办结率96%。如王某反映本村干部贪污一案，常委会领导高度重视，依法进行监督，建议检察机关认真核实反映情况，及时将调查结果反馈举报人，确保群众反映的诉求得到落实。

2008年，受理群众来信来访46件，办理上级人大常委会交办的信访案件8件，常委会领导接待上访群众38人次；受理率为100%，办结率100%。

2009年，接待上访群众150人次，受理群众来信16件，办理上级人大常委会交办的信访案件4件；受理率100%，办结率100%。切实做到登记、接访、交办、回复“四个百分之百”的工作目标。

2010年，接待人民群众来信16件、来电来访200余人次；受理率为100%，办结率达到99%，使人民群众反映的一些问题得到及时解决，有效化解了社会矛盾。

【述职评议】 2001年，人大常委会制定《关于对被任命干部进行述职评议的暂行办法》，对在当年未述职的干部，在每年第四季度进行集中评议。评议前，人大常委会将被评议干部的述职报告，提前印发给全体常委会组成人员，并组织考察组，分别深入到被评议干部所在的部门，通过召开座谈会、民主测评、个别谈话等形式，了解被评议干部履行职责情况。评议中，人大常委会组成人员按优秀、称职、基本称职和不称职四个档次进行无记名投票测评。对优秀率高的干部，人大常委会召开表彰大会进行表彰；对评为不称职的干部，责令其整改，并限期向人大常委会报告改进情况。

【设立街道人大联络办公室】 2004年11月，按照市委常委会议精神，经兴庆区区委研究，决定在解放西街、玉皇阁北街、凤凰北街、胜利街、富宁街、文化街6个街道设立人大联络办公室。同月16日，兴庆区人大常委会举行街道联络办公室揭牌暨授牌仪式。自治区人大常委会副主任张小素，代表联络与选举工作委员会主任何建国，银川市人大常委会主任曹服业、副主任马德琴，银川市委组织部副部长张晓宁出席会议，区、市领导在授牌仪式上作了重要讲话。人大街道联络办公室的设立,标志着兴庆区基层人大工作进入了新的阶段。同月,印发《银川市兴庆区人大常委会关于设立人大街道联络办公室的暂行办法》。工作中,通过开展代表向选民述职、代表接待日、专题调研等活动,积极为群众办好事,解难事,进一步密切了代表与群众的联系。2005年,在自治区人大代表工作会议上,兴庆区人大街道联络办公室工作进行了经验交流,受到区、市党委、人大领导的充分肯定,为在全区设立人大联络办公室提供了宝贵经验。同时,“在街道设立人大办事机构”的做法写入自治区党委《关于进一步加强人大工作的意见》。

【全国12城区人大工作研讨会】 2004年9月23日至25日,全国12城区人大工作研讨会第26次会议在兴庆区举行。会议由兴庆区人大常委会主办。出席本次会议的有北京市东城区、天津市和平区、沈阳市和平区、南京市秦淮区、杭州市下城区、西安市莲湖区、乌鲁木齐市新市区、郑州市中原区、贵阳市花溪区、深圳市南山区、桂林市秀峰区和银川市兴庆区12个城区共60多名代表,自治区人大常委会副主任刘兴中、银川市人大常委会副主任杨波到会祝贺。中共兴庆区委书记、政府区长毛宏业致欢迎词,兴庆区人大常委会主任杨绍君致开幕词,兴庆区人民政府常务副区长陈志文介绍兴庆区的基本情况。本次会议围绕如何行使好宪法和法律赋予人大及其常委会的重大事项决定权、监督权、人事任免权,重点对地方人大如何加强法律监督、工作监督和任后监督工作,如何提高人大常委会的视察质量和审议质量及如何依法行使重大事项决定权等问题进行了深入的探讨和广泛的交流。

【先进性教育活动】 2005年1月,根据兴庆区委《关于开展以实践“三个代表”重要思想为主要内容的保持共产党员先进性教育活动的实施意见》精神,经人大常委会党组研究决定,成立兴庆区人大常委会保持共产党员先进性教育活动领导小组,制定了常委会党组和党支部保持共产党员先进性教育活动安排。自1月19日起,在全体党员中开展了以实践“三个代表”重要思想为主要内容的保持共产党员先进性教育活动。6月,圆满完成了“学习动员”、“分析评议”、“整改提高”三个阶段的各项任务。8月对人大机关开展先进性教育活动整改情况进行了认真自查和总结,并开展了“回头看”活动。通过开展先进性教育活动,达到了提高党员素质,加强人大组织,服务人民群众,促进各项工作的目的。

【救灾捐款】 2008年5月四川汶川地震,灾情牵动着兴庆区广大干部、职工的心,兴庆区人大常委会机关全体人员踊跃捐款、捐物、献爱心。缴纳特殊党费共计8400元。

【制度建设】 2003年,制定《兴庆区人大常委会议事规则》、《兴庆区人大常委会关于对被任命干部进行述职评议的办法》等十一项工作制度和办法。《关于改进机关作风,严肃工作纪律的暂行规定》。

2004年,制定《关于加强宣传工作的办法》、《人大代表联系选民制度》等10项工作制度。

2006年,制定贯彻实施《监督法》工作方案(草案),创办《兴庆区人大》、《会刊》。

2008年,制定和修订《兴庆区人大常委会关于列席常务委员会会议的规定》等十四项工作办法。

2010年,常委会进一步修订完善了公文处理、财务管理等多项规章制度。

【人大工作机构领导名录】

人大常委会办公室

主　任:袁　科(2001.01-2001.10)

　　　　张建刚(2003.02-2010.06)

　　　　杭金弟(2010.06-2010.12)

副主任:张建刚(2002.02-2003.02)

　　　　王铧(2007.10-2010.12)

代表联络工作委员会

主　任:张淑霞(2001.01-2004.07)

　　　　冯建敏(2005.11-2008.07)

　　　　张美蓉(2008.07-2010.12)

教科文卫工作委员会

主　任:王心舒(2001.01-2002.11)

　　　　王少彬(2003.02-2003.10)

　　　　冯建敏(2003.10-2005.11)

　　　　杨卫红(2005.11-2010.12)

财经工作委员会

主　任:殷玉娥(2001.01-2005.11)

　　　　张美蓉(2005.11-2008.07)

　　　　冯建敏(2008.07-2010.12)

法制工作委员会

主　任:王少彬(2001.01-2003.02)

　　　　李银生(2003.02-2004.12)

　　　　罗维林(2004.12-2009.01)

　　　　柳丽君(2009.03-2010.12)

银川市兴庆区人民政府

YINGCHUANSHI XINGQINGQU RENMINGZHENGFU

综述

【概况】 经济实力在结构调整中显著提升，区域经济快速增长。十年来，兴庆区政府坚持以经济建设为中心，紧紧依托区位优势，加快经济结构调整，加大招商引资力度，积极实施项目带动战略，着力发展壮大优势特色产业。产业结构逐年优化，三次产业比例达到1.5:30.8:67.7。地区生产总值从2005年的111亿元增加到260亿元，年均增长18.6%；地方财政一般预算收入从2.06亿元增加到4.82亿元，年均增长18.5%，发展速度明显加快，经济实力显著增强。

围绕“两宜”城市和新农村建设，着力改善城乡面貌。实施了“三大战役”、黄河金岸、东南部水系连通、农村环境综合整治和城乡绿化等重点工程，“五创”顺利通过验收，先后进入国家卫生城市、园林城市、节水型城市、环保模范城市行列，人居环境显著提升。启动了特色小城镇建设，改造城中村200余万平方米，修建城市街巷80余条、乡村道路54公里，实施了农田水利建设、安全饮水、清洁能源和广播电视村村通等工程，城乡基础设施进一步完善。

人民生活在和谐发展中日益改善。坚持以人为本，认真贯彻惠民政策，积极完善保障体系，着力解决民生问题，努力促进社会公平，人民生活质量进一步改善。城镇居民人均可支配收入从2005年的9989元增加到18700元，年均增长13.4%；农民人均纯收入从4017元增加到6765元，年均增长11%。全部免除义务教育阶段学杂费，深入推进全民创业，努力促进就业，覆盖城乡的基本社会保障体系初步建立；大力实施康居、塞上农民新居和危房改造工程，严格落实保障性住房政策，基本实现了少有所教、壮有所为、老有所养、病有所医、弱有所助、住有所居。

社会事业在统筹协调中蓬勃发展。十年来在大力发展经济的同时，更加注重社会建设，积极扩大公共服务，推进了社会各项事业的和谐进步。坚持教育优先发展战略，推进教育均衡发展，着力打造“受教育在兴庆”品牌，新建、改造了一批中小学、幼儿园。2010年，投资1.8亿元，完成二十四小、十五中等9所学校的标准化建设，建立了500多名三级骨干教师梯队，实现了每个乡镇有1所幼儿园的目标。兴庆区首批荣获自治区“教育强区”称号，“两基”国检顺利通过验收。科技富民强区行动计划深入推进，实施国家级科技支撑、星火计划、富民强区等科技项目，2010年实施各类科技项目76个，引进新品种70个、新技术11项，科技对经济增长贡献率进一步提高。完成大新、掌政文化站和兴庆区综合体育健身馆项目，投资400万元为基层配备文化体育设施，群众精神文化生活日益丰富。认真开展非物质文化遗产普查工作。深化医疗卫生体制改革，全面落实人人享有基本医疗卫生服务、“四免一救助”等惠民政策，提高了村医待遇，公共卫生服务均等化取得较好进展。建成疾控实验室和艾滋病初筛实验室，启动健康兴庆全民行动，兴庆区被确定为国家重点艾滋病防治示范区。强化免疫接种和传染病监测、卫生应急工作，传染病防控成效显著。深入开展食品安全先进城市创建工作，强化对经营单位的执法监督，创建食品安全示范街8条，保障了人民群众生命安全和身体健康。建成了38家规范化村卫生室和24个社区医疗服务中心，药品全部实行“三统一”，有效解决了群众看病难、看病贵问题。全面开展食品安全检查，确保辖区群众的身体健康和生命安全。人口和计划生育工作扎实推进，巩固全国计划生育优质服务先进区创建成果，人口自然增长率和计划生育率始终控制在银川市下达的指标之内，全面落实计生优惠政策，2010年发放“少生快富”等扶持资金120万元。计生工作连续十年在银川市考核中名列第一。全面推进和谐社区建设，“十五”期间，解决了73个社区居委会办公用房，改善了90个社区的办公、活动条件，28个社区达到了自治区三星级以上和谐社区标准。强力推进全民创业促就业工作，全面创建国家创业型城市，2010年新增工商企业1292户、个体工商户8848户，塔桥花卉园区等9家企业荣获自治区优秀创业基地称号。积极创建充分就业社区，帮扶困难人员实现就业，零就业家庭动态销零率达到100%。城镇新增就业11764人，城镇登记失业率控制在3.14%。农民转移就业10149人，劳务总收入6281万元。办理企业职工养老保险9403人，新型农村社会养老保险2.6万人，城镇居民基本医疗保险12.6万人，新型农村合作医疗参合4.6万人。

和谐兴庆扎实推进。坚持把促进社会和谐放在突出位置，大力实施依法治区方略，民主法制建设进一步加强。“五五”、“六五“普法顺利通过自治区验收。80%社区达到星级标准。健全信访矛盾排查调解机制，解决了一批征地拆迁、补偿安置、涉法涉诉等遗留问题，有效化解了社会矛盾。认真落实安全生产责任制，有效杜绝了重特大事故发生。深入开展平安兴庆创建活动，治安状况明显好转，兴庆区被自治区命名为首批平安县区。

加强政府自身建设。坚持依法行政，及时向人大及其常委会报告工作，落实人大常委会审议意见，主动接受人大依法监督和政协民主监督，听取民主党派、工商联、无党派人士的意见建议，围绕“法治兴庆”创建，进一步健全机制，强化制度，落实措施，提高了依法治区水平和群众满意度。积极转变政府职能，强化公共管理和社会服务，加强政府廉政建设，深化政务公开，强化行政监察和审计监督，进一步规范了政府采购、工程招投标、国有资产管理和政府投资行为。

【行政机构名录】

银川市城区第九届人民政府

区　长：马云海(2001年11月止)
　　　　毛宏业

副区长：朱根利(2002年1月止)
　　　　喇宏敏(2002年3月止)
　　　　丁吉礼
　　　　曾玉强
　　　　夏　斌(2002年1月起)
　　　　关　琪(2002年1月起)

银川市兴庆区人民政府(第一届)

区　长：毛宏业

副区长：高万金(2002.10–2004.02)
　　　　陈志文(2004年5月起)
　　　　邓　华
　　　　关　琪(2006年11止)
　　　　曹生林(2002年11月起)
　　　　丁吉礼
　　　　曾玉强(2003年7月止)
　　　　常洪斌(2003年7月起)
　　　　刘江天(2004年2月起，挂职)

银川市兴庆区人民政府
(2006年–2010年12月)

区　长：张　勇(2007年1月止)
　　　　陈淑慧(2009年11月止)
　　　　马爱平

副区长：张国彦(2006.10~2008.10)
　　　　曹生林
　　　　陈志文(2006年10月止)
　　　　郝春明(2006年10月起)
　　　　邓　华(2007年9月止)
　　　　丁吉礼(2007年9月止)
　　　　常洪斌(2007年9月止)
　　　　陈邢妍(2007年9月起)
　　　　叶建国(2007年9月起)
　　　　郝希奋(2005年10月起)
　　　　刘江天(2006年2月止，挂职)
　　　　王玉林(2007年7月起，挂职)
　　　　金永灵(2008年6月起)
　　　　何建勃(2008年12月起)
　　　　周庆国(2007.12~2008.12)
　　　　常虹(2008.06~2009.07，挂职)
　　　　王玉杨(2008年7月起，挂职)
　　　　将卫杰(2008.10~2009.12挂职)
　　　　马春杨(2009.07~2010.12，挂职)
　　　　赵银艳(2010年12月，挂职)

常务会议

【2001年～2010年政府常务会议摘录】

时间	届次	主要议题
2001年1月15日	城区政府第62次	原则同意并通过《银川市城区安全生产委员会职责》；同意推荐上报银川市“三五”普法依法治理先进集体、先进个人事宜。
2001年2月20日	城区政府第64次	研究开展城区非公有制经济普查；2001年经济目标责任书及召开城区经济工作会议；兑现2000年度创卫目标管理责任书及2001年创卫目标责任书、考核、兑现具体办法；新建北苑小学，城区宣传部购置编辑设备；解决残疾人康复中心医疗设施；原则同意并通过《银川市城区人民政府关于2001年零散税收协征暂行办法》；研究有关人事事宜。
2001年3月14日	城区政府第65次	讨论并原则同意《关于开展创建“打假维权、消费者满意文明一条街”活动实施方案》《银川市城区基本建设项目报建审批验收管理办法》《银川市城区2001--2005年社区建设发展规划》《银川市城区2001年社区建设工作规划》；研究创建自治区教育强县(区)、城区7所小学旱厕改水厕等事宜。

续表

时间	届次、主持人	主要议题
2001 年 4 月 4 日	城区政府第 66 次	原则同意并通过《银川市城区固定资产投资项目审计监督暂行办法》《关于开展优抚安置对象普查工作的意见》;提高居委会办公经费;调整各暂管所所长、城区招生委员会组成人员,成立城区参加第十一届运动会领导小组;2000 年城区计划生育目标管理责任书兑现及 2001 年目标责任书;在城区教育系统进行收费专项检查事宜;同意推荐上报全国、银川市级的先进集体、先进个人;研究表彰城区“三五”普法、依法治理先进集体、先进个人以及聘任专业技术职务等事宜。
2001 年 4 月 11 日	城区政府第 67 次	听取监察局、公安分局第一季度工作情况汇报,城区第一季度稳定工作和社会治安工作情况汇报,司法局关于依法治区工作情况汇报;研究有关人事问题。
2001 年 4 月 27 日	城区政府第 68 次	原则同意在城区组织开展群众文化先进社区评比活动;同意推荐上报全国、自治区级的先进个人;研究成立城区整顿和规范市场经济秩序领导小组;研究经费等事宜。
2001 年 6 月 1 日	城区政府 69 次	研究开展创建示范社区居委会、2001 年科技、科普发展项目,居委会聘用人员参加养老保险及划拨养老保险,筹备建设政府计算机管理信息网络系统,《城区志》出版印刷,各小学建立语音教室;研究有关人事等事宜。
2001 年 6 月 20 日	城区政府第 70 次	原则同意并通过《银川市城区人民政府关于创建教育强区实施意见》;研究购买市环卫处原办公用房,居委会干部参加失业保险,购置婚姻服务中心设备,十九小校门改建,城区七小抗震加固事宜;同意推荐上报全国、银川市级的先进单位、先进个人;研究人事等事宜。
2001 年 7 月 10 日	城区政府第 71 次	研究表彰城区民族团结先进集体、先进个人;原则同意并通过银川市城区《关于社区居委会工作人员人事管理的规定》;推荐上报全国、全区第五次人口普查先进集体、先进个人;研究人事问题;研究对城区失业保险基金、基本养老保险基金、城市居民最低生活保障资金使用情况进行专项整治等事宜。
2001 年 7 月 25 日	城区政府第 72 次	研究城区发放城市基层干部津贴,动用预备费,适当提高退伍志愿兵补贴,砂布厂、电器厂、电焊条厂改制等事宜。
2001 年 8 月 15 日	城区政府第 73 次	原则同意并通过《银川市城区人民政府关于 2001 年人口与计划生育工作目标管理考评办法》;听取城区建区 30 周年区庆领导小组关于城区庆祝建区 30 周年工作总结汇报,城区福利院暨银川市老年大学、北苑小学基建施工进展情况和经费预算情况汇报,审计局 2000 年度城区财政预算执行情况和其他财政收支情况审计结果的汇报;研究表彰城区第五次人口普查先进集体、先进个人事宜;同意上报自治区先进集体、先进个人;招聘城区计算机信息网络管理人员的等事宜。
2001 年 9 月 5 日	城区政府第 74 次	听取城区公安分局、监察局、财政局工作情况汇报;研究调整 2001 年度财政预算,《城区志》出版发行所需经费,做好第二次全国基本单位普查事宜;原则同意并通过《银川市城区国家行政机关公文处理实施细则》。
2001 年 11 月 1 日	城区政府第 76 次	原则通过《银川市城区残疾人工作“十五”计划》;研究有关人事问题和其他事宜

续表

时间	届次	主要议题
2001年11月15日	城区政府第77次	研究并原则通过《银川市城区事业单位补充工作人员管理暂行办法》;听取审计局、市容局、公安分局、绿化办情况汇报;原则同意召开城区对30家企业实行挂牌保护及非公有制经济洽谈会事宜。
2001年12月1日	城区政府第78次	研究并原则通过《银川市城区人民政府关于开展冬季卫生综合整治活动实施方案》《银川市城区人民政府关于开展冬季卫生综合整治活动的通告》《银川市城区关于社区居委会工作人员管理暂行办法》《关于加强对低保对象参加社会公益劳动管理的实施意见》《关于加强社区残疾人工作的实施意见》。
2001年12月24日	城区政府第79次	研究并通过《政府工作报告》《银川市城区2001年国民经济和社会发展执行情况及2002年国民经济和社会发展计划(草案)的报告》《银川市城区人民政府关于2001年财政预算执行情况和2002年财政预算(草案)的报告》《关于城区九届人大四次会议代表建议、意见办理情况的报告》;研究调整2001年度财政预算和2002年度财政预算,东部天然气公司顶车事宜;同意推荐上报自治区级先进集体、先进个人;研究有关人事问题。
2002年1月4日	城区政府第81次	原则同意并通过《银川市城区人民政府关于加强基础教育改革与发展的实施意见》;听取民政局赴河北保定市考察学习"星光计划"工作情况汇报;研究关于2001年经济、综合治理、精神文明、党风廉政、计划生育等目标责任书考核兑现,同意推荐上报自治区先进个人;研究人事事宜。
2002年1月29日	城区政府第82次	研究推荐上报银川市司法行政系统先进集体、先进个人;研究有关人事问题。
2002年2月7日	城区政府第83次	研究关于调整临时组成机构及领导小组组成人员, 城区社区警务室建设所需经费,市容垃圾转运车辆所需经费,综合办公楼六楼会议室、办公室办公桌椅配置等事宜。
2002年2月23日	城区政府第84次	研究表彰2001年度卫生工作先进集体、先进个人、2001年度创卫目标责任书兑现和在2001年冬季卫生综合整治中取得优异成绩的单位奖励、2002年度创卫、安全生产、计划生育目标管理责任书,民警执勤补助费事宜;上报国家级科技部科技进步县(区)考核先进个人;同意为银川市见义勇为基金会捐助经费5万元,由财政予以核拨。
2002年3月7日	城区政府第85次	研究城区小学招聘教师,各街道办事处配置(低保)微机,解决光华、三林、北塔社区居委会办公用房,城区参加自治区第十一届运动会所需经费事宜;同意由财政核拨21.6万元用于城区武装部4个配套建设及网上征兵所需经费。
2002年3月21日	城区政府第86次	研究富宁街办事处拆迁房返还过户,城区机关及家属院电网改造工程费用,政府组团参加西安经贸洽谈会事宜和有关人事问题。

续表

时间	届次	主要议题
2002 年 4 月 3 日	城区政府第 87 次	研究并原则通过《银川市城区 2002 年社区建设工作安排》《银川市城区街道党工委、办事处议事规则》；听取文体局关于城区参加自治区第十一届运动会筹备情况的汇报，2002 年城区第五次严打整治斗争工作安排，研究 2002 年严打整治所需经费事宜；决定对银川市城区城市管理委员会等 17 个临时组成机构及领导小组组成人员进行调整；推荐上报银川市双拥工作先进集体、先进个人；研究人事问题。
2002 年 4 月 28 日	城区政府第 88 次	研究城区砂布厂改制，城区事业单位人员参加大额医疗费用补助，研究并通过《城区争创全国社区建设示范区实施方案》《关于银川市人民政府 < 关于进一步加强流动人口管理工作实施方案 > 的意见》；财政拨款的城区机关事业单位劳动模范享受荣誉津贴待遇；研究人事问题。
2002 年 5 月 16 日	城区政府第 89 次	研究并原则通过《关于银川市城区党委、城区人民政府机关设置方案》《银川市城区机构改革和人员编制精简实施意见》《银川市城区党政机关“三定”工作意见》《银川市城区关于实施银川市争创国家卫生城市工作实施方案》《银川市城区保障残疾人权益若干规定》；研究购买玉皇阁北街办事处办公用房，城区教育局办公用房，城区政务大厅，城区会计核算中心办公大厅等事宜。
2002 年 6 月 4 日	城区政府第 90 次	研究并原则通过《银川市城区人民调解员等级制度实施方案》《银川市城区 2002–2005 年双拥工作规划》；原则同意教育局提出的北苑小学开发方案；同意推荐上报银川市级的先进集体，工作先进个人、优秀教师；研究购置社区居委会办公用房，成立社区服务中心，机关办公楼亮化，福利院锅炉房改造，扶贫资金和人事等问题。
2002 年 7 月 2 日	城区政府第 91 次	研究城区小学缺额教师招聘，为玉皇阁北街办事处、凤凰北街办事处、胜利街办事处、中山南街办事处购置小型垃圾转运车，市容局临时聘用人员增加工资事宜；原则通过《城区小学校（园）长招聘方案》《城区关于加强社区居委会建设的决定》；听取城区计经局关于砂布厂改制工作情况汇报；同意上报自治区、银川市级的先进集体，先进个人；研究人事问题。
2002 年 7 月 18 日	城区政府第 92 次	原则通过《城区人民政府防汛抗洪应急预案》《城区全民健身工程实施细则》；将各街道办事处财务纳入城区会计核算中心集中管理；研究经费、人事等议题。
2002 年 8 月 1 日	城区政府第 93 次	研究并原则通过《银川市城区教师调出管理办法（试行）》《银川市城区目标责任管理考核制度试行意见》《城区公证处改革方案》；购置社区居委会办公、老年人活动用房，对城区失业保险金、城市居民最低生活保障金和救灾款管理使用情况进行专项检查和人事问题等事宜。
2002 年 8 月 16 日	城区政府第 94 次	听取关于落实银川市党风廉政建设责任书情况的汇报，城区政府关于落实银川市计划生育责任书情况的汇报；同意上报自治区级的先进集体、先进个人；研究召开城区民政工作会议；确定城区北苑小学名称等事宜。

续表

时间	届次	主要议题
2002年9月25日	城区政府第96次	会议听取城区党政代表团与思明区签订友好区协议及赴南宁考察情况的汇报;研究新建天成社区、陈家寨社区,购买唐徕社区居委会办公用房,全国科普示范城区验收所需经费,对会计核算中心运行情况进行专项检查事宜。
2002年10月8日	城区政府第97次	研究城区福利院暨老年公寓装修,对城区参加自治区第十一届运动会获奖运动员进行表彰所需经费事宜。
2002年10月24日	城区政府第98次	研究并原则通过《城区党委、城区人民政府关于进一步做好下岗失业人员再就业工作的实施意见》《城区机关驾驶员聘用管理暂行办法》《银川市城区人民政府特大安全事故应急处理预案》;研究成立机关文印服务中心,2002年城区绿化达标单位及同意推荐上报全国、自治区、银川市级的先进集体、先进个人;解放西街办事处、市容局办公用房调整,2002年新产品开发及科普项目,人大换届选举经费事宜。
2002年11月20日	兴庆区政府第1次	对政府及各部门学习宣传和贯彻党的十六大精神进行部署;原则通过《银川市兴庆区关于城乡结合部及乡村环境卫生综合整治方案》;研究兴庆区法院关于购买档案密集架、办公微机、派出法庭公务用车事宜。
2002年12月11日	兴庆区政府第2次	研究兴庆区2003年各类建设项目,2003年农业项目计划投资,教育局及部分小学实行信息化工程,为市容环境卫生处增拨清扫经费,增拨兴庆区人大代表选举经费,复转军人安置事宜和人事问题;原则通过《兴庆区妇女发展规划(2001-2010)》及《兴庆区儿童发展规划(2001-2010)》;原则同意财政局提出的关于动用总预备费方案。
2002年12月18日	兴庆区政府第3次	原则通过《政府工作报告》《兴庆区2002年国民经济和社会发展计划执行情况及2003年国民经济和社会发展计划(草案)的报告》《兴庆区2002财政预算执行情况及2003年财政预算(草案)的报告》。
2003年1月13日	兴庆区政府第2次	研究兴庆区残联换届、成立兴庆区防治牲畜口蹄疫领导小组、各区长分工事宜和人事问题;补议关于上报自治区2002年度民主评议行风工作先进单位、先进个人及银川市计划生育工作和婚育新风进万家活动先进集体、先进个人。
2003年1月27日	兴庆区政府第1次	研究并原则通过《兴庆区人民政府工作规则》《兴庆区人民政府常务会议制度》《兴庆区人民政府区长碰头会议制度》,兴庆区2003年农业工作安排意见;研究关于外来流动人员管理办公室协警员工资福利管理暂行规定和兴庆区科技园区建设事宜。
2003年2月10日	兴庆区政府第3次	研究关于成立银川兴庆区科技园管理委员会、成立兴庆区市场建设管理委员会事宜;听取兴庆区残疾人联合会关于换届选举情况的汇报,同意兴庆区第一届残疾人代表大会的选举结果。
2003年2月17日	兴庆区政府第4次	研究车辆购置、解决干部职工住房、科技园区及市场建设前期经费、成立银川高新技术产业开发区科技园区投资开发建设公司事宜和人事问题。
2003年2月25日	兴庆区政府第5次	研究2002年安全生产、综合治理、创卫、计划生育、劳动就业、党风廉政建设等目标管理责任书兑现,表彰2002年度兴庆区政法工作先进集体、先进个人事宜;原则通过2003年安全生产目标责任书、经济工作目标责任书、计划生育目标责任书、社会治安综合治理目标责任书、创建卫生城市目标责任书。

续表

时间	届次	主要议题
2003 年 3 月 7 日	兴庆区政府第 6 次	研究并原则通过《银川兴庆区农民养殖业临时用地管理暂行办法》《银川市兴庆区宅基地管理暂行办法》《银川市兴庆区人民政府关于加强对流动人员、房屋租赁及用人单位招用外来劳动力管理的通告》《银川市兴庆区人民政府关于银川市兴庆区科技园征地拆迁补偿安置方案》《银川市兴庆区人民政府关于 109 国道拓宽工程征地拆迁补偿方案》《银川市兴庆科技园投资开发建设有限公司章程》;研究组建红花、大新等 6 个乡环境卫生管理所,政府上网工程验收,各部门司机配备,成立兴庆区绿化委员会机构等事宜。
2003 年 3 月 20 日	兴庆区政府第 7 次	研究并原则通过《银川市兴庆区关于加强兴庆区科技园建设实施意见》;研究兴庆区科技园征地、拆迁及贷款,为协警员办理社会保险,街道劳动保障所人员招聘,兴庆区所属学校命名,政府组团参加 2003 年中国东西部投资洽谈会,成立农村税费改革工作领导小组和有关人事问题;听取关于康居新村工程建设进展情况汇报;同意召开兴庆区安全生产会议及爱国卫生月动员大会。
2003 年 4 月 2 日	兴庆区政府第 8 次	研究并原则通过《银川市兴庆区乡村公路管理养护实施意见》《银川市兴庆区关于加强田家炳高级中学管理意见》,第十八小学迁址,上前城小学迁建,兴庆区政府聘请兼职督学,解放西街、富宁街、文化街办事处办公用房,八里桥环卫基地建设,刘宝柱、马学保租赁市容环卫处农场土地,市容环卫处转运城乡结合部积存垃圾所需经费及中转站机械维修,车辆购置事宜;原则同意建设兴庆区法院审判大楼,城管市容综合大楼内部装修,政府办公综合大楼楼梯及楼道粉刷,原玉皇阁北街办事处 557 平方米办公用房和解放西街办事处 420 平方米办公用房由政府统一进行公开拍卖,成立兴庆区政务公开领导小组和兴庆区环卫绿化改革领导小组
2003 年 4 月 29 日	兴庆区政府第 9 次	听取兴庆区科技园拆迁工作情况汇报;研究支付兴庆科技园被拆迁农户征地补偿费及安置补助,兴庆科技园基础设施建设开工,兴庆区第十二中学迁建,《兴庆区 2003 年中小学招生工作安排》,兴庆区政务大厅服务窗口调整,核拨农牧局、建设交通局、国土资源水务局职工食堂建设资金,预拨农业项目资金,2003 年兴庆区乡村公路新建、翻建、维修,车辆购置,聘任计划生育技术服务人员事宜;成立银川市兴庆区防治非典型肺炎指挥部,银川市兴庆区"纳氏羔羊"项目领导小组和银川市兴庆区第二次第三产业普查小组;原则通过《兴庆区基本建设项目立项审批管理办法》《兴庆区中小学、幼儿园人事管理暂行办法》《兴庆区教育改革与发展意见》《银川市兴庆区关于大力发展合作经济组织的意见》《银川市兴庆区关于进一步加快社区经济发展的若干意见》。
2003 年 5 月 14 日	兴庆区政府第 10 次	传达学习中共中央政治局召开的"在全党兴起学习'三个代表'重要思想新高潮"会议精神,并提出贯彻意见;原则通过《银川市兴庆区关于争创自治区卫生先进区工作实施方案》《银川市兴庆区关于进一步加强体育工作的实施意见》《银川市兴庆区关于加强流动人口计划生育管理暂行规定》;研究北塔小学迁建立项、兴庆区检察院购置车辆和人事问题;同意成立兴庆区旅游开发工作领导小组(提请党委常委会议研究),调整兴庆区防治牲畜口蹄疫指挥部及兴庆区防汛抗旱领导小组。
2003 年 6 月 5 日	兴庆区政府第 11 次	研究并原则通过《兴庆区 2003 年防汛抢险预案》,调整兴庆区妇女儿童工作委员会组成人员,成立兴庆区企业下岗人员再就业工作领导小组;研究机关信息网络验收,兴庆区政府与宁夏国际投资股份有限公司联合开发建设银川兴庆区科技园,香山酒业集团落户科技园,"迎民运 爱兴庆 打造文明卫生城百日综合整治活动"实施方案,人事问题。

续表

时间	届次	主要议题
2003年6月14日	兴庆区政府第12次	研究并原则通过《兴庆区干部职工购置经济实用房、商品房分配实施方案》《兴庆区创建自治区计划生育优质服务先进区实施方案》《兴庆区流动人口与计划生育管理暂行规定》《关于进一步做好下岗失业人员再就业工作实施意见》;研究兴庆区2003年独生子女保健费、科技进步考核验收、成立兴庆区国有资产管理委员会和兴庆区国有资产控股有限公司、丽景湖公园建设立项及前期贷款、为流动人口管理办公室配置微机和服装、车辆购置和人大代表议案意见。
2003年7月2日	兴庆区政府第13次	传达《中共银川市兴庆区委关于认真学习<“三个代表”重要思想学习纲要>的通知》精神,提出兴庆区政府党组的贯彻意见;原则通过《银川市兴庆区关于大力发展非公有制经济的意见》《兴庆区基本建设投资项目审计监督管理办法》《兴庆区实施水域滩涂证制度方案》《兴庆区关于进一步加快农业产业结构调整的实施意见》;原则同意兴庆区教育局提出的关于第十八小学、北塔小学学生、教师分流的意见、上前城小学迁建事宜;研究人事问题。
2003年7月11日	兴庆区政府第14次	研究兴庆区蔬菜园艺场征地拆迁补偿,推荐防治非典工作先进集体和先进个人,部分中小学校(园)长招聘,核拨农业经费,核拨防治非典工作经费和人事问题;同意成立兴庆区预防道路交通事故综合协调领导小组,成立兴庆区就业和再就业劳动技能培训基地等事宜。
2003年7月22日	兴庆区政府第15次	研究并原则通过《兴庆区切实维护党政机关正常工作秩序 正确调解处理信访问题的规定》《兴庆区乡镇区划调整工作实施方案》《兴庆区乡镇区划调整人员分流方案》《兴庆区乡镇区划调整财产财务处理方案》;研究丽景湖公园及兴庆文化广场建设,银川市第三中学与兴庆区第十七小学合并,面向社会公开选聘中小学校长、幼儿园团长,迎接自治区对兴庆区“卫生达标区”和“灭蚊达标区”复查验收,人事问题;原则同意推荐上报全国、自治区、银川市级的先进集体,先进个人。
2003年8月6日	兴庆区政府第16次	研究对街道办事处管辖和社区居委会进行调整,失地农民转为城市户,增加信访局工作人员岗位津贴,二、三产业普查,小学校长聘任,人事问题;原则通过《兴庆区农村最低生活保障制度暂行办法》。
2003年8月19日	兴庆区政府第17次	研究关于为兴庆区原改制企业退休职工办理医疗保险,蔬菜园艺场国有土地转让,国有资产控股有限公司申请开办经费,调整兴庆区安全生产委员会等领导小组,已故离休干部住房补贴;原则通过《银川市兴庆区第一届社区居委会换届暨社区居委会党支部改选工作实施方案》及居委会设置方案。
2003年9月5日	兴庆区政府第18次	研究关于核拨兴庆区科技三项经费,上报大新镇为全国小康建设明星乡镇,为居委会换届选举核拨经费,教师节表彰优秀教师及优秀教育工作者,为城管局工作人员配置秋季服装所需经费,人事问题;原则通过兴庆区2004年建设项目。
2003年9月10日	兴庆区政府第19次	研究关于成立街道劳动保障事务所,建设葡萄长廊,碱富桥小学迁建事宜;同意建设兴庆区花卉市场;司机、农业技术人员调整等事宜。
2003年10月9日	兴庆区政府第20次	研究关于制定兴庆区总体发展规划,石中高速公路、银石高速公路两侧宽幅林带建设,秋季农田基本建设,为各康居新村贷款,兴庆科技园区前期投资;原则同意上报凤凰北街街道办事处为全国社区志愿者先进集体。
2003年10月24日	兴庆区政府第21次	研究兴庆区第五小学建设,兴庆区关于表彰“迎民运 爱兴庆 打造文明卫生城市百日综合整治活动”和在非典防治中涌现的先进单位、先进集体和先进个人事宜,兴庆区干部教育培训中心内部设施采购,胜利街街道办事处与宁夏少年劳动管教所有关债务,

续表

时间	届次	主要议题
2003 年 10 月 24 日	兴庆区政府第 21 次	人事问题；补议并同意推荐上报自治区表彰先进集体，先进个人；同意成立兴庆区政府采购工作领导小组、兴庆区康居工程分房工作领导小组和兴庆区掌政镇规划工作领导小组。
2003 年 11 月 18 日	兴庆区政府第 22 次	研究并原则通过《银川市救灾应急预案》《银川市兴庆区农村困难人员最低生活救助制度实施办法》《银川市兴庆区农村特殊困难人员救助暂行办法》《银川市兴庆区中小学校长考核评估方案》；银川市兴庆区北塔小学更名；研究国有资产划拨、人事问题。
2003 年 12 月 12 日	兴庆区政府第 23 次	研究并原则通过《政府工作报告》《兴庆区 2003 年国民经济和社会发展计划执行情况及 2004 年国民经济和社会发展计划(草案)的报告》《兴庆区关于失地农民再就业实施方案》；研究动用兴庆区 2003 年财政总预备费用，为街道居委会购买办公房，为原蔬菜园艺场招标户的直系亲属办理入户，科技园投资，减少隆湖房地产公司返还兴庆区政府康居新村住房面积，提高公安交警待遇；同意推荐上报自治区级再就业先进集体，先进个人。
2004 年 1 月 8 日	兴庆区政府第 24 次	研究 2003 年兴庆区综合目标责任书考核兑现奖金发放，表彰拆迁及制止违章建筑先进集体、先进个人，2003 年度兴庆区依法治理示范社区、示范村、示范企业、示范单位命名的有关事宜；调整兴庆区人民政府抗震救灾指挥部领导小组。
2004 年 2 月 11 日	兴庆区政府第 25 次	原则通过兴庆区 2004 年农业产业结构调整实施意见；研究月牙湖乡交接以及成立兴庆区康居工程领导小组有关事宜。
2004 年 3 月 1 日	兴庆区政府第 26 次	研究并原则通过《兴庆区 2004 年综合目标责任书》《兴庆区破坏性地震应急预案》《银川市兴庆区人民政府投标管理暂行办法》；研究 2004 年兴庆区水利工程建设项目，对贫困村民发放春播救济款；表彰在 2003 年农业、城市建设、政法新闻宣传工作先进集体和先进个人；同意成立兴庆区政府采购中心；同意推荐上报自治区、银川市级的先进个人；研究 2004 年专业技术人员聘任、人事等问题。
2004 年 3 月 8 日	兴庆区政府第 27 次	研究并原则通过《关于开展创建“平安兴庆”活动实施意见》《兴庆区科技特派员创业行动实施方案》《兴庆区事业单位人事制度改革的方案》；研究召开兴庆区消防安全工作会议，聘用人员调资，为 60 年代初精简退职人员办理医疗保险，兴庆区绿化队隶属关系及职能转变，原陶乐县林场有关事宜；同意推荐上报兴庆区劳动仲裁委员会为银川市劳动争议预防和处理先进单位。
2004 年 3 月 31 日	兴庆区政府第 28 次	原则通过《中国.银川.兴庆黄河生态旅游文化周实施方案》《兴庆区社会捐资助学管理办法》《兴庆区月牙湖乡普初实施方案》《兴庆区扫盲工作实施方案》；同意调整兴庆区预防道路交通事故综合协调领导小组，成立兴庆区农村中小学危房改造工程领导小组，调整兴庆区整顿和规范市场经济秩序工作领导小组；推荐上报全国、自治区级婚姻登记先进集体，人民调解工作优秀司法所、优秀调委会和优秀调解员。
2004 年 4 月 15 日	兴庆区政府第 29 次	原则通过《兴庆区实施“星光工程、关爱老年人事业”3000 万元即开型福利彩票大奖发行工作方案》《兴庆区农村医疗救助办法》《兴庆区依法治区规划》《兴庆区国债项目管理办法》；研究掌政镇规划建设和人事问题；同意成立银川市兴庆区汽车市场专项整治协调领导小组、掌政镇小城镇国债项目领导小组及通贵乡集镇建设项目领导小组。
2004 年 5 月 17 日	兴庆区政府第 30 次	研究并原则通过《关于实施以城代乡战略促进月牙湖乡交接和社会发展的意见》《兴庆区乡村公路养护办法》；同意召开兴庆区乡镇、街道工作观摩交流会；研究兴庆区乡村

续表

时间	届次	主要议题
2004年5月17日	兴庆区政府第30次	道路修建、翻修,蔬菜园艺场在职职工一次性安置及补发退休工人工资,蔬菜温棚钢架购置,月牙湖乡卫生院,机关大楼安装电子屏,核拨农业救灾资金事宜和人事问题;听取科技局上半年工作汇报。
2004年6月9日	兴庆区政府第31次	研究并原则通过《兴庆区"村改居"工作实施方案》《银川市兴庆区村级财务公开和民主理财制度》《银川市兴庆区集体经济组织财务管理制度》《兴庆区关于2004年中小学招生工作意见》;研究关于解决原郊区卸任干部生活补助,防汛所需费用,福利院2号公寓维修,社区办公用房建设和车辆购置事宜;推荐上报全国优秀教师;同意成立兴庆区全国第一次经济普查领导小组。
2004年7月6日	兴庆区政府第32次	研究并原则通过《银川市兴庆区关于进一步加强流动人口和吊庄人口与计划生育综合管理实施意见》《兴庆区禁牧封育管理暂行办法》《兴庆区残疾人事业发展八项爱心工程五年计划实施方案》《兴庆区老龄事业发展五年规划》;研究购置奶牛,兴庆区"村改居"工作中需银川市配套的相关政策,月牙湖大塘中心小学、回民中学建设,月牙湖乡"普初"工作所需资金,教育督导评估验收所需经费及配备督导评估文教软件,对税务部门进行奖励,月牙湖乡派出所及兴庆区公安分局培训基地建设有关事宜和人事问题。
2004年7月23日	兴庆区政府第33次	听取市容环境卫生处关于餐厨垃圾规范处置及市容环境管理局关于破烂王工程整治情况的汇报;通过兴庆区委各常委、政府各区长廉政八项承诺,成立兴庆区综合防治艾滋病领导小组;研究月牙湖乡卫生院托管,清理丽景街小中沟所需费用,兴庆区第十一小学和通西、通北小学危房改造;原则通过《兴庆区工作绩效问责暂行办法》和横城村交接工作方案。
2004年8月11日	兴庆区政府第34次	原则通过《银川市兴庆区关于健全和完善村务公开和民主管理制度实施方案》《兴庆区农业供水管理体制及水价形成机制改革实施方案》《兴庆区新型农村合作医疗制度实施方案》《兴庆区对重大民族宗教问题处理实施意见》;研究成立"银川市县(区)黄河旅游开发区管理委员会"、为兴庆区事业单位参加企业职工基本养老保险的退休职工补助差额工资事宜;听取机关事务局关于机关农场有关工作情况和机关大院安全管理的情况汇报。
2004年9月8日	兴庆区政府第35次	研究兴庆区第一届村民委员会选举、教师节表彰教育工作者及优秀教师、为前进街办事处明德社区建设办公用房、兴庆区农村贫困户危房改造、兴庆区消防大队基层建设达标所需经费事宜;原则通过《兴庆区关于健全和完善村务公开和民主管理制度的实施意见》《关于解决兴庆区乡镇人员超编问题安排意见》《兴庆区政府采购实施细则》。
2004年10月28日	兴庆区政府第36次	研究关于通贵乡派出所建设经费,兴庆区法院办公大楼建设经费,核拨独生子女保健费,上前城十队划归大新镇管理,表彰2003年银川市二、三产业联合普查先进集体、先进个人及召开全国经济普查动员大会;同意推荐上报全国、银川市级的先进集体、先进个人事宜。
2004年11月11日	兴庆区政府第37次	研究并原则通过《兴庆区关于发展农村专业合作经济组织指导意见》《兴庆区减灾规划》《兴庆区2004年综合目标责任书考核方案》《兴庆区公务用车定点加油暂行办法》、2005年兴庆区重点建设项目;研究推进"两基"实施素质教育督导评估验收所需经费事宜。
2004年11月30日	兴庆区政府第38次	研究动用2004年总预备费、调整2004年度兴庆区本级财政预算、为丽景街办事处银虹社区购置办公用房、兴庆区党务内网建设所需资金、发放水域滩涂养殖证事宜和干部问题;同意设立丽景街办事处景墨社区居委会,银古路办事处八一、春园、丽景社区居委会,前进街办事处星光华社区居委会。

续表

时间	届次	主要议题
2004 年 12 月 14 日	兴庆区政府第 39 次	研究核拨治安巡逻经费，为兴庆区市容环境卫生管理处增加 2004 年度燃料费的事宜。
2004 年 12 月 23 日	兴庆区政府第 40 次	研究《政府工作报告》《2004 年国民经济和社会发展计划执行情况及 2005 年国民经济和社会发展计划（草案）的报告》《兴庆区 2004 年财政预算执行情况及 2005 年财政预算（草案）的报告》《兴庆区人民政府关于兴庆区第一届人民代表大会二次会议代表议案、建议意见办理情况报告》。
2004 年 12 月 29 日	兴庆区政府第 41 次	研究 2005 年各部门财政预算情况，原则通过《关于开展兴庆区农村饮水安全现状调查及编制兴庆区农村饮水安全工程总体规划的报告》《关于开展机关效能建设的决定》《关于在城区内实行治安巡防责任制实施意见》；同意为兴庆区机关事业单位工作人员和离退休人员发放月度奖金及地区生活补贴；原则同意为兴庆区国家公务员实行医疗补助，为蔬菜园艺场内退职工补发工资及遗属生活费；推荐上报全国自治区级的社区残疾人工作示范区，再就业工作先进集体。
2005 年 1 月 26 日	兴庆区政府第 42 次	听取关于 2004 年检查验收兴庆区区级卫生先进单位、卫生先进小区、无烟单位的情况汇报，召开兴庆区经济暨农村工作会议，农牧局关于 2814 渔场、南北种子基地有关情况的汇报，兴庆区 2004 年综合目标责任书考核情况的汇报；研究有关福利彩票、防汛工作补助，长城路、东二环路收费站分流人员工资待遇，兴庆区市容环境卫生管理处福利经费，购置路政巡查车辆事宜和干部问题；原则通过《银川市兴庆区河东地区征地拆迁补偿安置方案》。
2005 年 2 月 2 日	兴庆区政府第 43 次	研究关于银川市回民中学、银川市第三中学翻建扩建，对财税系统进行表彰，2004 年度政府部门公务员考核，2004 年公路建设维修资金事宜和干部问题。
2005 年 2 月 24 日	兴庆区政府第 44 次	研究并同意成立兴庆区城乡社会救助领导小组；原则同意兴庆区 2005 年农业产业结构调整扶持政策事宜；研究车辆购置，成立兴庆区河东国土资源站，教育工作和干部问题；推荐上报银川市 2004 年度禁毒工作先进集体、先进个人事宜。
2005 年 3 月 22 日	兴庆区政府第 45 次	传达自治区绿化委工作会议精神；研究并同意月牙湖林场司法行政工作划归月牙湖乡司法所管理、原林场司法所工作人员继续从事林场司法所服务工作，表彰奖励兴庆区安全生产先进单位、先进个人，核拨红墩子灌区土壤调查及土地适宜性评价工作经费 6.8 万元，核拨滨河公园规划设计经费 7.5 万元，成立兴庆区经济旅游开发领导小组，撤销兴庆区黄河旅游开发领导小组和红墩子开发建设领导小组；原则通过《银川市兴庆区人民政府工作规则》；研究兴庆区政府招标办关于农水工程及月牙湖乡招标情况的汇报和政府议事机关和干部问题。
2005 年 4 月 28 日	兴庆区政府第 46 次	研究三级人大议案、建议意见和政协提案办理，成立兴庆区债务清偿领导小组，兴庆区 2005 年专项执法监察及聘请兴庆区特邀监察员，推荐全国小康建设明星乡镇，兴庆区牧场职工养老保险，掌政镇干部下乡费用，兴庆区科学技术进步奖励办法，2004 年爱国卫生工作先进集体、先进个人表彰的有关事宜和干部问题。
2005 年 5 月 17 日	兴庆区政府第 47 次	研究兴庆区 2005 年乡村道路建设项目，滨河拆迁建设资金，红花渠清淤，为环卫处核拨表彰双“十佳”经费，机关事务局关于会堂设施维护，《兴庆区建筑垃圾渣土管理办法》，兴庆区政府收购宁夏国际投资控股有限公司股权事宜；原则通过对兴庆区国有资产进行清产核资事宜和签订兴庆区 2005 年综合目标责任书；原则同意成立兴庆区干部职工住房货币补贴领导小组，成立兴庆区农业机械管理推广站；同意对“有重大火灾隐患，且在规定期限内未完成整改”的自治区文化厅招待所予以停业整顿处罚。

续表

时间	届次	主要议题
2005 年 6 月 20 日	兴庆区政府第 48 次	成立兴庆区失地农民保障工作领导小组和兴庆区扶贫开发领导小组，听取兴庆区鼠防、行政执法责任制工作的情况汇报；原则通过《兴庆区农村广播影视公共服务体系建设方案》《兴庆区塞上农民新居五年建设计划》《兴庆区 2005 年塞上农民新居示范点建设工作实施方案》《兴庆区土地管理办法》《兴庆区流动人口协管员管理和工作绩效考核奖惩办法》《兴庆区 2005 年扶贫开发工作安排意见》《建立兴庆区街道治安行政调解与人民调解联动工作机制实施方案》《兴庆区乡镇信访及社会矛盾纠风联调实施意见》；同意成立兴庆区食品安全委员会，研究资金和干部问题。
2005 年 7 月 20 日	兴庆区政府第 49 次	同意成立兴庆区创建全国社区卫生服务示范区活动领导小组和兴庆区创建全国（中国特色）社区卫生服务示范区活动领导小组，兴庆区现代农业示范园区建设领导小组和兴庆区现代农业示范园区建设专家咨询领导小组；研究关于解决村级防保人员报酬，农村改厕工作，教育工作，茂盛蔬菜科技示范园区建设资金，康复中心装修经费，“八一”双拥工作，召开信访工作会议，命名 2005 年度县区依法治理示范区、示范村、示范企业、示范学校、示范单位；原则通过《兴庆区实施自治区级现代农业示范园区及银川市农业科技园区 2005 年工作安排意见》；研究人事问题；政府各区长分工事宜。
2005 年 8 月 10 日	兴庆区政府第 50 次	听取兴庆区国有控股公司关于国有资产所有权变更、招投标工作、农业农村工作情况的汇报；研究化解兵沟文化旅游公司债务，月牙湖乡村镇规划设计资金，解决月牙湖治沙林场退休职工差额工资，银川高级中学公务用车抵偿债务事宜；决定对火灾隐患单位自治区文化厅招待所（亚之桥宾馆）进行停业整顿。
2005 年 8 月 15 日	兴庆区政府第 51 次	专题听取并研究兴庆区公开招聘教师和部分学校校长工作有关事宜。
2005 年 9 月 2 日	兴庆区政府第 52 次	研究关于为交警二大队配备交通协管员，教师节表彰；月牙湖乡泄洪沟开挖清淤资金事宜；研究人员辞职。
2005 年 9 月 27 日	兴庆区政府第 53 次	研究关于对在暴力抗法事件中受伤的城管队员给予表彰奖励，为城管局、环卫处职工办理意外伤害保险，为环卫处职工国庆节发放福利的事宜；原则通过《兴庆区关于进一步加强民族工作的意见》；同意推荐兴庆区凤凰北街崇安社区为全国先进文化单位。
2005 年 11 月 9 日	兴庆区政府第 54 次	研究讨论并原则通过《兴庆区国民经济和社会发展第十一个五年规划纲要》《兴庆区关于推行行政执法责任制实施方案》及清理行政许可事项，表彰民族团结进步先进集体和先进个人；听取卫生局、农牧局关于兴庆区麻疹强化免疫及鼠疫防治工作的情况汇报；同意由财政核拨 5 万元，用于兴庆区禽流感防治工作经费，为流动人口管理办公室协管员及市容环境卫生处聘用职工发放冬季取暖补贴，兴庆区政务大厅工作人员改革岗位津贴等有关事宜和干部问题。
2005 年 11 月 30 日	兴庆区政府第 55 次	传达学习全区农村卫生工作会议精神；研究专业技术人员聘任；调整区长工作分工和干部人事问题。
2005 年 12 月 20 日	兴庆区政府第 56 次	研究并原则通过《2006 年政府工作汇报》《兴庆区 2005 年国民经济和社会发展计划执行情况及 2006 年国民经济和社会发展计划（草案）的报告》《兴庆区政府 2005 年财政预算执行情况及 2006 年财政预算（草案）的报告》《兴庆区国民经济和社会发展第十一个五年规划纲要草案说明》《关于兴庆区第十一届人民代表大会第三次会议代表议案及建议意见办理情况的报告》《兴庆区国民经济和社会发展第十一个五年规划纲要（草案）》；研究动用 2005 年总预备费，为村干部办理养老保险，兴庆区流动人口管理办公

续表

时间	届次	主要议题
2005年12月20日	兴庆区政府第56次	成室工作人员分工的有关事宜;研究并同意对宁丰宾馆等7家政府挂牌督办整改单位摘牌。
2005年12月23日	兴庆区政府第57次	研究调整政府2005年财政预算,"两节"期间慰问资金,调整兴庆区防汛抗旱领导小组组成人员,庆丰苑小区楼房抵顶建设工程款房屋价格标准的有关事宜;原则通过《兴庆区中小学布局调整与资源整合工作实施方案》。
2005年12月23日	兴庆区政府第58次	专题研究2006年财政收支验收安排的有关事宜。
2006年2月14日	兴庆区政府第60次	研究成立兴庆区卫生监督所疾病预防控制中心,召开农村工作会议、教育工作会议、安全生产工作会议,水利工程配套资金,召开2005年度爱国卫生、城市及市容卫生工作表彰会议,命名兴庆区级卫生先进单位、小区、无吸烟单位的有关事宜。
2006年3月11日	兴庆区政府第61次	研究大红鹰酒店和银狐网吧一分店恢复营业,推荐银川市劳动就业和劳务产业工作先进集体和先进个人,表彰2005年爱国卫生、城管及市容环境卫生先进集体、先进个人;研究并原则同意《兴庆区深化农村义务教育保障新机制改革实施办法》《兴庆区2006年绿化工作方案》《关于在兴庆区实施外来流动人口治安管理责任制的意见》;研究2006年人大议案、代表意见办理,成立兴庆区乡镇财政管理方式改革领导小组,马兰花别墅工程欠款及"三大战役"前期工作经费。
2006年3月29日	兴庆区政府第62次	研究兴庆区科技园股权转让,部分国有资产处置,通和房地产公司抵顶银川市土地出让金,牧民新村居民生产生活等有关问题,推荐自治区和银川市"四五"普法先进集体、先进个人、先进工作者,春季绿化和干部问题;听取兴庆区财政局的工作汇报。
2006年4月27日	兴庆区政府第63次	研究讨论银川五中设计方案;原则通过《关于兴庆区深化农村卫生体制改革的工作方案》《兴庆区关于进一步加强农村卫生工作的实施意见》《兴庆区关于加强创建教育强区强乡(镇)攻坚阶段工作的实施意见》《兴庆区2006年农业发展扶持政策的意见》;听取农牧局工作汇报;研究滨河公园安置补偿,卫生局医疗设备购置,医疗补助经费等问题。
2006年5月31日	兴庆区政府第64次	研究兴庆区公证移交银川市,达力斯公司风力发电测塔临时用地,兴庆区科技园企业用地有关事宜;兴庆区2006年社会主义新农村建设;研究讨论《兴庆区村庄和集镇规划建设暂行管理办法》《兴庆区开展治理商业贿赂专项工作的实施意见》;研究干部问题。
2006年7月20日	兴庆区政府第66次	听取兴庆区建设交通局工作汇报;研究兴庆区法院办公大楼等资产处置,调整机关事业单位职工死亡补发抚恤金标准,国控公司管理的国有资产、房产抵顶工程建设欠款,鸣翠湖股东名称变更,第二轮地方志编修;补议关于评选计划生育农村奖励扶助全国先进个人。
2006年8月16日	兴庆区政府第67次	研究失地农民生活保障领导小组办公室工作用车,居委会换届选举工作经费,销售福利彩票,推荐兴庆区优秀街道、社区和优秀个人名单,确定兴庆区治安保卫重点单位;研究讨论《兴庆区2006年秋季城乡造林绿化实施方案》《兴庆区第二届社区居民委员会换届选举实施方案》。
2006年8月29日	兴庆区政府第69次	研究教育捐资助学事宜和干部问题。
2006年9月1日	兴庆区政府第70次	研究讨论《银川市兴庆区招商引资目标考核暂行办法》;研究2006年专业技术人员职称聘任,社区居委会换届选举和违纪校长处理等有关事宜。

续表

时间	届次	主要议题
2006年9月8日	兴庆区政府第71次	研究表彰“十佳师德标兵”和“我心目中的好老师”以及干部等问题。
2006年9月22日	兴庆区政府第72次	研究光华门村委会征地拆迁补偿，兴庆区民族敬老院设计方案和干部问题；研究并原则同意兴庆区监察局关于对违纪校长的处分建议。
2006年10月23日	兴庆区政府第73次	研究《兴庆区关于在公民中开展法制宣传教育的第五个五年计划》（草案）和召开兴庆区“四五”普法工作总结表彰暨“五五”普法动员大会，环卫节表彰奖励环卫先进集体和标兵有关事宜。
2006年11月15日	兴庆区政府第74次	研究兴庆区法院、富宁街街道办事处国有资产处置，兴庆区防沙林场职工参加医疗保险，返还天津银川大桥电焊条厂上缴税金和干部问题。
2006年11月28日	兴庆区政府第75次	研究并同意成立兴庆区工资制度改革领导小组；原则通过《兴庆区行政事业单位工作人员差旅费开支规定》《银川市兴庆区教育发展十一五规划》；研究兴庆区入伍士兵待安置证办理，建设项目征地，兴庆区2005年度目标责任考核奖金分配和干部问题；通报提请兴庆区人大常委会一届二十六次会议审议的《兴庆区人民政府关于政府性债务情况的报告》；研究并通过区长、副区长工作分工。
2007年1月8日	兴庆区政府第77次	研究讨论《兴庆区2007年农业发展扶持政策意见》《兴庆区关于发展农家乐项目的实施意见》；原则通过2006年《政府工作报告》《关于兴庆区第一届人民代表大会第四次会议代表议案及建议意见办理情况的报告》《银川市兴庆区人民政府关于2006年财政预算执行情况及2007年财政预算（草案）的报告》《银川市兴庆区2006年国民经济和社会发展计划执行情况及2007年国民经济和社会发展计划（草案）的报告》。
2007年1月25日	兴庆区政府第78次	研究讨论《中共兴庆区委 兴庆区人民政府关于增强自主创新能力 建设创新型兴庆的实施意见》《兴庆区农业推广体系改革实施方案》；通过关于召开兴庆区2007年农村工作会议的方案；兴庆区检察院购置办案用车，解决兴庆区审判大楼后续债务，调整兴庆区妇女儿童工作委员会、兴庆区妇女儿童发展规划监测评估领导小组及兴庆区小公民道德建设领导小组的事宜；听取兴庆区财政局关于2006年总预备费使用情况的汇报；原则通过《兴庆区关于化解乡镇债务的实施方案》；研究上报银川市实施妇女儿童发展规划先进集体和先进个人名单。
2007年2月2日	兴庆区政府第79次	研究讨论《兴庆区关于进一步加强人事调配管理暂行规定》、部分城市小学校长聘用、银川高级中学、原教育局办公楼和育智学校国有资产处置迁建、部分学校追加新增取暖费用、陕西长河石化实业有限公司在兴庆区设立小额贷款公司的有关事宜；研究召开兴庆区创建“教育强区”工作表彰暨2007年教育工作会议有关事宜。
2007年2月9日	兴庆区政府第80次	研究2006年兴庆区财税系统收入奖励，慰问公安分局经费，城管局聘用人员工资及有关经费，民政局春节慰问经费，第四批无军籍职工工资，乡镇卫生院院长聘任，解决环卫职工春节福利经费有关事宜。
2007年3月5日	兴庆区政府第81次	研究政法委、残联、信访局、通贵乡、银古路街道办事处购买办公用车，春季绿化工作，国控公司在建设银行贷款使用有关事宜。
2007年3月12日	兴庆区政府第82次	研究推荐上报自治区、银川市级的工作先进集体、先进个人；研究《关于加快兴庆区旅游业发展的实施意见》，康居工程，招商引资工作，优化发展环境暨经济工作；命名兴庆区级卫生先进单位、卫生小区；研究《兴庆区委 政府关于优化政务、司法环境实施意见》等有关事宜。

续表

时间	届次	主要议题
2007年3月26日	兴庆区政府第83次	研究召开兴庆区"三大战役""五创"暨城乡建设九大工程动员大会;签订2007年"五创"工作目标责任书;研究并原则同意《兴庆区城乡市容环境管理办法》,政府及政府部门评比达标表彰及人事有关事宜。
2007年4月10日	兴庆区政府第84次	研究国家开发银行贷款承诺及资金管理办法,科技体系改革需要解决问题,爱卫办及环卫处近期创卫工作资金,推荐自治区计生工作先进个人和干部问题。
2007年7月23日	兴庆区政府第86次	研究2007年度执法监察立项,兴庆区民族敬老院建设暨资金,新农村合作医疗,学校供暖网改造,塞上农民新居、农村道路硬化及银古、银横路两侧综合整治,兴庆区农村能源服务体系,兴庆区事业单位参加工伤保险,"5·2"名人广场伤亡事故,解决滨河公园拆迁安置遗留问题有关事宜;补议推荐强化劳动模范人民调解委员会名单事宜。
2007年8月30日	兴庆区政府第87次	研究讨论《兴庆区领导干部离任经济事项交接规定》《兴庆区核算中心与核算单位有关财务工作制度》《兴庆区本级财政专项资金管理办法》,提高社区工作者生活补贴标准,兴庆区设施花卉科技示范园区建设项目贷款抵押有关事宜。
2007年9月4日	兴庆区政府第88次	研究马兰花别墅监管,授权国控公司实施国有资产运营和项目建设,司法所规范化建设有关事宜;讨论《兴庆区城市市容环境卫生发展五年规划》《2007年度各单位工作考核实施方案》《各乡镇街道区直各部门2007年度主要目标任务》;补议上报全区人民调解先进集体、先进调解员事宜。
2007年9月18日	兴庆区政府第89次	研究《兴庆区设施花卉科技示范园区建设项目专项资金借款使用管理办法》《中共兴庆区委兴庆区人民政府关于进一步加强和改进信访工作的决定》《兴庆区关于加快推进新农村建设示范村工作的意见》;成立兴庆区红墩子林场、安全生产工作、丽景湖公园管理工作、推荐银川市地方志(年鉴)工作先进单位和银川市修志工作先进个人、通贵乡卫生院锅炉房等辅助设施建设经费事宜和干部问题。
2007年10月25日	兴庆区政府第91次	听取建设交通局、农林牧业局、招商局工作汇报;研究核销赵府滩二渔场固定资产,化解乡镇债务资金,特色街区改造,花卉设施科技示范园区企业贷款出借事宜;讨论《兴庆区科技富民强县专项行动计划、设施蔬菜优质高效综合配套生产技术项目改造方案》;通过《兴庆区城镇居民医疗保险改革实施方案》。
2007年11月30日	兴庆区政府第1次	研究2007年专业技术人员职称聘任,建立兴庆区弃婴中转站,丽景湖公园及名人文化广场经营管理,解决城市中学教师聘用遗留问题,春林小学翻建,解决新华街办事处办公用房,车辆购置事宜和干部问题。
2008年1月13日	兴庆区政府第4次	研究2007年度综合目标责任考核情况,第二批花卉贷款,安全生产工作,银川市高级中学办学,政府督办中心值班费及信访局特岗津贴,财税系统办公经费,《兴庆区农民健康教育与健康促进行动工程实施方案》,环卫处临时工工资等事宜。
2008年1月30日	兴庆区政府第5次	研究讨论《塔桥花卉示范园区建设方案》;研究第二批花卉贷款出借,政府财政支出,上报银川市"五创"工作先进单位和先进个人。
2008年2月18日	兴庆区政府第6次	会议研究讨论《关于进一步推进教育改革发展创新的意见》;原则通过《关于深化"优质教育资源共享行动计划",开展学校联合发展试点工作的实施方案》《兴庆区教育系统临时聘用人员管理办法》,教育基建工程及"两基"迎"国检"经费以及2008年教育工作会议有关事宜。

续表

时间	届次	主要议题
2008年3月28日	兴庆区政府第7次	研究关停银川市剧院,解决碱富桥小学部分学生上学交通问题,购买2008年环卫设备,高速公路两侧村庄整治资金补助,聘请特邀监察员;原则通过《兴庆区关于进一步完善城乡环境卫生长效综合管理机制的实施意见》。
2008年4月24日	兴庆区政府第8次	研究农村改厕经费,命名兴庆区级卫生先进单位、卫生达标小区,2007年"五创"责任书兑现,2008年国家卫生城市目标管理责任书,残疾人摩的整治,大新法庭项目建设,建设大新镇、掌政镇派出所,丽景湖公园有关事宜;研究讨论《兴庆区卫生先进单位、卫生达标小区管理办法》;通过兴庆区爱国卫生领导小组名单和《兴庆区计划生育少生快富工程项目一本通实施细则》。
2008年5月26日	兴庆区政府第9次	研究《兴庆区关于开展第二次经济普查实施方案》《兴庆区农民落实计划生育永久性节育措施的奖励及营养补助标准的规定》《兴庆区人口计划生育责任部门工作职责及考评办法》《关于化解义务教育普九债务的实施方案》《兴庆区中小学校长职级制试行办法(征求意见稿)》;研究水务局、经济发展统计局购置车辆,为社区工作者发放临时生活补贴,解决大新四队土地纠纷,花卉贷款出借,法院、检察院等部门发放津贴和补贴;听取财政局关于化解乡镇债务情况的报告,研究违纪干部处理事宜。
2008年6月17日	兴庆区政府第10次	研究黄河渔村规划确权,科技园规划环境影响评价工作经费,配置挂桶式清运车专用垃圾挂桶,车辆购置,违纪干部处理事宜。
2008年7月1日	兴庆区政府第11次	研究暑假教育维修工程,医疗机构改革配套经费,月牙湖乡大塘中心小学突发水痘疫情处置,计划生育技术服务聘用人员工资待遇,津贴补发,规范社区借调人员,塔桥花卉园区建设,成立旧城南部改造领导小组,常虹副区长分工事宜和干部问题。
2008年7月14日	兴庆区政府第12次	研究庆丰苑小区住宅房处置,社区服务设施建设国债项目,兴庆区第二小学和掌政中心小学附属工程建设,高台逸夫小学建设,招聘小学教师,计划生育设备配套资金,违纪干部处理事宜。
2008年7月28日	兴庆区政府第13次	研究《兴庆区2008年新型农村合作医疗实施方案》《银川市国际物流港建设实施方案》;研究村级卫生室建设项目,增加环卫处车辆燃油费,化解科技园区债务,化解宁夏国际投资股份有限公司股权转让金,成立上海东路拓宽改造项目拆迁安置工作领导小组,开展全民创业活动事宜。
2008年8月14日	兴庆区政府第14次	研究建行贷款到期申请办理延期手续,解决滨河公园拆迁遗留问题,兴庆区二小建设,原十二小印刷厂破产处置,事业单位人员招聘,社区居委会基础设施建设,月牙湖治沙林场违规车辆处置,小学、幼儿园人事调整事宜;研究讨论《兴庆区关于推进全民创业加快富民强区的意见》《兴庆区正科及以下公务员实绩考核实施细则》。
2008年8月28日	兴庆区政府第16次	研究开发建设三森国际家具汇展中心,兴庆区穆斯林民俗村项目建设,银川国际物流港建设,困难群众危房改造,解决卫生局办公用房,上报区市"两基"迎国检工作先进集体和先进个人名单,招考小学教师;原则通过2008年中国500强企业发布暨银川峰会接待工作方案。
2008年9月3日	兴庆区政府第17次	传达自治区党委十届五次全体扩大会议精神,安排部署项目工作。
2008年9月4日	兴庆区政府第18次	研究花卉贷款出借,银川国际物流港一期项目征地拆迁方案,五十大庆前落实干部职工收入方案,教师节暨"两基"国检表彰,聘任选任政府督学;研究《兴庆区2008年政

续表

时间	届次	主要议题
		策性农业保险试点实施方案》《兴庆区贯彻 < 中华人民共和国禁毒法 > 实施意见》兴庆区义务教育学校发展性督导评估方案》。
2008 年 9 月 18 日	兴庆区政府第 19 次	研究偿还自治区国控公司股本金，合作开发建设三森国际家具汇展中心，通贵幼儿园建设项目变更，掌政中学附属工程建设，申请解决高级中学教师占编，月牙湖和通贵乡计生服务所改扩建事宜。
2008 年 10 月 20 日	兴庆区政府第 20 次	研究讨论全民创业 14 个工作项目的实施意见，《兴庆区小食品相对集中加工区改造实施方案》；研究黄河标准化堤防工程建设，育婴安置，灵活就业人员社会保险补贴经费发放；同意成立兴庆区黄河小镇建设领导小组等事宜。
2008 年 11 月 7 日	兴庆区政府第 21 次	研究三星级社区命名事宜，全国第三次文物普查工作经费，推荐银川市迎接自治区成立五十周年大庆先进集体和先进个人，农信社贷款展期，黄河标准化堤防工程建设，干部问题等事宜。
2008 年 11 月 20 日	兴庆区政府第 22 次	研究清水湖湿地保护项目，河东滨河公园拆迁遗留问题，拍卖掌政 3 所小学，昆仑公司债务， 全民创业 6 个工作项目实施意见，《关于开展 " 法治兴庆 " 创建活动实施方案》和干部问题。
2008 年 11 月 28 日	兴庆区政府第 23 次	研究预支拆迁安置经济损失补偿费用，法院购置法警送达用车，兴庆区建设用地报批，通西村土地整理与农村发展项目，干部人事等问题。
2008 年 12 月 15 日	兴庆区政府第 24 次	研究讨论《2009 年政府工作报告》《银川市兴庆区 2008 年国民经济和社会发展计划执行情况及 2009 年国民经济和社会发展计划的报告》《关于兴庆区第二届人民代表大会第一次会议代表议案及建议办理情况的报告》《兴庆区政府 2008 年财政预算执行情况及 2009 年财政预算的报告》《关于开展中心镇、中心村建设试点工作实施意见》；研究 2008 年冲劲预备费支出计划及调整 2008 年财政收支预算和 2009 年财政预算情况，缴纳银川国际物流港一期工程用地审批各项费用， 兴庆区河西乡镇 2009 – 2010 年发展要点。
2008 年 12 月 18 日	兴庆区政府第 25 次	研究兴庆区东南部水系连通工程建设，黄河堤防工程建设，农业保险资金补助，高原兵优待补助，科技园区遗留问题处理事宜和干部问题。
2008 年 12 月 24 日	兴庆区政府第 26 次	传达自治区教育系统稳定工作会议精神；研究环卫处职工甘学武工伤赔偿，科技园基础设施质量鉴定及验收，掌政镇、通贵乡文化站建设配套资金，解决恒业公司在农信社贷款有关事宜；补议推荐银川市信访督办先进集体、先进个人有关事宜。
2009 年 1 月 6 日	兴庆区政府第 27 次	研究 2008 年科技项目资金使用，绿化达标单位命名，推荐银川市安全生产先进集体、先进个人，推荐全区城镇居民医疗保险工作先进集体、先进个人，区长分工有关；讨论《兴庆区深化政务公开工作实施方案》；补议推荐银川市“五五”普法先进集体、先进个人有关事宜。
2009 年 1 月 12 日	兴庆区政府第 28 次	研究春节慰问经费，社区工作者生活补贴事宜和干部问题。
2009 年 1 月 16 日	兴庆区政府第 29 次常务会议	研究事业单位工作人员辞退及公务员退休，兴庆科技园工程交款，科技园收回土地处置，推荐银川市食品安全先进个人有关事宜。

续表

时间	届次	主要议题
2009 年 2 月 10 日	兴庆区政府第 31 次	研究环卫处接收兴庆科技园道路清扫保洁，职工公休假补贴方案，解决银川三幼校舍，在中小学普种腮腺炎疫苗有关事宜；研究讨论《兴庆区争取项目资金考核奖励暂行办法》《兴庆区开展人人享有基本医疗卫生服务试点实施方案》。
2009 年 2 月 12 日	兴庆区政府第 32 次	研究 2008 年综合目标责任书考核奖金兑现分配方案。
2009 年 2 月 16 日	兴庆区政府第 33 次	研究孔思路、银通路打通至黄河堤防项目建设，2009 年农业农村经济及安全生产工作会议有关事宜。
2009 年 2 月 24 日	兴庆区政府第 34 次	研究确定 2009 年计划生育目标考核奖金标准，城管局配发服装，2009 年麻疹疫苗后续强化免疫，给贫困学生配早餐，2009 年伊斯兰教在职阿訇生活补贴经费，黄河标准化堤防工程和东南部水系连通工程中征用的公共用地及公用水道、租用的堆土场用地确权管理，科技特派员工作经费安排，上报全区全民创业先进集体和先进个人，成立月牙湖土地清理领导小组事宜；调整兴庆区科技特派员创业行动协调领导小组。
2009 年 3 月 5 日	兴庆区政府第 35 次	研究兴庆区自然灾害救助应急预案，加快推进农村社区建设实施方案，成立兴庆区慈善总会，工伤伤残补助，召开 2009 年春季绿化动员大会预案，兴庆区 2009 年生态型现代都市农业发展扶持政策，成立兴庆区土地流转中心，兴庆区干部培训中心出租有关事宜。
2009 年 3 月 17 日	兴庆区政府第 36 次	讨论《第三代新农村住宅示范园项目实施方案》和《兴庆区关于加快农业发展促进农民增收的意见》研究完善兴庆科技园排污泵站配套设施，检察院办公楼维修所需经费及固定资产移交，上报全区 2008 年度爱国卫生工作先进个人有关事宜。
2009 年 4 月 1 日	兴庆区政府第 37 次	研究物流港一期项目用地挂牌，银川十二中弱电改造，银川二幼工程欠款，工伤赔偿，兴庆区爱卫会组成人员调整，撤销和命名卫生先进单位、先进小区，永固卫生院建设，干部违纪违规处罚事宜；讨论《兴庆区城乡卫生长效管理考核办法》《兴庆区建设全国食品安全先进城市实施方案》《兴庆区推进城乡医疗卫生一体化实施意见》《兴庆区 2009 年新型农村合作医疗方案》。
2009 年 4 月 14 日	兴庆区政府第 38 次	研究为月牙湖在校学生接种麻风疫苗；研究上报兴庆区耕地占用税税额标准，解决青龙管道公司欠款，第五污水处理厂建设征地拆迁，银川国际物流港一期建设拆迁补偿，成立兴庆区城中村城乡结合部开发改造领导小组，掌政中学电路工作有关事宜；讨论《兴庆区东南部水系绿化实施方案》《兴庆区备战自治区第十三届全运会实施方案》。
2009 年 4 月 21 日	兴庆区政府第 39 次	研究上报自治区政府特殊津贴人员人选，解决宁夏科技成果转化大厦购房款有关事宜；讨论《兴庆区 2009 年新型农村合作医疗方案》《兴庆区推进城乡医疗卫生一体化实施意见》。
2009 年 5 月 8 日	兴庆区政府第 40 次	研究上报全国人民满意公务员集体和公务员名单，自治区 2008 年农村环境保护工作先进个人，起诉恒兴机械有限公司追偿土地款，收回宁夏服装服饰业商会部分土地并引进新项目，成立燕鸽湖管委会，拨付困难农民子女营养早餐经费，对违纪干部处理的有关事宜和干部问题；讨论国家科技富民强县计划项目二期资金安排、《2009 宁夏·兴庆·鸣翠湖端午休闲体育运动会活动方案》《兴庆区防控甲型 H1N1 流感工作方案》《兴庆区第三届社区“两委”换届选举实施方案》。

续表

时间	届次	主要议题
2009年5月15日	兴庆区政府第41次	讨论《兴庆区关于规范农村土地承包经营权流转管理意见(试行)》,河东区土地清理工作进展,《兴庆区基本建设投资项目审计监督管理实施细则》; 研究兴庆区十九小学征地拆迁,科技园绿地21商城土地问题和归还建设银行6500万元贷款事宜。
2009年5月21日	兴庆区政府第42次	讨论《兴庆区招商引资考核办法及任务分配方案》《兴庆区传染病应急处置预案》《银川市鲜切花防治规划》;研究聘请兴庆区招商引资顾问暂行办法及人员名单,国家科技富民强县计划项目二期任务资金安排, 成立兴庆区迎接全国科技进步考核领导小组,调整兴庆区艾滋病防治示范区领导小组工伤赔偿等有关事宜。
2009年6月9日	兴庆区政府第43次	研究成立兴庆区见义勇为协会,八里桥康居遗留问题处理,对通贵乡和掌政镇两个土炼油窝点予以取缔,调整社区居委会规模,兴庆区育智学校更名,对违纪干部处理的有关事宜;讨论《关于进一步加强安全生产工作的意见》。
2009年6月19日	兴庆区政府第44次	研究黄河标准化堤防工程建设土源,偿还自治区国控公司债务,大新镇文化宣传活动中心出让,成立支持创业小额担保贷款服务中心,银川三幼新园天然气入网,教育系统长期不上班人员的处理,为法院、检察院法官和检察官补发津贴,建设富宁街铁北居委会临时办公用房有关事宜和《凤凰北街街道社区管理体制改革方案》;讨论《兴庆区人口和计划生育工作星级乡(镇、街道)创建活动实施方案》。
2009年7月1日	兴庆区政府第45次	研究社区"两委"班子换届经费,成立兴庆区见义勇为协会,中央新增投资项目建设,教育系统长期不上班人员的处理,国家卫生城市长效管理以奖代补,在清真美食文化城新建清真民族用品市场,调整副区长分工有关事宜;讨论《银川市第十中学建设方案》《兴庆区2009年银横路两侧集镇村庄环境综合整治实施方案》《兴庆区关于进一步加强财政工作的实施意见》。
2009年7月17日	兴庆区政府第46次	研究实行部门领导干部定期接访,解决科技园专项经费,为去世离休干部发放抚恤金,回民二小学生分流,新建十五中供热设施,道路建设,偿还昆仑公司债务和违纪干部处理有关事宜;听取通西村中德合作项目进展情况汇报。
2009年8月4日	兴庆区政府第47次	研究解决绿地21商城土地,“雪炭工程”项目建设,兴庆区二十三小、二十四小供暖,中小学冬季供暖用煤统一招标,中小学暑假维修,银川五中师生分流,公开招聘乡镇卫生院院长,违纪干部处理有关事宜和干部问题;讨论《兴庆区城乡教育一体化实施意见》《兴庆区全民创业活动月实施方案》;补议“八一”节慰问经费事宜。
2009年8月17日	兴庆区政府第48次	研究讨论《建设宁夏国际小商品交易中心暨银川“万人创业园”基地实施意见》。
2009年8月21日	兴庆区政府第49次	研究向银川市中小企业信用担保中心注入担保资金,建设通贵乡集中供气站,土地增减挂钩,黄河标准化堤防工程堤顶30公分砂砾料选料定价,大新、掌政计生服务站建设资金预算及设备采购配套资金,建立乡镇专业环卫清扫保洁队伍及配置环卫设施经费,兴庆区合同制教师待遇,灵活就业人员社保补贴审核发放工作,干部问题;通报颐享园移交兴庆区管理有关事宜。
2009年8月28日	兴庆区政府第50次	研究燕鸽湖成立居委会,化解宁夏国际投资控股有限公司股权转让金,兴庆区直属义务教育学校实施绩效工资,解决城市社区党员远程教育设备配备事宜;讨论《兴庆区创建自治区全民创业试验示范区实施方案》《兴庆区国库集中收付制度改革实施方案》。

续表

时间	届次	主要议题
2009 年 9 月 15 日	兴庆区政府第 51 次	部署兴庆区预防甲型 H1N1 流感工作;研究兴庆区十九小工程建设,银川市特教中心(育智学校)天然气锅炉房建设,绿地 21 商城用地,修建银川物流港规划 8 号道路,实施兴庆区土地增减挂钩项目,掌政镇茂盛村土地经营权转让,土地规划修编,“平改坡”补助资金,“三大战役”整治资金有关事宜和干部问题;讨论《兴庆区开展征地补偿清理工作实施方案》;听取近期信访工作情况汇报。
2009 年 9 月 27 日	兴庆区政府第 52 次	研究推荐黄河标准化堤防工程建设先进单位和先进个人;研究国庆期间氛围营造,丽景湖设施维修,2009 年兴庆区财税系统收入奖励,原兴庆区二小办公用房及设施维修改造,征地拆迁有关事宜;讨论《滨河大道兴庆区段一公里范围内村庄环境综合整治实施方案》兴庆区社区工作者管理暂行办法》《兴庆区社区矫正工作实施方案》《兴庆区适龄人群乙肝疫苗补种工作实施方案》。
2009 年 10 月 12 日	兴庆区政府第 53 次	研究推荐国家和自治区级第二次全国经济普查先进集体和先进个人,凤凰北街社区服务中心建设项目,收购穆斯林民俗村 2 套住房,给公安分局核拨打击有组织犯罪专案经费,兴庆区中小学校舍安全鉴定方案和“三大战役”整治资金有关事宜;讨论《全面深入推进“平安兴庆”建设的实施意见》。
2009 年 10 月 21 日	兴庆区政府第 54 次	研究兴庆区第四届“环卫工人节”和调整区长副区长工作分工事宜;讨论《兴庆区工程建设领域突出问题专项治理工作实施方案》。
2009 年 11 月 26 日	兴庆区政府第 55 次	研究征兵经费,向银川市中小企业信用担保中心注入担保资金,第三幼儿园旧址教学楼及辅助用房整体出租,赴外地考察城管工作事宜和干部问题;听取兴庆区甲型 H1N1 流感防控工作汇报。
2009 年 12 月 10 日	兴庆区政府第 56 次	会议听取拆迁办 2009 年度拆迁工作汇报,康居工程建设情况汇报;讨论《兴庆区 2010 年生态型现代都市农业发展意见》《兴庆区开展廉政风险防范管理工作实施方案》;补议兴庆区第一批非物质文化遗产名录申报;研究新建长清园 23 小、25 小取暖费及工作经费,满春村旧村部转让及新村部建设,兴庆区城乡既有房屋抗震安全排查和危旧房排查鉴定评估,解决社区居委会换届选举后卸任社区工作者一次性生活补贴,民族宗教局购买公务用车和调整 2009 年兴庆区财政收支验收有关事宜。
2009 年 12 月 28 日	兴庆区政府第 57 次	研究讨论各单位“三定”方案,《2010 年政府工作报告》《关于兴庆区第二届人民代表大会第二次会议代表议案及建议意见办理情况的汇报》《银川市兴庆区 2009 年国民经济和社会发展计划执行情况及 2010 年国民经济和社会发展计划(草案)的报告》《兴庆区政府 2009 年财政预算执行情况及 2010 年财政预算(草案)的报告》;研究成立兴庆区规划建设领导小组,组建兴庆区工程项目咨询中心事宜。
2010 年 1 月 19 日	兴庆区政府第 58 次	研究上报银川市禁毒工作先进单位、先进个人;研究 2010 年兴庆区奶牛保险,宁夏银行 2500 万元贷款到期转贷,机关事业单位工勤技能人员技能评审,第二轮修志基础工作;研究讨论《兴庆区十二五规划编制实施方案》《兴庆区争取项目和资金实施方案》《兴庆区项目资金监督办法》《兴庆区规划建设领导小组议事规则》《兴庆区制止和查处违法用地和违法建设暂行规定》《兴庆区城管体制改革实施意见》兴庆区关于进一步规范民办幼儿教育管理的实施意见》《兴庆区社区工作者管理办法》。
2010 年 2 月 4 日	兴庆区政府第 59 次	研究预支拆迁迟延安置经济补偿费用、春节慰问经费、化解债务、干部问题。

续表

时间	届次	主要议题
2010年2月9日	兴庆区政府第60次	研究2010年经济农村暨安全生产工作会议，兴庆区国控公司与宁夏固本建筑有限公司施工合同纠纷；研究讨论《兴庆区2010年农业发展扶持政策的意见》。
2010年4月6日	兴庆区政府第61次	研究原十二小印刷厂设备处置，大新镇、掌政镇、月牙湖幼儿园建设，教育工程建设，建立国家教育考试中心保密室和考场监控系统，农村寄宿制学校住宿和伙管经费，干部问题；研究讨论《兴庆区关于深入推进城乡教育一体化加速教育均衡发展实施方案》《兴庆区教研员交流选拔实施意见》《兴庆区义务教育阶段教师人才引进机制方案》。
2010年4月25日	兴庆区政府第62次	研究银通路、银横路拓宽改造及绿化林带建设项目征地拆迁，红花汽修厂拆迁补偿，第三水厂续扩建工程征地补偿，拆除草原围栏，八里桥烈士公墓道路14.2亩土地征地，物流港土地挂牌，配置城管执法服装，车辆购置及调配，增拨环卫清扫车辆燃油工作经费，环卫三轮车制作，颐享园运行及管理，非在编人员增效，兴庆区医药卫生体制改革，召开建设食品安全先进城市大会，疾控中心招聘专业技术人才，兴庆区2009年度绿化达标单位命名，成立掌政镇特色小城镇建设领导小组，《兴庆区2010年招商引资考核办法》，2009年科技三项经费安排；研究讨论《兴庆区劳动保障监察网格化网络化管理工作实施方案》；通报2009年度各乡镇、街道、部门年终考核情况。
2010年5月20日	兴庆区政府第63次	研究讨论《掌政镇特色小城镇建设实施方案》，研究违纪干部处理有关事宜。
2010年5月31日	兴庆区政府第64次	研究召开兴庆区政府廉政工作会议，校园安保，三星级社区命名表彰，为月牙湖乡配备环卫设施，化解宁夏国际投资控股有限公司股权转让金，"三大战役"整治资金，干部问题；研究讨论《兴庆区黄河金岸水域生态湿地运营管理暂行办法》《兴庆区关于贯彻银川市建设食品安全先进城市实施方案和意见》《兴庆区内部审计实施办法》《关于兴庆区行政规范性文件制定和备案规定》《兴庆区强化乡镇行政执法工作实施方案》《通贵乡河滩村二队拆迁补偿及轻钢抗震房建设方案》。
2010年6月26日	兴庆区政府第65次	研究上报自治区双拥工作先进单位和先进个人，聘请教育兼职督学事宜；研究兴庆区第二批非物质文化遗产名录申报，兴庆区参加十三届运动会经费，兴庆区花卉研究中心外聘花卉专家，满春安置区征地拆迁遗留问题，满春社会保障性住房项目征地拆迁补偿方案，兴庆区2010年教育工程建设相关事宜；听取黄河金岸村庄环境综合整治工程建设情况汇报；讨论《掌政镇碱富桥塞上农民新居2010年建设实施方案》《兴庆区小城镇建设专项资金管理暂行办法》《兴庆区新型农村社会养老保险试点实施方案》和《兴庆区地震应急预案(修订稿)》。
2010年7月26日	兴庆区政府第66次	研究掌政镇小城镇建设，委托中介机构对标准化堤防及东部水系工作进行工程决算，"八一"节双拥慰问，兴庆区民族敬老院遗留问题，社区建设，兴庆区校舍维修，燕鸽湖学校建设项目工程款，科技园与隆湖公司债务，中国穆斯林国际小商品交易中心项目返还资金，银川(东盟)文化酒店设备用品商城项目土地挂牌，2010年兴庆区财税系统收入奖励事宜。
2010年8月4日	兴庆区政府第67次	研究推荐申报全国公安机关执法示范单位；研究科技园银基公司土地变性，掌政小城镇农副产品加工区一期200亩土地和400亩商住用地挂牌，掌政小城镇农副产品加工区及商住楼安置区征地拆迁，土地置换，农村道路建设招标，未成年人活动场所建设，迁建友爱小学，满春三期安置区急需解决失地农民营业房招标，香港亿鑫有限公司投资创办兴庆区计划生育服务站事宜；讨论《兴庆区2010年鲜切花销售预案》《兴庆区花卉交易市场建设项目实施方案》和《兴庆区健康全民行动实施方案》(2010年–2012年)。

续表

时间	届次	主要议题
2010年9月7日	兴庆区政府第68次	研究掌政特色小城镇建设,塔桥中心路拓宽征地拆迁,月牙湖奶牛生态养殖基地,兴庆区物流港北区招商项目用地,表彰2010年兴庆区师德标兵、优秀教师和优秀教育工作者,兴庆区回民三小代建,发放2009年度灵活就业人员社会保险补贴,召开全民促进就业暨创建创业型城市工作会议,新华街办公用房出租,将部分法院书记员工资纳入财政预算,购置法院业务用车,返还法院诉讼费,为环卫作业工人实行一线岗位津贴和月度考核奖励,购买银川市计生服务中心办公用房,乡镇、街道计生服务计生资金,兴庆公安分局侦缉中心建设经费,全区第十三届运动会奖金发放,兴庆区部分单位办公用房搬迁和车辆购置相关;补议上报银川市尊师重教先进个人;通报特岗教师招聘事宜;讨论《兴庆区人口普查调查员选调方案》。
2010年9月14日	兴庆区政府第69次	研究掌政特色小城镇安置区建设代建工程结算,月牙湖奶牛生态养殖基地经费,对做好宁洽会暨中阿经贸论坛期间环境卫生情况督查及对有关责任人进行处理有关事宜。
2010年9月20日	兴庆区政府第70次	研究十二五规划纲要,2011年项目上报,农村初中校舍改造项目整改,兴庆区二十四小落成庆典,召开教育工作大会,解决宁夏银基房地产开发责任公司债务,卫生和食品药品监督管理办公楼供暖设施维修,上报银川市甲流感防控工作先进,原兴庆区三小、十九小、原银川一职办公用房维修,机关办公大楼设备维修改造,表彰兴庆区民族团结进步先进,召开防范和处理邪教工作表彰会事宜;讨论《兴庆区2010年秋季农田水利基本建设方案》《兴庆区2010年农村环境综合整治工作实施方案》《兴庆区加快推进教育改革实施意见》及相关工作责任分工。
2010年10月26日	兴庆区政府第71次	研究命名11个勤廉为民"五好"村,返还宁夏国际小商品交易中心及银川"万人创业园"资金,黄河大桥亮化工程新增项目,月牙湖万亩奶牛生态养殖园区建设,掌政特色小城镇农副产品加工区建设预算及设计方案,掌政特色小城镇典农公园绿化,名人文化广场绿化,黄河金岸绿化节点土方预算,丽景湖公园债务,农村环境综合整治新增排水、土方、巷道硬化及塔桥小学围墙拆迁,塔桥中心路拆迁,兴庆区移民安置,友爱小学捐建协议和代建合同,颐享园新增维修项目,为一线环卫工人配发服装,农村文化"以奖代补"专项资金实施计划事宜;调整兴庆区国有资产管理委员会人员和经政府同意聘用人员取暖费补贴标准事宜。
2010年11月24日	兴庆区政府第72次	研究月牙湖万亩奶牛生态养殖园区建设用地地面附着物补偿,银川十中及兴庆区十九小供热管网建设,原银川一职新增维修项目,国际物流港规划四号路占用银川市运输管理处土地及附着物补偿,谭晶民开垦鱼池等地面附着物补偿,调整司法助理员岗位津贴及信访工作人员实施岗位津贴,凌建平辞职及解聘白玲,兴庆区综合年鉴编纂有关事宜;讨论《兴庆区公共文化体育设施管理办法》《兴庆区优秀公务员健康休养制度》《兴庆区创建全国科普示范县(市、区)实施方案》;补议上报银川市十大法制人物、民主法制示范村、依法治理示范单位事宜。
2010年12月23日	兴庆区政府第73次	研究上报全区有关工作先进个人,月牙湖奶牛养殖园区建设,黄河金岸辅桥节点景观绿化,凤凰北街社区服务中心部分办公用房转让,中山南街综合办公区办公费用,违纪干部处理事宜和干部问题;讨论《兴庆区城乡医疗救助暂行办法》《兴庆区国土利用总体规划》《2011年政府工作报告》,《关于兴庆区第二届人民代表大会第三次会议代表议案及建议意见办理情况报告》《银川市兴庆区2010年国民经济和社会发展计划执行情况及2011年国民经济和社会发展计划(草案)的报告》《兴庆区政府2010年财政预算执行情况及2011年财政预算(草案)的报告》。

【政府办公室领导名录】

主　任：袁　科（2001.10-2003.02）
　　　　丁万福（2003.02-2004.12）
　　　　党　成（2005.01-2008.11）
　　　　杜　胜（2008.11-2010.12）
副主任：任福东（2001.01-2002.03）
　　　　赵景宝（2002.03-2005.01）
　　　　王　莉（2002.09-2007.11）
　　　　景兆东（2003.05-2004.05）
　　　　锁成龙（2005.01-2010.10）
　　　　杜　胜（2005.03-2008.11）
　　　　倪小军（2007.11-2010.12）
　　　　马　伟（2009.01-2010.12）
　　　　王爱华（2009.01-2010.12）
　　　　刘永忠（2009.09-2010.12）

政务公开

【行政服务中心】 为贯彻落实《行政许可法》，方便群众办理行政审批事项，使政府工作更加透明，将全区行政许可事项集中办理，实行“一站式”服务和一次性办结制。2002年，兴庆区政府成立行政服务中心，对进驻大厅的单位和行政许可事项进行统一管理，将9个部门16项行政许可项目统一在政务大厅办理。截止2009年12月底，各窗口共受理行政许可事项19673件，办理19673件，办结率达100%，受到广大群众的一致好评。2010年底，兴庆区政务服务中心设有10个服务窗口，窗口进驻单位为卫生局、计生局、残联、司法局、建设交通局、人事局、教育局、国税局、地税局及综合服务窗口。

【信息公开】 2001年～2010年，兴庆区政府十分重视政府信息公开工作，先后制定《兴庆区政府信息公开实施方案》和《兴庆区人民政府信息公开规定》。

【清理整顿行政审批】 2002年，成立城区清理行政审批工作领导小组，对城区37个行政部门进行摸底调查，经领导小组会议研究，取消卫生局个体医疗机构许可证和户外广告霓虹灯设置许可证2个审批项目；全面清理政府各职能部门行政审批事项，清理整顿部门37个，取消审批事项3项。

2007年，会同有关部门开展清理拖欠工程款、评比达标表彰过滥等专项整治和监督检查，对35个进驻政务大厅的部门及195项行政许可审批事项进行为期3天的专项检查。

【政务公开】 2001年～2010年，兴庆区政府十分重视政务公开工作。2001年对兴庆区各单位、部门落实政务公开制度进行调研和督查，先后召开座谈会6次，走访23个部门，向100多名基层干部、群众征求对城区政务公开工作的意见，针对政务公开工作中存在的问题和不足，制定《关于进一步推进政务公开的通知》，对政务、校务公开的内容、时间、方式以及范围提出具体要求；对99名新提拔干部进行了任前公示，首次面向兴庆区公开选拔16名副科级领导干部，在兴庆区法院进行中层领导干部竞争上岗，有27名年轻干部走上领导岗位；先后制定《城区干部人事管理规定》《城区调入教师管理考核规定》，对缺额人员的录用实行凡进必考。

2002年，先后召开政务公开工作座谈会和经验交流现场会，及时推广政务公开成功经验，推进政务公开工作。

2008年，投入8万余元，完善改造兴庆区政府门户网站，强化政务对外公开工作，增强政务公开力度，规范和完善基层政务公开工作，推动村务公开、居务公开、校务公开经常化、制度化，利用政府网站、综合办公楼大厅的电子显示屏、效能曝光台和《今日兴庆》报刊，面向社会全面公开党务、政务信息及敏感性和热点性问题；加大对农村党员干部非法占地、违规建房案件的查处力度，并适时进行了责任追究；开展工程建设领域专项治理，完成2008年以来政府投资和使用国有资金投资建设的95个重点建设项目的全面排查。

2009年，建立行政机关门户网站5个，信息公开制度106件；向社会提供公开信息214条。

2010年，出台《兴庆区人民政府信息公开规定》，对城乡规划、政府采购、征地拆迁、重大审批项目、执法依据、行政职责和办事程序及时通过纪要、网站、LED显示屏等载体进行公布；建立行政机关门户网站5个，信息公开制度106件；向社会提供公开信息290条。

政府法制

【概况】 2001年～2010年，法制办进一步加强政府法制建设，充分发挥政府的参谋、助手和法律顾问作用。2008年以来，兴庆区政府认真贯彻落实国务院《全面推进依法行政实施纲要》《关于加强市县政府依法行政的决定》自治区《关于贯彻落实＜国务院关于推进市县政府依法行政工作的决定＞的实施意见》，紧紧围绕政府中心工作，以提高依法行政能力为切入点，结合实际，全面加强自身建设，把依法行政的要求溶入到政府各项工作中，推进政府工作制度化、规范化和程序化，加快法治政府建设步伐，有力地促进了各项事业的健康发展。

【行政执法监督】 兴庆区政府认真开展行政执法监督工作。2010年对农贸市场、生鲜乳及饲料、兽药及兽药残留等进行执法监督检查，出动执法人员210人次，累计检查550个农资经营网点，张贴公示栏200多个，发放“一账通”3000余本，查处种子违法案件8起、肥料违法案件2起、兽药及饲料违法案件14起，审定发放种子经营生产许可证21本，有效规范了农资经营行为。加强农机监理和安全检查工作，安全检查72天，纠正各种违章243起，有效保证农机安全生产，全年无农机事故发生。对药品、传染病防治等热点问题，依法进行检查，全年出动卫生监督员282人次，出动执法车辆76台次，检查乡镇卫生院4家、社区卫生服务中心（站）29家、其他医疗机构78家，查处取缔“黑诊所”28家，没收各类药品、医疗器械

33 箱，价值 3.5 万元，确保群众合法权益得到维护。

【规范性文件审查】 加强规范性文件的审查工作。认真落实“凡是以政府和政府办公室名义下发的规范性文件及提交政府常务会议研究讨论的规范性文件，必须经政府法制办公室审查，未经审查的不予下发；对各单位、各部门制发的规范性文件，也必须经政府法制办公室审查”的工作要求，保证了文件的内容符合法律和政策的规定，确保了政令统一、法制统一。

政府规范性文件草案列入政府常务会议议题，在常务会议上予以审议之前，起草部门都将规范性文件送审稿报送政府法制部门进行法制审核，并按照政府法制部门的审核意见对规范性文件进行修改，形成规范性文件草案，提请政府常务会议审议。政府法制部门从兴庆区改革、发展、稳定的需要出发，从提高文件质量入手，做好对规范性文件合法性的审核工作，组织召开座谈会、论证会广泛听取各方面意见。

2009 年，制定规范性文件 129 件，修改规范性文件 4 件，废止规范性文件 1 件，公众参与和专家论证制定文件 5 件；组织重大行政决策听政 9 次。2010 年，制定规范性文件 1 件，公众参与和专家论证制定文件 4 件；组织重大行政决策听政 6 次。

【行政复议与诉讼】 重视行政复议工作，积极受理和办理行政复议案件。2008 年，行政复议机关共收到行政复议申请 3 件，经审查受理 2 件，审结 2 件。在依法公正审理的同时，对其中涉及的劳动工伤行政复议案件，做到快审快结，维护了外来务工的合法权益。2009 年，行政复议机关共收到行政复议申请 2 件，均以立案前进行调解处理。2010 年，行政复议机关共收到行政复议申请 2 件，均以立案前进行调解处理；行政诉讼案件 2 件，经法院协调撤诉 1 件，裁定驳回 1 件。

【清理行政许可】 根据依法行政的要求，对兴庆区各行政执法主体实施的行政许可事项进行全面清理。2008 年，兴庆区政府经过行政许可事项的清理，有行政执法主体 33 个，其中乡镇 4 个、街道 11 个，行政执法部门 17 个，法律法规授权组织 1 个；涉及到现行有效法律、法规和规章 682 部，明确行政执法职权 1884 项，其中行政许可 80 项、行政处罚 1355 项、行政强制 46 项、行政裁决 2 项、行政给付 9 项、行政确认 4 项以及其他行政执法职权 388 项。

2009 年，兴庆区行政执法主体为 35 个，涉及到现行有效法律、法规和规章 682 部，明确行政执法职权 1884 项，其中行政许可 80 项、行政处罚 1355 项、行政裁决 2 项、行政给付 9 项、行政确认 4 项、其他行政执法职权 388 项。

2010 年，兴庆区行政执法主体为 35 个，行政许可 32 项，其他行政执法职权 388 项。

【行政执法队伍建设】 为提高行政机关和行政执法人员依法行政的水平，2006 年 ~2008 年，政府法制办举办行政执法培训班 2 期，新培训执法人员 80 人，有效地缓解了兴庆区部分行政执法部门执法证件不足的问题。

2009 年，对行政执法人员进行相关法律知识培训，培训 740 人次，组织执法案卷评查 526 份，提高兴庆区行政机关工作人员依法行政的能力；领导干部学法 539 人次，公务员学法 1590 人次。

2010 年，对行政执法人员进行相关法律知识培训，培训 279 人次，组织执法案卷评查 100 份，提高了兴庆区行政机关工作人员依法行政的能力；领导干部学法共 481 人次，公务员学法 1803 人次。坚持干部学法登记制度，每年为机关干部举办不少于 2 次的法制讲座，提高领导干部和行政执法人员的依法行政意识，进一步加强了对行政执法人员资格认证和行政执法证件的管理；聘请法律专家对行政执法部门和执法人员进行以执法程序、执法职责、行政许可等内容为重点的专题培训，考试合格后颁发由自治区政府制定的行政执法证件，做到行政执法人员全部持证上岗，杜绝无证执法行为的发生。

招商引资

【概况】 兴庆区经济技术合作局的前身是兴庆区招商局，组建于 2006 年，为政府直属事业单位。2009 年根据《关于银川市各县（市、区）招商局更名的通知》和《银川市兴庆区政府机构改革方案的实施意见》精神，更名为银川市兴庆区经济技术合作局。5 年来，共招商引进项目 60 余宗。投资总额 70 余亿元。2006 年被银川市政府评为招商引资工作先进集体；2010 年被自治区人民政府评为投资贸易项目洽谈签约先进单位，被自治区招商局评为全区招商信息报送先进单位、信息报送三等奖，被评为宁夏·山西（太原）经贸合作推介会参会先进单位一等奖。

【局领导名录】

局　长　王　丽（2006.10 ~ 2010.5）

　　　　彭丽宏（2010.5 ~ 2010.12）

副局长　黄　韬（2007.11 ~ 2010.12）

【招商成果】 2004 年为 8.15 亿元。2005 年为 5.04 亿元。2006 年银川市下达给兴庆区的招商引资任务 5.5 亿元，兴庆区招商局共编报基础设施、商业、工业等项目 70 个，其中重点建设项目 15 个，实际到位资金 4.96 亿元，在科技园招商方面：加快兴庆区科技园管理体制转换，基本完成恒业公司股权的收购，园区 955 亩工业用地经市政府同意转为市场用地；卧龙变压器和恒兴机械的厂房主体工程完成；投资 1.2 亿元的宁夏正泰高低压电器项目正在办理报批手续和进行规划设计；宁夏服装服饰协会投资 8600 万元建设服装工业园。在市场带招商方面：龙盘家私城、国际汽车城、西北农资等在建项目完成投资 9.1 亿元，其中西北农资城已经正式开业，市场招商率超过 80%；新建的银川长城商业广场和银川恒诺装饰家居城，

规划建筑面积 38.6 万平方米，总投资 10.5 亿元；香港豪德集团投资 20 多亿元的东环批发市场改造项目已经达成初步合作协议。在沿黄旅游招商方面:兴庆区黄河旅游区开发总体规划完成评审工作；黄河生态运动公园一期工程已经建成竣工验收,绿化、美化工程正在同步实施；投资 6.4 亿元的阿拉伯国际文化城建设项目做前期规划；投资 3.8 亿元的宁夏东方垂钓休闲娱乐城项目完成项目选址,做建设前期准备工作。

2007 年，开展“招商引资年”活动，招商引资工作取得显著的成效。2 月在北京成功举办“2007 年宁夏·银川·兴庆区黄河文化旅游项目推介会”,兴庆区政府分别与北京顺丰投资集团、中基华业国际露营地投资有限公司、北京远方投资有限公司签订沙漠运动公园、西部汽车文化公园、黄河高空动力滑翔运动项目 3 个合作意向书,投资总额 3 亿元。8 月 15 ~ 18 日在第二届中国(宁夏)国际清真食品穆斯林用品暨宁夏投资贸易洽谈会期间，新签约项目 2 个，签约资金 7000 万元,其中兴庆区科技园管委会与福建泉州粤港装饰有限公司签订的玻璃幕墙研发、生产制作、安装项目协议,总投资 4000 万元;宁夏来裕食品有限公司与福建厦门新宏辉进出口公司合作开发马铃薯淀粉项目,投资总额 3000 万元。9 月 23 ~ 25 日在“宁夏(上海)活动周”期间,新签约项目 2 个,签约资金 21.5 亿元，其中兴庆区人民政府与香港大田物流公司签订的银川国际物流港项目协议,总投资 20 亿元;宁夏银川金河乳业有限公司与美国 MSC 公司签订的奶酪生活加工项目,投资总额 1.5 亿元。截止 2007 年 9 月招商引资签约资金 31.425 亿元,实际到位资金 7.06 亿元。

2008 年,招商工作取得了可喜的成绩。一是 4 月 24 日兴庆区政府与大连锦华集团签订银川国际物流港项目合同,通过审批土地 900 亩,庄点拆迁 263 亩,共计 1163 亩。9 月 19 日绿地 21 商城开工奠基仪式在兴庆区科技园隆重举行，项目总投资 20 亿元，占地面积 59.2 万平方米，总建筑面积 60 万平方米，规划建设为以物流、商贸产业为核心,集配套高级商业、购物中心、金融商务、公寓酒店及办公等综合设施于一体的商贸物流服务区。建成后将向社会提供新的劳动就业岗位 6 万个，实现年利税 3 亿元。二是 5 月 6 日在银川(深圳)机械装备制造业项目推介会上，兴庆区政府与深圳铜锣湾集团和宁夏银古石油有限公司签订银川铜锣湾商业广场项目合作意向书，深圳铜锣湾集团和宁夏银古石油有限公司将各自出资 50%，共同投资 1.5 亿元，建设银川铜锣湾商业广场；三是 8 月 2 日由宁夏西夏城文化旅游开发公司改造、修建的占地 300 亩的西夏皇城举行隆重的开业庆典。该景点以西夏文化为依托，是一处既能体现古老的西夏文化,由集吃、住、行、游、购、娱为一体的东线特色景区。四是 8 月 31 日兴庆区政府与陕西三森实业集团签订三森国际家居博览中心项目，占地 85 亩,建设面积 15 万平方米,总投资 6 亿元。9 月 16 日兴庆区政府与宁夏长城发展集团、上海红星美凯龙集团签订银川红星美凯龙全球家居生活广场项目,总建筑营业面积 12 万平方米，总投资 10 亿元,9 月 25 日宁夏恒诺房地产公司与上海月星集团隆重举行月星国际家居建材广场开业庆典仪式,项目投资 4 亿元,建设面积 15 万平方米,已有 500 多个商家入驻经营。10 月,沃尔玛(银川)大卖场项目正式合作协议签订。全年招商引资实际到位资金 12.94 亿元。

2009 年,突出以商贸物流为主的现代服务业招商引资工作，开展“大招商”、“招大商”、“招好商”。在“第十三届中国东西部合作与投资贸易洽谈会上”期间,与陕西三森实业集团成功签订三森国际家居博览中心项目建设项目。在宁夏(香港)经贸文化旅游活动周期间,分别与香港希纳公司和深圳铜锣湾集团就新华东街地下人防工程——世界穆斯林风情商业街和银川铜锣湾商业广场项目签订总投资达 9.5 亿元的合作意向书。2009 年在中国(宁夏)国际贸易洽谈会暨第二届回商大会期间,分别与宁夏新世纪农产品冷链商贸有限公司签订投资总额 3.5 亿元的宁夏农产品冷链加工建设项目,与华润万家生活超市有限公司签订投资总额为 2 亿元的宁夏华润万家连锁超市建设项目。截止 11 月底兴庆区开工建设项目共 44 个,其中:续建项目 12 个,新建项目 32 个,实际到位资金 17 亿元。新增劳动就业岗位 1700 个。

2010 年,截至 9 月底实际到位资金 21 亿元，完成银川市下达 15 亿元目标任务 140%。招商落地项目共 40 个,其中:续建项目有绿地 21 商城、宁夏穆斯林国际小商品城、新世纪农产品冷链物流交易中心、红星美凯龙家居广场、锦湖饭店、华润万家光耀新世界店等 22 个,到位资金 15 亿元。新建项目有三森国际家居博览中心、陕西商会五星级酒店、盛世春天购物中心、立达国际机电水暖建材城及宁夏旅游集散中心、国美电器国芳店、汉庭连锁酒店、格林豪泰连锁酒店等 18 个,到位资金 6 亿元。在谈项目有江宁国际商贸城酒店用品市场、银川胡商国际电子商城、北京物美现代物流中心、苏宁电器银川物流基地、宁夏烟草物流配送中心、山西一一中草药种植基地等 23 个。

【招商宣传推介】 2006 年,创新方式,注重沟通,组织人员先后赴北京、天津、福建、上海、广东、河南、深圳等地开展招商引资活动,学习区外先进的招商引资经验和方法。还通过印制《招商指南》《招商项目册》、编写招商信息等多种形式加强交流沟通,积极为投资者提供全方位、全过程服务,较好地履行了“只要你投资,一切事情我们办的承诺”。

2007 年,实施“产业对接、拓展市场、对外宣传”三大战略,采取“近引、外联、拓展”、“走出去、请进来”等多种招商方式,编印《兴庆区黄河旅游带项目侧》《兴庆区商贸物流市场项目册》《兴

庆区乡村旅游项目册》等，内容包括机械电器制造、清真食品及穆斯林用品、农业、旅游、基础设施建设、教育、现代服务业、市场、商贸物流等共9类近60个招商项目。组团先后赴北京、天津、西安、成都、重庆、深圳、新疆、山东等投资洽谈会。同时，在《自治区招商网》《银川市招商网》，对外宣传兴庆区投资环境、招商项目、优惠政策、投资导向等招商引资信息；在深圳贸促会、深圳国际商会、深圳世贸中心会的国际贸易投资合作公共服务平台——《贸易之窗》推介“兴庆区整体招商项目、兴庆区营商环境”；在珠江三角洲具有较强影响力的“第一商业网”（www.topbiz360.com）登载；在《今日兴庆》《兴庆区招商动态》以及《自治区招商信息汇编》《银川招商动态》等宣传兴庆区招商工作亮点。

2008年，兴庆区“走出去、请进来”招商推荐工作实现新突破。一是真情招商，扎实做好“请进来”工作。1月~7月，香港泛华集团、大连锦华集团、深圳贸促会、山东活澳龙集团、浙江圣大集团等客商近百人次，应邀到兴庆区实地参观考察投资项目。8月~9月，在中国500强发布会和首届回商大会期间，兴庆区政府先后组织“兴庆区与中国500强企业、中国穆斯林企业家经济合作恳谈会”、“中国500强、中国穆斯林企业家兴庆区实地考察”、“中国500强企业、中国穆斯林企业家兴庆区联谊会”等招商推介活动5场次，参加区外客商近150名，副总以上的重要客商占60%以上。9月11日广东知名企业家代表团一行13人，应邀在兴庆区进行参观考察；9月28日兴庆区政府组织兴庆区与陕西、甘、宁、蒙4省区毗邻（市、区、旗）招商项目推介会，参会客商50名。同日，还参加“银川、临海经济合作恳谈会”，参会客商100余名。二是组建兴庆区招商小分队主动出击，积极开展“走出去”活动。3月11日~19日，先后前往北京、大连、深圳、苏州、上海等地开展招商引资对外宣传推介活动；4月2日~6日，赴西安参加第十二届中国东西部合作与投资贸易洽谈会，积极推介兴庆区重点招商引资项目；4月9日，参加银川·深圳企业融资对接洽谈会；5月6日~7日参加银川（深圳）机械装备制造业项目推介会，签订投资1.5亿元的银川铜锣湾商业广场项目合作意向书；6月27日~28日，参加2008年中国深圳投资贸易洽谈会；7月2日~7日，前往上海、深圳与上海红星美凯龙集团、深圳铜锣湾集团等就重点投资项目进行深入洽谈推进。据统计，1~9月兴庆区党政领导亲自带队，先后组织带领招商小分队外出招商项目推荐活动近10批次。

2009年，主动出击、广泛联系，招商引资工作领域全面拓展。先后参加“第十三届中国东西部合作与投资贸易洽谈会”、“宁夏（香港）经贸文化旅游活动周”、“2009中国（宁夏）国际贸易洽谈会暨第二届回商大会”。还重新制作、编写2009年兴庆区投资宣传片、投资指南和投资项目手册。先后接待山东商会、屈臣氏集团、华润万家集团、如意酒家、七天连锁酒店、苏宁电器以及上海、陕西、福建、江苏、浙江等地客商60多人来兴庆区实地考察，促成并达成多宗招商引资合作意向项目。

2010年1月27日~30日，招商小分队分别前往上海、义乌、昆明等地开展招商宣传推介活动，并先后实地考察了上海西北综合物流园区、义乌国际物流中心、义乌国际商贸城、昆明斗南国际花卉交易市场、昆明鑫东盟（国际）酒店设备用品市场、昆明杨月季园艺种植基地。3月25日组成政府考察团，前往内蒙古鄂尔多斯市东胜区和陕西省榆林市榆阳区开展经济技术合作洽谈活动。5月19日，组织召开“兴庆区与宁蒙陕甘毗邻地区经济技术合作推介会”。榆林市榆阳区、靖边县、神木县、米脂县、吴起县、宜川县等企业代表及兴庆区辖区内企业代表共60多人参加此次推介会。8月4日~8日，山西省太原市政协副主席袁实率山西企业家经贸考察团一行40人，在兴庆区开展经贸项目对接洽谈活动。8月5日，召开“兴庆区（山西. 太原）经济技术合作洽谈会”。全年共接待云南、江西商会、北京物美、山西一一、陕西宏峰、苏宁电器、台湾百脑汇、山西企业对外交流协会、国美电器等100多名外来投资客商实地考察。

【招商服务】 2008年，开展创新服务活动，树立服务理念，以优化办事流程为重点，牢固树立“以人为本，以客为尊”的服务意识，切实提高办事效率和服务质量。

2009年，区委、政府主要领导带头到招商引资工作第一线，做到重大项目亲自商议洽谈、重大问题亲自过问解决、重要客人亲自接待，切实提高了招商引资工作实效，促成中国穆斯林国际商品交易中心暨中国宁夏国际小商品交易中心、华润万家大卖场、苏宁电器等项目的开工建设。强化服务，跟踪落实，定期走访驻宁（银）商协会，进一步加强与商协会的交流和合作。积极协调解决绿地21商城土地证办理及科技园1.3亿元债务化解问题；协调解决银川物流港内拆迁、道路建设、项目供电等基础设施建设中遇到的纠纷，确保物流港内中国穆斯林国际商品交易中心暨中国宁夏国际小商品交易中心、宁夏农产品冷链加工等相关项目能尽快开工建设。

2010年，认真协调解决“江宁国际商贸城酒店用品市场、银川胡商国际电子商城、北京物美现代物流中心、苏宁电器银川物流基地、宁夏烟草物流配送中心、山西一一中草药种植基地”等项目前期审批中遇到的问题。组织召开“兴庆区外来投资企业家中秋座谈联谊会”，进一步加强了与外来投资企业家、驻宁（银）商协会的交流和合作。

【招商顾问】 2009年，为了不断提高招商引资水平，充分调动全社会参与招商引资工作的积极性，制定《银川市兴庆区聘请招商引资顾问暂行办法》，确定8名区内外有影响力、有较高声望、有较

大投资合作项目或有长期合作关系的投资者为兴庆区招商引资顾问，吸引更多的投资者来兴庆区投资兴业。

【招商考核】 2006年，将重点招商引资项目分解到乡镇、街道及有关部门，制定考核办法，明确项目责任单位和责任人，实行领导责任制和跟踪落实负责制。

2007年，印发《兴庆区招商引资工作考核暂行办法》及《兴庆区招商引资任务分配表》，召开兴庆区招商引资大会，将重点招商引资项目分解到乡镇、街道及有关部门单位，实行招商引资目标责任制，做到"人人头上有指标，个个肩上有担子"。同时，对在招商引资工作中涌现出来的先进个人进行表彰奖励，有力地调动了各级领导干部和企业招商的积极性。

2009年，兴庆区委、政府制定下发《银川市兴庆区2009年招商引资目标责任考核办法》，把招商引资目标任务完成情况纳入到区委、政府年度目标责任考核中，根据22个招商引资主体责任部门实际，将2009年招商引资目标任务分解到各党政机关、社会团体。对完成目标任务的招商引资责任部门，年终目标任务考核时加2分，奖励工作经费2万元；对没有完成目标任务的招商引资责任部门，年终目标任务考核时扣2分，并给予通报批评。

2010年，完善招商引资奖励的申报、审定、兑现工作，做到引资者身份认定，严格规定兑现奖励时间，强化招商引资目标管理考核，对各招商主体责任部门完成情况实行逐月汇报、季通报，提高招商工作的执行力。

机构编制

【概况】 原城区机构编制委员会办公室成立于1998年8月，2002年银川市区划调整后更名为兴庆区机构编制委员会办公室。

【办公室领导名录】

主　任：杨桂玲（2001.12～2003.03）

樊丽萍（2003.03～2004.12）

张金明（2004.12～2007.12）

刘　星（2007.12～2010.12）

【党政机构改革】 2002年，原城区机构改革，党委设工作部门7个，分别为纪律检查委员会、党委办公室、组织部、宣传部、政法委员会、统一战线工作部、机构编制委员会办公室，设部门管理机构1个（老干部局）；政府设工作部门14个，分别为政府办公室、经济发展局、教育局、科学技术局（与科协合署办公）、民政局、司法局、财政局、人事劳动局、文化体育局、计划生育局、卫生局、审计局、统计局、城市管理局、监察局、民族宗教事务局，其中监察局与纪律检查委员会合署办公，民族宗教事务局与统战部合署办公，列入政府工作部门序列，不计政府机构个数；群团6个，工会、团委、妇联使用行政编制，科协、工商联、残联使用事业编制；设置9个街道办事处：胜利街办事处、中山南街办事处、玉皇阁北街办事处、新华街办事处、前进街办事处、文化街办事处、富宁街办事处、解放西街办事处、凤凰北街办事处。2003年，兴庆区机构改革，党委设工作部门8个，分别为纪律检查委员会机关、党委办公室、组织部、宣传部、政法委员会、统一战线工作部、机构编制委员会办公室、政策研究督查室，设部门管理机构1个（老干部局）；政府设工作部门14个，分别为政府办公室、经济发展统计局、教育局、民政局、司法局、财政局、人事劳动局、计划生育局、卫生局、审计局、城乡市容环境管理局、国土资源水务局、建设交通局、农林牧业局、监察局、民族宗教事务局、科学技术局，其中监察局与纪律检查委员会合署办公，民族宗教事务局与统战部合署办公，科学技术局与科协合署办公，列入政府工作部门序列，不计政府机构个数，设置承担行政职能的政府直属事业单位2个：文化体育旅游局、信访督办局（为民解忧督办中心）；设置群团6个，工会、团委、妇联使用行政编制，科协、工商联、残联使用事业编制。

2003年8月，兴庆区成立城市居民最低生活保障中心，隶属民政局管理；各街道均成立劳动保障事务所和城市居民最低生活保障中心，合署办公，一个机构两块牌子，隶属各街道办事处管理。

2004年10月，组建银川市兴庆区卫生监督所、银川市兴庆区疾病预防控制中心。卫生监督所30名编制，疾病预防控制中心20名编制，分别从银川市及金凤区、西夏区连人带编调整到兴庆区。

2005年，自治区国土资源管理体制改革，兴庆区国土资源水务局改为国土资源管理分局，为银川市国土资源局的派出机构。兴庆区随之组建了水务局，为政府工作部门。

2006年，实行党政群机关编制实名制信息管理工作，当年党政群机关实名制信息录入、审核工作结束，上报自治区。

2007年，撤销机关事务管理中心（原机关事务管理局），工勤编制分别调整到党办、政办、人大办、政协办。

2009年，兴庆区政府机构改革，组建经济发展局（挂安全生产监督管理局牌子）、统计局，不再保留经济发展统计局；组建园林管理局（挂林业局、绿化委员会办公室牌子），将农林牧业局承担的农村造林绿化管理职责，原城乡市容环境管理局承担的城市园林绿化管理职责，整合划入园林管理局；组建人力资源和社会保障局，不再保留人事劳动局；组建卫生和食品药品监督管理局，增加食品药品监督管理职责，不再保留卫生局；组建城市管理综合执法局，将城乡市容环境管理局、爱国卫生运动委员会办公室的职责，整合划入城市管理综合执法局，不再保留城乡市容环境管理局；文化体育旅游局由承担行政职能的政府直属事业单位调整为政府工作部门；信访督办局由承担行政职能的政府直属事业单位调整为党办部门管理机构；建设交通局增挂民防局牌子，增加辖区人防、民防和应急救援指挥职能；政府办公室挂红十字会牌子，增加联系红十字会开展工作相关职责;农林牧业局更名为农牧局。兴庆区政府机构改革后,设置工作部门17个。

2010年,银川市兴庆区新型农村合作医疗管理中心由兴庆区卫生和食品药品监督管理局整建制移交人力资源和社会保障局管理;5月银川市兴庆区人民政府行政服务中心更名为银川市兴庆区政务服务中心。

【乡镇机构改革】 2002年11月,撤销银川市城区,设立银川市兴庆区,原郊区红花乡、满春乡、大新乡、永固乡、掌政乡、通贵乡划归兴庆区管理。

2003年,红花乡、满春乡、大新乡、永固乡、掌政乡、通贵乡各乡分别综合设置6个事业站所:农业综合服务中心、财税经济所、文化服务中心、计划生育服务中心、土地城管水务所、经济发展服务中心。7月乡镇行政区划调整,撤销永固乡、红花乡、满春乡、大新乡、掌政乡,保留通贵乡,设立大新镇、掌政镇,丽景街办事处、银古路办事处,各乡镇分别综合设置7个站所:农业综合服务中心、财政税收经济发展中心、文化体育服务中心、计划生育服务中心、村镇建设水务工作站、劳务救助工作站、畜牧兽医工作站。

2004年,原陶乐县月牙湖乡划归兴庆区管理,将乡司法所、7个事业站所、卫生院、原陶乐县林场机构及人员编制划归兴庆区。

2006年,灵武市横城村移交兴庆区管理,移交横城小学及临河镇事业站所等事业编制29名。

2007年,基层农业科技服务体系改革,对乡镇站所机构进行调整,将大新镇畜牧兽医工作站、掌政镇畜牧兽医工作站、通贵乡畜牧兽医工作站、月牙湖乡畜牧兽医工作站分别更名为大新畜牧兽医工作站、掌政畜牧兽医工作站、通贵畜牧兽医工作站、月牙湖畜牧兽医工作站,隶属关系由各乡镇管理调整为兴庆区农林牧业局管理;将大新镇农业综合服务中心、掌政镇农业综合服务中心、通贵乡农业综合服务中心、月牙湖乡农业综合服务中心分别更名为大新农林技术推广服务中心、掌政农林技术推广服务中心、通贵农林技术推广服务中心、月牙湖农林技术推广服务中心,隶属关系由各乡镇管理调整为兴庆区农林牧业局管理;将大新镇村镇建设水务工作站、掌政镇村镇建设水务工作站、通贵乡村镇建设水务工作站、月牙湖乡村镇建设水务工作站更名为银川市兴庆区大新水利工作站、掌政水利工作站、通贵水利工作站、月牙湖水利工作站,隶属关系由各乡镇管理调整为兴庆区水务局管理。

2009年,乡镇进行机构改革,大新镇、掌政镇、通贵乡、月牙湖乡2乡2镇均统一设置3个综合办事机构:党政办公室、社会事业管理办公室(挂社会治安综合治理办公室牌子)、村镇规划建设办公室;4个事业机构:经济发展服务中心、公共事业服务中心、民生服务中心、人口和计划生育服务中心,按照扁平化的要求,根据分管工作,乡镇党政领导分别兼任各办、中心负责人,直接负责各机构的管理工作。

【事业单位机构改革】 2006年,自治区事业单位机构编制清理整顿。撤销兴庆区经济责任审计办公室,干部教育培训中心并入党员电化教育中心,物价检查所挂价格认证中心牌子,招生委员会办公室协调职能交教育局、组建兴庆区教育考试中心,国土资源水政执法大队与沟道管理所合并组建水政监察大队,少年儿童业余体育运动学校与文化馆合并组建银川市兴庆区文化体育活动中心,残疾人康复中心与残疾人就业服务中心合并组建残疾人康复和就业服务中心;新设立银川市兴庆区招商局和银川市兴庆区新闻中心;银川市兴庆区计算机网络中心更名为银川市兴庆区信息中心,政务大厅管理委员会办公室更名为人民政府行政服务中心,教育局教研室更名为教学研究室,城市居民最低生活保障中心更名为城乡居民最低生活保障和救助管理中心,会计集中核算中心更名为会计核算中心,农村合作经济经营指导站更名为农村合作经济经营管理站,农林技术指导服务中心更名为农林技术推广服务中心,畜牧水产技术服务指导中心更名为畜牧水产技术推广服务中心,农业综合开发项目办公室更名为农业综合开发办公室(为财政局所属事业单位),蔬菜园艺场更名为蔬菜花卉技术服务中心,计划生育宣传服务站更名为计划生育服务站,武装部武器装备库更名为民兵武器装备库;乡镇卫生院由6个调整为4个(大新卫生院、掌政卫生院、通贵卫生院、月牙湖卫生院);核销乡镇卫生院差额补助事业编制74名,重新核定乡镇卫生院全额事业编制54名。

2007年,银川市城市管理综合执法体制改革,连人带编上收兴庆区城管事业编制110名;实行事业单位编制实名制信息管理工作,当年事业单位实名制信息录入、审核工作结束,上报自治区。

2008年,成立银川市兴庆区新型农村合作医疗管理中心,为卫生局所属事业单位;对农林牧业局所属事业单位进行调整,撤消银川市兴庆区蔬菜花卉技术服务中心、农林技术推广服务中心,设立银川市兴庆区农业技术推广服务中心、银川市兴庆区林业技术推广服务中心。

2009年,银川市城市管理综合执法体制改革,银川市连人带编下放兴庆区城管事业编制115名。

【政法机构变动】 2008年,对法院内设机构执行庭进行调整,将法院执行庭调整为执行一庭、执行二庭。

2009年,兴庆区人民法院设立未成年人综合审判庭,为法院内设副科级机构;兴庆区人民检察院设立法警大队,为检察院内设副科级机构。

【教育机构变动】 2003年2月,银川市三中、四中、五中、十中、十二中、十五中、回中、二十中、二幼、五幼移交兴庆区管理。

2004年，原陶乐县月牙湖乡的5所中小学人员编制划归兴庆区。

2006年，灵武市横城村小学移交兴庆区。

2010年11月，银川高级中学、兴庆区育智学校移交银川市管理。

人事管理

【概况】 兴庆区人力资源和社会保障局的前身为原城区人事劳动局，2002年11月，银川市行政区划调整成立兴庆区，更名为兴庆区人事劳动局。2009年，组建兴庆区人力资源和社会保障局，将原人事劳动局职责整合划入人力资源和社会保障局。兴庆区人力资源和社会保障局下辖兴庆区劳动就业局、兴庆区劳动监察保障大队、兴庆区社保经办服务中心3个事业单位，11个街道、4个乡镇劳动保障事务所。

【局领导名录】

局　长：关　琪（2001.01～2002.01）

马学仁（2002.01～2007.11）

杨久红（2009.10～2010.12）

副局长：冯永胜（2001.10～2002.02）

杨晨华（2001.01～2010.07）

董　军（2002.10–2005.11）

张永生（2007.11～2010.12）

陈　林（2010.05～2010.12）

【公务人员管理】 2001年，对机关事业单位2799人进行考核，确定优秀等次258人，称职（合格）等次2510人，不合格等次2人，基本职称（基本合格等次）及不参评29人，对考核结果进行公示，对优秀等次人员进行奖励。

2002年，对机关事业单位2896人进行考核，确定优秀等次256人，称职（合格）等次2602人，不合格等次3人，基本职称（基本合格等次）及不参评35人，对考核结果进行公示，对优秀等次人员进行奖励。

2003年，按照区划调整要求，完成金凤区移交人员及银川市8所中学、2所幼儿园共2872人人事关系审核。对机关事业单位3254人进行考核，确定优秀等次335人，称职（合格）等次2876人，不合格等次2人，基本职称（基本合格等次）41人，对考核结果进行公示，对优秀等次人员进行奖励。

2004年，根据自治区、银川市相关精神，接受陶乐县移交工作人员89人，分配安置到兴庆区机关事业单位工作。制定考核细则，推行平时考核，为机关事业单位人员配发《工作周志》，作为平时考核与年度考核的依据，对4591名机关事业单位工作人员进行考核，确定优秀等次566人，称职（合格）等次3910人，基本合格等次28人，不定等次44人，不称职（不合格）7人，不参评36人。

2005年，开展公务员计算机、电子政务、普通话培训班。组织兴庆区公务员452人参加普通话等级考试。对机关事业单位4691人进行年度考核，确定优秀等次612人，称职（合格）等次4070人，基本称职（合格）等次8人，不合格等次1人。

2006年，制定兴庆区实施《中华人民共和国公务员法》实施方案，举办《公务员法》学习培训班，组织兴庆区公务员530人参加公务员法考试。完成公务员登记、参照公务员管理单位报批、职务级别确定、工资套改、解决混编混岗等各项工作任务。完成开展清理吃空饷人员工作。对兴庆区4642名工作人员进行年度考核，其中公务员546人，确定优秀等次71人，称职等次471人，不参评3人，不确定等次1人；事业单位工作人员4096人，确定优秀等次480人，合格等次3556人，基本合格4人，不参评31人，不确定等次21人。

2007年，举办7期《公务员公共管理核心内容》和《公务员通用能力》培训班，并进行统一考试，兴庆区各行政机关公务员及参照管理的9个事业单位的工作人员共547人全部通过考试；举办《公务员法》和《公务员处分条例》培训班，兴庆区各行政机关公务员全部参加培训并通过考试；对兴庆区4680名工作人员进行年度考核，其中公务员554人，确定优秀等次74人，称职等次478人，不参评2人；事业单位工作人员4126人，确定优秀等次490人，合格等次4067人，基本合格7人，不参评31人，不确定等次21人。

2008年，制定《兴庆区机关事业单位工作人员考勤管理办法（试行）》、《兴庆区机关事业单位工作人员年休假（试行）办法》，保障广大干部职工的休假权益。会同宣传部、机关工委在兴庆区及辖区机关事业单位中开展“千名道德之星”活动，评选优秀“公仆星”100名（其中兴庆区机关事业60名，辖区机关事业单位40名）。对机关事业单位借调人员和长期不上班人员进行调查摸底统计，分类研究调整，进一步规范机关事业单位人事管理。认真做好军转安置组织协调工作，全年安置转业干部16名，随军家属4名，退伍军人45人，安置率100%。制定《兴庆区正科及以下干部实绩考核实施细则（试行）》，对公务员606人进行实绩考核，确定优秀等次140人，不称职等次1人，不确定等次23人；事业单位工作人员年度考核优秀等次470人，不确定等次84人。

2009年，核定兴庆区物价检查所行政编制4个并组织符合条件条人员参加过渡考试，进行参公登记。会同纪检、教育局、编办、财政等部门对教育系统在编不在岗人员进行调查摸底，共统计各类在编不在岗人员79人，根据相关政策提交政府常务会议研究，分别做出处理。加强机关事业单位编外用工管理，对各单位司机进行摸底调查调整。进一步规范年休假制度。对市安置办2008年下达的29名退伍士兵进行安置。对机关事业工作人员进行考核，确定优秀等次公务员136人，不确定等次及不参评24人；事业单位工作人员确定优秀等次467人，不确定等次2人，不合格2人，不参评35人；首次对连续3年获得优秀等次的公务员18人进行记三等功表彰。

2010年，制订《兴庆区非在编工作人员工资福利管理办法》，规范兴庆区非在编工作人员待遇，为1714名非在编人员增加工资及各项保险。制订《关于为兴庆区环卫处、各乡镇、街道办事处聘用清扫员增加工资办理社会保险的通知》《关于提高兴庆区社区工作者待遇的通知》，在全区率先为清扫员及社区工作者提高待遇。制定《兴庆区历年安置复退军人工资福利管理办法》，规范兴庆区复退军人待遇，安置2009年退伍士兵31名，安置军转干部1名，随军家属1名。对政府系统298名公务员进行实绩考核，确定优秀等次60人，称职228人，基本称职1人，不确定等次6人，不称职1人，不参评2人；事业单位工作人员确定优秀等次453人，合格等次3209人，基本合格等次2人，不合格1人，不参评38人。

【人事制度改革】 2003年，制定《兴庆区党政机关人员分流安排实施办法》《兴庆区党政机关定岗定员实施方案》《兴庆区事业单位人事制度改革实施意见》《兴庆区事业单位人员竞争上岗暂行办法》，推行定岗定员、竞争上岗和人员分流，先后完成兴庆区各部门的定岗定员和人员分流工作，机关干部办理内部退养和提前退休61人，公务员队伍缩编21%。

2004年，制定《兴庆区外来流动人口管理办公室协警员工资福利管理暂行办法》，完成两乡两镇及丽景街、银古路2个办事处的竞争上岗和人员分流工作，乡镇干部265人参加竞争上岗，先后调整分流人员51人，办理内部退养和提前退休手续55人，顺利完成机构改革超编人员的调整和分流。

2005年，根据机关工资制度改革和事业单位收入分配制度改革要求，采集兴庆区机关事业单位在职及离退休人员6457人信息，建立兴庆区《宁夏回族自治区机关事业单位人员与工资管理系统》数据库。

2006年，全面推行事业单位全员聘用制，兴庆区4027名事业单位工作人员与单位签订聘用合同，纳入聘用制管理。

2007年，推进乡镇卫生机构改革和农业科技推广体系机构改革，在4个卫生院推行聘用制，签订聘用合同45人，完成乡镇卫生院人员身份转换；在农业部门开展竞争上岗和定岗定员工作。完成兴庆区机关事业单位工资收入分配制度改革。完成兴庆区机关事业单位在职人员4436人、离退休人员1897人的津贴补贴工作。

2008年，制定《兴庆区事业单位岗位设置实施方案》，开展事业单位岗位设置摸底调查，完成兴庆区事业单位三类人员（管理人员、专技人员、工勤人员）基本情况数据汇总工作，对三类岗位的设置进行测算。开展事业单位聘用合同第三轮聘用鉴证，完成事业单位2738人的聘用合同续签鉴证；在2007年定岗定员的基础上，根据农业科技推广体系改革机构工作相关要求，会同编办、农牧局、水务局，将乡镇农业科技人员59名编制、管理、工资等移交农牧局、水务局，对农业科技人员实行绩效工资制。

2009年，制定《关于做好事业单位岗位设置聘用工作及有关问题的通知》，推进事业单位岗位设置和聘用，完成兴庆区146个事业单位岗位设置管理工作，在事业单位建立以聘用制为主要内容的新型人事管理制度。在兴庆区44所中小学、幼儿园实施义务教育阶段教师绩效工资制，按政策规定纳入绩效工资范围教职工2577人。

2010年，完成公共卫生与基层卫生事业单位绩效工资实施工作，核定公共卫生与基层医疗卫生事业单位各类人数、绩效工资中70%基础绩效及30%奖励绩效总量，纳入绩效工资范围98人。

【人员招聘】 2002年，择优录用3名国家公务员、68名教师、68名社区居委会干部。

2003年，严格执行《国家公务员暂行条例》《兴庆区事业单位补充人员暂行办法》等规定，按照“凡进必考，择优录用”的原则，录用79名教师，7名工勤人员。

2004年，根据《兴庆区事业单位人事制度改革实施方案》《兴庆区事业单位人员竞争上岗暂行办法》，完善全员聘用制工作。印发《关于做好乡镇机关、事业单位人员定岗分流工作的通知》，两乡两镇以及银古路、丽景街办事处共267名工作人员进行竞争上岗，完成乡镇人员定岗分流工作。

2005年，公开招考教师及调入教师114人。

2006年，安置25名复转军人，公开招聘24名街道市容卫生站工作人员。

2007年，完成原郊区、原陶乐县月牙湖乡、灵武市共计3132名工作人员的人事接交工作。面向社会公开招聘教师230名，社区居委会干部268名，选调教师100多名，完成教师队伍的补充和社区居委会干部的换届工作。

2008年，择优招聘事业单位工作人员90名。

2009年，招聘特岗教师119人。对2006年招聘的特岗教师全面考核，考核合格53人录取为在编教师。

2010年，对2006年自治区统一考试选拔到乡镇工作的2名“选拔生”进行3年期满考核考察安置。完成高级中学28名教师考试录用。招录公务员4名，招聘事业单位工作人员13名，特岗教师213名。分别对2008年28名和2009年51名“三支一扶”大学生进行期满考核和年度考核，完成2010年69名“三支一扶”大学生招募工作。

【工资管理】 2001年，审批变动知识分子津贴120人，晋升职称工资20人，办理正常晋升级别工资325人，正常晋升职务工资532人，月审核工资发放6100余人。

2002年，为新调入117人确定工资，审批变动知识分子津贴190人，办理调动工作人员工资关系转移手续272人，兑现提职人员工资93人，晋升职称工资35人，办理正常晋升级别工资328人，正

常晋升职务工资441人，兑现技术工人工资20人；结合国家对复退军人有关政策，为暂住人口管理局165名协警员和安置在社区的36名复退军人确定工资标准；为9个街道市容管理办公室的聘用人员按国家调资政策晋升档案工资；审核金凤区移交人员及银川市8所中学、两所幼儿园共2872人的工资标准，办理退休5人；月审核工资发放6200余人，审核居委会换届后人员工资389人。

2003年，坚持人事、编办、财政3家统一核发工资政策，正常晋升职务、职称工资552人，正常晋升级别工资24人，审批知识分子津贴1103人，审批教龄补贴747人，为原陶乐县移交的89名工作人员、月牙湖移交44人、月牙湖学区56人核发工资，为安置到社区的18名复退军人核定工资标准，为52名内部调整人员办理工资转移手续，为2004年考入的教师确定了工资标准，核定减员职工工资计41344.87元；为11名20世纪60年代精简退职人员办理医疗保险，为11名原郊区移交农民合同工办理养老保险，按时完成2004年度机关事业单位5891人的调整工资任务，为符合条件的人员兑现年终奖金。

2004年，为兴庆区党委、政府机关及参公管理的事业单位人员办理公务员医疗补助；兑现行政机关工作人员移动通信费；为符合条件110人晋升级别工资，为635人晋升职务工资，为43人办理晋升学历工资；审批变动知识分子津贴339人，教龄贴265人；为2004年公开招考教师41人审核工资；办理调动工作人员工资关系转移手续12人，为内部调整81人办理工资转移手续；为教育系统12名教师改办退休手续。

2005年，为公开招考教师及调入教师114人办理工资关系转移手续；月审核发放工资6457人。

2006年，为安置到兴庆区街道办事处社区的25名复转军人及2006年5月公开招聘的24名街道市容卫生站工作人员、1名复转军人核定工资；为自治区级劳动模范按社会平均工资补发工资差额，为5名军队转业干部核定工资，为符合条件的282人晋升职称工资，100名工作人员晋升级别工资，审批变动知识分子津贴1722人，教龄补贴196人。

2007年，对事业单位4115人晋升薪级工资，行政单位124人晋升级别工资，190人晋升职称工资，办理退休66人，为新接收的48名无军籍职工核发工资；每月配合财政局审核6900余人工资发放工作；完成机关事业在职4436人、离退休1897人的津贴、补贴规范工作。

2008年，为4532人正常晋升级别和薪级工资；为教育系统300余人兑现专业技术职称工资，为安置的军队转业干部及复员退伍士兵核定工资，为2007年、2008年公开招聘的事业单位工作人员及新调入人员核定工资；为历年安置的复退军人及两路分流人员兑现增加的劳动报酬，办理退休90人；完成人事与工资数据库16项信息的核对完善工作；将人事与财政数据进行对接，首次实现财政工资统发的“一站式”服务；利用人事与工资数据管理系统，快速准确地为兴庆区在职4426名干部职工发放政府效能奖，为1914名离退休人员及政府聘用人员发放生活补贴、冬季取暖费；为兴庆区31名大学生村干部增加工资待遇。

2009年，核发2008年度年终一次性奖金616万元；完成2009年1月机关事业单位正常晋升级别和薪级工资工作，晋升工资3975人；审批2008年度年休假应休未休补贴905人96万元；兑现事业单位岗位津贴1821人；为在社保局办理退休的原机关事业单位在编合同制工人13人补发退休费差额；核定2008年安置退伍军人工资29人，军转干部工资9人，机关事业单位调入人员工资98人，办理退休74人，内部调整138人，兑现教育系统专业技术职称工资148人；为建国60周年大庆机关事业单位70岁以上老人发放一次性生活补贴515人57万元。

2010年，为机关事业单位4693人正常晋升级别和薪级工资；晋升教育系统职称工资203人；办理工资变动272人；办理内部调整转移工资手续204人；在《机关事业单位人员数据库》中录入机关事业单位新考录及转正特岗教师95人。

地方志

【概况】 银川市兴庆区地方志编审委员会及其办公室于2010年2月成立，区委书记、政府区长分别为编审委员会名誉主任和主任，区委常委、政府常务副区长及组织部长等为副主任，各职能部门主要负责人为委员，办公室主任由郝峰同志兼任，同时成立兴庆区地方志专家咨询委员会。

【制定规划】 依法修志，建立地方志工作体制和机制；区委办公室、区政府办公室印发《银川市兴庆区地方志工作发展规划(2010-2020)》。

【《兴庆史话》】 《兴庆史话》编委会主任由政府主要领导人担任，成员由各有关单位负责人组成，编辑部设在地方志办公室，计划用1年左右时间完成宁夏史话丛书——《兴庆史话》的编纂任务。

【《兴庆年鉴》】 《兴庆年鉴》编委会主任由政府主要领导担任，成员由各有关单位负责人组成，编辑部设在地方志办公室，计划用1-2年或几年时间完成《兴庆年鉴(2001-2010)》。

【乡镇志与专业志】 为乡镇志、专业志的编修做准备，要求辖区各单位成立地方志编纂领导小组及编辑部；制定编修计划(拟7年完成)，分准备阶段、收集资料阶段、编写初稿、总纂成稿和出版阶段。

【地情资料库(室)建设】 收集银川晚报《银川建城2121年专题报道》、《光辉历程》(银川市城区建区三十周年)及光盘、《多彩银川》《百年银川》、《银川回族》等。

政协银川市兴庆区委员会

ZHENGXIE YINGCHUANSHI XINGQINGQU WEIYUANHUI

【概况】 中国人民政治协商会议银川市兴庆区委员会第一届常务委员会于2003年1月选举产生。其前身是政协城区委员会。2001年1月至2002年12月共召开政协城区第四届四次、五次会议。政协银川市兴庆区委员会至2010年历经三届。

政协银川市兴庆区委员会是政协全国委员会的地方组织。主要行使以下权利：选举地方委员会的主席、副主席、秘书长和常务委员；听取和审议常务委员会的报告；讨论并通过有关决议；参与对国家和地方重要问题的讨论，提出建议和批评。10年来，区政协委员会围绕区委、区政府工作重心、工作难点和社会热点问题及人民群众关心的切身利益问题，运用提案、视察、调研、专题座谈、民主评议等形式，开展政治协商、民主监督、参政议政、出谋献策。每年组织政协委员深入乡镇、街道视察，采取听、巡、评、促等形式，开展视察调研、反映社情民意等活动。10年来，召开10次全体会议，48次常委会议，12次区情通报会、知情问政会和《政府工作报告》征求意见会，重点对区“十一五”规划、每年度的政府工作报告、计划和财政预决算执行情况等重大问题，民生问题，以及发展民营经济、建设服务型政府、加强城市生态环境保护、促进循环经济发展和实施自主创新发展战略等展开协商。各专委会也与区有关部门开辟专题对口协商渠道，初步形成全委会议总体协商、常委会议专题协商、主席会议重点协商和专委会议对口协商新格局。

【机构设置】 2001年1月，政协城区委员会设有办公室、提案文史委员会、经济科技委员会、文教卫体委员会、民族宗教“三胞”联谊委员会、法制委员会。2002年3月，政协城区委员会在原有机构的基础上，增设专委会办公室。2002年12月，银川市区划调整，撤销中国人民政治协商会议银川市城区委员会，成立中国人民政治协商会议银川市兴庆区委员会。2003年2月，政协兴庆区委员会进行机构调整，内设为办公室、提案工作委员会、教科文卫体工作委员会和经济法制工作委员会。

【政协班子名录】

主　席：李进成（2001.01～2003.01）
　　　　朱根利（2003.01～2007.11）
　　　　王玉红（2007.11～2009.12）
　　　　曹生林（2009.12～2010.12）

副主席：刘光明（2001.01～2003.01）
　　　　张学森（2001.01～2003.01）
　　　　吴红霞（2001.01～2007.11）
　　　　孙亚泉（2001.01～2002.08）
　　　　王丹华（2003.01～2004.01）
　　　　辛秀英（2003.01～2005.12）
　　　　保少宁（2003.01～2010.12）
　　　　徐建方（2004.01～2010.12）
　　　　沈俊芳（2006.01～2007.11）
　　　　曹生林（2007.11～2009.12）

【全体委员会议】 2001年1月7日～11日，政协城区第四届第四次会议召开。大会听取并讨论通过政协银川市城区常务委员会工作报告和提案工作报告；列席城区九届人大四次会议；听取并讨论《政府工作报告》及其他报告；通过有关决议、决定。

2002年1月15日～18日，政协城区第四届第五次会议召开。大会听取并审议通过政协银川市城区常务委员会工作报告和提案工作报告；列席城区九届人大五次会议，听取并讨论《政府工作报告》及其他报告；通过各项决议、决定。

2003年1月3日～6日，兴庆区政协第一届第一次会议召开，出席会议117名委员。会议听取并审议通过兴庆区政协主席李进成代表城区四届常委会所作的工作报告；听取并审议通过兴庆区政协副主席吴红霞代表城区四届常委会委所作的提案工作报告；列席兴庆区一届人大一次会议，听取并讨论《政府工作报告》及其他报告；选举产生政协银川市兴庆区第一届委员会主席、副主席、常务委员；审议通过《政协银川市兴庆区第一届委员会第一次会议政治决议》；审议通过《政协银川市兴庆区第一届委员会第一次会议提案审查情况的报告》。会议共收到提案93件，并案后为87件。自治区政协、银川市政协、兴庆区委、人大、政府、武装部和有关方面领导到会祝贺。

2004年1月2日～5日，兴庆区政协第一届第二次会议召开，出席会议委员114人。会议听取并审议通过《政协银川市兴庆区第一届委员会常务委员会工作报告》；听取并审议通过《政协银川市兴庆区第一届常委会关于提案工作情况的报告》；列席兴庆区人大一届二次会议，听取并讨论《政府工作报告》和其他报告；补选政协银川市兴庆区第一届委员会副主席、秘书长；审议通过《政协银川市兴庆区第一届委员会第二次会议政治决议》；审议通过《政协银川市兴庆区第一届委员会第二次会议提案审查情况的报告》。会议对兴庆区政协一届委员会的工作表示肯定，要求一届常委会继续努力，争取做出更大的成绩。自治区政协、银川市政协、市委统战部、兴庆区委、人大、政府、武装部和有关方面领导到会祝贺。

2005年1月4日～7日，兴庆区政协第一届第三次会议召开，出席会议委员113人。会议听取并讨论通过《政协银川市兴庆区第一届委员会常务委员会工作报告》；听取并讨论通过《政协银川市兴庆区委员会常务委员会关于一届二次会议以来提案工作情况的报告》；列席兴庆区人大一届三次会议，听取并讨论《政府工作报告》和其他报告；补选1名政协常务委员；对政协一届一次会议以来涌现出的优秀政协委员、优秀提案、办理提案先进单位及个人进行表彰。审议通过《政协银川市兴庆区第一届委员会第三次会议政治决议》；审议通过《政协银川市兴庆区第一届委员会第三次会议提案审查情况的报告》。银川市政协、兴庆区委、人大、政府、武装部和有关方面领导到会祝贺，兴庆区委书记毛宏业作了重要讲话。

2006年1月7日～10日，兴庆区政协一届四次会议召开，出席会议委员114人。会议听取并讨论通过《政协银川市兴庆区第一届委员会常务委员会工作报告》；听取并讨论通过《政协银川市兴庆区委员会常务委员会关于一届三次会议以来提案工作情况的报告》；列席兴庆区人大一届四次会议，听取并讨论《政府工作报告》和其他报告；补选政协银川市兴庆区第一届委员会副主席1名。审议通过《政协银川市兴庆区第一届委员会第四次会议政治决议》；审议通过《政协银川市兴庆区第一届委员会第四次会议提案审查情况的报告》。银川市政协、兴庆区委、人大、政府、武装部和有关方面领导到会祝贺，兴庆区委书记毛宏业做了重要讲话。

2007年1月10日～12日，兴庆区政协一届五次会议召开，出席会议委员104人。会议听取并讨论通过《政协银川市兴庆区第一届委员会常务委员会工作报告》；听取并讨论通过《政协银川市兴庆区委员会常务委员会关于一届四次会议以来提案工作情况的报告》；列席兴庆区人大一届五次会议，听取并讨论《政府工作报告》和其他报告；审议通过《政协银川市兴庆区第一届委员会第五次会议政治决议》；审议通过《政协银川市兴庆区第一届委员会第五次会议提案审查情况的报告》。银川市政协、市委统战部、兴庆区委、人大、政府、武装部和有关方面领导到会祝贺，兴庆区委书记贺满明作了重要讲话。

2007年11月19日～22日，兴庆区政协第二届第一次会议召开，出席会议委员133人。会议听取并审议通过《政协银川市兴庆区第一届委员会常务委员会工作报告》；听取并审议通过《政协银川市兴庆区第一届委员会常务委员会关于提案工作情况的报告》，列席兴庆区人大二届一次会议，听取并讨论《政府工作报告》和其他报告；选举产生政协银川市兴庆区第二届委员会主席、副主席、秘书长及常务委员，审议通过《政协银川市兴庆区第二届委员会第一次会议提案审查委员会关于提案审查情况的报告》和《政协银川市兴庆区第二届委员会第一次会议政治决议》。银川市政协、市委统战部、兴庆区委、人大、政府、武装部和有关方面领导到会祝贺，兴庆区委书记贺满明、银川市政协副主席黄洪顺做了重要讲话。

2008年12月28日～31日，兴庆区政协二届二次会议召开，出席会议委员130人。会议听取并审议通过《政协银川市兴庆区第二届委员会常务委员会工作报告》；听取并审议通过《政协银川市兴庆区委员会常务委员会关于二届一次会议以来提案工作情况的报告》；列席兴庆区人大二届二次会议，听取并讨论《政府工作报告》和其他报告；审议通过《政协银川市兴庆区第二届委员会第二次会议政治决议》和《政协银川市兴庆区第二届委员会第二次会议提案审查情况的报告》。银川市政协、市委统战部、兴庆区委、人大、政府、武装部和有关方面领导到会祝贺，兴庆区委书记王杨宝作了重要讲话。

2010年1月5日～8日，兴庆区政协二届三次会议召开，出席会议委员133人。会议听取并审议通过《政协银川市兴庆区第二届委员会常务委员会工作报告》；听取并审议通过《政协银川市兴庆区委员会常务委员会关于二届二次会议以来提案工作情况的报告》；列席兴庆区人大二届三次会议，听取并讨论《政府工作报告》和其他报告；审议通过《政协银川市兴庆区第二届委员会第三次会议政治决议》和《政协银川市兴庆区第二届委员会第三次会议提案审查情况的报告》。银川市政协、市委统战部、兴庆区委、人大、政府、人武部和有关方面领导到会祝贺，兴庆区委书记王杨宝作了重要讲话。

常委会议

【常委会议】 2001年～2010年，共召开政协银川市兴庆区委员会常委会议64次，其中：2001年4次、2002年8次、2003年7次、2004年7次、2005年6次、2006年6次、2007年5次、2008年6次、2009年5次、2010年10次。

【兴庆区2001~2010年政协常委会议一览表】

时间	届次	主要议题
2001年3月21日	城区四届十八次	学习全国政协九届四次会议精神;传达自治区、市政协会议精神;研究通过2001年工作要点。
7月19日	四届十九次	通报政协外出考察情况;研究通过《政协城区委员会提案工作细则》。
9月26日	四届二十次	听取和审议城区政府关于在公民中开展法制宣传教育的第四个五年规划;听取和审议政协关于进一步开展"四五"法制宣传教育的工作决议。化网络化管理工作实施方案》;通报2009年度各乡镇、街道、部门年终考核情况。
11月26日	四届二十一次	学习中共中央【2001】23号文件和中共十五届六中全会精神。
2002年1月4日	四届二十二次	听取和审议常委会工作报告;听取和审议提案委员会工作报告。
4月12日	四届二十六次	审议通过朱根利、丁万福、杨克义、马刚为政协委员;审议通过城区政协2002年工作要点;同意接受黄大新辞去政协委员的申请。
7月10日	四届二十七次	审议通过城区计生局、城区残联上半年工作;审定城区政协2002年半年工作总结及下半年工作要点。
2003年2月14日	兴庆区一届二次	审议提案立案情况,通过干部任免事宜。
3月14日	一届三次	审议通过《兴庆区政协2003年工作安排》《常委会工作规则》《专委会组织通则》《提案工作细则》;研究各专委会组成人员。
5月29日	一届四次	听取兴庆区卫生局关于防治非典型肺炎工作、兴庆区市场建设规划及管理和兴庆区科技园建设情况汇报。
10月29日	一届五次	听取兴庆区清真食品管理工作、康居工程建设情况汇报;通报各民主党派换届情况;审议通过《政协银川市兴庆区委员会关于加强社情民意工作的实施意见》。
12月23日	一届七次	审议通过召开一届二次全委会议时间、日程(草案)、议程(草案)、工作报告(草案)、提案工作报告(草案)、副主席、秘书长候选人建议名单;研究决定免去王丹华兴庆区政协委员、常委、副主席职务。
2004年2月20日	一届十次	审议《兴庆区政协2004年工作安排》(讨论稿);听取提案委关于一届二次会议提案情况汇报和政协建议案事宜;讨论关于成立委员活动小组事宜。
7月13日	一届十二次	听取兴庆区政府关于失地农民培训就业安置情况的汇报和经济法制委关于失地农民培训就业安置情况的调研报告;审议通过《兴庆区政协2004年上半年工作总结》《兴庆区政协委员参加政协活动管理考核办法》(讨论稿)、《关于月牙湖乡民族宗教工作的视察报告》(讨论稿)、《关于兴庆区城乡结合部环境卫生综合整治情况的视察报告》(讨论稿)和《关于兴庆区示范性中小学的视察报告》(讨论稿)。
10月20日	一届十三次	听取兴庆区建设交通局关于道路建设情况的汇报和提案委关于提案督办情况的汇报;研究决定表彰优秀政协委员、优秀提案、提案办理先进单位(个人)事宜。

续表

时间	届次	主要议题
12月24日	一届十四次	讨论并审议通过《政府工作报告》《政府工作计划报告》《财政报告》《提案工作报告》和优秀委员、优秀提案、提案办理先进单位(个人)名单。
2005年3月1日	一届十七次	传达区、市政协会议精神;研究2005年政协工作安排;审议一届三次会议委员意见建议。
5月31日	一届十八次	听取兴庆区信访督办局和兴庆区综治委工作汇报;审议《视察工作规则》(讨论稿)、《调研工作规则》(讨论稿)和《委员学习制度》(讨论稿)。
8月23日	一届十九次	听取并审议兴庆区农村水利设施建设、水务管理、农村医疗卫生工作。
12月28日	一届二十次	审议通过关于召开中国人民政治协商会议银川市兴庆区第一届委员会第四次会议的时间(草案)、会议议程(草案)、日程(草案)、工作报告(草案)、提案工作情况的报告(草案)、兴庆区人民政府工作报告(草案)、兴庆区2005年国民经济和社会发展计划执行情况及2006年国民经济和社会发展计划(草案)的报告和兴庆区政协一届四次会议各种名单及有关材料;协商通过增补政协委员事宜。
2006年3月17日	一届二十三次	听取并审议兴庆区政府关于计划生育和安全生产工作。
6月15日	一届二十四次	视察兴庆区城管工作、三大战役综合治理和绿化工作;听取并审议政府关于城市管理、非公经济发展和创建卫生城市工作。
8月25日	一届二十五次	视察掌政镇茂盛蔬菜科技园、孔雀水稻旱育稀植千亩示范点、茂盛村卫生院、碱富桥塞上农民新居建设等情况;听取并审议兴庆区审计、新农村建设工作。
8月25日	一届二十六次	听取并审议兴庆区政法委开展创建"平安兴庆"工作、人民检察院打击贪污贿赂犯罪工作;审议决定李小平、毛强辞去政协委员。
2007 1月5日	一届二十七次	审议《政协兴庆区第一届常务委员会工作报告》《政协兴庆区第一节委员会关于一届四次会议以来提案工作情况的报告》;研究兴庆区政协一届五次全委会议有关事项及增补王玉红、马丽、彭丽宏三名同志为政协委员事宜。
3月23日	一届二十九次	听取政协提案委关于一届五次会议期间提案交办情况的汇报;听取并评议政府关于采购工作和工程招标工作的通报。
7月20日	一届三十次	专题协商兴庆区物流市场带经营运转、乡镇卫生院改制及新型农村合作医疗、城乡最低生活保障工作。
9月24日	一届三十一次	听取并审议政府监察工作和都市农业发展情况;研究通过优秀政协委员和优秀提案名单。
2008年1月11日	二届一次	审议通过《2008年政协工作要点》《常务委员会议议事规则及主席会议议事规则》《视察工作规则》《调查研究工作规则》《政协委员参加政协活动管理考核办法》《关于呈送兴庆区政协二届一次会议委员意见建议的报告》等;研究划分政协各专委会及成立委员活动小组事宜。

续表

时间	届次	主要议题
4月17日	二届二次	听取并评议兴庆区人民政府关于科技园和社会治安综合治理工作情况的通报。
6月27日	二届三次	听取并评议兴庆区人民政府关于现代服务业发展和贯彻实施《劳动合同法》情况的通报。
9月10日	二届四次	听取并评议兴庆区人民政府“两基”迎国检工作情况的通报和财政预算执行情况的通报。
11月14日	二届五次	听取兴庆区经济发展统计局2009年关于重点项目建设情况的通报，围绕兴庆区重点项目建设情况进行协商座谈。
12月12日	二届六次	审议通过兴庆区政协二届二次全体会议议程、日程，工作报告、提案工作情况的报告；讨论兴庆区人民政府工作报告；研究委员任免事宜。
2009年5月7日	二届九次	听取并评议兴庆区人民政府水务工作和计划生育工作情况的通报。
10月29日	二届十次	听取并评议兴庆区人民政府关于2009年为民办7件实事落实情况的通报、关于市容城乡一体化管理工作情况的通报、关于建设交通工作情况的通报。
12月18日	二届十一次	审议通过政协银川市兴庆区第二届委员会常务委员会工作报告、提案工作情况的报告、兴庆区政协二届三次全体会议议程和日程；讨论兴庆区人民政府工作报告等。
2010年1月4日	二届十二次	听取兴庆区委常委、组织部长冯伟斌关于人事任免的说明；通过王玉红同志辞去政协主席、政协委员的申请，张玉明同志辞去政协常务委员的申请，马建军辞去政协委员的申请。
2月25日	二届十五次	讨论通过兴庆区政协2010年工作要点；传达学习自治区、银川市“两会”精神以及《中国共产党党员领导干部廉洁从政若干准则》。
4月21日	二届十六次	听取并评议兴庆区教育局关于教育工作情况和经济技术合作局关于招商引资工作情况的汇报。
6月24日	二届十七次	听取并评议兴庆区人民政府关于黄河金岸建设情况的通报和兴庆区民政局关于社区建设情况的汇报。
8月23日	二届十八次	听取并评议兴庆区人民政府关于小城镇建设和重大项目建设情况的通报。
11月11日	二届十九次	听取并评议兴庆区人民政府土地增减挂钩及银川国际物流港建设情况的通报。
12月21日	二届二十次	讨论通过兴庆区政协二届四次会议议程、日程工作报告、提案工作报告等事项；研究表彰优秀委员、提案、承办单位事宜以及委员变化、新增情况。

【政协工作会议】 2006年6月，兴庆区委召开政协工作会议。区委书记毛宏业、区长张勇分别就新时期做好政协工作提出意见和要求。政协主席朱根利就落实本次会议精神提出意见，要求全体委员围绕发展第一要务，认真履行职能围绕中心当好参谋。下发《中共银川市兴庆区委员会关于进一步加强人民政协工作的意见》(征求稿)，征求广大委员的意见。会议期间邀请自治区政协秘书长朱玉华对如何贯彻《中共中央关于加强人民政协工作的意见》进行专题辅导。

【联席会议】 2003年8月，银川市县(市)区政协联系会第一次会议在兴庆区召开。兴庆区、金凤区、西夏区、灵武市、永宁县、贺兰县党委、政府、政协在会上交流工作经验，会议通过了会议纪要和联系会议制度。

2003年11月，兴庆区政协召开各民主党派工商联联席会议，征求各民主党派工商联对政协工作的意见。

2004年7月，兴庆区政协召开各民主党派负责人联系会议，征求兴庆区民革、民盟、民建、民进、九三学社、农工党派对兴庆区工作的意见。

2005年4月，兴庆区政协分别召开老干部征求意见会、各民主党派负责人会议，向老干部、民革、民盟、民建、民进、九三学社、农工党派征求对兴庆区工作的意见。

2006年7月，兴庆区政协召开民主党派联席会议，会议充分肯定各民主党派的工作和在参政议政中的作用，并征求意见和建议。

2008年5月，兴庆区政协召开各民族党派联席会议，广泛征求各民主党派，无党派、工商联、侨界对兴庆区委员政府及政协工作的意见、建议。

2009年7月，兴庆区政协召开民主党派联系会，政协副主席曹生林、徐建方，秘书长康子民，党组副书记张华及兴庆区各民主党派、工商联和侨联的主要负责同志参加会议。

2010年7月，兴庆区政协召开推进兴庆区全民创业和统筹城乡就业工作协商座谈会。政协主席曹生林，政府副区长陈邢妍，政协副主席保少宁、叶成、徐建方及部分政协常委出席会议。会议邀请兴庆区各街道、乡镇、社区、村委会代表及创业成功人士代表、大学生创业代表、失地农民创业代表、小企业代表等60余人列席本次会议。

【提案与办理】 10年来，兴庆区政协委员会共提交提案436件，经审查立案177件，内容涉及政治、经济、文化和社会生活各个方面，为区委、区政府及有关部门掌握实情、科学决策、改进工作发挥了积极作用。

2001年1月，城区政协第四届第四次会议期间，共征集到委员提案76件，合并后实际为69件，属于银川市政协办理的36件，属于城区政协办理的33件，经研究正式立案58件，意见、建议案11件。6月，组织委员对提案办理情况进行检查。11月召开提案办理联席会议，希望政协委员积极参政议政，提出高质量的提案。截止2001年底，提案全部办理完毕，办复率达100%。

2002年1月，城区政协第四届第五次会议期间，共收到委员提案68件，立案50件，意见、建议案8件。同年6月，对提案办理情况进行检查。10月，城区政协召开"优秀委员、优秀提案、提案办理先进单位"表彰大会。截止2002年底，全部办理完毕，办复率达100%。

2003年1月，兴庆区政协一届一次会议期间，共征集提案133件，立案64件，27件作为意见建议转给有关部门予以参考，25件超出兴庆区职权范围，转呈银川市政协。4月，召开提案交办会议，按照归口办理的原则分别转交有关部门办理。截止2003年底，全部办理完毕，办复率达100%。(核实。大事记中记载93件，合并后为87件)

2004年1月，兴庆区政协一届二次会议期间，共征集提案157件，立案65件，52件作为意见建议转有关部门予以参考，40件超出兴庆区职权范围，转呈银川市政协办理。截止2004年底，全部办理完毕，办复率达100%。

2005年1月，兴庆区政协一届三次会议期间，共征集提案146件，其中委员提案142件，6个民主党派集体提案4件。经审查，属兴庆区职权范围的有106件，将内容相同的合并为89件，立案48件；41件作为意见建议转有关部门予以参考；40件超出兴庆区职权范围，提交上级政协组织予以办理。4月，

2007年11月22日，中国人民政治协商会议银川市兴庆区第二届委员会第一次会议

召开提案办理座谈会。截至2010年底，经区委、政府23个承办单位的认真办理，提案全部办复，得到落实或基本落实的42件，占87.5%；正在落实或纳入计划逐步落实的6件，占12.5%。

2006年1月，兴庆区政协一届四次会议期间，共征集提案80件，属兴庆区职权范围的有54件，立案29件。2月，召开提案转办会议，将一届四次会议期间所征集到的提案转交有关部门办理。截止2006年底，全部办理完毕，办复率达100%。

2007年1月，兴庆区政协一届五次会议期间，会议期间共收到提案84件，属兴庆区职权范围内的71件，经审查予以立案41件，意见建议26条。1月24日，召开政协提案转办会议，将立案的提案转交政府有关部门办理，意见建议转有关部门参考。9月28日，政协兴庆区第一届委员会召开总结表彰大会，对优秀政协委员和优秀提案进行表彰。

2007年11月，兴庆区政协二届一次会议收到并立案提案65件，全部转交到经济发展统计局，教育局等23个部门进行办理。2008年7月，组织政协题案委员会部分委员及题案人，对题案办理工作进行视察督办。截止2008年底，提案全部办理完毕，办复率达100%。

2008年12月，兴庆区政协二届二次会议期间，征集到提案148件，属兴庆区职权范围内的110件，将内容相同的合并后为94件，其中确定立案60件，作为意见建议处理的34件；超出兴庆区职权范围的38件。

2009年3月，兴庆区召开政协提案、意见建议交办会，截止2009年底，提案全部办理完毕，办复率达100%。

2010年1月，兴庆区政协二届三次会议期间，征集到？提案4月，兴庆区政府会同人大、政协联合召开兴庆区人大二届三次会议议案、建议和政协二届三次会议委员提案交办会议。截止2010年底，提案全部办理完毕，办复率达100%。

【视察与调研】 2001年，组织委员对城区小学思想政治工作情况、改组改制企业、绿化工作、宗教场所、城市管理、城管队伍建设、清真食品管理等工作进行视察。

2002年4月，政协主席、副主席分别到各街道办事处开展为期15天的调查研究。一年来组织委员对城区民营企业、商城周边“清真”食品管理、各中小学校周边的环境治理、城管市容卫生工作、城区迎接自治区第十一届运动会训练情况进行视察。

2003年10月6日，兴庆区政协委员视察农业生产

2003年，组织市政协委员和机关干部对兴庆区防治非典工作、养殖业情况、兴庆区六乡中小学基础设施建设情况、清真寺饮业、提案办理、流动人口管理情况、城乡市容环境卫生和管理等情况进行督查、检查和视察。

2004年，组织委员视察兴庆区温棚设施建设及蔬菜新品种种植情况、提案办理情况，调研兴庆区失地农民培训就业安置情况，并进行专题协商。形成《关于失地农民培训就业安置情况的调研报告》《关于月牙湖乡民族宗教工作的视察报告》《关于兴庆区城乡结合部环境卫生综合整治情况的视察报告》《关于兴庆区示范性中小学的视察报告》。

2005年，组织委员对兴庆区流动人口管理及警务进社区、提案办理、奶产业、畜牧业一体化机制运行情况、农业科技进村入户、《宗教事务条例》实施情况、兴庆区旅游资源开发、水利设施、农村改水改厕工程、乡村医疗卫生、清真食品管理、警司联调等情况进行视察、调研。

2006年，组织委员对兴庆区就业再就业工作、城市管理、三大战役综合治理、绿化工作、“自治区十二届全运会”筹备工作、行政执法工作、新农村建设、提案办理工作、乡村公路建设等工作进行视察。形成《关于对兴庆区就业再就业工作情况的调研报告》《关于对兴庆区“村改居”工作情况的调研报告》等调研报告。

2007年，组织委员对兴庆区优化司法环境工作、科技特派员创业行动工作、村容村貌整治工作、兴庆区水利设施建设情况、基础教育工作、提案办理工作、物流市场带经营运转、乡镇卫生院改制及新型农村合作医疗、城乡最低生活保障工作、市容环境卫生等工作进行视察。并形成《兴庆区水利设施建设情况的调研报告》《兴庆区基础教育存在的主要问题及对策》等调研报告。

2008年，组织委员对兴庆区“农家

乐”发展中存在的主要问题、兴庆区现代都市农业发展中土地流转问题、招商引资工作、商货物流业，现代都市农业旅游业进行专题调研；组织常务委员对科技园、社会治安综合治理、旅游业发展情况，乡村环境卫生、绿化工程、特色街区整治建设工作情况、重点项目工程建设情况、新农村建设进行视察。为了加强调研工作，6月，兴庆区政协号召广大政协委员开展“进(农业)进社会(居民)、进学校”社会调研活动，对存在震害隐患，具有一定危险的砖木房、土坯房等进行详细调查统计，并对涉及民生的就医、就业、就学等情况等进行调查研究。

2009年，组织委员先后对兴庆区东部水系开挖改造和黄河标准化堤防工程、学校消费维权进校园活动、食品安全管理工作、科技创新工作、月牙湖乡西、甜瓜栽植工作、司法改革、提案办理、城乡低保、社区文化建设、社区服务、重点项目建设、老旧小区改造、街道市民服务中心建设等工作进行视察，委员们提出多项合理化意见和建议。

2010年，组织政协委员先后对兴庆区黄河金岸建设工作、食品安全管理工作、城乡园林绿化工作、旅游业发展情况、兴庆区无物业小区管理情况、花卉产业发展情况、重点项目、月牙湖地区的经济和绿化工作情况、兴庆区校园重点建设项目及危房改造加固工作、食品安全监管重点区域，社区医疗卫生服务工作、城市管理综合执法工作、人民法院社会矛盾化解、社会管理创新、公正廉洁执法“三项重点”工作、国税工作、“菜篮子”工程进行视察调研。

【茶话与联谊】 2001年8月，城区政协组织部分委员及港澳台侨属赴苏峪口国家森林公园开展联谊活动；9月，组织委员开展庆“十一”、迎“中秋”联谊会。

2002年2月，城区政协、统战部、工商联联合举行“城区各界各族迎春茶话会”，画家、书法家当场挥毫泼墨，并举行文艺演出；9月，组织委员开展“庆国庆、迎中秋”联谊活动。

2003年1月，兴庆区政协召开各族各界人士迎春茶话会。各民主党派、宗教界、侨界委员代表纷纷表示坚决拥护中国共产党领导的多党合作和政治协商制度，坚持“长期共存、互相监督、肝胆相照、荣辱与共”的方针，为兴庆区的经济腾飞贡献自己的力量。9月，组织常委及港澳台侨界委员举行 “庆国庆、迎中秋”联谊活动。

2004年9月，兴庆区政协举行“迎中秋”联谊活动，兴庆区政协委员、各民主党派、工商联、侨联代表90人参加联谊活动。

2005年9月，兴庆区政协举行“迎中秋”联谊活动，组织全体政协委员、各民主党派负责人参观西北农资城、汽车城、龙盘家私城等市场物流带、爱伊河、阅海公园建设情况。

2006年9月，兴庆区政协召开“中秋茶话会”，区政府、政协、港澳台侨界的政协委员、历届政协老领导等负责人聚集一堂欢度佳节。12月，召开“迎新年联谊会”，会议对近几年来受到民主党派中央表彰的民革、民盟、农工党、九三学社等民主党派进行了表彰。

2007年12月，兴庆区政协举办各族各界新年联谊会。区委、人大、政府、政协等领导、全体政协委员、各民主党派、工商联、侨联和个人团体成员及各族各界代表人士欢聚一堂，辞旧迎新，共商兴庆区发展大计。

2009年9月25日，兴庆区政协、区委统战部联合召开各界人士代表座谈会暨中秋茶话会，隆重庆祝人民政协成立60周年。29日，兴庆区政协在兴庆区西夏城举行庆祝新中国和人民政协成立60周年暨对口单位联谊活动。兴庆区政协、政府有关领导、政协历届主席、副主席、部分委员与兴庆区公检法、教育局等对口单位参加联谊活动。

【陕甘宁蒙政协联谊会】 2008年9月26～28日，陕甘宁蒙四省(区)毗邻县(市、区、旗)政协第22次联谊会在宁夏银川市兴庆区举行，来自28个成员县(市、区、旗)的政协领导和特邀兄弟县、区政协领导参加会议。宁夏政协副秘书长魏锋、银川市政协副主席王丹华，兴庆区委书记王杨宝、人大主任杨绍君、政府区长陈淑惠等领导应邀莅临会议。会议以十七大精神为指导，围绕全面建设小康、构建和谐社会、创新政协工作的目标，突出团结民主两大主题，就落实科学发展观、促进经济社会发展、切实履行政协职能进行广泛交流和深入探讨，各成员单位相互传递区域间经济社会发展信息，积极开展联谊交流；与会者参观考察兴庆区经济社会发展亮点工程，对兴庆区经济社会发展取得的成就给予了充分肯定。

【社情民意征集箱】 2009年7月3日，兴庆区政协举行“社情民意征集箱”启动仪式，分别在凤凰北街北安社区、解放西街湖滨社区、文化街幸福社区3个人口密集的社区进行试点。

【三下乡活动】 2004年组织部分政协委员、法律工作者20余人在通贵乡农贸市场开展送“医疗、法律、科技”下乡活动。参加咨询600余人，开出“健康教育”处方近千副，医疗服务185人，法律咨询96人，散发各种信息资料1600余份。

2005年，组织法律、农业、计生、卫生等特长委员到掌政镇开展 “送医疗、法律下乡活动”。

2010年，组织政协委员开展“送科技、送法律、送知识”三下乡活动。

【委员培训】 2003年3月，举办兴庆区政协委员培训班，邀请自治区政协办公厅副主任武全喜，银川市政协副主席、市委统战部部长马建民、兴庆区政协副主席吴红霞分别就人民政协知识、统战理论、提案知识进行专题辅导。

2004年，邀请自治区党校副教授刘东、自治区政协提案委员会副主任李喆分别讲授 “如何树立和落实科学发展观”，“怎样发挥提案在参政议政中的作用”，66名政协委员参加培训。

2005年，举办政协委员培训班，邀

请原自治区政协副主席李增林作“努力学习政协章程，切实履行政协职能，为构建和谐社会贡献力量”专题辅导报告。89名政协委员及民主党派成员参加培训。

2006年，举办学习贯彻《中共中央关于加强人民政协工作意见》专题培训班，50余名政协委员及民主党派成员参加培训。

2008年3月26日，邀请自治区政协秘书长朱玉华就人民政协性质、地位和作用等基本知识、委员的权利和义务以及如何当好一名政协委员，向全体政协委员进行深刻阐述。

2009年5月，邀请兴庆区党委副书记杜迁为全体政协委员作“关于城乡一体化”专题讲座，

2010年4月，邀请银川市委党校王传东老师作“深入学习党史、坚定理想信念、发扬优良传统，夺取全面建设小康社会新胜利”的专题讲座。

【文史资料工作】 2002年5月，城区政协提案学习文史委组织文史资料撰稿人研究城区文史资料编写工作。于年底编辑出版《城区文史资料》。

2005年《文史资料》第五期出版，本期共收录19篇，5万字。之后召开文史资料撰稿人座谈会。

【扶贫·慰问·捐赠】 2002年城区政协包扶贫困户5名。一年来政协主席、副主席分别带队，先后两次到5名贫困户家中了解情况，进行慰问。

2003年11月，兴庆区政协领导到大新乡茂盛村对口帮扶点进行慰问，送去图书、书架、办公用品等慰问品。12月，政协机关干部参加公益捐款活动，共捐款1020元。

2004年1月，组织政协机关干部慰问6户包扶贫困户和茂盛村对口帮扶点慰问。5月，组织部分委员赴月牙湖乡大塘小学开展募捐活动，共捐款4000余元。11月，兴庆区政协第三活动小组毛强、李青春、马少平等委员到兴庆区社会福利院慰问孤寡老人，送去价值3000余元的生活用品。

2005年2月，组织政协机关干部慰问结对支部茂盛村包扶5户贫困户、领导干部包扶贫困户。3月，机关全体党员参加“212”结对帮扶活动签字仪式，并走访包扶的11户贫困户。

2006年1月，组织政协机关干部慰问帮扶的困难对象；6月，兴庆区政协第五委员活动小组委员、溪石集团发展有限公司经理陈奋发向掌政镇春林小学捐赠价值6000元的教学和体育用品；7月第三活动小组委员、银川市新牛实验有限公司和津江阳光公司银川分公司向兴庆区海宝逸夫小学捐赠5000元现金，帮助学校改善教学设施。

2008年5月12日，四川汶川县发生8.0级大地震，兴庆区133名政协委员纷纷为地震灾区捐款，截至5月20日，来自社会各界的政协委员在各行各业，协会共向灾区捐款38.2万元。

2009年9月，政协提案委组织政协机关干第二活动小组的政协委员来到兴庆区通贵乡回民中学开展“爱心助学”活动，为回民中学和张桂英希望小学杨瑞迪、王静宁等60位品学兼优的困难学生赠送3000元学费和书包，并为2所学校送价值2000元的篮球、足球、排球、乒乓球及跳绳、毽子等体育用品。

2010年2月，组织马少萍等企业家委员代表为银川颐享园老年公寓孤残老人送去价值5000元慰问品。5月，兴庆区政协委员、企业家向月牙湖乡的农民赠送万只草原鸡、化肥100袋；向通贵乡张桂英希望小学赠送500元慰问金和100个书包。

【政协工作机构领导名录】

政协办公室

秘书长

主　任：康子民(2001.10-2010.05)

　　　　鲍铁力(2010.05-2010.12)

提案委员会

主　任：张玉明(2003.03-2008.03)

　　　　马　丽(2008.03-2010.12)

副主任：张　华(2003.03-2008.03)

　　　　仇　芳(2003.03-2008.03)

　　　　杨根生(2008.03-2010.12)

经济与法制委员会

主　任：马佐民(2003.03-2010.12)

副主任：沈俊芳(2003.03-2008.03)

　　　　崔树瑞(2003.03-2008.03)

　　　　杨迎珍(2008.03-2010.12)

教科文卫体委员会

主　任：张凤霞(2003.03-2008.03)

　　　　张玉明(2008.03-2010.12)

副主任：闫生亮(2003.03-2008.03)

　　　　柴桂英(2003.03-2008.03)

　　　　尹相梅(2008.03-2010.12)

银川市兴庆区纪律检查委员会

YINGCHUANSHI XINGQINGQU JILUJIANCHAWEIYUANHUI

【概况】 2002 年 11 月 1 日，区划调整，中共银川市城区纪律检查委员会、银川市城区监察局更名为中共银川市兴庆区纪律检查委员会、银川市兴庆区监察局。2010 年，中共银川市兴庆区纪律检查委员会编制 8 人，设书记 1 人、副书记 2 人(其中 1 人担任监察局局长)、常委 4 人，下设纪检监察室、执法监察室、案件审理室和办公室，4 室主任分别由 4 名常委担任；监察局设局长 1 人，副局长 1 人。

【纪检监察领导名录】

中共银川市兴庆区纪律检查委员会

书　记：王广智(2001.12～2006.10)
　　　　肖建东(2006.09～2010.12)
副书记：王自云(2001.01～2002.01)
　　　　余　欣(2001.01～2001.12)
　　　　康子民(2001.12～2003.02)
　　　　汪洪波(2003.02～2004.12)
　　　　黄自权(2002.03～2009.01)
　　　　余建忠(2005.01～2010.12)
　　　　马力兵(2009.01～2010.12)
常　委：康子民(2001.01～2001.12)
　　　　张铁岭(2001.02～2009.01)
　　　　张　瑞(2001.02～2005.01)
　　　　杨学文(2001.12～2003.02)
　　　　汪洪波(2001.12～2003.02)
　　　　仇永清(2003.02～2007.12)
　　　　余建忠(2003.02～2005.01)
　　　　王永林(2005.01～2010.12)
　　　　陈　洁(2005.01～2009.09)
　　　　司雁啸(2007.12～2009.09)
　　　　郑　耿(2009.01～2010.12)
　　　　闫　兵(2010.5～2010.12)

银川市兴庆区监察局

局　长：王自云(2001.01～2002.01)
　　　　黄自权(2002.03～2009.01)
　　　　马力兵(2009.01～2010.12)
副局长：康子民(2001.01～2001.12)
　　　　张铁岭(2003.02～2004.12)
　　　　陈　洁(2009.01～2009.09)
　　　　刘海亮(2009.09～2010.12)

【反腐倡廉制度建设】 2001～2010 年，每年年初召开中共兴庆区纪律检查委员会全体会议，制定《兴庆区党风廉政建设和反腐败工作任务》《兴庆区党风廉政建设和反腐败主要任务分工》，将任务分解并明确各县级领导、牵头和协办部门(单位)责任，安排部署本年度党风廉政建设和反腐败工作，层层签订党风廉政建设工作目标责任书。

2002 年，区委常委会、政府常委会共开专题会议 7 次，听取和研究兴庆区反腐败工作和重大问题。

2003 年，制定《党风廉政建设和反腐败工作牵头单位、参与单位履行职责暂行办法》，充分发挥各牵头单位部门职能作用，召开 6 次纪委常委专题会议，研究部署反腐败工作，及时解决工作中存在的难点、热点问题 4 个。

2008 年，制定《建立健全惩治和预防腐败体系 2008-2012 年工作规划》，发放《建立健全惩治和预防腐败体系 2008-2012 年工作规划》学习读本 300 套，做到各单位班子成员人手 1 套，共有 1871 名党员干部参加《建立健全惩治和预防腐败体系 2008-2012 年工作规划》知识答卷活动。

【反腐倡廉教育】 2001 年，举办科级干部理论培训班 1 期 209 名科级干部参加反腐倡廉教育培训学习；3 月 28 日会同城区法制建设领导小组，共同举办城区干部职工法律、法规、党纪知识竞赛活动；开展领导干部廉洁自律 10 年“回头看”和树立正确权力观教育观活动，对 234 名科级以上干部进行廉洁自律和党纪条规知识测试。

2002 年，先后两次举办党风廉政教育专题报告会，邀请自治区监察厅和银川市纪委主要领导做专题报告；开展领导干部廉洁自律 10 年“回头看”和树立正确权力观教育活动，对 234 名科级以上干部进行廉洁自律知识测试。

2003 年，发放《党员领导干部廉洁从政知识测试案卷》350 份，组织党纪条规知识测试，；组织兴庆区科级以上干部集体观看“自治区党风廉政建设和反腐败斗争 10 年回顾展”。

2006 年，兴庆区委、政府及其各部门先后举办报告会和座谈会 100 余场，组织观看电教片 20 余场次，组织全体党员干部观看程法光廉政漫画展和眉户剧《李双成》，举办向虎穴仓、任长霞同志学习报告会、清风联播——共筑和谐社会、和谐社区大家谈、知荣辱——庆祝建党85周年演讲比赛等廉政文化教育活动。参加中纪委在全国开展的党风廉政建设社会调查问卷，共入户调查200户。组织纪委全体干部及基层纪检干部分别参加中央、自治区、银川市纪委组织的培训，以“效能提升、职能转变、作风转好”为目标，严格执行银川市纪委、监察局新制定的《切实加强干部作风建设，进一步优化政务环境的五条禁令》。在党员干部开展“双创一满意”、“温暖在机关，奉献在岗位，优质服务为人民”等主题教育活动。

2007年，在广大党员干部中开展“以方永刚同志为楷模，争做创新理论与实践的模范”和“从《一位落马贪官的几笔账》的思考”等正反面主题教育活动，通过《今日兴庆》党风廉政园地刊登有关党风廉政建设方面的理论文章和案例，增强了教育效果。组织1000余名干部进行《公务员法》和《公务员处分条例》学习及考试。

2008年，在纪检干部中开展向“贵州省开阳县永温乡纪委书记李彬学习活动”，以石嘴山市丁海玉拉拢政法干部案件；宁夏女子监狱服刑人员现身说法为例，开展警示教育。组织纪检干部参加中纪委和区纪委的培训；组织纪检监察干部学习学习两个“处分条例”和《建立健全惩治和预防腐败体系2008-2012年工作规划》等党纪法规。协同民政局在大新镇召开“干净干事、以案说教”警示教育通报会，在掌政镇茂盛村制作3公里长、103块展板组成的廉政文化广告宣传长廊，在65所中小学校开展“廉政文化、道德文化、传统经典文化”大讲堂活动和廉政漫画展，把廉政教育的内容纳入讲党课范围，不断推进廉政文化“六进”活动纵深开展。

2009年，继续深入推进廉政文化“六进”活动，以廉政文化示范点推进廉政文化建设，树立了兴庆区法院、掌政镇杨家寨村、丽景街景墨社区、兴庆区四小等22个廉政文化示范点；组织干部观看廉政文艺“大篷车”演出，征集廉政书画作品30余幅，参加银川市举办的廉政书画展。通过开展广场文艺演出、读书月、廉政文化大讲堂、校园先锋等主题活动，推进廉政文化进社区、进农村、进学校；开展“追求卓越，激情干事，做党的忠诚卫士”、“强素质、树形象、促工作”实践活动，开展“读好书、谈体会”学习交流活动，参加“学先进、找差距、比贡献”演讲比赛。举办纪检监察干部培训班，召开干部警示教育大会5场次。

2010年，组织广大党员干部认真学习《廉政准则》的8个禁止、52个不准，组织666名干部参加《廉政准则》学习问答；继续推进廉政文化“六进”活动，涌现出兴庆区法院、掌政镇杨家寨村、丽景街景墨社区、兴庆区四小等23个廉政文化示范先进单位。

2004年12月23日，党风廉政建设考核汇报现场

【领导干部廉洁从政】 2001年，出台《城区领导干部任职试用期（试行）》《城区关于调整不胜任现职领导的规定（试行）》《城区领导干部诫勉制度（试行）》《城区干部考察失误责任追究制度（试行）》《城区基层领导班子一把手季度汇报制度（试行）》《城区党政机关推行竞争上岗实施办法》等规定，成立领导干部廉洁自律工作领导小组，下发《关于开好2001年城区领导干部廉洁自律专题民主生活会的通知》，对召开专题民主生活会的内容、方法、步骤、程序做了严格规定。

2002年，制定《兴庆区科级以上干部八小时以外活动的监督管理办法》，加强对科级以上领导干部8小时工作以外活动的监督管理。对22个科级部门的35名领导干部进行经济责任审计。首次面向兴庆区公开选拔16名副科级领导干部，在兴庆区法院进行中层领导干部竞争上岗，有27名年轻干部走上领导岗位。对99名新提拔干部进行任前公示，对新提拔和交流的113名领导干部进行任前廉政谈话，廉政谈话率100%。制定《街道办事处议事规则》，对街道办事处财务审批权限做出明确规定。充实兴庆区中层领导干部和中层后备干部廉政档案内容，中层领导干部和中层后备干部建档率达到100%。

2003年，召开廉洁自律专题民主生活会，兴庆区4套班子和30名县级领导干部、47名科级干部对照《廉政准则》和有关规定，主动检查、纠正自身存在的不廉洁行为，自查自纠面达100%。制定《关于进一步加强领导干部廉洁自律和牢固树立正确权力观的实施意见》《兴庆区领导干部廉政谈话制度》，先后6次对新提拔和交流的99名科级领导

干部进行任前廉政谈话；对4套班子领导干部和330名科级干部收受礼品、礼金及有价证券情况进行全面清理。制定《关于任免科级干部实行票决制的实施办法》，对29名科级干部任免实行常委会票决制。面向社会公开选拔副科级干部6名，招聘示范性中小学校长和幼儿园园长9名，招聘中小学优秀教师68名，公开选拔社区干部69名。

2005年，制定《兴庆区干部选拔任用工作责任制》，明确干部推荐、考察、任用等环节的责任及责任追究。

2006年，严格执行《领导干部选拔任用工作条例》，对新提拔的9名领导干部按规定做好任前公示，提交党委常委会进行票决。

2007年，一是按照党风廉政建设责任制分工，实行"三书两报告"制度，在37名县级领导干部和410名科级领导干部中，开展"领导干部利用职权和职务影响以借为名占用他人住房、汽车"清理清查，对住房情况进行重新登记，36名县级领导干部报告个人重大事项，申报全年收入、收受礼品礼金和有价证券情况，416名领导干部在年终班子考核时进行了述职述廉。二是制定《关于调整不胜任现职干部的规定》《领导干部诫勉谈话制度》《干部监督管理到社区实施意见》《选派年轻干部到信访（督办）局挂职锻炼暂行办法》，在全区率先出台《兴庆区领导干部离任经济事项交接规定（试行）》，对新提拔交流的90名科级领导干部进行任前廉政谈话，对违反有关规定4名党员进行诫勉谈话，同下级党政机关10名主要负责人进行工作谈话，对新提拔任用213名干部进行廉政审核。三是督促各职能部门党政主要负责人切实履行"一岗双责"责任，推行党员领导干部"点题式"述职述廉制度，改革干部考核评价机制，按照相关程序对56个领导班子220名领导干部进行综合考评考核，实行村干部勤廉双述制度，完善村级领导干部监督管理机制。

2008年，制定《兴庆区干部选拔任用工作责任制》《兴庆区领导干部政绩考核具体办法》，进一步健全领导干部竞争激励机制，形成干部能上能下、优胜劣汰的良好氛围。200多名领导干部公开承诺廉政事项，有36名县级领导干部申报个人重大事项情况；30名科级领导干部填报家庭成员、住房、出国（出境）等情况。

2009年，印发《兴庆区对领导干部实行"三必谈"、"三必做"制度》，对新提拔32名科级干部和交流147名科级干部进行集体廉政谈话。定期向科级以上领导干部编发廉政短信5200条次，利用政务公开电子屏及大众传媒，播放廉政公益广告300余次，邮寄廉政贺卡500余份。加强领导干部出国管理，对党政干部公款出国进行清理，11名领导干部上交了礼金、购物卡计2.8万元。

2010年，各级党组织结合主题教育活动召开民主生活会，开展廉政承诺活动，200名领导干部公开承诺廉政事项。先后两次组织乡镇领导干部及村"两委"班子成员到兴庆区法院，现场旁听贺兰县和兴庆区村干部职务犯罪案的庭审过程，翻印500册《廉政准则》发放到每位科级干部。对新提拔交流47名科级干部进行集体廉政谈话，12名新提拔的干部进行廉政承诺，并按要求进行财产公示。

【督查检查】 2001年，春秋两季开学，城区监察局会同城区教育局、物价局、审计局，对小学、幼儿园的收费情况进行抽查，经查，没有发现超标准、超范围和变相收费情况；4月城区监察局、财政局、审计局联合对城区23所小学教育经费收支情况进行专项检查；7月城区监察局对失业保险金、城市居民最低生活保障金的管理使用情况进行专项执法监察，没有发现贪污、挤占、挪用和违犯国家财经纪律等现象。11月28日召开城区政府大会，对30家企业颁发"制止乱收费重点保护企业"牌匾。成立城区清理行政审批工作领导小组，对城区37个行政部门进行摸底调查，经领导小组会议研究，取消卫生局个体医疗机构许可证和户外广告霓虹灯设置许可证2个审批项目。根据政府制定的《城区固定投资项目审计监督暂行办法》《城区基本建设项目报建审批验收管理办法》，城区监察局全程监督工程建设招投标。加强对政府采购工作全过程的监督，政府23项采购任务公开招标10次，询价采购16次，节约资金91万，资金节约率达15%。

2002年，成立兴庆区优化投资环境投诉中心，受理有关违反投资政策、危害投资环境的违法违纪案件。规范小学收费行为，与小学校长签订责任书。对失业保险金、城市居民最低生活保障金的管理情况进行专项执法监察；清理各部门、各单位银行账户25个，保留14个；清理37个政府职能部门行政审批事项，取消审批事项3项；制定《城区干部人事管理规定》《城区调入教师管理考核规定》，对缺额人员的录用实行凡进必考；制定《城区政府采购管理办法》，继续加强对政府采购工作全过程的监督，政府采购公开招标59次，采购资金实际支出746万元，资金节约率达14.1%。

2003年，对83个部门120辆公务用车进行清理，查处超标准配置车辆1部；对涉及维修、农田水利、建筑工程、公路建设等22个建设工程项目进行招投标；在兴庆区11个街道办事处、3个乡（镇）、84个行政村、21个直属机关、66所学校实行"四公开"；先后3次对兴庆区66所中小学收费情况进行拉网式检查，纠正和取消向学生收取补课费、赞助费等项目，清退各种违规费94.5万元，对14所学校给予通报批评，1名校领导被立案查处，行政处分1人；对兴庆区农民负担情况进行全面检查，共减轻农民负担金额348.56万元；对兴庆区所属医疗机构、诊所和个体药品批发部的药品、药价进行检查清理，先后吊销掌政乡洼路村医疗站营业许可证，查封双庄医疗站，取缔非法药品经营户

20个,无证行医20人,没收销毁伪劣药品价值4万元。

2005年,出台《兴庆区财政专项资金管理规定》《兴庆区财政扶贫资金监管工作实施方案》,派专人指导监督,及时纠正管理中存在的问题。开展个人小灵通捆绑单位办公电话自查自纠工作,对兴庆区财政供养人员及本人经商办企业情况进行清查,对中小学校舍安全情况进行排查,严肃查处2起商业贿赂案件,对违反车辆管理规定7个单位进行通报批评,对3人进行经济处罚,对失业保险金、城市居民最低生活保障金的管理情况进行专项执法监察,对各部门、各单位的银行账户进行清理,共清理账户25个,保留14个。在新成立的党组织中设立纪(工)委、纪检组(监察室)。

2006年,兴庆区委、政府制定印发《兴庆区关于开展治理商业贿赂专项工作方案》,明确财政、国土、建设交通、经济发展、卫生、农牧等8个部门为重点治理单位,查处商业贿赂案件6件7人。会同教育局、审计局等相关单位于3月和9月分别对各中小学、幼儿园执行教育收费的各项规定进行检查,对违反规定5名中小学校长进行处理。会同财政、审计、农牧等部门对两乡两镇认真落实发展农业的优惠政策、"直补一卡通"制度以及政府采购、扶贫、低保、就业等专项资金的管理和使用情况进行专项执法检查,查处各类违规资金1041.15万元,上缴财政3.2万元。对涉及农田水利维修、兴庆区法院办公大楼内外装修、旧二中改造维修等8个工程项目招标进行全程监督,节约资金271.6万元,实施政府采购87项883万元,节约资金106万元。对1乡两镇两个街道办事处,36个行政村、社区实施土地动态巡查260余次,制止违法用地3.7亩,挽回经济损失9万余元。对7名在职领导干部和1名离任干部进行经济责任审计,共查处违规资金378.43万元。深化财政体制改革,会计核算中心拒付不符合财务开支制度的报销票据853张,涉及金额142.6万元,纠正违规资金534起,涉及金额17.1万元。对公开考试录用的26名乡镇街道卫生管理人员进行全程监督。

2007年,会同有关部门开展清理拖欠工程款、评比达标表彰过滥等专项整治和监督检查,对35个进驻政务大厅的部门及195项行政许可审批事项进行为期3天的专项检查。积极推进财政管理制度改革,强化"收支两条线"管理。开展"不正当交易行为自查自纠评估"工作,36个单位设立公开投诉举报电话,召开座谈会15场,发放调查问卷700份,征求意见建议3条,提出整改措施2项,立案查处8件8人,转交司法机关处理1人,涉案金额42.1万元。制定《核算中心与核算单位有关财务工作制度》《兴庆区财政专项资金管理规定》,出台改革基本建设资金的支付方式等多项改革措施,会计核算中心拒付不符合财务开支的报销票据174张,涉及金额23万元,纠正违规资金139起,涉及金额10.58万元。对两乡两镇和11个街道办事处的22名党政主要领导进行经济责任审计,对调整交流的14名领导干部进行离任审计,共查处违规资金1405.47万元,补缴税金32.87万元,审计罚没2.93万元,提出合理化对策建议16条,规范了财务管理。对24项涉及建设工程和货物采购事项进行招投标,节约资金183.1万元;实施政府集中采购41项949.4万元,节约资金142.1万元。制定《兴庆区非行政许可审批管理办法》等15项规章制度和改善政务环境、司法环境两个意见。继续开展对安全生产法律法规执行情况的监督检查,加强教育行业作风建设,严格执行"药品三统一"规定,严肃查处违反"药品三统一"规定及乱开药、乱加价等行为。

2008年,对教育和卫生系统91名事业专业技术人员招录工作进行全程监督。纠正违规资金98起,涉及金额127万元,会计核算中心拒付不符合财务开支的报销票据92张,涉及金额158万元。对21项工程项目进行了统一招标,预算金额合计2621万元,中标金额合计2237万元,节约资金384万元。政府采购19项,预算金额714万元,中标金额603万元,节约资金110万元。对7个单位8名领导干部进行经济责任审计,查出各类违规资金1991万元,管理不规范资金820万元,上交财政1.3万元。对违反车辆管理规定的7个单位进行通报批评,对3人进行经济处罚。开展个人小灵通捆绑单位办公电话自查自纠工作,对兴庆区财政供养人员及本人经商办企业情况进行清查,对中小学校舍安全情况进行排查,严肃查处2起商业贿赂案件。健全完善征收征用土地方面损害群众利益行为责任制度。

2009年,制定《兴庆区政府采购管理办法》,继续加强对政府采购工作全过程的监督,政府采购公开招标59次,采购资金实际支出746万元,资金节约率达14.1%。公务接待费较上年下降13.97%,会议支出较上年下降11.35%。制定《兴庆区公开选聘事业单位领导干部实施方案》《兴庆区公务员及事业单位人员交流轮岗意见(试行)》,规范干部选聘及交流轮岗工作。对4名科级干部进行了诫勉谈话,通报重大案件查办情况3次;对兴庆区的119名特岗教师面试进行全程监督,市容环境卫生处等3个单位公开招考了副职领导干部。出台《兴庆区基本建设投资项目审计监督管理实施细则》,对学校建设、道路工程、水利工程等54项工程进行招投标,节约资金2404.09万元。实施政府集中采购33批(次),节约资金109万元。同兴庆区教育局和审计局等相关单位对各中小学、幼儿园执行教育收费的各项规定进行2次检查,纠正高台寺逸夫小学违规征订教辅材料的行为。制定《兴庆区工程建设领域突出问题专项治理工作实施方案》,对17项重要工作、重点工程进度和完成质量进行监察。加大中央"扩内需、保增长"专项资金的检查

力度，共落实项目 20 个，涉及金额 4421.12 万元；

2010 年，在创建全国文明城市、秋季农田水利建设、农村环境综合整治、月牙湖万亩牛场项目建设、黄河金岸水系建设及造林绿化工程中，加强监督检查，确保工程质量，提高资金效益；加大对兴庆区争取的 25 个中央新增投资项目(涉及投资总额 4827.5 万元)，进行全程监督。对兴庆区高考工作进行全过程监督，审查 4694 名考生的学籍、户籍，取消 6 名考生的报考资格。对兴庆区公开招考的 13 名事业单位工作人员、225 名特岗教师，卫生局内部公开招聘 4 名基层卫生院长等进行全程监督。加强对工程招投标和政府采购工作的监督管理，对兴庆区 84 项工程项目进行统一招标，预算金额合计 402.5 万元，中标金额合计 363.9 万元，节约资金 38.6 万元。完成政府采购金额 1.56 亿元，节约资金 2400 万元；完成 10 项专项审计和 85 项基建工程审计，审计查处各类违规资金 1.34 亿元，管理不规范资金 1.27 亿元，上缴财政 100.5 万元。加大对农村党员干部非法占地、违规建房案件的查处力度，并对违规案件进行责任追究。开展工程建设领域专项治理，完成 2008 年以来政府投资和使用国有资金投资建设 95 个重点建设项目的全面排查。

【信息公开】 2001 年，召开政务公开工作座谈会和经验交流现场会，及时推广政务公开成功经验，推进政务公开工作。

2002 年，成立兴庆区政务大厅，采取“一厅式”服务、“一站式”办公。对兴庆区各单位、部门落实政务公开制度进行调研和督查，先后召开座谈会 6 次，走访 23 个部门，向 100 多名基层干部、群众征求对城区政务公开工作的意见，针对政务公开工作中存在的问题和不足，制定《关于进一步推进政务公开的通知》。

2005 年，制定《兴庆区党务公开工作实施办法》，对党务公开的实施范围和内容、形式和工作程序、步骤及目标要求做出规定。

2007 年，创新案件审理形式，逐步推行案件公开审理工作，推行党务公开，执行党内重要情况通报和报告、情况反映等制度。

2008 年，在新成立的党组织中设立纪(工)委、纪检组(监察室)。

2010 年，制定《兴庆区政府信息公开实施方案》《兴庆区人民政府信息公开规定》，投入 8 万余元，改造兴庆区政府门户网站。规范基层政务公开工作，推动村务公开、居务公开、校务公开经常化、制度化。利用政府网站、综合办公楼大厅的电子显示屏、效能曝光台和《今日兴庆》报刊，面向社会全面公开党务、政务信息及敏感性和热点性问题。

【廉政风险防范管理】 2009《兴庆区开展廉政风险防范管理工作的实施方案》。

2010 年，全面推进廉政风险防范管理工作，共有 47 个单位制定《廉政风险防范管理工作方案》，查找风险点 1334 个，制定廉政风险防范措施 1150 个。

【治理“小金库”】 2007 开展“小金库”专项治理，规范津贴补贴，严格控制公务消费，推行定点定额接待。2008 年，设立举报投诉中心，开展党政机关和事业单位“小金库”专项治理工作，对违规私设“小金库”的 3 个单位 3 名直接责任人进行立案查处，分别给予党政纪处分；对存在私设“小金库”单位的 9 名主要负责人进行诫勉谈话。2009 年，全面清理违规设立“小金库”行为，共清理出违规资金 78 万元。2010 年，开展党政机关和事业单位“小金库”专项治理工作，对违规私设 “小金库” 3 个单位 3 名直接责任人进行立案查处，分别给予党政纪处分，对存在私设“小金库”单位的 9 名主要负责人进行诫勉谈话。

【政风行风评议】 2001 年，参加全区行风测评问卷调查活动，对公安、交通、税务、教育、医疗卫生、城管、城建等 11 个部门行风进行测评，共发出测评问卷 1382 份。

2002 年，在城管、市容系统开展行风整顿和评议，发放调查问卷，收集群众意见建议 362 条，行风评议代表意见建议 19 条。

2003 年，抓好“万人评议政府”测评工作，对税务、城管等 49 个行业部门进行行风评议，下发征求意见表和问卷 11000 份，收集群众意见 76 条，参与评议的社会各界群众 1 万余人。

2005 年，抓好“万人评议政府”测评工作，对税务、城管等 49 个行业部门进行行风评议，下发征求意见表和问卷 11000 份，收集群众意见 76 条，参与评议的社会各界群众 1 万余人。在城管、市容系统开展行风整顿和评议，发放调查问卷，收集群众意见建议 362 条，行风评议代表意见建议 19 条。区纪委监察局组织 2000 名社会各界群众参与调查问卷评议。

2006 年，先后 8 次对各单位作风建设进行明察暗访，组织部分人大代表、政协委员和县级领导以及社会各界群众 1200 人对 65 个单位行风进行评议。

2007 年，组织 32 名县级领导、100 名人大代表和政协委员对 55 个单位和行业进行政风行风评议。

2008 年，组织 38 名县级领导、200 名人大代表和政协委员对银川市、兴庆区政府等 54 个单位和行业进行政风行风评议，组织 2000 名社会各界群众参与调查问卷评议。

2009 年，认真开展政风行风评议工作，发放群众评议调查问卷 3098 份，收回 3098 份，回收率 100%。

【农村党风廉政建设】 2001 年 ~ 2010 年，兴庆区委、区政府在加强党政机关和事业单位反腐倡廉工作的同时，强化对农村基层组织的党风廉政建设。

2006 年，制定《兴庆区农村集体资金监督与管理办法》，建立和完善村民筹资酬劳“一事一议”制度，加强对农村集体经济管理，巩固扩大农村税费改革成果。

2007 年，实行村干部勤廉双述制度，完善村级领导干部监督管理机制。

以月牙湖乡小塘村、通贵乡通北村、掌政镇茂盛村、大新镇塔桥村为试点，开展以创新村治模式、加强基层民主、推进社会主义新农村建设为主题的八项民主管理制度、两项保障措施、十大工作流程的民主治村工作，有力地推进农村民主政治建设的深入开展。

2008年，围绕率先实现“城乡一体化”目标，制定《关于进一步加强农村基层党风廉政建设的实施意见》，深入推进以“八项民主管理制度”、“两项保障措施”和“十大工作流程”为内容的民主治村工作，促进农村稳定，社会和谐。

2009年，制定《关于在兴庆区农村实施“勤廉为民”工程的实施意见》，对农村党风廉政工作进行安排部署。

2010年，认真开展“勤廉为民‘五好’乡镇”、村创建活动，大新镇、掌政镇被银川市命名为“五好”乡镇，掌政镇杨家寨村被自治区命名为“勤廉为民”工程先进村。

【效能监察】 2006年~2010年，兴庆区委、区政府在加强领导干部反腐倡廉好和查办违纪违法案件工作的同时，不断加强效能建设，先后制定《关于实行季度工作报送制度的通知》《领导干部季度工作汇报制度》《兴庆区工作绩效问责暂行办法》《兴庆区工作人员违纪违法责任追究制度》《关于进一步加强会议管理、切实转变会风的通知》《关于实行违纪违规行为通报制度》《关于进一步完善和深化机关效能建设十项制度》《违反机关效能建设十项制度责任追究暂行规定》等效能建设方面的规范性文件，有效地促进党政机关各部门工作作风的转变和工作效率的提高。对机关效能建设和各项制度的落实情况进行监督检查，对“五创”工作进行全程监督，加大对违反规章制度的单位、部门及人员的查处力度。其中2006年共受理效能投诉53件，全部接办，给予诫勉教育2人，效能告诫2人，辞退临时工1名。2007年，认真贯彻落实优化发展环境“五条禁令”，张贴50张宣传海报，向社会公开举报电话，效能办组织开展明察暗访15次，受理效能投诉59件，办结59件，通报批评29人，诫勉教育3人，效能告诫1人。2008年，效能办共开展明察暗访16次，受理群众有关效能方面的投诉192件，办结192件，发出通告6次，被通告人员45人，经济处罚35人，效能告诫2人，诫勉教育2人，辞退1人，发出建议书5份。2009年，对干部参会缺勤、迟到进行相关问责，对6名干部给予效能告诫，通报批评25人次，经济处罚18人，责成书面检查30人。对甲型H1N1流感防控进行6次专门督查。2010年，开展明察暗访活动36次，查处效能投诉41件(次)，问责31人(次)，其中诫勉谈话5人(次)，通报22人(次)，停职1人，书面检查3人。有效地解决部分机关干部的工作作风问题。

【查办案件工作】 2001年，受理来信来访51件(次)，其中重复13件，自收27件，群众来访11人次。初核12件，转立案5件，结案5件。给予党内警告1人，开除党籍1人，撤销党内职务和行政职务1人，撤销副科级职级待遇1人，行政记大过1人，行政警告1人。

2002年，受理来信来访42件(次)，其中自收27件，上级交办3件。初核14件，立案5件，移交司法机关1件，结案5件，给予党纪处分4人，政纪处分1人。

2003年，受理来信来访71件(次)，其中自收36件，上级交办3件，重复24件；初核38件，立案14件，移交司法机关2件，结案13件，给予党纪处分26人，政纪处分2人。

2006年，受理来信来访60件(次)，其中自收35件，重复8件；初核28件，立案8件，结案8件，查处违纪人员8人，给予党纪处分2人，政纪处分6人，组织处理3人，诫勉谈话9人。挽回经济损失62万元。

2007年，受理信访举报76件，其中自收61件，重复19件，初核45件，立案查处22件，结案22件，立案查处22人，其中给予党纪处分13人，政纪处分9人；向13个单位下发纪律检查和监察建议书，有效整改了一些顽症；组织处理11人(批评教育1人，调整工作岗位5人，诫勉谈话3人，免职2人)；挽回经济损失27万元。

2008年，全年共受理信访举报53件，其中自收37件，重复6件，上级转办10件，完成初核案件24件，立案8件，结案7件，给予开除党籍处分2人，党内严重警告处分1人，党内警告处分1人，给予行政撤职处分2人，行政记过处分3人，移交司法机关2人。收缴非法所得70余万元，没收违规购买车辆一辆，价值22万元，给6个单位下发监察建议书。

2009年，全年共受理信访举报78件，其中自收34件，重复16件，上级转办28件，完成初核35件，立案10件，结案10件，查处违纪人员16人，给予开除党籍处分5人，留党察看1人，严重警告1人，警告3人，给予行政警告6人，开除公职2人，辞退1人，移交司法机关4人，收缴非法所得30.5万元，给4个单位下发监察建议书。

2010年，修订《兴庆区纪检监察案件实行统审的规定》和《一案三报告》制度，进一步规范基层办案程序。受理信访举报113件，其中自收85件，上级转办28件，重复51件，完成初核案件39件，立案查处9件，处理违纪违法人员13人，给予开除党籍处分5人，党内严重警告处分2人，给予行政记过处分2人，行政记大过处分2人，行政撤职处分1人，开除公职1人，移送司法机关1案3人，挽回直接经济损失75.6万元，向8个单位下发纪律检查和行政监察建议书。

群团组织·民主党派

QUNTUANZUZHI MINGZHUDANGPAI

工 会

【概况】 银川市兴庆区工会工作委员会前身是银川市城区工会工作委员会。2002 年，区划调整，银川市城区工会工作委员会更名为银川市兴庆区工会工作委员会。十年来，兴庆区工会坚持维护职工群众的经济利益和民主权益，代表和组织职工参与国家和社会事务管理，充分发挥职工群众参政议政、参加经济建设和改革，努力完成经济和社会发展任务，帮助职工不断提高思想政治觉悟和文化素质。2006 年，兴庆区工会被劳动和社会保障部办公厅、建设部办公厅、全国总工会办公厅联合评为农民工工资支付情况专项检查先进单位；2007 年 7 月，自治区总工会授予兴庆区解放西街银湖社区、玉皇阁北街东方社区为职工（农民工）维权进社区工作示范社区；2008 年，兴庆区工会荣获全区工会目标考核先进单位、全区工会组建工作先进单位、全区工会工作创新奖，解放西街银湖社区工会联合会被中华全国总工会评为全国模范职工之家；2010 年 11 月 21 日，自治区总工会授予新华街富华社区工会自治区模范职工之家称号。

【工会领导名录】

主　席：孙秀珍（2001.01–2002.06）
　　　　张学义（2002.07–2010.02）
　　　　王永虎（2010.02–2010.12）
副主席：白彩霞（2002.11–2005.06）
　　　　倪晓星（2008.12–2009.01）
　　　　屠国建（2009.01–2010.12）

【领导调研】 2007 年 7 月 24 日，全国总工会常务副主席、书记处第一书记孙春兰一行，在区、市领导于革胜、张小素、孙荣山和兴庆区领导王杨宝、陈志文、刘虹、张学义的陪同下，到兴庆区解放西街银湖社区，就社区落实《企业工会条例》、维权进社区等工会工作进行检查调研。

【组织建设】 2004 年，兴庆区工会对 23 家中小学校及幼儿园的“模范教工之家”进行考核验收。在建立工会组织的单位开展评选先进工会、先进职工之家、先进工会干部、工会积极分子、支持工会工作党政领导活动。

2006 年，兴庆区工会开展行业工会的组织建设工作，先后召开西部汽车城和玉皇阁北街餐饮行业工会第一次代表大会，选举产生两个行业工会第一届委员会，实现以行业工会名义进行全方位覆盖的目标，结束区级工会没有行业工会的历史。

2008 年，自治区总工会首次面向社会公开招聘职业化工会主席，4 月 1 日分配到兴庆区工会的 9 名职业化工会干部正式上岗。

2009 年，充分发挥“党建带工建，工建服务党建”的作用，推进供货组织建设，4 月 8 日，在中山南街成立非公企业联合党支部，消除了非公有制企业党建工作的“空白点”。截止 2009 年底，共在 11 家非公企业建立联合党支部，支部书记全部由职业化工会主席担任。扎实推进乡镇、街道、企业工会规范化建设，积极开展创建模范县级工会活动，制定《兴庆区工会关于创建模范县级工会实施方案》，制定乡镇、街道、非公企业工会规范化建设达标实施方案和考核细则，辖区 11 个街道、2 镇 1 乡、1 个非公企业达到规范化建设标准，94 个社区达到维权进社区标准，达标率 100%。全年共举办工会干部培训班 8 期 615 人。

2010 年，全面推进工会组建工作向深层次发展，制定《兴庆区工会 2010 年工会组建工作规范化实施方案》，将组建工会、发展会员、任务层层分解到乡镇、街道、企事业单位、进一步强化监督方式，全方位、多层次推进建设步伐。对 2283 家税务代收经费筹备金的非公企业未建工会情况和兴庆区范围税务代收经费企业 10311 家进行了全面的摸底调查。全年共新建工会组织 87 家，搬迁、倒闭流失 5 家，净增 82 家，净增涵盖单位 356 家，净增会员 5028 人。截止 2010 年底，辖区 11 个街道、两乡两镇、94 个社区全部建立工会组织，共组建基层工会组织 747 个，其中机关单位工会 21 个，事业单位工会 59 个，区域性 98

个;行业性3个,独立建会非公有制企业566个,基层工会涵盖单位5169个,共有职工64902人,会员63729人(其中农民工会员22293人),会员入会率98%。有职业化工会干部32人,乡镇(街道)工会主席全部由党政副职担任,配有专职工会副主席。11个街道、两镇两乡、1个非公企业工会达到规范化建设标准,94个社区达到维权进社区标准,达标率100%,形成兴庆区、乡镇(街道)、社区三级工会组织健全网络体系。

【厂务公开与民主管理】 2004年为更好地发挥工会组织在各部门管理中的民主参与、民主监督作用,建立政府与工会联席会议制度。3月18日,兴庆区厂务公开领导小组在银川国龙医院组织召开厂务(政务)公开工作经验交流暨表彰会,表彰在2003年度实行厂务(政务)公开工作中成绩优异的银川国龙医院、兴庆区市容环境卫生处两家单位。

2009年,认真落实职代会工作制度,组织制度和职代会各项职权,并开展星级职代会达标职工评价活动。指导检查企事业单位建立和发展以职代会为主要形式的民主管理、民主监督制度。指导非公企业、小型企事业单位实行联合职代会、区域性、行业性职代会制度,并实行企事业单位召开职代会向上级工会报告制度,积极推进街道、社区非公企业建立区域(行业)性职代会和民主化管理,先后在94个社区、大新镇、掌政镇、市场办、科技园组建区域性职代会。在玉皇阁北街餐饮联合会、东环批发市场、西部汽车城组建行业性职代会。认真贯彻落实《宁夏回族自治区厂务公开条例》,建立健全组织机构和厂务公开工作责任制、责任考核制和责任追究制"三项制度"。截止2009年底,兴庆区非公企业及事业单位实行厂务公开的单位共计641家,达标96.82%,涵盖单位4710个,覆盖职工56577人。2010年,积极推进街道、社区非公企业建立区域(行业)性职代会,先后在94个社区、2镇、市场办、科技园组建区域性职代会,在东环批发市场等3个行业组建行业性职代会。制定《关于申报职代会星级达标考核工作通知》,全年申报三星级职代会62个,四星级职代会13个单位;辖区各基层工会开展创建劳动关系和谐企业活动的单位达557家,兴庆区直属非公企业满春大酒店、宁夏光耀实业有限公司、银川彩新钢结构工程有限公司、宁夏庆华小额贷款有限公司、宁夏盛世花园大酒店5家企业被命名为银川市劳动关系和谐模范企业。截止2010年底,辖区单位职代会建制数624家,建制率达95%,其中有13家单位被银川市总工会命名为三星级职代会达标单位。兴庆区非公企业及事业单位实行厂务公开的单位705家,达到单位总数的95%,涵盖单位4910个,覆盖职工61656人。

【职工维权】 2004年4月7日,工会参与劳动仲裁委关于非公有制企业嘉宁科技实业公司解除13名职工劳动合同承担违法责任和支付生活补贴案件的协调审理工作。

2005年,与劳动人事局、经统局召开三方协商会议。解决签订集体合同等事宜。

2009年,加强工会劳动保障法律监督组织建设,协调有关职能部门开展农民工工资支付专项检查,追缴拖欠农民工工资240万元,涉及农民工346人。推进企业区域性、行业性劳动争议调解组织建设,建立劳动争议预警机制。全年共建立企业劳动争议调解委员会567家,劳动争议调解委员1806人,组建率达96.6%,受理法律援助案件162件。深入开展"五五"普法工作,积极推进"法律六进"工作的落实。加强职工法律援助站工作站工作,建立农民工、职工维权服务一卡通,并聘用33名法官、律师、检察官法律工作者进社区进行法律宣传、咨询、培训等社区维权辅导援助行动。全年共举办法律知识讲座30场次、3780人次,开展法律宣传活动101场次,发放法律宣传资料40000份。为1820名职工进行职业病防治体检。各基层工会、企事业单位共有147人劳动争议调解员资格证。

2010年,建立职工诉求月报制度和工会主席接待日制度,健全劳动争议预警机制,保证"12351"职工热线畅通。加强工会法律援助工作,困难职工帮扶中心聘请了专职律师,为上访职工进行法律咨询援助。建立企业劳动争议调解委员会636家,劳动争议调解委员2025人,其中职工代表1031人,企业劳动争议调解组织组建率实现95.4%。建立工会维权(就业)信息员310个,建立就业信息库35个。全年兴庆区困难职工帮扶中心共接待职工诉求186人次,其中来访132人,来电54人,调解劳动争议案件92件,讨要职工(农民工)工资22602元。加强女职工组织组建,维护女职工合法权益,新建非公企业女工委87家,已全部签订女职工权益保护专项集体合同。截止2010年,共对辖区各行各业大、中型企业在施工安全、职业病预防、生产生活、环境卫生等方面进行专项检查15次。组织医护人员到企业、工地、广场开展健康咨询义诊、送医送药活动15次。

【集体合同与工资协商】 2004年-2010年,兴庆区认真实行签订集体合同与工资协商制度,维护职工合法权益。积极探索和完善集体合同、工资集体协商专项合同、女职工权益保护专项集体合同的签订工作,严格按照推选代表、发出要约邀请、征求意见、平等协商、职代会讨论通过、签订合同、审查备案、向职工公示8项程序,完善4项合同协商工作。2010年,签订集体合同、女职工权益保护专项集体合同、工资专项集体合同667份,签订率继续保持在100%,劳动安全卫生专项集体合同签订率为95%。10年来,区工会举办签订集体合同培训班6期,培训企业工会工作人员和企业相关人员700多人;全区共签订集体合同2308份,签订工资集体协商专项合同1230份,签订女职工权益保护专项

集体合同 796 份,3 项合同的签订率达到 100%。

【共同约定行动】 2009 年,面对金融危机,积极开展以“同舟共济克时艰,共度难关促发展”为主题的“共同约定行动”,全年共签订“共同约定书”647 份,覆盖职工达 100%,开展创建劳动关系和谐企业活动的单位 475 家,覆盖面达 84.2%,考核达标验收 300 家,达标率为 63%。

2010 年,继续深入开展保稳定、促发展“共同约定行动”签约活动,与辖区非公企业工会小组签订“共同约定书”,签订率 100%,有效促进了企业发展,稳定职工队伍。年初下发《深入开展创建劳动关系和谐企业活动》和“双爱双评”活动的通知,兴庆区劳动关系和谐达标企业 527 家。银川彩新钢结构工程有限公司、宁夏庆华小额贷款有限公司等 5 家企业被命名为银川市劳动关系和谐模范企业。截止 2010 年底,开展创建劳动关系和谐企业活动的单位达 541 家,考核验收达标率达到 95.5%。

【技术创新与技能竞赛】 2001 年–2010 年,兴庆区工会组织职工广泛开展群众性经济技术创新和职业技术技能竞赛活动,先后开展创建“工人先锋号”“名师带徒”、争当“金牌工人”“首席工人”、“勇当主力军、争创先锋号”“安康杯”竞赛、“岗位练兵”、餐饮业厨艺、摆台、铺床等职工技能活动 14 项,职工参与率达到 90%,获奖人数 84 人,晋升职业资格 8 人,收到合理化建议 759 条,其中采纳 132 条;开展名师带徒活动,签订《名师带徒协议》557 份,签订率达到 75%,取得良好效果。如 2009 年开展巾帼建功立业活动的女职工组织 508 家,参与女职工活动达 23815 人,提合理化建议 160 条;2010 年深入有效开展群众性合理化建议、技术革新、技术协作、发明创造等活动,共收到合理化建议 342 条,采纳 110 条,创造经济效益 87.9 万元。开展创建“工人先锋号”“名师带徒”活动,职工参与率达 85%,签订《名师带徒协议》479 份。开展安全生产竞赛活动,全面推进现代化安全生产管理、职工安全健康培训教育,劳动安全卫生专项集体合同签订率达 95%。成功举办兴庆区工会职工素质建设工程 5 年成果展。

【服务与创业】 2001 年–2010 年,兴庆区工会通过政策引导、就业创业培训、“工字号”创业带动就业工程、提供小额贷款、无息贷款和争取政府和社会资金支持等措施,为自主创业的下岗失业人员以及农民工提供多种形式的服务,做到创业培训、小额贷款和创业指导一条龙服务,带动更多的下岗失业人员以及农民工实现就业。

2004 年 4 月 24 日,举办春季劳动用工洽谈会,来自兴庆区辖区内大中专毕业生、下岗失业人员、失地农民、外地人员共 1100 多名,有 72 家用工单位参与招聘提供劳动岗位 1200 个,最后达成意向性用工协议的有 303 人。

2009 年,举办餐饮服务、美发师、计算机技术、手工编织、沙画雕刻手工制作、家政服务、文明礼仪等各类培训班 19 类 38 期,培训人员达 4438 人,其中农民工 2539 人,下岗失业人员 1899 人,女职工 456 人,再就业人数达 366 人。同时,大力实施“工字号”创业带动就业工程,通过实地调查结合各街道特有市场环境,由市总工会和兴庆区总工会各投入 10 万元,分别在新华街永安巷、银古路街道丽景社区宜春巷、玉皇阁北街创建“工字号”创业一条街,共提供摊位 340 个,安置就业人员 465 人。

2010 年,开展培训意愿调查,发放调查表 50000 份,对辖区内 5169 家中小企业的 64902 名职工进行调查和宣传。7 月 15 日兴庆区工会“工字号”创业(农民工)培训学校在宁夏青松职业培训学校挂牌成立。通过自办、联办等方式开展培训,提升职工素质,培训项目涉及电工、装载机、农家菜、手工编织、沙画雕刻、家政服务、手工串珠等近 20 类,为辖区下岗失业人员、返乡农民工和职工提供技能学习平台。全年培训下岗、待岗、农民工 890 人,397 人获得劳动部门颁发的技能证书。开发“工字号”“创业基地(市场)3 个,技能培训基地 2 个,见习实训基地 3 个。为银川康源之家果蔬服务专业合作社等 7 家企业和个人提供小额贷款资金 26 万元。在新华街街道工会联合会投资 6 万元,成立家政服务创业中心,主要以开展家政服务、家政培训、职业介绍、用工信息、职工维权及政策咨询等服务项目,以培训促进创业,以创业带动就业,促进弱势群体就业。举办各类招聘会 9 场次,对困难职工、农民工、失业人员、高校毕业生就业指导、职业介绍、政策咨询等就业服务 1121 人次,发布各类用工信息 176 条,提供就业岗位 420 个,实现再就业 221 人。

【劳模评选与管理】 截止 2010 年底,兴庆区工会在册劳模 45 人。2004 年“五一”国际劳动节前夕,组织各级劳动模范游览黄河生态旅游区;2005 年 3 月 28 日,与劳动人事局、经统局召开了三方协商会议。研究解决劳模待遇事宜,9 月为 30 名劳模进行身体检查。

【帮扶救助】 2004 年,兴庆区工会根据自治区总工会《宁夏回族自治区总工会生活困难职工档案管理办法》,对特困、困难职工进行摸底登记工作。

2006 年,8 月 30 日,兴庆区工会对 12 名困难职工子女考入大、中专院校的,分别给予 1000–2500 元的救助,救助资金达 23500 元。

2007 年,兴庆区工会帮扶工作管理系统实行网络化管理。

2008 年 5 月 31 日,兴庆区困难职工帮扶中心、兴庆区职工法律援助工作站、兴庆区职工(农民工)维权帮扶工作站正式挂牌成立。各乡镇街道相继成立困难职工帮扶站,各企业、社区成立困难职工帮扶点,建立帮扶工作小三级组织网络。兴庆区总工会争取区政府在帮扶中心投资 3.8 万元,建设面积为 9.37 平方米的电子屏,滚动播放就业和困难、大病职工救助范围以及标准等工会信息。为环卫困难职工发放慰问金16900元；12月17日兴庆区工会召开困难职工帮扶资金发放仪式，现场发放帮扶资金50万元。

2009年，对辖区困难职工进行摸底调查登记，建立困难职工档案1530人，女职工档案144人，建立爱心超市3家。慰问困难职工1090人，慰问金额380600元，救助大病和受意外灾害职工31人，金额52500元，积极开展“金秋助学”活动和高效毕业生“阳光就业”行动，资助困难职工23人，发放助学款共52200元，救助困难女职工130人次，发放帮扶资金52000元。

2010年，建立兴庆区、乡镇（街道）、社区帮扶小三级网络组织，其中兴庆区困难职工帮扶中心面积不小于80平方米，乡镇（街道）帮扶站面积不小于15平方米，各企业和社区工会也设有帮扶点。在帮扶中心投资3.8万元，设立面积为9.37平方米的电子屏，使困难职工对工会的方针政策、最新动态和帮扶救助等信息能及时快速的获取，帮扶中心已达到三星级标准，94个社区达到维权进社区的标准，达标率为100%。共建立困难职工档案1915人，建立爱心超市3家；建立帮扶中心日常工作制度，制定《兴庆区困难职工帮扶工作方案》《特困职工救助管理办法》《困难职工帮扶资金使用管理制度》《工作人员职责》《帮扶中心工作指南》《工作流程》等多项制度和管理办法并上墙公示；建立困难帮扶公示和监督制度，对帮扶的对象名单、申报程序、帮扶金额分别予以公示，对每年的帮扶资金使用进行年度审计，确保每笔帮扶资金做到帮得准、扶到位，实现帮扶工作的规范化。一年来，兴庆区困难职工帮扶中心共救助困难职工（农民工）468人，发放帮扶资金15.18万元；实施临时性大病救助14人，发放救助款3.5万元；实施生活救助1名，发放救助款1000元；“六一”儿童节之际，自治区总工会为195名家庭经济特别困难的进城务工人员子女捐助资金106412元，兴庆区工会慰问困难女职工子女家庭44户，发放慰问金1.32万元；“金秋助学”活动救助59名困难职工、农民工家庭子女，发放救助资金14.9万元。

【支援灾区】 2009年5月21日，汶川地震发生后，兴庆区工会向辖区基层工会会员发起了1元捐款活动，所属会员单位及广大职工分别向红十字会、民政部门、上级工会组织等累计捐款149.53万元。

【职工书屋】 十年来，坚持以“建立职工书屋，让阅读走进职工生活”为宗旨，大力开展“职工书屋”建设。截止2010年底，共建成职工书屋290余家，藏书24万册、报刊杂志238种（类）、电子音像制品2700张，有条件的社区还建成了电子阅览室、开辟职工画廊、诗苑等场所，充分发挥职工书屋的文化功能。

【关怀农民工】 2008年8月6日，兴庆区工会将四车西瓜，绿豆，冰糖等防暑降温物品送到光华门，八里桥康居工程等四处建筑工地的农民工的手中，在炎炎夏日为农民工送去了清凉。2009年，在前进街、丽景街建立“农民工之家”和“农民工书屋”。开展为农民工“送技能、送法律、送文化、送健康”活动。制定为农民工“送清凉”的安排意见，先后到建筑工地为近千名农民送去了西瓜、绿豆、冰糖等防暑降温物品；开展电影流动放映车进社区、进乡村活动；为1768名外来农民工免费体检、发放60000份健康宣传资料；同时各街道长期免费为农民工开放社区内电教室、图书室、活动室；在名人广场、金桥雅居等广场为农民工举办文艺演出；发放《工会法》《劳动合同法》等法律宣传资料40000余份，为外来务工人员提供法律援助，维护他们的合法权益；全年共培训农民工2539人。

【经费管理】 十年来兴庆区工会加强工会财务工作和经审工作，不断完善财务管理制度，没有发生重大违纪、违反财经制度行为。2009年，15个街道（乡镇）及独立建会企业都单独开设了银行账户，依法独立管理工会经费。同时兴庆区工会经费审查委员会对各基层工会经费的使用情况进行审计和监督，审计率达92%以上。2010年，8月25，兴庆区工会经费审查委员会对所辖乡镇、街道、部门单位及直属非公企业基层工会等39家单位进行审计。兴庆区工会经费审查委员会对各基层工会经费的使用情况进行审计和监督，规范了基层工会经费账户，组织审计小组对各乡镇（街道）、直属非公企业工会经费进行全面的审计，审计率达92%以上，各基层工会财务制度健全，管理规范，没有发生重大违纪、违反财经制度的行为。

【文体活动】 2004年7月12日，兴庆区工会、文化体育旅游局等单位联合举办兴庆区茵宝杯7人制足球赛，有48支

2009年4月10日，工会运动会篮球赛场

参赛队530名队员参加了比赛，腾龙电子足球队获得一等奖，五中龙武足球队获精神文明奖，隆湖公司获最佳组织奖。

2005年3月3日，举办兴庆区庆“三八”健身舞比赛，有16支代表队256人参加比赛。

2007年9月21日，举办兴庆区第二届职工钓鱼比赛，360名干部职工积极参加此次活动。

2008年，举办第一届职工文艺汇演。

2009年，深化“创建学习型组织，争做知识型职工”活动，先后举办了“立足岗位做贡献，巾帼建功展风采”女职工讲演比赛、“心系女性——女职工素质教育”活动、第一届职工运动会、“庆‘七一’干部职工心向党”歌咏比赛、“安全伴我行”演讲比赛等活动。

2010年，举办兴庆区第二届职工文艺汇演，先后在基层演出两场，“五一”国际劳动节来临之际，在宁夏人民会堂举办了璀璨兴庆专场演出；组织工会干部参加拓展训练；全面开展职工书屋建设，为提高全民素质、丰富职工群众业余文化生活搭建有效平台。

共青团

【概况】 兴庆区团委为区委领导的群众性青年团体组织，经费由兴庆区政府财政拨款，现有在职干部2人，大学文化程度2人。

【共青团领导名录】

书　记：邓　华（2001.01～2002.03）
　　　　王　涛（2003.08～2007.11）
　　　　马　涛（2008.03～2010.12）
副书记：杨子阳（2003.08～2005.03）
　　　　张　艳（2006.01～2010.12）

【团代会】 2003年10月16日，共青团银川市兴庆区第一次团员代表大会召开，大会的主要内容是提出2004年至2006年的工作思路和任务；选举产生共青团银川市兴庆区第一届委员会，王涛为书记。

2007年11月16日，共青团银川市兴庆区第二次代表大会正式召开，会议的主要议程是审议并通过共青团银川市兴庆区第一届委员会工作报告；提出2008年至2010年的工作思路与任务；选举产生第二届委员会及其常务委员，马涛为书记；选举产生出席共青团银川市第十六次代表大会代表。

【全委会】 2009年2月26日，共青团兴庆区委二届三次全体（扩大）会议召开，会议传达学习了自治区团委十届三次、银川市团委十六届四次全委会精神，通过《共青团兴庆区委二届委员会委员、候补委员卸职递补确认案》，总结2008年工作，安排部署2009年工作，为乡镇团委发放电脑。

2010年3月4日，兴庆区共青团二届四次全委会及少先队一届二次全委会在银川市回民中学召开，安排部署2010年兴庆区共青团、少先队工作，为基层团委发放两个自治区优秀团建项目工作经费6000元，向4个社区发放价值20000元的社区青少年活动器材，对2009年度各基层团组织工作进行表彰，对团干部进行为期半天的业务培训。

【基层团组织建设】 2002年，城区9个街道团支部改为街道团的工作委员会，选拔一批优秀年轻干部担任街道团工委书记，为基层团组织建设和推动团的各项工作及时补充了一批新鲜血液，增强团组织的内在活力。

2003年，加强基层团干部思想建设，相继开展学习党的十六大、十六届三中全会精神，团的十五大精神，“三个代表”重要思想，把教学活动与加强团的工作结合起来，推动基层团的思想教育工作不断进步。

2005年，以“团建创新工程”的实施为总抓手，不断加强团的基层组织建设。1月，共青团兴庆区委被团中央授予全国青年中心建设试点工作先进区；8月份，共青团兴庆区委与银川市长庆物业处团委联合建立长庆燕鸽湖社区青年中心，中心有个人会员319人，团体会员5个；9月，团中央书记处书记杨岳到兴庆区视察青年中心后给予了高度评价和肯定；共青团兴庆区委争取自治区团委专项经费3万元和4万余元的书籍全部投放到新建的3个青年中心；1所青年中心入选《全国青年中心100例》。

2007年，各乡镇街道党政领导普遍重视街道共青团工作，党建带团建发展趋势良好，对共青团兴庆区委承办的各种区、市活动观摩以及街道共青团工作提供了必要的人力、物力、财力支持，不断优化团的内外环境，团组织作用发挥明显，阵地、组织建设进一步得到加强巩固，各级团组织把协助党组织做好优秀团员、入党积极分子的教育、培养、发展作为一项经常性的工作来抓。

2009年，举办社区青少年工作培训班，组织街道、社区、派出所、学校等相关单位的社区青少年联络员近150人参加培训，对“晨晖行动”的工作流程、工作队伍、工作机制、工作档案等进行系统的培训。

2010年，以开展“党群共建创先争优”活动为契机，大力开展党建带团建·创先争优活动，通过“党性教育”、“岗位奉献”、“服务青年”、“亮牌示范”、“组织创新”等活动的开展，使兴庆区各级团组织在双推双带中创先争优。狠抓“两新”组织团建基础工程，深入各企业、个体工商户中进行调研，对有条件建立而未成立团组织的企业及时掌握实际情况，选派团建工作指导员，深入到“两新”组织与业主进行面对面交流和指导，进行团建规范化建设，全年新建团组织12个，发展新团员860人，“推优入党”56人。

【青年志愿者服务行动】 2002年，城区各级青年志愿者组织从党政关注、社会急需、青年能为的热点、难点问题出发，围绕“做一名注册志愿者”的主题，广泛开展社区服务、社会治安、植绿护绿、治理脏、乱、差等公益性志愿服务活动。

2003年,2月23日,兴庆区志愿者服务"四进"社区活动在北安社区启动,各团工委在社区开展公益服务活动和科技卫生法律等咨询,促进社区精神文明的建设。"3.5"期间,共青团兴庆区委组织各级团组织以弘扬雷锋精神、参与志愿服务、建设精神文明为主题,动员学校、社区、乡村全面开展宣传和服务活动,新闻媒体对志愿服务活动进行跟踪采访,制作新闻观察话题在电视报刊等媒体中宣传志愿服务。

2005年,兴庆区团委先后组织学校、街道、乡镇以及各基层团支部的300余名青年志愿者在广场、社区、公共场所、老年公寓等地开展国际志愿者服务日—"雷锋精神永放光芒"和"国际志愿者服务日"主题活动。纪念"五四"运动期间,在各街道举行"外来务工青年关爱行动",面向外来务工青年开展了"四个一"服务活动(即读一本好书活动、开展一次有意义的文体活动、举办一次法制健康知识宣传、组织一次联谊活动)。

2006年,扎实推进青年志愿者服务行动,严格按照《银川市青年志愿服务条例》开展工作,做好青年志愿者注册、招募、奖励、监督等工作,扩大注册志愿者队伍,构建兴庆区青年志愿服务组织网络,不断探索志愿服务工作的长效机制;配合团市委开展每月一个主题的青年志愿者月月行活动。

2008年,成立医疗卫生、计划生育、农业科技、文化教育、法律援助、禁毒宣传、预防艾滋病宣传教育、绿色环保、政策宣传等各支专业志愿者服务队,深入农村广泛开展农业技术宣传培训、免费义诊、普法宣传、送文化下乡等志愿活动;大力开展真情助困暖万家、希望工程、社区志愿服务和谐行动、注册志愿者等活动,以结对救助等多种形式广泛开展各类服务;组织志愿者参加区、市团委及兴庆区林业局义务植树活动,植树2000余株;在世界环保日、党员奉献日期间,组织志愿者上街开展了人人参与保护环境、共建生态文明家园的宣传和以"保护环境,节约资源,从我做起,共建和谐"为主题的万人签名活动。

2009年,1月8日,团委利用"三下乡"之机,组织志愿者在掌政镇文化广场开展青春红丝带面对面宣传教育活动;3月5日,组织11个街道和辖区单位青年集中在人口相对密集的新华街、解放街路段以及南门广场进行环境整治、环保宣传、免费理发、盲人按摩、免费修理自行车、义诊等志愿服务活动;组织大新中学1250名师生和大新镇团员青年200人,对大新村进行环境综合整治。

2010年,不断深化注册自愿者活动。3月,组织各基层团组织在"3·5"期间集中开展"倡导文明新风 争创文明城市 --- 青年志愿者在行动"主题活动;5月,共青团兴庆区委在高台逸夫小学举办五四纪念活动暨关爱农民工子女志愿服务活动,各基层团组织为贫困学生送去学习用品、亲情电话卡、玩具等物品价值13000元,受到孩子们的欢迎。6月5日,在南门广场集中开展人人参与保护环境、共建生态文明家园宣传活动,成立志愿者协会;6月30日,联合宣传部、文明办成立兴庆区志愿者协会,召开第一届会员代表大会;结合创建全国文明城市要求,开展市民素质提升活动,组织100余名青年志愿者在黄河金岸开展义务植树活动,挖坑160余个,筑埂310余米;9月30日,在兴庆区高台逸夫小学承办银川市青年文明号"牵手小小蒲公英"志愿服务活动。

2008年9月5日,兴庆区"圆梦行动助学金"发放现场

【青春建功创业】 2002年,共青团兴庆区委围绕全区经济工作中心,开展争创青年文明号、争当岗位能手等青春建功活动,

2006年,共青团兴庆区委围绕社会主义新农村建设,深入开展农村青年增收成才行动;围绕推动产业结构优化升级,深入开展青工创新创效活动;围绕资源节约型、环境友好型社会建设,全面深化保护母亲河行动。

2009年1月,共青团兴庆区委承办银川市"外出务工返乡青年服务月"活动在兴庆区掌政镇启动;8月,兴庆区首届全民创业月活动正式启动,共青团兴庆区委争取6位经营户分别得到3万元至5万元不等的支持创业小额担保贷款;兴庆区政府命名4个全民创业就业基地,1个科技创业示范企业,1个全民创业特色街区及1个全民企业示范社区。联合妇联、宣传部、文明办、文体旅游局举办以弘扬和谐文化、竞展家庭风采和民族特色为主题的家庭才艺展示大赛,来自各乡镇、街道的15个各具特色的家庭参加了比赛。

2010年,共青团兴庆区委成功举办首次青年创业大赛,决赛胜出的选手

孙燕楠、马燕蓉和云海红代表兴庆区参加全市决赛;推荐的郭玮、何东武被银川市授予十大杰出青年企业家称号,施栋被银川市授予十大杰出青年称号,吴波、陈山被银川市授予十大杰出青年农民称号。

【青年文化节】 2003年1月12日,共青团兴庆区委协调组织各有关部门开展"四下乡"活动和兴庆区首届乡村青年文化节,深入乡村、社区,开展青年志愿者科教、文体、法律、卫生等方面的服务,宣传科学知识、科学思想和科学方法,普及法律知识,传播先进、健康、科学的生活观念;8月16日,自治区团委和兴庆区团委联合举办宁夏第一届建设美好家园、喜迎民族盛会社区青年文化节;8月20日,共青团兴庆区委组织解放西街辖区单位为外地200多名进城务工青年进行医疗、法律维权等系列讲座培训,组织街道团工委青年表演文艺节目,丰富外来务工青年的业余文化生活,共同促进青年文明社区建设。

2005年,7月22日,共青团兴庆区委承办由自治区团委、自治区民政厅、自治区工商管理局、自治区劳动保障厅等单位主办的以展青春风采、建和谐社区为主题的第二届宁夏社区青年文化节启动仪式暨"走近你——慰问进城务工青年专场文艺演出"。

2006年,大力推进青年文化行动,举办乡村青年文化节,社区青年文化节,开展青年文明社区"大家乐"活动,丰富社区文化。开展社区青年文化宣传月、校园科技文化艺术节、中学生素质综合大赛等活动。

2009年,1月17日,共青团兴庆区委、掌政镇党委联合举行兴庆区2009年乡村青年文化节启动仪式暨掌政镇农民运动会。

【儿童节活动】 2002年,在少先队组织中开展"手拉手,面向新世纪"互助活动、"新世纪我能行"体验教育活动、启明星科技活动、百日节约献爱心等活动。

2003年,共青团兴庆区委联合妇联共同开展"我心中的母亲"有奖征文演讲比赛,在"六一"前夕慰问4户特困、残疾儿童、1户战斗在"非典"一线医务人员子女,为她们送去了牛奶、书包、文具等价值1000多元的慰问品。

2005年5月17日,共青团兴庆区委联合教育局在市少年宫承办"做一个了不起的银川人"演讲比赛;5月19日,兴庆区首届少先队辅导员风采展示暨技能技巧大赛拉开序幕;5月底,举行两场庆"六一"青少年才艺展示活动和汇报演出,1000多名师生欢聚一堂,载歌载舞,共同欢度幸福、快乐、祥和的六一儿童节。

2008年,"六一"儿童节来临之际,共青团兴庆区委联合兴庆区党委宣传部、教育局、妇联、工会进行"六一"表彰,开展"快乐成长 放飞梦想"广场文艺演出、"热爱祖国、赞美家乡"诗歌朗诵活动、"孝敬父母月"活动、"同一片蓝天、同一个梦想"歌咏比赛等多种活动。

2009年,5月,共青团兴庆区委联合兴庆区教育局在湖滨体育场召开"六一"表彰大会暨鼓号队检阅表演,表彰优秀少先队辅导员58名和优秀少先队员59名。

2010年,5月30日,共青团兴庆区委在宁夏人民会堂举办兴庆区庆六一表彰大会暨唱红歌合唱艺术展演活动,大会对张宗华等58名优秀少先队辅导员和刘薇等131名优秀少先队员进行表彰,经过前期评比和遴选,20个中小学校代表队参加了此次唱红歌合唱艺术展演比赛。

【青少年教育】 2001年,在建国五十周年和澳门回归之际,举办"颂祖国迎澳门回归"诗歌朗诵赛,引导广大青年用壮美的诗篇歌颂伟大的祖国五十华诞,喜迎澳门回归祖国;在纪念建党、建团80周年之际,开展"党在我心中"、"走进新世纪""永远跟党走"等系列活动。

2004年,结合青年人的特点建立每天"晨读半小时"读书活动,以此提高团干部,广大团员的思想道德和科学文化素质。

2005年,11月,共青团兴庆区委、兴庆区教育局共同承办"宁夏e代希望之星中小学生才艺展示大赛"兴庆区选拔赛;12月,共青团兴庆区委组队参加全区少儿古诗文诵读大赛,兴庆区十六小取得全区第二名的好成绩。"五四"运动86周年来临之际,组织外来务工青年开展以读一本好书、开展一次有意义的文体活动、举办一期法制健康知识宣传讲座、组织一次联谊活动为内容的"四个一"服务活动。

2008年,5月,共青团兴庆区委举办纪念中国共青团成立86周年、"五四"运动89周年、"迎奥运 庆大庆"青少年道德风尚大赛活动,大赛以小品、相声、说唱、快板、诗朗诵等形式为主,展现青少年积极向上的精神风貌和崇尚文明的道德风尚。

2009年5月,共青团兴庆区委在银川高级中学隆重举办兴庆区纪念"五四"运动90周年暨成人宣誓仪式,会上表彰8个"五四"红旗团委、12个"五四"红旗团支部及优秀团干部、团员、大学生志愿者、大学生村官,兴庆区党委、人大、政府、政协四套班子领导参加了会议,区委书记王杨宝同志作了重要讲话。还与兴庆区艾滋办、兴庆区妇联、中山南街街道办事处在银川三中举办"兴庆区中学生防治艾滋病专题讲座"。

【青年人才开发】 2006年,共青团兴庆区委重点突出青年人才开发工程,为全面建设现代化城市中心区提供有力的人才动力和智力支持;加强信息收集工作,建立共青团青年人才信息库,评选表彰兴庆区十大杰出青年、优秀团干部等先进青年典型,营造青年人才成长氛围。

【青年文明号】 2006年,深化青年文明号信用建设示范行动,以诚实守信为主题,以送温暖、献爱心为主线,实施"号""户"结对,深入推动青年文明号示范创建活动。

【扶危济困】 2008年,举办"万众一心、抗震救灾"系列活动,开展为四川地震灾区捐款活动,各单位团员青年在参加单位组织的的捐款活动的基础上,纷纷以“特殊团费”等形式为灾区再次捐款,共收到捐款158674.89元;举办“四川地震灾区捐款献血援助活动”;接受来自四川灾区的中小学生,向灾区的孩子捐赠校服、书包、学习文具、书籍等学习用品和生活费。兴庆区团委被自治区委授予“抗震救灾先进集体”称号。还帮助部分特困学生、儿童送去价值1800元慰问品。

2010年春节前夕,共青团兴庆区委慰问看望47名社区贫困青少年,送去慰问金1万元;将捐赠的“百日节约献爱心”15万元,全部用于资助兴庆区500名贫困中小学生;4月,开展救灾捐款活动,为西南地区抗旱救灾捐款达142605.3元;8月,组织慰问新华街永安社区见义勇为团员马凯,送去慰问金500元。

【希望工程】 2008年,共青团兴庆区委在区、市团委的支持和帮助下,向希望工程争取图书价值9万余元,私营企业捐赠图书价值5000余元;通过自治区青少年发展基金会争取希望小学1所、青年中心1所,体育器材2万余元,为官湖小学配备电脑46台及配套设施共计30万余元;争取私营企业为兴庆区四小、兴庆区通西小学捐助电脑10台。

2009年9月,共青团兴庆区委举行希望工程圆梦行动助学金发放仪式,现场发放争取、募集到的13万余元助学金,资助贫困大学生50人,其中少数民族贫困大学生15人,资助金额46000元。

2010年,争取、筹集助学款192000元,资助兴庆区98名贫困学子,其中争取区、市助学项目3个,助学金106000元,资助31人,兴庆区团委自筹86000元,资助67人。

【青少年维权和预防青少年违法犯罪】

2005年6月,共青团兴庆区委在兴庆区第八小学挂牌建立预防“青少年违法犯罪教育基地”和“银川市青少年法制教育基地”。

2009年1月,共青团兴庆区委邀请自治区高院、银川市团委、未成年犯管教所和兴庆区司法局、教育局等单位有关人员在兴庆区法院召开座谈会,共同探讨新时期维护未成年人权益、预防青少年违法犯罪工作;2月13日,共青团兴庆区委组织兴庆区法院、检察院、司法局等5家优秀青少年维权岗单位在南门劳务市场开展为期1天的进城务工青年维权服务活动;3月5日,共青团兴庆区委在凤凰北街阳澄社区举办银川市“12355”青少年综合服务平台开通1周年纪念暨典型案例发布会;4月9日,共青团兴庆区委联合兴庆区艾滋办、妇联、中山南街街道办事处在银川三中举办兴庆区中学生防治艾滋病专题讲座;6月5日,在兴庆区会堂召开银川市“晨晖行动”——社区青少年工作培训班,街道、社区、派出所、学校等相关单位的社区青少年工作联络员近150人参加了培训。

2010年,利用禁毒宣传月、预防艾滋病宣传日、全国法制宣传日,集中组织各基层团队开展《未成年人保护法》《预防青少年违法犯罪法》《宁夏预防青少年违法犯罪条例》及有关预防艾滋病方面法律法规的宣传活动;11月26日,组织预防艾滋病骨干志愿者在北安社区举办兴庆区预防艾滋病宣传文艺演出,建立青春红丝带阳光驿站,举办志愿者培训班、知识竞赛以及面对面联谊等活动;12月1日,组织社区戒毒人员、社区青少年和大学生党团员在青山社区举办兴庆区“青春红丝带”主题联谊会。

【阵地建设】 2006年,积极开展创建青年文明社区活动,整合各类资源,采取多种模式,大力加强社区青少年活动阵地建设,逐步建立功能完善的共青团阵地。

2009年,7月1日,兴庆区高校毕业生党支部正式成立。在玉皇阁北街青山社区设立“阳光驿站”党员活动阵地。

2010年,一是开展未成年人室外活动场所建设工作。协调有关部门在银川建设100处未成年人活动场地,其中兴庆区建设57处,每个点5万元建设标准,建设经费由银川市财政统一拨付,共青团兴庆区委制定方案、审查街道上报材料、实地查看,结合小区未成年人数、附近有无学校和公园等情况对街道上报的68处建设点,分为新建、改造和配置器材3类,最终确定57处建设点,工程于当年10月竣工交付使用。二是争取团中央投建青年书屋1个,地点选在凤凰北街阳澄社区,投入建设经费5万元;争取资金285万元。三是向基层团委发放2个自治区优秀团建项目工作经费6000元,向4个社区发放价值20000元的社区青少年活动器材。四是争取自治区团委建设青年中心1个,投入建设费59375元。

妇　联

【概况】 兴庆区妇女联合会的前身是原城区妇女联合会,最早成立于1961年2月。2003年,区划调整,银川市城区妇女联合会更名为银川市兴庆区妇女联合会。截止2010年12月,兴庆区妇联有工作人员3人,主席1人,副主席1人;15个乡镇、街道均建有妇联,教育局、农牧局、市容局、环卫处设立妇委会,有妇联专干19名;94个社区、32个行政村建有妇代会,妇代会主任均是“两委”成员。

十年来,兴庆区各级妇女组织切实履行组织妇女、引导妇女、服务妇女和维护妇女合法权益职责,2001年荣获全区电力杯百万妇女健身活动健美操比赛第三名;2002年荣获全区实施妇女儿童规划纲要先进集体,首届宁夏家庭文化艺术节组织奖;2004年荣获全国“三八”红旗集体;2006年荣获宁夏回族自治区双合格家庭教育工作先进集体,全区争优创先活动先进妇联组织;2007年,荣获自治区实施妇女儿童发展规划先进集体,全国亿万妇女健身活动先进集体,妇女“面对面”宣传教育全国艾滋病综合防治优秀示范区,全国“美德在

农家”活动先进妇联组织，全国家庭教育工作先进县（市、区）；2008年荣获全国妇女“双学双比”活动先进集体，全区家庭教育工作理论研讨活动组织奖；2010年获得全区维护妇女儿童合法权益先进集体。

【妇联领导名录】

主　席：李艳茹（2001.01～2002.05）
　　　　马　晶（2002.06～2006.06）
　　　　杜柏林（2006.06～2007.12）
　　　　马晶波（2007.12～2009.01）
　　　　牟　玲（2009.01～2010.12）
副主席：马　晶（2001.01～2001.06）
　　　　柴丽云（2002.06～2005.07）
　　　　钦丽红（2005.07～2009.01）
　　　　李　英（2009.01～2010.12）

【城区第六届妇女代表大会】 2002年5月27～28日，城区第六届妇女代表大会在城区会堂召开，大会应到代表120人，实到代表120人，会议全面总结城区第五届妇代工作，部署城区第六届妇代会工作。经差额选举，15位同志当选城区妇联第六届执行委员会委员，经第六届执行委员会第一次全体会议选举，马晶当选为城区妇联第六届主席。

【基层组织建设】 2001年在全市“三八”节表彰会上，城区妇联被银川市授予“先进基层妇女组织”称号。

2002年，认真贯彻落实《宁夏回族自治区加强妇联基层组织建设三年规划（2001年-2003年）》，制定《城区妇联精神文明工作安排》《城区妇联教育培训三年规划》《关于开展领导干部廉洁自律十年“回头看”和树立正确权力观教育活动的安排》。对基层妇女组织情况进行摸底调查，据统计，城区建立妇代会组织75个，应建率达100%；妇代会主任进入班子100%；妇女干部年龄在45岁以下达92.85%；妇女文化程度在初中以上达96.6%；妇代会有活动阵地的达87%。“三八”期间，城区妇联表彰先进妇女组织11个，优秀妇女干部14名。

2004年，新华街办事处妇联举办辖区妇女干部学习班，来自辖区各企事业单位及基层妇代会60余名妇女干部参加了培训。表彰辖区15个先进妇女组织、18名优秀妇女干部。

2006年，兴庆区妇联在基层妇女组织中开展了“标准化妇代会”创建活动。11月9日～10日组织各乡镇、街道16名妇干到各乡镇、街道建立的标准化妇代会示范点进行了现场观摩交流。表彰了先进妇女组织16个、19名优秀妇女干部及8名优秀女职工干部，

2007年，加强基层组织创新，与组织部联合制定《兴庆区关于加强“党建带妇建”工作的意见》。把妇女工作和妇联基层组织建设列入党建工作目标责任制的考核内容，同研究、同部署、同落实，形成分管领导亲自抓，各级党组织协调抓，妇联部门具体抓的工作机制。制定妇联基层组织建设《“三级五好”创建活动实施方案》，建立健全五好妇代会学习、培训、例会、检查考评、结对共建等一系列工作制度。制定五好妇代会工作目标任务、主要职责、组织机构、人员分工等“四上墙”内容，规范“五簿一册”，对11个街道、4个乡镇的41个妇代会进行五好妇代会挂牌。制定《关于对兴庆区妇联干部进行教育培训的安排意见》和《关于在兴庆区妇联干部中开展岗位读书活动的通知》。在妇联组织中广泛开展创建“学习型”活动，举办乡镇街道妇联主席、村妇代会主任培训班。

2008年，根据区委组织部对妇联工作和妇女工作要求，紧密联系兴庆区实际，把抓党建带妇建工作作为妇联今年的重点工作来认真落实。利用村委会翻建办公楼的机会为5个村委会、2个种植园区、3个“五星级社区”制作展板，鼓励加强村级、社区级阵地建设，在办好“妇女之家”的基础上，不断更新思想、创新内容。如凤凰北街办事处安秀社区成立了“维权工作站”，崇安、北安、东方社区信息化宣传阵地建设，都是党建带妇建工作的体现。

2009年，强化妇代会建设。抓住居委会换届契机，按照党建带妇建、妇建服务党建的原则，指导基层妇联组织积极参与社区换届选举，鼓励有条件的优秀妇女积极竞选，促进女性进“两委”工作落到实处。目前94个社区中，新当选的社区居委会成员中，女性达到75%，妇代会主任均进入两委班子中，有效促进了基层组织建设。

2010年，以村“两委”换届为契机，积极争取党委政府和组织、民政等部门的重视和支持，落实女性候选人“定位选举”办法，组织农村妇女开展“我参与、我提高、我来当、我发展”主题实践教育活动，努力推进女性进村“两委”班子。兴庆区32个基层妇代会顺利实施换届选举。选优配强基层妇女干部。组织32个行政村妇代会主任参加银川市妇联举办了新一届村妇代会主任培训班。不断深化“五型”妇女组织创建活动，进一步完善执委工作制和代表联系制，制定目标管理考核办法。制定《银川市兴庆区妇联关于在妇联系统开展妇女工作任务及创新奖评选活动的实施办法》，根据创新工作的数量、质量、实效等，综合评定出兴庆区妇女工作创新一、二、三等奖。

【创建五好文明家庭】 2001年，以创建“五好文明”为载体，把妇女工作的重点放到了社区。9月，对社区妇女工作状况进行调研。同时，在城区解放西街海宝社区开展社区妇女工作试点。10月13日，巾帼自愿者在海宝社区开展便民服务活动，为居民提供法律咨询、理发、裁剪、修理、电器、按摩、诊疗、修自行车等无偿服务。接受服务的群众达400多人次。还先后举办“妇女、婚姻、家庭”讲座和市民手工编制培训班。有8734户居民参加了文明进家庭读书活动，妇代会建读书室83个，建阅报栏441个，参加读书的人数22633人。全年城区共有1818户申报五好文明家庭，审定658户，由城区妇联统一挂牌。

2002年，围绕《公民道德建设实施纲要》，不断深化“五好文明家庭”“文明进家庭读书活动”，深入推进“家庭文明

工程”。3月份城区妇联组织基层妇女3000余参加《公民道德建设实施纲要》竞赛答题。先后开展了家庭读书、家庭文化、美在家庭、健身活动，趣味运动，花卉、手工编织展、书画等主题鲜明的家庭文化活动。通过开展“星光计划”解决了40个社区读书室。截止2002年底，城区妇代会共建读书室112个，建阅报栏184个，有9497户居民参加文明进家庭读书活动，参加读书人数达50521人。全年共有1922户家庭申报五好文明家庭，审定625户，由城区妇联统一挂牌。

2003年，满春乡、通贵乡对双学双比女能人和“五好文明家庭”进行表彰。

2005年，围绕着创建“学习型”家庭和“美德在农家”活动中心，开展了文明教育和道德争创活动。一是6月23--24日举办“邻里节”活动。开幕式上，市领导为“社区邻里驿站”进行揭牌仪式；9月份胜利街办事处举办的“银帝杯”首届市民节。在市民节上，对丽景苑表彰9个文明楼院，36个文明单元，130户五好文明家庭，17名文明市民，8对好婆婆好媳妇，8名贤内助；掌政镇镇党委对全镇涌现出来的9位好婆婆，10位好媳妇，13位女能人，16户五好文明家庭，6位优秀妇女工作者进行表彰奖励，并对141户“五好文明家庭”进行挂牌。二是广泛开展“美德在家庭”活动，各乡镇、村妇代会充分发挥农村广播站、农村学校、妇女之家等基层宣传阵地的作用，运用展览挂图、漫画板报等宣传形式，对农村家庭进行引导和教育。8月26日，全区“美德在农家”活动现场经验交流会在兴庆区大新镇召开。与会人员现场观摩了大新镇妇女学校、妇女活动中心及“美德在农家”活动示范点塔桥村的妇女活动室、宣传展板和“美德在农家”示范户。

2006年，9月28日兴庆区妇联、胜利街办事处举办了“宁苗杯”胜利街第二届市民节。在市民节上，对150户五好文明家庭、47名文明市民、8对好婆婆好媳妇、8名贤内助进行表彰奖励。积极参加由市妇联、市文明办等单位共同发起的五百户市级“五好文明家庭”评选活动。按照“五好文明家庭”创建活动的总体要求，评选出155名市级“五好文明家庭”。

2007年，以道德建设和文明教育为重点，深入开展富有妇联特色的“五好文明家庭”创建活动。10月30日，兴庆区第二届社区邻里节隆重开幕，来自辖区的10个社区的居民参加为期三天的邻里节。邻里节上表彰了好邻居12个、好婆媳10个、好儿女10个、好居民10个、五好文明家庭8户。银川市五百户市级五好文明家庭命名挂牌仪式在大新镇举行。兴庆区有155户受表彰。同时今年有5户被评为区级五好文明家庭，有1户被授予全国五好文明家庭，兴庆区级五好文明家庭1368户。

2009年，以创建全国文明城市为契机，开展了争创“五好文明家庭”、“学习型家庭”、“廉洁家庭”、“平安家庭”、“绿色家庭”等活动。举办以“弘扬和谐文化、竞展家庭风采和民族特色”为主题的家庭才艺展示大赛，推选8户家庭参加银川市家庭才艺周展示活动，兴庆区妇联荣获优秀组织奖。在辖区内评选“五好文明家庭”，使“五好文明家庭”达到总户数的28%，

2010年，根据兴庆区创建文明城市会议精神，妇联积极行动，印刷6万份《创建全国文明城市宣传提纲》，发放到各乡镇、街道(管委会)进行宣传。先后举办文明礼仪知识讲座、“做文明市民、创文明家庭、建文明家园”知识竞赛、“创建全国文明城市、提升家庭成员素质暨‘百千万文明家庭’评选推荐大会”；开展“百千万文明家庭”评选活动，共评出3000户五好文明家庭，其中有300户特色家庭。

【“科技三下乡”】 十年来，兴庆区妇联和科技、文体、法律、卫生等部门在2乡2镇开展“三下乡”活动，不断提高农民的道德素质和科学文化素质，增强广大农民学法、用法、守法意识和依靠科技、文化知识致富的能力。为实施“巾帼科技致富工程”奠定了基础。

【“双学双比”“巾帼建功”活动】 2001年，动员妇女植树造林，保护和美化环境，把“三八”绿色工程作为一项重要内容，开展了创建“巾帼林”活动，机关妇女认育树木14棵。

2002年，继续实施“巾帼社区服务工程”，在每个办事处设有一个“妇”字号为主的社区服务实体，促进社区产业化发展，壮大“巾帼志愿者”队伍建设。结合“四进社区”活动，开展卫生保健、推拿按摩、理发、修自行车等形式多样、贴近生活、服务群众、奉献社区的“巾帼社区服务”活动。

2003年，兴庆区政府成立“双学双比”协调领导小组，制定2003年“双学双比”活动安排意见。围绕农业增收、农民增收目标，大力推进“巾帼科技致富工程”。开展“传播科学文化、建设小康社会”为主体的“科技四下乡”活动，在大新乡塔桥村举办“巾帼科技致富培训班”及观摩会，来自6个乡140名种植学员参加无公害大棚蔬菜种植培训。

2004年，印发《兴庆区农村妇女“双学双比”活动安排意见》，选送1名农村巾帼科技致富女能手参加自治区妇联举办的区外巾帼科技致富培训班学习考察。开展“农家女话增收”活动，大新镇百余名农家妇女围绕中央一号文件，讨论农民增收。塔桥村的3位巾帼科技致富女能人主动与村里的贫困姐妹结成帮扶对子，义务提供种植、养殖技术。举办科技致富培训班及观摩会，来自通贵乡近100名种植学员参加空心棚蔬菜种植技术和病虫害防治及二代温棚建设培训。

2005年，围绕党在农村工作的中心任务，深化“巾帼科技致富工程”。发放宣传资料和种养殖技术书4000余份。各乡、镇妇联创建农村妇女学校1所。全年共举办各类农村妇女科技培训班40期，参加农业科技培训农村妇女

4000人。命名8个“巾帼科技示范基地”,4个“三八绿色基地”,帮助农村妇女富余劳动力转移就业360人。

2006年,用科学发展观指导新时期农村妇女工作:一是对各乡镇农村妇女富余劳动力基本情况进行摸底调查,并建立档案;二是在每个乡镇建立两个示范村,将“巾帼示范村”创建活动、“五好文明家庭”、“平安家庭”创建活动和项目扶持等融入示范村建设;三是引领农村妇女积极参与发展循环农业,在“巾帼示范村”中创建“巾帼文明生态庭院”;四是通过促进农村妇女经济合作社的发展,推动农村妇女发展特色农业、绿色食品、生态农业和畜牧业,推动形成特色经济。月牙湖发展组建农村妇女合作组织1个,有230户参与。经自治区妇联审核后确定兴庆区掌拯镇茂盛村为区级社会主义新农村示范基地。五是创建农村妇女学校1所,因地制宜开展“巾帼科技致富工程”和“巾帼扶贫”科技培训活动。全年各乡、镇举办各类农村妇女科技培训班55期,参加农业科技培训农村妇女6847人。5万元以上87户,10万元以上35户,百万元以上7户,开展送科技下乡10次,受益人达到9457人。

2007年,加强农村妇女科技培训、科技服务和科技示范基地三大网络建设。一是创建了一批巾帼科技示范基地,大新镇塔桥村和掌政镇茂盛村和五渡桥村被全国“双学双比”领导小组命名为全国“双学双比”科技示范基地;掌政镇茂盛村和五渡桥村被命名为全国“美德在农家”活动示范点;掌政镇茂盛村为区级社会主义新农村示范基地;大新镇塔桥村被确定为银川市社会主义新农村示范基地。11月9日,银川市新农村建设“巾帼示范村”推进会在兴庆区掌政镇永南村召开,同时区妇联组织100多名各县区农村致富创业女带头人培训班学员参观茂盛双千双万蔬菜科技示范园区和明卉花木有限公司。二是推动以女能手为骨干的经济合作组织建设,在各乡镇大力推广“妇代会+协会”、“公司+基地+农户”等模式。三是深入开展“20万农民培训工程”、“阳光工程”等农民职业培训工程。全年各乡、镇举办各类农村妇女科技培训班68期,参加农业科技培训农村妇女6847人。5万元以上87户,10万元以上35户,百万元以上7户,开展送科技下乡10次,受益人达到8952人。

2008年,一是抓科技培训,培养科技致富带头人。4月份与基层妇联在两乡两镇举办了科技致富培训班及观摩会,来自乡镇近200名种养殖学员参加花卉、蔬菜种植技术和病虫害及自然灾害的防治培训;5月份选送3名农村巾帼科技致富女能手参加自治区妇联举办的巾帼科技致富培训班。1~6月各乡镇共举办各类培训班观摩会8期,接受技术培训妇女达650人。二是创建大新镇塔桥村、燕鸽村和掌政镇茂盛村和五渡桥村花卉种养殖4个科技示范基地,4月,银川市政协组织60多位代表参观了茂盛双千双万蔬菜科技示范园区和明卉花木有限公司。三是积极推动以女能手为骨干的经济合作组织建设,培养了一批致富女能人。如大新镇塔桥村顺民蔬菜花卉合作社副理事高俊莲、大新镇燕鸽村奶牛养殖场缪芬、明卉花木有限公司卢海英、月牙湖乡龙颖霞马尾纱纺织厂厂长邵红霞评为自治区“双学双比”活动女能手。

2009年,一是扎实开展了巾帼示范村创建活动。大新镇塔桥村被命名为全国“巾帼示范村”,掌政镇茂盛村为自治区级“巾帼示范村”。7月份,银川市“巾帼示范村”创建工作观摩推进会在大新镇塔桥村召开,各县区市妇联主席等20多人参观了塔桥花卉基地,二是开展培训工作。全年各乡、镇共举办各类农村妇女科技培训班60多期,参加农业科技培训农村妇女近5000多人。三是大力发展经济合作组织,培养了致富女能人。掌政镇康源之家果蔬专业服务合作社、明卉花家乐和八里桥村的金马养殖厂,分别以协会加合作社的形式,为当地农民解决了蔬菜瓜果、花卉、养鸡的销售问题,每年增收数十万元。从而催生谢玉梅、高俊莲、李惠娟、邵红霞等一批致富女能人、女大户、女经纪人。四是大力推进小额循环贷款,去年将争取到自治区妇联的30万元的小额循环贷款项目,以每户1万元的标准投放到塔桥村30户农家,用于扶持花卉种植,资金运行一年来,已产生了一定的经济和社会效益,今年自治区妇联又将10万元的香港惠明贷款项目投放到掌政镇茂盛村,用于蔬菜花卉种植,使20户农家收益,帮助她们解决资金困难。

2010年,各级妇女组织依托社区学校、农村妇女学校等阵地,大力开展妇女学习培训活动。共举办各类农村妇女科技培训班60多期,参加农业科技培训农村妇女近4000多人。扎实开展巾帼示范村创建活动,大新镇新渠稍村被命名为全区“巾帼示范村”。积极争取全区妇代会创收基地建设项目投放到大新镇新渠稍村花卉园区,在村“两委”的大力支持下,为妇代会在园区租赁了温棚1栋,用于花卉种植,所产收益,不但弥补了妇代会经费,更进一步增强了妇代会的影响力和向心力。9月28日下午和10月13日上午,银川市各县、区、市妇联主席和全区妇联工作观摩交流会的各市县区妇联主席近70人观摩了兴庆区大新镇新渠稍村妇女之家和妇女创业示范基地建设情况。发展经济合作组织,培养致富女能人。分别以协会加合作社的形式,为当地农民解决了蔬菜瓜果、花卉、养鸡的销售问题,每年增收数十万元。全年共有91位妇女在劳动就业局申请小额贷款,申请金额为386万元,其中放贷56人,243万元。对于放款农村支持妇女创业小额担保贴息贷款基金项目,在4个乡镇进行摸底,考察,最后确定推荐人选,报送银行,与银行积极沟通放款50万元。命名兴庆区级“巾帼文明岗”10个和“巾帼示范村”5个。

【就业再就业行动】 2002年,开展下岗女工情况调查摸底工作,了解下岗女服务需求。先后配合劳动局举办下岗职工学习班11期,与市妇联联合举办烹饪学习班一期。全年城区求职登记4432人,其中社区安置1320人,安置674人,介绍到企业2200人。

2003年,组织召开基层妇代会和下岗失业女工座谈会,为下岗女工排忧解难,不断推进城镇妇女"巾帼建功"活动开展。3月8日组织300名下岗女工参加市妇联举办再就业应聘会;3月22日联合举行兴庆区第二届春季劳动力供需洽谈会,前来应聘人数达4000人,初步达成用工意向的有1300多人,凤凰北街办事处以社区为依托,成立下岗失业职工再就业服务站,下设5支队伍,仅上半年就开展服务625次,介绍就业岗位25人次。

2004年,围绕实施"巾帼社区服务工程",加强下岗女工再就业。4月24日,兴庆区妇联、就业局等五家单位联合举办春季劳动用工洽谈会,来自区内外1100多人参加,达成意向用工协议303人。为了解决更多女工实现再就业,将"社区巾帼服务工程"延伸到社区各个领域,兴庆区妇联向有一定创业基础条件的3名下岗失业女工发放创业基金9万元,安置吸纳近20名国企下岗女工实现再就业。5月18日在文化街召开巾帼创业示范工程现场观摩会。还举办了下岗女工刺绣技能培训班、家政保姆培训班。

2005年,加强城市下岗失业女工和失地妇女就业工作。组织失地妇女开展家政服务作为切入点和突破口,使"巾帼社区服务工程"有新的拓展。在6月13日举办银川市巾帼创业明星事迹报告会;9月份举办"月嫂"培训班和"失地妇女"家政服务培训班。全年共举办下岗、待岗、失业妇女技能培训班40期,培训下岗女工2783人。继续做好"妇字号"创业典型示范工程项目、小额信贷项目和玖琳凯项目,扶持下岗失业妇女创业和再就业。兴庆区妇联与自治区妇联签署了"妇女创业典型妇字号示范工程"贷款协议书,来自文化街的贺凤先和中山南街的高秀华2名妇女争取到妇女创业基金5万元;为凤凰北街爱心幼儿园贺宁红和玉皇阁北街苗琰斐2名下岗女工争取"玫琳凯"项目款9万元,通过扶持她们兴办家政服务超市、毛衣编制社、话吧、幼儿园、净菜配送中心、种植温棚蔬菜等,帮助失业妇女30多人实现了再就业。一年来,争取资金,争取城市小额信贷资金数4万元,发放小额贷款数额4万元,通过小额信贷扶持下岗失业妇女人数5人,安置350名下岗失业妇女就业。全年提供就业服务7937人,帮助实现再就业5061人。

2006年,在城镇妇女就业与再就业工作方面,继续深化"巾帼建功"活动。一年来,各级妇联举办妇女就业培训班85期,培训人数3814人,新建服务实体34个,安置吸纳妇女289人,开展社区就业服务活动40次,开发社区服务岗位数312个,帮助就业妇女827人。共为下岗再就业妇女争取到妇女创业基金5.1万元,通过扶持她们兴办家政服务超市、幼儿园、种植温棚蔬菜、老年公寓等,帮助失业妇女25多人实现再就业。截止2006年,成立各种再就业服务机构15个,建起培训基地32个,培训失业下岗妇女3743人,帮助4012名下岗女工实现了再就业。

2007年,一是成立各种再就业服务机构15个,建起培训基地32个,全年各级妇联举办妇女就业培训班93期,培训人数5836人,新建服务实体34个,安置吸纳妇女289人,开展社区就业服务活动50次,开发社区服务岗位数396个,帮助就业妇女4325人。二是为下岗再就业妇女争取到妇女创业基金2万元,帮助失业妇女实现了再就业。三是成立兴庆区才艺创业协会,同时成立玉皇阁北街办事处和新华街办事处才艺创业分会。"三八"期间举办手工制品展示活动,各街道的2000余件手工作品参加了展示。举办下岗女工手工编制培训60次,共培训1436人,通过培训熟练掌握手工编制技术300人,其中有50人通过买手工编制品填补家用,每月可增收200-300元,实现了家中就业,共创收140000左右。

2008年,举办各种技能培训班20场,参加培训人数2000多人,组织召开再就业洽谈、座谈会8场,安置28名下岗女工再就业,7名失地农民就业,开展更新家庭教育观念知识讲座15场。

2009年,大力参与创业活动,提高妇女创业意识。组织30名妇女参加银川市妇联和市创业办联合举办的"女性,在创业中成长——首届银川妇女发展论坛";组织妇女参加在银川市举办的"第七届妇女就业洽谈会"和兴庆区全民创业成果展示及创业促进就业专场服务活动,共有近200家用人单位进场,提供了2000多个就业岗位,其中适合女性的岗位和妇女进场洽谈人数各占40%左右。在"阳光工程"—农村失地妇女"家政职业技能服务"培训上,兴庆区100多名妇女参加近一个月的培训。各街道也举办了有利于妇女创业、就业的特色培训,凤凰北街、玉皇阁北街、解放西街等街道办事处先后举办家庭保洁、人员护理、沙雕技术和麻辣烫制作等培训班,使部分妇女掌握了技能,为创业就业打下基础。

2010年,积极动员和推荐兴庆区创业成功的女企业家参加兴庆区首届青年创业大赛决赛暨"黄河银行杯"宁夏首届勇当创业先锋电视大赛,进入决赛的6名青年创业者中女性占4名。组织妇女参加在银川市举办的"第八届妇女就业洽谈会"和兴庆区全民创业成果展示及创业促进就业专场服务活动,共有近200家用人单位进场,提供2000多个就业岗位,其中适合女性的岗位和妇女进场洽谈人数各占40%左右。

【巾帼文明岗】 2009年—2010年,大力选树"巾帼文明岗",不断深化巾帼建功活动。将创建"巾帼文明岗"作为提升

城镇妇女素质、提高服务质量、展现女性风采的载体和平台，实现了文明岗创建过程制度化、创建内容特色化、园地建设规范化、经验推广全面化。解放西街银湖社区被授予全国巾帼文明岗，玉皇阁北街北寺社区被授予自治区巾帼文明岗。

【扶贫结对】 2005年，开展"手拉手，结对子"扶贫帮困献爱心活动，全年扶贫结对573个，脱贫率达80%，帮助物资数21万元，帮扶贷款金额80.8万元。各乡镇发放小额信贷资金110万元，受益人2015户。

【岗村"联姻"】 2009年－2010年，以"城乡结对谋发展，共建共享促和谐"为主题，通过双向选择为巾帼文明岗、巾帼示范村"联姻"，建立了"一岗助一村"工作机制。其中2009年国家级"巾帼示范岗"——兴庆区核算中心结对海陶南村，市级"巾帼示范岗"——北安社区结对塔桥村，北安社区向塔桥村的妇女们赠送了种植瓜果蔬菜等农作物科普文化书籍，为农民送上精神食粮。塔桥村里的好婆婆、好媳妇在台上为大家介绍如何做好婆婆、好媳妇，共建美满幸福家庭生活的和谐经验。2010年结对5对。

【维权工作】 2001年3月5日，城区妇联联合司法局成立妇女儿童法律受助工作中心，促进社会化维权格局的形成。新《婚姻法》颁布后，大力开展普法宣传工作。城区妇联走上街头进行宣传咨询，并为街居妇女干部购买200本宣传册。文化街妇联举办新《婚姻法》讲座2次，参加人数218人。

2002年，3月8日，城区妇联在宁园设立咨询点，宣传《妇女法》现场解答12人次，发放宣传材料2000余份，举办基层维权学习班8次，培训妇女1000人。8月22日，举办维护妇女儿童合法权益知识竞赛，城区14个单位参赛，中山南街办事处代表队获得一等奖。在市妇联举办的法律知识竞赛中城区选送的两个代表队均获得二等奖，城区妇联被评为组织奖。

2003年，维权工作取得新进展，一是大力开展普法宣教活动，3月7～8日分别在凤凰北街唐徕小区、解放西街海宝小区开展以"保障妇女劳动经济权利"为主题的维权进社区活动；在成天、双庄等社区开展"婚姻法"和区人大"关于预防制定家庭暴力的决议"维权讲座；富宁街老战士艺术团为社区群众表演群口快板新《婚姻法》等节目。此次活动共设宣传点20个，现场解答群众咨询125人次，举办法律培训班25期，培训妇女820人次，发放宣传材料3500余份，制作展板200块，接待群众咨询近万人。二是推进社会化维权工作格局形成。4月21～25日，兴庆区妇联和兴庆区公安分局对各派出所相继启动的家庭暴力预警系统进行检查，各单位都成立了以派出所、街道、社区为一体的家庭暴力预警系统领导小组，设立了家庭暴力案件投诉处理登记本，制定工作制度，设置举报电话，截止6月底，各派出所共受理登记家庭暴力案件40起，其中拘留3起，警告罚款3起，说服教育调解34起。

2004年，不断深化新"两纲"宣传和实施工作。开展为期一个月普法宣传活动，咨询人数达100余人，发放宣传材料2000余份。2004银古路办事处在大团结广场，以"儿童优先""尊重儿童""支持儿童"为主题，开展咨询宣传活动，展出展板15块、展示辖区四个小学1000多种书画手工作品，绘制了百米长卷。通贵乡在新开张的农贸市场架设广播宣传《公共中央关于进一步加强和改进未成年人思想道德建设的若干意见》和《两纲》知识，发放宣传材料400余份。不断加强妇女维权工作。3月8日上午，兴庆区妇联与兴庆区司法局共同举办"妇女法律援助在行动"大型广场宣传活动，在9个街道办事处、18个社区妇代会同时开展"关注打工妹，维权献爱心"普法宣传活动。据统计，上半年各基层妇女组织共设立宣传咨询点138个，解答群众咨询1563人次，发放宣传材料15000余份，举办法律知识培训班30期，培训妇女1730人次。

2005年，认真履行妇儿工委职能，做好"两规"的贯彻实施。全力迎接"两规"中期评估。兴庆区政府始终重视妇女儿童事业的健康发展，把妇儿工作提到重要议事日程，纳入兴庆区经济发展总体目标之中，健全妇儿工委各项工作制度，落实妇儿工委工作经费，配备兼职工作人员。充分发挥"妇女儿童法律援助中心"、"家庭暴力预警系统"和"妇联干部特邀陪审员"的作用，开展尊重生命尊重爱"婚前医学检查"知识宣传教育活动；"两规"宣传月活动；"关注打工妹，维权献爱心""反对家庭暴力"等普法宣传活动。一年来，妇联共举办法律知识讲座、报告会、表彰会、知识竞赛等30余场；设立法律咨询点20多个，现场咨询人数上千人（次），参加群众近2000多人次。发挥家庭暴力预警系统作用，推进维权工作新格局。创建基层维权网络，加强与公安、司法及有关部门的合作，巩固发展乡村、街道、社区维权服务站，切实解决家庭暴力侵害妇女儿童人身权益伤害问题。为了使"家庭暴力"尽可能消灭在萌芽中，妇联专干、民警定期走访"家庭暴力"家庭，认真接待登记及时处理，充分发挥预警、救助、处罚、教育相结合的工作网络。

2006年，兴庆区妇联以"三八维权周"为契机，开展"关注打工妹，维权献爱心""反对家庭暴力"等普法宣传活动，重点宣传普及《婚姻法》《妇女权益保障法》《预防和制止家庭暴力行为的规定》《法律援助条例》等法律法规。为了扩大维权周的规模和影响，3月8日上午，兴庆区妇联与兴庆区司法局在光光明广场共同举办了法律宣传活动，组织妇联系统、法律援助中心、大学生志愿者以及部分律师20多人上街为市民面对面提供法律咨询和服务。据不完全统计"三八"维权周活动期间，兴庆区共发放各种宣传材料近1万；悬挂横幅标语等20余条；展出展板、板报等150余块，举办讲座、报告会、表彰会、知识竞赛等30余场；设立法律咨询点20多个，现场咨询人数上千人(次)。10月16日举办了兴庆区《妇女权益保障法》知识竞赛。来自乡镇、街道36名妇联干部组成的12支代表队参加比赛。10月19日，在参加市妇联组织的全市《妇女权益保障法》知识竞赛总决赛活动中，兴庆区妇联荣获第一名。针对月牙湖乡目前存在的问题，如不经婚姻登记机关登记，自行举办传统仪式非法同居生活等情况时有发生，兴庆区妇联结合“三下乡”活动，在月牙湖乡集贸市场举办现场法律咨询暨《婚姻法》宣传活动，前来咨询的群众络绎不绝，并发放宣传材料500余份。

2007年，整合社会资源，维护妇女儿童合法权益。充分发挥“妇女儿童法律援助中心”、“家庭暴力预警系统”和“妇联干部特邀陪审员”的作用，对侵害妇女儿童合法权益的行为予以坚决惩罚，推动有关部门加大执法力度。深入开展零家庭暴力社区及“平安家庭”创建等活动，春节后配合劳动监察部门进行劳动执法大检查，督促兴庆区企事业单位依法维护女职工的劳动就业、劳动保护等方面的权益。3月10日，妇联、司法局、卫生局等部门联合在宁圆举办妇女维权周法律咨询活动，律师为100多妇女群众解答疑难问题，共发放宣传资料10000多份。各基层妇女组织充分利用宣传栏、有线广播、印发宣传资料等，大力宣传男女平等基本国策和妇女权益保障法等法律法规。据统计，维权周活动期间，开展法律知识讲座22场，宣传咨询活动18场，接待咨询群众共5000多人次。

2008年，在“三八”期间举行大型宣传咨询和知识竞赛等活动。兴庆区妇联、司法局、卫生局等部门联合配合市妇联在南门广场举办妇女维权周法律咨询活动，律师们现场接受妇女群众有关劳动权益、婚姻家庭及人身权益等法律法规知识咨询，为妇女群众解答疑难问题；在解放西街、掌政镇开展了庆“三八”《妇女权益保障法》知识竞赛；在凤凰北街举办庆“三八”与打工妹手拉手共建和谐社区维权咨询活动，为打工妹送法律、送科技、送岗位、送健康服务活动。通过活动，宣传了妇女权益保障法等法律法规。维权周活动期间，兴庆区妇联和基层妇联开展法律知识讲座22场，宣传咨询活动18场，接待咨询群众共5000多人次。

2009年，以贯彻《两法》、《两纲》为主线，切实维护妇女儿童合法权益，积极推动兴庆区妇女儿童事业健康发展。一是关注女性健康。全力做好银川市为生活困难妇女免费妇科体检这项民心工作，兴庆区体检已近一万人。二是在母亲节来临之际，通过走访慰问、义务服务等形式为生活困难妇女、老龄妇女、女党员等特殊群体排忧解困。三是扎实维护妇女儿童合法权益。先后以“三八”维权周、综治宣传月、禁毒宣传日等为载体，开展普法宣传。组织500名妇女参加“我与祖国共成长，家庭平安促和谐”全区妇女法律知识答卷。举办城市社区(家庭)学习防震减灾法知识竞赛活动。四是与法院协调成立了妇女维权合议庭，有效地维护了妇女儿童的合法权益。

2010年，各级妇女组织把维护社会稳定作为重要政治责任，着力探索和建立维权与维稳相结合的工作机制，在维护妇女合法权益、促进社会稳定中发挥了独特优势。一是全力做好贯彻“两纲”工作。召开妇儿工委工作会议，并与各成员单位签订“两纲”目标责任书。进一步明确责任，强化措施，特别是针对婚检率低的现象，经多方请示、汇报、协调实行免费婚检，同时加大宣传力度，印制了4万张免费婚检宣传单和2万张海报和及数十条横幅，在各社区(村)发放和张贴和悬挂，引导婚检当事人自觉参加婚检。现在每个月的婚检率达100%。二是积极探索信访接待、法律援助、人民调解、心理咨询“四位一体”的维权机制，在丽水社区建立了全区首家“妇女之家”暨维权工作站，自治区妇联并与该社区进行了“结对共建”。兴庆区每个“妇女之家”暨维权工作站均设有流动妇女之家、妇女活动站、爱心咨询室、爱心庇护室、妇女图书室、对女性农民工防艾知识“面对面”宣传教育活动室。三是加强维权宣传。充分利用“三八”妇女维权周、“6·26”国际禁毒日、“11·25”国际消除对妇女暴力日等特殊纪念日，在建发东方红广场和宁园开展“三八”维权周大型广场宣传活动，并发放妇女法、妇女卫生保健知识问答等一批宣传资料。共发放宣传资料10000多份，挂横幅标语等20余条，展出展板50多块。四是进一步落实“五五”普法规划，深化妇女法制宣传教育，充分发挥妇联普法宣讲团的作用，深入基层、面向妇女，开展“百万妇女学法律”普法大讲堂活动。据统计，今年共举办法律知识培训44期，培训3846人次。五是开展权益保障调研，对妇女参政议政、妇女劳动和社会保障、流动妇女权益保障、农村妇女土地权益的等问题，进行了调研，并形成了《兴庆区贯彻实施妇女权益保障“一法一办法”情况的报告》。迎接了自治区人大执法检查组对兴庆区妇女权益保障“一法一办法”贯彻实施情况检查。

【信访接待】 2001年，全年各级妇女组织共接待处理维权纠纷及案件688起，其中婚姻纠纷201起，家庭纠纷206起，邻里纠纷196起，财产纠纷15起，其他纠纷70起。办结率98%。

2002年，全年各级妇联组织共接待处理维权纠纷案件929起，其中，婚姻纠纷204起，家庭纠纷140起，邻里纠纷287起，财产纠纷29起，其他纠纷269起。办结率98%。

2003年，进一步完善和规范三级信访网，不断提高信访接待水平。上半年兴庆区妇联共接待来信来访17起，有效地维护了受害妇女的合法权益。

2005年，接待群众来信、来访37件，接听咨询电话50余个，办结率达99%。

2006年，进一步完善和规范三级信访网络，不断提高信访接待业务水平，全年兴庆区各级妇女组织共接待处理来信来访914起，其中婚姻纠纷262起，家庭纠纷324起，邻理纠纷125起，财产纠纷97起，其它纠纷106起，兴庆区妇联直接处理38起，办结率98%，未出现一起群体上访事件。

2007年，兴庆区各级妇女组织接待处理来信来访826起，兴庆区妇联直接处理36起，其中婚姻纠纷238起，家庭纠纷264起，邻理纠纷104起，财产纠纷86起，其它纠纷98起。办结率98%，未出现一起群体上访事件。

2009年，不断加大信访工作力度，今年各级妇女组织接待处理来信来访400起，办结率为98%。

2010年，兴庆区三级妇女组织共接待来信来访今年各级妇女组织接待处理来信来访400起，办结率为98%。

【"平安家庭"创建】 2010年，积极参与"平安家庭"创建活动。面向广大家庭宣传平安健康知识，倡导平安健康生活方式。掌政镇茂盛村、通贵乡通南村、解放西街文艺社区、凤凰北街兴隆社区被授予自治区级平安家庭创建示范点，凤凰北街阳澄社区、丽景街的景泰社区、银古路的丽水社区、解放西街的华新社区、燕鸽湖管委会长庆燕鸽湖基地五区被授予市级平安家庭创建示范点，有4户被授予自治区级平安家庭示范户，5户被授予银川市级平安家庭示范户。

【抵制法轮功邪教】 2001年，引导广大妇女同法轮功邪教做坚决的斗争。2月3日，城区妇联在北街办事处居民区开展了"抵制邪教，从我做起"签字仪式，近千人参加了签字仪式，发放材料500余份。胜利街妇联组织召开辖区妇女座谈会，号召广大妇女深入揭批法轮功。

【"两纲"监测评估】 2001年，《宁夏妇女儿童发展规划纲要》《宁夏儿童发展规划纲要》出台后，城区妇联组织基层上街开展服务咨询活动，发放宣传材料近1000份。

2002年，配合城区妇女儿童工作委员会完成《城区妇女发展规划(2001-2010)》和《城区儿童发展规划(2001－2010)》编制工作。举办新《规划》学习班1次，召开学习会186场次，上街宣传新《规划》2次发放宣传材料4000余份。

2006年，全面实施2001—2010年兴庆区妇女儿童发展规划，积极做好"两纲"中期监测评估工作。

2007年，全面实施2001—2010年兴庆区妇女儿童发展规划，积极做好"两纲"中期监测评估工作。召开妇儿工委成员单位实施"两纲"监测评估工作会议1次，举办成员单位领导及联络员培训班1期。各相关成员单位按照《2006年宁夏县区级妇女儿童规划纲要监测基本情况表》的填报要求认真填写2006年《兴庆区妇女儿童规划纲要监测基本情况表》，完成监测统计工作和部门分析报告，兴庆区妇联根据上报的指标数撰写妇女儿童发展纲要实施情况监测评估报告，并做好各项资料的收集整理工作。10月份自治区、市两级妇儿工委对兴庆区妇儿工委进行督察。

【家庭助廉教育活动】 2005年，兴庆区妇联与兴庆区纪委、兴庆区委组织部、兴庆区委宣传部联合印发《关于在兴庆区开展家庭助廉教育活动的实施方案》，充分发挥家庭在建立健全教育、制度、监督并重的惩治和预防腐败体系中的重要作用，拓展廉政教育领域，积极构筑反腐倡廉的家庭防线，进一步推进兴庆区党风廉政建设和反腐败工作。8月上旬，分别与文化街办事处、大新镇召开以"争当廉内助 树立好家风"为主题的座谈会，并现场签订了《家庭助廉承诺书》，公开承诺遵守"廉洁家庭"八项准则。

2006年，开展廉政文化进家庭活动。与相关部门配合，在掌政镇茂盛村建立了廉政文化图书角，各基层妇联组织利用板报、漫画、标语、看录象等方式进行了大力宣传。根据自治区妇联《关于在全区开展"家庭助廉教育知识竞赛"活动的通知》精神，兴庆区妇联联合兴庆区纪律检查委员会，开展"家庭助廉教育知识竞赛"活动。充分发挥家庭在建立健全教育、制度、监督并重的惩治和预防腐败体系中的重要作用，拓展廉政教育领域，积极构建反腐倡廉的家庭防线，进一步推进兴庆区党风廉政建设和反腐败工作。

【儿童工作】 2001年，"六一"期间，开展为儿童办实事、办好事、慰问儿童活动赠送慰问品4000余元，各街道、学校、幼儿园共举办庆"六一"活动34场次。家教工作常抓不懈，全年城区妇联共举办家长学校375期，参学家长8420人次；各街道办事处举办0-3岁婴幼儿散居家长学习班10期，参加人数达300人。

2002年，关注贫困儿童，积极参与全国"百城联动儿童慈善一日捐"活动，6月4日组织捐款活动，三天共为"中国少儿基金会"募捐资金31254元。"六一"期间，城区各级党委、妇代会慰问托幼园资金达10000余元，举办庆祝活动34场次，开展庆"六一"万名队员体验实践活动。全年共开办家长学校85期33569人

2003年，兴庆区妇联与兴庆区教育局联合制定《兴庆区家庭教育工作"十五"计划》和《2003年－2005年家庭教育工作的安排意见》，对家庭教育工作情况进行调研，据统计，兴庆区共有家长学校163个，其中，教育局家长学校66个(城市34个、农村32个)，社区家长学校97个(城市66个、农村31个)，本年度家长学校开办364期，参与家长人数50793名。家长受教育率农村70%，城市90%，兼职从事家教工作人员2224人，托、幼儿园73所，入托儿人数7071名，示范家长学校8所。努力做好儿童工作。5月28日，兴庆区妇联、教育局、团委联合举办庆"六一"我心中母亲有

奖征文讲演会。活动有80余人参加。兴庆区推荐的25篇获奖作品在全市决赛中有5篇获一等奖、5篇获二等奖、3篇获三等奖。各乡镇、街道、学校、幼儿园举办庆祝活动66场次，表彰先进集体37个，优秀辅导员128人次，优秀少年队员1610名，三好学生62名。慰问抗击“非典”第一线医务人员的子女、特困、残疾儿童323人，借助社会力量捐款捐物70306元，为少年儿童办好事、事实704件次。2003年开展“捐助一元钱温暖姐妹心”活动，共计捐款11363元。

2004年，以儿童为主体，深入开展丰富多彩的儿童道德实践活动。一是举办家长培训班；二是举办兴庆区庆“六一”幼儿文艺演出；三是举办“民族精神代代传”少先队风采展示暨“人寿杯”少先队鼓号大赛、中小学生广播操比赛。四是各基层妇联开展各具特色活动，如新华街办事处开展“明星家庭大比拼”，中山南街办事处在三中举办未成年人思想道德建设教育基地受牌仪式、丽景街办事处和掌政镇召开表彰会等等。同时，坚持求真务实为儿童办好事办事实，先后为6户残疾儿童家庭送慰问金1900元；推荐两名特困生与宁夏声达电子器材公司企业家王玉凤签订4年帮扶协议，总金额达13200元。据统计各基层妇联共为儿童办实事好事达2424件。

2005年，一是整合资源，提升家庭教育工作水平。5月30日兴庆区妇联召开兴庆区家庭教育学会第一次会员代表大会暨家庭教育工作表彰会。对兴庆区20个家庭教育工作先进集体、10个优秀家长学校、20名家庭教育先进工作者、10名优秀家长、10名优秀小公民给予表彰奖励并颁发了荣誉证书。二是组织开展了丰富多彩的“六一”节庆祝活动。5月19日–20日，兴庆区妇联、教育局、团委在银川市青少年活动中心联合举办兴庆区首届“少先队辅导员风采展示暨技能技巧”大赛，还举办“我做合格小公民”演讲比赛，三是开展迎春助学活动。各基层妇女组织对辖区内单亲、下岗、残疾等特困户女孩，建档造册，并积极协调动员社会力量捐资助学，共收到捐款3560元，自助28名特困学生。四是动员社会各界力量为少年儿童做好事、办实事。慰问10户特困儿童家庭及凤凰北街辖区的兴庆区爱心幼儿园，送去慰问金2500元。中山南街妇联发出倡议，“为贫困母亲献一份爱心”活动，34名干部职工积极捐款2000元。塔桥村妇联也向孩子们捐款1000元。五是扎实有效地推进家庭教育进社区活动，4月23日举办婴幼儿家长培训班，兴庆区作为“双合格”活动的先行点，邀请北京四中网校银川分校的老师在30多个社区开展更新家庭教育观念知识讲座40余场。5月14日，自治区妇联、银川市妇联、在兴庆区凤凰北街办事处开展了“争做合格家长、培养合格人才”暨家庭教育进社区启动仪式。

2006年，家庭教育工作取得新成效。一是根据自治区妇联《关于开展“家庭道德教育宣传实践月”活动的通知》精神，在兴庆区开展金河杯青少年学习实践社会主义荣辱观有奖征文活动；组织兴庆区所属中小学教师参加银川市举办的家庭教育论文征集评选活动。有6篇作品获得一等奖，11篇作品获得二等奖，14篇作品获得三等奖，27篇作品获得优秀奖。二是充分利用家庭、学校、社会“三位一体”的网络，在15个社区开展更新家庭教育观念知识讲座15余场。全年共举办各类家长学校91多期，有57271人次参加学习，并建立乡(街)以上家庭教育咨询站32个，接受咨询5134人次。共办婴幼儿家长培训班148期，培训家长4871人。三是辑录兴庆区中小学生创作的新童谣，汇编《兴庆区中小学生社会主义荣辱观教育宣传手册》。四是5月28日与在大团结广场联合举办“湖城之夏、活力兴庆广场文化活动”，来自兴庆区17所中小学的600多名学生为群众表演了精彩的文艺节目；6月1日与兴庆区第七小学联合举办了“知荣辱、树新风、创和谐”阳光少年文化艺术节，举行校园“八荣八耻”承诺宣誓、表彰20名文明小标兵、6名师德标兵。还与银古路办事处、前进街办事处、胜利街办事处基层妇联组织举办了庆“六一”暨《母婴保健法》11周年大型儿童健康咨询义诊活动，向群众发放宣传材料3500多份，并为100多名儿童进行健康体检，接受咨询的群众人数1000多人次。五是动员社会各界力量为少年儿童做好事、办实事。给兴庆区第七小学20名特困学生资助2000元；给望管湖小学10名特困儿童，送去2000元的慰问金；对11个街道、4个乡镇的贫困女大学生的情况进行摸底调查，确立资助对象18名，资助资金总3.7万元。

2007年，“六一”期间，兴庆区妇联、教育局的组织辖区各小学、幼儿园参加在光明广场举办银川地区庆“六一”“旺牛杯”喜迎奥运少儿长卷画展及小学、幼儿教师才艺展评活动，兴庆区共有30多幅作品获奖。印发《关于进一步加强家庭教育工作的意见》，动员社会力量关爱儿童成长，具体做了以下几件实事：在恩育堂早教中心举行“银川市兴庆区妇联婴幼儿家长教育中心”挂牌仪式；在中山公园文昌阁广场举办“关爱生命.关爱儿童”庆“六.一”澳优杯欢乐宝宝总动员系列活动；在银川金凤凰电影院举办“经典美妙童话世界暨‘恩育堂’杯第二届童话剧大赛”；在银古路街道办事处高台寺社区参加关爱留守流动儿童“手拉手、心连心、同成长”暑期活动；慰问特困家庭儿童275名、小学幼儿园10个、春蕾班及女童173人，为儿童办好事286件、捐款总数达16万元、捐赠衣物价值6万元、为儿童义诊2438人次、免费放电影30场；开展更新家庭教育观念知识讲座14余场，举办各类家长学校120期，有6.3万人次参加了学习，办婴幼儿家长培训班148期，培训家长4871人，建立乡(街)以上家庭教育咨询站60个，接受咨询120人次。兴庆区民乐小学被授予全国千所流动人口子女、农村留守儿童示范家长

学校。辖区内有4所幼儿园、2所小学被命名为全区家庭教育指导中心，5所中小学被命名为全区示范家长学校。

2008年，积极倡导“儿童优先”、“尊重儿童”、“支持儿童”的意识，为广大少年儿童的健康成长提供坚强的社会保障，举办庆祝“六一”活动32场，对120多名优秀少先队、优秀辅导员、优秀幼儿工作者进行了表彰奖励；举办青少年科技创新成果展示会5场，举办“迎奥运，庆六一”文艺汇演8场；继续开展“小公民道德建设”、“双合格”宣传实践活动。在银古路丽水家园社区文化广场联合举办宁夏青少年“做一个有道德的人”网上签名活动暨农民工孩子画展；在景岳小学率先进行 美德进校园活动”；启动2008年“孝敬父母月”活动；号召全区广大青少年为汶川大地震募捐，截止5月22日，共募集捐款158674.89元；开展慰问贫困儿童、流动留守儿童活动，全年共慰问特困家庭儿童219名、小学幼儿园22个、春蕾班及女童11人，为儿童办好事122件、捐款总数达42万元、为儿童义诊1130人次、免费放电影45场。

2009年，召开庆“六一”表彰大会及鼓号队检阅仪式，表彰100多名“优秀少先队员”和“优秀少先队辅导员”。在各小学开展“美德伴我行”有奖征文活动，收到征文400余篇；参加自治区妇联、教育厅、文联组织的“祖国伴我成长 童心绘就未来”全区少儿书法、绘画、手工作品展示大赛和银川市妇联举办我心中的祖国(父亲、母亲)有奖征文活动，共有100多幅作品获奖，兴庆区妇联获组织奖。开展“感恩母爱”系列教育活动，各学校根据具体情况开展各具特色的主题班会、“演讲比赛”、优秀母亲事迹展、我为母亲做一件力所能及的事等活动。举办“家庭教育知识”的专题讲座两期，举办家庭教育骨干教师及家长培训班，提升了兴庆区家庭教育水平。对特困、单亲、流动人口家庭及农民工家庭子女群体较为集中的部分小学、幼儿园进行慰问；协调工会、团委、民政开展“爱心助学”活动，资助贫困女大学生上大学。

2010年，暑期期间邀请北京四中网校王爱军教授在5个社区开展家庭教育培训；组织参加“六一”宁夏首届少儿才艺大赛暨第二届少儿书画作品展示活动，推荐上报作品100多份；在银川金凤凰电影院举办“童话世界.孩子的欢乐谷‘恩育堂’杯第五届童话剧大赛”；在中山南街康华社区成立“阳光家庭教育学校中山南街分校”。阳光家庭教育学校按照政府+研究机构合作的模式，通过设立的办公区、咨询室、减压室三个功能科室，为社区居民提供以婚姻家庭、亲子、邻里关系和身心健康，缓解心理压力为服务项目，开展心理健康讲座、心理咨询及治疗，不断提升妇女及青少年人群的综合素质，促进经济社会和男女两性的全面协调发展。“六一”期间，争取银川市妇联对辖区37名孤儿进行了慰问，每位孤儿发放了价值1200元的大礼包。自治区总工会“心手相牵共享阳光”关爱进城务工人员子女捐助仪式在友爱小学隆重举行。为一至五年级195名家庭经济特别困难的进城务工人员子女捐助资金106412元，用以专项解决他们的学习课本费用，直至小学毕业。

【关注妇女健康】 2006年，2月28日兴庆区妇联与宁夏妇联、天士力集团在兴庆区会堂举行“关注妇女健康”捐赠现代中药大型公益活动。2月13日～3月10日，兴庆区妇联在丽景街等乡镇、街道办事处、村、社区为妇女群众举办17场“女性健康、预防艾滋病知识”讲座。7月14日兴庆区妇联与卫生局联合对乡镇妇联主席、街道、居委会妇代主任共260人名宣传预防和控制艾滋病骨干进行了培训，培养一批“面对面”宣传教育活动骨干。9月26日，自治区妇联授权兴庆区妇联为“母亲健康快车”项目的执行单位。10月26日，兴庆区妇联联合兴庆区团委、卫生局疾控中心在兴庆区月牙湖乡举办了首期返乡农民工艾滋病知识培训班，月牙湖乡100多名返乡农民工参加培训学习。

2007年，关注妇女健康。一是实施“母亲健康快车”项目。一年来通过“母亲健康快车”项目对四乡镇进行妇科病的检查和健康教育宣传、培训、送医送药等公益活动，并且承担辖区内的农村危重孕产妇的转送任务，全年共检查妇科疾病约200多人次，宣教人次达千人，发放各种免费药品2000多元，下乡体检100多人次，转送急救危重病人6人次，发放健康教育宣传单1000多份。二是积极完成艾滋综合防治示范区对妇女“面对面”宣传教育工作。3月12日～3月21日，在丽景街等乡镇、街道办事处、村、社区为妇女群众举办了16场“女性健康、预防艾滋病知识”讲座；10月18日，举办“兴庆区美容、美发、餐饮娱乐场所服务人员艾滋病预防知识讲座”，80多名来自新华街美容、美发、餐饮娱乐场所服务人员参加了培训。发放宣传材料300余份；10月26日，在南门广场举办“兴庆区中山南街红丝带服务站”授牌仪式，并对特行人员100多名进行艾滋病防治知识培训。

2008年，开展形式多样 预防“艾滋病”“面对面”宣传教育工作：“五.一”前夕，为辖区外来务工人员、城乡妇女发放2500个印有“关注妇女、抗击艾滋、拒绝毒品、珍爱生命”的环保购物布袋；将“12.1”世界艾滋病日、“6.26”国际禁毒日、“12.1”法制宣传日等和“四下乡”活动作为集中宣传日，在街道、乡镇繁华街区、集市等开展“关注妇女、抗艾滋击”、“同心携手、遏制滋击”等宣传活动，设立咨询台16个、摆放宣传展板40块、张贴大幅标语30条、发放倡议书宣传资料、《科普手册》3000余份、免费发放安全套2000多盒，受教育妇女达1万余人次。

2009年，扎实做好妇女防治艾滋病知识“面对面”宣传教育工作。在银川三中、上海青岛美容美发学校开展了以

“爱心传递红丝带，携手共抗艾滋病”及“共同关注艾滋病、共创和谐美家园”为主题的专场培训会两场。深入外来流动人口比较集中的南门劳务市场，免费发放避孕防护药具3000余盒、《致外来打工者的倡议书》及各类宣传画册1000余份。在所辖15个乡镇、街道、村居共举办18场“预防艾滋病知识”讲座，使广大妇女了解艾滋病防治基本知识，树立科学预防观。

2010年，为进一步推进“健康兴庆”全民行动和艾滋病综合防治“面对面”宣传教育的深入开展，把创先争优活动落到实处。在各乡镇、街道、机关及企业举办了20场“女性生殖健康及艾滋病防治知识讲座”，来自各乡镇、街道、村（居）和部分企业妇女近1300聆听了讲座。特别是为加强对流动妇女艾滋病知识“面对面”宣传教育，针对服务行业流动大、分布广、人员复杂等特点，于8月5~6日联合兴庆区艾防办在宁夏盛世花园大酒店、满春大酒店举办2场餐饮服务场所从业人员艾滋病防治知识培训班，200余名酒店的行政管理人员和服务员参加了培训。

【抗击非典】 2003年4月7日，银川市“非典”疫情发生后，辖区基层妇联组织在兴庆区妇联的统一部署下迅速行动起来，投身抗击“非典”的战役中，下发《关于充分发挥各级妇联组织的作用，团结动员广大妇女积极投入防非典战役的通知》，要求积极配合和协助政府全力以赴打好抗击非典战役。开展“众志成城抗非典，凤城巾帼献爱心”无偿献血活动。非典期间，各级妇联组织设置宣传点81个，宣传咨询人数达3000人次，宣传展板380块，发放宣传单35万份。

科学技术协会

【概况】 2002年8月，兴庆区召开第一届科协代表大会。10月银川市行政区域重新划界，城区科协更名兴庆区科协。兴庆区科协与兴庆区科技局合署办公，一套人马，两块牌子。2008年3月兴庆区党委政府决定，兴庆区科技局与科协内部分开各自开展工作。批准《银川市兴庆区科学技术协会主要职责岗位设置和人员编制方案》，核定银川市兴庆区科学技术协会事业编制3名。截止2009年底兴庆区共有乡镇、街道科协16个，辖区单位和居委会科普活动站123个，兴庆区成立奶牛、花卉等各类专业技术协会8个；农村专业合作组织31个；科普工作志愿者3000名；专兼职科普工作者300多人。建立区、街道（乡镇）、居委会（村）三级科普网络体系，形成城市以学校为主，农村以科技园区为支撑的科普示范体系。

【科协领导名录】

主　席　丁仁禄（2001.01~2002.08）
　　　　黄明才（2002.08 ~2007.12）
　　　　杨　伟（2007.12~2010.12）

【乡镇、街道科协】 1999年6月，原城区9个街道办事处相继成立科协组织，并召开街道第一次代表大会，选举产生各街道科协主席、副主席、秘书长。由各街道办事处书记、主任任主席、副主席，办事处副主任任秘书长，分管科普工作，配备9个街道办事处科普专干，成立社会科普活动站，建立辖区单位联络点，配备专职委员等机构。科协主席由科技局长兼任。兴庆区同时增加2个街道办事处，2乡，2镇。按照《城区科协章程》，选举产生科协主席、副主席、秘书长、委员。2个街道办事处由书记、主任，其他9个街道办事处由副书记副主任担任主席、副主席、秘书长。2乡、2镇由乡长、副乡长、专干担任主席、副主席、秘书长。

【科普基地】 2001年。兴庆区共创建“全国科技示范乡镇”1个，自治区级“科普示范街道”2家，银川市级“科普示范街道”4家，市级“科普文明社区”63家，“科普示范学校”16所。培育“农村科普示范基地”13个，“农业科技示范园区”2个，“科普示范户”2000户，有60%的行政村达到了科普示范村标准，100%的行政村有科技带头人，科技示范户和科普宣传员。成立了由37人组成的专家咨询团，对乡镇、街道科协和相关学会进行考核，科技对工农业生产贡献率达50%。

2006年，区级财政拨款23万元，人均0.51元，还通过区市机关单位出资，企业捐资等多种方法，筹集科普资金。如兴庆区科协与陕西帝标传媒公司合作，该公司出资60万元，在90个社区建立了450个科普宣传栏。

2007年，科普经费达到33万元，人均0.70元，并保证了专款专用，建有科普画廊、社区科普宣传栏506处，总长2000多米。街道、社区及辖区单位科普活动室160个，科普阅览室120个，图书50余万册。实施信息化建设和现代远程教育“村村通”工程，各村（社区）、中小学配置了电脑、数码相机和多媒体投影仪。已拥有区市级科技特色学校9所、科普教育基地50个。投入38万元在农村开展了“一站一栏一员”科普惠农工程。解放西街被命名为“全国科普宣传示范一条街”，在海宝小区设立105块科普文化长廊宣传科普知识。掌政镇鸣翠湖被确定为国家湿地公园，成为市级科普示范基地，为青少年了解生物科学提供理想场所。兴庆区有各级各类学校130多所（含民办学校），直属中小学88所，其中高中1所，初中12所，小学50所，幼儿园24所，在校学生58455人。为推进青少年科普教育，开展“科普进校园”活动，8个学（协）会、科普教育基地与35所中小学校建立合作关系，各学校建立科普活动小组。兴庆区共创建银川市科普学校16所，青少年科技教育基地18家，

【推进农民素质教育】 十年来，开展各类科技培训活动1177场次，发放实用技术资料20万册，共有4000多户农村种养大户，2500户科技示范户和1000余民农民经济人接受培训，累计培训9万人

次，培训面积达90%以上。开通1168科普咨询服务热线，选派40余名科技人员在10多个农业种植项目上与农民结成对子，聘请20名区内外农业科技专家，对32个行政村的农户进行科技指导，推广普及32项新技术、新品种，帮助3000多名农户走科技致富之路。

【社区居民培训】 2003年以来各社区开展“四进社区”活动，组织各类活动180余场次，发放科普资料10万余份，举办各类培训班1000余场次，开展再就业培训5万人次，创业培训2.5万人次，高技能人才培训2900人次，发放各类职业资格证书1800份，受益居民达15万人次，社区居民活动参与率达70%以上。2005年，兴庆区获“全国科教进社区先进单位”称号。

【领导干部科普培训】 制定《兴庆区农村党员、基层干部科技素质培训规划要点》，定期对领导干部培训。2003年~2007年，共举办各类领导干部科普培训班140多期，科技讲座120场次，各乡镇、街道定期举办干部科普知识讲座，4000多人次参加培训。组织机关干部职工参加电子政务、计算机培训班12期2000人次，为乡镇、街道赠送科普资料5000本(册)。

【科普活动】 坚持开展科普周、科普日及“科普文化大集”等活动，组织“宁夏科技馆科普大篷车进兴庆”活动，分别在各中小学校、社区开展流动科普教育。先后举办“崇尚科学、反对邪教”、“珍爱生命、拒绝毒品”等大型展览。举办海洋生物标本展览，展出海洋生物标本1万多种，参观学生和居民达2万多人次。举办“百部科普电影进社区”，组织科普志愿者向居民赠送科普资料，开展活动40余场次，展示图片和挂图1000余幅。解放西街每年举办一次社区科普节。凤凰北街连续5年举办“三月风科普文化大集”。北安社区90个楼道设立了科普宣传栏，在社区开展医疗义诊、心理咨询、健康教育等活动。各种特色学校参与科普活动的学生人数占在校学生90%以上，涌现出银川三中、回民二小等一大批青少年科普教育的典型。近年来，兴庆区共组织各类青少年校外科技活动百余场次，参加各类科技竞赛的总人数达5万余人次。小论文、小发明共获市级以上奖励118个。银川三中被国家教育协会、自治区教育协会评为“信息技术实验学校”，2003年承担了自治区机器人开发与研究课题教材的编写，2006年参加第六届全国机器人大赛，获得银牌一枚，铜牌两枚。参加国际机器人大赛，取得较好成绩。

2008年1月8日，在兴庆区掌政镇举行文化、科技、卫生三下乡咨询活动，兴庆区宣传部、文明办、科协、科技局、卫生局等部门及富宁街等单位向掌政镇捐赠书籍3000余册，报刊50多份，各单位共发放各种宣传资料100余种5万余份，开展科技咨询1000人次，进村入户18户，解决农民养殖种植咨询问题198个，为掌政镇农民捐赠农业科技书籍、报刊达5万元。2~3月组织兴庆区两镇、两乡农民参加宁夏科技馆举办的自治区第九届春季农交会；组织乡镇干部、技术人员、农民4000余人次参加。5月与科技局、宣传部、文体旅游局、农牧局等部门紧密配合，在各乡镇开展“科技赶集”下乡活动。分别在大新镇塔桥村和银川市南门广场放映“防震减灾”科普电影2场，发放科普资料8000多份、科普书籍500余本，展出展板20余块，组织16801168科技咨询专家，咨询群众500人次，开展农村实用技术培训，培训农民200多人。共发放宣传资料40000余份，悬挂横幅84条，摆放展板66块。兴庆区科协组织申报成功中国科协、财政部“科普惠农兴村计划”项目，争取“科普惠农兴村计划”项目资金20万元。9月20日，由兴庆区科协牵头，组织各街道办事处、社区、部分学校参加2008年全国科普日活动，广大科普工作者、社区居民及学校师生500余人以“节约能源资源、保护生态环境、保障安全健康”为主题，开展科普宣传活动。

2004年5月15日，学生参加科技馆活动

2009年，1月兴庆区科协与银川市科协和兴庆区宣传、文化、科技、计生、掌政镇等乡镇部门共同在掌政镇举办“科技三下乡”活动。向各乡、镇、村赠送各类图书共13000余册。其中，兴庆区科协赠送科普图书1000册。组织近20家单位的专家现场为农民们提供咨询服务，走村入户为群众进行现场指导，为农民群众提供了实实在在的科技服务，受到农民欢迎。3月认真组织参加“第十届中国(寿光)国际蔬菜科技博览会”，其中银川天地缘锦绣园林花卉有限公司和宁夏中青农业科技有限公司参评的花卉、西瓜种子被“中国农村专

业技术协会”分别评为“第十届中国(寿光)国际蔬菜科技博览会”优秀产品奖。5月，举办了以“携手建设创新型国家”为主题的2009年科技活动暨“科技一条街”宣传活动，来自农业、科技、教育等各个行业的1000多位科技工作者及青少年学生、社区群众参加了启动仪式。共悬挂横幅43条，展板144块，辖区共发放各类科普宣传资料3万余份。兴庆区科协印刷科普资料6000余份，拱门一处、条幅10个，启动仪式及“科技一条街”取得圆满成功。兴庆区科协与掌政中学协调组织师生120人在鸣翠湖“国家级湿地公园”开展“科学就在我身边、保护湿地、保护环境”“2009年科技活动周—掌政中学鸣翠湖综合实践活动行”科普活动。兴庆区科协组织申报成功中国科协、财政部“科普惠农兴村计划”项目，争取“科普惠农兴村计划”项目资金10万元；积极争取中国科协配备科普专用服务车1辆，价值10万元。兴庆区科协2009年申报的银川天地缘花卉科普示范基地获得中国科协、财政部授予“全国科普惠农兴村先进单位”称号。9月由兴庆区科协和教育局组织中小学校学生参加银川市第六届青少年科技创新大赛。其中共有16所中小学校24项参赛作品获得了一、二、三等奖，名列银川市第一名，兴庆区科协获得优秀组织奖。开展银川市青少年航海航空模型示范竞赛，兴庆区回民二小、宁夏航模爱好者表演队、银川市科技模型研发协会航海航空模型9等个中小学及表演队参加了表演。参加表演各队进行了精彩的航海航模表演，受到中小学生和家长及社会各界欢迎。9月22日，由国家民委、中国科协、科技部、农业部、自治区政府等联合举办的“百名科技专家和致富能手进回乡”科技服务活动在行政中心大楼举行启动仪式。来自全国的8名专家，来到大新镇塔桥村天地缘花卉基地对花卉品种的引进、种植、保鲜、保温等方面进行了指导。另外，专家深入兴庆区月牙湖乡雷越养殖示范基地及农户家中进行咨询，通过了解当地养殖牛、羊、鸡的情况后，从品种，地理气候，自然资源，养殖环境等方面，为他们做了具体的咨询指导，专家结合月牙湖乡当地优越的水利条件，广阔的荒漠土地资源，对适宜养殖给予充分肯定。

【技术咨询及培训】 2003年，兴庆区科技局科协开展了“学科学、用科学、爱科学”宣传月活动，并把“依靠科学、战胜非典”作为宣传主题。全年开展形式多样的科技下乡活动70场次，接受科技咨询1.5万人次，举办各类培训班100期，培训干部群众3万人次。9月9日，成立银川兴庆科技园生产力促进中心。9月11日，同意批复成立“兴庆区蔬菜科技培训中心”。同时，举办农业实用技术培训班10场次，培训人员和接受咨询的人数达3500人次。

2004年，大力开展科技“三下乡”活动。全年开展形式多样的科技下乡活动70场次，接受科技咨询1.5万人次，举办各类培训班95期，评选干部群众3.5万人次。自治区现代农业示范园区建设领导小组批准掌政设施蔬菜现代农业示范园区为自治区级示范园区。6月份，成立了兴庆区科技特派员创业行动领导小组，开展科技特派员创业行动。

2005年，按照总体规划园区的核心区以兴庆区的掌政、大新设施蔬菜、花卉、奶产业、水产观光为主要内容，核心面积为2万亩。

2006年，一是举办各类科技培训班，大力开展实用技术培训。我们聘请农业技术专家、教授开展《奶牛饲养管理及疾病防治》《禽流感防治技术》《温棚蔬菜的种植技术》《花卉种植技术》等科技、科普讲座12次，把实用的农业科学技术真正送到农民手里，受到农民欢迎，使两万余农民掌握2~3门实用技术。开展科技赶集活动4场次，直接接受科技、科普教育的达2万余人次。二是完善一个区级、二个市级农业科技示范园区的配套建设和结构的优化升级，重点实施8大农业科技行动，研究解决5项重大农业技术，攻克2项农业产业化关键技术，示范推广粮食、蔬菜、畜牧、水果新品种20个，积极争取申报国家级、银川市级农业科技示范园区和“科技富民强县专项行动计划”项目，建立兴庆区级示范园区3个，科技示范村6个，示范户130户。三是为了进一步提高兴庆科技特派员和蔬菜花卉技术人员的专业技术水平，配合自治区科特办举办培训班3次，培训科技特派员40余人，加强和落实了科技特派员的创业行动政策，促进特派活动深入发展，在促进兴庆区“农业增效，农民增收”的基础上，产生了一批“月亮”和“太阳”工程。

2007年1月，根据区市科协及区委、政府的工作安排，结合农民实际需求开展“科技三下乡”活动，向广大市民、农民群众进行了科普宣传咨询活动，开展科技咨询800人次，进村入户15户，切实解决农民养殖种植难题。5月，科普活动周，围绕医疗、环保、食品、实用技术、地震知识等方面知识，在各乡镇开展了“科技赶集”下乡活动，发放科普资料5000多份、科普书籍300余本，展出展板20余块，组织16801168科技咨询专家，咨询群众400人次，开展农村实用技术培训，培训农民150多人。

2008年1月“科技三下乡”结合农民养殖种植实际需求，向广大市民、群众进行了科普宣传咨询活动，开展科技咨询1000人次，进村入户18户，解决农民养殖种植咨询问题198个。5月，科普活动周，围绕医疗、环保、食品、实用技术、地震知识等方面知识，在各乡镇开展了“科技赶集”下乡活动。分别在大新镇塔桥村和银川市南门广场放映“防震减灾”科普电影2场，发放科普资料8000多份、科普书籍500余本，展出展板20余块，组织16801168科技咨询专家，咨询群众500人次，开展农村实用技术培训，培训农民200多人。

2009年1月，科技下乡组织近20家单位的专家现场为农民们提供咨询

服务，走村入户为群众进行现场指导，为农民群众提供了实实在在的科技服务，受到农民欢迎。组织各乡镇、街道、涉农部门、科技干部职工、村队干部、农技人员、各种协会、农村专业合作社、种养加工大户、党员和农民群众、失地农民共计6000余人次参加自治区第九届春季农交会。为了进一步做好兴庆区中小学校青少年科技工作，组织培训中小学校科技辅导员43余人次。5月举办了以“携手建设创新型国家”为主题的2009年科技活动暨“科技一条街”宣传活动，共悬挂横幅43条，展板144块，辖区共发放各类科普宣传资料3万余份。举办大型预防甲型H1N1流感科普知识讲座，兴庆区机关干部、社区、村干部、学校教师、城乡群众等400余人参加了讲座。兴庆区科协组织农村科普示范基地带头人和科普致富能手23名农技协(合作社)参加了培训。9月22日由国家民委、中国科协、科技部、农业部、自治区政府等联合举办的“百名科技专家和致富能手进回乡”科技服务活动，来自全国的8名专家，先后到大新镇和月牙湖乡进行科技咨询培训活动，培训种养殖人数100余人次。

【表彰和奖励】

集体获奖情况

获奖时间	获奖单位	授予单位	奖项
2002年	兴庆区	中国科协	“全国科普示范城区”
2003–2004年	兴庆区科协	中国科技部	“通过全国科技进步考核”
2002–2004年	兴庆区凤凰北街办事处	中国科协、中央文明委	全国“科教进社区活动先进集体”
2004年	兴庆区回民二小	银川市科协	首届青少年科技创新大赛“集体优秀组织奖”
2004年	银川市回民二小航模队	银川市科协	银川市第三届青少年航海模型竞赛表演银奖
2005年	兴庆区科协	银川市科协	银川市第二届青少年科技创新大赛“优秀组织奖”
2006年	兴庆区科协	自治区科协	“全区科协工作先进集体”
	兴庆区科协	自治区科协	“银川市2006年度科普工作先进集体”
2008年	兴庆区雷越养殖合作社	中国科协、财政部	“全国科普惠农兴村先进单位”
2009年	兴庆区银川天地缘花卉科普示范基地	中国科协、财政部	“全国科普惠农兴村先进单位”
	兴庆区科协	银川市科协	银川市第六届青少年科技创新大赛“优秀组织奖”
	兴庆区十八小	《西夏考古》	银川市第六届青少年科技创新大赛青少年科技实践活动二等奖
	兴庆区科协	宁夏农业专业技术协会	宁夏第一届名特优农产品“优秀组织奖”
2010年	兴庆区科协	宁夏第十一届春季农业科技成果推广暨农用物资交流会组委会	宁夏第十一届春季农业科技成果推广暨农用物资交流会“最佳组织奖”

个人获奖情况

获奖时间	获奖个人	授予单位	奖项
2004年	黄明才	中国科学技术部	2001-2002年度全国市（县、区)科技进步先进个人“
2004年	黄明才	中国科协中央文明办	2002-2004全国‘科教进社区’活动先进个人”;
2004年	蒋胜生	宁夏科协	“2003-2004年度全区科普工作先进个人”
2004年	张　华	宁夏科协	全区科普先进个人称号
2005年	陆文玮 梅雪莹 叶悦炜 吴晓瞳 李　铮	银川市第2届青少年科技创新大赛	《唐徕公园主要绿化树种病虫害情况调查》获科技论文(中学组)二等奖
	张雪聪 蒋鸽聪		《宁夏枸杞花盆栽培育苗试验》获科技论文(中学组)三等奖
	杨　子 苏方琦 叶悦炜		《银川回中学生近视眼防治调查》获科技论文(中学组)三等奖
	才丰华		《定时电饭煲》获科技作品(中学组)三等奖
	黄　鑫 郭无为 汪鲁菲 赵　星		《银川市垃圾分类现状调查报告》获科技论文(中学组)三等奖
2005年	吴宏玉	银川市第二届青少年科技创新大赛	“优秀科技辅导教师”
2006年	谢璐璐 孙　荃 路修远	银川市第3届青少年科技创新大赛	《不同因素对西红柿中维生素的影响》获科技论文类一等奖
	梁淑贞 孙　磊 张佳莉		《银川学生睡眠状况的调查》获科技论文类一等奖
	郑浩宇		《银川市公厕抽样调查》获科技论文类二等奖
2006年	吴宏玉	全国青少年科技创新大赛	科技教师荣誉证书

续表

获奖时间	获奖个人	授予单位	奖项
2006年	吴宏玉	银川市第三届青少年科技创新大赛	“优秀科技辅导员”
2006年	吴宏玉	第21届宁夏青少年科技创新大赛	优秀科技教师荣誉证书
2006年	鲁亚清 梁西西	银川市教育局	《创建绿色节约型学校活动中的环境教育策略》获银川市教育学会十三届优秀论文评选中荣获二等奖；
2006年	郭心月 张曈曈 依丽娜 詹　娜	宁夏青少年科技创新大赛	《银川市中小学小零食卫生安全调查与反思》获优秀科技实践活动一等奖
	杨　子 苏方琦 叶悦炜		《银川回中学生近视眼防治调查》获优秀科技实践活动三等奖
2007年	蒋胜生	宁夏区党委宣传部、科技厅、自治区科协	“全区科普工作先进个人”
2008年	杨　伟	宁夏区党委宣传部、科技厅、自治区科协	“全区科普工作先进个人”
2008年	杨　伟	银川市科协	科协工作先进个人
2009年	杨　伟	银川市科协	科协工作先进个人
2009年	马建峰	第二十四届宁夏青少年科技创新大赛	优秀科技教师
2009年	韩伟伦 赵　昕 张梅露	银川市第六届青少年科技创新大赛	银川市第六届青少年科技创新大赛
	马丽楠 马　鑫 沙芮冰 王　惠		《未来的能源明星——生物能源》获科技小论文二等奖

续表

获奖时间	获奖个人	授予单位	奖项
2009年	张　泉	银川市第六届青少年科技创新大赛	《变废为宝话落叶》获科技小论文三等奖
	侯冰杰		《家庭好帮手》获少儿科学幻想绘画二等奖
	张敏智		《创建绿色节约型学校活动中的环境教育策略》获银川市教育学会十三届优秀论文评选中荣获二等奖；
	孙　科		《银川市中小学小零食卫生安全调查与反思》获优秀科技实践活动一等奖
	卢　蕾		《银川回中学生近视眼防治调查》获优秀科技实践活动三等奖
	伏天爱		优秀科技教师提名奖
	周　扬		“全区科普工作先进个人”
	徐欣冉		“全区科普工作先进个人”
	张　虎		科协工作先进个人
	刘天格		科协工作先进个人
	谢天娇		优秀科技教师
	张心岩		银川市第六届青少年科技创新大赛
	黄京京		《未来的能源明星 -- 生物能源》获科技小论文二等奖
	马建峰		优秀科技辅导员
	石新文		优秀科技辅导员
2010年	杨　伟	宁夏第十一届春季农业科技成果推广暨农用物资交流会组委会	宁夏第十一届春季农业科技成果推广暨农用物资交流会“先进个人”

残 联

【概况】 兴庆区残疾人联合会是政府领导下的事业团体，是中国残疾人联合会的地方组织，代表残疾人的共同利益，维护残疾人的合法权益，为残疾人服务。2006年4月1日，全国残疾人第二次抽样调查入户登记显示，兴庆区共有各类残疾人3.29万人，占辖区总人口的6.83%。截止2010年，兴庆区残联下设4个乡镇残疾人联合会、32个残疾人工作小组、11个街道办事处残疾人联合会、90个基层残疾人协会。2006年，荣获全国残联专门协会工作先进单位、全区残疾人事业“十五”计划完成任务先进单位称号；2008年，荣获自治区残疾人基层组织建设先进单位、自治区残疾人就业工作先进单位称号。

【残联领导名录】

主　席：刘治全(2001.01～2003.04)
　　　　曾玉强(2003.04～2008.04)
　　　　叶建国(2007.12～2010.12)
副主席：肖忠龙(2001.01～2008.04)
　　　　刘淑珍(2001.01～2008.04)
　　　　吴菊莲(2001.01～2003.04)
　　　　马友谊(2001.01～2003.04)
　　　　袁　科(2003.04～2008.04)
　　　　李宁为(2003.04～2008.04)
　　　　马学仁(2007.12～2010.12)
理事长：肖忠龙(2001.01–2008.04)
　　　　尉　岚(2007.12–2010.12)

【残联代表大会】 兴庆区残疾人联合会的前身是城区残疾人联合会。2003年之前，城区残联历经四届代表大会。兴庆区残联第一次代表大会于2003年1月20日召开。大会听取并审议城区残联第四届委员会工作报告，投票选举产生新的一届残联主席团成员，举手表决通过残联主席和副主席，推举出执行理事会理事长、副理事长及理事。2007年12月21日召开第二次代表大会。大会听取并审议尉岚作的《关注民生、构建和谐、为推动兴庆区残疾人事业全面发展而努力奋斗》的工作报告，选举产生兴庆区第二届主席团成员20名，其中残疾人委员8名，残联主席1名、副主席2名，推举理事长1名。

【基层组织建设】 2002年5月30日，城区盲人按摩学会成立。当年全城区75个社区居委会中均成立了有残疾人参加的社区残疾人协会，使基层的残疾人工作责任落实到了人。2003年1月，新的一届残联组织产生后，按照区、市残联《关于做好基层残联换届代表大会的通知》要求，积极开展各乡、街道残联换届工作，截止3月底，6个乡、9个街道的残联换届选举工作全面完成。2006年，为加强基层残联组织建设，根据中残联等14部委《关于加强社区残疾人工作的意见》和兴庆区委、政府关于创建和谐社区的实施意见等文件精神，在各街道的每个社区配置残疾人工作联络员1名，共86名，每个工作联络员都与办事处签订工作协议书，有力推动社区残疾人工作的开展。2010年15个乡镇、街道1个管委会均成立了残联及工作小组和残疾人法律援助所，配备专兼职的残联专干29人。为了提高残疾人基层组织建设水平，健全残疾人基层组织网络，在132个村(居)委会配备残疾人工作专职委员(残疾人联络员)。还使用公益性岗位面向社会公开考录，择优选拔配备残疾人专职委员7名，提高残疾人专职委员队伍的整体素质，为残疾人工作提供了有力的人员保障。建立“宁红阳光家园计划”托养服务中心，在10个社区建立“阳光家园”，对15个乡镇、街道和1个管委会符合条件的240名贫困智力、精神和重度残疾人实行居家托养服务，居家托养残疾人家庭每年享受项目资助700元。

【制度建设】 2002年5月28日，城区人民政府制定《银川市城区保障残疾人权益若干规定》，规定的出台使《中华人民共和国残疾人保障法》进一步得到落实，为依法维护残疾人合法权益，妥善解决他们在劳动、生活、教育、康复及参加社会活动方面的困难和问题，最大限度地体现党和政府对残疾人的关心和帮助提供制度保障。2004年7月21日，兴庆区人民政府制定并出台《兴庆区残疾人事业发展八项爱心工程五年计划(2004–2008)实施方案》，有计划地解决残疾人工作、生活和发展问题，改善他们在康复、教育、就业、脱贫致富、福利、社会保障、文化生活、无障碍环境方面的状况，实现平等、参与、共享。2004年制定《中国残联专项彩票公益金助学项目兴庆区残联实施方案》，将银川市育智学校10名贫困残疾儿童列为彩票公益金助学受助对象，享受每人每年0.12万元的补助。2006年12月19日经银川市兴庆区人民政府同意，制定并印发了《银川市兴庆区残疾人事业“十一五”发展纲要(2006–2010)》。2009年2月制定下发《兴庆区残疾人“阳光家园计划”实施方案》；何宁红“阳光家园”托养服务中心成立。2010年9月印发《关于建立兴庆区残疾人慈善数据库工作的实施方案》；开展残疾人慈善数据库调查、登记，上报工作。2010年将白内障复明手术项目纳入城镇职工、居民基本医疗保障和新型农村合作医疗报销范围。农村残疾人新农合参保达到全覆盖。十年来，不断加强残疾人保障体系建设，保障所辖区残疾人享有基本医疗卫生服务，落实和完善残疾人参加城镇职工、居民基本医疗保险和新型农村合作医疗保险的有关补贴政策，逐步扩大参保范围。

【康复工作】 2002年，抓住各大医院在社区建立卫生医疗点的时机，协调市卫生局，各大医院及医疗点，凡在社区建立的卫生医疗点，都要有为残疾人康复服务的内容，建成的21个医疗点都已完成辖区残疾人康复需求调查摸底，并制定了工作制度和优惠政策，全年共筹措11.3万元用于残疾人的康复工作，政府将康复经费2万元、精神病防治专项经费3.5万元列入年度预算，按月下拨，使残疾人康复工作从资金上得到保障。

6月26日，全区召开康复工作现场会，观摩城区康复中心和富宁街康复社区居委会，有力推动城区康复工作的开展。根据城区残疾人"十五"计划发展纲要的任务指标，继续依托银川市第一人民医院防盲治盲中心和其他医院对筛选出适合做手术的42人实施复明手术，复明率达98%，组织筛选210人为下年复明手术实施候选对象，为2名低视力患者配用助视器；加强肢体残疾患者进行正规的科学康复训练，对康复中心投入11.3万元，补充一定数量的康复医疗设备，为16名肢体残疾人建立康复训练档案；5月19日在全国实施的第十二个助残日期间，台湾曹氏基金会为宁夏残疾人捐赠轮椅，城区29名肢体残疾患者收到基金会捐赠的轮椅；为31名精神病患者建档立卡（累计1654名），建立台账，为特困户精神病患者免费上门送药治疗，全年上门送药价值2.5万余元，积极妥善处理重症精神病患者的问题，视不同情况，分别将其送往自治区安康医院、灵武精神病院和郊区精神病院，城区精神病人的监护率达95%，显好率为65%，回归社会率为55%；加强智力残疾预防的宣传工作，切实进行智力残疾预防，对特需人群做到科学补碘，普及智力残疾预防和康复知识，辖区的特需人群补碘率达95%以上，起到积极的预防效果。

2003年，政府投入资金10万元，用于残疾人康复工作，6月份，残联下发《关于进一步加强残疾人康复工作意见》。根据兴庆区残疾人事业"十五"计划发展纲要的任务，继续依托银川市第一人民医院防盲治盲中心和其他医院共做白内障复明手术183例，复明率达99%，为11名低视力患者配用助视器，对6名低视力家庭人进行培训；残联康复中心为83名残疾人建立康复训练档案，其中智力残疾儿童5人，肢体残疾人72人，脑瘫儿童6人，经康复中心综合训练，康复效果较好；4月份，对需安装假肢的贫困残疾人进行摸底调查，为22名符合条件的贫困肢残患者装配假肢；新建精神病患者档案261个，继续为特困精神病患者免费上门送药治疗，全年送药品价值2.8万元，有效地缓解和控制精神病患者的病情，为1乡、2镇和2个街道办事处及时配备精神病防治医生，进一步健全精神病网络，积极妥善处理精神病重症患者，送往精神病院的患者共6人，精神病人监护率达100%，显好率为82.6%，回归社会率为53.3%，肇事率为0。加强康复进社区工作，在康乐、天成居委会和大新镇建立社区残疾人康复站，配备康复器材，对辖区残疾人康复需求进行摸底调查，建立档案，投入资金2.5万元，为残疾人康复和看病提供便利的条件。

2004年，利用残疾人康复中心和社区康复站点为119名肢体残疾人、5名智残儿童、5名脑瘫儿童建立康复训练档案，制定训练计划，取得较好效果；依托兴庆区精神病防治中心和精神病防治医生为2649名病人建立档案和随访记录，定期发放精防药品，购药价值3.4万元；送往精神病院的重症患者6人，协调医疗经费1.2万余元；17名贫困精神病患者接受"八项爱心工程"安定和睦康复工程的医疗救助；辖区精神病人监护率达100%，显好率70%，社会参与率60%，肇事率为0；对各乡镇、街道办事处的白内障患者进行摸底调查，对154名白内障患者进行登记造册，经过进一步筛查，参加区、市免费复明手术19人，依托银川市防盲治盲中心和其他医院实施白内障复明手术104人；经残联多方协调，由富宁街办事处牵头，市卫生局、市医院为主体，多方筹资20万元，建成富宁街残疾人康复中心，5月份举行揭牌仪式，中心集医疗和残疾人康复为一体，设备、功能齐全，为社区残疾人医疗康复工作起到示范和推动作用；凤凰北街残疾人康复站正在筹备之中，将投入中国残联专项彩票公益金社区配发康复训练器具项目的康复训练器材19件、价值1.5万元；为低视力患者配用助视器10个，培训家长6人，为3名聋人配戴助听器，为肢体残疾患者装配矫形器6件，为12名肢体残疾人装配假肢；接受台北曹仲植基金会捐赠轮椅58辆；举办各乡镇、街道办事处残联干部业务培训班，进一步提高残联干部和基层残疾人工作者的业务水平和工作能力。

2005年，以白内障、假肢装配为康复工作重点，5月份免费为49名符合条件的贫困白内障患者实施复明手术（其中24名为兴庆区残联出资）；装配普及型假肢25具（其中11具为兴庆区残联出资）、矫形器15具；配发低视力助视器16个、助听器5个；培训聋儿6名，聋儿家长3名；为3名肢残儿童免费实施矫治手术；继续加强精神病防治康复工作，送入精神病院3人，为辖区重症贫困精神病人免费发放药品价值2万余元；加强社区残疾人康复工作，争取到市残联为社区配发训练器具4件；争取到国家彩票公益金项目配发的价值1.5万元的康复器材1套，配发盲杖等残疾人用品用具175件；台湾曹氏基金会向兴庆区贫困肢体残疾人捐赠轮椅28辆。

2006年，完成白内障复明手术62例，其中市级补贴白内障复明手术13例，"光明行"项目免费为贫困白内障患者实施复明手术49例；为低视力患者配眼镜10副；完成肢体矫治手术3例，矫形器装配10人，普及型假肢安装7例；为1071名重症精神病人建立档案及随访记录，为360名贫困精神病人提供医疗救助，免费发放精神病药品价值2万元；多方筹集资金将6名躁狂型精神病患者送进医院治疗；争取中国残联彩票公益金项目，为17名贫困精神病患者免费发放药品；与精神病亲友协会举办儿童孤独症研讨培训班；为适应社区建设需要，大力推进康复进社区、服务到家庭的工作模式，扩大残疾人康复受益面，在社区康复站广泛开展康复训练与服务工作，使300多名不同类型的

残疾人在社区得到医疗康复、训练指导、用品用具等服务；争取台北曹仲植基金会捐助轮椅60辆；组织发放各类辅助器具118件；被自治区推荐为全国残疾人社区康复示范区。

2007年，制定《兴庆区爱心永恒·启明行动实施方案》，4月份全面启动，完成贫困白内障患者复明手术36例；为辖区重症贫困精神病人免费发放药品价值1.5万元，送入精神病专科医院2人，支出住院补助费0.5万元；购置残疾人康复器材6套、价值9万元投入社区使用，为3名贫困聋儿装配助听器；争取台北曹仲植基金会捐助轮椅60辆；2006年创建全国残疾人社区康复示范区。6月，兴庆区被自治区推荐为全国残疾人社区康复示范区后，经过一年多的准备工作，9月份，接受了国家验收组的验收，并得到了国家验收组的充分肯定。

2008年，继续实施爱心永恒·启明行动，累计完成白内障复明手术114例，由北京同仁医院眼科专家来银川为贫困白内障患者实施复明手术；对贫困肢体残疾儿童进行摸底调查14人，实施矫治手术7人，为22名肢体残疾人装配假肢；争取台北曹仲植基金会捐助轮椅70辆；为1089余名精神病人建立档案及随访记录，为563名贫困精神病人提供医疗救助；争取中国残联彩票公益金项目，为247名贫困精神病患者免费发放药品（其中中国彩票公益金项目70人），为7名重症精神病患者提供住院补助，支出住院补助2万余元；为适应社区建设需要，大力推进康复进社区、服务到家庭的工作模式，扩大残疾人康复受益面，在社区康复站广泛开展康复训练与服务工作，使160多名不同类型的残疾人在社区得到医疗康复、训练指导、用品用具等服务，组织发放各类辅助器具78件。

2009年完成贫困白内障患者复明手术46例；争取台北曹仲植基金会捐助轮椅90辆；为1089余名精神病人建立档案及随访记录，为563名贫困精神病人提供医疗救助，争取中国残联彩票公益金项目，为247名贫困精神病患者免费发放药品（其中中国彩票公益金项目70人），为9名重症精神病患者提供住院补助，支出住院补助4万余元；160多名不同类型的残疾人在社区得到医疗康复、训练指导、用品用具等服务，组织发放各类辅助器具278件。由于工作成绩突出，兴庆区残疾人康复中心、掌政镇残疾人花卉种植基地被定为自治区残联工作会议观摩点。

2010年，完成68例白内障患者复明手术；为80名肢体残疾人免费发放轮椅，为4名肢残儿童实施矫治手术；实施中国残联彩票公益金项目，为6名重症精神病患者提供住院补助，支出住院补助12000元，为249名贫困精神病患者免费发放药品；被全国残疾人康复工作办公室评为全国白内障无障碍县（区）。

【残疾预防宣传】 十年来，不断加强智力残疾预防的宣传工作，切实进行智力残疾预防对特需人群做到科学补碘，合理投放是预防智力残疾人的一项经常性的工作。积极与卫生部门密切联系，积极合作，使城区辖区的特需人群补碘率达95%以上，起到了积极的预防效果。同时，利用“爱耳日”“助残日”“世界精神卫生日”等活动上街设点，进行咨询，利用挂图、展板、新闻媒介等多种渠道采取形式多样的宣传，普及智力残疾预防和康复知识，起到了积极和预防效果。

【残疾人就业】 截止2002年10月底，辖区内开办盲人诊所24家，从业的盲人和其他残疾人达68人。收取残疾人就业保障金115372元。加强残疾人按比例就业工作，开展多途径的安置渠道，采取集中、分散和按比例安置方式，全年共安置残疾人就业363名，其中集中安置在天津大桥银川电焊条厂的48名，安置在开发区银利电器有限公司的16名，分散安置在辖区9个街道办事处的社区网点、摊点、卫生责任区293名，按比例就业安置6名。

2003年2月份，兴庆区残疾人工作协调委员会对在2002年度兴庆区残疾人就业工作中做出突出成绩的19个市属企业、9个街道办事处和6个乡进行表彰奖励；在各街道办事处和天津大桥银川电焊条有限公司等单位的积极配合下，以集中、分散等形式安置残疾人就业494人；全年收缴残疾人就业保障金32万，对辖区市属企业33家进行年审。

2004年在天津大桥银川电焊条有限公司集中安置残疾人8人，兴庆区城管局特批给残疾人摊位安置21人，流动公厕安置8人，苗苗毛衣编织店安置6人，各乡镇、街道办事处分散安置残疾人561人，按比例安置残疾人18人；元月份召开一年一度的残疾人就业工作表彰总结会，对在安置工作中做出贡献的集体和个人进行表彰奖励。2004年是残疾人按比例就业年审和保障金收缴工作实行财政代扣、税务代征政策的第一年，经税务局及各年审单位的大力配合，兴庆区所属的108个行政事业单位集中年审，财政代扣保障金25万元；办理年审的企业1705个，收取残疾人就业保障金170余万元。

2005年，为更好地开展按比例就业年审工作，组织人员参加自治区举办的残疾人就业保障金征缴管理人员培训班，进一步提高征收人员的业务水平和工作能力，年审企业443户，收缴保障金68万余元；依据《银川市残疾人证办理程序》，办理残疾人证1090本；采取多种形式积极安置残疾人就业，集中安置75人，分散安置117人，按比例安置326人。

2006年，常年在残联设残疾人就业保障金年审办公室，对兴庆区所属企业随时进行年审，年审单位263个，征收保障金32万元；积极与市残联配合，与兴庆区地税各分局协调，派专人到各税务大厅做好年审工作；安置残疾人就业88人；按照失业登记的具体操作办法，对兴庆区60名符合登记条件的城镇残疾人进行失业登记，发放《失业证》；利用国家优惠政策，根据个人的实际情况，积极协调各乡镇、街道、社区挖掘工作岗位、市场摊位、辖区单位等，就近安置480人，在宁夏捷报印业有限公司集中安置6人；为兴庆区15名符合条件的城镇残疾人个体工商户办理基本养老保险补贴，金额1万元；大力扶持残疾人自主创业，对有一定创业条件的残疾人个体户，银川市、兴庆区各投入3.2万元扶持16户残疾人自主创业。

2007年，对兴庆区所属企业随时进行年审，年审单位286个，征收残疾人就业保障金160万元；按比例安置残疾人就业48人；利用国家优惠政策，根据个人的实际情况，积极协调各乡镇、街道、社区挖掘工作岗位，安置残疾人就业230人。

2008年，积极协调兴庆地税局做好征收工作，在每月1-10日报税期派出工作人员到税务大厅现场办公，加大按比例安置残疾人就业力度；积极协调邮政、城管等部门，争取报刊、冷饮、修理等摊位46个，安置符合条件的残疾人就业；3月29日，配合市残联召开银川市首届残疾人就业招聘会，组织工作人员协助市残联在现场设就业政策咨询服务台，提供各方面周到细致的服务，使163名残疾人与用工单位达成就业意向，53名残疾人与用工单位签订用工协议。

2009年，积极协调兴庆区劳动就业局、城管等部门，争取冷饮、修理等摊位28个，公益性岗位10个，安置符合条件的残疾人就业。

2010年，积极协调城管部门，争取冷饮、修理摊位27个，安置符合条件的残疾人就业；各街道分散安置残疾人55人；安排150名各类残疾人参加银川市残联举办的“就业援助月”残疾人就业招聘现场会；召开首届残疾人专场招聘会，为更多的残疾人找到适合自己的岗位。

【教育与培训】 2002年5月17日至6月21日，银川市残联与城区残联联合举办银川市首届盲人按摩培训班，25名盲人参加培训班的系统培训并拿到毕业证书，19名学员获得初级盲人按摩资格，6名学员获得中级盲人按摩资格；辖区盲人先后有70多人参加区、市、城区举办的盲人按摩培训班，

2003年，举办辖区乡镇残疾人种植业、养殖业培训班。

2004年，在3个街道对有一定劳动能力的残疾人进行城市实用技术培训，办培训班8期，培训各类残疾人305人，投入经费2万元；在乡镇举办农村种养殖业培训班1期，培训各类残疾人155人，投入经费0.4万元；选派10名盲人参加市残联举办的盲人保健和医疗按摩职业技能培训班，投入经费1.2万元；

2005年7月份，组织各乡镇、街道残联专干参加市残联举办的业务培训班，系统学习残疾人教育就业、扶贫、康复等知识；8月份，参加市残联举办的残疾人法律法规及社区康复培训班；联合市精神病防治协会举办银川地区首期精神病康复与预防培训班；9月份，举办残疾人驾驶摩托车人员法律法规培训班，参加人员110人；10月份，在前进街、银古路、中山南街举办3期残疾人职业技能培训班；在月牙湖乡举办1期残疾人养殖业培训班；依托爱德盲人学校举办盲人按摩、保健培训班。

2006年，结合农村产业结构调整和残疾人自身特点，在农村举办种植养殖实用技术培训班，培训残疾人80人，提高他们的种植养殖技术，帮助他们走上发展种养殖业的脱贫之路；在城镇开办手工编织、刺绣、家电维修、电脑等为重点的培训班，培训残疾人145人；8月，组织由47名选手组成的参赛队参加第三届银川市残疾人职业技能竞赛，选拔出的18名优秀残疾人参加第三届全区残疾人职业技能竞赛，获得保健按摩、服装制作、水彩绘画等项目的团体奖和个人一、二、三等奖的好成绩；充分发挥特教学校的作用，兴庆区有56名残疾儿童在育智学校、盲聋哑学校接受教育，残疾少年儿童入学率得到提高。

2007年，选派2名残联干部参加自治区残联举办的残疾人就业保障金审核及行政执法培训班，选派31名残疾人工作联络员参加自治区残联举办的百名残疾人维权员培训班；选派12名残疾人分别参加银川市残联举办的地毯编织培训班和初、中级盲人按摩培训班，选派16名盲人参加自治区残联举办的高级按摩师培训班，取得资格证书；联合玉皇阁北街办事处举办残疾人手工编制培训班，培训残疾人50人。

2008年5月份，依托新华街街道办事处承办市残联在社区举办的残疾人手工艺品编织培训班，培训残疾人50人；6月份，选派7名残疾人参加银川市残联举办的地毯编织培训班，选派12名残疾人参加银川市残联举办的手工编织培训班，选派6名残疾人参加自治区残联举办的盲人按摩初、中、高级培训班，选派2名残疾人参加银川市扶贫办举办的首届回族砖雕培训班，选派7名残疾人参加银川市残联举办的计算机培训班，选派3名残疾人参加自治区残联举办的创业培训班。

2009年5月份，选派7名残疾人参加银川市残联举办的地毯编织培训班；9月份，2乡2镇分别举办残疾人种植养殖业培训班，培训人数400人；10月份，委托青松职业学校为辖区20名残疾人进行计算机培训班，委托周景世荣花卉基地举办残疾人艺术插花培训，培训残疾人25人。

2010年举办残疾人工作者培训班，各乡镇、街道办事处所属社区132名残疾人工作联络员、18名专职委员和残联专干参加培训；对2乡、2镇、11个街道办事处和1个管委会132名残疾人工作联络员进行考核、重新选聘、岗前培训工作。

【扶贫解困】 2002年，春节和助残日期间，城区73个单位、辖区市级81个单位共走访慰问250户残疾人家庭，发放

慰问金和实物折合人民币 87500 元;根据银川市政府承诺为民办 30 件实事之一的二级以上特困残疾人每月增加 100 元救助金,会同 9 个街道办事处对辖区享受最低生活保障金二级以上特困残疾人进行为期 1 个月的摸底调查,对基本符合条件的 156 人在三医院进行残疾等级重新鉴定,最后确定 151 名为二级以上特困残疾人,领到新增的 100 元钱,提高了他们的生活水平。

2003 年,利用元旦、春节和助残日对 180 户贫困残疾人进行走访慰问,送去慰问金和慰问品价值 3.5 万元,兴庆区有包扶单位 51 个,包扶 100 户,市直机关包扶兴庆区贫困残疾人的单位有 86 个,包扶 134 户,包扶单位积极了解包扶户的家庭情况,及时解决包扶户的家庭困难,各包扶单位资助包扶户的现金、物品共计约 8 万余元;落实享受低保的残疾人 416 户 1062 人,享受农村救助的 115 户 331 人;元月份,在自治区红十字会组织的扶贫物资捐赠仪式上,40 户贫困残疾人受到自治区红十字会组织的扶贫物资捐赠;为 66 名残疾学生和贫困残疾人家庭子女减免学费 0.7 万元;为考上大学的 2 名残疾学生发放补助金 0.5 万元;解决生活困难补助 41 人次、1 万元。

2004 年,兴庆区共有 1762 名残疾人享受城市最低生活保障,农村有 296 名残疾人得到最低生活救助;两节期间,走访慰问 180 余户贫困残疾人,送去慰问金、慰问品价值 4.6 万元;兴庆区各部门和市直机关各部门共包扶兴庆区贫困残疾人 225 户,切实解决残疾人生产、生活中的实际困难;残联慰问大新镇新水桥村特困残疾人 5 户,送去慰问金 0.2 万元;做好对享受城市低保的 266 名二级以上特困残疾人每人每月发放 100 元救助金工作,全年共发放救助金 24.9 万元;发放临时困难补助 54 人次 1.8 万元;动员机关干部、支部党员、乡镇和街道干部开展捐资助残扶贫活动,利用捐助资金为残疾人贫困户解决住院看病、孩子上学,购买化肥农药、小尾寒羊,发展生产,形成全民参与、扶贫助残的风尚。2004 年西部盲童入学和扶残助学工程在原有的 23 名受助学生的基础上,增加 10 名,拨助学款 0.7 万元。根据银川市政府 2004 年为民办实事之一,为 40 名贫困残疾学生补助 1.5 万元,解决其实际困难。与各学校协调,为 64 名贫困残疾学生和贫困残疾人家庭子女减免学杂费、书本费 1 万元。

2005 年,落实银川市残联关于《银川市农村贫困残疾人危房改造种植养殖项目实施方案》,加大农村贫困残疾人的扶助力度,积极和各乡镇联系,多次深入残疾人危房户家中,将残疾人危房户逐一进行登记,经过多次摸底调查,确定贫困残疾人危房改造和发展养殖业对象,由兴庆区残联和市残联各出资 7.5 万元,对 15 户贫困残疾人进行危房改造;6 月份,残联和市残联各出资 2.5 万元,为 21 户有养殖能力的贫困残疾人购买扶贫羊 130 只;积极协助民政部门认真落实《城市居民最低生活保障制度》,将符合条件的城镇、农村残疾人基本都纳入了救助范围,城镇 1781 名残疾人享受到最低生活保障,农村 296 名残疾人得到最低生活救助;继续落实市政府对兴庆区 265 名二级以上特困残疾人实行最低生活救助政策,每人每月发放 100 元救助金,城乡做到应保尽保,应助尽助;春节和助残日期间,走访慰问残疾人家庭 175 户,赠送慰问品价值 5.8 万余元;继续开展结对帮扶贫困残疾人活动,兴庆区和市直机关各部门共包扶 263 户残疾人,切实解决残疾人生产生活上的实际困难;认真做好临时救助工作,发放临时救济金 1 万余元;实施中西部地区贫困残疾儿童受助项目和盲童入学项目计划,将 4750 元扶残助学款和 150 元盲童入学款拨到 24 名受助学生所在学校;争取彩票公益金助学项目资金 0.6 万元,资助 3 名残疾学生上大学;发放助学金 0.3 万元资助 1 名残疾学生上大学;协调学校为贫困残疾人家庭子女及残疾学生减免学杂费 0.6 万余元。

2006 年,为改善农村贫困残疾人住房条件,根据市残联的安排,深入各乡镇认真调查,坚持标准,严格把关,确定扶助对象,市财政和兴庆区各投入 15 万元,为 30 户农村贫困残疾人建房 90 余间;投入 4 万元,为 44 户农村贫困残疾人购羊 260 只,扶持其发展养殖业;争取到自治区危房改造资金 5.4 万元,为 18 户农村贫困残疾人建房 50 余间;积极开展结对帮扶贫困残疾人工作,72 个包扶单位对 142 户贫困残疾人进行走访慰问,春节及助残日期间走访慰问贫困残疾人 260 户,投入资金 9 万元;慰问残联包扶的大新镇新水桥村贫困残疾人 15 户,慰问残联党支部包扶的月牙湖乡贫困残疾人 3 户,投入资金 0.5 万元;为 259 名无生活来源、生活不能自理的二级以上特困残疾人每人每月发放救助金,共计 31 万元;发放临时困难补助 91 人、2.1 万元;将城镇 1781 人、农村 1279 人符合城乡低保条件的贫困残疾人纳入低保范围。为 2005 年和 2006 年考入大学的 7 名贫困残疾大学生争取到中国残联专项彩票公益金助学款 1.4 万元;残联为 3 名贫困残疾人大学生发放助学金 0.7 万元;为兴庆区育智学校 10 名特困智障儿童给予彩票公益金义务教育阶段资助 1.2 万元;资助 1 名月牙湖乡贫困盲童就读特殊教育学校,为她解决 1 年的生活、学习费用。

2007 年,争取到区、市资金 22 万元,兴庆区配套资金 22 万元,为 44 户农村贫困残疾人进行危房改造;为 43 户农村贫困残疾人购种羊 200 只,扶持发展养殖业;春节及助残日期间,兴庆区 72 个机关单位对包扶的 120 户贫困残疾人进行走访慰问,兴庆区走访慰问贫困残疾人 120 户,投入资金 9.2 万元;银川市残联走访慰问兴庆区贫困残疾人 170 户,投入资金 5.1 万元;残联慰问包扶村大新镇新水桥村及残联党支部包扶的月牙湖乡共18户贫困残疾人，投入资金0.5万元；为265名特困残疾人发放救助金31.8万元；发放临时困难补助91人，1.6万元；为44名原从事麾的营运人员发放补助费1.9万元。为23名贫困残疾学生发放扶残助学项目款0.5万元，申请彩票公益金资助残疾学生51人、3.3万元。

2008年4月份，对两乡两镇农村贫困残疾人危房户进行前期入户摸底调查，对20户符合条件的危房户实施危房改造；5月份，对3年来扶持的养殖户情况进行调查，除部分因各种原因死亡之外，仍有84户继续养殖，由发放的590只增加到789只，增长率为25%，长势良好；8月份，在周景世荣进出口有限公司成立兴庆区残疾人花卉种植基地，该公司无偿提供种苗和花卉包销，带动残疾人发展花卉种植，7人与该公司签订合同；元旦、春节及助残日期间，兴庆区72个机关单位对包扶的142户贫困残疾人进行走访慰问，兴庆区走访慰问贫困残疾人120户，投入资金6.2万元，银川市残联走访慰问兴庆区贫困残疾人185户，投入资金9万元；残联慰问包扶村大新镇新水桥村及残联党支部包扶的月牙湖乡共15户贫困残疾人，投入资金0.6万元；上半年，为265名特困残疾人发放救助金1.6万元，发放临时困难补助22人，0.3万元。为考入大学的贫困残疾人大学生发放2007年度中国残联彩票公益金专项助学金0.4万元；“六一”前夕，残联和银川市绿天缘工贸有限公司联合举办情系残疾儿童捐赠活动，来自兴庆区部分小学、育智学校及月牙湖乡的49名贫困残疾儿童接受绿天缘公司和残联捐赠的0.6万余元的服装、书包和学习用品。

2009年4月份，对两乡两镇农村贫困残疾人危房户进行前期入户摸底调查，对10户符合条件的危房户实施危房改造，投入资金6万元；对掌政镇5户残疾人花卉种植进行扶持，投入资金4.5万元；扶持20名农村贫困残疾人家庭发展养殖业，发放扶贫羊70只；帮助10户有种植条件的农村贫困残疾人发展种植业；元旦、春节期间，兴庆区72个机关单位对包扶的142户贫困残疾人进行走访慰问，兴庆区走访慰问贫困残疾人180户，投入资金7.2万元，银川市残联走访慰问兴庆区贫困残疾人270户，投入资金13.5万元；残联慰问包扶村大新镇新水桥村及残联党支部包扶的月牙湖乡共15户贫困残疾人，投入资金0.6万元；为266名特困残疾人发放救助金32万元；发放临时困难补助45人，1.2万元。为考入大学的贫困残疾人大学生发放中国残联彩票公益金专项助学金0.6万元；为1名考入宁夏交通学校的残疾人学生申请助学金0.1万元。

2010年，对10户符合条件的危房户实施危房改造，按照配套比例将3万元县(区)级危房改造资金全部配套到位；积极开展结对帮扶贫困残疾人工作，72个机关单位对包扶的142户贫困残疾人进行走访慰问，走访慰问贫困残疾人180户，投入资金8万元，银川市残联慰问兴庆区贫困残疾人368户，投入资金18.4万元，兴庆区残联慰问包扶村大新镇新水桥村及残联党支部包扶的月牙湖乡共15户贫困残疾人，投入资金0.6万元；为265名二级以上贫困残疾人发放救助金16万元；发放临时困难补助6人，补助金0.38万元，对37名城镇贫困残疾人个体工商户养老保险给予50%的补贴，补贴资金5.8万元。为10名义务教育阶段、10名高中阶段贫困残疾学生申请民生计划助学金；为育智学校捐助10000元扶残助学款。

【麾的禁运】 2008年，根据银川市政府2007年第79次专题会议精神，从元月份开始，成立由分管区长为组长，各相关部门负责人为成员的禁麾工作领导小组，多次召开相关部门专题会议，就整治麾的工作进行安排部署，制定工作方案和应急预案，组织相关部门人员赴兰州考察学习，要求各相关部门、乡镇、街道做好说服教育工作，解决他们的后顾之忧，5月份，圆满完成麾的整治和取缔工作，将65名麾的营运人员全部纳入城镇和农村低保，全额保障，连续3年给予当年缴纳养老保险金的50%的补贴；将缴纳的城镇残疾人医保年度费用给予报销；给予每人每月560元的生活补贴。

【颁发残疾人证】 2002年，全年办理残疾证240个。2003年办理残疾证304个。2004年做好各乡镇、街道办事处换发残疾人证工作，共核发残疾人证2330人，其中换发1484人，新办846人。2008年. 办理残疾人证354本。2009年，随着广大残疾人维权意识的不断提高和覆盖城乡社会保障制度的逐步建立，完善与落实，残疾人证的功能与作用日益突出，第一代残疾人证已不能完全适应现实需要，为进一步做好残疾人的管理工作，于2009年3月起对我区管辖范围内的残疾人证进行统一换发为《中华人民共和国第二代残疾人证》。为方便残疾人换证，每月安排2天集中体检，并在三医院派专人协助体检鉴定工作，为月牙湖乡的残疾人在乡政府现场体检办证。2009年共换发残疾人证4799本。2010年共办理和换发第二代残疾人证6113本。

【助残日活动】 2002年5月19日，组织有关部门的领导和残疾人家属参加区、市残联在光明广场举行的助残义演义捐活动，组织残疾人上街摆摊设点开展社会为残疾人服务、残疾人为社会服务的双向服务宣传活动。在各部门之间举行为残疾人献爱心认购明信片活动，56个单位认购明信片，认购金额23400元。

2003年，围绕助残日主题，各乡、街道办事处悬挂横幅15条，办黑板报821块，张贴宣传标语212条；对辖区81户贫困残疾人进行慰问，送去面粉、慰问金共计2万余元，机关各部门、办事处等对包扶的54户贫困残疾人家庭开展送温暖活动，帮助残疾人解决生活中的实际困难，送去慰问品、慰问金价值2万余元；中山南街街道党工委书记带领

干部到辖区残疾人夏玉芳家中慰问，组织4名团员为夏玉芳家打扫卫生，更换煤气；各乡、街道办事处对残疾人贫困户享受农村救助和城市居民最低生活保障情况进行摸底检查，为符合条件的残疾人申办城市低保和农村救助，切实解决残疾人的生活困难，对因特殊原因造成困难的贫困残疾人20人，给予特殊困难补助5000元；接受台北曹仲植基金会捐赠轮椅28辆。盲人节期间，组织盲人参观西部影视城，导游为盲人做详细的介绍，丰富盲人的文化生活，受到盲人的好评。

2004年，制定兴庆区残疾人事业发展八项爱心工程实施方案，除争取区、市资金外，兴庆区政府落实各项补助残疾人经费38.6万元；5月10日，兴庆区政府、残联看望育智学校的全体师生，对参加全国弱智儿童篮球运动会的运动员、教练员进行奖励；5月12日，兴庆区党委、人大、政府、政协领导与残联对辖区110户贫困残疾人进行走访慰问，送去价值2万余元的慰问款物；5月16日，宁夏育智学校师生为广大市民献上一台精彩的小节目，残疾人为行人免费修自行车、修鞋，展示广大残疾人身残志不残，回报社会的自强精神，受到广大市民的一致好评；5月20日，兴庆区政协、残联动员辖区个体私营老板集资2万余元，购买文化、体育器材、图书等，到月牙湖小学举行献爱心、捐资助学活动。5月10日至20日，兴庆区各局、委、办、乡镇、街道办事处等70余个部门对包扶的残疾人对象进行走访慰问，帮助他们协调解决各种难题，人大副主任王永录带领居委会干部到有关部门协调家住唐徕小区的残疾人住院医疗费，各部门送到残疾人家庭的款、物近2.7万元；银川市直机关80多个单位对134户残疾人包扶户进行走访慰问，送去款物共计4万余元。

2005年，助残日期间，兴庆区党委、残联看望育智学校的师生，赠送慰问金；兴庆区党委、人大、政府、政协领导走访慰问辖区贫困残疾人100多户，送去慰问款、物价值2万余元；兴庆区72个部门和市直机关85个单位走访慰问包扶的276户贫困残疾人，送去慰问款、物价值7万余元；各乡镇、街道、社区也积极深入到残疾人家中，帮助残疾人解决实际困难；参加市残联在南门广场举办的大型残疾人文艺汇演，设置宣传、义诊及法律咨询点，发放宣传资料2千余份；各街道、社区做展板和办黑板报102块，悬挂横幅30余条，张贴宣传标语292条，为第15次全国助残日营造良好的社会氛围。

2006年，兴庆区四套班子领导走访慰问辖区贫困残疾人；72个部门和市直机关49个单位走访慰问包扶的贫困残疾人；各乡镇、街道、社区也积极深入到残疾人家中，帮助残疾人解决实际困难；参加自治区残联在光明广场举办的轮椅捐赠仪式及文艺演出；各乡镇、街道悬挂横幅42条，张贴宣传标语285条，发放宣传单7千余份，办宣传板报73期。

2007年，走访慰问贫困残疾人120户，投入资金3.6万元；兴庆区72个部门走访慰问包扶的120户贫困残疾人；各乡镇、街道、社区积极深入到残疾人家中，帮助残疾人解决实际困难。

2008年，与市残联在宁园设点宣传；参加自治区残联举办的残疾人文艺汇演和轮椅捐赠活动；走访慰问贫困残疾人130户，投入资金4.6万元；兴庆区72个部门走访慰问包扶142户的贫困残疾人；各乡镇、街道、社区积极深入到残疾人家中，帮助残疾人解决一些实际困难；利用悬挂横幅、张贴宣传标语、办宣传板报等形式进行宣传，营造良好的社会氛围。

2009年，在银川市残联的统一安排下，兴庆区以关爱残疾孩子、发展特殊教育为主题在宁园开展宣传活动；选派兴庆区优秀残疾人演员与精品文艺节目参加银川市残联在玉皇阁广场举办的第十九次全国助残日专场文艺汇演；选送18名残疾人的56幅手工艺、绘画、剪纸作品参加在宁园的才艺展；90名肢体残疾人接受台北曹仲植基金会捐赠的轮椅；走访慰问贫困残疾人260户，投入资金10万元。

2010年举办残疾人励志演讲比赛，宣传残疾人自尊、自信、自立、自强不息的精神；走访、慰问200户贫困残疾人家庭，每户送去300元慰问金；举办残疾人书画、摄影展，表现残疾人自立、自强、融入社会、积极向上的精神风貌；举办农村残疾人实用技术培训班，依托掌政镇设施蔬菜现代农业示范园区，建立残疾人种植业扶贫基地。

【残疾人体育活动】 2002年9月份，在西安举行的全国第三届特奥会上，辖区的残疾人体育健儿取得5枚金牌、4枚银牌、5枚铜牌的好成绩，为宁夏争了光。

2003年，第六届全国残疾人运动会于9月份在南京召开，兴庆区有6名残疾人运动员参加；7－8月份，运动员冒着酷暑，克服身体残疾带来的不便，在贺兰进行集训，期间，残联领导和干部带着慰问金和慰问品看望运动员，鼓励他们发挥高水平，取得好成绩；残运会上，兴庆区运动员徐宁取得3枚金牌的好成绩。

2004年，根据区残联《关于2004-2005年度残疾人运动员注册办证的通知》精神，为27名有体育特长的残疾人建立档案；继续建全优秀残疾人人才库，将有一技之长的残疾人全部纳入人才库。

2008年，举办以“你我参与、共享残奥”为主题的兴庆区残疾人运动会，组织15个乡镇、街道近100名残疾人运动员参加运动会，拉近残疾人之间的距离，为他们搭建互相交流、互相了解、互相协助的平台。

2009年9月，银川市举办首届残疾人运动会，兴庆区残联代表队夺得9枚金牌，名列运动会奖牌团体第一、总分第二的好成绩。

【“非典”预防】 2003年，为认真落实好

兴庆区党委、政府的各项预防措施,成立兴庆区残联预防“非典”办公室,积极开展各项预防工作;下发《关于加强残疾人“非典”预防工作的通知》,给各乡、街道拨专款1000元,用于加强残疾人的“非典”预防工作,为贫困残疾人购买消毒液、防“非典”药品等,专款专用,发放防“非典”宣传单3000多份;残联康复中心为玉皇阁北街办事处天成等3个社区内的20多户特困残疾人注射防“非典”针剂,上门发放消毒药品;各乡、街道也为辖区贫困残疾人送去消毒液、药品等,入户讲解使用方法,宣传防“非典”知识,引导残疾人提高防范意识,提高自身保护能力,增强战胜疫病的信心。

【信访工作】 2002年,接待残疾人来信来访86人(次),落实和解决72人(次),占来信来访总数的84%。2003年,处理市长邮件1起。2004年,处理来信来访83人(件)次,其中市长邮件3件。2005年 设专人负责残疾人信访工作,对一些重要信访件,理事长亲自接待、批办,全年共接待来信来访137人次,市长邮件4件;为减少残疾人专用车驾驶人员的上访,专门举办残疾人专用车驾驶人员法律法规培训班,维护社会稳定。2006年,配合全市开展“三大战役”整治工作,深入到残疾人家中,及时解决出现的各种矛盾和问题,受到残疾人的好评;全年共处理残疾人来信来访80多件,其中市长邮件1件,发放临时救助金92人次,2.1万元。2007年,全年共处理残疾人来信来访92(件)次,办理残疾人证100人。2008年,在处理摩的人员上访过程中做大量工作,成功化解矛盾,保证禁摩工作的顺利过渡。2009年,办理残疾人来信来访,处理残疾人来信来访53(件)次,市长邮件2件。2010年上半年,处理残疾人来信来访12(件)次。

【第二次全国残疾人抽样调查】 2004年8月,国务院正式批准开展第二次全国残疾人抽样调查工作。这次抽样调查,兴庆区被抽中3个街道和1个镇。为此,成立兴庆区第二次全国残疾人抽样调查领导小组,逐级签订责任书,落实责任制,确保圆满完成任务;组成具有高中以上文化程度、热心残疾人工作、责任心强、胜任此项工作的37人的调查队;认真进行摸底和调查登记,本着区不漏户、户不漏人、人不漏项、实事求是的原则,保证调查数据的质量,切实提高摸底和登记数据的准确性。2006年4月1日,第二次全国残疾人抽样调查开始。2007年5月10－16日,进驻银古路办事处进行第二次全国残疾人抽样调查残疾人状况监测,据统计,兴庆区3个街道和1个镇调查户数为1215户,人数3423人,见面率83.1%,定性残疾人比例5.5%。2008年－2009年,完成银古路友爱社区32户和解放西街银湖社区22户残疾人家庭第二次全国残疾人抽样调查残疾人状况数据监测、审核、编码工作。兴庆区被评为全国第二次残疾人抽样调查工作先进单位。

工商联

【概况】 兴庆区工商联的前身是城区工商联,成立于1997年11月14日,2002年8月换届选举产生第一届兴庆区工商联领导机构。2006年12月换届选举产生第二届兴庆区工商联领导机构。截止2009年兴庆区工商联共有13个乡镇、街道分会,92家直属会员和483家基层分会。十年来,兴庆区工商联在发挥民主监督,参政议政,引导全体会员参与本地政治、经济、社会生活建设,开展招商引资、光彩事业等方面做了大量富有成效的工作,充分发挥了政府与企业联系沟通的桥梁和纽带作用。

【工商联领导名录】

党组书记:杨学林(2001.01–2002.06)
　　　　　保少宁(2002.08–2010.12)
会　长:孙亚泉(2001.01–2002.08)
　　　　吴金华(2002.08–2003.01)
　　　　沈俊芳(2003.02–2005.01)
　　　　马　刚(2005.02–2010.12)
秘书长:杜胜利(2001.01–2003.03)
　　　　李　虎(2003.04–2005.02)
　　　　邱　芸(2006.03–2010.12)

【参政议政】 2001年－2010年,兴庆区工商联积极引导广大会员参与政治、经济、社会生活中重要问题的政治协商,开拓和探索适应新世纪非公有制经济人士参政议政的工作方式。2005年,组织会员深入会员企业开展专题调研,先后撰写《兴庆区非公经济发展现状及存在的问题》《新时期如何做好工商联工作》等调研材料,针对兴庆区民营经济发展的状况,提出必须坚持投资环境、服务体系、技术体系、管理制度四个方面的创新。这些意见建议,得到了区委、区政府的重视和肯定,为区委、政府科学、民主决策提供依据。

2006年,针对当前我区民营经济发展的状况,提出必须坚持投资环境、服务体系、技术体系、管理制度四个方面的创新。建议区政府为民营企业创造一个良好宽松的环境,在政策上给予企业扶持,在服务上提供全新服务,减少审批程序,简化办事手续,核定各种规费标准,提高收费透明度,制止“三乱”行为;建立民营企业公共信息网络,转变政府职能,加强商会和行业协会建设,引导企业重视技术创新和管理制度创新,推动民营企业的发展。

2007年3月份,邀请区委、区政府领导与浙江商会、安徽商会、陕西商会、山东商会、福建企业家协会等异地商会及部分公司30家企业负责人座谈,共谋兴庆区经济发展大计。拉近政企距离,广泛征集企业家在落实宏观调控、优化产业结构、健全政策体系、改善服务环境、放宽市场准入、加大扶持力度、参与国有企业改革、强化工商联职能等方面的意见和建议,为领导科学、民主决策提供依据。9月份,会员企业银川国龙公司邀请宁夏和内蒙地区各级油漆经销商300多位,将紫荆花漆产品向来宾们作了详细的介绍,取得良好的成绩。

2009年,撰写调研报告3篇,提交

政协提案5件。

2010年，撰写调研报告2篇，提交政协提案5件。

【班子建设】 2005年4月8日，兴庆区工商联召开一届三次执委(扩大)会议，总结2004年的工作，安排布置2005年工作，选举会长和三位副会长，增补8名执委，充实了工商联的班子，增强了工商联的凝聚力。会议要求，工商联要积极主动的与企业家交流沟通，掌握企业家的发展经营的困难，及时向政府汇报，要加强学习，用先进的理论武装头脑，用科学的态度来做好非公经济的服务工作，发挥工商联的优势，积极建言献策，为构建和谐兴庆做出贡献。

2006年5月26日，兴庆区工商联召开一届四次执委(扩大)会议，总结2005年工作，安排布置2006年工作。会议听取兴庆区一届三次执委会工作报告和2006年工作安排；听取兴庆区经济发展情况通报；听取兴庆区社会治安情况通报。对1个乡镇、9个街道工商联工作实行百分考核。

2007年5月15日–25日，兴庆区工商业联合会下属1个乡镇、11个街道分会的成立、换届工作圆满完成。形成了一支由骨干力量组成的年轻化、知识化的领导群体。2个乡镇、11个街道分会共有会员代表525名，其中会长13名，由非公有制经济人士代表担任；常务副会长13名，由乡镇、街道工商联分管领导担任；副会长64名，由非公有制经济人士代表担任；秘书长13名，由乡镇、街道工商联专干兼任。

2008年，4月份兴庆区工商联二届二次全体执委会暨招商引资工作会议召开，兴庆区工商联全体执委、在银异地商会负责人及与工商联对口联系部门的领导近百余人参加了会议，听取兴庆区工商联二届一次执委会工作报告及兴庆区招商引资工作总体思路和取得的实效。

2009年，4月份对13个乡镇、街道分会进行走访，一方面对基层分会目前现有的会员状况进行一次全面摸底调查，切实掌握会员底数，并对92家直属会员和483家基层分会进行重新登记造册，以便工商联今后对会员队伍实行动态管理，切实提高会员队伍素质，合理反映会员的诉求，切实做好为会员的服务工作。另一方面了解基层分会目前存在的问题，对个别分会主席不作为的，建议进行调整。

【基层商会】 截止2005年，兴庆区工商联有9个街道商会、1个乡镇商会，街道会员150名。行业涉及房地产农产品加工、餐饮、销售等。各街道商会通过开展座谈、慰问、双拥、捐资助学等活动，使街道商会的活力进一步显现，使街道会员感受到了商会的凝聚力和整体合力。街道党工委、办事处领导对街道商会的重视和支持力度也不断加大，如玉皇阁北街商会为了协调会员企业们的顺利创业，分会尽最大力量地去为他们提供帮助和服务：为了使会员企业阿米尼自行车车行能够早日进行装修，富康大酒店能够尽快建成停车场，新北方医院能够顺利设置义诊点，分会出面协调有关部门，尽量简化了审批手续，省却了一些不必要的环节，为他们的顺利创业节约了人力、物力、财力和时间；国花大酒店的建设期间，由于周围居民的不理解，多次干扰施工并进行了上访。为此，国花大酒店求助于街道办事处，工商联分会立即与社区居委会进行了联系，挨门逐户地到上访户家里做耐心细致的解释说服工作，并专门召开了协调会。通过街道商会的努力，居民的怨言没有了，工程得以顺利实施，投资近2.06亿元的国花大酒店终于“花落银川”；新华街街道商会开展的活动多，效果好，探索出了商会发展的好方法、好经验，使商会会员认同感增强，参与积极性高。2007年，中山南街分会组织40余家会员单位举办了辖区会员企业首届“和谐杯”羽毛球比赛，进一步推动企业间的沟通和联系，受到会员企业的积极响应和欢迎。2009年，前进街分会在宁夏体育馆举办为期4天的第二届女职工运动会，组织48家商会小组88名女职工参加羽毛球、乒乓球、台球、棋牌等比赛项目。丽景街分会举办非公制经济人士、人大代表与4个结对村为推进城乡一体化发展建言献策座谈会，开展了一人创业带动一方致富的“创业、和谐、发展”的演讲比赛。

【工商联络】 十年来，兴庆区工商联发挥政治优势，加强非公经济代表人士与区委和政府的联系沟通，引导本会会员积极参与政治、经济和社会服务活动，为大银川建设服务。一是在广大非公有制企业中开展了以“学十六大我为兴庆区做贡献”为主题的知识竞赛等活动；以“四学、四比、四看”为主要内容的争当优秀社会主义建设者活动。二是加强学习培训，先后组织各街道商会秘书长、工商联专干在兴庆区干部培训中心进行业务培训；举办劳动法、反垄断法、新所得税法和社会保障法的等法律法规培训班，还分别派会员参加区、市统战部、工商联举办的法律知识培训班。2009邀请银川市统战部副部长杨学林为乡镇、街道基层分会工商联干部就如何做好基层工商联工作进行培训。2010举办1期工商联街道分会干部培训班。有效提高基层工商联干部的工作能力。三是加强联络交流。先后组织召开银川市商业银行与企业家银企座谈会，组织会员企业参观金凤区工业园区、参观兴庆区花卉产业基地、黄河金岸工程建设、兴庆区招商旅游项目区等活动，走访光耀集团、昊顺出租汽车公司、金河乳业、隆湖房地产公司、红玫瑰美容美发学校等会员企业调研企业文化发展情况。四是积极为帮助会员企业解决发展过程中遇到的难题，协调富宁街基层分会召开辖区工商、税务、公安、部分会员单位、街道办事处相关部门的座谈会，联合向分会会员单位发出团结一致、共度难关、促进和谐、振兴经济的倡议书；帮助银川市佳贝贝商贸有限公司协调解决延缓支付租金问题，使佳贝贝商贸有限公司得以正常投入生产。五是积极推荐优秀社会主义建设者，唱响主旋律。2005年，组织会员企业参加全国地区工商联十五次年会，推荐隆湖董事长徐毅、金河乳业总经理闫建国为银川市拔尖人才；2006年推荐金河乳业、光耀美居中心为银川市文化建设先进单位，雷光新、马卫国、马林峰、朱福强为先进个人，推荐昊顺公司、新北方医院为优秀组织奖；2008年，推荐23名回族会员代表参加银川回商联谊会成立大会；在银川市24名非公经济代表人士中，向自治区和银川市推荐5名优秀社会主义建设者，5名银川市名誉市民，2名全区工商联系统优秀会员，5名兴庆区孝敬父母星进行表彰奖励；推荐2人参加宁夏青年创新创效成果评比活动。2009年，副会长阮世忠被评为第三届全国非公有制经济人士优秀中国特色社会主义事业建设者候选人。

【招商引资】 2004年，玉皇阁北街街道商会协助引进由浙江企业家共同投资建设的柏悦酒店项目。

2005年，动员会员企业龙盘房地产开发有限公司为物流带引进资金8000万元。

2006年，受兴庆区政府委托，组织有关会员单位赴北京、天津招商，与两地企业进行前期接触，在区委书记的带领下考察天津家世界总部，最终与北京圣火集团签订2亿元的投资意向；协调掌政镇与宁夏水利学校达成投资意项，投资5000万元新建1所学校；胜利街街道商会引进区外商户嘉宝福超市落户兴庆区辖区，引进资金1000万元；富宁街街道商会引进区外商户大坤水疗中心落户兴庆区辖区，引进资金1500万元；丽景街街道办事处引进区外商户夏威夷洗浴中心落户兴庆区辖区，引进资金2000万元；中山南街街道商会协助引进东方大酒店、家友灯饰、南洋宾馆共计投资3600万元落户兴庆区辖区；新华街街道商会协助引进建国海悦酒店投资1.5亿元落户兴庆区辖区；玉皇阁北街街道商会协助引进柏悦酒店投资2.2亿元落户兴庆区辖区；凤凰北街街道商会引进黄河宾馆投资1亿元落户兴庆区辖区。

2007年，大力宣传兴庆区发展环境和优惠政策，吸引各方商贾投资置业，兴庆区工商联配合区招商局赴北京等地招商，通过与北京市丰台区工商联、北京内蒙商会、北京瑞安商会联系，邀请外省企业家参加兴庆区黄河旅游项目推荐会；红子鸽餐饮公司董事长王军，赴全国十几个大城市考察餐饮项目时大力宣传兴庆区的特色产业，邀请国内十几家知名餐饮品牌公司来兴庆区参观考察；光耀美居总经理马少勇引进全国各大知名品牌企业入驻光耀美居，搭建总部经济平台，先后引进资金4000余万元；会员单位宁丰餐饮公司通过入股、总承包等方式，投资1300万元用于改造装修宁丰三星级宾馆；副会长马胜方投资1200万元改造长相忆三星级宾馆。

2008年，动员各基层分会积极拓宽招商渠道，为兴庆区经济建设贡献自己的力量。工商联副主席、众一集团总经理雷光新与日本百乾公司签订合同，引进1000万元左右的瓜果种苗；富宁街工商联分会引进中美联营酒店银川市兴庆区大坤速酒店，投资1000万元；中山南街分会完成黄河明珠餐饮有限公司、宁夏利安科技有限公司两家企业招商引资2000万元；文化街分会完成招商引资806万元；玉皇阁北街分会完成由浙江企业家共同投资建设的柏悦酒店再投资4238万元项目。（已于2004年开工建设），10月完成项目总体建设。

2009年，会员企业光耀实业公司投资5000万建设光耀新世界，计划2010年再投资2000万元，已有80家区外家具名牌商户入驻经营。协调会员企业宁夏浩华房地产开发有限公司投资改造兴庆区锅底湖周边城镇建设项目，计划投资3个亿，项目包括农民返还住宅区、失地农民创业园、商住开发区、锅底湖自然开发区等4个区；动员会员企业金河乳业公司投资酸奶技改项目1000万元，投资奶酪生产项目及设备600万元。一年来兴庆区基层工商联乡镇、街道基层分会共完成招商引资任务1.9亿元。其中协助丽景街分会完成汽车城二期及锦湖饭店投资5000万元；协助大新镇分会完成浙江虹安工矿公司经营花卉产业，投资4100万元；协助掌政镇分会完成黄河渔村二期投资3000万元，黄河运动公园一期投资1000万元；协助中山南街分会完成银佐酒店投资2000万元；协助玉皇阁北街分会完成如家酒店投资1000万元；协助富宁街分会完成中华手抓投资1000万元；协助胜利街分会完成国凯酒店投资800万元；协助文化街分会完成锦江饭店投资750万元；协助新华街分会完成新奇特公寓酒店投资400万元。

2010年，大力宣传兴庆区发展环境和优惠政策，吸引各方商贾投资置业，采取以商招商、联合招商、委托招商、分会招商的形式，联合有关部门，“走出去”、“请进来”，大力宣传兴庆区发展环境和优惠政策，吸引各方商贾投资置业；广泛推介兴庆区招商项目信息，引进项目资金。积极动员社会各界力量，广交朋友，多交朋友，深交朋友，为兴庆区招商工作拓宽渠道。兴庆区工商联动员会员企业宁夏盛世花园大酒店总经理阮世忠投资2.2亿元用于商业大厦改造，香渔王子酒店董事长李新华投资4千万元打造德水168时尚餐饮项目。

【光彩事业】 2001年，兴庆区工商联副会长阮世忠开始每年投入15000元在银川九中设立阮世忠教育基金，用于资助品学兼优、家庭困难的学生。

2003年，兴庆区工商联大力开展光彩事业，捐资助学达29万余元；解决就业岗位280多个，吸纳下岗就业1000余人。

2005年，组织会员开展“扶贫济困送温暖”活动，为掌政镇杨家寨等地的特困户、残疾人、老队干送去了现金、粮油；组织会员企业新北方医院投入近6

万元以发放爱心健康卡的方式对家庭困难的病人进行义诊；组织会员陈禹凡、马林峰和新华街街道商会捐款1500元，对通贵乡3名贫困大学生进行慰问；组织会员企业兴俊集团捐资8万元资助10名大学生完成学业。兴庆区出现禽流感疫情后，会员企业隆湖集团带着慰问品专程看望坚守在禽流感疫区的一线工作人员。一年来先后组织会员企业兴俊集团、光耀房地产、昊顺出租汽车公司向贫困学校、失学儿童捐款捐物29万余元，定期资助两名贫困大学生；组织动员光耀大厦、昊顺出租汽车公司、金河乳业、中国城大酒店、恒源企业公司参加企业员工招聘周活动，积极参与市工商联组织的下岗失业人员招聘会，5家会员企业签订意向录用人员150名。

2006年，协助兴庆区民政局在工商联会员企业中开展社会捐助活动，切实帮助城乡困难群众解决生产生活问题青春集团恒源商贸、兴庆区城管局等会员单位捐款捐物共计4000余元；新华街分会会长雷光新先后解决35名下岗职工再就业，为贫困山区失学儿童捐款5万多元，每年定期慰问辖区派出所、消防部队以及贫困户；副会长阮世忠先后为贫困学生捐款6000元，为爱心超市捐款3000元，慰问军民共建单位2万元；前进街道分会副会长马少勇先后为市见义勇为基金会捐款1万元，用于奖励见义勇为的先进集体和个人，为市民政局捐款1万元，用于社会老年事业，为支持华林社区工作，提供5千元办公家具，先后安排下岗职工和军烈属及残疾人子女100余人就业；龙盘国际家私城为兴庆区回民中学捐款5万元。

2007年，元旦、春节期间组织商会会员走访慰问贫困户、残疾人和困难学生。2月15日，联系会员企业宁夏海利达房地产开发公司，看望慰问兴庆区福利院的老人和孩子，送去价值3万多元的米面油等慰问品。4月份在景岳小学举办"三烈士"就义66周年纪念活动，光耀美居为景岳小学捐赠电视机12台，宁夏海利达房地产开发公司、银川艺源工贸有限公司分别向学校捐款3万元和5000元。在兴庆区景墨小学挂牌之际，宁夏海利达房地产开发公司捐款2万元，宁夏正丰集团捐款1万元。8月25日，宁夏隆湖集团组织人员在24所小学门口为小学生讲解安全知识并赠送《小学生安全手册》。副会长郭兴斌给月牙湖乡家庭困难的教师捐款1万元。10月，组织会员单位在宏坤渡假村举行一企帮一村、多企帮一村光彩工程活动，宁夏周景世荣设施花卉示范园、银川昊顺出租汽车有限公司等12家非公有制企业与兴庆区掌政镇茂盛、强家庙等11个村分别签订《共建新农村对口帮扶协议书》。11月12日，掌镇分会在五渡桥小学举行爱心助学启动仪式，宏坤度假村为10名家庭困难学生每人捐助100元，并确定每年今后至少筹措资金1000元用于奖励资助品学兼优和家庭困难学生。会员企业通过一系列扶贫帮困、捐资助学、善待员工等活动，安排失业、下岗职工再就业等活动的开展，全年安排1221名下岗职工再就业；

2008年，元旦、春节期间组织商会会员银川市龙盘市场有限公司到大新镇上前城村对10多户困难户和残疾人进行慰问，给他们送去4000元的慰问金；宏坤公司董事长缪坤带领宏坤实业公司管理层人员到掌政镇洼路村村委会，送去550张刘老根大舞台演出票，将价值3750元的慰问品送到13户贫困户和11位老党员的手中；工商联副会长王海所属企业宁夏海利达房地产开发公司购买一部价值3000多元的数码照相机和一部5000多元的四位一体机分别赠送给掌政镇镇河小学、兴庆区十九小学，用于改善学校的办公设施，慰问双庄村社区贫困户粮油2万元，解决40名农民工就业，为村委会捐款5000元；宁夏安徽商会自愿捐建兴庆区景岳小学爱国主义基地的部分设施，与景岳小学签订协议书，项目总投资为36.9万元；商会副主席宁夏海利达房地产发展集团董事长王海将10万元交到宁夏青基会负责人手中，用于支持希望工程圆梦行动，帮助25名贫困大学生圆大学梦；会员宁夏光耀事业有限公司、银川迎宾旅游汽车有限公司、宁夏厚生记食品有限公司3家企业将1万元交到通贵乡马容等10名考上大学的学生手中，帮助他们圆大学梦；汶川地震发生后，工商联会员企业宁夏三瑞机械环保设备有限公司、宁夏兴俊实业公司、宁夏隆湖房地产开发集团有限公司、宁夏建源房地产开发公司、宁夏正丰集团、宁夏厚生记食品有限公司、宁

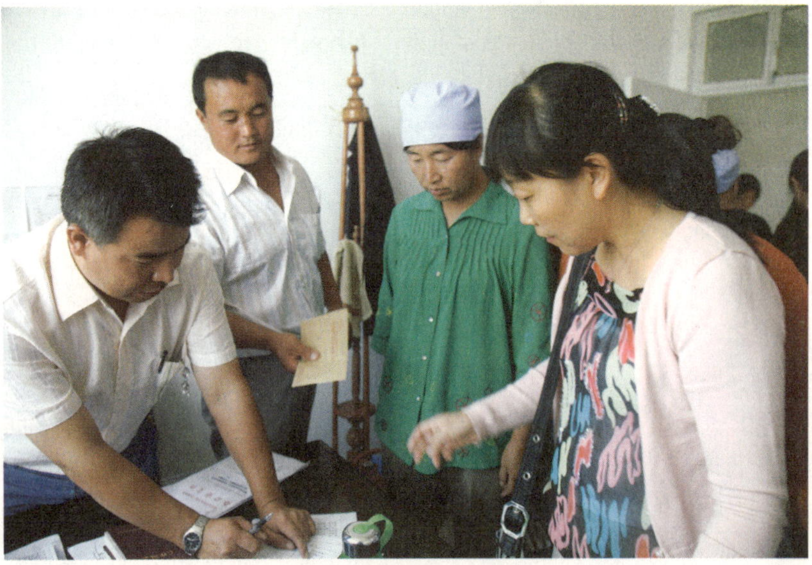

2008年9月3日，街道商会开展捐资助学活动

夏光耀实业有限公司、宁夏海利达房地产发展集团、宁夏金河乳业饮料有限公司、宁夏永刚实业有限公司等20家非公企业捐款216.8514万元现金、1万斤大米和100箱糜子，为灾区人民重建家园献出一片爱心。掌政镇分会开展了爱心助学活动，筹措资金1000元奖励、资助品学兼优、家庭贫困的学生。

2009年，工商联联系非公有制企业开展“我为少数民族兄弟办实事”活动，不断丰富光彩事业。组织25家非公有制企业与13个行政村签订结对帮扶协议，提供就业岗位、捐资助学、扶贫济困等支持和帮助。胜利街分会在南门桥举办服务促就业劳动用工洽谈会；光耀美居中心、西京女子医院、银泉大酒店等10家企业为下岗职工提供保安、护士、导医、服务员等就业岗位186个；西京女子医院、绿色童年会所、康宁物业等5家用人单位与14名求职者达成意向用工协议。宁夏汇融房地产开发公司捐资15万元，资助16名贫困学生，组织3家会员单位深入社区为老弱病残提供上门服务，义诊20余天，为500余人提供服务；组织各分会会员先后捐款1.1万元，用于帮扶贫困生圆大学梦；组织富宁街分会向有关民营企业发放共谋企业发展、共同参与基层分会为主题的倡议书100份。发动工商联会员捐款3.46万元，慰问贫困户。工商联会员企业宁夏盛世花园大酒店在银川市新华学院成立阮世忠教育基金，捐赠2万元，为兴庆区见义勇为协会捐款1万元，为宁夏慈善总会捐款5万元。“六一”儿童节，组织会员企业宁夏海利达发展集团公司、宁夏金河乳业公司为育智小学捐赠5000元。在中国人民解放军建军82周年之际，组织银川龙盘公司对银川市消防支队特警二中队的消防官兵进行慰问，送去价值2000余元的毛巾被共45条。民族团结月期间，组织宁夏光耀实业有限公司、宁夏正丰集团、宁夏金利装饰公司、宏昌房地产开发公司、长相忆宾馆和海利达发展集团6家企业将2.4万元助学金送到12名高考上线困难学生手中，帮助他们圆大学梦。

2010年，青海玉树地震发生后，组织宁夏隆湖房地产开发集团、宁夏正丰集团、宁夏光耀美居光华店、银川市龙盘市场有限公司等会员企业为灾区群众捐款81.941万元。“六一”国际儿童节来临之际，区工商联组织会员企业宁夏宏坤实业有限公司为兴庆区掌政镇春林小学提供价值5万元的桌、椅等教学器材；组织会员企业宁夏金利装饰有限公司、宁夏红子鸽餐饮有限公司对兴庆区育智小学进行慰问，捐款10000元。经过兴庆区工商联积极争取，得到泉州商会15万元专项扶贫资金，用于月牙湖乡扶贫工程。为表达对高温天气下辛勤工作的交警、城管人员和孤残儿童的一片爱心，宁夏金河乳业公司向他们赠送200箱价值1万多元的酸奶饮品。民族团结月到来之际，兴庆区工商联组织会员企业宁夏光耀实业有限公司、宁夏永刚实业有限公司、宁夏瑞安商会等企业在月牙湖乡、通贵乡开展民族团结月捐资助学活动，向月牙湖乡李进荣等8名受捐助贫困大学生发放捐助款每人2000元，向通贵乡田园等7名受捐助贫困大学生发放捐助款每人2000元，共发放捐款3万元。组织会员企业宁夏金河乳业、昊顺出租汽车有限公司、银川龙盘市场有限公司慰问黄河金岸建设指挥现场一线员工，送去4只羊、160件饮料和50件牛奶等慰问品。在进城务工人员相对集中的北门汽车站设立服务台，开展“为进城务工人员送政策、送法律、送健康、送关爱”的春风暖人心、关爱献真情活动，得到了进城务工人员的好评。

民革银川市兴庆区总支委员会

【概况】 2005年10月28日，民革兴庆区支部经民革市委会、兴庆区党委批准，正式成立民革兴庆区总支，下设3个支部。总支部成立之前，民革兴庆区支部共有党员28名，其中2005年新发展党员3名。2004年被评为民革全国先进支部和民革宁夏区委会提案工作先进集体；2005年被评为民革宁夏区委会先进支部，2009年被评为民革银川市委员会基层组织建设先进集体。

【民革领导名录】

主　委：曾玉祥（2001.01-2003.06）
　　　　马　刚（2003.06-2010.12）
副主委：刘海亮（2003.06-2007.05）
　　　　聂　新（2007.05-2010.12）
　　　　周德倩（2009.06-2010.12）
委　员：杜胜利（2001.01-2003.06）
　　　　王洪霞（2001.01-2005.10）
　　　　马　虹（2003.06-2010.12）
　　　　聂　新（2003.06-2005.10）
　　　　张勤元（2005.10-2007.05）
　　　　王金胜（2007.05-2010.12）
　　　　周德倩（2007.05-2010.12）
　　　　王新民（2007.05-2010.12）

【思想建设】 2007年换届以来，民革兴庆区总支不断开展以政治理论学习和传统教育为重点的思想政治工作，提高党员的政治素质和思想觉悟。总支通过安排党员参加民革区委会、市委会组织的培训班和总支党员活动日、学习日等形式，要求党员结合实际，深入思考，真正学通弄懂，深刻理解新世纪新阶段党中央对统一战线和人民政协提出的新精神、新要求，准确把握精神实质，使党员的政治素质和理论水平不断提高。

2010年5月，召开思想建设与素质提高年活动动员会，制定民革兴庆区总支开展学习和践行社会主义核心价值体系活动实施方案，认真贯彻民革市委会“六个有”活动的任务和要求，积极开展工作，大力宣传民革工作和广大党员的先进事迹，走访10名党员的单位，了解党员在单位的工作表现，使民革党员在单位中能高标准、严要求，树立民革的良好形象。

【组织建设】 2007年换届以来，总支把加强组织建设作为“六个有”活动的重要举措来抓，健全各项规章制度，增强班子成员的凝聚力和战斗力。本着抓先进、促一般的原则，在增强支部领导班子活力上做了有力的探索，收到很好的效果。根据市委制定的有关文件精神，先后制定民革兴庆区总支组织生活工作制度、民革兴庆区总支各基层组织参政议政工作制度、民革兴庆区总支主委工作职责、民革兴庆区总支副主委工作职责、民革兴庆区总支关于与对口联系单位工作的联络制度等规章制度。

【参政议政】 2005年–2006年，民革兴庆区总支积极组织党员开展社会调研活动，民革党员撰写的《如何建设节约型机关》《关于增加农民收入的几点思考》《做好维护民族团结社会稳定问题研究》《新时期如何做好工商联工作》《银川市非公有制经济发展的现状、存在的问题及突破的方向》《扎实推进新农村建设》《加强城中村建设，推进兴庆区城市化进程》《兴庆区关于加强中国共产党领导的多党合作和政治协商制度建设的研究报告》《当前新农村建设中依法治理工作存在的问题对策及建议》9篇调研报告和4篇社情民意调查资料上报市委会；4名民革党员被聘为特邀监察员，他们积极参加党委、政府、人大、政协组织的监察、检查活动，受到社会的一致好评。

2007年换届后，民革兴庆区总支积极组织党员深入基层就兴庆区及银川市的重点、难点、热点问题，进行广泛调研，形成各种调研报告和建议，先后上报市委会的调研报告和社情民意共计46篇，内容涉及司法、文化、经济、教育等领域，较好地发挥了民革党派作为参政党的职能作用。

【参观考察】 几年来，民革兴庆区总支组织党员先后参观考察了金水园、兵沟汉墓、灵武长流水、水洞沟古人类遗址、兴庆区花卉示范基地、永宁鹤泉湖和纳家户民族风情园等旅游区。在参观学习中，党员们增长了见识，增进了友谊和了解，陶冶了情操，进一步增强了民革组织的凝聚力和战斗力；组织民革社会支部的部分党员对兴庆区黄河金岸建设进行调研，民革党员银川昊顺出租汽车有限公司总经理周德倩送去4只羊，表达民革兴庆区总支对兴庆区黄河金岸建设的大力支持和高度关注。2006年6月12日，社会支部全体党员参观了昊顺出租车公司、红玫瑰美容美发学校两家私营企业。2009年，组织党员参观基地。通过参观、座谈，党员们了解非公有制企业经营的现况及存在的问题，了解兴庆花卉建设情况。

【光彩事业】 2005年，民革兴庆区支部选派3名优秀教师配合民革市委会到兴泾镇光彩小学送课下乡，民革企业家周辉为兴庆区育智小学捐助5000元。

兴庆区工商联举行非公有制经济人士回报社会感恩行动启动仪式。银川市工商联主席李竹琴，兴庆区委常委杜曼九，政协副主席、统战部长保少宁和民革兴庆区主委马刚等领导及民革社会支部银川昊顺出租汽车有限公司、银川金利装饰有限公司2家企业参加捐助仪式。随后，民革兴庆区总支2家党员企业与4名老革命、老党员、老模范签订帮扶协议，帮助解决他们生活上的困难和子女的就业问题。

2008年，民革兴庆区总支部发动党员捐助书籍，购买4000余元的学习用品和体育器材捐赠月牙湖乡困难学校。

2009年，民革兴庆区总支部组织月牙湖乡海军希望小学50名教师和学生代表参观宁夏科技馆、宁夏博物馆，学习科技知识，了解宁夏历史。

【对口联系】 民革兴庆区总支把开展对口联系工作作为加强自身建设的一项重要工作来抓。对口联系紧扣参政为公、议政为民这个主旋律，通过与对口联系单位进行座谈，听取各单位工作进展情况，出谋划策，参与调研，立足兴庆区社会主义市场经济的舞台，重塑民革的新形象，赢得了较好的声誉。几年来，根据《民革兴庆区总支关于与对口联系单位工作的联络制度》的规定，总支党员与兴庆区城管局、丽景街办事处每年开展1–2次对口联系工作。与城管局交流、沟通城市建设和环卫保洁工作，对口联系单位的领导还主动邀请支部党员对城管和环卫工作进行监督。向街道办事处的领导了解社区建设情况，争取做到与对口联系单位有重大活动相互邀请、重要信息相互传阅。2007年民革组织广大党员与城管局到玉泉营葡萄基地参观考察，与市容局就创卫工作开展座谈并提出意见和建议。通过与对口单位的联系，深感兴庆区城市建设和社区建设所取得的成就。党员们纷纷表

2009年5月22日，民革银川市兴庆区总支组织回族少儿科技夏令营活动

示,在今后的参政议政工作方面,要更加多关注城市管理和社区建设工作。

【社会服务】 2004年-2005年底,民革兴庆区支部党员红玫瑰美容美发学校校长王新明带领全体学员长期在劳务市场附近义务为农民工理发,受到当地群众的一致好评。

2006年,9月13日,民革兴庆区总支组织民革党员自发捐款,带着40箱牛奶到兴庆区社会福利院,对福利院的老人进行慰问。

2008年,四川汶川特大地震后,民革党员积极捐款43650元。民革兴庆区总支教育支部与月牙湖乡海陶北村海军希望小学签订“手拉手”示范教学协议。社会支部组织文化技能下乡活动,由红玫瑰美容美发学校组织骨干教师到大新镇塔桥村免费为农村妇女传授美容技巧、化妆技巧。民革兴庆区总支3位民革企业家出资,与月牙湖乡海军希望小学的36名学生代表、12名教师代表共同举办回族少儿科技夏令营,带领学生和教师参观了宁夏科技馆、宁夏博物馆,提供午餐并发放了书包和学习用品。青海玉树地震发生后,民革兴庆区总支向全体党员发出“一方有难、八方支援,奉献爱心、众志成城”的抗震救灾捐款倡议后,总支全体党员捐款33650元。

2009民革组织月牙湖乡海军希望小学50名教师和学生代表参观宁夏科技馆、宁夏博物馆,学习科技知识、了解宁夏历史。

民盟银川市兴庆区总支委员会

【概况】 民盟兴庆区总支成立于2003年6月,截止2007年,民盟兴庆区总支有4个支部52名盟员,分别来自教育、行政机关、工商税务、法律、经济、金融保险、农林和民营经济等各领域,其中离退休28人,占总人数的45.2%,高级职称的盟员占三分之一以上,总支委员7人,全部兼职;总支现有自治区政协委员1人,银川市政协委员3人、常委1人,兴庆区政协委员4人、副主席1人、常委1人。

【民盟领导名录】

主　委:胡绪山(2003.06-2010.12)

副主委:徐建芳(2003.06-2010.12)

张艳芬(2003.06-2010.12)

委　员:牛维同(2003.06-2010.12)

田玉华(2003.06-2010.12)

程金宝(2003.06-2010.12)

杨颖昭(2003.06-2007.05)

谢宏伟(2007.05-2010.12)

【组织思想建设】 4年来,总支在发挥自身优势,提高盟组织集体履职能力、吸纳有志新人入盟上下功夫,建立健全各项规章制度,完善表卡册等资料,规范组织发展工作,严格财务审批制度,采取组织生活会、专题报告会、座谈会、辅导培训会等形式,把理论学习寓于实践中,理论联系实际,学习宣传中国共产党的路线、方针、政策以及民盟区、市委会的相关会议精神、文件、规章,让全体盟员及时了解盟的上级组织参政议政的实时信息,学习和借鉴别人好的经验和措施,带动和促进总支参政议政的能力与水平。

【参政议政】 截止2007年,民盟兴庆区总支在参政议政、建言献策方面成果斐然。盟员提交的各类调研报告共计15篇,其中严春华的《社区建设在“大银川”建设中的地位和作用研究》获银川市委统战部优秀奖;谢宏伟的《关于推进农村信息化建设的建议》获兴庆区二等奖;徐建方的《兴庆区小城镇建设情况调研报告》获兴庆区一等奖,《发展现代都市农业中土地流转问题的调研报告》获兴庆区二等奖,《统筹城乡发展促进农民工就业》获兴庆区三等奖。

4年来,民盟兴庆区总支共提交民盟市委会和兴庆区政协提案近60件,30%为集体提案,其中民盟总支的集体提案《关于加快非公有经济发展的提案》获兴庆区政协提案一等奖,受到兴庆区委,政府的一致好评。目前,总支有5人被兴庆区各部门聘为特约“四员”。

【对口联系】 对口单位的合作可使党派工作直接进入基层,对于服务弱势群体,社区宣传,保障民生,建言献策具有直观、真实、渠道畅通、见效快的特点。2006年,组织盟员30余人到对口联系单位掌政镇围绕产业结构调整和社会主义新农村建设进行调研,提出“镇东稳粮增济扩饲兴牧,镇西扩大种植养殖园区规模,提升产业档次,依托一湖一河一线,发展繁荣经济”的总体思路,并就科技发展、提出建议和意见,促进对口联系工作的实效性。2008年4月,总支邀请对口联系的8个单位领导及兴庆区委、政府的相关领导座谈交流,共商今后如何更好联系交流、为民盟提供参政议政舞台、发挥作用搭建平台。

【组织活动】 4年来,民盟兴庆区总支每年。安排多种形式的组织活动,在盟内举行形式多样的横向交流、联谊活动,与医卫总支到滚□口自然保护区进行了登山健身等一系列交流活动;社会支部与机关科技支部共同与消防官兵举行手拉手活动;2008年8月,组织部分老盟员参观“迎奥运,庆大庆”活动。在民盟市委会组织的第一届盟员运动会上,大家情绪高昂,勇于争先,赛出了兴庆区盟员的风采,取得了优异的成绩,受到盟员和领导的赞许。2009年教师节和中秋节,组织盟员到盐池县调研生态保护和环境治理,感受近年来对沙漠治理的成果;2010年与金凤区支部联合到丰登镇考察调研新农村建设。为开阔盟员视野、增进交流,组织民盟成员前往鄂托克前旗领略草原风貌;利用组织活动日参观调研兴庆区花卉市场的发展建设,滨河大道的建设治理情况,兴庆区新农村建设及高科技示范田尤其是旱育稀植有机稻的生长发育现状。

各支部也开展丰富多彩的组织活动。机关科技支部就银川市的规划发展进行参观考察,就金凤区及丰登镇的特

色农业与兴庆区的优势进行比较；教育支部在下社区的同时积极组织大家撰写提案；社会支部的盟员在组织大家学习的同时，就市民关注的难点、热点问题进行探讨并撰写提案，为建言献策提供依据。内容生动、多样的组织生活形式，让盟员开阔眼界、增长见识、感受社会发展的步伐、节奏，社会进步的脉搏，增强坚决走社会主义道路的信念；提高了参政议政的积极性和热情，促进了民盟组织的团结，维护社会的和谐与稳定。

【社会服务】 4年来，民盟兴庆区总支深入基层、服务大众，到祥和社区等开展法律大讲堂活动；盟员徐宏波、朱建华两位企业家慷慨解囊，每人捐款近万元，筹得善款24000余元，盟员田志成亲赴灾区运送救灾物资；农工党员华秀丽病危致困，总支盟员积极捐款救助，筹集款项3千余元；科技支部利用组织生活对身残志坚的陆梦蝶进行探访，进行必要的救助。

民建银川市兴庆区总支委员会

【概况】 民建兴庆区总支（原为银川市城区总支），隶属于民建银川市委员会管理，下辖3个支部，2010年末会员45人，主要分布在企业、机关、法律、教育、卫生等部门，其中人大代表、政协委员9人次。2007年和2009年先后被民建市委会评为参政议政先进集体和区委会评为先进基层组织。

【民建领导名录】

主　任：常洪斌（2003.07–2008.05）
　　　　朱福强（2009.01–2010.12）
副主任：达　英（2003.07–2008.10）
　　　　温迎春（2009.01–2010.12）
　　　　沐玉明（2003.07–2010.12）
　　　　柴丽云（2008.05–2010.12）
委　员：朱福强（2003.07–2008.05）
　　　　李　宁（2003.07–2008.05）
　　　　温迎春（2009.01–2010.12）
　　　　马建宝（2008.05–2010.12）
　　　　黄　瑛（2008.05–2010.12）
　　　　李爱玲（2009.01–2010.12）

【组织建设】 2003年6月，经民建银川市委员会研究决定，成立民建银川市兴庆区三支部。这是银川市第一个由非公有制经济界民建会员组成的支部，由组织关系隶属于兴庆区的非公有制经济界的8名会员组成，朱福强任支部主任。7月3日，兴庆区总支召开第一次会员大会，选举产生第一届总支部委员会，常洪斌任主任，达英、沐玉明任副主任，朱福强、李宁为委员，总支辖3个支部，达英、李宁、朱福强分别兼任第一、二、三支部主任。

2007年5月27日，兴庆区总支召开第二次会员大会，选举产生第二届总支部委员会，常洪斌任主任，朱福强、柴丽云任副主任，温迎春、马建宝、黄瑛为委员；7月27日，总支召开各支部换届选举会议，通过选举，温迎春、黄瑛、马建宝分别当选一、二、三支部主任，陈素珍、李宁、纳淑芳分别当选为一、二、三支部副主任，朱芙蓉、颜艳、王和明分别当选为一、二、三支部委员。

2008年12月20日，民建兴庆区总支在满春大酒店五楼会议室召开全体会员大会，会议补选李爱玲为民建兴庆区第二届支部委员会委员；之后，民建兴庆区第二届支部委员会召开第八次委员会，选举朱福强为民建兴庆区总支第二届委员会主任，温迎春为副主任。

自2007年5月以来，召开主任会议8次、主任扩大会议12次，重点研究决定学习教育活动开展、年度重点工作计划、贯彻上级会议精神、相关人事推荐（先进个人）安排等事项，及时调整领导班子分工，把工作能力强的会员任命为支部主任；完善民建兴庆区总支《学习制度》、《工作制度》、《调查研究制度》、《信息通报制度》等制度，完善表卡册等资料，规范组织发展工作，严格财务审批制度，坚持民主党派双月例会制度，促进基层组织活动的规范化和程序化；严把新会员入会关，4年来，发展新会员8人，新会员中大专以上学历达到85.7%。

【思想建设】 2007年5月以来，按照《会章》规定和新世纪新阶段多党合作的要求，进一步加强理论建设，不断学习理论知识，提高理论水平；利用培训班、学习班、专题报告会、座谈会等形式组织会员深入学习邓小平理论和“三个代表”重要思想，提高会员理论思想水平，明确政治方向，增强参政议政能力。

【参政议政】 4年来，民建兴庆区总支向兴庆区政协提交提案45件，其中委员提案38件，集体提案7件，提案从数量、质量上都有很大提高，其中总支提交的《关于加强河东植树造林，改善生态环境的提案》被兴庆区政协评为集体优秀提案；总支的9位人大代表、政协常委、委员以及担任各种社会职务的同志，积极参与社会调查、考察和视察活动，对社会各项事业的发展提出了宝贵的意见和建议。

【调查研究】 2003年，民建总支《关于区划调整后兴庆区经济发展的几点建议》被兴庆区政府采纳。2007年–2010年共撰写调研报告11篇，统战理论文章4篇，其中《关于兴庆区村庄规划编制的若干问题及建议》和《兴庆区民办幼儿师资问题及对策》分别被评为兴庆区统战理论调研成果二等奖和三等奖，新会员高华撰写的统战理论文章《民主党派应成为保增长、保民生、保稳定的生力军》2009年获银川市统战理论研究成果优秀奖、兴庆区统战理论研究优秀成果二等奖；向政协收集上报社情民意8条，向民建市委会、兴庆区统战部报送信息10条，其中4篇活动信息分别被《民讯》、《宁夏民建》和《银川市统一战线》等杂志采用。

【社会服务】 2005年，民建广泛开展“三个一活动”切实增强工作活力。组织成员中的人大代表、政协委员进行述职。

2006 年，民建民族团结月期间与对口联系单位文化街、解放西街等举办科普讲座 2 次，扶贫帮困 6 户 13 人，帮扶资金 1300 多元。

2009 年，组织会员为月牙湖乡海陶南村二组精神分裂病人罗永花捐款 1000 元，组织 20 余名会员到艾伊河参加义务植树。

2010 年，开展思想建设与素质提高年活动，开展扶贫帮困，设立“民建创业就业基地”，组织会员多次轮流义务讲课，为兴庆区培训安置失地农民 63 人，培训创业就业人员 300 人，会员企业共为社会解决就业人员 1500 人，总支会员在捐资助学、扶贫济困等公益事业方面资助 8 万多元，会员朱富强被银川市政府聘为创业导师。据不完全统计，2007 年 -2010 年中参与各类社会服务活动 20 余次，“5·12”汶川大地震发生后，会员积极捐款 25 万元，其中会员朱福强个人捐款 3 万元，所在的龙盘家私城捐款 8 万元；马建宝所在的永刚实业公司捐款 10 万元；会员王和明捐款 2 万元，强飚捐款 1 万元；个人捐款 1000 元以上的有 8 人，会员朱福强荣获民建全国抗震救灾优秀会员荣誉称号。

【对口联系】 2007 年 -2010 年，总支部充分发挥人才优势，深入开展对口联系工作。2009 年 10 月，甲型 H1N1 流感呈蔓延趋势，民建兴庆区总支积极与对口联系单位解放西街街道办事处联系，在北安社区居委会多功能厅举办社区甲型 H1N1 流感防控知识培训班，通过培训，为防止甲型 H1N1 流感继续向社区蔓延起到积极作用。

【招商引资】 2004 年，会员及企业投资和引进的项目 9 项，其中朱福强投资建设的银川龙盘国际家私装饰城和龙盘物流配送中心引进资金达 2.2 亿元。

【援助友党同胞】 2009 年 7 月 5 日，民建兴庆区总支开展“献爱心援助友党同胞”活动，参加会议的 22 名总支会员为身患骨癌的农工党兴庆区总支主任华秀丽捐款 3900 元。

【农村孤儿调查】 2010 年 7 月 22 日，民建市委会秘书长刘虎、兴庆区总支副主任温迎春、总支会员张志军组成调查组，到大新镇、掌政镇、通贵乡的 7 个村的 8 个孤儿家中进行调查，填写《农村孤儿受助登记表》，取得受助对象户口复印件和照片，到村委会开具《受助对象家庭情况证明》；8 月 30 日和 31 日，新学期伊始，为确保申报材料真实、准确，调查组成员走访了 8 名受助孤儿所在的 7 所学校，调查了解受助对象的学习情况；9 月 1 日，及时将受助对象的全部资料整理齐全，送民建区委会社会服务处寄往香港爱德基金会审查。

民进银川市兴庆区总支委员会

【概况】 中国民主促进会（简称民进）银川市兴庆区总支部委员会成立于 2003 年 7 月 2 日成立。下设 8 个支部，行业分布有律师、民营企业家、行政干部等，会员中大专以上学历 74 人，占总人数的 74%。2003 年，获得银川市统战系统“兴工强市”及“三个一”活动先进集体；2004 年，被民进市委会评为 2002 年 -2004 年度先进集体；2005 年，被民进区委会评为先进基层组织；满春支部、三中支部、十中支部先后被民进市委会和总支评为先进支部。

【民进领导名录】

主　委：吴金华（2002.05–2010.12）
副主委：柴桂英（2002.05–2007.05）
　　　　周晓兰（2002.05–2007.05）
　　　　朱　灵（2007.05–2010.12）
　　　　张　奕（2007.05–2010.12）
委　员：金　华（2002.05–2007.05）
　　　　王愉萍（2002.05–2007.05）
　　　　马建国（2002.05–2007.05）
　　　　朱　灵（2002.05–2007.05）

【组织建设】 2003 年，民进银川市兴庆区总支成立时有会员 92 人，七年来，民进银川市兴庆区总支不断探索组织建设的新途径，完善各项规章制度和请示汇报制度；完善表卡册等资料，规范组织发展工作，严格财务审批制度，坚持民主集中制原则，重大问题集体研究决定。依照会章要求在条件成熟的银川高级中学成立支部；按照会章的要求和“三高一低”标准严格把关，制定组织发展规划、规范入会考察、审批程序，积极做好入会对象工作，与入会人单位中共党组织协商，经过认真深入考察了解，通过主任会议研究决定，上报民进市委会审批，报送兴庆区统战部备案时。七年来，发展新会员 25 人。截止 2010 年底，总支部会员发展到 117 人。其中，教师 104 人，机关行政人员 7 人，律师 1 人，个体 2 人，其他行业 3 人；在行政部门担任副科以上职务 2 人，在学校担任领导职务 3 人；会员中高级职称 30 人、中级职称 14 人、初级职称 4 人，中教一级 30 人、中教二级 9 人、小教一级 2 人、小教高级职称 16 人、其他 12 人。

【政治建设】 2003 年 -2007 年，民进银川市兴庆区总支每年都制定年度理论学习计划，通过每月 20 日的例会及各级党政部门举办的各类座谈会、报告会、学习班，系统学习中共十六大精神和中共中央《关于进一步加强中国共产党员领导的多党合作和政治协商制度建设的意见》，认真书写心得体会和学习笔记，班子成员轮流积极参加区委统战部双月例会，利用“三八”节举办三区两县一市兄弟总支经验交流座谈会，努力提高自身的政治理论素质。2008 年 -2010 年，系统学习中共十七大和十七届四中全会精神以及《民进中央关于加强参政议政能力建设的意见》，深刻领会文件精神，努力提高自身的政治理论和业务水平，坚持以民进中央提出的在会内始终提倡和贯彻“四个”坚持、“三个”共同和“一个”继承，在全体会员中积极开展“三增强、四热爱”教育活动，为更好发挥班子成员和全体会员的参政议政奠定良好的基础。

【参政议政】 2003 年 -2010 年，总支会

员中担任自治区人大代表2人，市政协委员3人，兴庆区人大代表1人，兴庆区人大副主任1人，兴庆区政协委员5人；担任兴庆区"四员"的3人，兼任社会各行业特约监督员、监督员13人次。提案104件，其中集体提案36件，个人提案68件，涉及文化教育、城市建设、农民工社会保障等诸多领域，在各级"两会"立案落实31件；撰写调研报告23篇，出简报39期。

2004年，民进兴庆区总支部委员会中的人大代表、政协委员、提案30余件，调研报告8份。其中，提案《关于增设突发事件专用基金》被兴庆区政协一届三次会议评为优秀提案；参加党委、政府主持的会议3次，统战部门组织的会议4次，政协组织的会议4次，向党委推荐优秀后备干部7人。

2005年，积极开展社会经济发展中人民群众普遍关心的热点、难点以及教育、科技、城市建设等问题的调查研究，撰写提案22件，议案3件，意见、建议、社情民意6件，调研报告5篇，得到有关部门的好评；总支中的各行业业务监督员、特邀监察员等积极参加行风评议及各类征求意见会议和各项活动，提出合理化建议15条。推荐上报后备干部5名。参与义务监督、监察、视察、调研、检查等34次。

2006年，撰写提案12件，意见、建议、社情民意10件，调查报告3篇，有的提案被采纳办理后产生很好的社会效益，提出合理化建议16条。推荐上报后备干部6名。参与义务监督、监察、视察、调研、检查等35次。

2009年，征集提案及意见、建议20件，其中总支6件，个人9件。充分发挥民进基层组织在参政议政中的作用，如提案《对兴庆区通贵乡李家渠进行砌护的建议》受到区委政府的重视，争取到了世界银行项目贷款资金和区市受到农水改造项目资金，使李家渠延长砌护4千米，并修建水闸2个，渠口2个，解决了下游村队的淌水问题。

2010年，提案15件，其中机关4件，二十中5件，十五中2件，十中2件，满春2件。

2008年–2010年，经过总支委员会扩大会议讨论决定，将8名年轻优秀会员推荐上报给统战部及民进市委会做后备人才。

【"三个一"活动领导小组】 2003年，按照市委统战部、民进市委会和兴庆区统战部工作部署在民主党派中开展"三个一活动"，为了确保每个会员每年提1条合理化建议、参加1次社会活动"三个一"活动落到实处，民进兴庆区总支部委员会经筹备领导小组会议研究决定成立中国民主促进会银川市兴庆区总支部委员会贯彻执行"三个一"活动组织机构，组长吴金华，副组长柴桂英、周晓兰，秘书长朱灵，成员金华、王愉平、马建国、刘志壮、李雪峰。

【社会服务】 2004年，在春季植树期间，民进银川市兴庆区总支先后为对口联系单位兴庆区文体旅游局、兴庆区人大免费提供太阳帽32顶；5月31日，与银川市个私协会一起带着私营企业家捐赠的价值近万元的课桌椅、体育用品及学习用品，到通贵乡通北小学与孩子们共同欢庆"六一"国际儿童节；中秋节来临之际，与银川西旺食品有限公司携手走进兴庆区老年公寓，带着2000多元的月饼、牛奶，表达对老年人的一片爱心，总支与老年公寓联合组织了一台精彩的文艺节目，并为两位老人庆祝生日；十一前夕，与宁夏温州商会党支部党员一同到前进街道，同辖区部分党员进行座谈，深入到党员家中看望慰问15名特困老党员，给他们送去油、米、面及慰问金；11月1日，主委吴金华、副主委柴桂英、委员金华与胜利街办事处、兴庆区文体旅游局、兴庆区计生局的领导先后到4户有一定威望的穆斯林群众家中看望和慰问，送去米、面、牛奶以及糖、茶生活用品，表达对广大穆斯林群众的尊重和关心。

2005年，慰问解放西街残疾人3次，捐款600元，为儿童福利院捐书100余本；机关支部与富宁街办事处共同慰问月牙湖贫困户4次，捐衣物300件；为支持满春支部"一帮一"活动，争取到民营企业家王红梅的支持和赞助，帮助2名初一学生完成初中学业，每年每人资助500元，2人3年共计3000元。

2006年，总支了解到通贵乡1农户非常困难，想养奶牛但苦于无钱，也不知那个品牌好，总支积极想办法，协调由养牛专业户欧升阳赠送1头奶牛，价值近万元。与有关部门协调为辖区内的水经苑、供销大院等七个居民小区安装健身器材35件。会员们还经常利用双休日组织人员帮助高龄老人和残疾人打扫室内外卫生，协调配合有关部门慰问辖区低保户、残疾人、贫困学生发放慰问金7340元。

2008年，总支委员会主任吴金华同志发现通贵乡通北小学的教学条件十分简陋，立即与对口联系单位及民营企业家联系，筹措资金12000多元，购买课桌凳、体育器材和学习用品，"六一"儿童节将这些物品送到通北小学；5·12汶川大地震后，总支委员会立即组织会员为灾区捐款捐物15000元。

2009年，积极与众一集团协商为华兴社区解决200平方米办公用房。与宁夏温州商会党支部成员一同到兴庆区前进街办事处，与辖区部分离退休老党员进行座谈，到党员家中看望、慰问15名生活上有困难的老党员，给他们送去了大米、油、生活必需品和慰问金；为通贵乡李家渠争取到扶贫资金50万元，解决了多年灌溉及排水难的问题，夏播时与农机部门协商无偿帮助他们解决价值1万多元的插秧机，与畜牧局协商为该村特困户张学义无偿提供了1头价值12000元带犊的大奶牛；无偿为通贵乡制作10个垃圾箱，价值5000多元；协调众一集团为横城小学捐赠办公桌椅12套，价值近万元，组织会员开展"暑期看兴庆"活动，观摩兴庆区经济建设重点项目。还协调市农牧局为通贵乡通南村购置2台插秧机,获得国家农业补贴8000元。

【联谊会】 2008年,民进兴庆区总支、兴庆区侨联共同开展"共谋事、促发展、构建和谐统战"联谊会。

【对口联系】 民主党派与政府部门对口联系,是中国共产党加强多党合作和政治协商制度建设,拓宽民主党派参政议政渠道,发扬社会主义民主,促进决策民主化、科学化的重要形式。2003年-2010年,民进兴庆区总支加强对口联系工作,制定对口联系例会制度,工作情况通报制度、信息通报制度和联合调研制度。先后与教育局、文体旅游局、计生局、胜利街办事处、大新镇5个政府部门对口联系30余次,并开展多次联合调研,共同完成调研报告10余篇。2006年,与对口单位大新镇组织开展对口联系单位联谊会,民进满春支部也对大新镇文化活动中心建设、腰鼓队的排练给予指导。如2007年,与胜利街办事处共同完成调研报告《推进和谐社区建设,促进经济社会协调发展》获得兴庆区统战部的奖励。在与月牙湖乡中学结对活动中组织部分会到月牙湖乡中学送课下乡,并与该校教师进行了学术交流,将城市学校先进的教学理念送入农村。另外还先后与对口单位多次联合举办运动会,开展慰问残疾人、捐款捐衣,参与"一帮一"教学活动,同时得到对口联系单位在物质上的大力支持。

【调查研究】 2004年,参加区、市人大、政协和兴庆区人大、政协组织的视察、调研、检查16次。

2005年,总支主委吴金华参加自治区人大组织到吴忠市对科技工作、对银川市和石嘴山市的食品安全以及全国高考宁夏现场录取,银川市人大组织的银川市清真食品,市政协组织的依法治市,兴庆区人大、政协组织的农业产业化调整、非公有制经济发展以及各行业的监督、检查、视察、调研总计34次;吴金华、朱灵、卢永安、周晓兰、王愉平参加市政协组织的视察、调研4次;马建国、朱灵、张奕、柴桂英、梁金枝分别参加兴庆区政协组织的相关调研、视察2-10次。

2009年,先后对横城小学,通贵乡、解放西街社区建设等情况进行调研;针对横城小学危房改造及教师上下班难问题,努力协调企业慷慨解囊为该校购置12套办公桌椅,与自来水公司河东水管站联系让该校教师搭乘水管站通勤车上下班,形成的《关于翻建横城小学的调研报告》引起政府及教育部门高度重视,该校翻建列入2010年重点建设项目;对通贵乡群众反映的旧塑料加工厂排出污水影响该地区水质问题,积极协调环保部门强制搬迁该厂。

【招商引资】 2004年,民进银川市兴庆区总支将兴庆区印制的招商引资项目册复印多份发到会员手中;参与月牙湖乡引进山野菜深加工招商引资项目的可行性调研,并将调研结果及时反馈,协助该项目办理营业执照相关手续,为顺利开工奠定了基础。

2005年,联系北京圣康有限公司与广勤养殖场洽谈投资合作事宜。

2006年-2007年,1名会员将大坤水疗中心引进到富宁街落户,落实资金1500万元;1名会员将兴庆区阿语职业技能学校、银川民族职业技能学校引进落户到掌政镇,到位资金分别为110万元和120万元。

农工党银川市兴庆区总支委员会

【概况】 农工党兴庆区总支成立于2003年6月27日,下辖银川市第一人民医院、银川市妇幼保健院、银川市中医院、银川市口腔医院和市委会机关5个支部;之后,市委会机关支部改为银川市委会直属支部,不再下属兴庆区总支。截止2010年底,农工党兴庆区总支下辖4个支部68名党员,其中市一医院支部党员37人,妇幼支部党员11人,中医院支部党员11人,口腔医院支部党员9人;女性45人,占66.18%,男性23人,占33.82%;高级职称42人,占61.76,中级职称18人,占26.47,初级及无职称8人,占11.76%;汉族58人,占85.29%,少数民族10人,占14.71%,其中回族5人;大学及以上学历49人,占72.06%,大专14人,占20.59%,中专及高中5人,占7.35%;平均年龄46岁。

2009年,市第一人民医院支部荣获农工党中央2007年-2009年度社会服务工作先进集体和市委会先进集体荣誉称号。

【农工党领导名录】

主　委:纳秀兰(2003.06-2007.05)
　　　　华秀丽(2007.05-2010.12)
副主委:闫生亮(2003.06-2007.05)
　　　　马春晟(2003.06-2010.12)
　　　　徐向明(2007.05-2010.12)
委　员:马桂兰(2003.06-2007.05)
　　　　李济育(2003.06-2007.05)
　　　　徐向明(2003.06-2007.05)
　　　　杨怀勇(2003.06-2007.05)
　　　　王金花(2007.05-2010.12)
　　　　李济育(2007.05-2010.12)
　　　　杨怀勇(2007.05-2010.12)
　　　　王洪丽(2007.05-2010.12)

【参政议政】 2007年-2010年,农工党兴庆区支部党员共向银川市政协提交提案48件,其中个人提案20件,联名提案28件。2007年,兴庆区总支完成《关于兴庆区新农村合作医疗实施的调研报告》。2010年,农工党兴庆区总支党员中担任自治区政协代表1人,银川市政协代表3人(其中常委1人),兴庆区政协代表6人(其中常委2人)。

【思想组织建设】 近年来农工党兴庆区支部注重加强党员思想建设,以《民主党派成员读本》《政治交接学习教育材料》《农工党员读本》等为学习材料,经常组织座谈会、培训班等形式开展学习活动。建立健全各项规章制度,完善表卡册等资料,规范组织发展工作,严格财务审批制度,坚持民主党派双月例

会制度，理论学习、工作交流、座谈讨论进一步加强。2007年9月8日，兴庆总支在拉普斯森林公园召开的支部政治交接学习教育活动座谈会，市一医院支部邀请市政协副主席、市委会主委邢学宁和银川市第一人民医院党委书记杨胜参加会议，并进行学习辅导。

2007年–2010年，总支共发展党员20名，平均年龄41岁，其中研究生1人，大学15人，大专4人；中高级以上职称15人；回族1名，汉族19名；医卫界15人，经济界1人，其他界别4人；男性7人，女性13人。

【科研成果】 2008年，支部党员主持的2项科研课题分别被卫生厅、市科技局立项，撰写发表论文10篇；邢学宁的《静脉麻醉新模式》获自治区医学科技进步二等奖、银川市科技创新一等奖；张文获农工党中央反映社情民意信息先进个人；吴红丽的科研课题《小儿胃镜检查及幽门螺旋菌的测定研究》获宁夏医学会科技进步三等奖；闫生亮的《小切口、小开窗治疗腰椎间盘突出症的临床研究》获银川市科研技术成果奖。

【社会服务】 2004–2010年，总支先后选派100人次的专家党员参加市委会组织的社会服务活动。为千余人次开展义诊服务。

2006年，与对口单位联系到通贵乡、月牙湖乡开展捐资助学、送医送药活动。在“三八”“母亲节”“六一”看望兴庆区老年公寓的老人和月牙湖中心小学的学生，并在南门广场、中山公园开展医疗义诊活动。

2007年，支部党员到掌政镇开展“关注农民工，送医保健康”的送医送药活动。5月，总支15名党员参加健康讲座、工地义诊、免费体检、填写健康调查问卷活动；5月17日，市委会与银川市总工会联合组织向农民工送技能、送法律、送文化、送安全、送健康的“五送”活动，总支10名党员参加义诊咨询，义诊农民工约500人次，协助农民工填写《农民工健康状况调查问卷》100人次；总支开展康复医疗下社区活动，为兴庆区高尔夫社区义务康复指导2人次。

2008年5月，总支组织党员在兴庆区大新镇卫生院启动农工党银川市委会乡村医生帮扶“千百十”活动，总支10名党员担任第一批帮扶结对医生，为村民们进行义诊；8月，总支主委华秀丽前往大新镇卫生院开展乡村医生“千百十”活动帮扶讲座，该院20多名医务工作者和乡村医生参加培训。还在市医院康复科体疗大厅举办以“关注残疾、重视康复、奉献爱心、温暖人间”为主题的爱心助残活动。

2009年9月，在银川中寺清真寺为回族群众进行义诊宣传服务活动，总支组织8名年高资深专家，携带B超、血糖仪等医疗设备，为刚刚做完礼拜的穆斯林群众在清真寺开展内科、外科、皮肤科等项目的义诊，免费为近百名回族群众做血糖检测和B超检查，发放艾滋病、肝病防治知识等健康宣传材料近百份，进行甲型H1N1流感知识的防治宣传，组织农工党组织党员到宁夏体育局训练基地开展拓展训练社会实践活动。

2010年5月，开展思想建设与素质提高年活动，举办《侵权责任法》主题法律知识讲座；5月19日，总支组织近20名党员到兴庆区月牙湖乡农贸市场开展义诊和法律咨询活动，发放各种预防传染病宣传资料200余份；口腔支部参加全区“卫生下乡，对口扶贫”活动，两名党员分别赴三营乡卫生院进行为期3天坐诊，并多次到灵武市崇兴镇卫生院进行口腔临床技术指导。“六一”儿童节期间，妇幼保健院支部数名党员前往银川市育智学校，为孩子们开展义诊活动。会员朱福强被银川市政府聘为创业导师。

【奉献爱心】 几年来，总支党员为患重病的农工党员累计捐款近万元，总支副主委马春晟为社会各界捐款5万元。2007年，市一医院支部主委闫生亮同志在为兴庆区月牙湖大塘北村大腿骨折的20岁姑娘做手术治疗时，考虑到患者家境贫困，无力承担全部医疗费用，多次向医院建议，反复磋商，最终减免病人60%的治疗费；总支主委华秀丽得知西吉县火石寨乡石山村残疾少女发妹儿由于家境贫困、生活困难无钱治病，自己乘车到患者家中检查病情、了解情况，将该少女接到市一医院康复科进行治疗，《银川晚报》和银川电视台进行了专题报道。2008年5月，四川省汶川地震，总支党员通过各种渠道向灾区捐款30000多元，缴纳特殊党费近10000元。农工党党员、银川市第一人民医院医务科副科长于涛积极响应号召，以宁夏公安厅援川特警队随队医生的身份前往四川，在条件十分艰苦的情况下每天工作十几个小时，为抗震救灾工作做出了不懈的努力。2010年，青海省玉树县地震。农工民主党兴庆区总支党员向地震灾区捐款近19万元，其中市第一人民医院支部党员黄金耀捐款17万元。

【抗击甲流】 2009年9月5日，银川市确诊首例甲流病例。面对日益紧张和严峻的甲流防控形势，总支党员姚琳芳参加甲流诊疗小组，放弃休息，对隔离的学生进行巡诊和防控知识宣传，奋战在抗击甲流的第一线；为配合甲型H1N1流感的防治工作，儿保科副主任医师王宝珍为兴庆区部分幼儿园及社区医疗服务点进行相关知识的宣教工作。

九三学社银川市兴庆区委员会

【概况】 2001年，九三学社兴庆区委员会共有会员12名，其中区人大代表1人、区政协委员1人，市人大常委1人、市政协常委2人、委员3人，县(区)级政协委员2人。

2006年，兴庆区基层委员会荣获社中央社会服务先进集体光荣称号；2009年，九三学社兴庆区委员会荣获九三学社宁夏区委会社会服务先进集体称号。

【九三学社领导名录】

主 委 仇 芳(2003.05-2010.12)

副主委 张连成(2003.05-2010.12)

王庆霞(2003.05-2007.05)

【组织建设】 2003年,召开九三学社兴庆区委员会第一次社员大会,选举产生新一届委员会,仇芳当选主任委员,张连成、王庆霞当选副主任委员,社员52名。2007年5月份,九三学社兴庆区委员会进行换届选举,选举产生九三学社兴庆区第二届委员会,仇芳当选主任委员,张连成、董瑞宁当选副主任委员,下设4个支社,发展新社员3名,共有6名社员为政协兴庆区二届委员会委员。2009年春季,九三学社市委会对兴庆区委社员作了调整,新调整后的九三学社银川市兴庆区委员会有社员44人,由3个支社组成,平均年龄55.6岁,其中高级职称26人、中级职称18人,在职25人,离退休19人,发展1名新社员。

【参政议政】 2001年,九三学社兴庆区委员会组织会员在市政协会议中提出提案22件,在城区政协会议中提出提案5件;组织会员到凤凰北街办事处开展社区工作调研活动,并撰写《关于城区社区建设调研情况及几点建议》调研报告。

2003年,九三学社兴庆区委员会组织会员在市政协大会上提出提案32件,在兴庆区政协大会上提出提案12件,其中《关于加强网吧管理的几点建议》《关于扩大污水处理厂污水资源化利用规模及范围的建议》被市政协评为优秀提案;按照兴庆区党委和政府的部署,组织会员分别走访对口联系单位,进一步扩大知情面,为参政议政打下良好的基础。

2004年,九三学社兴庆区委员会先后组织社员到农牧局、银古路办事处、掌政乡、通贵乡、月牙湖乡等单位开展调研,撰写《关于兴庆区农民增收情况的调研》获得兴庆区统战系统调研报告一等奖。

2005年,九三学社银川市兴庆区委员会组织社员在市政协会议中共提出提案27件,在兴庆区政协会议中提出提案10件,会员撰写的《关于美化湖滨东街的建议》《关于兴庆区农业技术服务体系建设情况的调研》被银川市政协列为2005年8个重点提案之一;组织会员举行庆祝九三学社建社60周年大会,并参加九三学社市委会、九三学社区委会举办的九三学社建社60周年大会,受到九三学社中央、九三学社区委会及九三学社市委会表彰,荣获先进基层组织的光荣称号。

2006年,九三学社银川市兴庆区委员会组织会员在市政协会议中提出提案49件,在兴庆区政协会议中提出提案12件;7月,全国政协副秘书长、社中央常务副主席陈抗甫、社中央组织部副部长文文来银考察调研,听取兴庆区基层委员会的工作汇报,对兴庆区基层委员会的工作给予充分肯定,并和社员进行了交流。

2007年,在政协兴庆区二届会议期间,九三学社兴庆区委员会组织会员提交提案15件,撰写《兴庆区花卉产业发展现状、问题及建议》调研报告。

2008年,九三学社兴庆区委员会组织会员向银川市政协提交提案46件,向兴庆区政协提交提案16件;向自治区政协反映社情民意8件,向银川市政协反映社情民意4件,向兴庆区政协反映社情民意3件;组织会员撰写《兴庆区生态建设现状、问题及对策》《关于加快小城镇生态环境保护工作的对策与建议》调研报告。

2009年,九三学社兴庆区委员会组织社员中的人大代表和政协委员提出省、市、区三级议案、提案66件。组织会员撰写《关于兴庆区胡杨林保护的几点建议》《关于兴庆沙漠化土地治理的建议》《关于农村环境保护存在的问题及对策》等调研报告。

2010年,九三学社兴庆区委员会组织会员中的人大代表和政协委员向自治区、银川市、兴庆区提出议案、提案66件,得到各级政府的充分肯定。

【科研成果】 市医院青年社员王庆霞发表科技论文达11篇,主持的科研成果在2001年获自治区科技进步三等奖,被推荐上报“313”和“251”人才工程,参加青年科技名星评选活动,破格晋升高级职称;青年社员董瑞宁在农业战线上业绩突出,发表科技论文6篇,获得区、市、县科技奖6个,她主持的《糯玉米栽培技术研究》获得自治区和银川市科技进步三等奖;高海宁发表的科技论文《岩土工程勘察》,获得自治区科技进步三等奖。

【社会活动】 2006年,与对口单位联系,到通贵乡、月牙湖乡开展捐资助学、送医送药活动。组织社员参观调研贺兰山风力发电机和兴庆区生态农业建设情况。2007年,组织社员到通贵乡、月牙湖乡开展送医送药活动。2008年,组织社员调研兴庆区花卉产业。在广大社员中开展抗震救灾纪实报告会。2009年,举办医疗卫生改革讲座,组织社员参观兴庆区鸽笛湖水道、章子湖园林工程、昆仑园区建设,民族团结月到掌政镇开展义诊就医、科技下乡宣传咨询。举办《促进农民进城稳定就业并安家落户相关配套政策》培训班。2010年,开展思想建设与素质提高年活动,组织社员观摩黄河金岸建设工程,组织座谈,献计献策。

法制

FAZHI

政法

【概况】 兴庆区政法委、综治委为两块牌子一套人马，内设机构有综治办、创安办、维稳办、610办、铁路护路办、普法办等6个。政法委书记由区委副书记或者常委兼任，1名专职副书记兼秘书长、综治办主任，1名副秘书长，核定行政编制8人。两乡两镇11个街道办事处均设有综治委(办)，综治委主任、副主任分别由乡镇街道党(工)委书记和乡镇长(主任)担任，乡镇街道综治办主任由分管副书记担任，并配备15个综治专干。2001年～2010年，兴庆区政法工作坚持打防结合，预防为主的工作方针，每年召开政法综治工作会议及各项专题会议，区委、政府与各乡镇(办事处)党(工)委、政府(办事处)、政法各部门签订社会治安综合治理目标管理责任书；先后印发《兴庆区政法综治工作要点》《兴庆区防范和处理邪教问题工作要点》《兴庆区综治成员单位任务书》《关于深入推进矛盾纠纷化解、社会管理创新、公正廉洁执法的实施意见》《关于做好“两节”、“两会”期间维护社会稳定工作的通知》《兴庆区治安重点地区整治实施方案》《关于校园及周边环境整治实施方案》《关于对特定人群排查整治工作实施方案》及专项性治安整治工作方案等文件，对各项阶段性维稳及专项性治安整治工作进行详细安排。针对社会治安的突出问题，组织协调各成员单位，运用各种手段，在打击、防范、教育、管理、建设、改造等诸多环节，发挥职能作用，形成齐抓共管的合力；以责任制为龙头，以“严打”为首要环节，以预防犯罪为重点，以基层安全创建活动为载体，加强社会治安综合治理的基层基础建设，先后部署打“两抢”和反盗窃、打击车匪路霸、打拐禁娼、打击赌博等专项斗争和社会治安整治，有关部门参与“打黄打非”、清理整顿电子游戏经营场所和网吧行动及禁毒斗争；组织基层力量同法轮功邪教组织斗争，教育、挽救、转化了一大批法轮功痴迷者。2001年～2010年，创建平安银川，实现治安防控能力提高、刑事破案率提高、规范和保护市场秩序能力提高、群众安全感提高和刑事案件发案率下降、流动人口犯罪率下降、重大安全事故下降等6个持续下降。2006年，兴庆区被自治区综治委命名为平安县区。2007年，兴庆区被自治区政法委、社会治安综合治理委员会授予案件执行工作先进区。2008年，兴庆区被自治区政法委员会、社会治安综合治理委员会授予治安防控体系建设先进区，解决执行难工作先进区。2010年，兴庆区被自治区政法委、社会治安综合治理委员会授予社会治安综合治理经费保障区；被银川市社会治安综合治理委员会授予治安防范工作先进区等称号。

【政法委领导名录】

书记(综治委主任)

王立新(2001.01～2001.11)

陈志文(2001.11～2004.10)

肖建东(2004.11～2006.08)

李　军(2006.09～2009.12)

周志林(2009.01～2010.12)

副书记(综治办主任)

张学义(2001.01～2001.11)

马建军(2001.11～2009.12)

杨　玲(2001.01～2001.06)

耿红宁(2009.01～2010.12)

副书记

文星菊(2001.01～2001.11)

王　红(2001.11～2004.10)

副书记(综治办副主任)

张玉明(2001.01～2001.11)

【基层基础建设】 2006年，综治基层基础建设不断完善。15个乡镇、街道办事处全部建立综治委，下设综治办，专抓综治工作的党政副职和专干配齐到位；86个社区、33个村分别成立综治领导小组119个，有专兼职人员296名。建立治保组织1893个5629人，建立调解组织236个1180人。有专职治安巡防队伍57支453人，群防群治组织155支2428人，其中社区104支2092人，村队51支426人。

2008年，15个乡镇、街道办事处全部建立了综治委，下设综治办，专抓综治工作的党政副职和专干配齐到位；92个社区、35个村分别成立综治领导小组122个，有专兼职人员296名。建立治保组织1893个5629人，建立调解组织236个1180人。有专职治安巡防队伍57支453人，群防群治组织155支2428人，其中社区104支2092人，村队51支426人。

【平安兴庆创建】 2001年~2010年，兴庆区综治委坚持每年组织辖区各单位、各部门开展平安兴庆创建活动，广泛开展平安乡镇（街道）、平安村庄、平安单位等基层系列平安创建活动。2004年各乡镇、街道分别同基层组织和辖区单位签订创建“平安街道、社区、单位”目标管理责任书，实行治安形势通报制度各乡镇、街道都普遍建立治安形势月通报制度和重大案件、事故报告制度。按照创建“平安兴庆”活动总体目标，继续推进基层创建“平安单位（小区、校园、村庄）”活动。全年共申报验收兴庆区治安模范单位、小区、校园23个，申报验收兴庆区级平安模范单位5个，并对往年达标的治安模范单位、村庄、小区、校园进行了复查。

2005年，兴庆区委、政府高度重视创建“平安兴庆”，把创安工作列入重要议事日程，明确各级党政一把手为创安工作的第一责任人，制订“平安兴庆”实施方案，层层签订创建“平安乡镇（街道）”“安全社区”、“安全村庄” 责任书，形成狠抓“平安兴庆”创建工作的良好社会氛围。通过十年的创建，辖区平安模范单位巩固率达96%，平安模范小区巩固率达94%，平安乡镇（街道）达60%，平安社区（村）达70%的目标。

2006年，实行书记为第一责任人，形成党政齐抓共管，全民动员、全警参与的创安局面，完善责任横向到边，纵向到底的责任机制；投入500万元用于平安建设，做到组织、责任、人员、经费四落实。截止2006年兴庆区15个乡镇、街道办事处达到“平安乡镇、街道”标准，117个社区（村）达到“平安社区（村）”的标准，创安全文明校园57个，创无毒社区、村庄72个，“平安单位”的巩固率达到96%。“平安兴庆”创建成果得以巩固。兴庆区被自治区综治委首批命名为平安县区。圆满完成“平安银川”创建三年总体指标。

2010年，兴庆区综治委通过对辖区各单位、各部门申报的平安单位进行复核确认和考核验收后，命名平安单位、社区669个。

【综治防控体系】 2001年~2010年，兴庆区按辖区人口总数每人每年0.3元的标准将社会治安综合治理经费列入两级财政预算，政府每年财政预算拨付300余万元用于巡防队伍建设，通过建立专职摩托化巡防队、治安管理协会、社区治安理事会、专兼职联防队、聘用专职校园保安队、义务巡逻队等方式，不断壮大群防群治队伍，大力加强治安监控防控体系建设。在繁华街区、公共复杂场所、城乡结合部等案件高发的重点区域和时段，24小时全天候巡逻，采取卡堵截、昼夜巡逻、便衣跟踪、蹲坑守候等方法，巡逻盘查，重点防范和控制抢劫、抢夺和入室盗窃等多发性侵财案件，在市区的5条主要交通干道枢纽地段设立出租车出城登记服务站，对出入市区的出租车辆和过往城郊偏僻地段车辆进行登记备案，查验司乘人员有效证件，防治不法分子对司乘人员的侵害。在农村，以乡镇为重点，以行政村为基础，采取民警驻村制、寻访制和包片制等办法，建立村级治安点调解组织，开展“我为大家守一夜，大家为我保一月”、十户一长制、农户轮流传牌、老年人看门望户等群防群治活动。在城市（城镇）开展以物防为主的封闭式管理，以技防为主的监控式管理和以人防为主的开放式管理的创建活动。在各小区、商业网点以街道和居委会为依托，组织保安员、下岗职工、低保户、离退休人员、志愿者等群防群治力量，开展10店联警、楼单元联防等联片共建安全社区活动，各居民区推行楼长、单元组长挂牌制，在每个楼长、组长、店长负责的创安楼、店铺墙面上都挂上了醒目的提示牌，在新建小区普遍安装了电子电视可视系统、电子控制门、单元电子对讲门等。在创建平安兴庆活动中，各机关、团体、学校和企事业单位，建立健全内部保安组织和护厂、护校、护院队伍，配备专职保卫人员，落实自控措施，做到领导带班、门卫值班、夜间巡逻和重点要害部位守护四落实；在集贸市场、金融网点、文化娱乐、旅店宾馆、机场车站等重点地区和部位，增设治安室、报警点，增加巡逻警力，以110指挥中心为依托，安装电子监控联网系统，形成覆盖面广的立体监控网络；对旅店业、桑拿房、美容美发厅、歌舞厅、网吧等服务和娱乐场所，实行户籍化管理，签订自防互防协议，规范其经营行为，建立长效管理机制；按照户口管理为基础，治安管理为重点，劳动管理为辅助，其他管理相配套的原则，统一管理，成立流动人口管理办公室，负责对辖区出租房屋、用工单位、劳务市场等流动人口落脚点和活动场所，定期不定期地进行清理清查工作，落实“两管理一服务”措施，形成了较为完备的治安监控防控网络体系。

2004年，把治安防控体系建设纳入到创建“平安兴庆”三年规划和创建“平安兴庆”责任书，并且加大了治安防控工作在责任书中所占的比重。制定《兴庆区关于加强治安防控体系六大网络建设的实施方案》，旨在形成治安防范的整体合力。政法部门、各乡镇、街道、流动人口管理办公室积极行动起来，采取多种形式开展治安防控和治安重点治理工作，组织民警、干部、低保人员、单元楼长、党员自愿者、联防队员、保安、协警员等群防群治力量参加社会面的巡逻防控工作，开展看门护院、邻里守望、“十店联警”等创造性治安防范工作。通过层层召开防范联席会议，开展治安防范大检查，切实提高了居民群众和公安机关预防、发现和控制犯罪的能

力。6月召开综治群防群治观摩会。在抓防范的同时,组织精干警力专门防控打击,制定专门的侦控实施方案。通过实施,一季度以来,兴庆区刑事案件持续高发的势头基本达到控制,发案呈下降趋势。

2005年,针对兴庆区刑事案件"防不住、打不完"的实际情况,兴庆区委政府把工作的重心转移到抓治安防范上来,制定《关于在兴庆区城市区域内实行治安防范巡防责任制的意见》,按照"党政领导、专业管理、公安使用、社会支持"和"军警民联手、共筑防控体系"的要求,建立五支专群结合的治安防控队伍。在按辖区人头0.5元划拨20万元经费的基础上,又投资近200万元支持治安巡防,另外每个乡镇、街道投入2万元、每个行政村投入5000元、每个居委会投入500元用于乡、街、村、居的治安防范工作,确保治安防控体系建设正常开展。截止2005年6月,兴庆区共建立治保会1893个(5629人),各类专职巡防队伍5支,队员2293人,义务巡逻队137个。

2006年,进一步充实、完善、扩大兴庆区民警、保安、协警、武警、民防五支巡防力量。依托"110"、"百车巡防"等专门力量,加强对社会面的控制;充分发挥公安主力军和专门执法队伍作用,加强对公共复杂娱乐场所的控制;深化"五所联防"、"传牌巡防"工作机制,强化对农村的治安防控;建立"五位一体"的防控措施,争取到282名"4050"公益人员充实到街道、社区从事治安协理工作,创新性地开展了"社区综治理事会"、"酒吧巡逻队"、"治安模范一条街"活动,完善了对街道、社区的治安防控;落实"一票否决权"制,推行辖区单位综治第一责任人保证金制,实施"平安单位"动态管理办法,提高了对单位内部安全防范工作的管理力度。

2007年,兴庆区积极探索创新社区警务机制,推行"一室二警三员"的工作模式,以社区警务工作为突破口,做到"重心下移、警力下沉、警务前移",充分发挥派出所综合性战斗实体作用,提高公安机关打防控工作实效。文化街派出所一方面动员本地居民组成义务巡逻队,积极地投入到治安防范中,另一方面,引进外地先进做法,积极筹资两万余元,订制1000副反扒刺,为1000户防范薄弱的楼院居民免费安装反扒刺。推行农村"五所联防"、城乡结合部"五所联防"、城市区"两所联防",开展"千人治安巡防大会战",投入20万元,购置100辆警用电瓶自行车用于城市社区巡防,形成多警种、全天候、网格化巡防格局,建立41个标准化社区警务室;银古路高台寺村社区实行治安承包责任制,使可防性案件有了较大幅度的下降。

2008年,深入推进治安防控体系建设。一是全面加快警务进村、进社区战略。共建立社区警务室41个、农村警务室4个。二是以"金盾工程"建设为龙头,大力推进警务信息化。率先完成公安四级网100%接入目标,自主完成数字警务综合信息管理系统的研发、应用,将所有的接处警信息、治安案件信息、刑事案件信息、日常行政管理信息等全部纳入系统。巡逻车辆安装GPS卫星定位系统23台,配备无线电台60部,开通了手机短信服务平台;构建专业化的侦查技术系统,投资10万余元,为刑警大队配备了指纹远程比对终端设备,基本达到公安部二级水平;架设科技防范网络,在重点单位、要害部门安装自动报警系统、闭路电视监控系统等技防实施,增强实时监控能力。三是人防、物防、技防相结合的治安防控体系形成网络。组建成立区、乡(镇)、街道、村(居)三级民防队伍,面向社会公开招聘200名专业治安辅助人员,充实到公安分局各基层一线部门,专门用于社会面防控,对流动人口管理办公室及各街道、乡镇所属的150余名流动人口协管员进行管理机制转换,由政府划拨经费,公安机关用人,安排282名"4050"人员专门从事治安巡防工作,把财政划拨的200万元,全部用于保安联防队伍建设,兴庆区摩托化巡防大队增加至102人51辆。同时,新购置100辆电动自行车配发到辖区各派出所,充实基层巡防力量。对社区内公共娱乐场所、特种行业、危险物品保管单位和从业人员实施了微机化管理,建立健全了内部单位和重点要害部位安全保卫组织,在区、市政府门口、新华百货、银川商城、劳务市场安装电子监控设备,在辖区重点区域、繁华街道、商(市)场门口、城乡结合部、治安混乱区域安装电子眼50个,建立分局、派出所两级监控平台,增强科技防范力量。

2009年,推行"民警当村官"试点工作,兴庆区公安分局将新任副科级领导职务的15名民警分配到大新镇、掌政镇、通贵乡等地农村挂职。成立"兴庆区治安管理协会"及下属的五个分会,成立宁夏首支女子摩巡队,启动"警灯闪亮"工程,在派出所门前和各小区、单位、场所等地安装各类警灯300余个,设立治安联勤点240余个,将1500余名社会保安力量纳入到兴庆区治安防控体系之中。同时积极协调各社区、场所、企事业单位已先后安装治安监控装置6000余个,人防、物防、技防的治安体系不断完善。

2010年,加强和改进社会服务管理,完善治安防控体系。开展特定人群排查摸底工作,共排查出流动人口19019人、社会闲散人员9716人,刑释解教人员310人、社区矫正对象263人、社会高危人群396人,共计29704人。为进一步改进和加强社会管理奠定了基础。截止2010年底兴庆区有一级监控点探头240个、二级监控点探头597个、三级监控点探头9000多个,专业巡防队员200余人,协警员150余人,辖区各单位、居民小区保安人员1500余人,"4050"人员、老党员、低保户等治安协理员、义务治安巡逻员1350名,有效维护了辖区的安全与稳定。

【综治责任人保证金制度】 2004年以

来,兴庆区党委在每年的综治目标责任考核中,将综治领导责任保证金制度纳入《社会治安综合治理目标管理责任书》,明确要求辖区各机关、学校、企事业单位负责人向区综治委缴纳500－3000元不等的领导责任保证金,各单位每年年终考核在60分以上,没有发生治安和安全生产责任事故的,不扣罚保证金,按80%予以返还;考核在60分以下且发案的单位,扣罚责任人缴纳的保证金,并予以通报批评。综治委还制定《综治保证金管理办法》,将保证金同财政划拨的综治经费同时列入各乡镇、街道综治专项经费,使辖区各单位综治责任人的保证金缴纳率达80%以上,保证金与一票否决制和创建治安模范单位相结合,与综治责任人的荣誉、晋升、奖惩相挂钩。

【治安巡防队伍】 2005年,建立了五支专群结合的治安防控队伍。一是成立280人保安巡防团,构筑巡防防控网络。二是成立167人的外来流动人口管理队伍,构筑高危人群治安防控网络。三是加强民防队伍建设,构筑社区治安防控网络。四是发挥住地武警维护地方稳定的职能作用,构筑军民共建网络。五是整合辖区内部单位和各物业管理小区保安力量,构筑内部单位防控网络。

【装备建设】 2001年~2010年,全区各政法机关所需经费全部列入财政预算;兴庆区先后建成检察院、法院新的综合办公大楼和大新镇人民法庭新办公楼,配备新的办公设施和执法技术设备,设立干警宿舍和食堂;新建公安分局办公大楼,派出所、司法所基层设施和装备建设得到全面加强,规范化建设全部达到建设标准。

【矛盾纠纷排查】 2004年,1~11月兴庆区各级人民调解委员会共调解各类矛盾纠纷1864件,调解成功1821件,成功率98%。制止群体性械斗2件,防治群体性上访13件264人,处理集体上访117批2439人,同比上升165.7%;处理集体越级上访44批2054人,同比下降38.4%,没有发生集体上访事件引发的治安案件。

2005年,建立信访及矛盾纠纷排查调处机制并在实践中摸索出一套从管理体制、资源配置、制度落实、责权一致、行之有效的“六化法”,化解了大量的社会矛盾纠纷和信访问题。全面推进“警司联调”、矛盾纠纷暨信访“大调处”工作,注重建立“长效”机制。1~6月兴庆区信访总量为1867件,同比下降30.2%,其中集体上访同比下降56.8%;集体越级上访同比下降38.4%,没有发生集体上访事件引发的治安案件。

2006年,加大矛盾纠纷排查调处力度,集中处理突出信访问题,有效预防和避免了群体性事件的发生,1~10月,兴庆区共发生群体性上访85批229人次,与去年同期相比下降6.5%,没有发生重大群体性事件。

2007年,兴庆区信访总量8871件,同比上升17.8%。其中个人访同比下降51%;群体访同比下降4.1%;集体访下降23.6%;没有发生集体上访事件引发的治安案件。全年,共调处各类矛盾纠纷1472件,调解成功率100%。

2008年,兴庆区在全区率先建立街道治安行政调解与人民调解联动工作机制,在十个街道派出所设立“警司联调”办公室,聘用专职人民调解员14名,实行人民调解员持证上岗制度,每年投资10万元保证“警司联调”办公室正常运行。成立了兴庆区、乡镇(街道)两级矛盾纠纷督办中心。形成各类社会矛盾纠纷统一由中心受理、分流、调处、督办、报结、回访的大调解工作机制,及时有效地化解了一批有影响的案件和群体性事件。同时加强人民调解与司法调解的衔接配合,兴庆区人民法院设立调解室,聘请人民调解员,在法院进行的诉前引导人民调解、诉中委托人民调解和诉后执行和解调解,成效明显。截止2008年底各“警司联调室”共接警、受理居民求助近万件,成功调解民事纠纷2010起。

2008年,1~9月兴庆区共发生各类矛盾纠纷2427起,调处成功数2321起,调处成功率达96%。其中人民调解1098起,调处成功率达100%。“三调联动”调处各类纠纷1329起,成功1223起,成功率92%。制定《关于做好化解涉法涉诉信访案件的实施方案》,认真组织开展涉法涉诉信访案件化解处置工作,建立和完善了涉法涉诉信访摸排筛查制度、逐案登记建档制度、案情分析研判制度、联席会议制度、县级领导干部轮值接访制度、一把手负责制、领导包案制度、领导带案下访制度、限时办结制度、办结回访制度、问责追究制度等10余项制度,形成长效工作机制,较好的规范和保障了涉法涉诉信访工作的开展,积极做好上访人的思想工作,寻求多条途径化解矛盾。对涉及涉法涉诉的10件信访案件现已化解7件7人。

2009年,集中开展矛盾纠纷排查调处工作。对排查出的50余件信访重大案件逐案明确包案领导、责任单位及责任人,认真落实“四定三包”责任制,确保信访人的问题得到有效解决,截止9月底,调解各类矛盾纠纷4890件,调解成功2412件。其中人民调解1232件,司法调解1364件,行政调解2294件,有效维护了社会和谐稳定。

2010年,认真贯彻落实中央、区、市关于加强和改进涉法涉诉信访工作的文件精神,在各乡镇、街道成立了综治工作服务中心,整合资源,有效发挥综治工作服务中心联调、联动、联防、联治、联勤的重要作用。截止9月底,三调联动共化解纠纷8690件,其中司法调解4695件,行政调解2920件,委托人民调解案件1255件,有效维护了社会和谐稳定。

【反邪教】 2004年,在落实“五位一体”帮教措施的基础上,严格把关,做好解脱工作,同时加大了对“法轮功”邪教组织的打击力度。确保三个“零”指标的实现。

2005年，1～6月收缴“法轮功”非法宣传材料77份，光盘、影碟17张，抓获涉“法轮功”违法犯罪人员4名，批捕2名，取保候审2名；完成“法轮功”练习者教育转化任务2名。广泛开展形势多样、内容丰富的反邪教警示教育，加强对重点人员、重要节日的监控力度，确保了三个“零”指标的实现。

2006年，1～10月收缴“法轮功”非法宣传材料319份（其中“九评”105份），抓获涉“法轮功”违法犯罪人员1名，实施治安拘留10天；完成“法轮功”练习者教育转化任务6名。召开各种宣传会议120场次，巡播警示光盘90场次，法律知识讲座20场次，受教育人数达15万余人；加强对重点人员、重要节日的监控力度，确保了三个“零”指标的实现。

2007年，共收缴“法轮功”非法宣传材料313份，抓获现行人员1名。广泛开展反邪教警示教育，共上街设点宣传3次，举办知识竞赛1次，举办培训班35场次，召开宣传教育会120场次，《回归心灵》光盘巡播108场次，“三进”社区4场次，法律知识讲座32场次，张贴挂图500张，展板90块，出版报450块，发放宣传资料15000余份，受教育人达15万余人，实现“三个零”指标。

2008年，组建220人的反邪教信息员队伍，建立“法轮功”人员及其它邪教人员资料库，实行分类动态管理。建立“四位一体”的帮教小组。近年来共转化“法轮功”人员287人，占总数的91%。落实回访帮教措施。印发《关于兴庆区开展刑释解教“法轮功”人员回访帮教工作实施方案》，并认真组织实施。开展“201”专项行动，保持严打高压态势，有力的打击了“法轮功”等邪教的嚣张气焰，维护社会政治稳定。强化反邪教宣传和警示教育。共举办反邪教经验交流会1次，上街设点宣传3次，举办培训班35场次，召开宣传教育会120场次，利用《心灵回归》等反邪教光盘巡播108场次，“三进”社区4场次，法律知识讲座32场次，张贴挂图500张，展板90块，出版报450块，发放宣传资料15000余份，受教育人达15万余人。

2009年，紧紧围绕各个敏感节点，强化对法轮功、民运分子、非法宗教组织和国内外分裂敌对势力活动的情报信息收集、分析、研判和利用，先后上报党委、政府及有关部门情报信息101条，其中30余条信息被重点采用，妥善处置了186起群体性事件；劝返进京上访人员17人；启动了“无邪教乡镇、无邪教单位、无邪教社区（村居）”创建活动，与各乡镇、街道签订“四包”责任书，强化“五防”措施，严密防范和监控，严厉打击各种敌对势力、邪教组织的渗透破坏活动，有力地维护政治形势的持续稳定，继续保持和巩固了三项工作“零”指标。

2010年，进一步加强情报信息工作，构建“大情报”体系，紧紧围绕敏感节点和国家领导人来宁视察，不断加强社会治安维稳情报信息工作，建立健全情报信息上报、反馈和跟踪调查机制，及时发现和掌握深层次、内幕性、预警性的情报信息。结合“大情报”系统建设，进一步加强对各类维稳情报信息的收集、分析、研判和利用，发现、掌握其特点、规律，为精确打击，提前防范提供强大的信息支撑。

【严打维稳】 十年来兴庆区政法委坚持严打方针不动摇，积极领导和大力支持政法机关充分发挥职能作用。认真落实维护稳定工作领导责任制、部门责任制、干警执法办案责任制和责任追究制。严密防范和坚决打击敌对势力的渗透破坏活动，依法严厉打击各种严重刑事犯罪，深入推进反腐败斗争，依法查办职务犯罪和经济犯罪，依法妥善处置突发事件，认真贯彻宽严相济的刑事司法政策，最大限度地遏制、预防和减少犯罪，维护社会公平正义和社会和谐稳定。

2004年，开展“抓防范、压发案、破大案、保平安”专项行动，在进一步加强基层群防群治网络建设的同时，重点布控，严厉打击各种刑事犯罪。1～11月兴庆区立刑事案件4721起，破2300起，破案率48.7%，破案率比去年同比上升0.5%。在严打期间，根据不同时期的治安形势和特点，开展了贯穿全年的重点治安问题整治和集中统一行动，严厉打击多发性财产犯罪活动，先后开展了春季破案会战、夏季“严打”整治、缉枪治暴专项整治、校园内外治安环境专项整治、打击翻扒阳台专项行动，公共娱乐服务场所、游戏厅专项整治扫毒行动和整治查处公共场所非法携带管制刀具、寻衅滋事、打架斗殴、故意伤害等治安问题。

2005年，1～6月兴庆区共立刑事案件1700起，破915起，破案率为51.7%，立案较去年同期减少706起，下降28.5%，破案率与去年同期相比上升13.1%。先后开展了整治公共娱乐服务场所经营秩序、打击新型毒品违法犯罪活动、“打两抢反盗窃，”等专项整治。强化出租房屋旅店式管理制度，建立信息报送制度，严格落实流动人口和出租房屋管理工作责任制倒查追究制度。共登记外来人口43231人登记出租房7597户33105间上网对比4206人.

2006年，1～10月兴庆区共立刑事案件3273起，破1704起，破案率为52.1%，立案较去年同期3182起增加91起，上升2.9%，破案率与去年同期54.7%相比下降2.6%；立案较2003年同期4206起减少933起，下降22.2%，破案率与2003年同期45.1%相比提高7%。共抓获违法犯罪人员1187名，安置就业297名（含享受低保人员53名），安置就业率达到92%，重新犯罪1人，重新犯罪率0.3%。

2007年，兴庆区共立刑事案件3869起，破1763起，破案率为45.3%，立案较去年同期相比减少32起，下降0.8%。兴庆区检察院共受理公安机关和本院自侦部门提请批准逮捕案件597案926人，经审查决定批准逮捕555案873人；受理公安机关移送审查起诉

685案1106人，经审查决定起诉632案989人。兴庆区法院共受理刑事案件749件1153人，审结742件1115人，结案率为99.07%。

2008年，1～9月兴庆区共立刑事案件7318起，破1722起，破案绝对数2441起，与去年同期破案绝对数2047起相比多破367起。兴庆区检察院共受理公安机关和本院自侦部门提请批准逮捕案件489案705人，经审查决定批准逮捕448案715人（纠正漏捕22人）；受理公安机关移送审查起诉485案692人，经审查决定起诉447案363人（去年积存74案119人，纠正漏诉5人）。兴庆区法院共收刑事案件554件885人，审结514件813人，结案率为92.7%。

2009年，1～9月份兴庆区公安分局立刑事案件6615起，破1817起，破案率为27.5%，立案较去年同期7381起减少766起，下降10.4%，破案率与去年同期23.3%相比上升4.2%。兴庆区检察院共受理公安机关提请批准逮捕532案779人，较去年同期451案632人分别上升18%和23%，经审查决定批准逮捕421案610人，占受案人数的78.3%，较去年同期407案577人，案数上升3%，人数上升6%。兴庆区法院共收刑事案件633件913人，审结570件814人，结案率为90.05%。

2010年，1～9月份兴庆区公安分局立刑事案件6615起，同比下降9.6%，八类主要案件破案率达到61.04%。兴庆区检察院刑事批捕案件303件425人，同比案数和人数分别下降27.5%和29.9%，审查起诉案件401件527人，同比案数和人数分别下降23.3和27.9%，受理贪污贿赂和渎职侵权案件线索45件，立案14案22人，移送起诉17案23人。兴庆区法院受理刑事案件542件759人，同比收案数和收案人数分别下降14.38%和16.87%，审结455件639人，同比结案数和结案人数分别下降20.18%和21.50%，结案审结民商事案件4601件。受理执行案件3331件，执结2372件，执行率为71.21%。

【帮教安置】 截止2010年，设立兴庆区社区矫正教育培训中心，确定了4个司法所作为社区矫正重点所，实施重点突破，进一步做好移交接收工作，接收社区矫正对象172名，按照“认罪伏法、生活为本、教育为主”的矫正原则，严格落实出差、外出就医、外出务工经商等请销假制度，实施奖惩结合的矫正措施。共组织集中教育215人次，公益劳动218人次，个别谈话323人次，开展心理咨询31人次，矫正对象的服刑意识、法律意识、道德意识得到了初步矫治。做好帮扶工作，协调劳动就业部门开展就业创业知识培训，103人次得到了就业指导培训，增强他们就业创业能力。同时积极协调争取公益性岗位，解决了1名无业矫正对象的就业生活问题。5人取得了低保，13人落实了责任田。在安置帮教方面。进一步完落实分类管理措施。对重点人群加强与基层派出所的联系交流，进行严格的监管。共确定重点人员126名，落实监管措施126名。同时，积极协助监所做好服刑人员的信息核查工作。组织安置帮教对象参与企业招聘会，促进安置帮教对象就业。协调相关部门为安置帮教人员创业提供小额贷款担保服务，为安置帮教对象发展创造条件。

【治安专项整治】 兴庆区每年根据辖区治安状况及时开展专项治理工作。2010年，开展了治安重点地区和治安专项整治行动，一是开展社会治安重点地区排查，确定第一批“兴庆区治安重点地区”和重点治安问题12个。主要问题是：“两抢一盗”多发、诈骗案件、打架斗殴、寻衅滋事、拉客招嫖、老旧小区无物业管理脏乱差、城乡结合部非法传销、娱乐场所“黄赌毒”等问题。二是针对每个区域每个问题分别制定整治方案，按照责任分工，认真排查涉及本部门、本系统的突出治安问题和安全隐患。对治安问题突出，群众反映强烈的地方，由上一级综治委挂牌整治，做到局面不改、人员不撤、工作不停、彻底整改。三是建立“治安乱点整治销号台帐”制度，对整改后的社会治安重点地区，由责任单位逐一整治上报，达到“治安秩序良好，发案率明显下降，群众满意”后，经兴庆区综治委检查验收并报银川市整治领导小组办公室检查验收合格，方可销号。

【校园及周边环境整治】 十年来，兴庆区每年均适时开展校园及周边环境整治。2009年，制定《兴庆区校园周边环境综合整治实施方案》。采取得力措施，着力解决校园治安问题，强化长效治理机制。集中整治期间，先后清理了辖区8所学校的25个无证摊点和流动摊点，收缴不健康VCD光盘23张，并对出赁房屋，个体饮食业、网吧、游戏室进行了清理整治，对校内外个体饮食业主均办理了卫生许可证，无证一律不准经营，网吧、游戏室一律不准对中小学生营业，制定了规范的管理制度，校园周边环境大为改观。

2010年，针对全国校园不断发生的侵害师生生命安全的重大案件，按照全国、全区和全市校园安全保卫工作统一安排部署，立足辖区实际，及时开展校园及周边环境整治，建立“六警进校园”长效安保体系。一是落实专职保安、巡防民警进校园，同时还广泛建立了学生家长、教师等义务巡防队伍；二是深入开展校安辅导员进校园活动。由辖区派出所民警作校园安全辅导员，每人承包一所学校，定期或不定期到学校宣讲安全防范和救护知识；三是开展警灯进校园。在有条件的中小学校、幼儿园的保安室、门卫室安装警灯，建立“警、校”联系制度；四是开展警车巡逻进校园，将学校周边治安巡逻作为重点，进一步加大巡逻警力，实行上学、放学时段定点、定位、定人的校园周边巡防工作制度；五是实施警用器材器械进校园。为辖区学校保安配备辣椒水喷剂、警棍、警用钢叉等警用器械，并对相关器材的使用

管理进行培训，提升了安保人员的防范能力；六是推行“一键式报警器”、电子监控系统进校园。对辖区学校统一安装了“一键式报警器”和电子监控系统，全面加强学校技防建设。特别是“一键式报警器”的报警信号直接与“110”指挥中相连，只要一按报警器，市局指挥中心和辖区派出所就会立即作出反应，大大的缩短了处警时间。上半年为中小学校、幼儿园共计发放“校园安全知识手册”20000 册，制作校园安全宣传教育专题片一部；为辖区中小学校安装治安监控系统 90 余家、探头 400 余个，一键式报警器 70 余个；建立校安工作室 30 余个，安装警灯 30 个；配发辣椒水喷剂 130 余瓶、警棍 130 余根、警用钢叉 60 余把，盾牌 4 个。帮助和指导学校建立安保工作制度措施等，校园安保工作能力进一步提升。

【社区戒毒和康复工作】 从 2009 年开始兴庆区扎实推进社区戒毒康复工作，形成“以社区为基础、家庭为依托、专业组织提供指导和服务，公安、司法、民政、卫生、劳动保障等相关部门齐抓共管，社会力量参与”的社区戒毒（康复）工作机制和组织网络体系，社区戒毒康复工作成效明显。2009 年，兴庆区各级党政组织认真实施《兴庆区社区戒毒和康复工作实施方案》，从上到下成立领导机构和办事机构，各社区居（村）委会成立戒毒监护小组。在各乡镇、街道办事处设立禁毒专干，派出所按照规定配备专兼职禁毒民警，各居（村）委会设立兼职禁毒工作人员。同时兴庆区政府加大经费投入，将 12 万元禁毒专项经费列入财政预算予以保障，各乡镇、街道根据实际需要，也作出了相应的专项经费支出计划安排，解决了有钱干事的问题，有力的保障了社区戒毒康复工作的顺利开展。兴庆区政法委、禁毒委统一给各乡镇、街道制作了工作职责、制度、流程牌全部上墙，统一印制了规范的台帐资料表、卡、册，统一购置了档案资料盒，截止 11 月底，共计查明登记建档 560 人（其中强制戒毒 14 人，劳教 63 人，服刑 26 人，贩毒刑满释放 2 人，纳入社区戒毒（康复）285 人，尚未纳入社区戒毒（康复）124 人，死亡 46 人）；银川市禁毒委已对兴庆区乡镇、街道社区戒毒和康复工作进行了初步考核验收。2010 年，1～9 月份公安分局共立毒品刑事案件 6 起，破 6 起，缴获毒品 4779.2 克，其中海洛因 372.2 克，冰毒 3246.6，氯胺酮 1123.2，麻古 37.2 克。

【“奥运、大庆”安保工作】 2008 年，为切实做好“奥运、大庆”期间的社会稳定和安保工作，兴庆区召开相关工作会议 10 余次，进行动员和部署，提出具体要求，狠抓工作措施落实。制定《兴庆区“迎奥运、保大庆”矛盾纠纷排查工作方案》《兴庆区关于切实维护社会稳定确保“奥运会、五十大庆”安全的工作意见》《兴庆区政法各部门“迎奥运、保大庆”唱好主旋律、打好主动仗工作意见》《兴庆区加强社会稳定和奥运安保工作实施案》等 19 项综合性和专项性行动工作方案，有效地指导和推动了安保任务的落实。

【综合治理平安保险】 2008 年，大力探索推进综治创新，启动全国首创“综合治理平安保险”服务项目。兴庆区有个体工商户 3 万余户，各商户以往通过缴纳治安联防费的方式，享受治安联防队的服务；但一旦发生意外事故及财产损失，却不能得到相应的经济补偿。为此，兴庆区综治委多次召开会议积极研究商讨对策，拓宽思路，提出解决问题的办法。经过与平安财险宁夏分公司充分协商，决定尝试启动“社会治安综合治理平安保险”服务项目。该项目保险，是各商户根据自有资产规模、拟投保财产价值和需要自愿选择投保相应的保险险种并缴纳相应保费的保险服务项目，一旦发生盗窃、抢劫等治安及火灾、空中运行物体坠落、暴雨雷击等自然灾害的损失，就可以享受到保险公司提供的保险责任范围内的财产损失补偿保障。为了推动该项目顺利实施，兴庆区综治委多次召集召开了成员单位和各街道办事处、派出所负责人会议，对此项工作进行专门部署，将此项保险服务工作纳入治安联防工作范畴予以大力推进，取得了明显成效，自 8 月 18 日签订第一张保单至今，平安财险宁夏分公司共与 550 家商户签单，投保金额 25 万元，保额 2 亿多元。

【普法·宣传】 2005 年，举办法制培训班 45 期，法律考试 12 次，充实 33 人普法讲师团，组建 350 人的普法宣传员队伍。建立普法依法治理机构 41 个，有专（兼）职人员 455 个。开展“八个一”为载体的法律进社区、进乡村、进工地、进早市、进军营、进学校、进家庭等活动。1～6 月份共组织大型宣传活动 73 次，展出展板 280 块，印发宣传材料 10500 份，法制文艺演出 12 场，受教育人数达 8 万人次，农民、个体工商户业主、外来流动人口普法率分别达到 75%、70%、68%。强化依法治理“三大工程”，在 32 个行政村、65 所学校、17 个企业、82 个街道社区均开展了依法治理工作，依法治理面达到 98%以上，命名基层“依法治理示范单位”13 个，为推进依法治区夯实了基础。

2006 年，坚持以人为本，全面完成普法任务。普法工作突出了四个重点：一是强化领导干部学法用法，建立健全中心组学法制度、领导干部法制讲座制度、定期培训制度，并认真加以落实。二是强化公务人员，特别是司法和行政执法人员的学法用法，法律素质普遍提高。三是强化青少年学法教育，各中小学配备了法制副校长，开设法制教育课，根据青少年学生不同年龄的特点，分层次制定学习计划，做到了计划、课时、教材、师资四落实。四是强化各类企业经营管理者的学法用法。五是强化对农民、外来流动人口和其他普法对象的学法教育。通过形式多样的普法宣传教育，青少年、农民、个体工商户、外来流动人口等重点普法对象的普法率均达到 80%以上。

2007年，开展综治平安建设宣传日活动，设宣传点16个，悬挂宣传竖幅10条、横幅16条，组织100名保安巡防队员、100名民防队员参加了夏季千人大巡防启动仪式。不断创新形式，深化法制宣传教育，全年共开展大型宣传10次，设宣传点330个，展出法制展板500余块，悬挂横幅350条，印发宣传材料50000余份，举办法制文艺演出10场，受教育人数达20万余人次。

2008年，组织开展综治宣传月活动，设宣传点16个，悬挂宣传竖幅10条、横幅16条。不断创新形式，深化法制宣传教育，今年1~9月，共开展大型宣传7次，设宣传点285个，展出法制展板360余块，悬挂横幅130条，印发宣传材料40000余份，举办法制文艺演出8场，受教育人数达12万余人次。

2009年，印发《关于深入开展2009年社会治安综合治理“宣传月”活动的通知》，对综治“宣传月”活动进行全面安排。先后举办综治、调解、国家安全、社区戒毒（康复）、流动人口管理人员、治安巡防员、物业公司专职治安员业务培训班。综治宣传月期间悬挂横幅30条，制作板报35期，设50余个宣传咨询点，群众咨询1万余人次，发放综治宣传资料3万余份。进一步加强平安兴庆建设宣传力度，设宣传咨询点40余个，发宣传材料10余万份，3万余人接受了咨询服务。开展“百场法制文艺演出进乡村、进社区、进学校、进企业活动”巡回演出60场，在兴庆区乡村、社区、企业单位、物流带、宗教场所等地普遍建立法律学校，目前已建立示范点7个，其中乡村示范点4个，城市社区示范点3个。共制作法制宣传橱窗150块，宣传栏240块，办黑板报300期，展出法制展版450块，解答法律咨询800余人次，发放法制宣传材料30000余份，举办法制培训班45场，受教育人数达30余万人，收到良好的社会效果。

2010年，先后开展三期政法综治干部培训班，综治宣传月期间悬挂横幅30条，制作板报35期，设50余个宣传咨询点，群众咨询1万余人次，发放综治宣传资料3万余份。开展“平安兴庆”宣传活动，进一步加强了平安兴庆建设宣传力度，设宣传咨询点40余个，发宣传材料10余万份，3万余人接受了咨询服务。积极推进“法律六进”工程，强化普法工作。今年以来，共制作宣传橱窗426块，宣传栏612块，展出法制展版976块，解答法律咨询290余人次，发放宣传材料140300余份，举办法制培训班409场（次），法律专题讲座34场，法律知识竞赛70场，法制文艺演出34场，受教育人数达14万余人，收到良好的社会效果。

【信息化建设】 2010年，大力促进执法规范化和信息化建设，公安分局、检察院、法院均实现了网上执法办案、监督管理。以“金盾工程”建设为龙头，大力推进警务信息化，完成治安监控系统建设任务。在全市率先完成了公安四级网100%接入目标，公安系统上下做到了文件网上传，案件网上批，工作网上考。自主完成了数字警务综合信息管理系统的研发、应用，将所有的接处警信息、治安案件信息、刑事案件信息、日常行政管理信息等全部纳入系统，基层所队的各类基础台帐和统计报表，全部网上自动生成，有效地服务了实战，提高了快速反应能力。巡逻车辆安装GPS卫星定位系统23台，提高了精确布控能力；借助市局350兆无线集群通信网，配备无线电台60部，开通了手机短信服务平台，建立畅通高效的指挥保障系统；构建专业化的侦查技术系统，投资10万余元，为刑警大队配备了指纹远程比对终端设备，基本达到公安部二级水平；架设科技防范网络，积极争取党委、政府的支持，把技防工作重点投向重点单位、要害部门，大力推广在重点单位、要害部门安装自动报警系统、闭路电视监控系统等技防实施，增强实时监控能力，减少失控。

【从严治警】 兴庆区政法委加强政法队伍建设，规范执法部门的执法行为，做到开展工作有章、管理队伍有规、考核奖罚有据；全面落实政法干部队伍建设领导责任制，党风廉政建设责任制，八小时以外监督制，领导干部个人重大事项报告制等责任制，严格落实领导干部廉洁从政若干规定、领导干部选拔任用、轮训和政法干警录用辞退等制度；严格执行政治纪律、组织纪律、工作纪律和政法机关各项禁令的落实。建立健全岗位培训机制，对政法干警做到凡晋必训，凡训必考，集中培训学习与干警自学相结合，实行党委政法委、政法机关、政法基层单位分级分类分层培训模式，通过集中培训和政法干警岗位练兵、学历教育等手段，努力提升政法干警政治理论素养、科学知识水平、法律素养和依法行政的能力。

【从优待警】 兴庆区政法委积极落实从优待警各项政策。区公安分局成立书画、摄影、前卫体育、文艺活动兴趣小组，组队参加兴庆区各种文体、书画艺术家进警营等活动；兴庆区政府出台5项从优待警措施，每年给公安分局核拨20余万元的办案奖励经费，专门奖励破案有功人员，区公安分局积极争取有关方面为153名民警解决非领导职务待遇，实行破案奖励制度，划拨专项资金对破获命案、大要案件及追逃的有功民警实行重奖；区检察院建成电子阅览室、图书室、党建活动室、院史室和文化长廊，购买各类图书2000余册，组织检察官参加各种文化活动和演讲、文体比赛、文艺演出，以健康文化育警；区法院组织法官参加上级法院和兴庆区组织的运动会、文艺汇演，举办各类文体竞赛。区司法局积极落实司法助理员每人每天0.8元的岗位津贴，政府财政预算每年核拨人民调解经费10万元，用于聘用警司联调人员生活补贴。

【执法活动监督】 十年来，认真落实中央、自治区的要求，进一步建立和完善了对政法机关执法活动的监督机制，推动执法监督工作的制度化、规范化，构

建了党委、纪委和政法委对政法机关的日常监督、人大的法律监督、政协的民主监督、社会群众的舆论监督和政法机关内部的执法监督等全方位立体监督体系，保证了法律的正确实施。兴庆区政法委协调指导政法机关逐步建立和完善以办案流程管理制度、案件质量评查制度、绩效考核评价制度和执法过错追究制度为基本制度的内控管理机制，同时制定了《关于进一步加强对政法机关执法活动日常监督的实施意见》，开展经常性的执法监督活动，通过组织有关人员列席审委会、检委会及公安、司法行政部门的有关会议，旁听重大、疑难、有影响案件的开庭审理等措施，深入了解政法机关的执法工作情况，对苗头性、倾向性问题及时反馈、提醒，增强了执法监督和队伍建设工作的针对性和实效性。

公 安

【概况】 兴庆区公安分局设办公室、纪检组、政治处、法制科、户政科、后勤装备科、国保大队、治安大队、刑警大队，下辖银古派出所、新华派出所、富宁派出所、凤北派出所、西街派出所、北街派出所、文化街派出所、胜利街派出所、南街派出所、前进街派出所、丽景街派出所、大新镇派出所、掌政镇派出所、通贵派出所、燕鸽派出所、月牙湖派出所、公园派出所，另设联防指挥部、消防大队、保安公司、摩托车巡逻队。

【局领导名录】

局　长：张同海（1999.05–2002.12）
崔安国（2002.12–2004.11）
李　军（2004.11–2008.12）
周志林（2009.12–2010.12）

政　委：崔安国（2000.07–2002.12）
王青山（2002.12–2003.05）
温冬生（2003.06–2007.12）
吴晓亮（2008.01–2009.12）
王逢安（2010.01–2010.12）

副局长：陈晋陵（1998.04–2003.05）、
韩闵学（2004.06–2005.12）
梁永彪（2000.12–2002.12）
赵春生（2004.06–2005.12）
陈　梓（2004.06–2007.09）
姚勇进（2004.06–2009.12）
王建荣（2006.01–2010.12）
白建斌（2006.01–2009.12）
李振明（2007.09–2008.01）
马　原（2008.01–2009.12）
李晓磊（2009.12–2010.12）
杨建华（2009.12–2010.12）
曾晓隆（2009.12–2010.12）

【维稳工作】 2001年，分局全力落实各项维稳工作。一是严厉打击“法轮功”顽固分子，侦破“2.10”、“2.20”、“3..12”、“5.21”法轮功宣传系列案，查获全区“法轮功”人员名单，共抓获“法轮功”违法犯罪人员18名，捣毁“法轮功”窝点一处，收缴“法轮功”非法宣传品3820余份，其他“法轮功”物品450余件，做好“法轮功”练功人员的转化工作。二是建立健全情报信息网络和预警机制，报送各类信息233条。三是对73起群体性上访事件进行妥善处置。四是开展不安定因素的调研，摸清了城区不安定因素底数和规律，把一些可能产生重大影响的闹事苗头解决在萌芽状态。

2002年，开展三次“法轮功”练功人员影响社会稳定的不安定因素大排查，强化对“法轮功”顽固分子的控制措施，依法取缔了湖滨小区的“人宇特能功”非法聚会点。加强情报信息收集工作，报送各类信息262条。妥善处置发生在兴庆区的117起群体性事件。共接到群众来信来访、上级批转信访案件94件，办结率100%。

2003年，深化同“法轮功”邪教组织的斗争，加强对重点人员的防范工作，共查处“法轮功”违法犯罪案件18起，收缴“法轮功”违法人员作案用的复印机1台，传呼机11部，手机1部，收缴非法宣传品7734件，书籍99本，光盘78张，磁带76盒，电脑软盘3盘。实行信息工作责任制，报送各类信息283条，处置各类群体上访120起，圆满安全保卫任务数十次。积极配合各级医疗、卫生、防疫部门开展非典型性肺炎预防工作，期间共动用警力5000余人次，投入警力156人次，控制隔离人员69人。共接到群众来信来访、上级批转信访案件176件，办结率100%。

2004年，共收缴“法轮功”宣传材料950张，不干胶粘贴品116张，光盘213张，录像带21盘，磁带27盘。此外还对其他邪教活动开展专项调查，捣毁有害气功窝点两处，将各类可能影响社会稳定的因素消除在萌芽状态。拓宽信息渠道，报送各类信息394条，处置各类群体性上访事件180起，完成数十次全国、全区“两会”、“两节”等重大活动安全保卫任务。共接到群众来信来访、上级批转信访案件237件，已办结230件，办结率100%。

2005年，全年共收集上报各类不安定因素信息313条，各类治安信息512条，重大群体性事件的预警率达100%。建立处突工作新机制，成立了以治安大队为主的处突特勤队，完善了针对党政首脑机关、要害部位的大规模群体性上访事件处置工作预案，妥善处置各类群体性事件175起，对“法轮功”人员落实“三级”防控措施，打击处理7名“法轮功”骨干成员，捣毁“法轮功”窝点1处，收缴各种“法轮功”材料434份，书籍10本，录音带8盘，光盘163张，不干胶60张，实现了“三个零指标”。加强“敏感日”、重大活动和重要节日的安全防范，完成安全保卫任务50多次。全年受理信访案件416件，办结408件，办结率98.1%。

2006年，坚持把维护社会稳定置于公安工作的首位，收集上报各类情报信息159条，收缴各类“法轮功”宣传资料229份，光盘105张，书籍23本，实现了“三个零指标”。稳妥处置群体性事件78起，圆满完成安全保卫任务20余次。共受理各类信访案件203件，接待来访群众272人，办结196件，办结率96.5%。

2007年,健全预警网络,完善预警制度,上报各类情报信息275条,不稳定因素预警率达95%以上,重大问题预警率达100%。加大对“法轮功”等邪教活动及其他非法组织的打击防范力度。严格控制境外人员,落实管理措施,严密防范境内外敌对势力、民族分裂势力、暴力恐怖势力的渗透和破坏活动实现“三个零指标”。全年共处置各类群体性事件178起,共接待来访群众183人(次),受理各类信访案件139件,办结137件,办结率98.5%。圆满完成各类大型活动的安全保卫工作。

2008年,制定《关于进一步加强国保工作的决定》,建立以国保大队为龙头、指挥中心为中心、各派出所、户政、治安、刑侦部门为依托的情报信息收集网,上报各类情报信息380条,重大问题预警率达100%。以预防和控制“法轮功”邪教组织违法犯罪活动为重点,全面落实“南方教会”、“三股势力”、“213”、“家庭教会”和“非政府组织”专项调查工作,共抓获“法轮功”分子8人,收缴“法轮功”宣传材料1073份。1~11月份共受理各类信访案件101起,比去年同期下降21%;办结96起,办结率95%;息诉86件,息诉率90%。

2009年1~11月份共收集并上报各类情报信息1200余条,重大维稳案(事)件预警率达100%;共查处“法轮功”案件6起8人、达洼宣教活动5起8人,收缴“6.4”文化衫287件,处置各类群众性事件205起,接待来访群众260余人次,受理各类信访案件76起,办结73起,办结率95%,息诉72件,息诉率98%。

2010年,建立国保维稳信息管理系统,实现维稳台帐信息化管理和维稳情报信息的网上快速上传上报工作,1~9月共有64条情报信息被区厅重点采用,重大维稳案(事)件预警率达100%,组织国保业务培训5次200余人次,有力提升了打击防范能力。对境内外邪教组织、敌对势力、民族分裂势力、暴力恐怖势力的渗透和破坏活动坚决做到严密防范、精确打击,先后查处法轮功案件4起6人,捣毁法轮功练功窝点1个,查处“观音法门”案件1起,查处达洼宣教2起遣散参与人员25人次,成功转化“213”重点人员1名、法轮功人员3名。全年共接待群众来信来访213人次,受理来信来访案件85件,办结83件,办结率98%,停访息诉81件,息诉率95%。

【刑事案件】 2001年,开展严打整治,先后召开7次公捕公判大会,共有149案230人公开处理。共查破各类报警案件5465起,其中刑事案件2221起,现行案件破案率为34.8%,共立刑事案件4540起,全局人均破案7.7起。共抓获各类刑事作案人员1091名,打击处理857名,摧毁犯罪团伙85个280人,涉案735起,为群众挽回直接经济损失362.4余万元。

2002年,打击“两抢”专项斗争第1个月(8月份),破获各类刑事案1748件起,刑拘犯罪嫌疑人428名,摧毁各类犯罪团伙34个102人,涉案90起,其中“两抢”案件228起(抢劫192起、抢夺36起),奖励民警41550元。全年共抓获各类在逃人员78名;查破各类报警案件5606起,比上年同期的2221起多破426起,上升19.2%,现行案件破案率为39.9%;全年共立刑事案件3931起,人均破案8.7起;全年抓获各类违法犯罪嫌疑人4916名,其中现行刑事作案人员921名,打击处理1008名,比上年同期多打击处理181名,上升21.9%,摧毁犯罪团伙74个232人,涉案240起,为群众挽回直接经济损失190余万元。

2003年,组织开展严打整治斗争第七战役和春季、夏季、冬季破案会战、指纹破案会战、打击翻爬阳台盗窃等专项行动。先后破获“1·18”杀人抛尸案等一批大要案件;打掉特大系列盗窃机动车犯罪团伙和专门抢劫出租车司机的抢劫犯罪团伙;破获在兴庆区范围内砸撬汽车玻璃盗窃案件30余起,破获利用钥匙开锁盗窃摩托车60余辆的系列盗窃案,破获翻扒阳台盗窃案件100余起。全年接报警案件21517起,其中立刑事案件5153起,破现行案件2580起,破获外省市案件294起,破获年前案件616起,百名民警人均破案数位居全区第一。

2004年,开展侦破命案专项行动,破获“1·10”故意杀人、“3·12”特大入室抢劫等一大批严重刑事案件,全年共接报警21275起,其中立刑事案件4723起,破现行案件2300起,破案绝对数为3103起,抓获各类刑事作案嫌疑人1395名,比上年同期1255名多140名,打击处理1018人。

2005年,科学整合刑侦力量,强化刑侦专业化建设,加强大要案中队,打“两抢”、反盗窃、缉毒和情报技术中队建设,突出打击犯罪专业工作优势,增强破案攻艰能力,形成全警参与破大案的新格局。8月组建全区首支以打击街面犯罪为主业的便衣队,突出对重点时段、重点地段的有效控制,形成一张覆盖城区大型广场、繁华街区、商业场所、要害部位的秘密控制网络,组织开展打击“两抢”、盗窃、扒窃、诈骗等“短、平、快”的区域性打击行动。全年共立刑事案件3923起,“两抢一盗” 案件3220起,经济案件32起,刑事拘留1098人,其中逮捕821人,取保273人。

2006年,立刑事案件3901起,破2236起,破案率为57.3%。刑事拘留1531人,逮捕953人,劳教少管200人,先后破获“6·06”、“7·08”、“8·05”、“11·26”、“11·30”等一批重大命案;立8类案件507起,破462起,破案率为91.1%;立“两抢一盗”案件2389起,破1216起,破案率51%,立案与上年同期基本持平,破案率同比上升2%。

2007年,立刑事案件3869起,同比下降0.8%,其中杀人、抢劫、强奸等8类主要刑事案件545起,同比上升17.9%,破案1763起,破案率45.3%,同比下降12%,刑事发案总数连续3年呈下降态

势。刑事拘留 1318 人，逮捕 814 人，劳教少管 107 人。

2008 年，先后组织开展 40 余项专项行动，受理报警 51810 起，立刑事案件 9384 起，破 2352 起，破案绝对数 3234 起，8 类严重犯罪 814 起，破 290 起；侵财类犯罪 9135 起，破 1876 起，财物损失总价值 3164 万余元，缴获财物总价值 682.6 万余元。打击处理 4150 人，其中刑事拘留 1052 人，抓获逃犯 203 人，逮捕 642 人，取保候审 281 人，劳教少管 47 人。全年共立命案 24 起，破 22 起，破案率 91.7%；"两抢一盗"案件 8334 起，破 1776 起。打掉由 18 名聋哑人组成的"天下帮"盗窃团伙。

2009 年，受理报警 62879 起，立刑事案件 8245 起，破 2601 起，破案率 31.5%，破案绝对数 3798 起；立 8 类严重犯罪 621 起，破 374 起，破案率 60.2%；侵财类犯罪立 7598 起，破 2064 起，破案率 27.2%，财物损失总价值 2596 万余元，缴获财物总价值 723.3 万余元，打击处理各类违法犯罪人员 4005 名。

2010 年，立刑事案件 10036 起，破 3789 起，破案率为 37.8%，与上年的 31.5%相比上升 6.3%；现行破案数与上年 2730 起相比，多破 1059 起，破案绝对数 5514 起，与上年 3942 相比多破 1572 起。全年共立命案 25 起，破 24 起，破案率 96%。8 类主要案件 509 起，破 464 起，破案率为 91.2%。侵财类案件 9481 起，破 3287 起，破案率为 34.7%。

【行政案件】 2006 年，受理行政案件 6014 起，查处 3130 起，查处率 52.1%，其中违反治安管理处罚法案件 5985 起，查处 3101 起，查处率为 51.8%，治安处罚 4004 人。

2007 年，受理治安行政案件 6076 起，查处 2347 起，同比分别上升 1%、下降 13.5%，行政拘留 1281 人。

2008 年，受理行政案件 12518 起，查处 5005 起；处置群体性事件 66 起，参加人员 2880 人；行政拘留 1316 人；百名民警查处行政案件数 1507.5 起。

2009 年，受理行政案件 11962 起，查处 11962 起，查结 4345 起；处置群体性事件 205 起，参加人员 8586 人；行政拘留 1223 人；百名民警查处行政案件 3714.9 起，提请逮捕 231.4 人，两项业务指标均居全区各县、市、区公安局前列。

2010 年，受理行政案件 11103 起，与上年同期 12813 起相比，减少 1710 起，下降 13%。

【打黑除恶】 2001 年，配合法院、检察院等有关部门，集中时间、统一行动，严惩违法犯罪分子，营造严打的高压态势，先后召开 7 次公捕公判大会，共有 149 案 230 人受到公开处理；先后摧毁区厅挂牌督侦的魏某某为首的黑社会流氓势力团伙案，56 名犯罪嫌疑人全部归案；侦破区厅挂牌、公安部督侦的"4·28"、"5·10"特大系列抢劫、强奸、伤害案；侦破市局挂牌夜间翻扒阳台入室盗窃案件 60 余起，涉案价值 20 余万元；侦破"8·28""9·22"、"10·17""10·22"等一批大要案件；摧毁专门盗窃电脑、保险柜的盗窃团伙，破案 27 起，案值近 30 万元。

2002 年，严厉打击黑恶势力犯罪和杀人、抢劫、绑架等严重暴力犯罪以及多发性侵财犯罪活动，先后破获区厅挂牌的"3·10"劫车杀人案、"3·20"持刀入室抢劫案、1994 年"8·24"故意杀人案、2000 年"12·19"合家欢故意伤害致死人命案、2001 年"8·20"杨某某被杀案等多年未破的重特大案件，侦破石嘴山市"10·5"入室抢劫杀人案和韩某某、卜某某、龚某某冒充公安人员进行抢劫、强奸等一批大要案件。10 月 14 日分局参战民警冒着犯罪嫌疑人随时可能引爆炸药的危险，成功抓获企图实施爆炸的犯罪嫌疑人高某某。"网上作战"先后抓获上海长宁区"5·31"特大杀人案重大犯罪嫌疑人某和翟某某等一批重大逃犯，全局共追捕各类逃犯 93 名，其中网上逃犯 38 名，区厅督捕逃犯 2 名，市局督捕逃犯 1 名，逃犯全部实现上网追逃。

2003 年，追回逃犯 73 人，其中上网逃犯 25 人，负案在逃 48 人，先后抓获涉嫌 2000 年"2·13"红番区歌厅致死人命案、2002 年"12·1"真爱迪厅寻衅滋事案、2001 年情缘水吧伤害致死西安交大研究生的"2·28"案件等大要案件在逃的督捕逃犯。查获犯罪团伙 108 个 342 人，涉案 244 起，抓获刑事案嫌疑人 1373 名，打击处理 1238 人，其中逮捕 921 人，劳教少管 317 人，为国家和人民群众挽回经济损失 424.5 万余元。

2004 年，追捕各类逃犯 33 名，其中网上逃犯 25 名。

2005 年，抓获各类逃犯 61 名。

2006 年，先后侦破公安部挂牌的刘某某涉黑案件，公安厅挂牌的曹某某涉恶案件，市局挂牌的王某某涉恶案件，抓获团伙成员 50 余名，破获故意杀人、伤害、敲诈勒索、寻衅滋事、聚众斗殴、赌博等案件 30 余起。全年共查获犯罪集团 129 个 470 人，涉案 519 起。开展整治出租房屋、流动人口、公共娱乐场所、重点场所、校园周边治安秩序等一系列专项整治行动，打击毒、赌、色，整治站街卖淫女、自行车黑市，打击新型毒品违法犯罪。

2007 年，先后组织开展打击盗窃破坏"三电"设施、"两抢一盗"和治理自行车被盗、公共娱乐场所秩序等一系列专项行动，严厉打击各类违法犯罪活动，进一步稳定社会治安秩序，增强人民群众安全感。共查获犯罪集团 44 个 188 人，涉案 441 起，抓获各类逃犯 90 人。2008 年，成功打掉以曹某某为首的组织胁迫小姐卖淫的恶势力犯罪团伙，抓捕团伙成员 15 人。

2009 年，打掉以红粉帝国 KTV 歌厅业主曹某某为首的涉嫌组织卖淫、寻衅滋事、妨害公务、故意伤害的恶势力团伙，打击处理团伙成员 12 人。

2010 年，打掉以线某某为首的黑恶势力团伙，抓获成员 10 余名，破获 2009 年"8·29"伤害致死案和多起刑事案件。

【禁毒】 2001 年，查处涉毒案件 901 起，抓获涉毒人员 768 名，收缴毒品海洛因293.9克。"6·26"国际禁毒日,上街设宣传咨询点13个,发放宣传材料2000余份。

2002年,查破涉毒案件697起,抓获涉毒人员687名,收缴毒品海洛因118克。

2003年,深化无毒社区创建工作,加大对吸毒贩毒等涉毒犯罪的打击力度,全年查破涉毒案件1130起,抓获涉毒人员1005名,收缴毒品海洛因277.13克。

2005年,破获贩毒案件98起,收缴毒品海洛因216.9克、摇头丸245片、K粉2.3克。

2006年,破获毒品犯罪案件23起、查处毒品违法案件844起,抓获毒品违法犯罪人员1100余人,缴获海洛因250余克、冰毒660余克、K粉40余克、摇头丸40余克、麻古490克,强制戒毒992人次。

2007年,强制戒毒890人。

2008年,破获何某等运输、持有新型毒品重大案件。1~11月份,共立毒品刑事案件9起,破获9起,刑拘、逮捕毒品犯罪嫌疑人18名,抓获各类吸毒人员609人,缴获毒品4047.4克,上网追逃嫌疑人147名,上网率100%,抓获上网逃犯203人。

2009年,严厉打击各类吸贩毒违法犯罪活动,立毒品刑事案件10起,破获10起,刑拘、逮捕毒品犯罪嫌疑人13名,缴获毒品176.27克,打击处理吸毒人员658人,戒毒658人。

2010年,利用跨省缉毒协作机制和信息化侦查手段,先后成功侦破"3·15"跨省运输、贩卖毒品案,抓获涉案人员19人,缴获冰毒3000余克,查扣涉案车辆6辆;"5·14"跨省贩毒案,抓获团伙人员8名,缴获各类毒品1400克,查扣涉案车辆3台,收缴赃款4.5万元。全年共破获毒品刑事案件21起,打击吸贩毒人员865人,缴获毒品757246克,抓获各类逃犯270人。

【打击经济犯罪】 2001年,受理各类经济犯罪报案153起,立案44起,破案44起,涉案金额705万元,打击处理13人,挽回直接经济损失220万余元,追回经济领域逃犯2名。

2002年,受理各类经济犯罪报案65起,立案32起,破案30起,涉案金额332万元,打击处理11人,查处涉税案件156起,为国家追回税款170余万,为群众挽回直接经济损失120万余元,追回经济犯罪逃犯3名。

2003年,受理各类经济犯罪报案68起,立案38起,破案37起,抓获经济领域违法犯罪人员16人,打击处理12人,挽回直接经济损失70万余元。

【治安管理】 2001年,开展6次大规模流动人口专项统一清查行动,共登记暂住人口15632人,办证14492人,办证率96.4%。落实出租房屋的登记、挂牌制度,共登记出租房屋6881间/套,办理出租房屋许可证4966个。开展3次较大规模的娱乐场所专项整治行动,收缴淫秽光盘(录像带)1112盘,收缴电子游戏机87台,销毁赌博电子游戏机45台、赌博机电路板(块)133个,停业整顿行业场所77家,查封取缔35家。收缴非法枪支30支,管制刀具392把。全年发生治安案件6639起,查处3244起,查处率48.9%,治安处罚4050人,收缴罚没款119.4万元。

2002年,进一步加强治安巡逻和安全防范工作,强化社会面的控制,合理调配警力,组织协警人员、联防、暂管人员、保安人员开展夜间巡逻防范。切实加强对重点地区、场所、部位和案件多发路段的防范巡逻。开展"秋季风暴"巡逻防范行动,有效遏制各类案件的上升势头,特别是可防性的入室盗窃案件比上年度下降16%,整体刑事发案比去年同期下降13.4%。确定24个重点地段开展重点治乱工作,对新华街繁华街区歌舞娱乐场所频发的寻衅滋事问题和清河南街、延宾东路、永安巷等附近地段的拦路抢劫、集贸市场和早市扒窃突出问题进行专项治理;开展中小学校周边秩序专项整治工作,查处侵害中小学校、师生人身和财产案件30余起,取缔录像厅2家、责令停业歌舞厅2家。查处毒、赌、色案件903起,收缴淫秽音像制品570件、书籍30册、赌博游戏机电路板84块。开展"缉枪治爆"专项行动,收缴猎枪11支、子弹835发、雷管177枚、导火索7米、炸药4.8公斤。加大流动人口管理力度,先后组织4次全局性统一清查行动,重点整治城乡结合部的出租私房和暂住人口,登记出租房屋6096户9097间(套)、流动人口16898人,其中应办证16478人,办证16048人,占应办证人数的97.4%,办理出租房屋许可证6066件,签订出租房屋治安管理责任书6096份。全年共受理各类治安案件6195起,查处2959起,查处率47.8%,收缴罚没款167万余元。

2003年,兴庆区划调整,原郊区6个乡划入分局辖区,出现城乡共存新的治安格局,分局将工作重点放在城乡结合部、出租私房、治安较差的地段和存在问题突出的行业,特别是高发案地区和场所,本着什么问题突出就整治什么的原则,着力解决突出治安问题,落实长效管理措施。8月22日文化街派出所在宁夏北人新华印刷有限公司检查时收缴16瓶剧毒品氰化钠,消除影响民运会的一大隐患。清理整顿游艺场所21家,收缴带有赌博功能的游戏机91台,抓获参赌人员16人。面对南门桥卖淫嫖娼和新华街扒窃抢夺问题反弹、人民群众反映强烈的情况,从11月26日~12月6日开展专项整治,破获治安案件177起,查处360人,查处毒、赌、色案件2006起,收缴淫秽音像制品1200盘(张),带有赌博功能的游戏机及电路板145块,各类管制刀具3435把。全年共收缴猎枪5支、汽枪3支、仿64式手枪3支、钢珠枪2支、子弹950发、炸药3公斤、雷管10枚。开展校园整治工作,文化、凤北、西街等派出所先后破获针对小学生的抢劫、抢夺系列案件60余起。受理治安案件8329起,查处治安案

件4543起，收缴罚没款715万元。登记常住户口中有人无户14460户38429人，登记房屋出租8082户13673间，登记商业网点9669家，用工单位324家，施工单位157家，签订责任书9249份，登记暂住人口40336人，其中上网比对外来人员11487人。

2004年，对辖区涉枪单位、涉爆单位、存有易燃易爆物品、剧毒物品单位、烟花爆竹经营销售点开展多次安全大检查，建立健全各项规章制度，签订责任书，先后下发治安隐患通知书200余份，落实整改措施500余条。整治"站街女"卖淫、自行车黑市、娱乐场所新型毒品（K粉、摇头丸）犯罪和劳务市场治安秩序。开展抓防范、压发案、破大案、保平安等专项行动，查处黄、赌、毒案件1136起。受理治安案件7371起，查处3673起，查处率49.8%，查处5313人。全年共登记外来人口75765人，应办证66585人，实际办证58519人，办证率达88%。登记出租房屋10946户59186间。

2005年，整治公共娱乐场所秩序，发现整改治安隐患226处，查处黄、毒、赌案件931起。开展集中整治校园周边治安秩序专项行动，查破涉及学校及周边的违法犯罪团伙7个，查处侵害学校师生的违法案件24起，治安处罚59人，刑事拘留2人。收缴各类枪支3支、子弹3099发。列管重点人口1239人，列管率由年初2.55‰提高到2.98‰。共登记流动人口84741人，应办证79142人，办证72795人，办证率97.3%，登记出租房屋12708户62975间，签订出租房屋治安责任书12708份，签订率100%。全年共受理治安案件5515起，查处2899起，查处率为52.6%，治安处罚4017人。完成人像采集任务，人口信息系统进一步完善。

2006年，按照宁重勿漏的原则，对枪支弹药、爆炸、剧毒等危险品从业单位逐一上门，进一步摸清底数，收缴各类枪支10支、仿真枪69支、各类子弹1230发、管制刀具1020把。开展第二代居民身份证集中换发工作，提前完成18万人换证任务。

2007年，抓获各类违法犯罪嫌疑人员1117人，查破各类案件500余起。登记出租房屋8007户33923间。全年共收缴各类枪支23支、管制刀具1123把、导火索12米、雷管20枚、子弹831发。共办理二代身份证12740份，登记常住人口493453人、暂住人口57734人，办理暂住证51320人，办证率98%。

2008年，坚持打防结合、预防为主、专群结合、依靠群众的方针，出动警力59313人次、警车30081台次，抓获各类违法犯罪嫌疑人1628名，查获收缴各类管制刀具、器具913把，盘查可疑人员11352人次，查获各类毒品3537克，参加执勤662次，接受群众求助4151次，调解纠纷835次。检查特种行业、娱乐场2000余家（次），发现各类治安隐患312处，限期整改87家，停业整顿21家。收缴各类枪支44支、管制刀具1232把、导火索237米、雷管35枚、子弹14158发。探索人口管理新机制，积极应对"单位人"变"社会人"、"常住人"变"流动人"的新形势，努力实现"两个转移"①切实把"社会人"和"流动人"管住、管牢、管实。为解决外出务工人员办理领换第二代居民身份证的实际困难，年初分局开展集中为返乡群众办理第二代居民身份证便民服务活动。1～11月共登记暂住人口52438人，应办理暂住证46919人，已办证43080人，办证率91.8%，登记出租房屋6598户。

2009年，上网登记暂住人口74800余人（次），登记暂住场所、出租房屋11200余间，登记从业人员1400余人（次）。收缴各类枪支8把、子弹2000余发、管制刀具214把。

2010年，查获涉黄案件194起，打击处理280人，查获赌博案件215起，打击处理910人，收缴赌博游戏机1500余台、赌博游戏机电路板550余块。组织开展治爆缉枪、易制毒化学品专项清查整治和集中统一清理检查行动，检查涉枪、涉爆、涉危化物品单位90余家次，收缴各类枪支5把、子弹15167余发、管制刀具330余把、雷管80枚。

【社区治安承包】 2006年7月，银古路派出所将社区10个村民小组的治安承包给社区联防队，联防队再根据社区特点把治安分给每位联防队员，哪幢楼房、哪个大门、哪个社区发了案，责任将会追究到联防队员身上，社区多方筹集到10万元资金，考核聘用承包人和20名联防队员，现场签订《治安承包责任书》。

【防控体系建设】 2001年，进一步落实"十店联警"、"单元楼联防"的群防群治工作，开展安全社区创建活动，加强人防、物防、技防措施的落实，建设"打、防、控一体化"的运行机制。累计建成安全小区、安全楼院403个，安全小区、安全楼院人口覆盖率达到62.1%。组建城区安保公司，建立以辖区派出所为主，以联防队、保安队人员为补充的准专业治安防范体系。

2002年，社区警务建设全面发展整体推进，兴庆区9个街道75个社区已全部挂牌进驻社区民警开展工作。保安业务得到进一步拓展，保安服务延伸到社区、单位、场所，"场所出资、公司派驻、公安管理"格局初步形成，成为社会治安综合治理的一支重要力量。

2003年，围绕基础调查工作，构筑治安防控体系，将社区居委会、治保会、物业保安、单位保卫人员等群防群治力量动员起来，发动群众，进一步落实各项防范措施，逐步在辖区建立起一套反应灵敏、防范严密、打击有力、群防群治的社会治安防控体系，构筑城乡安全防范屏障。创建"零案社区"，先后命名37个安全文明小区，19个安全楼院、村队。

2004年，以创建安全文明小区（楼

①"两个转移"：即从户口管理转移到人口管理上来、从常住人口管理转移到实有人口管理上来。

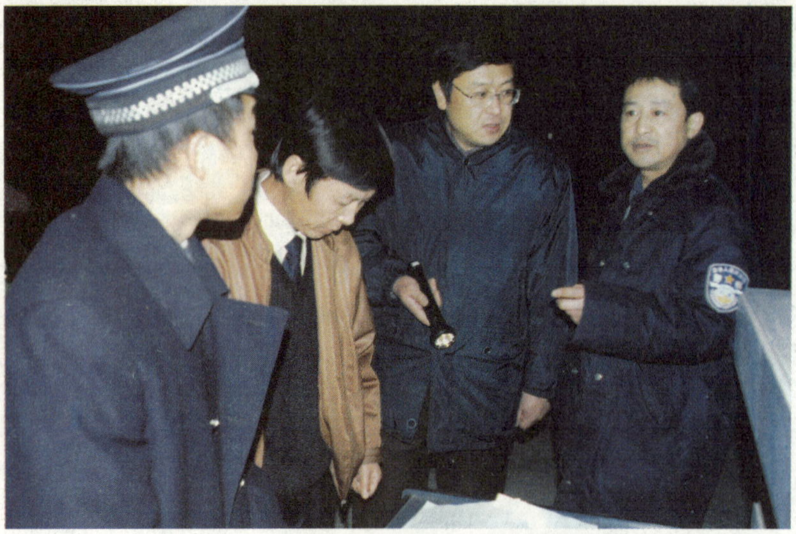
2004年11月22日,街道领导检查社区治安工作

院)为载体,形成较为完善的防范网络,累计建成城镇安全文明小区261个,安全楼院278个,安全小区、楼院的覆盖率达到75.5%。

2005年,成立巡防指挥部,下设保安巡防支队、流动人口管理支队、民防支队3支专业队伍,把原有的联防队员和协警员全部纳入保安公司,统一着保安制服,由派出所统一管理。各街道成立街道和社区两级民防队和护厂队、护校队等群防群治组织,初步建立起巡逻网、社区网、治安网、内保网,将辖区划分为17个巡区,实行网格化巡逻。10月底,启动"百车巡防"行动,在派出所之间建立起互为联动的防控网络,健全五级治安防控体系、十店联防、治安承包等新机制。组建全区首支以打击街面犯罪为主业的便衣队,形成一张覆盖城区大型广场、繁华街区、商业场所、要害部位的秘密控制网络。

2006年,实施联防战略和警司联调模式,在农村实行"警民联防、部门联调"治安联防机制;在城市社区构建以警务室为平台、责任区为主导、保安人员、民防组织为基础的治安防控体系,有效地减少和预防各类案件的发生。在东桥安和社区成立治安调解理事会,友爱社区成立外来人口管理协会,富宁所铁南社区成立10人专职巡逻队,荣华小区成立治安理事会,文化所在湖滨街开展创建"治安模范一条街"活动,银河社区组建"酒吧巡防队"和"电动自行车巡防队"。

2007年,成立打"两抢"专业队、便衣行动队和摩托化机动巡防大队。采取社会化、市场化运作方式,建立专业与辅助力量相结合的三级巡防队伍和群防群治队伍,各派出所都有一支由民警带队的专业巡逻队伍在各辖区重点时段、重点地段开展巡逻巡防,队伍发展到800余人。社区民防队伍、义务巡逻队、村级巡逻队、社区巡逻队等群防群治队伍有150余支2400余人,形成"千人大巡防"格局,每天投入的巡逻防范力量达1000人,其中公安民警约50余人、巡防员300余人、协管员100余人,治安协理员300余人,基层治保联防人员500余人。共为基层所队配备对讲机57部,基地台11部、巡逻摩托车20余辆、电动车40余辆、单警装备100余套。完成216家旅馆治安管理系统的安装。落实专业保安24小时值守和单位领导带班、员工值班制度,落实技防措施,规范机关企事业单位的治安防范工作。

2008年,建立以摩托化机动巡逻队为龙头的社会治安防控体系,组建"女子摩巡队",建立"警灯闪亮"治安巡防工作新机制,建立治安联勤点300余个,安装各类警灯400余个,1500余名社会保安力量被有效纳入到分局治安防控体系之中,成立"治安管理协会"及下属五个分会,通过"治安管理协会"架起分局与各行各业之间治安管理与服务的桥梁。完善落实"五所联防"、"三所联防"、"两所联防"联动机制,"百车巡防"、"千人巡防"长效机制。先后组织开展了《迎奥运保大庆守护平安巡防大行动》《2008冬季治安大巡防专项活动》以及"红袖标在行动"等巡逻防范活动,指导附属医院组建区内第一支以单位保安力量为主体的"治安巡防队"。

2010年,为中小学校安装治安监控系统90余家、探头400余个、一键式报警器70余个,建立校安工作室30余个。安装警灯30个,配发辣椒水喷剂130余瓶、警棍130余根、警用钢叉60余把,在辖区安装治安监控系统1000余家,安装监控探头8500余个。

【基层基础建设】2001年,加大对基层人力、物力、财力的投入,将新增的民警全部充实到各个派出所,给10个派出所配备10辆警车,给每个责任区民警每月再补助30元。开展"一区一警、二区一警、三警一区"的社区警务改革,设立社区警务室,社区治安防控能力进一步加强。

2002年,继续推进以社区警务为中心的基层基础工作,兴庆区政府拨专款为警务室统一更换标牌和办公桌椅等设施,提高了警务室装备,达到了标准统一。兴庆区9个街道75个社区全部挂牌进驻社区民警开展工作。

2003年,不断加强派出所规范化、正规化建设,开展派出所等级达标、安全文明小区、楼院、村队、执法质量考评和"无毒社区"创建活动,派出所的治安防控能力进一步增强,年底有两个派出所申报一级公安派出所,7个申报二级公安派出所。

2004年,加强派出所正规化建设,争创一级公安派出所,先后投入80余万元,改造4个达标派出所的基础设

施，达到一级派出所的标准。

2005年，整合社区警务，将原有的85个社区警务室整合为41个，配备41名专职社区民警，82名社区巡防保安员和130余名流动人口协管员。通过整合，社区防控力量得到加强，推进了社区警务工作的落实。

2006年，启动“三基”①工程建设，成立“三基”工程领导小组和办公室，出台《基层基础年实施方案》《基层基础建设20项重点工程》《关于加强社区警务工作的意见》和《关于深入实施农村警务战略的实施意见》，截止年底分局实有警力343人，其中，基层所队警力309人，达到全局实有警力90%，派出所警力205人，达到全局实有警力60%，实现了公安部提出的基层一线警力达到85%以上，派出所警力达到50%以上的目标。全年共投入经费600余万元，对派出所外观形象进行改造，统一警车外观标识，统一部分基层所队配备办公家具和办公用品，新配警车33辆、新增微机110余台，派出所整体面貌焕然一新。

2007年，建立民警培训基地，为基层所队新配35台警车、20余辆摩托车、60余辆电动自行车和近200台电脑，大部分派出所实现民警人均一台电脑，为民警配备警用装备，改善了基层派出所和责任区刑警队的办公条件。截至11月底，用于“三基”工程建设的资金达到700余万元。立项新建掌政镇派出所和大新镇派出所，规划建设解放西街派出所和其他无房所。

2008年，稳步推进大新、掌政派出所工程建设；完成投资36万元对中山南街派出所翻新改造工程；协调解决了解放西街派出所搬迁工作。自2006年“三基”工作开展以来，分局先后投入800余万元用于“三基”工程建设，基层硬件设施建设取得了明显成效。今年，分局为基层所队新配电动自行车100辆、警用摩托车35台、微机110台、单警装备50套、勘察灯115个、数码照相机120台、电视机11台。为社区民警和刑警配发笔记本电脑55台，建成30个标准化社区警务室，2个农村警务室。与此同时，还推出“流动警务室”、“流动警务服务车”新举措，进一步深化了社区和农村警务战略。分局基层所队全部接入公安信息网，每名民警拥有微机数量1.2台，PKI/PMI数字身份证书每人一把，派出所常住人口信息录入率为100%，相片录入率为100%，旅馆业治安管理信息系统安装达到98%，对出租房屋和外来人口信息实现了微机化管理。

2010年，先后完成凤凰北街派出所新办公楼建设工程，文化街派出所、西街派出所的装修改造工程；正在进行分局侦察监控中心、银古路派出所办公楼、南街派出所的装修改造工程，对城市派出所的办案区与办公区进行了重新规划和建设。在各单位办案区内设置讯问室、询问室、候问室、物证室、信息采集室等。在基层执法单位建立物证室5个、综合物证室14个，配发物证柜37个，在各所队普遍建立“同步录音录像标准化候问室”。严格规范基层所队办案区、办公区、生活区、服务区等功能、场所的设计建设，完成分局富宁、凤北、西街、新华等四个派出所的试点建设。全年分局共为基层单位购置警用车辆29台、对讲机144台、单警装备150套、同步录音设备7套，防刺服、防弹头盔、防弹背心各50套。投入4万元更新添置现场勘查检验鉴定设备，投入20万余元购置刑事技术专用现场勘察车1辆，为侦查破案和打击违法犯罪活动提供强大的物质保障。

【民间纠纷、治安纠纷调解中心】 2005年，各派出所成立民间纠纷、治安纠纷调解中心，由派出所民警和聘请的调解员对治安纠纷、民间纠纷进行接待、咨询、分流、调解工作，效果非常明显，缓解了警力不足的压力，使一大批矛盾纠纷在派出所得到消化处理。全局各派出所调解中心共接待、调解各类纠纷3000余件，其中在派出所成功调解2500余件，向城管、法院、劳动仲裁及国土等部门分流500余件。

【信息化建设】 2001年，建立分局信息中心，分局机关内部微机全部联网。

2002年，全面开展“金盾工程”第二期建设。对全局民警进行计算机操作培训。率先在全区、全市实现户籍联网，进行网上户籍管理。完成网上案件审批系统开发并投入使用。

2005年，率先完成公安信息四级网络建设，各基层科、所、队四级网全部建成，信息传递实现网络化，日常办公实现无纸化。一年来通过信息制导，快速反应，共抓获各类现行违法犯罪人员116人，破获各类刑事案件151起。

2006年，率先完成公安四级网100%接入目标，自主立项完成数字警务综合信息管理系统的研发、应用，实现文件、信息网上发布、签阅、流转。电视电话会议系统建成开通，视频指挥中心系统、全球眼网络监控系统基本建成。为巡逻车辆安装GPS卫星定位系统23台。借助市局350兆无线集群通信网，配备无线电台60部，开通手机短信服务平台，建立畅通高效的指挥保障系统。构建专业化的侦查技术系统，投资10万余元，为刑警大队配备指纹远程比对终端设备，基本达到公安部二级水平。架设科技防范网络，推广安装自动报警系统、闭路电视监控系统等技防设施，增强实时监控能力，减少失控。

2007年，全面启动社会治安监控系统建设，制定《社会治安监控系统建设实施方案》，成立领导小组，明确建设任务及目标，实行“二期工程、二级平台、二级管理”，年底前基本完成了一期目标，覆盖兴庆区重点部位，为治安防控提供有力的科技支撑。

2008年，完成重点要害部位、大型

①“三基”：即基层基础、社区警务、农村警务建设

商场、娱乐场所、宾馆酒店等治安监控系统安装与使用，信息联网系统安装450家，达到98%；完成治安监控系统安装573家，安装监控探头7023个。

2010年，在辖区派出所推行数字化"警务公开"，建立数字化警务公开查询反馈系统11个。成立信息化研判中心，制定"地理基础信息采集大会战实施方案"、"地理基础信息采集奖惩办法"、下发《信息采集工作中的典型问题及解决办法》，召开地理基础信息采集全警动员大会，做到全警动员，全力以赴，共完成地理信息数据采集录入10万余条，有11名民警被市局评为采集之星，共兑现工作奖励经费4万余元，确保全局地理信息数据采集工作的圆满完成。

【三项建设】 2008年，以全国公安机关"信息化建设、执法规范化建设、和谐警民关系建设"的三项建设为抓手，成立信息化、执法规范化建设领导小组和执法质量、信息化质量监督办公室，建立"执法规范化建设工作方案"、"执法质量现场考评细则"、"破案任务与执法质量奖罚考核细则"、"信息化录入网上考评细则"等一系列规章制度，通过网上执法审查、信息录入数、质量审核和月案卷质量检查评比等活动，对执法办案和信息录入工作进行网上全程审核检查，1~11月份共检查考核行政案件2500余件，刑事案件680余件，行政案件质量优秀率达到90%，行政诉讼案件维持率为100%，审查、审核案件入网信息2万余条，信息录入质量稳步提升，合格率由年初20%上升到90%。

【全国友好城市公安分局年会】 2009年8月31日~9月4日，在兴庆区举办第24届全国14暨27城市友好公安分局年会，来自全国40余个友好公安分局的200多名代表就"运用科学发展观正确认识、积极预防与妥善处置群体性事件，维护社会稳定，促进经济社会全面、可持续发展"主题，进行了交流探讨。

【行政改革】 2002年，简化户政管理、治安审批手续、下放审批权限，改变了以前的重审批、轻管理的问题，降低了开业办证"门槛"，由"四趟两检查"更改为"两趟一检查"，户政上则将原有的17种由分局审批的户口事项下放到派出所，通过这些改革措施，简化了手续，提高了效率，极大地方便了群众和商家上门办事。

2006年，认真落实《行政许可法》，对公安行政许可事项逐一进行清理，全面实行警务公开，继续推行限时服务、延时服务、预约服务、上门服务、承诺服务、首接服务等各种优质服务，对服务事项全部按最短时间规定办结时限，实行一次性办成。

2007年，实行首接责任制，开展警民相约警务室活动，设立便民服务台45个，发放便民服务卡、入户须知等10万余张。按照"警力跟着警情走"的要求，深化警务和勤务机制改革、"三队一室"及"一室三员"勤务改革，调整和改进派出所值班和接处警勤务制度，设置专职接警员，探索警力机动配置、灵活整合的办法，切实变办公室为"更衣室"，真正做到警力跟着警情走。

2010年，将公安行政许可受理、审核、审批、制证、发证等工作进行有机整合，在治安户政大队设立"一站式"服务窗口，实现"一站式"服务管理，进一步方便群众，提升了群众对公安工作的满意率。

【执法规范化建设】 2010年，开展执法公信力大讨论、大学习活动和广泛征求社会各界意见建议活动，先后召开40余次意见征求会议，发放征求意见表1800余份，征求人大代表、政协委员、居民代表、单位代表、被管理场所代表等人员意见建议220余条，并对照民警在执法活动中存在的问题逐一落实整改。制定《法制委员会规则》《法制员考核制度》《法制例会制度》《民警参加人民法院庭审旁听制度》《执法公开制度》《"黄、赌、毒"案件上报备案制度》《落实执法过错责任追究制度》等九项内控监督制度。创新执法规范案件流程监督质量考评系统，实现执法办案网上办理、网上审核、网上监督、网上考核。对具有执法资格的283名民警全部建立电子执法档案，强化对民警的执法监督和管理，建立破案任务、执法质量与绩效考核相结合的考核机制，严格执行"一案一考评、每季一考评"工作制度，推动全局执法质量进一步提升。

检　察

【概述】 银川市兴庆区人民检察院的前身是银川市城区人民检察院，现有政法专项编99人，工勤编5人，实有人员84人(含未上编3人)，实际在编81人，其中政法专项编77人、工勤编4人；内设6科2局2室；按法律职务分，检察长1正3副，检察委员会委员6人(设专委2人)，检察员35人，助检员4人，书记员28人；按行政职级分，正处级1人、正科级21人、副科级15人、科员40人，其他7人。

近年来，兴庆区检察院完成银川市42%、全自治区15%的刑事案件审查逮捕和起诉工作，为把兴庆区打造成西北地区宜居宜业宜游、实力活力魅力兼备的幸福城区提供了有力的司法保障，先后获自治区级文明单位、全国先进基层检察院、全国文明接待示范窗口、全国纪检监察工作先进集体、全国"四化"建设示范院等荣誉称号。

【检察院领导名录】

检察长：代丰年(2001.01~2003.02)
　　魏顺明(2003.02~2005.11)
　　戴向晖(2005.12~2007.10)
　　赵立志(2007.10~2010.12)

副检察长：冯志祥(1995.06~2004.12)
　　刘　伟(2003.04~2005.11)
　　胡　兵(2002.04~2008.10)
　　乔玉成(2005.03~2010.12)
　　张志春(2006.06~2010.12)
　　张铁轮(2008.09~2010.12)

【刑事检察】 2001~2010年，在"严打"

集中统一行动的同时，积极参加“扫黄打非”、禁毒、“打拐”、反盗窃自行车、反盗窃、整治农村社会治安、“打两抢反盗窃”专项行动，贯彻宽严相济的刑事政策，对主观恶性较小的未成年人、轻微犯罪案件、初犯、偶犯，坚持以教育、感化、挽救为主，坚持严把事实关、证据关、程序关和适用法律关，配合公安、法院快批捕、快起诉、快审判，坚持对重大、疑难、复杂案件提前介入，引导公安机关收集证据、固定和补充证据，较好地形成侦诉证据一体化机制，及时揭露犯罪、证实犯罪，受理公安机关提请批准逮捕4996件7506人，经审查批准逮捕4423件6488人，批捕案件准确率达到88.53%；受理公安机关和本院自侦部门移送审查起诉6522件9593人，决定起诉5990件8709人，不起诉230件434人；对不构成犯罪或者事实不清、证据不足的人作出不起诉决定，充分发挥检察机关的法律监督职能，维护司法公正。

2001年1～11月份共受理公安机关提请批准逮捕381案585人，同比案数和人数分别上升22.9%和11.4%，经审查决定批准逮捕339案517人，共受理公安机关移送起诉349案503人，经审查决定起诉309案450人。

2002年1～10月共受理公安机关提请批准逮捕377案584人，同比分别上升7.4%和8.3%，决定批准逮捕363案580人，同比分别上升15.2%和19.3%，不批准逮捕19案41人，同比分别下降45.7%和50.6%。受理公安机关移送审查起诉331案494人，同比分别上升2.5%和7.2%，决定起诉327案482人，不起诉2案6人。

2003年，全年共受理公安机关提请批准逮捕667案957人，同比分别上升43.1%和35.6%，经审查决定批准逮捕637案887人，不批准逮捕,38案79人。受理本院自侦部门提请批准逮捕7案9人，经审查决定批逮捕7案9人。受理公安机关移送审查起诉701案991人，经审查决定起诉650案901人。受理自侦部门移送起诉17案23人，经审查决定起诉15案20人。

2004年，全年共受理公安机关及本院自侦部门提请批准逮捕724案1177人，同比分别上升7.4%和21.7%，决定批准逮捕654案1000人（含追捕6人），不批准逮捕68案156人，不捕率13.3%，公安机关撤回2案21人，结案率为100%。受理公安机关及本院自侦部门移送审查起诉、不起诉727案1106人，同比分别上升0.6%和7.9%，决定起诉698案1055人，不起诉17案27人，不诉率为2%，退回补充侦查107案209人，公安机关撤回起诉28案56人，移送市检8案18人，尚在审理6案18人，结案率为99.4%。

2005年1～9月共受理公安机关及本院自侦部门提请批准逮捕502案774人，同比分别下降11.8%和18.4%，决定批准逮捕443案660人，不批准逮捕50件102人。受理公安机关及本院自侦部门移送审查起诉548案842人，决定起诉465案711人，不起诉22案29人。制定《刑事案件快速移送起诉实施办法》，提高诉讼效率；适用轻缓刑事政策，贯彻当事人人格平等的诉讼执法原则，推出了公诉人告知制度。

2006年，全年共受理公安机关及本院自侦部门提请批准逮捕707案1106人，同比分别上升7.6%和9.8%，决定批准逮捕634案955人，不批准逮捕73件151人。受理公安机关及本院自侦部门移送审查起诉706件1026人，决定起诉641件902人，不起诉30件37人。

2007年，全年共受理公安机关及本院自侦部门提请批准逮捕596案942人，同比分别下降15.7%和11.3%，决定批准逮捕550案867人，不批准逮捕39件65人.受理公安机关及本院自侦部门移送审查起诉697件1132人，决定起诉626件960人，不起诉22件32人。落实轻缓刑事政策，制定《对未成年人犯罪案件贯彻落实 < 最高人民检察院关于在监察工作中贯彻宽严相济刑事司法政策的若干意见 > 的实施方案》和《未成年人犯罪工作制度》，在办案中严格按照规定执行；推行快递办案机制，对案情简单、事实清楚、证据确实充分、适用法律无争议，且可能判处三年以下有期徒刑的案件，在确保案件质量的前提下，使用快速办理机制，节约了诉讼资源。

2008年，通力协作，形成打击合力。配合公安快批捕、法院快起诉、快审判。办案中，严把事实关、证据关、程序关和适用法律关，配合公安机关开展“百日破案活动”和打黑除恶专项活动。共审查逮捕重点案件168案240人，审查起诉205案298人。

2009年，1～9月份共受理公安机关和本院自侦部门提请批准逮捕532案779人，同比分别上升17%和23%，经审查决定批准逮捕421案610人，不批准逮捕83案127人。受理公安机关和本院自侦部门移送审查起诉574案823人，同比分别上升15%和16%，经审查决定起诉527案736人、不起诉46案51人。批捕、起诉准确率达100%。实现了刑事案件无改变定性、无遗漏罪行、无被判无罪、无涉检上访，案件准确率达到100%的“四无一百”目标。

2010年，受理公安机关及本院自侦部门提请批准逮捕547案747人，经审查决定逮捕418案579人，不批捕案件129案168人。受理公安机关及本院自侦部门移送审查起诉702案959人，经审查决定起诉627案838人，法院均作有罪判决；不起诉37案54人。批捕、不批捕、起诉、不起诉准确率100%。其中，批捕严重暴力犯罪、毒品犯罪、黑恶势力犯罪以及“两抢一盗”等多发性侵财案件220案220人，审查起诉236案328人，有力地打击了犯罪，促进了社会稳定。

【贪污贿赂、渎职检察】 2001～2010年，兴庆院反贪污贿赂、渎职工作认真贯彻党中央和各级党委及高检院关于打击贪污贿赂渎职等职务犯罪，深入开展发腐败斗争指示精神,集中力量查办大案要案,通过强化证据意识,办理大要案的能力得以大幅度提高,达到查得准、立得住、诉得出、判得了的工作目标,十年共受理职务犯罪案件线索214件,全部进行初查,立案侦查79案109人,为国家挽回直接经济损失1225.57万元。2003~2010年,兴庆区检察院决定立案侦查的渎职和侵犯公民人身权力、民主权力等犯罪案件11件14人,为国家挽回经济损失1061.49余万元。

2001年,截止11月共受理贪污贿赂、渎职等违法案件线索62件,决定立案15件19人。为国家挽回经济损失11.4万元。

2002年,截止10月共受理贪污贿赂、渎职案件线索32件,其中贪污贿赂23件,渎职9件。决定立案15件20人,为国家挽回经济损失34.2万元。

2003年,全年共受理贪污贿赂、渎职案件线索57件,决定立案15件19人。为国家挽回经济损失134万余元。

2004年,自侦部门共受理职务犯罪案件线索61件(其中贪污贿赂线索38件,渎职侵权线索23件),初查59件,决定立案侦查15案16人,其中贪污8案9人、挪用公款5案5人,非法拘禁1案1人、徇私枉法、私藏枪支弹药1案1人,重大案件5案。侦查终结移送审查起诉13案14人,不起诉1案1人,移送区检1案1人,挽回经济损失32.6万元。

2005年,全年共受理贪污贿赂、渎职案件线索39件,决定立案侦查9案15人。侦查终结移送审查起诉6案11人,为国家挽回经济损失121.3万元。

2006年,全年共受理贪污贿赂、渎职案件线索56件,其中贪污贿赂犯罪51件,渎职犯罪5件,决定立案侦查16件19人。侦查终结移送审查起诉14案17人。为国家挽回经济损失326.7万元。为加大查办职务犯罪力度,推行"三加二"办案模式,(即在侦查阶段实行自侦、侦查和公诉三个部门共同会审,由主办检察官领导侦查组和主诉检察官领导公诉组,分别对侦查和起诉阶段的案件事实、证据的证明力进行双重把关,公诉组引导侦查的办案模式),建立了一体化协调办案机制。

2007年,按照"稳定数量,提高质量,狠抓大案要案"的目标,加大查办和预防职务犯罪工作力度,推进反腐败斗争和廉政建设。全年共受理职务犯罪案件线索43件,同比下降21.8%,决定立案侦查11件19人。侦查终结移送审查起诉8案14人。为国家挽回经济损失470余万元。

2008年,把查办贪污贿赂、渎职侵权等职务犯罪摆在突出位置,拓宽案源渠道,抓住办案重点,强化初查工作,加大办案力度。共受理职务犯罪案件线索38件,决定立案侦查18案21人,侦查终结移送审查起诉13案15人,为国家挽回直接经济损失292万元。

2009年,制定《预防职务犯罪工作方案》和《在新增中央投资建设项目中开展重点预防职务犯罪工作措施》,截止10月共受理职务犯罪案件线索37件,立案12件19人,其中贪污5件7人、挪用公款1件2人、受贿4件7人、行贿1案1人,徇私枉法1案2人;大案6件,要案3件;查处正处级干部2人,副处级干部1人;移送起诉6件10人,移送不起诉3件5人,判决6件8人。为国家挽回经济损失194万元。

2010年,共受理贪污贿赂和渎职侵权案件线索46件,初查后,决定立案侦查16案26人,其中贪污4案8人、挪用公款2案3人、受贿3案5人,行贿6案7人,滥用职权2案2人,玩忽职守1案1人。所立案件中大案7案8人,要案3人。已侦查终结15案24人,移送审查起诉13案22人,移送审查不起诉2案2人。法院作有罪判决12案17人。为国家和集体挽回直接经济损失130万元。一年来共发出职务犯罪预防《检察建议》14份,与发案单位座谈5次,开展职务犯罪预防调查并形成调查报告52篇,职务犯罪预防警示宣传教育85次,预防咨询102次,完成职务犯罪案例分析33篇。接受查询786人(次),收到了较好的社会效果和预防效果。

【控告申诉检察】 2001~2010年,落实首办责任制,进一步规范工作程序,开展集中处理涉法上访专项活动,对于属于检察机关管辖范围的案件积极受理;对不服检察机关不批准逮捕、免予起诉案件进行查处,其中申诉有理的,实事求是地处理,申诉无理的,做好说服教育工作劝其息诉;对矛盾可能激化的告急案件,先行做好疏导调解工作,防止矛盾转化;对涉及违法犯罪的案件线索适时立案查处;先后建立《申诉举报答复制》《涉检信访救助制》《来信来访工作联系制度》《涉检信访预警制度》《信访联系卡》等制度,结合受理案件的特点,坚持以人为本、定纷止争、化解矛盾的原则,最大限度地缓解和消除各种矛盾。

2001年,受理控告申诉来信来访118件,同比上升13.9%。在开展控申工作中,继实行"正名制""署名举报承诺制"后,又推出"首问接待责任制"。

2002年,开展"温暖来访心,满意在监察"文明年接待活动。推出"接待公示制"、"检察长零距离下访接待制"。1~10月,共受理来信来访66件,与去年同期的118件相比,下降44.1%。

2003年,共受理来信来访115件,同比上升79.7%。在坚持检察长接待制度,在不断改进和规范控告和申诉"首问、首办",责任制的同时,又推出"检察官巡回服务制"、"检民连心卡"等制度,法律服务由进驻社区延伸到乡村、农户、变上访为下访,共在社区、乡村接待群众来信来访、息诉、调解纠纷40件次,有效减少越级上访。控申工作在连续保持区级文明接待室称号的基础上,在今年高检院全国性文明接待的评比检查中得分居全区基层院第一。

2004年,共受理来信来访119件,同比上升3.5%。

2005年,开展集中处理涉法上访及涉检上访案件专项活动,对案件的处理

结果进行跟踪监督，5月举行全市“文明接待室”现场观摩会。全年共受理来信来访78件。

2006年，共受理来信来访108件。对所举报的线索都按管辖范围进行分流，对案件的处理结果进行跟踪监督。制定《对困难群众实行下访接待办法》，专人登记建卡立册，优先办理。

2007年，严格执行举报工作细则，落实首办责任制，共受理来信来访84件。未发生越级上访或集体上访事件。

2009年，认真落实首办责任制。受理群众来信来访96件(次)，开通全国检察机关统一举报电话“12309”，有效地防止越级访、集体访和进京访的发生。

2010年，受理群众来信来访211件(次)，其中申诉类信访150件，控告举报类信访61件，刑事申诉案件5件，上级交办案件4件，立案初查3件，检察长接待69件69人(次)，全部按管辖范围进行分流处理。充分发挥“12309检察服务热线”的主阵地作用。

【科技强检】 2001~2010年，克服经费紧、基础条件差、专业人员短缺、技术难度大等诸多困难，加强检察技术工作力度，特别是以新建技侦大楼为契机，结合实际探索出一套合理、高效的实施方案，先后投入信息化硬件建设资金近300万元，建设检察专线三级网，涉及300多个信息点、60余台工作站的计算机局域网络系统，6套全程同步录音录像系统，近30多个保安监控点的安防系统，视频电视电话会议系统，程控电话交换系统，LED电子屏显示系统。为使这些系统高效运行，先后购买高质量网络服务器、核心交换机、接入层交换机、液晶电脑等现代化办公办案设备，投资近150余万元专项款购置液晶电脑、笔记本电脑、便携式打印机、照相机、摄像机、扫描仪、录音笔等设备充实到办公办案一线，达到人手1机，每个办案组1台笔记本电脑、1台便携式打印机，全面推动无纸化办公、无纸化提审工作。

【领导班子建设】 2001~2010年，院党组从抓班子的凝聚力、战斗力和创造力入手，不断加强班子建设，在兴庆区委的领导和支持下，对院领导班子进行调整、充实，平均年龄由原来的48岁下降为40岁，全部为大学学历，班子的整体结构进一步得到优化；班子成员把理论学习作为加强班子建设的首要任务来抓，坚持每月党组中心组学习和党内双重组织生活制度，工作中认真贯彻民主集中制原则，坚持定期召开党组民主生活会；先后制定《加强党组班子建设的若干规定》《党组会议议事规则》《检察长办公会会议制度》《党员领导干部民主生活会制度》《检察院院务会制度》《党员领导干部民主生活会制度》《中心组理论学习制度》《检察委员会学习制度》等7项制度，为领导班子建设提供制度保障。

2009年2月27日，检察院领导指导工作

【党风廉政建设】 实行分级管理负责制，鼓励先进，鞭策后进，针对检察干警处于反贪前沿，容易受到各种不良意识侵蚀的实际，经常性地开展党风廉政教育，与兴庆区纪检委合办《廉政教育园地》，定期组织干警观看反腐倡廉电教片，参加兴庆区委举办的预防职务犯罪警示教育活动，听取职务犯罪人员的“现身说法”，召开以预防职务犯罪、规范执法行为为主题的中心组座谈会，开展“以案析理”活动，运用反面典型引导干警汲取教训，引以为戒，做到警钟常鸣。

【队伍建设】 2001~2010年，紧紧围绕党的中心工作和任务抓队伍，工作中实行分级负责，落实“一岗双责”，针对党员干警占全体干警94.6%的状况，坚持以党建带队建，把队伍建设的着眼点放在提高队伍素质上，开展创建学习型检察院、培育学习型检察官活动，建立图书室、电子阅览室、文化长廊等学习平台。根据适龄干警本科化的要求，切实抓紧在职学历教育，要求45岁以下干警报考国民系列的成人院校法律本科学习；鼓励干警参加学历教育和技能培训，通过解决部分学习费用，保证学习时间，鼓励干警提高学历档次；支持干警报考硕士研究生、博士研究生和参加全国统一司法考试。2010年，全院大中专文化程度的干警占干警总数的63.6%，具有大专以上文化程度的达到77%，其中大专学历32人、本科学历15人；为加快信息化建设的步伐，提出40岁以下干警必须在两年内考取国家级计算机等级证书的目标，全院98%的干警获得自治区人力资源和社会保障厅颁发的公务员计算机二级等级证书，14人获得国家计算机一级等级证书，6人获得国家计算机二级等级证书，1人获得国家计算机三级等级证书。先后制定

《岗位责任制》《“三系”量化考核工作制度》《政治学习制度》《AB岗工作制度》《重大事项报告制度》《考勤及请销假制度》《征集干警工作意见建议制度》《奖励制度》《挂牌上岗制度》《聘用人员管理制度》《案件、信息保密安全规定》等，并将制度整理汇编成《机关建设手册》，将执法办案的各项制度汇编成《执法规范化手册》，为用制度管人管事奠定坚实的基础。

【创先争优】 兴庆区检察院牢牢把握创先争优活动的方向和主题，结合检察中心工作和机关党建实际，坚持以人为本，统筹谋划，以饱满的热情和有效的作为开展创建延伸服务示范岗、公正执法示范岗、文明接待示范岗、形象建设示范岗和比学习、比工作、比奉献、比作风、比形象的“四岗五比”活动，激发党员干警立足本职、爱岗奉献、建功立业的热情，推动创先争优活动深入有效地开展，被中共银川市委授予银川市职业道德建设“十佳单位”和基层内控机制建设先进单位。

【检务公开】 积极探索检务公开的新机制，在检察实践过程中进一步规范检务公开活动，制定、完善和向社会公布举报反馈、办案回访、刑事申诉案件公开复查、诉讼参与人权利义务告知；将职务回避、执法程序、办案规则、检察纪律、各科室的机构设置、职责范围、办事程序等情况进行公开，便于群众监督；公开不捕、不诉、取保候审案件的条件和办案流程，增强检察工作透明度；公开案件承办情况，加强干警之间的监督；开展检察院开放日活动，自觉接受人大的法律监督、政协的民主监督和新闻媒体的舆论监督，不断推进执法规范化进程。

【综合治理】 2001年～2010年，认真履行检察职能，开展社会治安综合治理工作，积极落实全国人大常委会关于严惩严重危害社会治安犯罪分子的决定，积极参与“五五”普法教育，大力开展法律进机关、进乡村、进社区、进学校、进企业、进单位活动，举办各类法制宣传活动355余次；落实未成年人犯罪案件专人办理、跟踪帮教机制与教育挽救的方针；积极参加社区矫正工作，促进平安兴庆建设；加强对社会治安突出问题的调研，大力推行不捕、不诉、不立案、不抗诉等法律文书说理改革，从源头上预防和减少涉检涉法上访事件的发生；在“严打”整治斗争第六战役中，加强与公安、法院的配合，稳、准、狠、快地打击了一批严重刑事犯罪分子，审查批捕193案279人，审查起诉177案270人。2003年，兴庆区检察院荣获全国严打整治斗争先进集体。

【执法宣传】 开展“关注民生，走近群众”主题实践活动，加强检察机关法律监督职能的宣传，通过在司法所、律师事务所建立联络站，设立举报箱及民事行政案件受理点，直接倾听群众呼声，解决群众诉求，监督纠正执法不公的问题，民事行政案件中有30%是通过受案点或联系站受理；扩大宣传覆盖面，通过检察工作“六进”活动，开展法律咨询、举报宣传周、检察长接待日等，进行法律监督职能的宣传。

【三级说理】 审查批捕阶段，对作出不捕决定的案件，要求从涉嫌犯罪构成、证据链和法律上由承办人、部门负责人、主管检察长进行三级分析、三级说理，并由办案人员分别向公安机关、被害人做好说理工作，增加不捕案件的透明度。

【逮捕上提】 全国检察系统开展职务犯罪案件逮捕上提一级、由“报备”改为“报批”工作，兴庆区检察院认真研究落实，强化自侦部门干警程序公正意识，依法及时收集证据，严格遵守办案时限，保障相应的检察权依法、公正行使。

【案件回访】 对大要案、不捕、不诉及办结的自侦案件等，由纪检组派员深入发案单位党政部门领导、案件当事人对办案人员是否严格执法、文明办案、廉洁自律等情况进行回访，监控办案质量，监督检察人员是否规范执法，文明办案。

【未成年人刑事犯罪一审】 自治区高级人民法院、检察院和公安厅联合发文，决定从2009年10月1日起将所有发生在银川市6区（市、县）内涉及未成年人犯罪的刑事一审案件实行集中受理，集中由兴庆区检察院与兴庆区法院管辖，为此，兴庆区检察院组成专门的办案组负责办理。

【执法监督】 自《银川市执法监督条例》颁布实施以来，兴庆区检察院认真实践强化法律监督、维护公平正义的工作主题，不断加大执法监督工作力度，确立强化监督促公正、规范执法树形象、务实创新铸强院的工作思路，监督意识得到强化，监督程序得到规范，监督效果更加明显。

2001年，在立案监督方面，8月对城区公安分局等单位2000年执法办案情况进行全面检查，经过对2011余册治安案件和刑事案件全面检查的基础上，对公安机关4件提出纠正意见；在侦查监督方面，追捕42人，追诉9人，提出纠正违法意见5件；在审判监督方面，提出纠正违法意见5件，提出抗诉6件6人。

2002年，根据银川市检察院“执法监督年”部署，成立城区检察院执法监督工作领导小组，深入开展执法监督年活动。在立案监督中1～10月对公安机关4件提出纠正意见，对城区公安分局等单位2001年执法办案情况进行立案监督，在对4400余册治安案件和刑事案件全面检查的基础上，又抽出23卷进行重点检查；在侦查监督方面，追捕31人，追诉4人，提出纠正违法意见16件；在审判监督方面，提出提出抗诉2件2人；在刑罚执行监督中，召开会议13次，提出纠正意见11人次；在民事行政监督中，1～10月共受理各类民事行政案件14件，立案9件，息诉5件，直接终止审查1件。在立案已终结的8件中提请抗诉1件、建议提请抗诉1件，终止审查1件。

2003年，兴庆区检察院被银川市检察院确定为执法监督工作试点单位，兴庆区人大也将检察院的执法监督工作列为工作检查的重点。兴庆区检察院制定《执法监督工作条例》，并分别于3月和6月开展2次专项执法监督工作。在立案监督方面：对城区公安分局等单位执法办案情况进行立案监督，共查阅刑事案卷994本，治安案卷2139本，劳教案卷648本，各类台账79本，重点审查9本；在侦查监督方面，共向公安机关发《提请批准逮捕建议书》29案46人，报捕13案15人，直诉1案3人，追诉5人，追加犯罪事实25起，追漏罪3起，口头纠正30余次，发检察建议12份；在刑事审判监督方面，提出抗诉4件14人，建议纠正3件；在民事行政监督方面，共受理民事申诉案件25件，立案13件，建议提请抗诉2件，抗诉成功1件；在行政执法监督方面，对辖区国税、地税、工商等2700余件中的56个案件进行重点审查。

2004年，刑事诉讼监督：分别于2月和8月份开展2次专项执法监督工作，共向侦查机关发出《纠正违法通知书》13份，《立案决定通知书》2份，《要求说明不立案理由通知书》5份，《提请批准逮捕建议书》22份涉及35人，有7人已报捕，且已逮捕，追诉漏犯5人，追加罪名案件6起，追诉漏罪6条，抗诉6案，有4案改判加重刑罚，纠正错误判决1件。提出口头纠正60余次，发《检察建议》17份；民事行政审判监督：受理29案，审查后决定立案16件，不立案13件，建议提请抗诉2件，市检均支持抗诉；行政执法监督：实行“法律监督通知书”，制定行政执法监督工作制度。先后2次对兴庆区国土资源水务局等12个行政执法机关进行检查监督，共查阅案件300余件，从中确定16个案件进行重点审查，针对有关部门工作中存在的漏洞，发出书面检察建议5份。

2005年，推出一监督一小结制，并加大跟踪监督力度，对2004年以来发出的84份《纠正违法通知书》及《检察建议书》跟踪落实，其经验在9月底银川市开展执行“条例”经验交流会上进行观摩和交流。在立案监督方面：对辖区公安28个科队所2004年下半年至2005年上半年所办理的4070本治安，刑事、劳教案件，及2002年至2004年所办理的348案486人取保候审案件，兴庆区国土资水务局、税务局等12个行政执法机关的600余件行政执法案件进行监督，发出《检察建议书》11份，《纠正违法通知书》《要求说明不立案理由通知书》3份，确定15个行政执法重点案件，口头建议26条；在侦查监督方面，共向公安机关发《提请批准逮捕建议书》14案20人，报捕5人，追诉4人，追加犯罪事实16起，追加罪名案件5个；在审判监督方面，共受理民事申诉案件21件，立案11件，建议提请抗诉1件，发出《再审检察建议书》2份。

2006年，坚持依法、坚决、准确、有效的诉讼原则，严把程序关、案件质量关、监督效果关。一是主动开展立案监督，对辖区公安28个科队所2005年下半年至2006年上半年所办理的2810本治安等案件进行专项立案监督。同时对1999年以来办理的批捕在逃82人进行摸底调查，发出《要求说明不立案理由通知书》6件，有1件认为理由不成立，通知立案；二是强化侦查监督，发出《应当逮捕犯罪嫌疑人建议书》50份追捕81人，报捕17人，追诉2人，追加犯罪事实48起，罪名8个，发出《纠正违法通知书》1份；三是加强审判监督，共受理民事行政案件30件，立案15件，建议提请抗诉2件，发出《再审检察建议书》1份；四是开展执法监督，对辖区行政机关基本情况进行独立建档，并对辖区12个行政执法机关550余份行政执法案件进行审查，确定10个重点审查案件，发出口头建议20余条。

2007年，在立案监督方面：对辖区公安机关办理的1890本治安等案件.历年来批捕在逃、取保候审、撤案批捕或不批捕执行情况、刑拘未报捕的案件开展三次专项监督调查，发出《要求说明不立案理由通知书》2份，《通知立案书》1份；在侦查监督方面：发出《提供法庭所需证据意见书》32份，《应当逮捕犯罪嫌疑人建议书》39份涉及59人，追捕81人，报捕17人，追诉13人，追加犯罪事实55起，发出《纠正违法通知书》3份，《检查建议书》3份；在审判监督方面：共受理民事行政申诉案件27件，立案10件，建议提请抗诉1件；在行政执法监督方面，对辖区行政对口的工商、税务等6家单位所办理的185余件行政执法案件进行审查，对有问题的6案进一步监督检查。

2008年，一是强化立案监督，改变执法监督方式，将每月的23日至30日确定为执法监督周，成立跟踪监督小组，先后四次深入公安机关进行执法监督，对所辖15个派出所、刑警大队、治安大队2007年所办理的706本刑事、治安、撤案案件的案卷，通过查阅受案本、台帐、案卷，与被查单位办案人员座谈的方式，对违反程序法的2个案件发出《纠正违法通知书》和《检察建议书》，及时进行了指正。二是加强侦查监督，发出《应当逮捕犯罪嫌疑人意见书》51份，追捕79人，已逮捕29人，追诉15人，追漏罪22个，《检察建议》7份，《纠正违法通知书》2份。还开展取保候审专项监督工作，通过对300余册取保候审卷宗的审查，健全了保前审查、保中检查、保后督查，建档备案审查、定期调卷检查的跟踪监督机制。三是深化民事行政监督，共受理民行案件33件，决定立案21件，建议提请抗诉2件、发再审检察建议1件，发出《检察建议书》2份。加大了同律师事务所与辖区司法所的联系，全年通过律师事务所受理案件占受案数的18.2%。

2009年，侦查监督发出《应当逮捕犯罪嫌疑人意见书》54份，已追捕22人，追诉17人，追漏罪2个，追加犯罪事实34起，发《检察建议》13份、《纠正违法通知书》3份;立案监督案件13件,发出《通知立案书》10份;民行监督1~9月份,共受理民事申诉51案,立案33件,提请抗诉并得到市检察院支持6件,发再审检察建议4件;审判监督建立了庭审监督机制、检察长列席审委会机制和裁判监督机制,对2008年办理的617件刑事案件进行复查,对移送起诉意见书、起诉书、《刑事判决、裁定审查表》三书进行对照检查,制定《复查情况表》,对存在问题的22件案件提出处理意见。

2010年,追捕犯罪嫌疑人29人,追诉11人,追漏罪及犯罪事实41个。向公安机关发出《纠正违法通知书》7份、《检察建议书》8份。开展“另案处理”案件专项监督活动,监督公安机关撤案10件,监督立案10件。加强对审判活动的监督,提请刑事抗诉4件。审查民事行政申诉案件123件,建议提请抗诉10件,发《再审检察建议书》4份,《检察建议书》14份。对2008~2009年法院执行案件进行专项监督,发出《检察建议书》44份。民行检察工作走在了全区前列,全自治区检察机关“诉讼监督年”银川现场观摩会在兴庆区检察院召开,肯定并推广诉讼监督工作做法。

【服判息诉】 在民事行政检察工作中,树立抗诉是成绩,和解、息诉也是成绩的工作理念,2001~2010年,对不符合抗诉条件的145案,不予立案息诉结案,息诉率占420案的34.5%,在服判息诉化解矛盾和维护社会和谐稳定方面做了细致的工作。

【涉案款物管理专项清理】 2010年,开展直接立案侦查案件涉案款物管理专项清理活动。对2004年以来所办理的涉及扣押款物的47案69册卷宗进行自查、互查和逐案评查,将2004年以来未处理的25案涉案金额3922790.04元逐案拿出处理意见,提交院党组会和检委会讨论决定,经党组会和检委会研究决定,对于事实清楚、已结案件及时发还或上缴,不能确定的暂放,清理处理涉案款物17案,涉及金额1066188.13元,其中3案涉及503000元,依法返还当事人或涉款单位(1案部分处理);14案涉及1256957.13元,依法上缴财政;8案2162832.91元因案件未作出最终处理,决定暂时不予处理;5件物品上缴财政,解冻房屋5套,发还扣押车1辆、保证金5万元。

【办案安全】 与银川市急救中心签订“绿色通道”协议,配备急救药品和医疗器械,邀请医护人员对办案人员进行基本医疗救治培训,确保办案中一旦发生自杀、自残、自伤、重大病症等突发事件时,立即得到处治;传讯犯罪嫌疑人或询问涉案人员之前,对讯问室、询问室进行安全检查,对可能出现的安全问题进行全面分析预测,保证办案安全。

【举报线索管理】 制定《举报线索管理办法》及《线索催办制度》,实行受理线索与初查相分离,实现受案环节与查案环节之间的相互监督制约;举报中心集中行使对举报线索的管理,对举报、控告的受理、审查、分流和举报线索进行跟踪管理监督,保证举报线索的落实,自侦部门及时对举报中心分流的线索初查情况进行反馈,成案的说明情况,没有成案的说明原因。

【文明单位创建】 2001年~2010年,坚持高标准、高起点,以“抓班子带队伍,抓学习强素质,抓制度促管理,抓检风树形象,抓创新求发展”为工作思路,以业务建设为根本,以党建为保证,以行风建设为突破口,弘扬忠诚、公正、清廉、严明的检察精神,从人民群众最为关注的反腐败斗争、维护社会稳定和实现司法公正等问题入手,深入扎实地开展文明创建工作,2003年获得兴庆区级文明单位称号,2005年获得市级文明单位称号,2009年获得自治区级文明单位称号。

【规范化建设】 十年来,通过健全控制与监督体系,防微杜渐,形成全方位的监督格局,建立检察办案流程管理机制、办案质量监控机制、监督与配合机制、涉法涉诉稳控机制、违法案件惩处机制、检察权制约机制和自觉接受人大常委会监督机制,促进规范执法和公正执法,提高执法水平和办案质量,有效预防干警违法违纪问题的发生。2003年,制定《检察官合议制》《检察院办案流程管理规定》,还对73项规章制度重新进行修订,并汇编成册。推行提审制度改革,公诉部门推行“三书合一”制,“被告人认罪案件”适用普通程序简易审理,提起公诉的650件案件中有273件适用此方式,占公诉案件的42%。2004年,实行提审制度改革方式,实行办案流程跟踪明示制度,制定办案期限提示、警示制度,推出《犯罪嫌疑人权利、义务告知书》,加大对犯罪嫌疑人、被告人、被害人、证人等诉讼参与人的人权保障力度。2005年,推行检察改革,不断完善法律监督工作机制。做好人民监督员试点工作,接受人民监督员的监督评议,完善内部执法办案制约和接受外部监督的工作机制,绘制案件流程图,增强工作的透明度。2006年,获全国基层检察院规范化建设示范院。2007年,制定11条优化司法环境的措施、10条办案忌语、10大文明工作用语和服务新农村建设的7条措施。制定《纪检监察检务监督制度》。2008年,制定《检务督察工作细则》《督办工作制度》等十项制度。2009年,建立立案监督信息员制度,实行轻微刑事案件快速办理机制,在保证办案质量的同时,尽量缩短办案时间,一般在15个工作日内办结,审查起诉的自侦案件半个月内结案;针对轻伤害且已赔偿并达成和解的案件,建立轻微刑事案件不起诉处理机制;建立民事行政案件检察人员旁听庭审制度,编写《检警办案必携》手册,将执法办案的各项制度汇编成《执法规范化手册》,为用制度管人管事奠定坚实的基础。将批捕案件的证据标准和卷宗要求进行整理汇编成册,分发给兴庆区公安分局各队、所共31个单位200余册。这一做法被《检察日报》以2009年亮点工作进行

报道。2010年,全面推行量刑规范化试点工作,实行办案风险防范机制,完善法律监督说理答疑制度,建立执法风险点评估机制,使办案人员能够了解风险点并适时作出调整。

审 判

【概况】 2002年7月,城区机构编制委员会下发《城区人民法院职能配置、内设机构和人员编制方案》, 城区人民法院内设机构为12个:民事审判第一庭、民事审判第二庭、民事审判第三庭、刑事审判庭、执行庭、行政审判庭、审判监督庭、立案庭、司法警察大队、办公室、政工科、纪检组(监察室),工会、党总支按规定设置,不占内设机构名额。人员编制精简10%后行政编制为89名,同年11月,银川市区划调整,城区更名为兴庆区,城区人民法院更名为兴庆区人民法院。随着辖区的扩大,接收原银川市郊区人民法院东郊人民法庭和北郊人民法庭。2003年4月,兴庆区党委办公室下发《关于银川市兴庆区人民法院职能配置内设机构和人员编制方案》的通知,兴庆区人民法院内设机构仍旧维持12个,行政编制为96名,机关后勤服务事业编制8名;2004年4月, 经自治区高级人民法院批准, 兴庆区人民法院设立大新人民法庭、月牙湖人民法庭, 撤销东郊人民法庭和北郊人民法庭。2008年7月,根据银川市机构编制委员会《关于兴庆区法院内设机构调整的通知》和兴庆区机构编制委员会《关于兴庆区人民法院内设机构和领导职数调整的通知》, 将兴庆区法院执行庭分设为执行一庭、执行二庭。2009年6月,根据自治区机构编制委员会《关于银川市兴庆区人民法院增设未成年人综合审判庭的通知》, 兴庆区法院增设未成年人综合审判庭。二次机构调整后,兴庆区法院内设机构为14个。截至2010年12月, 兴庆区人民法院实际内设机构18个,即纪检组、监察室、政工科、党总支、办公室、立案庭、刑事审判庭、未成年人综合审判庭、民事审判第一庭、民事审判第二庭、民事审判第三庭、行政审判庭、大新法庭、月牙湖法庭、执行一庭、执行二庭、审判监督庭、司法警察大队,行政编制161名,实有132人,事业编6人;全院有三级高级法官1人,四级高级法官19人,一级法官34人,二级法官12人,三级法官4人,四级法官5人,五级法官1人。

【法院领导名录】

院　长:顾守先(2001.01~2001.12)
　　　　黄国兴(2001.12~2005.11)
　　　　张克勤(2005.11~2009.12)
　　　　乔建军(2009.12~2010.12)

副院长:刘宜璜(2001.01~2003.02)
　　　　马秀宁(2001.01~2003.07)
　　　　单玉俊(2001.01~2005.12)
　　　　唐玉萍(2003.07~2010.12)
　　　　张和新(2004.04~2008.08)
　　　　张建国(2006.03~2010.12)
　　　　刘安民(2008.08~2010.12)

【基础建设】 2006年12月, 位于上海东路民运村西侧、建筑面积13600余平方米的新建审判大楼投入使用。新审判大楼功能较为完备,办公和审判条件都得到明显改善,为人民群众创造了良好的诉讼环境。

2010年3月, 成立诉讼服务中心,在立案大厅设立信访接待室、速裁调解室和人民调解员驻法院调解室;对原有的30个审判法庭进行改造、简装修,建设8个数字化法庭,建立执行指挥监控中心、审判监控中心,有重点地对办公场所进行修缮改造, 使法庭布局更合理,办公硬件更完备,配套设施更齐全,各项管理更科学。

【刑事审判】 2001年~2005年12月,共受理刑事案件3513件,审结3508件。

2006年, 受理刑事案件849件1234人,审结846件1229人,结案率为99.65%。

2007年, 受理刑事案件749件1135人,审结742件1115人,结案率为99.07%。

2008年, 受理刑事案件739件1133人,审结737件1128人,结案率为99.37%。

2009年, 受理刑事案件818件1193人, 审结810件, 结案率为99.02%。

2010年,受理刑事案件705件969人, 审结698件959人, 结案率为99.01%。

【民商事审判】 2001年~2005年,受理民商事案件20539件,审结20288件。

2006年,受理民商案件5511件(含旧存62件), 审结5408件, 结案率为98.14%,同比上升23.29%。

2007年,受理民商事案件6877件,审结6572件,结案率为95.56%。

2008年,受理民商事案件8446件,审结7984件,结案率为94.53%。

2009年,受理民商事案件8484件,审结7969件,结案率为93.92%。

2010年,受理民商事案件7566件,审结7347件,结案率为97.11%。

【行政审判】 2001年~2005年, 受理行政案件331件,审结330件。

2006年,受理各类行政案件61件,审结60件,结案率为98.36%。

2007年,受理行政案件63件,审结63件,结案率为100%。

2008年,受理行政案件63件,审结62件,结案率98.41%。

2009年,受理行政诉讼案件76件,审结75件,结案率为94.93%。

2010年,受理行政案件65件,审结65件,结案率为100%。

除此之外, 行政审判庭自2001年起受理非诉行政执行案件1882件,执行1626件,执结率为86.39%。

【申诉再审】 2001年~2005年, 受理申诉再审案件386件,审结385件。

【执行案件】 2001年~2005年, 受理执行案件9065件,执结8063件。

2006年,受理执行案件3042件,执

结2535件，执结率为83.33%。

2007年，受理执行案件3154件，执结2864件，执结率为90.81%。

2008年，受理执行案件3837件，执结2574件，终结959件，执行率91.37%。

2009年，受理执行案件3554件，执结2264件，终结955件，执行率90.57%，案件总数和一线法官人均结案数位居全区各法院首位。

2010年，受理执行案件3595件，执结2562件，依法终结775件，执行率为92.82%，执结案件标的2.38亿元。

【来信来访】 2001年~2005年年均接待人民群众来信来访3800余件（人）次。

【审判监督】 2002年9月，审判监督庭成立。审判监督庭主要职责：一是对全院发生法律效力的案件进行监督，对依法起诉的申诉案件进行审查并按规定作出处理；二是每月对各庭发生法律效率的案件进行评查，然后按规定分别定出一、二、三类，一、二类为合格和基本合格，三类为不合格，按规定对主办法官作出处理，严重的追究责任。

2010年，进一步明确各级领导和审判组织的职责权限，强化审判监督工作和质效考核工作。审判委员会讨论案件678件，占判决案件的18.34%，改变合议庭意见的87件，改变检察机关定性的7件，建议检察机关补充侦查、撤回起诉的54件；坚持案件责任倒查，实行三评查、全覆盖，即对案件实行审监庭件件评查，审管办抽查，审委会复查，所有案件都必须经过评查，由审监庭加盖评查印章后，才能交档案室归档；月通报、月追究；审判执行工作实行半年督察和年终考核；开展庭审和法律文书评比活动，刑事庭审在全市评比中名列第一。全年上诉案件779件，同比减少152件，下降16.33%；二审发回改判66件，同比减少38件，下降36.54%。

【派出法庭】 2002年，因辖区重新划分，原城区法院设在公园街、南门外、北京路的城西、城南和房地产3个派出法庭撤消，接收原郊区法院东郊、北郊两个法庭，主要负责6个乡的民事和经济案件。

2004年4月，撤销东郊法庭、北郊法庭，重新组建大新法庭和月牙湖法庭。大新法庭下辖3个乡（镇）及长庆油田石油基地和两个街道办事处（银古路和丽景街办事处）的一部分，面积近640平方公里，人口近12万。2009年8月，大新法庭办公楼竣工并投入使用，办公楼建筑面积为810平方米，其中有审判庭2个、调解室1间、会议室1间，其他用于办公及生活用房。大新法庭立案工作由法庭自己进行，诉讼费由当事人交纳到财政部门指定的账户。2004年~2010年12月，大新法庭共受理各类案件4461件，审结4404件，结案率98.68%；调解案件1401件，占31.82%。月牙湖法庭成立后在院内办公，法庭下辖月牙湖乡，同时法受理部分兴庆区辖区民商事案件。月牙湖法庭自2004年成立以来，每年平均受理兴庆区辖区内民商事案件503件，受理月牙湖乡各类案件25件，主要类型为合同、土地承包、离婚等案件。2004年~2010年12月，月牙湖法庭共受理各类案件3169件，审结3169件；其中受理月牙湖乡案件178件，审结178件，结案率100%，调解案件78件，占44%。

【司法警察大队】 兴庆区司法警察大队成立于1998年。2008年~2010年初，在推行案件审判流程管理制度中，司法警察大队承担民商事各类法律文书的送达工作。2010年，15名法警（包括7名聘用制法警）押解人犯840人，出警2120人次；看管人犯904人，值庭672案，出警2481人次；协助保全案件580件，出警9230人次；处理突发事件和逮捕人犯76次，出警220人次；值班、执勤1600人次，为顺利开展审判工作提供可靠、有力的保障。

【人民陪审员】 2003年5月8日，兴庆区一届人大常委会第二次会议决定任命兴庆区残联退休干部孙刚等24名人民陪审员。人民陪审员中有司法助理员和妇联、工会、共青团、少管所干部，也有居委会和社区工作人员以及教师、记者等，其中45周岁以下的占82%，大专以上学历占91%，中共党员占74%。2003年10月，聘任7名特邀人民陪审员。原陶乐县月牙湖乡划归兴庆区后，又聘任2名该乡特邀人民陪审员。人民陪审员的日常管理工作由政工科负责，主要是对人民陪审员进行岗前法律业务知识培训，陪审的案件主要是刑事案件，年均陪审案件500件左右，占全年案件的60%左右；行政案件年均陪审70件左右，占全年案件的80%左右。

2004年8月28日，全国人民代表大会常务委员会第十一次会议通过《关于完善人民陪审员制度的决定》。按照《决定》要求，2005年3月11日，兴庆区一届人大常委会第十四次会议决定，任命兴庆区退休干部孙秀珍等30名人民陪审员。自治区高院法官进修学院举办为期1周的人民陪审员岗前培训，兴庆区法院选聘的30名人民陪审员参加培训班，学习内容有综合素养、《中华人民共和国刑法》《中华人民共和国行政法》《中华人民共和国合同法》以及《证据规则》等理论知识及其审判实务。2005年，人民陪审员参与审判各类案件417件。2006年，兴庆区法院人民陪审员马庆胜被最高人民法院评为全国优秀人民陪审员，2007年兴庆区法院人民陪审员孙秀珍被自治区高院评为全区优秀人民陪审员。

2009年，根据自治区高院《关于转发最高人民法院<关于开展人民陪审员增选工作的通知>的通知》和最高人民法院《关于开展人民陪审员增选工作的通知》要求和“人民陪审员人数达到或超过本院法官人数的二分之一”的原则，兴庆区法院开展人民陪审员增选工作，通过报纸公示选任条件，自愿报名，单位推荐，法院会同兴庆区司法局进行审查。2009年7月23日，兴庆区二届人大常委会第十一次会议任命银川市妇

联退休干部马俊兰等 20 名人民陪审员。政工科负责组织对人民陪审员进行法律知识以及综合素养培训方面的上岗前培训，未参加培训的不能上岗。2009 年，人民陪审员参与审判各类案件 829 件。

根据全国人大常委会《关于完善人民陪审员制度的决定》和最高人民法院的有关要求，2010 年初，2005 年 3 月选任的 30 名人民陪审员到任职期限。2010 年 2 月，兴庆区法院报请兴庆区人大常委会通过，开展人民陪审员换届工作。通过报纸公示选任条件，自愿报名，单位推荐，院党组会讨论，兴庆区司法局进行审查等程序，2010 年 4 月 13 日，兴庆区二届人大常委会第十五次会议任命兴庆区工会退休干部白彩霞等 40 名人民陪审员。届时，兴庆区法院共有人民陪审员 60 名。经院党组研究决定，将这 60 名人民陪审员全部聘为特邀人民调解员、执法监督员。4 月 26 日，兴庆区法院召开人民陪审员、特邀人民调解员、执法监督员颁发证书暨培训班，政工科组织对人民陪审员进行《法官行为规范》《法官职业道德》以及业务知识等方面的学习培训。2010 年，人民陪审员参与审判各类案件 1482 件。

【审判改革】 人民法院进行司法改革的目的就是为了实现司法公正，提高司法效率，维护司法权威，以适应人民群众对司法公平正义日益增长的需求。改革开放以后，随着审判案件的逐年增多，城区法院结合工作实际，逐步对审判管理、审判方式进行了改革。根据最高人民法院下发的《人民法院五年改革纲要》和《自治区高级人民法院近期改革方案》，城区法院制定了《关于审判管理、审判方式改革方案》，对法院机构的设立、人员竞争上岗、审判流程管理工作等方面做出明确的规定，使法院的审判、执行工作逐步纳入规范的轨道。

根据《人民法院第二个五年改革纲要(2004～2008)》总体要求，兴庆区法院紧紧围绕公正与效率主题，强化审判、队伍和行政 3 项管理，牢固树立社会主义法治理念，在案件大幅度上升的情况下，紧密结合自身实际，开展一系列的审判方式和审判管理方面改革探索与实践，以适应新形势、新任务对人民法院建设的新要求，新期待。2008 年 12 月，兴庆区人民法院被最高人民法院选定为司法改革联系点法院。

【专业审判与派出法庭】 原城区法院鉴于案件逐年大幅度上升，办公用房紧张，极不方便人民群众诉讼等因素，经上级有关部门批准，分别在公园街、南门外、北京路设立城西、城南、房地产 3 个派出法庭。城西和城南两个法庭专审指定辖区内的民事案件，房地产法庭则承担全部房地产案件的审理。

2002 年区域重新划分，城区更名为兴庆区，辖区扩大了，原属于郊区的部分乡镇成为兴庆区的一部分。兴庆区人民法院接收了原郊区法院的东郊、北郊两个法庭专审乡镇案件，其中土地纠纷案件占有较大比例，因此撤销城西、城南、房地产 3 个法庭。2004 年 4 月，经上级部门批准成立大新法庭和月牙湖法庭，撤消东郊、北郊两个法庭。派出法庭的设立，一是方便人民群众诉讼，增强法院工作的透明度，便于接受社会各界监督；二是审判具有专业性，有利于典型案件研究探讨；三是提高案件质量和办案效率，缓解审判压力。

【公开审判】 认真落实《关于严格执行公开审判制度的若干规定》，除法律另有规定不公开审理的案件外，一律公开审理。公开审理的案件，努力做到公开举证、质证、认证、公开辩论、公开裁决，凡未到庭公开举证、质证的证据一律不能作为证明案件事实的依据，切实解决庭审中各个环节中存在的“暗箱操作”问题，提高庭审的公开性和透明度。

努力提高当庭宣判率，凡能在公开庭审中查清事实、分清是非、明确责任的案件，做到当庭宣判；对暂时不能或者不宜当庭宣判的案件，庭审之后及时作出裁决，按照法律规定，张贴公告、传唤当事人和其他诉讼参与人，开庭进行宣判。2010 年 10 月，兴庆区法院被最高人民法院确定为全国 100 家司法公开示范法院。

【未成年人综合审判庭】 未成年人综合审判法庭前身为设立在刑事审判法庭的未成年人案件合议庭。2006 年，结合“二五”司法改革的要求，最高人民法院调研后认为具备成立专业未成年人法庭的条件。2009 年 6 月，经最高人民法院批准，兴庆区法院成立西北五省区首家独立建制的未成年人综合审判法庭，管辖银川市三区两县一市(兴庆区、西夏区、金凤区、贺兰县、永宁县、灵武市)的未成年人刑事案件。2009 年 9 月，举行未成年人综合审判法庭挂牌仪式。未成年人综合审判法庭设庭长 1 名，副庭长两名。当年审理案件 96 件，无上诉案件，服判率 100%，判处的缓刑犯无一重新犯罪，创建了“五四三二一”判管结合的审判模式，取得较好的效果。

【强化合议庭和独任审判员职责】 为强化合议庭职能作用，2002 年，最高人民法院颁布《关于人民法院合议庭工作的若干规定》，使合议庭职责进一步明确。2005 年成立维护军人合法权益合议庭，2009 年成立维护妇女儿童权益合议庭，专门合议庭由经验丰富的法官组成，进一步规范审判工作。2010 年 11 月，全国人大常委会副委员长、全国妇联主席陈至立视察法院工作时，对兴庆区法院维护妇女儿童权益合议庭的工作给予肯定。为强化合议庭和独任审判员的职责，兴庆区法院进一步明确分管院长和庭长的工作职责、权限。2010 年，出台《兴庆区人民法院审判执行人员案件责任倒查办法》，实行案件责任倒查制度，同年成立审判管理办公室，加强案件流程管理，对案件通过审监庭评查、审判管理办公室抽查、审判委员会复查，对存在瑕疵的案件和错案追究合议庭和独任审判员的责任，使案件质量和效率得到逐步提高。

【民商事案件分流】 为缓解案多人少

的矛盾，2006年兴庆区法院打破法院内部机构职能，除民事审判庭外，其他业务庭甚至部分有法官资格的行政人员均要求审理定额分配的民事案件，裁判和考核实行统一标准，分流民商事案件压力，充分发挥每个审判人员的作用。

【简易程序审判】 为科学地配置审判资源，便利人民群众诉讼，提高办案效率，及时快捷化解社会矛盾，维护司法公正，兴庆区法院扩大简易程序的适用范围，除对法律规定必须适用普通程序审理的案件外，其他案件不把标的额大小作为是否适用简易程序的条件，只要事实清楚、权利义务关系明确、争议不大，均适用简易程序立案审理，同时建立严格的程序转换审批制度。2008年，在立案庭设立速裁调解组，对一些事实清楚、责任明确的案件直接由速裁调解组审理，立案速裁组3位法官年均审理案件1000件左右，占到民商事案件的13%，平均审理期限17天。

【人民调解】 2010年5月，设立人民调解委员会驻法院调解办公室，聘请4位人民调解员驻法院办公，在立案前对一些标的额较小，案情简单的案件征得当事人同意，委托人民调解员先行调解，并在年初签订的岗位目标管理责任书中给派出法庭规定委托调解率，推进多元化矛盾纠纷解决机制的建立，年均委托调解案件400件左右，调解成功率达到80%以上，既缓解了法院工作压力，减少了当事人诉累，又提高了人民调解工作的影响力。

【强化执行】 执行庭成立后，为了扭转执行难的问题，采取各种强制措施，加大执行力度，院领导亲临现场，统一指挥，强化执行。2006年初，兴庆区法院开展清理执行积案大会战，采取集中时间、集中力量、统一领导、全院参战、责任到人的方法，对历年来的3323件积案进行清理、执行，执行了一批“骨头案”，为切实解决执行工作中存在的问题积累经验，同时积极探索和建立一套有效的执行管理体制，使执行工作逐步进入良性运行。

探索和创新执行工作方法，加强执行力量，加强执行力度，加强申请人的举证责任，加强执行工作的宣传，依法用足、用尽、用好法律规定的强制措施，对符合法律规定的坚决以拒不履行法院判决罪追究刑事责任。2007年，共采取强制措施4556件（次），其中司法拘留379人（次）；移送公安机关立案2件，1人被判处有期徒刑。对逃避债务的30名个人、10家单位的“老赖”在新闻媒体曝光，采取限制出境、高消费等措施，收到一定效果。

积极探索执行权运行机制改革。成立执行局，下设执行一庭、二庭，将执行权与裁决权、异议审查权分离，提高执行水平。加强执行队伍自身的教育、管理，从执行程序入手强化监督制约。规范被执行财产的评估拍卖工作，通过公开的方式选定评估拍卖机构。设立执行款专用账户，将执行款项直接入执行专户，从源头上杜绝执行人员经手执行款项。坚持由审监庭审查执行异议，确保廉洁执行。

加强综合治理，构建全社会各部门配合、支持、理解法院执行工作的局面，克服地方和部门保护主义，积极全力协助兄弟法院在本辖区执行，展示兴庆区法院的良好形象。2010年初，被自治区高院确定为首批创建无执行积案试点法院，为此制定《创建“无执行积案法院”实施方案及创建标准》、《兴庆区法院执行工作流程》、《兴庆区法院执行救助实施办法》等一系列配套改革措施，年底被自治区高院首次命名为2009年度无执行积案法院。

【领导班子建设】 法院建设，班子始终处于非常关键的地位。兴庆区法院把班子建设放在整个法院建设的首位，以加强领导班子执政能力建设影响和带动全院干警，促使法院各项工作符合时代要求和人民期待。

加强素质建设，不断提高班子的领导水平。加强政治业务理论学习，健全中心组学习制度，及时学习、领会党中央的最新决策、部署，时刻与党中央保持一致，确保党的路线、方针、政策和各项决定在法院得到准确及时有效地贯彻落实。认真钻研法律专业知识，广泛涉猎经济、科技、金融、管理等各方面知识，特别突出对当前形势、法学发展态势等内容的学习。认真实施全院学习培训计划，有针对性地邀请专家、学者及上级法院的有关领导来院授课。

加强组织建设，不断提高班子的战斗力。坚持民主集中制，按照集体领导、民主集中、个别酝酿、会议决定的原则，加强民主集中制建设，提高班子的凝聚力和战斗力。坚持把集体领导和个人分工负责有机结合起来，一方面坚持重大问题、重大决策由党组集体讨论决定，少数服从多数；另一方面，严格落实领导责任制，实行一岗双责，将领导干部的责任内容纳入目标管理，做到年初有规定，半年有检查，年终有考核。坚持每季度召开一次民主生活会，“一把手”带头开展批评与自我批评，班子成员之间开诚布公，推心置腹，相互批评，思想见面，既弄清思想、解决问题，又团结同志、共同进步。

加强廉政建设，不断提高班子的拒腐能力。领导班子牢牢树立勤政廉政意识，以勤为乐、以廉为荣、以实为本、以绩为准，坚持从严治警，切实维护司法公正。严格执行法官行为规范和最高人民法院“五个严禁”规定，严格约束法官与律师、法官与当事人之间的关系。实行廉政督查制度，不定期明查暗访，发现问题及时整改处理到位。

【执行纠纷款管理】 2008年，设立执行案件纠纷款专户，将执行纠纷款收归办公室财务统一管理，立案大厅收费由银行委派专人收取。2010年，开展财务大检查活动，进一步规范执行纠纷款的管理，制定纠纷款管理制度，指定专门的管理人员。

【错案追究】 坚持错案追究制度，开展执法执纪大检查，通过案件评查，审判

监督追究错案主办人的责任，提高办案质量和效率，保证公正裁判。2010年，根据中央政法委的安排部署开展“百万案件”大评查活动，兴庆区法院共整理发回改判案件60件，经银川市中级人民法院审核报市政法委评查无错案。

【干警队伍建设】 2003年，开展集中教育整顿活动，组织干警认真学习江泽民总书记“三个代表”的重要思想。2009年～2010年，先后开展人民法官为人民和发扬传统、坚定信念、执法为民为主题的实践活动、司法作风大检查活动以及大学习、大讨论、大实践活动，通过思想政治教育。坚持从严治院、严肃执法、严格纪律、严格管理，努力提高干警政治业务素质。2003年，从审判工作、人事管理、纪检监察、机关事务、行政管理5大方面制定47条规章制度并装订成书，人手1册，使法院的各项管理更加完善、规范。2010年，通过开展案件质量提升年和制度建设年活动，进一步修订和完善各项制度，形成审判流程管理、案件质量监督、机关效能建设、廉洁司法自律“四位一体”的内控机制，基本实现用制度管人、管事、管案、管权。

加强党风廉政建设，将狠抓队伍建设放在各项工作的首位。在党员中召开民主生活会，要求党员干警联系自身思想作风、学风、工作作风、领导作风、生活作风等方面，认真查摆问题，深刻分析思想根源，提出整改措施。严格执行收支两条线，公开收费标准，定期检查，堵塞漏洞。2003年，按照兴庆区党委政府要求将财物管理统一移交兴庆区核算中心管理。坚持开展为人民服务的宗旨教育、职业道德教育，开展向英雄模范学习，献爱心、送温暖活动。积极开展争创人民满意好法院、人民满意好法官活动，以人民满意为一切工作的出发点和落脚点。

依照《法官法》对干警进行多种渠道的业务培训，全院大专以上文化的干警达100%。2008年，开始实行法官助理制度，将新分配的具有司法资格的干警任命为法官助理，协助法官开展一些辅助性的工作，作为任命法官的过渡条件。建立奖惩机制，通过责任书考核和兑现，评选办案能手和执行能手，最大限度地调动干警工作积极性，提高各项工作的质量和效率。增加法院工作的透明度，推行“两公开、一监督”制度，主动接受人民群众和社会各界的监督，充分体现审判工作的公平、公正、公开。全院136名干警，40岁以下的占65.15%，平均年龄38岁；具有研究生学历的13人，占全院干警人数的9.56%，大学本科以上的占77.21%，少数高中、初中文化程度的干警经过各种渠道的培训，全部取得法律专科文凭。

【党的建设】 兴庆区法院党总支始终发挥战斗堡垒作用，开展各项党建活动，教育党员发挥先锋模范作用。坚持“三会一课”制度，民主生活会常抓不懈，由院中层领导组成的中心学习小组定期学习，及时领会党中央的各项方针、政策，围绕党的中心工作，做好审判工作。党总支下设6个党支部，全院115名党员在各支部参加党的活动。支部之间开展比、学、赶、帮活动，不断调动党员积极性。对党员干部加强党风廉政教育、先进性教育和警示教育，做到警钟长鸣，提高党员廉洁自律意识，增强防腐拒变的免疫力，2009年党员干部上交礼品（金）13人次，金额30000余元。

弘扬正气，开展争先创优活动，开展办案能手、执行能手、调解能手、优秀书记员、先进工作者、优秀共产党员和先进集体、岗位目标考核排名等评比活动，鼓励先进，鞭策后进，提高党员干部争创先进法院、五好党支部、争当“五带头”优秀公务员的积极性。多次被兴庆区机关工委评为先进党支部，多名党员被评为银川市、兴庆区的优秀党务工作者和优秀党员。

【文体活动】 开展各项文体活动，丰富干警的业余生活。参加银川中院举办的为法院添彩主题演讲活动和建党88周年、90周年大合唱活动获得多个第一名的好成绩。2010年组织干警参加银川市法官体育节活动，取得5个团体第一名和优秀组织奖的好成绩。举办“迎七一唱红歌”歌咏比赛、书画摄影评比活动和廉政文化笔会，国庆、春节等重大节日举行全院干警升旗仪式和法官、书记员宣誓活动，法官和书记员公开宣告誓词，郑重承诺对党和国家的忠诚、对人民的热爱、对法律的尊崇和对职责的坚守。积极参加兴庆区组织的运动会、文艺汇演“颂歌献给党”，参加自治区高院举办的“起色、发展、跨越”文艺演出等活动。

【扶贫助残】 开展献爱心、送温暖活动，每年坚持扶贫助残，为山区贫困地区捐款、捐物，为残疾人解决生活上的困难，2008年～2009年为残疾人捐款3600元。四川汶川大地震发生后，干警积极缴纳特殊党费50352元。2009年为中部干旱灾区捐款17490元。2010年为青海玉树大地震捐款19040元。

【纪检监察】 根据院党组的部署，纪检监察部门在全院干警中积极开展政治思想教育，制定行之有效的规章制度，设立举报箱、举报电话，建立岗位监督台，聘请司法监督员，接受社会各界的监督。落实一岗双责，层层签订两个责任书，各部门工作实行半年督查和年终考核，强化院长、庭长抓工作、管队伍的双重职责。坚持每天上下班3次人像打卡，建立院领导带班制度，每周有1名院领导带班检查干警工作作风、审判纪律、在岗及着装等情况。每月印发1期效能通报，对违规行为采取通报批评、经济处罚、考核扣分、效能处罚等方式予以惩戒，保障各项制度的有效执行。

2010年，开展廉政风险防范管理工作，结合各部门岗位特点，查摆筛选出廉政风险防范点110个，有针对性的制定廉政风险防范措施67条，全部制作成牌匾悬挂到各庭会议室，警示干警接受群众监督。建立廉政监察员制度，将各庭副职选任为廉政监察员，对干警日常工作进行及时监督。为了做到警钟长

鸣，从小事抓起，从小处着眼，防患于未然，严格奖惩制度，大力弘扬正气，先后开展保持共产党员先进性教育、社会主义法制理念教育和规范司法行为、促进司法公正教育，机关党的建设年活动，狠抓干警思想、业务、作风、纪律建设，法官队伍的大局意识、法律意识、责任意识不断提高，队伍的战斗力大大增强。

【社会监督】 为了增强法院工作的透明度，将审判工作完全置于社会监督下，兴庆区法院采取多种方式，自觉、主动接受监督。坚持重大工作和案件及时向人大汇报，主动配合人大组织的视察、检查工作。认真办理人大转办、督办的案件并及时反馈，依法接受社会各界监督，及时发现和纠正审判中存在的问题。聘请司法监督员，直接对审判工作进行监督。2010年，兴庆区法院聘请60名司法监督员，邀请人大、政协、纪检委、政法委召开聘任大会，给监督员颁发证书。设立干警监督岗，明示干警职务、所属部门等信息，主动接受监督。坚持公开审判，组织开展法院开放日活动43次，邀请部队官兵、中小学生等各界人士5000余人走进法院，通过参观、座谈、旁听庭审等方式，让人民群众和社会各界进一步了解法院，增进理解和支持。审判法庭设立人大代表旁听席，邀请人大代表旁听庭审320余人次。落实人民陪审员制度，有效发挥人民群众参与司法、监督司法的重要作用。人民陪审员参与审理案件2160件，占普通程序案件的65.63%。

开展司法作风大检查和大学习、大讨论、大实践等活动，召开座谈会、发放征求意见函、开通征求意见电话、个别访谈、设立举报电话和举报意见箱，广泛征求社会各界和当事人对法院干警在司法理念、司法方式、司法作风、执法公信力等方面存在的问题和建议，征求意见和建议38条，针对意见和建议，组织干警展开讨论、分析，制定整改措施26条。对待当事人投诉法官在工作态度、工作作风及廉洁司法方面存在的问题，闻风而查，查证属实的给予效能处罚。对当事人反映案件方面的问题，及时督办并上报审委会研究决定。健全公开机制。

制定《进一步加强审判公开、执行公开的若干意见》，做到应当公开的事项全部公开，实行阳光审判、阳光执行，加强对立案信访窗口的建设，成立诉讼服务中心和信访接待室，确立诉讼引导、材料收转、咨询查询、立案审查、立案调解、司法救助、诉讼保全、诉讼收费8项功能；对信访案件实行每周一院长接待日和平时专人接访制度，及时解决群众的合理诉求。在立案大厅和办公楼二楼大厅，安装电子屏、大屏幕电视机，滚动播放诉讼指南、诉讼风险提示、服务承诺及本院相关制度，保障当事人的知情权、监督权。设置导诉台，配置书写台、饮水机、休息桌椅等便民设施，最大限度方便群众诉讼。

【文化建设】 将法院文化建设纳入法院管理体系，保证文化建设目标任务的实现。结合文化建设实际，充分利用办公楼大厅、走廊等公共区域，按照办公楼楼层，确定与审判工作紧密联系、突出法院职业特色的和谐篇、廉洁篇、价值篇、勤政篇、公正篇、为民篇、先锋篇、思想篇8个主题，制作200余幅名言警句牌匾，悬挂到楼道、走廊。以潜移默化的方式，营造干警崇德尚法、公正廉洁、鼓励进取、凝聚人心的良好氛围。先后建设诉讼服务中心、楼道文化长廊、法官书屋和法院展室，开通互联网，出版《兴庆法院》，制作年报，培育法官树立公正、廉洁、为民的核心价值观。

【信息调研】 近年来，兴庆区人民法院加强调研、信息、宣传，进一步服务大局、服务审判、服务领导决策，充分发挥调研的深度分析功能，探讨解决审判实践中遇到的新情况、新问题；发挥信息的内部参考功能，及时反映法院工作动态，总结交流工作经验；发挥新闻的外部宣传功能，通过报道法院工作先进典型，宣传法治、弘扬正气。先后共有数百篇信息报道、调研文章，在全国、自治区、银川市级各类刊物上发表，每年组织数十篇调研文章参加自治区高级法院、银川市中级法院组织的法院系统调研文章评比。2003年，周文学的《浅谈进一步规范办理轻伤害案件的必要性》被银川中院《调查研究》采用。2009年，黄家义的《提升司法警察在处置群体性事件的指挥能力》，在全区法警工作刊物选登；王勇、万东的《浅析优先购买权的法律性质及实现方式》，在《宁夏审判》第四期刊登。

2010年，兴庆区法院强化信息调研工作，制定《兴庆区法院调研信息宣传报道考核办法》，落实奖惩责任制，纳入《岗位目标管理责任书》，极大推动信息调研工作的开展。全年共发出各种信息240余篇(条)，撰写调研文章34篇，被采稿160余篇(条)。未成年法庭“五四三二一”判管结合的审判模式被最高法院主办的《人民法院报》在头版头条报道，作为推进三项工作的经验做法向全国推广，《10分钟办齐立案手续》也在《人民法院报》刊登；万东、庞巍的《法院管理中引入人性化管理的思考》在《宁夏审判》第三期刊登，并在全区法院2009年-2010年度优秀调研成果评选中获三等奖；孟宪来、万东的《关于涉诉信访案件的思考》在《银川审判》第二期刊登；胡小多的《关于对深入推进法院系统廉政风险防范管理的思考》、《努力推进人民法院廉政风险防范管理工作》分别在《纪检监察调研论坛》第6期和《宁夏法院纪检监察》第13期刊登，兴庆区法院荣获兴庆区思想道德宣传工作先进集体。

【统计与档案】 司法统计是审判工作的高度概括，用数字看问题，及时为领导提供审判工作的第一手资料。按照自治区高级人民法院《关于司法统计工作记分奖励办法》和最高人民法院《关于人民法院司法统计工作的若干规定》，进一步加强、逐步细化、规范司法统计

工作，建立案件登记卡片、统计台账和统计分析制度。10年来，司法统计人员多次被评为全国、全区、全市先进个人。档案管理中，先后制定《关于文书处理、归档、保密、借阅制度》、《档案管理规定》等制度。2010年，为了使档案管理更具科学化、规范化，将2006年以来的纸质诉讼档案通过电子扫描形成电子档案，当事人可直接通过阅读器查阅诉讼档案，防止纸质档案损坏。

司法行政

【概况】 兴庆区司法局的前身是城区司法局。2001年，原城区共设立9个基层司法所，2005年行政区划调整后，兴庆区两乡、两镇和11个街道共设立15个基层司法所。2003年被司法部授予全国司法行政系统先进县区司法局称号，被司法厅党委记集体二等功一次；2004年被自治区司法厅评为全区第三届司法行政工作先进单位称号；2006年获得自治区政法系统民主评议行风政风建设活动三等奖，全区司法行政系统政风行风建设先进集体称号；2009年荣获全区司法行政机关指导人民调解工作先进集体，全区第四届司法行政先进集体。

【局领导名录】

局　长：陈玉霞(2001.01～2002.12)
　　　　罗维林(2003.03～2004.12)
　　　　牟　玲(2005.01～2008.12)
　　　　周泽云(2009.01～2010.04)
　　　　王　丽(2010.05～2010.12)
副局长：尉　岚(2001.01～2002.12)
　　　　杨　伟(2001.01～2002.12)
　　　　许汝先(2003.03～2008.12)
　　　　曹　青(2003.03～2008.12)
　　　　马保强(2009.01～2010.12)
　　　　梁云霞(2009.01～2010.12)

【行政执法】 兴庆区司法局积极推行首问责任制、一次性告知制、限时办结制等服务措施；严格执法、热情服务、持证挂牌上岗；对基层法律服务机构的设立、变更、核准、注销、年审注册，在收到申请材料之日起7日内审查或核准完毕，在审批权限内的要给予审批，不在审批权限内的要提出初审意见，报市司法局或区司法厅审查；基层法律工作者职业证的申请、年审注册，在收到申请材料之日起10日内审查完毕，并提出初审意见，报市司法局或区司法厅审批；申请行政复议的，在接到行政复议申请后，5日内进行审查，30日内做出行政复议决定；处理群众投诉，从正式受理投诉之日起15日内将处理意见向投诉人答复，情况重大复杂的，1个月内向投诉人答复；法律援助中心自收到申请之日起10日内完成审查或者接到人民法院指定辩护通知书起3日内完成材料核对，作出是否给予法律援助的决定。

【普法】 2001年，全面启动“四五”普法，成立普法领导机构，制订城区《关于在公民中开展法制宣传教育的第四个五年教育规划》，城区九届人大23次常委会做出《关于继续开展法制宣传教育的决议》。9月底召开城区依法治区、“四五”普法动员大会，城区“四五”普法工作全面启动。

2002年，全面做好“四五”普法实施工作，把机关和辖区居民群众作为普法的重点对象，建立干部学法、用法等级卡制度。召开城区“四五”法制宣传教育动员大会，组织公务员学法用法培训及法律知识考试。

2003年，坚持制度，突出重点，整体推进普法工作。一是坚持中心组学法，推动领导干部学法用法不断深入，全年中心组集中学法66次，举办领导干部法制讲座4次，11月组织兴庆区干部3700人参加学法用法统一考试。二是认真抓好学法用法和依法行政培训，全年共举办依法行政培训班6次，建立干部学法用法等级卡3000份，登记普法对象178285人，49所学校普遍开设了法制课，配备法制副校长和法制辅导员，加强青少年的法制教育。三是层层签订岗位责任书，实现普法依法治理工作组织、目标、人员、经费四落实，四是确定新华街“青少年犯罪预防网络”等11个试点，各试点单位制定了实施方案、成立领导机构、确定试点内容，以点带面，推动“四五”普法工作全面开展。在普法宣传中，坚持以宪法为核心，广泛开展了法律服务进社区（乡村）“八个一”活动，即：建立一对一社区（乡村）法律顾问制；建立一支法制宣传教育志愿者队伍；给每个社区居委会进行一次法律咨询；每月更新一次社区（乡村）法律宣传栏内容；每月对社区（乡村）民间纠纷进行一次大排查；每月对社区（乡村）困难群众的法律需求进行一次调查了解；提供相应的法律援助；每季度在社区（乡村）上一堂法制课，此项活动在新华街司法所试点取得经验的基础上，自治区于2003年8月13日在兴庆区召开了现场会。

2004年，兴庆区委、政府将普法依法治理工作摆到重要位置，列入重要议事日程，制定《兴庆区依法治区规划（2004—2010年）》，区委先后2次召开会议专题研究普法依法治理工作，人大、政协2次对普法和依法治理工作进行督导，并按照0.5元/人的标准投入普法经费15万元，为“四五”普法和依法治理提供经费保障。加强各级领导干部和公务员的学法用法，全年中心组集中学法4次，举办法制讲座6次，依法行政培训班4次，登记普法对象198802人，在辖区51所小学、14所中学普遍建立开设法制课，统一了法制课教材，普遍开展“一周一题一答”活动。工商一、二分局投入10余万元将13部相关法律法规汇编成册，印发3.5万册，下发到个体户、私营企业手中，开展了个体私营企业“四五”普法知识竞赛，举办企业经营管理者合同法等培训班20次，法律知识讲座4场，参加培训人员9200人次。2004年兴庆区干部职工普法普及率达100%，各类企业及个体工商户普法普及率达98%以上，流动人口普法普及率达80%以上。

2005年，各级领导干部的学法用法作为重中之重，全年各级中心组集中学法68次，调整充实普法讲师团和法律顾问团，举办公务员依法行政培训班4次，6月会同教育局对各学校开展法律知识“一周一题一答”情况进行检查。抓好各类企业经营管理者的学法用法，强化对外来暂住人员的普法教育。认真做好“四五”普法总结验收，制作《法雨润细无声—银川市兴庆区四五普法及依法治区工作纪实》电视专题片和光盘，《兴庆区“四五”普法成果展》。7月和8月，兴庆区顺利通过银川市和自治区“四五”普法考核组验收。

2006年，启动“五五”普法工作，制定《兴庆区关于在公民中开展法制宣传教育的第五个五年规划》。11月24日，召开“四五”普法总结表彰及“五五”普法动员大会，表彰“四五”普法先进集体31个，先进个人100名，对实施法制宣传教育第五个五年规划进行动员部署，兴庆区“五五”普法工作全面展开。调整充实33名普法讲师团和法律顾问，中心组集中学法105次，举办司法讲座2次，举办科级领导干部培训班1期，举办公务员依法行政培训班2期，建立干部学法用法登记卡3000份，登记普法对象198802人。充分运用第二课堂、社会实践以及学校、家庭、社会三方面联动作用，抓好青少年的法制教育，加强与工商部门的联系，认真抓好各类企业经营管理者的学法用法。

2007年，制定《普法依法治理工作安排》，《关于开展“法律六进社区”活动及创建“依法治理示范单位”的实施意见》《关于深入开展“走村入户”送法工程的实施意见》。2月深入村队散发常用法律知识手册为农民举办法律知识讲座10余场次，在横城村等6个村部建立法制宣传墙，购置4000套《农民法律知识读本》、40套《法律进乡村》光盘发发到村队和农民手中，实现了每个行政村有一个法律图书角，一个法律宣传栏，一支法制辅导员队伍，每个村民小组培训一名“法律明白人”。4月份对科级干部进行“五五”普法读本培训；7月举办公务员《公务员处分条例》培训班，深入开展“法律进社区”，“法律进学校”，组织社区干部和居民学法，在名人广场等地开展“发了进万家”系列法制文艺演出；12月份开展“青少年法制教育宣传周”活动。深入开展“法律进社区”、“法律进学校”、“法律进工地”、“法律进市场”活动，新华街富华社区通过建立阳光法律知识互动宣讲平台、阳光法律信息箱、阳光助弱法律维权小组、阳光交流室，构建了“生活化”法律宣传平台；解放西街司法所开展了以“关注打工妹合法权益”为主题的“模拟法庭”，文化街设立了“打工妹”之家，通过开展“法律六进”活动，学法用法普及领域覆盖到领导干部、公务员、青少年、企业经营管理人员、农民和流动人口，普及率达85%。

2008年9月4日，社区开展依法普法“法律进社区”活动

2008年-2009年，以“法律六进”为载体，深入推进普法依法治理。一是开展“法律进社机关”活动，强化领导干部、公务员学法用法，建立干部学法用法登记考核手册7000册，登记普法对象25万人次，对科级干部进行封闭式轮训。二是开展“法律进乡村”活动，强化农民的法制宣传教育，向乡村赠送40套《法律进乡村》，向农民赠送《法律知识读本》8000册。通贵乡司法所在宗教人士中发展法制宣传员、对信教群众开展民族宗教政策及法制宣传教育，促进民则团结。三是深入开展“法律进社区”活动，在北京东路法律服务所与凤凰北街办事处联合设立设“365”百姓维权服务站；在前进街设立“税收漫画摄影一条街”，在宗睦巷建立思想道德宣传教育长廊；在海宝小区建立科普法制宣传长廊。开展“法律在我身边”、“星级社区”评选活动，将法律宣传、法律服务、法律援助纳入其中，促进和谐社区建设。四是开展“法律进学校”活动，强化青少年学法教育，辖区69所中小学普遍开设法制教育课，完成规定的法制教育学时调整充实法制副校长和法制辅导员队伍，在法院设立首家青少年法制宣传教育基地——少年刑事审判庭。开展法制展板校园巡回展、“青少年法律知识大讲堂”、“法律伴我行”、“发展共建”、“警校共建”等活动，创建平安和谐校园。五是开展“法律进企业”活动，在企业和新华商业圈、丽景街商贸物流带安装法制宣传栏；举办企业经营管理人员相关法律知识培训班；各企业普遍聘请法律顾问或设立法制部门。六是开展“法律进单位”活动依托乡镇、街道司法所指导辖区开展法律宣传，组织单位职

工学好用好专业法、促进企业管理法制化。对85个已创建依法治理单位进行命名挂牌，为带动基层单位依法治理工作的全面发展起到了积极的作用。

2010年认真做好“五五”普法的总结验收工作。3月兴庆区依法治区领导小组召开依法治区工作会议，对依法治区工作任务进行责任分工，安排“五五”普法验收工作事宜。结合“五五”普法检查验收，对三级依法示范单位进行了一次全面复查，达到好的单位34个，一般8个。建成通北村等8个文明生态村和崇安社区等10个文明生态社区，大新镇塔桥村等12家单位受到中央文明委的表彰。

【依法治区】 认真组织实施《城区依法治理实施方案》，成立由区委书记任组长，各部委、政府各部门主要负责人、乡镇、街道、各司法机关主要负责人为成员的依法治区领导小组，坚持每年召开4次领导小组会议，制定规划措施，明确目标任务，出台兴庆区《关于进一步加强依法治区工作的意见》《兴庆区依法治区工作领导小组议事规则》《兴庆区依法治区工作领导小组工作职责》等文件，组织由依法治区领导小组成员单位、人大代表、政协委员组成的视察组，监督依法治区工作落实情况、督查执法依据清理情况、检查案卷评查工作，有力地促进依法治区工作的深入开展。

区委书记切实履行第一责任人的职责，主持召开党委常委会、领导小组会议，听取工作汇报，多次深入基层调研，指导全局工作。区委专门召开依法治区工作会议，每年确定《兴庆区依法治区工作要点》，对依法治区工作进行部署。人大主任、分管副主任履行抓依法治区工作的职责，抓规划部署，抓检查落实。领导小组把工作分解到各依法治理单位，逐级落实。制定《兴庆区依法治区考核办法》、《领导小组成员单位工作职责》，将依法治理工作纳入行政机关、司法机关和基层乡镇、街道的年度综合目标责任考核内容，纳入文明城市建设的重要内容，与相关单位签订目标责任书，实行目标管理，形成一级抓一级、一级促一级，层层有人抓，层层抓落实，齐抓共管的良好工作格局。

推行行政执法责任制，提高依法行政能力。完善机制，树立典型，扎实推进依法治区工作，实行领导干部联系点工作制度和树立典型推广经验制度，针对兴庆区城乡结合部加工食品小作坊较多，且较分散、卫生条件差的问题，依法治区办及时形成调研报告，得到区委、政府的重视，对大新镇的食品小作坊进行统一规划，集中指导，专人监督，按时检测，确保小作坊加工区的食品安全。茂盛等村试点推行“五牙子章”民主理财制度，强化财务监督，使“四民主、两公开”工作得到有效落实，切实提高基层组织的自治能力和水平。兴庆区民政局被推荐为自治区级依法治理示范单位，涌现出全国模范人民调解委员会大新镇人民调解委员会，年度十大法治人物银川十中校长张凤琴等先进典型。

加快法治政府建设，完善决策制度，进一步修订《兴庆区人民政府工作规则》，明确兴庆区经济社会发展的重大决策事项和人民群众切身利益的重要事项，必须遵循调查研究、听取意见、专家论证、合法性审核和集体讨论等程序，决策的科学性、民主性进一步增强。重新聘请律师顾问团参与政府重大决策，依法制定一系列促进经济社会发展的规范性文件。加强民主监督。对总体工作、敏感事项、热点问题定期向人大、政协汇报进展，及时邀请人大、政协班子成员参加政府会议，依法自觉接受人大代表和政协委员的监督。认真办理人大代表的议案和政协委员的提案，着力提高议案提案办结率，解决群众关心的一大批热点难点问题。组织人大代表、政协委员、特邀监察员，采取明查暗访的方式对兴庆区行政执法部门、司法部门和重点窗口单位开展行政许可法贯彻实施情况效能监察和评议，加强对行政机关的监督，促进行政机关依法行政。

抓好政务公开。出台《兴庆区人民政府信息公开规定》，对城乡规划、政府采购、征地拆迁、重大审批项目、执法依据、行政职责和办事程序及时通过纪要、网站、LED显示屏等载体对内对外进行公布，投入8万余元，完善改造兴庆区政府门户网站，强化政务对外公开工作，增强政务公开力度。进一步加强政务大厅建设，将9个部门16项服务项目进驻大厅进行办理，既方便了群众办理，又利于群众监督，使政府工作更加透明。狠抓行政审批事项清理工作。严格界定行政许可项目和非行政许可项目。明确兴庆区行政执法主体35个，涉及到现行有效法律、法规和规章682部，明确行政执法职权1884项，其中行政许可80项、行政处罚1355项、行政裁决2项、行政给付9项、行政确认4项、其他行政执法职权388项。

提高规范性文件质量。从理顺规范性文件制发程序入手，加强规范性文件的管理，认真落实“凡是以政府和政府办公室名义下发的规范性文件及提交政府常务会议研究讨论的规范性文件，必须经政府法制办公室审查，未经审查的不予下发；对各单位、各部门制发的规范性文件，也必须经政府法制办公室审查”的工作要求，保证文件的内容符合法律和政策的规定，确保政令统一、法制统一。认真审理行政复议案件。进一步完善行政复议工作制度，健全行政复议责任追究制度，严把受理关和审理关，加强行政复议文书的规范化管理，及时防止和纠正违法或不当的行政行为，维护当事人的合法权益。

加强行政执法队伍建设。坚持干部学法登记制度，每年为机关干部举办不少于2次的法制讲座，提高领导干部和行政执法人员的依法行政意识。进一步加强对行政执法人员资格认证和行政执法证件的管理。聘请法律专家对行政执法部门和执法人员进行以执法程序、执法职责、行政许可等内容为重点的专题培训，考试合格后颁发由自治区政府制定的行政执法证件,并要求在执法中亮证执法。做到行政执法人员全部持证上岗,杜绝无证执法行为的发生。坚持落实依法治区的治本措施,印发兴庆区《关于清理和规范经营性合同的通知》,加强国有、集体资产管理。协助信访部门处理了月牙湖乡农民暴力抗法、黄河古渡土地纠纷、通过向河滩村和掌政镇政河村土地、湖泊承包纠纷多起重大信访案件。开展专项执法检查。围绕现代农业发展和农产品质量安全,依法开展农贸市场、生鲜乳及饲料、兽药及兽药残留等涉及农业经济发展的专项整治活动;针对食品、传染病防治等热点问题,依法对餐饮业、集体食堂、小饭桌进行检查;积极依法应对H1N1甲流、脑瘤、艾滋病等传染病的传播和蔓延;依法加强征地拆迁工作,加大对教育基础设施的投入力度,规范教育教学行为,使教育教学环境得到明显改善;加强社会保障工作,严格农村合作医疗管理,及时开展大病医疗救助,按时发放失业保险金,确保群众合法权益得到维护。

改进和规范司法工作。进一步加强派出所、司法所和人民法庭的建设,坚持财政经费向维稳工作一线倾斜,使“两所一庭”面貌日新月异,社会治安大巡防工作格局进一步完善,维稳工作基础进一步巩固。检、法两院把优化司法环境摆在突出位置,不断完善以办案流程管理制度、案件质量评查制度、绩效考核评价制度和执法过错追究制度为基本制度的内控管理机制,努力提高司法公正水平,防止出现司法腐败,增强两院的社会公信力。兴庆区检察院不断创新执法机制,建立立案监督信息员制度,拓宽案源和监督渠道;实行轻微刑事案件快速办理机制,在保证质量的同时,尽量缩短办案时间;推行轻微刑事和解案件不起诉处理机制;建立民事、行政案件检察人员旁听庭审制度,积极探索对民事执行的监督;整理编发《检警办案必携》手册,分发给兴庆区公安分局各队、所共31个单位,为规范公安机关的执法活动提供参考,提高报捕案件和批捕案件的质量,实现在监督中配合、在配合中监督的良好机制,在全国检察系统得到好评。兴庆区人民法院发挥审判机关惩处与教育的独特作用,成立全区首家未成年人综合审判庭和法制教育基地,进一步加强预防未成年人违法犯罪。在案件审理方面,推行随机分案制度,避免审判员挑案拣案现象,切实预防人情案、关系案的发生。严格实行审判活动“八公开”,庭审“八不准”,认真落实“一案把三关”和“三个把一关”的工作制度,积极构建审判权限合理划分制度,规范审判权的运行,规范法官庭审行为,提高审判效率,确保审判质量。

建立司法行政网格化工程,实行依法治理工作定期向党委汇报制度。充分发挥地方政权的辐射作用,整体推进兴庆区乡镇、街道地方依法治理进程。

【依法治村】 认真落实《加强基层民主法制建设实施意见》,制定《村民自治章程》和内部管理制度,完善乡村决策、民主管理、民主监督、民主选举程序,扩大村务公开,积极开展民主法治示范村(社区)创建工作,全面推行和强化“八项管理制度,十大工作流程”为主要内容的治村模式,各村每月定期开展1次民主议政日活动,半年召开1次村干部向村民代表述职活动,实行经营性收入、土地资源流转等重大事项一事一议集体决策制度。大新镇各村委会每季度向村民代表报告1次工作,强化工作监督。街道社区积极探索居委会换届直选方式,积极探索推行居务管理五位一体工作机制,建立社区居民代表议事园制度,增强居民的社区自我管理意识。进一步完善基层工会组织建设,从乡镇、街道到村居社区,普遍建立工会组织,配备专职人员开展工作,建立职工困难帮扶中心,依法维护职工的合法权益。兴庆区辖乡镇、街道办事处及燕鸽湖管委会、行政执法单位、各行政村、社区均开展依法治理工作,依法治理面达98%,

【依法治校】 制定《关于深入开展法律进学校活动的实施意见》和《关于进一步加强中小学校法制副校长工作的意见》,兴庆区所属中小学全部配齐了法制副校长,各中小学坚持和深化“一周一题一问一答”活动、“学习法律知识,争做遵纪守法小公民”征文比赛、校园法制展板巡回展,校园周边环境专项整治、网上“未成年人保护行动”专题普法大赛、青少年法制宣传周、12355青少年维权直通车等活动,进一步推动“法律进校园”活动的深入开展。兴庆区所有学校开展依法治理工作,依法治理面达98%以上。

【依法治理社区】 兴庆区司法局注重社区依法治理工作。以普法和依法治理为契机,集人民调解、法律服务、法律援助、安置帮教、“110”联动、“148”咨询等多项职能为一体的“一门式”免费服务,结合《公民道德建设实施纲要》、改善居住环境、治理治安秩序和活跃文化生活,进行综合整治。社区依法治理面达98%以上。

【企业依法治理】 兴庆区司法局树立法制环境是重要的投资环境理念,把管理寓于服务之中,整顿和规范市场经济秩序,建立公平的市场竞争环境,在办好政务大厅、会计核算中心、为民解忧督办中心(二级)、优化投资环境投诉中心和社区服务中心的同时,抓好“阳光行政工程”,以优惠的政策、优质的服务、优良的环境,加快推进企业依法治理进程。

【行业依法治理】 加强行业依法治理工作,兴庆区政府机关及各乡镇、街道紧紧抓住“公示”、“承诺”、“监督”、“追究”四个环节,推行和建立了以政务公开为核心的执法责任制、公示制、监察制和执法过错责任追究制,清理清查了未经许可的收费项目,规范了执法行为。特别是财政、审计、统计、城管、市容、卫生、计生、民政、教育、物价、司法行政等行政执法部门,完善行政执法责

任制，公开执法依据和标准，公开执法职责和权限，公开执法程序和时效，公开工作制度和纪律规范，公开违法行政的责任追究和赔偿办法，用法律、法规及规章规范行政管理和行政执法工作。

【法制宣传】 2001年为使“四五”深入人心，开展法制宣传周和宣传日活动，仅“四五”普法宣传周这一天，城区共出动宣传车6辆，印发宣传材料3万份，出展板258块，悬挂横幅228条，社宣传点114个，文艺宣传队11个，受教育人数达10万人，同时开展经常性法制宣传教育工作，先后投资27000元，在每个司法所门口制作永久性法制宣传栏；投资20000元，在解放东街设置普法广告灯箱4个，全年设点宣传7次，出黑板报1080期，悬挂横幅、标语609条，发放宣传资料92000份，办法制宣传栏556期展出展板2688块。

2002年，兴庆区整合辖区资源，成立“流动法律服务宣传队”、“法律服务志愿者队伍”，深入学校、早市、军营，开展多种形式法律宣传活动。组织开展法律服务进社区活动，在推广高台寺社区和海宝社区法律服务站先进经验的基础上，于4月26日，举行兴庆区法律进社区启动仪式，组织公证、律师、基层法律服务志愿者深入街道社区，采取发放宣传材料、张挂横幅、现场法律咨询、代书法律文书等形式，送法律进社区。全年在街头、集市大型宣传6次，印发宣传材料35000份，发放“把法律交给群众，送法律走进万家”便民温馨卡三万余份，设宣传点400个，出展板280块，悬挂横幅标语200条，文艺宣传队10个，宣传队员400人。

2003年，开展多种形式的法制宣传教育，做到业务指导上门、教材征订上门、法制讲座上门、咨询服务上门、送宣传品上门。同时，积极开展法律宣传进社区、进乡村、进工地、进早市、进军营等活动。6月13日在大新乡举行法律服务进乡村启动仪式。兴庆区检、法、司联手进乡村（社区）的法律服务模式在全区、全国推广。全年共开展大型宣传活动9次，设宣传点370个，展板250块，印发宣传材料110000份，法制文艺演出26场，建立法制宣传一条街2处，制作大型法制宣传广告40余副，赠送法律书籍5780册，受教育人达25万人，

2004年，以综合治理宣传月、“12.4全国法制宣传日”等为载体，开展形式多样的法制宣传教育活动，确定青少年犯罪预防网络等试点11个，依托辖区法律援助中心和律师事务所，建立一对一社区法律顾问制，开展社区青少年自理、自律、自护、自救、自信社会实践活动和学校模拟法庭教育活动。全年共举办大型宣传活动9次，社宣传点380个，展出展板260块，悬挂横幅280条，印发宣传材料108000份法制文艺演出254场，购买法律书籍2400册，开展竞赛讲演活动4次，编发简报31期，受教育人数达26万人次。

2005年，以综合治理月、“三八”维权日，12.4法制宣传日、普法二十周年为契机开展多种形式的法制宣传活动。运用传媒手段，走进广播电台直播间，宣传司法行政工作。全年共开展大型宣传12次，设宣传点450个，展出法制展板350块，悬挂横幅280条，印发宣传材料110000份，法制文艺演出24场，受教育人数达28万人次。

2006年，搞好宣传为“三大战役”提供法制保障。采取多种宣传形式营造氛围。按照宣传方法实、氛围浓、效果好的要求，组织各司法所采取不同的方式，在社区针对不同群体开展有针对性的法制宣传教育活动。利用宣传橱窗、宣传栏、黑板报，开展法律咨询、法律知识竞赛等方式广泛宣传《银川市全民义务植树条例》《信访条例》《土地管理法》《土地承包法》、《道路交通安全法》等园林绿化、城市拆迁、市容环境管理、交通安全等相关法律法规以及开展“三大战役”的重要意义和工作方针，为“三大战役”营造浓厚的宣传氛围。按照建设社会主义新农村的要求，针对拆迁过程中各乡镇存在的热点、难点问题，司法局组织各司法所在2乡2镇开展系列法制宣传活动，收到良好效果。在农贸集市、乡村队等人口密集、人流量大的地方设立法律咨询点，为群众解答法律咨询，散发法制宣传材料，开展集中宣传活动。掌政镇、月牙湖乡利用集市开展“148”法律宣传活动，发放《农村基层民主法制建设》《土地管理法》《农民常用法律知识问答》《道路交通安全法》《农村土地承包法》等相关知识宣传资料1500多份，为上百名农民现场解答疑难问题。有计划地对农村“两委”成员进行法制轮训。司法所组织基层法律服务所结合农村常发生的一些违法纠纷案件的特点进行以案说法，教育群众知法、懂法、遵纪守法，依法解决纠纷，维护农民的合法权益。大新镇司法所针对各村因地界、拆迁等各种利益关系引发的大量矛盾纠纷，不断深化“六化法”，将各种矛盾纠纷化解在萌芽状态，解决在基层。4月兴庆区宣传部、人劳局、司法局等单位在大团结广场举办“创建两个最适宜，构建和谐劳动关系”五一劳动者之歌暨五四表彰暨广场文艺演出；5月兴庆区政府专门举办拆迁承建者法律知识培训班，增强其遵守道路交通相关法律法规的自觉性，保障安全施工；8月兴庆区政法委、司法局在大团结广场举办平安兴庆广场法制文艺演出。全年大型宣传15次，设宣传点450个，展示法制展板380块，悬挂横幅300条，印发宣传材料120000份，法制文艺演出25场，受教育人数达30万人次。

2006年 采取多种形式，开展法制教育。先后开展了创建“平安兴庆”、“交通安全区”、“维权爱心”“和谐社区”建设、法律进工地、法律进社区、“十佳法律副校长”评选、“法在身边”有奖征文、送法律书籍、法律知识竞赛等活动。全年共开展大型宣传15次，设宣传点450个，展板380块，悬挂横幅300条，印发宣传材料120000份，法制文艺演出25场次，受教育人数达30万人次。

2007年,以综合治理宣传月和三八妇女维权周及“三下乡”活动为载体,广泛宣传《宪法》《物权法》《企业所得税法》《环境保护法》《妇女权益保护法》《道路交通安全法》《治安管理处罚法》等法律法规,在公交车载电视上滚动播放法制宣传片,开展大型宣传10次,设宣传点330个,展出法制展板500余块,悬挂横幅160条,印发宣传材料50000余份,举办法制文艺演出10场,受教育人数达20万余人次;征订、发放《“五五”普法常用法律知识学习读本》《“五五”普法常用法律知识学习问答》《物权法》《企业所得税法》《农民法律知识读本》等普法书籍16000余册。学法用法普及率达85%以上。

2008年,政府先后投资200多万元建成IPTV、互联网、电话三网合一的信息平台,辐射到乡村和社区,形成网络化、立体化的宣传模式,开通司法行政网站,开展“法制兴庆”创建活动。全年共开展宣传活动124次,社区宣传点630个,展出展板800块,印发宣传材料6万余份,举办文艺演出13场,受教育人数达25万余人次。

2009年,围绕“法制兴庆”创建工作,坚持条块结合,以块为主的创建思路,把普法宣传教育工作作为基础来抓,积极推进“法律六进”工程,开通兴庆区司法行政(普法)网站,在《今日兴庆》设立“法制兴庆”创建专栏,制定《法制工作信息报送刊发奖励办法》,开展“百场法制文艺演出进乡村、进社区、进学校、进企业活动”、巡回演出120场,建立法制学校示范点7个。积极推进和深化“法律六进”活动。2009年全年共开展宣传服务15次,展出展板80块,解答法律咨询800余人次,印发宣传材料34000余份,设宣传点630个,举办法制培训班45场次,受教育人数达30万余人次。

2010年,创新法制宣传教育工作机制和活动载体,成立普法讲师团,在宁夏交通音乐台设立普法栏目,与宁夏银行、工商银行联合,利用室外电子屏进行普发宣传,与银川市司法局联合在义务110出租车灯箱上宣传法律内容。印发普法教育“三字经”挂历10000份,建立乡村法律学校示范点4个,城市社区法律学校示范点3个,开展法制宣传活动642次,法制文艺演出42场,发放宣传材料15万份,制作宣传展板(橱窗、栏)1035块,解答法律咨询748余人次,举办法制宣传培训班387场次,法律知识竞赛(讲演)5场次,组织法律知识考试26场次。

【基层基础建设】 2001年,按照区政法委、区人事厅和司法厅《关于进一步加强基层组织司法所建设的意见》,明确了基层司法所是机构、职能及其人员编制,并配齐各街司法助理员;建立健全调解组织机构和制度。2001年辖区共有3个基层法律服务所,新增2个基层法律服务所。

2002年,城区建立社区法律服务站15个,法律服务所2个。

2003年,面向社会公开招聘2名公职律师,完成5个基层法律服务机构、15名法律工作者年度年检和登记注册工作,新成立一个基层法律服务所。开展创建“十佳司法所”活动。

2004年,加大对基层法律服务所的监管力度,出台《关于规范法律服务机构规范化管理的实施意见》,实行司法所工作人员全员聘用制。调整充实16个司法所的司法助理员,并面向社会公开招聘司法助理员,全额配齐辖区司法所人员,统一各项制度,规范挂牌,积极争取司法厅的基层司法所国债转贷资金项目。成立创建“十佳司法所”活动领导小组,制定实施方案和考核细则,从组织机构、业务工作、队伍建设、基础建设和所务管理五个方面开展创建活动,通贵乡和解放西街司法所被自治区司法厅授予“十佳司法所”。积极引导法律服务乡社区(乡村)延伸渗透,开展“十佳法律服务所”的创建活动。

2005年,加强司法所规范化建设,统一了司法所规章制度、岗位职责、所务公开、服务承诺、资料管理等10类近30项司法工作制度。提高司法助理员的职级、工资福利待遇,建设4个乡镇司法所办公房。

2006年,新建月牙湖乡和通贵乡司法所办公房,为司法所增编13个,每个司法所达到2人。举办基层法律服务及法律援助业务培训班,40余人参加培训。

2007年,开展规范化司法所和标兵司法所创建活动。9月初,兴庆区专题会议研究并解决规范化建设涉及到的人财物等方面的问题。规范组织机构、所务管理、法律服务等14项工作制度,年底9个司法所经自治区司法厅验收达到规范化标准。

2008年,兴庆区人民政府对6个街道建立规范司法所提出硬性要求,兴庆区人大首次将司法所规范化建设列入视察议题,3月组织人大代表进行视察,11月进行督察并给与充分肯定。年底6个司法所接受银川市、自治区考核验收。

2009年,把强化基层基础建设作为司法行政工作的重点,争取建设司法行政业务房和办公装备立项资金666.7万元,确保15个司法所达到规范化建设达标,并有4个司法所被司法厅命名为“规范化建设标兵司法所”。针对2009年社区居委会换届选举,下发《关于切实做好2009年居民委员会人民调解组织建设的通知》及时做好社区人民调解委员会换届工作。

2010年,加强司法所基础建设。确保每个司法所都有独立的办公用房和数字化办公设施,核定司法所行政编制和工作经费,制定司法所各项规章制度和工作流程,统一标识、吊牌、徽章,15个司法所的所容所貌全部达标。

【人民调解】 2001年~2010年,兴庆区司法局认真贯彻执行《人民调解委员会组织条例》,不断推进街道、社区人民调解委员会组织建设,人民调解组织网络逐步健全,人民调解作用日益突显,大量社会矛盾化解在基层,消除在萌芽状态，发挥人民调解在防止社会矛盾激化的“第一道防线”作用。

2001年，成立各级矛盾调解中心10个，矛盾纠纷调处小组175个，有调解工作人员975名，组织各种类型培训40多次1000多人。各调解中心和调解领导小组都建立工作制度。加快法律服务工作延生，开展“白日矛盾纠纷大排查”活动。全区矛盾纠纷排查现场会后，司法局把城郊结合部、下岗职工再就业、企业改制职工分流及邻里、婚姻家庭引发的纠纷作为排查调解工作的重中之重，各单位确定专兼职矛盾纠纷排查调处信息员，负责纠纷信息的收集、排查和上报工作，每月召开一次司法助理员例会，就本月工作矛盾纠纷排查情况进行认真分析研究、讨论，安排下月主要工作，全年集中排查26次，调节各类纠纷1887起，其中邻里725起，婚姻家庭纠纷644起，生产经营107起，环境污染14起，宅基地事件及其他354件，群体性上访30起，调解率100%，成功率99%。

2002年，坚持以排查调处工作经常化、法制化、规范化为目标，指导司法所、居委会建立健全各级调解组织，确定专职矛盾纠纷排查信息员，对外来流动人口进行专项治理。5月率先在全区组织司法所开展“我最成功的一次调解”演讲比赛，总结交流经验，城区获组织奖，3名选手分获一等奖、三等奖和优秀奖；为使民调工作进一步规范化，制定人民调解员等级制度，明确等级调解员的权利、义务，全年共调处各类矛盾纠纷1325起，其中邻里纠纷398起，婚姻纠纷209起，家庭纠纷73起，其他纠纷645起，排查重大纠纷49起，专项治理5起，防止群体性上访事件11起1050人次。

2003年，利用乡镇街道换届之际，进一步健全调解组织机构充实调解人员，共有人民调解组织233个，调解员930名，人民调解协会成员115名，完成“人民调解员”等级评定工作，二级944名，三级16名，四级12名，五级3名。坚持每月一次矛盾纠纷排查调处工作，针对节日重点排查，尤其是在迎接“两会”和第七届全国少数民族传统运动会，重点开展“百日”矛盾纠纷大排查活动，全年共排查纠纷141期，专项治理56次，揭发犯罪线索46条，各调解组织共调解各类矛盾1675件，调解成功1632件，调解成功率97%。防止群体性上访28件806人，防止民间矛盾纠纷激化13件43人。

2004年，按照“五有”“四落实”的要求，在乡镇、街道都设立了人民调解委员会，并将原有司法调解中心全部规范人民调解组织范畴之中，对各类调解组织进行整顿，在集贸市场、少数民族、地区等新建人民调解组织35个，完善三级调解网络。2004年共有人民调解组织433个，其中社区调解委员会80个，村调解委员会32个，单位调解组织270个，集贸市场调解委员会11个，流动人口集聚区调解委员会1个，跨社区联合调解委员会2个，清真寺调解委员会21个，乡镇街道调解委员会16个，调解人员2013人。各级调解组织按照“条防结合、以防为主、多种手段、协同作战”的工作方针，集中力量，重点排查和治理各种矛盾纠纷，检查矛盾纠纷定期排查制度、矛盾纠纷月通报制度、重大矛盾纠纷上报制度和重大矛盾纠纷信息预警处置工作机制。全年各调解委员会共排查调处矛盾纠纷1864起，调解成功1821起，调解成功率98%，专项治理12次。

2005年，构建司法局、乡镇（街道）、村（居）人民调解工作三级调解网络，在辖区15个清镇市成立人民调解委员会，率先在全区建立治安行政调解与人民调解联动机制，有10个街道乡镇派出所设立“警司联调”办公室。实行人民调解工作名称、印章、场所标识、调解员徽章、调解程序、文书格式六统一。培训调解员1650人次，实行人民调解员持证上岗。先后参与处理月牙湖乡农民暴力抗法、黄河古渡土地纠纷、通贵乡河滩村和掌政镇政河村土地与湖泊承包纠纷、银川市出租车司机、唐徕公司群体性上访等事件。通过“警司联调”调解民间纠纷2000余件。

2006年，兴庆区共有人民调解组织256个，其中居民调委会87个，村民调委会33个，企事业单位调委会88个，集贸市场调委会11个，流动人口聚集区调委会1个，清镇寺调委会19个，乡镇、街道调委会15个，有人民调解员1280名。进一步完善了调防体系，健全人民调解工作网络机制。重点加强了人民工作的规范化建设，制定了人民调解案卷评查制度，开展“十佳人民调解案卷”、“十佳人民调解成功案例”和“十佳人民调解员”活动。全年共调处各类纠纷1579件，调解成功1565件，防止群体性上访9件225人。

2007年，各类人民调解组织发展到266个，其中居民调委会90个，村民调委会32个，企事业单位调委会89个，集贸市场调委会11个，流动人口聚集区调委会1个，跨社区调委会2个，清真寺调委会24个，乡镇、街道调委会15个，有人民调解员1330名，基本实现组织机构健全，制度措施完善，各项责任落实，人员配备完整，经费保障有力。各级调解组织按照调防结合、以防为主、多种手段、协同作战的工作方针，贯彻落实全国、全区人民调解工作会议精神，构建大调解、大服务的工作格局，不断完善治安行政调解与人民调解联动工作机制，建立人民法院、人民检察院、司法局“三调联动”工作机制，实行等级人民调解员制度，人民调解员持证上岗制度，督查督办制度、“零报告”制度，领导责任制度，包片包案制度，进一步规范人民调解委员会标示、文书档案、调解庭和调解程序。基本实现组织机构健全、制度措施完善，各项责任落实，人员配备完善，经费保障到位，纵向到底、横向到边的人民调解工作新网络。主动参与群体性矛盾、群体性上访纠纷的调解,调处各类矛盾纠纷1472件,调解率100%,调解成功率99%,参与调解疑难复杂民间纠纷68件,协助基层政府处理社会矛盾纠纷25件,大新镇人民调解委员会被国家最高人民法院、司法部授予全国模范人民调解委员会。

2008年,兴庆区共有各类人民调解组织274个、人民调解员1330名,深入开展评选"十佳人民调解委员会"、"十佳人民调解成功案例"和"十佳人民调解员"活动。为确保北京奥运会和自治区五十大庆的社会稳定,集中开展专项维稳活动。成立兴庆区、乡镇(街道)两级矛盾纠纷督办中心,形成各类社会矛盾纠纷统一由中心受理、分流、调处、督办、报结、回访的大调解工作机制。全年调解各类矛盾纠纷20213件,调解成功16049件。

2009年,建立矛盾纠纷预警机制,深化建立人民法院、人民检察院、司法局"三调联动"工作机制,整合法制宣传、法律服务、法律保障职能,强化"警司联调",在兴庆区人民法院设立了人民调解与法院调解司法调解共同受理案件的联合调解室,法院民事审判庭和村镇建立沟通机制,人民调解员积极协助法官在诉前引导人民调解、诉中委托人民调解和诉后执行和解调解。前进街司法所、派出所和银川市第一人民医院3家协作,成立前进街辖区医患纠纷联合调处工作领导小组,并建立了协调调节机制。全年司法调解1364次,行政调解2294次,各级人民调解组织共排查320次,调处各类矛盾纠纷1232件,调处成功1232件。

2010年,制定《人民调解化解复杂疑难纠纷专项活动实施方案》,召开专门动员会进行部署。兴庆区法院人民调解室聘请4名专职调解员从事调解工作,建立公安派出所之间和基层"两所一庭"的协调衔接机制。全年各类人民调解组织开展矛盾纠纷排查活动435次,化解纠纷1339起,调解成功1240起。协助基层处理社会矛盾纠纷110起,成功107起。成立全区首家医患纠纷调解委员会,10月20日前进街医患纠纷调解专门委员会在银川市第一人民医院正式挂牌成立。全年三调联动共化解纠纷8690件,其中司法调解4695件,行政调解2920件,委托调解案件1253件。

【"严打"整治专项斗争】 2001年,根据自治区、银川市关于"严打"整治斗争工作部署,成立"严打"政治斗争领导小组,制定《司法局关于开展"严打"整治斗争实施方案》和《城区白日矛盾纠纷大排查、大调处实施方案》,深入开展"严打"整治斗争宣传。在集市、市民区、新华街、步行街等地张贴通告,共出动宣传车宣传30余次,悬挂横幅177条,办橱窗、专栏90余块、展出展板372块、办黑板报121期、发放宣传材料32000余份,受教育群众达106000余人次。在矛盾纠纷大排查、大调处活动中,坚持首查工作制度、限时工作制度、信息员制度、司法助理员制度、重大疑难纠纷报告制度。"严打"期间调处各类民事纠纷436起,其中重大纠纷15起,预防和制止群体性上访12起。有力地维护了社会稳定。

【安置帮教与社区矫正】 2001年,由于城市改造,住宅楼大批拆迁,给帮教安置工作造成困难,使一部分刑释解教人员脱管、漏管,成为影响社会稳定的一大隐患。在开展"严打"整治斗争中,将"两劳"人员的帮教安置作为一项重要工作任务,对辖区刑释解教回归人员进行排查,全年登记在册人员303人,其中刑满释放184人,解除劳教119人,全部建档立卡,签订帮教协议书,落实帮教责任,安置刑释解教人员256人,安置率达85%。

2002年,实现安置帮教工作的组织机构网络化、教育工作社会化、安置就业市场化、业务工作规范化的工作格局。各办事处、居委会帮教小组与刑释解教人员及其家庭及时签订帮教协议书,建立起家庭、单位、派出所、居委会、司法所、办事处六位一体的帮教体系。针对刑释解教回归人员这一特殊群体,安置帮教组织动员各街道、居委会、辖区单位采取召开座谈会、报告会、社区文艺演出、安排释解人员参加义务劳动等多种形式,加强对回归人员的社会责任和法律意识教育,使回归人员真正体会到社会主义大家庭的温暖。在册"两劳"人员317名,其中刑满释放207人,解除劳教110人;安置303人,其中单位安置40人,从事个体经营143人,临时经营120人,安置率90%以上。

2003年,健全安置帮教办、乡(镇、街道)安置帮教领导小组、社区(村)安置帮教小组的三级安置帮教工作网络体系,有专兼职安置帮教人员277人,对415名(刑释219名,解教196名)帮教对象逐人建档立卡,签订帮教协议,开展"大墙"内外、现身说法、亲情、信函、春节慰问等多种形式,安置就业382人,其中落实最低生活保障28人。

2004年,举办刑释解教人员培训班,参加培训人员80余人,向刑释解教人员讲解国家的就业政策和就业信息;利用三级安置帮教工作网络,安置就业337人,安置率88%,其中城市刑释解教人员315人,安置就业288人,安置率91%,农村刑释解教人员67人,安置就业67人,安置率100%,落实最低生活保障27人。

2005年,在册刑释解教人员320人,安置就业310人,其中城市安置268人,农村安置42人;胜利街被自治区确定为全区社区矫正试点,3月14日胜利街社区矫正服务中心正式启动,在册安置矫正对象15人,其中假释3人,缓刑11人,监外执行1人,均得到社区矫正服务。

2006年,登记在册刑释解教人员63人,安置就业60人,安置率95%,其中农村12人,安置12人,安置率100%,城市51人,安置48人,安置率94%;与丽景街失地农民培训中心签订协议,对安置帮教人员进行定点培训;

胜利街社区矫正试点工作进展顺利，矫正对象10人，均得到社区矫正服务，5名矫正对象服刑期满，经批准解除矫正，转入安置帮教。

2007年，各乡（镇）、街道办事处设立帮教安置工作领导小组15个，村（居）建立基层帮教组织122个，帮教安置工作人员685人；登记在册的刑释解教人员485人，安置率95%，刑释解教人员回归在册69人，其中刑满释放65人，解除劳教4人，安置率达96%；城市刑释解教人员53人，安置就业50人，安置率94%，农村刑释解教人员16人，安置就业16人，安置率100%，无重新犯罪。

2008年，制定社区矫正工作实施方案，确定两个社区矫正工作试点单位和社区。完善帮教安置登记制度、例会制度、培训制度、联查制度和信息报送制度，做到报到一个登记一个。全年回归的刑释解教人员169人，其中衔接99人，外县区10人，“三假”人员58人，下落不明1人，见档不见人1人。衔接99人中，城市刑释解教人员71人，安置68人，安置率96%，农村刑释解教人员28人，安置就业28人，安置率达100%。

2009年，按照积极稳妥、依法规范、协调配合的要求，推进社区矫正工作，针对辖区276名社区服刑人员实际情况，尝试行之有效的教育矫正方法，文化街司法所设立温馨谈心室，联系到每名矫正人员，进行面对面的谈心，了解思想和生活状态；为80名即将出狱的服刑人员进行就业培训；收到释放通知书109份，其中外县区5名，衔接88名，均签订帮教协议，帮教率100%，安置82名，安置率95%，无重新犯罪。

2010年，设立兴庆区社区矫正教育培训中心和15个司法所社区矫正办公室，配置投影机、电动屏幕等教学设备，基层司法所全部配备电脑、沙发、窗帘、档案柜、茶几、办公桌、打印机等设施，确定4个司法所为社区矫正重点所，全年接收社区矫正对象190名，做好矫正对象的管理，严格落实出差、外出就医、外出务工经商等请销假制度，组织社区矫正对象向玉树等灾区捐款公益活动，参加兴庆区春季植树造林、秋季农田水利建设及环境整治、清理乱贴乱画等公益劳动，在黄河金岸建立全区首家社区矫正对象公益劳动基地，协调争取公益性岗位，解决1名无业矫正对象的就业生活问题，5人取得低保，13人落实了责任田。完成派驻社区矫正警察交接工作，召开第一批派驻社区矫正警察总结和第二批派驻社区矫正警察座谈会议。9月兴庆区社区矫正志愿者协会成立暨第一次会员大会召开，社区矫正志愿者等180人参加大会，会议选举兴庆区社区矫正志愿者协会会长、副会长、秘书长和副秘书长；依托中国移动通信网络和GPS手机定位系统，建立社区矫正移动管理信息系统平台，为111名社区矫正对象配备定位手机，15个司法所和兴庆区安置帮教办全部使用安置帮教工作软件，将宁夏水利学校办成过渡性帮教安置实体。回归的刑释解教人员116人，其中城市刑释解教人员77人，安置就业75人，安置率97%，农村刑释解教人员21人，安置就业21人，安置率100%，落实低保26人、医保68人。

【律师服务】 加大律师管理力度，规范律师执业行为，充分发挥律师在维护社会稳定中的重要作用。2001年组织律师重点学习《合同法》《担保法》及WTO相关内容；开展律师职业道德教育评查活动，严格职业纪律，规范职业行为，提高律师整体素质；办理各类案件140起，担任法律顾问17家，创收33万元，办理法律援助案件30起，达到人均2件。

2002年，把律师职业道德建设与《公民道德建设实施纲要》结合起来，倡导以忠于法律、维护正义、诚实守信、勤勉尽责、公平竞争、严格自律为主要内容的职业道德建设。全年共办理各类案件166起，其中民事案件55件，经济案件100件，刑事案件26件，代书咨询320件（次）。

2003年，完成律师事务所由合伙制向合作所的转制。积极开展律师集中教育整顿和行风评议活动，完善管理制度，案卷、文档、函件管理规范，执行财务管理制度，严格收费，依法纳税；律师主动参与法律服务进社区、乡村活动，完成指派的法律援助任务，律师事务所担任常年法律顾问17家，代理各类案件164件，业务收入137万元，比2002年增长20%。

2004年，完善律师管理制度，坚持定期学习培训，强化业务素质，严格收费，依法纳税。朔方律师事务所主动按照行政主管部门和区、市行业协会的要求，扎实开展律师集中教育整顿和行风评议活动，强化了律师执业纪律、职业道德。律师主动参与法律进社区、进乡村活动，积极完成指派的法律援助任务，全年共代理案件146件。

2005年，朔方律师事务所加强律师职业道德和诚信教育，巩固律师队伍，代理案件146件，其中民事、经济121件，刑事23件（法律援助3件），行政2件，代书咨询500人次，为当事人减免代理费45件。

2006年，律师业务由银川市律师协会管理。

【公证服务】 2001年～2006年，兴庆区公证工作以服务经济社会发展、促进社会和谐为己任，以诚信、便民、利民、提高公证质量和公信力为立足点，为和谐社会提供优质、高效的公证法律服务，积极预防和减少纠纷的发生。

2001年6月，为救助王璞爱心捐赠活动进行义务公证，为王璞筹集医药费13000多元；9月对体育彩票的发行进行义务公证；拓展公证新领域，设立第三办公室，实行固定办公。全年共办理公证案件2232件，其中国内公证1882件，涉外公证343件，涉港澳台公证7件，全年创收240448元。

2002年，公证处把公证投资环境与社会效益紧密结合起来，市场经济发展到哪里，公证触角延伸到哪里，设立公证点3个,办理各类公证案件1255件,其中经济公证648件,民事公证237件,涉外公证370件。

2003年,公证处改制,健全各项规章制度,拓展业务领域和范围,改善办公条件,购置固定资产近10万元,推行主办公证员、要素式公证书制度,全年共办理各类公证3802件,收入比上年同期翻一番。

2004年,公证处以规范、拓展、提高为目标开展业务,有5名公证员,3个业务点,统一配备微机、打印机,固定资产积累40万元。为聘用人员购买医疗保险、养老金,建立公证赔偿金和公证事业发展基金。全年办理各类公证4026件,无错证、假证现象发生。

2005年,公证处以规范公证服务秩序、办证程序和公证处运行机制为重点,严格执行《公证法》,与银川地区8家公证处签订《银川地区公证行业自律公约》,向社会公布《致公证合作单位的公开信》,在全区公证行业中率先将金融机构的14个办证点全部撤回,妥善处理与合作单位的公证业务。全年办理各类公证8624件,无1件错证、假证、伪证发生。

2006年,根据自治区司法厅和银川市统一安排,兴庆区司法公证处整建制移交银川市司法局管理。

【法律服务】 2001年,兴庆区法律援助中心被亚洲基金会、司法部法律援助中心及自治区司法厅确定为规范化管理试点,全年办理各类援助案件37件,挽回经济损失30万元。建立健全各项规章制度20项,其中16项规章制度被自治区司法厅采纳作为全区法律援助工作制度在全自治区推广。兴庆区法律援助中心与区妇联率先在全区成立妇女儿童法律援助维权中心,与残联成立残疾人法律援助中心,被评为全区法律援助工作先进集体。

2002年,兴庆区司法局组织律师所和法援中心律师做好刑事辩护工作。"严打"期间,法律援助中心律师出庭担任刑事辩护37件,受理"148"法律咨询电话300多起。在各办事处、社区成立15个法律援助工作站,以法律顾问进万家,"公证走进你我他"、"法律进军营、进学校、进早市、进家庭"等系列活动,为群众办实事。成立全区首家"法律拥军服务中心",办理军人、军属援助案件3件,特别是对来银投资、打工和社区居民中的弱势群体及时给予法律援助和法律服务,为优化城区投资环境,打造信用城区提供法制社会环境。"148"法律服务中心解答电话106人次,接待群众来访500人次,提供法律服务4件,法律援助案件8件,挽回经济损失20万元,代书60余件,解答法律咨询300多人次。

2003年,继续做好政府法律顾问组的工作,基层法律服务所担任法律顾问13家,代理案件150件,解答法律咨询473人次,为当事人避免、挽回经济损失42万元。12月4日兴庆区举行"为实现公平和正义·法律援助在宁夏"公益活动捐款仪式,收到捐款39515元。认真贯彻《法律援助条例》,为法律援助基金捐款1340元,办理法律援助案件58件,解答法律咨询316人次。"148"法律服务中心解答法律咨询电话120个,接待来访220人次,上门服务6次,提供法律服务40件。

2004年,法律援助中心举行"为实现公平和正义·法律援助在宁夏"公益捐助活动,机关干部捐助5.6万余元;全年办理法律援助案件70件,其中刑事援助案件56件,民事援助案件14件,代书50件,解答法律咨询300人次。至年底辖区共有法律服务所10家,担任法律顾问6家,代理诉讼案件76件,代理非诉讼案件27件,调解纠纷58件,协办公证6件,见证9件,代书108份,解答咨询325人次,业务收费7.8万元,为当事人避免经济损失120余万元。"148"法律服务中心解答法律咨询电话42个,接待来访345人次,上门服务6次,提供法律服务17件。

2005年,法律援助中心和15个法律援助工作站统一制定和制作法律援助的各项规章制度、流程图、铜牌和公章,规范有序地开展法律援助的受理、审查、指派、办理等工作,形成由兴庆区法律援助中心、乡镇(街道)法律援助工作站、社区(村)服务窗口的三级法律援助网络。印制法律援助温馨卡1.5万份发放到群众中,办理各类法律援助案件160件,其中刑事援助案件57件,民事援助案件55件,行政援助案件2件,公证援助案件24件,代书110份。"148"法律服务中心解答法律咨询电话180个,接待来访221人次,上门服务15次,解决纠纷180起,与有关部门联动解决纠纷4件,为当事人避免经济损失150万元。

2006年,各法律服务所开展规范提高法律服务质量活动,向全市两级法院发放"致人民法官的一封公开信"50封,向法律服务对象和法院发放服务质量反馈卡,聘请社会行风监督员100名。全年代理诉讼106件,代理非诉讼35件,调解26件,协办公证3件,办理见证10件,代写文书120件,解答咨询320件,办理法律援助40件。参与司法行政工作125次,为当事人避免经济损失70余万元。围绕创建和谐社区,出台法律援助10项便民措施,发放法律援助温馨卡和告知卡,做到应援尽援。建立兴庆区外来务工人员法律援助窗口,构筑农民工维权绿色通道。全年办理各类援助案件180件,其中刑事援助案件71件,民事援助案件109件,代书120份,接待来人来访325人次。"148"法律服务中心解答法律咨询电话200人次,接待来访160人次。

2007年,对法律服务资源进行有效整合,建立街道法律服务所分片服务制和城乡法律服务所包扶服务制,充分发挥兴庆区法律援助中心、乡镇(街道)法律援助中心、社区(村)服务窗口的三级法律援助网络的作用,开展"法律服务和法律援助为构建社会主义和谐社会

服务”主题实践活动和“法律援助六行”活动，在辖区村居和街道路边设置120块“温馨提示牌”，出台绿色无障碍通道等十项法律援助便民措施，公布兴庆区法律援助中心及各乡镇、街道法律援助工作站的电话。全年办理各类援助案件211件，接待来人来访283人次。“148”法律服务中心接到咨询电话178人次，接待来访200余人次。

2008年，建立以兴庆区法律援助中心为主体，20个乡镇（街道）、残疾人、妇女儿童、农民工、困难职工、青少年法律援助工作站和遍及辖区的123个社区（村）法律援助联系点参与的工作体系。全年共代理各类诉讼190件，解答法律咨询1195人次，为当事人避免经济损失184.8余万元。办理各类援助案件280件，接待来人来访430人次。“148”法律服务中心接到咨询电话610人次，接待来访410余人次。被司法厅授予全区法律援助工作先进集体。

2009年，成立法律援助专家委员会，对重大疑难案件进行指导，将为民办实事案件任务细化量化分配到15个乡镇街道法律援助工作站。全年共代理各类诉讼175件，非诉讼24件，解答法律咨询1118人次，调解纠纷283件，开展法律援助宣传咨询15场次，办理各类援助案件179件，接待来电来访735人次，代写法律文书60件，解答电话咨询109人次，接待来访300余人次。

2010年，在智和诚律师事务所设立全区首家未成年人法律援助工作站，在兴庆区法院、检察院和17个公安派出所分别设立法律援助工作站，为民办实事法律援助诉讼案件的任务为150件，实际办理各类援助案件316件，符合为民办实事要求的307件，接待来电来访641人次，代写法律文书14件，解答法律咨询685人次，调解纠纷213件。法律援助中心荣获2010年度全区法律援助工作先进集体称号。

【队伍建设】 十年来，兴庆区司法行政系统始终坚持把提高队伍的整体素质摆在重要位置，一是广泛深入开展“社会主义法治理念教育活动”、“社会主义荣辱观教育”、“保持共产党员先进性教育活动”、“规范执法行为，促进执法公正”行风政风建设、政法系统集中教育整顿、“作风形象建设年”、优化司法环境、效能建设、“六看六查”和创建“和谐机关”、解放思想大讨论、政法队伍警示教育、“干干净净”主题教育、学习实践科学发展观、创先争优等活动。二是加强业务学习，坚持每月一次例会制度，对司法人员进行经常性的培训教育、岗位练兵，不断提高工作人员的政治、业务素质。三是加强机关效能建设，转变工作作风创建和谐机关。四是加大队伍的监管力度，严肃查处队伍中违纪违规问题，并设立举报箱，认真接受群众和社会监督。

附1：宁夏女子劳教少年教养管理所

【概况】 宁夏女子劳教少年教养管理所成立于2001年5月28日，位于银川市兴庆区清和街彰武巷68号，占地面积61.52亩，投资2850万元建成宁夏女子劳教少年教养管理所办公大楼和管教场所，建筑面积16296平方米，设计收容能力600人，是目前宁夏唯一一所集中收容、管理和教育女性劳教人员和少年教养人员的场所；2005年，被命名为首家省级现代化文明劳教所；2009年，加挂自治区第三强制隔离戒毒所牌子，开始正式履行强制隔离戒毒新职能。

【安全稳定】 2008年，司法部、国务院分别召开安全稳定工作电视电话会议，对劳教场所的安全稳定提出更高的要求。为贯彻落实会议精神，所党委多次召开专题会议研究部署。结合司法部和自治区司法厅、劳教局下发的关于抓好场所安全稳定工作的通知精神，认真部署在奥运会、残奥会及自治区50周年大庆期间场所的安全稳定工作，在全所警察职工的共同努力下，确保了北京奥运会和自治区50周年大庆期间没有发生任何安全稳定事故。

2009年，狠抓劳教、强制隔离戒毒人员的日常管理和行为养成，加大对重点时段、重点部位、重点人员、重点物品的防控排查，形成所领导、科长和中队长及一般民警为主体的三级防护体系。坚持和完善每月分队4次、中队2次、管教部门1次的三级思想动态分析网络，定期分析所情动态和劳教、强制隔离戒毒人员思想动态形势，做到重点人员互帮互监到位、民警分管分教到位，及时排除不安全隐患。制定《干警带工补充规定》，严格落实领导带班、值班制度，中队干警值班、带工直接管理制度。根据司法部有关手机禁入教区的规定，制定《关于禁止将手机等通讯工具带入管理区的规定》，严格落实。严格会见制度、门卫管理，杜绝违禁品流入教区。在强制隔离戒毒人员中，召开民主选举自我管理委员会大会，采取竞聘演讲和无记名投票的形式，选出自管会委员，有效地落实强制隔离戒毒人员的自我管理制度。

2010年，积极主动做好信息的搜集整理、分析研判，准确分析和把握重点人员、重点时段、重点部位、重点环节，及时掌握劳教和戒毒人员的思想动态和所情动向，建立定期研判制度，坚持每月召开1次场所安全形势分析研判会。克服警力不足的困难，实行双人值班，严格落实干警值班、带工制度，加强干警的直接管理。为值班干警装配单警装备，将机关副科级以下干部全部充实到基层值班，确保一线值班警力。加强对警戒护卫队员的管理教育，护卫队值班由睡班改为坐班，人防力量得到加强。严格会见、门卫管理制度，杜绝违禁品流入教区。规范学员药品管理，制定药品发放登记表，由值班干警统一登记，定时定量发放，堵塞学员药品管理漏洞。在司法厅、劳教局的大力支持下，部署网络信息点101个（其中内网90

个、外网20个），监控信息点59个，基本上辐射到所区周界和劳教人员宿舍楼和公共活动区，构筑物防、技防安全屏障。严格落实劳教人员被服、食物量标准和三餐食物留样规定，加强物资采购“四统一”管理，，做好生活卫生达标复查工作，坚持入所体检和日常卫生检查制度，防止各类传染病的流入；加强艾滋病等传染性疾病防护知识的宣传教育和培训，完善传染性疾病的预防措施和应急预案，提高应对传染性疾病突发事件的能力。

【预案演练】 2008年，为做好奥运会、残奥会及自治区50周年大庆期间场所的安全保卫工作，确保场所的安全稳定，结合部级现代化文明劳教所的创建工作，先后开展紧急集合、现场灭火、所内骚乱、外界冲击、生活卫生、地震灾害等应急预案演练，强化警察职工的应急意识，提高警察职工处置突发事件的能力。

2009年，提高处置突发事件的能力，着力抓好预案制定、实战演练、群防群治、预警防范、快速处置、善后处理6个环节任务的落实，全年共举行各类预案演练5次。

2010年，加强预案演练，提高处置突发事件的能力，完善应急预案10项，举行防外界冲击、防火、防地震、防脱逃、防集体骚乱等各类预案演练9次。

【教育矫治】 2008年，开展心理咨询、心理矫治，指导劳教人员培养健康的心理，调整良好的情绪，提高教育挽救质量，进一步规范心理矫治档案，通过对劳教人员的心理测试和问卷调查，了解她们的改造心态，排除心理障碍，为更好地做好教育矫治工作奠定坚实的基础。邀请国家二级心理咨询师、宁夏武警医院精神科主任孙香萍为全体劳教人员进行心理辅导讲座，与戒毒劳教所联合对劳教人员进行团体心理咨询，有效缓解劳教人员的改造压力。

2009年，围绕“首要标准”，创新教育思路，整合资源，狠抓劳教、强制隔离戒毒人员的教育矫治工作，在分类教育的基础上，实行公共课集中讲授，根据教育内容重新制定教学大纲、教学计划，丰富教学内容，重新聘用教师，进一步规范劳教、强制隔离戒毒人员的教育矫治工作；实行“三课”教育与国学教育、音乐、美体、英语、书法等素质教育共同发展的教育新格局，全年“三课”教育时间累计达780课时；推广多媒体教学，举办干警课件制作培训班，进行课件制作讲授评比，全所基本实现多媒体教学；加大劳教、强制隔离戒毒人员心理咨询工作力度，大力开展心理辅导和团体心理咨询，举办心理健康教学观摩选拔赛。

2010年，坚持每天2小时课堂化教学，每晚1小时集中教育，把课堂化教学真正落到实处，“三课” 教育累计达825课时，较好的完成劳教局下达的教学任务；以举行解教人员欢送会，对新入所人员强化所规队纪、法律法规教育等方法，提高教育的针对性和实效性；坚持办好《育德报》，引领积极向上、健康活泼的思想风尚，共出版《育德报》3期，干警和学员投稿达200余篇；外出开展法制讲座、现身说法、警示教育3次，受教育人数达到5000千余人。

【创业培训】 2008年，与宁夏青年就业创业服务中心、银川市财政局、银川市劳动就业局联合在劳教人员中举办就业创业培训班，把即将解教劳教人员的职业技能培训社会化，尽可能缩短回归社会后再就业的周期，提高学员适应社会、立足社会的能力，为减少和预防重新违法犯罪，维护社会稳定起到积极的促进作用；与自治区劳动就业局签定服务合作协议，成立劳教人员就业指导中心。

2009年，邀请银川市团委举办以“创办和改善你的企业想法” 为题的创业意识培训班。

2010年，积极拓宽职业教育渠道，邀请宁夏西部创业技能培训学校教师在劳教（戒毒）学员中开展为期1周的创业意识培训班，为30名学员办理职业技能培训合格证。

【劳务收入】 2008年，完成产值40余万元；新引进印刷生产加工项目1个，礼品盒加工项目1个。

2009年，全年共实现产值20.23万元。

2010年截止11月底，劳务生产收入24万余元。

【人性化管理】 2008年春节，民警带领8名劳教学员到戒毒劳教所与她们的亲人进行特殊会见；自治区关心下一代工作委员会、兴庆区关工委、宁夏中华爱国工程联合会理事姜丽娟女士先后两次来所送温暖、献爱心，看望劳教人员，为少教人员带来运动服、鞋、水果及生活用品；“六一”国际儿童节期间，银川市上前城检察院慰问看望少教人员并与他们联欢。建立劳教人员困难救助基。

2009年春节，组织劳教、强制隔离戒毒人员到区戒毒所，与她们的家人进行“特殊会见”；“三八”妇女节，在女劳教（强制隔离戒毒）人员中开展“四个一”活动，即感恩母亲1封信、美体健身愉悦身心1小时、戒毒康复体能训练1小时、开展1次团体心理咨询活动，增加教育矫治内容，强化教育矫治效果；6·26国际禁毒日，开展“我与毒魔说再见”专题教育活动；建党88周年，在劳教、强制隔离戒毒人员中开展以“颂歌献给党”为主题的歌咏比赛；在学员中还开展书画、刺绣、手工作品展评，丰富学员的文化生活。由管教部门指导、劳教人员民管会具体策划和主持的春节联欢会，充分体现民警监督下的劳教、强制隔离戒毒人员民主管理和自我管理。采取“走出去、请进来”的方式进行法制讲座和现身说法教育，全年共进行法制讲座12次，现身说法14次，对劳教人员安心服教起到积极的促进作用。

【社会帮教】 2009年，自治区关心下一代工作委员会和温州商会的领导及全国十佳公益之星姜丽娟女士等到教管所慰问；上前城检察院杨宁萍检察长、锦秀苑社区等到教管所帮教；农工党中央副主席、全国妇联副主席汪纪戎一行到教管所调研等一系列活动，带来中央、自治区党委领导及老一辈革命家对失足青少年的关爱和期望。

2010年，银川市国信公证处、自治区关工委、公益之星姜丽娟女士、上前城检察院、马莲台发电厂、天人和豆制品厂、温州商会等多家单位(个人)到教管所帮教。

【安置帮教】 2010年，为解教回家学员发放路费，积极与自治区关工委、就业培训中心等部门联系，为无家可归的少教人员安置工作，解决他们的就业难题，被自治区综治委授予刑释解教安置帮教工作先进集体。

【强制隔离戒毒与康复】 2009年，积极探索强制隔离戒毒管理新模式，抓好强制隔离戒毒人员入所管理工作，组织成立强制隔离戒毒身体康复、行为诊断、心理矫治、认知诊断等4个评估小组及课题小组，大力开展强制隔离戒毒工作和戒毒康复工作；组织以“强我体魄、练我意志、塑我风采”为主题的强制隔离戒毒人员意志品质训练；研究制定女性《强制隔离戒毒人员身体康复评估实施办法及测评标准》，下发女性《强制隔离戒毒人员身体康复评估实施办法》，对强制隔离戒毒人员进行体能测试；收治自愿戒毒人员，探索自愿戒毒和强制隔离戒毒人员管理教育新方法；收治2名自愿戒毒人员。

【基础设施建设】 2009年，对所区电动大门和办公楼门进行改造，在办公楼门厅安装电子显示屏；改造电话通信设施和有线电视网络，改善通信质量；对劳教人员储物柜、卫生间进行改造；实施所区自来水改造项目。

2010年，对女教区进行改造，完善功能室；将医务所搬迁至教区；对少教楼进行彻底维修；重新更换、安装学员洗澡设备，彻底解决学员长期洗不上澡的问题；对两个教区大门、值班室、门禁系统、干警通道进行改造，增强安全系数；对劳教(戒毒)人员心理矫治等7大功能室进行改造。

2003年8月13日，全自治区法律进社区(乡村)经验交流会

【法轮功劳教人员教育转化】 2010年，抽调得力干警、制定切实可行的教育转化方案，加大转化攻坚力度，在管理、教育部门及大队的共同努力下，3名法轮功类劳教人员，2人彻底转化，思想稳定，态度端正，1人初步转化。

【信息化建设】 2010年，购买交换机、光电转换模块等设备，为全所信息化建设提供硬件保障，布设网线、安装软件，实施内联通网络，完成网络监控改造。截止2010年底，教管所的信息化建设基础工作基本完成，达到干警人手1台电脑，初步实现司法厅党委提出的“四个网上”的目标要求，门户网站建设任务在本系统内率先完成。

附2：宁夏兴业律师事务所

【概况】 宁夏兴业律师事务所位于银川市兴庆区民族南街博文大厦8楼，成立于1993年，经过10多年精心打造和不懈努力，已发展成为宁夏回族自治区境内规模较大、服务范围广泛、专业化突出的综合性法律服务机构；拥有执业律师48人，具有研究生学历10人，其余均为本科学历；2位具有高级职称，部分律师取得了注册会计师、注册税务师、项目经理等职业资格；11名律师被银川仲裁委员会聘为仲裁员；业务以金融、公司证券、房地产、商事咨询4大支柱为主；担任70多家党政事业单位、金融机构、上市公司、大中型企业的常年法律顾问，其中包括6家金融机构和5家上市公司。

附3：银川市国立公证处

【概况】 银川市国立公证处创建于1979年，是宁夏地区成立最早的国家公证机构，具有办理国内民事、经济、涉外及涉港、澳、台公证业务资格；年均接待群众咨询上万次，公证项目达100多种，公证文书发往百余国家和地区；被司法部评为全国法律服务行业文明服务窗口单位，被银川市司法局和自治区司法厅先后授予先进公证处、集体二等功、全区文明公证处、全区法律援助工作先进集体等荣誉称号。

军 事
JUNSHI

中国人民解放军宁夏银川市兴庆区人民武装部

【概况】 中国人民解放军宁夏银川市兴庆区人民武装部（简称兴庆区人武部)的前身是中国人民解放军银川市城区人民武装部,1962年为加强城市民兵工作，根据兰州军区和宁夏军区命令，银川市组建了中国人民解放军宁夏银川市城区人民武装部,机构为县团级单位,受银川市人民武装部领导,其编制员额为10人；部址位于城区中山北街33号,营区占地面积3000平方米,营房面积近2300平方米;1986年5月,根据中共中央、国务院、中央军委《关于县(市、区)人民武装部改归地方建制的有关问题的通知精神》，城区人武部划归地方建制，主要任务和基本职能不变，业务上受银川军分区领导;1994年12月1日,为适应建设中国特色社会主义市场经济的新形势,加强军队和国防后备力量建设,保证社会稳定和国家长治久安,根据中央8部委参务字第295号文件精神,将地方建制的银川市城区人民武装部收归军队建制，工作职能不变。2001年以来,兴庆区人武部贯彻服从经济建设大局、适应国防建设需要的指导思想,认真贯彻军委新时期军事战略方针,以打得赢要求为目标,紧紧围绕发展经济和维护社会稳定这个主题,积极适应市场与战场的需要,坚持深化改革,抓基层、打基础,抓难点、求突破,认真抓好辖区国防动员、国防教育和民兵预备役各项工作的落实,多次被自治区、银川市评为达标先进人武部、党管武装先进单位、先进县(市、区)人武部、科技练兵先进单位。

【领导名录】

宁夏回族自治区银川市兴庆区国防动员委员会

第一书记(第一主任)

李泽峰(2001.01~2001.11)
马云海(2001.11~2002.10)
毛宏业(2002.10~2006.05)
贺满明(2006.08~2008.01)
王杨宝(2008.01~2010.06)
彭友东(2010.06~2010.12)

主　任:马云海(2001.01~2001.10)
毛宏业(2001.10~2004.11)
张　勇(2004.11~2007.06)
王杨宝(2007.06~2008.06)
陈淑惠(2008.06~2009.11)
马爱平(2009.11~2010.12)

中国人民解放军宁夏银川市兴庆区人民武装部

部　长:黄　杰(2001.01~2006.08)
江定勇(2006.08~2010.12)

政　委:金国荣(2001.01~2009.12)
袁宜京(2009.12~2010.12)

【党管武装】 2001年,城区党委对武装工作做到思想上重视、工作上纳入、制度上坚持、组织上共管、经费上保障,成立国防动员委员会、国防教育委员会和武装工作委员会,城区党委书记、区长分别兼任人武部第一书记、武委会主任,每季度到人武部办公1次,每半年召开1次议军会,研究解决人武工作和民兵预备役建设有关重大问题,区乡两级武装部的领导分别进入同级地方党委领导班子;城区党委制定《进一步加强党管武装工作的意见》，要求各乡镇每年为本级人武部划拨1-2万元工作经费,有的单位划拨3万元以上。

2003年4月29日，兴庆区委召开常委会议,研究成立兴庆区国防动员委员会,兴庆区人民武装部关于加强战略设施建设意见，兴庆区党管武装工作，研究并原则通过《关于兴庆区乡(街道)武委会主任述职的规定》。

2004年,2月27日兴庆区委调整兴庆区国防动员委员会组成人员。5月10日兴庆区委召开议军工作会,研究并同意兴庆区人民武装部关于“八一”建军节军事日活动、民兵基层建设、民兵三项军事竞赛及特色观摩活动的意见,由财政核拨兴庆区人民武装部50万元资金工作经费以及随军家属到社区工作等事宜。11月2日,兴庆区委常委会传达学习银川市委［2004]56号文件精神,要求各级党委和领导发扬党管武装的传统，把武装工作摆到应有的位置，加强对武装工作的领导，决定按照市委规定每年财政投入9万元，落实基层武装部办公经费。

2005年，1月27日兴庆区委研究调整兴庆区国防动员委员会组成人员。

2006年，2月15日兴庆区委听取兴庆区人武部党委关于贯彻银川警备区党委会议精神的汇报。6月21日兴庆区委召开议军会，听取武装部2006年以来人武工作开展情况以及下一步工作安排，研究2006年人武工作及创建“双拥模范区”工作。

2008年6月8日，兴庆区领导参加军事日活动

2009年，兴庆区党委两次召开议军会，专题研究人武工作，区委书记王杨宝先后5次到人武部现场办公，人武部领导坚持参加地方党委常委会、政府常务会办公会，政府负责武装工作的领导，积极协调政府各职能部门抓工作落实，对军事需要随请随到，全程参与，全力支持，王杨宝书记被银川市评为党管武装好书记。

2010年，为了提高基层第一书记管武的意识，在民兵工作会议上组织4名基层党委书记进行述职，对重视武装工作的书记进行每人1000元的奖励，6月召开兴庆区党委议军会。

【思想武装】 十年来，庆区兴人民武装部坚持加强人武部党委和干部队伍的思想政治建设，坚持理论武装，打牢思想政治建设基础，不断增强高举旗帜、维护核心、听党指挥的自觉性和坚定性，提高部队的凝聚力和战斗力。坚持抓好党委中心组和干部的理论学习，建立理论学习日制度，做到年度有部署，阶段有安排，内容落实，时间保证。先后采取学习原文和辅导材料相结合、个人自学与集中辅导相结合、个人发言与集体讨论相结合等多种方式，深入学习了邓小平理论、“三个代表”重要思想、科学发展观教育、新党章学习、《中国人民解放军思想政治教育大纲》、十七大精神、科学发展理论等，开展了当代革命军人核心价值观主题教育、新使命教育、爱国主义和革命英雄主义、社会主义荣辱观教育、道德实践、缅怀革命先烈、重温入党誓词教育活动以及讲党性、重品性、作表率专题教育活动等等。同时注重理论联系实际，运用理论学习成果，研究城市民兵工作改革中遇到的困难和矛盾，写出具有较高质量的研究文章，注重将理论学习成果转化为民兵预备役工作实践，不断提高思想理论水平，增强实现军队现代化建设和民兵预备役改革的紧迫感。

【队伍建设】 2001年，认真贯彻“十六字”方针，不断强化党委班子的创造力、凝聚力和战斗力；充分发扬党内民主，实施科学决策；健全制度，维护党委工作的严肃性；进一步修订完善《干部教育管理规定》，坚持用条令和规章制度管理干部，把组织管、领导管和制度管有机结合起来。投入6万元建成文化活动中心，配齐配全各种健身娱乐器材，丰富干部职工的文化生活；坚持做好经常性的思想政治教育工作，不断强化干部的事业心和责任感。

2002年，加强民主集中制建设，改进领导工作作风；将“三个代表”重要思想的理论武装作用向基层延伸，向实践拓展；认真抓好干部队伍的管理教育。

2003年，狠抓党委班子和干部队伍建设，制定《兴庆区人武部加强干部队伍教育管理的规定》和《发扬民主作风实施科学决策》的党委建设措施；在全体干部中进行践行“三个代表”、争做“五个模范”为内容的教育整顿。学党章，树形象，保持党员先进性，端正内部风气，密切上下级关系，开展传、帮、带在职培训活动；加强干部管理，坚持考勤制度，每月公布考勤结果，定期进行讲评，增强干部的事业心和责任感。

2004年，坚持重大问题经党委会议研究决定，严格按民主集中制原则和“十六字方针”规范议事程序，坚持过双重组织生活，落实党支部7项组织生活制度；学习两个《条例》及军委《关于加强军队高中级干部教育管理的若干规定》，掌握政策、纪律界线，用制度和纪律规范行为，避免违规、违纪问题的发生。

2006~2007年，围绕上级帮建，抓好党委班子建设；加大对干部、职工的管理力度；以“四个深入”为指导，5项经常性工作作用明显；立足实际搞好保障。

2008年，从严格规范一日生活秩序入手，坚持每周一大交班、每天小交班制度，每周一和周五打扫卫生，适时进行安全、保密、卫生等检查，严格工作、训练、值班、生活秩序；坚持日常涉密载体、文电的管理，保证不发生泄密事故；密切关注社情动态，做好突发事件处置准备。

2009 年，新选拔和调整 11 名专职人武部长，选送 4 名新任武装部长和 1 名专干参加宁夏军区组织的培训和比武，涌现出以保安公司武装部长朱祥、掌政镇武装部长陈建全等为代表的一批先进工作者；先后完成宁夏军区全区专干集训科目的试点、示范任务，宁夏军区《民兵预备役训练纲要》集训和八一军事日活动女子射击队的组建和训练、成果展示，代表警备区参加宁夏军区组织的成建制人武部比武考核。

2010 年，按照提高党的建设科学化水平，着眼建设学习型党委要求，注意强化组织功能，提高党委班子的决策能力；下大力提高党员干部队伍能力素质；狠抓党风廉政建设。

【国防和后备力量建设】 2001 年 3 月份，组织专武干部 15 人完成第二期微机培训；4 月份组织 10 名未经过军事训练的专干和拟任专干参加军分区组织的专武干部基本技能训练；6 月抽调 20 名人武、专武干部和民兵应急分队骨干参加军分区组织的军事理论和野外实地训练，完成识图用图、维稳想定等科目的训练，上报作战文书 7 份；抓好国防潜力调查摸底工作；完善修订各类方案，补充战备物资；深入开展战备教育。

2002 年，从维护城区稳定的大局出发，坚持抓好军事斗争准备，切实抓好战备、训练工作的落实，结合城区特点，从银川市维稳、抗洪抢险工作的实际出发，修订和完善军事斗争准备工作预案和配套方案 21 份；上半年完成 400 人的训练任务，组织人武部干部参加宁夏军区现役人武干部第一期全员称职强化轮训和新任人武干部、街道武装部长参加银川军分区进行的集训，加深了人武、专武干部爱军习武的热情；登记退伍军人 158 名，其中专业兵 55 人，分为三类 11 个专业，为战时兵员动员打下良好基础。

2003 年，根据国内外形势，从维护兴庆区社会稳定大局出发，坚持抓好军事斗争准备，切实落实战备、训练工作，多次进行战备教育，进一步修订和完善军事斗争准备工作预案和配套方案；建立健全战备值班制度，坚持一日三情报告制度，加强信息报知网建设，投入 10 多万元建设高标准的集会议、指挥于一体的指挥作战室，装备指挥自动化设备；投入 3 万元加强两个街道办事处武装部阵地建设，维修高炮连炮库；积极开展群众性军事学术研究活动。

2004 年，在国防后备力量建设政策法规知识竞赛中取得银川市第一名的好成绩；投入 1 万元配置微机、资料柜、资料盒等硬件设施，统计预备役军官 1002 人，完善数据 6 万多个。

2006 年，圆满完成专武干部集训观摩任务和国动会演练任务及各项工作，较好地完成年度预备役军官和兵役登统计工作。

2007 年，认真组织城市防空、退伍军人应急征召演练；修订完善战备方案；圆满完成庆“八一”军事科目汇报表演任务；完成预备役军官和兵役登统计工作，登记预备役军官 212 人，完善数据 2 万个，兵役登记 4 千余人。

2008 年，组织修订各类战备预案 19 个；坚持每天 1 小时干部体能、技能训练。

2009 年，完成 9 种动员应急保障方案的修订，新签订 5 份战时物资征用合同；认真实施兵役登记，组织登记 5901 名适龄青年，采集整理各类数据 19 余万个；按照作战、勤务保障、应急和其他 4 个类型对 26 个分队 1850 名基干进行调整，两乡两镇新成立 4 个应急救援分队，采取市、区、乡镇三级出资办法，筹集 30 万元解决配装问题。

【《银川城区军事志》】 2004 年，抓紧《银川城区军事志》的修改工作，及时送交银川市志办和宁夏军区军志办审定，通过三级评审，申请书号，年内正式出版发行。

【警戒分队】 2008 年，针对辖区企业民兵抽调难的情况，及时把过去由企业承担的重要目标警戒分队转移到由办事处直管的城管、卫生监督站，建立起一支熟悉辖区情况，遇有突发事件，保证能拉得出、用得上、起作用的民兵队伍，6 月 8 日，组织兴庆区重要目标警戒分队成立大会，观摩部分军事科目表演。

【心理战应急机动分队】 2008 年，研究成立民兵心理战小分队，制订各类作战预案和实用手册，10 月份举行心理战应急机动分队成立大会。

【基层建设】 2001 年，抓好刊授教育，下发刊授作业 4 期，回收作业试卷 6000 余份；以总政颁发的《参训民兵政治教育纲目》为依据，抓好参训民兵的政治教育；充分利用民兵相对集中、参加各种例会、开展大型活动等时机，适时进行形势任务教育，不断强化基层民兵的使命感和责任感。

2002 年，认真贯彻落实兰州军区党委《关于新形势下进一步加强基层建设的决定》，在城区民兵三连进行民兵应急分队四项基本建设先行试点，为兰州军区加强民兵基层建设探索了有益经验；投入 12 万元建设民兵高炮分队高炮库和民兵连部正规化建设；采取灵活多样的形式，以集中教育为主，刊授、函授教育为主，对 28 个民兵单位进行政治教育，下发刊授作业和资料，民兵的受教育面达到 90%以上。

2004 年，投入 12 万元，为民兵应急一连购买 7 辆巡逻摩托车，完善连部基层设施，支付 200 人次的训练补助，在大新青年民兵之家建立国防教育展室，在银川八小开展国防教育活动；根据警备区在基层建设调研中发现的问题和贺兰县民兵基层建设座谈会精神，先后两次召开党委扩大会议和专干例会，认真分析基层建设形势，讲评各基层武装部的建设情况，对存在问题的单位进行点名批评，限期整改；根据信息化发展要求，将各基层武装部的各类资料输入微机，全面实现微机化管理，投入 8 千多元，统一制作门牌、职责牌；加强基层武装干部队伍建设。

2006年~2007年，对基层达标建设进行专项部署，依据富宁街等11个街道办事处基层武装部建设经验，对剩余4个未达标的基层武装部全部列入年内达标规划；统一辖区武装部资料分类和微机软件管理；统一兴庆区国动委下设的交通战备办公室、人民防空办公室、经济动员办公室、人民武装动员办公室的硬件建设；投资2万元为民兵应急1连补充战备和给养物资200多套。

2010年，筑牢基层建设基石，大力抓好以掌政镇为代表的基层武装部建设，4月26日，120名基层武装部长观摩掌政镇民兵正规化建设和整组点验；抓好荣誉室和国防教育网建设，投资7万余元，建成40余平方米的荣誉室，做为广大民兵预备役人员思想教育的主要场所，投资两万元，建立国防教育网络室，开通国防教育网，邀请地方专家开设兵心驿站等栏目。

【国防教育】 2001年，结合自治区修改颁布《宁夏回族自治区国防教育条例》，进一步调整和完善国防教育领导机构，9月，在人口比较集中的地段、路口利用多种形式宣传新《国防教育法》。

2006年，利用国动会演练契机，邀请地方领导观摩、检查、慰问，激发参训、参演热情；协调武警市政府中队和3所学校进行同升国旗及军事课外活动，培养学生爱军习武意识；与《银川晚报》共同举办兴庆杯双拥共建有奖征文活动；协调政府出台《高原兵优抚安置意见》，对即将上高原和新疆的应征青年组织集体访谈；国防教育办公室制作兴庆区国防教育网。

2007年，及时调整和完善国防教育领导机构；利用“八一”军事活动日，邀请地方领导观摩体验；根据《高原兵优抚安置意见》，对报名到高原和新疆的应征青年进行集体访谈，极大地提高广大市民的国防意识和应征青年参军报国热情。

2009年，掌政镇农民艺术表演队被编入普通民兵队伍，利用艺术表演宣传国防知识；凤凰北街组织100余名民兵和400余名群众，在北安小区进行抗震救灾演习。

2010年，健全国防动员机构，兴庆区党委根据人事变动，及时对国防动员机构人员做出相应调整，保证组织机构健全；落实规章制度，兴庆区委常委、国防动员委员会第一副主任、人武部长江定勇亲自编撰学习手册，采取以会代训形式，学习有关文件制度，明确职责任务，对国防动员各办公室人员进行业务培训；加强全民国防教育，6月18日，协调宣传等有关部门，组织辖区内11个街道办事处制作展板30余块，在光明广场发放传单，现场解答，宣传《国防动员法》，7月初组织兴庆区正科以上领导干部到警备区靶场进行军事训练活动。

【新兵征集】 10年来，为确保新兵质量，体验过程中落实封闭式、挂牌上岗、主检医生互检等制度，征兵办公室会同教育、公安等部门组成联合政审组对应征者逐一进行排查，设置举报箱、举报电话，广泛接受社会监督；坚持集体定兵、集体办公，积极化解矛盾，克服各种因素的干扰，多年无严重违纪、无退兵事故发生。

【双拥共建】 2001年，组织两个基干民兵连180人参加银川市三一支沟清淤挖渠和植树造林，各乡、企业先后出动民兵1万余人次，完成各乡村林带植树任务10万株，永固乡人武部协调宁夏武警总队官兵参加植树1万株；各乡、村组织民兵挖沟渠150多条，掌政乡组织民兵拉运土方40立方米，建设掌政中学校园；4000多人次民兵参建第二代温棚建设，参建温棚1万多间。

2002年，充分发挥自身优势和桥梁纽带作用，积极做好双拥共建工作，4月与银川市质量技术监督局、城区法院鉴定双拥共建责任书；6月在城区法院成立维护军人合法权益领导小组，设立维护军人合法权益咨询点，制定《关于征地维护部队和军人军属合法权益的实施办法》，成立全自治区首家拥军法律服务中心；7月协调12家城区双拥共建部队开展拥政爱民月活动。

2008年，协调组织宁夏军区150余名机关干部和警备区50余人参观大新镇花卉种植基地；投资14000元为掌政镇孔雀小学配齐试卷印刷机和14套办公桌椅，资助红寺堡开发区豹子滩小学3000元，改善办学条件。

2009年，区政府拿出20余万元经费为部队和军属送去慰问品和慰问金，安置符合条件的复员士兵36人，为3名农村籍入伍高原兵发放3万元优待金；人武部筹集5万元经费为掌政镇孔雀小学、红寺堡豹子滩小学解决部分办公设施和冬季取暖问题，筹集3万元经费走访8个中央、区、市直民兵单位，慰问3家肢体残疾贫困户。

【后勤保障与安全管理】 2001年，投资60万元建成总面积750平方米的民兵训练宿舍楼，完善训练基地的配套设施；搞好房屋出租，全年累计收取租金3万元；收取军训费7万元，比上年增加2.5万元。

2002年，坚持财务制度，强化财务管理；增强主人翁意识，加强营产营具管理；发扬艰苦奋斗、勤俭建军的优良传统，提高后勤保障能力；加强安全教育，树立安全意识；建立健全各项安全工作制度，落实到实处。

2003年，根据后勤生产生活规范化建设要求，投入58万元将20世纪60年代建成的营房改造整修成一个高标准的食堂，健全管理制度，配备消毒碗柜等设施设备，装修办公楼，统一配备办公和生活设施；营房管理做到室有制度，物有标签，记价挂账，月有检查，及时维修供水供电线路管道，防止跑冒滴漏，每月节约300元；公开采购办公用品，节约资金8000余元；认真做好预防“非典”工作，投入1万多元为干部职工购买药品，及时召回休假、出差干部，定时对食堂、办公楼等公共场所进行消毒。

2004年，以应对高新技术条件下局部战争和维护社会稳定需要为重点，加

强后勤战备和训练工作,对后勤战备的各项预案和战备物资进行补充、更换;强化经费预算管理,按照量入为出、留有余地、保障重点、兼顾一般的原则,坚持党委理财,严格落实联审会签制度,财务账目公开;加强营房和车辆管理。

2007年,投入11万元对办公楼的凉台、洗手间、大门、值班室进行改造,对楼内进行粉刷;开展"三互"谈心活动,了解掌握人员思想状况,抓好人员思想稳定工作;加大车辆管控力度,完成车辆审验;严密组织实弹训练,安全防范措施到位;抓好战备器材库、传真保密室等重要目标部位的安全管理;针对酗酒带来的危害进行专题教育,全体干部、职工无嗜酒、贪酒的不良习气。

2008年,与区委、政府反复协商,初步议定对人武部搬迁进行立项,改善人武部机关建设条件和环境;针对人武部工作任务变化新要求,拟定提高定补经费标准,由30万元增加至45万元。

2010年,坚持落实各项制度,杜绝各类事故的发生,坚持安全形势分析例会,加大对军事训练活动中的枪弹管理,对车辆进行定期检查,在干部转业、职务晋升等重要时机,部领导及时与当事人谈话,消除不应有的顾虑。

【民兵建设】 民兵在革命战争中和战备中历来都是我国武装力量的重要组成部分,是中国人民解放军的有力助手和强大的后备武装力量。10年来,兴庆区人民武装部每年利用"9·18"全民国防教育日、征兵集中宣传日,组织大规模"爱中华、奔小康、强国防"宣传活动。每年采取以会代训的方式,组织基干民兵连进行军训试点观摩,使基层武装部长掌握整组点验的内容、程序和方法。每年组织民兵和有关单位实弹射击训练6次,各分队训练成绩及格率均在95%以上,优秀率达到45%。结合民兵应急分队的业务培训,抓好保安公司、城管局、红花乡和对口专业分队的训练。每年组织人武部全体干部职工带领参训民兵在野外驻训,按照编为用、建为战的要求,及时调整民兵整组方案,科学编组,对民兵组织结构进行较大规模的调整,使之更加符合现代战争和国防动员的要求。截止2010年,兴庆区人民武装部建立民兵组织82个,共编基干民兵6170人,组建两个民兵营、两个民兵应急连、专业技术分队15个、对口专业技术分队17个、步兵分队5个。

2001年,完成红花乡民兵应急连120人的训练任务,对东二环管理处和长城路管理处120名基干民兵进行军事训练;加大民兵训练的科技含量;抓好基础训练,全年共组织民兵和有关单位实弹射击训练6次,各分队训练成绩及格率均在95%以上,优秀率达到45%;抓好流动民兵的政治教育;组织9个乡和8个企事业单位进行民兵整组,在城建局、交通局新建2个民兵排,到点率达98%。

2002年,确保民兵组织纯洁,队伍可靠,注重在科技含量较高的单位建立完善民兵组织,积极把科技素质高、业务能力强的专业技术人才吸收到民兵组织中,不断加大专业技术兵的比例。

2003年,在自来水公司给水连组织试点观摩,对民兵组织结构进行较大规模的调整。人武部干部包乡包街道,面对面进行指导,部领导亲自带队验收和进行政治教育,保证民兵整组点验不走过场。结合民兵应急分队的业务培训,抓好保安公司、城管局、红花乡和对口专业分队的训练;组织对新任职专干进行业务培训。

2004年,建立民兵组织82个,编练民兵6170人,其中基干民兵2470人,组建两个连的民兵营、民兵应急连两个、专业技术分队15个、对口专业技术分队17个、步兵分队5个。按照新的民兵编制,对各类战备预案进行修改完善,投入近两万元添置战备器材,加强民兵信息网建设;完成342人的民兵训练任务。选送的基干民兵马一凡在全国第五届农运会民兵军事三项中取得第一名的好成绩。

2006年3月20日,在兴庆区礼堂组织召开民兵集中大点验,人员落实到位,着装规范统一,会场秩序良好,点验程序完整,达到整顿组织、教育官兵的预期目的;探索城市民兵发展的新路子,将民兵组织布局及时向行业系统和行政管理(事业单位)转移,在银川市城管局成立武装部和民兵反恐连、民兵防化连,在银川市规划执法大队组建武装部;积极筹建纯退伍军人民兵分队。

2007年,结合民兵整组点验、重大节日宣传和训练活动,加强对基干民兵的形势战备教育;按时向基层武装部下发《中国民兵》和《西北民兵》,按照《关于加强和改进新形势下民兵预备役政治工作的意见》,严格落实《中国民兵》《西北民兵》刊授教育内容,每季度按时下发1期刊授作业,及时回收、登记、批改和装订,定期检查,全年共下发刊授作业4期,有效促进民兵政治教育的落实;对30个分队2100名基干民兵进行整组点验;对纯退伍军人情况和在大型行业、企业建立基层武装部和民兵组织的情况调查摸底。

2008年,在大新镇组织民兵整组点验现场观摩,共编基干民兵31个分队2300人;先后组织辖区重要目标警戒分队、银川市保安公司民兵应急连120人、银川市城管局60人进行为期20天的集中训练。

2009年,人武部全体干部职工带领参训民兵共55人在野外驻训87天;丽景街筹集2万元经费改善基层民兵阵地,承担宁夏军区专干集训试点;市妇幼保健院和城管局、新华街、解放西街、玉皇阁北街、凤凰北街等9个单位积极配合挑选民兵,调整人员参加女子民兵训练;约3万人次先后参加黄河金岸的综合治理、植树造林、农田水利基本建设和安保任务;丽景街、掌政镇先后3次组织民兵实施火灾援救、车辆事故救助和群体事件维稳。

2010年,以民兵分队遂行多样化军事任务为牵引,大力加强以民兵分队为

重点的作战力量建设,有力推动军事训练质量向更高层次发展。加强民兵基层建设,全年共编基干民兵 1850 人,先后组织人民武装部人员对纯退伍军人工作情况进行调查,对大型行业、企业建立基层武装部和民兵组织的情况调查摸底,为开展民兵工作奠定良好的基础。4 月 12 日,联合兴庆区国防动员委员会成员、组织基干民兵 20 个分队 450 人在大团结广场进行集结点验,参加黄河金岸植树造林活动;加强民兵应急救援分队建设,在两乡两镇组建 4 支民兵应急救援分队,4 月 30 日,4 支应急救援分队在掌政镇进行训练成果综合科目汇报表演,促进训练编组向训练成果的转向;加强心理战分队建设,组建一支 14 人的的心理分队,组织人员进行为期 5 天的教育训练;加强民兵应急连全面建设。

63726 部队

【概况】 63726 部队组建于 1978 年。组建以来,63726 部队始终坚持把参加和支援驻地建设作为服从服务党和国家工作大局、践行人民军队宗旨、履行新世纪新阶段军队历史使命的实际行动,精心组织,突出重点,发挥优势,积极开展各项援建工作,为促进驻地经济发展、维护社会稳定和民族团结做出突出贡献,先后多次受到全军、总装备部的表彰奖励,被授予国家民族团结进步模范单位、全国拥政爱民模范单位、支援西部大开发先进集体和自治区民族团结进步先进集体等 21 项荣誉。

【扶贫帮困】 10 年来,63726 部队每年坚持开展"3·5"便民服务活动,深入盐池县青山乡旺四滩村和方山村开展科技、卫生、文化扶贫和"送温暖、献爱心"活动,为 20 名特困户老红军、老党员、老复员军人捐赠大米、衣物、现金等慰问品和慰问金;为北安小区 8 户困难群众提供米面;每年为宁夏女子监狱家庭困难的服刑人员提供价值 1000 元余的生活用品,使服刑人员感受到社会的关爱。

2008 年,继续为宁夏大学三年级特困生李润琴同学提供全年学费及生活费近 3000 元,政治部领导多次去学校关心她学习和生活情况,为她送去生活费和衣物。

2009 年,政治部梁存晓主任带领慰问组,深入盐池县青山乡,专程走访部队定点帮扶困难群众,赠送 1.5 万余元米、面、粮、油等慰问品和《农机修理》《家畜饲养》等农村科普图书;宁南山区遭遇大旱,为支持山区的抗旱保收工作,按照自治区的统一部署,克服试验任务重等困难,专门抽调人员组成抗旱物资运输队,及时将自治区政府筹措的各类抗旱物资送到灾区人民的手中。

2010 年,为盐池县青山乡 20 户贫困户和兴庆区凤凰北街办事处的 10 户困难群众,送去价值 5000 元的米面、慰问金和 500 余件各类衣物。

【关爱教育】 2006 年,经 63726 部队协调总装备部出资援建泾源县六盘山镇八一爱民小学,63726 部队与六盘山镇八一爱民学校结成共建对子。

2007 年,先后两次为学校提供照相机、计算机、打印机等办公设备,价值 10000 余元,改善学校办公条件,为学校订阅全年《读者》杂志两份;为红寺堡开发区小学送去书包、作业本、体育用品等,总价值 3000 余元。

2009 年,总装备部首长专程驱车前往固原市泾源县六盘山八一爱民小学,购置赠送包括笔记本电脑、打印机、扫描仪、电钢琴等共计 10 万元的教学用品;10 月,63726 部队送去 1 万元的冬季取暖费,得到泾源县政府、固原市军分区和全校师生的一致好评。

【军民联谊】 63726 部队每年利用元旦、建军节、国庆节等节日,先后与银川市中医院、凤凰北街办事处、血液中心、银川市商业银行等单位举办多场文艺晚会和联谊联欢会;组织官兵参与银川市、兴庆区双拥模范城表彰颁奖仪式,配合制作双拥展板,参加解放西街办事处组织的"社区邻里节"活动;与银川二中、银川市口腔医院举办篮球、足球友谊赛。

2009 年,63726 部队与自治区政府办公厅、宁夏博物馆、宁夏京剧团、银川二中、中国移动宁夏分公司、街道办事处等机关、企事业单位学校和社区结成共建对子,以共建文明单位、文明行业、文明社区等活动为载体,先后接待参加军事日活动单位 5 个,共同举办大型文艺晚会、文化活动 8 场次,友谊比赛 4 场次,参加志愿者服务活动 320 小时。

2010 年,63726 部队与自治区党委办公厅团委、凤凰北街办事处、宁夏日报结成共建对子,以共建文明单位、文明行业、文明社区等活动为载体,坚持用先进文化占领思想阵地,充分发挥部队在传播精神文明中的先锋队作用,先后接待参加"军事日"活动单位 6 个,共同举办大型文艺晚会、文化活动 4 场次。

【学生军训】 为增强青少年学生的国防意识,63726 部队每年派 50 余名官兵担任银川体校、唐徕中学、银川二中等单位约 3000 人的军训任务,为他们举办多场国防知识教育,使青年学生国防观念进一步增强,自身形象和综合素质得到极大提高;军训成果得到地方教育部门的好评;先后 10 多次邀请党政军各级领导到指挥大厅观看卫星发射实况、过军事日,增强各级领导对尖端科技的了解与信心,使部队更加得到地方政府的理解与支持。

【服务地方】 十年来,63726 部队每年都组织开展科技助民活动。先后指派科技人员为银川市企事业单位和学校安装调试计算机、微机教学器材和程控电话系统等 200 余台(套),培训专业操作人员 30 余名;为群众修理农机具 150 台(套),为驻地群众举办各种技术培训班 10 余次,积极利用技术和人才优势,经常深入农家户院、学校厂矿,宣传党的富民政策,传播科学文化知识,帮助群众牢固树立勤劳致富、科学致富的观念;驻内蒙古临河的二队官兵,利用本

单位两用人才优势，经常给驻地万丰七队的群众进行免费电脑培训、维修家用电器、辅导文化课和普及法律知识，深受驻地人民群众一致好评和临河市纪检委领导的高度评价；先后组织部队900余人次，车辆20余台次为海宝塔寺、景墨社区、北塔路、银川公交公司等清理积雪、打扫卫生；学习雷锋日组织100名官兵前往景墨社区幼儿园、北安社区打扫卫生，宣扬雷锋精神，用实际行动赢得人民群众的尊敬和爱戴；组织部队官兵积极参加银川市城市绿化和“创卫”活动，先后出动官兵近1200人次，顶着风沙，晒着烈日，挖树坑近10万个，出色完成海宝公园绿化整治任务，受到银川市和兴庆区双拥办的好评。2010年，百余名官兵先后参加位于银川市北塔公园的植树造林活动，种植各种树木4000棵，摆放各种花草5万余盆，清扫路面数10公里。

银川警备区

【应急应战准备】 10年来，银川警备区着眼提高应对多种安全威胁、完成多样化军事任务能力，落实战备工作，突出抓好警备区机关和各团部战备教育、战备值班、战备演练；及时搜集上报社情动态，在宁夏军区的统一领导下，警备区及所属人武部会同地方政府，全面启动国防动员机制，先后出动现役官兵、民兵、交警近10000人次，采取全程保障、接力伴随保障和定点保障相结合的方式，完成总部首长、兰州军区导演部、13集团军和47集团军保交护线任务。

【军事训练】 10年来，银川警备区采取多种形式对首长机关战术作业、非战争行动、基地化训练等重难点科目进行集中研究，结合实战演练，组织官兵积极撰写理论研讨文章，先后有12篇在《现代兵种》《炮学杂志》发表；每年坚持训兵先训官，训官先训机关，以首长机关的训练带动和引领部队军事训练，严格落实业务学习、体能训练和定期考核制度，采取集中辅导、个人自学、成果交流、考核评比等方法，突出业务技能、军事理论、专业技能、体能的训练，官兵综合素质逐步提高；每年组织新任职基层武装部长参加军区集训；组织警备区机关及所属人武部、预备役高炮团干部42人，采取集中授课、个人作业与考核评比相结合的方式，进行以战术标图、“红星一号”操作、军用文书拟制、沙盘堆制及体能为主要内容的业务集训。

【应急救援分队】 10年来，银川警备区每年对应急分队人员编组重新进行调整，及时督促各市、县人武部着力提高应急分队快速集结、有效处置能力；组织银川市和警备区领导对各单位民兵应急救援分队建设情况进行检查，针对检查中存在的人员编组不够科学合理、作风训练和养成不够、装备器材操作不熟练等问题，专门召开会议研究部署民兵应急分队训练、管理等事宜；为了检验各市、县人武部应急分队快速集结、有效处置能力，经常采取不打招呼、现场突击检查的方式，对每个县(市)区随机抽点1个应急救援分队，进行紧急集结拉动，实际检验应急分队应急反应能力；针对建设和训练中存在的问题，及时召开现场会，进一步规范民兵应急救援分队建设标准；在预备役高炮团组织民兵应急救援分队骨干400人，每年进行为期10天的集训，邀请武警、消防等专业技术人员指导开展训练，有效提高骨干专业技能，各分队一半以上队员基本掌握应急救援的基本技能。

2009年，结合“两个机制”衔接试点和“八一”军事日活动，银川警备区组织全市24个乡镇民兵应急救援分队、预备役高炮团2支专业救援分队和兴庆区心理战分队，以发生地震灾害为背景，以民兵预备役应急救援分队就地、就近投入救援为目标，进行人员搜救、消防灭火、高空救援、医疗救护、治安巡逻、交通事故救援、核生化救援、灾民安置、心理救援、抗洪抢险、装备器材操作等12个科目为主要内容的抗震救灾救援行动实兵演练，达到预期效果和目的。

扎实做好人武干部、基层武装专干和民兵干部整组培训，进一步规范整组点验的程序和方法，突出抓好民兵组织调整和乡镇民兵应急救援分队组织整顿，着力解决有编无兵、编组重叠、人员交叉、一兵多职等问题；依托国动委应急指挥体制，建立应急响应和应急联动机制，全市统一为24支乡镇民兵应急救援分队，购置消防设备、破拆工具、训练器材和医疗救护物资及药品，将应急救援分队建设经费列入市、县两级财政预算，保证乡镇民兵应急救援分队工作的正常开展。

【国防动员】 10年来，银川警备区每年组织国防动员法学习宣传活动，先后在广场、公园、学校等场所，通过制作展板、发放宣传资料、现场解答等形式，开展国防动员宣传教育活动；每年“八一”建军节前夕，组织银川市和各县(市)区国动委和有关成员单位领导百余人，开展军事日活动，进一步增强各级领导干部抓国防动员建设的责任感和自觉性；市国动委会同银川市政府应急办公室，组织公安、民政、卫生、水务、地震、气象等部门领导和市国动委各专业办公室负责人召开座谈会，制定《银川市组织国防动员机制与地方应急管理机制衔接试点实施方案》《衔接细则》和《工作制度》，抽调军地有关人员成立理论研讨小组，撰写研讨文章，组织军地应急救援力量，进行以人员搜救、医疗救护、抗洪抢险等科目为主要内容的抗震救灾救援行动应急演练，推进国防动员机制与地方应急管理机制的有效衔接，为军地共同应对多种安全威胁提供有力支撑；依据《民用运力国防动员条例》，编制完成《银川市民用运力动员预案》；加强战备物资器材储备与管理，研究制定战略物资器材储备计划，调整补充部分战储器材，切实做好运力动员和物资储备工作，按照编组民兵要求，下大力抓好各类交通专业保障分队的组建、调

整、训练工作，进一步提高应急、应战保障能力。

【战备训练】 10年来，银川警备区紧紧围绕后勤应急保障能力生成，抓好后勤战备训练，每年采取集中会审的方式，依据横向配套、纵向衔接、实在管用、格式统一的要求，修订完善后勤战备方案或计划，投入60.8万元对民兵应急营、连后勤战备物资进行轮换更新，整修应急营战备库房，在兰州军区对银川市重点民兵应急营战斗力的考核评估中取得较好成绩。

【资产管理】 为了做到部队产权明晰，银川警备区每年组织警备区机关和各人武部、预备役高炮团进行资产清查工作，周密制定清查方案，科学制定资产编配标准，全面清理报废资产，对资产管理规定进行重新修订，切实把警备区资产管理好、使用好，最大程度发挥实物资产的使用效益。先后投资1560万元完成家属楼后续工程建设，投入80万元对营区配电室进行扩容改造，投入15万元新建公寓区自行车棚和值班室，投入5万元对营区老旧营房进行维修；加强军用土地管理，积极协调银川市土地管理部门，完成警备区军用土地调查工作；加强住房管理，完成师职以下干部住房清理任务，按照军队住房管理有关规定，完成职工公寓住房分配。

围绕贯彻“两个规定”，继续深化树立军车良好形象、做遵章守纪模范活动成果，狠抓车辆管理和油料供应管理正规化建设，每年组织军区车辆审验时，参审的每台车和每名驾驶员全部一次性达标，合格率均为100%；加强与油料代储代加地方合作单位的管理协作，进一步规范油料代储代加程序，强化油料加注过程中的监督机制，有效防止油料管理漏洞，提高管理效益。

【思想政治教育】 银川警备区按照学习一个观点、研究一个课题、解决一个问题、推动一项建设的思路，突出抓党委中心组理论学习，研究探索如何紧贴实际深化主题教育、适应形势发展不断拓展双拥工作新领域，着眼有效履行使命提高遂行多样化任务能力等问题，促进“两个进入”；坚持创新谋发展，结合培育当代革命军人核心价值观主题教育，组织开展抒军旅情怀、展青春风采主题演讲比赛，在政工网上开设烈士纪念馆，组织党员干部开展网上祭奠革命先烈活动，组织机关干部和宁夏大学资助学生到王有德治沙基地义务治沙、到给水团钻井现场参观见习，增强主题教育实效性；坚持围绕发展抓典型，依靠典型促发展，总结宣扬金凤区女子民兵班爱军兴武当标兵、创业就业当模范，灵武市人武部王有德民兵治沙连25年如一日、防沙治沙永不悔，贺兰县人民检察院检察长、转业军人董克仁办好老兵热线，维护军队和军人合法权益等一批先进典型事迹。

【“四个基本”建设】 10年来，银川警备区按照基本设施增加信息化含量、基本队伍提高信息化素质、基本教育运用信息化手段、基本制度体现信息化要求的工作思路，认真抓好民兵预备役基层“四个基本”信息化建设，在市、县（市）区两级建立7个国防教育网，覆盖银川市50个乡镇和街道204个居委会272个行政村156个民兵预备役连队，广泛开展“我为民兵预备役建设科学发展献一计”有奖征集和“国防在我心中”有奖知识竞答等活动，促进国防教育进村入户；注重抓好民兵心理战分队建设，指导各部团抓基本知识、基本技能培训和针对性训练、演练，完善实战化预案，建立实战化队伍，健全实战化机制。

边防总队

【概况】 中国人民武装警察部队宁夏回族自治区边防总队（又称宁夏回族自治区公安边防总队）位于银川市兴庆区清和北街1256号，2006年3月20日公安部正式批准成立。边防总队是一支随着宁夏的改革开放而不断发展壮大的公安现役部队，担负着对通过银川河东国际机场口岸出入我国国（边）境的人员及其所携带的行李物品、交通运输工具及其所载运的货物实施边防检查及监护任务和对口岸限定区域进行管理，维护国家主权和尊严，保证国家和对外口岸的安全，维护口岸出入境秩序，便利出入境人员和交通运输工具安全通行的重要任务。

总队成立以来，在公安部边防管理局和自治区公安厅直接领导和指挥下，在自治区党委、政府的亲切关怀和大力支持下，狠抓部队正规化建设，积极履行公安边防职能，总队党委一班人带领全体官兵与时俱进、开拓创新，在队伍建设、军事训练、边防执勤、思想政治工作、后勤保障等各项工作中取得突出成绩，部队全面建设取得跨越式进展，为宁夏回族自治区改革开放和经济建设作出积极的贡献。

2007～2009年度，被公安部评为全国公安边防检查机关提高边检服务水平成绩突出单位；2007～2010年度，被自治区朝觐工作领导小组评为朝觐工作先进集体；2008年，被公安部边防局评为公安边防部队边防检查机关提高边检服务水平成绩突出单位；2010年，被自治区口岸建设工作领导小组评为口岸建设工作先进集体。

【朝觐服务】 2007年12月5日，宁夏边防总队圆满完成第一阶段的宁夏全区，甘肃、陕西部分穆斯林群众朝觐边防检查任务。为切实完成好首次宁夏空港口岸朝觐航班边防检查任务，总队针对机组人员多、情况复杂的特点，结合少数民族的风俗习惯，研究制定《朝觐航班勤务方案》，进行认真部署，总队领导现场指挥，全体官兵以昂扬的精神状态，饱满的工作热情，为朝觐穆斯林群众办理出境边防检查手续提供高效、便捷和优质的服务，11月19日至12月5日期间，共检查朝觐航班11架次，验放出境旅客1976人次，机组人员192人次，官兵们规范、快捷、文明、热情的服务赢得广大的穆斯林群众的一致好评。

以往，宁夏参加朝觐的穆斯林群众必须长途跋涉到周边省份乘机前往麦加，不仅个人出境不方便，而且增加许多旅途费用。2007年，国家增设银川市为第5个继北京、乌鲁木齐、昆明和兰州4个城市之后的朝觐直航出入境点，结束了宁夏穆斯林辗转外地赴麦加朝觐的历史。

2008年12月19日15时45分，随着吉达至银川MU2052次航班的缓缓降落，首批282名参加完朝觐的宁夏穆斯林群众乘包机抵达银川。宁夏边防总队积极依托国际航班载运人员信息预报系统，不到40分钟就为朝觐包机和旅客办妥边防检查手续。2008年，全国前往麦加朝觐的穆斯林群众共有11800名，宁夏参加朝觐的穆斯林群众1974名，约占全国朝觐人数的17%。

2010年10月27日凌晨3时50分，宁夏边防总队顺利完成首批宁夏穆斯林朝觐团的出境边防检查任务，首发包机CA8251次航班承载着332名穆斯林群众从宁夏河东机场起飞前往沙特麦地那。2010年全国约1.3万名穆斯林参加朝觐，其中宁夏有2506名，约占全国朝觐人数的19.2%。朝觐是伊斯兰教5项基本功课之一，也是中国伊斯兰教一项大型涉外宗教活动，涉及10个信仰伊斯兰教的少数民族，涵盖20余省份。

【全国政协常委感谢边防官兵】 2008年2月26日上午，全国政协常委、中国伊斯兰教协会副会长、宁夏伊斯兰教协会会长谢生林率宁夏伊斯兰教协会同志来到宁夏边防总队驻地，对边防官兵在2007年11月19日至2012年1月3日朝觐包机边防检查工作中的热情服务和支持表示感谢，谢生林会长代表宁夏伊斯兰教协会将一面印有“民族大团结 温暖哈吉心”的牌匾赠送给宁夏边防总队。

【生态建设】 2008年4月24日，春雨刚过，为响应银川市人民政府、绿化委员会的号召，宁夏公安边防总队30余名官兵来到银川市北郊参加绿化首府义务植树活动，官兵相互协作，分工明确，挖坑、搬树、填土、平整、浇水，栽树200余株。

【关爱李珍 林占鹏】 2008年，宁夏边防总队的官兵们得知，由总队长期资助的盐池县贫困孤儿李珍成功考入梦寐以求的宁夏医科大学，但近6000元的学杂费对小李珍来说无异于天文数字。开学前夕，总队派专人到盐池县接李珍入学，满头白发的外婆和李珍喜出望外，流下激动的泪水，握住刘长有副总队长的双手久久不愿松开：“感谢边防官兵，感谢部队首长”。当天，总队政治部派员带着李珍两次去学校，与校方领导协调沟通。宁夏医科大学学生处负责人得知李珍的情况后，当场联系学校有关部门为李珍办理缓交学费手续，免去住宿费、书本费、被褥费、服装费、体检费、保险等费用共1770元，计划在10月份为李珍申请国家助学金、安排勤工助学岗位。总队官兵又资助李珍2000元作为生活费，鼓励她好好学习，将来回报社会。李珍双眼饱含着热泪，真诚地说：“虽然我是由外婆养大的，但是如果没有边防警察叔叔们多年来的帮助，我是不可能踏入大学校门的，今后一定努力学习，做一个对社会有用的人”。

2009年1月下旬，总队春梅政委一行来到李珍家中，送去大米、面粉、食用油等生活用品，带去总队全体官兵的新年祝福。随后，总队官兵又到盐池县的另一个帮扶家庭李毛庄村林占鹏家中，详细询问一家人的生活状况，为他们送去大米、面粉、食用油、水果及慰问金，当看到小占鹏优秀的期末考试试卷时，总队官兵们的脸上都露出欣慰的笑容。“八一”建军节前夕，总队刘长有副总队长带领慰问组，再次来到李珍和林占鹏家中，送去必要的生活用品和慰问金。

2010年，总队先后两次派慰问组赶赴革命老区盐池县，慰问李珍和林占鹏家庭，发放慰问金、慰问品共计人民币4000元。

【慰问孤儿】 2009年1月14日，为认真落实公安部大走访爱民实践活动会议精神，宁夏边防总队组织官兵来到银川市穆斯林孤儿院看望慰问生活在这里的70多名孤儿，将价值2000余元的生活用品及书包、文具盒等学习用品送到孩子们手中，为孤儿院的师生们送去节日的深深祝福。

【学生军训】 2008年8月25～29日，为进一步加强警地交流和拥政爱民工作，深化爱民固边战略，宁夏边防总队抽调12名优秀官兵担任教官，对银川市兴庆区第二十二小学的600多名小学生进行为期5天的军事训练，磨练学生们的意志，增进警民关系，取得很好的社会效果。

【文化进军营】 2008年6月12日，银川市文化广播电视局组织慰问演出团到宁夏边防总队驻地，为边防官兵献上一台非常精彩的文艺节目，拉开宁夏“2008年文化拥军系列活动”的序幕。总队全体官兵以及驻地群众近200人观看了演出。

【无偿献血】 2009年11月19日，武警宁夏边防总队官兵为自治区血液中心无偿献血11000毫升，及时缓解血液中心库存不足的困境。近段时间，银川市普降大雪，天气寒冷，献血人员骤减，但各类交通事故频发，医院临床用血增多，造成自治区血液中心库存血量减少。武警宁夏边防总队接到自治区血液中心的求助电话后，立即动员所属官兵无偿献血。

【义务劳动】 2009年10月20日，宁夏边防总队积极响应兴庆区政府发扬银川精神、搞好农田水利建设的号召，组织全体官兵进行挖渠、植树义务劳动，开挖渠道2条，平整渠摆420米，进一步密切警政警民关系，弘扬新时期边防官兵的良好形象，为维护黄河生态环境、共建和谐美好家园贡献力量。

人民防空

【信息化建设】 截止2010年，全区人

防警报系统基本实现指挥所和机动指挥所统一监控；先后完成石嘴山全市防空警报统控建设任务，实现全市防空警报的统一发放控制，积极推进全区老旧型号警报器的改造替换工作。

【疏散体系建设】 自治区人防办对已建成的疏散场所和疏散基地进行整顿规范，统一标示、统一要求，规范名称，加强管理和宣传；重点考虑疏散规模、交通水电、基本生活和保障设施等要素，突出功能配套，完善用水、用电、居住、生活等必备条件，提出疏散基地建设基础标准，不断提高疏散场所和疏散基地建设质量和水平；自治区人防防灾中心（国防大厦）规划和建设方案通过国家人防办、银川市规划局审查，已报自治区申请立项，自治区应急疏散基地完成选址工作。

【人防工程体系建设】 自治区人防办抓好人防工程质量监管工作，开展人防工程建设跟踪检查和巡回检查，对建设项目进行全过程、全方位监管，确保工程质量合格率达到100%。

【人防进社区（机关）】 自治区人防办在全区人防重点城市160个居民小区、100个党政机关推开人防进社区、进机关工作。将人防工程、疏散场所和疏散地域与居民小区、党政机关相对应，根据疏散规模和人员数量合理划分布局，建立健全人员和场所、基地基本信息档案，制定切实可行的疏散方案，定人员、定线路、定位置，使疏散地点、疏散路线、组织指挥、保障措施等对应明确，在醒目位置制作设立统一标示，为群众疏散提供指示；加强和社区居委会、党政机关的协调联系，做好干部职工和小区居民的宣传发动工作，结合“5·12”防灾减灾日、“9·15”警报试鸣日，组织全区中小学生应急疏散演练，部分社区居民、机关工作人员开展防空防灾疏散演练，参演人数达到60余万人。

【宣传教育】 10年来，自治区人防办制作宣传展板200余块、散发宣传资料20余万份、组织培训党校学员120人次；进一步强化基础宣传教育，坚持开展中小学人防知识教育、课外拓展训练等活动，提升中小学生的人防意识；进一步强化社会宣传，通过报刊、杂志、广播电视和网络等新闻媒体，大力宣传人防工作情况、建设成就和先进事迹，不断扩大人防的社会影响，努力营造全社会关心人防建设、支持人防建设的良好氛围。

【队伍建设】 自治区人防办不断强化技术人员的培训教育工作，进一步加强业务技能培训，积极组织开展无线电、计算机、网络、信息自动化等相关业务的培训学习，提高干部职工科技文化素质；结合工作实际，大力开展一岗多责、一专多能训练，坚持实战演练，在日常工作实践中锻炼队伍、检验能力；组织全区人防系统干部职工开展一周以指挥通信专业培训、队列、射击、体能等为主要内容的集中训练；以效能目标管理考核为手段，建立健全工作督查机制，严格目标责任管理机制，增强干部职工创先争优意识和工作的主动性，推动各项工作的落实。

消防

【概况】 兴庆区公安消防大队编制70人，官兵76人，其中干部19人，士兵57人，下辖新华、海宝两个中队，共有执勤消防车10台，消防监督车2台，消防摩托车2台。负责兴庆区辖区消防监督工作。截止2005年10月25日，辖区内消防重点单位共669家，其中网吧123家，游戏厅5家，茶楼86家，宾馆/酒店/餐厅128家，酒吧9家，市政机关58家，歌舞厅45家，公司/市场58家，洗浴中心27家，银行37家，学校/幼儿园30家，清真寺9家，医院11家，易燃易爆场所43处。

2008年，被宁夏消防总队评为奥运会和自治区50大庆消防安全保卫工作先进基层单位，被银川市消防支队评为安全工作先进单位，被银川市兴庆区人民政府评为2008年度安全生产先进集体。2009年，被公安部消防局评为消防产品监督管理工作先进单位、国庆60周年消防安全保卫工作先进基层单位，被宁夏消防总队评为全区消防部队先进基层党组织、国庆60周年消防安全保卫工作先进基层单位，被银川市消防支队评为基层建设先进单位。2010年，被公安部消防局评为全国消防监督执法示范单位、公安消防部队“三争优”活动先进基层单位，被宁夏消防总队评为基层建设先进单位、自治区消防监督执法示范单位，被银川市人民政府评为安全生产工作先进单位，被银川市消防支队评为安全防事故先进单位。

【队领导名录】

大队长：徐广林（2001～2002）
安春晖（2002～2004）
朱　军（2004～2008）
张颖玮（2008～2010）

教导员：钱学斌（2007～2008）
王吉清（2008～2010）

副大队长：朱　军（2001～2004）
张　武（2004～2008）

【消防安全监督】 消防安全监督工作是消防大队工作的重点，大队多次有针对性地组织对重点单位进行监督抽查，对检查中发现违反《消防法》的单位进行严格处罚，取得良好效果；在加大处罚力度的同时，严格按照程序办理案件，耐心细致地为被处罚单位讲解有关法律规定。

2002年，严格按照消防管理的有关规定，逐级落实防火责任制和岗位防火责任制，继续坚持三级防火制度的实行办法，坚决纠正违法违章的火险隐患，降低重特大火灾的发生率。全年兴庆区范围共发生火灾151起，直接经济损失20.5万元，较去年同期多40起，上升36%，没有重特大火灾发生。

2003年，分局消防大队共检查单位1024个，下发各类整改意见书1159份次，审核各类工程118项，验收85项，全年兴庆区共发生各类火灾事故281

起，死5人，伤1人，经济损失531071元，未发生重特大恶性火灾事故。火灾数比去年同期151起上升86.1%，但按可比指标计算，2003年与2002年相比，火灾起数上升27.5%，死亡人数增加3人，伤人数下降50%，直接经济损失下降26.3%。基本维持了火灾形势的稳定。

2004年，坚决纠正违法违章的火险隐患，降低重特大火灾的发生率。全年兴庆区范围共发生火灾240起，直接经济损失104.55万元，没有重特大火灾发生。

2005年，以预防和遏制重特大火灾特别是群死群伤火灾事故为目标，开展人员密集场所消防安全专项治理，大力加强消防监督工作，集中整治消防安全隐患，2005年1~10月份，银川市消防支队接警出动1701次，出动车辆2156台次，出动人员15784人次，检查单位936个，下发《责令限期改正通知书》310份份、《复查意见书》247份，《消防安全检查意见书》156份，发现火灾隐患579处，督促整改492处；审核各类工程87项，验收63项，大型活动监督8次。行政处罚41项，其中"三停"33家，警告14人，罚款223800元。保护财产价值2533万余元，抢险救援和社会救助112起，成功扑救5·17银川市精华科技研究所炼油厂、9·3世纪主流餐饮有限公司装修现场、10·4宁夏紫荆花纸业红星料厂、10·19宁夏多维药业201车间等火灾；及时处置6·22液化石油气槽车侧翻、7·17施工现场塌方、6·16工人文化宫氯气泄漏、8·12自来水公司氯气泄漏等多起事故。其中，兴庆区共发生各类火灾事故423起，直接经济损失322965元，与去年同期相比火灾起数上升12%，经济损失下降68.6%。

2006年，加强经常性的消防安全检查，组织开展消防安全培训4次715人次。以消防、治安为主体，其它警种配合，开展6次专项清理检查行动，共检查重点单位、公共场所和部位1070个，停产停业停止使用28项，发现隐患473处，下达《整改通知书》368份。全年共发生火灾事故344起，损失折款49.95余万元，无人员伤亡。

2007年，坚持"预防为主，防消结合"方针，严格消防安全监督和检查，提高消防质量和行政执法水平，共集中开展消防安全检查6次，消除整改了一大批火灾隐患。全年共发生火灾474起，造成直接经济损失75万余元，4人死亡。

2008年，开展"08风暴"、"火灾隐患排查整治百日大会战"和"迎奥运、保大庆"消防安全保卫工作，全年组织消防培训1328人次，发放各类宣传资料9000余份，监督检查单位（场所）1703家，下发《责令限期改正通知书》361份、《复查意见书》313份，立案查处各类消防违法行为102起，罚款共计45.23万元，责令三停72家（次），警告43人（次），强制关停30家，行政拘留3人。受理审核建筑消防工程96项，验收工程64项，安全检查164项。兴庆区1~11月共发生火灾480起，无人员伤亡，直接经济损失75.78万元。火灾起数上升15.43%，财产损失上升2.52%。

2009年，先后组织消防培训4期948人（次），组织火灾逃生演练80余次，发放各类宣传资料1万余份，悬挂标语、横幅，设立宣传展板600余条（块），监督检查单位（场所）1329家（次），复查211家，下发《责令限期改正通知书》195份，《责令改正通知书》50份，"三停"各类场所48家，临时查封36家，警告22人（次），罚款45万余元，拘留3人。1~11月份，辖区共发生火灾561，直接经济损失38万余元，无人员伤亡，无较大以上火灾事故发生。与去年同期相比，火灾事故上升21.4%，直接财产损失下降48.9%。

【消防工作社会化】 兴庆区消防大队在政府和分局的领导和协调下，积极向兴庆区党委和政府汇报工作，督促有关部门按照《消防法》的规定，加强对消防工作的领导，切实将消防工作列入重要工作日程，全面推行消防工作的社会化；积极落实政府消防安全责任制，主动向地方党委、政府汇报消防工作，经政府同意每年召开兴庆区年度消防工作会议，会上区长代表兴庆区政府分别与各乡镇政府、各街道签订《年度消防安全工作责任书》；大队提请政府召开专门会议研究部署消防工作，将消防检查、宣传工作进一步细化并纳入到各乡镇、街道办事处、居民、村民委员会的日常工作之中，使消防工作的普及面进一步扩大，深度和力度大幅提高；坚持定期汇报和专题汇报相结合，采取多种形式和时机争取地方党委、政府重视，争取地方财政业务预算经费；兴庆区政府、公安分局召开消防安全工作会议，发文部署消防工作，确保奥运等大型活动的消防安全。

2003年，努力推动消防工作社会化，为辖区经济建设和社会稳定创造良好的消防安全环境。同时为突出"透明消防、责任消防"特色，大队印制便民服务手册2000份，为每一个监督员配发警民联系卡，重新公开办事程序。3月21日，提请召开兴庆区安全生产会议，表彰安全生产先进单位和个人，部署安全生产工作。政府与各乡镇和街道办事处签订安全生产责任书20000余份，明确消防安全职责和任务。各乡镇和街道办事处将安全生产作为重要日常工作，在节假日和重大活动之前，多次开展消防安全检查，大队给予大力配合。结合"5·3"全聚德火灾事故教训，政府组织召开火灾现场会，通报火灾事故，并对辖区安全生产做出部署。为推动辖区重大火灾隐患的整改，政府与辖区存在重大火灾隐患的单位签订了《限期整改火灾隐患责任状》，明确了单位整改火灾隐患的时限，并要求在此期间单位要采取有力措施，杜绝各类事故的发生。

2005年初，大队为积极落实政府消防安全责任制，主动向地方党委政府汇报消防工作，并经政府同意于4月1日召开了兴庆区2005年消防工作会议。会上，张勇区长代表兴庆区政府分别与各乡镇政府、各街道签订了《兴庆区二〇〇五年消防安全工作责任书》，明确了消防安全责任制。大队提请政府先后4次召开专门会议研究部署消防工作，并将消防检查、宣传工作进一步细化并纳入到各乡镇、街道办事处、居民、村民委员会的日常工作之中，使消防工作的普及面进一步扩大，深度和力度也大幅提高。

2008年，坚持定期汇报和专题汇报相结合，采取多种形式，抓住各种机会争取地方党委政府重视，争取地方财政业务预算经费16万元。兴庆区政府、公安分局先后6次召开消防安全工作会议，11次发文部署消防工作，并于奥运、大庆期间多次带队检查涉庆场所。

【消防宣传培训】 兴庆消防大队每年不定期组织培训班多期，开展灭火救援演练；结合社区消防建设工作，积极推行消防宣传进社区，通过发放消防宣传材料等方式，使消防宣传走入千家万户；大队与新闻媒体取得联系，大力宣传消防工作，使消防工作得到社会各界的重视和支持。

2003年，按照支队工作安排，兴庆消防大队共组织培训班12期，培训人数800余人（其中8期由支队授课，其余均为义务培训），并协助银川商城、中山公园等单位开展了灭火演练。结合社区消防建设工作，积极推行消防宣传进社区，通过发放消防宣传材料等方式，使消防宣传走入千家万户。另外大队与新闻媒体取得联系，大力宣传消防工作，使消防工作能够得到社会各界的重视和支持。在全国安全生产月宣传日和庆祝《中华人民共和国消防法》颁布10周年宣传活动期间，大队配合支队分别在宁园和新华街设置了消防安全咨询点，共发放消防宣传资料4000余份，接受群众咨询百余人次，收到了很好的宣传效果。

2005年，全力推进消防宣传进农村、进社区、进企业、进学校。在检查过程中发现部分单位的工作人员消防意识淡薄，缺少必要的消防常识，大队工作人员一方面向被检查单位的主管人员讲解消防知识，另一方面组织单位部分员工进行集中培训，全年深入重点单位、社区宣传20余次，深入香渔王子大酒店、银川市第三幼儿园等重点单位开展灭火疏散演练，使消防宣传教育工作贴近群众、贴近实际、贴近生活。组织重点单位法人代表、公共娱乐场所负责人、餐饮场所负责人消防安全培训班5期，培训人员907人。

2008年，对20家学校的师生进行消防培训，并且由以往的主动联系给单位培训，变成了单位自己主动邀请监督员去义务培训。消防大队充分发挥媒体作用，通过报纸曝光火灾隐患及消防违法行为（分别在银川电台、华兴时报、新消息报、法治新报等报道共计66篇），取得了良好的社会效果。

2005年5月20日，兴庆区组织开展消防安全进社区活动

【消防先进经验推广会】 2003年，认真贯彻公安部61号令《机关、团体、企业、事业单位消防安全管理规定》，充分树立单位的消防安全主体意识。4月4日，在世纪大厦召开兴庆区贯彻公安部61号令先进经验推广会，来自兴庆区最大规模的宾馆、饭店、商场、歌舞娱乐场所、易燃易爆场所等35个重点单位的安全负责人参加了会议。会议确定了宣传贯彻61号令的规范模式，要求各单位按照统一模式抓好落实，并决定于6月份对各单位落实情况进行检查。为推动一般单位贯彻61号令，兴庆区安全生产委员会、兴庆区消防大队和街道办事处联合印发5000份《贯彻公安部61号令<机关、团体、企业、事业单位消防安全管理规定>通知书》，由街道办事处负责与辖区各单位签订并留存根。兴庆区人民政府为推动61号令的贯彻，以政府名义印发3000份《兴庆区人民政府关于贯彻公安部61号令的通知》在兴庆区主要街道和重要部位进行张贴。同时，结合61号令的宣传，兴庆区安全生产委员会决定对东方商城、银川商城、国际家具会展中心开展消防安全专项治理，具体由消防大队落实，效果显著。

【第七届全国少数民族传统体育运动会消防安全保卫】 2003年9月3日～9月13日，第七届全国少数民族运动会在银川市举行。兴庆消防大队承担着这次运动会80%的体育场馆和运动员、代表团食宿地的消防安全保卫任务，消防监督检查的点多、面广、情况复杂，保卫任务十分繁重，为圆满完成运动会期间的消防安全保卫任务，大队专门成立了民运会消防安全保卫领导小组，对整个消防安全保卫任务进行了统筹安排。在比赛期间，大队定人、定点对住地进行消防监督检查，每个重点场所都安排专人具体负责，实施现场全过程监督。主要对消防车通道、消防设施、电气线路、疏散通道及灯光疏散指示标志、火源、电源、气源管理、焰火施放地情况进行检查；对七运会场馆值班人员、安全保卫人员在岗在位情况进行检查；对现场发现的火灾隐患及时督促有关人员采取有力措施进行整改，确保开幕式举行过程中不发生火灾事故；严禁广告宣传部门使用氢气灌装广告气球，要求使用氦气灌装，坚决防止在人群和领导上空及焰火燃放地附近悬挂气球。在开幕式和闭幕式期间，每天下午3点半大队执勤人员就进入举办场地，进行全方位监控，并手提灭火器忍着饥饿和口渴坐阵在重点部位，死看死守，严防险情发生，受到各级领导的充分肯定和高度赞扬。

【奥运与自治区成立50周年大庆消防安全保卫】 2008年，为了确保奥运和自治区成立50周年庆祝活动期间社会面的绝对安全，兴庆区政府积极组织各乡镇、街道办事处以及兴庆区500余家重点单位的负责人（近600人）召开安全保卫工作部署会议，并签订责任书近500份。兴庆消防大队采取常规与超常规相结合，多措并举、全方位的深入开展各项监督检查工作，主要是以人员密集场所、易燃易爆场所、九小场所等为主，共检查单位2817家，三停45家，强制关停24家，在奥运、大庆期间，辖区未发生有影响的火灾，火灾的四项指标全面下降。

【专项治理】 2003年，根据上级机关通知精神，大队把安全出口专项治理工作与第七届少数民族运动会的消防安全保卫和公安部61号令的宣传贯彻工作相结合，采取多种形式，扩大社会影响，加大监督检查力度，取得了显著的效果。按照专项治理工作实施方案，在自查整改阶段，大队联合兴庆区人民政府印制了2000余份《人员密集场所基本情况统计表》，通过各街道办事处将统计表发放到每个治理范围内单位责任人，并指导其按照专项治理要求进行自查整改，将情况反映到统计表上，大队回收统计表后，将各单位的自查整改情况进行分类统计。在专项治理范围内统计的440家单位中，308家合格，132家不合格。根据分类统计情况，大队在总队机关和友邻大队的大力支持下，成立8个检查验收小组，结合民运会消防安全保卫工作，联合街道办事处，对辖区内专项治理范围内的单位进行消防监督检查，积极指导各单位消除火灾隐患。专项治理期间，大队共检查单位241家，发《责令限期改正通知书》190份，复查单位63家，处罚单位2家，全面地检查验收了各治理单位，进一步消除火灾隐患。

2009年11月6日，贪玩女孩胳膊卡在公交车站台护栏消防大队成功救助

2005年，贯彻落实公安部电视电话会议精神，全力做好专项整治工作。制定专项行动实施方案，成立兴庆区消防安全检查领导小组，采取联合联合检查与突击检查相结合的办法，白天与夜间检查相结合的方式，对辖区人员密集场所、政府挂牌督办的重大火灾隐患单位，易燃易爆场所进行防火大检查。同时大队按照《宁夏回族自治区公安派出所消防监督工作规定》的要求，指导帮助公安派出所对小水吧、小网吧、小作坊和小易燃易爆等五小场所开展消防监督检查。按照火灾隐患排查整治工作有关要求，针对设计、建成时间较早，存在的火灾隐患整改难度大的单位，大队和总队、支队专家组会同设计单位多次深入实地研究论证，积极帮助单位制定最佳整改方案。为了督促兴庆区8家政府挂牌督办整改火灾隐患，兴庆区政府在与8家火灾隐患挂牌单位负责人签订《重大火灾隐患整改责任书》的同时，主管副区长坚持对挂牌督办单位每月检查一次。经过政府、安委会、大队和挂牌单位的不懈努力，截止年底，辖区已有7家单位（银川市东泰楼清真餐饮公司、宁丰宾馆、福莱特歌舞厅、伊盛宾馆、浙江海鲜大酒楼、永信招待所、光耀家私城）彻底整改合格，亚之桥宾馆由于逾期不能整改，已向法院申请强制执行关停。

2008年，通过对辖区30家销售和维修消防产品的单位进行检查登记，有

计划的开展了消防产品专项整治行动，通过3起消防产品的处罚，有效地提高监督员对产品监督的能力。

【建筑工程审验】 根据建筑工程消防审核、验收有关规定，大队专门成立建审组，设立技术总复核并由大队领导担任，实现了审验分离和分专业审核，同时大队还对验收工作进行详细分工，避免审验工作中出现的漏洞。从2005年4月份起，大队还按照总队文件要求积极推行建筑工程审核、验收简易程序，缩短办理时限，提高了工作效率，得到办事群众的广泛认可。

【信访查处】 为切实推动消防工作社会化进程，大队设立了两部信访举报电话受理群众举报、对各类信访案件，大队人员都能够在规定时限内认真查处，并将结果告知当事人。2005年，大队共受理信访案件25起，查处25起，查处率达100%。

【农村消防】 农村消防工作是一项涉及诸多方面的系统工作。在新的区划调整中接受6个乡镇后，兴庆区农村防火工作显得尤为突出。

2003年，夏收之前，大队起草《关于加强夏收期间消防安全工作的通知》，以兴庆区安全委员会的名义印发，同时对乡政府和村委会落实消防安全责任制的情况开展检查。在夏收期间，大队在兴庆区政府的领导下，配合供电、农机、公安等部门加强对打场用火、用电和消防设施配置情况的检查，及时督促消除火灾隐患。辖区未发生粮场火灾事故，确保夏秋收防火工作的顺利进行。

2005年，兴庆区消防大队在年初与各乡镇主管领导签定《消防安全责任书》，争取政府下发了《关于加强农村防火安全工作的紧急通知》，进一步明确责任，建立和完善了乡、村二级农村防火机制，明确各乡镇政府、农村基层组织的权利、责任和义务，进一步推动消防安全责任制的落实。按照农村防火工作的要求，兴庆区消防大队向兴庆区人民政府汇报，兴庆区政府出面协调，消防大队具体实施，决定将月牙湖乡定为农村防火工作的试点乡，消防大队派出业务骨干下到乡村具体指导，进一步消除了农村劳作程序中的一些违反消防安全规章制度的做法，从根源上消除火灾隐患，同时完善了基础消防设施，向村民讲解基本的火灾预防措施及初起火灾的扑救方法，取得了很好的效果。为了有效的遏止粮场火灾的发生，大队结合自治区《粮场管理规定》，根据兴庆区《关于做好夏秋收粮场防火工作的通知》的要求，深入各个乡镇、街道办事处签定《责任书》，协同派出所及时开展专项检查，深入2乡、2镇、27村的204个粮场及麦草堆垛、乡镇企业等发生火灾可能性大的场所重点检查，重点管理，重点整治。同时充分发挥乡镇派出所对农村防火工作的监督管理作用，结合日常社会治安管理工作，积极开展防火检查，督促整改火灾隐患，把一切火灾事故苗头消灭在萌芽状态，确保当年的夏收消防安全。

【消防基础建设】 2003年，6月17日兴庆区人民政府在凤凰北街北安社区举行兴庆区社区消防建设试点启动仪式。之后，兴庆区政府印发《关于加强社区消防建设的意见》，要求各街道办事处在有条件的小区开设1–2个试点，以点带面，力争明年在兴庆区全面实施，并作为基层考核重要内容列入政府综合考评方案。完善消防监督三级管理体制，加强对派出所开展消防工作的帮助和指导，并提请分局将消防工作列入派出所工作考评范围，发挥派出所基层消防监督管理主体的作用。结合分局开展的“五大亮点”工程，大队加强对各派出所消防安全培训，同时每周将上周发生的火灾，在网上进行公布，以便各派出所开展调查。

综合经济管理

ZONGHEJINGJI GUANLI

经济社会发展管理

【概况】 兴庆区经济发展局的前身是原城区计划经济委员会,2000年更名为计划经济局,2002年11月银川市三区行政区域调整后,更名为经济发展统计局,2009年9月机构改革更名为兴庆区经济发展局,挂兴庆区安全生产监督管理局牌子。兴庆区经济发展局是负责兴庆区国民经济发展、经济形势分析、规划编制、项目管理以及物价检查、安全生产、非公有制经济协调服务等方面的综合经济部门,承担兴庆区国防经济动员委员会办公室工作,管理兴庆区物价检查所;承担辖区安全生产执法监督工作,拟订兴庆区安全生产工作规划,指导、协调各乡(镇)、街道办事处及成员单位的安全生产工作。

【局领导名录】

局　长:陈志文(2001.01~2002.02)

　　　　鲍铁力(2002.02~2007.12)

　　　　丁万福(2007.12~2009.09)

　　　　郝亚伟(2009.09~2010.12)

副局长:蔡保玉(2001.01~2002.11)

　　　　周晶英(2002.10~2010.05)

　　　　邢　波(2003.03~2010.05)

　　　　沈炳南(2003.01~2010.12)

　　　　卢　洁(2010.04~2010.12)

【综合指标】 2006年,实现国内生产总值125亿元,同比增长13%,其中第一产业增加值2.9亿元,第二产业增加值39.2亿元,第三产业增加值82.9亿元;工业总产值110亿元,同比增长20.5%;社会消费品零售总额75亿元,同比增长14.5%;地方财政收入2.2665亿元,同比增长13.6%;城镇居民人均可支配收入10771.9元,同比增长7.8%;农民人均纯收入4380元,同比增长9%;城镇登记失业率3.37%;人口自然增长率5.17‰。

2007年,实现地区生产总值146亿元,同比增长11.6%;地方财政收入2.7亿元,同比增长20%;工业总产值115亿元,同比增长21%;第三产业增加值90亿元,同比增长12.1%;社会消费品零售总额90亿元,同比增长14.4%;城镇居民人均可支配收入11630元,同比增长8%;农民人均纯收入4790元,同比增长8%;城镇登记失业率为3.4%;人口自然增长率为6.56‰。

2008年,实现地区生产总值189亿元,同比增长11.9%,完成年计划的108.5%,经济增速连续6年超过13%,经济增长的稳定性进一步增强;地方财政收入完成3.3亿元,同比增长19.2%,完成年计划的106.5%;社会消费品零售总额92.66亿元,同比增长14.7%,完成年计划的103.2%;第三产业完成增加值55.67亿元。

2009年,地区生产总值达到210亿元,同比增长10.4%;产业结构日趋合理,三产优势进一步显现,一、二、三产业增加值占GDP比重分别为1.9%、32.2%、65.9%;完成财政一般预算收入3.85亿元,同比增长16.7%;全社会固定资产投资完成45.73亿元,同比增长10%;工业总产值完成147亿元,同比增长4.3%;社会消费品零售总额122亿元,同比增长14.8%;城镇居民人均可支配收入17323元,同比增长8.6%;农民人均纯收入6100元,同比增长8.5%。2010年,实现地区生产总值267亿元,同比增长13.9%;第一产业实现增加值4亿元,同比增长6%,第二产业实现增加值80亿元,同比增长21.5%,第三产业实现增加值176亿元,同比增长10.5%;实现社会消费品零售总额116.9亿元,同比增长11.4%;完成地方一般预算收入4.82亿元,同比增长25%;城镇居民人均可支配收入18700元,同比增长8%;农民人均纯收入6765元,同比增长12%。

【项目拉动】 2006年,采取节会招商、借力招商、联合招商等手段,积极拓宽引资渠道,招商引资实际到位资金5.5亿元;充分发挥项目带动作用,从抓好项目筹备期、服务建设期、指导运作期三个环节入手,把项目建设落到实处,编报基础设施、商业、工业等项目70个,其中重点建设项目15个,兴庆区检察院技侦用房主体完工,法院审判大楼

竣工并投入使用，卧龙变压器厂一期工程竣工并投入生产，夏进乳业一期项目试生产，西北农资城和龙盘装饰材料市场项目投入运营，启动银川回中、银川三中、十九小、二小的迁扩建工程，旧二中改造扩建已经开工建设，北塔回民小学、月牙湖回民中学和大塘中心小学交付使用；千方百计争取各种建设资金及政策性专项资金，累计争取国债资金1750万元，促进项目建设顺利进行。

2007年，进一步优化投资环境，把项目建设和招商引资工作紧密结合起来，重点提高项目的可行性和成功率，加快项目的建设进度，新华百货夏进乳业股份有限公司10万吨液态奶项目、宁夏恒兴机械制造有限公司板束换热器等工业项目顺利实施，西北农资城二期、恒诺装饰家居城等5个物流市场项目进展顺利，兴庆区检察院办公大楼、兴庆区5个村级活动场所交付使用，金河乳业奶酪生产项目、农村小康环保行动计划项目、掌政镇茂盛蔬菜科技示范园区等农业项目和黄河生态运动公园、明卉花卉等一批旅游和农家乐项目进展顺利；千方百计筹措资金，保障项目的快速建设，争取陕西长河信贷公司5000万元信贷资金，协助恒兴机械制造有限公司从自治区开发银行贷款1000万元，争取国债资金1200万元。

2008年，进一步优化投资环境，紧紧围绕抓经济、抓项目、抓环境这一主线，坚持基础设施与产业项目并重，向上争取项目与招商引资并举，重点项目与中小项目同步抓，加快项目的建设进度，农村小康环保行动计划项目实施方案经自治区环保局批复，子项目正在按程序逐一上报实施，西北农资城三期、绿地银川21世纪商城一期、黄河生态运动公园等一批商贸物流旅游项目进展顺利，特色街区改造、司家桥等乡村道路改造、通贵二三干渠合并、永富泵站改造等一批城乡建设项目圆满完成；千方百计筹措资金，积极争取各类国债项目资金3000万元，其中农村初中校舍改造资金1099万元，社区服务设施建设项目资金220万元，农村公路项目资金640万元，公安和法院的"两所一庭"建设项目资金176万元；抓住国务院"关于进一步促进宁夏经济社会发展的若干意见"的通知和中央18号文件精神，编制39项重点建设项目，与银川市和自治区有关部门进行对接，项目概算投资45亿元，涉及商贸物流、工业、农业、教育、建设交通等各项社会事业，已有13项落户兴庆区，争取资金1200余万元。

2009年，准确把握国家、区、市投资方向，积极向上争取资金，安排实施一批推动兴庆区经济社会发展的重点项目，全年共实施各类重点建设项目83个，总投资18亿元，其中争取中央、自治区、银川市资金7.5亿元，建成或基本建成60个重点项目，月牙湖回中、新水桥至茂盛新建三级公路、通贵乡综合文化站等中央新增投资项目竣工；西北农资城三期、绿地银川21商城等一批商贸物流项目进展顺利；十五中、燕鸽学校、二十四小等一批社会事业项目加快建设。

2010年，各部门单位共争取中央及区、市投资9.4亿元，落实各类大小项目200项，创造区划调整以来兴庆区争取项目和资金的最好成绩，全年完成全社会固定资产投资91.07亿元，同比增长119.4%，增速位居银川市第一；组织开展项目百日大会战活动，36个重点项目全部开工建设，18个项目全部建成或基本建成。

【非公有制经济】 2006年，把发展非公有制经济作为提升区域经济的切入点和突破口，不断优化发展环境，大力整顿市场经济秩序，促进非公经济蓬勃发展，兴庆区非公经营户达3.9万户，其中个体工商户2.8万户，私营企业1.1万户，非公企业实现工业总产值21.3亿元，销售收入48.6亿元，利润总额3.2亿元，非公有制经济比重占到兴庆区经济总量的85%以上。

2007年，不断优化发展环境，加快非公有制经济发展，促进服务业壮大升级，提升区域经济总量，非公企业实现总产值79亿元，同比增加12%，实现销售收入75亿元，同比增加12%，上缴税金7.5亿元，同比增加11%。

【城乡建设】 2006年，围绕银川市建设"两宜"城市的战略目标，加快"五创"工作，实施"三大战役"，城市面貌大为改观，拆除各类建筑62万平方米，硬化面积43万平方米，新增绿化面积42.3万平方米，区绿化覆盖率达到28.4%；制订《兴庆区村庄和集镇建设暂行管理办法》，全面开展两乡两镇275个村庄建设的规划编制，通贵乡集镇规划通过专家评审，月牙湖乡集镇总体规划进入专家论证阶段；改造月牧公路、大塘北路等5条10公里乡村公路主干道和12公里村道，翻建永通公路，打通孔司路与银横路的连接段，协助银川市完成三林巷等25条街巷改造任务。

2007年，以"五创"工作为契机，组织开展一系列卫生环境综合整治，对一些难点、脏点和卫生死角进行彻底清理，协助银川市改造育新巷、大庙巷等小街巷8条；修建孔司路、鸣银路等乡村道路；积极筹措600余万元资金用于"创卫"的硬件设施建设，顺利通过国家爱卫会专家组的检查评估；大力开展村容村貌整治，扎实推进新农村建设；新建碱富桥、海陶北两个塞上农民新居，八里桥康居工程竣工并交付使用；完成"一池三改"国债项目717座，加快农村人畜饮水工程建设，在自治区率先实现人畜安全饮水目标；完成农村人工造林4万亩，植树270万株，农村森林覆盖率达7.9%，城乡人居环境得到明显改善。

2008年，开展特色街区改造、洗脸修面、门头牌匾和重点道路两侧整治等一系列城乡建设综合整治工程，城乡人居环境得到明显改善，兴庆区代建的光华门、八里桥、友爱一期、友爱二期4个康居安置区完成45万平方米建设任务；光华门、八里桥安置区进入室内装修阶段，友爱安置一区、二区完成主体工程，光华门安置区已将4万平方米安置房分配给历年的拆迁户；实施城市增绿工程，完成银横路大团结广场东侧、银古路横城段重点绿化工程219亩，街头空地及居住小区新增绿地319亩；硬化司家桥村、塔桥村等巷道24公里，新建乡村客运“招呼站”20个；加快塞上农民新居建设，安装太阳灶500台，建设沼气池700座；在石中、银古公路两侧村庄及周边组织开展以“穿衣戴帽”为重点的环境整治，整治改造29个自然村，改造特色农宅1053户；加快大新镇和月牙湖乡人畜安全饮水续建工程，农村生活用水卫生合格率达到98%。

2009年，加快道路交通建设，配合银川市改造城市街巷20条，新建改建乡村道路30公里，新建便民“招呼站”20座；完成征地6200亩，拆迁55万平方米，确保旧城南部改造等重点工程顺利推进；光华门、八里桥、友爱一期、友爱二期4个康居安置区交付使用，建成安置房4440套，实施塞上农民新居和农宅坡屋顶改造315户；全力打造黄河金岸，实施26公里的黄河标准化堤防土方和水利配套工程；完成农村造林1.7万亩，新增城市绿地240亩，建成区绿化覆盖率达36.5%；构建城市景观水系，实施燕鸽湖等6个湖泊湿地连通工程；积极发展生态循环农业，推广户用沼气和“一池三改”540户，建设沼气服务网点25个；完成月牙湖乡安全饮水工程，农村生活饮水卫生合格率达98%；农村小康环保行动计划取得成效，通贵乡和茂盛村被评为自治级环境优美乡镇和生态村。

2010年，依托黄河金岸大力加强沿河两岸村镇建设，着力改善农村基础设施和生活环境，加快推进城乡一体化进程，掌政镇特色小城镇建设全面启动，安置区一期工程12.5万平方米多层住宅主体完工，掌政镇中心幼儿园、典农公园均开工建设，规划新建孔雀村、新渠稍村、燕鸽村等6个行政村村级活动场所，增强中心镇、村的辐射带动力；完成碱富桥塞上农民新居二期100户续建工程、通贵乡河滩新村30户轻钢抗震房项目、200户危房改造项目；实施旧村整治点综合改造，完成两乡两镇16个村的环境改造；加强乡村公路建设，修建通河路、渡口路等乡村公路和园区道路46公里，硬化村庄巷道17条32公里；完成大新塔桥和通贵乡人饮工程，农村安全饮水入户率达到95%；加快旧城改造，开工建设光华门安置区二期、满春安置区二期等安置房屋80万平方米；完成19.5公里的永二干沟综合治理；治沙造林1206亩，补植、补造、退耕还林1500亩，水系湿地建设5000多亩；引导帮助用能企业逐步实施节能技术改造，顺利完成兴庆区“十一五”期间万元GDP能耗下降25%的目标。

【信息化建设】 2008年，按照“五个一”标准，建立乡镇信息服务站4个、村级信息服务站39个、养殖种植科技示范园区信息服务站5个，实现农村信息化全覆盖，为农民生产经营提供快速、便捷服务，28个三星级以上社区接入互联网，通过IPTV网络实现文化资源共享。

【改革开放】 2009年，推进政府机构改革，调整规范政府机构设置，理顺部门职责关系；拓宽融资渠道，化解债务2.2亿元；加强项目管理，规范项目审批、资金使用等工作；提高城市管理水平，建立街道分级管理体制和环卫作业社会化运作机制，巩固创卫成果；推行营养早餐试点工作，20余所学校实行早餐配送；开展学校绩效工资改革，提高教师工作积极性；推进城乡一体化试点工作，完成土地增减挂钩项目编制上报；推动农村金融发展，在金河乳业开展生产发展互助资金试点工作；抓好招商引资工作，积极组织参加“宁夏（香港）经贸文化旅游活动周”等系列招商活动，全年实际到位资金14亿元。

2010年，加强政府投资工程项目管理水平，成立兴庆区工程咨询中心，提供咨询服务49次；积极组织开展土地增减挂钩试点工作，掌政试点项目区通过自治区政府批准，下达挂钩周转指标1908.75亩；深入推进医药卫生体制改革，调整基本医疗服务包的内容和药品目录，完成农村居民健康体检建档10320人，累计健康档案规范化建档率达到81.5%，开展乡镇卫生院院长竞聘；积极组织参加“宁洽会”暨首届中阿经贸论坛等项目推荐、洽谈，签约9个项目，投资总额58.11亿元，超额完成银川市下达的40亿元签约任务；完成招商引资23亿元，完成银川市下达目标任务的153%。

财 政

【概况】 兴庆区财政局的前身是银川城区财政局。2002年11月1日，城区财政局正式更名为兴庆区财政局。10年来，兴庆区财政局紧紧围绕统筹城乡发展主题，坚持收支并举、监管并重、依法行政、依法理财，千方百计抓收入，竭尽全力控支出。建立收入目标责任制，层层落实增收措施，努力做到应收尽收，不断深化收支两条线工作，确保各项收入及时足额入库，加快建设公共财政体制框架，稳步推进财政信息化建设，财政收支连续多年取得较好的执行结果，为社会各项事业的健康发展提供了有利的财力保证。

【机构】 2010年，兴庆区财政局内设办公室、国库股、预算股、行政政法股、经建科教文股、农业股、政府采购国有资产办公室7个股室。下属机构是兴庆区会计核算中心和兴庆区农业项目综合管理开发办公室。

【局领导名录】

局　长：肖建东（2001.01~2002.12）
　　　　刘　虹（2003.02~2006.11）
　　　　曹建春（2006.11~2010.04）
　　　　杨　锋（2010.04~2010.12）
书　记：马学仁（2009.01~2010.12）
副局长：刘　虹（2001.01~2002.12）

李银生（2002.12~2003.02）

郝宁平（2002.02~2006.12）

周彩霞（2003.02~2010.05）

曹建春（2002.02~2006.12）

闫念国（2007.10~2009.01）

张艳芬（2009.01~2010.12）

邢　波（2010.05~2010.12）

【财政收入】 2001年，一般预算收入完成9033万元，为年度预算7025万元的128.6%，剔除不可比因素，比上年增长41%。

2002年，一般预算收入完成10736万元，为年度调整预算10600万元的101.3%，剔除不可比因素，比上年增长20.8%，实现九届人大五次会议通过的收入任务和增长目标。

2003年，一般预算收入完成13282万元，为年度预算13160万元的100.9%，可比增长11%。

2004年，一般预算收入完成15654万元（不含区划调整转移支付款1500万元），为年度预算14950万元的104.7%，可比增长32.9%。

2005年，一般预算收入完成19949万元，为年度预算19870万元的100.3%，可比增长15%。

2006年，一般预算收入完成22665万元，为年度预算22450万元的101%，可比增长13.6%，全面完成兴庆区一届人大四次会议确定的收入任务和增长目标，其中税收收入完成20392万元，可比增长10.7%；罚没收入、行政性收费完成1520万元；国有资产经营收益完成730万元；其他收入完成23万元；基金收入完成159万元（残疾人就业保障金收入149万元，区市专项补助10万元）。

2007年，一般预算收入完成27717万元，为年度预算24545万元的112.9%，可比增长22.3%，全面完成兴庆区一届人大五次会议确定的收入任务和增长目标，其中税收收入完成25347万元，可比增长24.3%；罚没收入、行政性收费完成1530万元；国有资产经营收益完成782万元；利息收入完成58万元；基金收入完成14611万元（残疾人就业保障金收入171万元，区市专项补助14440万元）。

2008年，一般预算收入完成33941万元，为年度预算31050万元的109.3%，可比增长22.5%，全面完成兴庆区二届人大一次会议确定的收入任务和增长目标，其中税收完成32278万元，可比增长27.3%；罚没收入、行政性收费完成1573万元；利息收入完成90万元；基金预算收入19898万元（残疾人就业保障金收入187万元，划拨土地收入6795万元，区市专项补助12916万元）。

2009年，兴庆区财政一般预算收入完成38531万元，为年度预算37016万元的104%，同比增长16.6%，全面完成兴庆区二届人大二次会议确定的收入任务和增长目标，其中税收完成36320万元，可比增长14.7%；罚没收入、行政性收费完成1973万元；其他收入完成238万元；基金预算收入47217.72万元（划拨土地收入200万元，区市专项补助36649万元，土地出让金10368.72万元）。

2010年，兴庆区财政一般预算收入48222万元，为年度预算42425万元的113.7%，同比增长25%，全面完成兴庆区二届人大三次会议确定的收入任务和增长目标，税收收入完成45054万元，同比增长24%；罚没收入、行政性收费完成2527万元；其他收入完成641万元；基金预算收入55726万元（划拨土地收入8485万元，残疾人就业保障金收入3万元，区市专项补助收入47238万元）。

【财政支出】 2001年，城区九届人大四次会议批准的2001年度财政一般预算支出为7316.2万元。在执行过程中，因增加区、市级转移支付款769万元，以及经九届人大常委会第十八次会议批准，动用当年超收1575万元，财政支出预算调整为9660.2万元，实际支出9567万元，为年度调整预算的99%，按可比口径比上年增长18.2%。

2002年，城区人民代表大会批准的支出预算为11923万元，自治区、银川市追加专款4015万元，各种转移支付补助及结算补助9494万元，最后支出预算调整为19787万元。当年实际支出17665万元，其中上级专款支出3340万元，农村税费改革转移支付补助支出968万元，专项支出35万元，科技三项费用及计生投入206万元，城市维护费95万元，地税经费154万元，罚没返还434万元，利息支出183万元，正常公用经费700万元，社会保障补助支出91万元，个人部分支出11459万元。

2003年，兴庆区一届人大一次会议批准的财政一般预算支出为15330万元。截止2003年12月31日，共争取区市专款2851万元，加上因事权下放而增加的教育转移支付款1973万元，农村税费改革转移支付款313万元，实际调整支出预算为20467万元。实际支出20427万元，为年度调整预算的99.8%，其中基本建设支出510万元，为变动预算的100%；科技三项费支出150万元，为变动预算的100%；企业挖潜改造支出635万元，为变动预算的100%；农林水事业费支出1365万元，为变动预算的99.3%；工交等部门事业费支出291万元，为变动预算的99.7%；文体广播事业费支出173万元，为变动预算的98.9%；教育事业费支出6179万元，为变动预算的99.9%；科学技术支出10万元，为变动预算的100%；卫生事业费支出567万元，为变动预算的100%；税务等事业费支出622万元，为变动预算的99.2%；抚恤事业费支出1205万元，为变动预算的99.3%；离退休经费支出1945万元，为变动预算的99.9%；社保经费支出57万元，为变动预算的100%；行政管理费支出1419万元，为变动预算的99.9%；公检法司支出1148万元，为变动预算的99.9%；城市维护费支出2014万元，为变动预算的100%；专

项支出143万元，为变动预算的100%；其他支出1366万元，为变动预算的99.5%；基金支出250万元（市级转移支付款），为变动预算的100%；农村税费改革转移支付313万元；上解支出65万元（2002年超收上解）。

2004年，兴庆区人大一届二次会议批准财政一般预算支出为20769万元。截止到2004年12月31日，共争取区市专款3412.5万元，一般预算调整支出为24181.5万元，实际支出为24180万元，为年度调整预算的99.9%，其中基本建设支出858万元，为变动预算的100%；科技三项费支出170万元，为变动预算的100%；企业挖潜改造支出400万元，为变动预算的100%；农林水事业费支出1503万元，为变动预算的99.9%；工交等部门事业费支出341万元，为变动预算的100%；文体广播事业费支出258万元，为变动预算的100%；教育事业费支出7030万元，为变动预算的100%；科学技术支出15万元，为变动预算的100%；卫生事业费支出774万元，为变动预算的99.9%；税务等事业费支出911万元，为变动预算的99.9%；抚恤事业费支出1474万元，为变动预算的100%；离退休经费支出2863万元，为变动预算的100%；社保经费支出213万元，为变动预算的100%；行政管理费支出1737万元，为变动预算的100%；公检法司支出1664万元，为变动预算的100%；城市维护费支出1715万元，为变动预算的99.9%；支援不发达地区支出381万元，为变动预算的100%；专项支出378万元，为变动预算的100%；其他支出1495万元，为变动预算的99.9%；基金预算支出1652.5万元（农业税附加支出69.5万元，城市土地开发建设支出1418万元，地方水利建设支出30万元，城市配套费125万元，残疾人就业保障金支出10万元）。

2005年，兴庆区一届人大三次会议批准的财政一般预算支出为24504万元。截止2005年12月31日，共争取区市专款4939万元，变动支出预算为29443万元。实际支出29146万元，为年度变动预算的99%，基本建设支出514万元，为变动预算的100%；科技三项费支出210万元，为变动预算的100%；企业挖潜改造支出300万元，为变动预算的100%；农林水事业费支出1886万元，为变动预算的96.7%；工交部门事业费支出469万元，为变动预算的99.8%；文体广播事业费支出444万元，为变动预算的100%；教育事业费支出8729万元，为变动预算的100%；卫生事业费支出906万元，为变动预算的100%；税务等事业费支出1119万元，为变动预算的100%；抚恤事业费支出1906万元，为变动预算的96.7%；离退休经费支出3263万元，为变动预算的100%；社会保障支出287万元，为变动预算的88%；行政管理费支出2044万元，为变动预算的100%；公检法司支出1841万元，为变动预算的100%；城市维护费支出2061万元，为变动预算的100%；专项支出305万元，为变动预算的100%；支援不发达地区支出331万元，为变动预算的71.8%;其他支出 1160万元；上解支出1371万元（税收业务经费1100万元，自治区土地使用税上解271万元）；基金预算支出373万元（残疾人就业保障金支出24万元,文教部门基金支出2万元，土地有偿使用支出218万元,其他附加支出129万元）。

2006年，兴庆区一届人大四次会议批准的财政一般预算支出为28455万元。截止2006年12月31日，共争取区

【2001-2010年财政预算执行表】

类别 年份	一般预算收入（万元）	年增长（%）	一般预算支出（万元）	年增长（%）
2001	9033		9567	
2002	10736	18.85	12151	27.01
2003	13282	19.17	20427	68.11
2004	15654	17.86	24180	18.37
2005	19949	27.44	28875	19.42
2006	22665	13.61	35319	22.32
2007	27717	22.29	49947	41.42
2008	33050	19.24	60305	20.74
2009	38531	16.58	88719	47.24
2010	48222	25.15	101564	14.48

【2001-2010 年财政预算执行图】

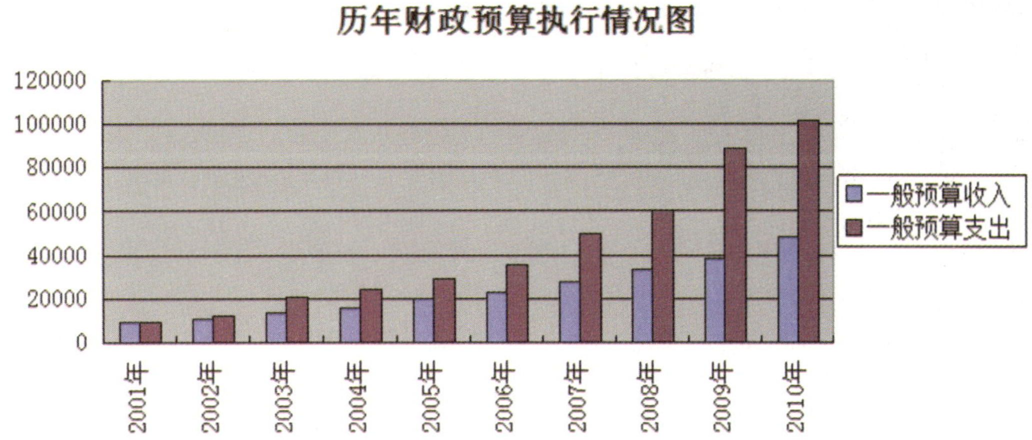

市专款 7195 万元，变动支出预算为 35650 万元。实际支出 35319 万元，为年度变动预算的 99%，基本建设支出 800 万元，为变动预算的 100%；科技三项费支出 247 万元，为变动预算的 100%；企业挖潜改造支出 1081 万元，为变动预算的 100%；农林水事业费支出 1909 万元，为变动预算的 100%；工交部门事业费支出 515 万元，为变动预算的 100%；文体广播事业费支出 607 万元，为变动预算的 99%；教育事业费支出 10729 万元，为变动预算的 100%；卫生事业费支出 1062 万元，为变动预算的 98%；其他部门事业费支出 895 万元，为变动预算的 100%；抚恤事业费支出 2266 万元，为变动预算的 94%；离退休经费支出 3910 万元，为变动预算的 100%；社会保障支出 276 万元，为变动预算的 90%；行政管理费支出 2059 万元，为变动预算的 99%；公检法司支出 2239 万元，为变动预算的 100%；城市维护费支出 2634 万元，为变动预算的 100%；专项支出 250 万元，为变动预算的 100%；支援不发达地区支出 213 万元，为变动预算的 79%；其他支出 2287 万元；上解支出 1340 万元(税收业务经费 1000 万元,自治区土地使用税上解 340 万元；基金预算支出 257 万元(残疾人就业保障金支出 257 万元)。

2007 年，兴庆区一届人大五次会议批准的财政一般预算支出为 36166 万元。截止 2007 年 12 月 31 日，共争取区市专款 13926 万元，变动支出预算为 50092 万元，实际支出 49947 万元，为年度变动预算的 99%，其中一般公共服务 4413 万元，为变动预算的 99.7%；公共安全 2816 万元，为变动预算的 100%；教育 17403 万元，为变动预算的 100%；科学技术 457 万元，为变动预算的 100%；文化体育与传媒 140 万元，为变动预算的 100%；社会保障和就业 9027 万元，为变动预算的 98.2%；医疗卫生 1516 万元，为变动预算的 99.3%；环境保护 48 万元，为变动预算的 100%；城乡社区事务 3738 万元，为变动预算的 99.3%；农林水事务 2864 万元，为变动预算的 97.9%；交通运输 340 万元，为变动预算的 100%；工业商业金融等事务 1391 万元，为变动预算的 100%；其他支出 4195 万元，为变动预算的 98.5%；上解支出 1599 万元（税收业务经费 1000 万元，自治区土地使用税上解 599 万元）；基金预算支出 14530 万元(残疾人就业保障金支出 105 万元；地方教育附加支出 203 万元；国有土地使用权出让金支出 14047 万元；城市公用事业附加支出 100 万元；地方水利建设基金支出 50 万元；大中型水库移民后期扶持基金支出 25 万元)。

2008 年，兴庆区二届人大一次会议批准的财政一般预算支出为 43765 万元，共争取区市专款 24132 万元，上年结余 861 万元，调整支出预算为 68758 万元，实际支出 66044 万元，为年度调整预算的 96%，其中一般公共服务 5090 万元，为变动预算的 99.3%；公共安全 3643 万元，为变动预算的 99.8%；教育 23830 万元，为变动预算的 99.7%；科学技术 392 万元，为变动预算的 80.8%；文化体育与传媒 230 万元，为变动预算的 100%；社会保障和就业 12718 万元，为变动预算的 97.6%；医疗卫生 2708 万元，为变动预算的 82%；环境保护 127 万元，为变动预算的 54%；城乡社区事务 2850 万元，为变动预算的 98.5%；农林水事务 5083 万元，为变动预算的 86.9%；交通运输 312 万元，为变动预算的 100%；工业商业金融等事务 392 万元，为变动预算的 90.7%；其他支出 6014 万元，为变动预算的 78.6%；上解支出 2655 万元(税收业务经费 1000 万元，自治区土地使用税上解 1655 万元)；基金预算支出 19675 万元(残疾人就业保障金支出 264 万元；地方教育附加支出 590 万元；国有土地使用权出让金支出 17682 万元；城市公用事业附加支出 819 万元；地方水利建设基金支出 248 万元；大中型水库移民后期扶持基金支出 16 万元，彩票公益金支出 56 万元)。

2009 年，兴庆区二届人大二次会议批准的财政一般预算支出为 47731 万元，后经二届人大常委会第 14 次会议

通过，调整为49001.9万元，加上本年区市专款39758万元和上年专项结余2139万元，2009年财政支出预算数为90898.9万元。兴庆区二届人大三次会议报告的2009年财政一般预算实际支出为88719万元，在决算期间由于市财政调整相关科目，使2009年实际支出数由88719万元变更为88844万元，为年度调整预算的97.7%，其中一般公共服务4836万元，为变动预算的99.3%；公共安全3958万元，为变动预算的98%；国防10万元，为变动预算的100%；教育33768万元，为变动预算的100%；科学技术780万元，为变动预算的99%；文化体育与传媒196万元，为变动预算的100%；社会保障和就业14461万元，为变动预算的98.4%；医疗卫生3406万元，为变动预算的99.3%；环境保护535万元，为变动预算的98.5%；城乡社区事务4151万元，为变动预算的97%；农林水事务8132万元，为变动预算的98%；交通运输447万元，为变动预算的100%；采掘电力信息等事务727万元，为变动预算的100%；粮油物资储备管理等事务2848万元，为变动预算的98%；其他支出8233万元，为变动预算的96.4%；上解支出2356万元(税收业务费1000万元，自治区土地使用税上解1356万元)；基金预算支出36342万元(残疾人就业保障金支出175万元；国有土地使用权出让金支出35347万元；城市公用事业附加支出400万元；地方水利建设基金支出84万元；大中型水库移民后期扶持基金支出14万元;彩票事务支出322万元)。

2010年，兴庆区二届人大三次会议批准的财政支出为58023.9万元，后经二届人大常委会第22次会议通过，调整为62378万元，加上本年争取区市专款42559万元，财政总支出为104937万元。一般预算支出变动数为102280万元,实际支出99352万元，为年度变动预算的97%，其中一般公共服务6983万元，为变动预算的99%；公共安全4817万元，为变动预算的95%；教育33741万元，为变动预算的97%；科学技术819万元，为变动预算的96%；文化体育与传媒749万元，为变动预算的100%；社会保障和就业10981万元，为变动预算的97%；医疗卫生4184万元，为变动预算的100%；环境保护1619万元，为变动预算的87%；城乡社区事务9694万元，为变动预算的100%；农林水事务10766万元，为变动预算的99%；交通运输957万元，为变动预算的100%；资源勘探电力信息等事务1554万元，为变动预算的97%；商业服务业等事务支出4240万元，为变动预算的99%；其他支出4428万元，为变动预算的87%；住房保障支出3820万元，为变动预算的97%；上解支出预算数为2657万元，实际上解支出2427万元(税收业务费1000万元，自治区土地使用税上解1427万元)；基金预算支出36401万元（残疾人就业保障金支出272万元，城市基础设施配套费支出159万元，国有土地使用权出让金支出35625万元，大中型水库移民后期扶持基金支出16万元，其他水利建设基金支出5万元，彩票事务支出324万元。

【财政平衡】 2003年，兴庆区财政一般预算收入完成13282万元，加上调资转移补助530万元，体制补助257万元，农村税费改革补助313万元，下划学校转移支付补助1973万元，所得税改革基数返还补助851万元，区市专项补助2601万元，上年结余467万元，财政资金决算总额为20274万元，财政支出决算总额为20112万元，银川市要求兴庆区上解支出共计1041万元，其中上解税收业务经费950万元，其他上解支出91万元，财政资金总来源与总支出相抵，一般预算收支决算赤字为879万元，其中结转下年专项支出10万元，财政净赤字889万元；基金预算收入39.5万元，市专项补助250万元，基金预算总收入为289.5万元，基金预算总支出250万元，收支相抵，基金年终滚存结余39.5万元。

2004年，兴庆区财政一般预算收入完成15654万元，加上调资转移补助748万元，体制补助803万元，区划调整转移支付1500万元，农村税费改革补助313万元，下划学校转移支付补助2483万元，所得税改革基数返还补助851万元，区市专项补助3412.5万元，上年结余-879万元（因上解税收业务费950万元），财政资金决算收入总额为24885.5万元，财政支出决算总额为24180万元，银川市要求兴庆区上解支出共计1413万元，其中上解税收业务经费1250万元，其他上解支出163万元，财政资金总来源与总支出相抵，一般预算收支决算赤字为708万元，其中结转下年专项支出91万元，财政净赤字799万元；基金预算收入1283万元，市专项补助516万元，上年结余39.5万元，基金预算总收入为1838.5万元，基金预算总支出1652.5万元，收支相抵，基金年终滚存结余186万元。

2005年，兴庆区财政一般预算收入完成19950万元，体制补助6909万元，农村税费改革补助333万元，区市专项补助4939万元，扣除2004年增值税实际完成数1900万元，上年结余-708万元，财政资金来源总额为29523万元，财政支出总额为29146万元，财政资金总来源与总支出相抵，年终滚存结余377万元，其中净结余92万元，区市专款结余285万元；财政基金预算收入完成114万元，其中残疾人就业保障金收入14万元，土地有偿使用收入100万元，区市专项补助180万元，上年结余186万元，财政资金来源总额为480万元，基金预算支出总额为373万元，收支相抵，年终基金滚存结余107万元。

2006年，兴庆区财政一般预算收入完成22665万元，体制补助7195万元，农村税费改革补助333万元，区市专项补助7195万元，扣除2004年增值税实际完成数1900万元，上年结余377万元，财政资金来源总额为35865万元，

财政支出总额为35319万元，收支相抵，年终滚存结余546万元，其中净结余280万元，区市专款结余266万元；财政基金预算收入完成159万元，其中残疾人就业保障金收入149万元，区市专项补助10万元，上年结余107万元，财政资金来源总额为266万元，基金预算支出总额为257万元，收支相抵，年终基金滚存结余9万元。

2007年，兴庆区财政一般预算收入完成27717万元，体制补助10186万元，农村税费改革补助333万元，财力性转移支付559万元，调整工资转移支付1931万元，区市专项补助11436万元，扣除2004年增值税实际完成数1900万元，上年结余546万元，财政资金来源总额为50808万元，财政支出总额为49947万元，收支相抵，年终滚存结余861万元(净结余525万元，区市专款结余336万元)；财政基金预算收入完成14611万元，其中残疾人就业保障金收入171万元，区市专项补助14440万元，上年结余10万元，财政资金来源总额为14621万元，基金预算支出总额为14530万元，收支相抵，年终基金滚存结余91万元。

2008年，兴庆区财政一般预算收入完成33941万元，所得税基数返还收入851万元，体制补助11684万元，农村税费改革补助432万元，调整工资转移支付5629万元，区市专项补助18253万元，扣除2004年增值税实际完成数1900万元，上年结余861万元，财政资金来源总额为69751万元，财政支出总额为66044万元，收支相抵，年终滚存结余3707万元，其中净结余1568万元，区市专款结余2139元；财政基金预算收入完成19898万元，其中残疾人就业保障金收入 187万元，划拨土地收入6795万元，区市专项补助12916万元，上年结余91万元，财政资金来源总额为19989万元，基金预算支出总额为19675万元，收支相抵，年终基金滚存结余314万元。

2009年，兴庆区财政一般预算收入完成38531万元，体制补助11206.9万元(其中农村税费改革补助333万元)，区市专项补助39758万元，上年结余3707万元，财政资金来源总额为93201万元，财政支出总额为88844万元，收支相抵，年终滚存结余4359万元，其中净结余2896万元，区市专款结余1463万元；财政基金预算收入完成36149万元，上年结余314万元，财政资金来源总额为36463万元，基金预算支出总额为36342万元，收支相抵，年终基金滚存结余121万元。

2010年，兴庆区财政资金来源总额为106230万元，其中财政一般预算收入完成48220万元，体制补助11092万元，区市专项补助42559万元，上年结余4359万元，财政支出总额为101779万元，收支相抵，年终滚存结余4451万元，其中净结余2350万元，区市专款结余2101万元；财政基金预算收入完成55825万元(其中划拨土地收入8485万元，残疾人就业保障金收入3万元，区市专项补助收入47337万元)，上年结余121万元，基金来源总额为55946万元，基金预算支出总额为36401万元，收支相抵，年终基金滚存结余19545万元，净结余3783万元，区市补助基金结余15762万元。

【财政改革】 2001年，城区会计集中核算中心正式运行。制定《银川市城区会计集中核算中心原始凭证审核责任制考核办法》《银川市城区会计集中核算中心报账审批程序》《城区政府采购实施细则》。规范会计行为，强化核算中心的核算与监督职能；出台《银川市城区预算实施办法》。实行收缴分离、罚缴分离“收支两条线”财政政策。

2002年，将9个街道办事处财务纳入会计集中核算中心，集中核算。出台《城区预算外资金管理暂行规定及实施细则》，严格实行“收支两条线管理”。实现了城区所有执收执罚部门的预算外资金全部纳入预算管理和财政专户管理。同时，全面清理单位银行账户，清理72个单位，撤销账户33个，建立单位银行账户电脑档案，收入统一管理、财政统一预算、支出统一审批。账目分明细设置的“零户”管理模式。由政府统一资金结算、统一代理会计核算的管理方式。

2004年，出台《兴庆区行政事业单位公务用车政府采购定点加油实施方案》，纳入定点加油车辆175辆，节约资金15.8万元，资金节约率达20%。

2006年，根据《自治区人民政府关于全面推行乡镇财政管理方式改革的通知》，遵循“账户统设、集中收付、采购统办、票据统管”的管理模式，稳步实施“乡财区管乡用”改革工作。成立兴庆区乡镇财政管理方式领导小组，组织人员从探索学习，摸底调查入手，筹划实施乡财区管改革，并于2006年5月1日正式实施“乡财区管”的财政管理运行体制。为保证全国试实行收支分类改革，完成总预算会计、行政单位会计、事业单位会计、基本建设会计等制度、软件及相关财务管理制度的调整工作。

2007年，完成乡镇财政管理预算统编、票据统管，进行人员调整和银行账户清理，清查债权债务，选定财务软件。

2008年，坚持开拓创新，深化财政改革。一是政府收支分类改革工作全面开展。二是财政工资统发率先实现“一站式”服务。三是加大政府采购工作力度，严格执行“管、采”分离。凡属于政府采购目录或采购限额以上的支出项目，一律纳入政府采购。全年累计采购55次，预算金额3655.75万元，中标金额3065.46万元，节约资金590.29万元，节约率16%。

2009年，继续深化各项财政改革，一是完善“一卡通”支付方式改革，进一步规范操作流程，完成了农民补贴网的联网对接，凡能纳入“一卡通”发放的资金，都直接通过“一卡通”发放，确保各项资金及时发放到位。二是完成会计集中核算向国库集中支付的并轨，对所有预算单位进行软件培训。选择13个试点单位，建立零余额账户。三是加大政府采购工作力度，进一步完善招标制度，理顺招标机制，严格按照招标法的要求，积极推行公开招标方式，拓宽采购项目。将学校的用煤、劳务等项目纳入了政府采购范围，不断提高政府采购效率。累计采购93次，预算金额2.1亿元，实际中标金额1.88亿万元，节约资金0.22亿元，节约率为10.48%。

2010年，“金财工程”应用支撑平台建设顺利实施，进一步细化预算管理工作。完善定员定额标准体系，预算编制和执行更加清晰、透明。国库集中支付制度改革持续推进。扩大国库集中支付范围，工资统发、集中支付率先实现“一站式”服务。政府采购管理改革继续深化。按照“健全制度、促进规范、加强监督、发挥职能”的思路，加大政府采购工作力度，全年共完成采购预算金额1.56亿元，节约资金2400万元，节约率达到18.18%，严格规范政府采购程序，使政府采购工作步入制度化、规范化轨道。

【国有资产清查】 2001年，开展银川市城区行政事业单位非经营性资产检查及申报工作；对城区教育系统固定资产进行清理、登记、核算。2004年9月–11月，由财政、审计、农林牧业局抽调人员组成兴庆区村组集体资产清理小组，对涉农办事处财产财务进行清查。2006年4月1日–6月30日，进行非经营性国有资产清理、清查登记，依据国有资产管理办法的有关规定，特别是对单位的房屋及建筑物详细核对和登记造册，核实各单位的各项国有资产的真实状况。2007年2月–6月底，根据自治区财政厅和银川市财政局关于开展行政事业单位国有资产清查要求，这次资产清查是兴庆区第一次在全兴庆区范围内组织开展的规模较大的一次预算单位资产清查工作，为使工作有计划按步骤进行，成立兴庆区资产清查领导小组办公室，印发《关于对兴庆区行政事业单位资产清查工作检查的通知》和一系列资产清查工作文件、问题解答、工作要求，保证资产清查工作有条不紊地展开。这次资产清查历时四个月，对兴庆区所辖2006年12月31日以前经机构编制管理部门批准成立的123个执行行政、事业单位财务会计制度的各类行政事业单位的资产进行了清查，基本摸清了预算单位的“家底”。2008年，全面加强行政事业单位国有资产管理，完善相关规章制度，建立国有资产管理信息系统。出台《兴庆区本级行政事业单位资产核实工作有关问题的通知》，成立由财政、审计、监察和会计核算中心资产核实工作小组，对行政事业单位资产进行登记和核实，对报废、盘亏和盘盈的资产报兴庆区国有资产管理领导小组办公室批准后进行处置。对十二小印刷厂通过拍卖等形式，盘活闲置资产，提高了资产的使用效益。加强了事业单位经营性资产的管理，有效防止国有资产流失。

【化解债务】 2006年，对涉及19个单位负责的政府性债务进行全面清理，摸清了政府性债务总额以及欠债单位，提出偿还债务的办法。按照“制止新债，摸清底数，明确责任，逐步化解”的原则，在全面、彻底清理乡镇政府性债务的基础上，制定具体的偿债计划，因地制宜采取有效的化解措施，自治区审计厅对兴庆区上报的2005年7月30日之前的乡镇债务情况进行核实认定，共认定债务5335.42万元。2007年，积极争取区、市奖补资金，稳步推进“乡财县管”工作。千方百计筹措资金偿还涉及财政、教育、交通、水利等方面的债务3477.53万元，占乡镇债务总额的71.73%，完成2007年度化解任务的110.05%。截止2008年5月30日，兴庆区乡镇债务全部化解结束。其中化解教育债务1850.22万元、化解交通债务1256.71万元、化解农业债务723.91万元、化解水利债务102.14万元、化解其他债务1402.44万元。

【财政监督】 2003年，对2002年以来区、市、本级财政安排的各类农业财政资金使用情况进行检查。2003年9月–11月，由财政、审计、农林牧业局抽调人员组成兴庆区村组集体资产清理小组，对涉农办事处财产财务进行清查。2004年，先后对教育系统44个独立核算单位执行《会计法》情况进行全面检查；对银川市2003年城市居民最低生活保障资金进行审计调查；对辖区125个行政、事业单位公款为个人购买商业保险情况进行清理登记；对康居工程建设安置情况进行调查；对涉及着装的27个单位进行监督检查，清理着装单位18个，清理违规着装361人；对各单位、各部门的领导干部拖欠公款情况进行了全面清理，共清缴拖欠公款4.1万元，全部上缴。2005年，对兴庆区辖区内44所学校的义教资金进行专项检查；再次对兴庆区各单位、各部门党政领导干部拖欠公款工作进行全面清理，各单位、各部门的领导干部均未发生拖欠公款现象；对兴庆区公务用车定点加油工作进行检查；对各乡镇的粮食、化肥直补资金进行了全面检查；对区划移交债务偿还情况进行检查。2009年对所有预算单位开展“小金库”专项治理工作，各单位按要求进行自查自纠工作，政府组织财政、审计、监察的骨干力量对25个单位进行重点检查。通过检查，规范资金管理，撤销违规开设的银行账户，加强了财政资金监管力度。2010年，开展“强农惠农”资金检查工作，确保资金用途，提高资金使用效率；在辖区国有企业和社会团体开展了“小金库”专项治理工作；启动兴庆区行政事业单位资产管理信息系统，实现了国有资产信息化管理；加快财政一体化信息系统建设，有效发挥信息系统对财政资金运行过程的监控作用。

统　计

【概况】 兴庆区统计局的前身是城区统计局。2003年机构改革，兴庆区经济发展局与统计局合并成立经济发展统计局,2009年9月4日, 统计局与经济发展局再度分设。截止2010年底,统计局有工作人员5名, 有乡镇统计站4个、街道统计站11个、科技园统计站1个,基层统计专干16名。2010年,荣获全国第二次经济普查先进集体.

【局领导名录】

局　长:鲍铁力(2001.01~2002.02)

马建军(2002.03~2003.03)

鲍铁力(2003.04~2007.03)

丁万福(2007.03~2009.09)

钱　冬(2009.09~2010.12)

副局长:周晶英(2001.01~2009.01)

邢　波(2003.04~2009.09)

保雪岚(2009.01~2010.12)

【统计执法】 2001年~2005年, 由于执法力量薄弱,兴庆区统计法制建设侧重于日常检查,对迟报、拒报统计报表的单位以批评教育为主,执法处罚工作一直打不开局面。

2006年~2010年, 统计执法工作取得较大进展。加强统计执法队伍建设,充实统计执法人员,结合经济普查,加大宣传力度,强化统计执法,提高调查人员、调查对象贯彻执行统计法律法规的自觉性, 提高依法统计工作水平;不定期抽查一些重点单位的统计台账、原始资料, 将检查的情况记录在册,及时反馈,督促整改,做为基层统计员考核的依据;先后与银川市统计局联合开展统计执法检查3次,提高普查对象的法律意识;组织3人参加银川市统计局组织的学习培训。

2009年, 认真学习贯彻新颁布《统计违法违纪行为处分规定》, 不断提高依法统计工作水平,先后两次上街设点宣传,与银川市统计局联合开展3次统计执法检查, 提高普查对象的法律意识,有力地推动普查工作的开展。

2010年,兴庆区依法治区领导小组把新修订的《统计法》学习宣传纳入2010年度普法计划。根据《银川市统计法制宣传教育第五个五年规划》的要求,立足统计工作职能,深入开展"五五"普法工作,圆满完成"五五"普法各项目标任务, 顺利通过银川市验收;开展统计法培训。组织干部职工学习新修订的《统计法》国家《经济普查条例》《统计违法违纪行为处分规定》等法律;开展法制宣传活动,在"12 .4"全国法制宣传日、"12.8"《统计法》颁布纪念日,法制宣传月等时期兴庆区统计局组织各乡镇、街道、社区,利用辖区广场、公园、花园、健身场等场地,采取群众喜闻乐见的形式,组织开展法制宣传工作,充分营造依法统计氛围。印发《兴庆区关于联合开展统计法和统计违法违纪行为处分规定贯彻执行情况大检查的通知》,开展统计执法大检查;重点抽查3家单位,对存在问题的单位进行通报批评,限期改正;对统计执法大检查抽查中存在问题的7家单位下发责令整改通知书;对12家企业进行经济处罚。

【统计咨询】 2009年,兴庆区统计局积极主动与银川市统计局加强联系,搜集兴庆区每季度主要经济指标,按季整理编辑统计快报,受到兴庆区领导的一致肯定; 与有关部门联系搜集2008年国民经济和社会发展主要指标,整理编辑《兴庆区经济社会发展简报》,有效发挥统计部门咨询决策参谋作用。

2010年,撰写经济运行情况分析3期,农业、投资、商贸发展等专业分析5篇,编印《2009年兴庆区经济社会发展简报》, 有效发挥统计部门咨询和参谋作用。

【上报统计报表】 2009年,兴庆区统计局高标准、高质量完成各专业月报、季报报表的收集、审核、汇总和上报任务,完成农业、建筑业、劳动工资等在内的2008年年报任务; 认真完成私营住宿业、旅游问卷、人口变化、安全感、私营劳资问卷、月度劳动力、规模以下工业、限额以下商贸等抽样调查任务,及时完成城乡划分及基本单位名录库的更新工作。

【统计"双基"建设,】 2009年,兴庆区统计局加强信息化硬件建设,着力改善办公设备,为机关各专业人员配备液晶宽屏电脑5台,购置U盘6个,为乡镇街道下拨经费21000元,为6个试点街道配备电脑和打印机设备6台(套);实现自治区、银川市、兴庆区、乡镇(街道)计算机四级联网,建成上连区、市局下连乡镇街道的网络体系,实现网上数据采集、录入、上报,提高统计数据质量。为进一步规范统计基层基础建设工作,3月底成立兴庆区统计"双基"建设领导小组,4月底下发《兴庆区统计基层基础能力建设实施方案》,转发《乡镇(街道)统计工作规范化管理标准》《乡镇(街道) 统计工作规范化建设评比办法》《全区统计信息网四级联网建设管理办法》等文件;筹措资金,为每个试点乡镇补助2000元统计活动经费, 健全基层统计信息网络,荣获自治区双基建设先进单位二等奖,3个街道(乡镇)受到银川市的表彰奖励。

2010年,把夯实统计"双基"(即基层基础)作为提高数据质量、服务科学发展的重要基石,重点加强尚未达标的10个基层统计站的"双基"建设,按照榜样带动、分类指导的思路,以丽景街统计站争创自治区示范点,大新镇统计站争创银川市示范点,解放西街、凤凰北街、前进街统计站争创兴庆区级示范点为典型,对各乡镇、街道统计站进行分类指导,开展比、学、赶、帮活动,提高"双基"建设的针对性和有效性;千方百计筹措资金,继续为各基层统计站配备设备, 拨付资金和设备折合现金3万元; 年底兴庆区17个基层统计站全部达到了银川市标准化统计站标准。在全市率先实现全部乡镇街道统计网络"四级联网"(区、市、县、乡)信息化建设。实现了统计报表数据处理计算机化、数据传输网络化、数据保存电子化和办公自动化。网上直报顺利开展。

【第二次全国经济普查】 第二次全国经济普查的标准时点是2008年12月31日,时期资料为2008年度。兴庆区按照国家、自治区、银川市的统一部署开

展第二次全国经济普查。普查对象是在全区境内从事第二产业、第三产业的全部法人单位,产业活动单位和个体经营户。普查主要内容包括单位基本属性、就业人员、财务状况、生产经营情况、生产能力、原材料和能源消耗、科技活动情况等。在兴庆区人民政府及各镇、街道办事处高度重视和领导下,经过全区各级普查机构、各有关部门及500多名普查工作人员的共同努力和辛勤工作,兴庆区经济普查的单位清查、登记填报及数据审核汇总等阶段工作已圆满完成,取得了预期成效。2008年末,兴庆区共有从事第二、三产业的法人单位5535个。其中,企业法人单位4484个,机关、事业法人单位520个,社会团体法人单位250个,其他法人单位281个。各类产业活动单位6683个,其中,第二产业667个,第三产业6016个。个体经营户31966户,其中,第二产业1027户,第三产业30939户。兴庆区从事第二、三产业的法人单位、产业活动单位和个体经营户个数分别占银川市的48.2%、47.9%和38.6%。

【能源消费统计】 2010年2月3日,兴庆区统计局开展公路运输能源消费统计调查,调查涉及各种营业性运输车51辆,其中载客汽车13辆、载货汽车38辆。

【城镇住户抽样】 2010年8月17日,兴庆区统计局完成城镇住户基本情况抽样调查工作,调查共抽中兴庆区11个街道办事处、4个乡镇的1595户城镇住户和190户农村住户。

【服务业调查】 2010年9月7日,兴庆区在全区率先开展服务业调查试点工作,调查涉及16个乡(镇)、街道办事处的1411家服务业单位,涵盖企业法人、事业单位法人、机关法人和社会团体法人。依据调查结果增加兴庆区GDP3个亿。试点取得的经验作为统计标准在全自治区实行。

【第六次全国人口普查】 2010年,第六次全国人口普查的标准时点是2010年11月1日。普查对象是指普查标准是点在兴庆区境内居住的常住人口。在自治区、银川市第六次全国人口普查领导小组及兴庆区政府的统一领导下,在全体普查对象的支持配合下,通过3000多名普查人员的艰辛努力下,圆满完成人口普查任务。

兴庆区常住人口为678306人,同第五次全国人口普查2000年11月1日零时的446367人相比,十年共增加231939人,增长51.97%,年平均增长率为4.27%。2009年11月1日至2010年10月31日共出生人口7224人,出生率为11.15‰;死亡人口2622人,死亡率为4.05‰,自然增加4602人,自然增长率为7.10‰。

常住人口中共有家庭户236548户,家庭户人口为639540人,平均每个家庭户的人口为2.70人,比2000年第五次全国人口普查的413140人增加226400人。常住人口中,男性人口为341595人,占50.36%;女性人口为336711人,占49.64%。总人口性别比(以女性为100,男性对女性的比例)由2000年第五次全国人口普查的106.15下降为101.45。

按照自治区政府关于开展六普工作的要求,兴庆区政府在2010年部门预算中编制人口普查经费预算180万,向16个乡镇街道人普办拨付人普经费40万;购置1台复印机、5台电脑,聘用11名大学生作为工作人员;制订印发《兴庆区第六次全国人口普查方案》《兴庆区第六次全国人口普查进度表》《兴庆区第六次全国人口普查领导小组各成员单位职责》《兴庆区第六次全国人口普查办公室职责》;各乡镇、街道充分发挥辖区文明单位、平安单位、卫生达标单位、绿化达标单位的资源优势,积极借调普查员,培训开始前,2400多名调查员和指导员全部落实到位,其中辖区单位借调647名;顺利完成94个社区居委会、32个行政村的2147个普查小区的划分和地图底样绘制工作;印制带有人普宣传标语的购物袋、围裙、手提袋和人普宣传画等宣传品4万份,与银川市人普办联合在5条主要街道旁书写5条共500多平方米的户外人普宣传标语,10月在兴庆区南门广场举行声势浩大的人口普查宣传月启动仪式暨文艺演出。在全区率先发动中小学生开展人口普查宣传。发挥兴庆区6万名中小学生的宣传作用,这一做法得到国务院人口普查督查组和自治区人普办的表扬和肯定。在全区创造选聘普查员的新经验,从兴庆区辖区四级文明单位和平安单位借调普查员。共从357家文明单位,291家平安单位,借调普查员647名。有效保证普查工作的顺利进行。这一做法被自治区人普办作为优秀经验向全区推广施行。

【统计培训】 2010年5月,兴庆区统计局举办农民收入记账户培训班,对2乡、2镇、2个涉农办事处共250户农民收入调查记账户以及基层农经站、统计站工作人员进行培训;10月23,启动农民收入记账户大样本轮换工作,涉及4个乡镇190户农村住户。

2001年—2010年兴庆区主要经济指标一览表(见下表)

2001-2010 年兴庆区主要经济指标一览表

指标名称	单位	2001 年		2002 年		2003 年		2004 年		2005 年		2006 年		2007 年		2008 年		2009 年		2010 年	
		总量	增速±%	总量	增速±%	总量	增速±%	总量	增速±%	总量	增速±%	总量	增速±%	总量	增速±%	总量	增速±%	总量	增速±%	总量	增速±%
一、地区生产总值	亿元					77.62		60.19	13	111.75	10.5	126.75	11.8	166.96	11.6	189.62	11.9	210.02	10.4	267.53	13.91
其中:第一产业	亿元					2.03		2.41	4.1	2.45	4.5	2.46	3.4	3.00	5.7	3.68	7.5	3.95	7.1	5.08	6.1
第二产业	亿元					17.39		13.5	12.2	35.08	7	39.36	9.4	55.35	11.3	61.02	11.9	66.66	8	82.94	22.1
第三产业	亿元					58.20		44.28	13.7	74.22	12.3	84.93	13.2	108.61	12	124.92	12	139.41	11.45	179.51	10.5
二、规模以上工业总产值	亿元							17.62	10.8	88.49	10	102.72	16.1	123.1	15.2	139.05	15.6	143.83	3.7	204.44	42.5
三、规模以上工业增加值	亿元							13.33	0.3	26.31	8.7	31.39	14.8	47.54	18.8	52.44	15.5	57.58	8.6	60.44	24.41
四、社会消费品零售总额	亿元					52.73		45.94	15.6	69.44	14.4	78.84	13.5	92.66	17.5	102.79	10.93	114.96	11.84	119.23	3.71
五、全社会固定资产投资	亿元									45.72	持平			35.75	-16.1	41.57	16.3	41.51	持平	91.07	119.4
六、地方财政一般预算收入	亿元													2.77	22.03	3.39	22.5	3.81	12.2	4.82	26.6
七、城市居民人均可支配收入	元					7735		8326	7.6	9989	20	10772	7.8	13666.3	26.9	15951	16.7	17305	8.5	18498	8.1
八、农民人均纯收入	元					3681		3873	5.2	4017	4.3	4439	10.5	4994	12.5	5618	12.5	6040	7.5	6820	12.9

安全生产监督管理

【概况】 2004年5月12日，兴庆区编委会研究决定兴庆区经济发展统计局挂“兴庆区安全生产监督管理局”牌子，履行安全生产监督管理职能，负责兴庆区辖区安全生产工作。兴庆区安监局自成立以来，认真贯彻执行《安全生产法》和有关法律法规，坚持“安全第一、预防为主、综合治理”的方针，强化安全生产责任制，加强监督检查，组织安全专项整治，狠抓事故隐患整改，督促企业落实安全防范措施，加大宣传培训力度，规范基层基础工作，较好地完成区、市政府下达的各项目标任务。截止2010年，辖区内聚集的国家机关、社会团体、企事业单位、商场市场、宾馆饭店、娱乐场所以及服务行业和个体工商户达42000多家，其中个体工商户37380家，各类企业4795家，消防重点单位615家，危险化学品经营单位158家，加油站38家，烟花爆竹经营单位209家，非煤矿山企业10家，建筑施工企业78家，机械制造企业5家，机动车拥有量14万辆，安全生产监管量占全市总量的三分之二，监管对象点多面广、分类复杂，部分企业基础差，隐患多。自2006年银川市政府开始下达安全生产死亡控制指标以来的5年间，兴庆区没有发生重特大安全事故，发生一般性事故3881起，死亡149人，与市政府5年间下达的控制死亡人数在160人以内少死11人，形成死亡人数逐年下降的趋势。2007年-2010年，兴庆区连续4年被银川市政府授予安全生产先进单位称号；2008年，兴庆区安监局被自治区安监局授予安全生产先进集体称号；2009年，兴庆区安监局局长沈炳南被国家安监总局授予安全生产先进工作者称号。

【局领导名录】

局　长：沈炳南（2004.05~2010.12）

【建章立制】 2004年，成立兴庆区安监局，落实“三定方案”。调整安委会领导小组成员，实行一把手负责制，每月一次例会制度，与乡镇、街道签订《兴庆区2004年安全生产管理目标责任书》《兴庆区消防安全责任书》；与辖区36家重点火灾隐患单位签订《重要火灾隐患整改责任书》；与辖区个体工商户商业网点、网吧、娱乐场所签订安全生产责任书，同时进一步规范安全生产档案管理工作，建立重点单位安全消防监督督查汇报制度。

2005年，调整补充安委会成员，使安委会成员由30个增加到36个，并对安委会成员单位职责做了明确分工。各乡镇、街道办事处成立安全生产工作领导小组，配备1-2名兼职安全生产专兼职干部；各村委会、居委会成立安全生产工作管理小组，形成兴庆区安全生产管理组织网络。8月13日，兴庆区委、政府出台《关于认真贯彻自治区人民政府<关于进一步加强全区安全生产工作的决定>的意见》，9月13日针对新华街世纪主流歌厅发生火灾，召开现场会议，对人员密集场所进行拉网式排查。全年共召开安委会成员（扩大会议）7次。签订安全生产目标责任书2万余份，做到安全生产齐抓共管，责任层层落实。

2007年，全面落实安全生产主体责任制，层层签订安全生产责任书，建立健全区、乡镇街道、村居三级安全生产网络队伍。共签订安全责任书2.1万份。进一步完善安全生产应急救援体系，修订《兴庆区重特大事故应急救援预案》，健全安全预警机制，建立救援机构和队伍，进一步提高对重特大生产安全事故的应急救援能力。

2008年，兴庆区人民政府制定《兴庆区安全生产“十一五”发展规划》，兴庆区人大常委会将“亿元GDP生产安全事故死亡率、工矿商贸企业就业人员10万人事故死亡率”两项指标纳入兴庆区《国民经济和社会发展第十一个五年规划纲要》，并与交通万人死亡率主要指标同时纳入当地统计体系向社会公布。制定《兴庆区安全生产委员会成员单位安全生产工作职责》，层层签订安全生产目标责任书，实行安全生产“一票否决制”。全面推行行政执法责任制，修改完善《兴庆区推行行政执法责任制工作方案》，按照以事定岗、以岗定责、责权一致的原则确权问责。制定《兴庆区重特大事故应急救援预案》《兴庆区公共突发事件应急救援预案》《兴庆区危险化学品重特大事故应急救援预案》《兴庆区烟花爆竹重特大事故应急救援预案》等，对辖区企业下发《关于切实做好事故应急救援预案的制定和管理工作的通知》，截止12月辖区有80%以上的企业和个体单位完成了应急预案的编制工作。

2009年，筹建兴庆区安全生产监察大队，对辖区各类安全生产经营单位贯彻执行安全生产法律法规的情况进行执法检查。

【安全生产宣传教育】 2003-2010年，兴庆区利用多种形式，广泛开展安全知识宣传教育和培训工作。2003年，认真做好“安全生产月”工作，成立活动领导小组，制定下发活动方案，各乡镇、街道办事处分别召开动员大会，广泛开展各种类型的安全生产活动，按照“门前三包”形式层层签订安全生产目标责任书20000余份，在6月9日安全生产宣传咨询日活动当天，兴庆区共动员乡镇、街道办事处、居委会、辖区单位189家近千人参加了上街咨询活动，散发各种宣传品近5万余份，制作展板338块，悬挂横幅800余条、标语旗帜540余副。2004年，结合《安全生产法》普法活动，开展多种形式的安全生产教育活动。年初举办安全生产工作负责人培训班2期800余人；7月举办消防安全进社区活动启动仪式；在学校开展“安全知识进校园”、“打造校园平安”活动，举办“教育一个子女，带动一个家庭、影响整个社会”为主题的消防知识讲座；在

大团结广场开展“关爱生命、关注社会”为主题的秦腔地方戏剧演出；深入社区、学校辖区单位开展安全生产培训演练活动。“安全生产月”期间，成立活动领导小组，制定活动方案，发放宣传材料40000余份，悬挂横幅60条，制作展板500块，发放《安全生产手册》10000本，张贴挂图1000余张，组织安全逃生与急救技能现场表演3场，印发《居民安全防火公约》2万余份，制作永久标语1100张。2005年，“安全生产月”共发放宣传资料6万份，6月12日组织30个基层单位、200个辖区企业带着文艺节目、宣传车辆、图片展板和宣传资料，开展安全生产宣传咨询活动。2007年，认真组织开展“全国安全生产月”活动，仅宣传日一天就出动245家单位800余人，印发宣传资料50000余份，受益群众达5万人。举办6期企业负责人、安全管理人员和从业人员培训班。2008年，对安全生产管理人员进行安全培训，有17人取得《安全生产监察员证》；举办辖区企业安全负责人和操作人员安全培训班，培训人员达3000人次；举办12期消防灭火现场演练；“安全生产月”活动中参加人数达7658人次，检查企业2360家，查处各类隐患285条（处）已整改228条。2010年，辖区各部门、各单位结合自己行业工作特点，分别举办各类安全教育培训班8期（次），培训人数达2500人（次）。在“安全生产月”开展“安全发展，预防为主”的主题宣传活动。特别是6月13日的咨询日活动更是丰富多彩，异彩纷呈，辖区210家企业单位分布在解放东街，开展了特色各异的宣传咨询活动，使前来参加的市民受到多方面的安全教育，共发放《安全生产法律、法规宣传手册》、《安全生产宣传手册》及消防安全常识等资料21000余份、制作展板126块、条幅231条，前来参加咨询的市民达5000余人。通过各种形式的宣传，市民受教育人数达16000余人（次），广泛普及安全生产法律法规和安全常识。

【安全基础防范】 2003–2010年，坚持预防在先，努力做好安全防范基础工作。2005年，针对辖区企业众多、安全涉及面广，情况复杂的实际，按行业分门别类建帐立档，摸清家底，真实地掌握监管工作的第一手资料。完成煤矿和非煤矿山、烟花爆竹、锅炉容器、建筑企业、客运管理、天然气管道占压、消防重点单位等监管对象的建档立帐工作。截止11月底，辖区共有危险化学品生产经营企业118家，取得经营许可证29家，煤矿企业1家，非煤矿山企业23家，烟花爆竹经营店铺54家，全部办理经营许可证；锅炉容器546家，建筑企业单位167家，天然气管道占压23处；重点消防安全监管单位669家，其中有重点隐患防范单位103家。2007年，扎实做好基础性防范工作。一是培植和树立消防安全社区示范点和平安村庄，有效组织村民和居民开展安全防范活动。二是加大安全生产投入，上半年新华百货商场等40多家大型公众聚集场所都加大了安全生产投入，仅老大楼一家对消防设施投入资金就达150万元。三是把消防安全和道路安全知识纳入中小学的课堂中，同时每个学校配备一名法制副校长专门负责学生的安全教育工作。2008年，将《中小学交通、消防安全文明手则》纳入中小学课堂教育中，每个学校都配备一名法制副校长和安全辅导员，专门负责学生安全工作。5·12汶川大地震后，对辖区震后危房进行全面摸底调查，掌握辖区危房第一手资料。进一步加大重大基础设施安全隐患排查力度，印发《兴庆区开展重大基础设施安全隐患排查工作实施方案》成立排查工作领导小组，实行企业法人负责制和主要负责人、分管负责人、安全管理员责人机制，按照发现一起隐患整改一处的原则，对石油天然气输油管道29条隐患，燃气管道占压18处隐患，全部列入整改计划，限期整改。开展大型水利设施的排查，重点对辖区的湖泊、大型水库、大型排灌泵站工程13处等进行排查，没有存在安全隐患，并与辖区100余艘船舶业主签订安全运营目标管理责任书，确保辖区水上交通安全。

【安全生产监督检查】 2003年–2010年，坚持每逢节前安委会都要召开专题会议，安排布置节假日期间的安全生产工作，做到有安排、有检查、有值班、有总结，对检查发现有隐患的单位和场所及时采取措施有效杜绝各类重大安全事故发生。2003年，按照“依法整治、巩固提高、务求实效”的要求，确定抓好公共聚集场所消防安全、化学危险品安全、民用爆破器材烟花爆竹安全、校园周边安全和公共聚集场所安全出口等七项整治内容。确定600家消防重点单位，全部建立档案并登记造册。尤其对存在问题多、问题大的重点单位、进行重点监控，严防死守，定期检查，发现问题及时整改。为确保国庆“十一”黄金周安全，9月25日安排部署开展安全生产专项整治工作，重点检查安全生产责任书落实和建章立制情况；事故隐患单位监控和整顿情况；锅容管特设备安全运行情况；被市政府列为重点的辖区内8家重大安全隐患单位和41家重点防范单位；校园周边安全环境情况等。同时切实解决好检查中发现的问题，按照“宁可少一个税源，决不留一处隐患”的工作要求，及时整改，消除隐患。

2005年，一是对兴庆区政府限期整改的8家重大隐患挂牌单位的整改情况进行跟踪复查，截止10月底有7家按要求整改完毕。并得到消防部门的检查验收合格，重新申报开业。二是对辖区23个非煤矿山（砖厂、采石场）企业的安全生产进行专项检查。三是对辖区内幼儿园的食品卫生、消防安全、规范管理工作进行对比性检查，对有隐患的4家幼儿园当即责令停业或迁移。四是对申报新开的54家烟花爆竹经营点铺和118家经营危险化学品的化工部门、加油站、换气站进行监督检查，对城乡结合部非法生产、加工危险化学品、易燃易爆物品的企业进行大规模的摸底排查，对有重大安全隐患3家加工炼制废旧机油的私营企业采取果断措施，下发《强制措施决定书》，强行责令停业。五是对辖区天然气管道占压整治情况进行全面排查整治。六是协助宗教部门对辖区的寺庙教堂安全情况进行检查和专项整治。七是对辖区宾馆、饭店、商场市场和娱乐场所等人员密集的企业进行大规模的综合检查，全年共检查936家企事业单位，发现各类消防事故隐患579处，下发《责令限期整改通知书》298份，复查意见书247份，《消防安全检查意见书》156份，督促整改492处，行政立案处罚41项，罚款215800元。

2007年，认真开展重点行业和领域安全生产隐患排查治理专项行动“回头看”工作。国务院安委会督察组9月3日对兴庆区重点行业和领域安全隐患排查治理工作检查时，提出东方商城存在安全隐患，并要求尽快整改。针对督察组的指示精神，兴庆区政府高度重视，成立整改领导小组，制定整改方案，9月6–7日兴庆区安委会举办辖区各大商场负责人、东方商城全体经营户共1200余人消防安全培训班，并进行实战疏散演练，之后对东方商城全部摊位进行集中整顿，清理挤占通道出口的商户12户，更换、维修消防设施，还印发2000份《东方商城消防安全管理规定》，增强经营户的消防安全意识。9月17日，对温州商城、银川商城、商都、南方商城、东环批发市场、银川旧货市场、兴庆装饰市场近5000余人进行消防培训、演练；18日–24日对辖区41家企业单位进行检查，29日又开展了节前安全检查。自开展重点行业和领域“回头看”以来，共排查人员密集场所隐患4641家，责令“三停”78家，处罚117家，处理相关责任人47名；重大隐患单位1家；危险化学品生产经营113家，查出隐患5处；烟花爆竹经营单位61家，长期经营网点134个，共查出隐患3处；建筑工地领域查出隐患2处；重大基础设施排查石油天然气输油管道隐患29条，燃气管道占压18处，水利设施排查大小管泵站13个，上述隐患均进行整改。

2008年，对辖区615家重点消防单位，113家危险化学品生产经营单位，130家烟花爆竹经营店铺以及道路、水上交通、农机、建筑行业安全生产都进行安全监督检查。对辖区10个机砖厂、1个沙石开采厂全部进行安全排查；对现有80家宗教活动场所进行消防安全大检查，现场下发整改通知书21份；对辖区内大型商场电梯、天然气公司、游乐设施等特种设施、设备进行检查，在中山公园举行游乐设施隐患排查演练活动，全年兴庆区特种设备运行完好，管理规范，没有发生安全事故。全年共排查治理各类企业和单位1719家，排查出一般隐患183家，其中已整改165家，下发《整改指令书》和《责令限期改正通知书》171份，复查隐患整改单位64家，行政处罚36项，罚款22.78万元，“三停”22家，“警告”14项。有效遏制辖区重大安全事故的发生。

【危险化学品安全监管】 对危险化学品进行监督管理是安监部门的工作职责。近年来，兴庆区安监局先后对辖区用于生产、经营、使用、储存危险化学品的15个建设项目的安全设立、设计进行严格审查和竣工验收，对158家经营、使用危险化学品的企业单位、38家加油站办理的经营许可证进行严格审查把关；配合公安、质监、环保、卫生、工商等部门对危险化学品运输、包装、废弃处置、人体健康危害等违法违规行为进行严厉打击，从而使兴庆区在危险化学品安全管理方面没有发生重特大事故。2008年，对辖区3家危险化学品生产企业、22家易制毒化学品经营企业和16家加油(汽)站进行全面大排查，先后下发整改和停业通知书19份。通过全方位的检查，建立辖区详细的危险化学品生产、经营企业的基本情况台账，有效推动危险化学品行业规范化管理。

【道路交通安全监管】 随着经济建设的快速发展、城市规模的不断扩大、人民生活水平的日益提高，兴庆区2010年机动车拥有量达14万辆，车辆的迅速增加，道路交通安全隐患也随之增多，交通事故发生率和死亡率居高不下，安全形势非常严峻。为了彻底扭转交通事故多发的不利局面，兴庆区政府加大逐年的安全投入，为改变乡村道路状况，先后修建公路21条120公里，100%的村通公路；改造城市街巷46条，投入大量财务；兴庆区安监局和交警一、二大队每年联合开展道路交通安全专项整治和宣传“五进”活动，严厉打击各类交通违法行为，有效改变交通事故多发、死亡率高的局面。2005年，在道路交通安全整治工作中，通过对辖区交通事故原因的分析，确定事故“黑点”16处，明确重点路段(口)和责任区域，把严格查处无证驾驶、超限超载、违章超车、驾驶无牌号车辆、三轮车、农用车和拖拉机违章载人以及违法车辆作为整治重点，开展“百日整治交通安全”行动、“百车巡逻”、交通安全“四进”“三让”校园安全拉网式排查等活动，收到良好的效果。2007年，开展交通道路专项检查，排查乡村道路48条，维修危陋桥涵20余处，完善乡村道路标志和标线450套，在中小学门口设置过路横道线、减速标志和减速带。2008年，由兴庆区安监局、建设局、交警一二大队等部门联合行动，开展道路交通安全事故黑点和多发路段的隐患排查整治，妥善解决远郊学校租用机动车辆超载接送老师和学生的安全隐患，查处打击客运超员、货运超载、货运车辆违法载人、酒驾、无证驾驶等交通违法行为，杜绝安全责任事故发生。2009年，兴庆区在创建全国平安畅通县区工作中，被自治区评为优秀平安畅通县区，通过国家五部委平安畅通县区考核验收。

【公众消防安全监管】 兴庆区辖区聚集着4万多家社会单位和人员密集场所，消防安全任务重。近年来，兴庆区各部门密切配合、联合执法、齐心协力抓治理，通过开展火灾隐患排查专项治

理、构筑“防火墙”工程、消防安全“五大”活动、“清剿火灾”战役、“四个能力”达标以及宣传培训和应急演练等一系列活动，有效预防重特大火灾事故的发生，保持辖区安全形势的稳定。2004年，开展兴庆区人员密集场所消防安全和36家重大火灾隐患专项整治活动，制定《关于在兴庆区开展人员密集场所消防安全专项治理的实施意见》和《兴庆区36家重大火灾隐患整治实施方案》，进行调查登记达19720家，共329家存在火灾隐患，其36家为重大火灾隐患单位，下发《责令限期改正通知书》，要求限期整改，签订《重大火灾隐患整改目标责任书》32份。2005年，从6月15日开始，开展对商场市场宾馆饭店消防安全专项行动。对669家消防安全重点整治单位全部进行拉网式排查确定重点整治单位103家，查出大小隐患356处，及时整改315处。2007年，火灾事故发生频繁，1-12月共发生各类火灾430期死亡2人，与去年同期相比上升200%，直接经济损失上升46.77%。2008年，兴庆区有各类公众集聚场所2000余家，其中，列入消防重点管理单位615家，按照属地管理的原则，层层落实责任制。在迎接奥运火炬到来期间，对沿线4.6公里30家重点单位消防安全进行三天安全检查；节日期间，对辖区部分宾馆饭店、商场市场、加油（汽）站、汽车站、中山公园及歌厅网吧的消防安全进行全面监督检查；开展火灾隐患排查整治专项行动，印制下发消防安全隐患排查承诺书20000余份，深入辖区所有存在火灾安全隐患的大型人员密集场所、小旅馆等“五小场所”、宗教场所、库房堆垛、“三合一”建筑等火灾隐患场所进行消防安全排查整治。

【建筑施工安全监管】 随着城市规模的扩张，兴庆区建筑施工在逐年加大，仅2010年建设工程项目就达135个，最大的工程项目达35亿元。建筑施工的增量也带来众多安全隐患和安全事故，2005年-2010年五年间，辖区建筑施工企业共发生事故25起，死亡29人，死亡人数占工矿商贸事故（包括火灾事故）死亡人数的95%。为此，兴庆区安监局联合相关部门，加大监督检查和执法力度，通过严抓、严管、严惩、严罚等法律手段，切实规范建筑工程领域的施工行为，有效杜绝重特大事故发生。2008年，针对兴庆区建筑施工行业的安全事故和死亡人数大幅上升的严峻形势，加大对辖区所有建筑施工工地的监管力度。要求各乡镇和村队紧盯辖区开工工地，严格检查安全生产管理和安全防范措施的落实。截止11月底兴庆区各乡镇、街道与辖区47个建筑施工企业全部签订安全责任书。2010年，兴庆区建筑施工安全事故明显下降。

【烟花爆竹安全监管】 截止2010年，兴庆区烟花爆竹经营单位发展到509家，其中固定营业场所209家，临时流动摊位300家。为确保辖区居民的安全，兴庆区安监局每年都会同公安、质监、工商和自治区鞭炮批发公司，在元旦、春节、五一、十一等大型节日期间依法开展安全检查，严厉打击和取缔非法违法经营活动。十年来，兴庆区烟花爆竹经营活动规范、合法，没有发生安全事故。

【安全生产事故查处】 2005年-2010年，兴庆区共发生工矿商贸事故25起，死亡29人，直接经济损失259万元，除2007年附属医院墙体倒塌砸死2人、2008年建发公寓井道高处坠落3人死亡和2010年上海东路观湖壹号建筑工地墙体坍塌砸死3名施工人员的事故由自治区安监局查处外，其他事故由兴庆区安监局调查处理，并已全部结案。在查处这些事故中，兴庆区安监局始终坚持“四不放过”原则，认真进行调查取证，严把证据关和法律依据关，严格按执法程序立案和结案，做好执法案卷的制作、装订和归档工作，共追究有关责任单位18个，责任人65人，行政罚款329080元。2010年4月份，在全区安全生产事故调查处理执法案卷的评比中，兴庆区安监局执法案卷被评为优秀案卷，获得二等奖。

食品药品监督管理

【概况】 银川市食品药品监督管理局原是自治区食品药品监督管理局的直属机构，承接自治区食品药品监督管理局代管银川市药品、医疗器械市场，指导永宁县食品药品监督管理局、贺兰县食品药品监督管理局、灵武市食品药品监督管理局开展工作。2004年10月19日，银川市食品药品监督管理局正式挂牌成立，内设办公室、药品市场监督科、药品安全监管科、药品稽查队、食品科，编制22人，设正局长1名、副局长2名、纪检组长1名；2009年11月13日，在食品药品安全监管机构调整中，银川市食品药品监督管理局取消垂直管理，交由地方政府管理，属于卫生部门管理机构，承担“三品一械一环节”的监管职责。2010年，监管总量占到全区三分之二以上，市辖三区有涉药品和医疗器械单位1674家、餐饮服务单位8119户，其中500平方米以上大型餐饮企业280家，保健食品生产、经营企业680余家，化妆品生产、经营企业500余家。

【食品安全监管】 2004年～2010年，银川市食品药品监督管理局按照市委、市政府工作部署，全力开展食品药品专项整治工作，着力解决群众关心的热点难点问题，取得明显成效。

2004年，银川市食品药品监督管理局开展食品放心工程建设，5月被确定为全国首批5个食品安全信用体系建设试点城市之一。

2005年3月4日，银川市第一次全市食品安全工作会议在银川市政府礼堂召开，马迎秋副市长代表市政府与7个主要食品安全监管部门、6个区、县

（市）签订食品安全工作目标责任书，实行食品安全工作考核一票否决；4月，针对全国范围内个别食品生产企业非法添加非食品添加剂苏丹红现象，按照自治区食品安全委员会办公室《关于查处含苏丹红食品的紧急通知》，对银川市食品生产经营使用单位进行拉网式检查，全力清查非法添加苏丹红的食品；10月14日，为了进一步推进食品放心工程，落实市政府为群众办的20件实事，经市食品安全委员会组织专家评审，决定授予宁夏沙湖旅游股份有限公司沙湖宾馆沙湖大馒头“放心主食品”称号；10月20日~21日，全国食品安全信用体系建设试点工作座谈会在银川市沙湖宾馆召开，与会代表参观银川市食品安全信用体系建设工作；在已经确立21家食品企业试点的基础上，增加102家试点企业；研究制定《银川市食品生产经营企业行政处罚情况报告制度》，对企业接受监管情况进行记录分析评价。

2006年6月20日，首届中国诚信食品药品品牌论坛在京召开，银川市作为食品安全信用建设开展较好的城市之一应邀参会，与杭州市、辽源市共同在论坛上作经验介绍；9月22日在宁夏体育馆成功举办宁夏Ⅲ级重大食品安全事故（银川）应急演练活动，近3000人参加，检验银川市食品安全事故应急预案体系的可操作性和应对食品安全突发事件的能力；出台《银川市生鲜食品安全监督管理条例》。

2007年5月，根据市民意见，银川市食品药品监督管理局加大“裸装”豆制品整治力度，先后召开食品安全委员会办公会议5次，组织、协调相关部门加强对豆制品生产、流通、餐饮等重点环节的监管，严厉打击无证小作坊生产豆制品的违法行为；组织食品安全专家库成员对豆制品生产龙头企业的标准化生产进行评定、规范；向政府提供扶持豆制品生产企业配置冷链系统的合理化建议等。

2008年9月，三鹿婴幼儿奶粉事件发生后，银川市食品药品监督管理局第一时间启动食品安全事故Ⅰ级应急响应，迅速印发通知，实行每日信息报告制度，组织、协调相关部门积极应对三鹿奶粉事件带来的负面影响，全面排查奶粉生产、销售环节。

2009年2月，按照市委、政府提出的银川市打造全国食品安全城市的目标要求，起草《银川市人民政府关于打造全国食品安全城市的意见》，召开全市动员大会，通过片区、领域试点等方式逐步推开食品安全城市建设工作；5月按照自治区食品安全委员会办公室的部署，组织相关部门开展为期4个月的食品添加剂专项整治工作，组织各有关部门、县（市）区开展食品添加剂相关知识及法律法规培训，开展专项检查。

2010年3月，印发《银川市“农家乐”餐饮服务单位星级评定标准》《银川市餐饮服务食品安全示范街、示范店创建标准》《银川市餐饮类食品摊贩备案登记管理办法》《银川市小型餐饮服务单位标准化管理制度》《银川市大型餐饮服务单位质量负责人制度》；5月在全市试点无明矾油条（俗称无铝油条）加工工艺，工艺成熟后，举办无明矾油条配方技术推广培训；10月17日全国小餐饮食品安全现场观摩会议在银川召开，来自各省（区）的70余名代表参加现场观摩，对银川市万达小餐饮业的管理模式予以一致肯定。

【药品安全监管】 2000年，国家推行药品分类管理，将药品按照使用过程中的风险性和安全性分为处方药和非处方药。银川市食品药品监督管理局成立后，积极推行分类管理，截止2005年底，银川市麻醉药品、放射性药品、一类精神类药品、药品类易制毒化学药品、终止妊娠药品、疫苗全部达到不得在药品零售企业销售的要求；大力推行国家局自2004年7月1日起推行的未列入非处方药药品目录的各种抗菌药物在零售药店必须凭医师处方销售的政策。

2005年3月30日，银川市食品药品监督管理局在兴庆区宁丰宾馆组织召开银川市医疗机构医疗器械建档工作会议，为医疗器械办理“户口档案”，要求医疗机构将具有“三源”（激光源、放射源、超声源）器械的使用情况上报，全市较大型医疗机构按照医疗器械建档要求将在院使用的医疗器械全部建档，33家使用“三源”医疗器械的医院将相关器械档案上报银川市食品药品监督管理局备案；4月安徽省泗县大庄镇发生群体接种甲肝疫苗产生心因性不良反应事件后，银川市食品药品监督管理局按照自治区局统一部署，对辖区内疫苗经营、接种单位开展全面的监督检查，检查区、市、县三级疾控中心4家，具有疫苗批发资格的药品经营企业2家，疫苗接种单位13家，以浙江普康生物制品有限公司被国家局紧急“叫停”的6个批次甲肝疫苗为重点，从疫苗的购进渠道、验收记录到储存、运输中冷链记录情况进行全面监督检查，发现银川市一家二类疫苗经营企业购进“叫停”疫苗4000支，立即下发停止销售该批疫苗的意见书，责令该公司立即通知客户停用535支已售出疫苗，等待国家局通知。深入开展银川市药品医疗器械市场监督检查“正源行动”。9月针对处于半停业状态的宁夏康宁老年医院使用的麻醉药品，下发《关于加强毒麻药品管理的函》，要求加强管理，杜绝流入非法渠道；对13家特殊药品生产经营企业实施重点监管，将监管任务和职责予以分解，落实到人，公布联系电话和电子邮箱，制定监管任务和职责。12月按照《麻醉药品和精神药品管理条例》的规定，将医疗机械麻醉药品印鉴卡工作顺利移交市卫生局；组织40家医疗机构在银川市第一人民医院召开银川市医疗器械建档工作现场观摩会，成立由20位专家组成的银川市医疗器械监管专家咨询委员会。积极配合银川市禁毒委开展禁毒人民战争工作。

2006年6月，积极应对“齐二药”、

"欣弗"等突发药品安全事件,接到全面停止使用"齐二药"的紧急通知后,迅速行动,对辖区内涉药单位进行全面清查,检查涉药单位724家,在全市范围内查扣"欣弗"药品、假药"肉毒素"、"润明"护理液等,避免药品、医疗器械危害事件的发生。加大对重点品种的监督检查力度,开展补肾类中成药擅自添加化学成份西地那非专项检查等,查获擅自添加西地那非的假药参茸丸、回春丹等案件标值4.4万元。8月探索开展行政执法办理权、审核权、决定权分离的监督方式,强化对行政执法权的内部监督。

2007年6月,银川市食品药品监督管理局派驻监督员加强对药品生产企业和"三统一"配送企业的源头监管,先后向生产血液制品、注射剂等高风险品种的安徽华源宁夏沙赛药业有限公司等企业派驻厂监督员3名,监督企业按照标准进行生产,向参与药品"三统一"配送的宁夏闽宁医药有限公司等药品配送企业派驻4名驻企监督员,从关键环节入手加强对配送药品质量以及仓储率、配送率的监管,确保"三统一"配送工作顺利开展。7月强化96311快速反应机制建设,制定《96311举报投诉受理工作规范》,使受理群众来访来电、分转查办案件、落实反馈结果等环节程序更规范、服务更周到、答复更满意,上半年共接到受理举报投诉194起,其中药品质量131起、医疗器械质量17起、保健食品18起、违法广告16起、其他12起,解答群众咨询635人次,开展针对医疗器械市场整治的"清场"专项行动,申请自治区局注销22家擅自变更经营地址的医疗器械经营企业,查处无证生产医疗器械窝点4家,积极引导被取缔的无证生产烤瓷牙窝点法人进行正规化生产,帮助其设计生产车间,按程序报批建成较大规模的烤瓷牙生产企业。2008年5月,开展为期5个月的含兴奋剂类药品专项治理,确保奥运药品安全,联合自治区体育局对200余名运动员进行反兴奋剂知识培训,印制并在零售药店免费张贴兴奋剂药品销售警示语300张,监督检查药品批发企业42家次、零售企业280家次,与工商、安监部门联合对全市1360余家化工生产、经营企业进行拉网式检查,确保监管不留死角;开展抗震救灾捐赠药品、医疗器械专项检查,监督检查药品、医疗器械126批次,货值145万余元;8月,开展标识江西博雅生物制药有限公司生产静脉注射用免疫球蛋白、黑龙江完达山刺五加注射液药品的紧急清查行动以及骨科植入医疗器械、中药饮片、A型肉毒素、中成药擅自添加化学成份等药品专项整治,查获虫草清肺胶囊、克拉霉素胶囊等假劣药品和不合格医疗器械,共办结案件33起,罚没款到账83万余元。

2009年6月,银川市被国家药品不良反应监测中心确定为全国药品安全性监测培训百万公众培训工程5个试点城市之一,银川市食品药品监督管理局及时开展集中培训74场次,参训人员近14000余人次,在街道、社区、乡村现场宣传20场次,发放合理用药宣传彩页10000份,宣传挂图10000张。8月与辖区药品生产企业签订药品质量安全责任书,向生产血液制品、注射剂等高危品种的药品生产企业派驻驻厂监督员3名,坚持做到注射剂品种一月一抽检,其他品种一季一抽检,对生产企业日常监督检查30余家次,抽样154批次,率先在辖区10家药品生产企业推行《药品质量受权人制度》。9月出台《银川市食品药品监督管理局药械行政处罚自由裁量权基准制度》和《银川市食品药品监督管理局办理药械行政处罚案件行为规范》,实行行政处罚案件"对号入座",既约束行政执法的自由裁量权,又保护执法人员,推进阳光行政、公正监管。结合《宁夏回族自治区药品零售企业分级管理工作实施方案》,根据药店经营范围、经营规模、药学技术人员等情况,在药品零售企业推行星级评定,按照由高到低等次,将零售药店划分为三星级、二星级、一星级,将评级结果在药店门头和店内证照公示栏加挂通俗易懂的"星级"评定公示牌。查处某医疗机构使用BTX肉毒素案件和在大新镇友爱村出租场地生产假冒名牌避孕套黑窝点案等多起重大案件,其中生产假冒避孕套案件案值212.5万元,移送公安机关立案查处;先后组织开展非药品冒充药品、易制毒类化学药品等特管药品、计生药械、烤瓷牙生产专项检查行动;全力清查全国范围内出现的标示生产企业为广西平南制药厂生产的糖脂宁胶囊、辽宁大连金港安迪生物制品有限公司生产的人用狂犬疫苗等10种多个批次涉嫌假劣或严重不良反应的药品。

2010年4月,针对市场上部分不法商家通过互联网、广播、电视等媒体宣传假劣药品并利用邮政、快递等渠道寄递假劣药品的情况,制定专项整治方案,联合公安、邮政、电信等部门,对涉嫌寄递假药的情况进行全面清剿,根据查获的线索,主动到购买过假劣药品的群众家中宣传假劣药品可能带来的危害,防止假劣药品对群众身体健康的损害,中央电视台经济频道《消费主张》制作银川市食品药品监督管理局开展打击网络销售假药违法行为并跟踪追查邮购假劣药品流向、维护群众用药安全的专题片,取得良好的社会效果。开展含麻黄碱复方制剂专项检查,印制常见含麻黄碱复方制剂品种及销售警示发到辖区所有零售药店进行张贴,提醒药品质量负责人和药店工作人员严格按要求销售含麻黄碱复方制剂,有效防止含麻黄碱复方制剂从零售药店流入非法渠道。

【化妆品安全监管】 2010年,银川市食品药品监督管理局正式接管保健食品和化妆品的监管,在全市范围内开展保健食品和化妆品经营企业摸底工作,初步掌握全市保健食品和化妆品经营企业的数量和经营状况。开展减肥类保健食品抽检工作和化妆品分类抽检工作,

全年共抽检减肥类保健食品39个批次，发现其中21个批次的产品非法添加化学药物成分，组织有关单位质量负责人参加保健食品法规培训，要求各单位将不合格产品予以下架处理。按照自治区食品药品监督管理局《关于印发2010年宁夏保健食品安全风险监督工作方案的通知》，着手开展缓解体力疲劳(抗疲劳)、辅助降血脂(调节血脂)、辅助降血糖(调节血糖)、减肥、改善睡眠、抗氧化(延缓衰老)等6类功能保健食品风险监测的抽样工作。

工商行政管理

兴庆工商一分局

【概况】 银川市工商行政管理局兴庆一分局原名为银川市工商行政管理局城区一分局，根据宁编办发【2002】298号文件要求，于2002年11月22日正式更名为银川市工商行政管理局兴庆一分局，为银川市工商行政管理局直属正科级机构。分局下设6个工商所，一个经检队，管辖面积400多平方公里，管辖区域南到新华街、北与贺兰接壤东到月牙湖，西至唐来渠畔，银川市最繁华的商业区域，辖区内有综合性消费品市场27个，各类主市场体2.6万户，其中各类企业1、1万户，个体工商1.5万户。2008年，分局北环工商所被人力资源和社会保障部、国家工商总局表彰为全国工商行政管理系统先进工商所，2009年分局唐槐工商所被国家工商总局评为全国工商行政管理系统商标工作先进集体。

【局领导名录】

局　长：尹志勇(1997~2004.5)
段志伟(2004.6~2006.6)
魏　鹏(2006.7~2007.8)
孙剑平(2007.9~2009.9)
马宗卫(2009.9~2014.10)

副局长：朱献敏(1997~2006.6)
唐金生(2004.6~2009.9)
王俊鹏(1997~2004.5)
刑志峰(2004.6~2009.9)
章　建(2009.9~2014.10)
魏三营(1997~2004.5)
刘丽凤(2006.7~2014.10)
蔡　炜(2009.9~2014.10)

【注册登记管理】 2002年，截止11月底共登记注册各类企业504户，登记注册各类私营企业363户，登记注册个体工商户5868户。应参加年检的企业537户，实际年检440户，年检率91.4%，注销51户，办理变更登记62户。应参加年检的私营企业246户，实际年检240户，年检率97.6%，注销2户，办理变更登记2户，逾期不参加年检2户。应验照的个体工商户5428户，实验5241户，验照率96%。各项规费收入共计5412906.73元，完成全年任务的102.13%。其中：市场管理费448745元，个体管理费4140248.3元，合同鉴证费212153.43元，企业注册登记费143240元，广告登记费80880元。个协会费收入431269元，完成全年任务的96.7%，罚没款397578.44元，完成全年任务的57.23%。

2003年，截止10月底共登记注册各类企业449户，新开户企业59户，注销企业4户；共登记注册私营企业401户，注册个体工商户5435户，新办理1825户，歇业2258户。共收取规费380余万元，完成全年计划的90%。其中：市场管理费25万余元，个体管理费330万余元，合同鉴证费13万余元，企业注册登记费3万余元，个体注册登记费4万余元，广告登记费5万余元。认真贯彻《无照经营查处取缔办法》，严把市场准入关，全面开展证照检查工作，共检查各类经营户4480户，清理无照经营497户。对下岗职工优先办理营业执照，并免收登记费和管理费，对残疾人实行送照上门。

2004年，加强注册登记管理。一是集中力量开展查处取缔无照经营专项整治，共检查各类经营户4999户，办理营业执照953户，取缔73户，对8164户企业和个体工商户建立"电子档案"，按照"一审一核"制要求，严格执行登记程序和登记管理权限，严把市场准入关。登记注册各类企业8725户，其中，个人独资和合伙企业501户，同比增长24.94%，登记注册个体工商户7292户，新登记2869户，1-10月歇业1012户，对148户未年检企业依法吊销营业执照。截止10月底，规费收入计3853477.97元，其中：市场管理费437605元，个体管理费3212960元，企业注册登记费34352元，个体注册登记费102639元，广告登记费64550元。

2005年，共注册登记各类企业752户，其中，个人独资和合伙企业445户，登记注册个体工商户8727户。新登记3859户，注销2396户。全年共收取规费4523056元，超计划4%，其中：市场管理费744394元，个体管理费3670297元，企业注册登记费48250元，个体注册登记费60160元。收缴罚没款901095.9元，同比增长16.3%。大力开展无照经营整治。一是积极推行个体工商户分层分类登记管理工作的改革，将个体登记权限下放到各工商所，改变传统的多层审核方式。同时积极支持下岗失业人员就业，先后为890户贫困下岗职工、特困户减免管理费80余万元。二是实施企业信用分类监管，把企业和个体信用分类与片区的划分相结合，建立区域巡查信息卡，使"经济户口"的内容更加充实，截止2005年底共录入信息2738条，逾期年检183条，证照过期1883条，责令改正通知695条，通过信用分类对186户信用较差的企业加强监管。三是建立无照经营长效监管机制，集中力量在辖区开展3次大规模的取缔无照经营专项整治行动，共检查各类经营户11600余户，取缔无照经营1580户，注销1047户，办理各类营业执照3651户，无照率由原来的12%左右下降到4%。

2008年，有各类经营户13224户，其中，企业1857户，个体工商户11367户。新登记注册企业407户，个体工商户2787户。全年共收取规费374.7万元。其中：市场管理费32.1万元，个体管理费329万元，企业注册登记费9.06万元，个体注册登记费4.43万元。支持下岗失业人员再就业，为1074户贫困下岗职工、特困户减免管理费60余万元。以年检验照为契机，切实在提高“三率”上下工夫，开展无照经营检查4次，检查2万户，取缔无照经营户1300户，下发责令整改通知书2000份，辖区经营户亮照率和验照率均达到100%。

2009年，管辖各类经营户16515户，其中：各类企业1957户，个体工商户14558户。新登记各类企业450户，个体工商2571户。规费收入共计14.2万元，其中：企业注册登记费9.4万元，个体注册登记费4.8万元。建立无照经营管理工作日常化监管方式，结合区域巡查制的落实，制定无照经营整治方案，建立书式和电子的无照经营台账，取缔银古物流黑旅馆17户，与相关部门开展联合检查5次，下达整改通知1000余份，立案15起，收缴罚没款5万元。

2010年，辖区有经营户17200户，其中：各类企业2636户，个体工商户14564户。新注册各类登记企业690户，新办个体工商户4535户，辖区经营合作社29户。开展持照、亮照示范街（市场）创建工作，要求每个工商所每半年创建一条持亮照示范街（市场），分局每季度对工商所申报的持亮照示范街进行检查验收，打击无照经营，规范经营行为，提升监管水平。截止年底，有10条街道、6个市场达到持亮照示范街标准。全年规费收入共计29.1万元，其中企业注册登记费23.37万元，个体注册登记费5.73万元。

【市场监管】 2002年，改革监管模式，全面推行市场巡查制度，以巡查制的动态管理取代传统驻场制的静态管理。制定片区管理制度，成立内勤组、外勤组、督察组、改变传统以“个体、市场、场外”为标准的分工管理模式，实行片区管理制度。全面推行“经济户口”管理，实行分局登记管理，工商所日常监管，严把市场准入关。改革传统收费管理模式，实行管理费“定、收、查”收缴三分离。深入开展整顿和规范市场经济秩序，对宁夏商都、鼓楼电脑电讯市场、西塔宁园等八个集贸市场作为重点进行专项整治，共出动456人次，查获各类案件110起，收缴罚没款397578.44元，对校园周边环境进行专项整治，共出动检查人员200多人次，清理流动商贩53户。开展取缔无照经营专项检查整治，共检查经营户5443户，责令限期办理手续50户，取缔无照经营19户。开展为期一个月的安全检查，检查各类市场主体629户，取缔79户，限期补办手续21户，停业整顿4户，整顿规范网吧，重新登记注册网吧43户，注销4户。

2003年，为进一步管好收缴“定、收、查”三分离工作，成立领导小组，严格按照收费项目和收费标准收取各项费用。推行“经济户口”管理，使辖区内经营户的情况做到底数清，情况明。加强市场监管和综合整治，一是“元旦、春节”期间检查各类消费品市场20个，检查各类经营户3451户，衡器1000余台，没收不合格计量器具310台，各类小食品1000余袋（瓶），取缔7户未经检疫的肉食品经营户，清理城乡结合部占道洗车、修车经营户16家，清理流动摊点199个，查获假冒电线2607卷，案值10余万元，收缴罚没款84580元，是历年来分局个案罚款最多的一年。开展对数码高科技产品的专项整治和查处工作，规范数码产品市场，查处案件4起，发款4万余元，为消费者挽回经济损失30余万元。二是做好“五一”节日市场和防非典监管工作。成立防治“非典”市场巡视稽查队，对所属辖区内各类市场、大型商场超市、网吧、歌舞厅等进行全天候、不间断检查，共发放倡议书5000余份，宣传材料12000余份，出动检查人员1260人次，检查市场经营户5000余户，宾馆75家，药店22家。加强农村集贸市场防“非典”工作，在北环、东环、燕庆三个市场利用滚动电子屏、广播向经营者发放公开信、倡议书等多种形式，发放10000份防“非典”宣传材料，进行广泛宣传，三个市场共投入消毒费用达20余万元。三是开展收缴“毒鼠强”行动。在辖区开展拉网式的检查经营户1400户，全部签订责任书，共收缴“毒鼠强”44袋。五是开展安全生产月活动，对辖区存在安全隐患的行业和部门进行安全生产检查，层层签订安全责任书，狠抓安全措施，做到预防为主，杜绝各类不安全事故。全年共办案150余起，罚没款66万余元，完成全年计划的110%。

2004年，全面推行区域巡查责任制，推行索证索票制度，率先在辖区工商管理所全面实行以工商所属地化监管服务为职能，以“经济户口”管理为主要载体，将工商所监管工作按岗位责任制落实到具体个人，以行政执法和行政指导并用为手段的监管模式，片区无照率明显下降。建立商品交易市场信用分类监管制度，将北环市场412户个体经营户进行分类公示，根据信用等级实施不同的巡查措施，发现失信行为，及时开展专项整治。开展市场专项整治，先后开展食品、粮油、防治禽流感、汽车市场、家庭小饭桌、农资、传销等专项整治。全年共查办案件169起，收缴罚没款498496元。

2005年，开展对城乡结合部制假售假专项整治行动，捣毁非法食品加工黑窝点19个，建立3个村所挂钩维权点，开展防控防治高致病性禽流感工作，成立应急指挥部，制定市场应急预案，关闭活禽市场，严格防控情流感。加大寄卖行的整治力度，对6家有限公司、25家个体户、1户个人独资企业进行检查，打击寄卖行违法经营活动。打击非法炼制地条钢专项整治，查处5起制售地条钢案件，查扣地条钢20余吨。销毁不合格黑秤190台。全年共查办各类案件173起，其中，一般程序案件158起，简易程序案件15起。

2008年，在各大商场广泛开展迎大庆市场环境卫生整治秩序和防控“手足口病”疫情工作，开展有偿使用塑料购物袋工作，没收超薄塑料袋66760个，在银川市率先开出第一张“限塑令”罚单。在“两节”期间，共出动检查人员542人次，检查各类经营户3720余户，没收假冒“三利”香醋1440余瓶，收缴不合格计量衡器40余台，对东安和东安小区10家小旅馆从事无照经营进行整治，取缔3家，对13户噪声扰民经营户进行检查。检查兴奋剂经营户501户。开展“傍名牌”专项整治，检查大型商场5家，店铺130家，专卖店50家，查处对商品作误导性宣传、虚假打折扣和降价等行为。应对雨雪冰冻灾害，开展企业安全生产大检查，与网吧、歌舞娱乐、大型商场等企业签订责任书，共检查各类企业1253户。开展“扫黄打非”、非法使用人民币图样制作、非法拼装改装车辆、地条钢、土炼油、成品油市场等执法工作，取缔土炼油2家，没收并撤销非法冥币13292张。做好超市的规范工作，辖区的经营户字号带有超市的489户，全部办理了字号名称变更手续。全年共查办各类案件75起，收缴罚没款51万元。

2009年，市场监管取得新成就。一是强化信用市场分类监管，对辖区18个市场进行全面排查摸底，对市场开办单位、场内经营者信息进行充分采集，指导各市场开办方制定完善农副产品市场12项制度，非农副产品市场10项制度，在商品交易市场信用分类监管软件系统内详细录入辖区18个市场的基本信息、开办单位信息、场内经营者信息。二是做好甲型H1N1流感防控，制定重大动物防疫应急预案准备，对疫情防控实行日报告和零报告制度，重大情况随时上报，引导商场、超市、猪肉零售部（店）建立场厂挂钩、场地挂钩等协议准入制度，监督辖区市场开办方履行第一责任人的责任。三是开展专项检查。先后开展家电下乡专项检查，把电视机、洗衣机、电冰箱等家电作为重点商品，督促经营者建立健全家电的进货检查验收、索证索票、购销台账。查获“以旧充新”电视机15台，没收不合格产品，罚款4100元。此案先后被各大媒体曝光，并被区局评为2009年度“3.15”十大典型案例之一；开展塑料购物袋，黑旅馆、网吧等检查，没收不合格塑料购物袋11.5万个，查处生产黑窝点1个，罚款8400元，取缔银古物流黑旅馆17户，收缴罚没款5万元；开展打击传销专项行动6次，捣毁窝点6个，教育驱散传销人员434人，移送公安机关13人；加强高危行业管理，辖区共有高危行业346户，对高危行业违法行为予以严厉处罚。全年分局共出动执法人员430人次，检查经营户5708户、批发和集贸等各类市场9个。全年共立案142起，办结126起，其中一般程序案件112起，简易程序案件14起，收缴罚没款62.27万元。

2010年，推行“三位一体”的市场巡查网格化监管新模式。编发《市场区域巡查责任制网格化监管手册》，要求巡查干部在巡查过程中除填写巡查记录外，还需填写监督联系卡，确保区域巡查台账、区域巡查监督联系卡、机式录入巡查日志三者相统一，形成“三位一体”的巡查监管模式，进行“留痕”监管，确保巡查工作有效化。在辖区18个市场开展信用市场分类监管工作，指导市场开办方建立进场违禁商品检查和清退制度、督促和检查经营者索证索票情况制度、进场商品台账管理和检查制度、不合格商品退场制度等。积极开展星级市场的申报工作，5家市场申报星级市场。先后开展节日市场、酒类市场、校园周边、清真食品市场、低温储存食品、黑网吧、超薄塑料袋等10多项专项整治。对6家销售假冒博世、欧亚、杰克赛尔汽车配件的经营户，罚款6万元；查获假冒汾酒、口子窖牌“国窖1573”白酒、茅台、五粮液、剑南春、杏花村等名酒共432件，货值近26万余元；查获侵权脑白金、黄金搭档系列保健品20盒、假冒上海白醋12瓶、假冒力士品牌洗发洗涤用品和黑人牌牙膏590件、假冒拉芳和雨洁品牌洗发露262瓶、假冒兰蔻化妆品122件；查获32件立白洗衣粉，案值24余万元；查获侵权卡特牌机油滤芯220个、涉嫌侵权HONDA的各类配件20余件、假冒比亚迪商标的汽车配件货值10余万元；查获假冒耐克运动服165件。开展金银珠宝玉石饰品市场整治，责令经销商销售的黄金饰品每件必须附挂一张配件含金量标签，按实际含金量的市场价格出售，对查获的违规6大百货商场共罚款60000元，成功破除黄金行业心照不宣的“潜规则”。组织打击传销专项行动5次，捣毁传销窝点9个，教育遣散传销人员1690人，创建无传销社区（村）45个。全年共查办各类案件148件，其中万元以上案件30件，共计收缴罚没款80.57万元。

【食品安全监管】 2002年，对西塔、宁园等早市过期食品重点整治，查获伪造面包生产日期，案值2万余元，查获过期饮料罐头106瓶（袋）；对城区内27所中小学及幼儿园附近477户经营户进行检查，没收“三无”过期产品120袋，假冒“箭牌”口香糖27盒。

2003年，对631户清真食品经营户进行检查，清理冒用“清真”标志334户。开展集中整治销售硫磺熏制生姜的专项整治行动，在北环市场查扣硫磺熏制生姜150公斤。端掉4处制售劣质、猪皮冻、蛋糕、火腿肠黑窝点，销毁劣质食品4000多公斤。

2004年，共检查各类经营企业8110余户，没收假冒伪劣及“三无”等劣质麻辣牛筋、火腿肠、糖果、饮料、罐头、果冻等儿童食品13大类70多个品种，共计6700余袋，查获假冒伪劣食品价值总计37.8万元。

2005年，推行食品索证索票制度，

强化对食品经营主体和食品入市、交易、消费环节的监管。加强粮食市场监管，开展毒奶粉、清真食品、月饼等市场专项整治，没收擅自在食品包装袋上非法使用“清真”字样包装袋、食品标签18000余个，不合格卫生筷23000余双，查扣涉嫌含有苏丹红（一号）的食品27.29千克（瓶），没收红山河辣椒制品376斤，肯德基鸡翅腿100斤；加大校园周边环境综合力度，对无照经营“家庭小饭桌”坚决予以取缔。没收“三无”儿童食品13大类70多个品种，共计27700余袋（瓶）保健品500余盒。

2008年，开展产品质量和食品安全专项整治“回头看”工作，层层签订食品安全目标责任书，把责任制和监管任务层层分解，确保食品安全监管机制的有效性。加强食品安全监测工作，北环工商所能严格执行农产品入市检测制度，坚持每天有专人对上市蔬菜、水果进行农药残留检测。开展“产品质量和食品安全示范点”和“食品安全示范乡（镇）”创建活动，共建立“农村产品质量和食品安全示范店”31户，完成所有乡镇和80%的行政村各创建一家“产品质量和食品安全示范店”的目标任务。开展校园周边秩序检查，没收不合格食品60公斤，过期饮料15瓶，没收裸装豆腐制品66公斤，对200余斤散装豆制品做下架退市处理。对4家违规经营豆制品的经营户予以罚款。

2009年，一是在辖区农贸市场全面推行熟食制品市场监管四项制度，辖区北环、信义等7个市场共有熟食制品经营户154户，城市农贸市场均建立标牌公示制和信用类别公示制两项制度，农村集贸市场均建立标牌公示制、信用类别公示制、实名登记制、证明登记制4项制度；制作154个统一规格、式样的四项制度公示牌，每月由工商所和市场开办方共同对散裸装熟食品经营户，根据16项考核内容和打分标准评出诚信、守信、警示、失信经营户，在公示牌上公示。二是开展清真食品市场专项整治，重新审查取得《清真食品准营证》资格的各类型经营主体，确定清真餐饮业302户，清真食品批发、零售业23户。检查各类清真食品经营主体4580户次，规范78户，合格的清真餐饮户由2009年的198户增加到308户，回族或具有清真饮食习惯的从业人员数由原来的1082人上升至1895人。建立清真餐饮行业档案308册，从业人员档案4800余份，发放通知书400份，签订责任书380份，在320户清真餐饮服务场所悬挂“清真餐饮从业人员公示牌”。三是开展食品添加剂、校园周边秩序、塑料袋整治、无照经营等专项整治。

2010年，一是建立完善食品安全监管机制，印发《兴庆一分局流通环节推行食品准入与配送监管“五项制度”实施方案》，对86户食品配送企业建立五项制度，筛选出19户授予产品质量和食品安全示范店称号；推行食品安全监管“一单通”，开展食品经营户的动员宣传和培训工作。加强食品质量监测工作，充分发挥食品检测箱、检测车的作用，对水发产品、生鲜肉、豆制品等重点食品进行快速检测，共检测120个品种240组样品，合格率100%。二是推行食品安全电子监管，制定《关于流通环节食品安全电子监管工作实施方案》，为72户食品批发户开通、运行食品安全电子监管系统，为121户食品零售户安装诚信通。三是建立食品小作坊和食品摊贩长效监管机制，在辖区103家食品小作坊和14家食品摊贩中全面推行食品小作坊4类台账和食品摊贩备案、公示卡制度。四是开展食品安全整治活动，先后检查各类食品经营主体10568户次，取缔无照食品经营户38户，捣毁食品制假售假窝点7个，查获假冒伪劣食品和不合格食品1300公斤，查处制售假劣食品案件11件，受理和处理有关食品安全的申诉举报114件，为消费者挽回经济损失7.9万元。

【商标广告管理】 2002年，加强商标管理力度，严厉打击假冒商标和商标侵权行为。查获假冒“花花公子”“老爷车”“谭鱼头”等注册商标侵权案。同时加强对商标印刷企业管理，抽查七家印刷企业，没有发现违法印刷商标行为。积极宣传广告法规，规范户外广告管理。全年共审批登记户外临时广告185起，立案查处虚假广告7起，没收户外广告条幅6个，非法印刷品广告3000余张。

2003年，对辖区23家企业34个注册商标进行年检。全年开展商标广告专项检查3次，共出动检查人员380人次，检查各类经营户300余户，查处违章户外广告案件11起，清理广告条幅86幅，非法印刷品600余，非法包装物21个，清理违规门头案1708块，灯箱等违章设置的广告45个，收缴虚假标识瓶醪糟114瓶。初步建立辖区注册商标和专营、专卖店企业档案。全年共受理户外广告登记1488起，查处违法广告案件25起，收没罚款7.7万余元。

2004年，严厉查处商标侵权案件，打击“傍名牌”、侵犯知名商标专用权的违法行为，开展枸杞商标专项整治和“两节”期间商标广告专项检查活动，有效保护了“中宁枸杞”证明商标的专用权。整顿和规范保健品广告市场秩序，遏制违规制作发布、夸大功效、虚假宣传、误导消费者的广告蔓延。截止2004年底，共受理户外广告登记224起，查处商标广告违法案件19起。

2005年，配合市政府创建“一类语言文字”城市，创建“无烟广告”城市，规范广告用语和发布。开展“打虚假、树诚信”活动，共检查各类广告经营户100余户，收缴印刷品虚假违法广告11800余份。共办理户外广告登记281起，发送公益广告650条。开展以保护“宁夏红”知名商标位为重点的酒类市场不正当竞争行为专项整治行动，查处虚假广告宣传案件2起，查扣仿冒“传世经典老银川”白酒420瓶，虚假标注的体育用品近10万件。

2008年，落实商标指导员制度，积极推行“四书两卡”商标监管方式。开展保护奥林匹克标志专项行动。坚持发展商标战略，围绕“商标富农”、“商标兴企”确定商标帮扶重点，对12家企业进行不同程度的帮扶，其中4家申请商标注册已被国家工商局受理，3家递交了注册申请，3家拟申请准备。全年共审批户外广告41件，收缴虚假广告宣传210份。

2009年，分梯次重点培育一批商标，对9家效益好、产量高、销量大、同行业排名靠前、注重广告宣传、无商标侵权行为的企业建立驰名、著名商标培育库，进行重点培育，帮助2家无商标涉农龙头企业申报注册商标，对5家个体私营企业进行商标注册前的咨询和指导，对销售侵犯银川白酒注册商标专用权案处以罚款19995元，并没收侵权商品。加大查处虚假广告宣传力度，查扣假冒欧莱雅侵权产品1600余盒(瓶)，假冒“唐泽”牌随动闸121套，查处10起虚假宣传案件，罚款8万余元。

2010年，建立《注册商标台账》重点商标企业联系制度，制定商标发展、培育、帮扶目标和计划，积极帮助、引导企业树立品牌意识，辖区共注册商标710件，累计培育商标20件，自治区著名商标6件，中国驰名商标3件；开展“红盾打假风暴”行动，查获各类侵权假冒商品，货值金额近70余万元；协调出台并落实《兴庆区商标战略实施规划》，积极组织辖区企业申报宁夏第七届著名商标的推荐工作，建立健全商标经济户口；在兴庆科技园区建立首个商标培育基地，开展以中宁枸杞、知名商标、重点商品等为主的商标专用权保护行动，查办侵权商标广告案件10起，收缴罚没款9.5万元。

【合同管理】 2002年，认真做好合同签证，积极开展“重合同、守信用”管理工作。全年共签证各类经济合同3252份，金额81136万元。截止12月底，城区共有“重合同、守信用”企业57家。

2003年，分局共管辖20个市场(集贸市场7个，专业市场13个)，3个早市，1个摊区，全年农贸市场成交量8600余万公斤，成交额5.3亿元，共签证各类经济合同2561份。同时，做好两年一届的“守合同、重信用”企业考核工作，年初确定2家获区级“守合同、重信用”的先进企业报请国家工商总局已于2月份予以公示。

2004年，加强合同管理和企业信用管理，对57家市级“守合同、重信用”企业进行考核，上报市政府命名表彰。对37家区级“守重”企业进行复查。

2008年，对20家“守合同重信用”企业进行受牌。

2009年，在西北农资城推行《肥料买卖合同》、《农药买卖合同》、《农作物种子买卖合同》示范文本；在三森国际家具城推行《家具买卖合同》示范文本；在大商场推行《银川市市场场地租赁合同》示范文本，全年共推行各类合同文本1767份，签约金额679.5万元，履约427.5万元。

2010年，指导签订农业订单合同300份。

【消费维权】 2002年，12315网站共接到市局分流消费者投诉举报1400件，办结1358起，办结率97%，直接受理230起，办结率100%。全年共为消费者挽回经济损失120余万元。10月份，信义工商所“12315”执法人员成功调解一起大额美容赔偿案，为消费者索赔6710元。

2003年，12315二级网站转办申诉举报2178件，自行受理268起，办结率100%。全年共为消费者挽回经济损失180余万元。在办理大案要案的同时，注重维护人民群众的合法权益，如陕西定边农民投诉辖区某公司擅自提高压路机吨位，经多次现场勘查、调解终于使这起价值30万元的投诉合理退货，农民获赔5万元；掌镇乡7位农民购买假种子联名投诉，经过查处为农民挽回经济损失1万元，受到社会各界的好评。消协全年开展消费维权宣传活动发放各种宣传材料25000余份，受理投诉92起，咨询87次，为消费者挽回经济损失11万元。

2004年，12315二级网站共接待转办申诉举报2645起，办结率100%，为消费者挽回经济损失210余万元。消协围绕“诚信、维权”的消费年主题，做好消费者权益日活动，送法下乡、送科技下乡、共发放各种宣传资料38000份，全年共受理投诉91起，为消费者挽回经济损失17万元。同时做好消协换届工作。

2005年，积极推进消费维权体系建设。一是建立“三级联动、分级处理”的12315工作机制，集中对宾馆、酒店、房屋旅游等行业进行整治，从源头上遏制“霸王条款”。二是积极推进12315网络建设，继续开展12315维权“进社区、进校园、进乡村”三贴近服务活动，加大四级网站建设，新增安秀居委会等4个网站。三是开展美容、化妆品市场消费状况调查，对481家美容院进行消费调查，规范美容、化妆品市场。四是组织参加“全国千万家庭食品知识大赛”活动，开展“食品安全放心工程消费者满意度评价调查问卷”工作，普及食品安全相关常识。全年二级网站共接待市局中心转办消费者申诉举报3540起，办结率100%，为消费者挽回经济损失126万元。

2008年，开展形式多样的消费维权工作，一是“3.15”期间在步行街等地设置咨询台，开展系列维权咨询服务活动，共散发宣传资料20000余份，还发布消费预警消息，对食品安全消费等方面进行警示提示。二是开展“一会两站”工作。对玉皇阁北街办事处等7家消协分会及59家消费者投诉站和12315消费者申诉举报站进行受牌。同时加强维权网络建设，共建立11家12315消费维权站，开通16家快速通道。三是落实十大重点商品建立“两项制度”，与410户十大类重要商品经营户签订责任书。四是进一步推进维权“进校园、进课堂”活动，在唐中、洼路小学等设置咨询台，散发2000份宣传资料，普及消费知识。

全年共转办、处理消费者投诉4453起，办结率95.28%，为消费者挽回经济损失375.6万元。

2009年，在社区、村镇建立79家“一会两站”，在27家企业、59所学校建立维权联络站，开通22家企业、学校快速通道。建立消费指导培训制度，对基层工商所受理人员、辖区所有社区的联络员、59所中小学校的59名联络员进行相关法律法规、12315软件运用和消费投诉处理技巧等知识培训。加大督查审核力度，制定消费者回访登记、审核把关、督办、提示等制度，强化延时申请的使用，实行实名通报制以及对联络站、维权站的督查回访等措施，提高办结率、消费者满意度等奖惩评比制度。“3·15”期间，组织多种消费维权大型活动，发布消费警示5条，悬挂条幅84条，制作消费维权纪实和打假成果展板8块，张贴“你消费、我服务，有事找工商”的大型宣传画2000余份，缩印名片般大小2000余张，发放宣传资料2万余份，法律法规手册3000余人次，受理消费者投诉16件。建立消费维权进校园长效监管新机制，推行校园周边经营秩序监管红黑榜公示制，实行“四统一”、“三公示”和10分倒扣法，使监管工作不再流于形式，经营者自己明确规范化经营的标准。全年共处理消费者申诉举报3109起，办结率100%，为消费者挽回经济损失302万元。

2010年，扎实开展12315消费维权“五进”工作，制定《关于继续推进12315“五进”工作的通知》，辖区共有12315消费维权站171个，其中商场(市场)33个、行政村34个、学校59个、社区38个，发放宣传资料15000余份，张贴宣传标语(画)200余份。启动鼓楼电脑电讯市场消费维权示范基地，开展了“3·15消费维权进农村”、家电下乡“大篷车”、“校园消费维权知识演讲比赛暨维权成果报告会”、家电知识农民消费课堂、家电、汽车等下乡政策及产品售后服务状况调查等活动。为确保9月份宁洽会暨中阿经贸论坛召开期间的消费安全，对辖区13家定点接待宾馆进行检查指导，设立12315监督服务台。在辖区范围内开展诚信单位组织申报工作，对申报的46家企业和个体业主按申报考核要求进行初审验收，37家单位验收通过。2010年共受理消费者申诉、举报、建议2640件，比上年同期下降7%，办结率100%，为消费者挽回经济损失305余万元，20家快速通道自办投诉206件，转办252件。

【红盾助企】 2008年，开展千名党员扶持千家企业活动，确定帮扶企业63户，培养“小老板”、培育“小企业”100户，创造新岗位1000个。

2009年，树立以促进发展为重、以优质服务为先的理念，为各类市场经营主体健康发展提供优质服务，吸收下岗职工、大学毕业生、失地农民从事个体私营经营1000余户，大力促进就业、再就业，放宽准入条件措施13条，培养小老板、小企业102户，创新岗位1030个；为515户提供温馨提示190次，下达各类提示书190次；为52户企业给予行政建议52条；首次不罚36次，限期整改100余条。办理动产抵押登记7起，担保资金总额3019.6万元，支持企业运用动产抵押形式融资，切实帮助中小企业解决融资难问题。

2010年，制定《兴庆一分局服务地方经济工作措施》，提出53条具体措施，简化登记注册手续和审批程序，制订《关于进一步促进兴庆区个体私营经济发展的若干意见》，培育45户规模较大的个体户发展为私营企业，培育小企业186家、小老板186个，创造新岗位1312个，开通企信通业务，为1400户企业发布3000余条信息，督促及时年检500余户，年内辖区各类从业人员增加1.5万人。开辟高校毕业生、返乡农民工创业、农民专业合作社登记的绿色通道，实施申请、受理、审批“三优先”的一站式服务，核定登记事项时放宽主体类型、字号名称、经营场所、经营范围的限制，允许注册资金分期到位，对应届及毕业两年以内的高校毕业生从事个体经营的，3年内免收登记类和证照类等有关行政事业性收费，共为274户高校毕业生、返乡农民工、下岗失业人员办理工商营业执照，减免各类费用6万余元。开展动产抵押登记工作，办理12起动产抵押登记，为各类企业融资33715万元。

【红盾护农】 2005年，开展打击假冒农资、种子、化肥等农药行动，共清理取缔无照经营户136户，查处违法经营户65户，捣毁黑窝点2个，查获劣质农药560公斤，

2008年，深入开展“红盾护农行动”，加大农村市场监管力度，配合区市局对辖区市场上经销的农药、种子、化肥开展抽检活动，共检查农资经营户62户，取缔无证经营3户，受理投诉5起，挽回经济损失0.96万元，进一步加大治理商业贿赂行为，重点监控化肥、农药、种子等重要农资产品的交易环节和重点领域，防止商业贿赂行为导致增加农民负担。对进入农贸市场和批发市场的鲜活农产品减半征收管理费，共减免各项费用106万元。发展、培育农村经济人5家，同时确定两个“涉农合同帮扶”重点对象，共签约涉农企业9家，签约订单14份，涉及金额1017余万元，订单履约率100%。

2009年，扶持农民专业合作社的发展，注册登记农民专业合作社49户，新登记30户，发展成员526人。指导金河乳业下设的农民专业合作社办理农民合作联社，指导银川玖加玖奶业专业合作社办理全区第一个鲜奶收购许可证。鼓励和支持信誉好、规模大的农资企业到农村开展农资连锁经营，减少流通环节，畅通流通渠道，降低流通成本。开展红盾护农专项整治，严厉查处2起坑农害农农资违法案件，没收各类不合格肥料69袋，没收违法所得1008元，罚款2008元。

2010年，一是加大对农民专业合作社的扶持力度，强化服务，创新工作方

法，引导鼓励农民成立专业合作社，使农民专业合作社蓬勃发展，注册各类农民专业合作社 93 户，比上年同期增长 186%，采取“巧登记、宽监管、重扶持”的方式，支持农村经纪人快速健康发展，新发展 100 户农村经纪人，完成全年任务的 111%。二是积极推进农业合同示范文本的使用，促进农业订单合同的应用，辖区 107 家企业与 247 户农户签订各类订单 447 份，金额 529 万元，履行订单 447 份，履行金额 529 万元，履约率 100%。三是深入开展红盾护农专项行动和家电、汽车、摩托车下乡市场专项整治，检查农资经营户 134 户、农资市场 1 个，下发宣传资料 5800 份，宣传人次 12000 余人，取缔无照经营 4 户，查处农资违法案件 2 起，受理投诉 59 件，为农民挽回经济损失 20.47 万元，在辖区 3 个涉农工商所培育 10 家农资放心示范店。

【信息化建设】 2003 年，建立局域网，建立健全书式和机读经济户口。

2004 年，推进建立电子台站帐，推行“三合一”式新台账试点工作。

2005 年，加大信息设施投入，新配置电脑 12 台，传真机 8 台，打印机 8 台，分局与工商所全部实行局域联网，12315 投诉单实行网上转办处理，工商所自行打照，微机开票收费，大大提高办事效率。

2008 年，大胆创新，推出“三合一”新式台账，辖区 2023 户食品经营户全部使用“三合一”新台账。新台账的倒查作用达到了追溯根源的目的，特别是在三鹿问题奶粉事件的清查中，“三合一”新式台账的运用发挥巨大作用，经营户通过台账销售存根，很快将批发出去的价值达 80 万元 833 箱三鹿牌婴幼儿问题奶粉召回封存。

2009 年，信息化建设再上新台阶。一是将农资“一账通”升级为电子台账，在农资批发户中推行“一账通”电子台账，使农资市场监管水平由低端向高端的延伸和转变，实现信息共享。辖区内 11 家农资批发企业推行“一账通”电子台账后，年均可节省各种索证索票复印费 5 万余元、产品质量检验费用 17 万余元，为企业节省大笔开支。二是将“三合一”新台账升级为电子版“一单通”，改变以往的手工管理方式，实现对食品的动态管理，提高工商部门的工作效率，突出管理重点，提升食品安全监管的科技含量。10 月份东环市场符合条件的 12 户批发商全部安装分局自行开发的电子台账软件，辖区各批发商、配送商全部启用新的“三合一”台账。

【依法行政】 2002 年，加大执法力度，查处了一批有影响的大案要案。在市局组织的交叉执法中，我局对郊区分局所辖区域进行检查，特别是城乡结合部、集贸市场周围地带严格检查，堵源截流，端窝挖点案值万元以上的达 15 起。

2003 年，加强执法检查，规范执法行为，在执法过程中，对轻微违法行为和不危害人民群众身心健康的行为，采取先告知，限期整改。在分局设立公示栏，公示公开所办理的案件，适用法律、依据、程序，同时公布监督电话，广泛接受群众监督。深化行政审批制度改革，登记程序由受理、审查、审批、发照四个环节简化为“一审一核”制，全面推行政务公开，推行岗位责任制、首问责任制、服务承诺制、办事限时制、绩效考评制和违诺追究制。

2004 年，全面实施阳光执法工程，推进依法行政。坚持处罚与教育相结合，坚持案件初审和复核制度，认真落实好行政执法责任制、重大案件集体审批制、挂牌督办公示制、错案追究制。同时加强普法宣传，共发放宣传材料 3 万份，对《行政许可法》等法律进行广泛宣传。

2005 年，树立“服务是宗旨执法是手段，发展是目的”思想，按照“重在规范、教育引导为主、处罚为辅”的原则，对轻微违法行为和不危害人民群众身心健康的行为，采取先告知、限期整改、立足教育、从宽处理，最大限度地保护生产经营者的积极性。同时，实施阳光执法工程，积极推进依法行政工作，对 14 起大案件实行公示制，接受群众监督。积极开展执法检查和案件清理工作，在局域网上开办“执法研讨”、“法制工作辅导站”、“新发速递”等栏目，普法治理工作得到上级部门的充分肯定。

2008 年，以“五五”普法、“法律六进”为契机，大力开展普法学习和宣传指导，共发放宣传材料 15000 余份，受理咨询 200 余人，对“说理式处罚文书”和“案件终结报告司法化”“自由裁量权”等办案工作新标准和新要求开展行政指导，规范自由裁量权。严格案件审核，加强执法监督，公示重大案件 3 起，督办重大案件 1 起，提交 14 起重大案件经“案件评审小组”会议通过。

2009 年，实施政务公开化、流程规范化、程序合法化、管理正规化。在办照过程中实行行政指导提示制、行政建议提示制、行政处罚警示制、行政行为提醒制，促进监管与服务方式的创新。实施办照时限承诺，放宽企业注册条件，进一步明确责任人的义务、职责、办照流程和程序。全面推行说理式行政执法文书及规范自由裁量权工作，推行主办人负责制、责任追究制和大要案件挂牌督办制及案件集体评议制，加大案件的执行力度，强化案卷管理工作。开展“五五”普法、法律“六进”活动，对干部进行《食品安全法》培训 2 次、考试 1 次，向经营户发放学习书籍 2000 本、《食品安全法》知识问答 2000 本。

2010 年，开展“五五”普法验收总结，建立起上下联动、各级责任人层层抓落实的普法验收总结工作格局。全面推行行政指导，制定下发《兴庆一分局全面推行行政指导工作方案》和《2010 年行政指导工作任务分解表》，根据各科、室、所工作职责，按照行政指导工作范围、内容进行具体分工，责任到科、室，细化到人头。

【队伍建设】 十年来，坚持不间断地加强队伍建设。一是每年都制定学习培训计划，实施“一月一法、一月一讲、一季

一考”的学习制度，采取集中学、个人自学、网上教育等多种方式，先后开展了党的十六大、十六届四中、五中全会精神、十七大、十七届三中、四中全会等精神学习；开展保持共产党员先进性教育活动，深入学习实践科学发展观活动；开展《公务员法》《公民道德建设实施纲要》《公务员行为模范准则》《WTO知识问答》《商标法》《食品安全法》《行政复议法实施条例》《食品流通许可证管理办法》、计算机等知识学习培训；举办“市场监管能手”、“登记注册能手”、“计算机操作能手”培训和组织执法人员考试等；开展“整顿作风、争当模范公务员”、“宗旨教育、纪律、作风教育”、“百日行风整顿”、“教育培训年”、“学习型机关建设”、“效能作风提升月”等活动。制定《兴庆一分局内务管理十条规范》，坚持从一日生活制度抓起，从严要求干部，规范干部的行为。全面推行干部绩效考核制度。还聘请行风义务监督员，充分发挥分局督查队的监督作用，全体干部的政治素质和业务技能得到较大提高。

【廉政建设】 十年来，每年都层层签订党风廉政责任书，实施廉政建设责任追究制，坚持按照谁主管、谁负责和一把手负总责的原则，确保廉政建设落实到人。认真贯彻中央惩防体系《实施纲要》，建立健全党风廉政建设制度，加强反腐倡廉教育，先后开展理想信念、党风党纪、廉洁从政、职业道德、先进典型案例的示范教育和警示教育，筑牢廉洁从政的思想基础。加强效能监察，规范执法行为，开展面向监管服务对象代表述职述廉及测评工作。充分利用板报、互联网、讲座、报告会，廉政影视作品，廉政图书资料，举行廉政书法漫画摄影比赛等多种形式，不断提高廉政文化活动的开放度和干部职工的参与度。认真开展廉政风险点防范管理工作，成立廉政风险防范管理领导小组，制定《兴庆一分局廉政风险防范管理工作实施方案》，明确全局各部门和岗位存在的4个方面18个廉政风险点，198个环节的主要表现形式，划分各风险点的等级，明确防范监控的责任主体，为抓好廉政风险点防范管理工作奠定坚实的基础。对执法办案工作中容易出现的“私解、私放、私变”行为，实施“三结合三监督”的严格监督审查，严格落实领导干部“一岗双责”，加大查办违法违纪案件力度，建立健全强化预防、及时发现、严肃纠正的工作机制。

【精细管理年】 2010年，是工商一分局的精细化管理年，按照区、市工商局的总体安排部署，紧紧围绕兴庆区党委政府的中心工作，对各项工作实行精细化管理，对基础管理、管理过程、绩效考核等方面提出精细化管理要求，进一步细化岗位职责，强化网格化监管，细化责任追究制度，加大追究力度，细化管理过程，促进工作落实到位，定量和定性相结合绩效考核，做到以检查促工作，以考核促效能，奖勤罚懒，进一步调动干部工作的积极性。

【机构改革】 2002年，完成城区分局机构改革和定员定岗工作，内设机构由过去10个合并为6个，将湖滨工商所与唐槐工商所合并，工商所由过去7个合并为6个，20名正副科所长全部实行竞争上岗，对新任科长实行大范围轮岗，全局人员从115名精简到80名。平均年龄从过去的44岁下降到38岁，大专以上学历人员占80%。

【基础建设】 2002年，成立信息服务部，负责为经营户咨询解疑，代办工商业务。在凤凰北街田平巷为唐槐工商所173平方米办公场所，解决多年来唐槐工商所无办公场地的困难。

2004年，撤销咨询服务部，将二楼会议室改造成注册大厅，实行一站式办公，一条龙服务。在丽景街工商所开展规范化建设试点，在加大硬件改造的基础上，加强“软件”建设，推进由收费型工商所向综合执法型工商所转变。

2005年，加强硬件改造，强化基础设施建设。投入60万元改善办公环境；规范工商所达标，改善新华、信义、唐槐、北环清河5个工商所的办公条件，将4个工商所内设机构为“三室一站”，一个工商所设为“两室一站”。9月份在区局规范化达标验收中全部顺利通过。

2008年，大力加强基层基础设施建设，争创星级工商所，先后投入40万元，为工商所配备电脑、空调、打印机等设施，在工商所规范建设全面达标的基础上，确定北环、丽景两个所创建三级工商所，信义所、唐槐所、新华所创建二级工商所，清河所创建一级工商所。

2009年，自治区工商局投资388万余元为分局购买新华、清和两个工商所办公场所，分局坚持把实事办好、好事做实，从装修、规划、设计、配备办公设备等方面入手，把新华、清和两个工商所打造成全区一流的工商所，彻底解决两个工商所的办公用房，所荣所貌焕然一新。

【个私协会】 2003年，组织召开个私协会换届工作，选举产生新一届协会领导成员。举办6期“四五”普法培训班，参加人数达3000余人，受教育人数占个体户总数的80%，组织发放“非典”宣传材料3000余份，倡议书500余份，营造“光彩林”植树1200余株，积极开展献爱心活动，协会出资、捐款达8960元，评选推荐“光彩之星”，协会会员为民运会捐款91147元，有13名捐款1000者受到表彰。

2004年，认真开展“四五”普法教育，积极开展党组织活动，开展社会公益事业活动，慰问帮扶困难户，“六一”前夕，组织会员向180名小学生送去价值8000元的学习用品。

2005年，协会以开展保持共产党员先进性教育为契机，围绕引导和发展个私经济开展工作。一是总结表彰2004年度先进个体经营户，有25名同志被授予“先进个体经营户”。二是重视党组织建设，组织20名党员会员到六盘山举行入党宣誓。三是组织各分会为残疾人、贫困群众等捐款10000元。

2008年，采取多种形式为个体私营

企业服务，慰问12户贫困经营户和老年公寓，赠送价值3000元慰问品，向汶川大地震灾区捐款37.8万元；做好“五五”普法工作，印发普法宣传单2000余份，法规知识宣传册400本；开展消防安全教育，组织经营户600余人观看《火海逃生》消防安全教育片；加强党建工作，有4名预备党员按期转正，11名入党积极分子被确定为党员发展对象，42名会员递交入党申请书。弘扬先进，协会理事马林峰荣获“全国文明诚信个体工商户”荣誉称号；协会副会长张志功荣获“银川市劳动模范、五一奖章”。

2009年，加强协会党建工作，2名会员光荣加入中国共产党，8名会员被确定为预备党员；辖区40名党员会员参加深入开展学习实践科学发展观活动；邀请党校教授给千余名个体户作应对金融危机报告；组织会员开展各种爱心奉献活动，筹措5000元资金，慰问贫困、孤寡个体户6户；搞好融资服务，解决个体私营企业贷款难问题；积极帮扶会员成功注册具有民族特色的商标；组织开展银川市首届文明诚信个体户、文明诚信私营企业评选活动。

2010年，一是加强协会党建工作，在协会党员会员中深入开展学习实践科学发展观活动。二是春节前夕对14家特困个体户进行慰问，对“颐享园”居住的农村“五保”孤寡老人送去3000元食品。玉树地震后，兴庆北区个私协会的六个分会积极奉献爱心，共向灾区捐款159484元。三是组织1500名个体工商户参加五五普法考试，使全体会员增强了学法的自觉性。四是开展评选“文明诚信私营企业”活动，上报的6户“文明私营企业”经银川市诚信建设领导小组验收全部合格。五是举办个体、企业妇女会员迎“三八”自主创业演讲会，来自6个分会的80多位会员参加了演讲会。

兴庆工商二分局

【概况】 银川市工商行政管理局兴庆二分局原名为银川市工商行政管理局商城分局，根据宁编办发【2002】298号文件要求，于2003年2月正式更名为银川市工商行政管理局兴庆二分局，为银川市工商行政管理局直属正科级机构。内设7个职能科室(办公室、财务科、纪检监察室、注册科、消费者权益保护科、市场合同监管科、商标广告管理科)，1个派出机构(经济检查队)，调整后的辖区为兴庆区新华街以南的区域，下辖商城、商都、西塔、生资、南桥五个工商所，分局所在机关设党总支，各工商所成立党支部。2004年12月根据上级要求，将兴庆区二分局中山南街小吃街以东、南门广场西侧至长城东路以东区域划入银川市工商局兴庆一分局辖区。2006年4月，商都工商所名称变更为东方工商所。银川市兴庆南区个体私营企业协会和银川市兴庆南区消费者协会为兴庆二分局所属事业单位。

十年来，兴庆二分局坚持以“三个代表”重要思想和科学发展观为指导，按照“四个统一”的要求，紧紧抓住人民群众最关心的利益问题和热点难点问题，竭尽全力维护好市场秩序，营造规范有序、公平竞争、和谐诚信的市场环境，切实抓好机关队伍建设和党建工作，大力提高服务水平，奋发进取，创新务实，着力建设服务型、学习型、信用型、卫士型的工商行政管理文明机关，取得了一定的成绩。2005年分局机关被自治区人民政府评为自治区再就业先进单位；被自治区工商局评为“五好工商局”和先进集体；连续三年被银川市工商局评为目标责任制考评先进集体。

【局领导名录】

局　长：张晓晖(2001.1~2004.3)
白金波(2004.4~2007.3)
王　兵(2007.4~2009.4)
陆　川(2009.5~2010.12)

副局长：王　兵(2001~2006)
秦　磊(2001~2006)
覃迎春(2002~2003)
殷仁俊(2007~2008)
杨　明(2007~2008)
郎随永(2007~2010)
苏　军(2009~2010)
雷　勇(2009~2010)

【注册登记管理】 2005年，强化注册登记工作，推进个体私营经济的发展。截至11月底，分局共注册个体户10216户，比上年同期增长9.4%，从业人员20432人，自有资金49298万元；私营企业393户，从业人员1604人，注册资本6832万元。一是严把市场主体准入关。新发展个体户3074户，从业人员6148人，注册资金6250万元；新发展私营企业65户，从业人员317人，注册资本1996万元。二是强化个体工商户的贴花验照和私营企业的年检。应参检441户私营企业，实检346户；对6874户应参加验照个体户进行了验照，实际验照6296户，验照率91.6%，注销545户。三是加大对无照经营清理取缔力度。全年开展3次查处无照经营的专项整治，检查经营户7540户，下发催办通知书230份，补办营业执照325份，取缔25户，立案查处16起，罚没款5万元。四是充实完善了经济户口。加强了企业信用体系资料的收集，书式经济户口、电子经济户口的输入真实、准确。

2006年，截止12月15日，辖区共有个体工商户8250户，注册资金23657万元。内资企业125户，其中，国有企业42户，集体企业51户，股份合作制15户，公司17户，注册资本(金)3383万元。私营企业474户，其中，有限公司132户，个人独资企业331户，合伙企业11户，注册资本(金)8770万元。规费收缴479.42万元。共立案138起，结案114起，罚没款57.9万元。

2007年，辖区有个体工商户9909户；内资企业118户，私营企业524户。总注册资金37536万元。收缴规费482.81万元。查办案件176件，结案163件。公示案件88件次，挂牌督办案件13件次，属重大研究的案件26件次，罚没款90.33万元。年检采取网上书式审查

与实地审查相结合的新模式。率先在商都工商所进行银行代收费试点工作。

2008年，截至10月24日，辖区共有内资企业109户，私营企业774户，个体工商户11067户。2007年度应验照7665户，全部验完，验照率100%。严格执行停征个体工商户管理费和集贸市场管理费工作，做好停征“两费”票据的清缴和退库工作。实行“重大、疑难行政许可集体研究、备案制度”，如集体研究解决关于银川剧院部分承租商户的营业执照能否吊销的问题，在实际工作中指导意义很大。

2009年，辖区共有各类市场经营主体14025户，其中各类企业1147户，个体工商户12878户。2009年新登记各类企业278户，个体工商户2661户。共收取企业和个体的注册登记费12.05万元，企业年检费3.06万元。查办各种经济案件162起，结案143起，收缴罚没款60.65万元。

【注册商标专用权保护】 2005年，加大保护注册商标专用权的力度，对新华百货购物中心有限公司、北京华联南门店内销售皮具、服装、皮鞋的专卖柜组的知名商标进行专项检查和登记备案。举办4期“商标法知识讲座”。开展商标专用权保护集中整治活动，重点对超市、商店、装饰材料市场进行清查，没收涉嫌侵犯商标专用权“‘哥们好’环保型装饰胶”33罐（桶），立案查处商标类案件2起，罚没款人民币7000元，有力地维护商标持有人的合法权益。

2006年，截至12月15日，共查处商标广告类案件46起。开展《商标法》及《广告法》的普法宣传，对使用时间长，发展前景好的“老字号”进行调研挖掘，对西桥、仙鹤楼等品牌注册商标进行备案。加强对辖区虚假药品保健品化妆品、虚假医疗广告的查处力度，全面整治外国品牌商标，对广告中使用党和国家领导人名义的违法行为开展专项检查，对“盐池滩羊”、“中宁枸杞”证明商标专项整治工作，维护了商标使用者的合法权益。

2007年，开展商标法律法规知识宣传和普及，帮助企业实施商标发展战略，并确定5户企业作为注册商标的帮扶对象。重点对食品、服装、茶叶等商品的商标进行检查，查处假冒商标案件2起。

2008年，成功帮扶企业注册商标12件，其中森淼种业、仙鹤楼有限公司、绿源茶业有限公司3家企业的注册商标，被评为宁夏第六届著名商标。

2009年，辖区各类经济主体共有注册商标180件，待审商标132件。开展商标帮扶工作，制订商标梯次培育计划，将自治区种子公司等七家注册商标进行驰（著）名商标培育，对40家企业进行商标帮扶，被国家商标局受理注册商标16件，3件商标被自治区命名为宁夏著名商标。加大对注册商标专用权的保护力度，共查处侵犯商标专有权案件9起，罚没款5.94万元，没收销毁侵权商品713件（瓶）。

【广告市场专项整治】 2005年，开展广告扶持工程。登记户外广告128件。对辖区内印刷品广告和店堂广告进行专项检查，全年查处广告类案件28起，其中虚假广告案件6起，其他广告案件22起，罚没款31868元；对128条广告进行规范和限期整改。

【合同管理】 2005年，开展以“重守”评选和推荐为载体的信用体系建设，先后对26户“重守”企业进行回访，回访率100%。对消费领域“霸王条款”实施专项检查，检查各类房地产、餐饮业、旅游业1587户，查处使用“免除经营者责任”、“排除消费者主要权利”、“加重消费者责任”等格式条款以及侵害消费者权益“霸王条款”的经营户56户，清理112条，下发《责令改正通知书》53份。确定《银川市工商局兴庆二分局实施服务领域合同示范文本工作方案》，实施合同解忧工程。

2009年，成立推广合同文本领导小组，推广服务领域合同示范文本。在辖区推行《家具买卖合同》500份、《市场场地租赁合同》200份，《农作物种子买卖合同》150份。截至2010年底，已在辖区推行合同示范文本1308份。

【市场监管】 2005年，共出动执法人员2万余人次，查结一般程序案件197起，结案192起，其中无照经营案件101起，产品质量法案件36起，广告类违法案28起，登记事项类13起，其它案件14起。先后开展两节市场食品安全专项整治活动；建材、装饰材料、灯具、电子产品、机电市场整治；农贸、农资市场监管；夏季食品安全及月饼市场专项整治；校园周边200米以内经营户检查。严厉打击传销和变相传销违法活动，打击非法拆解、拼装、组装汽车的行为，打击土炼油违法活动。纠正辖区内“开瓶费”现象。启动应急反应机制应对禽流感疫情，有效地控制疫情蔓延。

2006年，主要开展打击非法拆装、回收、拼装报废汽车，制售土炼油、地条钢，传销和变相传销，建筑、装饰材料市场，农资市场，烟草行业等13个专项整治活动。特别是春节后对昆仑钢材市场、长城建筑装饰材料市场进行较为全面的检查，查处33起销售不合格产品的案件，案值达120余万元。在开展打击商业贿赂的专项整治中查处3起商业贿赂案，罚没款7.1万元，涉及行业餐饮2起，娱乐业1起。

2007年，主要开展查处12款假冒伪劣手机、校园周边专项行动、农资市场专项整治、虚假宣传、虚假医疗广告、药品、食品和保健品广告、涉嫌冒牌、加油站检查等14个专项整治活动，先后对昆仑钢材市场、长城建筑装饰材料市场进行较为全面的检查，查处一批销售不合格产品的案件，共立案25起，案值90余万元。将银川一中、兴庆区第22小学等10所中小学的维权联络站命名为12315四级网站。

2008年，创新市场信用分类监管。在长城装饰材料市场试点主要采取电子监管方式，在西塔农副产品市场试点采用书式监管，建立文明（红）、诚信

(绿)、警示(蓝)、失信(黄)四个信用等级进行分类监管。该市场内163户经营户全部参加评定和挂牌，投诉下降74%。开展建筑装饰材料市场专项整治、农资市场专项检查、机电产品专项整治、奥运标志专用权检查、人力资源市场专项行动、殡葬用品市场专项治理等22个专项整治。截至10月底,共查办案件106件,罚没款53.97万元。认真抓好“打传”工作,成立兴庆区政府打传工作领导小组,制订兴庆区打击传销工作应急处置预案，成立打传志愿者队伍,捣毁2个传销窝点,遣散参与传销的人员100多人。制订《兴庆区开展“创建无传销社区(村)”活动方案》,为6个创建点举行挂牌仪式。

2009年,商品市场信用分类监管工作扩大到辖区24个市场，完成信息采集、电脑录入、建立制度和信用等级评定工作。24个市场中信用等级为A级的有14户,B级的有6户,C级的有4户。对24个市场内5982户经营户进行信用等级评定,A级5613户,B级348户,C级21户。开展非法出版物、低俗音像制品、奥运商品、卫星接收设施、化妆品、装饰材料、建筑材料、防水材料等12项专项整治,加强对辖区医疗、药品、食品和保健品等方面的虚假广告查处力度，办理广告案件11起，罚款9.45万元。采取有力措施做好甲型H1N1流感防控工作,加强市场卫生管理,加强对辖区农副产品市场禽肉及其制品的监管,强化进货查验制度和“挂牌经营”制度。严禁未经检疫的禽肉及其制品上市。制定《2009年兴庆区“创建无传销社区活动方案》，确定辖区陶瓷等6个社区为今年“无传销社区”创建点，突出加强对出租屋的检查和管理。强化对直销企业的监管。对辖区原注册登记的16户直销网点进行检查。2009辖区龙盘装饰材料市场被表彰为“全国创建诚信市场先进单位”，成为宁夏回族自治区唯一获此荣誉的市场。

【食品安全监管】 2005年,建立健全食品安全制度,先后制定“食品索证索票制度”、“进货验收制度” 等九项规章制度及操作规范。落实食品索证索票制度的经营户511户。逐级签订食品安全监管责任书,明确辖区食品安全监管责任人,明确经营者进货验收的法定义务与责任。加大执法巡查的力度,集中开展食品安全专项整治。以散装白酒、饮料、儿童食品为重点,对辖区内的食品经营户和校园周边200米以内的经营户开展集中整治。查处用硫磺薰制的八角调料660斤一案被总局列为“全国食品打假十大典型案例”。全年共查处关于食品类的案件13起，占总核审案件的6.8%,有力地打击经营食品的违法违章行为,维护流通领域的食品安全。

2006年,分局辖区有各类食品经营主体1578家,农贸市场4家,大型生鲜超市1家。针对食品种类繁多,来源复杂,城乡结合部无证、无照食品加工作坊隐蔽性强,食品安全形势较为严重的情况，成立食品安全工作领导小组,按照“突出重点、分步实施、关口前移、依法监管”的思路,以落实超市、农贸市场索证索票制度为牵引,推进监管关口前移,由“以打为主,打防结合”向“以防为主,防打结合”的转变,建立健全《兴庆二分局流通领域食品安全责任及考核办法》,重新制定管片人员巡查记录,开展重点品种、重点区域、农村食品、重大节日、清真食品等五项专项执法检查。全年共查处食品安全的各类违法违规案件11起,案值16.7万元,受理食品安全方面的消费申诉举报248起,为消费者挽回经济损失2.3万元。

2007年,以市场创卫为契机,先后投入240万对市场内硬件进行大规模的改造。全面贯彻国务院第503号令，在食品经营户中建立食品安全追溯机制,制定《银川市工商局兴庆二分局流通环节产品质量和食品安全专项整治实施方案》，建立重大食品安全事故应急处置机制,制定《银川市工商局兴庆二分局流通领域重大食品安全事故应急预案》、《食品安全预警及快速反应应急指挥机构及职责》，进一步完善流通领域食品安全监管十二项制度、农副产品市场(商场)七项自律制度、商品交易市场食品监管六项制度和食品经营者自律制度。组织食品经营户学习503号令6445人次，召开由近千名食品经营户参加的流通领域产品质量和食品安全专项整治报告会,在步行街组织食品安全咨询和真假食品鉴别活动。集中开展“农村食品市场整顿年”活动,加大农村食品市场监管力度。强化食品安全专项执法检查和日常监管,严厉打击制售假冒伪劣食品违法行为，先后开展了“两节”食品市场、清真食品、猪肉市场、农村食品、茶叶市场等七个食品方面的专项整治，共检查各类食品经营主体1289户,查处无照经营421户。立案查处假冒伪劣食品案件14起，收缴罚没款8.71万元。经过全面整治,辖区所有各类食品经营主体1289户，全部达到了“三个100%”的目标。

2008年,进一步健全和规范食品安全追溯制度,侧重改进和延伸索证索票和进货台账制度两项制度,制定《兴庆二分局十大类重要商品建立 “两项制度”实施方案》,在十大类重要商品经营主体1162户中建立“两项制度”。将“两项制度”建立向农村延伸,制定《兴庆二分局食品索证索票和进货台账“两项制度” 向农村延伸的实施方案》，辖区94户农村食品经营户全部建立 “两项制度”。使追溯制度走上良性发展的轨道。制定《银川市工商局兴庆二分局食品安全大检查行动实施方案》，成立食品安全大检查行动领导小组,先后开展食用油市场、迎奥运迎大庆流通环节食品安全、奶制品、“一节一会”食品安全、豆制品禁裸等9个专项检查工作。制定《银川市工商局兴庆二分局关于推行“三合一”台账督察追究办法》,举办“三合一”台账培训班16期，参加培训的食品经营户1143户,全部建立了“三合一”台账。严查含三聚氰胺婴幼儿配方奶粉及

其它奶制品。责令下架含三聚氰胺奶粉196.4公斤、液态奶22.5公斤、大白兔奶糖107公斤，为消费者退问题奶粉424.9公斤，价值近3万元，解答有关奶制品的咨询91件，调解有关奶制品申诉举报5件。

2009年，认真学习宣传新颁布《食品安全法》，对11643户经营者进行《食品安全法》和《食品流通许可证》宣传教育，举行专题讲座6次，发放宣传资料5000余份，制作宣传展板28块，设立咨询点5处，受理消费投诉、举报56件，悬挂标语、横幅33条。设立“食品流通许可证登记窗口”，专门受理、审核、发放《食品流通许可证》。在辖区1145户食品经营主体中推广“一单通”制度，在3个农贸市场的35户熟食制品经营户建立市场监管“四项制度”。节日期间采取执法检查、端窝挖点等措施抓好市场整治，还开展清真食品、月饼、食用油、进口猪肉、狗肉等专项整治。分局食品检测中心对五十七大类593个批次的食品质量进行快速检测。建立高危行业长效监管机制，成立专项工作领导小组，制订《高危行业市场巡查制度》《高危行业企业（个体）联络员管理制度》《高危行业监管工作考核细则》和监管实施方案和考核细则，采取先内后外的顺序，组织开展内部排查登记档案、实地清查建档立卡、亮照经营专项整治三项治理。对高危企业实行指导、规范、服务三统一。

【消费维权】 2005年，开展消费维权进校园、进社区、进乡镇活动，拓宽消费维权网络。在辖区内的新华街办事处嘉园社区、胜利街办事处清和社区、回民一小、银古路办事处等设立4个四级网站。先后开展《消费者权益保护法》的调研工作，“食品放心工程消费者满意度评价调查问卷”活动和“全国千万家庭食品安全知识大赛”活动，发放食品安全知识问卷2000余份。“3.15”活动期间发放宣传资料6000余份，宣传标语111条，受理投诉118件，现场解答咨询2000余人次。截止2005年11月18日，分局各级网站共受理消费者申诉举报5719起，办结率98.7%，回访1629起，满意率为99.8%，为消费者挽回经济损失100.36万元。受理消费者来访咨询1938人次。

2006年，成立“3.15”领导小组，召开会议，认真部署并抓好落实。“3.15”活动期间，对建材市场、钢材市场、农贸市场等关系人民身心健康的行业进行专项检查，共检查1000多户，立案6起，有力打击违法经营行为。在新华东街悬挂条幅68条，设立申诉咨询服务和假冒伪劣商品展示台，提供消费者咨询服务500余人次，受理申诉25起，现场处理10起，发放各种宣传资料5000余份。12315网络升级后，对二、三级网站进行指导和培训，提高工作人员消费维权的执法能力。截止2006年12月15日，12315共受理消费者申诉举报3954起；四级网站共受理消费者申诉910起，办结率98.5%，为消费者挽回经济损失86.1万元；消费者协会全年共受理消费者投诉120起，全部办结，为消费者挽回经济损失9.8万元。

2007年，开展消费者“信得过单位”评选活动，评选出银川仁安堂大药房有限公司等70户企业为兴庆南区消费者协会“信得过单位”。兴庆南区消费者协会让诚信单位享受到在建行新华东街支行优先贷款、经营户负责人进行标准型体检优惠50%、诚信单位相互之间消费享受最低优惠的实惠。

2008年，开展“一会两站”网络建设，共建立7个消费者协会分会，21个12315申诉举报站和消费者投诉站，已全部覆盖辖区的街道办事处和社区居委会。开展消费纠纷调解工作，快速、高效地接转、受理消费者申诉举报，保证消费者申诉“事事有回音，件件有落实”。开展消费维权“进校园、进课堂”活动。开展消费维权快速通道建设，首批命名的5个大型商场，直接调解消费纠纷56起，将问题解决在消费的第一线。截至10月底，分局12315消费者申诉举报中心共受理消费者申诉举报2214起，比去年同期下降30%，办结率99.8%，为消费者挽回经济损失32.58万元；消费者协会全年共受理消费者投诉126起，比去年同期下降2%，全部办结，为消费者挽回经济损失11.9万元。

2009年，兴庆南区消协创建了消费投诉和解网络平台，建立消费纠纷自行和解机制，首批命名15家投诉和解联络单位。率先在清真寺建立消协投诉站和12315联络站。创建“一会两站”60个，“产品质量和食品安全示范店”9个。“3.15”宣传周活动期间，在辖区小学、社区和农村均开展“消费与发展”活动，设置6个点宣传咨询台，发放各类宣传资料1.61万份，受理消费者投诉举报107起，解答咨询980人次。强化消费维权进校园工作。启用12315视频调解系统，给6所中小学配置6套视频设备，组织学生开展消费维权有奖知识竞赛活动，设立“维权小哨兵”、消费监督岗，开展万名师生维权签字仪式和维权征文、维权故事等活动，提前实现“两进”活动要求的4个100%，完成兴庆南区消费者协会换届工作。做好四项消费方面的社会问卷调查工作。分局12315消费者申诉举报中心共受理消费者申诉举报2143起，办结率99.7%，为消费者挽回经济损失48.42万元。

【红盾护农行动】 2006年3月份，在塔桥村、上前城村召开“红盾护农”和“村所挂钩”座谈会，在这两个村建立“村所挂钩”12315维权站的工作职责和制度，各村专设维权站办公室，有专人负责维权站的具体工作；上墙公示《维权站工作职责》《维权站工作流程》《维权站工作制度》；设立公告栏，定期发布涉农商品的信息和警示公告。对大新乡塔桥村“村所挂钩”联络站和农资经营户进行检查，先后查获两起伪劣化肥案件，共没收违法所得1.26万元，没收不合格化肥1.5吨，罚款3.52万元；同时还取缔一户无证经营农资经营户。5月，对区种子公司进行实地调查并签订2006年《农资商品质量安全责任书》。

2007年,全面服务新农村建设。一是严把市场准入关口,建立规范农资经营准入体系,建立健全"两账两票、一卡一书"制度,同时与辖区农资经营户普遍签订了《农资商品质量安全责任书》。二是对农资违法行为从重处罚,严厉打击农资非法经销商。三是对农村经纪人进行摸底调查,召开两次农村经纪人培训讲座,发放宣传资料160份,受教育人数达230人次。四是加强对农村四级网站的指导,对塔桥、上前城"12315涉农维权站"定期给予指导和帮助。

2008年,制定红盾护农工作方案,严把市场准入关口,规范农资经营准入体系,严厉打击农资违法经营行为,建立"12315涉农维权站",推进订单农业和合同帮农工作,发放"农村经纪人"、"合同帮扶"订单农业工程宣传资料360份,受教育人数达530人次。

2009年,采取一系列的措施,服务农村和农民。一是分局与农牧部门联合制作并悬挂"公示牌",向消费者明示服务承诺、自律制度和消费警示的内容;二是指导宁夏区种子公司安装新的电子台账,并推广使用新的《农作物种子买卖合同》;三是建立辖区农资经营户农资"一账通"凭证,推进农资商品质量可追溯监管;四是开通"合作社直通车",注册登记窗口向农户做出"符合条件随到随办"的承诺,共登记农民专业合作社4户;五是在花卉市场、农副产品市场培育113户农村经济的经纪人,六是做好"家电下乡"工作,确保农民买到国家补贴的放心家电。

【就业再就业服务】 2005年,积极为下岗失业人员提供良好的服务,截至2005年10月,扶持下岗人员从事个体经营1409户,减免各项规费210余万元。

2006年,落实国家关于个体私营经济发展的各项优惠政策,在注册窗口开辟下岗再就业专用绿色通道,在市场准入、政策支持、收费减免、提供服务等方面提供便利,鼓励下岗失业人员、高校毕业生等各类人员创办小企业、自主创业和自谋职业。全年登记下岗个体户1276户,免交注册登记费、管理费共计35.8万元。

2008年,开展"千名党员联系千家企业"活动。采取党员申报帮扶对象,建立帮扶企业档案的办法,分局66名党员确定66家帮扶企业。培养60个小企业、60个小老板,创造300个就业岗位。举办大学毕业生创业指导会,培训大学生1300多名,扶持两名大学生老板办理营业执照。发展新增再就业1103户(含小企业60户),创造再就业岗位2914个,为下岗职工、残疾人、大中专毕业生、复转军人减免管理费70.6万元。

2009年,认真落实国务院就业再就业"十项措施"。为实现"五个鼓励一个配合"的承诺,对新设立的企业发放《创业提示书》;做好行政指导,设立就业再就业绿色通道;创建"红盾服务创业第一岗";应对经济危机,在金凤凰电影院举办企业年检、商标助企、打击传销及促进创业培训大会;开展"助企申贷"活动,个私协会与中国邮储银行宁夏分行直属支行联系,为会员开通"贷款绿色通道",共为85名会员发放贷款1013万元;开展以"服务促发展,真情助企业"为主题的工业企业走访月活动;在企业年检中采取延长一个月的年检时间,延长对不参加年检企业的吊销营业执照的行政处罚至2009年6月底,对超过年检时限的企业以批评教育为主,不实施行政处罚等柔性措施。全年培养小企业96户,小老板96位,提供就业岗位526个,登记各类创业者从事个体经营120户。

【寄卖行专项整治】 2006对设立的寄卖行进行认真清理,严禁寄卖行从事房地产抵押、财产权利质押、旧机动车业务等超范围经营的项目,责令办理变更经营范围6户。整治期间,各工商所重点查处寄卖行超范围经营,清理取缔写有典当、质押、抵押或者类似内容的广告、门头、牌匾和无照经营的寄卖行。同时确立南门、南桥、西塔等区段为重点区域,加强巡查和监管力度。整治期间共拆除广告牌22块,清除违规字样36幅,对5户没有参加验照且不再经营的予以注销。通过整治,进一步加大对寄卖行的监管力度,对这一行业采取了只出不进的政策,目前寄卖行共在册8户,呈逐步减少的状态。

【信息化建设】 2005年,将信息化建设和各项业务工作密切结合,登记管理、执法办案、规费收取、经济户口均实现网络化运行。完善企业信用分类监管体系,实现阳光收费,网络办案。改进内部办公网和红盾信息网,基本实现办公自动化。

2006年,根据全区工商系统联网的需要和行政区划调整、区域巡查责任制的要求,制定标准、立足运用、清理动态信息、调整个人独资企业、合伙企业注册号、调整工商所的监管数据。使得数据库的质量有了进一步的提升,实现数据库的建设与日常监管制度的有机结合,达到数据上交的要求。

2007年,率先在商都工商所进行银行代收费试点工作,完成软件制作、所有工号录入工作和网络的对接工作。

2008年,完成资产管理信息系统试点工作。建立资产信息系统,方便查询和管理。对"行政事业单位资产管理系统软件"运行过程中发现的问题,提出整改措施,促进单位资产管理度的健全。

2009年,对网络商品交易和服务实行监管,分局抽调精通网络的工作人员组成了探索网络商品交易和服务监管课题研究小组,印发《银川市工商局兴庆二分局探索对网络商品交易和服务实行监管的途径实施方案》,完成一篇相关的调研报告。课题组采取多种方式学习掌握网络商品交易的基础知识,找出了目前工商部门对网络商品交易监管存在的问题,并提出相应的解决方法。

【信息公开】 2008年,认真落实《中华

人民共和国政府信息公开条例》，按照《宁夏工商行政管理局政府信息公开指南》和《宁夏工商行政管理局政府信息公开目录》的内容和要求，制作公示展板和公示栏18块，对外公开所有应公开的内容。进一步落实服务承诺，首办责任制，完善预约服务。一是简化注册登记程序，按照《行政许可法》的要求，制定《注册登记程序规定》，对外实行一个窗口办理各类经营主体的注册登记业务，对内实行“一审一核”、“登管分离”，极大地提高了办事效率；二是按照国务院、国家工商局、自治区政府清理行政规章的要求放宽登记注册条件，凡法律、法规无明文规定的，一律不再作为前置审批手续；三是对注册登记的范围、依据、时限、表格填写范本、收费标准、岗位责任进行全面公示，为办事人提供方便，接受社会各界监督。四是在注册登记岗位提倡“绝不轻易说不”亲情服务的工作作风，在做到一次性告知一口清的基础上，只要是办事群众遇到的问题，都主动帮助协调解决。推进办案司法化终结报告制度，组织司法化文书专题培训4次，全年所有案件的办理已全部落实文书司法化终结报告制度。

2009年，开展党务政务信息公开。制定实施方案，成立领导小组，明确公开的基本原则、程序、形式和主要内容。将应该公开的信息在宁夏红盾信息网和兴庆区政府网站进行公开。

【法治建设】 2005年，认真实施“四五”普法工作，顺利完成普法验收。对各类经济主体进行培训40余期，受教育4万人次，举办法律法规知识讲座7次，举办知识竞赛1期，开展普法考试40余次。共核审案件192件。开展法制工作调研，分局撰写《加强信用体系建设构建和谐宁夏》一文在自治区建设法治责任政府征文比赛中评为优秀奖。

2006年，创新执法办案制度，采用“案件核审流程控制单”监督办案。组织办案人员旁听行政诉讼。规范了行政强制措施的使用。推进监管制度改革，促进经营户诚实守信。对经营户的管理按照信用等级进行分类处理，制作5000份《食品安全承诺书》，要求兴庆南区全体从事食品生产、经营的业户，就有关食品安全的十一项内容向广大消费者公开承诺，确保食品质量安全，自觉接受工商部门的监督和检查，以督促经营户诚实经营。

2007年，层层签订《兴庆二分局行政执法责任制工作岗位目标责任书》，改进《兴庆二分局案件核审流程控制考核表》，开展“五五普法”工作，采取“科所长主讲一堂课”形式，培训《农民专业合作社法》《物权法》《国务院关于食品等产品安全监督管理的特别规定》等新的法律法规，促进执法人员法律素质的提高。

2008年，完成行政指导建章立制工作。率先编发《兴庆二分局推进行政指导工作方案》，建立《兴庆二分局行政指导制度汇编》，通过制度规范行政指导工作，落实对行政相对人的引导、劝导、提醒、违法疏导、行政建议等制度。建立兴庆二分局企业工商联络员制度、企业退出市场提示单、“事先指导、事中规范、事后巩固”的工作制度等对外履行行政指导工作方法和办法5个。对各科室所的行政指导职能进行分工，使全局行政指导工作有章可循、有据可查、责任明晰、考评到位。

2009年，规范行政执法行为，制定了方案，建立五项制度，落实了“四书一表”工作，促进了行政指导工作的制度化、规范化。严格实行案件立、结、销审批制、行政处罚书及时备案制、强制措施审批制等七项制度，规范办案工作。法律文书的使用严格按照新版处罚文书使用手册进行规范。依法严格核审案件，严把案件质量。分局严格依照法律、法规，从立案条件、违法主体认定、违法事实、证据材料、执法程序、定性处罚等方面进一步规范办案工作；对重大、疑难案件进行案前沟通和集体研究；行政处罚书、终结报告的制作按照区市局说理式行政处罚文书要求制作；实施行政处罚自由裁量权按照上级有关规定严格核审把关，提出核审意见429条，通过局域网平台进行业务指导54篇，有效规范了分局行政执法行为。

【廉政风险点防范管理】 2009年，按照区、市工商局开展廉政风险点防范管理工作的统一部署，本着“全员参与、扎实推进、把握重点、务求实效”的原则，紧密结合工作实际，精心组织，周密安排，从严从深查找廉政风险点，在全局构建起“岗位履职有标准、防控管理有措施、问责追究有依据”的风险防控体系，有效地提高了广大党员干部的风险防范意识，实现纪检监察与工商工作的紧密融合。自治区直属机关党建第四片、银川市直属工委、银川市工商局分别在兴庆二分局召开了现场会，来自区、内外34批兄弟单位来我局进行了参观学习。

2010年，廉政监督工作在自治区纪委推行深化廉政风险点防范管理工作经验交流会、自治区工商局半年工作会议上进行经验交流，银川市纪委、兴庆区纪委的廉政风险防范管理工作现场会在该局召开。10年来，分局深入开展廉政风险点防范管理工作，经过探索、实践、深化、巩固等环节，通过制度+科技的手段，建立一整套集廉政教育、廉政监督为主体，廉政文化为补充的廉政风险防控体系。接待区内外的现场会、参观团87批次，1480人次。连续多年被自治区工商局、银川市工商局授予深化廉政风险防范管理工作先进单位、政风行风建设先进单位等荣誉称号。

【队伍建设】 十年来，分局始终把队伍建设放在重要的位置，先后开展先进性教育活动，党纪政纪法纪教育，精神文明创建活动，社会主义荣辱观教育，学习实践科学发展观活动，四德”教育活动，“能力建设提高年”，“读书月”、“好读书、读好书、善读书”活动；举行争创“服务标兵”、“办案能手”、“维权能手”岗位评比竞赛活动，“解放思想大讨论，矛盾纠纷大排查，计算机操作比赛、食品安全快速检测技能大赛，演讲比赛活动。采取以案说法、专题培训班、以会代训、法治在线等形式，不断提高分局干部职工的政治业务素质。

【创建文明单位和星级工商所】 2008年，开展星级工商所的创建活动。成立创建活动领导小组，制定了创建规划，确立各工商所的创建目标，五个工商所在原“三室一站”基础上均星级标准配齐了会议室、档案室、活动室、更衣室和仓库；办公家具、文件资料柜、电脑、电话机、打印机、传真机、空调、执法办案车。建立内务、业务和党组织管理制度等。抓好自治区级文明单位的创建工作。分局在05年底创建市级文明单位的基础上开展“我为创建文明单位做贡献”活动，申报自治区级文明单位，通过兴庆区文明委的初验并列为推荐单位，接受银川市文明委的验收。被宁夏回族自治区精神文明建设指导委员会评为2009—2012年度文明单位。

【个私协会】 2005年，个私协会成立先进性教育领导小督导组和活动领导小组，做好全过程的教育和督导工作，共出简报11期、板报8期，撰写党性分析材料22份，确保活动扎实有效。开展“重操守、讲诚信，创光彩业绩”活动和争做银川市“模范个体工商户”活动，有5家私营企业和60户个体工商户受到银川市委、市政府和个体私营协会的表彰。下发向卢雪鹏同志学习的通知。召开“追忆烈士身影、缅怀英雄事迹”座谈会，并为卢雪鹏烈士的家属送去6000元慰问金，为烈士家属捐款4万余元。针对个体工商户、私营企业贷款难的问题，协助有实力的会员成立宁夏第一家私营企业的信用联保商会。组织辖区个私企业经营户积极参加银川市劳动和社会保障局非公有制经济组织及从业人员基本养老保险启动工作，积极配合政府部门想方设法做上访个体户思想工作。为解决原商城个体户的安置问题，个私协会成立银川商城改造安置领导小组，召开各类座谈会、协调会、党员大会达18次，起到了很好的沟通和协调作用。

2006年，春节前夕个私协会会长和理事看望了6户困难个体户。“六.一”前个私协会党支部在党员中开展“关爱儿童、奉献爱心”的主题活动，为固原市官厅乡高庄村“光彩小学”和灵武市狼皮子梁“光彩小学”贫困的孩子购买价值总计约4.5万元的文化用品和生活用品。11月，个私协会开展“为评选全国见义勇为英雄卢雪鹏投上神圣的一票”活动，共计投票26000张，通过短信发放30万条信息,卢雪鹏获得“全国见义勇为先进分子”。

2007年，个私协会坚持“三自”方针，在加强协会内部建设的同时，先后开展扶贫济困、庆祝“三八”妇女节、“迎奥运·庆五一”全民健身体育比赛等多项活动。重点开展“党建月”活动和参与兴庆区人大换届选举工作。“党建月”活动期间，开展了民主评议党员、“我为党旗添光彩”、“我为两个最适宜城市献言献策”、“重走长征路、重温入党誓词、弘扬先烈精神、增进爱国情怀”等活动。因协会支部党建工作突出，被中共银川市个私协会党委表彰为“先进基层党支部”。精心组织兴庆区人大代表第5选区的换届选举工作。9月18日协会召开选举大会，发出选票1500张，收回选票1449张，选民的参选率达到99%。

2008年，个私协会加强会员党建工作、为会员提供服务取得了新的进步，先后召开了兴庆南区个私协会第二次代表大会和“讲诚信、重操守”表彰大会；组织300人参与奥运火炬银川传递活动；参加宁夏回族自治区成立五十周年庆典大会、《盛世宁夏》文艺演出，增强了为地方经济建设做贡献的信心和民族自豪感。

2009年，积极开展首届银川市级文明诚信个体工商户评选工作，辖区45家个体工商户被市政府诚信办、市个私协会命名表彰为文明诚信个体工商户。与宁夏西部创业技能培训学院联合举办三期创业能力培训班，60名会员参加培训，并拿到《创业培训合格证书》。组织18名个私协会骨干参加市个私协会举办的个体／私营企业管理师培训，推进创业和就业。为解决会员经营资金困难问题，协会主动与资产优良、实力雄厚的中国邮政储蓄银行宁夏分行直属支行联系，为会员开通贷款绿色通道，共为85名会员发放贷款1013万元。新春之际，印制万份致个私经营者的慰问信送发辖区会员，组织慰问23户困难户，发放慰问金和慰问品共计8600元。6月份，与分局共同举办全民健身运动会，690人参了17个项目的比赛，国庆节前，分局与个协一起联合举办千余人参加的庆祝新中国成立六十周年“红歌大家唱活动”，10月，组织协会22名党员到北京6个基地进行爱国主义教育活动。

2010年，协会在解决会员资金短缺困难问题上大下功夫，协调中国邮政储蓄银行银川支行为辖区150家商户贷款1500多万；石嘴山银行银湖支行为辖区93家商户贷款1200多万元，解决商户流动资金不足的燃眉之急，拉动更多创业产业。两次与宁夏西部创业技能培训学院联合举办个体私营企业创业与发展培训班，培养发展60名个私企业老板，带动200名失业者创业。积极开展首届银川市级文明诚信个体工商户评选工作。元月27日，银川市诚信建设领导小组和银川市个体私营企业协会联合组成文明诚信私营企业验收小组，对协会上报的银川市全顺商贸有限公司等7家文明诚信私营企业候选工商户进行实地检查验收。春节到来之际，协会慰问11户生活困难的个体工商户和卢学鹏烈士遗属，为他们送去价值3600多元的大米、白面、胡麻油等年货；1月29日，西塔宾馆用品市场发生大火，28家商铺受损，2月8日上午，协会在西塔工商所召开有28名受灾会员参加的慰问会议，送上价值8400元的大米、白面、胡麻油等年货和新春的祝

福。3 月 11 日上午，兴庆南区个私协会与兴庆工商二分局消保科共同召集部分超市经销食品的会员 60 名，座谈食品安全问题，教育杜绝经销假冒伪劣和过期食品，严格遵守职业道德和社会公德。4 月 14 日，青海省玉树藏族自治州发生强烈地震，会员踊跃为地震灾区捐款 38560 元。

税　务

银川市兴庆北区国家税务局

【概况】 兴庆北区国家税务局是银川市国家税务局所属的县、市、区（科级）税收管理局。2003 年 4 月，在银川市行政区划调整时，由原银川市所辖的 3 个基层分局撤并后组建为银川市国税局兴庆二分局。2005 年 6 月，更名为银川市兴庆北局国家税务局。2010 年，在职干部职工 120 人，党员 67 人；平均年龄 43 岁，大专以上学历人员占总人数的 95%，取得专业技术职称的人员有 70 人。内设办公室、人事教育科、监察室、党办、征收管理科、税政科、政策法规科、收入核算科、纳税评估科、信息中心 10 个行政、业务科室；外设湖滨税务分局、信义税务分局、掌政税务分局、纳税服务科（办税大厅）4 个派驻机构。负责唐徕渠以东，解放街延至清和街和银古公路以北，东与灵武市、平罗县，北与贺兰县交界范围内各类纳税人的国税征管工作。2010 年底，兴庆北区国家税务局共管理各类纳税人 9871 户，其中一般纳税人 1843 户，小规模纳税人 3674 户，个体工商 4354 户。纳税人总户数占银川市总管户的 28%，管户位居宁夏国税系统第二。2008 年，荣获全国“巾帼文明岗”称号。

【局领导名录】

局　长：刘大寰（2001.01～2002.09）
王淑珍（2003.01～2008.07）
何　兵（2008.08～2010.06）

副局长：朱金凤（2001.01～2003.03）
孙汉强（2001.01～2007.07）
白晓明（2001.08～2003.03）
潘奋农（2003.03～2005.03）
屠少军（2003.03～2008.05）
卢宝铭（2007.07～2010.12）
孙伟军（2009.06～2010.12）

【税收收入】 2003 年，截止 11 月 30 日，组织工商税收收入 13920 万元，完成年度计划的 104%，比时间进度快 12.3 个百分点，超收 1651 万元，提前 40 天实现全年税收任务。中央级收入完成 10178 万元；地方级收入完成 3741 万元，完成年度计划的 100.57%，比时间进度快 8.9 个百分点，超收 331 万元，其中增值税市本级收入 2562 万元，完成年度计划的 93.18%。“两税”累计入库 10263 万元，企业所得税累计入库 3098 万元，外资企业所得税累计入库 7 万元，个人储存利息所得税累计入库 526 万元，金融保险营业税 26 万元。

2004 年（截止 12 月 20 日），全局共组织税收收入 18933 万元，同比增长 26.09%，增收 3918 万元，完成年度计划 1.6 亿元的 118.33%，比时间进度快 18.3 个百分点，超收 2933 万元，提前 40 天完成全年税收任务。中央级收入 13684 万元，增长 25.05%，增收 2741 万元，完成年计划的 118.3%；地方级收入完成 5251 万元，增长 28.95%，增收 1180 万元，完成年计划的 118.48%，其中市本级收入 4158 万元，增长 24.72%，增收 824 万元；兴庆区级收入 182 万元，增长 47.97%，增收 59 万元。“两税”收入 13716 万元，增长 20.5%，增收 2333 万元；三项所得税收入 5219 万元，增长 44.77%，增收 1614 万元，完成年计划的 141.05%。

2005 年，市局下达的税收任务为 24115 万元。累计组织入库税收收入 30310 万元，同比增长 55.32%，增收 10796 万元，完成年度计划的 125.69%，超收 6195 万元。中央级收入 20590 万元，增长 48.56 %，完成年度计划 16995 万元的 121.15%，超收 3595 万元；地方级收入 9720 万元，增长 71.91%，完成年度计划 7120 万元的 136.52 %，超收 2600 万元。地方级收入中，市本级收入 5088 万元，增长 52.61 %，增收 1754 万元；兴庆区级收入 1772 万元，增长 38.33%，增收 491 万元，其中增值税入库 1200 万元，完成兴庆区下达任务 1080 万元的 111.11%，超收 120 万元，同比增长 11.73 %，增收 126 万元。“两税”收入完成 16011 万元，增长 11.75 %，增收 1685 万元，完成年度计划的 99.98%，其中增值税完成 16002 万元，完成年度计划的 100.01%，同比增长 11.77%，消费税完成 9 万元，完成年度计划的 61.23%，同比下降 26.3%；三项所得税收入完成 14299 万元，增长 175.82%，增收 9114 万元，完成年度计划的 176.53%，其中内资企业所得税完成 3880 万元，同比下降 7.5%，外资企业所得税完成 9121 万元，同比增长 905 倍，个人储蓄利息所得税完成 1297 万元，同比增长 32.52%。

2006 年，累计组织入库税收收入 32469 万元，完成年度计划的 100.49%，同比增长 7.12%，增收 2159 万元。中央级收入 22096 万元，完成年度计划 21745 万元的 101.61%，同比增长 7.31%，增收 1506 万元；地方级收入 10373 万元，完成年度计划 10565 万元的 98.19%，同比增长 6.72%，增收 653 万元。地方级收入中市本级收入完成 5455 万元，完成年度计划 5404 万元的 100.95%，同比增长 7.21%，增收 367 万元，其中增值税市本级 3046 万元，同比增长 8.78%，增收 246 万元；所得税市本级 2409 万元，同比增长 5.3%，增收 121 万元。地方级收入中兴庆区级收入完成 1907 万元，完成年度计划 1842 万元的 103.55%，同比增长 7.64%，增收 135 万元，其中增值税收入 1306 万元，增长 8.75%，增收 105 万，剔除上年完成基数中 120 万元挖潜增收的不可比因素，实际增长 20.93%，增收 226 万元；所得税收入602万元,同比增长5.3%,增收30万元。“两税”收入完成17418万元,增长8.75%,增收1401万元;三项所得税收入完成15051万元,增长5.25%,增收751万元。

2007年,累计组织入库税收收入44593万元,完成年度计划35200万元的126.69%,超收9393万元;同比增长37.34%,增收12124万元。中央级收入29609万元,同比增长33.64%,增收7453万元;地方级收入14984万元,同比增长43.90%,增收4571万元。地方级收入中市本级收入完成7419万元,同比增长35.61%,增收1948万元;兴庆区级收入完成2448万元,同比增长28.09%,增收537万元。“两税”收入完成19007万元,增长9.16%,增收1594万元;三项所得税收入完成25586万元,增长68.81%,增收10430万元。

2008年(截止11月30日),累计组织入库税收收入46617万元,完成年度计划45900万元的101.56%,超收717万元;同比增长9.76%,增收4147万元。中央级收入30858万元,同比增长10.01%,增收2807万元;地方级收入15759万元,同比增长9.29%,增收1340万元。地方级收入中市本级收入完成7745万元,同比增长9.84%,增收694万元;兴庆区级收入完成2537万元,同比增长10.42%,增收239万元。“两税”收入完成19229万元,增长12.35%,增收2114万元;三项所得税收入完成27388万元,增长8.02%,增收2033万元。

2009年,累计完成税收收入49062万元,其中中央级收入32713万元,兴庆区级收入2670万元,完成年度计划43608万元的112.51%,提前67天超额完成全年税收任务,超收5499万元。

2010年(截止11月30日),累计实现税收收入64051万元,完成年度税收计划54877万元的116.72%,比时间进度快25.05个百分点;市本级完成10366万元,为年度市本级计划任务9240万元的112.19%,比时间进度快20.56个百分点,全局提前70天完成全年税收收入任务。

【征管改革】 2003年,按照银川市征管改革方案,结合工作实际,起草《税收信息化征管改革实施方案》,明确改革的原则和目的,初步界定各部门的工作职能,提出各部门职数与人员设置。分局党组对干部的去留进行多次摸底,倾听干部心声,掌握真实想法,划转干部29人,接收60人全部按时到位,保证各项工作的衔接与协调。制定征管改革资料移交办法,圆满完成移交管户800户,接收管户4200户。稳步实施中层领导干部竞聘和干部双向择岗工作,通过考试、演讲、民主测评、党组评议4个环节,公正、公平、公开择优聘用;一般干部择岗,为确保机会平等,施行3次择岗,拓宽选择面,实现人尽其才,才尽其用,保证征管改革的平稳过渡。

【强化基础】 2003年,认真调查分析,确保增值税起征点政策有效实施;召开税企协作会,邀请个体商会代表共同探讨起征点调高后征纳双方如何进一步加强税收工作。截止11月30日,管辖个体工商户2114户,达到起征点户数1028户,享受优惠政策1086户,全年减少税收收入350万元。分局对纳税人实行首问制、服务承诺制和“八公开”;制作“税收与公民”宣传栏,发放宣传资料2000余份,编发税收主题短信息向宁夏移动公司用户发送。对控管的900余户一般纳税人进行专题税法讲座,特别是在人行中心支行及各商业银行参加的银行负责人培训班和市局组织的企业财务人员培训班上,以高质量的税法讲解赢得各单位及市局领导的肯定,得到纳税人的一致好评。继续深入贯彻科技加管理的思路,增强税收服务经济的能动性,积极支持防伪税控工作,截止11月30日,全局共推行防伪税控企业899户,占一般纳税人总户数的93%,是2000年的4倍。认真贯彻落实各项税收优惠政策,按照法定程序为127户纳税人减免增值税419万元,为21户企业减免所得税800万元,有力支持地方经济建设。

【队伍建设】 2003年,分局组织《征管法》考试,对学习成绩优秀的干部进行奖励,先后多次组织计算机汉字录入培训和CTAIS软件培训,对测试成绩进行通报,增强干部学习的积极性与主动性。

2004年,22人参加学历提高再教育,占总人数的19.6%,其中取得专科学历7人、本科学历14人、研究生学历1人,专科和本科学历层次分别比上年提高6.4%和13.6%;按照区、市局核拨的专项教育经费兑现解决2003年以前30人共计65388元的学历经费,分局自酬解决2004年取得学历的19人共计43624元的学历经费。

2007年,74人参加业务技能选拔考试,其中90分以上30人,占参考总人数的40.54%;80分以上25人,占参考总人数的33.78%。根据本次选拔考试成绩,结合平时业务能力、工作业绩等因素,确定23人参加市局的业务技能大比武考试;11月30日,9人参加区局“九员”抽考;12月15-16日,12人参加全区国税系统税收管理员和办税服务厅人员大比武竞赛,3名办税服务厅人员全部进入前50名,6名税收管理员进入前100名。

2009年,有6名干部获得自治区级岗位竞赛能手。

【金税工程】 2003年,制定《数据备份制度》、《密码管理制度》、《防伪税控认证子系统数据合并工作注意事项》等,使分局的计算机管理工作规范化、制度化。为严格执行6月份取消手工版增值税专用发票的管理制度,成立专项工作领导小组,克服时间紧、放行量大等种种困难,截止6月30日,分局纳入防伪税控系统的一机一卡和一机多卡管户达到899户,得到市局领导的充分肯定;积极筹措资金,加强网络改造与维护,先后将征收服务厅陈旧的网络系统

进行全面改造，提高前台征收系统的运行速度；对三个税务所配备微机，设立征收点，确保零散税收应收尽收。

【信息化建设与纳税】 2003年，根据区、市局CTAIS推广应用工作的总体部署及市局《CTAIS推广应用工作实施方案》的要求，成立CTAIS领导小组，领导小组下设办公室，成立综合、业务、技术3个专业工作小组，制定《实施方案》；9月23日，CTAIS推广应用工作正式开始。为满足CTAIS上线工作需要，从实际情况出发，制定《CTAIS推广应用培训工作实施方案》，进行CTAIS软件和静态数据录入模拟培训，全体干部职工基本掌握CTAIS应用软件。截止10月31日，实际应验证户数4275户（含转入户），已验证户数为4105户，验证率达96.02%，完成预期的税务登记证验证工作。11月底，圆满完成静态数据录入工作，累计录入税务登记、编码4642条，税种信息5204条，一般纳税人认定信息935条，核定票种2547户，提前完成录入工作，为CTAIS上线奠定坚定的基础。

2004年，签定《综合征管软件推广应用工作责任状》，制定《推广应用工作方案》，成立5个专职工作组，完成5386户的验证和静态数据核对、变更、认定、补录入工作，全面完成9类动态数据的近700户企业的模板上报工作。根据市局的统一安排，对分局70%的干部职工进行综合软件培训，使大家初步掌握综合征管软件的应用功能，提高干部的计算机应用水平，促进信息化建设上新台阶。

2005年，对224户使用10万元版增值税专用发票的企业顺利推行网上认证和电子申报。

2006年，328户安装使用网上电子申报系统，267户安装使用网上认证系统，管理的4552户个体户和小规模纳税人全部实行12366电话申报。

2008年，推行电子纳税申报1154户，占91%；远程抄报税1154户，占94%；实行网上认证497户，占46%。

【地方级增收】 2004年，为确保完成地方级收入任务，加强组织收入和旬进度分析通报工作，12月份按日实行收入到计时制，全力以赴确保市本级和辖区级收入增收的目标。截止12月15日，市本级和辖区级合计增收883万元。

【重点税源管理】 2004年，将上年度纳税额在50万元以上的27户重点税源扩大到年纳税额在30万元以上的47户重点税源户，实行全面监控，根据经济指标变化情况，及时到企业实地调查，牢牢把握占分局总收入57%以上重点税源收入的主动权。

2006年，将年入库10万元以上的企业列入3个税务分局重点监控，年纳税额在20万元以上的企业列为本局重点税源进行监控管理，监控户数由原来的47户增加到124户；加大对银川市烟草公司、宁夏移动通讯公司、西北石油宁夏分公司等500万元以上重点企业的跟踪调查，及时把握税源变动趋势，确保收入持续稳定均衡入库。

2007年，将年纳税额在10万元以上的企业列为税务分局的重点税源；将年纳税额在20万元以上的企业列为分局重点税源进行监控管理，监控户数由原来的76户增加到103户。

2008年，将重点税源监控范围扩大到年纳税额20万元以上企业，总户数达到120户；充分发挥税源管理、税收分析、纳税评估和税源监控“四位一体”的互动机制，有力促进税收收入的全面增长。

2009年，按照税源差别化管理的要求，针对辖区内10%的重点税源企业承担全局90%以上的税收任务现状，对248户重点税源企业（其中纳入税务分局管理的126户）实行税收管理员巡查管理和驻厂管理办法，开通纳税服务绿色通道，为重点税源企业提供方便快捷的税收服务。

2010年，选择税源变化较大的行业，开展专题税源调查，重点掌握企业税源增减变化状况，截止10月底，19户重点税源企业累计入库税款35135万元，占总收入的58.57%，同比增长32.36%，增收8590万元。

【欠税清缴】 2004年，对1218户纳税人依法进行税务行政违章处罚，罚款入库税款22.4万元；成立以局长为第一责任人的清理欠税领导小组，对辖区内的管户进行大规模的漏征漏管专项清理检查，将407户漏征漏管户纳入管理，补税、罚款近万元；整理完善欠税档案，明确清欠考核指标，下达清欠任务，将清欠任务分解落实到科（所）、到人，按月通报欠税清理情况并依法进行欠税公告。截止12月20日，分局先后对3户企业采取保全和强制执行措施共8次，其中扣押物品价值近100万元，强制清回欠税共251万元，有效促进依法治税的深入进行和税收任务的全面完成。

2006年，在办税服务厅发布欠税公告10期，依法按程序对5户欠税企业采取税收保全措施，其中查封纳税人账户3户，扣押车辆1户，查封财产1户，全年累计清理欠税68户税款439万元，陈欠压缩率达到39.26%。

2009年，及时清欠入库4户国有医药企业因改制发生的欠税62.7万元，全年完成注销户检查288户，入库税款9.2万元。

【专项检查】 2004年，加大税收执法力度，组织税收专项检查，整顿和规范税收秩序，先后检查和整治汽车销售市场229户；加强举报案件的管理查处工作，全年共受理举报案件14件，查补入库税款和罚款2.4万元；成立重大案件、减免税和出口退税集体审理委员会，明确职责权限，截止12月15日，分局实施各项检查和汇算、清算补缴税款、罚款入库共320万元。

2006年，受理注销户179户，罚款1.3万元。

【所得税汇算清缴】 2004年，制定汇算工作计划和考核目标，对参加汇算人员和近300户企业财务人员进行汇算清缴辅导，印发、张贴宣传材料，扩大宣传，对汇算户按5%的比例安排实施抽

复查，确保汇算检查工作的实效性。截止4月30日汇算期结束，共检查193户，查账调增应纳税所得额200万元，查补入库税款260万元，圆满完成所得税汇算清缴工作。

2006年，注重强化干部和外部企业财务人员培训，邀请区局有关人员对最新所得税政策及新申报表填写要求进行强化培训，委托税务师事务所举办5期财务人员培训班，共培训财务人员1100多人次；实施企业所得税汇算清缴检查550户，调增应纳税所得额186万元，查补税款及罚款近64万元。

【税收优惠】 2005年，认真落实国家税收优惠政策，及时核算减免税额，为158户企业按程序减免增值税和所得税，其中享受增值税征前减免130户，减免税额146万元；享受福利企业增值税即征即退2户，减免税额42万元；为160户下岗人员办理税务登记证并免收工本费6400元。

2006年，享受增值税征前减免134户，减免税额1,165万元，享受福利企业即征即退2户减免退税105万元；办理减免2005年度企业所得税60户，减免税金7239万元，全年为196户纳税人落实优惠政策减免税金8509万元，为1440户下岗人员办理税务登记证并免收工本费3840元。

2009年，对141户增值税减免税企业进行审核、审理；对9户饲料企业的减免税资格进行重新认定，减免增值税1248.76万元，其中直接减免1192.87万元，即征即退55.89万元；办理企业所得税减免28户，其中享受“老、少、边、穷”所得税税收优惠政策13户，享受西部大开发税收优惠5户，享受农牧业养殖项目免征所得税的7户，其他类3户，减免所得税达1.6亿元。

2010年，对139户企业制作《税收优惠备案通知书》，减免增值税1433.21万元，其中农资类68户，直接减免增值税1008.71万元；饲料加工类17户，直接减免增值税151.93万元；居民供暖类18户，直接减免增值税50万元；种植养殖类36户，直接减免增值税222.57万元。截止2010年11月，办理税收优惠减免增值税1433.21万元。

【出口退税】 2004年是出口退税机制改革运行的第一年。为了进一步贯彻落实好改革工作的要求，成立出口退税工作领导小组，争取地方党政领导的重视和支持，切实加强出口退税和免抵调库管理；对出口数额较大、退税进度缓慢的企业，由局领导带队多次下户调查督促，采取盯单方法对企业出口货物未退税的单证逐份查明原因，积极寻找对策；召开19户外贸企业法人代表参加的加快出口退税进度对话会，扭转前10个月出口退税进度走低的被动局面。截止12月22日，完成出口退税任务3646万元，免抵调库180万元，出口退税完成进度为88.36%，圆满实现“保九增十”的奋斗目标。

2005年，按照新的出口退税管理模式，重新设置岗位，明确职责，强化对出口企业执行退税政策的监督检查和政策辅导，38户出口退税企业的退税进度为89.8%。

2006年，所辖出口企业37户（其中外贸企业29户，生产企业8户），办理出口退税2105.89万元，免抵调库74.29万元，退免税总进度为89.62%，依据试点经验对1户外贸企业的征退税实施调查，补税罚款入库22670元，对1户外贸企业委托代理业务的真实性进行函调，提升管理水平，打击和震慑骗取出口退税的不法行为。

2007年，率先开展出口退税网上申报服务工作，全年有14户企业签订网上申报协议。

2009年，办理出口企业申报应退（免）税额2906.35万元，其中应办理退税2683.16万元，免抵223.19万元，较上年增加27.92%。【12366电话申报】 2004年7月1日，顺利实现3800户纳税人12366电话申报。截止年底，分局管理的4379户小规模纳税人和个体工商户全部实行电话申报，推行率达到100%。

【税收管理员工作台】 2005年，全面落实税收管理员户籍管理、发票管理、纳税申报和纳税服务等各项工作职责，通过对工作完成情况、落实巡查制度、开展绩效考核、进行抽复审及发票专项检查等的考核，实现对税收管理员的业绩评价，提高征管质量。截止11月底，通过“税收管理员工作台”共向税务分局下达工作任务180项，“工作台”共记录税收管理员下户核实企业申报、生产经营等信息数据960次，记录工作日志4040篇，税收管理员按月通过“工作台”累计向分局长进行工作汇报150次。7~11月，经过绩效考核，优等次50人次，占总人次的21%；良等次157人次，占总人次的65%；中等次31人次，占总人次的13%；差等次2人次，占总人次的1%。

2006年，借助“工作台”对3个税务分局下达工作任务7类333项，对50名税收管理人员513人次实施绩效考核，评出优等级104人次，占总人数的20%；良等级369人次，占72%；中等级37人次，占7%；差等级3人次，扣发中、差等级人员的奖金共计8779.09元，用于奖励优等级税收管理人员。按照市局信用等级评定办法要求，借助“工作台”，对符合条件的579户一般纳税人进行信用等级评定，人机结合评出A类纳税人12户，B类纳税人520户，C类纳税人47户。

【有奖发票】 2005年，兑现中奖普通发票103份次，奖金6400元。

2006年，301户领用有奖发票，领购325本，支付消费者有奖发票110户次，兑现奖金6150元。

2007年，108户领用有奖发票，领购252本，支付有奖发票60户次，兑现奖金3700元。

【纳税人年检】 2005年，对956户一般纳税人进行年检，继续资格认定939户，取消资格17户，及时进行税款清算。

2006 年，多次清理并责令 103 户纳税人限期整改、补办税务登记，纳入正常管理，补税罚款 3 万余元，对近 500 户个体户依开具的发票情况调高定额，增加收入 30 多万元；个体户达到起征点的比例为 49.7%，居银川市之首。

【纳税评估】 2005 年，先后对辖区一般纳税人和小规模纳税人的纳税评估数据进行采集，借助“税收管理员工作台”按月定量向税务分局下达评估任务，加强税源分析和管理，共评估一般纳税人 16 户，其中 1 户涉外企业，存在问题的 8 户，企业自愿清查共补缴入库税款和罚款近 9.3 万元；1 户经评估有偷税嫌疑数额 200 多万元已按程序移交稽查局处理；积极探索开展涉外审计工作，对 2 户有关联企业业务往来的涉外企业依法进行集体审理后补税罚款 7.7 万元。

2006 年，开展增值税纳税评估 332 户，企业约谈自愿补税入库 560 万元，其中单户评估 81 户，补税 100.4 万元；集体约谈评估 251 户，补税 460 万元；开展所得税评估 4 户，企业约谈入库所得税 1.3 万元，通过纳税评估补税入库税款为银川市各局之首。

2007 年，加强纳税评估工作，重点对税负率偏低的企业进行评估，全年共组织评估纳税户 126 户，入库税款 1728 万元，加收滞纳金 45.2 万元，开展日常巡查 400 户次。

2008 年，成立评估项目组，细化工作规程，明确工作目标，严格责任考核；开展部门联动，建立纳税评估信息共享机制，探索和实施多种约谈评估方式；将日常评估与重点评估相结合，专项评估与集中评估相结合，切实抓好日常评估、重点评估、分行业评估、集体约谈评估等，使评估工作取得明显成效。开展企业类纳税评估 51 户，有 35 户补税，共计补征增值税 82 万元，补征企业所得税 220 万元，加收滞纳金 14.3 万元。

2009 年，将驻厂组变更为纳税评估科，配备业务骨干，充实评估力量，建立以纳税评估科牵头负责、党组成员带组、税务分局评估小组参与配合的三级纳税评估体系，与区、市局联系获取税收管理预警参数，筛选整理出 1300 多户增值税一般纳税人的税负情况，开展按行业进行纳税评估工作，组织实施纳税评估 90 户，入库各类税款 1523.18 万元，比上年净增 1300 多万元。

2010 年，继续加大三级纳税评估工作模式的推行力度，以行业评估为主线，以重点企业为突破，共评估企业 56 户，入库税款 2323 万元，同比增长 120%，加收滞纳金 4.76 万元。

【税务合作】 2005 年，积极主动与北区地税局协调联系，召开评定工作碰头会，共同确定 48 户重点企业，运用工作平台开展信用等级评定工作。

2009 年，与永宁县国税局、贺兰县国税局、灵武市国税局进行税收业务联赛，选送的 15 名选手有 3 人获得前 10 名的好成绩，促进局与局之间的沟通。

【执法责任追究制】 2006 年，举办税收执法信息系统和综合征管软件操作培训班 3 期，严格规范执法人员操作行为。执法信息系统考核追究过错行为 30 条，经济惩戒 21 人次，经济处罚 650 元，行政处理 9 人次，其中通报批评 7 人次，责令书面检查 1 人次。

2007 年，先后对全局执法人员进行 2 次执法培训；10 月份组织 16 人参加全区执法资格考试，进一步提高执法人员的业务能力和执法水平；按月召开执法过错调整申辩会议，对发生的执法过错逐条逐一进行调整，全年共调整过错 81 条，调整无过错 76 条，处罚过错责任人 1 人并进行经济责任追究。

【发票管理】 2004 年，增值税缴纳税款情况检查 240 户，补税罚款 1.3 万元；开展交通货物运输发票抵扣税款专项检查 56 户，补税罚款 0.4 万元；贯彻落实增值税专用发票和其他抵扣凭证审核检查专项工作，举办查前培训班 2 期 30 多人次；对总局稽核系统下传的比对不符的“四小票”抵扣凭证 1158 份全部实施检查，其中检查出缺联发票 1035 份，不符合开具规定的 119 份，重复号发票 4 份，提交市局稽查局的 400 多份。

2006 年，协查“四小票”46 份，协查增值税专用发票 37 份，补税 7.2 万元；加强对双定户、个体户、普通发票的巡查和检查，由监察室、征管科、综合科抽调专人组成工作组对辖区双定户、个体户定额核定情况进行专项巡查和检查，对定额偏低的 16 户纳税人发出整改通知，提出加强管理的要求，取得良好的效果。

2007 年，协查增值税专用发票 42 份，补税 13 万元；开展发票核查 749 户次，实地核查双定户 700 户次；向辖区领购普通发票的纳税人发放自查表 2384 份，自查面达到 100%；通过普通发票专项检查，共对辖区 749 户领购普通发票的个体工商业户和小规模纳税人进行重点检查，其中对 62 户纳税人查补税款 85748.13 元，加收滞纳金 14369.40 元，罚款 22928.20 元。

2008 年，检查发票 1020 户 1554 本(38850 份)，其中有问题 12 户 34 份，查补税款 34902.30 元，罚款 600 元，加收滞纳金 67 元。

2009 年，通过集中检查和日常审查的方法，对 2008 年度使用手工版普通发票的 1099 户纳税人发票使用情况进行检查，共检查普通发票 1677 本，查出发票使用和管理有问题的纳税人 36 户 254 份，查补税款 34680.16 元，罚款 13800 元；对 499 户增值税一般纳税人使用作废的 5000 多份增值税发票进行逐一检查，其中有 88 份发票属于非正常作废，丢失发票 7 份，依照税法有关规定分别进行处罚，共计罚款 8000 多元。

2010 年，针对发票缴销、换版、数据发布等工作中存在不规范的问题，完成 4459 条未按规定缴销发票核实缴销工作，对未按照规定缴销发票等违反发票使用管理的行为共补缴税款 10 万元。

【注销户检查】 2007 年，将注销户检查工作从税务分局划归到业务职能科室，减少流转环节，全年共实施注销户检查

204户，查补税款23.76万元，罚款12.69万元，加收滞纳金0.5万元，提高注销户检查质量，使税收管理员有更多的时间从事日常管理工作。

【优化程序】 2007年，将办理税务登记环节重新梳理，规范办证程序，办证时间由原来的5个工作日减少到现在的2个工作日；对纳税人全部涉税环节和需提供的资料进行梳理，对税务登记、发票管理、申报征收、税额核定、税收减免、进出口税收管理、金税工程、涉税证明等9个环节所涉及到需要报送的168种文书资料进行统计归类，取消和合并53种，保留使用115种，取消的报表数量达32%。

【企业所得税管理】 2006年，认定A类企业97户，B类企业2182户，对部分长期亏损的小规模企业认定为C类企业44户；对44户C类企业实施所得税核定征收，其中实行定额征收24户，实行定率征收20户。

2008年，审核重点纳税企业114户，调增应纳税所得额255.29万元，补缴所得税15.20万元，罚款14.35万元。完成所得税核定征收649户，占管户的(3048户)21.29%，其中核定定额征收428户，核定定率征收221户。

2009年，对账册设置不健全、会计核算不准确、连续亏损3年或3年以上的纳税企业和辖区内餐饮、住宿、娱乐、旅游、建筑装饰、中介服务等行业的384户企业进行纳税核查，实行所得税核定征收，截至12月25日，核定征收企业累计入库所得税1110.43万元，较上年同期增加了802万元，增幅259.60%。

2010年，对辖区内零售批发、餐饮、住宿、娱乐、旅游、建筑装饰、中介服务等3744户企业进行筛选，确定所得税核定征收企业1863户，所得税核定面达到45.25%，同比增加831户；核定征收的企业前三季度入库税款1823万元，增收1144万元，同比增长167.25%。

【小型微利企业认定管理】 2008年，根据《宁夏回族自治区国家税务局小型微利企业认定管理暂行办法》和市局的相关要求，采取3项措施对小型微利企业进行按期认定，截至11月30日，共对符合条件的1800多户小型微利企业进行认定和跟踪问效，圆满完成认定工作。

【专业市场与个体工商户管理】 2009年，加强对专业市场的清理整顿和个体工商业户的税收管理，采取有效措施对汽车、家具、建材等专业市场税收秩序进行清理整顿，加大对个体税收的征收管理。信义税务分局与西部汽车城管委会联合，采取边清理边登记的措施，整顿规范市场税收秩序，使西部汽车城的控管纳税人由5月份的196户增加到330户，个体工商户由95户增加到182户，达到起征点的户数比例也由上年的28.07%提高到了88.5%。掌政税务分局加强对建发家具市场的规范整顿，清理漏征漏管户30户，补征税款3万多元，达到起征点的个体工商户比例为69%，居全市首位。分局管辖的达到起征点的个体工商户比例由年初的42.8%提高到67.2%，提高了24个百分点，达到起征点的户数3815户，增收税款800多万元。

【奖励】 2009年，兑现各级各类奖励70940元，其中兑现教育培训及业务大比武考试奖励44000元、税收分析奖励12400元、所得税税源调查奖励9200元、税务文化建设活动奖励10840元、纳税评估奖励2400元、优秀税收调研论文奖励3400元。

2010年，制定《奖励办法补充规定》，奖励范围涵盖考试、税收分析、优秀税收管理员、纳税评估、理论信息宣传报道、优秀复转军人以及其他优秀个人奖励。截至11月底，兑现业务技能考试奖励55200元，兑现其他各项工作奖励73450元。

【税源分类管理】 2010年，出台《兴庆北区国税局税源分类管理办法》《兴庆北区国税局税收管理员巡查管理办法》。掌政分局结合辖区大型封闭市场集中且基本都是家居装饰用品的特点，对专业市场中43%的个体经营户采取委托代征的专业化管理模式，制定《兴庆北区国税局委托代征管理办法》；湖滨分局针对辖区小规模企业零申报突出、流动性大、隐蔽性强、日常管理难度大等特点，制定《兴庆北区国税局小规模企业精细化管理办法》；信义分局针对汽车、工程机械、消费类电子产品行业集中的特点，制定《汽车及工程机械销售行业管理办法》、《电子消费类产品销售行业管理办法》。9月末，分局结合前期工作取得的经验，将出口退税企业、农副产品企业以及加油站纳税人的管理纳入专业化管理范围；10月末将医药行业的管理也纳入专业化管理范围，行业管理范围进一步扩大，行业管理思路更加明晰。

【增值税一般纳税人的认定管理】 2010年，及时组织相关人员认真学习《增值税一般纳税人资格认定管理办法》，前11个月共认定增值税一般纳税人453户，转正增值税一般纳税人393户，管理的增值税一般纳税人达到1951户。

银川市兴庆南区国家税务局

【概况】 银川市兴庆南区国税局是在原银川市国家税务局城区税务分局基础上建立的。2003年改称银川市国税局兴庆一分局。2005年6月银川市国税局兴庆一分局更名为银川市兴庆南区国家税务局，担负着银川市兴庆区唐徕渠以东、黄河以西、解放街以南、永宁县以北区域内17809户纳税人的税收征管工作，控管的纳税户占银川市国税系统总管户的36%，是宁夏国税系统管户最多的县级局。2010年底全局干部职工157人，在职134人，是全区国税系统人员最多的县级局，平均年龄45岁，党员81人，大专以上学历126人。局机关内设10个科室，外设新华、西塔、商城和南桥4个税务分局。

10年来，兴庆南区国税局在区、市

国税局和地方党委、政府的正确领导和亲切关怀下，抓班子、带队伍、抓培训、促技能，在收好税、服好务、执好法、带好队上下功夫，班子建设不断加强，队伍整体素质稳步上升，团队效能得到充分发挥，各项工作取得又好又快的发展。2004年办税服务厅被共青团中央、国家税务总局授予青年文明号荣誉称号；2009年被人力资源和社会保障部、国家税务总局评为全国税务系统先进集体；2010年纳税服务科被团中央和国家税务总局授予青年文明号，被全国妇联授予巾帼文明示范岗荣誉称号。

【局领导名录】

党组书记、局长

哈少军(2003.03～2007.08)

李　力(2007.08～2010.12)

【税收收入】 2003年，税收任务29938万元，截止12月10日共组织收入29967万元，占全年计划100.12%，提前21天超额完成全年税收任务，实现组织收入的新突破。

2005年，完成5.46亿元，占年计划123.3%，其中增值税3.96亿元，所得税1.22亿元，个人利息所得税2416万元，消费税403万元。

2006年，税收任务66900万元，比上年实际完成数增加12259万元，增长系数为22.44%。截止12月20日共组织税收收入67309万元，占全年税收任务66900万元的100.61%，提前超额完成全年税收任务。其中完成兴庆区级财政收入1889万元，占去年同期119.33%。

2007年，税收任务100500万元，同比增长49.07%。其中：中央级收入72118万元，同比增长49.49%；区级收入19322万元，同比增长64.46%；市本级收入6660万元(年初为6484万元，增加176万元)，同比增长20.37%；县级收入2400万元，同比增长26.65%。截止11月30日累计入库税收收入117152万元(含免抵调增1013万元)，占年度税收计划100500万元116.57%，比时间进度快24.9个百分点，创组织收入工作历史最好水平，首次突破10亿元大关，是全区第一个超10亿元的县级局。

2008年，截止11月30日组织收入累计完成95987万元，完成年度计划95000万元的101.04%，同比增长28.45%，增收21260万元；组织市县级收入12454万元，完成年度计划11992万元的103.85%，增收3132万元，其中市本级收入9343万元，增收2291万元，区县级收入3111万元，增收841万元。

2009年，税收收入63112万元，占年度税收计划62837万元的100.44%。其中：中央级收入完成44658万元，区级收入完成7125万元，市本级收入完成8429万元，县(区)级收入完成2900万元。

2010年，截止12月5日累计完成税收收入81833万元，占年度税收计划的116.11%，同比增长29.57%，增收18676万元，提前60天超额完成全年税收任务。

【纳税评估】 2005年，根据银川市国税局《关于进一步加强纳税评估工作有关要求的通知》精神，对26户一般纳税人企业进行评估，对93户企业实施日常检查，查补税款9万元；完成20户企业评估工作，其中纳税正常15户，纳税差异5户，调整补税2.6万元。

2006年，对一个月内取得的来自同一企业超过10份以上专用发票的纳税人进行纳税评估，组织评估企业55户，其中异常14户，通过约谈纳税人自查补税10万多元；加大举报案件的检查力度，共组织检查增值税异常企业275户，查补税款126.4万元，罚款24.3万元，检查所得税异常企业331户，调增应纳税所得额712.4万元，补缴所得税12.6万元，加收滞纳金和罚款17.7万元。

2007年，制定《纳税评估管理工作制度》，成立领导小组，选择在数据审核中发现的税负变化异常、连续两年亏损但正常经营，以及减免税期满后利润额与减免期相比变化异常的310户企业，展开纳税评估工作，先后共对114户中小型纳税异常企业进行纳税评估，评估差异户53户、评估补税96万余元，纳税人自行调增补报收入1700万元，移送稽查3户。截止11月底完成37户企业的纳税评估，调增应纳税所得额1140万元，应补缴所得税20.8万元，273户企业通过自查或委托代理的方式调增了应纳税所得额453万元，调减7.5万元。

2008年，对124户增值税一般纳税人实施纳税评估，发现存在问题纳税人26户，经约谈自查补税6户，补缴增值税3832万元，经实地核查补缴税款纳税人20户，补缴增值税60万元，加收滞纳金5.6万元；对管辖的3家成品油销售企业进行重点纳税评估，补缴增值税444.99万元，补缴企业所得税237.81万元。

2009年，截止12月7日通过认真筛选共对58户企业实施纳税评估，其中49户共补缴增值税124.57万元、补缴企业所得税456.27万元，加收滞纳金23.68万元，另有5户正在进行集体审议。全年上报评估案例21个，完成企业所得税纳税审核90余户，调减企业亏损额1500余万元。

2010年，截止12月纳税评估审核查结46户，共补缴税款1126万元，调增应纳税所得额645万元，调减亏损额997万元，加收滞纳金28万元。

【税征管理】 2002年，盈利企业实现销售(营业)收入49233.3万元，实现利润14846.3万元，经检查调整后应纳税所得额15014.1万元，应纳所得税4948.8万元，实际缴纳4071万元，减免所得税1297万元。

2003年，对税务登记库中的信息数据和实际管户情况进行逐户核对，彻底清理清查，对遗留问题进行核实清理，对8097户实行验证，验（换）证面达99.51%。全年应参加年审的一般纳税人806户，实际参加年审793户，年审合格777户，取消一般纳税人资格16户。分

局共汇算内资企业382户,其中包括汇总缴纳企业20户。汇算盈利企业61户,占总户数的16.85%,亏损企业301户。

2005年,实行税收征管精细化管理。控管各类企业和个体工商业户10973户,其中一般纳税人1198户,小规模纳税人2701户,个体工商业户7074户(未达到起征点的5140户),新办税务登记2670户;严格按照总局的总体部署对欠税企业进行核查,核查纳税人57户,欠税信息58条;强化重点税源企业管理,将年缴税20万元以上56户企业列为重点税源,对占全局收入任务的60%以上重点税源企业,随时掌握税源变化情况,做好税源监控。强化内、外资企业所得税的管理,对1553户企业所得税纳税人进行汇算,进一步提高内资企业所得税和外资企业所得税的征管质量。

2006年,实行"统一认定标准、统一认定程序、统一后续管理"的管理模式,对控管的所得税企业进行分类管理,加强减免税企业的监控,有100多户企业重新调整了年度申报,自查补税3200万元;对2057户企业所得税纳税人进行汇算;认定辅导期一般纳税人145户,临时一般纳税人5户,办理辅导期一般纳税人转正128户,取消一般纳税人资格73户。对427户一般纳税人安装电子申报系统,占一般纳税人总户数的35%,241户安装网上认证系统,认证成功率100%。

2007年,一是强化增值税管理,全年共认定辅导期一般纳税人145户,临时一般纳税人5户,办理辅导期一般纳税人转正128户,取消一般纳税人资格73户,对427户一般纳税人安装电子申报系统,占一般纳税人总户数35%,241户安装网上认证系统,认证成功率100%。二是加强企业所得税管理,全面开展纳税审核,对年销售额1000万元以上企业、年亏损额100万元以上企业、年亏损金额大于收入总额、以及年亏损额在100万元以下的1257户企业所得税纳税人的2006年度所得税汇算清缴数据进行核对。三是加强出口退税管理,截止11月底,共有18户出口企业发生出口业务,累计出口货物销售额2884万美元,应退税2184.5万元,已退税1841.61万元,免抵额1012万元,退税进度85%,免抵进度100%。

2008年,加强重点税源驻厂管理,驻厂控管的10户重点税源企业入库税金74790万元,占当期税收收入78%;加快小型微利企业认定工作,纳入符合标准的小型微利企业1105户,覆盖面达全局控管户数40%。稳步推进税收资料调查工作,选择销售收入大、发展稳定且纳税额占上年应纳税额80%以上的437户工业企业一般纳税人作为调查重点,圆满完成税收资料调查任务。加强个体户计算机定额核定管理的调查、测算和数据测试工作,完成涉及111个定税项目小类,6900户个体工商业户的数据测试,对1680户新办个体工商户实现计算机定税,采取一般纳税人边认定边签订三方协议书的方式,加强财税库银横向联网工作,完成1326户纳税人的三方协议签订,签订面达100%。截止12月3日,控管的一般纳税人为1428户,小规模纳税人3206户,个体工商业户8527户,所得税325户,新认定一般纳税人280户,取消一般纳税人资格企业69户,对596份商贸企业、114份电器行业的增值税专用发票滞留票开展专项核查,对所得税纳税人开展全面的数据采集和摸底调查,其中对账证不健全以及连续3年以上亏损的确定为"长亏不倒"的497户企业实行核定征收,对连续3年以下亏损的企业发放责令限改通知书,核定征收企业入库所得税133万元,同比增加119万元,责令限改企业入库所得税同比增收701万元。

2009年,控管个体工商户为9632户,占总户数66%,主要集中在23个大型封闭市场。达到起征点的个体工商业户为4592户,月核定税额增加20.62万元。全年新增税源户1280户。进行增值税转型政策执行试点工作,采取有效措施落实大企业实施驻(厂)企管理和重点税源企业成立专业管理组集中管理模式,确保纳税服务绿色通道畅通。对经营规模较大的10户重点税源企业加强管理力度,其中对两户年收入在1亿元以上的大型企业实行驻企管理,对其他8户年纳税额在800万元以上的企业实行专业管理组集中管理。截止11月17日这10户企业共缴纳税款40557万元,占全局税收收入的66.8%。全年共核查出口企业16户,核查出口报关单854条,核查销售额11407万美元,补缴税款16万元。

2010年,采取重点税源专人管理,大型重点税源专业管理组集中管理,钢材市场、手机市场、封闭市场、出口退税和房地产企业统一由一个税务分局集中专业化管理的措施。提升了税源管理的水平,截止12月控管的纳税人共计15051户,其中一般纳税人1962户,小规模纳税人3241户,个体工商户9789户,管户数量同比增加496户。所得税纳税人由上年同期3623户,增加到3769户。累计调增应纳税所得额102805万元,调减应纳税所得额84015万元,减免所得税2326万元,汇算清缴后入库企业所得税15023万元。控管的61户重点税源企业实现各项税收62733万元,占总收入76.66%;纳税评估审核查结46户,补税1126万元,调增应纳税所得额645万元,调减亏损额997万元,加收滞纳金28万元,两户进入集体定案审理程序,涉及税款744万元;6户重点房地产企业入库企业所得税2882万元,是上年房地产企业入库企业所得税的3倍。共管辖外贸企业37户,累计办理出口退税908万元,退税进度74.8%。小规模和个体户入库4452万元,同比增长41.21%,增收1219万元。

【发票管理】 2003年,进行手工版专用发票清理和普通发票检查。共缴销手工

版专用发票7173份。在普通发票检查中,从自查的1856户购票业户中,重点检查640户,检查面达32%。检查中发现有问题的17户,共处罚款15400元。金税工程协查成绩突出,共办理委托协查16起,涉及发票159份,其中有问题发票44份。受托协查36起,涉及发票60份,其中有问题发票12份。查补入库税款、罚款、滞纳金22.85万元。受托协查专用发票份数和查补税款,连续两年位居全市第一,被自治区国税局评为全区"金税工程"协查先进单位。

2004年5月银川市国税局兴庆一分局计算机普通发票代开步入正规。

2005年3月为进一步方便纳税人申报纳税,强化增值税征收管理,开展增值税一般纳税人电子申报和专用发票网上认证推行工作。4月推广使用有奖普通发票工作,制定有奖普通发票试点推行方案,明确普通发票即开即奖试点推行行业及范围,共向854户属于推行范围内的纳税人发放发票领购簿,572户使用有奖普通发票,向390个中奖单位及个人兑付奖金23000元,使用有奖普通发票企业交纳增值税220万元,较上年同期增收39万元,对4840户购买普通发票业户进行检查缴销,检查面达100%,缴销旧版发票612户,共计22457份。

2006年,对四小票的稽核从源头抓起,确保数据采集质量。海关完税证,废旧物资收购发票比对率达到100%,货物运输发票剔除地税因素达到100%。抓好专用发票,废旧物资和农副产品收购发票的管理,对11户企业进行了快速反应机制,将专用发票作了失控处理。

2008年,对3844户小规模纳税人和个体工商户使用普通发票情况进行专项检查,发现漏报收入的纳税人1202户。对596份商贸企业、114份电器行业的增值税专用发票滞留票开展了专项核查。对17户房地产企业和13户建筑行业2007年度列支成本、费用所取得的普通发票进行核查,共查出疑点发票103份,其中假发票19份,涉及金额79.54万元。受理假发票2份,向市稽查局移交2份,为购货方鉴别发票141份。

2009年,加强发票管理,强化"以票控税",抽调专人组成检查小组,对2983户企业的发票管理和使用情况进行检查,发现有问题户831户,补缴税款114.30万元,滞纳金26万,罚款154万。对小规模纳税人普通发票验旧数据大于申报数据的210户企业进行了核查,责成未如实申报销售收入的企业补缴税款91万元。加强新办企业领购发票管理,严格规范发票供应,规范收购企业财务核算,加强事后跟踪及实地核查、监管工作。

2010年,遵照上级工作安排,担任全区国税系统机具发票推行的试点工作,先后组织全局100多名税务干部和辖区近4000户纳税人举办培训班30余场,近1200户纳税人使用平推式机具发票,12月1日新华百货、国芳百货安装税控装置的卷式机具发票上线使用。采取明确执行期限,规范受理程序,加强实地核查,及时跟踪监督等措施,加强增值税专用发票和普通发票新规定落实和管理工作,强化执法风险防范,累计有1681户一般纳税人纳入防伪税控管理,受理审批710户增值税一般纳税人专用发票增量增版的申请,受理量居全市首位。按季对发票领购、发售、缴销等管理环节执行制度情况进行认真的自查和重点检查,检查面达到81.35%。共补缴税款24.92万元,罚款14.86万元,强化了执法风险防范。

【税收优惠】 2003年,根据国家有关规定,两次调高个体工商业户的增值税起征点,仅此一项全年少征税款395.5万元。同时,认真贯彻落实国家对西部大开发和老、少、边、穷地区的税收优惠政策,共为22户企业减免所得税计407万元。落实国家有关对下岗职工再就业和应届大专院校毕业生从事个体经营的税收优惠政策,有力地促进了地方经济发展,较好地发挥了税收调控职能。

2005年,对5140户达不到起征点的个体户免征增值税,每年免征增值税1000多万元。对持有《再就业优惠证》的906户下岗职工从事个体经营者,实行免费办理税务登记证。办理增值税减免73户(其中供暖企业20户),减免增值税436.2万多元,受理减免所得税企业36户,其中受理享受"老、少、边、穷"地区新办企业减免所得税33户,享受西部大开发税收优惠政策企业3户,3户农村信用社享受国家中西部地区信用社改革免征所得税优惠政策,截止11月底享受减免所得税1978万元。加强出口退税管理,办理出口退税企业20户,退税1927.5万元,抵免税81.94万元。

2006年,一是对4223户达不到起征点的个体户不征增值税,仅此一项每年就免征增值税700多万元。二是对持有《再就业优惠证》的320户下岗职工从事个体经营者,实行免费办理税务登记证。三是认真贯彻落实国家有关税收优惠政策,积极办理减免税,对74户征前减免企业免征增值税599.4万元;对享受西部大开发政策的4户企业减按15%税率减征企业所得税9664.78万元;对4户享受国家中西部地区信用社改革免征所得税优惠政策的企业,免征2005年度企业所得税3346.9万元;对46户享受[1994]1号文件的企业减免企业所得税2212.3万元。这些优惠政策的进一步贯彻落实,有力的支持了企业的发展。

2007年,全面贯彻落实国家税务总局和自治区政府关于西部大开发、扶持下岗失业人员再就业,以及促进高新技术发展等各项税收优惠政策,通过加大监督检查工作力度,确保各项优惠政策及时落实到位。截止11月底共对70户企业减免增值税1170万元。

2008年,对37户企业减免所得税87789万元,66户企业享受增值税税收优惠,减免增值税1352万元。加强出口退税管理,对管理的42户出口企业中涉及发生出口退税业务的12户,办理退税 1017.93 万元，完成计划进度 80.26%。

2009 年，落实新企业所得税税收优惠政策和小型微利企业减征企业所得税。新认定小型微利企业达 1370 家，税收优惠的覆盖面达到全局控管户数 40%。享受增值税减免优惠的企业共有 42 户，实现增值税减免税项目销售收入 48959 万元，减免增值税 1291 万元。加强对企业所得税的优惠审核工作，对在汇算清缴期过后享受安置残疾人就业工资加计扣除和购进节能节水设备抵免所得税等税收优惠的 41 户企业再次进行核查，调减应纳税所得额 69 万元。2010 年，不断规范减免税制度，严格履行减免工作程序，对 74 户从事农业生产资料销售、居民供暖、园林绿化等行业的企业办理增值税减免优惠，减免增值税 1588.81 万元，确保企业享受国家的优惠政策，有力促进企业发展。

【征管改革】 2003 年，按照重新划定的管理区域，我局共向其他分局移交业户 2487 户，并从其他分局接收业户 2726 户。在人员划转中，共分流划转干部 44 人，接收干部 40 人。通过征管改革，实现了工作职能的转变，由过去集征、管、查为一体的综合局，转化成征收管理为一体的专业化管理局。成立了两个税收管理科，一个协查科。新的税收管理机制建立后，进一步加大对管户情况的清理，在全局范围开展了对分支机构、交叉管户、漏征漏管户的专项清理检查，共清理分支机构 105 户，交叉管户 39 户，漏征漏管户 1382 户。

【税收管理员】 2006 年，将税收管理员的管理职责明确为 17 大类，以流程控制和系统管理为核心，对不同类型的纳税人和不同的涉税业务，确定相应的税收管理工作流程，实现了管理到户、责任到人。通过征收业务的整合，全局共设置 36 个管理片区，对控管的 11077 户纳税人进行了主管税务官员的维护和街道、乡镇的维护，实现税收管理员制度与纳税评估的有机融合。

【优化服务】 2003 年 11 月 1 日 CTS 征管系统上线工作全面开展。12 月 15 日全局 1134 户全部纳入增值税防伪税控系统管理。建立税收网站，正式开通公文处理系统。全面推行“两窗三人式”管理模式。

2004 年 3 月开展小规模纳税人税银联网电话申报纳税工作，小规模纳税人税银联网电话申报纳税推行工作全面启动，开展增值税一般纳税人纳税申报“一窗式”管理的工作。

2005 年 1 月 1 日综合征管软件正式上线。4 月综合征管软件、防伪税控管理、出口退税信息管理三大主体应用系统数据整合工作按时顺利完成。

2006 年 4 月开展“擦亮窗口树形象，立足岗位创佳绩”为主题的“满意在国税”优质服务竞赛活动。12366 纳税服务信息系统管理平台上线运行。

2007 年认真落实《自治区国税局关于切实减轻基层和纳税人负担的通知》精神，在落实区局要求取消 85 种报表的基础上，又取消了包括户籍月报表在内的三种报表；采取分段式的申报方式，解决申报后几天纳税人排队问题；对已经在税务登记资料中留存了各类证件复印件的纳税人，在办理其他涉税事宜时只需提供原件，通过与综合征管软件核对即可；按照市局关于国地税联合办证的工作要求，企业纳税人在政务大厅办理完营业执照后，即可同时办理税务登记开业手续，大大提高了工作效率。

2007 年，开发税收分析、税源监控、纳税评估和税务稽查“四位一体工作平台”，建立税负预警互动机制。设置六个功能模块和若干个子模块，做到从宏观到微观、从全面到具体的全过程互动机制在平台上的反映，使各部门在平台上完成“四位一体”工作的开展，进一步强化税源控管，明晰工作职责，规范工作流程，密切沟通配合，实现信息共享。目前，通过平台已发布 5 篇税收分析报告及相关数据，下达 25 户评估任务，交流 3 篇优秀案列，反馈 25 篇纳税评估报告，提出 4 条税源管理建议，收到良好效果。

2008 年 8 月税收执法管理信息系统操作上线，率先完成网上办税系统推行工作。网上申报的企业达 1105 户，占一般纳税人总户数 80%，电子申报使用率最高达 95%，办理网上认证企业 465 户，占增值税一般纳税人 45%，电子申报率连续位居银川市国税系统首位。规范办税服务厅建设，整合岗位职责，归并窗口职能，深入推行“一窗式”管理和“一站式”服务，开展全职能综合办税，初步建立现代化、信息化、人性化的办税服务场所，实现在办税服务厅一次性办理所有纳税事宜，最大限度地简化办税程序。制定办税服务厅 12 项制度和考核办法，从制度上保障为纳税人服务的质量。遵循合理简化、效率优先原则，简化行政审批过程，形成“一人承办、转告相关、协调共管、限时完成”的工作机制，下大力减少纳税人报送的证件资料，缩短纳税人办理涉税事项的时间，开展国、地税联合办证和同城办税试点，简化办税环节，延伸服务窗口，提高办税效率。进一步将办税服务厅服务职能向科技化、信息化方向延伸，利用电子报税管理室、电子显示屏、电子触摸屏和税务网站的信息功能，为纳税人提供及时、准确的政策、业务咨询，精心打造纳税服务的电子平台。

2009 年，精心打造纳税服务“电子平台”，积极推行一般纳税人网上申报系统，利用电子报税管理室、电子显示屏、电子触摸屏和税务网站的信息功能，为纳税人提供及时、准确的政策、业务咨询。目前已推行网上申报的企业达 1353 户，占一般纳税人总户数 85%，电子申报使用率达 100%，办理网上认证企业 421 户，网上认证占电子申报企业 32%。推行同城办税模式，运用多种方式方便纳税人。截止 11 月底办税服务大厅共为辖区以外的纳税人发售手工版普通发票 2660 户次，受理纳税申报 420 户次，认证发票 5187 份，代开增值税专

用发票150户次。通过同城办税延伸了服务窗口，简化办税环节，提高办税效率，为纳税人提供了方便。

2010年，由纳税服务科牵头，将纳税服务的窗口和阵地延伸到基层分局和机关科室，形成部门协作、全员参与的大服务格局，涉税咨询受理部门由原来的3个增加到8个，开展政策直送企业活动，通过定期到企业宣传，解答问题，发送电子邮件等形式，将税收政策及时传递给纳税人，得到广大纳税人的充分肯定，通过维权子系统及时受理各类涉税咨询882件，回复率、纳税人满意率均达到100%；受理国地税联合办理税务登记2524户，为辖区外纳税人发售手写版普通发票3980户次，受理纳税申报1240户次，认证发票8961份。

【依法治税】 2003年，举办税法知识培训班12期，参加学习1000多人。在税法宣传月启动日活动中，展出展板8块，发放宣传材料3000多份，悬挂宣传标语10幅，组织现场猜谜100多条，解答群众提问800多人次。同时利用各办税场所的税法公告栏、评税公布栏、有线广播、学习园地、黑板报等大力开展税法宣传。通过新闻媒体开展宣传活动，组织刊发新闻稿件12篇，宣传照片20多张。

2006年，根据区市局《执法系统工作实施方案》，制定"银川市兴庆南区国家税务局推行税收执法管理信息系统工作实施方案"。对执法人员在综合征管软件、金税工程、出口退税审核系统中的执法权限进行重新梳理，对76条垃圾数据进行及时清理。完成系统初始化操作，共录入执法人员基本信息124名，分配用户权限126人，确保税收执法信息系统顺利上线运行，执法水平较以前有明显提高，查处违法行为力度进一步加强，仅7月份加处罚款、滞纳金共393户次，入库金额41534.61元，执法系统反映出的过错点明显下降，9～11月连续3个月实现零过错。

2008年，结合新《企业所得税法》实施，开拓税法宣传思路、创新宣传方式，因地制宜地开展税收宣传活动。税法宣传活动月期间，制作税法宣传短片分别在人员相对集中、流动量大的市区和各大宾馆的电视网络和公交车辆的电视上进行播放，收到很好的宣传效果。组织开展专项检查活动，对3213户小规模纳税人及个体工商业户进行户籍检查，清理漏征漏管户88户，发现5户纳税人存在漏报收入问题，已责令其自行补税。严格规范执法行为，通过修订制度汇编，建立工作目标考核机制，兑现考核奖惩措施，促进了税收管理员制度的落实。加大案件查处力度，受理举报案件104起、稽查转办举报案件3起，共计补税15万元，罚款2000元。落实执法责任追究制，全年共发生执法过错17条，行政处理12人次，经济惩戒520元，通过对执法过错行为的责任追究，执法过错明显下降。

2009年，牢固树立"严格执法也是服务"的理念。通过举办一般纳税人新增值税政策培训班，增加纳税人对新增值税相关知识的了解。全年一般纳税人参加培训1400余户，占全部的98%以上。积极发挥办税服务厅和"12366"短信平台的作用，加强税法宣传，累计发送短信8900条，印发新政策宣传单10000万余份。加强对大企业和重点项目的检查，认真做好对中国石油销售有限公司宁夏分公司等11户企业自查后的督导工作，其中对中国建设银行西城支行等3户自查不彻底的企业进行督导，通过向宣传税收政策等措施，使该3户企业自查补税150万元。

银川市兴庆区北区地税局

【概况】 银川市兴庆区北区地税局成立于2002年12月。内设行政与监察科、征管与信息科、会计科、社保费征收管理科、税政法规科5个职能科室，下辖7个管理税务所，1个征收服务大厅。截止2010年，有工作人员146名，其中正式干部91人，助征人员55人。正式干部中，党员41人，团员8人，党团员占干部总数的45%，大专以上文化程度88人，占全局干部总数的97%，男女比例为4:6，是全区地税系统中人数最多、女同志比例最高的一个县级局，2002年，被评为全国文明单位，2005年，被评为全国巾帼文明岗。管辖范围东起月牙湖乡，西到塘徕渠东岸，南接丽景街与109国道交界处，北临贺兰德胜工业园。2010年，共管户18834户，其中企业9252户，个体9582户，全局税源结构呈现城市税源高度集中、农村税收相对分散、点多面广线长、征管基础参差不齐、情况错综复杂的特点。

【领导名录】

局　长：马遵效（2001.01～2007.02）
　　　　石宁臣（2007.02～2010.12）
副局长：宋　钰（2001.01～2006.01）
　　　　甄耀奇（2001.01～2010.12）
　　　　王　和（2006.01～2010.12）
纪检主任：石北平（2001.01～2006.02）
　　　　王银生（2006.02～2007.04）
　　　　宋瑞华（2007.04～2009.09）
　　　　潘希泉（2009.09～2010.12）

【税收征管】 2005年，兴庆区北区地税局完成市局下达税收计划任务17903万元，截止12月31日，累计入库各项税收19217万元，为年度计划的100.3%，超收51万元，其中中央级收入2316万元，为年度计划的93.6%；自治区级收入1259万元，为年度计划的74.4%；市本级收入11622万元，为年度计划的103.3%；辖区级收入4020万元，为年度计划的107.1%。

2006年，兴庆区北区地税局完成市局下达的税收计划任务20480万元，截止12月31日，累计入库各项税收21199万元，占年度计划的103.51%，比计划超收719万元，是上年同期的110.32%，绝对值增加1982万元，其中中央级税收收入3071万元，为年度计划的123.58%，是上年同期的132.60

%,绝对值增加755 万元;自治区级收入1489万元,为年度计划的107 .20 %,是上年同期的118.27%,绝对值增加230万元;市本级收入12433万元,为年度计划的103 .35 %,是上年同期的106 .98 %,绝对数增加811万元;辖区级收入4206万元,占年度计划的91.91 %,是上年同期的104.63 %,绝对数增加186万元。

2007年,兴庆区北区地税局完成市局下达的税收计划23746万元,比上年实际入库数21199万元增长12.01%,截止12月31日,共组织税收收入24986万元,同比增长17.86%,增收3787万元,完成年度计划的105.22%,超收1240万元,其中中央级税收收入3915万元,为年度计划的120.83%,超收675万元;自治区级收入1671万元,为年度计划的111.40%,超收171万元;市本级收入14813万元,为年度计划的101.97%,超收286万元;辖区级收入4587万元,为年度计划的102.41%,超收108万元。

2008年,兴庆区北区地税局完成市局下达税收计划任务28,651万元,比上年实际入库数增长14.7%,截止12月31日,组织入库各项税收31,738万元,比上年同期增收6,752万元,增长27.02%,完成年度计划的110.77%,超收3087万元,其中中央级入库4,231万元,占年度计划的98.86%,短收49万元,比上年同期增长8.07%,增收316万元;自治区级入库2,152万元,占年度计划的112.67%,超收242万元,比上年同期增长28.79%,增收481万元;市本级入库18,794万元,占年度计划的109.39%,超收1,614万元,比上年同期增长26.88%,增收3,981万元;辖区级入库6,561万元,占年度计划的124.26%,超收1,281万元,比上年同期增长43.03%,增收1,974万元;组织其他收入17,642万元,其中社保费征收13,890万元,完成社保任务13,260万元的104.75%,养老保险入库12,155万元,占计划任务11891万元的102.22%,失业保险入库1,735万元,占计划任务1369万元的126.73%。

2009年,兴庆区北区地税局完成市局下达税收计划任务35,080万元,比上年实际入库数增长了10.53%,截止12月31日,组织入库各项税费收入66388万元,其中税收收入38249万元,比上年同期增收6511万元,增长20.51%,完成年度税收计划的109.03%,超收3169万元;社保费收入28139万元,同比增长102.60%,增收14250万元。税收中,中央级入库4834万元,占年度计划的111.90%,超收514万元,比上年同期增长14.25%,增收603万元;自治区级入库2237万元,占年度计划的93.99%,短收143万元,比上年同期增收3.95%,增收85万元;市本级入库23747万元,占年度计划的111.49%,超收2447万元,比上年同期增长26.35%,增收4953万元;辖区级入库7431万元,占年度计划的104.96%,超收351万元,比上年同期增长13.26%,增收870万元;其他收入4611万元,比上年同期增收860万元,增长22.93%。

2010年1-10月,全局共组织税费收入总计75366万元,比上年同期增长幅度为30.45 %,增收17591万元,其中组织地方税收收入41337万元,比上年同期增长31.95 %,增收10008万元,完成市地税局下达计划数94.61 %;组织社会保险费收入29634万元,比上年同期增长31.23%,增收7051万元。

【清缴欠税】 2005年,兴庆区北区地税局成立清欠领导小组,通过深入欠税企业调查摸底、召集企业主管领导和部门负责人进行约谈等多种形式,向欠税企业宣传税收政策法规,与企业签订清欠协议,全力催缴欠税;在局、所两级建立欠税户台账,对欠税企业实行不动产和大额资产处分报告制度,要求累计欠税5万元以上的企业及时上报资产处置情况,对拒不配合、故意拖欠税款的业户,采取停供发票、冻结银行账户、扣压物品、欠税公告等措施,有效地遏制了欠税的增长势头,截止12月31日,清理欠税1173万元。

2006年,兴庆区北区地税局在局、所两级建立欠税户台账,对欠税企业实行不动产和大额资产处分报告制度,要求累计欠税大于5万元以上的企业及时上报资产处置情况;成立重点税源稽核和清缴欠税领导小组,深入欠税企业调查摸底,与企业主管领导和部门负责人进行约谈,向欠税企业宣传税收政策法规,签订清欠协议,全力催缴欠税,全年共清回各项税款687万元,清欠工作列全区地税清欠第1名。

2007年,兴庆区北区地税局实行《清缴欠税分户表》管理办法,按月、分户登记欠税台账,与正常税款分开跟踪管理,对确实存在困难的纳税人,从创建和谐社会的高度出发,严格按照征管法和有关税收优惠政策的规定,及时办理免征手续,帮助纳税人走出困境,但对恶意欠缴税款的纳税人,坚决采取停供发票、冻结银行账户、欠税公告等措施,压缩新陈欠税,整顿税收秩序,促进收入增长,全年共清理欠税638万元。

2008年,兴庆区北区地税局清理欠税745万元。

2009年,兴庆区北区地税局清理欠税477万元。

2010年,兴庆区北区地税局清理陈欠,严格控制新欠增加,按月检查新增欠税,按月、分户登记欠税台账,实行《清缴欠税分户表》登记办法,与正常税款分开跟踪管理,确保新增欠税不超过年度入库总额3%,当年清理陈欠占年初欠税余额的20%;开展应征税款自查工作,对房地产、建筑安装、药品销售、运输企业2007~2010年纳税情况进行自查,召集辖区144户符合条件的企业开动员会,将自查要求、时间以及填表注意事项讲解辅导,在规定时间完成自查工作,提供自查查补税款29995元,全部催缴入库。

【税源管理】 2005年~2006年,兴庆

区北区地税局针对控管业户类型复杂、规模小、流动性大、税源分散隐蔽、容易形成漏征漏管的特点，坚持抓大、控中、定小的原则，抓好重点税源的调查、分析、监控工作，将年纳税额在3万元以上、总入库税额达到全局入库额60%以上的业户纳入重点税源管理，建立信息台账，实行备案管理，按月进行收入分析，摸清重点税源变化情况，做到税源监控及时准确，组织收入心中有数；严格执行企业分类管理办法，区分不同类型，采取相应的征管措施，对财务制度不健全、会计核算不实，不能如实申报纳税的二、三类企业，采取定率、定额征收所得税办法，切实加强了管理；对个体工商户及餐饮、娱乐等不易管控的特殊行业，采取局、所两级评定，加强核查监督，推行纳税评估管理等措施，减少税收的跑、冒、滴、漏。

2007年，兴庆区北区地税局制定《纳税人分类管理办法》、《核定征收管理办法》和《日常检查管理办法》，对年纳税额在5万元以上的企业建立分户、分税种台账，依托信息化手段，建立实时、动态、高效的监控体系，提高税收实现能力，对纳入总局重点税源数据库的企业加强监管力度，每季度及时上报重点税源分行业、分税种分析；加强新办业户、注销业户、非正常户和外出经营业户的管理，通过漏征漏管户清理、注销业户稽核、外出经营登记等日常管理工作，做到户籍底子清、经营情况清、缴纳税款清，截止12月31日，全年新办税务登记2836户，注销421户，认定非正常户1050户，办理外出经营登记208户次；管理各类纳税户11532户，其中企业5761户，个体5771户。

2008年，兴庆区北区地税局加强对定期定额户的管理，根据《银川市地方税务局评定税额的管理办法》的规定，实行专管员调查、管理所长复查、分局审批的原则，在定额管理中努力做到公正、公平、公开；加强新办业户、注销业户、非正常管户和外出经营业户的管理，截止12月31日，办理注销登记613户，稽核补税300,324元；办理新办登记2077户，认定非正常户781户，办理外出经营许可136户；管理各类纳税户13029户，其中企业6640户，个体6389户。

2009年，兴庆区北区地税局认真分析上年企业纳税情况，挑选重点行业、重点企业和纳税额度较大的企业充实到重点税源监控范围内，使重点税源监控企业由原来的37户增加到现在的80户；组织召开重点税源填报培训会，向重点税源企业讲解监控的目的、填报注意事项及填报要求，要求报送电子数据资料，大大提高数据的准确性和工作效率；加强对新办企业税务登记和变更登记的监管，对逾期未办理税务登记和税务变更登记的纳税人，依照《征管法》进行处罚，共处罚56户（次），罚款16340元，截止12月31日，共管理各类纳税户15395户（企业7653户，个体7742户），其中新办业户3120户（企业921户，个体2199户）；严格审核外来经营纳税人报验的登记资料，完善审批程序，进行跟踪管理，办理外出经营441户（次），补缴印花税11769元；审批非正常户787户，其中企业235户，个体552户，对各所停、歇业户进行实地核查，对办理停业手续但仍在正常经营，属于假请假、假停业的11户限期补缴税款8341.6元，共办理注销登记525户，其中企业175户，个体350户，补缴税款512829.91元。

2010年，兴庆区北区地税局加强对重点税源的监控，监控面不断扩大，重点税源户增加到257户，共管业户17022户，企业8250户，个体8772户，新办企业673户，纯地税管户60户，新办个体户950户，总户数比2009年底15399户增加1623户。处理逾期办理税务登记事项41起，罚款12400元。规范个体户定税制度，严格按照市局个体户定税标准定税，不定期对定税户进行抽查，杜绝关系税、人情税和定税随意性，定税口径统一，共审批1552户双定业户定税。严格业户请销假制度，建立举报和实地核查制度，制止违规请假和假请假真开业现象，共办理注销业户350户，其中企业166户，个体184户，补缴税款35684.14元，办理非正常户686户（其中企业405户，个体281户），办理停歇业户13户。加强房地产企业监管，检查房地产企业45户，有效杜绝税款流失。严格审核外来经营纳税人报验的登记资料，办理外出经营441户（补印花税11769元）。与国税局、工商局定期就企业办证情况、企业停歇业和注销情况及时交换信息，多次对信息交换存在的问题进行分析和探讨，建立定期交换制度和指定联系人制度，进一步加大对漏征漏管户的清理力度，确保登记信息的连续性和完整性。积极与工商兴庆一分局配合，定期将工商代办税务登记证所需资料送达工商部门，不定期将办证情况进行交换，从源头杜绝办理工商不办理税务登记证现象。

【税种管理】 2005年，兴庆区北区地税局加强营业税管理，做好营业税普查登记工作。通过调查测算，全面掌握营业税税源变化及税款入库变化情况，为预测税收收入提供依据。加强个人所得税的征收管理，建立个人所得税代扣代缴台账和重点纳税人档案，定期进行跟踪检查，对保险、证券、电力、房地产、出版社、个人独资企业等一些重点行业和高收入个人，建立代扣代缴明细申报制度，有力促进个人所得税的征收管理，截止12月31日，共征收个人所得税2648万元。加强出租房屋房产税征收，开展出租营业房专项检查，重点检查集贸市场、各大商场、写字楼中的出租房屋及出租房屋的行政单位及个人等，边检查、边宣传、边入库，共检查各类纳税人1785户，全年共入库房屋出租营业税737万元。加强对零散税、印花税、土地使用税、车船税等小税种的征收管理，牢固树立地税无小税思想，确保各项税款应收尽收，全年共征收零散税2600万元，征收印花税360万元。

2006年，兴庆区北区地税局按区、市地税局的部署和要求，进行2005年度营业税普查工作，筛选35户经营状况良好、会计核算健全、具有行业代表性的营业税企业进行调查，全面掌握营业税税源变化及税款入库变化情况，为预测税收收入提供数据依据。加强个人所得税的征收管理，认真执行新的个人所得税扣除标准，将年纳税额在0.5万元以上的纳税人确定为重点税源户，建立台账，进行跟踪管理，全年征收个人所得税3009万元。认真抓好所得税汇算清缴工作，在组织好企业自核、自缴的同时，严把检查审核关，坚持边汇算、边检查、边处理、边入库，有效提高汇算质量，全年共汇算各类企业1200户，其中盈利户489户，亏损户711户，汇算清缴企业所得税234万元。加强土地增值税管理，严格执行区局《土地增值税预征试行办法》，对辖区内房地产企业进行专项检查，稽核土地增值税203万元，比上年同期增收148万元。加强对零散税的征收管理，对各管理所代开发票业务进行严格规范，加强对兴庆区“三大战役”施工工程零散税的征收管理，共征收零散税2450万元。

2007年，兴庆区北区地税局狠抓2006年度营业税普查，挑选精通财务会计、税收业务水平高、责任心强的人员负责，普查包括所有重点税源户在内的210户纳税户，全面掌握营业税税源变化及税款入库变化情况。狠抓个人所得税的征收管理，按照国家税务总局和区、市地税局工作安排，积极开展年所得在12万元以上的纳税人自行申报工作，申报年所得在12万元以上的纳税人79人，补缴个人所得税17.6万元，对纳入区级重点管理的代扣代缴个人所得税企业的基本信息进行登记，建立管理台账并按期上报税源报表，为2667名个人所得税纳税人开具个人完税证明，为中国网通等60户代扣代缴企业安装个人所得税管理系统，有18户企业已申报成功，共征收个人所得税2,617万元。对辖区内1207户企业进行前期宣传、培训和辅导，有效提高企业所得税汇算质量，通过实地检查，对1207户企业的所得税征收方式进行重新鉴定，发放各种报表6650张。加强土地增值税清算工作，按照区、市地税局要求，对管辖的2户房地产企业进行土地增值税清算，全年预缴土地增值税213万元。狠抓残疾人保障基金和工会经费的征管，与税收任务同安排、同落实、同考核，从申报、审验、监督、催缴4个方面入手，完善征收工作流程图，与职能部门配合，提高征缴率。截止12月31日，共征收残保基金605万元，代征工会经费746万元。

2008年，兴庆区北区地税局认真做好2007年度营业税普查工作，普查220户，涵盖所有重点税源户，全面掌握营业税税源变化及税款入库变化情况。狠抓个人所得税的征收管理工作，继续加强年所得在12万元以上的纳税人自行申报工作，年所得在12万元以上的纳税人93人，比上年申报人数增加14人，增长18%，扣税款343万元，应补缴税款6.57万元，加强对54户个人所得税重点税源户的管理，严格执行代扣代缴手续费返还政策，为116户纳税人返还手续费35万元，为1342名个人所得税纳税人开具完税证明，截止12月31日，共征收个人所得税4,438万元。狠抓企业所得税管理，共对1116户企业进行所得税汇算清；狠抓城镇土地使用税税源清查及两税比对。为了全面落实《宁夏回族自治区地方税务局城镇土地使用税税源清查工作实施方案》，切实提高土地税征管基础，进一步加强土地税征缴力度，按照《银川市地方税务局城镇土地使用税清查实施方案》，由市局统一对8户没有土地使用证的企业进行测量，补缴税款8万元，认真做好房产、土地使用税的比对工作。

2009年，兴庆区北区地税局做好2008年度营业税普查工作，继续加强年所得在12万元以上的纳税人自行申报工作，有年所得在12万元以上的纳税人86户，其中个人及其他个人独资企业纳税人18人，工资薪金纳税人68人，补缴税款3.74万元。狠抓企业所得税管理；完成企业所得税税源调查工作，为各所安装企业所得税税源调查程序，对纳税人上报的各种报表3600份进行逐一核对。加强印花税管理，对市局税政业务工作检查中反馈的问题，特别是权利许可证照贴花、房屋出租合同贴花、房地产开发公司印花税缴纳以及汇总缴纳印花税等方面存在的问题进行重点检查，共检查业户445户，补税178户，查补印花税9.3万元。

2010年，兴庆区北区地税局加强企业所得税汇算清缴工作。加强企业所得税涉税鉴证工作，由企业委托纳税人鉴证33户，由市局委托税务师事务所鉴证31户，其中解除委托1户，出具涉税提纲1户，出具报告29户，根据税务师事务所出具的鉴证报告书对企业做出行政处罚决定。稳步推行个人所得税全员全额代扣代缴软件，及时解决申报过程中出现的问题，已有18户企业应用申报成功。认真做好年所得12万元以上个人自行申报，受理年所得在12万元以上的纳税人84人，扣税款336.11万元，应补缴税款3.17万元，补缴税款涉及8人，应补缴税款全部入库。

【纳税评估】 2005年，兴庆区北区地税局在信义、湖滨、清河3个税务所选择房地产、广告、旅游业等12户企业，在全局抽取173户饮食、洗浴、娱乐、美容美发行业定期定额户，按照纳税评估要求进行试点。

2007年，兴庆区北区地税局对25户房地产、20户建筑业企业及5户监理企业进行简易纳税评估，共发现疑点191个，经与企业约谈举证，排除65个疑点，最后确定疑点126个；50户被评估的企业中，纳税正常的28户，纳税异常的22户，共评估应补缴税款350多万元。纳税评估推广阶段，对管辖的22户企业进行评估，评估补税17万元。

2008年，兴庆区北区地税局通过对各类指标的定量分解，经过评估软件处理，实现由人管到机管的转变。结合实际，制定详细的纳税评估实施方案，对年纳税额在20万元以上的10户重点税源企业数据进行采集评估。

2009年，兴庆区北区地税局评估企业52户，调增应纳税所得额237.34万元，调减应纳税所得额86.24万元，补征税款37.5万元，实现了以评促改、以评促管、以评促查、以评促收的工作要求。2010年，兴庆区北区地税局纳税评估46户，其中通过税收管理员平台，录入47户重点税源企业报表1098份，电子评估18户，产生疑点103个，通过报表比对和实地核查排除89个疑点，确认疑点14个，查补税款274.78万元，全部入库。

【档案管理】 2005年，兴庆区北区地税局继续强化档案管理，使档案管理工作不断向法制化、规范化、科学化迈进，档案室新增文书档案641件，征管档案3860卷，会计档案1133册，实物档案12件，档案数量增至29212卷(册)。档案室共接待查询115人次，提供档案资料18件(册)。

【税收优惠】 2005年，兴庆区北区地税局认真落实下岗失业人员再就业优惠政策，全年累计为1158户下岗再就业、残疾人、部队转业人员从事个体经营办理减免税手续，累计减免各项税收355万元；全面检查税收优惠政策的执行情况，对享受税收优惠政策已经到期的纳税户及时恢复征收，对正在享受税收优惠政策的进行重新复查，对未按规定执行政策的给予严肃处理，保证税收政策的正确贯彻执行，对雇工超过7人，安置下岗职工达不到30%的13户纳税户恢复征收，补征税款24.5万元。

2006年，兴庆区北区地税局按照新的税收政策，对申请下岗再就业减免税的个体工商户进行认真审核，及时办理减免税手续，全年批复享受下岗再就业优惠政策的个体工商业户301户，累计减免金额达475.04万元，免收符合政策的486户下岗失业人员办证工本费4860元，切实解决了纳税人的实际困难。对享受西部大开发税收优惠政策的13户企业收入情况进行复查，全部符合政策要求，全年共计减免企业所得税177万元；上报市局审批营业税、房产税、城镇土地使用减免共计13户，申请减免税金额合计281万元；对40户国税直接减免业户相应地进行地税的减免审批工作。

2007年，兴庆区北区地税局批复个体减免202户，累计减免各项税收128万元，免收办证工本费6978元；上报市局审批各类企业减免28户，申请减免金额652.77万元；对38户国税直接减免业户进行相应的地税减免审批工作。

2008年，兴庆区北区地税局批复下岗再就业优惠政策个体减免160户，累计减免各项税收34.45万元；上报市局审批企业所得税减免6户，申请减免金额156万元；上报市局审批减免营业税、房产税、城镇土地使用税10户，申请减免金额795万元；对47户国税直接减免业户相应进行地税减免审批工作。

2009年，兴庆区北区地税局组成4个调研小组，深入企业调研，帮助企业解决困难，送优惠政策上门，对28户符合全区规模以上工业企业的纳税人减半征收2009年度土地使用税、房产税、减免印花税、教育费附加、地方教育费附加、水利建设基金，共计减免税款337.4万元。截止12月31日，上报市局审批企业所得税减免5户，上报市局审批减免营业税、房产税、城镇土地使用税6户，申请减免金额338.8万元，对15户国税直接减免业户相应进行地税减免审批工作；严格审批权限，做好财产损失审核，对符合政策要求的4户企业，由分局及时进行审批，报损金额63万元，对报损金额较大的2户，按要求及时上报市局、区局，报损金额6690万元；严格执行税法，保护纳税人合法权益，按照《企业所得税法》及《实施条例》、《国家税务总局关于小型微利企业所得税预缴问题的通知》和市局有关规定，对符合条件的小型微利企业进行认定登记备案，确保税收优惠政策落实到位，受理13户小型微利企业的认定工作。

2010年，兴庆区北区地税局及时调整减免税领导小组，健全各类减免税台账，受理各类税收减免26户，其中医疗诊所备案13户，幼儿园1户，供热企业3户，宁夏建工集团所属企业1户，宁夏第一建筑公司等困难性减免4户，其他政策性减免4户。

【案件查处】 2005年，兴庆区北区地税局对举报电话实行24小时不间断开通，上班时8小时之内有人接听，8小时之外有电话录音；在各所专门设立举报案件记录簿、意见箱，拓宽举报途径，严格举报保密制度，落实举报奖励办法，截止12月31日，共接到群众各类举报252起，其中市局转交12起，查补税款1.3万元，罚款1.7万元。

2006年，兴庆区北区地税局受理电话咨询、投诉132起，其中涉及违法行为的22起，上级地税部门转办12起，市政府督办转办6起；查处各税务所报来“钉子户”37户，催缴税款及罚款14万余元，有效地净化了纳税环境。

2007年，兴庆区北区地税局侦查中队共接到群众各类举报36起，经核实有15起情况属实，市局转交12起，都依法进行了处理，查补税款6656.94元，罚款12500元。

2008年，兴庆区北区地税局侦查中队共接到群众各类举报51起，经核实有23起情况属实，依法进行处理，查补税款15,236.89元，罚款12,414.25元，查处68户注销户补税罚款189,864.71元。

2009年，兴庆区北区地税局受理群众举报案件24起，有效投诉8起，注销业户76起，查补税款及罚款共计250,723.28元。

【扶贫济困】 2005年，兴庆区北区地税局积极组织干部参加公益事业，为月牙湖贫困地区和海啸灾区捐款45150元。

2006年,兴庆区北区地税局组织团员干部参加义务植树活动,为贫困母亲捐款3730元。

2007年,兴庆区北区地税局组织团员干部参加义务植树活动,全体干部职工为贫困母亲和"博爱一日捐"活动捐款9560元。

2008年,四川特大地震发生后,兴庆区北区地税局组织干部职工捐款5790元;组织党员缴纳特殊党费31552元;131人捐棉衣、羽绒服199件、棉被5条、毛毯2条,支援灾区。

2009年,兴庆区北区地税局响应银川市人民政府办公厅关于开展2009年送温暖献爱心捐款活动,组织干部职工捐款7420元。

【政风行风建设】 2005年,兴庆区北区地税局以评议活动为载体,在规范执法行为、优化服务环境、提高服务质量等方面下功夫,通过媒体向社会公开8项承诺,接受社会各界监督,继续推行"六项承诺"和"三条禁令"等要求,努力从根本上解决损害群众利益的不正之风;建立健全纠正不正之风的长效机制,重点解决执法不严、态度粗暴、工作推诿、作风飘浮、纪律松懈、办事拖拉、管户不利、责任不强等问题,在全局形成勤政为民、廉洁奉公的良好风尚,先后召开4次税企座谈会,发放征求意见表300余份,加强税企沟通,密切税企关系。

2006年,兴庆区北区地税局将辖区各街道办事处、各乡政府有关人员请到税务局进行座谈,班子成员全部参与,征求意见15条;走访纳税户征求意见,发放表函近百份;向辖区发放调查问卷及公开信800余份,对发现的问题及时提出整改措施,使执法水平、服务态度、服务质量有较大的提高,在政风行风评议中,获兴庆区第1名。

2007年,兴庆区北区地税局召开税企肯谈会,广泛征求意见,45户企业和个体工商户代表应邀参加座谈,征求意见15条;向纳税人发放调查问卷300份,收回有效问卷267份,其中服务态度满意的238份,占调查总数的89.14%,基本满意的27份,占调查总数的10.11%,不满意的2份,占调查总数的0.75%;深入各界走访,接受社会各界监督,局长亲自带领调查小组先后走访兴庆区党委、人大、政府、政协、纪委等5套领导班子和工商、公安等部门以及26户纳税户,虚心听取各界对地税工作的意见和建议,恳请各界监督地税工作,促进税风进一步转变。

2010年,兴庆区北区地税局制定《2010年兴庆北局政风行风工作实施方案》《银川市兴庆区北区地方税务局责任追究制度》和政风行风管理考核措施等制度;抓服务,促行风,加大办税服务厅规范化建设力度,进一步完善"一站式"服务以及提醒服务、跟踪服务、全程服务,加强税法宣传和纳税咨询辅导,积极开展纳税服务援助,大力开展文明办税服务;抓重点,促创建,把握评议基层税务所这个重点,每月召开一次综合评议会,由监督员、评议员和纳税人代表面对面点评基层税务所政风行风建设情况,发放测评问卷进行总体评价,建立"评"与"议"相结合的常态化评议机制,积极促进纳税人与基层税务所的良性互动;抓公开,促公正,充分利用宣传手册、电子触摸屏、网络、新闻媒体等形式,进一步公开纳税人的权利和义务、发票的收费标准、行政许可审批事项、税收政策法规、民主评税情况、纳税人办税的操作流程等内容,确保电话、网络等投诉渠道畅通,公开银川市兴庆区北区地税局办税服务时效、银川市兴庆区北区地税局执法公示服务承诺等制度;抓督查,促整改,成立督促检查组开展督察,下发督查通报2期,坚持在征收期内组织人员实地随机发放问卷调查表,向纳税人发放700份政风行风调查表,请特邀监督员采取明查暗访、电话征求意见等方法,收集对推行政务公开情况的反映;抓监督,促水平,召开兴庆北局民主评议政风行风工作暨特邀监察员座谈会,聘请12位同志为特约监察员,全面推进政风行风、机关作风和效能建设。

【竞争上岗】 2005年,兴庆区北区地税局组织干部认真学习市地税局有关干部交流和竞争上岗的实施办法,结合实际制订《兴庆区北区地税局科、所长副职竞争上岗实施办法》;积极推荐、鼓励年轻干部参加市局和本局科、所长及副职竞争上岗,经过资格审查、笔试、面试、民主评议、组织考察等程序,3名年轻干部走上科、所长岗位,6名干部走上副职领导岗位,优化了干部队伍。

【票证管理】 2006年,兴庆区北区地税局对民间组织、民营医院、个体诊所等自印衔头发票企业的发票使用情况进行全面清理,全年共清理检查43户;对旅游景点、展销会等使用门票的单位进行清理检查,认真执行发票核销制度,采取验旧领新的供票方式;加强兑奖发票的管理,全年共向市局申请拨款兑付现金61.78万元。

2007年,继续加强刮奖发票管理工作,保证兑奖资金及时到位,对发票二次兑奖办法进行公告和宣传解释,全年参与兑奖的纳税人共3809人(户),兑付现金693,310万元;按照市局要求,对代开发票和定额发票的使用情况进行专项检查,检查面达100%,共检查纳税户72户,检查发票456份,查处8户使用假发票业户,查缴假发票56份(其中税款在10000元以上的22份、税款在10000元以下的34份),代开金额合计12,493,071.67元,税款达823,013.17元,税款在10,000元以下的已安排追缴,税款在10,000元以上上报市局征管科提交税侦大队处理,补缴税款34,113.46元。

2008年,兴庆区北区地税局编制《发票专项检查调查表》,由专管员填制并要求业户提供相应的代开发票复印件,然后在系统中进行比对,征管科进行核查。截止12月31日,对控管的786户(包括自印发票企业、房地产企业、建筑业、餐饮、服务业)进行抽查,抽查发票

42363 份，其中建筑业 221 户、房地产业 17 户，抽查取得的代开发票 332 份，涉及的假发票 52 份（涉及 24 户纳税人），涉案金额 894.18 万元，对 52 份假发票进行全额查补，补税费 47.17 万元，收取滞纳金 3.56 万元，罚款 8.31 万元。

2009 年，兴庆区北区地税局严格落实发票管理制度，认真做好发票领、用、存，抽调专人对代开代保管发票情况进行检查，共检查 100 户纳税人的 104 本发票，对 5 户纳税人出现的问题进行纠正，加强刮奖发票管理。截止 12 月 31 日，受理发票兑奖 4867 人（次），兑付现金 112.87 万元；开展打击制售假发票和普通发票使用情况专项检查工作，向纳税人发放《发票使用情况自查表》985 份，然后由税收管理员进行实地核查，共核查代开发票 3104 份，没有发现假发票；对发票换版工作进行精心安排和周密部署，对使用地税发票的 1175 户纳税人进行发票检查核销，缴销自印衔头医疗门诊专用发票 65719 份、医疗住院发票 12485 份、代理进出口发票 14 本、电信业务专用发票 17136 份、银川市地税局印制填开式发票 171 本、定额发票 371 本；做好新版发票领购簿换发工作，按照《宁夏回族自治区地方税务局发票管理改革实施方案》的规定和要求，截止 9 月底，为 2004 户换发领购簿，9 户未换发，其中 7 户已变更经营范围，不需供票，1 户停业，1 户由于与市局稽查局有税款问题，暂未换发。

2010 年，兴庆区北区地税局对发票进行仔细核对盘库、及时上报发票月报表、半年报表、全年报表，按照市局要求及时上报各种报告和季报，调拨 5115756 份发票，发放 4033465 份发票，工本费 576325.25 元，每月认真审核兑奖发票，及时建立兑奖发票台账，及时汇总，兑付 48281 人次，兑付现金 417305 元；加强发票专项检查，打击发票违法犯罪行为，设计《关于打击发票违法犯罪》发票检查的各种表格，按照市局要求按月上报检查进度情况，针对房地产业、建筑业开票金额在 5 万元以上的发票进行检查，设置《兴庆区北区地方税务局房地产业、建筑业发票检查登记表》以及《发票举报案件登记表》，下发各所。

【征收方式鉴定】 2006 年，兴庆区北区地税局采取实地检查的方式，对连续亏损 2 年以上且无能力核算、核算水平低以及账证不齐全的中小企业，进行所得税征收方式重新鉴定，共鉴定 1349 户。2010 年，兴庆区北区地税局多次召开会议，对 129 户企业征收方式进行重装认定，经查发现注销 5 户，非正常户 4 户，事业单位 1 户，由税务师事务所代理 4 户，对钢材市场 17 户暂时维持原查账征收方式，实际应该改变为核定征收方式的共 98 户，已改变征收方式的 67 户，占应改变户数的 68%，收到企业申请继续实行查账征收报告 32 份，基本达到预期目标。

【营业额评定】 2006 年，兴庆区北区地税局各税务所认真贯彻落实管户质量责任追究办法，加班加点，对餐饮、娱乐、洗浴、美容美发等不易控管的特殊行业的经营情况进行一次大摸底，掌握纳税人的第一手资料，据此调整营业税定额，全年增收 264 万元；实行双定业户评定税额后，平衡不同纳税人、不同街道、不同行业之间的税负，减少传统定税方式的随意性、主观性，实现个体工商户定额的公开、公平、公正，同地段、同行业、同规模、同税负，杜绝人情税、关系税，增强税务机关执法透明度，真正体现依法治税原则。

【信息化建设】 2006 年，兴庆区北区地税局将信息化建设作为一项重点工作来抓，加大人力、物力、财力投入，建立完善的局域网络系统，计算机公文处理系统运行顺畅，基本实现无纸化办公，提高了公文处理的时效性。

2007 年，兴庆区北区地税局以减化纳税人办税程序、取消税收管理人员审核、提高计算机信息利用率为目标，借助市局纳税评估软件系统，添加照相等程序，通过数据库链接，形成信息共享，实现电子信息申报一户式管理，受到纳税人和税务管理员的一致好评。

2008 年，兴庆区北区地税局根据自治区地税局关于更新与完善地税综合征管软件的要求，为确保新征管软件的顺利上线，分阶段完成数据清洗、采集、补录、上线培训等工作；自行研究开发电子信息申报一户式管理系统，组织召开有 500 多名纳税户参加的电子信息申报一户式管理工作现场培训会，编写印制 500 多份客户端软件安装操作手册和 30000 多份蓝色纳税申报表、1000 多份宣传册，刻录客户端光盘 500 多盘，向 500 多户纳税人开通绿色通道，解决了纳税人资料多头报送、重复报送等问题，减少了纳税人在税务所和征收大厅往返的奔波，受到广大纳税人的广泛好评；开发出网上申报软件，申报软件技术先进，操作方法简便，减少了中间环节，减轻了征收成本和征收工作压力，提高了办事效率，有效地提高了服务质量，使纳税人不受时间和场地的限制，足不出户即可完成申报纳税，经过两个月的试运行，受理网上申报业户 330 户；在征收大厅安装排队叫号机和休息座椅，解决纳税人在报缴期长时间排队拥挤现象，缓解大厅工作人员精神压力。

2009 年，兴庆区北区地税局推出手机短信申报方式，使纳税人可以足不出户完成申报缴税程序，改变纳税人上门申报、排队等候的弊端，避免了网络系统因业务量过度集中而死机瘫痪等问题，不但减轻前台工作人员的压力，提高工作效率，而且以其方便、快捷、低成本等特点，受到广大纳税人的普遍赞誉和好评，有 2469 户企业成功进行手机短信申报，共接受各类申报信息 10310 条，征收税款 3015 万元，社保五险 723 万元，累计处理零申报 4907 户。

2010 年，兴庆区北区地税局推出发票网络实时监控税源管理应用软件，软件运行稳定，功能日趋完善，数据转化正常，完成购买填开式发票648户企业发票信息采集，以及房地产、建筑安装业、服务业、大型餐饮业2009年度、2010年度纳税信息的采集，接受业户上传发票信息35123条，快速绘制税源增减变化趋势图，通过软件中收入风险比对功能的发票收入与申报收入比对，发现36户企业申报异常，少申报税款216万元，堵塞了税收漏洞，降低了税收风险。

【税务登记证换发】 2006年，兴庆区北区地税局为提高广大纳税人和扣缴义务人换发证工作的操作流程水平，避免纳税人因程序不清、携带资料不全等造成重复跑路情况的发生，编印《换发税务登记证须知及流程示意图》，制作展板在征收所内悬挂，印制12,000份宣传彩页，发放给所辖11,000余户纳税人，截止12月底，换发税务登记证件9257户。

【社保费征收】 2007年，兴庆区北区地税局成立专门征收工作办公室，做到人员到位、责任到位，借鉴以往代征残疾人保障基金和工会经费的经验，对可能出现的问题进行细致的筹划和防范，为代征工作顺利开展奠定坚实基础。

2008年，成立社保费征收小组，分管局长带领社保工作抽调人员及会计等部门的相关人员加班加点及时圆满完成费源普查；为避免票证传递过程中出现差错，设计票证汇总表附在缴款书前，方便银行快速准确划款；建议市局刻制区分各局税款的印章，方便国库准确及时分解税款，缩短返票时间；坚持每周与社保对1次账，将社保联按费种、时间整理，前附汇总表及明细表，后附汇总缴销表，装订整齐；制定冲销社保费欠费流程，没有虚挂1笔欠费，也没有错销1笔欠费；对征收社保费工作中反映出的问题及时归类装袋处理，做工作日志近3万字，对规范的审核资料进行收集保管；印制大量的社保费征收知识和工作流程、宣传手册在两个征收大厅和各税务所发放；积极与社保、辖区政府多方联络，截止12月31日，征收社保费13,890万元。

2009年，除基本养老保险和失业保险外，新增医疗保险、工伤保险和生育保险，加强票证管理，及时解决问题，确保费款及时足额入库，加强部门配合，推进社会保险费征缴工作顺利开展。

2010年，建立银川市兴庆区北区地税局社保费管户台账、银川市兴庆区北区地税局社保费管户台账（重点费源）、银川市兴庆区北区地税局社保费管户台账（欠费）、银川市兴庆区北区地税局社保费管户台账（注销户）。建立和完善重点费源动态管理体系，对管户社保费费源进行彻底清查，对15700户实施普查，发放《银川市兴庆北区地税局社保费费源调查表》15700份，收回14938份，费源普查面达到98.8%。

【纳税约谈】 2007年，为加强税收管理，提高工作效率和服务水平，兴庆区北区地税局在银川市地税系统率先建立纳税约谈制度。通过与重点税源企业户进行调查约谈，掌握企业在纳税中存在的问题和企业的生产经营状况，使潜在税源转为了现实税收；通过与在纳税评估中存在疑点问题企业进行的“预警”约谈，将事后执法性检查转变为事前指导性检查，有效缓解了征纳矛盾；通过与异常申报业户进行的“提醒”约谈，促使纳税人自觉规范申报行为。约谈制度的实施，拉近了税企之间的距离，增进了相互理解，实现了税收收入与纳税遵从度的双提高。

【货运发票升级】 2008年，按照国家税务总局和区、市地税局要求，兴庆区北区地税局认真开展货运业自开票纳税人认定工作，及时对年货运收入在30万元以上的13户自开票货运企业的税控程序进行升级，截止12月31日，自开票货运企业用带税控码的新版发票开具运费4,725.43万元。

【税收票证管理】 2010年，兴庆区北区地税局积极开展财税库银横向联网电子缴库工作，有768户纳入财税库银申报、核缴系统；加强税收票证和税款缴库的管理，继续实行长假清票制度，专人负责对全局各种税收票证的及时领购、发放、缴销，填用票证总数为105396份，平均每月17566份，每月平均装订100余本票证，对已收回审核的票证，经验收将票证分所、分月整理上架入库，整理上年计会档案1094册。

【优质服务】 2010年，兴庆区北区地税局继续推行首问责任制和一站式服务，完善政务公开、限时服务、承诺服务等各项制度，编印《一站式管理操作流程》100份，办结各项业务1860项，其中即办类涉税事项1782项（发票核定类14项，个体定税357项，流转税20万元以下审批类减免12项，变更登记1192项，开具外出经营证明139项，停业登记7项，个体户注销61项），调查审批类涉税事项78项（100万元以下财产损失1户，企业注销登记77项）。

【队伍建设】 2006~2007年，为切实提高干部综合素质，兴庆区北区地税局按照《银川市地税系统干部素质建设实施办法》的要求，有针对性地对不同岗位人员进行业务培训，组织学习《国家公务员暂行条例》《国家公务员行为规范》《行政许可法》《税收征管法》以及财务管理、成本核算、计算机操作等相关知识；积极开展“五比五看”活动，开展征管能手、微机操作能手、文明带队能手等评选活动，提高法治观念，提升业务水平。

2009年，以提高干部能力、增强干部综合素质为重点，从干部的实际需要出发，发放教育培训意向调查表138份，了解干部的培训愿望和学习要求，制订《兴庆区北区地税局2009年干部教育培训方案》，针对不同岗位分别讲授规范开具票证、社保费征收业务、会计基础知识、微机操作、新征管软件、计算机定税软件、手机短信申报系统、税收法律法规等内容，基本上满足不同岗位的知识更新需要，提高了干部职工的业务技能。

银川市兴庆区南区地税局

【概况】 银川市兴庆区南区地方税务局于2002年12月成立，正科级单位，是银川市地方税务局所辖9个区（县）级单位之一，机关内设5个职能科（行政与监察科、征管与信息科、税政法规科、社保费征收管理科、计划会计科），派出机构5个（胜利税务所、富宁税务所、前进税务所、新华税务所、征收管理所），征收管理所挂办税服务厅牌子），主要担负北起解放街、南至永宁界，西到唐徕渠、东至清和街范围内19081户企事业单位及个体工商户的地方税收征收管理工作、社保五险征收工作和其他收入的组织征收工作。辖区管户量大、企业规模小、个体户密集集中，管辖区域仅占兴庆区域的6%，却涵盖国有企业207户，集体企业76户，股份合作企业7户，联营企业4户，有限责任公司4419户，股份有限公司21户，私营企业621户，其他企业39户，个体业户13423户，事业单位264户；4个税务所，除所长之外，实有税收管理员42人，人均管户454户。

兴庆南区地税局现有各类人员105人，其中国家公务员52人，工勤人员8人，合同制工人6人，市局核拨经费助征人员25人（含借调人员3人和市局社保大厅2人），三支一扶大学生14人。2010年，分局正式干部职工66人，大专以上学历62人，占总人数的94%，具有职称的34人，其中注册税务师1人，会计师9人，税务师5人，经济师17人，占总人数的52%，局领导班子4人，1正3副，1名纪检主任。

2006年，荣获银川市地税系统先进基层党组织光荣称号；2007年，荣获自治区地税系统创新贡献奖、“六好班子”光荣称号；2008年，荣获自治区先进基层税务所，银川市地税系统先进集体光荣称号；前进税务所荣获全国“巾帼文明岗”光荣称号；2009年，荣获自治区、银川市“巾帼文明岗”，自治区、银川市地税系统先进集体，自治区地税系统优秀活动项目、先进基层税务所，银川市地税系统“六好班子”、创新贡献项目奖等荣誉称号；2010年，荣获自治区、银川市地税系统“六好班子”，自治区、银川市地税系统落实党风廉政建设责任制先进集体，自治区依法治税示范单位，自治区地税系统优秀基层税务所，银川市地税系统先进集体等荣誉称号。

【领导名录】

书　记：石宁臣（2001.01～2007.02）
马遵孝（2007.02～2007.09）
高晓莉（2007.09～2010.12）

局　长：石宁臣（2001.01～2007.02）
马遵孝（2007.02～2007.09）
高晓莉（2007.09～2010.12）

副局长：滑治平（2001.01～2003.09）
袁彩珍（2001.01～2006.01）
王　和（2003.09～2006.01）
哈东胜（2006.01～2007.02）
金怀林（2006.01～2007.02）
王　伟（2006.01～2008.05）
智金梁（2006.01～2010.01）
徐文霞（2008.05～2010.12）
曹荣钦（2010.01～2010.12）
卢震桓（2010.01～2010.12）

【完税指标】 2005年，累计完成各项收入16388万元，为上年同期14578万元的112.5%，与上年同期相比增长12.5%，增收1810万元，其中税收收入完成14810万元，为上年同期13195万元的107.5%，与上年同期相比增长7.5%，增收1615万元，完成年度税收计划14183万元的104.5%。中央级收入完成2723万元，为上年同期2258万元的120.6%，与上年同期相比增长20.6%，增收465万元，完成年度税收计划2386万元的114.2%；自治区级收入完成1295万元，为上年同期1156万元的112.1%，与上年同期相比增长12.1%，增收139万元，完成年度税收计划1397万元的92.7%；市本级收入完成7922万元，为上年同期7005万元的113.1%，与上年同期相比增长13.1%，增收917万元，完成年度税收计划7331万元的108.1%；辖区级收入完成2870万元，为上年同期2776万元的103.4%，与上年同期相比增长3.4%，增收94万元，完成年度税收计划3069万元的93.6%。教育费附加收入完成488万元，为上年同期442万元的110.4%，与上年同期相比增长10.4%，增收46万元；其他收入完成1090万元，为上年同期941万元的115.9%，与上年同期相比增长15.9%，增收139万元。

2006年，市局下达税收计划16525万元。截止到6月30日，累计完成各项收入9440万元，为上年同期8472万元的111.43%，同比增长11.43%，增收968万元，其中税收收入完成8659万元，为上年同期7778万元的111.33%，同比增长11.33%，增收881万元，完成年度税收计划16525万元的52.4%，快于时间进度2.4个百分点，超收396万元，提前两天完成税收任务，实现时间、任务双过半的目标。中央级收入完成1614万元，为上年同期1643万元的98.23%，同比减少1.77%，减收29万元，完成年度税收计划2922万元的55.23%，快于时间进度5.2个百分点；自治区级收入完成716万元，为上年同期817万元的87.63%，同比减少12.37%，减收101万元，完成年度税收计划1428万元的50.14%，基本与时间进度同步；市本级收入完成4740万元，为上年同期3734万元的126.91%，同比增长26.91%，增收1006万元，完成年度税收计划9010万元的52.6%，快于时间进度2.6个百分点；辖区级收入完成1588万元，为上年同期1584万元的100.25%，基本与上年同期持平，完成年度税收计划3165万元的50.17%，基本与时间进度同步。教育费附加收入完成288万元，为上年同期220万元的130.91%，同比增长30.91%，增收68万元，其他收入完成492万元，为上年同期422万元的116.58%，同比增长16.58%，增收70万元。

2007年，银川市地税局下达给兴庆南局税收计划18510万元，累计完成各项税收收入20000万元，与上年同期同比增长16.22%,增收2791万元,完成年度税收计划18510万元的108.05%,超收1490万元,其中中央级收入完成3712万元,完成年度税收计划2720万元的136.47%,超收992万元;自治区级收入完成1569万元,完成年度税收计划1294万元的121.25%,超收275万元;市本级收入完成11105万元,完成年度税收计划11027万元的100.7%,超收78万元;辖区级收入完成3614万元,完成年度税收计划3469万元的104.18%,超收145万元。

2009年(截止11月底),组织入库税收收入25910万元,同比增长19.87%,增收4296万元,完成年度税收计划任务26780万元的96.75%,快于时间进度5.08个百分点,超收1361万元,其中中央级入库4276万元,占年度计划4590万元的93.16%,快于时间进度1.49个百分点,超收70万元,比上年同期增长6.76%,增收271万元;自治区级入库2008万元,占年度计划2240万元的89.64%,慢于时间进度2.02个百分点,少收45万元,比上年同期增长10.63%,增收193万元;市本级入库14810万元,占年度计划15020万元的98.60%,快于时间进度6.93个百分点,超收1042万元,比上年同期增长26.82%,增收3132万元;辖区级入库4816万元,占年度计划4930万元的97.69%,快于时间进度6.02个百分点,超收297万元,比上年同期增长17.00%,增收700万元。

2010年(截止11月底),组织各项收入61412万元,同比增长31%,增收14548万元,其中税收入库34585万元,同比增长33.5%,增收8675万元;其他收入完成2596万元,同比增长22.4%,增收475万元。

【社保费征收】 2007年,根据银川市社保费征收实施方案的要求,及时成立了以局长为组长的银川市兴庆区南区地方税务局社保费征收领导小组,成立社保费业务指导组,制定实施方案,及时安排人力对市局下发的社保费信息进行比对,共比对信息6048条,按时保质保量完成工作任务,为全面接收社保费征收工作奠定坚实的基础。

2009年1-11月,入库社保基金18833万元,其中基本养老保险基金收入10330万元,比上年同期增长27.64%,增收2237万元,失业保险基金收入1415万元,比上年同期增长4.27%,增收58万元,基本医疗保险6685万元,工伤保险收入240万元,生育保险收入163万元。

2010年,扎实做好社保费普查和分析工作,实施普查15000户,普查面达到100%,按月对社保费收入总量、增减原因、增减比例、分险种征收情况进行分析,及时解决存在的问题;在费源普查基础上,充分运用信息化管理手段,强化费源管理工作,逐步夯实社保费征收工作的基础,建立完善重点费源动态管理体系,认真抓好重点环节管理工作,有效提高社保费的征缴效率;进一步密切与社保、医保等部门的联系,定期进行信息互换,深化缴费人基础信息共享,为加强户籍管理提供依据;积极探索大企业费源管理模式,开展大企业个性化管理服务,进一步规范行业管理,全年组织入库社保基金24231万元,同比增长28.7%,增收5398万元。

【税源管理】 2005年,按照"抓大、控中、定小"的管理原则,进一步加强对年纳税额在5万元以上的重点纳税户的税源管理,建立严密的重点税源监控体系,扩大重点税源监控面,把重点税源户由原来的358户扩大到386户,监控的重点税源户占到企业总数的13%,税收收入占到了收入总额的70%以上。

2006年,控管的重点业户达到499户,占税收收入总额的60%以上,进一步建立健全重点税源管理体系,及时了解和掌握重点税源变动情况,从经济结构、税种的增减变化和重点税源的变动因素,按月进行分析,加强税收进度的量化分析和目标考核,保证税收收入及时、均衡入库。

2007年,把年纳税额在20万元以上的85户企业纳入重点税源管理,针对纳税人经营方式、组织方式的变化,采取相应措施,强化对重点税源企业的各个环节监控管理,及时掌握重点税源企业经营状况及税源变化情况,建立健全重点税源管理档案;做好数据信息采集和上报工作,提高数据填报质量;进一步完善重点税源管理体系,重点税源管理实行分局、税务所、税收管理员三级管理;加强税收进度的量化分析和目标考核,保证税收收入及时、均衡入库。

2009年,依据税收与经济、税源与征管的关系把握和开展税收分析工作,充分运用信息化手段,提高对重点税种、重点行业、重点企业的监管力度和分析水平,定期整理、审核、汇总和分析重点税源监控企业财务信息,掌握其生产经营特点、趋势,了解税源质量;根据经济发展趋势和征管工作需要,充实税收分析基础资料和内容,改进分析方法;定期开展税收政策调整因素分析,对各项征管措施的执行效果和出现的问题,及时反馈并提出管理建议;面对金融危机形势,及时掌握组织收入工作中出现的新情况、新问题,认真分析增收和减收因素;强化对重点税源、重点税种的监管力度,准确把握收入变化趋势,及时调整组织收入措施,在做好重点税源纳税人数据质量自查工作的前提下,加强数据审核,保证基础数据的精确性,有效促进征管质量和效率的提高。

2010年,对30万元以上的42户重点税源企业进行监控,按季召开收入分析会,加强主要税种和相关经济指标的比对分析,分行业、分税种、分企业量化分析主要增减因素对收入的影响,提高税收预测准确率,确保收入持续稳定增长。针对辖区地处商业核心区、区域范围集中、管户量大、中小企业多、个体户密集等特点,以年初机构改革为契机,牢牢把握税源特点,科学调整4个税务所

职责，实行税源专业化管理模式。建立重点税源所重点管理模式，将全局172户30万元以上及所有房地产重点税源户划归一个税务所，实施专业化、科学化、精细化管理，采取税源巡查、纳税评估、税务稽核、税收分析、风险管理、服务方式、考核监督7项征管措施，实现以重点税源电子档案－纳税评估－税收风险防范－税收分析－绩效考核－信息管税为依托的流程管理模式；建立一般税源所集约化管理模式，以南熏路为界，将4396户30万元以下一般税源分别划归两个税务所，进行集约化管理，采取按企业所得税分国、地税管辖，划分营业税、增值税分类管理方式等8项措施，实行户籍集中－分类管理－事后监督的集约化管理模式；建立个体税务所区域化管理模式，对11996户个体税源实施区域化管理，将个体税源管理按行业、地域进行分类，日常巡查，事后监督。各税务所采取分类管理、划片巡查、管户与管事结合的办法，正确处理管户与管事、征税与管税的关系，重点解决事前管理和税源前期动态管理的问题，形成协调配合、相互监督、职责清晰、衔接顺畅的全方位税收征管新模式。

【欠税管理】 2004年新系统上线，由于新旧系统数据结转造成虚增欠税，欠税企业1325户，欠税金额871万元。

2005年，经请示区、市局同意后，将虚增欠税税票入库号码注明，一一进行核减，将虚增欠税企业入库税票复印后核减欠税，对欠税分陈欠、新欠，分所、分户、分税种，逐笔进行核对，准确、及时地掌握欠税情况，截止到12月底，欠税余额633万元，其中往年陈欠85万元，本年新增欠税549万元，清理欠税入库500万元。

2006年上半年，认真落实区市地局关于清理欠税的要求，成立清理欠税领导小组，统一行动，统一安排，对欠税企业分类排队，深入分析形成欠税原因，区分情况、区别对待，针对不同业户，采取不同措施，逐户清理。对经营困难，无力承担职工工资，短期内无法清缴欠税的企业，加大政策宣传力度，督促其想方设法尽可能结缴税款；对具有一定清缴能力的企业，及时签订清欠计划，限期清缴欠税；对缺乏诚信纳税意识，故意、恶意拖欠税金的企业，采取强制措施，严格税收政策，保证清欠效果，使税款及时入库。截止6月底，累计清理陈欠53万元，清理新欠10万元。

2007年，累计形成欠税858万元，其中往年陈欠402万元，本年新欠456万元。针对欠税数额大，清理困难多的现状，认真落实区市地局关于清理欠税的要求，不断加大清理欠税工作力度，努力提高清欠效果。成立清理欠税领导小组，精心组织，周密安排；对欠税企业分类排队，分析形成欠税原因，区分情况，区别对待，采取不同措施，逐户清理；加强清欠责任考核，对税务所清理欠税实行定时间、定任务、定比例的办法，按月通报清欠考核结果，全年累计清理欠税154.1万元。

【票证管理】 2005年，进一步完善发票管理制度，严格发票的领购审批手续，由专管员、所长、局长层层把关，特别是对饮食、娱乐业户，坚持发票核销制度，保证税款及时足额入库，从源头上控制利用发票进行偷税的行为；制订《注销业户和未申报业户发票管理办法》，对注销业户发票在认真检查审核后，及时在发票环节进行缴销，对未申报户和失踪业户，专管员在发票管理程序中进行封存处理，避免因纳税人失踪造成发票流失现象。

2006年，进一步完善发票管理制度，严格发票的领购手续，实行专管员、所长、局长三级审核制度，加强票证管理，规范票证领购、使用、结报等环节；认真审核票证填写内容，对填写失误、大小写不符、计算错误等给予及时纠正，防止税款的跑、冒、滴、漏现象；加大对税务所使用票证的监督检查，对税务所票证的使用、保管及税款入库情况进行全面检查，认真审核汇总缴款书与票证汇总单和完税证三者之间的金额是否一致；严格票证考核办法。

2007年，严格落实税收票证管理制度，进一步规范税收票证领发、填开、结报等环节，实行专管员、所长、主管局长三级审核制度，特别是对饮食、娱乐业评定业户，坚持发票按月核销制度，保证税款及时足额入库，从源头上控制利用发票进行偷税的行为；进一步加强对代开发票及定额专用发票的检查力度，对辖区内的房地产企业、建安企业、有基建项目的行政事业单位进行检查，共检查117户，收集代开发票复印件190份，通过征管系统的对比、认定假发票29份，发票金额271.27万元，涉及11户企事业单位，依法做出补税14.67万元的处理。

2009年，进一步规范手工发票的管理，对领用填开式发票的业户开展实地调查，对经营场地不固定或承租的业户一律采取委托代保管措施；发票检查和专项整治工作取得实效，严厉打击各类涉票违法犯罪活动，开展购买、使用虚假发票和非法票据专项整治，以建筑安装、交通运输、餐饮服务、旅游以及房地产等行业为重点，坚决查处购买使用假发票、非法票据和非法代开发票等违法行为；税征中队与各所按照不低于自查企业20%的比例进行重点检查，积极配合公安机关开展打击发票违法犯罪专项整治行动，选择重点地区，开展重点整治，依法严厉打击制售、贩运假发票和非法出售、代开发票的犯罪团伙。

2010年，根据市局《2010年深入打击整治发票犯罪专项行动工作方案》的通知精神，以所为单位分4个阶段开展打击发票违法犯罪活动，重点对使用地税手写发票的业户进行检查，要求每个小组每天至少检查10户企业，填写核查工作记录，及时对存在的问题进行处理，全年共集中检查723户企业，361户个体工商户，发现3户使用假发票418份，其中假地税服务业发票212份，假定额发票206份，合计金额62114.54

元,补税41222元,罚款15728.27元;发现6户企业使用填开发票88份,有填开不规范的情况,发票中有些项目在开具时未填全,补税61138.33元,收滞纳金770.06元,罚款1200元,责令限期改正;发现3户借用发票480份,涉及发票面额(贰元、五十元、一百元)16755元,根据《中华人民共和国发票管理办法》第36条4款的规定,处以11000元罚款;查处群众举报案件5起,处理5起,补征税款28695元,罚款6367元。

【税法宣传】 2005年4月是全国第14个税法宣传月。4月3日,在光明广场设立咨询台,摆放宣传资料,悬挂宣传条幅,发放宣传册2000余份、宣传单1000余份,解答群众咨询问题30件次;4月11-12日,举办两期以税收法律知识为内容的培训班;4月18日下午,在银川市电视台演播厅举办送税法进社区进校园知识竞赛,富宁街、前进街、新华街、胜利街办事处和银川三中5个代表队参加比赛;编辑税收宣传简报8期、《银川晚报》报道2次、《新消息报》报道1次、《法治新报》报道3次、《宁夏日报》报道2次、《现代生活报》报道1次、《宁夏地税信息》报道3次。

2006年,结合全国第15个税法宣传月,认真开展税法宣传活动,紧紧围绕"依法诚信纳税、共建小康社会"这一主题,开展一系列有影响、有新意、有效果的宣传活动,进一步增强公民依法诚信纳税意识,营造良好的税收环境,推动税法宣传深入开展。4月1日,在步行街举办"税企共建和谐社会—大型文艺演出"活动,拉开第15个税收宣传月的序幕,设立咨询点,摆放宣传展板,发放宣传册1000余份,宣传单1000余份,解答群众咨询30余次。4月14日,新华税务所在南关清真大寺利用回族礼拜日,为前来礼拜的穆斯林群众发放税收宣传资料,普及税法知识,向群众讲解地方税税收的征管范围、房产租赁涉税知识以及国家对宗教场所、下岗职工再就业、残疾人等提供的税收优惠政策,受到穆斯林群众普遍欢迎。4月20日,举办下岗再就业优惠政策培训班,向70余名下岗再就业人员讲解国家对下岗再就业实行的税收优惠政策,结合正在开展的"五比五看"活动,邀请纳税企业代表70余人召开恳谈会,从税收执法、工作效率、服务质量、服务水平、勤政廉政等方面请纳税人"挑刺、找毛病",提出5条合理化建议,逐步得到落实。税收宣传月期间,进一步巩固税收宣传教育基地,在银川三中、银川十二中建立青年税校,开展形式多样、活泼有效的宣传活动,让广大青少年进一步走进税收、认识税收、了解税收,取得了良好的宣传效果,被自治区地税局评为全区税收宣传月活动最佳项目,推荐上报国家税务总局。利用分众传媒(中国)控股有限公司银川分众广告有限公司的网络,在银川市的政务大厅、联通营业厅、各大酒店和宾馆等场所的95个液晶显示屏播放税收业务知识短片,每天播出60次,纳税人在办理公务、等候电梯的同时,了解税收知识,被市地税局评为税收宣传月活动最佳项目。积极配合区、市政府,评选出一批A级诚信纳税企业,表彰了十佳和百强纳税企业。在税收宣传月活动中,地税南局被区、市地税局评为先进集体。

2007年,充分利用全国第16个税法宣传月,大力宣传普及税法知识,3月30日,在步行街举办税企共建和谐社会大型文艺演出活动,摆放宣传展板,发放宣传册1000余份、宣传单1000余份,解答群众咨询30余次。

2009年,为了不断增强公民依法诚信纳税意识,营造良好的依法治税环境,推动税收工作深入开展,根据国家税务总局关于税收宣传月活动的通知精神以及自治区、银川市地税局《关于开展2009年税收宣传月活动的通知》的具体要求,紧紧围绕"税收·发展·民生"的主题,抓住重点、热点,拓宽税收宣传渠道,采取印发《书帖》等多种行之有效的宣传形式,大力开展税收宣传,取得显著的宣传效果和社会效应,被市局评为税收宣传月先进集体;积极与有关媒体联系,扩大地税事业对外影响力和感染力,展示地税人的新风貌,促进地税事业跨越式发展。

2010年,开展税法宣传"八进"活动。继续面向社会各界赠送《宁夏地税文化核心价值理念书帖》;向10万多户手机用户发送税法宣传短信,宣传"一站式"服务、网报和财税库银联网等服务措施;先后在温州商城、新华清真寺等10多处,开展依法诚信纳税、共建和谐社会税收宣传咨询活动;参加银川市地税局与建发集团共同组织的税收宣传活动,在商都中心会场设立纳税咨询点,向商户和过往的行人宣传社保五险政策,提供纳税实务辅导、涉税权益咨询等便民服务;会同兴庆南区国税局上门为企业送税法,向企业中层管理人员介绍纳税服务措施,解答涉税政策、操作问题,发放社保费及促进残疾人就业政策问题材料以及新企业所得税知识读本;组织银川博文小学100多名学生参观宁夏税务文化中心;在实验小学开展"税收在我身边"征文活动、编制税法宣传小报活动,举办税法宣传主题班会活动,收到稿件60多篇、小报60余件。

【登记管理】 2005年,做好日常新办、变更、注销业户的登记、管理工作,新办业户888户,其中个体580户,企业308户;注销315户,其中个体226户,企业89户;按照区、市局的统一布置,各税务所分别在第一季度和第二季度对所管辖区域的临时户和未办证户进行清理检查,清理漏征漏管户1650户,其中个体户1630户,及时将漏征漏管户纳入管理。

2006年上半年,新办业户726户,其中个体417户,企业309户;变更税务登记545户,注销税务登记200户;严格执行纳税户的停、歇业审批手续,对注销业户全部移交税侦中队进行检查,对需要补税的业户及时下发检查处理决定书,严格税收征管;清理出漏征、漏管户110

户，及时将漏管户纳入正常管理。

2009年，为了全面加强户籍管理，规范非正常户管理，充分解决税收管理员对管户不清、管理类别不准确和征管软件中非正常户设置缺陷问题，对4个税务所税收管理员的管户进行全面清理，将管理类别和管理状态进行重新确认，从源头上杜绝非正常户管理的随意性，解决系统设置的缺陷，达到规范管理的目的。

2010年，按照一站式管理要求，重新明确注销户和非正常户认定流程，办理税务登记2067户，在注销变更环节查补税款103.07万元，各项基金14.37万元，罚款2.09万元。

【“双定”征收管理】 2005年，除对辖区个体工商户税务登记证件进行严格审核外，加大对临时经营业户的查处力度，对上年发放的临时证进行审验，对新查出的临时户及时办理临时税务登记证，发放临时税务登记证1630份。

2007年，积极开展评定税工作的税收执法检查工作，力求不折不扣执行《银川市评定税额管理办法》，重新明确税额调整审批权限，由分局评定税额领导小组集中审批，在5、6、7月份分别对餐饮、娱乐和其他服务行业进行重新调查核定。

2008年，认真贯彻落实《银川市地税局评定税额管理办法》，抓好评定税试点工作，5月份成功进行一次批量扣税，扣税成功率达到80%，征收税款80余万元，增收20余万元，对扣税未成功的20%进行分析，扣除减免税、录入错误和执行难等因素后，还可增收40余万元；加大对临时经营业户的管理力度，对以前发放的临时证进行审验，对查出的无证业户及时办理临时税务登记证，发放临时税务登记证110份。

【个人所得税管理】 2005–2006年，对辖区内的缴纳个人所得税在1万元以上的纳税人建立重点税源台账，按月上报市局、区局，结合税收宣传月加大对个人所得税的宣传，组织各所对重点业户个人所得税报缴情况进行经常性的检查。

2007年，建立个人所得税重点税源台账，对年收入12万元以上的个人所得税纳税人进行监控，为10户重点代扣代缴个人所得税的企业上门服务，安装个人所得税代扣代缴系统v1.0.023软件，安装代扣代缴系统导入数据模板，认真做好系统使用的宣传讲解工作，组织各所对重点业户个人所得税报缴情况进行经常性的检查，补缴个人所得税31.8万元，

2010年，认真组织12万元以上个人所得自行纳税申报工作，核定自行申报183人，同比增加78人，自行申报年所得额7456.3万元，应纳税所得额6186.87万元，应纳个人所得税613.76万元，已纳个人所得税613.76万元。

【企业所得税管理】 2005年，认真做好对各所人员和企业财务人员的培训、宣传、辅导工作，在企业自核的基础上，各所人员严把审核关，做到边汇算、边检查、边处理、边入库，有效提高汇算质量，汇算各类企业1084户。

2006年，按照《征管法》有关规定，对连续亏损2年以上，且无能力核算、核算水平低以及账证不齐全的中小企业，进行所得税征收方式重新鉴定，1–6月份共对577户企业重新鉴定了所得税征收方式，其中360户维持查账征收方式，217户鉴定为按应税所得率征收，预计每月能增收企业所得税40余万元；对1118户企业进行所得税汇算清缴工作；将上级分配的350户企业所得税税源调查任务及时分解落实到税务所，按期完成2005年度企业所得税税源调查任务。

2007年，认真做好企业所得税汇算清缴、征收方式鉴定工作，在企业自核的基础上，分局、税务所、税收管理员严把审核关，做到边汇算、边检查、边开票、边入库，共对971户企业进行所得税汇算清缴工作，补征企业所得税514万元；根据国税发[2000]38号《关于核定征收企业所得税暂行办法》的规定，组织人力采取实地检查的方式，对多年来长期亏损、不能准确核算收入、成本、费用的企业所得税纳税户以及账证不齐全的中小企业，进行所得税征收方式重新鉴定，共鉴定164户。

2009年，应汇算713户，已汇算713户，较上年同期减少68户，减少原因是由于企业注销及变更经营地址；查账征收企业455户，占总汇算户数的64%，核定征收企业户数258户，占总汇算户数的36%。

2010年，采取早计划安排、早辅导培训的措施，邀请永庆丰税务事务所对400多户企业所得税纳税人进行汇算清缴基础知识及软件操作培训，切实加强企业所得税汇算清缴工作，汇算清缴企业759户，调增应纳税所得额10493.86万元，调减应纳税所得额5487.70万元，调整后的应纳税所得额为9169.30万元，应纳已纳企业所得税3772.35万元；进行2009年度企业所得税税源普查工作，对100户纳税人的企业所得税缴纳情况进行调查，及时将普查数据上报市财政局，对274户纳税人进行企业所得税征收方式鉴定，核定应税所得率征收的企业221户，对5户符合小型微利企业条件的纳税人的申请进行审核认定。

【土地使用税管理】 2005年，为保证土地使用税数据的完整和连续，对管辖纳税人的土地使用税数据进行维护和更新，对普查后新增加业户的土地使用面积认真核实，填写《土地使用税普查表》，对已录入的业户如果土地使用面积有变动，要求专管员填写《土地使用税变更申请表》，在数据录入阶段，严把质量关，对错误数据进行改正，维护和更新普查业户4688户，对所管业户的土地面积纳税情况有了准确的掌握，进一步提高了土地使用税的管理水平。

2006年，维护和更新普查业户5247户。

2007年，对房地产企业取得土地的面积、地址、缴纳土地出让金、契税完税

证明、等级地段、土地买价、土地规划用途等有关基础信息进行详细登记，建立10户房地产企业耕地占用税摸底调查数据信息库，对管辖区域以前年度耕地占用税征收情况进行摸底调查。

【税收优惠】 2005年初，要求各所对上年分局审核批准的804户下岗失业再就业人员的税收情况在进行实地调查后，继续实行减免税收政策，对各所上报减免税收的个体工商户218户(其中属下岗失业人员的个体户214户)，严格按照文件规定和审批权限，对符合政策规定的纳税人属分局权限的及时给予批复，属市局权限的以正式文件的形式及时上报市局；依据国家税务总局[2004]93号文件精神，对从业人员超过8人以上享受再就业优惠政策的40户个体工商业户进行清理检查，对不符合政策的14户取消减免税资格；对市局联合检查小组对下岗职工再就业税收优惠政策落实情况的检查通报中的15户纳税人恢复征税。上半年办理弥补亏损备案登记19户，财产报损企业25户，其中分局批复21户，抵库企业3户；企业所得税减免21户。对按照规定要求减免房产税和土地使用税的纳税人，在接到纳税人的资料后，经实地查验，对符合分局权限的及时下发减免税通知单，对需要市局审批的及时上报，共上报市局3户。认真贯彻落实《财政部国家税务总局关于卫生医疗机构有关税收政策的通知》(财税[2000]42号)文件精神，根据市局的要求，对管理的26户营利性医疗机构进行清理。

2006年上半年，对上年审核批准的101户下岗再就业业户情况进行调查，符合条件的继续享受减免税优惠政策，对各税务所上报享受减免税优惠政策的个体工商户715户、企业17户，严格按照文件规定和审批权限，对按规定属分局审批的，及时给予批复，属市局审批的以正式文件及时上报市局；依据国家税务总局[2006]8号文件精神，对享受再就业优惠政策的个体工商业户进行清理检查，共检查1227户，对符合政策的715户重新下达减免税通知书。按照规定做好企业弥补亏损、财产损失、税前扣除、抵库申请、审核把关工作，对应上报市局批准的及时上报，上半年共审理税前弥补亏损企业36户、财产损失企业14户，抵缴入库税金企业4户，享受企业所得税减免32户（其中西部大开发所得税税收减免18户，政策性减免14户）。对于符合《中华人民共和国营业税暂行条例》及有关规定的税收减免业户，认真审核纳税人的资料，及时上报市局，上半年上报11户企业；对要求减免房产税、土地使用税的纳税人，接到纳税人的资料后，经实地查验，符合政策、属分局权限的及时下发减免税通知单，需上报市局审批的及时上报，上半年上报市局4户。

2007年，严格执行国家的各项税收政策法律法规，进一步加强减免税管理，严格审批权限，规范减免程序，对2006年审核批准的1583户下岗再就业业户进行重新检查复核，符合条件的继续享受减免税优惠政策；批准224户个体工商户享受减免税优惠政策，严格按照文件规定和审批权限，及时给予批复，属市局审批的以正式文件及时上报市局，有力地支持了地方经济建设，也为税收的持续增加涵养了税源。

2009年，审核各类纳税人享受减免税263户，减免各税85万元，其中下岗再就业、残疾人254户，减免各税65万元，企业减免9户，减免各税20万元。

2010年，对166户享受税收优惠政策的各类纳税人，减免各税211.92万元，其中享受下岗再就业、残疾人、退役士兵自主择业税收优惠政策的纳税人143户，减免各税24.87万元，享受其他税收优惠政策的纳税人23户，减免各税187.05万元。

【出租房屋税征收管理】 2005年，针对出租房屋税款征收难度大、易于隐蔽的特点，积极组织干部认真学习各类税收法律、法规，特别是自治区地税局和市局出台的有关出租房屋征收管理的制度和办法，熟悉征管业务，摸清管辖范围内出租营业房的税源底数，共检查1254户，征收营业税197万元。

2006年上半年，组织开展对营业房租赁、场地租赁的房产税专项检查，抽调干部充实到税务所，集中力量、集中时间进行专项检查，查补入库税款27.91万元。

2009年，针对房屋租赁税收管理中呈现多样性、隐蔽性、分散性等特点，多次集中人力对辖区内出租房屋税源状况进行深入细致地调查，找准出租房屋税收管理中存在的问题和薄弱环节，从规范出租房税收管理程序入手，以税收信息化建设为重点，自主研发出租房屋信息管理系统，从基础信息管理入手，摸索出一条规范出租房屋管理的新路子，系统的成功运行，进一步规范了出租房屋税款的评定标准和评定流程，有效杜绝了出租房屋税款征收的随意性，切实增强了税收执法的刚性，避免了零散税收的流失。截至11月底，采集出租房信息9315户，征收税款968万元，比去年同期增收272万元。

2010年，在总结《房屋信息管理系统》运行经验的基础上，以网络监控、属地管理、按期申报、重点清查为目标，将出租房屋税收管理确立为综合治税重点项目，牵头组织召开兴庆区政府、财政局、地税局、国税局等部门参加的出租房税收管理研讨会，进一步规范出租房屋税款的评定标准和评定流程，杜绝出租房屋税款征收的随意性，增强税收执法的刚性，避免了零散税收的流失，通过应用房屋信息管理系统，评定税款1703万元，组织入库1517万元。

【依法治税】 2006年，开展各项执法检查，强化执法力度，抽调分局业务骨干对重点纳税户实施集中稽核检查，查补入库地方各税486万元；大力查处涉税违法案件，1-6月份税侦中队查处案件5起，查补地方各税15.7万元，破获了浙江台洲女子胡玲平贩卖假完税证、假发票

案，在广大纳税人中引起了强烈反响。

2007年，强化执法检查力度，进一步规范税收秩序，加强税务稽核，抽调局机关部分岗位人员与各所业务骨干合理配组，充实一线稽核力量，确保应收尽收；组织开展对营业房租赁、场地租赁的房产税专项检查，查补入库税款25万余元；抽调分局业务骨干对重点纳税户实施集中稽核检查，查补税额500余万元。

【营业税普查】 2006年，按照区市地税局关于营业税普查工作的布置，积极作好营业税普查工作，全局营业税普查户数150户。

【“两税”信息】 2007年，认真做好12084户“两税”信息数据的接收和筛选，分局、税务所分级把关、责任到人，逐户查找纳税户的信息资料，确保所查数据的真实准确，完成1.03万条国税征管信息两税比对工作，补缴城建税6.5万元，补缴教育费附加2.8万元。

【纳税评估】 2007年，为了强化税源管理，进一步加强对纳税申报数据的收集、审核和分析，增强对税源的监控力度，合理配置现有人才资源，不断提高税收征管质量和效率，根据区、市局工作计划要求，以会计资料电子化管理为依托，尝试性开展计算机纳税评估，搭建基础数据平台，设计开发会计资料管理系统并在前进税务所试点运行，收集企业信息600余户，经计算机简易纳税评估提示出指标异常户27户，疑点93处，经评估人员约谈排除疑点84处，实地评估8户，评估税款416万余元。

【网报和财税库银横向联网】 2009年5月，全区财税库银横向联网和网上申报开始实施，成立具体工作领导小组、业务培训组、硬件维护组、后勤保障及宣传报道组等多个工作小组；先后举办针对税收管理员、征收厅办税人员和企业纳税人的业务培训班32期；在征收大厅设立长期咨询台，为各类纳税人提供网报、财税库银横向联网相关业务问题咨询5000户次。截止11月底，通过网上申报验证企业已达1651户，与1500户企业签订财税库银横向联网三方协议，截止11月底各税成功扣款金额7187万元，扣款成功率100%。

2010年，网上申报达2800余户，与2700户纳税人签订财税库银电子缴税协议，较上年扩面971户，推广面达到控管的自行申报户的66.9%，通过网报和财税库银横向联网入库各项收入28150万元，占全局各项收入51671万元的54.5%。

【优质服务】 注重优化纳税服务，提高纳税服务质量和效率。为着力深化纳税服务层次，构建和谐地税，争创四星级服务大厅，大胆创新服务理念，不断改进服务方式，使纳税服务提升到了一个新层次。

结合实际对工作人员进行了优化组合，完善服务制度，制定《纳税服务行为规范》和《纳税服务工作规范》，建立统一的纳税服务标准；统一服务形象，统一办税服务窗口设置，完善设施功能，引入形象管理新理念，积极开展星级办税服务厅创建活动，树立地税新形象，做到微笑服务，礼貌用语，规范执法，树立服务意识，坚持优质服务，提倡奉献精神，时刻为纳税人着想，为纳税人提供便捷的纳税服务，树立宣传意识，及时向纳税人宣传税收政策和税法知识，为税法普及和社会发展尽义务；着力打造服务平台，将征收人员“下放”到各税务所，避免纳税人在管理所与征收大厅之间的往返奔波；提升整体素质，从开好每一份票、征好每一分税、搞好每一次服务入手，提升干部整体素质和形象；坚持税收宣传日常化，在办税大厅放置涉税宣传资料，免费提供纳税人，遇有新税收政策出台，及时进行宣传，专人值班，随时解答纳税人的政策咨询。2009年，向纳税人发放各种宣传资料1600多份，为纳税人解答疑难问题130多个。

结合实际不断推进办税服务厅规章制度的完善，在完善制度体系上夯实基础，按照科学设岗、责任到人、量化考核、严格奖惩的原则，建立和实行一系列管理制度。落实首问责任制，凡纳税人找地税机关办理涉税事宜的，最先接待的税务人员为首问责任人，负责为纳税人办理税收事宜或指引纳税人到相关岗位办理，对于当场不能答复或者需要请示的问题，要做好记录，在明确后及时回复纳税人；积极开展问卷调查，建立征纳双向互动反馈机制，改进和完善纳税服务工作，办税服务厅定期征求纳税人对纳税服务工作的意见，努力提高纳税服务工作满意度；实行大厅值班长制度，纳税人进入办税服务厅，大厅值班长引导到所需要的窗口，大厅服务区及大厅值班长为前来办税的纳税人提供其他相关的服务和帮助，为了应对可能出现的缴税或缴费期人员较多、受理等待时间较长的现象发生，大厅内安装了排队叫号系统，通过叫号和对照窗口功能电子显示标识，引导纳税人办税。

2010年，现场答复纳税人咨询700余户次，引领纳税人办理涉税事项600余户次，接听咨询热线350余户次，90%以上问题现场答复，不能当场答复的经请示3日内跟踪回复，现场处理办税争议20余户次；设立专职导税员岗位，配合叫号机的使用，主动靠前服务，引导纳税人排好队、站准位、填对表，快速办理各项涉税事务，收到良好的社会效果，受到纳税人好评。

【一站式服务】 2009年，为了达到一站式服务确立的程序最少、操作最简、效率最高、监督最严的目标，从精简审批环节和优化工作流程入手，凡是需要纳税人上门办理的事项，尽量集中到办税服务厅进行管理，把原来分散在税务所和各职能部门的13类64项涉税审批项目全部整合到办税服务厅统一受理，统一出件；把原来需要到分局办理的代理业、旅游业、建筑业、广告业等营业税计税依据认定和逾期申报处罚等8项业务，简化归并到办税服务厅办理；将优化前的231个流程环节，优化为74个涉流

程环节，从源头上解决纳税人办税多头找、多次跑、排长队的问题，纳税人办理各类涉税事项和税费申报征收业务在一个窗口一次受理，当场办结，极大的提高了办税效率，节约了纳税人的办税成本，提高了纳税企业的办税效率。

2010年，办税大厅“一站式”服务窗口，办理各类业务19813户次，其中涉及设立登记1322户，变更企业504户，变更个体271户，注销企业158户，注销个体248户，非正常认定187户，办理外经证明1071户，补办税务登记21户，停业203户，个体定额核定850户，分局权限减免25户，首次领购发票480户，续购发票14471户，自印(门票类)发票2户。

【税收综合管理平台】 税收综合管理工作平台是市局配合宁夏地税征管系统的全面升级，依托于征管系统强大的数据源开发的基层税收征管工作的辅助管理软件。

2009年4月，南局被市局确定为试点运行单位，成立由局长任组长，其他班子成员任副组长的上线试点运行领导小组，领导小组下设办公室，办公室分设综合协调组、技术支持组和培训组，由征管科和其他科所抽调业务骨干组成，具体负责各项工作的落实；召开税收管理员平台上线工作动员大会，高标准，严要求制订细化的上线工作实施方案，对上线工作的目标、时间安排和具体步骤、各项配套制度的建立等作了明确的规定。

加大对税收管理员的培训力度，不断创新培训方式，采取集中培训、以点带面、重点帮扶、骨干轮训、网络互动相结合的形式，积极做好上线前税收管理员的培训工作，邀请软件开发公司及市局开发人员集中全体税收管理员进行操作培训；制作《工作平台操作指南》，下发到税收管理员进行再学习；与市局和软件开发公司搭建互动平台进行疑点难点问答，便于沟通；从各所抽调骨干进行重点培训，达到以点带面的培训效果；由各所骨干人员强化税收管理员的实践操作能力；开展重点帮扶培训工作，对于年纪较大、电脑操作不熟练的税收管理员进行重点帮扶，使他们基本掌握操作技能。

为确保市局税收管理员综合工作平台试点工作全面有序，重点在功能模块的设计、数据质量方面进行测试验证。在功能模块的测试中，技术支持组按照人员的岗位设置情况，对系统中人员功能角色、数据范围的权限设置进行重新规划，合理配置岗位角色和权限，对平台设计的我的桌面、我的管户、我的工作、综合治税、纳税评估、绩效考核、一站式管理、综合查询8大模块功能中设计的任务流程进行测试、验证，确保任务流的传递符合平台设计思路和要求；统计查询模块平台设计的查询口径是“查询本级及本级以下的信息”，在测试中用税收管理员实际的管户信息、纳税人发票信息、欠税信息、申报信息、入库信息和减免信息等与平台中管户的信息和征管综合软件中的信息进行比对，确保平台试点工作的成功。

【纳税人信用等级评定】 2009年，积极与银川市兴庆南区国家税务局联系，联合开展信用等级评定，评定A级纳税人14户，有利地推动了国地税之间的信息交流与合作。

【电子数据质量管理】 2010年，制定《兴庆南区地税局征管电子数据质量管理办法》，定期对系统垃圾数据进行集中清理，依托区、市局已有信息化系统平台，提高信息数据采集渠道的广泛性、信息质量的准确性和分析利用的及时性，使信息入口渠道逐步拓宽，信息质量管理逐步规范，信息增值利用逐步成型。通过征管核心软件申报数据分析，核查连续3月未申报和零申报户2830户次，核销虚增欠税92户248万元；通过综合管理工作平台进行国、地税信息比对，入库税款157万元；核查298户领购地税填开式发票的纳税人，检查出有问题业户26户，查补各项税款共计164万元；开展纳税评估57户，评估入库税款244万元；对已办理11739户次必须事后监督事项进行核查，对不符合规定的72个事项予以撤销，补税36万元，罚款7万元；通过手工填开式发票信息采集软件比对发票152份，认定违规发票18份，补税108万元，罚款11万元。

【税收服务志愿者】 2010年，为使第一个税收服务志愿者活动日顺利开展，注重志愿服务形式与内容的创新，悬挂税收宣传标语，向过往行人宣传普及税收政策知识，为纳税人提供税收法律法规的咨询辅导，组织税收服务志愿者进企业、社区、学校，普及税收政策，倡导诚信纳税，维护纳税人权益，宣传税收促进发展、发展改善民生的现代税收理念，为从事个体经营的下岗再就业等社会弱势群体提供税收服务。

国有资产管理

【概况】 银川市兴庆区国有资产投资控股有限公司是经兴庆区政府批准，于2003年6月19日工商注册登记成立，隶属兴庆区人民政府（兴庆区国有资产管理委员会）管辖的国有独资性质的有限公司，注册资金3000万元，经营范围有授权范围内的国有资产运营、房地产租赁、旅游项目开发、农业项目开发等。公司下设董事会、监事会，内部实行总经理负责制的运营管理机制。兴庆区国有资产投资控股有限公司的主要职责有经政府授权下的以国有资产抵押、担保、授信的形式进行融资；对政府授权范围内的国有资产管理和运营；追缴、化解和处置政府的债权债务；代为政府行使投资人主体资格参与重点项目建设。

【公司领导名录】

总经理：刘　虹(2003.06 ~ 2004.01)
　　　　马元元(2004.01 ~ 2004.12)
　　　　杨　伟(2004.12 ~ 2007.12)
　　　　梁景虎(2007.12 ~ 2009.09)

周彩霞(2009.09–2010.12)
副经理:周会荣(2004.03～2005.01)
尹淑华(2004.12–2005.01)
李玉林(2004.09～2008.02)
董　颖(2007.12～2008.02)
蒋文才(2008.02～2010.12)
蔡　颙(2009.09～2010.02)
马文梅(2010.02～2010.12)

【国有资产管理运营】 依据有关政策法规,以投资、参股等形式组织兴庆区政府授权范围的国有资产的运营,盘活国有资产,确保保值增值。2003年,设立兴庆区科技园组建恒业公司,由宁夏国际投资公司投入51%股份,宁夏银基房地产开发公司投入39%股份,兴庆区国控公司投入10%股份(政府以科技园土地入股)。三方股东共投入1亿元资金(资产),启动兴庆区科技园建设。国投公司代表政府用国有资产参股,初显国控公司参股运营的作用。

2005年,为了进一步掌握区划调整后兴庆区国有资产底数,制定《关于对兴庆区国有资产进行清产核资的方案》5月兴庆区政府常务会议决定实施。2007年鉴借区内外和银川市城市建设投资控股公司经营运作模式,制定《关于授权兴庆区国有资产运营和建设项目盘活国有资产增加财政收入的实施意见》经政府会议研究付诸实施。

2008年,协助有关部门办理兴庆区满春乡八里桥26套康居安置房屋产权证手续;收回庆丰苑1套康居安置房;完成行政区划调整灵武市移交兴庆区政府4宗国有土地产权变更;办理原陶乐县移交兴庆区国有土地和房产产权变更手续。

2009年,完成金水园1宗国有土地四址界线及权属变更登记;完成授权银川市第三幼儿园新迁校舍房屋购买合同和旧原址房屋的接管及租赁;完成对政府向宁夏生产力促进中心出资购买的兴庆区科技园管委会使用的科技成果转化大厦第三层办公楼;完成购买穆斯林民俗村2套住房;接管管理原检察院办公楼民生街4套营业房。

2010,年,完成原银川市郊区政府持有鸣翠湖公司22.4%股权划转给兴庆区政府股本金变更登记;协调解决银川市国资委占用灵武市政府移交兴庆区政府1宗绿化用地使用费事宜;接收和管理兴庆区政府部门移交公有用房8处;开发管理兴庆区黄河金岸水系使用权租赁,报名35家,总投资约47亿元,优选6家上报,进行醒目的可行性论证;完成兴庆区东部水系周边用地及附着物的调查核实。为政府统筹开发和招商做好准备;完成章子湖和银湖现场实地勘察,绘制地貌现状平面图和开发运营方案及总体规划的编制;负责掌政镇特色小城镇建设融资贷款和掌政镇创业园建设项目的实施。截止2010年底,管理的资产主要包括以下九类:第一类是国有土地6宗861.56亩;第二类是对外出租房产7处45套、内部暂借房产3处;第三类是持有兴庆科技园100%的股权、持有银川市鸣翠湖国家湿地公园22.40%的股份;第四类是债权1956.12万元;第五类是债务11411.26万元;第六类是固定资产投资总额约6019.97万元;第七类是在建工程项目完成投资1212.76万元;第八类是政府公务车辆资产216.66万元(不含挂靠车辆);第九类是公建商业用房资产,估算价值约3亿元人民币左右,包括掌政镇特色小城镇安置区临街商业房产、强家庙和河滩中心村公建商业房产以及月牙湖移民安置区公建商业房产。

【建章立制】 2003年7月,公司成立初,根据《公司法》和《公司章程》的有关规定,制定财务管理制度、学习制度、例会制度,按照公司的各项职责,制定董事会职责、总经理职责、监事会职责,并严格履行,保障公司的科学运行。2007年对各项工程款依法进行审计决算,保证合同履行,同时严格按照财务会计制度和公司管理机制进一步完善公司各项管理制度,为国有资产保值增值,提高运营效率奠定了基础。

【工程建设】 2003年7月,经银川市计委批准由兴庆区政府代建丽景湖公园和文化广场。兴庆区国控公司作为建设单位,7月承建丽景湖公园建设,总投资约5000余万元,当年投入使用。7月实施兴庆区丽景康居工程(在水一方)、双庄康居(景墨家园)、满春家园、丽水家园4个康居工程建设。

2004年,4月承建名人文化广场,总投资1900元万元,当年投入使用。2004年投资523万元对兴庆区干部培训中心综合楼进行改扩建,当年投入使用。

2005年～2006年与宁夏隆湖房地产公司签订八里桥康居工程代建合同和协议,完成建筑面积7万平方米,解决525户失地农民的住房问题。

2006年,完成丽景湖公园和文化广场绿化任务。

【扶持养殖业】 2003年兴庆区财政和公司筹措资金1700万元,购进外国优质奶牛1000头,于2004年2月,购牛款全部收回。

【花卉小额贷款监管】 2007年兴庆区区委、政府为扶持花卉产业发展,国控公司作为带包担保人协调宁夏银行为掌政镇和大新镇137户农民贷款277.30万元,用于建设花卉大棚。国控公司加强与银行和农户之间的联系,促进贷款关系良好发展,至2009年已有111户归还了232.48万元贷款,利息全部按时结清。

【银行融资】 银川市兴庆区国有资产投资控股有限公司作为兴庆区政府唯一的融资平台,2003年以来,经政府授权先后从银行融资2.49亿元,其中2003年向宁夏银行股份有限公司营业部贷款8500万元,主要用于丽景湖和名人文化广场建设项目3000万元、兴庆科技园建设项目2500万元、康居工程3000万元;2006年向黄河农村商业银行贷款7500万元,主要用于收购宁夏银基房地产开发有限公司在兴庆科技园持有股份3900万元以及化解原银川恒业投资发展有限公司在科技园建设项目中遗留债务;2007年向中国建设银行宁夏区分行贷款6500万元，主要用于收购宁夏国际投资控股有限公司在兴庆科技园股本金1000万元、八里桥康居工程款1600万元、科技园征地拆迁补偿316万元、化解兴庆区各项工程债务2860万元、建行贷款利息724万元;2007年向中国农业发展银行宁夏区分行贷款1700万元，主要用于扶持鼓励兴庆区花卉龙头企业产业发展；2008年向中国建设银行宁夏区分行贷款700万元,主要用于兴庆区科技园建设项目后续事宜。2009年,向银行融资4300万元,主要用于银川市回民中学迁建、兴庆区科技园建设项目后续项目、银川高级中学后续建设以及鸣翠湖国家湿地公园建设项目。截止2010年底，贷款余额1.17亿元,宁夏银行贷款1亿元,中国农业发展银行宁夏区分行贷款1000万元,中国建设银行宁夏区分行贷款700万元。宁夏银行1亿元贷款分为4笔,第一笔3900万元,期限2006.12.26–2009.12.21,宁夏隆湖房地产公司提供担保,主要用于兴庆区政府康居工程和银川市丽景湖公园建设；第二笔2500万元，以兴庆科技园区一宗95.84亩土地作抵押,期限2008.01.16–2010.01.15,主要用于兴庆科技园区基础设施建设；第三笔2600万元贷款(贷款主体:银川市回民中学)，期限2009.04.24–2014.04.23,用于偿还建设贷款;第四笔1000万元(贷款主体:银川高级中学),期限2009.10.26–2010.10.25，用于兴庆区政府旧城改造。农业发展银行贷款1000万元,以兴庆科技园100亩土地和掌政镇横城村西夏影视城停车场36.77亩土地作抵押,期限2007.09.30–2012.09.29,用于兴庆区花卉园艺设施项目基础设施建设。中国建设银行宁夏区分行贷款700万元,以西夏皇城199.48亩土地使用权作抵押，期限2009.06.11–2011.06.10,用于主要项目资金建设。

【债权追缴】 2006年,兴庆区政府为银川市政府代建丽景湖公园和文化广场，两方达成协议，银川市政府用宁夏通和房地产开发有限公司2500万元房产和1000万元现金抵顶兴庆区政府垫付的工程款，兴庆区政府收到2500万元房产，但通和公司未兑现1000万元现金。2009年4月1日，兴庆区政府向通和公司贷款365万元,国控公司在追缴欠款时,通和公司表示先用兴庆区政府365万元借款顶账,剩余欠款暂时无还款计划。

2007年,兴庆区国控公司向中国农业发展银行宁夏区分行贷款1700万元，作为兴庆区设施花卉专项资金,经过兴庆区委、政府研究决定,将1700万元资金分别出借给兴庆区辖区内的6家花卉生产企业，用于花卉园区建设，按照借款合同约定出借资金分4年逐步还清，利息按银行同期利率收取。2010年,各企业到期借款本息569.2万元,实际收回本息186万元,企业累计欠款383.2万元，其中宁夏峰满琳园艺有限公司欠款154万元,银川市明卉花木有限公司欠款120.1万元，绿之川园艺专业合作社欠款5.5万元。

【债务化解】 2009年,偿还中国建设银行宁夏区分行5500万元贷款。2005年，兴庆区国控公司对原银川市恒业投资发展有限公司100%控股，原银川市恒业投资发展有限公司在黄河农村商业银行遗留5168.72万元债务,兴庆区委、政府研究决定,通过债务转移形式将恒业公司5168.72万元债务和国控公司名下7000万元贷款合并转移到上海绿地集团银川置业有限公司名下,《债务转移协议》已签订。

【鸣翠湖贷款担保】 兴庆区国控公司以价值2444万元约543亩土地入股银川市鸣翠湖旅游开发有限公司,持该公司24.6%股份（银川市国控公司持46.29%股份,兴庆区掌政镇人民政府持31.31%股份)，因银川市鸣翠湖旅游开发有限公司连年亏损,兴庆区政府投资此项目以来没有取得投资收益。兴庆区国控公司作为股东之一,按照银川市国

序号	地址	证号	地类	类型	使用权面积	评估价值（万元）	抵押情况
1	兴庆科技园	银国用(2006)第10302号	商业用地	出让	53344.79m²(80.02亩)	2293.83	绿地公司预留
2	兴庆科技园	银国用(2006)第10303号	商业用地	出让	77142.94m²(115.71亩)	3332.58	绿地公司预留
3	兴庆科技园	银国用(2007)第23540号	城镇混合住宅	出让	63847.67m²(95.81亩)	5036.39	抵押宁夏银行
4	兴庆科技园	银国用(2007)第23539号	城镇混合住宅	出让	66664.83m²(100亩)	4044.36	抵押农发行
5	西夏皇城	银国用(2007)第24087号	其他商服用地	划拨	24512.90m²(36.77亩)	153.33	抵押农发行
6	西夏皇城	银国用(2007)第24088号	其他商服用地	划拨	132984.20m²(199.48亩)	1061.21	抵押建设银行
7	金水园	银国用(2008)第09396号	绿化	划拨	231670.65m²(347.51亩)	未评估	
8	金水园	银国用(2008)第09771号	绿化	划拨	33327.65m²(50亩)	未评估	
合计					1025.3亩	15921.7	

资委的要求为鸣翠湖旅游开发有限公司3000万元贷款提供担保。

【地产管理】 国控公司名下管理的土地共计8块1025.3亩，评估价值15921.7万元人民币，具体地址、证号、地类、类型、使用权面积、评估价值以及抵押情况见下表：

【房产管理】 国控公司管理的房产有：银川市第三幼儿园三层砖混结构旧校舍一套，占地面积2339.97m²，建筑面积2160m²，整体出租给宁夏盛世开元拍卖有限公司作为办公用房使用，租赁期限3年，每年租金23万元；兴庆区大新镇塔桥花卉园区民俗村两套住房678.7m²，房屋由兴庆区民族宗教局使用；庆丰苑小区20号楼2单元501室面积84.19m²，闲置；科技成果转化大厦第三层办公楼面积1227.26m²（房款未结清，产权手续还未过户到国控公司名下），现由科技园管委会办公使用；原检察院办公楼利民街面4套营业房328m²，对外出租，年租金8.65万元。

【黄河金岸开发管理】 兴庆区国控公司按照政府的安排，就现有和新开挖的水系通过召开新闻发布会对外公开招租经营使用权，报名的企业和个人有35家，投资总额约为47亿元，国控公司针对35家企业申报的黄河金岸建设项目内容与银川市规划、土地部门对接，参加银川市主持召开的兴庆区黄河金岸总体规划论证会，带领规划设计专家到实地进行详勘，黄河金岸总体规划正在完善当中，土地利用政策基本明确。

【东部水系资源管理】 兴庆区国控公司负责调查核实兴庆区东部水系周边用地及附着物的基本地貌情况，通过整合水系资源、集中管理，为政府统筹开发和招商引资做好准备，其中孔雀湖占地面积586.2亩，绿化面积71.3亩；鸽笛湖占地面积370亩，绿化面积33.8亩；章子湖占地面积640亩，绿化面积78.5亩；燕鸽湖占地面积401亩，绿化面积86亩；银湖（分南湖和北湖）占地面积705亩，绿化面积83亩。

审计

【概况】 兴庆区审计局原为银川市城区审计局。2002年11月，行政区划调整，城区审计局改为兴庆区审计局。十年来，兴庆区审计局始终坚持以邓小平理论和“三个代表”重要思想为指针，以科学发展观为统领，紧紧围绕区委、政府的中心工作和上级部门的业务要求，根据《中华人民共和国审计法》规定，开展财政审计、经济责任审计、专项审计和审计调查、重点建设项目审计监督以及内部审计的指导与监督等工作。2001年～2010年，共完成审计项目112个，查出违规资金5.8亿元，上缴区财政1510万元，归还原资金渠道1.2亿元，管理不规范资金2.3亿元，建设项目审计685个，为政府节省资金4500万元，移送案件线索5件，移送纪检监察机关6人，提交审计信息、综合审计报告15篇。获自治区审计厅优秀审计项目1项、银川市审计局优秀审计项目4项。

【局领导名录】

局　长：刘建民（2001.01～2002.12）
　　　　杨久红（2002.12～2004.12）
　　　　王杰民（2004.12～2007.12）
　　　　赵卫国（2007.12～ 2009.01）
　　　　黄自权（2009.01～2010.12）
副局长：沈俊芳（2001.01～2002.12）
　　　　张艳芬（2002.12～2009.01）
　　　　艾敬炜（2002.12～2010.12）
　　　　闫念国（2003.03～2010.12）

【财政审计】 2001年，开展2000度财政及预算审计，并对教育系统及街道办事处等8个预算单位进行预算执行延伸审计。重点安排领导干部经济责任审计，残疾人就业保障金专项审计，固定资产投资项目审计和房屋租赁收入和预算外收入专项审计调查，完成民政部门救灾资金专项审计。上半年共完成审计项目（单位）10个，查处违纪违规行为资金72万元，上缴财政8万元，促进增收节支12.5万元。

2002年，本级财政预算执行审计加强了审计前培训和审前调查工作和财政改革过程中财政部门执行国家政策的审计，纠正财政部门违规退库企业所得税37.2万元。强化财政专项资金审计和审计调查。审计了政府采购资金的管理和使用情况。重点对预算单位执行“收支两条线”和财经纪律情况进行审计，纠正违反收支两条线规定用诉讼费收入自留退费备用金的问题，查处违法规定购置通讯工具问题。

2003年，细化本级财政和预算执行情况和其他财政收支审计。加强财政部门执行国家财政政策、税务部门执行国家税收政策的审计，对税务机关经费财务收支进行审计，强化财政专项资金的审计和审计跟踪调查，全面审计政府低保资金的管理和使用情况，重点对部分预算执行单位各项专项资金的管理、使用以及执行“收支两条线”和遵守财经纪律的情况进行审计。查处违反财务规定并处罚罚款0.62万元。

2004年，跟踪审计部分减免所得税企业，共查处本级预算执行过程中财政和税务部门存在的违规资金622.31万元；管理不规范资金1209.27万元，查出预算执行单位存在的违规资金192.14万元，管理不规范资金350.19万元。经审计处理后应上交财政5.25万元。

2005年，对兴庆区农牧局、建设交通局、民政局3个部门进行审计，查出财政部门截留预算收入82.88万元，挤占业务部门专项资金661.68万元，农牧局、建设交通局挤占专款6.31万元，民政局私存私放低保金1.1万元，大新镇农民救助金管理混乱，内控制度薄弱问题等。本次预算执行审计共查出违规资金751.97万元，管理不规范资金200万元。经审计处理，应上交财政84.40万元，上交率100%。

2006年，进点前强化对审计人员的培训，组织学习财政法规和财政政策，树立"大财政"宏观意识,制定详细的审计实施方案,加强预算执行单位专项资金的审计力度,把预算执行和专项资金审计结合起来审计,确定兴庆区市容环卫处、法院、科技局三个预算执行单位进行延伸审计,重点对财政资金的管理情况、部分预算执行单位专项资金的管理、使用以及执行"收支两条线"的情况进行审计。揭示财政部门挤占挪用业务部门专项资金 967.678 万元;市容环卫处挪用专项资金 0.2227 万元,应缴未缴税金 0.8528 万元;计生局挪用专项资金 0.1583 万元;科技局挪用专项资金 8.4259 万元;教育局应调帐处理 22.2894 万元;法院应收未收诉讼费 1.7968 万元,私存私放调档费、复印费、房费 1.7614 万元,开具虚假发票 1.9123 万元;大新镇政府违反财务规定列支 8.1680 万元、违规采购 28.6153 万元、滥发补贴 0.666 万元。本次预算执行审计共查出违规资金 10207950.1 万元,管理不规范资金 2.2269 万元,经审计处理,应上交财政 2.3105 万元,已上缴财政 2.3105 万元。

2007 年,确定兴庆区国土资源局、建设交通局、卫生局、农牧局、城管局 5 个预算执行单位进行延伸审计,重点对财政资金管理情况、部分预算执行单位专项资金管理、使用以及执行"收支两条线"的情况进行审计。查出财政局违规资金 1005.37 万元;国土资源水务局违规资金 91.16 万元,应调账处理 75 万元,归还原渠道资金 16.16 万元;农牧局违规资金 18.61 万元,应上缴财政 0.45 万元,应调账处理 8.63 万元,归还原渠道资金 0.95 万元;建设交通局违规资金 0.81 万元。通过审计,查处违反财务规定、挤占挪用专项资金等问题,提出了加强财政专项资金监管力度、进一步树立财政风险意识,实施增收节支为主要内容的稳健的财政政策等建议,促进财政财务制度改革进程。

2008 年,加强预算执行单位专项资金审计力度,把预算执行和专项资金审计结合起来审计。查出财政部门截留应缴国库预算收入 36.81 万元、挤占业务部门专项资金 136.41 万元,延期拨付预算资金 72.98 万元;兴庆区建设交通局挪用专项资金 5.73 万元,已竣工未进行审计决算工程 776.20 万元;市容环卫处截留公厕管理费未入账 3.28 万元,已竣工未进行审计决算工程 2.89 万元;农牧局 7 项工程未经过招投标程序,涉及资金 1415.63 万元;掌政镇政府挪用专项资金 2.99 万元,未进行招投标工程 12 项共计 216.74 万元。

2009 年,深化、细化本级财政预算执行和其它财政收支审计。在对组织预算执行的财政部门本级预算执行情况进行审计的同时,重点对教育局、城管局、市容环卫处、水务局 4 个预算执行单位进行审计。主要审查按照兴庆区二届人大一次会议批准的本级预算以及本级各部门批复预算的情况;财政部门按照批准的年度预算和用款计划、预算级次和程序拨付本级财政预算支出情况;部门预算编制的真实性、完整性以及预算执行情况;预算超收、预备费安全使用情况。结合财政"同级审",把预算执行和专项资金结合起来审计,重点对粮食直补专项资金进行延伸审计。同时对财政资金的管理情况、部分预算执行单位专项资金管理、使用以及执行"收支两条线"情况进行审计。通过审计,共查出违规资金 371.91 万元,管理不规范资金 3771.82 万元,财政部门和其他单位预算执行部门挤占业务部门专项资金 99.30 万元,经审计处理,应上交财政 77.47 万元,已上交财政 77.47 万元。

2010 年,在对组织预算执行的财政部门本级预算执行情况进行审计的同时,重点对月牙湖治沙林场、掌政镇、草原站、银古路街道办事处 4 个预算执行单位进行审计。审计查出违规资金 13178.98 万元,管理不规范资金为 3178.95 万元,应上缴财政 95.26 万元,应调账处理 359.60 万元。通过审计,指出财政部门在细化预算过程中出现的一些问题,查处违反财务规定、套取挪用专项资金等问题,提出加强财政专项资金监管力度、进一步树立财政风险意识,实施增收节支为主要内容的稳健的财政政策等建议。

【税收审计】2002 年,开辟税收审计的新局面。根据自治区审计厅对地税部门授权审计的安排,重点对税收计划完成情况进行审核,跟踪审计 18 户减免所得税企业,同时还对税务机关经费财务收支进行审计,补缴个人所得税 4.2 万元,撤销税收过渡户 6 个。

【领导干部经济责任审计】 2002 年,领导干部经济责任审计全面开展,全年党委组织部共委托经济责任审计 22 个单位 35 人。

2003 年,加大对领导干部经济责任审计力度,在审计中尝试公开审计的新做法,把审计监督与群众监督结合起来,扩大审计见面会参会人员,所有到会者都要对责任人进行民主测评,并张贴审计公告。共对 17 名领导干部进行经济责任审计,审计项目 13 个,查出违规资金 38.55 万元,管理不规范资金 296.71 万元。经审计处理,上缴财政 0.93 万元,明确了经济责任。

2004 年,继续加大对领导干部经济责任审计力度,上半年,共进行经济责任审计项目 7 个,共查出经济责任审计过程中存在的违规资金 165.31 万元。

2005 年,开展任中审计项目 5 个,其中:对国土局、团委、残联、富宁街办事处、前进街办事处已审结,查出国土局固定资产帐实不符、会计核算不规范;团委违规列支;残联将残疾人保障金滞留在过渡户,不及时上交财政;富宁街办事处违规列支票据等问题,违规资金共计 2.5 万元,管理不规范资金 409.60 万元,应上交财政 0.13 万元。

2006 年,根据组织部的委托,有针对性的开展任中经济责任审计。结合本级预算执行审计,确定以开展任中审计为主,离任审计为辅的工作思路,开展

对8个单位11名领导干部的审计。其中对教育局的审计查出管理不规范资金22.29万元，其中漏记固定资产2.3万元，错误挂帐19.99万元；对银川高级中学的审计中发现学校物流中心财务核算体制不够完善，存在白条列支，违反银行结算规定的问题，违规资金10.211万元，管理不规范资金13万元，提出合理化建议6条。并结合实际制定《兴庆区领导干部经济事项离任交接办法》，使领导干部在调任、转任、轮岗、辞职、退职时建立完整书面的交接办法和手续。

2007年，对13个单位的24名领导干部进行审计，查出违规资金1650.52万元，管理不规范资金163.47万元，应上缴财政资金34.82万元。在审计中发现一些被审计单位固定资产管理不规范、纳税意识淡薄，漏交税金现象普遍、收费票据管理混乱、预算外收入不上交财政、收支不入帐，私设小金库、票据私存私放，会计资料失真、挤占专项资金、违规支出等问题。及时分析产生问题的原因，同时提出解决问题的对策和合理化建议16条，强化对在职领导干部的审计监督。

2008年，采取三条落实措施，有针对性的开展任中经济责任审计。一是组织全局干部集中学习，吃透精神、深刻领会。二是积极与组织、纪检等部门沟通协调，共同形成监督合力。三是结合本级预算执行审计，确定以开展任中审计为主，离任审计为辅的工作思路，开展了对7个单位8名领导干部的审计，其中对文化街办事处的审计查出违规资金26.45万元、应交未交税金0.24万元；对通贵乡政府的审计中查出违规资金52.90万元，管理不规范资金16.09万元；对建设交通局的审计中查出管理不规范资金776.20万元，提出合理化建议16条。

2009年，上半年对教育局、水务局预算执行情况和经济责任进行审计，下半年对农牧局、大新镇等单位经济责任审计。真实客观地评价领导干部履行经济责任情况并提出了建设性意见建议。2010年，完成银古路街道办事处原任党工委书记的经济责任审计，审计查出违规资金94.97万元，管理不规范资金8786.30万元，针对办事处基建工程管理不规范、坐支卫生费等行政性收入以及违规支出等问题提出合理化建议6条，同时在兴庆区范围内发布审计结果公告，扩大了审计影响，发挥审计监督的作用。通过经济责任的审计，对促进兴庆区领导干部增强法律意识、责任意识、廉政意识、提高管理能力和水平起到了积极的推动作用。

【专项审计】 2001年，4月开展治理市场经济秩序工作，配合纪检、财政、物价等部门对城区小学、幼儿园的收费情况进行了专项治理。完成了民政部门救灾资金专项审计。

2003年，对宁夏田家炳中学进行财务收支审计，通过审计，共查出违规资金349万元，管理不规范资金48万元，经审计处理，上交财政69.2万元；对兴庆区科技园投资开发建设有限公司进行清产核资工作，确保交接工作顺利进行；对防非典资金和社会捐赠款物进行专项审计；为搞好撤乡并镇工作，对5个乡级进行清产核资工作。

2004年，配合有关部门对兴庆区各部门使用救灾救济专项资金情况进行专项检查；配合纪检委对兴庆区丽景街办事处北塔四队财产、财务清理及群众举报的经济问题进行调查；完成兴庆区公证处财务收支审计。

2005年，与财政局、农牧局组成村队资产清理组，对丽景街办事处、银古路办事处7个村59个队的集体资产构成及分布状况进行清理，摸清了村队资产状况，揭露了村队内控制度薄弱、财务管理混乱、会计信息失真等严重问题，为下一步规范乡村资金管理，从强化会计监督体系、严格审批制度、增加财务透明度等方面提出建设性意见。对兴庆区扶贫办，项目办，公证处进行财务收支审计，指出了财务管理中存在的问题，及时提交审计报告。

2006年，开展兴庆区中小学教育收费和专项资金审计调查。一是从6～9月份对兴庆区所属8所中小学危房改造资金、农村寄宿制建设资金及违规收费等的使用情况进行审计调查，查出管理不规范资金243.79万元，揭示了兴庆区部分学校在资金管理和使用过程中出现的问题。二是配合兴庆区纪委对街道办事处城市低保发放情况进行检查。三是参加兴庆区科技园股权转让及财产清理审计和调查，为党委政府查清事实真相、正确决策处理等提供第一手资料。

2007年，协助配合农经站完成40个村的经济责任审计。

2008年，完成2007年度兴庆区34个单位科级干部离任经济事项的交接工作；完成兴庆区月牙湖治沙林场、掌政镇、交通局和教育局的工程审计；参加兴庆区科技园账务清理工作；协助兴庆区检察院对博文小学挪用公款案件调查。根据审计厅的安排，组织精干力量对兴庆区民政局、机关工会、组织部抗震救灾募集的资金实施跟踪审计。加强对捐赠款的接收、上缴和管理等方面的监督。通过审计，掌握了兴庆区捐款的实际情况，督促相关部门建立健全救灾捐赠款的管理制度，加强了有关单位内部管理和控制机制。截至6月27日，兴庆区民政局、组织部、工会共收到捐款411.17万元人民币，兴庆区抗震救灾款的筹集、上缴、管理手续完备，管理规范，保证了捐助的每一分钱都用到四川灾区。

2009年，开展“新农合”审计调查。8～9月按照自治区审计厅的要求，审计局组织骨干力量对兴庆区2007～2008年度新型农村合作医疗基金及乡（镇）医疗服务体系建设资金的管理、使用情况进行专项审计调查，调查卫生局、财政局、民政局、残联等部门及4个乡（镇）卫生院，2个定点医疗机构，延伸

34户参保农民。调查中发现存在政策执行不到位、制度不完善、管理缺位等问题，分析了产生的原因，并提出4点审计建议。另外，会同财政等部门对兴庆区各单位"小金库"进行了清查。

2010年，创新审计思路，坚持做到"财政资金投向哪里，审计就监督到哪里"，促进财政专项资金更好地服务于民生和公共领域，提高专项资金使用效益。及时"跟进"，先后对围绕促进规范兴庆区中小学校舍安全建设资金的使用和管理，加强对校安工程建设资金的审计；围绕促进灾区经济社会的恢复和发展，开展对青海玉树捐助款物的审计，加强对捐赠款的接收、上缴和管理等方面的监督；围绕新农村建设的新农合医疗基金及经费审计，通过审计，有效促进专项资金落实到位，促进各有关部门完善体制机制，取得良好效果。11月荣获审计厅"全区退耕还林资金专项审计调查鼓励奖"。

【固定资产审计】 2004年，审计局与银川市天华会计事务所合作，共对22个固定资产投资工程进行审计决算，建设单位报送值3148.11万元，审计审定值2030.59万元，审减值1117.52万元，核减率35.5%。

【基建工程投资审计】 2008年，进一步规范基建工程审计。组织有关人员对教育局、农牧局、掌政镇的59项基建工程进行初步审计调查，通过调查发现其中52项工程没有通过招标程序，18项工程早已竣工使用，但还没有设计图纸，6项工程竣工投入使用但尚未进行决算审计，严重违反了兴庆区政府有关对工程招投标、预决算的规定，撰写《2006至2007年兴庆区部分基建项目前期审计调查情况通报》，揭示基建项目管理中存在的问题，提出5点建议并通知财政部门停止拨付剩余工程款，规范了兴庆区基本建设和政府投资项目的决算审计工作。

2009年，进一步规范基建工程审计。一是为了规范兴庆区审计机关对建设投资项目的审计监督，保证审计质量，根据《中华人民共和国审计法》《中华人民共和国国家审计基本准则》《兴庆区基本建设投资项目审计监督管理办法》，结合兴庆区基建审计实际，制定《兴庆区基本建设投资项目审计监督管理实施细则》。该《细则》对基建投资审计程序、报备资料以及对社会中介结构委托监督等做了详细的规定，进一步规范了兴庆区基本建设和政府投资项目的决算审计工作。二是通过竟聘方式选择三家工程造价社会中介机构，签订《兴庆区基建项目竣工决算委托审核协议》，并根据各中介机构的工作效率和工程审减率对其进行年度考核，使基建审计工作逐步走向制度化、规范化。

2010年，完成基建工程审计85项，送审金额为1953.54万元，决算金额为1549.27万元，核减额为404.26万元。审减率为20.69%。对兴庆区重点项目黄河金岸工程进行全程监督，前移监督关口，着重从项目建设资金的管理使用、概预算执行、建设程序、工程质量、工程造价等环节中容易出现的一些违法违规和不合理问题提出审计建议。促使被审计单位及时整改，保证工程进度和工程质量，取得了很好效果。

【财政财务制度改革】 2002年，城区审计、财政、监察协调联动，积极推进财政财务制度改革。对城区各部门、各预算单位清理银行账户工作进行检查，共检查38个单位，清理撤销银行账户19个，规范银行账户管理，强化收支两条线管理。对9个街道办事处的财务进行清理，对其资产进行核实，实现城区全部预算单位纳入会计集中核算中心，有力地推动会计集中核算规范化进程。

【信息化建设】 2001年，加强审计信息化建设，购置微机及打印机，实现平均两人拥有一台计算机。2002年，实现人均一台计算机，为实行计算机辅助审计打下基础。加大计算机审计技术和方法的学习，审计人员都能熟练掌握计算机办公处理系统，实现审计工作信息化。

【制度建设】 2001年，成立城区领导干部经济责任审计领导小组，出台《银川市城区固定资产投资审计监督暂行办法》，相关部门联动机制初步形成，联合执法的力度进一步加强，为审计工作提供组织和制度保障。

2002年，制定《城区审计局审计公示制度》，增强审计执法的透明度，主动接受被审计单位和广大人民群众的监督，推进审务公开。

2003年，制定《银川市兴庆区基本建设投资项目审计监督管理办法》，规范基建审计工作。完善《兴庆区党政领导干部任期经济责任审计暂行办法》，出台领导干部任期经济责任审计民主测评和审计进点公示制度，为实现审计监督的客观公正提供制度上保证。

2005年，坚持执行审计会议审定制度，坚持审计执法公开，公正原则，对开展每个审计项目都严格按照法定的程序规章进行，由一名副局长担任审计复核，对定性处理意见，都要经由审计组参加的局务会议研究，集体讨论酝酿后再做决定，做到审计法制化，公开化，公正化。坚持财务收支公示制度，凡属重大财务收支都要经局务会议研究，向干部公开，做到收支明朗化，每月末都将本月财务情况上政务公开栏，公布于众，健全了审计内部财务监督机制。全面落实创建文明机关各项规定，继续推行"四个一"服务、"五项措施"和"首问责任制"，在实施审计中，热情解答被审单位提出的问题，增强了审计干部的服务意识，加强了与被审计单位干部之间的联系，为审计文明执法营造良好的氛围。

2006年，出台《审计质量责任制实施细则》，健全审计作业程序每个环节的监督机制，严格执行审计公示制、审计回访制、审计业务会议制、审计机关执法过错追究制等制度，切实加强审计质量管理，努力实现"严谨细致，提高审计质量"的工作目标。加强法制复核力度，严格执行复核工作制度，对审计质

量的保证提供有力保障。加强机关效能建设，出台《兴庆区审计机关服务公约》，推行行政执法责任制的落实，加强对机关作风和办事效率的督察，推广“您好、谢谢”等文明用语，树文明审计形象。

2007年，制定《岗位责任制目标管理办法》。

2008年，制定《兴庆区审计局公务员实绩考核实施方案》，对机关工作、业务工作、精神文明创建工作都做了明确细致的规定和要求，建立了完整的内部约束奖惩机制。

2009年，完善《兴庆区审计局各类会议制度》《兴庆区审计局财务管理制度》《五部委联席会议制度》等23项制度。对机关工作、业务工作、精神文明创建工作做了明确细致的规定和要求，同时狠抓制度落实，注重科学有效。坚决杜绝重制定、轻落实的现象，工作中注意做到“四要”即要领导带头、要典型引路、要专职督查、要及时奖励。切实调动审计人员的工作积极性。

2010年，制定《兴庆区内部审计管理办法》，在辖区范围内建立健全内部审计制度，有效地规范内部审计行为。

【“绩效审计年”活动】 2009年，全力推行绩效审计，开展“绩效审计年”活动，制定活动实施方案，探索绩效审计方法，加强绩效审计业务培训和理论研究，多次邀请自治区审计厅、银川市审计局领导和相关责任人来审计局机关授课，树立科学审计理念，推动审计工作转型，将绩效审计贯穿于每个项目实施中，充分发挥审计工作在经济社会健康运行中的“免疫系统”功能。

2010年，继续“深化绩效审计年”活动，在对兴庆区各预算单位2007～2009年公用经费进行专项审计调查中，通过专项审计调查，一方面摸清兴庆区公用经费的规模，揭示存在的问题，分析问题产生的原因，提出审计意见和建议；另一方面促进其完善体制、健全机制、规范管理、提高公用经费的使用效益。

【审计成果转化】 2005年，针对兴庆区许多部门存在固定资产存在家底不清、帐实不符的现象，撰写《兴庆区行政事业单位国有资产管理存在的问题及建议》一文上报政府，揭示了固定资产管理脱节、内控不严、物随人走、核算不规范等问题，引起领导高度重视，成立了兴庆区固定资产清查小组，对固定资产进行全面清理。通过对民政部门的审计，揭示扶贫救灾资金在管理和核算上存在的问题，并专题向政府做了汇报，兴庆区民政局采取措施积极整改，制定《兴庆区扶贫救灾资金管理办法》，并按照审计部门提出的建议对民政各专项资金的管理流程和核算做了进一步改进和完善。

2007年，发现相当一部分领导干部缺乏有关财经法规知识，及时向党委和政府提出了关于加强领导干部财政法规知识培训的建议，受到领导的高度重视，将财政法规知识培训并纳入干部培训教育体系。

【队伍建设】 十年来，始终坚持把加强思想道德教育和提高业务能力作为推动审计工作的关键环节，长抓不懈，认真开展学习型机关创建，以提升审计干部实战能力为核心，学习新的会计、审计、财经等法律法规，采取送出去、请进来等方式，充分利用自治区审计厅业务优势、专业培训等有效平台，鼓励全局干部参加各类在职学习。以锻造一支求真务实、素质过硬、真抓实干、能打硬仗的干部队伍为目标，着力创建服务型审计机关，努力抓好干部队伍作风建设。推行竞争上岗工作机制，成立两个审计组、一个办公室；建立例会制度，坚持每周一开1次全局业务工作汇报会，由各组分别介绍上一阶段工作情况和下一阶段工作打算，总结经验，寻找差距，表彰先进，推进工作赶超发展，提升审计效能，提高审计质量，促进优化发展环境。

【党风廉政建设】 十年来，坚持把党风廉政建设和反腐败工作纳入议事日程，作为年度工作目标之一，并结合审计业务列入审计工作计划，层层签订责任书，推行责任追究制度。认真执行审计廉政建设“八不准”“十不准”，坚持执行审计廉政规定反馈制度，向被审单位公布举报电话和审计纪律，实行下点生活补助，坚决杜绝审计人员与被审计单位的经济联系。通过政务公开、廉政反馈卡、现场廉政责任制、特邀监督员、定期到被审单位回访座谈等办法，对审计工作实行全程监督。开展以家庭助廉教育为主要内容的审计廉政文化建设活动，不断深化党风廉政建设和精神文明建设。

国土资源管理

【概况】 银川市国土资源局兴庆分局的前身是兴庆区国土资源水务局，2007年10月分设，实行市国土资源局与兴庆区政府双重管理。多年来，银川市国土资源局兴庆分局认真贯彻落实宣传国土资源法律法规，依法编制土地利用总体规划并组织实施，加强土地管理，先后开展了拆迁安置、建设用地、土地开发整理、基本农田保护、土地利用现状变更、矿产资源调查、集体土地所有权和使用权初始登记、农民宅基地登记发证和国土资源监督检查和违法案件的立案调查和处理等工作，为大银川建设做出了一定贡献。

【局领导名录】

局　长：程汝斌（2002.10～2007.10）
　　　　孙能森（2007.10～2009.12）
（代理局长）贺满庭（2010.01～2010.12）
副局长：哈雪峰（2003.06～2010.12）
　　　　苏　武（2002.10～2007.08）
　　　　朱占才（2004～2007.08）

【土地利用规划】 2003年，委托有关部门编制《兴庆区建设发展概念性规划》，制定《兴庆区村镇规划建设管理办法》，编制通贵乡乡域集镇规划及掌政集镇规划，建立高起点、高质量符合实际的各项土地利用规划，依法加强村镇规划建设管理。

2009年，修编土地利用总体规划。

为确保规划的前瞻性、可操作性和实用性。在本次土地利用总体规划修编中，积极协调各乡镇及规划设计单位召开专题会议，衔接各乡镇村建设、农牧、水利、土地整理等专项规划，在保证基本农田面积不低于15.16万亩的前提下，对基本农田位置重新调整上图，完成规划文本初稿和图件及其评审，审批上报工作。

【建设用地管理】 2003年1月，对各乡镇进行现状存量土地调查。制定《中共银川市兴庆区委、区人民政府关于加强土地管理工作的通知》《兴庆区农民宅基地、养殖业临时用地管理暂行办法》，严格依法审核建设用地申报手续，严把建设用地审报关，严格实行“一书四方案”。全年共上报各类建设用地项目22宗，占地286.9691公顷。批准翻建农宅485户。

2004年，严格按照有关规定对四环路以内符合规划及翻建条件的农民住宅翻建进行审查，上报银川市规土局批准116户，经审核批准同意建设108户，在四环路以外由兴庆区审批翻建农宅309户。全年共计批准农民翻建房417户。

2005年，共审核上报各类建设用地6宗，占地面积19.3173公顷；审核报批符合条件的农民翻建房598户。2003年~2005年共审核上报各类建设用地35宗，占地面积353.1777公顷。农民翻建审核报批598户，办理单位、个人建设项目用地选址8宗。

2008年，完成银川市物流港、兴庆科技园用地资料上报工作，完成孔雀水产养殖展示中心、孔雀村村部、新渠稍村部、新水桥村建设项目、月牙湖穆斯林用品公司、通贵乡庄点改造项目6宗建设用地的初审上报工作，对辖区所有养殖业用地和农家乐项目用地进行复核上报。

2009年，对用地需求的数量和结构进行摸底排查，筛选用地项目。按程序组织上报银川市物流港项目用地2000亩，此项目经国务院批准，保障宁夏国际穆斯林交易中心开工建设，带动商业物流业全面推进。还组织上报黄河标准化堤防兴庆区段28公里工程项目、兴庆区通贵至滨河大堤主线工程项目、兴庆区通贵至滨河公路司家桥支线工程、满春康居二期项目等。

2010年，成立保发展保红线专项行动工作领导小组，制定兴庆区保发展保红线工作方案，组织各乡镇、经统局对2010年用地需求数量和结构进行摸底调查，科学合理地筛选用地项目，提高土地调控政策的针对性和主动性，对凡是不符合产业政策的不予上报，符合用地政策的尽量不占或少占耕地。黄河高标准堤防项目是自治区重点工程，南北总长度26.7公里，共计占地8260.44亩，兴庆区积极组织现状图件测绘，面积量算、勘测定界，土地利用现状，规划图编制，编写一书四方案，该项目用地报件已上报国土资源厅。另外7宗用地分局组织各用地材料上报市局，其中4宗已报国土厅，争取使项目用地尽快批准。

【征地拆迁安置】 2003年，制定《兴庆区康居工程建设征地拆迁补偿安置方案》《城市建设征地拆迁补偿安置方案》，对加强征用土地，规范征地程序等问题做了明确的规定，严禁各村、公司擅自与用地单位签订任何形式的征地协议，不得以任何形式收取用地单位直接支付的各种征地补偿费。5月1日，印发《兴庆区人民政府关于坚决制止乱建乱占的通告》，6月3日，启动兴庆区市场带拆迁协议工作，6月5日，发布兴庆区城乡结合部重点工程拆迁通告。全年先后完成丽兴公路、大团结广场、康居工程、兴庆科技园区、市场整合等建设项目的拆迁工作，共拆迁农户200多户，拆迁面积达80多万平方米，签订拆迁协议2000余份，支付征地拆迁补偿费约1.5亿元，保证了各项重点项目的顺利开展。

2004年，完成丽景湖康居工程二期建设项目的征地拆迁工作。拆迁农户70户，拆迁面积1.2万平方米，签订拆迁补偿协议4200份，拆迁农户全部在原址给予安置，搬迁费及过渡费已按标准发放。同时，配合银川市土地储备中心完成109国道拓宽、景观水道、银横公路拓宽、新华街打通、民族南街、医学院搬迁建设项目的征地拆迁及安置工作，上述项目征地面积771.39亩，拆迁面积13110.25平方米，涉及农户185户，全部签订了拆迁补偿协议，已付补偿费2474万元。6月23日召开《兴庆区关于开展征用农民集体土地补偿费管理使用情况专项检查工作的实施方案》专题研究会议，对近年各项建设征用集体土地补偿费管理和使用情况认真进行清理检查。2003年以来已拨付兴庆区的征地补偿费全部按照协议，通过核算中心拨付给乡镇，由乡镇再拨付给行政村，按标准发放给农民，无拖欠、截留农民补偿费的情况。

2005年，完成兴庆区拆迁面积32400平方米。

2006年，一是开展征地拆迁工作。共完成拆迁任务7项，涉及农户1098户，涉及拆迁土地面积4987.62亩，拆迁建筑物382836平方米。其中：完成海宝公园共征收北塔村、八里桥村集体土地3214亩，拆迁各类房屋22万余平方米，拆迁463户，搬迁人口1408人，签订拆迁补偿协议1852份；完成石中高速公路两侧30米绿化林带项目，全长14.5公里，涉及掌政镇孔雀村、杨家寨村、大新塔桥村、燕鸽村、大新村、新水村、新渠村7个行政村90户农宅456人，涉及宅基地面积51.662亩，各类房屋17896平方米，签订地面附着物补偿协议360份；完成南环高速林带在兴庆区范围内全长2100米，需租用大新镇塔桥村、上前城村集体土地619.49亩，涉及农户187户。同农户签订租地协议374份，并协调银川市土地储备中心按时拨付租地费；完成109国道拓宽改造及清和街西侧北塔东路至贺兰山路绿化工程属市政重点工程，南北总长3.8

公里。项目用地需征收八里桥村、双庄村集体土地300亩，涉及商住、农宅等各类建筑58800平方米，被拆迁农户194户近800人，共签订各类补偿协议776份；完成银古路北侧绿化及景观用地项目涉及友爱村4队、10队153户450余人，拆迁土地68.4亩，拆迁房屋面积86140平方米，签订补偿协议160户。协助银川市土地储备中心完成宝湖东路拓宽、109两侧综合整治项目及颐安二期征地拆迁工作，目前正在对2006年绿化项目暨2007年首批园林绿化项目用地进行摸底调查工作；完成河东泵站占地共涉及开发户4户，占用土地面积734亩，支付各项补偿费用40余万元；完成铁北巷、凤凰南街、松柏巷改造工程的拆迁工作，共涉及拆迁农户7户，拆除各类房屋1637.24平方米。二是开展拆迁环境综合整治工作。配合各街道办事处做好前期调查摸底工作，并完成新华街办事处“三大战役”拆迁整治点建设工作；完成铁北巷、凤凰南街、松柏巷改造工程的拆迁工作，共涉及拆迁农户7户，拆除各类房屋1637.24平方米。

2007年，先后完成银新干沟扩整项目，南环高速公路匝道口绿化项目和征地拆迁安置补偿等情况调查核实工作。一是完成银新干沟扩整项目。该项目征用八里桥村集体土地36.27亩，拆迁建筑物2062平方米，土地补偿费132.0576万元，已付补偿费107.8816万元，欠24.176万元。二是完成南环高速公路匝道口绿化项目。此项目拆迁大新镇上前城村农民房屋48户，建筑面积13800平方米，占地面积38.1亩，征地补偿费114万元，经实地调查核实所需房屋补偿资金798万元。由于互相协调配合，一周内房屋全部拆除，保证绿化工作顺利进行。三是对2003年以来所有征地面积、拆迁面积、补偿金额、安置面积和补偿费欠款情况，以及房屋未安置情况等逐一核实。并将核实情况及时上报相关部门，为政府领导的决策提供详实可靠的依据。

2008年，开展征地拆迁项目补偿复核工作。抽调专人对北塔东路、上海东路、胜利南街等11个项目的地上附着物进行复核，通过实地丈量、室内量算，核定总拆迁面积114008m²。同时，协助兴庆区政府开展南部旧城改造征地拆迁补偿测算、复核工作。

【基本农田保护】 2004年，实行最严格的耕地保护制度，确保国家粮食安全，开展基本农田保护检查工作，对基本农田“五不准”的执行情况、基本农田保护基础性工作落实情况、基本农田利用现状及变化情况和制度执行情况进行检查。同各乡(镇)签订基本农田保护责任书，重新制作基本农田保护牌17块，完善了基本农田保护各项制度。同时，结合国明电[2004]1号文件精神，就占用基本农田植树造林、养殖业用地、砖瓦窑用地及耕地撂荒进行调查，积极督促各乡对撂荒耕地进行复垦。针对养殖业用地存在的问题，及时转发了市政府办公厅《关于加强畜禽用地规划管理的紧急通知》，要求对在建的养殖业全部停工，自行拆除。对近年养殖业用地圈而不用，存栏数极少的要求收回土地使用权，恢复耕种。

2005年，编制上报《兴庆区中低产田综合改造规划》报告。高标准农田建设2900亩(政府投资36万元，农民集劳资260万元)。

2008年，银川市下达兴庆区耕地保护面积18.7017万亩，规划基本农田面积15.284万亩。按照耕地保护目标责任书任务分解指标解释及考核办法的通知要求，兴庆区认真落实耕地保护工作，逐级签订耕地保护目标责任书，其中各乡镇与村签订责任书31份，签订到农户5115份，设立基本农田保护标志37块，制定下发基本农田保护六项制度和《基本农田保护动态巡查制度》《基本农田保护档案管理制度》《基本农田保护示范区保护碑设立制度》，在层层签订耕地保护目标责任书的基础上，还将耕地保护工作列入各乡镇全年考核工作中，确保耕地保护责任落实到基层。全年无占用、破坏基本农田行为发生。做到基本农田保护面积、制度、责任、标志“四落实”。

2009年，银川市下达兴庆区耕地保护面积20.77万亩，基本农田保护面积15.16万亩。根据市政府《关于印发2009年耕地保护目标责任书任务分解指标解释及考核办法的通知》精神，将耕地面积指标进行详细分解，与两乡两镇及各村签订耕地保护目标责任书，落实目标责任人，对基本农田保护制度不执行、保护标志牌不落实、侵占或破坏基本农田，年终考核均实行一票否决制。同时，积极协调有关乡镇村，在基本农田示范区设置保护标志4个，界桩30个。并将示范区列入黄河金岸土地整理项目区内进行整理建设。

2010年，银川市下达兴庆区耕地保有量面积20.77万亩，基本农田保护面积16.18万亩，按照银川市政府《关于印发2010年耕地保护目标责任书任务分解指标解释及考核办法的通知》文件要求，将耕地面积指标进行详细分解，兴庆区政府与各乡镇、乡镇与各行政村以及到农户逐级签订耕地保护目标责任书，落实目标责任人，到乡镇一级签订责任书4份，到村一级签订责任书29份，到农户近12000份。继续将耕地保护工作纳入各乡镇全年考核工作中，对耕地保护目标责任不落实，基本农田保护制度不执行、侵占或破坏耕地和基本农田的，年终考核均实行一票否决制。通过层层签订目标责任书，落实目标责任人，各乡镇、村积极行动，把耕地保护工作列入全年主要工作来抓。

【基本农田保护示范区建设】 2006年，制定《兴庆区基本农田保护示范区工作方案》，成立基本农田保护示范区工作领导小组，开展基本农田保护宣传工作，完善基本农田保护六项制度，根据设立基本农田保护示范区条件，经相关部门实地调查论证、选定掌政镇镇河村、洼路村、五渡桥村为基本农田保护示范区。

2008年，根据国土资源部《关于开展设立基本农田保护示范区工作的通知》和自治区国土资源厅《关于设立基本农田保护示范区的通知》文件精神，按照示范区耕地集中连片，优质耕地比例较高，交通便利，示范区所在地区具有一定的经济实力，政府支持，部门配合，群众保护基本农田的意识较高的要求，经调查重新申报兴庆区基本农田保护示范区，编写了基本农示范区建设方案，示范区面积1901.1公顷，其中农用地1475公顷。

2010年，开展基本农田示范区建设工作。兴庆区基本农田保护示范区位于兴庆区通贵乡，涉及通北村、通贵村、通南村三个行政村，示范区东至黄河河堤，南至银东干沟，西至民生渠，北至贺兰县，示范区土地总面积1901.1公顷，属自治区级基本农田保护示范区，按照区、市千万亩基本农田建设工程工作的要求，积极配合银川市土地整理中心编制示范区建设设计方案，并通过银川市评审。

【基本农田调整】 2010年，结合土地利用总体规划修编，在保证基本农田面积不减少，质量不降低的情况下，认真开展基本农田调整划定，对区、市及兴庆区将要建设的重点项目用地规划进行调整，按照基本农田划定的原则，对基本农田保护片块逐乡、逐村、逐地块进行实地核查，将新一轮土地利用总体规划确定的16.18万亩基本农田落实到图斑、地块，确保基本农田面积、图件、表册相一致。本次调整调出基本农田面积2768.4公顷，调入基本农田面积7584.5公顷，确定图斑648个，划分177个片块，落实了规划指标。

通过实地查看定位，在各乡镇、村人流量大的交通沿线和城镇村庄边设立基本农田保护标识，其中设立擎天柱一个、双立柱29个、保护碑7块、界桩310根，并在基本农田分布图上进行标注。同时，国土分局、各乡（镇）抽调业务骨干认真开展基本农田入户调查，对各户基本农田位置在影像图上进行标注，填写入户统计表，共涉及农户12000多户，并将各户基本农田情况进行计算机录入，填写到户基本农田保护责任书，基本农田入户调查率达到100□，形成了兴庆区基本农田调整自查报告、兴庆区基本农田调整工作报告、基本农田调整登记表、基本农田分布图、基本农田保护标识图、质量等别图等成果资料，已通过国土厅检查验收。

【土地变更调查】 2003年，开展土地利用现状变更调查工作，全年共变化图班846块，涉及面积26971.6亩，共录入961条变更记录，占整个市辖区总量的70%。同时以行政村为单位准确填写土地台账，建立变更平衡表，并在原红花乡进行了乡村两级汇总数据成果由计算机生成的试点，为修编土地利用总体规划工作打下了坚实的基础。

2004年，从9月20日起全面开展2004年土地利用现状变更调查工作。由于2003年兴庆区对城市建成区已全部进行了变更，而且对产业结构调整用地的严格控制，今年变更只涉及3个乡（镇），共变更图班109块，涉及变更面积2347.1亩。

2005年，完成土地利用现状变更调查，共变更图班69块，涉及面积3848.6亩。完成辖区内土地利用现状更新调查的外业调绘工作，

2006年，开展土地变更调查工作，共变化图斑63块，涉及土地面积3163.8亩。

2007年，对土地利用情况进行调查，开展卫星遥感监测变化图斑检查工作，利用影像图、实地进行调查，基本做到图件、实地数据一致。全年共变化图斑136块，涉及土地面积5285亩。

2008年，开展土地利用现状变更调查，利用影像图、实地进行调查，基本做到图件、实地、数据一致，按时完成调查统计、汇总上报工作。全年共变化图斑62块，涉及土地面积774亩。

2010年，依据自治区国土资源厅《2010年度宁夏土地变更调查与遥感监测实施方案》的要求，对涉及的423个图斑全部实地进行核查，查找相关权属资料，确定图斑性质，完成2010年度的土地变更调查内业、外业及统计汇总上报工作。全年变化图斑面积800公顷，形成科学准确、翔实可靠的土地变更调查成果资料，全面真实客观地反映兴庆区土地利用现状变化。

【第二次土地调查】 2008年，配合银川市第二次土地调查办公室完成了辖区两乡两镇、两个街道办事处24个行政村的集体土地权属划界工作，对权属界线存在问题的行政村下一步将按要求集中解决。

2009年，配合银川市第二次土地调查办公室完成2乡2镇1个街道办事处34个行政村的集体土地确权工作，签订权属协议书，并对所有调查成果开展自检，对发现的问题及时纠正，确保第二次土地调查成果的准确性、真实性。兴庆区二次土地调查标准时点2009年末耕地总面积21.8万亩。

2010年，根据自治区第二次土地调查领导小组办公室《关于开展第二次全国土地调查标准时点统一更新工作的通知》精神，按照银川市的安排部署，对标准时点2009年12月30日之前土地利用变化情况进行变更，全面完成2009年度的土地变更调查内、外业工作，形成科学准确、详实可靠的土地变更调查成果资料，全面真实客观地反映兴庆区土地利用现状变化。此次变更涉及耕地面积3056.7亩，实地调查图斑160块，与国家第二次土地调查数据进行了衔接。

【土地开发整理】 2003年，组织实施通贵乡通南村国土资源部农业开发项目，国土资源部和财政部于7月正式批复，国家投资480万元，完成项目建设前期准备工作。

2004年，通贵乡通南村国土资源部土地开发项目实施开发、整理土地5100亩，砌护斗渠3条，长8.1公里，配套各类

建筑物 270 座，植树 5.3 万棵，总投资 481 万元，预计 2005 年上半年全面完成。

2005 年，争取并实施掌政镇强家庙村 9700 亩，总投资 980 万元；月牙湖治沙林场 10000 亩，总投资 1070 万元的国债资金土地开发整理项目。2005 年 8 月 1 日，开始争取中德合作通贵乡土地整理项目立项。

2006 年，在继续做好通贵乡、掌政镇、月牙湖乡土地开发整理项目实施工作的同时，积极申报通贵乡通西村中德土地整理项目和红墩子地区土地开发项目。先后完成通贵乡通西村中德土地开发项目的规划设计及预算工作，完成德国专家通西村土地整理及农村发展规划项目的考察接待工作。在国土资源部整理中心的大力支持下，德国汉斯赛德尔基金会决定在宁夏银川市兴庆区通贵乡通西村初步启动中德合作土地整理与农村发展项目，并被国土资源部列为全国实施此项目三个重点省份。该项目土地整理面积为 598.9 公顷，实施后可新增耕地面积 514 公顷。红墩子地区土地开发项目也通过了国土资源部的评审立项，该项目共需投资 4700 余万元。

2007 年，争取到自治区投资通西村土地整理项目，整理面积 354.85 公顷，计划投资 286.499 万元。同时还申报通贵乡土地整理项目，土地面积 1067 公顷，被国土资源部列为中德合作项目之一。

2008 年，认真开展中德合作土地整理与农村发展项目，委托设计院编制银川市兴庆区通贵乡通西村中德合作土地整理与农村发展项目规划文本。9 月份完成中德合作项目工作组调研洽谈的准备接待工作和专业项目汇报工作，根据德国汉斯赛德尔基金会和国土部的要求，对通西村土地盐碱问题和土地地类、房屋、人口、就业等情况进行摸底调查。按照《自治区投资银川市兴庆区通贵乡通西村土地整理项目实施方案》，制定项目实施方案，项目管理领导小组，对项目的实施进行全程监督检查，并按照《宁夏土地开发整理项目实施意见》的要求，对工程施工单位实行招投标，由监理单位对工程施工进行监理。共整理面积 354.85 公顷，投资 286.5 万元，新增耕地面积 24.8 公顷。又申请月牙湖乡新开发耕地的项目的验收工作，新增耕地面积 18000 亩。

2009 年，上半年完成对通西村中德项目区土地地类、房屋结构、人口就业等情况的摸底调查、通西村土地盐碱化问题调查和农户房屋及承包地状况标注上图等工作。5 月份配合中德合作项目专家组开展通西村农村发展规划调查工作，通过实地调查、走访农户、召开村民代表会，确定了中德合作通西村土地整理和农村发展项目的长远规划目标。9 月份，德国专家再次到项目区调研洽谈，争取到德方资助通西村小学电脑 16 台，对通西村村民在山东平度无偿进行短期 15 天和长期 3 年技术培训。对 2008 年通西村土地整理项目一期工程开展工程收尾工作，与市土地整理中心、监理部门提前对项目进行自验，年底前全面完成终验，该项目的实施，增加耕地 600 亩以上，解决了通西村 5000 亩土地长期以来排灌不畅的问题，降低了水费，粮食稳产增收，受到村民的好评。

协助市土地开发整理中心开展黄河金岸土地开发整理项目前期资料搜集、项目设计论证等工作，项目区涉及土地面积 53130 亩，落实到位资金 1000 万元，项目工程建设期限一年，通过对河滩地的开发、改造，可新增耕地 1.5 万亩。

2010 年，通西土地整理一期项目全面竣工，取得较好效益。在广大村民的强烈要求下，年初申报了通西二期土地整理项目，配合市土地整理中心，委托设计单位编制项目可研报告，二期项目区面积 239.28 公顷（合 3589.2 亩），计划投资 637.11 万元，亩均投资为 1775 元，可新增耕地面积 20.82 公顷（合 312.3 亩）。建设期一年。同时，根据 2009 年中德专家及村民制定的通西村长远发展目标，委托设计单位编制通西村发展总体规划，组织村民代表与设计人员就规划中存在的问题进行沟通，年底完成规划初稿。另外，兴庆区月牙湖生态移民吊庄点列入区国土资源厅中西部生态移民吊庄土地整治项目，由区国土厅委托技术部门进行规划设计。自治区下达指标为 4000 户 16800 人。编制完成生态移民建设用地土地权属处置方案，开始 1016 户农民住房和基础设施工程建设。

【土地执法检查】 2003 年，成立治理整顿领导小组，制定《兴庆区治理整顿土地市场秩序工作实施方案》，确定了兴庆区清理整顿工作的重点。6 月 18 日，成立执法队，7 月 20 日，开展查处砖窑违法用地情况。全年共查处土地违法案件 5 件。在加大执法力度的同时，建立了违法案件追踪督查制度，组织专门队伍加强巡查，及时查处土地违法案件，向法院申请强制执行。加大土地执法检查力度，实行土地动态巡查，下发责令停止违法行为通知书和行政处罚决定通知书 512 份，拆除违章建筑 774 户 64260 平方米。配合市规土局、市执法监察大队完成大型违章建筑拆除行动 12 次，拆除违章建筑 17940 平方米。

2004 年，为规范城市规划建设秩序，制止乱搭乱建行为，土地执法队加大巡查力度，实行土地动态巡查。尤其在五一、十一节假日期间实行 24 小时巡查责任制，昼夜值班巡查，及时将乱搭乱建行为制止在萌芽状态，降低了部分违建户的经济损失，使乱建行为得到明显好转。特别是 6 月份在兴庆区委、政府领导的直接指挥下，与各乡（镇）、街道办事处、市规土局监察大队、城管等部门联合大规模、大面积集中整治城乡结合部违法违章建筑，共拆除违法建章建筑 11.5 万平方米，发停工通知书 345 份，有效遏止了城乡结合部乱搭乱建行为。全年共接待来信来访 92 件，其中当时给予解决答复的 70 件，经调查回复市长邮件 4 件，共立案查处违法案件 19 起，处理土地权属纠纷案件 3 件。

2005年，5月16日，兴庆区成立土地执法检查工作领导小组，设立办公室，配合区国土厅和市规土局利用卫星遥感监测成果开展土地执法大检查工作。全年立案查处土地违法案件8件。

从2003年至2005年共查处土地违法案件23宗，办结率在90%以上，及时制止土地违法行为60起，涉及土地面积2.56公顷。

2006年，对辖区内的1乡2镇2街道办事处，36个行政村、共实施土地动态巡查262余次，发现土地违法行为22件次，违法行为涉及的土地面积3.56亩。其中：耕地面积0.8公顷，挽回各项经济损失约8万余元。联合银川市土地执法监察大队、兴庆区有关部门依法强制拆除大新镇白鸽村非法砖窑13座。立案查处土地违法案件6件，均发生在城市规划区内，涉及土地面积9.79亩，其中占用耕地面积9.79亩，结案5件，结案率83.33%。11月初，根据区厅市局工作安排，联合兴庆区监察局制订土地专项治理工作方案，成立以监察局局长和国土资源局局长为组长的领导小组，对违法案件进行查处。整理案件线索3条，涉及违法占用土地3.01亩，违章建筑共计742.8平方米。全年共接待群众来访38批次共85余人，其中反映问题23批次23人，咨询政策法规15批次63人，受理信访转办件8件。

2007年，根据自治区人民政府《关于进一步开展查处土地违法违规案件专项行动的通知》和自治区国土资源厅《关于开展土地执法百日行动实施方案的通知》，对辖区2005年1月至2007年6月30日所有新增建设用地进行清理，发现未批先用6宗，土地面积78.5亩；以租代征3宗，土地面积292亩，全部立案调查。按照银川市国土资源局对砖窑、煤矿、砂石厂进行清理整顿的安排部署，对辖区20家砂石厂、6家砖窑进行摸底调查，经上报市局后决定对20家砂石厂要求全部关停，并依据调查情况，按照法律程序，对两家砖厂非法占用土地的行为进行立案调查，对已停产和没有土源的砖窑限期自行拆除，退还土地。

【卫星遥感监测变化图斑检查】 2007年，对2006年卫星遥感监测图斑进行调查，根据土地利用总体规划图和土地现状图实地逐一核对变化图班用途、面积，查找审批手续。2006年卫片监测变化图斑31块，批准供地面积5692.3亩，其中耕地2504亩，实际用地面积3938.8亩，其中未批先建图斑3块，根据相关法律法规的规定进行立案查处、结案。

2008年，利用卫星遥感监测成果开展第八次土地执法检查工作。对2007年度兴庆区辖区内的卫星遥感监测图班进行实地调查，卫星遥感监测相片显示兴庆区行政区域内图斑26块。经调查，26块图斑中新增建设用地图斑18宗，面积1985.4亩（耕地252.6亩），批文齐全，属合法用地，其中违法用地图斑2宗，面积91.7亩，立案查处，下发行政处罚决定书。

2009年，利用卫星遥感成果开展图斑检查工作，对2008年度兴庆区辖区内的卫星遥感监测图班进行实地调查，此次卫星遥感监测相片显示兴庆区行政区域内图斑73个，经核实73个图斑共涉及53宗土地，用地总面积3263.4亩，新增建设用地24宗，农业结构调整用地4宗，实地未变化25宗。7月29日协调有关单位和乡镇150余人，对卫片发现的6宗违法用进行强制拆除，有力地打击了违法用地者。

2010年，根据区国土资源厅《关于对银川市开展2009年度卫片执法检查工作的通知》文件精神，积极开展辖区卫片执法监察工作。2009年度国家卫片图斑220个，西安督察局卫片图斑136个，对所有图斑实地逐个调查核实，查阅相关资料，最后确定违法用地23宗，对违法用地组织监察队进行查处。收缴罚款66194元。

【土地市场清理整顿工作】 2005年，根据国务院关于开展土地市场清理整顿工作的安排部署和兴庆区实际，制定《兴庆区治理整顿土地市场秩序工作方案》，确定了兴庆区清理整顿工作的重点。一是面对科技园区因群众信访有可能影响发展的严峻形势，积极与区国土资源厅协调，使科技园区得以保留；二是把工作重点放在清理城市建设征地拆迁拖欠补偿费上，积极与银川市有关部门协调，拖欠兴庆区被征地农民的补偿费和生活补助费等问题基本得到了解决；三是加大对土地违法案件的查处工作，从2003年至今共查处土地违法案件23宗，办结率在90%以上，及时制止土地违法行为60起，涉及土地面积2.56公顷。

【维护农民合法权益专项行动】 2009年，认真贯彻区国土资源厅、监察厅《关于在全区开展清查土地违法违规行为维护农民合法权益专项行动的通知》精神，开展清查土地违法违规行为维护农民合法权益专项行动工作，制定工作方案，对2007年1月至2008年12月期间新增建设用地逐一进行梳理，登记造册，主要从未批先建、破坏耕地、违反土地利用总体规划等方面进行清理。经实地核实、查找各用地相关资料，确定2007年1月至2008年12月间新增建设用51宗，批准用地面积705.2公顷，实际用地面积335.2公顷，其中属合法用地33宗，用地面积222.3公顷，属违法用地18宗，用地面112.9公顷，其中耕地45.5公顷（基本农田7.25公顷）。违法用地18宗，全部为非法占地，均立案查处。

配合兴庆区拆迁办，对兴庆区范围内2003年以来所有城市建设用地征地拆迁补偿费进行梳理，核实各项建设占地补偿情况，经查城市建设项目欠兴庆区补偿费1.8亿元。

【月牙湖地区土地利用现状及国有土地清理登记】 2004年，原陶乐县月牙湖乡划归兴庆区管辖，为及时准确掌握月牙湖地区土地利用现状情况，加强该地

区的土地管理，保护土地所有者和使用者的合法权益，制定《兴庆区人民政府关于月牙湖辖区内国有土地进行清理登记的通知》，对月牙湖辖区农业用地开发、旅游业用地及各砖场、砂石场进行调查登记。备案国有土地使用单位39个，取土采砂等矿产资源使用单位4个，同时对未经批准突击建设的行为及时制止并坚决给予拆除。

【河东地区各类用地及矿产资源调查】2005年3月7日，安排专人对兴庆区河东地区土地使用情况进行全面调查。完成河东地区各类用地及矿产资源调查工作。河东地区共有开采企业24家，其中机砖厂19家，砂石厂5家，涉及占地面积2398.4亩，开采资源储量414.5万方，实际开采量162.9万方。涉及非法用地31宗，涉及面积22712.6亩。

【红墩子地区土地调查】 2009年，为全面摸清红墩子地区土地开发利用情况，为政府决策提供详实依据，按照兴庆区委、政府的安排部署，组织相关单位抽调人员，对红墩子地区土地利用现状、土地开发情况、土地权属等进行摸底调查，通过实地勘测，查阅资料等方法，查明此范围内土地总面积125803亩，共有34家土地使用权单位和个人，批准使用土地面积46318.1亩，实际占用土地面积50676亩，超占土地面积4317.9亩。主要存在多部门批地、批少占多、占而不用、擅自改变用途等问题，并针对存在的问题，根据土地法律、法规相关规定，提出拟处理意见，为加快宁东C区、中电投等大型项目进驻，提供了用地保障。

【闲置地专项治理】 2008年，国务院和国土资源部要求上半年完成对闲置土地的清理工作，根据银川市闲置土地专项治理工作方案，对辖区近年来建设用地项目逐一检查，并通过查阅用地批文、出让合同等，清理出闲置土地3宗，面积46.37公顷。

2009年，对兴庆科技园等辖区内闲置土地清查，促使科技园集约节约用地项目全部开工建设，收回土地2宗。

【农村集体建设用地专项调查和清理】2008年，根据宁政办发[2008]41号文件精神，开展农村集体建设用地专项调查和清理工作，以乡（镇）为单位，对乡镇企业用地、乡村公共设施和公益事业用地、农村村民住宅用地逐宗进行登记、分类，核定用地面积、用地规划、批准情况等。在各乡政府的大力配合下，按期完成调查工作。经调查，辖区公益事业用地60宗，乡镇企业15宗，农村村民住宅用地17250宗；违法用地19宗，面积1.36公顷，其中乡镇企业1宗，农民住宅18宗，违法用地行为由监察队立案查处，并下发行政处罚决定书。

【矿产资源管理】 2005年，为切实规范兴庆区河东地区用地管理工作，按照银川市兴庆区委、政府的安排部署，对河东地区各类用地及矿产资源进行调查、取证。经查：非法占用土地12宗，涉及面积4183亩；非法批准使用土地进行旅游、工矿业等非农业建设用途情况共11家单位、个人，涉及土地面积2571.25亩；非法批准承包国有土地情况共5家单位、个人，涉及土地面积15760亩；不按批准用途使用国有土地情况共有3家单位、个人，涉及土地面积198.35亩。并按照《土地管理法》、《宁夏回族自治区土地管理条例》有关条款规定拟定处理意见，上报兴庆区政府研究执行。另外，对区划调整到兴庆区原陶乐红墩子开发区和原灵武市临河镇横城村的矿产资源开采企业进行调查，共有开采企业24家，其中机砖厂19家、砂石厂5家，涉及占地面积2398.42亩，开采资源储量是414.5万方，实际开采量是162.9万方。

2008年，加强监督检查，规范矿产资源开发利用程序。对河东11家砂石厂企业生产及原料用地实地进行勘测，收集基础资料，并开展2008年度年检工作，对企业年度开采设计实施情况、有无违反矿产资源法律法规等方面进行检查，与各企业签订了安全生产目标责任书，兴庆区安监部门对各企业实地进行安全检查，对存在的问题要求企业立即整改。经整改检查验收合格后，方可办理相关手续，对拒不整改或验收不合格者，将要求停止生产。

2009年，根据国土资源厅矿产资源管理工作会议精神，加强对河东11家非煤矿企业的监督检查，逐步规范管理程序，要求各企业上报开采设计方案、储量核实报告、环境影响评价报告等资料，重新核实计算资源补偿费、复垦保证金，完善矿产资源开采手续，并就各企业安全生产情况与相关部门不定期地进行检查，发现问题及时整治。各企业均能按要求建立健全安全生产规章制度，在危险地方设置警示牌，做好安全生产事故防范。同时，针对河东银古高速公路南侧砖厂环境差的问题，制定了整改措施，各企业结合自己的实际情况进行整治，营造出一个良好的生产环境。

【农村集体建设用地专项调查和清理】2008年，为切实加强农村集体建设用地管理，坚决遏止并依法纠正乱占农用地进行违法建设行为，根据宁政办发[2008]41号文件精神，积极开展农村集体建设用地专项调查和清理工作，以乡（镇）为单位，对乡镇企业用地、乡村公共设施和公益事业用地、农村村民住宅用地逐宗进行登记、分类，核定用地面积、用地规划、批准情况等。在各乡政府的大力配合下，按期完成调查工作。经调查，辖区公益事业用地60宗，乡镇企业15宗，农村村民住宅用地17250宗；违法用地19宗，面积1.36公顷，其中乡镇企业1宗，农民住宅18宗，该违法用地行为由监察队立案查处，并下发行政处罚决定书。

【城乡建设用地增减挂钩试点】 2009年，为进一步推进兴庆区城乡一体化进程，开展城乡建设用地增减挂钩试点工作。按照试点工作要求，制定工作方案，确定掌政镇茂盛村、通贵乡通贵村、通北村为试点村，并与设计单位共同实地调查研究,收集相关资料,测算拆旧建新所需资金,编制规划文本,项目计划3年完成,已先期实施通贵村、通北村6个村民小组庄点的整体拆迁并进行复耕,力争年底复耕土地300亩,同时,委托设计单位编制增减挂钩旧庄点复垦项目规划,争取自治区项目资金。

2010年10月,掌政镇城乡建设用地增减挂钩试点项目工作批准实施,项目区拆旧共涉及4个行政村的23个庄点,拆迁1885户7071人,拆旧建筑面积305384.5平方米,拆迁旧居民点地块面积为2044.8亩。为确保项目顺利进展,制定《兴庆区掌政镇城乡建设用地增减挂钩试点项目实施方案》《掌政镇城乡建设用地增减挂钩试点和农村土地整治自查清理工作方案》,组织上报项目建新安置区和建新留用区土地征用相关资料,委托设计单位编制完成掌政镇增减挂钩项目复垦规划设计。

【黄河河道及河滩地保护管理】 2006年,为切实加强兴庆区黄河河道管理,减少河道滩地使用权纠纷,规范河道滩地保护管理工作,制定并下发《兴庆区黄河河道及河道滩地保护管理办法》。切实加强兴庆区黄河河道管理,减少河道滩地使用权纠纷,规范河道滩地保护管理工作。

【土地法宣传】 每年"6.25"全国土地日宣传周期间,都开展悬挂横幅、张贴标语、制作宣传展板、处宣传橱窗、散发宣传材料、知识竞赛等宣传活动,加大《土地管理法》《宁夏回族自治区土地管理条例》及相关法律法规、基本农田保护宣传,在辖区内形成了良好土地执法宣传氛围。

【农民宅基地发证】 2009年,根据区国土资源厅有关文件精神要求,按照银川市国土资源局的安排部署,认真开展宅基地发证工作,对各村需发证、需换证等情况进行调查,确定通贵乡司家桥村、掌政镇永固村、强家庙村、碱富桥村为发证试点村,并按发证程序先期开展勘测。

【商业贿赂治理】 2006年,根据区厅、市局及区委、政府关于开展治理商业贿赂专项工作安排部署,开展治理商业贿赂专项工作动员与部署,进行治理商业贿赂专题学习,成立工作领导小组,制定实施方案,组织实施。并通过区市相关部门验收。

【廉政建设】 重视加强党内监督和纪检督察,加大工程建设、人事制度改革、行业管理工作的监督管理,切实抓好领导班子、党员干部的党纪、党性、党风和廉政建设。将党风廉政建设工作列入重要议事日程,把党风廉政建设与各项工作同安排、同部署、同检查、同落实,成立党风廉政建设领导小组,明确责任,层层签订《党风廉政建设目标责任书》,形成主要领导亲自抓、分管领导具体抓、层层抓落实的工作机制;严格落实集体决策制度和民主监督、重大事项会审等工作制度,不断完善《首问责任制》、《党风廉政建设责任追究制》等各项廉政建设制度,进一步明确责任、制定措施、分析查找管理工作中易发生腐败行为的环节;狠抓执行监督,规范各类经费、专项资金的管理使用,认真执行部门预算和政府采购规定,开展公务用车、"小金库"专项治理,积极配合市国土资源局开展财务审计工作;加强行业管理工作的监督管理机制,对干部职工参与违法建房、收受违法建房者财物等问题进行摸底调查,建立领导干部廉政档案;开展党风廉政教育,将廉政教育作为一项基础性工作列入年初干部教育计划,贯穿到各类学习班和培训中,在广大党员干部中深入开展理想信念和党性党风党纪教育,法纪教育、警示教育和岗位廉政教育,不断增强广大党员干部的宗旨意识、执政意识、大局意识、责任意识,坚定政治立场,把反腐倡廉真正落实到行动中。

【制度建设】 十年来,坚持做到用制度规范国土资源管理工作,用制度约束干部队伍的行政行为。围绕岗责体系建设,着力构建责任明确、问责有效的高效运转机制,补充完善党建、纪检监察、效能建设、依法行政、业务管理等方面规章制度,修编完善机关效能建设10项制度,建立办事首问责任制、办结时效制,严肃工作纪律,坚持挂牌上岗查询制,工作考勤制度,公开干部岗位、职责、姓名,公开办事去向,设立监督投诉电话;开展查学习、查纪律、查作风、查效率、查服务、查廉政活动,针对查找出的突出问题及各项规章制定执行上的薄弱环节,及时进行整改。为全面提高干部队伍素质,从转变观念入手,不断加强干部队伍作风建设,结合干部考核、评优等手段,充分调动干部职工的工作主动性和积极性,工作效率不断提高。

海 关

【概况】 中华人民共和国银川海关是国家设在宁夏的进出境监督管理机关,1995年8月经国务院批准成立,1997年10月26日正式开关,是中华人民共和国海关总署垂直领导的正厅(局)级海关,关区范围为宁夏回族自治区全境,总面积6.64万平方公里,负责宁夏回族自治区全境的税款征收、货运监管、查缉走私、编制海关统计和办理其他海关业务。

在海关总署的正确领导下,在自治区党委、政府的大力支持下,按照"依法行政,为国把关,服务经济,促进发展"的海关工作方针和"政治坚强,业务过硬,值得信赖"的海关队伍建设要求,银川海关坚决贯彻"把好国门、做好服务、防好风险、带好队伍"的海关工作总体要求,主动融入宁夏经济社会发展大局中,着力提升监管服务水平,不断改革创新,完善自身管理,各项改革和建设保持良好发展态势。

2001年~2005年,累计征收税款9.86亿元,监管进出口货物101.29万吨,货物总值8.12亿美元,审批减免税7.03亿元,办理刑事和行政案件43起,

案值1.48亿元人民币。

【服务地方】 2001～2005年，按照国家西部大开发战略和国务院《关于进一步促进宁夏经济社会发展的若干意见》精神，银川海关紧密结合宁夏实际，主动谋划服务举措，针对促进宁夏口岸建设、解决地方进出口发展瓶颈问题等重点内容，确定“促进特色优势产业发展，增强区域竞争能力；促进国际物流产业发展，改善投资环境；促进保税业务发展，加快产业升级”的工作思路，支持宁夏挖潜和拓展新的经济增长点，先后制定出台《支持和促进地方经济发展九项措施》、《落实国家减免税五项措施》、《支持宁夏口岸建设八项措施》、《关于促进宁夏外贸稳定增长的八项措施》等一系列服务举措，全力协调服务推动自治区和海关总署建立、形成高目标、深层次、宽领域的合作机制，促进宁夏外向型经济发展。

【扶持重点项目与产业】 2001年～2005年，按照自治区大项目带动大发展的要求，认真落实国家税收优惠政策，对国家鼓励产业项目和自治区重点、优势产业项目提供跟进服务、专人负责，为宁夏企事业单位的国家鼓励项目、科教用品、无偿援助及重大技术装备项目等审批减免税款；与宁夏检验检疫局联合出台《促进高新技术产业发展和扩大产品出口的若干措施》，对有色金属产品、精细化工产品、羊绒制品和子午线轮胎等宁夏特色高新技术产品扩大出口提供帮助。

【口岸建设】 2001年～2005年，积极推动银川河东机场航空口岸申建，支持和促进自治区临空经济发展和对外经贸文化的交流，不断提升口岸服务水平；与口岸联检单位密切联系，承担穆斯林群众朝觐、维和部队进出境的通关监管、安全维稳、知识产权保护等重要任务；大力推广电子口岸应用项目业务，为企业降低成本、提高效率、足不出户办理海关税费缴纳、加工贸易备案核销等业务提供极大方便，网上报关、网上支付、出口收汇、进口付汇、联网核查、网上退税等项目推广应用，均取得显著成效；电子口岸已成为宁夏各类电子政务及电子商务平台中应用效益最为显著的平台之一。

【国际物流】 2001年～2005年，按照“设施到位、制度到位、人员到位、跨区域协调工作到位”的目标，着力推动宁夏国际物流产业发展，积极协助指导惠农陆港、银川陆港、银川国际空港物流中心等规划建设，与天津海关和天津港（集团）有限公司签署内陆无水港便捷通关合作备忘录，无偿提供海关监管设施设备和安装系统，保证重点国际物流中心项目按期建设和投入运营；帮助宁夏邮翔公司建立国际物流快递中心，组建海关监管车队，拓展海关监管货物承运业务，帮助企业前往快递业务集中的海关考察学习。

【业务改革】 2001年～2005年，深入推进海关业务改革，认真履行把关职责，一线监管和后续管理的实际效能不断提高，多项业务指标屡创历史新高；不断改进海关监管与服务，大力推行属地申报、口岸验放的便捷通关模式，与天津、北京、青岛等海关签订跨区域通关合作协议，切实降低本地企业的物流成本；落实企业分类管理规定，对诚信守法企业快速验放，提高通关效率，帮助企业降低贸易成本，减负增效；认真履行“7×24小时预约通关”的全天候、无假日通关服务承诺，开通12360海关服务热线，不断营造良好的进出口通关环境。

【统计监测预警】 2001年～2005年，加强对宁夏地区重点进出口商品的及时监测、科学预测和动态预警分析，每月定期发布全区进出口贸易统计数据，向自治区党委、政府和银川市报送《海关贸易统计专报》；先后撰写并提供宁夏枸杞、铁合金、纺织品、农产品进出口和宁夏对阿贸易等百余篇海关统计分析监测报告，预警监测、辅助决策作用有效发挥；针对宁夏大宗能源矿产、精细化工、羊绒制品等特色优势开展专题调研，掌握行业状况和产品出口情况，研究推动宁夏特色传统产业和新兴产业列入国家鼓励发展的产业范围，促进形成区域产业优势；为自治区商务厅、统计局、口岸办等提供定制数据服务，为外贸企业申请银行贷款、外贸年度核算等提供企业进出口数据，海关统计数据的社会服务面不断扩大。

2006年～2010年，围绕自治区外向型经济发展形势，加大海关统计分析和统计监测预警服务，强化海关常规分析和宏观预判分析，注重增强贸易分析的时效性和针对性，紧扣发展要点，全方位、多角度反映宁夏外贸形势和主要商品进出口态势，先后向自治区党委、政府报送“十一五”宁夏外贸发展综合分析、宁夏铁合金、纺织品、农产品出口等专题报告，有效发挥海关统计服务党政科学决策、服务地方相关部门统计应用、服务企业拓展业务的重要作用。

【打击走私】 2001年～2005年，始终坚持打防结合、综合治理、突出重点、坚持不懈的反走私工作方针，充分发挥刑事和行政两种执法手段的威力，密切与公安、国税等部门联系配合，狠抓走私案件的查处，针对价格瞒骗、毒品走私等违法犯罪活动，组织开展打击出口骗退税、矿产品走私等一系列专项行动，加强规范整顿进出口贸易秩序，不断巩固和深化打私综合治理成效，营造自治区经济发展的健康环境，全力维护国家的经济社会安全。

2006年～2010年，坚持理性执法、科学执法、高效执法理念，积极探索完善情报先导、查私先行、督查跟进、关警联动的办案模式，狠抓信息资源整合，增强情报宏观监控能力；狠抓案件侦办工作，增强打击涉税走私力度；狠抓专项行动落实，增强新领域走私发现能力；狠抓执法规范化建设，增强执法能力建设；狠抓工作机制建设，增强反走私综合治理能力，打私综合治理成效得到巩固和深化。

【署区合作】 2006年~2010年,围绕自治区党委和政府实施跨越式发展战略的需要,在中阿经贸论坛成功举办、宁夏构建内陆开放型经济区和加快规划建设实施沿黄经济区的有利时期,把握大局,充分发挥桥梁纽带作用,做好海关总署与自治区人民政府合作前期沟通协调服务,积极为署区各层级互访会见、意见交换、形成共识做好平台搭建,为形成署区合作具体事项建言献策。

【通关服务】 2006年~2010年,积极支持宁夏临空口岸经济发展,力促银川-昆明-迪拜国际航班开通,推进宁夏同中亚、中东国家的经贸合作,促进环渤海地区海关通关合作,加强与口岸港务、检验检疫等部门的沟通联系,为惠农国际物流中心等营造便捷通关环境;落实企业分类管理、守法便利通关政策,加大对重点企业、重点产业通关服务力度;坚持实行“5+2”工作制、24小时预约通关制度,严格履行“接单不过夜”的服务承诺;积极开展提前报关、网上支付等业务,降低企业贸易成本;设立便捷通关服务绿色通道和业务咨询窗口,服务自治区重大经贸活动和对外事务进出,圆满完成中阿经贸论坛、穆斯林群众朝觐进出境等重要监管任务,被自治区政府评为保障服务工作先进单位。

【电子口岸】 2006年~2010年,加强对宁夏电子口岸建设的指导和支持,加快宁夏电子口岸平台建设,积极协助开展基础数据联网、电子执法、便捷通关项目实施、网上政策服务、通关信息服务等工作,推广运行的电子口岸应用项目有网上支付、网上报关等9个,入网企业总数达918家,网上支付税款累计超过24亿元,出口收汇、进口付汇、联网核查、网上退税等项目推广应用均取得显著成效,电子口岸已成为宁夏各类电子政务及电子商务平台中应用效益最为显著的平台之一,有力保障企业进出口业务的开展和自治区对外贸易的发展。

【国际物流】 2006年~2010年,全力支持石嘴山市惠农、银川市经济技术开发区、灵武国际空港国际物流中心建设,积极参与自治区国际物流中心项目规划建设论证,按照设施到位、制度到位、人员到位、跨区域协调工作到位的目标,在装备、人员、经费等方面给予倾斜,研究制定与口岸转关和区域通关的无缝对接模式,加强与天津等口岸港务、检验检疫等部门的沟通联系,全力保障国际物流中心通关业务按期开展,推动国际物流中心一站式通关目标的实现。

【税收征管】 2006年~2010年,充分发挥海关综合治税作用,建立与天津、青岛等口岸海关良好的联系配合机制,畅通跨关区通关渠道,积极推进区域通关、网上支付业务改革,优化属地通关便利环境;强化税收跟踪预警、监控分析、考核评估工作,加强对主要税源商品的监测预警,积极开展精梳山羊绒条增列税号、商品税则和复合橡胶、铁合金等重点敏感商品价格和行业专题调研,进一步提升归类、审价水平,强化征管质量。

【业务运行】 2006年~2010年,认真贯彻总署《大监管体系建设指导方案》精神,全面推进大监管体系建设,优化建立决策指挥、督办落实、执法联动、监督制约、考核评估、奖惩问责工作机制;在理顺、明确部门职责的基础上,着眼于功能优化和职能发挥,着力加强业务结合部的协调配合;发挥专业审单效能,规范征管工作流程,健全归类审价小组工作机制,有效提升业务职能管理水平;积极推进进口分类通关业务改革,加强“三查合一”后的联系配合工作研究;积极推进H2010系统工程建设,及时做好系统测试、应用、推广、运行等各项工作,切实保证业务顺利、平稳、高效运行。

【监管通关】 2006年~2010年,以管好运输工具、看好监管场所、查好监管货物为目标,从加强舱单管理、严密物流监控、规范查验行为、提高查验质量、整顿监管场所建设着手,建立运输工具、舱单、监管场所三位一体的监管模式;推行加工贸易企业分类管理,加强重点加工贸易商品监管和深加工结转业务联系配合,规范进口保税料件内销审价、归类审批和操作流程,严格边角余料内销补税价格管理;强化风险管理的实践效果,验证企业守法状况;结合进出境航班不同特点,加强进出境人员、物品的风险管理,增强旅检工作针对性和有效性,切实加强通关管理、保税监管、稽查核查、查缉走私等各部门、各环节的整体联动,关区整体监管效能有力提升。

【企业管理】 2006年~2010年,围绕管理和服务两条主线,坚持抓培育引导帮扶企业,为高信用企业提供通关便利措施,与守法企业建立合作伙伴关系;抓评定,实行企业户籍式管理,定期收集整理企业走私违规数据,实现企业类别动态管理;抓措施落实,每月公布企业类别情况,方便业务现场落实通关便利措施;抓典型示范,发挥高信用企业的示范带动作用,引导企业诚信经营。截止2010年底,在银川海关注册企业共有2074家,其中AA类企业4家,A类企业46家,B类企业2021家,C类企业1家,D类企业2家。

【税收优惠】 2006年~2010年,结合自治区拓展对外开放发展空间的迫切需要,将海关工作融入自治区对外开放发展大局中,通过海关特殊监管区建设,改善内陆通关环境,推动宁夏口岸建设,支持宁夏重点工程、国际物流产业、重点特色优势产业发展,提供国际贸易统计服务等举措,积极支持自治区建立和完善加工贸易产业承接基地,推进惠农等3大国际物流中心的建设发展,扶持相关地区和企业开展保税业务,积极为自治区创造对外贸易便利化条件。

城乡建设和交通

CHENGXIANG JIANSHE HE YUJIAOTONG

城乡建设

【概况】 兴庆区建设交通局在区划调整前为银川市郊区交通局，2002 年银川市三区区划调整后，于 2003 年 2 月 10 日正式成立兴庆区建设交通局，主要履行辖区公路、水路及建设事业的发展和管理等相关工作，2009 年 8 月 19 日，增挂民防局牌子；行政编制 5 名，领导职数 3 名，局长 1 名，副局长 2 名，下设股级部门银川市兴庆区乡村公路养护所，事业编制 7 名，挂兴庆区地方海事处牌子，2010 年 12 月 20 日，增加兴庆区建设交通局乡村公路养护所事业编制 4 名，增加后乡村公路养护所事业编制 11 名。

【局领导名录】

局　长：段伏云（2002.12 ~ 2003.02）
强殿伟（2003.02 ~ 2003.07）
江洪涛（2003.07–2004.12）
丁万福（2004.12 ~ 2007.12）
袁金平（2007.12 ~ 2010.05）
冯德旺（2010.05 ~ 2010.12）

副局长：曹建春（2002.12 ~ 2003.07）
王　红（2003.04 ~ 2003.09）
董　颖（2003.09 ~ 2007.12）
郝宁平（2003.07 ~ 2010.05）
丁　岩（2007.12–2010.05）
陈建国（2007.12 ~ 2009.01）
马永峰（2009.01 ~ 2010.05）
刘　涛（2010.05 ~ 2010.12）
李　响（2010.05 ~ 2010.12）

【城市街巷改造】 2003 年，认真做好市政巷道移交前的各项准备工作，对拟移兴庆区的 81 条巷道进行前期摸底调查，上报《关于请求尽快实施兴庆区部分城市街巷道路改造工程开展实施环境综合整治工程的报告》并经银川市政府批准。新华街东段、湖滨东街等 11 条城市主干道的拆迁、拓宽、打通、改造建设工程意见大部分被市建设局和市计委采纳，立项；新生巷改造项目立项；实施北寺巷道路改造工程和银古路平改坡景观工程。

2004 年，对北桥东巷、解放东街南小巷等 10 条共 2.8 公里街巷道路进行翻建改造和环境综合整治。受益群众达 5 万多人。

2005 年，把街巷改造列入为民办实事工程，配合市建设局完成辖区 24 条小街巷改造工作。

2006 年，组织各街道对拟改造的 25 条小街道进行摸底调查，为街巷改造提供详实的第一手资料。全年共拆迁房屋 86922.61 平方米，拆除铁艺围墙 551.2 平方米，砖围墙 1240.55 延米，铁大门 21 个，电动门 2 个，公厕 5 座，自行车棚 589.67 平方米，开辟新草坪 270.5 平方米，花池 245.9 平方米。由于协调到位，改造工作超计划全面完成。先后硬化路面 45000 平方米，绿化 3500 平方米，外运建筑垃圾和渣土 1100 余方，购入绿化新土 700 余方，铺装水泥道砖 2007 平方米，种植绿化乔木 2600 余株。

2007 年，配合市建设局完成辖区 21 条小街巷改造任务，拆迁、安置房屋建筑总面积为 26922.61 平方米。拆除铁艺围墙 551.2 米、砖围墙 1240.55 米，建铁大门 21 个、电动门 2 个、公厕 5 座、自行车棚 589.67 平方米，开辟草坪 270.5 平方米、花池 245.9 平方米。

2008 年，实施兴庆区“洗脸修面”和“穿衣带帽”工程。按照市政府及兴庆区委、政府安排，建设交通局负责对南关清真寺周边至银古路、银古路口至丽景南街长城路段两侧约 6.5 万余平方米的建筑立面进行伊斯兰风格特色改造。主要是对现有房屋进行造型装饰、穿衣戴帽、对临街的建筑进行屋顶、墙体、檐口、门、窗、等进行民族建筑特色改造，该改造地段涉及商户 400 余户、总投资约 2777.85 万元，2008 年底全部完工。形成了具有鲜明民族特色的建筑群和街巷体。

2010 年，对玉皇阁南街、前进街、公园街等 17 条街巷道路、排水、路灯进行改造。在银横路及沿线商业街两侧进行特色街区改造整修，完成主体工程外立面改造 11000 平方米，人行道砖铺设 4000 余平方米，维修树池道牙 100 余个。

【城市社区环境整治】 2006 年，以“三大战役”为契机，开展城市社区环境整治工作。3月1日，召开全体干部工作会议传达市政府“三大战役”工作会议精神，将工作人员分解到各街道办事处，协助办事处将临时建筑、违章建筑、有碍市容的建筑物调查汇总上报政府；5月，对兴庆区政府下达的3处小区整治任务进行改造，先后硬化路面45000余平方米，绿化3500平方米，外运建筑垃圾和渣土1100余方，购入绿化新土700余方，铺装水泥道砖2007平方米，种植树草2600余株，建自行车棚2个，小区治安室2套，维修上下水井30个，安装健身器材15件，整治后小区绿化面积达40%以上，6月15日全部完工并通过验收。同时，协助相关街道及部门对5处城市社区示范点进行整治，取得显著成效。

【亮化工程】 2003年，市委、市政府将首府亮化工程作为建设“大银川”，为第七届全民运动会营造良好城市环境的重要举措来抓。兴庆区建设交通局精心组织，广泛发动，高标准，严要求，分四批对辖区列入亮化的369家单位和24处需要进行量化构筑物进行美化亮化，完成首府亮化办下达任务的137%。

2004年，对辖区新增的116家城市街道两侧建构筑物进行亮化美化，使辖区实施的亮化工程单位达509家，量化率、开灯率达到规定要求。

2005年，全力做好亮化工作，在难度大、时间紧、任务重的情况下，广泛协调，在节假日和大型活动期间组织和动员各街道办事处和各单位对辖区需要进行量化的构（建）筑物实施美化亮化，全面完成自治区、银川市亮化办下达美化首府的亮化任务，使城市夜景形成亮丽的新景观。5月，被市政府亮化领导小组评为首府亮化先进单位。

2010年，实施黄河大桥亮化工程，完成201.6万元工程任务，亮化道路1224米。

【创建节水型城市】 2005年，按照兴庆区委、政府安排，兴庆区争创节水型城市工作组及办公室设在兴庆区水务局。9月，兴庆区争创节水型城市工作组及办公室由兴庆区水务局移交到兴庆区建设交通局。依据《兴庆区创建节水型城市目标实施方案》，建设交通局组织各街道办事处在市区设立宣传点，对618个单位进行调查摸底和登记汇总，对辖区机关及企事业单位和266个居民小区（社区）实施节水改造工程，推广使用节水龙头15498个、节水阀11899个、球阀4028个、大小水箱6124个，对残疾户、困难户发放水龙头1.5万个，创建示范社区4个。节水工作于2006年11月顺利通过国家验收组验收。2008年，组织辖区各单位、各街道办事处设立宣传点，宣传创建节水型城市工作，进一步增强市民节约用水的意识，为全面开展争创节水型城市打下坚实基础。

【争创人居环境奖】 2005年，按照兴庆区委、政府安排，兴庆区争创中国人居奖工作组办公室设在兴庆区建设交通局，由兴庆区建设交通局组织辖区11个街道进行人居工作各项指标的落实。2006年，按照建设部《中国人居环境申报和评选办法》《银川市争创中国人居环境奖实施方案》和各项指标任务分解的要求，制定年度工作计划、明确奋斗目标，同各单位签订争创中国人居环境奖目标责任书，强化领导责任，进一步加大社区人居环境整治力度，共拆迁57万平方米，增加绿化面积10.5万平方米，加强治安管理，健全社区服务功能，提高普法教育，积极挖掘活动中心的潜能，促进人居工作全面发展。人居奖工作于2010年通过国家验收组验收。

【创建卫生城市】 2007年，在创建卫生城市工作中，建设交通局对上前城中心路、友爱中心路、石油城中心路、银佐路、满春中心路、清河街、中山街、玉皇阁街、民族街、进宁街、凤凰街、北塔四队、前进街、利民街、利群街等道路路面进行维修整治。

【康居工程建设】 2007年，兴庆区按照银川市人民政府2007第38次、45次常务会议精神，代建完成光华门、友爱一期、友爱二期、八里桥等四个安置区。

2008年9月20日 银川市2008年康居工程首期—兴庆区光华门安置区落成，郑重兑现了市委、市政府2008年为民办实事的承诺。2008年银川市共开工建设康居安置房77万平方米。兴庆区代建了光华门、友爱一期、友爱二期、八里桥4个康居安置区，4项工程共70栋住宅楼，总建筑面积约45万平方米。其中，光华门安置区占地面积180亩，总建筑面积17.52万平方米，住宅楼28栋，可安置拆迁户1670户，10月底即可入住；八里桥、友爱一期安置区今年年底前可以入住。为了保证施工质量和进度，兴庆区政府组织拆迁户群众推选了16名有一定建筑经验的拆迁户农民代表，分别在4个安置区参与工程监理。

【千户农宅示范工程】 2003年，按照自治区人民政府《关于实施“千户农宅建设示范工程”的通知》，认真实施新型农宅建设“实事工程”，“千户农宅”示范工程开始立项，向各乡村赠与200份优秀农宅设计挂图，加大宣传优秀农宅设计挂图的力度。2004年，组织开展新型农宅示范工程，新型优秀农宅设计图纸推广工作稳步进行。全年共现场勘查农宅建设申请户380家，对符合要求的354件农户及时核发村镇建设开工许可证。从2003年到2010年，对辖区八里桥村、满春村、通贵村、掌政镇等村镇实施了农宅翻建工程，涉及农户165户。

【村庄布局规划】 2005年，兴庆区按照自治区建设厅的要求，启动编制《兴庆区区域村庄布局规划》和《兴庆区区域内积极和适度发展的村庄建设规划》。

2006年，全面开展兴庆区两乡两镇33个行政村275个自然村布局规划，重点对128个自然村进行村庄建设规划编制。当年完成10个行政村的村庄建设规划。出台《兴庆区村庄和集镇建设暂行管理办法》，进一步完善村庄建设管理制度。把农民住房规划审批管理纳

入计算机管理，按照规范化审批程序指导农民住房建设管理，基本实现兴庆区村庄规划全覆盖的目标。

2007年《兴庆区区域村庄布局规划（2006年–2020年）》报市政府审批。《兴庆区区域村庄布局规划（2006年–2020年）》，把兴庆区301个村庄调整为127个，村改居69个，调整后的新村有7个为控制发展村庄。完成128个自然村的村庄建设规划工作。

2008年，兴庆区委托银川市规划管理局编研中心编制完成了《银川市兴庆区区域村庄布局规划（2006—2020）》，并顺利通过了建设厅审批。根据规划布局，委托宁夏大学对120个适度发展和积极发展村庄进行现状地形测量，完成测绘面积约64平方公里，完成新村建设规划编制100个（涉及原有自然村197个），其余20个（涉及原有自然村27个）。2008年底，全面完成新村庄建设整治规划的编制，实现村庄规划基本全覆盖。

【塞上农民新居】 2005年，为改善农村生产生活环境，自治区建设厅实施“塞上农民新居”5年计划。兴庆区制定《兴庆区塞上农民新居五年建设计划》和《兴庆区2005年塞上农民新居实施方案》，开展新型农宅示范庄点的规划建设，先后完成掌政镇、通贵乡、月牙湖乡新型农宅示范庄点的选址和规划工作；完成大新、掌政、通贵示范点的建设任务；掌政镇2005年“塞上农民新居”示范点70户农宅的改造工程全部完工。

2006年，“塞上农民新居”建设示范点工作全面开展，制定《制定2006年兴庆区塞上农民新居示范点实施方案》，明确各部门职责任务并对各实施阶段提出具体要求，制定《石中高速公路兴庆区段两侧“塞上农民新居”建设规划》，组织各乡镇进行一户一宅入户丈量登记调查和电子录入工作，调查农户涉及约1.2万户。掌政镇积极动员群众自愿进行建设，孔雀村开展项目储备工作，碱富桥村完成地形测量工作、申请国家级西北村镇小康住宅科技示范支持项目已获批准。

2007年，村庄道路硬化工作成效显著。自治区在兴庆区确立掌政镇春林村、杨家村、碱富桥村、司家桥村、海陶南村6个村庄道路硬化整治示范点，兴庆区严格执行自治区建设厅《“塞上农民新居”建设示范村庄水泥混凝土道路施工管理办法》，全年共完成16.14公里硬化任务。2006年至2007年，完成掌政镇孔雀桥村七队和掌政镇碱富桥村一期“塞上农民新居”新建示范点2个。掌政镇碱富桥村一期项目占地面积为11.34公顷，总建筑面积为11127平方米，规划居住78户。交通建设局被自治区建设厅授予“塞上农民新居”建设先进集体称号。

2008年，印发《兴庆区2008年塞上农民新居实施方案》，组织有关部门及乡村干部对涉及到的农宅进行详细调研摸底，确定坡屋改造、徽式风格改造和伊斯兰风格改造三种方案，共完成农宅立面特色整治改造1053户。其中，草泥挂瓦坡屋顶243户；彩钢挂瓦坡屋顶411户；秦淮建筑风格220户；伊斯兰风格179户。

2009年，成立“塞上农民新居”技术指导服务小组，抽调专业技术人员负责新居建设的规划、质量、安全、验收等技术服务工作，无偿为“塞上农民新居”提供规划、设计图纸、发放优秀设计图纸集，把乡村骨干道路建设纳入巷道建设，争取区市资金加快道路巷道建设，民俗村建设78户，完成掌政镇碱富桥村二期“塞上农民新居”新建示范点1个，项目占地面积为7.45公顷，总建筑面积为20000平方米，规划居住150户。

2010年，围绕“城乡一体示范区”这一中心目标，强力推进“塞上农民新居”工程。制定《兴庆区2010年“塞上农民新居”示范点建设和村庄环境综合整治实施方案》，成立领导小组，按照自治区下达“塞上农民新居”建设任务，完成掌政镇碱富桥三期100户和通贵乡永南二、五队100户轻钢抗震节能农宅的建设工作。根据《银川市2010年新农村规划建设工作实施方案》，开展兴庆区统筹城乡试点，促进新型农村集中区建设。重点实施道路、给排水、环卫、绿化等基础设施建设，积极推广沼气、太阳能等清洁能源的应用，极大地增强了中心城镇、村的辐射带动力。规划新建孔雀村、新渠村、燕鸽村等6个行政村村级活动场所，加快推进碱富桥新村、通贵新村2个试点中心村集中建房工程。

【危旧房改造】 2009年，为有效改善农村贫困群众住房条件，根据住建部《农村危房改造专题会议》和《宁夏农村危房改造规划和实施方案（2009–2012）》，制定《兴庆区2010年农村危房改造工程实施方案》《兴庆区塞上农民新居建设和农村危房改造工程部门联席会议制度》，坚持农户为主，政府扶持的方针，积极实施农村困难群众危旧房改造、翻建工程。2009年共实施危房改造220户，2010年新建、翻建农村危旧住房200户。

【村容村貌整治】 2006年，根据建设部《关于村庄整治工作的指导意见》和《自治区人民政府关于加强村庄规划建设整治和管理促进社会主义新农村建设的意见》精神，兴庆区人民政府先后下发《关于开展村容村貌整治工作的意见》《关于规范兴庆区城乡结合部畜禽养殖业实施方案》，对大新镇塔桥村、掌政镇掌政村等7个示范点重点整治，全年完成村庄巷道道路水泥硬化10.29公里，排水3.3公里，建设沼气池517座，安装太阳能21个，植树造林800亩，在通贵乡辖区公路干道两侧补植树木6000颗，清理整治干道21条，巷道458条，长304公里，受益农户约7816户。取缔城乡结合部内的泔水猪、垃圾猪和人畜混居、畜禽混养模式，新建垃圾池275座，垃圾箱163个。

2007年，完成掌政镇春林村村庄沿线银横路房屋的立面改造整治工作。

2009年8月8日,黄河小镇·横城奠基仪式

2008年,兴庆区政府将高速公路两侧旧村综合整治工程列为兴庆区迎50大庆重点项目工程,成立整治工作领导小组,印发《兴庆区整治城乡环境迎接五十大庆实施方案》,拆除有碍观瞻的房屋230间7600平方米,拆除围墙2300平方米,拆除废旧温棚20余栋,清渣5000余方,新砌围墙2000延米,建垃圾池16个,粉刷房屋5万平方米,粉刷围墙1.2万平方米,粉刷温棚156栋,油漆铁门202个,道路水泥硬化18条长9公里,完成庄点绿化19个,栽植树木3万余株。整洁、亮丽的村庄环境受到群众的称赞。

2009年,根据《银川市兴庆区东部村镇环境综合整治实施方案》,重点对实施滨河大道兴庆区段1公里范围内村庄综合整治。整治工程涉及16个自然村622户农宅坡屋顶改造项目,项目分二期进行,一期改造181户,二期改造441户,2009年,一期改造全部竣工,二期改造计划于2010年5月完成。

2010年,为加快"黄河金岸"建设,将沿线"塞上农民新居"、农村危旧房改造、小康环保行动、农村安全用水、改水改厕、太阳能利用、农村道路、村庄绿化等项目捆绑,实行资金整合,制定《兴庆区2010年"黄河金岸"两侧村庄环境综合整治实施方案》,对滨河大道沿线旧村进行连片综合整治。改造村庄4个,完成平改坡376栋,硬化巷道9条,铺设下水管线2.2公里,新建垃圾池35个,砌护围墙3公里,水泥压光、粉刷墙面3万多平方米。同时,集中对银通路、永通路,塔桥中心路等主要公路两侧的村庄农宅及其建筑物进行改造,集中开展环境综合整治,累计完成投资2900余万元,共铺设排水管道7.6公里,砌护围墙9.6公里,墙面水泥压光粉刷5.8万平方米,门头改造1400个,农宅出入口硬化4万平方米,土方回填10万平方米,巷道硬化4.6万平方米,新建垃圾池452个。另外,在滨河大道沿线、永通、银通、银佐、三新、月牙湖南一支公路所接城市入口村庄和掌政永固村5队、通贵河滩村1、2、4队,实施农宅旧村整治工作,共完成两乡两镇16村、73个自然村、1228户、93683平方米巷道硬化任务。

【小城镇建设】 2003年乡镇区划调整后,原有各乡镇建设总体规划已不能指导新城镇建设,为加快推进城镇化建设,积极协同指导和完成两镇一乡的小城镇建设总体规划,突出大新乡"轻工城"、通贵"回乡"、掌政"水乡"特色,协同做好掌政镇区市政基础设施建设项目初步设计等的前期准备工作和各乡镇编制村镇体系规划工作。

2004年,为了加强村镇规划建设管理工作,起草《兴庆区村庄、集镇、建制镇规划建设管理办法》(讨论稿),建立掌政镇小城镇建设协调机制,建立由各相关部门组成的村镇建设工作协调机构。协同完成掌政镇区总体规划编制和镇区市政基础设施建设项目初步设计,镇区经一路、纬五路2条1.62公里集镇道路及排水、路灯工程和配套设施工程竣工。启动河东旅游、横城旅游小镇建设项目规划招标工程和月牙湖乡集镇建设规划前期工作。

2005年6月3日,银川市人民政府批准《兴庆区掌政镇镇区建设规划》,要求镇区建设要突出特色,着重体现生态、宜居等理念,以打造"塞上农民新居"为目标,加快城镇化建设。截止年底,完成镇区部分市镇道路、给排水、路灯工程和配套设施工程等基础工程;另外,完成通贵乡集镇市政基础设施可行

性报告，并开始编制月牙湖乡集镇总体规划。

2010年，掌政镇被确定为自治区重点建设的12个沿黄特色小城镇之一，自治区人民政府批复《银川市兴庆区城乡建设用地增减挂钩试点掌政项目区实施规划》（2010年–2012年）》。4月，市委主要领导带领有关部门负责人对兴庆区掌政镇特色小城镇建设情况进行调研，11月，市政府批复《银川市兴庆区掌政镇镇区总体规划》。掌政镇区规划面积近6000亩，基础设施远期承载按5万人规模进行规划。为了圆满完成掌政小城镇建设项目，兴庆区成立掌政镇特色小城镇建设领导小组。2010年掌政镇特色小城镇实施项目累计征地2600余亩，拆迁房屋2.4万平方米，启动了28万平方米的安置项目区，银横路沿街1.1万平方米特色街区改造交付使用，新铺设人行道砖4000余平方米，孔府路、幼儿园、污水处理厂、经三路、纬三路、创业园区、典农公园、汉延湖开挖整治项目有序推进。

【村级活动场所建设】 2007年，由兴庆区委组织部和建设交通局组织实施建设村级活动场所5处，分别为月牙湖乡海陶北村村级活动场所、通贵乡司家桥村村级活动场所、通贵乡通南村村级活动场所、大新镇燕鸽村村级活动场所、掌政镇横城村村级活动场所。

【抗震安全排查】 2009年12月，制定《城镇既有建筑抗震安全排查工作方案》和《农村住房抗震性能普查鉴定工作方案》，投入11.5万元，经过6个月的努力，录入抗震性能普查表24198份，完成建筑面积2446.95万平方米统计工作，甄别完好房和基本完好房2414.21万平方米，完成抗震排查登记工作。

【乡村公路建设】 自2003年～2010年先后建设塔桥南北路、丰收路、新寨南路、通西路、孔司路、长塔路、平安路、镇茂路、塘南路、海陶路、月牙湖至北一公路、掌茂公路、通北至河滩公路、新水至茂盛公路、通贵至滨河路、河滩中心路、塔桥至白鸽公路、通河路、渡口路等一批长达99.44公里的乡村公路。

2003年，初步完成乡村公路路网总体规划编制工作。完成实地踏勘、论证申报公路工程项目12个。采取由施工单位先行垫付工程款的办法，对农民急需解决的路段进行新建、翻建和维修。其中，新建大新乡塔桥村路2.2公路里，协同掌政镇完成强家庙路1.1公里，翻建改造掌政乡孔司路、乡镇路、满春新水路共3.5公里，维修通西路等破损路面近1万平方米。

2004年，完成兴庆区2005年–2010年公路建设规划编制工作。完成新建和改建道路12.524公里。其中，新建塔桥南路673.2米，丰收路长2141米，新寨南路903.7米，改建塔桥北路2778.35米，永通北路3077.5米，通西南路2950米，路面等级四级，2004年8月25日开工，11月19日在通贵乡永通路举行通车庆典仪式。极大地方便农民群众的生产生活。农民群众深情地说："这是党和政府为我们农民修的致富路"。

2005年，根据辖区黄河两岸基础设施发展不平衡的实际情况，提出乡村公路"河西建设，河东改造，建养并重"的工作方针，积极拓宽融资渠道，加大河东地区公路建设力度。全年新建、改建孔司路、长塔路、通贵乡平安路、镇茂路、塘南路、海陶路、牙湖北路等乡村道路8条，总计30.2公里。其中，改建柏油路2条，长19.6公里；新建柏油路5条，长7.2公里；完成沙砾垫层路1条，长3.2公里。2005年，兴庆区实现行政村全部通等级公路、80%自然村通柏油路的目标。

2006年，加大对河东地区公路建设投入力度，对月牙湖地区农民急需解决的路段进行建设，完成月牙湖至北一公路，全长10.08公里，四级乡村公路，2006年9月开工，10月30日完工。月牙湖北一支路的建成，实现了移民吊庄地区所有行政村通柏油路的目标。积极协调市交通局翻建永通公路20公里；打通了孔司路与银横路的连接，解决了多年交通不畅的问题。提前实现村村通工程，行政村柏油路达率达到100%，城乡公路网络基本形成。

2007年，认真落实银川市人代会"关于新建兴庆区鸣银公路"的议案，鸣银公路起点为掌政镇掌政村，终点为掌政镇茂盛村，全长10.34公里，路面宽度7米，2007年8月开工建设，11月10日全面竣工交付使用并顺利通过市人大验收，受到沿线群众的赞誉。全年完成6个村16.14公里公路硬化工程。

2008年，完成通贵乡司家桥村路、大新塔桥村路、通贵乡通北六队路，全

2004年11月19日，兴庆区乡村道路建设工程通车典礼

长6.453公里，6月开工，8月底全面竣工并交付使用。

2009年，组织有关人员对兴庆区农村公路进行详细普查，建立公路建设数据库。严格履行公路建设基本程序，建立"专家评估、法人定标、政府主管部门全过程监管"的评标体系，全面推行工程质量合同和廉政合同"双合同制"。进一步完善辖区农村公路网络体系，全年共新建和改建各级村路30公里，其中，新水至茂盛段公路，全长10公里；孔雀村和横城村"村村通"项目，全长0.97公里；银通路至河堤延伸段和孔司路至黄河河堤延伸段项目，全长8公里；自治区发改委以工代赈项目月牙湖塘南村至大塘南村砂砾路，全长9公里；完成道路硬化3公里。

2010年，完成河滩中心路5公里，塔桥至白鸽公路8.5公里，渡口路6.8公里，通河路3.9公里乡村公路建设；完成大新镇新渠稍 园区道路7公里，掌政镇设施园区道路21.1公里，月牙湖乡园区道路2.6公里，通贵乡7公里建设任务；开工建设月牙湖万亩奶牛养殖园区中央主干道路及排水工程，道路全长6.86公里，路面宽度12米，排水全长11.95公里；完成硬化村庄道路32公里。

【桥梁建设】 2004年，新建丰收路二二支沟桥梁一座。2005年，先后抢修民乐沟桥、五渡桥、沙渠桥，修补公路1万余平方米，修复公路涵洞10余处，有效保障乡村公路安全。2006年完成市人代会"关于重建通西路惠农桥"的议案和兴庆区人代会"关于新建孔雀桥"的议案，惠农桥全长48延米，宽7.5米，2跨20米跨径预应力空心板桥。于10月全部完工并通过市人大的验收，孔雀桥于7月10日竣工并交付使用。2008年对破损的危陋桥涵进行及时修复，先后抢修原五渡桥，修复公路涵洞8处。2009年维修危旧桥涵2座，2010年维修桥梁12座、涵洞27道。

【乡村便民招呼站】 2008年~2009年，投资90万元建成乡村便民招呼站44座，不仅改善农村居民出行乘车的候车环境，规范乡村客运秩序，而且成为沿途一道靓丽的风景线。

【超载超限治理】 2004年6月20日，兴庆区人民政府印发《银川市兴庆区治理车辆超限超载宣传工作实施方案》和《兴庆区乡村公路养护管理办法》，6月22日召开兴庆区治理超载超限工作会议，安排部署治理工作。治理超载超限工作采取致村民一封信、刷写标语等多种宣传教育方式，以罚为辅，以教育为主开展治理工作，有效制止158起破损、侵占、超限等违法违规行为，依法保护乡村公路路产路权与安全畅通。

2005年，认真贯彻落实国家七部委、局关于治理超限、超载工作精神，加强路政管理和巡查力度。配备路政执法巡查工作车，给路政执法人员统一制作路政执法服装，在各交叉路口和危险地段设置交通指示、警示牌，印制1万份公路法和严禁在公路沿线乱堆乱放有关规定的宣传材料，在道路两侧醒目位置刷写大幅标语100余处。

2006年加强路政管理和巡查力度，及时依法监察超限车辆违章行驶，制止破损、侵占、抛洒、超限等公路违法、违规行为，改造翻建和处置公路病害，设置交通志线和指示、警示牌，有效遏制了超限超载车辆向乡（镇）公路蔓延的势头。

2007年，对农民拉运稻草的农用车辆进行规范管理，要求不得超宽超限，加盖篷布密网后方可上路行驶。

2008年，加强路政管理和巡查力度。在各交叉路口和危险地段设置交通指示、警示牌，依法监察超限车辆违章行驶，坚决制止破损、侵占、抛洒、超限等公路违法、违规行为，设置交通志线和指示、警示牌，确保群众行路行车安全。

【治理公路"三乱"】 2004年，制定《兴庆区治理公路"三乱"工作实施意见》，并认真组织交警、农机、林业等公路执法部门自查存在的问题，认真整改。9月中旬，经银川市治理"三乱"领导小组检查考核验收，被评为无"三乱"县区。

2005年，建设交通局依据《2005年自治区治理公路"三乱"工作安排意见》文件精神，结合本区实际，把治理工作与开展民主评议行风活动紧密结合起来，完善规章制度，签订年度治理公路"三乱"工作目标责任书，监督执法人员行为。

2007年，结合新农村建设，有效治理了公路用地范围内摆摊设点、堆放物品、倾倒垃圾、设置障碍、挖沟引水、利用公路边沟排放污物或者进行其他破坏、污染环境和影响公路畅通的行为。公路"三乱"治理成效显著。

2010年，紧紧围绕"依法治理，保障畅通"的原则，进一步加大对公路"三乱"的管理稽查力度，严禁车货总重量超20吨的超限超载车辆驶入农村公路。同时，规范治超执法行为，坚决制止挖掘、压损、侵占、违规行为。全年共办理公路挖掘路政许可证7件，清除倾倒路旁树壕垃圾53车，清走路旁空地售砖售沙三轮车667辆，清理占道经营小商小贩213名，查处违法超限超载运输车辆1235辆（次）。

【乡村公路养护与维修】 2003年制定乡村公路养护管理办法，并加强路政巡查力度，有效制止42起破损、侵占、超限等违法、违规行为。完成在乡村公路设立警示牌、交通标志牌107个，兴庆区68条、160余公里乡村公路初步纳入规范化管理。年底，开始聘用公路附近村民进行道路日常养护和保洁。

2004年，印发《兴庆区乡村公路管理办法》，建立区、乡分级管理、分工负责的公路管养机制。采取"建管并重"的管养措施，对13条102公里主要县、乡道路按照每3公里1名养护员的分段负责管理办法，聘用养护工31人，有效保障乡村公路及时养护和小型维修，全年共改造补强和处置公路病害15000平方米。

2005年，制定《兴庆区乡村公路管

理养护实施意见》《兴庆区乡村公路养护管理考核办法》,同养护工签订《公路护养责任书》，明确养护责任和考核办法。规范养护工的档案管理工作,统一制发工作服和上岗证,坚持每月例会制度,召开兴庆区乡村公路养护工作总结表彰会。积极协调各乡镇在乡村公路两侧栽植和补植树木 8000 余颗，建设一批绿色通道样板工程。

2006 年,自治区公路管理局组织技术人员用 GPS 卫星定位设备对兴庆区辖区农村公路技术状况进行核查,经复核兴庆区须养护的乡道有 81.4 公里,村道 84.3 公里,专用公路 1.2 公里,共计 166.9 公里。为创建良好地的公路环境,加大对乡村公路的养护和管理,紧紧抓住日常管理这个环节，强化建养并举,在辖区农村公路各路口、庄点及危险路段和事故多发点段投资 35 万元，设置公路标线、标牌警示牌等共计 450 套,在中小学校和清真寺门前设置过路横道线、提醒减速标志和减速带;对乡村公路的桥涵等建筑物、构筑物高出路面部分进行涂白粉刷,在主干道与农田平交口铺设防滑道砖 1 万余块。 是年 7 月,银川市降暴雨,冲毁辖区乡村公路路肩、路坡约 40 公里,经过养护工半个月抢修,共投入劳动力 240 人次,水灾路段恢复原状。

2007 年 ,实施公路绿化工程,在乡村公路两侧行道共栽植国槐 4800 余株,在孔司、乡镇路段两侧新种植花卉,对随意侵占公路、在乡村公路两侧擅自堆放杂物、搭架支棚、占道经营、载设广告牌匾等问题进行及时清理。兴庆区主要乡村公路干道基本达到线形流畅、标志醒目、路面整洁、排水设施通畅、交通设施齐全,行道绿树成荫。

2008 年,修订完善《兴庆区乡村公路考核办法》《兴庆区乡村公路管理养护实施意见》《兴庆区乡村公路养护管理考核办法》，明确乡村道路的管护权属，与聘用的 31 名乡村公路养护工签订了责任书,规范养护员工的档案管理工作,统一制发工作服和上岗证,明确了养护责任及考核办法。

2009 年,为确保乡村公路的整洁畅通和行车安全,消除安全隐患,增加公路的使用寿命,进一步明确“县管建、乡监督、道班修”的工作职责,建立健全辖区公路养护机制,一年来日常保洁乡村道路达 220 余公里,集中进行路肩培护 300 公里，修补农村公路 2600 平方米,制止破损、侵占、抛洒、超限等公路违法、违规行为 75 件。

2010 年,组织有关人员对兴庆区辖区公路进行详细普查,建立公路建设数据库，规范完善了内业图版和资料,每季度对所属的 14 条乡道基本情况进行公路技术评定，并将各项资料登记存档,实现修建、管护有据可查。截止 2010 年底,兴庆区共有乡道 87.06 公里,村道 102.72 公里,共计 189.76 公里,农村公路密度达每平方公里 24.3 公里。按照“列养公路计划养、新增公路调剂养、农村公路群众养”的原则建立机制,成立“公路建设管理办公室”和护养小组。细化护养职责,明确部分村镇及巷道由辖区乡镇(村)负责日常保洁,并纳入政府年度目标考核。全年共完成 5 条乡级公路 10856.73 平方米，在 53 条主要路段设置交通标志牌 234 套(副);集中整治道路两侧林带 40 亩，栽植树木 6130 株。

【海事处挂牌成立】 依据银兴机编发[2003]8 号《关于银川市兴庆区地方海事处挂牌的批复》，兴庆区地方海事处于 2003 年 4 月挂牌成立,内设于兴庆区建设交通局,主要履行兴庆区水上交通安全监督管理职能,海事执法人员 3 人,3 名执法人员全部参加执法证培训考试,均持有自治区人民政府核发的行政执法证件,2 名持有国家海事局核发的海事执法证件,1 名持有国家海事局中级海事调查官资格证,具体负责兴庆区水上交通安全管理工作。

【水上交通安全管理】 2002 年 10 月以来,经过三区划界、横城划界、陶乐撤县三次区划调整,兴庆区水上交通安全管理监管水域不断扩大,截止 2010 年底,兴庆区水上交通安全管理监管范围主要包括黄河兴庆区段 26.48 公里，鸣翠湖、北塔湖等湖泊湿地 15000 余亩;涉及水运企业 7 家——西夏城文化旅游公司、西夏快艇公司、黄沙古渡生态旅游公司、北塔湖水上乐园公司、鸣翠湖生态旅游公司、兵沟旅游区、宁夏富群工贸公司（兵沟浮桥）和乡镇渡口两道——通贵乡渡口、溜山头渡口;辖区内各类机动和非机动船舶 128 艘,水上从业人员 110 余人,在岗船员 29 人,在册 51 人。经自治区船舶检验局检验的在册管理机动船舶 53 艘，总吨位 312 吨,客位 689 个,年平均完成水上运输（旅游）客渡运量 2.9 万人。 2003 年～2010 年，为避免各类水上交通事故发生,根据区、市交通厅局的要求,兴庆区地方海事处同各有船单位签订《船舶安全运营目标责任书》，明确水上交通安全责任,确立分级管理责任制。对辖区 1 河 4 个水上旅游区、70 余艘船舶实施经常性的监督和检查,特别是“五一”、“十一”和暑假等旅游旺季,地方海事处会同区、市海事部门领导及有关人员对辖区用船单位进行多次联合执法和独立检查。开展经常性的安全宣传教育活动,不断提高安全生产意识,组织船员学校新颁布的《中华人民共和国船员条例》，协助北塔湖失地农民培训船员 18 名。严肃处置无证违章船只,严禁未办理船舶证的船舶离港，及时消除隐患,保证辖区水上运营安全。实现兴庆区建区以来连续八年水上无交通事故的目标。

【金水园渡假村水上交通管理】 2004 年 9 月 17 日,市交通局印发《关于明确金水园渡假村水上交通工作管理权限的通知》，明确金水园渡假村水上交通工作由兴庆区海事处管理。

【民防】 2009 年 8 月 19 日，兴庆区建设交通局增挂民防局牌子。一年多来，民防工作严格按照“长期准备、重点建设、平战结合”的方针,积极适应建设交通发展和未来战争反空袭需要，人防通信、警报初具规模，能迅速准确传达和发射防空警报信号。以“9.18”试鸣、防灾减灾日等为契机，开展声势浩大的人防宣传教育活动，成功举办“5·12”地震应急演练和银古路街道办事处丽景社区等5个社区“9·15”警报试鸣演练活动。

【交通战备】 认真贯彻落实《民用运力国防动员条例》，十年来，采取多种形式，加强对交通专业保障队伍建设，建立交通保障抢险民兵小分队和交通战备网络体系；建设国防交通战备办公室，完善各项制度；做好兴庆区运力状况调查摸底工作，掌握辖区运力分布、所属及车型等基本情况，为今后动员打好基础；引导鼓励干部职工积极参与劳动技能竞赛等活动，不断增强交通干部爱岗敬业、献身国防的热情。

【禽流感疫情控制】 2005年11月22日下午，兴庆区大新镇上前城村5队发生禽流感疫情，建设交通局迅速调集机关干部和20余名养护工人购置钢管、搭建防寒帐篷，完成6个从疫区通往丽景街主干道交叉路口的卡点设置和消毒检查任务。

【解决拖欠工程款】 由于区划调整等原因，兴庆区乡村公路建设拖欠款主要由原郊区移交的道路工程拖欠和兴庆区实施完工的乡村公路工程项目建设的部分工程款组成，截止2006年，兴庆区财政累计欠付2003年至2006年工程款9104613.58元。2005年，兴庆区政府把解决建设领域拖欠工程款和农民工工资问题作为人民群众生产生活问题的大事来抓，重点对政府拖欠工程款问题进行清理，制定《兴庆区偿还解决拖欠工程款工作方案》，决定在三年内解决政府拖欠工程款问题。2006年严格按照“先落实资金，后上项目”的原则，启动新的基础设施项目，量力而行，合理确定负责建设规模。通过积极争取区、市有关部门的优惠政策，制定清欠工程款还款计划，千方百计化解债务，调节矛盾，有效解决了历年公路款拖欠问题。

公共交通

【概况】 银川市公共交通有限公司位于兴庆区民族南街54号，成立于1958年，是国有城市客运企业。经过50多年的发展，2010年底拥有车辆1197辆，运营线路60条，线路总长1065公里，年客运总量1.8亿人次，在岗职工3763人。公司下设12个职能部室、3个运营分公司以及保养厂、物业场站公司、材料供应公司、驾驶员培训学校（职工培训中心）、公交旅游公司等6个子公司，实行一级核算，二级管理；公司主要经营汽车客运，设计、制作承揽、发布公共汽车车身、车票、站台、车厢广告，房屋租赁，燃气销售（限分支机构经营），兼营汽车修理、汽车配件、锅炉供暖、机动车驾驶培训，截止2010年底，企业总资产29491万元。

【经济技术指标】 2001年，银川市公共交通有限公司营运收入3788万元，利润50.6万元，总行驶里程1641.25万公里，客运总数5555万人次，安全间隔里程130万公里，车厢服务合格率97.84%，车辆整洁率98.98%，社会服务承诺办结率100%。

2002年，营运收入4520万元，总行驶里程1960万公里，利润48万元，安全间隔里程140万公里，车厢服务合格率98.30%，车辆整洁率99%，承诺投诉办结率100%。

2003年，营运收入4865.49万元，总行驶里程2135.1万公里，客运5911.17万人次，安全间隔里程112.37万公里，车厢服务合格率98.83%，车辆整洁合格率99.41%，社会服务承诺有责次数80件，办结率100%；固定资产增值率比上年增长10.56%。

2004年，营运收入5644.32万元，总行驶里程2269.22万公里，行车事故间隔里程162.09万公里，行车正点率96.66%，固定资产增值率达到19.70%，车厢服务合格率99.42%，车厢整洁合格率99.72%，。

2005年，营运收入6087.11万元，行驶里程2575万公里，行车事故间隔里程120万公里，行车正点率96.6%，固定资产增值率达到8.95%，车厢服务合格率99.7%，车厢整洁合格率100%，服务承诺投诉办结率100%。

2006，营运收入7563.21万元，总行驶里程3084.54万公里，客运总数达到8846.72万人次，行车事故间隔里程123.38万公里，行车正点率96.35%，车厢服务合格率99.77%，车厢整洁合格率99.96%，，服务承诺投诉办结率达到100%；固定资产净值率达到63.52%。

2007年，营运收入10186万元，总行驶里程4030.11万公里，客运总数达到10573.70万人次，增长19.52%；车辆总数806辆，其中空调车190辆（含6辆双层车）；行车事故间隔里程191.90万公里，行车正点率97.57%，车厢服务合格率97.52%，车厢整洁合格率97.38%，服务承诺投诉办结率100%，固定资产净值率达到65.20%。

2008年，营运收入14912万元，总行驶里程5467万公里，客运总数达到15235万人次，行车事故间隔里程171万公里，行车正点率97.87%，车厢服务合格率97.83%；车厢整洁合格率96.84%，服务承诺投诉办结率100%；固定资产增值率19.78%。

2009年，营运收入17297万元，总行驶里程5856万公里，客运总数17633万人次，行车事故间隔里程255万公里，全员劳动生产率50710元/人，行车正点率98.01%，车厢服务合格率98.19%；车厢整洁合格率96.32%；服务承诺投诉办结率100%。

2010年，营运收入19014.42万元，总行驶里程6383.23万公里，客运总数18171.47万人次，行车事故间隔里程205.91万公里；固定资产增值率2.66%，行车正点率97.74%，车厢服务合格率99.56%，车厢整洁合格率98.54%，服务

承诺投诉办结率100%。

【企业改制】 2001年,对公司全部财产进行清产核资,研究制定公司改制方案框架。

2003年,完成公司改制方案上报、资产评估、不良资产的核销等工作,完成公司的改制任务。

【工资制度改革】 2001年,银川市公共交通有限公司结合调资对全公司工资制度进行改革,废除原有档案工资,实行以岗定薪、岗变薪变、能高能低的结构效益工资制。

【运营体制改制】 2001年,将原有的1、2、4、5四个车队按照公司加快调整经营体制、划小核算单位的改革方案,组建两个营运分公司,形成新的管理体制和责权关系。

【公交车票改制】 2001年,银川市公共交通有限公司先后在1路、11路、19路、3路、23路、22路、12路、20路实行无人售票;为解决乘坐无人售票零币问题,及时在3路试行本票,进行优惠发售;3月对月票进行价格调整,通月票由35元调整到45元,17路专线月票由30元调整为40元,学生月票由12元调整为20元。

【车辆更新】 为广大市民方便出行,创造良好的乘车环境,兴庆区政府先后投资更新公交车辆。2001年,政府、公司共同投资1283.998万元,购进90台重庆和丹东黄海客车,更新19路线。

2002年,更新车辆50台,其中17辆投入新开通的24路线,14辆用于更新11路线,19辆用于更新20路线。

2003年,更新公交车30辆,其中3辆用于加密24路线,8辆调整更新2路线,2辆用于更新4路线,17辆更替18路线全部车辆。

2004年,政府出资207万元,公司自筹资金250万元,通过政府招标采购20辆10米准低地板新式大型公交客车,8月19日全部用于更换公交1路线车辆;自筹资金730万元,购置35台准低地板新式大型公交客车,对1、18、28和11路加密更新。

2005年,公司筹措资金641.44万元,购置38辆公交车。

2006年,按照打造规范化服务示范线路的要求,对1路车和8、9、25路3条线所有车辆进行更新。

2007年,新购置116辆空调车,对2、4、8和9路进行更换和更名,将这4条线路打造为规范化服务品牌线路,102、105路实行双向对发。

2008年,购置新车203辆,对6条线路车辆进行更新。

2009年,筹集资金8800万元,购置营运车201辆。

2010年,投资2504万元,购置新车117辆。

【新辟线路】 2001年~2010年,根据城市交通和人口居住状况,适时开辟新公交线路77条,有效缓解市区交通拥堵状况。

2001年6月,开通五宝大厦至宁夏林校的23路和高新技术开发区至高台寺安居小区的22路。

2002年,新开通24路线。

2003年,7月开通连接兴庆区和金凤区25路线公交环线;12月开通火车站至化肥厂26路线。

2004年,9月开通昆仑建材市场至康居A区的27路公交线;12月开通北环市场至保伏桥新村的28路公交线 。

2005年,8月开通西夏建材城至南门31路线、景墨家园至龙盘家私29路线、西夏公园至在水一方30路线。

2006年,用政府投资购置的大容量、低踏板的CNG空调车开通101路,告别银川无空调公交车的历史;开通幼儿师范学校专线、30、32、33、34、35、36、37、38等9条线路,是银川市公共交通有限公司发展史上新开线路最多的一年。

2007年,开通40、41、42、43、44、45、49、303路和2条旅游线路;开通201路双层旅游观光巴士。

2008年,新辟公交线路11条,开通公交专线9条。

2009年,新辟15、16、39、46路及游3、游4等6条线路;加密、延时、延线及调整重点线路3、27、29、30、33、34、38、40、41、42、301、306路等13条;对建华学校、九中等学生接送车进行更新。

2010年,新辟8、24、307路3条线路,开通专线公交2条。

【车辆与线路调整】 2001年,在19路全部更新为重庆中型客车后,将下线车调整到8路和9路,将9路下线车补充到20路;在12路线换车并实行无人售票后,将原12路线的17辆车投入到18路线营运。

2002年,9月调整18路营运线路。

2003年,将原2路线、4路线6辆承租车调整到17路线,补充5辆新车到2路线、1辆到4路线;根据管理需要,将原二分公司的2路、17路调整为一分公司负责管理,原一分公司的19路、21路调整由二分公司管理;开通良田乡盈南村至展览馆、盈南村至火车站两条临时公交线路。

2004年,调整21路、22路、23路线的营运路线;开通发往玉泉营的季节性旅游客车,方便市民外出旅游。

2005年,调整加密11条线路,优化调整19路、22路、23路、28路线;调整12路线营运计划,实行本票打折(6折);对2路、4路线进行加密和减员政策(每车票员由2名减为1名);调整26路线班次,实行5折优惠;调整一分公司原12、27路线到二分公司;增开2路大站车和六中专线车;按照南门广场交通组织方案,完成8条线路的站点调整工作。

2006年,增加8、27、28、30路的营运班次,对8、27、31路的营运线路进行调整,将27、30、38路的首班时间提前。

2007年,对12、22、28、30、31、32、102、301、302路进行调整和延伸;对3、17、22、23、27、28、31、32、34路进行加密;对12、17、19、27、102、105路末班车进行延时。

2008年,针对解放街、民族街、进宁街、文化街、上海路东段、清和街、胜利街等主干道进行道路改扩建;对丽景街实行禁止左转弯;对民族街、进宁街、玉皇阁街和中山街实行单向通行的情况,及时对途径40多条线路进行调整,通过多种媒介发布线路调整方案,耐心解答乘客询问;加密线路11条。

2010年,撤销线路1条,调整、延伸线路7条,对建华、九中等学校专线车和39、43、306等线路旧车进行更新、加密。

【股权转让】 2001年,银川市公共交通有限公司调整投资方向,集中精力发展公交,将所持有的"银出租"法人股750万元出让给广东海得威集团有限公司,将600万个人股全部赎回,保证股东利益。

【节日营运】 2001年,开通市内旅游景点观光车和银川至金水园、银川至西夏王陵、银川至影视城等旅游线路;第二届中国银川国际摩托车旅游节期间,开通1路、2路南门至金水园临时旅游专线;春运期间运送旅客638.66万人次,营运里程169.3万公里,客运周转量7933.3万人公里。

2003春运期间,运送旅客2700万人次;"十一"黄金周期间,开通市内5大广场旅游专线车。。

2004年春运期间,运送乘客632万人次,安全行驶231万公里。

2005年春运期间,运送乘客720万人次,安全行驶283万公里;清明节前,开通扫墓专线;五一、十一期间,临时开通南寺、苏峪口、影视城、贺兰山岩画、阅海公园5条旅游专线。

2006年,完成自治区第十一届运动会裁判员、运动员运送任务,共派车辆244部,运行459趟次,完成20655人/次的接送任务。

2009年春运期间,行驶里程61.75万公里,运送乘客1238.58万人次,正点率达到98%,得到上级部门的表彰。

【交通旅游图】 2002年,银川市公共交通有限公司会同相关单位联合绘制并出版银川市城市交通旅游图。

【基础设施建设】 2001年,在新华东街、凤凰北街建成公交港湾式停车站10处。

2002年,完成对公交火车站停车场的征地工作,完成19路线北安站房迁址及回车坪工程和18路化校站的迁址工作;更新250块公交站牌。

2003年,完成南郊车场的征地平整和公交驾校培训基地的建设;新建候车亭91个,更新站牌490块,其中圆满完成50里长街候车亭和42个公交港湾车站建设,硬化隔离带公交站台36个,建设中调站房2个、零币兑换房2个,立站杆78个、站牌头广告70块,建设候车亭广告352面1584平方米,硬化公交站台3764平方米。

2004年,新建公交候车亭28个,制作并张贴公益广告144幅。自筹资金购置北塔营业房,解决公交19路线的调度站房问题。对营运二分公司的修理车间进行翻建、新建,挤出资金为两个营运分公司修理车间配备更衣柜、工具柜36个,改善修理工的工作条件和环境。对166辆未做车身广告的车辆喷制"银川市公共交通"字样,在火车站制作电子调度显视屏1块,在266辆公交车车身顶部安装夜视电子路牌,与都市广播电台合作,在215辆公交车上安装都市广播

新村建设

电台频率，改善乘客乘车环境。

2005 年，完成南郊停车场加气站及部分停车坪($7600m^2$)、火车站 $1000m^2$ 停车坪建设和天然气管道 3.5Km 铺设任务。在清和街、湖滨街新建公交候车亭 31 个，维修 31 个，硬化公交站台 90 处，更新 2、3、11、12、17、20 路站牌 346 块。对公司局城网进行升级并实现网上办公。

2006 年，完成上海路、凤凰南街、宝湖路、长城路等 8 条线路的道路改造配套设施。安装 1 路、101 路沿线 06 式亮化公交站牌 112 块，上海路改造后建设 18 个护拦式公交港湾站，修建站牌和候车亭一体的组合式候车亭 16 个。新建南郊停车场简易停车坪 8988 平方米；建设火车站进车道路 387 平方米及简易停车坪 2990 平方米；新建、改建站房 3 座，完善照明、供水设施；维修北门家属楼、公司锅炉房及各线路 12 个站房 1740 平方米屋面防水工程和家属院围墙、自行车棚。完成行政中心临时枢纽站 40 亩土地手续办理及南郊、火车站车场的规划设计。

2007 年，完成凤凰街、南薰路、西桥巷 24 座候车亭建设和 32 个站牌亮化和 5 条绕城高速连接带公交站点的选址、设计、规划站台设施和泊车位置。对所有营运线路的站杆、站牌进行全面检查、清理，对废旧站杆站牌进行回收，对丢失、损坏的站杆站牌进行补充，全年维修市区候车亭 284 座、站杆 1100 个，修复站牌 200 余块，补充站牌 140 块。办理完成南郊停车场二期、宝湖停车场土地证手续，聘请设计院专家对南郊停车场、宝湖停车场进行统一规划，争取国家开发银行贷款项目，尽快促成南郊停车场、宝湖停车场项目动工。接手 5 个中巴停车场，制订车场管理制度。对影响车辆进出的火车站、八一停车场、化肥厂停车场、良田购物广场等共 2970 平方米道路进行沥青硬化。在南郊、保养厂建设钢结构修理车间 881 平方米。完成南郊停车场简易路面 9899 平方米，火车站简易停车坪 2990 平方米，平整南郊、火车站停车场地坪 14580 平方米。完成公交旅游总站的建设。

2008 年，加快对旧站点改建和新设站点建设工作，建造仿古式候车亭 30 个，对北门停车场内给排水、厕所、围墙及站房进行改建和维修，对供热采暖外线管道进行改造，保障车场服务功能完备。为满足营运车辆加气需要，缓解设备的快速磨损，降低气体损耗和电费成本，对南郊加气站进行扩容。

2009 年，完成南郊车场二期续建工程，硬化地坪 24046.4 平方米，建设分公司办公楼、会议室、修理车间、后勤保障设施 4002.71 平方米，工程概算投资 2516.5 万元，7 月份竣工投入使用。办理宝湖停车场及宝湖天然气加气站的相关手续；对新华街候车亭按照具有民族特色的样式进行整体改造，新建、翻建 21 座，由广告经营商出资新建凤凰北街候车亭 7 座，民族南街候车亭 8 座。

2010 年，办理宝湖停车场、宝湖加气站建设相关手续；对银川九中附近建公交调度站的 13 亩土地进行选址，协调在新火车站建设项目中预留土地，建设停车场及调度站房。修建候车亭 131 座，改建候车亭 27 座。

【银川公交网】 2008 年，银川市公共交通有限公司建设开通银川公交网，利用网络优势方便群众查询公交线路站点，及时了解掌握有关线路营运方面的信息动态，多渠道了解群众建议意见。

【社区公交】 2008 年，为方便大型社区居民出行，首次引进车身小巧、穿行能力强的 CNG 迷你巴士，开通社区公交线路。针对中巴车退出后部分中心镇居民无法出行的现实，全面策划，及时补充，使临近中心镇居民出行享受到与市区市民同样的公交服务。

【信息化建设】 2001 年，投资 30 万元在原有 9 台计算机的基础上，新购置 1 台大型综合服务器和 11 台计算机，形成局域办公自动化网络。

2009 年，积极配合邮虹一卡通公司搭建公交平台，7 月份公交 IC 卡电子收费系统顺利实现试运行，在有人售票车上配置手持 POS 机，实现全市公交车刷卡乘车。

2010 年，启动公交智能调度系统项目建设，投资 1350 万元，改变传统的营运调度模式，增强车辆适时调度和监控，提高车辆的运营效力，初步实现公交运营调度的智能化管理，3 条线路完成车载 GPS 调度终端和车载视频监控终端的安装、测试工作。

城市管理与服务

CHENGSHI GONGRE YU FUWU

市容环境

兴庆区市容环境卫生处

【概况】 兴庆区市容环境卫生处的前身是银川市城区市容管理局,2002年8月更名为银川市兴庆区市容环境卫生处。位于兴庆区丽景街八里桥三队,属公益性全民所有制事业单位,主要承担辖区市容环卫“三清一管”和粪便无害化处理任务。

兴庆区环卫处实行党总支领导下的主任分工负责制,管理人员聘用制,设党总支书记1名,主任兼副书记1名,副书记1名,副主任3名;下设办公室、业务监察科、4个清扫公司、清洁公司、清运公司及环卫设备修造厂9个部门;总支下辖5个党支部。截止2010年12月,全处共有职工1099人,党员106名,其中在编职工159人,长聘工73人,短聘工867人;有扫路、洒水、清运等各种环卫作业车辆148辆;担负兴庆区60条主次道路492万 m^2 的清扫保洁,2000余个果皮箱的清掏、清洗,44座垃圾中转站、11个垃圾清运点、“门前五包”平均日产520余吨垃圾清运和117座公厕(旱厕12座)的保洁管理工作及粪便清掏任务;承担兴庆区环卫机械设备、设施的维修和修造任务;担负辖区市容环境卫生监督检查和对沿街门面、散装车辆、建筑工地、个体工商户等进行宣传管理以及治理违反《银川市市容和环境卫生管理条例》行为的职责。

2001年以来,环卫处始终坚持以党建为龙头,努力实践“三个代表”重要思想,重视宣传教育和长效管理工作,以文明创建活动为载体,以建设高素质的环卫队伍为目标,以“365天都干净整洁”为抓手,大力弘扬“宁愿一人脏,换来万人洁”的行业精神,坚持以科学发展观践行市容环卫各项工作,不断提升行业文明创建档次和质量,特别是在创建国家卫生城市、环保模范城市、全国文明城市和建设“两个最适宜”城市以及迎奥运、庆大庆等工作中取得显著成效。2002年7月荣获建设部“全国城市市容环境卫生先进单位——时传祥奖”;2003年4月,清扫四班被授予自治区“五一”劳动奖状;2005年4月 荣获中华全国总工会“模范职工之家”称号;被授予自治区“模范集体”;2005年10月,荣获“全国精神文明建设工作先进单位”;2010年12月,被自治区总工会命名为“工人先锋号”。

【处领导名录】

书　记:许怀祥(2001.01~2002.02)
　　　　孙天明(2002.02~2004.12)
　　　　张永生(2004.12~2006.09)
　　　　马建平(2006.11~2010.12)
副书记:张佩叶(2008.01~2010.12)
主　任(局长):许怀祥
　　　　(2001.01~2002.07)
　　　　谢继忠(2002.07~2003.02)
　　　　刘建民(2003.02~2007.12)
　　　　王建宁(2008.01~2010.03)
　　　　刘　平(2010.03~2010.12)
副主任(副局长):江洪涛
　　　　(2001.01~2002.11)
　　　　孙天明(2001.01~2004.12)
　　　　李平宏(2002.08~2009.08)
　　　　马大林(2002.02~2009.08)
　　　　张　勇(2004.12~2006.09)
　　　　于兴旺(2008.01~2010.12)
　　　　任桂霞(2009.08~2010.12)
　　　　刘立刚(2009.08~2010.12)

【环卫整治】 2002年,制定《餐厨垃圾处置方案》,筹备餐厨垃圾处理事宜。

2003年,全力投入预防“非典”,制定预防措施。

2004年,制定方案,全力投入迎接“汽摩节”和“金鸡百花电影节”,12月,荣获银川市城管系统落实目标责任书综合考评第二名与行风考核先进单位。

2005年,8月开展“树旗达标百日劳动竞赛”和“争创红旗样板街道、公厕、中转站”活动,大力开展卫生综合整治。11月,环卫处“红旗样板街道、公厕、中转站”进行考核验收。

2006年7月,开展创卫迎检百日劳动竞赛活动,迎接自治区“创卫”考核验收工作。

2009年11月,银川市强降两场大

2009 年 11 月 11 日，兴庆区组织干部清扫积雪

雪，环卫处全面启动清雪预案，全体上岗，全力清理街道积雪，保障全市车辆、行人安全出行。

【基地建设】 2003 年 3 月，为支持与配合银川市政府对唐徕公园二期改造工程，由银川市土地储备中心负责将环卫基地搬迁；5 月环卫基地搬迁完毕，筹划在八里桥垃圾场重建基地。2004 年 10 月，环卫基地建设招标，委托银川市正业通工程咨询公司，银川市招标办招标；11 月，环卫基地建设开始施工，一标段办公楼由宁夏斯达教育安装有限公司施工，二标段车间车库由宁夏科强建筑安装公司施工。2005 年 9 月，环卫基地室外工程（场地、道路硬化）由兴庆区招标办招标，银川三建公司中标，垫资建设，开始施工；10 月环卫基地建设一标段、综合办公楼、室外工程竣工，通过验收。2006 年 4 月，环卫基地绿化工程开始，绿怡绿化公司中标，中标价 16.48 万元，10 月 20 日，举行环卫生产基地竣工搬迁典礼仪式。

【双优示范岗】 开展"创优质产品，创优质服务"竞赛活动。2005 年，新华东街清扫班被银川市总工会授予创双优示范岗，驾驶员崔冬荣获创双优岗位能手称号。2006 年，环卫处被自治区评为"创优质产品，创优质服务"先进单位，新华东街清扫班被自治区创优领导小组授予创优示范岗，女驾驶员崔冬被授予岗位能手。2009 年获银川市"创双优"竞赛活动示范岗称号。

【植树劳动】 2006 年 3 月在南环高速公路植树 10626 棵，参加植树人员 200 余人；2009 年，9 月参加兴庆区秋季农田水利基本建设，在通贵乡挖渠 1500 米。

【文明创建】 2001 年，12 月被银川市城区绿化委员会授予绿化达标单位，被银川市授予治安模范单位。2002 年，1 月参加城区游行活动，扎彩车 2 辆，方队 50 人。2004 年 3 月开展创建文明街道、公厕、中转站活动；11 月创建活动检查验收，授予牌匾。2007 年，全力以赴，做好迎接银川市创建国家卫生城市的各项工作，顺利通过考核。2009 年，全面投入银川市创建全国文明城市活动。

【改革】 2002 年 4 月，中层领导副职调整交流，建立局领导重点联系点制度。2004 年 4 月，制定并开展定岗、定员工作，实行"双百分"考核评比办法。2005 年 1 月从银川市长城路、东二环路收费站分流来 29 名职工；4 月对 2005 接受各办事处移交的 11 条街道，实行街道清扫、保洁一体化改革；6 月对中层领导调整交流，由原清扫公司划分成立清扫一公司、清扫二公司；同时，将处、清运公司、清洁公司等 5 个部门设专职书记，加强全处的党建工作；11 月环卫大众洗浴中心由兴庆区招标办公开招标，柴桂霞承包天立洗休闲广场。2006 年，对各部门报帐员进行调整轮岗。2009 年 4 月，将 10 座公厕实行社会化运作，外招标承包，从事公厕管理的正式职工统一调整到清运公司。2010 年 7 月，对环卫清扫作业实行"四分四定"机制改革，新组建清扫三公司和清扫四公司。

【党建】 2003 年 11 月，被自治区党委宣传部确立为党员教育示范联系点。2005 年，在兴庆区会堂举办保持共产党员先进性先进事迹报告会，自治区劳动模范刘春玲、罗凤玲和岗位能手崔冬等在会上作先进事迹报告。2008 年 9 月，总支召开党员大会，补选王广宇为总支委员。2010 年 6 月，环卫处党总支及下属 5 个党支部进行换届公推直选工作；总支被评为兴庆区基层党建示范点。

【工会工作】 2006 年 4 月，在工会大厦召开兴庆区环卫处第一届职工代表大会暨工会换届大会，会议正式代表 69 人，实到 67 人，特邀代表 10 人，于兴旺当选为兴庆区环卫处第一届工会主席，田青等 8 名同志当选为工会委员。2008 年 1 月 10 日，召开工会第一届委员会主席改选大会，张佩叶当选为新一届工会主席。

【效能建设】 2005 年，开展机关效能建设，制作胸牌、台签、留言板和监督栏等，规范机关工作；6 月组织召开以加强效能建设、行风建设、促进环卫工作发展为主题的行风评议员座谈会，邀请人大代表、政协委员、民主党派、社区代表、劳动模范等 10 名同志为环卫处行风评议监督员，有效促进效能行风建设工作。

【双十佳表彰】 2005 年 4 月，在大团结广场举办兴庆区十佳环卫班组、十佳环卫标兵表彰暨"欢乐五一节、快乐劳动者"文艺演出，职工自编自演文艺节目 15 个。

【因工殉职】 2006 年 1 月，清扫二公司短聘工、保洁员刘月芹在丽景街保洁时，因交通事故死亡。

【环卫工人节】 2006年2月，市人大代表刘建民、石莉莉等10名代表提案，经银川市人大通过，每年10月26日为银川市环卫工人节。2006年10月23日，兴庆区党委、政府在兴庆区会堂召开庆祝银川市首届环卫工人节表彰大会暨慰问演出，肖国选等13名同志被授予环卫标兵，修造厂、清扫一公司、清扫二公司、清洁公司和清运公司被授予先进集体；10月26日，银川市委、政府在宁夏会堂召开庆祝首届环卫工人节表彰大会，刘建民等17人被授予先进个人，清扫二公司解放街四班、清扫一公司中山南街班被授予先进班组。2007年10月26日，举办第二届环卫工人节庆祝活动。2009年10月，举办第四届环卫工人节与职工劳动技术技能竞赛运动会。

【装备更新】 2009年8月，政府统一招标采购，分配给环卫处各种车辆43辆。2010年7月，添置40辆监管员环卫巡查电动车、60辆电动垃圾收运车、3台大型洗扫车。

【环卫处农场】 2009年11月，保伏桥农场70亩地由银川市政府土地储备局征用，拆迁补偿219万元，环卫处农场历史从此结束。

【关心职工】 2004年2月，为368名一线清扫保洁人员办理人身意外伤害保险。2005年5月，为429名一线清扫保洁人员办理人身意外伤害保险。2006年7月，为清扫一线临时工解决洗澡问题。2010年3月，报请兴庆区政府为一线环卫工人在560元的基础上增加200元绩效工资和180元的岗位津贴；12月为1200名一线环卫职工配发冬季防寒服和翻毛棉皮鞋。

【文体活动】 2002年，1月参加城区游行活动，扎彩车2辆，方队50人。

2005年，举办建党84周年卡拉OK歌咏比赛；代表宁夏建设厅在光明广场举办了“清凉宁夏·建设之声”广场文艺演出活动。在大团结广场举办兴庆区“十佳环卫班组”、“十佳环卫标兵”表彰暨“欢乐五一节、快乐劳动者”文艺演出，演出职工自编自演的文艺节目15个。

2006年1月，召开创红旗样板百日劳动竞赛表彰大会暨迎新春文艺会演，表彰4个集体，演出职工自编自演的文艺节目9个。

2007年，1月12日举办冬季职工运动会；2月9日，召开2006年度总结暨迎新春联谊会；10月12日，举办第二届职工运动会。

2008年，2月1日组织召开迎新春职工联谊会；10月17日，举办第三届职工运动会。

2009年，4月参加兴庆区首届职工运动会，荣获拔河比赛第三名，乒乓球女子组第六名。

2010年，10月举办第五届环卫职工运动会；12月召开年度总结表彰暨职工联谊会。

城管综合执法

城市管理

【概况】 兴庆区城管环卫综合执法局的前身是城区城建局，2001年1月更名为城区城市管理局，2002年11月更名为兴庆区城乡市容环境管理局，2009年9月更名为兴庆区城市管理综合执法局；设局长1名、党总支书记1名、副局长两名，下设行政党务办公室、业务督察科和综合审批管理办公室、交通管理办公室、南门广场管理办公室、步行街管理办公室以及机动中队、执法一中队、执法二中队。2003年被兴庆区委、区人民政府评为兴庆区百日卫生综合整治工作先进集体。2004年，被兴庆区委、区人民政府评为2003年城乡建设征地拆迁和制止违章建房先进集体；社会治安综合治理先进集体。2005年，被兴庆区委、兴庆区人民政府评为民族团结进步先进集体。2006年被兴庆区委、兴庆区人民政府评为2005年度爱国卫生工作先进单位、先进基层党组织、拥军优属先进单位、2005年防控禽流感工作先进集体。2007年被银川市城市建设“三大战役”指挥部评为银川市环境综合整治优秀项目；被兴庆区委、兴庆区人民政府评为“三大战役”工作先进单位和“五创”工作先进集体、先进基层党组织。2008年被银川市委、银川市人民政府评为自治区成立50周年庆祝活动先进集体、被银川市爱国卫生运动委员会评为爱国卫生先进单位；被兴庆区委、兴庆区人民政府评为“五创”工作先进集体、“两基”迎国检工作先进集体；2010年被兴庆区委、兴庆区人民政府评为三八红旗集体。

【局领导名录】

书　记：冯德忠(2008.02～2010.12)
局　长：叶　成(2001.01～2001.12)
　　　　江洪涛(2002.01～2003.02)
　　　　谢继忠(2003.03～2005.10)
　　　　袁金平(2005.11～2007.12)
　　　　刘建民(2007.12～2010.05)
　　　　陈建国(2010.06～2010.12)
副局长：董　颖(2001.01～2003.03)
　　　　(兼绿化委办公室主任)
　　　　边志武(2001.01～2002.02)
　　　　刘　平(2002.02～2008.01)
　　　　马建平(2003.03～2005.08)
　　　　马永峰(2005.08～2008.01)
　　　　郝宁平(2008.01～2010.05)
　　　　许汝先(2008.01～2010.12)
　　　　李　明(2010.05～2010.12)

【市容环境综合执法】 2001年，城区城市管理局紧紧把握建党80周年、城区建区30周年这一时机，以市容市貌综合整治月、爱国卫生月、卫生升级达标等活动为载体，全面加强城市管理工作，有效遏制了各种损害市容环境卫生秩序的行为。同时以贯彻“八个坚持、八个反对”和《公民道德建设实施纲要》为主线，加强城管人员的教育，制定优化投资环境具体措施，促进城管各项工作健康发展。

2002年，兴庆区城乡市容环境管理

局以全面实施市容市貌“六大工程”为主线，积极投身冬季卫生综合整治、爱国卫生月等活动，坚持教育与处罚相结合，加强日常街面巡查，多次集中治理流动摊贩、占道经营、乱贴乱画等活动，有力地改善了辖区市容市貌。当年辖区有大街小巷161条面积约500多万平方米，实现全天候清扫保洁，清扫保洁率达到100%。全城日产垃圾约400吨，清运率达到98%以上。街面撤销11个垃圾点和84个垃圾箱，实现街面无垃圾工程。还为3个街道办事处配备3辆垃圾收运车，环卫设施完好率达到95%以上，辖区131座水冲公测，由专人管理，24小时开放，并做到日产日清。居民楼院1045个，实行垃圾袋装的占22.4%。共清理整治流动摊点20000多家，店外经营7000多家，拔掉钉子户30多户，清理规范门头广告1500多块，率先在中山街、新华街、解放街实行自行车规范管理。

2003年，以打好城市管理“五大战役”和全面实施市容环境综合整治“八大工程”为重点，以迎接第七届少数民族运动会为契机，大力开展“城市管理年”活动，落实目标管理责任制，抽调精干人员成立了摊位招标、自行车管理、车辆清洗维修行业和犬类管理等专业部门和城乡结合部整治中队，对城管难点工作进行了有益的探索和尝试，取得了一定经验，初步形成了职权明确、分级负责、区划管理、协调高效的城管工作新格局。当年共处理各类违章现象13000余起，清理各类门头牌匾3500余块、规范6000多块，在主要街道推广喷绘广告，实行标准划管理；清理沿街商户门窗乱张贴10万余张，查处非法广告260余起；规范建筑工地撒漏190余家、进场渣土1800车次4万吨，查处违规运输渣土车辆200余车次，美化施工围墙130余家1.2万米。加强自行车静态管理，使辖区20余万辆自行车无序停放的状态得到根本转变。

2004年，以城市管理工作为中心，大力创造干净、整洁、有序的城市市容环境，全年共纠正各类违章行为72500余起，清理店外经营、违章占道摊点和流动摊贩11000余次，查处污染道路35次，处理道路污染3500余平方米，查处违章建筑施工25次，查处各类违章运送渣土车辆200余台，清理有碍观瞻的活动广告牌和条幅标语6000余块（条），规范门头广告牌匾500余家，清理乱停乱放违章自行车10000余辆次；组织动员各乡镇、街道办事处、辖区单位清理大街小巷、居民小区、楼院乱涂写、乱张贴、乱刻画的“三乱”5.2万张，查处乱倒污水350余宗、社会生活噪音300余宗，清理积存垃圾、物料等1800余吨，清理渣土乱倒点21个，清理无主渣土3000余方；先后拆除进宁北街邮电家属楼煤房、宝庆路疾控中心家属楼煤房等违章、过期临时建筑5620平方米，配合上级有关部门拆除违章、临时建筑2.9万平米，保证辖区城市环境井然有序、干净整洁，为“兴工强市”创新经济发展环境做出应有的贡献。

2005年，按照银川市、兴庆区对城管工作的总体部署，全面开展城市管理综合执法活动，共清理查处占道摊点8900处、流动摊贩6700余次，清理乱摆放广告牌2900余个、乱挂标语条幅1400余条；查处各类违章运输渣土车辆230辆，毁坏树木事件6起，破坏市政设施行为20余起，各类生活噪声扰民案件130余起，居民生活区饲养犬类、鸽子等宠物扰民案件40余起；查处城郊、居民区违章乱搭建67000余平方米、乱占耕地垫土方2600余平方米；查处污染道路37起，处理道路污染2100余平米；查处机动车违规停放3600余辆，配合交警查处违规三轮车3540余辆；为125家基层工地办理施工手续，签订管理责任书420份，规范审核管理门头装裱500余家，规范洗车行20余家，对150个占道摊位进行招标拍卖。

2006年，兴庆区城市管理综合执法局围绕打好“三大战役”、推进“五创”这一中心工作，全面加强城市环境管理综合执法工作，坚决清理沿街店铺门窗乱贴画、店外经营和摆放物品及悬挂横（条）幅，做到沿街门窗无粘贴物；商家坐店经营，店外整洁，无摆放灯箱和其他堆放物品，无违规拉挂横（条）幅，先后与60多家商户签定“门前三包”责任书，补办“门前三包”牌30余块，完成陶瓷巷、三林巷、松林巷、松柏巷的整治、绿化、美化任务；累计硬化12200平方米，安装休闲桌椅22套和健身器材31组，建造4个自行车棚，总面积16006.5平方米，建造高1.95米的钢化防护栏410米，总绿化面积近6000平方米。

2007年，以创建国家卫生城市为主线，以抓好城市综合管理为切入点，充分发挥创卫主力军的作用，圆满完成各项工作任务，顺利通过创卫技术评估。3月按照兴庆区政府的安排，“三大战役”指挥部设置到综合执法局，综合执法局立即对各街道办事处拆迁遗留问题和需要改造的街巷进行统计，其中拆迁遗留问题21个，需要改造的街巷63处，全部协调解决。“创卫”期间，按照银川市对农副产品市场创卫整治要求，对辖区6个农副产品市场进行规范，完成“穿新衣、戴新帽”工程，组织各办事处对辖区各广场和标志性建筑物、标志牌、广告牌进行摸底调查，清洗粉刷2000余处，1151309平方米；以工地工人生活区、餐厅、厕所为重点，科学系统开展除“四害”工作，共向160多个工地发放鼠药300多公斤，灭蝇敌敌畏200多瓶，灭蟑药50多公斤；与公安、工商、卫生、办事处等部门联合，对辖区内的130多家“六小”行业进行集中整治。

2008年，根据银川市迎接50大庆门头牌匾整治工作的总体部署，兴庆区城市管理综合执法局对解放街、北京路、新华街、丽景街、清和街、民族街、上海路、长城路、南熏路、玉皇阁街、湖滨街、凤凰街等14条大街8000余户门头牌匾进行全面整治；将南关清真寺周边、中山街、北京东路清真美食城、宁园周边、长城东路、西塔博物馆周边6个街区1000余户门头牌匾进行民族特色改造。

2009年,兴庆区城市管理综合执法局以查处乱搭、乱建、整治市容市貌、打击占道摊点为重点,真抓实干,在务求实效上下工夫,使城市容貌发生了显著变化。

2010年,继续加大市容环境综合整治工作加强三乱治理力度,对辖区非法小广告安排专人拍照取证,联系通信部门对146个通信号码进行停机,安排机动中队深入40多个建筑工地,要求施工方通过书写宣传标语、粉刷的形式清除围墙上的乱涂乱画、喷绘广告,当年共粉刷围墙两次,面积10000余平米,疏堵结合,统一制作120个信息张贴栏,规范张贴内容。

【养犬管理】 2008年,按照银川市新颁布实施的银川市养犬管理条例,加大犬只的管理工作,印制10000张《养犬告知书》,分发到各街道办事处,为规范犬只管理,购置5000个电子芯片,10000本犬证,12个读写器,2台照相机,4月19日正式办理犬证,当年共办理犬证1830个,宠物规范管理工作取得良好成绩。2010年,为进一步规范市民文明养犬意识,有效辨别违规养犬的行为,耗资5万元制作犬牌5000个,为办理犬只年检的犬主免费发放犬牌,要求犬主携犬外出时必须给犬只佩戴。

【便民自行车停放架】 2010年兴庆区城市管理综合执法局继续加大市容环境综合整治工作。借鉴外地先进经验,投资近6万元,自制开发一批便民自行车停放架,在市区解放街、新华街、中山街等主要街路两侧分批次制作安装。

【机构改革】 2007年3月份,银川市城市管理体制的改革,兴庆区城管95名执法人员整体移交银川市城管局,原有的200多名工作人员降至120名。

2009年,为加快"两宜城市"建设步伐,解决市、区两级城市管理职能交叉、责任不清和效率不高等问题,兴庆区城市管理综合执法局于11月20日将南门广场、步行街、红花渠的城市管理和综合执法工作、辖区内机动车非规定地点违法停放、摩的非法营运、辖区内违法占地、乱搭乱建的查处及113名执法人员、36名协管员移交给兴庆区城管局。

【竞争上岗】 2010年,打破以往中层干部领导岗位有空缺才进行选拔的做法,引入竞争机制,对全局9个中层正职岗位和7个中层副职岗位全部重新洗牌,竞聘上岗,在全局范围内开展全员双向选择竞聘上岗工作,让职工选择部门,部门负责人选择职工,进一步调动了职工的积极性。

物业管理

【制度建设】 2001~2010年,银川市房产管理局完善物业管理规章、制度及规范性文件和示范文本,制订《前期物业服务合同》《物业服务合同》《业主临时公约》《业主公约》《业主大会议事规则》等5个示范文本及《住宅小区物业管理内业资料汇编(第一辑)》;根据建设部《前期物业服务合同》《业主临时公约》,修订银川市《前期物业服务合同》《业主临时公约》示范文本;根据建设部《前期物业管理招标投标管理暂行办法》有关规定,向各物业管理企业、房地产开发企业下发前期物业管理招标投标工作规范性文件;修改上报《银川市物业管理条例(草案)》;起草上报《银川市住宅小区竣工综合验收管理办法》《银川市房地产开发项目验收管理办法》;制订《银川市普通住宅小区物业服务等级标准(试行)》《住宅小区物业管理分类服务成本调查表》《银川市普通住宅小区物业服务等级评定办法》《银川市物业管理示范小区达标评定办法》《关于实施银川市物业管理示范大厦评定标准及评分细则的通知》。2010年,制定《银川市物业服务项目经理管理制度》《银川市物业企业、物业从业人员信用信息管理办法(试行)》,起草银川市物业行业5年发展规划。

【专项维修资金管理】 根据建设部、财政部《住宅共用部位共用设施设备维修基金管理办法》规定,银川市自2001年起建立物业维修储备金制度,对物业维修储备金进行归集管理。收费的标准是:出售公有住房按公有住房款20%~30%由各售房单位提取,新建商品房按建筑面积每平方米10元向个人收取,经济适用房按每平方米15元收取。2001~2005年,银川市房产管理局共收缴物业专项维修资金5300万元,其中2005年1175.76万元。

2006年4月,对全市已竣工交付使用项目的物业专项维修资金进行全面清理和追缴,清理面达100%,追缴1350万元;新建商品房物业专项维修资金实收666万元,10强企业及领导批示缓交1343万元,房产抵押99万元,收缴率100%。

2007年,新建商品房物业专项维修资金应收1881万元,实收689万元;追缴已竣工交付使用的物业专项维修资金1425万元;银川市房产管理局完善物业专项维修资金管理,搭建软件管理平台,组织成立专项维修资金综合管理系统项目小组,成立物业专项维修资金监管办公室,与合作银行签订合作协议。

2008年,根据建设部、财政部《住宅专项维修资金管理办法》,起草上报《银川市住宅专项维修资金管理办法》。收缴新建商品房物业专项维修资金450.45万元,追缴物业专项维修资金981.98万元。

2009年,新建商品房物业专项维修资金收缴796.29万元,追缴物业专项维修资金2070万元。银川市房产管理局起草制定《银川市物业专项维修资金管理办法》;建立物业专项维修资金交存的制度与规定,制定物业专项维修资金交存办理事项的审批流程,调整物业专项维修资金的交存方式,在全市推行购房人个人交存模式。截至10月底,开发建设单位申请开户备案34个项目440幢23258户,建筑面积239.29万平方

米，向开发建设单位发放《交存通知单》7508户，已交存2948户，占总户数39.26%，应交存至专项维修资金专户807.82万元，实交存291.71万元，占总金额的36.11%。建立并完善物业专项维修资金使用的制度与规定，制定物业专项维修资金使用办理事项的审批流程，规范使用程序；开展物业专项维修资金使用试点工作，截至10月底，申请使用物业专项维修资金项目24个，正式启动使用专项维修资金项目3个，其中一般程序维修项目1个—太阳都市花园一期小高层供水系统改造工程项目；应急维修项目2个—–欣安小区和康民花园屋面整体漏雨维修工程项目，3个项目计划启动使用专项维修资金68.13万元，受益业主1080户，受益面积9.84万平方米。截至2009年，物业专项维修资金历史数据整理工作完成407幢楼16718户211.89万平方米，资金量2506.76万元；移行工作完成315幢楼14437户158.37万平方米，资金量1870.73万元。

2010年，制定《银川市物业专项维修资金管理办法》。开展商品房专项维修资金交缴工作的季度检查，针对维修资金交缴率低的房地产开发项目实施专项检查，检查20家开发单位，完成个人交缴开户申请49个项目，涉及建筑面积284.3万平方米，购房人21933户，向开发建设单位发放《交存单》近24322份，应交缴2880万元，已交缴949万元，占总额33%；完成2396万元房改房个人交缴维修资金由房改办转入物业办的转账和交接手续，完成房改房个人交缴维修资金693142.2元，涉及4家单位，785户业主，56038.9平方米。其中，直管公房交缴维修资金共计627479.5元，涉及房改人699户，建筑面积26191.88平方米，占总量的90%；收缴的经济适用住房(含安居工程)专项维修资金50184023.93元；面向业主、开发建设单位、房改售房单位等开展商品房、房改房维修资金的查询、续缴、补缴、退款及遗失补办等工作，受理完成资金查询、出具证明、退款1起，退款189.75元，续交1起，续交690.3元，遗失补办14起，涉及费用15825.5元，因面积误差变更42起，计48566.97元。银川市房产管理局对派驻通和、隆湖等25家房地产开发公司的工作人员进行培训、指导，协助并督促完成维修资金数据整理及移行工作任务；商品房专项维修资金历史数据整理及资金分户设账移行工作完成7041.02万元资金量，涉及1424幢楼58622户664.24万平方米；历时3个多月，对原康居房收缴2554户、建筑面积226899.7平方米、2268997元维修资金的数据，进行查阅、分户、整理，移行进入资金管理系统。申请使用专项维修资金项目87个，不具备使用条件的项目44个，资金未交清或核清的项目24个，符合使用条件项15个目，使用维修资金2049501元，涉及3621户400717.68平方米。对挪用专项维修资金的违法违规行为依法予以查处，与房地产执法支队配合，对35家单位进行立案，下达责令限期整改通知书35份，对23家单位进行上门调查取证，向房管局上报行政处罚4起，房管局下达行政处罚事先告知3起。利用查处、资金数据移行、新楼盘项目资金交缴开户等形式，完成追缴及新收商品房专项维修资金22085954.63元。

【专项维修金投诉】 2010年，银川市房产管理局受理专项资金方面投诉130余件。

【企业资质管理】 2001～2005年，严格物业管理企业资质审核和年检，规范企业行为，全市物业管理企业由2001年47家增加到2005年131家，取消7家企业的物业管理企业资质。

2006年，完成物业管理企业2005年度资质年检及定级工作，参加年检的企业共有126家，经审核，初审同意为贰级资质的企业有10家，定级为叁级资质的企业有105家，定级为暂定级资质的企业有9家，注销物业管理企业资质2家，审核19家新申报物业管理企业资质。

2007年，完成物业管理企业2006年度资质年检及定级工作，参加年检企业142家，经审核，定级为叁级资质的企业120家，定级为暂定级资质的企业有15家，注销物业管理企业资质的7家。审核15家新申报物业管理企业资质。

2008年，完成物业服务企业资质年检工作，应参加年检企业146家，实际参加年检146家，对经营不善、管理混乱的4家企业资质予以注销。全市有物业服务企业一级2家、二级13家、三级121家、暂定级38家。

2009年，完成2008年度物业企业资质年检工作；审批物业企业资质26家，共有物业服务企业196家，其中，银川市167家，永宁县5家，贺兰县9家，灵武市15家，暂定级资质企业55家，三级资质企业127家，二级资质企业12家，一级资质企业2家。

2010年，银川市房产管理局物业企业资质年检采取抽检方式进行，抽取58家物业企业参加年检，18家物业企业被注销，1家物业企业被降级，11家物业企业被通报批评限期整改，6家物业企业被定为三级，其余企业年检均为合格，新批准成立29家物业企业，全市共有物业服务企业207家，其中一级资质企业3家，二级资质企业12家，三级资质企业127家，暂定资质企业65家。

【业主委员会管理】 2005年，银川市房产管理局指导30个住宅小区业主召开业主大会，选举产生业主委员会。全市业主委员会由2001年的27个增加到116个，物业管理小区300多个，共1900万平方米各类物业纳入物业管理范围，物业管理覆盖率达58%。

2006年，制定业主委员会日常工作指导和检查工作计划，对32家业主委员会的工作进行指导和检查，对具备条件的11个小区指导成立业主大会，选举产生业主委员会，全市共有127家业主委员会。

2007年,进一步加强业主委员会备案管理工作,对36家业主委员会予以备案;确定6家试点业主委员会,开展指导业主委员会监督物业服务企业服务工作;对110家业主委员会的工作进行指导和检查;指导33个具备条件的小区成立业主大会,选举产生业主委员会;对3家已成立的业主委员会进行换届指导,全部予以备案。截至2007年,全市共有137家业主委员会。

2008年,完成业主委员会备案19家。

2009年,完成《物业服务合同》备案98件,业主大会备案22件。

2009年,重新修订《业主大会议事规则》《(临时)管理规约》《(前期)物业服务合同》等5个示范文本;制定《首届业主大会成立程序》;与北京中路等办事处合作,带领辖区居委会举行业主大会。

2010年,培育和指导17个住宅小区成立业主大会选举产生业主委员会;全市共有151个住宅小区成立业主大会,选举产生了业主委员会;完成物业招标投标3个项目39万平方米,完成住宅物业服务合同备案90个项目1145万平方米。

【人员资格备案】 2006年3月,银川市房产管理局开展从事物业管理人员资格备案工作,全市158家物业管理企业完成备案工作,企业备案率100%,全市有从事物业管理资格的人员近2000人。

2007年,全市161家物业管理企业完成备案工作,企业备案率100%,全市有从事物业管理、具备从业资格的人员2209人。

2008年,银川市房产管理局完成84个物业项目的物业服务合同和370名物业从业人员备案工作。

2009年,出台《银川市物业企业秩序维护员管理制度》,规范秩序维护员的上岗培训、发证、注册等项事宜;制定《银川市物业服务项目经理管理制度》,开展对项目经理的培训、发证、备案工作。

【物业监管】 2001~2005年,银川市房产管理局依法查处物业管理中的违法、违规行为,针对个别企业只收费不服务或少服务的情况,对宁夏广夏物业公司等24家单位下发限期整改通知,其中2005年共下发限期整改通知10份。

2006年,建立物业管理企业信用信息系统,规范物业管理企业的经营行为,4月份对第一季度物业管理企业信用信息系统的执行情况进行检查,并在行业内对检查情况进行通报。

2007年,建立物业管理企业信用信息系统,规范物业管理企业的经营行为;绘制银川市物业管理网格图,开展物业管理基础数据库建设,完成数据的整理;开展物业企业日常检查和监督工作,全年4次突击对企业履行物业服务合同进行检查,检查涉及50多个小区和大厦,结合创卫工作,对全市物业管理企业管理的小区进行拉网式的检查,针对检查中发现的问题下发79个整改通知单;协调解决星光家园、新新家园等区域物业企业擅自撤管案件。

2008年,起草上报《关于住宅物业项目交接有关问题的指导意见》,规范物业行业擅自撤管物业管理的现象;会同行业协会共同完成《银川市普通住宅小区物业服务等级标准(试行)》的修订和各级别基准价的测算工作;联合市物价局开展物业服务成本监审和普通住宅小区物业服务等级评定工作,为合理确定物业服务收费标准、服务标准奠定坚实基础;开展物业服务企业的日常检查和监督工作,不定期对物业服务企业履行物业服务合同进行检查;开展银川市星级(诚信)物业服务企业评选工作,引导物业服务企业诚信经营。

2009年,对全市所有住宅小区开展拉网式大检查,检查300余个小区,下发10份限期整改通知书;印发《关于开展全市物业服务质量专项检查的通知》,开展银川市物业服务规范性检查,联合市政府督办(信访)局、物价局、住房保障局对42个小区实施检查;加强物业小区乱搭乱建行为的查处工作,监督物业企业严格履行职责,及时制止乱搭乱建行为,会同执法支队依法查处乱搭乱建行为。

2010年,银川市房产管理局发动全行业积极支持配合文明城市创建工作,配合市绿化办、爱卫办开展全市绿化、卫生环境的检查指导工作,配合市残联开展住宅小区无障碍设施的调查工作,开展全市老年人活动场所的调查工作,积极支持配合房博会等大型活动的宣传工作;推行ISO9000系列认证规范物业企业内部管理,强化服务意识,培育了银川市自己的物业行业专业咨询机构,借助咨询公司的力量推动物业企业开展ISO9000系列认证;将康居工程物业管理问题作为重点案例,派专人负责,采取多种手段,协调各个相关部门共同解决问题。

【服务价格管理】 2006年,银川市房产管理局依据银川市普通住宅小区物业服务等级评定办法、物业服务费政府指导价,起草下发《银川市普通住宅小区物业服务费政府指导价实施意见》,确定风华小区等17个物业管理小区为推行物业服务费政府指导价试点小区,指导清华园、唐槐园等16个小区开展确定指导价的工作,在全市63.27%小区推行政府指导价。

2007年,修改《银川市普通住宅小区物业服务等级标准》,测算相应等级物业服务收费政府指导价,联合银川市物价局上报银川市人民政府,出台旧区综合整治实施物业管理服务标准和收费标准。

2009年,完成《银川市普通住宅小区物业服务等级标准》;全面完成行业经营状况摸底调查、从业人员调查,形成《银川市物业行业调研报告》;联合物业协会研究提价策略,向市政府申请调整银川市物业服务收费政府指导价。

【应急抢修】2001~2005年共维修、更换各种井圈、井盖300余套,及时率100%,其中2005年更换58套。2007年,更换井圈、井盖68个。2008年,更换井圈、井盖93套。

【示范小区创建】 积极开展物业管理示范小区(大厦)评定和争创国家、自治区物业管理优秀小区工作。2001～2005年,物业管理示范小区由3个增加到20个,区级物业管理优秀小区10个,国家级物业管理优秀小区和示范小区各1个。2005年新申报市级物业管理示范小区10个、大厦3个,争创区级物业管理优秀小区2个。

2006年,印发《关于开展2006年度银川市物业管理示范小区(大厦)评定复审工作的通知》,11月对申报项目进行评定;下发《关于实行我市争创文明城市物业管理企业服务标准的通知》,指导、监督各物业管理企业做好全市文明城市的物业服务标准。

2007年,开展自治区级优秀小区初评工作,共有6个项目申报自治区级优秀小区,经指导和初评6个项目基本符合初评要求,上报自治区建设厅;开展银川市级物业管理示范小区、大厦评选工作,对申报22个项目进行评定,初步确定9个项目为市级示范项目。

2008年,开展区、市级示范小区(大厦)的培育、创建和评比工作,培育并评选出8个示范住宅小区、2个示范大厦,完成对3个示范项目的复检工作。

2009年,银川市房产管理局创建银川市示范小区6个,示范大厦9个,初审区级优秀小区6个。

2010年,银川市房产管理局对22个申报创建银川市级示范小区、示范大厦的项目进行评定;全市有市级物业服务示范小区50个、物业服务示范大厦15个,自治区级物业服务优秀小区14个,国家级物业服务示范小区3个、示范大厦1个、优秀小区1个。

【管理培训】 2001～2005年,邀请区内外的物业管理专家对从业人员进行培训,共举办5期培训班,培训人员1295人。2003年,开始与区内2所大专院校联合举办物业管理大专班,招收高中应届毕业生和在职人员。

2006年,举办1期银川市普通住宅小区物业服务费政府指导价学习班,100多家物业管理企业、70多家业主委员会的负责人及相关工作人员共380多人参加学习;举办1期创卫学习班,全市140多家物业管理企业经理和卫生主管共132人参加学习;举办创新物业、和谐发展专题讲座,全市83家物业管理企业、252名物业管理人员和相关人员参加学习;举办银川市物业供热行业社会主义荣辱观理论知识专题讲座,全市物业管理企业和供热单位的中层管理人员200余人参加。

2007年,举办4期物业管理从业人员及业主委员会培训班;与宁夏财经职业技术学院联合举办2期物业管理从业人员执业资格考试考前培训班,200余人参加培训;7月份举办《物权法》和物业管理技能培训班,340余人参加培训。

2008年,银川市房产管理局与宁夏财经学院联合组织两期物业管理员考前培训班,报名参加学员约150人;开展物业公共秩序维护员的培训工作。2009年,组织18期秩序维护员培训班,64家企业915名秩序维护员参加培训并取得上岗证书;联合协会举办注册物业管理师考前培训。

【前期物业管理】 2004年,认真做好《房地产开发项目手册》的验核工作,办理房地产开发项目前期物业管理介入手续。

2005年,办理88个新建项目的前期物业管理介入证明手续。

2006年9月,银川市物业管理办公室联合市房产监察大队对11家房地产开发公司进行新建住宅交付使用的专项检查,对9家房地产公司当场下发《责令停止违法行为通知书》,要求在30日内完善小区配套设施建设,补办《银川市新建住宅交付使用证》;组织相关单位对亚麻小区、森林公园B岛、民生花园等7个项目59栋楼20万平方米进行验收,对未取得《银川市新建住宅交付使用证》擅自交付使用的宁夏鲁能置业公司、宁夏吉泰房地产开发公司下发行政处罚事先告知通知;推行物业服务招标投标,新建住宅项目全部进行前期物业管理招标,办理60个住宅项目物业管理前期介入手续,面积200万平方米。

2007年,银川市房产管理局开展新建住宅配套设施交付使用验收工作,全年共办理312栋楼122.8万平方米交付使用证,发放交付使用证312个;协助政务大厅制定《超时默许制度》和《否定报备制度》,提高办证效率,按时完成政务大厅规划联审件45件;查处新建住宅配套设施交付使用违规案件2起;完成65个房地产开发项目物业管理、供热前期介入手续的办理;继续推行物业服务的招标投标工作,指导和监督民生房地产开发公司爱依水郡47万平方米完成前期物业服务的招标和投标工作。2008年,银川市房产管理局验收发放36个项目309幢楼的交付使用证,与政务大厅协商调整《银川市新建住宅交付使用证》申请资料;加大违规交付使用项目的查处力度,查处违规交付新建住宅7起,对颐安房地产做出罚款的行政处罚;建立物业服务区域配套用房备案制度;有8个住宅项目通过招标选聘前期物业服务企业,面积80万平方米;受理房地产开发项目物业管理前期介入手续74件,办结率100%。

2009年,银川市房产管理局开展新建住宅配套设施交付使用验收工作,验收并发放60个项目380幢183万平方米住宅楼的交付使用证,与政务大厅协商调整《银川市新建住宅交付使用证》办理程序;办理物业服务用房备案项目15个,备案物业管理用房面积6104.59平方米;受理房地产开发项目物业管理前期介入手续86件,办结率100%;办理政务大厅规划选址联办件137件,总图联审联办件104件,办结率100%;加大查处住宅违规交付使用、挪用住宅专项维修资金等工作,查处违规交付新建住宅35件;完成10个项目80.71万平方米的物业前期项目招标工作。

2010年,共受理房地产开发项目物

业管理前期介入手续46件，办结率100%;做好新建住宅配套设施交付使用验收工作，验收并发放40个项目267幢164.54万平方米住宅楼的交付使用证;做好新建住宅项目物业管理用房和社区用房的审核，监督所有开发项目按照《银川市物业管理条例》规定配备物业管理用房，全年共审核备案3个新建小区798平方米的物业管理用房和333平方米的社区用房。

【住宅装饰装修管理】 2001~2005年，根据《银川市物业管理条例》，推行《住宅室内装饰装修管理服务协议》示范文本；对住宅室内装饰装修活动进行监管，查处违规行为。2005年共查处违规行为32起。

2006年，印发《关于加强住宅物业室内装修管理若干意见的通知》。处理装饰装修投诉20件，查处2起违规行为。

2007年，银川市房产管理局在新建住宅项目中推行《住宅室内装饰装修管理服务协议》，对全市住宅室内装饰装修管理情况进行检查;受理装饰装修投诉18件，投诉处理率98%以上。

2008年，银川市房产管理局联合市物价局对立达房地产开发公司不退装修保证金、巍巍房地产开发公司收取500元装修保证金等进行查处。

2009年，银川市房产管理局监督物业企业严格履行职责，及时制止违规装修行为；推行《住宅室内装饰装修协议》;协调处理在水一方C、D区、凤鸣佳苑等小区逾期不退还装修押金等问题。

2010年3月19日，银川市房产管理局正式接管银川市装饰协会，为便于装饰装修的管理工作，主管局将此项职能交给物业管理办公室专项负责，办公室专门成立装饰装修管理科，派专人负责，与银川市装饰行业协会联合办公；制定《银川市住宅室内装饰装修资质暂行规定》《银川市住宅室内装饰装修项目备案制度》;向全市各装饰装修企业、物业服务企业、房地产开发企业下发《关于加强银川市住宅室内装饰装修管理工作的通知》；开展住宅室内装饰装修企业资质年检，完成78家装饰装修企业的年检工作；受理10起装饰装修投诉。

【岗位技能比赛】 2008年，开展物业服务大练兵活动，组织物业行业岗位技能比赛，全市共有135家物业服务企业400余人参加比赛。

【物业投诉】 2001~2005年，共受理物业管理投诉771件，其中2005年受理投诉127件，有效投诉处理率达98%。2006年，受理物业管理投诉148件，办结146件，有效投诉处理率98.6%。2007年，受理物业管理投诉157件，办结155件，有效投诉处理率98.73%。2008年，受理物业服务投诉156件，办结156件，有效投诉处理率100%。2009年，受理物业投诉、咨询约2600件，接待群众来访450余起，其中有效投诉1100件，有效投诉处理率98%。2010年，受理物业投诉2000余件;完推行投诉的分级受理机制，监督各物业企业在服务项目中公示项目经理及物业企业的联系方式。

【服务满意率调查】2007年，开展物业服务满意率调查，所调查企业中，一级满意率96.69%、收费率87.9%;二级满意率94.67%、收费率82.4%;三级满意率94.09%、收费率87%；四级满意率95.24%、收费率74.5%。

城市供热

【供热面积】 截止2004年底，银川市各类房屋总供热面积3290万平方米，其中集中供热面积2450万平方米，天然气壁挂炉供热面积30万平方米，其余的810万平方米的建筑主要依靠分散燃煤锅炉房、茶浴炉、家庭小煤炉等进行采暖，城市集中供热普及率为74%。在2450万平方米集中供热面积中，热电联产供热面积322万平方米，燃煤集中供热锅炉房供热面积1924万平方米，天然气集中供热面积204万平方米。2005年，银川市有供热单位275家，具有供热资质的企业(单位)200家。2006年，加强物业服务合同监审备案工作，有73个项目的物业服务进行合同备案；全市住宅物业管理面积1800万平方米，物业管理覆盖率达67%。

【价格调整】 2001年8月，银川市房产管理局召开调整供热价格听证会，供热价格在1996年的基础上上调18.9%；2004年6月，再次召开供热价格听证会，供热价格在2001年的基础上上调27%。

2008年，10月13日召开供热价格调整听证会，10月22日银川市政府第20次常务会议研究决定，自2008~2009年度采暖期起，银川市居民住宅采暖费由2.8元/月平方米调整到4.0元/月平方米，办公楼由3.1元/月平方米调整到5.3元/月平方米，商业用房由3.5元/月平方米调整到6.0元/月平方米。

【岗位技能比赛】 2009年，8月银川市房产管理局在全市供热行业组织开展供热行业职工岗位技能大练兵活动，共有300余家供热单位的6800名选手参加。

【供热监管】 2001~2005年，银川市房产管理局维护供用热双方的合法权益，不定期组织人员深入各供热单位进行检查，帮助指导各单位按规行事，照章办事；每年采暖期前，针对各供热单位上报的恶意欠费的住户，采取措施催交热费，对供热质量差、擅自停暖、擅自新建、改建、扩建热源的单位，进行行政处罚，并在新闻媒体公开曝光;推行《供用热力合同》，有效保障维护供用热双方的合法权益，规范供热行为;加强资质管理，确保供热工作正常进行。根据《银川市集中供热企业资质管理规定》，2001~2005年，共为200家供热单位办理供热资质。

2006年，对供热单位的管网维修工作进行监督检查，实行挂牌监督制度;起草上报《关于拨付供热设施改造费用的请示》，下发《关于分摊供热分户控制改造费用的通知》《关于2006年分户控制

改造及管网维修工作的通知》，制定2006年旧有住宅供热系统进行分户控制改造和供热管网维修计划及指导、检查方案，对2005～2006年度采暖期供热遗留问题进行调查，召开30余次供热工作协调会议，协调处理共享家园旧区住宅楼、星光花园等30余处供热问题；9月20日～10月31日，对各供热单位供热前期准备工作进行检查；起草上报《银川市供热突发事件应急预案》；监督供热企业提高供热质量，严查恶意欠费用户，维护企业和用户的合法权益。

2007年，结合供热普查，进行监督检查，检查面100%，解决遗留问题34件，涉及42处，供热面积195万平方米；严格查处供、用热中的违法行为，维护供用热双方的合法权益，对1家供热单位和1个热用户下发行政处罚事先告知通知书和行政处罚决定书，对4家供热单位下发限期整改通知书；充分利用测温对供热单位进行供热质量监测，重点检测康居AC区、安逸家园等投诉量大的区域。截止11月28日，共对1437户热用户室内温度进行检测，将测温结果反馈给供热单位和热用户，督促供热单位提高供热质量；积极做好清理拖欠采暖费各项工作，帮助供热单位有效清理拖欠采暖费，清理欠费531万元；绘制供热管理网格图，开展供热区域基础数据库建设工作；完成银川市供热企业资质年检工作，对94家供热单位进行年检。

2008年，银川市房产管理局指导14家供热单位完成5346户分户控制改造工作，协调解决改造中出现的矛盾，使协力厚医药公司、金菊园的分户改造得以顺利进行，完成2007年分户控制改造工程补贴费用审核，向供热单位发放补贴金额的50%，剩余部分待财政资金拨付后发放到位；下发《关于做好2008年供热分户控制改造及管网维修工作的通知》，对全市供热管网进行检查，督促企业完成供热管网维修工作，协调解决2007年供暖遗留问题；完善测温工作各项制度，对《银川市冬季采暖室温检测管理规定》进行修订补充，加大对不按规定测温的单位和用户的处罚力度；在全市供热行业内开展供热基础设施安全隐患排查工作，全面治理供热基础设施存在的安全隐患。

2009年，3月对全市存在的供热问题进行梳理，排查出存在问题的62家供热单位72个供热点，涉及供热面积439万平方米约6.3万热用户，截至10月初，泽翔供热公司、市燃料总公司等58处356.21万平方米区域的遗留问题基本得到解决；银川饭店有限公司、宁夏圣达制衣公司、宁夏新城医药药材公司等20处因供热企业改制、弃管、弃供，10月初仍未对锅炉、外管网进行维修，涉及供热面积32.21万平方米，经过协调，新城饭店、利民街142号锅炉房、富康小区等17处29.68万平方米（占比92%）区域的供暖问题取得实质性进展，供热主体已落实，锅炉及管网的维修工作已完成，供暖正常、

2010年，安排专人对2009年度供热遗留问题进行统计，涉及供热面积239万平方米，组织实施康居A区29栋楼、15万平方米暖气更换工程，截至10月底全部遗留问题区域供热问题已基本解决；经现场调查取证，对银川市土地储备局、灵武天下客汇鑫商贸有限公司及宁夏燕葆房地产开发公司3家单位的供热违规行为下发《限期整改通知书》，对银川市土地储备局、银带橡胶有限公司、宁夏建筑机械厂记黄牌1次，对银带橡胶有限公司、银川大华饮食服务有限公司、宁夏宁阳房地产开发有限公司、银川市公交公司的供热违规进行进行立案查处；对全市供热企业资质进行年检，对61家供热企业提交的资质年检资料进行审核，下发年检工作通报。

【供热统筹金】 2008年，银川市房产管理局收缴新建商品房供热保障统筹金461.86万元，追缴供热保障统筹金356.94万元。2009年，兴庆区建设交通局新建商品房供热保障统筹金收缴1107.46万元，追缴供热保障统筹金903.36万元。

【困难群体供热费减免】 2005年，银川市有低保户26000多户。2001年调整热价以来，为了保障低保户冬季正常采暖，出台减免低保户采暖费优惠政策。2001～2005年，共为3500多户低保户减免采暖费120多万元。

2006年，严格执行有关城市低保户减免采暖费政策，完成2005～2006年度采暖期城市最低生活保障户和重点优抚对象采暖费减免工作，共为3458户减免采暖费89.5万元。2006～2007年度采暖期，完成5494户减免低保户采暖费的审批工作，对4131户符合减免条件的低保户减免采暖费约108万元，涉及全市93家供热单位；2007～2008年度采暖费减免工作利用电脑网络技术，调整并简化办理减免采暖费程序。

2008年，完成2007年度城市最低生活保障户和重点优抚对象采暖费减免工作，

【供热改革】 2003年，建设部等8部委局联合下发《关于城镇供热体制改革试点工作的指导意见》，将银川市列为供热体制改革的试点城市。银川市物业管理办公室起草《银川市供热体制改革实施意见》和《银川市建筑节能实施意见》，市人大出台《银川市城市供热条例》，建立城市供热保障统筹金制度，在丽子家园、星光华住宅区开展供热改革和建筑节能两手抓的试点工作，推行新建住宅分户控制制度，对既有住宅供热系统进行分户控制改造试点，引入多种经济成份，使企业经营、政府监管的供热机制逐步形成。

2006年，起草上报《银川市供热体制改革与建筑节能方案》《银川市供热资产普查方案》《银川市城市供热特许经营管理办法》《银川市城市供热特许经营协议》，组织专家讨论修改；开展不同能耗住宅建筑及不同热源的热计量测试工作，在海宝西区锅炉房、长相忆锅炉房、星光华住宅区1#锅炉房、热电厂唐槐

园换热站、荣华园换热站安装热量表,测试不同燃料的节能住宅、非节能住宅的耗热量,为推行计量收费奠定基础。对全市已竣工交付使用项目的供热保障统筹金进行全面清理和追缴,追缴363万元,新建开发项目的供热保障统筹金实收575万元,10强企业及领导批示缓交484万元,房产抵押47万元,收缴率100%;指导供热单位完成旧有住宅供热系统分户控制改造2000户。

2007年,起草上报《银川市城市供热特许经营管理办法》,积极推行旧有住宅分户控制改造,下发《关于做好供热分户控制改造工作的通知》和《关于调整分户控制改造补贴标准的通知》,加大对供热单位分户控制改造补贴力度,指导供热单位完成4778户分户控制改造工作,改造工作投入资金847万元,其中供热单位承担约333万元,热用户约212万元,其余约302万元由供热保障统筹金补贴;做好供热保障统筹金的归集、管理、使用工作,收缴供热保障统筹金732万元,其中追缴384万元。

2009年,下发《关于做好2009年供热设施设备检修工作的通知》,要求各单位针对采暖期中暴露出的问题,对供热设施设备进行全面的检修,并将检修计划及维修改造方案上报供热主管部门。供热单位上报的供热设备维修计划,涉及锅炉房36处、锅炉56台、管网2.6万米、维修资金共计2305.3万元。

2010年,制定《关于加强供热计量工作的通知》《银川市加强供热计量工作实施方案》《银川市供热计量装置招标投标实施细则》《银川市供热计量产品使用管理规定》,为供热计量改革奠定基础;结合银川市争创国家人居环境奖,确定热计量收费面积达到集中供热住宅面积25%的工作目标,需完成680.25万热计量工作任务,组织召开银川市2010年供热计量工作动员大会,举办供热计量培训班,邀请建设部、清华大学及相关单位专家对供热体制改革、供热计量技术、供热系统节能改造技术及合同能源管理模式进行专题讲解,全市120家房地产开发企业、78家供热企业279人参加培训;全面启动既有建筑节能改造工作,既有居住建筑已完成246万平方米的热计量改造工作;积极实施公共建筑热计量改造工作,32万平方米的公共建筑签订热计量改造合同;全面推行新建建筑供热计量工作,新建项目签订热计量合同面积459万平方米,各单位正在按照合同约定,进行热计量装置安装工作;组织5个检查组,分人员、分区域、分任务对71家房地产开发单位进行热计量检查,涉及新建及补装项目101个600万平方米。

【供热体制改革与建筑节能】 2006年,开展世界银行/全球环境基金“供热体制改革与建筑节能”项目前期工作,向建设部科技司提交《GEF供热改革与建筑节能项目银川市供热改革和建筑节能规划》《银川市供热体制改革与建筑节能示范(世行赠款)项目建议书》,建设部基本将银川市确定为GEF供热改革与建筑节能项目试点城市。

2007年,世界银行/全球环境基金“供热体制改革与建筑节能”项目工作进展顺利,1月建设部对房管局提交《GEF供热改革与建筑节能项目银川市供热改革和建筑节能规划》等资料进行审核,5月建设部专家来银再次对该项目进行审核,确定银川市为世界银行/全球环境基金“供热体制改革与建筑节能”项目的试点城市,11月30日签订项目合作协议。

2008年,确定GEF供热改革与建筑节能试点项目单位,制定供热软课题研究方案,试点工作按照建设部项目办的要求正常进行。

2009年,继续开展GEF供热体制改革与建筑节能试点项目工作,中央项目办同意银川市开展“两部制热价”研究工作。通过招投标方式确定的中标单位及《财务建议书》上报中央项目办;对银川市供热成本监审及银川市煤价调研工作已顺利完成;2008年实施的新建住宅热计量数据分析工作已完成,将对制定出台两部制热价提供数据支撑。

2010年,根据世行项目办的安排与新疆农业大学签订项目合同书,正式启动GEF供热体制改革与建筑节能课题研究工作,5月初顺利召开开端报告论证会,6月对11家供热企业进行成本调查,年底前中端报告初稿已完成,待世行项目办审定后进行论证。

【煤改气】 2004年,为了改善银川市城市环境质量,提高热用户的热舒适度,银川市房产管理局与环保部门共同制定银川市“煤改气”实施方案,第一步先行改造行政事业单位的锅炉,第二步改造只为本单位职工供热的、锅炉吨位在6吨以下的企业锅炉房,第三步改造向社会供热的、锅炉吨位在6吨以下的企业锅炉房。根据前三步改造的经验再行确定锅炉吨位在6吨以上的供热单位改造方案。

2009年,市住房保障局与环保局共同下发《关于拆除燃煤小锅炉的通知》,其中列入拆除和实施煤改气计划的有100台锅炉,有51个锅炉房按要求实施煤改气。

【供热规划】 2006~2007年,编制《银川市城市供热规划》和《银川市城市供热详细规划》,获得专家评审会原则性通过。

2008年,银川市房产管理局着手变更《银川市城市供热规划》和《银川市城市供热详细规划》的工作,将原以燃煤为主、燃气为辅的规划,变更为燃气为主,燃煤为辅。

2010年,完成供热规划初稿的编制工作。

【热源建设】 2006年,银川市房产管理局严格控制热源建设审核,对22家单位下达热源建设批复。

2007年,向21家下发热源建设批复,共计批复燃煤锅炉351MW,燃气热源35MW。

2008年,按照优先发展集中供热、提高清洁能源率的原则,严格热源审

核，对15家单位下发热源建设批复，同意11家单位新建、扩建和改建，其中燃煤3家，供热总容量201.5MW，燃气8家，供热总容量48.9MW，不同意新建、扩建、改建的4家；对银川市21家违规建设热源的单位进行检查，对查处的6家违规建设热源的单位下发行政处罚事先告知通知书。

2009年，对12家单位下发热源建设批复，同意新建燃气锅炉11个，供热总容量51.8MW；同意新建燃煤锅炉房1个，供热总容量7 MW。

2010年，实行热源审批例会制度，对9家单位下发热源建设批复，同意新建燃气锅炉9个，供热总容量90.6MW。

【供热投诉】 2006年，受理各类供热投诉1936件，投诉处理率达98%；2007年1月至11月25日，供暖投诉热线6083463共受理供热投诉3676件，投诉处理率98%；2009年，建立三级投诉网络，完善投诉中心的各项制度，有效投诉处理率达98%。2010年，供热投诉3500余件。

【建筑节能】 2008年，设计完成试点改造项目的设计方案；组织召开供暖节能产品推介会，向供热单位介绍YMN耐高温红外节能涂料。

2009年，根据国家建设部《关于落实〈国务院关于印发节能减排综合性工作方案的通知〉的有关要求》的统一部署及要求，泽翔供热公司、哈纳斯天然气热电有限公司、银瑞祥供热公司等8家单位申报的既有建筑改造项目获得区建设厅、财政厅的批准并开始实施，改造涉及丽景康居、玉皇阁小区、建南小区等23处73万平方米，涉及改造资金6000万元。

电、气、水服务

银川供电局兴庆区供电分局

【概述】 银川供电局兴庆区供电分局成立于2005年12月，随着行政区域调整，2010年兴庆区供电分局承担城区及周边6个乡镇的供电任务(不含月牙湖乡)，辖区北接贺兰县，南邻永宁县，西至唐徕渠紧邻金凤区，东隔黄河与灵武市为邻，供电营业区面积707.6平方公里，下设营销部、农电股、办公室、用电检查班、装表接电班、抄表一班、抄表二班、营业一班、营业二班和4个供电所(大新供电所、满春供电所、掌政供电所、通贵供电所)。

兴庆区供电分局主要为大用户、商业、非居民照明、居民、农村用户提供优质、方便、真诚、规范的服务，辖营业用户27.08万户，其中居民用户占86.61%，售电量约占26.85%；商业用户占7.73%，售电量约占30.22%；非普工业用户占1.89%，售电量约占22.67%；非居民照明用户占1.74%，售电量约占15.19%；农业用户占2.03%，售电量约占0.77%。农网共有10kV线路330.37km，0.4kV线路1458.78km，配电变压器387台，容量为37580kVA，专变351台，容量为29486kVA。

截止2010年12月31日，安全生产连续运行2015天，农电、营销未发生人身伤亡事故、重大交通事故、设备火灾事故；农网配电障碍、故障报修量同比分别下降73.33%、55.70%。5年来，先后荣获自治区三八红旗集体、全区消费服务示范窗口、宁夏电力公司先进班组、宁夏电力公司服务之星等荣誉称号。

【智能电网】 兴庆区供电分局在全国率先实施智能电网改造工程，改造后的智能电表在电力多元化缴费平台投入运营后，可通过拨打电话、网上银行、95598客服网站、充值卡、短信平台等远程付费方式进行购电或查询，用户足不出户完成缴费业务，方便快捷，省时省力。

【优质服务】 兴庆区供电局实行“进一个门，找一个人，办所有事”的工作流程，高压客户平均接电时间从原来的32天缩短至21天，达到全国先进水平；投入大量资金，合理规划电网结构，改善设备健康水平，解决农村用电“卡脖子”问题，对故障到达现场准时率进行严格管理，城市配电网故障40分钟内到达现场，农村配电网故障60分钟到达现场；在5个营业网点均增设雨伞、花镜、饮水机等便民设施，开辟残疾人士绿色购电通道，为部分社区孤寡残幼人士建立特殊客户档案，定期进行回访。

为满足客户24小时购电需要，在辖区内投放13台自助售电机、10台壁挂式缴费终端，建立4个电动车充电桩，与邮政储蓄所联网售电，进一步协助、完善多元化缴费平台，合理布局营业网点、银行、邮政网点及自助缴费终端，最大限度满足客户个性化需求，连续多年在兴庆区政风行风评议工作中名列窗口服务类行业前列，5年来优质服务零投诉。

【队伍建设】 兴庆区供电分局不断完善健全《兴庆局厂务公开实施办法》、《厂务公开考核办法》、《厂务公开工作责任制度》，进一步提升职工当家作主的积极性，使职工对企业知情知底，明事议事，参与和支持企业改革，共谋企业发展；通过民主议事，完善企业经营管理，加强监督制约，促进领导班子建设、党风廉政建设和企业经济健康发展。

进一步完善《兴庆区供电局新增用户供电批复流程》和《生产、营销现场员工行为规范》，提升安全及优质服务控制能力；尝试全员绩效考核，制定针对不同范围人员的不同考核办法，形成奖惩同比的绩效关系，扭转以往绩效考核只罚不奖的局面，实行工作时效制，改变以往奖金平均发放的大锅饭形式，充分调动员工的积极性。

宁夏哈纳斯天然气有限责任公司

【概述】 宁夏哈纳斯天然气有限责任公司作为银川市大型骨干基础设施运营企业，主要从事天然气施工工程管理咨询，天然气技术开发、应用以及管网输配及用户分销服务业务，1999年开始建设在银川城市天然气管网，截止2010

年，建设运行长达2000多公里的城市管网，为超过30万居民用户和2100户工商业用户提供绿色、清洁、环保的天然气能源；2003年，开始天然气供热，经过7年努力，建设天然气锅炉房89座，供热面积2300万平方米。

基于银川市城市化建设不断增长的用气需求，依托城市远景规划，宁夏哈纳斯天然气有限责任公司组织实施兼具输气与储气功能的环城高压管道建设方案，工程于2009年3月开工建设，设计长度约为83千米；2010年，组织实施天然气储配站扩容改造项目，改造后的天然气门站输配能力可以达到年供气量29.5亿立方米，可以为环城高压管网、城市中压管网提供充足的气源。

银川市东部天然气有限公司

【概述】 银川市东部天然气有限公司成立于1999年1月，以国有资产为主，与民营资本联合出资设立，由银川市国有资产管理委员会委托宁夏哈纳斯天然气有限公司(以下简称哈纳斯)代管。公司与哈纳斯城市天然气管网输配系统、客户服务网络、运营维护共享一个平台，主要为兴庆区中山街以东的客户提供燃气技术咨询、工程设计、整体施工与安装、通气和运营等服务，承担建设城市门站、城市道路中压管道、城市低压管道业务；截止2010年底，建成城市天然气输配管网300余公里、配气站1座，发展天然气居民用户62000户，工商用户314户；公司下设客户发展部、客户服务部、财务部、预决算部、材料供应部、管网运行部、营业大厅等7个业务部门，党组织和工会组织健全；职工60人，21人具有中级以上技术职称。

【经营指标】 2007年，银川市东部天然气有限公司销售额3047万元，其中工程收入1694万元，天然气收入1353万元，收回资金1684万元，发放工资82.3万元、奖金及各项福利38.4万元。

2008年，资产总额5203万元，负债总额4027万元，销售额收入5360万元，其中工程收入2137万元、天然气收入1085万元；发放工资99万元，比上年同期增长34%，奖金及各项福利53万元，比去年同期增长37%。

2009年，资产总额4836万元，销售收入4170万元，其中工程收入2344万元，天然气收入1826万元，发放工资218万元，比上年同期增长43%左右。

2010年，供气1248万立方(其中居民用气500万立方，工商用户用气748万立方)，实现天然气销售收入2309万元，工程收入2600万元，公司资产总额为7335万元，工资发放212万元，奖金98万元，各项福利15万元。

【管道工程建设】 2007年，银川市东部天然气有限公司设计建设市政中压管道6190.6米，庭院中压工程9704.55米，庭院低压工程22056.2米，户内安装9879户，公福用户安装14户，砌筑阀井24座。

2008年，发展用户7747户，设计建设市政中压管道6196.7米，庭院中压工程5944.7米，庭院低压工程10882.7米，户内安装5071户，砌筑阀井17座。

2009年，建设中压管道17488米，比上年度增加44%，建设低压管道34961米，安装改装5209户，发展用户8798户，比上年度增加13%，砌筑阀井19座。

2010年，签订合同总金额2420万元，收回款项总额2048万元，其中居民用户签订合同4996户，合同总金额1459万元，收回款项1251万元，燃气锅炉工商用户48户，合同金额904万元，收回款项751万元，商业用户5户，合同总金额57万元，收回款项46万元；安排施工79项，其中居民用户18项5735户，竣工验收5646户，燃气锅炉工商用户44项，全部竣工验收通气；完成市政中压管道5731米，庭院中压管道7877米，低压管道建设10518米，砌筑阀井28座。

【优质服务】 2007年，银川市东部天然气有限公司完成开户6554户，销售天然气390.3815万立方米，售气金额598.9407万元；及时出修3969次，及时率100%，检修调压箱1808人次。

2008年，完成开户7414户，销售天然气469万立方，售气金额910万元；及时出修4897次，及时率100%，检修调压箱334台。

2009年，新增用户7442户，受理维修业务5327次，销售天然气1008万立方米。

2010年，用户开户7602户，接到报修6301户，及时处理6301户，及时率达到100%。

【设施安装与管网运行】 2007年，银川市东部天然气有限公司完成设施安装4484户，户内改管120户，阀井维修19次，管网中压抢险7次，出色完成各类用户附属设施安装任务，高效完成管网运行维护、维修及突发险情处置任务。

2008年，热水器安装4768户，户内改管115户，阀井维修24次，管网中压抢险3次。

2010年，完成二次入户改管164户，加装热水器4467户，收入金额56万余元；庭院中、低压工程抢修11项。

【设备供应】 2007年，银川市东部天然气有限公司完成材料、设备供应总额625.9072万元，各类规格天然气中、低压管道418.114吨，各种规格调压设备125台，完成防腐工程量1.1669万平方米。

2008年，完成材料、设备供应总额769.6万元，各类规格天然气中、低压管道236.98吨，各种规格调压设备145台。

【安全管理】 2007年，银川市东部天然气有限公司组织日常检查300多次，重点检查小区12个，对4730户天然气用户供气设施进行安检，全年验收9616户，保证居民的安全用气。

2008年，组织日常检查292次，检查小区123个，检查公福用户83户，保证居民的安全用气。

2010年，完成户内安检1万余户次，查出泄漏问题527户，检查大灶207户。

银川市煤气供热有限公司

【概述】 银川市煤气供热有限公司成立于1984年,为银川市建设局直属国有公用企业。经过20多年发展,公司已成为集民用液化气储存、灌装、供应、液化气钢瓶检验、危险货物运输、汽车维修、车用压缩天然气供应和工业气体充装销售为一体的国有企业,也是自治区规模最大、功能最全的燃气经营企业;设有供气管理所、灌装检修厂和办公室、技术安全部、企管部、财务部、金诺公司等部门科室,2010年底,在职职工279人,大中专以上学历61人,中级以上职称8人。

公司液化气储存能力2200立方米,日供应液化气能力50吨;建设有液化气供气站9座,代销站点20多个,天然气汽车加气站3座,承担着全市10万居民、1.6万户低保户和部分城市餐饮业用户的供气任务及全市近三分之一出租车和部分公交车加气业务,车用压缩天然气日加气能力达8万m3;工业气体充装站可充装氩气、二氧化碳等工业气体。2002年公司获得自治区计量、物价信得过单位称号,连续5年荣获全国安康杯竞赛优胜企业荣誉称号。

【经营指标】 2001年,购进液化气6400吨,其中计划内3700吨,计划外2700吨,在市场萎缩的情况下,努力扩大销售,利用优质服务,积极占领市场,全年销售液化气6200吨,其中平价气5200吨,议价气1000吨;新增居民用户1000户,全年完成销售收入1600万元,总亏损420万元,其中经营液化气亏损371万元,房改亏损83万元,提房屋维修金27万元,设备处理亏损23万元,其他16万元,政府给予补贴100万元。2002年,购入液化气6000吨,销售6730吨,比上年增长2.3%,其中销售平价气4600吨,比上年下降13%,销售议价气2130吨,其中车用气870吨,比上年增加60%,全年新增居民用户1093户,累计在册用户85528户;职工平均增加收入2242.6元,比上年增长24%;完成销售收入1670万元,比上年增长4.8%,总亏损250万元,其中经营亏损450万元,政府给予补贴200万元。

2004年,销售液化气11836吨,比上年同期增长18%,其中平价气销售4540吨,议价气销售7296吨,完成销售额3352万元,全年经营亏损532万元,财政补贴200万元,实际亏损332万元。

2006年,实现销售收入5003万元,较上年同期增长33%;财政补贴由上年的200万元减少为100万元,实现利润10万元,比上年减亏13万元。全年销售液化气7307吨,比上年下降23%,销售收入3188万元,比上年减少7%,其中居民用气(含低保户)销售3648吨,比上年下降10%;议价气销售3659吨,比上年下降33%,液化气经营亏损144万元,财政补贴100万元,实际亏损44万元。全年销售天然气895万M3,销售收入1785万元,实现利润71万元。氩气充装站于4月份正式投入使用,全年销售液氩82吨,实现销售收入30万元。

2007年,实现销售收入4976万元,经营亏损32万元;液化气灌装合格率100%,固定资产增值率-8%,设备完好率97%,职工年平均收入比上年增长11%,客户服务满意率98%,建设新农村供气站点8处;全年销售液化气6762吨,比上年下降7.5%,销售收入3152万元,比上年下降1%,其中居民用气销售3654吨,比上年上升0.1%;议价气销售3108吨,比上年下降15%;全年销售天然气847万M3,实现销售收入1680万元,比上年下降6%;全年销售液氩119吨,销售收入43万元。

2008年,实现销售收入5658万元,经营亏损86万元;液化气灌装合格率100%,固定资产增值率为-0.5%,设备完好率达到98%,职工平均收入比上年增长10%,客户服务满意率达98%;全年销售液化气6104吨,比上年下降10%,其中居民用气(含低保户)销售3720吨,比上年增加1.8%;议价气销售2384吨,比上年下降23%;全年销售天然气782万M3,比上年下降7%;全年销售液氩160吨,比上年增长34%。

2009年,实现销售收入4933万元,经营亏损215.9万元,液化气灌装合格率100%,固定资产增值率-13%,设备完好率98.5%,职工平均收入比上年增长8%,客户服务满意率98.57%。

2010年,实现销售收入4947万元,经营亏损265万元,液化气灌装合格率100%,固定资产增值率26%,设备完好率98%,职工年平均收入比上年增长13%,客户服务满意率达98.9%。

【安全生产】 2001年,投入40多万元完善安全设施,解决一些长期以来一直困扰公司安全工作的隐患,使公司的安全工作有了硬件保障;重新修订各项安全管理制度,层层签订安全责任书,把安全工作落实到每个人、每个环节;每月定期全面检查1次,全年共检查14次,节前重点检查8次,巡回检查每天1次,平时夜间抽查12次,共查出事故隐患10项,全部进行整改。

2002年,对4辆汽车槽车进行全面检验,对所有19台液化气贮罐进行年检,全年检验钢瓶35000只,对两台球罐进行放腐处理;每月定期对所有厂站进行安全检查,全共检查14次,其中节前重点检查5次,巡回检查每天1次,平时夜间抽查12次,对查出的问题和隐患全部及时进行整改,全年没有发生任何安全事故。

2004年,投入100多万元用于安全生产,确保公司全年无安全生产事故发生;对6辆汽车槽车和19具液化气储罐进行年度检验,对所有储罐和管道进行全面防腐处理,对液化气拉运车辆、压缩机等设备进行维修、保养,设备完好率达到95%以上;购置一套液化气专用堵漏设备和大量灭火器、消防水带等消防器材;规范钢瓶检验流程,健全钢瓶检验档案,加大钢瓶检验力度,全年检验钢瓶26220只;组织各气站和灌装厂进行消防演练,提高处理突发事故的能力和安全生产意识；全年共进行安全检查12次，其中节前重点检查3次，夜间抽查12次，对查出的问题和隐患全部及时进行整改。

2006年，针对安全工作中存在问题，分别与灌装检修厂、供气管理所、综合服务中心、氩气充装站、金诺商贸公司5个部门签订《安全管理责任书》；投入50多万元，对5台液化石油气储罐、3辆液化气槽车进行年度检验，对1台球罐及两辆槽车进行全面检验，为厂区安全运行提供有效保障；全面检验消防器材，更新8kg干粉灭火器20具，对灌区消防系统、喷淋设施进行调试，确保正常使用；对灌瓶厂、加气站进行防雷防静电检测，对各种计量器具进行校验；坚持对到期应检验钢瓶及时检验，对报废钢瓶及时处理，全年检验钢瓶23000只；对出入厂、站的钢瓶进行安全检漏，落实“四不出厂”制度，确保钢瓶100%的出站合格率；5月，在石嘴山市京藏高速公路平罗段发生一起载有近9吨液化气的汽车槽车翻下路基，造成液化气泄漏的重大事故，接到石嘴山市消防支队的求援电话后，公司立即派出由副经理申晓东带队的4人抢险队伍参加抢险。

2007年，不断完善各厂站安全硬件设施，及时对到期应检的液化石油气储罐、槽车进行年度检验，全年共检验钢瓶2.3万只；对灌区消防系统、喷淋设施进行调试，确保正常使用；对报废钢瓶及时处理；全年充装液化气55万瓶，钢瓶充装合格率100%；对天然气加气站进入站区的出租汽车逐辆进行测漏检查，确保加气车辆的安全运行。

2008年，全面落实安全责任制，切实加强企业安全制度建设，与灌装检修厂、供气管理所、综合服务中心、氩气充装站4部门签订《安全管理责任书》，与司机签订《交通安全责任书》；公司技术安全部门对安全培训、安全检查、值班管理、人车进站管理等规章制度和操作规程进行修改补充，对事故状态、防汛、防震减灾等专项应急预案重新进行修订；加大安全检查力度，全面消除隐患，每月定期由安委会组织安全检查，不定期进行抽查，各厂、站每日多次巡查，做到责任到人，措施到位，形成人人管安全的局面，截止10月份，安委会组织成员进行综合安全检查10次，夜间值班检查17次，专项安全检查2次，查出隐患24处，对检查中发现的问题，做到及时采取措施，及时整改；投资近10万元对灌装检修厂的可视监控系统和周界红外线自动报警系统进行升级改造，进一步扩大监控范围和监控效率，提高安防水平，坚持按国家有关规定定期对贮罐进行检验，对压缩机、烃泵、消防水泵等设备定期进行维修保养，安全阀、压力表、液位计等安全附件按期校验，各气站按规定配足和及时更换消防器材，按期对贮罐、安全阀、压力表、高压软管、烃泵、压缩机等设备进行检测校验、维修保养，杜绝设备带病运作，对到期应检验钢瓶及时检验，对报废钢瓶及时处理，全年共检验钢瓶12000只，对出入厂、站的钢瓶进行安全检漏，落实“四不出厂”制度，确保钢瓶100%的出站合格率。

2009年，加强安全教育和岗位培训，提高全员安全意识和技能，各部门、班组着力加强班组的安全教育和岗位练兵，每日各班组都进行岗前安全教育，每月都进行安全常识、安全法规、安全技术等知识的专门学习；组织全司人员进行消防演练，演练紧急疏散、阀门堵漏、干粉灭火等项目。

2010年，积极完善三级安全管理体系，与各部门负责人分别签订安全生产责任书，各主管部门又分别与各车间、班组负责人签订责任书，各车间、班组确定本班组的安全员，做到安全管理机构健全、人员落实，分工明确，配备专业技术人员负责厂站日常安全管理，在储罐检验等重大设备维修工作中推进安全技术交底制，使安全生产责任制得以全面落实。

【企业改革】 2001年，成立近60人组成的综合服务中心，开展上门送气、上门维修服务；分流部分职工，辞退看门临时工，安排部分年龄偏大的职工做门卫工作；为液化气销售寻找新的出路，建成银川市第一座汽车加气站并投入运营；为调动广大职工的积极性，在供气站实行计件工资、议价气销售提成制度，使议价气销售5个月内翻一倍多；积极进行企业改制工作，完成资产评估；严格控制开支，合理使用资金，仅招待费和差旅费就比上年减少开支15万元；为职工办理医疗保险，解除后顾之忧。

银川市自来水公司

【概述】 银川市自来水总公司成立于1958年，2010年下辖5个分公司、3个中心、4个子公司、12个职能科室及11个辅助部门，拥有水厂11座，深井172眼，输配水管线总长度1277KM（DN100 mm以上），设计供水能力36万m^3/日，其中兴庆、金凤、西夏三区设计供水能力为29万m^3/日，实际供水能力为26万m^3/日，2010年最高日供水量为34.1万m^3；2002年开始，在银川市行风评议中3次获得第一，连续两次获得自治区行风免评资格。

【IC卡水表改造】 2002年开始，利用两年时间，完成全市15.6万户居民IC卡水表改造，在全国省会城市中第一家实现抄表到户。

【区域供水一体化】 2003年完成对贺兰、永宁、灵武自来水公司的并购；2004年收购河东自来水公司，成功实现大银川范围内区域供水一体化经营，成为全国水业并购扩张的范例。

【阶梯式水价】 2004年，在全国率先推行居民阶梯式水价，为银川市创建全国节水型城市创建条件。

【水资源管理】 2005年，全面完成银川市下辖区域内水源地的勘探、认证、注册，统一地下水资源管理与使用。

【准军事化管理】 2006年，率先在全国水行业提出准军事化管理；2007年，在全公司范围内进行全员军训，使职工队伍的凝聚力和执行力进一步加强。

工　业
GONGYE

综述

截止 2001 年，先后对城区 26 家直属集体企业和国有企业实行全面改组改制，盘活存量资产，妥善安置企业职工，放开搞活原城区企业，使企业出现生机和活力。及时调整了经济工作重心，由政府直接办企业转向扶持、服务企业；由抓产值、利润转向抓税收、税源；由抓改制企业转向抓非公有制企业和第三产业。2001 年，非公有制经济总量已占城区国内生产总值的 75%以上，上缴税金占城区地方财政收入的 86%。较好地实现了经济工作思路、工作机制、服务对象、服务方式和经济增长方式的转变。2002 年，第二产业增加值完成 12.1 亿元，工业总产值完成 10.5 亿元。2003-2007 年，积极发展园区工业，高起点建设兴庆科技园，引进卧龙变压器、夏进乳业、汇泉管道、恒兴机械等项目 20 个，完成投资 2.9 亿元，累计实现工业总产值 2.1 亿元，园区工业经济效益初步显现。积极扶持和引导非公有制经济向高层次、宽领域方向发展，非公经济发展步伐明显加快。2007 年末，辖区个体、私营企业已发展到 4 万户，从业人员达 16.2 万人，非公经济占兴庆区经济总量达 70%以上。2008 年末，辖区共有从事第二、三产业的法人单位 5535 个，其中，企业法人单位 4484 个；各类产业活动单位 6683 个，其中第二产业 667 个。个体经营户 31966 户，其中第二产业 1027 户，从事第二产业的法人单位、产业活动单位和个体经营户数占银川市 48.2%。2009 年，切实做好辖区 30 家规模以上工业企业的服务和运行监测，工业经济止跌回升。2010 年，把固定资产投资作为拉动经济增长的主要抓手，建立了严谨的月调度、季通报、年考核制度，组织开展了项目建设百日大会战，全年争取项目资金 9.4 亿元，实施各类项目 200 个，总投资 162 亿元，完成投资 72 亿元。工业企业整体运营良好，工业经济快速增长，科技园众一门窗、巨力神等项目主体完工，卧龙变压器二期、雯翔商贸续建项目启动，正泰电器等 5 个项目加紧建设；青龙管业股票在深交所挂牌上市，科技园区实现工业增加值 5.2 亿元。宁夏电力集团、哈纳斯天然气公司等规模以上企业提质增效明显。主动协助银川卧龙、金河乳业等中小企业争取项目资金 1400 万元，发放出口企业奖励资金 500 万元。全年完成工业增加值 60 亿元，同比增长 22.3%。

【小巨人工程】 2008 年，实施“小巨人”工程，确定宁夏卧龙变压器有限公司、宁夏恒兴机械制造有限公司、银川金河乳业公司 3 家企业为培育主体。2009 年，积极培育重点企业，宁夏卧龙变压器、银川金河乳业、银川维维北塔 3 家企业被银川市确定为“小巨人”企业。

2010 年，卧龙变压器、金河乳业等四家“小巨人”企业市场竞争力增强。

兴庆科技园

【概况】 为积极响应银川市委、市政府关于开发建设大银川及“兴工强市”的号召，兴庆区委、政府于 2002 年 11 月成立银川兴庆科技园筹建领导小组，2003 年 2 月 16 日，兴庆科技园管委会及党工委成立，作为兴庆区委、政府的派出机构负责园区的建设和管理工作；科技园党工委设书记 1 名，副书记 1 名，书记由兴庆区委副书记兼任；管委会设主任 1 名，副主任 2 名，主任由兴庆区政府副区长兼任。

2003 年 6 月 6 日，经自治区党委、政府大力协调，银川兴庆科技园在区内首家采用市场化、企业化的运作模式，由宁夏国际投资控股有限公司（51%）、宁夏银基房地产开发有限公司（39%）、兴庆区国有资产控股有限公司（10%）三方成立银川恒业投资发展有限公司，注册资金 1 亿元，具体承担园区投资、建设、经营任务。恒业公司与科技园管委会合署办公，实行两块牌子、一套人马，园区管委会具体负责征地拆迁安置、招商引资、协助办理入园企业报批手续等工作，恒业公司具体负责园区

2003 年 6 月 8 日，科技园暨入园项目签约仪式现场

路、网、管、线等基础设施建设，筹措发放征地拆迁补偿费用、基础设施建设资金，经营园区，与园区管委会共同管理园区。

银川兴庆科技园规划用地 4845 亩，截止 2008 年 10 月已出让工业用地 1263 亩，物流市场用地 887 亩（签定意向性协议，土地证未办理）；正式签约企业 22 家，其中工业企业 19 家（建成投产企业 7 家、续建企业 2 家、建成未投产企业 3 家、待建企业 7 家），其他企业 3 家，协议投资总额约 27 亿元，实际到位资金 4.9 亿元。2007 年完成产值 2.1 亿元，利税 1800 万元；2008 年 1～9 月完成产值约 1.61 亿元，利税约 2104 万元。2009 年 1～9 月份，实现工业总产值 38707 万元，同比增长 140.3%，利税 7724 万元，同比增长 267.1%，利润 6418 万元，同比增长 281.8%。截止 2010 年 10 月，园区共引入企业 23 家。2010 年 1～3 季度园区完成工业总产值 4.4 亿元，同比增长 137.3%；利税 7758 万元，同比增长 0.44%。

【园领导名录】

书　记：保建新（2003.02～2006.10）
王广智（2006.10～2008.07）
杜　迁（2008.07～2010.12）
副书记：黄明才（2007.12～2008.12）
咸　波（2008.12～2010.12）
主　任：肖建东（2003.02～2004.04）
赵向阳（2004.05～2007.10）
陈志文（2007.10～2007.12）
王玉林（2007.12～2008.12）
常　虹（2009.01～2009.06）
郝春明（2009.07～2010.12）
副主任：冯　泽（2003.02～2004.04）
常洪斌（2003.05～2006.10）
关胜宝（2003.06～2004.08）
叶　成（2004.05～2010.12）
杨　锋（2006.10～2007.07）
朱学礼（2007.07～2007.12）
王梦麟（2007.12～2008.12）
杭金弟（2007.12～2010.05）
王杰民（2010.05～2010.12）
张　浩（2009.02～2010.12）

【股权转让】 2005 年，宁夏国际投资控股有限公司因对外投资失误，资金严重匮乏，难以继续合作开发建设科技园，宁夏银基房地产开发有限公司也有意退出园区，经合作各方多次充分协商同意，2005 年 6 月和 2006 年 4 月，宁夏国际投资控股有限公司和宁夏银基房地产开发有限公司分别与兴庆区国有资产控股有限公司签订股权转让协议，由兴庆区政府对科技园独立行使经营管理权。

2007 年，在区委、政府领导下，园区管委会积极推进银川恒业投资发展有限公司股权转让事宜，抽调财政、审计、监察等部门骨干力量组成恒业公司交接领导小组及工作组，入驻恒业公司，整理接收财务、工程、资产资料。

【拆迁安置】 银川兴庆科技园征地拆迁工作自 2003 年 3 月 19 日开始，至 2003 年 10 月底全部拆除地上建筑物及附着物。科技园管委会、银川恒业投资发展有限公司会同满春乡政府、八里桥村村委会及村民代表对科技园范围内的八里桥一、四、五、六、十二队及兴庆区蔬菜园艺场集体及国有土地进行丈量、登记、复核，委托宁夏恒正不动产评估咨询公司对上述征用范围内的拆迁房屋、附着物进行评估、测算。截止 2007 年 9 月，科技园共安置拆迁户 753 户，安置面积近 8.69 万平方米，其中一期拆迁的八里桥村五、六队拆迁农户 234 户，住房面积 2.69 万平方米，已由兴庆区康居办会同丽景街办事处安置完毕。二期拆迁的八里桥村四队、兴庆区蔬菜园艺场 519 户，面积近 6 万平方米，由科技园管委会进行安置。八里桥康居工程已全部竣工并交付使用，拆迁农户已于 2007 年 5 月前办理完入住手续，迁入新居。

【基础设施建设】 园区基础设施建设由银川恒业投资发展有限公司负责，2003 年 7 月开始施工，截至 2004 年 6 月，除局部工程外，园区中央大道、兴庆二路、兴庆三路、兴庆四路、兴庆五路、满春二路等“一纵五横”6 条主干道道路工程建设及 109 国道过街涵洞工程、道路绿化、自来水、污水、中水、电缆沟、电信等管网敷设均已完工。

2007 年，兴庆科技园基本实现“六通一平”，“一纵五横”6 条主干道及 109 国道涵洞工程、绿化工程基本完工。与东部天然气有限公司协调，将天然气管网铺入园区，同时解决污水排放系统主管网的堵塞清淤问题，保证排污管网通畅，为企业生产提供便利条件。

2008 年，完成兴庆科技园天然气管网等配套设施。

2009 完成园区排污泵站续建工程，入园企业建设、生产污水排放的老大难

问题得到有效解决；根据园区的发展和入园企业的要求，不断完善园区基础实施配套。7月完成园区道路、路灯、绿化及排污泵站鉴定验收工作。8月完成入园企业道路标识设置，并解决入园企业职工收看有线电视问题。协调有关部门在园区设置公交站点，解决了园区职工交通问题。年初承诺为园区企业办理的8件实事：入园企业道路标识设置、收看有线电视、道路减速带设置、通行公交车、接通天然气等实事均已按承诺逐一落实解决。

【项目建设】 园区重点开展招商引资工作，在引商、留商、稳商战略上下大力气，引进了一批发展潜力大的高科技及自治区龙头企业入园发展置业。2006年，科技园区引进卧龙变压器、正泰电器等19家企业，协议投资近10亿元，实现产值2亿元，其中卧龙变压器有限公司220kv牵引变压器生产项目于8月投产，实现工业总产值近亿元；伦泰机电年底竣工，夏进乳业10万吨液态奶及研发中心项目生产设备全部调试完毕；恒兴机械、正泰电器、恒美雅家具、昌飞汽贸及夏进1.5万吨奶粉生产项目正在加紧施工。

2004年8月13日，工业建设项目入驻

2007年，到银川兴庆科技园咨询的国内外客商150多家，登记90余家，正式签约项目20家，协议总投资额11.46亿元；投产和基本完工的企业6家，协议投资总额5.6亿元人民币，实际到位资金2.151亿元，完成产值7488万元；在建项目7个，协议投资额2.51亿元，到位资金7801万元；开工建设企业6家，宁夏正泰电器制造有限公司、银川恒美雅家具有限公司等企业正在建设中；宁夏服装服饰业商会等9家企业正在办理前期规划手续；协议投资额3.35亿元。卧龙变压器有限公司实现产值9912万元，新华百货夏进乳业股份有限公司10万吨液态奶项目一期实现产值391万元，宁夏三瑞机械环保设备公司实现产值660万元。全年工业增加值47.54亿元，同比增长18.8%。

2008年，科技园协议签约项目21个，总投资额约33亿元，完成投资3.5亿元，其中建成投产项目7个，建成未投产企业2个，续建项目5个，待建项目6个，物流项目1个；完成工业总产值147亿元，同比增长19.4%，完成年计划的103.5%；第二产业增加值52亿元。

2009年，园区管委会狠抓落户项目的开工率、竣工率和投产率。集中开工项目9家，开工率达到80%，重点项目取得突破性进展：绿地集团21世纪商城A区一期4000平方米售楼部已投入使用，一号3.7万平方米MALL（摩尔）主框架工程已进入收尾阶段；青龙管业投资4000万元，新建芯模震动排水管、钢套筒管生产线项目，4月开工建设，10月投产；正泰电器、创鑫环保、巨力神、华隆祥、阳光那波里、众一门窗6家企业全面开工建设，园区建设硬势力进一步提升。园区全年实现工业总产值5亿元，同比增长105%。

2010年，截止12月底兴庆科技园共引入上海绿地、卧龙变压器等商贸物流、工业企业23家，协议投资总额约28亿元。建成投产企业10家，分别是银川卧龙变压器有限公司、宁夏兴科青龙管道有限公司、宁夏三瑞机械环保设备有限公司、宁夏伦泰电子仪器有限公司、宁夏永刚实业有限公司、银川永福元工贸公司、银川塞上阳光门窗有限公司、宁夏众一门窗有限公司、宁夏巨力神贸易有限公司及宁夏生产力促进中心。续建企业4家：银川卧龙变压器有限公司项目二期8000平方米生产车间已于2010年5月中旬开工；宁夏雯翔商贸有限责任公司项目二期工程进入收尾阶段，办公及宿舍楼已投入使用；宁夏三瑞机械环保设备有限公司项目二期1000余平方米车间建设工程2010年4月份开工，2010年年底前投入使用；上海绿地集团银川置业有限公司绿地21城项目建设进展顺利，生态花园酒店项目2010年11月28日正式开业，汽车4S店项目招商引资情况良好，已经引入20家国内外知名品牌汽车代理商入驻，服装城项目所有商铺全部售罄，正在进行服装城内部装修及服装商户招商工作，红地毯影院项目正在按计划推进，绿地公司公寓楼项目主体工程正在建设中，前期销售情况良好。新建企业4家：银川华隆祥科技开发有限公司冷库项目主体完工，2010年年底前投入使用；宁夏阳光那波里餐饮连锁管理有限公司项目主体完工，正在进行项目市场拓展；宁夏创鑫环保设备有限公司项目生产车间工程封顶，正在进行车间内部装修；宁夏正泰成套电器制造有限公司项目宿舍楼工程封顶，生产车间工程正待钢结构安装。待建企业2家：宁夏服装服饰业商会、宁夏银基房地产开发有限公司。夏进乳业集团银川分公司、宁夏恒兴机械制造有限公司、银川恒美雅家具有限公司及宁夏昌飞汽车贸易有限公司4家工业企业因企业内部管理或资金等问题，致使项目无法继续开展，管委会与相关部门积极协调，帮助企业联系同行业其他企业进行商谈，希望通过引入外部资金、合资合作的形式帮助企业走出困境。

【管理·服务】 制定完善《银川兴庆科技园管理办法》《银川兴庆科技园招商引资管理办法》《银川兴庆科技园入园企业管理办法》等规范性文件，强化管委会的管理、服务职能。管委会设置专人，从协助企业申报项目、加强联系、提供信息等“小处”着眼，为入园企业营造良好的投资软环境。园区管委会积极与相关部门进行协调，组织召开专题会议，解决在项目立项及建设投产过程中的问题，为入园企业提供服务。

2008年，为加快推进兴庆科技园整体开发建设进度，进一步完善园区基础设施，强化管理服务职能，科技园管委会于2008年3月成立公用事业服务部，全面承担园区基础及配套设施的管理、维护及园区绿化、保洁工作等工作。公用事业服务部成立后，除做好日常管理工作外，及时对园区基础设施情况进行深入摸底，做到底数清、情况明，大力加强与东部天然气公司、银川市第一污水处理厂等部门的沟通协调，进一步完善园区相应配套基础设施。与公交、银行、交警队等部门联系，力争尽快在园区范围内设立相应设施及服务点，实现园区为入园企业所承诺的一站式办公，一条龙服务。

2009年，庆科技园管委会制定《领导干部联系园区企业制度》，明确了管委会干部联系企业的内容和职责。要求干部主动联系政府相关职能部门，帮助企业协调解决项目立项、建设、生产等环节手续审批等相关问题。并且每周至少有两天到联系企业，熟悉企业生产经营情况，做好跟踪服务。协助企业办理相关事务，帮助企业解决生产经营中出现的问题；指导企业贯彻落实自治区及银川市、兴庆区有关会议精神。园区管委会以加强服务、优化投资软环境为突破口，进一步改善园区发展环境，联系规划、国土、建设、环保、消防、安检、工商、税务、银行等相关部门，协助其在科技园设立工作站或服务窗口，延伸服务，为投资者营造良好的投资软环境。组织召开园区银企座谈会、电力协调会，邀请银行、电力部门到园区现场办公，加强各有关部门与企业间的沟通、联系，帮助企业解决资金短缺、用电不便等实际困难；组织开展园区道路、路灯、绿化及排污泵站等基础设施鉴定验收工作，聘请专业部门采用专业仪器对园区所有基础设施进行全面检测，依据检测结果对园区总体基础设施进行全面整改。

企业园区车间内部一角

【党建工作】 科技园党工委结合入园企业入驻建设的实际情况，加强党组织建设，将入园企业党建及群众组织建设工作作为一项重要工作来抓，建立、完善园区基层党组织体系；设置专人负责党建和群众组织工作，摸底调查入园企业基层党组织的建设情况，帮助企业建立完善组织，理顺党群关系，经过努力，宁夏新华百货夏进乳业股份有限公司银川分公司、宁夏三瑞机械环保设备有限公司、宁夏宁北汽贸有限公司先后成立党支部，完善企业党组织，使党员有了活动阵地，企业有了政治核心；帮助入园企业建立工会、共青团、妇女组织等群众性组织，维护职工的合法权益，通过召开入园企业联谊会的形式，广泛听取企业意见，增进相互了解，融洽邻里感情，构建和谐的园区发展环境。

2008年，按照兴庆区委统一安排部署，科技园党工委一方面抓好园区非公有制企业党建工作，积极配合上级党组织开展十七大学习、解放思想大讨论等活动；另一方面逐步加大党建工作辐射面，帮助其他入园企业建立党组织。

2009年，7月17日兴庆科技园管委会、园区会员单位按照《工会法》和《工会章程》，举行了兴庆科技园工会联合会第一届会员大会，按照法定程序选举产生工会主席、副主席和经审委主任。

2010年，对一些具备条件的非公企业(永刚实业公司等)及时成立党支部，将零散党员纳入到联合党支部，对暂时没有条件的园区企业采取派驻党建指导员的方式（共派驻4名党建指导员），将其纳入到科技园党组织的管理范围，努力达到“四个百分之百”目标，进一步增强党组织的覆盖率；以企业工会为平台，努力形成党建带工建、工建促党建、党工共建的格局，充分发挥群团组织在党建工作中的积极作用，依托科技园工会联合会，成立非公企业联合党支部，进一步增强科技园党组织的凝聚力、辐射力、向心力，达到惠企、利企、助企、稳企的良好效果；按照兴庆区委组织部的安排部署，对三瑞公司党支部的换届选举工作精心组织安排，专门向企业传达学习有关文件精神，要求企业严格按照公推直选实施方案进行换届工作，换届选举之日，专门派人参加，进行现场监督，促使三瑞公司党支部的换届选举工作圆满完成，新一届支委班子顺利产生。

【债权债务清理】 为妥善解决科技园的后续遗留问题，逐步为园区发展扫清障碍，科技园管委会及时提出债权债务化解方案，抽调审计、财政等部门骨干力量于2008年1月成立兴庆科技园债权债务清理工作领导小组及工作组，分步骤、有计划、有重点地积极开展科技园债权债务清理清算工作，10月，清理清算工作组完成债权债务清算工作。

【土地清理】 2009年，园区管委会加大闲置土地清理力度，不断盘活土地资源，通过两次清理工作，依法清理收回泉州粤港装饰工程公司、银川永福元工贸有限公司、宁夏服装服饰业商会共计72.5亩闲置用地，新引入众一门窗生产、阳光那波里主食加工配送及建源房地产公司商品混凝土项目，协议引资7500万元，园区闲置土地资源得到充分利用；继续推行企业评星定级制度，推进园区企业规范化建设。

2003年5月22日，园区基础设施建设

2010年，园区管委会继续加大闲置土地清理和监管力度，不断盘活土地资源。3月份，科技园开展园区第二次项目闲置土地清理工作，清理出两宗闲置用地，一宗为宁夏服装服饰业商会2009年7月6日分割项目土地后剩余的50亩项目用地，未按照协议约定开工建设；另一宗为宁夏银基房地产开发有限责任公司原兴盛热电厂项目用地301.91亩，闲置7年。管委会分别向用地企业下发闲置项目用地清理通知，告知两家项目闲置用地企业尽快按程序履行相关手续。经过与两家用地企业多次协商，两家企业均表示将会尽快开发建设项目用地。管委会结合实际情况，对两家企业提出新的解决方案：收取宁夏服装服饰业商会土地闲置费，督促项目在2011年开工建设；宁夏银基房地产开发有限公司上报银川市政府要求改变其项目用地使用性质，建设建筑材料租赁市场，该申请已获批准，待其缴清改变土地使用用途差价后，管委会立即督促该公司开工建设新项目。

【存在问题】 园区建设资金欠账多、清理工作压力大；基础设施配套工程建设、管护脱节；企业报批手续周期长，项目进展缓慢；园区企业融资难、发展后劲不足；有些企业长期圈地不建，造成园区土地资源闲置浪费，109国道以西商住地迟迟不能开发，致使园区遗留债务问题不能及时解决，造成园区资金压力加大，制约园区的发展进度；园区道路、路灯、电缆沟等公用设施完工并鉴定验收，但因资金有限，园区无能力自身进行管理、维护，应按照职责、权限交由银川市公用设施管理部门接收管理。

农林牧渔业

NONGLIN MUYUYE

·农牧业·

概 述

【概况】 兴庆区农牧局前身为兴庆区农林牧业局。2002年11月，银川市行政区划调整，兴庆区政府成立，林业与农业、蔬菜、畜牧、水产、农经、农机、乡镇企业管理等部门合并，组建兴庆区农林牧业局。兴庆区农林牧业局下设12个事业单位，分别为兴庆区农林技术推广指导服务中心、畜牧水产技术推广指导中心、农林综合执法大队、农村合作经济经营指导站、大新镇农业技术推广服务中心、大新镇畜牧兽医站、掌政镇农业技术推广服务中心、掌政镇畜牧兽医站、通贵乡农业技术推广服务中心、通贵乡畜牧兽医站、月牙湖乡农业技术推广服务中心、月牙湖乡畜牧兽医站。2004年2月，兴庆区绿化队由原兴庆区城乡市容管理局整建制移交兴庆区农林牧业局管理。2004年3月，兴庆区绿化委员会成立。2007年3月，兴庆区实施基层农业科技服务体系改革，将原兴庆区农林技术指导服务中心林业工作职能分离出来，成立兴庆区林业技术推广中心。2009年，兴庆区全面实施政府机构改革，原农林牧业局撤销，更名为兴庆区农牧局，兴庆区农林技术推广中心更名为兴庆区农业技术推广中心，城市绿化和农村造林工作移交兴庆区园林局负责。

近年来，兴庆区以科学发展观为指导，按照高产、优质、安全、高效、生态的要求，统筹城乡发展，以农业增效、农民增收、壮大农村集体经济为目标，大力转变农业发展方式，深挖农业外部增收潜力，推进农业内部结构优化升级，实施以市场为导向的优势资源转换战略，推广“公司＋基地＋农户”、“公司＋合作经济组织＋基地＋农户”等发展模式，依托资源和区位优势，形成奶产业、设施园艺（花卉产业）、适水产业、优质粮食四大特色产业区域化布局、规模化生产、产业化经营的良好格局。

【局领导名录】

局　长：马元元（2001.11～2003.02）
　　　　赵卫国（2003.02～2004.12）
　　　　冯　泽（2004.12～2009.01）
　　　　杨　锋（2009.01～2009.08）
　　　　马成忠（2009.08～2010.12）
副局长：杨银生（2003.02～2010.12）
　　　　徐建方（2003.02～2004.12）
　　　　王伟忠（2003.02～2009.01）
　　　　邵军高（2003.02～2009.01）
　　　　杨桂香（2005.06～2010.12）
　　　　马金宝（2009.01～2010.12）

农 业

【粮食生产】 十年来，粮食种植规模稳中有增，品质不断提高。在水稻生产上，创建1个部级水稻高产万亩示范片，创建有机稻生产基地1.7万亩，创建玉米制种面积0.32万亩。

2003年兴庆区粮食总播种面积11153公顷，产量4983吨，农业产值8222万元；2004年兴庆区粮食总播种面积14496公顷，产量56689吨，农业产值9749.4万元；2005年兴庆区粮食总播种面积9245公顷，产量60798吨，农业产值21993.8万元；2006年兴庆区粮食总播种面积9389公顷，产量63550吨，农业产值24871.6万元；2007年兴庆区粮食总播种面积8624公顷，产量69885吨，农业产值28806万元；2008年兴庆区粮食总播种面积6576公顷，产量？吨，农业产值38923万元；2009年兴庆区粮食总播种面积9760公顷，产量71178吨，农业产值45439万元；2010年兴庆区粮食总播种面积9852公顷，产量69885吨，农业产值54116万元。

【推广农作物优质新品】 2003年，针对引黄灌区供水紧缺的严峻形势，及时制定《兴庆区2003年种植结构调整节水方案》，下发《关于切实做好农业结构调整节水灌溉工作的紧急通知》。按照“压稻增节水抗旱作物，压粮增蔬菜和经济作物”的原则，狠抓了各乡抗旱节水措施的落实，调整小麦、水稻两大耗水作物的种植面积，确保农作物正常引水灌溉。为了加快兴庆区农业产业结构调整，提高农业项目科技含量，不断提升农业整体素质和效益，开始实施《银川市兴庆区2003年水稻规范化早育稀植推广项目》。

2004年，推动农业和农村经济结构战略性调整，促进农民收入稳定增长，自治区政府决定对主要农作物优质新品种按区域化推广种植实行“三定一补”，即定区域、定品种、定面积，给予农民种子补贴。

2005年，为了加快粮食作物优良品种推广步伐，发挥优良品种的增产增收作用，自治区筹措资金对2005年推广的优良品种进行补贴。

2008年，继续对辖区农作物良种进行补贴，同时，大力推广粮食生产高效种植模式和粮食高产区创建工作，充分调动农民种粮积极性，粮食面积和产量明显增加。

2009年，良种补贴范围除两乡两镇外，又增加了治沙林场，继续开展粮油高产创建活动，同时开展实施兴庆区基层农技推广服务体系改革与建设示范项目，要求每名技术指导员选择10户科技示范户，采取多种形式搞好农业实用技术培训。

2010年，良种补贴范围又新增了月牙湖草原管理站。粮食生产按照“稳定面积、调整结构、优化品质、主攻单产”的要求，继续开展粮食创高产示范活动。

【培训工作】 2005年实施了兴庆区百万农民培训工作。为加强农村富余劳动力培训转移工作的领导，抓好农村劳动力培训转移阳光工程的落实，经兴庆区人民政府研究，成立了兴庆区农村劳动力培训转移阳光工程领导小组，设立阳光工程办公室，制定年度实施方案及远期规划，把培训转移任务分解到各乡镇及涉农街道办事处，列入政府年度考核责任书内，各乡镇、涉农街道办事处也成立了阳光工程领导小组和劳动保障所，为做好此项工作提供了有力的组织保障。为促进农村富余劳动力有序流动，减少盲目性，增强主动性，及大中企业，对其所需的工种、用工量等情况进行调查，并对用工住处进行双向反馈，为企业和农民搭建了用工平台。共完成农村劳动力阳光工程转移培训2038人，占培训转移任务2000人的101.9%，其中：转移到二三产业就业的2016人，转移率达98.9%。在举办的21期培训班中，计算机应用3期129人，美容美发1期47人，家电维修1期13人，餐饮服务1期97人，汽车养护2期44人，乳制品加工2期102人，保安1期150人，建筑工7期992人，农产品经纪人2期217人，家政服务1期247人。

2003年9月19日，玉米大丰收场景

【农业污染普查】 根据《国务院关于开展第一次全国污染普查工作的通知》，2008年1月15日，兴庆区第一次农业污染普查工作全面启动，至2008年6月20日完成。此次普查的范围包括二乡二镇、一个涉农办事处共35个行政村，分别对种植业（粮食、蔬菜、花卉、林木、果园）畜牧养殖业和水产生产经营活动的基本情况及各项投入品的使用、废物处理、排污去向等方面进行全面普查。种植业清查面积183340亩，其中；水田面积90774亩，旱地面积80413亩，果园面积8127亩，其他面积4026亩，地块抽样量213个。畜牧养殖业清查规模化养殖场46个，养殖小区2个，养殖专业户659；奶牛存栏23524头；肉牛存栏2315头，出栏1512头；猪存栏6276头，出栏10926头；蛋鸡存栏225892羽，肉鸡存栏56965羽，出栏21250羽；水产养殖业清查入户228户，规范化养殖场4个，共清查养殖水面21637.3亩。

【设施农业】 2003年，设施面积达到1.35万亩（13.46万间），其中二代节能日光温室8.24万间，一代节能日光温室3.4万间，老式半面棚1万间，移动温室0.82万间。

2004年，设施面积达到2.27万亩（22.69万间），其中二代节能日光温室13.1万间，一代节能日光温室7.4万间，老式半面棚0.9万间，移动温室1.29万间。

2005年，设施面积达到2.67万亩（26.7万间），其中二代节能日光温室16.5万间，一代节能日光温室7.4万间，老式半面棚1万间，移动温室1.8万间。

2006年，设施面积达到2.87万亩（28.7万间），其中二代节能日光温室17.5万间，一代节能日光温室7.4万间，老式半面棚1万间，移动温室2.8万间。

2007年，设施面积达到36.0452万间（3.6045万亩），其中二代节能日光温

室 22.6527 万间(2.2653 万亩),一代节能日光温室 8.3425 万间(0.8343 万亩),移动温室 4.8500 万间(0.485 万亩),联栋温室 0.2 万间(0.02 万亩)。

2008 年,设施面积达到 44 万间(4.4 万亩),其中二代节能日光温室 26 万间(2.6 万亩),一代节能日光温室 8 万间(0.8 万亩),移动温室 6 万间(0.6 万亩),联栋温室 2 万间(0.2 万亩)。

2009 年,设施面积达到 5.3 万亩,其中节能日光温室 4.6 万亩,大中拱棚 6644 亩,小拱棚 310 亩;瓜菜科技示范园区 12 个,面积 17700 亩,其中设施瓜菜科技园区 5 个,面积 6580 亩。

2010 年,设施面积 5.81 万亩,其中节能日光温室 4.88 万亩,大中拱棚 6952 亩,小拱棚 2290 亩。

【蔬菜生产】 2003 年,蔬菜生产总面积 50027 亩,其中冬春菜 18027 亩(露地早春菜 4583 亩,温棚蔬菜 13444 亩 176632 间);夏菜 13300 亩,秋季蔬菜种植 18700 亩。

2004 年,蔬菜生产总面积 50435 亩,其中冬春菜 22307 亩,夏菜 13016 亩,秋季蔬菜种植 15112 亩。

2005 年,蔬菜生产总面积 52904 亩,其中冬春菜 20081 亩(露地早春菜 2351 亩、温棚蔬菜 17853 亩 177908 间),夏菜 10294.7 亩,秋季蔬菜种植 11680 亩,温室冬茬蔬菜 10725 亩。

2006 年,蔬菜生产面积 5.74 万亩,其中冬春菜 24459.8 亩(露地早春菜 2124.8 亩、温棚蔬菜 22335 亩 223350 间),夏菜 12941 亩,秋季蔬菜种植 10680 亩,温室冬茬生产 9319 亩,沿山沿河露地瓜菜 5236 亩。

2007 年,蔬菜生产面积 6.8336 万亩,其中冬春菜 27990.1 亩(露地早春菜 2183 亩、温棚蔬菜 25807.1 亩 257642 间),夏菜 9711 亩,秋季蔬菜种植 10757 亩(其中大白菜种植 1764 亩),温室冬茬蔬菜 19878 亩。

2008 年,蔬菜生产面积达 7.2 万亩,其中冬春菜 30292 亩(露地早春菜 1559 亩,温棚蔬菜 28733 亩),夏菜 10716 亩,秋季蔬菜种植 9602 亩(其中大白菜种植 1771 亩),温室冬茬蔬菜 21000 亩。

2009 年,蔬菜生产面积 6.8 万亩,其中露地生产面积 1.5 万亩,设施生产面积 5.3 万亩;蔬菜播种面积 7.04 万亩,其中露地早春菜 2515 亩,温棚蔬菜 26673 亩,夏菜 6498 亩,秋季蔬菜 12895 亩,秋冬茬蔬菜 21820 亩。

2010 年,蔬菜播种面积 6.87 万亩,其中温棚蔬菜 4.72 万亩,露地早春菜 0.19 万亩,夏季露地蔬菜 0.14 万亩,秋季露地蔬菜 1.82 万亩。

【温室建设】 2003 年,完成二代温室建设任务 48628 间,新建集中连片温室 3000 间以上 2 片,1000~3000 间 10 片,500~1000 间 24 片,配套节水滴灌设备,每间政策补贴 200 元;移动温室建设 4673 间,主要集中在永固乡和通贵乡。

2004 年,完成二代温室建设任务 34682 间,配套节水滴灌设备,出台扶持政策,集中连片建设的每间给予 260 元的补助;移动温室建设 5100 间,在月牙湖乡对移动温室建设进行扶持,集中连片建设的每间给予 120 元的补助。

2005 年,完成二代温室建设任务 560 栋 11294 间,集中连片点 8 个,配套节水滴灌设备,集中连片建设的每间给予 260 元的补助;在月牙湖乡和掌政镇建设移动温室 10103 间,集中连片建设的每间给予 120 元的补助。

2006 年,为进一步壮大设施农业产业,促进农民增收,制定《兴庆区 2006 年农业发展扶持政策的意见》安排专门资金对农民建设移动温棚进行钢架、水泥预制件实物补偿。二代温室建设 23892 间,其中石中高速公路两侧的设施生态农业建设 10000 间,配套节水滴灌设备,园区及石中高速公路两侧连片建设的二代温室每间给予 260 元的补助;移动温室建设 12003 间,集中连片建设的每间给予 120 元的补助。

2007 年,二代节能日光温室建设 34923 间,1000 间以上的连片点每间给予 260 元的补助;搭建移动温室 25073 间,月牙湖乡集中连片建设的移动温室每间给予 30 元的补助,大新镇和掌政镇集中连片建设的移动温室每间给予 10 元的补助;推广小拱棚蔬菜种植技术 791.7 亩。

2008 年,二代温室建成 30010 间,500 间以上集中连片点 9 个,每间政府给予 190 元的扶持补助;两镇一乡搭建移动温室 21000 间;推广小拱棚蔬菜种植技术 786 亩。

2009 年,建设节能日光温室 20619 间,新搭建移动温室 19000 间,推广小拱棚蔬菜种植技术 310 亩,园区及连片建设的节能日光温室每间给予 190 元的补助,移动温室每间给予 90 元的补助。

2010 年,新建成节能日光温室 630 栋 14470 间,1000 间的连片点 5 个,每间政府补贴 861 元,改建节能日光温室 3982 间;新建中型拱棚 3078 间,每间政府补贴 398 元,小拱棚 2290 亩。

【无公害蔬菜】 2003 年,建设无公害蔬菜生产基地 23499 亩,分布在大新、掌政等 5 个乡 19 个行政村 69 个生产队;无公害蔬菜产地认定 2 个行政村,面积 5630 亩,蔬菜产品认证 5 个;全年先后 3 次对 5 个乡镇 12 个行政村 24 个生产队的 7 大类 14 个蔬菜产品进行检测,农药残留量均在国家允许范围内,全部达到无公害蔬菜标准。

2004 年,认定无公害蔬菜产地 2 个乡镇 734 公顷,认证产品 20 个,先后 12 次对 7 大类 14 个蔬菜产品进行检测,农药残留量均在国家允许范围内,全部达到无公害蔬菜标准。

2005 年,认定无公害蔬菜产地 2 个 734 公顷,无公害产品 13 个,其中宏伟蔬菜产业化联合社 5 个,镇河农产品服务合作社 2 个,塔桥顺民蔬菜花卉合作社 2 个,新水村及新渠村农户 4 个;全年先后 10 次对 4 个乡镇 12 个行政村 24 个生产队的 7 大类 14 个蔬菜产品进行了检测，接受银川市3次蔬菜产品质量检测，农药残留合格率达到97%以上。全部达到无公害蔬菜标准。

2006年，接受区市有关部门无公害蔬菜抽查检测2次，每次采样20个，经检测产品全部合格；对塔桥顺民蔬菜花卉合作社和镇河农产品服务合作社菜农进行无公害蔬菜检测培训，无公害蔬菜产品认证11个。

2007年，接受区市有关部门对无公害蔬菜抽查检测8次，产品全部合格；对塔桥顺民蔬菜花卉合作社、镇河农产品服务合作社、茂盛蔬菜园区科技示范场菜农进行无公害蔬菜检测培训，无公害蔬菜产品认证11个；对兴庆区18.5万亩的种植业产地、产品进行一体化认定认证，对到期的5个蔬菜产品证书进行复查换证。

2008年，接受区市有关部门对无公害蔬菜抽查检测8次，每次采样20个。

2010年，自检蔬菜样品543批次，合格数539次，不合格数2次，合格率99.26%；接受国家农业部抽样检测2次，样品20个；申报4个蔬菜产品的认证。

【新品种与新技术】 2003年，引进新品种22个，其中黄瓜2个、西红柿3个、樱桃番茄2个、甜瓜6个、西瓜3个、乳瓜2个、辣椒2个、茄子2个；推广日光温室果菜高垄栽培、宽行稀植，冬季大茬果菜高产栽培，节能日光温室温水灌溉，病虫害无害化综合防治技术和无籽西瓜种植等新技术5项。

2004年，引进黄瓜津春5号、西红柿189、樱桃番茄圣女、甜瓜鲁青2号、西瓜华玲、乳瓜迷你2号、辣椒洋大帅、茄子二苠茄等新品种；推广温棚滴灌及施肥一体化、日光温室保温覆盖物机械化卷放、半机械化放风降温、蔬菜平衡配方施肥、无土栽培、病虫害无害化综合防治等新技术。

2005年，引进新品种20个；引进推广蔬菜新技术迷你黄瓜越夏栽培、无公害茄子病虫害无害化药剂防治、日光温室蔬菜温水灌溉技术；推广冬季大茬果菜高产栽培、节能日光温室温水灌溉等6项新技术。

2006年，引进黄瓜博耐13号、西红柿73-14、莱福60、樱桃番茄金珠、西瓜黄金龙、以色列乳瓜454、荷兰乳瓜、辣椒改良猪大肠、布利特茄子等蔬菜新品种；推广营养液耕果菜高产栽培、日光温室热风炉加温降湿、温室半机械化放风降温、蔬菜平衡配方施肥、雄蜂授粉等6项新技术；在月牙湖乡推广移动温室越夏番茄栽培、地膜土豆复种大葱、沙芥栽培和无籽西瓜栽培技术。

2007年，在月牙湖乡推广地膜土豆复种大葱技术2478亩；推广种植无籽西瓜1999.7亩，亩收入2000元左右；推广蔬菜新品种23个；推广移动温室越夏番茄栽培、地膜土豆复种大葱、沙芥栽培、无籽西瓜栽培等9项实用新技术；推广蔬菜病虫害综合防治技术6.8万亩。

2008年，推广蔬菜新品种23个；推广日光温室果菜高垄栽培、宽行稀植、温棚滴灌及施肥一体化、营养液耕果菜高产栽培、节能日光温室温水灌溉等新技术11项；在月牙湖乡推广移动温室越夏番茄栽培技术、地膜土豆复种大葱技术、沙芥栽培技术、无籽西瓜栽培技术；推广蔬菜病虫害综合防治技术7.2万亩。

2009年，推广15个瓜菜新品种。建立设施蔬菜科技示范点12个，即设施辣椒嫁接栽培技术示范点、设施辣椒新品种示范点、秸秆还田技术试验示范点、有机生态型无土栽培技术试验示范点、特色菜引进生产示范点、薄皮甜瓜新品种示范点、塔桥园区新品种示范点、设施蔬菜绿色食品生产技术示范点、塔桥园区樱桃番茄订单生产示范点、设施蔬菜腐殖酸肥料试验与应用示范点、温室草莓种植示范点、设施蔬菜病虫害综合防治技术示范点。推广穴盘育苗、嫁接、膜下暗灌、平衡施肥、二氧化碳气肥、张挂反光幕、阴阳棚、张挂黄蓝板防虫网、卷帘机、风口开合器、硫磺熏蒸器11项蔬菜设施栽培配套实用新技术。

2010年，推广适合本地生长的高产优质蔬菜新品种17个。推广穴盘育苗、瓜类茄果类嫁接、滴灌节水、日光温室平衡配方施肥、CO2施肥、日光温室热风炉加温降湿、温室卷帘机放风降温、雄蜂授粉、张挂黄蓝板防虫网和病虫害无害化综合防治11项蔬菜实用新技术。

【技术培训服务】 2003年，举办各类培训班112期，培训菜农10876人次，印发实用技术资料10946份，播放技术录像58场次，举办观摩会5场。

2004年，举办各类培训班69期，培

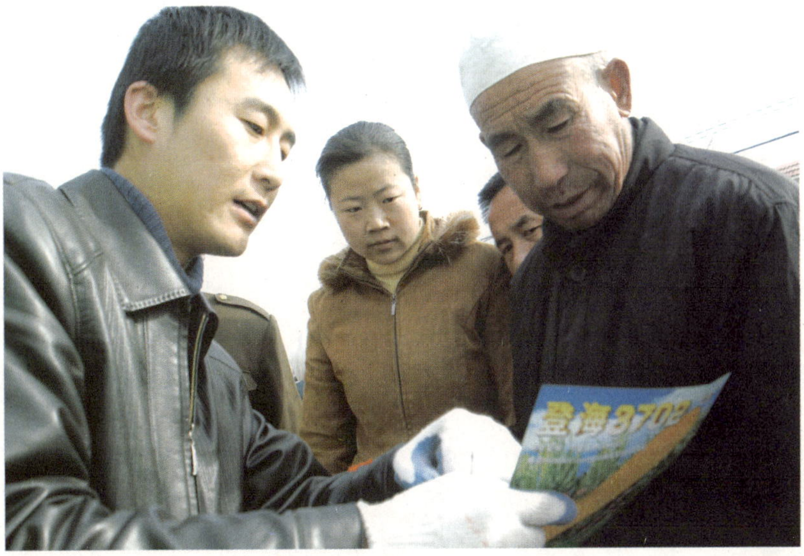

2006年3月3日，农业技术现场指导

训菜农8979人次，印发实用技术资料9946份。建立了蔬菜三级技术服务网络;加强新品种、新技术的引进推广。

2005年,举办各类培训班74期,培训菜农9979人次，培训覆盖面达到96%;印发实用技术资料10946份;聘请18名有经验的农民技术员,协助各乡蔬菜站搞好技术指导服务工作。

2006年，举办各类蔬菜培训班56期,培训菜农9820人次,印发实用技术资料10200份,农户积极接受种菜科技培训；聘请20名有经验的蔬菜花卉农民技术员,聘用时间为9个月,协助各乡蔬菜站搞好技术指导服务工作。

2007年，举办各类蔬菜培训班57期,培训菜农7736人次,印发实用技术资料8176份;聘请20名有经验的蔬菜农民技术员,协助各乡蔬菜站搞好技术指导服务工作。

2008年，举办各类蔬菜培训班57期,培训菜农7736人次,印发实用技术资料8176份;聘请20名有经验的蔬菜农民技术员,协助各乡蔬菜站搞好技术指导服务工作。

2009年，举办蔬菜各类培训班52期,培训种菜农户、农技人员3.5万人,召开现场会8场次,印发实用技术资料4万份。

2010年，举办各类蔬菜培训班25期,培训菜农9800人次,印发实用技术资料8176份;制定先进、实用、可操作性强的主栽作物无公害生产技术规程12个；制作10个标准化生产技术规程牌,悬挂示范户棚内,使农户随时可以参照标准进行生产。

【科技承包】 2005年,科技承包组分两个小组,一组负责塔桥白鸽二代温室蔬菜园区的技术服务,一组负责承包月牙湖乡移动温室蔬菜的科技服务。

【测土配方施肥】 2005年，根据宁农(种)发【2005】123号《关于印发<2005年测土配方施肥行动实施方案>的通知》要求,首次开展测土配方施肥活动。由农牧局农林中心技术人员和乡镇农技人员进村入户巡回指导，辐射带动2万农户进行科学施肥知识培训。为农民提供测土配方施肥服务,做到区有配方施肥分区图，乡有配方施肥指导方案，村有配方施肥建议卡,示范农户每户增效25元,同时,做好兴庆区耕地土壤盐渍化调查和土壤肥力监测工作,做好新一轮测土施肥的试点工作。

2008年，完成设施蔬菜田间试验17个,其中设施蔬菜单因素肥效试验6个,设施蔬菜校正试验7个,设施蔬菜腐殖酸肥效试验4个;建设设施蔬菜示范区2.4万亩，详细调查具有代表性的种植户200户的施肥情况,采集土壤样品2600个，填写采样地基本情况调查表2600份,培训技术干部400人次,培训农户8000人次，发放培训资料10000份。

2009年,完成设施蔬菜试验15个,其中单因素肥效试验4个,设施蔬菜校正试验9个,设施蔬菜腐殖酸肥效试验2个,完成计划任务的100%;建立设施蔬菜配方肥示范区面积5万亩，跟踪调查60户具有代表性的种植户的详细施肥情况，制作施肥建议卡10000份,采集土壤样品1100个，填写采样地基本情况调查表1100份；培训技术干部52人次,培训农户18000人次,发放培训资料20000份。

2010年,田间肥效试验9项,其中设施蔬菜培肥地力试验2项;校正试验7项；建立2个高标准配方肥标志性示范区,面积1.1万亩;上墙建议卡32张,发放建议卡10000份;以自然村为单位建立设施蔬菜配方肥示范区2万亩,设施蔬菜增收128.9元/亩；设施蔬菜采集土样100个,调配农户土样基本情况100户,调查农户施肥情况40户,代表面积18.32万亩；确定设施蔬菜茄果类施肥、蔬菜葱蒜类施肥大配方19个,区域配方54个,田块配方1000个,通过示范对比,效果明显。

【标准园创建】 2009年,全国蔬菜标准园创建活动在兴庆区启动,这标志着兴庆区的蔬菜种植业走上产业化、标准化发展道路。2010年,设施蔬菜标准园创建本着规模化种植、标准化生产、商品化处理、品牌化销售、产业化经营的目标开展工作。施用秸秆和菌肥及深翻改土2300亩以上，平衡施肥2300亩,滴灌技术推广2300亩，推广集约化穴盘苗800□;示范防虫网阻隔与黄(蓝)板诱杀防虫技术1300亩，防雾滴棚膜与膜下滴灌控湿防病技术2300亩，推广应用高效低毒的生物农药2300亩；制定先进、实用、操作性强的主栽作物番茄、黄瓜、西瓜、甜瓜、菜豆标准化生产技术规程，举办现场观摩和技术培训10场次,培训人员1500人次;建立投入品管理制度、生产档案制度、基地产品检测制度、基地准出制度、质量追溯制度。

【无公害蔬菜市场营销】 狠抓无公害蔬菜市场营销，发挥进驻蔬菜园区各公司的优势,培育农村合作组织,建设无公害蔬菜配送中心，发挥合作社中介组织的作用，组织蔬菜外销,2004年~2006年共接待全国各省市及周边市、县、乡镇参观代表团160多个,16546人次。

【农产品质量安全监管】 2002年农业执法的主要工作是严查农资经营许可资质,种子、化肥、兽药、农药合法经营等农资市场。

2003年,实施无公害农产品发展战略，建立兴庆区无公害蔬菜生产基地、无公害水产养殖基地。

2004年,首次在掌政镇、大新镇认证无公害农产品产地总面积26500亩,认定无公害蔬菜18个，在宁夏建峰兴发乳业有限公司、宁夏富桥乳业有限公司认证无公害生鲜乳780头,在银川市湖城万头养殖有限公司认定无公害生猪10000头。在无公害农产品生产基地配置了残留农药测定仪,除确保完成农业部、农业厅、银川市农产品质量例行检测任务外,加大对本辖区生产基地蔬菜等农产品的抽检频次,制订无公害蔬菜质量控制措施,加强执法力度;对园区生产的蔬菜定期或不定期进行自我抽查检测。

2005 年，初步开展无公害农产品生产基地执法监督工作，主要检查认证企业内部管理体制、田间生产记录、标准化生产是否规范。积极申报无公害蔬菜产地认定和产品认证；制订无公害蔬菜质量控制措施，发现高毒高残留农药坚决没收销毁，取消其无公害蔬菜生产资格；对园区生产的蔬菜定期或不定期进行自我抽查检测；

2006 年，实施无公害农产品、绿色食品、有机农产品“三位一体”整体推进发展战略，银川市昆仑农业科技开发有限公司首次认证了 A 级绿色食品——樱桃番茄。

2007 年，成立农产品质量安全工作领导小组，按照权责一致的原则，建立农产品质量安全监管责任和责任追究制。制订无公害蔬菜质量控制措施，严格无公害蔬菜技术规程操作，加大对蔬菜、水果的抽检力度，先后 12 次对两乡两镇 12 个行政村 18 个自然村的 7 大类 14 个蔬菜产品进行检测，农药残留量均在国家允许范围内，全部达到无公害蔬菜标准。

2008 年，兴庆区认证的无公害产品基地总面积达到 212.6 万亩，占总面积的 98.4%；认证无公害蔬菜畜产品 35 个，认证 A 级绿色食品 2 个。

2009 年，随着《中华人民共和国农产品质量安全法》《无公害农产品管理办法》《无公害农产品标志管理办法》的实行，兴庆区农业执法大队开始对农业投入品加大了执法力度，禁止生产、销售和使用高度农业。加大对各类蔬菜的监测力度，检测各类蔬菜样品 158 个，其中不合格样 3 个，合格率为 98.1%；在无公害农产品和绿色食品生产基地，高效、低毒、低残留农药和生物农药、植物源农药、矿物源农药使用率达 90%以上。做好到期产品的复查换证工作，对 9 个产品的获证单位进行了复查换证，复查换证率达到 75%。规范农药使用行为，建立健全用药记录和休药期制度，严打制售禁用药物及假劣兽药，甲胺磷等 5 种禁用农药禁用率达 100%，

2010 年，结合 开展“农药市场监管年”活动，加强农业执法监督检查，重点检查 8 项内容，通过检查兴庆区甲胺磷等 5 种禁用农药禁用率达 100%，在无公害农产品和绿色食品生产基地、高效、低毒、低残留农药、生物农药、植物源农药、矿物源农药使用率达 90%以上。

【农民专业合作社】 兴庆区农民专业合作社发展较快。2004 年成立 4 个，2005 年成立 12 个，2006 年成立 5 个，2007 年成立 5 个，2008 年成立 16 个，2009 年成立 11 个，2010 年成立 12 个。截止 2010 年共有合作社 65 个，其中，自治区示范合作社 5 个银川市级示范合作社 13 个，社员总数 3980 人。

【农业机械化】 2001 年，兴庆区共有大中型拖拉机 87 台，小型拖拉机 141 台，农用机械总动力 98750 千瓦。随着农业农业现代化的快速发展，农业机械化逐步引领农业发展，种植业向全程机械化发展。农机合作社、农机维修点、农机作业公司在国家惠农政策的帮扶下逐年递增。2005 年国家出台向农民实施农机购买补贴政策，进一步提高了农民购买农机具的积极性，截止 2010 年，兴庆区辖区共有大中型拖拉机 281 台、小型拖拉机 4389 台，农业机械总动力 125611 千瓦。

【昆仑农业高科技示范园】 昆仑农业高科技示范园区位于银古高速公路北侧，距银川市区 6 公里，于 2004 年 4 月建成，投资 5500 万元。园区占地 1000 亩，建有二代日光温室 461 栋 10000 间、现代化连栋温室（育苗中心）10000 平方米。园区始终以示范、推广、引导种植为宗旨，坚持产加销、农科贸一体化的发展之路，面向市场，高起点、集约化生产，产业化经营、企业化管理，以高科技为依托；以品牌、质量创市场，先后与自治区农科院、上海市农科院蔬菜研究所、国家蔬菜改良中心、国家蔬菜工程技术研究中心及北京农科院 5 家科研单位合作，聘请国内知名专家定期指导，推广应用了无土栽培、无公害栽培、营养配方施肥、生物农药防治等 10 多项先进生产技术，作为龙头企业，园区不断的吸引科研项目和科技成果，充分发挥其示范功能，引导农民依靠科技发展生产，是集科研开发、示范教育、生产流通、观光旅游农业为一体的现代化农业示范基地。

【兴庆区白鸽千亩万间无公害蔬菜科技示范园区】 该园区位于银川市兴庆区大新镇塔桥村，占地 2100 亩，于 2003 年开始建设，2007 年建成二代高效节能日光温室 23165 间，并全部投入蔬菜花卉生产。园区内沟、渠、路、井、电等基础设施配套齐全，建设有工厂化育苗中心、蔬菜花卉科技服务中心、无公害蔬菜监测站、无公害蔬菜农资超市等。园区以塔桥顺民蔬菜花卉合作社为龙头，初步形成了“合作社 + 农户 + 基地”的产业化运作模式和产、供、销一体化的服务体系。园区所在产地通过了自治区农牧厅的认定，园区生产的蔬菜品种通过了农业部的认证；先后引进 50 多个蔬菜、花卉专用新品种；推广实用新技术达 10 项，

【兴庆区茂盛蔬菜科技示范园】 兴庆区茂盛蔬菜科技示范园区位于掌政镇茂盛村，涉及 5 个生产队 430 户农户，占地 2300 亩。2005 年开工建设，园区采用基地 + 公司 + 农户的运作模式，充分利用科技企业的技术、信息、市场优势带动当地设施产业和经济发展。引进银川市兴庆区德远设施农业示范场，投资 180 万元，占地 90 亩，建设半冷式温棚 40 亩，种植示范葡萄、桃子、李子等设施林果。由民营企业家董宏远投资 160 万元，占地 40 亩，建设了银川市兴庆区茂盛蔬菜科技服务中心、净菜配送中心、无公害蔬菜检测中心、农资服务中心、示范生产温棚 540 间，并成立了瓜菜产销合作社，为当地农民提供产前、产中、产后一条龙服务，使园区农民年收益 1200 万元以上。

畜牧业

【概 况】 2003年以来，兴庆区委、政府高度重视畜牧业发展对广大农民增产增收所应发挥的作用，按照因地制宜、适应市场、突出特色、发挥优势的原则，树立大市场、大流通、大产业的发展观念，将扩大规模和巩固基础相结合，力促畜牧业生产上新台阶，从政策和资金上重点扶持发展奶牛养殖、通贵乡和月牙湖乡中低收入户肉牛、肉羊庭院养殖，实施奶牛规模养殖场（小区）建设、优质荷斯坦奶牛引进、奶牛改良、规模养殖场机械化挤奶设施配套、兴庆区万亩奶牛生态养殖场建设项目和奶牛及能繁母猪保险，拓展奶牛养殖空间，推动辖区畜牧业健康、稳定、可持续发展。通过多年努力，形成以掌政镇为中心，辐射其他乡镇的奶产业经济带，畜牧业生产整体水平得到有效提升，规模化养殖快速发展，主要畜产品产量逐年增加，畜牧业在农村经济中的地位显著提高，对农民增收起到明显作用。2010年，兴庆区畜牧业生产总值达到3.13亿元，比2005年增长58.1%，畜牧业生产总值占农业总产值的比重为40.7 %，农民来自畜牧业的人均纯收入为1545元，比2005年增长了62.2%；辖区奶牛养殖的规模化程度和技术水平居自治区第一位，肉牛肉羊的庭院养殖成为通贵乡和月牙湖乡两个回族聚居区的畜牧业主要生产形式。

【奶牛养殖园区建设】 2002年~2003年，兴庆区政府结合辖区畜牧业发展现状，在政策上支持奶牛养殖园区建设，3个农业乡镇共建设15个奶牛养殖园区，支持农民购买进口和国产优质奶牛，垫资1700万元引进澳大利亚优质荷斯坦奶牛2000头，对每头进口奶牛给予1000元补贴，从外省区购入奶牛840头，对购进的优质奶牛冻精给予每支20元的补贴，2002年共引进2840头，2003年奶牛存栏量达到17438头。

2004年，奶牛存栏量达到23168头，实现较大增长，奠定辖区奶牛规模化养殖的基础。2004年4月，安徽阜阳“毒奶粉”事件使奶牛养殖业遭受严重打击，原料奶价格从每公斤1.6元下跌至0.8元，交奶难严重困扰着广大奶农。为应对交奶难问题，防止原料奶生产环节掺杂使假，提高和保障原料奶的质量，大对奶牛养殖园区的整治力度，对3个奶牛养殖园区进行道路硬化；扶持各奶牛养殖园区和养殖场建设机械化挤奶台，实行集中挤奶，政府投资22万元支持鲜奶经纪人建起10个集中挤奶点，有效缓解奶牛饲养比较集中的大新镇新渠、新水2个村奶农交奶难的问题，改变传统的奶牛散养户分散挤奶、原奶保存方式不健康的状况。

2005年，在银川市政府的支持下，通过有效的宣传和组织工作，完成50个养殖园区和规模养殖户的挤奶台建设。奶牛机械化挤奶率达到72%。同时继续加快进口奶牛引进项目，进口奶牛1159头。每头继续给予1000元的补贴。

2006年，为认真落实自治区和银川市的扶持政策，使机械化挤奶覆盖面更广，为奶牛“出户入园”饲养创造条件，建设机械化挤奶台13台，挤奶台累计达到67座。

2007年，积极协调夏进、维维北塔、金河乳业等乳品企业与各集中挤奶站（点）建立稳定的购销合作关系；实施奶牛“出户入园”工程，奶牛入园率达到85%以上，机械挤奶率达到90%以上；推动高标准奶牛养殖园区和自治区级奶牛养殖科技示范园区的建设。

2008年，新建机械化挤奶台15座，总投资570万元，补贴资金7.3万元；购置TMR机械6台，总投资100万元，补贴资金7.7万元；对大新镇欣振奶牛养殖场进行改造，新建机械化挤奶台、犊牛舍和1栋标准化牛棚等，总计投资108万元，项目补贴5万元；根据农业部对当年生后备奶牛进行饲养补贴的政策，对农户所饲养的7850头后备奶牛每头给予500元补贴。“三鹿奶粉事件”使奶牛养殖户蒙受重大打击，连续几天出现倒奶事件，为此，政府积极组织奶牛散养户实施奶牛“出户入园”饲养，奶牛的规模化饲养率达到98.2%，奶牛的饲养方式基本实现规模化，奶牛养殖进入了机械化时代。

【月牙湖万亩奶牛生态养殖场】 2010年，为有效改变奶产业现有经营格局，促进奶产业由传统养殖向现代养殖方向转变，实现鲜牛乳商品生产集约化，经营集群化，启动建设月牙湖万亩奶牛生态养殖场项目，总占地12860亩，规划设计存栏奶牛3.2万头，通过招商引资，引进入园单位21户，其中奶牛养殖场建设15户，绿化治沙种植饲草饲料单位6户，政府建设的水电路和绿化工程共完成投资1730万元。

【乳品质量安全监管】 为确保鲜乳质量，有效杜绝鲜乳掺杂使假现象，不断加强乳品质量安全监管工作。2004年，在宁夏建峰兴发乳业有限公司、宁夏富桥乳业有限公司认证无公害生鲜乳780头，2009年，结合《乳制品质量安全监管条例》的实施，强化了生鲜乳收购站日常监管与标准化管理，密切关注每一个规模养殖户每天的原奶去向，跟踪记录各企业原料奶的收购数量，掌握原奶收购信息；按照奶站专项整治的有关要求，对奶站加大质量抽检和日常监管力度，严格规范生鲜乳收购站经营主体，对奶站及收奶点进行调查核实、登记、清理，确保奶站100%纳入监测范围。特别是加大对三聚氰胺等有毒有害化学物质的监测，确保生鲜乳质量安全，全部规模养殖户和原奶收购站点实行持证经营。

【奶牛改良】 2005年，按照自治区《发展优质特色农产品生产》的规划要求，与873户奶牛养殖户签定奶牛配种改良协议，引进优质奶牛冻精18000枚，配种奶牛9353头，引进优质黄牛487头，完成40头受体黄牛的奶牛胚胎移

植工作。2006年,实施种子工程,加快高产优质奶牛繁育,完成优质奶牛冻精冷配2万头;引进的澳洲牛产出第二胎,通过对多个规模牛场和部分奶农的澳洲牛产量测定,单产平均达到25公斤,最高52公斤。2007年引进优质奶牛冻精34000支,完成奶牛冷配17674头。2008年,引进国产奶牛冻精34000枚,冷配奶牛17336头;引进进口冻精1800枚,冷配奶牛782头。2009年,引进优质荷斯坦奶牛冻精34000支,改良奶牛17900头。2010年继续实施国家奶牛良种补贴项目,引进国产优质奶牛冻精3.5万枚,冷配奶牛1.49万头,引进进口奶牛冻精0.55万枚,冷配奶牛1432头。

【兴牧富民工程】 2003年,根据《银川市人民政府办公厅关于转发市农牧局2003年兴牧富民工程实施意见的通知》精神,制定《兴庆区2003年"兴牧富民"工程实施方案》,扶持200户中低收入农户发展小规模畜禽养殖,对农户购买萨福克、陶塞特、特克萨尔种公羊每只给予5000元补贴,共购进13只;对购进优质杂交一代羊只的每只给予1000元补贴,共购进120只;引进国外原种瘦肉型种公猪15头,每头给予补贴1500元。

2005年,继续实施兴牧富民工程,支持月牙湖乡200户中低收入户发展肉羊养殖项目;结合月牙湖乡农民庭园宽裕的有力条件,实施草原鸡饲养项目,支持500余户饲养草原鸡10.4万只。

2006年,认真落实自治区农牧厅《推进特色优势产业发展的政策意见》和《关于全面推进宁南山区草畜产业发展的若干意见》的文件精神,注重黄河以东干旱带草畜产业的发展,引进国外良种肉羊,由金旭养殖有限公司从宁夏四正公司订购20只,每只良种公羊(10月龄)价值4000元,总计8万元,其中政策支持6万元,公司自筹2万元;帮助农民建设棚圈,采取整村推进的方案,集中选择月牙湖乡大塘南村和大塘北村的42户养殖户实施,养殖户依照领导小组绘制的图纸进行棚圈建设,每户120平方米,冬季可搭塑料棚保温防寒;推广滩鸡饲养,饲养滩鸡101400只,在重点支持8户饲养1000只以上的专业养殖户起示范作用外,对饲养100只以上的523户进行补贴,每只补贴1元;支持大塘南村1孵化户购置DX19200型孵化器1台,补贴2万元,孵化点年孵化滩鸡苗33000只。

2008年,支持月牙湖乡农户实施规模化滩鸡养殖20万只,散养滩鸡10万只;月牙湖乡高标准牛羊养殖示范村建设项目引进优质肉牛238头,国外两个优良品种种公羊10只;根据月牙湖农户小规模牛羊养殖的特点,支持120户购置小型铡草机120台;建设40m²黄牛冷配点1个,配置液氮罐、输精枪、显微镜等;支持农民建设砖混结构养殖圈舍,40户完成圈舍建设1.6万m²,每户建设面积400m²。

【牲畜保险】 2008年,实施奶牛保险项目,投保奶牛险的养殖户36户,参保奶牛3320头;实施母猪保险项目,投保母猪险的养殖户289户,占总养殖户的93.3%,参保母猪头数1447头。2009年,配合保险公司认真落实奶牛保险政策,为14542头奶牛购买保险;认真落实母猪保险政策,为生猪养殖户投保母猪险3367头,能繁母猪投保率达到100%。2010年继续实施奶牛保险项目,参保农户122户,投保成年母牛14366头,政府安排50万元资金用于支持奶牛政策性保险。

花 卉

【花卉业概况】 兴庆区花卉种植主要包括切鲜花、观赏苗木、盆栽植物。鲜切花起步于2003年,当年种植面积约55.8万亩,观赏苗木起步早,但面积一直徘徊在1000亩左右;盆栽植物处于少量种植,大量调入销售时期。2007年,兴庆区委、政府适时提出抢占发展先机,强力推进兴庆区花卉产业发展的意见,充分利用兴庆区区位优势、资源优势,大力发展花卉产业,在政策、土地、资金上给予大力扶持,将花卉产业作为增加农民收入新的经济增长点进行重点培育,使兴庆区鲜切花产业规模空前扩大。截止2010年底,建成花卉示范园区5个,花卉示范村7个,成立花卉合作社、协会12个,有16家花卉企业、公司落户兴庆区参与基地建设和花卉生产,带动农户2800多户,总面积年稳定在4000亩以上,基本形成"公司+协会(合作社)+农户"的花卉产业发展新型模式;鲜切花生产以康乃馨、百合、非洲菊、马蹄莲、玫瑰、唐菖蒲为主,主要分布在大新镇新渠、塔桥、官湖园区,产品除供应本地市场外,部分销往石嘴山、盐池、内蒙古临河、包头、北京等地区,银川鲜切花市场占有率由2003年的3%提高到20%左右;观赏苗木生产以金叶莸、红叶小檗、矮牵牛、串红、万寿菊、鸡冠花等为主,产品主要用于当地城市绿化、五一、十一街道摆花,主要分布在大新镇的白鸽园区、大新村1队和2队、掌政镇的茂盛园区、昆仑农业园区;盆栽植物以仙客来、一品红、君子兰、杜鹃、蝴蝶兰及其他绿植类为主,分布在塔桥园区、昆仑农业园区、白鸽园区,产品销往苗木场和百姓购物城花卉市场,部分还外销到上海、兰州、西安等城市,实现产值8525.9万元。

【花卉业发展之路】 2003年,先后从上海、昆明等地引进百合、非洲菊、马蹄莲、玫瑰、唐菖蒲(剑兰)等鲜切花品种在塔桥村种植30亩左右,农户种植的鲜切花每间由农牧局补贴50元,取得较好的经济效益。

2004年~2006年,由于城市绿化的需要,草花绿化苗木发展较快,农户自发种植,面积达到1000余亩,形成春林村、塔桥村、大新村绿化类花卉种植专业村,10多家农户种植鲜切花,年最大种植面积为92.1亩。

2007年,兴庆区政府确定"调菜兴花"的农业产业调整方向,正式将花卉产业发展提到农业发展的议事日程上来，成立兴庆区花卉产业发展领导小组和兴庆区花卉协会，制定《关于加快发展兴庆区花卉产业的意见》《关于强力推进兴庆区花卉产业的安排意见》和《兴庆区2007年鲜切花种苗（球）补贴方案》，在温室建设和花卉种植上给予补贴，主要对鲜切花百合、康乃馨、唐昌蒲、四季菊、非洲菊、玫瑰种苗种球进行补贴，对于种植规模在300间以上（含300间）的企业或花农，除享受以上各类种苗的补贴标准外，每间再增加各类种苗（球）补贴的10%，力促鲜切花发展；在土地和资金上制定优惠政策，引进周景世荣、天地缘、睿发公司和明卉花家乐落户兴庆区，开展鲜切花种植示范，带动周围农户发展花卉生产，当年鲜切花种苗补贴资金达到96万，新建二代温室3万余间，其中：新建园区4个，占地1800亩16500间，塔桥园区3500间、燕鸽园区2000间、官湖园区10000间、孔雀园区1000间，新建园区要求全部发展花卉生产。各类花卉种植面积达到2002亩，其中鲜切花面积达到700余亩、1051.4万枝，盆栽植物及观赏苗木产量1668万枝（株），全年产值2856万元。

2008年，兴庆区政府出台《兴庆区2008年鲜切花种苗（球）补贴及技术要求管理办法》，调整鲜切花发展补贴政策，对设施鲜切花百合、康乃馨、唐昌蒲、四季菊、玫瑰种苗进行补贴；专利嫁接玫瑰一次性补贴20万元；引进天地缘、绿川花卉公司在塔桥村建立花卉基地；首次组织8名技术人员组团到云南昆明学习为期1个月的花卉种植技术。当年各类花卉面积2000亩，其中，鲜切花产量1897.6万枝，盆栽植物及观赏苗木产量2051.4万盆；产值5850万元。由于受持续低温冷冻的侵害，上市时间推迟，花卉产品质量差，出现卖花难的现象，花卉产业受到打击，农户种植积极性受挫。为解决花卉销售难的问题，兴庆区成立花卉销售办，到各地考察花卉市场，推介兴庆花卉，但收效甚微。

2009年，出台《兴庆区2009年发展鲜切花种苗（球）补贴及验收管理办法的通知》，扩大鲜切花生产的补贴范围，除苗种补贴外，还扩大到对花卉企业带动种植、销售、育苗方面的补贴，补贴资金达到100万元。当年花卉种植面积268公顷，其中，鲜切花产量980万枝，盆栽植物及观赏苗木产量6427.2万盆，产值7023.1万元。

2010年，兴庆区出台《关于兴庆区2010年农业安排扶持政策的意见》，首次明确将花卉作为农业优势特色产业，并下发《兴庆区2010年着力培育花卉产业实施方案及扶持政策的意见》，集体指导花卉生产。当年，银川市、兴庆区安排资金1770万元用于扶持花卉产业发展，其中，银川市财政1200万元，兴庆区本级财政570万元，（新建温棚种植花卉每亩补助6000元，改建温棚新种植花卉每亩补助3000元），根据新建、改建温室新种植花卉实测面积，市政府验收后予以补贴；开工建设洼路、镇河、五渡桥、上前、新渠5个花卉园区，新建温室1500亩；基本完成加装采暖、滴灌、排湿降温、水质改良、内外遮阳五大系统的改造和配备。全年各类花卉种植面积达到4840亩，其中鲜切花1960亩，鲜切花产量6467万枝，盆栽植物及观赏苗木产量5223.2万盆，首次种植移动棚鲜切花250亩，产值8525.9万元。

【花卉产业发展规划】 2009年，聘请中国农科院花卉研究所的4名专家编写银川花卉产业发展规划，提出新建和改造并举，新建花卉温室主要是选择适于鲜切花种植的温室类型，改造温室主要是配备5大系统，规划提出10年内花卉发展到3万亩，其中鲜切花1万亩，其他花卉2万亩。规划从银川花卉产业发展环境与趋势的判断、市场分析与前景预测、品种选择与发展目标、保障规划实施的政策与措施、建议等5个方面对兴庆区的鲜切花发展提出建设性指导意见。

【花卉科技示范基地】 2007年在明卉花木基地、昆仑公司试验示范50间的百合无土栽培技术，并且试验示范病虫害综合防治技术，花期调控技术，水肥调控技术，冷藏保鲜技术，取得了较好的示范带动作用。在明卉花木基地、塔桥园区各建设400m²花卉冷藏保鲜库一座。

2008年由兴庆区农业中心牵头，花卉技术人员参与，在大新镇燕鸽村二队租赁农户二代温室120间，承担花卉新品种、新技术的引进、试验、示范推广工作；已引进示范推广玫瑰新品种7个，剑兰新品种3个，东方百合新品种2个。扶持周景世荣花卉、天地缘花卉公司，进行种苗、种球的繁育，实现种源自

2009年6月19日，兴庆区昆仑现代都市农业展示

给。周景世荣推广自繁的嫁接专利玫瑰2000间。

2009年，以兴庆区花卉科技示范点及各花木公司为基地，试验示范东方百合有土、无土栽培技术，土壤改良技术，花期调控技术，水肥调控及水质改良技术，采后处理技术，玫瑰高垄压枝技术、机械卷帘技术、遮阳网、防虫网、黄板技术、滴灌渗灌技术及病虫害综合防治技术。

【科技培训】 2007年，以区内外科研院所为技术依托，引进优秀人才和企业组建兴庆区现代农业发展中心，承担花卉新品种、新技术的引进、试验、示范推广工作；扶持3–5家高起点、高标准的花卉公司，进行种苗、种球的繁育，实现种源自给；注重培养本地人才，6月兴庆区花卉领导小组部分成员及有关专家组团赴甘肃、山东、上海、昆明等地的花卉基地、企业考察学习，并拟聘上海科业集团的技术人员来银担任兴庆区花卉产业发展的顾问和技术指导，7月派出技术人员9名赴云南昆明进行为期一月的花卉生产技术培训；全年聘请自治区农科院花卉专家在兴庆区两镇举办培训班四期，召开花卉专题座谈会二次，组织参观交流二次，组织在宁夏光彩职业学校脱产培训10天，共计培训1000余人次，发放各种技术资料3000余份，同时由农牧局、科技局牵头，组织编写了适于兴庆区花卉生产的技术实用手册5000册。2008～2009年，采取“请进来、走出去”的办法，培养一批本土人才，通过邀请上海种业集团的技术人员来银对兴庆区花卉产业发展的进行技术指导，邀请自治区农科院花卉专家在兴庆区两镇举办培训班，召开花卉专题座谈会，组织参观交流，脱产培训，各乡镇技术人员结合工作实际下乡举行小型技术培训班等方式不断提高花卉产业的科技水平。两年来共计举办各种培训班63期次，培训2000余人次，发放各种技术资料2000余份。2010年依托“百万农民培训”等有效形式，广泛开展花卉生产技术培训，农民管理技术的认知程度得到普遍提高。

【花卉科技承包】 将花卉发展工作列入年终考核的重要指标，与各乡镇签订了目标管理责任书，严格考核。要求专业技术人员全部转向花卉，按照兴庆区花卉科技承包实施方案的要求实施科技承包，兑现奖惩。同时积极与区内外设施农业方面的科研院所、知名企业开展合作，成立兴庆区花卉研究中心，为兴庆区设施花卉发展提供技术支撑。

【“公司＋基地＋农户”经营模式】 2010年，引进培育了一批设施花卉龙头企业入驻各园区。大新镇引进睿发公司和天地缘公司，掌政镇引进周景世荣公司采取与上海的振东园艺公司订购花卉种苗，垫支部分种苗款，采取“公司＋基地＋农户”的经营模式，开展技术示范、花卉种苗供应和信息咨询，并与农户签订技术服务和花卉产品收购销售协议，由企业提供种苗，为农户产前、产中、产后提供全程的技术指导服务，使种植户放心种植，科学种植。

【市场营销】 2007年，兴庆区成立兴庆区花卉办公室，负责花卉信息的收集、发布以及市场开拓，在银古路大团结广场东南角启动建设占地100亩的花卉交易市场。2008年，兴庆区花卉交易市场进行招商工作，市场的建成使生产基地和专业市场形成产业耦合，相互促进，进一步推动兴庆区花卉产业的发展。2009年兴庆区花卉交易市场部分投入使用。2010年制定保护价收购。由各乡镇协调属地花卉企业，按照花卉产品的等级制定保护价收购政策，并与农户签订合同，各乡镇也拿出一定的资金用于保护价收购后企业的市场风险补助，扶持鼓励企业开拓国内外花卉市场，切实保障种花农户和收购企业的经济利益。

【大新新渠花卉园】 大新新渠花卉园区是兴庆区鲜切花面积最大、最集中的一个种植区，占地2420亩，建设有二代节能日光温室1.6万多间，种植鲜切花康乃馨15000多间；园区规划整齐，道路硬化，水、电通畅。

【银川兴燕花卉种植合作社】 大新镇新渠花卉园区，2010年11月注册成立，现有员工36人，是一家集花卉生产、新品种、新技术引进示范、花卉种苗繁育、展示、市场交易、物流配送、创业孵化、农资服务等功能于一体，全区规模较大的合作社之一，也是银川市现代农业(花卉)示范区的创建单位，合作社采用“合作社＋农户＋园区”的经营模式，实施订单农业，开展产供销一体化服务。

【天地缘锦绣园林花卉有限公司】 天地缘锦绣园林花卉有限公司位于银川市兴庆区大新镇塔桥花卉园区，公司集新技术、新品种引进示范、花卉生产、物流包装、批发零售为一体，是兴庆区委政府引进的第一批花卉企业，也是银川市乃至全区规模最大的专业化园林花卉公司；2007年通过自建和反租倒包等方式建立公司基地，配套建设花卉成品包装配送物流中心、培训中心、科技示范中心、鲜切花气调保鲜中心等基础设施，投资引进国外最先进的自动化水肥管理及土壤改良系统，大大节省水资源，改善水质，避免肥料和农药残留对环境和花卉产品自身的污染；公司实行公司＋农户＋基地的经营模式，订单销售基地农户的花卉产品，带动周边农户发展花卉产业，年产鲜切花600多万支，年销售额400多万元。

【周景世荣进出口有限责任公司】 周景世荣进出口有限责任公司位于银川市掌政镇茂盛村，成立于2007年，占地43亩。是一家集种苗繁育、花卉生产、技术服务、成品花销售为一体的现代化农业企业。公司采取“市场＋公司＋基地＋合作社＋培训学校＋金融机构”模式推进花卉产业发展，生产的主打产品有：切花单头月季、多头月季、切花单头康乃馨、多头康乃馨、切花非洲菊、单头、多头切花菊等。本着高起点、高标准、高投入、高产出的原则与荷兰莫尔海姆公司建立战略合作关系；法国MEILLAND、德国KORDES、新西兰FRANKO、荷兰INTERPANT、荷兰SPEK授权周景世荣进出口有限公司为中国西北地区切花月季新品种实验站及在中国认可的种苗和鲜花生产及销售商。注册“周景世荣”、“怡人花香”两个商标。于2009年通过花卉行业IS09001:2008年国家质量管理体系认证。2010年被评为自治区农业产业化龙头企业、林业产业化龙头企业、被自治区农牧厅评为农业科技示范基地、被自治区科技厅评为科技示范基地。

水产业

【渔业生产】 2003年,渔业生产按照稳定养殖面积、优化养殖结构、主攻单产、提升效益为目标,推广科学饲养管理技术,渔业养殖面积10921.2亩,其中池塘养殖面积9434.1亩,粗养面积462.2亩,平均单产356公斤,水产品产量3892.5吨,渔业总产值1987万元;引进名优水产养殖品种4个,推广面积7278亩,湖泊水生植物种植311.9亩。

2004年,渔业生产以推广主养鲤鱼、套养名优水产养殖品种养殖模式为抓手,渔业养殖面积20328.2亩,其中池塘养殖面积10228.2亩,湖泊养殖面积10100亩,平均单产393公斤,水产品产量4021.4吨,渔业总产值2815万元。同时,利用农业资源发展生态渔业,养殖畜禽28316只。

2005年,渔业养殖面积20328.2亩,其中池塘养殖面积10228.2亩,湖泊养殖面积10100亩,平均单产398公斤,水产品产量4080吨,渔业总产值2975万元;完成旧池塘改造面积2354亩,完成目标任务的157%。

2006年,银川市出台支农资金对老化池塘改造方面进行扶持,共改造面积1872亩,补助资金20.335万元。兴庆区根据区、市大力发展“适水”产业的有关精神,对湖泊、湿地、老化池塘等宜鱼资源进行改造,共建设面积3227亩,区市扶持资金49.645万元。当年渔业养殖面积20328.2亩,其中池塘养殖面积10228.2亩,湖泊养殖面积10100亩,平均单产405公斤,水产品产量4149吨,渔业总产值3510万元。

2007年,完成掌政镇银横路两侧渔业生产环境综合整治,改造老化池塘652亩,兴建看护房25间,利用宜渔资源发展适水产业,改造湖泊3227亩,水生植物种植710亩,水禽养殖25000只。当年渔业养殖面积22590亩,其中池塘养殖面积11298亩,湖泊养殖面积11292亩,平均单产378公斤,水产品产量4273吨,渔业总产值3673万元。

2008年,兴庆区实施了新池塘开挖项目,开挖面积797亩,政府补贴资金11.995万元。当年渔业养殖面积22756亩,其中:池塘养殖面积11464亩,湖泊养殖面积11292亩,平均单产379公斤,水产品产量4348吨,渔业养殖户518户,渔业总产值4540万元。推广无公害健康养殖技术,规范渔业生产投入品使用,推广面积4000亩,引进水产养殖名优品种—乌克兰鳞鲤进行实验示范,推广面积300亩。

2009年,渔业养殖面积24337亩,其中池塘养殖面积11371亩,湖泊养殖12966亩,平均单产399公斤,水产品产量4545吨,渔业总产值4661万元。

2010年,渔业养殖面积25337亩,其中池塘养殖面积11371亩,湖泊养殖面积13966亩,平均单产414公斤,水产品产量4708.7吨,渔业总产值5976万元.

【推广水产健康养殖技术】 2008年兴庆区承担自治区农牧厅渔业局和自治区水产技术推广站4000亩《水产健康养殖技术大面积推广》项目的实施,为扎实有效地做好此项工作,制定《水产健康养殖技术大面积推广》项目实施方案,并且根据前三年在兴庆区开展无公害水产品产地认证和产品认证项目工作的基础上,将任务分解到兴庆区掌政镇赵府滩项目渔场,落实到76户,同时设立示范科技示范点6个,鱼病监测点3处。为确保项目顺利实施,兴庆区将健康养殖技术推广项目同“科技入户”工程开展相结合,建立科技人员直接到户,优良品种直接到塘,技术要领直接到人的渔业技术推广新体制。在项目实施上主要开展水产养殖病害预测预报、渔业水域环境监测和水产品质量安全检测工作,全年共检测养殖池塘水体3次、水样6个,抽样检测鱼用饲料1次,4个品牌、12个样,抽样检测水产品5次、鲤鱼13个样、草鱼2个样。同时科技人员通过科技入户工作的开展,监督、指导养鱼户按照科学饲料管理措施进行生产,认真规范填写水产养殖生产

2009年9月10日,兴庆区人大代表视察水产养殖业

记录册，对饲料、肥料、渔药等生产投入品的使用进行检查指导，确保水产品的质量安全。

2009年，设立水生动物预测预报布点3个，测报面积3000亩，渔业环境水源监测点1个，水环境监测点2个。全年共检测水源监测点2次，养殖池塘水体2次、水样各8个；抽样检测鱼用饲料4次，6个品牌、13个样；抽样检测水产品9次，检测结果都达到了无公害要求标准。另外，为避免养殖水体污染，选用微生态制剂药物对水质进行调控，杜绝孔雀石绿、呋喃唑酮、氯霉素等国家禁用药物的使用，确保整个养殖周期水质条件符合淡水养殖用水标准。同时，科技人员进行科技承包，落实科技示范点8个，科技入户80户，监督、指导养鱼户按照科学饲料管理措施进行生产，规范养殖生产环境的各类行为。

【渔业产业结构调整】 2008年～2010年，围绕渔业增效、渔民增收这一主线，大力推进渔业生产结构调整。一是《"适水产业"示范基地建设项目》。2008年，对兴庆区湖泊、湿地等宜渔资源进行摸底调查，编制《兴庆区"适水"产业发展规划》、《兴庆区2008年"适水"产业实施方案》。全年共有养殖户26户、养殖场3家参与了新池塘开挖项目建设，经验收新池塘开挖达标面积2797亩。2009年，实施"适水产业"示范基地建设项目，实施地点3处，面积5520亩，分别为：鸣翠湖生态保护区4000亩，黄河湿地公园1020亩，广勤养殖实业有限公司500亩。其中，水生植物种面积830亩，种植品种以莲藕、伊乐藻为主，水禽养殖6000只，建设休闲垂钓场所26处，政府补贴资金15万元。2010年制定《兴庆区十二五"适水产业"发展规划》，落实适水产业示范基地5处，面积为12780亩，分别为：鸣翠湖生态保护区10000亩、黄河湿地公园1020亩、滨河大道北侧680亩、滨河大道南侧580亩、广勤养殖实业有限公司500亩。二是《乌克兰鳞鲤试验、示范推广项目》。2009年，针对水产养殖品种结构单一，传统养殖鲤鱼品种混杂、退化严重的问题，引进水产养殖新品种－乌克兰鳞鲤在本辖区进行试验示范推广，共示范推广面积2500亩，分别在掌政镇赵府滩渔场、掌政镇永固滩渔场和通贵乡西湖渔场，其中成鱼2000亩，平均单产620公斤；鱼种500亩，平均单产460公斤。并在掌政镇西河滩周学成渔场进行乌克兰鳞鲤与建鲤的苗种养殖对比试验：乌克兰鳞鲤平均体重120克，体长16厘米，增重较建鲤快30%。2010年，兴庆区政府出台《关于兴庆区2010年农业发展扶持政策意见》，安排资金10万元，用于引进、示范、推广名优水产品的养殖，其中，乌克兰鳞鲤1500万尾。三是《大宗淡水鱼类产业体系建设项目》。2009年该项目的实施地点在通贵乡西湖渔场，面积530亩，参与养殖户14户。主要开展水产高效养殖技术试验与示范，通过该项目的实施，有力地促进兴庆区农产品质量安全水平的进一步提升，并对宁夏水产养殖起到积极的示范带动作用。四是《水产养殖水质调控技术推广项目》。2009年兴庆区承担自治区下达的《水产养殖水质调控技术推广项目》，扶持资金40万元。项目实施面积1.8万余亩，涉及养殖户300余户。实施内容主要是引进种植水生植物，在兴庆区黄河湿地公园及各养殖场点引进种植莲藕、莲子水生植物830亩，9万公斤；疏浚清淤湖泊、池塘面积4600亩；购置发放微生制剂6000公斤，简易水质测试盒350套；在鸣翠湖湿地保护公园增殖放流不同生态位鱼类、蚌类8万尾。五是《育珠鱼蚌混养生态示范基地建设项目》。2009按照稳定发展传统优势品种，大力发展名特优品种的调整思路，进一步优化名特优水产品生产结构，引进三角帆蚌进行育珠鱼蚌混养的试验、示范，养殖面积60亩，平均亩产珍珠20公斤，亩产值3000多元。2010年在广勤养殖实业有限公司基地进行河蚌育珠，示范面积200亩，每亩投放成蚌800只。六是《淡水鱼体系建设项目》。2010年，国家大宗淡水鱼体系建设项目在兴庆区设立示范场2处，引进福瑞鲤、中科3号水产名优品种，示范推广面积250亩。六是《稻蟹种养新技术推广项目》2010年，利用水资源，推广示范稻蟹生态种养新技术项目，推广面积850亩。当年，经兴庆区稻蟹种养推广项目领导小组对示范点进行检查验收，水稻每亩产量在650～700公斤，与常规稻田产量一致，成本下降10%以上，每亩水稻净收入由600元提高到800元；稻田河蟹养殖平均亩产河蟹9公斤，平均规格达到100克左右，亩增加纯收入500元以上。

【渔业科技培训】 采取水产技术专家现场指导和举办科技培训班等形式，加大对养殖户的科技培训力度。培训内容主要有：无公害水质调控管理技术、安全使用鱼药、科学合理投饲等。2008年～2010年，共举办技术培训班55场次，参加人数达4930人（次），发放技术资料5200余份。其中，2008年共举办技术培训班15场次，参加人数达1890人（次），发放技术资料2000余份。2009年共举办技术培训班18场次，参加人数达1520人（次），发放技术资料1600余份。2010年共举办技术培训班22场次，参加人数达1520人（次），发放技术资料1600余份。

【水产技能大比武】 2008年，银川市举行第一届水产技能大比武，兴庆区代表队获得冠军。

【休闲渔业场所】 2005年，发展城郊休闲渔业，兴建休闲渔业场所8家，接待区内外游客及垂钓爱好者54000人次，实现综合性营业收入380万元。2008年，采取优惠政策，吸引和调动民间资金1200多万元，建成广勤休闲观光渔业中心、黄河渔村、五渡桥农庄、金孔雀休闲观光度假村等二十多家集休闲、旅游观光、垂钓、餐饮娱乐为一体的休闲观光场点。在"名人文化广场"举办"掌政杯"农家菜厨艺评比活动，丰富了渔业内涵,扩大了经营领域。全年共接待游客及垂钓爱好者12万人(次),营业收入达1372万元。

【水产养殖病害防治】 认真贯彻“预防为主,防重于治”的方针,编制《北方地区常规鱼病防治手册》《暴发性烂鳃病防治措施》,建立水产养殖病害监测预报月报制度,重点加强暴发性鱼病的防治和监测工作。2008年,设立3个测报点,对2800亩的养殖水面,5个主要养殖品种进行定点监测。2009年设立鱼病测报点3处,对3000亩的养殖水面,5个主要养殖品种进行定点监测,共诊治鱼病360例。2010年设立水生动物预测预报布点3个,测报面积3000亩,渔业环境水源监测点1个,水环境监测点2个。另外,为避免养殖水体污染,选用微生态制剂药物对水质进行调控,确保整个养殖周期水质条件符合淡水养殖用水标准。同时科技人员进行科技承包,落实科技示范点11个,科技入户120户,监督、指导养鱼户按照科学饲料管理措施进行生产,确保了水产品的质量安全。

【渔政执法】 为了保护和增值水生野生动物资源,进一步提高渔业监管水平,保障兴庆区水域滩涂资源合理开发利用,规范水产苗种繁育和养殖生产秩序,强化养殖用药管理,提高水产品质量安全。十年来,每年都制定兴庆区渔业专项执法行动实施方案,每年都组织开展黄河兴庆区段休渔工作和水产品药残专项整治工作。2003年,实施无公害农产品发展战略,建立无公害水产养殖基地。2006年,提升水产品质量安全水平,推广无公害健康养殖,依法监管规范渔业生产,发放《养殖许可证》170本。2008年,共发放休渔通告80份,张贴标语250多份,先后3次对黄河宁夏兴庆区段内34公里进行突击检查,共捣毁抬网作业点5处,没收地龙网3张,放归被捕各种鱼类200多公斤,检查鱼药销售网点7处,查处违禁鱼药20.5公斤,检查饲料加工企业1户,养殖户42户,发放宣传资料300余份。2009年,共发放休渔通告50份,张贴标语150多份,先后2次对黄河宁夏兴庆区段内44公里进行突击检查,没收地龙网2张,放归被捕各种鱼类100多公斤,查鱼药销售网点10处,查处经营劣鱼药1家。检查10个养殖场、221户养殖户,发放宣传资料200余份。在开展禁用渔药专项整治及无公害健康养殖技术项目开展的基础上,以打击非法使用的禁用药硝基呋喃、孔雀石绿等违禁物质为重点,严格规范水产苗种生产行为。2010年,共发放休渔通告200余份,先后2次对黄河宁夏兴庆区段内44公里进行突击检查,收缴非法捕捞船只2艘,没收网具2条,放归被捕各种鱼类30多公斤,处罚违法捕捞人员4人,检查鱼药销售网点12处,查处经营劣质渔药12公斤。

【苗种质量管理】 加强苗种生产许可制度建设,对苗种生产场点进行专项检查,与区、市业务部门密切配合做好苗种调运及检疫工作,确保外调苗种的质量和数量。2009年,共调运各种苗种5674万尾,自繁鲤鱼苗共计3750万尾,自繁和外调苗种达到9244万尾。共检疫各类苗种3批次,检疫数量400万尾。2010年,共调运鱼苗8062万尾,自繁鲤鱼苗共计2820万尾。共检疫各类苗种5批次,检疫数量4800万尾。

【鲜鱼销售网点】 2004年,组建运销大户和培养经纪人20多个(人),设置区内外鲜鱼销售网点12个。

【宏坤水产养殖公司】 成立于2000年4月,是宁夏宏坤实业有限公司的分公司。该公司致力于科研与生产相结合的发展道路,与浙江淡水水产研究所、青岛国家罗非鱼良种繁育场等单位携手合作,为公司搭建了科研、科技与生产相结合的创业平台。2001年公司为了适应市场需要,大力调整产业结构,在保留原有400余亩露天精养池塘的基础上,投资360余万元建成具有高科技含量、封闭式的工厂化养殖车间,养殖罗非鱼、白鲳、革胡子鲶、彩鲫、日本锦鲤等高科技含量的名、特、优、新水产品种,所产的无公害水产品(四季均有鲜活水产品上市)极大的丰富了我区的水产品市场,改变了我区水产品养殖单一和养殖技术落后的局面,深受广大养殖户和消费者欢迎。公司在养殖商品鱼的同时,与青岛国家级罗非鱼良种场合作,培育出我国目前最为先进的罗非鱼品种(全雄罗非鱼)和革胡子鲶鱼苗种,不但能满足我区养殖户对苗种的需求,还可供应周边地区。

【兴庆区广勤观光渔业中心】 广勤观光渔业中心位于兴庆区掌政、永固两乡的交界处,地属银川市自然生态保护区鸣翠湖东湖区,中心占地面积550亩,有精养高产鱼塘360亩。近年来,引进养殖了日本锦鲤、南方大口鲶等20个名特优水产新品种,同时,建设了垂钓中心20亩,观鱼游乐区60亩。2003年中心被银川市确定为首届全国钓鱼大赛首选赛事之地,中心投资180万元修建40亩的高标准、大规模、上档次的大赛钓鱼池塘,培育荷花30亩。目前公司养殖机构健全,养殖设施先进,技术力量雄厚,是银川市水产科技示范基地。现有员工30多人,年产成鱼、苗种30多万公斤培育各种名特优新水产苗种200多万尾。广勤休闲渔业垂钓中心在现有渔业生产基地的基础上,以名特优水产新品种养殖为依托,以休闲垂钓、渔业观光、水族展览、餐饮食宿、名特优鱼、虾培育为主要内涵的,集渔业生产、休闲垂钓、观鱼游乐于一体的新兴产业格局业已形成。

·林业·

概述

【概况】 2002年11月,银川市行政区划调整,兴庆区林业与农业、蔬菜、畜牧、水产、农经、农机、乡镇企业管理等

部门合并，组建兴庆区农林牧业局，2004年3月，兴庆区绿化委员会成立，绿化委员会办公室设在农林牧业局，负责监督、指导城市绿化、城市园林管理和组织实施全民义务植树。2007年3月，将原兴庆区农林技术指导服务中心的林业工作职能分离出来，成立兴庆区林业技术推广中心，专门负责农村造林绿化工作。2009年7月，兴庆区全面实施政府机构改革，原农林牧业局撤销，12月兴庆区园林管理局正式成立，兴庆区林业技术推广中心、兴庆区绿化队划归园林管理局管理。

【局领导名录】

局　长：王杰民（2009.09~2010.05）
　　　　张建刚（2010.05~2010.12）
副局长：杨银生（2003.02~2010.12）
　　　　杨桂香（2005.06~2010.12）

园林绿化管理

【农村造林绿化】 2003年春季，指导各乡镇完成平原绿化4224.1亩，植树41.2万株，其中林网植树9.9万株，面积784.9亩；建设绿色通道71.1公里，面积3051.8亩，植树19.98万株；建设环园（区）环庄林27个，绿化面积354亩；校园绿化18个，植树0.34万株；庄点、零星绿化3.37万株，其他造林（经济林）33.7亩，新育苗222亩。秋季指导和组织有关乡镇完成石中、银古高速公路两侧各100米宽幅林带规划和边沟的开挖、整修及附着物、土地丈量登记工作，同时完成33公里农村林网树池整修和3.2万株秋季造林任务。

2004年，城乡造林绿化工作围绕实施银古公路二期绿化工程展开。银古公路二期绿化工程西起银古路收费站，东至鸣翠湖立交桥，林带宽度50—100米，两侧全长10.1公里，工程从2003年9月份开始由兴庆区林业部门实施，在完成房屋、各类蔬菜温棚等附着物拆迁、土地租赁、回填土方等前期工作基础上，2004年春季，林业部门组织干部职工完成电、井配套设施的安装、平田整地、苗木栽植等工作，共植树9.5万株，绿化面积1285.5亩。大力开展全民义务植树活动，将银陶公路（203省道）沙泉寨段两侧确定为义务植树基地，组织兴庆区机关干部从4月5日开始进行为期3天的义务植树活动，绿化面积311亩，植树7.9万株（墩）。全年完成三北四期造林10091亩，植树50.3万株，其中建设绿色通道1535.1亩，植树17.2万株；农田林网造林1874.4亩，植树29.9万株；通贵乡农业综合开发项目区绿化面积586.6亩，植树8万株；月牙湖乡、月牙湖治沙林场治沙造林6600亩。退耕还林补植3610亩；校园绿化7个，植树0.47万株；新育苗147.5亩；秋造林1.25万株，整修林带4.4公里。

2005年，完成农村人工造林面积8858亩，植树34.8万株，其中农田林网造林1748.5亩，建设环园环庄林5个94.6亩，治沙造林4280亩；9月，组织完成109国道兴庆区段和南环高速公路绿化带回填土方29万方，为下年绿化做好准备。

2006年，造林绿化工作围绕南环高速公路绿化和109国道宽幅林带建设展开。109国道宽幅景观林带建设由宁夏绿洲草业公司、宁夏绿丰源园林绿化公司中标实施，长3.4公里，宽50米，绿化面积236.8亩，栽植新疆杨、臭椿、垂柳、桧柏、丁香、榆叶梅等乔、灌木5.73万株。南环高速绿化工程是2006年兴庆区机关干部义务植树基地，4月1–2日，兴庆区机关干部2000余人参加义务植树，完成绿化面积450亩，绿化带全长3.01公里，宽100米，栽植新疆杨、沙枣、垂柳、白腊8.95万株。对石中高速公路两侧2公里范围内沟、渠、路和庄点进行绿化，造林面积181.3亩，植树2.6万株；指导月牙湖乡政府、草原管理站在完成其他造林绿化工作的同时，先后在203省道相关路段两侧进行绿化，造林面积227.4亩，植树6.91万株。兴庆区三北四期人工造林经自治区林业局检查验收，造林合格面积6007.2亩，其中平原绿化合格面积1443.2亩（农田林网532.6亩，环园环庄林38.2亩，绿色通道工程造林872.4亩），治沙造林合格面积2763亩，经济林合格面积1801亩，封山（滩）育林2万亩，新育苗137亩。

2007年，完成农村人工造林7936.9亩，植树总株数122万株（乔木20万株、灌木102万株），其中庄点绿化10个125.1亩，绿色通道造林431.1亩，建设农田林网768.9亩，治沙造林3645.3亩，建设经济林946.6亩，零星植树8900亩，设施果树栽培1480亩，新育苗182.9亩。

2008年，完成农村人工造林1.16万亩，植树119.1万株（乔木22.79万株、灌木96.3万株），其中庄点绿化12个451亩，绿色通道621.4亩，农田林网451.1亩，治沙造林9563.5亩，生态经济林101.7亩。

2009年，完成农村人工造林17383.7亩，栽植各类树木214.4万株（乔木24.1万株、灌木190.3万株），其中庄点绿化9个110亩，绿色通道造林562.3亩，治沙造林14269.7亩，建设农田林网742.8亩，建设生态经济林1066.8亩，设施果树栽培570间257亩，东部水系绿化374.9亩，新育苗101.5亩；新完成天然林封山育林保护工程1万亩，分别在兴庆区月牙湖治沙林场和黄沙古渡实施。

2010年3月，根据自治区党委、政府黄河金岸建设“一堤六线”的总体思路，按照兴庆区黄河金岸建设工作部署，组织实施黄河堤防两侧绿化工程，将堤防西侧护堤绿化确定为兴庆区2010年机关干部义务植树基地，由机关各部门、各街道办事处以义务植树的形式负责完成绿化和3年内的管护工作；将堤防东侧绿化划分为10个标段，通过招标由10个中标园林绿化企业实施；堤防沿线8处公路和桥涵节点绿化由部分政府部门、街道及乡镇负责实施，完成黄河金岸两侧生态绿化3309

亩、栽植各类乔灌木 775 万株，完成喷灌系统安装 20.1 公里。4 月，开展大规模的城市东部水系整治和绿化工作，累计投入人工 2066 个工作日、各类机械作业 574 小时，填换土方 2200 立方米，整地 285 亩，绿化 431.8 亩，植树 96.64 万株。9 月初，组织实施汉延渠东侧渠堤景观改造工程，安装渠堤内侧墨玉石护栏 1800 米，铺设 3.5 米宽人行道 1800 米，安装道牙 1000 米。10 月，组织完成养殖园区 3 条主干道两侧林带的整修和滴灌系统主管安装工作，整修林带 1300 亩，铺设滴灌主管 40 公里，植树 60 亩 10000 株。11 月，组织完成黄河金岸大规格树木移植 2000 株。全年完成农村生态建设 12063.7 亩，其中人工造林 7466.4 亩，栽植各类苗木 970 万株；水系湿地开挖 4597.3 亩。人工造林的主要项目是庄点绿化 6 个 111.6 亩，植树 13.5 万株；绿色通道造林 2566.5 亩，植树 775.06 万株；治沙造林 2466 亩，植树 42.89 万株（治沙林场 1466 亩，植树 30.16 万株；红墩子林场 1000 亩，植树 12.73 万株）；农田林网建设 396.4 亩，植树 22.18 万株；建设生态经济林 1011.8 亩，植树 14.27 万株；东部水系绿化 431.8 亩，植树 96.64 万株。完成三北四期防护林封山育林 10000 亩、天然林保护工程封山育林 5000 亩。

【城市绿化】 2004 年，完成进宁北街、惠民巷、永通巷新植行道树 102 株、丽景湖公园新植 8195 株（墩），补植民族北街、富宁街等 39 个街巷行道树 158 株；新建花卉苗圃 40 亩，全年培育鲜花 10 万盆，五一、十一及电影节期间组织 160 个辖区单位展摆鲜花 28 万盆。

2005 年，组织和指导各街道办事处完成城市新增绿地 18.7 公顷，其中单位和居民小区绿化 14.6 公顷；名人文化广场、丽景湖等公共绿地 4.1 公顷，植树 4362 株（墩），种植草坪 4000 平方米。完成 37 条街巷行道新（补）植 938 株，节假日鲜花展摆 26.6 万盆。

2006 年春季，银川市“三大战役”全面打响，兴庆区绿化委员会动员辖区各街道办事处、单位积极参与，新增城市绿地 42.3 公顷（计划任务为 16 公顷），栽植各类乔灌木 20.9 万株，其中公共绿地 4.6 公顷，居住区、庭院单位绿化 24.1 公顷，拆建还绿 12.4 公顷，拆墙透绿 6506 米。

2007 年，新增城市绿地 49.3 公顷，植树 18.2 万株（墩），其中公共空地绿化 12.4 公顷，新建小区绿地 24.2 公顷，拆建还绿 2.3 公顷；拆墙透绿 3278 米，形成团结小区、永丰巷垂直绿化点 2 处；街巷绿化 7.2 公里；完成 109 国道南环高速匝道口、北京东路、北塔东路等重点绿化工程 153.3 亩。

2008 年，组织各街道完成城市街头空地及居住小区新增绿地 319 亩，实施银横路口、北塔东路、109 国道南环高速入口等重点绿化工程补植 640 株。截止 2008 年底，兴庆区建成区绿地总面积 1253.69 公顷，绿化覆盖面积 1210.93 公顷，绿化覆盖率 36.5%，绿地率 37.8%，人均公共绿地 8.28m²。大团结广场东侧绿化是 2008 年兴庆区重点绿化工程，由兴庆区农林牧业局负责实施，3 月 30 日起组织机械不分昼夜连续施工，4 月 10 日全面完成渣土清翻、土方回填工作（填换土方 18 万立方米），半个月时间先后实施平田整地、修筑土埂、安装水管、挖掘树坑、苗木栽植等工作，累计出动施工人员 1400 余人次，铺设自来水管道 1300 米，栽植国槐、垂柳、桧柏、紫穗槐等各类乔灌木 20 个品种 3 万余株，完成绿化面积 88 亩。

2009 年，城市新增绿地 15.99 公顷（239.7 亩），新植、补植各类树木 22.37 万株，其中新增公共绿地 9.85 公顷（147.7 亩），栽植各类树木 21.64 万株；居民小区、庭院单位新增绿地 6.14 公顷（92 亩），栽植各类树木 1070 株；街巷行道新植、补植 308 株；补植 2006 年–2008 年重点绿化工程、公共绿地、庭院居住区、街巷绿化、“门前三包”的社会绿化区等 5902 株；各大节日展摆鲜花 94.73 万盆；申报园林式单位 9 个，兴庆区级居住小区、庭院单位 7 个。

2010 年，城市新增绿地 11.2 公顷，植树 5200 株，其中新增庭院单位及居住区绿地 10.6 公顷，新增街巷公共绿地 0.6 公顷；补植各类树木 7098 株，街巷行道新植树 650 株，展摆鲜花 17 万盆。

【公园管理】 丽景湖公园总占地面积 330 亩，名人文化广场占地面积 60 亩，均建成于 2003 年。2010 年 4 月，按照兴庆区委、政府安排，丽景湖公园、名人文化广场由兴庆区城管局划归园林管理局管理。接收后，园林管理局于当年 4 月实施丽景湖公园维修改造，完成丽景湖边坡维修 1200 米、护栏维修 320 米、地面修补 800 平方米、湖内投放鱼类 30 万尾；同年 10 月，实施名人文化广场综合整治工程，完成广场土地平整 500 平方米，设置护栏 120 米，广场地面整修 300 平方米，补植乔灌木 500 余株。

【林政管理】 2004 年，印发野生动物保护通告 110 份，配合自治区林业局“绿剑行动”查处毁林案 5 起，捣毁非法经销野山鸡窝点 1 处，查处非法捕鱼活动 5 起；6 月，兴庆区人民政府制定《兴庆区禁牧封育暂行办法》，发布封山（滩）禁牧通告，按照通告精神，林政执法人员加大监督管理力度，实施禁牧巡查 46 次，制止偷牧行为 21 起；查处非法采挖苦豆子案件，批评教育采挖人员 200 余人，收缴苦豆子 50 袋。

2005 年，查处滥伐林木案 6 件，调解各类纠纷 3 起；做好动植物资源保护和封山禁牧工作，禁牧巡查 28 次，制发禁牧巡查通报 4 期。

2006 年，查处 4 起滥伐林木案，捣毁 3 处毒杀野禽窝点；加大外来有害生物清查力度，清缴“加拿大一枝黄花”500 余株。

2007 年，查处滥伐林木案 5 件，调解林木纠纷 2 起。

2008 年，查处滥伐林木案 5 件。

2009 年，加强林木采伐源头管理，全年共审批林木采伐 22 宗，采伐蓄积量442.3立方米；严厉打击破坏森林资源的违法犯罪活动，出动执法人员50人次，查处各类林业案件8件。

2010年，严厉打击损毁林木及绿地的违法行为，出动执法人员205人次，查处损坏绿地案件12件、滥伐林木案10件；严格执行林木采伐审批和采伐限额制度，办理林木采伐许可22宗；开展集体林权制度改革试点工作，将通贵乡定为试点乡镇，完成试点乡镇集体林权改革的宣传动员、摸底调查、勘界确权工作，对25亩符合办证条件的集体林地办理林权证。

兴庆区草原管理站

【概况】 兴庆区草原管理站南与灵武白芨滩林场相邻，东与内蒙鄂前旗为界，北与平罗县接壤，西以黄河为界，前身为原陶乐县牧场。2004年2月，自治区区划调整，撤销陶乐县建制，原陶乐县牧场整体移交兴庆区政府管理，同年6月1日，兴庆区委常委会议研究决定成立兴庆区草原管理站，负责月牙湖区域所有草原的管理工作。2007年9月，兴庆区政府常务会议研究决定成立兴庆区红墩子林场，与兴庆区草原管理站实行一个机构、两块牌子。兴庆区河东草原面积30.24万亩，草原站有草原面积6.7万亩，耕地12650亩，现有干部职工80名，其中管理人员4名，在职职工34名，退休工人43名，每人承包草原1000亩、耕地7.7亩维持生活；拥有扬水站1座，安装20寸水泵2台，动力150千瓦，灌溉面积4000亩。

【领导名录】

站　长(场长)：

苏凤喜(2001.02～2002.02)

吴志忠(2002.02～2010.12)

副站长(副场长)：

杨汝峰(2002.02～2010.12)

邵军高(2006.03～2008.09)

【生态建设】 2005年，完成203省道绿色通道建设造林50亩；实施草原围栏项目200万元，完成草原围栏面积10万亩。

2006年，完成203省道绿色通道建设造林25亩，农田林网植树造林5亩；实施草原围栏项目200万元，完成草原围栏面积10万亩。

2007年，完成203省道绿色通道建设造林12亩，农田林网植树造林10亩。

2008年，完成治沙造林面积1500亩；实施草原围栏项目100万元，完成草原围栏面积5万亩。

2009年，完成治沙造林面积1000亩，草方格治沙500亩；实施"三北四期"防护林项目50万元，完成防护林围栏管护1万亩。

2010年，完成治沙造林面积1000亩；实施"三北四期"防护林项目50万元，完成防护林围栏管护1万亩。通过多年来的禁牧封育和相关生态项目工程的建设，草原植被度较2000年增长30%，有效保护生态环境，为银川市生态文明建设起到重要作用。

【有机稻种植】 2008年，银川黄河峰源有机稻种植专业合作社依托甘农大、宁夏农科院的技术力量，开始在草原管理站进行有机稻过渡性种植，生产有机大米。

2009年9月10日，区委书记王杨宝调研林业工作

兴庆区治沙林场

【概况】 兴庆区治沙林场地处203省道92公里处，东接鄂尔多斯台地，毛乌素沙漠边缘，西至黄河，北与平罗县高仁乡相连，南与兴庆区月牙湖接壤。全场有职工109人，职工除15名林场管理人员和专职护林人员按月发放工资外，其他职工一律承包果园、农田，以田养人。林场总面积46363亩，其中林地8507亩(果园460亩)，灌木林地9789亩，未成林地14990，宜林地8077亩，耕地5000亩。

【场领导名录】

场　长：刘根宝(2001.01~2008.06)

杨银生(2008.06~2009.01)

李警钟(2009.01~2010.12)

副场长：李忠林(2001.01~2004.04)

史建宁(2004.04~2004.11)

李树军(2004.03~2010.12)

【生态建设胡杨林保护】 十年来，林场主要进行防沙治沙，黄河护岸等生态建设，每年种植面积3000余亩，林木覆盖率达到30%。2009年林场实施的以胡杨林保护与发展为主的生态建设引起各级领导和相关部门的重视。10月2日，陈建国、崔波、蔡国英等区市领导专题调研月牙湖治沙林场胡杨林情况。根据自治区党委【2009】年11号专题会议纪要和银川市政府2009年71次现场办公会议纪要精神，编制《银川市兴庆区月牙湖治沙林场胡杨林保护与开发发展规划(2009-2012年)》。规划提出,林场发展以生态建设为主,围绕生态建设发展多种经营,在抓好防沙治沙,改善生态环境的同时,因地制宜发展苗木生产、种植业和生态旅游业。将2000亩胡杨林保护区委托宁夏西野农林牧有限公司,开展胡杨林保护及繁育基地项目工程建设。

【职工住房】 2008年争取自治区林业局职工危房改造资金50万元,2009年争取自治区廉租住房项目80户,共新建住宅楼64户5655平方米。

·移民开发·

扶 贫

【概况】 2004年2月,根据自治区区划调整方案,兴庆区接管原属陶乐县管辖的月牙湖乡。月牙湖乡是自治区人民政府1985年批准开发建设的海原移民吊庄之一。2005年,兴庆区扶贫开发办公室正式挂牌成立。月牙湖地区面积333平方公里,包括月牙湖乡、月牙湖治沙林场和月牙湖草原管理站。月牙湖乡辖7个行政村,总人口10245人,2164户,其中回族人口8709人,占总人口的85%。全乡现有耕地2.1万亩,人均占有耕地不足2亩,种植业和养殖业是该乡的主导产业。兴庆区接管月牙湖乡以来,区委、政府高度重视该乡的扶贫开发工作,结合月牙湖乡实际状况,将月牙湖乡的经济发展纳入兴庆区经济社会发展规划,制定《月牙湖乡扶贫开发规划》《关于实施以城带乡战略促进月牙湖乡经济和社会发展的意见》,确定生态农业立乡、畜牧林草兴乡、特色旅游富乡、依法治理稳乡的工作思路,提出一系列扶持农民脱贫致富的优惠政策 使月牙湖乡群众生产、生活条件得到有效的改善。2010年,月牙湖乡财政收入4721.9万元,比区划调整前增长265%;农业总产值3305万元,比区划调整前增长26.5%;农民人均纯收入达到3000元,比区划调整前增长210%,移民群众收入不断增加,人民生活条件不断改善,消费水平不断提高,商品流通日趋活跃,综合经济实力明显增强。

【扶贫办领导名录】

主　任:杨银生(2005.02～2009.01)

　　　　李兴俊(2009.01～2010.12)

【扶贫项目资金】 扶贫办会同月牙湖乡党委、政府经过调查研究、考察论证,筛选扶贫开发项目上报区、市扶贫办及财政厅、发改委等部门争取项目资金,5年来,共争取各类扶贫项目资金2385万元。

【基础设施建设】 5年来,扶贫办共投资建设维修泵站3座,砌护干渠2条4.8公里;砌护支渠3条2.4公里,砌护斗渠28条33公里;清淤治理排水沟7条13公里。水利基础设施的不断完善,为月牙湖地区农业生产和脱贫致富提供有力保障。

【整村推进扶贫开发】 2008年,银川市将海陶北村列为移民地区开展整村推进工作试点村,区扶贫办争取到自治区民革新农村建设科技示范项目,整合各方面资金440万元,扶持海陶北村发展基础设施建设、农业产业化调整、劳动力培训转移等项目;建设"塞上农民新居"120栋;种植经果林120亩;建设移动温棚1500间;开垦沙荒地1500亩;清淤治理沟道2条2.4公里,砌护斗渠5条7公里及建设相关配套建筑物;建设泵房1座,配备水泵及相关设备1套;改建养殖圈舍45栋。

2009年,扶贫办在海陶北村实施千亩经果林园区建设项目,投资169万元,购买苗木136370株,改造经果林园区配套引水渠、泵、站、管道及农渠砌护4.4公里。

2010年,兴庆区决定将塘南村、海陶南村、大塘北村3个村作为整村推进项目示范村,建设厅、兴庆区政府投资104万元建设塘南村农民新居80栋,投资80.6万元建设海陶南村农民新居62栋;兴庆区扶贫办争取项目资金113.2万元完成塘南村、海陶南村、大塘北村经果林园区建设任务,栽植苹果树苗7.5万株、长红枣树苗7千株,大塘南村示范推广种植宁杞1号枸杞200亩4万株,完成塘南村南二支三斗排水沟、大塘五斗排水沟清淤治理工程和海陶南村九斗渠、小塘村4队斗渠砌护工程;为大塘北村、海陶北村黄牛养殖争取补贴资金16万元。

【村级发展互助资金】 2008年开始,扶贫办在月牙湖乡海陶北村、海陶南村、大塘北村、小塘村实施村级发展互助资

2009年11月23日,移民开发项目现场

金项目。为确保村级互助资金的顺利实施，扶贫办与月牙湖乡党委、政府指导各村制定《村级互助资金实施方案》、《互助社章程》、《互助资金操作规程》等制度，明确开展互助资金试点工作的目的、原则、实施步骤、组织管理和监督检查等各个环节的具体要求和操作程序，项目实施由村委会协调指导，村互助资金理事会进行自我约束、自我监督、自我管理，建立互助资金专账，做到专款专用。

截止 2010 年，区市共下达互助资金 160 万元，月牙湖乡共有 5 个行政村实施互助资金项目。扶贫办根据项目完成进度，向项目实施村互助社拨付资金 92 万元，336 户农户参加入股，入股 1008 股，农户入股资金 44.52 万元，配股 1097 股，农户借款发放 109.7 万元。发展互助资金的实施有效缓解贫困群众发展生产资金不足的问题，提高扶贫资金的使用效益。月牙湖乡参加互助社农户通过互助资金，大力发展养殖业，户均增收 500 元。

【建档立卡扶贫】 扶贫办不断完善贫困人口识别机制，对低保对象通过农村最低生活保障制度保障其基本生活，对扶贫对象采取有针对性的到户扶贫措施，使有劳动能力的贫困人口通过开发式扶贫脱贫致富。扶贫办组织专人深入到月牙湖乡各村、队进行调查摸底，完成 430 户贫困户 1822 人贫困人口的建档立卡工作，投资 21 万元为 67 户贫困户采购基础母羊 2—3 只。

【技能培训】 扶贫办认真做好扶贫对象的调查摸底工作，及时了解群众的培训和就业意愿，对口安排培训专业，联系就近或就地培训地点，方便群众参加培训，使农民在家门口就学到实用技术；制定《月牙湖乡农村中长期劳动力转移技能培训计划》，每年举办各类实用技术培训班 4–5 期，培训 300–400 人，完成中长期技能培训 170 人，输出劳务 3500 人以上，每年实现劳务收入 800 万元以上；进一步壮大劳务产业，召开动员会，发放宣传材料，刷写永久性标语，大力宣传劳务产业的政策和典型示例，设立形式多样的劳务产业专栏，及时发布用工信息，邀请用工单位到乡上现场招工，激发农村劳动力参与劳务输出、外出务工的积极性，取得良好的效果。2010 年底前，全乡培育劳务经济人 32 人，带动劳务输出 1500 人，带动作用十分明显。

【社会帮扶】 扶贫办积极主动与各结对帮扶单位联系，为各村牵线搭桥，扎实开展城乡互助共建活动，广泛深入地开展了“定点帮扶”、“城乡共建、对口帮扶”、“非公有制企业、协会、个人参与扶贫开发”、“百企帮百村光彩工程”、“党建月结对帮扶一日行”、“民族团结月”、“结对帮扶、送科技下乡”、“送课下乡”等活动。在基层党组织、精神文明、农村基础设施建设等方面实现结对共建，促进月牙湖乡各项社会事业的繁荣和发展。截止 2010 年底，各帮扶单位累计投入帮扶资金 320.01 万元，修建道路 17 条，砌护渠道 2 条，捐赠电脑等办公用品 6 套；为村民义诊 500 多人次，免费发放药品价值 1000 多元，减免医药费 6000 多元；赠送衣服、被褥 1300 套，大米 2050 公斤，面粉 3500 公斤，食用油 500 公斤；争取宁夏友好爱心协会在月牙湖乡无偿投资 33 万元建设 4 个村级卫生室，穆斯林斋月期间宁夏友好爱心协会向月牙湖 300 户穆斯林群众捐赠价值 4.5 万元的慰问品。通过一系列的帮扶工作，有效解决群众的实际困难，帮助他们渡过生产生活难关。

【低保救助·危房改造】 针对月牙湖乡移民群众的实际困难，兴庆区在低保救助、危房改造等方面给予帮助。2008 年 ~ 2010 年累计为低保户发放救助金 299.74 万元，其中 2008 年涉及 757 户 1179 人，金额 63.846 万元；2009 年涉及 875 户 1143 人，金额 91.098 万元；2010 年涉及 868 户 1172 人，金额 93.396 人。2008 年危房改造，为月牙湖 39 户救助户发放救助款 19.5 万元；2009 年，结合新农村建设整体推进，在月牙湖村和塘南村建设两个危房改造试点村，共为 273 户配套 131.9 万元资金。

【劳务移民公寓】 2010 年，扶贫办积极争取，自治区安排建设兴庆区胜利南街劳务移民公寓，项目总用地面积 42.15 亩，总建筑面积 58999 平方米，其中公寓建筑面积 51776 平方米，扶贫补助资金 800 万元。该项目于 2010 年 4 月动工建设，建成后可安置劳务移民 5000 人。

【生态移民】 2010 年底，自治区党委、政府作出实施中南部地区生态移民的重大战略决策。兴庆区月牙湖生态移民安置区“十二五”期间共承担 3979 户 1.68 万彭阳县生态移民的安置任务。新的移民安置区位于月牙湖乡政府以北 7 公里处。

水利水务·环境保护

SHUILISHUWU HUANJINGBAOHU

水利水务

【概况】 兴庆区水务局正式成立于2007年8月,前身是成立于2002年11月的兴庆区国土资源水务局,承担兴庆区农田水利等重点水利工程的建设任务,负责辖区18.5万亩农田的灌排、防汛抗旱与库区移民、沟道与水资源、农村饮水安全管理、水政监察、黄河流域湿地、滩地及河东红墩子、横城地区的沙荒、丘陵地的水土保持管理。

【局领导名录】

书　记:杨　锋(2007.08~2009.01)
　　　马成忠(2009.01~2010.05)
　　　周泽云(2010.05~2010.12)
局　长:程汝斌(2001~2007)
　　　杨　锋(2007.08~2009.01)
　　　马成忠(2009.01~2010.05)
　　　周泽云(2010.05~2010.12)
副局长:哈雪峰(2001~2007.08)
　　　苏　武(2001~2007)
　　　朱占才(2001~2010.12)
　　　李兴俊(2007.08~2009.01)
　　　陈建国(2009.01~2010.05)

【防汛防凌抗旱】 2003年,黄河来水严重偏枯,引黄灌区引水相当于正常年份的60%左右,面对严峻的形势,成立兴庆区防汛抗旱领导小组,制定《兴庆区引黄灌区抗旱井渠结合工程初步设计报告》《兴庆区2003年抗旱打井工作方案》和通贵乡、原永固乡以建设泵站抽沟水补灌,满春乡新水、新渠村以打井抽井水补灌为主的应急方案,新打机井70眼,新建维修泵站5座,购置流动泵75台套,并积极与区、市有关业务部门联系协调,争取抗旱工程建设资金,保证工程在春灌前全部完成。同时,大力推行小哇(田旁)灌溉,节水灌溉,加大产业结构及种植业结构调整力度,3个乡镇共压缩小麦种植面积9000亩,压缩水稻种植面积16500亩,压缩的面积主要调整为种植青饲玉米、饲草、新二代温棚和发展养殖业。在抗旱工作中发挥了极大的作用。由于抗旱工作成绩突出,被自治区引黄灌区抗旱工作领导小组授予先进集体称号。制定《兴庆区2003年防汛抢险预案》,各乡(镇)、街道办事处均成立防汛机构,落实行政首长负责制,从5月20日起至9月30日,实行24小时值班制,确保兴庆区安全渡汛。

2004年,争取自治区防汛投资30万元,对通贵、月牙湖乡重要防汛设施加固、抢修。制定防汛抢险预案,成立防汛抗旱指挥部,与各乡(镇)、场、街道办事处签订《兴庆区2004年防汛工作责任书》,成立抢险队伍。从2004年5月1日起至9月30日,实行24小时值班和领导带班制,对辖区内重点、危险地段,特别是月牙湖地区进行多次检查,做好汛期山洪防汛设施安全检查及发生黄河塌岸检查工作。足额储备防汛物资,储备木材16方、铅丝8吨、编织袋4.2万条。另外,给通贵乡、月牙湖乡配备基地台各1付,并督查各乡(镇)、街道办事处按《兴庆区2004年防汛抢险预案》要求足额储备防汛物资。

2005年,春节前后,黄河兴庆区段经历了几十年来未遇的凌汛险情,防汛抗旱指挥部带领全体干部职工放弃春节休假,日夜驻守在防凌抢险第一线,保证了兴庆区段群众的生命财产安全。在汛期来临前,采取果断措施,拆除月牙湖乡建在泄洪沟上的清真寺和农宅,开挖了月牙湖3号泄洪沟,排除山洪隐患。全年防汛工程总投资145万元,清理月牙湖乡3#泄洪沟上建筑物,开挖行洪沟1.9公里,维修加固通贵乡防洪堤、护岸码头。

2006年,积极做好防凌、防汛工作,制定防凌防汛预案,并同各乡镇签订防凌责任书,做好防汛物资准备工作,成立防汛应急队伍,加强防汛值班工作,凌汛期间没有发生一起人畜死亡事件。在夏季防汛工作中,同各乡镇签订防汛目标责任书,检查防汛物资准备情况和防汛应急队伍组织建设情况,检查沟渠畅通情况,及时督促乡镇清淤沟、渠、配套建筑物和桥梁涵洞,堵塞低洼缺口,加筑堤坝。经受了7.14特大暴雨考验,无一人员死亡。

2007年,认真贯彻各级防汛精神,

制定防汛预案，分解防汛任务，召开防汛会议，签订防汛目标责任书，落实防汛首长负责制，落实汛期24小时值班制度和汛前物资储备，开展逐乡逐镇拉网式检查。特别是“6.16”特大暴雨后，及时深入防洪一线，对河道、泄洪沟、堤坝、沟渠损坏情况及时掌握，组织救灾，加固沟堤险段，努力把灾情降低到最小程度。

2008年，春节期间气温急剧下降，发生冰冻灾害，辖区大部分水利设施发生冻涨、鼓包、裂缝、塌陷等现象，黄河冰凌结块面积较大，对控道码头损害严重，破坏力极强。险情发生后，防汛抗旱指挥部启动防凌汛预案，筹措资金和防汛物资，确保凌汛期间人民生命财产安全；防汛前期，防汛人员沿堤坝、河段、穿堤桥梁、涵洞、山洪泻洪沟、沟道等地段逐一排查，确保险情解决在萌芽状态，对水库、河道险工险段等重点部位做到重点防范；修改完善防汛防洪预案，重新调整防汛责任，与市场物资销售商签订防汛代储物资合同，做到汛期随用随取，安全度过汛期。

2009年，继续推行行政首长负责制，落实防汛责任，完善各项制度，明确防汛主体和防汛人员，细化防汛考核责任，加强汛期值班和检查，做好黄河护岸码头维修建设，开展防汛专项检查4次，对危险地带和薄弱环节及时进行整改，督促月牙湖乡加固拦洪堤坝。

2010年，重新修订《兴庆区防汛抢险应急预案》，认真做好汛前检查，落实24小时值班和领导带班制度。增加投入40万元资金，采购储备了木桩2200根、铅丝8吨、编织袋10000条、备防石1300方，以及其他必要设备。同时，组织各成员单位对辖区骨干沟道进行清淤，投资6万元对月牙湖3条泄洪沟进行治理。

【农田水利基本建设】 2003年，制定《兴庆区黄河干流堤防调整方案》。全年共争取水利工程投资325万元和价值30多万元的抗旱物资，砌护渠道3950米，清淤沟道8.8公里，配套2002年高标准农田12000亩，并完成2003年高标准农田10000亩的土方工程。完成西丰沟清淤和三道高渠砌护工程。

2004年，在秋季农田水利基本建设工作中，积极协调，配合各乡镇的工作，对水务工作人员进行分片包干，入驻各乡镇负责工程质量验收及工程进度的督促工作。负责拟定兴庆区秋季农田水利基本建设考核细则，与农林牧业局对各乡镇秋季农田水利完成情况进行考核验收。组织完成永一支渠砌护工程、通贵跃进沟机械清淤工程、月牙湖泵站维修工程、月牙湖渡槽维修工程、高标准农田配套工程、姚叶高速公路绿化林带工程6项农田水利工程建设。其中：砌护渠道2条长4.1公里，机械清淤沟道8公里，维修渡槽1000米，维修泵站2座，配套各类建筑物166座。工程总投资153万元（区、市投资20万元，兴庆区政府配套资金133万元）。工程全部通过招投标选择施工队伍，聘请有资质的监理公司对工程施工全过程进行监理。于5月1日前保质保量完成了施工任务。

2005年，农田水利工程总投资730万元，共完成生产桥、涵、尾水等建筑679座，砌护渠道58条，长46.38公里，维修泵站2座，维修渡槽1000米，机械清淤斗沟19条，支沟15条，长39.7公里。2003年~2005年，共从上级业务部门争取项目8项，砌护支渠60条、斗渠3条，100.81公里；清挖沟道47条56.5公里；维修月牙湖乡渡槽1公里，维修泵站7座，共争取区、市水利基础设施建设资金400多万元，3年共投资农水工程1000多万元，完成高标准农田69000亩。

2006年，秋季农田水利基本建设工作紧紧围绕银川市建设“两个最适宜”城市和打造“塞上江南新风貌”的目标，共完成农田建设面积34856亩，完成任务的146%；清挖支斗农沟415条481公里；清挖支斗农渠599条489.2公里，超任务完成40条109.2公里。机械清淤24条66公里；砌护各类渠道33条39.5公里，配套建筑物320座；整修农路615条533.8公里，超任务完成323条224公里；建设畦田1.5万亩。投入劳动力达14.72万工日，累计动用机械1800台班次。

2007年，完成高标准农田建设1866.7公顷，其中，畦田建设313.33公顷，清淤支斗农沟352条236公里，机械清淤27条36公里，整修农路653条335公里，清挖农渠479条318公里，秋

2004年10月14日，秋季农田水利建设热火朝天

季砌护渠道4条6公里，配套各类建筑物150座。动用劳动力累计11万余人次，动用机械280班次，累计完成土石方86万方。完成通贵乡一干渠节水改造配套工程，项目总投资203.64万元，渠道承担着通贵乡通南、通贵两村12个生产队的农田灌溉任务，改善灌溉面积933.3公顷，砌护渠道3.1公里，维修生产桥5座，节制闸1座及其他建筑物件共64座，项目竣工后灌溉水利用率达到65%，节水23%，年节水量252.4万立方米，年增净效益49万元；掌政镇永一支渠砌护工程，总投资21.24万元，渠道砌护长度1.45公里，配套建筑物17座，工程竣工后节约灌溉水量20%；完成通贵乡民兵路北高标准农田田间配套高标准项目，工程总投资20多万元，建设配套建筑物90座。解决当地农民在农业生产中因配套设施不足而造成的困难。荣获宁夏水利系统黄河杯农田水利基本建设竞赛三等奖。

2008年，在春季农田水利建设中，累计投入经费150余万元，维修渠道25条，维修闸门、桥、涵125座，累计发动群众42000人次，动用机械台班1、2万个，新开沟道2条长1.5公里，渠道1条长0.8公里，共清挖沟道50条长240公里，清挖渠道1580条长461.6公里，改造中低产田1千公顷，综合整治农田376条长62.6公里。在秋季农田水利建设中，完成高标准农田2000公顷，完成清挖支斗农渠616条长466公里，清淤支斗农沟456条长312.2公里；整修农路715条406.8公里；结合国土整治、农业综合开发建设项目的实施，砌护渠道74条40.4公里，清挖沟道8条16公里，配套各类建筑物900座。完成兴庆区通贵二三干渠合并及砌护工程。该工程是银川市人代会议案工程，项目总投资322.22万元。砌护渠道4.94公里，建成各类建筑物60座，浆砌石砌护0.7208万立方米、混凝土0.0962万立方米，开挖回填土方4.82万立方米，投入使用后节约灌溉水量30%；完成掌政镇永南村补水泵站改造工程。该工程是兴庆区人代会议案工程，总投资120万元，实际完成渠道砌护开口2.6米长1.549公里，外运土方2.13万立方米，回填3.5万立方米，混凝土砌护0.0215万立方米，砌石0.096万立方米，泵房建筑面积91.04平方米，渠道配套建筑物22座，竣工运行后将掌政镇永南村、碱富桥村万亩农田的亩均水费由100元降至20多元；完成月牙湖乡扬水斗渠节水灌溉工程。项目总投资116.1万元，实际砌护渠道5条9.6公里，配套各类建筑物120余座，工程实施后将该灌区每次灌溉行水期缩短3～4天，节水率达到40%以上；完成大新镇塔桥村花卉园区水利工程。投资130万元砌护U型渠6条长4.956公里，配套各类建筑物49座；完成乡镇对公路两侧1公里范围内沟、渠、田、林、路进行综合整治。投资40万元，砌护渠道3条长3公里，配套各类建筑物10余座。荣获宁夏水利系统黄河杯农田水利基本建设竞赛三等奖。

2009年，投资5000万元在通贵乡和掌政镇完成高标准农田建设4.8千公顷，清挖沟道1343条699公里、农渠1740条1056公里，整修农路2260条1516.4公里。完成堤防边沟桥涵工程20座，排水沟尾水100座，秋翻地2.493千公顷，秸秆还田0.74千公顷，秋施肥0.793千公顷。完成兴庆区通贵一干渠渠首2.8公里渠道砌护工程。该是兴庆区二届二次人代会议案工程，中标价为128.1934万元，共建成各类建筑物51座，完成浆砌片石3743立方米，混凝土532立方米，开挖回填土方28954立方米。竣工后使通南村、通贵村两个行政村12个自然村826户4000人和800公顷农田灌溉受益，总灌水量减少100万立方米，灌溉周期由原来的5～7天缩短到3～5天；实施月牙湖乡扬水泵站及渡槽维修改造工程，该工程关系着7个行政村1666.66公顷农田灌溉任务，年久失修，泵站严重老化，兴庆区政府核拨30万元维修经费，维修渡槽58节580米，对一、二级泵房基础墙体进行加固，维修更换水泵损坏部件，确保灌溉用水。荣获宁夏水利系统黄河杯农田水利基本建设竞赛三等奖。

2010年，完成高标准农田建设面积4533公顷，完成率139%。其中，畦田建设600公顷，完成率225%；新增节灌面积267公顷，改善灌溉面积1200公顷，为兴庆区建立6667公顷优质有机稻基地打下坚实基础，并通过银川市验收。完成月牙湖乡月牙湖村泵站改造工程。该工程是中央财政小农水工程，批复资金256万元。共完成改造泵站1座，砌护干渠2条1.5公里，斗渠5条3公里，农渠27条13.5公里，建成各类配套建筑物1552座；完成月牙湖退耕还林口粮田水利配套工程。工程总投资186万元（中央资金148万元，兴庆区配套资金19万元，农民自筹19万元），斗农渠砌护56条28公里，配套各类建筑物2348座，改善水浇地267公顷，土地平整32公顷；完成永二干沟综合治理工程。治理总长度19.5公里，总投资200万元。完成沟道清淤、两侧垃圾清运填埋、沟堤道路整修及沟坡、沟堤靓化绿化工程。荣获宁夏水利系统黄河杯农田水利基本建设竞赛三等奖。

【农业开发项目综合整治】 2006年，共完成农业综合开发土地治理面积1.5万亩。其中：通贵乡通贵、通南村1万亩，石中高速公路两侧大新镇新渠、新水村段5000亩。新开、清淤、整治沟道326条367公里，其中：机械清淤沟道57条长54.4公里，清挖各级渠道473条长256公里，农路整修437条长435公里，砌护渠道1条长1.3公里，配套建筑物59座，整修林带12条长15.2公里，植树1.5万株。对石中高速公路14.5公里两侧30米范围内2镇8个村的有碍观瞻的房屋、牛圈、废弃温棚、残墙、堆弃物全部清理拆除，共拆除85户农户各类房屋1.4万平方米、废弃温棚184间、残墙2483米，迁坟175座，累计投入拆迁补偿费资金610万元。对石中高速公

路两侧所有沟渠路进行全面清淤、整治，共清挖渠道281条252公里，清淤支斗沟216条257公里，整修农路224条80公里，累计动用土石方64.3万方。到2010年，共投资2600万元用于通贵乡司家桥村、通南村农业综合开发项目，平整土地0.22万公顷，配套工程设施260座；掌政镇完成29项水利设施建设项目，配套各类型水利工程设施246座，砌护渠道18条，长14.8公里，完成高标准农业开发项目综合整治面积967公顷；月牙湖乡大塘北村开挖长2千米排水沟1条，实施耕地暗管排水等一批农田水利设施建设项目；兴庆区及乡镇政府自筹资金500万元，用于建设和维修农业生产急需的水利设施项目，其中在月牙湖乡完成南一支渠的垫高砌护工作；翻修斗渠8条，长10千米；完成对高架渡槽的维护，解决渡槽收缩缝漏水等问题；在通贵乡、掌政镇、大新镇建设高标准农田项目配套工程346座；砌护清淤沟、渠60余条，长184公里，建设高标准农田633公顷；组织机关干部、群众等参加义务劳动，开挖清淤沟渠200余条。

【人饮安全普查】 2003年，开展兴庆区农村饮水安全现状调查评估工作，上报《银川市兴庆区农村饮水安全问题现状调查报告》。2005年1月5日~2月28日，在兴庆区各乡镇开展农村人口饮水安全普查工作。经统计，兴庆区农业人口58418人，其中饮水安全人口49454人，占农业人口的84.7%，饮水不安全人口8774人，占农业人口的15.3%。兴庆区自来水受益人口33686人，普及率达57.6%。

【农村饮水安全工程】 2003年，实施掌政永南、碱富桥村人饮解困工程，该工程被列入全区人畜饮水解困工程第二批项目，总投资61.44万元，解决541户，2161人，766头大家畜的饮水问题。

2004年，编制《兴庆区农村饮水安全工程建设实施规划》，为解决兴庆区农村人畜饮水安全问题做出具体规划。继续完成2003年10月份实施的永南、碱富桥村人饮工程；争取通贵乡人饮工程列入全区人饮解困工程。工程计划解决10000人吃水难问题，工程概算投资280万元；实施水利厅节水续建配套工程通贵二干渠砌护工程。工程总投资100万元，其中：水利厅投资80万元，兴庆区投资20万元。工程于10月8日开工，计划2005年5月完工。

2005年，完成编制《兴庆区农村饮水安全"十一五"规划报告》争取到通贵乡人畜饮水工程并组织实施，工程批复资金226万元，已安装主管道20公里，建检查井、闸阀井及过沟、过渠建筑物52座，建好后将解决3200户14400人饮水困难问题。

2006年，为解决通贵乡通南村、通西村、通北村、通贵村4个行政村33个自然村，1934户8190人人畜饮水问题，先后多次深入实地调研，摸排走访，对饮用浅层水井水样、水质取样，委托有关部门检测化验，预算管网费用，协调相关部门实地查看立项，经多方努力，共争取区市专项资金227万元，其中，国拨资金162万元，兴庆区及群众自筹65万元，完成通贵乡人畜饮水工程。

2007年，兴庆区一届四次人代会将兴庆区大新镇新水桥、新渠稍村人畜饮水工程列入人大议案，水务局积极争取国家人饮安全工程建设项目，在新水桥村打104米深井1眼，经银川市卫生部门水质化验，各项指标符合饮用水标准，当年完成井泵房及管理房建设90平方米，砌筑各类阀井28座，修建穿渠、过沟、过路建筑物27处，铺设各级输水管道23.578公里，入户13个自然村500多户。2008年5月前全部竣工。

2008年，完成大新镇新水桥村、新渠桥村农村饮水安全续建工程，解决了1500户6255人的饮水安全问题。入户普及率达90%。加强农村水源地保护工程，联合兴庆区经济统计局，筹资40万元对辖区10个水厂水源地开展保护工作。对辖区10个水厂进行安全饮用水检查，对水质进行化验，监督各水厂管理人员办理卫生许可证和健康证。

2009年，完成月牙湖乡农村饮水安全扩建工程。该工程是2008年兴庆区二届一次人代会议案工程，总投资156万元，6月20日竣工通水。共铺设各级输水管道104公里，建穿沟、过路工程26处，新建维修阀门井111座，购置无滴漏水表1050块，完成入户1048户，更换深井泵1套和变频柜1台，解决月牙湖乡辖区7个行政村38个自然村、5座清真寺、2所学校，共计6000余人的饮水不安全问题，入户率达到92%。

2010年，一是积极与水利厅协调，争取宁夏军区给水团为掌政镇、通贵乡各打1眼水源井，管网工程投资67.2万元，解决了通贵、通北、通西村约8000多人的水质和水量不达标问题。二是完成大新塔桥人饮工程。该工程是银川市政协2010年提案工程，也是兴庆区二届人大三次会议代表议案工程。工程总投资92万元（其中中央预算内资金50万元，银川市、兴庆区及群众自筹42万元），由于工程实施过程中遇到需破坏、恢复硬化路面及穿院等情况较多，实际完成投资134.23万元。共完成埋设各级主、支、入户输水管道51.11公里，穿沟穿越沟渠38处，穿越硬化工程13处，穿越主路面工程6处，掏设各类地埋线87处，新建各类阀门、水表井87座，购置无滴漏水表630块，完成入户623户，入户率100%，工程于9月15日竣工22日正式通水。解决了大新镇塔桥村10-13队和穆斯林民俗村共计1953人的饮水不安全问题及塔桥村1-9队1447人的饮水水源问题。三是完成通贵乡通贵村、通北村、通西村的安全饮水改建工程项目。管网工程投资67.2万元，于10月11日招标开工建设，11月13日竣工通水，解决了通贵、通北、通西村约8000多人的水质和水量不达标问题。截止2010年，兴庆区农村安全饮水人口覆盖率达95%以上。

【东南部水系工程】 2009年，完成兴庆区东南部水系联通改造工程。该工程投资2400万元，其中，土方工程1900万元，水利配套工程500万元，主要对章子湖、鸽地湖、银湖和部分水道进行联通、扩整，3个湖泊原有面积72.267公顷，整治后湖泊湿地面积扩大到130.6公顷，新增湖泊湿地面积58.333公顷。其中鱼池29、4公顷，黄滩地28、933公顷。

【生态养殖示范区供水工程】 2010年，实施月牙湖万亩奶牛生态养殖示范区供水工程。工程投资240万元，完成深井勘钻和中央大道东西侧14公里主管网的埋设及井房、管理房的建设。

【黄河金岸工程】 2009年，实施黄河兴庆区段标准化堤防建设工程。该工程是中央投资，全长26.48公里，占地240公顷，总投资12000万元。兴庆区主要完成前期规划报批、项目招标、质量检测、41座穿堤建筑建设、湖系开挖、征用土地权属登记、配套水利设施登记、护堤及林带工程等；完成孔司路、银通路打通配套水利工程，该工程是黄河标准化堤防建设的延伸工程，投资60万元，其中孔司路配套建筑物34座，投资52万元，银通路配套建筑物11座，投资8万元，清挖配套渠道5条3.95公里，清挖沟道1条3公里；完成黄河金岸生态景观林带74.667公顷，造林35.333公顷。

2010年1月26日，黄河标准化堤防工程兴庆区段护堤土方工程竣工。按照自治区政府提出的打造“黄河金岸、塞上明珠”的战略部署，银川市兴庆区抢抓国家实施的第二轮西部大开发战略机遇，打造黄河金岸田园风光。将滨河大道掌政碱富桥、强家庙西侧原有田档打乱重新规划布局，进行沟、渠、田、林、庄综合治理，通过新开、扩整、砌护、治理沟渠、整修农路和建设桥、涵、闸、口、站等配套建筑物等，完善灌排、交通体系，使项目区田成方、渠相连、树成行、路相通、涝能排、旱能灌，通过支斗级渠道砌护，提高灌溉水利用效率，减少水资源浪费。通过营造农田防护林，提高森林覆盖率，通过水稻旱育稀植技术，改善生产条件，促进农业产业结构的调整和农业化进程。将项目区农田及配套沟、渠、路全部打乱，重新进行整合调整，适合大型农业机械作业，使黄河金岸5万亩盐碱地、低产田全部变成高标准水稻产业带；建设高标准农田7片，其中改造中低产田1800公顷、改善灌溉面积3400公顷；掌政镇西侧农发项目片区建设高标准农田、中低产田改造片区2个1600公顷。其中，改造中低产田面积700公顷，改善灌溉面积1600公顷；通贵乡在通北村片区、黄河堤防通贵段东侧片区建设高标准农田、中低产改造片区2个1400公顷。其中，改造中低产田片区1300公顷，改善灌溉面积1400公顷；大新镇在新渠稍村片区、新渠村篇片建设高标准农田片区2个67公顷，改善灌溉面积67公顷；月牙湖乡在海陶南村、海陶北村片区建设高标准农田片区1个267公顷，改善灌溉面积267公顷。同时，完成黄河金岸水系开挖土方工程。全长26.48公里，总投资2700万元。形成南北贯通滨河湿地公园、月亮湖等10多处宽阔水域面积达333公顷的黄河金岸水系景观；完成黄河金岸水系配套建筑物工程。总投资186万元，完成建筑物83座，渠道砌护2.27公里；完成滨河大道西侧排水干沟草桩防塌治理工程。工程主要实施堤防西侧（单坡）沟道柳桩、草把、护坡治理，总投资200万元，完成草桩治理坍塌沟坡19公里，建斗沟尾水81座。

【灌溉管理】 2003年，兴庆区辖区内农田主要依靠惠农渠、汉延渠和唐徕渠三大干渠进行灌溉，由于近年来黄河来水减少，各大干渠长期低水位运行，给惠农渠的高口支渠淌水造成了一定困难，因灌溉引发的矛盾十分突出。为此，专门成立水事纠纷调处领导小组，深入田间地头，了解情况，及时发现问题，及时与乡村共同协调解决。

2004年3月，在汉延渠管理处的倡议下，兴庆区国土资源水务局、汉延渠第四管理所、掌政镇三家共同发起成立兴庆区汉延渠灌溉合作社，切实为农民减轻了水费支出，进一步完善灌溉管理制度，取得了良好的经济效益和社会效益。积极做好辖区灌溉的管理工作，督促各乡镇农田灌溉，协调解决灌溉困难问题，保证兴庆区灌溉工作顺利进行。协调灌溉部门按时、安全地完成兴庆区全年的灌溉任务和水费征缴任务，化解了多起灌溉矛盾和水事纠纷。

2005年，鼓励支持群众成立农民用水协会。成立农民用水协会38个，注册25个，享有法人资格。

2006年，加强农民用水协会制度建设，做到制度健全，人员分工明确，认真履行协会章程规定职责，水费收缴帐目明晰，收费依据合法。

2007年，引黄灌区供水价格上调，兴庆区召开灌溉工作会议，传达全区水利工作会议精神，通报水情，发放《致广大农民群众的一封信》，号召群众改变粮经种植比例，压稻增旱，种植节水作物，以有限的水资源，最大限度地扩大种植面积；规范管理工作程序，完善各项规章制度，堵塞管理漏洞，提高管理水平；调动农民用水协会和农户的积极性，自管自支，以节约用水和降低农民农业生产用水支出为工作目标，变压力为动力，让群众也参与到灌溉管理上来。

2008年，兴庆区分配灌溉水量较上年减少20%。且供水价格全面上调，兴庆区及时召开灌溉工作会议，传达全区水利工作会议精神，通报水情，全面分析灌溉管理上存在的问题和薄弱环节，完善各项规章制度，与灌溉部门签订目标责任书，逐级落实责任，明确奖罚。

2009年春，黄河水量较往年大幅度减少。灌溉形势十分严峻，为保证灌溉，采取以下措施：一是合理分配用水指标，号召群众调整粮经种植比例，压稻增旱，种植节水植物。二是发动群众筹资筹劳，及时投入农田建设，挖沟清淤，修建水利工程配套设施，确保渠道畅通。三是宣传高价水商品意识，倡导水

稻旱育稀植技术推广，降低用水量。四是组织农民用水协会成员40余人参加协会管理培训班，提高管理水平，五是继续推行信用社代收水费制度，公开水务支出，做好水费清欠和预缴工作。六是做好抗旱机井管理工作，保证设施农业用水。

2010年，由于黄河来水逐年减少，加上水量受黄委会统一调度，节水势在必行，灌溉形势非常严峻。为了做好灌溉工作，一是加大对农民用水协会人员的培训力度以提高群管人员的业务能力和为群众办事的责任心；二是及时传达上级部门的灌溉工作会议精神，统一思想，提高认识；三是积极主动协调各乡水管站并督促各农民用水协会加大水费的收缴力度，没有因水费问题影响农田灌溉和农业生产。

【创建节水型社会】 2007年，推广水稻节水高产控制灌溉模式，使节水成为今后灌溉工作的主题。同时，与农业部门协调，宣传节水经济作物与农作物的经济效益和种植方式，推广节水农业。通过加强节水灌溉管理，不仅使兴庆区所有农田能适时灌溉，还比往年节约水量14%。

2008年，通过通贵乡通西村国有土地整治项目和月牙湖乡农业综合开发项目的实施，改善了兴庆区大部分地区灌溉基础设施，提高灌溉流速，缩短输水时间，减少渗漏和跑、冒、漏，有效提高了水的利用率。在设施农业示范区，推广滴管技术333.33公顷，推广水稻节水高产控制灌溉、滴管技术，改变传统的大水漫灌模式，减少蒸发和渗漏，使农作物的耗水量大幅下降，节水率达15%。

2009年，通过月牙湖乡农业综合开发项目、扶贫项目、灌溉续建配套项目和节水改造工程的实施，进一步改善了兴庆区大部分地区灌溉基础设施，新增节灌面积0.33千公顷，改善灌溉面积1.2千公顷，农田灌溉节水15%。

2010年，通过月牙湖乡农业综合开发项目、扶贫项目、灌区续建配套项目和节水改造工程等项目的实施，有效提高了水的利用率，继续推广水稻节水高产控灌技术，努力改变传统的大水漫灌模式，减少蒸发和渗漏，使作物的耗水量大幅下降。2010年，兴庆区春夏灌溉用水量为1.095亿方，比去年同期节约7.3%的用水量，圆满完成兴庆区全年的灌溉任务，没有一起因灌溉问题而发生纠纷的上访事件，确保农业增产农民增收。

【农村水利改革】 2004年，按照国家水利部、自治区水利厅和市水务局的安排要求，结合兴庆区实际，编制《兴庆区农业供水管理体制及水价形成机制改革实施方案》，在辖区内进行广泛宣传，并要求各乡镇结合各自实际制定水费改革实施方案，逐步推行"一价制"和"一票制"的终端水价收费制度和"供水到户，收费到户"制度，提高用水、收费透明度，有效降低了农民不合理费用支出。

2010年，继续推进农村水利改革。一是制订水利科技服务人员管理办法和考核办法，继续与上收水费人员签订农业科技服务承包协议，发放科技服务体系改革聘书，继续实行人员双重管理。组织2期技术培训，不断提高基层水利技术人员的整体素质。二是积极落实事业单位改革精神。按时完成事业单位岗位设置定员定岗管理工作，实行事业单位岗位与工资紧密挂钩；三是加大水管体制改革力度，落实涉及编制、维修费用、办公条件等改革硬性指标，完善各项验收资料，顺利通过水利部、自治区水利厅检查考评验收。

【水政监察】 2004年，按规定严格把好水资源开采利用审核关，从源头上杜绝水资源的不合理开采和利用。按规定收缴本辖区合法取水户的水资源费4.5万元。严格水政执法，根据《水法》、《防洪法》、《水行政处罚条例》等法律、法规，对山西路桥公司、兰州军区银川市房管所、泽翔供热公司三家单位的水事违法案件依法进行查处。11月10日，开展兴庆区辖区内农村自备井普查工作。并逐一分类建档立册；对在办理取水手续、获得取水资格的10户取水户，按照国家规定的标准全额收缴2004年度的水资源费，并对各取水户的节水设施和水质情况进行认真检查，对有问题的取水户提出整改意见。

2005年，查处水事违法案件5起：一是月牙湖乡黄河河滩地非法围垦案；二是通贵乡河滩地非法围垦案；三是宁夏河东林牧有限责任公司未经批准擅自在黄河取水案；四是昶锋农牧发展有限公司未经批准擅自在月牙湖乡燕子湖东侧泄洪沟上修建构筑物案；五是通贵乡三干渠被人用土填埋案。对这五起案件全部下发停工整改通知书。

2007年，辖区内共有合法取水户12户，年底需要换新证10家。对辖区10个水厂采取拉网式检查，要求各水厂必须办理卫生许可证和管理人员健康证，持证上岗，确保农村饮用水安全；规范水政监察队伍，依法查处水事违法案件3起，调解处理水事纠纷7起，罚款3000元；利用3月份水法宣传周、4·22世界地球日、水文管理条例宣传周、6·25全国土地日等广泛开展宣传活动，购买普法书籍150册，制作展板6期，发放宣传材料4800余份，发放水费改革宣传材料870份。

2008年，利用世界水日、中国水周等重大节日及各乡镇集日，全力做好宣传工作，发放水行政法律法规宣传单2800余份，悬挂横幅12处，出动宣传车宣传国务院《取水许可和水资源费征收管理条例》，新闻媒体宣传报道2次，刊登宣传水资源管理方面的文章4篇。

2009年，查处沟坝、渠堤关键地段取土违法案件3起，制止掌政镇永南村部分村民填沟垦田违法行为2起，恢复沟道150米；对辖区取水用水户12家进行2次抽查，收缴水资源费5.7万元。

2010年，对辖区取水用水户12家进行年检换证，收缴水资源费6万元，结合环境综合整治，协同卫生、环保等部门多次深入辖区12个水厂进行安全饮用水检查，化验水质，监督各水厂管理人员办理了卫生许可证和健康证，确保安全供水。加强水政执法人员培训，建章立制，理顺执法程序，做好乡镇水利工作站委托执法工作。全年调节水事纠纷6起，制止违法行为3起，当场督促违法行为人予以纠正，补办手续1起，为国家挽回损失16万元。

【水土保持】 2007年，对所有已建和新建项目提出编报水土保持方案的要求，对存在水土保持违法违规行为的开发建设项目进行专项执法检查，对违法违规行为提出限期整改要求，积极争取水土保持治理项目。

2008年，对兴庆区水土保持预防监督工作进行调查摸底，编写《兴庆区水土保持预防监督工作规划》，协同国土资源、经济统计等部门理顺建设项目审批环节，将水土保持整治意见纳入项目建设范畴。

2009年，开展兴庆区淤地坝安全大检查专项行动和水土保持监督执法专项行动“回头看”活动，对辖区2座较坚固的骨干型淤地坝、1座大型拦洪坝、1座违章中型堤坝进行清查上报，按照有关规定进行处理；对河东保留的10家砖厂进行整治，建立水土保持登记档案，组织编报水土保持方案，审批5家砖厂的水土保持方案，收缴水土保持设施补偿费5万元，其余5家砖厂正在整改办理中。

2010年，加强制度建设，衔接区、市水土管理部门抓好宣传工作，管理工作，重点开展了河东地区水土保持生态治理长效工作。

【库区移民】 库区移民补助工作是国务院惠及库区移民的一项长远工作。根据《国务院<关于完善大中型水库移民后期扶持政策的意见>》，整理数据，按时完成摸底调查及公示上报等工作。经自治区移民办核实，兴庆区共有符合政策人员272人，其中，青铜峡水库移民258人、三门峡水库移民14人，每人每年发放600元补助资金，总计直补资金24.48万元，以“一卡通”形式全额发放到库区移民手中。同时，协调辖区乡镇解决移民农业生产、就医、上学等实际困难，确保移民政策贯彻落实。

环境保护

【概况】 银川市环境保护局兴庆区分局成立于2003年，隶属于银川市环境保护局，主要工作职责是贯彻执行国家、自治区、银川市环境保护方针、政策、法律法规，技术标准，监督管理兴庆区内污染物、污染源的防治工作；负责排污申报登记与排污许可证、排污收费、环境执法、“三同时”制度、限期治理等环境管理工作的实施，查处环境污染投诉、开展环境应急、农村环境保护工作。环保分局内设办公室、城市环境监察科、农村环境监察科。

【局领导名录】

局　长：张欣荣（2003~2006）
　　　　王建玉（2006~2007）
　　　　王　锐（2007~2008）
　　　　蔡懿平（2008~2009）
　　　　王　辉（2009~2010.12）

【饮用水源保护】 2008年，开展东郊饮用水水源地和11个农村水厂环境现状调查工作。

2009年，开展“整治违法排污企业保障群众健康”专项行动。一是开展饮用水源保护区的集中整治。检查东郊水源地和乡镇饮用水水源地10个，立案查处饮用水源一级保护区内的工业企业1个（玖加玖奶业合作社），联合执法取缔1家豆制品加工厂，1家酱菜厂。二是全面清查二级保护区内新建、扩建项目，开展乡镇饮用水源保护区基础环境调查和评估工作，对5个乡镇饮用水源地实施打桩定界、设立标志牌、警示牌等保护措施。至此，兴庆区范围所有乡镇饮用水源地打桩定界工作全部完成。

2010年，取缔东郊水源地一级保护区内工业企业2家（废旧塑料厂1家，酱菜厂1家）；全面清查二级保护区内新建、扩建项目，开展12个乡镇饮用水源保护区基础环境调查和评估工作，对12个乡镇水源地水质进行监测。

【污染企业监察】 2007年，开展工业企业专项检查工作。安排监察人员对辖区内银川卧龙变压器厂、金伯爵食品公司、银川食品公司生猪定点屠宰厂、大河机床厂、东门造纸厂等5家有工业废水排放单位的污水处理设施进行检查，各单位污处设施正常运转，废水达标排放。督促落实风机厂、银风小区17家石材厂全部搬迁，彻底解决了这一多年未解决的环境污染问题。督促落实宁夏光华活性炭厂整体拆迁工作。依法取缔大新乡北鸽四队一个体小电镀厂。规范行政处罚程序，截止6月28日共收缴罚款3.32万元。

2008年，充分发挥部门联动作用，坚决取缔“十五小”、“新五小”和国家明令禁止的生产工艺落后、污染大的企业。对大新乡10家污染严重的小塑料加工厂下达限期搬迁通知，依法取缔掌政镇兴盛村一家油毛毡加工厂、八里桥3家小型土炼油厂、茂盛村养殖场内一家非法油毡厂、掌政镇春林二队和掌镇四队非法小电镀加工点各一个、大新乡北鸽四队一个体小电镀厂、通西村小造纸。截至2008年9月底，大队共出动检查人次8856人次，检查企业647家次，立案查处各类环境违法案件36件，下达限期整改通知书9份，下发行政处罚决定书46余份。收缴排污费约90万元，罚款达19万元。

2009年，为保证辖区重点污染源达标率100%，普通污染源达标率95%的工作目标，年初，大队制定详细的污染源监察工作计划。对辖区11家环统企业执行环境保护法律法规的情况加大了日常监察和不定期现场检查的力度，立案处罚违法排污企业玖加玖、新海利、忠华手抓、北门生猪屠宰、海天酒店5家，处罚金额49万元。开展重金属行

业专项检查，对银川第一污水处理厂、荣洁固体废物处置厂下达限期治理通知。开展钢铁、涉砷等重污染行业的专项监察，严厉打击“两高一资”行业环境违法行为。依法取缔6家电镀厂、1家地条钢企业生产设备、2家废机油生产燃料油企业、杨家寨四队废旧塑料加工企业11家。立案查处新海利视盘厂臭气超标排放，督促企业完成搬迁，彻底解决了臭气扰民问题。

2010年，对辖区25家工业企业执行环境保护法律法规的情况加大日常监察和不定期现场检查的力度，确保企业污染源治理设施正常运行。立案处罚违法排污企业卧龙变压器厂、银河仪表表面分厂、华泰龙家俱制造厂3家，处罚金额4万元。上报政府关停群众举报的地条钢生产企业—鑫顺发锻造加工厂。对群众反映强烈的6家电镀厂进行集中整治，封堵银河仪表表面分厂的排污口，上报政府切断供电，彻底关停。依法进行取缔二排沟沿线2家、永二干沟沿线3家小电镀厂、河滩村废机油生产燃料油企业1家、农村庄点废旧塑料加工企业24家。搬迁通南村美思味豆制品厂、利民南街凤凰塑料制品有限公司，消除群众反映强烈的污水、噪声污染问题。

【危险化学品专项监察】 2007年，对辖区的危险化学品进行专项监察。兴庆区无生产化学危险品的企业，有贮存和使用化学危险品的11个单位均有安全防范措施。

2008年，对有贮存和使用危险化学品的11个单位进行专项检查、登记，并宣传、告知安全防范措施。

2009～2010年，加强对辖区内生产、使用、储存危险化学品企业的环境监察力度，保障辖区内无重大环境污染与破环事故发生。

【燃煤锅炉检查】 2007年，全面完成冬季锅茶炉烟尘监察工作。一季度组织人员对管辖区内122个单位的168台锅炉和256个单位的350台茶炉、油炉、燃气炉从燃料结构、除尘设施运转和煤质分析等方面进行全面检查。同时对城乡结合部农民自建房采暖生活用小茶炉违规燃用高污染煤行为进行环保法律、法规的宣传。通过现场协调和督查落实拆除燃煤小锅炉10家15台。依法对12家燃用高污染煤的单位和个人进行行政处罚。检查中共收取监测费61830元，经过专项检查，有力的改善了大气环境空气质量。截止6月25日，兴庆区环境空气质量二级及好于二级以上的天数达160天，占年累计达标率的92.5%。

2008年，全面完成冬季锅茶炉烟尘监察工作。对城乡结合部农民自建房采暖生活用小茶炉违规燃用高污染煤行为进行打击，依法对12家燃用高污染煤的单位和个人进行行政处罚。同时结合燃煤小锅炉拆除工作，推动清洁能源在辖区内的使用，全年协调和落实拆除燃煤小锅炉76家共102台（不计城乡结合部整体改造或开发拆除的360余台）。有力的改善了大气环境空气质量，截止10月10日，兴庆区环境空气质量二级及好于二级以上的天数达265天，占年累计达标率的93、3%。

2009年，结合冬季采暖期控烟工作，对辖区燃煤锅炉进行专项检查，监察锅炉99家142台，茶浴炉131家159台，立案查处超标排污单位14家，处罚额39万元。截止12月15日，兴庆区二级及好于二级的天数312天。

2010年，根据供暖特点，早晨7:30以前，下午6:00以后安排专人进行巡查，在高层建筑设立观测点，随时发现冒黑烟现象，随时调查取证，对查实的超标排污行为，实施处罚，严防冒黑烟现象发生。全年共监察锅炉121家230台，茶浴炉133家169台，立案查处烟尘超标排放单位40家，处罚额188万元。

【医疗机构环境监察】 2007年，安排监察人员对辖区内的198个中小型医疗机构、个体诊所进行专项监察，检查各医疗机构的污水处理设施、医疗废物以及运转记录和医疗废物转移单等，对存在问题的宁夏生殖保健院下达限期整改通知书。

2008年，开展医疗机构专项环境监察工作。安排监察人员对辖区内的23家重点医疗机构进行专项监察，检查各医疗机构的污水处理设施、医疗废物运转记录和医疗废物转移联单等，对存在问题的宁夏张宝玉回医骨伤科医院下达限期整改通知书，

2009年，监察辖区管辖23家医疗机构，一方面给予技术指导帮助整改，另一方面加大处罚力度，全年累计立案处罚超标排污医院22家，处罚金额19万元。医疗废物有专门暂存间，严格执行合同化管理，均交荣洁公司进行集中无害化处置，并按要求建立医疗废物移交处置管理档案，医疗废物移交联单齐全，无医疗废物直接排放环境的情况发生。截止12月15日累计监察医疗机构396家次。

2010年，对分局管辖医疗机构25家，严格监察医疗废水稳定达标排放，医疗废物全部集中处置。截止10月20日累计监察医疗机构320余家次，累计立案处罚超标排污医院24家，处罚金额4.62万元。

【建设项目环境管理】 2007年，对辖区内建筑施工噪声加强监管。组织监察人员对辖区已开工的37家建筑施工工地进行专项监察，讲解建筑施工应注意遵循的环保审批政策，同时做好白天巡查工作，确保建筑施工噪声投诉有效降低。

2008年，对辖区已开工的37家建筑施工工地进行专项监察，大队工作人员坚持从2008年3月起24小时值班，随时解决建筑施工噪声扰民问题，使违法建筑施工噪声扰民投诉持下降趋势。

2009年，勘验选址现场450家（次），审批三产业项目256个。批准建设的项目，实施全过程监管，加强与审批、监测、验收部门之间的联动，严格验

收程序，强化“三同时”制度，把好验收关。对于违反《环境影响评价法》《建设项目环境保护管理规定》，未批先建，未执行“三同时”制度，未经验收擅自投产的三产项目，立案处罚。全年验收三产业建设项19个，立案处罚5家，处罚金额19万元。为确保创模成功，大队对2007年~2008年审批的工业项目逐一监察，建成项目加快验收，完善资料。对2009年批准的建设项目每月监察两次，对照环评批复，逐项落实环保设施建设情况，确保“三同时”执行率100%。截止12月15日，监察、验收往年工业项目30个，监察2009年批准的建设项目66个，其中工业项目13个，验收2009年登记表类项目32个。

2010年，勘验建设项目现场，提出选址意见的工作由分局负责。为切实从源头控制污染，分局按照选址不当、不符合产业政策、不符合区域规划的项目均不予办理的审批原则，勘验工业类项目现场70余件，因选址不当未予办理的项目20余件，引导进入工业园区项目3件。勘验餐饮业项目现场150家次，审批三产业项目62个，不予审批88个，立案处罚7家，处罚金额26万元。同时对2008年~2009年审批的337个建设项目逐一监察，对2010年批准的34个工业类建设项目每月监察一次，确保“三同时”执行率100%。

【饮食娱乐业污染整治】 2007年，对辖区饮食娱乐业进行普查，共1650家。全面开展饮食娱乐业油烟、噪声污染整治工作。通过摸底调查，对湖滨东街银河家园、富宁街、民族南北街等重点街巷的63家餐厅油烟、酒吧噪声扰民严重的餐饮娱乐场所开展专项整治工作。整治工作从安装油烟净化设施、使用清洁能源、安装消音设施、设置隔油隔残渣沉淀池、拆除音响设施和限期搬迁等六个方面进行限期整改。截止6月28日有36家经过市环保局三产办组织的验收，对17家存在问题的单位下达限期整改通知书，对居民楼下的6家酒吧暂扣了18台高噪声设施。依法取缔星光华小区居民楼内噪声扰民严重的制衣加工厂。

2008年，对湖滨东街银河家园、富宁街、民族南北街等重点街巷的68家餐厅和17家居民楼下餐厅油烟、酒吧噪声扰民严重的餐饮娱乐场所开展专项整治。对居民楼下的27家酒吧暂扣了83台高噪声设施。取缔了育才巷两家油烟扰民的小餐厅。对中房高尔夫小区西侧民族北街贵发祥汉餐、进宁北街四季春汉餐、小竹园汉餐、西桥北巷双宝菜篮子超市、民族北街金皇朝餐厅、喜同上餐厅等12家餐厅完成了油烟净化设施的安装，对拒不整改的餐饮、娱乐企业，大队联合工商、卫生等部门通过联合执法、互通信息的方式对其进行全面监管，督促这些餐、娱乐企业进行整治。分别向兴庆区工商局、兴庆区卫生监督所发函要求对朝阳巷、胜利南街的小辣椒等共16家餐饮、娱乐企业停止办理、核发新的证照，多种方式加强遏制污染严重的餐饮娱乐业扰民现象的蔓延。

2009年，开展社会生活噪声专项整治行动。一是对辖区新华街、解放街、中山街、玉皇阁街、步行街两侧区域社会生活噪声进行专项整治，制定整治工作方案，协调城管、公安等部门共同进行整治，组织开展摸底调查工作，向商户发放宣传资料，让商户了解相关法律法规，自觉配合和支持整治工作，对“钉子户”采取联动执法、节假日突击检查和日常检查相结合的方法，取缔户外高音喇叭，收缴促销商家使用的音响器材。截止12月15日，进行社会生活噪声突击整治60余次，出动执法人员300余人次，暂扣高噪声音响设施100余台(件)，实现了主要街道环境噪声按照功能区稳定达标的目标。目前此项工作已进入常态化管理。二是做好建筑工地的环境管理工作，深入施工现场，监测施工噪声，宣传相关法律规定，督促办理夜间施工审批手续，同时对夜间施工的建筑工地进行严查，从3月份开始，执法人员夜间查处违规施工单位，对22时后仍进行高噪声施工扰民单位，执法人员现场制止，同时做好调查取证工作，提高处罚额度，及时下达处罚文书，有力打击违法施工现象。从5月份开始安排专人24小时值班，严查违法施工工地，发现的违法行为高限处罚，限制审批，在高、中考前召开“高中考期间建筑施工噪声环境管理工作会议”，组织辖区20余家工地负责人学习施工噪声环境管理法规和标准，安排部署相关工作要求，让工地承诺守法施工，安排队员中午监察工地，确保工地中午静音，高考期间，队员守候在考点，现场制止考点周围的高噪声行为，确保考试环境安静。截止12月15日监察建筑工地出动执法人员810人次，立案处罚55家。

2010年，首先确定商业噪声整治任务，即巩固新华街、步行街、解放街、中山街、玉皇阁街商业噪声整治成果，开展南熏东路商业噪声整治工作。协调督办局牵头，公安、城管、环保、工商共同参与开展兴庆区商业区噪声集中整治行动3次，暂扣高音喇叭等设备150余台。6月5日世界环境日当天，组织开展高音喇叭污染防治宣传活动，向商业区120余家商户发放宣传资料，要求商户自觉遵守环保规定，自行拆除高音喇叭，20余家商户自行拆除了高音喇叭。严查违法施工工地，截止10月20日监察建筑工地出动执法人员720人次，立案处罚110家。辖区有政府重点工程，为支持重点工程，大队对其放宽审批时限，帮助做好附近居民安抚工作，减免噪声排污费，对违法施工进行教育，指导施工单位采取降噪措施，确保重点工程按期完工。

【污染物总量减排】 2008年，开展了辖区内沟渠整治工作。对向二排沟排放污水的43家企业、医疗机构进行排查，加强医疗机构污水处理加药，运行记录等工作的监察工作，增加监察频次。促使污水达标排放。对向银新干沟排放污水

且不能稳定达标的银川市食品公司生猪屠宰场，改变生产模式，对排污口进行封堵。对银川保绿特生物有限公司限期对污水进行治理，增上污水处理设施，使污水达标排放。对辖区内银川市第一污水处理厂、银川市金河乳业有限公司、宁夏维维北塔乳业有限公司、银川卧龙变压器厂、宁夏金伯爵农牧产品有限公司、银川食品公司生猪定点屠宰厂、大河机床厂等有工业废水排放的单位，定时监察企业污处设施运转，排放达标情况，发现问题及时解决。完成排污口规范化建设及在线监测与市信息中心连接工作。同时对辖区内其它企业进行日常监察，督促银川金河乳业限期治理项目的完成。

2009年，兴庆区减排任务是二氧化硫消减238吨，排放总量控制在1600吨以内；COD消减44吨，排放总量控制在2156吨。为完成下达的减排任务，大队对照减排工作计划，加大管理减排工作力度，对兴庆区供销社养殖场、北门生猪屠宰加工厂、监督保绿特生物有限公司、宁医附院4家涉及减排项目的企业每月监察2次，督促企业实施减排工程，监察记录中写明企业减排资金投入，项目实施进度和完成时间。全年拆除31家46台燃煤锅炉，煤改气18家30台（含改电的3家3台），减排二氧化硫278吨，全面完成拆除任务和煤改气工作任务。同时启动20吨以上燃煤锅炉脱硫工程，向15家供热企业送达安装脱硫设施的文件，要求上报脱硫方案，该项目将做为2010年减排项目的储备项目。

2010年，抓工程减排。加强对第一污水处理厂中水深度处理和第五污水处理厂项目建设进度的跟踪监管，每月现场监察两次，督促按期完成投运。抓污染源自动监控系统的运行，每月对安装在线设备的3家企业监察两次，每季度对在线数据有效性审核一次，对存在问题的第一污水处理厂和附属医院下达限期整改通知，对维维北塔乳业公司未按期完成整改的行为立案处罚。全年共拆除8家12台燃煤锅炉，煤改气6家8台，减排二氧化硫30吨以上，全面完成拆除任务和煤改气工作任务。

【污染源普查】 2008年，经过辖区内128名普查工作人员历时6个月的努力，按时完成了辖区内全国第一次污染源普查工作清查阶段和入户普查阶段的工作。共清查生活污染源3528个，工业污染源242个，集中式污染治理设施3个。实际普查生活污染源1808个、工业污染源177个、集中式污染治理设施2个（污染排放达到普查标准）。

【清查高速公路两边企业】 2009年，全面清查高速公路两边企业，严厉打击违法排污企业。对经过辖区环城、银古、京藏三条高速公路两边的企业进行调查，共调查企业14家，除要求补办手续的10家利用炉渣做砖的企业保留外，其他4家全部要求关停或搬迁。

【排污许可证管理】 2009年，截止12月15日更换、办理排污许可证577个，对21家三产业向工商函告，有效解决污染扰民问题，充分发挥排污许可证作用。

2010年，截止10月20日，更换、办理排污许可证475个。加大排污许可证监察力度，对于无证经营、投诉强烈的，立案处罚，违法情节严重的实施取缔。关停餐饮业12家，有效解决污染扰民问题，充分发挥排污许可证作用。

【排污收费】 2007年，对辖区31家排污申报单位进行排污审核，对256个茶炉使用单位进行排污费催缴，对122个锅炉使用单位进行排污费核算。严格执行排污收费制度，依法征收排污费，截止6月28日，共收缴排污费33.08万元。

2009年，认真做好排污申报登记和核定工作，全年共指导640余家缴费单位完成排污申报登记工作。根据《排污费征收标准管理办法》和国家环保总局《关于排污费征收核定工作的通知》等规定，对小型餐饮、娱乐、美容美发业采用小型三产业排污费核定方法核算排污费，向其公开收费标准；对未进入污水处理厂的各行业，均不再征收污水排污费和污水超标排污费。截止12月18日，共征收排污费176.46万元，完成全年收费任务，创兴庆区收费历史新高。

2010年，截止10月20日共指导328家缴费单位完成排污申报登记工作。共征收排污费112.5万元。

【查处环境污染投诉】 2007年，上半年共查处各类信访953件，其中市长邮件、督办指令件和局信访168件，12369指令785件，比去年同期2238件减少了1285件，下降率57.42%。另外查处建筑施工噪声263件。

2008年，加大信访查处力度，从源头上坚决杜绝污染源，做到有诉必查，有查必果，有果必究，树立全心全意为人民服务的工作理念。

2009年，成立污染事故纠纷调查科，制定信访查处工作制度，规定每一件信访投诉必须到现场进行调查，调查取证记录和投诉次数一致，档案数和投诉件数一致，确保每一件信访查实后处理。截止11月26日，兴庆区查处1541件，占全局查处量的64.3%。通过艰苦努力，信访查处较去年同比减少1138件，投诉率下降42.5%，超额完成下降15%的目标任务。

2010年，截止10月20日兴庆区查处信访1204件，较去年同比减少88件，投诉率下降6.8%。

【“三同时”专项检查】 2008年，开展环境影响评价“三同时”专项检查工作。共普查辖区内212家单位，对未做环境影响评价及环境影响评价“三同时”工作不完善的单位，以“创模”工作为契机，进行补充和完善。

【创建绿色学校社区】 2008年，深入开展绿色社区、绿色学校和环境优美乡镇的创建工作。本年度推荐申报银川市级绿色社区24个、银川市级绿色学校8所。累计创建绿色社区国家级2个、自治区级1、银川市级17个；创建绿色学校国家级2个、自治区级5个、银川市级11个。本年度推荐申报环境优美乡镇 2 个(大新镇、通贵乡),已取得自治区级环境优美乡镇 1 个(掌政镇)。推荐申报国家级生态示范村 1 个(大新镇塔桥村)。

2009 年,对 2006 年~2007 年成功创建市级绿色社区、绿色学校的 17 家单位进行复检,指导部分社区创建自治区级绿色社区、绿色学校。协调城管局、教育局推荐上报 2009 年创建银川市级绿色社区、绿色学校单位名单,协同城管局对拟申报自治区级绿色社区的单位进行检查和预审。协助市局在兴庆区四小及部分社区建立市民环保学校,三所市民环保学校已开始授课。

【农村环境综合整治】 2009 年,以"农村饮用水源地保护"、"农村垃圾、污水处理设施建设"、"畜禽粪便综合利用"、"塞上农民新居建设"、"环境优美乡镇和生态村创建" 等工程项目建设为抓手,对 5 处农村集中式饮用水源地设立界桩、警示牌、标志牌,取缔周围排污企业,开展农村集中式饮用水源地基础环境调查与评估工作,对镇和水源地道路进行了硬化,强化饮用水源保护区的环境监察,依法取缔水源地保护区内违法排污企业,确保饮用水源保护区内无排污口,禁止有毒有害物质进入饮用水源保护区。申报 2009 年中央农村环保专项资金 285 万元,上报 6 个村庄的环境综合整治项目;编制兴庆区农村环境保护规划,正在编制黄河金岸村庄综合整治规划,实施农村工业项目"出村入园"战略,取缔废旧塑料、小电镀、土炼油等非法加工场所,杜绝工业污染由城市转移农村现象发生。

2010 年,编制完成"兴庆区农村环境保护规划";争取"以奖促治"项目资金 1040 万元;以 "农村饮用水源地保护"、"农村垃圾、污水处理设施建设"、"畜禽粪便综合利用"、"塞上农民新居建设"、"生态乡镇和生态村创建" 等工程项目建设为抓手,对 12 处农村集中式饮用水源地水质进行监测,依法取缔水源地保护区内违法排污企业 3 家,确保饮用水源保护区内无排污口,禁止有毒有害物质进入饮用水源保护区。实施农村工业项目"出村入园"战略,取缔废旧塑料 24 家、小电镀 5 家、土炼油家,杜绝工业污染由城市转移农村现象发生。建成垃圾中转站 1 座,建设生活污水管网 5000 余米,建设垃圾池 250 个,开展农村生活垃圾分类回收试点工作。

2009 年 4 月 10 日,"环境优美乡镇"创建活动

【医疗废物管理】 医疗废物是指医疗机构在医疗、预防、保健以及其他相关活动中产生的具有直接和间接产生的具有感染性、毒性以及其他危害性的废物。作为一种特殊的危险物国家高度重视其收集、处置及其管理工作。兴庆区医疗机构产生的医疗废弃物从 2003 年~2010 年由银川市城市管理局下属的银川荣洁生活固体废弃物处理处置有限公司收集、运输至灵武市灵河镇以东 3 公里河东生活垃圾填埋场的该公司医疗废物焚烧厂进行集中处置。辖区医疗机构银川市妇幼保健所、银川市口腔医院、自治区妇幼保健所、银川市第三医院、银川市中山医院、国龙医院、友谊慈善医院、协和医院、西京女子医院凤凰南街同济医院、兴庆区残疾人康复中心、兴庆区疾控中心、现代丽人妇产医院、新华东街诊所医务室、南薰东路诊所医务室、胜利南街诊所医务室、上前城诊所医务室等医疗机构单位与银川荣洁生活固体废弃物处理处置有限公司签订收集、运输、处置协议。2010 年 11 月 23 日,银川市政府与自治区环保厅签署《银川市医疗废物处置框架协议》,采取"市收集、区处置"管理模式对银川市医疗废物进行无害化处置,即由银川荣洁生活固体废物处理处置有限公司承担收集、运输工作,自治区危险废物和医疗废物处置中心负责银川市医疗废物的集中处置工作。在签署"框架协议"期间,区危险废物和医疗废物处置中心不收取任何费用,无偿处置银川市移送的医废(包括疫情期间产生的医废),同时还无偿提供对收集医疗废物的包装桶进行消毒工作。

商贸物流市场

SHANGMAO WULIU SHICHANG

·商贸物流·

概述

兴庆区是银川市乃至宁夏周边地区商贸集散中心，具有发展商贸物流得天独厚的优势。十年来，兴庆区始终坚持把加快发展商贸服务业作为推进区域经济发展的重中之重和突破口来抓，从各个方面给予扶持和引导，全力打造区域性物流中心。有力地促进了兴庆区现代商贸服务业的发展。2003年有商业网点649家，2008年有792家，城镇化率90%，处于全区前列，已达到甚至超过发达国家水平。截止2010年，兴庆区有大中型零售商业网点49个，约占银川市总数的78%；主要商业街区13个，占全市65%；旧货市场8个，占全市67%；家用电器“家电下乡销售网点”110家。以新华商业圈、商贸物流带、辖区物流带（一圈、一带、一港、）的格局为兴庆区建设商贸物流大区奠定了基础。“一圈”即以新华百货、华联、国芳百盛、大中电器等为代表的新华商业圈；“一带”即以西北农资城、西部汽车城、北环批发市场、医药市场等为主的一批大型专业市场为代表的丽景街物流市场带。“一港”即以宁夏众一物流园、宁夏新世纪冷链物流中心为中心银川国际物流港。2010年，商贸物流业产值占兴庆区地区生产总值的70%左右。

新华街商业圈

【概况】 新华街位于兴庆区中心地段，是宁夏银川市经济文化交流中心，号称“宁夏第一商业街”。新华商圈以银川市新华东街与步行街交汇处为中心，鼓楼南街为主轴，东至清和街、西至中心巷、南至南熏路、北至解放街，半径为1.5公里向外辐射，占地85公顷。十年来，兴庆区商务工作紧紧围绕建设现代化区域商贸中心和增强商贸区域辐射力为目标，着力打造购物在兴庆，商贸建设快速发展，基础设施不断高档化、现代化，商业业态不断丰富和扩大，形成解放街和鼓楼街（步行街）两条示范街。以此为中心，在银川市兴庆区形成了一个集生产资料和生活资料批发零售、各类商品市场和业态并存、服务功能齐全，对银川周边地区产生很强辐射作用的大商圈。多年来一直是宁夏乃至内蒙古、甘肃、陕西等周边省区老百姓购物的首选之地。截止2010年底银川新华商业圈已有新华百货商店、新华百货购物中心、国芳百盛、华联商厦、大中电器、苏宁电器、银川商城、东方红广场、温州商城等16家国内知名商贸企业，总营业面积50多万平方米，解决就业人数近5万人。

【新华百货】 银川新华百货商业集团股份有限公司是由宁夏最大的国有商业企业——银川新华百货商店经股份制改组于1997年元月创立的宁夏第一家商业上市公司。2006年4月，北京物美商业集团收购新华百货国有股，成为新华百货的控股股东。随着北京物美商业集团向新华百货输入先进的管理理念和管理工具——预算管理、绩效管理、ERP系统、自动化办公系统（OA）、人力资源系统（EHR）、财务系统（SAP-FI）、R2POS系统、物流系统（WMS-TMS-IM）、会员系统（CRM）、供商服务系统(VRM)等，进一步提升新华百货的经营能力。2010年，新华百货集团实现营业收入40亿元，净利润2.38亿元，每股收益1.04元，是中国商业百强企业和宁夏百强企业。公司利用上市优势，有效整合银川市商业网点，形成3大零售业态板块，即以7大百货店（新华店、东方红店、老大楼店、购物中心店、中卫店、西夏店、现代城）为龙头的百货业，以120家连锁超市为主体的大卖场、社区店、便利店等，以家电为主体的家电、IT、通讯产业。数年来，累计吸收下岗失业人员12000人/次，解决残疾人就业50余人/次；成立培训中心，强化各级管理人员和员工专业技能的提升。2009~2010年，先后有200多名职工走上管理岗位，实现个人和企业的共赢。在甲流肆虐、汶川地震、南方水灾、见义勇为等重大事件面前勇担道义，捐

款达300万元;每年春节看望离退休干部、困难职工,发放慰问品、慰问金。2006年,获中国服务业企业500强第277名,商业零售业第30名,荣获全国诚信金鼎称号;2008年,荣获全国商务系统先进集体、全国模范劳动关系和谐企业先进单位、全国三八红旗集体、宁夏改革开放30年行业功勋奖称号;荣登2009年度中国零售百强企业榜,全国百货上市公司第21名,全国连锁百强第74名;2010年,荣获全国模范职工之家、自治区级文明单位称号。

【银川步行街】(地名鼓楼南街)是新华街商业圈的核心地段,南北长2000米,宽30米。1986年命名。是银川市商铺最密集、人流量最大、商业氛围最浓的区域,建成以区域商贸、文化、旅游、休闲娱乐为一体,体现地方特色的精品商业街区,为繁荣消费市场,方便居民生活发挥了十分重要的作用。

【银川商城】 银川商城位于银川市人气最旺、商业最繁华的步行街南端,2005年12月28日重新改造后开业,总建筑面积10万多平方米,设有4000多个商铺。商城整体结构上沿步行街分东西两区域设置,中心位置为下沉式景观广场,结合高达数十米天穹,新颖的建筑特色赋予新商城恒久弥新的鲜活生命。银川商城业种规划科学合理,现有精品服饰、童装、鞋帽、箱包、化妆品、婚庆用品、礼品饰品、针织品、床上用品、家居装饰、文体用品、数码、钟表、眼镜、小百货、手机广场等众多业种,各业种均采用专区设置,形成规模经营优势,兼顾零售与批发,满足广大消费者的多样需求。

【老大楼】 老大楼以商业龙头的作用在我区商业史上留下厚重的一笔。2003年9月重装开业至今,企业荣获全国百城万店无假货活动先进单位、国家级绿色超市、全国重合同守信用单位、2006年全国食品流通百强骨干企业、中国百货零售业全国守信单位、自治区职工职业道德十佳单位、自治区五一劳动奖状、自治区守合同重信用单位、兴庆区模范纳税户、银川市消防安全先进单位等称号。2003年9月至2008年7月老大楼实现销售额14.79亿元,利润总额8160.94万元,缴纳税金8476.10万元。

【社区商业示范区】 社区商业示范区2005年下半年由银川市商务局启动实施,兴庆区居住人口2万人以上的社区8个,兴庆区唐徕社区、海宝社区、北环社区、富宁街社区、新世纪社区、附属医院社区、北塔社区、为商业示范区。

丽景街物流市场带

【概况】 丽景街物流市场带规划范围东至京藏高速公路银川段,西至清和街、南至迎宾广场、北至贺兰德胜工业园。按照一次规划、合理布局、分步实施的原则,根据商贸物流产业特点、功能定位以及规划发展,未来将商贸物流带内分为A、B、C、D共计4个区域。区域面积7.2平方公里,南北长约12公里。2003年2月正式启动兴庆区丽景街物流市场建设,本着总体规划,分步实施的原则,全面推进项目建设,不断提高市场对外辐射能力。

【市场办领导名录】

主　任:保健新(2003.2~2006.10)
　　　　吴万俊(2006.10~2007.6)
　　　　陈志文(2007.6~2007.12)
　　　　刘　虹(2007.12~2009)
副主任:哈生龙(2003.2~2007.4)
　　　　常宏斌(2003.4~2009.9)
　　　　马元元(2007.4~2007.12)
　　　　郝春明(2007.10~2009)

【成立机构】 2003年,1月银川市成立丽景街市场带建设领导小组,2月兴庆区成立市场管委会,作为兴庆区党委、政府的派出工作机构,全面负责兴庆区市场规划建设及管理的组织领导工作。兴庆区市场管委会现有干部3人,占编2人,办公室主任占兴庆区科技局编制。经费由兴庆区财政局直接拨款。

2004年,成立兴庆区市场研究会,制定研究会章程。该研究会由专家、学者、企业家和一定比例的相关部门共计22人组成,负责对市场开发建设的现状、发展、对策、政策法规、方案等进行论证研究分析,为兴庆区委、政策商贸市场建设提供科学依据。

2005年,根据银政办发【2004】45号"关于成立银川市丽景街市场带建设领导小组及下设市场建设领导小组办公室"文件要求,由兴庆区委副书记保健新担任银川市丽景街市场带建设领导小组办公室主任,一套人马,两块牌子。

【建设规划】 2003年,为解决清和街与丽景街现有市场规模小、设施落后、管理水平底等问题,全面提升兴庆区商贸物流市场的总体水平,推进城市化建设进程。兴庆区市场管委会在深入调查研究的基础上编制《兴庆区市场建设规划整合方案》,该方案对南起上前城,北至八里桥12公里地段分布的多个市场进行全面归类整合,提升市场整体档次,并计划按高标准、高水平的要求整合建设机动车及配件市场、货运信息中心、日用百货及副食市场、药材市场、电子市场、农资市场、北环市场(扩建)、物流配送中心等八个项目。

2004年,重新修订《兴庆区市场建设规划方案》。该方案计划于2010年前建成十大专业批发市场:兴庆区农资、农机、汽车、药材、花卉、北环综合、宁夏日用百货副食批发市场及宁夏日用百货副食市场扩建、兴庆物流配送中心,整合改造民乐石材、鞋业市场、兴庆装饰材料市场为兴庆区轻型家居市场。加上已建成的西部机电市场、宁夏摩托车市场、昆仑建材市场;原有的长城装饰市场、兴庆铝材药材市场、华伦瓷砖市场、宁夏国际家具汇展中心、北环蔬菜批发市场,共计十八个专业市场,形成南起迎宾广场、北至仙来广场,西起清和街,东至丽景街全长12公里,占地7.2公顷的兴庆区商贸物流市场带。

【征地拆迁】 2003年,制定兴庆区商贸物流市场带《征地安置补偿协议方案》,

建筑拆除面积218940.9平方米，涉及拆迁户458户，1797人，补偿拆迁农民12925.38万元。2004年，拆除散户8户，建筑面积6103平方米。2003~2007年共拆迁农户570户，2156人，拆迁面积26.2万平方米。已全部安置。

【市场建设】 2002年，机电市场项目经银川市计委2002年1月批准立项，占地面积66亩，由宁夏立达房地产公司承建投资0.8亿元，建筑面积4.5万平方米，年交易额1.2亿元，年创利税0.2亿元，提供就业岗位1200个，2003年10建成开业。

2003年，规划新建4大市场：一是机动车及配件市场。2003年3月经银川市计委批准立项后按照六个贸易园区"城堡式"控规设计。占地面积1014亩，计划投资4亿元，建筑面积33万平方米。截止12月完成80%拆迁任务，挂牌出让4个贸易区。二是物流配送中心。经银川市计委2003年5月批准立项，占地面积766亩，计划投资2.5亿元，建筑面积10万平方米。截止6月完成全部农户拆迁补偿工作。三是日用百货及副食品市场项目。经银川市计委2003年5月批准立项，占地面积159亩，由宁夏立达房地产公司承建，计划投资6亿元，建筑面积5万平方米。截止9月完成90%拆迁任务，计划年内开工。四是北环批发市场(扩建)。经银川市计委2003年7月批准立项，占地面积239亩，由宁夏立达房地产公司承建，计划投资8亿元，建筑面积16万平方米，该项目分三期建成，截止8月底完成一期工程约40亩的拆迁任务。

2004年，开工项目4个，总投资7.4亿元，总建筑面积30.8万平方米，实际完成投资3.65亿元。一是宁夏日用百货副食品市场项目总投资4亿元，总建筑面积11.4万平方米。由宁夏立达房地产公司开发建设，工程分两期完成，一期工程建筑面积4.3万平方米，于5月开工，年底竣工；二期工程建筑面积7万平方米，于10月开工。全年实际完成投资2.5亿元。二是汽车城项目中日本丰田系列轿车专卖店，占地28.6亩，建筑面积3000平方米，总投资2500万元，由宁夏银川上陵集团公司投资开发建设，于9月开工，计划年底建成开业。三是汽车城项目中北京现代轿车专卖店，占地13亩，建筑面积1500平方米，总投资1500万元，由宁夏华宁汽车服务公司投资开发建设，于10月开工，预计2005年5月竣工开业，全年实际投资1000万元。四是物流配送中心项目中龙盘国际家私城、国际装饰材料市场，占地220亩，建筑面积19万平方米，总投资3亿元，工程分两期完成。全年实际投资8000万元。

2005年，截止6月底已建成开业的市场有3家，分别是西部机电市场、宁夏摩托车市场、上陵丰田4S专卖店；开工建设有5个，分别是宁夏日用百货副食品批发市场、龙盘国际家私装饰物流城、华宁现代4S专卖店、西北农资城、国际汽车城项目，总占地面积893.8亩，总投资13.95亿元，建筑面积71.3万平方米。

2006年，6月底已建成项目5个，总占地面积811亩，完成投资7.28亿元，建筑面积42.85万平方米，完成年交易额30.2亿元，上交税金1.48亿元，提供就业岗位9600个。续建、新建项目6个，其中3个续建项目完成交易额6.3亿元，上交税金0.315亿元，提供就业岗位1500个。截止11月底，建成或在建项目共计11项，用地面积1686亩，计划总投资25.53亿元，实际完成投资17.28亿元，占计划投资68%(其中2006年完成投资5.01亿元)；设计规划面积131.45万平方米，实际完成建筑面积97.06平方米，占设计面积的73.8%。

2007年，已建成项目8个，总占地面积130 9亩，投资8.83亿元，建筑总面积45.4万平方米。今年1~9月交易额达35亿元，提供就业岗位13500个；续建项目5个，占地面积745个亩，计划投资17亿元，截止4月实际完成投资10.9亿元，设计建筑总面积88.1万平方米，实际完成52.4万平方米；新建项目1个，由宁夏银川医药公司投资建设的银川医药批发市场，占地面积136亩，设计建筑面积25万平方米，总投资4亿元。

2009年，截止10月兴庆区物流市场带共有各类专业市场26个，其中，建成项目7个，即昆仑建材城、西部机电市场、立达鞋业市场、龙盘国际家私装饰物流城、银古物流中心、银川清真美食文化城、银川月星国际家居建材广场；续建项目10个，即宁夏日用百货副食品批发市场、国际汽车城4S店、西北农资城三期、红星美凯龙家居广场二期、浙江大厦、银川医药批发市场、兴庆花卉市场、宁夏国际电机城、上陵丰田4S店、上海大众4S店；原有市场9个，即北环批发市场、东环批发市场、三森国际家居汇展中心、长城装饰市场、华伦瓷砖市场、兴庆装饰材料石材市场、兴庆铝型材市场、众一货运市场、建发家世界。截止10月底，市场带商品交易总额达85亿元，实现利润4.25亿元，提供就业岗位4.7万个。

2010年，商贸物流带内已开发建成、在建商贸物流项目以及住宅、公共设施等占地共计24、08平方公里(32120亩)，共有各类专业批发市场及建设项目28个。其中，建成项目10个，即西部电机市场、立达鞋业市场、龙盘国际家私装饰材料城、银古物流中心、银川清真美食文化城、银川月星国际家居建材广场、国际汽车城、西北农资城、立达国际电机城、进口大众4S店；新建续建项目10个，即立达国际机电水暖建材城及宁夏旅游集散中心、上陵集团公寓式酒店、三森国际家具博览中心、红星美凯龙家具生活广场二期、银川医药批发市场、宁夏日用百货副食品批发市场三期、浙江大厦、上陵广州丰田4S店、昆仑建材市场二期、兴庆花卉市场；原有项目8个，即北环蔬菜果品批发市场、东环批发市场、众一货运市场、建发家世界、长城装饰材料市场、华龙陶瓷、兴庆装饰材料石材批发市场、民乐铝型石材市场。截止2010年底,各类经营户已达近万家,市场带内各类批发市场商品交易总额达到135亿,实现利税6.7亿元,提供就业岗位近5.5万个。

【招商引资】 2004年,累计完成招商引资7.4亿,实际到位并完成3.65亿元;2003~2005年,招商引资9.5亿元,到位资金5.2亿元。2009年,招商引资2.7亿元。

【信访接待】 2004年共接待来访50多起。2005年上半年共接待来访30多起。

【服务·宣传】 2005年,研究制定《银川市丽景街市场建设领导小组办公室服务代理范围》和服务代理制度。全面推行服务代理制,即凡投资市场带建设的开发商需办理的的相关手续,受开发商委托一律由兴庆区市场管委会和市直各有关局(委、办)全程代办,简化办事程序,提高办事效率,进一步优化投资环境。

2007年,利用宣传专款50万元,制作市场带网络网页,建立丽景街市场带信息平台;制作宣传片,组织专门推介活动小组到周边地区进行宣传,还分别在宁夏日报、银川晚报做了整版宣传,在宁夏电视台的公告、影视、教育、卫视等频道和银川电视台连续播放了为期一个月的专题片。在丽景街、北街和银古高速公路旁制作了3座4幅擎天柱广告。

2009年,制作丽景街市场带专题宣传片,于"五一"前后两周进行播放;同时制作宣传册3000份、宣传展板2块,以扩大宣传力度帮助企业进行宣传、招商。

专业市场选介

【银川月星国际家居建材广场】 银川月星国际家居建材广场地处银川老字号商业街——新华街与109国道丽景街交汇处,项目占地103亩,建筑面积15万平米,主体三层,局部四、五层,集装饰材料、家具、家居用品、物流配送、办公、休闲娱乐为一体。2005年8月开工建设,2006年4月竣工开业。是宁夏乃至西北地区业态最全、规模最大、功能最具复合性的一站式体验家居购物中心,并辐射整个宁夏及内蒙、甘肃、陕西等西北区域,辐射半径达到500公里,辐射人口将超过1000万。

【银川龙盘家居市场】 银川龙盘家居市场是2004年银川市党政代表团赴浙江招商引资的成果,是2004年全国光彩事业宁夏行签约项目,被全国光彩事业促进会选定为全国光彩事业示范点,是宁夏唯一的光彩事业示范基地。市场位居兴庆区丽景南街,西靠清和南街,面对新南门长途汽车站。占地220亩,总投资2.6亿元,建筑面积16万平方米,于2004年10月28日开工建设,一期工程家私城,建筑面积8万平方米,2005年8月8日,全国光彩事业促进会、全国工商联党组书记胡德平、工商联副主席张龙之、谢伯杨,银川市委书记崔波、区党委常委马金虎等相关领导出席市场落成仪式。二期8万平方米装饰材料区,也已于2006年6月18日开业,商户入注率达100%。分为家具市场和装饰材料市场两大板块。家具厅占地10万平方米,由A厅民用家具批发厅、B厅中高档民用家具、办公家具零售厅和C厅精品民用家具厅组成,汇集套房家具、儿童家具、欧式家具、软体家具、各类家居饰品等多个系列的实木、板式、布艺、真皮、钢木、玻璃等近千种类;装饰材料市场占地6万平方米,主要经营装饰板材、油漆、地板、木门、五金、艺术玻璃、楼梯、工艺雕刻、不锈钢等多种全国知名品牌的装饰材料用品;市场临街商业网点营业房占地3万平方米。现有商户1000余家,年销售总额突破10亿元,带动周边区域经济迅速发展。龙盘家居市场作为银川市就业基地、银川市民建再就业培训基地,每年的3至5月集中培训600多名创业和就业人员,5年共培训3000余人,先后安排就业人员达6000余人。2004年,龙盘家居市场被银川市工商业联合会授予优秀会员企业;2006年,被中共浙江省委、省人民政府授予省外浙商优秀民营企业;2007年,荣获商户经营后盾和谐诚信典范、区域经济优秀企业;2008年,被自治区消费者协会授予诚信企业;2009年,被宁夏银行股份有限公司授予AA+级信用企业;2010年,被银川市工商行政管

月星家居

理局授予 2008 ~ 2009 年度守合同、重信用企业等荣誉称号。

【(三森)美德亨·国际家居博览中心】 美德亨国际家居博览中心位于银川市东部，地处长城路、机场高速路与丽景街之间，总投资 6 亿元人民币，建筑面积 20 万平方米，分地上 5 层、地下 1 层，配置 25 层豪华办公酒店，主营民用家具、办公家具、建材等，汇聚国内外知名家居、建材品牌千余种；先后荣获自治区、银川市依法诚信纳税百强企业、最具社会责任感企业、先进基层党组织、星级信用市场和守合同、重信用先进单位等荣誉称号。

【长城五金机电城】 长城五金机电城位于银川市的东大门，占地总面积 29 亩，总建筑面积 4.8 万平方米，地上共五层，其中一至三层为经营区，四、五层为公寓，一至三层单层建筑面积为 3896.38 平方米，四、五层公寓总建筑面积为 6000 平方米。长城五金机电城南面紧邻西部机电市场，北临长城装饰材料市场，同时周围还分布有 260 余家货运部，约 8 万平方米的库房资源和水暖、汽车配件一条街。该市场的发展提供了比较成熟的市场环境。

【西北农资城】 西北农资城位于丽景街以西，清和街以东，拟建农机市场以北，仙来广场以南，是西北地区最大的专业农业生产资料交易市场。占地 100 亩，总投资 1.5 亿元，建筑面积 7.6 万平方米。一期已于 2006 年 5 月 18 日开业并投入使用，累计完成投资 0.8 亿元，完成建筑面积 2.1 万平方米。可容纳商户 500 个，集中了宁夏 80% 的农机整机、可提供就业岗位 2000 个，年交易额达 4 亿元，年上缴税金 0.2 亿元。该市场经营区内外种子、农药、兽药、化肥、农膜、饲料、农业机具及配件、农业生产资料、农机工程设备等。同时提供农业技术服务及售后服务。市场实行营运物业管理，将口岸式静态营销升级为集约化、一体化品牌式动态营销。配套露天展场约 10000 平方米，大棚展场约 7000 平方米，中转仓储约 3000 平方米，综合办公楼约 2000 平方米。2007 年西北农资城通过农业部国家定点农资市场初审。

国际汽车城

【国际汽车城】 国际汽车城是汽车及配件市场的一部分，也是汽车市场的龙头项目，项目占地 452 亩（汽车市场总占地 1046 亩），建筑总面积 49 万平方米，其中汽修、汽配约 20 万平方米，展厅约 2.3 万平方米，停车位 500 余个，中央大道 46 米宽，汽车城分 A、B、C 三个区。本项目是银川市沿丽景街规划的十大专业市场之一。于 2005 年 8 月 16 日开工建设，一期商品营业房主体工程于 2005 年底完工，其中旧车交易区、轻卡运载车交易区现已投入使用。截止 2007 年底已累计完成投资 3 亿元，完成建筑面积 25 万平方米。建成后的国际汽车城主要经营品牌汽车专卖店、重型汽车工程机械配件销售、轻卡、重卡、重型工程机械销售及配件的销售、维修、维护、及二手车交易，还可开展商务汇展。二手车交易区、轻卡运载车交易区运营 10 个月交易额达 2 亿元，上缴税金 0.1 亿元，提供就业岗位 800 个。

【上陵丰田 4S 专卖店】 上陵丰田 4S 专卖店位于银川市丽景北街西侧，是汽车城项目的一部分，由宁夏上陵农工贸有限公司投资建设，是一汽丰田授权的宁夏地区唯一的“4S”经销店。占地 28 亩，总投资 0.25 亿元，建筑总面积 0.4 万平方米。于 2004 年 10 月 18 日开工建设，2005 年 6 月 18 日正式开业。公司按照丰田公司的全球统一标准设计，建有 800 平方米的汽车销售展厅，3100 平方米的汽车维修车间以及其他辅助设施。主要销售丰田威驰、花冠、皇冠系列轿车、丰田特税、普拉多、陆地巡洋舰系列越野车以及柯斯达客车，同时对国产、进口丰田汽车进行售后维修服务工作，它是目前银川市建成的最大的汽车“4S”店。年销售 400 辆以上，年销售额上亿元。

【昆仑建材市场】 昆仑建材市场于 2002 年 8 月份开工建设，2003 年 8 月开业运营，昆仑建材市场总占地 460 亩，建设总投资 1.8 亿，市场分南北两个区，南区主要以建材经销为主，北区主要以型材经销为主，同时市场内经销彩钢板、铁件加工、建筑机械、发泡管、不锈钢等商户也在此置业发展，昆仑建材市场呈现了多元化的综合特性。市场共有货场 12 万平方米，营业房为轻钢结构，总建筑面积 4 万平方米，市场入驻商户已达 620 户，年货物吞吐量达到 100 万吨左右，年交易量额近 35 亿元。解决当地及近郊农民就业 3000 余人，增加农民人均收入 3000 元/年。

【银川北环蔬菜水果批发市场】 银川北环蔬菜水果批发市场建于 1991 年，2001 年 11 月整体迁移，位于银川市丽景街与上海路交接处，该市场以蔬菜批发为龙头，蔬菜、鲜肉、水产、畜禽蛋、水果、豆制品、冷冻食品等农夫食品的批发、加工、仓储、配送、集散为一体的综合性批发市场。一期占地面积 180 亩，总建筑面积 10 万平方米，投资 1.2 亿元。建设 21 个经营区，拥有 11 座遮阳交易大棚，2700 吨冷藏保鲜库，300 多人的转运、装卸队伍为业户、客户提供服务。市场内设有先进的安全防盗监控中心，设有电子结算中心，食品检验中心，信息服务系统，与全国各地批发市场建立信息网络。交易旺季日交易量为 2000 吨，成交额为 550 万元，日客流量为 5 万人次。

银川国际物流港

【概况】 银川物流港项目位于丽景街以东、京藏高速公路以西、北塔东路以北、贺兰山路以南，总占地面积 9350 亩，该项目陆路交通、聚集疏散、综合服务三大功能，设内陆口岸、保税、外包加工、物流、仓储、配送、信息平台、服务中心八大中心区。2007 年规划建设，完成项目论证、定位、审批工作。2008 年 7 月 25 日，国土资源部批准该项目一期建设用地指标近 898.941 亩。2009 年 7 月，银川物流港项目二期项目经国土资源部批准，用地指标 1000 亩，工程位于丽景街以东、规划友爱路以西、银川物流港规划 2 号路以南、银川物流港规划 4 号路以南以北。截止 10 月，银川物流港一期新建项目 3 个：即宁夏众一物流园、宁夏新世纪冷链物流中心，中国穆斯林国际商品交易中心、中国宁夏国际小商品交易中心暨银川“万人创业元园”。2010 年 4 月，银川物流港项目二期项目挂牌出让，由汇丰祥商业控股有限公司摘牌，总投资 36 亿，总建筑面积 100 万平方米。

【中国穆斯林国际商品交易中心、中国宁夏国际小商品交易中心暨银川“万人创业元园”】 由宁夏宝丰能源集团有限公司投资建设，占地面积 1000 亩，计划投资 30 亿，建筑总面积 100 万平方米，于 2009 年 10 月举行开工奠基仪式。该项目将是集批发、贸易、展览、休闲、娱乐、餐饮、酒店、商务办公为一体的商业综合体。

【银川物流港冷链物流交易中心】 由宁夏新世纪农产品冷链有限公司投资建设，占地面积 275.05 亩，计划总投资 3.5 亿元，总建筑面积 23 万平方米。

【宁夏众一物流园】 由宁夏众一发展集团投资建设，占地约 287.95 亩，计划总投资 4 亿元，建筑面积 20 万平方米。

【银古物流中心】 银古物流中心占地 380 亩，东临进藏高速公路、南依青藏高速公路，备有银横公路连接市区，距银川市中心商圈仅 4 公里，是集仓储、配送、零担运输、货物中转、信息交易为一体的大兴综合物流中心。园区建设有大兴标准化立体仓库、面积约为 2.8 万平方米，全部租赁用于银川市大兴生活超市货物存储、如新百、苏宁、大中、物美等。这些大型生活超市通过公路运输由外省区购入大宗货源，就近存储在银古物流中心，然后再向各个商业网点实施配送转运，实现了快捷方便，高效率货运物流。园区还有 200 家散户型第三方物流企业和 8988 平方米零担货物中转库，主要为周边的家具、建材、五金、水暖等市场提供货运仓储服务，通过信息交流使用运输车辆外包形式实行与外地或本区域的货物流通，并且该中心还修建了 8656 平方米大型信息交易平台，在这里可以查询到货源信息及车辆信息。银古路物流中心日物流作业量达 400 吨，日均车流量超过 2500 辆次，商品平配送覆盖全区，与区外十几个省区实现货物往来。

【银川众一货运中心】 银川市众一货运中心是银川市比较典型的公路货运主枢纽货运场站，该中心占地 86 亩，园区内饱和车辆为 800 辆，年吞吐货物 800 万吨。整个中心物流企业经营内容以化工能源类产品货运为主，内有汽车修理厂、宾馆等物流后勤服务设施，拥有 200 多家散户型第三方物流企业，其中 100 多家以零担货运物流为主。园区主要以场地租赁为主，未形成整体物流体系，信息化建设还未起步。

【农村小型物流集群】 在大新镇、银古路一些经营范围小的第三方物流公司在靠近农村地段形成小规模集群，其中以大新镇和银古路周边部分地区最为典型，在大新镇塔桥村，农民自发将影响环境卫生并闲置未用约 86 亩土地进行出租，形成拥有 100 家小型物流公司的物流集中地，大多承接区内外小商品及日用品贸易物流运输，日吞吐量近百吨。同时，塔桥村、上前村及大新镇村周边分布着大量民用自建仓库，每户仓储面积约为 1.2 亩，除为周围小型物流企业提供仓储用地外，还建有小型家具、小食品作坊、集生产和仓储为一体，据

宁夏交通国际物流园

不完全统计有330户为小商品和日用品仓库，销售周边百分之七十的小商品和日用品来源于此。有420户为家居生产作坊及成品仓库，200多户为小食品作坊及成品仓库，400多户为废品收购仓库。银古路民乐5队、6队、至少有12万平方米的民居仓储，主要为周边的长城装饰材料市场、华龙陶瓷市场、民乐铝型材料市场提供仓储服务。

金融信息餐饮等服务

【金融信息服务业】 充分发挥区域金融中心优势，支持金融保险业发展，聚集人气和商气，增强城市吸引力。以国家信息化试点城市为机遇，推进电子政务、电子商务、企业信息化、教育信息化，加快中国西部电子商务平台和中国西部安全认证中心、电子便利站等项目建设。开展了打造“信用城区”活动，成立了个人创业金融服务中心，缓解了个体私营企业融资难的问题。依托兴庆区交通便利、商贸繁荣、信息迅捷、人才集中、科技发达等区位优势，积极发展信息、咨询、技术、中介等现代服务业。

【餐饮服务业】 十年来，兴庆区餐饮市场表现出旺盛的发展势头，大中型餐饮企业服务功能齐全，现代化进程加快，各种特色小吃店，特色快餐、美食广场、啤酒屋、烧烤店、农家菜馆等竞相发展，以其质优价廉、清洁卫生、方便快键吸引众多消费群体，成为拉动兴庆区消费需求稳定增长的重要力量。

【旧货市场】 银川旧货市场位于银川市清河南街612号，占地面积2000多平米。2007年成立，主要从事旧货回收修理、积压物资销售经营业务，是二手物资和滞销产品交易的平台。

辖区商会选介

【宁夏浙江商会】 宁夏浙江商会成立于2001年5月18日，现有会员企业850家，会员1000人，其中规模以上企业100余家，涉及商贸、家私、建材、物流、房地产开发、餐饮娱乐、煤炭生产销售、农副产品加工、供热、制鞋等行业；宁夏浙江商会于2003年4月8日成立党组织，最初有7名党员，2010年6月12日成立党总支，下设4个直属支部和1个流动党支部，有53名正式党员。2007年，组织捐款达36.4万元，其中抗震救灾捐款14.63万元；向石嘴山宝迪乐幼儿园捐款14.7万元。2009年商会党支部组织部分党员赴银川市金凤区亲水湾社区党支部慰问，向社区困难群众捐赠慰问金3000元，向社区图书室赠送图书300余册，价值7000余元。2010年3月30日，商会会长叶建敏等一行11人前往泾源县，为六盘山镇第一小学捐赠学习办公用品50000余元；4月25日，宁夏浙江商会联袂银帝集团海天大酒店开展向青海玉树地震灾区捐款活动，捐款246432.26元，之前部分会员企业已在当地向玉树灾区捐款100余万元；8月18日，商会组织部分副会长、党员、入党积极分子举行支援舟曲抗洪救灾捐款活动，捐款129600元；8月27日，商会会长、宁夏海天大酒店董事长叶建敏向泾源县50名家庭经济困难大学新生和2名文理科状元发放海天大酒店捐赠的助学金和奖学金158000元。

2003年被自治区工商联评为优秀民间商会；2004年被自治区工商联评为全区非公有制会员企业思想政治工作先进单位，被自治区民政厅评为全区优秀民间组织，2004年~2010年连续7年被自治区人民政府评为招商引资先进商会；2008年被自治区民政厅评为3A级新社会组织；2009年被团中央、全国青少年发展基金会评为希望工程20年公益合作伙伴。

【宁夏山西商会】 宁夏山西商会于2007年3月开始筹备，经自治区民政厅审核批准，同年9月22日正式挂牌成立，共有团体会员单位58个，个人（名誉）会员368人，涉及全区建材、机电、化工、冶炼、房地产业、装饰、机械、餐馆等10余个行业。首届会长由宁夏西夏贡酒业实业公司总经理屈振茂出任，常务副会长由宁夏昊盛集团物业公司总经理成连根和宁夏大德实业有限公司董事长孙二担任，常务理事会由会长、常务副会长、副会长和秘书长共20人组成，商会领导班子成员大专以上占总数的90%以上；较大的会员企业资金拥有量接近亿元；根据实际工作需要，聘请原自治区人大常委副主任周秋英、原宁夏军区政治委员王永正和自治区人民政府顾问海巨增为商会名誉会长。商会先后组织数10批三晋企业家来宁进行投资环境考察。2009年，甘肃晋商来宁创办宁夏昌晋源物资有限公司，陕西晋商来宁投资创办宁夏北方置业公司及山西太原来宁投资5个亿建设的宁夏远高新能源装备制造有限公司，开业运营。4年来，宁夏山西商会共引进18个项目，落实投资到位资金39.3亿元。

【宁夏陕西商会】 宁夏陕西商会2004年4月25日成立，截止2010年底有会长、常务副会长、副会长42名，理事单位及重点会员单位300多个，会员及会员单位1000多个；据不完全统计，陕资民营企业在宁投资涉及房地产、建筑、建材、服装、餐饮、医疗器材、农机、种植、养殖等多种行业，总资产达300多亿元，其中仅购房一项投资达50多亿元。

商会成立以来，在区、市、县工商联换届选举中有10名会长、副会长先后当选为工商联执委、副主席以及银川市政协委员、县（区）政协常委、人大代表等社会职务；2009年~2010年，商会党支部连续两年被中共银川市工商联民营企业党委评为先进党组织；2007年~2008年，商会分别被自治区人民政府和中共银川市委、银川市人民政府评为招商引资先进商会和招商引资先进集体；2009年，被自治区民政厅评为AAA级社会组织；2010年，被银川市委统战部、银川市工商业联合会评为优秀商会，被陕西省经济发展促进会、陕商工作委员会发展为陕商理事会、陕西省经济发展促进会副会长单位。

·烟盐专卖·

宁夏回族自治区盐业管理局银川市分局(公司)

【概况】 1999年9月，根据《自治区人民政府商务厅关于理顺盐业经营管理体制方案的通知》和宁夏回族自治区机构编制委员会《关于全区盐业经营管理机构设置问题的通知》文件精神，宁夏盐业管理、盐业经营实行“两块牌子，一套人马，职责分明，合属办公”的管理体制，自治区盐业公司对各市县盐业经营垂直管理，实行统一计划、统一管理、统一组织供应、统一结算、统一上缴碘盐基金的五统一政策，各市县成立国有独资的盐业公司，并增挂自治区盐业管理局XX市县分局的牌子，各市县盐业公司具有独立法人资格。由此，宁夏回族自治区盐业管理局银川市分局和宁夏回族自治区银川市盐业公司正式挂牌成立，受自治区盐业管理局(公司)垂直领导。银川市盐业分局(公司)内设永宁、贺兰两个分公司与兴庆区、西夏区两个批发部和营销部、盐政科、财会科、办公室4个职能科室，

【盐业稽查】 10年来，分局严格执法，严厉打击各类涉盐违法行为，有效地净化首府盐业市场，切实维护广大人民群众的合法权益。一是日常监管工作常抓不懈，重点做好平时的走访宣传服务工作，预防为主，对银川市所辖区域的餐饮、食堂、商店、食品加工、养殖场、工业企业等用盐户集中做好盐业法规政策和碘缺乏病健康知识宣传。二是依法查处盐业违法行为，有针对性的对一部分零售网点和用盐户进行重点检查；安排部署盐政执法专项行动，每年开展针对不同领域盐业市场专项整治行动，深挖死角，打击窝点；三是与周边地区联合执法，集中力量打击私盐贩运，银川、贺兰、永宁盐业分局成立三市县联合打击涉盐违法行动领导小组，开展清查整顿边界区域盐业市场执法行动，集中检查三市县相邻区域的盐业市场，有效消除盐政执法的盲区；联合公安、卫生、质监等部门共同执法，增强震慑力，加大对盐业违法行为的打击力度。

【调运与供应】 严格执行区局下达的食盐调运计划，做到以食盐计划管理为核心，结合本地实际情况，按不同季节、不同盐种编制和制定购销计划，合理调整仓储盐量，抓调运、保计划、保质量，做到勤进快销，最大限度的提高库房的使用效率，各分公司、批发部始终保持合理库存，满足市场销售需要，保持国家储备盐库存，有效应对盐业市场突发事件，平抑市场风波。

【质量管理】 强化完善质量管理制度，认真对出入库的盐产品进行检验，严格遵循先检后销原则，确保出入库碘盐合格率达到100%；建立《小包装加工管理制度》和《分装机械操作程序》等规章制度，用制度管理人，用制度提高食盐质量。

【经营品种】 银川市盐业公司承担着三区两县的食用盐和工业盐的供应工作，品种有食用碘盐(包括绿色盐、加碘精制盐、腌制粉洗盐、海藻碘盐、日晒盐、畜牧盐、味精盐和肠衣盐)、农牧用盐、渔业用盐以及工业用盐。

【盐业经营】 10年来，公司以巩固食盐专营为主线，以转换内部经营机制、提高干部职工素质为措施；以夯实内部管理、提高经济效益为目标，扎实工作，有效促进各项工作稳定发展。

根据区盐业公司下达的经营指标及各项考核内容，制定各部门年度销售计划和经营目标，与各批发部、科室负责人签定考核责任书，层层分解计划，随时监督检查计划执行情况。

加强成本核算，抓开源，促节流，创效益。注重规范财务核算行为，强化财务预决算管理，建立健全以事前预测、事中控制、事后考核为原则的财务监控机制和管理机制，处处精打细算，增收节支，开源节流；改革费用管理办法，变事后报账为对费用实行预算管理，严格制度，挖掘内部潜力，做到人尽其才，物尽其用。

完善食盐销售网络建设，稳步推进食盐送销工作。伴随着市场经济的不断发展，公司主动改变经营观念，以提高食盐“三率”为中心，狠抓经营管理和优质服务工作，改变以往等客上门的经营形式，积极探索送销制度试点，开展送货上门、设立代批点等多种方式，设立食盐配送网点297个，逐步建立完善食盐销售网络，方便零售户和用盐单位购盐，牢固树立便民、为民、利民思想，把服务工作做到实处。

2010年，实现销售收入2324万元，销售各类盐17380吨，其中食用盐销售11978吨，实现利润118万元，居民合格碘盐食用率逐年提高。

【化解食盐抢购风波】 2003年4月26日，“非典”引发抢购食盐事件。分局(公司)及时采取启动食盐供应应急预案，统一组织分工协作，加强正面宣传，适时采取限量供应，充实库存，各执法部门联合加大市场监督稽查力度，领导靠前指挥，率先垂范，党员干部发挥先锋模范作用，全体员工恪尽职守，勇于奉献，加班加点连续工作，团结协作，共度难关，确保各项紧急措施的全面执行，保障食盐供应，维护社会稳定。

自治区烟草专卖局

【概况】 1983年10月15日，自治区人民政府批准成立宁夏回族自治区烟草专卖局(公司)，1984年4月正式挂牌，1986年1月上划国家烟草专卖局(中国烟草总公司)，实行人财物、产供销、内外贸集中统一管理；宁夏回族自治区烟草专卖局(公司)下设银川、石嘴山、吴

忠、固原、中卫 5 个市烟草专卖局(公司),永宁、贺兰、灵武、兴庆、平罗、惠农、青铜峡、盐池、同心、西吉、彭阳、泾源、隆德、中宁、海原 15 个县(市、区)烟草专卖局(分公司)。

【经济效益】 2002 年,全区烟草系统共实现工商税利 21484 万元,实现工商利润 13655 万元,实现税金 4536 万元,全区销售卷烟 16.9 万箱,实现销售收入 131753 万元。

2003 年,宁夏烟草专卖局实现工商税利 30077 万元,其中税收 10376 万元,利润 19701 万元,销售卷烟 20.8 万箱,实现销售收入 184373 万元。

2004 年,宁夏烟草专卖局销售卷烟 179419 箱,实现税利 30563 万元,其中利润 25210 万元。

2005 年,宁夏烟草专卖局销售卷烟 17.7 万箱,实现利税 3.21 亿元,其中利润 2.36 亿元,税金 0.84 亿元。

2006 年,宁夏烟草专卖局销售卷烟 181583 箱,实现利税 3.91 亿元,其中利润 3.03 亿元,,税金 8857.8 万元。

2007 年,宁夏烟草专卖局销售卷烟 19 万箱,比上年增加 8392.4 箱,实现税利 4.58 亿元,其中利润 3.65 亿元,税金 9316 万元,卷烟单箱销售额 12821 元。

2008 年,宁夏烟草专卖局销售卷烟 197517 箱,实现税利 5.42 亿元,其中利润 4.33 亿元,三项费用率为 7.41 %,下降 0.85 百分点,三项费用利润率为 256.2%,增长 47.95 %,全系统可控费用比预算下降 5%以上。

2009 年,宁夏烟草专卖局销售卷烟 20.79 万箱,比上年增长 5.2%;实现税利 6.22 亿元,同比增长 14.8%。

2010 年,宁夏烟草专卖局销售卷烟 22.21 万箱,同比增长 6.83%;实现税利 7.12 亿元,同比增加 0.89 亿元,增长 14.24%;三项费用率 7.57%,同比下降 0.22 个百分点。

【市场监管】 2002 年,累计出动打假打私 7 万多人次,查处卷烟违法案件 4770 起,收缴假冒商标卷烟、走私烟 54000 余条,罚没款 240 余万元。全区向公安司法机关移交涉嫌卷烟犯罪案件 6 起,批捕 2 人。

2003 年,查处卷烟违法案件 2787 起,判刑 6 人,劳教 1 人,收缴假冒商标卷烟、走私烟 43856.5 条,罚没款 597.94 万元。

2004 年,查处各类违法违规案件 1706 起,收缴假冒烟 476 件,收缴罚没款 283 万元。

2005 年,市场检查 6.3 万多人次,查处各类违法案件 1406 起,查获违法卷烟 1463 件,收缴假冒卷烟 911 件,收缴罚没款 265 万元。

2006 年,市场检查 68280 人次,查处各类违法案件 957 起,查获假冒商标卷烟 2881.78 万支,依法拘留和批捕贩售假烟者 41 人,判刑 20 人。

2007 年,查处各类违法案件 650 起,其中假冒商标卷烟案件 493 起,查获假烟 1501.52 万支,逮捕 37 人,判刑 21 人,收缴罚金 243.9 万元。

2008 年,查处各类违法案件 754 起,其中假冒商标卷烟案件 532 起,查获假烟 1482.11 万支,判刑 50 人,法院判处罚金 1120.06 万元。

2009 年,查处各类违法案件 693 起,其中假冒商标卷烟案件 380 起,查获假烟 474.62 万支,判刑 24 人;破获国家局级假烟网络案件 3 起,区局级假烟网络案件 3 起。

2010 年,宁夏烟草专卖局查处各类违法案件 794 起,其中假冒商标卷烟案件 413 起,查获假烟 406.4 万支,判刑 28 人;成功侦破 6 起国家局级网络案件。

【市场体系建设】 全面推进现代卷烟营销网络建设,提高对卷烟零售终端的控制力,根据区内市场的实际情况,合理制定卷烟零售户布局,构建覆盖全区、布局合理、功能完善、优质高效的卷烟销售网络体系,销售卷烟品牌、规格分别由 2005 的 75 个、155 个减少到 2010 年的 43 个、118 个,人均劳动生产率由 114.8 箱提高到 165.1 箱,电话订货率(含网上订货)达到 100 %,电子结算率达到 76.81%,配送到户率达到 99.45%。

【机构改革】 2003 年,在宁夏烟草专卖局及吴忠烟厂的积极努力下,国家烟草专卖局给予企业兼并的优惠政策,达成长沙卷烟厂兼并吴忠卷烟厂的协议,经国家局正式批复,8 月底挂牌正式成立长沙卷烟厂吴忠分厂,圆满完成调整工作。

2004 年,理顺县级局(分公司、有限公司)归属市局(公司)管理体制,组建中卫市局(公司),撤消陶乐、惠农县局(有限公司),对自治区局(公司)、市局(公司)、县局(分公司)职能配置、机构设置、人员编制进行调整;银川、石嘴山、中卫市局(公司)调整所属部分县级局(分公司)的机构设置,初步构建科学合理的烟草专卖组织架构。

2005 年,宁夏烟草专卖局与自治区税务部门经过多次协商,决定取消县级公司法人资格的纳税问题;各市局(公司)经过 1 个多月的艰苦努力,开展理清资产、营业执照变更、许可证变更等相关程序性工作,全面完成取消县级公司法人资格工作。

2006 年,完成自治区公司本部及市公司净资产上划下拨工作,形成区公司对地市级公司的投资关系;制定母子公司体制工作实施方案和公司章程,制定国有资产经营管理的有关规章制度,为建立归属清晰、权责明确、保护严格、流转顺畅的宁夏烟草专卖现代产权制度打下基础。

2007 年,按照精简、统一、效能的原则,制定市局(公司)机构设置、职能界定及职数配备等有关规定,进一步理顺市、县级公司管理体制,完成工商、税务等证件变更登记工作,宁夏烟草专卖行业母子公司体制初步建立。

邮电·金融·商务

YOUDIAN JINGRONG SHANGWU

银川市邮政局

【邮务业务收入】 2007年,银川市邮政局实现业务收入1.23亿元,同比增长7.25%,业务总量完成1.4亿元,同比增长3.7%,实现收支差额1516万元,邮政储蓄总余额28.4亿元;邮务类业务收入实现3554.79万元,占总收入比重达到29.02%,同比增长7.98%,高于全区平均水平1.6个百分点;全局职工工资、奖金收入同比增长10.5%,养老金、医疗保险金等增长9.12%,企业运行质量和效益稳步增长。

2008年,实现业务收入1.30亿元,同比增长6.51%;业务总量完成1.52亿元,同比增长13%;邮政储蓄总余额30亿元。

2009年,实现业务收入9823.43万元,同比增长11.55%,业务总量完成14186.85万元,邮政储蓄净增2.7亿元,劳动生产率达到9.24万元。

2010年,实现收入1.13亿元,同比增长18.81%,完成计划进度的104.53%,企业运行质量和效益稳步提高。

【函件】 2008年,银川市邮政局以商函业务为突破口,初步形成以数据库营销、邮政贺卡、邮送广告、账单为主导的营销方法,规模增长势头良好,商函比重达到69.70%;账单业务新开发中行、建行等客户,实现收入131.76万元,同比增长100.42%;中邮专送注重内容和形式,先后开发多种本册式、专题册式DM,实现收入220.95万元,同比增长39.98%;结合109工程开展数据库营销取得初步成效,实现收入209.67万元;邮政贺卡实现收入570万元,同比增长达到23.11%,定制型贺卡市场的开发领域和销售型贺卡的销售渠道实现新突破,社会认知度进一步提升。

2010年,围绕数据库商函、账单、邮资封片卡"三三制"为发展重点,实现收入1155.54万元,同比增长23.10%,其中账单收入193.22万元,同比增长了30.55%;邮资封片收入增幅达13.30%,定制型贺卡用户增幅达到7.78%。

【集邮业务】 2007年5月14日,自治区教育厅、银川集邮公司、银川集邮协会、市教育局等单位的嘉宾和实验小学的1000多名师生参加银川邮政局举办的集邮文化"进校园、进社区、进军营"活动启动仪式。

2008年,银川市邮政局抓好热点题材邮品的开发销售,开办奥运特许商品专卖店,积极做好奥运火炬传递营销服务工作,成功举办《宁夏回族自治区成立五十周年》纪念邮票首发式暨集邮展览,实现奥运、大庆邮品销售收入493万元,定向邮品开发成效显著,实现收入280万元,集邮业务实现收入1713万元,完成年计划的145.17%,同比增长57.70%;7月31日,银川市集邮协会第五次会员代表大会在区邮政公司四楼会议厅隆重召开,来自各县市区的84位邮协代表审议通过孙洪均所做的工作报告,修订邮协章程,选举产生第五届理事会理事和常务理事,组成邮协新一届领导班子;8月8日,奥运会开幕式多数纪念邮(票)品销售一空,实现收入27.1万元;为银川市近百名火炬手制作的2900版火炬手个性化邮票,创收13万元。

2009年,相继开发专题册、个性化邮折,实现收入275.5万元;组织参加洛阳世界邮展60城市巡邮销售活动,加强与各兄弟省局和销售商的交流;加强集邮票品的清理盘活,开展银川市集邮礼品文化展销活动,全局累计盘活库存邮品216万元;3月12日,由国家邮政局、中国邮政集团公司、中国2009世界邮展执委会、中华全国集邮联合会共同主办,银川市政府、宁夏区邮政公司承办,银川市文化广播电视局、银川市邮政局协办的中国2009世界邮展60城市巡邮银川站活动暨庆祝银川市建城2121年集邮展览在银川市文化艺术中心隆重举行。

2010年元月5日,正值虎年生肖邮票发行当天,装修一新面积达92平方米的中国集邮专卖店银川市民族北街店开业并举行庆典仪式,区邮政公司马赞福总经理、宁夏邮政管理局戚兰州局长为专卖店揭牌;12月14日,中华全国集邮展览在杭州落幕,银川市邮协选送的9部集邮展品全部获奖,其中陕甘宁边区印花税票获得印花类别的最高奖;

12月30日，银川市集邮协会成立25周年暨贺岁邮品推荐会在银川市邮政大楼召开。

【报刊发行】 2007年，报刊业务一次性报刊收订流转额完成2104万元，同比增长达到13.79%。

2008年，重点打好常年收订和报刊大收订两大战役，2009年度一次性报刊收订流转额完成2511万元，同比增长达到19.34%。

2009年，报刊业务持续快速增长，实现收入338.60万元，同比增长19.46%。

2010年度，一次性大收订流转额完成2737万元，同比增长8.97%，提前超额完成目标计划；党报党刊稳中有升，私费订阅占比45.1%，同比增长2.1个百分点。

【电子商务】 2008年，缴费卡和短信开发成效明显，实现收入125.25万元；拓展代理领域，代理“顶呱刮”即开型奥运体育彩票，实现收入13.32万元。

2009年，积极发展电子商务业务，实现各类缴费卡销售收入70.74万元，同比增长67.71%。

【邮政包件】 2007年，包裹业务收益进一步提高，实现收入13.85万元，比上年同期增长69.94%，快包比重达到61.88%。

2008年，积极开发校园、军营、家乡包裹市场，加大窗口营销宣传力度，推动普包转快包，快包比重达到50.36%。

2009年，积极开发校园、军营、家乡包裹和爱心包裹市场，加大窗口营销宣传力度，推动普包转快包，快包比重达到52%。

2010年，紧紧抓住5·1和5·12的特殊日期，开展全局性的宣传捐赠活动，以短信形式给2000多个高端客户发送宣传爱心包裹的信息，截止5月12日，累计受理“爱心包裹”捐赠339件，其中5·12当日受理爱心包裹113个。

【邮政速递】 2007年，速物类业务实现收入1536.51万元，同比增长40.49%，加大对速递市场和竞争对手的调查分析，加强公关力度，新增协议用户271家；国际速递业务以国际精品路线为切入点，市场份额大幅度提升，实现快速发展，同比增长达76.03%；“思乡月”月饼营销活动销售月饼261.02万元，实现收入99.65万元。

2008年，开发移动积分礼品配送、中铁快运区域配送业务和出入境护照特快寄递等业务，速递业务的经营空间进一步增大；重点抓好功能性物流业务和中邮快货业务，以工业园区为中心，以商贸区为基点，开发配送用户12家，新开银川至银北和阿左旗物流专线，增开银川至西安物流专线；“思乡月”专项营销活动圆满成功，实现销售收入217.13万元，同比增长87.49%。

【三农服务】 2007年，落实三农服务，新选定村级农家店80处，全年共配送化肥3200吨、种子190吨、农药5吨，有力提升邮政服务三农的品牌。截止2007年，农家店已累计建成295个，覆盖面有效辐射到三区、两县、一市96%的行政村，更多农民享受到邮政农家店带来的生活便利。

2008年，加快“三新工程”建设步伐，完成永宁李俊、贺兰立岗、暖泉仓储配送中心的改造建设工作，仓储面积达到1200平方米，完成105家“三新农家店”的提升和改造工作，邮政服务三农的能力进一步增强，销售化肥3485吨，种子160吨；为进一步巩固“万村千乡”村村配送市场工程建设成果，构建适应新农村建设所需的新型、高效、方便、有序的农村流通服务体系，完善农资分销、一体化物流、邮政综合业务、日用百货分销以及信息5个服务平台，建成农家店283个，其中乡镇级农家店20个，村级农家店260个，市商务部门验收合格283个，合格率达到100%。

2010年，继续加大服务“三农”力度，改造提升“三新”农家店47个，改造建设仓储配送中心3处，完善市—县—乡—农家店连锁分销配送体系，推进“六统一”经营管理模式，推进农村流通体系建设，大力推进农资、农产品的双向流通；以代发新农保和家电下乡补贴资金为突破口，进一步加大代发各项涉农资金力度。

【邮政储蓄】 2007年，金融业务收入实现6560.54万元，同比增长了6.2%；新增活期户数16.27万户，活期比例较上年末上升6.42个百分点；2月27日，在15个储蓄网点开办邮政储蓄小额质押贷款业务，标志着银川邮政储蓄结束了20年来“只存不贷”的历史，当天办理贷款业务18笔，贷款金额达13.9万元，开办的“好借好还”小额质押贷款业务贷款金额为1千元至30万元，执行中国人民银行规定的基准利率；开展邮政绿卡喜刷刷、以汇引储、绿卡进市场、理财小管家等活动，促进绿卡发放，发放绿卡16.64万张，卡均余额1323元，加大代发类市场开发，新增代发养老金、代发工资4.3万户，新开发代收有线电视费、交通违章罚没款等全区性代收费项目，面对6次储蓄加息和10次提高储蓄准备金率等不利因素的巨大影响，储蓄中间业务取得突破性发展，实现收入1042.87万元，同比增长107.73%；8月8日，银川第一家24小时营业的储蓄网点——邮政大楼储蓄营业厅正式运行。

2008年3月，中国邮政储蓄银行银川市分行正式挂牌成立，标志着银川银行体系的进一步完善，邮政事业迈入新的发展阶段，4月29日，中国邮政储蓄银行银川市分行18家支行挂牌成立，6月份相继完成二级支行的挂牌工作；4月8日，中国邮政储蓄银行银川市分行邮储小额贷款业务正式开办，小额贷款业务是继邮储定期存单小额质押贷款业务之后推出的一种以农户、微小企业主为目标客户群体的信用贷款，无需抵押、质押，个体工商户和农户只要找到合适的担保人或联保人，经过信用审查后，最快3天便可顺利获得贷款，每个商户可贷款10万元，每个农户可贷款5万元，贷款期限为1-12个月；进一步加大邮储业务发展力度，在储蓄专业推行绩效工资,有效调动全局职工发展储蓄业务的积极性和主动性,实现邮储余额止跌回升,全年净增2.42亿元,累计达到30.85亿元,活期比重32.49%,较上年上调5.55个百分点;积极调整业务结构,不断推进金融类业务多元化发展格局,全面开办质押贷款业务,稳健发展小额信贷业务,共发放各类贷款7368.63万元。

2009年,存款余额稳步攀升,全年累计净增2.7亿元,活期占比41%,较上年末上调3个百分点;大力发展以卡为载体的储蓄业务,全年累计发放绿卡12.76万张,卡均余额740元;积极发展代字类业务,新增代发工资3万户;积极抓好基金、理财产品的销售,以产品推介会的形式重点拓展人寿保险产品取得成效,实现代理保费3274万元;增设小额信贷业务网点3处,全局9个网点开办对公业务,商易通业务发展商户475户。

2010年,大力发展金融业务,代理金融业务全年净增余额3亿元,较上年末上调7.3个百分点;进一步加大绿卡、代收代付等中间业务的发展力度,全年发放绿卡12.21万张,完成计划目标的102%,代发户数增加3.6万户,同比增长24.14%,商易通、网银客户持续增加,效益明显;积极发展个人理财类业务、理财产品、基金销售邮银占比位于全国省会邮政局前列;代理保险稳步发展,认真实施“虎啸行动”,累计代收保费3465万元,实现收入136.37万元;先后与国寿、新华人寿保险达成代扣保费的合作协议,深化邮保合作。

【营销管理】 2007年,以十大主题营销活动为核心,以重大社会活动和节假日营销为重点,加强从项目立项、措施落实、信息反馈、完成时限等全过程的监控督导,全年项目开发实现收入783.07万元,占到总收入的6.39%,同比提高49.74%;开发金色年华个性化邮票13463版,占到全区邮政的65.85%,实现收入53.85万元;8月,正式为广大用户办理中邮核心成长基金认购业务,10个小时内销售基金2850笔,总金额达到7337.72万元。

2008年,积极开展奥运年和自治区50大庆年两大主题营销,以项目为抓手,以营销体系建设为支撑点,以细分行业客户为突破口,紧紧围绕区公司提出的19个重点项目和本局确定的开发项目,狠抓落实,全年共开发项目136个,实现收入2380.87万元,占总收入的18.25%;集中优势资源,整合业务产品,加大项目开发和营销服务力度,带动邮务类和速递物流业务增长率分别达到26.42%和26.02%,比重分别达到34.44%和14.84%,同比增长5.42和2.30个百分点,对业务总收入增长拉动显著,业务结构更趋合理;3月,宁夏邮政直复营销旗舰中心在银川邮政大厦隆重开业,宁夏邮政直复营销旗舰中心针对中小企业发展过程中市场营销难、产品流通难、结算融资难的“三大难题”,依托邮政遍布城乡的网络优势、多元化的业务优势和百年邮政的良好品牌形象,全力打造集商函账单类产品展示、数据库查询分析、方案策划、图稿设计、案例分析、市场推广等功能于一体,汇集速递、物流、金融、报刊、集邮等邮政业务功能,为全区广大中小企业的繁荣发展提供一条龙式的直复营销服务。

2009年,经营理念从以经营为中心向以客户为中心、效益为目标转变,整合资源,调整激励机制,提速营业、营销、投递三大平台建设,全局专职营销人员101人,占全局总人数的9.67%,营销团队34个,专职营销人员营销业绩累计完成1520万元,占全局业务收入4975万元的30.55%,人均业绩达15.05万元;全年项目开发完成845.78万元。

2010年,开发项目47个,实现收入1162.80万元,占总收入的10.30%;“一卡通”服务领域得到有效拓展,实现“一卡通”在市民乘坐公交车,购买水、电、天然气等方面的刷卡消费,全年发放邮虹通卡7万张。

【自邮一族旗舰店】 2009年4月6日,新装修的“自邮一族”旗舰店开始试运营,截至4月底,发展自邮一族会员120户,发展合作加盟企业15个,在西夏机动车辆检测站设立服务专台1处,初步建立起邮政自由一族经营服务体系。

【学生储蓄卡】 2007年4月份,设计开发版面精美、用途丰富的“理财小管家”学生储蓄卡,发行2万张,截至10月底,共计发放16173张,建成绿卡校园13个,国家邮政局将“理财小管家”学生储蓄卡作为地方开发的突出业务在全国范围内推广。

【少年邮局】 2010年,在区公司的支持下,经与市教育局协商,银川市邮政局在博文小学内设立少年邮局并列入局建制档案。这是宁夏首家少年邮局,少年邮局设局长1名、局长助理1名、工作人员3名,全部由该校学生担任,另设集邮辅导员5名,由市局及集邮公司相关人员担任;配置邮政日戳、邮政业务单式、邮政资费标准及相关邮政用品用具,按邮政业务规章进行管理和营业。11月26日,少年邮局在博文小学校内举行开业仪式,当天印制近1000枚开业首日纪念封。

【邮政贺卡】 2007年,实现贺卡收入485万元,同比增长109.05%,成功开发“大漠神韵”卡书式募捐邮资明信片,印制7万册。

2008年9月,中国邮政贺卡推介会隆重召开,来自市政府、企事业单位以及新闻媒体的140多位嘉宾参加会议。

2009年,抓住全国安全生产月这一题材,提早谋划,历经数月,多方商洽,最终成功开发银川市安全生产监督管理局幸运卡明信片,实现收入10万元;6月,在银川市玉皇阁举行安全生产月暨第一届安全生产明信片知识竞答活动启动仪式。

2010年,与宁夏北方乳业公司签订协议,以明信片为载体,制作并代售9000张订奶卡。

【邮政流动服务局】 2007年7月,银川市邮政局流动服务局正式成立,负责全局邮政流动服务车的经营管理工作。流动服务车深入邮政服务的空白、偏远地带和校园、军营等进行业务宣传和服务,现场办理多种邮政业务,是老百姓“身边的邮局”。

抓好“两会”期间的邮政服务,每年派遣3个服务组和1辆流动服务车分别在代表和委员们的驻地及会场门前设立临时邮局,主动为参加会议的代表、委员、工作人员提供包括信件寄递、集邮商品购买以及邮政业务咨询等服务。

【投递体制改革】 2007年,为加快邮件传递速度,提高投递工作效率,制定《银川市邮政局普邮投递网络优化调整实施方案》,积极推进投递体制改革,对兴庆区投递服务区域进行优化调整,在兴庆区西南部、西北部、东南部各设立一个投递分局,优化投递网络,减少投递员出班的“空驶”距离,实现投递工作“出班就上段”;8月24日,原银川局发行投递局女子投递班、投递一班顺利搬迁至兴庆区西桥南巷和凤凰北街,更名为银川市邮政局西桥南巷投递分局、北塔投递分局,开始实施“分点”投递,标志着银川邮政投递改革进入新阶段。

宁夏现代通信有限公司

【概况】 宁夏现代通信有限公司成立于1997年,集销售服务于一体,是电信领域多元化发展的专业公司,在区内外成功开拓100多家合作经销商,销售网络覆盖宁夏全区及内蒙、陕西等省的部分地区,现有员工140余名。宁夏现代通信有限公司有多家店面,虹桥移动通信广场成立于1999年9月8日,现代通信大卖场成立于2004年1月12日,吴忠移动通信大世界成立于2005年11月19日,南门移动通信广场成立于2005年12月25日,吴忠移动通信广场店于2006年7月28日开业,同心移动通信广场店开业于2009年8月18日,同心移动穆斯林同心移动穆斯林营业厅成立于2010年1月1日。

招商银行银川分行

【概况】 2010年8月12日,招商银行银川分行试营业,下辖5部1室,3家离行式自助银行和两家同城支行,即招商银行银川金融街支行、招商银行银川新世纪支行。截止2010年12月末,招商银行银川分行全折人民币自营存款23.46亿元,其中对公存款18.10亿元,储蓄存款5.36亿元;全折人民币自营贷款33.74亿元,其中对公贷款20.58亿元,个人贷款2.52亿元,票据贴现10.64亿元,贷款投放成功突破30亿大关。

招商银行于1987年在深圳成立,是中国境内第一家完全由企业法人持股的股份制商业银行,也是国家从体制外推动银行业改革的第一家试点银行。2002年,招行在上海证券交易所上市;2006年,在香港联合交易所上市。成立23年来,从当初只有1亿元资本金、1家营业网点、30余名员工的小银行,发展成为资本净额超过1200亿、资产总额突破2万亿、机构网点近750家、员工4万余人的全国性股份制商业银行,跻身全球前100家大银行之列。

南京证券宁夏分公司

【概况】 南京证券宁夏分公司是南京证券西北地区的直属分支机构,业务范围涵盖证券经纪和证券承销与保荐两大业务,辖营业点13家,分布在银川、吴忠、石嘴山、固原、中卫等地级城市;2006年~2010年底,分公司共实现证券交易量4495.56亿元,实现利润9.2亿元,上缴利税2.15亿元。

华泰证券公司银川营业部

【概况】 华泰证券银川营业部前身——中国工商银行宁夏信托投资公司西夏证券营业部是宁夏第2家证券营业部,1993年11月8日成立;1996年10月,营业部翻牌为三峡证券银川营业部;2002年10月,营业部翻牌为亚洲证券银川解放东街营业部;2006年8月,营业部翻牌为华泰证券银川解放东街营业部;2008年,营业部交易量在宁夏排名第4名。2010年12月9日,迁址更名为华泰证券银川新华西街证券营业部。

华泰证券是中国证监会首批批准的综合类券商,是全国最早获得创新试点资格的券商之一,1991年5月26日在南京正式开业。华泰证券旗下拥有南方基金、华泰柏瑞基金、华泰联合证券、华泰长城期货、华泰金融控股(香港)有限公司和华泰紫金投资有限责任公司,参股金浦产业投资基金管理有限公司,是江苏银行的第二大股东,基本形成集证券、基金、期货、直接投资和海外业务等为一体的国际化的证券控股集团机构。

新华保险宁夏分公司

【概况】 新华人寿保险股份有限公司宁夏分公司成立于2004年7月28日,已在银川、大武口、吴忠、惠农、青铜峡、灵武等市县设立分支机构11家,服务网络遍布全区,内外勤员工超过4000人。7年来,宁夏保险分公司保费规模每年以60%的速度迅速增长。2006年,实现保费1.14亿;2007年,保费收入达到1.78亿元;2008年,保费收入突破3.5亿元;2009年,规模保费突破5.6亿元;2010年,规模保费突破8亿元,市场份额从2004年的2%增长到2010年24.09%,跻身宁夏大型寿险公司之列;7年来,先后吸纳4000余人就业。

【保费收入】

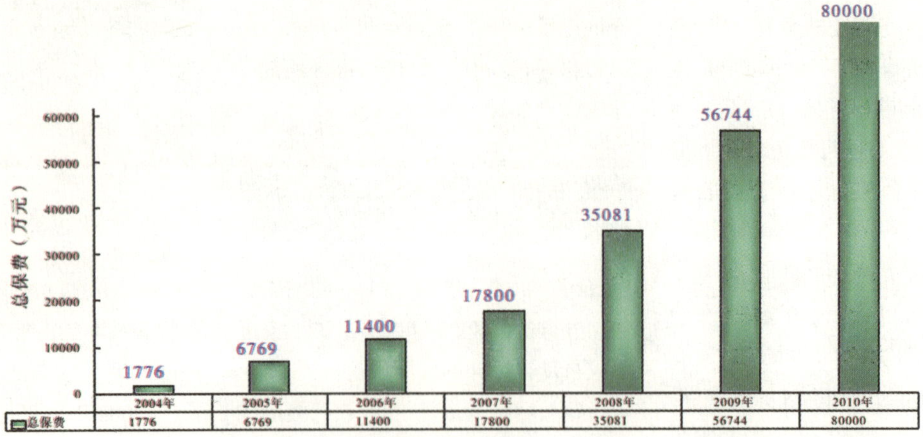

【市场份额】

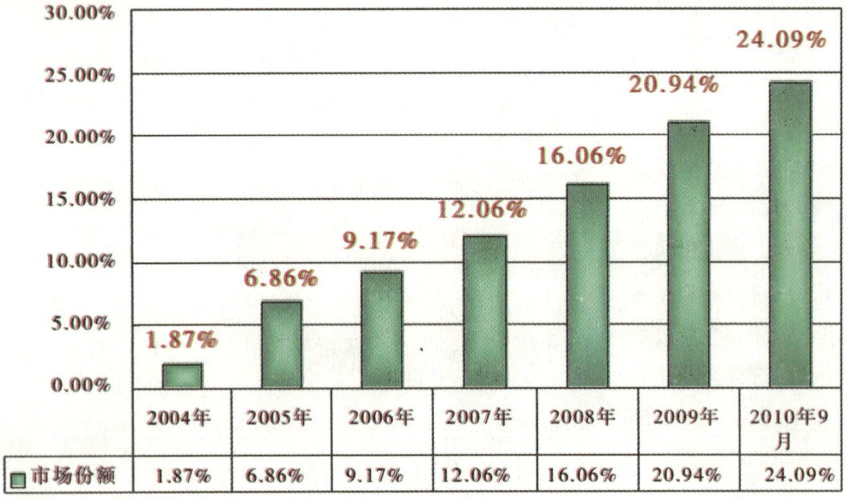

【理赔承诺】 新华保险宁夏分公司在系统内率先完成全国无障碍异地理赔工作，10万元以上赔款总经理亲自上门服务；积极推行星级业务员800元小额现场理赔服务；出台新华保险10大理赔承诺，积极推出限时理赔、超期赔偿服务，通过限定理赔时间，完善理赔服务，保护消费者权利，提升品牌建设。通过全国统一客户服务电话95567，实行7×24小时不间断理赔报案受理服务。对于申请资料齐全，保险责任明确且赔付金额500元以内的理赔案件实行立等可取，30分钟内结案；对于申请资料齐全，保险责任明确且赔付金额5000元以内的理赔案件实行两个工作日内结案；对于申请资料齐全，保险责任明确的一般理赔案件实行5日内100%结案。

未按承诺时效结案的理赔案件按照超期天数实行补偿：理赔给付金额1千元以下的每天补偿20元；1千元–5千元的每天补偿50元；5千元–1万元的每天补偿80元；1万元–5万元的每天补偿100元；5万元以上的每天补偿150元，超期补偿金额高于银行当期活期存款利率10倍，如有差额，取两者最高值。

投保医疗费用补偿性险种的客户出险后，经申请并符合《新华保险宁夏分公司理赔预付管理办法》，核查保险事故明确且保险责任明确的提前预付医疗保险金总额的70%；接到因患重大疾病住院或身故报案后24小时内安排理赔人员上门慰问并指导客户如何办理后续理赔；对异地出险客户提供异地理赔服务；客户已在其他机构报销医疗费用，在已报销机构出具正式报销证明的基础上，认可客户提供的医疗费用报销凭证复印件。

中国保险监督管理委员会宁夏监管局

【概况】 2001年2月，经中国保险监督管理委员会批准，中国保险监督管理委员会银川特派员办事处正式挂牌成立，根据中国保险监督管理委员会的授权负责宁夏回族自治区范围内的保险监管工作，办公地点设在银川市兴庆区解放东街111号；2004年2月，经中国保险监督管理委员会批准，中国保险监督管理委员会银川特派员办事处更名为中国保险监督管理委员会宁夏监管局，简称宁夏保监局；宁夏保险行业协会位于兴庆区新华西街273号，宁夏保险行业学会位于兴庆区永康北巷1号。

2001年，兴庆区只有中国人民保险公司、中国人寿保险公司和中国平安保险股份有限公司3家保险主体开展保险业务，随着保险业的发展，市场主体逐渐增加，截至2010年末，共有8家保险省级分公司落户兴庆区，其中财产保险公司5家、人身保险公司3家；专业保险中介机构7家，其中保险代理公司3家，保险经纪分公司4家。2010年，兴庆区范围保费收入达到17.29亿元，同比增长32.27%，其中财产险保费收入6.82亿元，人身险保费收入10.46亿元，保费收入在银川市保费收入中的占比为56.15%，在宁夏全区保费收入中的占比为32.78%。

【保费收入与赔付支出】 单位：亿元

项目 / 年份	保费收入	赔付支出
2008	12.32	3.21
2009	13.07	3.44
2010	17.29	4.09

【兴庆区境内主要保险机构】

机构种类	机构名称
保险公司	中国人民财产保险股份有限公司宁夏分公司
	中国平安人寿保险股份有限公司宁夏分公司
	中国平安财产保险股份有限公司宁夏分公司
	中国太平洋财产保险股份有限公司宁夏分公司
	新华人寿保险股份有限公司宁夏分公司
	安邦财产保险股份有限公司宁夏分公司
	平安养老保险股份有限公司宁夏分公司
	中国大地财产保险股份有限公司宁夏分公司
专业保险中介机构	宁夏鸿福保险代理有限公司
	宁夏天一保险代理有限责任公司
	宁夏天泽阳光保险代理有限公司
	江泰保险经纪有限公司银川分公司
	长安保险经纪有限公司宁夏分公司
	北京金诚国际保险经纪有限公司银川分公司
	北京联合保险经纪有限公司宁夏分公司

【理赔服务】 2001年~2010年，中国保险监督管理委员会宁夏监管局充分发挥保险经济助推器和社会稳定器的作用，积极配合做好各类事故、灾害的善后处理工作，开展理赔服务，为灾后恢复生产生活及时提供必要的资金支持；保险业在正丰建筑工程公司工人沼气中毒、步行街大中电器火灾、龙盘家居广场积雪压塌屋顶等一系列事故的处置中发挥了重要作用。

2008年1月，银川市出现持续降雪和低温冰冻天气，交通、供电等方面均受到较大影响，保险业及时启动理赔快速处理机制，简化理赔手续，确保灾后生产生活及时恢复正常。

2010年，保险赔付支出达到4.09亿元，同比增长19%，其中财产险赔付支出2.68亿元，人身险赔付支出1.41亿元。

【服务地方】 2008年，综合治理委员会和平安产险宁夏分公司联合启动全国首个治安联防项目，在投保自愿的原则下组织个体商铺投保，一旦发生盗窃、抢劫、火灾等事故，即可获得保险赔付，保险公司投入人力物力财力，有力促进治安联防工作。

2009年11月，保险业主动服务畅通宁夏建设，在兴庆区成立宁夏首家机动车轻微交通事故快处快赔服务站——位于丽景南街的昌昊快处快赔服务站。该服务站由交警部门和保险公司共同提供“一站式”事故处理服务，截止2010年末，累计处理轻微道路交通事故7896起，定损车辆10210辆。

2009年~2010年，注重监督各保险公司落实政策性农业保险工作，承保范围拓展到奶牛、能繁母猪、粮食作物、温室大棚等多个品种，为广大农户提供风险保障。

宁夏永昌联合会计师事务所

【概况】 宁夏永昌联合会计师事务所成立于2006年8月28日，现有从业人员46名，其中注册会计师19名（执业注册会计师14名，非执业注册会计师5名），高级会计师7名，高级审计师2名，高级讲师1名，高级经济师1名，中级会计师13名，审计师3名；平均年龄41岁，中共党员21名；内设审计一部、审计二部、审计三部、审计四部、质量控制部、财务部、人力资源部、综合办公室、代理记账部、会计培训中心。宁夏永昌联合会计师事务所的业务范围主要有：年度财务报表审计，财务收支审计，清产核资审计，破产清算审计，企业合并、分立审计，基建预决算审计，企事业法人离任或经济责任审计等各类专项审计，资本验证，承担企业财务顾问，提供财务、税务、管理咨询，会计培训、代理记账等。

【校企结合】 2009年，宁夏永昌联合会计师事务所与宁夏财经职业技术学院校企合作，在财经学院会计系设立永昌班，成为宁夏财经职业技术学院实习实训基地。先后有200多人经过实习实训被推荐到区内各企事业单位工作，得到用人单位好评。

【社会责任】 充分利用自身的资源和优势，与兴庆区胜利街街道工会联合成立“工字号”创业永昌会计技能培训基地，向辖区下岗职工（农民工）、失业人员提供会计专业的考证培训及会计实账操作技能的培训等服务，促进和加强与辖区各企业的合作。

【服务社会】 2009年，注册成立宁夏永昌会计教育培训中心，依托宁夏永昌会计师事务所注册会计师团队，面向社会各界及高校会计专业学生，承办会计人员继续教育、会计电算化（初、中级）、会计从业资格证考证、职称考前培训，会计实账操作、企业年度所得税汇算清缴、企业财务人员培训，会计业务咨询及《会计证》年检，考证率高。

宁夏建设工程招标投标管理中心

【概况】 宁夏建设工程招标投标管理中心成立于1990年，隶属自治区住房和城乡建设厅管理，为正处级事业单位，编制13人，负责全区房屋建筑和市政基础设施项目招投标活动的监督和指导和区属工程项目的招投标监管工作，全区共设立19个招投标监管机构和11个建设工程交易中心；区内注册招标代理机构41家，外地进宁招标代理机构16家；建立全区统一的建设工程评标专家库，划分设计、监理、施工等十几个专业分库，评委人数超过1800人。近两年，全区各类房屋建筑和市政基础设施项目的年交易总额在300亿元左右。

【招投标监督员库】 印发《宁夏回族自治区房屋建筑和市政基础设施工程招标投标社会监督暂行办法》，在政府投资项目中，试行取消业主评委的评标办法，评标委员会成员全部从专家库中随机抽取产生，对政府和国有投资项目招投标活动实施监督和见证。

【招投标监管】 研发电子招投标系统，实现全过程电子化操作与管理。加强建设工程招投标信息网建设，向社会公布招标公告、预中标结果、企业不良行为等7大类近40项信息；利用计算机系统完成对投标文件和工程量清单的计算、比较、核对等工作；所有使用工程量清单招标的项目全部采用计算机辅助评标降低企业的投标成本；对评标专家库实施动态管理，抽取专家采取计算机随机抽取、语音自动通知、密信打印方式，有效预防专家名单泄密问题的发生。工程报建、招标、投标等事项实行网上办理。

【稽查执法】 招投标中开展廉政风险防范管理,进一步加大招投标稽查执法力度,实行建造师押证和招标代理人员挂牌上岗等制度。

【信用体系】 加强诚信信息收集和使用,逐步健全投标企业、招标代理机构和评标专家的信用信息库,全区1700多家建筑类企业全部实行"信用锁"管理。

宁夏正大资产评估有限公司

【概况】 宁夏正大资产评估有限公司位于兴庆区永康北巷159号5层,前身为宁夏正大会计师事务所(有限公司)资产评估部。根据财政部关于审计、评估业务分立的要求,经宁夏财政厅批准,宁夏正大会计师事务所资产评估部于2008年3月19日与原机构脱离,正式成立宁夏正大资产评估有限公司,注册资本100万元人民币,法定代表人曹翔宇,主要从事各类单项资产评估、企业整体评估以及市场所需的其他资产或者项目评估,有注册资产评估师11人,助理人员4人,行政人员2人。

中和资产评估有限公司宁夏瑞衡分公司

【概况】 中和资产评估有限公司宁夏瑞衡分公司的前身是宁夏瑞衡资产评估有限公司(原宁夏资产评估公司),1993年7月经宁夏财政厅批准成立并取得资产评估资格,1999年12月脱钩改制,是宁夏地区唯一一家具有从事证券、期货相关业务资格的综合性评估机构。2002年5月,经与北京、陕西等地四家机构联合组建了中宇资产评估有限责任公司,并在陕西、宁夏设立分公司。后变更为中和资产评估有限公司宁夏瑞衡分公司。该公司具有证券业务资产评估资格、矿业权评估资格、房地产估价一级资格及土地评估B级资格、司法鉴定评估资格等各项资质。有注册资产评估师23人。业务涉及建筑、房地产、机械、煤炭、冶金、铁路、公路、港口、电力、化工、石油、轻工、纺织、建材、农业、乳业、医药、商业、金融、证券、旅游等各个服务领域各种经济行为的资产评估。

宁夏恒信达信用担保有限公司

【概况】 宁夏恒信达信用担保有限公司位于兴庆区丽景北街218号,创建于2007年8月,是一家以汽车按揭贷款担保、中小企业及个人流动资金贷款担保和财产诉讼保全为主营业务的专业担保服务机构,注册资金4000万元人民币,法定代表人杨□飞,现有员工40余人,本科以上学历的占全体员工85%以上。公司设总经理,下设总经理助理、办公室、市场一部、市场二部、市场三部、市场四部、信贷一部、信贷二部、监管与保险部、车管部、诉讼保全部、财务部;成立以来,高标准、高质量、高效率完成担保业务总量达616笔,总计6328万元。

2010年7月31日,送清凉进警营慰问消防官兵

科技·教育

KEJI JIAOYU

科学技术

【概况】 2002年10月，城区科技局更名为兴庆区科技局。下设科技特派员创业行动协调领导小组办公室、知识产权办公室和地震办公室。十年来，兴庆区科学技术局认真贯彻执行区、市科技工作方针，在组织实施“科学兴庆”战略，推动兴庆区科技进步，推进科技成果向现实生产转化，促进科技与经济的密切结合，指导企业科技管理和各乡镇、各街道办事处的科技工作；组织兴庆区科技工作者开展科技服务、学术交流，科技宣传；开展知识产权法律、法规宣传、教育、培训、管理和指导专利代理、专利咨询、专利技术交易、知识产权涉外工作以及科学知识的普及、防震减灾等方面作了大量的工作。2006年兴庆区科技进步工作通过银川市考核。2009年~2010年，顺利通过全国科技进步考核。2010年，荣获国家技术市场协会三农科技服务金桥奖先进集体、全区县级防震减灾工作先进单位。

【局领导名录】

书 记：张 华(2006.01~2007.12)
杜学平(2007.12~2009.09)
梁景虎(2009.10~2010.12)

局 长：丁仁录(2001.01~2002.08)
叶 成(2002.08~2003.03)
张 华(2003.03~2007.12)
杜学平(2007.12~2009.09)
梁景虎(2009.09~2010.12)

副局长：黄明才(2001.01~2007.12)

【制定科技进步政策】 “十一五”期间，兴庆区科技局认真贯彻落实自治区、银川市人民政府制定的科技进步的政策、法规和意见。充分发挥科技领导小组、科普联席会议及区和乡(镇)、街道办事处、村(社区)四级科技组织的作用，形成党政一把手亲自抓，主管领导具体抓，各部门相互配合的格局。完成兴庆科技园建设总体规划、完善兴庆区人才建设规划、实施方案。制定《兴庆区科学技术进步奖励办法》《兴庆区科技特派员创业行动实施方案》《兴庆区科技特派员考核办法》、《兴庆区科学技术进步奖励实施细则》《兴庆区科技投入使用办法及科技计划项目立项程序》《兴庆区科技成果登记管理办法》《兴庆区科技计划项目管理办法》、《兴庆区科普五年发展规划》《关于加快建设银川兴庆科技园的实施意见》《兴庆区农业科技示范园区建设实施方案》等科技进步工作配套政策、措施。建立健全以市场为导向，以科技为支撑，以创新为动力，以制度为保障，以产业为目标的科技创新机制，确保科技工作的顺利进行。

【科技服务体系建设】 “十一五”期间，兴庆区科技工作加强两个体系建设，一是科技工作网络体系。建成并完善“四个平台”，即以农业科技示范园区为核心的现代农业平台，进一步提升兴庆区设施农业科技水平；以科技成果转化大厦为基础的科技中介服务平台，10余家科技开发服务机构、5名成果卓著的科技特派员进驻大厦开展创业活动；以《城乡结合部信息化技术研发与集成示范项目》为依托，不断完善和提升辖区电子政务、电子农务、教育信息化、社区信息化、制造业信息化工作；建立以社区居民、农村农民为对象的科学技术和科普服务平台，进一步增强基层科技服务功能。二是科技创新服务网络体系。根据(宁党办发[2008]40号文件精神，结合兴庆区机构改革方案，兴庆区共成立了农林、蔬菜、花卉、畜牧水产4个技术服务推广中心，蔬菜花卉、畜牧水产养殖 2 个区域中心站和 4 个乡镇农业技术推广服务中心，形成了区、乡(镇)、村队三级农业技术推广服务网络。与技术人员签订协议，技术人员工作重心下移，80%技术人员的工作时间在为乡镇农业服务。群众性的科技推广应用和科技普及工作也以点带面结合的方式开展。“十一五”期间，兴庆区共创建全国科技示范乡镇1家、自治区科普示范街道 2 家，银川市科普示范街道 4 家、市级科普文明社区63家。建立科技特派员示范基地10个，培养农村实用人才70名，科技示范户2000户，城乡结合部科技信息化示范点34个，建立“星

火科技学校2所、国家级农业科技专家大院1所，成立了以兴庆区花卉研究中心为代表的花卉、奶牛技术协会11家，农村专业合作经济组织21家。100%行政村有科技带头人，90%的党员干部掌握了2—3门实用技术，重点培养了一批科技示范户和科普宣传员。配合组织部大力实施了农村信息化建设与现代远程教育“村村通”工程。同时给部分村配置了电脑、数码相机和多媒体设备，使基层科技信息得到了显著提升。

【科技创新体制建设】 “十一五”期间，紧紧围绕区委、政府的“科教兴区”战略，牢固树立“大科技”意识，充分发挥兴庆区人才聚集优势，大力发展社会化农业科技服务组织，鼓励涉农企业、专业合作组织、科研院所、大中专毕业生、科技特派员、离退休农业科技人员在兴庆区创办、领办各种经营性科技服务企业。对其中具备能力的企业，在科技项目安排上与公益性机构相同。到2009年末，科技特派员领办的科技型龙头企业达17家，由科技致富带头人经营的农业合作经济组织和各类协会25家。以科技成果转化大厦为平台，成立了兴庆区科技园生产力促进中心、兴庆区农业科技110(12396)技术服务中心、科技特派员创业孵化基地、科技成果转化服务中心等组织。实施“小巨人”工程，重点培育宁夏卧龙变压器有限公司等6家企业为自主创新主体。实行优惠政策对企业科技创新给予扶持，对在兴庆区内认定的国家级、自治区级重点实验室、工程技术中心、企业技术中心给予10-15万元资金支持，每年安排5万元资金扶持发明专利和有前景的技术创新。辖区内科技型企业还相继成立了农林开发、花卉栽培、西瓜制种、乳制品、建材、数控机床、精密模具等企业技术中心，这些中心不但取得了一批科技成果，而且企业原始创新能力大大提升一步。

【科技投入】 2006年~2009年，兴庆区本级科技投入分别为230万元、255万元、310万元、380万元，增幅为10.9%、22.6%和22.6%。2010年兴庆区科技投入达435万元，比上年增幅达14.5%以上，年平均增幅在17.65%以上，此外“十一五”期间，还完善了多元化的科技资金投入机制，以企业自筹、银贷、专项资金、申报项目、民间资本投资等方式，增加科技投入。

【科研项目】 2006年~2010年8月，科技局通过对不同企业及项目的调研等形式，及时了解各项目进度与需要帮助协调处理的重大问题。五年来共组织申报国家、自治区、银川市各项科研、攻关、开发项目科技项目471项，争取立项175项，资金2426.4万元。其中申报国家项目32项，争取立项11项，资金1005万元(富民强县，小城镇建设，科技示范镇，国家科技支撑项目，成果转化等11个项目)；申报自治区科研、攻关、开发等项目169项，争取立项44项，资金721万元；申报银川市科技攻关、开发项目224项，争取立项74项，争取资金601.9万元；争取自治区科技特派员项目22项，资金54.5万元；银川市科特派项目24项，资金44万元。获得自治区、银川市科技进步奖26项，取得较显著的成绩。2010年，把企业自主创新和科技成果转化作为重点，着力推进科技成果的转化和各类项目的申报，增强科技支撑能力，积极协调相关部门、企业、特派员申报国家、自治区、银川市各类科技项目106项，截止2010年11月12日，已审批立项55项，争取资金567.5万元。

【国家级科技项目】 2008年，宁夏中青农业科技有限公司承担《畜禽粪便生化处理生产生态型育苗和栽培基质产业化示范》；兴庆区现代农业示范园承担《兴庆区现代化农业示范园区信息化管理系统建设》。

2009年，编写畜禽粪便生化处理生产生态型育苗和栽培基质产业化示范实施方案，项目被财政部、科技部立项，争取到项目资金50万元；申报中央财政促进服务业发展项目兴庆区现代农业示范园区信息化管理系统建设，争取资金20万元。

2010年，1、国家科技成果转化项目《畜禽粪便生化处理生产生态型育苗和栽培基质产业化示范》、《宁夏有机枸杞生产关键技术示范应用》通过国家科技项目审批立项，到位资金100万元。2、国家星火计划项目《都市农业综合配套技术集成示范》审批立项，到位资金50万元、《宁夏园艺产业创业服务平台建设》通过国家星火计划项目审批立项，到位资金40万元。3、科技人员进入企业项目《特色苗木花卉快繁技术集成与推广》通过审批立项，争取资金25万元；国家科技支撑项目申报1项，《城乡结合部信息化技术研发与集成示范》通过国家科技支撑项目审批立项，到位资金38万元。

【自治区级科技项目】 2008年，宁夏昆仑农业科技开发有限公司承担《现代设施农业综合配套技术集成示范与推广》，宁夏周景世荣进出口有限公司承担《西北干旱地区在月季繁育及栽培技术应用与示范》，宁夏广勤养殖实业有限公司承担《三角帆蚌繁育和珍珠培育蚌鱼混养技术示范》，宁夏绿博种子有限公司承担《玉珠新品种宁单13(LB-15)的示范推广及产业化》，银川亚盛农业工程技术研究中心承担《高产奶牛性控快繁技术成果转化》，银川巴格斯葡萄酒庄承担《贺兰山东麓酒庄葡萄园优质高效示范》，银川宏伟蔬菜果品专业合作社承担《宁夏设施绿色蔬菜标准化生产技术示范》，银川金马畜禽养殖专业合作社承担《优质杂交肉牛标准化补饲技术中试生产示范》。

2009年，争取自治区科技厅、市科技局评审立项的科技发展和科技兴农项目22项，到位资金152万元。项目取得了较好的成效。建立了自治区级科技特派员示范基地5个。引导科技人员、特派员和各企业引进新品种70个，其中花卉品种51个，蔬菜品种15个，瓜果品种4个；引进新技术11项，带动项目区增收5600万元，使项目区农民人均增收1626元，基本实现了“农业增效、农民增收”的目的。

2010年，审报自治区科技成果转化项目12项，审批立项8项，争取资金110万元；申报科技攻关项目22个，审批立项4个，争取资金55万元；申报国际合作计划项目2项，审批立项1个，争取资金17万元；申报自治区财政厅信息化项目1个，审批立项1项，争取资金20万元；申报科特派项目15项，审批立项11项，争取资金12.5万元。

【市级科技项目】 2010年，申报银川市科技开发攻关项目31项，立项审批16项，争取资金46万元；申报知识产权项目6项，审批立项3项，争取资金15万元；申报科特派项目7项，审批立项6项，争取资金15万元。

【课题研究】 科技富民专项行动计划和星火计划“都市农业综合配套技术集成示范”项目是国家科技部、财政部为推动县域经济发展，依靠科技促进农民增收的重大项目，2009年是项目实施的最后一年，为确保项目顺利实施并通过验收，科技局作为牵头单位，认真做好组织协调工作，建立目标责任管理考核体系，根据项目总体目标和任务，明确部门工作职责，细化项目任务分工，对项目实施，资金管理等工作进行监督指导，全力做好验收准备工作。

【科技成果】 2007年，宁夏周景世荣进出口有限公司承担的《设施鲜切花关键生产技术集成研究与示范》获自治区科学技术进步三等奖。

2010年，加强知识产权工作，整合辖区农业科学技术推广队伍，发挥高层次人才优势，组织水产、畜牧、园林等95名技术人员与科研院所合作编制了宁夏地区花卉栽培技术地方标准，“康乃馨6007、菊花6008”两个地方栽培技术标准，荣获自治区科技进步三等奖。

【信息化建设】 十一五”期间，围绕建设“数字银川”目标，在继续提高政府系统运行效率，推动经济社会发展的同时。积极开展“城乡结合部信息服务试点工作”，进一步完善农业科技信息服务平台建设，加快推进网络电视入户工程，实现各类涉农信息资源整合共享，不断提高教育信息化及装备水平，使教育信息化覆盖率达100%，远程教育网达标率达98.5%，实现了每个行政村都有信息点的目标。大力实施文明生态工程，加大了污染治理力度，积极推广汽车清洁能源计划，辖区空气质量二级及好于二级的天数达到339天，工业废水排放达标率达95%。加强水源地建设和保护工作，规范了畜禽养殖区，大力推广有机肥使用，配合农牧局建立沼气示范户1800家，建设无公害农产品基地5.8万亩。通过以上措施，兴庆区科技创新环境得到进一步优化。2009年，兴庆区作为国家科技支撑计划《城乡结合部信息化技术与集成示范》项目示范区，建立健全区、乡、村、队四级科技推广信息网络，建立乡村信息技术服务站44个，以大新镇、掌政镇为重点建立30个示范点，确定周景世荣花卉公司、天地缘花卉公司和昆仑农业科技开发有限公司为典型示范点；建立农业信息化示范推广服务平台5个，制作设施蔬菜无公害生产技术专题课件10个，开通蔬菜科技服务110服务咨询中心，为3个农业科技示范园区制作电子显示屏。2010年，为了推进城乡结合部农村信息化建设，多方争取215.5万元资金，在4个园区制作了向外发布信息的LED电子屏，为20多个信息点添置电脑、打印机等硬件设备，完成村村通宽带、村村有科技信息服务站的信息化基础工程。通过“技术＋物质＋信息”三合一的农村信息化应用模式，实现了科技人员和企业、农户的有机结合，为农户及时提供农业政策、专家指导、实用技术、市场信息等相关信息服务，以信息化带动农村相关产业的发展，完善了农村管理和公共服务功能，顺利通过国家科技部的验收。

【绿色能源建设】 2010年，深入贯彻自治区党委、政府打造“黄河金岸，塞上明珠”的重大战略决策，实现节能减排目标，充分发挥太阳能绿色科技能源在特色小城镇建设中的应用和示范作用。制定项目实施方案，在兴庆区范围内公开征集项目申报企业，经过多方考察选定了具有一定科研技术能力的太阳能热水器和太阳能照明生产企业，组织编写《兴庆区推进掌政“特色小城镇”太阳能技术的引进、示范、推广》项目书，并作为2011年银川市科技开发类项目完成立项。

【农村实用技术培训】 2009制作科技宣传栏16个，建立城乡信息化示范点30个。全年培训下岗职工、农民和失地农民32000人次，培训技术人员、特派员520人次，顺利通过区、市科技特派员目标责任制的考核验收。

2010年，以科技活动周、科技“三下乡”、科普宣传日和知识产权宣传日为契机，赠送乡镇科技书籍3.5万册，赠送区域内农民和市民各种实用蔬菜、花卉种植等科技书籍和音箱制品5.6万册(盘)；围绕花卉特色产业，投资3万余元在大新镇新渠梢村花卉园区制作广播系统，邀请国内外专家利用LED电子显示屏信息直通载体，实施科技特派员、农民技术员培训工程，加快农业科技进村入户、农民吸纳现代科技能力和农业科技成果普及转化的步伐；举办培训13期，培训农民16300人次、示范户121户、农业科技人员148人次、科技特派员198人次。

【科技兴花】 2010年，加强对设施花卉品种的引进和基础实施的改造，引进鲜切花种苗690.5万株，其中玫瑰48万株，康乃馨420万株，红掌50万株，蝴蝶兰52万株，非洲菊100万株，天堂鸟5000株，八仙花20万株。引进实施了一批具有高科技含量的现代设施农业工程技术，改造10栋以鲜切花生产为主的温室配套设备，加装了采暖设备、钢架雾化系统、排湿降温系统、水质改良系统，采用基质栽培、无土栽培技术，生产高档盆花，保证了节日供应，为园区特色产业的发展起到了助推器作用。

【防震减灾演练宣传】 2006年11月18日，在银川二中、兴庆区第三小学举办防震观摩演习。

2007年，银川市地震局制定《银川地震应急避难场所建设实施方案》，确立兴庆区中山公园应急避难场所试点，制作场地分布图，制定应急避难场所建设要求和疏散方案。10月，首届银川市社区地震应急演习在兴庆区凤凰北街兴隆社区举行。

2009年，根据兴庆区实际情况，进一步完善了兴庆区地震应急预案，制定《兴庆区防震减灾工作实施意见》。在“5.12防灾减灾日”活动中，向群众发放《地震防灾避险知识》3万册，各类宣传单5万张。举办社区(家庭)防震减灾知识竞赛，选出参赛选手参加了自治区、银川市防震减灾知识竞赛，分别取得了第一、第二名的好成绩。

2010年，制定《兴庆区地震应急预案》《兴庆区防震应急物资储备工作方案》，明确兴庆区防震抗震程序及各成员单位职责。以科技活动周、全国防震减灾日和党员奉献日为契机，组织编印《地震防灾避险知识“读本”》、防震减灾知识宣传单等宣传资料3万余册，发给社区居民，向两乡两镇发放《农村防震避险知识》书籍3万余册；利用政府办公楼广播站，开展为期1月的“防震知识每月一刻钟”广播宣传活动，制作图文并茂、简明易懂的防震抗震知识展板，在政府机关、街道、社区巡回展出；制定《兴庆区地震应急预案和兴庆区防震应急物资储备工作方案》，明确兴庆区防震抗震程序及各成员单位职责；开展兴庆区两乡两镇及两个涉农街道办事处6只代表队《农村防震避险知识》竞赛活动；举办兴庆区防震减灾知识讲座；加强对“两员”的地震知识培训，提高防震预报能力；“5·12防震减灾日”和8月4日，组织兴庆区政府机关工作人员开展大型防震演练活动，提高干部职工的防震意识、自救互救能力和机关应对地震的组织指挥和协调处置能力。

【科技特派员】 2006年10月19日，自治区科特办对兴庆区科技特派员工作进行检查验收；11月16－17日，科技局举办科技特派员暨蔬菜花卉科技培训班。“十一五”期间，兴庆区科技局紧紧围绕设施农业，奶产业等主导产业，立于足项目带动，突出科技创业的模式，将科技特派员创业行动作为推动产业优化升级的重要手段。坚持“公司＋合作社＋农户”创业模式，对科技特派员实行动态管理。鼓励科技特派员开展科技创业，充分发挥市场的导向作用和金融机构的推动作用，在农民增收上狠下功夫，使科技与农民建起了直接沟通的桥梁。同时，不断优化利益分配机制，实现了农民与科技特派员的双赢。2009年，根据创业和项目实施情况，对科技特派员队伍进行调整，将一批能够以技术为依托，真正带动农户增收的创业者吸收到特派员队伍当中，使科技特派员人数由2008年的104名增加到112名。为进一步提高科技特派员的创业能力，科技局采用面授、网络、实地考察观摩等多种形式对特派员进行培训。进一步落实科技特派员创业行动政策，加大支持力度，加强管理，完善考核和评估制度，促使科技特派员创业行动深入发展。截止2009年底，共有115名科技特派员分别活跃在32个行政村，从事设施园艺、畜禽养殖、粮食生产加工等方面的科技创业。创业内容涉及技术咨询、农产品销售和信息服务，有力地带动了当地经济发展和产业水平提高。五年来，科技特派员累计推广新品种108个，示范应用新技术64项，累计经济效益5265万元；还辐射带动农户7849户，实现户均增收257元。在发挥科技特派员技术优势方面，积极开展农民技术培训，举办各类培训班约846场次，培训农民约82400人，发放各类技术资料约10万份。有力地促进了新型农民的培养工作。科技特派员创业行动的示范带动作用，极大调动了广大科技人员的积极性，增强了其为农民进行科技服务的自觉性，为兴庆区农业科技水平的进一步提高奠定了坚实基础。

2010年5月14日，科技局、玉皇阁北街办事处举办防震减灾知识竞赛

2010年，继续完善科技特派员管理制度，深入开展科技特派员创业活动，选派38名具有专业技术特长的人员服务有特色的产业，加大“科技特派员创业行动”活动的实施力度，巩固和发展10个科技特派员发展创业基地。

【科技示范园区建设】 “十一五”期间，

兴庆区科技局以“科技是第一生产力和“科教兴区”为指导思想，高度重视科技示范园区建设，依托各类科技园区，在工业、农业、商贸物流等特色产业方面形成了一批创新能力强的科技型企业，使产业结构进一步优化升级。

在兴庆科技园，卧龙变压器股份有限公司开发成功新型节能220KV电力机车牵引变压器，实现销售收入过亿元；恒兴机械厂建成了区域性激光模具加工中心；大河数控机床有限公司开发成功的双交换工作台卧式加工中心获银川市科技创新二等奖；宁夏建材研究院拥有自主知识产权的石膏生产技术达到国内领先水平；汇成科技有限公司承担的中小企业创新基金“三维服装型号决策系统”项目，被国内多家企业应用。

大力发展设施蔬菜、花卉、奶产业等优势特色产业，并持续加快科技示范园区建设步伐，以此推动辖区现代都市农业发展进程。形成了自治区、银川市、兴庆区三级农业科技示范园区21个，其中“千亩万间”设施蔬菜科技示范园区5家、500头以上奶牛养殖科技示范园8家、花卉科技示范园4家、生态休闲观光示范园7家。这些园区的建设，极大促进了兴庆区农业产业优化升级，为农民增收奠定了坚实的基础。

在商贸物流建设方面，完善了北环蔬菜批发市场电子结算系统，提高了蔬菜批发交易速度，年交易额达到2.8亿元。昆仑建材市场使用信息化管理系统，提高了企业管理水平，建材年交易量达到30万吨。此外，金河乳业、夏进乳业建成企业产品开发中心，推出了一批适销对路的乳制品，进一步增强了企业在市场中的竞争能力。

【产学研自主创新】 “十一五”期间，兴庆区充分利用人才聚集、信息发达的优势，积极引导辖区企业与区内外大专院校、科研院所等优势科技资源，建立产学研联合体，加快科技成果转化和产业化进程。从2007年开始，为促进花卉这一新型产业的发展，分别引进昆明杨月季园艺有限责任公司开发花卉技术研究和示范，引进莫尔海姆(北京)园艺科技有限公司与宁夏周景世荣进出口有限公司在切花月季新品种引进、繁育技术、切花外销等方面开展长期合作，解决了切花月季种苗不能自给的问题，建立花卉工程技术中心、花卉技术研究所，促进了兴庆区花卉产业的发展。在奶产业方面，兴庆区奶牛养殖园区与宁夏农林科学院密切合作，进行奶牛性别控制繁育技术、全混合日粮饲喂技术、奶牛专用饲料开发等项目的示范推广。宁夏中青农业科技有限公司利用兴庆区丰富的畜禽粪便和农作物秸秆资源，通过转化中国农业大学生化处理技术，自主开发出了设施农业继续的育苗基地和栽培基地，取得国家发明专利1项，制定省级标准1项。西北轻工科技大学和金河乳业联合开展了活性乳制品的开发。在设施蔬菜产业方面，宁夏大学农学院在兴庆区掌政现代农业园区建立设施蔬菜教学科研基地，实施自治区“8613”项目、“温室名特优蔬菜引进及无公害生产技术” 等科研课题，为宁夏大学培养硕士毕业生6名，本科毕业生63名；制定绿色食品蔬菜标准5项，培训农民8500人次，使90名农村实用人才初级专业技术资格证书，200名科技示范户通过培训取得了国家职业技能证书。同时，与宁夏大学农学院、自治区农技推广总站、中国农科院蔬菜花卉所上海农科院等高层次技术人员签订合作协议。从科技特派员为主体，联合辖区内蔬菜、花卉龙头企业组建兴庆区农业科技专家大院和星火计划培训学校，推广了一大批蔬菜花卉新技术。与西安建筑科技大学研究院联合实施国家科技支撑项目——西北生态民居小康村示范(塞上农民新居)，并与中国农科院、宁夏农科院合作开展农业立体污染综合防治技术研究，推动了社会主义新农村建设。

【科技宣传】 2006年1月11日，科技局全体干部来到掌政镇镇河村文明生态文化大院，参加兴庆区组织的“三下乡”活动；1月18日，到月牙湖乡组织开展“三下乡”活动，帮助农民增收致富；5月20日，宁夏科技活动周在宁夏科技馆开幕，活动周的主题是“携手建设创新型国家”；9月18日，科普宣传栏揭碑仪式在掌政镇茂盛村举行，揭开自治区“千村科普站”栏建设工程的序幕。

【科技“110”】 2006年9月8日，科技局在掌政镇、大新镇建成自治区科技“110”兴庆区工作站。

防震减灾

【抗震设防管理】 10年来，银川市地震局按照自治区人民政府58号令的要求，先后对第四污水处理厂、消防指挥中心和医学院教学楼等126项建设工程完成地震安全性评价工作，对不依法进行地震安全性评价的建设工程进行立案处罚，完成抗震设防要求确认848项 。

【综合观测基地建设】 2001年，银川市地震局利用村队养牛、养鸡、养猪、养鱼大户，组建动物地震宏观点，在宏观观测方面优化品种，观测动物品种增加两栖、水生、野生观测动物，进一步扩大观测点的覆盖面和观测数据的收集范围，提高对观测资料的分析研究及地震预报水平。

2007年，申报国家级防震减灾科普教育基地，积极争取国家地震局资金支持，将地震综合观测基地建成地震观测、科普教育、地震科学示范试验和应急队伍培训四位一体、微宏观观测和科普教育并重、全区种类最全的地震科普教育基地，该项目已纳入国家防震减灾“十一五”规划。

2009年，银川市地震综合观测基地纳入国家级防震减灾科普教育基地。

【课题研究】 2005年，作为全国示范项目，银川地区活动断层探测及地震危险性分析课题得到国家发改委和国家地震局的立项批复。该项目总投资760.8万元，其中国家发改委和国家地震局拨款300万元，自治区人民政府拨款160.8万元。

2007年，完成银川地区活断层探测及地震危险性评价课题，10月份，国家地震局验收组对银川市活断层探测与地震危险性评价项目进行验收，被评为优质工程，成果已应用于银川市城市规划。

【应急演习】 10年来，银川市扎实推进地震应急演练，全面提升应急逃生知识和技能，先后有60多个市直机关，406个学校、医院、商场，172个城市社区、居委会，57个乡镇参加地震应急演练活动，演练拉动应急抢险队伍12支，出动车辆近百辆，参与人数达130万人。

2006年，市教育局联合下发《关于在银川市中小学开展地震应急演习活动的通知》，兴庆区第三小学、银川市第二中学、银川市第二十四中学等中小学举行地震应急演习和地震应急观摩示范演习。

2007年10月，首届银川市社区地震应急演习在兴庆区凤凰北街兴隆社区举行。

2008年，宁夏大学、宁夏生态工程学院等单位先后举行地震应急演习，自治区政府领导以及自治区、银川市防震减灾领导小组成员单位领导等近200人参加观摩。

2009年5月，成立银川市第一支预备役抗震救援分队；5月12日14时28分警报响起，银川市行政中心1400余名干部就地躲避，在4分钟左右全部撤离到空旷地带，疏散演练结束后，市四套班子领导和全体干部职工向汶川地震中死难的同胞默哀。

【微观观测项目建设】 2001年，银川市财政投入77万元，建立银川市地震监测预报预防中心。

2005年，银川市地震局与宁夏地矿厅地质调查院联姻，将该院新配置的日本新进口水位探测仪用于黄羊滩观测井，通过电子邮件交换资料，保证观测数据的连续使用；贺兰通义井正式投入观测，填补银川地区地下水动态观测网在银川西北方向上的空白，观测点布局更加趋于合理。

2006年，结合活断层探测课题成果，确定在灵武市梧桐树乡安装电磁波观测项目。

2007年，经过现场勘察、技术测试和调研论证后，在贺兰县建设重点微观（电磁波）观测项目，完成灵武市电磁波仪器的安装调试。

2008年6月，开通银川市地震局门户网站，并投入试运行。

【应急避难场所】 2007年，制定《银川地震应急避难场所建设实施方案》，确立中山公园、人民广场两个试点，制作场地分布图，制定应急避难场所建设要求和疏散方案。

2009年8月，银川市确定2个中心避难场所、10个固定避难场所和3个紧急避难场所在内的15个避难场所，积极督导落实首批竖立应急避难场所主标志牌的场所和责任单位。

【地震监测预报】 2001年6月18日22时55分发生3.7级地震，银川市震感强烈，银川市地震局及时将获得地震基本参数向市领导和新闻媒体通报。

2005年，完成前兆观测资料的日常收集、分析、整理，地震异常的调查核实以及异常落实报告的编写工作。

2006年，增添先进仪器设备，大力改进监测预报手段，提高监测预报能力，6个地下水观测点全部实行遥测观测，在国内处于领先水平的电磁波、地热仪、测汞仪全年均正常运转，资料连续可靠，利用网络技术，对微观变化进行实时跟踪，提高地震观测数据的时效性。

教育

【概况】 兴庆区教育局是兴庆区人民政府主管教育的工作部门。其前身是城区教育局。2002年11月，银川市区划调整，兴庆区成立，城区教育局改为兴庆区教育局，自区划调整以来，兴庆区教育格局由单一的城市小学教育体系转变为城乡一体、九年义务教育体系完备、学校数量众多的大教育格局，下辖1所高级中学，两所九年一贯制学校，11所初级中学，46所小学，4所公办幼儿园、1所特殊学校、已审批的各类民办教育机构71所；至2010年，经过新建、撤并，兴庆区直属公办中小学60所，公办幼儿园4所，民办小学2所，公办学校中高中1所、初中11所（城市7所，农村4所、其中九年一贯制学校2所）、小学47所（城市28所，农村19所），特殊教育学校1所；所属中小学（含民办）、公办幼儿园在校学生62270人，在职教职工3028人。

【局领导名录】

局　长：马淑寅（2001.01～2003.02）
　　　　王彦龙（2003.02～2005.12）
　　　　武俊华（2005.12～2007.12）
　　　　刘胜林（2009.01～2010.12）
副局长：张　华（2001.01～2003.02）
　　　　潘国仁（2001.01～2003.02）
　　　　张梅丽（2001.01～2005.02）
　　　　袁　辉（2003.02～2005.02；
　　　　　　　　2009.01～2010.12）
　　　　虎　峰（2005.02～2010.12）
　　　　康　莉（2005.02～2008.12）

【教育资源整合优化】 2002年区划调整以来，面对区划调整后面临的城乡学校并存，小学、中学、幼儿园并存的新的教育形势，兴庆区制定《关于加快教育改革与发展的意见》《兴庆区教育发展“十一五”规划》，推动兴庆区教育改革与发展。2001年～2002年11月，城区教育局下辖21所小学、2所公办幼儿园；2002年11月，兴庆区教育局下辖1所高级中学，两所九年一贯制学校，11所初级中学，46所小学，4所公办幼儿园、1所特殊学校、已审批的各类民办教育机构71所；2003年～2005年，先后筹措资金1.5亿多元，通过迁建、扩建、新建、撤并等途径，对近30所学校进行布局调整。其中，2003年，迁建兴庆区上前城小学，翻建兴庆区碱富桥小学，2004迁建、新建兴庆区通西小学、通北小学、大塘中心小学综合教学楼、月牙湖回民中学综合实验楼、银川市第十二中学，北塔小学、十一小学教学楼建设工程，2005年，兴庆区第三小学与兴庆区第八小学合并，原八小为三小的西校区；2006年制定《银川市兴庆区中小学、幼儿园布局结构调整与资源整合工作实施方案》《2006—2020年中小学布局调整规划意见》，将原银川市第四中学和银川市第十五中学整合，组建银川市第十五中学；碱富桥小学、永南小学和永固小学合并成碱富桥小学；原兴庆区北塔回民小学异地迁建并入兴庆区唐徕回民小学，成为唐徕回民小学北塔分校；2008年，原五渡桥小学、洼路小学和孔雀小学合并，组建成立掌政中心小学；2009年，银川市第五中学撤并分流到银川市第三中学和银川市回民中学；2006年~2009年先后对横城小学、燕鸽小学、春林小学进行翻建，完成十一小学、唐小、大塘中心小学、月牙湖回民中学、满春中学、掌政中学、兴庆回中、银川高级中学、三中的扩建工程；完成二小、银川回中迁建工程和掌政中心小学、二十三小、二十四小、二十五小、银川市特育中心、通贵乡中心幼儿园、掌政镇中心幼儿园新建工程；启动燕鸽学校新建、二十中扩建、十九小和十五中迁建工程；2009年兴庆区二十四小在满春康居小区内建成（又名新公民学校），兴庆区二十五小在银川一中以东建成；2010年，原由兴庆区管理的银川高级中学和育智学校移交银川市教育局管理；银川市兴庆区第二十三小学在丽景湖公园东侧建成。截止2010年，兴庆区两所九年一贯制学校和9所初级中学分别是银川市兴庆区掌政中学、银川市兴庆区月牙湖回民中学和银川市第三中学、银川市第十中学、银川市第十二中学、银川市第十五中学、银川市回民中学、银川市第二十中学、银川市兴庆区满春中学、银川市兴庆区大新中学、银川市兴庆区回民中学。47所小学，其中城市小学25所，它们是银川市兴庆区第一回民小学、银川市兴庆区第二回民小学、银川市兴庆区第三回民小学、银川市兴庆区第二小学、银川市兴庆区第三小学、银川市兴庆区第四小学、银川市兴庆区第五小学、银川市兴庆区第六小学、银川市兴庆区第七小学、银川市兴庆区第十一小学、银川市兴庆区第十二小学、银川市兴庆区景岳小学、银川市兴庆区第十五小学、银川市兴庆区第十六小学、银川市兴庆区第十八小学、银川市兴庆区第十九小学、银川市兴庆区海宝逸夫小学、银川市兴庆区第二十二小学、银川市兴庆区唐徕回民小学、银川市兴庆区第二十三小学、银川市兴庆区第二十四小学、银川市兴庆区第二十五小学、银川市兴庆区民乐小学、银川市兴庆区友爱小学、银川市兴庆区高台逸夫小学；农村小学22所，它们是银川市兴庆区双庄小学、银川市兴庆区八里桥小学、银川市兴庆区满春小学，银川市兴庆区燕鸽小学、银川市兴庆区塔桥小学、银川市兴庆区上前城小学、银川市兴庆区新水桥回民小学、银川市兴庆区新渠稍小学，银川市兴庆区官湖小学、银川市兴庆区掌政中心小学、银川市兴庆区碱富桥小学、银川市兴庆区春林小学、银川市兴庆区镇河小学、银川市兴庆区横城小学，银川市兴庆区司家桥小学、银川市兴庆区张桂英希望小学、银川市兴庆区通北回民小学、银川市兴庆区通西回民小学、银川市兴庆区通南回民小学，银川市兴庆区大塘中心小学、银川市兴庆区海军希望小学、银川市兴庆区牧场小学。

【教育主题年】 根据区划后教育格局的巨大变化和发展实际，兴庆区教育局采取确立突破点的策略，全面提升工作质量与效益。将2003年确定为“教育稳定年”，2004年作为“教育质量年”，2005年作为“师德建设年”，2006年定为“校本教研制度建设年”，2007年定为“教育管理年”，2008年定为“校园文化建设年”，2009年定为“学校综合管理质量提升年”，2010年定为“特色学校建设年”。通过确定主题年的方式，兴庆区教育每年都有一个突破，教育影响力、竞争力和带动力明显增强。

【教学管理】 制定《兴庆区中小学校长工作考核评估暂行办法》、《兴庆区中小学教学常规》制度和管理措施，有效地规范了兴庆区教育系统发展教育的思想和行为，规范了学校的管理，促进了教育教学质量的提高。为大力推进新课程改革，提高教学质量，十年来，兴庆区教育局制定并实施切实可行的措施：一是依照《校长评估考核实施细则》，落实校长作为教学质量管理第一责任人的制度。二是制定并实施《兴庆区中小学生学业质量监测实施意见》，加强对学生学业水平的检测。三是按照《兴庆区中小学教学工作常规》，加强对学校日常教学工作的检查和督促，定期对学校的教学工作进行评估考核。四是抓好两期课堂质量工程。从2001年开始，兴庆区启动了课堂质量工程，对所有教师的教学普遍进行调研、评价、指导、服务、交流、研讨等，并分别予以达标认定。同时开展新课程改革培训、课程改革经验交流、课题成果现场会等活动，全面提高了中小学课堂教学质量、效益。五是加强校本教研制度建设。2004年制定《兴庆区教育局校本教研工作计划》《兴庆区教育局校本教研制度建设实施意见》，在中小学建立校本教研网络、培训制度、检查制度、交流制度、反馈制度和督导评估制度，充分发挥了教研员、兼职教研员、学校教研组长的作用，发挥校本教研为课堂教学服务和为提升教师素质服务的功能。兴庆区被确定为全国84个校本教研制度建设基地县（区）之一。六是建立“学校分管教学领导主题学习日”制度。教育局每月确定一个教研主题，召集各学校分管教学工作的校（园）长进行研讨。七是制定《兴庆区教育局机关干部听课制度》，定期安排教育局机关工作人员到校听课。八是加大城乡教学互访力度。兴庆区城乡教育发展不平衡，区划调整以来，有城市中

学8所、农村中学5所、城市小学24所、农村小学27所，兴庆区教育局以课改为动力，组织“城乡中小学新课程互动式课堂教学观摩研讨活动”、“主管教学领导的评课活动”等教学研讨观摩活动，加大城乡教学互访力度，推动了农村课改和课堂教学质量工程的发展。2003～2005年，教研室组织大型送课送教活动105次，教研员深入城乡中小学进行教学做课98节，城乡中小学“手拉手教学互访活动”每学期1至4次。

【领导班子建设】 从2003年起，兴庆区开始对各中小学、幼儿园领导班子进行全面考核和调整，面向全自治区公开选拔11名业务能力强、教育教学理念新、富有创造力和改革精神的中小学、幼儿园校(园)长。10年来，通过提拔、交流、免职等措施共调整200余名领导干部，全面加强城乡学校教育教学管理力量。

【优质教育资源共享行动】 2006年，兴庆区教育局制定《银川市兴庆区优质教育资源共享计划》，围绕资源共享，均衡发展，实施了三项重点工程。一是城市示范学校带动工程。成立由示范性学校牵头，其他学校参与的优质教育资源共享行动小组，开展共建活动。二是农村中小学现代远程教育工程。远程教育设施覆盖所有农村中小学，应用远程教育的优质资源为提高农村学校教育教学质量服务。三是“城乡学校手拉手共发展”工程。让每一所城市学校都与一所农村学校结成对子，通过“领导互派挂职、经验交流、送课下乡、师资代培、捐赠教学设备、学生结对帮扶”等形式开展活动，促进农村学校的发展。与此同时，还加强了校级领导干部之间的交流。从2005年开始，先后从城市学校选拔16名年轻有为的校级领导干部，派往农村中小学担任学校领导。2008年在实施三项重点工程的基础上，教育局又制定了《关于深化“优质教育资源共享行动计划”开展学校联合发展试点工作实施方案》和《银川市兴庆区学校联合发展“共同体”工作规程》，确定首批“城市＋城市”合作发展、“城市＋农村”捆绑发展学校，采用学校轮动、主会场轮换、确定主题强化优势的形式，实现学校间从教育教学、道德建设、校园文化建设、教育管理等方面多元化交流和互动，从而达到共同促进，共同提高的目的。2009年，进一步扩大学校联合发展试点工作范围，增加了2个共同发展小组，对试点工作先进集体进行资金奖励。

【教育督导制度】 区划调整以后，兴庆区政府正式明确教育督导室的编制，配备3名专职督学，搭建起督导班子，依据督学条件，从20多名人大、政协干部、在任知名校长以及退休的老教师、老校长中遴选出10名优秀者，选聘为兴庆区人民政府兼职督学。2003年，启动中小学办学水平督导评估工作；2004年，推进“两基”实施素质教育督导评估工作；2005年，银川市人民政府对兴庆区人民政府的教育督导评估为优秀；2006年以来，兴庆区教育督导工作进一步完善，每年都组织督学对教育行政部门、学校及乡镇人民政府的教育工作进行监督、检查、评估、指导，制定并完善教育督导评估方案，开展教育督导评估活动。

【教科研课题研究】 2003年，兴庆区启动教科研课题研究工作，召开兴庆区教科研课题申报立项培训研讨会，组织部分学校教科研骨干参加自治区的课题研究培训班。十年来，兴庆区中小学、幼儿园市级以上课题立项187项，其中有国家级课题《农村薄弱中小学大面积提高教育质量和效益的实证研究》、宁夏教育厅教育科学规划重点课题《给予新课程实施的中小学教科研模式与机制研究》等。

【治理乱收费】 从2006年春季开学起，兴庆区严格按照规定标准，对生均公用经费进行调整，认真推进义务教育经费保障机制，全部免除义务教育阶段学杂费，取消借读费；教育局专设信访办公室，成立纪检小组，办理来信来访；严格执行《关于加强师德建设的实施意见》和《兴庆区中小学教师教育行为十条规定》，开展经常性的督查工作。

【考试组织】 10年来，兴庆区教育局加强成人高考和普通高校招生考试的组织领导和招考队伍建设，完善招考工作机制，贯彻招生考试工作的各项政策规定，确保国家教育统一考试平稳顺利进行；每年的小学升初中的招生，做到划分学片合理，招录严格，工作细致，服务到位，程序公开，顺利完成历年的初中招生工作。

【支教工作】 兴庆区(城区)教育系统的支教工作启动于2000年，2001年至2004年的支教地点是海原县镇旗、驼烈、九彩3个乡镇，每年安排15名支教老师，资助课桌、图书、教学器材、衣服、煤、教师医药费等物资经费；从2005年到2010年，兴庆区教育局主要支教地点是西吉县偏城和硝河两个乡，每年安排支教老师20名，捐助电脑、课桌、图书、教学器材、学习用品、衣服等物品。

【师资队伍建设】 兴庆区学校补充教师实行“凡进必考”。2003年，面向全自治区公开选拔9名示范性中小学、幼儿园校(园)长，实行年薪制；调整中小学、幼儿园领导班子，聘任106名综合素质好的干部走上学校领导岗位；2003年至2005年，面向社会公开招考中小学、幼儿园教师，择优录用242名。

2005年，制定《兴庆区2005—2007年骨干教师队伍培养实施意见》《兴庆区骨干教师队伍培养实施意见》，用5年时间培养骨干教师500名，形成从兴庆区级、市级、自治区级、国家级骨干教师到特级教师的宝塔型结构，政府每年拿出20万元用于骨干教师的培训，通过培训提高骨干教师的素质，增强辐射带动能力，建立科学、规范的教师职业道德和业务素质考核细则，严格教师队伍的管理。2005年–2007年，通过3年的时间，选培500名中小学骨干教师和学科带头人，其中兴庆区本级培训300名，市级培训120名，自治区级培训70名，国家级培训10名；逐年落实培训指标，基本形成从区级、市级、自治区级、国家级骨干教师到特级教师的梯次结构。

2006年，争取到中央西部特岗教师计划支持，选拔58名优秀大学毕业生充实到农村中学任教。

2007年~2010年，按照“学科补充教师，凡进必考”的原则，继续采取面向社会公开招聘（由自治区人事厅组织）、争取国家特岗教师计划等办法增补教师372名。

2010年末，兴庆区在职教职工3028人，其中特级教师3人，国家级骨干教师5名，自治区级骨干教师培养对象64名，市级骨干教师培养对象307名，兴庆区级骨干教师培养对象300名。

【体制改革】 2003年，实行定期评估考核制、校长聘任制、教职员工聘任制以及学校内部机构聘任自主、内部分配自主、日常教育教学自主的“三制三自主”的学校内部管理体制。

从2008年末开始，实施岗位设置管理制度。根据《宁夏回族自治区事业单位岗位设置管理暂行办法》(宁人发[2007]142号)和自治区人事厅、教育厅《关于印发全区高等学校、义务教育学校、中等职业学校等教育事业单位岗位设置管理的三个试行办法的通知》(宁人发[2008]132号)精神，结合兴庆区义务教育学校实际情况，各学校严格按规定要求设置岗位类别，科学合理的设置岗位等级和数额，认真开展岗位聘用工作，制定聘用办法，公开聘用工作人员，将聘后的考核评价结果作为聘用人员调整岗位、晋升岗位职务等级和进行工资分配的重要依据。

2009年，实施绩效工资制度。各学校进行绩效工资发放方案的制定工作，根据《自治区人民政府关于印发宁夏回族自治区义务教育学校实施绩效工资意见的通知》(宁政发【2009】71号)和教育厅关于印发《宁夏回族自治区义务教育学校教职工绩效考核办法的通知》(宁教人【2009】139号)精神，结合区义务教育学校实际，制定出兴庆区义务教育学校教职工绩效工资发放办法。

【课程改革】 2001年，启动课堂教学质量工程，对所有教师的教学普遍进行评价、指导、交流、研讨，分两期分别予以达标认定；2003年，启动新课程改革教师培训，全面实施新课程，兴庆区人民政府成立课程改革领导小组，教育局制定《兴庆区基础教育课程改革实验实施方案》，加强对课程改革实验的管理和指导，组织课标培训、学科培训和教材培训，培训教师4683人次，组织多次新课程改革教学观摩活动；2004年，组织全体教师学习《基础教育课程改革纲要》和新一轮课程改革的指导思想、教育观念、改革目标，到2005年，所有教师都参加了全国或自治区、银川市及兴庆区举办的新课标培训和教材解读培训，将新课程改革工作和两期课堂质量工程紧密结合，以“工程”促“课改”，用“课改”理念提升“工程”。以课改为动力，组织城乡中小学新课程互动式课堂教学观摩研讨活动、主管教学领导的评课活动等教学研讨观摩活动，推动农村课改和课堂教学质量工程的发展，促进教育教学质量提高。

【“普九”和“两基”验收】 区划调整以前，城区教育局只有城市小学，主要是“普初”任务，区划调整以后，兴庆区重视普九工作，不断增加教育投入，办学条件明显改善，基础教育稳步发展；抓好初中“控辍”工作，抓好软件资料建设管理工作，抓好学校管理工作和师资队伍建设，各学校在求质量、创特色中全面实施素质教育。

月牙湖乡是一个移民吊庄乡，是兴庆区“普九”和“两基”工作的重点。2004年2月，月牙湖乡交由兴庆区管辖后，根据银川市政府“年内实现移民吊庄乡‘普初’”的要求，兴庆区一手抓硬件建设，加大对月牙湖乡教育基础设施的投入，筹措资金600多万元，改善办学条件；一手抓软件建设，通过开展教研活动、专题培训、轮岗支教等方式，努力提高教师教学水平；教育工作者、学校教师会同民政部门工作人员深入农户家中，动员和帮助适龄儿童、辍学儿童入校接受教育，积极开展扫盲工作。2004年10月14日，月牙湖乡“普初”工作顺利通过银川市人民政府的核查；27日，兴庆区召开月牙湖乡“普九”和“扫盲”动员大会，部署安排“普九”和“扫盲”工作。2005年10月，月牙湖乡“普九”工作顺利完成。

通过“两基”攻坚工作的开展，到2006年兴庆区小学入学率和初中入学率分别达到99.99%和99.05%，初中毕业生升学率80.3%，15周岁人口初等教育完成率和17周岁人口初级中等教育完成率分别达到99.72%和95.78%，15周岁人口中的文盲率为0；农村学前教育入学率达到99.79%，城市幼儿入园率97.78%；人均受教育年限达到10年以上。

2008年6月，兴庆区顺利完成“两基”迎“国检”各项目标任务，荣获银川市“两基”迎“国检”工作特等奖。教育部副部长陈小娅等国家“两基”检查组领导在视察兴庆区“两基”工作开展情况过程中，对兴庆区“两基”工作给予高度评价。

2009年，兴庆区认真落实自治区人民政府“关于基本普及高中阶段教育，巩固提高‘两基’工作水平”的要求，启动辖区监狱服刑人员“普九”和扫盲工作，完成兴庆区2008年至2009年“两基”档案续建工作，圆满实现“普高”目标。

【教育强区】 2006年，兴庆区教育强区创建工作进入冲刺阶段，政府加大投入，全面改善薄弱学校的办学条件，11月，兴庆区教育强区初审及教育强乡（镇）创建工作顺利通过银川市人民政府核查验收，月牙湖乡、通贵乡、掌政镇、大新镇、丽景街办事处、银古路办事处被命名为教育强乡（镇）；12月，兴庆区教育强区创建工作顺利通过自治区人民政府核查验收，兴庆区成为自治区首批荣获教育强区称号的县区之一，获得自治区政府教育督导评估优秀等次。

【教育经费】 “十五”和“十一五”期间，确保教育投入的“三个”增长，改善办学条件，按时足额发放教师工资。2003年以前，城区党委、政府每年教育拨款都在5千多万元左右；区划调整以后，教育拨款从2003年的6592万元跃升至2005年的12674万元以上；2010年，兴庆区教育总支出36665.78万元。

【信息化建设】 2003年，制定《兴庆区教育系统信息化工程建设规划方案》《兴庆区农村中小学现代远程教育工程实施方案》和《兴庆区农村党员干部现代远程教育工作实施方案》，启动教育信息化建设工程，至2006年投入资金800多万元，完成两期建设任务，改造所有农村学校的微机教室，搭建兴庆教育信息网。2003年~2005年，政府投入2500余万元，统一招标采购近2000台电脑和大批仪器设备补充到薄弱学校。2006年，按照工程的三种模式，配套资金42万元，建设1个教学光盘播放点、32个卫星教学收视点和5个农村中学计算机教室，使远程教育覆盖兴庆区所有农村中小学。

2005年，兴庆区被自治区人民政府授予教育信息化建设先进县区称号。截止2010年，兴庆区中小学有校园网站28个，教师机1032台，计算机教室87个，数字化多功能教室272个，中小学计算机总数达到4808台，城市初中生机比为8.1:1，农村初中生机比为5.1:1；城市小学生机比为15:1，农村小学生机比为9.4:1。

【道德教育】 2003年，兴庆区教育局在中小学生中开展民族精神代代传主题教育活动；2003年~2005年，先后成立163所家庭学校，对家长进行培训，其中民乐小学家长学校被确定为流动人口子女和农村留守儿童全国示范家长学校；兴庆区在新华街正丰社区开办宁夏第一个以青少年生殖健康暨艾滋病预防为主要内容的青苹果之家未成年人教育基地，内设文体乐园、青少年咨询服务中心、悄悄话室等。

2004年，根据《中共中央国务院关于进一步加强和改进未成年人思想道德建设的若干意见》，开展讲传统、讲诚信、讲文明、讲守则和机制创新、内容创新、方法创新、评价创新的“四讲四创新”活动；教育局和政法委等6家单位，在银川第四中学阶梯教室联合举行兴庆区中小学、幼儿园法制副校长聘任大会暨法制宣传教育合作协议签字仪式，为所有学校配备法制副校长，协调学校和各部门的社会治安综合治理工作；兴庆区委、政府在银川十中举办兴庆区加强和改进未成年人思想道德工作现场会，宣传和推广师生互通书信活动经验。

2008年5月14日，唐徕回民小学学生捐款

2005年，银川十中师生互通书信活动被中央文明办评为未成年人思想道德建设工作创新二等奖；结合教育系统保持共产党员先进性教育活动，开展“万名教师访千家万户”等主题教育活动，组织开展争做合格家长、培养合格人才家庭教育进社区系列知识讲座等11场次。

2006年4月1~2日，为配合银川市道路交通治理战役，统一安排所属沿街14所中小学近300学生在银川市主要街道路口协助交警维持交通秩序；5月，兴庆区委宣传部、文明办、教育局、团委、妇联联合编印《兴庆区中小学生社会主义荣辱观教育宣传手册》；9月9日，授予兴庆区二小等19所学校兴庆区德育示范学校称号；10月，兴庆区教育系统诚信教育活动正式启动。

2007年4月17日，兴庆区教育局在景岳小学主办兴庆区纪念三烈士就义66周年大型活动，自治区、银川市、兴庆区各级领导以及兴庆区所属各中小学校长、学生代表、家长代表参加纪念活动并向烈士敬献花篮，表达敬意；5月，民乐小学被授予全国流动人口子女、农村留守儿童示范家长学校；8月，银川回中荣获全国文明礼仪教育示范基地称号，成为宁夏第一个获此殊荣的中学。

2008年3月，兴庆区“花儿进校园”活动在回民一小正式启动；5月，兴庆区教育党委、教育局组织所属学校广大师生向汶川地震灾区捐款，组织党员交纳特殊党费，捐款1046601元；开展“雅言传承文明、经典浸润人生”中华经典诗文诵读活动。

2009年3月，召开兴庆区实施学校综合管理质量工程—德育工作推进会；9月，围绕庆祝建国60周年这一主题，组织祖国在我心中主题演讲比赛，开展“我心中的父亲、母亲”征文，进行爱祖国、爱家乡、争做美德少年评比活动，举办兴庆区首届教师合唱比赛,评选出一批德育示范学校和安全文明校园。

2010年3月,组织"爱我家园,提升素质,万名师生在行动"活动;5月,开展少先队建队61周年活动,进行爱祖国、爱家乡、争做美德少年评比活动,组织以养成教育和特色德育工作为主题的德育观摩活动2次,银川高级中学、银川三中、兴庆区第三小学、兴庆区第十八小学被授予自治区书香校园称号。

【学前教育】 区划调整以前,城区教育局没有专门学前教育学校,辖区内有银川市第一幼儿园、第二幼儿园、第三幼儿园、第四幼儿园和第五幼儿园5个公办幼儿园。2003年,第二幼儿园、第三幼儿园、第四幼儿园和第五幼儿园从市教育局划归兴庆区教育局管辖,兴庆区强化对幼儿教育工作的指导与监督,幼儿园各项工作步入正规化、科学化的轨道,4所公办幼儿园全部被评估为省级示范幼儿园;银川市第四幼儿园发挥全国精神文明先进单位优势,先后于2008年和2009年创办银川四幼圣雪绒蓝山名邸实验园和银川四幼蓝山帝景实验园两所幼儿园。

2005年,兴庆区各小学办学前班13个,主要集中在农村小学。为了促进城乡一体化发展,贯彻《兴庆区教育发展"十一五"规划》中提出的加快学前教育发展步伐的目标,落实关于两乡两镇每个乡镇必须办一所中心幼儿园的教育发展决策,政府筹资200多万元于2009年建成掌政镇中心幼儿园,该幼儿园占地面积2600平方米,建筑面积980平方米,严格按照一类幼儿园标准施工,2009年5月28日竣工,掌政镇中心幼儿园由掌政镇人民政府与掌政镇龙凤幼儿园联合经营;兴庆区教育行政部门积极联系协调北京中坤集团公司捐资200万元为通贵乡建设中心幼儿园,幼儿园总建筑面积1077平方米,2009年6月1日竣工,2010年3月通贵乡中坤幼儿园正式开园。到2010年,兴庆区在园幼儿总数5077人,教职工685人。

【民办教育】 2003年,兴庆区辖区内实际存在民办幼儿园41所。2004年,教育局内设社会力量办学办公室,加强了对民办教育的管理。兴庆区辖区内实际存在的民办教育机构共有50所,其中小学2所,幼儿园48所。其中具有社会力量办学许可证的4所(小学1所,幼儿园3所),在教育或民政部门登记注册的18所。2005年初,先后2次检查民办幼儿园共57所,在检查整顿的基础上,下半年共审批民办幼儿园11所,民办小学3所,培训机构2所,为兴庆区教育的发展拓宽了阵地。2006年,审批的民办教育机构共有21所,其中小学3所,幼儿园12所,早教机构1所,培训机构5所。2007年,兴庆区审批的民办教育机构共有40所,其中小学3所,幼儿园20所,早教机构1所,培训机构16所。2008年,审批的民办教育机构共有46所,其中小学2所,幼儿园20所,早教机构2所,培训机构22所。2009年,审批的民办教育机构共有55所,其中小学2所,幼儿园24所,早教中心2所,培训机构27所。为加强民办教育管理,兴庆区政府出台《兴庆区民办教育管理暂行办法》。加强分类评估工作,认真落实年检工作制度,开展民办幼儿园专项整治活动,规范兴庆区民办学前教育市场。加强民办教育机构基层党建工作,成立民办教育党支部。加大教育教学工作的督查与指导力度,实行民办幼儿园园长例会制度,将规范管理与提高民办学校的教育质量结合起来。实施优质教育资源共享行动计划,四所公办幼儿园与民办幼儿园组成四个共享小组,辐射到兴庆区所有的民办幼儿园,定期开展培训、观摩、研讨等丰富的活动,有效地带动了民办幼儿园的发展。加大民办教育宣传力度,在兴庆教育信息网站开通民办教育栏目,提高了民办教育管理的效率。2010年,兴庆区委、兴庆区政府印发《关于进一步规范民办幼儿教育服务管理的实施意见》,明确民办幼儿教育实行分级管理、属地管理、各相关部门协同管理的原则,明确了政府相关部门的管理职责及街道办事处综合监管的职责。教育局确定教育专干的工作职责,明确民办幼儿园通过辖区管理的工作任务,确保监管工作不留死角,每一个幼儿园都在监管范围内。积极构建民办幼儿园与公办幼儿园的交流平台,实施优质教育资源共享行动计划,一年来,先后举办公办幼儿园园本教研观摩展示活动;举办兴庆区民办幼儿园教师

2006年4月14日,数学课上老师耐心辅导学生的情景

教学基本功大赛；参加全区幼儿园自制玩教具选评活动，兴庆区共获一等奖 11 个，二等奖 36 个，三等奖 23 个，5 所幼儿园荣获优秀组织奖；举办民办幼儿园教学观摩活动，兴庆区旭日龙幼儿园等 4 所幼儿园承担了对外观摩课，其它民办幼儿园的近 70 余名教师参加了观摩活动。对幼儿园治安防范安全管理进行专项检查，开展民办幼儿园集中整治活动，截止 2010 年，兴庆区辖区民办园幼儿总数 3604 人，占兴庆区在园幼儿总数的 71%，民办园教职工 455 人。已审批的民办教育机构共 69 所，其中幼儿园 27 所，早教中心 2 所，培训机构 40 所。具体是：燕鸽湖幼儿园、建源启明星三幼、太阳都市幼儿园、燕庆实验幼儿园、北大剑桥幼儿园、旭日龙幼儿园、康宝幼儿园、考易成英语培训中心、智元英语培训学校、国电世纪幼儿园、金色阳光幼儿园、天使幼儿园、恩育堂早教中心、三建幼儿园、丽景雅居幼儿园、梓苑幼儿园、掌政中心幼儿园、宝庆幼儿园、可爱多幼儿园、惠园幼儿园、利民幼儿园、春桥幼儿园、主题阳光幼儿园、爱心幼儿园、红黄蓝幼儿园、民乐回民幼儿园、吉睿幸福幼儿园、赛尔外语培训中心、乐子教育培训中心、吉的堡外语培训学校、欧侨外国语学校、洪恩英语培训班、学大教育培训学校、朗文外语培训班、先飞文化综合辅导班、蓓蕾艺术培训中心、星大陆少儿美术培训中心、景墨外语培训班、红果果新概念英语培训班、沃伦外语培训学校、培宁教育培训中心、竹之韵舞蹈培训学校、顺昕艺术培训中心、新蕾艺术培训学校、新童画培训学校、贝佳神奇英语培训班、安德外国语专修学校、快乐阳光英语培训学校、维尼英文培训中心、健康巷幼儿园、百惠幼儿园、新起点爱贝早教中心、星阳光教育培训中心、东臻教育培训中心、舞之恋舞蹈培训中心、101 网校银川分校、艾迪培训中心、彩虹少儿艺术业余培训学校、民乐幼儿园、文汇艺术业余培训学校、求实英语培训、银燕七彩艺校长城分校、金色童年文化艺术教育中心、聪慧源少年培训中心、佳媛民族艺术校训学校、新世纪外语学校、远阳培训中心、新起点培训班、美景英语教室。

【特殊教育】 兴庆区直属的特殊学校 1 所，即银川市兴庆区育智学校，学校始建于 1988 年，原是原城区教育局所属的十四小内部创办的一个辅读班，1990 年 8 月，创建银川市弱智学校，仍隶属原城区教育局管辖，1991 年更名为银川市育智学校，2003 年调整划区后，更名为兴庆区育智学校，隶属兴庆区教育局管辖；学校共有 5 个班，教职工 15 人，学生总数浮动在 30–40 人之间，全部属于智力残疾。

2009 年 10 月 14 日，育智学校搬入位于民族南街书苑东巷的新校，更名为银川市特殊教育中心，正式交由银川市教育局管理，是银川市唯一一所专门从事智力落后儿童教育、康复及训练的特殊学校。

【成人教育】 按照“优化联办，发展民办”的总体思路，兴庆区劳动就业部门、农牧部门和各乡镇通过联合办学、独立培训、远程教育、农民文化学校等形式，整合“阳光工程”、扶贫开发培训等资源，开展下岗职工再就业培训、农村剩余劳动力转移培训、进城务工人员技能培训，每年投入专项经费，分期开展农村实用技术培训。

2007 年，银川市农村实用技术人才培训基地、兴庆区农村实用技术人才培训基地、宁夏农业学校学生实训基地、宁夏职业技术学院生物工程系学生实训基地同时在兴庆区大新镇塔桥村白鸽蔬菜花卉园区正式挂牌；兴庆区残联定期开办农村残疾人实用技术培训班；兴庆区劳动就业局针对返乡农民工、赋闲在家人员等开展电焊、花卉种植等 32 个工种的农民工技能培训，经过培训的农民可以通过职业技能鉴定考试，取得职业技能等级证书及特种作业人员上岗证等相关证件。

2009 年，兴庆区劳动就业局工作人员在得知红墩子能源基地即将建设后，及时根据企业的用工需求，开展订单式培训，前后开办挖掘机、装载机培训班 6 期，培训挖掘机、装载机驾驶员 400 余人。

教育局每年举办扫盲培训班，使兴庆区非文盲率达到 99.97%。

【继续教育】 2003 年 ~ 2005 年，先后组织专业技术人员培训 3 次，普通话培训 2300 多人次，继续教育培训与考试 27 次，参加培训人员达 8948 人次，培训合格率达到 100%。

2006 年 –2010 年，先后组织专业技术人员培训和考试 8 次，参加培训人员达 24034 人次，考试合格率达到 100%；小学教师大专以上学历达到 80%，中学教师大学以上学历达到 99.6%；组织各类培训 38 余次，培训人员近 30000 人次，教师学历合格率和高学历专任教师比例大幅度上升，已经实现《兴庆区教育发展“十一五”规划》提出的“小学教师具有专科以上学历达到 90%，新补充的小学教师具有专科以上学历达到 100%；初中教师本科以上学历达到 80% 以上，新补充的中小学教师具有本科学历达到 100%；高中教师本科学历达到 100%，具备研究生以上学历的教师力争达到 3%”的目标。

【职业教育】 兴庆区没有自己直属的职业学校，辖区内现有中等职业学校 3 所，一所为宁夏幼儿师范学校，宁夏幼儿师范学校是银川市政府将“银川市光华职业中专学校、宁夏幼儿师范学校、银川市商业学校、长城英豪学校”合并，组建的一所高规格的公办普通中专学校，学校隶属于银川市教育局。另一所为宁夏交通学校（宁夏交通技师学院），隶属自治区交通厅。成立于 1960 年，在校学生近 2000 人。为全区公路交通建设事业培养培训了大批技术人员和交通职业专门人才。2010 年，学校迁建至银川市德胜工业园区。

兴庆区地域内原还有隶属于自治

教育厅的宁夏工商职业技术学院和隶属于银川市教育局的银川市第一职业中学。宁夏工商职业技术学院的前身为宁夏经贸职业技术学院,2002 年 10 月,经自治区人民政府批准,由原宁夏商业学校、宁夏粮食学校、宁夏供销学校合并组建而成。2006 年 9 月,经自治区人民政府批准正式更名为宁夏工商职业技术学院。有教职工 261 人,有全日制在校生 3176 人。学院设有成人高等教育函授中心。还拥有一个国家职业技能鉴定所、一个清真烹饪技术培训中心,同时还是全国计算机信息高新技术特许授权考试站。经过多年的发展,学院形成高等职业教育、中等职业教育、成人高等函授教育、技能培训和职业技能鉴定等多种教育形式和相对完整的人才培养体系。2009 年学院迁至银川市西夏区宁夏职业教育基地内。银川市第一职业中学创办于 1982 年,是自治区最早创办的一所国家级重点职业中专学校,为扩大办校规模,2002 年在市委和市政府的统一部署下,与银川市计算机职业中专学校实行合并,2003 年又与银川三职合并。合并后的银川一职分为东校区(校本部、原银川一职)、西校区(原银川市计算机职业中专学校)、北校区(原银川三职)三个校区,有教师 189 人,在校学历教育学生 2846 人,每年短期培训、考证人员 2000 多人。2009 年,在原银川一职的基础上,由银川市政府投资 5.5 亿元,整合银川二职、银川三职,在宁夏职业教育园区新建了一所功能完备,设施先进的全封闭寄宿制中等职业学校,定名为银川市职业技术教育中心。

为贯彻落实自治区和银川市《关于加快职业教育改革与发展的意见》,2006 年兴庆区制定了《关于加快职业教育发展的意见》,继续坚持"共享互赢,为我所用"的方针,进一步加强与职业院校的联系,共同促进辖区职业院校的发展。在农村初中教育阶段,主要通过劳动技术教育课程和综合社会实践活动课程、与职业学校联合培训等途径,渗透职业教育,培养学生基本的劳动与生活技能。

【辖区高等教育】 兴庆区辖区范围内的高等学校只有一所,即宁夏医学院。位于银川市兴庆区胜利南街。学院创建于 1958 年,现在是宁夏回族自治区唯一一所高等医学院校。在办学层次上,有研究生、本科、专科 3 个办学层次,并招收外国留学生。2008 年 8 月,经教育部和自治区人民政府批准,学校正式更名为"宁夏医科大学"。学校现有全日制在校学生 8000 余人,其中留学生 80 人。现有教职员工及医护人员 3000 余人,其中专任教师 630 人,教师中博士研究生导师 2 人,教授 146 人、副教授 253 人,其他高级职称人员 29 人。学院目前拥有附属医院 2 所(直属附属医院和银川市第一人民医院),教学医院 4 所(自治区人民医院、石嘴山市第一人民医院、上海第七人民医院、上海浦东公利医院),有 50 余所区内各市、县医院或卫生保健单位及北京、上海、陕西、内蒙古等地医疗单位作为学院的生产实习和见习基地。

附 1:【宁夏银川一中】 宁夏银川一中始建于 1906 年,在宁夏高等院校诞生之前,一直有宁夏最高学府的美誉;1929 年宁夏建省,更名为宁夏省立第一中学;1958 年宁夏回族自治区成立,更名为宁夏回族自治区银川市第一中学;1980 年被宁夏教育厅确定为自治区首批重点中学;1985 年 9 月创办寄宿制民族高中班;2001 年,宁夏回族自治区人民政府投资建设新校,2002 年,银川一中喜迁新址,校园面积 120 亩,建筑面积 50430 平方米,生均绿地面积 12.7 平方米,内部设施和外部环境均达到国家一级 I 类学校办学标准;2002 年 - 2005 年学校顺利完成扩招任务,办学规模和师资队伍开始稳定优化;2005 年,银川一中被确立为宁夏首批一级示范性高中。2010 年银川一中有 48 个教学班,其中宏志班 3 个。教职工 218 名,其中特级教师 1 人、高级教师 108 人、国家级骨干教师 3 人、自治区级骨干教师 28 人、银川市学科带头人 4 人、国家级奥林匹克教练员 18 人、全国优秀教师 3 人,103 位教师具有硕士研究生学历。2004 年,高中新课程改革实验以来,银川一中有 17 位教师承担全国、自治区、市级示范课教学任务,27 位教师在全国和省、市级教学大赛中获奖,其中 6 位教师获全国优质课一等奖,7 位教师受聘教育部、人教社承担全国课改实验区培训任务。

附 2:【银川二十一小】 银川市第二十一小学前身为宁夏师范附小,1954 年改为银川师范附小,1978 年改为银川市第二十一小学,1979 年成为宁夏回族自治区教育厅直属小学,2009 年建设湖畔

兴庆区二十一小扩建前校园全貌

2007年3月30日，领导听完课后及时给二十一小上课教师评课

分校，经过百年的风雨历程，几代人的辛勤耕耘，成为宁夏回族自治区基础教育战线的排头兵、首府银川市的窗口学校，赢得社会各界的广泛好评。截止2010年，银川二十一小学有53个教学班，2750多名学生，教职工152人，其中，特级教师1人，国家级骨干教师1名，自治区级骨干教师14人，银川市级骨干教师7名；中学高级教师4人，小学高级教师75人，小学一级教师36人；硕士研究生3人，大学本科学历116人，专科学历26人。先后荣获全国优质课比赛一等奖3人、二等奖1人，自治区评优课比赛一等奖4人、二等奖4人，银川市优质课比赛一等奖9人。该校是全国未成年人思想道德建设先进集体，教育部命名的现代教育技术实验学校，全国优秀少先队先进集体，全国青少年文明礼仪教育示范基地学校，全国英语教学实验基地，全国家庭教育先进集体；全区教育系统先进集体，自治区德育示范学校，全区少先队红旗大队，全区现代信息技术教育示范实验基地和现代教育技术培训基地，全区课堂教学质量工程实验基地和先进单位。

银川市二十一小学围绕培养有智慧、讲道理的人的办学目标，开办科技、艺术、体育、制作四大类20多个兴趣班，积极开发诗文诵读与书法、回族传统艺术文化等校本课程，开展国家、自治区、银川市级20多个教科研课题研究，承担着全区小学教育的实验和示范任务，先后荣获全国新童谣创作先进集体，自治区教育科研先进集体，自治区中小学继续教育先进集体等各项奖励30多个，被中国教育报刊社、中国社会调查所、教育调查部评为社会满意学校。

附3:【银川市实验小学】 银川市实验小学1920建校，经过90多年的风雨历程，几代人的辛勤耕耘，成为宁夏回族自治区基础教育战线的排头兵、首府银川的窗口学校，赢得社会各界的广泛好评。学校占地面积15911.8平方米、建筑面积7682.71平方米、34个教学班、2176名学生；在编的89名教师中，特级教师2人、中学高级教师2人，小学高级教师39人，80%以上的教师达到大专以上学历；在“三让一树”活动中教育教师，锻炼教师，展示出教师独特的人文素养，逐步形成师德高尚、责任心强、教学水平高的充满活力的教师队伍；学校全面贯彻党的教育方针，以邓小平的“三个面向”为指导，全面推进素质教育；以让政府放心、社会满意、家长信任、师生热爱为办学宗旨；树立品牌效应、扩大知名度，扎扎实实搞好教育教学管理，让校园成为学生健康成长、活泼向上的摇篮。

附4:【银川市博文小学】 银川博文小学于2002年7月经银川市教育局批准成立，在银川市民政局办理登记注册手续；2005年1月，实行股份制重组，重组后的银川博文小学完全实现“五独立”；学校自筹资金，建成一栋8层的教学楼——博文大厦，大厦于2006年8月竣工验收，投入使用，总面积13000多平方米，教学楼中除常用教室外，还设有计算机室、多媒体电教室、科学实验室、图书阅览室、舞蹈室、音乐室、美术室、写字室等多个专用教室，在8楼楼顶建有一个1500多平方米的露天塑胶操场。

博文小学有6个年级、31个教学班、1600多名学生；教师90余名，其中，特级教师两名、中学高级教师2名、小学高级教师12名、一级教师36名、区级骨干教师2名、校级学科带头人16名，90%以上的教师具有本科学历，教师敬业、爱生、严谨、求实；学生好学、乐学、爱学、会学，形成学校良好的教风、学风、校风。

文化·体育·旅游

WENGHUA TIYU LUYOU

文 化

【概况】 兴庆区现有乡镇街道文化站15个,社区文化活动室94个。大型广场5个—光明广场、名人文化广场、大团结广场、新月广场,南门广场,总面积约30万平方米。业余文艺团队34个,文艺骨干1947人,城乡文化健身队伍108个,经常活动总人数约6万多人。每年举办各类专题文艺演出30余场,数字电影下乡、进社区放映1000余场,其中农村放映600余场。各街道文化站每年举办各级各类文艺演出2–3场,举办特色文体活动、社区居民书画展、手工艺品制作展、市民艺术节、健身秧歌大赛等2–4次。每年举办“三下乡”活动8次。乡镇文化站利用农闲时节自编自演乡土文艺节目以及社火表演活动,以秧歌、腰鼓、舞龙、舞狮为主要活动形式的农村文艺队伍,承担节庆表演、农闲娱乐和广场健身活动。截止2010年底,兴庆区广播电视入户率达100%。辖区有区级群艺馆1个,市级群艺馆1个,市青少年活动中心1个,兴庆区文化馆1个,社区文化站11个,乡镇文化站4个。市级公共图书馆1座,馆舍面积6000平方米,总藏书量35.6万册。社区图书室94个,平均存书量在1000册以上。业余体校1所,在训学生150余名。所有的行政村都建有文化活动场所,总面积10万平方米,农家书屋32个,农村标准篮球场32个。

【局领导名录】

局　长:郭　琦(2001.01~2004.04)
王全存(2004.04 ~2002.02)
边志武(2002.01~2003.02)
李晓红(2003.02~2007.11)
杨学文(2009.11~2010.12)

副局长:边志武(2001.01~2002.01)
马　虹(2001.01~2002.12)
张红声(2003.05~2005.06)
董　颖(2003.05~2005.06)
杨　玲(2003.09~2005.05)
路　程(2005.05~2010.12)
柴丽云(2005.06~2009.01)
汤红霞(2009.01~2010.12)

【文化阵地建设】 十年来,兴庆区委政府把文化设施建设纳入城乡建设的总体规划,在做好乡镇文化站项目建设工作、推进“191”工程项目、围绕公共文化服务体系示范区创建活动,逐步完善文化基础建设,推进“农家书屋”建设等方面取得了显著的成效。

2002年,对全城区文体活动中心(站、室)情况进行调查,城区有各类文体活动中心(站、室)134个;其中办事处、居委会管理25个、社区单位、物业公司管理75个、个人34个;城区政府投资,产权属于城区的2个,产权属于单位,有办事处管理使用的13个,使用面积在100~200平方米的5个,50~100平方米的5个,50平方米以下15个,专用文化活动室6个,一室多用19个,其中面积最小的仅7平方米。由社区群众自发组织、文体局指导管理的晨晚练健身娱乐活动站(点)52个,参与活动人数4000多人,由办事处组织成立的健身娱乐队伍27个。老战士艺术团1个,秦腔剧团2个,秦腔、京剧、豫剧活动小组6个。30%以上的社区单位每天坚持做广播操,有散点式晨晚练健身群体50个,有社会体育指导员一级45名、二级63名、三级125名。有书法、美术、摄影、音乐舞蹈等各类艺术人才和自愿参与社区文化活动的艺术爱好者约278名。

2006年,继大新文化活动中心、掌政文化广场建设之后,政府投入50万元建成面积约5000平米的通贵乡宣传文化广场;投入5万元为大新镇、塔桥村安装38套无线广播,使近千户农民受益。政府各相关单位投入文化施设设备及资金15万元建成了掌政镇镇河村文化大院、通贵乡通北村回族文化大院。农村文化广场建设面积达到2000平方米;有掌政镇河、大新大桥、通贵通北村三所农民文化大院及掌镇茂盛全国信息资源共享工程试点等阵地。

2008年,为月牙湖乡和通贵乡3个村综合活动室和5个农家书屋配送价值5000元的音响、器材、道具、图书等。组建掌政强家庙村、月牙湖乡月牙湖村文化活动队伍，并配价值4000元器材。完成文化信息资源共享工程39个行政村安装设备工作。

2009年，争取新建通贵乡文化站和掌政镇文化站。通贵乡文化站建筑面积326.2平方米，掌政镇文化站建筑面积338.6平方米。同时，为两乡两镇文化站配备了音响、功放等价值近10万元的设备。借助文化信息资源共享工程积极争取“农家书屋”建设项目。完成塔桥村、强家庙村、通北村三个农家书屋建设工作，分别解决了价值2万元的图书柜、图书等。同时积极争取兴庆区文化馆建设工程项目。

2010年，开工建设大新镇文化站。两乡两镇已建成3个符合国家标准的文化站，月牙湖乡文化站建设项目正在积极争取中。同时，借助文化信息资源共享工程，为掌政镇文化站、通贵乡文化站配备包括音响、图书、服装、电视等价值10万元设备；为掌政镇掌政村、大新镇新渠稍村两个村级文化资源共享工程示范点配备2.3万元的电脑、电视、投影仪等设备。

【群众文化活动】 由政府主导，乡镇街道参与的节庆文化，集中展示兴庆区主流文化，丰富城乡广大群众的业余文化生活。十年来，每年一度的春节团拜会文艺演出、社火游行表演活动等为城乡优秀文化提供了一个展示风采的平台；每年举办广场文艺演出30场；各街道文化站每年举办各级各类文艺演出2–3场；举办特色文体活动、社区居民书画展、手工艺品制作展、市民艺术节、健身秧歌大赛等2～4次。乡镇文化站主要利用农闲时节自编自演乡土文艺节目以及社火表演活动。社区特色文化活动适应了不同年龄、不同兴趣爱好群体，丰富了活动形式及内容。周末大舞台好歌大家唱、社区居民书画展、手工制作艺术展、社区艺术节、市民节等高雅趣味的特色活动使爱好者发挥了特长，陶冶了情操。

2001年，城区文体局分别在初一、初三组织10个大型群众社火表演队伍700余人，向全市人民拜年，一年来先后举办社区建设工作会议专场文艺演出、庆祝银川市十一届党代会召开专场文艺演出、“民族团结月”专场演出、建区30周年庆祝大会文艺晚会。各街道文化站县级开展了军民共建、创建文明社区、“区庆”30周年等多种形式文艺演出、书法绘画，手工制作、手工编织等文化活动。4月初，在凤凰北街北安小区举办“以德治国”宣传教育（签字、图展、秧歌、腰鼓）等系列文化活动，参加人数达2000余人；7月13日，举办庆祝城区建区30周年首届书法比赛，入选作品118件，展出作品90件，获奖作品25件；“十一”国庆期间，新华街道办事处在步行街的文艺演出吸引许多居民前来观看。全年城区各类开展文艺活动73场次，演职人员3000人次，观众达10万人次。

2010年2月28日，兴庆区庆元宵社火活动

2002年，利用重大节日开展活动，丰富节日文化。春节期间，承办团拜会、社火游行；“三八”前组队参加市体育局举办的“五个亿万人群”活动；“五一”前承办“四进社区”专场文艺演出；“七一”前夕，承办庆祝建党81周年“让党旗红遍社区”大型文艺演出。各街道社区根据自己的特点开展了形式多样的活动，凤凰北街举办北安社区广场音乐会；富宁街举办军、警、民社区共建文艺晚会、书法、绘画活动；新华街鼓楼南社区京剧自娱自乐活动等等。全年共举办各种文艺活动100场次，参与人数达万人以上。

2003年，制定《关于加强基层文化建设的实施意见》，实施“五个一工程”文学艺术创作活动，完成名人文化广场一期建设，各乡镇街道举办“塑形象、展风采、迎盛会”100多场（次），出动流动舞台60多场（次），全年组织乡镇街道群众文化活动100余场次，文化结对下乡30多场次。圆满完成中央“心连心”艺术团群众演员的组织编排工作和兴庆区迎盛会火炬传递暨大型社火表演活动。健身秧歌在全国大赛中荣获C组规定动作二等奖。

2004年，以各种文化活动为载体，大力开展周末广场文化活动，年初有30多支大型群众社火游行表演活动。夏季装修的大团结广场举办“兴庆之夏”周末广场文化活动12场参加演出人员1000人次，观众50000人次。5月1日，兴庆区老干部艺术团、富宁街老战士艺术团参加激情广场“劳动者之歌”演唱会，活动在央视一套新闻联播和宁夏台播出，兴庆区健身秧歌队在全区组织的大赛中获得一等奖。积极拓展商企文化，政府搭台，企业居民同唱一台戏，凤凰街继成功举办第二届“电信杯”乒乓球邀请赛之后、又成功举办“商行杯”社区羽毛球赛。

2005年，成功举办团拜会，元宵节群众社火秧歌大赛，“五一”全国大众广播操比赛，“六一”少儿文艺演出，庆“七一”广场文艺演出等节庆活动。举办“湖城之夏·活力兴庆·广场文化季”文艺演出11场，完成区市文化部门临时任务6场次。

2006年，第三届“湖城之夏·活力兴庆·广场文化季”从3月开始至9月28日结束，历时7个月，共举办演出活动28场，参与的辖区单位300家，演出节目800个，演职人员6000余人，观众达5万人次。春节团拜会、元宵社火花灯盏活动全面展示兴庆区群众文化活动实力，大新镇群众社火队荣获自治区春节群众社火一等奖；兴庆区元宵节灯展获优秀组织奖；举办6场“八荣八耻”、党风廉政、歌唱祖国等主题广场活动；组织文化下乡，结对帮扶活动4次。办事处、辖区文明单位、党委政府部门向农村文化活动室捐赠文化活动器材近8万元。9月~11月先后组织承办兴庆区“环卫职工日”、第一次党代会专场晚会和兴庆区福利院建院20周年文艺演出、银川市创建和谐社会和谐乡镇、新农村新农民健身启动仪式文艺演出和自治区全运会开幕式表演。全年社区居委会组织的各类演出46场次，11支文艺队伍，演职人员达350人。

2009年，启动兴庆区第六届“湖城之夏·广场文化季”广场文艺演出，充分利用社区文化广场的优势，举办群众喜闻乐见的广场文艺演出。先后举办了正月十五“新春乐”社火展演；首届职工运动会健身秧歌比赛；“庆七一·颂歌献给党”歌咏比赛；兴庆区“小明星”声乐、舞蹈、器乐三场比赛；兴庆区庆祝建国六十周年广场文艺演。同时开展创建全国文明城市广场文艺演出4场次，开展送戏下乡2场，配合市文广局实施送戏下乡演出4场。组建通贵乡腰鼓队、月牙湖乡秧歌队、中山南街康华器乐团3支文艺团队，进一步建立健全文化网络体系。截止9月底已完成演出32场。

2010年，2月份举办兴庆区2010年迎新春团拜会、“塞上虎啸”元宵节社火巡游活动；4月24日，兴庆区第七届“湖城之夏·广场文化季”广场文艺演出活动在光明广场正式启动，截止11月底，广场演出共40场；4月28日，在宁夏会堂举办兴庆区庆祝“五一”国际劳动节职工文艺汇演暨颁奖晚会；6月21日，举办银川市第三届中老年文艺汇演（兴庆区初赛），8个节目被银川市选入参加复赛；6月27日，参加银川市第三届中老年文艺汇演决赛，数来宝《如此生意》获得一等奖，舞蹈《那佗佗》《快乐的拉丁恰恰恰》获得二等奖；6月28日，举办兴庆区庆祝建党89周年广场文艺演出；9月17日，举办兴庆区农民文艺汇演活动；9月20日，在玉皇阁广场举办“文明迎论坛、和谐庆双节——做文明有礼的兴庆人”文明礼仪展示活动。全年开展送戏下乡20场。

【农村广播影视工程】 加快“村村通”、“户户通”工程建设，实施“千场电影下农村、进社区”数字电影放映工程，城乡数字电影放映达1000余场。

2003年“兴庆之夏”电影下乡、进社区演出30场（次）。

2004年上半年电影下乡、进社区10场。

2005年，放映广场电影301场，其中农村放映50场。

2006年，全面完成自治区农村广播电视公共服务体系建设工作目标任务，组织安装多路微波入户3486户，有线电视入户6330户，卫星电视接收用户600户，共计完成入户10416户，占两乡1镇总农户的11715户的89%，超额完成银川市下达的80%入户率的安装任务。开展“千场电影下基层”活动，截止10月份共放映国产优秀片800余场，其中农村放映500场，城市社区放映300场，达到国家广电总局推广的每村每月一场电影的目标。11月18日，自治区数字电影下农村广播电视公共服务启动仪式在兴庆区大新镇举行，城乡电影放映进入数字化信息时代。

2007年，全年城乡共放映电影1936场，其中农村放映电影636场，城市社区定点放映1300场，在建工地和新建典农公园分别放映6场。对679户卫星地面接收用户进行转星调整。

2008年，开展两乡两镇农村广播电视收视情况普查工作，对月牙湖乡1004户用户安装接收设备。完成电影放映1757场，其中农村电影放映620场、社区放映370场、定点放映766场。

2009年，全年放映数字电影711场。对月牙湖乡未配套到位的各行政村1067户农户实施了20户以下广播电视村村通工程。工程主要以安装卫星地面设施为主（俗称电视锅），此项工程经过两年的分段实施，第一阶段于2009年8月~9月份完成，安装卫星地面设施367套；第二阶段于2010年3月~5月份完成安装卫星地面设施700套。截止2009年底，辖区广播电视入户率达100%。

2010年，4月~10月份共放映1882场，其中农村放映644场，广场社区放映1522场，农林牧场24场，超额完成全年放映任务。广播影视“村村通”工作平稳推进，在月牙湖乡完成安装卫星地面设施700套，月牙湖乡全乡2000多农户都能免费收看到8套以上广播电视节目，覆盖率达98.37%。

【业务培训】 加强业务培训，不断提高业务素质。十年来，坚持年年有针对性的开展业务培训工作。先后举办城区居委会干部业务培训班，文化干部摄影创作学习班，兴庆区群众文化工作者群众文化活动的策划、组织、摄影基础知识、美术欣赏基本技能培训班，全国大众广播操普及培训班，声乐、舞蹈、小戏编排等专题文艺骨干培训，风筝放飞赛知识培训，彩带、扇花秧歌培训班等等，为开展群众文化活动奠定了扎实的基础。

【创作成果】 十年来，广泛开展创作活动，取得较好的成绩。如在文艺方面：创作的舞蹈《踏脚》《黄河尕哇》《欢庆》《牡

丹颂》《欢聚》《好收成》《世纪春雨》,歌曲《游击队之歌》;音乐说唱《康居工程暖人心》等受到好评;现代音乐轻喜剧《军嫂征婚花为媒》参加全国双拥办、全国双拥文艺创作评比。在书法方面:先后有1人书法作品入选北京·宁夏书法巡回展,并在中国·宁夏耀吉兴书画大赛中获优秀奖;有2在全国书法、摄影大赛中分别获三等奖和优秀奖;在诗歌方面先后两首诗书法作品在新华网发表。

【兴庆区文化志】 2006年完成《宁夏通知·文化卷(兴庆区文化志)》的编纂任务,该书21万字,与10月付梓成书。

【掌政镇农民文化艺术团】 2005年掌政镇农民文化艺术团挂牌成立,成员全部来自当地农民,利用农闲时间,排练小戏等文艺节目为群众演出,深受广大人民群众欢迎,成为新农村文明乡风的倡导者和先进文化的传播者,在2008年11月10日闭幕的"纪念改革开放30周年全国首届农民文艺会演"活动中,掌政镇农民文化艺术团参演的舞蹈《耍公婆》荣获"金穗杯"奖。

【兴庆区民间才艺协会】 2007年4月兴庆区民间才艺协会成立,共有会员400余人。为扶持协会发展,政府在积翠园小区举办社区居民才艺展,有些会员利用才艺走上了创业之路。如富宁街办事处社区居民的刺绣品、解放西街办事处社区居民的编织品等已形成了良好的销路,有些产品已走出国门受到外国友人的青睐。

【农家书屋】 兴庆区32个行政村全部建立起农家书屋,其中,2007年~2010年,新建农家书屋29个,争取区市新闻出版局项目资金47.32万元,政府配套资金8.68万元用于涉农的19个农家书屋和城市9个社区书屋建设工作。每个农家书屋的基本配置标准为:图书1505册、电子音像制品100种、报刊24份、全金属书架4个、金属标牌1个。

【文化市场管理】 2010年,结合兴庆区创建全国文明城市的相关要求,制定《兴庆区2010年扫黄打非行动方案》《兴庆区整治网吧专项行动方案》,在辖区范围内开展重点整治侵权盗版和非法出版物教材教辅等"扫黄打非"专项行动,组织相关部门对辖区95家网吧进行专项检查,印发《文明经营网吧、创建全国文明城市》宣传单500余份,进一步完善和健全对网吧的长效管理机制,规范经营秩序,为未成年人健康成长营造良好的社会环境。

【黄河民俗文化博物馆】 2010年依托黄沙古渡景区,斥资500多万元建设黄河民俗文化博物馆,占地6000平方米,抢救、征集、收藏到宁夏地区具有代表性的民俗珍贵物品共计9类1000多件(套),西夏城景区、兵沟景区正在积极挖掘其文化内涵。

【非物质文化遗产】 2006年以来,兴庆区政府高度重视非物质文化遗产普查工作,把保护工作放到了打造历史文化名城的基点上,全面展开"非遗"保护普查调查工作。一是成立了以分管文化的副区长为组长、文体旅游局局长为副组长、本部门文化干部以及乡镇、街道文化专干为成员的兴庆区非物质文化遗产普查工作领导小组和兴庆区非物质文化遗产普查工作办公室,指派专人从事兴庆区非物质文化遗产工作,对"非遗"普查工作进行安排部署,层层抓落实。二是抓好学习培训,2006年~2009年,多次组织专业干部、乡镇、街道文化专干参加区市"非遗"中心举办的培训班,普及提高"非遗"知识和基本方法,为普查工作奠定基础。三是抓好宣传动员工作,采取"三下乡文艺演出"、农村数字电影放映、下乡开展专题讲座、指导普查项目等多种方式,宣传"非遗"保护工作,收到了良好的效果。

2007年以来,先后两次组织大规模拉网式田野普查,投入人力300多人次,汇总各类信息200多条,经过甄别确认55条,确定为兴庆区非物质文化遗产名录项目42项,其中被确定为银川市名录的四项,它们分别是民间技艺贺兰砚、回族武术鱼尾剑、民间信仰北塔庙会、民间庙会文化。在这四个项目中有两项被确定为自治区级"非遗"名录项目,它们分别是民间技艺贺兰砚、回族武术鱼尾剑。

2008年5月,召开非物质文化普查工作动员会,抽调各乡镇、街道文体专干,由文体旅游局副局长、文体活动中心主任带队,统一部署,全面展开普查工作。5月~9月,完成非物质文化遗产普查、调查工作,通过普查,兴庆区两乡两镇11个街道办事处共收到线索58项,其中:民族舞蹈7项,民间美术3项,民间手工技艺29项、传统体育3项、民间杂技1项,民间戏曲8项、民间信仰4项,以上共计58项。通过普查走访,最后确定项目18项,定稿照片500余张、录像DVD光盘12盘。

2009年,开展了复查文物、已消失文物、新发现文物、中华老字号百年老店等四大类文物的普调工作。完成造册文物普查点102处,已复查不可移动文物有5处,新发现不可移动文物95处,中华老字号及百年老店2处。重点整理了贺兰砚制作技艺、回族武术鱼尾剑、北塔庙会、民间庙会4个项目的文档资料,贺兰砚制作技艺、回族武术鱼尾剑项目被列为自治区级非物质文化遗产名录项目,参加银川市2009年新春民俗文化大集活动及银川市举办的"全国第四个文化遗产日暨银川市第二节民俗文化展示周"活动。对贺兰砚制作技艺制作了国家级专题片,上报国家文化部非遗司,申报贺兰砚制作技艺国家级非物质文化遗产保护项目。

2010年,兴庆区"三普"工作组完成野外调查的计划任务,普查各类遗址点128处,复查遗址点5处,新发现遗址点123处,国家文物局最终验收确定文物点90处。开展"非遗"进社区、进校园活动,贺兰砚制作技艺、太西煤雕刻技艺、民间面塑技艺、民间剪纸技艺、宁夏花儿民歌、金丝沙画制作技艺等8个项目得到充分展示。个别项目如剪纸、书画雕刻等已经作为中学生的职业培训项

2009年兴庆区第一批非物质文化遗产名录

序号	编码	类别	项目名称	报送单位
1	166	传统体育与竞技(1)	回族武术鱼尾剑	兴庆区文体旅游局
2	144	庙会	民间庙会文化	兴庆区文体旅游局
3	144	庙会	北塔庙会	兴庆区文体旅游局
4	099	民间技艺(其他)	贺兰砚制作技艺	兴庆区文体旅游局
5	095	金属工艺	农具制作技艺	兴庆区文体旅游局
6	049	其他	佛教音乐	兴庆区文体旅游局
7	033	工艺	民间剪纸技艺	兴庆区文体旅游局
8	059	其他	民间健身秧歌	兴庆区文体旅游局
9	099	民间技艺(其他)	民间根雕技艺	兴庆区文体旅游局
10	096	编织扎制	民间风筝制作技艺	兴庆区文体旅游局
11	031	绘画	民间人物漫画	兴庆区文体旅游局
12	096	编织扎制	民间手工编织	兴庆区文体旅游局
13	041	民歌	民间花儿	兴庆区文体旅游局
14	032	民间美术(雕塑)	民间面塑技艺	兴庆区文体旅游局
15	111	消费习俗(服饰)	回族服饰	兴庆区文体旅游局
16	112	消费习俗(饮食)	回族饮食	兴庆区文体旅游局
17	099	民间技艺(其他)	书画雕刻技艺	兴庆区文体旅游局
18	099	民间技艺(其他)	景泰蓝金丝沙画技艺	兴庆区文体旅游局

目列入教学计划;兴庆区政府公布的10个项目在银川市专家论证会上顺利通过;重点项目调查工作取得可喜成绩,贺兰砚制作技艺于4月份被正式列入国家第三批非遗名录,这是近年来兴庆区上报的十几个项目中唯一一个获得国家级的项目。

体　育

【群众体育】 2001年,新世纪开元之际,举办城区机关、中小学生迎新春元旦环城赛跑。"三八"妇女节期间,组队参加区市体委举办的"亿万妇女健身活动健美操大赛"和"长寿杯"老年门球赛。5月26日,在首届"夕阳红"中老年健身舞在光明广场举行,兴庆区解放西街光明广场健身站表演的中老年健身舞"红太阳颂",获得最佳表演奖。6月初,举办城区文明单位"恒安杯"乒乓球、篮球比赛。9月组织城区9个办事处参加100余人参加银川市全民健身路径项目比赛。各街道社区都有一支较为固定的文化健身队伍,因地制宜开展广场健身操(舞)、家庭趣味运动会、社区运动会。据不完全统计,2001年,城区共有活动站(点)52个,活动人数达3000多人,加上企事业组织的晨练早操和散点式活动队伍,健身人数每日在万人以上。银川二中、解放西街办事处、凤凰北街办事处荣获全国群众体育先进单位。制定城区业余体校、城区文化馆工作考核细则、先进物业小区文化活动评比办法。业余体校对教练员进行量化考核。

2002年,社区体育活动如火如荼,有健身操(舞)、家庭趣味运动会、以及企社联办的"电信杯"乒乓球邀请赛等等,取得了较好的社会效果。

2003年,认真落实《全民健身计划纲要》加强群众体育工作。各乡、镇、街道调整了全民健身领导小组,实施"体育下乡、篮球进村"工程。5月18日,在掌政镇承办"体育下乡、篮球进村"工程启动仪式,2000多人参加大型团体操、健身秧歌、腰鼓等体育展演活动,全年举办各级各类运动会20场次,参与人数3万人

2004年,群众体育以"生活奔小康,身体要健康"为主题,让更多的人运动起来。掌政镇和通贵乡农民自发组建3支篮球队,锻炼人数呈逐年上升趋势;开展兴庆区"亿万妇女健身"活动和冬季越野赛,各街道办事处通过社区运动会、军民共建运动会、社区健身站等方

式，带动了一大批健身群体，同时也带动了非公有制企业自发组织员工开展晨练活动。“三八”、“五一”、及“全民健身周”期间社区开展运动会、广场健身操、健身路径比赛等23场，参与锻炼的人数达1.2万人次，企社联办的“电信杯”乒乓球邀请赛参赛人数达80人，“商行杯”有16支代表队100余人，取得了较好的社会效果。

2005年，开展兴庆区范围内行政事业单位在职人员的体质监测工作，举办“迎新春”机关趣味运动会，承办大漠黄河旅游健身周活动，大众广播操等比赛。

2006年，进一步拓宽体育社会化步伐，全年发放宣传材料3000余份，先后举办兴庆区迎新春社火健身大拜年活动、趣味运动会、健身周活动、首届风筝大赛、第二届大漠体育运动会、第三届七人制足球比赛、和谐社区坚挺趣味赛、首届垂钓大赛等活动，参加健身人数达30万人(次)。

2007年，兴庆区各乡镇、街道共有晨晚练活动站(点)62个，每天有近1万名老年人参加不同形式的健身活动，全年参加健身比赛活动达30万人（次）。全民健身周期间开展了以“全民健身与奥运同行”为主题的活动，共举办健身周启动仪式7次、大型活动30个。其中有兴庆区健身周活动启动仪式暨第三届大漠体育运动会、第四届七人制足球比赛、兴庆区农民篮球比赛、兴庆区第二届垂钓大赛等活动。并通过电视、报刊、板报、标语、图片及秩序册等形式制发宣传材料4000余份，直接参加健身人数达4.5万余人。9月23日，兴庆区体育代表队选派120名老年人运动员参加银川市第四届运动会柔力球、健身秧歌、腰鼓、太极拳、门球、乒乓球、象棋、台球八个项目的比赛。比赛场上运动员精神饱满、团结协作，在柔力球、健身秧歌、腰鼓、太极拳、乒乓球等集体项目的激烈竞争中，兴庆区包揽了四项第一、两项第二。

2008年，2月～11月，先后开展了兴庆区健身周活动启动仪式暨第四届大漠体育运动会、兴庆区职工乒乓球、羽毛球比赛、举办首届残疾人运动会、群众游园《普通人群体育锻炼标准》活动、兴庆区第三届垂钓大赛等大量的全民健身活动，并通过电视、报刊、板报、标语、图片及秩序册等形式制发宣传材料5000余份，直接参加健身人数近10万人(次)，共举办大型运动会6场次，组织辖区球队参加银川市老年门球赛，获第三名，组织代表队参加河南安阳全国老年人柔力球比赛。7月份，圆满完成火炬传递的10万名观众组织工作。

2006年4月28日，兴庆区各部门参加大漠运动会

2009年，承办“庆三八”趣味运动会，兴庆区首届职工运动会，参加银川市举办的首届龙舟赛，依托旅游景区举办鸣翠湖“端午休闲”运动会，承办全区旅游行业黄沙古渡沙滩休闲运动会。在银川市第十二中学挂牌成立兴庆区首家阳光青少年体育俱乐部，积极开展阳光体育活动。

2010年，制定《兴庆区公共文化体育设施管理办法》。举办2010宁夏·兴庆“三森家居杯”鸣翠湖端午休闲体育运动会，辖区80家单位，2000多名体育爱好者参加，尽现兴庆区休闲运动的良好氛围；组队参加银川市龙舟赛、银川市登山比赛，获道德风尚奖；完成全国第三次国民体质监测兴庆区监测工作任务；同时充分发挥辖区体育场馆、广场公园多的优势，拓展群众喜闻乐见的休闲运动项目，如依托湖滨体育场馆开展的游泳、武术、田径、足球、羽毛球、乒乓球等项目，依托广场公园开展的毽球、柔力球、健身秧歌、太极拳等体育运动，受到不同人群的青睐，在银川市已形成规模。

【竞技体育】 2001年4月～8月城区业余体校乒乓球、田径、射击、女子举重队分别参加全国、区、市及比赛，乒乓球队共获金牌12枚、银牌8枚、铜牌6枚，其中在七省协作区青少年比赛中，女子获甲组团体第二名，射击队在区市级比赛中分别获女子汽手枪团体第一名，男女汽手枪第二名，全年共获金牌47枚，银牌38枚，铜牌31枚。1人打破全区少年记录。

2004年，积极备战自治区第十二届全运会，通过集训基本确定全运会比赛项目和参赛队员，为针对性训练打下坚实基础。参加银川市举办的“思源杯”乒乓球比赛，获2个团体冠军，2个单打冠军；举重比赛获男女组个人赛第一名2个、第二名4个、第三名5个。

2005年，积极备战自治区第十二届全运会，开展集中训练和注册等工作。业余体校射击队代表银川市参加西安举办的“全国青少年射击预选赛”获个人第五名，举重项目在市级比赛中获得金牌3枚、银牌4枚、铜牌3枚的好成绩。

2006年，4月参加西北协作区全国青少年射击比赛，获男子汽手枪第一名、第二名；7月参加自治区第十二届全运会，共获金牌44枚、银牌18枚、铜牌15枚。其中11人次破七项自治区青少年记录，并以总分559分的成绩名列全区第二。

2008年，参加区、市举重、武术、射击田径、游泳、乒乓球比赛，共获金牌18枚、银牌11枚、铜牌11枚。打破铅球自治区青少年记录，兴庆区团体总分名列全区第二名。

2009年，选派80名运动员参加全区青少年田径、游泳、举重、武术等7个运动项目的比赛及银川市青少年举重、武术、游泳3个项目的比赛，荣获金牌18枚、银牌16枚、铜枚13枚。15名运动员达国家二级运动员标准，田径运动员齐邦皓打破男子甲组200米自治区青少年记录，兴庆区团体总分位居全区前列。成功地承办了2009年全区青少年篮球、足球、射箭3个项目的比赛，为备战第十三届全运会奠定了基础。

2010年，4月，参加银川市青少年射击比赛获女子气手枪40发第二、三名，女子气手枪20发第一名。参加银川市青少年摔跤比赛，获69公斤级第二名，85公斤级第二名。8月，兴庆区体育代表团在十三届全运会上，荣获金牌57枚、银牌19枚、铜牌29枚，11人破12项自治区成年、青少年记录，团体总分801分，以金牌、奖牌、团体总分三个第二的优异成绩位居全区第二。并荣获体育道德风尚奖。

【体育场馆地建设】 2001年，湖滨体育中心建设项目提上议事日程，市长郝林海召集有关负责人对湖滨体育中心改造建设项目进行专题研究，并确定具体实施方案。湖滨体育场改建工程投资1040万，建设水上健身运动中心，改建看台2473.8平方米，种植草坪8030平米，铺塑胶跑道9800平米。2003年8月，银川市水上健身运动中心主体工程建成，银川体育馆正式开业，可容纳观众2050人。为胜利街、前进街、文化街办事处争取全民健身路径器材各一套，价值20余万元。

2002年，全民健身路径12条，分布9个办事处社区。

2003年，为原东6乡配送篮球架14付，健身路径器材一套10余件、篮球24个、乒乓球台2付。

2004年，以农村“体育年”为契机，先后为通贵乡、月牙湖乡配备篮球架11付，乒乓球台2付。

2005年 继续实施“体育下乡、篮球进村”和全民健身工程，为掌政镇、月牙湖乡、通贵乡赠送篮球架7付，为新华街办事处社区增送全民健身路径1套。为名人文化广场、新月广场等3个广场，11个街道办事处的30个“三大战役”拆扦点安装健身器材200件。

2006年，为文化广场、新月广场及11个街道办事处的60个拆迁点空地安装健身器材350件。6月10日，兴庆区广勤垂钓训练基地、兴庆区鸣翠湖水上项目活动基地被自治区体育局命名为首批宁夏全民健身活动基地。

2008年，完成掌政13个村农民健身工程。投入6万元完成永南村、横城村、通南村、司家桥村、海陶北村、燕鸽村的文化体育大院活动场地硬化工作。向国家体育总局申报“雪碳工程”项目，兴庆区群众体育活动中心及大新镇、月牙湖乡级活动场所列为雪碳工程。银川回中被确定为兴庆区全民健身中心馆址。按照国家体育总局精神，申报兴庆区青少年体育俱乐部，银川十二中为俱乐部依托单位。

2009年，银川市确立建设运动休闲城市发展战略，把建设25个体育运动休闲健身场地列入为民办的10件实事之一，在槐香园、海宝公园、中山公园、唐徕公园、名人广场、南金三角迎宾广场、大团结广场等15处场地建设安装健身路径43套，篮球场15个，11人制足球场1个，7人制足球场3个，网球场4个，户外羽毛球场35个，排球场3个，沙滩排球场1个，室外乒乓球台39付，在公园、广场、绿地、林带等处安装健身路径17处。在掌政镇10个村，月牙湖乡3个村建立了标准化篮球场地，并分别配置2万元的运动器材。落实“雪碳”工程，占地1500平方米，国家体育总局投资150万，兴庆区政府配套资金250万，兴庆区综合体育馆完成主体工程。

2010年，积极争取国家农民体育健身工程项目4个，争取经费近8万元。截止2010年底，兴庆区32个行政村全部建立农村标准化篮球场地，覆盖率达到100%。“雪炭”工程兴庆区综合体育馆主体工程已竣工，填补了兴庆区多年无体育场所的空白，为兴庆区体育业余训练搭建了平台。

【业务培训】 2001年，组织体育干部参加区体委举办的裁判员、教练员及社会体育工作指导员培训班；举办社会体育工作指导员培训班和黑板报学习班。

2002年3月，举办社区工作者群众文化业务知识技能培训班，5月组织文化干部赴青岛参观学习。

2004年，4月派12名基层文体专干赴西安参加全国第二套健身秧歌学习班，回来后立即开办200人的培训班，第二套健身秧歌在兴庆区晨晚练点迅速普及，并在全国健身秧歌大赛中获奖。

2007年5月18~28日，银川市体育局在兴庆区、金凤区连续举办两期国家二、三级社会体育指导员培训班，350名社会体育骨干参加培训且获得三级社会体育指导员称号；经过培训考试，银川市体育局批准授予117人为国家二级社会体育指导员。9月4~5日来自乡镇、街道、社区、各健身站的健身秧歌骨干等60名学员参加了为期两天的第三套秧歌舞培训班培训。

【老年人体育协会】 2006年11月16日，召开兴庆区老年人体育协会第二届代表大会。来自兴庆区直属单位、乡镇、街道办事处、机关在职干部、各晨晚练点的负责人和部分离退休老同志等85名代表参加大会。会议听取兴庆区老年体育工作情况，讨论通过《兴庆区老年人体育协会章程》通过兴庆区第二届老年体育协会委员会委员及领导成员名单。

【信鸽协会】 2007年3月8日，兴庆区第八届信鸽协会举行换届会议，产生了新一届领导班子。

【群众体育现状调查】 2008年2月，兴庆区文体局圆满完成全国体育现状调查兴庆区入户调查工作，被国家体育总局评为第三次国家群众体育现状调查先进集体。

【钓鱼赛基地】 2003年，宁夏广勤养殖实业有限公司投资200万元建成4座符合国际钓鱼大赛标准的鱼池，被国家体育总局授予西北地区唯一永久钓鱼赛站资质；2004年与2005年，连续两次承接全国第一届和第二届钓鱼大赛，创出90分钟钓鱼360多尾的最高纪录，每年接待垂钓爱好者超过2万人次；10年来，举行200人以上比赛达100多场。2007年，被评为自治区全民健身基地。

旅　游

【概述】 十年来，兴庆区依托首善之区的区位优势，坚持科学规划旅游事业、合理开发旅游项目，逐步形成黄河西岸和鸣翠湖生态开发为主的生态观光旅游经济带；黄河东线大漠草原旅游品牌；新华街、西塔为中心的旅游购物特色街区；宏坤度假村、龙泉山庄、五渡桥农庄、苹果庄园、孔雀湖乡村俱乐部、帮妮跑马场等“休闲度假型”乡村农家乐游；昆仑蔬菜基地等“高科技生态农业型”生态观光游；黄沙古渡大漠特色体育健身游等。以黄沙古渡、鸣翠湖、兵沟、西夏城为代表的银川市黄河生态旅游产品成为银川市旅游产品的重要组成部分，年接待游客占银川市旅游接待总量份额上升到30%。2010年兴庆区有旅行社62家，星级宾馆27家，旅游定点单位25家，住宿接待床位9500张，开通发往贺兰山岩画、西夏王陵、阅海等的游一、游二、游四等旅游公交专线。

2003年10月3日，国际摩托旅游节召开

【旅游项目开发】 2003年，按照兴庆区委政府经济发展总体规划，以黄河西岸和鸣翠湖生态开发为主的生态观光旅游经济带项目正式启动，首期开发500亩用于建设高尔夫球练习场、会所及与之相配套的餐饮、娱乐等服务设施，投资2.1亿元，总占地3000亩。规划建设鸣翠湖生态旅游区，完成环湖面积900多亩，完成1000余亩的芦苇迷宫，种植荷花130余亩，丽景湖公园一期工程投资3000多万元，占地300亩，建设集休闲垂钓、健身娱乐、音乐欣赏、集会为一体的多功能群众活动场。

2004年，整合旅游资源，4月30日举办“中国·银川兴庆首府首届黄河生态旅游文化周”活动，通过与各景区(点)、旅行社多次协调，确定金水园—西夏皇城—龙泉山庄—兵沟汉墓—马兰花大草原银川东线一日游黄金线路，推出旅游景点套餐，游客只需74元/人，就能尽兴游玩黄金线路上的五个景点，体验黄河大漠、草原风光、秦汉文化、影视文化、民族风情等特色旅游。“五一”黄金周的旅游人数和旅游收入获得双丰收，游客达5.12万人(次)，收入45万元。

2005年，初步完成《银川市兴庆区黄河旅游开发区总体规划》。重点旅游开发建设项目进展顺利。鸣翠湖生态旅游开发项目经过二期投资建设，于“五一”黄金周正式开园接待游客，黄沙古渡生态旅游开发项目上半年投资近500万，加快基础设施建设，黄河生态公园建设项目完成项目立项和申报工作。4月29日，举办2005年中国·宁夏兴庆大漠黄河旅游健身周暨宁夏第二届大漠体育运动会；5月1日~6日，金水园旅游区、兵沟汉墓旅游区、龙泉山庄、沙泉寨、马兰花草原举行特色体育项目。据统计，“五一”黄金周期间辖区范围内的景区(点)共接待旅游客3.8万人次，门票收入35万元。

2006年，重点旅游开发建设项目进展顺利。黄沙古渡生态旅游开发项目已投资900多万元，加快基础设施建设，与“五一”黄金周接待游客。黄河生态运动公园建设项目已投资8000万元，基本完成基础土方工程。特色旅游节庆活动丰富多彩。4月13日，在兵沟文化旅游区举办秦朝大将蒙恬雕塑落成典礼仪式。4月28日~5月6日,在黄沙古渡举办“2006中国·银川第二届大漠黄沙旅游健身周”活动。6月18日~28日,在兴庆区利群综合市场举办“中国·银川奇石展销会”,有26个省、市、地区近500家参展商布展,参展奇石10万余方;精品奇石5万余方;旅游公益品数万件。7月29日~30日,在黄沙古渡旅游区举办2006年首届宁夏“花棒节”—中国古典“七·七情人节”活动。8月1日~9月10日,在鸣翠湖旅游区举办首届宁夏银川“鸣翠湖”杯风光摄影大赛,收到摄影作品500余幅,获奖作品100幅。9月15日~25日,在金水园、黄沙古渡旅游区为第七届中国银川国际汽车、摩托车旅游节提供比赛场地,进行摩托车越野比赛活动。

2007年,加快旅游项目建设步伐,增加娱乐项目。全年共接待游客31万人次,旅游总收入3180万元。

2008年,重点落实西夏城维修改造工程,完成投资3200万元,基础设施和配套建设基本完成,并与8月2日开始营业;完成黄沙古渡索道、快活林等建设项目,投资1200万元;完成黄河生态运动公园投资3000万元。全年共完成5000万元招商引资任务,共接待游客38.8万人次,旅游收入3660万元。

2009年,在黄沙古渡旅游区建设了宁夏民俗文化博物馆、藏獒园、古渡口改造等项目;西夏城增加了骑马、骑牦牛、羊皮伐子、游艇漂流等娱乐项目;鸣翠湖建设了休闲养心岛、水上素质拓展训练基地、客房部等项目;金孔雀度假村新建了乡村酒吧、增设客房;杨家庄园投资建设了住宿客房、增加了娱乐项目等。新建鸿洋山庄、风雅山庄、高尔夫农庄等6家农家乐,于5月后陆续开业接待游客。筹建穆斯林民俗村农家乐项目、黄河鱼村、塔桥花海花家乐项目。截止11月底,兴庆区共接待游客48.06万人次,直接旅游收入3875.2万元,其中:农家乐共接待23.6万人次,直接旅游收入1927.5万元。完成招商引资任务1700万元。

2010年,编制《兴庆区黄河金岸旅游概念规划》《兴庆区掌政特色小城镇建设旅游规划》《兴庆区月牙湖地区旅游规划》《兴庆区“十二五”旅游发展规划》。《兵沟文物保护规划》并已通过专家评审,《兵沟旅游规划》正在编制当中。积极开展招商引资工作。鼓励社会资本参与旅游业发展。加强项目建设。黄沙古渡投资1014万元,继续完善水、电、路基础设施,建设综合办公区景区、进出快速通道、标准化厕所6个;西夏城投资780万元,增加了画舫船、漂流、骑马等娱乐项目,新编排西夏乐舞节目20个,建设了游客服务中心,成立了宁夏第一家自驾车营地;兵沟旅游区投资500万元,加强了水、电路、绿化等基础设施建设,新建了办公用房;黄河小镇已开工建设,目前已累计投资6600万元。加大资源整合力度,由宁夏西夏城文化旅游公司出资3000万元,实现金水园旅游区整体项目的转让。马兰花生态旅游区、胡杨林观光旅游区开发项目正在招商,等待开发。8月份,在黄沙古渡旅游区举办了“第五届七夕-花棒情人节”活动。全年共接待国内游客51.57万人次,旅游收入4100万元,其中农家乐旅游接待24.69万人次,收入1977.3万元。

【农家乐品牌】 坚持科学规划,有序推进农家乐,深入挖掘乡村文化和乡村民俗,乡村旅游渐成规模。

2003年,开发建设掌政镇章子湖农家乐旅游项目;宏坤公司农家乐项目庄园初具规模,农业观光、休闲垂钓、餐饮等服务功能完善,已具备接待游客的能力,

2006年,积极拓展推进乡村游。发展建设了以宏坤度假村、龙泉山庄、五渡桥农庄、苹果庄园、孔雀湖乡村俱乐部、邦妮跑马场等为代表的“休闲度假型”;以昆仑蔬菜基地为代表的“高科技生态农业型”等不同风格、不同特色的农村旅游类型。深受城市游客青睐,但特色不突出,娱乐项目少,服务水平低,同农事活动结合不够,针对这些不足,采取区别对待,分类指导的方法,对乡村旅游引入景区管理模式,提升经营和管理服务水平,加强了休闲和度假功能,延伸农村旅游产业链。

2007年,开发乡村旅游农家乐,共有30家乡村旅游农家乐。

2008年,组织辖区30名农家乐经营负责人参加银川市、兴庆区经营与管理培训。按照银川市旅游局农家乐星级评定要求,对明卉花家乐等12家作为三星级农家乐报银川市旅游局审批。新建金孔雀度假村、小石潭庄园、龙源山庄3家农家乐。8月,对辖区农家乐进行普查,共有农家乐35家,其中投资千万元以上2家,投资百万元以上10家。

2009年,以打造塔桥村、春林村2个乡村旅游专业村为重点,新建农家乐6家。加大对“农家乐”经营点的指导和管理力度。开展农家乐星级评定,共评出星级农家乐8家,其中:三星6家,二星2家,进一步促进提高经营服务水平。申报四星级农家乐6家,二、三星级农家乐5家,举办94人参加的兴庆区农家乐从业人员技能培训,提高农家乐的经营管理水平和服务质量。兴庆区初具规模的农家乐达41家。

2010年,加大对农家乐旅游点的指导和规范力度,进一步打造特色农家乐品牌,一是组织兴庆区安监、消防、卫生等部门,对农家乐检查,针对存在的问题进行讲解、培训,指导农家乐科学管理,规范服务;二是开展以“城市上班族、假日做农夫”为主题的银川市民认领“菜地”活动。此活动共有128个市民家庭参与,带动了近300个城市家庭到农家乐,利用双休日时间参与、体验农事活动;三是乡村旅游进一步拓展。由宁夏花海盛地农业观光有限公司投资1200万元,建设了银川花海度假村,邦妮农庄投资200多万元改造扩建,黄河高尔夫农庄投入800多万元改造扩建。

四是继续开展农家乐星级评定，新增农家乐6家。2010年兴庆区有初具规模、设施较完善的农家乐42家，已评出二、三星级农家乐8家。

【旅游宣传促销】 2003年，以民族运动会为契机，扩大对外宣传力度，着力打造旅游在宁夏，旅游在银川，游客在兴庆区的历史文化名城品牌，举办兴庆区摩托车时尚浪漫之夜活动，吸引区内外，海外游客，扩大了兴庆区知名度。

2004年，加大旅游宣传力度，印制中国·银川兴庆区首届黄河生态旅游文化周宣传画报2000册，组织各旅游景点印发单行画册和宣传材料10000份，组织人员到东线旅游景点和月牙湖乡调研开发情况。4月30日，举办兴庆区首届黄河生态旅游文化周活动。在兵沟旅游景点召开“兴庆区旅游工作座谈会”，通过广泛宣传，提高兴庆区旅游景点的知名度，推动旅游工作发展。

2005年4月23日在光明广场举行河东八景旅游宣传推荐活动，各景区(点)通过演出、展板宣传、发放宣传材料等形式宣传东线旅游。

2006年，打造黄河东线大漠草原旅游品牌，加强旅游宣传促销工作。3月27日，先后组织兴庆区各旅游景区(点)，在大团结广场举办旅游促销宣传活动，共发放宣传资料10000余份；4月15日～16日，组织黄沙古渡、金水园、鸣翠湖、龙泉山庄四家旅游景点到吴忠开展旅游宣传促销活动；6月6日，举行“十万银川市民游东线”活动新闻发布会和银川市乡村旅游推荐会。与此同时，黄沙古渡、金水园、鸣翠湖、龙泉山庄与水洞沟、大汉行宫旅游区组成东线旅游景区集团，提供优惠门票价格，联合承办旅行社，推出两条1日游和一条2日游线路，在6月18日～10月18日期间，联合开展“十万银川市民游东线”活动，共同打造东线，做强东线，加快银川东线旅游业发展。

2008年，以特色活动为载体进行宣传促销活动。3月26日，举办解放思想与旅游发展研讨会；4月29日，举办第四届大漠黄河旅游健身周活动；6月22日～26日，协助市旅游局做好第八届汽摩旅游节相关工作，并在金水园和黄沙古渡举行赛事活动；6月8日，在宏坤度假村举办宁夏第二届休闲旅游垂钓节；7月26日在鸣翠湖旅游区举办“人与湖、人与自然”为主题的摄影抓拍比赛；8月7日～10日，在黄沙古渡旅游区举办“七夕－花棒情人节”活动；9月12日在兴庆区文化广场举办2008“掌政杯”农家乐特色菜厨艺比赛活动。

2009年，围绕建设运动休闲城市，合理调整营销策略，积极为辖区景点营销出谋划策，采取对景区门票、娱乐项目价格降价、办优惠卡等方法，促进兴庆区沙滩运动项目和水上运动项目的进一步发展成熟。帮助西夏城景区策划开业周年庆典优惠活动；组织旅游景区、农家乐参加“全国百城旅游宣传周”启动仪式及系列宣传促销活动，制作风光片、宣传折页8万份，加大宣传工作力度。4月25日启动了以“亲近自然、相约农家、感受生态文明”为主题的乡村游活动；7月25日在鸣翠湖举办首届“婚纱秀”摄影大赛暨运动休闲赏荷节；8月22～26日，在黄沙古渡举办第四届“七夕－花棒节”活动，扩大景区宣传促销面，取得很好的宣传促销效果。。

2010年，制定兴庆区旅游局宣传促销方案，以旅游节庆活动为抓手，在景区、农家乐，开展宣传促销活动。一是组织辖区旅游景区、农家乐参加全区“品质旅游进社区”宣传活动，开展科技周、安全生产月等系列旅游宣传活动。二是在兴庆区黄河金岸建设项目推介新闻发布会，宣传推介兴庆区旅游资源及待开发项目。三是制作兴庆区旅游宣传画册，进一步扩大宣传，加强促销，打造兴庆区旅游整体形象。四是8月份在黄沙古渡旅游区举办“第五届七夕－花棒情人节”活动。这些活动均取得较好宣传促销效果。

【旅游监管】 加强旅游监管，旅游市场运行健康平稳。

2003年，整顿和规范旅游市场，开展行风评议，对兴庆区内部分餐饮、娱乐、旅行社、宾馆旅游景点进行摸底调查，发放旅游行风评议调查表1000份，针对群众提出的突出问题，制定政务公开、规范服务整改方案，优化旅游市场环境。

2004年，为加强各旅游景区(点)旅行社、旅游餐饮宾馆的规范管理，于4月份召开兴庆区旅游协会第一届会员大会，通过《旅游协会章程》，选举协会会长、副会长、秘书长、理事、常务理事，有会员49人。与旅行社和各景点签订“安全、准时、定点、优惠”协议书，旅游接待水平和服务质量都有所提高。

2005年，把安全工作摆在头等重要的位置，加强旅游安全管理，很抓落实。在“春节”“五一”黄金周重要节日之前，对辖区旅游景(点)、旅行社、旅游汽车、游艇、宾馆、餐馆、攀岩、探险、漂流等旅游项目进行安全检查，要求被查单位制定严格的安全责任和事故应急预案，对存在的安全隐患进行整改，确保旅游无任何意外事故发生。同时，抓好A级景区管理升级工作，兴庆区有金水园、海宝塔、兵沟国家2A级景区3家。

2006年，在“春节”、“五一”黄金周重要节日之前，对辖区旅游景(点)、旅行社、旅游汽车、游艇、宾馆、餐馆、攀岩、探险、漂流等旅游项目进行安全检查，对存在的安全隐患进行彻底整改，确保旅游无任何意外事故发生。

2007年，抓好A级景区管理、升级工作。兴庆区有国家2A级景区3家，3A级景区2家，国家农业旅游示范点1家。

2008年，在辖区旅游企业中开展精神文明建设活动，将鸣翠湖申报自治区级文明风景旅游区，黄沙古渡、兵沟旅游区申报银川市级文明风旅游景区，名卉花家乐等12家农家乐申报银川市三星级农家乐。推荐5家旅游企业参加银川市“利益之星”评选。

2009年，与各旅游企业签订《安全

生产责任书》,在“五一”、“十一”期间,联合相关部门对景区、农家乐、宾馆饭店开展安全卫生综合检查,确保安全生产和服务质量,全年无旅游投诉和安全事故发生。推荐辖区星级饭店9家、旅行社20家,申报评选自治区级、市级文明星级饭店、文明旅行社。申报兴庆区级文明星级饭店、文明旅行社共15家。

2010年,认真贯彻落实安全生产法律、法规和《旅游安全管理暂行办法》,以及上级部门安排部署的安全工作,提高安全意识,健全安全管理各项制度,确保安全措施落实到位。加强日常安全管理,与各旅游企业签订《安全生产责任书》,签订率达100%。建立企业安全管理档案,下发《关于认真做好旅游安全工作的通知》。在“五一”“十一”期间,组织兴庆区相关部门对景区、农家乐、宾馆饭店开展安全卫生综合检查,落实安全预案,确保安全生产和服务质量。全年没有旅游安全责任事故发生,无旅游投诉事件。黄沙古渡景区年初被评为国家4A级旅游景区,西夏城旅游景区被评为国家3A级旅游景区。3月份经过验收、授牌。黄沙古渡景区和兵沟旅游景区通过银川市级文明景区的验收。截止2010年底,兴庆区共有30家旅游企业成功创建各级文明单位。

【银川市兴庆区黄河旅游开发区总体规划】 2005年,兴庆区初步完成《银川市兴庆区黄河旅游开发区总体规划》的编制。该规划范围覆盖整个银川市兴庆区黄河流域全境地域,南自银川河东机场,北到月牙湖与平罗交界处,东起银川市与内蒙古自治区交界处,西达黄河西堤岸。全境407平方公里,包括河东地区334平方公里、河西40平方公里和灵武市和河东地区33平方公里,共计40680公顷。

【旅游从业人员培训】 2007年~2010年共办旅游从业人员技能培训班8期,培训人员2500人次,组织参加区市旅游部门举办的各类培训班及服务人员技能比赛,取得较好的成绩。

【旅游文化】 将文化和旅游资源结合,加强旅游景观和项目的文化内涵建设。十年来先后在黄沙古渡景区建设了黄河祭台、庆王阁、宁河台、禹王井、月牙湖、黄河古渡口、黄河渔家、古渡人家、望娘厅、禹王阁、祈福台、康熙渡黄河、昭君出塞和亲雕塑等古迹景观,建设了宁夏民俗文化博物馆、红色文化纪念馆。兵沟旅游区是一处集黄河文化、边塞军旅文化、农耕文化、塞外风光及影视拍摄于一体的文化旅游胜地、浑怀障、汉代墓葬群、蒙恬展馆、古祭坛、大峡谷等丰富的人文与自然景观使兵沟别具风情,创办的文学基地,发表了两部历史文化研究、文化旅游发掘为一体的学术著作《千年兵沟》和《开边大将蒙恬》。西夏城旅游区深入挖掘西夏文化,编排的西夏乐舞,设立的西夏展厅,开发的西夏宴以及横城古堡,使游客了解感悟神秘的西夏文化历史。

【五渡桥村驴肉餐饮街】 五渡桥村驴肉餐饮街始建于1998年,面积约6000平方米,入驻商户40余家,现已形成以姜光头特色驴肉馆为龙头的10余家餐馆为主体,30余家商店、粮油作坊和摩托、汽车、电器修理为一体,黄河农村商业银行、掌政镇农村资金物流调剂中心也坐落其间的五渡桥商业街。姜光头特色驴肉馆为代表的7家农家乐,年接待人数20万人次,纯收入150万元,解决当地120人就业,其他30余家商店、粮油作坊和摩托、汽车、电器修理以及黄河农村商业银行、掌政镇农村资金物流调剂中心等解决就业300人。

【鸣翠湖国家湿地公园】 鸣翠湖国家湿地公园位于兴庆区东郊,西距城区9公里,东临黄河3公里,园区总面积10000余亩,其中湿地8000余亩(湖面4200亩),绿化及其他用地2000余亩,是集生态、观赏、旅游、娱乐、休闲为一体的国家湿地公园。园区于2005年5月1日正式对外开放,2006年接待游客总量为6万人次,实现收入150万元。

【兴庆区黄河旅游小镇】 兴庆区黄河旅游小镇位于兴庆区横城村,西临黄河,东靠大漠,地域开阔,金水园、影视城在项目区范围内,有深厚的历史文化底蕴和美丽的传说故事,在该区域内投资1300万元的滨河公园已建成,资源优势、地理优势、基础设施优势明显。项目投资及建设规模 项目总投资20000万元人民币,包括新建镇区、金水园、影视城、横城古渡、两桥之间、黄河及河西对岸湿地,集旅游集散、旅游购物、娱乐、观光及管理功能于一体,以旅游服务为主的旅游功能性的穆斯林风情小镇。

【兵沟文化旅游区】 兵沟文化旅游区总面积27平方公里,现形成汉墓景区、黄河及河滩景区、大峡谷景区、大漠景区等四大景区,各有不同特色。近年来,已在兵沟景区拍摄影视剧30多部,现已成为宁夏乃至中国西部又一著名影视基地。随着景区项目的增加和完善,将成为宁夏东部文化旅游新亮点。

宁夏民政厅

搭建社会组织管理服务平台

儿童福利事业健康发展

宁夏民政工作在自治区党委、政府的领导下，在民政部的大力支持下，坚持改革创新，为构建和谐富裕新宁夏做出了应有贡献。

一、救灾救助管理。十年来，累计下拨救灾资金13亿元，救助受灾群众800万余人次；支持贫困群众改造危窑危房24.3万间；新建了海原救灾物资储备库和自治区救灾物资储备库，总仓储面积增加到17686平方米。累计发放低保金40多亿元，保障城乡低保对象由2007年的20.8万人增加到56.3万人；城乡困难群众医疗救助由2007年的8.5万人次增加到521.6万人次，临时救助22万人次。创建“全国减灾示范社区”41个，自治区级20个。

二、养老福利慈善事业。开工建设宁夏老年人服务中心，陶乐养老服务中心等一批养老服务机构和全区智能化社区居家养老服务信息平台，养老机构床位由2007年的5500张增加到1.1万张。率先在全国建立了高龄老人津贴制度、孤儿养育津贴制度，惠及3.4万名80岁以上城乡低收入高龄老人、6878名孤儿；3500名病残儿童成功进行了手术康复治疗。推进六大慈善园区建设，解决困难群众就业近2万人；新建慈善超市、慈善医院、慈善社区143个。

三、创新社会管理。在乡镇建立民生服务中心，新建社区服务站900多个，三星级以上社区达到74%。成立自治区党委派出机构的社会组织工委，扩大了社会组织党组织覆盖面，全区登记注册和备案的达到10621家，初步建立门类齐全、层次不同、功能互补、覆盖广泛、特色明显的组织体系。

四、双拥优抚安置工作。13个市、县被命名为全国、自治区双拥模范城(县)。驻宁部队、武警、消防官兵与驻地开展“军地共建文明清真寺”活动，结对350多座。建立重点优抚对象抚恤标准自然增长机制，优抚对象医疗费报销“一站式”服务工作实现全覆盖。认真贯彻新《兵役法》，退役士兵安置率达93.6%。全面落实军队离退休干部“两个待遇”。

慈善园区解决困难群众就业

五、社会事务管理服务。经国务院批准设立吴忠市红寺堡区，解决了全国最大的移民地区(20万人)的行政建制问题。建成宁夏国家地名数据库GIS地名业务省级平台。流浪乞讨人员救助管理机构覆盖所有地级市及重点县(区)。建立殡葬救助制度，解决困难群众的殡葬困难。规范婚姻和收养登记，与全国同步实现婚姻登记信息联网。民政行风建设、效能建设和党风廉政建设不断加强。

军民共建文明和谐清真寺

大力实施城乡社区服务站建设工程

宁夏回族自治

2008 年 11 月 24 日，区直机关工委对自治区政府办公厅文明机关创建工作进行考评验收

2008 年 11 月 30 日，自治区人大、政府、政协、纪委机关举行第五届体育联谊会

2008 年以来，政府办公厅坚持以科学发展观为指导，适应自治区党委、政府提出的新要求，适应新一届政府高效率、快节奏的工作风格，适应全区各项事业加快发展的新形势，充分发挥服务领导、服务部门、服务群众的“三服务”作用，内抓管理，外树形象，连续五年开展了“效能建设年”“制度建设年”“精细化管理年”“创先争优达标年”“巩固创新提升年”活动，以主题年活动为抓手，认真履行参谋助手作用，在辅助自治区政府科学决策、确保政务工作高效运转、推进服务型政府建设和重大决策部署落实中，发挥积极作用，为全区经济社会又好又快发展做出应有的贡献。

围绕中心，助推全局发展。坚定不移地贯彻落实自治区党委、政府决策部署，主动服务“十二五”规划、沿黄经济区、“两区”建设等重大战略，主动服务黄河金岸建设、宁东建设、固原大会战等重点项目，主动服务保障和改善民生、凝聚民心民力的重大决策，促成一些大事、办成一些实事、抓好一些难事，在推进经济社会发展中发挥积极作用。高效运转，全力辅政资政。把参谋助手作用体现在政务服务的全过程，以文辅政谋有道有方，“三办”服务有章有节，政策执行有力有为，参事调研有拓有效，督促检查有声有色，使办公厅成为自治区政府把握全局情况的“耳目”、科学决策的“外脑”、推动工作落实的“手臂”，综合协调、枢纽作用得到充分发挥。不断创新，提升综合保障。积极发挥指导和管理职能，政务服务体系加快推进，信访隐患稳

2009 年 1 月 21 日，政府办公厅举办春节团拜会

2009 年 6 月 12 日，政府办公厅召开保密工作会议

2009 年 9 月 25 日，政府办公厅召开学习贯彻党的十七届四中全会精神大会

区政府办公厅

2009 年 12 月 25 日，自治区主席王正伟，自治区副主席刘慧、自治区副主席赵小平在政府办公厅领导左军、王紫云等陪同下参观书画展

2010 年 6 月 4 日，政府办公厅进行宁夏网络及现代办公环境泄密窃密技术演示

步化解，政府法制建设持续加强，金融服务体系不断优化，后勤管理更加规范，救济帮扶、无线电管理、外联引资、档案管理等工作亮点频现，较好地发挥综合服务职能作用，整体管理水平提高。凝心聚力，强化自身建设。励精图治抓班子，带队伍，形成尊重支持、同心共事的良好氛围，提高干部职工的业务能力，使每一名干部都做到“办文的大家、办会的专家、办事的行家”，树立了“政治强、业务精、作风正”的良好形象。

此届政府施政的五年，是宁夏加速发展、跨越发展的五年，也是政府办公厅主动作为、勇于创新、拼搏进取的五年。五年间，办公厅全体工作人员与全区干部群众一道，共同经历了自治区的大事、急事、难事和喜事，付出无数的努力和艰辛，分享成功的欢欣、喜悦。

自治区第十一次党代会提出“全面建设和谐富裕新宁夏，与全国同步进入小康社会”的奋斗目标。政府办公厅将以开放的思想观念、执着的奋斗精神、扎实的工作作风，集中智慧，凝聚力量，激扬斗志，拼搏进取，为宁夏跨越式发展做出更大的贡献。

自治区政府党组成员、秘书长，办公厅党组书记　左军

自治区政府副秘书长，办公厅主任　王紫云

2010 年 7 月 8 日，政府办公厅传达贯彻西部大开发工作会议精神干部大会

2010 年 10 月 29 日，自治区政府办公厅召开《保密法》培训讲座

宁夏回族自治区政协

自治区政协主席齐同生陪同全国政协副主席、民进中央常务副主席罗富和视察宁夏内陆开放型经济试验区建设

2007年7月，香港福建希望工程基金会访宁

宁夏回族自治区政协从2001年到2010年经历了七届、八届、九届发展历程。十届委员会有29个界别、426名委员。有主席、副主席、秘书长11人，常务委员101人。设有提案、经济、人口资源环境、教科文卫体、社会和法制、民族和宗教、文史和学习、港澳台侨和外事8个专门委员会。办公厅下设秘书处、人事处、研究室、行政接待处、离退休干部服务处、委员联络处6个处室和机关党委、信息中心、机关服务中心和《华兴时报》社4个直属机构，共有150多人。

十年来，自治区政协积极探索和创新履职机制，进一步畅通和拓宽参政渠道。一是以协商议政为重点，围绕中心服务大局。通过主席会、常委会、全委会等协商议政形式，主要就"十一五"规划制定、退耕还林还草、新农村建设、生态环境保护、中小企业发展、农村土地承包经营权流转、加强城乡统筹和加快城镇化进程、生态移民、学前教育、新兴产业发展等关系我区改革发展稳定的重大问题，开展专题调研和协商讨论。开展调研视察活动240多次，形成专题报告220余篇。二是以重点提案督办为抓手，创新提案工作方法。自治区党、政主要领导亲自督办政协重点提案，带动各市、县(区)党政“一把手”督办政协重点提案。尤其是《关于加强黄河上中游生态环境保护的提案》被确定为全国政协重点督办提案，其考察报告得到李克强、张高丽、汪洋三位中央领导同志的重要批示。宁夏政协共审查提案立案5100多件，自治区领导督办重点提案50件，收到反映社情民意3000余条，编发政协信息1100余条。三是以关注和服务民生为己任，积极为群众办实事。对保障性住房、最低社会保障建设、农村公共卫生服务体系建设、解决农村安全饮水、改善农村教师条件、推进社会化养老服务等一大批民生问题提出建议。2005年，自治区政协成立“兴华成才助学金”，5年累计发放助学金235万元、资助622名家庭贫困学子进入高等院校，实施“援建希望小学和乡镇卫生院”工程、北京成龙慈善基金会贫困重病儿童救治等项目。四是以协调关系为着力点，促进民族团结进步。围绕促进民族地区经济发展，积极引导宗教与社会主义社会相适应，充分发挥民族宗教界代表人士在人民政协的重要作用，为促进民族团结、宗教和顺做了大量工作。五是以提高服务水平为根本，不断完善各项制度。自治区政协着力加强对政协委员的服务和管理、注重发挥委员的主体作用，着力加强与民主党派的联系，着力加强对市县(区)政协的联系和指导，着力加强政协机关自身建设，不断提高履职服务的水平。政协机关先后获全国普法先进单位、“自治区级文明机关”“党建工作先进单位”“全区依法治理示范单位”“精神文明先进集体”“扶贫支教先进单位”等称号。

2008年5月21日，自治区政协机关共产党员交纳“特殊党费”支援汶川地震灾区重建

2008年9月17日上午，自治区政协召开“庆祝自治区政协成立50周年座谈会”

2009年11月，自治区政协召开全区基层政协主席工作座谈会

2010年11月，自治区政协第五次提案工作座谈会在石嘴山召开

2001年-2010年自治区

2008年9月14日刘延东国务委员调研宁夏科技工作

2008年5月13日自治区科技厅厅长马清贵在平罗县设施农业示范基地调研科特派工作

2008年9月11日科技部与宁夏回族自治区人民政府举行第一次部区会商会议

2008年9月11日科技部万钢部长调研宁夏科技工作

1999年，党中央提出西部大开发战略决策，给地处西北、属于欠发达地区的宁夏提供了极好的发展机遇。西部大开发，科技要先行。10年来，在自治区党委、政府的正确领导和高度重视下，在科技部等国家有关部门的关心和大力支持下，全区各级政府及有关部门紧紧围绕西部大开发提出的科技发展战略目标，以开拓创新、奋力拼搏的精神，积极行动，很抓落实，使全区科技事业步入了宁夏有史以来发展最好最快的时期，科技工作取得显著成就，有力的促进了经济社会发展。

一是科技创新环境显著改善。近年来，自治区党委、政府以建设创新型宁夏为目标，把科技进步作为经济社会发展的首要推动力量，不断推进科技进步与创新，主要领导亲自担任全区农村信息化和科特派创业工作协调领导小组组长，统筹指导科技工作，取得显著成效；先后多次召开全区科学技术大会和科技奖励大会，出台了建设创新型宁夏、科技支撑经济和新能源产业发展、加强农业和农村科技工作等20多份政策意见，开始形成"一把手"抓第一生产力和"第一资源"的工作机制；加大科技宣传，把科技宣传作为一项长期性工作来抓，制定完善了科技宣传计划和奖励措施，充分利用报纸、电视、网络等形式广泛开展科技宣传活动，营造了全社会尊重知识、尊重人才、尊重科学的良好氛围。全社会科技投入增长了6.4倍，达到20亿元；研究与试验发展投入增长了5.1倍，占地区生产总值的比值比10年前提高了0.32%；地方财政科技投入增长了6.7倍，达到4.7亿元。特别是近三年，国家和自治区科技项目投入达到5.8亿元，占10年总投入的57%，有力地保证了我区各项科技规划的实施和政策的全面落实。2009年，宁夏科技进步水平综合指数全国排名由过去几年的24－26位上升至2009年的第19位，升幅排全国前列。

二是科技支撑经济社会发展的能力明显增强。积极争取与国家科技部建立了部区工作会商制度，将事关宁夏经济社会发展的重大科技问题列入国家科技部支持地方发展计划。"十一五"期间，我区共实施国家和自治区科技项目上千项，投入科技经费约10亿元，是"十五"期间的3倍。特别是近三年，争取国家科技项目资金近4亿元，带动社会投入创新资金30多亿元。工业领域，紧紧围绕能源、化工、装备制造、新材料、特色农产品加工和高新技术等"五优一新"产业，突破了超低灰煤、镁合金、铝电解槽、羊绒加工、风力发电设备、冶金法太阳能多晶硅、大型三峡水轮机叶片等相关生产技术，达到了国内领先、国际先进的水平。农业领域，围绕自治区三大农业示范区建设，实施"5183"农业科技工程，在品种选育、节水灌溉、病虫害防治等方面取得了一批科技成果，通过农作物的多次改良换代，实现了水稻934公斤，玉米1314公斤的历史最高单产；全区

7月1日自治区科技特派员服务企业启动大会在银川召开

10月10日首届中国宁夏现代农业暨园艺高峰论坛

2010年1月14日宁陕科技合作签约仪式在西安举行

2010年5月18日自治区第二批科技创新团队授牌仪式在银川举行

科技工作取得显著成就

2010年8月7日举办了中国(宁夏)首届防沙治沙暨沙产业论坛在银川举行

2010年9月9日,科技部原党组书记、副部长李学勇考察宁夏林研所

2010年9月9日科技部与自治区人民政府第二次部区会商会议在银川召开

农作物优良品种覆盖率达到90%,农业新技术推广覆盖率超过75%,畜禽改良率达到90%以上;实施国家科技支撑计划项目,建立农村信息化发展宁夏模式,全面提升了新农村信息服务水平;在宁夏园艺产业园设施农业示范基地,集成创新了一批适用于我区现代设施园艺产业发展的新成果、新技术,有力地提升了我区现代农业的技术水平。社会发展领域,在环境保护、生态治理、农业节水、人口与健康等方面科研成效明显,尤其在盐碱地改良、中药现代化种植基地建设与新药研发、农村卫生适宜技术推广、沙产业开发建设等方面充分发挥了科技的支撑作用。

三是科技创新体系建设步伐加快。10年前,全区只有2个自治区工程技术研究中心、2个企业技术中心。10年来,加大科技创新平台建设,目前,我区已建成国家和自治区重点实验室15个,国家和自治区工程技术研究中心24个,国家和自治区认定企业技术中心45个、高新技术企业25家、自治区重大创新团队32个,发展各类科技中介服务机构260家;企业技术创新能力明显增强,通过国家和自治区科技攻关项目的实施,使一大批企业的科技攻关、技术创新能力显著增强。

四是科技人才队伍不断发展壮大。10年来,全区各类专业技术人员增加到15万人,其中高中级专业技术人员占48%;全社会从事科技活动的人员1.6万人,其中研究与试验发展活动人员5300人年,是1999年的2.5倍。全区国家级学术技术带头人9人、国家级有突出贡献中青年专家32人;自治区级学术带头人292人,专家服务基地12个、院士工作站10个,自治区特聘专家44名。特别是近三年,柔性引进两院院士31名、国内知名专家17名,引进急需紧缺博士60名、硕士231名,聘请国外技术、管理专家1000人次。

五是科技成果和专利产出快速增长。10年来,全区累计取得区级以上科技成果1390项,专利申请量4900件,发表论文16850篇,出版科技著作422种,有10项成果获得国家科技进步和科技发明二等奖,2人获得何梁何利基金科技创新奖。其中,2009年专利申请量是10年前的4.3倍,专利授权量是4.6倍,发表论文数量是6倍,出版专著数量是4.4倍。尤其是近两年,专利申请量以20%的速度递增,年突破1000项;发明专利授权量从1999年的全国较低水平跃升到现在的全国中上水平。

六是科技创新工作有亮点、有特色。10年来,尤其是近三年,科技工作取得了令人瞩目的成绩:填补了中国工程院院士、国家重点实验室、国家工程技术研究中心、省部共建国家重点实验室培育基地、国家科技发明奖、何梁何利基金科技创新奖等方面的空白;突破了超低灰煤、镁合金、铝电解槽、羊绒加工、风力发电设备、冶金法太阳能多晶硅、大型三峡水轮机叶片等相关生产技术;创新了农业生产关键技术,制订和公布了一批农业技术标准和规程,实现了水稻、玉米、小麦、马铃薯等主要农作物品种的更新换代;开创了工农业科技特派员创新创业行动,探索出了科技服务"三农"的"宁夏模式"和科技人员服务企业的新机制,为全国树立了典型。

2010年8月6日第二届园博会上领导参观科研开发区

2010年12月28日,王正伟主席在全区科技奖励大会上作重要讲话

2010年12月28日全区科技奖励大会在银川召开

全国政协副主席、科技部部长万钢与自治区主席王正伟在银川签订部区会商议定书

自治区住房和城乡建设厅

规划引领。从全自治全区整体发展中谋划城市建设和产业发展，坚持产城互动，实产业为城镇发展之“魂”，突出文化元素。城市建设突出特色，产业也突出特色，避免同质竞争。以城镇化带动服务业发展，比如在发展旅游、金融、物流、餐饮等方面，突出地方风味，使休闲旅游、采摘和农家乐等更具吸引力，把宁夏作为一个城市来规划建设。

银川市国土资源局

银川市国土资源局主要职责是贯彻实施有关法律、法规、规章，执行国家国土资源发展规划、战略；研究拟定银川市有关国土资源管理的政策、规定和办法，并监督实施。

编制并组织实施全市土地利用总体规划、土地利用年度计划、土地整理复垦开发规划和其他专项规划、计划；指导、审核县(市)区、乡(镇)土地利用总体规划、矿产资源保护与合理利用规划；参与审核银川市城市总体规划。

主要工作有：承担耕地保护的责任。管理和监督城乡建设用地供应、政府土地储备、土地开发和节约集约利用工作；负责土地评估机构资质审查。

编制矿产资源保护与开发利用规划，监督、管理矿产资源的开发、利用和保护；负责地质勘查行业管理，调处国土资源纠纷，查处国土资源违法案件，负责全市测绘行业和测绘市场管理等。

银川市图书馆

银川市图书馆与银川市宣传部联合举办“银川读书论坛”系列活动

银川市图书馆位于银川市解放东街 102 号，隶属银川市文化广播电视局，是地市级国家一级图书馆。馆舍一期工程建成于 1987 年，建设面积 3678 平方米。2001 年进行二期工程扩建和一期工程改造，扩改后总建筑面积达 6000 平方米。

银川市图书馆在职工作人员 55 人。馆长 1 人，党支部书记 1 人，副馆长 2 人，工会主席 1 人；具有大专以上学历 43 人，全馆专业技术人员中，高级职称 6 人，中级职称 24 人。

图书馆设有十一部一室，分别为：采编部、辅导部、外借部、少儿部、自学部、综合外借部、文献参考部、期刊部、技术服务部(共享工程部)、图书流通服务部、视障读者阅览室及办公室，服务内容包括图书外借、报刊阅览、文献信息查询、期刊外借、少年儿童读者活动、多媒体电子阅览服务、政务公开资

举办爱心助盲联谊会

送书到农村

春节期间举办有奖灯谜竞猜活动

举办“共享读书乐”送书到学校活动

2009 年 5 月 17 日银川市图书馆视障读者阅览室建成开放

料查阅、视障读者服务等共 15 处服务窗口，设有 880 个阅览座位。截至 2011 年底藏书 36 万册，每年订有中文期刊 1200 余种、中文报纸 80 余种。办理各类读者借书证近 20000 个，年图书流通量为 80 万册次，年接待读者 40 万人次。

多次受到国家文化部、人事部、自治区和银川市的表彰，先后被命名为“全国文明图书馆”“全国少儿工作先进集体”“全国文化工作先进集体”“自治区级文明单位”“全区图书馆工作先进集体”“自治区职工职业道德建设先进单位”“银川市宣传思想工作先进集体”“银川市精神文明建设先进单位”等荣誉，2005 年 6 月被国家文化部命名为“国家一级图书馆”，2010 年 1 月再次被评定为“国家一级图书馆”，不愧为有着七十多年历史的图书馆。

宁夏红十字事业

宁夏红十字会专职副会长刘静获得2008年度中华慈善奖——优秀慈善工作者称号

由宁夏红十字会专职副会长刘静带领的宁夏红十字会首批赴汶川地震灾区救援物资到达灾区

宁夏伊斯兰教界群众通过宁夏红十字会向雪灾地区捐款

宁夏红十字会在自治区政府办公厅党组的领导下，救灾救助成效明显 。 自治区红十字会累计募集社会捐款和争取援助款物价值达13803.385万元，先后参与汶川地震、海地地震、青海玉树地震、甘肃舟曲泥石流、西南干旱等重大自然灾害的救援工作。为“5.12”汶川地震影响的固原市5个县（区）援建民房、学校和红十字会备灾中心等硬件设施，并做好区内经常性的灾情上报工作，连年向中国红十字会总会申报救灾物资。

连续多年开展“红十字会博爱送温暖”活动，发放救助款物1028.5万元，对全区受灾群众、城镇下岗职工、城市低保户、农村贫困群众进行慰问救助，受益人群24万余人次。开展“博爱救心”、“博爱助学”“博爱助医”活动，援建红十字书库146个，博爱卫生院（站）35个，博爱学校9所，乡村学校洗手设施9个，救助大病患者203名，资助贫困学生199名，培训乡村医生240名，培训救护员12015名。举办应急避险、自救互救、家庭保健知识讲座364期次，受益141174人次。中国造血干细胞捐献者资料库宁夏分库2005年3月成立，工作人员和志愿者深入学校、机关、部队，积极组织动员。截止2010年底，中华骨髓库宁夏分库造血干细胞志愿捐献资料已达8360人份。全年配型163名，高分辨配型成功14名，累计捐献4名。

近年来，募集150多万元，在贫困地区援建了5所博爱学校、三所村红十字博爱卫生站，帮助1000多名贫困学生完成学业。2004年，宁夏红十字会和美国红十字会合作，争取

行驶在 5.12 四川地震灾区受损山路上的宁夏红十字会首批救援物资车队

向青海玉树地震灾区募捐

红十字博爱送温暖救助贫困群众

红十字志愿者参加宣传活动

援助资金 365 万元，在固原市原州区、泾源县实施了改水、改厕、健康教育、基层红十字会能力建设项目，为泾源县新民乡高家沟村、泾河源镇东峡村援建饮水改造工程，项目区 575 户群众用上干净卫生的饮用水。为泾源县 7 个乡(镇)112 个行政村、原州区河川乡 12 个行政村开展农民健康教育 / 健康促进活动，为原州区河川乡、泾源县新民乡高家沟村和泾河源镇东峡村的 16 所学校新建粪尿分集式卫生厕所，8 个乡（镇)、124 个村、16 所学校、29724 户、13 万多群众、学生从中受益。五个地级市红十字会机构已经全部组建完成，全区红十字团体会员单位已达 286 个，会员 43673 人，志愿者 3382 人。

2004 年，宁夏红十字会被国家人事部、中国红十字会总会授予“全国红十字会系统先进集体”称号。1993 年，被自治区党委、政府评为“7·23”空难救护先进集体，2003 年，被自治区党委、政府评为防治“非典”先进集体，2007 年中卫市红十字会被总会评为“全国红十字系统救灾先进集体”。2008 年 6 月，宁夏红十字会被自治区抗震救灾指挥部评为全区抗震救灾先进集体。2008 年 7 月，宁夏红十字会被中国红十字会授予“抗震救灾最佳组织奖”。2008 年 12 月，宁夏红十字会常务副会长刘静被民政部评为“全国优秀慈善工作者”。2009 年 9 月，宁夏红十字会常务副会长兼秘书长刘静同志被授予全国三八红旗手荣誉称号。?2010 年 12 月，宁夏红十字会被中国红十字会总会授予“抗震救灾组织奖”，授予银川市红十字会、石嘴山市红十字会“抗震救灾先进集体”。

援建红十字博爱卫生站

满载红十字会博爱送温暖活动物资的武警车辆

领导合影

宁夏福建企业家协会

自治区党委常委银川市委书记崔波在协会成立见义勇为基金会上发表热情洋溢的讲话

协会召开第三届会员代表大会进行换届选举

宁夏福建企业家协会是在党中央、国务院决定闽宁对口扶贫协作的过程中，于1997年8月18日经宁夏回族自治区扶贫办批准，民政厅注册登记成立的社团组织。现已有协会总会、固原分会、吴忠分会和银川泉州商会、银川南安商会、宁夏莆田商会、宁夏龙岩商会和以闽商为主的宁夏木材商会、宁夏石材商会、宁夏汽车商会，宁夏装饰材料商会，还有正在筹备中的中卫分会和石嘴山分会及宁夏健康产业商会，共有会员1860余人，直属会员320名，理事会成员81名，设会长1名、荣誉会长2名、常务副会长16名、副会长37名、理事25名。

协会现任会长陈舒，是宁夏新思路房地产及宁夏凯威地产有限公司董事长，已连任两届协会会长。闽商在宁夏经营的范围比较广泛，主要经营：房地产开发、建筑材料、食品加工、餐饮娱乐、服装鞋帽、煤炭化工、电子通讯、医院医药、农林开发、文化教育等20余个行业百余个

在自治区民政厅举行的向四川汶川大地震灾区捐款仪式上陈舒会长代表协会捐款，自治区副主席李锐接受捐款

福建企业家协会向东南亚海啸受灾国家捐款

专业，其中占宁夏市场份额较多的有：木材占85%，石材占82%，民营医院占88%等。

协会成立十八年来，积极组织会员企业参与政府和社会组织的各项政治、经济、公益、招商招善活动等，为宁夏招商引资近千亿元，捐资助学、扶贫帮困、抗震救灾、修路建桥等捐助金额达12000余万元，安置当地人员就业50000余人。广大在宁闽商为宁夏的经济建设作出了贡献，也提升了自己的素质，一批闽商被自治区、市、县、区选为人大代表、政协委员，有的还进入了工商联的领导班子，有的被评为光彩事业先进个人，有两人获得银川市荣誉市民。协会也被评为国家民政部先进社团组织、5A级社会组织、自治区发展非公有制经济先进单位、连续十一年被自治区政府评为招商引资先进商会等30余项奖励和表彰。

协会为福建抗洪救灾捐款受表彰

闽宁两省区领导接见出席庆祝宁夏福建企业家协会成立十周年大会代表合影 2007.7.24于银川

十周年合影

新世纪千村扶贫开发成效明显

党中央、国务院制定了《中国农村扶贫开发纲要（2001–2010 年）》，对新阶段的扶贫开发工作进行了全面部署，确定了扶贫开发工作的新目标。自治区党委和政府在深入调查研究、认真总结宁夏扶贫开发经验与教训的基础上，制定了《宁夏农村扶贫开发规划（2001–2010 年）》和《千村扶贫开发工程实施意见》，提出了宁夏今后十年扶贫开发的目标和任务。

胡锦涛总书记视察固原市原州区中河乡中河村时亲切接见福建挂职干部

按照中央提出的“省负总责、县抓落实、工作到村、扶贫到户”的要求和自治区《宁夏农村扶贫开发规划（2001–2010 年）》及《千村扶贫开发工程实施意见》的总体部署，扶贫办坚持以扶贫开发工作为中心，立足区情、县情，与时俱进，强化措施，扎实工作，通过实施“十万贫困户养殖业工程”“小额信贷养殖业工程”“贫困地区特色产业发展工程”“万户菌草产业扶贫工程”，广大贫困群众的生产生活明显提高，扶贫开发工作取得阶段性成果。

一、千村扶贫开发工程成效明显，贫困农民收入增长较快。重点贫困村种植以紫花苜蓿为主的多年生豆科牧草 62 万亩，新建养殖暖棚 11631 栋，扶持发展养牛 10388 头、羊 90030 只、猪 3491 口，人均牧业收入 238 元；户均输出 1 个劳动力，人均劳务收入达到 458 元；劳务输出、退耕还林还草补助、特色种养业等成为贫困村农民增加收入的主要来源，比重超过 90%。三分之二的贫困村人均收入达到 668 元以上。

二、贫困地区的生产生活条件得到较大改善。西海固地区确立的草畜、马铃薯、劳务和特色产业等四大支柱产业初具规模。概括为：支柱产业已经确立，基地建设形成规模，龙头企业势头强劲，中介组织应运而生。

三、贫困地区群众的精神面貌和思想观念向好。表现为贫困群众脱贫致富的主动性、积极性有所提高，农民脱贫致富的能力有所增强，依赖观念逐步消除。

四、科教文卫等社会事业全面发展。通过几年的努力，基本实现贫困地区行政村村村通电、通公路、通电话、通广播电视，人民群众生活条件明显改善，生活质量明显提高。西海固地区 8 县（区）的计划生育率由 2002 年的 66.78%提高到 2004 年的 74.81%，人口快速增长的势头有所缓解。科教文卫等社会事业的发展，也促进了农村精神文明建设和民主法制建设的共同发展，贫困人口的整体素质有了较大程度的提高，农村社会稳定。

华林蔬菜公司在西吉县的生产基地

发放鸡苗

养殖业

东方商城

DONGFANG SHANGCHENG

银川市东方商城位于市区繁华地段，与银川商城毗邻相依，属于银川市“东西合作工程”项目，是一座全封闭式的商贸批发兼零售中心。市场内设施先进配套，有自动扶梯和货运电梯，中央空调，并安装有消防自动报警和自动喷淋系统。于 1998 年 12 月 6 日开业，日平均客流量三万余人次，节假日高峰可达六至八万人次，商城营业面积 11000 平方米，共分四层设置经营摊位 850 个，从业人员近 2000 人。一楼经营：百货、箱包皮具、化妆品、工艺礼品、玩具、文化体育用品；二楼经营：针纺织品、内衣、床上用品；三楼经营：男女各式服装；四楼经营：鞋类、童装。市场交易额 1 亿元。公司营业收入 1030 万元，实现利润 172 万元，为国家创利税 98 万元。

东方商城经营品种万余种，公司的管理理念是放心、舒心、贴心。建立健全了消防安全各项管理制度，并有一支过硬的安全管理队伍。东方商城连续几年被授予文明诚信市场，在工商的支持协助下设立了 12315 消费者申诉举报四级网站，每层楼都有监督岗，及时受理消费者各种投诉和服务。

东方商城居于银川市老城区核心商圈，是银川人家喻户晓的商业核心集散地，将继续秉持“诚信共赢，共创财富”的理念，持续回报经营者与消费者。

推动城市发展　繁荣地方经济　提升人居水平

建发集团——城市运营商的实践者

建发集团创始人、董事长杨伟

公司巡查组在项目现场检查

表彰“可爱建发人”

银川建发集团股份有限公司始创于1993年，民营股份制企业，国家一级房地产开发资质、国家一级物业服务资质，是以房地产开发为主业、兼营商业地产运营、金融投资、物业服务为一体，总资产50亿元的多元化集团企业。

公司累计开发建设各类商品房近400余万平方米，自持核心商业物业面积40余万平方米。为近万家经营户提供了创业的平台，为千家万户提供了优质的住房。建发·东方红广场是建发集团推出的一个大型商业项目，也是宁夏第一个现代化的商业综合体，它的成功运营满足了广大市民的消费需求，提升了银川市商业发展的格局与品质，2008年，东方红广场被国家住建部授予“广厦奖”。2010年，集金融、购物、商务中心为一体的建发·现代城一落成，就成为古城银川新的地标建筑。

建发集团一方面推动城市商业的发展，一方面致力于提升银川市民的人居生活，所开发的建发城市花园、建发·宝湖湾等住宅项目无论是建设质量、环境配套、还是物业服务都一直走在行业的前列，赢得了行业主管部门的肯定，受到消费者的广泛认可。宝湖湾获国家广厦奖。

近年来，建发集团的综合实力大幅增强、品牌价值不断提高，企业美誉度显著提升，已发展为本土的行业领军企业。公司先后被授予“全国精神文明建设单位”、“中国房地产诚信企业”、国家级“重合同守信用企业”、国家“房地

国家广厦奖——建发·宝湖湾

国家广厦奖——建发·东方红广场

产 AAA 级信用等级”认证、中国房地产“西北十强”企业等称号;在本区先后被授予“百强企业”、“全区百强纳税企业”、“西夏杯”优质工程;公司连续 10 年稳居银川十强企业。自公司成立以来,先后向见义勇为基金会、文化、教育等公益事业累计捐赠三千余万元,年上交税金过亿元。

建发集团发展壮大,走向强盛的力量源泉就是其先进的管理体系和独具特色的企业文化。董事会、监事会、经营层三驾马车各司其职、协调发展;集团管控科学有序,各司属企业凝心聚力、奋发有为;党委、工会、团委组织健全、体系严明。多年来,公司大力开展创建学习型、节约型、健康型的“三型”班组,弘扬正能量,倡导争做“可爱建发人”,举办“快乐的工作 快乐的生活”等主题活动。特色鲜明的企业文化,丰富多彩的职工活动,凝聚了人心,团结了队伍,激发了员工积极向上、忠诚企业的力量。

建发集团将以“构筑和谐建发,打造百年老店”为愿景,以“满意在建发”为目标,全体员工共同践行公司“精耕细作做项目、精雕细琢做工程、精益求精做工作、精打细算搞经营”的要求,全面提升公司产品质量和客户服务水平,进一步增强企业核心竞争力。

国家广厦奖——建发·现代城

宁夏第一门——建发城市花园

大阅城——银川市重点招商引资项目,银川城北城市级商业综合体。

宁夏中房实业集团股份有限公司

2006年,中房·高尔夫家园在宁夏率先引入中水技术,并成为宁夏首家通过住宅AA级性能认定的项目

2007年,中房·高尔夫家园在宁夏住宅项目中首获全国房地产行业的最高奖——广厦奖

2010年,方陆董事长被授予"2009年度宁夏十大经济人物"荣誉

宁夏中房集团前身为中房集团银川房地产开发有限责任公司,1982年成立,首家取得国家一级资质的房地产企业,全国第四家通过IS09001:2000质量体系认证的房地产企业,率先完成全面改制。经营范围涉及房地产开发、金融、物流、物业资产经营、采暖供热、物业服务、宾馆等行业,并拥有一家运营资金达亿元的小额贷款公司和一家占地4000余亩的大型物流公司,被多家金融机构评定为AAA级信用,连续三个

2002年,成立20年之际,公司乔迁新址银川市北京东路339号

2003年,银川首推"一站式"交房服务。首创《业主乔迁服务指南》,为业主免费代办土地证、房产证,为业主提供装修备选设计方案并推荐装修公司、搬家公司、家政服务

2007年,公司在宁夏首推户型设计"放大样"举措,首推"商品房业主预验"制度,得到了广大消费者的一致好评

2009 年，中房物流园区项目正式获得自治区发改委批准立项，当地媒体曾评论说，宁夏中房进入了一个横跨住宅地产、商业地产和物流地产于一身的三项全能时代

年度被中国房地产业协会评定为“中国房地产诚信企业”，连续两年被国家工商总局授予“守合同，重信用”企业称号，两次获得国家住宅开发行业大奖——广厦奖，并入选中国房地产企业500强“区域运营十强”企业。

30 多年，宁夏中房集团累计投资近百亿元，开发各类房屋近 800 万平方米。先后承建了银川火车站等标志性建筑及银川兴隆商厦、银川新时尚广场、银川家友饰品广场等开发项目；完成了银川市解放东西大街、民族北街、银川市步行街等道路改(扩)建任务；在银川和西宁两个首府城市建成唐徕、北苑、牡丹园、高尔夫家园、丽景湖畔、东城人家、西宁国际村、西宁都市绿洲、西宁夏都府邸等住宅小区，住宅近 4 万套。开发的住宅小区里，曾留下江泽民、胡锦涛、乔石、李瑞环、曾庆红、贾庆林、罗干等党和国家领导人视察的足迹。

十年来，中房在宁夏率先推行客户满意度考评体系，以客户满意度评价产品的设计质量、工程施工质量、销售服务质量以及物业服务质量等；致力将产品升级为作品，为没有生命的钢筋、混凝土赋予文化内涵，为原本冷冰冰的砖块赋予灵魂和生命。

2005 年，公司推出以“开发项目周边不利影响因素告知、7 天无理由退订”等诚信五项宣言，用实际行动保护购房者权益；2007 年，公司首推开发过程的精细化管理；2008 年汶川地震后，在东城人家项目制定并执行“磐石行动”计划，提升房屋的抗震性能；2009 年，发起“质量零缺陷”行动；2010 年，银川市 21 个优良工程中房独揽 11 个。并在宁夏首推绿色建筑项目，中房·高尔夫家园、中房·东城人家一期项目均通过国家 2A 级住宅性能认定和绿色建筑设计评价标识二星级标准认定。

多年来，宁夏中房积极支持助学、助残、抗震救灾、扶贫、老旧小区改造、山区失学女童重返校园以及公共环境、市政道路建设等公益事业，以实际行动践行着一个责任企业、一个好企业的庄严承诺。截至 2010 年，累计捐款捐物价值近亿元。

2009 年 4 月，公司与银川建发集团正式结为中房·建房企业联盟

2010 年，具有宁夏中房特色的客户服务体系——360° 金牌客户服务体系初步建成，从 6 个维度、5 大客户视角，以 24 个“规定动作”向客户提供规范化服务

2010 年，启动建立集团化管控体系咨询项目

新华百货　商业领头羊

新华百货 XinHua Department Store

老大楼重装开业

六十二年耕犁商海，牢记诚信当先！

六十二年永续经营，铸造百年企业！

宁夏唯一的商业上市公司——银川新华百货商业集团股份有限公司，在百货、超市、电器、物流四大领域不断创新发展；现拥有 38.58 亿资产，8 家子公司、9 家百货店及 200 余家连锁超市，成为宁夏最大的商贸流通企业。

上市 18 年，新华百货各项经济指标连续多年居宁夏同行业之首，多次被评为全国内贸系统先进集体，全国执行物价、计量政策法规最佳单位。近三年以来累计实现营业收入 182 亿元，净利润 6.78 亿元，上缴各项税金 10 亿元。

▲"我是股东—中小投资者走进上市公司"活动走进新华百货

▶青海团队建设：总经理朱建波为寿星切生日蛋糕

近几年，青海新百乐尚都市广场、新百百货固原店、兰州七里河店、新百大卖场中宁开元店、新百连超唐徕店、新百电器平凉店相继开业，陕西西安店、鼓楼时尚广场也即将竣工开业，新华百货在零售百货业发展中稳步前进。

2006年，新华百货进入北京物美体系，引进预算管理、绩效管理、ERP系统、自动化办公系统（OA）、人力资源系统（EHR）、财务系统（SAP-FI）、R2POS系统、会员系统（CRM）、供商服务系统(VRM)等，物流系统(WMS-TMS-IM)获得全国科技进步特等奖，新华百货驶入了发展的快车道！

2006年获"全国诚信金鼎"称号，"2006中国服务业企业500强第277名，列商业零售业第30名"；2008年获"全国商务系统先进集体""全国模范劳动关系和谐企业先进单位""全国三八红旗集体""宁夏改革开放三十年行业功勋奖"；2010年获"全国模范职工之家"称号，全国百货上市公司排名第21名，全国连锁百强排名第74名，是自治区级文明单位。

新华百货始终将商品安全作为关系百姓健康生活的头等大事。三重质量把关（资质验厂、索证索票、收货质检），保证产品质量；关注民生，百姓生活必需品长久保持低价——以自采、买断、替客户算好帐；开发特价专区，长期保证供应，用一份责任心赢得客户的肯定，用最真诚的态度赢得客户的青睐。

近十年来，在非典侵袭、汶川地震、甲流肆虐、玉树抗震、见义勇为、扶贫打井以及救助失学儿童、贫困大学生、关爱孤儿等大事面前勇担道义，累计捐款达400余万元。每年春节看望离退休干部、困难职工，发放慰问品、慰问金；公司坚持三大公益慰问活动，每年组织干部员工慰问银川市三级困难劳模、孤寡老人、西吉县孤儿等，为困难劳模、孤寡老人每月送去米面油等生活用品及五折优惠卡。

▲新华百货

◀第七届职工运动会

▲新百集团组织党员慰问养老院

新百现代物流货架内景

新华人寿保险股份有限公司宁夏分公司

2004 年新华保险银川分公司在宁夏体育馆举行开业庆典仪式

2004 年 7 月，新华人寿保险股份有限公司宁夏分公司成立，经过 6 年发展，已在银川、大武口、吴忠、惠农、青铜峡、灵武等市县设立分支机构 11 家，为约 12 万个家庭提供保险服务。从开业初年的 1776 万元到 2010 年 8.03 亿，宁夏寿险市场占比 23.38%。

分公司从 2005 年开始，把件均时效的 2.92 天缩短为目前的 1.75 天。分公司率先完成全国无障碍异地理赔工作，并陆续出台 10 万元以上赔款总经理亲自上门服务、星级业务员 800 元小额“现场理赔”服务等，体现了新华理赔的“高效、便捷”。

分公司利用“客户服务节”推出系列活动，一方面为客户搭建学习健康、教育知识的平台，举办“名家面对面关爱万里行”专家讲座，邀请国内知名专家向客户送健康、送关爱。6 年间，分公司举办百余场公益讲座；举办多届“少儿书画大赛”收集 1 万多幅作品，为 2 万多名少年儿童提供展示自我的舞台。

2007 年为“母亲水窖”捐款；2008 年汶川地震，全体员工为灾区捐款 15.28 万元，并为宁夏所有抗震救灾消防官兵赠送巨额人身意外伤害保险 3750 万元；2010 年，玉树地震，捐款 12.98 万余元。6 年来，分公司累计捐款金额达 50 余万元。

分公司内外勤队伍从成立初期的 600 多人，发展到现在内外勤 2000 多人。在比学赶帮超的新华文

2008 年新华保险大厦落成，保监局局长李翰辉为公司颁发营销许可证

2008 年 5 月分公司为汶川地震捐款 15.28 万元

2006 年 11 月成功举办保险行业诚信演讲比赛

2010 年 5 月 20 日保险消防百日宣传活动启动大会

化氛围影响下，创造了多项保险营销纪录。内勤队伍成熟稳定，41 人中司龄 6 年以上有 32 人，占骨干员工的 78%，本科学历 104 人，占员工 75%，为全区 600 万人提供全面的保险服务。

六年来，分公司先后获区消协“诚信单位”、区国税和地税局“A 级纳税信用单位”、区劳动社会保障厅“劳动监察优秀企业”等称号。2007 年获自治区工商局和消费者协会 3·15“最具亲和力品牌奖”，2008 年获“消费者信得过品牌奖”，2010 年获“消费者最喜爱品牌奖”。2010 年，宁夏分公司被评为 2009 年度“宁夏消费服务示范单位”。

新华保险宁夏分公司将继续坚持“以客户为中心”的服务理念，坚持“简单、客观、协作、责任”的工作原则，秉承勇担责任、积极进取的企业精神，通过实现“管理好、品质好、业务好、形象好”四个方面，把新华保险宁夏分公司建设成为宁夏市场上最优秀的寿险公司之一。

“新华保险‘3·15’诚信服务暨保险服务监督员聘请启动仪式”

分公司成立以来第二起较大理赔案

举办新华保险清凉宁夏文艺晚会

举办征文比赛

菊花展游客观景

银川市中山公园

银川市中山公园始建于1929年11月。公园占地47.44万平方米，水域面积7.33万平方米。整个园区有10个分区：南门区、中心活动区、娱乐活动区、休闲观赏区、花卉观赏区、水景观赏区、水上活动区、安静休息区、果实采摘区、文化活动区。2002年11月，中山公园对游客免费开放。

截至2010年底，动物园饲养动物70余种500余头（只）。岩羊、贺兰山马鹿、兰马鸡等特色动物已形成繁殖种群。动物园既是向广大青少年宣传野生动物保护知识和宁夏高等院校实习基地，也是银川

爱国主义教育活动

优质服务月表彰大会

开展学雷锋活动

身边的人讲身边的事

市地震动物宏观异常观测基地和野生动物救护中心。游乐区中，分布着 38 项游乐项目，以故事性的演绎，为游客带来种种神奇的体验。

中山公园内强素质，外树形象。2003 年被自治区爱卫会授予卫生先进单位，被银川市人民政府授予安全生产工作先进单位；2005 年被自治区质量技术监督局授予特种设备安全管理先进单位；2005-2006 年连续两年被授予银川市“创优质产品、创优质服务”竞赛活动优胜单位；2007 年被授予银川市五创工作先进集体；2008 年被银川市总工会授予五一劳动奖状；2009 年被评为自治区文明单位，被住建部命名为“国家重点公园”，被中共银川市委评为重视和支持工会工作先进单位；2010 年被授予银川市四星级公园，分别被市政府和市安监局评为“银川市安全生产先进单位”和“银川市特种设备安全管理先进集体”。

志愿者服务游客

与动物近距离接触

荷花池夜景

宁夏建元房地产开发有限公司

满春家园小区住宅楼

宁夏建元房地产开发有限公司成立于2001年3月，注册资本6000万元，现具有国家贰级房地产开发企业资质，是一家集房地产开发、物业服务、物流经营、农业开发、酒店等为一体的集团公司。

开发的主要项目有“满春家园小区”“育财苑小区”“兰山园小区”“新贸市场”“欧语城邦小区”“物流中心”“金河湾生态园”“塞尚府邸小区”“都市阳光小区”“灵武阳光御景别墅项目”等。

公司自成立以来，先后被政府及行业主管部门评为诚信企业、AA级信用等级企业、AA级信用客户、重合同守信用企业、突出贡献企业、优秀企业、纳税十强企业、和谐放心消费环境创建企业、消费服务示范企业、宁夏消费者满意服务明星企业等称号。

金河湾度假村鸟瞰

吉通快捷酒店

建元吉顺恒通物流中心

美丽的金河湾鱼塘

建党 90 周年，红歌大合唱决赛

公司职工台湾旅游

欧语城邦小区欧式建筑风格

宁夏水利水电工程局

自治区领导陈建国视察我局承建的鸭子荡水库工程

宁夏水利水电工程局施工的吴家河湾泵站项目经理焦全春向自治区水利厅厅长吴洪相做工程介绍

宁夏水利水电工程局(以下简称宁工局)成立于1951年3月,注册资本金6050多万元,资产总额2.1598亿元。在职职工430人,机械设备700多台(套),2005年10月由事业单位改制为国有独资企业,2008年11月经自治区人民政府批准资产合并到宁夏水务投资集团有限公司,成为其全资子公司。

宁工局是宁夏唯一的水利水电工程施工总承包一级资质企业,具有市政公用工程施工总承包二级、房屋建筑工程施工总承包二级、土石方工程专业承包一级、机电设备安装工程专业承包二级、管道工程专业承包二级、水工金属结构制作与安装专业承包二级、送变电工程二级、水利工程监理甲级、房地产开发、基础处理、水利水电建设工程质量检测、绿化、压力容器(1级中)安装改造、压力管道(GB2、GC3)安装改造维修及起重机械(B级)安装改造维修等15个增项资质。可承担不同类型的大坝、电站厂房、引水和泄水建

安全生产月启动仪式

演讲比赛

筑物、通航建筑物、基础工程、导截流工程、砂石料生产、水轮大电机组、输变电工程的建筑安装；金属结构制作安装；压力钢管、闸门制作安装；堤防加高加固、泵站、涵洞、隧道、施工公路、桥梁、河道疏浚、灌溉排水工程施工。2001 年通过 IS09001:2000 质量体系认证，2009 年通过 IS014000:2004 环境管理体系；GB/T28001-2001 职业健康安全管理体系认证，被誉为“宁夏水利铁军”。其立足于宁夏市场的同时，积极拓展区外，在青海、新疆、广东、四川、山东、河南、安徽、陕西、内蒙古等省区承建多项工程。

2002 年被水利部授予“全国水利建设先进集体”；2004 年承建的宁夏兴惠扬黄工程星火泵站被中国水利水电质量协会水利分会评定为“全国水利系统用户满意工程”；2006 年被自治区人民政府评为宁东能源化工基地供水工程建设先进集体。2009 年 3 月承建的青海省湟水北干渠扶贫灌溉一期工程四支渠二标工程项目部被青海省水利厅引大济湟工程建设管理局评为“2008 年度施工组织管理优秀项目部”。2010 年 12 月，被中国水利企业协会评为“全国优秀水利企业”等。

景观水道

固海扬水碑

黄河细摒腰子弯道险工工程

干渠渡槽

宁夏银川龙马房地产开发有限公司

宁夏银川龙马房地产开发有限公司成立于1998年，是集房地产开发、建筑安装、房屋销售、经营管理、投资置业、物业服务、广告装饰、成品油气销售于一体的综合性集团公司。历经十六年的发展，注册资本由创建时的不足百万元，发展到今天1.1亿元，具有二级房地产开发资质，开发建设面积近60万平方米，投资总额近30亿元人民币，在职员工近百余人。

先后成功开发建设了前进街商住楼、荣恒大厦商务写字楼、南薰街商务写字楼、阳光花园住宅小区、金马华庭商务公寓综合楼、龙马·鼓楼广场、龙马·阳光城等项目。“阳光花园”住宅小区被评为“中国房地产成功经营模式——健康住区”“园林式住区”“销售放心房先进单位”的荣誉称号；公司先后被评为“重合同守信用企业”“房地产行业AA级信用企业”；公司董事长先后被评为“优秀诚信企业家”“银川市十大优秀青年企业家”“自治区十大杰出青年企业家”等荣誉称号。

设立银川二中龙马基金，基金总计200万元，图为捐资助学奖教签约仪式

“用真情回报社会、用实际奉献爱心”。十六年来，先后为南部山区200名贫困学生，订阅《小龙人报》，为银川市实验小学捐资兴建了500平方米的“龙马图书阅览室”；连续两年捐资举办“龙马杯”少儿美术、书法、征文大赛；捐资10万元支持“第十三届中国电影金鸡百花奖”在银川举办；公司及全体员工为四川汶川地震救灾募集捐款6万元；为自治区团委主办的“第二届青年创业大赛”捐款10万元，获得“奉献爱心、扶助创业”的荣誉称号；在“为了孩子”丛书捐赠活动中捐赠图书1000册；支持市慈善总会举办的“大爱成就未来”巾帼助学活动，捐款20万元，资助10名贫困大学生完成大学学业。设立“宁夏龙马基金”，总计200万元，捐助银川二中家境贫寒、品学兼优的学生，奖励高考优秀考生以及优秀教师。

“大爱成就未来”巾帼助学活动仪式

在“为了孩子”丛书捐赠活动中，捐赠图书1000册

龙马·鼓楼广场

阳光花园

金马华庭

龙马·阳光城

滚钟口游玩

香港游玩

卫生·计划生育

WEISHENG JIHUASHENGYU

医药卫生

【概述】 1976年10月，银川市城区卫生科成立。1984年3月与新成立的银川市城区爱国卫生运动委员会合并，下设办公室。2002年11月机构改革，城区卫生局改称兴庆区卫生局，与兴庆区爱国卫生运动委员会合署办公。2006年8月5日，兴庆区爱卫办从卫生局分离出来，合署调整到兴庆区城乡市容环境局。2010年，兴庆区卫生局改称兴庆区卫生和食品药品监督管理局，核定行政编制5名，其中局长1名，副局长3名。截止2010年底，兴庆区属医疗卫生机构2个，即兴庆区卫生监督所和兴庆区疾病控制预防控制中心；乡镇卫生院4所，即兴庆区掌政镇中心卫生院、大新镇卫生院、月牙湖乡卫生院和通贵乡卫生院；村卫生院至2013年底，(换成2010数字）兴庆区两乡两镇共有35个行政村37个村卫生室51个村医。社区卫生服务中心(站)23个。十年来先后被中华人民共和国卫生部、中华人民共和国民政部、国家中医药管理局联合授予《全国社区卫生服务示范区》;被国家中医药管理局授予《全国中医药特色社区卫生服务示范区》。

【局领导名录】

局　长：芮执新(2001.01～2003.04)
　　　　张金明(2003.04～2004.11)
　　　　江　洪(2005.03～2007.12)
　　　　赵景宝(2008.12～2011.11)

副局长：冯建敏(2001.01～2001.08)
　　　　王志云(2001.08～2003.03)
　　　　田孝峰(2003.03～2010.12)
　　　　母惠英(2009.01～2010.12)
　　　　康　莉(2009.01～2010.12)

【医政管理】 2004年，进一步完善县(区)、乡、村三级卫生服务网络。严格准入制度，新开设村卫生室5家。通过完善和制定《兴庆区乡镇卫生院、村卫生室考核实施细则》《聘用医务人员考试和备案管理制度》，结合《医疗机构管理条例》《执业医师法》等有关法律、法规，强化兴庆区农村机构从业人员、卫生技术应用等方面的准入管理，定期对乡镇卫生院、村卫生室的合理布局、医疗器械消毒、诊疗操作规范、医疗服务及药品价格、合理用药、门诊及传染病登记报告、健教宣传等各项工作进行考核并登记备案，对限期整改仍不能达标的原高台寺第三医疗站、原双庄医疗站依法取消注册。制定《2004-2010年兴庆区农村卫生人员培训规划》《兴庆区乡镇卫生技术人员培训实施细则》《兴庆区乡村医生培训实施办法》，并对乡村医师和注册护士重新登记和核发证书。

2006年，积极推进农村卫生改革。出台《兴庆区委、人民政府关于进一步加强农村卫生工作的实施意见》和《兴庆区委、政府关于加强乡镇卫生院改革的工作方案》，对乡镇卫生院进行人员摸底、核定编制，拟定《兴庆区乡镇卫生院院长公开聘任办法》，规范村卫生室建设。对兴庆区76家村卫生室进行房屋改造、设备配置、统一标牌等内容的规范化建设，确定38家村卫生室承担公共卫生工作，健全县(区)、乡、村三级预防保健网络，保障了农村基本医疗、疾病预防、康复、健康教育等工作的顺利开展。

2007年，坚持医疗卫生事业的公益性，把原来实行承包的卫生院于年初全部收回，每个乡镇设立一所政府举办的卫生院，按照“按需设岗、公开竞聘、择优聘用、严格管理”的原则对卫生院进行人事制度改革，确定38家承担公共卫生的村卫生室，健全县(区)、乡、村三级预防保健网络，保障农村基本医疗、疾病预防、康复、健康教育等工作顺利开展，每月对村卫生室实行300元补助。每季度对乡镇卫生院和村卫生室进行检查考核。

2008年，加强农村医疗机构的管理，对辖区68家医疗机构按照《医疗机构管理条例》进行年审。开展医院管理年活动，建立医院管理的长效机制，普通医用耗材进行统一招标。公开招考14卫生专业技术人员，解决卫生专业技术人员紧缺的问题。开展城市医疗机构及名医支援农村基层医疗卫生工作行动，5月28日在掌政镇举行启动仪式，通过与市级医疗机构合作，利用城市卫生资源的优势，建立城市名医帮扶农村基层医疗卫生工作的长效机制，指派医院专家重点指导受援单位开展预防保健、基本医疗、中医中药、产科和急救技术服务等,为农村基层培养卫生专业技术人才,传授适宜技术,指导开展新技术、新业务和新疗法,提高农村医疗卫生服务能力和卫生人员业务素质,缓解农民“看病难”问题。

2009年,加强大新镇食品加工小作坊管理。以统一规划、集中加工、集中监管的食品安全监督新模式,积极争取政府更多的惠民政策吸引食品生产加工企业入驻小食品集中加工区,使食品生产加工企业在2008年初建时的不足40户发展到目前各类小食品加工企业73户,从业人员295人。改变过去食品加工分散经营,难以监管、卫生条件差、食品安全难以保障的局面。

2010年,强化措施,医药卫生体制改革工作效果明显。先后草拟兴庆区区《深化医药卫生体制改革近期(2010——2011年)重点实施方案》《深化医药卫生体制改革近期(2010——2011年)重点实施方案责任分工》《2010年人人享有医疗卫生服务试点实施方案》。签订目标责任书实行目标责任制。认真贯彻执行《医疗机构管理条例》和《银川市民营医疗机构管理条例》的有关规定,依法加强对医疗机构的准入制度,没有增加审批医疗机构。加强对乡镇卫生院和村卫生室的管理与考核,认真执行“药品三统一”和“人人享有基本医疗卫生服务”的有关规定。3月份在疾控中心进行竞聘上岗试点;7月份兴庆区卫生系统内部开展乡镇卫生院院长竞聘工作。基层医疗卫生单位实行绩效工资,面向社会聘用10名大学生。对4个乡镇卫生院(村)医生、公共卫生人员、护士进行业务培训。从4月份起将村医补贴从300元提高到400元,同时为村卫生室从事妇保工作人员核发乡医证,规范村医从业资质。

【新型农村合作医疗】 2007年,7月1日银川市新型农村合作医疗工作在兴庆区农村正式启动,兴庆区参加新型农村合作医疗保险的农民共计45000多人,失地农民21000多人,筹集到2007年度农民参合资金536000多元,参保率达到90%。截止12月7日共报销人数1365人,报销金额为599764.2元,农民群众从中得到了真正的实惠。

2008年,为确保新型农村合作医疗工作健康发展,制定《兴庆区新型农村合作医疗实施方案》等一系列文件。印制宣传材料4.1万份,利用广播、电视等多种形式进行宣传,使广大农民群众确实感受到了新型农村合作医疗是党和政府减轻农民医药费用负担,提高农民生活质量的“民心工程”。全年应参合人数为75953人,实际参合人数为70476人,参合率为92%,筹资水平由原来人均50元提高到川区100元、山区90元,共筹集个人缴费资金129.31万元。截止10月20日门诊报销4111人次,报销金额为9.09万元,住院报销2500人次,报销金额为257.38万元。还对2008年1~4月实施新政策前住院的756人参合农民进行补偿,追加补偿资金31.3万元。10月份开展2009年的新农合收缴工作,并下乡宣传动员,发放宣传材料5万份,进一步提高农民参合意识。

2009年,加强新型农村合作医疗宣传,做好证件发放、信息录入等工作。全年符合参加新农合的农业人口数为49833人,实际参合农民人数为46085人,参合率为92.48%。收缴参合农民个人缴费83万元。

2010年,应参加新农合人数为48645人,实际参加人数为46271,参合率为95.12%,完成新型农村合作医疗缴费任务,共收缴123万元,实现了新型农村合作医疗的平稳交接。全年新农合报销人数为1925人,报销金额为312.32万元,补偿最高支付22474元。

【药品三统一】 2002年,三区划界后,将原郊区卫生院、村卫生室及部分诊所划归兴庆区,药品实行由各医疗机构自行采购。

2006年,根据自治区卫生厅和自治区药招办有关于药品“三统一”规定,兴庆区调整药品“三统一”工作领导小组与38家村卫生室签订购销合同,在乡镇卫生院及村卫生室实行药品“三统一”政策,诊所还是自行采购。药品“三统一”政策在承担公共卫生工作的4家乡镇卫生院、35家村卫生室实现全覆盖。为了保证药品“三统一”政策贯彻执行,与各乡镇卫生院签订目标责任书,将药品“三统一”制度落实情况纳入年终绩效考核。

2008年,对4家乡镇卫生院及38家村卫生室药品“三统一”情况进行督导检查。共举办培训班3期,培训人员100余人(次),对违规1名乡镇卫生院院长给予撤职处理。中标药品购销合同签订率为100%,中标药品计划配送到位率为78.6%,规定目录药品使用率为100%,中标药品用药计划报送率100%,中标药品使用率100%,库存药品清退率100%,药品按规定加成销售100%。乡村实行药品统一管理,降低药品价格,切实解决农民“看病贵、看病难”的问题。

【基本医疗卫生服务】 2009年初,银川市和固原市被国家卫生部确定为人人享有基本医疗卫生服务试点单位,兴庆区被自治区确定为唯一建立农村卫生服务信息化平台试点区。兴庆区委、政府高度重视“人人享有基本医疗卫生服务试点工作”。2月4日举办试点工作培训班。2月10日印发《兴庆区开展人人享有基本医疗卫生服务试点实施方案》,成立领导小组,实行分乡包干制。2月18日召开试点工作启动大会,将有能力、规范化建设达标的30家村卫生室确定为承担四级包服务的门诊统筹定点医疗机构,将4个乡镇卫生院及24家社区卫生服务站确定为承担1~3级服务包的定点医疗机构,对原有执行药品“三统一”村卫生室的药品进行盘点,将没有执行四级包之前的药品全部清退到卫生院处理。印发《兴庆区人人享有基本医疗卫生服务试点工作四级包

诊疗运行管理办法》《兴庆区卫生局关于开展人人享有基本医疗卫生服务试点工作的紧急通知》《关于确定杨家寨村卫生室等为兴庆区新型农村合作医疗门诊统筹定点医疗机构的通知》等配套文件，保证了四级包的服务提供、就医流程、药品购销、费用结算等工作有序推进。为试点村卫生室下发了统一制作的处方、门诊登记本，为掌政镇5家示范村卫生室统一制作30种病、74种药品目录、1～3级服务包目录、惠民政策主要政策等公示栏。确定26家村卫生室为信息化建设试点医疗机构，为各村卫生室免费配置电脑、打印机、免费联网。同时建立技术支持队伍、稳定村医队伍，加强信息化培训，广泛开展以“花一元钱看病，公共卫生免费，严禁静脉输液，惠及参合农民”为主题的宣传活动。共拨付乡镇卫生院公共卫生经费149500元，村卫生室公共卫生经费59943元，人人享有经费预付1万元，健康教育经费35000元，从财力上保障各项工作顺利开展。在试点期间，辖区11个街道办事处全部开展公共卫生三级服务包，共覆盖91个社区；4个乡镇全部开展农村公共卫生三级服务包、四级医疗服务包，共覆盖32个行政村。确定30个经自治区验收合格的规范化建设的村卫生室作为承担四级包服务的门诊统筹定点医疗机构，并从当年新型农村合作医疗门诊统筹基金中按照每人每年30元钱划拨资金，为当年参合农民提供“30种门诊小病、74种诊疗药品、收取1元药事费”的4级服务包基本医疗服务。1～3级服务包主要以兴庆区卫生局、疾控中心、监督所承担技术指导、督导检查为主，由4个乡镇卫生院和30个定点村卫生室共同为农民群众免费提供10项40类公共卫生服务。截止2010年底，能够为村民提供33项公共卫生服务，重点是免疫规划、传染病管理、结核病防治、妇幼保健、健康教育、慢病防治等公共卫生服务。共体检4782人，建立家庭档案8288户，充分体现了公共卫生服务的均等化。

【基本药物制度】 从2009年4月1日起，4家乡镇卫生院开始正式申购使用宁夏基层目录药品，30家村卫生室按照银川市开展人人享有基本医疗卫生服务的要求，从基层目录药品中选择申购使用162个品种、188个品规药品。对原有执行药品“三统一”的药品进行盘点、全部下架处理。为加快兴庆区基本药物制度的全面实施，6月13日，兴庆区医改办公室召开辖区卫生系统基本药物制度推进工作会议，通报1～5月份兴庆区医改工作进展情况和34家村卫生室1～5月份基本医疗服务包累计就诊人次、用药金额、诊查费用结算情况，找出近期贯彻执行基本药物制度进展情况和存在问题及下一步工作进行安排部署。为确保试点规范、有序推进，组织相关业务人员对承担基本医疗定点村卫生室进行技术指导、督导检查，严厉打击静脉输液、乱用抗菌素和激素、非法行医等行为，对不认真执行政策的7家村卫生室黄牌警告，责令限期三个月整改。对限期校验仍不整改的卫生室撤销其机构。通过督导整改促进基本药物制度工作有序运行。同时，加大投入，将村医月工资补贴从300元提高到400元，为村卫生室从事妇保工作的人员核发乡医证，积极协调人力资源社会保障局为村医办理养老保险问题，2010年农民缴费已全部完成并已转到人力资源社会保障局，实现新型农村合作医疗资金对接，90%以上农民基本接受此项惠民政策。一年来兴庆区结合实际，调整目录，精心组织，严格要求，认真落实国家基本药物制度，卫生院平均有基本药物265个品种，卫生室有基本药物128个品种。中标药品购销合同签订率、规定目录药品使用率、中标药品用药计划报送率、中标药品使用率、库存药品清退率均为100%，“三统一“规定目录综合配送到位率94.3%；医用耗材统一招标采购以来，配送到位率为100%。基本药物制度实施，改变了乡村医疗服务模式：卫生院、村卫生室实行药品零利润，小病进村卫生室花1元钱诊疗费，药品费用由新农合报销，大病相互调济，就诊方便，价格低廉，农民真正享受实惠。实施基本药物制度以后乡镇卫生院门急诊次均费用比同期下降13.4%，住院费用下降2.93%，门诊诊疗人次上升46.1%。乡镇卫生院病床使用率，2009年50%，2010年4～9月49.8%；新农合实际报销比例，2009年60%，2010年4～9月70%。

【卫生工作城乡一体化】 2009年初，银川市被国家卫生部确定为人人享有基本理论卫生服务试点单位，并且兴庆区唯一被确定为试点建立农村卫生服务信息化平台。试点期间，确定了辖区内30家村卫生室承担四级包服务的门诊统筹定点医疗机构，仅收取1元药事费；明确26家村卫生室为信息化建设试点医疗机构，并为之配置了电脑、打印机，卫生局免费进行联网，创建了医疗信息化平台；投入2万多元，加大宣传力度，书写“花一元钱看病，公共卫生免费，严禁静脉输液，惠及参合农民”的公共标语26条，确保这项惠民政策人人皆知。将4个乡镇及24家社区卫生服务站确定为承担1～3级服务包的试点，免费提供10项、40类公共卫生服务。全年共拨付到乡镇卫生院公共卫生经费149500元，村卫生室公共卫生经费59943元，人人享有卫生经费预付10000元，健康教育经费35000元。自2月25日起，村卫生室共累计申购四级包药品3～5次，申购药品品种74种，闽宁医药公司共配送药品品种62种，药品总金额70917.61元；累计接诊患者1352人次，药品总金额9157.77元，人均药品金额6.6元。

2010年，在试点的基础上，结合兴庆区实际调整并制定《兴庆区2010年人人享有卫生服务试点实施方案》，认真贯彻落实基本药物制度，实现宁夏基本药物制度在辖区的全覆盖。卫生院平均有基本药物265个品种，卫生室有基

本药物128个品种。实行经费预付制，为每个卫生院核拨专项资金4万元,用于卫生院药品申购和村医的处方费用。

【基础建设】 2004年,建立县(区)级疾控、妇幼保健和公共卫生监督三项建设工作,基本实现"一无三配套"(无危房,房屋、人员、设备配套)的目标。月牙湖乡划归兴庆区管理后,制定《月牙湖乡卫生工作实施方案》,确立以坚持预防为主的公共卫生工作方针。根据月牙湖乡多年来尚未建立乡、村两级预防保健体系的实际情况,向兴庆区政府提出专项报告,为月牙湖乡疾控站增编三人,各行政村配备村防保员8名,建立健全乡、村防保队伍,并核拨资金对现有的基础设施进行维修。

2006年,规范村卫生室建设。按照《关于加强村卫生室建设的意见的通知》(宁政办发[2005]180号)文件要求,对兴庆区76家村卫生室进行房屋改造、设备配置、统一标牌等内容的规范化建设,确定38家村卫生室承担公共卫生工作,健全县(区)、乡、村三级预防保健网络,保障农村基本医疗、疾病预防、康复、健康教育等工作顺利开展。

2007年,新建通贵乡卫生院住院部于8月28日正式投入使用;争取到60万元乡镇卫生院医疗设备(心电图机、尿十项仪、显微镜及救护车辆等),改善和提高了乡镇卫生院的诊疗条件和急救能力。

2008年,一是争取科威特爱心基金6个村卫生室60m²的建设项目,月牙湖海陶北村400m²卫生室的建设,共争取39.96万元。二是争取卫生厅维修项目15万元,用于大新镇卫生院水暖维修。

2010年,将原回中办公用房交由卫生局办公使用,解决卫生局办公用房;建设兴庆区疾控中心实验室和艾滋病初筛实验室;对永固卫生院新楼外部环境进行改造,将该院建成具有中医特色的卫生院;争取到国债基建项目经费90万元,拟为月牙湖卫生院新建了一栋二层框架结构800m²的住院部,同时将4500m²的监督办公楼列入明年建设计划。

【整顿和规范医疗市场秩序】 2004年,加强对辖区各医疗机构、药品经营、销售的管理,上半年共打击非法行医23家,没收非法经营药品及器械价值约3万元。取缔非法药品市场和营业营销点,坚决制止药品购销活动中给予收受"回扣"的违法行为。

2006年,开展兴庆区治理医药购销领域商业贿赂专项工作。要求卫生监督所建立健全各项管理制度,以有效的制度来保护和规范执法人员,将卫生监督员以及监督电话向社会公布,通过社会群众的监督来约束监督员和行政许可。共出动卫生监督员282人次、执法车辆76台次,检查乡镇卫生院4家、社区卫生服务中心(站)29家、其他医疗机构(个体诊所、门诊部、村卫生室)78家、CDC 1家。各医疗机构有专职(或兼职)人员负责院内感染控制工作,对传染病医疗救治的应急预案、救治人员、传染病防治培训基本落实,消毒隔离措施、疫情报告基本规范,所有医疗机构全部有门诊日志,传染病报告卡填写项目齐全。各医疗机构均建立医疗废物管理制度,医疗废物登记较齐全,设立医疗废物暂存点,医疗废物交由荣洁公司统一回收处置。监督检查23家放射诊疗单位,并建立健康监护档案,建档率100%。全年共受理接转督办和群众举报案件162起,结案162件,实施行政处罚180户,行政罚款42440元,取缔无照经营户75户,责令改正245户,警告375户,没收食品加工工具、设备215台(个),没收和销毁违法食品880公斤,价值约12600元,没收并销毁不符合卫生要求化妆品720瓶(盒),价值约8000元。

2007年,印发《2007年纠正医药购销和医疗服务中不正之风专项治理工作实施意见》,深入开展医药购销和医疗服务中不正之风专项治理,加强对医疗机构的监管力度。把打击无执业许可证和无任何行医资格擅自开展诊疗活动、医疗机构超范围开展诊疗活动、医疗机构未经许可或擅自更改机构名称及冠名不规范行为、医疗机构聘用非卫生技术人员行医、违反《医疗废物管理条例》《消毒管理办法》以及非法采供血的违法行为作为重点,出动监督员106人次、监督车辆47台次,查处取缔"黑诊所"28户,没收各类药品、医疗器械33箱,价值3.5万元。全年共受理各类食品公共卫生投诉举报案件217件,结案率100%。对223家违反卫生行为进行行政处罚,罚款总金额389794元。

2008年,采取日常与集中打击相结合方式,对兴庆区所管辖各医疗机构进行全面摸底、登记、清查,开展3次打击非法行医专项检查行动,出动监督员28人次,车辆18台次,查处黑诊所18户次,取缔18户,没收各类药品、医疗器械33箱,异地封存毕业证2个。全年共受理群众举报投诉案件234起,调查处理234起,结案234件,结案率为100%,群众满意率为100%;查处违法违规行为1924起,下达卫生监督意见书1245份,责令整改545家,行政处罚346家,取缔非法经营单位321家,罚款12.72万元。

2009年,加大辖区内医疗机构整顿力度,净化医疗机构市场。兴庆区卫生局联合监查局对辖区内119家医疗机构《医疗机构执业许可证》进行校验,并对医疗机构法人及从业医务人员有效资质,进行审核。异地封存医疗器械、药品53类,价值约5.3万元人民币;没收各类药品、医疗器械33箱,价值1.35万元。全年共受理群众举报投诉案件362起,调查处理362起,结案347件,结案率为96%,群众满意率为99%;下达卫生监督意见书978份,责令整改213家,行政处罚198家,取缔非法经营单位29家,行政罚款13.45万元。

2010年,对兴庆区所管辖各医疗机构进行全面摸底、登记、清查,共检查医疗机构120家,行政处罚9家,罚款7750元。开展打击非法行医专项检查行

动,查处黑诊所 18 户次,取缔 18 户,没收各类药品、医疗器械 33 箱,异地封存毕业证 2 个、B 超机 2 台、微波治疗仪 1 台,生物制品(疫苗)43 人份,责令停业 2 家,对 6 家医疗机构下达整改监督意见书。并对 2009 年开展打击非法行医和违法添加非食用物质和滥用食品添加剂专项的检查以来收缴的各类医疗器械、药品、食品添加剂、食品加工工具等进行一次性集中销毁处理,总价值 55 万余元。截止 10 月共受理群众举报投诉案件 342 起,调查处理 342 起,结案 330 件,结案率为 97%。下达卫生监督意见书 978 份,责令整改 213 家,行政处罚 198 家,取缔非法经营单位 29 家,收回罚款 13.45 万元。

【卫生许可】 2006 年,辖区共有监督管理对象 8003 户,其中食品行业 6157 户、公共场所行业 1846 户;各类从业人员 22500 人,其中食品行业 18471 人、公共场所行业 4029 人。共受理卫生许可证 4220 户,体检合格发放健康证 6650 人,合格率为 97%,发放卫生许可证 3334 份。查出“五病”从业人员 166 人,全部调离工作岗位,五病调离率为 100%。

2007 年,受理卫生许可证申请户数 9291 户,其中食品业 7579 户、公共场所 1712 户;发放各种行业的卫生许可证 7990 份,其中食品业 6367 户、公共场所 1623 户。

2008 年,受理卫生许可证申请户数 9291 户,其中食品业 7579 户、公共场所 1712 户;发放各种行业的卫生许可证 7990 份,其中食品业 6367 户、公共场所 1623 户;辖区食品、公共场所从业人员体检、培训 18148 人,体检合格发放健康证 17807 人,合格率 98.12 %,其中食品行业发放健康证 14203 人份,公共场所行业发放健康证 3604 人份。

2009 年,受理卫生许可证申请 5619 户,其中食品业 4186 户、公共场所 1433 户;发放各种行业的卫生许可证 4745 份,其中食品业 3660 户、公共场所 1185 户;辖区食品、公共场所从业人员体检、培训 18805 人,体检合格发放健康证 18566 人,合格率为 98.7%。共查出“五病”从业人员 112 人,全部调离,调离率为 100%。

2010 年,共受理卫生许可证申请 5619 户,发放各种行业的卫生许可证 4745 户。从业人员体检、培训人数为 18805 人,体检合格发放健康证 18566 人,乡村卫生监督网络达到 100%,突发公共卫生事件依法处置率为 100%。办理并审核发放餐饮服务许可证 2062 户,卫生行政许可档案建档率 100%;办理并审核发放公共场所卫生许可证 1235 户,卫生行政许可档案建档率 100%;对 25968 名经营单位的从业人员进行卫生知识培训,发放健康培训合格证 25968 份。

【社区卫生】 2002 年 12 月实施中英城市社区卫生服务与贫困救助项目。2004 年按照银政发 [2003]9 号文件和社区卫生服务机构设置规划要求,坚持“谁办谁管”的模式,制定《兴庆区社区卫生服务考核细则》,规范社区卫生服务的妇幼保健、计划免疫、慢病综合防治、计划生育技术服务、健康教育、老年保健服务和全科诊疗服务,使居民能享受到小病在社区、大病上医院的高质量的医疗服务。在城市社区建立贫困人口医疗救助体系 VHPP。2006 年,在辖区大庙、康乐、星光华、益康、北苑、南桥儿、新宁、永丰、嘉园、高台寺、清河、唐徕、明德、石油管道基地、北安、东苑、宝清、丽水、高尔夫、塞上骄子、景墨家园、天盛、燕鸽湖社区共建 23 个社区卫生服务站。

【中医药特色社区卫生服务示范区】 2007 年,按照复核方案和全国中医药特色社区卫生服务示范区建设标准、全国中医药特色社区卫生服务示范区复核指标的要求,兴庆区被国家卫生部和中医药管理局列为全国中医药特色社区卫生服务示范区。8 月 1 日 自治区卫生厅发布关于对银川市兴庆区全国中医药特色社区卫生服务候选示范区的公示。

2008 年,兴庆区在各乡镇卫生院、村卫生室推进中医药工作,在 3 所卫生院各配置 1 名中医医师,均设有中医科,开展中医适宜技术诊疗活动,村卫生室均有中成药,1 名大专中医师,专门从事中医诊疗活动。

【健康教育】 2006 年,健康教育网络覆盖率达 93%以上,健教经费纳入财政预算,投入 6 万元,共印发宣传材料 3.5 万份,制作卫生提示牌、禁烟标志 2500 个。检查辖区 70 所中小学校、36 家医院及部分社区和单位的健康教育软件资料,对重点人群的健康知识知晓率进行了测试,居民的健康知识知晓率、行为形成率分别达到 75%、80%,学生的健康知识知晓率、行为形成率分别达到 80%以上。辖区小学健康教育开课率达到 100%。

2007 年,财政投入健康教育经费 8 万元,健全了机构,辖区健康教育网络覆盖率达 90%以上,开展健康教育宣传与培训,在城市主要街道设健教专栏 31 块,开展大型宣传教育活动 8 次,举办学校、社区、医院、行业健康教育培训班 4 期,举办防治结核病等卫生知识培训班 8 期。对社区健康教育工作进行了 4 次督导检查,辖区居民健康行为形成率≥70%;中小学学校健康教育开课率达到 100%。投资 4 万余元,在乡镇政府所在地、卫生院和 34 个行政村各设立一块不锈钢宣传专栏。

2008 年,深入开展农民健康教育与健康促进行动工作。成立健康教育工作领导小组,印发《兴庆区农民健康教育与健康促进行动工程实施方案》,召开“行动”启动大会,与 15 个责任单位签订责任书。举办 372 人参加的兴庆区农民健康教育和健康促进行动骨干培训班,组建区、乡镇卫生院、村卫生室三级师资队伍网络,在乡村举办农民健康知识大课堂活动 36 次,共完成培训 5283 人次。向农民群众发放宣传挂历 1200 份,发放《健康教育知识进农家》读本

11000本,《农民健康口诀》10000张。学校开设健康教育课程,农村刷101条墙体宣传标语,4个示范村点设置了宣传专栏;开展送戏下乡巡回演出15场,观看的农民群众达9000多人。层层举办农民健康教育知识竞赛5场,参加农民群众人数达300人。建立健康教育咨询点36个(卫生院4个,村卫生室32个),为4个卫生院配备宣教设备电视机、DVD以及宣传书籍等。开展农民健康体检、建立家庭档,45岁以上体检人数4782人,建立家庭档案8288户。

2009年,举办372人参加的兴庆区农民健康教育和健康促进行动骨干培训班,组建区、乡镇卫生院、村卫生室三级师资队伍网络,在乡村举办农民健康知识大课堂活动36次,共完成培训5283人次,并发放培训合格证。加大宣传工作力度,向农民群众发放各种宣传资料35000余份,向成员单位发放《兴庆区农民健康教育与健康促进行动资料汇编》;充实乡镇卫生院及村卫生室的硬件设施,统一配备了宣传架及体重秤,开展了农民健康体检、建立家庭档案,45岁以上体检人数4782人,建立家庭档案8288户。

2010年,开展健康兴庆全民行动,构筑农民健康防线,农民慢性病、常见病、多发病得到有效控制。组织辖区基层医疗卫生单位开展串巷入户、健康体检、建立档案、追踪随访等各项公共卫生服务工作,共完成农村居民健康体检建档10320人,累计健康档案规范化建档率为81.5%。兴庆区被确定为国家重点艾滋病防治示范区。

【妇儿保健】 2006年,加强妇儿保健工作,全面落实全国实施两纲中期评估,经区、市《两纲》技术评估,兴庆区妇幼保健重点检测指标均达标。孕产妇保健覆盖率达100%,住院分娩率为99.68%;高危住院分娩率为100%;新生儿死亡为8.12‰;7岁以下儿童体检率为99.41%,3岁以下儿童系管率为99.26。

2007年,以提高人口素质,降低孕产妇、婴儿死亡率为目标,开展农村妇幼儿童保健工作,全年孕产妇系统保健管理率达85.93%,比去年提高1.87%;3岁以下儿童系统保健管理率达96.06%;住院分娩率达96.32%;5岁以下儿童死亡率控制在15‰以下。实施月牙湖乡住院分娩救助项目,免费接送孕产妇住院分娩,并给予200元补助,赠送红糖、挂面等营养品,住院分娩率由去年70.34%提高到83.45%。

2008年,产妇住院分娩率提高并实行分娩贫困救助制度,妇保住院分娩率98.84%,孕产妇系统系管率98.84%。月牙湖吊庄乡孕产妇住院分娩率由去年的83.45%提高到现在的93.44%。实行孕产妇分娩贫困救助114人,系统保健管理率93.44%。儿保健管理率99.73%。系统管理率99.26%。孕产妇死亡率165.29/10万,5岁以下儿童死亡率8.26‰,无出生缺陷发生。

2010年,孕产妇保健系统管理人数为383人,孕产妇保健系统管理率达到98.71%;3岁以下儿童系统管理人数为1222人,儿童保健系统管理率达到83.81%。

【计划免疫】 2006年,对辖区35家预防接种单位和140名接种人员进行资质认证和注册登记,确保"五苗"规范接种,接种率达到国家标准。

2007年,共完成从业人员健康体检18449人,建立健全兴庆区三级疾病预防控制体系及儿童免疫规划管理机制。建立健全了兴庆区三级疾病预防控制体系及儿童免疫规划管理机制,实行24小时疫情值班及报告工作,将流动儿童免疫规划管理工作纳入2007年重点工作之中,加强辖区各医院产房的管理,实施产科医院登记造册上报,兴庆区CDC筛选后将信息反馈到各预防接种单位,预防接种单位1月内完成随访接种,CDC每月督查1次,保证流动儿童接种率,新的工作流程大幅度提高了流动儿童的接种率,由2006年60%上升到80%,提高20个百分点。

2008年,为规范和指导辖区科学实施扩大国家免疫规划工作,有效预防和控制相关传染病,制定《银川市兴庆区扩大国家免疫规划实施方案》一是加强队伍建设,对27家预防接种单位进行培训。二是加强实施扩大国家免疫规划工作的技术指导。三是各单位根据扩大国家免疫规划工作内容和要求,结合当地实际情况,调整免疫服务形式,增加服务次数,确保适龄儿童及时得到预防接种服务。四是做好儿童预防接种信息管理系统建设。五是严格实施疫苗冷链运转,做好扩大国家免疫规划疫苗储存、运输、使用各环节的冷链监测和管

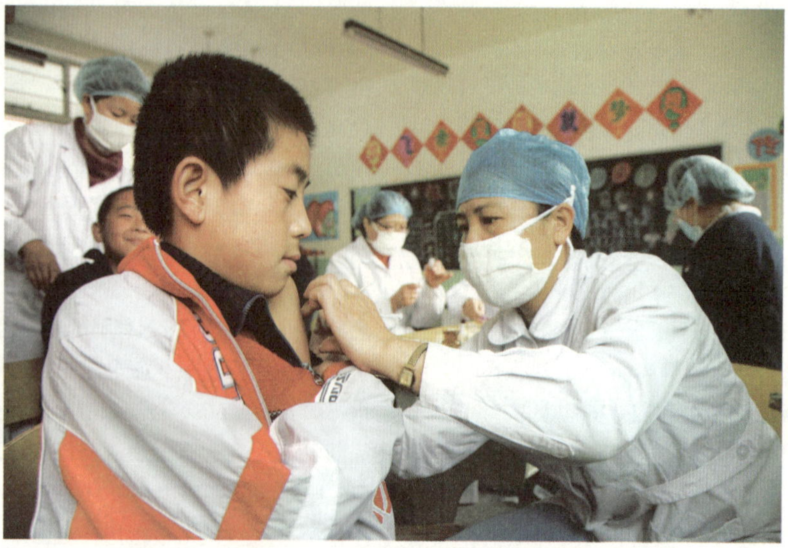

2009年10月24日,进校园为学生进行疫苗种植

理工作。

2009 年上半年，举办计划免疫培训班共 6 期，参加人数 585 人次；共发放宣传单 20000 余张、折页 600 余份、宣传画 300 张、预防接种管理条例 250 本、宣传小扇子 2100 各、宣传卡片 1550 张、宣传册 3100 本、围裙 300 条、悬挂横幅 34 条、制作展板 74 快、创办健教专栏 50 期、现场为外来流动儿童喂服脊灰糖丸 5 余人，前来咨询的儿童家长 200 余人。各类疫苗接种率均达到区、市要求。

2010 年，共举办计划免疫培训班 10 期，累计培训 585 人次。发放各类宣传单、资料 30000 余张（本）、宣传小扇子 2100 个、围裙 300 条、悬挂横幅 34 条、制作展板 74 快、创办健教专栏 50 期，各类疫苗接种率均达到区、市要求。开展适龄人群及高等院校、高级中学乙肝疫苗补种活动，印制发放乙肝疫苗补种通知单 36000 份、乙肝疫苗补种告知 20000 余份、乙肝补种信息调查表 2000 份，完成疫苗接种 2.4 万剂次。全年兴庆区五种疫苗接种率达到 97%，乙肝首针及时接种率为 93%，A 群流脑接种率 90.5%，乙脑接种率 93.0%，疫苗接种疑似异常反应规范处置率达到 100%，适龄儿童建证率为 100%；入托、入学儿童接种证查验率为 100%，流动儿童五苗全程接种率达到 95%以上。

【公共卫生】 2006 年，认真贯彻执行公共场所卫生监督量化分级管理制度，对 145 家公共场所行业进行量化分级管理工作，评出 A 级单位 2 家、B 级单位 8 家、C 级单位 135 家，监督覆盖率达 100%。对辖区内化妆品经营、使用单位开展专项监督检查，检查化妆品经营、使用单位 179 户 68 个品牌、275 个品种，没收不符合卫生要求化妆品 720 瓶（盒），全部予以销毁，对 15 个未索证或索证不全的化妆品，责令限期改正；先后开展 15 项食品专项整顿和治理工作，辖区食品行业共有监督管理对象 8003 户，食品行业 18471 人，对 445 家餐饮业进行量化分级管理工作，评出 A 级单位 3 家、B 级单位 5 家、C 级单位 437 家。给予行政处罚（罚款）180 户 42440 元，取缔 75 户，责令改正 245 户，警告 375 户。

2007 年，完成对辖区内 9229 户生产经营单位的监管任务，监督频率达 46500 户次，监督覆盖率达 100%，公共场所量化分级管理率达 75%。开展了集贸市场、餐饮业及旅游景点、化妆品、幼儿园、学校食堂、建筑工地食堂、火锅店食用油脂、炒货和干鲜果品、使用地沟油和餐厨废弃物管理、产品索证索票及验收登记专项检查整治。对 8969 家“六小”行业整治，使“六小”行业的持证率由 48%提高到 95%以上，对 386 家火锅类经营户进行培训，对辖区 523 家面食类餐饮服务单位负责人进行培训。

2008 年，对辖区内 918 户公共场所经营单位进行量化分级管理，量化分级率 95%；对辖区内 2727 户餐饮业进行量化分级管理，量化分级率 96%以上；先后开展餐饮单位专项检查、原料奶收购市场专项整治、食用三聚氰胺污染奶粉史的排查工作以及节日、高考期间专项检查。共采样送检各类样品 1290 份，合格 1201 份，合格率为 93%。

2009 年，完成对辖区内 9672 户经营单位（其中包括学校、托幼机构、建筑工地和集体用餐单位等食品餐饮行业经营单位 7322 户，公共场所经营户 2185 户，医疗机构 115 户、职业病危害企业 50 户）的监管任务，监督 45600 户次，监督覆盖率 100%。组织开展节日期间食品安全、“小饭桌”、早餐进校园、食品添加剂、高考卫生、夜市卫生等专项整治活动，出动车辆 310 台次，出动执法人员 1530 余人次。抽样送检各类食品 128 份，合格 116 份，合格率为 91%；公共餐饮具、公共用具消毒效果监测合格率 94%。

2010 年，推行公共场所量化分级管理，统一制定不同类型公共场所经营单位卫生许可验收标准，对辖区内美容美发、旅店、住宿、洗浴公共场所经营单位全面开展卫生监督量化分级管理评定，完成量化分级单位 2008 户，量化率达到 100%，评审率达 100%，评出 A 级单位 2 户、B 级单位 1 户、C 级单位 2005 户。全面加强公共场所日常卫生监督，完成了对辖区内 9672 户经营单位的监管任务，监督频率达 45600 户次，监督覆盖率 95%；卫生许可审查验收率 100%。出动监督员 458 人次、车辆 142 台次，检查餐饮和食品摊点 1485 户，对“地沟油”、食品添加剂进货及销售台账、4 家冰淇淋店、61 家冷热饮经营场所、108 家工地食堂、102 户各类餐饮类食品、14 种人民群众经常食用食品以及餐饮具等进行专项整治和卫生监测。餐饮单位卫生监督量化分级管理率、索证索票台账建立率、卫生状况表情公示率均达到 100%，无证查处率为 100%，账册建立规范率达 80%，许可证持有率达 98%、从业人员健康证持有率达到 95%以上，食品生产经营人员的食品卫生安全知识知晓率达到 90%，对城市建成区范围内的不具备餐具消毒能力的中小型餐饮店推广使用集中式消毒餐具，普及率达到 95%以上。

【学校卫生监督】 2006 年，对辖区学校、幼儿园进行专项监督检查，监督检查幼儿园食堂 53 户，中小学食堂 7 户，家庭学生小饭桌 12 户，对存在卫生制度未落实到位，记录不完善，卫生安全隐患大的单位责令限期整改，确保少年儿童的身体健康

2007 年～2008 年，先后开展全区中小学校、幼儿园，农村中小学校，民办幼儿园餐饮服务卫生和饮用水安全以及春季传染病防控工作监督，检查小学 35 所、中学 9 所、托幼机构 51 所，对城乡结合部等重点区域的中小学校、托幼机构进行专项检查，检查 22 家学校和托幼机构。

2009 年，开展卫生早餐进校园活动，配合银川市教育局和卫生局加强对学生早餐卫生管理，对辖区学校周边的

早餐摊点进行专项监督检查；组织卫生监督人员对辖区学生校外就餐休息场所59家小饭桌进行全面监督检查，达到小饭桌行业标准、持有卫生许可证的36家，持证率76%，从业人员88人，持有健康证88人，健康证持证率100%。

2010年，组织监督人员对辖区11家学校、87家托幼机构进行全面监督检查，对部分单位存在的食品原材料进货台账和索证索票不健全或流于形式，餐饮具消毒记录不全，食堂管理人员食品安全责任意识淡薄等现象，下达责令整改意见；高考期间，组织15名卫生监督人员对辖区内4个考点、1个学生食堂及周围175户小餐饮进行重点监督检查，出动车辆18台次、监督员73人次，书写监督笔录82份，意见书75份，责令改正15户，责令停业2户。

【食品安全示范街】 2007年，开展食品安全示范街道办事处创建工作。创建解放西街、玉皇阁北街2个食品安全示范街道办事处。中山北街被命名为全市首家食品安全示范街。实施餐饮业卫生状况“表情”公示制度。对1519家餐饮单位公示了“表情”。

2008年，按照银川市食品安全委员会的安排部署，创建自治区级食品安全示范乡镇，确定掌政镇为示范创建点，于5月中旬正式启动创建工作。同时成立餐饮行业协会，加强行业内部自律管理，全面开展创建活动。

2010年，创建永康商业街、民族南街、民族北街、双福食街、中山北街、中山南街、好食汇美食街、南塘巷等8条食品安全示范街。

【生活饮用水监督】 2009年，为保障农村饮用水卫生，兴庆区卫生监督所开展对兴庆区辖区11家乡镇水厂进行彻底排查，未发现水厂使用二氯异氰尿酸钠和三氯异氰尿酸类消毒剂。

【职业卫生监督】 十年来，不断加大对职业卫生的监督检查力度，先后开展对辖区内职业病危害严重的重点用人单位、重点行业和重点人群进行专项监督检查，共检查268家用人单位，职工总人数1094人，接触职业病危害因素总人数623人，占职工总数的60%，其中接触粉尘类职业危害因素的313人，占接触职业病危害因素总人数的50%；接触化学物质类职业危害因素的59人，占接触职业病危害因素总人数的10%；接触物理类职业危害因素的251人，占接触职业病危害因素总人数的40%；进行上岗前、在岗期间和离岗时职业健康检查的职工366人次，未检出职业禁忌人员和疑似职业病人；112家企业建立全部的职业健康监护档案，156家企业建立部分职业健康监护档案；对存在问题的45家用人单位给予警告、限期整改的行政处罚。2008年，上半年建立15家企业的职业危害档案。摸底调查存在放射危害的医疗机构5家，建档5家。从业人员健康体检6888人，体检合格率达98%以上。2009年~2010年，对辖区内职业病危害严重的重点用人单位、重点行业和重点人群进行专项监督检查，年检50家用人单位，下发监督意见书53份，并督促整改。

【传染病防治监督】 2004年上半年，兴庆区卫生局坚持非典防止不放松，建立健全疾病控制信息网络，制定各种可操作性预案，预防控制非典型肺炎和人间禽流感的传播。采用集中培训和现场培训的形式，先后组织各乡镇卫生院、疾控站、村医疗站及乡村干部进行非典预防知识和各项制度、条例的培训，培训人数达280人。利用“四下乡”及专项宣传活动先后前往各乡、镇、街道及公共场所进行非典、禽流感预防知识的宣传及有奖知识问答四次，发放宣传材料6000余份。恢复“零病例报告”、“日病例报告”和24小时值班制度，建立健全应对突发公共卫生事件应急医疗救治队伍，落实人员、设备、药品的到位情况，进一步加强和规范了发热门诊的建设。除通贵乡卫生院、掌政镇卫生院规范设置发热门诊和隔离病房外，其他各乡卫生院、各村医疗室、社区诊所均设立体温检测预检台。

2007年，对辖区综合医疗机构10家、民营医院13家、4个乡镇卫生院进行传染病网络直报，共审核传染病卡片7935张，调查甲乙丙类传染病4777例，按季度对医疗机构、民营医院进行传染病、死亡病例漏报调查，医疗机构死亡病例网络直报率达到100%，暴发疫情及时处置率达到100%，突发公共卫生事件和传染病疫情直报符合率达到100%。报告及时率达到99%，传染病漏报率为1.04%。基层预防接种人员培训

2004年12月1日，艾滋病宣传活动

完成率达 100%，合格率达 98%以上。对辖区医疗机构的消毒质量进行监测，有效防治艾滋病传播。开展各种形式的宣传活动 11 场次，举办各类培训班 20 期，培训人数 1205 人次。

2008 年，加强传染病防治工作，建立三级网络组织及零报告制度，使医疗机构传染病漏报率≤2%，辖区二级以上医疗机构死亡病例网络直报率达 95%以上、报告及时率达 98%以上。印发《关于加强辖区手足口病预防控制工作的紧急通知》等相关执行文件。开展手足口病防控工作，共举办 5 期辖区医疗机构手足口病防治知识培训，共培训 300 余人，发放手足口病宣传材料 2 万余份，共排查学校和托幼机构 138 所，对 4 家发生疫情的托幼机构停园整改。还先后开展重性精神疾病监管、艾滋病、结核病等防治监测调查工作。

2009 年，以传染病防治预案的建立完善情况、晨检、疫情报告、消毒、宣传、缺课登记等各项预防措施落实情况为重点，对辖区医疗机构、学校幼儿园进行检查，共计检查各种单位 53 个，按照流感样病例监测方案要求，安排各流感监测医院 2008/2009 流感监测工作及培训，每周进行流感样病例及采样数统计并上报，先后开展月牙湖突发风疹疫情、手足口病、甲型 H1N1 流感、性病、艾滋病、结核病等的防治工作，及时调查处置与控制 22 起暴发疫情。

2010 年，开展医疗卫生机构传染病管理、疫情报告、医疗机构不良执业行为的监督检查。由于甲型流感盛行，传染病发病率较前五年平均发病水平上升，按照流感样病例监测方案要求，每周进行流感样病例及采样数统计并上报，医疗机构传染病漏报率小于 2%，爆发疫情处置率为 100%。慢性非传染性疾病管理居民健康档案建档率覆盖人口为 52.76%。

【地方病防治】 2007 年，对辖区 36 个居委会 288 户居民开展碘缺乏病监测，共采集盐样 288 份；包虫病，布病监测，采集血样标本 215 份。

2008 年，开展居民食用碘盐和特需人群（尿碘相关信息）监测、人间布鲁氏病监测和宁夏地方性氟砷中毒项目调查工作，健康教育问卷调查显示碘缺乏病 107 份，知识知晓率为 76.4%；氟砷 103 份，知晓率为 62.1%；包虫病 100 份。

2009 年上半年，采居民户盐样 288 份，合格碘盐食用率为 98.6%，碘盐覆盖率 99.3%，碘盐合格率 99.3%；采集 2 岁以下儿童尿样 74 份，中位数为 225.75；对通贵乡和掌政镇的 201 名养殖奶牛的从业人员进行了布鲁氏菌病的采集，其中 2 名确诊病例。

2010 年，为实现 2010 年消除碘缺乏的目标，制定兴庆区《“消除碘缺乏病百日冲刺”实施方案》，实行每日通报制度，对各相关部门的进度完成情况进行通报。在《今日兴庆》专版刊登碘缺乏病防治小常识，在学校开展小手拉大手活动，在集市上集中宣传。组织各乡镇、街道办事处开展食用碘盐拉网式排查、自查，在辖区开展 3 天的盐业市场治理集中专项整顿，累计排查销售点 3479 家，发现问题碘盐 6 家；排查农户食用碘盐 3345 户，全部为合格碘盐。

爱国卫生

【概况】 兴庆区爱卫会是政府负责统一领导、统筹协调全兴庆区爱国卫生疾病防治工作的协调机构，爱卫会办公室是爱卫会的常设办事机构，是政府主管爱国卫生工作的部门。兴庆区爱卫办成立于 2003 年，与兴庆区卫生局合署办公，2006 年从卫生局分离出来，与兴庆区城管局合署办公。爱卫办设主任 1 名，副主任 1 名，其他工作人员 9 名。

【局领导名录】

主　任　芮执新（2001.01～2002.03）
　　　　张金明（2002.03～2006.10）
　　　　马建平（2003.12～2006.10）
　　　　袁金平（2006.10～2008.03）
　　　　刘建民（2008.03～2009.05）
　　　　李　虎（2010.05～2010.12）
副主任　边志武（2003.03～2003.12）
　　　　喇建雄（2003.12～2004.11）
　　　　马　伟（2006.11～2009.01）
　　　　李　虎（2009.01～2010.05）

【创建卫生城市】 2001 年，各责任部门按照城区创卫目标管理责任书的要求，在辖区内积极开展各项卫生达标创建活动，根据各单位的申请及所属街道办事处的推荐，城区爱卫会组织有关人员严格按照各项达标标准，采取听、查、看等方式进行检查验收，有力地促进创建国家卫生城市工作的开展。

2002 年，开展城乡结合部环境卫生综合整治集中宣传活动。创建城区级卫生达标单位 12 个、市级卫生达标单位 20 个、区级卫生达标单位 8 个，城区级无吸烟单位 4 个，城区级卫生达标小区 7 个、市级卫生达标小区 3 个，城区级绿化达标单位 10 个，市级绿化先进单位 9 个，市级园林式单位 3 个。

2003 年，开展农村爱国卫生、综合整治预防“非典”活动，整治校园周边环境卫生活动。

2004 年，实施《兴庆区爱卫会关于爱国卫生工作的监督考核办法》，按照监督考核标准，每月组织两次集中检查，适时组织各街道办事处卫生站站长参与检查打分。督查组每天深入大街小巷、小区楼院、城乡结合部、乡村庄点及主要公路干线沟渠两边进行检查督促，每周通报检查情况，做到检查与复查相结合，明查与暗查相结合，抽查与普查相结合，月末汇总检查分值，分两组进行奖罚，城市组设一等奖一名（2000 元），二等奖二名（各 1500 元），三等奖三名（各 1000 元）；乡村组设一等奖一名（2000 元），二等奖一名（1000 元）。全年共编发爱国卫生情况通报 51 期，共兑现奖金 13.2 万元，罚款 7200 元。

2005 年，开展创建“无烟草广告城市”活动，开展“市容环境卫生活动周”和“让世界清洁起来”活动。对辖区街巷清扫面积重新进行核算，经多次调研、讨论将市区31条主街道的清扫保洁工作交市容环境卫生处，由专业队伍负责清扫，主街道定人、定岗、定职责，认真执行作业标准，实行四扫全天候保洁，清扫保洁率达100%，市区街巷全部实行“门前三包”责任制，责任书签订率达95%以上，挂牌率达90%以上，三包员上岗率达到100%，确保街巷卫生干净整洁；乡村主要公路干线、背街小巷、楼群院落，坚持每天两扫随时保洁，保洁时间达8小时。

2006年4月9日，开展第十八个“爱国卫生月“卫生综合整治活动，各街道办事处在各自辖区范围内选择一个重点卫生整治点，积极动员街道所有干部职工、和辖区单位、居民参加卫生整治，并在整治点悬挂横幅标语，营造卫生整治气氛。自治区党委常委、银川市市委书记崔波、银川市政协主席洪梅香、银川市委常委、兴庆区委书记贺满明、银川市城管局局长高万金、银川市四套班子相关领导及兴庆区四套班子相关领导都亲临现场，在银川市最繁华的商业步行街一起参加这次卫生整治活动，对步行街的乱贴乱画、乱涂乱写以及电杆等公共设施进行清理。

2007年4月9日~19日，兴庆区爱卫办接受了全国爱卫会专家调研组从软件资料、环境卫生等4个方面对创卫工作进行的综合调研指导。对辖区21条需要改造的小街巷进行调查摸底，集中整治一批卫生脏点。6月19日~22日，全国爱卫办技术评估组对银川市创卫工作进行技术评估，兴庆区爱卫办接受了评估组对软件资料的考核和指导，并在爱国卫生组织管理、市容环境卫生、病媒生物防制等方面受到了专家的好评。7月1日 开展党员奉献日活动，1800余名党员人对文化街道两侧的乱贴乱画、乱堆乱放等进行集中清理整治。7月11日~16日，兴庆区爱卫办与各街道办事处开展市容环境卫生互查，并依据《爱国卫生工作的监督考核办法》现场打分，同时各办事处就如何建立长效机制，扎实有效的抓好卫生工作互相交流了做法和工作经验。8月13日~15日。全国爱卫办对银川市创卫工作进行最后考核鉴定。专家组对兴庆区爱国卫生组织管理、健康教育、市容环境卫生、环境保护、社区和单位卫生、城中村及城乡结合部卫生等九项重要项目进行考核。通过全国爱卫办先后组织专家的暗访调研、技术评估、考核鉴定和社会公示等程序后，9月5日，银川市被正式命名为“国家卫生城市”。

2008年，创新管理模式，提高居民区、单位管理水平。一是召开无物业小区规范化管理现场观摩会，以北门社区为示范点，率先在辖区内建立社区党组织、居委会、社区事物服务站、楼栋议事会四位一体的管理模式。对水产巷东、西区2个居民小区进行试点改造，实行居民物业自治管理。二是做好卫生先进单位(小区)的动态管理，制定下发《兴庆区卫生先进单位、卫生达标小区管理办法》，对2003年~2005年30个命名为兴庆区级卫生先进单位、达标小区进行复查认定。对卫生水平下降，达不到标准的，限期整改；整改后仍达不到标准的，取消卫生达标荣誉称号并收回牌匾。

2009年，加强长效制度建设，召开爱卫会全体会议，通过《兴庆区城乡卫生长效管理监督考核办法》及《兴庆区城乡卫生长效管理目标责任制考核细则》；加强长效考核机制，实行目标管理责任制，强化管理责任，与各责任单位签订城乡卫生长效管理目标责任书，将目标任务步步分解，层层落实，把卫生城市长效管理工作落到实处。

2010年，成立长效管理考核领导小组，下设检查考核领导办公室和督导办公室，具体由爱卫办组织实施，并且严格按照《兴庆区城乡市容环境卫生长效管理考核办法及细则》相关内容对责任单位进行检查考核。同时加大奖惩力度。对乡镇、街道办事处、责任部门每年设置100万元以奖代补资金，其中80%用于补助环卫事业经费，20%用于奖励城市卫生长效管理工作先进集体和个人，其中乡镇、街道办事处实行月度考核，每月通报奖罚，责任部门实行年终兑现奖励。

【爱国卫生宣传教育】 十年来，兴庆区每年都开展“爱国卫生月”和“世界无烟日”宣传活动。2002年开展“健康教育”进社区活动，组织大型宣传教育活动4次，辖区362个单位、2800多人参加，悬挂横幅306条，制作宣传栏377块，发放宣传资料52700份。2003年开展第十五个爱国卫生月活动，共发放各类宣传材料7万多份、悬挂横幅410条、展板390快；各村委会、社区居委会办板报107快，发放入户资料6万余份。掀起爱国卫生运动和防治“非典”宣传新高潮。2004年，开展健康教育知识竞赛。2007年4月6日，在宁园举办第十九个大型爱国卫生月综合宣传咨询活动。活动以爱国卫生、创卫为重点，各街道办事处组织社区居委会、辖区单位悬挂横幅、设置展板、播放“条例”、发放宣传材料，并开展现场咨询、义诊等活动，通过广泛的宣传普及，辖区居民的健康卫生意识普遍提高。

【病媒生物防治】 2003年，组织群众集中投药开展灭鼠活动4次，鼠密度控制在国家标准的2%以内。集中开展灭蚊活动3次，蚊蝇密度控制在国家标准的3%以内；有针对性地开展灭蟑活动，对发现滋生蟑螂的宾馆、饭店及时投放药物。

2004年，投入除“四害”经费126470元，以个体餐饮业、农村圈舍、各集贸市场、居民小区为重点，开展冬春季灭鼠活动2次，每月监测1次鼠密度情况，严格将鼠密度控制在国家标准的2%以内。加大灭蚊蝇蟑螂、蚂蚁全面消杀。提高基层除“四害”专(兼)职人员的技能，举办培训班2期，开展宣传活动1次。

2006年3月21日，兴庆区爱卫办组织各街道办事处主管病媒生物的副主任及市容站站长共40余人，实地参加毒饵站示范现场观摩会，交流病媒生物防治经验。7月26日，组织各乡（镇）、街道办事处卫生站站长、病媒生物专干及消杀人员以及各居委会主任及病媒生物专兼职人员、辖区单位病媒生物专兼职人员250余人，举办病媒生物防治培训班，对鼠、蚊、蝇、蟑螂等病媒生物的具体消杀方法及防治方法做详细讲解，对灭鼠、灭蚊、灭蝇、灭蟑螂有关药物配备比例以及以往投药消杀不规范现象做纠正和指导，有效提高基层病媒生物防治专干的专业技能。12月23日，组织各街道办事处、社区居委会、辖区单位及特殊行业开展冬季灭鼠活动，按照兴庆区春季灭鼠技术方案，采用粉剂法进行统一投药，爱卫办对灭前灭后的密度监测及效果评价有了更高的要求，进一步巩固灭鼠成效。

2007年9月份，爱卫办为无物业老旧小区陆续发放消杀药品，指导街道办事处等成员单位开展灭鼠蟑工作。

2008年，动员辖区单位、居民群众进行2次统一投药灭鼠，对灭鼠情况进行专项检查，监测房间850间，实行“四害”密度月测报月汇总，确保了病媒生物防治工作科学顺利实施。

2009年，针对重灾区进行专项消杀，由于月牙湖乡鼠害呈上升趋势，疫情态势非常严俊，发生鼠与鼠的传播现象，兴庆区对月牙湖乡开展统一灭鼠、灭蝇行动，向2880户居民、18所清真寺、5所中小学免费发放灭鼠、灭蝇药品1150公斤，粘蝇带2000条，集中投放药物，反复消杀，有效控制病媒生物的传播途径。召开集中灭蟑专题会议，定期举办病媒生物防治培训班，加强除“四害”专业服务机构建设和管理，加强防治宣传，发放宣传单5000份。对重灾区的外环境（地沟、暖气沟）同步进行烟雾消杀，聘请银川创卫环保科技有限公司用热烟机及烟雾弹对3360米地下管网进行烟雾熏杀。

2003年5月23日，抗击非典宣传小分队下乡宣传

【农村改厕】 2008年，兴庆区全面推进改厕工程，计划新建卫生厕所1900座，4月份，通贵乡、大新镇已经率先在通西村、新水桥村启动改厕项目，使兴庆区卫生厕所普及率年内达到48%。

2009年，按照中央财政安排的农村改厕项目，下发《农村改厕工作任务分解通知》，将项目任务细化分解，责任到人。全年改厕任务2200座，政府拿出10万元对农村改厕工程进行补助，每座卫生厕所补助400元。不断加强农村改厕技术指导和宣传培训工作，深入探索农村改厕市场化、专业化路子，鼓励有条件的集体和个人创办改厕公司，为农村改厕工作服务。

2010年，按照中央财政的统一安排，根据《农村改厕工作任务分解通知》，将项目任务细化分解，责任到人。全年新建卫生厕所5500座，政府拿出40万元启动资金拨付到2乡2镇。

【市容环境卫生综合整治】 2006年1月4日，兴庆区爱卫办组织各街道办事处，动员辖区机关、团体、沿街商店、企事业单位、个体经营户、街道居民、低保户和专业清洁队伍共计8000余人上街清扫人行道积雪。

2008年，加大环卫基础设施建设步伐，推广封闭式垃圾屋，在农村庄点新建垃圾屋（池）200座，与配给的10辆农村小康环保车辆配套使用，解决城乡结合部及农村生活垃圾收集难、清运难的问题。聘请51名“4050”人员担任环境卫生监督员，协助城管、环卫部门做好市容环境卫生日常监督管理，按照《市容环境卫生管理条例》相关规定，将步行街作为试点，教育和处罚相结合。积极推行“门前三包”自律公约，将民族街作为试点，从店内外卫生、占道、店面乱贴、门前树木管护、车辆停放5个方面按照《公约》自律，对160户责任单位进行评议，评选出“星级门前三包户”，授予授牌。加强对重点路段的清扫保洁，对道路两侧的树坑、绿化带垃圾及树挂物进行集中整治，背街小巷的清扫保洁实行两扫全天候保洁，延长清扫保洁时间，对清扫人员定人、定岗、定职责，大力开展以清除垃圾、净化环境为突破口，集中清理整治背街小巷的白色污染、垃圾道口的油渍污渍，使大街小巷面貌焕然一新。

2009年，针对银川市城管局、爱卫办在对兴庆区的考核检查中发现的问题，以及极易反弹的农副产品市场、占道摊区、早夜市、背街小巷、“五小”行业、城乡结合部、城中村等卫生难点和热点问题，开展环境卫生综合整治和校园周边环境专项整治，劝说、警告流动占道经营者430余人次，警告校园周边流动食品加工者230余人次，下发限期整改通知书150份，取缔非法流动占道加工食品摊点300个。严把门头审批关，审批门头牌匾460家。为严格控制城乡结合部违法建设肆意蔓延的趋势，出动城管人员300余人次，查处违法建筑10余处，强制拆除5处，雇佣机械5台，有效遏制乱搭乱建现象。制定《“门前五包”责任制管理办法》，重新与辖区单位、个体工商户签订责任书，向各街道办事处、乡镇发放“五包”责任书及责任牌20000份；加强“五包”责任制管理的宣传与教育，采取逐街逐巷拉网式排查，分步骤、分阶段实施，从主要街道向背街小巷延伸，责任书签订率达到100%；为加强责任制的落实，爱卫办牵头，各乡镇、街道办事处、城管、卫生、绿化等部门组成联合检查组对签订“门前五包”责任制的单位、个体工商户进行综合执法，依照《自治区、银川市市容环境卫生管理条例》相关条款，由城管执法部门对店外经营、店外加工、占道摆摊等违章行为进行查处；各乡镇、街道办事处对不履行“五包”规定的乱堆放、乱贴画、乱搭建、乱倒污水等行为进行处罚；卫生部门对“五小行业”及店内食品卫生不合格情况进行查处；园林绿化部门及时处理“五包”单位损坏花草树木等现象。

2010年，为健全城乡环境卫生长效化管理机制，大力推行《“门前五包”责任制管理办法》，与辖区单位、个体工商户签订责任书，签订率达到100%，发放“五包”责任书及责任牌近30000份；劝说、警告流动占道经营者6000余人次，下发限期整改通知书150份，取缔非法流动占道加工食品摊点300余个；对兴庆区77个维修摊位和31个冷饮摊位进行公开招标拍卖，为残疾人安排摊位21个；办理犬只准养证320个，年检350个，捕捉流浪犬和无证犬230只，受理查处犬只投诉150余起，调解处理犬只伤人纠纷20起；加强自行车静态管理，查处违章停放自行车10000余次，处罚约4000辆；对南门广场、步行街和红花渠加强管理，采取疏堵结合及错时上班的方法，使这些地区的环境卫生面貌得以明显改善；加大对违章建筑的查处力度，进行违章建筑巡查598次，组织拆除107起，涉及面积31584平方米，下发限期拆除通知书604份，涉及面积83009平方米。

【村容村貌专项整治】 2008年，组织广大农民群众对庄点卫生死角、乱堆柴草、乱堆建筑材料以及农田、沟渠、湖泊周围的生产、生活、建筑垃圾进行彻底清理，庄点巷道、集镇、家庭院落乱堆乱放、乱倒乱泼、乱贴乱画现象得到遏制，累计清理垃圾污物1.2万吨，清理乱堆乱放2695余处，清理卫生死角3000余处，清理过期不用、乱贴乱画广告、标语800余条；重点对友爱中心路、塔桥路、满春中心路、银佐路等道路两侧环境以及背街小巷、村道、红花渠的乱堆乱放进行整治，对道路两侧的废旧温棚、垃圾场、养殖圈舍和私屠乱宰、餐饮小作坊等进行重点整治，自3月17日起，塔桥中心路两侧26个废品收购点陆续搬离，路两侧“穿衣戴帽”工程拉开帷幕，沿线150户农户的房屋东侧墙面统一施工，砌护成白色、蓝色和白色、黄色相间的装饰性墙体，搭配精美图案，配套特色门窗，工程投入250万元；加强村容村貌整治宣传动员，政府安排巡回宣传车深入村庄、集市不间断广播，大力宣传卫生整治工作的重要性，向村民发放《致村民的一封信》等各种卫生整治宣传材料2万余份，各乡镇采取悬挂标语、发布通告、评选卫生文明户等多种形式，引导农民破除陈规陋习，增强卫生意识。

2009年，以创建活动为载体，加强对卫生村标准的宣传与指导工作；银川市爱卫办在兴庆区政府礼堂举办创建卫生村工作培训，为创建卫生村工作奠定良好基础。将通贵乡司家桥村、掌政镇茂盛村、大新镇塔桥村作为创建试点，进一步推进市容和环境卫生一体化进程；结合达标创建工作，深入开展街容村貌整治，对沿街商户门头广告牌匾、“三乱”、“三堆”、沟渠环境卫生、违章占道经营及马路市场进行整治。

2010年，为彻底改善农村环境卫生面貌，兴庆区对2乡2镇16个村73个自然村2110户农宅进行集中整治，分别实施农宅及围墙、门头改造，增加能体现特色风貌的符号加以装饰；铺设排水管线，采取雨污合流排水系统将生活污水引至支沟排放；硬化集镇主要道路及庄点巷道；配置文体设施等项目，通过“穿衣戴帽”、“洗脸洁面”等措施，对沿街建筑进行综合整治，使沟、渠、路及沿路庄点等实现田园化；为保证整治工作有序推进，政府为每个乡镇安排启动资金100万元，月牙湖林场安排10万元用于村庄环境整治；建立严格考核机制，检查督导组每3天进行一次督查，通报工程进度，对工作有力、成效明显的一次性给予100万元的以奖代补资金，对整治效果不明显、工作措施不力的进行通报批评；建立长效管理机制，由爱卫办、环保局牵头，配备相应垃圾收运工具，建立垃圾站(池)，成立清扫保洁专业队伍，制定乡镇环境卫生长效考核细则。

【经费投入】 2009年，投入环卫经费820万元（其中向乡镇及2个涉农办事处投入150余万元），全部用于卫生整治以及环卫基础设施的建设，按照《兴庆区城乡市容环境卫生长效管理考核办法》，政府用于卫生兑现奖以及除四害专项经费47万元；加大资金保障力度，增加100万元作为环境卫生整治以奖代补资金；按照人大代表提出的在乡镇建立专业清扫保洁队伍的议案内容，政府常务会研究决定建立专业保洁队伍，投入经费36万元（每月人均工资500元），按照月牙湖乡、通贵乡各10人，大新镇、掌政镇各20人进行分配；为使乡镇的环卫基础设施建设日趋完善，先后投入使用保洁车115辆，垃圾站(池)547座；在农业村推广封闭式垃圾屋，有效避免由于焚烧和掩埋垃圾带来的二次污染；配备挂钩式垃圾桶200个，采购12辆密闭垃圾清运车，切实解决城乡结合部及农村生活垃圾收集难、清运难的问题。

2010年，采取多项措施，先后2次为环卫工人涨工资。5月份，兴庆区在三

区率先将一线环卫工人工资从 560 元提高到 710 元,9 月份又为环卫工人增加岗位津贴 120 元、月度考核奖励 180 元。10 月份,爱卫办与财政局、环卫处对辖区新建成道路的面积实地考察测量,将兴庆区范围内的 18 条原属街道清扫保洁路段移交至兴庆区环卫处负责清扫管理,所需经费按环卫处增资后支付清扫人员月工资达 1010 元计算。

【城乡环境卫生管理一体化】 2009 年,为提高兴庆区环境卫生管理水平,平衡城乡环境卫生发展水平,加快兴庆区社会主义新农村建设,制定《关于加快推进城乡市容和环境卫生管理一体化实施意见》,确定工作目标,制定工作步骤,加大保障经费投入,力争实现城乡环境卫生监管一体化、城乡环境卫生工作要求一体化、城乡环境卫生基础设施建设一体化、城乡环境卫生"门前五包"管理一体化、城乡街巷清扫保洁及垃圾清运一体化的 5 项目标任务。

乡镇(村)医疗卫生机构

【兴庆区卫生监督所】兴庆区卫生监督所 2004 年由银川市编委批准,2006 年 1 月成立的具有法人资格的全额拨款卫生事业单位,隶属于兴庆区卫生和食品药品监督管理局管理。主要承担医疗机构的医疗服务、餐饮消费环节食品卫生、公共场所卫生、传染病防治、职业病防治、放射卫生防护、化妆品、生活饮用水等卫生监督检查工作。内设办公室、稽查科、卫生监督一科、卫生监督二科 4 个科室。核定编制 30 名,实有人员 23 人,内设办公室、稽查科、卫生监督一科、卫生监督二科 4 个科室。管辖区域内有各类被监督管理对象 9229 户,其中食品餐饮行业经营单位 7118 户,公共场所经营户 2111 户,各类从业人员 22500 人,其中食品行业 18471 人,公共场所行业 4029 人。

【兴庆区疾病控制预防控制中心】 兴庆区疾病控制预防控制中心 2004 年由银川市编委批准,2006 年 1 月成立的具有法人资格的全额拨款卫生事业单位,隶属于兴庆区卫生和食品药品监督管理局管理。2006 年 4 月 10 日人员配置到位,5 月 15 日正式开展工作。人员由银川市疾控中心、金凤区疾控中心、西夏区监督所划拨组成,成立之初核定编制 20 名。中心内设办公室、疾病控制科、性病艾滋病地方病结核病防治科、公共卫生科、检验科、慢病科、综合业务科。主要承担辖区内常住人口和流动人口各种疾病、传染病、慢性病的预防与控制;突发公共卫生事件的监测调查、报告及具体控制措施;免疫规划的组织实施;学校卫生、职业卫生的监测;病原微生物常规检验和常见污染物的检验及卫生监督执法相关的检验监测;各医疗机构、城市社区卫生组织和农村乡镇卫生院公共卫生工作的指导、考核及培训;疫情和公共卫生健康危害因素信息管理、监测、报告与控制;健康教育与健康促进以及辖区餐饮、服务行业从业人员的健康体检等 7 大类 255 项疾病预防控制工作任务。

【掌政镇中心卫生院 】 掌政镇中心卫生院是兴庆区唯一一所中心卫生院,于 1972 年成立,掌政公社卫生院,建筑面积 350 平方米,2000 年扩建三层楼砖混结构房,建筑面积 1080 平方米,工作人员 13 人,2002 年 7 月份由私人承租经营,2007 年 10 月政府收回成为公立事业单位,工作人员 17 人,内设全科门诊、中医门诊、外科、妇科、检验、B 超室、输液室、财务室、预防保健科等 9 个科室。承担辖区基本医疗和公共卫生工作。

【大新镇卫生院】 1972 年成立大新乡卫生院,建址银通路,1990 年扩建砖混平房 350 平方米,2000 年迁建银横路,更名大新镇卫生院,面积 720 平方米,工作人员 13 人,设内、外、妇、儿、药房、注射、防保、财务 8 个科室。2002 年 7 月份由私人承租经营,2007 年 10 月政府收回成为公立事业单位,工作人员 13 人,内设全科门诊、中医门诊、外科、妇科、检验、B 超室、输液室、财务室、预防保健科等 9 个科室。承担辖区基本医疗和公共卫生工作。

【月牙湖乡卫生院】 月牙湖乡卫生院于 2004 年 2 月区划调整时整体划归银川市兴庆区政府管辖。建筑面积 680 平方米,两层小楼,人员编制 1 人,为原陶乐转银人员,经原郊区卫生局与银川市第一人民医院协商后交由银川市第一人民医院托管,2006 年市医院托管结束后又由掌政中心卫生院托管至 2007 年。2007 年后由兴庆区卫生局选派医护人员 6 人,开设内科、儿科、妇产科及公共卫生科等。主要承担月牙湖乡近 3 万群众的基本医疗及公共卫生服务。

【通贵乡卫生院】 创建于 1958 年,为通贵公社卫生院,当时仅有几间平房,1997 年新建两层楼,建筑面积 830 平方米,2007 年搬入新办公楼,建筑面积 800 平方米,原办公楼划给乡计生站,卫生院长期执行差额财政,从 2002 年由私人承租经营。2007 年 10 月政府收回成为公立事业单位,工作人员 12 人,设全科门诊、妇产科、中医理疗室、检验室、药房、B 超室、公共卫生科。

【村卫生院】 新中国成立前,农村医疗卫生工作主要依靠走乡串户的个体行医者。50 年代初期,部分乡、村建立卫生所接生站。1959 年公社卫生院成立后,生产大队设医疗站,生产队设卫生室或接生员,郊区出现公社、大队、生产队三级医疗卫生网的雏形。1970 年,郊区掀起大办合作医疗设法大量培养赤脚医生,每个大队都建立合作医疗站,每个医疗站人员 2–3 人,属大队领导,集体所有,业务由公社卫生院指导,承担本大队的医疗任务、卫生防疫、妇幼保健、疾病调查、计划生育技术指导、爱国卫生等工作。1991 年,开始提倡村卫生室由集体承办,部分村卫生室的房屋由村委会投资兴建,并投入部分办公及医疗设施,一部分卫生室在村医家里自己的房屋。业务由卫生院指导,进行基本医疗工作,收入归己,国家不予补助。随着

业务量的增加,村医承担计划免疫工作及妇幼保健工作,国家按照业务量给予相应的补助。2007年底兴庆区政府给每个村医给予生活补助300元每月,2010年提高到500元每月。至2010年底,兴庆区两乡两镇共有?个行政村?个村卫生室?个村医,村卫生室主要承担有预防、医疗、保健、康复、健康教育、计划生育指导。负责免疫接种、保健知识宣传、慢性病的防治、孕产妇管理、产前产后访视、计划生育指导等工作。

【社区卫生服务中心(站)】 2010年兴庆区的大庙、康乐、星光华、益康、北苑、南桥儿、新宁、永丰、嘉园、高台寺、清河、唐徕、明德、石油管道基地、北安、东苑、宝清、丽水、高尔夫、塞上骄子、景墨家园、天盛、燕鸽湖社区共建23个社区卫生服务站。

辖区医疗卫生单位选介

【银川市中医医院】 银川市中医医院创建于1958年。是集中医医疗、教学、科研、预防、保健、康复为一体,中医特色鲜明、中医优势突出的三级甲等中医院,是宁夏医科大学附属银川中医医院、陕西中医学院附属银川中医医院、全国针灸临床研究中心宁夏分中心,下设北安、康居A、唐徕、长城花园4家社区卫生服务站。医院开放床位410张,全院职工516人,高级专业技术职称71人,硕士研究生学历35余人,全国老中医药专家学术经验继承工作导师8名,自治区老中医药专家学术经验继承工作导师9名,自治区名中医4名,银川市拔尖人才1人,硕士研究生导师6名,国家名中医工作室3个,银川市名中医工作室2个。开设50多个专业科室,科室设置齐全。门诊、住院均已开通医生工作站,实现病历信息化管理。有螺旋CT、DR、CR、四维彩超等100余台现代化诊疗设备。2004年,全面完成医院综合大楼的建设、搬迁。2010年,积极开展优质护理服务示范工程活动,严格收费管理,实行费用清单制和费用查询制,健全收费管理制度。启动城市社区卫生服务站基本医疗服务包,优先对持卡就医的居民提供"1元钱"服务,做好医院与社区卫生服务站的双向转诊工作,全院中级以上职称医师20余名加入卫生局支援社区医疗卫生专家库,完善协调医院与社区之间的医疗协作关系。成立银川市回族医药研究所,开展对回医药特色专科(专病)建设,对回族医药基础理论和临床治疗方法进行发掘、整理、研究。配合宁夏医科大学中医学院迎接教育部中医学专业认证工作,制定《宁夏医科大学附属银川市中医医院迎接教育部中医学专业认证工作实施方案》,审核认证指标体系的分解和具体要求,按要求认真准备、进行自评、迎接检查。制订《银川市中医医院院务公开实施方案》,进一步强化和规范院务公开工作,促进医院民主科学管理,医院。继续完成第四批全国老中医药专家学术经验继承的日常管理工作,接受国家中医药管理局的中期检查;成功申报心病科、骨伤科2个银川市名中医工作室,国家级名中医工作室1个。积极争取制剂中心建设项目,对原有制剂中心进行改扩建,新制剂中心500平方米,投入300万元,国家中医药管理局补助100万元专项资金,医院自筹配套资金200万元,建设符合GMP标准的中药制剂室。取得自治区自然科技基金3项,自治区科技攻关2项;在研科研项目共23项。全年业务收入7276.65万元,比上年同期增长16.35%。

【宁夏医科大学总医院】 医院始建于1935年秋,原称"宁夏医科大学附属医院"。2010年12月正式改称为宁夏医科大学总医院。位于宁夏银川市兴庆区胜利街,集医疗、教学、科研、预防保健和干部保健等职能于一体,是区内规模最大、技术力量雄厚、医疗设备先进、专家人才荟萃的一所综合性三级甲等医院。2004年12月医院增挂牌"宁夏医学院临床学院"(2009年6月更名为"宁夏医科大学临床医学院")。医院下辖心脑血管病医院、肿瘤医院、口腔医院、康复定点合作医院等7所分支机构。作为区域性的医疗、科研、教育、考试和培训中心,医院的综合实力目前已位居西北及内蒙、山西七省(区)的领先水平。医院占地24.2万多平方米,建筑面积26.6万多平方米。资产总额25.03亿元。全院在编职工2263人,聘用职工2053人,培训基地269人,临时劳务用工821人,返聘专家66人,学校编制20人,合计5492人。其中卫生专业技术人员3928人,占全院职工(在编、聘用、基地计4585)的85.7%,正高308人,副高623人,中级职称723人。

总医院(含肿瘤医院)全年开放床位3233张,总诊疗139,7042人次,医院业务门类齐全,专科发展迅速。心血管内外科、呼吸内科、神经内外科、骨科、ICU、麻醉科、肾脏内科、泌尿外科、肿瘤内外科、烧伤整形科、放疗科、放射科、高压氧、消化内科、新生儿急救科等专业为医院优势特色专科,其中ICU为国家重点临床专科,心血管内科、神经外科为自治区级医学优势专科。近年来开展的肝移植、肾移植、角膜移植、造血干细胞移植属区内首创并达到国内先进水平。尤其是通过"医院管理年"、"医疗质量万里行"等活动,医院整体医疗质量明显提高,被卫生部等部委授予"2005-2007年度全国医院管理年活动先进集体"、"全国综合医院中医药工作示范单位"、2009年"医疗质量万里行"全国三级综合医院病历质量评比二等奖等荣誉和称号。医院拥有双源64排螺旋CT、3.0T核磁共振、GE宝石CT、PET-CT、高端医用直线加速器、全数字化乳腺机、高端四维彩超、高端骨密度仪、SPECT-CT、DSA、数字化多功能X线机、全自动生化流水线、全自动血液流水线、全自动电化学发光分析仪、454测序仪等大型高、精、尖医疗设备多台。

临床医学院有16个系、4个自治区级重点学科,临床医学为一级学科硕士

学位点，临床医学专业被教育部评为国家级第二批高等学校特色专业建设点。2010年学校“临床前基础医学综合实验课程”教学团队入选为2010年度国家级教学团队，护理学、药学2个本科专业获批国家级高等学校特色专业建设点；学校被教育部批准招收本科临床医学专业来华留学生；

近5年，医院先后获得国家级自然科学基金42项、省部级科研项目285项，与重庆医科大学合作，成功获得国家“863”计划科研项目立项。2008年获批设立博士后科研工作站。同年，国内第一个临床应用标准的人类胎盘干细胞库—“宁夏医科大学附属医院人类胎盘干细胞库”成立，目前已取得阶段性成果。2010年，生物芯片北京国家工程研究中心宁夏分中心挂牌成立。此外，医院与德国柏林心脏中心、新加坡中央医院、日本山形大学、亚洲乳腺癌协会等国内外著名医疗机构和专业协会保持着密切的业务往来，合作成立了中—德宁夏心脏技术协作中心、中－新宁夏心脏技术协作中心、中－意宁夏癫痫技术协作中心等与世界先进水平接轨的诊疗中心，有力地提高了宁夏医疗和科研的整体水平。

【自治区妇幼保健院】 自治区妇幼保健院成立于1975年，是自治区卫生厅直属的省级妇幼保健机构，既承担全区公共卫生任务，又是一所专科医疗机构；2009年6月，经自治区机构编制委员会同意，增挂宁夏回族自治区儿童医院牌子。开放床位50张，设置办公室、财务科、质控科、医教科、保健部、护理部、门诊部、信息科、基建办9个职能科室；妇产科、儿科、麻醉科、检验科、药械科、儿童保健中心、妇女保健科、儿童保健科8个临床保健业务科室；开设妇产科、儿科两个病区。新建的宁夏儿童医院项目占地面积85亩，总建筑面积47176.3m²，包括门诊医技楼、住院楼、感染楼及附属设施，总住院床位数500张，总人数1000～1200人。医院拥有全自动生化分析仪、四维彩色多普勒超声波诊断仪、电解质分析仪、听力筛查仪、多参数心电监护仪、小儿呼吸机、多功能呼吸机、时间分辨免疫荧光系统、液基细胞诊断系统、聚焦超声超声治疗仪、阴道镜、X光机、CR成像系统等10万元以上设备50余台。

近年来，卫生专业技术人员在省级以上学术刊物发表论文80余篇，先后获得自治区科技进步二等奖1项、三等奖3项，先后被国家卫生部评为全国妇幼卫生工作先进单位，被全国妇联授予全国三八红旗集体，被自治区卫生厅授予全区妇幼卫生工作先进集体，被中华医院管理学会评为“明明白白看病百姓放心医院”和医疗优质高效百姓放心医院，被自治区评为计量、价格信得过先进单位，被自治区卫生厅评为优质服务先进单位、先进基层党组织、党建工作先进单位和先进工会组织、先进妇委会，被银川市兴庆区授予精神文明建设先进单位荣誉称号。

【解放军第五医院】 解放军第五医院1946年9月创建于陕北定边县赵家窑子，原是陕甘晋绥联防军新编十一旅后方医院。1949年9月宁夏解放时进驻银川，编为宁夏军区后勤部医院，1954年编序为中国人民解放军第五医院。1999年4月医院由宁夏军区转隶联勤第二十七分部。医院占地面积29.5万平方米，建筑面积8.35万平方米。其中医疗用房4.76万平方米。医院编制床位250张，实际开展750张。编制30个科室，实际开设35个科室。现已建成专科中心6个，其中中国国家级专科中心1个（中西医结合肺病专科），军区级的专科中心4个（创伤骨科中心、计划生育优生优育技术中心、眼科中心、泌尿外科中心），自治区专科中心1个（自治区白内障复命中心），并建有全军区域血站（中国人民解放军银川血站）及区域性三级维修站，医院为第四军医大学、宁夏医科大学等学校教学医院。医院被国家、总部评为三级甲等医院。

【2010年兴庆区民办医院摘录】

序号	机构名称	所属地区	机构性质	服务内容	备注
1	宁夏华夏中西医结合医院	兴庆区	宁夏华夏中西医结合医院（妇产科）是由卫生厅批准成立的自治区一家以专科为特色具有现代化诊疗水平的新型综合性医院科。	内科、外科、妇科、产科、肝病科、泌尿妇科、不孕不育科、中医科、肛肠科等12个临床科室，其中泌尿妇科是医院重点开设科室。	
2	新北方医院	兴庆区	新北方医院是银川市一家综和性民办医院。	内科；外科；妇产科；泌尿外科；骨科；肿瘤科；传染科；男性科；口腔科；儿科；五官科；中医科；医学美容科等。	

续表

序号	机构名称	所属地区	机构性质	服务内容	备注
3	宁夏中山医院(有限公司)	兴庆区	宁夏中山医院是经自治区卫生厅批准成立的一所集医疗、预防、保健、康复为一体的专科特色突出的大型现代化综合性医疗机构。	开设特色科室:男科、妇科、皮肤科、肝病科。	
4	宁夏友谊慈善医院	兴庆区	宁夏友谊慈善医院是宁夏综合性的民营医院。	内设胃肠科、普外科、骨科、内儿科、妇产科、中医科、放射科、ct、检验功能、麻醉科等。胃肠科是医院首推重点建设学科。	宁夏友谊慈善医院是城镇、居民、新农合、职工生育医保,各类商业保险定点医院,同时也是民政局优抚定点医院。
5	银川国泰医院	兴庆区	银川国泰医院是一家经银川市卫生局等相关管理部门批准,由上海今正医疗集团投资与管理的大型专科医院。	银川国泰医院以呼吸系统疾病治疗、心脑血管疾病康复治疗为特色。	
6	银川丽人妇产医院	兴庆区	银川丽人妇产医院是由爱德华(中国)投资集团公司全资控股的大型现代化医院。	银川丽人妇产医院开设妇科、产科、儿科等专业科室。	2010年8月8号,银川现代丽人医院更名为银川丽人妇产医院。
7	银川市国龙医院	兴庆区	银川市国龙医院是一家民营综合医院 。	银川市国龙医院是以骨科为特色的综合医院,是宁夏地区骨科进行二级独立分科的医院。骨科现有脊柱关节科、创伤(骨折)骨科、手足显微外科、小儿骨科。医院同时还设有内科、外科病房。外科以普外科为主。	
8	宁夏海基雅皮肤医院	兴庆区	宁夏医学会海基雅皮肤医院是我区集临床、科研、培养皮肤性病专科医生为一体的股份制形式的专科医院。	皮肤性病专科。	
9	宁夏阳光老年病康复专科医院	兴庆区	宁夏阳光老年病康复专科医院是经自治区卫生厅批准成立的一所集医疗、预防、康复、保健为一体的以老年病康复为主导的二级专科医院。	医院设有内科(呼吸内科专业、消化内科专业、神经内科癫痫病专业、心血管内科专业、内分泌专业、老年病专业),外科(普通外科专业、骨科专业、泌尿外科专业),妇科专业,妇女保健科,临床心理专业,耳鼻咽喉科,口腔科,康复医学科,临终关怀科,中医科,中西医结合科,麻醉科,医学检验科(临床体液、血液专业、临床微生物学专业、临床化学检验专业、临床免疫、血清学专业),医学影像科(X线诊断专业、超声诊断专业、心电诊断专业、脑电及脑血流图诊断专业)等二十多个科室。	
10	宁夏同济中医医院	兴庆区	民办医院	设有中西医结合内科、中西医结合外科、中西医结合妇科、中西医结合儿科、中西医结合皮肤科、中西医结合肿瘤科、中西医结合康复科、中西医结合医学美容科、中西医结合眼科、中西医结合耳鼻喉科、急诊科、中医科、医学检验科、医学影像科等。	

续表

序号	机构名称	所属地区	机构性质	服务内容	备注
11	银川博爱医院	兴庆区	银川博爱医院是2003年经自治区卫生厅批准设立的一所综合性股份制医院。	特色专科：妇科、泌尿男科、不孕不育科、肝病科。	
12	宁夏西京妇产医院	兴庆区	宁夏西京妇产医院是宁夏回族自治区集预防、医疗、保健、康复服务为一体的女性专科医疗机构。	女性疾病专科	
13	宁夏古方中医医院	兴庆区	宁夏古方中医医院由宁夏古方医药有限公司投资兴建的、集科研、临床、生产为一体的综合性企业。	设有中医头痛科、中医肾病科、中医风湿病科、中医消化科、中医肝病科、中医妇科、中医儿科、中医五官科、B超室、心电图室、化验室、手术室等各种病室。	
14	宁夏泌尿专科医院	兴庆区	宁夏泌尿专科医院是省卫生厅直属男科医院。	男性专科	
15	宁夏生殖保健院	兴庆区	宁夏生殖保健院是经宁夏卫生厅审批设置的公益性服务机构，由国家卫生部门批准的集科研、预防、医疗、保健为一体的专业妇科医院。	设有妇科诊疗中心、男科诊疗中心、前列腺诊疗中心、无痛人流中心、不育不孕诊疗中心、生殖整形中心、健康体检中心、性健康咨询中心等功能科室。	
16	银川凤城医院	兴庆区	银川凤城医院是1998年经银川市卫生局批准筹建成立的民营股份制医院，集医学、临床、学术交流、科研教育于一体的宁夏回族自治区综合性医院。	门诊部：内科、外科、男科、妇科、儿科、中医科、口腔科、肛肠科、肝病科、耳鼻喉科、眼科、急诊科、注射室、检验科、放射科、B超室、麻醉科、中药房、西药房、收费处等19个科室。 专科诊室：腋臭诊室、风湿骨伤诊室、胃肠诊室、不孕不育诊室、无痛人流诊室、男性病诊室等。	
17	宁夏张氏回族正骨医院	兴庆区	宁夏张氏回医正骨医院是自治区卫生厅批准成立的一所二级民族医（回医）骨伤专科医院。	设有回医骨伤科、康复医学科、中西医结合烧伤科、急诊医学科、疮疡病科、内科、外科等临床科室。	
18	宁夏华美整形美容医院	兴庆区	宁夏华美整形美容医院是隶属于华美医疗投资管理集团旗下的专业整形美容医院。	整形美容服务。	
19	宁夏天伦不孕不育医院	兴庆区	宁夏天伦不孕不育医院是宁夏首家完整按照世界卫生组织(WHO)人类不孕不育症诊疗规范建立的现代化专科医院。	开设有女性不孕、男性不育、腔镜微创、孕育保健、优生优育、医学影像等20多个科室。	

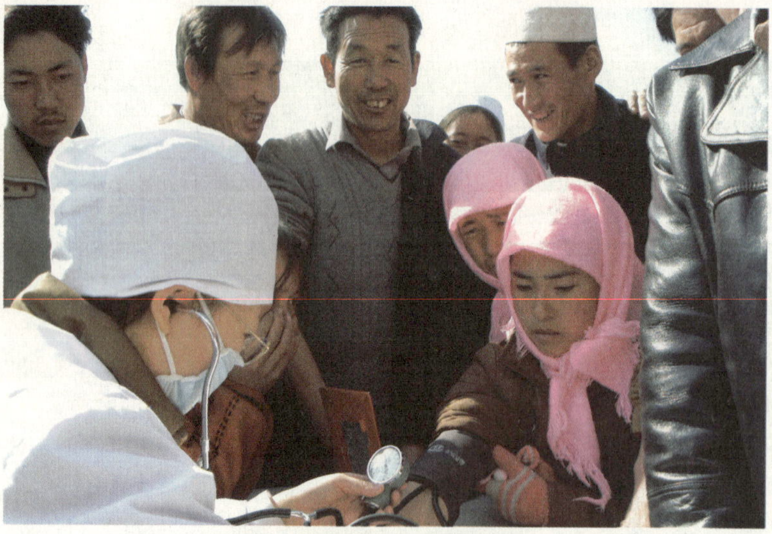

2005 年 3 月 19 日，第一人民医院托管月牙湖乡卫生院签字暨开诊启动仪式

计划生育

【概况】 2002 年 11 月，银川市区划调整，城区计划生育局更名为兴庆区计划生育局；2004 年，兴庆区计划生育局再次更名为兴庆区人口和计划生育局。现有行政编制人员 5 名，其中正科级干部 3 人，副科级干部 1 人，负责全区流动人口管理和计划生育统计、协会、宣传教育、行政执法、信息化建设等工作。所辖计划生育服务站是全额拨款事业单位，成立于 1987 年，有事业编制人员 6 名，技术人员 9 名，是一所集宣传教育、干部培训、节育技术服务、避孕药具管理为一体的计划生育综合服务机构，设有门诊室、手术室、化验室、药房、康复室、B 超室，为辖区育龄妇女提供包括计划生育、生殖健康教育、医疗技术指导和优生监测等服务。使辖区群众的生育观念发生了根本变化，人口生产实现了由高出生、低死亡、高自然增长向低出生、低死亡、低自然增长的历史性转变。10 年来，兴庆区人口和计划生育局以邓小平理论和“三个代表”重要思想和科学发展观为指导，以创建全国计划生育优质服务先进区、全市计划生育模范区、“无政策外多孩出生街道”及“无政策外出生社区”为目标，围绕稳定低生育水平、提高出生人口素质、提高群众满意度、全面完成银川市下达的人口和计划生育各项任务目标，坚持稳定现行生育工作机构和队伍不动摇，坚持创新人口计划生育工作思路和工作方法不动摇，坚持党政一把手“亲自抓，负总责”，认真落实“三为主”方针、计划生育综合治理和“一票否决”制度，努力构建“依法管理、居民自治、优质服务、政策推动、综合治理”的工作新机制，加大力度破解计划生育信息采集、流动人口避孕节育措施落实、社会抚养费征收等难题，转变思路，创新思路，打造计划生育品牌，进一步弘扬“团结、拼搏、求实、创新、奉献”的“计生人”精神，实现宣传教育、依法行政、优质服务、队伍建设、协会工作、社区计生管理和服务水平进一步提高，全面完成人口和计划生育各项任务。由于人口和计划生育各项工作突出，从 2001 年 ~ 2010 年，兴庆区连续 10 年先后获得全国计划生育工作先进集体、全国计划生育优质服务先进县(市、区)、全国婚育新风进万家活动先进县(市、区)、全国流动人口计划生育信息化建设先进单位、全国计划生育协会先进单位、全国计划生育协会先进单位。从 2001 年 ~ 2003 年，兴庆区连续 3 年获得银川市计划生育目标管理责任制第一名；2002 年 ~ 2005 年，兴庆区连续 4 年获得全区人口与计划生育工作先进集体、计划生育药具工作先进集体；2006 年获得自治区综合改革奖；2008 年获得自治区人口和计划生育目标管理责任制流动人口管理工作创新奖；2009 年 ~ 2010 年，先后获得自治区人口计生系统政风行风建设先进单位、自治区人口计生系统政风行风先进单位、人口和计划生育宣传教育先进奖、婚育文明示范区。

【局领导名录】

局　长　张彦坤(2001.01 ~ 2003.02)
　　　　牟　玲(2003.02 ~ 2004.12)
　　　　王　丽(2004.03 ~ 2010.05)
　　　　杨　玲(2010.06 ~ 2010.12)
副局长　乔惠林(2001.01 ~ 2003.02)
　　　　马桂林(2001.01 ~ 2003.02)
　　　　母惠英(2001.01 ~ 2009.01)
　　　　庞文兵(2003.03 ~ 2006.08)
　　　　张晓丽(2007.12 ~ 2010.12)
　　　　金朝霞(2008.12 ~ 2010.01)
　　　　吴淑琴(2008.02 ~ 2010.12)

【生育指标】 2006 年，人口出生率为 7.62‰，自然增长率为 5.17‰，计划生育率为 99.2%，各项指标全部控制在银川市下达的目标以内。

2007 年，人口自然增长率 6.56‰。

2008 年，计划生育率 99.6%，人口出生率 8.5‰。

2009 年，人口自然增长率 5.63‰，计划生育率 99.78%。

2010 年，自然增长率 5.6‰，出生政策符合率 98.86%。

【人口素质教育】 2006 年 ~ 2007 年，兴庆区开始积极探索人口早期教育，建立青少年生殖健康暨艾滋病教育基地——青苹果之家，被自治区人口计生委确定为人口早期教育示范区，成为兴庆区首家由计划生育系统建立的青少年思想教育基地，代表兴庆区接受中央文明委的视察；积极探索 0 ~ 3 岁儿童的早期教育工作，形成以政府主导，部门配合，社会机构共同参与的人口早期教育管理服务体系。

2008 年 ~ 2009 年，携子园母婴健

康服务有限公司作为人口计生部门开展提高人口素质工作的阵地，被评为全国计生协会先进单位。为了积极应对人口老龄化、探索居家养老的新模式，成立银川市老年大学，受到国家人口计生委领导的高度评价。

【生育观念】 新的婚育观念和生育文化正在形成，晚婚晚育、少生优生的观念基本被群众接受，出生政策符合率一直稳定在98%以上；已婚育龄妇女综合避孕率稳定在92%以上，人口与经济协调发展能力不断增强，缓解了人口对资源环境的压力，有力地支持了社会经济发展。

【公共服务】 计划生育投入体制发生根本变化，人口和计划生育事业费纳入财政预算，计划生育服务网络得到巩固完善，技术服务水平明显提高，服务能力不断增强。截止2010年末，所有乡镇及两个涉农街道的计划生育技术服务机构按要求均达到“四优一满意”标准，各乡镇普遍开展了育龄妇女的生殖保健服务；计生干部队伍素质得到明显提高，村级计生管理员基本实现35岁以下、初中以上文化程度、女性为主的要求。

【婚育新风进万家】 以“六个一”工程为载体，深入开展婚育新风进万家系列活动。2001年，城区开展婚育新风进万家“六个一”工程，即制作一种实用且为群众喜爱的宣传品，制作一块大型计划生育公益广告牌，搞一次广泛深入的计划生育知识竞赛，举办一次婚育新风广场婚礼活动，开展一次独生子女家庭联谊活动，办一期“五期”(青春期、新婚期、孕产期、育儿期和更年期）教育培训班；3月在银川电视台演播厅举办计划生育、婚育新风知识竞赛，参加决赛的8支代表队是通过全区380个辖区单位、各街道、社区居委会层层选拔，这次竞赛活动在兴庆区产生了长远而广泛的影响。

坚持宣传教育为主的工作方针，在宣传上求新、求变，做到报刊有园地，电视有图像，电台有声音，街道有专栏，居委会有板报。2001年以来，计生干部、技术人员每年40余次深入乡村、社区，开展咨询、义诊，发放避孕药具，在主要街道、企业、机关和社区制作精美、图文并茂与市容环境和谐统一的62块永久标语牌，与银川市公交公司积极合作，在47个公交车候车亭制作计划生育宣传灯箱，内容涵盖了政策法规、人口国情、优生优育、生殖保健、计生工作概况各个方面，极大地方便了群众阅览，收到良好的社会效益。投入1万余元，在丽景湖建成一块200平方米的计划生育广告牌，在兴庆区政务大厅设立一块125平方米的大型创建“三无”乡镇、街道活动的宣传牌。印发《决定》宣传册，制作《生殖保健系列图书》、婚育新风宣传册、生殖健康、优生优育宣传袋、宣传水杯、杯子垫、计生围裙等丰富多彩的宣传品，送到群众家中，宣传品入户覆盖率达到85%以上，进一步普及人口与计划生育基础知识。与相关部门联动开展“三下乡”活动，提升计划生育优质服务在群众中的影响力和认知度，群众满意率达到90%以上。

利用区、乡（镇、街）、村（居）三级人口理论学校对计生干部和育龄群众开展人口理论、法律法规、生殖健康、知情选择等内容的培训，使育龄群众基本权利和避孕方法知晓率以及干部的人口和计划生育基本知识知晓率均达到100%。2006年，开展以《提高婚育学校知晓率和参学率》为课题的QC小组活动，将婚育学校培训时间由原来每半月一次改为每周一期，加大了培训力度，使人口学校的知晓率和参学率分别提高到85%和80%。

在掌政镇建立160米的计划生育宣传教育文化长廊，新增宣传《决定》标语326条，为贯彻落实《决定》营造了良好的社会氛围；建立8个计划生育文化大院和6个文化广场，使计划生育文化大院和文化广场成为群众日常休闲娱乐、接受计划生育政策教育的新阵地，使群众在生活中随时可以感受计生文化的氛围。

开辟计划生育宣传新载体，率先在全区建立人口与计划生育网站，成为宣传计划生育服务和透视兴庆区人口计划生育建设的窗口；组建兴庆区婚育新风艺术团，编排《计划生育谱新篇》等系列文艺节目，每年在各乡镇、街道巡演；创办《兴庆计生》工作小报，作为传递工作动态、交流工作经验的一个新载体；在城市社区利用短信息方便快捷地宣传计生政策和优生优育知识，提高宣传效果和覆盖率，开通“12356”便民计划生育咨询服务热线电话，快捷、及时地为广大群众提供计划生育政策、办事程序等计划生育信息服务，规范计划生育政策咨询程序。

2001年9月26日，“树婚育新风，做世纪新人”大型集体婚礼在光明广场隆重举行，新郎新娘们在银川市市民林栽下代表天长地久、永结同心的“同心树”。2002年9月8日，兴庆区党委、政府在南门广场举办独生子女家庭表彰联谊会，表彰奖励18户模范执行计划生育政策独生子女光荣户。2004年4月30日，“树婚育新风，做世纪新人”大型集体婚礼在马兰花草原隆重举行，新郎新娘们在马兰花草原撒下马兰花草籽，播撒婚育新风。

【阵地建设】 通过抓手术质量、普查普治、随访工作，将计划生育优质服务落到实处，根据服务对象的需求，增开固有荧光早期肿瘤诊断技术和阴道镜检查，受到育龄妇女的普遍欢迎；成立了人口与计划生育优质服务机构建设领导小组，把服务机构的建设纳入年度计划生育目标管理责任书中，按照强化县站、创建乡镇中心站、提高乡所(村室)、用好服务车的总体思路，全面开展以制度建设、管理规范、技术操作规程为重点的规范化服务站所建设；县乡两级按照机构小、设备精、人员少、技术精和布局合理、特色突出、科学规范的原则，对计划生育服务机构进行扩建，投入20万余元按国家标准建设月牙湖乡计生服务所；32个村计生服务室全部实现“五个一”标准。2008年，按照创建“四优一满意”要求，依托辖区9个街道社区卫生站成立计划生育生

殖健康幸福家庭指导站，通贵乡、大新镇、掌政镇按照“四优一满意”标准，配齐配全所需设备。

【优质服务】 启动计划生育优质服务“三大工程”试点活动，采取固定服务和按需服务相结合的方式，做好生殖健康优质服务；变定点服务为上门服务，利用计生流动服务车，以服务对象需求为目标，深入各乡镇，走村串户，开展避孕节育全程服务，结合查环查孕，实施生殖道感染干预工程，加强优生检测，切实降低出生婴儿缺陷发生；结合实际，制定《兴庆区计划生育药具工作规范化管理实施方案》《兴庆区避孕药具制度汇编》《兴庆区避孕方法知情选择实施方案》，逐步建立健全工作网络，配强队伍，实现乡（镇、街）级“四位一体”和村（居）级“三位一体”工作模式，村居级全部使用“一卡通”，知情选择面达100%，育龄群众避孕知识接受率90.5%，已婚育龄妇女综合避孕率92.75%，避孕措施落实及时率达98%，群众满意率达90%以上。

全面推行全国药具改革试点工作模式，改善街道和社区的药具储存条件，做到街道有药库，村居有药柜，药具发放模式多样化——登门服务式、群众自取式、同伴服务式、电话预约式、计（生）卫（生）联手服务式，使药具随访率达到98%，得到区、市领导和同行的高度评价，被国家人口计生委确定为宁夏第一家药具不良反应监测试点单位和国家第二批县级避孕药具不良反应监测工作站。2008年，在全国42个监测点上报宫内节育器不良事件合格案例中，兴庆区第二次获得第三名的好成绩。启动生殖道感染综合防治工程试点工作，实行农村免费和城市低廉收费，以点带面，全区展开，举办出生缺陷干预工程目标人群培训班，将优生检测列为部分免费服务项目，凡是进行优生检测的妇女均可享受到20元的优生监测补贴。2008年6月，兴庆区作为创建优质服务的先进单位在国家计划生育优质服务培训班暨经验交流会上作了经验交流，受到全国各兄弟县区的一致好评。

【课题研究】 以丽景街为试点单位开展的全国QC质量研究课题《提高计划生育手术后随访质量》，被国家计生委评选为国家级优秀研究成果，课题小组被评为全国计划生育质量管理活动先进单位，这是宁夏首次参加全国QC研究活动，为宁夏填补了一项空白。2007年开展《提高婚育学校知晓率和参学率》为内容的QC小组活动，2008年完成《提高宫内感染检测率》课题成果报告，参加国家计划生育系统优秀成果评选。近10年来，兴庆区多次被国家人口计生委评为全国人口和计划生育质量管理先进单位。

【计卫联手】 借助辖区医疗机构多的优势，积极探索优质服务新路子，利用社区的卫生服务站点、设备、人员和技术优势，结合计划生育部门的网络优势，建立计卫二合一服务室，实现了社会效益和经济效益双赢。与宁夏武警医院联合开展情暖兴庆人、健康千万家疾病免费诊疗活动，发放1.5万张军民共建健康卡和4.5万张医疗资助卡，为辖区的育龄群众提供价值500元的免费体检；与宁夏华夏医院联合开展生育关怀、妇女健康援助活动，为兴庆区300余名基层计生工作者和广大育龄妇女免费做全身体检，提高生殖健康普查普治率，已婚育龄妇女接受规范的基本生殖健康服务率达99%，男性参与率达38%，免费技术服务落实率达100%，新婚、手术、疾病随访均达到100%，孕期和产后随访达到98%以上。

【独生子女保健】 兴庆区非农业户口0～14岁孩子家庭中，90.48%以上是独生子女户，其中92.6%的符合生育二胎的家庭主动放弃二胎指标，领取独生子女证。按照政策规定督促有关部门或单位，对这些家庭逐年逐月兑现奖励，独生子女保健费由政府拨专款，独生子女保健费落实率达到90%以上，有效地保障了法律赋予独生子女家庭的权益。

【计生三结合】 将计划生育与创建文明家庭、下岗职工再就业、扶贫帮困结合起来，累计投入帮扶资金（含实物折价）近50万元。每年春节都到计生贫困户家去慰问。各乡镇财政所、土地站、农经站等部门也积极开展对口帮扶活动，每年投入帮扶资金10万元左右，无偿提供化肥、种子等帮助计生贫困户发展蔬菜大棚、养殖业。通过“三结合”服务，把群众由管理对象转变为服务对象，密切了党群、干群关系，树立了广大计划生育工作者的良好形象。

【少生快富】 2005年12月以来，在月牙湖乡召开3次育龄妇女采取永久性节育措施会议，包村干部积极动员育龄妇女采取永久性节育措施；为鼓励符合政策的育龄妇女主动采取永久性节育措施，及时给采取永久性节育措施的育龄妇女发放奖金，对贫困家庭进行民政救助，优先结对帮扶，已为31个家庭兑现计划生育奖励62000元。

【流动人口计生管理与服务】 建立专职流动人口管理员队伍，专门管理流动人口计划生育工作，确保流动人口计划生育工作的正常开展。建立公安与计生联席会议制度，每月召开一次协调会，互通信息解决问题，兴庆区政府与卫生局、公安分局和兴庆区工商一、二分局等签订人口与计划生育目标管理责任书，齐抓共管，综合治理。创新流动人口综合治理新机制，在70所大、中、小学发放20000多份《致辖区流动人口、学生家长的一封信》，广泛宣传流动人口计划生育政策法规，在学校开展流动人口的办证、验证工作，使流动人口婚育证明持证率、验证率明显提高。

以银古路“一站式”服务大厅为主，逐步形成流动人口计划生育服务网络；在文化街成立外来流动人口“打工妹之家”，为外来打工妹提供计划生育政策咨询、生殖健康检查和妇女维权等服务；在大新镇小食品加工区成立流动人口综合治理示范点，为流动人口提供方便快捷的服务。各乡镇、街道建立流动人口计划生育档案，对外来人口居住、

从业、婚育等情况认真核实登记;对外出人员严格把关,将流出人员计生信息发布到流动人口信息平台上,通过互联网实现户籍地、居住地网络化双向管理;向外来流动人口发放《流动人口避孕药具免费发放卡》和《流动人口生殖保健服务卡》,积极与安徽、江苏、甘肃、陕西等地计生部门联系,逐步形成流出地、流入地共同管理,以流入地为主的管理新模式。

【计划生育改革】 出台《关于加强人口与计划生育工作的意见》《关于开展人口与计划生育综合改革的实施方案》《兴庆区流动人口计划生育管理暂行规定》;将15个乡(镇、街)划分为三个不同层次,确定不同的工作目标,按先易后难的原则,积极稳妥地推进优质服务工作;根据中共中央、国务院《关于全面加强人口和计划生育工作统筹解决人口问题的决定》精神,出台兴庆区贯彻《决定》的实施意见,明确今后一个时期计生工作的任务和目标,建立三级承包责任制。

【计生执法】 加强执法人员的法律培训,有160人参加行政执法培训班并领取了自治区颁发的行政执法证,执法人员持证上岗率达到100%,处理各种违法违规生育案件210例左右,有效打击了违规生育的不良现象。注重依法行政教育,积极组织基层计生干部学习《行政处罚法》《行政复议法》等法律法规,增强他们依法行政意识,做到文明执法,正确执法,未发生一起侵犯群众合法权益事件。严格执法,加强监督,制定计生干部廉洁自律制度,坚持"七个不准",坚持依法办事,在行政处罚通知书送达被处罚人手中后,赋予被处罚人15天内复议的权利,复议渠道畅通,群众无一上访,保证了计划生育政策的贯彻执行,行风评议活动中,连续3年达标。

【计划生育协会】 2001年~2010年,兴庆区各级计划生育协会组织不断健全,先后在宁夏国际家具汇展中心成立外来人员计划生育协会,选举产生第一届理事会,成立民营企业计划生育协会(兴庆区计划生育协会携子园母婴保健分会和恩育堂早教分会),在银古路街道宁甘商会成立宁夏首家行业计划生育协会,拓展计划生育协会新领域,为群众自我教育、自我管理、自我服务搭建了平台;精心组织,启动"生育关怀·生殖健康教育"项目,举办以"生育关怀—兴庆区在行动"为主题的计划生育专场文艺晚会,各乡镇、街道围绕生育关怀5方面内容,积极开展惠及育龄妇女、独生子女、贫困家庭、计划生育干部的生殖健康服务、知识教育、结对项目扶助等多项活动;与宁夏慈善总会、华夏医院联合开展 "1元西部阳光助学"活动,帮助落后地区贫穷上不起学的孩子们重返校园,发挥协会的能动作用,积极开展"母亲节暨幸福工程—救助贫困母亲活动月"系列活动,组织开展"亲近母亲、感悟母爱"有奖征文活动,在兴庆区"念母爱·颂党恩"暨第二届人口文化节上,为16户计划生育家庭发放奖励8000元,为贫困母亲赠送"全家福"。

【宁夏人口和计生宣教中心】 宁夏人口和计划生育宣传教育中心位于银川市兴庆区新华西街37号,1993年11月成立,加挂宁夏回族自治区人口和计划生育干部培训中心牌子,为自治区人口和计划生育委员会所属处级公益性事业单位。该中心注重人口和计生宣传教育,先后在宁夏电视台少儿频道开办人口早期教育《健康宝贝》电视节目,在宁夏公共频道《塞上乡村》栏目开办人口和计划生育栏目,宣传"少生快富"奖励扶助以及人口和计划生育工作动态;在宁夏人民广播电台开办《宁夏人口》栏目,加大对少生快富整村推进工作的宣传报道,在宁夏广播电视总台经济广播开办早教广播《就爱宝贝馆》广播节目,宣传优生、优育、优教知识;在《中国人口报》、《宁夏日报》、《共产党人》杂志宣传报道全区人口和计划生育工作亮点、工作创新和经验交流等专题报道。

加强培训基地管理,办理全区人口计生委系统的各类培训班,对全区各级人口和计划生育干部及专业技术人员进行相关业务培训工作。积极开展青少年健康教育工程,建立宁夏青少年健康教育基地—宁夏青苹果之家;定期开展青少年健康教育进校园活动,促使其具备适应现代社会发展的良好心理素质、行为习惯和健康人格。以"穆斯林生殖健康"为主线,设计制作印发中阿文对照的具有地方民族特色的宣传折页,面向全区育龄群众免费发放;围绕青少年性与生殖健康方面的需求,开展性道德、性修养、性健康和人生观、价值观、道德观的素质教育,制作精美的书卡、书签、宣传册等,在广大青少年人群中发放,使青少年从多种渠道了解正确的生殖健康知识;定期将人口形势、政策法规、优生优育、避孕节育、生殖健康、婚育新风进万家、少生快富等政策与知识整理设计成"人口 家庭 社会"计划生育墙报,免费发放到全区各县、乡(镇、街道)、村(居),面向基层开展人口计生宣传。

2008~2009年,有计划分步骤承办全区"我会说、你爱听"演讲比赛和"我服务你需要"技能竞赛系列活动,将整个活动资料整理、编辑为《"我会说、你爱听"——人口和计划生育宣传演讲荟萃》一书,作为全区计生系统的工具书印刷发行;在宁夏少生快富工程实施10周年之际,设计制作《辉煌十年》画册,展现10年辉煌历程;结合公开信发表30周年,举办"宁夏人口发展和计划生育"大型摄影、书画展,设计制作反映全区30年人口计生工作成就的展板,向社会全面展示人口计生事业取得的丰硕成果及人口文化,引起全社会对人口问题的关注;制作电视专题片《奋进的历程》,反映宁夏人口和计划生育事业各阶段的显著成果。2010年12月,选送的《计生宣传走进清真寺》获十四届中国人口文化电视专题类三等奖,《"少生快富"工程惠及宁夏南部山区》获十四届中国人口文化广播新闻类优秀奖。

就业·民生·社会服务

JIUYE MINSHENG SHEHUIFUWU

劳动就业

【概况】 2002年12月区划调整，原城区劳动就业服务局更名为兴庆区劳动就业局，负责兴庆区推进全民创业和统筹城乡就业工作的计划组织、指导协调、实施承办、监督考核、宣传服务工作;承担兴庆区就业再就业和发展劳务产业领导小组办公室、兴庆区全民创业工作领导小组办公室常务工作。

【局领导名录】

局　长　张永生(2001.01~2004.12)

　　　　江洪涛(2004.12~2010.12)

副局长　郝　峰(2000.09~2009.02)

　　　　韩向兵(2002.07~2009.02)

　　　　马建宏(2009.02~2010.12)

　　　　杨婷婷(2009.02~2010.12)

【就业再就业】 2001年实现城镇新增就业3254人,就业培训850人,城镇登记失业率3.47%。

2002年,城镇登记失业率3.51%。

2003年,兴庆区出台《中共银川市兴庆区委、兴庆区人民政府关于进一步做好就业和再就业工作的实施意见》,调整兴庆区就业和再就业工作领导小组,各乡、镇、街道办事处均成立就业和再就业工作领导小组,层层签订目标责任书,着力采取市场、工业园区开园、自主创业,劳服企业,非公有制企业、购买部分公益性岗位、发展社区服务业、到农村从事养殖、种植等产业、早市、摊区,职工自立市场、家用器械安装修理等灵活多样的就业形式，开辟就业渠道,引导、安置下岗失业人员和失地农民实现就业和再就业。全年新增岗位8981个,登记求职人员7654人,通过各种渠道共安置5830人，安置率为76.2%,其中安置下岗职工701人,再就业率为54.3%，城镇登记失业率为3.42%。有失地农民6522户、21188人,其中有劳动能力12477人，实现就业3213人。全年兴庆区在行政事业单位和居委会招聘录用大中专毕业生52人。

2004年，全年实现城镇新增就业8734人，占年计划6000人的145.6%,与上年相比,增长49.81%。其中:下岗失业人员再就业1788人，失地农民实现就业2439人。

2005年,辖区登记求职人员14834人。通过各种渠道实现新增就业人数11867人，与上年相比增长了35.87%。其中：下岗失业人员实现就业5411人(领取再就业优惠证后实现就业的1643人,“4050”人员实现再就业1068人),低保人员实现就业505人,失地农民实现就业6713人。城镇登记失业率为3.35%。2005年落实到区外就业93人。2006年,登记求职人员12346人。通过各种渠道实现新就业人数9987人。其中：下岗失业人员实现就业3887人,(领取《再就业优惠证》后实现就业的1482人,下岗失业人员中“4050”人员实现再就业1367人)。低保人员实现就业200人,失地农民实现就业2995人。城镇登记失业率为3.37%。

2007年,实现城镇新就业8448人。其中:长期失业再就业1281人,下岗失业人员实现就业2346人，大中专毕业生就业221人,复转退役军人实现就业15人,失地农民实现就业1257人。零就业家庭认定98户,适龄劳动力169人,已全部实现帮扶就业，实现动态消零。低保人员实现就业349人,其他失业人员实现就业2979人。城镇登记失业率控制在3.6%以内。

2008年，城镇新增就业10457人。其中:长期失业再就业1667人,下岗失业人员实现就业3711人，大中专毕业生实现就业395人,复退军人实现就业13人，失地农民实现新增就业761人，享受低保和困难群体人员实现就业399人,其他人员实现就业3511人。城镇登记失业率为3.0%。

2009年城镇新增就业10457人,(含“4050”人员就业5109人)。其中:长期失业再就业1667人，下岗失业人员实现就业3711人，大中专毕业生实现就业395人,复退军人实现就业13人,失地农民实现新增就业761人,享受低保和困难群体人员实现就业399人,其他人员实现就业3511人。城镇登记失业率控制为3.16%。

2010年,截止10月份,城镇累计新

增就业人数11764人，城镇就业困难人员就业830人，大中专毕业生实现就业301人，高校毕业生见习112人，引导高校毕业生自主创业自谋职业168人，引导高校毕业生区外就业61人。1–10月份累计办理《就业失业登记证》6390人。其中，办理失业登记2219人，办理就业登记4171人。城镇登记失业率为3.14%。

【劳务产业】 2003年，组织劳务输出1327人，劳服企业完成生产经营总值13480万元，实现利润308万元，增加值1420万元。

2004年，在通贵乡、月牙湖乡成立劳务输出领导小组。发展劳务产业4449人，实现劳务收入3678万元。其中：劳务输出2010人，就近转移就业2439人。劳服企业完成经营总值1.4亿元，实现利润750万元，实现增加值6695万元，上缴税金840万元。建立对劳服企业报表的分析报告制度，帮助劳服企业挖潜增效，增收节支，为企业办理“现有服务型企业吸纳下岗失业人员认定证明”，使企业享受所得税减免的优惠政策。同时，依照国家有关政策为符合主辅分离条件的元光综合服务公司、邮政今政实业公司办理130人的社保补贴，补贴总额26万元。

2005年，在丽景街、银古路、大新镇、掌政镇成立劳务输出领导小组。截止11月份，兴庆区发展劳务产业农民向非农产业转移就业总人数14551人，其中农村富余劳动力转移就业10014人，劳务输出4537人，劳务总收入9603.66万元，农民劳务收入6600元。建立对劳服企业报表的分析报告制度，帮助劳服企业挖潜增效，增收节支。全年劳服企业完成生产经营总值1.4亿元，实现利润750万元，实现增加值6695万元，上缴税金840万元。

2006年，在丽景街、银古路、大新镇、掌政镇、通贵乡、月牙湖乡调整充实了劳务输出工作领导小组，配备专职人员，建立跟踪服务机制。开展农村剩余劳动力调查，建立输出人员档案库，建立了乡镇、街道劳动力资源月报制度，对农村富余劳动力实行动态管理，使富余劳动力资源纳入相对集中有序流动的轨道。全年共发展劳务产业农民工转移就业和劳务输出14240人。其中：农村富余劳动力就近转移就业9670人，劳务输出4570人，创劳务经济总收入8971.20万元，农民人均劳务收入6300元。截止11月底，辖区劳服企业共23家，年产(经营)值超过500万元的有11家，低于500万元的12家。全年完成生产经营总值14453万元，实现利润611万元，实现增加值6673万元，上缴税金984万元。全年，兴庆区用于发展劳务产业和就业再就业的资金支出为330万元，占2006年兴庆区地方财政收入的1.467%。

2007年，组织农村富余劳动力就近转移就9000人，零散型和有组织劳务输出2000人，实现劳务产业收入1亿元。劳服企业完成生产经营总值1.2亿元。其中：工业产值1000万元，实现增加值6500万元。

2008年1~9月份，辖区从事劳务产业总人数10074人。其中：就地转移就业3149人，输出到省、市外就业的6880人，实现劳务产业经济总收入5755.66万元，农民实现劳务人均收入5700元。

2009年1~10月份，转移输出农民工11251人，劳务总收入6800万元，人均收入6043.90元。

2010年1~10月份，劳务产业输出转移就业10149人，劳务总收入0.6281亿元，人均劳务收入7500元。输出转移人数中，劳务输出稳定在6个月以上人数6347人，有组织劳务输出5886人。在二三产业稳定就业人数4739人，劳务中介机构和劳务经纪人带动输出人数5886人。新建立劳务品牌4个，劳务品牌从业人数3089人。

【社会保障】 2001年，认真贯彻执行《宁夏回族自治区失业保险办法》和《失业保险金申领办法》，印发了《关于在事业单位中征缴失业保险金的通知》《关于城区所属75个居委会参保失业报告》。政府所属42个事业1825人全部纳入失业保险，征缴失业保险金70.2168万元，发放51人42636元。累计征缴146.2117万元。

2002年，印发《关于成立失业保险金发放审核领导小组通知》，成立失业保险金发放审核领导小组，为失业保险金发放提供强有力的组织保障。全年失业保险金发放失业保险参保单位81家，参保人员达到3323人，征缴失业保险金84.34万元。累计征缴额204.67万元，发放10个单位81人20.04万元。

2003年，征缴失业保险费118家5361人，扩面37家2038人，清理历年欠费23344元，征缴失业保险费91.5万元，发放失业保险金11.9万元。所属单位养老保险参保人数479人，全年缴费757599元。医疗保险参保人数6079人，全年缴费3659738元，并实现全额代扣代缴。

2004年，失业保险有参保单位108家，参保人数4993人，征缴失业保险金127.4万元，发放失业保险金31.4万元。实现扩面9家802人，清理历年欠费3万元。累计金额380.24万元，发放9个单位72人31.4万元。

2005年，失业保险有参保单位112家，参保人数5611人，实现扩面13个单位833人。征缴失业保险费165.26万元，发放失业保险金16.08万元。清理历年欠费50万元。同时，对失业保险金的发放，严格按照国家有关政策办理审核手续，对符合条件的失业人员严格按规定发放失业保险金，有效地保障了参保人员的基本生活。全年共发放失业金16.08万元，做到按时足额发放。截止11月底共发放最低生活保障金620万元，发放失业保险金11.9万元，并做到按时足额发放。根据银川市社会和劳动保障局《关于开展全区非公有制经济组织及其从业人员参加社会保险情况调查的通知》文件精神，成立领导小组，印制各种调查表一万余份，组织各街道劳动保障所全面开展扩面普查，在这次调查工作中，共动员新增扩面参加基本养老保险1200多人，已办理参保手续800多人，起到了“边调查，边宣传，边参保”的效果。截止5月31日调查工作结束，完成非公有制经济组织参加社会保险调查6975户。其中：私营企业2546户，个体工商户4191户，其它经济单位238户，从业人员3439人，应参保人数29068人，已参保6619人，参保率20%。实际完成非公有制经济组织及从业人员扩面人数占扩面任务的70.13%。

2006年，失业保险有参保单位105家，参保人数5422人，征缴失业保险费140万元，发放失业保险金15.96万元。实现扩面9个单位767人。清理历年欠费20万元。

2007年，对城镇居民基本医疗保险信息进行采集，截止2007年12月30日，2乡2镇和11个街道登记录入122307人，参保121117人，缴费97719人，制卡99420人。全年征缴失业保险金100万元，清欠历年欠费3万元，扩面600人。认定、审核、申报2007年灵活就业人员社保补贴4226人，核拨经费652万元。其中：养老保险补贴4226人，补贴金额539万元；医疗保险补贴22361人，补贴金额113万元。

2008年，启动“外籍学生”参加城镇居民医疗保险工作，在全市首创“小手拉大手”活动，由学校、幼儿园老师宣传动员学生、儿童，学生动员家长主动积极参保，获得全区信息采集最多、参保缴费人数最多、工作进度最快，全区各市县(区)第一的好评；对2007年灵活就业人员进行摸底、调查和登记，审核确定3842名符合条件的灵活就业人员领取社保补贴和医疗保险补贴，共争取自治区第一批财政灵活就业人员专项社保补贴经费652万元，为持有《再就业优惠证》并已灵活就业的“4050”人员办理养老和医疗二项社会保险补贴，全年辖区城镇居民共有108312人参保，已有96507人交费，参保率达89%。

农民工领到工资的场景

2009年，累计办理失业保险金审核发放1821人次，发放金额81.9万元；办理城镇居民医疗保险经114218人，居民参保登记缴费率为100%；完成5603名“4050”灵活就业人员进行社会保险补贴的审核认定工作，第一批5603名“4050”灵活就业人员领取灵活就业社会保险补贴1072.28万元。

2010年，参加社保人数3247人，占转移总数比率为32%，高于30%的目标任务2个百分点。依托街道(社区)保障所(站)平台，对城镇灵活就业人员进行广泛宣传、申报、登记、审核、认定，6282名符合条件的灵活就业人员领取社保补贴，全年共计发放补贴资金12063329.98元。

【农村养老保险】2005年，成立兴庆区失地农民生活保障领导小组及办公室，制定《兴庆区失地农民生活保障领导小组办公室工作启动方案》和《兴庆区失地农民生活保障工作领导小组办公室各部门工作职责》。对失地农民基本情况全面开展调查统计。经统计：兴庆区共有失地农民33243人，占兴庆区人口总数的8%，1982年至2002年12月31日共征地11079.5亩，涉及失地农民20222人，在劳动年龄段的有13556人，农转非13690人；2003年1月1日至2005年共征地12860.59亩，涉及失地农民13021人，在劳动年龄段的有8480人，农转非9357人；涉及失地农民的村(居)委会集体资金累计8082.938万元，资产累计41416.94万元。本次调查统计，为失地农民在养老保险办理、就业培训、生活保障等方面，提供准确的依据。

2006年，兴庆区共有失地农民33243人，其中，进入劳动年龄段的22036人，实现就业的有15537人，就业率为70.51%。在就业的15537人中，2995人属于推荐就业并建有台帐，12542人属自谋职业。为妥善解决已征地“农转非”人员基本养老保险问题，先后发放宣传材料2万余份，举办失地农民养老保险办理培训班16期、培训失地农民3384人次，现场办理15次，为3959名符合条件的失地农民办理农转非手续，办理已征地农转非人员养老保险手续4159人，完成市政府下达任务3940人的105.3%。

2007年，继续抓紧办理失地人员“农转非”和基本养老保险工作，做好医疗保险办理前的各项准备工作，努力实现失地农民收入有来源、生活有保障、就业有门路、创业有扶持的目标，失地农民就业率达到80%。

2008年，开展已征地失地农民就业和农转非人员基本养老保险工作。截止9月底，兴庆区共有失地农民30110人，完全失地的人数25436人，其中，进入

劳动年龄段的21598人，共办理已征地农转非人员基本养老保险手续4897人。有1573人已征地农转非人员已陆续开始按月领取了基本养老金，做到老有所养。

2009年，根据区、市、兴庆区有关精神，接收兴庆区新型农村合作医疗工作、人员、资产调配管理工作。办理失地农民参保4505人，领取养老保险金2623人，领取养老保险金资格认定2597人；办理村干部参保缴费98人。全力推进新型农村养老保险，在精心调查摸底、人员培训、资金测算、政策制订的基础上，7月15日召开兴庆区新型农村社会养老保险实施动员大会，强化业务工作督查指导，累计发放新农保宣传折页15000余份，完成信息录入27182人，参保缴费27182人，60岁以上领取养老金存折4394人，参保率达到78%。积极做好城镇居民基本医疗保险，切实抓好扩面及保费征缴工作，城镇居民基本医疗保险参保办理126071人（包括大学生4878人），参加城镇居民医疗保险住院费用平均报销率52.3%

2010年，兴庆区参合农民46271人，占应参合农村居民48645人的95.12%。为确保新农合安全运行，根据区、市有关要求，及时对新农合定点医疗机构报销级别、定点医疗机构住院报销比例、限额、范围以及住院定额补偿标准进行调整。针对新农合基金拨付程序繁琐、定点医疗机构监管不到位、乡镇卫生院缺乏资金周转等问题，有针对性地推出了一揽子解决办法，与33家定点医疗机构签订服务协议，对农民住院产生费用实行即时结报垫付，从垫付基金中扣除5%的风险金，作为各定点医疗机构不合理医疗的监管，为4个乡镇各预拨4万元基金进行周转。按照银川市新型农村合作医疗按病种付费扩大试点工作启动会议精神，启动新农合按单病种付费试点，确定77种多发病、常见病为试点病种，对符合按病种付费试点条件的参合农民实行按病种“打包”付费。截止11月底，新农合应筹集基金总额为694.06万元，全部到位，新农合基金支出514.84万元，基金使用率74.18%，住院补偿2958人次，门诊就诊36131人次，受益39089人次，农民实际受益率达到84.47%。

【再就业政策落实】 认真落实党的再政策，通过财政再就业资金；发放《再就业优惠证》；工商、税务部门为户持证人员减免管理费、税费；开发公益性岗位；为下岗失业人员再就业办理小额贷款担保；开展就业援助行动等再就业政策落实，帮助弱势群体实现就业。2003年~2010年共审核、发放《再就业优惠证》10063本，办证后有8544人实现了就业，审核符合发放条件的有5361人，贷款金额3931万元，带动就业4475人，帮助弱势群体和“4050”人员实现就业8630人，其中，社会公益性岗位就业1899人。实现就业实体1850个，从业人员22676人。

2003年从以下5各方面落实再就业政策：一是财政再就业资金支出27万元，用于培训、社区平台建设、购买公益性岗位等。二是审核、发放《再就业优惠证》2566本，有1331人实现了就业，再就业率为52%。三是成立兴庆区下岗失业人员再就业小额贷款担保领导小组，办理小额贷款担保手续36人，贷款金额72万元。四是工商部门为647户持证人员减免工商管理费92.7万元，税务部门为319户持证人员减免税费10.8万元。五是开发公益性岗位400个，安置就业368人。六是积极开展就业援助行动，帮助弱势群体实现就业，“4050”人员实现就业728人，残疾人实现就业494人。

2004年，审核、发放《再就业优惠证》1528本，办证后有1318人实现了就业；办理小额贷款担保手续128人，贷款金额361万元；帮助弱势群体实现就业，全年“4050”人员实现就业1115人，其中社会公益性岗位就业411人。

2005年，审核、办理《再就业优惠证》2024人，办证后有1643人实现了就业，再就业率为81.18%；发放下岗失业人员再就业小额担保贷款318人，贷款金额678万元，带动再就业782人；帮助“4050”人员实现就业372人，其中社会公益性岗位就业220人；实现就业实体900个，安置9220人就业；全年共办理《失业证》1301人，《外来人员就业证》3500人，《外出务工就业登记卡》80人；对困难群体中有培训和就业愿望的人员实行培训经费优惠，其中，对享受低保人员和有《再就业优惠证》的困难群体人员，免收300元的培训费，对农村富余劳动力转移培训以及参加劳动技能鉴定每人减免300元的鉴定费。

2006年，审核、办理《再就业优惠证》2580人，办证后有1482人实现了就业，再就业率为57.44%；发放下岗失业人员再就业小额担保贷款313人，审核推荐贷款金额739万元，带动再就业939人；积极开展就业援助行动，帮助困难群体实现就业，全年“4050”人员实现就业2785人，其中社会公益性岗位就业518人；实现就业实体950个，从业人员9456人；建立区、市劳动就业部门联网的《再就业优惠证》信息查询系统，实行动态管理，及时了解掌握办证后的就业去向，提供就业服务。

2007年，建立促进就业与失业保险、城市居民最低生活保障工作的联动机制，以社会保障稳定就业，以就业促社会保障，促进再就业政策落实和就业困难群体脱困；实施“零就业家庭帮扶就业工程”，开展“再就业援助月”和“春风行动”，以“送政策、送岗位、送技能、送服务”为主要内容，为下岗失业人员、困难群体、进城务工人员“办实事，送温暖”，促进各类从业人员就业；大力开发公益性岗位，开展“手拉手再就业结对帮扶活动”，帮扶500户“零就业”家庭和250户城乡特困家庭每户至少一人实现就业脱困。

2008年，审核、办理《再就业优惠证》1365人，办证后有780人实现了就业，再就业率为57.14%；受理272户办理小额担保贷款，办理714万元小额担保贷款支持。带动就业再就业761人；帮助“4050”人员实现就业3630人，其中公益性岗位安置就业290人。2008年“零就业家庭”申报认定205户，适龄劳动力335人，全部实现户均一人帮扶稳定就业。“零就业”家庭实现动态销零。

2009年，为进一步推动新一轮再就业扶持政策及相关配套文件的贯彻落实，制定有关提高收费减免额度、增加收费减免项目、强化收费管理、明确减免最高限额、高限核拨社保补贴等方面的优惠政策，使困难群体就业再就业受益面逐步扩大。全年共发放小额担保贷款194笔799万元，带动就业994人；办理《就业失业登记证》4237人，其中，办理失业登记的2060人，办理就业登记的2177人（灵活就业的1717人；自主创业领取营业执照的331人；与用工单位签订劳动合同的129人）。完成“4050”灵活就业人员社保补贴申报认定发放工作，对兴庆区新产生的“零就业”家庭，通过公益性岗位安置就业、推荐就业、灵活就业等渠道，全部实现“零就业”家庭成员有1人就业的目标。

2010年，兴庆区劳动就业局服务站成立。截止10月底，向第一批符合条件的4人发放16万元创业青年扶持资金；协调兴庆区掌政资金物流调剂中心开展贷款工作，共扶持2000多名农户开展特色农业、养殖业、流通服务业等项目发展，累计放款达到3850多万元；帮扶掌政镇及周边乡镇2500多名农民扩大生产经营，就近、就地自主创业和稳定就业；办理小额担保贷款160人682万元，小额担保贷款带动就业919人；对有就业愿望的就业困难家庭制定“就业服务档案”，签订“就业服务协议书”，实行“一家一策、一人一策”；加强《就业失业登记证》的发放和管理工作，加强与工商、国税、地税的信息交换，坚持公开、公正、透明，做到应发尽发，杜绝错发、误发。截止10月份累计登记零就业家庭48户87人，户均一人实现就业，零就业家庭动态消零率达到100%。

【社区劳动保障平台建设】2002年，开始筹建社区就业服务所。截止10月31日，辖区社区服务网点3986个，从业人员1.3万元，其中城镇下岗失业人员占总人数的80%。

2003年，建立兴庆区社区就业服务中心、街道社区就业服务中心、居委会社区就业服务站三级社区就业服务网络，各类社区服务网点覆盖到社区服务的各个领域。服务内容有环卫保洁、敬老托幼、物业管理、民政优抚、医疗保健、文化娱乐、看楼护院、家政服务、中介服务、小饮食业等系列100多个服务项目，社区自办经济实体共有851家，从业人员达2030人。所属11个街道办事处劳动保障事务所于8月22日正式挂牌成立，并在一乡两镇成立劳务工作站，社区劳动保障平台建设实现机构、人员、经费、场地、制度、工作“六到位”，标志着兴庆区劳动保障工作向前迈出坚实的一步。

2004年，社区劳动保障平台建设按照“六到位”“六统一”的要求，认真组织开展社区就业和企业退休人员的社会化管理工作，在所属85个社区居委会挂牌成立企业退休人员社会化管理工作站，对已接受的3881名退休人员全部纳入社区进行管理；组织108名社区工作人员参加业务培训并取得上岗资格证书。

2005年，社区劳动保障平台推进就业服务“新三化”完善“一站式”就业服务，并向街道社区、乡镇延伸创建“信用社区”示范工作稳步推进，在解放西街银湖社区和文化街文湖社区创建2个信用社区的试点单位，努力为下岗失业人员办理小额贷款担保，促进自主创业和实现就业和再就业发挥积极作用，召开全市现场观摩会在全市推广创建经验。全年先后举办各乡镇、街道、社区劳动保障协理员持证上岗培训班3期；计算机培训班3期，经考试全部取得结业证书。

2006年，11个街道4个乡镇劳动保障工作平台建设得到加强，实现了机构、人员、场地、资金、制度和工作“六到位”。

2007年，加强街道（乡镇）、社区（村）劳动保障平台建设，完善城乡劳动就业三级服务网络和信息网络建设，进一步夯实统筹城乡劳动就业和社会保障工作的基础。创建15个乡镇、街道“专业化、制度化、社会化”公共服务示范平台，新增社区经济实体200个。结合社区居民生活需要，重点开发社区服务“三托”即：托老、托幼、托病，“三项服务”即：家政服务、配送服务、保健服务，“三项管理”即：物业管理、车辆管理、公共管理。

2008年，加强和完善规章制度，发挥就业工作平台作用。积极开展“优化发展年”活动，推进就业服务“新三化”、完善“一站式”就业服务，促进就业再就业和发展劳务产业工作不断向街道、社区延伸，注重发挥社区就业平台的作用。目前，各乡镇、街道劳动保障所及社区各项制度健全，基本实现了机构、人员、场地、资金、制度和工作“六到位”，有力的保障了劳动就业工作的开展。

2009年，创建“充分就业社区”18个，开展社区劳动保障协理员培训活动。

2010年，以创建“最佳创业区”为目标，努力实现创业领域全覆盖。加强基层劳动保障所(站)建设工作，公开招聘劳动保障协管员，并进行岗位业务培训，全面提升基层劳动保障所(站)窗口服务质量。

【充分就业社区】兴庆区于2006年率先在自治区开展创建“充分就业社区”工作。当年11个社区达到“充分就业社区”标准。2007年本着严格标准、宁缺勿滥、稳步推广的要求，经区市劳动部门严格考核验收确定其中22个社区为“充分就业社区”。2007年5月，自治区和银川市先后在兴庆区召开经验交流会，推广兴庆区的先进经验，先后有8

个县市、区参观学习。2008年进一步加大开展“充分就业社区”工作力度，又创建13个“充分就业社区”。截止2008年11月，共创建48个“充分就业社区”，占兴庆区90个社区的51%。2010年，创建“充分就业社区”35个，其中2个社区被评为自治区星级充分就业社区。截止11月底，兴庆区93个社区中（不含燕鸽湖管委会2010年新成立的社区）已有78个社区达到充分就业社区标准，提前1年实现自治区提出的80%达标的创建目标。

【全民创业行动】2008年8月20日召开兴庆区全民创业工作会议，出台《兴庆区推进全民创业加快富民强区的实施意见》，表彰十佳创业带头人、十佳创业之星和80名“自主创业星”。为保证全民创业工作顺利开展，成立全民创业工作领导小组和十四个工作项目领导小组，组建兴庆区全民创业行动领导小组专家咨询团和督察验收考评组，对兴庆区全民创业工作采取定期和不定期的指导和检查。针对大中专毕业生、青年人、就业困难群体、复退军人、党员、农民和失地农民等7类不同人群，结合兴庆区的一、二、三产业的发展，出台了14个配套性文件，为深入推进兴庆区全民创业活动提供有力的政策保障。相继启动绿地21商城、银川国际物流港等项目；在市场物流带的26个专业市场内，择优创建西北农资城、大新小食品加工区等5处创业示范园和创业孵化基地，努力为各类人员提供创业服务。截止10月底，市场带内各类批发市场商品交易总额达75亿元，实现利税4.5亿元；物流带内有商铺6157个，已入驻商户4674户，提供就业岗位4万多个。为支持城乡居民创业和充分就业，兴庆区加快发展花卉产业，财政安排900万专项资金，实施中国首例产业价值链试点项目——兴庆区花卉产业价值链，形成复合式创业的新模式，实现创业带动就业的目标，建立塔桥花卉园区，有9家花卉企业带动周围600余户村民从事花卉种植和经营，解决200余名农村富余劳动力就近就地实现稳定就业，每人月工资收入均在800元左右；加快“塞上花都”花卉市场的建设步伐，市场竣工后可形成集鲜花批发、零售、花艺展览展示、鱼鸟宠物、休闲观光、培训及信息交流于一体的现代化专业花卉市场，提供经营商铺和摊位500个，新增就业岗位2000个。

以大新镇、掌政镇为中心发展农家乐旅游业35处，带动100余人创业，吸纳500多人就业，形成以掌政镇为中心辐射周边乡镇的农家乐基地，每年吸引区内外旅游休闲的客人6万人次以上，营业收入9000多万元；在大新镇塔桥村建立农民创业示范村，成立2个农村专业合作社，带动全村30多名党员从事农家乐旅游经营、餐饮、零售经营和种养殖业，实现本村富余劳动力就近就地创业和充分就业；在大新镇大新村三队建设小食品集中加工区，有50余家小食品加工企业进入。

2009年，成立3个农业专业合作社，引进花卉生产企业36家，自主创业人员600多人，带动就业6000余人；小食品集中加工区入住70多家小作坊，创造就业岗位300多个；农家乐生态旅游业自主创业42户，带动就业近1000人，有效促进农村富余劳动力转移就业。为掌政镇农民创业发放涉农贷款800笔，金额近2500万元，资金支持惠及全镇近20%的农户。12月3日，周志强、姜文、施栋、刘长洪等4人被市委、市政府授予创业明星，缪坤、厚少凡等22人被授予创业之星；拨付全民创业专项资金808万元，为周景世荣、天地缘等6家企业提供贷款1700万元。截止2009年11月底，兴庆区开办企业数较上年增加34.05%；个体工商户和私营企业数较上年增加8.27%。

2010年，工商注册登记企业数1136家，较上年年末增长20.9%，个体工商户7959户，较上年年末增长5.5%；培育小企业408家，培养小老板336人，新开发创业项目313个，创造新岗位2516个，争取落实区、市创业专项资金220万元，用于创业孵化园建设，在建创业孵化园区1个，建标准厂房20000平方米。

【“工字号”家政服务】 2010年，新华街永安巷“工字号”创业市场家政服务中心挂牌。当年，在新华街创建“工字号”创业带动就业示范点4个，扶持“工字号”创业带头人2名，分别为其提供小额担保贷款5万元，进行创业就业技能培训357人，解决稳定就业256人次，介绍家政服务200人次。为促进兴庆区街道社区“创业带动就业示范点”建设，创建“充分就业社区”、“创业型社区”打造良好的平台。

【就业培训】 2002年共有1230人参加就业培训。

2003年，兴庆区劳动技能培训基地在银川市第一职业中学挂牌成立，标志着兴庆区就业培训框架初步建立，即以银川市第一职业中学为龙头，以龙凤职业培训学校、红玫瑰美容美发学校，宁夏青松电脑培训学校为分支，以街道社区市民学校为基础，聚合社会各方力量，举办适合不同层次、不同需求的各类培训班，实现兴庆区经济发展和城乡统筹就业两促进。全年共举办各类劳动技能培训班18期，培训人员1527人，占年计划培训1300人的117.5%。

2004年，举办各类劳动技能培训班42期，培训人员5449人次。其中：举办各类城镇人员培训班34期，培训人员2671人（下岗失业人员1969人），培训结业后实现就业1912人，就业率为71.6%。举办失地农民培训班5期，培训2212人次；举办农民实用技术培训班1期，培训480人次；举办农村剩余劳动力转移培训2期，培训86人，全部被银川金盾保安公司安排就业。

2005年，举办各类培训班89期，培训8149人结业后实现就业6909人，就业率为84.78%。其中：举办城镇下岗失业人员培训班28期，培训人员2027

人；举办低保人员培训班16期，培训人员1463人；举办失地农民培训班21期，培训2361人；举办农村富余劳动力转移培训21期，培训2118人（含创业培训80人）；举办（SIYB）创业培训班3期，培训人员260人。职业技能鉴定440人。取得职业资格证书357人。

2005年，整合辖区职业技能培训教育资源，加大失地农民职业培训力度，开展“定单”式培训，确定四所具有培训资质的职业技能培训学校七个培训专业，培训时间1-3个月，培训失地农民1000人。7月12日，丽景街“兴庆区丽景就业培训中心”，挂牌成立，为失地农民就近培训就业拓宽了渠道。

2006年，坚持以市场为导向，实施职业资格证书制度，积极拓宽培训渠道，送培训下乡、下街道，8月中旬，大新镇劳动保障所、月牙湖乡劳动保障所，积极组织农村富余劳动力和失地农民赴新疆摘棉花和参与水利工程建设工作，按用工订单，及时对147名摘棉工和50名工程建设工以及赴福建的35名缝纫工进行为期2天的短期培训，全部输送到目的地。整合培训资源，开展“定单”式培训。全年共计开班司炉工、架子工、电焊工、瓦工、汽车驾驶员、市场营销员、美容美发、计算机等多个专业培训班14期，培训人员3140人，帮扶250名特困家庭人员进行培训后安排就业。全年共举办各类培训班83期，培训8711人。其中：城镇各类人员参加职业技能培训5571人（下岗失业人员培训2521人，其他人员培训1990人，举办（SIYB）创业培训班2期，培训137人），取得职业技能结业证书或职业资格证书5571人；举办农村职业技能培训班35期，培训3140人，其中：专业技能培训1410人，基本技能培训（阳光工程）1025人，引导性培训705人，职业技能鉴定1250人。142人取得“劳务经纪人”资格证书。

2007年，建立培训、就业、保障、维权“四位一体”的城乡培训就业新体系，实施完善经费补贴与培训质量和促进就业效果相挂钩的机制和办法，实施“再就业培训工程”、“城镇技能再就业计划”、“农村劳动者技能就业计划”、“农村劳动力转移培训阳光工程”、“雨露计划”、“失地农民就业培训计划”、“零就业家庭帮扶就业工程”等，统筹做好城乡劳动就业培训工作，全年组织下岗失业人员和失地农民就业培训4000人，其中：失地农民培训2000人，创业培训2000人。帮扶特困家庭有劳动能力的250人就业，“零就业家庭”500人帮扶就业，

2008年，启动兴庆区全民创业行动，将培训范围由下岗失业人员、失地农民扩大到农村富余劳动力、大中专毕业生、复员退伍军人及其他各类社会群体。按照培训促进就业的工作思路，积极拓宽培训渠道，送培训下乡、下街道，开展订单式培训，加大培训工作力度，促进劳务产业的发展。全年共举办各类培训班112期，培训8582人，职业技能鉴定811人。

2008年，兴庆区新创办企业449户，新注册个体工商户8237户，新增就业人群12252人，

2009年，兴庆区全民创业引导性培训1414人，全民创业能力培训276人，培养小老板100人，开发创业项目112个，培育小企业100家，创造新岗位835个，新增注册企业数1211户，新增个体工商户4119户。举办城乡各类职业技能培训4942人。职业技能鉴定合格945人，基本技能“阳光工程”培训2197人，城乡特困家庭援助培训150人，城镇技能培训1172人，

2010年，城镇新增就业人员各类培训5816人。其中，城镇新增就业人员职业技能培训人数2415人，（城镇失业人员培训1551人，其他人员培训864人）；城镇在职人员培训2101人，城镇新增就业人员引导性培训1300人。1-10月份创业培训累计完成1970人。其中，创业引导性培训1560人，创业能力培训410人，能力培训合格率达到99.8%。农村转移培训人数2646人，其中，职业技能培训854人（青春建功新农村培训249人），基本技能培训人数（阳光工程）1592人，职业技能鉴定658人（含驾驶员考试取得驾照），就业援助工程（贫困和零就业家庭）培训人数130人。在培训中尝试市场化运作，创新培训模式。如第二期“改善你的企业”（IYB）创业能力培训班采取全封闭培训、尝试市场化运作、严格坚持规范化的培训流程管理、创业培训和落实创业政策服务相结

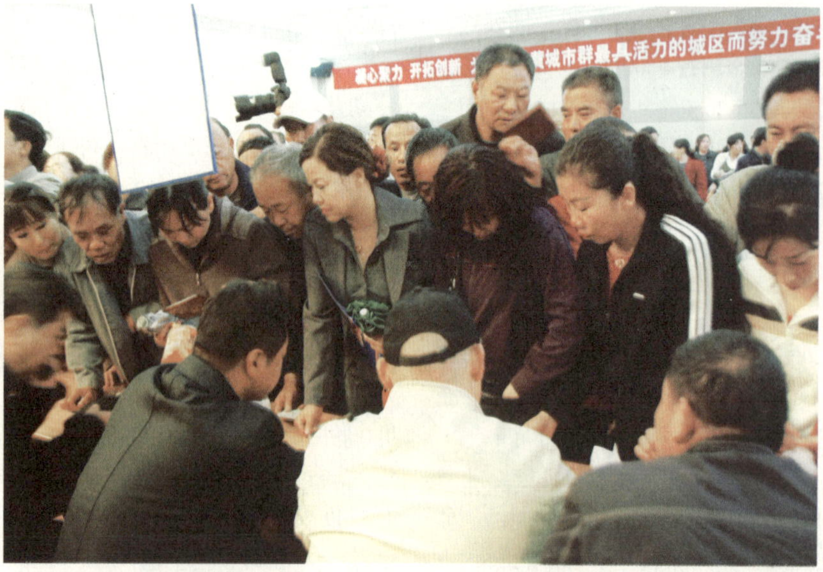

2007年9月26日，帮扶“零就业家庭”就业及公益性岗位专项招聘会

合,在培训过程中发放小额担保贷款申请表、对学员的严格筛选、严格聘用授课教师,安排全区著名的SIYB老师和专家给学员授课、请参加第一期IYB培训的学员18人讲解和点评等方式，取得好效果。

【劳动力市场建设】 2003年,共举办六次大型劳动力供需洽谈会,有300多家用工单位和10000多人参加了现场招聘，有2400多人与用工单位达成求供意向,建立无公害超市6家,安置就业40余人。

2004年3月，举办兴庆区2004年春季劳动用工洽谈会。有72个用工单位和1200名求职者参加，有303名求职者和用工单位达成了求职意向。9月份,在丽景街办事处举办“兴庆区失地农民劳动用工洽谈会”，参加的用工单位有34个,提供就业岗位1200个。共有800名农村剩余劳动力和失地农民参加此次洽谈会，共达成就业协议260人。积极发挥各街道劳动保障事务所的作用,引导帮助他们开展适合社区特点的小型用工洽谈会,全年共有5个街道办事处举行劳动用工洽谈会，共有200多个单位和近4000人参加，达成求职意向的有723人。6月28日新华街办事处再就业市场开业，该夜市设有摊位240个,解决400多人的就业。

2005年,印发《关于认真做好“春风行动和再就业援助大型人力资源供需招聘洽谈会的通知》,开展2005年再就业援助月活动和春风行动。2005年3月13日 在南门广场召开兴庆区劳动就业用工大型洽谈会,来自宁夏及周边地区的数万名城镇下岗失业人员、困难群体和进城务工人员参加招聘会。

2006年2月，与11个街道办事处劳动保障所共组织3000多名下岗失业人员、失地农民和城镇困难群体,参与银川市劳动就业局举办的“再就业援助月”和“春风行动”大型现场招聘会,有400名求职者与用工单位达成求职意向。

2008年,启动实施银川市兴庆区人力资源市场暨社会保障服务中心建设项目。

2009年,举办兴庆区秋季人力资源与用工单位岗位对接洽谈会,组织大中专毕业生、城镇失业人员及就业困难群体参加全民创业现场招聘会,各街道劳动保障所组织人员参加银川市迎国庆企业专场招聘洽谈会。

2010年,组织参加区市劳动保障部门召开的人力资源现场、专场招聘会、困难群体就业援助服务月、高校毕业生就业服务月、全民创业服务月专场活动、“春风行动”启动仪式暨专场招聘会等就业创业援助活动。

【信息化建设】 2003年，启动实施区、街、居(社区)三级劳动用工信息网络建设。2006年对办理《再就业优惠证》和小额担保贷款人员实行微机信息管理。扎实开展办证人员小额贷款人员信息微机录入工作,配合区、市劳动就业部门建立联网的《再就业优惠证》信息查询系统,实现信息化管理。

【劳务中介机构】 加强劳务中介组织、“劳务经纪人”建设。2006年,辖区具有组织500人以上的劳务中介组织5家；乡镇组织100人以上的劳务经济人7家,取得了“劳务经纪人”资格证书149人;4个乡镇32个行政村每村都具有2名以上的劳务经纪人带领农民打短工或外出务工；成立劳务工作协会1个。2007年在各乡镇、街道全面培育新组建成立劳务中介机构15个，在两乡两镇各村培育2–4名劳务经纪人。

【外来务工人员管理服务】 认真做好对外来务工人员的管理、指导和服务工作。2003年办理《外来人员就业证》258553人，2004年办理《外来人员就业证》26900本。

【农民创业金融服务中心】 2008年,兴庆区掌政农民创业金融服务中心经自治区人民政府金融管理办公室批准,依法登记注册,成为新型农村金融机构改革试点单位。经过近三年的运行和实践,为有效缓解‘农民贷款难’问题取得了明显成效，受到了广大农民的拥护、赞扬。自治区政府领导先后14次批示，区、市领导多次深入中心视察调研、指导工作并给予充分肯定。同时中心工作经验被北京大学、中国人民大学授予农村金融科研及实习基地并将掌政模式写入多部农村金融教材。至2010年9月底共支持掌政镇近1900多位农户进行特色农业、养殖业、流通服务业的发展,累计放款达到3850多万元,不仅支持了掌政镇近20%的农户,还惠及到了掌政镇周边的4个乡镇,所放贷款至今无呆帐、零风险。

【就业创业政策宣传】 十年来,采取学习、宣传党的就业优惠政策、赠送就业和再就业政策文件、挂牌设立就业和再就业政策法规咨询点、发简报、办展板、演话剧《铁杆庄稼》等多种形式,广泛宣传劳动就业政策，用政策引导就业,把“劳动者自主择业,市场调节就业,政府促进就业”的就业方针和再就业优惠政策,及时传达到乡镇、街道和社区(居)委会和广大居民中。从2001～2010年每年都给15个乡镇、街道劳动保障所订阅《中国劳动保障报》和《中国劳动就业》报刊各1份,赠送《中共中央关于制定国民经济和社会发展第十一个五年规划的建议》100本,《2005中国就业报告》蓝皮书40本,《最新就业再就业政策和劳动就业理论文章文件汇编》《最新就业再就业政策文件汇编》等有关业务书籍2000余本；举行再就业援助活动、设点宣传咨询、现场解答群众的疑难问题近百场(次);累计发放《农民工进城务工就业指南》、《银川劳动就业》《下岗失业人员再就业扶持政策》《银川劳动就业》《农民进城就业指南》《失地农民就业培训和社会保障文件选编》《就业促进法》《劳动合同法》和城镇居民基本医疗保险工作等12种宣传资料200000余份；邀请宁夏话剧团在通贵乡、月牙湖等九个乡镇、街道办事处农民工相对集中的地方组织演出反映发展劳务产业、增加农民收入的话剧《铁

杆庄稼》24场,观众达到3万余人;在乡村主要街道、公路旁房屋、建筑物空白处、农民工培训场所等处,刷写永久性标语160条;为24个取得创建"充分就业社区"的社区制作安装不锈钢宣传专栏,进行《就业促进法》和《劳动合同法》的经常性宣传;编印简报200余期,制作展板8块,自办展板50余期;区内多家新闻单位刊登兴庆区就业工作新闻200多篇。2010年,兴庆区劳动就业局荣获"2010年中国劳动保障报宣传工作先进单位"。兴庆区劳动就业局作为宁夏唯一的县(市)人力资源社会保障部门受到了国家人力资源和社会保障部办公厅的通报表彰。2010年1-8月份,共编辑就业简报54篇,创业简报21期。在区、市各类新闻媒体刊发宣传稿件115篇。其中,国家级刊物《中国劳动保障报》刊发3篇。切实了形成报刊有文、电视有影、广播有声、网络有点(点击率)的多层次、宽角度、立体式的大宣传格局。

【网络创业实训基地】 2010年,创立兴庆区网络创业实训基地。兴庆区网络创业实训基地是由淘宝网提供网络创业平台及相关资源,高校提供场所及相关设施,采用真实电子商务企业运营模式,以提高大学生就业竞争力和创业能力为目标的企业化实训基地。兴庆区审时度势,加快创立兴庆区网络创业实训基地,有效推动兴庆区网络创业工作的新局面。基地使学生能够在校内感受企业的工作氛围,实现在校"顶岗实习",零距离的体验电子商务,掌握跨入电子商务产业所需的各项技能,成为"一专多能"的应用型人才。基地通过企业化运作,提供勤工俭学工作岗位,开展电子商务创业技能竞赛,评选优秀网络创业方案,打造成学生网商创业孵化器。2010年2月8日宁夏人力资源和社会保障网以"网络创业实训 推动网络创业发展 --- 兴庆区网络创业实训基地正式授牌"做详细报道。

【制度建设】 2005年,制定劳动就业局全体工作人员联系各乡镇、街道劳动保障所工作责任制,制作了工作联系卡,党支部制定《兴庆区劳动就业局机关效能建设实施方案》,制作岗位去向牌、政务公示栏、干部职工实行挂牌上岗,全面完善各项工作责任制,建立AB岗工作制度、服务承诺制度等十项制度,公开监督电话。2010年实行全员包街道(乡镇)责任制,定期下街道(乡镇)社区指导工作。全面建立健全创业促就业考核指标体系。规范基础档案建立、信息上报等工作,将全民创业促进就业工作真正在基层得以落实,实现创业与就业之间的良性推动,真正将城镇新增就业、失地农民就业、困难群众就业和大学生就业实名制工作落到实处。

【结对帮扶】 2003年11月27日兴庆区党委召开常委会议,就解决兴庆区困难群众的生产生活问题进行专题研究,会议决定政府投入部分资金,对辖区内的特困户、五保户、失地农民、下岗职工进行慰问,做好低保扩面工作,做到应保尽保。腾出部分公益性岗位安置生活特困户(特别是"4050"人员)就业,切实解决他们的生活困难问题,使他们能够安全过冬,过好"元旦"、"春节"两大节日。同时要求教育系统开展为特困学生减免学费的工作,政府各部门继续做好接对帮扶工作。2005年,劳动和就业局与兴庆区月牙湖乡海陶北村党支部签订帮扶协议,与该村4户特困户建立帮扶联系,慰问实物合计折合人民币1400余元,给海陶北村科技致富活动捐赠1000元现金,捐赠办公设施折合人民币3000余元,共计5400元;与前进街街道办事处明德巷社区居委会党支部签订共建协议,为社区无偿捐赠一台打印机,价值1200元;与大新镇上前城村党支部携手共建并签订共建帮扶协议,针对上前城村失地农民较多,就业较困难的实际问题,在该村有劳动能力和就业愿望的人员中开展职业技能培训,积极促进失地农民就业。2006年与兴庆区月牙湖乡海陶北村党支部签订帮扶协议,与该村4户特困户建立帮扶联系,慰问实物合计折合人民币1200余元现金,给月牙湖乡海陶北村捐赠办公设施折合人民币1800余元,共计3000元,支持该村党支部的建设。在第三批先进性教育活动中,与大新镇上前城村党支部携手共建并签订共建帮扶协议,针对上前城村失地农民较多,就业较困难的实际问题,设置固定宣传栏,加大宣传力度,在该村有劳动能力和就业愿望的人员中开展职业技能培训,积极促进失地农民就业,受到结对帮扶单位的好评。

【劳动监察维权】 2001年,贯彻落实《劳动法》等法律、法规,依法行政,严格执法,积极开展劳动合同、清理劳动力市场、禁止使用童工专项检查等工作,累计鉴证劳动合同58起,检查用人单位250余户,涉及劳动者3000名;劳动监察立结案18起,为劳动者追回工资18000元;劳动争议立案45起,结案35起,为劳动者追回工资、押金32000余元。

2002年,贯彻落实《劳动法》及有关法律、法规,依法行政,文明执法,严格执法程序,积极开展劳动合同、社会保险扩面征缴、清理劳动力市场、禁止使用童工专项检查等工作,累计鉴证劳动合同63起,检查用人单位200余户,涉及劳动者4500名;劳动监察立结案20起,涉及劳动者980人,为劳动者追回工资45200元;劳动争议接案51起,不予受理中止1起,庭外调解4起,结案40起,为劳动者追回工资、押金351000余元。

2003年,规范兼职劳动仲裁员管理制度,加大对集体劳动争议案件的处理力度,落实群体性事件信息报告制度,加强对群体性事件隐患的排查、处理,累计接案63起,涉及175人,做出不予受理8起,涉及人数8人,立案53起,涉及163人,其中集体争议6起,涉及119人,结案44起,为劳动者追回各种经济损失51.5万元;实行"三结合"的监察执法,检查用人单位230个,涉及7890人,受理举报案件84起120人,立

案84起，结案80起，促办证件70人，为劳动者追回各种经济损失2.39万元；指导企业依法做好劳动合同的履行、变更、解除和终止工作，全年劳动合同鉴证236个用人单位，涉及人数3972人，减免优惠证鉴证1人，办理劳动用工备案222个单位1296人。

2004年，加大劳动争议处理工作力度，强化劳动争议仲裁三方机制，规范兼职劳动仲裁员管理制度，坚持快立、快审、快结，一般案件独自审理，重大案件组庭审理，切实维护劳动者和用人单位的合法权益，促进劳动关系的和谐与稳定，全年累计受理劳动争议仲裁案件27起，涉及27人，结案20起，为劳动者追回各种经济损失39.1万元;注重提高监察执法效率，规范劳动关系，检查用人单位120个，涉及3450人；受理举报案件66起120人，立案66起，结案62起，为劳动者追回各种经济损失1.78万元；规范私营企业和有雇工的个体经济组织与职工签订劳动合同，指导企业依法做好劳动合同的履行、变更、解除和终止工作，对732家用工单位的劳动合同进行鉴证，涉及1561人，减免代惠证鉴证201人，录用备案565人。

2005年，受理劳动争议仲裁案件31起，涉及45人，其中集体争议2起，涉及16人，结案24起，为劳动者追回各种经济损失46.4万元；检查用人单位18家，涉及482人；受理举报案件92起315人，立案82起，结案76起，为劳动者追回各种经济损失130万元；对732家用工单位的劳动合同进行鉴证，涉及2112人；减免优惠证鉴证2人；录用备案463份1530人，终止解除劳动合同备案581人。

2006年，根据劳动保障厅的安排对60家企业开展宁夏回族自治区劳动保障监察书面审查，审查率100%;实施清理整顿职介市场秩序，规范劳动用工专项行动，对辖区内的职介市场进行地毯式的清查;开展社会保险征缴、最低工资和禁止使用童工专项检查，为52名劳动者补发工资3000余元，清退童工2名;开展劳动用工专项检查，检查用人单位892家，签证合同1388人;劳动保障监察立案查处举报投诉案件57起，涉及63人，为劳动者清退工资、押金23万余元；劳动争议接案55起，涉及60人，追回各种经济损失169万余元。

2007年，劳动监察立案152起，结案128起，为劳动者追回拖欠工资544059元；劳动仲裁受理案件128件，其中结案75起，不予受理案件31起，涉案金额420万元，为劳动者追回涉案经济标的162万元;开展劳动合同、最低工资标准、农民工工资支付专项行动等各种劳动用工专项检查活动，对违反劳动法律、法规行为，坚决查处，检查机关事业单位17家，检查辖区用工单位436家，检查用工5823人，督促企事业单位签订劳动合同13000余份，其中签订农民工合同2000多份，办理劳动合同备案1129户5731人，解除劳动合同1025户2019人；处理拖欠农民工工资47.5万元。

2008年，以创建优质服务窗口为载体，大力开展各种劳动者权益维护工作，全年劳动监察立案152起，结案128起，为劳动者追回拖欠工资544059元；劳动仲裁受理案件128件，其中结案75起，不予受理案件31起，涉案金额420万元，为劳动者追回涉案经济标的162万元；积极开展劳动合同专项检查、最低工资标准、农民工工资支付专项行动等各种劳动用工专项检查活动，对违反劳动法律、法规行为进行查处；举办《劳动合同法》培训班1期，培训辖区机关企事业单位120家，上街宣传3次，接待咨询3000人，发放宣传资料2000份，检查兴庆区机关事业单位17家、辖区用工单位436家、用工5823人，督促企事业单位签订劳动合同12000余份，其中签订农民工合同500多份，办理劳动合同备案407户3435人；认真贯彻落实区、市有关保护农民工合法权益的精神，处理拖欠农民工工资47.5万元，重点对四川籍、甘肃籍等地震灾区的农民工开展专项调查和慰问活动，保证灾区民工在银务工的合法权益。

2009年，以构建和谐劳动关系为重点，大力开展各种劳动者权益维护工作，积极为建国60周年营造和谐稳定的社会环境，全年上街宣传劳动法律法规4次，发放宣传资料1万余份，接待咨询群众1千余人；受理劳动合同备案1469家，涉及6213人；变更、解除劳动合同997家单位，涉及1977人；劳动仲裁受理争议案件193起，立案186起，不予受理16起，涉及192人，申请标的536.6万元，结案161起，为劳动者挽回工资、经济补偿金等205.2万元，结案率为86.6%；开展企业职工带薪年休假制度执行情况检查和农民工签订劳动合同专项检查，年休假检查企业60家，涉及1477人，农民工合同签订检查企业2062家，涉及21503人；劳动监察接待投诉180起，涉及487人，立案164起，结案134起，为487名劳动者追回工资、押金430万元，结案率81.7%；根据银川市安排，对辖区企业实行最低工资标准执行情况进行专项检查，检查用工单位1458家，涉及24198人，发放宣传材料2401份，收回测评表440份；启动劳动监察网格化管理工作，划分劳动监察网格96个；依法对8家职业中介机构、12家民办职业培训机构进行专项检查和年检工作。

2010年，充分发挥劳动监察大队职能作用，以构建和谐劳动关系为重点，以强化劳动执法检查为抓手，切实做好群众来信来访，全面解决群众各种合理诉求，促进社会和谐稳定；全年上街宣传劳动法律法规2次，发放宣传资料5000余份，接待咨询群众600余人；受理劳动合同备案3740家，涉及17245人；变更、解除劳动合同2033家单位，涉及4609人，961家单位进行集体合同备案，其中“四项合同”签订率达100%，各类劳动合同签订率达到95.2%；坚持快立、快审、快结，劳动争议仲裁立案

282起,涉及284人,时效期内结案255起,结案率95.1%,为劳动者追回经济标的138.83万元;积极开展劳动合同和群众举报投诉执法检查,采取以专项监察为主,举报监察为辅的方式,从源头规范劳动合同管理,规范劳动关系;开展农民工工资支付督查、人力资源市场秩序整顿等专项检查3次,检查企业40家,涉及1560人;劳动监察受理案件160起,立案140起,涉及2216人,结案134起,为劳动者追回工资、押金1166.3732万元,结案率95.6%,农民工工资清欠率达到98%以上。

宗教服务

【概况】 兴庆区民族宗教事务局原为银川市城区民族宗教事务局,2002年11月银川市行政区划调整后,城区民族宗教事务局改为兴庆区民族宗教事务局,与兴庆区委统战部合署办公。十年来,兴庆区民族宗教事务局坚持以邓小平理论和“三个代表”重要思想为指导,以科学发展观为统领,认真贯彻落实党的民族宗教方针政策和中央、自治区、银川市民族宗教工作精神,紧紧围绕兴庆区委、政府的中心工作,以民族团结进步和和谐寺观教堂创建活动为抓手,以促进民族和睦、维护宗教和顺、推动科学发展为主线,认真贯彻落实党的民族宗教工作的方针、政策,调查研究、督促检查对民族法律法规、民族政策和少数民族发展相关规划的贯彻执行情况,做好民族宗教政策的宣传教育工作,联系少数民族和宗教界的代表人物;协调有关部门抵制境外敌对势力在民族、宗教等问题上的分裂活动,打击利用民族、宗教问题进行的违法犯罪活动;依法加强对宗教活动场所和宗教活动的管理,保护宗教团体和宗教场所的合法权益,保护信教群众正常的宗教活动,管理兴庆区范围内的民族朝觐、出国留学等外事活动;调解民族纠纷,协调民族关系,妥善处理有关民族、宗教方面的突发事件;依法监督管理辖区清真食品的生产、加工、经营、销售(除银川市直管以外),负责《清真食品准营证》的发放工作。为“三宜三力”幸福兴庆建设做出积极的贡献。2009年和2010年被自治区民委评为全区民族工作先进集体;2009年被自治区民委评为全区民族宗教信息工作、全区清真食品管理工作先进集体,被自治区宗教局评为朝觐工作先进集体。

【局领导名录】

局　长:杨万军(2001.01~2002.07)
保少宁(2002.07~2003.02)
马保林(2003.02~2004.12)
喇建雄(2004.12~2006.09)
马元元(2006.09~2007.08)
杨迎珍(2007.08~2010.12)

副局长:马桂林(2003.02~2005.03)
刘利锋(2006.10~2010.12)

【民族宗教工作机制】 十年来,坚持按照民族宗教工作属地管理的原则,层层建立责任制,建立了区、乡(街)、村(居)三级民族宗教事务管理网络,健全管理网络档案,自上而下做到领导、机构、人员三落实,切实解决基层宗教事务无人管、不会管、不敢管的问题;建立健全分管领导和专干"双月例会"制度,把民族宗教工作列入各级领导和干部的重要职责范围,作为年度考核的重要内容。

【民族政策法规宣传】 十年来,坚持通过录制录音带、印制民族知识读本、制作宣传标语和展板、在广场集中宣传、在《今日兴庆》上开辟专栏等多种方式,广泛宣传民族政策法规。其中,2003年,印发宣传材料17000份,录制录音带17盘,制作横幅17条,展板17块,发放民族知识一百题100余册。

2005年,在宁园举行集中宣传,共制作横幅17条,展板17块,录音带17盘,散发宣传资料30000余份;举办兴庆区第二届《古兰经》诵读和"吾尔兹"演讲活动;开展以宣传民族知识为主要内容的民族知识问答活动,印发试卷1000余份。

2006年,录制录音带,印发民族知识、清真食品等宣传资料、宣传标语20000份;在区政府、各乡镇、街道、回民中小学等门前悬挂以"共同团结进步共同繁荣发展"为主题的横幅近百条;9月2日,组织各乡镇、街道等17个单位集中在宁园进行民族团结月宣传,制作横幅17条,展板40块,散发宣传资料10000份,各村(居)委会设置宣传点60多个。

2007年,3月10日上街集中设点宣传《宁夏回族自治区清真食品管理条例》和《银川市清真食品管理条例》,共散发宣传材料400份,发放法规300余册。组织各乡镇、街道等23个单位集中在光明广场开展民族月宣传活动,悬挂横幅23条,展板40块,录制录音带20盘。印发《民族知识100题》《清真食品知识问答》10000份。

2008年,制定《兴庆区“民族团结”季活动实施方案》,召开动员大会,在光明广场、南门广场利用普法活动和“民族团结季”进行民族宗教等政策法规的宣传,录制录音带20盘,制作展板70余块,印发民族知识、清真食品等宣传材料40000余份;采取宣讲的形式向广大干部群众宣传民族政策,在《今日兴庆》开辟专栏、专版和专题,组织有声势、有深度的宣传报道等多种形式,深入宣传各部门各单位贯彻落实民族宗教政策的好做法。

2009年,组织乡镇街道等23家单位在光明广场集中设点宣传,发放资料、播放磁带、悬挂条幅、摆放展板、举办文艺演出等,大力宣传民族政策和民族知识,制作横幅46条,展板100余块,散发宣传资料3万余份,录音带25盘。

2010年,深入开展民族团结宣传教育和民族团结月活动。组织辖区五大宗教80座宗教场所150余名宗教界人士开展观摩活动,协调民宗局、民政局开展“警寺共建”活动,前进街办事处邀请宗教人士观摩社区建设;月牙湖乡召开

宗教界人士经济社会发展情况通报会；胜利街积极联系辖区单位免费为135名少数民族妇女体检；文化街游乐小区开展民族知识问答活动。

【民族团结进步创建】 十年来，以推进民族团结进步事业为根本，以加快民族团结进步创建活动为关键，不断巩固和发展新型的社会主义民族关系，大力增进民族团结，维护社会和谐稳定，促进兴庆区民族经济社会和谐发展；开展民族工作进乡村、进社区、进机关、进校园、进企业、进军营活动，完善工作网络，制定和完善工作制度，经常开展民族联谊活动，不断探索民族团结进步创建工作的新经验、新做法、新路子；积极协调将赛尔德民族用品公司列为自治区民族文化工作联系点；积极协调宣传部、工商联等部门和民主党派对少数民族贫困大学生进行资助，资助金额达20余万元，帮助少数民族贫困大学生圆大学梦；联系九三学社医务人员开展送医送药下乡、回医回药讲座等活动，免费发放价值2000元的药品。积极做好北京奥运会和自治区50大庆期间宗教领域的维稳工作；举办宗教界祝福祖国60华诞重点工程观摩活动；积极协调民政局组织开展警寺共建活动，动员伊斯兰教宗教活动场所捐资近万元对通贵乡、月牙湖乡部分清真寺进行修缮；广泛开展捐资助学、扶贫帮困活动；动员基督教堂和辖区经济条件较好的清真寺与通贵回中、张桂英希望小学和回民中学等学校开展"心连心"捐资助学活动，资助贫困学生185名，资助金额18000元，解决贫困学生上学难的问题；在伊斯兰教、佛教、天主教、基督教等宗教界先后开展了为印度洋海啸、冰冻雪灾、汶川和玉树地震、西南干旱等受灾地区捐款活动，捐款金额达30余万元；积极开展"五好场所"、"五好教职人员"和"和谐寺观教堂"评选活动，为部分宗教场所配备电脑、VCD、电视机，建立图书阅览室，为每一个伊斯兰教场所订阅《宁夏穆斯林》杂志，推进法律、科技、卫生进宗教场所，不断丰富教职人员及广大教民的文化生活。其中，2007年，开展科技法律知识下乡宣传活动，发放药品价值2000余元，义诊300余人。工商联协调宁夏四公司为月牙湖乡困难教师捐资10000元；民宗局协调自治区红十字会为通贵乡回族困难群众发放毯子240条。2008年，联系九三学社医务人员到通贵乡集市送医送药，举办回医回药知识讲座，免费发放价值2000元的药品。2009年，联合科技局、卫生局和计生局到少数民族聚居区开展科普宣传、义诊、送医送药及人口计划生育政策宣传活动；在通贵乡举办民族宗教知识竞赛；协调工会、共青团共同开展"大学生圆梦爱心捐助"活动，帮助高考上线的贫困少数民族学生完成学业。2010年，通贵乡筹资3.8万元资助少数民族困难大学生11人；大新镇开展科技入村活动宣传科普知识；按伊斯兰风格改造塔桥、新水等地危房，解决群众生产生活难题；开展民族地区乡村医生培训，组织医疗专家与乡村医生结成"帮学对子"，把城市医院的优质医疗资源延伸至乡村，让农民共享现代医疗成果。组织宗教界为青海玉树灾区捐款47130元，评选"和谐寺观教堂"34座。截至2010年底，共创建自治区级民族团结进步示范村1个(大新镇塔桥村)、兴庆区级民族团结进步模范单位65个，其中模范村7个、模范社区10个、模范学校6个、模范企业4个、模范集体(乡镇街道和机关)15个，先进个人62人。

【发展民族地区经济】 积极争取少数民族地区发展项目资金和扶持资金，进一步加快兴庆区少数民族聚居地区的基础设施建设，改善少数民族地区教育、科技、卫生、环境条件，促进兴庆区经济和社会各项事业健康发展。10年来，累计争取落实通贵卫生院建设、月牙湖人畜饮水工程、二道墩道路建设、月牙湖乡草原鸡养殖、大新镇奶牛养殖基地扩建、伊布拉欣清真牛羊肉休闲食品建设项目等500余万元少数民族发展和扶持资金。协助教育部门完成北塔回民小学、月牙湖大塘小学、银川回中百所回民中小学标准化建设工程项目，争取伊斯兰世界发展银行项目资金70万元完成月牙湖中心小学基础设施建设，争取自治区民委70余万元资金完成银川回中、唐徕小学、回民一小等学校配套项目建设，将银川高级中学列为自治区少数民族传统体育训练基地。其中，2006年，争取北塔民族风情园、大唐中学建设，争取月牙湖乡人畜饮水项目资金13000元。2007年上报月牙湖乡草原鸡养殖、唐徕回民小学多媒体建设、大新镇新水桥村道路硬化3个少数民族发展项目，争取扶持资金51.5万元。2008年，争取落实月牙湖乡草原鸡养殖、大新镇欣镇奶牛养殖基地扩建、伊布拉欣清真牛羊肉休闲食品建设项目资金66万元；协助教育部门完成回中的"百所回民中小学标准化建设工程"项目；争取伊斯兰世界发展银行项目资金70万元完成月牙湖乡中心小学基础设施建设；争取到自治区民革在海陶北村科技扶贫开发移民区新农村建设示范项目，海陶北村整村推进效果明显；争取赛尔德民族用品公司为自治区民族文化工作联系和银川高级中学为自治区少数民族传统体育训练基地项目；协调宁夏穆斯林福利协会，引进科威特援助项目资金210万元，建设占地70余亩的"穆斯林民俗村"项目，集中展现回族文化，回族习俗，回族风情。开展民族工作进社区试点工作。建立社区民族工作机构，完善工作网络，制度和完善制度，在文化广场、名人广场开展民族联谊活动，不断探索民族宗教工作进社区的新途径，新做法、新路子，为全面推开社区民族工作奠定良基础。2009年，全面开展民族工作进社区工作和民族团结进步示范村创建工作，争取大新镇奶牛养殖等7个少数民族经济发展项目，争取资金157万元。2010年，争取专项资金10万元，开展民族工作进社区工作和民族团结进步示范村创建工作，积极

上报通贵乡集镇饮水等13个区、市少数民族发展项目，争取资金131万元。

【宗教事务管理】 认真贯彻落实《宗教事务条例》，依法加强对宗教事务管理，重点加强对宗教领域新情况、新问题的调查研究，进一步完善宗教信息网络和信息报告制度，积极稳妥处理和解决好涉及宗教领域的重大问题，坚决抵御境外敌对势力利用宗教进行渗透，坚决打击利用宗教进行违法犯罪活动；健全和完善宗教活动场所的民主管理和财务、消防、卫生等规章制度，会同安监局、消防队做好宗教场所消防安全检查工作；进一步加强对大型跨地区宗教活动的管理，严格履行宗教活动事前申报审批制度，切实做好协调指导工作；在通贵乡11个清真寺成立人员调解委员会，聘请宗教人士担任义务司法调解员，及时化解各类矛盾纠纷；废除伊斯兰教"放阿訇、放口唤"等封建宗教特权，推行伊斯兰教长考核、教长选聘、满拉定员、重大宗教活动请示汇报等管理机制，制止宗教教职人员为不领取结婚证的人员举行宗教仪式的行为，确保正常的宗教活动在法律和政策允许的范围内有序进行；严格执行宗教活动场所审批制度，坚决制止乱分滥建寺庙、盲目翻修寺庙、分坊建寺的现象；圆满完成北沙滩古墓移地迁址和宗教场所全面普查工作，协调土地部门做好大新镇龙王庙、中王庙、蝗虫庙的合并迁建，异地合并新建月牙湖乡五六斗清真寺，积极做好光华门清真寺、东环路清真寺、大新镇团结清真寺、北塔清真寺的异地迁建和由此引发的矛盾纠纷的化解工作。积极争取自治区穆斯林福利协会资金35万元，对掌政镇二号渠、永南清真寺进行翻建，争取自治区宗教局寺庙维修费7.5万元，对通贵大寺、通丰清真寺、通贵老大寺、月牙湖十一斗清真寺进行修缮和翻建。认真落实朝觐网上报名排队和统送统接制度，推动朝觐事务管理工作规范化、机制化、常态化，坚决制止零散朝觐。2007年以来，共计621名宗教界人士和穆斯林群众参加朝觐。十年来，始终坚持把斋月和古尔邦节慰问作为促进宗教和顺、民族和谐和各级领导干部彰显党和政府关怀的长效工作机制。累计发放慰问金50余万元，为辖区58座清真寺、100余名宗教界人士和穆斯林群众送去党和政府的温暖。

2003年，依法加强对宗教事务的管理力度，对66座宗教场所进行年检，建立健全各宗教场所民主管理制度，教民管理制度，财务管理制度和学习等规章制度，使宗教活动场所的管理走上规范化轨道。

2005年，继续推行伊斯兰阿訇考核，教长选聘，满拉定员，重大活动请示汇报等管理体制，使宗教活动在法律和政策允许的范围内正常有序进行。开展"五好宗教活动场所"和"五好宗教人员"活动，四大宗教有10座宗教活动场所、12位教职人员参与评选活动，有力推进宗教界的精神文明和民主法治建设。妥善处理影响民族团结的问题，解决宗教领域的重点难点问题。整顿治理非法宗教活动，制止非法宣教和乱（滥）建寺庙、盲目修建寺庙分坊建寺等现象。

2006年，8月依法治理基督教私设聚会点，9月依法开展"撒拉教"、"周泽群势力"和"达洼"非法宣教活动的综合整治工作，7月、10月分别解决北塔清真寺拱北安置区和地藏寺违章建筑物的拆除工作，11月，开展宗教场所登记、换证工作。

2007年，及时解决新华寺信教群众要求更换寺管委会班子和重新聘选教长而引发的矛盾纠纷和北沙滩清真寺因出租房的矛盾纠纷；制止了大型跨地区的宗教活动，会同公安部门深入各乡镇街道对"三股势力"进行调查摸底整治工作；协助大新镇做好蝗虫面、团结寺等因迁建引发的信教群众上访和依法对地藏寺违章建筑拆除等工作。

2008年，认真处理基督教堂的财务审计工作，顺利完成兴庆区堂委会班子换届工作，平稳处理教堂务和教务工作。做好宗教事务安全月建设工作。依法制止在宗教场所举办青少年培训班，开展"和谐寺观教堂"创建活动，配合卫生等部门开展计划生育、艾滋病防治、禁毒禁娼、交通安全等工作。

2009年，积极争取1.5万元维修费翻建通贵老大寺水房，组织21名民族宗教干部进行执法资格考试并取得执法证，统送115名人员赴麦加朝觐。开展建设"和谐寺观教堂"、"五好宗教活动场所"、"五好宗教教职人员"和宗教事务规范化管理创建评比活动，举办宗教界祝福祖国60华诞观摩活动，辖区五大宗教80座宗教场所150余名宗教界人士对兴庆区经济和社会建设的重点项目进行观摩。

2010年，认真做好保安寺、地藏寺等处法（庙）会期间的安全工作，4月22日召开主题教育活动动员大会，在宗教界开展"提升素质、促进和谐、为城乡一体化发展做贡献"活动，6月中旬开展互查互学和观摩。对申报的17座宗教场所开展创建"和谐寺观教堂"进行检查验收。会同安监局、消防大队积极做好宗教场所的现房安全检查工作，就场所存在的消防设施不健全等隐患及时进行整改，对辖区民办阿语学校招生、课程设置等进行检查。

【宗教教职人员培养】 注重加强对宗教教职人员的教育、引导、培训工作，坚持宗教教职人员定时间、定地点、定学习内容的"三定"学习制度，按照不同教别成立学习小组，分别制定学习计划，分阶段按步骤开展学习活动，加强指导和培训，分期分批选送优秀教职人员到自治区社会主义学院、伊斯兰经学院参加培训学习。10年来，累计选送37名伊斯兰教长和43名后备教职人员参加学历继续教育；组织宗教人士到经济发达地区和少数民族聚居地区参观学习，帮助他们开阔眼界、增长见识，从而进一步坚定爱国爱教、团结进步的信心和决心；在伊斯兰教界积极开展《古兰经》诵读和"卧尔兹"演讲活动。

【清真食品管理】 认真做好清真食品动态管理工作，严把发证关、监督关和检查关；制定切实可行的《清真食品专项整治方案》，对清真餐馆、宾馆饭店餐饮部和学校、幼儿园、医院、机关等内设清真食堂以及农家乐、花家乐、渔家乐等带有清真餐饮的休闲娱乐场所、清真食品的加工生产包装销售、商场超市清真食品专区、早夜市和流动摊点等进行专项检查，理出重点和难点问题，进行集中整治；在开展日常性的发证、管理工作的同时，联合工商管理等部门规范清真食品营运秩序，邀请人大代表、政协委员和新闻媒体，开展由公安、工商、城管、卫生防疫等部门参加的联合执法大检查，对群众反映强烈的"假清真"等问题进行严肃查处，切实保障《宁夏回族自治区清真食品管理条例》的实施，先后聘请清真寺阿訇和民族宗教专干61人为清真食品义务监督员，颁发聘书，加大对清真食品的义务监督，开展义务检查和咨询服务等活动，起到了积极的作用。

2003年，及时果断处置清真食品不清真、假冒清真食品问题，全力做好维护社会稳定。在做好经常性监督检查外，先后两次组织工商、公安、城管、卫生、各乡镇、街道等70余人的清真食品检查组，对清真餐饮业比较集中的街道、重点乡镇进行检查。全年共办证968家，换证376家，清理整顿236家，纠正各类违规行为380次，取缔违规经营45家，销毁清真门头标志36家。

2005年，印发清真食品知识问答3000册，抽调工商、卫生、城管、公安等部门组成清真食品清理检查整顿工作领导小组，自5月11日至5月30日对辖区主要街道、路段、市场541家清真食品生产、加工、经营、销售及个体餐饮进行检查，其中取缔181家，催办148件，整改71家，捣毁假清真门头广告牌174家，没收无效证件牌100余家，收缴经字画226幅。

2006年，在做好常规检查的同时，重点抓了开展家禽屠宰、城乡结合部、农村、早市、夜市等地清真食品专项检查和整治工作；对新华街、解放街等16条街道以及大新镇的清真餐饮业进行监督检查，

2007年，全年共开展清真食品专项检查5次，检查各类清真食品企业1373家，存在问题210家，取缔48家，处罚32家，催办600家，年检1260余家，新办证380余家。

2008年，先后对学校、街道、休闲度假场所、宾馆、饭店、家禽屠宰场、冷库、市场等从事清真食品场所进行专项检查，举办五期执法人员、清真食品业主人员政策法规培训班，还开展了清真食品示范乡镇建设，7月7日～25日，对各乡镇、街道清真食品未按《条例》规定，不办理《清真食品准营证》擅自生产经营假冒"清真"食品的企业，以及"钉子户"进行清理整治，全年共检查各类清真食品1689家，其中合格1437家，催办365家，整改67家，取缔173家，处罚12家，新办证622家，年检450家，有效促进了清真食品市场秩序健康发展。

2009年，加大清真食品管理力度，全力维护食物、社会稳定。一是举办14期清真食品从业人员、中小学校、幼儿园负责人清真食品政策法规培训班，培训12000余人。二是重新制定餐饮业、生产加工企业登记制度，完善清真食品检查记录和举报登记花名册。三是实行清真办工作人员包乡镇、街道的管理办法，建立明确的责任制度。四是制定《清真食品专项整治方案》根据所辖区域清真食品存在的问题，集中进行专项整治，全年累计检查各类餐饮业2520家，其中，合格1824家，整改116家，处罚78家，取缔220家，移交工商处理282家，通过整治活动，有力促进清真食品市场秩序的健康发展。

2010年，协调城管局对11个街道办事处的早夜市及自办市场进行专项检查，对无食品来源手续、不符合清真食品标准的现场撤柜、情节严重的给予取缔；4至6月组织120人开展清真食品政策法规进餐厅、进商场、进加工厂、进学校、进商场等宣传活动，8月底开始，对辖区各清真餐饮业进行集中联合检查，共检查各类餐饮业1309家，饭店、宾馆26家。其中，整改58家，新办证200家，处罚15家，共处罚金7000元。

【干部队伍建设】 认真贯彻落实《宗教事务条例》，完善机关内部管理制度，加强机关精神文明和党风廉政建设，开展"五型"机关创建活动；认真组织党员干部深入开展"三个代表"重要思想、保持共产党员先进性教育、解放思想大讨论、学习实践科学发展观教育、创先争优等系列活动，增强做好工作的责任感和使命感；制定机关政治学习和业务学习制度，坚持每周一上午和周五下午采取讲读、座谈和讨论等多种形式进行集中学习，干部每年撰写10000字以上的读书笔记和不少于2篇的学习心得，并在学习会上进行交流和讨论；组织机关干部深入少数民族地区开展民族宗教理论课题的调查研究，当好党和政府在民族宗教工作中的参谋和助手作用，进一步健全和完善信息报告制度以及区、乡（街）、村（居）信息网络，10年来，累计撰写调研报告20余篇，工作信息300余篇，其中市委统战部采用20余篇，《宁夏统一战线》采用1篇，《今日兴庆》采用42篇，银川市级以上各类媒体采用10余篇。举办民族宗教干部培训班，不断提高民族宗教干部业务能力。10年来，先后举办了宗教政策法规、宗教事务规范化管理、国家安全保密知识、信息写作等培训讲座100余场次，参加培训人员达4000余人次。

民　政

【概况】 兴庆区民政局的前身是城区民政局，2002年区划调整，城区民政局改为兴庆区民政局，挂靠兴庆区老龄工作委员会、兴庆区双拥工作领导小组办公室两个政府议事机构，下设殡葬管理

所、婚姻登记中心、社会救助中心(城乡最低社会保障中心)。十年来,兴庆区民政局认真贯彻执行国家和区市有关民政工作的政策、法规、条例,规划兴庆区民政事业发展,加强兴庆区基层政权建设,开展社区服务,指导群众自治组织的建设和城乡(村)居换届选举工作,依法进行婚姻、社会群众团体、民办非企业单位登记和管理工作,开展城乡居民最低生活保障、社会救济金、社会捐资、城乡弃婴、优抚、双拥、兴庆区福利彩票发行组织、福利基金、老年人权益保护、困难群体的权益保障、生活救助、福利院管理服务、区域划分、街巷命名(更名)路标及门牌设置和地方建档等方面做了大量富有成效的工作,推动兴庆区和谐稳定发展。

【局领导名录】

局　长:姜洪涛(2001.01～2002.11)
刘淑珍(2002.11～2003.03)
勉树云(2003.03～2003.07)
杜柏林(2003.08～2006.06)
赵卫国(2006.06～2007.12)
马学仁(2007.12～2008.12)
冯德旺(2009.01～2010.05)
王建宁(2010.05～2010.12)

副局长(双拥办主任):
冯德忠(2002.11～2008.12)
保雪岚(2002.11～2008.12)
周晶英(2009.01～2010.12)
张国成(2009.01～2010.12)

【基层政权建设】 2003年,兴庆区有6个乡,9个街道办事处,75个社区居委会,7个社区家委会,32个村民委员会。

2004年,兴庆区共有2乡2镇,街道11个,村委会32个,居委会87个。

2005年,认真落实兴庆区委、政府《关于推进政务公开的实施意见》和《进一步加强政务、村务、校务公开的通知》精神,搞好机关和村(居)公开,促进民主政治建设,调动群众积极性,定期不定期的对村(居)公开工作进行监督检查,使该项工作落到实处。对各乡镇的村委会换届选举工作进行检查验收,完善相关制度,规范工作规程,对新换届选举产生的村委会成员150人进行培训,对新换届选举产生的民主理财小组、监事会成员共230余人进行培训,对辖区村委会的村务公开进行明查暗访,督促他们公开村务、财务,保证村(居)务公开工作走上经常化、制度化、规范化、标准化的轨道。

2006年,83个社区居委会(6个村改居委会不参加选举)任期届满,严格规范操作程序,10个社区进行直选,到会参加选举的选民达到17460人、居民代表3412人,在选举出来的501名社区工作者中40岁以下358名,党员290人,大专以上文化程度178人,圆满完成社区居委会换届选举工作,及时妥善解决卸任干部的生活待遇问题,对新当选的社区工作者进行培训,指导各社区居委会完成建章立制工作;筹措资金6万余元,为18个村统一制作村务公开栏,向村委会干部、村民代表印发村务公开、民主管理各项制度宣传手册3000余本,及时、规范、全面进行村务公开,对村务公开内容每季度进行一次定期检查,进行不定期抽查,对检查结果及时通报,投入资金近2万元,争取到价值近13万元的农村图书室援建图书36套。

2007年6月,兴庆区进行村级"两委"换届选举,33个村实现村"两委"一肩挑,占总数的84.6%,群众参与热情高于历届,有效选民58617名,到场参与投票选民近50000人,参选率达到85%以上,参选率最高的村达到95%左右;选出村委会成员161名,其中少数民族53人,占33.6%,妇女34人,占23%,大专以上学历11人,占7%,高中学历71人,占39%,40岁以下55人,占35.5%,50岁以上14人,占9%;按照《选举办法》要求,指导各村成立调解、治保、计生等组织,成立村民监督小组和理财小组,对村干部进行业务培训。根据《宁夏回族自治区村务公开办法》要求,建立健全以村民会议、村民代表会议为主要形式的民主决策制度,成立村务公开监督小组、村民民主理财小组;筹措资金6万余元为18个村统一制作了村务公开栏,并向村委会干部、村民代表印发了村务公开、民主管理各项制度宣传手册3000余本,要求各村委会照章办事,及时、规范、全面的进行了村务公开。各村每季度进行1次村务政务公开,召集村民代表进行民主评议,民政局每季度对各村的村务公开情况进行督察,将督察情况进行通报,村务公开合格率达到100%,群众对村务公开的满意率达到93%。

2009年,依法依规对11个街道办事处90个社区(其中12个直选社区)

2006年10月21日,第二届居民委员会直选现场

进行选举，选举出社区工作者508人，新当选的社区工作者都具有高中以上文化程度。出台《兴庆区社区工作者管理办法》，实现责、权、利相统一的社区工作者管理体制。规范村务公开、加强民主管理，按照《村民委员会组织法》的要求，兴庆区各村级组织在每年一次村民会议、每季度一次村民代表会议、每月村民理财会议的基础上，每月召开一次“民主议政日”会议；实施以“八项民主”管理制度、十大工作流程为内容的村民民主治村模式；为32个行政村配备1~2块党务公开栏。

2010年，37个村委会完成第三届换届选举工作。

【城市社区建设】 2001年，制定《银川市城区社区建设实施方案》《银川市城区2001–2005年社区建设发展规划》，社区建设全面启动。按照“合并机构、减少人员，降低年龄、提高素质，增加待遇、公开招聘”的原则，将127个居委会合并为75个社区居委会，面向社会公开招聘228名社区居委会基干，实现了居委会干部的年轻化、知识化、职业化，建立起了一支高素质的社区工作者队伍。按照“思想共育、资源共享、设施共建、事务共管、实事共办”的原则，大力开展社区服务、社区治安、社区教育、社区文化、社区卫生等活动，初步形成社会化、产业化、全方位、多层次的社区服务网络，推动城区“两个文明”建设的发展。

2002年，加大开展争创示范区的活动的力度。召开创建示范区现场会议，实地观摩了富宁街康乐等3个示范社区成果，通过示范区创建，一是加大投入、改善硬件，目前城区有100平方米以上办公用房的社区居委会45个，有50平方米以上的69个，占社区居委会总数的90%以上；二是改善办公手段，逐步实现办公现代化、数字化，为9个街道办事处27个社区居委会配置微机，并实现免费开通上网，微机使用率已达80%；三是拓展社区服务，提升软件功能。城市社区服务网点已发展到1050个，安置了大量下岗、失业人员就业，极大地方便了居民的工作和生活。2002年9月，城区被国家民政部命名为全国社区建设示范区称号。

2003年，成功完成全国社区建设示范区争创任务。成立兴庆区社区建设工作指导委员会，社区建设工作指导委员会下设党建、卫生、治安、文化、环境6个工作领导小组，形成党委、政府领导，民政部门牵头，有关部门配合，社区居委会主办，群众广泛参与的推进社区建设的整体合力。通过资源共享、共驻共建等方式方法，整合社区资源1万多平方米，新建社区广场、活动场所30多处，新建宣传栏、阅报栏80多处，对环境较好的社区安装健身路径30多套，对规模小、环境差的小区改建健身房23个，各小区配套设施逐步完善；为75个社区居委会统一配置办公桌椅、彩电、VCD等电教设备，通过共建为60多个社区居委会解决微机，统一制作社区党支部、社区居委会工作牌，阵地建设进一步加强，社区居委会办公条件得到显著改善。

2004年，完成标准化社区居委会8个，改扩建村(居)委会办公用房13个。兴庆区居委会办公用房在100m²以上有47个；100m²以下有35个；无办公用房有4个。万家社区读书活动为11个街道、30个社区捐赠图书七大类，258种，价值13万元。

2005年，调整充实11个街道31名社区工作者。筹措资金100万元，完成10个标准化示范社区居委会建设；为70个社区居委会配备电脑及打印设备；对38个居委会开展依法治理示范社区活动的情况进行检查验收；加强87个社区低保志愿者队伍建设；对两个社区进行翻建装修，给4个社区配备成套的办公家具；为30个社区建立起图书阅览室，援建图书30套共120件7800册，价值15.24万元；

2006年，筹措社区建设资金227万元，为12个社区居委会解决办公用房2000平米，新建新宁、水产、景太3个社区居委会办公用房，改扩建兴华、大庙等9个社区居委会办公用房，30多个社区居委会办公环境得到改善，配备一批健身器材和图书，为星级和谐社区创建工作打下坚实的基础；按照《兴庆区创建和谐社区实施方案》，结合自治区《关于开展星级社区创建活动的意见》，将实施“八大工程”落实到星级标准上来，经过街道自查申报、兴庆区组织验收，有近30个社区居委会初步达到三星级标准，正在按照兴庆区验收小组的反馈意见进行整改和提高。

2007年，积极向自治区发改委申报社区建设项目，争取国家建设资金220万元。按照《兴庆区创建和谐社区实施方案》，争取资金40余万元对10个社区居委会的基础设施建设，重点改造装修大庙、友爱等4个社区居委会办公用房，完善利群、天盛、明德等6个社区居委会的办公条件；为社区居委会争取电脑、打印机120套；在年初验收通过的28个三星级和谐社区的基础上，19个社区居委会通过银川市四星级和谐社区的验收，7个社区接受自治区五星级和谐社区验收。

2008年，加强社区居委会建设，提高社区工作者的工资待遇，积极探索新形势下的居委会管理模式。强化社区职能，规范社区管理，深入推行社区政务、居务公开，建立开放式、参与式的社区管理框架。大力发展社区服务业，创办社区就业实体1000个，拓宽社区服务领域，完善社区服务设施，提高社区服务水平，推进社区服务由补缺型向普惠型转变。推广小区物业自治管理，解决旧小区物业管理缺位的问题。争取国债项目资金220万元，为1个街道、4个社区解决服务用房，争取自治区民政厅为80个社区统一制作社区标示牌，为3个社区安装健身器材3套；对年内社区建设项目进行详细摸排，确定30个建设项目，召开社区建设工作会议，对三星级社区和先进单位、先进个人进行表彰奖励，提交政府研究，为社区工作者提高临时性生活补贴100元；组织对三星级社区的评比验收，积极做好向市、区推报四星级、五星级社区的申报工作。

2009年，凤凰北街启动社区工作站试点工作，将原9个社区居委会承担的行政性工作由3个社区工作站承担，社区工作站人员实行聘用制，由街道直接管理，社区居委会减少人员，仅负责居民自治相关工作，既为完成政府行政性工作在基层找到突破口，又将居委会回归到群众自治的地位；按照突出重点、逐年解决的原则，通过积极协调、多方争取，先后投入资金265万元，新建华新、北关、康馨、迎宾、福园、天盛等6个社区服务用房，改造完善北苑、丽水、新宁等10个社区服务用房，建设总面积达2795平方米,有效解决社区办公条件差、服务用房少、群众意见大的实际问题；为所有社区都配备电脑、打印机、电教设施等设备，为57个社区配备投影仪，连接宽带，初步实现信息化；为55%的社区配备室内外健身器材；各社区图书室图书拥量达5万余册；所有社区均设立宣传栏和公示栏。从建设和谐社区入手，加大星级和谐社区的创建力度，指导社区大力开展便民服务和精神文明创建工作，有50%的社区建立一站式的社区服务。各街道还充分发挥邻里节、市民节、社区大讲堂、“五情教育”等载体开展共建共享活动，不断增强社区居民的认同感和归属感。星级和谐社区的创建数量提高二十个百分点。

2010年，投入资金262万元(其中争取自治区专项资金110万元，自筹资金152万元）完成11个社区办公用房新建、改扩建任务，建设面积5000余平方米；80%的社区达到星级和谐社区标准，其中三星级和谐社区39个，四星级和谐社区22个，五星级和谐社区15个；建立社区服务网点6390个，从业人员达到1.5万人；建设未成年人室外活动场所57个，组建志愿者队伍439支10615人。

【农村社区建设】 2007年，启动农村社区建设试点工作，将茂盛村等4个村列为农村社区建设试点村。投入资金近2万元，争取到价值近13万元的农村图书室援建图书36套。

2009年，按照自治区《农村社区建设试点工作实施方案》的具体要求，将农村社区建设试点村范围扩大至12个，成立农村社区建设领导小组，对农村社区建设工作总协调、总负责，研究下发《兴庆区农村社区建设实施方案》《兴庆区农村社区建设责任部门任务分工》《自治区农村社区建设标准》《关于开展兴庆区城乡社区“五共建”活动的通知》等规范性文件，要求每个社区建设一所面积不小于200平方米的综合服务中心、藏书不少于500册的阅览室和宣传面积大于20平方米的文化宣传长廊，配发20多万元16000册图书到各村图书室，形成以农村社区综合服务中心为主体的各类专项服务网络，下设医疗卫生、社会保障、文化体育、劳动就业、农技指导、纠纷调解等服务站，为群众及时提供安全、方便、周到的服务，村民对社区服务的满意率达到80%以上。

2010年，完成新农村社区建设试点工作13个，村民对社区服务满意率达到90%以上，试点村民主管理进一步完善，服务条件和服务水平进一步提高，农民人均纯收入位居兴庆区其他村前列。

【优美乡村建设】 2010年，加快环境优美乡镇、生态村(社区)建设，掌政镇荣获国家环境优美乡镇称号，燕鸽湖社区、阳澄社区被自治区确定为绿色生态示范社区。

【政务公开】 十年来，全面开展“政务公开，规范服务”活动，成立“政务公开、规范服务”活动领导小组。对“城市居民最低生活保障、优待抚恤、基层政权”等13项具体工作实行公开。为确保“政务公开、规范服务”的顺利进行，采取内部监督与外部监督、上级监督与下级监督、群众监督与社会监督相结合，把民政干部的政务活动和规范服务置于社会各界和人民群众的监督之下，定期召开会议听取各方面的意见和建议。同时将“政务公开，规范服务”活动列为兴庆区民政工作目标管理和公务员年底评比、考核的范围。开通举报电话，建立群众办事举报制度。推行“首问”负责制，在接待群众中克服和纠正了“生、冷、硬、横”和“门难进，事难办”的粗暴行为和衙门作风，树立“温暖在机关，奉献在岗位”、“岗位学雷峰，行业树新风”的服务意识，坚持文明礼貌用语，文明执法，受到了群众的广泛好评。

【双拥工作】 2001年，召开城区争创双拥模范区“五连冠”动员大会，对争创工作进行全面安排部署；积极开展智力拥军、法律拥军，4月份市技术质量监督局、城区人民法院与城区武装部结成共建对子，就法律知识进军营、科技图书进军营达成协议，城区双拥共建单位已发展到279对；开展“精神文明进军营”活动，城区宣传部、双拥办、新华街办事处与驻银68232部队开展以“军民一家亲、共育文明花”为主题的国防教育活动；成立城区拥军法律援助中心，切实维护军人和军属的合法权益；将7月份定为拥政爱民月，开展“百日拥军优属”活动，城区12支共建部队为辖区群众办实事办好事；全年发放优抚费23万元；进一步开展少年军校、警寺共建、社区共建活动，不断丰富创建内容。

2002年，把争创双拥模范区“五连冠”作为双拥的中心工作，一是出台《城区争创双拥模范区五连冠实施方案》《城区2002年双拥工作安排意见》和《2002年—2005年城区双拥工作规划》，召开城区争创双拥模范区“五连冠”动员大会，对争创工作进行全面安排部署；二是积极开展双拥共建、警校警寺共建、社区共建等活动，城区双拥共建单位已发展到279对；三是成立“城区拥军法律援助中心”，切实维护军人和军属的合法权益；四是将7月份定为“拥政爱民月”，开展“百日拥军优属”活动，原城区12个共建部队为辖区群众办实事办好事活动正式启动；五是做好节日慰问部队、慰问优抚对象工作，元旦、春节期间，城区四套班子领导深入到13个共建部队走访慰问，送去慰问金6.6万元，各街道、社区、辖区单位也开展形式多样的慰问活动，为部队送去慰问金及慰问品共计32万元。全年共发放优抚费23万元。

2003年，各街道、社区、辖区单位开展形式多样的慰问活动，为部队送去慰问金及慰问品共计80万元；开展“爱心献功臣”活动，发动辖区单位与65名革命功臣建立一帮一对子，解决重点优抚对象住房、医疗、生活困难，全年发放优抚费32万元。

2005年，元旦春节期间慰问12个在宁部队，分别给每个部队送去3000～5000元，共计6.5万元的慰问品，对980名重点优抚对象进行慰问，送去14万元慰问品，组织老革命、军人体检；做好各类重点优抚对象832人的优抚金发放工作，其中享受伤残抚恤金人数510人（三级5人，五级23人，六级107人，七级176人，八级151人），享受定期抚恤金人数38人（烈属28人，因公牺牲军人家属4人，病故军人家属6人），享受定期补助206人（在乡复员军人190人，在乡退伍军人15人，在乡退伍红军老战士1人），未享受定期抚恤烈属78户。

2006年，民政局负责的优抚对象900人，为残疾军人、“三属”、在乡老复员军人发放优抚费290万元；元旦、春节、八一慰问12支部队，送去慰问金12万元，召开双拥表彰大会暨自治区争创双拥模范区“六连冠”动员大会，表彰先进，推进双拥工作深入开展；强化国防教育，11月份慰问北海舰队银川舰的全体官兵，送去慰问金5万元。

2007年，下发《兴庆区争创自治区双拥模范区六连冠实施方案》，3月24日经自治区双拥工作领导小组考核，兴庆区连续六次被评为自治区双拥模范区；先后对共建部队贫困户、重点优抚对象、烈属、在乡复员军人、在乡伤残军人、军队复员干部280人进行慰问；为兴庆区的“三属”、在乡红军老战士、在乡老复员军人220人发放定抚、定期定量生活补助金56万元；为490名伤残军人发放伤残抚恤金205万元，救助各类重点优抚对象64人次2.44万元；协调现役军人家属就业8人，协调解决6名现役军人子女入学、入托。

2008年，春节期间开展走访慰问驻兴庆区官兵、武警、消防和重点优抚对象活动，对革命伤残军人、“三属”及部分在乡老复员军人等840名重点优抚对象进行慰问，发放慰问金（品）122220元，慰问10个部队，送去慰问金7.7万元；民政局负责优抚对象910余人，全年为残疾军人、“三属”、在乡老复员军人发放优抚金400余万元。

2009年，春节前给各优抚对象发放物价上涨补贴16.02万元，国庆前为优抚对象发放补贴27万元，全年发放各类优抚金443万元；截止11月底为城乡重点优抚对象42人发放临时救助2.8万元，春节期间慰问重点优抚对象890名，发放慰问金（品）15.5万元，八一期间慰问380名重点优抚对象，发放慰问金（品）8万元；春节慰问6个部队，送去慰问金4.7万元，八一期间慰问共建部队7个，送去慰问金6万元。

2010年，为重点优抚对象774人发放优抚金362万元；为35名优抚对象发放医疗补助金2.7万元；接收退役义务兵187名，发放待安置期间生活费25.8万元。

【城市低保】 2001年，努力实现应保尽保和全员化覆盖，全年保障2261户5596人，发放保障金314.4万元，其中在职职工131户315人，下岗职工146户425人，离岗人员187户449人，离退休人员103户350人，失业人员284户765人，“三无”人员90户90人，其他人员1325户3223人。

2002年，保障2271户5622人，共计发放低保金416万元，其中在职职工131户315人，下岗职工146户425人，离岗人员187户449人，离退休人员103户350人，失业人员284户765人，“三无”人员95户95人，其他人员1325户3223人，全年发放低保金416万元。在低保管理工作中，投资12万元，为民政局和9个街道办事处配置微机、打印机，将低保工作中的各种表格、数据输入微机，实现数字化、信息化管理，结合“电信进社区”工作，与电信局协调免费为低保微机上网，实现低保网上审批；将低保工作与社区建设工作相结合，制定《低保对象参加社会公益劳动实施意见》，组织低保人员参加社区公益劳动和政治学习，各街道办事处、社区居委会组织低保户参加社区卫生保洁、清扫楼院、大规模卫生整治及普法宣传、“四进社区”等活动累计达5万人次；做好低保的配套制度建设，为困难居民50多人发放社救费5万余元，协助低保家庭减免采暖费近300户，减免房租100多户，为5人办理大病医疗救助，为53名低保户子女办理一次性助学补助金21万元。

2003年1～2月份，为2625户6505人发放低保金101万元，其中在职职工634人，下岗职工270人，离岗人员95人，退休人员596人，失业人员870人，“三无人员”164人，其他人员3876人，人均补差77元，全年发放低保金780万元。按照自治区民政厅要求，民政局、街道办事处已经使用民政部低保信息管理系统软件，对兴庆区所有的低保户重新建立档案，做到“一户一档”。完成低保工作的信息化和数据化管理；组织低保户参加社区活动累计达10万人次；共为困难居民300多人发放社救费，临时救济金20余万元，协助低保家庭减免采暖费近300户，减免房租100多户，为15人办理“大病医疗救助”。为53名低保户子女办理“一次性助学补助金”21万元。

2004年，共有低保户2392户8946人，共发低保金1000万元

2005年,元旦、春节期间兴庆区民政局慰问城市低保户2556人，为每人送去200元的慰问品;元月将家庭月人均收入在170元至180元之间的230户513人纳入低保,对继续享受低保的人员每人增加低保金10元，兴庆区低保月人均补差从2004年12月的74.7元增加到2005年6月的89.6元；低保户中有二级以上残疾人468人,75岁以上老人363人,“三无人员”164人,全部给予全额保障；为47户低保户办理一次性大病救助手续，为29户低保户办理减免公房租金、磁卡水表安装费减免手续。对辖区4000余本低保证全部进行检查,将1300余本填写不规范、不完整的低保证全部作废重新填写,今后将按季度进行审核。

2006年截止11月，兴庆区有低保对象4367户9161人,月发放低保金92万元，全年累计发放低保金1039.1万元,月人均补差100.4元;城市低保突出应保尽保,动态管理,元至12月份,575户1804人低保对象因家庭收入超出最低生活保障标准,取消保障资格;801户1666人家庭因收入低于最低生活保障标准,纳入低保范围,实现应保尽保下的动态管理;为城镇129户困难群众发放临时救助金3.35万元，为67户低保对象办理一次性的大病医疗救助手续，为83户低保对象办理一次性助学补助手续，为52户低保对象办理减免磁卡电表安装费手续;审批发放《就诊手册》4573本,协调房管、教育、煤气等相关部门,做好低保户申请廉租房、房租减免、“两免一补”学费、煤气减免等。

2007年截止11月，辖区有低保对象4648户9965人，月发放低保金108.2万元，累计发放低保金1144.2万元，月人均补差108.6元;961户1778人低保对象因家庭收入超出最低生活保障标准，取消保障资格;784户1838人因家庭收入低于最低生活保障标准纳入低保范围；累计将80名两劳释放人员纳入低保;为城镇265户困难群众发放临时救助金8万元，协调房管、教育、煤气等相关部门,做好低保户申请廉租房、房租减免、“两免一补”学费、煤气费减免等;为积极化解因物价上涨对低保家庭带来的影响,为辖区低保对象发放物价补贴113.1万元，其中为城市低保对象发放副食品价格补贴69.8万元、临时价格补贴28万元、液化气临时价格补贴6.6万元。

2008年截止11月，辖区有低保对象4235户8232人,月发放低保资金97万元,累计发放低保金1186万元;1778人低保对象因家庭收入超出最低生活保障标准而取消保障资格,784户1349人因家庭收入低于最低生活保障标准而纳入低保范围;为城镇121户困难群众发放临时救助金5.5万元,协调房管、教育、煤气等相关部门做好低保户申请廉租房、房租减免、“两免一补”学费、煤气减免等;积极化解因物价上涨对低保家庭带来的影响,为辖区低保对象发放物价补贴113.1万元,为47户城市低保对象发放一次性大病医疗救助金15万元；举办1期低保政策法规培训班,认真做好兴庆区城市低收入家庭住房困难户调查工作。

2009年截止11月底，辖区有城市低保对象4180户7828人,累计发放低保金1072.5万元，发放各类补贴计621.6万元;198名低保对象因家庭收入超出最低生活保障标准，取消保障资格,60人因家庭收入低于最低生活保障标准,纳入低保范围。

2010年，为城市6805人发放低保金1097万元，发放各类补贴543.4万元，为175名80岁以上高龄低收入老人发放高龄津贴41.95万元；节日期间走访、慰问、补助各类困难群众1367户，发放慰问金(品)53.63万元;为城市困难群众发放住院医疗救助金32.8万,为7778人发放门诊救助金57.1万元;为46名城市低保户家庭子女发放一次性助学补助金20.6万元；办理1877户低收入群体住房认定手续；下拨临时救助资金5.5万元用于困难群众生活救助。着力提高城乡特殊困难群体救助水平，受益人数380人,其中城市“三无”人员、事实无人抚养孤儿、分散供养五保对象月人均补助水平分别提高至300元、300元、200元;集中供养五保对象供养标准提高至5000元;纯孤儿月补助标准提高至600元;将90岁以上无固定收入老年人全部纳入高龄津贴范围。

【农村低保】 2005年,开展农村低保家庭排查工作,兴庆区共为1388户,2261人纳入低保范围。其中按川区每年平均882元的标准(掌政镇、大新镇、通贵乡)共有714户1587人。按山区每年平均637元的标准(月牙湖乡)有674户674人。

2006年，兴庆区农村低保对象1001户2179人，占农业人口的4.1%，每人月保障35元，全年共发放农村低保金85万元;

2007年，兴庆区有农村低保对象2026户3448人,占农业人口的6%,每人月保障35元，全年共发放农村低保金141.5万元。截至11月份,兴庆区有五保户179人,其中集中供养20人,供养标准2500元/年，分散供养159人，供养标准2000元/年。

2008年，兴庆区农村低保对象有2591户3630人，每人月保障金从元月1日起由原来的35元提高至每人每月45元,1至9月发放低保金148.122万元,对低保对象中的五保户、孤儿、80岁以上老年人给予重点照顾,享受每人每月50元低保救助。从自治区、银川市各业务部门争取低保、救灾救济、五保供养、优抚、低保家庭学生一次性助学补助和低保家庭大病救助等各类资金1066.28万元,

2009年，兴庆区有农村低保对象2703户3350人，保障面占全区农村人口的6%。截止9月底,累计发放低保资金172.8万元(第四季度12月发放),各类补贴116.6万元。根据自治区民政厅《关于对农村低保工作进行全面核查清

理整顿规范的紧急通知》要求，抽调基层民政、低保专干20余人，集中5天时间对农村低保工作进行全面核查和清理整顿，取消101户488人因“政策搭车”、不符合低保政策等情况的低保对象。

2010年，为农村3161人发放低保金206.2万元，发放各类补贴77.95万元，为510名80岁以上高龄低收入老人发放高龄津贴37.08万元；为农村困难群众发放住院医疗救助金6.5万元；为3161人资助参合参保8.09万元，为3685人发放门诊救助金36.07万元；下拨临时救助资金9.5万元用于困难群众生活救助。

【救济救灾】 2005年，农村特困灾民救助资金全部实行“一卡通”的形式发放。为农村特困户发放救助款47万元，其中申请农村定期救助1117户1564人，发放救济款16.54万元，临时救助373人，发放救济款11.13万元；城市临时救助143户，发放救助金5.28万元；全年共从区、市争取各类救灾资金100万元。春播期间，为1324户缺种子、化肥的农村困难户发放价值19.91万元的种子、化肥；为220户缺粮食的困难户发放价值1.54万元的粮食；5月份为月牙湖乡疫区送去帐篷4顶、床6张。

2006年，春播期间为农村困难群众发放救济款17万元；11月初提前部署下拨5.2万元用于解决城乡困难群众安全过冬；为779户农村特困户发放临时救助21.5万元，为581人发放医疗救助资金14.63万元，为109名考入大学的城乡困难群众子女发放助学补助16.9万元；7月14日，兴庆区普降百年不遇的暴雨，部分房屋面临倒塌和不同程度的裂缝，多渠道筹措救灾资金，发动机关干部捐款近万元，争取自治区危房改造资金22万元，制定危房改造实施方案，对76户危房进行重建。

2007年，春荒期间为农村困难群众发放救济款10万元，全年为农村特困群众527户发放临时救助金11万元；帮助14名特困户子女申请助学金5.5万元，为217人发放医疗救助金5.7万元，下拨资金8.4万元到各乡镇，对患大病群众进行及时救助；6月15日～22日，兴庆区持续降雨，城乡困难群众的部分房屋倒塌，受损严重，为无家可归的灾民连夜送去帐篷15顶，筹措救灾资金15万元，制定危房改造实施方案，争取资金30万元对100户贫困户的危房进行重建。

2008年，为农村特困户发放雪灾救济资金10万元，为农村特大病患者提供医疗救助金12.5万元；对兴庆区所有农村危房进行全面普查并登记造册，1865户农村危房户列入改造范围，计划分5年时间对农村危房进行改造，年内完成343户，其中救助户105户、扶持户238户；为兴庆区2乡2镇下拨22万元救灾救助资金，切实保障因雪、旱灾而导致受灾户的基本生活。

2009年，印发《兴庆区自然灾害应急预案》，指导和规范乡镇的救灾救济工作，重点启动建立乡镇和街道救灾应急预案工作，提高基层对突发性自然灾害的应急处置能力。建立减灾示范社区两个，在“5·12”防灾减灾日，组织街道及相关部门开展防灾减灾宣传活动，在凤凰北街北安社区进行防灾减灾综合演练，提高社区居民的防灾减灾意识和灾害自救能力，在海宝社区设置永久性的临时避难所。截止11月底，为城乡509人发放临时救助资金15.6万元，发放一次性大病医疗救助资金19.2万元，为城市低保家庭子女发放一次性助学补助金19.7万元，春播期间发放救灾资金15万元，切实保障困难群众的基本生活。危房改造420户，其中集中建房点9个326户，分散建房94户。下拨建房补助资金180万元。

2010年，兴庆区民政局与北京华联、新华百货北安超市、双宝超市北门店3家超市签订救灾物资专供合作协议，可为兴庆区提供价值近千万元的救灾应急物资。为强化广大干部职工的自救意识，筹措资金为机关、事业单位、中小学、幼儿园、社区先期发放救灾应急包近400个，应急包内配备医用应急药品、收音机、手电、哨子、食品等急用物品。下拨35万元救灾救济资金确保灾民的基本生活不受影响，其中春荒救助资金32万元、月牙湖乡汛期132户特困村民房屋塔顶和漏雨生活补助资金3万元。

【主题教育实践活动】 为深入贯彻落实党的十七大会议精神，2007年11月，开展“迎着困难问题上，围着人民群众转”主题实践教育活动，现场为城市低保对象中的特困群众111户163人办理上浮救助标准的相关手续，为城市临时救助户96户发放救助金34400元，为一次性大病医疗救助13户发放救助金36480元，为一次性助学补助4户发放补助金14000元，为城乡优抚对象医疗救助30人发放救助金12100元；11月18日，在掌政镇现场为30户农村特困户发放过冬用煤30车，为22个农村五保户、15户城市孤老发放棉衣、棉鞋37套，为103户农村特困户发放医疗救助金13500元；开展“送温暖献爱心一日捐”活动，号召党政机关、事业单位和倡导社会各界为困难群众捐款、捐物，募得捐款26140元，全部用于解决城乡困难群众实际困难。

【婚姻登记】 2002年，坚持依法登记，建立婚姻登记档案，实行规范化管理，禁止搭车收费和违法婚姻。

2003年，将婚姻登记机关迁到兴庆区政务大厅，坚持依法登记，规范化管理。

2005年，针对月牙湖乡离市区远、村民办理结婚证不方便的实际困难，在月牙湖乡设立临时婚姻登记点，全年共办理结婚登记3050对，办理离婚登记1016对。

2006年，截止11月份共办理结婚登记4050对，离婚登记1270对；补办夫妻关系证明书370对，补办结婚证32对，被国家民政部授予婚姻规范化建设先进单位。

2007年，办理结婚登记4300对，离

婚登记1425对;补办结婚证530对,补办离婚证30对。

2008年,截止11月份共办理结婚登记4554对,其中奥运会开幕当天登记221对,离婚登记1365对;补办结婚证588对,登记合格率100%;投资3万多元,建全完善婚姻登记处的办公设施,改善办公环境;兴庆区婚姻登记中心被自治区民政厅推荐为全国婚姻登记规范化合格单位。

2009年,截止11月底共办理结婚登记4670对,离婚登记1522对,补办结婚证1265对,登记合格率100%,出据婚姻登记证明341份,做好婚姻登记的建档和保管工作。

2010年,依法办理结婚登记3551对,离婚登记1308对,补办结婚证1204对,出具无婚姻登记证明1077份,婚姻登记合格率为100%,婚检率达到90%以上。

【社会福利】 2002年~2003年,大力发展社会福利事业,占地6000平方米的兴庆区福利院二期工程完工。

2005年,投入5万元对兴庆区社会福利院福利设施进行更新,春节期间为社会福利院送去3000元的慰问品,“六一”期间为孤残儿童送去2000元慰问品。

2006年6月,兴庆区民族敬老院工程根据银川市政府领导意见,迁址掌政镇,土地勘测、定界、选址意见书已办理,规划设计方案修改及评审工作正在进行中。

2010年,投入资金200余万元完成兴庆区中心敬老院基础设施改造工程。

【社区老年星光计划】 2001年,根据自治区民政厅安排布置,城区首批确定36个项目,为社区老年人生活、健身、娱乐、医疗提供方便;6月份经过自治区民政厅考核验收,城区35个社区老年星光计划均达到要求,超额完成上级下达计划,争取到自治区配套资金380万元,其中已到位152万元,极大地缓解社区建设资金不足的压力。

2002年,完成辖区老年人贫困状况普查,实现老龄工作从人事到民政的交接和过渡。39个社区老年星光计划项目经过自治区民政厅考核验收均达到要求,超额完成上级下达的计划,并争取到自治区配套资金390万元,其中已到位162万元。目前城区有老年福利设施面积约2.6万平方米,其中室内建筑面积9130平方米,有健身路径32套,各类健身器材352件,已建成老年公寓1所,老年人康复中心1所,老年人综合服务大厦和社区综合服务中心年底即将投入使用,初步形成了以社区养老为主的老年福利服务体系。

2003年,在完成36个计划点的基础上,又完成4个点的建设任务,使40个点的建设全部达标,超额完成任务。星光计划投资总计1200万元,覆盖人员占城区总人口的57.6%,其中老年人约占15.4%。

2004年,完成星光计划10个。

2005年,对兴庆区63个星光老年之家进行检查,完善管理制度;重阳节期间积极配合自治区、银川市等领导看望慰问兴庆区3位百岁老人及在兴庆区社会福利院居住的老人,组织近300余人在兴庆区社会福利院召开庆祝老人节大会;9月29日,民政局及老龄办联合举办兴庆区第一届中老年健身操比赛活动,玉凰阁北街获得本次比赛一等奖。在两乡两镇和具有农村户口的街道办事处推行家庭赡养协议书,大新乡签订136份、通贵乡签订40份、月牙湖乡签订24份、掌政镇签订82份,其它乡、镇、街道也全面开展农村赡养协议书签订工作。

2006年,重阳节期间,组织开展系列助老、敬老活动,选送节目参加自治区福彩杯老年文艺汇演,获得一等奖;筹集资金4万元慰问兴庆区社会福利院城市孤老、农村五保户、高龄困难老人、在乡老复员军人。

2007年,对60岁以上老年人、80岁以上老年人进行普查、登记、汇总上报;对5000户60岁以上老年人养老情况进行抽样调查;对兴庆区各种老年人活动组织进行摸底调查。开展养老服务社会化示范单位创建活动。

2008年,元旦、春节期间慰问60岁以上的城乡困难老人2500人,送去慰问金(品)25万元,看望并慰问社会福利院孤寡老人18人和在颐享园生活的五保老人23人,送去慰问金(品)3100元,为50名高龄老人发放慰问金1万元;为迎接自治区成立50周年大庆和重阳节,老龄办开展金婚老人观摩大银川变化活动,受到老人的普遍赞誉。

2009年,召开兴庆区居家养老服务工作会议,确定20个居家养老服务站建设试点,健全完善档案资料及相关设施,统一标识,统一制度,统一服务标准,配备“4050”公岗人员11名,核拨专项经费16.4万元,为社区60岁以上的每位老人建立联系档案,对老人的健康状况、服务需求等作详细记录,录入微机建立信息数据库,为辖区30%以上的老年人提供力所能及的服务;争取自治区慈善总会的支持,为重点困难老人发放服务券,400多名老人提前受益,建成社区居家养老服务站25个,近千名老人从中受益;“两节”期间慰问城乡困难老年人500余人,发放慰问金(品)15万元。截止11月,共为426名城乡80岁以上老人发放高龄津贴20.2万元,重阳节为50名80岁以上困难老人每人送去200元慰问金,举办兴庆区重阳节老年人文艺联欢会。2009年底已建立20个居家养老服务站并开展服务活动,为老年人提供日间照料、家政服务、精神慰藉、医疗康复等服务活动。通过开展居家养老活动,形成居家养老的浓厚氛围,同时建立专业的服务队伍,带动就业,拓宽了社区服务渠道,有力地促进社区经济发展。

2010年,对人、户均在兴庆区的无劳动能力、无经济收入、无法定赡养人人员,百岁老人,享受低保的80岁以上空巢老人(含80岁以上的独居老人),

60岁以上的烈属，享受低保的一级残疾老人，与残疾子女共同生活且家庭人均收入低于300元的653名老年人，纳入政府购买服务对象，每人每月享受政府补贴100元；对验收合格的20个社区居家养老服务站中符合扶老助残慈善项目的232人，每月每人发放50元代金券，共发放居家养老服务卷35.9万元；为符合政府购买服务和扶老助残项目资助的285户高龄、孤寡、残疾老人免费安排一键式呼叫器，为他们提供方便快捷的服务；新建10个居家养老服务站，使居家养老服务站总数达到25个；为52名60岁以上老年人办理《老年人优待证》。兴庆区荣获全国居家养老服务示范单位和全国敬老模范单位称号。

【地名管理】 2003年，根据银川市重新划界，对兴庆区的勘界和新划入的六个乡的民政工作进行调研，为全面做好下一年兴庆区民政工作奠定了基础。2007年，完成相邻县区县界和乡界联检工作，处理边界纠纷3起，建立兴庆区地名数据库。2008年，配合民政厅地名办对各乡镇、村进行实地调查探测，收集大量宝贵资料。2010年，收集、上报各类地名信息9000余条，乡村地名设标工作完成70%。

【社团管理】 2002年，经过调查摸底和清理整顿，为辖区9所幼儿园、3家婚介所登记发证，对9家社团组织进行年检，还有30多家正在审核登记之中。

2003年，为辖区9所幼儿园、6家婚介所登记发证，对39家社团组织进行年检，对100多家民办非企业单位摸底造册。

2005年，大力探索行业协会发展的新思路、新办法，研究制定行业协会发展意见，成立兴庆区奶产业协会；对16家婚介所、30家民办非企业单位、22家社团进行检查。

2007年，核准登记各类社会团体59个，民办非企业单位45个，新成立的民间组织和民办非企业单位在全社会开展声势浩大的诚信自律建设等一系列活动，取得较好的社会效果。

2008年，截止11月份新办民办非企业4家，新办社团登记900家，对19家民办非企业和52家社团组织进行年检；对兴庆区福利企业进行全面检查，完善福利企业管理制度，做到依法行政。

2009年，加强民办非企业和社团的管理，民间组织管理工作进入依法管理轨道，1～11月份新办民办非企业20家，新办社团登记6家；成立社会组织989个，社区联合会115个，农村经济组织登记率达100%；完成2008年度民办非企业26家年检，社团年检24家，年检合格率达100%。

2010年，办理民办非企业18家，社会团体7家，成立社会组织900个，社区联合会94个，完成2009年度79家民办非企业和社会团体年检，年检合格率达到90%。

【收养管理】 2005年，办理弃婴收养证3件。2008年，依照《收养法》规定，把好收养关，1～11月份受理30例弃婴收养，其中不符合条件的20例，办结弃婴手续10例。2009年，办理收养11例，正在办理的2例。2010年，办理收养5例，正在办理的3例。

【社会捐助】 2002年～2003年，扎实有效地开展经常性社会捐助工作，救灾捐赠接收站收到辖区80多个单位2万多名干部群众捐赠现金25万元、衣物1.85万件；接收自治区民政厅转来救灾捐赠款10万元。2005年，春节期间兴庆区干部职工捐款17.3万元，其中3万元支援印尼海啸灾区。2006年，积极开展送温暖、献爱心活动，为城乡困难群众捐款7万元。2007年，开展"送温暖献爱心一日捐"活动，募得捐款8万元。2010年，募集捐赠资金108.5万元。

【福彩发行】 2006年，销售福利彩票175万元，为兴庆区社会福利事业募集资金17万元，30多名低保困难户通过代销彩票，取得劳务报酬14万元。2007年，销售福利彩票280万元，募集社会公益金28万元，20多名低保困难户通过代销彩票，取得劳务报酬10万余元。

【殡葬管理】 2002年，大力开展殡葬改革宣传工作，建立工作人员包街管理制度，进一步完善街道、社区红白理事会，开展大型殡葬改革宣传活动2次，发送宣传单5万余份，街道、社区还利用黑板报、墙报扩大宣传，取得一定效果。

2003年，建立工作人员包街管理制度，并进一步完善街道、社区红白理事会。

2005年，搞好殡葬管理工作，兴庆区死亡641人，其中回族87人、汉族554人；土葬65人、火化489人，火化率达88.3%。

2006年，对银古、石中高速公路两侧及旅游区乱葬乱埋进行专项治理，迁出坟墓272座。

2007年，配合新农村建设对农村乱埋乱葬进行专项治理，对公益性公墓进行调查、建档，对高速公路两侧500米范围内坟墓进行清理，确认回族公益性公墓37处，汉族公益性公墓24处，迁坟517座。

2008年，清明节前夕，建立组织机构，制定清明节祭扫活动期间突发事件应急预案；加强对群众较集中的扫墓点及丧葬用品销售网点的检查；开展以文明祭祀、平安清明为主题的宣传咨询活动；处理无名尸体24具。

2009年，制定《兴庆区清明节群众祭扫活动期间突发事件应急预案》，开展以文明祭祀、平安清明为主题的宣传咨询活动，加强对群众较集中的扫墓点及丧葬用品销售网点的监督检查，配合市民政局开展辖区公墓的清理整顿工作，上半年共处理无名尸体20具。

2010年，处理无名尸体12具，城市火化率达到87.5%。

【来信来访】 2002年，接待处理居民群众来电来信来访1000多人次，办结率达100%。

2004年，接待居民群众来电、来信、来访2800余人次，来信、来访办结率100%。

2005年，加强和完善低保信访制度，处理群众来信来访反映的问题700余件，办结率100%。

2008年，切实加强和完善信访接待制度，办公室和低保中心及时登记群众来信来访诉求，接待和处理群众来信来访1000余件，办结率达100%；办理兴庆区政协提案4件，办理区市政府部门转办案件4件，办理兴庆区政府及信访部门转办案件10件，做到案件办理件件有落实，事事有回音。

2009年，建立局长信访接待日制度，每周一下午为信访时间，主要接待困难群众反映的低保、危房改造、复退军人、社区换届、婚姻登记等方面的问题，全年共接待来访238人次，处理低保来访119件、生活困难救助来访54件、解决危房来访6件、复退军人来访24件、社区换届选举来访7件，婚姻登记24件，答复办结率达到98%。

附1：兴庆区社会福利院

【概况】 兴庆区社会福利院于1986年建院，是兴庆区政府直属事业单位，与兴庆区光荣院、老年公寓合署办公，实行事业单位企业化管理，工作人员7~10名，主要职责是负责辖区城市“三无”老人的供养、各街道和乡镇弃婴(幼)儿的代养中转和社会代养老人的生活护理、文化娱乐等工作。2009年，荣获全国养老服务放心机构十佳单位，2010年，荣获国家级“五心”服务品牌示范基地、宁夏回族自治区社会工作人才队伍建设试点单位等荣誉称号。

【养老业务】 2001年，有床位110张，入住老人76人，其中供养18人，代养58人。2002年，有床位110张，入住老人88人，其中供养18人，代养70人。2003年，有床位202张，入住老人152人，其中供养17人，代养135人。2004年，有床位202张，入住老人160人，其中供养17人，代养143人。2005年，有床位202张，入住老人167人，其中供养17人，代养150人。2006年，有床位202张，入住老人178人，其中供养17人，代养161人。2007年，有床位202张，入住老人185人，其中供养16人，代养169人。2008年，有床位202张，入住老人187人，其中供养16人，代养171人。2009年，有床位202张，入住老人180人，其中供养16人，代养164人。2010年，有床位202张，入住老人193人，其中供养15人，代养178人。

【弃婴安置】 为使每一位弃婴（儿)都能全天候、全方位地享受关爱和教育，经过不断努力，完善弃婴养育硬件设施，营造温馨活泼的养护环境；扩大婴儿生活区间，粉刷房屋3间，面积100平方米，区分出婴儿活动区1间、起居室1间、综合室1间，重新装修、粉刷，绘制墙画，铺设地毯，购置新型婴儿床。加强婴幼儿护理员队伍建设及培训，派工作人员到北京、重庆、苏州等地学习。完成好接收、送养弃儿的常规工作，符合收养条件且手续齐全的及时办理入院，不符合收养条件的(如流浪乞讨人员)，耐心解释，提供合理建议，10年间共中转弃婴363名。

【“三无”老人养护】 10年来，为能更好地供养“三无”老人，让老人住得舒心、吃得可口、过得开心，做到天天有服务，周周有关心，月月有慰问；保证“三无”老人住房内干净整洁，饮食上每周都有营养菜谱、节日有聚餐，每人每月发放零用钱，集体庆贺生日；每逢重阳节、中秋节、春节等节日，积极联络相关单位和社会团体来院慰问老人或为老人们表演丰富多彩的文艺节目；全面做好“三无”老人的医疗保障服务，“三无”老人多体弱多病，为使他们能享受更好的医疗服务，积极与康复中心沟通，建立协作关系，定期为“三无”老人体检、治疗，建立专门的健康档案，对“三无”老人实行健康状况分级护理制度，一般状况常规护理，介助情况等级护理，重病期间昼夜值班24小时服务，充分体现老有所养、老有所医、老有所居；10年来，精心照顾“三无”老人32人，为17位老人送终。

【社会关爱】 以“牵手凝聚力量，爱心点亮生活”为主题，采取走出去、请进来等多种形式，争取全社会共同关心、支持、重视老龄事业的发展，有近百家企事业单位和社会团体来院慰问，使老人能时刻感受到党的关怀和社会大家庭的温暖。

【典型事例一】 福利院的特护区代养着30多位特护老人，这些老人有的全身瘫痪，只能在病床上度日，有的患有严重的老年痴呆，吃饭穿衣全然不知，护理员们为他们细心喂水、喂饭，接送大小便，刮胡子，剪指甲。对于特护老人来说，夏天是最难熬的，出汗和高温最容易让这些老人长褥疮，而褥疮一旦发生，对他们来说是很难痊愈的，护理员需要给他们每天翻四五次身。2001年7月，瘫痪在床的老人胡秀英，10天都没有大便了，腹涨如鼓，痛苦极了，护理员请来护士给她做灌肠，谁知肛管刚插入，气体随着粪便喷出，溅的护理员满脸、满头都是。胡秀英老人因为卧床七八年了，便秘时有发生，护理员们就要为她往外抠大便。

【典型事例二】 “三无”老人陈银川多年嗜酒，无人能劝，久而久之，给身体造成很大损害，与同屋其他老人也无法和睦相处。护理部主任梁毓萍像哄孩子一样每天看望安抚老人，先每天监督他一点一点的减酒量，然后再监督他一点一点的增加饭量，根据他的口味作小灶饭菜，经过小梁3个月的努力，陈银川老人嗜酒的老习惯改了许多，后来逐渐把酒戒掉了，操场上也能看见陈银川老人锻炼的身影，他的脸色也日渐红润了起来。家属非常感激梁主任的照顾，送了锦旗表示感谢，陈银川老人也逢人就竖起大拇指说：“是小梁救了我！”

附 2:宁红爱心老年公寓

【宁红爱心老年公寓】 银川市宁红爱心老年公寓创办于 2006 年,是银川市首家民办居家型老年公寓,初址在唐徕小区 6 号楼,占地面积 3100 多平方米,开设房间 150 间,提供床位 300 张,每个房间配备有电视机、呼叫器、衣柜、辅助器、圈椅,设有娱乐活动室等老年服务设施。在自治区老龄委和各级民政、就业等部门领导关怀指导和社会各界爱心人士的鼎力支持下,宁红爱心老年公寓业务现已拓展到西夏区和掌政乡。西夏区宁红爱心老年公寓,占地面积 7000 平方米,开设房间 110 间,床位 220 多张。掌政乡洼路村宁红阳光家园残疾人托养服务中心,占地面积 9180 平方米,开设房间 30 间,提供床位 100 张。

为民办实事

2004 年 10 件实事

2004 年 1 月 3 日,毛宏业区长在银川市兴庆区第一届人民代表大会第二次会议上的政府工作报告中强调,“始终不渝地为人民谋利益,是政府的神圣职责。我们要身体力行‘三个代表’重要思想,以人民群众的需求为第一信号,从人民群众关心的热点难点问题入手,努力办好与人民群众生活密切相关的 10 件实事”:一、实施农村人饮解困工程,完成掌政镇人畜饮水工程第二批项目,解决 4000 多人的饮水问题。做好通贵乡人畜饮水工程第三批项目勘测设计建设工作,解决通贵乡人畜饮水问题。二、加大农村交通基础设施建设力度,新修丰收路、塔桥南路、春林中心路等乡村道路。三、调整学校布局,年内完成上前城小学、十八小学、碱富桥小学的迁建工作。四、认真做好农宅示范工程,提高村镇规划建设水平,做好 3 个农村新型农宅示范点的规划建设工作。着力解决一批农村困难户的住房问题。五、扶持通贵乡 300 户中低收入家庭发展大群体、小规模、见效快的羊、家禽庭院养殖,增加农民收入。六、将“农改超”项目纳入“菜篮子”建设工程,在 11 个街道建设无公害农产品直销点 20 个。七、对市区 10 座临街公厕进行改造,为清扫保洁一线职工办理人身意外伤害保险,进一步加大城市清扫清运等方面机械设备投入,提高环卫机械化作业能力。八、实施再就业工程,年内培训失业人员、失地农民 5000 人(次),新增城镇就业 6000 人(其中失地农民 2000 人)。为 50 例贫困群众免费实施白内障复明手术,使其重见光明。九、全面推进社区建设,力争年内建设 10 个“星光工程”项目和 10 个示范社区。十、启动建设兴庆区法院审判大楼,年内新建 1 个康居新村,用以安置拆迁农户。

2004 年 10 件实事办理情况

【人饮解困工程】 通贵乡饮水难的问题已被列入自治区人畜饮水解困工程,第一批已下达资金 110 万元,计划 2005 年春天开工建设。工程完工后,可解决 1934 户、8910 人的饮水难问题。

【调整学校布局】 积极配合相关部门,在财政投入资金的同时,通过土地置换、教育资源整合等市场化运作方式,筹措资金 6000 万元,新建和迁建了十八小学、上前城小学和碱富桥小学、银川十二中、北塔小学、通北小学,投资 300 万元启动实施了农村中小学远程教育及第二批信息化建设工程。

【农村产业调整】 全年投入支农资金 3000 万元。对村民建设二代温棚和移动温棚、引进新技术新品种,购买奶牛等进行补贴,投资建成通贵清真牛羊肉市场、绿源饲草配送中心和 21 个“农改超”蔬菜直销点,成立了奶牛养殖协会,培育了 5 个农村合作经济组织。向月牙湖、通贵乡各 300 户中低收入家庭村民每户补贴 2000 元扶持发展庭院养殖项目,帮助农户调购绵羊 7000 只。

【农村交通基础设施建设】 投资 580 万元,新修了塔桥南路、丰收西路和新寨路,改造了塔桥北路、永通北路、通西南路。

【农村特困户住房】 解决了 36 户农村特困户的住房问题。

【社区建设】 投入 178 万元,完成了 10 个“星光计划”项目和 10 个标准化社区建设,涌现出了一批示范社区。

【法院审判大楼工程】 利用国债资金 200 万元,财政投入 410 万元,建设兴庆区法院审判大楼,主体工程已完工。

【再就业工程】 成立了乡镇、街道劳动保障事务所,完善了就业服务网络,实

2003 年 9 月 19 日,农家玉米丰收喜悦景象

现城镇新就业8734人，其中下岗失业人员4200人,失地农民2439人。

【环卫设施建设】 2004年,建成了垃圾中转站6座,协调银川市城管局为兴庆区配备了9辆环卫车,缓解了城乡结合部垃圾中转站及环卫车辆严重不足的问题。

【环卫职工意外伤害险】 2004年2月，为第一批174名一线环卫职工办理了意外伤害保险。2004年底,正在为第二批120名一线环卫职工办理意外伤害保险的有关手续。

【城镇建设】 总投资2000万元的掌政镇小城镇国债建设项目完成一期投资860万元,实施了1.62公里道路和给排水等市政设施建设;配合银川市完成了北桥、高台寺巷等10条危陋巷道的改造。

【月牙湖乡建设】 2004年,原陶乐县月牙湖乡并入兴庆区。兴庆区投资200余万元改善月牙湖乡办学条件,使月牙湖乡“普初”工作顺利通过了银川市验收;投资30万元对月牙湖乡卫生院进行了改造，免除了月牙湖乡2004年全年的农业税,对月牙湖贫困家庭学生免费提供教科书,确保农村贫困学生就学。

2009年7件实事

2008年12月29，陈淑惠区长在银川市兴庆区第二届人民代表第二次会议上的政府工作报告中强调,“2009年,我们将在做好政府各项工作的同时，着力办好7件实事”:一、积极争取区、市专项资金,新建、迁建、扩建8所中小学,改善办学条件;二、在满春、八里桥建设两个面积共8万平方米的安置区，妥善安置拆迁居民;三、完成400户农村危旧房改造,改善群众居住条件;四、改造30公里村级道路,改建危桥4座,新建“招呼站”20个,改善群众出行条件;五、实施城市东南部5个湖泊的清淤、水系连通工程,改善生态环境,发展适水产业;六、实施月牙湖乡人畜安全饮水工程,解决6700人的饮水问题,保障群众身体健康;七、解决3个城市社区居委会办公用房,改善居委会办公条件。

2009年7件实事完成情况

【改善办学条件】 2009年,多方筹集资金1.7亿元，实施了15个教育建设项目,其中新建、迁建、扩建中小学9所。目前,新建、迁建、扩建的9所学校中,二十三小、二十五小、春林小学、高台逸夫小学4所学校已投入使用；银川市特教中心(原兴庆区育智学校)、掌政中学校舍改造项目已通过验收;二十四小、十五中已基本完工;十九小主体已封顶。

【妥善安置拆迁居民】 投资4.6亿元完成了光华门、友爱一期、二期、八里桥4个康居工程续建任务，建成安置房4440套,拆迁户全部安置完毕。新开工建设了满春、八里七队、双庄二三队安置区,建筑面积15万平方米。

【农村危旧房改造】 2009年,共改造农村危旧房648户,其中大新镇17户,掌政镇104户,通贵乡143户,月牙湖乡384户。

【改善群众出行条件】 2009年,完成了碱富桥新村、杨家寨村、孔司路至黄河堤连接线等乡村公路30公里。新建了新寨路简支桥,修复了通西路、民兵路桥涵,维修公路涵洞10余处。20个乡村客运招呼站已建成,群众出行条件得到极大改善。

【改善生态环境】 连通、扩整了城市东南部的章子湖、锅底湖、碱湖、孔雀湖、燕鸽湖、小园湖等6个湖泊,整治后湖泊湿地面积扩大到3742亩，新增湖面1513亩，湖系补水10万方，环湖绿化375亩,栽植乔灌木54.2万株。

【月牙湖乡人畜安全饮水工程】 月牙湖乡人畜安全饮水工程于2009年6月15日完工并投入使用，完成入户1048户,入户率82%,解决了月牙湖乡5000多人的饮水安全问题。

【改善居委会办公条件】 2009年,共新建、改扩建社区居委会办公用房16个，其中新建的华新、北关、迎宾、福园、康馨、天盛6个社区已投入使用,铁南社区、崇安社区正在建设中;维修了北苑、青山、丽水、新宁、康华、游乐、立诚、雅园8个社区居委会办公用房,改善了社区办公条件和服务环境。

2010年6件实事

2010年1月6日,马爱平区长在银川市兴庆区第二届人民代表大会第三次会议上的政府工作报告中强调：“2010年，我们将在做好政府各项工作的同时,着力办好6件实事。一是积极争取区、市专项资金,新建北塔中学,迁建回民二小、回民三小,进一步改善办学条件;二是完成银通路至友爱中心路段两侧庄点拆迁和道路改造任务,改善东部交通环境;三是实施大新镇塔桥村安全饮水工程，解决1500人的饮水问题,保障群众身体健康;四是完成大新镇文化站建设，提高乡镇文化活动水平;五是新建15个居家养老服务站,为空巢、独居、失能和困难老人提供多层次、个性化服务;六是将90岁以上城乡低收入老人纳入高龄补贴范围,将城市“三无”老人和孤儿月补助标准提高到300元，农村五保户和孤儿月补助标准提高到200元,提高特殊困难群体的生活质量。”

2010年6件实事完成情况

【改善办学条件】 2010年，投入资金1.8亿元,新建、迁建、翻扩建了十五中、十中、二十四小、十九小等16所中小学校,已完成建设14所。北塔中学选址在凯威观湖一号西侧,北塔路以南,占地面积53亩，总建筑面积1.5万平方米，计划投资5400万元;设计为36个教学班,解决约2000名学生的入学问题,目前规划设计正在报批。回民二小迁建项目位于凯威观湖一号西侧,占地面积36

亩，总建筑面积1.24万平方米，总投资4100万元；设计为48个教学班，解决2400余名学生的入学问题，目前主体工程二层混凝土浇筑完毕，预计2011年8月交付使用。回民三小迁建工程选址为银川九中旧址，占地面积28亩，总建筑面积9800平方米，总投资3307万元；设计为36个教学班，解决1800名学生的入学问题，目前规划设计已完成，计划2011年春季开工建设。

【改善东部交通环境】 银通路至友爱中心路段，规划路宽60米，南北两侧各20米绿化带，全长1211米，占地80.48亩，涉及高台寺村及国有单位3家、国有散户15户、拆迁户17户，需拆除建筑9157.34平米，返还安置房3740平米，货币补偿340.45万元。因建设资金问题，未列入市政府2010年道路改造项目，经积极争取，该项目已列入市政府2011年道路建设工程。

【大新镇塔桥村安全饮水工程】 大新镇塔桥人饮工程总投资134万元，埋设入户输水管道51公里，水源为城市自来水，于2010年11月份通过验收并投入使用，解决了穆斯林民俗村和塔桥村13个自然队623户、1953人安全饮水问题。

【大新镇文化站建设】 新建大新镇文化活动中心位于燕庆街以西，21路公交车终点站以北，紧邻大新法庭和派出所。项目占地3亩，建筑面积2350平方米，全框架四层结构，有12间活动室和一个500平方米的活动大厅。项目招标价格为484.5万元。2010年4月份开工建设，9月份工程封顶。

【居家养老服务站】 2010年，共建设居家养老服务站20个。目前，兴庆区居家养老服务站总数达31个，暂未建立居家养老服务站的社区已通过有偿购买或者无偿服务的方式，实现了居家养老服务全覆盖的工作目标。

【提高特殊困难群体生活质量】 2010年，着力提高城乡特殊困难群体救助水平，受益人数为380人，其中城市“三无”老人、事实无人抚养孤儿月人均补助水平提高至300元；农村分散供养五保对象和事实无人抚养孤儿月人均补助水平分别提高至200元、230元；集中供养五保对象供养年标准提高至5000元；纯孤儿月补助标准提高至600元；将90岁以上无固定收入老年人全部纳入高龄津贴范围。

2004年9月6日，兴庆区城管局参与城乡环境卫生综合整治行动

乡·镇·街道

XIANGZHENJIEDAO

月牙湖乡

【概况】 1989年，自治区党委政府为解决南部山区群众脱贫致富，决定对海原县贫困乡镇实施整体移民搬迁，移民之初，由海原县成立月牙湖区公所进行管理，1999年12月移交原陶乐县人民政府管理，2004年2月区划调整，划归银川市兴庆区人民政府管辖。银川市兴庆区月牙湖乡位于银川市东北部58公里，地处毛乌素沙漠与黄河交接处，西临黄河与贺兰县为界，东与内蒙古自治区鄂尔多斯市额托克前旗接壤，南以明长城为界与灵武市毗邻，北与平罗县高仁乡相连，面积333平方公里，南北长58.8公里，东西宽9.3公里。多为干燥型半固定浮沙地，PH值8.9～9.04，含全盐为0.011～0.013%，含有机质0.2～0.39%，土壤有机质低，需要进行土壤改良，增加肥力。年平均气温为8.1℃，平均日照时数3186.5小时，无霜期162天，最大冻土深度121cm，平均最大风速达20米/秒，年均降雨量为190mm，多集中在7、8、9月，蒸发量为2250mm。

月牙湖乡下设党政办公室、社会事业管理办公室、村镇规划建设办公室、经济发展服务中心、公共事业服务中心、民生服务中心、人口和计划生育服务中心。有机关干部26名，其中女干部3名，大学本科学历8人，专科18人，平均年龄39岁。村党支部7个，党员195名。

【乡领导名录】

书　记：张设勤（2001.11~2004.02）
马元元（2004.02~2005.11）
杨久红（2005.11~2007.10）
周泽云（2007.10~2008.12）
赵卫国（2009.01~2010.12）

副书记：王文生（2001.01~2006.07）
杨晓玲（2006.07~2007.12）
田进贵（2008.01~2010.12）

人大主席团主席：
张设勤（2001.01~2004.11）
马元元（2004.11~2006.07）
杨久红（2006.08~2008.02）
周泽云（2008.02~2008.12）
赵卫国（2009.01~2010.12）

副主席：黑保清（2001.01~2005.11）
田进贵（2005.11~2008.02）
苏月芳（2008.02~2010.12）

乡　长：李兴俊（2001.11~2004.02）
杨久红（2004.02~2005.11）
喇建雄（2005.11~2010.12.）

副乡长：冯彦虎（2001.01~2008.01）
黑保清（2001.01~2009.01）
李　刚（2001.01~2008.11）
谢春丽（2008.01~2009.04）
党学仁（2009.01~2010.12）
罗海霞（2009.01~2010.12）
屠尚清（2009.01~2010.12）

【区划与人口】 2010年，全乡辖7个行政村，分别为月牙湖村、小塘村、塘南村、大塘北村、大塘南村、海陶北村、海陶南村，共43个村民小组，现有2461户10965人，其中非农业230户560人，回族8846人，占总人口的80.7%。

【农牧业发展】 2004～2010年，月牙湖乡认真落实中央每年“一号文件”精神，围绕“农业增效、农民增收、农村发展”三大工作重点，在稳定粮油生产的基础上，以调整农业种植结构为总抓手，大力调整产业结构，努力提高农业机械普及程度，增加农业的产出率和经济效益。截止2010年，全乡共有耕地2.2万亩，林地1120亩，饲草面积5400亩，黄河湿地2.3万亩，粮食总产量达到8130吨，其中小麦2580吨，玉米5120吨，其它作物430吨，经果林种植2499.4亩，养殖黄牛3500头，羊21370只，家禽104946只。全乡财政收入4600万元，比“十五”末增长265%，农业总产值完成3305万元，比“十五”末增长26.5%，农民人均纯收入达到3057元，比“十五”末增长210%，经济和社会事业有较大发展。

【基础设施建设】 2004年～2010年，实行水、林、田、路综合治理，突出水利设施、林网、道路等重点项目建设，累计硬化道路2条，6.5公里，砂化道路14条，34公里，修筑田间生产路44公里，完善各类林网3861.22亩，栽植各类苗木647399株，土地整理3000亩，小农水改造渠道13条22公里，建设小型泵站三座，砌护干渠2条1.7公里，砌护支渠3条1.4公里，砌护农渠48条33公里，维修南一支渠斗门7个，改造南一支路林带水利设施30处。

【农村合作经济组织】 积极创新农村经济组织形式和经营方式。截止2010

年，全乡申请注册4个协会，解决了一家一户办不好、办不了的问题，提高农业产业化水平。

【培训】 2004～2010年，大力发展农村二、三产业，加快转移农村劳动力，拓宽农民增收渠道，提高农产品的科技含量和农产品附加值，实现农业向产业化和集约化生产发展，新型农民科技培训2000人次，务技能培训累计举办培训班315次，培训务工人员1200人次，劳务输出创收4400万元。劳务产业成为群众收入的“铁杆庄稼”。

【整村推进】 2004～2010年，实施了海陶北村整村推进工程。投资建设了76户“塞上农民新居”、56户养殖园区、千亩经果林园区、文化广场、村卫生室等工程项目。整村推进的实施，极大改善月牙湖地区生态环境，同时也大幅度增加了农民收入，带动当地经济发展。

【危房改造】 2009年，危房改造坚持以改善环境、治理沙漠为原则，通过不断探索和实践，逐步形成了集中施工、因人制宜、分类实施的特色和经验，受到了上级领导的高度肯定，并向全区推广。危房改造共涉及5个村7个庄点，新建房屋273栋。

【文化教育】 2004～2010年，大力实施科教兴乡战略，强化教育优先发展的战略地位，加大教育投入，使办学条件得到明显改善，顺利通过国家“两基”验收。学校内部管理得到了加强，教育教学质量明显提高，小学升初中和中考成绩连续几年名列兴庆区前茅。截止2010年底月牙湖乡有九年一贯制学校月牙湖回民中学和大塘中心小学、海军希望小学、牧场小学3所小学，教职员工140人，其中在编教师69人，特岗教师34人，政府临聘教师9人，志愿者4人，学校聘用临时工24人，学生总数1886人，其中初中生627人，小学生1259人，分为46个教学班，其中中学19个，小学27个。电话装机量达到100%，有线电视覆盖率达到了100%，通讯网络已全面覆盖全乡。

【医疗】 截止2010年底，月牙湖乡有卫生院1所，使用面积656平方米，床位8个，职工15人，可进行B超、心电图、血糖、肝功测试等常规性医疗检查与诊治。做好农村新型合作医疗工作。农民参合率达到90%以上。

【计划生育】 2004～2010年，严格落实人口目标责任制，抓好晚婚晚育、流动人口、优生优育三大工作重点，在全区和全市计划生育考核当中，取得了较好成绩。

【依法治乡】 全力维护社会大局和谐稳定。大力完善各项制度，全面落实社会治安综合治理各项措施，先后出台《村财乡管》《一事一议筹工筹劳管理规定》等一系列规章制度，并建立长效机制。使管理变无章为有章，变人治为法治。积极推动“信访积案化解”活动及矛盾纠纷排查调处工作，有力地将矛盾纠纷消除在萌芽状态，维护了社会稳定，巩固了全乡的稳定成果。推进三个文明建设，坚持两手抓，两手都要硬的方针，在全乡实施了文明乡、文明村、文明户创建活动，深入开展群众性的娱乐宣传活动，通过评选好媳妇、好婆婆等活动，使群众的遵纪守法意识和文明意识进一步增强，促进了文明、卫生、平安月牙湖建设。

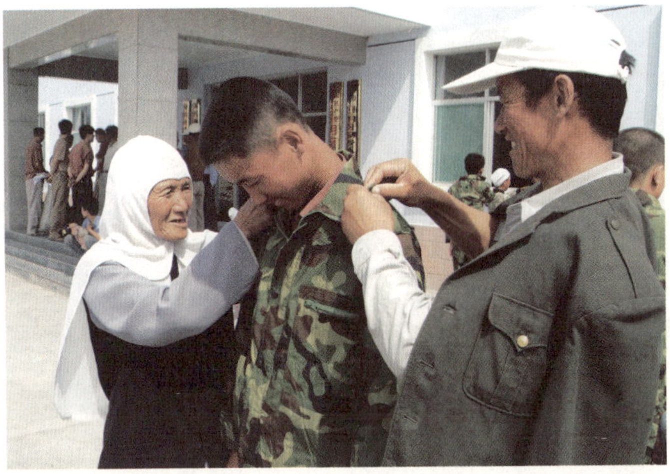

2004年7月15日，月牙湖征兵工作

通贵乡

【概况】 通贵乡位于银川市东郊，距市区17公里，南与掌政镇接壤，西、北与贺兰县金贵镇相邻，东与月牙湖乡隔黄河相望，沿河南北13.8公里，东西长7.8公里，面积111平方公里。2002年11月，区划调整，通贵乡划归兴庆区管辖。2003年8月，合乡并镇，原永固乡的河滩村、司家桥村划归通贵乡管辖。至2010年底，全乡辖6个行政村62个村民小组，其中河滩村4个队、司家桥村6个队、通南村15个队、通贵村15个队、通北村13个队、通西村9个队。除河滩村、司家桥村和通西村两个队的村民为汉族外，其余均为回族连片聚集居住，是兴庆区最大的回族聚居乡。

截止2010年，全乡3794户15175人，其中回族人口12625人，占总人口的83%。全乡有村书记6人，兼任村主任5人，党员492名，党员平均年龄46.9岁，35岁以下党员103名，60岁以上党员166名。乡党委设党委书记1名，副书记3名；政府设乡长1名、副乡长3名；人大主席1名，武装部长1名。行政编制19名，事业编制27人。事业机构有农业综合服务中心、财政税收经济发展中心、计划生育服务中心、文化体育服务中心、村镇建设水务工作站、劳务救助工作站、畜牧兽医工作站。

【乡领导名录】

书　记：袁金平（2002.11～2004.01）
　　　　马成忠（2004.02～2007.06）
　　　　黄　俊（2007.07～2010.12）
副书记：马成忠（2002.11～2004.11）
　　　　刘　烨（2002.12～2004.12）
　　　　汪洪波（2004.11～2007.11）
　　　　李晓琴（2005.02～2007.12）

王　涛(2007.12～2010.12)
闫　兵(2007.12～2009.01)
罗　强(2009.01～2010.02)
范　伏(2009.06～2010.12)
张学进(2010.06～2010.12)

人大主席团主席:
刘兴如(2002.01～2007.10,兼)
黄　俊(2007.10～2010.12)

副主席:陈学明(2001.01～2007.09)
刘兴如(2007.09～2009.02)
陈学明(2009.02～2010.12)

乡　长:马成忠(2002.11～2004.11)
汪洪波(2004.11～2007.11)
王　涛(2007.12～2010.12)

副乡长:哈占祥(2001.08～2003.03)
马兴俊(2002.09～2005.01)
马保强(2003.03～2006.03)
李　明(2003.03～2007.12)
文　菁(2007.12～2011.12)
陈学明(2007.12～2008.12)
王　勇(2007.12～2010.12)
陈　宁(2008.03～2010.12)

【农业农村经济】 通贵乡水稻种植面积在兴庆区范围内最大，有兴庆区最大农业乡之称。10年来,水稻种植面积一直在4–4.5万亩之间。经过多年的发展,形成以种植业、畜禽养殖业为主产业,进一步发展劳务产业、二三产业的格局。

2002年，农业结构调整呈现出良好势头,实施退耕还林2700亩,完成黄河护岸林800亩，全年植树总量达到25.3万株。新建规模养殖小区1个,标准化圈舍375间，牛羊改良站4个,引进杂一代种公羊18只，改良牛羊2278头(只),改建蘑菇棚800间。全乡黄牛存栏9700头,奶牛存栏320头,羊只存栏3.2万只,水产总产量达719吨,粮食产量达1.7万吨，农业总产值3855万元,其中畜牧业产值1422万元,所占比重由2001年的33%上升到37%。配合信贷机构实施信用工程,帮助群众大力发展以市场流通、粮食加工、交通运输、商饮服务等第二、三产业。截止2002年底，全乡实现社会生产总值1.08亿元，同比增长6%;乡级财政收入完成186.5万元，同比增长14%；农民人均收入2928元,同比增长1.2%。

2004年，新建二代节能温棚640间,建设蔬菜移动温棚1860间。全乡奶牛存栏2664头，肉牛年饲养量13.8万只,禽类年饲养量33.05万只;优质高产粮饲兼用型玉米种植达89 00亩，优质专用青贮玉米种植4206亩，粮食产量1.85万吨,农业总产值5600万元,同比增长29%。截止年底全乡实现社会总产值1.4亿元,比上年增长11.1%,农民人均纯收入3200元,比上年增长4%。

2005年,农业总产值6550万元,同比增长17%。粮食产量21万吨,奶牛存栏4021头,肉牛年饲养量1.06万只,羊只年饲养量13.8万只，禽类年饲养量33.8万只。截止年底全乡实现社会总产值1.5亿元,比上年增长11.1%,农民人均纯收入3860元,比上年增长2.7%。

2006年,在通贵村投资25万元,建成占地50亩的蔬菜空心棚1000间,在通西村建设二代日光温棚2000间,结束了通贵乡多年不种菜的历史。在全乡推广种植粮饲兼用型玉米3000亩,种植优质饲草500亩，种植制种玉米140亩。按照“公司+农户”的发展模式新建奶牛养殖园区;以村队为单位筹建8个养殖小区。截止年底全乡庭院养殖奶牛存栏521头,黄牛存栏8600头,羊存栏32000只。

2007年,帮助各村制定三年村集体经济发展规划,要求实现村集体经济年增长5%，全乡各村坚持调优水稻种植业,以建设通贵乡小城镇十里长街为载体,加快以二、三产业发展的思路,不断调整优化产业结构,发展壮大乡村集体经济。河滩村、司家桥村的河滩承包地规范管理手续,实现村集体经济积累增长,各村集体经济收入由乡农经站统一管理。农民人均纯收入4010元。

2008年,抓好粮食生产,在优质品种选育,机械化应用与推广,稳定粮食种植面积等方面狠下功夫。全年水稻种植面积4.83万亩。加快发展养殖业,在畜牧品种上求质量，在规模上要效益，全乡奶牛存栏达到8101头，生猪饲养量7900余头,肉牛饲养量10556头,羊只饲养量14.02万只,家禽饲养量29.31万只。禽畜传染病预防免疫密度大到100%。农民人均纯收入4944.35元,同比增长8%。

2009年，全乡种植水稻面积达5.4万亩,占总耕地面积95%。在司家桥村创建水稻种植区1个，成立农业专业合作社2个,建立农业示范区2处,推广蔬菜种植面积1260亩。推进养殖园区和养殖示范基地建设，培育发展各类养殖户2430户,奶牛存栏达到5011头,生猪饲养量7400余头,肉牛饲养量1.14万头,羊只饲养量12.52万只，家禽饲养量22.3万只。畜禽在人均收入中的比重不断增大。成立通贵乡土地流转服务中心,全年完成土地流转面积2276亩。全乡社会总产值1.44亿元,农业总产值0.83亿元,农民人均纯收入5601元。

2010年,全乡种植水稻面积5.6万亩。在司家桥村创建水稻制种1个,成立农业合作社2个，建立农业示范区2处。发展各类养殖户2430户,奶牛存栏4980头，黄牛饲养量7373头，存栏2203头，羊只饲养量74800只，存栏47085只，生猪饲养量5200头，存栏1685头，家禽饲养量213136只，存栏116051只。发展飞地养殖业,新增月牙湖乡养殖场用地1700亩,7个养殖小区基础设施建设初步完工。完成新造林面积399.7亩,植树202160株。全乡社会总产值1.5亿元，农业总产值0.88亿元,农民人均纯收入6228元。

【劳务培训输出】 2002年,共举办使用技术培训班30场次3200人次。

2004年,开展科技教育活动,全年共举办实用技术培训班12场次，累计培训人员6000人次。

2005年,先后有367名群众接受职业技能、新技术培训,85人取得建筑、农产品经纪人、劳务经纪人、驾驶员等职

业资格鉴定证书。为群众提供52次劳动用工信息,5人走上创业之路,向非农领域转移总人口数达1747人，劳务输出429人。

2008年,实施阳光工程、百万农民培训工程和农业科技培训,全年共完成各类农民工技能培训12900余人(次)，完成劳动力转移2100余人，实现劳务收入1051万元。

2009年,全年共完成各类农民工技能培训754余人(次),职业鉴定217人。培养了一批农民经纪人,农民示范户。完成劳动力转移2560人，实现劳务收入1660余万元,劳务输出逐渐成为通贵乡增加农民纯收入的主导产业之一。

【通北村通河奶牛养殖园区】 占地270亩，设计驻区养殖户32户，奶牛存栏3000头，截止2007年4月园区建设高标准牛棚124间,入园养殖户23户,奶牛存栏2900头,园内配套大型铡草机1台,小型3台,中型粉碎机2台,小型4台,夏进乳业公司投资挤奶台一座,水、电、路、绿化均已配套。

【通贵乡黄河渔业发展协会】 2007年,截止4月通西村、通贵村、通北村集中鱼池1600亩,年产值225万元,实现净利润80万元,涉及农户66户。

【化解乡村债务】 2006年,经自治区审计厅确认乡村债务760万元,其中乡级债务610万元，村级121万元。截止2007年共化解债务117万元,初步扭转乡村两级债务被动局面。2008年,积极争取以奖代补资金，化解乡村债务206.9余万元。

【改革】 2002年，进行税费改革试点，使农民减负43.3%。进行水利产权制度改革，对全乡境内16条渠系实施承包经营。对乡级机构进行改革,将原来的13个站、办、所队合并为6个。对自来水经营管理体制进行改革,初步缓解群众吃水难的问题。教育改革稳步推进,推行小学校长公开竞聘制。

2004年,认真落实减免农业税政策和农业补贴政策，全乡人均减税9.97元,减负22%。亩均兑现补贴资金13.05元。按照"一事一议"的原则,由村民代表及党员讨论本村渠系发包事宜,对全乡23条支渠进行发包，部分渠系水费价格明显降低。改革水费收缴制度,切实体现"多淌多缴,公平水费"的原则。

2005年,推进水制改革。年初组织乡、村、队三级干部和村民代表,对全乡耕地面积进行全面丈量登记造册,入户签字,张榜公布。经丈量全乡实有耕地面积48055亩，比原计税面积多出17000亩。在主要干渠成立用水协会9个,保证全面灌溉顺利进行。

【基础设施建设】 2000年~2007年,先后投资120万元,完成集镇排水一期工程;投资256万元,翻建通贵乡政府大楼;投资50万元,新建通贵乡电管站营业楼;投资52万元新建通贵乡派出所办公楼。

2002年,共投资45万元,新建维修各类农田水利设施196座，清淤总长18.2公里,完成通南村高标准农田建设2000亩,开挖沟渠7.1公里。完成集镇排水工程配套设施建设。

2004年，共投资1900万元改善教育、交通、农业基础建设。其中,农业基础设施建设投资630万元，砌护支渠3条64公里,机械清淤斗沟15.5公里,建设农田水利工程415座(处),完成了通北村、通贵村5500亩高标准农田建设;投资30万元开展奶牛养殖园区配套设施;争取危改资金460万元,改造通西路和永通北路6公里;采取国家投资和个人投劳相结合的方式,全年共建设养殖园区环区林2个，平原植树613亩，共计植树21.7万株。

2005年，完成河滩地扬水工程,该工程是兴庆区一届三次人代会审议立项,总投资70万元,完成土方2.8万方。砌护渠道1.97公里，解决4个自然村5400余亩耕地的淌水难题。秋季在司家桥村、通南村大搞农田水利基本建设，总动员劳动力2万人次，开挖沟渠260条,整修宽幅林带22公里,共计完成高标准农田项目1.2万亩，使全乡四分之一的农田得到综合整治。

2007年,新建司家桥新村部,翻建了通南村村部,建成文化大院,还为新村部建成文化图书室，投入图书8500册。开通电脑宽带上网LP电视节目信息化建设。

2008年，争取村镇道路建设资金140万元,完成司家桥村1队、4队、6队和通北村硬化道路3.3公里。新建汽车站台5处。实施"一池三改"工程,投资396万元,完成改厕264座,新建沼气池96个,安装太阳能126户。完成二、三干渠合并砌护和小德胜渠砌护,配套农田水利建设370余座。完成高标准农田建设5000亩，累计出动劳动力2.7万人次,投入农机具372台(套),完成土方量60.2万方,清挖整修沟渠、路732条,长483公里。启动黄河标准化堤防工程建设，完成征地1300余亩，移出树木1.8万株,拉运土方30余万方。完成农田林网42.1万亩，兴建环园环庄林2个,完成造林面积130亩,栽植各种苗木3.8万株。

2009年，争取上级资金650余万元,加大对农业基础设施、道路交通、医疗卫生登记处设施建设的投入力度。一是黄河标准化堤防建设如期完工,3月,黄河堤防工程在通贵乡全面实施,9月,实施打造黄河金岸田园风光建设工程,10月份实现全线通车。共完成征地2150亩,移栽各类树木6.5万株,拉运土方130余万方,修建主题穿堤水利配套设施23座,辅助配套设施70座。二是开展40天秋季农田水利基本建设,累计出工8万人次，机械作业600台(套),完成高标准农田建设4.4万亩,清挖农沟、农渠1243条,长约740公里,整修农路1200条,长约260公里。完成机深翻1.2万亩,秋施肥5800亩,秸秆还田5500亩。完成干一渠、李家渠2.8公里的渠系砌护。三是实施孔司路延伸扩建工程,完成工程征地拆迁补偿安置等前期准备工作。抓好银通路与黄河标准化堤防4100米道路连接工程，完成土方量7.6万方。完成通贵村1、2、6队村庄巷道硬化。

2010年3月，自治区、银川市春季植树造林及景观水道开挖启动仪式在通贵乡举行。全年共完成高标准农田建设2.9万亩，清挖支、斗、农沟204条107公里，人工清挖整修农渠252条153公里，人工清挖整修农路392条196公里，整修林带76条126亩，秋翻地2万亩。配合兴庆区实施银通路延伸扩建工程；争取资金解决通西、通贵、通北部分生产队出行难的问题；配合建设交通局完成通贵村3、11队、通北村2队、通西村、集镇、通河路、河滩路等村庄巷道硬化工程。

【安全饮水工程】 2005年，通贵乡人畜饮水工程项目全面实施，共铺设主管线23.19公里，支管线19.31公里，工程总投资330万元。通贵乡70%的群众告别了吃苦水、咸水的历史。

2009年，安全饮水工作快速推进，自来水通水率达到85%以上。

【项目建设】 2004年，招商引资400万元，完成绿源饲草配送中心一期工程建设；实施300户中低收入致富项目，年底验收合格295户。

2005年，6月德国专家努贝格到通贵乡通西村考察中德合作土地整理项目。完成通南村5000亩高标准国土资源整治项目及通北村5000亩高标准农田项目区的配套工程，达到了沟、渠、路、林网四配套要求，共计实施配套工程476座，砌护渠道12.05公里，补植树木1.75万株。实施河滩地封滩育林项目，封育面积1.26万亩，植树16.4万株，保存率和成活率均达到86%以上。争取国家农业部专项资金80万元，实施绿源饲草配送中心二期工程，8月份正式开始收购农作物秸秆加工生产。

2008年，把项目带动和招商引资作为推动区域经济，调优产业结构，增强发展后劲的重要抓手。通西项目进展顺利，已累计完成通西村渠道砌护64条，全长31公里，累计完成投资约285万元；由中坤公司投资200万元的幼儿园项目完成桩基工程。

2009年，通西中德土地整理项目稳步推进。5月，投资286万元修建138条沟、渠、路的一期工程全部整理完毕，配套建筑全部竣工投入使用，亩均水费降低10元，节约耕地660亩，并开始二期工程规划论证等前期准备工作。农业综合开发项目在通南村实施，实施面积1万亩。

2010年，共争取项目到位资金2803.28万元，涉及到的村庄环境综合整治、乡村道路、农田水利设施等重点项目建设顺利完成。争取自治区粮油购销公司中心粮库建设项目落户通贵乡，该项目于2010年10份开工建设，计划投资1700万元，已投入238.98万元。美国胡商投资集团公司生态项目建设预计投资10亿元，实际到位资金已达4800万元。

【环境优美乡镇建设】 2004年，层层签订"门前三包"责任书，执行每周卫生工作检查制度，狠抓乡村卫生整治工作。2005年，11月兴庆区按照"生态环境好、治安秩序好、道德风尚好、经济发展好、领导班子好"的标准，在通北村举行文明生态工程揭牌仪式。

2006年，在部分村队设置垃圾箱，并安排保洁员。

2007年，先后开展环境卫生整治活动，逐步建立卫生管理长效机制，使乡村卫生有了很大的变化。

2008年，共完成62个村庄卫生、美化综合整治，实现乡村垃圾队保洁、村收集、乡清运，环境面貌大幅提升。"环境优美乡镇"顺利通过自治区专家组考核验收。

2009年，拆除危旧房屋58户，改造门楼72户，完成平改坡102户，修补砌护景观围墙2700米，墙体粉刷1.6万平方米。完成全乡62个村庄卫生、美化综合整治。完成改厕330座，安装太阳能200户。全年共出动劳动力2.1万人次，建设农田林网造林280亩，完成庄点绿化29亩，植树3.6万株，加大司家桥、通北村环保模范村建设力度。通贵乡被命名为自治区级"环境优美乡镇"。

2010年，完成轻钢结构抗震功能房30户，危房改造20户，翻建、新建农宅43户4644平方米。铺设通北村2、4队106#主管道1200米，安装进户管200米。砌护水表井1处9个。投入90万元，共改造围墙4900平方米，加围墙15300米，压光粉刷墙面57040平方米，硬化村民大门出口3700平方米，新建门垛450户，回填永通路两侧土方8.8万方，改造下水5公里，平改坡147户。有效改善部分村队农民居住生活环境。争取环保资金160万元实施村庄环境保护综合整治环保项目，共铺设下水管网6600米，铺设农户门口面砖巷道路面道牙，购置垃圾分类箱320个，砌护垃圾站160座。从9月份开始，开展村容村貌综合整治活动，历时50天。

【集镇建设】 2002年，投资149万元基本完成通贵农贸市场易地建设一期工程。

2003年，采取招商引资的办法，无偿提供83亩荒地，引进银川科瑞贸易公司投资1400万元，兴建清真牛羊肉综合批发市场。多方筹资完成占地55亩、拥有300个摊点的综合集贸市场建设。

2004年，完成乡域总体规划和通贵集镇基础建设可行性报告。政府投入69万元，新农贸市场于6月初正式竣工交付使用。

2005年，全面开工建设通贵集镇，共计完成投资1000万元，建成清真牛羊肉综合市场营业房、通贵卫生住院部、通贵集镇平安路、通贵文化广场、通贵乡政务大厅、集镇十字路口商住二层楼、塞上农民新居等8个项目。

2006年，投资20万元，完成塞上农宅巷道及通北13队巷道硬化。协助银川市交通局完成永通公路14公路改造；修建乡政府西侧平安路一条，投资45万元。完善集镇上下水设施。

2007年，完成通贵文化广场西侧拆

2004 年 5 月 29 日,通贵乡农贸市场落成开业暨物资交流大会现场

迁，投资 230 万元，建设临街营业房 1200 平方米;建设农民新居 1 处,建筑面积 1560 平方米。

2008 年,通贵清真牛羊肉综合市场二期屠宰加工综合车间竣工。通贵文化广场西侧建成二层商业楼 24 套 1560 平方米。通贵 3 队原糖厂旧地新建面东临街营业房 20 套 4624 平方米，乡计生服务中心整体装修工程全部完成。南至通南村 1 队，北至通北村 8 队的十里长街项目抓紧进行。“塞上农民新居”工程,通贵集镇教师家属院规划改建和新建塞上新居 33 栋,已动工 12 栋。通贵集镇的建设,使商贸物流业明显活跃,商品交易量及交易额同比增长 20%左右。

2009 年,按照农村城镇化、农民市民化的要求，加快推进小城镇建设,对城镇布局进行再次规划,对通贵、通南、通北一期土地增减挂钩试点村镇进行修补审定。完成中坤幼儿园、综合文化站、通贵乡清真大寺至七一沟段排水沟、计生服务所的建设并交付使用。通贵清真牛羊肉综合市场二期屠宰、加工综合车间竣工。

【人民代表大会】 2003 年 2 月 24 日，通贵乡十一届三次人代会召开,选举马成忠为通贵乡人民政府乡长。

2005 年 1 月 10 日，通贵乡第十一届人代会五次会议召开,选举汪洪波为通贵乡人民政府乡长;2006 年 1 月 19 日，通贵乡第十一届六次人代会召开,通过通贵乡今后发展目标任务的决议。

2007 年 2 月 1 日,通贵乡第十一届七次人代会召开,通过汪洪波同志代表政府所做的工作报告。

2008 年 10 月 18 日,通贵乡第十二届人代会一次会议召开,会议选举产生新一届人大主席团成员和政府领导班子，黄俊同志当选人大主席团主席,汪洪波同志当选政府乡长。

2010 年 1 月 27 日，通贵乡第十二届人代会四次会议召开,会议听取乡人民政府工作报告、乡人民政府关于 2009 年财政预算执行情况及 2010 年财政预算安排的报告、乡集体资金管理情况的报告、乡人民政府关于十二届三次人代会代表意见和建议办理情况的报告、乡人大主席团的工作报告。会议通过乡人民政府工作报告决议、2009 年财政预算执行情况及 2010 年财政预算安排报告决议、集体资金管理情况的决议、乡人大主席团工作报告决议。

【民主法制建设】 2002 年～2007 年，通贵乡坚持党的领导,有效发挥人民代表大会依法监督职能。全面推行政务公开,村务公开,财务公开,建立村民代表大会议事制度。顺利完成“四五普法”,干部群众的法律意识、法制观念明显增强,依法治理成效突出。

2007 年,按照兴庆区下发的关于开展“村治模式”实施意见,在试点单位通北村召开了党员、村民代表大会、就拟开展的村级民主选举及村干部罢免制度、村务决策制定、村级财务管理制度、村工程招标管理制度、村务公开制度、村级民主管理监督制度、群众意见办理制度、民主议政日制度、村干部谈听制度九项制度进行讨论完善后在各村全面推开，每月定期在 25 日前后开展各村党支部民主议政日活动，村党支部、村委会的各项工作都有民主议政日来决定。

【基层组织建设】 2004 年 10～11 月，通贵乡各村支部、村民委员会先后完成“两委”换届工作。

2005 年,6 月在通北村通河奶牛养殖场成立支部加协会组织。协会中有党员 14 名，监事会主席由通北村党支部书记兼任。

2006 年,开展无职党员设岗定责活动,共设立党员科技示范岗、致富信息咨询岗、民事纠纷调解岗、计划生育协管岗、社会治安维护岗、防汛设施维护岗、村情民意收集岗、村级财务监督岗 8 个岗位。截止年底全乡 6 个村 356 名无职党员认领了岗位。通过设岗、定岗、履岗、评岗等具体环节,较好地解决过去对无职党员教育管理抓不实的问题,而且使党员加强了与村民之间的联络与沟通。

2007 年,7 月通南、通贵、通北、通西、司家桥、河滩村支部分别进行换届选举;8 月通南、通贵、通北、通西、司家桥、河滩村村民委员会进行换届选举。积极发展新党员,把发展的重点放在多年没有发展党员的支部、村主任为非党员的支部、没有女党员的支部以及农村经济能人中,全年共培养入党积极分子 16 人,发展新党员 11 人。加强党员经常性教育管理工作,在 6 个村建立党员活

动室。全年共举办村级干部培训班2期,入党积极分子培训班1期,培新党员735人次。建全流动党员管理制度,建立流动党员信息档案和台账,全部发放《流动党员活动证》,并建立在家支部委员会与外出流动党员“1+1”联系管理制度。

2010年,10月30~31日村委会换届选举;11月14日村支部换届选举。选优配强“两委班子”。

【精神文明建设】 2002~2007年,紧紧围绕创建“文明生态村、文明卫生示范户”的工作目标,不断提高群众物质文化生活,加大宣传教育力度,强化爱国主义和革命传统教育,广大党员、干部群众的思想道德素质不断提高。开展城乡结对“双结对双共建”活动,建设通贵文化广场和通北回族文化大院,组建腰鼓队、秧歌队。实施“体育下乡、篮球进村”、农民运动会、科技宣传、送戏下乡、农家书屋配图、网络微波电视等活动,群众精神文化生活日益丰富。开展“社会主义新型农民”“十星级文明户”评选活动,涌现出银川市级文明村1个,兴庆区级文明单位8个,科普文明村1个,安全文明村庄54个,十星级示范户10户,文明示范户50户。

【回族文化大院】 2005年8月,在兴庆区宣传部的协调下,通贵乡通北村与众一集团结对,建成通北村回族文化大院。

【自身建设】 全面推行行政执法责任制,加强机关效能建设,加大政务公开力度,先后制定《通贵乡干部岗位责任制实施纲要》《通贵乡机关干部职工请假规定》《通贵乡政府办公用品统一采购制度》等制度。严格实行低保审核程序和村财务人员聘用制度,有效杜绝违法违纪现象发生。

【综合治理】 2002年,开展“四五”普法,干部群众的法律意识进一步提高。坚持打防结合,综合治理的方针,开展“严打”整治和矛盾纠纷排查工作,调处纠纷242起,破获刑事案件7起,查处治安案件28起,处理违法人员113起。

2004年,以创建“平安兴庆”为契机,果断处理非法建寺行为,全年共调处纠纷195起,破获刑事案件8起,治安案件33起,处理违法人员42人,各类案件同比下降10%。

2005年,以创建“平安兴庆”和“平安通贵”为契机,加强防范,减少各类案件发生。全年刑事案件发案10起,侦破8起,破案率80%;治安案件34起,破案27起,查处率79%。全乡没有发生安全责任事故。被银川市命名为“无毒乡镇”。

2007年,成立《通贵乡社会治安综合治理工作领导小组》,开展“五五”普法,把机关干部列入普法重点对象,加强对广大农民群众开展法治宣传教育,积极开展校园普法。3月13日利用群众赶集日,上街开展“共建平安、共享和谐”为主题的综治宣传活动;4月6日,在辖区6所中小学开展“为了明天,预防青少年违法犯罪”、“为了明天,关爱生命,远离毒品”、“道路交通安全法”等教育活动。加强村级调解组织建设,成立“通贵乡矛盾纠纷联合调处中心”,扩编村级调解员队伍,设置乡村两级矛盾纠纷排查调处工作网络体系。上半年全乡共受理各类矛盾纠纷165起,调处160起,因调解不成转法院5起。加强治安防控网络建设,成立《通贵乡治安巡防网络组织》《民防工作小组》《通贵乡农业综合执法大队》等三大治安防控网络体系。对各村进行全方位、全天候巡回排查,治安状况明显好转。上半年共接到群众报警47起,刑事立案3起,破案2起,治安案件立案44起,查处32起。接待群众来信来访4件,处理4件。没有发生一起安全事故。

2008年,深化“平安通贵”创建活动,深入推进“百日矛盾纠纷大排查大调处”、“三级书记大接访”活动,建立健全人民调解、司法调解、行政调解、清真寺调解联动机制和“严打”整治斗争长效机制,共受理调解各类纠纷241起,调解成功率95%。依法管理宗教事务,妥善取缔跨地区非法传教等问题,有力地维护宗教稳定。成立农业综合执法组织,对56户毁坏农田水利设施的违法行为进行严肃处理。开展夏秋粮场防火等专项整治,信用社、供电所等重点生产单位实现100%技术防范。

2009年,建立健全人民调解、司法调解、行政调解、清真寺调解联动机制和“严打”整治斗争长效机制,共受理调解各类纠纷153起,调解成功率96%以上。开展夏秋季粮场防火等专项整治,没有发生重大安全事故。

2010年,加强村级稳控网络建设,建立健全主要领导接访制度,加强平安建设,开展“严打”和专项整治,全年排查矛盾纠纷18次160件,安置帮教对象17名,接待群众来信来访26件,查

2006年1月25日,通贵乡农民运动会一角

处治安案件56起。通贵乡荣获银川市级“平安乡镇”和“无毒乡镇”荣誉称号。

【扶贫济困】 2002年，共发放帮困物资45.69吨，最低生活救助金61350元，为贫困户建房48间，向弱势群体捐款6580元，兑现优抚对象优待金和定补款39704元。

2003年，7月通贵乡有贫困户375户1011人，发放各类救济（助）金3.62万元。

2004年，全年共发放扶贫化肥60吨，发放特困救助金10850元，救灾资金76690元，临时救济金41900元，安排50000元专项资金帮助12户特困户建房40间，为考上大学的30位学生发放一次性助学金12800元。

2005年，全年共为618户特困户发放化肥60吨，麦种0.79万公斤，玉米种800公斤，发放特困救助金108503.6万元，低保金9.94万元，为考上大学的9人发放一次性助学金2.15万元。

2008年，全年发放各类救助金、抚慰金86万元，完成危房改造98户367间，发放危房改造款7.74万元，为10名白内障患者免费实施复明手术。

2009年，全年发放各类救助金、抚慰金138万元，免费发放轮椅4辆，为10名白内障患者免费做了复明手术，完成危房改造41户121间，新建、改建房屋100户。

2010年，7月通贵乡召开新型农村养老保险动员大会。全年共发放惠农补贴资金440余万元；发放慰问金1.8万元，发放大病临时救助金21万元，优抚款127620元，低保金1359425元。

【人口与计划生育】 认真落实计划生育奖扶政策，及时发放奖励扶助金，做好人口和计划生育政策宣传及育龄妇女生殖保健服务，出生政策符合率、人口自然增长率等刚性指标较好完成。进一步完善计生信息系统建设，计划生育行政执法工作扎实开展，为完成人口和计划生育工作目标任务、转变生育观念、提高人口素质、稳定低生育水平打下扎实的工作基础。2008年，荣获自治区计划生育“三无”乡镇荣誉称号。围绕婚育新风进万家活动，成功打造通北村人口文化大院，配合兴庆区计生局在通贵乡通南清真大寺院内举办计划生育“穆斯林和谐之家”暨创建幸福家庭活动启动仪式。在司家桥村人员密集的主干道建立婚育文明宣传一条街；在部分村队制作全家福照片90户。截止2010年底，婚育龄妇女3111人，出生人口政策符合率97.1%，人口出生率9.8‰，自然增长率5.89‰，出生政策符合率100%。

全力保障计生工作经费投入，每年投入经费6万多元。以婚育新风进万家活动为主线，深入开展计划生育宣传教育工作，每年发放计生宣传品2000多张，避孕药具800盒，2010年育龄妇女接受基本生殖健康服务率达91%。加强计划生育信息报送工作，全员人口信息覆盖率100%、完整率98.75%，逻辑关系准确率97.58%。实行计生政务公开，切实落实奖励扶助和少生快富政策，“少生快富”项目户41户，奖励扶助26人，奖励资金全部到位，少生快富户提前享受奖励扶助40人。按照现居住地管理为主的原则，强化对流动人口育龄妇女的管理。全乡共有流出人口161人，其中育龄妇女50人，对全乡范围内的流入人口进行清理，登记造册237人，育龄妇女61人。开展计生行政执法4次，纠正各类违法行为4起，接待群众信访17件次，上报计划生育维稳排查整治工作情况6次。

加强计划生育政风行风建设。深入开展“阳光计生”活动，向育龄群众发放《政风行风建设情况调查问卷》，向农民兄弟姐妹发放《请农民兄弟姐妹评议计生》问卷，对计划生育工作进行评议。在通南村、通北村开展创建计划生育幸福家庭试点活动，树立开展创建幸福家庭示范户357户，占该村总户数的20%，其中发展型家庭76户，稳定型家庭149户，老年型家庭117户，新市民型家庭14户。

【教育工作】 2001～2007年“两基”教育不断巩固，教育质量不断提高。一是加大基础设施建设投资力度，继翻建通贵回民中学、张桂英希望小学后，2002年，投资220万元合并迁建通南希望小学。2002年～2003年合并迁建通南、通丰小学。按照自治区“百所回民小学”的建设标准，配套完善各种教学设施和器材。2005年，完成通西、通北、通东小学翻建、迁建工程，该工程是自治区中小学危房改造项目，总投资411万元。争取社会捐助资金60万元，挂牌成立奕龙希望小学和北京中关村科技城希望

2005年9月16日，通贵乡中关村科学城希望小学落成

小学。二是深化教育改革，在各中小学实行目标责任制和结构工资制，全面推行教师队伍全员聘任制和校长聘任制。85%以上的青年教师取得了大专学历。三是深入推行校务公开制度，相继建立教务公开、民主生活会、教职工大会各种制度。至2007年底，全乡中小学占地面积达57914平方米，校舍面积6488平方米，人均4平方米，6所回民小学均建立了电脑室，1所回民中学也建立了语音教学室。全乡适龄儿童入学率100%，小学毕业率100%，中学毕业率97%，中学升学率80%以上。2010年，全乡教育投入474955元，改善教育基础设施。中坤幼儿园顺利开园。普及高中阶段和职业教育，农民人均受教育年限为10年以上，“两级”人口覆盖率达到100%。

【医疗卫生服务工作】 2001年~2007年，通贵乡把推进医疗卫生改革与整顿作风，建章立制与严格管理结合起来，形成了以卫生院为主，6家村卫生室为辅，2家个体药店为基础的医疗服务网点和体系。自2001年对乡卫生院实行承包经营以来，取得良好的社会效益和经济效益。至2007年新增住院床位21张，累计接待病人50000多人次，实施医疗手术500余例，业务收入140万元。积极开展健康教育和疾病预防工作，群众健康知识知晓率和健康行为形成率达95以上，100%的儿童能得到免疫预防。

2007年，在全乡范围内开展农村医疗合作，至年底全乡有2935户10565人纳入农村合作医疗，占全乡人口95.5%。

2009年，加大新型农村合作医疗制度的宣传工作，认真落实各项制度，农民群众参合率达91%。

2010年，抓好“人人享有基本医疗卫生服务”工作，认真落实药品“三统一”政策，全乡共有100人参加城市居民医疗保险，11700人参加新农合。开展农村健康教育宣传工作，做好重大疾病的防控工作。

大新镇

【概况】 大新镇位于兴庆区市区东南部3公里，面积33平方公里，南北长15公里，东西平均宽2公里，东靠掌政镇，西至丽景街，南邻永宁县望远镇，北接贺兰县习岗镇新胜村。2002年由原银川市郊区划入兴庆区，2003年8月4日撤乡设镇。截止2010年，辖区有上前城、塔桥、燕鸽、大新、新水桥、新渠稍6个行政村，1个农转非公司（燕庆公司），70个村民小组，居民28598户75411人（其中农业人口37255人），回族人口10849人。耕地总面积1093公顷。产业以设施花卉、蔬菜、畜牧养殖、小麦、水稻为主，兼有建筑、商业、运输、饮食、服务等行业。全镇粮食种植面积10305亩，其中小麦3105亩，水稻旱育稀植3195亩，玉米4005亩，蔬菜面积15555亩（设施蔬菜11340亩，113400间）。奶牛存栏6061头，鲜奶产量23270吨，肉牛饲养1587头，生猪饲养15947头，羊只饲养24922只，家禽饲养12.2万只，水产养殖358亩。有大新中学（九年义务）1所，上前城小学、塔桥小学、燕鸽小学、新水桥小学、新渠稍小学5所小学，幼儿园15所，卫生院1所（医生4人，卫生技术人员14人，床位6张）。镇党委下设2个党总支，10个党支部，其中特色党支部两个—塔桥科技园区党支部和夕阳红党支部，流入人口党员党支部1个—陕西省千阳县南寨镇党委组建的劳务产业党支部。

2001年以来，大新镇党委、政府始终坚持以邓小平理论和“三个代表”重要思想为指导，牢固树立科学发展观，抓党建，促经济，扎实推进新农村建设，四个文明得到全面协调发展。截至2010年底，全镇社会生产总值94284万元，其中农业生产总值16170万元，农民人均纯收入7884元。近年来，大新镇大力推广温棚蔬菜种植，2003年达到千亩万间的规模。2007年以来，按照依托资源、调整结构、优化产业、攻坚项目、协调发展的思路，大力发展花卉产业，建成塔桥、新渠稍两个花卉基地，通过土地流转和市场化运作等方式，引进银川天地缘花卉有限公司、宁夏盛唐园林工程有限公司、霖意园林绿化公司、宁夏睿发农业开发公司等10余家企业入园，带动大新镇花卉产业发展建设。

2001年以来，先后荣获全国精神文明创建工作先进单位、全国五四红旗团委、全国模范调解委员会、全国亿万农民健身运动先进乡镇、全国妇女巾帼文明健身队、全国群众体育先进单位、全国创建文明村镇工作先进村镇、全国巾帼示范村、全国农村集体财务管理规范化示范单位等称号。大新镇塔桥村先后荣获全国绿色小康村、全国创建文明村镇工作先进村镇、全国民主法制示范村、全国巾帼示范村、全国人口和计划生育基层群众自治示范村、自治区生态村、自治区民族团结进步示范村、自治区敬老模范村、银川市红旗党支部、银川市基层党建示范点、廉政文化进农村示范点等荣誉称号。

【镇领导名录】

书　记：李建功（2001.01~2003.02）
　　　　叶　成（2003.02~2004.12）
　　　　朱学礼（2004.12~2007.07）
　　　　马成忠（2007.07~2009.04）
　　　　马元元（2009.01~2009.04）
　　　　强殿伟（2009.04~2010.12）
副书记：朱学礼（2001.01~2003.02）
　　　　王克林（2001.01~2003.02）
　　　　余建忠（2001.10~2005.07）
　　　　马元元（2003.02~2003.07）
　　　　彭丽宏（2003.02~2005.07）
　　　　马建宏（2003.02~2008.09）
　　　　黄　俊（2003.07~2006.09）
　　　　周泽云（2003.07~2008.01）
　　　　刘　烨（2005.01~2007.09）
　　　　王利明（2008.01~2010.12）
　　　　马建平（2009.09~2010.12）

马永峰(2010.07～2010.12)

人大主席团主席:

孙彦孝(2001.01～2004.12)

周泽云(2005.01～2005.09)

白怀忠(2008.02～2010.12)

副主席:鲁　锋(2001.01～2003.02)

马永峰(2010.07～2010.12)

乡　长:朱学礼(2001.01～2003.02)

马元元(2003.02～2003.07)

镇　长:黄　俊(2003.07～2006.08)

朱学礼(2006.08～2007.07)

马成忠(2007.07～2009.04)

强殿伟(2009.04～2009.09)

白怀忠(2009.09～2010.12)

副乡长:魏建新(2001.01～2008.03)

白怀忠(2003.02～2009.09)

副镇长:谢春丽(2008.02～2010.12)

马兴俊(2005.01～2010.12)

吕学军(2002.02～2010.12)

【基层民主政治建设】 2001年,规范村务公开,完善民主管理,推动农村基层民主政权建设。建立村民理财小组和村务公开监督小组,每季度召开一次村民代表大会,公布村队账目,成立清账小组,对上前村7队和前程村公司账目进行清理公布。

2002年～2003年,广泛宣传教育群众参政议政的重要性,宣传贯彻《村委会组织法》,进一步健全村民自治各项规章制度,每季度召开一次村民代表大会,定期进行村务公开,同时加强村队集体资金使用的审计。

2004年,10月份镇政府结合村两委班子换届,对各村、队财务进行集中审计,通过审计发现一些村、队干部借公款长时间不还,集体租金不能及时收缴等问题,镇党委及时召开专题会议进行研究,下发关于进一步加强村、队集体财务管理规定,使问题及时得到解决。

2006年,从5月起把每月25日定为"民主议政日"。及时收集并解决群众反映的热点、难点问题。共接到信访件6件,接待来访1人次,处理6件。坚持政务、村务公开,收支两条线,对5000元以上的资金支出等重大事项必须经党委会议集体研究决定;严格控制招待费、严禁用公款进行娱乐消费;加强车辆管理,严格执行车辆定点加油、定点维修制度;加强校务监督,对全镇各中小学校收费情况进行监督。

2007年,上半年全镇7个村(公司)开展民主议政日活动38场次,远程教育14场次;采纳群众意见、建议14件,涉及征地补偿、人畜饮水、农村合作医疗等问题。

2008年,加强基层政权建设,村级组织民主管理深入推进。推广以"八项制度、十大流程"为主要内容的依法治村新模式。印发依法治村宣传册600份,宣传单1000份,举办"民主议政日"活动63场次,解决党员群众提出的各类问题49件。5月19日自治区"民主议政日"活动现场会在大新镇燕鸽村召开,全区各市县(区)组织部门负责人80余人,通过现场直播观看燕鸽村5月份"民主议政日"活动。

2009年,2月12日召开大新镇第二届人民代表大会第二次会议。坚持每月25日开展"民主议政日"活动,组织村民代表和党员代表,对事关本村经济社会发展或涉及群众切身利益的重大问题进行讨论和反馈。指导各村全面推行"五牙子章"民主理财制度,成为兴庆区首家推行"五牙子章"民主理财制度的乡镇。

2010年,1月15日召开二届三次人代会。9月15日～11月15日,顺利完成第三届村"两委"换届选举工作。全镇共选出村"两委"班子成员37人,实现新老交替,平稳过渡。全面实行以"八项民主管理制度"、"两项保障措施"、"十大工作流程"、"一事一议"、民主议政日、五牙子章等为主要内容的自我管理、自我监督、自我服务、自我发展的治村模式。

【经济建设】 2001年,完成各种税收315.6万元,农民人均纯收入达3494元。全乡共有企业1682个,其中,集体企业1个,私营企业196个,个体企业1485个,截止10月底全乡三级企业完成产值22720万元,完成企业销售收入22410万元,实现利润1188万元,招商6个。

2002年,进行财税改革,设立专人代开发票。核实计税面积,改革后全乡农民税费负担总额为620537元,人均负担53.88元,亩均负担34.5元,分别比1999年减少50%、51.4%、49.4%,切实减轻了农民负担。充分发挥地理优势,抓住银川市在上前城村建设昆仑综合物资市场和长庆采油三厂在燕鸽湖村建设住宅小区的机遇,规划建设商业网点,同时加快塔桥7.8.9队商业网点的建设速度。

2003年,成立工商业联合会,完成二、三产业产值34900万元,比上年增长14%。共引进长庆采油三厂办公楼及家属区建设工程、银川市金马种禽饲料有限公司30万只无公害商品蛋鸡饲养科技示范园区、宁夏世骄实业有限公司章子湖生态旅游开发工程三个项目,实际到位资金2977万元。截止12月底全镇社会总产值达48221万元,农业生产总产值达8522万元,工业总产值达9400万元,农民人均纯收入达3857元,分别比上年增长17.6%、35.7%、12%和7.2%。

2004年,燕庆公司充分利用石油生活基地居民多的特点,通过预收租金的方法,投资55万元,将燕庆南市场进行改扩建,将占用街道的夜市、修理行业纳入市场管理,解决20多户失地农民就业,集体年创收达50万元,人均纯收入上升到4800元。全年完成社会总产值达52100万元,农业生产总产值达9000万元,工业总产值达11400万元,农民人均纯收入达4125元,分别比上年增长8%、5.6%、21.3%和6.9%。

2005年,农民人均纯收入已达4682元,比2004年增长4.95%。

2006年,引进海利达房地产开发公司,资金4亿元,在镇政府南侧建设占地60亩的商城，在镇政府北侧建设住宅小区，拆迁面积65700平方米，该项目分三年实施。各村都形成了2~3个较集中的商业网点，服务农户范围达到72%，农民人均住房面积达到60.4平方米。全年实现地区生产总值65875万元，农业生产总值11330万元，工业生产总值13884万元，农民人均纯收入达5066元，分别比上年增长17.21%、10%、15.7%和8%。

2007年，实现社会生产总值71804万元，农业生产总值12400万元，工业生产总值15500万元，农民人均纯收入5589元，同比年均增长12%、9%、11%和10.1%。

2008年，实现社会生产总值78984.4万元，农业生产总值13564.4万元，工业生产总值17360万元，农民人均纯收入6386元，分别比上年增长10%、9.4%、12%和10%。

2009年，共吸引资金5000多万元，重点建设塔桥花卉园区、新水桥清真牛羊肉市场。9月29日大新镇燕鸽村5队商业网点正式开工建设，全年实现社会生产总值8.73亿元，农业生产总值1.5亿元，农民年人均纯收入7028元，同比分别增长10.6%、10.5%和8%。

2010年，燕鸽5队商业网点和塔桥8、9队商业网点开工建设，燕鸽商业网点总建筑面积2.7万平方米，塔桥8、9队商业网点总建筑面积11万平方米。全年实现社会生产总值94284万元，农业生产总值16170万元，农民人均纯收入7590元，比上年分别增长8%、7.8%和8%。

【农业生产】 2001年，完成粮食种植面积10080亩，其中水稻6150亩，小麦1950亩，玉米1980亩，总产量为5482吨。

2002年，全镇种植水稻2664亩，比上年减少1716亩，玉米种植4837亩，比上年增加2017亩。

2004年，大力推广粮食、饲草种植，种植优质饲料玉米8274亩，饲草1548亩，推广水稻旱育稀植1868亩。

2006年，完成粮食种植19335亩，其中水稻旱育稀植2257亩，小麦8903亩，玉米8175亩，其中麦套玉米5399亩，完成测土配方施肥面积500亩。

2008年，全镇共完成农作物种植13998亩。种植水稻2700亩，小麦2150亩，玉米4058亩，夏菜3441亩.

2009年，完成各种粮食种植8866亩，其中小麦种植面积3545亩，水稻旱育稀植面积2115亩，玉米播种面积2808亩。落实良种补贴面积3115亩，发放补贴资金51725元。

2010年，共完成小麦播种面积2751亩，水稻旱育稀植面积2324.6亩，玉米播种面积4052亩。

【设施蔬菜】 2001年，共栽植冬春菜4816亩，夏菜3026亩，新增韭菜700余亩，调整老式温棚种植品种结构，引导农民种植温棚矮化葡萄1561间，油桃878间，李子等杂果463间，申报银川市放心菜工程1520间，无公害蔬菜6000间。

2002年，继续把蔬菜种植作为主导产业来抓，成立种植业办公室，设立工程组、材料组、技术组，实行岗位责任制。全年新建二代高效节能日光温棚578栋10959间。

2003年，建成第一个千亩万间无公害塔桥白鸽蔬菜园区，8月大新乡塔桥村白鸽蔬菜温棚园区协会成立。一年来全镇新建二代高效节能日光温棚17541间，500间以上连片种植小区13个，70%的温棚做到当年投资，当年受益。

2004年，新建二代高效节能日光温棚13394间，500间以上连片种植园区8个，有90%的温棚已投入生产。种植"无公害"放心蔬菜22146亩；其中完成冬春菜种植13424亩，夏菜种植5650亩，秋菜种植3072亩。

2006年，新建二代节能日光温棚8288间，总计达到87910间。引进种植草莓3716间，当年实现收入185.8万元。完成冬春菜种植4075亩，夏菜种植3100亩，秋菜种植2700亩。

2007年，新建二代节能日光温棚5.3万间，总计达到8.3万间。仅设施农业的增加带动农民实现年增收达到230元。

2008年，种植设施（二代温棚）蔬菜7911亩。

2009年，建成连片温棚点4个，新建二代温棚326栋8892间，全镇温棚总数达到9.1万间。全年共种植蔬菜19471亩，其中设施蔬菜13413亩。

2010年，新建燕鸽、大新、新水桥、新渠稍四个设施农业园区，新建温棚8558间，超额完成558间，使全镇设施

2009年5月21日，大新镇"人人争做环保小卫士"启动仪式暨"红领巾路"命名大会

温棚总数达到 87648 间。共种植无公害蔬菜 8.2 万间，蔬菜种植年收入达 7872 万元。

【花卉产业】 2004 年，培育花卉产业，温棚花卉种植 952 间。

2007 年，新建花卉生产基地 1 个 3200 间。

2008 年，采用建设规模化、投资多元化、经营企业化、销售订单化、土地流转化、惠民最大化的模式，重点建设塔桥花卉园区，园区排灌顺畅，水、电、气、路等基础设施基本齐备，入驻 9 家企业，完成投资 4372 万元，实现土地流转 670.69 亩。园区全年新建二代节能日光温棚 349 栋 8101 间，其中企业建设 145 栋 3190 间，鲜切花种植基地占地 163.4 亩。截止年底，全镇温棚总数达到 8.7 万间，种植花卉 8572 间。一年来，花卉园区先后接待各级领导检查观摩调研 50 多批，自治区党委陈建国书记 4 次到花卉园区视察工作。全区首家农民生态公园在花卉园区落成揭牌。

2009 年，塔桥花卉园区引进企业 11 家，初步形成花卉种苗繁育和产品销售于一体的产业链，建立紧密的企业 + 农户利益共同体，全镇设施花卉生产达到 12635 间，其中鲜切花 2381 间，草花及园林绿化苗木生产 10254 间。

2010 年，按照强镇兴花、富民增收的战略目标，在新渠稍村建设一个总占地面积 502 亩的花卉园区，兴建温棚 163 栋 4620 间，园区内道路、电网、渠系沟道畅通，暖风炉、卷帘机、卫生厕所、配送车间、冷藏设施一应俱全。先后引进天地缘花卉销售公司和睿发花卉销售公司，与镇各村农户签订鲜切花收购合同。镇政府与各花卉销售公司签订种苗供应协议。镇政府为解除花卉销售公司和农户的后顾之忧，制定鲜切花（康乃馨、非洲菊）最低保护价收购政策，各花卉公司先后与农户签订收购合同 199 份，定植鲜切花 7608 间。全年种植鲜切花 803 亩 8030 间，产花 3660 万枝以上，草花 1500 亩，花卉年收入达 1100 万余元。

【畜牧业】 2001 年，兴建“大群体、小规模”养殖小区 18 个，建圈棚 518 栋。实行畜禽进圈干部包户责任制，组织人员到山东梁山县调回纯种小尾寒羊 7002 只。

2002 年，加大品种改良力度、畜禽疫病防治和扩大奶牛养殖规模，在每个养殖点选择 3～5 户示范户，进行肉羊改良，鼓励群众种植优质饲草共种植紫花苜蓿 268 亩，皇竹草、甜菜等 68.2 亩。截止 10 月底奶牛存栏 1552 头，羊 42124 只，其中小尾寒羊 16436 只，小尾寒羊改良人工受精 1500 只，杂交一代羊羔 285 只。

2003 年，打破传统养殖模式，变分散养殖为集中养殖，截止 12 月底，全镇共建养殖小区 11 个，其中奶牛养殖区 8 个，奶牛存栏 9736 头，养殖专业户 321 户。

2004 年，从“增量”、“提质”和“发展规模化养殖”三个环节上狠抓奶业生产，加大奶牛补栏力度，全年共引进进口奶牛 258 头，从外省购进荷斯坦奶牛 864 头，自产奶牛 1696 头，奶牛养殖 12000 头，肉牛饲养 1510 头，羊只饲养 5.73 万头，生猪饲养 3.31 万头，家禽饲养 25.2 万只。加快养殖业设施建设，协调解决新水桥 7 队养殖园区高标准机械挤奶台人和 10 个收奶点，有效地缓解农民交奶难的问题。

2006 年，实现奶牛存栏 14012 头，肉牛饲养 1349 头，生猪饲养 33354 头，羊只饲养 44337 只，家禽养殖 21.3 万只，全年鲜奶产量 51248.8 吨，肉产量 2048.8 吨，禽蛋产量 1166.6 吨。牲畜口蹄疫、禽流感免疫密度达到 100%。

2007 年，新建奶牛养殖小区 15 个，挤奶台 16 个，实现奶牛存栏 15849 头，黄牛饲养 1073 头，生猪饲养 24374 头，羊只饲养 33162 只，家禽养殖 21.3 万只，“南菜北牛”的产业格局逐步形成。

2008 年，全镇奶牛存栏达到 17032 头，其中新增奶牛养殖 1007 头，肉牛饲养 1208 头，生猪饲养 32743 头，羊只饲养 44065 只，家禽饲养 23.3 万只，肉产量 2194.7 吨，禽蛋产量 1107.3 吨，鲜奶产量 58928.8 吨。

2009 年，奶牛存栏 12011 头，鲜奶年产量 42315 吨，肉牛饲养 1215 头，生猪饲养 30802 头，羊只饲养 44079 只，家禽饲养 22.1 万只，水产养殖 358 亩。2010 年，通过实施奶牛出户入园、强化动物免疫、推行奶牛养殖保险等一系列有力措施，降低畜牧养殖风险。全镇实现奶牛存栏 6061 头，肉牛饲养 728 头，生猪饲养 22553 头，羊只饲养 29343 只，家禽养殖 20.8 万只。做好月牙湖飞地奶牛园区建设项目，引进金河乳业等 4 个养殖大户进入园区。

【科技服务】 2001 年，成立科学技术服务中心，在各村举办技术培训班，推广种植小麦套蔬菜 92 亩，种植冬小麦 56 亩，实施水稻节水控灌 1000 亩，节水 520 方，种植优质饲草紫花苜蓿 36 亩。

2002 年，招聘有三年以上温棚种植经验的农民技术员，负责温棚种植生产技术应用和推广，使全乡 50%二代温棚收入达到万元以上。举办蔬菜生产技术培训班 18 期 2500 人次；聘请养殖专辑逐村举办技术培训班 22 期，召开现场会 5 次，发放宣传材料 2230 余份，培训人员 2155 人，引进无土栽培黄瓜、西红柿新技术取得成功。

2003 年，共举办镇、村两级培训班 15 期，召开现场会 3 次，发放材料 10000 余份，培训人员 10000 人次。

2004 年，举办镇、村两级培训班、现场会 47 次，发放材料 13000 余份，培训人员 5000 人次。聘请 6 名农民技术员到田间地头指导农民科学种田及推广农业新技术、新品种。全镇引进仙人掌、木瓜等新品种 20 余种，增强了农产品的市场竞争力，群众收入不断增加。

2006 年，加大实用技术培训，共举办各类种养实用技术培训班 21 场（次）7000 多人（次），聘用 7 名农民技术员，指导农民科学种田，并进行农业新技术、新品种推广，培训推广率超过 85%。

2007年,发挥科技进步对经济发展的支撑作用,常年聘用农民技术员、畜禽防疫员深入田间地头和农户家中进行实用技术指导。率先在银川市引进迷你黄瓜、樱桃西红柿、人参果、草莓等反季节蔬菜、瓜果、玫瑰、百合、马蹄莲等花卉品种。

2009年,抓好科普网络、科普队伍建设,荣获银川市"科协系统先进集体"。

【水利产权制度改革】 2001年,进行水利产权制度改革,在4个村承包4条渠,拍卖机井26眼。

【农田水利基本建设】 2001年,清理整治斗渠53条,农毛渠618条,清理淤沟道11条22.2公里,渠道40条33.9公里,农路61条41公里,新开沟1条,完成石砌户沟道1条600米,农田建设1000亩,暗管排水工程2000亩,埋设暗管9600米,砌护燕鸽南小新区1.2公里,新建生桥10座,农口13处,斗口1座。

2002年,清理整治斗渠53条7.9公里,农毛渠586条155公里,动用土方5.9万方,投入劳力11000人次。完成3000亩水利工程项目区的配套工程,新建维修各类水利工程50座,投资29万。完成高标准农田水利配套工程41座。

2003年,共完成高标准农田建设2006亩,投资30万元,对全镇所有农业灌溉排水系统进行改造,完成小畦灌溉改造面积4995亩,落实水稻控灌面积2000亩,打机井17眼,购买维修水泵35台。

2004年,共完成高标准农田建设(巩固)2500亩。

2006年,结合"打造塞上江南新风貌",大搞农田水利基本建设,共计投入资金80余万元,投工4.7万人次,新修、翻修槽、闸、函、桥等各类水利工程37处。沿石中高速公路两侧建设高标准农田9056亩,清淤支斗农毛渠1052条427公里,清挖支斗农沟117条58.5公里,修整农路189条87公里,整修池塘4个60亩,动用大中小型拖拉机705台次,秋翻地10126亩,秋施肥2638亩,秸杆还田3769亩,制作以瓜果蔬菜图画等为主要内容的宣传墙30面,通过整治,田成方、林成网、渠相通、路相连的"塞上江南新风貌"已初具雏形。

2007年,累计投入资金180万元,大搞农田水利基本建设,"打造塞上江南新风貌",建设高标准农田12000亩,砌护渠道7公里,新修各类农田水利设施260座。

2008年,投资220万元,建设高标准农田7000亩,修建等各类水利工程37处,极大地改善农业生产条件,农业发展后劲进一步增强。

2009年,配合完成东部水系连通工程拆迁征地、清淤、绿化工作,全面完成春秋两季农田水利建设任务。全年共投入158.4万元资金,整治农田6000亩。完成小农水工程18处。

2009年,筹集资金70万元,用于春季农田水利建设;投资36.4万元清淤沟道15条32公里,补水2207亩294.34万立方米,全面完成秋季农田水利建设任务。

2010年,共投入资金70多万元,整治高标准农田1000亩,清淤斗农沟10条5公里,整治农路6条3公里,清挖农渠21条10.5公里。

【安全饮水】 2008年,解决上前村一、二队及康居南区饮水难问题,实施新水桥、新渠稍村安全饮水工程,解决了新水桥、新渠稍村1840户6255人的安全饮水问题,全镇安全饮水率达到90%。

2009年,建成4个自来水厂,使辖区石油城、银古物流、收费站以及掌政镇茂盛村、杨家寨村等6万多人告别手压井时代,保障广大群众健康安全饮水。

2010年,投资140多万元将塔桥10、11、12、13村及民俗村自来水纳入城市主管网。解决塔桥村4个生产队2000多人的安全饮水问题。

【生态建设】 2001年,在主要公路附近安排宽幅林带建设,在塔桥村完成一条护林村,全长2.84公里,林带宽10米,共栽植3020株;在茂盛村银河路、银通路共栽植2条宽幅林带全长1500米,宽6米,共栽植500株;补植林带22条,植树1.78万株,绿化庄点4个,植树0.66株,绿化校园1个,植树650株,林木育苗134.8亩。

2002年,共完成四旁植树18450株,农田林网新载林带22条10690,米,栽植树木10268株,补植林带11条7100米,植树2329株,绿化庄点16个,植树3889株,绿化校园2个,植树1964株,林木育苗90亩。

2003年,完成石中高速公路两侧百米宽幅林带在辖区内14公里的挡浸沟开挖任务;完成姚叶高速公路两侧10公里长的宽幅领林带建设,对养殖小区和村庄进行绿化,共植树12.3万棵,投资6万元美化银通路大新段,砌护公路花池2.5公里。投资8万元对镇机关大院进行绿化。

2004年,共完成农村林网125.5亩,宽幅林带1条,环园环庄林3个,校园绿化1个。围绕生态环境资源建设,将塔桥村獐子湖的植树造林工作作为一项旅游产业来抓,做"生态文章",为獐子湖再添"盎然春色"。全年植树面积达141.6亩15944株,林木绑扎涂白5.3万株,森林防护1000亩。

2006年,绑扎涂白树木6.8万株,平整林带15条4.5公里23亩,迁坟176座。完成石中高速公路两侧30米范围内绿化123.5亩。

2007年,投资7万余元完成植树造林953.46亩,栽植树木1.99万株,其中完成环园环庄林2个、19.35亩,植树0.16万株;绿色通道30亩,植树0.23万株;农田林网130.11亩,植树1.37万株;校园绿化区2个,植树0.07万株;新育苗32.40亩,其他零星植树0.16万株。2002~2007年累计植树9.6万株,建成宽幅林带5条,完成环庄林8个,校园绿化3所,"绿色大新"初具雏形。

2008年,植树造林465.4亩,种植各种树木104537株,完成全年任务

191%,其中环园环庄林 92.7 亩,种植树木 27689 株;绿色通道 341 亩,种植树木 73917 株;农田林网 31.7 亩,种植树木 2931 株。

2009 年,植树造林并通过银川市和兴庆区园林局验收 404 亩,完成全年总任务数的 144%,其中设施林果 181 亩,绿色通道 154.2 亩,庄点绿化 68.3 亩。8 月 3 日塔桥村荣获第二批自治区级生态村荣誉称号,获得奖金 5 万元。申请到国家环保项目资金 85 万元,用于新渠稍村环境综合整治;协调相关部门做好二二支沟治理工程;清理高能耗、高污染小企业 47 余处;在 5 所小学开展“人人争当环保小卫士”和“红领巾路”命名活动;塔桥村被命名为自治区级“生态村”。

【农民生态公园】 2008 年 9 月 6 日,宁夏首家农民生态公园在大新镇塔桥村揭牌落成。

【穆斯林民俗村】 2008 年 9 月 21 日,兴庆区穆斯林民俗村一期工程在大新镇塔桥村正式破土动工,这是宁夏穆斯林协会利用科威特政府首次向我国捐助的慈善款所建的外援项目。11 月 15 日兴庆区穆斯林民俗村二期工程在大新镇塔桥村破土动工,这是宁夏穆斯林协会利用阿拉伯联合酋长国阿力麦克图目基金会项目资金建设的外援项目。穆斯林民俗村在塔桥村四队旧庄点建设 49 户具有伊斯兰建筑风格的农民新居,选择有一定经济能力和民俗特长的穆斯林群众入住,定期组织民俗文化活动,展示回族农家风情及穆斯林文化活动。

2009 年,全面完成塔桥穆斯林民俗村建设,安置穆斯林群众 88 户。7 月 26 日大新镇塔桥村穆斯林民俗村剪彩;9 月 7 日,国家环保总局领导到塔桥穆斯林民俗村对环境综合整治工作及 2008 年国家环保项目资金落实情况进行检查。

2010 年 8 月 15 日,全国农村社区建设全覆盖实验评估指导组观摩塔桥村穆斯林民俗村、农民公园及社区服务阵地建设。

【旅游景区建设】 2004 年为了加快獐子湖的旅游开发建设,镇、村投入资金近 200 万元,开挖湖内的景观水道。

【农家乐】 2008 年,发展章子湖生态观光农业区和农民生态公园等“农家乐”旅游项目,带动塔桥花卉园区及周边群众二、三产业发展。

【商贸物流带】 2003 年,对上前村 4 个生产队进行整体拆迁,建设商贸物流带。

【基层基础建设】 2001 年,将杨家寨小学和茂盛小学合并建设,共占地 24.4 亩,建筑面积 3000 平方米,总投资 290 万元。对部分村庄道路进行硬化,总长 3200 米,总投资 95 万元。

2003 年,加快城镇化建设步伐,把镇村公路建设作为“暖心”工程来抓,修建塔桥村到白鸽村“民心路”;筹资 200 多万元对燕庆街进行全面改造;投资 40 万元对燕鸽村 3.4 队、杨家寨 5 队的庄点道路进行硬化。

2004 年,完成部分村级道路硬化工程,组织协调有关单位和个人将友爱 4 个生产队、燕鸽 2 队、新镇养殖场的道路进行硬化。

2006 年,投入 17 万元,集中开展整治 20 余次,先后整治主干道 14 条、巷道 72 条。

2007 年上半年,积极争取各级部门支持,对燕鸽村部进行翻建,新建的燕鸽村部为二层砖混结构楼房,建筑面积 610 平方米,总投资 80 万元。全年共计投入资金 420 万元,完成燕庆街改造工程,硬化村、队道路 6 条 4.2 公里,铺设下水管道 950 米。

2008 年,硬化乡村道路 10 条 9 公里,2009 年,投资 150 万元重建新渠稍村部,占地面积 9.98 亩,总建筑面积 1044 平方米,内设图书室、青年中心、党员活动中心等。7 月 28 日新村部落成庆典仪式举行。征地 718.52 亩,拆除砖混房屋面积 733.37 平方米,支付拆迁补偿款 800 万元,完成新水桥村大寨子中心路建设工程;新修塔桥村、燕鸽村、新水桥村道路共 9 公里。

2010 年,投资 1000 多万元兴修道路 20.6 公里,下水 5.2 公里;投资 50 多万元对新水桥村 7 个生产队的农电网进行整修改造;将燕鸽村 1.7 万平方米的商业网点改为 3 万平方米的商住用房;4 月镇文化中心开工,为四层框架结构,建筑总面积 2450 平方米,其中一、二层 1400 平方米改造成中心幼儿园;投资 5 万元,改建镇机关 60 平方米的室内活动室及 200m² 的室外活动场地。

【环境卫生整治】 2003 年,完善镇、村、队三级疫控动态防治网络,实行卫生防疫、门前三包责任制,全镇用于防治“非典”经费达 30 万元。给贫困户捐款 3470 元,购买消毒液。

2004 年,全镇共进行 8 次大规模卫生集中整治活动,清运垃圾 410 吨,掩埋垃圾 370 方,彻底清除了友爱中心路的垃圾山,与各商户签订“门前三包”责任书,签证率达 95%。

2006 年,村容村貌整治走上正轨。一是严格执行《大新镇镇容环境卫生巡查、考评制度》《大新镇环卫清扫保洁制度》《大新镇公厕管理制度》,将一些主要路段和村组的环卫工作以“成本 + 微利”价格模式,面向社会发包,解决 111 名清扫保洁员工资待遇问题;倡导垃圾袋装,实行“户投—队收—村转运”的垃圾处理方式;大力推广畜禽圈养,实现了人畜分离 95%的目标。二是加大环境卫生专项整治力度,清理主要路段两侧废品回收点 49 个、煤碳销售点 6 个;组织人员清捞大新渠、燕鸽湖、锅底湖、獐子湖、高家湖水面白色垃圾,并对沿岸环境进行治理。三是加快硬件建设,抓好“一池三改”工程。新建双瓮式卫生厕所 1448 座;在大新村新建垃圾中转站 1 座,垃圾站 30 座;在新渠稍村新建生产桥 4 座;为燕庆公司 3、4 队修建排水设施;为上前城村、大新村个别居民组铺设煤渣路,将新水桥村的主巷道进行整修、硬化;各村都制作以新农村建设为主要内容的文化宣传墙,制作 70 处卫生公约和村民公约。四是重视塔桥村旧村改造示范点工作。投资40余万元,拆除塔桥中心路沿线以东50米范围内有碍观瞻的建筑物;建设垃圾中转站一座,配套垃圾箱100个,修建旱公厕10座;粉刷中心路沿线以西墙面,制作以廉政文化及基层党组织建设为主要内容的百米宣传长廊。

2007年,建立和完善卫生管理长效机制,层层签订"门前三包"责任书,将塔桥中心路等主要路段和村组的环卫工作面向社会发包。投资150万元,配套垃圾箱、垃圾站、垃圾中转站、公厕等各类卫生设施,改变镇域环境卫生状况。开展对各村(公司)工作人员的健康教育和健康促进业务培训3次,举办重点人群健康教育培训6次,以队为单位制作健康教育专栏60个;继续巩固除"四害"成果,发放灭鼠药100袋、灭蝇药480瓶,进行病媒生物防治监测4次。

2008年,围绕石中高速公路两侧环境综合整治这一主线,加大综合治理和基础设施投入力度,彻底整治村容村貌。一是创新环境卫生管理机制,镇政府投资12万元做为卫生考核资金,每月组织各村书记对环境卫生情况进行互评,依据考核结果进行奖罚;投资10万元,新建垃圾站、配备环卫专用车辆,提高垃圾的清运能力,实现"日产日清"。二是实施以"绿化、亮化、硬化、净化"为重点的石中高速公路两侧环境综合整治工程。高标准完成801户农宅立面多种风格的特色改造,硬化道路35条53300平方米;安装文化宣传牌30块,拆除有碍观瞻建筑物521处;投资35万元,植树造林763.2亩,种植各种树木10.5万株。组织干部群众对巷道乱堆乱放、卫生死角、乱搭乱建等集中整治16次,出动劳动力1500人次、车辆30辆,拉垫土方400余立方米,清理乱堆乱放300余处,掩埋暴露垃圾130余处,清理卫生死角80余处,清运生活垃圾、建筑垃圾260余吨。11月大新镇被评为银川市迎接自治区成立50周年大庆筹备工作先进集体。

2009年,安排63次环境卫生整治工作,检查督导各村卫生51次,下发卫生整改通报51份;联合兴庆区城管局整治燕庆街、塔桥中心路沿路商户门头广告350余户;对1000余间近3万平方米违章建筑下发停工通知书,配合兴庆区拆除违章建筑1.5万平米;在全镇6所小学开展"人人争当环保小卫士"和命名"红领巾路"等活动;编写新渠稍村农村环境综合整治实施方案并成功申请到国家环保项目资金85万元;取缔各类污染大、效率低的企业47余处。为辖区3545户居民建立健康档案,为2308户45岁以上人员进行体检,受益群众3328人次。

2010年,严格执行《大新镇城管卫生巡查制度》《大新镇城管卫生检查考评制度》,全年共对各村(公司)卫生督查87次,下发整改通知书12次,兑现环卫奖励3万元。除日常清扫外,4月镇村共投入资金60多万元,开展卫生集中大整治,9月投资470万元,对塔桥、大新、燕鸽、新水桥、新渠稍5个村26个队进行"穿衣戴帽"、"洗脸洁面"综合整治。争取环保资金105万元,新建卫生厕所1500个及排污管线、化粪池等卫生设施。

【土地管理】 2001年,完成乡域总体规划,并对乡集镇建设进行总体规划,批准塔桥7.9队商业网点建设,上报农民建房27户。

2004年,继续搞好土地二轮承包合同的签订工作,二轮承包完成率达98.1%。推进农村税费制度改革进程,全镇农民税费合计负担总额425978.89元,比去年减少145354.42元。

2006年,采用集中拆除和动员群众自行拆除的方式,共计拆除违章建筑174处58768平方米。完成石中高速公路两侧30米范围内拆迁工作,拆迁房屋88处,牛圈7处,共计21944平方米,清运土方6.7万方。完成全镇6500户农宅丈量工作,强化对农村宅基地的规范化管理,有效遏制违法违章建筑势头。

2007年,上半年上报翻建农户118户,市规土局、兴庆区建设交通局批复41户;重新丈量5个村19个生产队2850户农宅,丈量面积1425000平方米。全面完成"三大战役"各项任务,对全镇6500户农宅进行重新丈量。2002年~2007年,累计拆除各类违法违章建筑8.9万平方米,配合大银川建设协调征地4800亩,发放征地补偿资金21600万元。

2008年,编制大新镇村庄布局规划和建设规划。配合银川市城市建设依法征地1730亩,向被征地农民支付补偿款3351万元。积极探索农村土地利用新途径,在不改变土地农业用途的前提下,成功实现土地流转3563.45亩。

2009年,调整塔桥8、9队商业网点建设总体规划。对全镇现有3858户宅基地进行全面的摸底统计,审查上报3批147户农宅翻建手续,通过审批18户。配合银川市、兴庆区拆迁办做好土地征用及拆迁工作,共征用土地1162.02亩。累计流转土地1992.45亩,涉及农户847户。

2010年,北京路征地拆迁工作进展顺利,共征地355.17亩,总付征地拆迁补偿资金1600多万元。加强对农田基本保护区的管理,对全镇现有9853亩农田进行重新登记普查,成立违章建筑监察队,并配备专车,加强对违章建筑的查处工作,共查处各类违章建筑69起,面积30580平方米,强制拆除36户4585平方米,大新镇非法占用耕地和违章建筑基本得到遏制。

【康居新村】 2003年~2004年,在上前村1对和10队规划建设2处农民康居新村。2002~2007年,共建设塞上农民新居530栋,安置失地农民2590人。

【培训就业】 2004年6月18日,大新镇政府劳动保障所劳动再就业中心成立。

2006年,共举办失地农民及农村富

余劳动力技能培训班3期230人，有3486人实现转移就业，年劳务转移收入1914万元，人均劳务转移收入达5492元。全年共组织劳务输出93人，实现劳务收入54.4万元，为1542名失地农民办理农转非手续，

2007年，举办电工培训班1期，培训人员113人；办理再就业优惠证60人。

2008年，全面实施“阳光工程”和“百万农民培训工程”，举办各类农业技术培训班40期，培训人员3800人次，组织农村富余劳动力就近转移和劳务输出3450人，实现劳务收入1500万元。

2009年，实施“百万农民培训工程”，共举办各类农业技术培训班13期，培训人员783人次；实施“阳光工程”，举办各类培训班9期，培训农村富余劳动力和失地农民722名。就近转移农村富余劳动力和失地农民3943人，劳务产业收入达2500万元。塔桥花卉园区被命名为银川市“全民创业基地”，并多次接受国务院、自治区等各级领导的检查指导。

2010年，全年共举办各类培训班12期，850人，就近就地转移农村富余劳动力达到3600人。继续巩固自治区级的塔桥花卉园区全民创业基地，4月人力资源和社会保障部副部长张小建对大新镇创业就业工作进行视察。

【社会保障】 2003年，春节投入资金19400元，慰问现役军人和老复员军人、贫困户、残疾人、五保户、老退休干部97人。为贫困户购买9360元的化肥。为灾民申请上级补助资金4万元。

2004年，进一步完善农村居民最低生活保障制度，确定城市低保户58户123人。

2006年，为724名失地农民办理基本养老保险。截止12月共有农村低保人员264户507人，每月发放农村低保金17745元并全部办理《农村特困村民医疗救助证》；有城镇低保户174户297人，人均月领低保金118元。全年发放临时救济款201户31100元，发放化肥10.5吨，小麦种子7000公斤。慰问贫困人员162户，慰问金36950元，为6户农村复员军人家属发放优待金12000元，安排5人免费做白内障手术，8人接受曹仲植基金会的轮骑捐赠，为15人办理了残疾证，为11户残疾家庭争取兴庆区残联80只扶贫绵羊。确定24名五保供养人员；争取危房改造资金10.8万元，为22户群众完成危房改造，新建住房64间。

2007年，截止10月，全镇有453户797人享受到农村低保金救助，每月发放农村低保金27895元。有城市低保户287户511人，月发放低保金61800元，为1820名失地农民办理农转非手续，为850名失地农民办理基本养老保险。春播期间共为150户困难群众发放化肥10吨、玉米种子250公斤。

2008年，全镇有616户700人享受农村低保金救助，月发放农村低保金32015元；有城市低保户314户576人，月发放低保金66340元。为1008名失地农民办理失地农民基本养老保险。全镇农村新型合作医疗参保总数为15640人，覆盖率92%；城镇居民基本医疗保险参保总数达到3444人，参保率38.2%。

2009年，开展城镇居民基本医疗保险，缴费人数达4984人，扩大新型农村合作医疗覆盖面，参保人数11683人，参保率95%。认真落实最低生活保障制度。全镇享受农村低保金救助人数达660户744人，累计发放低保金51.9万余元；享受城市低保救助人数达180户266人，累计发放低保金47.78万元、生活补贴9.3万元。开展形式多样的残疾人培训、康复、就业、维权等活动，完成并通过验收17户特困低保家庭及4户残疾人家庭的危房改造工程。

2010年，开展城镇居民基本医疗保险，有4900人缴费；扩大农村新型合作医疗覆盖面，共缴费11683人，参合率95%；落实新农保政策，全镇参保人数7850人，达到应保人数9685人81%。共有515户577人享受农村低保金救助，全年累计发放低保金272850元；有180户263人享受城市低保，全年累计发放低保金211570元。

【综合治理】 2001年，开展“严打”斗争，共破获各类刑事案件24起，查处治安案件29起，民事调解62起，解决各类热点问题26起，与出租房签订治安责任书336份，占应签户81%，办许可证314户，占应办证户79%.

2002年，坚持“稳定压倒一切”的原则，认真履行责任书。全年共破获各类刑事案件9起，查处治安案件63起，民事调解85起，解决各类热点问题24起。

2003年，在城乡结合部启动实施“城乡结合部治安整治”工程，对治安问题突出和外来流动人口集中地区集中整治，坚决制止和打击邪教组织和非法宗教活动，深入开展法律服务进乡村活动，取得较好的成绩。

2004年，截止10月份破获各类刑事案件24起，查处各类治安案件73起，民事调解62起，与出租房签订治安责任书336份，占应签户81%，办许可证314户，占应办证户79%。按照“分级管理、归口办理”原则，建立和完善信访工作制度，聘请8名宗教界人士作为调解员，设立信访接待室，全年共调解矛盾纠纷126起，调解成功率98%。无民转刑案件发生。

2005年，“六化法”矛盾纠纷调解机制在全市广泛推广，6月兴庆区矛盾纠纷大调处现场会在大新镇召开。

2006年，以创建“平安大新”为目标，全面加强社会治安综合治理工作。拨付派出所办案经费11.8万元，采取“十店联警”、“十户联防”形式，提高群众自防互防能力；组成民防队伍，在本辖区巡回巡逻，为村民看门望锁，协助社区民警做好治安防范；开展综治宣传活动，累计发放宣传材料1200多份，《市民平安手册》300份，悬挂宣传横幅14条；开展农村反邪教警示教育活动，以村为单位播放《心灵的回归》、《反邪

教·幸福安康》等警示教育电教片。认真落实各项安全生产措施,先后开展6次全辖区范围内的安全生产大检查,无安全事故发生。全年共立各类刑事案件60起,较去年同期下降54.4%。全年共调解纠纷147起,调解成功146起,调解成功率97%;发生群体性上访13批138人,同比上升7批54人,上访主要原因是银川市近几年征地补偿款和生活过渡费未给农民补偿到位而引起的。大新镇被银川市评为“平安乡镇”,上前城村、宁夏公路局监控通信中心申报了兴庆区级“平安”单位。

2007年,上半年刑事案件立案51起,破案10起,治安案件68起,查处19起;继续实施“六化法”为主要内容的信访、矛盾纠纷调处机制,坚持每月18日召开调解员会议,聘请5名宗教人士担任人民调解员和法制宣传员,调解纠纷54起,调解成功率98%。

2008年,加强社会巡防,将“一村一警”的警力配置模式落到实处,健全完善社会治安防控体系。全年侦破刑事案件86起,查处治安案件220起,接待来信来访69件320人次,调解各类矛盾纠纷126起,调解成功率达到90%,没有发生重大群体性事件和重大刑事案件。10月17日国家司法部副部长郝赤勇到大新镇视察司法所规范化建设和信访工作,给予高度评价。

2009年,实施“警灯闪亮保平安”工程,设立7处报警点;选派3名干警挂职村支部副书记,组建村队治安巡防队伍,壮大群防群治力量;投入资金124万元,安装电子监控摄像头107个,初步形成治安防控监控网络;与出租房主、用工单位签订治安责任书,签订率达100%;为全镇28名刑释解教人员建立档案,制定帮教管理措施,全部安置就业。全年共调解各类纠纷163件,调解成功98%以上;接待来信来访42件131人次,办理群众来信6件,先后开展9次安全生产大检查,全年未发生重特大安全生产事故。

2010年,狠抓社会治安综合治理,健全完善7个警务室,组建7支共80人义务巡逻队;先后开展4次安全生产集中大检查,全年未发生重特大安全事故。投资20余万元对各中小学校及幼儿园进行“校安工程”建设;在全镇安装了13处电子监控装置,发生刑事案件335起,破案142起,治安案件454件,开展矛盾纠纷排查75次,排查受理矛盾纠纷116起,调解成功114起,受理督办单94件、信访件6件,全部办结回复。大新镇被银川市命名表彰为2010年矛盾纠纷排查调解先进集体,塔桥村被自治区推荐为全国“民族团结示范村”。

【畜禽养殖专业合作社】 2004年3月,建成全区具有较大规模的银川金马畜禽养殖专业合作社,带动周边2000多户农民饲养基础母牛4000多头,年总收入1200万,户均增收3000元。

【高致病型禽流感】 2005年11月17日,上前城村五队外来人员家发生230只种鸡死亡事件,经鉴定为H2N1高致病型禽流感。镇党委、政府动员干部、群众在该村3公里以内捕杀家禽;12月3日以农业部副部长牛盾为组长的国家防控禽流感督查组到大新镇卫生院、畜牧防疫站、上前城5队疫情区检查工作。

【党建工作】 2001年,共发展新党员14人。加强党员管理教育,对大新村党支部6名党员参与建庙进行公开处理。

2006年,开展第三批保持共产党员先进性教育活动。3月镇党委、政府在全镇农村党员中开展“十星级党员”暨“大新之星”争创评选活动,评选出7名“大新之星”、30名“十星级”党员;4月初开展先进性教育活动满意度测评工作,各党支部满意率均在90%以上。9月20日召开大新镇第二届党员代表大会,选举产生新一届党委委员9人、纪委委员3人。全年共吸收新党员23名,按期转正党员21名。举办党课学习32场次,专题讲座1次。举办农村党员干部和入党积极分子培训班4期,培训600余人次。强化党员电化教育,收看电教片及远程教育86场次,受教育党员群众4000多人次。

2007年上半年,全镇共有513名党员重新认领科技致富岗、计划生育岗14个,占全镇农村党员总数642人80%。制定流动党员管理制度,开通流动党员服务电话,在上前城、塔桥、大新和燕庆公司4个流动人口相对集中的支部设立流动党员服务站,投资23万元对大新村党员活动室进行扩建,6月15日塔桥村党总支挂牌成立“夕阳红”党支部。2008年,开展党员冬季轮训工作,举办培训班21场次,党员受教育面达到

2009年11月20日,大新镇举办科学发展观知识竞赛活动

95%以上。继续深化无职党员设岗定责和“十星级党员”评选活动，共有513名党员重新认领科技致富岗、计划生育岗等14个，占全镇农村党员总数76.2%。对每个党员进行“评星定格”，评选出十星级党员72名、大新之星10名。

2009年，充分利用IPTV系统开展电化教育和远程教育，党员受教育面达到95%以上，全镇50岁以下党员普遍掌握2~3门实用技术。制作“党员一卡通”和无职党员设岗定责公开墙，镇党委与陕西省宝鸡市千阳县南寨镇党委结成流动党员共建单位，签订《结对共建协议书》，强化对流动党员的管理和教育；分别与前进街党工委、凤凰北街党工委开展结对共建活动，共同促进党建城乡一体化建设。11月6日将上前城村党支部升格为党总支，同时在南北两个康居小区成立前锋、前华党支部，把社区工作贯穿于党组织活动始终，发挥党组织在建设文明和谐社区中的领导核心作用。

2010年，严格执行发展党员三项制度，开展预备党员转正答辩制，采取全体党员无记名的方式对预备党员进行讨论和表决。以塔桥蔬菜花卉园区党支部为试点，设立“功能党小组”，将支部39名党员划分为市场营销、技术服务、物资供应、种苗供应等功能党小组，各功能党小组党员充分发挥“双带双富”作用，带动更多农户走上致富之路。

【精神文明】 2001年~2010年，大新镇不断深入开展精神文明创建活动。一是加强学习宣传教育，先后开展“三个代表”重要思想学习教育活动，创建学习型、创新型、廉洁型、服务型为主要内容的“四型机关”活动，“美德在农家”、道德模范评选等活动。大新镇是“全国文化信息资源共享工程”的首批试点单位，充分利用资源共享设备，传播先进文化，每年夏季坚持每周义务为辖区观众放映3~4场电影，每年都举办科普知识、法律法规培训和党员教育培训班。二是开展丰富多彩的群众性文化体育活动，先后成立威风锣鼓队、秧歌队、高跷队、腰鼓队、农民女子军乐队等8支群众性文艺团体，常年活跃在各类舞台上。2002年春节组织8支农民业余社火队共计800余人演出；8月代表自治区参加全国农民健康操表演，举办“大新之秋”农民文化节；2006年举办大新镇“美在农家、乐在农家”大型文艺汇演及“大新镇2006年群众性体育运动会”。四是加强阵地建设，先后投资近200万元扩建乡文化活动中心，实施“篮球进村”工程，硬化活动场地6块，建成村级文化活动中心7个；在每个村（公司）设立道德模范墙，在新渠稍村建成以花卉和道德新风尚为主题的百米文化宣传长廊，在全镇建设5个“农家书屋”并顺利通过了自治区的验收，上前城村“农家书屋”还被列为自治区级示范点。五是开展“文明村庄”和“十星级文明农户”、文明单位、文明村活动、精神文明先进，道德模范等评选工作。2002年~2007年，共创建自治区、银川市级文明单位7个，县区级文明单位8个，创建兴庆区级文明生态示范村2个，涌现出各级“五好文明家庭”621个、各级十星级文明户1123户。2009年，全镇五好文明户总数达到1391户。2010年，对原有文明单位进行复查。

【教育强镇】 2003年，深化教育体制改革，投资8万元对官湖小学进行绿化；投入资金500万元新建上前城小学；投资3万元改善各小学办公条件。

2004年，加强“两基”工作力度，巩固扩大“两基”成果，推进素质教育的实施，将信息技术教育引入课堂教学之中。

2006年，大新镇有小学5所、中学1所、民办幼儿园3所，在校中小学生2632人。相继制定《大新镇创建教育强镇攻坚阶段任务分解书》《大新镇干部包校制度》，8月份投资50多万元对塔桥、新水桥、新渠稍三所小学进行粉刷、维修、绿化、美化。为上前城小学、大新中学等6所学校配备现代远程教育设备。高标准普及九年义务教育，积极发展幼儿教育。小学入学率、巩固率、学前一年入学率均达到100%。荣获银川市“教育强镇”荣誉称号。

2008年，“两基”迎国检工作通过检查验收。投资27万元对新水、新渠、塔桥、燕鸽四所小学进行维修粉刷；投资20万元为塔桥小学新建校舍4间；筹资3万余元为新渠稍村324名学生订做新校服；拨款6.5万元，解决“六一儿童节”、“教师节”表彰慰问和学校冬季供暖问题。

2009年，全面开展巩固提高“两基”成果和基本普及高中阶段教育工作，共投入20多万元改善办学条件，表彰命名6所“平安和谐校园”；举办首届校园文化艺术节，农村幼儿入园率、适龄儿童入学率、巩固率均达到100%，教育各项工作全面达标，顺利通过“两基”国检。

2010年，继续坚持“教育强镇”战略，以巩固提高教育教学质量和“两基”指标为重点，开展“校园先锋”主题活动，圆满完成各项工作任务。

【食品小作坊集中区】 2008年，在大新村建立食品小作坊集中区，填补了银川市无食品小作坊集中加工区的空白。

【巾帼示范】 2008年10月25日，兴庆区妇联在塔桥村为30户农村贫困妇女家庭小额循环贷款30万元，帮助妇女发展花卉种植业。

2009年8月10日，在吴忠市召开的全区巾帼示范村创建工作推进会上，塔桥村授领全国巾帼示范村牌匾，获得10万元的小额贷款，帮助妇女发展经济。

【集体财务管理】 2009年，经农业部审定，兴庆区大新镇燕鸽村等5个单位被列为第二批全国农村集体财务管理规范化示范单位。

【计划生育】 2001年，狠抓早婚早育、再婚生育、间隔不够生育、无手续领养及流动人口计划生育五个重点，稳定辖区低生育水平。截止2001年11月，全乡总人口14718人，其中已婚育龄妇女2848人，采取各种节育措施2579人，综合节育率92.7%，出生率12.5‰，自然增长率 8.9‰,计划生育率 100%,育龄妇女基础知识接受教育率达 95%以上,流动人口验证率 95%。

2002 年,截止 2001 年 10 月底,全乡总人口 14937 人,其中已婚育龄妇女 3083 人,采取各种节育措施 2877 人,综合节育率 93.3%,出生率 12‰,自然增长率 8‰,计划生育率 100%。开展人口与计划生育知识教育,举办学习班 32 期,发放婚育新风知识袋 196 个,五登门手册 356 册,应知应会 850 份,户户须知 1000 份,开展生殖健康宣传咨询服务活动,普查 1286 人,完成计生协会换届工作,向贫困母亲捐款 980 元。

2003 年,截止 12 月底,全镇人口出生率 12‰,自然增长率 8‰,已婚育龄妇女综合节育率 93.1%,妇女接受计生教育率达 98%,生殖保健服务率 90 %,计划生育率 100%,流动人口计划生育持证率 90%,验证率 98%。

2004 年,人口出生率 12.1‰,自然增长率 7.9 ‰,已婚育龄妇女综合节育率 92.4%,妇女接受计生知识教育率 90%以上,生殖保健服务率 90 %,计划生育率 100%,流动人口计划生育持证率 90%,验证率 98%。

2006 年,大新镇被列为兴庆区计划生育"三无"乡镇重点创建单位,全面推行计生专干、计生信息员聘用制,加大计生宣传力度,全年共发放计划生育家庭奖励扶助政策宣传小折页 1000 份,各类计划生育宣传单 5265 张,制作已婚育龄妇女宣传资料袋 6300 个。进一步深化计划生育优质服务,每季度集中为育龄人员开展生殖健康普查普治,全年共普查普治 4152 人。截止 2006 年 9 月底,全镇共有已婚育龄妇女 4753 人,无早婚早育、无间隔不够、无超计划外生育,综合节育率 93%,出生率 8.5‰,自然增长率 5.9‰,计划生育率 100%,顺利通过银川市及自治区"三无"乡镇验收。

2007 年,组织镇分管领导和计生专干参加全员培训,取得自治区行政人员执法资格证,举办计生培训班 12 场次,有 4320 人参加培训;发放计划生育宣传材料 1300 余份,育龄妇女基础知识接受教育率达 95%;为育龄人员开展生殖健康普查 3280 人次,设立固定流动人口免费药具发放点 7 个,发放避孕药具 34 箱;与用人单位、出租房主、外来育龄人员层层签订责任书 1301 份,审验《流动人口婚育证明》311 本,验证率 100%,持证率 39%。

2008 年,开展生殖健康普查 4725 人,镇村两级共举办计生培训班 40 场次 5470 人次,发放计划生育宣传材料 1300 余份,育龄妇女基础知识接受教育率达 95%。审验《流动人口婚育证明》311 本,验证率 100%。

2009 年,对大新计生服务中心进行改扩建。举办各类培训班 12 期 600 余人(次);发放"少生快富"奖励资金 1 户 5000 元,奖励扶助资金 2 户 1400 元,重点帮扶"少生快富"项目户 12 户,落实帮扶资金 18500 元。全镇人口出生率 9‰,计划生育政策合格率 100%。率先启动人人享有医疗卫生服务的"1 元钱看病"试点工作。

2010 年,抓好计划生育工作,人口出生率控制在 8.4‰,人口自然增长率控制在 2.6‰,出生人口政策符合率 100%。建成 500 平方米计生服务站。

【领导视察调研】2003 年 9 月,国家司法部部长张福森视察大新镇政府司法工作。

2004 年 6 月 28 日,团中央书记周强视察并指导大新镇青年文化中心工作,接见 9 名在大新镇的志愿者。

2008 年 2 月 19 日,自治区党委常委、银川市委书记崔波到大新镇塔桥花卉园区视察建设情况;4 月 17 日,自治区党委书记陈建国、自治区主席王正伟到大新镇塔桥花卉园区视察园区规划及建设情况;4 月 22 日,青海省委书记强卫来到大新镇塔桥村实地察看塔桥花卉科技园区建设和发展情况;5 月 28 日,自治区党委书记陈建国带领自治区五十大庆重点建设项目视察团,到大新镇塔桥花卉园区视察建设情况;9 月 3 日,国家民政部基层政权和社区建设司曹国英副巡视员到大新镇燕鸽村调研;9 月 25 日,国家计生委政策法规司于学军司长到大新镇塔桥村就国家"十一五"人口发展规划进行中期评估;10 月 17 日,司法部副部长郝赤勇、基层司司长王珏等领导到大新镇检查司法所规范化建设情况;10 月 30 日,自治区党委常委、副主席刘慧一行到大新镇塔桥花卉园区调研全民创业工作情况;12 月 5 日,宁夏军区副司令员高磊、副政委王志宏带领宁夏军区及银川警备区机关干部 180 余人到大新镇调研;12 月 14 日,国家环保局生态司司长庄国泰到塔桥村视察全国文明生态示范村创建工作。

2009 年 3 月 25 日,自治区人大专家调研团到塔桥村就土地流转情况做专程调研;5 月 12 日,自治区党委副书记于革胜到大新镇塔桥村天地缘花卉生产基地调研;9 月 3 日,自治区政府主席王正伟率全区县域经济观摩团到塔桥花卉园区和穆斯林民俗村进行实地观摩。

2010 年 4 月,人力资源和社会保障部副部长张小建等一行 7 人到大新镇视察创业就业工作;7 月 29 日,自治区党委书记张毅视察塔桥花卉园区建设情况;9 月 14 日,人力资源与社会保障部政策研究室领导观摩塔桥村花卉园区;10 月 15 日,国家民政部副部长姜力带领全国农村社区建设实验推进会成员观摩塔桥村穆斯林民俗村、农民公园、社区服务阵地建设;10 月 14 ~ 15 日,民政部在银川召开"全国农村社区建设实验工作推进会",与会人员到塔桥村社区观摩;10 月 28 日,自治区党委书记张毅视察塔桥创先争优活动开展情况。

【对外交流】 2004 年,毛里求斯共产党书记到大型镇参观考察。

2006 年,接待乌兹别克斯坦等 3 个国家代表团来访。

2008年，接待哥伦比亚等十几个国家代表团来访。10月17日，苏丹全国大会党干部考察团一行15人，在团长、苏丹对外关系书记处协调局局长阿卜杜勒·艾哈迈德·穆罕默德的带领下，到大新镇考察基层党建工作和新农村建设情况，参观塔桥花卉园区。

【媒体采访】 2008年5月7日，《经济日报》国际部主任汪朗率"又好又快"采访团到大新镇塔桥村科技示范园区进行参观采访；8月16日，中宣部组织60家中央媒体采访团到大新镇塔桥花卉园区采访花卉产业发展情况。

掌政镇

【概况】 掌政镇位于银川市东，距市区约9公里，东邻月牙湖乡，南连永宁县通桥乡，西依大新镇，北与通贵乡及贺兰县金贵镇相连。2003年7月23日，合乡并镇变更为掌政镇，辖掌政、春林、孔雀、洼路、五渡桥、镇河、杨家寨、茂盛、永固、永南、强家庙、碱富桥、横城13个行政村104个村民小组，9766户2.5万人。土地面积153平方公里，其中耕地面积62000亩。镇党委下设15个党支部，有党员1074名，镇人民政府设镇长1名，副镇长3名，内设机构党政办公室、社会事业管理办公室、村镇规划建设办公室、经济发展服务中心、公共事业服务中心、民生服务中心、人口和计划生育服务中心。十年来，先后荣获国家生态乡镇、全国创建文明村镇工作先进镇、国家科技示范镇、宁夏民间艺术之乡、自治区计划生育工作"三无"镇、食品安全示范镇、银川市勤廉为民五好镇、先进基层党组织、全国第二次经济普查先进集体、动物防疫工作先进集体等荣誉称号。

近年来，镇党委紧紧围绕特色突出、优势明显、充满活力的沿黄特色示范镇建设目标，团结带领广大党员干部群众以实现农业增效、农民增收为出发点和落脚点，大力发展温棚种植、畜牧养殖、农家乐等项目，全镇形成设施农业、畜牧养殖、适水产业、优质水稻、现代都市型休闲农业5大优势特色产业；形成昆仑、洼路、茂盛、官湖4大蔬菜生产区，蔬菜总产值占农业总产值的48%，全镇粮经作物比由过去的7:3调整到5.5:4.5；先后建成镇河、洼路等4个花卉生产示范区，奶牛存栏1.79万头，适水产业1.8万亩；利用湖泊湿地、设施农业、渔池、荒湖等资源优势，发展五渡桥农庄、宏坤度假村等农家乐、林家乐、渔家乐、花家乐41家；先后引进宁夏水利学校、黄河运动公园、金河乳业、黄河渔村等30多个项目落户；开工建设小城镇安置区、农副产品加工创业园、强家庙中心村、污水处理厂、典农公园、纬三路、经三路等重点项目；进一步深化创先争优活动，丰富民主议政日、评星定格、党组织党员双向承诺、便民服务代办制等载体，有效实现党建工作与经济工作的同频共振，进一步增强党组织的凝聚力和战斗力。

【镇领导名录】

书　记：杨　强(2001.01～2002.01)
　　　　赵卫国(2002.01～2003.02)
　　　　朱学礼(2003.02～2004.06)
　　　　杨　锋(2004.06～2005.12)
　　　　王永虎(2005.12～2011.01)

副书记：冯菊兰(2002.01～2002.11)
　　　　沈炳南(2002.11～2003.07)
　　　　杨迎珍(2003.02～2005.08)
　　　　马红梅(2003.07～2005.01)
　　　　王彦忠(2005.01～2010.05)
　　　　杨　玲(2005.08～2007.09)
　　　　魏小宝(2006.01～2009.01)
　　　　姬晓莉(2009.01～2010.12)
　　　　官　平(2009.01～2012.09)
　　　　王利民(2010.05～2010.12)

人大主席团主席
　　　　杨金林(2002.01～2009.01)
　　　　王建宁(2009.01～2009.09)
　　　　王永虎(2009.09～2010.12)

镇(乡)长
　　　　赵卫国(2001.01～2002.04)
　　　　陈邢妍(2002.04～2002.11)
　　　　江洪涛(2002.11～2003.07)
　　　　杨　锋(2003.07～2004.06)
　　　　王永虎(2004.06～2009.09)
　　　　王建宁(2009.09～2010.12)

副镇(乡)长
　　　　王永虎(2002.01～2003.12)
　　　　马伏奎(2002.11～2003.02)
　　　　马金宝(2003.12～2007.12)
　　　　黄利虎(2003.02～2010.12)
　　　　印　联(2005.01～2009.09)
　　　　姬晓莉(2007.12～2009.01)
　　　　刘　涛(2009.01～2010.05)
　　　　陈建全(2009.09～2010.12)

【经济发展】 2007年，全镇社会总产值可达6.98亿元，5年平均年增长11.1%，其中农业总产值2.45亿元，5年平均年增长8.2%；农民人均纯收入5214元，比5年前增长360元，增幅11%。

2008年，全镇社会总产值达7.68亿元，比上年增长10%，其中农业总产值2.65亿元，比上年增长9%，二三产业总产值达到5.03亿元，比上年增长10%；农民人均纯收入达6112元，增幅12%。

2009年，全镇社会总产值达8.45亿元，农民人均纯收入6845元。

2010年，社会总产值可达9.3亿元，比上年增长10%；其中农业总产值3.15亿元，比上年增长9%；农民人均纯收入可达7332元，比上年增长12%。

【科教兴农】 2002年～2007年，推广农业新技术12项，引进推广各类新品种34种，新品种覆盖率达90%以上，无公害农产品认证率达30%以上，科技对社会的贡献率从2001年的47%增长到68%。

2008年～2010年，共推广农业新技术5项，引进新品种9个，新品种覆盖率达90%以上，无公害农产品认证率达30%以上。2008年，认真贯彻落实中央、自治区等各级政府惠农政策，以"一卡通"的方式直补农民化肥、种子、燃油各项补贴531.48万元，进一步调动农民从事农业生产的积极性；小麦播种面积6200亩，比上年增加2924亩，增幅89.3%，优质玉米播种面积7970亩，水稻播种29500亩，完成水稻规范化旱育稀植15000亩，其中重点示范6000亩，实施水稻轻型栽培8000亩，其中重点示范5000亩，全部为优质高产新品种宁粳38号、宁粳40号，100%完成各项农业生产任务。2010年，小麦播种面积3030亩，优质玉米播种面积9105亩，水稻播种面积44710亩，其中推广水稻规范化旱育稀植15381亩，推广水稻轻型栽培16119亩；认真贯彻落实各级党委、政府惠农政策，以“一卡通”方式发放粮食综合补贴453.68万元，发放汽车、家电下乡补贴123.5万元。

【产业结构调整】 2002年~2007年，通过5年的产业结构调整，设施蔬菜和奶牛养殖已成为两大主导产业，通过政府引导、农户、企业参与、资金补贴、科技支撑、信贷支持等措施，新建二代温棚10.5万间，其中2007年完成17500间，从事温棚种植业的农户占总户数70%，形成以昆仑、洼路、茂盛、官湖4大蔬菜园区为主的生产主产区，带动农业产业化和农产品市场化的发展。2007年，全镇蔬菜等经济作物种植面积14150亩，各类优质饲草等其他经济作物种植4440亩，粮经作物面积比由2002年的7:3调整到5.5:4.5，蔬菜总产值达到1亿元，占农业总产值的48%，农民从事蔬菜产业收入占人均纯收入的50%以上；家禽以及名特优水产养殖品种达30余种，养殖业实现稳中有增；奶牛存栏1.75万头，羊只饲养10万只，生猪饲养5.7万头，家禽饲养48.5万只，养殖业总产值6685万元，占农业总产值的32%，农民从事养殖业的收入占人均纯收入的27.5%。

2008~2010年，通过政府引导，农户、企业参与、资金补贴，科技支撑、信贷支持等措施，使设施蔬菜、花卉和奶牛养殖成为掌政镇三大主导产业。截止2010年，全镇有二代温棚20万间，人均温棚8.5间，从事温棚种植业的农户占总户数70%，形成了以昆仑、洼路、茂盛、官湖四大蔬菜园区为主的生产主产区，带动农业产业化和农产品市场化的发展，蔬菜总产值占农业总产值的48%，农民从事蔬菜产业的收入占人均纯收入的50%以上。建成移动温棚花卉示范园区，全镇花卉种植1万间。积极鼓励奶牛养殖出户入园，狠抓规范化养殖，实现奶牛存栏1.79万头，发展各类规模养殖户(场)72户，成为兴庆区规模养殖户最多的乡镇。继续加大渔业开发力度，名特优新比重达82%。养殖业总产值占农业总产值的32%，农民从事养殖业得到的收入占人均纯收入的27.5%。三大支柱产业的形成，使全镇农民人均纯收入大幅提升，农业总产值大幅增长，全镇国民生产总值、人均纯收入从2005年开始，连续五年在兴庆区名列前茅，为建设银川市城乡一体化示范镇奠定了坚实的基础。第三产业发展势头良好，服务领域不断拓宽，服务水平不断提高，商贸流通、农家乐、餐饮娱乐、运输服务等产业发展迅速，规模不断壮大，农村市场服务体系逐步完善。

【基础建设】 2002年~2007年，累计改造高标准农田7.7万亩，累计投资超过1000万元，其中镇政府投资417.68万元，完成水利配套设施489处，机械清淤星火沟、中心沟等26条主干沟85公里；砌护闫生明渠、五渡边渠、掌政3号渠等34条支斗渠46.6公里；争取兴庆区人大议案工程，投资148万元规划建设强家庙扬水泵站，解决该村5000亩农田淌水难问题。

2003年，建成占地1140亩，建设规模1.2万间的洼路千亩万间蔬菜科技示范园区。

2005年~2006年，建设占地1100亩，建设规模达1.4万间的茂盛蔬菜科技示范园区，完成园区主干道、科技中心等配套设施，在茂盛园区建成设施葡萄生产基地，生产秋延后红提葡萄，为全镇二代温室林果生产起到良好的示范带动作用。

2007年，规划建设官湖园区，完成一期9500间的任务和耳房、水电等配套设施，引进周景世荣入驻官湖园区，投资150万元建设新型花卉生产温棚9栋，带动花卉产业的发展。2002年~2007年，二代温棚建设累计投资达5400万元。

2008年，镇政府累计投资81万元，完成水利配套设施74处；完成掌政、茂盛沟渠砌护5公里；争取人大议案工程，投资150万元建成永富泵站，解决碱富桥、永南两村近10000亩农田灌水难问题；完成秋季高标准农田建设10000亩，中低产田改造5000亩；清挖农渠沟268条213公里，整修农路220条137公里，清淤支斗沟5条8.2公里；以打造黄河金岸为目标，加快黄河标准化堤防工程建设，堤防工程主体工程完工，完成土方量34万方，东南部水系连通改造工程全面开工。

2010年，投资100余万元对杨家

2004年5月28日，掌政镇集镇建设奠基仪式

寨、五渡桥、镇河、强家庙等渠村渠实施(U)型砌护5000米，新、翻建生产桥7座，维修、砌护其他水工物17处。大力开展秋季农田基本建设，高标准农田建设20000亩，中低产田改造5000亩，秋翻地18000亩，其中机械深翻10000亩。

【植树造林】 2002年～2007年，植树68.8万株，绿化面积达3172.4亩，绿化庄点44个。2008年～2010年，共植树28万余株，绿化面积1150亩，绿化庄点8个，主要道路绿化普及率达100%，人均绿地面积达到43平方米。

【集镇建设】 2002年～2007年，完成银横、永通交叉十字路口3000平方米商贸街的建设，修编完善小城镇建设总体规划；投资1570万元先后完成8号路等4条集镇主干道及相应的给排水等配套工程；投资900万元，规划建设掌政村、碱富桥村“塞上农民新居”2个示范点，入住农户60户；5年新(翻)建丰收路、新寨路、孔司路、乡镇路等主干道5条30余公里，整修硬化庄点巷道283条21.5公里，基本实现队队通柏油路的目标。

2008年，成立集镇建设领导小组，初步制定以掌政镇为中心镇，以茂盛村为中心村的城乡一体化建设规划；完善对碱富桥“塞上农民新居”示范点的配套建设，示范点入住农户30户；积极协调长庆石油公司做好孔雀村长庆石油二期800亩东扩项目的拆迁安置及征地补偿工作。

【小城镇建设】 2005年6月3日，银川市人民政府批准《兴庆区掌政镇镇区建设规划》，要求镇区建设要突出特色，着重体现生态、宜居等理念，以打造“塞上农民新居”为目标，加快城镇化建设。截止年底，完成镇区部分市镇道路、给排水、路灯工程和配套设施工程等基础工程。2010年，掌政镇被确定为自治区重点建设的12个沿黄特色小城镇之一。自治区人民政府批复掌政镇城乡建设用地增减挂钩试点项目区实施规划，下达挂钩周转指标总规模127.25公顷，小城镇建设全面启动。项目规划范围东至鸣翠湖旅游开发区，西至汉延渠，南至银古高速公路，北至永二干沟，镇区规划面积近6000亩，基础设施按5万人规模进行规划设计，建设23.6万平方米安置区、12.62万平方米创业园、33万平方米商住区、18栋商业网点、520亩典农公园、11万平方米农副产品配送中心，以及农耕博物馆、幼儿园等配套公建设施。一年来，重点开展了以下几个方面的工作：一是特色街区共改造银横路及商业街两侧100多户个体工商户及电管站等几家办公楼外立面11000平方米，铺设人行道1000余平方米，统一设计制作门头110户，安装防盗门44个；二是安置区一期工程12.5万平方米，完成三层封顶；三是幼儿园总占地面积6亩，建筑面积2826平方米，设9个教学班，已开工建设；四是污水处理厂已完成基础，调节池地板和办公楼一层框架；五是道路重点建设了经三路全长1571米，纬三路全长1414米；六是农副产品加工创业园区已实施土方工程；七是典农公园护栏已完成安装1800米，道路硬化完成1400米；八是汉延湖开挖整治完成规划设计，进入实施阶段。为了确保以上项目的顺利实施，对所涉及项目范围内的建筑进行拆迁，共拆除农宅90户13500平方米，拆除蔬菜大棚近200栋5400多间。

【招商引资】 2002年～2007年，共引进投资项目32个，实际到位资金2.4亿元。2007年，完成长12公里的掌茂公路征地拆迁工作，大力推介掌政镇自然生态优势，先后引进宁夏水利学校、黄河运动公园、东门乳品厂等项目落户掌政，特别是黄河运动公园项目的落户，为发展沿河旅游经济带来新的发展机遇；鼓励、支持以休闲、旅游为主的民营企业入驻掌政，在宏坤渡假村、孔雀湖渡假村、五渡桥农庄等一批休闲观光企业和“农家乐”的带动下，掌政镇的人气、商气逐步提升，为商贸物流业和休闲旅游业的繁荣创造条件，促进农村剩余劳动力转移和运输等服务业的发展。

2008年，引进黄河运动公园二期工程、黄河渔村、百果苑农庄、建源水产养殖展示中心等项目落户掌政。利用渔池、果园、农家小院、荒湖、湿地等资源优势发展渔家乐、农家乐、花家乐41家，形成以五渡桥农庄、明卉花家乐、金孔雀渡假村、宏坤渡假村为主的集餐饮、休闲、旅游、观光为一体的现代都市农业网络，为掌政商贸物流和休闲旅游业的发展繁荣创造有利条件，全年引进资金8000万元，超额完成上级下达的招商任务，为推动城乡一体化建设奠定坚实的基础。

2010年，围绕重点项目抓招商，黄河运动公园、黄河渔村项目、掌政镇特色小城镇创业园实际到位资金1.014亿元。

【培训就业】 2008年，举办各类农村实用技术培训班7期，培训12000人次，培训新型农民581人，其中计算机培训131人；积极开展农村劳动力转移培训，培训600余人，通过政府搭桥牵线，组织农村劳动力转移和输出3568人次，全年实现劳务收入2070万元，人均纯收入5800元；为失地农民办理失业证36个、《再就业优惠证》29个；为零就业家庭和特困户安排公益性岗位26人。

2010年，认真落实银川市及兴庆区促进农民进城稳定就业并安家落户相关配套政策，举办各类培训班65场次，参训农民达12000人次，使80%的农民基本掌握1～2门农村实用技术。全年劳动力转移输出4162人次，实现劳务收入2070万元，人均5800元。

【社会保障】 2002年～2007年，共发放救济款9.8万元，争取资金24.8万元，为56户贫困户翻建新房。2008年，发放救济款46500元，争取生活、物价补贴资金337575元，完成特困家庭危房改造12户；落实城市低保339户461人，发放低保金529080元；落实农村低保465户648人，发放低保金265590元；按时发放卸任干部、退伍军人及军烈属补助、抚恤金；认真抓好农村、城镇居民合作医疗改革工作，全镇共登记办理农村合作医疗5321户16713人，占应参保户数96%，登记办理城市合作医疗963人，占应参保户数86%；办理失地农民养老保险26人，村干部养老保险48人。2010年，农村合作医疗参保率达94%以上，新型农村养老保险参保率达80%以上；按时发放各种救助资金，全年共发放各类补贴、救济金44.6万元；发放城市低保342户478人64.3万元；发放农村低保506户635人38万元；按时发放卸任干部、退伍军人等各类补贴。

【社会组织】 2002年~2007年，协助成立10家种养殖业社会中介组织，拓宽农产品供销网络。2008年，建设达标农家店15个，成立带动千亩以上水稻全程化农机服务组织1家；新成立鲜尔花卉、茂盛果菜合作社、康源之家果蔬合作社，全镇共有各类合作组织17家，其中年销售收入1000万元以上的有2家。

【农户住宅建设管理】 2008年，加强农户住宅和养殖用地的审查申报工作，全年共批准农宅占地1.2亩，其中新建3户，翻建120户，用地手续符合国家政策规定；制止违章建房23起，拆除8户1100平方米，使违规占地和违章建筑得到有效遏制。2010年，全力做好农户翻建、新建住房的审批申报工作，上报建房手续4批204户。积极开展碱富桥塞上农民新居二期建设工作，采取政府引导、农户、企业共同参与的形式完成78套农宅主体和配套设施建设。2008~2010年对碱富桥十字路口至强家庙二队全长1.5公里范围内的138户、永固五队49户、石中高速沿线253户农宅房屋平改坡工程，成为新农村建设的新亮点。

【综合改革】 2002年~2007年，进一步稳定农村家庭联产承包责任制，第二轮土地承包合同续签完成4895份，面积45832.45亩；积极推进教育、财政、水利、科技推广等体制以及人事制度的改革，对教育资源进行整合，利用永南、强家庙两所闲置小学资源，引进兴庆区阿拉伯语职业培训学校，既盘活教育资源，又化解镇村债务；优化支出结构，增强政府理财的紧迫感和责任感，做到收支平衡；改革灌溉用水体制，成立汉延渠灌溉合作社等9家用水协会，建立责权明确的管水用水制度，节省水资源，减轻农民负担；加大科技服务体系建设，全面推行技术人员聘用制，形成农民技术员、科技干部、科研单位三者联手的科技服务推广体系；按照精减、择优、公平、公开的原则，完成镇政府机构人事改革，使原来的14个站所精减为7个服务中心；对各村计生专干、村会计和卫生保洁员实行聘用制，强化目标责任意识，提高工作效能。

2008年，在不改变家庭承包经营的前提下，坚持依法、自愿、有偿的原则，开展土地承包经营权流转工作，吸引一批龙头企业、养殖大户、经营大户投资置业，实现农民得实惠、集体增收入、经营者获利益的“三赢”局面，全镇实现土地经营权流转5396.2亩，流转户数904户，占总户数18%，其中养殖业用地927亩，种植业1336亩，农家乐3033亩，企业用地100亩；整合孔雀、洼路、五渡桥3村小学资源，建设完成掌政镇中心小学教学楼和掌政中学附属工程，既盘活教育资源，又化解镇村债务。积极探索农村金融体系改革，建立了宁夏首家农村资金互助组织——掌政镇资金物流调剂中心，解决了农民贷款难和农业发展资金不足的问题。

【精神文明】 2002~2007年，涌现出一批区、市、兴庆区级文明村和文明单位；充分发挥工会、妇联、关工委和共青团等群团组织的协调配合作用，开展丰富多彩的精神文明创建活动；组建成立掌政镇农民文化艺术团等7家农民文化活社团，传播先进文化，倡导文明新风，城乡文化结对活动蓬勃开展，加快城乡文化共享步伐。

2008年~2010年，认真贯彻落实《公民道德建设实施纲要》，加强公民思想道德素质建设。通过各村科普学校、文化活动中心、“民主议政日”、IPTV网络这些教育体系和文化设施对村民进行思想道德教育培训。开展“告别不文明行为”、“农家女话增收”、“美德进农家”、“孝德新风村村行”等主题思想道德教育活动，自创道德红黄榜，红榜表扬好人好事，弘扬社会新风尚，黄榜则对无故不出义务工、环境脏乱差的人和事进行曝光，促进“知荣辱、树新风、促和谐”良好氛围的形成。联合教委组织8所小学开展“爱祖国、赞家乡、我为大庆做贡献”系列主题实践活动，征集了校园童谣、书画、刺绣、剪纸等作品，同时围绕奉献爱心、感恩社会、保护环境等内容进行了诗歌朗诵比赛。开展城乡文化宣传结对共建活动。经兴庆区委宣传部协调，宁夏送变电公司与镇河村结对，并投资10万元，建成了镇河村文明生态大院和农民大舞台，为倡导文明新风、活跃群众文化生活搭建了平台。积极开展科普文化周、篮球进村队、家庭趣味运动会、革命影片回放月、庆元宵社火巡游等活动，使群众在活动中陶冶情操，在参与中谱写文明；掌政镇农民文化艺术团、茂盛威风锣鼓队等8支文化社团在镇内巡回演出200余场次，丰富群众文化生活，农民文化艺术团编排的舞蹈《耍公婆》、《丰收的喜悦》、宁夏坐唱《新农村真美气》在中国首届农民文艺汇演中分别荣获“金穗杯”、“银穗杯”和“丰收杯”；组织机关干部编排节目《掌政的明天更灿烂》参加兴庆区团拜会和职工文艺汇演，荣获二等奖；党员为四川灾区缴纳特殊党费41946元，党员群众和辖区单位捐款19.4万元。开展“道德之星”、“孝德之星”和特色家庭评选活动，开展评选“好媳妇、好婆婆”、女能人和五好文明家庭、“十星级文明户”、文明村(文明单位)和生态文明村创建活动。截止2010年，兴庆区级以上“五好文明家庭”占农村家庭的比例达25%以上，八星级以上农户占81%，创建兴庆区级文明村(单位)14家，银川市

级文明村(单位)3家,自治区级文明村(单位)3家。碱富桥村被命名为全国生态文明村。

【民主建设】 2002年~2007年,民主法制建设取得重大进展,依法选举产生村委会,推行村务决策,村队集体资金管理,农村工程招投标管理,村务分开,村级民主管理监督,农村群众意见、建议办理,村干部谈、听、评制,村干部工作责任追究8项制度,村务决策,农村集体财务收支,招投标工作,村务公开,村务监督,群众意见、建议办理,民主议政日活动,谈、听、评流,村干部责任追究10项工作流程为主的村治模式,农村民主化程度不断提高。

2008~2010年,坚持民主决策、民主管理、民主监督,依法选举了村委会、村民代表和村务公开、民主管理监事会及理财小组,建立健全村级民主管理各项制度。认真开展以"八项民主管理制度"和"十项工作流程"为主的"村治模式",按照"三议两公开"程序开展好"民主议政日"活动,将农民群众最关心的"钱、物、地、事"作为推行村务公开、民主理财的抓手,规范村务公开民主管理工作。建立农村"三资"委托代理服务新模式,实行"五牙子"章制度,规范村级财务管理,取得了良好的效果。

【社会事业】 2002年~2007年,完成永南村自来水入户工程,全镇自来水普及率达95%以上;完成沼气池、改厕、改灶、改圈任务1250座,卫生厕所入户率达47%,有线电视、多路微波入户率不断提高。完成永南、横城两个新村部建设;农民初级卫生保健工作成绩突出,医疗卫生体系、通讯、电力设施进一步完善;投资500余万元,完成碱富桥小学搬迁和镇河小学翻建。创建食品安全示范乡镇工作通过自治区验收,

2008年~2010年,高度重视教育工作,九年制义务教育入学率达100%,青少年中无文盲。积极整合教育资源,建成了掌政中心小学,翻建了春林小学并投入使用。全镇自来水、卫生厕所普及率分别达到98%和85%,"三位一体"沼气利用率达26.3%,有线电视、多路微波入户率不断提高。

【环境卫生整治】 2008年,实施农村环境综合整治项目,对永通路全长1.5公里范围内的110户及永固五队50户农宅的围墙、门头进行改造,落实"门前三包"责任制,与18名保洁员签订责任书;认真抓好健康教育工作,举办农民健康教育培训班8期,居民健康知识知晓率和行为率分别达到85%和80%;认真开展卫生综合整治活动,整治庄点巷道106条,开展卫生整治活动23次,出动人员5200余人次,动用车辆480辆,拉垫土方4800多方,清理乱堆乱放1050处,新建垃圾池31座、简易垃圾填埋场5个、村秸杆气化站1个;加强规模化畜禽养殖污染防治,建成有机肥加工厂1座,沼气、沼渣综合利用工程项目1处,新建青贮饲料池6座。

2010年,以巩固全国环境优美乡镇创建成果为抓手,不断加大村容村貌整治力度,先后开展5次大型卫生专项整治活动;举办农民健康教育培训班8期,使居民健康知识知晓率和健康行为率分别达到85%和80%。

【组织建设】 2008年,召开党建工作专题会议4次、党建工作联席会议4次;全镇"五个好"党支部13个,标准化现代远程教育和电化教育站点达100%;举办各种形式的党员培训班43场次,党员干部参训率96%,80%以上的党员都掌握1~2门农村实用技术;定期对党员进行民主评议活动,全镇参评党员878名,参评率95%以上;新发展党员43名,其中35岁以下28名,占65%,致富能手30名,占80%;通过民主议政日活动,各级政府为村民解决提出的问题85件;以茂盛、杨家寨等3个村为试点,建立产业党小组;全镇85%以上的农村党员都参与无职党员设岗定责活动,其中参与服务承诺的党员比例达60%以上;组织453名党员干部与275户帮扶对象签订帮扶协议书,通过各种帮扶措施,使150余户低收入农户收入有明显提高。

2010年,在茂盛村、周景世荣花木有限公司成立了联合党支部。对10个村按照精减干部职数、减轻农民负担的原则实行村书记、主任"一肩挑",结合各村实际,为便于工作顺利开展,对3个村的支部书记和村主任实行分设,村班子结构进一步优化,新当选的村两委成员平均年龄44岁,高中以上文化程度的占50%。

【阵地建设】 2008年,在兴庆区委组织部的协调和各有关部门的大力支持下,先后筹资近16万元,建设茂盛园区文化长廊,为园区党支部安装IPTV网络,配备电脑、电视、桌椅等设施,对茂盛、杨家寨、掌政、春林4个村级活动阵地进行整修;完成孔雀新村部建设和相关配套设施,创建2个党建工作示范点,建立文化信息资源共享试点1处,有5个党员服务中心、站、点已达标;镇村党校设备齐全,制度完善,活动开展有序。2010年,完成掌政村新村部配套设施建设。对碱富桥、永固等3个村级活动阵地重新进行了整修。命名兴庆区级党建示范点2个。截至2010年共创建银川市、兴庆区级党建示范点5个,银川市电化教育示范站点2个,有力地推动了基层组织建设的协调发展

【综合治理】 2002年~2007年,加强民政和司法工作,顺利完成"四五"普法,稳步开展"五五"普法,落实信访工作和社会治安综合治理责任制,深入开展"严打"和各类专项整治斗争,有力维护社会政治稳定。

2008~2010年,建成标准化警务室11个,建立健全镇村两级调解组织,坚持严打和防范并举的方针,按照创建"安全文明村"的要求,采取夜间巡逻、群防群控等手段,有效控制了各类案件的发生。三年来共召开热点矛盾纠纷排查活动38场次,调处矛盾纠纷206起,调解率达100%。加大对外来人口的整治管理力度,流动人口列管率达100%。

落实信访工作责任制,建立村镇两级信访网络体系和村书记到镇上接访制度,通过实行责任追究、信访挂牌接待、领导包案、定期通报、督促检查考核奖惩等制度,进一步畅通信访渠道,规范信访行为,维护社会稳定。全镇无恶性案件、严重经济案件、重大治安案件、重大安全事故发生,无拐卖妇女儿童现象,无黑恶势力和“黄赌毒”丑恶现象,无非法宗教和邪教活动。

【计划生育】 2002 年～2007 年,计划生育工作继续坚持宣传教育为主、避孕为主和经常性工作为主,积极推行计划生育工作与发展经济、帮助农民勤劳致富奔小康和建设文明幸福家庭相结合,各项指标均符合要求。

2008 年,认真开展生殖健康“三大工程”和婚育新风进万家宣传活动,全镇 13 个村全部达到计划生育合格村标准,计划生育率 100%,综合节育率 93.1%,人口出生率 8.76‰,流动人口婚育证明持证率达 48%,验证率达 100%。

2010 年,继续巩固计划生育“三无镇”创建成果,积极开展婚育新风进万家活动,开展婚育文明“五级联创”试点工作,认真落实国家关于计划生育优先优惠政策,全方位的开展计划生育技术服务;全镇人口出生率 6.1‰,计划生育率 100%,综合节育率 93.1%。

【工会联合会】 2008 年,成立掌政镇工会联合会,发展会员 265 人。

【清真寺翻建】 2008 年,争取各级资金 30 余万元,对辖区两个清真寺存在严重安全隐患的大殿进行翻建。

燕鸽湖管委会

【概况】 根据银兴党发【2009】32 号关于成立银川市兴庆区燕鸽湖管理委员会的文件精神,管委会于 2009 年 6 月进驻长庆油田燕鸽湖基地,同年 9 月 24 日正式挂牌开展工作。燕鸽湖管委会作为兴庆区委、政府的派出过渡性机构,履行街道办事处的工作职责,配备主任 1 名,副主任 2 名,其他工作人员 6 名。管委会设立党群工作部、综合治理工作部、社区发展事务工作部、劳动保障工作部、城管卫生工作部。燕鸽湖管委会的成立,实现长庆油田燕鸽湖基地驻银油田单位与地方政府的有效接轨,打破以往燕鸽湖基地社会事务工作无人管理、无人服务的局面,现在基地居民不出基地便可享受养老保险、医疗保险、计划生育、民政低保等服务。

燕鸽湖管委会管辖范围东至石中高速公路,南至银古公路,西至燕庆街,北至大新镇燕鸽村,辖区面积 4 平方公里;现有社区居委会(物业服务站)9 个,住户 15743 户,人口 41000 余人,其中离退休职工 5851 人,内退职工 405 人,有偿解除劳动关系人员 622 人,遗属 1438 人,劳动家属 1418 人;有 60 岁以上老年人 7130 人,其中空巢老人 4813 人,独居老人 667 人,老年人占社区总人口的 14.26%。辖区处级单位 12 个,其中石油系统处级单位 9 家,地方处级单位 3 家;社区老年大学 1 所,社区党委 1 个,社区党校 1 个,党总支 8 个,党支部 26 个,退管党员 1983 名。

长庆油田燕鸽湖基地实行社会化物业管理模式,社区的保安、绿化、保洁工作均向社会有实力的公司公开招标,全部采取社会化服务,基地先后荣获银川市文明住宅小区、自治区物业管理优秀示范小区、中国石油天然气总公司优秀管理住宅小区、全国文明住宅小区、全国绿色社区、全国城市物业管理优秀示范住宅小区、全国绿色社区创建活动先进单位(第一批)、宁夏回族自治区青年文明社区、全国绿化模范单位等荣誉称号。

【管委会领导名录】

主　任:司雁啸(2009.09～2010.12)

副主任:哈占祥(2009.09～2010.12)

　　　　胡亚莉(2009.09～2010.12)

【精神文明】 2010 年,以亲情化服务为活动载体,促进和谐社区建设。针对辖区内孤寡、独居、高龄和特困老人多的特点,将社区内老年人按照不同情况归类,制作成网格图,推出网格式和亲情化服务,根据图示定期为老年人无偿提供日常照料、康复理疗、精神慰藉、“暖巢”服务、多元化文体服务等特色亲情化服务。端午节来临之际,开展“情系老人端午献爱心”、“回汉一家亲,浓情粽子节”和“浓情端午阳光接力社区行主题”活动;以“1+1”区域管家服务为载体,开展结对帮扶活动,定期或不定期组织志愿者服务队,重点采取“一助一”

2009 年 9 月 24 日,燕鸽湖管委会成立

或“多助一”结对帮扶形式，对独居老人和失能老人开展走访探视、“爱心门铃”和“爱心电话”深情关怀活动；以社区活动中心和老年大学为活动平台，围绕和谐社区建设，开展“爱我家园、做文明居民”倡议宣传活动，号召居民从小事做起，从身边做起，争做文明居民；先后举办迎新春离退休职工象棋、扑克、麻将比赛、第二十三届台球比赛、职工首届交谊舞表演、第五届拳剑操表演、颂歌献给党大型文艺演出、“迎双节促和谐，阳光助老社区行”慰问演出等多种形式的文体活动；开展“百千万文明家庭”创评活动，各社区党支部发动居民，坚持公开、公正、透明的原则，评选出文明家庭220户、特色家庭20户。

【廉政建设】 管委会从人、财、物等方面构建防范机制，查找出廉政风险点16个，其中领导干部风险点6个，一般干部风险点10个，制定防控措施16条。坚持集中采购制度，由采购领导小组成员（2～3人）负责办公等用品的集中采购，加强监督，公开透明，杜绝违纪行为的发生；坚持财务公开制度，做到每一笔账讲得明，说得清；加强车辆的管理和监督，与驾驶员签订安全管理协议书，严禁公车私用、酒后驾车等违纪行为；规范低保享受制度，坚决抵制人情低保现象的发生，社保补贴费用的发放有专人管理，做到应保尽保、公正、透明。

【政法综治】 加强辖区治安防控体系建设，形成人防、物防、技防的社会治安防控网络。开展特定人群排查，排查出社会闲散青少年284人，刑满释放人员4人，5种监管人员1人，高危人群（肇事、肇祸精神病人）9人，流动人口10人，派出所均已登记建档。针对福建南平“3·23”、江苏泰兴“4·29”砍杀学生、幼儿事件，管委会和燕鸽派出所协调长庆油田物业处治安科、金鹰保安公司、长庆油田高级中学、九年制学校，开展校园周边治安整治活动，采取调整、加密校园和幼儿园内的红外线监控，以保安为骨干加强校园内外治安巡逻，整治学校周边秩序，发动社区党员成立义务护校队等紧急措施，防止校园伤害案件的发生。燕鸽湖物业服务处平安单位、燕兴综合服务处燕和园平安小区顺利通过兴庆区综治委的考核验收；推荐申报平安家庭示范点1个，平安家庭示范户1户。

【社会保障】 为历史遗留问题人员办理养老保险3858人，占银川市的1/5，兴庆区的1/3；办理医疗保险8588人；公开招聘21名辖区失业妇女从事社区劳动监察协理员公益性岗位工作，办理就业失业登记证180人，职业介绍220人次；搭建银古物流中心、燕庆园商业街两个社区创业平台。

2009年，为5户申请办理低保，累计发放低保金1150元，发放城市低保对象门诊医疗救助金500元，办理残疾证31本，发放残疾人临时救助金2户400元，为辖区3户困难户申请临时救助，为遗属发放节能灯6000支。

2010年，累计受理低保申请124户153人，发放低保金27930元、低保户医疗救助1540元、供暖补贴1985元；为2名80岁以上低收入老年人办理高龄津贴2860元，办理残疾证132本，发放残疾人慰问金7300元，临时救助2名残疾人400元，为10名残疾人办理低保，送1户“无保”残疾老人免费入住福利院，在9个社区居委会分别配备1名残疾人工作联络员，专职负责残疾人联络工作；在全国助残日期间，为辖区2名残疾人配备轮椅，对12户残疾人家庭进行慰问，慰问金3600元；为3位残疾人免费发放电视机，为2户残疾人免费发放棉被、肢体康复训练器；为遗属和残疾人发放节能灯6000只；代办老年证609本。

【计划生育】 2009年，管委会邀请兴庆区计生技术服务人员为燕和园60名育龄妇女进行生殖健康体检。

2010年，办理一胎生育证47本，二胎生育证13本，发放避孕药具12000余只，计划生育率98%，计划生育综合节育率92%。

【城管卫生】 燕鸽湖管委会辖区主干道有燕庆路、银横路、银通路，次干道有银燕路和新区旁道路，清扫、保洁总面积12.5万平方米，其中道路清扫面积9.9万平方米，林带保洁面积2.6万平方米。2009年11月，管委会正式承担辖区的卫生清扫保洁工作。

2010年，对燕庆路、银横路实行全天候清扫保洁，辖区路段定岗定人定目标，清扫率、保洁率达到100%。针对流动摊贩、乱扔果皮纸屑、随地吐痰等现象，做到随时随地监督。围绕银川市创建全国文明城市和卫生城市复检工作，结合爱国卫生月，加强对辖区街道卫生的综合整治；沿燕庆街开展清理乱贴、乱画专项整治活动，清理整治排水沟两条，加强对银横路和银燕路的巡逻力度，对乱倾倒垃圾的行为进行有效监管，发现一处整治一处、清理一处。2010年9月，完成麻疹疫苗强化免疫，辖区儿童应接种人数1803人次，已接种1515人次，缓种218人次，接种时外出未接种65人次，有禁忌未接种3人次，拒绝接种2人次，接种率达96%。积极开展卫生达标创建活动，对燕鸽湖物业处、燕庆园等10个卫生先进单位及卫生达标小区进行推荐申报。

【防震减灾】 管委会协调长庆油田物业处和燕兴综合服务处等辖区单位，完善应急预案，组建应急分队，加强防灾减灾值班，组织开展以“减灾从社区做起，防灾人人参与，和谐社会家家受益”为主题的防灾减灾应急演练活动。通过设立咨询台、悬挂横幅、制作展板、发放宣传册和宣传单等多种形式，向社区居民宣传防震减灾知识，发放各类宣传材料4500份。

【人口普查】 2010年，管委会加强组织协调，全力做好全国人口普查工作，对9个社区进行摸排，绘制普查小区分布图，确定141个普查小区；根据辖区的人口户数，人员结构，结合驻银油田各单位的实际情况，管委会制定普查指导员和普查员分配方案，经与两个物业服务处、驻银油田单位协调，最终确定40名普查指导员，80名普查员。驻银油田单位职工常年在作业区且内部职工房屋转移、空置率高等复杂因素，给人口普查入户摸底带来实院困难，管委会积极与燕鸽湖物业处、各驻银油田单位协调，争取支持，采取电话预约、入户登记、查询台账、单位提供职工信息等方式，确保信息采集顺利进行。为确保国家统计局抽查工作顺利完成，管委会对普查指导员和普查员进行动员，加大人口信息的复查力度，力争做到不遗漏1户，不发生1处错误。11月26日，自治区统计局宁夏调查队代表国家统计局对燕乐园社区人口普查工作进行抽查，受到好评。

【居家养老服务中心】 成立居家养老服务中心，设有理疗康复室（按摩室、康健室）、老年用餐室、精神慰藉室（聊天室、书画室、阅览室）、法律咨询室、休闲娱乐室、医疗保健室（残疾人阳光之家）、午间休息室和养老服务调度中心，建筑面积2446平方米，可同时向200余名老年人提供学习、午休、餐饮、康复和娱乐等服务，工作人员30人，其中主任1人，副主任1人，管理人员3人，公益岗位人员25人。

【党的建设】 按照党委建在社区、总支建在小区、支部建在楼栋的原则，有效整合社区资源，优化党组织的设置形式，建立以社区党委为核心、社区党总支、党支部为主体的组织体系，实现党在社区的组织全覆盖；明确社区党委在和谐社区建设中教育管理党员、服务居民群众、维护社区稳定、促进社区和谐、推动企业发展5项基本任务。燕鸽湖社区党委的成立，适应企业离退休职工社会化要求，探索新形式下企业离退休党员管理的有效途径，是创新基层党组织建设的重要尝试。

【社区党校】 创办社区党校，解决社区党员教育培训资源分散、师资薄弱、管理不够规范等问题，实现小课堂向大课堂的转变。按照有组织、有场地、有教师、有教材、有计划、有考核的"六有目标"和一校多用的资源共享原则，逐步走上规范化的办学轨道。2010年，社区党校共办班5期，培训社区党总支（支部）书记、委员及党小组长等基层党员骨干336人次，轮训社区各类党员393人次，培训入党积极分子27人次。社区党校宣传党和国家方针政策、教育服务关爱党员、展示党员风采、培养社区管理骨干、促进社区居民自治，引导广大居民群众关心支持油田发展、主动参与社区建设、积极维护社区稳定。

前进街街道

【概况】 前进街街道位于银川市兴庆区前进街教育巷17号。辖区东起民族南街，西至利民街、凤凰南街，北起解放西街，南到双医路，辖区面积2.7平方公里。截止2010年底，辖区内总人口11187户28642人，流动人口1675人。下设星光华、银华、华林、三林、陶瓷、明德、西塔7个社区居委会。街道有干部职工38人、社区基干34人、公益性岗位13人；党工委下设8个党支部，其中机关支部1个，社区党支部6个，非公企业党支部1个，直管党员474名。2010年末，街道拥有群众文体室内活动阵地400余平方米，室外活动阵地3000余平方米，居民文化活动阵地4个，群众文艺队伍2支，志愿者队伍14支。辖区内有银川市实验小学、兴庆区第二小学、银川市博文小学、银川一中4所学校和银川市星光华第一幼儿园等1所教育机构；驻有银川市第一人民医院和明德、塞上骄子和星光华3所社区卫生服务站；有宁夏电力公司、银川市新华百货老大楼股份有限公司、宁夏出入境检验检疫局、宁夏林业局、三北林业局、银川市供电局等28家单位。2010年获第二次全国经济普查先进单位等荣誉称号。

【街道领导名录】

银川市兴庆区前进街街道党工委

书　记：马佐民（2001.01～2002.03）
杜柏林（2002.03～2003.02）
王梦麟（2003.02～2007.11
杨万军（2007.11～2010.12）

副书记：张美蓉（2001.01～2002.03）
邱　芸（2002.03～2006.03）
马　康（2003.02～2008.12）
曹　青（2006.03～2007.11）
胡亚莉（2007.11～2008.12）
石　干（2008.12～2010.12）
吴丁友（2009.09～2010.12）

银川市兴庆区前进街街道办事处

主　任：杜柏林（2001.01～2002.03）
王　超（2002.03～2007.07）
边志武（2007.07～2009.10）
刘　平（2009.10～2010.5）
杨晨华（2010.05～2010.12；）

副主任：杨洪林（2001.01～2003.02）
刘世杰（2003.02～2010.12）
胡亚莉（2003.02～2010.12）
马克军（2009.01～2010.12；）
张海蓉（2007.11～2010.12）

【街居经济】 2001年，共完成工业总产值320万元，完成计划的100%，完成利润20万元，完成社会商品零售额645.2万元，完成年计划的86%，完成利润41万元；共完成护税、协税55万元。

2002年，上半年完成工业总产值205万，完成年计划的48%，比去年同期增长11%，利润完成9万元；社会商品零售额880万元，实际完成290万元，完成年计划额33%，比去年同期增长14%；协税目标定为150万元，实际完成协税50万元。

2003年，成立前进街社区经济建设工作领导小组，组建成立前进街社区经济发展责任有限公司，统管街社各经济实体。

2004年，办事处预算外收入30万元，其中街道自办摊区收入12万元，比去年增收6万元，收取城市公共卫生费5万5千元。社区代收城市垃圾处理费12259元。10月份，将长城路以南利民

街西面划归前进街，为进一步发展摊区奠定基础。

2005年，街道新增挂靠非公企业1家，社区新增营利性服务网点1个。全年完成街道自办摊区收入13万元，街道和社区房屋出租收入12万元，街道和社区经济实体收入1.5万元，城市公共卫生费收入5万元，代收城市垃圾处理费13.6万元。全年预算外收入共计31.5万元。

2006年，街道全年预算外收入共计22万元。其中：街道自办摊区收入4.58万元，街道和社区房屋出租收入12.33万元，街道和社区经济实体收入2.59万元，城市公共卫生费收入2.5万元。

2008年，坚持树立和落实科学发展观，以经济建设为中心，以优化发展环境为重点，不断加强辖区经济建设，规范和培育市场摊区2处，发展摊位80个，街道经济收入较去年有所增加。

2009年，街道预算外收入31万元。在三林巷设立银川市第一家全天候的古玩市场。

【党建工作】 2001年，辖区有共建支部11个，党团员志愿者队伍30支1000余人，支部帮扶结队28户。共培养入党积极分子25名，发展预备党员6名，按期转正4名。一是成立社区党建工作领导小组，确定书记（街、居两级）为社区党建工作第一责任人，实行领导干部联系社区党支部（居委会）和街道干部包委制，建立支部书记双月例会制。二是组织各支部开展社区党员调查、登记工作，共登记党员2754名，其中在职党员1939名，离退休党员743名，非公有制党员37名，流动党员1名，纯居民党员31名，下岗职工党员3名。三是印发公开信3000余份，号召动员驻区单位党组织、党员、居民参与社区党建工作，开展党员亮相工作和在职党员到社区报到工作，各支部报到的在职党员有519名，共建党员联系户201人78家，走访联系户268人次，慰问老党员131人次。在辖区党员中开展“让为人民服务的口号响起来，让党员像一盏灯在居民群众心中亮起来，让党旗在社区飘起来”为主要内容的活动，将以“我是共产党员，为人民服务是我的宗旨”为内容的牌子已贴到辖区1200多户党员门上。五是发挥党建联席会作用，开展文明小区共建、文明单位共建、双拥共建、社区共建等活动。六是成立非公有制经济党建工作领导小组，制定实施意见，对非公有制经济中的党员分布情况进行重新摸底造册。据统计民营企业168家、个体经营网点532家共有党员37人，具备成立独立党支部的3家，已建党支部1家，将分布较散的党员就近纳入各支部活动。

2002年，制定创建“标兵”街道党工委、“红旗”社区党支部和基层组织建设模范区的创建活动实施方案。调整、改选陶瓷、华林党支部班子，签订社区党建目标管理责任书，在符合建党条件的非公有经济组织中建立党支部，加强党组织结对共建活动，如明德社区党支部与本辖区的区工行建“星光之家”，投资近80万元建立文化娱乐室、医疗康复室、综合服务室、老年人学校、室外文化活动广场、健身房、乒乓球室、阅览室等场所，还组建一支老年人健身队伍、合唱团、手工艺品制作班；区电力公司党组织给华林社区送电脑及复印机；电信公司文化活动室向社区开放。

2003年，一是加强社区组织建设，调整明德、西塔、陶瓷、华林党支部委员。二是创新党组织管理形式，建立党员“七卡五册”。三是积极各种形式的党课教育、党员培训及党员“亮身份、树形象”等活动。上半年共授党课6次，举办支部书记、支部委员、入党积极分子培训班各2次，召开党员座谈会2次，党建联席会1次，社情舆情座谈会2次，发展预备党员5名，转正党员2名，开展新经济阶层先进分子发展党员扩大试点工作，申请入党2名，其中1名纳入培养对象。

2004年，在新划归的光华门村召开党员大会，选举产生银华社区党支部委员会。全年共确定入党积极分子17名，10名同志被吸收为中共预备党员，6名预备党员转为中共正式党员。对辖区内非公有制企业进行登记整顿，辖区有10人以上非公有制经济企业22家，向不具备成立党支部条件的非公企业下派党建工作指导员4人，召开辖区单位参加的党建联席会4次，组织36家会员单位实地观摩学习银川一幼、银川市第一人民医院、银川实验小学和自治区政法委党员阵地建设和经验介绍。

2005年，召开前进街第一届社区党组织党员代表会议。组织街道和社区党员、干部、辖区单位开展“212”扶贫帮困活动和“1+1”助学帮困活动。30多家辖区单位的党员、干部、入党积极分子，街道、社区党员干部、社区居民和社区志愿者共5000多人参加活动。

2006年，在华林社区党支部进行党员代表会议制度试点工作；在社区党员中开展社区党员“设岗定责”活动，印发《社区党员设岗定责管理手册》，各社区支部与党员签订《岗位服务承诺责任书》，党组织承诺每年向为群众办一至二件实事，共设置岗位11类，有153名社区党员认领了岗位。开展争创“标兵”街道党工委、“红旗”社区党支部、“做党的忠诚卫士，当群众的贴心人”、“树形象，做表率”、“红船杯”知识竞答、“清风颂”晚会等主题实践活动。还为各社区选派党建指导员。

2007年，抓好社区“八大工程”建设。在各社区开展亮党员身份、亮服务岗位、亮义务责任、亮工作措施的“四亮相”工作。进一步深化街道社区党员服务中心（站、点）活动，制定《社区党员设岗定责工作考评办法》，形成中心、站、点三级联动局面。加大对“两新”组织组建党组织的工作力度，截止11月底，已有11家企业成立临时党支部，向44家企业派驻党建指导员。实施社区党员活动阵地规范化建设，对星光华社区、银华社区、三林社区等3个社区进行党员活动阵地规范化建设，基本达到“面积适用，标识统一，设施齐全，制度健全，功能完善”的规范化建设目标。

2008年，开展社区无职党员和党员志愿者“争星竞赛”活动，设置人口计生星、治安维稳星、民事调解星、就业援助星等7星，“七一”期间，街道党工委共表彰16名“党员之星”。加强对流动党员的管理与服务，流出党员全部发放流动党员证，有两名流入党员今年主动将组织关系转入社区，积极参与社区建设并被评为所在党支部的“党员之星”。

2009年，完成社区党支部换届选举工作，配齐配强新一届社区支部班子队伍，组建前进街非公企业联合党支部。开设“街道流动党员网上联络站”，充分运用现代远程教育信息平台，开设“红色记忆”、“与法同行”、“道德风尚”等教育栏目。签订社区支部、辖区单位党组织、结对村支部三级共建协议，形成“党建共商、社区共建、资源共享、文明共创、难题共解、活动共办”的工作格局。

2010年，完成前进街机关党支部换届选举工作，配齐配强新一届支部班子队伍，做好党员组织发展工作，转正党员7名，发展预备党员4名。运用现代远程教育信息平台，拓宽党员受教育的渠道，做到天天有内容，按需做选择。一年来先后开展“创建社区党建示范点”、“百名书记讲党课”和“在职党员进社区服务”、城乡互动结对、社区无职党员和党员志愿者“争星竞赛”、“设岗定责”、“学习型”党组织创建等活动。共表彰先进基层党组织3个，优秀共产党员8名。

【保持共产党员先进性教育活动】

2005年，前进街在9个党支部和全体党员中开展学习教育活动。在集中学习阶段，各支部对久卧病床的党员上门讲学，对外出务工党员寄资料送学，对学习和工作时间冲突的党员利用下班时间“开小灶”另学，确保党员参学率达到100%。在整改提高阶段，各支部在找差距、摆问题、定措施和建立长效机制的同时，着力解决群众极为关心期待解决的困难和问题。动员辖区单位出资、出车、出人，为居民修路、安装上下水井盖、通下水、清理化粪池、粉刷楼房外墙、改善居住环境等等。仅大坝驻银办事处一家在华林社区投入的修路资金就有23万元；区政法委党员个人集资为西塔社区11名贫困学生捐款2200元，为1家贫困户补交所欠电费，并安装磁卡电表，还对一家低保户进行扶贫慰问；陶瓷社区协调自治区政协机关出车、出人在三林巷修剪树枝，解决汽车和行人行车难问题。先进性教育达到了“党员受教育，群众得实惠”和“加强组织，推动工作”的基本要求。

【廉政建设】 2010年，成立前进街廉政风险防范管理工作领导小组，制定《前进街开展廉政风险防范管理工作实施方案》《前进街街道办事处工作责任问责制实施办法》，严格落实“三重一大”议事规则，开展廉政文化“进机关、进社区、进企业、进家庭”活动。在全街征集廉政格言、廉政警句100余条。领导班子成员签订《廉政承诺书》，严格执行重大事项报告制，全面推进党务、政务、财务和居务公开、“收支两条线”制度，凡大额资金支出，必须由街道党工委会议研究后方可支出，凡办事处业务部门需要采购金额超过1000元以上的，必须由纪工委委员参与，杜绝人情采购。

【精神文明】 2001年，在明德社区成立老年秦腔义务演出队。先后举办家庭手工制作比赛、元旦大型社火表演、春节警民联谊会、中秋节、“民族团结月”文艺演出大型活动等共6次，获得一等奖一个，三等奖一个、组织奖一个。召开社情舆情座谈会三次，共200多人，问卷调查社情舆情一次共100人，共提出合理化意见和建议70余条。共评出七星级以上文明户共83户。

2002年，在利民社区及所属广厦小区、前进小区和陶瓷社区的建安小区，实施创建文明单位、文明社区、工作。开展形式多样的群众文化活动。先后举办庆“三八”家庭文化作品展览、趣味运动会、儿童现场绘画比赛；在“元旦环城越野赛”中取得团体第四名，男子个人第7名，

2003年，以文体进社区活动为载体，开展丰富多彩的文化体育活动。举办新年联谊会、元旦环城越野赛、春节社火大巡游、家庭文化作品展、“五一”劳动节干部联谊会、“六一”家庭趣味活动、重大节日文艺演出等，尤其在防治“非典”期间，举办慰问白衣战士文艺演出，捐款2万余元，深受社会的好评。

2004年，精神文明围绕贯穿“一条主线”，实现“两个创新”，兴起“三个热潮”，唱响“兴庆四季歌”的工作思路。先后组织“科普、法律、卫生、文体”四进社区活动28次，开展“三下乡”活动4次，展出各类展板800余块。“六一”期间，各社区党支部为儿童举办绘画、棋类比赛、演讲等有意义的活动。

2005年，在广大居民中广泛开展各种形式的宣传教育活动和文化娱乐活动。利用市民学校举办市民科普知识、妇女再就业技能培训班、居民读书活动，还举办居民家庭才艺展、家庭趣味游戏比赛等活动。各社区组织居民中的文艺爱好者自编自演、自娱自乐的文艺演出20余场；会同宣传部利用三林广场为居民播放爱国主义题材的电影30余场。实施创建文明单位2个、文明生态小区2个。在华林、陶瓷两个社区和两个小区制作永久性不锈钢立地式宣传架5个，宽幅不锈钢贴墙式宣传栏6个。

2006年，签订创建精神文明责任精神文明书，开展“创建学习型机关和学习型公务员队伍”活动、开展“两创建”活动，机关干部普遍树立了终身学习的先进学习理念，形成尊重知识、尊重人才的社会风尚，推动科学文化知识的普及和更新，机关干部整体素质明显提高。

2007年，继续加大文明单位的创建力度和水平，前进街辖区有国家级文明单位1家、自治区级文明单位7家、银川市级文明单位12家、兴庆区级文明单位3家，“五好文明家庭”477户、“文

明社区"1 个。

2008 年,一是积极开展全国文明城市和未成年人思想道德建设先进城市创建活动。二是深入开展进一步解放思想大讨论活动。共悬挂横幅 18 条,制作宣传栏 4 处 12 块,参加"解放思想之我见"征文活动,所投稿件获兴庆区二等奖并被《大银川》杂志采用,发放征求意见表和调查问卷 100 份,收集各类意见 121 条。三是推进"四德"教育,开展"社区说事"、"寻找我们身边的道德楷模"等活动,星光华社区通过 IPTV 教室为社区居民开设爱的阶梯、清风讲堂、道德风尚等 7 个主题教育栏目,四是大力倡导以"礼仪、诚信、和睦、爱心"为主要内容的社会新风尚,开展内容健康向上、群众喜闻乐见的以"四季风景"为主题的社区文化活动,成立各种文艺宣传队、书法协会等,丰富群众的精神生活,把社区建设成为传播主流意识形态、弘扬先进文化的阵地。目前街道已创建国家级文明单位 1 个,自治区级文明单位 6 个,银川市级文明单位 12 个,兴庆区级文明单位 2 个,今年申报创建自治区级文明单位 2 个,区级文明机关 1 个。

2009 年,积极参与全国文明城市的创建活动,发动辖区单位悬挂横幅 50 余条,办板报 100 余块,发放宣传资料 10000 余份。大力倡导以"礼仪、诚信、和睦、爱心"为主要内容的社会新风尚,星光华社区每周三固定通过 IPTV 开设道德传递课堂,及时宣传新人、新事、新风尚。开展街道模范评选和"五个十佳"的评选活动、迎"端午"中华诗歌诵读活动、第五届军警民运动会及庆"八一"文艺演出活动。开展文明单位创建工作,申报兴庆区级文明单位 1 家、文明社区 2 家。

2010 年,成立各种文艺宣传队、书法协会等,组织参加各类广场文艺演出 20 余次。积极参与全国文明城市的创建活动,开展"创建文明城市从我做起"演讲比赛、"道德模范事迹巡回报告会",发动辖区单位悬挂横幅 60 余条,办板报 50 余期,制作展板 20 余块,发放宣传资料 10000 余份。成立"创先争优活动领导小组",制定"创先争优活动意见",举办"创先争优,争做兴庆先锋"演讲比赛,全年共评选出市级"五好文明家庭"190 户,其中:特色家庭 19 户。申报国家级文明单位 1 家、申报市级文明单位 1 家。

【社区建设】 2001 年,大力开展创建文明街巷和文明社区工作,建立和完善对文明单位的动态管理机制。3 月份对辖区三级文明单位进行复查。评出好、中、差,申报华林社区、电力小区和前进小区为文明社区。新开办前进社区家政服务中心、前进社区口腔医院、前进儿童休息中心,前进中山棋社、前进社区读书文斋、三林社区医疗服务站等,为社区居民无偿或低偿服务。截止 2001 年底,本街道共有各类服务网点 700 多个,服务的范围有商业百货、五金、餐饮、医疗等服务业。组织成立议事协商委员会 6 个,解决三林、陶瓷社区办公用房和活动阵地。

2003 年,通过整治社区环境、完善社区服务、整治社区治安、活跃社区文化,促进文明社区建设和辖区文明单位建设的协调开展。

2004 年,投资 9 万改建面积 140 平方米的办公活动用房。装修星光华社区的办公活动用房,陶瓷社区完成勘测、图纸设计等工作。

2005 年,解决星光华社区和银华社区办公用房和党员活动室,街道还投入党建经费达 3 万余元,制作各种宣传栏和制度牌,对建成的社区办公用房和党员活动阵地进行布置,从 2003 年至 2005 年,仅用两年半时间,完成前进街办事处五个社区的建设任务,配备微机、打印机,社区所有统计报表、卡册资料等一律录入微机,逐步实现无纸化办公。

2006 年,扎实推进和谐社区进程,加大创建文明单位、文明小区、文明社区的工作力度,在明德社区新建老年活动中心,在各社区开展亮党员身份、亮服务岗位、亮义务责任、亮工作措施的"四亮相"活动。同时抓好社区文化建设,组织人员参加区委举办的各类文艺演出和体育运动会。

2007 年,前进街各社区成立党员服务站和社区职工(农民)维权服务站,便民服务中心。银华社区、西塔社区、陶瓷社区利用信息资源成立便民信息服务中心,专门为居民提供家政服务等各种信息。三林社区和星光华社区成立以老年健身、棋牌室、戏曲演唱、手工制作等为主要内容的文化活动中心。明德社区成立托老养老便民服务中心。"两站一中心"充分发挥社区党组织和居委会辖区单位、民间组织及居民在社区服务中的服务作用,整和社区资源,健全服务网络,创新服务方式,扩宽服务领域,强化服务功能,不断提高社区服务水平。推行社区"议事园"活动,健全各社区的各项制度,实行各项工作政务公开制度,组织各社区干部和 4050 人员到实验小学进行为期 7 天的电脑培训。申报华林社区和星光华社区 "四星级"社区并顺利通过验收。

2008 年,完成明德、华林社区阵地规范化建设,完善银华、明德、华林支部的服务功能,做到党的活动有阵地,服务群众有场所,组织活动有舞台。完成居委会的换届选举工作。开展创建"星级社区"工作,已达标"三星级"社区 1 个,"四星级"社区 2 个。已验收"五星级"社区 2 个,"三星级"社区 1 个。开展"一居一特色、一居一亮点"创建工作,确定"惠民型、宜居型、创业型"等特色社区。发挥在职党员和志愿者的作用,通过组建"巡访团"、"智囊团"、"宣讲团"等逐步形成居委会、楼单元长、社区党员志愿者三位一体的社区管理服务格局。大力推行"社区说事",指导各社区开展"议事园"活动,通过"议事 + 队伍 + 平台"的"三合一"工作方法,逐步摸索出一条城市社区管理的新路子。一年来街道、社区共收集群众意见 200 余条,为群众解决实事 50 余件。在星光华社区实行“错时”工作制，实行社区党员、志愿者为民代办制度，同时设立“365”党员服务岗。认真做好街道居家养老工作和老龄工作，利用占地面积1440平方米的室外文化广场，先后成立了腰鼓队、健身操队、木兰扇队等老年健身队伍，并建设老年活动室9个、图书阅览室6个、健身器材室5处、极大的丰富了老年人的文化生活。

2009年，继续深入开展“一居一特色、一居一亮点”创建活动，以星光华社区为试点开展错时工作制度，实现社区服务“365日无休息”。通过“三团”形成居委会、楼组院长、社区志愿者三位一体的社区管理服务格局，指导各社区大力开展“议事园”活动，通过“议事+队伍+平台”的“三合一”工作方法，探索城市社区管理的新路子。

2010年，确定“孝德文明型、宜居型、平安型、学习型、互助型、资源共享型”特色社区。一是精心打造“民情”系列工程，构建和谐社区。通过“民情地图”、“民情走访”、“民情日记”等活动，深入社区、深入家庭，了解群众疾苦，掌握群众呼声，聆听群众意见和建议，二是全面实行“错时工作”制，延伸社区服务，有效地提高社区办事效能和服务水平；三是推行“为民代办服务制”，把辖区内涉及财政、国土、建设、农业、林业、计生、民政、劳动和社会保障等行政性审批事项和公共服务事项等确定为民服务代理项目，实行简易事项直接代理、一般事项承诺代理、特殊事项联合代理；通过社区“议事园”、宣传栏、党员大会等形式，定期征求社会各界意见，自觉接受群众监督，使“为民代办服务”成为党员干部形象的主窗口、居民求助的首选地、干群之间的连心桥。

【综合治理】 2001年，严格落实综合治理目标管理责任制，与辖区单位和居委会签订综合治理责任书42份，并收取综合治理保证金24家，落实“谁主管，谁负责”原则。继续做好“十店联警”、“楼单元联防”工作，为辖区内189栋住宅楼，500家商业网点配备189名楼长、532名单元组长、50名联警组长。狠抓“法轮功”习练人员的监控帮教转化工作。前进街辖区有在册的“法轮功”习练者27人，与辖区单位配合，签订帮教监控协议书，责任落实到人。加大对“两劳”回归人员的帮教安置工作，建立家庭—单位—派出所—居委会—办事处五位一体的帮教体系，帮教对象25人，无一重新犯罪。开展整治斗争，共张贴通告1000余份、悬挂宣传横幅20条、办宣传栏30期，出黑板报70期、刷制宣传标语12处、播放专题片20场次。8月10日～15日，对外来户出租房屋、歌舞厅、宾馆饭店、特行等进行清查摸排，共清查歌舞厅47家，宾馆饭店38家，工地工棚42家，出租房屋195家，美容美发10家，网上比对查询278人，水吧2家，游戏厅2家，桑拿6家，带回审理20人，清查外来人员174人，补办暂住证27人。查处治安案件2起，打击处理违法犯罪2人。做好对流动人口、闲散人员的登记管理工作，共排查出暂住人口762人。对辖区单位42家、居民小区18个、西塔市场、城乡结合部一处和特种行业41家进行排查。与22家辖区单位签订“加强安全防范工作责任书”。加大矛盾纠纷排查力度，共调处各类矛盾纠纷195起，调解率100%，调解成功190起，成功率97%。

2003年6月23日，法院工作人员在利民小区进行法律服务

2002年，做好“四五”普法宣传动员工作，深入开展“创安”活动，基层基础工作全面加强。有4个社区与前进街派出所共建社区警务室，实现警务进社区，同时社区组织离退休党员、职工和低保人员组成社区义务队治安巡逻、看家护院队、“法轮功”监控队等，全方位、全天候地监控社区安全。开展形式多样的宣传活动，共制作宣传展板45块，出黑板报60期，宣传橱窗20多处，发宣传资料5000余份，悬挂宣传横幅26条，发放辖区治安宣传调查表500份。配合派出所对确定的市医院、西塔综合市场、铁路以北、南环西路以南的城乡结合部三个治安复杂单位、地段进行集中整治，共清查摊位206家，清查外来流动人口141人。共调处各类矛盾纠纷116起，调解成功115起。制止群体上访事件2起80余人次。对辖区29名“法轮功”习练人员实行由居委会、片警、家属、楼单元长、党团员志愿者、办事处包委干部组成的“七位一体”的帮教组织。对23人“两劳”回归人员进行重新走访，登记造册。

2003年，积极开展“四五”普法，发放宣传材料3.5万份，受教育1.9万人次，出黑板报73期，办宣传栏5期。社会治安综合治理以“创安”活动为载体，完善街社两级流动人口管理体制，登记流动人口854人，办证率达95%。加大“宣传月力度”，共发宣传材料4500份，制作展板45块，悬挂横幅14条，发治安状况调查问卷300份，设法律咨询点3个。加强两劳人员的帮教工作和“法轮功”习练者教育转化工作。加大对人民内部矛盾纠纷排查调处力度，共调处各类矛盾纠纷45起，调解成功率为100%。

2004年，以创建“平安兴庆”、“平安街道”为契机，全面落实社会治安综合治理的各项工作任务，加大宣传工作力度，调动各方力量，通过狠抓严打整治、

反对邪教、校园周边环境整治、冬季治安防范、流动人口的登记管理等专项治理工作,辖区治安状况明显好转。辖区刑事案件发案大幅度下降,去年325起,今年288起,同比下降11.4%。全年共排查矛盾纠纷179次,调处各类纠纷167起,调解成功164起,成功率97%。全年接待群众来信2件,来访172件,办结172件,办结率达99%。

2005年,实施打防并举,强化综合治理,充分发挥社会治安综合治理工作领导小组和街道、社区、辖区单位"调委会"、"治保会"治安巡逻队等组织机构的作用,组建前进街治安民防大队、7个社区治安民防分队、前进街治安防范民兵应急小分队。把公安巡防、保安巡防和社区民防紧密结合起来,实行统筹安排,分头防范,使各项防范措施落到了实处。1~11月份,派出所共接报警案件667起,立刑事案件237起,比去年同期少发51起,下降17.7%,破刑事案件108起;受理治安案件358起,查处治安案件174起,查处违法人员222人,查处色毒赌案件131起,查处涉毒人员116人,收缴海洛因25.5克,抓获网上逃犯2名。调处各类民间纠纷69起,认真开展两劳帮教和"法轮功"习练人员的帮教、转化、监控工作,全年接办群众来信117件,办结115件,来访15人(次),办结15人(次)。

2006年,以防为主,打防并举。1~10月共接报警785起,立刑事案件176起,受理治安案件235起,查处治安案件161起。以社区为单位,开展"无毒社区"创建活动。对社区内50名涉毒人员重新进行摸底登记,建立帮教组织。有4个社区达到"无毒社区"标准,占辖区社区60%,共接待来电来访155起,办理155起,成功率98%以上。

2007年,在辖区范围内实行社会治安防控、管理、调解的"一站三组"模式,实行以块为主、分块包管的工作机制,将治安防范、外口管理、维稳调解力量整合在一起,负责辖区内的治安巡防,积极开展群防群治。大力推行小区封闭式管理及加强重点部位的电子监控设施建设,星光华社区、银华社区所属塞上轿子小区、凤凰花园小区、宝丰苑小区均安装电子监控系统,实行24小时监控;三林社区11栋楼、陶瓷小区13栋楼分别整合为两个封闭式小区。深入开展普法依法治理工作,开展法律进社区服务活动,开展咨询活动4场,印发法律宣传资料500余份,提供法律服务100余条,在光华门三队、四队、十二队等流动人口集中地区开展反邪教警示教育宣传活动。排查、登记辖区流动人口2109人,应办证2052人,已办证2014人,占应办证人数的99%。登记出租房屋488户713间,与出租房屋户主签订治安责任书488份,签订率达100%。登记建筑工地2家,用工单位8家,个体工商437户,签订责任书447份,签订率100%。1~10月前进街派出所共立刑事案件183起,受理治安案件433起,查处治安案件177起,查获毒品41.6克,查处违法人员221人,抓捕网上逃犯4人,申报"无毒社区"2个,创建率达到86%。截止11月底,共排查调处各类矛盾纠纷106起,调解成功106起,调解率100%,调解成功率95%以上。坚持做好"法轮功"人员帮教转化工作和刑释解教人员帮教工作,3~6月份开展2004年~2006年刑释解教人员调查摸底专项活动。对近5年的刑释人员和近3年的解教人员进行一次全面摸底排查,并做到一人一档。

2008年,严格落实综治"一票否决制",加强基层防控体系建设,形成上下联动的基层防控体系,开展矛盾纠纷排查调处和学校周边社会治安环境"三排查三整治"专项行动工作,全年共排查调处各类矛盾纠纷116起,调解成功116起,调解率100%,同时,建立健全街道、社区两级刑释解教人员安置帮教工作组织,帮教率100%,安置率达95%以上,做好"法轮功"练习者的转化工作,充分发挥社区、楼单元长、门卫的作用,对重点人员做到24小时监控,确保不突破三个零指标。深入开展"法律六进",全年组织干部职工参加普法考试3次,开展各类法制宣传活动28次,受教育人数达16000人次.加大对辖区基督教、佛教(藏传)、天主教家庭聚会点排查摸底力度,严格限制藏传佛教传播活动;开展建设"和谐寺观教堂"和"五好创建"工作活动,通过活动开展达到实现"五个和谐"。建立了以"信访、综治、人民调解、110"四位一体的信访工作联动机制,全年共接待来电、来访139件,办理139件,成功率95%以上。

2009年,累计创建各级平安单位23家,其中区级平安单位2家,市级平安单位5家,兴庆区级平安单位16家,占辖区单位的78%。辖区内共有18个小区,自开展平安创建活动以来,共创建平安小区9家,占辖区小区总数的55%。共排查调处各类矛盾纠纷212起,调解成功210起,调解成功率95%以上。共受理接待群众来信来访和信访转办件157件,办理157件,信访工作做到件件有答复,事事有着落。

2010年,继续深入开展平安创建工作,今年街道申报平安单位2家,平安小区1家。开展"建设平安兴庆、促进科学发展"宣传活动和反邪教警示教育宣传活动,印发宣传单5000份,对辖区内重点人员进行24小时监控,严防死守。在银华社区光华门地区开展治安重点地区排查整治活动;对学校及周边治安问题进行集中排查整治;全方位排查摸清特定人群的基本信息,共采集流动人口487人,社会闲散青少年315人,刑释解教人员11人,社区矫正人员18人,高危人群1人。完成"五五"普法工作顺利通过检查验收。一年来,共排查调处各类矛盾纠纷101起,调解成功率100%以上。共受理接待群众来信来访和信访转办件180件,办理180件。

【城市管理】 2001年,3月18日召开卫生改革大会,进行卫生改革,实行定人定岗,实行竞聘上岗。制定《前进街办事处市容卫生管理考核细则》，加大城市管理力度，对辖区单位居民楼院进行6次大规模的清理整治，共清理垃圾60车。加大宣传力度，进行卫生宣传82期，健康教育宣传25期，上街设点宣传8次，印发宣传材料13000份，制作展板80块，悬挂横幅40条，标语106条，举办健康教育知识讲座7期，发放健康教育试卷800份。

2002年，狠抓“门前三包”，加大对违章占道经营、流动摊点、自行车乱摆乱放的管理力度，开展“市容市貌综合整治月”活动，围绕创建园林城市、国家卫生城市、中国优秀旅游城市的要求，开展大树进城、增市增绿、净化美化、亮化等工程，城市环境进一步改善，城市管理水平不断提高。区电力局楼院新增绿地1000多平方米，电力调度中心增加草坪400平方米，大坝厂种植树种子336株，新增草地1700平方米。

2003年，一是加大门前“三包”管理力度，实行路（段）长负责任，门前“三包”责任书签订率、巩固率、挂牌率都达98%。为清扫员、保洁员配置统一着装，便于监督管理，保证街巷的全年候干净。同时对建筑工地严加管理、监督，做到施工现场无污水排放，场外无污街面现象。二是在辖区范围内广泛开展“八大工程”，通过整治，辖区卫生脏、乱、差现象得到遏止，主要街道占道经营、摊区的管理日趋规范，自行车摆放整齐有序，门头广告整治穿上了新衣，戴上了新帽等，辖区内卫生清扫保洁率达100%，市民满意率为95%。三是加大宣传力度，共出板报42期，制作宣传展板34块，发各类宣传材料近2万份，悬挂横幅53条，发放各类通知书近24份，举办健康讲座6期，出健康教育专栏6期42块，发放健康教育测试卷1000余份。组织机关干部平整植树园地15亩，种植花灌木321墩，乔木1230株。

2004年，投入4万元先后两次组织市直机关、兴庆区机关干部对光华门三队附近堆积近10年的垃圾进行清理整治，整治面积约3.6万平方米，清运处理垃圾近万吨。

2005年，以“五创”为目标，不断加大卫生宣传和整治力度。全年累计动员辖区单位上街宣传120场次，发放各类宣传材料15000份，挂横幅60条，摆展板180块。动员辖区单位、街道干部、社区居民1000余人次，继续集中整治城乡结合部光华门3、4、12队新堆积的垃圾，整治面积约2万平方米，清运垃圾近万吨。开展“全国社区卫生服务示范区”和“卫生红旗样板街”创建活动，发放倡议书300份，清理沿街“三乱”300处，补签责任书80份，更换“门前三包”牌50块，清理店外经营5家，并定期组织人员清洗沿街公共设施。加大防治“禽流感”工作力度，对辖区内74户的17只鸡、46只特禽、1822只鸽子进行免疫接种，接种率达100%。完成7000份居民慢性病健康调查工作，顺利通过国家验收组考核。

2006年制定“三大战役”实施步骤和拆迁计划，把辖区陶瓷社区列为这次的拆迁突破点，街道全体干部分成20小组进行全面宣传工作，动员一户，搬出一户，拆除一户，仅仅一周内，拆除陶瓷社区辖区范围内平房、煤房及商业网点3500平方米的违章建筑。截止7月1日，共拆除各类建筑物66236平方米，围墙1560米。其中煤房41236平方米，影响交通和观瞻的房屋5000平方米，其他违章建筑10000平方米，过期临时建筑10000平方米。共对38个点进行综合整治，硬化面积69598平方米，绿化面积18755平方米，建自行车棚3390平方米，建小区拆墙透绿栅栏1478米，安装健身器材55套，发改补助费13140元。开展见缝插绿工作，公共绿化总面积达7869.3平方米；塞上骄子新增绿地面积19388.73平方米；三林小区、陶瓷小区、市医院家属院拆建还绿面积18755平方米；拆墙透绿1478米。在南环高速公路义务植树3358棵。推荐园林式单位（新一中）、兴庆区供电局2家，园林式小区（塞上骄子）1家，绿化达标小区（三林、陶瓷）2家。清理死角垃圾30吨，共清理楼院“三乱”广告10000余条。

2008年，开展“穿衣戴帽，洗脸修面”工程，发放《关于开展洗脸修面工程的通知》40份，共粉刷房屋面积达到12000平方米，配合市国土局完成旧城南部光华门6万平方米的拆迁任务。开展城市管理综合整治活动，安排专人负责利民和民族南街铁路以南摊点的日常管理和清扫保洁工作；对辖区餐饮、食品行业及摊区开展4次集中整治活动；发放《致市民养犬告知书》300份，悬挂宣传条幅3条，办证86个；完成种植树木1200株、农田改造200米、展摆鲜花14万盆。

2009年，全年投入卫生整治资金达25万元，开展城乡环境卫生综合整治活动12次，参加卫生整治3000余人次，动用挖掘机、铲车等机械36次，共清理各类垃圾35000余吨，街道率先对社区爱国卫生工作实行“创优评先”考核评比，每个社区卫生工作一周一评比，实行量化打分制，全年下发卫生检查情况通报48期。“门前五包”签订责任牌1200块，1200份责任书，签订率达到100%。全年共投放鼠药12.6千克，布粉715块，有效粉块数709块，投放消杀药物高效氯氰聚酯31.65千克，敌敌畏13.65千克，投灭蟑药物3.5千克，投药覆盖率达到了90%。签订食品安全责任书16份，对辖区4家集体食堂及8家小饭桌进行监督检查。加强辖区宠物管理，共登记157户163只宠物狗，办证5只，年检10只。

2010年，大力整治城乡卫生。一年来，投入卫生整治资金12万元，开展城乡环境卫生综合整治活动6次，参加卫生整治1500余人次，动用挖掘机、铲车等机械12次，共清理拉运各类垃圾120余车次，清洗街巷6条、广告牌50块、街巷及卷闸门上的乱帖乱画200多处。“门前五包”落实到位，共签订责任牌

1200块，2400份责任书，签订率达到98%。举办健康教育培训班2期，办黑板报、健康专栏3期，制作宣传展板4块，发放宣传材料200份。四害活动扎实有效。共投放鼠药6千克，投放消杀高效氯氰聚酯药物15.6千克，投灭蟑药物3.5千克，有效控制了"四害"密度，

【社会保障】 2001年，截止11月底共发放保障金130060元，保障人数64户140人，发放优抚金15600元余元；同时逢春节、元旦等节日，慰问困难户支付经费3000余元。

2002年，按期发放最低生活保障金、优抚对象的优抚金。

2003年，认真落实最低生活保障制度，共保障130户329人，发放保障金112840元，实现应保尽保。

2004年，共申报办理低保户356户866人，全年累计发放低保金475920元。

2005年，辖区共有184户426人享受最低生活保障，截止12月共发放保障金41.56万元，帮助8户低保户申请"大病医疗救助"，共计29750元。接管退休人员625人，其中女性418人，中共党员115人，劳动模范1人。75岁以上老龄人28人，特困人员2人。

2006年，辖区共有212户491人享受最低生活保障。截止12月共发放保障金177750元，帮助8户低保户申请"大病医疗救助"，共计29750元。

2007年，在明德社区、华林社区、星光华社区成立低保人员市民学校，专门面向辖区内有劳动能力的低保人员开展包括法制、低保政策和再就业技巧等知识的系统培训，共培训300人次。在7个社区成立"低保工作民主评议领导小组"，推广低保听证制度，推进分类施保。截止11月份辖区保障人数为361户651人，共发放保障金505491元。为特困户申请临时救助6000余元。对本辖区（7个社区）60岁以上的老年人进行普查，经过普查统计，辖区现有60岁以上老人2773人，80岁以上老人124人，占辖区总人口11.7%。

2008年，为辖区204户448人办理最低收入保障，全年共发放保障金441685元、生活补贴89625元，为11名优抚对象发放优抚金13800元，为优抚对象申请临时救助1500元。做好企业退休人员领取养老金资格认证工作，全年共参加认证人员1317人，确认率达到100%，年度认证率99.9%以上。协助办理异地退休人员领取养老金资格认证27人次。采集参加城镇居民医疗保险家庭信息4591户，参保人数6626人。

2009年，截止12月累计最低生活保障人数为235户658人，发放保障金48.7万元，发放生活补贴11.8万元，发放采暖补贴64414元，"春节"期间发放生活补贴74820元，另外为辖区患重大疾病的贫困户发放临时救助金4600元。参保人数7979人，已缴费人数6697人，制卡人数7635人。做好退休人员的接转工作，按规定办理交接手续，共接管企业退休人员1600人，其中：退休人员1587人，退职人员11人，遗属2人。顺利完成65岁以下退休接管妇女的免费体检工作，共体检748人，体检率100%。

2010年，累计为214户592人发放保障金356300元，发放生活补贴82590元，发放采暖补贴64414元。春节期间生活补贴发放63503元，慰问金3000元，门诊救助金18440元，另外为低保户及辖区贫困户发放临时救助金4000元。全年办理医保共计8759人，办理1995年以前历史遗留问题人员养老保险486人。明德、华林社区居家养老工作被银川市老龄办验收通过。同时做好老龄工作，并对辖区60岁以上的老年人进行普查，截止12月60岁以上老人2773人，80岁以上老人124人，占辖区总人口11.7%。2006年～2010年5年累计审核低保户1300户2790人，发放低保金220余万元及生活补贴32万余元。截止 2010年，城镇最低保障累计3231人，发放保障金419060元。

【劳动保障】 2003年，大力实施再就业工程，通过各种途径安置再就业63人，其中下岗职工19人。

2004年，成立家政服务中心，开展家政服务、劳务介绍工作。全年实现再就业225人，超额完成12.5 %，办理再就业优惠证134人，劳动保障事务步入正规。11月份银川市社保局工作验收中，前进街以满分名列三区街道之首。

2005年，建立社区公共服务机构，开办就业实体，由办事处劳保所、社区工作站牵头先后成立家政服务公司、儿童休憩中心、爱心陪护中心等7个社区服务机构，提供岗位60多个，并积极与城建、工商等部门协调争取，利用道路两旁空地，创办综合市场，共设置摊位130个，绝大部分摊主为失业人员和失地农民。依托明德社区"爱心陪护中心"和"树人计算机学校"两个培训基地，强化岗前培训。聘请20名热心再就业工作的企事业单位负责人为再就业援助员，并和辖区内35家单位签订优先用工协议，创建空岗报告制度，实现有岗先知，有业先从。截止11月底共开发就业岗位425个，安置失业人员929人次，办理再就业优惠证178本。劳保所连续两年被银川市、兴庆区评为再就业工作先进集体，

2008年，充分发挥职业介绍机构和社区服务平台的联动作用，送信息、送岗位，以创业带动就业。全年新增就业任务数1000人，实际完成任务1031人，完成全年目标的103.1%。共组织参加区、市、兴庆区大型现场公岗用工洽谈会2次，组织用工洽谈会5次，参聘人数达300多人次，劳务输出160人次，发布用工信息6期，举办职业技能培训3期，培训任务240人，实际培训人员达312人，完成培训率为130%。管企业离退休人员1362人。

2009年，举办各类培训班4期，培训360余人；配合各级就业服务部门组织召开的用工洽谈会3次，组织失业人员500余人参加应聘，劳务输出150人次，发布用工信息828条；共办理就业失业登记

证188人，安置下岗失业人员906人，其中大中专毕业生36人；为409名4050人员办理灵活就业社保补贴。

2010年，成立全民创业工作领导小组，举办“全民创业”及各类培训班8期，700余人参加；解决就业岗位80余个，劳务输出182人；办理《就业失业登记证》352人；就业安置1028人，申报创建《充分就业社区》3个。接收企业退休人员1700人。切实做好网格化管理工作，成立前进街办事处网格化管理工作领导小组，制定下发《前进街劳动保障监察网格化管理工作实施方案》，组织社区协理员参加兴庆区劳动监察两网化建设培训班，同时还摸清有5人以上的劳务单位152余家。

【人口与计划生育】 2001年，计划生育工作纳入党政工作议事日程，层层实行人口与计划生育管理责任制，做到任务明确，责任到人。一是主要领导承包落后居委会计划生育工作，对在具体工作中遇到的疑难问题，及时研究解决。二是加强计划生育组织网络建设，辖区单位居委会有计划生育协会组织27个，会员2582名，会员之家7个，会员联系户142户。三是广泛深入做好计划生育宣传教育工作，一年来，上街设点宣传、咨询点5次，悬挂横幅8条，发放宣传资料1200份，办黑板报236期83块，举办各类计划生育学习班67场次。全年无一人超生和计划外生育。

2002年，签订责任书214份，广泛深入地做好计划生育宣传工作，利用“救助贫困母亲活动日”等纪念日上街设点宣传，咨询点5次，悬挂横幅10条，发放群众材料1350份，办板报7期49块，举办计生培训班2声次104人。

2003年，计划生育工作以婚育新风进万家活动为主线，全面落实计划生育管理责任书，签订各类责任书372份。积极开展计划生育优质服务，上街设宣传咨询点6次，发宣传材料1600份，办板报7期49块，办计划生育培训班1期。辖区出生率3.4‰，人口自然增长率0.66‰，外来计划生育率4.8‰，综合节育率94%。

2004年，全年共投入经费20000余元用于保障计划生育工作。共有人口8179户20545人，其中流动人口969人。出生率6.01‰，死亡率2.51‰，自然增长率3.50‰；综合节育率为93.42%，共有1336对夫妇领取独生子女证。

2005年，4月华林社区被确定为自治区级避孕药具优质服务试点单位，为使试点工作做到家喻户晓，办事处还投资8000余元布置一条集计生漫画长廊、宣传橱窗、大型宣传喷绘为一体的计生宣教长廊。7月28日华林社区召开以“关注生殖健康、营造美满人生”为主题的人口论坛。8月27日，办事处与七彩银燕艺术学校在三林广场合办“独生子女才艺展示”文艺演出，同时进行了计生有奖猜谜会。截止2005年第四季度，辖区共有总人口23476人，流动人口4156人，已婚育龄妇女4255人，综合节育纺93.25%，自然增长率6.27‰，计划生育率100%。

2006年，率先实行计划生育药具试点工作，辖区共有2个社区医疗服务站，配置有流程图、挂图、计生政策展板、避孕药具展柜，对持有《计划生育.生殖健康服务证》的居民实行价格上的优惠。建立的人口理论学校可容纳60人学习，学校四周张贴着有关生殖健康、优生优育知识及知情选择流程挂图。国家人口和计生委、国家人口和计划生育药具司以及自治区人口和计生委先后对我街办事处计划生育药具试点工作进行检查指导并给予充分肯定。

2007年，建立健全人口统计协调沟通及责任追究制度，建立已婚育龄妇女登记卡、已婚育龄妇女登记册、流动人口分布图和登记册。辖区共有人口60499人，已婚育龄妇女5014人，综合节育率为93.4%，其中流动人口3324人，已婚育龄妇女665人，签订责任书799份。截止9月底出生269人，出生率6.3‰，自然增长率4.93‰，计划生育率100%。共有1194对夫妇领取了有效独生子女证。独生子女保健费落实率100%。充分发挥计生协会的作用，办事处现有计生协会会员2465人，占总人口10%以上。全年共设点宣传38次，悬挂横幅56条，发放宣传材料4192份，办板报96期，订阅《人生》杂志4份、《人口与计划生育》2份、《中国人口报》31份。举办计划生育培训班69次，参加人员2119人，发放短信35条，2400人次。

2008年，全面落实三级承包责任制，全年共累计投入计划生育经费48840元。广泛宣传科学文明进步的婚育观念，利用元旦、春节、5.29协会会员活动日、7.11世界人口日、10.28男性健康日等在辖区繁华闹市开展设点宣传58次，悬挂横幅54条，发放宣传材料5165份，办板报96期，举办计划生育培训班85次，参加人员1891人，通过信息平台发放短信3889条。街道分管计生工作的领导以及3名计生专干通过培训全部取得行政执法资格证。加强常住人口与流动人口管理工作，通过“三清”、“四查”、“三建档”的工作方法，改善了辖区城乡结合部流动人口计划生育管理与服务薄弱的局面。截止9月31日，辖区总人口33525人，13844户，出生244人，出生率8.4‰，自然增长率6.07‰，计划生育率100%。已婚育龄妇女5285人，共有1173对夫妇领取有效独生子女证，为260户独生子女发放独生子女保健费33056元。共有流动人口5575人，已婚育龄妇女972人，已婚育龄妇女、房主、用工单位共签订计划生育责任书1311份，房主与已婚育龄妇女签订计划生育协议书972份。

2009年，计生工作全年累计投入计生经费48000元。截止12月底，辖区共有常住人口12799户30880人，已婚育龄妇女5292人，采取各种节育措施的4983人，综合节育率为94.14%，出生232人，出生率7.26‰，出生政策符合率100%，计划生育率100%，领取独生子女证1176人。共流动人口3601人，已婚

育龄妇女1111人，持证人数761人，验证761本，办理流出人员婚育证明45本，与流动人口签订目标管理责任书1265份，发放流动人口计划生育生殖健康服务证560本，录入流动人口计划生育信息841人。在华林社区开展婚育文明星级"四级联创"活动，先后5次接待了国家人口计生委人口理论研究室和自治区、银川市、三区两县一市计生部门的观摩。

2010年，辖区共有常住人口13632户28348人，已婚育龄妇女5395人，采取各种节育措施的5088人，综合节育率为94.30%，出生233人，出生率8.068‰，出生政策符合率98.73%，计划生育率100%；自然增长人数172人，自然增长率5.88‰，领取独生子女证1289人。流动人口3213人，已婚育龄妇女1219人，持证人数1380人，验证1380本，办理流出人员婚育证明45本，与流动人口签订目标管理责任书2128份，发放流动人口计划生育生殖健康服务证975本，录入流动人口计划生育信息1012人，全面完成街道全员人口信息采集录入工作，完成164名已婚育龄妇女优生两项筛查任务。

【工会工作】 2001年，组建工会组织201家，与162家私营个体工商户签订集体合同810份。

2009年，召开第二届第一次职代会，选举产生了新一届工会联合会主席。截止目前，共组建直管工会1家，会员48人；组建工会小组19家，会员341人；在塞上骄子、实验小学等建筑工地上，发展农民工会员1019人。

2010年，共有独立建会企业26家，会员600余人，组建工会小组256家，会员2800余人，发展农民工会员1200余人。

【安全生产】 2001年，开展消防安全生产宣传活动，消防培训105人；对辖区消防安全生产情况进行全面检查、排摸，列出重点单位、重点整治22家；7月27日至8月7日配合消防部门，对辖区内网吧5家、游戏厅4家、特行21家进行消防安全检查，提出整改意见，并于8月13日至23日对这些单位进行复查。

2002年，共签订安全生产责任书400多家，举办安全生产知识培训班2期，组织辖区16家上街设点宣传，制作宣传展板78块，发放宣传材料千余份，沿街悬挂横幅32条，会同公安、消防、工商等监督部门进行大的检查复查三次。

2003年，认真贯彻"安全第一、预防为主"的方针，与43家辖区单位、662家个体商业户、歌厅、网吧签订责任书。加大"安全生产月"宣传工作力度，制作展板48块，发放宣传材料5000余份，发放灭火防火的小常识2000余份，沿街悬挂横幅23条。组织市民回答安全知识问卷300余份。开展消防安全进社区、安全教育培训进社区等活动。

2005年，安全生产防范工作成绩显著。在认真贯彻"谁主管谁负责"和"一票否决制"的前提下，坚持党政领导齐抓共管，不断加大检查、监督力度，强化责任，落实防范措施，全年共组织大型检查6次，对重点单位和特种行业检查6次，对2家单位做出限期整改要求，及时消除事故隐患，杜绝安全生产事故的发生。

2006年，全年共组织大型检查6次，对重点单位和特种行业检查6次，对2家单位做出限期整改要求。

2007年，一是对辖区内施工工地存在的问题进行了检查，二是在安全生产月宣传活动中，以单位内部宣传为主，共出版报31块，悬挂横幅19余条，图片200余张，宣传材料1900余份，使广大群众受到深刻教育。三是完成对辖区重点单位、商业网点269家的安全生产大检查工作，对存在问题的网点下发整改通知20份。

2008年，深入开展安全生产专项整治工作，共签订安全生产责任书899份，签订率100%；在第七个"全国安全生产月"活动期间，组织辖区单位设点宣传并检查网点40家。全年辖区内没有重特大安全事故发生。

2009年，安全生产责任书签订率达100%，针对新开业的商业网点和更换业主的及时进行补签，在重大节日期间对辖区内重点单位、商业网点进行检查，共检查86家，下发整改通知书5份。在安全生产月组织辖区单位开展安全生产宣传活动，悬挂横幅18条，发放宣传资料2000余份。同时，开展公众聚集场所易燃易爆可燃装修材料消防安全专项整治工作及公众聚集场所、高层和地下建筑消防安全专项治理工作。辖区内未发生重大安全生产事故。

2010年，安全生产责任书签订率达100%，对辖区内重点单位、商业网点进行检查，共检查105家，下发整改通知书15份。开展百日消防安全大检查活动和集留市场专项整治回头看活动，确保办事处无重大安全生产事故发生。

【科普工作】 2001年，成立科教创先工作领导小组，完善各项制度，组织居民、干部观看科技图片展板396块，受教育人数26000人次，举办社区花卉科普培训班、科技摄影讲座各一期。

2002年，开展科普培训工作，培训辖区单位计生、综治、卫生、科普专干、社区基干300人次，在各社区分别举办法律、国防、健教知识讲座参加人数360人；加大科普宣传力度，上街设点宣传3次，举行大型图片展板宣传3次，发放宣传科技、科普宣传材料5800份，发科技书籍2000本，出黑板报9期。4月20日明德社区共展出560多件书画、手工作品、270块科普展板，100多份科普小板。

2004年，充分发挥三林广场这个主阵地作用，多次举办大型科普活动。3月10日，市人大主任曹服业、副市长姚爱兴同志带领市人大、科协、各县区有关领导到三林观摩科普工作，3月19日，石嘴山市科协又组织各县区及街道领导、社区干部来三林观摩学习，5月16日全区科普志愿者社区行启动仪式第二次在三林举行。

2005年～2006年，科普工作不断

深入,以“科技在我身边”、“假日科普活动”等形式为载体,开展“防震减灾知识”夏令营、“我是小小发明家”等活动,先后举办各类科普宣传活动50多场次,展出各种宣传展板达400多块次;在结对单位展出展板50余块;捐赠图书、科普读物200余册,每次开展“四进社区”和“三下乡”宣传活动,都安排大量的科普知识,深受居民和农民群众的好评。

2007年,6月份配合“6·12禁毒日”将科普挂图和“远离毒品,珍惜生命”图片在各社区巡回展出,把科普知识送入社区。充分利用节假日,以“科技在我身边”、“假日科普活动”等形式对居民进行科普知识的宣传。科技、计生、卫生、司法、安全、科普等上街咨询宣传40余次,发放科普宣传单万余份,举办科普讲座和培训班14期1321人次。

2008年,投资1万余元分别在华林、陶瓷社区建成漫画长廊一条、宣传橱窗4个。

2009年,加大科技文化普及力度。共组织出版科普墙报、黑板报8期,张贴科普文章26篇。开展“科普知识进校园、生殖保健知识进社区”活动;举办“反邪教尚科学”系列宣传活动3次;开展抗震救灾科普宣传工作,街道先后组织科普志愿者200余人从防疫、卫生、医疗、心理咨询及地震小常识等方面着手,强化对群众的宣传教育。

2010年,加大科技文化普及力度,共组织出版科普墙报、黑板报20期,发放科普宣传单2500余份。银华社区被民政厅验收为“防震减灾示范社区”。从2007~2010年科普文明社区工作被纳入到办事处的重要议事日程之中,不断加强组织建设,调整科普工作领导小组成员,制定科普工作计划和创建工作安排,健全社区科普网络,截止2010年底,辖区共有6个社区科普工作站、7支科普志愿者队伍、6个科普文明社区、2个科普教育示范基地,科普志愿者280人,已形成一个完善的社区科普网络,使科普宣传教育工作能够辐射到社区的各个角落。

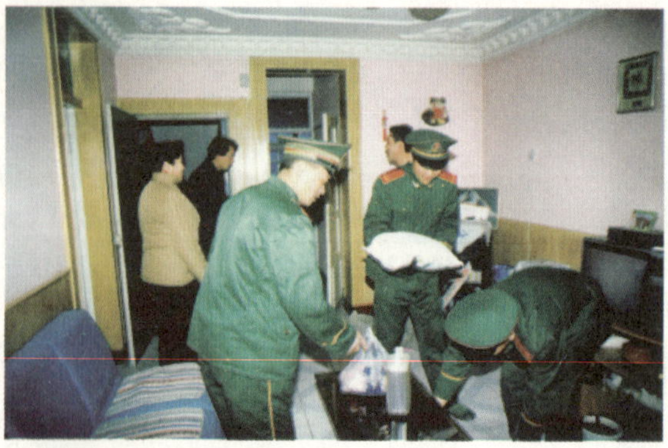

2003年12月5日,前进街办事处工作人员和武警战士参加“双拥”进社区活动

【防治“非典”】 2003年,成立防治“非典”工作领导小组,加大对防治“非典”工作资金投入,上半年共投入资金4.5万元,加大防治“非典”宣传工作力度,共印发宣传资料四万余份,办宣传栏、板报500余期,悬挂横幅400余条。加强流动人口登记、管理工作,坚持24小时掌握动向,发现问题及时上报。坚持每日消毒两次以上,平均每天消毒面积10万平方米以上。辖区单位积极配合社区,对单位、小区人员实行出入卡制,控制疫情蔓延。

【双拥共建】 2001年,做好辖区内125户军属,5户烈属,在乡的老红军一户,1955年复员未安置的女兵3户,社会救济2户2人。

2002年,召开辖区22个共建单位双拥研讨会,各单位用不同形式慰问驻银各部队,电力系统的行业共建,给部队送去50把椅子、水果10件;电信公司给军区免费安装IC卡电话,并给司令部的战士每人一张IC卡,价值6500元。

2003年,认真落实优抚政策,共慰问军属125户,烈属5户,老红军1户,送去慰问品价值近1万元。

2004年,6月25日在实验小学组织千名学生开展“爱中华,奔小康,强国防”为主题的签字仪式。

2005年,双拥共建不断加强,不断扩大共建部队范围,延伸和拓宽共建领域,逐步提升共建内容质量,有力促进军地之间团结进步、和谐相处。

2006年,7月28日两年一届军民运动会在银川一中召开。参加这次军民运动会的辖区单位共16家,辖区共建单位部队10家,前进街基层党组织结对共建单位大新镇特别派出塔桥村女子军乐队为本次运动会助兴。运动会取得了圆满成功。

2007年,在元旦、春节期间,市政开发公司为宁夏军区通讯站送去一台双缸洗衣机和新款DVD机价值2500元;市医院由院长带队组织各科室、党办、工会等人员,前往给水部队慰问演出,并为部队官兵们做义诊。据统计,此期间各共建单位慰问品和慰问金折合人民币16880元。在“八一”期间共有17家单位以不同形式对共建部队进行了慰问,慰问品折合现金35000余元。完成了对本辖区部分军队退役人员的调查和身份认定工作。截止2007年底辖区共有优抚对象7名,发放抚恤金3名,全年共发放优抚金9420元。

2010年,辖区有优抚对象12名,发放抚恤金8名,共发放优抚金41274元,申请临时救助700元

【帮扶活动】 2001年,组织辖区单位积极向“见义勇为基金会”捐款,共捐款10万余元,给中西部地区“贫困母亲”捐款2250元。

2002年,率先在兴庆区成立“前进街贫困家庭子女就学救助基金会”。社区单位与社区共签协议书30家,结对帮扶对象20人,党团员志愿队伍30支1000人,全街道80多户人口和单亲、残疾等特殊人群得到帮助。春节慰问特困户32家,共计慰问金3200元;第十二个助残日活动,慰问残疾人、特困户13家,共计慰问金1450元。“救助贫困母亲活动日”捐款11191元,位居城区首位。

2003年，辖区27个结对共建单位对110户城市贫困户结对帮扶，送慰问金和慰问品近2万元、防治非典针剂、药品价值1.3万元；办事处成立救助贫困家庭子女就学基金会，捐款6000元，为贫困母亲捐款1738元。

2004年，开展“结对子、献爱心、讲奉献、送温暖”为主要内容的帮扶活动。“前进街贫困家庭子女就学救助基金会”成立2年来，在辖区开展“伸出援助之手，献上一片爱心”活动，截止12月底基金会收到辖区单位、个体工商户、街道干部、社区党员、居民捐款2万余元，28名贫困家庭子女被列为前进街贫困家庭子女就学救助基金会的资助对象，2002年8月和2004年8月两次共发放救助资金12000多元。此外，先后协调宁夏电力设计院为考入大学的贫困生送去报名费700元，电信公司帮扶5名春蕾班失学女童，银川众鑫房屋拆迁公司长期帮扶固原失学女童，每年定期送去捐款1000元。该单位领导还发动职工个人两次捐款2000多元给前进街贫困家庭子女就学救助基金会。

2005年，全年受慰问、帮扶的贫困家庭300余户，受资助的困难家庭学生260人，折合人民币共计达到10万元以上。

2007年，元旦、春节前共慰问180余户，慰问金、慰问品价值共计3万余元。

2008年，大力开展扶贫解困、捐赠救助工作。汶川地震期间，街道共设置8个捐助点，为灾区群众募集捐款4.5万元，捐赠过冬衣物1015件，街道社区广大党员共缴纳特殊党费1.2万元。

2009年，街道共成立党员志愿者服务队伍12支，为困难党员、群众捐款1.6万余元，在母亲节期间，发动干部职工开展爱心捐款活动，共捐款2700元整。

2010年，建立巾帼志愿者队伍8支160人，发动干部职工为青海玉树地震灾区捐款10140元。

【星光计划】 2002年，实施“星光计划”，自建三林社区1个，共建明德社区1个。

2007年，在三林社区成立“星光老年之家”，室内面积218平方米，分别设有文化娱乐室、医疗康复室、生活服务室、综合服务室、老年学校，常年聘请专职辅导老师指导老年人开展室内活动，如书法作品展、家庭手工艺培训班、奇石展、老年常见病预防培训班等。电力局还为华林社区开放了综合办公楼的活动中心，为社区老年人提供活动场所。

【效能建设】 2005年，在街道和各社区大力开展行政效能建设，出台十二项效能建设制度，对机关工作者的行政行为要求进行细化、量化。

2006年，认真开展机关效能建设，成立专门的领导小组，落实责任，加强监督，坚持做到“三个”结合，即与争创满意单位工作相结合，力求机关作风建设有明显进步；与开展学习型机关相结合，力求干部职工整体素质有明显提高；与强化内部管理相结合，力求机关整体建设明显进步。同时充分发挥纪检监察室和行风监督员作用，加强内外监督，及时发现和纠正问题。

2008年，制定《前进街效能建设十项制度实施细则》、《前进街优化政务环境实施意见》《干部职工考勤制度》等。从制度上监督干部履行职责。充分发挥纪检员的作用，把效能建设延伸到各个社区，7个社区都建立了规范的考勤制度，由纪检协助支部书记作好纪检工作，切实增强社区干部为群众服务的意识。

2009年，制定行政效能公示公告，从制度上监督干部履行职责。以加强考勤、督查工作为重点，严格执行上下班签到、外出登记、书面请假制度，进一步完善机关内部管理和监督检查制度。制定落实党员代办制度，公示代办程序、内容，及时为群众排忧解难。

2010年，印发《前进街街道办事处工作责任问责制实施办法》，制定行政效能公示公告、AB岗位责任制、限时办结制、首问责任制和服务承诺制等工作制度，制定落实党员代办制度，公示代办程序、充分发挥纪检员的作用，把效能建设延伸到各社区。

解放西街街道

【概况】 解放西街街道地处兴庆区中心地带，辖区东至民族北街，南至解放西街，西至凤凰北街，北至上海路，面积3.9平方公里，总户数18620户，总人口45733人，下辖16个党支部，其中社区党支部10个，机关党支部1个，非公有制企业党支部5个，党员950名。；辖区机关、企事业单位89个，其中国家级文明单位2个，自治区级文明单位7个，银川市文明单位15个，兴庆区级文明单位22个。

社区用房面积200平方米的3个，占30%；300平方米的2个，占20%。10个社区均建有图书室，9个社区设有党员活动室，占社区总数的90%；10个社区均设有居民服务站，占社区总数的100%。十年来，解放西街街道先后获得全国先进基层党组织、全国人民满意的公务员先进集体、全国文化体育先进集体、全国婚育新风进万家先进集体、全国和谐社区建设示范街道、全国首批和谐社区建设自主创新先进单位、全国和谐邻里示范街道、全国百家示范街道工会、全区街道社区党建示范区、全区街道社区党建工作先进集体等30多项国家、区、市及兴庆区级荣誉称号；2009年，被评为自治区文明单位。

【街道领导名录】

银川市兴庆区解放西街街道党工委

书　记：王全存(2001.01～2003.07)
　　　　陈白桦(2003.07～2007.02)
　　　　海长春(2007.02～2010.12)

副书记：王　丽(2001.01～2002.12)
　　　　杨耀明(2002.10～2003.03)
　　　　陈　洁(2003.03～2004.02)
　　　　杜毓英(2005.02～2007.02)
　　　　王　琰(2007.02～2009.01)
　　　　王　理(2009.01～2010.12)

银川市兴庆区解放西街街道办事处

主　任:勉树云 (2001.01 ~ 2002.03)
冯永胜 (2002.03 ~ 2003.02)
党　成 (2003.03 ~ 2005.01)
冯德旺 (2005.02 ~ 2009.01)
锁成龙(2009.01 ~ 2010.12)

副主任:蒋胜生 (2001.02 ~ 2002.02)
马忠银 (2002.02 ~ 2002.10)
哈占祥 (2003.02 ~ 2010.12)
尹淑华 (2003.03 ~ 2003.08)
马　伟 (2005.02 ~ 2006.11)
黄莉婷(2008.11 ~ 2010.12)
陆正学(2009.09 ~ 2010.12)

【党的建设】 2001 年,开展街道业余党校、党课教育 13 次,党员集中培训 38 次;发展党员 9 名,其中少数民族党员 1 名。

2003 年,街道党工委同社区党支部签订党建工作责任书 9 份,与共建党组织签订共建协议书 70 份。

2004 年,党工委建立覆盖辖区各级各类党组织的社区党组织党员代表会议制度,从 79 个辖区单位的在职党员和 11 个基层党支部的直管党员中,选拔推荐 112 名文化程度较高、政治素质好、参政议事和社会活动能力强的党员代表,选举产生由 19 名党员代表组成的社区党建工作协调委员会,作为代表会议闭会期间的常设机构;以共同利益、共同目标、共同需求为纽带,先后开展党员扶贫接力活动、一报一刊进社区、关爱女孩扶贫助学、情系下岗职工开拓就业岗位等公益性活动;74 个辖区单位党组织为 9 个社区捐赠党报党刊及《健康报》《读者》《文摘周报》等各类报刊杂志 127 份;成立解放西街农民工党员服务站,提高农民工党员的政治觉悟;有 3 人被接收为预备党员。

2005 年,解放西街党工委作为保持共产党员先进性教育活动的试点单位,积极探索学习方式,不断丰富学习内容,以学习促工作,以工作促效率,在活动中实现八个结合,9 个支部 458 名党员参加第二批保持共产党员先进性教育活动;各社区党支部、非公经济党支部根据自己的实际,按照党员居住地相对集中的特点分成 37 个党小组、指定党小组长,为体弱多病的老年党员送书、本、笔及学习安排、计划上门,不定时的上门辅导、督促,使参学率达 95.5%;发展新党员 8 名,预备党员按期转正 10 名;为纪念建党 84 周年,促进先进性教育活动的深入开展,举办以增进邻里感情、构建和谐社区为主题的"中房杯"解放西街办事处第六届科普节暨首届社区邻里节活动;各社区积极组织举办各类活动 10 余场次,丰富、活跃干部职工文化生活。

2006 年,以"三级联创"为抓手,完善基层组织建设,在文艺、湖滨党支部进行党员代表会议制度试点工作,架起新区党组织与社区单位党组织、党员联系沟通的桥梁,构筑社区各类党员发挥作用的平台,推进社区党建工作的制度化、规范化建设;开展社区党员设岗定责活动,设立 90 多个岗位,有 190 多名党员认领岗位,增强社区党组织的凝聚力;10 个党支部召开党员大会,顺利完成第二届社区党组织换届选举工作,新成立水产巷社区党支部;设立 28 块党风廉政建设教育宣传栏,定期更换宣传内容,举办"清风廉政,共建和谐"广场文艺演出,编排有关"八荣八耻"内容的宁夏坐唱;2 个集体、5 名个人、2 个基层党组织、5 名共产党员、2 名党务工作者和 1 个共驻共建集体先后受到区委先进性教育活动的表彰奖励;发展新党员 4 名,预备党员按期转正 7 名。

2007 年,党工委在"七一"前召开表彰大会,对 12 名优秀共产党员、4 名热心社区建设的在职党员、4 名党员设岗定责标兵进行表彰;召开第二届社区党组织党员代表大会,84 个党组织的 97 名代表参加,选举产生 23 名协调委员会委员;开展民主评议党员工作,489 名党员参加评议活动;在泰丰、东港海逸等 5 家上规模的非公经济中建立党组织,非公经济组织中成立党支部 3 家、临时党支部 4 家;以党建月活动为契机,开展"八个一"活动,以读廉政书籍、写廉政警言、听廉政报告、观廉政影片、演廉政节目、建廉政园地为抓手,举办廉政歌曲大家唱、小手拉大手共创卫生城等活动;发展党员 9 名,预备党员转正 13 名。

2008 年,以"民思我想、民困我帮、民忧我解、民需我做"为工作的出发点,不断完善社区党员代表会议制度;组建巡访团、宣讲团、智囊团,通过"议事园"、社区党员代表会议等载体提升服务群众的综合能力,召开议事会 80 次,解决居民实际问题 40 件;银湖社区党支部被评为全国模范职工之家,全国总工会女工部部长肖东来社区调研;四川汶川大地震后,辖区广大党员、干部、群众捐款 145777 元;发展党员 3 名,预备党员转正 4 名;开展廉政文化进社区活动,在海宝社区的文化长廊里制作 22 块古今名人警句宣传展版。

2009 年,解放西街作为第二批学习实践科学发展观的试点单位,通过开展"六学"活动,提高党员干部对科学发展观的理解和学习自觉性;开展以"四访四问"为主题的调研活动,围绕"六民"解难事;深入开展帮思想、帮就业、帮致富、帮解困和送政策、送信息、送技能、送温暖的"四帮四送"活动,把党的各项惠民政策落到实处;各社区开展"一岗三评"活动,评出党员服务明星 50 名;完善社区"议事园"活动,各社区居委会通过议事园解决大小实事 50 件,形成百姓事、百姓议、百姓得实惠的良好局面;新建立非公企业独立工会 7 家,工会小组 16 家,吸纳会员 487 人;签订工会与企业、职工共同约定书 47 份,涵盖职工(农民工)约 1719 人;10 个企业捐款达 10000 元,慰问辖区老党员贫困户;建立街道廉政信使,不定期向班子成员、办事处的全体干部职工、社区书记发送廉政警言警句;发展党员 10 名。

2010 年,围绕强堡垒、树形象、争创城市区域化党建示范街道的创先争优活动主题,开展"让党组织的战斗堡垒作用强起来,让党员干部的优良作用树

起来，让人民群众满意起来”的“三起来”活动；组织机关、社区、“两新”党组织对广大群众和服务对象公开承诺年内办理的重要工作事项，办事处承诺年内解决11项急需办理的工作，社区党组织公开承诺28件；召开由15家辖区党组织的代表共驻单位党建工作联系座谈会；认真开展党组织书记“双述双评”活动；组建5家非公企业党支部；发展党员4名，预备党员转正9人。

【精神文明建设】 2001年～2003年，开展文明单位、文明辖区、五好文明家庭创建活动，参加城区组织庆典文艺演出12场，在社区组织文艺演出46场，观众26700人次。

2004年，通过“四进社区”、“四下乡”、唱响“兴庆四季歌”等活动，为社区建设提供精神动力，以思想道德建设为活动重点，评选公仆星10名、孝敬父母星10名、道德模范人物1名；“三八”妇女节举办诗歌朗诵、妇女维权知识讲座、下岗女工再就业经验交流会；“六一”儿童节期间，动员宁夏新闻出版局等单位为海宝逸夫小学捐赠图书万余册；按照30%的比例对文明单位进行复查，推荐兴庆区文明单位2个、银川市文明单位1个。

2005年，组织开展青少年“勿忘国耻 牢记历史 珍惜现在 共创未来”系列教育活动，聘请部队、辖区单位及各社区校外辅导员12名巡回宣讲；开展以“走进军营、走进气象”为主题的假期青少年社会实践活动，各社区党支部利用暑假在青少年中开展争做文明小公民活动，举办以关爱务工青年、构建和谐社会为主题的大型广场文艺演出，切实将关爱务工青年“四个一”活动落到实处；举办职工联谊会，组织职工参加兴庆区举办的秧歌大赛和庆“三八”健身操比赛、兴庆区大众广播体操比赛、兴庆区大漠运动会，取得好成绩；推荐兴庆区级文明单位1个、文明小区1个、文明社区2个，银川市级文明单位1个，自治区级文明单位1个。

2006年，以文明生态社区创建为抓手，广泛开展群众性精神文明创建活动，先后开展和谐社区大家谈、激情广场大家唱、趣味运动会、社区科普节和知荣辱、树新风、促和谐文艺演出等多姿多彩的活动；“三八”节举办关爱打工妹实践活动，街道团工委开展以“让雷锋精神在凤城闪亮”为主题活动，工会积极开展劳动关系和谐年活动；临湖社区探索成立一条街工会联合会（有60家非公企业、从业人员近200人），文艺社区成立首家楼宇工会；申报兴庆区级文明社区1个，银川市级文明单位2个，五好文明家庭12户，上报文明市民1人，文明市民标兵1人。

2007年，开展职工迎新春游艺活动和保龄球比赛，举办廉政歌曲大家唱、庆“三八”歌咏比赛和普法宣传广场文艺演出，组织“小手拉大手 创建卫生城”系列活动；举办第二届社区邻里节暨第八届科普节，来自各社区、非公有制企业及驻宁部队800多位军民参加邻里节的各项活动，表彰好邻居、好儿女等，组织丰富多彩的趣味比赛和才艺展示。

2008年是迎接奥运会和自治区成立50周年大庆活动之年，为丰富社区居民文化、体育活动，街道办事处利用节假日举办家庭才艺表演比赛、健身操展演、广场文化演出、解放西街第三届职工娱乐竞技、金秋助学活动和“关爱弱势群体 构建和谐社会 救助贫困母亲建立幸福家庭”捐助活动启动仪式及家庭趣味运动会；组织干部职工、辖区单位参加“迎奥运、树新风”万人健步行和3830人参加的奥运火炬传递等活动，在兴庆区团委举办的迎奥运、庆大庆、青少年道德风尚大赛中荣获一等奖；创建全国文明城市活动中，悬挂标语横幅45条、国旗824面、彩旗1420面，摆放鲜花83000盆，制作宣传栏31块，设置花坛6个。

2009年，以公民道德引导站和市民学校为依托，进一步开展文明社区、文明小区、文明家庭创建活动，深化“四德工程”，投资6000余元在湖滨小区制作24幅图；以“睦邻点”为载体，挖掘资源，整合壮大街道社区文化活动队伍，开展“晨舞晚练”活动和广场文艺演出；组织干部职工参加兴庆区职工运动会，在光明广场举办创建全国文明城市文艺演出；加强对各级文明单位创建工作的指导和协调，新申报市级文明单位2家，兴庆区级文明单位3家。

2010年，以银川市创建全国文明城市为契机，加大宣传力度，印发提升市民素质倡议书2000余份、百条文明行为守则6000余份、城市公共文明指数调查问卷3000余份；举办广场文艺演出6场、“文明就在我身边”等讲座、演讲比赛5场；在为期4天的邻里节中，10个社区分别组织小区居民参加演讲、歌诵比赛、文艺演出、游艺等活动；开展“传颂身边榜样、讴歌时代楷模”评选活动，推荐自治区级道德星10名，银川市级道德星20名，兴庆区级道德星60名；街道团委在雷锋日发动社区及85个辖区单位的240余名志愿者纷纷走上街头，对辖区内环境卫生进行整治；街道妇联开展“庆三八促和谐联谊会”，组织参加庆“三八”千人健步走活动，母亲节为40余名贫困母亲免费进行妇科体检；申报市级文明单位2家、兴庆区文明单位5家。

【基层基础建设】 2003年，将辖区11个居委会整合成10个社区支部和居委会，即文艺、湖滨、银湖、光明、健康、水产、北苑、临湖、海宝、华新居委会，10月底全部成立挂牌，圆满完成第一届社区居民委员会换届选举工作。

2005年，为银湖社区解决370平方米的办公用房，完善新建社区居民委员会工作职责、居务公开栏和便民服务项目，办事处投资5万元，在社区开展以居务公开、民主管理为主体的依法治居和科教、文体、法律、卫生四进社区等活动，对全体基干就健康卫生、礼仪等相关知识进行培训。

2006年，圆满完成第二届社区居民

委员会换届选举工作,辖区原有9个社区居委会,换届选举中调整为10个社区,9个间接选举的社区共产生居民代表390名,临湖社区共有1939户4156人,登记18岁以上有选举权的选民3386人,实行直接选举,各社区严格按照选举程序选举出58名思想好、作风正、工作能力强、居民拥护的社区基干担任社区工作;整修社区居委会办公用房2处,新增社区活动室1个,面积120平方米。

2007年3月,银湖社区被银川市评为四星级社区;办事处投资20万元,解决水产社区办公用房200平米。

2008年,投入20余万元,分别对5个社区的办公用房按星级社区标准进行改造及硬件设施配置,海宝社区、临湖社区、水产社区被命名为三星级社区,湖滨社区和银湖社区被命名为四星级社区,星级社区创建达到50%;街道获全国和谐社区建设先进街道。

2009年,积极协调众一房地产开发公司在海宝福星苑为华新社区解决180平方米的办公用房,中房公司在金菊苑为北苑社区解决150平方米的办公用房;街道投资20余万元,对福星苑社区、北苑社区、湖滨社区办公用房进行改造装修;文艺社区、湖滨社区、北苑社区被命名为四星级社区,银湖社区、华新社区被命名为五星级社区,街道星级社区创建率达到80%。

【综合治理】 2001~2003年,深入开展打击处理法轮功等邪教活动,对所有参与人员建档立册,签订帮教转化责任书;实行刑事发案通报制度,对发案单位下发限期整改通知书;开展平安单位创建活动,每年按30%比例对已创建单位进行复查,实行动态管理;开展"零发案"社区活动,以综治宣传月活动为契机,充分开展6·26、12·4等大型法制宣传活动。

2004年,成立以联防队员、社区党员、治安积极分子等为成员的6支481人的群防群治队伍,印制日常生活警示卡,通过学校、社区发往居民手中,社区"六支队伍"佩带指示袖标,深入到居民中形成人人参与社会治安的氛围;组织综治办、司法所、安委会人员对隆湖、沙湖、影都等餐饮娱乐场所及31家安全生产重点单位进行检查,对落实"三防"措施提出具体要求;继续对57名法轮功习练者予以解脱,对剩下的6名继续落实"五位一体"的帮教措施。

2005年,坚持打、防、控标本兼治的原则,开展流动人口和出租房屋集中整治专项行动和"打两抢、反盗窃"专项行动,实行治安防范巡逻责任制;充分发挥志愿者的作用,组建一支由9个社区民防中队共62人的治安防范巡防队伍;"四五"普法验收,临湖社区被评为银川市"四五"普法先进集体,街道办事处被评为兴庆区"四五"普法先进集体。

2006年,加大创建平安街道、社区和无毒社区工作力度,严格按照创建标准,建立健全组织机构,完善软件资料,创建三级平安单位75个;协调30个公益性岗位,充实壮大专业治安巡防力量,配备统一服装,7月1日正式上岗;开展流动人口治安管理集中整治、打黑除恶和星级平安居民小区评定试点工作、行政企事业单位内部治安保卫及周边治安秩序专项整治行动,11个小区按不同类别悬挂星级标示牌,其中五星级1个,四星级2个,三星级8个;开展反邪教警示教育活动,巩固转化成果;召开"五五"普法工作动员会,做好人民调解工作,调解纠纷103起;做好"两劳"人员的帮教转化工作。

2007年,健全制度,明确职责,充实完善工作流程图、治安防控体系建设图、平安建设规划图、治安巡逻图、设防布控图和综治委主任职责、副主任职责、成员单位职责、综治办主任职责、综治专干职责,全部以制度形式上墙;6月5日,召开夏季千人巡防再动员大会,开展规范化司法所创建,加强矛盾纠纷排查工作,消除社会不安定因素,除继续坚持每月一次拉网式排摸外,调解例会同信访、综治例会有效结合,及时分析总结当月信访、纠纷排查和刑事发案情况,便于下月更好开展排查工作;司法所大力开展"五五"普法工作,出黑板报110期,悬挂普法、依法治理标语30条,上报信息12条、论文4篇,组织辖区单位开展"三八维权周"、综治宣传月和送法进社区、乡村等各种形式的法制宣传活动,发放宣传材料2600多份,接受法律咨询30多人次;不定时对辖区矛盾多发点、公共娱乐场所进行排查,做到小矛盾不出社区,大矛盾不出街道,排查调解各类纠纷129起;司法所通过自治区规范化司法所创建验收评比。

2008年5月,开展为期1个月的学校周边社会治安环境"三排查三整治"专项行动,做好自治区50周年大庆和北京奥运会期间的社会稳定工作。为确保7·1奥运火炬传递活动的顺利进行,6月23~24日,解放西街综治办会同西街派出所深入10个社区居委会对影响火炬传递的各种不稳定因素进行排查,确定31名重点人员、11个重点区域,对北京东路两侧的11幢沿街居民楼及辖区单位逐一进行排摸,将出租房内的流动人口列为排查的重点,与沿街单位、居民分别签订奥运火炬传递安保责任书,确定20个制高点,确保火炬传递顺利进行;自治区50周年大庆和"创城"期间,各社区对重点人员实行责任到人监控制度,确保辖区的社会治安稳定,司法所积极整合街道、社区的法律人才资源,充分利用宣传橱窗、黑板、社区宣传队、义务宣传员,大力开展法律法规的宣传活动,举办大型宣传9次,设宣传点20个,展出法制展板35块、法制宣传橱窗10个共110期,悬挂横幅30条,印发宣传材料6500余份,受教育人数达1.2万人次。

2009年,针对非物业管理小区发案率高、治安混乱等问题,3月份以水产社区为试点开展"邻里守望"活动,建立楼长和单元长联防巡逻、定期座谈交流、互通信息、单元长走访联系住户、定期评优奖励以及楼长和单元长参加组织活动制度，开展小区事情议一议、小区信息报一报、邻里纠纷劝一劝、小区治安管一管、小区活动搞一搞主题活动，切实推动小区群防群治工作的规范化和经常化；配合派出所组织实施“警灯闪亮”工程，建立“警灯闪亮”治安联勤点，先后对12个沿街单位和11个小区、小学、企业安装警灯，最大限度地减少无警时间和无警区域；司法所开展矛盾纠纷排查49次，防止群体上访事件1起，调处矛盾纠纷112起，成功112起；9月，开展社区矫正试点工作，对辖区的矫正对象进行摸底调查建档，逐步规范管理。

2010年，开展特定人群排查摸底、治安重点地区排查整治、校园内部及周边环境专项整治活动；创建平安单位64个，创建率为96%，平安社区全部达标，创建率为100%，平安小区21个，创建率为84%；司法所规范完善“五五”普法资料，开展矛盾纠纷排查32次，专项排查12次，调处各类矛盾纠纷408起，其中人民调解121起，办理回复督办案件71起。

【婚育新风】 2002年，在北苑社区开展优质服务试点工作，成功举办全区优质服务现场观摩会。

2003年，获得自治区婚育新风进万家先进单位称号。

2004年，开展以“婚育新风进万家，关爱女孩你我他”为主题的关爱女孩行动，9名贫困女孩得到7家辖区单位的一对一帮扶，举行“关爱女孩”帮扶协议签字仪式，在“关爱女孩”试点居委会临湖社区举办关爱女孩主题文艺汇演，筹集社会资金4万余元，资助14名家庭贫困、品学兼优的女孩。

2004年8月5日，银湖社区举办未成年人思想道德教育活动

2005年，率先在全区开展以“婚育新风进万家，关爱女孩你我他”为主题的综合治理出生性别比动员会，对9名贫困女孩的帮扶情况进行回访，使关爱女孩活动不断向纵深开展。

2006年，在社区设立避孕药具免费发放点12个，对居住和在辖区内务工的流动人口分别进行登记造册，建立表、卡、册，及时查验流动人口相关证件，首批通过自治区创建“三无”街道的验收，被评为全国婚育新风进万家先进单位。

2007年，街道被确定为第二批国家药具不良反应试点单位，临湖社区被确定为试点居委会，进一步全面开展药具优质服务工作，确定文艺社区为药具优质服务试点居委会，办事处在各社区车棚、门房安置药具自取箱82个，总计安置药具自取箱95个，北苑社区卫生服务站设置免费发药点，为育龄群众领取药具提供方便。

2008年，计划生育药具改革工作得到自治区计生委药具站的肯定，在中山公园建立婚育文明主题公园，4月份，被评为银川市计划生育先进集体。

2009年，开展福星园小区高档住宅区“四级联创”试点工作，打造生育文化园，用抽象的铁艺雕塑突出人口与家庭和谐的氛围；制作“关爱女性一生，奏响生命华美篇章”为主题的系列展板；以“甜蜜的变迁”为主题，制作建国60年以来婚姻形式的不断变迁的宣传画，在辖区内营造浓厚的宣传婚育文明的氛围；首批通过自治区“五星级”街道的验收

2010年，在北苑社区成立人口早期教育中心、临湖社区开展阳光计生行动试点、海宝社区建立婚育新风进家庭活动。

【劳保与社保】 2001年，享受城市低保金人员179户436人，发放低保金354526元，发放优抚金27835元，社会救助费76258元。

2002年，为237户563人发放最低生活保障金388523元，发放优抚费29513元，社会救助费88690元，为20名残疾人进行复查，发放二级以上残疾人补助费13200元。

2003年8月，成立街道劳保所，建立9个社区劳动保障站，制定出台街道劳动保障所工作职责、社区劳动保障站工作职责。

2004年，安置就业811人次，办理再就业优惠证108本，重点开展职业介绍，38人实现再就业。开展各类下岗失业人员培训班4期，参加培训人员89人。对313名退休人员进行增资核实，印制退休人员基本情况联系卡900张。享受城市低保救助651户1517人，发放低保金782500元，发放优抚金13800元，发放残疾人救助金13000元。2月份，成立集接收、仓储、发放为一体的社区爱心扶贫捐赠配送点，接济辖区贫困

户 76 户，贫困党员 5 人。

2005 年，开展失地农民统计调查工作，对 2003 年前征地农转非人员的基本情况进行详细登记，共有 172 户 485 人。安置就业人员 989 人，劳务输出 123 人次。享受城市低保救助 336 户 744 人，发放低保金 739794 元，发放优抚金 13800 元，发放残疾人救助金 25500；

2006 年，率先在银湖社区开展信用社区、充分就业社区创建工作，安置就业人员 1108 人次，安置公益性岗位 80 人。有 328 户 730 人享受城市最低生活保障，发放低保资金 806155 元，发放优抚金 15518 元。

2007 年，实现新增就业 1103 人，举办技能培训班 4 期，参加培训 355 人，做好充分就业社区创建工作，海宝、临湖、文艺 3 个社区通过验收。617 人办理《再就业优惠证》，对 513 名灵活就业人员享受社保补贴给予登记；对失地农民就业培训等基本情况进行走访摸底登记，为 144 户 399 人办理新型农村合作医疗保险，参保率为 99.3%。做好企业退休人员的社会化管理服务工作，接管退休人员 2519 人，党员 571 人，迁出 10 人，对 2485 名退管人员进行年度见面登记，异地协查 28 人，为 21 人办理丧抚费，共计 828320.93 元。10 月份，启动城镇居民医疗保险试点工作。全年享受城市低保救助 336 户 784 人，发放低保金 904665 元，发放优抚金 28339 元；为 1 户 1 人发放社救费 684 元，为 17 户 17 人申请并补助临时救济金 21519 元。

2008 年，城镇居民医保正式启动，截止 3 月份，参保人数达到 12897 人，制卡 11564 张。享受城市低保救助 322 户 682 人，发放低保金 986623 元，发放优抚金 41260 元。

2009 年，文艺社区创建为自治区级充分就业社区；对辖区 49 名下岗职工进行麻辣烫等技能培训，开展送项目、送培训、送技能、送岗位、送摊位五送活动；安排公益性岗位人员 15 人；启动就业援助周活动。向银川市住房保障局上报辖区 274 户低收入家庭住房情况调查登记表，使他们及时领到政府发放的住房补贴及实物配租；成立解放西街街道办事处红十字会，吸纳会员及志愿者 50 名。

2010 年，累计为失业人员发放社保补贴 417 万元，通过购买 120 个公益性岗位进行安置。举办 8 期引导性技能、创业意识等培训班，参培人员 804 人。新参保信息录入审核 278 人，参保人数 276 人，应续缴费 9454 人，新增应缴费 192 人，已缴费 192 人，制卡 192 人。接收企业离退休人员 3223 人，其中退休人员 3215 人，精简退职人员 8 人。发放优抚金 14 人 48146 元、临时救济 15 人 5000 元、大病医疗救助 9 人 44975 元、特困残疾人救助金 19 人 24000 元、低保金 549 人 100 余万元。两节期间，慰问优抚对象、高龄老人、残疾人、贫困职工、低保户 299 户，为他们送去 70000 元的慰问金及物品，街道协调宁夏红十字会慰问低保户 60 户，慰问金 6000 元；为低保户及高龄老人发放饺子费 328 户、639 人、38340 元；为辖区 20 户 0-6 岁贫困家庭救助 6 万元的贝茵美奶粉。街道被授予全国老龄工作先进街道。

2004 年 6 月 10 日，解放西街农民工党员服务站挂牌

【居家养老服务】 2004 年，在文艺社区成立社区家庭养老院，为社区老年人提供无偿和有偿服务，实现老人居家养老。2005 年，文艺社区居家养老服务站免费为老人服务 70 多次，组织社区志愿者队伍上门为老年人打扫卫生 12 次。2007 年，以创建星级社区为契机，按照一居一特色的要求，投资 3 万元在银湖社区成立全区首家社区居家养老服务中心，为 680 多名老人开展医疗保健、帮助交纳水电费等服务，建立老年人服务平台。

【环境整治】 2001 年，开展 6 次大型卫生集中整治，对上海东路、北塔路等地段进行综合治理；8 条大街推行“街段长”管理制，实行定人、定岗、定职责、定任务四定原则。

2002 年，积极开展创建无吸烟城市活动，为创建健康城市打下基础。

2003 年，在“穿新衣、戴新帽”工程中，把民族北街、北京东路等街道作为实施重点，给沿街 24 个单位及 310 户个体网点下发限期整改通知书 307 份，督促沿街 24 个单位对办公楼进行清洗和粉刷，260 多家门头广告按要求重新制作；在 SARS（传染性非典型肺炎）防控工作中，做到早发现、早隔离、早治疗，上下齐心协力，办事处获得银川市传染病防控工作先进集体称号。

2004年，宣传《银川市城市市容环境卫生管理条例》，组织辖区单位、社区居委会在南门广场开展宣传活动。

2005年，办事处积极推行食品安全信访代理制，实现从源头上疏导和减少信访案件，办事处获得自治区级食品安全示范街道称号。

2006年，实施“三大战役”，拆除建筑物57534.86平方米、围墙1746米；完成整治改造街巷及小区楼院45个，整治面积63330平方米，整治内容涉及硬化、粉刷楼体、墙面，修建通透围栏、看护门房、自行车棚，安装健身器材，封闭垃圾道口，投入资金365万元；辖区宁夏宾馆等5个拆迁整治、拆墙透绿精品点，多次迎接银川市、兴庆区组织观摩，受到各级领导的好评，得到辖区居民群众的认可；街道获的银川市“三大战役”先进集体荣誉称号。

2007年，是国家卫生城市验收之年，街道高质量、高标准迎接17个点的受检任务；开展“小手拉大手、创建卫生城”活动，从自身做起，从点滴做起，从小事做起，以小学生的行为来带动大人参与创建卫生城市工作。

2008年，开展星级卫生示范户创建活动，逐街逐巷向个体工商户发放《从我做起，人人参与，共建示范一条街倡议书》和《门前三包自律公约》3000余份，与店主签订“三包”责任书，按照《门前三包考核细则》对8条大街、19条自管巷的1024家责任单位进行评议，对不达标的悬挂黄星警示牌，将门前三包落到实处。

2009年，开展社区养犬大家谈、文明养犬进社区活动，按照《社区文明养犬公约》要求，指定专人对辖区犬类进行摸底，做好犬类迁入、迁出台账登记，与养犬“钉子户”签订文明养犬承诺书48份，此项活动的成功经验被兴庆区城管局向其他街道推广。率先实施“门前五包”，民族北街北京路至上海路为试点路段，通过“门前五包”的实施，大街小巷1024个责任单位发生翻天覆地的变化，此项活动的成功经验被兴庆区政府向其他街道推广。

2010年，将信访接待现场由办公室搬到人员密集的立新巷早市，居民在购物的同时就能解决院落卫生差、随意养宠物影响居民休息等难点问题，将矛盾化解在基层，成为辖区居民解决信访问题的首选渠道；在10个社区明显地段设置36处公共信息张贴栏，新设置的张贴栏既不影响市容环境，也便于社区定时集中清理，使乱贴有“新家”。

胜利街街道

【概况】 胜利街道成立于1959年，辖区东起清和街，西至寺南巷，南与大新镇上前城村接壤，北至长城路，东西宽1.9公里，南北宽3.5公里，总面积7.1平方公里，人口26540户7.2万人，流动人口高峰时近1万余人，下辖南关、清和、陈家寨、景园、南华、康馨、天盛、祥和、宝庆、双城门10个社区居委会，自然居民小区53个，个体私营企业及商业网点1290家；街道党工委下设13个党支部，其中机关党支部1个，社区党支部10个，非公企业党支部1个，“两新”组织联合党支部1个；辖区机关企事业单位47个，街道共有党员462名，10个社区均有图书室，8个社区单独设有党员活动室，占社区总数的80%；10个社区均设置居民服务场站，占社区总数的100%。

十年来，街道党工委紧紧围绕兴庆区经济发展、社会稳定大局，切实加强城乡党建一体化建设，以党建工作为龙头，积极开展创先争优活动，以社区大讲堂为宣讲平台，加强党员教育，充分发挥“三团”作用，邀请老红军、老党员、离退休老干部等5老人员进行革命史教育；以社区议事园为活动载体，把知人心、暖人心、得人心、稳人心融入到社区党建工作之中，着力解决一些群众关心的热点和难点问题。开展特色社区建设，打造为老、弱、病、残、孤寡老人长年上门义务献爱心的服务型社区；书画作品展示、辅导、培训的文化型社区；送医送药上门、健康陪护的爱心联盟型社区；体察民情、为民排忧解难的议事型社区；为下岗职工、失地农民岗前培训的就业型社区。充分发挥辖区单位资源优势，成立由宁夏医科大附属医院等5

2007年7月31日，胜利街办事处职工和辖区特勤二中队炸油饼庆“八一”

家医疗单位组成的胜利街爱心服务联盟，定期为结对村、社区居民进行义诊服务。积极开展群众性精神文明建设，本着街道牵头，单位冠名，居民参与，先后成功地举办银帝杯第一届、宁苗杯第二届胜利街市民节，有力的推动胜利街辖区精神文明建设健康发展，街道党工委先后获得“五个好”、“标兵”街道党工委荣誉称号。

【街道领导名录】

银川市兴庆区胜利街街道党工委

书　记：谢继忠（2001.01～2002.06）
　　　　杨万军（2002.06～2007.12）
　　　　强殿伟（2007.12～2009.04）
　　　　马元元（2009.05～2010.05）
　　　　康子民（2010.06～2010.12）

副书记：许如先（2001.01～2003.02）
　　　　虎云燕（2003.02～2003.10）
　　　　刘利锋（2002.09～2006.11）
　　　　刘春玲（2005.05～2007.12）
　　　　咸　波（2007.12～2008.12）
　　　　潘文丽（2007.12～2008.12）
　　　　杨　庆（2009.01～2009.12）
　　　　于　刚（2009.01～2010.12）

人大联络办副主任：
　　　　李俊明（2006.04–2010.12）

银川市兴庆区胜利街街道办事处

主　任：江洪涛（2001.01–2002.12）
　　　　杨伟（2002.12–2003.12）
　　　　王永虎（2003.03–2005.12）
　　　　李警钟（2006.01–2009.02）
　　　　仇永清（2009.01–2010.12）

副主任：张　奕（2001.01–2002.12）
　　　　张学平（2003.01–2007.06）
　　　　石　干（2003.01–2008.12）
　　　　曹卫红（2008.01–2010.12）
　　　　王海鹏（2009.01–2010.12）

【居委会设置与人口】 2001年，居委会12个，居委会主任12个，家委会4个，副主任12人，居委会工作人员72人；居民46905人，16962户。

2002年，居委会12个，居委会主任12个，家委会4个，副主任12人，居委会工作人员76人；居民47130人，16992户。

2003年，居委会8个，居委会主任8个，副主任8人，居委会工作人员44人；居民42627人，14317户。

2004年，居委会8个，居委会主任8个，副主任8人，居委会工作人员44人；居民42638人，14320户。

2005年，居委会8个，居委会主任8个，副主任8人，居委会工作人员44人；居民43010人，14420户。

2006年，居委会8个，居委会主任8个，副主任8人，居委会工作人员54人；居民44110人，16012户。

2007年，居委会9个，居委会主任9个，副书记9名，副主任9人，居委会工作人员60人；居民48798人，16946户。

2008年，居委会9个，居委会主任9个，副书记9名，副主任9人，居委会工作人员60人；居民48798人，16946户。

2009年，居委会10个，居委会主任10个，副书记10名，副主任10人，居委会工作人员50人；居民53146人，18964户。

2010年，居委会10个，居委会主任10个，副书记10名，副主任9人，居委会工作人员60人；辖区总人口76589人（户籍人口7.2万人），26540户。

【区划调整】 2003年10月份，随着上级政府的区划调整，将原属于胜利街辖区的清和街以东区域划归银古路街道办事处管辖，辖区16个居（家）委会13个支部完成改制，整合成8个社区支部和居委会，即南关、清和、南华、康馨、祥和、宝庆、双城门、陈家寨社区，并于10月底全部挂牌。

【党的建设】 2001年，抓好干部职工的政治理论学习，按照抓巩固、求创新、见实效的工作思路，继续深入开展创建达标活动，全年开展街道业余党校、党课教育8次，党员集中培训30次；发展党员6名，其中少数民族党员2名，妇女党员2名。

2002年，以创建红旗社区党支部、标兵街道党工委为目标，切实加强基层党组织建设；11月份，兴庆区委组织部对街道13个支部进行创建检查，申报7个支部为红旗社区党支部；街道党工委召开党建联席会2次，发放基层共建党建工作建议和意见征求意见表100余份，与成员单位签订“拓展社区党建，促进社区双文明建设”协议书46份，与各成员单位及个人结成共建对子159对，为社区群众提供服务信息105条；在辖区大力开展以知人心、暖人心、得人心、稳人心的“四心”主题活动；各支部共开展党课教育52次，支部书记党员集中培训4次，发展党员21名，转正党员25名，培养积极分子27名，开展社区党建活动40余次；全年共召开党风廉政建设专题会议4次，签订责任书19份，处理群众来信14封，来访7人，举办电话21次，12个居委会全部设立公开栏。

2003年2月，街道党工委同社区党支部签订党建工作责任书8份，宝庆社区党支部、南关社区党支部、清和社区党支部被评为兴庆区级“五好”党支部；10月，街道所辖8个社区全部进行区划调整，当月完成兴庆区胜利街各支部第一届支委会选举工作；全年各支部开展党课教育66次，支部书记及党员培训2次，党员参训率达95%以上，培养入党积极分子20名，转正党员18名；对辖区内58家非公经济组织进行全面普查，共有党员44名，建立党组织2家，有8位企业主提出入党申请，有2家非公经济符合建立党组织条件。

2004年2月，街道班子成员分别到8个社区进行调研，开展“共谋发展 同议创建”活动；5月，街道投资2.5万元对清和社区支部办公用房进行维修，投入8千元对其他社区支部工作制度、政务公开栏进行改换；6月，清和社区率先在全市建立党建工作议事园，通过议事园这个平台为群众办好事办实事；8月，制定下发《胜利街流动党员教育管理互联卡》；11月，完成街道党员信息管理录入工作及日常管理工作；12月，推荐清和社区争创红旗社区党支部，接受银川

市委组织部检查验收。

2005 年 6 月 30 日，召开庆祝建党 84 周年庆祝活动，组织辖区文明单位在名人文化广场举行庆“七一”文艺演出活动；13 名预备党员，7 名转正党员进行入党宣誓；表彰奖励清和社区、双城门社区先进社区党支部和邢吉才等 10 名优秀共产党员。共建党组织签订共建协议书 46 份，个人 79 份；

2006 年，紧紧围绕竞标树旗和创先争优活动，建立和完善保持共产党员先进性长效机制，为社区下派党建工作指导员 10 名，帮助社区党支部开展党建工作；根据每个党员的业余爱好、专业特长，先后为 200 余名社区党员设岗定责；以清和社区党支部活动阵地为龙头，丰富社区议事园内容，向各社区推广议事园制度，把“四心”活动逐步引向深入；开展“212”结对帮扶活动，对 27 户生活困难家庭进行结对帮扶，先后为帮扶户、困难户送去粮油和现金共计 4800 余元；春节、七一前，组织辖区单位党员与社区党员干部开展捐款、捐物送温暖活动，筹集扶贫慰问物资、资金共计 3 万元，为 6 名下岗贫困人员安置工作，为 6 户困难户协调减免暖气费、孩子入学费 4800 余元；认真做好第二届社区党组织的换届选举工作，充分发扬民主，严格选举程序，8 个社区支部委员换届一律采取党员大会、支委会直接投票选举，顺利地完成第二届社区支部换届选举工作；被中共银川市委授予“五个好”党工委称号。

2007 年，充分发挥党员在社区的先锋模范带头作用，全面推进设岗定责活动，先后为 210 余名社区党员设岗定责；以“212”结对帮扶活动为龙头，对 57 户生活困难家庭进行结对帮扶，带动送温暖、献爱心活动的开展，先后为帮扶户、困难户送去粮油和现金，共计 9800 余元；春节和七一前，组织辖区单位党员与社区党员干部开展捐款、捐物送温暖活动，筹集扶贫慰问物资、资金共行 4 万元，为 9 名下岗贫困人员协调安置工作，为 12 户困难户孩子捐赠入学费 12800 余元；街道党工委被银川市委授予标兵街道党工委称号，清和社区党支部被银川市委授予红旗社区党支部称号。

2008 年，为 280 余名社区党员设岗定责，对 68 户生活困难家庭进行结对帮扶，先后为帮扶户、困难户送去粮油和现金共计 11800 余元；春节、七一前，组织辖区单位党员与社区党员干部开展捐款、捐物送温暖活动，筹集扶贫慰问物资、资金 5 万元，为 9 名下岗贫困人员安置工作，为 16 户困难户孩子捐赠入学费 13800 余元；清和社区党支部被自治区党委组织部授予全区党建示范社区称号。

2009 年，街道党工委认真开展学习实践科学发展观活动，参加党组织 14 个，党员 470 人，学习实践活动期间，各级党组织共解决民生问题 20 多个，街道、社区及辖区各部门各单位共为群众办实事、好事 120 多件。

2010 年，街道党工委与掌政镇党委、胜利街 9 个社区党支部与掌政镇 7 个村支部签订城乡结对共建协议书，在南华社区成功举办无公害蔬菜直销点启动仪式，在祥和等 4 个社区设立蔬菜直销点；春耕时节，9 个社区为结对的 19 户贫困户送去价值 3000 多元的化肥；邀请结对村书记、村长在街道开展一次“村居互动议民情”主题活动，“三下乡”活动为掌政镇村民送去春联 300 幅、慰问品 2000 余元；选拔文化水平高的 16 名年轻党员作为社区党支部后备干部重点培养；发展预备党员 18 名，16 名正式党员按期转正，培养入党积极分子 10 名；开展社区大讲堂活动，建立党建工作指导员、助理员、评议员“三员”队伍，负责对党建工作的监督和评议。

【经济建设】 2002 年，完成协税 240 万余元，取得协税第三名的好成绩；加快对摊区“门前三包”工作的管理，收费 45 余万元。

2003 年，工业总产值完成 26,990,700 元，社会商品零售额完成 450,222,000 元，街道经济收入 60 万元，比上年同期增长 13 万元，社区服务网点收入 1 万元。

2004 年，工业总产值 3868 万元，社会商品零售额 35147 万元，街道财政收入 70 万元，比上年增长 10 万元，社区服务网点收入 3 万元。

2006 年，党工委、办事处高度重视招商引资工作，按照兴庆区委、政府年初下达的招商引资目标任务，立足辖区，服务企业，积极主动与各方联系，寻找投资项目，为企业牵线搭桥，引进嘉宝福有限责任公司在清河南街新建购物中心，银川旧货市场和房地产开发项目到位资金 3000 多万元。

【市场建设】 2008 年，为解决下岗职工和失地农民再就业，街道党工委、办事处充分利用现有资源，投资 110 万元在南塘巷建立失地农民自立市场，该市场的建立为胜利街道每年增加 30 余万元的经济收入。

【精神文明】 2001 年，党工委、办事处坚持以经济建设为中心，切实加强社会主义精神文明建设，用精神文明建设贯穿基层党组织建设，开展文明单位、文明辖区、五好文明家庭创建活动；全年用于开展精神文明建设活动的专项经费累计达到 12 万元；6 月份，办事处动员辖区 6 家司法系统单位分别与各大中专院校及各社区居委会签订警校、警民共建文明学校协议书，开展“三义、三德、三观”、“四科”为主要内容的思想道德建设；创建城区级五好文明家庭 11 户，街道文明市民 13 名；7 月份，在各党组织和全体党员中开展以“知人心、得人心、暖人心、稳人心”为载体的“四心”主题活动。办事处参加城区组织的庆典文艺演出 6 场，在社区组织文艺演出 12 场，观众达 15000 人次；举办社区运动会 2 次，2000 余人参加，支持北京申奥书画展展出作品 100 余幅。

2002 年，开展法律、科技、卫生、文化“四进”社区宣传教育活动 12 次，展板展出 6 次，市民教育 16 次，举办画展

17 场次，双文明活动成果展展出展板 47 块。

2004 年,开展“一个支部一面旗、一个党员一盏灯”的活动,发挥社区党员在治安、社区卫生、绿地管护、矛盾调解、社区活动方面的模范带头作用,在清和社区建立“社区议事园制度”,组织社区党员参加每月开展的“关爱互助”活动，社区议事园每月确定一个主题，让居民“议身边事,说心里话,赞新风尚”;按照“社会公德抓社区、职业道德抓行业、伦理道德抓家庭”的工作思路,继续贯彻落实《公民道德建设实施纲要》，积极加强和改进未成年人思想道德建设,以弘扬民族精神、倡导诚实守信为重点,以争做文明市民(文明标兵)为主线,利用社区文化、楼院文化、街巷展览等形式,组织开展一系列公民道德宣传教育活动和道德实践活动;在“八一”建军节 77 周年来临之际,办事处慰问结对共建单位武警宁夏一支队六中队和武警宁夏二支队三大队的广大武警官兵,送去 3000 元慰问金,感谢武警官兵对办事处工作的支持,与武警二支队三大队签订“四进军营”军民共建协议书;11 月，配合兴庆区精神文明委对街道重新申报兴庆区级文明单位进行复查以及对申报自治区级文明单位和申报文明生态示范社区进行检查。

2005 年 9 月 29 日，在陈家寨丽景苑小区举办“银帝杯”胜利街首届市民节,活动历时 30 天,开展文化、体育、书画、法制、计生等内容丰富的活动,对 9 个文明楼院、36 个文明楼单元、130 户五好文明家庭、17 名文明市民、8 对好婆婆好媳妇、12 名支持社区建设先进予以表彰奖励。

2006 年,1 月到掌镇镇开展“三下乡”活动，发放各种科技书籍 1000 余册,对联 120 余幅,组织辖区单位国龙医院为城乡居民义诊 300 余人次,活动受到当地群众的好评;结合构建和谐社会活动的开展,对街道、社区干部职工和广大居民开展社会主义荣辱观教育,在名人文化广场、大团结广场、南华等社区开展 12 场次丰富多彩的电影宣传文化体育活动。9 月 28 日街道党工委、办事处与宁夏银川苗木实验场筹集资金 2 万元,在南花园举办“宁苗杯”胜利街第二届市民节，表彰奖励好婆媳 18 对,文明市民 45 人,支持社区建设先进个人 18 人,贤内助 9 人,“五老”先进个人 9 人,五好文明家庭 150 户,计划生育信息员 9 人,优秀民防队员 12 人。

2007 年,开展多种形式的精神文明创建活动,举办文艺节目、体育比赛、趣味运动、有奖竞猜、放映电影、儿童绘画、计生常识、法律法规、劳动就业咨询等活动;元月份,到掌政镇开展“三下乡”活动，发放各种科技书籍 1500 余册,对联 150 余幅,组织辖区单位国龙医院为城乡居民义诊达 200 余人次;结合构建和谐社会活动的开展，对街道、社区干部职工和广大居民开展社会主义荣辱观教育,在名人文化广场、南华等社区开展 8 场次丰富多彩的电影宣传文化体育活动。

2008 年,深入开展“四德工程”教育和解放思想大讨论,进一步提高市民的文明素质,开展多种形式的精神文明创建活动,结合“四进社区”、“三下乡”活动,不断创新活动载体,在街道、社区干部职工和广大居民中开展社会主义荣辱观教育活动。

2009 年,街道党工委、办事处组织开展“三下乡”活动,全体班子成员和司法、民政、计生、精神文明专干等 10 余人参加活动,在掌政镇结对村进行法制宣传、咨询活动,送去 3000 元的化肥、300 余付对联和 1 台精彩的文艺节目;妇女节期间,街道妇联、工会、司法所联合开展家庭趣味运动会、举办庆“三八”手工编织技能培训班,开展“三八”妇女维权周宣传活动；组织 10 个社区居委会和所有辖区单位开展创建全国文明城市宣传和实施活动。

2010 年,借助辖区医疗单位多的资源优势，联合宁夏医科大学附属医院、解放军第五医院、宁夏西京女子医院、国龙医院、宁夏疾控中心,成立胜利街爱心服务联盟，组建由 100 余名专家、医护人员组成的志愿者服务队伍,深入乡村、居民小区,先后为 7 个结对村的 600 余名育龄妇女进行免费体检，对查出病情需要治疗的减免部分医疗费,举办甲流防控和健康教育专题讲座 12 场次;双城门社区党支部为贫困户刘玉兰捐款 9105 余元，解决刘玉兰住院医疗费用和拖欠 3 年的取暖费;康馨社区基干张玲被自治区授予宁夏首届社区服务之星荣誉称号。

【教育科普】 2001 年，认真贯彻落实《九年义务教育法》,督促和监督适龄儿童按时上学,适龄儿童适时入学率达到 100%，残疾儿童入学率达到 100%;在 16 个居(家)委会先后成立科技科普工作站，依托医学院等 30 多个辖区单位的科技优势在辖区建立一支街道科技科普与群众性科技科普组织相结合的工作队伍,形成比较完善的工作网。

【社会保障】 2002 年,为 269 户 603 人发放最低生活保障金 472451 元，发放优抚费 32325 元，社会救助费 92575 元，为下岗职工提供就业培训 7 班次，培训 240 余人,有 62 人重新就业;为 23 名残疾人进行复查,发放二级以上残疾人补助费 16100 元。

2003 年 1～11 月,举办各类培训班 4 期,开展社情舆情调查 4 次,入户调查 80 户,审核低保申请表 1040 份,累计为 3778 户 9252 人发放低保金 757945 元,为 3 户 3 人发放社救费 2625 元，无一错发漏发;3 月份,为贫困户、残疾人送大米 2000 斤、面粉 3000 斤、油 300 升及慰问金 10000 元;8 月份,为 7 名退役军人发放生活费 6720 元。

2004 年,元旦、春节和助残日期间对贫困残疾人进行走访慰问;1–10 月,慰问 38 户，送去慰问品、慰问金共计 1400 元，为 3 名残疾人解决轮椅 3 辆;慰问 60 岁以上老人 18 户，送去价值 5000 元的慰问品;3 月，办事处在青岛

美容美发学校开办第一期就业培训班，免费为辖区内40名失业人员进行美容美发培训，4名辖区残疾人参加培训；为22户生活困难、因病致贫的低保户办理由新协和医院与兴庆区民政局共同办理的大病医疗救助6600元。

2005年初，到各社区宣传低保“两享受一补助”政策，宣传面达80%；6月份组织辖区低保户共办班7期，宣传启动城市贫困医疗救助，为252户低保户办理《医疗就诊手册》。

2006年，认真做好城市低保和优抚工作，全年累计发放低保资金54.1万元；为2户2人发放社救费1494元，为10户10人申请并补助临时救济金2700元；“八一”期间，慰问9名复转军人，送去慰问金及慰问品共计1800元，全年为7名2005年底退伍军人发放生活费共计2.2万元；老人节期间，慰问6名孤寡老人，送去慰问金600元。

2007年，有288户572人享受城市最低生活保障，全年累计发放低保金58万元；为3户3人发放社救费1494元，为10户10人申请并补助临时救济金2700元；“八一”期间，慰问10名复转军人，送去慰问金及慰问品共计2000元，全年为7名2006年底退伍军人发放生活费共计2.5万元；老人节期间，慰问5名孤寡老人，送去慰问金500元。

2008年，截止12月辖区共有5351户10352人参加和办理城市居民医疗保险；有368户725人享受城市最低生活保障，全年累计发放低保金82万元。

2009年，深入开展城镇居民医疗保险宣传活动，为6956人办理居民医保。

【劳动再就业】 2003年，重新调整街道再就业工作领导小组，成立胜利街再就业服务中心及12个社区服务站，服务人次达223人；制定《胜利街办事处关于进一步做好下岗失业人员再就业工作实施方案》等一系列规章制度，与社区签订《再就业工作目标管理责任书》；年底，街道共有下岗失业人员574人，开发就业岗位216个(2003年新增88个)。

2004年5月1日，在南门与自治区科协、兴庆区就业局联合召开劳动用工洽谈会1次，提供就业岗位800多个，参聘人数1500余人，当场签订用工意向协议351人；开展送岗位进社区活动7次，为辖区下岗失业人员提供就业岗位60多个；全年共安置下岗失业人员95人，其中安置“4050”人员98人，开展各类下岗失业人员培训班5期，210人参加培训；办理再就业优惠证99个，再就业率达100%。

2005年10月，开展失地农民统计工作，涉及本辖区4个社区、692户、1702人。

2006年，通过辖区单位、各种用工信息和再就业市场洽谈会，协调安置下岗失业人员1189名，其中“4050”人员247人；劳务输出288人，发放再就业优惠证158人；为失地农民和下岗待业人员举办各类上岗前培训班3期321人次，为他们自谋职业奠定坚实的基础。

2008通过辖区单位、各种用工信息和再就业市场洽谈会，协调安置下岗失业人员1100名，其中“4050”人员53人；劳务输出300人，发放再就业优惠证165人，为失地农民和下岗待业人员举办各类岗前培训班3期，培训300人次。

【退休人员社会化管理】 2004年，制定退休人员基本情况调查表、企业退休人员移交社区花名册、企业退休人员实行社会化管理服务花名册、退休人员基本情况及养老金社会发放登记表、离退休人员增加离退休费审批卡等各类台账；9月份，核实2004年8月31日前退休的313名人员增资、调资条件，确保移交人员养老金的及时发放；截止10月份，接收退休职工256人，其中党员30人，对接受人员的基本信息按居住区域逐一认真进行复核登记，印制退休人员基本情况联系卡1000张，对已接受的253名退休职工发放联系卡。

【综合治理】 2002年，大力开展联防共建安全社区活动，制作联防公示牌268个，加强对严打第五、六战役工作的领导，全年发案率比上年同期下降30%。

2003年，加强流动人口的排查登记，登记出租房1030间，流动人口3564人，办证3189人，办证率89.49%；调解民间各类矛盾169件，邻里纠纷74件，家庭纠纷22件，婚姻纠纷31件，其他42件，安置“两劳”释放帮教人员18人，建立回访制度；利用3月份综治宣传月、6·26禁毒日等契机，摆放展板120余块，办黑板报70余期、宣传橱窗60余期，举办法制报告2场次，播放法制录像16场次，发放宣传材料6000余份；8月份，成立胜利街法律服务所，在寺南等4个社区建立法律服务站，全年接处“148”法律咨询电话35次，来访80人，办理诉讼案件6件。

2005年3月4日，胜利街办事处举行社区矫正服务中心揭牌仪式，自治区党委常委、公安厅厅长李顺桃，市、区领导参加揭牌仪式，当日起对胜利街辖区内各社区共16名矫正对象实施社区矫正。

2006年初，召开有辖区单位领导、部分个体私营企业业主参加的胜利街社会治安综合治理总结表彰大会，总结2005年综治工作，表彰成绩突出的先进集体和先进个人；建立由派出所民警、治安巡逻队、“4050”协管员30余人组成的社区民防小组，形成三结合治安防范工作机制，使社区治安保卫工作得到进一步加强；认真做好普法及依法治理工作，对辖区居民进行“五五”普法宣传，对普法对象进行登记造册；成功开展社区矫正试点工作，对15名社区矫正对象实施社区矫正，取得良好效果。

2008年，街道办事处将办公楼六楼按照规范化建设要求进行装修改造，装修面积150平米，设立司法所长室、司法助理员室、调节室、资料室和会议室兼法律培训教育基地，年底顺利通过司法所规范化建设验收；开展矛盾纠纷大排查、大调处活动，街道每月集中排查调处1次，各社区每月集中排查调处4次，及时化解各类矛盾纠纷89件；兴庆区委、政府授予胜利街司法所刑释解教人员安置帮教工作先进集体荣誉称号。

2009年，开展法律服务进社区、进校园活动，在10个社区先后开展法制宣传和普法教育40余场次，活动期间举办胜利街法制教育进校园启动仪式和兴庆区司法局组织法制文艺节目演出、法律讲座、大学生校外法制互动与宣传等活动；结合建国60周年庆祝活动，开展学校周边治安环境“三排查三整治”专项行动，司法所开展矛盾纠纷大排查大调处活动；将辖区内由胜利街派出所管理的30名社区矫正对象进行全面入户摸底，登记造册，为司法所接管此类人员做好充分准备。

【阵地建设】 2002年，全面落实“星光计划”，改善居委会办公条件，南桥东、友爱东、友爱西、送变电、南关寺、陈家寨6个居(家)委会“星光计划”顺利验收。

2005年，实施社区信息化工程，为辖区7个社区配备微机及打印机，提高社区办公自动化能力。

2007年，寻求共驻共建、资源共享，得到辖区单位的大力支持，为南华社区在南华园内建设办公及活动用房300平方米，办公室3间，党员活动室4间；为天盛社区在清苑小区物业办公楼内争取社区办公及活动用房200平米，办公室3间，活动室2间，极大的改善社区办公条件。

2008年，辖区单位送变电物业公司大力支持，为双城门社区在送变电小区解决办公及活动用房80平方米，办公室3间，党员活动室1间，使该社区办公环境得到极大的改善；3月至5月份，历时3个月，投资40万元，对街道办公楼进行装修改造，更换办公桌椅。

2010年，街道党工委、办事处主要负责人亲自抓社区阵地建设，主动与宁夏医科大学附属医院、银南房地产开发公司、内蒙万通公司协调，解决康馨社区500平方米、天盛社区400平方米、景园社区300平方米的居委会办公用房和党员活动阵地。

【计划生育】 2002年，与国龙医院签订《计卫联手，育医结合协议书》，寺南社区成为全区第一家依托社区、计卫联手的计划生育优质服务试点社区。

2003年，街道出生301人，出生率5.85‰，自然增率3.54‰；已婚育龄妇女9123人，采取各种避孕节育措施8620人，节育率94.48%；死亡119人，死亡率2.31‰，计划生育率100%，举办人口理论培训班2期。

2004年，有已婚育龄妇女7428人，采取综合避孕节育措施6936人，节育率93.4%；出生318人，出生率6.7‰，死亡114人，死亡率2.4‰，计划生育率100%；举办培训班37场次，办黑板报108期，发放优生监测等宣传资料10000多份；春节来临之际，投入4050元慰问双女结扎户和独生子女户，在“三生”帮扶中帮扶18户贫困户，签订帮扶协议书18份；流动人口5363人，成年流动人口4517人，育龄妇女739人，其中已婚250人，采取各种综合措施236人，综合节育94.4%；持原籍证件2075人，验证2075人，验证率100%，持证率46%；办理暂住证58人，办证率100%；发现41名未持证怀孕、生育的流动人员，动员遣返原籍20人，办理生育手续19人，待办2人。

2006年，将计划生育的重心放在流动人口的监管和跟踪服务上，在各社区设立92个计划生育药具免费发放点；加强对育龄妇女计划生育的服务工作，婚育龄妇女7999人，采取综合避孕节育措施7394人，节育率99.77%，出生312人，出生率7.1‰，死亡116人，死亡率2.7‰，人口出生符合计划生育政策，计划生育率达100%。

2007年，加强流动人口的监管和跟踪服务，在各社区设立92个计划生育药具免费发放点；加强对育龄妇女计划生育的服务工作，婚育龄妇女7999人，采取综合避孕节育措施7394人，节育率99.77%，出生312人，出生率7.1‰，死亡116人，死亡率2.7‰，人口出生符合计划生育政策，计划生育率达100%。

2008年，加强对育龄妇女计划生育的服务工作，婚育龄妇女8425人，采取综合避孕节育措施7756人，节育率100%；出生356人，出生率7.76‰；死亡128人，死亡率2.8‰，人口出生符合计划生育政策，计划生育率达100%。

【市容环境】 2001年，辖区新增绿化面积75398 m²，展摆花卉2.3万盆；街道干部职工在市民林中认养37棵树木，义务植树500余棵；11月5日，召开拆违还绿工作现场会。

2002年6月份，对永安巷、寺南巷摊区“喇叭口”占道经营的现象进行彻底整治，取缔两个摊区的“喇叭口”占道经营的水果摊位；“党员林”的培植力度进一步加大，干部职工积极认养37棵市民林，补栽南桥东巷、寺南巷和玉皇阁南街、延宾路等街巷树木15余棵，加大辖区拆违还绿工作力度，新增绿地面积30127平方米。

2003年，落实“穿新衣、戴新帽”工程和整改门头广告工程，对沿街15个单位240多家个体户下发限期整改通知书255份，督促15个沿街单位对办公楼进行清洗和粉刷，240多家门头广告按要求重新制作，达到统一规范；组织动员辖区单位、社区居委会4500人次参与卫生整治活动，清理乱堆乱放2100多处，清洗乱贴乱画80000多条，清扫街面80万平方米，清运垃圾50余吨；4月份，整体推进城市绿化工作，落实植、管、护任务和“党员林”的培植。

2004年1月份，组织办事处城管人员在宁园宣传新出台的《银川市城市市容环境卫生管理条例》；3月12日至4月1日，组织辖区单位、社区居委会在南门广场开展绿化宣传活动，参加单位35个，发放宣传材料4500多份，悬挂宣传横幅32条，出展板28块；4月7日，按照银川市和兴庆区爱卫会的安排，组织辖区27个单位、8个社区居委会248人在解放东街宁园开展世界卫生日宣传活动，发放宣传材料3500多份，悬挂

宣传横幅30多条，出展板75块；5月，按照银川市和兴庆区的安排，开展城管“五大战役”和“十大工程”，清理沿街违章占道摊点500多个，流动摊位1200人次，户外广告牌匾130多块，重新制作门头广告牌匾255块；世界无烟日，组织辖区15个单位、8个社区居委会、150多人在宁园参加宣传活动，发放宣传材料1500多份；6月，开展城管市容行业工作作风整顿评议活动，发放测评卷120份，群众满意率达到90%以上；7月，按照市城管局的要求，开展“穿新装、戴新帽”工程，辖区15个单位粉刷清理楼面11万多平方米。

2006年，拆除建筑物88311平方米，拆除围墙1143米，完成拆迁整治点64个67108平方米，其中绿化43155平方米，硬化23953平方米，新建铁艺栅栏810米，自行车棚7个、面积800平方米；安装健身器材3处30件，拆迁、整治共投入资金425.698万元；先后8次组织开展大型卫生综合整治，对城乡结合部和红花渠沿线进行12次重点整治，清理垃圾2200余吨，投入创卫资金41万余元。

2008年，组织开展辖区单位和居民群众性巩固创建卫生城市成果活动，先后3次组织办事处、各社区全体干部职工开展大型卫生综合整治工作，对城乡结合部和红花渠沿线进行8次重点整治，使城乡结合部卫生脏、乱、差问题得到根本改善；组织辖区单位、街道干部、社区基干、居民群众参加卫生整治工作，清理垃圾300余吨，投入资金18万余元。

【安全生产】 2003年初，与各社区和辖区单位签订目标管理责任书1183份；6月份，开展安全生产万里行咨询活动，40人参加，宣传展板20块，横幅16条，发放宣传资料5000多份；9月份，加大对辖区安全消防隐患的检查力度，检查安全生产单位80家，私营个体商业网点、娱乐场所210家，对查出有安全隐患的3家单位下发整改通知书。

2004年4月1日，邢古才、马青春两名办事处工作人员在例行安全生产检查时，在一居民楼相连的出租办公楼查出一起非法制造摔炮窝点，及时向上级汇报，会同有关部门进行严肃处理，将查获的53箱摔炮当日进行销毁，这是宁夏查处的第一起数量较大的非法制造烟花爆竹窝点；结合元旦、春节、五一劳动节、电影百花节、国庆节、冬季取暖，先后分别进行5次全面检查，对存在安全隐患的鄂尔多斯大酒店等3家单位及时下发整改通知，整改情况通过有关部门的验收。

2005年，对辖区600家商场、市场、饭店、宾馆，消防安全开展集中专项治理工作。进一步加强安全生产目标管理工作，层层落实目标责任制，组织各社区与辖区机关、企事业单位、个体工商户签订安全生产目标管理责任书，签订1295份，签订率达98%。

【“非典”防治】 2003年，“非典”期间，举办培训班4期、培训150余人，讲座6次、听众5000余人，办板报11期、展板120块，发放宣传资料1万余份，办各类卫生宣传专栏102块；发放消毒药物1468千克，消毒面积38.6万平方米，大力宣传防治“非典”知识，发放宣传资料4000余份，悬挂横幅26条，宣传展板36块，发放口罩300多个，先后有10人上报为抗击“非典”先进个人，街道党工委、办事处先后被自治区和兴庆区授予抗击“非典”先进基层党组织和先进集体。

【群团工作】 2003年9月，进行工会换届选举工作，充实并完善社区工会干部和非公企业工会干部；不断发挥群团组织作用，对困难职工进行登记造册，慰问伤病职工2次，开展职工文化活动5次；各社区团支部进一步巩固党的青年群众基础，组织青少年志愿者活动10余次，为光彩基金会捐款1000余元，为帮扶户捐款2000元，为民运会捐款560元，为贫困学生捐款3000余元，受助学生12人。

【居委会换届】 2006年，认真做好第二届社区居民委员会的换届选举工作，加强组织领导，统一安排部署，充分发扬民主，严格选举程序，8个社区居委会换届一律采取居民大会，直接投票选举，选举产生各社区居委会新一届委员、主任、副主任。

2009年，第三届“两委”班子换届，9个社区居委会换届、新成立一个景园社区，一律采取居民大会，直接投票选举，选举产生各社区居委会新一届委员、主任、副主任。

【人口普查】 2010年，全国进行第六次人口普查，胜利街道200余名普查工作人员分别来自街道、社区和辖区单位，普查持续3个月结束，普查显示胜利街道总人口7.2万人，26540户。

【政务公开】 2003年，整合办事处对外业务工作部门，实行一门式综合服务，坚持“四个一服务标准。”

【爱心斑马线】 2010年，胜利街办事处、西京女子医院和银川市交警队联合创建“文明出行、爱心相随”为主题的银川市首条爱心斑马线设在胜利街南桥口（西京女子医院门前）。共招募志愿者200余名。

凤凰北街街道

【概况】 凤凰北街街道成立于1997年,位于兴庆区西北角,东临凤凰北街,南至解放西街,西以唐徕渠为界,北至上海路,辖区总面积3.6平方公里,社区居委会9个,街道党工委下设16个党支部,其中9个社区党支部、1个机关党支部、6个非公企业和“两新”党支部。截止2009年底,辖区常住人口17712户57805人,单位33个,商业网点1062个,60岁以上老年人4326人,占总人口的9%;低保户317户630人,残疾人372人;戒毒在册人员、刑事解教和社区矫正人员126人;教育机构12家,在校(园)学生近6000人。2002年,荣获全国群众体育先进单位、全国科教进社区活动先进单位称号;2003年,荣获全国群众体育先进单位、全国科教进社区先进集体、全国社区志愿者先进集体称号;2004年,荣获全国群众体育先进单位,全区第四批城市体育先进社区称号;2005年,荣获全国群众体育先进单位,全区消防安全工作集体、全区街道社区党建示范区称号;2006年,荣获全国志愿者先进单位、第一次全国经济普查先进集体,自治区社区商业示范区、民族团结先进集体、先进基层党组织称号;2007年,荣获全区人口与计划生育“三无”街道称号;多次荣获银川市标兵街道、科普工作先进集体、平安街道、“五创”工作先进集体,兴庆区先进基层党组织、“五创”工作先进集体、计划生育协会工作先进集体、安全生产工作先进单位、红十字会工作先进单位荣誉称号。

【街道领导名录】

银川市兴庆区凤凰北街街道党工委

书　记:保少宁(2001.01~2002.08)
　　　　海长春(2002.08~2008.01)
　　　　王全存(2008.01~2009.05)
　　　　樊丽萍(2009.05~2009.11)
　　　　王全存(2009.11~2010.12)

副书记:于　刚(2001.01~2003.02)
　　　　梁永霞(2002.09~2009.01)
　　　　关　平(2003.02~2009.01)
　　　　王　莹(2008.12~2010.12)

人大街道联络办公室

副主任:杨洪林(2005.04~2007.11)
　　　　冯彦虎(2007.11~2010.12)

银川市兴庆区凤凰北街街道办事处

主　任:马金波(2001.01~2002.03)
　　　　冯建敏(2002.03~2003.10)
　　　　边志武(2003.10~2007.11)
　　　　任福东(2007.11~2010.12)

副主任:梁景虎(2001.01~2003.10)
　　　　郝丽敏(2003.02~2008.12)
　　　　张红声(2005.06~2007.12)
　　　　杨子阳(2005.03~2010.12)
　　　　张　奕(2008.12~2010.12)

2008年4月28日,凤凰北街365百姓维权服务站启动

【经济工作】 2001年,拓展社区服务业,发展街道社区服务业网点14个,产值3.5万元,利润3.5万元。对职工自理市场进行综合整治,对经营者加强教育和管理,共收取卫生管理费12.6万元。加大协税、护税力度,1~5月份完成额税2.5万元,零散税收0.5万元。完成工业总产值91万元,完成年计划的45.5%,利润完成0.41万元,工业增加值完成24万元,完成年计划的43.6%,社会商品零售总额完成134.9万元,完成年计划的79%,商业利润完成9.6万元。

2002年,截止6月份办事处职工自理市场、早市共收取卫生管理费16.5万元,完成定额税收0.8万元,协护税收税40万元,社区服务业收入3.6万元。完成工业总产值120万元,工业增加值完成45万元,分别完成年计划的52.2%和64.3%,社会商品零售总额完成185万元,完成年计划的51.4%。

2003年,完成工业总产值590万元,完成任务108%,完成社会消费品零售总额3008万元。

2004年,制定《经济工作安排意见》,创新改善投资环境,对职工市场进一步规范管理,设立复称台,走访经营户,及时协商解决商户和消费者之间的问题,促进街道社区经济繁荣发展。截止11月底,累计完成工业总产值405万元,占年计划96.4%,商贸销售总额2885万元,占年计划96.1%,新增服务网点6个,自办社区服务实体2个,街居经济收入3万余元。

2005年,社区区域经济稳步增长,截止6月底累计完成工业总产值270万元,占年计划60%,商贸销售总额1526万元,占年计划51%。

2006年,积极发展第三产业,在崇

安巷兴办早市，扩大现有职工市场经营，截止12月底，累计完成工业总产值400万元，商贸销售总额2500万元，新增社区服务网点4个，自办社区服务实体1个，4月份被银川市商务局列为推进社区商业建设街道之一，街道社区创收30万元，引进资金1500万元。

2007年，累计完成营业额2575.8万元，街道社区创收27万元。

【社会保障】 街道社区坚持以关注民生、服务百姓为主线，以建设和谐社区为目标，认真贯彻落实惠民政策，努力提升社区管理和服务水平。广开渠道，扶贫帮困，发挥低保救助作用。2001年1～4月累计发放最低生活保障金15320元，保障人数占辖区总人口的1.4%。

2002年，对辖区12个优抚对象进行逐访，并为他们申请临时困难补助1500元，联系辖区单位对3户优抚对象进行帮扶。1～5月份新增低保户216户，累计发放低保金22.996万元，保障人数占辖区总人口的3.3%，为21名解决就业，为50余名低保对象介绍工作，组织低保对象参加社区公益性劳动大7000余人次。

2004年，认真落实街道低保人员"应保尽保"各项制度，低保人数达到506户1253人，占辖区总人口3.7%。全年发放低保金96.32万元。

2005年，1～5月为辖区442户1105人发放低保金602980元，发放优抚救济金1040元，慰问186户，慰问物资大米3000斤，棉被100条，香油1000斤，现金28700斤。接收企业离退休人员636名，并建立信息库。

2006年，审核办理失地农民基本养老保险44人。全街道共有企业退休人员1820人，全部纳入社区管理。

2007年，企业退休人员社会化管理服务率达到100%。

2008年，辖区共有低保户368户778人，1～11月累计发放最低生活保障金10557600元，临时救助金3900元，优抚救助金16026元，助残金57600元。向汶川地震灾区捐款106530元。累计接收退休人员2671人，

2009年，做好城镇非从业居民基本医疗保险工作，累计为居民办理医疗保险13132人；累计为338户686人按时足额发放最低生活保障金1007240元，临时救助资金4400元，优抚社救金31630元，生活补贴209070元；累积为48名特困残疾人发放助残费57600元，为9名残疾人联络员发放生活补助费12960元；组织辖区妇女体检1685人次；依托社区爱心老年公寓资源优势，实现资源共享，争取社会多元化投资，积极开展居家养老试点工作，8月28日在崇安社区居家养老服务中心召开"宁夏扶老助残慈善项目启动仪式"，辖区内100多位老年人领到社区养老服务卡。

2010年，街道有低保户252户525人，全年累计发放最低生活保障金66万元，为23人申请发放医疗救助金59267元，为10户困难户按时足额发放临时救助资金2000元，为19名优抚对象发放优抚金38730元，发放残疾人助残费70560元；开展"四送一落实"家访活动，充分做好灵活就业人员社保补贴的登记和申报工作，872人申报享受社保补贴，合计资金1648063元；录入审核参加医保13445人，10860人缴费，完成全年缴费任务的85%；春节期间为困难群众发放各类慰问物品和现金合计14.6万元。进一步规范退休人员社会化管理服务工作。截止2010年底，接收退休人员4205人，发放联系卡2800张，积极做好接收退休人员资格认证工作，对存在历史遗留问题的605名企业职工养老保险进行养老金资格认证，全部建档立册；为3400名企业退休人员调整养老金待遇，为40人办理并发放丧抚费；不断丰富退休人员文化生活，组织和动员退休人员积极参加街道社区举办的各类文化娱乐活动，10月16日重阳节，办事处在北安广场为百余名退休人员举办篝火晚会，中秋节为92名退休困难群众送去月饼和胡麻油。

【就业与创业】 2004年，建立社区再就业服务基地，与各社区40多家单位建立用工信息，与宁夏科技馆、星通电脑学校等单位建立长期培训合作关系，开办电脑、按摩、家政服务等技能培训班8期，培训人员250余人。积极开发就业岗位，街道劳动保障所累计开发就业岗位450个，推荐上岗415人次，成功367人

2008年5月23日，凤凰北街兴胜社区事务服务站成立

次,成功率88%,建立下岗失业人员登记制度,辖区失业率控制在3.5%以内。

2005年,开展“再就业援助活动”和“春分行动”,与社区20家单位建立用工信息,并签订用工协议,先后4次组织下岗失业人员参加区市用工洽谈会,参加人数达600余人次,开办电脑、按摩、家政服务等技能培训班4期,培训人员136余人次,安置下岗人员200人。

2006年,共举办劳动用工洽谈会4次,家政服务、技能培训4期,培训失地农民594人,实现就业510人,发布就业用工信息2200条,创办新增社区就业实体140个,安置就业260人。全年共安置就业人员1150名,实现城镇登记失业率控制在3.6%的目标。

2007年,开展创建“充分就业社区”活动,崇安、北安、阳澄社区通过兴庆区验收,发布用工信息1820条,提供职业介绍服务人数1800人次,签订劳动合同120人,新增就业岗位1220人,对12户“零就业家庭”进行帮扶就业,实现社区充分就业。全面推进农转非人员基本养老保险和城镇居民基本医疗保险,累计办理基本医疗保险登记500余次,

2008年,全年共收集用工信息1400条,举办技能培训班4期327人,提供职业介绍服务136人次,累计安置新增就业1210人。全年为居民办理医疗保险12170人,完成经济普查摸底法人单位、产权活动单位247家,个体户795家。

2009年,坚持自主择业,市场调节就业,政府促进就业的方针,大力促进困难群众就业脱困。加大创业带动就业优惠政策宣传,开展社区自主创业典范推选;搜集用工信息1400条,举办技能培训班4期327人,为下岗失业人员提供职业介绍服务1360人次,累计安置新增就业1210人,城镇登记失业率控制在3.6%以内,对19户“零就业”家庭援助就业,实现社区“零就业”家庭动态“消零”。

2010年,全力支持全民创业和促进困难群众就业脱困,办理就业登记773人,失业登记395人;举办家政服务、手工技能、育婴师技能、居家养老、创业能力等培训班6期,培训人员823人;搜集用工信息1765条,举办用工洽谈会3次,签订劳动用工合同46人,安置就业1064人,劳务输出258人;推荐申报充分就业社区5个;创业典型云海虹参加兴庆区青年创业大赛,获得亚军,得到创业扶持资金2000元,参加第二届银川市青年创业大赛,取得季军,极大带动全民创业热情。

【社区建设】 2001年,投资1万元将崇安居委会打造成精品居委会,评选出2个先进居委会、7个先进社区工作者。

2002年,在7个社区成立老年协会,投资12万对6个社区居委会办公进行改造建设。有两个社区被命名为市级科普文明社区。

2004年,加强社区民主自治建设,健全工作制度,规范议事行为,形成了街道指导、社区居委会商议决定、社工专干执行并将结果反馈的工作机制;创新社区服务机制,建立家政服务平台、养老护幼服务平台、法律咨询和维权服务平台、医疗服务平台、治安服务平台、公益性服务平台,积极开展“自愿者服务活动”,推进“星光计划”,协调宁夏住宅物业公司和唐徕物业公司对北安小区公园进行改造,辖区经常参加体育锻炼的人数达到65%以上。一年来先后投入6万余元,给崇安、北安、社区配备电脑等办公设施,制作大幅宣传展板和制度等,软硬件设施上了一个新台阶。

2006年,制定《凤凰北街创建和谐社区实施方案》,进一步完善社区民主管理制度,顺利完成第二届居委会换届选举,参选率达80%。开展星级社区创建评选活动,已评定三星级社区1个,增创五星级社区3个,协调解决阳澄社区办公用房,在新改造的小区安装健身器材50套,给8个社区配备电脑,实现全部数据微机管理。

2007年,进一步完善社区功能,抓好星级社区创建工作,有3个社区达到三星级社区,2个社区达到四星级社区,2个社区达到五星级社区。

2008年,成立社区团体组织90个,民办非企业组织9个,尝试在旧小区实行自主物业管理,在兴庆区率先成立兴胜社区事务服务站,先后投资6万元对8个社区进行粉刷,兴隆社区通过兴庆区“三星级”社区验收,阳澄社区申报“五星级”社区。建立北安社区“四位一体”全融合的办公模式和社区信息化平台

2009年,按照一居一特色的思路打造温馨型崇安、文化型北安、德育教育型阳澄等特色品牌社区。在北安社区建立文化宣传基地,在立诚社区成立“新市民之家”和“流动人口管理理事会”,在阳澄社区建立“德育教育”基地和社区青少年绿色网吧。依托社区议事园活动,发挥社区智囊团作用为社区提出建议和意见112条,集中解决问题80多件,协调办理9项。借助于社区大讲堂活动,坚持一月一课为居民群众和社区工作者讲解政策法规、专题知识讲座,全力为营造一个居民居住放心、环境优美舒心、文化活跃开心、邻里和睦欢心、服务方便称心的“五心”和谐社区大家庭。推进社区事务服务站工作,为没有物业管理的小区提供绿化、卫生保洁、治安巡逻、家政等服务。积极协调银川市刑事侦察局开展结对共建,为立诚社区提供室内活动场地350多平米,安置室内健身器材11件,积极争取规划部门对立诚社区400多平方米的办公用房审批立项,解决社区没有固定办公场所的问题。

2010年,在北安社区建立“四位一体”全融合的办公模式,为居民提供优质高效的服务;尝试在旧小区实行自主物业管理,率先成立社区事务服务站,为居民提供便捷服务,同时解决15名失业人员再就业;加大社区建设力度,申报创建兴胜、兴隆、兴荣、西寺4个三星级社区;建设社区服务中心,为辖区居民提供医疗保健、社区再就业、社区养

老、残疾人康复等服务。深化社区议事园和社区大讲堂等活动成果，各社区召开社区议事园和社区大讲堂活动8期，参与活动的党员群众达500人次。完成兴荣、兴隆、兴胜、安秀、西寺5个社区“充分就业社区”创建工作；兴胜社区完成兴庆区“党建示范点”创建工作；阳澄社区先后完成自治区“充分就业社区”、“绿色社区”等5项创建和命名工作，完成银川市“节水型社区”等3项创建和命名工作，9个社区中已有崇安、北安、阳澄3个社区崇安、北安、阳澄3个社区被评为自治区五星级社区，立诚社区被评为银川市四星级社区，兴荣、兴胜、兴隆、西寺4个社区被评为兴庆区三星级社区，星级社区占社区总数90%。争取项目和资金完成立诚社区办公用房建设，安秀社区办公用房与拆迁开发单位已达成意向协议，崇安社区服务中心大楼已完成室内装修和外围建设任务。

【党建工作】 2001年，党建工作实行领导干部包社区支部、包居委会等工作联系点制度，召开社区党建联系会，签订党建工作目标管理责任书，开展党员责任楼区活动，辖区共有280栋楼，党员责任楼率达到100%。责任党员274名，占社区党员总数12%。各社区党支部在抓好直管党员的基础上，将工作重心转移到对社区党员的组织、引导、教育、管理上来，唐徕社区建立群众性的健身队；崇安社区开展周末戏苑、老人舞会等活动；兴荣社区党支部组建党员自愿者队伍，义务看护楼院，对小区24块绿地进行包养认领等等。4月6日，召开社区党员联系会暨党员、青年自愿者社区活动大会签订帮扶协议，400多名志愿者参加城乡结合部环境卫生整治。认真落实在新经济组织建立党组织的精神，在职工自立市场和宁夏长河实业有限公司成立党支部。积极稳妥地发展党员，上半年共发展党员5名，培养入党积极分子10名。开展电化教育，以7个社区党支部为单位建立7个培养点。在建党80周年之际街道党工委表彰3个先进党支部，4名优秀党务工作者和12名优秀共产党员。

2002年，加强领导班子建设，转变工作方式，落实领导干部包社区党支部、居委会工作联系点制度，实现以社区党支部为重心，党工委协调指导、辖区单位相互联合、优势互补、利益共享的工作格局。社区党支部与辖区单位举行“四进社区”、乒乓球邀请赛、周末戏苑、联欢晚会、便民服务、技术培训、义诊等活动，使社区党支部在社区中的地位日益凸显，战斗堡垒作用显著增强。发挥业余党校的作用，上半年上党课2次，党员受教育面达85%，街道共购买电化教育片60余部，200余盒，开展党员电化教育4次；街道市民文明学校授课3次，社区文明市民分校共授课39次，发展党员9名，培养入党积极分子6名。

2003年，凤凰北街街道党委下辖12个党支部，其中社区党支部8个，机关党支部1个，非公经济党支部3个，共有支部直管党员209名，有社区党员3606名。8个社区党支部按照“两推一选”顺利改选。对党员实行分类管理，吸收预备党员1名，按期转正9名。加强非公有制经济党建工作，制定《凤凰北街街道党工委关于在非公有制经济组织中发展党员试点工作的实施方案》，对辖区内非公有制经济组织进行摸排登记，成立了黄河宾馆有限公司党支部。加强阵地建设，各支部硬件设施比较完善，活动室平均面积在80～100平方米有5个，100平方米以上1个，7各支部都配有25英寸以上电视机和VCD、照相等器材。“双结对、双共建”活动效果明显，共有28家单位党组织与7个社区党支部签订结对共建协议书，有15个单位党组织126名共产党员与社区60户困难群众“一帮一”结对帮扶，共帮扶现金8450元。6月13日，中共中央政治局常委、国家副主席曾庆红视察北安社区基层党组织建设，并给予高度评价。

2004年，继续深化“三级联创”，以创建“红旗党支部”为目标，与各基层党支部签订《基层党组织目标管理责任书》。开展对非公有制经济组织的摸底工作，对16家较大的非公经济组织派驻8名党建指导员，发挥党建协调会作用，实现党建工作联动，加强党员分类管理，创新党支部和党员活动载体，在各支部开展“访百家情、解百家忧”活动；在党员中开展“五个一”服务活动，每个党员挂一个牌、有一个责任楼、每月做一次调查走访、每季做一次奉献、每年帮一户困难群众。全年共有856名党员在社区挂牌亮相，有55名党员办好事90次。

2005年，继续开展“竞标树旗”活动，创建“标兵街道党工委”对基层党支部进行整顿，对现有13个党支部377名直管党员进行摸底调查，召开了一届一次社区党组织党员代表会议，加强非公企业党建工作。组织党员社区服务小分队，开展“手心相连”、“桑榆晚情”、“伴你同行”、结对扶贫等活动，共有37名党员干部对21名困难群众进行帮扶。

2006年，顺利完成第二届社区党支部居委会换届选举工作，在兴胜社区、崇安社区开展社区党组织党员代表大会试点工作。全面推行社区党员“设岗定责”，深化党员为民服务，先后开展“党员名片暖万家”、“连心桥”、广场文艺演出、表彰先进、慰问困难老党员等活动。开通社区党建网站。

2007年，设立“党员服务中心”和“党员服务站”，元旦、春节期间共走访慰问困难群众448户，慰问金额5.25万元。建立各类党员帮扶对子42个，服务队伍12支，制发各种服务卡800余张，提供服务240余次。发放《流动党员活动证》，并积极与党员流出地党组织联系，确保随时了解和掌握党员情况。加强阵地规范化建设，在崇安、阳澄社区建成服务大厅、党员活动室、阅览室，目前北安、崇安、阳澄三个社区阵地面积均达到区级以上示范点200平方米的标准。继续深化“两新”党组织工作，先后向辖区内16个非公企业、中介组织、重点工商户选派党建指导员,对7家规模以上非公企业明确7名街道领导担任党建工作联系人,成立宁夏工业设计院有限责任公司党支部。深化党建示范区创建活动,在全街道形成新一轮争创局面,街道党工委和崇安社区通过自治区组织部考核验收,分别被命名为“全区党建工作示范区、示范街道”。

2008年,制定凤凰北街党员干部“讲党性、重品行、做表率”具体标准,开展“干干净净干事”主题教育活动,启动“社区大讲堂”活动,成立兴胜社区事务服务站、“365”百姓维权服务站、社区单元长自愿服务队,探索建立《党组织关怀服务党员、党员帮助带动群众、群众监督评价党员》三项机制。

2009年,创新党组织工作方法,一是做好党员分类教育管理工作,针对不同类型的党员采取不同的学习方式,为流动党员编辑理论知识,通过网络交流、手机短信,引导和督促学习;对高龄党员、学习能力差的党员,由支部确定联系人上门辅导学习;对无固定工作,经常外出打零工的党员,通过电话联系让其参与学习。二是完成社区“两委”换届选举和街道社区管理体制改革试点工作,实现社区党支部书记和居委会主任一肩挑的要求。三是探索建立“组织关怀服务党员、党员帮助带动群众、群众监督评价党员”三项机制,培育立诚、兴胜、兴荣3个党建示范社区。四是扎实推进“城乡党建一体化发展推进年”活动,3月7日,在唐徕公园与大新镇开展“城乡姐妹手拉手,致富路上一起走”主题活动,还将科技大篷车开到农村,与村民一起开展文化科技交流。五是实施党建带工建,在联合工会组织内建立联合党支部1个。“七一”期间对1个先进基层党支部,32名优秀党务工作者、优秀共产党员、设岗定责标兵进行表彰。

2010年,配齐西寺、兴隆社区“两委”班子,在宁夏福建企业家协会、宁夏工业设计院等两新组织成立党支部。完善困难党员、老党员、下岗失业党员、在职党员的管理档案。认真开展工委“双述双评”和专题民主生活会,各支部组织党员开展定期分析评议工作。开展社区党组织和党员“两承诺三评议”和党员设岗定责等活动。成立创先争优活动领导小组,制定活动实施方案与领导及干部联系点制度,6月18日召开以“全面整合党建资源,努力构建城市区域化党建工作新格局”为主题的党建联席会议,33个辖区单位党组织派人参加会议,围绕驻区单位与街道社区整合资源共驻共建,街道为驻区单位提供包括计生、综治、环境卫生、文明单位创建等方面的指导与服务两个主题进行讨论交流,有4个社区党支部与区直机关单位现场签订党建共建结对协议书。按照居住地、兴趣、发挥作用途径等在各支部设立党小组,10支志愿队伍50多名党员群众加入治安巡逻、交通指挥、校园周边安全防范、环境卫生督查等活动。社区参与承诺服务党员270人,占直管党员总数的三分之一,承诺事项近300项,为群众办实事办好事85件,组织募集救灾帮扶资金近2万元,为辖区130多位特困党员、群众提供帮扶资金和生活用品。组织机关和社区党员300余人开展党员奉献日活动,在沿街主要路段清除乱贴乱画近500平米,在阳澄巷清扫路面近1公里,清除卫生死角垃圾近12吨。

【廉政建设】 十年来,不断深入推进党风廉政建设,注重制度建设,先后制定了领导干部收入申报制度、重大项目申报制度,完善集体决策和民主议事制度,干部廉政档案建设,坚持街道政务公开、居务公开,从源头上预防和制止腐败现象滋生蔓延。加大监督力度,聘请社区纪检监督员,强化基层纪检工作,坚持凡涉及收费和建设等涉及大多数群众利益的事宜必听证,凡群众提出的意见和建设必议事,凡政策规定办理的保障性的事项必公示,凡面向社会招收的用工必竞聘,凡述职必述廉的“五凡五必”要求,把重大事项的研究和决策最大限度的置于群众的监督之下;重视制度教育、理论教育、党风党纪教育、警示教育、廉政文化教育,不断增强党员领导干部廉洁从政意识。2004年3月18日中共中央政治局常委、中央纪检委书记吴官正视察北安社区党风廉政建设,给予肯定。

【精神文明建设】 2001年~2010年,广泛深入开展群众性精神文明创建活动,先后成立社区文化活动站,老年大学,街道、居委会科普工作领导小组,举办“社区大讲堂”,开展公民道德、职业道德、家庭美德宣传教育,科普讲座,文体、技能竞赛等活动。实施“四德”工程,开展评选 “优秀公仆星”、“孝敬父母星”、“自主创业星”、“和谐邻里星”道德之星评选活动。加强未成年人思想建设,在阳澄居委会设立绿色网吧图书室供青少年学习活动,利用北安广场的资源优势,每周五晚播放爱国主义教育片,在唐徕小公园、北安社区完成青少年市外活动场地示范工程建设,辖区未成年人思想道德建设工作不断推进。开展文明创建工作,2010年3月兴荣社区被评为兴庆区“巾帼文明岗”,兴隆社区被评为自治区“平安家庭”示范社区,4月阳澄社区被评为全国创建“学习型家庭”示范社区,9月份又被评为银川市“平安家庭”示范社区。通过开展“百千万文明家庭”创建活动,辖区共有240户家庭被评为市级“五好文明家庭”,(其中特色家庭2户,自治区级低碳明星家庭1户)。截止2010年底,辖区共有国家级文明单位1个,自治区级文明单位7个、文明社区1个,银川市级文明单位4个、文明社区4个,兴庆区级文明单位4个、文明社区3个。

【创建全国文明城市】 自2006年以来,银川市先后开展“五创”活动,为创建全国文明城市奠定基础。街道社区通过入户走访、出黑板报、悬挂标语横幅等形式加大宣传力度,通过环境卫生的综合整治、加强城管的监督检查力度,为居民营造干净整洁的居住环境,通过

2008 年 6 月 12 日，崇安社区志愿者服务队参加活动

各级文明之星、文明户的评选，树立典型示范作用，努力提高居民素质，引领社区文明风尚，提高社区的文明程度。

2009 年，全面动员辖区单位、商业网点、社区居民开展创建工作，悬挂宣传条幅 10 条，印发宣传单致辖区居民一封信 5 千余份，制作更换创建工作相关内容的宣传展板 15 块，在楼道内安装文明灯 134 个，形成人人争当文明市民，人人争创文明城市的浓厚创建氛围；积极开展文化宣传，交通秩序协管，社区治安巡逻，公共卫生监管，公共设施维护等方面的志愿服务活动 500 人次；利用节庆日在广场组织开展内容丰富多彩的文艺演出，丰富社区居民业余文化生活，社区志愿者放映队每周末利用 APTV 多媒体平台在广场放映群众喜闻乐见的电影 24 场次，放映前滚动播放创建全国文明城市工作的相关知识 480 条，努力提高群众知晓率；建立创建工作长效机制，形成社区居委会、业主委员会、物业公司共同参与创建的工作机制，树立创建工作的责任意识；组织社区居民经常性地开展各类社区志愿者服务活动，形成创建工作全民参与意识，加强正面宣传引导和对居民日常行为规范，从点滴做起，使居民在潜移默化中培养文明习惯，做文明居民，以北安社区为试点，加强社区创建全国文明城市工作，6 月 16 日，成功迎接银川市创建全国文明城市示范区观摩活动。

【优质服务】 十年来把信息化建设作为提供有服务的平台，一是构建信息数字化管理系统，完善服务项目，动态服务管理辖区居民。将每户居民的基础信息、社区服务网点等内容输入系统，访问者根据自身需求直接点击解社区管理服务内容。二是构建网格化管理模式，细化服务内容，社区工作人员进行分片管理，每个责任片区的社区工作者对自管片区的居民进行民情走访，实现动态管理，社区根据不同需求，快速了解居民家庭的人员构成、经济情况、住房和工作等基本信息，为居民及时提供政策支持和服务。三是构建互动信息平台，实行每周 2–3 次或每月 2–3 次和每年 1–2 次的入户走访制度，社区建立 QQ 群、公开社区电子邮箱。四是构建分类服务管理信息，延伸服务触角，将居民进行分类，实行上门服务、预约等服务，利用社区文化活动中心、居家养老中心、老年人服务中心、疗法服务中心、市民服务中心等资源，针对不同人群的需求，开展各类服务，将服务触角延伸到社区的各个角落。

【居家养老服务】 2009 年以来，在崇安社区开展计划生育家庭居家养老服务的试点工作，对 60 岁以上计划生育家庭的老人进行摸底、登记，建立信息档案，为提供各类为老服务搭建一个全新的信息平台。居家养老模式采取以专业服务人员为主，社区工作人员和社区志愿者为补充，为社区内不想离开家的老年人提供生活照料、家政服务等各种日常生活需求等基本服务和医疗卫生、文化娱乐专业服务；以爱心老年公寓为依托，为经济特困且生活自理有困难的计划生育家庭提供日托、就餐、娱乐等服务，积极和老年公寓协调，为特困的计划生育家庭老人降低 30%的费用，2010 年底，公寓收住计划生育家庭老人 7 人，孤寡老人 4 人；组建计划生育家庭居家养老义工队，节假日经常去看望老人，3 月份举办“桑榆暖”庆生会，6 月份举办老年人艺术节，为老人庆祝生日，送上粽子，丰富老人的晚年生活。

2010 年，成立凤凰北街居家养老服务中心，对辖区 60 岁以上老年人进行登记备案，60 岁以上老年人 4739 人，依托爱心老年公寓为辖区老人提供有偿和低偿服务；对政府购买服务的 83 位老人入户登记，建立个人档案，发放服务金 24900 元，为居家养老服务对象安装 43 部呼叫器，定期走访慰问贫困老人，先后对 12 户高龄老人进行慰问，送去米、面、油和 900 元慰问金，自治区政府、民政厅、银川市三区两县民政局领导先后到街道观摩调研居家养老。

【新市民之家】 2009 年，在流动人口居住集中的立诚社区成立“新市民之家”。新市民之家面积 90 平方米，内设生殖健康服务室、温馨话室和政策咨询室。生殖健康服务室能为广大流动人口开展生殖健康检查服务，安装药具自取箱，免费发放避孕药具；温馨话室内设置青春期、新婚期、孕产期、育儿期和更年期五期的投影播放，让不同年龄段的服务对象正确认识自身的心理生理特点，安全健康地度过“五期”；政策宣传咨询室有各种图文式的管理服务版图以及各类宣传资料，便于直观了解有关计划生育政策、优生优育、生殖健康等方面的内容，免费提供咨询服务，通过优质的服务，不仅实现有效减少违法生育的管理目的，而且在辖区树立计划生育工作的良好形象。

【平安街道】 2001年，街道党工委调整街道综治、治保、调解领导小组、并与辖区42家单位、7个居委会分别签订目标管理责任书，严格实行一票否决制。开展严打整治加强“法轮功”练习者的思想转化，对辖区24名“法轮功”练习者进行严密监控。对涉毒人员加强监控和帮教，创建无毒社区。对辖区6所学校周边环境进行清理整治。4月27日抓获抢劫学生财物团伙6人，使校园周边环境大为好转。加强人民调解和“两劳”释放人员的安置和帮教工作，共安置16人。对辖区289栋楼和408个商业网点全面推行“楼单元联防”和“十店联警”责任制，选出楼长289名，单元长1156名，联警组长37名。截止5月底，共查处各类违法案件167起，刑事案件65起，治安案件102起，伤害2起。

2002年，认真做好“四五”普法工作，发放法律宣传资料4000余份。在城区率先建立7个社区警务室，扎实开展“严打”整治，对唐徕职工市场等地区进行综合整治，对辖区25名“法轮功”人员密切监控，积极开展矛盾纠纷预防和调处工作。上半年共调解各类矛盾纠纷70件，调解成功率90%；辖区36名“两劳”全部建立档案。坚持“安全第一、预防为主”的方针，加大辖区安全生产的检查力度，对辖区消防安全隐患进行专项检查整治，与35家单位380家商业网点签订消防安全责任书。

2005年，加大社会治安综合治理宣传，出展板50块，在唐中举办青少年法制教育培训班，受教育4000人次。组建专职巡防队、治安民防队，开展流动的人口发展、出租房屋校园周边、“打两抢反盗窃”等整治，1～6月共发刑事案件96起，同比下降37期，查处治安案件46起，收缴毒品20.5克，治安处罚40700元。开展消防进社区活动和安全生产大检查活动，无安全责任事故发生。

2006年，全面巩固和提高“平安街道”、“安全社区”、“无毒社区”创建成果。一年来开展综治宣传4次，发放宣传材料2000余份，登记外来流动人口1728人，登记出租房350人，调处各类矛盾纠纷87件，破获各类刑事案件38起，查处治安案件83起，开展安全生产检查7次。全年共受理来信来访案件63件，办结率为100%。

2007年，实行综治工作“一票否决”制和责任倒查制，落实社区巡逻防范队伍建设，加强流动人口管理。截止10月，共破获各类刑事案件144起，缴获毒品15.5克，创建“无毒社区”8个，创建平安社区8个，平安单位41个，创建率分别为90%、93%。排查各类矛盾纠纷87件，调解85件，办理群众来信来访95件。

2008年，街道建立重大信访包案制、安全生产责任倒查制，领导带班督察工作制和季度工作汇报制。建立预警决策机制、信息灵通机制、责任考评机制、群众参与机制、经费保障五项工作机制。落实书记大接访工作。全年共调处各类矛盾纠纷61件，调解率100%。“两劳”、吸毒、“法轮功”等不稳定人群做到情况清、底子明、稳定安抚，被银川市确定为社区戒毒（康复）试点街道。

2009年，调整成立依法治理工作领导小组，建立健全各项工作制度，将依法治理工作纳入重要议事日程，深入开展“五五”普法，发放宣传资料5000余份。认真贯彻信访工作条例，继续开展“三级书记大接访活动”，接待处置来信来访148件，办结143件，办结率96%。抓好辖区稳定和安全生产工作，全年共接访安抚重点人员30人、复退军人5人、缠访人员2人、法轮功及其他人员27人，辖区治安形势总体稳定。对辖区52家餐饮、娱乐、网吧、人员密集场所定期进行安全生产检查4次，街道全年未发生安全生产事故。

2010年，全面推进“五五”普法工作，广泛深入开展法制宣传活动，农民、外来务工人员的普法率达到60%以上，居民普法率达到80%，干部职工普法合格率达到100%。全面准确掌握辖区特定人群信息，采集、录入特定治安对象2616人，清查出租房屋1114户2324间，登记核查暂住人口2306人，办证率为96%；出租房屋治安责任书签订率为100%，用工单位治安责任书签订率为100%；刑释解教人员登记率100%，帮教和回访率100%。对辖区52家餐饮、娱乐、网吧、人员密集场所定期进行安全生产检查，全年未发生任何安全生产事故。抓好重点区域的防控和整治，发动社区成员组成140人的志愿者队伍，在学生上学、放学期间进行巡逻执勤。积极推行流动人口社区管理新模式，成立由街道社区工作人员、出租房主、派出所民警为成员的“出租房屋管理委员会”，建立流动人口治安管理长效机制。创建平安单位34个，平安社区9个，平安小区11个，对44个完成目标管理的单位兑现责任奖，对15个先进集体和23名先进个人进行表彰奖励。

【出租屋管理】 北塔四队有常住人口294户900余人，出租房屋数量却突破4000余间，这里不足1平方公里的暂住流动人口已经突破8000余人。街道党工委、办事处积极调动辖区各种资源，找准影响辖区安全稳定的症结，把外来流动人口最为集中的北塔四队作为治安管控和治理的重点区域，积极推行流动人口社区化管理新模式，成立出租房屋管理理事会，开展出租房屋及流动人口调查登记，将入住情况不断进行滚动式登记和录入，签订租赁房屋治安责任书，组织人员绘制北塔四队出租房屋平面图，标出房主自住和出租情况，将出租房屋的门状及房屋整体情况拍照存档，建立北塔四队出租房屋档案。以每家出租房院落为单位，实行旅店化管理模式，定期组织巡防队员进行巡逻，不定期地开展治安隐患清查治理行动，开展安全文明出租户评选活动。按照统一

规划，设置北塔四队警务室，配备便携式复印机，免费为租住在此的外来流动人员复印身份证件，提供优质、方便的服务。

【城市管理】 2001年，加大创卫宣传力度，共印发宣传材料11000份，出版报36期，横幅65条，展板30块。签订“门前三包”责任书45份，对辖区主干道实行定岗定人定职责的全天候保洁，背街小巷、居民楼院清扫保洁率达97%以上。上半年开展综合卫生整治8处，清理垃圾50吨，清理乱涂乱画9000余张，除“四害”布粉块监测6次，发鼠药250公斤、灭蝇药12.公斤。举办教育建康培训班3期300余人发放宣传资料4500份，居民健康教育知识知晓率和行为形成率分别达到80%和70%。

2002年，坚持城管及市容环境卫生长效管理，努力创建优美的社区生活环境。接管新区域卫生，发放《告辖区单位、个体工商户、居民书》共计2000份，先后8次组织人员对新区域卫生进行整治；加大对早市摊区及西桥巷违章占道经营的管理力度。积极参与认育“市民林”活动，共认育树木17棵，辖区新增绿地12249平方米，植树2190棵。

2003年，实施“卫生城管八大工程”，清洗围栏10000余米，清理治理店面门头广告100余处，开展多次大规模的卫生整治，为民运会创造干净明亮、整洁的卫生环境。

2004年，继续将环境整治作为一项系统工来抓，实行拆建管三位一体，4月12日组织社区自愿者和街道干部360余人，出动卡车一辆铲车一台，对世纪小区未开发工地进行治理，铲除掩埋各种垃圾100余吨；组织辖区部队、学生200余人治理解放街、兴仁巷、西桥巷等共清洗公共设施100余处，擦洗围栏1000余米；社区清理楼院废品6卡车，铲除乱写乱画100余处。一年来，在兴庆区卫生工作月评中均取得较好成绩。

2005年，开展以“城市联动治脏乱，改善环境促健康”为主题的爱国卫生月宣传活动，共出动辖区单位15个，社区居委会8个，参加120余人，展板26块，横幅24条，发放宣传资料7000余份；开展居民健康教育知识讲座，参加69人；开展卫生整治，铲除垃圾100余吨，清洗公共设施100余处，清理废旧物品6卡车，清除乱写乱画100余处，投放鼠药2000余处，植树1800平方米1290株，新增绿地14945平方米。

2006年，抓好“三大战役”，推进“五创”工作，全年共完成拆除违章建筑面积32859.77平方米，整治42382.2平方米，绿化1522.18平方米，植树4180株，建车棚5个1200平方米；举办节水龙头进万家活动启动仪式，发放更换节水器具1152套（件），创建节水型社区1个（北安）；创建如意苑小区、云开苑等园林式小区6个，完成城市公共绿地3550平方米，庭院居住区绿地8302平方米，街巷绿化建设1公里，展摆鲜花32700万盆，绿化达标单位、绿化先进单位分别达到60%、33%。按照创建国家卫生城市的总体要求，深入开展“爱国卫生月”活动，发放宣传资料5000余份，出动750余人次对辖区公共设施进行清洗，更换“门前三包”责任牌280块，本年度辖区未发生环境污染和破坏事故。

2007年，全面完成“创卫”、“创园”任务。开展居民区“三乱”整治月、门前三包落实月、清理垃圾223车，清理乱贴乱画20000余张；封堵垃圾道口2030个，在各小区安装毒饵盒400个，对城乡结合部、城中村、六小行业进行整治，门前三包得到落实。开展创建食品安全示范街道活动，设立街道、社区食品安全代理站，与辖区150家餐饮业、9个社区居委会签订目标责任管理书。开展绿色社区创建工作，共申报北安、兴胜、阳澄三个社区为绿色社区。8月28日顺利完成国家建设部考核组对辖区西关清真寺观摩考核“创园”工作。

2008年，开展声势浩大的爱国卫生月活动，组织辖区20个单位200余人集中宣传，发放宣传材料3000余份，挂横幅20余条，集中清理垃圾14吨，投放灭“四害”药物3000千克，完成义务植树414株，新增绿地18200平方米，展摆鲜花106900余盆。

2009年，按照兴庆区“五创”办的统一部署，完成各项创建工作，3月份，阳澄社区接受国家级创模工作检查验收，被评为自治区级绿色社区。充分动员辖区单位和社区群众开展爱国卫生月活动和市容环境卫生集中整治，对辖区0至6周岁儿童进行调查摸底，配合社区卫生服务站对2544名儿童进行疫苗接种；举办艾滋病、H1N1流感预防等知识的宣传和教育培训3次；认真实施“门前五包”试点工作，与辖区商业网点签订并发放“门前五包”责任书533份，发放率达到99%；做好犬类登记和防疫工作，犬类登记和防疫达到68%；高质量地完成春季义务植树和秋季农田水利基本建设，国庆期间动员辖区单位摆放鲜花5万余盆。

2010年，加强街区市场的监督管理，整顿市场经营秩序，坚决取缔哄抬物价、短斤少量的经营户；对辖区特别是北塔3、4、6队的违章建筑进行监管，及时将20户违章建筑情况呈报上级主管部门；联合工商局、兴庆区宗教局检查从事清真食品经营的业主70家，对8户不符合清真食品经营条件却使用清真字样的餐馆，当场拆除并进行批评教育。加大爱国卫生宣传力度，在爱国卫生月、世界卫生日集中上街设点宣传，发放《健康教育手册》《养成良好习惯 创造优美环境》、防震常识等各种宣传材料4000余份，展出展板30块，制作板报10期。与社区签订《市容卫生目标管理责任书》9份，创建卫生达标单位2个。加大环境卫生集中整治力度，对北塔4队、阳澄巷周边环境集中整治4次，清理垃圾300余吨，铲除“三乱”4000余处，投放灭蝇药2000克。

【人口与计划生育】 2001年，充分发挥计生协会的作用，辖区共有计生协会20

个,其中居委会协会7个,辖区单位协会12个,办事处协会1个,发展会员2316名,会员之家7个,会员联系户160户,楼宇信息员354名,5月13日各协会上街设点宣传,开展向西部"贫困母亲献爱心"捐款2300元。在4个社区成立计划生育服务室,为47名居民育龄妇女进行体检。加大流动人口计划生育管理,共有流动人口364人已婚育龄妇女88人,无超生和计划外生育。截止2001年6月底辖区总人口32840人,实有人口28816人,空挂户4024人,已婚育龄妇女6157人,领取独生子女证2648人,女性出生率3.08‰,人口自然增长率2.15‰,计划生育率100%,综合节育率94.98%。

2002年,以北安社区为试点,成立社区"交心室",定时、定人、定内容对社区居民服务。上半年辖区出生128人,出生率4.312.5‰,自然增长率1.72‰,综合节育率94.01%。

2003年,给6694名育龄妇女提供计生"三生服务",完成计划生育100%,出生率5.9‰,自然增长率2.7‰。

2004年,深入开展婚育新风进万家活动,利用人口理论学校主阵地举办计生培训班65期,印发宣传手册15000份,受教育人数达12000多人。依托辖区医疗卫生机构资源,免费为7609名已婚育龄妇女提供计生服务。全年共采取各种节育措施7476人,出生245人,人口出生率7.2‰,自然增长率4.6‰,计划生育100%,孕检率和持《流动人口婚育证》办证率100%。

2005年,举办计生培训班27期,发放宣传资料2000多份,受教育5000多人次,创建优生优育优质服务试点,为辖区136名已婚育龄妇女免费检查,设立咨询点10次,发放药具1400件次,帮扶困难妇女家庭20户,对流动人口计生情况入户调查率90%以上。截止6月底,辖区共有总人口34042人,已婚育龄妇女7570人,已采取各种节育措施7003人,出生151人,出生率4.43‰,自然增长率2.7‰,计划生育率100%。

2006年,辖区总人口37350人,已婚育龄妇女8181人,出生179人,出生率4.8‰,自然增长率2.5‰,计划生育率100%。依托北安社区文化宣传中心,办起"社区生育文化大院",进一步丰富社区育龄妇女文化生育内容。

2008年,辖区总人口38843人,已婚育龄妇女85731人,出生285人,出生率6.7‰,自然增长率4.6‰,计划生育率100%。

2009年,巩固计生"三无"成果,开展婚育文明"四级联创"试点工作,崇安、立诚社区通过"四级联创"验收。开展独生子女父母社区养老服务试点工作,依托爱心老年公寓为生活不能自理的独生子女父母提供帮助,在立诚社区成立"新市民之家"。开展各种形式的计生宣传活动6次,发放宣传资料1000余份,7749人采取各种节育措施,全年新增人口183人,出生率4.7‰,自然增长率2.1‰。

2010年,完成计划生育全员信息化录入和出生实名制登记工作。按照年初确保70%以上的社区开展并达到婚育文明星级活动创建的要求,在西桥社区工作站创建"让和谐人口文化走进社区"为主题的人口文化园活动,在立诚社区开展"综合治理流动人口示范点"工作。全年集中对流动人口清查登记3次2892人,发放计划生育宣传单2000张。辖区已婚育龄妇女8295人,采取各种节育措施7640人,出生150人,出生率3.9‰,自然增长率2.5‰,出生政策符合率100%。

【工会工作】 2001年,大力开展在新经济组织建立工会组织活动,共组建工会联合分会委员会1个,工会联合分会7个,社区工会委员会4个,组建工作小组47个。2005年积极做好非公经济和进城务工人员入会工作,上半年在辖区非公经济中建立工会2家,入会人员50人。2006年在新建非公企业成立工会7家,发展会员167人。支持创办工字号创业实体1家。2007年,新组建非公企业工会6家,非公企业区域性联合会1家,工会小组42家,发展会员238个,建立职工创维权站9家。2009年,认真贯彻落实工会各项工作方针,加强工会组建力度和职工权益维护,截止9月底,新建工会组织1家,涵盖11个单位,新增会员216人,大力开展《工会法》《劳动合同法》宣传,切实维护职工权益,积极开展以"送温暖工程和再就业工程"为主要内容的社会保障和困难救助工作,全面完成工会工作的各项目标任务.

2010年,街道工会下辖基层工会26个,其中非公企业独立工会16个,机关工会1个,社区工会联合会9个,涵盖单位67个,有会员1501人,加大非公团组织的组建力度,组建非公团组织3家,新建独立工会组织2个。切实维护职工合法权益,监督检查企业与职工签订劳动关系相关合同达到100%,建立健全困难职工档案,畅通职工利益诉求和帮扶救助渠道,为47户困难职工申报困难救助,为4位困难职工子女提供金秋助学帮扶资金12000元,通过结对帮扶为6名困难党员职工发放慰问金1800元。切实保护妇女儿童权益,加大妇女培训和就业力度,组织辖区妇女100多人参加就业培训4期,参加招聘会2次,实现妇女就业52人。争取资金2000元,积极开展团组织创先争优和青年志愿服务活动,登记注册志愿者2485人,每个社区均有1至2支青年志愿者服务队,每周至少开展1次志愿服务活动。

中山南街街道

【概况】 中山南街街道位于银川市兴庆区东南部,辖区东至丽景南街,西至玉皇阁南街,南至长城路和景明路,北到解放东街,面积约3.3平方公里,人口10579户25787人,其中常住8774户21444人,流动人口1563户4343人,有

国家行政、企事业单位74个(其中行政事业单位65个、国有企业9个),非公有制企业437个,个体经营户2469个,从业人员8369人。辖区有新华百货、商城、国芳百盛、商都、北京华联、东环批发市场、建发家世界等形成的银川市商业圈,也有南门广场等人口密集场所。街道设有富强、新宁、安和、康华4个社区居委会。街道党工委辖有12个党支部,党员525名。有工会组织63个,工会会员6205人。

近年来,中山南街街道党工委、办事处坚持以党建为龙头、以经济建设为中心、以城市管理为重点、以社区建设为基础、以服务群众为目的,全面加强党的基层组织建设和精神文明建设,狠抓计划生育及民政工作,大力实施劳动就业和再就业,相继建立以亲民、为民、便民为目的的爱心捐助点、居家养老服务中心、便民蔬菜直销店等。率先建立阳光心理学校、非公企业联合党支部、兴庆区首家社区网站、流动党员QQ群等,辖区经济社会呈现健康、协调、稳步发展态势,民政、劳动保障、计划生育工作先后获得自治区、银川市、兴庆区先进集体荣誉称号。

【街道领导名录】

银川市兴庆区中山南街街道党工委

书　记:贾桂秋(2001.01~2002.09)
袁金平(2002.09~2003.07)
王建宁(2003.07~2007.04)
马林凯(2007.04~2009.07)
冯　泽(2009.09~2010.12)

副书记:马咏辉(2001.01~2001.10)
钱　东(2001.10~2002.09)
王海燕(2002.09~2004.07)
张红声(2007.12~2010.12)
贺满庭(2002.09~2005.07)
马　丽(2002.09~2004.07)
马　康(2005.10~2010.12)

银川市兴庆区中山南街街道办事处

主　任:袁金平(2001.01~2002.09)
邓　华(2002.09~2003.07)
杨　伟(2003.07~2005.08)
范丽萍(2005.08~2007.04)
钱　东(2007.04~2010.03)
陈　洁(2010.03~2010.12)

副主任:马　刚(2001.01~2003.09)
杨跃明(2002.09~2004.07)
王　旭(2002.10~2007.07)
王　理(2002.10~2007.07)
哈　兵(2007.08~2010.06)
赵红梅(2007.10~2010.09)

【街域经济】 2002年,截止6月底完成工商业总产值1269万元,协护税金30.3万元。

2003年,兴办早市、夜市、摊区、法律服务所,创办中山南街社区伊立达婚介家政服务中心、"门前三包"收费、社区服务等经济实体,辖区经济取得了较好的成绩。

2004年,本着资源共享,优势互补的原则,走街居经济工作发展的新路子,针对银川市家政服务不能满足居民需求的现状,成立"中山南街社区伊立达保姆公司",面向社会提供全方位服务。

2005年,成立裕民巷和东门桥市场。全年共收缴城市卫生费、"门前三包"有偿服务费11.9万元;收缴城乡结合部卫生费3.3万元。争取援助资金7万余元。

2006年,3家外资投资商东方大酒店、家友地下灯饰广场、新华商场赛博数码广场在中山南街辖区内落户,总投资3600万元。立达全天候市场初见成效。全年共收缴城市卫生费、"门前三包"有偿服务费、城乡结合部卫生费共计10万余元。

2007年,截止11月底完成泰国新东联旅运货易有限公司与辖区宁夏立达日用品百货批发市场达成投资协议,总投资2亿元,已落实1.2亿元。兰州百盛集团公司与宁夏银祥集团公司达到投资协议,总投资3亿元,已落实3千万元。

2008年,街道现代服务业发展态势良好,一方面辖区传统商贸业及餐饮业势头强劲,宁夏商都、大中电器、国美电器、大自然宾馆、凯达大酒店等一批传统企业不断发展;另一方面通过传统企业带动和街道投资软环境的大力改善,国芳百盛、立达商贸综合大楼等大型企业以及其他小型娱乐、电器、餐饮业持续跟进,促进辖区现代服务业稳定发展。

2009年,辖区经济稳中有升,宁夏银座酒店、广东中旅华尊立达大酒店落户辖区,前期建设工程已初步完工。街道自办的立达全天候市场已初具规模,新运西巷早市也在积极培育中。同时,街道加大对城市卫生费及"门前三包"有偿服务费、临时摊点费的收缴力度。截止11月底共收缴费用21万余元。

2010年,走"依托楼宇经济,发展现代服务业"的路子,千方百计促进街居经济稳步发展。招商项目天一商务酒店已正式入住本辖区。在安居巷设立全天候市场。截止10月底共收缴城市卫生费及摊点费22万元。

【班子建设】 2006年,完成第二届社区"两委"换届选举工作。共选出新一届社区党组织成员30人,社区居委会基干37名。新一届社区党组织成员平均年龄49.5岁。大中专以上文化程度26人,占86.7%,妇女干部24人,占80%,社区基干年龄从2003年39.6岁下降到34岁。

2009年,开展第三届社区两委班子换届工作,社区居委会共选出社区干部30名,2355名选民参加选举,社区党支部委员28名,与居委会委员交叉任职11人。

【基层组织建设】 2002年,《制定中山南街创建'标兵街道党工委'和'红旗党支部'实施意见》,确定高台寺社区和富强巷社区党支部为创建示范点,制定创建责任书,核拨创建经费,5月份进行了督查。加强街道和社区支部班子和队伍建设,对不团结的2个社区党支部进行诫勉谈话,确定入党积极积分子6人,发展预备党员3人。积极引导社区单位党组织开展社区共建,截止6月底结对帮扶27对,在职党员810人,挂牌724户,3名在职医生办起了24小时家庭医生。2月28日下发《关于加强非公有制经济组织中党的建设的实施意见》，开展辖区非公有制经济组织党建工作调查，有党员3人以上4家，3家成立党支部。

2003年，以创建“红旗社区党支部”、“标兵街道党工委”为目标，加大街道和社区党建工作力度，年底验收率达到80%以上，电化教育标准化达到60%。开展“一个支部一面旗”，“一个党员一盏灯”活动，支部共建向农村、非公有制经济组织延伸，全年新发展非公企业党组织1个。

2004年，党建工作突出特色，把服务群众作为党建工作的出发点和落脚点，在社区开展“五必访、五必问”党员“八个一”服务活动，实施“知民、安民、乐民、便民”服务。开展春季党员轮训和非公有制经济组织党建工作。

2005年，开展先进性教育活动，“八个一”主题教育活动和“四送”、“五访”、“五帮扶”、党员志愿者服务等主题实践活动。组织召开街道和社区党建联席会，成立楼栋党小组和宣传教育、环境卫生、治安巡逻、扶贫帮困等社区志愿者队伍，有223名党员对76户困难户开展结对帮扶。7月14日，邀请社区党员代表担任先进性教育活动义务监督员。新发展非公企业党组织1个，社区民办幼儿园—高台寺中心幼儿园的4名教师向社区党支部递交入党申请书。2006年，以创建“标兵街道党工委、红旗社区党支部”为目标，开展社区党员“设岗定责”活动，6个社区党支部200多名社区党员积极择岗履岗。突出党员分类管理，在职党员中开展党员联系户活动，组织离退休党员开展党员志愿者服务活动，对老龄党员开展上门走访慰问，对社区贫困党员开展结对帮扶，对流动党员进行严格监督。发挥区域联动作用，定期召开党建联席会，形成“优势互补、资源共享、区域联动、整体推进”的工作局面。辖区29个单位对69户困难户长期开展“结对帮扶”活动；宁夏日报社、银川市晚报社为6个社区免费订阅《宁夏日报》《银川晚报》等党报党刊；银川市城管局执法一大队在富强、新宁社区建立“爱心捐助点”，帮助解决辖区困难群众的生活问题。全年新发展非公企业党组织1个，发展党员48名。

2007年，狠抓党组织“三级联创”工作。设置党员服务中心、站（点），实行党政领导干部联系社区工作和党员分类管理制度，开展“连心桥”、党员服务承诺、党员设岗定责、“议事园”等活动。对辖区“两新”组织进行调查摸底，在辖区四家规模以上企业成立企业党组织。

2008年，开展“党建月”活动。召开机关及各社区党支部“解放思想干干净净干事”专题组织生活会、开展“庆七一、迎大庆”学党章、学十七大知识竞赛，机关及各社区共7个代表队参加比赛。

2009年，开展社区无职党员设岗定责、三团服务在社区、党员志愿者服务等系列活动；开展基层党建示范点创建工作，新宁社区顺利通过银川市验收；开展党日活动，组织党员到辖区单位银川市图书馆观看电教片、阅读党风廉政书籍，组织举办“党旗红遍社区暨廉政清风进社区”专场文艺演出；开展城乡“结对共建”活动，组织党员干部到结对镇（村）实地参观新农村建设；开展两新组织党建工作，率先成立中山南街非公企业联合党支部。对去年以来街道、社区成绩突出的优秀党务工作者、优秀共产党员、设岗定责标兵等先进典型进行表彰。

2010年，一是深入开展学习科学发展观活动，采取集中辅导、分散自学、心得交流、讨论、调查走访等措施，提高学习效果。各社区也通过送书到老党员家中、为老党员读书念报、党员集中学习以及“社区小讲台”等形式进行学习讨论，全面完成学习实践活动的各项规定内容，成效明显。二是扎实开展创先争优活动，街道党工委以“创先强组织合力，争优提党员素质，全面提升促和谐”为主题，在基层组织和党员中开展“党员服务中心”、“党员志愿服务”、“社区星级党员评选”、争当优秀共产党员、争做文明居民活动；在非公有制经济和社会组织党组织中开展“抓思想领先，树先锋形象；抓岗位责任，树旗帜形象；抓先进典型，树榜样形象”活动，使“创先争优”活动真正从形式和内容上得到落实。三是开展“两承诺三评议”活动。街道党工委从自身建设、社区居委会办公用房、服务党员群众、建设和谐街区等方面作出8项承诺，制定4项实施措施；各基层支部结合品牌社区创建、非公企业发展需要和党员自身特点签订党员公开承诺书。四是积极指导辖区“两新”组织创先争优，非公有制企业联合党支部以“创先争优促发展、三抓三树争先锋”为主题，以学一门服务技能、提一条合理化建议、兼一个公益岗位、帮一名困难员工“四个一”活动为截体，组织引导广大党员、职工积极投身企业发展。广源机电党支部与康怡社区党支部结对开展“我为企业发展献一计”、南方商城党支部与富强社区党支部结对开展“文明诚信商户”评比等活动，商都个体户党员俞艳英利用经销花边的优势，手把手地为辖区下岗女职工传授花边编织技能，使近百名下岗女工月增收入500元。四是开展“西部大开发、兴庆要争先”主题学习实践活动，邀请干部群众、人大代表、政协委员、辖区单位代表、辖区企业代表等各界人士参与分析检查街道发展与科学发展观要求存在的差距和不足，找原因、提建议，明确思路和措施，着力破解中山南街加快科学发展难题，努力在转变经济发展方式上迈出新步伐。

【廉政风险防范管理】 2010年，街道党工委制定《廉政风险防范管理工作方案》，共查找风险点14个，制定廉政风险防范措施6条。在康华社区创建廉政文化建设示范点，康华社区通过建立“清风一条路”、廉政宣传栏、廉政书画展、广场廉政文艺演出、家庭助廉读书活动、廉政文化进家庭知识竞赛、赠阅廉政书报、签订“助廉承诺书”、开展“说廉、颂廉、思廉、守廉”等系列教育活动，大力培育社区居民廉政文化意识，营造崇廉尚廉社会氛围，增强了社区在廉政建设中的特殊作用。

【自身建设】 2002年，推行“四个一”服务和首问责任制、行政公示制度，开展经济发展、环境创新大讨论活动，使辖区投资环境进一步得到优化。

2004年，加强党风廉政建设和政务公开，强化监督，实行“政务、居务”公开，认真落实首问责任制和服务承诺，个人重大事项报告制。

2005年，建立服务承诺制、限时办结制、首问责任制、AB岗位工作制、公开公示制、一次性告知制、绩效问责制等10项行政效能建设制度，公开办事程序、办事标准、办事结果，并在工作质量、服务态度、办事时效方面作出承诺，对涉及干部职工及群众切身利益的评先评优、考核奖惩和低保、优抚金发放事项实行全面公开

2006年，对外公开办事职能、计划生育、低保、再就业优惠证等办理程序、低保、优抚金发放等；对内公开对评先评优、考核奖惩、办公经费、业务招待等敏感问题，自觉接受监督。

2007年，推行民主、公开管理及财务制度，严格执行财务审批及“收支两条线”。

2008年，强化机关效能建设，对办事处各业务部门的岗位职责进行重新修订完善，处罚违纪干部职工6次14人，尤其是针对流管办个别工作人员不能认真履行职责，工作严重滞后，给办事处带来不良影响的情况，依据街道机关效能建设有关规定做出撤职、罚款的处理。

2009年，严格执行领导干部廉洁自律各项规定，街道领导班子及成员公开做出廉政承诺。

2010年，全面推进党务、政务公开和居务公开，街道和六个社区全部设立了公示栏，公开各项工作的办事程序、依据、时限、结果、投诉渠道等，全面接受居民群众监督。加强机关效能建设。重新修订办事处各业务部门岗位职责，依据街道机关效能建设有关规定对1人除名、限期调离1人、行政告诫1人。

【“五创”工作】 2002年，开展“爱国卫生月活动”、“市容整治月六大工程”等多种形式的整治环境卫生活动，开展“三级卫生达标单位”和绿化达标单位创建活动，争创城区卫生达标单位2个、绿化达标单位2个，市级绿化达标单位2个。街道各种健康教育网络健全，覆盖率但90%以上。

2004年，加强市容卫生长效管理，创建垃圾袋装化示范社区。开展健康知识宣传教育和植树造林工作。集中整治违章占道经营、流动摊贩、“乱涂乱画乱张贴”和自行车摆放以及群楼院落和自管街巷的卫生死角。

2005年，一是坚持市容卫生长效管理，制定《卫生站工作人员岗位安排》《卫生站责任目标考核奖惩办法》《社区居委会卫生管理目标考核奖惩办法》《市场管理规定》《城市卫生费收缴人员管理规定》等制度，成立门前三包管理组、社区卫生管理组，对卫生管理和清扫人员实行一月一考评，市容卫生工作在兴庆区综合考核中获得了两个第一、一个第二、三个第三的好成绩。二是开展城乡结合部、高台村十一队垃圾场等卫生整治活动7次；对辖区特行、餐饮业进行4次大规模拉网式检查，发放鼠药75公斤，粘鼠板15个，发放灭蟑药物2000余袋，“四害”密度均达到规定标准。三是顺利完成市容卫生体制改革，移交主要大街“门前三包”区域的清扫保洁工作。四是对辖区烟草经营户开展5次大规模拉网式检查；对用水经营户和旧居民小区中开展节水器具普查和宣传工作；对社区居民群众开展健康调查；开展义务植树、绿化管护和秋季农田水利建设工作，节日期间展摆鲜花6000余盆。

2006年，一是展开“环境综合整治”战役，共拆除各类违章建筑及有碍市容观瞻等建筑14969平方米，投入资金237.3万元。完成拆迁整治点26个共15602.5平方米。其中：绿化1864平方米，硬化13737平方米，建自行车棚8个460平方米，安装体育器材16件。二是在辖区内开展公共绿地、新增绿地、拆建还绿等工作。义务植树3210棵，完成新增绿地12649平方米，新植树木944棵，展摆鲜花28000盆。推荐康怡社区、康华社区、安和社区申报“绿色社区”。三是开展节水器具的普查登记、宣传和更换改造工作，共为辖区单位及居民更换安装节水器具980个。四是集中进行大型卫生宣传5次，制做条幅60余条，展板55块，发放宣传资料6500余份，清除小区房顶、死角垃圾200吨。对城乡结合部闲置空地的垃圾杂物进行4次大规模的集中整治。对辖区乱贴乱画等进行3次大规模的治理，共铲除乱贴广告1500余处，清理乱涂写1200余处。对辖区特行、餐饮业进行4次大规模检查，布粉块4900余块，进行鼠密度监测12次，发放鼠药125公斤，粘鼠板45个，发放灭蟑药物4000余袋，喷洒敌敌畏60箱50400毫升，有效的将“四害”密度控制在国家规定的范围内。开展预防艾滋病、世界无烟日、高血压日等健康教育宣传培训活动，共发放宣传资料1800余份，制作展板42块，悬挂条幅50余条。展开3次大规模烟草广告拉网式检查，清理烟草广告牌26处。组织人员对辖区内1300只禽类注射免疫。在1～9月份兴庆区爱卫会爱国卫生工作综合考核中取得两个一等奖、两个二等奖、一个三等奖的好成绩。

2007年，对“六小”行业开展卫生集中整治工作，并配合兴庆区卫生监督所对辖区500多家六小行业的健康证、卫生许可证进行监督检查。全年先后5次组织大规模的卫生整治，清理房顶及生活等各类垃圾500余吨，乱贴乱画800余处，封堵26栋楼垃圾道口596个，摆放垃圾箱70个，协调辖区单位封堵垃圾道口72个、摆放垃圾箱16个。动员辖区20余家单位悬挂创卫横幅50余条，发放各类宣传资料3000余册，购置

10个小喇叭深入街巷宣传创卫知识，在城乡结合部、小巷道、旧小区楼院中修缮和新建40余块健教及创卫宣传专栏。对小区、楼院的垃圾箱、公厕、下水井口等处喷洒敌敌畏60余公斤，发放消杀药品1500余袋，做到投药覆盖率、投药饱和率、投药到位率100%，全年共新增绿地面积共计2495平方米，栽植树木96棵，节日期间展摆鲜花22000盆。辖区建发城市花园等3个小区正式创建成为园林式居住区。

2008年，全面落实争创全国文明城市各项任务，顺利通过国家考核组在本辖区内的2次检查。完成1.2万平方米区域改造；完成辖区内解放东街、新华东街、中山南街沿街路段18处"洗脸修面"工程。组织500余人对小区楼院进行大规模整治，共清理卫生死角、车棚、雨篷垃圾80吨，清理房顶垃圾20吨，生活垃圾15余吨，乱贴乱画5000余处。对100余家小餐饮业进行监督检查，发放鼠药25千克，发放灭蟑药10千克，喷洒敌敌畏5000毫升，做到投药覆盖率、投药饱和率、投药到位率100%。

2009年，在迎接国家"创城"检查团检查期间，街道在管辖区的四个路口设立9个文明监督岗。创文明生态示范点1个，绿色社区2个。进行卫生专项整治6次，清理卫生死角、车棚、雨篷垃圾50余吨，清理房顶垃圾10余吨，生活垃圾10余吨，乱贴乱画6000余处。开展健康教育，制作预防甲型H1N1流感宣传展板10块，办健康教育板报10期100余块；针对重点人群，开展3次培训学习及培训前、后的测试评价。开展鼠密度监测工作，监督检查督促整改小餐饮业100余家，发放灭鼠药14000克，发放灭蟑药5000克，喷洒敌敌畏1750毫升。

2010年，全年先后开展8次大型卫生整治活动，共清理卫生死角、车棚、雨篷垃圾100吨，清理房顶垃圾30吨，生活垃圾10余吨，乱贴乱画6000余处；签定"门前五包"责任书1000份，责任牌800个；发放居民健康教育读本240本、禁烟标志100份、宣传画80张；发放灭鼠药14000克、灭蟑药5000克。

【社区建设】 2001年，3月26日召开社区建设协调工作委员会成立大会暨文明社区建设经验交流会。

2002年，开展创建社区建设示范街道活动，制定创建方案，成立领导小组，投入专项资金，为所确定的四个达标居委会装修办公室和活动室，成立社区文化中心，建立各种社区组织和制度，积极实施创建工作。

2003年，完成居委会"两委"换届工作。推进"星光工程"建设，解决红花桥西、高台寺2个居委会办公用房，完成高台寺居委会区划工作。

2004年，以服务群众为目的，加强社区建设，制定社区局务公开、服务承诺、定期报告、考核评议等制度。结合星光计划，建设了一批社区服务设施和活动场所。

2005年，在6个社区开展以"生态型、安居型、服务型、学习型、先锋型、健康型"为主要内容的"一居一特色"文明示范社区创建工作，创建文明生态示范社区1个，文明生态示范点1个，对13家文明单位进行检查和指导。加强社会公德、家庭美德等思想道德教育，构建学校、社区、家庭三位一体的未成年人思想道德教育网络。开展法律法规、消防安全知识、"珍爱生命远离网吧，争做优秀小居民"、中华民族的近现代史和科学教育子女等教育讲座。开展"红领巾进社区"、"爱我社区，爱我家园"、书法绘画作品展等未成年人社会实践活动。开展首届社区文化艺术节、塞上湖城广场文化、四进社区、三下乡等活动，营造健康向上、文明和谐的社会氛围。

2006年，深入开展和谐社区创建活动，向社区全体居民发出"万家温馨回访，共建和谐家园"调查问卷1000余份，通过调查，居民对社区服务、治安、文化、环境、再就业、青少年教育、最低生活保障、离退休人员管理的满意率初步达到65%。依托社区资源，从完善社区服务功能入手，继续在6个社区深入开展"满意服务在社区"活动，印发便民服务卡6000余张，为居民群众提供方便快捷、优质满意的服务。深入开展文明单位创建活动，对辖区5家申报市级文明单位和2个申报兴庆区级文明社区的社区进行检查和指导。组织开展"三下乡"、"周末广场文化活动"等群众性文化体育活动。举办两场广场文化演出，承办兴庆区创建和谐社区"金河杯"家庭趣味运动会开幕式及首场比赛。

2007年，在社区建立以社区党支部、居民委员会、公安派出所、业主委员会、物业管理公司"五位一体"社区工作新机制，落实完善社区听证会、议事会、评议会"三会一公开"制度。开展"楼道一家亲"、"社区议事园"等系列活动。通过一系列行之有效的管理服务，"有困难找社区"已成为辖区居民的共识。组织申报市级文明单位3个，市级文明社区2个，兴庆区级文明小区1个，文明社区1个。上半年安和社区和新宁社区通过银川市四星级社区复验工作，9月份街道被自治区命名为全区民政工作先进集体称号。

2008年，继续深化"一居一特色"创建工作，在6个社区开展以"送钱送物送温暖、扶贫扶志扶就业"、"凝神聚力创精品，安居乐业创文明"、"爱心孝心敬老、热心诚心服务"、"活跃社区文化、活动凝聚民心"、"党员闪光在楼道、邻里和谐一家亲"、"营造健康环境、打造健康社区"等为主题的"帮扶型、安居型、关爱型、文化型、和睦型、健康型"特色社区创建活动。进一步推行"社区议事园"，通过议事活动解决了业委会换届、辖区单位扰民、居民小区下水堵塞等与群众密切相关的诸多问题。

2009年，继续开展"特色社区"建设，所有社区均实行一站式服务。全年争创三星级社区2个、四星级社区1个、五星级社区2个。全年共举办社区基干培训班3期，培训100余人次。为社区配备了数码相机、电脑、投影仪及档案柜、桌椅等设施。

2010年,开展创建"学习型社区"、"星级社区"、"品牌社区"、"和谐社区"。在康怡社区开通兴庆区首家社区网站,在康华社区按"政府+研究机构"合作模式组建成立宁夏首家社区"阳光家庭"教育学校分校,向社区居民传播家庭教育常识,普及家庭身心健康,争做文明居民。

【阵地建设】 2005年,与隆湖房地产开发公司签订开发建设康怡社区办公用房协议,与辖区单位宁夏建发集团公司协商借用其临街营业房解决新宁社区办公用房。

2006年,为新宁社区居委会建成208平方米活动中心和办公用房,社区办公硬件等配套设施一次到位,成为中山南街社区阵地建设的亮点。协调隆湖房地产开发公司在雅安公寓无偿为康怡社区解决办公用房112平方米,改变了中山南街长期以来社区居委会办公用房紧张的局面。

2008年,开展社区阵地规范化建设,对已经达标的3个社区进行功能完善、载体拓展和制度创新。对富强社区党支部办公用房及活动室进行重新规划设计,社区实行一门式办公。投资50万元,新建380平方米,集社区办公、活动、阅览等为一体的康华社区办公用房及社区活动室。

2009年,协调宁夏金汇煤业公司为联合党支部免费提供40平方米办公室。设立社区科普基地,组建中山南街"社区民族乐团"、社区艺术团,相继在各社区开设利安电子商务社区服务终端。

2010年,8月27日中山南街街道办公区由原来利群东街260号搬迁至育才巷1号(原兴庆区三小院内),办公面积由原来的300平方米增加到近700平方米。

【综合治理】 2001年,街道党工委、办事处制定《关于进一步加强矛盾纠纷排查工作的意见》。

2002年,3月召开中山街社会治安综合治理工作大会,表彰奖励30名综合治理先进个人,2名综合治理先进单位。辖区80%的单元楼建立楼单元联防组织,100%的店铺建立"十店联警",开展严打第四战役,对辖区治安混乱地区和单位进行整治。开展基层创安活动,增创城区治安模范单位2个,市级治安模范单位2个。上半年共抓获各类犯罪嫌疑人112人,破获刑事案件16起,治安案件151起,矛盾排查率100%,接待来信来访20人次。

2003年,开展"四五"普法教育,加大创建平安社区工作力度,创建三级治安模范单位2个,安全文明校园5个,安全文明小区2个,建立示范警务区2个。

2004年,结合创建平安银川,开展"压案件、保平安、促稳定"、"楼单元联防"、治安联防、创建"无毒社区"和治安模范单位等活动,防止了群体性上访的发生,有效维护辖区团结稳定局面。加大安全生产教育,举办辖区60余家"安全生产消防工作通报会",在三中举办消防安全进校园现场演练会。6月13日安全生产宣传日共发放宣传材料15000余份,悬挂横幅31条,挂图34张,展板57块,辖区单位宁夏煤业集团举办"安全生产万名员工签名活动"。

2005年,3月19日在新宁社区成立以低保户为主的自治区首个"社区哨位"。开展流动人口和校园周边秩序集中整治专项行动,共登记出租房屋400户,流动人口4291人,签订治安责任书837份。采取创建"四张网"、设立"嘹望哨"等措施,成立7支54人组成的治安民防分队,有效遏制城乡结合部流动人口犯罪的高发态势。截止10月底,新创建治安模范单位市级5个,兴庆区级3个,6个社区被银川市评为无毒社区。共受理报警案件521起,调解重大矛盾纠纷112件,调解成功率93%,制止群众性械斗1起270人,集体上访案件3起240人。《安全生产责任书》签订率达100%,开展消防安全知识培训5次,消防实地演练活动2次,累计查出问题105条,及时整改96条,限期整改9条。2006年,开展依法治理示范社区创建、"五五"普法宣传教育、"法律服务进社区"活动。7月份联合兴庆区司法局在劳务市场设立农民工法律服务站。全年共创建依法治理示范社区5个、示范学校1个、示范单位1个。继续巩固"平安街道"创建成果,为了遏制上半年各种刑事犯罪的高发态势,成立专门工作领导小组,印发"治安防范温馨提示"和"市民平安手册",加大对重点人群众、案件高发时段地段管理,整合民防队伍,将新分配来的4050人员充实到社区民防

2009年3月2日,中山南街召开综合治理、安全生产、计划生育工作会议

队伍中,与社区6支义务治安巡防队共同发挥积极作用。开展楼单元联防、十店联警等活动,发案总量得到有效控制,三类可防性案件259起,下降3%。截止11月底,共立治安案件541起,查处340起,查处率62%。共调解各类矛盾纠纷227起,调解成功率100%。办理来信来访60件。与1650家单位签订安全生产责任书,签订率100%。组织消防演练2次,开展安全生产知识培训9次,集中进行安全生产大检查6次,检查辖区单位覆盖率100%,累计查处隐患185处,及时整改160处,限期整改25处,整改率100%。辖区无重大事故和无死亡事故发生。

2007年,开展“四五”普法总结活动,制定“五五”普法规划,以创建“平安街道”活动为载体,以构建“和谐社区”为目标,与辖区48家单位、6个居委会签订创建“平安街道”目标管理责任书。以辖区物业公司保安汪建军勇擒歹徒、身负重伤的英勇事迹为典型,在辖区范围内广泛开展综治宣传活动。全年共组织集中宣传5次,悬挂横幅14条、展板7块、板报4期25块,发放宣传材料3000余份。将严重暴力、犯罪、黑恶势力尤其是把“两抢一盗”等侵财性犯罪作为打击重点,开展夏季“千人巡防大会战”活动,对四类重点及五类重点行业进行违法犯罪情况排摸,做好对刑释解教人员的排查摸底和对“法轮功”监控工作,继续保持三个“零指标”。截止11月底辖区共受理各类刑事案件265起,自侦59起,比去年同期减少117起,下降30%;受理各类治安案件435起,查处240起,调解各类矛盾纠纷186件,调解成功率100%。接待来信来访54件21人,办结率100%。对辖区单位分别进行6次全面检查,累计查出隐患167处,及时整改145处,限期整改22处。共签订安全生产责任书1627份,签订率100%。

2008年,完善防控网络,重点抓群防群治,先后3次开展打击“两抢一盗”专项行动。截止10月底,共立各类刑事案件687起,自侦104起,受理各类治安案件1446起,查处619起,打击涉毒犯罪37人,收缴毒品10.6克。调解各类矛盾纠纷153件,调解成功率100%。办理来人来访案件96件27人,来信案件1件。全年共有3所学校、1个社区、1所企业申报兴庆区依法治理示范学校、社区(企业)。在安全生产月、元旦、春节、国庆节等节假日期间先后组织10次安全生产大检查,开展宣传咨询活动5次,向广大市民群众发放宣传材料6000余份。一年来排查安全隐患288条,现场整改268条,限期整改20条。

2009年,深入开展“五五”普法,“法律六进活动”,依法治理示范单位创建活动,严格落实“三级书记大接访”制度,截止10月底,共举办法制宣传教育活动4次,调处纠纷198件,调解成功率100%,办理接待来信来访案件68件,受理刑事案件280起,自侦60起,各类治安案件551起,查处277起,组织4次安全生产大检查,累积查出隐患85条,及时整改80条,限期整改5条。

2010年,坚持“四个到位”和“四个不放过”工作方针和“三级书记大接访”制度,辖区治安较往年情况稳定,发案总量得到有效控制,截止10月1日,共破获刑事案件32起、行政案件54起,抓获嫌疑人65人,为群众挽回损失72000余元,发案率同比下降19%。共调解、排查各类矛盾纠纷218起,调解成功率100%,办理来信来访78件。开展安全生产大检查4次,检查辖区单位覆盖率100%,对172家单位进行安全隐患排查,落实安全整改措施42件,安全整改率100%。

【劳动保障】 2003年,帮助下岗职工夏新强建立蔬菜温棚种植,帮助贷款1万元。

2004年,通过街道、社区、辖区单位三级保障和就业网络,积极搭建就业平台,拓宽就业渠道,截止6月份安置就业人员109名。

2005年,成立各社区劳动保障站,开展下岗失业人员调查摸底工作,举办下岗失业人员手工编织、服装、美容美发等培训班,在南门广场联合银川市、兴庆区劳动就业部门等举办招聘洽谈会4次。截止10月份联系辖区内外用人单位173家,开发就业岗位1476个,安置失业人员1249人,城镇登记失业率控制在3%以内。对移交的797名退休人员全部建立档案。

2006年,成立中山南街家政服务中心,积极推进社区再就业工作,与辖区用人单位签订《优先使用南街辖区下岗失业人员用工协议》34份,联合上级业务部门举办大型用工洽谈会4期,共组织辖区下岗失业人员800人参加,现场与用人单位达成就业意向163人。全年共安置下岗失业人员就业1057人,办理下岗职工再就业优惠证177个。

2007年,辖区3个“充分就业社区”创建点通过上级部门初验。到11月底共举办培训班3期,培训人员492人,举办劳动用工洽谈会4期,达成就业意向271人,收集各类用工信息1721条,登记岗位724个,推荐537人实现就业。办理《再就业优惠证》368人,零就业家庭”实现动态消零。

2008年,共举办培训班3期,培训各类人员449人,组织各类就业洽谈会4期,现场推荐达成就业意向172人。截止10月底完成新增就业安置人员920人次,办理再就业优惠证72人。街道共有企退人员1623名,全部建立“一卡”“四帐”“四册”,完善工资档案,建全调资卡。

2009年,设立社区再就业服务中心、积极开展劳动就业和再就业工作。截止10月底,举办自主创业引导性培训1期,完成就业安置1005人,办理就业失业登记证305人。组织辖区领取养老金的已征地农转非人员、村干部领取养老金资格认证。共接收企退人员2009人,开展企退人员领取养老金资格年度认证工作,开展企退人员文体活动12

次 1000 余人参加，组织辖区 762 名 60 岁以下企退妇女进行体检。

2010 年，截止 10 月底街道新增安置就业人员 991 人，发放就业失业登记证 440 份，登记社区就业实体 692 个，安置零就业家庭 3 人，安置公益性岗位 37 人。举办就业培训班 3 期，培训下岗失业人员 530 余人。接收企退人员 2184 人，对现管 2004 人进行逐一核对并签字认证，认证率 100%。

【社会保障】 2002 年认真落实城市最低生活保障金制度，上半年按照"三级审批，三榜公布、三证领取"规定，为 748 户 1924 人办理低保手续，发放 14.06 万元。

2004 年，做到辖区低收入居民"应保尽保"到 6 月累计享受低保人员 2189 人，5190 人，发放低保金 326915 元。

2005 年，"两节"慰问困难家庭 146 户，发放慰问金 24950 元。为 8 户特困户申请临时救助 4500 元。"助残日"期间慰问残疾家庭 32 户、发放慰问金 7400 元。按照规定认真落实城市最低保障制度，建立申报入户调查和民主评议制度，实现低保审批动态化管理，1～10 月份累计发放低保金 2892 户 6938 人 591860 元。对辖区 726 家非公企业参保情况进行普查。为辖区 275 户（644 人）低保户办理贫困医疗救助卡，实现辖区困难居民"应保尽保"目标。

2006 年，为辖区 139 名失地农民办理参保登记。慰问困难家庭 432 户，帮扶资金 5 万余元。截止 11 月份，累计发放低保金 2774 户 6431 人 607700 元。

2007 年，对 257 名灵活就业人员参加银川市社会保险补贴进行登记。为辖区 218 名失地农民办理养老保险，229 户 527 人办理农村新型合作医疗保险，3377 户 5928 人办理城镇居民医疗保险登记，养老金发放认证工作，1389 人办理调资手续并建立工资档案，企退人员社会化管理服务率达到 99%。为 13 户困难户发放临时救济 4410 元。慰问困难群众 432 户，发放 52010 元慰问金。为辖区低保户发放肉食补贴、临时补贴 41595 元。共有 1351 户 2315 人领取低保金 531718 元。

2008 年，截止 10 月底辖区共有 1894 户 3615 人领取低保金 457960 元。发放生活补贴 3615 人次，补贴金额 63755 元。为 14 户困难户申报临时救济金 3300 元，发放优抚费 31624 元，慰问困难群众 432 户，累计发放救济金 10240 元。办理新型农村合作医疗缴费 450 人。为 221 人办理社会保险补贴。动员辖区党员、群众为地震灾区群众捐款 43072 元、缴纳特殊党费 11396 元。

2009 年，截止 10 月份完成辖区城镇居民医疗保险 7817 人，超额完成 314 人，参保率达 98.5%。共为 13 户困难户发放临时救济 3300 元。1786 户 2410 人领取低保金 488520 元。177 户低保户领取一次性临时生活补贴 48750 元、发放生活补贴 2410 人次 72300 元。为残疾人发放残疾生活补助费 19200 元，发放优抚费 40750 元。

2010 年，城镇居民医保稳步开展，截止 10 月份全街应保 8598 人、实保 8475 人，参保率达 98.6%。办理年度灵活就业人员社保补贴 383 人。共有 1504 户 2395 人领取低保金 330090 元，累计发放优抚费 46916.70 元，困难救助补助 2400 元。

【精神文明建设】 2001 年城区开展全国科技先进区创建活动。

2002 年，一是实施道德建设工程，开展"公民道德建设讲演比赛"、"公民道德建设知识竞赛"、"住在社区、保护环境"等主题实践活动。参加城区"公民道德建设讲演比赛"获第三名；参加"城区团的知识竞赛"获第一名；参加全市"民族知识电视竞赛"获第三名。二是实施素质工程，开展爱国主义、集体主义、社会主义教育，不断提高社区居民素质。三是实施温暖工程，结对帮扶 27 对，慰问 11 户贫困老党员，为掌政路居委会文体队配备 2000 眼腰鼓等器材。四是实施"文明创建工程"，创建城区级文明单位 2 家，市级 2 家。五是开展"科技、文体、法律、卫生四进社区活动"，新创建 1 个市级科普社区，在富强巷成立"法律服务站"，协调市妇幼保健院在高台寺社区开办 2 个医疗网点。

2003 年，开展《公民道德建设实施纲要》活动，开展知人心、暖人心、稳人心、得人心"四心"工程。争创区级文明单位 1 个，市级文明单位 2 个，兴庆区级文明单位 4 个，兴庆区级文明小区 2 个，文明社区 1 个。充分发挥辖区"业余宣传队"作用，大力开展群众性的文化活动，发挥高台寺、掌政路、富强巷居委会的群众性活动队伍进行结对，开展"四下乡"活动 2 次，举办社区体育比赛 1 次。

2004 年，以社区文化宣传教育阵地为载体，开展《公民道德建设实施纲要》宣传活动，将三中列为未成年人思想道德教育基地。开展"四进社区"和"四下乡"活动，以"美在兴庆"为主题，举办首场"兴庆之夏"周末广场文艺演出，参加居民达 3000 余人。上半年申报自治区级文明单位 1 个，市级 1 个，兴庆区级 3 个。

2005 年，以"文明、进步、和谐"为主体题，组织开展首届社区文化节、塞上湖城广场文化，"四进社区"、"三下乡"等活动。利用市民学校、文化长廊开展公民道德宣传教育，发挥中山南街未成年人思想道德教育基地、家长学校、"五老"人员的宣传引导作用，开展法律法规、"珍爱生命远离网吧，争做优秀居民"等教育讲座；开展"红领巾进社区"、"爱我社区、爱我家庭"等道德实践活动，为未成年人健康成长创造了良好的环境。

2006 年，在辖区兴庆区四小挂牌成立"中山南街德育教育实践基地"，建立学校、家庭、社会三位一体的未成年人教育网络，为未成年人健康成长创造了良好的环境。

2007 年，开展"公民道德实施纲要"主题活动，利用元旦、春节、"三八"等节日开展了联谊会、"老王茶馆"进社区等丰富多彩的活动，在辖区学校倡导

形成“多读一本好书,多一点知识,多一些文明”氛围,与辖区单位图书馆携手开展“培养读书习惯,提高文化素养”读书月活动。协助兴庆区十二小成立银川市首个少年交警队。

2008年,开展解放思想大讨论活动,在学习中做到有教材、有学习、有辅导材料、有记录笔记、有心得体会、有学习园地、有讨论交流。制作“中山南街解放思想大讨论学习园地”。开展以倡导“礼仪、诚信、和睦、爱心”为主题的“四德”工程,举办“孝敬父母星”、“微笑服务星”、“和谐邻里星”评选活动,辖区36名群众获评。5月23日组织银川三中开展“青少年科技创新展示会”,培养青少年科技创新能力。

2009年,开展学习实践科学发展观活动,采取组织学习讨论,调查走访、集中辅导、分散自学、心得交流、送书到老党员家中、为老党员读书念报、“社区小讲台”等多种形式,取得明显的效果。加强未成年人思想道德建设,组织人员对辖区学校周边网吧、游戏厅、彩票销售点进行调查、走访。加强公民道德建设,在社区广泛征集助人为乐、见义勇为、诚实守信、敬老孝亲、敬业奉献道德模范,同时教育引导广大干部群众做道德建设的实践者、推动者和引领者。开展“和谐社区”创建活动,在康怡园小区制作了宣传市民文明公约等内容的橱窗10块,在康华社区建立科普示范基地,配备10余件科普设备,配齐桌椅、档案柜等物品,制作室内外科普专栏22块。

2010年,成立文明单位创建工作专项工作小组,先后对建发集团总公司等4家自治区级文明单位和兴庆区十二小等3家银川市级文明单位进行业务指导。开展创建资源节约型、环境友好型的“两型”社会,宣传并号召辖区单位及居民从身边小事做起,做到节能减排、低碳生活。

【计划生育】 2002年,在红花桥西社区、高台寺社区开展“生殖保健义务咨询服务”活动,为近万名居民进行体检,截止6月底全街人口出生率7.05‰,计划生育率100%。

2005年,实行“包委负责制”和“季度检查督查制”,确定康华社区为兴庆区级优质服务试点社区,确定新宁社区为关爱女孩试点社区。到9月底中山南街辖区总人口22475人,出生率7.1‰,自增率4.1‰,已婚育龄妇女5016人,综合节育率93.14%,计划生育率100%。

2006年,动员35个辖区单位为4662名已婚育龄妇女职工进行体检。开展流动人口计划生育整治工作,与流动人口已婚育龄妇女签订计划生育责任书3821份,与出租房主签订计划生育责任书1100份。截止11月底街道总人口22454人,出生人数117人、出生率5.2‰,自增率2.4‰,已婚育龄妇女4873人,计划生育率100%。

2007年,中山街被确定为兴庆区级全国避孕药具不良反应试点单位之一,为辖区育龄妇女建立《中山南街康华社区育龄妇女使用药具优质服务档案》。开展计划生育“咨询日”、“我会说、你爱听”计划生育主题演讲比赛等活动,加强流动人口计划生育管理工作,登记流动人口(18~49周岁)6624人,流动人口已婚育龄妇女1615人,签订流动人口计划生育责任书3821份。截止9月底,辖区总人口24086人,出生人数165人,出生率7‰,自然增长人数103人、自增率4.13‰,已婚育龄妇女4878人计划生育率100%。共投入计生经费13392.6元。

2008年,积极创建计划生育“三无”街道,开展计生协会、基础知识教育、婚育新风进万家及流动人口计划生育整治、宣传教育等工作。3月9日,街道计划生育办公室联合《老王茶馆》栏目在康怡园文化广场举行便民服务,提供法律等咨询,免费发放各种避孕药具。截止9月底辖区总人口23866人,出生人数180人,自然增长人数122人、自增率5.1‰、计划生育率100%。

2009年,一是强化计生宣传,制作12000册宣传册,10000个宣传环保手袋及10000只宣传口杯,计生工作人员走家串户,送宣传品到户。二是认真开展婚育文明四级联创工作,确定康怡、康华2个居委会为开展婚育文明星级活动的创建社区,开通“企信通”平台业务,通过短信宣传计划生育知识,在康怡社区围绕“塞上回乡”品牌,制作系列宣传长廊。三是加强流动人口计划生育管理工作,共登记外来流动人口5913人,已婚育龄妇女1309人,签订流动人口计划生育责任书1309人。对382户持有《流动人口婚育证明》进行验证,验证率达100%,流动人口信息提交1417条。为外来务工人员免费发放避孕防护药具3000余盒,《致外来打工者的倡议书》及各类宣传画册1000余份。截止2009年9月30日,辖区总人口27226人,其中已婚育龄妇女4909人,出生人口143人,出生率5.60‰,出生政策符合率100%,自然增长90人,自增率3.53‰。

2010年,完成辖区全员信息化录入及核查工作,完成两筛及五项优生检测工作,开展生殖健康培训1452人次,咨询2205人次。截止7月30日,辖区出生人数129人,出生率4.79‰,人口自然增长率3.56‰,采取综合措施4486人,综合节育率92%,避孕措施落实及时率100%。

【居家养老服务中心】 2005年,对辖区60岁以上老年人全部建立档案,建立社区老年文化队伍3支。

2009年,4月13日中山南街新宁社区首家居家养老服务站正式成立。该服务站依托社区公共用房,面积达140平方米,配备办公设施,自建服务队伍,有阅览室、棋牌活动室,为辖区老年人提供医疗保健、法律咨询和家政服务。

【农田水利建设】 2009年,中山南街积极响应政府农田水利建设号召,出动车辆40余车次,500余人(次)参加劳动。

2010年,在农田水利基本建设工作上下大力气,出动百余人,完成水利建设渠道工程670多米。

【统计普查】 2008年,完成劳动力抽样调查、非公企业2007~2008年人才状况统计调查、全国污染源普查工作和全国第二次经济普查单位清查摸底工作。

2009年,组织人员对辖区单位进行经济普查的查遗补漏,共清查单位142家,同时开展旅游调查问卷、企业劳动情况问卷、辖区企事业专业技术人员统计、自治区公共机构能源资源消耗统计等工作。

2010年,9月15日街道召开第六次全国人口普查工作会议,对各社区普查工作进行安排。10月街道全体工作人员入户宣传第六次全国人口普查,摸底调查,进行初步登记。

【工会工作】 2001年,3月13日在辖区非公有制经济组织中开展组建工会工作。

2005年,在非公企业中组建工会组织2个。

2006年,组建非公企业工会组织16家。7月18日街道工会在安和社区居委会挂牌成立街道社区进城务工人员维权服务站。

2007年,共组建非公企业工会17家,吸纳会员427人,发展非公企业工会小组628个,吸纳会员2510人。

2008年,街道工会组织辖区30多家联合会成员参加拓展训练。

2009年,街道工会所辖基层工会54个,会员5568人,全年新建工会涵盖单位18家,净增会员541人。在辖区仙鹤餐饮有限公司召开"共同约定行动"启动仪式,向辖区企业及广大职工发出"凝心聚力、同舟共济、共度时艰"倡议,有31家独立建会企业及390家工会小组企业代表参加。慰问困难职工、农民工170户22130元。

2010年,新发展企业工会9家,工会涵盖单位55家,净增会员631人,《三项合同》签订率100%,覆盖职工6205人,确保不发生重大劳动争议和拖欠工资现象。截止11月底中山南街街道工会所辖基层工会63个,会员6205人,其中:非公企业工会55个,会员1886人;机关工会1个,会员44人;社区工会联合会6个,涵盖工会小组528个,会员3348人;行业性联合工会1个,涵盖单位265个,会员927人。

【阳光家庭心理健康学校】 2010年,5月19日,以为辖区妇女、青少年进行心理疏导及解决婚姻家庭生活为主要服务内容的全市首个心理门诊——阳光家庭教育学校中山南街分校在康华社区挂牌成立,阳光家庭教育学校按照政府+研究机构合作的模式,设立办公区、咨询室、减压室3个功能科室,开展心理健康讲座、心理咨询与治疗,不断提升妇女及青少年人群的综合素质,促进经济社会和男女两性的全面协调发展。

富宁街街道

【概况】 兴庆区富宁街道办事处其前身是城区富宁街道办事处,2002年11月更名为兴庆区富宁街街道办事处。辖区面积5.4平方公里,东起利民街,西至唐徕渠,南起宝庆路,北至解放西街。设中寺、利群、兴华、西关、大庙、康乐、南苑、铁南、铁北、自强10个社区。截止2010年底,辖区有人口16626户45380人。街道党工委下设16个党支部,其中,机关党支部1个,社区党支部10个,"两新"党组织4个,1个非公企业工会联合会支部。共有中共党员723人,其中机关党员24人,非公企业支部党员38人,社区支部党员661人。辖区有科级以上行政事业单位45家,有各级文明单位31家,其中:国家级2个,自治区级6个,市级7个,兴庆区级16个。

富宁街是一个多民族、多宗教的地区,辖区少数民族7661人,占辖区总人口的18%,回族是少数民族中的主体民族;有天主教堂、中大寺、地藏寺3个宗教场所,18名教职人员,其中伊斯兰教7人、天主教5人、佛教6人。

【街道领导名录】

银川市兴庆区富宁街街道党工委

书　记:屈高社(2001.01~2001.11)
丁吉礼(2002.02~2003.03)
杜学平(2003.03~2007.12)
鲍铁力(2007.12~2010.05)
刘建民(2010.05~2010.12)

副书记:杨迎珍(2001.01~2002.03)
郝莉敏(2002.03~2003.03)
张　玲(2002.09~2007.12)
于　刚(2003.03~2009.01)
刘　烨(2007.12~2010.12)
钦丽红(2009.01~2010.12)

银川市兴庆区人大常委会富宁街街道联络办公室:

主　任:杜学平(2005.03~2007.12)
鲍铁力(2007.12~2010.05)
刘建民(2010.06~2010.12)

副主任:杨跃明(2005.03~2010.12)

银川市兴庆区富宁街街道办事处

主　任:丁吉礼(2001.12~2002.02)
耿红宁(2002.02~2007.12)
马保林(2007.12~2009.01)
王　超(2009.01~2010.12)

副主任:耿红宁(2002.02~2002.02)
张　奕(2002.03~2009.01)
马　涛(2003.03~2005.03)
刘　军(2005.03~2010.12)
梁小丹(2009.01~2010.12)

【党的建设】 2001年,加大社区党建工作力度,组建党员志愿者队伍18个,团员志愿者队伍13个,对辖区非公有制企业党组织进行调查登记,共登记非公有制经济组织党员38名,私营企业和个体工商户882个,建立独立支部1个,联合支部6个。全年共接收预备党员2人,转正3人,确定入党积极分子5人。有2个社区支部被城区党委评为先进党支部,优秀共产党员18名,9个社区支部中有8个创建为"五个好"党支部。

2003年,新发展党员7名,党员队伍的数量、结构、素质都有较大改善。

2005年,成立非公有制经济党支部2个。召开农民工党员座谈会,把农民工党员纳入到各社区支部的管理之中。

2006年，表彰3个基层党组织、15名优秀共产党员。

2007年,10个社区均被评为“五个好”党支部,2个社区被评为“红旗”社区党支部,210名党员认领381个义务岗。

2008年,认真开展解放思想大讨论活动,发放问卷100份、征求意见表148份,征求意见共8类42条,街道党工委和领导干部根据征求的意见和建议进行认真整改。全年共发展党员8人,转正7人。

2009年,6月19日,在中国石油宁夏销售公司召开富宁街城乡党建一体化座谈会,有20个辖区共建单位参加,中国石油宁夏销售公司、通贵乡等4个单位进行党建工作交流。这次党建联席会受到辖区单位党组织的大力支持,收到共建帮扶资金3.5万元,其中6000元支持帮扶通贵乡通贵村、通西村和司家桥村。

2010年,开展创先争优活动,命名西关社区为基层党建示范点。3月24日在富宁街铁北社区举办“党员奉献在社区”启动仪式,到社区支部报到的在职党员134人,认领8个岗位。组织10个社区召开议事园活动共97次，在议事园活动中提出需解决的问题276件,通过议事园活动已解决242件。6家共建单位为辖区5所学校捐赠物品和资金共计14.5万元;2家结对单位为社区共捐赠电脑6台。全年街道发展党员11人，转正9人，培养入党积极分子11人;4家两新组织发展党员6名,培养积极分子6名。宁夏庆华小额贷款公司党支部被市委组织部、宣传部、总工会列为党建带工建示范点。对3个先进基层党支部、11名优秀党务工作者、15名优秀党员进行了表彰。

【精神文明】 2001年,加强文明社区创建活动,投入15万元,制作35块宣传栏,墙面宣传画600平方米,上半年,市民综合教育学校共举办11期学习班,成立“富宁街社区文艺演出队”，9个社区居委会都创办了室内或室外文体活动站(点),组建了秧歌、门球等健身活动队伍。

2005年,以文化进社区、体育进小区为中心,广泛开展文体活动,全年参与社区文化活动2000余人次，举办大型文艺演出10场次，秦腔演出500多场(秦腔下乡300场)。自编自演的舞蹈《世纪春雨》获得自治区“四进社区”文艺演出三等奖。

2006年,充分利用市民综合教育学校、党员之家、“文明社区宣传一条街”及社区秦腔剧团、老战士艺术团、秧歌队等场地和资源开展精神文明建设,办事处、“老王茶馆”和黄河艺术团在嘉屋苑举办周末邻里相约大家谈活动,秦腔剧团在社区演出30场次，送戏下乡近60场次。春节参加兴庆区团拜会获三等奖，参加元宵节社火表演获三等奖,首届风筝比赛获优秀组织奖。复查8家三级文明单位,评选五好文明家庭56户。

2007年,元旦、春节期间慰问部队,举行军警民联欢会;“八一”前夕举办富宁街第十三届军民共建运动会,辖区25个单位参加,运动员达300余名;在兴庆区名人广场举办“富宁街众一房产杯”秦腔专场文艺演出活动;自强社区举办庆“三八”关心下一代文艺晚会;中寺、兴华社区举办庆“七一”儿童画展;康乐社区与“老王茶馆”共同举办“邻里相约大家谈”活动和老干部书画展等。全年街道共组织大型文化活动5场,中小型文体活动30多场,放电影4场次;各社区在文化进社区、体育进小区活动中，开展大中小型文体活动340余场次;积极开展文明单位、文明社区、诚信单位等各种精神文明创建活动,辖区创建区级文明单位1个、区级文明个体工商户1个、兴庆区级文明社区1个。

2008年,举办元宵灯会、社区广场演出等大型活动8场次,中小型文体活动10多场。在宗睦巷建立思想道德教育宣传一条街,制作宣传栏46块,对社区及周边先进人物事迹进行宣传。开展文明城市创建活动,悬挂横幅、电子屏等62条,出黑板报11块,制作创建全国文明城市宣传栏2块,发放“致辖区广大居民的一封信”2000份。评选优秀公仆星4人,自主创业星4人,孝敬父母星10人,邻里和睦星7人。

2009年,5月8日在凤凰园举办“保平安、促和谐”广场文艺演出;6月14日,在宁园举办富宁街综治禁毒安全生产法律知识竞赛;在宗睦巷宣传一条街更换以计生“四级联创”、党风廉政、法律等为内容的宣传栏28块。全年共组织大型文化活动5场次,中小型文体活动10多场。

2010年,开展“提升市民素质,倡导诚信”为主题的宣传活动,发放宣传材料近21000份。全年共举办各类文艺演出60多场，为社区安装健身器材16套。重新申报验收市级文明单位5家,区级文明单位6家,并对辖区三级文明单位进行复查。

【群团工作】 2001年,办事处成立工会联合会,9个居委会分别成立联合分会。在非公有制经济组织中建立工会委员会19个,工会小组138个,建立工会联合小组63个，共发展会员1213个,签订集体劳动合同148份。街道工会每季度为干部、职工庆贺生日。街团委不断扩大青年志愿者、红领巾志愿者队伍,共组建青年志愿者队伍13个，红领巾志愿者队伍9个。

2006年,街道工会对辖区非公企业进行调查摸底,登记非公企业142家,职工1319人,其中10人以上31家,职工932人,个体户1295家;新建非公企业工会16家,发展会员252人,新组建社区行业工会3家(美容美发、餐饮行业、汽车养护行业),发展会员77人,社区吸纳会员61名，全年共发展会员390人。团工委积极开展主题团日活动，为辖区的居民及贫困户开展义务劳动，积极引导辖区青年正确择业，西关社区被评为兴庆区“五四红旗”团支部,被银川市团委定为银川市“晨晖工程”试点社区。

2007年,工会共吸纳新组建非公有

制企业独立工会7家，会员168人，创建“最感人的自主创业者”个体经营户1家，举办基层工会干部培训班2次，有18家非公企业设立工会专用账户账号，召开职代会的非公企业10家，实行民主管理的非公企业31家，开展“心系女性”教育活动，120个基层单位参加，其中女性职工达3600人次。团工委积极开展主题团日活动，为辖区贫困家庭子女53人捐款32250元。街道妇联开展丰富多彩活动，慰问贫困家庭、老人，发放慰问金11300元，投资25万元在大庙社区开办首家托老所，街道被全国妇联、国家体育局授予“全国亿万妇女健身活动巾帼文明健身队”荣誉称号。

2008年，工会排查私营企业76家、个体户771家，共有职工1902人，纳入会员1639人，其中吸纳农民工会员161人，办理会员证135份，签订集体合同47份、区域性合同103份；开展趣味运动会、书画展、文艺演出等名种形式的活动，活跃社区妇女、儿童文化生活，为社区10名贫困儿童送去价值1500元的学习用品。

2009年，工会对8家先进单位、17名先进工作者和12名积极分子进行表彰，为126名职工发放帮扶资金39600元。

2010年，新建非公企业工会9家。截止12月街道工会共有会员4166人，新发展会员487人，其中农民工会员2699人。签订4项合同63份，慰问企业困难职工219人，发放慰问金达2.4万余元。实施女性素质工程、健康工程、互助工程等活动，妥善帮扶辖区困难女性。举办“关爱生命，心理健康和身体健康同样重要的心理健康知识”、“为了明天，预防青少年犯罪”讲座各1次，协助建设室外青少年活动场所6处。

【基层政权建设】 2006年，顺利完成10个社区居委会换届选举工作，实现书记、主任“一肩挑”。

2007年，街道人大实行人大代表接待日值班制度，定期在街道接待选民及群众来信、电话来访，每位代表每年至少接待2次；街道党工委对兴庆区第二届人大代表选举工作高度重视，严格按照程序办事，圆满完成兴庆区下达的任务，选举兴庆区人大代表18名。

2009年，通过居民代表、社区班子成员、街道各业务专干、街道领导班子4个层次对43名基干进行测评，对考评成绩在后5名的基干实行淘汰，淘汰率达到14%；对原社区成员进行大范围调整，社区书记调整率为50%，社区基干调整率70%；根据测评结果和推荐，选拔1名优秀社区副主任为社区主任候选人，通过居民推荐产生8名候选人。

【民族宗教】 2007年，认真开展宗教事务规范化管理年活动，结合公民道德、五五普法，开展一系列宣传教育活动，制作展板10块，挂宣传横幅12条，发放各种宣传资料1500份，各社区办黑板报10块；中秋节与国庆节期间，分别给天主教堂、中大寺、地藏寺和5户少数民族困难家庭送去慰问品和慰问金，及时帮助他们解决生活、工作中的实际困难；集中整治查处未按《条例》规定办理《清真准营证》的5家餐饮业；对生产、经营假冒清真食品等违法行为进行查处，进一步规范清真食品生产、经营行为。富宁街有清真餐饮业72家，清真食品生产加工企业6家，清真食品商场、超市、个体经营摊点44家。

2010年，开展“和谐寺观教堂”创建工作，清真中大寺、天主教堂被评为和谐清真寺、教堂。开斋节慰问中大寺，利用开斋节、地藏寺庙会，开展各项法律法规和安全教育宣传活动，建立外来清真食品档案，配合宗教局对辖区76家清真餐饮业，5家清真食品加工企业，40家从事清真食品经营的商场、超市、个体摊点进行了排查，净化了清真食品市场。健全统战组织网络，落实对统战人士的各项政策。

【阵地建设】 2001年，投入资金25万元，新建翻建、改造装修了自强、康乐、上海新村、中寺、西关党员活动室、居委会办公室，并协调有关部门为铁北、南苑党支部解决了党员活动室，9个社区党支部都建立了党员活动室，且活动室面积在100平方米以上达到2个。街道投资10万元为各个活动室配备了电视机、录像机、VCD机、照相机、录音机、微机等电教器材和设备。

2005年，针对部分居委会办公条件差、面积少的实际情况，办事处投资5万元对康乐、大庙、自强、兴华居委会办公用房进行改造，完善各项制度，改善居委会的办公条件，方便居民办事，提高工作效率。

2006年，街道办事处在兴庆区党委、政府的大力支持下，将办公楼进行装修，更换办公设施；分别为大庙社区和兴华社区解决办公用房600平方米和160平方米，投资10万元进行维修。大庙（五星）、康乐（四星）、自强、西关和兴华（三星）5个社区申报星级社区。

2007年，投入20余万元对大庙、利群、兴华、自强4个社区办公、文化宣传阵地进行装修，改善硬件设施，使4个社区办公条件和活动场所得到极大改善，实现软件建设规范化、硬件配套规范化、服务程序规范化，受到社区党员群众的好评。为社区工作人员签订劳动合同，办理相关的养老保险，为每位基干增加每月100元的岗位津贴；大庙、自强社区通过四星级社区的验收工作。

2008年，投资33万元将利群、大庙、康乐、自强、中寺社区重新进行维修、粉刷、改造，完善各项工作规章制度，规范服务措施，为更好地服务居民打下良好基础。

2009年，投入84万元新建铁北社区600多平方米的办公、活动和便民用房，在新建凯尔府邸小区为铁南社区解决300平方米的办公室。截止2009年底辖区共有五星级社区1个（自强）、四星级社区3个（利群、大庙、康乐）、三星级社区1个（兴华）。

2010年，投资22万元将铁北、铁南社区党员活动阵地重新进行维修改造。

截止年底街道有“五星级社区”1个(自强),“四星级社区”3个(利群、大庙、康乐),“三星级社区”3个(兴华、中寺、西关)。铁北、铁南已经通过三星级验收,星级社区创建率90%。

【街域经济】 2001年,城区下达富宁街经济指标总产值1550万元,利润81.5万元。截止2001年10月底,实际完成总产值1454.6万元,完成年计划的93.8%,比2000年同期增长16.3%,利润完成92.99万元,完成年计划的114.1%,比2000年同期增长7.1%。在完成各项经济指标的同时,办事处将经济工作的重点放在协税护税上,培训5名协税护税员,建立百余人组成的协税护税网络。制定《富宁街协税护税奖惩管理办法》,把税款任务落实到每位干部职工及居委会基干,抽调专人对辖区个体经营户收取零散税。截止10月份,共完成协税任务117万元,同比增长44.4%,完成年计划的101.7%。培植社区经济增长点,成立1个社区服务中心、9个社区服务站,有偿服务网点达655个(居委会办42个,社区办613个),产值达1163万元,利润为349万元,无偿服务78个,收入过万元的居委会有2个,收入在5000~10000元的有6个,收入在3000~5000元的居委会有1个。

2005年,截止10月份完成总产值28694.7万元,其中工业总产值5907.1万元,商业零售额22787.6万元,分别完成年计划的141.8%、94.5%、163%;投资6万余元,在长城路修建2400平方米的停车场,社会效益和经济效益良好,全年办事处收入达80万元。

2007年,采取市场化运作方式,投资60万元对铁北巷市场进行规划改造,共建彩钢活动营业房70间,制作柜台131节,使市场经营环境得到有效改善,每年为街道增加收入近50万元;招商引资700万元。

2008年,收取市场管理费60万元,房租收入7万元,收取罚没款1.2万元,收取城市卫生费10万元,房屋拆迁返还款6万元,综治保证金3.2万元,争取上级和辖区单位支持资金12万元,社区服务收入达4.5万元。

2009年,预算外收入共650000元,其中市场管理费540000元,城市卫生费80000元,社区便民服务收入达30000元。

【环境卫生治理】 2001年,4月初开展以“创建国家卫生城市,美化我们家园”为主题的千人签字仪式,动员辖区单位2143人(次)上街进行义务宣传4次,共出黑板报192块,横幅51条,发放宣传资料20000余份;举办健康教育培训班2次,参加人员101人,发放健康教育试卷1200份。加大对“门前三包”,街巷、摊位、小区楼院的检查力度,投入资金1500元,共清理林带垃圾10手扶,清理楼道336栋1660个单元;投资10000元用于购买药物,及时消杀,有效地控制了鼠、蝇、蚊的兹生。开展“拆建还绿、见缝插绿”工作,完成新增绿地面积7924平方米,动员辖区单位节日摆放鲜花2万余盆,创建绿化达标单位4个。

2002年,进一步加强卫生保洁制度,做到街道有垃圾车、中转站、各村(居)有保洁员,100%的居民区有垃圾箱。

2004年,制定下发《城市环境卫生综合整治工作安排》,建立健全环境卫生长效管理机制,清理整治居民点和道路两旁的乱堆、乱放杂物,出动清运车辆60余次,清理建筑垃圾500余吨、生活垃圾220余吨,清除卫生死角12处。

2005年,把整治城乡结合部作为创卫工作的重点来抓,先后组织辖区100多个单位2000余人次参加综合整治活动,投入资金2万余元,车辆150台次,清运掩埋垃圾1500余吨,清理卫生死角50余处,整治面积26000平方米,使城乡结合部的市容环境卫生有根本性改观;开展清除辖区内乱涂写、乱张贴、乱刻画“三乱”整治工作,清理“三乱”2000余处;及时成立防治离流感领导小组,制定防治预案,坚持24小时值班,集中对辖区居民养禽情况进行普查,对有禽家庭发放药物,监督对禽类的疫苗接种,发放接种药物20公斤、宣传资料2万份,悬挂宣传横幅30条,出专栏30块,投入经费5000余元。

2006年,签订“门前三包”责任书450份,新悬挂门前三包牌150个;发放宣传资料5000余份,悬挂横幅15条,出黑板报38块;组织100多个单位2000余人次进行5次大型综合整治,投入资金4万余元,车辆150余辆,清理卫生死角50余处,清运垃圾约35吨;清理乱贴乱画350余处;投入资金5万余元,购灭鼠药180吨,毒饵盒650个;在辖区内落实“三绿”工程,新增绿地面积16060平方米,辖区内植树570棵,成活率99%;组织辖区单位及居民150余人在南环高速公路植树20亩;节日摆放花卉34724盆,申报园林式小区8个;向辖区居民群众发放节水宣传品2500余份,出版报30块,悬挂横幅18条,改造水龙头1418个;禽流感期间,发放药品12000克,为2400余只家禽注射4次疫苗,消毒面积10平方米;积极开展健康教育讲座,出健康教育试卷300余份,健康知识知晓率和行为形成率分别达到75%和70%以上。

2007年,落实辖区单位及网点“门前三包”责任制,补签“门前三包”责任书288份,新挂“门前三包”责任牌251个,挂牌率达到100%;先后组织开展环境卫生综合整治等大型活动12次,清理垃圾杂物135吨、乱堆乱放约500余处,清洗乱贴乱画15000余处,刷洗面积约8000平方米,封闭垃圾道口416个单元,新配置垃圾箱247个;新增拆建还绿面积7500平方米,种植各种树木1250棵,成活率90%,新增公共绿地1140平方米,小区绿地25858平方米;组织全体干部、职工在黄沙古渡参加义务植树,种植树木1500余棵;签订门前三包绿化责任书300余份,展摆鲜花80000余盆,申报园林式单位3个、绿色社区2个、园林式居住小区11个。

2008年，围绕“迎奥运、迎大庆”主题，发放宣传资料5500余份，悬挂横幅23条，办黑板报23块、展板10块；组织卫生整治活动15次，辖区单位、社区居委会、低保户等1000余人次参加，清运垃圾42吨，清理卫生死角80余处，整治面积15000平方米，清理乱贴乱画10850张，刷洗面积5000平方米；根据迎接50大庆有关要求，对解放街及新华街沿街建筑物实施“洗脸修面”工程，粉刷房屋11000平方米。

2009年，制定社区环境卫生检查评比制度及奖惩办法，采取随时抽查和定期检查相结合的措施，发现问题及时解决，先后组织1200余人次参加12次大型卫生整治活动；开展流感宣传讲座，张贴宣传画报，做好应对流感的各项工作；在爱卫会对各街道卫生检查评比中，获得二等奖1次，三等奖3次。

2010年，开展“爱国卫生月”、“世界无烟日”等大型整治活动12次；补签“门前五包”责任书362份，挂牌率达到100%，新增绿地面积12353平米，在黄河金岸植树6.07亩，补种树1540棵，组织沿街辖区单位共摆放花卉近5万盆，兑现社区卫生考评奖励16500万元。

【“三大战役”】 2006年，利用各社区宣传橱窗、黑板报、刷写宣传标语、悬挂横幅等形式，张贴银川市“三大战役”拆迁工作通告100余张，发放告居民群众一封信3000多份，制作展版10块；采取拉网式普查，排摸出辖区内已集中供暖煤房27646.6平方米，未集中供暖煤房6099平方米，过期临时建筑物面积7704平方米，违章建筑物面积29467.6平方米，有碍市容建筑物面积5260平方米，围墙6386米；与11户困难户签订《兴庆区三大战役被拆迁户住房贫困户租赁房屋补助协议》，第一季度发放困难补助8280元，协调申请购买经济适用住房2户；硬化面积80509.17平方米，绿化面积29812.8平方米，种植针叶树316棵、阔叶树165棵、花灌木145株、低矮草本植物480株、露地花卉647株；建自行车棚3358平方米、小区拆墙透绿栅栏2467米、门房和自行车看护房228平方米；在7个小区安装健身器材52件。

【抗击“非典”】 2003年，全力抗击“非典”，动员党员干部和群众5000多人次，发放宣传品35000份，排摸外来人员和返乡人员120人次。

【综合治理】 2001年，开展“四五”普法工作，举办法制讲座48场次，上街设点宣传12次，发放宣传材料3200余份，看电教片15场次，居民群众受教育率达95%以上。举行揭批“法轮功”签名仪式和打击“法轮功”邪教组织专题讲座。建立居委会、学校、家庭、片警“四位一体”的预防青少年犯罪联系卡，取缔1家歌舞厅，查封1家无证地下印刷厂，查出消防隐患26处，在辖区78家单位成立调解组织，配备专、兼职纠纷排查信息员78名，义务信息员323名，使调解网络覆盖整个辖区。全年共受理各类纠纷239起，调解率及成功率均为100%。共安置“两劳人员”25名，安置率达83%。大力开展联片共建治安协作区创建活动，全面铺开“楼单元联防”、“十店联警”工作，共选出楼长342名，组长493名，十店联警组长74名，创建城区级治安模范单位2个，市级治安模范单位2个，治安模范小区1个。

2003年，以打造“平安街道”为目标，综合运用打击、防范、管理、建设、教育等各项措施，充分发挥群防群治组织的积极性，发现苗头及时介入，消除不稳定因素，做到防患于未然；注重教育，打防结合，深入开展禁毒专项斗争活动，有效地控制毒情蔓延；建立村(居)暂住人口管理服务站，提高办证效率，全年共登记暂住人口350人，发证350人。

2005年，制定富宁街创建“平安街道、平安社区”实施意见，定期召开治安形式分析会，研究解决辖区突出的治安问题，街道与50家企事业单位、10个居委会签订综合治理目标责任书60份。将10支义务巡逻队进行重新整合，建成10支150人组成的民防巡逻队，3月24日，在铁南社区召开民防授牌仪式，为调动民防队员的积极性，办事处每月为各社区发放民防巡逻补助金200元，制定《民防巡逻补助金考核发放办法》，每月根据办事处督查情况及当月社区发案情况进行发放。

2006年，召开辖区单位、商业网点安全生产工作会议和综合治理工作表彰大会，签订社会治安目标管理责任书67份，签订率达100%，收缴综治保证金27000元；与沿街商业网点签订创建“平安银川”责任书1000份；与街道派出所组织召开综治工作会，筹集资金

2005年3月24日，富宁街成立民防大队社区分队

10000余元，组建南苑社区警务理事会，聘用5名专职治安巡防员，将民防、专职巡防、“4050”巡防人员进行整合成立富宁街辖区巡防队伍，加强混乱、重点地段的巡防。

2007年，与辖区50家企事业单位、10个居委会签订社会治安综合治理目标管理责任书，签订率100%，收取综治保证金2.5万元。1~10月份，辖区共立各类刑事案件291起，较上年同期下降5.8%；建立“四位一体”的帮教体系，4个社区创建“无毒社区”；开展反邪教警示教育宣传进社区工作，发放宣传资料3000余份；在综治宣传月中举办法制培训班，组织辖区单位上街集中设点宣传，共出宣传板报5期180块、展板57块，挂横幅40条，发宣传材料11000余份，组织群众两次为全国见义勇为好司机评选活动投票13000张；为进一步加强社区防控体系，由街道办事处提供办公用房在大庙社区、兴华社区、利群社区建立起3处标准化警务室，派出所将警力前移，为3个社区警务室配备社区民警1名、社区协警员2名，加大巡防力度。

2008年，结合奥运会和50大庆，对辖区重点人员进行排查，街道综治委对21名重点人员制定领导及干部包案责任制，实行“多盯一”的监控制度，确定具体的责任人及监控时间，实行“零报告”制度；对2003年以前命名达标的50家各级治安模范单位、小区、校园进行重新验收命名；开展为期1个月的学校周边社会治安环境“三排查三整治”专项行动。

2009年，与辖区单位、社区居委会签订50份社会治安综合治理目标管理责任书，加强社区戒毒康复工作，通过多种方式进行调查摸底，查明街道有涉毒人员139人，其中死亡3人，人户均迁出富宁街辖区的12人，下落不明28人，接受社区戒毒康复并签订协议书73人，正在强戒劳教23人。

2010年，成立街道综治工作中心，各社区建立综治工作服务站，成立专职治安巡逻队。对特定人群排查摸底。辖区共排查出四类重点人员2903名。开展治安重点地区排查整治工作。1~10月份，富宁街辖区共立各类刑事案件529起，同比下降20%。开展校园及周边治安环境专项整治，同时每个社区组织5名义务巡逻员，每天在学校周边开展治安巡逻。累计辖区有平安单位36个，平安小区13个，街道办事处通过了市级平安单位复查。

【矛盾纠纷排查调处】 2001年，共接待群众来信来访128件(次)，办结128件(次)，办结率达100%。调解各类矛盾纠纷20起，化解各类隐患24起，调解率100%。

2002年，每个居委会设立3~5人的民情联络员，对不安定因素进行定期、不定期的排查、预测；坚持每月政法例会，通报、预测不安定因素，将矛盾纠纷排查调处列入联合办公的必报内容，抓早抓小，将矛盾纠纷化解在基层，控制在萌芽状态；建立疑难纠纷领导包案制度，对列出的疑难纠纷分门别类，落实专人限期解决，确保重点工程顺利进行。

2005年，实行每月两次矛盾排查、调处工作制度，每月召开一次矛盾纠纷排查调处会议，通报排查结果，及时办理群众来信来访和上级部门及领导批办的案件，做到不拖不推。4月份，对辖区流动人口及出租房屋进行全面清查整治，共清查出租房1025户4273间，流动人口7699个。1~10月份，调处各类矛盾纠纷197起，调解率100%，成功率99%，无民转刑及群体上访事件发生。

2006年，调处各类矛盾纠纷166起，调解率100%，成功率98%，无民转刑及上访事件发生。辖区有刑释解教人员22名，安置就业18名，安置率达90%；信访377起，其中政策咨询125起，市容卫生86起，拆迁询问67起，低保咨询99起。

2007年，截止10月底，对近5年的刑释人员和近3年的解教人员进行一次全面摸底排查，掌握他们的安置情况及去向，辖区由刑释解教人员31人，其中刑满释放人员23人，解除劳教8人，帮教率100%，安置率达98%以上，无重新犯罪人员，为5名刑释解教人员办理最低生活保障。全年共排查调处各类纠纷123起，调解成功117起，调解成功率95%以上。

2008年，截止10月底，共处理各类信访374件，调解各类矛盾纠纷85起，调解率100%，成功率98%。

2009年，排查调处各类矛盾纠纷193起，调处率98%，调处成功率98%；排查受理各类信访问题579起。

2010年，共调解民间纠纷256起，调处256起，调解成功249件，调解成功率97%，受理接待群众来信来访和信访转办件397件，办理397件，办结率100%。

【安全生产】 2005年，办事处针对部分单位存在安全意识不高、安全知识缺乏、安全责任不落实等问题，于2月5日聘请兴庆区消防支队专业人员对辖区单位、娱乐场所、餐饮业安全生产工作负责人进行安全生产业务知识培训；不定期地对辖区单位、商业网点进行检查，发现问题及时整改，共下发消防限期整改通知书39份，责令当场改正单位43家，开展安全隐患大排查2次，协调处理发现隐患18处，签订安全隐患自查整改承诺书32份，年内无责任事故发生。在辖区6所学校开展“安全知识进课堂”活动和打造“平安校园”活动，十六小学开展以“教育一个孩子，带动一个家庭，影响整个社会”为主题的消防知识讲座和消防设施模拟演练；在铁北社区开展消防安全进社区活动和安全监督员授牌仪式，定期在社区开展以安全为主题的宣传活动，大力营造以人为本、安全第一的社会氛围。

2006年，组织辖区单位、娱乐场所、餐饮业安全生产工作负责人员140余人集中学习《国务院关于加强安全生产工作的决定》；对辖区重点单位、学校、

火锅店、餐饮及商业网点进行安全大检查，走访辖区810户安全生产重点单位，下发限期整改通知书36份，责令当场改正单位23家，限期整改21家，已有20家整改完毕，1家正在整改之中。

2007年，对辖区重点单位、新开业、法人更换的单位补签《安全生产目标管理责任书》58份；安全月咨询日当天，组织辖区消防安全重点单位18家、56人上街宣传，宣传横幅18条，展板30块；开展安全隐患自查和排查活动，对存在安全隐患的46家单位下发限期整改通知，有38家单位整改完毕；对存在消防设施放置错误、疏散标志配置位置不合适、疏散通道有障碍物、建筑单位安全管理不细不严等问题的52家单位，责令当场整改；开展重点行业和领域安全生产隐患排查专项整治工作，排查安全隐患21处，处理21处；年内辖区未发生重大安全生产事故。

2008年，共签订安全生产责任书1072份，开展安全大检查4次，下发整改通知书46份，43家已经整改，3家正在整改中。

2009年，补签安全生产责任书174份；3月份在南苑城乡结合部召开消防安全整治大会，与98户出租房主签订消防安全责任书；进行4次拉网式安全检查，4次专项整治活动，排查安全隐患36起，限期整改隐患42起。

2010年，共排查各类安全隐患35起，协调处理31起。与辖区单位签订消防安全火灾隐患自查整改承诺书52份。进行了4次拉网式安全检查，4次专项整治活动，排查安全隐患共32起，限期整改隐患32起，保证辖区安全生产“零事故”。

【劳动保障】 2005年，办事处先后举办9次劳动技能培训班，培训人数达652人；组织用工洽谈会6场次，开发就业岗位676个，安置人员364人，其中“4050”人员116人；办理下岗优惠证161个，扶持自谋发展552人。

2006年，办理优惠证申报手续88份，审验再就业优惠证266份，组织辖区4000余名求职人员参加求职洽谈会6次，提供就业岗位2200个，辖区新增就业实体160个，安置就业576人，安置下岗失业人员1142人；吸纳“4050”人员55名参加公益性岗位，完成上级下达任务的105.74%；举办各类培训班4次，培训各类人员434人，其中57人经培训后被企业录用；在“再就业援助月”和“春风行动”活动中，上街宣传4次，发放各类宣传资料2000余份，积极做好外来打工人员的就业摸底工作；全年输出劳务268人，经济收入2572800元。

2007年，完成自治区统计局安排的劳动力市场调查，普查409户1100人；对国家级、自治区级、银川市级的人口及劳动力进行抽样调查，调查393户1052人；对207户910名失地农民进行详细的入户调查、登记、建册；摸底失业人员1012人，对有就业愿望的961人分门别类建立档案。大力开展长短班岗前职业技术培训，222名失业人员参加培训，95%以上实现再就业；办理下岗失业证141份，再就业优惠证428份。1~10月收集发布用工信息100余条，实现再就业1075人，占全辖区总劳动力的58%；外出务工234人，占劳动力转移的61%。

2008年，办理就业再就业优惠证76本，年检319本，安置零就业家庭16户44人，职业介绍服务人数2012人次，采集各种用工信息165个，就业岗位1650个，安置人员1011人，占目标任务的101.1%。

2009年，新增城镇就业704人，失业人员再就业180人，零就业人员17户31人，家政服务技能培训70人，政策引导培训460人。

2010年，举办就业技能培训班5期，培训人数786人，登记下岗失业人员986人，有948人实现再就业，就业率达96.15%。中寺、铁南、铁北、南苑四个社区成为“充分就业社区”。

【社会保障】 2001年，全街共有优抚、社救对象14户，全年发放优抚、社救费19758元；累计发放最低生活保障金2414户5376人423190元。

2005年，严格执行城市居民最低生活保障制度，建立贫困居民备案册和以街道、居委会、辖区群众相结合的信息网络，做到底数清、情况明，动态管理。截止10月份，街道共有低保户673户1520人，累计发放低保金1414040元。

2006年，优抚、社救对象14户，发放优抚、社救费35536元，最低生活保障金140余万元，累计保障6000余户12000余人；对30户困难户按程序申报临时补助12000元，两节期间为27户发放临时救济3900元，慰问困难户10000元；为困难群众过冬发买煤取暖费3000元。

2007年，低保工作坚持本人申请、民主评议、群众监督、街道审查、民政局核批的“三榜公布、三级审批、三证领取”的工作制度和程序，建立低保微机化管理网络，实行低保信息化管理。1~11月份，发放最低生活保障金1650240元，累计保障6520户13949人；为6户困难户按程序申报临时补助，发放补助费约3400元；10~12月，为低保户发放临时价格补贴38100元；8~12月，发放肉食补贴94665元；“两节”期间为34户发放临时救济7600元，慰问低保784户94650元；11~12月，发放液化气临时价格补贴8911元；优抚、社救对象14户，发放优抚、社救费37476元；为261户831人失地农民办理医保，为203人办理养老保险。

2008年，截止10月底累计发放最低生活保障金1380320元，累计保障10729人；为15户困难户按程序申报临时补助，发放补助费约7500元；为24户优抚、社救对象发放优抚、社救款近5万元；城镇居民医疗保险10491人，9041人缴费，完成新型农村合作医疗补缴226户831人，补缴金额12465元。

2009年，截止10月发放最低生活保障金1144848元，累计保障5402户

10964人；发放生活补贴316800元；对5户困难户按程序申报临时补助，发放补助费约1500元；为辖区优抚对象发放优抚金58585元，医疗补助12000元，临时救济金6000元；为2户重点优抚对象发放丧葬费6360元；在建国60周年大庆、八一及春节期间，发放慰问金24500元、大米560斤、面粉1400斤、油280斤、夏凉被30件；城镇居民医疗保险征缴录入审核12264人，参保12080人，制卡11001人。

2010年，办理城镇居民医疗保险12649人，已缴费人数9331人，制卡11660人。为辖区895名4050灵活就业人员办理社保补贴，补助金额1736564元。

【离退休人员管理服务】 2005年，建立离退休人员登记册、登记卡，实施网络化管理，摸底登记退休人员1843人，接管412人，开展管理服务工作。

2006年，对离退休人员、重病、高龄、孤寡等特殊人员进行走访、认证，对辖区2045人进行见面认证，对外省市的38人通过邮件进行认证；接收企业退休人员社会化管理2573人；为9名退休死亡人员办理死亡金发放558000元。

2007年，累计(2004～2007年)接收468个企业的退休人员3145名，办理发放死亡金2117516多万元；完善企业退休人员长期在外请假制度、联系制度、走访制度；建立退休人员基本信息库，领取养老金资格认证比例达到100%，为29名生活困难的退休人员送去米、面、油等生活用品；为接管的3145名退休人员进行调资，为70岁以上的90名退休人员进行体检。

2008年，累计接收企业退休人员3179名，办理发放死亡金达143万元，社会化管理率和认证率达到99%，为辖区接管的3000多名退休人员进行调资。

2009年，累计接收企业退休人员3657名，新增383人，办理发放丧抚费2435605.95元，社会化管理率和认证率达到99%。

2010年，累计接收企业退休人员3731名，共为666人办理了企业职工基本养老保险遗留问题，办理发放丧抚费达71人319万元，社会化管理率和认证率达到99%。重阳节组织部分退休人员参观黄河金岸，慰问200人慰问金达40000元。

【教育工作】 2007年，筹措资金412.5万元对5所学校的校舍进行维修和粉刷，购置计算机70台；投入5.2万元对校园周边环境进行绿化和整治；加强教师继续教育培训，培训率100%。

【人口与计生】 2001年，对9个居委会计生协会进行换届，现辖区共有计划生育协会17个，理事392人，会员3408人，会员联系户206户。制作计划生育宣传栏2个，标语56条，展板8块，宣传板报116块，宣传材料10000余份。举办各种计划生育培训42场次，参训人员达1264人次。签订帮扶协议书9份，帮扶计划生育困难户9户，投入帮扶资金2670元，为贫困母亲捐款1350元。发放计划生育服务手册4968本，发放《生育证》170本，登记流动人口1345人。截止9月底，全街总人口数12355户，37090人，其中已婚育龄妇女8154人，综合节育率为92.72%，计划生育率100%，出生率6.89‰，死亡率为2.33‰，人口自然增长率为4.55‰。

2002年，投资6万多元，印发宣传品15000份，制作大型宣传牌，建立宣传一条街，在街道主要路口、各村(居)张贴标语，举办大型计生文艺专场演出；抓好秋季查环妇检工作，应查对象4642人，已查4639人，查检率达到99.94%；抓好未婚青年的管理，杜绝早婚早育，对18周岁以上未婚青年建立档案，跟踪管理，开展排查。截止11月底，计划生育符合率为98.58%。

2003年，加大计生宣传力度，强化计生优质服务，狠抓四项节育措施落实，加强流动人口计划生育管理，计划生育率98.3%。

2004年，举办培训班15期，参加培训人数达2700人，发放各种宣传材料45000余份，播放电教片8场，举办咨询活动12次，参加人数达4800人次，对辖区已婚育龄妇女开展查环、查孕200次。

2005年，进一步落实党政一把手亲自抓、负总责制度，坚持每季度召开一次专题计生工作会议，每月召开一次计生例会制度。截止9月30日，街道总人口为40757人，出生率5.64‰，死亡139人，死亡率3.48‰，人口自然增长率2.15‰；已婚育龄妇女8754人，采取各种节育措施8174人，综合节育率93.37%，计划生育率100%。全年共办培训班43场(次)，培训2163人(次)，制作计生宣传展板、标语56块(条)，黑板报132块，发放各类计划生育宣传材料11000余份；为351名辖区育龄妇女提供免费体检，开展"五登门"服务829人(次)。加强与流管办合作，与出租房主签订协议书，明确责任，强化"谁主管谁负责、谁用工谁负责、谁出租谁负责"的责任管理体系，登记流动人口4533人，已婚育龄妇女421人，查验原籍婚育证明1473人，发限期补办通知单4634份，流动人口持证率33.9%。

2006年，截止9月30日街道总人口为41704人，人口出生率4.41‰，死亡105人，死亡率2.53‰，人口自然增长率1.88‰，已婚育龄妇女8685人，其中采取各种节育措施8193人，综合节育率94.35%，计划生育率100%。先后投入计生经费46040元，举办培训班42场(次)928人(次)，制作15平方米以上大型宣传展板2块，出计划生育专题板报12期144块，发放各类计划生育宣传材料12000余份，还在武警中队开展婚育新风进军营活动。登记流动人口5972人，成年流动人口5482人，已婚育龄妇女1548人，查验流动人口原籍婚育证明811人，发放限期补办通知单147份，与房主签订责任书1345份。

2007年，截止9月30日辖区总户数16134户，总人口48220人，出生313人，出生率为6.96‰，死亡122人，死亡

率 2.71‰，人口自然增长率 4.25‰，已婚育龄妇女 9265 人，其中采取各种节育措施 8720 人，综合节育率 94.11%，计划生育率 100%。全年共培训 40 场(次)1321 人(次)，制作 5 平米以上大型宣传展板 15 块，板报 12 期 144 块，制作创“三无”纸杯 20000 只，计生围裙 4000 个，累计发放各类计生宣传材料 11800 余份。开展避孕药具不良反应试点工作，发放 700 份致辖区育龄妇女的一封信、650 份调查问卷，与她们签订知情选择协议书、避孕药具供需协议书、居委会计划生育服务承诺书 1950 份，设立 37 个避孕药具免费发放点，使用药具人数 3790 人，药具应用率 100%，有效率 99.9%。截止 9 月 30 日，共开展“五登门”服务 805 人次，为 1043 名辖区已婚育龄妇女提供免费体检，与房屋出租户签订计划生育责任书 306 份，登记流动人口 8893 人，为 250 名外出人员办理《流动人口婚育证明》。

2008 年，辖区总户数 16010 户，总人口 46752 人，出生 251 人，出生率为 5.30‰，人口自然增长率 2.89‰；已婚育龄妇女 9642 人，其中采取各种节育措施 9150 人，综合节育率 94.90%，计划生育率 100%。成立宁夏首个计划生育“婚育新风书屋”和宁夏首个计划生育男性生殖健康服务机构。

2009 年，辖区总户数 17849 户，总人口 47121 人，出生 280 人，出生率为 5.97‰，人口自然增长率 3.22‰；已婚育龄妇女 9691 人，其中采取各种节育措施 9057 人，综合节育率 93.50%，出生政策符合率 100%；与各社区居委会、包承居委委计划生育工作干部签订责任书 30 份，与辖区单位签订责任书 35 份；全年培训 40 场 1326 人(次)；出板报 11 期 134 块，宣传册 15000 份。

2010 年，开展以“婚育新风进万家”和“关爱女孩行动”为主题的宣传教育活动，全年共培训 40 场 1326 人(次)。严格再生育及计划生育特别扶助对象的审核上报工作，严格落实节育措施，共设立 36 个避孕药具免费发放点，21 个药具自取箱，使用药具人数 4020 人。开展创建婚育文明星级“四级联创”活动，积极推进“阳光计生行动”，确保群众的知情权和监督权。截止年底辖区总户数 16626 户，总人口 45380 人，共出生 259 人，出生率为 5.65‰，人口自然增长率 2.56‰，出生政策符合率 100%。

【拥军优属】 2001 年，成立“富宁街军民共建理事会”，下设西关、中寺、康乐三个军民共建理事会，先后开展“拥军优属”联欢会、富宁街第八届军民共建运动会、重点优抚对象进行入户普查、慰问等工作。9 月份组织革命老战士、离退休人员 154 人成立“富宁街老战士联谊互助会”。

2005 年，元旦、春节期间，举办富宁街军警民迎春联欢会，发动辖区单位捐款 30000 元，慰问共建部队、军烈属、老战士及弱势群体 120 户；开展“爱心献功臣行动”，动员各界广泛参与，较好地解决革命功臣的“三难”问题，帮扶率达 100%；成功举办第十一届“节水杯”军民共建运动会。

2006 年，元旦、春节期间慰问共建部队；举办一场文艺演出；开展“婚育新风进军营”启动活动。

2007 年，坚持每半年召开一次专题议军会议，认真完成基层武装部基础设施、国防潜力、兵员数量和质量、退伍人员登记和管理，开展军地共建等活动，建立富宁街国防教育基地，接受宁夏军区 160 余人的观摩。

【为民解忧】 2001 年，为群众办实事 6 件，反馈情况 38 件。

2005 年，社区群众共反映问题 1067 件，解决 1008 件，上报 31 件，正在解决的有 28 件。

2009 年，针对社区老年人多的现象，各社区通过走访调查，动员辖区的理发店上门为老年人免费理发；家政公司上门为孤寡老人免费打扫卫生、擦玻璃、洗衣服等。中寺社区对前进街 87 号大院重新规划停车位置，向银川市政府直属机关工委等 5 家单位募集 10000 余元资金，科技园管委会捐赠价值 4000 元的活动板房，解决小区自行车安全停放问题；铁北社区支部通过协调市城建局花费 1 万余元重新对总下水进行改造，解决困扰居民 3 年多的疑难问题。

【关爱弱势群体】 2001 年，开展“志愿者助残”宣传服务活动，走访慰问残疾人家庭 35 户，慰问品价值达万元。对贫困学生家庭进行摸底登记工作，为摸出的 66 户贫困学生家庭建立了档案，并决定每年为家庭贫困的小学生补助 200 元、中学生补助 300 元、大学生补助 500 元，同时走访慰问特困生 18 名，发放慰问金 5000 元，为 6 户考上大学的低保家庭子女办理“一次性助学补助金”28000 元。

2005 年，辖区 60 个单位与社区 143 户贫困户结成对子，为贫困户送慰问金(品)达 4.8 万余元，为解决富宁街辖区近 300 名残疾人的康复需求，经街道办事处与银川市第一人民医院协调努力，在康乐社区成立富宁街残疾人康复训练中心，投入价值 20 余万元的医疗器械，高级医师及主任医师坐诊，为残疾人提供康复治疗和训练 200 余人次，举办残疾人培训班 1 期，参加 100 多人，安置 63 名残疾人就业。

2006 年，建立残疾人档案，结合“5·12”全国助残日对辖区 8 户残疾人进行慰问，为 5 户残疾人配备轮椅，对 20 名白内障患者进行检查，对符合条件的 6 名患者进行免费手术，发放残疾人救济金 15500 元，慰问金 4200 元，建立起 16 户助残结队帮扶体系。

2007 年，对辖区白内障患者进行调查摸底，对符合条件的 8 名免费实行手术。1～12 月，发放残疾人救济金 51200 元；“两节”慰问残疾人 18 人，慰问金 5800 元；5 月 21 日全国助残日，为辖区 5 名残疾人配备轮椅，对辖区 8 户残疾人家庭进行慰问，慰问面粉、油和现金价值共计 2400 元。协调督促 16 家市属、区属相关帮扶单位筹集资金及慰问品价值

约3000元，办理残疾人低保165名。

【关心下一代】 2001年，设立关心下一代、文艺等7个活动小组，与少管所、女子监狱开展"结亲"帮助活动。

2005年，为盐池县高沙窝中心小学和西吉团庄小学送去150套新、旧课桌椅，5000件学习用品，300套衣物，支持南部山区的教育事业。

2006年，街道关工委慰问机关的14岁以下儿童，慰问金2900元，慰问辖区的3户贫困儿童，为他们购买300元学习用品；积极与上级有关部门、福建商会、辖区单位联系，为辖区团结小区的3户贫困大学生捐资助学，捐助金额27400元；积极开展"春蕾"计划，帮扶盐池县的贫困学生51000元。

2007年，关工委在各社区邀请辖区内的老党员、老教师等"五老人员"为辖区中小学开展宣讲教育活动120次，近2600多名青少年参加。

【老龄工作】 2005年，建立健全街道居委会老龄工作领导小组和各项规章制度，对辖区贫困老年人进行调查摸底，建立老年人台账，街道有60岁以上老年人4698人，占辖区总人数的11.54%，其中60~64岁的1346人，65~79岁的2961人，80~99岁的390人，百岁老人1名。

2006年，帮助辖区98岁高龄的孤寡老人刘松青办理入住福利院手续；在"老人节"期间，慰问11户社救和优扶对象，送慰问金1100元；为179人办理养老保险。

2009年，完成80岁以上高龄老人建档工作，为3名100岁老人办理每月100元长寿金；在利群成立居家养老服务站，设立餐厅、托老护理室、图书阅览室、健身室、棋牌娱乐室等，为社区老年人提供送餐、拖老护理、读书健身和棋牌娱乐等服务。

2010年，在利群、自强、大庙社区建立社区居家养老服务网络，基本形成了老年人足不出户居家养老。12月富宁街办事处被推荐为银川市社区服务先进单位。

【法律服务】 2001年，发放法律"明白纸"2万余份，义务法律咨询3000多人次，大力宣传法律知识。

2004年，成立富宁街法律援助中心和法律援助工作站，聘请热心社区工作的法律服务人员，制定各项规章制度，为辖区的困难户、低保户免费提供法律援助，截止10月份，共为辖区居民提供法律咨询和服务500余起。

2006年，街道司法所在辖区开展法律法规及政策的宣传教育，举办法律服务讲座5次、测试6次，制作法制宣传展板26块，播放法制录像5次，发放宣传材料10000份，被评为自治区级"四五"普法教育先进单位。

2007年，加大对司法所基础办公设施的投入，设立专门的调解室、法律援助工作站和档案资料室，使司法所办公和业务用房建筑面积达到60平方米；通过"法律服务进社区"社区普法平台，开展形式多样的法制宣传教育活动。全年共出普法黑板报120余块，发放宣传单1000余份，接待各种形式的法律咨询服务32起，为外来民工、困难家庭等弱势群体提供法律援助5起。

【人口普查】 2010年，成立第六次全国人口普查工作领导小组，制定《富宁街第六次全国人口普查工作实施方案》。悬挂宣传标语25条，制作宣传栏43块，发放致全区人口普查住户一封信15000张，完成普查、汇总、录入等工作。

玉皇阁北街街道

【概况】 玉皇阁北街街道的前身是中山北街街道，最早成立于1961年6月，1982年由中山北街改为玉皇阁北街，辖区面积4.5平方公里。截至2010年7月底，有信义社区、东方社区、益民社区、北寺社区、青山社区、东关社区、北门社区、永康社区、北关社区、天成社区10个社区居委会，居民21039户，45588万人；辖区单位312家，其中机关企事业单位42个，非公有制经济组织458个，新社会组织13个，个体商业网点1543家。玉皇阁北街行政编制9名，设街道党工委书记1名、办事处主任1名、副书记2名、副主任2名、人大联络办副主任1名；专项事业编制11名。街道党工委下设15个党支部，党员780名。2003年~2007年，先后荣获全国经济普查工作先进集体、全国百强工会；自治区计划生育工作"三无"街道办事处、社区建设先进集体及体育工作先进单位等荣誉称号。

【街道领导名录】

银川市兴庆区玉皇阁北街街道党工委

书　记：谢继忠（2001.01~2002.02）
　　　　刘　星（2002.02~2007.11）
　　　　李晓红（2007.11~2010.12）

副书记：马红梅（2001.01~2003.02）
　　　　司雁啸（2002.10~2007.11）
　　　　张　敏（2003.02~2009.01）
　　　　李晓琴（2007.11~2010.12）
　　　　吕成良（2009.01~2010.12）

人大街道联络办公室

副主任：马桂林（2005.3~2009.01）
　　　　高艳华（2009.01~2010.12）

银川市兴庆区玉皇阁北街街道办事处

主　任：海长春（2001.01~2002.07）
　　　　李警钟（2002.07~2003.03）
　　　　杨学文（2003.3~2009.01）
　　　　马保林（2009.01~2010.12）

副主任：王志云（2001.01~2002.03）
　　　　咸　波（2002.03~2007.11）
　　　　姜超东（2003.02~2009.01）
　　　　张学平（2007.11~2010.12）
　　　　孙丽丽（2009.01~2010.12）

【街居经济】 2003年截止11月底，完成工业总产值4010万元，区域商贸总额3.4亿元；引进春柳环保洁净洗涤有限公司投资80万元，申请入住兴庆科技园；投资5000元创办下岗失业人员再就业服务中心，分设劳动生活、洁净、爱心大嫂等3个服务部，自7月份运行以来，实现利润3200元。

2004年，完成工业总产值4200万元，区域商贸总额3.3亿元；多方协调促使投资2.06亿元的国花大酒店落户辖区，超额完成政府下达的招商引资任务。

2006年，房租收入14.6万元，罚没款、城市卫生费、市场收入37.8万元，全年预算外收入52.5万元；10个社区全年经济收入17万元，纯收入10万余元，纯收入过万元的社区有6个，纯收入过2万元的社区有3个，全年新增社区服务网点4个。

2009年，加强市场及资产管理，加大投入，规范市场商户门头，统一标准，扩大摊位，提高市场整体收入，全年收入70万元，其中收取市场管理费6万元、房租12万元、卫生费27万元，争取上级支持资金25万元，完成招商引资2000万元。

2010年，通过加强市场及资产管理，加大投入，扩大摊位，规范市场管理，提高市场整体收入，全年收入70.5万元，其中收取市场管理费8.7万元、房租15万元、卫生费17.4万元，争取上级支持资金29.4万元；超额完成全年招商任务，招商引资4000万元，其中宁夏交通学校七天连锁酒店1000万、来裕淀粉有限公司1000万、林荫香榭商务酒店2000万。

2008年12月19日，玉皇阁街道领导和老人一起包饺子迎冬至

【党的建设】 2003年～2007年，连续5年深入开展“三级联创”活动，落实创建工作任务，充分调动社区党支部创先争优意识，不断巩固和提高创建成果。以服务群众为目的，坚持开展“十要访”、“五个一” 和无职党员设岗定责、“连心桥”民情日记、楼栋党小组的试点等活动，各社区党员服务站以服务党员为重点，开展为党员排忧解难，帮扶活动，为党员过生日吃长寿面，组织观光体验大银川发展变化等活动。2007年在总结经验的基础上，普遍开展议事园活动，以“五位一体”的组织形式协调、解决居民反映的难点、热点问题。各社区先后召开辖区单位党组织党员代表大会，形成资源共享，互相帮助，共同发展的格局，东方、北关、青山、北门、天成等社区办公、活动场地分别达到300平米以上。高度重视非公经济组织中的党建工作，对辖区规模以上非公经济组织进行摸底，帮助指导2户非公企业成立党支部；召开社区党组织党员代表会议，筹集8.5万元资金创办“一家人”爱心超市，两年来，免费帮扶社区困难家庭累计1400户4.2万余元；充分发挥社区资源，与新北方医院联合共同创建党员服务站，每年为党员、群众体检达免费13万元。街道被银川市委命名为标兵街道党工委、先进基层党组织，2个社区党支部被银川市委命名为红旗党支部，8个社区党支部被兴庆区党委命名为“五个好”社区党支部。

2008年，切实加强党的基层组织建设，在社区进一步巩固和提高无职党员设岗定责活动的成果；依托“五位一体”的组织机构，积极开展议事园活动，10个社区党支部解决居民群众反映的热点难点问题100余件；6月中旬，党工委组织召开街道党建联席会议，8月份，东方社区召开党员代表会议，辖区单位的党组织负责人畅所欲言，为做好基层党组织工作奠定组织基础；结合全区解放思想大讨论活动的安排、计划，街道党工委在街道、社区开展丰富多彩的解放思想大讨论活动，及时上报工作信息和工作报告，对每一阶段的工作及时进行总结，对下一阶段的工作及时进行安排。

2009年，街道党工委通过打造“三团”铺路，党建通车、居民受益的党建工作格局，依托“五位一体”的组织机构，积极开展议事园活动，解决居民群众反映的热点难点问题100余件；完善社区党员服务站(点)，青山社区党支部为部分老党员进行党员服务站督导员授牌，北关社区成立党员民情倾诉点，巩固和提高在职党员设岗定责活动成果，充分发挥党员宣传党的政策、参与社区服务、协调邻里关系、帮扶困难群众、维护社会治安的作用；党工委、办事处本着城乡互动、共建和谐的目标，4月初召开辖区三级人大代表、非公经济党组织代表、结对帮扶村的村支部书记参加的推进城乡一体化工作座谈会，区委王杨宝书记到会并讲话，6月份，街道党工委与丽景街党工委联合举办建党88周年系列庆祝活动，80多名老党员重温入党誓词，结对村居签定党建帮扶协议书，党工委对村居党建副书记实行交叉任职，达到党建共建，经验交流，互帮互促、共

同进步的效果；圆满完成10个社区两委换届工作，受到兴庆区领导的好评；针对“两新”组织党建工作相对薄弱的实际，选派工作责任心强、党建工作业务熟悉的人员作为“两新”党组织的党建工作指导员，定期指导工作，使“两新”党组织呈现出旺盛的生命力；针对大学生党员毕业后不能及时参加党组织活动的状况，与兴庆区组织部积极配合，成立全区首家高校毕业生党支部，为高校毕业生党员参加政治理论学习、相互交流思想、参与全民创业行动搭建平台；以党员服务中心、站、点为平台，构筑党员服务网络，利用“一家人”爱心超市开展对困难职工、特困户、残疾人等帮扶活动，为贫困家庭发放米、面、油等生活用品达4万余元，为空巢老人、困难党员举办欢庆元宵节、端午节，共过政治生日，送去组织的关怀；认真开展“四个一”活动，落实“三项制度”，完善基层党组织和党员服务群众的体系；党建月期间，党工委和各社区党支部开展红歌献给党、党风民心一线牵等丰富多彩的活动，表达党员们对党、对祖国的浓厚感情，增强党组织的凝聚力和战斗力。

2010年，党工委对非公经济党建进行定期指导，在非公经济企业中新发展6名党员，指导两个非公经济党组织进行支部换届，使非公经济党组织呈现出旺盛的生命力。高校毕业生党支部全年组织党员参加政治理论学习10次，参加创业就业培训4次；街道于6月份召开党建联席会议；全面落实“组织起来，切实维权”的工作方针，与企业协商签订4项合同，使合同的签订率达到100%；通过举办职代会培训班、餐饮业技能大赛、职工趣味运动会等活动提升职工岗位技能，形成党建带工建，工建服务党建，党工共建的良好格局。继续深化“十要访”、“五个一”和“五情教育”等特色活动，将推出的道德模范在各社区进行宣传；深化“一居一品”创建活动，通过创建服务型、学习型、温馨型、平安型社区，使社区工作目标更加明确，措施更加到位，服务效果更加明显；以党员服务站、点为平台，构筑党员服务网络；利用“一家人”爱心超市每月定期为困难党员发放米、面、油等生活用品；街道和社区党支部在重大节假日期间，对困难党员进行帮扶慰问，共过政治生日，突出人文关怀；协调党员服务站新北方医院为进城务工群众送法律、送健康，增强党组织的向心力。党建月期间，邀请银川市委常委、市纪委书记左新军为机关、社区、两新组织共100余名党员上“如何加强党风廉政建设，提高党员干部自身素质”的党课；各社区开展优秀党员风采展、“庆七一、颂党恩”文艺演出活动，市委领导崔波、李泽峰等人先后到街道参加社区支部的党员奉献活动；搭建就业平台，开展岗位进社区活动，成立才艺培训基地，培训下岗失业人员进行丝网花、串珠、中国结手工编织；成立社区服务中心，开办书法、铜丝画、沙画制作技能培训班，为160余人解决再就业问题，增强服务群众的效果。

【廉政建设】 2003年~2007年，街道党工委、办事处认真落实兴庆区党风廉政建设目标管理责任书，领导干部自觉做到自重、自警、自省、自励，街道党工委经常开展《两个条例》、四大纪律、八项要求主题教育活动，每个班子成员牢固树立“两个务必”的思想，严格执行领导干部收入申报、礼品登记、个人重大事项报告制度，生活俭朴，不讲排场，不比阔气，耐得住清贫，经的起诱惑，始终做到心不贪、手不伸、嘴不馋、色不迷，自觉抵制拜金主义、享乐主义的影响，在思想上筑起拒腐蚀永不沾的坚固防线；严格执行“八不准”，认真落实“四个一”和首问责任制。2007年3月，召开民主生活会，班子成员虚心听取干部群众意见进行整改，群众的满意率达95%以上。

2008年，讲廉洁、重自律、优化效能建设，认真落实兴庆区党风廉政建设目标管理责任书以及各级纪委监察机关关于廉政建设的有关规定，严格执行领导干部收入申报、礼品登记，个人重大事项报告制度，严格财务制度，每月按时公示收支情况，接受干部、职工监督；建立党组织和党员实绩档案，填写党员实绩档案手册，做到内容详实，信息、工作反馈准确及时，党员和干部中无违法乱纪现象发生；按照区委组织部和纪检委的要求，3月份和6月份分别召开解放思想和干干净净做事的民主生活会，严格剖析，虚心听取各方面意见，认真加以整改，达到预期的目的和要求。

2009年，街道党工委班子成员认真落实兴庆区党风廉政建设目标管理责任书以及各级纪委监察机关关于廉政建设的有关规定，讲廉洁、重自律、优化效能建设，领导干部做到自重、自警、自省、自励，杜绝不廉洁行为，严格执行领导干部“三项“制度，严格财务制度，每月按时公示收支情况，接受干部、职工监督；建立党组织和党员实绩档案，填写党员实绩档案手册，做到内容详实，信息、工作反馈准确及时，党员和干部中无违法乱纪现象发生；6月底，街道机关党支部召开民主生活会，达到开诚布公、坦诚相见、互相帮助、互相监督、理出共性问题和总结经验教训的目的，提出相应的措施及其整改方向，使党员、干部进一步转变作风。

2010年，党工委班子成员认真落实兴庆区党风廉政建设目标管理责任书以及各级纪委监察机关关于廉政建设的有关规定，每月按时做到党务公开和政务公开；干部实行挂牌上岗制，上下班四签到制，A、B岗双责制；建立干部包委联系机制，机关支部和各社区支部都建立党员创先争优承诺公示岗、先锋岗、评议岗等，对街道和社区党员进行季度评比，营造学先进、赶先进、做贡献、当表率的良好风气；6月底，召开民主生活会，提出相应的措施及其整改方案，使党员、干部进一步转变作风。

【创先争优】 2010年，党工委通过在社区组建巡访团、宣讲团、智囊团，强化服务居民的效果，在党员中推行服务承诺制，发挥党员在协调邻里关系、帮扶困难群众、维护社会治安中的指导员、宣传员、辅导员、信息员、巡视员“五大员”的作用，率先在青山辖区变压器厂家属院、区百货家属院、北馨苑、新悦花园4个小区建立治安室，组织老党员自愿组成义务治安巡逻队伍，负责小区巡逻；北关社区成立党员民情倾诉点，组织人大代表了解社情民意，自治区人大代表，市委书记崔波先后3次到街道和社区调研，对群众提出的北桥巷占道问题、小区绿地被占用等问题一一督促解决，受到党员好评。按照兴庆区委组织部的要求，党工委认真做好“两管三评一推优”工作，召开创优争先动员大会，与党员干部签订目标管理责任书，责任书内容将理论学习、遵纪守法、敬业奉献、团结协作、廉洁自律、本职工作完成情况等方面的内容都以分值的形式具体量化，增强可操作性；党建月期间，街道召开“双述双评”会议，街道党员干部和各社区书记对签订责任书的32名机关党员干部进行民主测评，为打造一支朝气蓬勃、富有战斗力的党员干部队伍奠定坚实基础。

【精神文明】 2003年~2007年，深入开展“五情”教育活动，该活动被中央电视台予以宣传报道；2003年开始，街道“五好”文明家庭创建活动显著，全区“五好”文明家庭创建观摩会在玉皇阁北街召开；开展百户五好文明家庭运动会，开展五好文明家庭与一般家庭创学习型家庭“手拉手”活动，分别与下岗失业家庭、进城务工家庭、残疾人家庭签订互帮协议书，组织社区干部开展“提情知民、提民知情”业务比武活动，以创建学习型家庭为依托，组织开展创建学习型社区活动，指导督促社区开展群众性精神文明创建活动。2007年，先后成功举办迎奥运、讲文明、树新风第七届中老年广场舞比赛，广场文艺演出等大型文化活动4次，成立玉皇阁北街民间才艺协会，举办社区巾帼手工制做培训班12期，举办庆“三八”巾帼手工作品展览；开展文明单位创建活动，截止2007年底，辖区有区级文明单位2个，市级文明单位5个，兴庆区级文明单位25个。

2008年，继续深化“十要访”、“五个一”和“五情教育”等特色活动，结合全区思想道德建设年，突出抓好“四德”工程，街道干部深入社区、居民家中，发掘居民群众中的“五情”先进事迹，通过巡回宣讲，用平凡的亲情、爱情、友情教育身边的广大居民群众，推出钱芳、曹光金、何树花等道德模范，提高居民群众的文明素质，推进和谐社区、和谐兴庆、和谐社会的建设。按照社区党员活动阵地标准化建设和星级阵地建设的标准和要求，街道党工委班子成员多次到社区去调研、察看，根据社区资源优势，确定以人为本、服务社区、追求和谐的社区建设为理念，以开展特色社区建设活动为重点，按照一个社区、一个特色的标准，全面推进特色社区创建活动，增强社区党组织的凝聚力和战斗力；依托“五情教育”，邻里和睦一家亲、党群同心建和谐，“观看大银川”等形式多样的特色活动，将北关社区打造成温馨型社区；依托北门社区的家政服务中心、党员服务站、无物业小区管理服务站，为居民发放爱心联系卡，开展“有事您就说”、情系万家等活动，将北门社区全力打造成服务型社区。6月20日，兴庆区无物业小区规范化管理现场观摩会在北门社区召开；将天成社区全力打造成文化型社区，开通社区QQ群，制作社区文化墙，活跃居民的文化生活；将青山社区全力打造成就业型社区，通过党支部的联系带动，开展技术帮扶、思想帮扶、生活帮扶活动，为下岗职工联系再就业岗位，提高社区党组织的服务水平；将信义社区全力打造成为老服务型社区，依托社区卫生院、社区按摩室定期为老人做检查活动，使社区老年人深切体会到党的温暖，社会的关心。多种形式营造“两基”迎“国检”氛围，认真做好创建全国文明城市和创建全国未成年人思想道德建设先进城市工作，党工委、办事处周密安排，投入资金7000余元进行形式多样的宣传活动，在各社区、居委会、学校先后悬挂宣传标语100多条，制作宣传板报50期（次）；天成社区居委会还利用社区QQ群对“两基”迎“国检”和创建全国文明城市工作进行宣传，确保各项工作顺利验收。

2009年3月5日，玉皇阁北街举办社区大讲堂活动

2009年春节前后，街道组织节目

《冬暖花开》参加兴庆区团拜会，荣获二等奖；信义中老年健身站的60名队员在名人广场举办元宵节社火表演，荣获二等奖；“三八”期间举办家庭才艺大赛暨妇女创业成果展示会，东方社区举办关爱女性、关注家庭社区大讲堂活动，东关社区组织庆“三八”自信自强演讲活动，信义社区举办《用爱心诊疗自己和家人》健康知识讲座，益民社区举办趣味运动会，永康社区举办庆“三八”妇女维权知识讲座；积极做好五好文明家庭的评选推荐工作，评选五好文明家庭900户，累计户数5252户，占辖区总户数的28%；共青团认真落实“晨晖计划”，抓好社区青少年的教育工作和青少年志愿服务工作；各社区先后举办三月三家庭风筝大赛、庆祝建党八十八周年广场文艺晚会、庆“七一”广场文艺演出；9月25日，街道在北关社区举办“全面落实科学发展观，促进城乡区域协调发展”广场文艺演出；创建全国文明城市工作中，党工委、办事处高度重视，思想统一，成立创建全国文明城市领导小组，制定创建工作实施方案，强化督查督办，确保各项创建措施有条不紊的开展；加大宣传工作力度，全年在各大媒体上宣传报道197篇(次)。

2010年，按照全国文明城市测评体系要求，完善社区志愿者服务工作，街道和社区成立50支志愿者队伍，发展志愿者3944名；投资3万余元制作创城宣传文化衫和环保购物袋，免费发放给居民群众；为10个社区统一制作思想道德宣传栏，宣传近年来评选出的思想道德模范在每个社区上墙，各大媒体宣传达155篇(次)。大力开展全民爱国卫生运动，动员辖区单位干部职工、社区党员、志愿者、低保户等5000人(次)，开展系列环境卫生整治活动，清理乱贴乱画30000余处和各种建筑、死角垃圾、房顶垃圾200余吨，整顿主要街道户外广告牌和乱摆乱放，制作信息张贴栏20多处，有效地遏制乱贴乱画行为；在各社区开展广场文艺演出和创文明城市知识竞赛、演讲比赛、名人书画进社区等丰富多彩的精神文明创建活动，提升社区居民的创建文明城市意识。

【社区建设】 2003年~2007年，社区建设取得突破性进展，三星级社区3个，四星级社区1个，五星级社区1个，3个社区基本达到标准化社区目标。

2008年，经过多方协商，解决北关居委会和青山居委会的办公用房扩大问题，两处房子都是原来的锅炉房。1个三星级社区通过验收，完成110个社会团体组织登记工作。

2009年，经过多方协商，积极争取，改建装修锅炉房500平方米，交给北关社区居委会使用，青山社区400平方米综合活动楼的装修完工和投入使用；创五星级社区2个。

2010年，加大阵地建设，北关、青山被自治区命名为五星级社区和“阳光家园”试点社区。

【综合治理】 2003年~2007年，以创建平安街道为目标，开展平安社区、无毒社区创建活动，在银川市率先建立酒吧巡逻队，2004年组建社区专职巡防队伍，2005年组建社区民防队伍，两支队伍人数达208人；广泛开展群防群治宣传，努力调动社会各方面力量，共同参与社会治安综合治理工作。2007年签订综治工作目标责任书110份，召开社会治安综治工作总结表彰兑现大会，5月份，召开有辖区单位、物业公司、社区居委会、各商业网点“五小”行业等负责人300余人参加的综合治理，安全生产工作会议，对治安形式、安全生产、消防知识进行培训学习，提高责任意识和安全防范意识，全年开展大规模治安、安全生产检查3次，检查重点单位、五小场所140家，整改率100%。截止2007年底，辖区平安单位56个，达标率93%。

2008年，认真落实社会治安综合治理责任制，维护社会秩序和谐稳定，以创建平安街道为目标，开展平安社区、无毒社区创建活动，基本做到制度、人防、物防、技防的四落实；签订综治工作目标责任书110份，召开社会治安综治工作总结表彰大会；认真抓好维稳工作，对法轮功分子、影响稳定的宗教问题都进行摸、排、查；建立健全义务民防队伍，辖区共有273人组成的义务民防小队，每天佩戴袖标负责本小区的治安巡逻，针对酒吧一条街治安案件较多的情况，由6名专职民防队员负责酒吧一条街的巡逻，银川市两次在玉皇北街召开综治工作现场经验会。2008年底，辖区有平安单位43个(市级6个、兴庆区级37个)，平安校园3个，平安小区17个，创建达标率分别达到93%、100%、84%；无毒社区创建达标率60%。抓好安全生产工作，组织辖区重点消防单位悬挂安全生产标语25条、宣传画25幅，发放宣传资料4500余份、安全生产手册400本，制作专栏10个、展板40块；落实安全责任，与辖区单位、商业网点签订安全生产责任书1624家，签订率达100%，在春节、五一、五十大庆、十一等节日及重大活动期间对辖区重点单位、“五小”场所进行检查，全年共检查140家，发放限期整改2份，整改率达100%，未发生重特大安全生产事故。

2009年，贯彻落实信访工作条例，坚持领导信访接待日制度，及时公开领导接访有关事项；积极与相关业务部门协调，现场解决督办件126件，办结率100%；召开社会治安综治工作总结表彰大会，签订2009年综治工作目标责任书110份；认真开展社区戒毒(康复)工作，制定实施方案，建立社区戒毒(康复)工作网站，经过认真细致排摸和多次走访戒毒康复安康医院，建立健全康复人员检查档案58份；坚持“两排查、一分析”工作制度和重大节假日矛盾纠纷排查制度，全年排查各类矛盾纠纷117起，调解117起，调解成功116起，成功率99.1%，未发生因调解不当而引发的民转刑案件和非正常死亡事件，无重大群体性事件和集体上访事件；积极开展平安创建活动，辖区内已创建平安单位49个，平安校园3个，平安小区17

个，创建达标率分别达到93%、100%、84%，巩固率均达到95%以上；深入开展普法、依法治理工作，全面推进法治进程，提高依法行政能力，全面落实安全生产各项工作措施，重大节日发放整改通过书12份。

2010年，加大综合治理力度，做好重大节日和中阿论坛期间的维稳工作，对辖区重点人员进行排摸，坚持“零”报告制度；全年未发生因调解不当而引发的民转刑案件和非正常死亡事件，无重大群体性事件和集体上访事件；做好校园周边及民办幼儿园治安整治工作；认真开展社区戒毒（康复）工作，为符合条件的12名社区戒毒（康复）人员办理城市最低生活保障；积极开展平安创建活动，辖区内已创建平安单位27个、平安校园2个、平安小区14个。

【平安一条街】 2009年，开展打造中山街平安一条街活动，党工委经多方协调，筹资1万元，为派出所配备巡逻车辆，派出所组织巡逻队员4名，起到一定的稳定治安作用。

【计划生育】 2003年～2007年，成立计划生育爱心救助站，为社区安装40个避孕药具免费自取箱；2006年被自治区命名为计划生育“三无”街道。2007年，大力开展以服务居民为重点的各类活动，发放计生宣传品5800余份，入户率达90%，应知应会率达90%；辖区已婚育龄妇女普查率达到88%，使用避孕药具人员3717人，药具应用率、发送率、随访率、正确使用率、群众满意率均达到100%；加大对流动人口的管理和服务，辖区流动人口1760人，持证率达75.6%，64名流出人员全部办理婚育证明；对计生贫困户进行帮扶活动，向102户计生贫困户发放救助物品。

2008年，落实计生工作目标责任制，成立计划生育爱心救助站，全年为困难计划生育家庭发放救助资金6900元；在社区安装40个避孕药具免费自取箱，印制计划生育宣传纸杯30000只，制作无纺布购物袋3000只，发放宣传资料5000余份、宣传围裙500件。截止9月底，街道9801名已婚育龄妇女生殖健康检查率达到92%，出生、新婚、手术、疾病随访率达100%，计划生育应知应会率90%，药具应用率、发送率、随访率、正确使用率、群众满意率均100%，计划生育率100%，自然增长率5.43‰，全面完成上级下达的人口指标。

2009年（截止9月底），街道总人口46996人，已婚育龄妇女10073人，采取各种节育措施9221人，及时率100%；新出生321人，出生率6.84‰；死亡92人，死亡率1.96‰；自然增长率4.87‰，计划生育率100%；独生子女父母奖励落实率100%，已婚育龄妇女普查率达到92%，出生、新婚、手术、疾病随访率达100%；辖区已婚育龄妇女计划生育应知应会率达90%，药具应用率、发送率、随访率、正确使用率、群众满意率均达到100%；投入2万余元印制计划生育婚育文明宣传无纺布购物袋17000个，宣传折页10000份和住户、育龄妇女台账等10000份；投入3万余元用于青山、北关、东方社区的婚育文明“四级联创”及计生宣传工作，推动计划生育工作向深层次发展。

2010年（截止9月底），综合节育率100%，出生率6.82‰，死亡率2.60‰，自然增长率4.21‰，各项指标均控制在计划内，获自治区计划生育工作四星级街道荣誉称号。

【环境卫生综合整治】 2003年～2007年，全力抓好环境卫生综合整治，“非典”和禽流感流行非常时期，街道、社区广大干部职工深入辖区单位和居民中，宣传卫生知识，喷洒药物，注射禽流感疫苗，为控制疫情的发展和蔓延做出贡献；抓好创卫工作，形成卫生工作管理长效机制，连续5年卫生工作名列兴庆区前三名。2006年“三大战役”期间，克服来自各方面的困难，拆除违章建筑42000平方米，提前圆满完成任务。2007年组织开展大规模的卫生整治和创卫迎检活动，对各小区楼院进行拉网式整治清理，清理乱堆乱放400余车约1500吨，清洗乱贴乱画2300多条，封闭垃圾道口1125个，放置垃圾箱246个，整治乱摆放摊贩200多个，投放鼠药、蟑螂药、敌敌畏共计245公斤，在各小区制作毒饵站800个；制作健康教育宣传专栏110个；完成拆建还绿1438平方米，新建公共绿地5497平方米，新增居住区、单位庭园绿地2100平方米；全面完成创建国家卫生城市、国家园林绿化城市下达的各项工作任务。

2008年，大力开展全民爱国卫生运动，每个居委会一月一互评，半年一评奖，加大宣传力度，上半年发放《整治环境、净化、美化家园》、《创建无烟草广告城市》、《银川市市容卫生管理条例》、《致市民养犬告知书》、《世界环境日知识宣传》、《消灭蟑螂》、绿化小常识等宣传资料1万余份，悬挂宣传横幅87条，出展板102块；5月30日，新北方医院在宁园设点开展无烟日卫生健康知识宣传和义诊活动，受诊人数达到700余人；开展迎新春卫生综合整治、整治城乡环境迎接五十大庆、迎奥运庆大庆卫生综合整治、第二十个爱国卫生月卫生综合整治、党员奉献日等一系列整治活动，动员辖区单位、包街单位干部职工、社区党员、志愿者、低保户和办事处全体人员等8000余人开展各种卫生集中整治活动8次，清理乱涂乱写、乱贴乱画6500余条和各种建筑垃圾、死角垃圾、房项垃圾、积雪等200余吨，平整场地3万余平方米，清扫红花渠等城乡结合地段3.3千米，清理门头牌匾300余个；动员辖区50多家单位进行“穿衣戴帽、洗脸修面”工程，粉刷墙面1.2万余平方米；4月2日，办事处全体干部、职工齐心协力完成在通贵乡的植树任务，在兴庆区政府家属院等各小区楼院栽种、补植各种树木2000余株，新增绿地8500平方米；五一、十一节日期间展摆鲜花12万盆；创建绿色社区2个，创建节水型社区1个。

2009年，经常开展卫生检查监督、

考核评比活动，发放《整治环境、净化、美化家园》《创建无烟草广告城市》、《银川市市容卫生管理条例》、《致市民养犬告知书》、《世界环境日知识宣传》、绿化小常识等宣传资料8000余份；悬挂宣传横幅63条，国旗2000余面，出展板40块，营造建国60周年大庆气氛；开展迎新春百日卫生综合整治、第二十一个爱国卫生月卫生综合整治活动、创建国家环保模范城市等一系列整治活动，清理乱贴乱画20000余处和各种建筑、死角垃圾、房顶垃圾180余吨；大力开展健康教育，预防甲型H1N1流感宣传，为各社区更换健康教育专栏12块；加大城市管理力度，对北桥西巷职工自立市场进行翻建，购物环境明显改善，群众满意度大大提高，经济效益显著增加；积极完成清雪工作，动员辖区单位、个体工商户和居民3000人次，清理积雪60余吨；申报市级卫生达标单位1个，兴庆区级卫生达标单位1个。

【劳动保障】 2003年～2007年，紧紧依靠区、市劳动保障部门，多渠道开发就业岗位，每年组织下岗失业人员、特困、零就业家庭400人次参加用工洽谈会；举办培训班，每月定期做好用工信息的采集和发布，用工信息采取量在500条以上，每年办理再就业优惠证150人。2007年自谋职业、灵活就业累计1425人，职业介绍服务780人次，成功率40%，劳务输出207人，累计办理再就业优惠证606人；东方社区被评为自治区再就业示范社区。

2008年，紧紧依靠区、市劳动保障部门，多渠道开发就业岗位，上半年发布用工信息259个，城镇新增就业980人，下岗失业人员再就业149人，失业率控制在3.6%以内；城镇人员参加职业技能培训290人，取得职业技能鉴定证书257人。

2009年，多渠道开发就业岗位，全年新增就业1471人，安置下岗失业人员659人，发布用工信息238个；开办创业促就业技能培训班4期，培训人员410人，就业率达到75%；低保劳保联动，建立《劳动就业培训登记册》，举办低保户再就业培训班、民政专干和低保专干培训班，培训260余人。

2010年，加快下岗失业人员再就业培训和失地无业农民工技能培训进度，提高培训后再就业率，力争把城镇登记失业率控制在3.6%以内，全面完成各项目标任务；举办两期低保户再就业培训班，参加培训400多人；加强基层劳动保障平台建设，创建充分就业社区。

【“工字号”创业一条街】 2009年，根据“工字号”创业精神，成立中山北街292号—294号之间的“工字号”创业一条街，安排下岗人员22名，失业人员16名，残疾人3名，进城务工人员29人，对社会的稳定和谐起到积极作用。

【社会保障】 2008年，为4776户低保户9840人发放低保金1190592元，为3人发放社救款1752元，为15人发放优抚款37560元，为28人发放残疾人救助金33600元；组织两期低保专干、低保户政策、技能培训班，培训200多人；申报办理灵活就业人员社会保险补贴494人，参加城镇居民基本医疗保险11203人，制卡11197人。

2009年，街道有低保户403户791人，发放低保金1157952元，生活补贴284760元，残疾人救助金28人33600元，低保户集中供暖补贴124859元；医保缴费11058人，缴费率达到100%，办理灵活就业人员社会保险补贴754人。

2010年，截止12月底街道有低保户364户722人，发放低保金1067976元，生活补贴259920元，低保户集中供暖补贴151987元，医疗救助金56120元，大病医疗救助13560元，优抚款15人44880元；养老保险的业务管理由粗放到精细，做到应保尽保，加大医疗保险基金征缴工作力度，医疗保险费征缴率和参保缴费率达到95%以上。

【企业退休人员社会化管理】 2008年，接收企业退管人员3485人，管理服务率100%。

2009年，继续推进企业退休人员的社会化管理服务工作，接收企业退休人员3877人，帮助异地认证28人，确认率100%，退休人员社区管理服务率达100%。

2010年，对企业退休人员的各项数据做到精细、准确、及时、管理到位。

【为民解难】 2009年，街道、社区通过大走访征集群众困难、问题57件，党工委和社区党支部把这些问题做为工作重点，充分利用社区“智囊团”，多方协商，解决居民群众反映的热点、难点问题达39件。

2010年，党工委、办事处把解决群众反映的热点、难点问题作为重点来抓，协调解决问题160余件，被评为银川市科学发展观学习实践活动先进单位。

【扶贫济困】 2008年，党工委、办事处利用“一家人”爱心超市开展对困难职工、下岗失业人员、特困户、残疾人等家庭进行帮扶，全年共为800多户贫困家庭发放米、面、油等生活用品，价值4万余元；为体现街道、社区对空巢老人的关心和爱护，2月20日在北关社区为“空巢老人”举办欢庆元宵佳节活动；3月5日，党工委举办学雷锋、献热血、树新风、献爱心活动，街道干部、职工和居委会的基干们约70人踊跃献血；5.12汶川大地震发生后，党工委、办事处组织辖区居民、单位、工会会员向地震灾区捐款77615.1元，缴纳特殊党费1.5万元，宗教界人士捐款5千元；认真做好结对帮扶工作，街道20名党员与12户贫困户进行结对帮扶，送去慰问金1300元，街道与5家辖区单位签订结对帮扶协议书，6月初，街道党工委班子成员走访结对帮扶单位月牙湖乡，送去慰问金3000元；七一前夕，街道党工委对20户贫困党员进行慰问，发放慰问品折合现金1400元；重阳节期间为1名百岁高龄老人和80岁以上贫困老年人发放慰问金500元。

2010年，组织辖区白内障患者到市人民医院免费做白内障复明手术；为残疾人换证500本。

【民族宗教】 2009年，全面掌握民族宗教工作动态，对辖区内的佛教、伊斯兰教、天主教、基督教活动场所和教职人员、信教群众情况进行详细的摸底调查；加强对清真食品的管理，规范清真食品市场秩序，在开斋节来临之际，对辖区北关清真寺、东环路清真寺进行慰问；民族团结月期间，举办“庆华诞，回汉一家新”活动。

2010年，对辖区内宗教活动场所和教职人员、信教群众情况进行详细的摸排查工作，取缔信义社区的非法藏传佛教点，积极协调东环路清真寺危房改造；加强对清真食品的管理，规范清真食品市场秩序，保证中阿论坛的食品安全和维稳工作；开斋节来临之际，对辖区北关清真寺进行慰问；民族团结月期间，举办回汉一家亲文艺演出。

【群团活动】 2006年，街道工会成为区、市建会维权试点单位，全市工会观摩交流会在玉皇阁进行；北寺社区被评为银川市巾帼文明岗。

2007年，东方社区工会职工维权服务站被评为全区示范单位；街道团工委被自治区团委定为增强共青团员主题意识教育活动试点单位；家庭才艺手工艺品编织培训班，成立街道民间才艺协会。

2008年，街道工会新建5个职工维权服务站；6月5日，召开区域性职工代表大会，市委组织部长和总工会负责人到玉皇北街调研党建带工建、工建服务党建、党工互建工作，给予充分肯定；东方社区被评为自治区职工维权服务示范社区；街道工会于8月底为辖区农民工、清扫员送雨衣、雨鞋30多套，为17名农民工免费进行体检。

2009年，建立党工委与工会联席会议制度、工作汇报制度、定期研究工作制度，把工会工作纳入党建工作目标；街道工会和餐饮业工会联合会会员成功选举出主席、副主席，完善餐饮业联合工会党支部阵地；全面落实“组织起来，切实维权”的工作方针，推进辖区非公企业覆盖面，新组建企业工会10家，新增涵盖单位28家，新发展会员446人，全面完成兴庆区工会下达的组建工会、发展会员的任务；大力开展创业、就业培训，岗位大练兵技能比赛；广泛开展送温暖活动，充分发挥帮扶站的作用，定期不定期对困难职工进行帮扶，全年共帮扶600余人次，资金3万余元。

2010年，举办庆“三八”回汉妇女厨艺大赛和社区妇女才艺展示活动，召开纪念“三八”国际劳动妇女节100周年表彰大会；共青团认真落实“晨晖计划”，抓好社区青少年的教育工作和青少年志愿服务工作，在5个社区修建青少年室外活动场所。

【统计调查】 2009年，全国第二次经济普查共普查辖区企事业单位916家，个体经营户1540户，圆满完成普查任务，被评为自治区级先进集体；人口普查工作中，调查辖区24个小区、1200余户、3600余人。

2010年，劳动力抽样调查入户480户，对服务业法人单位进行普查148家，经济普查基本单位库更新两次共100余家；认真做好第六次人口普查工作。

【档案与保密】 2009年，按照兴庆区档案局关于电子文档管理的有关要求，认真做好电子档案的整理、归档和上报工作，档案管理制度健全，查借阅登记详实，利用效果明显；积极参加兴庆区举办的保密培训班和国家安全知识培训班，认真做好街道涉密文件及计算机的管理，与各站、办、所负责人签订保密协议，对街道存储介质进行登记备案。

2010年，认真做好档案的整理归档工作，档案管理制度健全，查借阅登记详实，利用效果明显；积极参加兴庆区举办的保密培训班和国家安全知识培训班，认真做好街道涉密文件及计算机的管理，与各站、办、所负责人签订保密协议，对街道存储介质进行登记备案。

【党建网站】 2010年，聘请专业网络公司创建玉皇阁北街党建工作网站，将党建知识、党建活动及经验交流等内容在网上发布，开展网上组织生活，打破时间和空间的限制，搭建支部与党员之间的互动平台；在社区QQ群的基础上率先利用现代科技，在辖区直管党员和在职党员中创建党建联系工作QQ群和党建手机宣传飞信平台，党员们通过QQ群和手机飞信平台就能互通有无。

【心理聊吧】 2010年，开设“心理聊吧”，推进和谐社区建设，在青山、北关、东关开展群众心理咨询服务工作，维护社区居民的心理健康，预防心理疾病，培养良好的心理素质和坚强的意志品质，缓解或解决居民的心理、生理压力，做好心理问题的预防和治疗。

【艾滋病防治】 2010年，在青山社区成立艾滋病防治工作宣传队，由志愿者和社区综治专干组成防治宣传队伍，将艾滋病防治工作关口前移，辖区的戒毒人员全部纳入志愿者服务范围，对他们进行艾滋病防治和宣传服务。

【心灵花园】 2010年，针对刑释解教人员走入社会后心理压力大的实际，率先实施“心灵花园”工程，建立11个接待服务站，开通11部“心灵花园”服务热线，在滨河大道成立全区首家社区矫正人员公益活动基地，为依法治理工作奠定基础。

【人大代表“五个一”活动】 2010年，在人大代表中开展“五个一”活动，即各参加一次社区和单位举办的公益活动、联系帮扶一户困难家庭、提一条建议、化解一项社会矛盾。银川市人大常委会将玉皇阁北街作为试点，将29名人大代表分组到社区和单位，提出意见建议16条，协调解决难点问题6件。

【“一家人”爱心超市】 2010年，抓好“一家人”爱心超市，为社区困难户无偿提供生活必需品。6年来，救助贫困老党员、特困职工和弱势群体15000人（次），救助金额达23万元，受到创建全国文明城市考核组和民政部领导的肯定和表扬。

新华街街道

【概况】 兴庆区新华街街道办事处其前身是城区新华街街道办事处，2002年11月更名为兴庆区新华街街道办事处；辖区面积3.3平方公里，东起玉皇阁南街，西至民族南街，北起解放东街，南至宝庆路；设鼓楼、长城、正丰、思宁、永安、富华6个社区，居民10912户27877人；辖区有新华百货、购物中心、步行街、商城、温州商城、东方商城等企事业单位100多家，是银川市的商业贸易中心。

党工委设书记1人，副书记2人，党务专干1人，党工委委员按组织、宣传、纪检、政法、武装工作及群众团体工作分工；新华街街道武装部成立于1999年8月，配有专职武装专干1名。办事处设主任、副主任和司法、社保、社区建设、城市管理、计划生育、综合治理等专干，内设机构有经济管理办公室和市容管理办公室。

【街道领导名录】

银川市兴庆区新华街街道党工委

书　记：王杰民(2001.01~2004.12)
　　　　尉　岚(2004.12~2007.12)
　　　　杨久红(2007.12~2009.09)
　　　　马建军(2009.09~2010.12)

副书记：冯德旺(2001.01~2003.03)
　　　　陈　林(2002.10~2006.12)
　　　　徐　峰(2003.02~2005.02)
　　　　马　涛(2005.02~2006.12)
　　　　安凤梅(2007.12~2010.12)

银川市兴庆区新华街街道办事处

主　任：马学仁(2001.01~2002.04)
　　　　勉树云(2002.04~2003.02)
　　　　尉　岚(2003.02~2004.12)
　　　　钱　冬(2004.12~2007.12)
　　　　王　超(2007.12~2008.12)
　　　　彭丽宏(2008.12~2010.5)
　　　　王　莉(2010.5~2010.12)

副主任：吴金华(2001.01~2002.06)
　　　　田孝峰(2002.06~2003.02)
　　　　王富军(2003.02~2007.12)
　　　　陈继文(2007.12~2010.12)
　　　　范　丽(2005.3~2010.12)

【街居经济】 2003~2007年，共征收城市卫生费、早市摊位费和经济收入为438.3万元。2009年截至10月，累计完成财政收入123.2941万元。2010截至10月，累计完成财政收入106万元。

【党的建设】 2003~2007年，社区党建不断拓展：首创社区党员义务服务“一人一岗”活动，成立7支社区党员义务服务队，参加党员达200余人。成立社区党建协调议事委员会，开展“我为社区献一计”社区党建协调活动。创新后进支部转化的“一帮一”工作方法，开展结对帮扶“1234”活动。开展建立楼栋党小组试点工作，建立7个楼栋党小组。开展保持共产党员先进性教育活动、社区党员“连心桥”活动、“三互相”活动。召开社区党组织党员代表大会，向非公企业派驻多名党建指导员，建设富华社区业余党校，建立党建工作定期协调通报制度，季度督查制度。

2008年，转正党员11名，发展预备党员3名，吸收积极分子5名。街道有流动党员13名，已全部纳入社区正常管理。开展解放思想大讨论，“四德”工程建设、“干干净净干事”教育活动。对兴庆区下派的五家非公企业党组织已全部纳入到正常的管理中，新组建了华润景观党支部。投入5万元完成正丰社区、富华社区阵地规范化建设。

2009年，重新对社区党组织负责人进行调整，配齐配强社区党组织负责人，健全领导班子建设的各项制度。同时，积极扩大社区党组织的覆盖面，把辖区内新经济组织和社会组织纳入社区党建工作范畴，在6个非公有制企业支部下派6名机关党员担任党建指导员，成立新华街非公企业联合支部，完成党员服务中心、站、点的建设工作，先后对思宁、永安、鼓楼、正丰和富华5个社区共投入20余万元用于阵地建设，为党员电教活动室配齐电教设备，党员教育、开展活动做到了经常化、正规化。针对不同的党员进行分类管理，全年共发展新党员13名。在广大党员开展互相帮助、互相了解、互相关心“三互相”活动，开展社区无职党员设岗定责、在职党员参与社区建设、党员志愿者率先垂范服务居民活动，成立14个党员志愿服务岗位，成立宣讲团、巡防团、智囊团，通过“五个一”工程(即：出一个好主意、做一件好事、包一个楼道、管一块绿地、献一份爱心)等一系列活动，把党员的活动经常化、制度化，为党员发挥作用搭建了较好的平台，在全街道形成了党员带头、人人参与的良好风尚。

2010年，实行社区党组织联系走访

2004年6月10日，新华街富华社区党支部农民工党员服务站揭牌

党员制度，开展社区支部党员设岗定责活动，治安巡逻、民事调解、计生监督等14个岗位全部有社区党员义务参与，针对街道社区党员成分多元化，街道党工委针对不同的党员进行分类管理。对街道社区党员实行直接管理、对离退休党员实行感情化管理、对流动党员实行跟踪管理、对下岗失业党员实行“注册管理”、对在职党员实行双重管理。在社区阵地建设中，街道在经费紧张的情况下投资近万元，对正丰、长城和富华3个社区进行阵地建设。深入开展创先争优活动，街道党工委和各支部围绕各自特点和主题进行组织承诺，每个党员也结合自身工作职责进行承诺并公示实施，并组织开展一系列活动，切实把创建先进党支部争做优秀共产党员落到实处。

【城乡党建一体化】 2009年，不断进行城乡党建一体化工作互动，主动邀请月牙湖乡的结对村参与社区的“议事园”活动，同时，结对社区支部走访结对村，为他们送去免费医疗服务。当场捐赠钱、物近3000元。在6月“党建月”活动中，富华社区支部的党员又为月牙湖乡结对的小塘村送去2700元慰问金、20张课桌和50把椅子。

2010年，城乡一体化工作稳步推进。街道党工委通过“三进三出”、“请进来”和“走出去”的工作方法，不断进行城乡党建一体化工作互动。在6月“党建月”活动中，街道邀请月牙湖乡党委参加“新华街党建、精神文明联席会暨第四个党建月活动启动仪式”大会，并在“七一”前夕与月牙湖乡党委共同召开“庆祝建党89周年暨城乡结对共建表彰会”。两次互动活动的开展让街道和乡镇进一步增进了解，推动城乡党建一体化良性发展。

【创建全国文明城市】 2009年，深入开展创建全国文明城市工作。利用中心街道的优势，在全新华街范围内开展“双百”文明督(劝)导员活动。在全辖区范围内营造“提高市民文明素质、美化城市环境、创建文明城市”宣传氛围。每周的文明督导、劝导员上街规劝不文明行为已逐步形成工作模式，确保创建工作的稳步开展。

2010年，深入开展创建全国文明城市工作。街道集思广益，在去年开展的“双百”文明督(劝)导员活动的基础上与辖区二十五小学联合共同开展创建全国文明城市“大手拉小手”活动。与此同时，街道发动党员、居民、老师、家长、学生共同参与到此项活动中来，党员与学生分责任区对不文明行为进行文明督、劝导。街道还充分利用中心街道的优势，在全新华街范围内营造“提高市民文明素质、美化城市环境、创建文明城市”的宣传氛围。聘请30余名文明督导、劝导员上街规劝不文明行为，悬挂横幅56条，为居民小区制作宣传展板19块，确保创建工作的稳步开展。

【党风廉政】 十年来，坚持和不断深化党风廉政建设，先后制定《街道干部职工责任追究制度》《街道党政联席会议制度》《重大事项集体议决制度》《违纪违规行为通报制度》《干部职工工作责任追究制度》，“领导干部廉政建设季度汇报”等规章制度。全面推行党务、政务、财务三公开，坚持收支两条线和财务审批制度，重大事项集体议决制度。认真落实“一岗双责”，实行党风廉政建设目标管理责任制。加强党员干部廉政教育，推进党风廉政文化建设进社区，在长城社区重新制作廉政宣传一条街，依托业余党校、文明市民学校为宣传阵地，在社区大力宣传反腐倡廉内容，开展以“话廉政、筑和谐、当好家庭贤内助”为主题和“老少同乐廉政书画展”等活动。建立领导干部廉政档案，礼品登记、收受现金、有价证券情况申报、个人重大事项报告等制度，对领导干部重大事项等进行随时监督，通过社区纪检员和社会监督，加强对领导干部8小时之外的廉洁自律监督。坚持领导干部信访接待日，专人负责，归口接待答复信访工作制度。

【机关效能建设】 十年来，先后制定《街道效能建设工作方案》《关于开展“整顿街道社区作风，提高工作效率”活动实施意见》《违纪违规行为通报制度》《新华街干部外出学习参观考察活动管理制度》等机关效能建设20余项制度，设立效能举报台，逐步完善规范了街道效能建设工作。

【精神文明】 2003～2007年，精神文明建设以活动吸引人、教育人、鼓舞人、塑造人。先后开展6次“四进”活动，举办以“同庆同乐”为主题的广场演出5场。在“非典”期间开展“四进工地送亲情”活动，对世纪花园工地被隔离的64名工人送去4000余元的慰问品和药品。成立62个科普工作站，进行科普知识讲座16次。开展“好歌大家唱”、“联通之夜.爱在今秋”、“警民共建文明步行街”、社区青少年暑期“五自”实践营、社区艺术节、党员进军营、社区书画展、广场文艺、少儿才艺汇报演出、“新华街第三届社区运动会”、“关爱外来务工青年”运动会等活动以及青少年读书、家庭摄影、大众广播体操、“我与婆婆的故事”演讲比赛等群众性文体活动近20场次。开展“明星家庭大比拼”、“公民道德大家谈”活动和“文明家庭”、“文明个体户”、“好公婆”、“好媳妇”等评选活动；与月牙湖乡文化结对共建，捐赠文化用品4500元。富华社区创建为兴庆区文明生态社区示范点。建立长城、富华两支老年健身队，参加兴庆区团拜会获优秀奖，元宵节社火表演优秀奖，首届风筝比赛优秀奖。

2008年，创建区级文明单位1个，市级文明单位1个，兴庆区级文明单位1个，兴庆区级文明社区2个。在“千名道德之星评选”活动中新华街评选出“和谐邻里星”8名、“孝敬公婆星”10名、“自主创业星”7名，创作了以“社会公德、家庭美德、个人品德”为主题目的“点点歌”并被《新消息报》、《银川晚报》报道。通过创建活动宣传、文化阵地宣传、悬挂横幅宣传、文艺演出宣传、调查问卷宣传等多种方式，发放宣传单5000

余份,出黑板报,宣传橱窗30期,动员辖区单位,物业公司悬挂横幅75幅。依托正丰社区"青苹果之家"平台,对青少年生殖、心理健康、思想道德建设进行8期培训,培训人数300人次,寒暑假为未成人和青少年开展各种活动3场次,利用家长学校开展"关爱未成年人健康成长"和《未成年人实施纲要》讲座,将学校教育、家庭教育、社会教育有机结合,为银川市创建未成年人思想道德建设先进城市做了大量工作。

2009年~2010年,一是精神文明宣传阵地建设进一步加大,在强化社区精神文明宣传栏管理、使用和维护的基础上,新建长城社区廉政文化一条街、正丰社区青少年道德教育广场宣传栏等一批社区文化宣传阵地。二是"双百"督(劝)导员工作扎实推进,市民的文明意识和文明素质普遍得到提高。结合创建全国文明城市活动,街道每周末组织100名大中学生在重点街巷、公共场所对不文明行为进行劝导。三是群众性文体活动深入开展,居民业余文化生活极大地丰富。共举办广场文艺演出4场,日常文体活动300余场次,参与群众达上万人次。四是文明创建活动深入开展,群众性精神文明建设成效显著。先后开展"社区(家庭)防震减灾"科普知识竞赛、争做知识型职工知识竞赛、青少年道德宣讲、家庭系列教育、道德之星评选、"读书月"等活动;组织编排音乐情景剧《共同的家园》获兴庆区第二届职工文艺汇演二等奖。

【社区建设】 2003~2007年,加大社区硬件建设,不断提升社区品位。在创社区品牌上狠下功夫,实现了一居一品牌,加大对各社区的投入,共投入资金6.4万元对社区活动阵地等进行建设,配置电教设备3套,与辖区单位协调共同解决社区活动场地3000平米,建成高品质高标准社区2个;为正丰、富华社区解决面积约300平米的办公用房各一套,并各安装健身器材10件;为思宁社区解决120平米办公用房一套并进行装修,达到了标准化办公条件;为富华社区、长城社区、鼓楼社区安装健身器材3套62件。开展创建"依法治理示范社区居委会"活动,顺利通过上级领导和相关单位的检查验收。建立2个社区科普长廊。

2008年,永安、正丰、富华通过兴庆区三星级社区审核验收。5月中旬,正丰、富华社区接受银川市社区建设领导小组四星级和谐社区检查验收。同时争取资金解决永安社区活动用房,为永安社区争创四星级社区打下基础。

2009年,7月10~11日新华街第三届社区居委会换届选举工作圆满结束,新一届居委会成员平均年龄32.6岁,大专以上文化程度14名,高中文化程度18名。一年来,围绕社区管理民主公开,居民自治,加强对社区居委会工作的指导,制定社区居民代表会议制度,将每月20日确定为社区居民代表参加的"议事园"活动日,要求社区居民代表会议做到"六有、三统一",即:有议题、有讨论过程、有落实、有结果、有代表签字、有完备的档案,统一管理、统一时间、统一议程,改变了居民代表会议不规范、代表作用不明显状况。在推动落实社区居民代表会议制度的同时,指导社区为居民代表发挥作用搭建平台,在社区开展了设岗定责工作,使居民代表及党员直接参与社区计划生育、社会治安维护、环境保护等各项工作。此外,还加强社区工作者队伍建设,完成社区工作者的培训工作。2009年2月24日,召开"如何发展社区服务业"研讨会,各部门、社区针对各自情况提出创建便民、利民工作服务措施及方法;3月23日,召开社区居家养老服务站筹备工作会议,决定在永安、鼓楼两个社区进行试点;7月,永安居家养老服务站经自治区老龄委授牌正式成立。

2010年,制定社区居民代表会议制度,在社区开展设岗定责工作,各社区在努力抓好居委会干部自身形象建设,提高工作能力和服务水平的同时,通过开展形式多样的宣传、推行居务公开、组织居民参与社区文体活动等,增强了社区居民的归属感和认同感。特别是在涉及驻区单位及居民切身利益等事项的决策上,充分与社区居民协商、沟通,发挥社区居民的主人翁作用,在日常工作中,树立群众观念,主动和居民打成一片,走进居民家中解决实际问题,居民的社区意识得到普遍增强。

【社区戒毒】 2009年,社区戒毒(康复)工作全面展开。按照兴庆区相关部门的要求,街道在各社区全面开展社区戒毒(康复)人员寻找及建档工作。做到原在册的73名人员逐一落实情况并与其见面,经过多方查找,先在册的共有25名,街道对其逐个做好建档工作。签订帮教协议,定期回访,了解其生活、工作动态,帮助解决困难,使其真正走出毒品带来的侵害。

2010年,按照兴庆区相关部门的要求,街道在各社区全面开展社区戒毒(康复)人员寻找及建档工作。做到在册的51名人员逐一落实情况并与其见面,街道对其逐个做好建档工作。签订帮教协议,定期回访,了解其生活、工作动态,帮助解决困难,使其真正走出毒品带来的侵害。

【综合治理】 2003~2007年,努力打造平安街道。开展"严打"整治斗争,效果显著。刑事案件同比下降,破案率同比上升。调解各类矛盾纠纷26起,调解率为100%。帮教3名刑释人员安置就业,创建2个兴庆区消防安全示范社区。在兴庆区八小成立"新华街预防青少年违法犯罪教育基地";建立97人民防支队,建立"警司联调"工作机制。26名"法轮功"练习者中已解脱24名。安置刑事解教人员就业3名。

2008年,在建发东方红广场北侧育才巷商业街组建了一支巡防队伍,在东方红广场后面设置治安联警点,联系言成律师事务所为街道、社区进行了法律知识培训。

2009年,将社会治安综合治理工作

列入党政重要议事日程，加强领导，明确责任，强化措施，狠抓落实。一是层层落实责任制。与6个社区、83家单位、16个小区签订《2009年社会治安综合治理目标管理责任书》，把任务分解到各辖区单位和各社区、小区。街道综治委坚持每季度召开一次例会，对辖区安全稳定情况进行排查分析，研究解决办法。二是加强基层群防群治队伍建设，成立义务巡逻队、社区文艺队、卫生清洁队和普法宣传队。三是认真做好信访和矛盾纠纷排查化解工作，排查活动20次，解决48起各类矛盾纠纷和不安定因素，受理“12345”督办单78件，办结率100%。四是落实流动人口和出租房屋服务管理措施，建立健全了街道、社区二级工作机构，对流动人口实施“稳定化”管理，辖区流动人口和出租房屋登记率达到95%以上，签订治安管理责任书100%。五是加强治安防范工作。截至10月底，辖区共破刑事案件105起，打击处理吸毒人员109人。19名刑释解教人员帮教率实现100%，安置就业率100%，在校学生无违法犯罪案件发生。六是落实安全生产责任制。组织开展各种安全宣传、培训活动，与有关部门联合进行消防、生产经营企业、化学危险品、食品安全检查，签订安全生产责任书1400余份，检查娱乐场所78家，下发整改通知书28份。七是强化社区防范和处理邪教工作，实现“法轮功”人员进京滋事“零”指标，确保了各个敏感时期和重大节假日期间辖区的政治稳定。

2010年，在“五五”普法和“法律服务进社区”活动，不断推进依法治街进程。健全和完善社会治安“大巡防”工作机制和社会治安防控网络。与6个社区、54家单位、12个小区签订《2010年社会治安综合治理目标管理责任书》。成立义务巡逻队、社区文艺队、卫生清洁队和普法宣传队15支，推广“警铃入户”、“红外线报警”、“防盗锁(栓)”等措施，辖区单位、物业小区技防覆盖率达80%以上，学校技防覆盖率达100%，组建20人的“警商巡防队伍”，在原有的4050治安协理员工作基础上又在社区中开展了以“自我管理、自我防范、自我教育、自我监督”为主题的“四自”工作模式，有效提升社区的治安管理水平。实现了辖区无重大重复上访户、无“法轮功”进京人员、无久拖未决的矛盾纠纷的目标。“五五”普法率达到95%，矛盾纠纷调解率达98%以上。

【民族宗教】 2010年，认真推进社区统战民族宗教工作，集中对社区干部进行培训3次，围绕中心工作撰写调研报告1份、出板报12份，条幅7条。继续坚持“三定”学习制度，进一步做好宗教界人士的团结教育引导工作，在重大宗教节日期间慰问南关寺和新华寺，送去慰问金1000元。开展创建“和谐寺观教堂”和“警寺共建”活动，坚持专项治理和长效管理相结合，年内对辖区清真餐饮业检查3次，检查餐馆154家，取消清真标识26家，责令整改17家。

【劳动保障】 2003年3月，新华街劳保所设立，9月中旬人员编制正式到位，工作人员4名，其中劳保所保障专干3名，城镇最低生活保障专干1名。

2003～2007年，为辖区下岗失业人员办理《再就业优惠证》1000余本，与百盛宾馆、新牛实业，回乡食府签订“再就业援助协议书”，发放就业岗位1270个，安置下岗失业人员就业2198人。建立再就业创业市场(朝阳街早市、永安巷市场、市场巷夜市)优先优惠安置自主创业人员3000余人次；发放政策、法规宣传单3万余份；安置公益性岗位人员100余人次；开展职业技能、创业技能培训60期，其中SIYB培训10期、IYB培训6期，培训人员1800余人次，培训小老板300余人次，实现稳定就业500余人次，创业300余人次；企业薪酬调整200余家。成立街道劳动保障就业事务所，投入资金14000元用于保障所工作平台标准化建设，发布用工信息2000余份。

2008年，劳动保障工作有条不紊，城镇新增就业300人，安置“4050”人员111人。

2009年，组织下岗失业人员、低保人员、特困人群328人参加再就业劳动技能培训，通过培训有260名长期失业人员、120名下岗失业人员实现再就业。辖区城镇新增就业人员1031人，完成任务103%。截至9月份，稳定就业并签订劳动合同协议1026人，并得到了就业局的第一批奖励补贴23200元，位居兴庆区第一。年内完成劳务输出和转移就业186人，完成率133%，实现劳务收

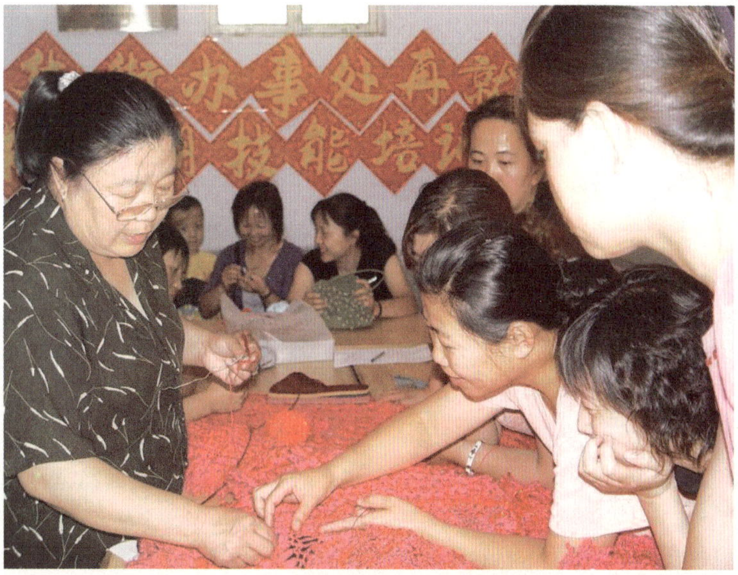

2004年7月6日，新华街举办社区手工编织培训班

人18.6万元。核定灵活就业社会保险、医疗保险补贴人数242人，发放补贴467257.22元。解决公益性岗位6人。长城社区和永安社区创建成市级充分就业社区，劳保工作得到稳步推进。

2010年，为辖区失业人员办理《就业失业登记证》1000本左右，协调为300余名失业人员申报小额担保贷款，成立寺南巷自管市场，辐射面约4公里，每日客流量约3000人，不仅为周围居民生活提供方便，而且依托附近南关清真寺牛羊肉批发市场，为下岗职工及外来务工人员创造良好的再就业环境。举办职业技能意向培训班6期、650人次，完成率101%；创业意识培训90人，完成率100%，新增就业人员1051人，完成任务的105%。核定灵活就业人员社会保险、医疗保险补贴264人，发放补贴506809.34元。为8名“4050”人员解决安排公益性岗位，实现零就业家庭动态消零。完成“两网化”劳动监察信息采集231家，完成劳务输出和转移就业153人，完成率90%。

【社会保障】 2003~2007年，在认真贯彻执行《低保条例》的基础上，严格做到“应保尽保”，共有低保189户527人，发放低保金38359元，发放优扶金2691元。接收企业退休人员74人，发放退休人员联系卡74张。

2008年，认真执行最低生活保障三级审批、三榜公布制度，严格实行差额补贴，加强动态管理。按时完成低保分类施保统计各项报表，完成低保户提标补差工作，每月为低保户发放生活补贴15元/人，截止10月为173户341人低保金户发放低保金819450元；发放优抚金20550元。2008年底，辖区享受社保补贴人员1500余人次，审核发放社保补贴400余万元（包括养老、医保）；审核办理城乡居民医疗保险手续，动员催缴费人数8850人，基本实现应保尽保；审核审报城乡居民养老保险18人。年城镇居民基本医疗保险参保新增175户226人，注销37人，修改错误身份90人，总参保户数为3593户，发放医保卡5339张，医保手册4817本。接收企业退休人员1078人，发放退休人员联系卡1078份。

2009年，截至9月底共有163户、307人领取低保金505490元，2户2人领取社救金，6户优抚对象发放优抚金23700元。在国庆前夕还对其发放生活补贴3000元。鼓楼、永安两个社区定为居家养老试点社区，街道根据老年人所需、所求，积极协调有关部门为社区老年人提供生活照料、康复理疗、精神慰藉、法律服务四大类服务，让老年人体会到“老有所养”的政府关怀。

2010年，民政低保工作有序进行，以点带面开展居家养老工作。截至10月，共有161户300人领取低保金490010元。2户2人领取社救金1068.3元。临时救助8人次，发放金额2400元；大病救助6人，救助金额9883元；164户306人领取医疗补贴20500元，对6户优抚对象发放优抚金25569元。永安社区正式挂牌居家养老试点社区，富华社区成立了居家养老服务中心，街道根据老年人所需、所求，积极协调有关部门为社区老年人提供生活照料、康复理疗、精神慰藉、法律服务四大类服务，并依托辖区党员创业模范的家政服务进行居家养老服务。

【计划生育】 2003~2007年，认真落实责任，严格控制指标。人口出生率平均为0.53%，死亡率0.25%，自增率为0.27%,综合节育率达97.89%。对辖区流动人口进行4次拉网式清理清查。流动人口持证率和验证率达到42%。创立宁夏第一个以青少年生殖健康暨艾滋病预防为主要内容的教育基地“青苹果之家”。连续5年无超生。

2008年，成立创“三无”领导小组，制定实施方案，召开动员大会并进行定期培训。全年共发放宣传品，宣传单近10000份，设置10余个流动人口药具免费发放点。辖区街道常住人口25747人，流动人口4951人，新出生85人，出生率为3.00‰，死亡35人，死亡率1.23‰，自增50人，自增率1.76‰，计划生育率100%，流动人口综合节育率95.06%。

2009年，人口与计划生育工作党政领导亲自抓，负总责。一年来，街道共举办计生培训班6期，组织开展计生政策法规知识宣传、咨询活动8场，发放各类宣传资料3000余份。为139名已婚育龄妇女提供免费生殖健康检查和咨询服务，对228名使用避孕药的已婚育龄妇女进行随访服务，登记、审核171户符合发放独生子女费的家庭并及时发放独生子女费22800元，独生子女保健落实率达100%。登记流动人口5291人，其中已婚育龄妇女926人，全部签订计划生育责任书，查验流动人口婚育证明280本，1266人上报至流动人口计划生育信息服务平台。街道5597名已婚育龄妇女中采取各种节育措施的有5183人，综合节育率为92.6%，领取独生子女父母光荣证1105人，出生166人，出生率6.2‰。

2010年，计生工作坚持抓宣传重服务，组织开展计生政策法规知识宣传、咨询活动6场，发放各类宣传资料1500余份；为173名已婚育龄妇女提供免费生殖健康检查和咨询服务；对1849名使用避孕药的已婚育龄妇女进行随访服务。登记、审核208本独生子女证并及时发放独生子女费25206元，独生子女保健落实率达100%；登记流动人口6418人，其中已婚育龄妇女1745人，签订计划生育责任书1041份，查验流动人口婚育证明476本，2075人上报至流动人口计划生育信息服务平台。动员、鼓励育龄妇女130人到兴庆区计生服务站及医院做五项病毒监测，监测率为121%。为降低出生缺陷儿数量，为5位高危孕妇建立了档案。街道5426名已婚育龄妇女中采取各种节育措施的有5036人，综合节育率为92.81%，领取独生子女父母光荣证1036人，出生146人，出生率5.68‰。

【环境综合整治】 2003～2007年，开展“塑形象、展风采、迎盛会”综合整治活动和“穿新衣、戴新帽”和亮化工程。共清理垃圾3200余吨，清掏红花渠、胜利沟生活垃圾和“白色垃圾”1120余吨。清运光华门村生活垃圾620余吨，清洗乱贴乱画14000余处。清理违章占道经营12300余处，新增绿地39600平米。迎接第十三届金鸡百花电影节共摆放鲜花62000盆。开展“五创”，“三大战役”整治活动，共拆除各类建筑物36182.34平方米，围墙664米。其中煤房7716平方米，拆建透绿760平方米，硬化面积4487平方米，绿化面积4123平方米，建小区拆墙透绿栅栏760米。实施“三绿工程”，共绿化面积为36135平米，新增绿地面积25932平方米。加大“创卫”资金投入，封堵辖区内楼单元垃圾通道272个，投入经费3800元，安装垃圾箱82个，实现了辖区内小区楼院全部垃圾袋装化。在城乡结合部新建全封闭垃圾站8个，从根本上改善了城乡结合部垃圾投放及密闭问题，切实解决了乡村个别地区存在的脏、乱、差问题，使城乡结合部面貌焕然一新。

2008年，以迎接50大庆为目标，加大城市综合治理。集中治理辖区单位、居民小区楼院、屋顶等空中垃圾，共清理死角垃圾、空中垃圾约40吨，乱堆乱放300余处。全面落实“穿衣戴帽，洗脸修面”工程。对辖区6条大街沿街单位进行摸底登记，确定27家需整治的单位，清洗面积达35万平方米，粉刷面积约2万平方米。全力以赴打造特色街区，辖区街道共改造21栋需楼宇，所有产权单位及个人均已改造完毕。

2009年，全面完成国家环保模范城市创建任务。一是加大宣传力度，制作展板8块，悬挂横幅15条，发放宣传单5000余张。二是加大城市综合治理，配备22名清扫保洁人员做到两扫全天候保洁，清扫清运率达100%，4月份和6月份，分别组织街道及社区干部集中整治光华门垃圾场和居民小区楼院、屋顶等空中垃圾，共清理死角垃圾、空中垃圾约500吨，乱堆乱放4500余处，乱贴乱画约500余处。三是不断提升城市管理水平、规范市场秩序，制作卫生“连心卡”6000余份，清理违章占道经营2500余处，发放限期改正通知书300余份，收取“门前五包”及城市卫生费6万元。筹资近70万元对永安巷市场进行市场摊点整体改造，统一制作富含伊斯兰风格的摊位柜台。开展生活噪声专项整治活动，向临街店面下发《整治通知书》43份、相关宣传材料300余份，噪声专项整治活动取得显著的效果。全面启动文明养犬宣传整治活动，办文明养犬宣传专栏6块、墙报6块，发放材料1000余份，共摸底各类犬213只，免疫率达90%。做好春季灭鼠、夏季灭蚊蝇和蟑螂活动，对重点行业采取布粉块和直观法进行监测，集中投放药物，反复消杀，发放灭鼠药60公斤、灭蟑螂药28公斤、灭蚊蝇药18公斤。

2010年，加大对背街小巷的清扫保洁力度，配备18名清扫保洁人员做到两扫全天候保洁，清扫清运率达100%；切实落实“门前五包”责任制，向辖区单位、沿街个体商户签订“门前五包”责任书1420份，签订率100%；由6名城管人员组成的卫生督查组，每天不定时的对各自所包街巷进行督查，发现问题，及时整改。以第22个爱国卫生月活动为契机，深入开展城乡环境卫生综合整治工作，4月7日世界卫生日，以城市化与健康为主题，悬挂横幅5条，制作展板8块，发放宣传单2000余张，在居民区制作专栏15块、黑板报10块。集中开展城乡环境卫生综合整治活动，全面清理城乡结合部、红花渠渠坝及渠内的垃圾漂浮物、白色垃圾以及各种杂物；以清除四害孳生地为重点，集中清理小区楼院以及自行车棚的卫生死角、乱堆乱放等，在市场巷、裕民巷、中心巷等主要地段增加清扫保洁人员，每月拿出100元为清扫员发放绩效奖。投入5000多元，在辖区市场巷、裕民巷、朝阳街、中心巷、永安巷、南塘巷等地段设置14个公共信息张贴栏，通过疏堵结合的方式对“牛皮癣”进行综合治理。街道把健康教育、控烟工作作为爱国卫生工作的重要内容纳入卫生社区、卫生先进单位和无吸烟单位的创建工作之中，利用世界无烟日上街设点宣传，向广大市民广泛宣传控烟知识，加强社区健康教育阵地建设，办宣传窗、黑板报10期40块，为社区居民开展健康教育讲座5场(次)。

【生态建设】 2008年，为进一步提高社会各单位和广大市民的绿化意识，利用3月12日植树节和4月1日首府绿化节，积极动员辖区单位、学校、社区基干等130余人，在沿街设立宣传点，制作展板14块，横幅9条，向市民发放宣传材料1000余份，广泛宣传绿化知识，营造全民搞绿化、全社会办园林的舆论氛围，掀起春季绿化新高潮。

2009年，4月初组织全体干部职工、社区基干到黄河金岸参加义务植树活动，种植树木1512株；补植居民小区绿地树木2320株；“五一”、“十一”期间，动员辖区单位摆放鲜花7万余盆。

2010年，4月初组织全体干部职工、社区基干到黄河金岸参加义务植树活动，种植5.8亩；“五一”、“十一”期间，动员辖区单位摆放鲜花4.1万余盆；收取辖区单位绿化费7.8万元。

【扶贫济困】 2007年元旦春节期间，慰问182户397人，慰问金额213300元。

2008年，慰问辖区贫困户26000元；帮助一名94岁孤寡老人入住兴庆区老年公寓；组织发动办事处干部职工扶贫捐款1116元；为汶川地震灾区捐款60. 2481万元，其中“特殊党费”16709元、民政捐款61036元。

2009年，8月10日举办为干旱受灾地区捐款仪式，办事处全体及居委会部分干部捐款，收到捐款1480元；11月19日向受雪灾地区捐款1140元。

【双拥优抚】 2003～2007年，多次慰问消防官兵，共送去51000余元的慰问金、慰问品，并签订“军民共建”协议书。

2008年，认真做好元旦、春节期间的走访慰问工作，截止10月慰问消防一中队、兴庆区武装部、新华街派出所共计15000元。落实优抚对象的定期慰问及帮扶工作，有优抚对象6户，上半年发放优抚金10020元，临时救助2户600元，每月派专人为行动不便的优抚对象上门送优抚金，元旦、春节期间居委会组织人员为优抚对象送春联、打扫卫生等。

2010年，为加强辖区文明单位与部队共建、军（警）寺结对共建活动，认真做好节日期间的拥军优属、拥政爱民工作，进一步密切军民关系，7月30日晚，新华街在辖区名人广场举办庆祝中国人民解放军建军83周年文艺晚会，发放慰问金11000元。

【殡葬管理】 2008年春节前，在各社区居委会张贴通知，划定区域，4月初各居委会办黑板报，广泛宣传全国和全区殡葬管理规定；建立以居委会按季度上报死亡人数的制度，在群众中大力提倡移风易俗、丧事简办、文明办丧事，充分发挥红白理事会作用，坚决制止丧事中不文明行为和封建迷信活动。

【老龄工作】 2008年，社区活动室常年开放，为老年人提供读书、看报、下棋等文化娱乐活动场所；在老年人中倡导科学、健康、文明的生活方式，做好健康教育和预防保健工作，社区居委会定期联系有关单位为老年人免费体检、义诊，举办2场次中老年健康教育讲座，参加活动老人200余人；两节期间慰问高龄、贫困老人40人，重阳节期间为高龄老人、优抚对象发放慰问金800元；因地制宜广泛开展老年文体活动，富华社区老年健身站在发展中壮大，老年人跳健身舞、练武术、参加艺术表演，7月兴庆区老龄委举办社区老年文艺汇演，新华街选送的舞蹈《双巾秧歌》荣获三等奖。充分发挥老年人在社区建设中的作用，在城市三大战役中，组织社区“夕阳红”志愿者队伍治安巡逻、维护安全、养花护绿；关心退管人员生活，永安社区举办由200名退管人员参加的“春风化温暖”文艺联谊会，正丰社区组织22名老人到金水渡假村游玩，永安社区组织40名老人到贺兰山滚钟口游览，富华社区举办“心连心”踏青郊游活动，进一步增强老年人对社区的归属感。

【福利彩票】 2008年8月下旬，组织安排有关人员设点销售“刮刮乐”即开型福利彩票，截止10月底，销售彩票金额339000元。

【扶残助残】 2008年，积极开展社区残疾人康复工作，为4名残疾人申请发放由台湾曹仲植集团捐赠的代步车，解决残疾人的切身困难。积极开展白内障统计漏查工作，有4名居民接受免费手术治疗，重见光明。根据兴庆区残联要求，为社区选配6名残疾人联络员。两节期间，77户残疾人家庭受到慰问，助残日期间兴庆区残联慰问新华街8户残疾人家庭，市商务局慰问1户残疾人家庭。新华街有19位残疾人享受二级以上残疾人救助金，发放残疾人救助金22800元，发放残疾人联络员津贴2160元。

2010年，7月30日在富华社区会所举办残疾人趣味运动会，30余名残疾人参加比赛，比赛项目有摇忽拉圈、象棋、跳棋、保龄球、挤汽球、投球等趣味项目，增强残疾人的自信心，促进残疾人健身运动的开展。

【工会工作】 2003年底，新华街街道工会联合会正式成立，办公地点设在新华街办事处，工会联合会主席由街道党工委副书记担任。

2008年，单独建立工会组织6家，成立工会小组55家，发展会员共计1262人，其中农民工会员395人。新华街街道工会联合会会员人数为4205人，覆盖非公企业和个体户536家。其中单独建立工会委员会的企业有59家，会员1515人；社区联合工会会员2690人，涵盖小型非公企业336家，切实活跃了非公企业职工文化生活，为非公企业职工维权搭建平台、改善劳资关系，进一步促进了企业和谐发展。

2009年，工会网络不断健全、维权作用有效发挥。在保留原33家非公企业单独建会的工会组织外，街道又将10家工会组织不健全、会员流失严重的非公企业工会按所属地划入社区联合工会进行管理。截止9月底，街道工会会员人数达5554人（其中农民工会员2616人），新发展31家非公企业工会小组，新增会员1492人（其中女会员476人），超额完成了上级工会下达的任务，工会组织网络不断健全。为了维护打工者的切身利益，街道工会积极组织辖区非公企业加入到“共同约定”中，有60%的企业签订共同约定承诺书，职工与企业同舟共济保稳定、促发展。在49家单独建会企业和6个社区联合工会全部建立集团合同和工资专项合同制度，合同签订率达100%，有效维护了职工的权益。

2010年，新增工会组织9家、新增涵盖单位41家、新增会员655人，顺利完成全年建会任务。为了维护务工人员的切身利益，街道工会牵头将集体合同、工资专项合同、女职工劳动保护、劳动安全卫生“四项合同”的签订和“共同约定行动”结合起来，有516家企业签订共同约定书，职工与企业同舟共济保稳定、促发展。申报富华联合会为区级职工之家，建立困难职工档案147人，大病救助3人，困难慰问67人27585元，建立创业带动就业示范点4个，为2人提供小额贷款创业资金5万元。7月初，建立辖区企业职工教育培训网，将辖区469家非公企业的5700余名职工纳入到培训网络管理中，为提高培训实效打下了基础。进一步拓展创业带动就业平台，投资近2万元成立了新华街工字号家政服务中心，带动更多的下岗失业人员走上自主创业就业之路。

【困难职工帮扶站】 2008年6月，街道工会成立困难职工帮扶站，为辖区困难职工和农民工建立帮扶档案并纳入全国困难职工档案库，对辖区生活困难的

职工和因大病致困的职工家庭进行帮扶救助。截止2010年底,职工服务站为辖区基层工会建立困难职工档案211人次,累计慰问节日一线职工、困难职工782人次,慰问金额达49万元,其中帮扶困难职工子女“金秋助学”17人,发放助学金3.8万元;救助遭受意外灾害职工家庭2户,提供救助金1.1万元;看望住院职工、大病医疗救助37人次,慰问金2.5万元;救助单亲女职工家庭8人次,救助金额5500元;组织女职工体检376人次。

【区域性职工代表大会】 2008年7月,新华街第一届区域性职工代表大会和会员代表大会召开,会议通过新华街第一份区域性集体合同,建立职工代表大会制度。截止2010年底,职工代表107名,覆盖辖区非公企业的各个行业。

【“工”字号创业】 2009年以来,成立“工字号”创业(农民工)培训学校,建立创业市场2处,在原永安巷建“工字号”创业市场,在市场巷建“工字号”创业百货夜市,设180个摊位,解决就业150余人;挂牌成立创业就业实训基地3处,成立“工字号”家政服务中心,开展家政服务实训、家政服务职业介绍、用工信息发布、创业就业指导等服务;扶持“工字号”创业带头人3名,提供小额借款10万元,为自主创业和下岗再就业的职工搭建创业和再就业平台。

【职工素质建设】 街道工会紧紧围绕街道中心工作,开展“创建学习型班组,争做知识型职工”活动,组织辖区企业职工先后开展“创争”、“四送”和职工素质教育等系列主题活动,不断提高职工政治素质、道德素质、业务素质,增强职工的法律意识和文明意识;结合市民素质提升年教育活动,举办职工素质提升讲座和职工素质提升百题知识竞赛。几年来,累计发放各类法律法规宣传单、册万余份,《婚姻与家庭知识讲座》、《女性健康知识讲座》、名家《书法》、《绘画》等职工素质提升、健康情趣光盘40多套;培训工会干部457人次,工会干部培训率达到100%,培训企业职工3000多人次,进一步提升辖区职工的自身素养。

【文体活动】 为丰富职工精神文化生活,街道工会每年结合重大节日,组织职工举办和参与一些积极健康向上的文体活动,如春季职工广播体操比赛、秋季职工运动会,“三八”节期间举办妇女维权周宣传活动及女职工趣味运动会;“五一”组织职工排练文艺节目,参加银川市、兴庆区职工文艺汇演;“七一”组织辖区党员和入党积极分子、优秀职工赴延安、六盘山等革命教育基地接受红色教育。经测评,会员对职工之家的满意度为96%,职工对工会工作满意度达93.6%。

文化街街道

【概况】文化街办事处成立于1998年10月,位于兴庆区中心地段,东起玉皇阁北街,西至民族北街,南邻解放东街,北至上海东路。辖区总面积2.1平方公里,共有住宅330栋,有居民小区32个(其中物业管理小区17个,自管小区15个),常住人口14058户,人口43434人,其中户籍人口32461人、流动人口10973人。自治区总工会、自治区团委、自治区文化厅、自治区食品监督管理局、自治区旅游局、兴庆区地税北局等行政和银川市口腔医院、银川市第三医院、银川市十五中、兴庆区景岳小学、兴庆区十五小、银川市广播电视报社等事业单位坐落于辖区之内;辖区有各种经济单位1535家,法人单位413家,产业活动单位106家,个体户1016家,基督教堂1个。街道有山河湾、幸福、游乐和丰收4个社区居委会。街道党工委下设山河湾社区、幸福社区、游乐社区、丰收社区4个党总支,山河湾社区第一党支部、山河湾社区第二党支部、幸福社区第一党支部、幸福社区第二党支部、游乐社区第一党支部、游乐社区第二党支部、丰收社区第一党支部、丰收社区第二党支部、丰收社区第三党支部9个社区支部,盛世开元拍卖有限公司党支部、金锤拍卖行有限公司党支部、银川市印章有限公司党支部、宁夏蓝泰实业有限公司党支部、宁夏康安物业服务有限公司党支部、宁夏万博拍卖招标有限公司党支部、楼宇联合党支部、纸业印业行业联合党支部、街道非公联合党支部9个非公企业及“两新”党支部。2001年~2010年,先后荣获全国学习型基层党组织、自治区人口普查先进集体、全区社会治安综合治理先进集体、自治区人民调解工作先进集体等荣誉称号。

【街道领导名录】

银川市兴庆区文化街街道党工委

书　记:马建军(2001.01~2002.04)
　　　　倪晓星(2002.04~2007.12)
　　　　樊莉萍(2007.12~2010.05)
　　　　王全存(2010.05~2010.12)

副书记:党　成(2001.01~2002.06)
　　　　汤红霞(2002.01~2007.12)
　　　　蒋文才(2002.10~2009.01)
　　　　杨晓玲(2007.12~2010.12)
　　　　张　敏(2009.01~2010.05)
　　　　郝宁平(2010.05~2010.12)

人大街道联络办公室

主　任:倪晓星(2004.10~2007.12)
　　　　樊莉萍(2007.12~2010.05)
　　　　王全存(2010.05~2010.12)

副主任:李　响(2005.03~2009.01)
　　　　马桂林(2009.01~2010.12)

银川市兴庆区文化街街道办事处

主　任:倪晓星(2001.01~2002.04)
　　　　任福东(2002.04~2004.12)
　　　　马保林(2004.12~2007.12)
　　　　汪洪波(2007.12~2010.11)

副主任:仇永清(2001.01~2003.02)
　　　　王利民(2003.02~2006.08)
　　　　郑　耿(2003.03~2005.01)
　　　　官力彬(2005.06~2010.12)
　　　　曹永全(2006.08~2009.01)
　　　　刘世杰(2009.01~2010.12)

【街居经济】 2001年,街道有社区网点

32个，办事处自办6个，居委会自办27个。制定经济工作计划，组建新的经济工作领导小组，实行经济工作目标责任制，不断完善市场管理制度，采取每季度集中公开办理摊位证、公开收取卫生费的办法，维护摊主利益。上半年完成协税额6万元，社区服务网点收入41860元，收取卫生费12万元。

2003年，围绕发展经济，培育永丰巷早市，与天豹公司运输公司联合开发北安综合市场，与区旅游局联合创建游乐夜市，创办无公害配送中心等经济实体9个，加大城市公共卫生、“门前三包”收费等，全年创收194500元。

2004年，与天豹公司运输公司联合创办北安综合市场摊位130个，新创办蔬菜净菜配送中心、休闲话吧、家政服务等社区经济实体9个，全年创收165000元。

2005年，积极培育市场，将北安早市搬迁至光明巷，加大家政服务中心、话吧等经济实体的管理，规范收费行为，促进辖区经济健康快速发展。截止10月街道共征收城市卫生费10.6万元，市场摊区管理费及经济实体收入共8万元。

2008年，引进如家酒店、锦江酒店两家大型全国连锁酒店，完成招商引资806万元。加强对光明早市的管理力度，取得惠民巷全天候职工自立市场的经营权，两个市场有固定摊位280个，零散摊位70个，收取市场管理费29.5万元。加大“门前三包”费和城市公共卫生费收取力度，收取两项费用9.3万元。

2009年，截止10月20日，两个市场共收取管理费314590元，城市卫生费征收8万元，招商420万元。

2010年，建立招商工作奖励机制，共招商引资1034万元，完成全年任务103.4%。规范自办市场管理，提高市场管理收入，全年两个市场共收取管理费35万元。充分利用辖区区域优势，在社区改造、居家养老、共住共建、党建联系、人口普查、卫生管理等收入24万元。

【普查】2003年，开展二、三产业普查，辖区第二产业共有法人单位27家，产业活动单位26家，个体户31家；第三产业法人单位233家；产业活动单位101家，个体户936家；行政事业单位58家。

2004年，开展经济普查摸底，辖区共有法人单位357家，产业活动单位100家，个体户977家。到10月底，共完成工业产值1619万元，商业零售总额20852万元。

2010年，完成全国及二次经济普查工作；完成第六次人口普查前期摸底工作。

【党的建设】 2001年，6月20日街道举办建党80周年、建区30周年知识竞赛活动。全年组织党员干部开展2次党建知识竞赛，参加人数达400人；举办各种党员培训班8次，受教育达800余人；建立党员联系户43家，有联系人38人；培养入党积极分子12人，发展新党员1人。建立离退休党员登记册，将离退休党员编入社区服务者队伍，选为单元楼长。认真抓好非公有制经济组织党建工作和在职党员管理工作，共登记非公有制经济组织党员49人，全部编入各党支部；在职党员1702人，至5月底到社区报道134人。

2002年3月27日街道开展创建红旗社区党支部、标兵街道党工委活动；9月21日，党工委开展迎接十六大、宣传十六大系列活动。

2003年，进一步深化党员责任区、党员联系户和党员自愿者活动，组织150名党员参加清理户外门头广告、义务消毒检查等奉献日活动。构筑社区大党建格局，召开社区党建联席会议，向辖区单位发出《文化街党工委办事处干部职工联系卡》建立“资源共享、活动共办、事实共做、社区共建”的工作机制，市粮食局为文湖社区提供120平方米活动阵地。加大非公经济党建工作力度，对辖区非公经济组织进行普查，共有非公经济组织124家，党员79名，积极要求入党19人，其中3人列为培养对象。

2004年，深化“三级联创”，开展“竞标树旗”活动，实行领导干部社区党建联系点和街道干部包委制度。开展贯彻学习两个《条例》知识竞赛活动和党员干部“六比六看”活动。开展党员分类管理，对在职党员实行“登记管理”，挂牌亮相；对下岗、失业党员在再就业服务中心注册备案；对流动外来务工党员进行“注册管理”；对离退休党员实行“全程管理”。成立社区党建协调指导委员会，全年共召开党建联席会2次，加大非公有制经济党建工作力度，修订《非公有制企业流动党员管理办法》，开展非公经济党员调查，在非公企业开展“一创双争”活动。截止11月底，辖区共有非公经济组织154家，党员86人，全部纳入社区管理。

2005年，开展保持共产党员先进性教育活动，建立先进性教育长效机制。坚持每两月召开一次党建例会，帮助社区协调解决党建工作中存在的新问题。5月份召开社区党组织党员代表会议，深化党建联席会工作。6月24日党工委、办事处组织干部职工参加兴庆区举办的庆祝建党84周年广场文艺演出。开展“双结对、双共建”，两节期间，社区与结对共建单位慰问居民73户，慰问金18000元；开展“212”扶贫实践活动，制定《文化街保持共产党员先进性教育“212”结对帮扶实施方案》结对帮扶120户，落实帮扶经费3000元，各社区普遍开展为生活困难群众、下岗失业人员、残疾人、低保户送“连心卡”活动。2005年5月10日，丰收社区荣获全国百家学习型社区荣誉称号。

2006年6月29日党工委、办事处举办颂歌献给党庆祝建党85周年社区文艺演出，8月3日召开党员民主测评会议。

2007年6月开展走出去、请进来城乡支部互动活动，围绕创卫工作，开展抓好党建促创卫、围绕创卫抓党建活

动，结合社区党支部党员设岗定责情况，各支部召开党员大会，发动社区直管党员定人、定时、定责，包街、包巷、包楼院、包单位，使党建月活动精彩丰富。

2008 年，制定《解放思想大讨论实施方案》，组织开展解放思想大讨论活动。坚持以“抓班子带机关、抓机关带基层、抓支委带党员、抓党员带群众”的“四抓四带”党建工作思路，通过在班子成员中开展“当标杆、做表率”活动；在机关开展“深入社区、服务群众”活动；在社区党组织中开展“设岗定责”活动，形成一级抓一级，层层抓落实的党建新格局。围绕“四德工程建设”，开展“创建文明机关，做满意公仆”活动，开展“道德之星”评选，共各类道德之星 29 名、“五好文明家庭”35 户。围绕党建活动，服务居民群众。一是端午节前夕，党工委联合辖区单位集资 9700 元和 300 余个粽子，慰问辖区内建筑工地 97 名四川籍农民工，结合“三下乡”活动为农民送图书、实用技术，义诊。二是开展形式多样的群众性文化体育活动，组织舞龙队、杂耍队、秧歌队，举办“湖城之夏”广场文艺节暨《快乐成长，放飞希望》“庆六一、迎奥运”广场文艺演出；开展社区联谊会、趣味运动会、知识竞赛，为辖区党龄 50 年、30 年的老党员和年龄 30 岁的年轻党员举办政治生日会。加强党风廉政建设，召开党风廉政建设专题会议 5 次，督查 4 次，文明单位复查 2 次，在街道社区开展“人人争做廉政监督员”活动，聘用 7 名社区纪检员。

2009 年，7 个社区党支部书记与主任一肩挑达到 100%。街道建立“流动党员管理站”，社区建立“社区党员活动室”，坚持把“所属党员管起来，所在党员统起来”充分发挥基层党组织的战斗堡垒作用和党员先锋模范作用。9 月 20 日召开深入学习实践科学发展观活动动员会；12 月 14 日街道机关党支部召开学习落实科学发展观民主生活会。

2010 年，开展以“科学发展，服务百姓”为主题的学习和实践科学发展观活动。坚持党建例会制度和党建联席会议制度，全年召开党建例会 12 次，党建联席会 1 次，聘请 7 名效能监督员，设立效能投诉办公室。

【城乡共建】 2009 年 ~ 2010 年，先后与掌政镇五渡桥村等 5 个行政村签订共建协议，开展城乡党员座谈会，交通法制进村、文艺演出进队、村里好媳妇进城过节、无公害蔬菜进社区等系列活动。在文化街社区服务站设立帮扶农民推销农产品窗口。

【精神文明】 2001 年，以创建“文明社区”为龙头，开展经常性的精神文明创建活动，研究制定《文化街社区建设三年规划》，将幸福社区作为创建试点很抓落实，还开展创建无毒社区、十店联警、楼单元联防、文明街巷、居委会、“五好文明家庭”“文明读书进家庭”等活动。5 月初，城区政法委组织人员观摩幸福社区综合治理工作。

2002 年 4 月 16 日开展《公民道德建设实施纲要》知识答卷活动。4 月 27 日开展永远跟党走演讲比赛活动。

2003 年，开展创建“学习型社区”、“一居一特色”精神文明创建活动，制定《关于开展“三个代表”重要思想理论学习进社区活动工作的通知》《文化街办事处创建学习型社区实施方案》，贯彻落实兴庆区建设千里文明长廊实施方案，开展电教新风进社区活动，把学习效果同年终精神文明创建工作一起考核。丰收社区与市图书馆联合建立图书阅览室和流动图书室；山河湾社区成立家政服务中介机构，和平社区以老年秦腔票友为依托，形成了社区文化特色。全年共创建兴庆区级文明单位 3 个，市级 2 个，区级 1 个，区直文明机关 1 个，文明小区 1 个，并对 1998 年命名的 15 个兴庆区文明单位进行重新命名。

2004 年，深化“一居一特色”创建活动，树立吴淑珍净菜配送中心、民生街休闲话吧两个典型；深化游乐平安型社区特色；巩固提高丰收学习型社区。通过特色社区建设，带动街道精神文明建设工作整体上水平、上台阶，被自治区委宣传部授予“四进社区”银奖。3 月举办庆“三八”社区联谊会，首届健身运动会；3 月 18 日党工委组织辖区近 200 名青少年、楼单元长、离退休党员在区建一公司礼堂举办打击防范法轮功现身说法报告会；9 月 14 日党工委、关工委、综治委、司法所联合在十五小举办“弘扬民族精神 传承中华美德”从我做起报告会；7 月 13 日办事处计生协会组织山河湾、崇信、文湖 3 个社区及辖区中小学生，在文湖活动站联合举办以“关爱母亲健康 关爱女孩成长”为主题的知识讲座。8 月 21 日由兴庆区宣传部、文明办、文体旅游局、办事处联合举办纪念邓小平同志诞生 100 周年《小平，您好》大型文艺晚会。启动首届社区文化活动节，组织近千人参加功夫扇、腰鼓队表演。组织“夕阳红社区义务辅导队”、“夕阳红革命传统宣讲队”，在景岳小学挂牌成立未成年人爱国主义教育基地，开展科普、法律、卫生进社区活动，极大地丰富精神文明创建活动。全年共创建兴庆区级文明单位 1 个，文明小区 2 个，市级文明单位 2 个，区级 1 个。

2005 年 1 月 12 日文化街与胜利街办事处及 21 家有关部门、文明单位参加在掌政镇举办“城市宣传文化结对共建文明家园”三下乡活动，发放各种实用技术知识宣传资料 8000 余份，图书 4000 余册，义诊近 600 人次，开展技术咨询 1000 人次。4 月 12 日组织街道、社区干部参加兴庆区举办的大众广播体操比赛，获得第二名。5 月底先后举办了“构建和谐兴庆，创建生态家园——秦韵乐”秦腔票友专场文艺演出；和平社区“让党旗红遍社区”文艺演出；丰收社区“第二届文化艺术节”文艺演出等。还开展了“纪念红军长征胜利 70 周年、抗日战争胜利 60 周年”系列活动：如组织离退休党员、青少年唱革命歌曲；幸福社区组织青少年、老党员观看经典历史题材老电影；山河湾、和平社区举办“勿

忘国耻、振兴中华”讲演会;在7个社区开展中、小学生爱国主义教育活动。落实生态文明工程,确定丰收社区为文化街创建文明生态示范社区,幸福社区为文明生态示范点,6月份,对辖区三级文明单位进行复查,并召开经验交流会。丰收社区被评为全国百佳学习型社区。

2006年1月11日与银川市委宣传部、说唱团、群众艺术馆、文化广播电视局以及兴庆区科技局等10余家单位联合举办以“送科技、送政策、送文化、送温暖”为主题的“三下乡”城乡结对宣传文化活动,与胜利街一起为掌政镇镇河村送去近200幅春联及部分图书,并举办趣味运动比赛,文艺演出;4月29日,举办第三届“湖城之夏·活力兴庆·广场文化季”广场文艺演出。

2007年,3月7日庆“三八”好媳妇评比表彰会在幸福社区举行;3月29日,办事处、丰收社区和银川市第三幼儿园联合举办关爱老人少儿才艺展,80多名孩子展示11个节目和80余幅书画作品;4月17日在景岳小学举行“继承先烈遗志、爱国立志成才”纪念活动;6月25日山河湾社区开展情系下岗女工活动,邀请宁夏西京女子医院的医护人员为下岗女职工免费检查身体和健康咨询,发放医疗优惠卡30余张。

2008年3月5日在幸福社区举行庆“三八”趣味运动会;5月30日在名人文化广场组织庆六一、迎奥运广场文艺演出;9月5日在名人文化广场组织回乡情广场文艺演出;10月21~24日,党工委组成检查组对辖区新申报和已达标的16个精神文明单位的创建工作进行检查。

2009年,开展以倡导“礼仪、诚信、和睦、爱心”为主体的“四德”工程,在幸福社区建立“孝德”文化长廊。全年共举办广场文艺演出3场,日常文体活动20余场,开展“三下乡”结对共建活动4次。

2010年,组织举办以“湖城之夏”暨“宁夏非物质遗产文化” 为主体的广场文艺演出1场,“三下乡”结对共建活动3次。

【就业与社会保障】 2001年,认真落实城市居民最低保障制度,实行公开、动态管理,至6月底,辖区共有低保户137户273人,发放低保金112775元。慰问金5000元,优抚费5035元,社救费1205元。

2003年,组织下岗职工参加技能培训4次,参加123人次,帮助下岗失业人员就业募集资金20000元。4月成立社区就业服务中心,先后与30多家单位和企业取得联系,共安置下岗失业人员1529人。

2004年,辖区共注册登记下岗失业人员619人,办理再就业优惠证499个。成立社会劳动保障事务所和就业服务中心,建立街道、社区、单位三级安置网络,启动“工字号”创业示范基地,创办下岗职工市场、无公害蔬菜直销店、小太阳饭桌、电信话吧、盼盼幼托所等。共召开下岗职工洽谈会4次,各类培训班28场次,提供就业岗位620个,安置239人,建立低保工作动态管理办法和辖区劳动用工信息库。坚持定期走访低保户,做到应保尽保。截止10月辖区共有低保户279户615人,发放低保金727290万元。发放社救款27600元,临时救助款2000元。登记离退休人员1916人,接管移交离退休人员412人。

2005年,组织再就业技能培训285人次,全部取得技能结业证书。组织800余人参加用工洽谈,提供就业岗位480个。截止10月共安置就业669人,有638名企业离退休人员移交社区管理。共为325户694人办理低保,发放低保金627175元,1~10月申请临时救助37户9000元,发放优抚费14189元,社救费2410元,残疾人救助金1700元,办理老年优待证327本。同时组织辖区120名患有白内障的老年人检查,并免费为6人做了手术。救助17名困难大学生。

2006年2月25~26日为提高公益性岗位“4050”人员实际工作能力,对辖区公益性岗位人员进行培训,制定公益性岗位人员考勤考核制度。

2007年3月15日山河湾社区举办下岗女工创业经验交流会,4位创业妇女能手介绍了经验。山河湾社区有187人下岗失业,其中下岗女工68人,社区多措并举,积极引导妇女就业,下岗女工就业率达到80%。

2008年,印发《文化街进一步做好下岗失业人员再就业的工作实施方案》,采取多种方式,安置辖区下岗失业人员1053人。对在册低保户进行地毯式摸底清理整顿,为辖区低保户297户582人发放保障金725352元,发放低保生活补贴129555元。一次性生活补贴124800元。认真落实城镇居民医疗保险,核对移交社区退休人员3035人,认证率达100%。

2009年,大力宣传和引导个体企业发展现代服务业,辖区居民创办经济实体122个,安置就业人员687人,培养劳务经纪人3个。加大再就业工作力度,截止10月底,共安置就业1136人,职业介绍309个岗位,劳动用工信息584条,办培训班4期259人,劳务输出239人。城镇居民参保审批7930人。街道管理退休职工3135人。狠抓最低生活保障、救助工作,截止10月底,累计为230户436人发放低保金651835元,优抚金73818元。完成辖区残疾人摸底调查工作,通过残疾人职业技能培训,共有8人取得初级培训证书。

2010年,建立街道与企业的空岗信息报送制度,建立就业困难群体台账,截止10底辖区登记有劳动能力的失业人员1258人,安置就业1067人,创办经济实体54个,培养经纪人3个,劳务输出269人,办培训班4期695人。管理在册企业退休职工3665人。审批城镇居民医保6883人。

【综合治理】 2001年,加大综合治理宣传活动,在3月综合治理宣传月活动中,共有8个单位设立宣传点8个,散发宣传单2400份,悬挂横幅40条,出黑板报20块，还组织法制宣传文艺演出。对辖区自行车棚、商业网点、出租房屋、涉毒人员、“两劳”释放人员进行摸底登记，截止6月辖区共有住宅楼246栋，看护率100%。深化与“法轮功”的斗争，完善“五位一体”的帮教网络，辖区“法轮功”练习者思想转化工作扎实，没有发生进京滋事或同外县搞串联活动的情况。开展严打整治工作，5月6日～19日，对辖区治安混乱地区进行专项整治。继续深化“楼单元联防”和“十店联警”工作，5月18日，城区召开“群防群治共创文明社区”现场会，参观了文化街幸福社区居委会，交流群防群治经验。至6月底辖区共排查各类矛盾纠纷67起，调解成功率100%，“两劳”人员安置率88%。

2003年，开展社会治安综合治理“基层基础年”活动，从加强单位内部防范工作入手，建立人防、物防、技防相结合、专群防治结合的社会治安防范体系。截止9月份，共立刑事案件339起，破案198起，查处治安案件320起，排查各类矛盾纠纷164起，调解成功率达98%。共收到督办事项13起，群众来信来访186人次，办结率100%。共开展安全生产专项整治3次，举办安全知识讲座5次，签订安全生产责任书698份，消防安全责任书350份。

2004年，大力推进普法依法治理工作，全年共举办法律讲座3次，办培训班11次，上街宣传8次，发放宣传材料12000份，受教育达15000余人。表彰奖励2003年度综合治理先进集体和先进个人，并对历年来已命名达标45个治安模范单位、9个小区、3个校园进行全面复查。开展“抓防范、压发案、破大案、保平安”专项行动，整治安全隐患14处印发《治安防范通知》《居民防范须知》《社区警民服务卡》，推出“外出居民打招呼”家庭安全防范承诺服务，开展“邻里相望、争做看家护院好市民”活动和“优秀单元楼长、义务巡逻员”评选活动。针对7月出租车停运事件，制定《文化街关于成立保护出租车安全运营联防巡逻组织的应急预案》，组织巡逻队实行24小时不间断巡逻，有效地维护了社会生活秩序。全年共排查调处各类社会矛盾纠纷176起，调解成功率98%以上，收到来信来访253件155人次，来电98次，办结率100%。检查消防网点10家，清理无证经营网点3家。下发整改通知书26份。成立预防道路交通事故综合协调小组，开展交通安全进社区和摩托车专项治理工作，促进辖区安全形势好转。

2005年4月7日，文化街办事处植树活动现场

2005年，深入开展“平安街道”创建工作，对已达标单位、小区进行复查，对今年申报创建的4个单位、2个校园、2个小区进行指导。加强治安巡防工作，制定治安巡防方案，成立街道治安防范指挥部、民防大队，社区巡防分队。开展“打两枪、反盗窃”、“百日严打整治”、校园周边环境整治等专项行动，截止10月辖区共发生三类可防性案件92起，同比发案率下降45.6%；调处各类矛盾纠纷74起，调解率100%；宣传法律知识5次，发放宣传材料1200余份；登记外来暂住人口1919人，出租房屋550户，做好3类重点人员监控帮教工作，确保“三个零”指标任务的完成。接待来信来访31人次，办结率100%。表彰综合治理及安全生产先进集体11个，先进个人38名。

2008年2月29日召开2007年度社会治安综合治理暨安全生产工作总结表彰会，表彰2007年度社会治安综合治理、安全生产工作先进集体、先进个人；3月9日街道综治委在光明广场举行综治月宣传活动；7月30～31日，街道综治委、安委会对辖区11个单位的社会治安综合治理工作进行督察和通报。成立文化街社会矛盾调处中心，启动“三调联动”机制，全年共调处各类矛盾纠纷295起。

2009年，开展“五五”普法和“法律服务进社区”活动，不断推进依法治街进程。健全社会治安“大巡防”工作机制和社会治安防控网络。加强安全生产监管工作，全年共检查辖区单位、特行86家，未发生重大安全事故。

2010年，一是加强矛盾纠纷排查，全年共排查调处各类矛盾纠纷326起，接待来信来访58件。发挥“邻里安全提醒一声，遇到疑点过问一声，发现问题报告一声”的“三声联防”作用，同时加强技防措施，游乐等小区安装家庭智能报警器。全街累计创建平安单位31个，平安校园3个，平安社区7个，平安小区5个，综合达标创建率已达88%。

【卫生城市创建】 2001年,制定《文化街办事处城管市容卫生体制改革方案》,将辖区城市管理和市容卫生划分为两大块,实行包委干部承包居委会辖区环境卫生,"门前三包"责任制,考核与奖励工作挂钩。重视健康教育工作,加大除"四害"工作力度,上半年上街设点宣传3次,发放宣传材料4100份,举办健康教育活动8次,创无烟家庭290户,无吸烟科室70个,投放鼠药200斤,集中监测6次,检测房间5400间,鼠密度控制在3%以内。

2003年,制定《文化街2003年城管市卫生管理工作改革方案》,按照"责任与权力,管人与管事相统一"、"量化考核,严格奖罚"的原则,理顺办事处与辖区单位、居委会与卫生人员的关系。从5月30日开始,在辖区主要街道建筑物开展"穿新衣、戴新帽"工程。先后指导辖区34家沿街单位粉刷楼房70栋40000平方米,更换沿街窗户83户,整改门头35个,清理门头广告108处,清理违章摊点500多户700多人,种树2136棵,拆建还绿7000平方米,亮化54家10000平方米,展摆鲜花44000余盆,悬挂"门前三包"标牌941个,开展爱国卫生宣传30次,悬挂横幅580条,展出展板625块,发放各种宣传材料27250份,办板报专栏31期,组织7000余人次参加10次卫生整治活动,清洗公共设施783处,清洗非法广告6300块,整治绿化林带5700米,清理煤房雨棚1100间、垃圾52吨、商业广告1092家,投放鼠药360公斤,鼠密度控制在3%的范围内。举办健康知识培训18次1750余人。全年共创建区级卫生达标单位3个,市级1个,绿化达标单位3个,绿化小区1个,在百日卫生综合整治活动中获得先进集体荣誉称号。

2004年,全年共组织6次卫生综合整治活动,清理非法广告1000余张,公共设施275处,煤房顶350间,垃圾2吨,顺利通过区市创卫考核验收。

2005年,将管理的9条大街移交兴庆区环卫处。加大环境卫生宣传与管理,召开健康教育培训班,向居民发放宣传单12000张,手册2600本,开展3次环境专项整治,共清理垃圾2吨,清理雨棚230个,清理乱贴乱画6000处,发放鼠药40公斤,帖鼠板125张,敌敌畏9箱,植树2400棵,绿化800平方米,加强早市摊区管理,做到划行就市。

2006年3月8日文化街召开全体干部职工、社区基干、"4050"人员参加的"三大战役"部署动员大会,成立文化街"三大战役"指挥部,分工明确,责任到人;3月9日,将《致广大居民群众的一封信》《环境综合整治通知》近3000份宣传材料发放到拆迁单位和住户手中。

2007年4月23日各社区组织辖区单位、低保户对辖区各街巷及楼群院落死角进行清理;5月11日办事处与国际花园物业公司联系,清理堆放于4号楼的建筑垃圾;7月投入人力、物力整治辖区卫生,加强小区楼院绿化林带的修剪管护,做好全国卫生检查评比准备;8月组织发动辖区中、小学生百余名参加"创卫"整治活动。社区文明市民学校向学生讲解创建国家卫生城市的有关知识,进行健康科普教育。

2008年,制定《文化街市容卫生管理办公室综合改革方案》《文化街市容卫生管理奖罚办法》,辖区门前"三包"责任牌、责任书签订率达95%以上。组织辖区500人开展集中扫雪。对辖区污染源进行普查。协调民族北街和北京路沿街单位对办公楼进行粉刷,对11栋40000平方米的无产权单位居民楼外立面进行粉刷,种植经果木787棵,新增绿地面积2000平方米,展摆鲜花80000余盆。4月15日,组织各社区、低保户对辖区各街巷及楼群院落死角进行清理,共清理死角垃圾15吨,清理雨棚527个,乱写乱画10000余处,发放灭"四害"药物12箱。定期开展健康教育宣传活动,居民健康知识知晓率和行为形成率分别达到75.06%和70.72%。

2009年,大力开展爱国卫生运动,全年共发放各种卫生宣传材料27000余份,展出展板150块,板报30期,清理死角垃圾17吨,乱写乱画3000余处,种树1337科,新增绿地面积2000平方米,节日展摆鲜花8000盆。

2010年,巩固国家卫生城市创建成果,加大"门前五包"管理力度,开展卫生专项整治,全年共开展整治活动6次,植树5000棵,新增绿地面积5100平方米,节日展摆鲜花3.5万盆。

【计划生育】 2001年,成立群众性计生协会36个。推行计生工作公开,制作计生工作程序图,统一计生办公地点、时间、电话。"准生证"办理实行民主监督。加强对重点户摸排,实行《离职育龄妇女计划生育联系证》制度,清除漏管、脱管现象。3月在城区人口与计划生育知识竞赛中文化街获三等奖。

2003年,加强计划生育宣传工作,先后举办人口理论培训班6次168人,加强计生信息网络建设,建立辖区单位、居委会、私营企业法人、计生专干网络联系卡册,成立计生协会36个。

2004年,举办人口理论培训班3期,设立咨询点4处,发放宣传单6000份受教育人达15000人。在幸福社区开展优质服务试点工作,开办悄悄话室。加强流动人口计生管理工作,截止11月底,辖区共有流动人口2249人,已婚育龄妇女154人,综合结育率97%。

2005年,召开文化街计生协会第一次会员代表大会。制定优质服务试点方案,和平社区居委会、丰收社区居委会分别与银川市三医院、银川市妇幼保健医院签订优质服务协议书。为58名孕妇做优生四项监测。流动人口中已婚育龄妇女184人,采取各种节育措施176人,综合节育率96%,验证率100%。举办各类计生培训班6期,设立咨询点8处,发放宣传材料4万份。探索高档封闭住宅小区计划生育管理和服务的新路子,9月8日在丰收社区湖滨花园开展兴庆区高档住宅物业小区计划生育管理交流现场会,形成"社区牵头、协会

参与、物业配合、居民自治”四位一体的工作格局。2005年9月底辖区共有人口28224人，其中已婚育龄妇女5678人，出生率4.57‰，计划生育率100%。

2007年6月街道加大无计划外生育、无早婚生育、无间隔不够生育工作力度，组织各社区居委会利用板报、登门入户等方式，提高居民对街道创“三无”知晓率。

2008年，制定《文化街计划生育工作绩效管理办法》，确保各项工作落到实处。截止9月底，街道共有人口31365人，已婚育龄妇女5959人，出生率5.2‰，计划生育率100%。

2009年，在山河湾社区成立社区人口文化中心。深入开展“四级联创”和婚育新风进万家活动，截止9月30日街道共有人口31831人，其中已婚育龄妇女6092人，出生率3.92‰，计划生育率100%。

2010年，举办计生人口理论培训班4期，坚持落实“三抓三到位”即“抓房主、落实责任制到位，抓租赁人，落实措施到位，抓社区基干，落实管理到位”。截止10月底，辖区共有已婚育龄妇女5546人，综合节育率90.03%。流动人口2523人，已婚育龄妇女510人，验证率100%。积极开展优生优育，完成“两筛”及全员人口信息微机录入工作。

【社区建设】 2001年，制定《文化街办事处社区建设五年规划》和《文化街办事处2001年社区建设计划》，在各社区成立了一支45人的社区志愿者队伍，在幸福村、崇信巷、游乐小区成立文化娱乐活动站，

2003年，开展社区“两委”换届选举工作。在幸福社区进行直选试点工作。实施“星光计划”工程，开办“精彩夕阳”俱乐部。与市粮食局协调为文湖社区解决120平方米“星光计划”办公用房。

2004年，先后投资8000元对游乐小区、崇信社区办公用房进行修缮。为游乐小区落实老年活动用房，在丰收社区成立“文化街济困爱心超市”。

2005年，积极与电子仪器厂、裕隆小区物业公司协商为山河湾、崇信社区居委会分别购置143平方米和80平方米的办公用房。

2006年10月20～23日顺利完成对7个社区居委会书记、副书记、副主任和基干进行第二届选举。

2007年，文化街由社区党支部、社区居委会、业主委员会和物业公司、辖区派出所采取联合会议的方式共同参与社区事务管理、共同开展社区服务“五位一体”管理模式正式启动。

2008年，投资26000元对幸福社区、文湖社区办公用房上下水和暖气管道进行改造；协调中方公司为游乐社区解决高尔夫小区办公用房40平方米，开展“星级社区”创建工作，完成山河湾、丰收、幸福社区“三星级”社区复查验收。

2009年，充分利用现有办公用房，普遍建立了社区居委会、社区党建活动室、警务室、图书室、计生服务室、居民学校和文化健身场所。完成社区第三届“两委”换届选举工作，以幸福社区、和平社区为居家养老试点，积极探索服务内容，不断丰富和完善社区服务群众的功能。

2010年，加强社区队伍建设，吸纳了一批年轻、学历高的社区工作者，举办培训班4期。加强星级社区建设，8月6日召开辖区创建“两型”社区动员大会，在创建崇信、文湖、丰收、和平4个三星级社区和山河湾、幸福2个四星级社区的基础上，继续抓好星级社区创建工作。投资2万元对和平社区办公室进行改造，投资10万对山河湾社区正义巷11号废旧自行车棚改造，建设社区党员、老年人活动室。和平社区与社会中介机构联合建成社区服务站。设立了和平、幸福2个居家养老服务站。

【温馨谈话室】 2010年，4月10日街道司法所成立社区矫正温馨谈话室。

【法律援助工作基地】 积极与宁夏司法警官学院联系，在幸福社区创建法律援助工作站和法律援助进社区窗口，先后与兴庆区法院、兴庆区法律援助中心联手，利用法律援助工作站和法律援助进社区窗口的平台，开展走基层进万家、法律援助进社区活动，进一步提高法律援助的公众知晓率。扩大法律援助的社会影响，使法律援助这项惠民、为民制度深入群众，让需要法律援助的困难群众在家门口就能获得法律援助、法律服务。

【信访工作网格化】 办事处以所辖社区分布为基础，整合资源，合理划分网格，以精细化管理为指导，实行网格化管理，将辖区内的辖区单位、企业、市场、商铺、商务楼、酒店、小区、楼栋、房屋、物业、学校、医院、停车场等以及网格内的党员、党组织、工会会员、工会组织、个体工商户、人口、计生、劳动就业、社会保障、综合治理等社会管理工作所需数据和具体事务逐项分解到每一个网格，划分为游乐网格、丰收网格、幸福网格、山河湾网格4大网格，4大网格下再按照人口、面积等划分为32个网格单元，推行网格格长负责制。4大网格内，社区主任是总格长，社区实行网格站管理，网格里配置网格管理员（社区居委会人员）、网格协管员（机关包片干部）、网格警务员（社区民警）、网格监管员（4050人员、老党员、楼长、低保人员），及时了解网格内的人、地、物、事、组织信息，对群众的诉求、社区中的不和谐因素进行“格内”处理，格员无法处理的交格站处理，格站无法处理的交上级机关处理。形成“社区有网、网中有格、格中定人、人负其责”的局面，切实做到情况掌握在基层、问题解决在基层、矛盾化解在基层、工作推动在基层、感情融洽在基层，最大限度激发社会活力，最大限度减少不和谐因素，最大限度拓宽群众利益诉求渠道，实现街道社区干部联系群众全覆盖，将问题解决在居民投诉之前，有效促进社会和谐稳定。

【打工妹之家】 2006年8月29日香渔王子大酒店、世纪大厦等7家大型企业为会员单位的“打工妹之家”，在香渔王

子大酒店正式启动。“打工妹之家”是辖区外来打工妹的群众组织，维护打工妹的合法权益，帮助她们树立自尊、自强、自爱、自立的精神，改善他们的生活质量。

【扶贫济困】 2002年1月14日设立文化街办事处救灾捐赠接收协调站。5月8日在辖区单位开展救助贫困母亲募集资金活动。

2003年1月6日街道党工委、办事处干部职工自筹资金1200元为12户贫困户送去现金和实物。

2004年，组织20多个单位对61户困难户，送慰问金8100余元，粮油实物4590斤。7月1日党工委慰问辖区15名老党员，带去1500元慰问金。

2005年1月24日，召开辖区结对帮扶的12户困难家庭座谈会，街道干部与12户困难家庭签订2005～2007年帮扶协议，为他们每户送去1200元慰问金。

2006年3月6日，宁夏医药集团在山河湾社区开展为民服务献爱心活动，为1600名孤寡老人、残疾人、低保户等捐赠378种常用药，价值4万元。“七一”前夕党工委街道慰问76户困难户送去实物价值11600元。

2007年1月20日，街道关工委慰问辖区3户困难家庭和下岗职工自主创业20余年兴办的“星星休息中心”的孩子们，送去慰问金2000余元；2月，党工委、办事处筹集资金2万余元，购买慰问品对辖区内贫困家庭、优抚对象、残疾人员等进行走访慰问；5月31日，办事处与丰收社区党支部成立爱心小分队，为丰收社区的10岁女孩小娟捐款1500余元；6月25日，山河湾社区在党员活动月中慰问社区贫困人员，送去慰问金155元。

2008年5月13日，积极组织社区及居民群众为四川地震灾区捐款，半个月收到捐款66945元；5月23日，街道机关党支部22名党员缴纳特殊党费1965元。

【工会】 十年来不断加大两新企业工会组建力度。截止2010年辖区共建立52家独立工会和7个社区联合工会，联合工会涵盖137家非公企业，发展会员3173人。

【社区服务中心】 2009年，成立文化街办事处社区服务中心，建立社会服务行业信息平台，将劳动就业、城镇低保医保、法律援助、计划生育、社会中介等与老百姓密切相关的服务集中在一起办公。

【制度、效能建设】 2001年，全面推行政务公开，制订《文化街推行政务公开实施细则》《文化街车辆管理制度》《市场管理规定》，上半年公开财务等重大事项2次。

2003年，重新制定《文化街政务公开工作指南》《文化街行政效能监察实施方案》，完善街道、各居委会政务、居务公开公示内容，开展万人评议政府问卷活动。

2004年，完善《街道、社区财务管理制度》《车辆使用管理制度》《市场管理制度》《党工委议事制度》《干部职工工作业绩考核奖励办法》《文化街行政效能监察实施方案》《文化街政务公开指南》《文化街政务公开主要内容》，等规章制度。设立行政效能投诉中心，聘请效能监督员，狠抓政务居务公开，做到财务、市场摊位、低保等重大、敏感、热点问题及时公开。

2005年，制定《文化街行政效能建设实施方案》及十六项配套制度，成立组织机构，尤其完善干部考核制度，以制度管理干部，一级抓一级，激励干部职工的工作积极性。制定《文化街政务公开指南》《文化街进一步加强政务公开的实施意见》，全年对辖区居民公开财务、计生、低保、征兵捐款等74次。

2008年，制定《文化街行政效能建设实施方案》等制度，在街道、社区干部中开展查学习、查纪律、查作风、查效率、查服务、查廉政“六查一评议”活动，制作效能建设展板、效能建设知识测试、定期抽查工作纪律等形式，建立起效能建设激励约束机制。

【居家养老服务】 根据辖区困难老人多、空巢老人多、独居老人多的实际问题，积极探索以家庭照料为核心，以社区养老服务站为平台，以提供生活照料、健康保健、法律援助、文体活动、亲情关爱为具体内容，以上门服务和互助服务为主要形式的居家养老服务模式，建立五项老年人网络服务保障机制。充分利用回春巷商户集中的优势，积极打造爱心服务一条街，选择服务优、信誉好的商户，由社区牵头与他们签订老年人优惠服务协议，为社区老年人发放爱心卡，要求商户根据不同服务项目做出服务承诺，为老年人提供优质、低价、便捷、高效的服务，老年人凭爱心卡能够在爱心服务一条街上享受到洗浴、理发、用餐、廉价粮油、蔬菜、生活必需品和了解老年知识等一条龙服务。建立志愿者服务队伍，定期为老人提供理发、家政、医疗等上门服务。充分利用社区老年人多的资源，成立互助小组，积极倡导50、60（岁老人）服务70、80（岁老人）。开办爱心超市、家政服务部，为困难群体、老年人提供无偿、低偿服务，在醒目位置张贴老年人应知应会知识。组织老年人喜闻乐见的各类文体活动，丰富老年人业余文化生活，初步实现老有所养、老有所乐、老有所依。

丽景街街道

【概况】 兴庆区丽景街街道（原银川市郊区满春乡）成立于1978年12月，2003年7月正式更名为兴庆区丽景街街道；辖区面积14.5平方公里，东至小中沟、南至上海路、西至唐徕渠，北接贺兰县；常住人口29940户8.7万人，分类9个村（居）委会，27个村民小组；各种经济单位3974家，其中法人单位456家，产业活动单位164家，个体户3354家；中小学8所。街道党工委下设12个

党支部，其中机关党支部1个，社区党支部9个，其他党支部2个。辖区有企事业单位200多家。

【街道领导名录】

书　记：赵玉宝（2001.01～2002.04）
　　　　杨　强（2002.04～2002.11）
　　　　冯　泽（2002.12～2004.12）
　　　　叶　成（2004.12～2010.02）
　　　　曹建春（2010.02～2010.12）
副书记：杨　玲（2001.12～2003.02）
　　　　蒋治永（2001.12～2002.10）
　　　　马建宏（2002.05～2003.01）
　　　　吴丁友（2003.02～2009.01）
　　　　李志刚（2003.01～ 2003.10）
　　　　王建宁（2003.10～2005.01）
　　　　马红梅（2005.01～2007.12 ）
　　　　金永芳（2007.12–2011.03 ）
　　　　王文生（2009.01～2010.12）
　　　　闫　兵（2010.03～2010.12）
主　任：冯　泽（2001.12～2002.12）
（乡 长）黄　峻（2002.12～2003.07）
　　　　强殿伟（2003.07～2007.12）
　　　　周会荣（2007.12～2009.01）
　　　　杨学文（2009.01～2009.11）
　　　　杜柏林（2009.11～2010.12）
副主任：喇建雄（2003.07～2003.10）
　　　　刘　涛（2003.10～2009.01）
　　　　朱少龙（2003.07～2005.01）
　　　　李　虎（2005.01～2009.01）
　　　　曹永全（2009.01～2010.12）
　　　　姜超东（2009.01～2010.12）

【乡域总体规划】　2001年，满春乡委托银川市规划设计院编制了满春乡乡域总体规划。经郊区人民政府审定批准执行。

【区划调整】　2002年11月，根据《自治区人民政府关于调整银川市辖区行政规划的通知》（宁政发〔2002〕94号）文件精神，将原银川市郊区满春乡划归银川市兴庆区。

【乡改街道】　2003年7月，根据《银川市人民政府关于兴庆区设立丽景街和银古路街道办事处的批复》，将兴庆区满春乡人民政府改建为兴庆区丽景街街道办事处，并将原满春乡新水桥村、雷庙村划归给大新镇，将原红花乡北塔村、双庄村、原满春乡八里桥村、满春村划归丽景街街道办事处管辖。辖区界限为东至良繁厂到小中沟，南至上海路，西至唐涞渠，北接贺兰县，办事处机关驻地为丽景街咸宁巷（原满春乡政府）。

【经济建设】　2001年，推广水稻控灌技术，加大科技投入力度，进一步调整产业结构，农业生产效益进一步提高。全年粮食作物播种面积22293.5亩，总产量10025吨；蔬菜播种面积4529.3亩，总产量1730万公斤，全乡共有温棚12029间，投入生产的有10841间；奶牛存栏达5460头，占全乡总户数的30.6%；肉牛饲养4078头，肉牛存栏361头，生猪饲养16916头，生猪存栏4555头，羊只饲养17223只，羊只存栏3827只，养羊户达到321户，占全乡总户数的11%；家禽饲养426434只，家禽存栏173848只，全年肉类总产量1987.6吨，牛奶产量17071吨，禽蛋产量1759.5吨，水产品产量187吨。充分发挥八里桥村养禽业股份合作社的优势，吸纳养鸡规模户32户，吸收入股资金3.3万元，形成拥有鸡舍800间，蛋鸡饲养12万只的养鸡基地。全乡养殖业用地18片、646亩，初步形成具有规模的9个养殖小区。

2002年，全乡小麦种植面积8000亩，比2001年较少900亩。上半年蔬菜种植1942.7亩，温棚12068间。建成农田林网28条，完成植树16843株。改造老果园，引进小杂果种植139户。奶牛养殖业发展强劲，全乡规划养殖业用地20片，共649户占地586亩。全乡奶牛存栏5800头，奶牛养殖户960户，占全乡总户数的30.6%；羊只16000只，羊养殖户321户，占全乡总户数的11%；三黄鸡20000只，生猪饲养量为12500头，向市场提供猪肉514.3吨。

2003年，水稻规范化旱育稀植推广完成513.5亩，种植苜蓿、皇竹草280亩；奶牛存栏725头，口蹄疫防疫密度100%；家禽存栏10000只，免疫密度95.8%；秋季植树2000株。建设八里桥废旧物资回收市场，占地52亩，投资570万元，年租金15万元，已经进入各种废旧钢材回收个体户73户；建成满春旧货市场，占地246亩，经营户185户，解决满春村剩余劳动力600余人的就业问题。

2004年，粮食耕地播种面积2850亩，其中小麦播种面积1410亩，水稻播种面积750亩，玉米播种面积600亩；蔬菜种植面积90亩，温室1100间，其中投入生产150间，闲置950间；奶牛存栏504头，禽56047只，春秋季完成植树任务10626棵。

2005年，不断壮大集体经济，满春村依托满春大酒店，北环批发市场继续解决失地农民就业，北塔村充分发挥旅游资源优势，兴建北塔民族风情园，成功举办北塔物资交流会，为村集体经济壮大注入活力。

2006年，围绕“建设区、办市场、兴三产”的工作思路，充分利用资源优势，逐步形成了丽景街两侧以北环批发市场、满春旧货批发市场、八里桥废旧物资市场和满春大酒店为主的市场物流带及以西部农资城市场、西部汽车城为主的汽车服务业、带动周边二、三产业发展，2003年～2006年，社会生产总值从2.1亿元增加到3.1亿元，年均增长率为15%；农民人均收入从3979元增加到4760元，年均增长率8%。

2007年，丽景街市场物流带及以西部农资城市场、西部汽车城为主的汽车服务业有效带动周边二、三产业发展。

2008年，围绕城市扩建，在耕地面积减少的情况下，大力发展二、三产业，狠抓劳动力转移和招商引资工作，加快市场带建设，积极做好失地农民就业工作，北环批发市场争取国债投资300万元建设的电子结算和电子监控系统运转良好，满春大酒店股份制改制后运行平稳，解决失地农民就业60余人。抓好农业生产、动物疫病防治工作。全街粮食种植面积2175亩，蔬菜种植面积600

亩，奶牛存栏 172 头，生猪生猪存栏 610 头，羊只存栏 746 只，禽类饲养量 25126 只。

2009 年，北环批发市场申报国家商务部、财政部“双百市场工程”项目，投资 600 万元完成大车区交易大棚扩建；向农业部申报农产品流通体系建设项目，以二期扩建工程申请亚洲开发银行贷款 2.4 亿。1～10 月份，北环市场实现交易量 35 万吨，交易额 7.1 亿元，上交税金 187 万元，各项收入共 1900 万元，解决本地居民就业 700 余人；宁夏林利煤炭有限公司出资 8000 万元在辖区建设四星级宁夏锦湖饭店；宁夏冶炼物流交易中心、宁夏众一宝丰小商品交易中心落户辖区，落户投资 30 亿元。抓好农牧业生产，全街奶牛存栏 52 头，生猪生猪存栏 388 头，羊只存栏 956 只，鸡 9455 只，动物耳标佩戴率达到 100%。加强疫病防治工作，消毒面积达 4.7 万平方米，动物免疫密度达到 100%。

2010 年，依托地利优势，抢抓沿丽景街经济物流带建设机遇，招商引资。宁夏诚敏房地产投资 4.6 亿元建设物流港冷链物流交易中心项目，到位资金 1.8 亿元，3 万平方米的冷库主体建设已经封顶进入设备安装阶段，4.2 万平方米二层配送中心已经正式开盘销售。北环批发市场完成二期工程扩建项目的规划设计、环保评价等审批手续，市场二期工程扩建项目预计投资 2.4 亿元，争取国家项目投资 3000 万元，已经完成前期的征地拆迁任务。争取自治区一事一议项目资金 240 万元，维修街道三条主干道路及红花渠清淤。深入实施全民就业工程，“十一五”期间，街道培训各类技能人才 3000 人，下岗失业人员自谋职业 3000 人，自主创业 1000 人，新建两个自立市场，全街居民人均收入由 2006 年 4761 元增加到 2009 年的 6440 元。

【科技推广】 2001 年，全乡推广水稻控灌技术 2300 亩，亩节水费 4.8 元，增产 31.9 公斤，共增收减支 8.1 万元；落实规范化旱育稀植技术示范 45 亩；引进种植饲用玉米新品种临奥 1 号 106 亩、澄海 3 号 30 亩、农大 108 等玉米新品种；引进优质水稻品种 98XW－258 并成功种植 100 亩；种植苜蓿 40.6 亩；推广麦套蔬菜立体栽培技术 750 亩；向农户发放养殖技术光盘 508 盘；投资 10 万元从北京购进优良种公牛冻精，以优惠价为广大奶牛养殖户奶牛配种，投资 32 万元建设银川市郊区奶牛配种改良服务中心；与银川市乳品厂联合投资 54 万元在新渠稍村建设一个现代化挤奶站。

2003 年，加大奶牛改良力度，无偿免费向奶牛养殖户提供优良种公牛冷冻精液，帮农户建立奶牛系谱档案，提高奶牛养殖户奶牛配种疫病防治、饲料配制、饲草种植等方面的知识和技能，提高养殖科技含量，确保奶牛品种改良实现。

【动物防疫】 2004 年，口蹄疫防疫密度 100%；禽流感疫防疫密度 100%。

2005 年，发放消毒液 50 袋，购生石灰 17 吨，消毒养殖户 161 户，消毒面积 8590 平方米，奶牛防疫 410 头，猪防疫 2315 头，羊防疫 28846 只，防疫密度达 100%，佩戴动物免疫耳标 3781 只。

2006 年，注射口蹄疫疫苗牛 876 头 / 次、猪 3010 头 / 次、羊 4000 只 / 次，免疫密度达到 100%；注射禽流感疫苗 109016 羽，注射率 100%，耳标的佩带率达到 100%；发放消毒灵 260 袋，生石灰 35 吨，消毒面积达 12 万平方米。

2008 年，加强动物疫病防治工作，建立健全动物防疫组织，制定动物疫情处置实施方案，与各村签订《动物防疫目标管理责任书》。全年发放消毒灵 4 件，发放生石灰 10 吨，消毒面积达 12 万平方米，实现动物免疫密度达到 100%，耳标的佩带达到 100%。

2009 年，动物疫病防治工作，建立健全防疫组织，与各村签订《动物防疫目标管理责任书》明确职责，责任到人。截止 10 月底全街奶牛存栏 52 头，生猪存栏 388 头，羊只存栏 956 只，鸡存栏 9455 只，动物耳标佩带率达到 100%，发放消毒灵 24 件，发放生石灰 22 吨，消毒面积达 4.7 万平方米，动物免疫密度达到 100%。

【满春大酒店股份制改制】 2007 年，在兴庆区党委，政府统一安排下，经满春大酒店清产核资领导小组半年的工作，对满春大酒店的资产进行客观公正的核算评估：总资产 30651580.09 元，负债 26839816.30 元，净资产 3811763.79 元，工作。根据银川市人民政府关于企业改制的相关规定，最终确定姜文牵头的购买满春大酒店新一届董事会，新一届董事会缴清净资产及村委会前期对酒店的投入资金，改制工作顺利完成。

【基础建设】 2001 年，清淤各类渠道 713 条，长 231.4 公里，沟道 11 条，长 4.5 公里，维修农路 23 条，长 5.7 公里，完成郊区下达 1000 亩高标准农田建设任务；全年完成机深翻 9879 亩，秸杆还田 2286 亩，秋施肥 6241 亩，累计动用积累工 2.65 万个，完成清淤土方 4.85 万立方米；维修各类建筑物 89 处（座），完成高标准农田配套工程 41 处（座），延伸砌护大沙渠 771 米，水利设施总投资 27.5 万多元。新迁扩建的北环市场占地 200 亩，建筑面积 9 万平方米，投入资金 1 亿元左右，市场内的一座库容 2000 吨的现代化速冻、冷藏、气调保鲜库正在建设中；占地 20 亩，建筑面积 13120 平方米，投资 600 万元的乡集镇一条街竣工建成。完成满春工业园各项配套设施建设，制定满春乡改善投资环境的有关规定。

2002 年，上半年投资 50 万元进行农田水利基本建设，清淤支斗渠 41 条长 43 公里，动用土方 2.58 万方，清淤农毛渠 423.5 公里，动用土方 8.74 万方，清淤沟道 18 条，长 19.6 公里，动用土方 11.76 万方；砌护及配套建设新水桥小张家渠 1200 米，投资 10.68 万元；高标准农田配套工程 27 处，投资 3.4 万元；影响排灌水利工程 97 处，投资 15 万元；针对“三个代表”学教活动期间群众

提出的张家渠、罗家渠、大新渠等排灌水难的问题，全部落实解决。

2004年，清淤红花渠7000米，清除土方5600立方米，运用车辆13辆，清运土方273车次546立方米；组织2台清淤机械及人工利用10天时间对小中沟4.2公里断面和7个涵洞进行清理，清淤土方65000立方米，每方2.5元，投资16.25万元；为配合汽车城建设，组织人力对红花渠进行改线，砌护渠长870米，配套建筑物49处，解决八里桥村2个自然村300亩土地的浇灌问题。

2005年，筹措资金20万元，组织人力、机械，历时1周对红花渠进行清淤，确保辖区近3000亩土地的灌溉。

【城市建设】 2001年，共向郊区及上级主管业务部门上报各类用地28宗，其中集体用地4宗，占地25亩，公益事业用地1宗，占地24亩，农民宅基地新建、扩建24宗，占地11.6亩；养殖业用地18片，581户，464亩，郊区政府已批12片，已经建成145户，130亩，正在建设的263户，全年共占耕地42.6亩。查处违章建设20宗，解决农宅纠纷8宗。结合银川市政府城乡结合部整治行动，对全乡各类建设进行摸底，并对满春乡各类建设用地进行了勘丈登记，

2002年，充分利用围城近郊的优势，加强基础设施建设，加大招商引资力度，积极筹建满春工业园区，出台招商引资优惠政策，满春工业园区引进项目6个；积极筹建北环市场二期工程，加快农产品加工、储藏、保鲜业的发展，建成了集镇路熟食品加工批发一条街。

2003年，完成八里村五队、六队、七队、九队、十队、十二队和满春村二队、三队8个庄点的拆迁任务，涉及农户498户，拆除面积126883.87平方米，征地2895.45亩；成立巡查执法队，有效制止乱搭乱建歪风，强制拆除47户，拆除面积3692平方米。

2004年，康居楼房还房面积为96336平方米，分房74151平方米；为有效遏制乱建乱搭歪风，制定《丽景街关于集中整治城乡违章建筑实施方案》，逐队张贴通告，组织办事处、居委会及兴庆区下派城管、执法队人员150余人，雇用铲车2辆、自动装卸车1辆，对乱建房屋进行强制拆除，拆除户数309户，拆除面积42620平方米。

2005年，科技园建设征用八里桥四队、蔬菜园艺场土地108亩；贺兰山路建设拆迁的八里桥十二队全部安置在海宝西区；拆除违章半成品建筑240余间4000多平方米，自拆12间200多平方米；正常报批农宅翻建11户。

2006年，根据银川市建设海宝生态湿地公园规划，完成海宝公园征地拆迁工作，征地3468.9亩，拆迁面积237497.01平方米，拆迁606户1357人；完成109国道绿化带及双庄一队、四队的拆迁任务47211平方米；八里桥八队拆迁96户，面积30983.96平方米，返还面积17636.82平方米；双庄三队拆迁42户，面积13693.03平方米，返还面积8489.68平方米；拆除违章建筑4129平方米，围墙160米；完成18个自然村(队)2013农户的宅基地丈量工作。在"三大战役中"拆除城市违章建筑2470平方米，围墙357米，其中拆除小区临时过期违章建筑891平方米，有碍观瞻建筑564平方米，小煤房230平方米，违章建筑735平方米，城乡结合部农户违章建房7436平方米。

2007年，在"三大战役中"，共拆除城市违章建筑2470平方米，围墙357米，整治面积大1288平方米，硬化路面365平方米，绿化面积660平方米，钢化栏杆150平方米，建设围墙135平方米，在109国道以西的空地种植草坪42516平方米，植树9431株。2003年～2007年，配合大银川建设，完成兴庆科技园、农民康居新村、市场物流带、汽车城、西北农资城、自治区人防银川二中、兴庆区法院等建设项目拆迁工作。2003年以来共拆除违章建筑58000余平方米。

2009年，受银川市及兴庆区政府委托，牵头负责实施北塔东路延伸及汽车城配套建设工程，拆迁双庄二、三队农户278户，拆迁土地及地面附着物面积近10万平方米，发放搬家费、租房费160万元；配合兴庆区拆迁办对八里桥七队征地90亩；支持银川国际物流港一期、二期工程的建设，完成对八里桥一、二、三、八、九队及满春村十队的1994.63亩集体土地征占任务；完成满春康居安置区拆迁征地700亩；分配安置八里桥康居工程住房459套，安置面积42629.3平方米。

2010年，为确保兴庆区银川市国际物流港、万人创业园重点项目的顺利开工建设，克服时间紧、任务重的实际困难，仅用两个月的时间按时完成满春6、7队13.4万平方米庄点的拆迁任务，保证银川市重点项目工程保障性住房的顺利开工建设。5月份，全面完成八里桥村2、3、9队村土地征地拆迁工作，确保银川市重点工程国际物流港和新世纪冷链物流中心项目的顺利开工建设。高质量全面完成黄河金岸节点建设造林、绿化工作任务，共植树灌木32000株，乔木211棵。

【环境整治】 2003年，成立丽景街环境卫生市容所，选派人员，增拨经费，配备卫生员，全天候进行卫生保洁，聘用22名清扫员，办事处投入卫生费10万元。

2004年，聘用84名保洁员，投资30万元，动用三轮车19辆，对辖区71条巷道路面清扫保洁，清扫面积57.86万平方米。同时，做好防非典和防艾滋病的宣传力度，悬挂横幅和标语12条。

2005年，投入资金20余万元，动用人力2000余人次，清理"三乱"500余处，出动铲车6次，集中清理卫生死角垃圾80余吨，清理取缔烟草广告牌20余处，投放除"四害"药剂20公斤，春季植树500余株。

2006年，先后两次组织街村队干部党员60余人到贺兰县参观村容村貌整治成效；修建50个垃圾站和13座公厕。满春率先向改厕的农户无偿提供1个坐便器和3袋水泥。办事处拨款2万

元支持基层环境卫生整治活动。投资50余万元,动用1400人,铲车50车次,作业350余小时,对北塔六队、景墨家园北侧、新二中北侧、满春清真寺北侧、八里九队、双庄二队和集镇路边等的垃圾进行清理整治,掩埋垃圾2000余吨;擦洗广告设施100余处、乱贴乱画300余处;签订“门前三包”目标责任书403份,签订率达到100%;对辖区企事业单位的367个、2683户居民的2933个淘汰洁具进行改造;投放鼠药120公斤;种植树木9431株,植草坪42516平方米;完成拆建还绿10075平方米,拆墙透绿3897平方米,营造公共绿地15818平方米。

2007年,新建宣传栏22个,宣传横幅70余条。办黑板报64期,刷写标语95条,发放宣传资料5000余份,发放倡议书2万余份,出动铲车130车次,工作800余小时,动用人员4000余人次,清理垃圾6000余吨,投放垃圾箱90个,自筹资金10万余元,修建封闭式垃圾站29个,动员征地单位和各村共砌围墙4400多米。

2008年,治理影响市容的门头牌匾、广告宣传牌150余处,与新增个体工商户补签“门前三包”责任牌482块,签订责任书482份,签订率达到100%。认真贯彻实施《银川市犬类管理条例》,辖区内办理犬证50本。加大对违章摊点的清理、整治力度,共整治乱摆放摊点560次,处罚违法摊点30余处。书写宣传标语、宣传横幅200条。粉刷沿街建筑物面积2500余平方米。积极配合城市拆迁工作,完成满春1队拆迁宣传动员工作。配合兴庆区拆迁办拆迁八里桥七队庄点。落实“穿新衣,戴新帽”市容工程,自筹资金6万元粉刷丽景街、清和街等卫生围墙7000多平方米。筹措资金对北塔六队小区内道路进行修整,共修整路面369.27平方米,修补道砖237米,在庄点东边巷道铺石粉471平方米,更换下水井盖5个,有效改善城中村居民的居住环境。认真开展病媒生物防制工作,投放溴敌隆杀鼠剂153公斤,喷洒敌敌畏1120瓶,投灭蟑饵剂800袋、灭蟑胶饵100支。积极争创环保绿色社区,景泰、银虹、景墨三个社区创建成为绿色社区,创建率达到20%。全年办事处投入卫生专项整治、宣传教育、卫生清扫经费80多万元;出动铲车150车次,工作600余小时,动用人员5000余人次,清理、铲除垃圾5000余吨,使辖区的环境卫生得到改善。

2009年,截止10月底对辖区内卫生死角和重点地段进行集中专项清理3次,动用人员500人次、车辆百余次,整治街巷卫生死角14处,清理乱贴乱画40余处,清理、捡拾辖区林带、农田、沟渠内外垃圾30多处;整治乱设摊点100多处,处罚违法摊贩40余人;与辖区内的机关、团体、部队、学校、个体工商户重新签订“门前五包”责任书1500份;投放鼠药100多公斤、灭蟑螂药剂1000袋50000克、灭蚊蝇药物25公斤;成立食品安全检查小组,监督检查辖区单位100多家,下达限期整改通知40余户,整顿达标率达85%以上;建国六十周年之际,辖区街道摆放鲜花524000盆。

2010年,查处辖区违章建筑50处,拆除违章建筑两万平方米,整治乱摆乱放摊贩350余人。严格落实“四扫全天候保洁”制度和“门前五包”责任制。全年累计投入用于辖区清扫人员工资、违章拆迁整治、治理经费59万元。美化辖区环境,节假日期间街道辖区摆放鲜花51000盆。开展节水型社区创建工作,申报节水型小区1个。组织人力、物力,高质量全面完成滨河大道节点绿化丽景街任务段工作,种植灌木32000株,乔木211棵。积极参与乡镇农田水利设施建设,完成春秋两季水利设施900余米。

【防治“非典”】 2003年,办事处成立防治“非典”机构,制作展板,悬挂横幅,刷写标语,购置过氧乙酸消毒液、生石灰,对外来打工人员、返银大中专学生进行登记,发现发热病人及时排查,做到24小时值班,各项费用达到21万元。

【社区建设】 2003年,按照兴庆区关于社区居委会的批复精神,办事处原有的4个村委会挂居委会的牌子,但仍行使村委会职能,过渡期不进行换届选举,新成立的银虹居委会需要选举产生。10月10日,选举银虹居委会的副主任、委员人选;召开村民代表大会和党员代表大会,对各村两委班子成员进行民主测评,加强社区组织和队伍建设。

2005年,积极与隆湖房地产公司协调,解决景墨社区居委会356.4平方米的办公用房,投入资金,高标准、高起点的配置资源,将景墨社区居委会建成全区一流的居委会。

2007年,加强社区基础建设,7个社区中,办公用房在120平方米的1个,200平方米的2个,500平方米以上的4个。

2009年,对景墨社区和八里桥社区重新进行划分,按照每个社区居民不少于3000户的标准,新成立雅苑社区和庆春社区,顺利完成5个社区居委会的选举工作,共选举产生社区党支部班子成员17人,社区居委会成员25人,其中5个社区党支部班子成员平均年龄44.6岁,大专以上学历8人,高中以上学历6人;社区居委会班子成员平均年龄33.6岁,大专以上学历13人,高中以上学历10名;社区“两委”班子成员交叉任职11人,“两委”班子中女性19名。

2010年,积极推动城市管理重心向社区下移,不断加强居委会干部队伍建设,改善社区办公条件,健全和完善社区管理的各项功能和服务体系,立足实际,突出文化型、廉政教育型、充分就业型、居家养老型特色社区建设。街道投资73万元落实新建双庄、雅苑2个社区的办公场所,扩建450平方米的街道计划生育服务中心,新建景太社区200平方米的居民文化活动中心,完成景太社区全国减灾示范社区建设和居家养残服务站试点工作任务。街道9个社区中,阵地面积500平方米以上的6个,

五星级社区1个，四星级社区1个，三星级社区1个。

【平安创建】 2001年，立案72起，破案19案，暂住流动人口管理进一步加强，登记率99%，列管率98%，办证率97%；民事纠纷调解率100%，成功率98%。

2002年，加强治安综合治理，上半年刑事立案56起，查处治安案件28期，调解民事纠纷67起，流动人口登记2113人，列管率为100%。

2003年，刑事立案99起，破11起，查处治安案件85起，打击处理126人；调解各类民事纠纷184件，其中办事处调解53起，居委会（行政村）调解131件，调解成功率95%；登记流动人口4480人，列管率为100%。

2004年，刑事立案250起，破36起，治安案件立案200起；调解各类民事纠纷123件，调解成功率96.6%；登记流动人口11290人，办证率95%，列管率100%。

2005年，上半年刑事立案66起，破10起，治安案件立案74起，查处53起；调解纠纷61起，调解成功率98%；1–5月份，登记暂住人口8001人，办证4586人，与用工单位、商业网点签订责任书1167份。

2006年，截止11月共接报警214起，其中治安案件立案37起，查处14起，处理违法人员16名；刑事案件立案13起，破1起，逮捕1人，强制戒毒2人；调处纠纷35起，达到调解协议13份；接待来访群众1220人；举办法律宣传讲座52场次，街头宣传15场次，发放宣传品1200份、《市民平安手册》600份；与辖区52家单位签订安全生产责任制，召开辖区单位安全生产专题会议4次，组织安全检查5次。

2007年，建立突发性事件应急机制，外来流动人口管理纳入正轨，辖区社会治安状况明显好转，上访人员呈减少状态。

2008年，加强治安巡防队伍建设，各村（居）成立专职、兼职、志愿者联防队伍4支。积极探索社会治安综合治理的长效管理机制，在满春村流动人口集中地区尝试实行综合治理工作责任承包制，建立10户联保防范机制，投入2万余元制作街巷门牌号码牌，推行流动人口以房管人试点。建立信访工作领导接待日制度和领导包案制度，各种矛盾纠纷得到有效化解。1～10月，辖区共调处矛盾纠纷112起，调解金额2万多元。加强对辖区内生产经营单位的安全管理和监督力度，与辖区单位层层签订责任书358份，建立安全生产长效管理机制，定期组织检查，全年组织检查24次，下发整改通知书25份。

2009年，与各村（居委会）签订综合治理责任书7份，组建35人的治安联防队；扎实开展书记大接访活动，接待群众来信来访25批520人次，处置“12345”督办单63封，调处矛盾纠纷109起，成功调处105起，成功调处率97%；对列入社区戒毒康复的37名涉毒人员重新摸底、登记、建立台账，建立以社区、家庭、志愿者为主的帮教组织，签订帮教责任书；1～9月份，立刑事案件374起，破130起，比上年同期多破33起，破案率上升34%；受理行政案件529起，查结160起；打击涉毒人员15人，逮捕30人，追逃1人；召开辖区单位安全生产专题会议4次，与辖区单位层层签订责任书858份，组织安全大检查24次，下发整改通知15份，对易燃易爆、土炼油及危险化学品场所进行集中排查6次。

2010年，街道党工委、办事处把处置化解因征地拆迁等工作引发的矛盾纠纷工作做为辖区社会稳定工作的一项重点工作常抓不懈，积极配合政府有关部门做好八里桥2、3队国际物流港征地拆迁工作造成的大规模群体性上访事件处置工作，书记、主任及班子成员历时两个多月深入上访群众中，耐心细致地做好劝解说明、说服教育工作，切实帮助上访群众解决一些存在的实际问题和困难，为上访群众、强制拆迁户解决租房费、生活困难救济慰问等合理诉求，全年共投入信访工作经费9.2万元。合理、合法、有序地开展满春6、7队的征地拆迁工作，把群众的合法利益放在首位，为群众着想，多做解释说服工作，取得拆迁群众的理解和支持，确保拆迁工作的顺利进行。成立街道综治服务中心工作站，派出所及各村成立24人的治安联防队，全年投入综治工作经费26.2万元。完善“三级联动”机制，加强群防群治，扎实开展街道村居书记大接访活动，接待群众来访34批次，217人次。深入开展矛盾纠纷排查调处，妥善处置各类群体性事件，办理人民来信10封，处置12345督办单105封，调处矛盾纠纷93起，办理法律援助7件，解答群众咨询46起。积极开展校园治安整治工作，加强辖区治安管理和安全生产检查力度。

【人口与计划生育】 2001年，计划生育率达到100%，综合节育率达到91.25%，出生率16.5%，自然增长率为12%。

2002年，辖区已婚育龄妇女2993人，采取各种节育措施2748人，综合节育率达92%，出生率为6.3‰，计划生育率为100%。

2003年，辖区总人口15763人，已婚育龄妇女3639人，采取各种节育措施3321人，综合节育率达91.31%；出生161人，出生率为9.84‰，计划生育率为100%。健全计划生育服务网络，层层签订目标管理责任书，广泛开展三查工作，乡村两级举办培训班5次，培训600人次；“三八”举办培训班4期，发放各种传单资料2500份。

2004年，成立20人的流动人口计划生育执法小组进行拉网式普查，重点对双庄、北塔两村的外来户进行夜间检查。辖区已婚育龄妇女5045人，采取各种节育措施4705人，综合节育率达到94%；出生230，出生率11.8%，计划生育率100%。

2005年，登记流动人口育龄妇女1213人，采取各种节育措施1037人。上半年辖区出生141人,怀孕99人,人口出生率5.4‰,已婚育龄妇女5277人,采取节育措施4827人,综合节育率93%。

2006年,6个村(居)都设置村计划生育服务室,全部达到“五个一”要求;人口出生率11‰,人口自然增长率9.7‰;综合节育率91%,计划生育率100%;登记流动人口8039人,流动人口持证人数5635人,验证人数5635人。

2007年,坚持做好育龄妇女生殖保健服务加强对流动人口计划生育管理工作,辖区计划生育继续巩固“三无”目标。

2008年,计划生育工作建立街道、社区、派出所、流动办及辖区有关单位五位一体的长效管理机制,健全完善流动人口计划生育网格化管理机制。辖区总人口63482人,人口出生率为11.01‰,人口自然增长率为7.7‰,计划生育率100%。登记流动人口总人数16706人,持证人数13197人,持证率79%;验证人数10413人,验证率95%。深入开展普查普治工作,全年共普查8516人,普查率达85%。

2009年,聘请技术人员2名,各村(居委会)择优配备计生专干7名,聘请信息员15名,投入经费10.3万元,经常性开展妇女病普查工作,普查13590人,普查率98.8%,优生监测561例,优生监测率94.1%,独生子女父母奖励落实率为100%,出生政策符合率100%,再生育审批合格率100%,综合节育率92.3%。

2010年,加强计划生育工作的硬件和软件建设,投资25万元对街道的计划生育服务中心进行改造。深入开展“四级联创”和婚育新风进万家活动,在雅苑、双庄、银虹三个社区以和谐计生、幸福家庭为主题,打造婚育文明小区。建立健全药具管理工作网络,实现街道“四位一体”和村(居)级“三位一体”工作模式。开展计划生育优质服务,组织为妇女进行“三查”及各类妇科检查22984人。街道人口出生率9.01‰,人口自然增长率8.5‰,计生累计投入资金40余万元。

【社会保障】 2001年,全年共发放救济金28000元,提供化肥22吨,发放慰问金11300元,落实最低生活保障救济户36户,发放低保金17100元;危房改造5户,投入资金2万元。

2003年,春节前慰问90户贫困户,其中兴庆区慰问58户,办事处、各村慰问32户,送去面粉、香油等慰问品折价18000元;春播期间,共安排发放救济化肥10吨,发放救济金2100元;确定危房改造户5户,改造2户。

2004年,春节前对45户贫困户进行慰问,发放救济金4500元,确定危房改造户2户,举办失地农民培训班3期,残疾人培训班1期,现场招工洽谈会1场次,培训人数达2000人次,安置就业1017人次,享受低保929人。

2005年,慰问贫困户34户,发放救济金6400元,救助贫困户20户52人,确定低保对象340户543人,发放劳动保障金596500元;确定优抚对象18人,为2名老复员军人解决医疗费700元;建立失地农民再就业培训中心,培训中心面积2000平方米,设有5个教室、活动室和学习操作间,培训科目有计算机操作、服装设计、电焊、美容美发、家政服务烹饪等,举办再就业培训9期,培训825人次。

2006年,确定低保对象387户1054人,发放保障金85.36万元,发放临时救济款1.16万元;慰问贫困户40户,发放慰问品价值8000余元;办理失地农民养老保险637人;为4名白内障患者做复明手术,协助申请轮椅4辆,纳入最低生活保障金的残疾人48人,新安置残疾人就业5人;有各类优抚对象10人,春节前慰问老复员军人,送去慰问品价值2000元;举办家政服务、计算机、市场经营管理、法律法规培训班7期,培训人员1235人,安置“4050”公益岗位26人,实现再就业1243人。

2007年,加大培训力度,共举办各类培训班20期,培训人员3800余人。安置失地农民就业438人,灵活就业2640人。做好失地农民养老保险工作,共办理1300余人,完成新型农村合作医疗工作,参保4405户10325人,总金额126240元,参保率98%。

2008年,认真开展规范服务、优质服务为主题的城市低保基层规范化建设活动,建立健全各类台账,加快社会保障体系建设;认真做好征地农转非人员基本养老保险工作,扎实推进城镇居民基本医疗保险工作,完成城镇医保扩面宣传工作,全街参加城市医保4015户7138人,办理低保462户1162人,全年发放低保金1040643元。认真落实再就业扶持政策,全年共办理失地农民

2009年11月19日,丽景街举办下岗失业人员技能培训班

再就业优惠证22人，为辖区下岗失业人员办理再就业优惠证23人。全面推进职业技能培训工作，全年举办各类培训班7期，培训人员600人。扎实实施新型农村医疗合作保险，已缴费人数为9588人，收费金额131890元，收缴率达95%。

2009年，落实“4050”灵活就业人员社保补贴政策，新申报补贴人员88人，发放社保补贴金373303元；加强城镇居民医疗保险宣传工作，参保人数13360人，缴费11266人；举办电焊工、计算机、家政服务等就业培训班10期，培训850人；发布就业招聘信息150条，城镇新增就业1000人，其中下岗失业人员再就业125人，失地农民再就业212人，其他失业人员663人；富余劳动力就近转移1166人；发放低保金1829975元，申报高龄老人基本生活津贴13人，月发放津贴2780元；落实特困残疾人保障金10人，月发放求助金1000元，完成白内障复明手术1例，发放临时救助金8400元、电视机2台、收音机7台；慰问贫困户、五保户、贫困残疾人、党员贫困户、贫困老人237人，慰问金额69740元；组织各类捐款11407元，捐赠衣物1000余件。

2010年，全面落实城乡居民最低保障、城乡居民医疗救助、农村五保供养、自然灾害救助、困难优抚对象救助等制度，惠及困难人员473户。截止11月份，累计发放低保金1535390元，临时救助12户，发放临时救助资金7200元，慰问困难户101户，慰问物品价值3万余元。加强社会保障体系建设，办理历史遗留问题人员养老保险730人，失地农民养老保险1800人，新型农村合作医疗保险9813人，城镇居民医疗保险16167人。加强就业工作，完成雅苑社区充分就业社区创建工作并通过银川市验收，积极开展就业培训，拓宽就业渠道，举办各类培训班8期，培训人员411人。

【民族宗教】 2008年，加强宗教人事和场所的管理，制作规范化宗教管理牌4块。对辖区内4个宗教场所进行安全防火专项检查，组织8名宗教人士参加培训2次。在宗教节日对4个宗教场所进行慰问。5·12地震后，辖区4个宗教场所向灾区人民捐款4000元。对辖区内生产、销售清真食品的76家摊点进行拉网式检查，取缔7家假冒清真摊点。

2009年，对辖区内6个宗教场所进行安全检查，培训宗教人士1次；宗教节日，慰问宗教人士和群众，慰问金2.6万元；对辖区内85家生产、销售清真食品的个体商户进行拉网式检查和规范，发出限期整改通知20份，取缔4家违反《银川市清真食品管理规定》的餐饮企业。

2010年，强化教职人员的教育，组织对辖区内生产、销售清真食品的100家摊点进行拉网式检查，下达限期整改通知40余份，对违法营业户进行相应处罚。

【教育强区】 2001年，在迁翻建3所小学教学楼的基础上，自筹15000多元，为4所小学修建标准旗杆、旗台；投资14600余元为4所小学翻新课桌凳114套，为八里小学新增50套新桌凳，投资13000元为教育办公室和音乐室安装窗帘，支出12000余元为八里、满春和新水桥3所小学教学楼安装防护栏、防盗门8处；发动社会力量，为新水和八里学校拉土垫操场7000余方。在全乡推行教师结构工资制改革，实施满春乡小学教师工作量核定及教学成绩奖罚办法，乡政府每学期拿出3万元兑现教学成果奖；在满春一小和二小，采用公开竞聘的办法，选聘校长。

2002年，深入开展教育改革，在全乡四所小学推广教师竞聘上岗和结构工资改革，制定《满春乡教师工作量核定及教学成绩奖罚办法》，完成新渠小学教学楼建设，实现全乡四所小学、一所中学全部达到标准化教学楼的目标。

2003年，积极推行校长岗位竞聘制和教师聘任制，辖区小学共有51个教学班，在校生2132人，学前班8个；中学共有28个教学班，在校生1523人，入学率100%。

2004年，六一期间为4所小学送去慰问金18000元，表彰奖励10个中队、10名辅导员、54名优秀少先队员、12名好儿童。辖区共有小学47个教学班，在校生2132人，中学21个教学班，在校生1523人，学前班9个，入学率100%。

2005年，小学共有59个教学班，在校生2618人，学前班9个，入学率100%。六一期间，为辖区4所小学送去慰问金1.5万元，表彰奖励1个优秀少先大队，19个中队，22名辅导员，84名优秀少先队员，101名好家长。教师节期间，为各中小学提供赞助8000余元。

2006年，动员辖区单位宁夏海利达房地产开发有限公司、宁夏建源房地产开发有限公司等捐资35万元，用以校园、功能室建设和器材、设施、设备的添置；投资近50万元为满春中学、二十中、满春小学购置课桌250套；粉刷八里桥小学和满春小学教学楼，对部分学校的课桌凳进行维修。年底，顺利通过自治区教育强乡(镇)工作评估验收。

2007年，辖区有2所初级中学和5所小学，在校学生5903名，教职工270名。办事处通过各种途径筹措资金共计247.84万元用以校园建设、功能室建设和器材、设施、设备的添置，改善办学条件等。

2008年，积极筹措资金，确保“两基”迎“国检”工作顺利进行。办事处在做好相关协调工作的同时，投入资金5万余元为学校购买办公桌椅100套，在学校、各村居悬挂两基宣传条幅126条。中小学入学率达到100%，辍学率为0；15周岁人口接受初等义务教育人数148人，完成率100%；17周岁人口接受初中义务教育人数425人，完成率89%。辖区7所中小学中大专及以上学历教师331人，学历合格率100%。中小学校舍建筑总面积159150平方米，生均23.27平方米；校园校舍面积46914

平方米，生均6.9平方米。图书97698册,生均14册。

【经济普查】 2005年开展经济普查、房屋普查、非公有制人才抽样调查、规模以下工业抽样调查,共登记3249个,其中法人单位257个，产业活动单位104个,个体户2887户。

【第六次人口普查】 2010年,围绕“八有八化”目标扎实开展统计工作“双基”试点建设。开展第六次人口普查,街道投入38万元，将辖区划分为226个普查小区,组织198名普查员,共普查出辖区内常住人口77024人，空挂户10310人,人口总数达87336人,新出生865人,户口待定495人,为政府决策提供详实准确的数据。

【党的建设】 2001年,开展“三个代表”重要思想学习教育活动。编制《郊区满春乡党委2001年-2003年基层组织建设规划》,强化村级班子建设,上半年对村党支部和村委会进行换届。加强基层党员活动阵地建设,自筹资金搬迁建设满春村支部、新水桥村部、八里桥村部、举办为期7天的党员冬季轮训班。全年共新发展党员25名，按期转正22名；对13名党员进行组织纪律处分。严格执行《满春乡勤政廉政建设若干规定》,坚持政务、村务、财务公开,取消村级招待费。

2003年,1月在街道党校举办为期5天的党员冬季党员轮训班，同时利用广播、电教等多种形式的宣传培训,党员受教育面大95%以上。新发展党员18名,转为正式党员20名;对13名党员进行组织纪律处分;全年共接待群众来信来访61人(次),处理区市、兴庆区督办电话23个,办结率100%。

2004年,新发展党员18名,转正党员13人。全年共接待群众来访7起850人次,个体来访12起16人次,信访件8件(包括市长邮件2件),处理区市、兴庆区督办电话11个,办结率100%。

2005年，加强基层党组织建设,不断深化三级联创。积极争创“标兵党工委”和“红旗党支部”,实行党建目标管理责任制。开展双共建双结对活动。57名干部党员帮扶困难群众33户，送去帮扶资金10000多元;“七一” 前夕,街道党工委对辖区6名贫困党员进行慰问,送去2000多元的慰问金和物品;发展新党员22名,转正18名;接待纪检案件3件,案件办结率100%。

2006年，举办党在我心中歌咏比赛,机关及各村(居)、教委等8个单位的450多名党员参加；发展新党员29名,转正21名;慰问贫困党员14名,每人送去200元的慰问金;设置勤劳致富岗、扶贫帮困岗等14个义务岗,设岗党员达到206人。

2007年，加强班子建设,8个党支部班子成员的平均年龄38岁, 高中以上文化程度25人;建立党员服务中心(站、点)，完善流动党员管理工作长效机制,在社区挂牌建立7个党员服务站，对辖区的26家“两新”组织进行摸底调查,在宁夏海立达房地产有限公司和宁夏昌飞汽车贸易有限公司成立党支部，在嘉年华洗浴中心成立临时党支部。

2008年,与各支部签订党建目标责任书7份,进一步明确责任,充实调整包村、包队工作人员,强化下派社区党建指导员责任。新发展党员58名,转正党员41名。创新机制,切实加强基层党组织建设。以开展解放思想大讨论活动为契机,解放思想,转变观念,在社区建立“五位一体”的管理机制和“三团”服务机制，辖区各单位携手共建特色社区。景太社区尝试实行党支部、物业服务公司党支部、业主委员会党员交叉任职,效果良好。完成景太、银红两个社区的党员标准化阵地建设任务,6个村居开通党员远程教育网络。6月5日,组织全街460余名党员干部走上街头,对辖区内卫生死角和重点地段进行集中清扫。6月28日,在街道办事处举办庆祝建党87周年大会,58名新发展党员和老党员面对党旗向党宣誓，同时举办“党永远在我心中”主题演讲比赛,13名选手参加演讲。设立爱心救助中心、站点4个,开展扶贫帮困救助活动10次,慰问、救助贫困党员和农户194户;5·12地震以后,全街党员干部群众向灾区捐款共计 37.4万元，其中街道530名党员交纳特殊党费71655元。

2009年,对辖区322家非公企业中的党员进行摸底调查,有党员12人。吸收预备党员44人,转正党员59人。与玉皇阁北街结对的4个村居签订共建协议，实现了村居支部副书记交叉任职。组织干部进行各类学习培训18场次。7月1日,组织500余名党员干部对辖区内卫生死角和重点地段进行集中清扫;

2010年，扎实开展创先争优活动,积极推行在职党员进社区报到,在居住地发挥作用活动,实行党员干部“奉献双岗位,管理双覆盖”党建工作模式。广泛推行“三团”服务机制、社区议事园和民主议政日和为民服务代办制度,开展区直机关与社区党建结对共建,增强基层党组织服务能力。加强非公企业党组织建设,对全街322家非公有制企业进行调查摸底,新成立1家非公企业党支部。开展在职党员在居住地报道发挥作用活动,报道的408名党员中有238名在职党员认领岗位。新吸收预备党员39人，转正45人。规范党建基础常规工作,在9个村(居)尝试党建工作“一本通台账”。顺利完成 第三届村级两委换届选举工作。深入开展扶贫帮困献爱心活动,全街党员干部群众向青海玉树地震灾区捐款101384元，上缴党内关爱资金4406元。

【群团建设】 2009年,新增基层工会组织3个,净增基层工会涵盖法人单位23个,净增会员456人;累计独立建会企业18家,工会会员达3728人,其中农民工会员1181人；工会慰问帮扶困难职工78人,发放慰问金29200元;助学4人,发放救助6500元。妇联工作以开展妇女巾帼活动为重点,通过举办十字绣、串珠、编织、健康教育等培训班,培训妇女310人次，表彰28名在街道经济建设中做出贡献的巾帼建功、双富双带、优秀妇女干部、妇女创业带头人模范。武装工作狠抓民兵组织建设，投入10万元配齐办公用品、活动器材、训练器材等必要设施。

2010年，巩固和完善街道工会规范化建设，健全街道困难职工(农民工)帮扶站、维权服务站、法律服务站、各社区职工(农民工)维权服务工作站工作机制，加强非公企业工会组建，大力开展职工之家建设，街道工会联合会被银川市总工会授予三星级职代会达标单位和银川市先进职工之家荣誉称号。强化基础，扎实开展妇女建工、五好文明家庭评选活动，深入贯彻实施妇女权益保障“一法一办法”，妇联工作受到自治区人大张小素副主任的好评。强化街道武装部的阵地建设，抓好民兵预备役分队训练，顺利完成兵役登记工作。

【廉政建设】 十年来，认真落实党风廉政建设责任制，加强党工委会议集体决议制度的执行，凡涉及人事安排和大额资金使用、重大问题等事项，都须通过街道党工委集体讨论决定，制止工作中的个人意识膨胀；建立和完善街道领导干部收入申报、礼品登记、重大事项报告、财务及车辆管理制度，为副科级以上领导干部建立廉政档案；完善教育、制度、监督并重的惩治和预防腐败体系。采取社区廉政大讲堂、廉政书画展、廉政文化宣传栏等形式，丰富廉政教育内容。开展岗位廉政风险防范排查，查找风险点18条，完善业务流程16项，编制业务流程图(表)8份，制定防范措施共计15条。坚持党务、政务公开，民主理财制度，拓展公开内容，增加工作的透明度，街道机关干部无违纪违法行为发生。

【民主管理】 十年来，不断坚持和完善民主村民代表大会制度，推进依法治乡，推行政务公开和村务公开，民主管理。定期召开村民代表大会，坚持村级重大事项必须由村民代表大会决策，坚持政务村务定期公开，对土地征用补偿及分配、粮食直补、宅基地审批、救济、救灾款物发放、享受低保等热点、敏感问题，召开村民代表及理财小组会议，讨论决定。村委会的各项开支必须经民主理财小组集体审批并在公务栏进行公示。将6个行政村合并为5个村干部由原来的40名减少至25名，切实减少了农民负担。2002年，做好农村税费改革试点工作，按照农民负担减少20%的要求，制定改革方案并予以公示。定期召开“社区议事园”和“民主议政日”会议，收集居民反映意见建议。2008年收集意见115件，研究解决反馈意见37件，上报上级部门研究解决29条。2010年，全街共召开“民主议政日”“社区议事园”活动，会议42场次，研究解决居民反映的问题17件。

【精神文明】 2001年，坚持“依靠群众、立足基层、狠抓落实、讲求实效”的指导思想，大力加强思想的建设，先后开展爱国主义、中国特色社会主义、党的路线、方针政策教育以及农业科技等知识的学习宣传，开展文明创建、党员奉献等活动，有力的推动精神文明建设不断深入发展。

2003年，组织北环市场、机关和4个村共6支代表队举办学习十六大知识现场竞赛；满春村举办第二届农民运动会，600多人参加；组织各种科技培训班2次，现场会2场次，参加培训人数达600余人次，发放各种技术资料17种8600余份；结队帮扶解决500多个贫困户及剩余劳动力的就业。

2004年，“七一”期间慰问11名老党员；评出99户家庭为“五好文明家庭”；10月31日举办“爱在今秋”文艺汇演；组织各种科技培训班3次，参加培训10000余人次，发放各种技术资料17种8800余份；与辖区单位签订结队共建协议21份。

2005年，申报2个兴庆区级文明单位，2个银川市级文明单位；创建文明生态示范社区2个，文明生态示范户2个。

2006年，对41个五好文明家庭、好婆婆、好媳妇、模范夫妻家庭、少生快富家庭和优秀妇女干部进行表彰；举办群众喜闻乐见的纪念活动7场次。开展送温暖、献爱心活动，动员街道、村(居)干部、辖区单位捐款6000余元；困难学生捐款3000元，满春小学收到家长捐款2000余元。

2007年，街道有5支群众性文化宣传队伍。2003年－2007年，先后组织参加兴庆区春节团拜会、社火表演、韵律操比赛、大漠黄河旅游节活动及庆“五一”广播操比赛和丽景街名人广场的精神文明演出，举办丽景街首届失地农民

2009年9月24日，丽景街八里桥社区“我爱家园”迎国庆文艺汇演

趣味性运动会、庆“三八”趣味运动会“七一”文艺汇演、歌咏比赛和保持共产党员先进性演讲比赛及党史党建知识竞赛等活动，丰富群众的精神文化生活，使失地农民从思想上首先进城，提高农民的道德素质，社会风气明显好转。

2008年，以创建文明社区、文明单位、文明家庭为载体，大力加强精神文明创建活动。评选十星级文明户5户；在街道机关开展人民满意公务员评选活动，评选优秀公仆3名。开展敬业回报、宽容礼让、邻里团结、尊老爱幼的“四德”宣传教育，评选道德之星24名。组织街道的道德之星和创业模范在各社区开展迎大庆、树形象、讲文明、树新风巡回宣讲活动5场次；各社区相继成立锣鼓队、秧歌队等群众性文体活动队伍19支。各社区组织开展各类文化活动7场次。

2009年，评出“五好文明家庭”993户，评选“道德楷模”53名，街道16名志愿者与辖区的老人结队帮扶；举办丽景杯街道中国象棋大赛及庆祝建国60周年等活动3场次；申报各级文明单位5家；积极开展普法、爱国卫生运动、综合治理、安全生产、文明城市创建等宣传咨询活动30余场次。

银古路街道

【概况】 银古路街道地处银川市东大门，东至友爱中心路，西至清和街，南至迎宾广场(与大新乡上前城2队相接)，北至上海路，其前身是原郊区红花乡，2002年11月，经银川市人民政府统一区域调整，原郊区红花乡划归兴庆区人民政府管辖，更名为兴庆区红花乡。当时辖区面积24平方公里，耕地面积12195亩，常住人口12783人，管辖6个村，5个公司，53个生产队。2003年8月6日，经银川市人民政府批准，撤乡设街，更名为银川市兴庆区银古路街道。截止2010年辖区面积13.8平方公里，常住人口10.5万人，下辖11个社区居委会、3个村、1个公司；辖区驻区党政企事业单位67个，大小非公有制企业2700家；街道党工委下设党支部15个，其中非公经济企业党支部4个，社区直管党员830名；行政在编在岗人员10人，事业单位在编人员13人，领导编制数7人。

【街道领导名录】 中共银川市兴庆区银古路街道工作委员会

书　记：樊金贵(2001.01～2005.07)
　　　　王全存(2005.08～2007.11)
　　　　马元元(2007.11～2008.12)
　　　　周会荣(2009.01～2010.12)
副书记：屠建国(2001.01～2003.08)
　　　　陈瑞丰(2001.01～2010.12)
　　　　徐　峰(2003.09～2005.07)
　　　　安凤梅(2005.08～2007.11)
　　　　吴世君(2007.11～2010.12)

银川市兴庆区银古路街道办事处

主　任：程汝斌(2001.01～2002.07)
(乡长)李警钟(2003.03～2003.08)
　　　　王全存(2003.09～2005.07)
　　　　周会荣(2005.08～2007.11)
　　　　马建军(2007.11～2008.12)
　　　　边志武(2009.01～2010.12)
副主任：马永峰(2001.01～2002.07)
(副乡长)范　伏(2001.01～2007.11)
　　　　金永芳(2002.08～2007.11)
　　　　贾丽媛(2007.11～2010.12)
　　　　李　响(2007.11～2008.12)
　　　　宋　辉(2009.01～2010.12)

【经济建设】 2002年，红花乡有企业2041个，其中集体企业11个，私营企业351个，个体经济1679个，从业人员8043人。西部大开发，给红花乡发展带来了前所未有的历史机遇。一年来完成招商引资项目7个：双庄村建设汽车市场，投资1800万元，占地30亩，当年正式开业；高台寺村投资900万元，占地40亩，建设丽景街综合批发市场，一期当年竣工开业：民乐村投资300万元，将西夏宾馆改建为飞天灯具批发市场；宁夏国际家俱会展中心投资480万元，建设二期工程总建筑面积3200平方米：民乐村在东二环中东侧建设铝型材市场，占地1.8万平方米，年租赁费达30万元：高台寺村投资70万元，占地5亩，建设水泥预制品场：高台寺村投资60万元，建设村民休闲娱乐中心，集垂钓养殖于一体，增加集体经济收入。截止12月，共完成工业总产值40039万元，实现营业收入39994万元，实现净利润3000万元，上缴税金2661万元。为了防治乡村两级集体资金流失，制定《红花乡债权债务清偿处理意见》，成立了追偿债务队，追回账款334万元，截止10月，全乡共收入资金32948.7万元，支出32631.1万元，共召开村民代表大会18次，公布收支明细，没有发生因集体资金支出而引发群众上访事件。

2003年，辖区共有企业7226个，其中私营企业556个，个体经济6670个，从业人员8043人。上半年新增个体户约1000人，从业人员1258人。积极发展第三产业，全年完成招商引资项目4个，占地449.8亩，投资1.5亿元，建筑面积35万平方米。

2005年，完成产值6.95亿元，比去年增长7.6%。

2007年，完成友爱东方垂钓中心项目和花卉市场投资主体，招商到位资金预计2亿人民币。

2008年，引进山西三森实业集团6亿元对银川市东大门进行开发改造；将光华门村市场租赁给宁夏光耀公司，租赁期为20年，租赁费9000万元。

2010年，光华市场完工交付使用，红星美凯龙、三森汇展中心项目正在兴建之中。宁夏酒店用品市场新建、瓷砖市场迁建等项目业已签约。

【农林牧业】 2002年，全年共完成粮食播种面积3107亩其中，小麦657亩，玉米493亩，水稻1957亩，蔬菜2562亩，植树造林18620株。

【税费改革】 2002年，严格按照郊区政府统一部署，制定工作方案建立台账，核准红花乡耕地面积4393.86亩，共需

征收农业税108174元，农业附加税21638.50元，人均负担18元，减负达82.3%，亩均51.02元，亩均减负67.3%。

【撤村建居】 2001年,全区撤村建居工作在民乐村试点。2002年,抽调44名干部，组成5个工作组开展调查摸底,积极稳妥地抓好撤村建居工作。

【小康村建设】 2002年,高标准建设小康村庄点7个,其中已完工1个:北塔村5队小康村占地35亩，建筑面积33780平方米,总投资2900万元。正在建设6个:(1)北塔村6队小康村占地60亩,建筑面积45773平方米,总投资4120万元。(2)民乐村1队商住楼占地70亩，投资2600万元，总建筑面积51000平方米。(3)民乐村2.3队高标准住宅小区规划占地40亩，建设二层住宅楼,解决82户村民的居住。(4)高台寺村3队小康村，总投资850万元,建筑面积1300平方米。(5)高台寺村2队小康村占地17亩，总投资950万元。(6)高台寺村6队旧庄点改造80亩,总投资2500万元。

2003年，高标准建设康居新村4个：高台寺二队农民住宅小区占地15亩,投资2400万元,建设面积22000平方米；高台寺三队康居新村占地近10亩,投资1000万元,建设面积11000平方米;民乐村康居新区丽水家园建设项目占地面积207亩,投资1.7亿元,建设面积17.52万平方米；光华门小区占地面积200亩,建设面积6万平方米。

【城市建设】 2002年,由于旧城南部开发和东二环路林带拓宽及银古广场建设正式实施,征地补偿工作量大,农民建房现象相当普遍。为做好征地工作,杜绝违章建筑,制定《加强各类建筑征地管理工作的通知》,实行昼夜检查,顺利完成东二环、南二环15万平方米、银古广场20.1万平方米的拆迁任务。

2003年,配合"大银川"建设,做好各项重点建设项目的征地拆迁工作。全年辖区共拆除农民房屋近52.95万平方米,涉及辖区20个生产队,1378户4683人,为各级政府腾出建设用地近2661.43亩。加大土地执法力度和处罚监察力度。坚持每天巡逻制度，先后8次对违章乱建乱搭进行拆除，雇佣铲车费用达5余万元,有效遏制违章建房势头。

2005年,完成丽景街、北京路、凤凰街宝庆路打通工程和颐安康居工程征地拆迁任务，拆除各类违章建筑3600平方米,成立分房领导小组聘请公证员进行公证,确保分房公开、有序进行。

2008年,深入动员群众,做好拆迁安置工作。将高台2、4队征地拆迁作为重点工作来抓,积极协调隆湖房地产开发公司,动员386户村民搬迁,拆除各类建筑物22万平米，发放各类安置补偿金13000万元。实施旧城南部拆迁改造工作。截止10月光华门44万平方米的旧城南部改造工作已全面展开,已完成拆迁房屋测量工作。

2009年，积极协调做好征地拆迁、补偿安置等遗留问题,对光华门3、4、5、9、12队、友爱村进行动员拆迁。

2010年,对光华门3、10队,友爱村4、5、10队,高台寺6、7、8、10、11队面积约30万平方米进行动员拆迁。

【社区建设】 十年来街道整合社区和辖区物业公司资源，分别为11个社区居委会解决办公及活动用房,总面积达4000余平方米;社区四室、两站、一校、一场所、一栏规范健全,形成一居一特色、居民有亮点的格局;丽景、金南和迎宾3个社区通过自治区五星级社区的验收;丽水社区与自治区妇联结成共建单位，并分别2010年11月22日和2010年12月12日接待全国人大副委员长、妇联主席陈至立同志一行和塞浦路斯劳动人民进步党考察团对社区妇联之家的观摩调研。

2003年,在原红花乡基础上,成立银古路街道办事处,原民乐、友爱、高台寺三个村过渡为社区居委会,同时还有三个城市社区划入。依法进行了银古路街道办事处第一届社区居委会选举,建立城市管理体制。

2005年,加强基层政权建设,成立春园、丽景、丽水三个社区居委会,解决3个居委会的办公用房800平方米。

2006年,完成第二届社区居民委员会换届选举工作。大力推进和谐社区建设，以丽景街社区为试点创建和谐社区，解决丽景社区办公及活动用房500平方米，建立宣传长廊，制作展板24块,8月24日，丽景社区被自治区授予"全区社区建设示范社区"称号;在友爱社区扩建100平方米的综合活动室,创建丽景社区为"五星"级社区,友爱、丽水为"三星"级社区。

2007年,充分利用房地产开发商资源优势,解决春园、丽景、丽水、迎宾4个社区居委会的办公用房和活动场地。

2008年，按照星级社区创建目标,强化了丽景、丽水、友爱、迎宾等社区的制度建设,街道投资12万元,对金南、迎宾、春园、友爱等社区的活动室等硬件进行更新,提升了社区的综合服务能力。丽景社区加大便民服务和造血机能的工作力度,筹集社会资金近40万元,利用空闲地带建设便民服务一条街,每年增加社区收入近20万元。

2009年,以创建"星级和谐社区"为抓手,夯实基层基础建设。多方协调,为迎宾、福园、景湖、丽水社区解决办公用房、多功能活动室，总面积1135平方米,投资35万元配置、更新办公硬件设施。7月所辖11个社区居委会相继举行换届选举大会,产生新一届社区居委会主任11人、副主任10人、委员39人。

2010年,抓特色,打造品牌社区。多方协调,为景湖、八一、友爱社区解决办公用房、多功能活动室。加大社区、街道、区委三级联动工作机制,完善一级抓一级、上级工作成绩由下级考评的"顺抓逆考"机制。以深化"议事园"活动为载体,明确社区"巡访团"、"宣讲团"、"智囊团"职责,完善队伍,提高社区服务功能。培养和树立了一批先进典型和"样板社区",将金南、迎宾、丽景社区创建为自治区五星级社区;春园、丽水二个社区争创为银川市四星级社区。迎宾、金南、丽景三个社区顺利通过了银川市老龄委的检查验收,居家养老工作在街道全面展开。目前辖区居家养老政府购买服务41人,慈善总会资助20人,每人每月由政府补助50元或慈善总会资助50元为困难老人提供服务。阳光家园计划稳步实施,78名残疾人被纳入阳光家园计划。

【环境整治】 2002年,全乡有清洁工人179名,其中城管所8名,各村、公司171名。各村、公司分别与村民小组长和清洁工人签订责任书,实行绩效挂钩,并签订"门前三包"。共砌垃圾站30个,新增垃圾箱40个,垃圾清运车20辆。

2003年,成立市容卫生管理所,加大执法力度,公开招聘卫生保洁员65名,组建专业卫生清扫队伍,实行辖区管理范围内分段、分片包干责任制。对辖区村、居委会巷道内及商业网点的乱堆乱放、乱搭乱建、店外经营进行全方位综合整治,辖区卫生面貌有了很大改观。

2005年,一是完善市容环境卫生管理考核制定,制定《市容环境卫生工作管理办法》《城管所岗位设置及考核办法》《城管所清扫保洁人员、垃圾清运人员管理办法》等卫生监督检查考核机制。二是开展卫生宣传活动,累计悬挂横幅56条,展板86块,板报72期,发放宣传材料13200余份。三是开展环境卫生整治出动人员4100余人次,动用铲车42次,四轮车54辆,就地平整建筑垃圾4600吨,清运生活垃圾1600多吨,清除4万平方米绿地的白色垃圾。四是在辖区开展"垃圾袋装化,垃圾定时定点投放"工程,发放垃圾袋装化宣传材料6000余份。五是完成高致病性禽流感防控工作,共扑杀各种禽类12460只,接种疫苗15991只,投入经费1.6万元。开展除"四害"工作,"四害"密度控制在国家标准以内。

2006年,以"三大战役"为契机,整治村民庄点卫生,动员2865户村民开展家庭卫士打扫除;实施"破烂王"治理工程,在辖区11条街巷实施了"垃圾袋装化",发放垃圾袋36000个,动用铲车836小时,卡车476小时,四轮车325台次,动员4620人次,平整土地31300平方米,掩埋建筑垃圾18000吨,清运垃圾6500吨,砌护卫生隔离墙1428米,铺砖道3500平方米,清理"破烂王"86家,拆除违章建筑155153平方米,围墙10930米,整治小区4760平方米。完成公共绿地绿化16355平方米,小区庭院绿化57628平方米,拆建还绿3864平方米,种植树木3889棵,申报园林式单位1家,"园林式"物业小区3家,改造水龙头2681个。

2009年11月28日,兴庆区领导到银古路街道八一社区现场办公

2007年,在创建国家卫生城市方面,实施了大规模宣传活动,累计上街宣传4次,悬挂横幅65条,展板62块,发放宣传材料16000余份,办健康教育培训班80期,发放垃圾袋4000个,掩埋清运垃圾2450吨,拆除违章建筑166083平方米,新建或改建封闭式垃圾屋124个,改建旱厕5个,在原有186个清洁员的基础上,新增加280名保洁员,投入经费629.95万元,新增绿化面积12.25万平方米。

2008年,开展"整治城乡环境,迎接五十大庆专项行动",清理高台村、大团结广场光华门等生活及建筑垃圾98吨。对沿街建筑物实施"穿衣戴帽"、"洗脸修面"工程。动员产权单位9家、沿街商户362户自行清洗门头牌匾,同时,清理乱贴乱画300余处。实施特色街区改造工程。动员辖区产权单位或自筹资对东乐小区、解放东街等沿街4795平方米墙面进行整体粉刷,摆放18万盆盆花,顺利完成创建文明城市各项工作。

2009年~2010年,坚持垃圾日产日清,每年投资120万元,雇用铲车、拖拉机、清扫员多次对辖区大型垃圾场等重点部位进行综合整治;组织辖区单位开展室内外大扫除、清理乱贴乱画,发放门前"五包"责任书1800份,签订率、持牌率达到95%以上。

【综合治理】 2002年,实行社会治安综合治理"一票否决"和领导责任制。加大对综治的投资力度,在解决联防队员工资的同时,投资7万元为派出所购置巡逻车一辆。以警务进社区为契机,开展"安全文明村庄"创建工作,推行自然村的物业化小区化管理模式。抓好夜间巡逻、治安防范、群防群治、安全生产、宣传教育,还多次组织对辖区内各大市场、宾馆进行检查,全年共发生刑事案

件813期，没有发生重大安全事故。

2003年，开展城乡结合部治安秩序专项整治和基层基础年活动，健全治安巡逻联防网络，实行小区化管理，群众联防，治安承包，设立警务室4个，治安室(治安岗亭)18个，配备专兼职治安员102名，联防队员22名，投入经费60万元，联防队员编组排队形成昼夜24小时治安巡防的新格局。同时加大对重点路段、地点、市场的整治，加强对外来人口和出租房屋的管理，对外来人口进行地毯式排摸，建立档案，签订治安、计划生育保证书。截止9月份，共登记在册出租房屋3254户30883间40928人；开展大型宣传活动14次；接待群众来信来访案件76件，接督办举报案件69件，调解各类纠纷52起；对32名"两劳"人员建档立卡；受理治安案件721起，查办422起，发生刑事案件551起，比去年同期减少182起，下降33%。

2005年，投入综治经费12.2万元，建立街居社区三级群防群治组织，全面建设治安体系，在辖区中小学开展法制讲座、主题报告会等宣传教育活动，在辖区单位、物业小区夜间开展巡逻制度，开展为期3个月的外来人口清查和出租房登记，开展打击"两枪一打"、"百日严打"以及校园周边环境整治专项斗争。共登记出租房屋14698间2221户，接待群众来信来访24件，专项检查12次，调解民事和治安纠纷989起，发生刑事案件420起，比去年同期下降37%。

2006年，以创建"平安社区"为目标，加大社会治安综合治理力度，建立280人低保义务治安巡逻组织和120人专职群防人员队伍负责居民小区的巡逻防范工作。开展安全检查8次，专项整治1次，共清理商贩12家排查整治酒店网吧28家。在每个社区建立法律援助服务窗口解答法律咨询40件，法律援助11件，接待来信来访46件。实行社会治安综合治理责任人承包制，1～10份刑事案件同比下降2%。

2007年，以创建"平安街道"、"平安社区"、"平安单位"和"无毒社区"为目标，进一步推进"五五"普法工作，大力加强社会治安综合治理力度，共签订综治责任书、安全生产责任书4860份。深化警司联调，强化调解网络化建设，全年共调解各类矛盾纠纷376起，信访案件118件，矛盾纠纷排查22次。

2008年，紧紧围绕"抓创新、夯基础、强防范、压发案、促和谐、保平安"的工作目标，深化平安创建活动。开展多次治安专项检查，辖区没有发生重大安全事故和刑事案件，接待来信来访116件120人次。

2009年，进一步实施社会治安综合治理承包责任制，坚持每月26日为书记接访日。截止10月底，警司联调，社区共调处纠纷113起，调解成功率为100%。矛盾纠纷排查每月2次，案例分析每月1次，做到情况及时上报。

2010年，以群防群治为重点，司法行政和社会治安综合治理工作稳步推进。一年来，银古路调委会"三调联动"共调解743起，其中：人民调解123起，行政调解174起，司法调解446起。调解成功率100%。法律服务所受理诉讼案件21件，法律代书17件，办理法律援助案件5件，解答"12348"法律咨询服务电话46人次。办事处及居委会共接待来人来访案件174件390人次，针对校园伤害事件，会同派出所对辖区幼儿园、中小学进行校园安全大排查，并为部分学校配备了安保器材，确保辖区校园安全。对辖区内218家清真食品、商场、超市、个体经营摊点进行检查，对不符合规定的限期整改、责令办理补办手续，对辖区两个清真寺，一个阿语学校签订安全生产责任书，建立健全寺内各项管理制度。同时，还对辖区宾馆、饭店、桑拿、网吧进行防火、治安、值班情况进行不定期抽查，一年来辖区没有发生重大安全事故和刑事案件。

【计划生育】 2002年，计划生育实行"一票否决制"，充分利用计划生育工作网络，积极为全乡妇女生殖保健提供服务。截止10月底，全乡共出生223人，人口出生率为7.75‰，自然增长率为6‰，计划生育率达100%。

2003年，制订《红花乡关于加强流动人口计划生育工作的实施意见》，狠抓流动人口与计划生育综合治理，全面落实人口与计划生育目标管理责任制，人口出生率12.4‰，人口自然增长率8.2‰。

2005年，创新计生协会组织，成立全市首家宁甘商会计生协会。全年辖区

2008年5月18日，银古路街道"关爱女孩"基金会暨志愿者行动启动仪式

共出生 431 人,人口出生率 9.8‰,自然增长率 8.9‰,计划生育率 100%。

2006 年，实施优质服务“三大工程”,为 9 个社区的 6423 人育龄妇女进行妇科普查,对 402 人开展优生监测服务，举办计生基础知识培训班 49 期 1514 人,成立全区首家行业流动人口计划生育协会—宁夏国际家具会展中心计生协会。

2007 年,成功创建计划生育“三无”街道，完善计划生育目标管理责任制，签订计划生育目标责任书 63 份，流动人口计划生育协议 4277 份，计划生育率达到 100%,人口出生率控制在 9‰以内。加强行业协会建设,截止 9 月底辖区共有协会分会 20 个，协会会员 6211 人,会员之家 20 个,会员小组 66 个,会员联系户 153 户。

2008 年,加大流动人口计生管理和服务力度。推行“以企管外、以外管外、以内管外”的管理模式,以宁夏三森国际家具汇展中心计生协会为龙头,辐射长城瓷砖市场、兴隆一条街,实现企业掌握管理,以企管外;在流动人口商铺中设置计划生育药具柜和挑选流动人口信息员管理和服务工作，以外管外;发挥行业、商会优势,按行业、省份划分,逐步实现自我管理的格局,以内管外。为流动人口计划生育管理提供了强有力的组织保证和优质的服务。成立“关爱女孩”基金会,协调 9 家单位捐助资金 16000 余元,对“关爱女孩”学生、贫困母亲、计划生育家庭等 30 人进行慰问，发放慰问金 6000 元，并对参加“关爱女孩”的志愿者进行了授牌仪式。建立市商业网点的领导责任制,成立了由 35 名网点负责人、122 名协会组长、358 名楼长、207 名单元长、182 名信息员 11 名业务经理组成的信息管理网络,做好流动人口户籍地和现居住地之间的信息沟通，共提交流入人口信息 400 余条。

2009 年,以迎宾社区为试点,通过婚育文化引领计生工作人性化,完善计划生育目标管理责任制,计划生育率达到 100%,避孕节育措施及时率 98%,综合避孕率 92.75%，群众满意率 95%以上；举办各类培训班 36 期 2895 人;充分发挥“村民自治”作用,计生协会下设 20 个协会,理事 416 人,协会 7411 人,会员 20 个,会员小组 66 个。

2010 年,组织各社区专干对计生台帐及三册的填写情况及月报表信息进行互查互评。利用计生网络信息平台,加强流动人口户籍地和现居住地之间的信息沟通,规范了流动人口婚育信息传递工作,实现了户籍地与居住地之间的信息共享。全年共组织举办各类计生培训班 26 期 12082 人；参加兴庆区举办《流动人口计划生育工作条例》知识竞赛获一等奖;举办了“母爱总动员暨社区人口文化节”活动,为 10 名计划生育幸福家庭赠送“全家福”,对 5 户贫困母亲及计生专干进行了慰问。开展计划生育协会评估工作，并确定了金南、丽水、春园为 2010 年协会评估试点。截止 2010 年底，辖区有育龄妇女 23842 人,已婚育龄妇女 20432 人,常住半年以上流动人口 14453 人，领取独生子女证 1150 人,人口出生率为 13‰,符合政策生育率为 97%。

【社会保障】 2002 年,做好五保户的供养工作。落实 38 户城市居民最低保障金共 6 万元,发放零星救济款 1.3 万元。

2003 年,认真做好“双拥”“优抚”工作,对街道 52 户贫困户进行走访慰问,慰问总金额 1 万余元,发放化肥 7.5 吨,发放零星救济金 40 户 18000 元，城市低保初步实现应保尽保,全年发放低保金 6.6 万元。

2005 年,发放最低生活保障金 252 户 596 人,48 万元，慰问困难户 154 户 2.8 万元。

2006 年,对失地农民养老保险资格认定 1517 人次，办理失地农民参保手续 839 人，落实低保 262 户 615 人,接收退休职工 799 人，走访慰问困难户 154 户,对 183 为残疾人调查登记,安排 37 位残疾人就业。

2007 年,办理失地农民养老保险参保人员 1345 人,发放低保金 323 户 740 人 273560 元，接收退休人员社会化管理 1320 人。

2008 年,切实做好社会保障、救助工作。通过就业扶持使城市低保比去年同期有所减少，截止 10 月份享受低保 295 户 652 人，发放总金额 705430 元,发放生活补贴总数 183890 元。城镇居民医疗保险应参保人 12530 人,应缴费 12365 人,已缴费 10743 人,办理新农合应参保 4799 人，实际参保 4367 人,新增 18 人,参合率达 90%以上。

2009 年,关注民生,做好失地农民养老保险、医疗保险工作。

2010 年,养老、医疗保险工作有序开展。按照《自治区关于 1995 年以前历史遗留问题的养老保险工作精神,共办理历史遗留问题的养老保险 945 人,其中灵活就业养老保险 298 人,历史遗留问题 647 人，发放养老金工资卡 800 张。共为 18 户优抚对象发放优抚资金 75864 元;为 15 户被救助户发放救助款 19093 万元。

【就业与培训】 2005 年,完成光华门村“农民商城”前期准备工作,投入 360 万元成立民乐“驰耐普汽车美容养护中心”，一次性解决 38 名失地农民再就业,走出一条由农村向城市转型过程中发展就业型经济的新路子。

2006 年,联系辖区单位举办用工洽谈会 3 场,培训人员 312 人次,新增就业 582 人，累计办理再就业优惠证 160 人次,安置失地、下岗人员 1457 人。

2007 年，建设丽景创业市场一条街,解决就业岗位 300 个。全年累计有 946 人参加培训并拿到职业技能鉴定书，截止 12 月底共安置就业 1380 人,其中失地农民就业 1145 人。

2008 年,切实做好失地农民就业工作。截止 10 月共组织计算机技能培训 2 期 47 人,驾驶员培训 38 人,育婴师培训 20 人,在岗职工培训 2 期 200 人,引导性培训247人,累计552人。实现新就业1126人,劳务输出893人。办理下岗人员在就业优惠证152人,管理离退休人员1530人,离退休认证1374人,为1181名离退休人员进行养老金调增,为11名死亡退休职工办理丧葬费50620.19元。

2009年,加大培训力度,以培训促就业,以创业促就业,全年集中培训5期,累计培训319人,安置就业1186人、劳务输出1296人;为积极搭建创业平台,兴建宜春巷创业一条街,提供就业岗位120个。

2010年,创建充分就业社区,全年参加银川市,兴庆区组织的招聘会3次,参加人数900多人,针对有驾驶员培训意向的42人进行驾驶培训。共办理就业、失业人员登记1268人,鼓励和支持辖区的劳动力转移和区外就业,安置就业1268人,组织劳务输出(就近转移)1300人。上报"4050"灵活就业社保补贴465人,发放金额884989元。新接收离退休人员170人,办理丧葬费手续19人,共计781021元。截止2010年累计安置就业、就近转移劳动力5600人;培训各类人员2100人;享受"4050"灵活就业社保补贴533人;办理就业失业登记481人,接管离退休人员3885人。

【党的建设】 2003年,全面加强党的基层组织建设,开展创建"红旗党支部"和"标兵乡党委"争先创优活动。签订党建、党风廉政建设责任书,开展行政效能监察试点工作,表彰奖励3个党支部、29名优秀共产党员。

2005年,开展保持共产党员先进性教育活动,深化"三级联创"、"竞标树旗"、"双富双带四个一"、"无职党员设岗定责"和"212结对帮扶"等活动。全年慰问贫困党员17名,慰问金3400元。

2006年,完成党支部换届工作,成立丽景、丽水、春园社区党支部,实现"一居一支"目标。严把党员入口关,全年辖区有17名预备党员按期转正,27名同志被接收为中共预备党员,31名同志被确定为积极分子,表彰奖励3个先进党支部和24名优秀共产党员。抓好党员队伍管理,开展"社区党员岗位服务承诺"、"212结对帮扶"、"连心桥"等活动。机关支部28名党员与社区17名贫困户结为帮扶对子,社区243名党员分别认领12个社区岗位。

2007年,组织第二批40名党员自愿择岗,开展党员服务承诺活动。在9个社区推行"议事园",设立党员服务站;在3个社区开展"四位一体"共建机制。向社区下派9名党建指导员,指导党员教育管理工作。积极培育两新组织,对辖区27家规模以上、35家规模以下企业进行登记,有4家企业建立党组织。

2008年,突出抓好党员理论学习,累计开展集中学习培训15场次,受教育党员达到800人次。夯实基层基础建设,投资12万元,对金南、迎宾、春园、友爱等社区党员活动室等硬件进行更新、筹集40万元、建设便民服务一条街,每年增加社区收入近20万元。积极培育"两新"组织,对已成立党组织的非公企业加强党建指导,并将3家企业交由行业部门管理。积极搭建党员服务平台,9个社区党员服务站以推行"议事园"或"党员议政日"活动为载体,广泛征集党员群众的意见和诉求信息,积极协调解决征地拆迁、安置补偿及群众生活等方面的问题,扩大了服务面。累计向汶川灾区捐资达24.8万元,其中"特殊党费"6.14万元。

2010年1月11日,自治区妇联主席李金英到银古路街道丽水社区慰问

2009年,依法进行社区党支部、居委会班子换届选举工作。开展学习实践科学发展观活动,坚持"三会一课"制度,累计组织培训32场次,发放各类材料3000余册,受教育党员有758人。搭建党员服务平台,在村(居)深入推广"社区议事园"、"民主议政日"和"三团"活动,结合党员实际开展"五诺"活动(即科学定诺,签名领诺,扎实践诺,跟踪问诺,民主评诺)。加强党员服务中心站(点)的建设,在每个社区确定1~2名党员服务点开展服务工作,组织91名70岁以上的老党员开展了"回顾六十年,见证大银川,再做新贡献"的主题实践活动。

2010年,选派社区、非公企业党建工作指导员。累计举办各类培训学习20场次,受教育党员1500人次。充分利用党员活动日,组织开展社区党员学习、邻里互助、党员一帮一等活动,11个社区党员服务站以推行"议事园"活动为载体,广泛收集党员群众的意见和诉求信息。推行"双向三卡管理制",落实在职党员在居住地发挥作用和双重管理制度,在街道逐步形成"工作在单位,活动在社区,奉献双岗位,管理双覆盖"的党员管理新机制,落实社区报道244名党员,开展活动5场次,在社区全面推行A、B岗及党员代办制。启动区直机关与社区党组织共建结对工作,举办了"自治区妇联与丽水社区党组织共建结对暨妇女之家揭牌仪式",争取两家共建单位为丽水、金南社区捐助物资达9000余元。依法对光华门村党支部、村委会班子进行换届工作,优化班子成员结构,提高整体素质。

【精神文明】 2001~2010年,紧紧围绕"文明祥和、和谐发展"这一主题,创新精神文明活动形式,不断创建深化文明单位建设,不断加强文化宣传阵地建设和文体活动,积极挖掘民间剪纸、编织、地方文艺等民间艺术资源,打造专业民间艺术队伍。坚持开展经常性的法律、卫生、科普“四进社区”活动、“文化下乡”、“大众广播操比赛”、“先进之歌”等群众性精神文明活动。2004年辖区各单位向居民群众开放文体活动场地18处,面积达5000多平方米,各社区组建群众艺术团4个300人,形成10个晨晚练点。

2005年丽景、丽水、春园、友爱建成社区小广场、室内健身室、羽毛球场、等活动室,建立学习型家庭档案50户,特色家庭档案30户,开展广场文体活动7场次,组建花棒队、老年秧歌队等11支,社区宣传文化队伍3支,辖区单位演出队伍8支,参与人员达800人。

2008年,实施以“社会公德、职业道德、家庭美德和个人品德”为中心的“四德”工程,在丽水社区举办“同在蓝天下,农民工孩子画展”展出作品200多幅,举办文艺演出16场次,放电影30场次,投资9000元改善了丽景社区“失地农民秧歌队”、迎宾社区老年活动队的活动器材,组建了丽水社区文娱表演队伍。

2009年,累计演出16场次,各社区放映电影42场次,指派专人负责整合民间人才,成立专业队伍9个,开展系列活动32场次,文艺展演10场。截止2010年底,有14岁以上注册志愿者4500名,累计申报辖区文明单位20家,其中自治区级2家、银川市级8家、兴庆区级10家,五好文明家庭2568户,优秀家庭12家、特色家庭22户。

【廉政效能建设】 不断推进依法行政、依法治理工作进程,加强廉政文化建设,开展经常性的“理想、责任、能力、形象”教育。严格落实“纠建并举”和“谁主管谁负责”的工作机制,全面实施政务公开、财务公开、村务公开制度,实行挂牌上岗,考评制度、首问责任制、AB岗工作制和绩效考评制等制度。同时注重发挥纪工委领导作用,加强监督指导,促进主监督管理的制度化、规范化。

【教育】 2002年,投资27万元对北塔和光华门小学进行校园绿化、整治,投资2万元对高台寺逸夫小学教学楼进行整修。

2008年,办事处、村委会、学校积极筹集资金改善三所学校的办学条件,先后投入969.9万元,用于校园、校舍建设,使学校占地面积由原来的37.6亩增加到63.2亩,校舍全部实现里水、电、暖配套齐全楼房化,教学仪器、电教设施、图书、文体器材按规划配置。翻建高台逸夫小学3300多平方米的新教学楼。

【工会】 2005年,在8家非公企业建立工会组织。2006年,在6家非公企业建立工会吸收新会员300人。2007年,有19家建立独立工会,1家建立联合工会,共有会员1611人。2008年,以“党建”带“工建”小三级工会组织网络逐步健全,会员数量增加到3246人。2010年,共吸纳会员613名(其中女职工307名),100%完成全年净增会员610人的计划,累计会员人数达6070人,农民工会员2686人,女职工会员2507人;发展工会小组45家。帮扶困难职工,全年累计送慰问金15000多元。

【普查】 2010年,开展全国第六次人口普查,共动用400余人开展此项工作。另外还开展辖区劳动力调查6次,辖区内基本单位普查1次,工业抽样调查3次,住房调查1次。

2010年12月12日,塞浦路斯考察团到银古路街道参观“丽水之家”

【三森国际家具博览中心】 2008年9月,街道将原来位于兴庆区长城东路829号(银古路北侧3-4-109号)办公楼以土地投资的方式与陕西省三森实业集团有限公司合作,建设三森国际家具博览中心大楼;2010年12月31日,三森公司返还街道3011平方米办公用房。

【市民服务中心】 街道市民服务中心建设工作稳步推进,按照银川市、兴庆区委的安排部署,市民服务中心与街道办事处合署办公,面积3000平方米,下设3个综合窗口,实行一站式办公,办理和受理55项业务。制定市民服务中心公示公开制度、首问责任制等制度,各项工作运转正常,实现一门式服务,真正做到方便快捷,得到自治区、银川市等上级部门和领导的高度肯定,多次接待来自全国各兄弟单位的观摩。

人物·荣誉

RENWU RONGYU

主要领导

李泽峰

李泽峰，男，汉族，1960 年 6 月生，宁夏银川人。1978 年 3 月参加工作，1984 年 6 月加入中国共产党，宁夏大学政治系政治专业，中央党校研究生。1978 年 3 月至 1982 年 1 月在宁夏大学政治系学习；1982 年 1 月至 1982 年 10 月任银川橡胶厂中学教师；1982 年 10 月至 1984 年 12 月在银川市委宣传部理论科工作，1984 年 12 月至 1985 年 9 月任中共银川市委宣传部理论科科长；1985 年 9 月至 1988 年 7 月在中央党校培训部党政管理专业学习；1988 年 7 月至 1989 年 6 月在中共银川市委讲师团工作，1989 年 6 月至 1993 年 4 月任中共银川市委讲师团团长（副处级）；1993 年 5 月至 1994 年 9 月任中共银川市新城区党委副书记，1994 年 9 月至 1995 年 2 月任中共银川市新城区党委副书记、新城区政府副区长，1995 年 2 月至 1997 年 12 月任中共银川市新城区党委副书记、新城区政府区长；1997 年 12 月至 1998 年 2 月任中共银川市城区党委副书记，城区政府副区长、代区长，1998 年 2 月至 1999 年 5 月任中共银川市城区党委副书记、城区政府区长，1999 年 5 月至 2001 年 2 月任中共银川市城区党委书记；2001 年 2 月至 2001 年 9 月任中共银川市委常委、城区党委书记，2001 年 9 月至 2002 年 11 月任中共银川市委常委、政法委书记；2002 年 11 月至 2003 年 4 月任中共银川市委常委、政法委书记，中共兴庆区委书记；2003 年 4 月至 2003 年 12 月任中共银川市委常委、兴庆区委书记。

马云海

马云海，男，回族，1962 年 2 月生，宁夏海原人。1980 年 10 月参加工作，1982 年 11 月入党，中央党校函授学院政法专业，学历大学，政工师。1980 年 10 月至 1984 年 2 月，任海原县郑旗乡团委书记、武装干事；1984 年 2 月至 1985 年 2 月，任海原县郑旗乡副乡长；1985 年 2 月至 1986 年 11 月，任海原县史店乡副乡长；1986 年 11 月至 1986 年 12 月，任海原县经济管理站副站长；1986 年 12 月至 1989 年 3 月，在银川市体改委工作；1989 年 3 月至 1989 年 12 月，任银川市体改委生产体制科科长；1989 年 12 月至 1993 年 5 月，任银川市团委副书记；1993 年 5 月至 1999 年 5 月，任银川市团委书记；1999 年 5 月至 2000 年 1 月，任银川市城区党委副书记、副区长、代理区长；2000 年 1 月至 2001 年 9 月，任银川市城区党委副书记、政府区长；2001 年 9 月至 2001 年 11 月，任银川市城区党委书记、政府区长；2001 年 11 月至 2002 年 11 月，任银川市城区党委书记。

毛宏业

毛宏业，男，汉族，1958年3月生，宁夏人。1975年8月参加工作，1985年9月入党，中央党校函授学院经济管理专业，学历大学。1975年8月至1978年3月，宁夏国营南梁农场职工；1978年3月至1979年3月在银川师范学校中教班学习；1979年3月至1987年10月，任银川十三中教师；1987年10月至1989年4月，任银川市团委组宣部副部长；1989年4月至1992年1月，任银川市团委组宣部部长、办公室主任；1992年1月至1996年8月，银川市团委副书记；1996年8月至1998年2月，任银川市新城区党委副书记；1998年2月至2000年10月，任银川市新城区党委常委、政府副区长；2000年10月至2001年11月，任银川市政府接待办公室主任；2001年11月至2002年1月，任银川市城区党委副书记、副区长、代区长。2002年1月任银川市城区政府区长。2004年2月5日至2006年9月4日银川市兴庆区委 书记。

贺满明

贺满明，男，汉族，1957年1月生，宁夏盐池人。1979年7月参加工作，1976年9月加入中国共产党。1976年12月至1979年7月在宁夏大学政史系读书；1979年9月至1984年3月在盐池县教师进修学校任教，1984年3月至1985年8月任中共盐池县委党校副校长；1985年8月至1986年8月任中共盐池县委办公室主任，1986年8月至1988年3月任中共盐池县委宣传部副部长；1988年3月至1995年6月任中共盐池县委常委、宣传部部长（1993年8月至1995年12月在中央党校函授学院经济管理专业学习），1995年6月至1997年12月任中共盐池县委副书记；1997年12月至1998年1月任中共永宁县委副书记，永宁县人民政府副县长、代县长；1998年1月至2001年12月任中共永宁县委副书记、永宁县政府县长，2001年12月 2003年10月任中共永宁县委书记；2003年10月至2004年10月任中共银川市金凤区党委书记、银川高新技术产业开发区党工委书记（副厅级），2004年10月至2006年8月任中共银川市金凤区党委书记、银川经济技术开发区（银川高新技术产业开发区）党工委副书记（副厅级）；2006年8月至2007年6月任中共银川市委常委、银川市兴庆区党委书记。

王杨宝

王杨宝，男，汉族，1963年7月生，宁夏永宁人。1983年7月参加工作，1986年5月加入中国共产党。1979年9月至1983年7月在宁夏大学政治系读书，1983年7月至1984年7月在永宁县李俊中学任教，1984年7月至1989年1月在永宁中学任教，1989年1月至1991年5月任共青团永宁县委副书记，1991年5月至1993年9月任永宁县广播电视局副局长、广播电台、电视台团长（1993年8月享受正科级待遇），1993年9月至1997年2月任中共银川市新城区委员会办公室副主任（正科级），1997年2月至1999年6月任银川市新城区教育局局长，1999年6月至2002年3月任中共银川市委宣传部副部长，2002年3月至2007年6月任银川广电集团党委副书记、管委会主任（2002年9月至2004年7月在宁夏大学市场经济专业研究生班学习）；2007年6月至2007年11月任中共银川市兴庆区委副书记、政府党组书记，兴庆区政府副区长、代区长；2007年11月至2008年1月任中共银川市兴庆区委副书记、政府党组书记、兴庆区区长；2008年1月至2008年6月任中共银川市兴庆区委书记、政府党组书记，兴庆区政府区长；2008年6月至2010年10月任中共银川市兴庆区委书记。

彭友东

彭友东，男，汉族，1965年10月出生，河南光山人，1985年4月加入中国共产党，1986年8月参加工作，大学学历，硕士学位，现任石嘴山市委书记、市人大常委会主任、党组书记。

1982.09–1986.08 湖南大学化学化工系分析化学专业学习，1986.08–1988.12 北京电磁线厂宣传干事、厂办秘书、厂办主任，1988.12–1994.03 团中央青农部主任科员，1994.03–-1995.01 团中央宣传部新闻报刊处副处长，1995.01–1995.06 团中央宣传部新闻报刊处处长，1995.06–1995.09 西藏自治区团委书记助理，1995.09–1996.07 西藏自治区党委秘书长助理兼办公厅秘书处处长，1996.07–1998.09 西藏自治区党委副秘书长，1998.09–2001.03 团中央学校部副部长，2001.03–2003.01 团中央办公厅副主任、青年志愿者行动指导中心党组书记（正局级），2003.01–2004.06 中国科协科学技术普及部副部长（正局级），2004.06–2006.04 中国科协科学技术普及部部长，2006.04–2010.03 中国科协计划财务部部长，（其间：2006.06–2007.06 挂任北京奥运会组委会秘书行政部副部长；2004.03–2007.01 北京大学政府管理学院公共管理专业在职攻读硕士学位；2008.09–2009.01 中央党校中青年干部培训班一班学习），2010.03–2010.10 中国科协办公厅主任，2010.10–2010.11 银川市委副书记（正厅级），2010.11–2011.04 银川市委副书记（正厅级）兼兴庆区委书记。

张勇

张勇，男，汉族，1957年11月生，江西万安人。1972年6月参加工作，1979年3月加入中国共产党。1972年6月至1974年3月在灵武县马场知青下乡，1974年3月至1975年5月在银川市郊区掌政公社下乡，1975年5月至1976年1月在青铜峡水电厂当工人，1976年1月至1979年9月任兰州军区独立师二团炮连班长；1979年9月至1983年5月在银川市郊区人民检察院工作（1982年9月至1983年3月在湖南政法干校学习），1983年5月至1985年9月任中共银川市郊区委员会组织部干部，1985年9月至1987年7月在中央民族学院文秘专业学习，1987年7月至1989年2月任中共银川市郊区委员会组织部干部，1989年2月至1991年12月任中共银川市郊区委员会组织部副部长，1991年12月至1996年8月任中共银川市郊区委员会常委、组织部部长；1996年8月至2001年12月任中共永宁县委副书记（1998年9月至2001年1月在宁夏党校法律专业学习），2001年12月至2002年11月任中共银川市公安局委员会副书记、政委；2002年11月至2004年11月任中共银川市西夏区委员会副书记，西夏区政府代区长、区长；2004年11月至2007年6月任中共银川市兴庆区委员会副书记，兴庆区政府代区长、区长。

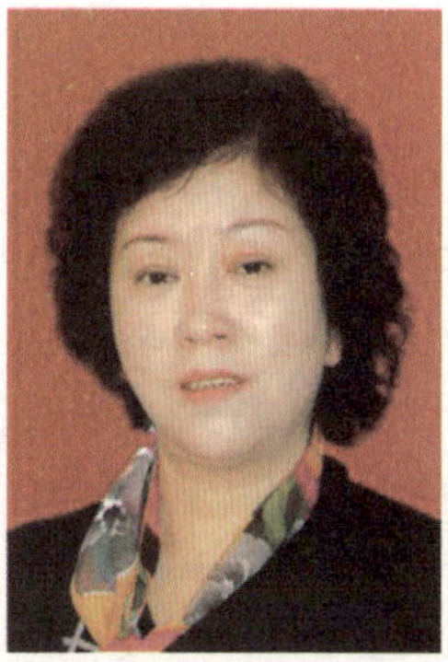

陈淑惠

陈淑惠，女，回族，1963年5月生，宁夏银川人。1982年3月参加工作，1984年12月加入中国共产党。1982年3月至1983年10月任银川市郊区永固乡干部，1983年10月至1986年8月任银川市郊区永固乡副乡长，1986年8月至1988年7月在自治区党校行政管理专业学习，1988年7月至1997年12月任中共银川市郊区大新乡党委副书记，1997年12月至2001年3月任银川市郊区城乡卫生管理局局长，2001年3月至2001年12月任中共银川市郊区兴泾镇党委书记，2001年12月至2007年9月任中共银川市郊区（金凤区）党委常委、宣传部长（2003年9月至2006年7月在中央党校研究生院在职研究生班经济管理专业学习），2007年9月至2007年10月任银川市城市管理局（城市管理综合执法局）党组书记、副局长，2008年6月至2009年11月任中共银川市兴庆区党委副书记、政府党组书记、兴庆区政府代区长。

马爱平

马爱平,男,回族,1964年3月生,宁夏吴忠人。1983年7月参加工作,1988年9月入党。1980年7至1989年3月在宁夏交通学校汽车修理专业读书;1983年7月至1989年10月在吴忠汽车工业公司工作,1989年10月至1999年4月在银南地区公安局交通支队车管科工作;1999年4月至2003年2月任吴忠市交通管理处副处长 (1999年2月至2002年4月在中国政法大学函授学院法学专业学习),2003年2月至2008年2月任吴忠市交通局副局长、党委书记、局长;2008年2月至2009年11月任吴忠市发改委党组书记、主任;2009年11月至2010年12月任中共兴庆区委副书记,兴庆区政府代区长、区长。

高万金

高万金,男,汉族,1946年11月生,宁夏永宁人。1966年7月参加工作,加入中国共产党。1967年7月至1968年12月在永宁县通桥政台小学工作,1969年1月至1970年12月在永宁县永清小学任教,1971年1月至1975年7月任永宁县永清小学副校长,1975年7月至1976年7月任永宁县上河党校副校长,1976年8月至1982年1任永宁县立强党校校长;1982年3月至1984年4月在银川市城区检察院工作,1984年4月至1989年2月任银川市城区检察院办公室副主任,1989年2月至1991年2月任银川市城区检察院正科级检察员;1991年2月至1991年11月任中共银川市城区委员会组织部部长,1991年11月至1996年12月任中共银川市城区委员会委员、组织部部长,1996年12至1999年12任中共银川市城区委员会副书记,1999年12月至2003年1月任银川市城区(兴庆区)人大常委会主任。

杨绍君

杨绍君,男,汉族,1955年3月,重庆万州人。1973年12月参加工作,1975年4月加入中国共产党。1973年12月至1976年4月在工程兵139团警通连当战士,1976年4月至1979年5月任工程兵139团司令部管路股管路班长,1979年6月至1979年10月任工程兵139团安装连副政治指导员,1979年10月至1984年10月工程兵139团安装营副连职助理员,1884年10月至1986年4月任兰州军区给水工程第一团司令部管理员、勘察连政治指导员,1986年4月至1994年4月任兰州军区给水工程第一团后勤处政治协理员、正营职助理员,1994年4月至1997年5月任兰州军区给水工程第一团副政委,1997年5月至1999年3月任青铜峡市人武部政治委员,1999年3月至1999年7月转业待安排,1999年7月至2003年1月任中共银川市城区(兴庆区)区委副书记,2003年1月至2010年12月任兴庆区人大常委会党组书记、主任。

李进成

李进成,男,汉族,宁夏贺兰人。1944年8月生,1961年7月参加工作,1966年7月加入中国共产党。1961年7月至1963年8月在贺兰县立岗公社工作,1963年9月至1966年4月任宁夏军区军训队、兰州军区通讯大队、宁夏军区通讯站班长、报务员、台长,1966年5月至1971年11月 在天水高级步校学习,1971年12月至1982年3月先后在宁夏军区通讯站、4878工段处任集中台主任、副营职助理员;1982年4月任1986年10月任银川市城区检察院副检察长,1986年11月至1990年3月任银川市城区政府办公室主任,1990年4月至1996年10月任银川市城区政府副区长,1996年10月至1998年3月任中共银川市城区委员会常委、城区政府副区长,1998年3月至2003年1月任银川市城区(兴庆区)政协主席、党组书记。

朱根利

朱根利，男，汉族，1949年9月生，陕西大荔人。1969年12月参加工作，1971年5月加入中国共产党。1969年12月至1981年3月任宁夏军区独立师二团特务连、政治处、师政治部、组织科战士、排长、干事，1981年3至1982年9月任兰州军区守备师八团政治处干事，1982年9月至1984年7月在西安陆军学校财会专业学习，1984年7月至1986年7月任兰州军区守备师政治部股长、副主任，1986年7至1986年12月转业待分配，1986年12月至1987年12月任银川市城区政府办公室秘书，1987年12月至1993年3月任银川市城区党委办公室主任，1993年3月至1998年4月任银川市城区政府副区长，1998年4月至2002年1月任中共银川市城区委员会常委、城区政府副区长，2002年1月至2003年1月任银川市城区(兴庆区)政协党组副书记、调研员，2003年1月至2007年10月任银川市兴庆区政协主席。

王玉红

王玉红，女，汉族，1954年11月生，北京人。1976年2月参加工作，1975年1月加入中国共产党。1976年2月至1979年12月任贺兰县京星农场青年干事、副厂长，1979年12月至1981年9月任贺兰县立岗公社副主任，1981年9月至1987年9月任共青团贺兰县委副书记、书记(1985年9月至1987年7月在宁夏广播电视大学党政管理专科班学习)，1987年9月至1993年3月任贺兰县电影公司经理、党支部书记、县文化局局长，1993年3月至1995年4月任贺兰县计生委副主任（正科级)，1995年4月至1996年8月任银川市城区计生局正科级干部，1996年8月1998年4月任银川市城区计生局局长，1998年4月至1999年12月任银川市城区人事劳动局局长，1999年12月至2003年4月任中共银川市城区(兴庆区)委员会常委、组织部部长，2003年4月至2004年11月任中共银川市兴庆区委副书记、组织部部长，2004年11月至2006年10月任中共银川市兴庆区委副书记，2006年10月至2007年10月任银川市兴庆区政协党组副书记(正处级)，2007年10月至2009年12月任银川市兴庆区政协党组书记、主席。

曹生林

曹生林，男，汉族，1959年6月生，宁夏中卫人。1976年11月参加工作，1988年3月加入中国共产党。1976年11月至1980年8月任永宁县望洪乡农声小学民办教师，1980年8月至1982年8月在银川师范学校小教专业学习，1982年8月至1983年7月任永宁县望洪乡西玉小学教师，1983年7月至1984年8月在中共永宁县委政法办工作，1984年8月至1986年7月在宁夏广播电视大学党政管理专业学习，1986年7月至1988年4月在中共永宁县委政法办工作，1988年4月至1990年7月任永宁县监察局监察员，1990年7月至1991年5月任永宁县政府办督办员、秘书，1991年5月至1995年8月任永宁县政府办副科级督办员，1995年8月至1998年3月任永宁县征沙渠开发区管委会主任，1998年3月至2002年11月任永宁县财政局局长，2002年11月至2007年10月任银川市兴庆区政府党组成员、副区长，2007年10月至2009年12月任银川市兴庆区政协党组副书记、副主席，2009年12月至2010年12月任银川市兴庆区政协党组书记、主席。

文化艺术

雍根业，笔名墨根。1954年2月生于宁夏惠农县，1980年毕业于宁夏大学艺术系，宁夏书法家协会会员，宁夏书法促进会会员，宁夏摄影家协会会员。多年来坚持练习书法，逐步形成了自己的艺术风格。2002年以来其书法摄影作品多次参加全区艺术展览活动并在宁夏日报，银川晚报等刊物上发表，曾有多幅书法作品被宁夏博物馆、自治区政协收藏。书法中堂《观沧海》获宁夏大学50周年校庆三等奖。

脸谱风筝

深秋

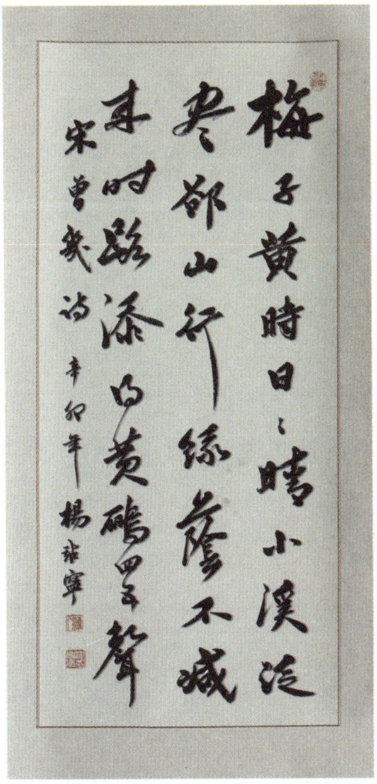

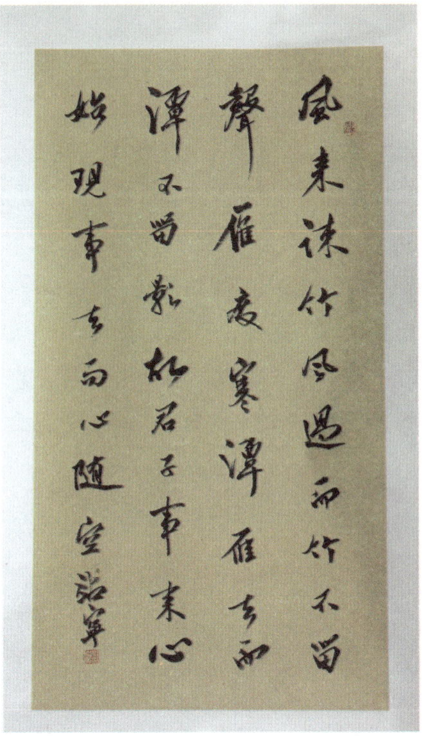

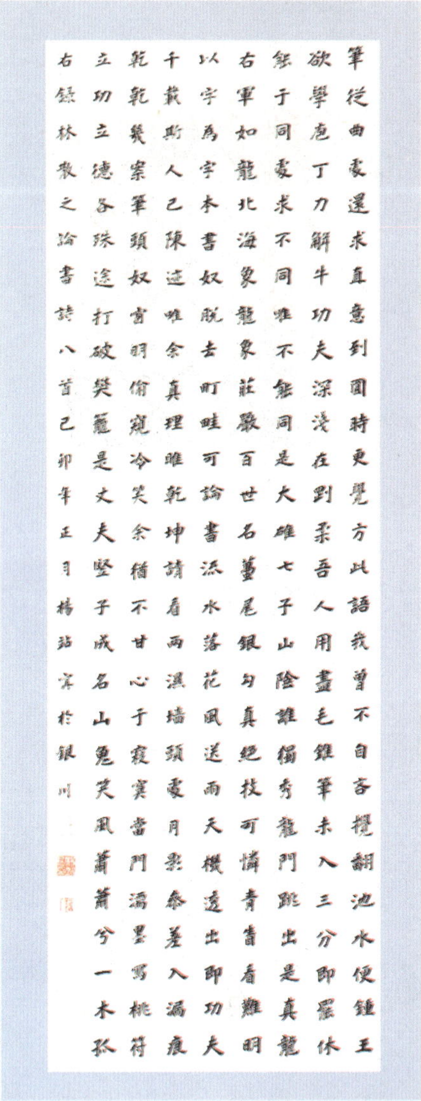

杨站宁，男，1956年生，中共党员，群众文化馆馆员，银川市兴庆区文化馆前馆长。自治区书法家协会会员，自治区青年书法家协会理事。上世纪70年代起师从著名书法家胡介文先生，由唐楷起习。多年来先后研习了张墨女、王羲之、米芾、苏东坡等。2003年书自作诗中堂“历代碑迹万万千”在《中国艺术报》发表。多次参加全国群星奖，数次获优秀奖。

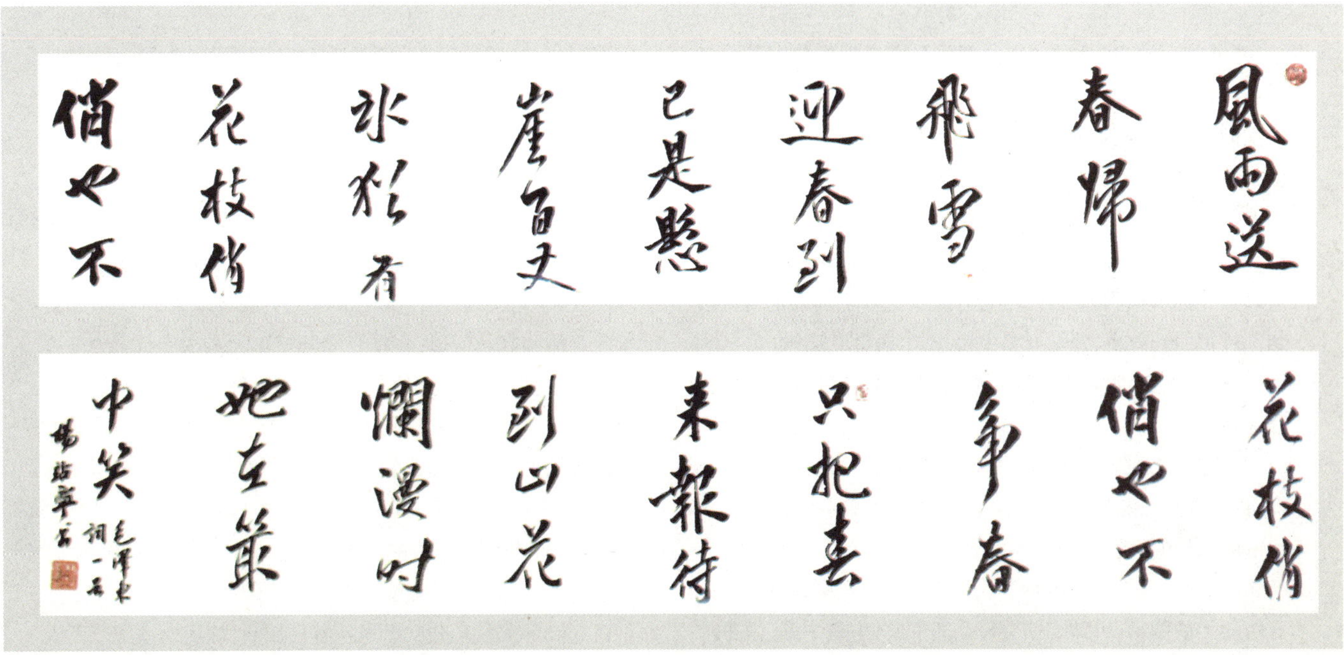

郝峰，曾用名郝锋。1962年12月出生，1981年6月师范毕业，在盐池县从事教育工作。1985年宁夏教育学院(宁夏大学南校区)毕业。1990年底调银川市城区工作。先后在计生委、法制局、监察局、计划经济局、科技局、老干部局、劳动就业局、信访局、档案局等单位工作。2010年兼任地方志办公室主任。

20世纪80年代，开始发表文学作品，其中《说说第二生命》获全国党员教育刊物研究会三等奖。《银川市城区劳动就业工作调研报告》获“2002年中国·广州市场就业论坛”二等奖等，发表文学作品及论文50多篇。

荣誉证书

郝峰同志的论文荣获“2002年中国·广州市场就业论坛”二等奖，特颁发证书，以资表彰。

获奖论文名称：《银川市城区劳动就业工作调研报告》

二〇〇二年十一月七日

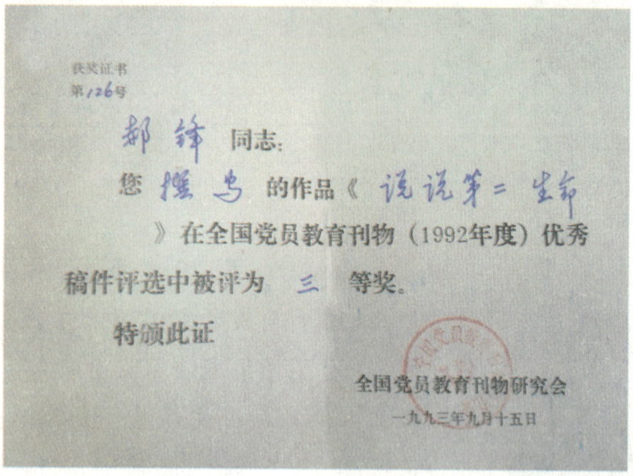

获奖证书

第126号

郝锋 同志：

您 撰写 的作品《说说第二生命》在全国党员教育刊物（1992年度）优秀稿件评选中被评为 三 等奖。

特颁此证

全国党员教育刊物研究会

一九九三年九月十五日

附：再造陕甘宁老区丘陵植被的意见

“风吹而沙尘起，雨打而沟壑生”，已成为陕甘宁革命老区某些丘陵地带的形象特写。广大居地农民冬春季节吃够了沙土的冷涩；夏秋季节又尝够了冲毁庄稼地的失望。黄土塬上的黄土本是不可再生的资源，如此的恣意流失，不但使母亲河——黄河的风采黯然，而且使生存的家园少了挡风遮雨的“肌肤”，绿色的时节缺乏绿意，寒风萧瑟时映入人们眼帘的好似光光的“和尚头”。笔者是从黄土塬上读书走向城市的。每每回到故乡，感觉反差太大，不由地想说几句。

一、切实贯彻中央的环保国策，争取营造鸟语花香的生存环境

地球是人类赖以生存发展的最佳村落，这已成为全人类的共识。但“工业文明”把这个天然的村落弄得千疮百孔，大自然对人类的惩罚已渐趋明显，这已被人类的智者和忧者广泛认同。泱泱中华，在1998年长江水患中也深刻地感受了大自然的无情警示，可谓妇孺皆惊。基于此，中共中央、国务院又及时指导出台了《全国生态环境建设规划》，这个深入人心的规划起到了“亡羊补牢”的积极作用。作为陕甘宁革命老区，干旱少雨，号称“苦焦”之地，生态环境问题最为严峻。生态建设的重点应在山区在农村。这样不仅可以同时解决农村的贫困等生存问题，改善生存和发展环境，而且对治理黄河也起到了至关重要的作用，因为黄河泥沙的主要来源在这里。山区环境好了，川区环境会更好。大环境变好了，城市环境就更能搞好。所以，对陕甘宁乃至更大范围而言，“农业文明”的魅力仍然是无穷的。只要我们下气力切实贯彻好环境保护这个国策，大西北的山川将最终是美丽的，那种鸟语花香的环境将再次回到人们身边。生存的原始天然，生活的文明自然，才是达到“天人合一”理想境界的第一步。

二、再造植被的相关措施

1.承包“山头”，责任到村(或实体单位)、到户(或到人)。农村自实行家庭联产承包责任制后，确实调动了广大农

民的生产积极性和生活信心。但一味地放任自流，有可能会破坏现有的生态平衡及其他，尤其涉及生态环境的破坏问题，应该引起各级领导的高度重视。比如在宁夏盐池县等地，人均承包地大致在15~30亩，一家人以4口计，就有100亩左右。一两个劳动力不可能精耕细作，那种“广种薄收”“靠天吃饭”的意识还很浓，不利于科学种田的普及和农业及农村科技进步的实现。再加上基本上每家养近百只羊，还不算牛、驴、骡、马等，这些家畜要串山串沟地放牧。一个村庄，以百户人家计，方圆不过10~15平方公里，有1万只羊在吃草，每平方公里负载1000只羊，实际上除去农田、村庄等相关占地，每平方公里要养活2000多只羊。草很难长高，草皮很难连片，3~5年就可能被羊啃荒而寸草不留。还有滥挖甘草、滥挖草根等毁灭性行为，使原本就已显脆弱的生态而不堪重负，剩下的可能只有荒漠和沙尘、贫瘠和疾病了。这不是危言耸听，这种惨状已在个别村庄出现。所以建议尽快采取措施，让农民或独立的经济实体承包山头、草原。责任到村，到实体单位，再到户、到人。在土地国有的前提下，允许荒山、荒沟、荒滩及草原地等姓“赵、钱、孙、李、周、吴、郑、王”。以政府为宏观管理，以农户和实体单位为微观操作。农民有时只顾眼前利益，我们的“官员”有时也只顾眼前的“政绩”。因此，要彻底转变观念，要有战略家的眼光，要有造福后代的气魄。以绿色为主旋律，扫退“黄色”，从措施上限制畜牧业的放任发展，限制滥挖滥垦和乱占草原的掠夺行径。现在耕种的陡坡地坚决退耕还林还草，实行草、灌木、乔木联合种植，见缝插针，恢复进而增加植被。可以说这么干苦在当今，利在未来。苦是暂时的，也许只需一两代人，而功利却在千秋。

2.为山头“披绿挂红”，种树间以种草。

植被越厚，土壤越肥，水土就越不会轻易流失。政府应倡导以种草为主，间以种树，把山头打扮成“绿草山”、“花果山”，把草原妆饰成“绿海”和“林涛”。应种植适宜干旱山区生长的林草，如松树、榆树、桃树、杏树、枣树、苹果树、葡萄树，以及紫花苜蓿、红豆草、沙打旺等。另外，随着固海扬黄工程、盐环定扬黄工程等的进一步完善，凡是属于搬迁到水田进行种植的农户，要彻底地到位，和过去彻底脱钩。水田分到户，应该马上见效益。要求农户精耕细作，科学地种好责任田。不宜再“又水田、又旱地，又农业、又牧业”，两头都沾，两头都热，松松沓沓。这样一是不利于国家投巨资扶贫的富民政策的体现；二是不利于农民个人素质的提高；三是不利于生态环境的有效保护。责任田划分清楚、山头草原划清楚，广大农民管好各自的“领地”，劳动积极性会进一步得到提高，对生活的期望值也会更高。“春风又绿故乡山，明月更照故乡人”，相信这种举措会带给广大农民物质上和精神上的双双丰收。

3.奖惩办法。

对山头、草原可一包10~30年或更长时间，实行自家封山、政府保护、一户或一个实体单位一个小天地。栽种的林木就可以有时间长成形，牧草等就可以有时间蓄根、盘节成片。且每年由有关部门按既定标准组织检查，对好的奖励，差的罚款。对不治理甚至乱垦者，坚决收回承包权。待可彻底开山时，再由政府出资一次性收回，也可阶段性收回。最后还山林于村庄，还绿色于大自然。

三、用可持续发展的战略思想指导农民进行生产和生活活动

我们要一代比一代生活得好，就必须保护好我们生活的大环境。天，应该是蓝蓝的天，还飘着片片白云；地，应该是绿绿的地，还点缀着七彩花朵；山，不用说是秀美的；河，不用说是清澈的；风是柔柔的，略带几分花香；水是潺潺的，略带几分石凉；鸟儿在树上鸣唱，牧笛在林中悠扬。这才叫气氛，这才会真正地融于自然。我们要善于运用可持续发展的战略思想教育农民、提高农民，这样才能真正地提高民族的素质。

广大农民是美丽家园的真正建设者，农民占人口的大多数，是主力军，农村剩余劳动力和农闲时间劳动力是生态环境建设的两大生产力，政府行为一定要起到带头作用，独立的实体单位一定要在政府的监督下起到模范作用，使广大农民的整体推进作用沿着《全国生态环境建设规划》的既定目标稳步前进。陕甘宁革命老区的山河才能真正锦绣起来！

（载于《当代宁夏》2002年11月10日 总202期）

光荣榜

光荣榜收录2001－2010年兴庆区全国(含受国家各部委办局表彰)、全区(含受区直各部门表彰)、市级(含受市直各部门表彰)先进个人,排名不分先后,以获奖年份为序,获奖年份相同者,以姓氏笔划为序。资料由各单位和街道提供。

国家级先进人物表

姓名	工作单位	荣誉称号	授予单位	获奖时间
张　梅	兴庆区满春中学	教育科研先进工作者	教育部中国教师发展基金会	2010
段梅英	燕鸽湖小学	劳动模范	国家教育部	2001
高　苗	兴庆区二十三小学教师	全国劳模	全国总工会	2001
黄明才	兴庆区科协	全国市(县区)科技进步先进个人	国家科技部	2001
纪文娟	兴庆区城管南局	“抗非典”工作先进个人	国家卫生部	2003
柴　禾	兴庆区环卫处	少数民族运动会工作先进个人	国家体育总局	2003
纪艳晓	兴庆区文体局	第三次全国群众体育现状调查工作先进个人	国家体育总局	2008
纪艳晓	兴庆区文体局	国家级社会体育指导员资格	国家体育总局	2010
黄明才	兴庆区科协	“科教进社区”活动先进个人	国家科技部	2003
马　晶	兴庆区妇联	三八红旗手	全国妇联	2005
吴晓春	兴庆区农牧局	全国乡镇企业系统优秀财会工作个人	国家农业部	2005
项洪峰	兴庆区农牧局	全国农业技术推广(经营)先进工作者	国家农业部	2005
姜丽萍	西关居委会	全国公益星	全国妇联	2006
史晓红	银川三中	第二届中小学艺术展演二等奖	国家教育部	2007
李玉梅	兴庆区人民检察院	第四届全国检察机关精神文明建设“金鼎奖”文学类三等奖	最高人民检察院	2007
陈英萍	凤凰北街崇安社区	三八红旗手	全国妇联	2007
蒋小安	兴庆区回民二小	三八红旗手	全国妇联	2007
谢玉梅	掌政镇镇河村	全国“双学双优”竞赛活动女能手	全国妇联	2007
史晓红	银川三中	二等奖	歌曲	2008
刘　银	兴庆区人民检察院	计财装备工作先进个人	被最高人民检察院	2008
李维清	维清环卫有限公司	优秀农民工	国家人力资源和社会保障部	2008
菊瑞平	兴庆区人民检察院	第二届全国检察机关优秀侦查员	最高人民检察院	2008
马伏贵	兴庆区科技局	科普先进个人	国家科技部	2009
马海峻	兴庆区农牧局	全国农业综合执法先进个人	国家农业部	2009
王占清	个体经营者	全国优秀农民工“五一”劳 动奖	全国总工会	2009

续表

姓名	工作单位	荣誉称号	授予单位	获奖时间
钱　芳	个体经营者	三八红旗手	全国妇联	2009
马国兵	兴庆区环卫处	劳动模范	全国总工会	2010
马鸣慧	兴庆区农牧局	无公害农产品优秀核查员	国家农业部	2010
孙文春	兴庆区农牧局	农业技术推广成果二等奖	国家农业部	2010
阮志斌	兴庆区农牧局	农机科普先进个人	国家农业部	2010
杨　平	兴庆区农牧局	农牧渔业丰收集体一等奖	国家农业部	2010
项洪峰	兴庆区农牧局	全国农村固定观察点模范调查员	农业部、农村固定观察点办公室	2010
胡海英	兴庆区农牧局	全国农牧渔业丰收一等奖	国家农业部	2010
高俊连	大新镇塔桥村	“双学双优”竞赛活动女能手	全国妇联	2010
高振红	兴庆区农牧局	农业污染源普查先进工作者	国家农业部、环境保护部	2010

自治区先进人物表

姓名	工作单位	荣誉称号	授予单位	获奖时间
王大江	兴庆区人民检察院	人民满意检察干警	自治区检察院	2002
张桂芳	银川郊区农牧局	青年科技奖	共青团宁夏区委	2002
杨晓芳	兴庆区农牧局	全区动物防疫工作先进个人	自治区农牧厅	2002
王　兴	兴庆区人民检察院	先进通讯员、优秀接待员	自治区人民检察院	2003
祁洪涛	兴庆区人民检察院	保密密码工作先进个人	自治区人民检察院	2003
张桂芳	兴庆区农牧局	优秀青年	共青团宁夏区委	2003
杨晓芳	兴庆区农牧局	全区农业科技年活动先进工作者	自治区农牧厅、科技厅	2003
胡　兵	兴庆区人民检察院	优秀通讯员	自治区人民检察院	2003
王　兴	兴庆区人民检察院	优秀通讯员	自治区人民检察院	2004
冯志祥	兴庆区人民检察院	调研三等奖	自治区人民检察院	2004
乔玉成	兴庆区人民检察院	调研二等奖	自治区人民检察院	2004
许凤侠	兴庆区农牧局	全区动物防疫先进个人	自治区农业厅	2004
祁洪涛	兴庆区人民检察院	先进通讯员	自治区人民检察院	2004
吴晓春	兴庆区农牧局	自治区乡镇企业财务统计先进个人	自治区乡镇企业局	2004
张玉萍	兴庆区人民检察院	调研三等奖	自治区人民检察院	2004
李轶涛	兴庆区人民检察院	先进通讯员	自治区人民检察院	2004
杨晓芳	兴庆区农牧局	全区动物防疫工作先进工作者	自治区人事厅、自治区农牧厅	2004
苏　黎	兴庆区人民检察院	先进通讯员	自治区人民检察院	2004
耿晓黎	兴庆区人民检察院	嘉奖	自治区检察院	2004
蒋胜生	兴庆区科协	全区科普工作先进个人	宁夏科协	2004
马伏贵	自治区农牧厅	自治区农机总站先进监理员	自治区农牧厅农机监理总站	2005

续表

姓名	工作单位	荣誉称号	授予单位	获奖时间
王　兴	兴庆区人民检察院	社会治安综合治理先进个人	自治区人民检察院	2005
王淑琴	兴庆区农牧局	自治区水产技术推广先进工作者	自治区水产技术推广站	2005
宁玉英	兴庆区农牧厅	食品安全先进个人	自治区农牧厅	2005
许凤侠	兴庆区农牧局	全区动物防疫先进个人	自治区农业厅	2005
祁洪涛	兴庆区人民检察院	先进通讯员	自治区人民检察院	2005
孙晓玮	兴庆区人民检察院	十佳公诉人	自治区检察院	2005
吴晓春	兴庆区农牧局	自治区农牧厅统计年报一等奖	自治区农牧厅	2005
张　青	兴庆区人民检察院	调研优秀奖、十佳公诉人	自治区人民检察院	2005
张忠民	兴庆区人民检察院	优秀通讯报道员	自治区人民检察院	2005
杨晓芳	兴庆区农牧局	全区动物防疫监督工作先进个人	自治区动物防疫监督所	2005
杨晨华	兴庆区人力资源和社会保障局	人事先进工作者	自治区人力资源和社会保障厅	2005
赵和平	兴庆区人民检察院	优秀司法警察	自治区人民检察院	2005
项洪峰	兴庆区农牧局	全区农村经济运行态势固定监测先进工作者	自治区农经站	2005
胡海英	兴庆区农牧局	自治区科技二等奖	自治区科技厅	2005
徐　平	兴庆区农牧局	自治区动物防疫工作先进个人	自治区农牧厅	2005
高　焰	兴庆区人民检察院	优秀通讯报道员	自治区人民检察院	2005
秦淑芳	兴庆区农牧局	全区农业技术推广先进工作者	自治区农牧厅	2005
史晓红	银川三中	自治区中小学音乐优质课大赛一等奖、个人才艺一等奖	自治区教育厅	2006
张　梅	兴庆区满春中学	自治区中小学音乐优质课大赛一等奖、个人才艺一等奖	自治区教育厅	2006
许凤侠	兴庆区农牧局	全区百万农民培训先进个人、全区动物防疫先进个人	自治区百万农民培训工程领导小组、自治区动物防疫站	2006
阮志斌	兴庆区农牧局	自治区农牧厅优秀农机监理员	自治区农业厅	2006
祁洪涛	兴庆区人民检察	优秀通讯员	自治区人民检察院	2006
祁洪涛	兴庆区人民检察院	优秀女干警	自治区人民检察院、自治区妇联	2006
张玉萍	兴庆区人民检察院	“双先”个人	自治区人民检察院	2006
张忠民	兴庆区人民检察院	优秀通讯报道员	自治区人民检察院	2006
李　峰	兴庆区农牧局	自治区动物防疫工作先进个人	自治区农牧厅	2006
杨晓芳	兴庆区农牧局	全区动物防检疫先进个人	自治区动物防疫站	2006
杨晓芳	兴庆区农牧局	全区农产品质量安全工作先进个人	自治区农牧厅	2006
陈淑玲	兴庆区农牧局	全区农村经济运行态势固定监测先进工作者	自治区农牧厅	2006
苏　黎	兴庆区人民检察院	“双先”个人	自治区人民检察院	2006

续表

姓名	工作单位	荣誉称号	授予单位	获奖时间
高　焰	兴庆区人民检察院	优秀论文三等奖	自治区人民检察院	2006
秦淑芳	兴庆区农牧局	全区信息报送先进工作者	自治区农业厅	2006
许凤侠	兴庆区农牧局	动物防疫工作先进个人	自治区动物疾病预防控制中心	2007
孙文春	兴庆区农牧局	全区农产品质量安全先进工作者	自治区农牧厅	2007
刘立刚	兴庆区政府办公室	自治区政务信息工作先进个人	自治区政府办公厅	2007
祁洪涛	兴庆区人民检察院	优秀通讯报道员	自治区检察院	2007
吴晓春	兴庆区农牧局	阳光工程先进个人	自治区乡镇企业局	2007
李　峰	兴庆区农牧局	自治区动物防疫工作先进个人	自治区农牧厅	2007
张桂芳	兴庆区农牧局	粮食高产创建先进个人	自治区农业厅	2007
杨晓芳	兴庆区农牧局	全区动物卫生监督工作先进个人	自治区动物卫生监督所	2007
李燕萍	兴庆区人民检察院	优秀侦查监督办案能手	自治区人民检察院	2007
周　华	兴庆区人民检察院	优秀侦查监督办案能手	自治区人民检察院	2007
项洪峰	兴庆区农牧局	全区农业信息工作先进个人	自治区农牧厅	2007
徐　平	兴庆区农牧局	自治区动物防疫工作先进个人	自治区农牧厅	2007
梁永芬	兴庆区农牧局	农业信息工作先进个人	自治区农牧厅	2007
王大江	兴庆区人民检察院	优秀反贪污贿赂局	自治区人民检察院	2008
王永虎	兴庆区掌政镇党委	自治区级人民满意公务员	自治区党委、自治区人民政府	2008
许凤侠	兴庆区农牧局	动物防疫工作先进个人	自治区动物疾病预防控制中心	2008
芦　娜	兴庆区关工委办公室	全区关心下一代工作先进个人	自治区关工委	2008
李　峰	兴庆区农牧局	自治区动物防疫工作先进个人	自治区农牧厅	2008
张晓芳	兴庆区农牧局	全区动物卫生监督工作先进个人	自治区动物卫生监督所	2008
徐平年	兴庆区农牧局	自治区动物卫生监督工作先进个人	自治区农业厅	2008
秦淑芳	兴庆区农牧局	粮食高产创建先进工作者	自治区农业厅	2008
董瑞宁	兴庆区园林局	自治区森林资源保护先进个人	宁夏林业技术推广总站	2008
马建军	兴庆区宗教局	清真食品管理工作先进个人	自治区民委	2009
王克伟	兴庆区老干部局	全区老干部信息宣传工作先进个人	自治区老干部局	2009
许凤侠	兴庆区农牧局	全区动物防疫工作先进个人	自治区农业厅	2009
孙文春	兴庆区农牧局	全区设施农业技术推广先进工作者	自治区农牧厅	2009
孙红玲	兴庆区农牧局	全区水产战线先进个人	自治区农牧厅	2009
朱克勇	兴庆区农牧局	全区农村能源先进个人	自治区农牧厅	2009
刘桃树	兴庆区园林局	森林资源规划调查先进工作者	自治区林业局	2009
张　钦	兴庆区农牧局	全区农产品质量安全工作先进个人	自治区农业厅	2009
李　峰	兴庆区农牧局	全区动物防疫工作先进个人、全区兽药监督管理工作先进个人	自治区农牧厅	2009

续表

姓名	工作单位	荣誉称号	授予单位	获奖时间
杨晓芳	兴庆区农牧局	全区动物卫生监督工作先进个人	自治区农牧厅	2009
杨银生	兴庆区扶贫办	自治区扶贫开发工作先进个人	自治区扶贫开发领导小组	2009
徐　平	兴庆区农牧局	自治区动物防疫工作先进个人、自治区奶站整治先进个人	自治区农业厅	2009
徐　平	兴庆区农牧局	自治区动物防疫先进个人	自治区动物疫病预防控制中心	2010
郭京南	兴庆区扶贫办	自治区扶贫开发工作先进个人	自治区扶贫开发领导小组	2010
蒋小安	兴庆区回民二小	自治区级先进工作者	自治区教育厅	2010
董瑞宁	兴庆区园林局	全区林业工作先进个人	宁夏林业技术推广总站	2010
雍　丽	兴庆区胜利街办事处	自治区优秀盟员	自治区民盟委员会	2010
塔光华	兴庆区通贵乡	全区乡镇兽医工作先进个人	自治区农牧厅	2010
刘春玲	兴庆区市容环境卫生处	区劳动模范岗位能手	自治区总工会	2000
崔　东	兴庆区市容环境卫生处	区岗位能手	自治区创双优组织委员会	2006

全市先进人物表

姓　名	工作单位	荣誉称号	授予单位	获奖时间
王爱华	兴庆区景岳小学	银川市教育系统优秀教育工作者	银川市教育局	2001
杨泽军	银川市城区市容管理局	先进个人	银川市城管环卫局	2001
李建梅	富宁街街道办事处	优秀档案员	银川市人民政府	2001
徐　平	兴庆区农牧局	银川市科技进步二等奖	银川市郊区人民政府	2002
马永成	银川市兴庆区银古路街道	银川市劳动模范	银川市工会	2003
马伏贵	兴庆区农牧局	农机优秀监理员	银川市农牧局农机监理所	2003
马志源	兴庆区市容环境卫生处	银川市劳动模范	银川市工会	2003
王爱华	兴庆区景岳小学	银川市先进工作者、市级劳模	银川市教育局	2003
张　梅	兴庆区掌镇中学	优秀教师	银川市政府	2002
闫永娟	兴庆区市容环境卫生处	银川市劳动模范	银川市工会	2003
刘　星	兴庆区玉皇阁北街	银川市先进工作者	银川市工会	2003
王淑琴	兴庆区农牧局	银川市农牧局	先进工作者	2004
刘　星	兴庆区玉皇阁北街	银川市级劳模	银川市工会	2004
刘桃树	兴庆区园林局	先进工作者	银川市园林局	2004
马鸣慧	兴庆区农牧局	银川市科技承包先进个人	银川市农牧局	2005
杨晓芳	兴庆区农牧局	银川市动物防疫工作先进工作者	银川市防治重大动物疫病指挥部	2005
曹　晖	兴庆区前进街办事处	先进工作者	银川市计划生育协会	2005
宁玉英	兴庆区农牧局	银川市科技创新一等奖	银川市人民政府	2006

续表

姓　名	工作单位	荣誉称号	授予单位	获奖时间
吴晓春	兴庆区农牧局	乡镇企业财务统计先进个人	银川市农牧局	2006
刘桃树	兴庆区园林局	先进工作者	银川市园林局	2006
曹桂芳	兴庆区市容环境卫生处	银川市“十佳”环卫工人	银川市城管局	2006
董瑞宁	兴庆区园林局	银川市拔尖人才	银川市园林局	2006
王广宇	兴庆区市容环境卫生处	先进工作者	银川市城市管理综合执法局	2007
刘世杰	兴庆区前进街办事处	银川市“五创”工作先进个人	银川市人民政府、银川市市委	2007
孙红玲	兴庆区农牧局	银川市动物防疫先进个人	银川市重大动物疫病防治指挥部	2007
李　杰	优秀共产党员	银川市城管局	银川市城管局	2007
徐　平	兴庆区农牧局	银川市动物防疫工作先进个人	银川市农牧局	2007
马建军	兴庆区银古路办事处	银川市民族团结先进个人	银川市委、银川市人民政府	2008
冯敬孝	掌政镇五渡桥村	市级劳模	银川市工会	2008
许凤侠	兴庆区农牧局	银川市动物防疫工作先进个人	银川市重大动物疫病防治指挥部	2008
刘春宁	兴庆区城乡市容管理局	自治区50周年大庆银川市城管局先进个人	银川市城管局	2008
刘桃树	兴庆区园林局	先进工作者	银川市园林局	2008
杨万军	前进街	宁夏回族自治区成立50周年大庆活动银川市级先进个人	银川市市委、银川市人民政府	2008
杨如峰	兴庆区农牧局	草原工作先进个人	银川市农牧局	2008
杨晓芳	兴庆区农牧局	银川市动物防疫工作先进工作者	银川市重大动物疫病防治指挥部	2008
徐　平	兴庆区农牧局	产地检疫技能操作一等奖	银川市农牧局	2008
康安民	兴庆区农牧局	第二次全国农业普查银川市级先进个人	银川市第二次全国农业普查领导小组	2008
曹　晖	兴庆区农牧局	银川市人口和计划生育工作荣誉奖		2008
王淑琴	兴庆区农牧局	银川市农业科技服务体系改革先进个人	银川市农牧局	2009
宁玉英	兴庆区农牧局	银川市农技推广体系改革先进个人	银川市委员会农村工作领导小组	2009
张业生	兴庆区农牧局	草原工作先进个人	银川市农牧局	2009
徐　平	兴庆区农牧局	银川市农业科技服务体系改革先进工作者、银川市动物防疫先进个人	银川市农牧局	2009
贾桂秋	兴庆区档案局	全市档案工作先进个人	银川市档案局	2009
董瑞宁	兴庆区园林局	城乡绿化工作先进个	银川市园林管理局	2009
马　莉	兴庆区前进街办事处	银川市矛盾纠纷排查调处先进个人	银川市综治委	2010
王　超	兴庆区前进街办事处	防控禽流感工作先进个人、第二次全国经济普查工作先进个人、防控甲型H1N1流感工作先进个人	银川市政府	2010
许凤侠	兴庆区农牧局	银川市动物防疫工作先进个人	银川市畜牧兽医工作站、银川市动物疾病预防控制中心	2010
杨万军	前进街	第二次全国经济普查工作银川市级先进个人	银川市人民政府	2010

续表

姓 名	工作单位	荣誉称号	授予单位	获奖时间
杨如峰	兴庆区农牧局	草原工作先进个人	银川市农牧局	2010
张丽珍	兴庆区富宁街办事处	银川市企业退休人员社会化管理工作先进工作者	银川市企业退休人员社会化管理服务工作领导小组	2010
李 峰	兴庆区农牧局	银川市畜牧工作先进个人	银川市畜牧兽医工作站	2010
杨素萍	兴庆区农牧局	银川市优秀信息员	中共银川市兴庆区委员会、银川市兴庆区人民政府	2010
项洪峰	兴庆区农牧局	农业信息工作先进个人	银川市农牧局	2010
徐 平	兴庆区农牧局	银川市动物防疫工作先进个人	银川市农牧局	2010
梁景虎	兴庆区科技局	银川市防震减灾工作先进工作者	银川市地震局	2010
董瑞宁	兴庆区园林局	全市城乡绿化工作先进个人	银川市园林管理局	2010
向 莉	富宁街办事处	第五次全国人口普查银川市先进个人	银川市第五次全国人口普查领导小组	2010
洪书俊	兴庆区通贵乡	综治工作先进个人	银川市综治委	2010
王军锋	兴庆区通贵乡	银川市第六次全国人口普查先进个人	银川市第六次全国人口普查领导小组	2010
马吉元	兴庆区通贵乡	银川市“五五”普法先进个人	银川市人民政府	2010
马建平	兴庆区通贵乡	银川市水利建设工作先进工作者	银川市人民政府	2009
钱 冬	兴庆区通贵乡	人口普查先进个人	银川市人民政府	2009

重要文献·文件目录

ZHONGYAOWENXIAN WENJIANMULU

重要文献

中共银川市兴庆区委 银川市兴庆区人民政府关于加快区域经济发展的意见(摘要)

(2003年6月4日)

一、充分认识加快区域经济发展的重要性

银川市行政区划调整以来,兴庆区大力实施“五大战略”,着力构建“两个新格局”,全面打造“四大城市品牌”,加快现代化城市中心区建设步伐,区域经济呈现出快速健康发展的良好势头。但在区域经济发展中,也还存在诸如传统农业比重大、工业化、城镇化水平相对较低,就业压力大、农民收入增长缓慢,城市、农业、生态上的比较优势没有被充分发挥和利用,就农业抓农业的思想模式还没有彻底转变等一些亟待解决的问题。因此,大力调整城乡经济结构,充分发挥城市、农业、生态等资源优势,全力推进一、二、三产业的规模化、集约化经营,壮大区域经济实力,就成为加快现代化城市中兴区建设的必然选择。

二、发展区域经济的目标

发展目标是:国内生产总值增长率达到11%以上,财政收入增长率达到11%以上,城镇登记失业率控制在4%以内,城镇就业增长率达到20%以上,人口出生率控制在12.5‰以内。经过3到5年的努力,使工业占国民经济的比重明显提高,物流经济优势更加突出,辐射带动功能显著增强,民营经济进一步提升,以蔬菜、畜牧业为主的现代农业特色更加明显;城乡居民收入和生活质量普遍提高,社会保障体系进一步健全,劳动就业充分,医疗卫生和公共服务体系完善,人居环境明显改善,人民生活更加富裕。

三、进一步优化区域经济布局,推进组团式和集约式发展

根据银川市“两县三区一市”、“大银川”的格局,优化兴庆区区域经济布局、功能定位和产业规划,促进工业化,城市化与农业产业化的良性互动和全面发展。

(一)优化完善城乡经济布局。按照银川市城市总体规划,加强城市规划的修编和管理,完善以中心城区为核心,以大新、掌政、通贵为组团的“一核三组团”城乡经济发展格局;以打造“四大城市品牌”为支点,形成由中心城区向东辐射推进的延伸发展态势。

(二)优化完善区域经济发展格局。根据区域发展的基础条件和优势,加速提升兴庆区作为现代化城市中心区的综合经济实力,展示“中心区”的气魄。以大新渠和惠农渠为分界,将兴庆区划分为三个经济发展区域,即:大新渠以西至唐来渠为西部区域,大新渠和惠农渠之间为中部区域,惠农渠以东至黄河西岸为东部区域。坚持因地制宜,在三个发展区域内培育发展“八大经济带”,即:西部区域培育发展商贸和现代服务业经济带、高科技工业经济带、物流市场经济带;中部区域培育发展现代设施农业经济带、加工业经济带;东部区域培育发展生态观光旅游经济带、现代畜牧业经济带、中小民营企业经济带。凸现西“旺”、中“拓”、东“新”的区域发展新特色。

1、西部发展区域。依托城市资源优

势,不断增强兴庆区作为银川市商贸中心、信息中心、金融中心的聚集效应和辐射功能。进一步培育发展以现代商业、餐饮、中介、金融、信息、文化、娱乐业和社区服务业为主的商贸和现代服务业经济带,重点塑造以新华东街、鼓楼南步行街为主的精品购物区,以商城、东方商城及温州商城为主的小百货商品批发、零售区,以南门广场、光明广场、西塔博物馆周边为主的文化旅游产品销售区;以夯实街居经济基础、促进下岗职工再就业和拓展社区服务为目标,以实体化为核心,加快发展社区经济;围绕市场带建设着力培育发展以现代物流业、仓储业为主的物流市场经济带,重点建设机动车、日用百货及副食品、物流配送中心、机电、药材、花卉、五金化工等大型市场和大型仓储区;依托兴庆科技园培育发展高科技工业经济带;大力实施康居工程,加快城乡一体化进程。

2、中部发展区域。发挥生态环境优越、农业资源丰富、产业化水平较高的优势,不断拓展发展空间。大力发展以蔬菜业保护地和养殖小区为主的现代设施农业经济带,重点培育建设掌政和大新现代设施农业示范区、大新花木园区、掌政无公害蔬菜品牌基地;加快培育发展以农产品加工、庭院式小商品加工为主的加工业经济带,重点发展春林农产品加工区,以"一村一品"为特点的各类小商品专业加工村;同时,加快大新、掌政两个小城镇建设,培育发展乡村文化产业,加快城乡一体化进程,实现跨越式发展。

3、东部发展区域。发挥腹地广阔、土地资源丰富的优势,创新发展模式,大力调整产业结构,在农业增效、农民增收上取得新突破。大力发展以奶牛养殖为主的现代畜牧业经济带,创通贵牛乡品牌;培育发展以黄河西岸和鸣翠湖生态开发为主的生态观光旅游经济带,重点规划建设黄河生态园林风景区、黄河西岸伊斯兰民族文化村、滨河庄园、鸣翠湖生态旅游区、掌政乡"农家乐"及宏坤休闲农业园;依托永固创业园建设,重点培育发展中小民营企业经济带;加快通贵小城镇规划建设步伐。

2009年6月12日,自治领导在兴庆区展区视察创业成功展

(三)优化完善园区集聚功能。按照"产业园区化、园区科技化"的思路优化产业布局,促进产业集聚升级和城市辐射功能的提升。工业发展向兴庆科技园、永固创业园集聚,农业发展向掌政和大新现代设施农业示范区、掌政无公害蔬菜品牌基地、大新花木园区、通贵和永固现代畜牧业区集聚,充分发挥蔬菜、畜牧、花木等特色产业基地、示范园区的示范集聚辐射作用。服务业要重点发展街居现代都市服务型产业、大新乡村文化产业园、黄河西岸至鸣翠湖一线旅游区。物流业、仓储业发展向丽景街–清河街市场带、大新仓储区集聚,增强城市的聚集、辐射、带动功能。

四、实施规模推进战略,实现经济总量扩张的新突破

(一)、狠抓主导产业的规模推进,实现工业经济总量扩张的新突破。要积极探索科技园建设新的运行机制,引进大企业投资园区建设,运用市场化方式运作园区开发、项目建设和管理等工作。要积极争项目、引项目、发展一批具有区域优势和发展潜力的农副产品精深加工项目、高回报率的财源建设项目、劳动密集型和资金技术密集型的高新技术的产业项目。今后每年入园项目平均达到20个,上亿元的项目要占到四分之一。力争用3到5年的时间,将园区建成为自治区新型工业化和发展外向型经济的基地和对银川市经济形成巨大拉动作用的特色功能园区。三要建设永固创业园等新型工业区。围绕市场物流带,大力发展"前店后厂"式的产业格局,培育各类加工专业村。

(二)、狠抓产业结构调整的规模推进,实现农村经济总量扩张的新突破。大力实施"555"工程。即,到2005年农民人均纯收入达到5000元、蔬菜产量占银川市场的份额达到50%、奶牛饲养量达到5万头。为此,一要实施"蔬菜富民"战略。大力培育蔬菜专业乡(村),形成规模化经营。用2到3年时间,大新和掌政两个乡要有一半以上的自然村成为以种植蔬菜为主的专业村;到2005年,掌政乡基本实现"蔬菜乡"的目标。二要大力实施"奶业兴区"战略。充分发挥夏进乳业、维维北塔、金河乳业组成的兴庆区奶产业"龙头"作用,以农业工业化为突破口,鼓励三大乳业公司等企业每年投入一定资金建设奶牛养殖场,农民以土地或资金参股,吸收技术农民

成为产业工人，以此大力推行“公司+农场”的发展模式，加快实现兴庆区奶产业规模化扩张。力争每年由企业投资建设的万头奶牛农场达到1–2个。三要大力实施品牌战略。精选出“鸣翠”、“昆仑”等有一定知名度的品牌，以提升品牌效应来开拓和占领市场，提高兴庆区无公害蔬菜的知名度和美誉度。四要大力实施农村新型合作经济组织战略。增强农民进入市场的组织化程度，带动规模经营，推进农业产业化。五要大力实施“卫星镇”战略。把掌政、大新、通贵三个集镇建设成为现代化的卫星镇。

（三）、狠抓骨干经济的规模推进，实现民营经济总量扩张的新突破。一要通过小城镇建设，促进人流、物流、资金流、信息流等各种生产要素聚集，激活民间经营主体。二要实施“大户帮扶”工程。从项目、资金、技术、人才、信息等方面，对有较强辐射带动功能和竞争力的骨干企业予以倾斜，引导民营企业实现低成本扩张。三要依托科技园建设，内联外引，扩大民营经济总量。四要引导、支持社区单位和居民以及民间组织投资社区服务业，巧借民力发展社区经济。五要加强服务、协调、指导工作，强化对民营企业的服务和保护力度。到2005年，民营经济产值占兴庆区国内生产总值的比重达到80%以上，其中1000万元规模以上的企业户数达到150户。

（四）、狠抓街居经济基础的规模推进，实现社区经济总量扩张的新突破。到2003年，每个街道努力创办1–2个投资多元化的社区经济实体，向社会提供就业岗位50个以上，街居年内创收达到10万元以上。争取用2到3年，经济实体的经营能力达到一定规模，年内创收总计达到300万元以上。

（五）、狠抓市场带建设的规模推进，实现特色优势经济总量扩张的新突破。要充分发展市场对区域经济的拉动作用，加快市场带整合、建设步伐，进一步增强城市聚集功能，提高银川市作为区域中心城市的辐射带动能力。2003年，要抓好机动车及配件市场、日用百货及副食品市场、物流配送中心和药材批发市场等四个大型市场的建设；力争用3到5年的时间，完成市场带整合建设，年交易额达到100亿元，利税达到6亿元。

（六）狠抓招商引资的规模推进，实现外向型经济总量扩张的新突破。一要完善招商引资政策。二要创新招商体制和机制，营造优良的创业环境。三要强化目标责任激励约束机制。要把招商引资成果作为党政领导班子和领导干部政绩考核的重要内容，严格兑现奖惩，全程跟踪监

五、坚持不懈地开展创建区域优良经济发展环境工作

进一步办好政务大厅、会计核算中心、优化投资环境投诉中心、为民解忧督办中心（二级）和社区服务中心，坚持不懈地抓好“阳光行政工程”。进一步强化“人人都是投资环境、人人都是形象名片”的意识，强化首问责任制、限时办结制、服务承诺制、投诉反馈制、失职追究制、项目申报无偿代办制和“四个一”服务制度。进一步完善中小企业信用担保机制，引导金融机构支持非公有制经济发展，全力解决企业融资难问题，从根本上改善和优化经济发展环境。

六、加强领导，强化责任，主动加压，严格考核

一是强化经济工作责任机制。将经济指标分解细化到部门和个人，形成层层有任务、级级有担子的责任体系。二是强化监督指导机制。建立重点工程项目建设例会、调度会、现场办公会制度，督促进度，指导工作，落实责任。三是强化考核机制。把经济工作作为考核领导班子及领导干部实绩的重要依据，实行单列考核、单项奖惩。坚持“靠得住、有本事、能干事”的用人原则，将考评结果与干部政绩、任用结合起来，真正在用人上体现经济建设这个中心。要量化考核内容，将经济工作目标考核分为优秀（全面完成工作目标）、合格（完成工作目标的80%以上）、不合格(完成工作目标在60%以下)三个档次，进行分阶段考核，月月排名、季度小评、半年初评、年终总评，严格兑现奖惩。凡被评为“优秀”的单位，区委、政府给予通报表扬或荣誉称号，并按签定的责任书考核办法兑现单位和个人奖金；被评为“不合格”的单位，区委、政府给予通报批评，对目标责任人免职或降职使用。

中共银川市兴庆区委　银川市兴庆区人民政府
关于实施以城带乡战略促进月牙湖乡经济和社会发展的意见(摘要)

(2004年5月28日)

一、现实需要和战略意义

实施以城带乡战略,切实解决好月牙湖乡发展中存在的突出矛盾,着力改善月牙湖乡生产生活条件和发展环境,促进先进生产力的发展,推进先进文化的传播,既是人民群众的迫切希望,也是加快建设现代化城市中心区的现实要求。同时,通过实施以城带乡战略,利用月牙湖乡独特的生态资源和农业资源,丰富的土地资源和旅游资源,发展特色生态、旅游、农产品等产业,培育具有兴庆区特色的产业带,有利于优化资源配置,开辟新的发展空间,实现城乡经济社会全面快速协调发展。

二、总体思路、目标和基本原则

总体思路:以党的十六大、十六届三中全会精神和"三个代表"重要思想为指导,紧紧抓住西部大开发和"大银川"建设的历史机遇,坚持以生态环境治理为根本,以发展农业为基础,以旅游业为着力点,以城市为依托,走"生态农业立乡、畜牧林草兴乡、特色旅游富乡、依法治理稳乡"的新路子,不断强化生态环境保护和建设,加快农业综合开发和结构调整,狠抓旅游产业的整合、提升,充分发挥兴庆区作为城市中心区的辐射带动作用,使经济建设与生态环境相互促进,物质文明建设与精神文明建设相互促进,城市与农村相互促进,努力实现全面、协调、可持续发展。

发展目标:2004年到2008年,5年内工农业总产值年均递增17%以上;牧草业产值占农业总产值的比重达到40%以上;农民人均纯收入达到2000元以上,年均递增14%以上,25%以上的农民人均纯收入达到银川市农民收入平均水平,生活在贫困线以下的人口比例下降到10%以下;一半以上的耕地实现旱涝保收、高产稳产;林木覆盖率达到10%以上,植被保存率达到80%以上;人口自然增长率控制在10‰以内;基本普及九年义务教育,基本扫除青壮年文盲;以生态农业、生态旅游业为特色的主导产业基本形成,经济质量、环境质量和群众生活质量明显改善,成为对区域经济增长具有一定贡献力的生态经济区。

基本原则:坚持从实际出发,按客观规律办事,统筹规划,科学论证,积极进取,量力而行;坚持突出重点,分步实施,集中力量解决关系全局的重大问题;坚持把政策支持与月牙湖乡自力更生、艰苦奋斗相结合;坚持把发挥市场机制作用与加强宏观调控相结合,充分调动各方面参与的积极性。今后五年内兴庆区对月牙湖乡年度财政预算保持12%的增长速度,同时建立移民吊庄地区发展基金50万元,重点实施有利于月牙湖乡产业结构调整,有利于加快农业产业进程,有利于增加农民收入的重大举措或重点项目。

三、大力实施以城带乡战略,加快生态经济区建设

(一)完善发展规划,发挥规划带动作用

2004年,各有关部门、月牙湖乡要协同完成国土开发、土地利用、生态环境保护与建设、集镇村庄、农业综合开发、旅游业发展等整体和专项规划,并协调处理好规划之间的关系,抓紧抓好规划的组织实施工作。要重点抓好月牙湖乡生态示范区建设规划的编制工作,提出具有月牙湖乡特色的生态示范区建设目标与任务。

(二)立足资源优势,发挥产业带动作用

1、强化生态环境保护和建设,做大生态产业。坚持"保护与建设并重,以保护优先"的原则,从"保、退、封、育、建"入手,实施退耕还林还草工程、草原建设工程、203省道绿色通道建设工程、实施黄河湿地保护开发工程、治理沙化、草场退化和水土保持工程。要通过开展"春秋"季生态大会战活动,力争用2到3年的时间,全面完成203省道两侧的植树造林规划建设,使公路沿线得到有效治理;对过去开垦的、已经出现生态恶化的项目区,有针对性地退耕还林还草还湖(湿地);加大防沙治沙力度,坚持带林网三结合,五年内完成治沙造林10万亩;加快马兰花大草原基础设施建设,五年内完成改良草场5万亩;合理开发利用黄河湿地,完成月牙湖小生态

环境恢复和建设工作。要把优化经济结构和优化生态环境有机结合，引进沙芥、沙葱、沙柳、中药材等适合沙生的植被，综合利用开发沙产业；引进国外优质牧草种，建设良种繁育基地，开发草产业；营造经济防护林，发展林产业。要鼓励利用宜林宜草荒地造林种草，实行谁退耕、谁造林、谁种草、谁经营、谁拥有土地使用权和林草所有权的政策。要严禁任何破坏生态环境的经济活动和建设项目的开发，禁止新的开荒，全面落实禁牧封育政策。

2、加快农业综合开发和结构调整，做强特色农业。大搞农田水利基本建设，力争五年内治理盐碱化耕地2000亩，治理沙化土地3000亩，完成中低产田改造1万亩，建设高标准农田5000亩。2004年，要基本解决一级扬水灌区的排水问题，并建设一批小型水利工程和田间配套工程。力争通过五年的治理，形成旱能灌、涝能排、田成方、林成网、沟渠纵横交错、桥涵闸设施配套齐全的农业生产新格局。要大力发展节水高效农业，全面提升农业综合效益。

农业产业结构调整要以发展畜牧业为重点，走以农养牧、以牧促农、农牧结合、协调发展的路子。对新建的圈舍达到兴庆区规定标准的每座补助1000元，饲养基础母羊达到20只以上，或饲养黄牛10头以上，或饲养鸡1000只以上，每户补助2000元；对绝对贫困户（年人均纯收入在650元以下）新购进基础母羊3只以上的，一次性补助600元；新建养殖小区达到兴庆区规定标准给予水、电配套费补助5万元；力争五年内羊只饲养量达到10万只，黄牛3万头，鸡20万只。要按照“115”工程的要求，加快发展奶牛养殖业，五年内对外购奶牛每头补助1000元，力争使奶牛存栏达到3000头。要加快发展饲用玉米、苜蓿等饲草种植，不断扩大饲草种植面积，对户均种草2亩以上的农户，每亩补助购种费20元。适时适量发展蔬菜、杂粮和经济作物等特色种植业，达到增产增收目的。对面积在250平方米以上的菌草温棚，每栋补助1500元；二代节能温棚每间补助100元；移动棚每间补助50元。

3、狠抓旅游产业整合和提升，做优旅游业。要围绕自然风光、人文景观、回族文化三大特色，依托“一线（203省道）两翼（西翼黄沙古渡，东翼马兰花大草原）”，大做旅游文章，培育具有月牙湖乡特色的生态旅游占主导地位的旅游产业。要加快月牙湖乡集镇规划和建设，将其建设成为集民风民俗、回族小吃、回族文化、农业观光、旅游度假与一体的特色集镇。鼓励和引导吊庄移民参与发展旅游产业，发展与旅游业相关的服务业，带动第三产业发展。要强化宣传，打响月牙湖旅游品牌，增强月牙湖乡旅游的核心竞争力。

（三）充分利用政策，发挥项目带动作用

有计划地安排一批符合国家产业政策、符合生态环保要求，对月牙湖乡经济社会发展有较大带动作用的产业项目，并促其尽快上马。要积极争取自治区级生态示范区建设项目，争取银川市湖泊湿地保护资金和项目，争取中德项目和日元贷款项目投资月牙湖乡的生态环境保护和建设。要抓住有利时机，积极争取国家、自治区农业综合开发项目和资金，加快实施引黄、井溉等重点水利工程建设和中低产田改造项目，建设万亩生态种植基地、万亩牧草种植科技示范园和马兰花大草原配套工程；大力实施“六小工程”建设，2005年实现村村通柏油路，完成人畜饮水解困工程建设。要完善鼓励外商投资农业的优惠政策，放宽投资领域，允许外来投资企业对土地进行成片开发，对优势资源进行区域性综合开发；做好招商项目的规划、可行性研究等前期工作，用好的项目吸引投资者；兴庆区国有控股公司要加强与金融机构的联系和协作，吸引金融机构介入重点项目前期工作，及时进行项目评估，积极争取国家信贷支持。

（四）加快发展社会各项事业，发挥扶贫带动作用

1、坚持开发式扶贫方针。各有关部门和月牙湖乡要积极争取自治区和银川市扶贫到村到户项目和资金，促进月牙湖乡经济和社会各项事业全面发展。

2、积极发展科教文卫事业。2004年完成普及初级义务教育，2005年前基本普及九年义务教育。认真实施助学工程、城乡中小学“对口帮扶”工程；稳定教师队伍，完善支教工作机制；加大对学校的设施投入，增加教学设备，改善办学条件；对绝对贫困户的中小学生实行“两免一补”优惠政策；对考入大专院校的绝对贫困户子女由兴庆区财政提供一次性补助。大力实施农民培训工程。力争三年内使每个有劳动能力的吊庄移民掌握1-2项实用技术和就业技能。大力实施“科技特派员创业行动”，鼓励特派员以资金入股、技术参股、租赁经营等形式与农户及专业大户、龙头企业结成经济利益共同体，对自愿到月牙湖乡示范、推广农业、环保科技的专家和科技人员，3年内将示范村发展成为专业村且农民增收高出全乡平均水平30%以上的，一次性给予5万元重奖。增加医疗卫生投入，对吊庄地区的医疗卫生投入人均每年不少于10元，对吊庄孕产妇住院分娩提供免费救助。卫生局要负责基层医护人员的培养，积极争取银川市的培训资金，对乡村卫生人员进行轮训，提高医疗水平。

3、进一步加强劳务输出工作。设立月牙湖乡农民劳动和社会保障服务站。以村为单位，户均每年要有1人外出务工3个月以上，使全乡每年从事非农产业3个月以上的农民人次累计达到2000人次以上，农民人均工资性收入超过500元。要培养和奖励劳务输出带头人，每年安排10万元，奖励组织劳务输出有贡献的农民。以村为单位，对每年组织20人以上，外出务工三个月以上的人员，一次性奖励1500—2000元。

4、积极推进“少生快富”工程。对符合生育政策，自愿放弃生育二胎，采取长效节育措施，领取独生子女证的，每户一次性奖励3000元，并享受独生子女保健费的待遇；双女户采取永久性节育措施的奖励2000元；生育两个孩子并采取永久性节育措施的，给予1000元营养补助。

5、加强扶贫帮困工作力度。组建兴庆区扶贫工作机构，落实扶贫责任制，开展党政机关定点扶贫和领导干部结对帮扶，实行扶贫到村到户，帮助贫困村、贫困户发展种养项目。积极协调农村信用社推行农户小额信用贷款、农户联保贷款和小额扶贫贷款。对收入低于360元的特困户，实行低保覆盖；对贫困户加大帮困救助力度，适时给予救助，特别要确保五保户、病残贫困户、因病返贫户等困难群体有饭吃、有房住、有衣穿、能取暖。民政局要积极争取上级资金，每年解决10户特困户的住房问题。要广泛动员社会力量，开展扶贫济困送温暖活动。2004年起免征月牙湖乡移民吊庄行政村的农业税。

6、加强精神文明建设。开展文明户、五好家庭等创建活动，实施“青年创业计划”和“巾帼建功行动”，开展丰富多彩的文体活动，转变农民的守旧意识和落后的生活方式，树立科学的发展观、教育观和生育观。

2007年9月6日，月牙湖乡村民学习计划生育方面的知识

四、组织领导和根本保障

（一）加强领导，为实施以城带乡战略，促进月牙湖乡经济社会发展提供强有力的领导力量。各级组织、各有关部门要把实施以城带乡战略提上重要议事日程。党政一把手要亲自抓工作措施的落实，并作为考核各有关部门和月牙湖乡主要负责人政绩的重要依据，切实做到措施落实、资金落实、人员落实、责任落实，全力以赴，确保各项措施及相关配套政策落到实处。

（二）完善制度，规范管理，为实施以城带乡战略，促进月牙湖乡经济社会发展提供制度保障。月牙湖乡要按照兴庆区的工作规程，尽快修改、完善本乡的各项规章制度，并做到严格按制度办事。加强农民宅基地的管理，做到统一管理，统一规划。加强对清真寺建设的管理，今后禁止新建清真寺，翻建清真寺必须根据有关法律法规的规定，依法按程序实行报批制度。加强水利设施管理，推进农村小型水利工程经营管理体制改革。加强旅游管理，确保按规划整合建设。加强社会治安管理，认真处理好有关社会治安、民族宗教、重大矛盾纠纷等问题，切实抓好月牙湖乡的社会稳定工作。加强计划生育管理，高度重视月牙湖乡存在的计划生育问题，乡党政一把手要负总责，亲自抓，加大处罚力度，落实“三为主”，坚决控制人口的无序增加和自然增长。加强禁牧管理，建设一支高效精干的执法队伍，以法治推动生态环境保护。

（三）加强干部队伍建设，为实施以城带乡战略，促进月牙湖乡经济社会发展提供强有力的组织保证。加强月牙湖乡基层组织建设，增强基层党组织的凝聚力和战斗力。要加强干部教育、管理和监督，形成与之相适应的考核体制、用人机制，选派思想解放、文化水平高、工作能力强的干部充实村级两委班子，抓好村级班子配套建设。月牙湖乡广大干部要转变思想观念，坚决克服等、靠、要思想，保持良好的精神状态和工作状态，按照城市中心区乡镇的标准抓好月牙湖乡的各项工作，努力开创月牙湖乡经济和社会发展的新局面。

兴庆区创建全国园林城市工作实施方案(摘要)

(2006年2月8日)

一、指导思想、目标

为了推进自治区园林城市创建活动，有效促进兴庆区城市绿化覆盖率，绿地率，全面提升城市品位和档次，塑造现代化城市的新形象，2006年兴庆区绿委办主要以城市绿化为切入点，以科学发展观坚持实施“以人为本”，全面、协调、永续绿色，实现人与自然和谐共处的发展战略，以争创国家园林城市和联合国最佳人居环境奖为目标，以城市现代化、乡村城镇化、城乡一体化为总体要求，牢固树立科学发展观和生态立市新理念，按照“规划见绿、科技兴绿、全面育绿、特色造绿、依法治绿”的思路，坚持政府组织、群众参与、部门共建、因地制宜、讲究实效的原则，充分调动社会各方面的积极性，加快生态大环境建设步伐，构筑城乡生态大环境绿化体系，努力建设总量适宜、布局合理、植物多样、景观优美、独具特色的城乡绿地系统和人居环境，实现市委、市政府提出的“城在园中、园在城中、城在湖中、湖在城中、城在林中、林在城中”的绿色构想，不断提高城市绿化养护管理水平，促进兴庆区经济和社会可持续发展。为此，2006年兴庆区全民义务植树尽责率要达到80%以上，城市新增绿地植物成活率达到90%以上，保存率达到85%以上，绿化达标、绿化先进、园林式居住区在原有的基础上数量百分比分别为40%、50%、10%，街巷绿化成活率达到90%以上，保存率达到85%以上。

二、主要任务

2006年兴庆区政府完成城市绿化16公顷，具体任务由兴庆区绿化办进行细化分工后，分配到各街道办事处及有关责任单位，并签订目标责任书，以各街道办事处及有关责任单位负责牵头在各辖区庭院单位、居住小区、街头空地等实施绿化，完成以下具体任务，其中：

1、公共绿地4公顷，主要分布在11个街道办事处辖区内无人建设的公共地段；

2、拆建还绿2公顷，主要以辖区内拆除危旧房屋、旧小区改造为主进行实施，具体地段见附表(二)；

3、拆墙透绿1公顷，主要以辖区庭院单位、居住小区为主进行实施，具体地段以一中、新二中、兴庆区第十八小学、赛上骄子小区等为主完成1公顷任务；

3、新增绿地10公顷，主要以辖区新建居住小区、庭院单位为主进行实施，具体地段见附表(三)；

4、新植街巷3.5公里，分布在兴庆区辖区次干道及新开街巷共计 条，主要由兴庆区绿化队进行实施，具体地段见附表(四)；

5、鲜花展摆19万盆，主要以11个街道办事处及兴庆区绿化队牵头完成，具体任务见附表(五)；

6、现兴庆区辖区内共有187个庭院单位，167个居住小区，已“绿化达标”的庭院单位有133个，已“绿化达标”的居住小区有40个，绿化先进单位51个，园林式单位5个，今年计划完成“绿化达标”单位20个，“绿化先进”单位10个“园林式”单位5个；

7、在“3.12”中国植树节及“4.1”首府植树节期间在光明广场、世纪广场、南门广场设立宣传点，以11个街道办事处负责牵头组织动员社区居委会、庭院单位、居住小区参加绿化宣传活动，计划编制印刷宣传材料2万份，组织动员辖区单位207个，社区80个、秧歌队4支，共计1270人参加宣传活动，要求各单位悬挂横幅、展出展板不少于3条，发放绿化宣传材料，播放有关园林绿化及创建国家园林城市方面的法律法规及标准，安排绿化专干耐心解答市民提出植物养护的问题；

8、以南环高速公路两侧宽幅林带为基地，建立全民义务植树基地1个，计划面积504 m^2，植树2200株，组织兴庆区政府55个部门1687人于四月初进行全民义务植树活动。

三、工作步骤

在首府绿化办及市“创园办”的领导下，由兴庆区政府主管林业的区长主抓，农林牧业局局长具体安排实施，组织开展兴庆区城市绿化工作。具体步骤如下：

第一阶段 制定计划落实任务 (2006年1月—3月)

安排绿化专干统计兴庆区绿化现状,调查需要进行绿化的地段,根据银川市"创园"工作总体安排,制定2006年创园工作计划、创园工作目标责任书,并与11个街道办事处及有关责任单位签订2006年创建国家园林城市目标责任书。同时,大力开展绿化宣传活动,全方位、多角度、多形式地宣传创建国家园林城市的重要性,不断增强广大市民爱绿、护绿、保护生态环境的意识和良好风尚,把绿化宣传活动贯穿于"创园"工作的全过程。

第二阶段 任务落实 (2006年4月—9月)

针对兴庆区市区内寸土寸金、空地少,辖区单位、居住小区绿化趋于饱和状态的情况,在市区内开展见缝插绿、拆墙透绿、立体绿化、鲜花展摆、增加市区中小型公共绿地等项工作,对庭院单位、居住小区开展评选园林精品工程活动,以此提高绿化档次及养护管理水平。以新建庭院单位、居住小区及市区边缘地段等为主,因地制宜,大力开展城市新增绿地工作,对各责任单位实行责任明确、任务细化、检查验收的管理机制,按照创园目标责任书的内容逐项检查验收。在任务实施过程中,对各责任单位在开展绿化工作中存在的问题及时提出意见,限期整改,并协调解决,确保各项任务的落实。同时,认真完成统计报表工作,并及时准确报送上级业务主管部门,注重积累绿化资料、相关数据,制作影像图片及大型宣传牌匾,确保绿化资料的连续性、完整性。

第三阶段 检查验收 (2006年10月—12月)

对2006年申报的绿化达标单位、绿化先进单位、园林式居住小区进行检查验收。开展认建认育活动,对照"创园"目标责任书,认真检查验收各街道办事处及相关责任单位的绿化工作情况,并进行评比打分,评先奖优活动,同时,按照市创园办的要求,进行自查,整理软件资料,总结全年工作,迎接银川市创园办及银川市园林行政主管部门的总体检查

2009年4月2日,自治区主要领导参加干部植树活动

兴庆区创建全国卫生城市工作安排(摘要)

(2007年2月25日)

一、指导思想和工作目标

紧紧围绕市委、市政府确立的建设西北地区“最适宜居住、最适宜创业”的现代化区域中心城市目标，认真贯彻“政府组织、地方负责、部门协调、群众参与、社会监督、科学治理、分类指导”的爱国卫生工作方针，坚持“建管并重，软硬并举，打好基础，重点突破，城乡联动，整体发展，全面提高”的创建要求，实行全区总动员，举全区之力，在去年打响“攻坚战”的基础上，力争实现2007年创建国家卫生城市的奋斗目标。

二、具体工作任务

(一)继续完善和加强爱国卫生组织管理，力争创建国家卫生城市。

进一步健全爱卫会组织及办事机构，建立与其承担的爱国卫生工作任务相适应的工作机制。继续完善辖区爱国卫生组织网络建设，确保覆盖率达到95%以上；在2006年取得成绩的基础上，坚持集中整治与长效管理相结合，改革城管及市容环境卫生管理体制中存在的弊端，改革管理办法，协调组织社会力量，大力开展全民爱国卫生运动，保持有效的卫生检查、监督、考核、评比及奖惩办法。增加卫生工作活动经费及环卫、市政基础设施投入，确保爱国卫生工作正常开展。

(二)健康教育工作常抓不懈

按照国家卫生城市标准的要求，充分发挥兴庆区健康教育所的职能，努力提高健康教育工作质量，确保辖区健康教育网络覆盖率达到95%以上。采取有效措施，重点围绕社区健教、学校健教、医院健教、行业健教、城中村及城乡结合部健教和控烟健教来开展健康教育工作。一是加大宣传与培训，充分发挥健教宣传阵地的作用，充分利用开展的各种活动，适时举办健教宣传活动；各街道办事处要协调辖区公共场所管理单位，制作健教专栏，积极开展卫生防病宣传，要求公益广告、电子屏幕要经常播放卫生防病宣传和健康教育相关知识，对辖区居民进行健康教育；以提高健教专(兼)职人员业务知识和辖区居民群众的健康知识为内容，举办兴庆区大型健教培训班；各居民社区要以青少年、妇女、老年人等为重点人群，定期开展健教培训班。二是结合检查验收文明单位和卫生先进单位的创建工作，督促辖区机关、学校、医院及行业、单位等落实健教工作。三是巩固创建无烟草广告城市成果，开展创建无吸烟单位及无吸烟家庭活动，落实控烟健教工作。四是在主要街道和人员集中的地区设置内容丰富的健教专栏，对市民进行控烟、预防艾滋病、性病、禽流感等知识的宣传教育。五是大力开展学校健康教育。通过普及健康教育，努力使城市居民健康教育行为形成率达到70%；职工相关卫生知识知晓率达到80%，城中村及城乡结合部村民健康知识知晓率达到70%，学生健康知识知晓率和行为形成率达到80%，14岁儿童蛔虫感染率小于3%，公务员健康知识知晓率达到80%，健康行为形成率达到75%。

(三)单位、公共场所和居民区卫生管理符合规定要求

通过监督检查，督促辖区公园、广场、车站、主要街道、公共场所、居民区等按照新《标准》，健全卫生管理制度，开展健康教育及病媒生物防制工作，督促各居民区按照社区卫生管理标准，落实经常性的卫生清扫保洁，不定期地组织人员清理整治居民楼院、小区内的卫生死角垃圾和房顶垃圾，使居民区达到垃圾袋装化。进一步改善社区卫生硬件条件，健全卫生管理制度，认真落实日常清扫保洁工作，垃圾日产日清，为市民营造舒适、整洁的生活环境。辖区单位卫生管理组织和制度健全，定期开展健康教育、除四害和卫生检查评比活动，辖区内所有公共场所服务业户，按照量化分级管理的标准进行摸底调查、分别登记，达到量化分级管理。

(四)积极开展卫生达标创建活动

积极开展创建卫生先进单位、卫生先进社区、卫生村、卫生达标市场、卫生红旗样板街(巷)、园林绿化先进单位等活动。争取使辖区范围内的科级以上单位(或成建制单位)创建成为兴庆区级卫生先进单位，70%的单位创建成为市级卫生先进单位，30%的单位创建成为

自治区级卫生先进单位；物业管理、非物业管理的居民小区（楼院）实现卫生达标管理，力争85%创建成为兴庆区级卫生居民区（楼院），并提高市级卫生居民区创建率；农副产品市场或规范管理的早、夜市要实现卫生达标管理，积极创建银川市、兴庆区两级卫生达标市场（力争今年北环批发市场、东环批发市场、龙升等市场创建成为兴庆区或银川市卫生达标市场）；继续落实门前三包责任制，将"门前三包"单位纳入卫生达标创建工作之中，对符合卫生标准的予以命名挂牌；组织开展卫生红旗样板街（巷）创建活动；开展创建无吸烟单位、无吸烟学校工作，提高达标率和创建质量；把乡村集镇、庄点环境卫生工作纳入小康村建设的重要指标。

（五）使病媒生物防制工作经常化、制度化

确保病媒生物防制工作在层层签订目标管理责任书或承包协议的基础上，继续坚持标本兼治的原则，努力降低和控制四害密度。重点抓好冬春季灭鼠、夏秋季灭蚊蝇、蟑螂活动，集中投放药物，反复消杀，使"四害"密度达到国家标准（鼠控制在2%，蝇控制在3%，蟑螂控制在3%）之内。同时坚持以环境治理为主的综合防治方针，治理四害孳生场地。加强个体餐饮业如小饭馆、粮油店的病媒生物防制工作，及时进行科学监测，反映病媒生物危害的现状，为开展防制工作提供科学依据。定期举办培训班，提高基层病媒生物防制专干的专业技能。探索病媒生物工作市场化运行机制，降低病媒生物消杀成本，提高消杀效果。

（六）农村改水改厕工作力争再上新台阶

新建农村卫生厕所6000座，力争农村卫生户厕普及率达到80%以上，需新建卫生厕所6170座。其中，通贵乡1990座，月牙湖乡1580座，掌政镇1450座，大新镇1150座。改水工作力争2007年农村新增自来水受益人口3000人，自来水普及率达80%以上。（改水工作具体由兴庆区国土资源水务局实施）

（七）全面落实和深化市容环境卫生工作，环卫基础设施建管并重。

创建国家卫生城市市容环境是重中之重，始终将建设西北地区"最适宜居住、最适宜创业"的现代化区域中心城市目标与创卫相结合，坚持清洁城市造福人民的方针，以人为本，努力向市容管理规范化、经营城市多元化、宣传教育经常化、公厕管理星级化的发展目标迈进。认真贯彻执行有关市容和环境卫生法规，不断创新和完善辖区市容环境卫生管理的体制与机制，提高市容环境卫生管理水平和服务质量，努力建设一支高素质、高水平的城市环卫和监察队伍，以适应大银川发展的需要。认真落实"门前三包"责任制，拓宽"三包"保洁街巷的覆盖面，确保"三包"员上岗率达100%，"三包"责任牌、责任书签定率达95%以上；加大城乡主次干道的清扫保洁力度，努力提高机械化清扫率，按照《城乡生活垃圾卫生填埋技术标准》，垃圾无害化处理率达80%以上，垃圾、粪便必须做到日产日清，清运率达100%，运输车辆车容整洁，密闭化运输；大力开展垃圾袋装化管理，使垃圾袋装化率达到30%以上。加大环卫基础设施建设，对不符合要求的公厕进行整改逐步提高类别和档次，对辖区公厕科学设置，合理布局；积极争取和增加城乡结合部垃圾中转站、公厕的数量；及时对公厕、垃圾中转站、果皮箱等环卫设施、设备进行维修，使其完好率达98%以上。同时，对辖区单位自建、自管的收费公厕，进行协调、指导、监督，建立考评机制，争取达到卫生公厕的标准。

（八）使城市绿化达到国家园林城市标准

积极推进"绿化、美化、靓化"工程，扩大园林式单位和小区的建设，城市区绿化覆盖率达到30%以上，人均公共绿地面积超过5m^2，力争达到国家园林城市标准。

（九）使城市管理工作规范化、全面化

随着城市管理领域相对集中行政处罚权的全面开展，进一步加大城市管理工作力度，加强城市基础设施和市政设施的维护与管理，定期开展"三乱"专项治理，确保市容市貌干净整洁；随着"大银川"建设步伐的加快，要规范管理辖区建筑施工工地，确保文明施工，围栏作业率达100%，工地内要达到卫生整洁、物料堆放整齐，建筑垃圾管理规范，全面实施密闭运输，无偷倒、乱倒现象，待建的工地要管理到位，无乱倒垃圾和乱搭乱建现象。要加强农副产品市场的卫生管理，严格控制活禽、违禁野生动物的销售，完善环卫设施建设、落实卫生制度，对市场内垃圾、公共厕所要加强管理，同时要做好市场内病媒生物的防制工作，基本做到无蝇、无鼠、无蟑螂，积极开展创建卫生达标和文明市场活动，早、夜市按规定时间收市并及时清扫保洁。规范非机动车、机动车管理，制止违章乱停、乱放，清理规范户外门头广告牌匾，彻底清理马路市场、违章占道经营、流动摊点，年内城乡的街巷要达到无占道经营、无乱搭、乱建和三乱现象。市区内无违章占道及过期临时建筑，无残垣断壁、垃圾渣土暴露现象，无违章饲养畜禽，饲养的宠物和鸟类能严格遵守有关规定，进行免疫接种，粪便不污染环境；社会生活噪声控制在区域环境噪声值之内。要加大城中村、城乡结合部的管理，对在沟渠、景观水道内违章搭建、倾倒垃圾、焚烧垃圾产生有毒、有害气体等现象进行严肃处理。

（十）公共场所、生活饮用水、食品卫生及传染病防治工作步入正轨

继续按照新的《标准》对辖区内的公共场所、生活饮用水及食品卫生进行监督检查，落实传染病综合防治工作。认真贯彻《公共场所卫生管理条例》、《食品卫生法》和《中华人民共和国传染病防治法》，随着兴庆区卫生监督所和

疾病控制中心的成立,加强疾病预防控制机构和基层预防保健组织建设,完善疾病预防控制机构和辖区医疗机构组成的疾病预防控制网络,健全疫情信息监测报告网络。使公共场所、生活饮用水、食品卫生及传染病防治的各项工作逐渐步入正轨。

三、具体措施

为确保兴庆区2007年顺利完成创建国家卫生城市的宏伟目标,使爱国卫生工作落实到位,现采取以下措施开展工作:

(一)规范管理,层层落实

依据《宁夏回族自治区市容环境卫生管理条例》和《银川市爱国卫生管理办法》等规定,切实为落实爱国卫生工作保驾护航。在现行管理体制的基础上,进一步加大执法管理力度,坚持以人为本,充分调动广大干部、职工的工作热情,激发居民群众参与整治环境卫生的主动性和投入性,通过日常管理与集中整治使兴庆区的卫生工作逐步走上法制化、规范化的轨道。

(二)加强领导,狠抓落实

各责任单位要切实加强对创卫工作的组织领导,把各自承担的任务细化分解到基层,落实到具体人员。要实行一把手负责制,建立严格的奖罚机制,对实现达标管理并在创卫考核中取得好成绩的进行表彰奖励,对不负责任,不落实任务,推诿扯皮,影响到创卫考核成绩并造成恶劣影响的部门和人员要追究责任。各责任单位要迅速行动起来,并按照《标准》进行自我检查,针对存在的问题和差距进行集中整改。

(三)全民参与,广泛宣传

以爱国爱卫月为契机,广泛宣传卫生知识,利用有利时机掀起创建卫生城市工作的新高潮。协调组织全社会的力量,大力开展全民爱国卫生运动,共同营造全辖区一致创建国家卫生城市的局面,通过开辟专栏、办板报、新闻媒体宣传等形式使创建工作做到家喻户晓、深入人心,并对一些文明行为进行褒扬,对一些损害市容环境的行为进行曝光,逐步形成社会监督和舆论评价的氛围。

(四)健全队伍,发挥职能

健全环卫保洁、环卫监察、城管、食品卫生、公共场所卫生的监督执法队伍,为兴庆区的爱国卫生、城管及市容环境卫生工作提供保障。同时加强协调和指导,进一步发挥街、乡、镇市容站、城管所的作用,加大对市区和城乡结合部、城中村、背街小巷的管理,彻底整治违章占道经营、马路市场,并加强与各相关部门的联系与配合,努力构建和完善大城管机制。

(五)夯实基础,提高水平

把单位、居民区、街巷、公共场所、“六小”行业和城中村、城乡结合部卫生做为开展爱国卫生工作的基础工作来抓,通过广泛开展卫生先进单位、卫生先进居民区和达标街巷、达标市场等创建活动,努力提高兴庆区的整体卫生水平。

(六)督促检查,奖罚考核

继续按照“三严”、“五查”、“一监督”工作制度,把突击性检查与经常性依法监督管理有机结合起来,对卫生工作进行严格监督检查,全面督促落实责任。2007年,兴庆区爱卫办要一如既往的在集中综合检查考核和督查组日检查(做到检查与复查相结合,明查与暗查相结合,随机抽查与普遍检查相结合,分组定期轮换检查)、周通报、月评比的监督考核的基础上,一是邀请兴庆区人大代表进行检查考核;二是邀请兴庆区政协委员进行检查考核;三是邀请市爱卫会有关人员进行检查考核;四是兴庆区爱卫办适时组织各乡镇、街道办事处的书记、主任、卫生站站长等进行检查考核;五是不定期邀请兴庆区委、政府、人大、政协主管卫生工作的领导进行检查考核。

(七)综合治理、专项整治

以爱国卫生月、各大节庆日及银川市举办各项重大活动为契机,动员全民积极参与,开展专项整治活动,一是城乡结合部(城中村)环境卫生专项整治;二是居民楼院小区卫生专项整治;三是建筑工地卫生专项整治;四是农副产品市场的专项整治;五是路面、墙面、楼(屋)顶卫生专项整治;六是开展迎接元旦、春节为主的冬季卫生综合整治。通过整治着力解决市容环境卫生工作中存在的突出问题,并从根本上整治脏乱差问题。在专项整治的基础上,继续开展6项综合整治活动:一是认真开展第十九个爱国卫生月活动;二是以灭蚊蝇、蟑螂为重点,开展夏季市容环境卫生综合整治活动;三是通过举办健康教育和病媒生物防制培训班,以整治环境卫生,治理四害孳生场地为主的综合整治活动;四是结合各节庆日,开展市容环境卫生综合整治活动;五是结合自治区、银川市、兴庆区政府举办的各项重大活动,开展环境卫生整治活动;六是结合银川市创建国家卫生城市,开展卫生综合整治活动。

附:兴庆区爱卫会爱国卫生工作月份安排表

兴庆区爱卫会爱国卫生工作月份安排表

月 份	内　　　容
1月份	1、制定2007年工作安排;2、制定2007年创卫目标责任书;3、制定2007年爱国卫生监督考核奖罚办法;4、开展冬季卫生综合整治活动; 5、开展冬春季灭鼠工作;6、抓好元旦、春节期间市容环境卫生工作;
2月份	1、开展冬季灭鼠工作;2、举办创卫培训班;3、开展城乡结合部、城中村环境卫生专项整治工作;4、做好创卫资料建档案工作
3月份	1、表彰总结及创卫动员大会 2、安排农村改厕改水工作;3、安排春季灭鼠工作;4、居民楼院、小区卫生专项整治。
4月份	1、开展第十九个爱国卫生月综合整治活动。2、迎接全国爱卫办创卫技术考核
5月份	1、对历年达标的卫生先进单位进行复查; 2、农村改厕改水进入实施阶段;3、农副产品、集贸市场的专项整治。
6月份	1、上半年民意测验;2、开展夏季市容环境卫生综合整治;3、安排夏季灭蚊蝇,清理四害孳生地; 4、城乡结合部(城中村)环境卫生专项整治。
7月份	1、开展夏季灭蚊蝇、灭蟑工作;2、集中检查特行辖区单位和窗口单位的环境卫生及除四害工作;3、建筑工地卫生专项整治。
8月份	1、夏季灭蚊蝇;2、乡村卫生整治;3、创建国家卫生城市的验收。
9月份	1、对兴庆区城管及市容环境卫生进行综合检查;2、检查验收申报卫生先进单位、小区和无吸烟单位;3、灭蚊蝇、蟑螂。
10月份	1、开展城乡结合部环境卫生综合整治活动;2、举办除"四害"培训班;3、灭蚊蝇、蟑螂。
11月份	1、冬季灭鼠;2、农村改厕改水验收;3、做好全年爱国卫生工作总结。
12月份	1、开展2008年元旦、春节期间市容环境卫生综合整治活动;2、安排2008年爱国卫生工作。

中共兴庆区委办公室　兴庆区政府办公室
关于兴庆区创建全国文明城市工作的实施方案(摘要)

（2008年8月15日）

一、创建全国文明城市工作的总体思路

以邓小平理论和“三个代表”重要思想为指导，全面贯彻落实科学发展观,以建设社会主义核心价值体系为根本,以创建全国文明城市为主线,以“迎奥运、讲文明、树新风,争做文明银川人、喜迎五十大庆”为主题,以各类和谐创建活动和群众性精神文明建设活动为载体，以未成年人思想道德建设、和谐社区建设、和谐村镇建设和诚信建设为重点,在提高兴庆区文化品位上下功夫，在提高市民文明素质上下功夫,在优化发展环境上下功夫,为银川市创建全国文明城市和“两个最适宜城市”,实现又好又快地发展,营造出浓厚热烈的社会氛围和文明和谐的人文环境。

二、组织机构

为创建全国文明城市,经研究决定成立兴庆区“创建全国文明城市指挥部”,兴庆区委副书记杜迁担任总指挥,指挥部下设办公室和政务环境组、法治环境组、市场环境组、人文环境组、生活生态环境组、创建活动组、宣传报道组、督导组八个工作组。

三、实施步骤和主要任务

全国文明城市创建工作分四个阶段进行:

(一)宣传发动阶段:从现在起为宣传发动和营造氛围阶段,并坚持贯穿创建活动的整个过程。(2008年8月10日—8月30日)

主要任务是:加大宣传力度,广泛发动群众,形成浓烈的创建氛围。

1、做好动员。召开“争创文明城市喜迎五十大庆”动员大会,对工作作出全面部署,明确目标、落实责任。下达创建全国文明城市任务分解表,区长与各责任单位一把手签订创建全国文明城市目标责任书。(兴庆区文明办负责)

2、加大宣传。一是兴庆区制定《开展创建全国文明城市系列宣传教育活动方案》，协调主流媒体有组织、有计划、大张旗鼓地宣传创建全国文明城市活动的重要意义、活动内容、工作重点和保证措施以及创建文明城市的先进经验和先进典型,形成强有力的创建舆论氛围。二是宣传部、文明办在《今日兴庆》设立专栏、制作专题,印发创建全国文明城市宣传材料10万份,编写《银川市兴庆区精神文明创建工作知与行》。三是各乡镇、街道并相关单位要利用宣传栏、橱窗、板报等宣传阵地,宣传创建全国文明城市知识。确保创建文明城市群众知晓率达到85%。

3、开展活动。在辖区召开“争创文明城市,评选千名道德之星”表彰大会和思想道德建设观摩会,举办兴庆区精神文明建设成就展;在名人文化广场广泛开展以“创建文明城市,共建美好家园”为主题的“广场文化季活动”;在流动人口中开展“同驻一方热土,共建城市文明”教育活动;在社区、村镇、学校、单位中开展“向道德模范学习、争做文明兴庆人”活动。

(二)自查自纠,整改提高阶段(2008年9月1日—10月30日)

自查自纠、整改提高阶段主要任务是:各乡镇街道及各文明单位要按照任务分解表和本单位业务职能,进一步搞好自查、整改工作,对已达标的项目进一步巩固成果,对存在明显差距和不足的项目查找原因,对薄弱环节进行重点专项整治,全面推进创建工作。

1、制定方案,明确责任。各乡镇、街道并相关部门根据《全国文明城市测评体系》和《银川市创建全国文明城市责任分解表》制定工作方案,明确责任单位和责任人。根据《全国文明城市测评体系》,按照各自职责、工作任务及工作方案狠抓落实,力争各项指标均达到A级标准。

2、开展重点整治。整顿机关作风。加强机关效能建设，加强职业道德教育,增强服务意识,转变工作作风,完善工作制度,规范工作程序,不断提高机关的工作效率和工作水平。(负责人:冯伟斌 由政务环境组实施);

整治社会治安。进一步落实社会治安综合治理的各项措施,增强群众的安全感。坚决查处和打击“黄、赌、毒”等社会丑恶现象,建立健全社会治安综合治理工作网络,创造良好的治安秩序。(负

责人:李军 由法治环境组实施);

整治文化市场。加大"扫黄打非"工作力度,强化对出版物市场、音像市场、网吧、歌舞厅和电子游戏场所的日常监管,规范文化市场秩序,进一步净化文化市场。(负责人:曹生林 由人文环境组实施);

整治市容环境。大力开展以治理乱张贴广告、乱占道摆卖为主要内容的专项整治。抓好机场、车站、旅游景点、小街小巷、农贸市场、城乡结合部和夜间环境卫生治理。城市主要道路落实"门前三包"责任制,实现全天候保洁。加强机关、企事业单位工作区和生活区的日常卫生保洁管理。严格实行建筑工地文明施工,整治渣土运输抛撒和污染。开展全民爱国卫生运动。(负责人:金永灵 由生活、生态环境组实施);

整治交通秩序。巩固和深化"畅通工程"成果,继续开展"拒绝违章,珍爱生命"交通安全宣传实践活动,加强交通安全法规和交通安全知识的宣传普及。开展交通专项整治活动确保道路畅通、秩序井然。(负责人:李军 由法治环境组实施)

整治经营性公共场所卫生。加强从业人员卫生知识培训,持证上岗,全面实施食品卫生监督量化分级管理制度,抓好食品安全工作。(负责人:金永灵 由生活、生活环境组实施);

整治乱排问题。治理城市噪音、机动车尾气、烟尘和"白色污染",整治各种违规排放污水、废气。(负责人:肖建东 由市场环境组实施);

整治不文明行为。进一步落实"二十字"公民基本道德规范和银川文明市民"六要、十不准"行为规范,广泛开展社会公德、职业道德、家庭美德、个人品德教育,开展文明礼仪宣教、"迎奥运、讲文明、树新风"等活动。(负责人:叶建国 由创建活动组实施)

(三)迎接检查阶段(10月上旬)

主要任务是:按照银川市创建全国文明城市总指挥部的具体工作安排,由兴庆区创建文明城市指挥部组织力量对照目标任务的分工,对各乡镇、街道及相关部门的创建工作进行测评,高标准做好迎检各项准备工作。

(四)总结表彰阶段:(2008年12月)

对在这次创建工作中表现突出的个人和单位进行表彰,总结创建工作经验,巩固扩大创建成果,提高创建工作水平。

四、具体要求

1、加强领导,形成创建工作合力。各单位必须高度重视创建文明城市工作,加强领导,把创建全国文明城市作为精神文明建设的头等大事来抓,实行一把手负责制。要把创建文明城市的每一项工作任务落实到单位、落实到人,做到横向到边、纵向到底、持之以恒、不留死角,做到组织到位、领导到位、措施到位。形成创建工作事事有人管、件件有人抓,一级抓一级、层层抓落实的创建局面。

2、周密部署,建立有效的工作机制。一是建立工作协调机制,形成上下联动,把创建工作和日常工作有机结合起来,各单位负责资料收集、整理、记录、上报及创建工作的组织实施,相关责任单位要密切配合;二是建立信息反馈机制,加强信息沟通,确保创建工作情况上下贯通,使各级领导及时掌握创建动态;三是建立工作目标责任制,相关单位要严格按照目标责任分工,逐项落实。

3、密切配合,形成创建工作的良好氛围。各单位要牢固树立大局观念和全局意识,既分工负责,又互相协作。要整合资源,建立"以块为主、条块结合、全民动手、齐抓共管"的创建模式,做到"上下互动,城乡互动,军民互动,干群互动,经济文化互动,软件硬件互动"。

4、以人为本,注重创建工作的实效。创建活动既要轰轰烈烈,大造舆论,又要扎扎实实地做好工作。要放手发动群众,把群众满意不满意、欢迎不欢迎、拥护不拥护作为衡量各项创建工作的第一标准,深入体察民情,了解民意,集中民智,珍惜民力,使创建工作进一步贴近实际、贴近群众、贴近生活。让老百姓直接感受到创建文明城市的好处,自觉参与文明城市创建活动。

中共银川市兴庆区委　兴庆区人民政府
关于推进全民创业加快富民强区的实施意见(摘要)

(2008年8月19日)

一、指导思想和目标任务

以党的十七大精神为指导，全面落实科学发展观，进一步完善创业政策，优化创业环境，构筑创业平台，消除创业障碍，不断增强全民创业意识、激发全民创业活力、提升创业发展动力，努力形成尊重创业、勇于创业、创业致富、改善民生，推进城乡一体化发展的新局面，加快推进“两个最适宜”城市建设，实现兴庆区经济社会又好又快发展。

全民创业的对象指一切有创业意愿的公民，包括大中专毕业生、复退军人、科技人员、农民、就业困难群体、公务员、外地客商、企业等。凡自主创业，均可享受国家、自治区和银川市相关优惠政策。通过全民创业活动的深入开展，到2012年实现以下目标：

——创业活动更加活跃。力争个体工商户和私营企业数量比2007年增加30%。

——就业岗位不断增加。每年城镇新增就业岗位1万个，每年解决2000名城镇失业人员就业和300名“4050”人员再就业。对新产生的城镇“零就业家庭”，出现一户，帮扶一户，消除一户，稳定一户。城镇登记失业率控制在3.6%以内，70%的社区达到“充分就业社区”标准，50%社区达到“信用社区”标准。

——创业就业服务体系不断完善。形成较为完备的区、街(乡镇)、社区(居委会、村委会)公共就业服务网络体系。每年组织1000人参加创业引导培训，600人参加“GYB”(产生你的企业想法)培训，300人参加“SYB”(创办你的企业)培训，100人参加“IYB”(改善你的企业)培训，50人参加“EYB”(扩大你的企业)培训，到2012年，力争从培训人员中培育成功500名初始创业者，创办500家小企业。

——城乡居民以创业提高收入。力争城镇居民人均经营净收入占家庭总收入的比例达到20%，年均增长1.5个百分点；农民家庭人均经营性收入占家庭总收入的比例达到90%以上，年均增长2个百分点。

二、全民创业的工作重点

(一)鼓励就业困难群体自主创业。鼓励在银川市领取失业保险金人员开展初始型自主创业，且经营一年以上的，本级财政根据其运营情况适当给予创业补贴。对符合条件的失业人员创业后申报并参加社会保险的，享受银川市再就业补助经费中给予1年50%的社会保险补贴。符合领取失业保险金条件的失业人员，从事个体经营自主创业或组织起来合伙就业的，可一次性领取失业保险金帮助创业。对领取工商执照，从事个体经营的残疾人，在残疾人就业保障金中给予一次性创业补助。兴庆区农村低保户、低收入纯农户家庭等农村就业困难群体，在户籍所在地依法自主开办个体工商户，创业经营一年以上的，本级财政适当给予创业补贴。对于未参保的灵活就业人员和自谋职业者，按城镇个体工商户参保政策参加基本养老保险。

(二)鼓励农民创业致富。鼓励和支持兴庆区农民投资兴办个人独资、合资企业和连锁超市、便利店。凡新建企业固定资产投资在10万元以上，吸纳辖区农村劳动力就业占企业就业人数50%以上的，严格执行银党发[2008]38号文件有关扶持政策；凡进入“万村千乡市场工程”连锁网络的，经验收合格，从专项支持资金中给予一定补助。扶持农民发展乡村休闲旅游产业。培育3个休闲旅游产业示范村，政府负责基础设施建设和环境绿化美化。利用自家院落房屋发展农家乐的农户，免除各种地方税费。积极发展为农业产前、产中、产后服务，为农村经济社会服务，为提高农民生活质量服务的农村服务业。发展特色农业、农产品加工业和非农业生产的，享受国家、自治区相关税收优惠政策。扶持发展农村专业合作经济组织，5年内发展农村专业合作经济组织50个，培育农民经纪人500人。农村剩余劳动力90%以上通过技能培训转移到二、三产业。

(三)鼓励失地农民勤劳创业。大力开展失地农民创业培训，力争到2012年，使有创业愿望的失地农民均能掌握一定的创业技能。失地农民参加创业培训享受财政补贴政策。鼓励和扶持失地农民发展二三产业，对失地农民新建企业固定资产投资在10万元以上的，严格执行银党发[2008]38号文件有关扶持政策。鼓励有条件的街道、乡镇规划和培育一批失地农民创业园区、创业街、创业市场、创业社区（村），为失地农民自主创业搭建平台，财政给予一定的支持。失地农民享受银川市下岗失业人员同样的小额担保贷款优惠政策。

（四）开展党员创业帮带。建立健全党内激励、关怀、帮扶机制，深入实施党员创业能力培训，着力构建党员创业长效帮扶机制，以党员创业促进全民创业。各级党组织要深入开展“党员创业帮带活动”，采取摸清底数、创业培训、项目推介、指导服务、政策扶持、资金扶持“六位一体”的措施，确保有劳动能力和创业愿望的困难党员全部实现自主创业和就业。

（五）大力推动社区创业。支持各类组织、企业和个人开展社区服务业。以街道、乡镇为单位，建立15个社区事务服务中心、30个社区托老所、30个社区托儿所、40个社区文化活动站、90个社区事务服务站，引导成立500个社区服务组织，社区吸纳安置就业2000人，为社区居民提供劳动就业、社会保障、文体卫生、科技教育等全方位的服务，实现“困有所助，难有所帮，需有所应”的城乡一体化社区服务业工作目标，到2012年，基本建立起覆盖城乡的服务功能完善，服务手段灵活，服务质量和管理水平较高的城乡社区服务体系。

（六）鼓励招商引资创业。大力实施“近联、远引、外拓”和“走出去、请进来”工作方略，以银川国际物流港、丽景街物流市场带、新华商业圈、东部休闲旅游观光带为重点发展区域，大力发展商贸物流业、休闲旅游业，大力发展金融、会展、科技和中介等生产性服务业。积极引进一批大企业、大集团、大项目，做大做强现代服务业。力争到2012年，服务业增加值占地区生产总值的比重达到80%以上，市场带交易额达到200亿元，将兴庆区打造成为区域现代物流中心、现代服务业中心、交通运输中心及西部地区独具特色的旅游观光休闲度假胜地。

（七）鼓励干部建功业。兴庆区干部职工要立足本职，挖掘潜力，深入开展比服务、比创新、比贡献、创一流业绩的“三比一创”活动。各乡镇、街道和各部门要开展“四联系活动”（干部职工联系社区（村）、联系辖区单位、联系企业、联系贫困群众），激励广大干部职工，在大力优化发展环境、加强效能建设、提高执行力中建功业，在切实增强服务基层、服务企业、服务群众的实效中创事业、建功业。

三、全民创业的政策措施

（八）建立创业发展基金。从2008年起，本级财政将建立一定数额的全民创业发展资金（不含本级财政按当年财政收入的1%提取的用于就业再就业和发展劳务产业的资金），主要用于全民创业的创业补助、创业奖励、创业培训及创业服务体系建设等，支持科技型、农副产品加工型、吸纳就业型民营企业的发展。

（九）建立充分就业社区和信用社区制度。全面启动创建“信用社区”试点工作，大力推进“创业培训信用社区与小额担保贷款”的联动机制，推行社区创业评价模式，发挥社区在创业和就业工作中的基础作用。对在创业和就业方面做出突出成绩的“信用社区”和“充分就业社区”一次性奖励3000元至5000元的工作经费。

（十）完善创业服务体系。完善创业信息服务体系，经统、农牧、旅游、劳动就业等相关部门要在兴庆区政府网站设立创业网页，定期开设创业专栏。发挥农业科技“110”服务中心、设施蔬菜信息公共服务、科技服务平台的优势，为企业产品研发、生产工艺改造提供技术支持。定期组织专家学者、企业界人士和创业者开展各类创业交流活动。

（十一）建立创业项目库和创业者数据库。兴庆区全民创业领导小组办公室通过从社会上征集或购买创业项目方式，建立创业项目库，并向全民开放，做到信息共享。要通过对创业项目的征集和发布，使创业者能够很快了解相关情况，找到适合自己的创业项目。要通过创业指导、创业培训等推介创业项目、宣传创业政策、发布创业信息，实现创业项目与各部门之间的紧密衔接，引导创业者走向创业成功之路。各有关部门和各街道、乡镇劳动保障所、社区居（村）委会（站）要定期对本辖区有创业愿望的人员进行一次全面摸底调查登记，为每位有创业意愿人员建立个人档案，进行动态管理。

（十二）加强创业培训。制定兴庆区中长期创业培训规划，明确创业培训的组织机构、目标任务、政策支持等，进一步规范创业培训工作。鼓励社会各方面力量参与创业培训。全面启动“SIYB”四个模块的培训工作，对参加创业引导培训和“SYB”的人员免费进行培训，对参加“GYB”、“IYB”、“EYB”培训人员，分别给予80%、30%、30%的财政补贴。加强创业师资队伍建设，加快建设创业辅导老师和辅导员两支队伍，年内培训师资10名。积极推出创业项目，制定培训计划，确定培训内容，对初始创业者进行“一对一”全程创业帮扶，提高创业成功率。创业培训要与项目推介、小额贷款、创业指导等服务相结合，实现创业促进就业的倍增效应。整合建立一批高标准的示范创业培训基地。

（十三）建设一批创业辅导基地。经统局、劳动就业局、建设交通局等有关部门和各街道、乡镇要结合实际，通力合作，尽快研究规划建设具有滚动孵化功能的中小企业创业辅导基地（中小企业创业园）的总体规划和详细性规划，并抓紧实施，力争到2009年上半年培育一批创业街、创业园、创业社区（村）。

（十四）营造浓厚的创业氛围。宣传部门要在《今日兴庆》及区市各新闻媒体开设“创业在兴庆”、“与创业者对话”等专栏和专题节目，为兴庆区全民创业活动搭建良好的宣传平台。各有关单位要通过举办“创业报告会”、“创业论坛”、经验交流会等形式激发全民创业热情。每年8月份定为兴庆区全民创业活动月，深入开展政策宣传、创业成果展和“创业带头人”、“创业之星”评选表彰等系列活动，在全社会营建良好的创业氛围。

(十五)培育创业文化。积极弘扬“崇尚创新、宽容失败、支持冒险、鼓励冒尖”的创新文化，摒弃“小富即安，小成即满，患得患失，亦步亦趋”的保守心态，树立“劳动光荣、创业有功”的价值理念，让“敢闯、敢试、敢拼、敢冒、敢承担责任”成为时代的最强音。从2008年起，每年从新创企业中评选出“创业带头人”、“创业之星”予以奖励、每年认定、授牌兴庆区级创业示范园区（基地）、创业街、创业社区（村）。对获得国家、自治区驰名商标或名牌产品的，进行重奖；对在全民创业中成绩突出、在全国、全区和全市行业系统中位居前列的部门和单位，进行表彰奖励。

(十六)优化政务环境。在乡镇、街道等有关部门全面推行创业一站式服务或代理服务。进一步简化行政审批程序，协调解决创业者在资金、信贷、土地、市场等方面的问题。兴庆区设立全民创业环境投诉中心，设在监察局，并向全社会公布投诉电话。各级党政组织和执纪执法部门要以服务全民创业为己任，做到思想上坚持“放”，政策上落实“宽”，措施上明确“扶”，服务上强化“优”，为各类企业主体营造宽松的创业环境。加强机关效能建设，全面落实首问责任制、限时办结制、服务承诺制等制度，理顺投诉机制，完善投诉处理办法，对违反规定乱收费或变相摊派的行为予以严肃查处，切实保护创业者的合法权益。

在全民创业工作开展过程中，各项优惠政策执行《自治区党委政府关于大力推行全民创业的意见》（宁党发[2008]45号）文件要求。

四、全民创业的组织保障

(十七)加强领导。各级党政组织和各部门要把推进全民创业作为一项重要工作摆上重要议事日程，纳入领导任期目标责任制，定期分析研究，加强指导协调，狠抓任务落实。兴庆区成立以政府区长为组长的全民创业领导小组，负责推动全民创业的规划编制、政策制定、协调指导、监督落实。领导小组下设办公室和十五个工作项目领导小组，，办公室设在劳动就业局，具体负责全民创业的指导、协调等工作。各领导小组办公室主任由牵头负责单位主要领导兼任，各有关单位都要明确专职工作人员具体负责全民创业的工作任务。兴庆区全民创业工作项目领导小组各成员单位要明确各自的工作职责和目标任务，按照分解的工作指标，确保完成工作任务。同时成立兴庆区全民创业行动领导小组专家咨询团和督查验收考评组，对兴庆区全民创业工作采取定期和不定期的指导和检查，及时总结全民创业行动中的经验和不足，不断破解创业难题，努力为创业者提供优质、高效的服务。各乡镇、街道也要成立相应的组织，负责本区域全民创业的推进和落实。工会、共青团、妇联、工商联、残联等群团组织要充分发挥各自优势，积极参与、共同推动全民创业工作深入开展。

(十八)落实责任。全民创业领导小组办公室要积极协调有关职能部门，尽快研究制定与《实施意见》相配套的困难群体自主创业、农民创业致富、失地农民勤劳创业、党员创业帮带、推动社区创业、招商引资创业、干部建功业、大中专毕业生自主创业、公务员辞职创业、复退军人创业、青年创业、妇女巾帼创业、科技人员创业、企业创新业、残疾人创业等十五项创业工作的意见、措施，进一步细化任务，明确责任，强化措施，狠抓落实。各乡镇、街道、各部门要继续解放思想，不断创新思路，采取有效措施，着力解决好全民创业中的热点、难点问题，确保全民创业取得实效。

(十九)强化考核。从2008年起，区委、政府将全民创业工作列入各乡镇、街道和区直各部门年度目标责任考核内容，定期检查，年终考评，兑现奖罚。对兴办项目多、经济发展快、财税增幅大、社会就业率高的乡镇、街道及在组织实施全民创业工程中服务优质高效、创业主体评价高的党政机关事业单位，予以重奖。对全民创业工作中成绩突出的领导干部，予以优先重用；对全民创业工作中无所作为、工作平庸的领导干部予以通报批评或职务调整。

文件目录

兴庆区党委政府联合发文摘录

文号	文件名称	时间
(银城党发[2001]8号)	关于印发《银川市城区建区30周年庆祝活动筹备工作总体方案》的通知	2001年2月5日
(银城党发[2001]18号)	关于印发《银川市城区2001-2005年社区建设发展规划》的通知	2001年3月26日
(银城党发[2001]34号)	批转城区党委宣传部、司法局《关于在公民中开展法制宣传教育的第四个五年规划》的通知	2001年9月20日
(银城党发[2001]45号)	关于印发《城区基本建设项目报建审批验收管理办法》的通知	2001年10月30日
(银城党发[2001]50号)	关于优化投资环境的实施意见	2001年11月28日
(银城党发[2001]52号)	关于加强和改进各级领导班子 领导干部作风建设的规定	2001年11月28日
(银城党发[2001]53号)	关于城区事业单位补充工作人员的暂行办法	2001年12月6日
(银兴党发[2002]10号)	关于推动城市化进程建设现代化城市中心区的实施意见	2002年12月12日
(银兴党发[2003]3号)	关于命名2002年度兴庆区级文明单位、文明社区、文明小区、文明村的决定	2003年1月8日
(银兴党发[2003]5号)	关于表彰兴庆区民兵工作先进单位和个人的决定	2003年2月26日
(银兴党发[2003]10号)	关于兑现2002年度社会治安综合治理(岗位)目标管理责任书的决定	2003年2月26日
(银兴党发[2003]11号)	关于表彰奖励2002年度政法工作先进集体、先进个人的决定	2003年2月26日
(银兴党发[2003]12号)	关于表彰奖励2002年度社会治安综合治理工作先进集体、先进个人的决定	2003年2月26日
(银兴党发[2003]13号)	关于表彰奖励2002年度处理"法轮功"问题工作先进集体 先进个人的决定	2003年2月26日
(银兴党发[2003]16号)	关于2002年度党风廉政建设和反腐败目标管理责任书考核兑现的决定	2003年3月3日
(银兴党发[2003]17号)	关于兑现2002年度精神文明目标管理责任奖的决定	2003年3月3日
(银兴党发[2003]20号)	关于进一步做好信访工作的通知	2003年3月10日
(银兴党发[2003]24号)	关于2003年党风廉政建设和反腐败工作主要任务分工的通知	2003年3月12日
(银兴党发[2003]25号)	关于加强基层文化建设的意见	2003年3月21日
(银兴党发[2003]26号)	关于加强土地管理工作的通知	2003年3月26日
(银兴党发[2003]27号)	关于印发2003年社会绿化工作安排的通知	2003年3月25日
(银兴党发[2003]28号)	关于印发2003年党风廉政建设和反腐败工作安排的通知	2003年3月15日
(银兴党发[2003]31号)	关于宁夏田家炳高级中学管理工作有关事项的通知	2003年4月10日
(银兴党发[2003]34号)	关于进一步加快社区经济发展的若干意见	2003年5月6日
(银兴党发[2003]35号)	关于大力发展农村新型合作经济组织的意见	2003年5月6日
(银兴党发[2003]36号)	关于印发《兴庆区中小学、幼儿园人事管理工作的暂行规定》的通知	2003年5月7日
(银兴党发[2003]37号)	关于命名宁夏医学院附属医院为兴庆区级文明单位的决定	2003年5月9日

续表：

文号	文件名称	时间
（银兴党发[2003]40 号）	关于加快教育改革与发展的意见	2003 年 5 月 19 日
(银兴党发[2003]42 号)	关于印发兴庆区亮化工程实施意见的通知	2003 年 5 月 21 日
(银兴党发[2003]44 号)	关于加快区域经济发展的意见	2003 年 6 月 4 日
(银兴党发[2003]45 号)	关于印发《银川市兴庆区工作人员违纪违规责任追究暂行规定》的通知	2003 年 6 月 4 日
(银兴党发[2003]46 号)	关于成立兴庆区企业下岗失业人员再就业工作领导小组的通知	2003 年 6 月 11 日
(银兴党发[2003]47 号)	关于进一步加强体育工作的实施意见	2003 年 6 月 10 日
(银兴党发[2003]51 号)	关于进一步做好就业和再就业工作的实施意见	2003 年 6 月 25 日
(银兴党发[2003]56 号)	关于印发银川市兴庆区乡镇行政区划调整工作实施方案的通知	2003 年 7 月 22 日
(银兴党发[2003]57 号)	关于大力发展非公有制经济的意见	2003 年 7 月 22 日
(银兴党发[2003]58 号	关于表彰两年“严打”整治斗争工作先进集体、先进个人的决定	2003 年 8 月 7 日
(银兴党发[2003]59 号)	关于印发《银川市兴庆区第一届社区居委会选举暨社区党支部选举工作实施方案》的通知	2003 年 8 月 27 日
（银兴党发[2003]60 号）	关于表彰优秀教师和优秀教育工作者的决定	2003 年 9 月 8 日
（银兴党发[2003]62 号）	关于重新确认 1998 年以前命名的兴庆区级文明单位荣誉称号的决定	2003 年 9 月 16 日
（银兴党发[2003]63 号)	关于对部分文明单位给予黄牌警告及撤销取消部分文明单位荣誉称号的决定	2003 年 9 月 16 日
(银兴党发[2003]64 号)	转发《关于切实做好失地农民就业工作的若干意见》的通知	2003 年 10 月 9 日
(银兴党发[2003]70 号)	关于印发《兴庆区综合目标管理责任书考核暂行办法》的通知	2003 年 11 月 28 日
(银兴党发[2003]71 号)	印发《关于实施“增收致富工程”加快通贵经济和社会发展意见》的通知	2003 年 12 月 1 日
(银兴党发[2003]72 号)	关于表彰防治非典工作先进集体先进个人的决定	2003 年 12 月 2 日
(银兴党发[2003]73 号)	关于进一步解决困难群众生产生活问题的通知	2003 年 12 月 10 日
（银兴党发[2004]1 号）	关于表彰 2003 年城市建设征地拆迁暨制止违章建房工作先进集体和先进个人的决定	2004 年 1 月 8 日
（银兴党发[2004]2 号）	关于交接原陶乐县月牙湖乡工作方案	2004 年 2 月 3 日
（银兴党发[2004]3 号）	关于交接月牙湖乡有关事宜的通知	2004 年 2 月 6 日
（银兴党发[2004]4 号）	关于印发《兴庆区 2004 年农业产业结构调整实施意见》的通知	2004 年 2 月 17 日
（银兴党发[2004]5 号）	关于表彰 2003 年度政发工作先进集体、先进个人的决定	2004 年 2 月 27 日
（银兴党发[2004]6 号）	关于表彰 2003 年社会治安综合治理工作先进集体、先进个人的决定	2004 年 2 月 27 日
（银兴党发[2004]7 号）	关于表彰 2003 年防范和处理邪教问题工作先进集体、先进个人的决定	2004 年 2 月 27 日
（银兴党发[2004]8 号）	关于表彰奖励 2003 年度宣传兴庆区先进新闻工作者及通讯报道先进集体、优秀通讯员的决定	2004 年 3 月 2 日

续表：

文号	文件名称	时间
(银兴党发[2004]9号)	命名2003年度文明单位、文明社区、文明小区、文明村的决定	2004年2月20日
(银兴党发[2004]10号)	关于表彰2003年度人口与计划生育工作先进单位的决定	2004年3月4日
(银兴党发[2004]11号)	关于表彰2003年度经济工作先进单位的决定	2004年3月4日
(银兴党发[2004]13号)	关于表彰民兵工作先进单位和先进个人的决定	2004年3月8日
(银兴党发[2004]16号)	印发《关于招商引资奖励暂行办法》的通知	2004年4月2日
(银兴党发[2004]17号)	关于开展创建"平安兴庆"活动的实施意见	2004年4月9日
(银兴党发[2004]18号)	关于印发《中国·银川兴庆首届黄河生态旅游文化周活动方案》的通知	2004年4月8日
(银兴党发[2004]19号)	关于印发《兴庆区事业单位人事制度改革实施方案》的通知	2004年4月26日
(银兴党发[2004]23号)	关于加快推进依法治区进程的意见	2004年5月18日
(银兴党发[2004]24号)	关于实施以城带乡战略促进月牙湖乡经济和社会发展的意见	2004年5月28日
(银兴党发[2004]25号)	关于进一步加强和改革未成年人思想道德建设的实施意见	2004年6月8日
(银兴党发[2004]30号)	关于兴庆区文明生态工程的实施意见	2004年6月24日
(银兴党发[2004]31号)	关于银川市兴庆区区划调整后乡镇及新设立街道机构设置暨人员编制的意见	2004年7月1日
(银兴党发[2004]34号)	关于印发《银川市兴庆区委各常委政府各区长廉政承诺》的通知	2004年7月27日
(银兴党发[2004]38号)	关于印发《兴庆区工作绩效问责暂行办法》的通知	2004年7月30日
(银兴党发[2004]41号)	关于表彰优秀教师和优秀教育工作者的决定	2004年9月10日
(银兴党发[2004]54号)	关于在兴庆区大兴调查研究之风的通知	2004年11月24日
(银兴党发[2004]58号)	关于开展机关效能建设的决定	2004年12月14日
(银兴党发[2004]82号)	关于进一步加强流动人口和月牙湖乡人口与计划生育综合治理工作的实施意见	2004年8月26日
(银兴党发[2005]4号)	关于表彰2004年经济暨农村工作先进单位的决定	2005年2月24日
(银兴党发[2005]5号)	关于表彰民兵工作先进单位和个人的决定	2005年1月31日
(银兴党发[2005]6号)	关于在兴庆区城市区域内实行治安防范巡防责任制的意见	2005年2月7日
(银兴党发[2005]7号)	关于命名2004年度文明单位、文明社区、文明小区的决定	2005年2月22日
(银兴党发[2005]8号)	关于表彰奖励2004年度宣传兴庆区先进新闻工作者及通讯报道先进集体、优秀通讯员的决定	2005年2月22日
(银兴党发[2005]9号)	关于撤消自治区群艺馆、银川市客运管理处文明单位称号的决定	2005年2月22日
(银兴党发[2005]12号)	关于做好2005年农业和农村工作的意见	2005年3月24日
(银兴党发[2005]14号)	关于兑现2004年度人口与计划生育目标管理责任书的决定	2005年3月30日

续表：

文号	文件名称	时间
（银兴党发[2005]16 号）	关于印发《2005 中国·宁夏大漠黄河旅游健身周暨宁夏第二届大漠体育运动会活动方案》的通知	2005 年 4 月 21 日
（银兴党发[2005]18 号）	关于表彰十佳环卫班组 十佳环卫标兵的决定	2005 年 4 月 29 日
（银兴党发[2005]22 号）	关于成立银川市兴庆区黄河(红墩子)经济旅游区管理委员会的请示	2005 年 6 月 5 日
（银兴党发[2005]25 号）	关于加快农村教育发展的意见	2005 年 6 月 24 日
（银兴党发[2005]27 号）	关于表彰 2004 年度创卫工作先进集体和先进个人的决定	2005 年 7 月 6 日
（银兴党发[2005]28 号）	关于建立乡镇信访及社会矛盾纠纷综合调处工作机制的实施意见	2005 年 6 月 22 日
（银兴党发[2005]29 号）	关于建立街道治安行政调解与人民调解联动工作机制的实施意见	2005 年 6 月 22 日
（银兴党发[2005]31 号）	关于表彰信访工作先进集体先进工作者的决定	2005 年 8 月 4 日
（银兴党字[2005]32 号）	关于表彰优秀教师和先进教育工作者的决定	2005 年 9 月 8 日
（银兴党发[2005]33 号）	关于表彰民族团结进步先进集体和先进个人的决定	2005 年 11 月 17 日
（银兴党发[2005]35 号）	关于进一步加强人口和计划生育工作的实施意见	2005 年 11 月 21 日
（银兴党发[2005]36 号）	关于落实 2006 年十五项重点工作责任制的通知	2005 年 12 月 13 日
（银兴党发[2005]38 号）	关于进一步加强民族工作的意见	2005 年 12 月 22 日
（银兴党发[2006]1 号）	关于推进社会主义新农村建设做好 2006 年农业农村工作的意见	2006 年 1 月 8 日
（银兴党发[2006]3 号）	关于兑现治安巡防责任制奖励的决定	2006 年 1 月 17 日
(银兴党发[2006]4 号)	关于表彰 2005 年社会治安综合治理工作先进集体的决定	2006 年 2 月 2 日
(银兴党发[2006]5 号）	关于命名农村专业合作组织示范点的决定	2006 年 2 月 2 日
（银兴党发[2006]6 号）	关于表彰奖励 2005 年信贷助农先进单位和农民增收致富带头人的决定	2006 年 2 月 10 日
（银兴党发[2006]7 号）	关于表彰奖励 2005 年度宣传兴庆区先进新闻工作者及通讯报道先进集体、优秀通讯员的决定	2006 年 2 月 21 日
（银兴党发[2006]8 号）	关于表彰精神文明共建活动先进集体、先进个人的决定	2006 年 2 月 21 日
（银兴党发[2006]9 号）	关于命名 2005 年度文明单位、文明社区、文明村的决定	2006 年 2 月 21 日
（银兴党发[2006]15 号）	关于表彰兴庆区妇女组织先进集体、优秀妇女干部、优秀女职工干部的决定	2006 年 3 月 6 日
（银兴党发[2006]16 号）	关于兑现 2005 年人口与计划生育目标管理责任书的决定	2006 年 3 月 20 日
（银兴党发[2006]19 号）	关于实行外来流动人口治安管理责任制的实施意见	2006 年 3 月 15 日
（银兴党发[2006]20 号）	关于贯彻落实银川市建设“两个最适宜”城市动员会议精神全面做好 2006 年各项工作的实施意见	2006 年 3 月 29 日
（银兴党发[2006]21 号）	关于进一步加强拆迁改造工作的实施意见	2006 年 4 月 20 日
（银兴党发[2006]22 号）	关于加强创建教育强区攻坚阶段工作的实施意见	2006 年 4 月 21 日

续表：

文号	文件名称	时间
（银兴党发[2006]27号）	关于进一步加强农村卫生工作的实施意见	2006年4月28日
（银兴党发[2006]35号）	关于表彰双拥工作先进单位先进个人的决定	2006年7月27日
（银兴党发[2006]36号）	关于表彰2005年爱国卫生、城管及市容环境卫生工作先进集体先进个人的决定	2006年3月25日
（银兴党发[2006]42号）	关于印发《兴庆区招商引资目标责任考核暂行办法》的通知	2006年9月4日
（银兴党发[2006]43号）	关于表彰“十佳师德标兵”和“我心中的好教师”的决定	2006年9月7日
（银兴党发[2006]60号）	关于表彰兴庆区“四五”普法先进集体和先进个人的决定	2006年11月23日
（银兴党发[2006]61号）	关于印发《兴庆区在公民中开展法制宣传教育的第五个五年规划》的通知	2006年11月23日
（银兴党发[2007]1号）	关于大力发展现代都市农业扎实推进社会主义新农村建设的意见	2007年2月2日
（银兴党发[2007]2号）	关于扶持发展“农家乐”项目的实施意见	2007年1月17日
（银兴党发[2007]3号）	关于解决兴庆区旅游项目开发建设有关问题的报告	2007年1月25日
（银兴党发[2007]4号）	关于表彰2006年农业农村工作先进单位和个人的决定	2007年2月6日
（银兴党发[2007]5号）	关于申请建设河东机场空港物流基地的报告	2007年2月6日
（银兴党发[2007]6号）	关于表彰创建教育强区先进集体和先进工作者的决定	2007年2月7日
（银兴党发[2007]7号）	关于解决兴庆区城市中小学大班额问题的报告	2007年2月7日
（银兴党发[2007]8号）	关于表彰2006年政法综治及防范和处理邪教问题工作先进集体和先进个人的决定	2007年3月2日
（银兴党发[2007]9号）	关于命名2006年度文明单位、文明社区、文明小区的决定	2007年3月5日
（银兴党发[2007]10号）	关于表彰宣传思想、支持精神文明建设工作先进集体、先进个人的决定	2007年3月5日
（银兴党发[2007]11号）	关于增强自主创新能力建设创新型兴庆的实施意见	2007年3月14日
（银兴党发[2007]12号）	关于表彰2006年度纳税大户的决定	2007年3月14日
（银兴党发[2007]13号）	关于表彰2006年度经济工作先进集体先进个人的决定	2007年3月16日
（银兴党发[2007]14号）	关于加快兴庆区旅游业发展的意见	2007年3月20日
（银兴党发[2007]15号）	关于表彰人民武装工作先进单位和先进个人的决定	2007年3月23日
（银兴党发[2007]16号）	关于加快发展花卉产业的意见	2007年3月23日
（银兴党发[2007]17号）	关于进一步优化政务环境的实施意见	2007年3月23日
（银兴党发[2007]18号）	关于贯彻中共中央国务院《关于全面加强人口和计划生育工作统筹解决人口问题的决定》的实施意见	2007年3月26日
（银兴党发[2007]20号）	关于表彰2006年三大战役工作先进单位和先进个人的决定	2007年3月29日
（银兴党发[2007]22号）	关于进一步规范执法行为优化司法环境的意见	2007年4月10日

续表:

文号	文件名称	时间
(银兴党发[2007]23 号)	关于兑现 2006 年人口与计划生育目标管理责任书 表彰计划生育先进个人的决定	2007 年 4 月 10 日
(银兴党发[2007]27 号)	关于对兵沟旅游区爱国主义教育基地更名的决定	2007 年 5 月 22 日
(银兴党发[2007]31 号)	关于进一步加强社区建设工作的意见	2007 年 6 月 28 日
(银兴党发[2007]37 号)	关于命名星级文明社区的决定	2007 年 4 月 25 日
(银兴党发[2007]38 号)	兴庆区人民武装部关于印发《兴庆区基层专职人民武装干部管理规定》的通知	2007 年 7 月 13 日
(银兴党发[2007]39 号)	关于转发《兴庆区委宣传部、民政局、武装部关于组织开展建军 80 周年纪念活动的安排意见》的通知	2007 年 7 月 19 日
(银兴党发[2007]40 号)	关于表彰兴庆区优秀教育工作者优秀教师和优秀班主任的决定	2007 年 9 月 6 日
(银兴党发[2007]42 号)	关于对《兴庆区原区委书记、区长毛宏业同志任期经济责任审计报告征求意见稿》的认定意见	2007 年 9 月 20 日
(银兴党发[2007]44 号)	关于印发 2008 年重点项目责任分工的通知	2007 年 11 月 9 日
(银兴党发[2007]50 号)	关于进一步加强和改进信访工作的决定	2007 年 11 月 19 日
(银兴党发[2008]1 号)	关于强化农业基础建设促进现代都市农业发展农民持续增收的意见	2008 年 3 月 6 日
(银兴党发[2008]4 号)	关于表彰宣传文化先进集体先进个人的决定	2008 年 3 月 5 日
(银兴党发[2008]5 号)	关于对 2008 年兴庆区招商引资工作任务完成情况的通报	2008 年 3 月 5 日
(银兴党发[2008]6 号)	关于表彰 2007 年政法综治及防范和处理邪教问题工作先进集体和先进个人的决定	2008 年 3 月 4 日
(银兴党发[2008]7 号)	关于表彰 2007 年度社会主义新农村建设先进单位和先进个人的决定	2008 年 3 月 6 日
(银兴党发[2008]8 号)	关于表彰 2007 年度经济工作突出贡献企业的决定	2008 年 3 月 6 日
(银兴党发[2008]9 号)	关于表彰 2007 年度招商引资工作突出贡献单位和先进个人的决定	2008 年 3 月 6 日
(银兴党发[2008]10 号)	关于进一步推进教育改革发展创新的意见	2008 年 3 月 10 日
(银兴党发[2008]15 号)	关于兑现 2007 年人口和计划生育目标管理责任书的决定	2008 年 3 月 28 日
(银兴党发[2008]16 号)	关于表彰社区建设先进集体和先进个人的决定	2008 年 3 月 28 日
(银兴党发[2008]17 号)	关于命名三星级和谐社区的决定	2008 年 3 月 31 日
(银兴党发[2008]19 号)	关于印发兴庆区 2008 年重点建设项目及迎接自治区五十大庆重点项目责任分工的通知	2008 年 4 月 14 日
(银兴党发[2008]25 号)	关于转发《宁夏回族自治区人口和计划生育“一票否决制度”实施办法》的通知	2008 年 5 月 23 日
(银兴党发[2008]30 号)	关于加强党管武装工作的决定	2008 年 7 月 24 日
(银兴党发[2008]31 号)	关于表彰十佳创业带头人和十佳创业之星的决定	2008 年 8 月 19 日

续表：

文号	文件名称	时间
（银兴党发[2008]32 号）	关于印发《推进全民创业加快富民强区的实施意见》的通知	2008 年 8 月 19 日
（银兴党发[2008]37 号）	关于表彰“两基”迎国检先进集体和先进个人的决定	2008 年 9 月 5 日
（银兴党发[2008]38 号）	关于表彰“十佳教师”“十佳师德标兵”“十佳班主任”“十佳教坛新秀”和优秀教师优秀教育工作者的决定	2008 年 9 月 5 日
（银兴党发[2008]42 号）	关于命名和平社区等 16 个社区居委会为三星级和谐社区的决定	2008 年 11 月 20 日
（银兴党发[2008]44 号）	关于印发《关于开展“法治兴庆”创建活动的实施方案》的通知	2008 年 12 月 18 日
（银兴党发[2009]1 号）	关于贯彻落实党的十七届三中全会精神加快农业农村发展促进农民增收推进城乡一体化进程的意见	2009 年 3 月 26 日
（银兴党发[2009]6 号）	关于表彰 2008 年度兴庆区新农村建设先进单位和先进个人的决定	2009 年 2 月 18 日
（银兴党发[2009]7 号）	关于表彰 2007 年政法综治工作先进集体和先进个人的决定	2009 年 2 月 18 日
（银兴党发[2009]8 号）	关于表彰新闻宣传先进个人的决定	2009 年 2 月 18 日
（银兴党发[2009]9 号）	关于命名 2008 年度兴庆区文明单位、文明小区的决定	2009 年 2 月 18 日
（银兴党发[2009]10 号）	关于兑现 2008 年人口与计划生育目标管理责任书的决定	2009 年 2 月 18 日
（银兴党发[2009]11 号）	关于表彰 2008 年经济工作先进集体的决定	2009 年 2 月 18 日
（银兴党发[2009]12 号）	关于表彰 2008 年度安全生产工作先进单位先进个人的决定	2009 年 2 月 18 日
（银兴党发[2009]13 号）	关于兑现 2008 年度安全生产目标责任奖的决定	2009 年 2 月 18 日
（银兴党发[2009]14 号）	关于表彰 2008 年度招商引资工作先进个人的决定	2009 年 2 月 18 日
（银兴党发[2009]16 号）	关于表彰武装工作先进集体和先进个人的决定	2009 年 3 月 3 日
（银兴党发[2009]17 号）	关于印发《关于净化社会文化环境促进未成年人健康成长工作的实施意见》的通知	2009 年 3 月 12 日
（银兴党发[2009]20 号）	关于印发银川市兴庆区防治鼠间鼠疫工作实施方案的通知	2009 年 4 月 30 日
（银兴党发[2009]22 号）	关于印发《兴庆区第三届社区“两委”换届选举工作实施方案》的通知	2009 年 5 月 22 日
（银兴党发[2009]26 号）	关于规范农村土地承包经营权流转管理的意见（试行）	2009 年 6 月 2 日
（银兴党发[2009]32 号）	关于成立银川市兴庆区燕鸽湖管理委员会的通知	2009 年 7 月 15 日
（银兴党发[2009]33 号）	关于印发《关于进一步加强安全生产工作的意见》的通知	2009 年 7 月 20 日
（银兴党发[2009]36 号）	关于印发《兴庆区关于进一步加强财政工作的实施意见》的通知	2009 年 8 月 13 日
（银兴党发[2009]38 号）	关于印发《兴庆区公务员和事业单位工作人员交流轮岗实施意见(试行)》的通知	2009 年 8 月 14 日
（银兴党发[2009]39 号）	关于印发《银川市兴庆区人民政府机构改革方案的实施意见》的通知	2009 年 8 月 19 日
（银兴党发[2009]41 号）	关于表彰孙向军等 76 名优秀教师和张凤琴等 10 名优秀教育工作者的决定	2009 年 9 月 4 日

续表:

文号	文件名称	时间
(银兴党发[2009]42 号)	关于兴庆区政府机构改革中有关问题的通知	2009 年 9 月 4 日
(银兴党发[2009]46 号)	关于全面深入推进“平安兴庆”建设的实施意见	2009 年 10 月 30 日
(银兴党发[2010] 1 号)	关于做好 2010 年农业农村工作的意见	2010 年 2 月 9 日
(银兴党发[2010] 3 号)	关于 2010 年生态型现代都市农业的发展意见	2010 年 1 月 4 日
(银兴党发[2010] 6 号)	关于表彰 2009 年度兴庆区农业农村工作先进单位的决定	2010 年 2 月 24 日
(银兴党发[2010] 7 号)	关于表彰 2009 年经济工作先进集体和先进个人的决定	2010 年 2 月 24 日
(银兴党发[2010] 9 号)	关于表彰 2009 年度招商引资工作先进集体和先进个人的决定	2010 年 2 月 24 日
(银兴党发[2010]10 号)	关于对 2009 年兴庆区招商引资工作任务完成情况的通报	2010 年 2 月 24 日
(银兴党发[2010]11 号)	关于命名表彰 2009 年度兴庆区文明单位、文明社区、文明村镇的决定	2010 年 2 月 26 日
(银兴党发[2010]12 号)	关于表彰新闻宣传先进个人的决定	2010 年 2 月 26 日
(银兴党发[2010]14 号)	关于兑现 2009 年度人口和计划生育目标管理责任奖的决定	2010 年 3 月 1 日
(银兴党发[2010]15 号)	关于表彰 2009 年度妇女工作先进集体和先进个人的决定	2010 年 3 月 1 日
(银兴党发[2010]16 号)	关于表彰 2009 年度政法综治工作先进集体和先进个人的决定	2010 年 3 月 2 日
(银兴党发[2010]17 号)	关于拟给予杨绍君同志记三等功奖励的请示	2010 年 3 月 11 日
(银兴党发[2010]18 号)	关于表彰 2007—2009 年年度考核中连续三年获得优秀等次公务员的决定	2010 年 3 月 9 日
(银兴党发[2010]22 号)	关于表彰人民武装工作先进单位和个人的决定	2010 年 4 月 27 日
(银兴党发[2010]26 号)	关于兴庆区创建 2011—2015 年全国科普示范区的请示	2010 年 6 月 17 日
(银兴党发[2010]33 号)	关于表彰师德标兵,优秀教育工作者优秀教师和尊师重教先进个人的决定	2010 年 9 月 8 日
(银兴党发[2010]34 号)	关于撤销王金胜同志三等功等荣誉的决定	2010 年 9 月 9 日
(银兴党发[2010]35 号)	关于对兴庆区近期市容环境卫生工作存在问题进行整改的情况汇报	2010 年 9 月 15 日
(银兴党发[2010]36 号)	关于兴庆区近期环境卫生督查及对有关责任人进行处理的情况通报	2010 年 9 月 15 日
(银兴党发[2010]39 号)	关于表彰兴庆区防范和处理邪教工作先进集体和先进个人的决定	2010 年 10 月 8 日
(银兴党发[2010]40 号)	关于表彰奖励教育系统教学工作先进集体学校联合发展试点工作先进集体绿化工作先进集体文明单位创建工作先进集体的决定	2010 年 10 月 20 日
(银兴党发[2010]43 号)	关于表彰名族团结进步模范集体模范个人的决定	2010 年 11 月 10 日

兴庆区党办政办联合发文摘录

文号	文件名称	时间
(银城党办发[2001]12 号)	关于成立银川市城区建区 30 周年庆祝活动领导小组及办公室的通知	2001 年 2 月 5 日
(银城党办发[2001]22 号)	关于印发《2001 年党风廉政建设的反腐败工作的组织领导及责任分工》的通知	2001 年 2 月 25 日
(银城党办发[2001]24 号)	关于开展集中排查、消除影响社会稳定各类隐患专项工作的通知	2001 年 3 月 21 日
(银城党办发[2001]67 号)	关于开展集中排查、消除影响社会稳定各类隐患专项工作的通知	2001 年 3 月 21 日
(银城党办发[2001]67 号)	关于印发《银川市城区建区 30 周年区庆工作总结》的通知	2001 年 8 月 17 日
(银城党办发[2002]52 号)	关于印发《银川市城区党政机关"三定"工作意见》的通知	2002 年 7 月 1 日
(银城党办发[2002]69 号)	关于印发《城区党政机关人员分流安排实施办法》和的通知《城区党政机关定岗定员实施方案》的通知	2002 年 8 月 19 日
(银兴党办发[2002]176 号)	关于印发《银川市兴庆区创新发展经济环境暨"万人评议政府"测评工作方案》的通知	2003 年 11 月 12 日
(银兴党办发[2003]37 号)	关于颁发 2002 年度"宣传兴庆区奖"的决定	2003 年 3 月 3 日
(银兴党办发[2003]38 号)	关于表彰奖励 2002 年度通讯报道先进集体、优秀通讯员的决定	2003 年 3 月 3 日
(银兴党办发[2003]50 号)	关于印发《银川市兴庆区党政机关领导干部及特岗人员移动电话补贴费管理规定》的通知	2003 年 3 月 28 日
(银兴党办发[2003]53 号)	关于成立兴庆区落实党风廉政建设责任制领导小组的通知	2003 年 8 月 7 日
(银兴党办发[2003]57 号)	关于印发《银川市兴庆区红花乡机构改革方案》的通知	2003 年 4 月 11 日
(银兴党办发[2003]58 号)	关于印发《银川市兴庆区大新乡机构改革方案》的通知	2003 年 4 月 11 日
(银兴党办发[2003]60 号)	关于印发《银川市兴庆区掌政乡机构改革方案》的通知	2003 年 4 月 11 日
(银兴党办发[2003]61 号)	关于印发《银川市兴庆区通贵乡机构改革方案》的通知	2003 年 4 月 11 日
(银兴党办发[2003]62 号)	关于印发《银川市兴庆区永固乡机构改革方案》的通知	2003 年 4 月 11 日
(银兴党办发[2003]63 号)	关于印发《银川市兴庆区前进街街道办事处职能配置和人员编制的方案》的通知	2003 年 4 月 11 日
(银兴党办发[2003]64 号)	关于印发《银川市兴庆区凤凰街街道办事处职能配置和人员编制的方案》的通知	2003 年 4 月 11 日
(银兴党办发[2003]65 号)	关于印发《银川市兴庆区富宁街街道办事处职能配置和人员编制的方案》的通知	2003 年 4 月 11 日
(银兴党办发[2003]66 号)	关于印发《银川市兴庆区胜利街街道办事处职能配置和人员编制的方案》的通知	2003 年 4 月 11 日
(银兴党办发[2003]67 号)	关于印发《银川市兴庆区文化街街道办事处职能配置和人员编制的方案》的通知	2003 年 4 月 11 日
(银兴党办发[2003]68 号)	关于印发《银川市兴庆区新华街街道办事处职能配置和人员编制的方案》的通知	2003 年 4 月 11 日

续表：

文号	文件名称	时间
（银兴党办发[2003]69 号）	关于印发《银川市兴庆区玉皇阁北街街道办事处职能配置和人员编制的方案》的通知	2003 年 4 月 11 日
（银兴党办发[2003]70 号）	关于印发《银川市兴庆区解放西街街道办事处职能配置和人员编制的方案》的通知	2003 年 4 月 11 日
（银兴党办发[2003]71 号）	关于印发《银川市兴庆区中山南街街道办事处职能配置和人员编制的方案》的通知	2003 年 4 月 11 日
（银兴党办发[2003]74 号）	关于表彰 2002 年度兴庆区信息工作先进集体先进个人的决定	2003 年 4 月 17 日
（银兴党办发[2003]75 号）	关于进一步加强预防非典型肺炎工作的通知	2003 年 4 月 17 日
(银兴党办发[2003]76 号)	印发关于进一步加强信息工作实施意见的通知	2003 年 4 月 18 日
(银兴党办发[2003]77 号)	“为民解忧督办中心”轮岗锻炼的通知	2003 年 3 月 24 日
(银兴党办发[2003]78 号)	关于成立兴庆区城市建设征地拆迁组织机构的通知	2003 年 4 月 21 日
(银兴党办发[2003]80 号)	关于做好近期非典型肺炎防治工作的通知	2003 年 4 月 22 日
(银兴党办发[2003]84 号)	关于成立乡、街、社区防治非典型肺炎工作组的通知	2003 年 4 月 28 日
(银兴党办发[2003]85 号)	关于开展防治非典型肺炎社会捐助活动的通知	2003 年 4 月 28 日
(银兴党办发[2003]90 号)	印发银川市兴庆区乡(街道)武委会主任述职的规定的通知	2003 年 5 月 7 日
(银兴党办发[2003]91 号)	关于对城管“4.7”执法事件调查情况的通报	2003 年 5 月 12 日
(银兴党办发[2003]92 号)	关于银川十中学生白振强溺水事故的通报	2003 年 5 月 12 日
(银兴党办发[2003]97 号)	关于有关部门同各民主党派工商联建立对口联系制度的通知	2003 年 5 月 26 日
(银兴党办发[2003]108 号)	关于兴庆区行政区划调整有关工作纪律的通知	2003 年 6 月 17 日
(银兴党办发[2003]114 号)	关于公开选拔部分示范性中小学、幼儿园校(园)长工作的通知	2003 年 6 月 27 日
(银兴党办发[2003]115 号)	关于收回印章的通知	2003 年 7 月 1 日
(银兴党办发[2003]119 号)	关于印发《兴庆区干部职工购置经济适用房商品房分配实施方案》的通知	2003 年 7 月 8 日
(银兴党办发[2003]121 号)	转发《自治区纪检委　监察厅　教育厅关于中小学乱收费行为党纪政纪处分规定(试行)》的通知	2003 年 7 月 14 日
(银兴党办发[2003]124 号)	关于转发兴庆区政协《关于贯彻(全国政协办公厅关于办理政协提案的意见》的通知	2003 年 7 月 18 日
(银兴党办发[2003]125 号)	关于召开兴庆区乡镇 街道行政区划调整动员大会的通知	2003 年 7 月 21 日
(银兴党办发[2003]126 号)	关于印发兴庆区乡镇行政区划调整人员分流工作实施方案的通知	2003 年 7 月 22 日
(银兴党办发[2003]127 号)	关于兴庆区乡镇街道行政区划调整有关事项的通知	2003 年 7 月 21 日
(银兴党办发[2003]131 号)	转发《自治区纪检委、监察厅、国土资源厅关于国有土地使用权招标拍卖挂牌出让活动中违纪违规行为党纪政纪处分规定(试行)》的通知	2003 年 7 月 29 日
（银兴党办发[2003]142 号）	关于广泛开展失地农民问题专题研究讨论的通知	2003 年 8 月 18 日

续表:

文号	文件名称	时间
(银兴党办发[2003]149号)	关于印发《兴庆区关于妥善处置异常突发性集体上访事件的工作方案》的通知	2003年8月29日
(银兴党办发[2003]151号)	关于印发《兴庆区党风廉政建设和反腐败工作牵头单位参与单位履行职责暂行办法》的通知	2003年9月3日
(银兴党办发[2003]153号)	关于转发《关于加强国家公务人员因公因私出国(境)管理的通知》的通知	2003年9月9日
(银兴党办发[2003]155号)	关于做好社区居委会换届选举工作中档案管理工作的通知	2003年9月22日
(银兴党办发[2003]170号)	关于转发《银川市外事管理规定》《银川市党政领导干部因公出国(境)管理规定》的通知	2003年10月27日
(银兴党办发[2003]174号)	关于报送2003年工作总结暨2004年工作安排的通知	2003年11月5日
(银兴党办发[2003]181号)	转发《兴庆区宣传部、综治办、工会、司法局、团委、妇联、残联关于开展"为实现公平和正义·法律援助在宁夏"公益活动实施方案》的通知	2003年11月24日
(银兴党办发[2003]187号)	关于评选2003年城市建设征地拆迁暨制止违章建房工作先进集体和先进个人的通知	2003年11月28日
(银兴党办发[2003]188号)	转发《银川市兴庆区人民法院、司法局关于进一步加强兴庆区新时期人民调解工作的实施意见》的通知	2003年12月18日
(银兴党办发[2003]190号)	关于认真做好紧急重大突发事件应急处理工作的通知	2003年12月15日
(银兴党办发[2003]192号)	关于印发兴庆区县级领导干部走访人大代表中征求的意见的通知	2003年12月17日
(银兴党办发[2003]193号)	关于动员社会力量开展"扶贫济困送温暖"社会捐助活动的通知	2003年12月19日
(银兴党办发[2003]194号)	关于印发《兴庆区2004年春节团拜会活动方案》的通知	2003年12月23日
(银兴党办发[2004]26号)	印发兴庆区工会等部门《关于组织兴庆区职工大力开展"创优质产品 创优质服务"活动的实施意见》的通知	2004年3月25日
(银兴党办发[2004]27号)	关于印发兴庆区信访工作制度的通知	2004年3月25日
(银兴党办发[2004]33号)	关于进一步加强和改进作风建设提高工作效率的通知	2004年4月1日
(银兴党办发[2004]39号)	转发《自治区纪委等五部门关于禁止国家机关工作人员赌博、工作期间打麻将和公共场所猜拳行令的规定》的通知	2004年4月26日
(银兴党办发[2004]41号)	关于转发中共银川市委办公厅银川市政府办公厅《关于印发(银川市事业单位未聘人员安置办法)的通知》的通知	2004年4月26日
(银兴党办发[2004]53号)	关于印发《兴庆区领导干部外出报告制度》的通知	2004年6月9日
(银兴党办发[2004]57号)	关于印发《兴庆区集中整治城乡违章建筑工作实施方案》的通知	2004年6月17日
(银兴党办发[2004]67号)	关于印发兴庆区公安分局《夏季严打整治专项行动方案》的通知	2004年7月27日
(银兴党办发[2004]68号)	关于印发《关于接交原灵武市临河镇横城村地区工作方案》的通知	2004年7月28日
(银兴党办发[2004]71号)	关于下派工作组赴街道开展处置出租车司机群体性事件工作的通知	2004年8月3日
(银兴党办发[2004]72号)	关于严格兴庆区领导干部出差审批管理的通知	2004年8月2日

续表：

文号	文件名称	时间
(银兴党办发[2004]76 号)	关于对兴庆区农林牧业局不按规定处理群众来信的通报	2004 年 8 月 16 日
(银兴党办发[2004]77 号)	关于举行建国 55 周年庆祝活动的通知	2004 年 8 月 15 日
(银兴党办发[2004]78 号)	关于机关大院撞车事故处理结果的通报	2004 年 8 月 19 日
(银兴党办发[2004]81 号)	关于转发《自治区公安厅 信访局关于依法维护上访现场秩序的意见》的通知	2004 年 8 月 23 日
(银兴党办发[2004]84 号)	转发《自治区党委办公厅 政府办公厅关于对党政领导干部拖欠公款进行清理的通知》的通知	2004 年 8 月 26 日
(银兴党办发[2004]86 号)	关于召开兴庆区领导干部学习吴官正同志在甘肃省党员领导干部座谈会上的讲话落实党风廉政建设责任制会议的知	2004 年 8 月 30 日
(银兴党办发[2004]87 号)	关于印发《庆祝建国 55 周年群众大联欢活动组织方案》的通知	2004 年 9 月 1 日
(银兴党办发[2004]89 号)	关于印发《银川市兴庆区大新镇机构改革方案》的通知	2004 年 8 月 20 日
(银兴党办发[2004]90 号)	关于印发《银川市兴庆区掌政镇机构改革方案》的通知	2004 年 8 月 20 日
(银兴党办发[2004]91 号)	关于印发《银川市兴庆区通贵乡机构改革方案》的通知	2004 年 8 月 20 日
(银兴党办发[2004]92 号)	关于印发《银川市兴庆区月牙湖机构改革方案》的通知	2004 年 8 月 20 日
(银兴党办发[2004]93 号)	关于印发《银川市兴庆区银古路街道办事处职能配置和人员编制方案》的通知	2004 年 8 月 20 日
(银兴党办发[2004]94 号)	关于印发《银川市兴庆区丽景街街道办事处职能配置和人员编制方案》的通知	2004 年 8 月 20 日
(银兴党办发[2004]95 号)	关于印发《落实区委关于进一步加强和改进农村基层党组织建设实施意见主要目标任务责任制》的通知	2004 年 9 月 7 日
(银兴党办发[2004]98 号)	兴庆区近期信访问题排查分析及明确落实解决第二批重点信访问题责任单位的通知	2004 年 9 月 20 日
(银兴党办发[2004]101 号)	转发自治区党委办公厅 人民政府办公厅《关于印发〈乡镇撤并后人员定岗分流工作意见〉的通知》的通知	2004 年 9 月 21 日
(银兴党办发[2004]102 号)	关于印发兴庆区集中解决突出信访问题和群体性事件工作实施方案的通知	2004 年 9 月 21 日
(银兴党办发[2004]104 号)	印发关于解决兴庆区乡镇人员超编问题方案的通知	2004 年 9 月 23 日
(银兴党办发[2004]107 号)	兴庆区关于“十一”前化解不稳定因素及解决突出信访问题情况的报告	2004 年 9 月 28 日
(银兴党办发[2004]118 号)	关于印发《兴庆区政府采购管理实施暂行办法》的通知	2004 年 11 月 19 日
(银兴党办发[2004]120 号)	关于印发兴庆区信访工作制度的通知	2004 年 11 月 29 日
(银兴党办发[2004]130 号)	关于印发兴庆区第一届村民委员会选举工作实施方案的通知	2004 年 9 月 22 日
(银兴党办发[2004]105 号)	关于印发健全和完善村务公开和民主管理制度的实施意见的通知	2004 年 9 月 22 日
(银兴党办发[2004]4 号)	关于近期影响社会稳定的信访、矛盾纠纷问题排查情况及明确督办责任的通知	2004 年 1 月 18 日
(银兴党办发[2004]23 号)	关于印发《2004 年兴庆区党风廉政建设和反腐败主要任务分工》的通知	2004 年 3 月 22 日

续表:

文号	文件名称	时间
(银兴党办发[2004]24 号)	关于印发《兴庆区 2004 年党风廉政建设和反腐败工作任务》的通知	2004 年 3 月 24 日
(银兴党办发[2005]7 号)	关于推选自治区模范集体、劳动模范和先进工作者的通知	2005 年 1 月 20 日
(银兴党办发[2005]21 号)	关于呈报兴庆区 2005 年度主要工作目标任务的报告	2005 年 3 月 8 日
(银兴党办发[2005]23 号)	关于印发 2005 年决策督查要点的通知	2005 年 3 月 15 日
(银兴党办发[2005]25 号)	关于印发《2005 年兴庆区党风廉政建设和反腐败主要任务分工》的通知	2005 年 3 月 28 日
(银兴党办发[2005]26 号)	关于印发《兴庆区 2005 年党风廉政建设和反腐败工作任务》的通知	2005 年 3 月 28 日
(银兴党办发[2005]28 号)	关于印发区委、政府先进性教育边议边改主要措施的通知	2005 年 4 月 19 日
(银兴党办发[2005]31 号)	关于对 4.23 爱国卫生义务劳动组织实施请况自查的报告	2005 年 4 月 23 日
(银兴党办发[2005]33 号)	关于“五一”放假及做好有关工作的通知	2005 年 4 月 26 日
(银兴党办发[2005]37 号)	关于精减会议压缩文件的通知	2005 年 5 月 17 日
(银兴党办发[2005]38 号)	关于召开兴庆区上半年工作观摩交流会的通知	2005 年 5 月 24 日
(银兴党办发[2005]40 号)	关于转发《自治区党委办公厅人民政府办公厅关于全区事业单位机构编制清理整顿工作的意见》的通知	2005 年 6 月 3 日
(银兴党办发[2005]41 号)	关于进一步推行政务公开工作实施意见	2005 年 6 月 13 日
(银兴党办发[2005]42 号)	关于印发《兴庆区各乡镇街道办事处区直各部门(单位)2005 年度主要目标任务》的通知	2005 年 6 月 20 日
(银兴党办发[2005]43 号)	关于印发《建立兴庆区农村广播影视公共服务体系工作实施方案》的通知	2005 年 6 月 28 日
(银兴党办发[2005]44 号)	关于印发《兴庆区道路交通安全专项整治方案》的通知	2005 年 6 月 24 日
(银兴党办发[2005]46 号)	关于近期信访问题排查及落实解决突出信访问题责任分工的通知	2005 年 7 月 7 日
(银兴党办发[2005]47 号)	关于转发银党办发[2005]72 号文件的通知	2005 年 7 月 14 日
(银兴党办发[2005]48 号)	关于进一步加强和改进信访工作的意见	2005 年 5 月 25 日
(银兴党办发[2005]49 号)	关于开展创建节约型机关活动的通知	2005 年 8 月 3 日
(银兴党办发[2005]50 号)	关于 2005 年扶贫开发工作的实施意见	2005 年 8 月 15 日
(银兴党办发[2005]53 号)	转发《银川市委市政府关于进一步促进失地农民就业的实施意见》的通知	2005 年 8 月 30 日
(银兴党办发[2005]56 号)	关于做好兴庆区民族团结进步模范集体和模范个人评选工作的通知	2005 年 9 月 26 日
(银兴党办发[2005]61 号)	关于开展向卢雪鹏同志学习活动的通知	2005 年 10 月 19 日
(银兴党办发[2005]64 号)	关于印发清理规范月牙湖乡户籍土地承包关系宅基地和房屋建设工作实施方案的通知	2005 年 10 月 31 日
(银兴党办发[2005]66 号)	关于召开民族团结进步先进集体和先进个人表彰大会的通知	2005 年 11 月 17 日
(银兴党办发[2005]67 号)	关于在计划生育难点乡镇建立三级承包责任制的通知	2005 年 11 月 25 日
(银兴党办发[2005]68 号)	关于落实年终重点工作责任制的通知	2005 年 11 月 26 日

续表：

文号	文件名称	时间
（银兴党办发[2005]69 号）	关于转发《国家信访局重大信访信息报送办法》的通知	2005 年 12 月 5 日
（银兴党办发[2005]70 号）	关于深入开展村容村貌整治工作的意见	2005 年 12 月 5 日
（银兴党办发[2005]71 号）	关于印发《兴庆区公文电子传输系统应用方案》的通知	2005 年 12 月 13 日
（银兴党办发[2006]1 号）	关于抽调干部进村入户宣传中央一号文件精神的通知	2006 年 1 月 17 日
（银兴党办发[2006]2 号）	关于落实一季度工作目标任务责任制的通知	2006 年 2 月 16 日
（银兴党办发[2006]3 号）	关于评选先进妇女组织、优秀妇女干部的通知	2006 年 2 月 21 日
（银兴党办发[2006]4 号）	关于印发兴庆区贯彻落实《宗教事务条例》依法治理基督教私设聚会点工作实施方案的通知	2006 年 2 月 23 日
（银兴党办发[2006]5 号）	关于印发“构建和谐社区”首届广场风筝放飞比赛方案的通知	2006 年 2 月 27 日
（银兴党办发[2006]6 号）	关于印发《2006 年兴庆区党风廉政建设和反腐败主要任务分工》的通知	2006 年 2 月 28 日
（银兴党办发[2006]7 号）	关于印发《兴庆区 2006 年党风廉政建设和反腐败工作任务》的通知	2006 年 3 月 1 日
（银兴党办发[2006]8 号）	关于印发《兴庆区城市园林绿化、环境综合整治、道路安全治理三大战役实施方案》	2006 年 3 月 8 日
（银兴党办发[2006]12 号）	关于邀请各民主党派、工商联开展调查研究的函	2006 年 3 月 15 日
（银兴党办发[2006]14 号）	关于印发《兴庆区开展城乡结合部环境综合整治活动实施方案》的通知	2006 年 3 月 20 日
（银兴党办发[2006]18 号）	关于印发《兴庆区创建“三无”》乡镇街道活动实施方案	2006 年 3 月 22 日
（银兴党办发[2006]19 号）	关于开展“整顿机关作风提高工作效率”活动的实施意见	2006 年 3 月 24 日
（银兴党办发[2006]20 号）	关于印发 2006 年决策督查调研要点的通知	2006 年 3 月 27 日
（银兴党办发[2006]21 号）	关于广泛开展“连心桥”活动的实施意见	2006 年 3 月 15 日
（银兴党办发[2006]23 号）	关于印发《2006·庆“五一”中国银川·兴庆第二届大漠黄河旅游健身周暨黄沙古渡生态旅游开发区开业庆典活动方案》的通知	2006 年 4 月 4 日
（银兴党办发[2006]24 号）	关于做好县级领导干部联系乡镇街道和部门联系村（社区）工作的通知	2006 年 4 月 3 日
（银兴党办发[2006]27 号）	关于做好 2006 年上半年重点项目招商引资工作的通知	2006 年 4 月 6 日
（银兴党办发[2006]29 号）	关于落实第二季度工作目标任务责任制的通知	2006 年 4 月 18 日
（银兴党办发[2006]32 号）	关于集中开展城乡结合部违法违章建筑整治工作的通知	2006 年 4 月 23 日
（银兴党办发[2006]35 号）	关于兴庆区三大战役工作会议参会情况的通报	2006 年 4 月 30 日
（银兴党办发[2006]37 号）	关于印发《兴庆区开展治理商业贿赂专项工作的实施方案》的通知	2006 年 5 月 29 日
（银兴党办发[2006]38 号）	关于印发《兴庆区 2006 年社会主义新农村建设重点工作实施方案》的通知	2006 年 6 月 5 日
（银兴党办发[2006]41 号）	关于转发银党办发[2006]37 号文件的通知	2006 年 6 月 12 日
（银兴党办发[2006]42 号）	关于转发银党办发[2006]38 号文件的通知	2006 年 6 月 12 日
（银兴党办发[2006]43 号）	关于印发《兴庆区争创自治区双拥模范区“六连冠”实施方案》的通知	2006 年 6 月 14 日

续表:

文号	文件名称	时间
(银兴党办发[2006]45 号)	关于印发《兴庆区农村卫生体制改革方案》的通知	2006 年 6 月 21 日
(银兴党办发[2006]48 号)	关于对第二季度工作目标任务责任制落实情况进行督查的通知	2006 年 4 月 29 日
(银兴党办发[2006]51 号)	关于组建乡镇街道国家安全小组的通知	2006 年 7 月 12 日
(银兴党办发[2006]52 号)	关于落实第三季度工作目标任务责任制的通知	2006 年 7 月 17 日
(银兴党办发[2006]57 号)	关于转发《银川市公务员实绩考核暂行办法(试行)》的通知	2006 年 8 月 28 日
(银兴党办发[2006]59 号)	关于印发《兴庆区"民族团结月"活动实施方案》的通知	2006 年 8 月 29 日
(银兴党办发[2006]61 号)	关于转发银党发[2006]35 号文件的通知	2006 年 9 月 5 日
(银兴党办发[2006]63 号)	关于转发银党办发[2006]62 号文件的通知	2006 年 9 月 19 日
(银兴党办发[2006]66 号)	关于落实第四季度主要工作目标责任制的通知	2006 年 10 月 12 日
(银兴党办发[2006]68 号)	关于评选环卫先进班组(站)环卫标兵的通知	2006 年 10 月 18 日
(银兴党办发[2006]70 号)	关于转发《宁夏社会主义新农村建设综合考评办法(试行)》的通知	2006 年 10 月 28 日
(银兴党办发[2006]71 号)	关于构建和谐兴庆重点调研课题安排的通知	2006 年 10 月 31 日
(银兴党办发[2006]74 号)	关于印发《兴庆区星级和谐社区评选验收方案》的通知	2006 年 12 月 7 日
(银兴党办发[2006]75 号)	关于第四季度工作目标任务责任制落实情况及 2007 年工作思路制定督查情况的通报	2006 年 12 月 7 日
(银兴党办发[2006]76 号)	关于成立兴庆区志、兴庆区党史大事记中共兴庆区委组织史编委会的通知	2006 年 12 月 13 日
(银兴党办发[2006]77 号)	关于第四季度工作目标任务责任制落实情况督查的通报	2006 年 12 月 15 日
(银兴党办发[2006]78 号)	关于进一步加强机构编制管理工作的通知	2006 年 12 月 15 日
(银兴党办发[2006]79 号)	关于印发兴庆区机构编制管理和监督检查工作暂行办法的通知	2006 年 12 月 15 日
(银兴党办发[2006]80 号)	关于印发《兴庆区各乡镇街道办事处区直各部门(单位)2006 年度主要目标任务》的通知	2006 年 12 月 18 日
(银兴党办发[2006]81 号)	关于印发《兴庆区 2006 年综合目标责任考核方案》的通知	2006 年 12 月 28 日
(银兴党办发[2007]2 号)	关于印发《兴庆区乡镇卫生院人事制度改革实施方案》的通知	2007 年 1 月 18 日
(银兴党办发[2007]3 号)	关于印发《兴庆区乡镇卫生院岗位设置、职工聘任与管理考核实施方案》的通知	2007 年 1 月 18 日
(银兴党办发[2007]4 号)	关于印发《兴庆区乡镇卫生院院长竞聘上岗工作实施方案》的通知	2007 年 1 月 18 日
(银兴党办发[2007]5 号)	关于印发《落实区委 2007 年工作要点主要目标任务责任制》的通知	2007 年 1 月 29 日
(银兴党办发[2007]6 号)	转发《中共银川市委银川市人民政府关于进一步加强就业再就业工作的实施意见》的通知	2007 年 2 月 5 日
(银兴党办发[2007]9 号)	关于印发《兴庆区 2007 年招商引资目标责任考核办法》的通知	2007 年 3 月 14 日
(银兴党办发[2007]11 号)	关于 2007 年重点工作及项目建设责任分工的通知	2007 年 3 月 23 日

续表：

文号	文件名称	时间
（银兴党办发[2007]13 号）	关于印发《兴庆区 2007 年维护稳定工作要点》的通知	2007 年 3 月 30 日
（银兴党办发[2007]19 号）	关于印发农村旧村庄环境综合整治工作实施方案的通知	2007 年 5 月 30 日
（银兴党办发[2007]20 号）	关于印发《兴庆区纪检委区委组织部关于建立在职党员干部监督管理到社区（村）机制的意见》的通知	2007 年 6 月 4 日
（银兴党办发[2007]25 号）	关于印发第 4 次党政联席会议纪要的通知	2007 年 6 月 14 日
（银兴党办发[2007]26 号）	关于印发第 6 次党政联席会议纪要的通知	2007 年 6 月 14 日
（银兴党办发[2007]27 号）	关于印发第 5 次党政联席会议纪要的通知	2007 年 6 月 14 日
（银兴党办发[2007]28 号）	关于印发《兴庆区第二届村“两委”换届工作实施方案》的通知	2007 年 7 月 3 日
（银兴党办发[2007]29 号）	关于转发银党发[2007]32 号文件的通知	2007 年 7 月 17 日
（银兴党办发[2007]30 号）	关于印发第 7 次党政联席会议纪要的通知	2007 年 7 月 19 日
（银兴党办发[2007]31 号）	关于印发第 8 次党政联席会议纪要的通知	2007 年 7 月 30 日
（银兴党办发[2007]32 号）	关于落实兴庆区涉法涉诉进京非正常上访人员稳控工作责任制的通知	2007 年 8 月 6 日
（银兴党办发[2007]33 号）	关于印发《兴庆区卫星广播电视地面接收设施转星调整工作方案》的通知	2007 年 8 月 15 日
（银兴党办发[2007]36 号）	关于印发《兴庆区 2007 年新农村示范村建设实施方案》的通知	2007 年 9 月 6 日
（银兴党办发[2007]37 号）	关于印发《兴庆区领导干部离任经济事项交接规定（试行）》的通知	2007 年 9 月 13 日
（银兴党办发[2007]40 号）	关于印发兴庆区 2007 年度综合目标责任考核实施方案的通知	2007 年 10 月 18 日
（银兴党办发[2007]41 号）	关于强力推进花卉产业发展的通知	2007 年 10 月 24 日
（银兴党办发[2007]42 号）	关于印发 2007 年 –2008 年花卉产业发展实施方案的通知	2007 年 10 月 29 日
（银兴党办发[2007]43 号）	关于印发《乡镇街道办事处区直各部门（单位）2007 年综合目标任务》的通知	2007 年 11 月 9 日
（银兴党办发[2007]44 号）	关于转发自治区党委办公厅、人民政府办公厅关于印发 < 宁夏回族自治区电子文件归档与管理办法 >（试行）的通知》的通知	2007 年 11 月 12 日
（银兴党办发[2009]2 号）	关于进一步加强兴庆区行政事业单位公务用车安全管理的通知	2009 年 1 月 20 日
（银兴党办发[2009]3 号）	关于印发《兴庆区处理信访突出问题及群体性上访事件应急预案》的通知	2009 年 1 月 20 日
（银兴党办发[2009]6 号）	关于印发《兴庆区人口和计划生育领导小组成员单位职责》的通知	2009 年 2 月 17 日
（银兴党办发[2009]8 号）	关于印发《兴庆区社区戒毒和康复工作实施方案》的通知	2009 年 2 月 17 日
（银兴党办发[2009]18 号）	关于印发《银川兴庆科技园园区道路等工程质量检测实施方案》的通知	2009 年 3 月 16 日
（银兴党办发[2009]29 号）	关于印发《兴庆区建设全国食品安全先进城市实施方案》的通知	2009 年 4 月 13 日
（银兴党办发[2009]30 号）	关于落实《银川市县乡安全公文传输系统实施方案》的通知	2009 年 4 月 13 日
（银兴党办发[2009]33 号）	关于印发《兴庆区农村社区建设工作领导小组办公室及各成员单位工作职责》的通知	2009 年 4 月 16 日
（银兴党办发[2009]34 号）	关于印发《兴庆区加快推进农村社区建设实施方案》的通知	2009 年 4 年 16 月

续表：

文号	文件名称	时间
(银兴党办发[2009]35 号)	关于印发《兴庆区关于全面加强人口和计划生育工作统筹解决人口问题的实施意见》的通知	2009 年 4 月 28 日
(银兴党办发[2009]36 号)	关于印发《兴庆区月牙湖地区鼠间鼠疫应急处置工作方案》的通知	2009 年 4 月 30 日
(银兴党办发[2009]45 号)	关于印发《银川市兴庆区聘请招商引资顾问暂行办法》的通知	2009 年 6 月 1 日
(银兴党办发[2009]46 号)	关于转发《中共银川市委办公厅、银川市人民政府办公厅 < 关于促进农民进城稳定就业并安家落户的相关配套政策(试行)>》的通知	2009 年 5 月 31 日
(银兴党办发[2009]47 号)	关于转发《中共银川市委、银川市人民政府关于促进农民进城稳定就业并安家落户的意见(试行)》的通知	2009 年 5 月 31 日
(银兴党办发[2009]50 号)	关于转发《中共银川市委办公厅、银川市人民政府办公厅关于印发 < 银川市委和国家机关及其工作人员不当行为问责办法(试行)> 的通知》的通知	2009 年 5 月 27 日
(银兴党办发[2009]53 号)	关于印发《兴庆区关于预防和处置群体性事件实施方案》的通知	2009 年 6 月 22 日
(银兴党办发[2009]57 号)	关于印发《凤凰北街街道社区管理体制改革实施方案》的通知	2009 年 7 月 1 日
(银兴党办发[2009]59 号)	关于印发《兴庆区人口和计划生育星级乡(镇、街道)创建活动实施方案》的通知	2009 年 7 月 3 日
(银兴党办发[2009]60 号)	关于印发《兴庆区信访工作责任追究实施办法》的通知	2009 年 7 月 3 日
(银兴党办发[2009]61 号)	关于印发《关于进一步推进社区青少年工作实施方案》的通知	2009 年 6 月 17 日
(银兴党办发[2009]62 号)	关于实行部门领导干部定期接访的通知	2009 年 7 月 24 日
(银兴党办发[2009]63 号)	关于印发《兴庆区关于进一步加强见义勇为工作的意见》的通知	2009 年 8 月 4 日
(银兴党办发[2009]65 号)	关于启用兴庆区燕鸽湖管理委员会印章的通知	2009 年 8 月 5 日
(银兴党办发[2009]68 号)	关于认真做好区委各部委政府各部门“三定”工作的通知	2009 年 8 月 14 日
(银兴党办发[2009]70 号)	关于印发《兴庆区关于切实做好当前维护稳定和信访工作的实施意见》的通知	2009 年 8 月 25 日
(银兴党办发[2009]80 号)	关于印发《兴庆区委 政府领导干部集中学法制度》的通知	2009 年 9 月 23 日
(银兴党办发[2009]82 号)	关于印发兴庆区“黄河金岸”田园风光暨农田水利基本建设实施方案的通知	2009 年 9 月 24 日
(银兴党办发[2009]88 号)	关于印发《兴庆区巩固提高“两基”工作实施方案》的通知	2009 年 10 月 26 日
(银兴党办发[2009]90 号)	关于进一步做好电子文件归档管理工作的通知	2009 年 10 月 29 日
(银兴党办发[2009]92 号)	关于印发《兴庆区开展社区矫正工作实施方案》的通知	2009 年 11 月 2 日
(银兴党办发[2009]96 号)	关于印发《银川市兴庆区工程建设领域突出问题专项治理工作实施方案》的通知	2009 年 11 月 3 日
(银兴党办发[2009]97 号)	关于转发《中共银川市委办公厅银川市人民政府办公厅 < 关于印发银川市关于进一步规范会议记录的规定的通知 >》的通知	2009 年 11 月 5 日
(银兴党办发[2009]98 号)	关于转发《中共银川市委办公厅、银川市人民政府办公厅关于印发 < 银川市机关单位保密工作管理办法 >< 银川市涉密移动存储介质保密管理暂行办法 > 的通知》的通知	2009 年 11 月 5 日
(银兴党办发[2009]99 号)	关于加强数字会议系统保密管理的通知	2009 年 11 月 10 日
(银兴党办发[2009]110 号)	关于印发《兴庆区开展廉政风险防范管理工作的实施方案》的通知	2009 年 12 月 25 日

续表：

文号	文件名称	时间
（银兴党办发[2009]105 号）	关于印发《兴庆区 2009 年综合目标责任考核工作安排》的通知	2009 年 11 月 27 日
（银兴党办发[2009]106 号）	关于印发《兴庆区 2009 年度综合目标责任考核实施方案》的通知	2009 年 11 月 27 日
（银兴党办发[2009]107 号）	关于印发《兴庆区基本普及高中阶段教育迎检期间氛围营造实施方案》的通知	2009 年 12 月 8 日
(银兴党办发[2010]2 号)	关于转发《自治区党委办公厅人民政府办公厅印发＜关于推进全区领导干部学法用法工作的意见＞的通知》的通知	2010 年 1 月 14 日
(银兴党办发[2010]8 号)	关于印发《兴庆区关于减少办文办会数量提高机关效能的意见》的通知	2009 年 1 月 15 日
(银兴党办发[2010]9 号)	关于印发《银川市兴庆区月牙湖乡机构改革方案》的通知	2010 年 1 月 14 日
(银兴党办发[2010]10 号)	关于印发《银川市兴庆区通贵乡机构改革方案》的通知	2010 年 1 月 14 日
(银兴党办发[2010]11 号)	关于印发《银川市兴庆区大新镇乡机构改革方案》的通知	2010 年 1 月 14 日
(银兴党办发[2010]12 号)	关于印发《银川市兴庆区掌政镇乡机构改革方案》的通知	2010 年 1 月 14 日
(银兴党办发[2010]24 号)	关于印发《提升市民素质工作实施方案》的通知	2010 年 5 月 11 日
(银兴党办发[2010]31 号)	关于印发《关于进一步发挥基层信访督办工作站作用的指导意见》的通知	2010 年 2 月 20 日
(银兴党办发[2010]32 号)	关于印发《兴庆区“十二五”规划编制工作实施方案》的通知	2010 年 2 月 22 日
(银兴党办发[2010]33 号)	关于印发《兴庆区争取项目和资金实施方案》的通知	2010 年 2 月 22 日
(银兴党办发[2010]37 号)	关于印发《银川市兴庆区地方志工作发展规划》的通知	2010 年 2 月 23 日
(银兴党办发[2010]38 号)	关于印发《兴庆区新闻宣传工作考核办法》的通知	2010 年 2 月 26 日
(银兴党办发[2010]41 号)	关于印发《关于深入推进城乡教育一体化加快教育均衡发展的实施方案》的通知	2010 年 10 月 20 日
(银兴党办发[2010]42 号)	关于印发《关于加快推进教育改革和发展的实施意见》的通知	2010 年 10 月 20 日
(银兴党办发[2010]46 号)	关于转发《自治区党委办公厅人民政府办公厅印发＜关于进一步加强已公开现行文件提供利用工作的意见＞的通知》的通知	2010 年 4 月 8 日
(银兴党办发[2010]50 号)	关于呈报兴庆区视察（考察）储备项目的报告	2010 年 4 月 14 日
(银兴党办发[2010]56 号)	关于印发《落实胡锦涛总书记重要讲话精神责任分工方案》的通知	2010 年 4 月 19 日
(银兴党办发[2010]58 号)	关于 2009 年综合目标责任考核情况的通报	2010 年 4 月 27 日
(银兴党办发[2010]65 号)	关于落实崔波同志在月牙湖地区调研专题会议精神的任务分工的通知	2010 年 5 月 10 日
(银兴党办发[2010]66 号)	关于印发《兴庆区新闻发布会的新闻发言人制度》的通知	2010 年 5 月 10 日
(银兴党办发[2010]69 号)	关于印发《关于进一步加强学校（幼儿园）及周边安全保卫工作构建”和谐校园“的实施意见》通知	2010 年 5 月 13 日
(银兴党办发[2010]70 号)	关于印发《兴庆区建设资源节约型和环境友好型社会工作责任分工》的通知	2010 年 5 月 17 日
(银兴党办发[2010]75 号)	关于印发《兴庆区非在编工作人员工资福利管理办法》通知	2010 年 5 月 26 日
(银兴党办发[2010]76 号)	关于印发《兴庆区历年安置复退军人工资福利管理办法》的通知	2010 年 5 月 26 日
(银兴党办发[2010]77 号)	关于给聘用清扫员增加工资办理社会保险的通知	2010 年 5 月 25 日

续表：

文号	文件名称	时间
(银兴党办发[2010]78 号)	关于提高兴庆区社会工作者待遇的通知	2010 年 5 月 26 日
(银兴党办发[2010]79 号)	关于印发《兴庆区应对突发事件新闻宣传应急预案》的通知	2010 年 6 月 4 日
(银兴党办发[2010]80 号)	关于印发《银川市兴庆区刑事被害人困难救助实施办法》的通知	2010 年 6 月 7 日
(银兴党办发[2010]81 号)	关于印发《关于妥善处置群众到自治区、银川市、兴庆区上访联动工作方案》的通知	2010 年 6 月 7 日
(银兴党办发[2010]84 号)	关于印发《银川市兴庆区特困申请执行人救助办法》的通知	2010 年 6 月 10 日
(银兴党办发[2010]90 号)	关于清理和规范面向基层检查考核活动的通知	2010 年 6 月 30 日
(银兴党办发[2010]92 号)	关于印发《兴庆区创建“两型社区”活动实施方案》的通知	2010 年 7 月 9 日
(银兴党办发[2010]97 号)	关于清理和规范面向基层检查考核活动自查自纠情况的报告	2010 年 7 月 23 日
(银兴党办发[2010]99 号)	关于印发《兴庆区关于贯彻 < 银川市建设全国食品安全先进城市工作实施方案 > 的意见》的通知	2010 年 7 月 27 日
(银兴党办发[2010]107 号)	关于转发《自治区党委办公厅 人民政府办公厅关于清理和规范党政机关举办庆典研讨会和论坛活动的通知》的通知	2010 年 8 月 13 日
(银兴党办发[2010]108 号)	关于印发《黄河标准化堤防及东部水系工程决算审定方案》的通知	2010 年 8 月 13 日
(银兴党办发[2010]110 号)	关于印发《关于开展“西部大开发、兴庆要争先”主题学习实践活动的实施意见》的通知	2010 年 8 月 13 日
(银兴党办发[2010]112 号)	关于印发《关于深入推进社会矛盾化解、社会管理创新、公正廉洁执法的实施意见》的通知	2010 年 8 月 24 日
(银兴党办发[2010]119 号)	关于转发《自治区党委办公厅 人民政府办公厅印发 < 关于防治“小金库”的若干规定 > 的通知》的通知	2010 年 8 月 30 日
(银兴党办发[2010]124 号)	关于实行兴庆区村“两委”换届选举县级领导包乡镇街道、区直机关包村，驻村指导员驻村工作制度的通知	2010 年 9 月 14 日
(银兴党办发[2010]125 号)	关于印发《兴庆区第三届村“两委”换届选举实施方案》的通知	2010 年 9 月 14 日
(银兴党办发[2010]129 号)	关于印发《兴庆区月牙湖万亩奶牛生态养殖示范区建设实施方案》的通知	2010 年 9 月 19 日
(银兴党办发[2010]132 号)	关于转发《中共银川市委办公厅 银川市人民政府办公厅关于印发 < 银川市农村基层党员干部廉洁自律若干规定（试行）> 的通知》的通知	2010 年 9 月 26 日
(银兴党办发[2010]135 号)	关于转发《中共银川市委办公厅 银川市人民政府办公厅关于进一步落实党政厉行节约要求的通知》的通知	2010 年 9 月 29 日
(银兴党办发[2010]138 号)	关于印发《兴庆区 2010 年绩效考评工作方案》的通知	2010 年 10 月 11 日
(银兴党办发[2010]142 号)	关于印发《兴庆区教研员交流选拔工作实施意见》的通知	2010 年 10 月 20 日
(银兴党办发[2010]147 号)	关于黄河金岸绿化工程秋季木管护工作落实情况的督查通报	2010 年 11 月 5 日
(银兴党办发[2010]148 号)	关于印发《关于在兴庆区农村建立村民监督委员会的实施意见》的通知	2010 年 11 月 25 日
(银兴党办发[2010]155 号)	关于 2010 年绩效考评情况的通报	2010 年 12 月 28 日

银川国龙医院

郭龙主任在学术讲座中

奖励宁夏医科大优秀研究生

银川国龙医院1996年9月19日正式开诊。2001年经自治区政府批准改制成为宁夏国龙医疗发展股份有限公司。医院有各类工作人员400多人，专业技术人员占90%，博士生导师1人，硕士研究生导师1人，硕士2人，在读硕士4人，主任医师11人，副主任医师11人，主治医师23人。

银川国龙医院基础设施完备，有西门子核磁共振成像系统、CT机、彩超、全自动分析仪等大型先进医疗设备50多台，设各类科室20多个，编制床位300多张，2010年共接待门诊病人23.6万多人次，收治住院病人9000人次，年上缴税金600多万元。

银川国龙医院以特色专科为重点，临床医生围着病人需求转，医技、护理、行政、后勤围着临床医生转，骨科的诊疗技术已达到三级甲等医院重点科室水平，不少技术项目在自治区骨科领域达到领先。

十四载砥砺和奋进。公司先后获“自治区卫生先进单位”“职工医疗保险基金管理中心定点医疗机构”“商业保险合作示范医院”“宁夏非公有制明星企业”“宁夏消费者满意的服务明星单位”等称号。董事长郭龙主任先后被授予“银川市劳动模范”和“全国优秀医院院长”称号。

2010年8月郭龙主任发起并成立宁夏国龙慈善基金会，宁夏骨科界共有300多人响应，郭龙夫妇每年为基金会捐款42万元，主要是免费为贫困老年患者进行骨科手术治疗和资助基层骨科业务发展。

银川国龙医院

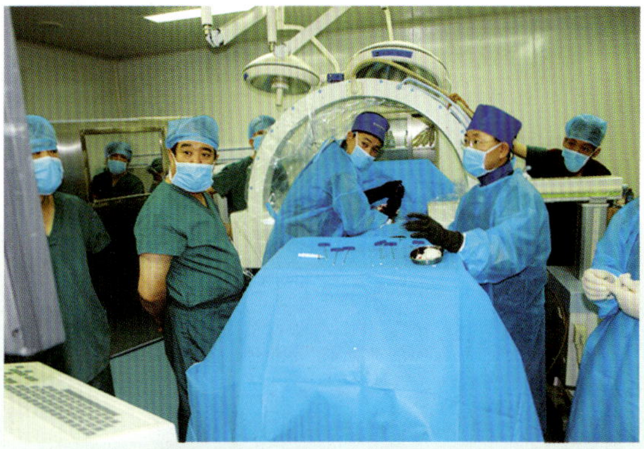

骨科开展的脊柱侧弯矫正手术

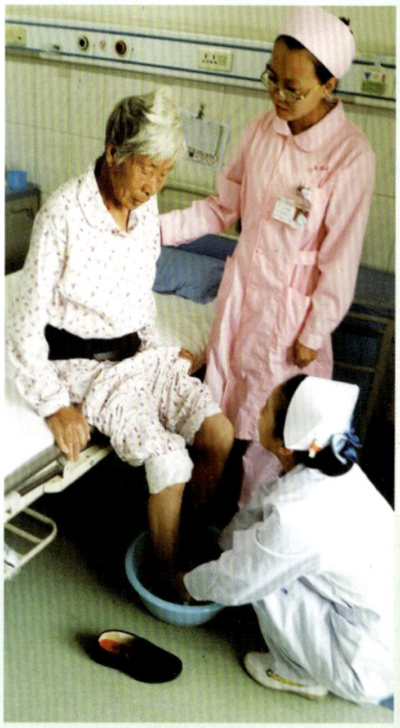

生活护理

塞上北环

银川北环蔬菜果品综合批发市场

北环市场董事长王宏伟

北环市场公司举行例会

北环市场总经理徐彦文

银川北环蔬菜果品综合批发市场建于 1991 年，于 2001 年整体迁移扩建，位于银川市丽景街与上海路交接处，占地面积 180 亩，以蔬菜批发为主，包括鲜肉、水产、禽蛋、水果、豆制品、冷冻食品等批发、加工、仓储、配送、集散为一体。有批发商、经销商、代理商 1000 余户，从业人员 7000 余人，农副产品的日成交量逾 150 万公斤，成交额逾 500 万元，日客流量 3 万人次。至 2010 年底的蔬菜交易量达 53 万吨，交易额 13 亿元，每天有海南、山东、广东、广西、四川等 20 多个省市区的供货在此集散，并远销陕西、青海、内蒙等周边省区，辐射半径达 500 公里。

北环批发市场本着“服务城市，富裕农民”的宗旨，狠抓企业内部管理，规范交易行为，提升经营水平。货源足、品种全、销量大、价

北环市场东大厅蔬菜零售区

2008 年北环市场获得荣誉

检测人员正在对进场蔬菜进行检测

北环市场水果零售区

北环市场西大厅海鲜区

北环市场东大厅清真食品经营区

格稳。被农业部授予“定点市场”、商务部“双百市场”“绿色市场”、中国农产品交易市场“4 星级”单位。2009 年被国家商务部、宁夏回族自治区政府联合评为“一级综合批发市场”,2010 年获首批银川市“小巨人企业”等称号。

2007 年北环市场成立了党支部和工会委员会,支部有党员 61 名,流动党员 5 名,200 名员工全部加入工会组织,并选举出 41 名职工代表。党支部定期召开学习例会,围绕“固定党员有特色、流动党员亮身份、党员活动有实效”,努力搭建先锋平台,发挥共产党员的先锋模范作用,规范市场行为。

乘改革开放之天时,占区位交通之地利,北环蔬菜果品综合批发市场将进一步向现代化农产品物流中心迈进,发挥现有的物流、人流、信息流的规模优势,发挥自治区蔬菜批发龙头企业的带动作用,努力为全面建设小康社会做出应有的贡献。

北环批发市场 2006 年工作总结暨表彰联欢会

宁夏交通国际物流港银古物流中心

宁夏交通国际物流港是宁夏交通运输厅直属国有企业，注册资本3000万元，企业资产总额已达到2.6亿元。公司下属银古物流中心，银古物流零担快运公司、中卫物流中心、银古物流伟杰货运有限责任公司、宁交通国家职业技能鉴定所、银川驾驶员培训学校、金水度假村七家单位，经营“运输、配载、货运代理、仓储、配送、快递、停车、修理、信息服务”等业务。近年来，企业秉承“诚信、服务、创新、效益”的经营宗旨，全力向现代物流迈进，企业的实力日益增强，已成为宁夏和西北地区知名的大型综合性物流企业。2009年通过了ISO9001质量管理体系认证；2010年通过中国物流与采购联合会评审，成为宁夏第一家4A级物流企业。

宁夏物流网站首页

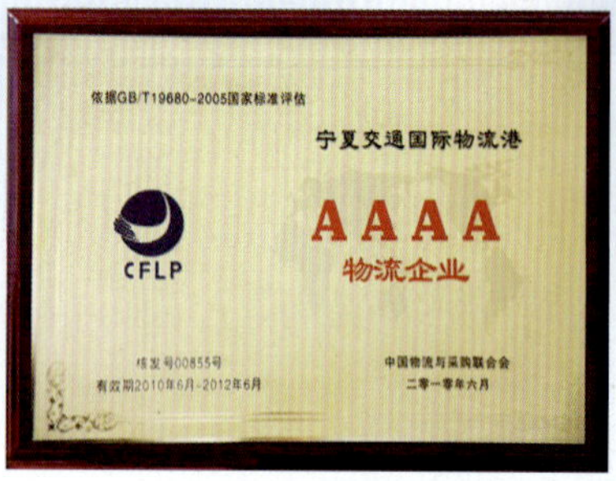

宁夏交通国际物流港

宁夏浙江商会

台州市人大领导莅临商会考察

宁夏浙江商会成立于2001年5月18日,有会员企业800余家,会员1000余人。其中上规模的企业有百余家,主要集中在房地产开发、商贸、家居、建材、餐饮娱乐、煤炭生产销售、农副产品加工、供热、制鞋等行业。宁夏浙江商会已经历四届。首届会长由童春林担任,第二届会长由蒋方达担任,第三、四届会长由叶建敏担任。宁夏浙江商会在历届会长的带领下,在理事会的集体领导下,商会工作有条不紊,在宁夏各商会中最具影响力。

自2004年以来,已连续多年被自治区人民政府评为招商引资先进商会;2009年被团中央、全国青少年发展基金会评为“希望工程20年公益合作伙伴”。

宁夏浙江商会于2003年4月8日成立党组织,2010年6月12日,由原来的支部提升为党总支,下设4个直属支部,现有正式党员51名,预备党员4名,积极分子9名。

叶建敏会长,在社会上担任多项职务,是自治区十一届政协委员、宁夏浙江商会第三、四届理事会会长、宁夏侨商联合会会长、宁夏残联副主席、宁夏海天酒店集团董事长,先后被共青团中央、中国青年联合会授予第十一届“中国青年五四奖章”;被全国侨联授予“归侨侨眷先进个人”荣誉称号;被自治区政府办公厅评为“宁夏首届及四届十大慈善人物”。

商会举办招商引资活动

银川市宁红爱心老年公寓

银川市宁红爱心老年公寓系兴庆区下岗职工何宁红租赁中国银行老旧房屋，公寓坐落于兴庆区唐徕小区，于2006年开办。作为兴庆区第一家开放式住户型民办养老福利机构，公寓面积约3100平方米，有房间110间，全部利用可设置床位220张。目前用于公寓的约为30间，设置床位104张，主要收住兴庆区中低档收入失能半失能老人。房间配有沙发、桌子、电视、呼叫器、衣柜、圈椅、淋浴器等老年服务设施。在一楼设置了厨房、活动室、康复室、阅览室等。实行人员定时送餐和半开放管理，常年平均入住人员约80人左右。通过每年举办老年才艺大赛、老年书法大赛、老年趣味运动会、一日游等活动，加之地理位置优越、探视方便和周到的服务等，已成为中低档收入家庭失能半失能老人养老的理想之地，深受家属的欢迎。

宁夏志愿者助残“阳光行动”与宁红阳光家园结对授牌仪式

宁红阳光家园残疾人在做康复训练

自治区残联调研宁红阳光家园

自治区妇联慰问宁红老年公寓老人

工作人员合影

中山公园赏菊

部队官兵慰问公寓老人

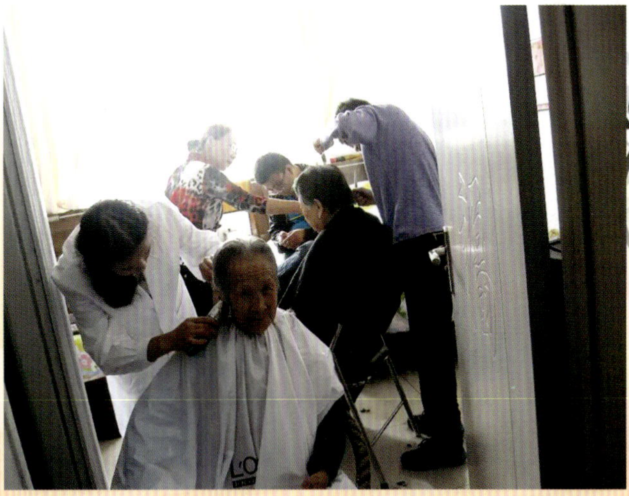

社会爱心人士为老年人理发

兴庆区西关清真大寺

西关清真大寺位于唐徕小区内，毗邻美丽的唐徕渠畔，面积 10000 余平方米，建筑面积 3000 余平方米，坊内信教群众 800 多户 3000 余人，充分体现了回族人“围寺而居”的特点，先后被银川市和兴庆区评委“五好清真寺”“和谐清真寺”。

原中国伊协副会长、宁夏伊协会长谢生林大阿訇曾就任该寺开学阿訇。现任开学阿訇为宁夏伊协常委哈吉·罗占军，寺管会主任为哈吉·倪文成，在他们的带领下，西关清真寺按照“五好清真寺”和“和谐清真寺”的创建标准，努力做好民主管理、消防安全、环境卫生整治等各项工作，依法依规开展正常、合法的宗教活动，成为宁夏远近闻名的清真寺，多次接待了国内外的友好访问和考察团。

银川市清真中大寺

银川市清真中大寺（简称中寺）位于银川市兴庆区解放西街中寺巷 12 号，始建于 1931 年，翻建于 2000 年，占地面积 3100 平方米，其中大殿面积 513 平方米，厢房面积 260 平方米。教长杨发明，寺管委会主任王兴奎，信教群众 500 余户。该寺是按中国宫殿式古典传统式样建造的，建筑物为土木结构，布局对称、协调，总体布局为清真寺传统的东西走向。1993 年清真中大寺被列为“银川市重点文物保护单位”。多年来，清真中大寺寺管会坚持贯彻执行《宗教事务条例》，认真落实党的民族宗教政策法规，始终按照“爱国爱教、知法守法、团结稳定、活动规范、教风端正、管理有序、整洁安全、服务社会”的标准致力于“和谐寺观教堂”创建。

前程大佛寺

大佛寺正门

大雄宝殿

银川前程大佛寺原名刘家庙，始建于明朝嘉靖年间，清朝乾隆年间重修。1958 年大跃进时被拆毁变为耕地，1993 年由原银川市城区红花乡上前城十队出资，在原址重新兴建。2003 年西部大开发全队土地被政府征用，刘家庙也被拆迁，2005 年银川市兴庆区大新镇上前城十队利用征地补偿金 30 万元，在现址重新建造，占地面积 7 亩。寺院由山门、大雄宝殿、二陪殿、天王殿、地藏殿、大悲殿、观音阁、无量殿、三官殿、钟楼、鼓楼、土地庙等建筑群组成。2007 年铸成钟鼎香炉并举行了开光典礼，同时更名为前程大佛寺。2009 年 10 月，道悦法师始任佛寺主持，后又陆续增建了送子观音殿、财神殿、念佛堂、斋堂、客堂、僧□和居士□房、接待室、法物流通处等，满足了信教群众的需求。每年举办庙会、六月十九观世音菩萨成道日放生祈福法会、七月十五盂兰盆浴佛法会、腊八节施粥祈福消灾法会。多年来，大佛寺严守“爱国爱教、知法守法、团结稳定、慈悲济世”精神，发扬信教群众的信仰自由，积极创建“和谐寺观教堂”。

浴佛法会

七月十五盂兰盆法会

六月十九观世音菩萨成道日放生祈福法会

腊八节施粥祈福法会

银川基督教会

举办庆祝耶稣诞生日活动

银川基督教堂举办第一期义工教训班合影

银川基督教会始建于清光绪二十年（1894 年），由英国传教士吴林德牧师传讲福音并发起；起初仅有信徒 46 人，教堂原址在玉皇阁北街 20 号，有简易砖木平房数间，建筑面积 319.02m²。1980 年教会才恢复了正常的宗教活动。

2000 年迁址于湖滨东街 153 号，重建新堂并取名《福音堂》，总占地面积 1314.00m²，其中教堂建筑面积 738.34m²、办公楼建筑面积 641m²。现有信徒约 1500 人，牧师 1 人、教师 1 人、长老 5 人。

2008 年 5 月 5 日开始守望祷告聚会，采取以堂带点的发展管理模式。

圣诞节圣诗班唱诗演唱

乐队演奏活动

向地震灾区爱心捐款活动

银川基督教堂“福音堂”

唱诗活动

向儿童福利院的孩子们赠送食品饮

向兴庆区中心养老院“颐享园”的老人们捐赠牛奶

银川阿校　歌飞凤城

——银川市兴庆区阿拉伯语职业技能培训学校

学校学生在“宁夏法希姆国际清真食品落成典礼”上做礼仪迎接嘉宾

校长彭志祥

银川市兴庆区阿拉伯语职业技能培训学校（以下简称银川阿拉伯语学校），原名银川市保伏桥阿拉伯语学校，始建于1990年，是宁夏回族自治区内建校最早的一所民办性质、全日制、正规化的阿拉伯语中等职业技术培训学校。学校分男生部和女生部，实行男女生分校上课管理机制。学制三年。

银川阿拉伯语学校建校20多年来，始终本着“济困扶贫，强技乐业，学以致用，学有所为，育人与授业并重”的办学宗旨；本着“以就业为导向，以爱心促和谐”的办学理念，“以培养技能硬、高素质的阿拉伯语人才”为目标，以“规范办学，诚实办学”为方针，培养了1900多名优秀毕业生，为民族的团结合作、为促进宁夏的经济发展、为中阿经济贸易的友好往来，搭建了一座平稳的桥梁。先后被宁夏回族自治区人民政府外事办、银川市民族委员会、兴庆区人民政府，授予“银川市民族团结进步模范学校”“银川市兴庆区民族团结模范学校”等称号。

如今，银川阿拉伯语学校在上级领导及各部门的关心指导下，步伐更加矫健，体制更加完善，管理更加规范，声誉更加响亮，是同类学校的领头羊。它以昂扬的步伐在大步前进，正是：银川阿校，歌飞凤城。

学校师生与自治区领导合影

民委（宗教局）领导调研

宁夏青松职业学校

校长厚少凡

厚校长与南丁格尔奖获得者张水华女士合影

宁夏青松职业技能培训学校（简称宁夏青松职业学校）建于1999年，位于银川市兴庆区清河南街彰武巷38号，毗邻宁夏医学院和驻宁武警部队，是自治区职业教育功勋单位、自治区创业服务先进单位。现已发展为集大专、中等职业教育为一体，以医学为主体、理工科并茂的教育单位。

学校以“地方军营管理、企业订单专业、院校联合培养、先进文化塑造”的模式为办学方针，以学生的终身发展为核心目标，以学生的稳定就业为直接方向，截至2010年已为社会培训各类专业技能人才累计达8万余人。

为进一步提高办学水平，学校先后与宁夏大学、宁夏医科大学护理学院、宁夏水利电力学校、宁夏财会函授学校、中国计算机函授学院等区内外知名院校合作办学。与区内外30多家重点企业签订了定向委培协议，筹备就业岗位500多个，并与部队共建实施军地两用人才培养计划。学校先后被授予“自治区创业服务先进单位”“自治区先进教育单位”“自治区职业教育功勋单位”“宁夏大学先进教学站”“中国计算机函授学院全国最具实力办学单位”等。同时被指定为自治区生态移民职业技能培训基地、银川市回族清真厨师培训基地、银川市退役士兵培训基地、公检法速录师培训基地。

师生外出拉练合影展青松风采

学雷锋日志愿者活动

新月广场

新月广场位于丽景街与北京东路交界处西南侧，占地 3.23 公顷，绿地面积 1.3 公顷。由银川市建筑规划设计有限公司规划设计，银川市城市建设投资控股有限公司建设，2003 年 7 月 1 日开工，同年 9 月 3 日建成。

2006 年 7 月 15 日经市政府会议决定，将新月广场与大团结广场一并移交银川市园林管理局，由银川市宁园接管，并于 2006 年 11 月启动了对新月广场的绿地改造工程。前期土方改造由银川德源风景园林绿化有限公司施工，2007 年 3 月至 5 月的绿化种植设计、植物栽植由宁夏林业研究所（有限公司）完成。共种植各类乔灌木 1236 株，地被植物 3497 平方米，草坪 7300 平方米。

银川市宁园

宁园位于银川市解放东街鼓楼以东，玉皇阁南侧，地处繁华的商业中心，毗邻步行街，园中树木茂密，荫浓蔽日，安逸宁静，“宁园”之名由此而来。公园总面积1.53公顷，未建前原址是一片破旧的平房，根据银川市的总体规划，结合解放东西大街的改造工程，银川市政府决定在原址上建造一组仿古建筑，1986年开始建设，1987年9月建成，10月1日正式对游客开放，是一个集游览、休憩、娱乐为一体的综合性公园。

宁园被一条马路分隔为东西两个相对独立的空间，东区北对玉皇阁，为开放式公共绿地。东西长67米，南北宽52米，占地面积0.35公顷，其中绿地面积0.11公顷。1999年进行改造，因正逢千禧之年，世纪交替之际，故得名“世纪广场”。广场中央修建钟亭一座，悬挂“宁夏世纪钟”一口，钟亭北面建有音乐喷泉一组，池边错落放置一些仿贺兰山岩画图像琢刻的石头。喷泉两旁是12个直径1.5米的花坛，坛中百花争艳，姹紫嫣红，广场四周置有凉亭、石凳，供游人歇脚、休息。西区为封闭式仿古小型公园，由兴庆殿、六角亭、碑廊、重檐亭、茗沁殿、晚晴殿组成，高低错落，与鼓楼、玉皇阁相互映衬，形成一个完整的仿古建筑群。园区东西长250米，南北宽47米，占地1.175公顷，其中绿地0.41公顷。园中绿树成荫、曲径通幽、小桥流水，池中鱼游影动，颇具古代园林之特色。1999年拆除围栏，改造为开放式街心公园。

银川市大团结广场

银川市大团结广场地处银川市区东部，位于 109 国道东侧，西临丽景街，北靠银横路。通往机场且与青藏、福银高速公路相连的银古公路东西向横穿广场，将大团结广场一分为二，形成相对独立的南北两个广场，总面积 25 公顷，绿地面积 14.7 公顷。

2006 年 7 月 15 日，经市政府会议决定，银川市大团结广场移交银川市园林管理局，由银川市宁园接管。2006 年 11 月，宁园对大团结广场开始绿地改造工程，2007 年 5 月 31 日止完成了南北广场土方、植物种植、灌溉、民族花坛的防水、排水和种植工程。

索　引

SUO YIN

说明:

一、本年鉴标目词句按照汉语拼音顺序分类。

二、类目、分目、条目用小五号黑体字标示,正文标目词句用小五号宋体字标示,表格后加"(表)"。

三、标目词句后阿拉伯数字表示内容所在页码;数字后的字母 a、b、c 分别表示从左至右第一、二、三栏。

A

B

C

D

E

F

G

H

J

K

L

M

N

P

Q

R

S

T

W

X

Z

Contents

Features

An Overview of Xingqing District

Memorabilia

CPC Xingqing District Committee, Yinchuan

Legal System

Military

Urban-Rural Construction and Traffic

City Appearance·Urban Management and Services·Urban Heating

Industry

Agriculture, Forestry, Animal Husbandry and Fishery

Agriculture and Animal Husbandry

Forestry

Migration and Development

Water Conservancy and Water Affairs · Environmental Protection

Trade & Commerce and Logistics Market

Trade & Commerce and Logistics

Culture · Sport · Tourism

Health · Family Planning

Employment · People's livelihoods · Social Services

Villages·Towns·Street

Figure· Honor

Important Literature· Document Contents

Index

English Contents